KW-329-268

3 0116 00480 5048

MEDIUM LOAN

GABLER LEXIKON MARKETING

GABLER LEXIKON MARKETING

herausgegeben von
Manfred Bruhn
Christian Homburg

2., vollständig überarbeitete und aktualisierte Auflage

Bibliografische Information Der Deutschen Bibliothek
Die Deutsche Bibliothek verzeichnet diese Publikation in der Deutschen Nationalbibliografie; detaillierte bibliografische Daten sind im Internet über <http://dnb.ddb.de> abrufbar.

Professor Dr. **Manfred Bruhn** ist Ordinarius für Betriebswirtschaftslehre, insbesondere Marketing und Unternehmensführung, am Wirtschaftswissenschaftlichen Zentrum (WWZ) der Universität Basel. Seine Forschungsschwerpunkte sind Relationship Marketing, Kommunikationspolitik, Dienstleistungsmarketing, Internes Marketing, Markenpolitik und Qualitätsmanagement.

Professor Dr. **Christian Homburg** ist Inhaber des Lehrstuhls für Allgemeine Betriebswirtschaftslehre und Marketing I und Wissenschaftlicher Direktor des Instituts für Marktorientierte Unternehmensführung (IMU) an der Universität Mannheim sowie Vorsitzender des wissenschaftlichen Beirates von Prof. Homburg & Partner, Mannheim.

1. Auflage Juni 2001
2., vollständig überarbeitete und aktualisierte Auflage April 2004

Lektorat: Katrin Alisch / Annegret Eckert

Der Gabler Verlag ist ein Unternehmen der Springer Science+Business Media.
www.gabler.de

Umschlaggestaltung: Regine Zimmer, Dipl.-Designerin, Frankfurt/Main
Druck und buchbinderische Verarbeitung: Wilhelm & Adam, Heusenstamm
Gedruckt auf säurefreiem und chlorfrei gebleichtem Papier
Printed in Germany

ISBN 3-409-29971-8

Vorwort zur zweiten Auflage

Das Marketing ist in der Unternehmenspraxis und in der Forschung vielfältigen Entwicklungen unterworfen. Diese Dynamik des Fachgebietes machte eine Überarbeitung des Gabler Lexikons Marketing erforderlich.

Das Lexikon wurde zum einen erweitert. Dabei hätte sich das Volumen leicht auf ein Vielfaches der nun vorliegenden Begriffe ausdehnen lassen. Wir haben daher Schwerpunkte gesetzt und bei der Erweiterung insbesondere darauf geachtet, dass die in Praxis und Forschung relevanten Themen Eingang finden.

Zum anderen sollten im Sinne fundierter wissenschaftlicher Arbeit die neuesten empirischen Erkenntnisse der vergangenen zwei Jahre einfließen. Ebenfalls aktualisiert wurden Literaturhinweise und Quellenangaben, sowie einzelne Anpassungen rechtlicher Rahmenbedingungen vorgenommen.

Das Lexikon erhebt auch in seiner erweiterten Form nicht den Anspruch, Lehrbücher zum Marketing umfassend ersetzen zu können. Für Manager, Studenten und Dozenten soll es jedoch die ideale Ergänzung zu diesen Lehrbüchern darstellen und einen schnellen Zugang zu relevantem Wissen ermöglichen. Daher wurde die bewährte Grundkonzeption des Lexikons mit der Aufteilung in Schwerpunktbeiträge, Normal- und Verweisstichwörter beibehalten.

Auch diese zweite Auflage des Gabler Lexikons Marketing stützt sich maßgeblich auf die Beiträge der Autorinnen und Autoren, die als Sachgebietsverantwortliche ihre Themengebiete überarbeitet und aktualisiert haben. Diesen, im Autorenverzeichnis aufgeführten Kollegen, gebührt daher unser besonderer Dank für die kompetente und umfassende Bearbeitung ihrer Themengebiete.

Bei der Überarbeitung des Lexikons wurden wir durch unsere Mitarbeiter unterstützt, denen wir an dieser Stelle ebenfalls herzlich danken wollen. Für ihre engagierte Mitwirkung an der Erstellung des Lexikons danken wir ganz besonders Herrn Dipl.-Kfm. Marcus Stumpf und Herrn lic.rer.pol. Dirk Steffen vom Lehrstuhl für Marketing und Unternehmensführung der Universität Basel sowie Herrn Dipl.-Kfm. Tim Siu-Lung Fargel vom Lehrstuhl für Allgemeine Betriebswirtschaftslehre und Marketing I an der Universität Mannheim.

Nicht zuletzt gilt unser Dank Frau Shirin Brucker, Frau Nadja Becker und Herrn Stefan Vömel für Ihre Unterstützung bei der formalen Überarbeitung dieses Lexikons.

Basel und Mannheim, im Januar 2004 — *Manfred Bruhn* und *Christian Homburg*

Vorwort zur ersten Auflage

Im Marketing ist seit Jahren eine stetige Zunahme der Begriffsvielfalt zu konstatieren. Nicht immer steht hinter einem neuen Begriff auch etwas wirklich Neues. Abgesehen von verbalen „Pseudo-Innvoationen", die mit dem Ziel, schnell Aufmerksamkeit zu erreichen, lanciert werden, gibt es jedoch auch zahlreiche substanzielle Neuentwicklungen. Man denke hier beispielsweise an die Entwicklung von internetgestützten Kommunikationsmaßnahmen, an Methoden des Kundenbeziehungsmanagements, neue Entwicklungen im Dienstleistungsmarketing oder auch in der Marktforschung.

Diese Entwicklung verdeutlicht die faszinierende Vielfalt des Marketing. Die Problematik dieser Entwicklung liegt allerdings darin, dass die Gefahr einer „babylonischen Sprachverwirrung" zunimmt. Gerade im Dialog zwischen Wissenschaft und Praxis ist diese Gefahr nach unseren Beobachtungen in erheblichem Maße gegeben. Vor diesem Hintergrund möchte das Gabler Marketing-Lexikon einen Beitrag zur Begriffsklarheit leisten. Marketinginteressierte sollen hier ein Nachschlagewerk finden, das ihnen einen kompakten Zugang zu allen wichtigen Begriffen in Marketing und Vertrieb liefert.

Das Lexikon wendet sich gleichermaßen an Manager, Studenten und Dozenten. Manager, die in ihrer täglichen Arbeit mit Marketingentscheidungen konfrontiert sind, sollen mit Hilfe dieses Lexikons schnell den Zugang zu Fachbegriffen finden. Studenten soll das Lexikon helfen, beim Erlernen des Fachs den Überblick in der Begriffsvielfalt nicht zu verlieren. Auch Dozenten kann das Werk eine Leitlinie zur konsistenten Verwendung von Marketingvokabular liefern.

Das Gabler Marketing-Lexikon hat keinen primär wissenschaftlichen Fokus. Zwar sind die Ausführungen zu den einzelnen Begriffen wissenschaftlich fundiert, im Vordergrund steht jedoch der leichte Zugang zu den Begriffen. Die Autoren haben sich um eindeutige und prägnante Definitionen, eine anwendungsorientierte Sichtweise sowie eine leicht verständliche Sprache bemüht.

Behandelt werden Themen, Konzepte und Methoden aus den unterschiedlichsten Teildisziplinen des Marketing, wie z.B. Marktforschung, Markenführung, Direct Marketing oder Vertriebsmanagement. Bei der Darstellung einer Teildisziplin werden dem Leser sowohl Detailinformationen als auch Überblickswissen präsentiert. Hierzu gibt es für jedes Sachgebiet unterschiedliche Kategorien von Stichwörtern: Schwerpunktbeiträge, Normalstichwörter sowie Verweisstichwörter:

- Schwerpunktbeiträge sind längere Übersichtsbeiträge zu zentralen Begriffen eines Sachgebietes, die dazu dienen, einen Gesamtüberblick über das Thema des Sachgebietes zu geben.
- Normalstichwörter enthalten Erklärungen zu den wichtigsten Begriffen des Sachgebietes. In der Summe der Normalstichwörter wird der Stoff eines Gebietes grundsätzlich abgedeckt.

- Verweisstichwörter sind Hilfskonstruktionen für solche Begriffe, die zwar als Stichwortbegriffe auffindbar sein sollten, die aber an anderer Stelle (also in Schwerpunktbeiträgen oder Normalstichwörtern) erläutert werden. Verweise zwischen verschiedenen Stichwortkategorien erleichtern dem Leser die Orientierung innerhalb des Lexikons.

Bei der Akquisition von Autorinnen und Autoren wurde darauf geachtet, dass die junge Generation der renommierten Marketing-Fachleute im deutschsprachigen Raum gewonnen werden konnte. Dabei ging es nicht darum, quantitativ möglichst viele Autoren mit einzubringen, sondern vielmehr qualitativ ausgewählte Experten zu gewinnen, die als Sachgebietsverantwortliche bestimmte umfassende Themengebiete bearbeiten. Dadurch konnte sichergestellt werden, dass die Bearbeitung der Stichwörter quasi „aus einer Hand" erfolgte. Die Sachgebietsverantwortlichen mit ihren Themenbereichen sind auf den folgenden Seiten aufgeführt und werden auch zukünftig die Aktualisierung und Einbindung neuer Stichwörter vornehmen.

An der Erstellung dieses Lexikons haben eine Reihe von Personen mitgewirkt, bei denen wir uns an dieser Stelle herzlich bedanken möchten. Unser besonderer Dank gilt zunächst den Autorinnen und Autoren, die trotz ihrer vielfältigen Verpflichtungen bereit waren, Sachgebiete zu diesem Lexikon zu übernehmen. Ihre Beiträge bilden den Kern dieses Buches.

Darüber hinaus danken wir ganz besonders Herrn Dr. Michael A. Grund und Dipl.-Kfm. Marcus Stumpf vom Lehrstuhl für Marketing und Unternehmensführung der Universität Basel sowie Herrn Dipl.-Kfm. Heiko Schäfer vom Lehrstuhl für Allgemeine Betriebswirtschaftslehre und Marketing I an der Universität Mannheim für ihre tatkräftige Unterstützung und umfangreiche Hilfestellung bei der Erstellung des Werkes.

Zusätzlich möchten wir den vielen Kollegen aus dem akademischen Bereich danken, die uns bei der Erstellung dieses Buches konstruktiv unterstützt haben. Dies sind Beatrix Dietz, MA, MA, Dipl.-Wirtsch.Ing. Markus Richter und Dipl.-Ök. Matthias Bucerius vom Lehrstuhl für Allgemeine Betriebswirtschaftslehre und Marketing I an der Universität Mannheim und Dipl.-Kfm. Mark Richter vom Lehrstuhl für Marketing und Unternehmensführung an der Universität Basel. Ferner gilt unser Dank Herrn Markus Volker und Herrn Philipp Siebrecht für die tatkräftige Unterstützung bei der formalen Gestaltung dieses Buches.

Basel und Mannheim, im Mai 2001 *Manfred Bruhn* und *Christian Homburg*

Sachgebietsverantwortliche

Die nachfolgenden Personen haben die Stichwörter zu den ausgewählten Themenbereichen erstellt; dabei haben im Einzelnen verschiedene andere Autorinnen und Autoren mitgewirkt:

PROF. DR. DR. H.C. ULLI ARNOLD
Universität Stuttgart

Sachgebiet:

- Beschaffungsmarketing

PROF. DR. INGO BALDERJAHN
Universität Potsdam

Sachgebiet:

- Marketing und Nachhaltigkeit

PROF. DR. MANFRED BRUHN
Universität Basel

Sachgebiete:

- Integrierte Kommunikation
- Internes Marketing
- Kommunikationspolitik
- Kundenbindungsmanagement
- Messen und Ausstellungen
- Public Relations
- Relationship Marketing
- Verkaufsförderung

Mitautoren: Dipl.-Kffr. Grit Mareike Ahlers, Dipl.-Ök. Astrid Frommeyer, Dipl.-Kffr. Kristina Lasotta, Dipl.-Kfm. Mark Richter, Dipl.-Kfm. Marcus Stumpf, Dipl.-Kfm. Sven Tuzovic

PROF. DR. MANFRED BRUHN / DR. DOMINIK GEORGI
Universität Basel

Sachgebiet:

- Qualitätsmanagement

PROF. DR. HEINZ DALLMER
Arvato direct services, Bertelsmann, Gütersloh
Universität der Künste, Berlin

Sachgebiet: • Direct Marketing

Mitautoren: Thomas Fortkord, Joachim Göb, Alfried H. Gutsche, Peter Kiekebusch, Michaela Koblitzek, Harald Lütkebohle, Derk Möller, Martin Scharte, Dieter Schefer, Dirk Strauß, Thomas Wonnemann, Bert Zimmer

PROF. DR. CLAUDIA FANTAPIÉ-ALTOBELLI
Helmut Schmidt Universität Hamburg

Sachgebiet: • Marketing und Neue Medien

Mitautoren: Dipl.-Kffr. Susanne Fittkau, Dipl.-Kffr. Ann-Kathrin Harms

PROF. DR. MARTIN FAßNACHT
Wissenschaftliche Hochschule für Unternehmensführung (WHU) – Otto-Beisheim-Hochschule

Sachgebiet: • Dienstleistungsmarketing

PROF. DR. ANDREA GRÖPPEL-KLEIN
Europa-Universität Viadrina Frankfurt (Oder)

Sachgebiet: • Konsumentenverhalten

PROF. DR. ARNOLD HERMANNS
Universität der Bundeswehr Neubiberg

Sachgebiet: • Sponsoring

PROF. DR. ANDREAS HERRMANN
Universität St.Gallen

Sachgebiet: • Produktpolitik

PROF. DR. CHRISTIAN HOMBURG
Universität Mannheim

Sachgebiet: • Marketingcontrolling

Mitautoren: Dipl.-Wirtsch.-Ing. Markus Richter

PROF. DR. FRANK HUBER
Universität Mainz

Sachgebiet: • Produktpolitik

PROF. DR. MANFRED KIRCHGEORG
HHL – Graduate School of Management

Sachgebiet: • Allgemeine Grundlagen des Marketing

Mitautoren: Dr. Peggy Kreller, Carsten Bartsch, MBA, Dipl.-Kfm. Oliver Klante, Dipl.-Kfm. Kai Thürbach

DR. HARLEY KROHMER
Universität Mannheim

Sachgebiet: • Marketingorganisation

PROF. DR. HELGE LÖBLER
Universität Leipzig

Sachgebiet: • Werbung

Mitautoren: Dipl.-Kfm. Daniel Markgraf, Dipl.-Kfm. Markus Tauber

PROF. DR. MARGIT MEYER
Julius Maximilians-Universität Würzburg

Sachgebiet: • Industriegütermarketing

Mitautor: Dr. Jutta Müschen

PROF. DR. RAINER OLBRICH FernUniversität Hagen	
Sachgebiete:	• Handelsmarketing • Distributions-/Vertriebspolitik
Mitautoren:	Dr. Dirk Battenfeld, Dipl.-Ök. Daniela Braun, Dipl.-Kfm. Dipl.-Volksw. Carl-Christian Buhr, M.E.S., Dipl.-Kfm. Martin Grünblatt, Dipl.-Kfm. Marc Knuff, Dipl.-Ök. René Peisert, Dipl.-Ök. Markus Vetter

PROF. DR. MATTHIAS SANDER Universität Konstanz	
Sachgebiet:	• Internationales Marketing
Mitautor:	Dr. Michael Streich

PROF. DR. CHRISTIAN SCHADE Humboldt-Universität zu Berlin	
Sachgebiet:	• Theorien des Marketing

PROF. DR. HENDRIK SCHRÖDER Universität Duisburg-Essen, Essen	
Sachgebiet:	• Rechtliche Aspekte des Marketing

PD DR. RUTH STOCK Universität der Bundeswehr Hamburg	
Sachgebiet:	• Marktorientierung

PROF. DR. DIETER K. TSCHEULIN / PROF. DR. BERND HELMIG
Albert Ludwigs-Universität Freiburg im Breisgau / Universität Freiburg (Schweiz)

Sachgebiete:

- Marktforschung
- Marktsegmentierung

Mitautoren: Dr. Ralf Haderlein (Albert-Ludwigs-Universität Freiburg im Breisgau), Dipl. Volksw. Alexander Graf (Universität Freiburg/Schweiz), lic.rer.pol. Pascal Schumacher (Universität Freiburg/Schweiz)

PROF. DR. KLAUS-PETER WIEDMANN
Universität Hannover

Sachgebiete:

- Marketing für öffentliche Betriebe
- Social Marketing
- Strategisches Marketing

Mitautoren: Dr. Holger Buxel, Dr. Alexander Klee, Dr. Sabine Meissner, Dr. Gianfranco Walsh

PROF. DR. HERBERT WORATSCHEK
Universität Bayreuth

Sachgebiet:

- Preispolitik

Verzeichnis der Autoren

ARNOLD, PROF. DR. DR. H.C. ULLI

Prof. Dr. Dr. h.c. Ulli Arnold ist Vorsitzender des Instituts für Unternehmenspolitik sowie Leiter der Forschungsstelle für das Management von Sozialorganisationen (FORMS) an der Universität Stuttgart.

Universität Stuttgart
Betriebwirtschaftliches Institut
Lehrstuhl für Investitionsgütermarketing und Beschaffungsmanagement
Keplerstraße 17
D-70174 Stuttgart

Tel.: (07 11) 1 21-31 61
Fax: (07 11) 1 21-31 31
E-Mail: ulli.arnold@po.uni-stuttgart.de

BALDERJAHN, PROF. DR. INGO

Prof. Dr. Ingo Balderjahn ist Inhaber des Lehrstuhls für Betriebswirtschaftslehre mit dem Schwerpunkt Marketing an der Universität Potsdam.

Universität Potsdam
Wirtschafts- und
Sozialwissenschaftliche Fakultät
August-Bebel-Straße 89
D-14482 Potsdam

Tel.: (03 31) 9 77-35 95
Fax.: (03 31) 9 77-33 50
E-Mail: balderja@rz.uni-potsdam.de

BRUHN, PROF. DR. MANFRED

Prof. Dr. Manfred Bruhn ist Ordinarius für Betriebswirtschaftslehre, insbesondere Marketing und Unternehmensführung, am Wirtschaftswissenschaftlichen Zentrum (WWZ) der Universität Basel.

Universität Basel
Wirtschaftswissenschaftliches Zentrum (WWZ)
Lehrstuhl für Marketing und Unternehmensführung
Petersgraben 51
CH-4051 Basel

Tel.: + 41 (0) 61 2 67-32 22
Fax: + 41 (0) 61 2 67-28 38
E-Mail: manfred.bruhn@unibas.ch

DALLMER, PROF. DR. HEINZ

Prof. Dr. Heinz Dallmer ist Vorsitzender der Geschäftsführung data world und Geschäftsführer der arvato direct services, Bertelsmann, Gütersloh sowie Professor für Direct Marketing an der Universität der Künste, Berlin.

AZ Bertelsmann GmbH
Carl-Bertelsmann-Straße 161s
D-33311 Gütersloh

Tel.: (0 52 41) 80-37 63
Fax.: (0 52 41) 80-60 95
E-Mail: heinz.dallmer@bertelsmann.de

FANTAPIÉ ALTOBELLI, PROF. DR. CLAUDIA

Prof. Dr. Claudia Fantapié Altobelli ist Leiterin des Instituts für Marketing und Inhaberin der Professur für Allg. Betriebwirtschaftslehre, insbesondere Marketing an der Helmut Schmidt Universität – Universität der Bundeswehr Hamburg.

Helmut Schmidt Universität
Fachbereich WOW
Institut für Marketing
Holstenhofweg 85
D-22043 Hamburg

Tel.: (040) 65 41-27 72
Fax.: (040) 65 41-20 90
E-Mail: marketfa@unibw-hamburg.de

FAßNACHT, PROF. DR. MARTIN

Prof. Dr. Martin Faßnacht ist Inhaber des Lehrstuhls für Betriebswirtschaftslehre, insbesondere Marketing, Otto Beisheim-Stiftungslehrstuhl und Wissenschaftlicher Direktor des Zentrums für Marktorientierte Unternehmensführung (ZMU) an der Wissenschaftlichen Hochschule für Unternehmensführung (WHU) – Otto-Beisheim-Hochschule – in Vallendar/Koblenz.

Wissenschaftliche Hochschule für Unternehmensführung (WHU) – Otto-Beisheim-Hochschule –
Lehrstuhl für Betriebswirtschaftslehre, insbesondere Marketing, Otto Beisheim-Stiftungslehrstuhl
Burgplatz 2
D-56179 Vallendar

Tel.: (0621) 65 09-441
Fax: (0621) 65 09-449
E-Mail: mark@whu.edu
Internet: www.whu.edu/market

Gröppel-Klein, Prof. Dr. Andrea

Prof. Dr. Andrea Gröppel-Klein ist Inhaberin des Lehrstuhls für Allg. Betriebswirtschaftslehre, insbesondere Internationales Marketing, Konsum- und Handelsforschung an der Europa-Universität Viadrina Frankfurt (Oder).

Europa-Universität Viadrina Frankfurt (Oder)
Wirtschaftswissenschaftliche Fakultät
Lehrstuhl Allg. BWL,
insbesondere Internationales Marketing, Konsum- und Handelsforschung
Große Scharrnstraße 59
D-15230 Frankfurt (Oder)

Tel.: (03 35) 55 34-2870
Fax.: (03 35) 55 34-2275
E-Mail: market@euv-frankfurt-o.de

Helmig, Prof. Dr. Bernd

Prof. Dr. Bernd Helmig ist Inhaber des Lehrstuhls für NPO-Management und Marketing an der Universität Freiburg in der Schweiz.

Universität Freiburg
Lehrstuhl für NPO-Management und Marketing
Avenue de l'Europe 20
CH-1700 Freiburg

Tel.: +41 (026) 3 00-82 91
Fax.: +41 (026) 3 00-96 45
E-Mail: bernd.helmig@unifr.ch

Hermanns, Prof. Dr. Arnold

Prof. Dr. Arnold Hermanns ist Leiter des Instituts für Marketing an der Universität der Bundeswehr München.

Universität der Bundeswehr München
Institut für Marketing
Werner-Heisenberg-Weg 39
D-85577 Neubiberg

Tel.: (089) 60 04-28 10
Fax.: (089) 60 04-39 08
E-Mail: arnold.hermanns@UniBw-Muenchen.de

Herrmann, Prof. Dr. Andreas

Prof. Dr. Andreas Herrmann ist Direktor des Instituts für Medien- und Kommunikationsmanagement der Universität St.Gallen (HSG).

Institut für Medien- und
Kommunikationsmanagement
Universität St.Gallen
Blumenbergplatz 9
CH-9000 St.Gallen

Tel.: +41 (071) 2 24-22 97
Fax: +41 (071) 2 24-27 71
E-Mail: andreas.herrmann@unisg.ch

Homburg, Prof. Dr. Christian

Prof. Dr. Christian Homburg ist Inhaber des Lehrstuhls für Allg. Betriebswirtschaftslehre und Marketing I an der Universität Mannheim, wissenschaftlicher Direktor des Instituts für Marktorientierte Unternehmensführung (IMU) an der Universität Mannheim und Vorsitzender des Wissenschaftlichen Beirates der Prof. Homburg & Partner GmbH, Mannheim.

Universität Mannheim
Lehrstuhl für Allg. BWL und Marketing I
L5, 1
D-68131 Mannheim

Tel.: (06 21) 1 81-15 55
Fax: (06 21) 1 81-15 56
E-Mail: prof.homburg@bwl.uni-mannheim.de

Huber, Prof. Dr. Frank

Prof. Dr. Frank Huber ist Inhaber des Lehrstuhls für Marketing an der Universität Mainz.

Universität Mainz
Lehrstuhl für Marketing I
Welderweg
D-55099 Mainz

Tel.: (061 31) 3 92-2227
Fax: (061 31) 3 92-3727
E-Mail: huber@marketing-mainz.de

Kirchgeorg, Prof. Dr. Manfred

Prof. Dr. Manfred Kirchgeorg ist Inhaber des Lehrstuhls für Marketingmanagement an der Handelshochschule Leipzig – Leipzig Graduate School of Management.

HHL – Leipzig Graduate School of Management
Lehrstuhl für Marketingmanagement
Jahnallee 59
D-04109 Leipzig

Tel.: (03 41) 98 51-6 80
Fax: (03 41) 98 51-6 84
E-Mail: kirchgeorg@marketing.hhl.de

KROHMER, DR. HARLEY

Dr. Harley Krohmer ist Habilitand am Institut für Marktorientierte Unternehmensführung (IMU) an der Universität Mannheim.

Universität Mannheim
Lehrstuhl für Allg. BWL und Marketing I
L5, 1
D-68131 Mannheim

Tel.: (06 21) 1 81-35 43
Fax: (06 21) 1 81-15 56
E-Mail: krohmer@bwl.uni-mannheim.de

LÖBLER, PROF. DR. HELGE

Prof. Dr. Helge Löbler ist Inhaber des Lehrstuhls für Betriebswirtschaftslehre, insbesondere Marketing an der Universität Leipzig.

Universität Leipzig
Lehrstuhl für Betriebswirtschaftslehre,
insbesondere Marketing
Marscherstraße 31
D-04109 Leipzig

Tel.: (03 41) 9 73-37 50
Fax: (03 41) 9 73-37 59
E-Mail.: loebler@wifa.uni-leipzig.de

MEYER, PROF. DR. MARGIT

Prof. Dr. Margit Meyer ist Inhaberin des Lehrstuhls für Betriebswirtschaftslehre und Marketing an der Julius Maximilians-Universität Würzburg.

Julius Maximilians-Universität Würzburg
Lehrstuhl für BWL und Marketing
Josef-Stangl-Platz 2
D-97070 Würzburg

Tel.: (09 31) 312-9 19
Fax: (09 31) 312-8 11
E-Mail: margit.meyer@mail.uni-wuerzburg.de

Olbrich, Prof. Dr. Rainer

Prof. Dr. Rainer Olbrich ist Inhaber des Lehrstuhls für Betriebswirtschaftslehre, insbesondere Marketing, der FernUniversität Hagen. Darüber hinaus ist er Direktor der Abteilung Marketing des IWW.

Fernuniversität Hagen
Lehrstuhl für Betriebswirtschaftslehre,
insbesondere Marketing
Feithstraße 140 / Eugen-Schmalenbach-Gebäude
D-58084 Hagen

Tel.: (0 23 31) 9 87-26 45
Fax: (0 23 31) 9 87-21 88
E-Mail: lehrstuhl.marketing@fernuni-hagen.de

Sander, Prof. Dr. Matthias

Prof. Dr. Matthias Sander ist Inhaber des Lehrstuhls für Allg. Betriebswirtschaftslehre mit dem Schwerpunkt Marketing an der Universität Konstanz.

Universität Konstanz
Fachbereich Wirtschaftswissenschaften
Lehrstuhl für Allg. BWL
mit dem Schwerpunkt Marketing
Fach D-130
D-78457 Konstanz

Tel.: (075 31) 88-25 99
Fax.: (075 31) 88-35 60
E-Mail: matthias.sander@uni-konstanz.de

Schade, Prof. Dr. Christian

Prof. Dr. Christian Schade ist Leiter des Instituts für Entrepreneurship/Innovationsmanagement an der Humbold-Universität zu Berlin.

Humboldt-Universität zu Berlin
Wirtschaftswissenschaftliche Fakultät
Institut für Entrepreneurship / Innovations-
management
Spandauer Straße 1
D-10178 Berlin

Tel.: (030) 20 93-59 04
Fax: (030) 20 93-59 18
E-Mail: schade@wiwi.hu-berlin.de

Schröder, Prof. Dr. Hendrik

Prof. Dr. Hendrik Schröder ist Inhaber des Lehrstuhls für Betriebswirtschaftslehre, insbesondere Marketing und Handel, an der Universität Duisburg-Essen, Standort Essen.

Universität Duisburg-Essen
FB 5 Wirtschaftswissenschaften
Lehrstuhl für Marketing und Handel
Universitätsstraße 12
D-45117 Essen

Tel.: (02 01) 1 83-22 61
Fax.: (02 01) 1 83-28 33
E-Mail: hendrik.schroeder@uni-essen.de

STOCK, PD DR. RUTH

PD Dr. Ruth Stock, Fachbereich Wirtschafts- und Organisationswissenschaften, Helmut Schmidt Universität – Universität der Bundeswehr Hamburg.

Helmut Schmidt Universität
Fachbereich Wirtschafts- und Organisationswissenschaften
Holstenhofweg 85
D-22043 Hamburg

Tel.: (040) 65 41-29 62
Fax.: (040) 65 41-28 70
E-Mail: ruth.stock@unibw-hamburg.de

TSCHEULIN, PROF. DR. DIETER K.

Prof. Dr. Dieter K. Tscheulin ist Direktor des Betriebswirtschaftlichen Seminars IV an der Albert-Ludwigs-Universität Freiburg im Breisgau.

Albert Ludwigs-Universität Freiburg
Abteilung für Betriebswirtschaftslehre IV
Platz der Alten Synagoge 1
D-79085 Freiburg im Breisgau

Tel.: (07 61) 2 03-24 09
Fax: (07 61) 2 03-24 10
E-Mail: dieter.tscheulin@vwl.uni-freiburg.de

WIEDMANN, PROF. DR. KLAUS-PETER

Prof. Dr. Klaus-Peter Wiedmann ist ordentlicher Professor an der Universität Hannover und Inhaber des Lehrstuhls für Allg. Betriebswirtschaftslehre und Marketing II.

Universität Hannover
Lehrstuhl für Allg. BWL und Marketing II
Königsworther Platz 1
D-30167 Hannover

Tel.: (05 11) 7 62-48 62
Fax.: (05 11) 7 62-31 42
E-Mail: kpw@isuma.com

Woratschek, Prof. Dr. Herbert

Prof. Dr. Herbert Woratschek ist Inhaber des Lehrstuhls BWL VIII – Dienstleistungsmanagement an der Universität Bayreuth und Mitbegründer des Institutes für interdisziplinäres Dienstleistungsmanagement.

Universität Bayreuth
Lehrstuhl BWL VIII – Dienstleistungsmanagement
Rechts- und Wirtschaftswissenschaftliche Fakultät
D-95440 Bayreuth

Tel.: (09 21) 55-34 97
Fax: (09 21) 55-34 96
E-Mail: hj.woratschek@uni-bayreuth.de

Hinweise für den Benutzer

Die zahlreichen Sachgebiete des Gabler Marketing-Lexikons sind nach Art eines Konversationslexikons in mehr als 4.400 Stichwörter aufgegliedert. Unter einem Stichwort ist nur die speziell diesen Begriff erläuternde Erklärung zu finden, die dem Benutzer erforderliches Wissen ohne mehrmaliges Nachschlagen vermittelt. Die zahlreichen durch das Verweiszeichen (→) gekennzeichneten Wörter erlauben es dem Leser, weiterführende Begriffe nachzuschlagen.

Die alphabetische Reihenfolge ist auch bei zusammengesetzten Stichwörtern strikt eingehalten. Dies gilt sowohl für Begriffe, die durch Bindestriche verbunden sind (z.B. „Business-to-Business-Werbung"), als auch für solche, die aus mehreren, durch Leerzeichen getrennten Wörtern bestehen (z.B. „Electronic Commerce"). In beiden Fällen erfolgt die Sortierung, als sei der Bindestrich bzw. das Leerzeichen nicht vorhanden. So steht z.B. „Anreiz-Beitrags-Theorie" vor „Anreizmodell" und „Marktorientierte Unternehmensführung" hinter „Marktorientierte Planung".

Die Umlaute ä, ö und ü wurden bei der Einordnung in das Alphabet wie die Grundlaute a, o und u behandelt, ß wie ss.

Zusammengesetzte Begriffe, wie „Strategisches Marketing", „Hypothetisches Konstrukt" oder „Integrierte (Unternehmens-) Kommunikation" sind in der Regel unter dem Adjektiv alphabetisch eingeordnet. Wird der gesuchte Begriff unter dem Adjektiv nicht gefunden, empfiehlt es sich, das Substantiv nachzuschlagen.

Geläufige Synonyme und angloamerikanische Termini werden jeweils am Anfang eines Stichwortes in kursiver Schrift aufgeführt.

Rechtsvorschriften sind, soweit notwendig, angegeben. Dabei ist z.B. „§ 84 I 2 HGB" zu lesen als „Paragraph 84 Absatz 1 Satz 2 des Handelsgesetzbuches". „BGBl I 1.061" bedeutet „Bundesgesetzblatt Teil I, Seite 1.061"; das Erscheinungsjahr ergibt sich aus dem im Text angegebenen Zeitpunkt der Bekanntmachung der jeweiligen Rechtsvorschrift.

Alle weiteren Vorschriften und Angaben, insbesondere z.B. Erläuterungen von Postbestimmungen, erfolgen ohne Gewähr der Autoren.

ABC-Analyse, Methode zur Entscheidungsunterstützung durch Ordnung und Aufteilung von mengen- und wertmäßigen Merkmalen eines Sachverhalts in Klassen (A-Klasse: hoher Wert- und geringer Mengenanteil (sehr wichtig), B-Klasse: mittlerer Wert- und Mengenanteil (wichtig), C-Klasse: geringer Wert- und hoher Mengenanteil (weniger wichtig)). Ziel der ABC-A. ist das Aufzeigen von Schwerpunktbereichen, auf die die Ressourcen des Unternehmens zu konzentrieren sind. Das Vorgehen der ABC-A. wird am Beispiel einer Kundenkategorisierung verdeutlicht: Zunächst werden die Kunden bzgl. eines Kriteriums, wie z.B. Umsatz, → Gewinn oder → Deckungsbeitrag, nach fallender Größe angeordnet. Die Beträge werden daraufhin kumuliert. Trägt man die Ergebnisse graphisch ab, ergibt sich häufig der in Abb. „ABC-Analyse der Kundenstruktur" dargestellte Kurvenverlauf.

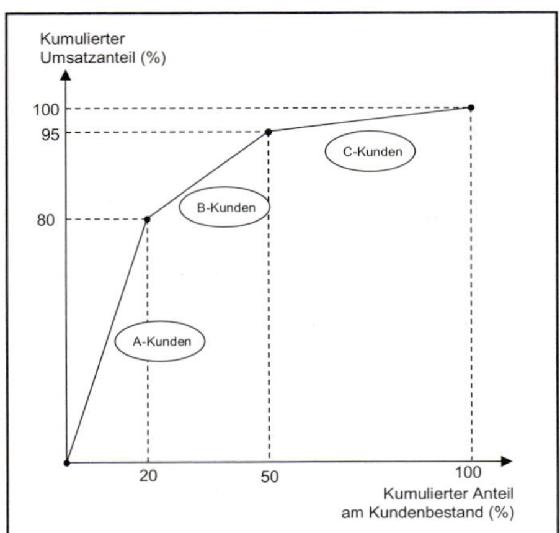

ABC-Analyse der Kundenstruktur

Neben Kunden können auch Produkte, Marktsegmente u.a. mit Hilfe der ABC-A. untersucht werden. Die Vorteile der ABC-A. liegen vor allem in der einfachen Handhabung und der objektiv/visuellen Verdeutlichung komplexer Sachverhalte. Nachteilig ist, dass nur ein Kriterium betrachtet wird und damit u.U. wichtige Ursache-/Wirkungszusammenhänge unberücksichtigt bleiben. Bei der obigen Kundenkategorisierung wird z.B. nicht das Potenzial des Kunden berücksichtigt. So kann man sich bei einem C-Kunden nicht sicher sein, ob er insgesamt ein zu geringes Potenzial hat, oder ob es sich vielleicht um einen sehr potenzialstarken Kunden handelt, bei dem man lediglich eine schwache Wettbewerbsposition hat. Daher stellt das → Kundenportfolio einen besseren Ansatz zur Unterstützung von Ressourcenallokationsentscheidungen dar.

Abell-Schema, auf Abell (1980) zurückgehender Ansatz zur Abgrenzung der Geschäftstätigkeit von Unternehmen bzw. zur Bildung → Strategischer Geschäftseinheiten (→ Marktabgrenzung). Ziel bei der Anwendung des Schemas ist die Beantwortung von drei marketingstrategischen Fragen (vgl. Abb. „Beispiel für eine Geschäftsfelddefinition eines Anbieters von Computer-Tomographen"): (1) Welche Kundengruppen sollen bedient werden? (2) Welche → Bedürfnisse dieser Kundengruppen sollen befriedigt werden? (3) Welche Technologien/Produkte sollen zur Befriedigung der Kundenbedürfnisse verwendet werden? Anhand eines dreidimensionalen Bezugsrahmens, der durch die Dimensionen Funktionserfüllung, Technologien und Kundengruppen aufgespannt wird, werden sowohl aktuelle als auch potenzielle zukünftige Ausprägungen der drei Dimensionen für das betrachtete Unternehmen dargestellt. Im Anschluss werden diejenigen Geschäftsfelder bestimmt, die in die → Strategische Planung einbezogen werden sollen.

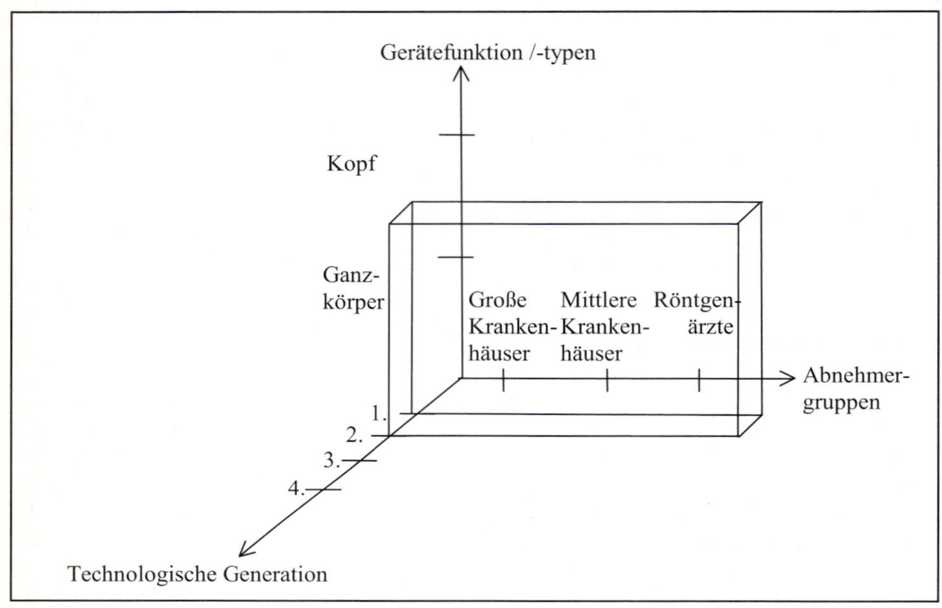

Beispiel für eine Geschäftsfelddefinition eines Anbieters von Computer-Tomographen (Quelle: Abell 1980, S. 112, zitiert nach Becker 1998, S. 245)

Literatur: Abell, D.F. (1980): Defining the Business. The Starting Point of Strategic Planning, Englewood Cliffs, N.J.; Becker, J. (1998): Marketing-Konzeption. Grundlagen des strategischen Marketing-Management, 6. Aufl., München.

Abfallgesetz, → Umweltgesetze, → Abfallmanagement, → Abfallverhalten, Recycling.

Abfallmanagement umfasst die Planung, Organisation, Implementierung und Kontrolle von betrieblichen Maßnahmen zur Abfallvermeidung, -verwertung und -beseitigung.

I. Begriff: Betriebliches A. übernimmt als Querschnittsfunktion alle Aufgaben der Abfallplanung, -steuerung und -kontrolle mit dem Ziel, Abfall zu vermeiden, nicht vermeidbaren Abfall zu verwerten und nicht verwertbaren Abfall umweltschonend zu entsorgen. Abfälle sind nach dem → Kreislaufwirtschafts- und Abfallgesetz (KrW-/ AbfG) Stoffe, Rückstände oder Reststoffe, die weder zielgerichtet produziert noch zweckentsprechend in der Produktion eingesetzt werden. Das betriebliche A. muss einerseits sicherstellen, dass gesetzliche Anforderungen erfüllt werden und andererseits ist es darauf gerichtet, auf den Abfall bezogene ökologische, soziale und ökonomische Ziele zu erreichen.

II. Konzept: Das → Kreislaufwirtschafts- und Abfallgesetz (KrW-/AbfG) trat am 7. 10. 1996 in Kraft und verpflichtet Erzeuger von Abfällen einer bestimmten Größenordnung, Abfallwirtschaftskonzepte aufzubauen und Abfallbilanzen zu erstellen. Es muss über Art, Menge und Verbleib der im Betrieb anfallenden Abfälle, über getroffene und geplante Maßnahmen zur Vermeidung, Verwertung und Beseitigung der Abfälle informiert und Buch geführt werden. Darüber hinaus müssen geplante Entsorgungswege für die nächsten fünf Jahre sowie ein Verbleib der Abfälle außerhalb der Bundesrepublik Deutschland dokumentiert werden. Handlungsfelder sind: (1) Abfallvermeidung durch

a) integrierte Produktionsprozesse mit Kreislaufführung, b) abfallvermeidendes Produktdesign, c) Anwendung von Logistikkonzepten auf Abfallströme; (2) Abfallverwertung/Recycling durch a) Wiederverwertung, b) Weiterverwertung, c) Weiterverwendung und d) Wiedervermarktung (Upcycling).

III. Maßnahmen: (1) Genaue Analyse und Erfassung von produktionsbedingten Stoffströmen sowie anfallenden Reststoffen und Abfällen, (2) Erfassung und Kontrolle von Gefahrstoffen, (3) Optimierung der Entsorgungslogistik, (4) Zusammenarbeit mit Aufsichts- und Genehmigungsbehörden, (5) Dokumentation von Zielen, Maßnahmen und Ergebnissen.

Abfallverhalten, Recycling. Zielt darauf ab, Abfälle möglichst zu vermeiden, nicht vermeidbare Abfälle zu verwerten bzw. weiterzuverwenden (Recycling) und nicht verwertbare Abfälle umweltschonend zu entsorgen.

I. Begriff: Es wird zwischen der Wiederverwertung (Stoffe gelangen wieder in bereits früher durchlaufene Produktionsprozesse) und Weiterverwertung (Stoffe gelangen in noch nicht durchlaufene Produktionsprozesse) unterschieden. Verschlechtert sich die Qualität des Ausgangsprodukts, so liegt ein „Downcycling" vor (z.B. aus Kunststoffabfällen hergestelltes Granulat für Blumenkästen).

II. Merkmale: (1) Abfallvermeidung und Recycling in Unternehmen: Erzeuger von Abfällen müssen ab einer bestimmten Größenordnung nach dem 1996 in Kraft getretenen → Kreislaufwirtschafts- und Abfallgesetz (KrW-/AbfG) Abfallwirtschaftskonzepte und Abfallbilanzen erstellen (→ Abfallmanagement). Abfallwirtschaftskonzepte und Abfallbilanzen stellen betriebliche Planungs- und Kontrollinstrumente zur Optimierung der Abfallwirtschaft dar. Darüber hinaus verpflichtet die 1991 in Kraft getretene und 1998 novellierte → Verpackungsverordnung (VerpackV) Hersteller und Händler nach dem Verursacherprinzip zur Rücknahme und Wiederverwertung von Verpackungen. Als unmittelbare Folge der Verpackungsverordnung wurde auf privatwirtschaftlicher Initiative 1990 das → Duale System Deutschland (DSD) als Dachorganisation für das Recycling von Verkaufsverpackungen gegründet. (2) Abfallvermeidung und Recycling in privaten Haushalten: Die Abfallvermeidungspotenziale liegen im Bereich der privaten Haushalte bei ca. 20 bis 30 Prozent, ca. 80 Prozent des Hausmülls könnte wiederverwertet werden. Inwieweit diese Potenziale ausgeschöpft werden, ist abhängig von der Bereitschaft der Konsumenten, aus Einsicht in die Notwendigkeit, die Umwelt zu schützen, Abfall zu vermeiden (→ Umweltbewusstsein). Das Abfallverhalten von Konsumenten ist im Wesentlichen durch mögliche Kosteneinsparungen durch Abfallvermeidung und Abfallverwertung bestimmt (→ Low-Cost-Hypothese).

III. Maßnahmen und Instrumente: (1) Unternehmen: a) Integrierte Produktionsprozesse mit kreislaufgeführten Rohstoffeinsätzen zur Vermeidung von Produktionsabfällen (z.B. Kreislaufführung von Hilfsstoffen), b) Entwicklung und Konstruktion abfallvermeidender Produkte (→ umweltfreundliche Konsumgüter), c) Aufbereitung, Modernisierung und Wiedervermarktung zerstörungsfrei demontierter Bauteile (Upcycling), d) stoffliche Verwertung und energetische Verwertung, e) Entsorgung unter Einhaltung der Vorschriften (z.B. TA-Abfall). (2) Maßnahmen der Haushalte: a) Abfallvermeidung (z.B. Produkte in Mehrwegverpackungen kaufen), b) Abfalltrennung/Recycling (z.B. Altglas zum Container bringen).

IV. Aktuelle Entwicklungen: Bei Industrieunternehmen kann der Anteil der Reststoffe am Gesamtmassenoutput bis zu 40 Prozent betragen, und die dort gebundenen Kosten können bis zu 12 Prozent der Gesamtkosten ausmachen. Damit liegt das durchschnittliche Einsparungspotenzial bei ca. 1,2 Prozent der Gesamtkosten. Ein Viertel des gesamten Abfallaufkommens wird Verwertungsanlagen zugeführt. Abfälle aus der Produktion weisen mit ca. 56 Prozent die höchste Verwertungsquote auf. Vom Hausmüll bzw. von hausmüllähnlichen Gewerbeabfällen gehen dagegen nur 30 Prozent in die Verwertung.

Abflussquote, benutzter Korrekturfaktor im Rahmen einer → Standortanalyse für den Anteil des Bedarfs, der nicht innerhalb des betrachteten → Einzugsgebiets abgedeckt wird, sondern in andere Gebiete abfließt.

Abgeleitete Nachfrage, *derivative Nachfrage*. Im Industriegüterbereich ergibt sich die Nachfrage nicht originär, sondern aufgrund des Kaufverhaltens nachgelagerter Absatzstufen, d.h. dass sowohl nachfolgende Weiterverarbeitungs- und Handelsstufen als auch der Letztverwender die Absatzmenge beeinflussen. Für das Marketing bedeutet dies, dass Kenntnisse nicht nur über die eigenen direkten → Absatzmärkte nötig sind, sondern auch über die nachgelagerten Marktstufen. *Vgl. auch* → Industriegütermarketing.

Abgestimmtes Verhalten, Begriff aus dem Wettbewerbsrecht (→ GWB); praktische, nicht vertraglich geregelte Zusammenarbeit zwischen Unternehmungen, die an die Stelle des mit unternehmerischen Risiken verbundenen Wettbewerbs tritt, unterliegt dem Verbot von § 1 GWB.

Abhängige Variable, → Endogene Variable.

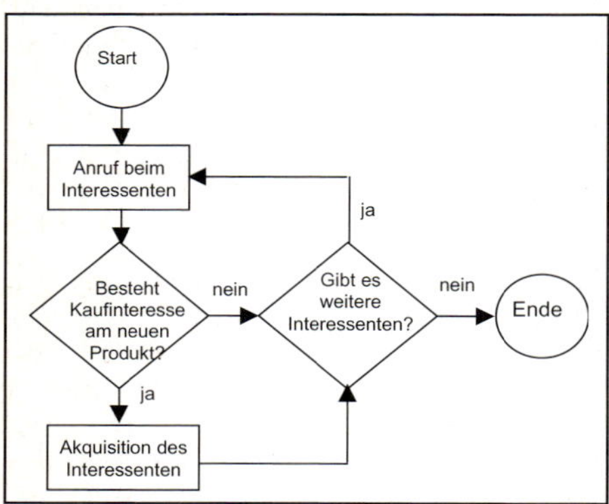

Beispielhafte Darstellung eines Ablaufdiagramms

Ablaufdiagramm, *Flussdiagramm*; bezeichnet die graphische Darstellung der logischen Abfolge eines Prozesses in Diagrammform, in der die einzelnen Prozessschritte miteinander verbunden sind. Bei der Definition von Prozessen beispielsweise im Rahmen der → Marktforschung oder im Rahmen der Gestaltung der → Ablauforganisation wird anhand eines A. die zeitliche Reihenfolge der Teilaufgaben festgelegt.

Ablauforganisation, bezeichnet eine Form der → Marketingorganisation, die den Ablauf von Arbeitsprozessen im betrieblichen Geschehen (wie z.B. der Neukundenakquisition) im Hinblick auf die Zuordnung von Aufgaben auf die Mitarbeiter, die Arbeitszeit und die Arbeitsräume regelt. Ziel ist die lückenlose Abstimmung der Arbeitsgänge auf die Zielerreichung des Unternehmens. Von der A. wird die → Aufbauorganisation unterschieden, die sich auf den strukturellen Aufbau der Marketingorganisation bezieht.

Ablaufplanung, → Ablaufdiagramm; *vgl. auch* Ablauforganisation.

Ablenkungseffekt, zu intensiv aktivierende Elemente (→ Aktivierung) einer Werbung ziehen so stark → Aufmerksamkeit auf sich, dass sie bei ungenügender Integration aller Gestaltungselemente die Beachtung anderer, vielleicht besonders wichtiger Elemente (z.B. Markenname) verhindern können. A. können mit Hilfe der Methode der → Blickregistrierung kontrolliert werden.

Abmahnung. I. Begriff: Außergerichtliche Maßnahme, die ein Wirtschaftssubjekt dazu bewegen soll, ein nach Ansicht des Abmahnenden rechtlich unzulässiges Verhalten abzustellen. Die A. fordert den Verletzer auf, innerhalb einer angemessenen Frist eine strafbewehrte Unterlassungserklärung abzugeben, andernfalls werde mit gerichtlichen Schritten gegen ihn vorgegangen. Beweismittel brauchen nicht angegeben zu werden. Die Unterlassungsverpflichtung kann mit einer Vertragsstrafe für den Fall der Zuwiderhandlung verbunden sein.

II. Bedeutung: (1) Kosten: Bei Verzicht auf eine A. und unmittelbarer Einleitung eines Klageverfahrens können dem Kläger die Prozesskosten auferlegt werden, wenn der Beklagte den Anspruch des Klägers sofort anerkennt. (2) Verbreitung: Die A. gehört zu den am häufigsten eingesetzten rechtlichen Mitteln im Wettbewerb, teilweise in unseriöser Form von sog. Abmahnvereinen benutzt, um die Kosten der A. einzutreiben, nicht aber um die Lauterkeit des Wettbewerb zu fördern. Wegen des hohen Missbrauchs wurde mit der Novellierung des → UWG 1994 die Klageberechtigung als Voraussetzung für eine A. beschränkt. Klagebefugt sind nur noch diejenigen Gewerbetreibenden, die Waren oder gewerbliche Leistungen auf demselben Markt vertreiben. Um Bagatellfälle auszuschließen, muss die Klage sich darüber hinaus gegen eine Handlung richten, die den Wettbewerb auf dem entsprechenden Markt wesentlich beeinträchtigen könnte. Voraussetzung für eine Klage durch einen Verband ist, dass ihm eine erhebliche Zahl von Gewerbetreibenden angehört, die eine eigene Klageberechtigung haben. Die Mitglieder müssen auf Verlangen namentlich benannt werden.

Abnehmerbedürfnis, → Motiv.

Abnehmerorientierung, → *Kundenorientierung; vgl. auch* → Kundennähe, → Marktorientierung.

Abonnement, Vertrag zwischen Anbieter und Kunde, bei dem sich der Kunde für einen festgelegten Zeitraum oder im Hinblick auf eine bestimmte Abnahmemenge zum Kauf eines Produktes bzw. zur Inanspruchnahme einer Dienstleistung verpflichtet. Im Gegenzug erhält der Kunde die Leistung zu Sonderkonditionen (→ Konditionenpolitik). Im Rahmen des → Kundenbindungsmanagements zählen Abonnementvereinbarungen zu den Formen der → Vertraglichen Kundenbindung. Typische Abonnementvereinbarungen finden sich bei Zeitungen, Buchklubs oder im Theater.

Abribus, Plakatwerbung in beleuchteten verglasten Vitrinen. *Vgl. auch* → Plakat.

Absahnstrategie, → Skimming Pricing.

Absatz, I. Begriff: A. bezeichnet i.e.S. die Abgabe von Gütern gegen Entgelt. Die am Austausch interessierten Personen oder Institutionen bezeichnet man als Nachfrager (potenzielle Kunden). Wenn lediglich die Eigentumsübertragung von Sachgütern Gegenstand des Austausches ist, werden die Nachfrager als Käufer bezeichnet. Wenn nur eine Gebrauchsüberlassung erfolgt, dann werden sie als Mieter bezeichnet. Bei immateriellen Gütern ist die Terminologie uneinheitlich. Sie können beispielsweise Klienten genannt werden. Die gedankliche Zusammenfassung von Raum, Zeit und der am Austausch beteiligten Subjekte bezeichnet man als den Markt, an dem der A. realisiert wird. Der Begriff A. wird in Theorie und Praxis uneinheitlich verwendet. So wird der A. als Tätigkeitsergebnis oft mit den Begriffen, → Absatzmenge, bestellte Menge, verkaufte Menge, Verkauf oder auch Umsatz gleichgesetzt. Diese Begriffe sind aber ebenfalls nicht klar belegt. Wird beispielsweise der Begriff Umsatz im Sinne von Umsatzprozess (von der Beschaffung über die Leistungserstellung zum A.) verstanden, dann stellt der Begriff A. die Phase im gesamtbetrieblichen Umsatzprozess dar, in der dieser Prozess seinen Abschluss findet. Der Begriff A. umfasst i.w.S. nicht nur die Schlussphase des Umsatzprozesses, sondern auch diejenigen Maßnahmen, die der Verbesserung der Gestaltung der gesamten Verkaufstätigkeit und der gesamten Verkaufsverhältnisse eines Unternehmens dienen. Sie bestimmen die Höhe des Absatzes eines Unternehmens wesentlich. Neben diesen „internen Faktoren" existieren auch „externe Faktoren", die einen Einfluss auf die Höhe des Absatzes eines Unternehmens haben können. Beide Bereiche sollen folgend näher erläutert werden.

II. Interne Faktoren: Zu den internen Faktoren zählen insbesondere die absatzpolitischen Maßnahmen des Unternehmens. Diese Maßnahmen konkretisieren sich in verschiedenen Absatzinstrumenten und bringen damit die → Absatzpolitik des Unternehmens zum Ausdruck. Zu den Instrumenten der Absatzpolitik gehören in einer klassischen Vierteilung die Absatzmethode, die → Preispolitik, die → Absatzwerbung und die → Produktgestaltung. Man erkennt hier eine historische Genese der Instrumentalbereiche des → Marketing: (1) Absatzmethode: Prinzipiell muss ein Unternehmen eine Entscheidung über die Wahl des → Absatzweges treffen. Hierbei sind der

→ direkte Absatz und der → indirekte Absatz zu unterscheiden. Viele Unternehmen verkaufen ihre Erzeugnisse direkt an den Endverbraucher (z.B. über Angestellte oder → Reisende) oder indirekt (z.B. über → Absatzmittler oder → Handelsvertreter). Die Wahl zwischen diesen Alternativen betrifft die Entscheidung über das → Vertriebssystem des Unternehmens. (2) Preispolitik: Mit Hilfe der Preispolitik kann ein Unternehmen Einfluss auf die Entwicklung des Absatzes nehmen. Durch gezielte Preissetzungen und -veränderungen lässt sich das Absatzniveau in einzelnen Fällen beeinflussen (→ Preis-Absatz-Funktion). (3) Absatzwerbung: Die Absatzwerbung zielt im Wesentlichen auf die Erhöhung des → Bekanntheitsgrades (→ Diffusion) eines Produktes im Absatzbereich ab. Der Erfolg dieses Instrumentes ist allerdings von mehreren Faktoren, wie z.B. der → Werbeintensität und dem → Werbemedium abhängig. (4) Produktgestaltung: Die Produktgestaltung hat die Aufgabe, die akquisitorische Wirkung der Erzeugnisse zu erhöhen. Im Rahmen der Produktgestaltung werden somit alle Maßnahmen gefördert, die zu einer Verbesserung der funktionalen und akquisitorischen Eigenschaften der Produkte beitragen.

III. Externe Faktoren: Das Absatzniveau kann auch von unternehmensexternen Faktoren beeinflusst werden. Zu diesen Faktoren zählen die Wettbewerber, die Nachfrager bzw. Verwender und gesamtwirtschaftliche Trends. In marktwirtschaftlichen Systemen konkurrieren alle Unternehmen um die Gunst der potenziellen Nachfrager. Somit ist das Absatzniveau eines Unternehmens auch von den Aktionen und Reaktionen der Wettbewerber abhängig. Aktionen und Reaktionen der Nachfrager oder Verwender auf die absatzpolitischen Aktivitäten eines Unternehmens können ebenfalls den A. eines Unternehmens beeinflussen. Die Reaktionen der Nachfrage spiegeln sich i.d.R. in Veränderungen des → Konsumentenverhaltens (z.B. Änderung der → Kaufintensität) wider. Gesamtwirtschaftliche Trends können positive und negative Impulse liefern. Positive Trends, die beispielsweise durch einen Konjunkturaufschwung oder die Eröffnung neuer → Absatzmärkte entstehen, schaffen i. Allg. günstige Voraussetzungen für ein hohes Absatzniveau. Das Absatzniveau eines Unternehmens ist also von den absatzpolitischen Aktionen und Reaktionen des Unternehmens selbst, von den Aktionen und Reaktionen der Nachfrage, von den Aktionen und Reaktionen der Wettbewerber und von den gesamtwirtschaftlichen Trends abhängig.

Literatur: Gümbel, R. (1974): Absatz, in: Tietz, B. (Hrsg.): Handwörterbuch der Absatzwirtschaft, Stuttgart, Sp. 2-22; Gutenberg, E. (1979): Grundlagen der Betriebswirtschaftslehre, Bd. 2, 16. Aufl., Berlin u.a., S. 1-11.

Rainer Olbrich

Absatz, direkter, → *Vertrieb, direkter*; bezeichnet den unmittelbaren Verkauf von Erzeugnissen an den → Konsumenten oder Weiterverarbeiter durch den Produzenten. Beim direkten Absatz kann sich ein Produzent einer Anzahl von Verkaufsorganen, die entweder zum Unternehmen gehören (→ Reisende, Verkaufsniederlassung, Handelsgesellschaften) oder selbständig sind (selbständige → Handelsvertreter, → Makler und → Kommissionäre), bedienen.

Absatz, indirekter, → *Vertrieb, indirekter*; bezeichnet den Verkauf von Erzeugnissen an Betriebe, die die erworbenen Produkte nicht selbst verwenden, sondern mit der Absicht erwerben, sie mit Gewinn weiterzuverkaufen. Zwischen den Produzenten und den → Konsumenten sind hier also selbständige → Absatzmittler (→ Groß- und → Einzelhandelsbetriebe) eingeschaltet.

Absatzanalyse, Untersuchung der bestehenden und zu erwartenden Gegebenheiten auf dem Absatzmarkt für das bestehende Sortiment eines Unternehmens, d.h. aller den betrieblichen Absatz berührenden einzel- und gesamtwirtschaftlichen Daten und ihrer voraussehbaren Änderungen.

Absatzanbahnung, umfasst alle Aktivitäten, die vor dem Kaufabschluss getätigt werden. Darunter fallen absatzfördernde Maßnahmen, die bei der Kontaktaufnahme (z.B. → Homepage im → Internet) beginnen, Phasen der Beratung und Auftragsspezifizierung (z.B. Aushandlungen der Leistungsgestaltung) durchlaufen und mit dem Vertragsabschluss enden.

Absatzbezirk, → Absatzgebiet; bezeichnet die räumliche Gliederung des Absatzgebietes eines Produzenten. Die Bildung von Absatzbezirken dient im Rahmen der Verkaufsplanung einer besseren Erfassung der mengen- und wertmäßigen Entwicklung des monatlichen und jährlichen → Absatzes. Der A. ermöglicht darüber hinaus eine Bildung von Verantwortungsbereichen für das absatzpolitische Instrumentarium.

Absatzbindung, → Absatzwegbindung, → Ausschließlichkeitsbindung, → Bezugsbindung, → Vertriebsbindung;

I. Begriff: Die A. bezeichnet im Allgemeinen eine vertragliche Bindung, die mit dem → Absatz von Waren im Zusammenhang steht. Die A. ist i.e.S. eine Beschränkung, der sich der Lieferant (Hersteller) hinsichtlich des Absatzes der Erzeugnisse unterwirft (z.B. die Alleinvertriebsklausel im Rahmen des → exklusiven Vertriebs). I.w.S umfassen Absatzbindungen auch Vertriebsbindungen. Im Falle der Alleinvertriebsklausel sichert der gebundene Hersteller dem Händler die ausschließliche Belieferung seiner Erzeugnisse für das Vertragsgebiet zu (Ausschließlichkeitsbindung). Während der Händler von der Exklusivität des Sortimentes einen höheren Nutzen hat, profitiert der Hersteller von der Aufnahme seiner Erzeugnisse in das → Sortiment des Händlers.

II. Merkmale: Absatzbindungen lassen sich sowohl nach dem Gegenstand als auch nach dem Inhalt charakterisieren. (1) Gegenstand: Dem Gegenstand nach lassen sich Absatzbindungen danach unterscheiden, ob sie die rechtsgeschäftliche Handlungsfreiheit des gebundenen Unternehmers betreffen oder ihm Beschränkungen tatsächlicher Art auferlegen. Insbesondere die Beschränkungen der ersten Art sind sehr weit verbreitet. Sie können sich z.B. auf den Abschluss von Verträgen beziehen, indem sie dem Gebundenen den Vertragsabschluss mit bestimmten Abnehmern gestatten oder bestimmte Abnehmer von der Belieferung ausnehmen. Beschränkungen tatsächlicher Art stellen demgegenüber Bindungen dar, die das tatsächliche Unternehmensverhalten betreffen (z.B. ggü. bestimmten Abnehmern). Die A. stellt in vielen Fällen eine wesentliche Bedingung zur Aufnahme von Produkten in das Sortiment des Handels dar. In den Fällen, in denen der Hersteller eine → intensive Distribution beabsichtigt, kann die A. für den Hersteller von Nachteil sein. Hätte der Hersteller in diesem Fall die freie Wahl zu entscheiden, über welche → Vertriebswege er verfügen darf, dann würde er mehrere Händler in den → Vertrieb seiner Erzeugnisse einschalten, um einen hohen → Distributionsgrad zu erreichen. (2) Inhalt: Inhaltlich lassen sich Absatzbindungen in räumliche, sachliche, personelle und zeitliche Bindungen einteilen. Räumliche Bindungen sind vor allem im Rahmen von Alleinvertriebssystemen zu finden. Zur Sicherung des Systems und zur Gewährleistung einer möglichst gleichmäßigen → Marktbearbeitung kann der Hersteller dem Händler die Belieferung von weiteren Abnehmern innerhalb des Vertragsgebiets untersagen und sich auch seinerseits verpflichten keine Erzeugnisse anderer Hersteller anzubieten. Die sachlichen Bindungen sind vielseitig. Sie können sich z.B. auf den Inhalt von Verträgen beziehen, die der gebundene Hersteller mit Dritten abschließt, wie z.B. die Lieferungs- und die Konditionsbindungen. Personelle Bindungen haben ähnlich wie die räumlichen die Funktion, die Vertriebswege für die Vertragswaren festzulegen. Hier werden im Gegensatz zu den räumlichen Bindungen keine territorialen Kriterien herangezogen. Stattdessen werden die in den Weitervertrieb eingeschalteten Unternehmen konkret festgelegt (→ selektiver Vertrieb). Letztlich sind auch zeitliche Bindungen auf Seiten der Hersteller zu finden. Hier sind z.B. Beschränkungen des Angebots auslaufender Modelle denkbar.

Literatur: Ulmer, P. (1974): Absatzbindungen, in: Tietz, B. (Hrsg.), Handwörterbuch der Absatzwirtschaft, Stuttgart, S. 26-34.

Absatzbudget, bezeichnet den Teil des gesamten Marketingbudgets, der zur Deckung der im Absatzbereich anfallenden Verwaltungskosten (z.B. Kosten der Verkaufsabteilung) und der Aktivitäten, die der Förderung des → Absatzes dienen (z.B. → Verkaufstraining, Zahlung von → Prämien und Spesen) zur Verfügung steht.

Absatzdaten, den betrieblichen Absatz berührende Daten. Sie geben Auskunft über die Zahl der abgesetzten Leistungseinheiten. A. können sich z.B. auf das Unternehmen, auf einzelne Produkte, auf Regionen oder auf Kunden beziehen. I.w.S. können auch Umsatzzahlen als A. aufgefasst werden.

Absatzfinanzierung, spezielle Form der Absatzförderung, die in der Einräumung oder Vermittlung eines Kredits für den Kunden eines Unternehmens besteht. Kennzeichnend ist dabei der Zusammenhang der Finanzierungsleistung mit einem Waren- oder Dienstleistungsgeschäft, wobei die Leistung i.d.R. vor Zahlung des vertraglich vereinbarten Entgelts erbracht wird. Je nach Art der Kreditnehmer kann zwischen Konsumentenkrediten und → Lieferantenkrediten unterschieden werden. Das Unternehmen kann als Kreditgeber dem Kunden direkt einen Kredit einräumen oder als Kreditvermittler dem Kunden einen Kredit bei einem Dritten (anderes Unternehmen, Kreditinstitut, öffentliche Institution) vermitteln. Nach Dauer der Kreditbereitstellung kann zwischen kurzfristiger (weniger als drei Monate), mittelfristiger (drei Monate bis vier Jahre) und langfristiger (ab vier Jahren) A. unterschieden werden. Wesentliche kurzfristige Absatzfinanzierungsinstrumente sind Wechsel- und Kartenkredite. Auf mittel- bis langfristiger Ebene sind es Ratenkredite (= Teilzahlungskredit, Anschaffungsdarlehen) sowie → Leasing. Darüber hinaus gibt es spezielle Instrumente zur Exportfinanzierung (z.B. → Dokumentenakkreditiv). Häufig wird auch das → Factoring zur A. gezählt.

Absatzform, bezeichnet das Ergebnis der Wahl zwischen betriebszugehörigen und betriebsfremden Vertriebsorganen. Die betriebszugehörigen Organe können rechtlich selbständig (z.B. Vertriebsgesellschaften und Verkaufskontore) oder rechtlich unselbständig (z.B. Vertriebsabteilung, Versandabteilung und → Reisende) sein. Zu den betriebsfremden Vertriebsorganen gehören einerseits die Absatzmittler, wie z.B. die → Handelsvertreter, → Handelsmakler und → Kommissionäre, und andererseits die selbständigen Betriebe des → Groß- und → Einzelhandels.

Absatzgebiet, bezeichnet die geographische Ansiedlung der potenziellen und gegenwärtigen Nachfrager. Sie befinden sich damit im → Einzugsgebiet eines Vertriebsorgans bzw. Herstellers. Je nach Größe des A. ist es sinnvoll, → Absatzbezirke zu bilden, um die Entwicklung des Verkaufs im A. besser zu planen. Die Absatzgebiete werden i.d.R. nach geographischen Kriterien gebildet. In den Fällen, in denen die Produkte sehr spezifisch und hoch ‚technologisiert' sind, wird für die Bildung des A. empfohlen, nachfragerspezifische Kriterien (z.B. Einkommenshöhe oder Produktkenntnisse) zu berücksichtigen. Dadurch kann zudem die Größe der Zielgruppe in einem potenziellen A. besser bestimmt werden.

Absatzgebietewahl, bezeichnet den Prozess der Suche, Bewertung und Auswahl von → Absatzgebieten. Die Suche nach Absatzgebieten hat die Aufgabe, die Zahl der potenziellen Absatzgebiete zu bestimmen. Dieser Schritt ist im Hinblick auf die mit der Bewertung der Absatzgebiete verbundenen Ressourcenbindung unerlässlich. Die Bewertung der Absatzgebiete kann nach unterschiedlichen Aspekten durchgeführt werden. Neben den Konkurrenzverhältnissen und der Infrastruktur stellen ökonomische (z.B. Einkommenshöhe), geographische (z.B. standortspezifische Kosten), demographische (z.B. Bevölkerungsdichte), sozialpsychologische bzw. psychologische (z.B. Konsumgewohnheiten) sowie rechtliche Gesichtspunkte (z.B. Verordnungen) die wichtigsten Kriterien für die Bewertung der Absatzgebiete dar. Diese wird mit Hilfe unterschiedlicher qualitativer (z.B. → Checklisten) und quantitativer (z.B. → Scoring-Modelle) Verfahren durchgeführt. Die Absatzgebiete, die eine hohe Bewertung erhalten, werden letztlich für den → Absatz ausgewählt. Die Absatzgebiete mit den höch-

höchsten Bewertungen genießen Priorität bei der Zuweisung von Ressourcen.

Absatzhelfer, → *Distributionshelfer*; sind Personen oder Institutionen, die im Rahmen der → Distribution von Gütern und → Dienstleistungen unterschiedliche → Distributions- bzw. → Handelsfunktionen übernehmen. Im Gegensatz zu den → Absatzmittlern erwerben sie kein Eigentum an der Ware, sondern werden lediglich vermittelnd bzw. unterstützend tätig. Jede Handels- und Distributionsfunktion wird i.d.R. von einem oder einer bestimmten Gruppe von Absatzhelfern übernommen. Zu den wichtigsten Funktionen gehören die folgenden: (1) die Verkaufs- bzw. Akquisitionsfunktion (wird z.B. von → Handelsvertretern, → Kommissionären, → Handelsmaklern und überbetrieblichen Veranstaltungen wie z.B. Auktionen, Verkaufsmessen und → Warenbörsen wahrgenommen), (2) die Informationsfunktion (wird z.B. von → Markt- und Meinungsforschungsinstituten wahrgenommen), (3) die Absatzkommunikationsfunktion (wird z.B. von → Werbeagenturen und → Ausstellungen erfüllt), (4) die Lagerungs- und Logistikfunktion (werden z.B. von Lagerhäusern und Spediteuren übernommen), (5) die Finanzierungs-, Kreditierungs- und Versicherungsfunktion (werden z.B. von Kreditinstituten und Versicherungsgesellschaften ausgeübt), (6) die Reparatur-, Wartungs- und Beratungsfunktion (werden z.B. von Reparatur- und Kundendienstwerkstätten wahrgenommen). Sämtliche Institutionen können, obwohl der Schwerpunkt ihrer Tätigkeit zumeist auf einer Funktion liegt, zugleich weitere Funktionen für ihren Auftraggeber erfüllen.

Literatur: Olbrich, R./Schröder H. (1995): Absatzhelfer, in: Tietz, B./Köhler, R./Zentes J. (Hrsg.): Handwörterbuch des Marketing, 2. Aufl., Stuttgart, Sp. 12-19.

Absatzinformationssystem, → Marketing- und Vertriebsinformationssystem.

Absatzinnenorganisation, bezeichnet die Gesamtheit der unternehmenseigenen Organe, die als Bestandteile der → Absatzorganisation bzw. der → Marketingorganisation vertriebsbezogene Aufgaben und Tätigkeiten erfüllen. Im Rahmen der A. werden → Aufbauorganisation und → Ablauforganisation von Marketing und Vertrieb im Innenbereich des Unternehmen gestaltet. Im Gegensatz hierzu bezieht sich die Absatzaußenorganisation auf die Organe der externen Absatzorganisation.

Absatzkanal, → Absatzkanalwahl, → Absatzkanalmanagement, → *Distributionskanal,* → *Marketing Channel,* → *Marktkanal,* → *Vertriebskanal;* Ein A. umfasst die Gesamtheit aller miteinander verbundenen Organisationen, die am Distributionsprozess (→ Distribution) von Gütern beteiligt sind. Die Gestaltung eines A. berücksichtigt drei Dimensionen: (1) die → Absatzkanalbreite, (2) die → Absatzkanallänge und (3) die → Absatzkanaltiefe. Grundsätzliche Entscheidungen über diese Dimensionen sind Gegenstand der Absatzkanalwahl. Im Mittelpunkt der Gestaltung von Absatzkanälen stehen nicht nur der Güterstrom, sondern auch andere Ströme, die für die Entwicklung des → Absatzes wichtig sind. Zu diesen Strömen gehören z.B. der Strom der absatzfördernden Maßnahmen, der Zahlungs- und der Informationsstrom. Diese Ströme können in unterschiedliche Richtungen fließen. Während der Güterstrom sich vom Hersteller zum (End-) Abnehmer bewegt, fließt der Zahlungsstrom vom (End-) Abnehmer zum Hersteller. Der Informationsfluss kann sich dagegen in beide Richtungen bewegen. Die Steuerung dieser Ströme stellt eine wesentliche Aufgabe des Absatzkanalmanagements dar.

Absatzkanalbreite, → Absatzkanal, → Absatzkanalmanagement, → Absatzkanalpolitik, → Absatzkanalstrategie, → Absatzkanalwahl; kennzeichnet die Anzahl der beteiligten Verkaufsstätten von den im Absatzkanal vertretenen Handelsbetriebstypen. Die A. stellt neben der → Absatzkanallänge und der → Absatzkanaltiefe einen wichtigen Entscheidungsparameter im Rahmen der Absatzkanalwahl dar. Ein breiter Absatzkanal empfiehlt sich, wenn eine → intensive Distribution bzw. Ubiquität des Produkts angestrebt wird. Das ist bei Gütern der Fall, die regelmäßig und von sehr vielen Nachfragern an verschiedenen Orten gekauft werden. Beispiele dafür finden sich im Lebensmittelbereich. Vice versa ergibt sich aus einem → exklusiven Vertrieb ein relativ enger Absatzkanal.

Absatzkanalkonflikt, bezeichnet ein Spannungsfeld im → Distributionssystem eines Produzenten. Die Konflikte im Absatzkanal können unterschiedlicher Art sein. Man unterscheidet zwischen vertikalen, horizontalen und Multikanal-Konflikten. Ein vertikaler Konflikt liegt vor, wenn Mitglieder der unterschiedlichen Stufen im → Distributionssystem miteinander in Konflikt geraten (z.B. Hersteller und → Großhändler). Spannungen zwischen Mitgliedern auf derselben Stufe des Distributionssystems werden als horizontale Konflikte bezeichnet (z.B. zwischen → Großhändlern). Ein Multikanal-Konflikt kann z.B. entstehen, wenn der Hersteller zwei oder mehr → Absatzkanäle eingerichtet hat, die miteinander im Wettbewerb stehen und an den gleichen Markt verkaufen (z.B. → Fachhändler und → Kaufhäuser). Die Gründe für Konflikte sind i.d.R. inkompatible Ziele der einzelnen Mitglieder im Distributionssystem. So resultieren Konflikte z.B. aus unterschiedlichen Interessen von Hersteller (z.B. hohe Verkaufspreise an den → Handel) und Händler (z.B. hohe → Handelsspannen). Folgende Lösungsansätze bieten sich hier u.a. an: (1) die Bildung von annehmbaren übergeordneten Zielen für alle Mitglieder des Distributionssystems, (2) der Personalaustausch zwischen den einzelnen Stufen, um die Probleme des Partners besser zu verstehen, (3) die Beteiligung von Führungskräften der Marktpartner bei wichtigen Entscheidungen, um die unterschiedlichen Meinungen in fremden Organisationen besser vertreten zu können.

Literatur: Kotler, P./Bliemel F. (1995): Marketing-Management: Analyse, Planung, Umsetzung und Steuerung, 9. Aufl., Stuttgart, S. 856-862.

Absatzkanallänge, → Absatzkanal, → Absatzkanalmanagement, → Absatzkanalpolitik, → Absatzkanalstrategie, → Absatzkanalwahl; kennzeichnet die Anzahl der Absatzstufen eines Absatzkanals. Neben der → Absatzkanalbreite und → Absatzkanaltiefe bildet die A. einen wichtigen Entscheidungsparameter im Rahmen der Absatzkanalwahl. Ein Absatzkanal kann stufenlos sein; dies ist z.B. bei dem → direkten Vertrieb der Fall. Der Absatzkanal kann aber auch mehrere Stufen aufweisen, die zwischen Hersteller und (End-) Abnehmer liegen. Man spricht dann von → indirektem Vertrieb. Der indirekte Vertrieb ergibt sich i.d.R. aus der Einschaltung des → Handels, und zwar unter Einschaltung einer oder mehrerer Handelsstufen. Vorteile für den Hersteller ergeben sich durch die Möglichkeit, die Marktkenntnisse des Handels zu nutzen. Die wichtigsten Nachteile aus Herstellersicht ergeben sich aus einer drohenden Abhängigkeit vom Handel und dem mit der Länge des Absatzkanals sinkenden Einfluss auf die konkrete Vermarktung der Produkte.

Absatzkanalmanagement, → Absatzkanalwahl, → *Absatzkanalpolitik*.

Absatzkanalpolitik, *Absatzkanalmanagement* → Vertriebswegepolitik; bezeichnet die Möglichkeiten der Einflussnahme auf die Warenverkaufsprozesse in mehrstufigen → Distributionssystemen durch den Hersteller. Diese Möglichkeiten gehen über die Verkaufsanstrengungen der eigenen Verkaufsorganisation sowie die speziellen Maßnahmen der Förderung des (Weiter-) Verkaufs hinaus. Im Rahmen der A. des Herstellers werden Entscheidungen über die → Absatzkanallänge, → Absatzkanaltiefe und → Absatzkanalbreite getroffen. Darüber hinaus wird im Rahmen der A. auch die Art des → Vertriebssystems (z.B. Vertragshändlersystem) gewählt. Mit Blick auf die Länge, Tiefe und Breite des Absatzkanals können drei verschiedene Prinzipien (→ Absatzkanalstrategien) unterschieden werden: (1) → Universalvertrieb, (2) → Selektivvertrieb, (3) → Exklusivvertrieb. Beim Universalvertrieb werden alle interessierten Händler beliefert. Im Falle des Selektivvertriebs werden nur diejenigen Händler beliefert, die bestimmte qualitative Anforderungen erfüllen (z.B. Größe der Verkaufsfläche). Beim Exklusivvertrieb tritt neben die qualitative

Selektion auch eine quantitative Beschränkung der Anzahl an Händlern. Die Anwendung des Selektiv- oder gar Exklusivprinzips bei der Gestaltung der Absatzkanalstruktur führt i.d.R. zum Ausschluss von Handelsbetrieben, die an einer Belieferung interessiert wären. Daher sind bei der Durchführung dieser Strategien die Vorschriften des → GWB zu berücksichtigen.

Literatur: Ahlert D. (1996): Distributionspolitik, 3. Aufl., Stuttgart u.a., S. 151-165.

Absatzkanalpolitik, rechtliche Aspekte. I. Allgemeines: A. ist die Summe aller absatzpolitischen Maßnahmen einer Unternehmung ggü. den an der Distribution ihrer Absatzgüter teilnehmenden bzw. zu beteiligenden Handelsbetriebe. A. lässt sich daher nicht als ein Instrument neben anderen in das absatzpolitische Instrumentarium überschneidungsfrei einordnen; insoweit treten auch keine spezifischen Rechtsprobleme auf. Besonderheiten der A. und damit auch rechtlicher Fragen zeigen sich bei der Gestaltung langfristig angelegter → Vertriebssysteme, vertraglicher, und zwar in den Phasen ihrer Konzeption, Praktizierung und Beendigung.

II. Konzeption Vertraglicher Vertriebssysteme: (1) Vertragsrechtliche Fragen: Eine erste Aufgabe besteht darin, der → Absatzkanalstrategie einen geeigneten Vertragstyp zugrunde zu legen. Zum einen existieren anerkannte Vertragstypen (z.B. für → Kommissionäre, → Handelsvertreter, → Handelsmakler); sie sind insoweit von großer Bedeutung, da sich hieraus der Kreis der relevanten Rechtsnormen ergibt und sich bei der Schließung von Vertragslücken der Rückgriff auf die Gesetzesnormen derjenigen Vertragstypen anbietet, die dem betrachteten Vertrag am nächsten stehen. Zum anderen gibt es im deutschen Recht für bestimmte Erscheinungsformen keine kodifizierten Verträge, wie etwa für den → Alleinvertrieb, die → Vertriebsbindung, das → Franchising, rechtliche Aspekte, und den → Vertragshändler. (2) Wettbewerbsrechtliche Fragen: Schranken bei der Konzeption von Vertraglichen Vertriebssystemen finden sich vor allem im → GWB. § 14 GWB verhindert Beschränkungen der Inhaltsfreiheit hinsichtlich des Abschlusses von Zweitverträgen (*vgl. auch* → Preisbindung, vertikale), § 16 GWB erfasst Beschränkungen der Abschlussfreiheit des Gebundenen durch → Ausschließlichkeitsbindungen, § 20 GWB enthält das → Diskriminierungsverbot. Weiterhin zu beachten sind das europäische Kartellverbot (Art. 81 EGV) und seine Ausnahmen der → Gruppenfreistellung.

III. Praktizierung Vertraglicher Vertriebssysteme: Maßnahmen werden erforderlich, um die Einhaltung der Verträge durch die Systemmitglieder sicherzustellen oder gegen Außenseiter vorzugehen. Letztere versuchen, sich Ware durch → Schleichbezug zugänglich zu machen. Zentrale Voraussetzung des Schutzes eines Systems, insbesondere gegen Außenseiter, ist seine Lückenlosigkeit; denn nur bei einem lückenlosen System ist es dem Systemkopf (z.B. Hersteller) möglich, seine Ansprüche ggü. Systembeteiligten und Außenseitern durchzusetzen. Theoretisch lückenlos ist ein System, wenn alle Abnehmer der Ware vertraglich gebunden sind, so dass die Ware nur durch Vertragsbruch oder Täuschung eines Systemmitgliedes an Außenseiter gelangen kann. Dagegen liegt praktische Lückenlosigkeit vor, wenn das Vertragssystem tatsächlich nicht durchbrochen wird. Zur Aufdeckung von Lücken im Vertriebssystem stehen mehrere Kontrolltechniken zur Verfügung: Markt- und Händlerbeobachtungen, Durchführung von Testkäufen bei vertriebs- und nicht vertriebsberechtigten Händlern, vertraglich gewährte Einsichtnahmen in die Geschäftsbücher der gebundenen Händler sowie Kontrollnummern, die auf der Ware (z.B. Parfumflaschen, Tennisschlägern, HiFi-Geräten) angebracht sind.

IV. Beendigung Vertraglicher Vertriebssysteme: Notwendig, wenn aufgrund gravierender Veränderungen der rechtlichen (Novellierung von Gesetzesnormen, höchstrichterliche Urteile, die wesentliche Bestandteile des Vertriebsvertrages für unzulässig erklären, usw.) oder der ökonomischen Rahmenbedingungen eine Anpassung des Vertragssystems nicht mehr sinnvoll erscheint. Um die in diesem Zusammenhang regelmäßig auftretenden Meinungsverschiedenheiten z.B. hinsichtlich der Rücknahme von Lagerbeständen, eines etwaigen Ausgleichsanspruches des Händlers oder der Ersatzteillieferung nach Vertragsende zu vermeiden, ist es sinnvoll, die Kündigungsmodalitäten bereits in der Phase der Systemkonzeption zu entwickeln und im Vertragstext zu fixieren.

Hendrik Schröder

Absatzkanalpräsenz, → Absatzkanal, → Absatzkanalpolitik; legt fest, in welchen Absatzkanälen das Unternehmen seine Produkte vertreibt und damit die Verfügbarkeit für die Kunden sicher stellt. Die A. bildet somit ein Entscheidungsfeld, das im Rahmen der Absatzkanalpolitik festgelegt wird. Grundsätzlich ist die Entscheidungen zu treffen, ob ein → direkter oder ein → indirekter Vertrieb gewählt wird.

Absatzkanalstrategie, → Vertriebspolitik, → Distributionspolitik.

Absatzkanalsystem, → *Distributionssystem.*

Absatzkanaltiefe, → Absatzkanal, → Absatzkanalmanagement, → Absatzkanalpolitik, → Absatzkanalstrategie, → Absatzkanalwahl; kennzeichnet die Anzahl unterschiedlicher → Betriebstypen des Handels im Absatzkanal. Die A. stellt neben der → Absatzkanalbreite und der → Absatzkanallänge einen wichtigen Entscheidungsparameter im Rahmen der Absatzkanalwahl dar. Die → Distribution eines Produktes mit Hilfe verschiedenartiger Betriebstypen des Handels kann die Intensität der Distribution steigern. Gleichzeitig wird die Abhängigkeit des Produzenten von bestimmten Betriebstypen des Handels verringert. Eine Distribution eines Produktes über verschiedene Betriebstypen stößt jedoch auf Schwierigkeiten, wenn die Spezifika des Produktes sich mit den Eigenheiten der jeweiligen Betriebstypen nicht vereinbaren lassen. Zum Beispiel kann ein erklärungsbedürftiges Produkt neben den Betriebstypen des → Facheinzelhandels nur bedingt in denen der → Discounter angeboten werden.

Absatzkanalwahl, → Absatzkanal, → Absatzkanalmanagement, → Absatzkanalpolitik, → Absatzkanalstrategie; bezeichnet die Entscheidung über die Länge, Breite und Tiefe des Absatzkanals. Die → Absatzkanallänge bezieht sich auf die Anzahl der eingeschalteten Absatzstufen, die → Absatzkanaltiefe auf die Anzahl verschiedenartiger Typen von Vertriebsorganen auf jeder Absatzstufe und die → Absatzkanalbreite auf die Anzahl gleichartiger Vertriebsorgane innerhalb der einzelnen Handelsbetriebstypen. Außer den Produktcharakteristika haben die institutionellen Charakteristika des Herstellers, der → Absatzmittler und der konkurrierenden Anbieter auf der Hersteller- und auf der Handelsebene einen großen Einfluss auf die A. und den Erfolg der → Distributionspolitik. Ein wichtiger handelsbezogener Einflussfaktor der Wahlentscheidung zwischen alternativen Absatzkanälen ist die Fähigkeit der Absatzmittler zur Übernahme der erforderlichen → Handelsfunktionen (z.B. Umfang der ausgeübten Handelsfunktionen und die Qualität der Funktionserfüllung). Daneben bestimmen auch Charakteristika der Absatzmittler (z.B. Auftragsgröße, zeitliche Abnahmestruktur und Wachstumspotenzial) die Wahlentscheidung. Außer den objektiv vorhandenen Fähigkeiten der Absatzmittler spielt auch das Geschäftsstättenimage eine besondere Rolle. Diese sollte sowohl zum angestrebten Image der → Distributionsobjekte als auch zum Selbstimage der potenziellen Verbraucher in einem konsistenten Verhältnis stehen. Schließlich können auch herstellerbezogene Charakteristika die A. beeinflussen (z.B. Finanzkraft und Firmenimage). Für die A. ist neben der absoluten Anzahl der in den alternativen Absatzkanalsystemen vorhandenen Absatzmittler vor allem von Bedeutung, ob eine genügend große Zahl dieser Absatzmittler ohne weiteres zur Mitarbeit bereit ist oder ob erst besondere Akquisitionsmethoden anzuwenden sind, die die finanziellen Ressourcen des Unternehmens stark belasten.

Literatur: Ahlert, D. (1996): Distributionspolitik, 3. Aufl., Stuttgart u.a., S. 52ff.

Absatzkennziffern, → Kennzahlen, die Auskunft über betriebswirtschaftliche Zusammenhänge und Entwicklungen in Bezug auf bestimmte Absatzmärkte geben. In erster Linie handelt es sich dabei um Kaufkraftkennziffern. Weiterhin zählen branchenspezifische Kennzahlen dazu, wie z.B. → Marktanteil, Zahl der potenziellen Kunden und Umsatz von Abnehmerzielgruppen. A. stellen für Unternehmen vor allem im Hinblick auf → Absatzplanung, Verkaufsplanung und -kontrolle, Kundenselektion, Standortforschung, Werbeplanung und Einteilung marktgerechter Verkaufsgebiete ein wichtiges Entscheidungskriterium dar.

Absatzkette, bezeichnet die Stufen, die ein Produkt von der Herstellung bis zur Verwendung durch den privaten oder gewerblichen Verbraucher durchläuft. Es lassen sich fünf Absatzketten unterscheiden: (1) Produzent – Verbraucher, (2) Produzent – Einzelhandel – Verbraucher, (3) Produzent – Großhandel – Verbraucher, (4) Produzent – Großhandel – Einzelhandel – Verbraucher, (5) Produzent – Spezialgroßhandel – Sortimentsgroßhandel – Einzelhandel – Verbraucher. Die Absatzketten können insbesondere im Falle des → Exports und → Imports weitere Glieder aufweisen. Der Absatz über die Absatzketten (2), (4) und (5) findet sich insbesondere bei → Konsumgütern wieder, der Absatz über die Absatzketten (1) und (3) ist dagegen für Investitionsgüter typisch. In der Regel hat der Produzent keinen unmittelbaren Einfluss auf die Zahl der Glieder der A. Er hat aber die Wahl bei dem ersten Glied einer A., also z.B. die Wahl zwischen → Groß- und → Einzelhandel. Der Produzent ist allerdings in der Lage, mehrere unterschiedliche Absatzketten anzuwenden, wobei es zweckmäßig ist, dass der Produzent und der Großhandel nicht um den gleichen Einzelhändler konkurrieren. In diesem Falle müssen die Einzelhandelskunden nach bestimmten Kriterien aufgeteilt werden.

Absatzkontrolle, → Marketing- und Vertriebskontrolle.

Absatzkooperation, → Kooperation, → Vertriebskooperation; gemeinschaftliche Aufgabenerfüllung im Absatzbereich. Absatzkooperationen können z.B. in der Absatzvorbereitung, in der → Absatzpolitik und in der Zusammenarbeit bei der Aus- und Fortbildung bestehen. Im Rahmen der Absatzvorbereitung versuchen insbesondere Klein- und Mittelbetriebe des Handels durch eine Kooperation ihre Informationsdefizite auszugleichen. Bei dieser kooperativen Marktinformation sind drei Grundformen zu unterscheiden: (1) der Erfahrungs-, Meinungs- und Datenaustausch, (2) die Markterkundung und → Marktforschung, (3) die Konjunktur- und Strukturanalysen. Im Rahmen der Absatzpolitik der Handelsbetriebe gibt es auch zahlreiche Kooperationsformen horizontaler und vertikaler Art. Die Kooperationen beschränken sich i.d.R. nicht nur auf einen Absatzbereich (einsektorale Kooperation), sondern können auch mehrere Bereiche umfassen (multisektorale Kooperation). Die wichtigsten Kooperationsformen im Rahmen der → Absatzpolitik sind: (1) Kooperation in der Preispolitik (z.B. → Preisempfehlungen), (2) Kooperation in der → Sortimentspolitik (z.B. horizontale und vertikale Sortimentsabstimmung), (3) Kooperation in der Absatzorganisation (z.B. Verkaufsgemeinschaft), (4) Kooperation im Bereich der → Absatzwege (z.B. Abnehmerbindung), (5) Kooperative Werbung (z.B. Gruppenwerbung), (6) Servicekooperationen (z.B. gemeinsame Ausstellungsräume). Kooperationen im Verwaltungsbereich sollen zudem zur Rationalisierung bestimmter Verwaltungsaufgaben beitragen. Hier können durch die Schaffung von Gemeinschaftseinrichtungen bestimmte Tätigkeiten ausgelagert werden wie z.B. das Rechnungswesen oder auch die Weiterbildung. Kleine und mittlere Betriebe sind oft nicht in der Lage, ihrem Personal die gleichen Schulungsmöglichkeiten zu bieten wie Großbetriebe. Die Kooperation zwischen kleinen und mittleren Betrieben soll die Konkurrenzfähigkeit des Personals erhöhen, z.B. durch Lehrlingsaustausch oder durch gemeinschaftliche Kurse und Lehrgänge.

Literatur: Bidlingmaier, J. (1974): Kooperation im Handel, in: Tietz, B. (Hrsg.): Handwörterbuch der Absatzwirtschaft, Stuttgart, Sp. 1124-1142.

Absatzkosten, → Marketingkosten.

Absatzlehre, im deutschsprachigen Raum Vorläufer der modernen → Marketingwissenschaft. Aus der sog. → Handelsbetriebslehre hat sich in den 20er-Jahren die A. bzw. Absatzwirtschaftslehre als spezifische Funktionenlehre in der Betriebswirtschaftslehre entwickelt. Im Rahmen der A. wurden aus einer einzelwirtschaftlichen Perspektive institutionen-, waren- und funktionenorientierte Ansätze der Absatztheorie entwickelt. Während bei der Absatzlehre die Inside-Out-Orientierung im Vordergrund stand, ist mit dem Übergang zum Marketingverständnis eine Outside-In-Orientierung (→ Kunden- und Wettbewerbsorientierung) in den Mittelpunkt gerückt. *Vgl. auch* → Geschichte des Marketing.

Absatzlogistik, → Distributionslogistik, → Logistik, → *Marketinglogistik;* absatzbezogener Teilbereich der Logistik eines Unternehmens. Die A. beschäftigt sich mit der Transformation der betrieblichen Leistungen vom Ort ihrer Entstehung bis hin zur Ablieferung bei den Kunden. Die A. betrifft somit die Aktivitäten zur Zeit- und Raumüberbrückung von Waren durch → Transport und Lagerung, aber auch durch effiziente → Auftragsabwicklung und Auslieferung. Die A. hat im Rahmen der → Distributionspolitik eines Unternehmens einen besonderen Stellenwert. Die A. kann durch ihre spezifische Aufgabenerfüllung einen im Vergleich zu den Mitbewerbern überlegenen Wertgewinn für den Kunden schaffen. Eine pünktliche und sorgfältige Zustellung der Lieferung lässt häufig den Gesamtwert des Angebots in den Augen des Kunden steigen und ermöglicht eine stärkere Bindung der bereits vorhandenen Kunden und die Gewinnung potenzieller Kunden.

Absatzmarketing, *Business Marketing*; im Vergleich zum → Beschaffungsmarketing derjenige Bereich des → Marketing, bei dem die absatzmarktorientierten Aktivitäten eines Unternehmens sowohl zur Deckung der Nachfrage als auch zur Stimulierung von Nachfrage, d.h. zur aktiven Gestaltung von → Absatzmärkten, eingesetzt werden.

Absatzmarkt, die Menge der aktuellen und potenziellen Abnehmer und Anbieter bestimmter Leistungen sowie die Beziehungen zwischen diesen Abnehmern und Anbietern. Die Anzahl der aktuellen und potenziellen Nachfrager und Anbieter ergibt den Umfang des Marktes. Für die Struktur des Marktes ist die Art der Beziehungen zwischen den Marktteilnehmern kennzeichnend (z.B. Kooperation, Kartell, Handelskette, Verbraucherzentralen). Auf dem A. tritt ein Unternehmen als Anbieter von Haupterzeugnissen sowie Neben- und Abfallprodukten auf. Dabei ist der A. des Verkäufers (Anbieters) der Beschaffungsmarkt für den Käufer (Nachfrager). Grundsätzlich kann die Abgrenzung eines relevanten A. in räumlicher (lokal, regional, national, usw.), zeitlicher und sachlicher Hinsicht erfolgen. Ergänzend existieren eine Reihe von theoretischen Abgrenzungskriterien der Marktformenlehre, wie beispielsweise Spielregeln des Marktes, Zugang zu den Märkten, Anzahl und Größe der Marktteilnehmer und Vollkommenheitsgrad des Marktes. Diese theoretisch orientierte → Marktabgrenzung bietet dem → Marketing erste allgemeine Orientierungspunkte für die → Marktbearbeitung. Von besonderer Bedeutung für die Planung von Marketingentscheidungen sind empirische Ansätze der → Marktabgrenzung, die in anbieterbezogene, produktbezogene sowie nachfragerbezogene Ansätze untergliedert werden können. Vielfach finden nachfragerbezogene Ansätze eine besondere Beachtung. Zur Marktabgrenzung dienen Kriterien, die eine Verknüpfung von psychographischen (wahrgenommener Substituierbarkeit, Nutzen), verhaltensbezogenen (realer Kauf) und soziodemographischen Aspekten ermöglichen. Danach lassen sich Märkte mit der Beantwortung der folgenden Fragen charakterisieren und abgrenzen: Was wird auf dem Markt gekauft? Warum wird es auf dem Markt gekauft? Wer kauft? Wie wird gekauft? Wie viel wird gekauft? Wo wird gekauft? *Vgl. auch* → Marktform.

Absatzmenge, → Absatz.

Absatzmittler, → Absatz, → Absatzkanalwahl; sind Mitglieder des → Distributionssystems, die im eigenen Namen und auf eigene Rechnung Kaufverträge abschließen und → Absatzmittlerfunktionen wahrnehmen. Hierbei handelt es sich vor allem um den → Einzel- und den → Großhandel. Einzelhandelsunternehmen verkaufen die Sachleistungen an private → Konsumenten Großhandelsunternehmen verkaufen sowohl an den Einzelhandel als auch an industrielle oder gewerbliche Abnehmer (vgl. demgegenüber → Absatzhelfer).

Absatzmittlerfunktion, → Absatzhelfer, → Absatzmittler, → Handelsfunktion; ergeben sich aus der gesamtwirtschaftlichen Aufgabe des → Handels. Diese Aufgabe besteht darin, eine Überbrückung zwischen Produktion und → Konsum zu schaffen. Die wichtigsten Handelsfunktionen, die sich hierbei ergeben, sind die Raumüberbrückungsfunktion (z.B. → Transport), die Zeitüberbrückungsfunktion (z.B. Lagerung), die Quantitätsfunktion (z.B. Steuerung der Sortimentsgröße), die Qualitätsfunktion (z.B. Sortimentsgestaltung) sowie die Kreditfunktion und die Werbefunktion (z.B. → Ladengestaltung).

Absatzmittlerselektion, → Absatzkanalwahl, → Absatzmittler.

Absatzobjekt, Begriff für materielle und immaterielle Güter. Dabei werden unter materiellen Gütern sog. Sachgüter (→ Gütertypologie) klassifiziert, die als → Konsumgüter in privaten Haushalten oder als → Investitionsgüter von Unternehmen eingesetzt werden. Sachgüter werden in Verbrauchs- (kurzlebige Produkte, wie z.B. Lebensmittel) und Gebrauchsgüter (Produkte mit einer langlebigen Gebrauchsnutzung, wie z.B. Automobile) unterteilt. → Dienstleistungen können sowohl im privaten (z.B. Kino) wie auch investiven Bereich (z.B. Unternehmensberatung) eingesetzt werden. Die im Zuge der steigenden Nutzung des Internets verwendeten digitalen Güter werden auch unter dem Begriff der immateriellen Güter eingeordnet.

Absatzorganisation, → *Marketingorganisation.*

Absatzpartnerschaft, *Absatzkooperation, Absatzverbund*; bezeichnet die Zusammenarbeit zwischen Unternehmen bei der Planung und Durchführung von Vertriebsaktivitäten.

Absatzplan, mengen- und wertmäßige Aufstellung der erwarteten bzw. beabsichtigten Abverkäufe innerhalb eines bestimmten Planungszeitraums und damit Teil der → Marketing- und Vertriebsplanung. Bei Bedarf lässt sich der A. weiter untergliedern, z.B. nach Absatzperioden, Absatzbezirken und Produktgruppen. Zu unterscheiden sind (1) langfristiger A. zur Kapazitätsdimensionierung bei Betriebsgründungen und -erweiterungen (Investitionsplanung) und (2) kurzfristiger A. zur Bestimmung des Umfangs und der Zeitverteilung der Produktion sowie zur kurzfristigen Finanzplanung. Insgesamt stellt der A. damit den Ausgangspunkt des betrieblichen Planungsprozesses dar, insbesondere im Hinblick auf die Investitions-, Finanz-, Produktions-, Kosten- und Gewinnplanung.

Absatzplanung, Bestimmung des in Zukunft erzielbaren Absatzes und damit Teilaspekt der → Marketing- und Vertriebsplanung. Die A. erfolgt auf Basis von Absatzprognosen für künftige Planperioden und bestimmt die Absatzpolitik. Die Planungssicherheit hängt maßgeblich davon ab, wie genau die Entwicklung der Absatzmärkte eingeschätzt wird. Ergebnis der A. ist der → Absatzplan.

Absatzpolitik, → Absatzkanalpolitik.

Absatzpotenzial, vor dem Hintergrund einer prognostizierten Marktentwicklung maximal möglicher → Absatz eines Produktes durch ein Unternehmen. Der Absatz kann wert- oder mengenmäßig gemessen werden. Ein Teil des Absatzpotenzials manifestiert sich in Form des → Absatzvolumens. Das A. stellt die nur theoretisch zu erreichende Obergrenze für das Absatzvolumen dar.

Absatzprognose, → Prognose.

Absatzquote, Anteil der Geschäftsabschlüsse an der Anzahl der Akquisitionsbemühungen in Prozent.

Absatzradius, definiert die Größe des Einzugsgebietes, innerhalb dessen die Konsumenten einen → Handelsbetrieb zur Tätigkeit ihrer Einkäufe aufsuchen.

Absatzreichweite, Maß für die räumliche Ausdehnung der Absatzaktivitäten. Die Wahl der A. entspricht der Wahl des zu bearbeitenden Marktgebietes. Diese Entscheidung ist von einer Vielzahl von Determinanten, wie z.B. möglichen Exportbeschränkungen, dem → Absatzpotenzial der zur Auswahl stehenden Marktgebiete und Risikoaspekten abhängig. Einerseits ist die Erhöhung der A. mit dem Eintritt in neue (regionale oder internationale) Märkte und damit mit einem Markteintrittsrisiko verbunden. Andererseits kann die Bearbeitung weiterer Märkte zu einem Risikoausgleich zwischen den Märkten führen. Das Unternehmen ist dann weniger empfindlich gegen Absatzeinbrüche auf einem Markt oder Teilmarkt.

Absatzrisiko, → Absatz.

Absatzsegment, → Marktsegmentierung; Die Marketingaktivitäten eines Unternehmens müssen nicht undifferenziert auf den Gesamtmarkt gerichtet werden, sondern sie können speziell auf sog. Absatzsegmente ausgerichtet werden. Absatzsegmente können z.B. nach regionalen Teilmärkten, Verkaufsbezirken, Auftragsgrößenklassen oder → Absatzwegen gebildet werden.

Absatzsegmentrechnung, I. Begriff: Instrument zur Analyse bzw. Kontrolle von Absatzsegmenten. Unter Absatzsegmenten sind gedanklich abgrenzbare Teilbereiche aus der Gesamtheit der betrieblichen Produkt-Markt-Beziehungen zu verstehen, denen sich Kosten und Erlöse gesondert zurechnen lassen. Wesentliche Absatzsegmente sind z.B. Produkte, Abnehmer, Verkaufsgebiete, Absatzwege und Aufträge. Ziel der A. ist die Ermittlung des Einflusses, den bestimmte Segmente auf die Gewinn- und Verlustentstehung haben. Indem die Marketingaktivitäten auf überdurchschnittlich Erfolg versprechende Teilbereiche der Marktbeziehungen konzentriert werden, kann die Absatzpolitik auf diese Weise insgesamt gezielter ausgerichtet werden.

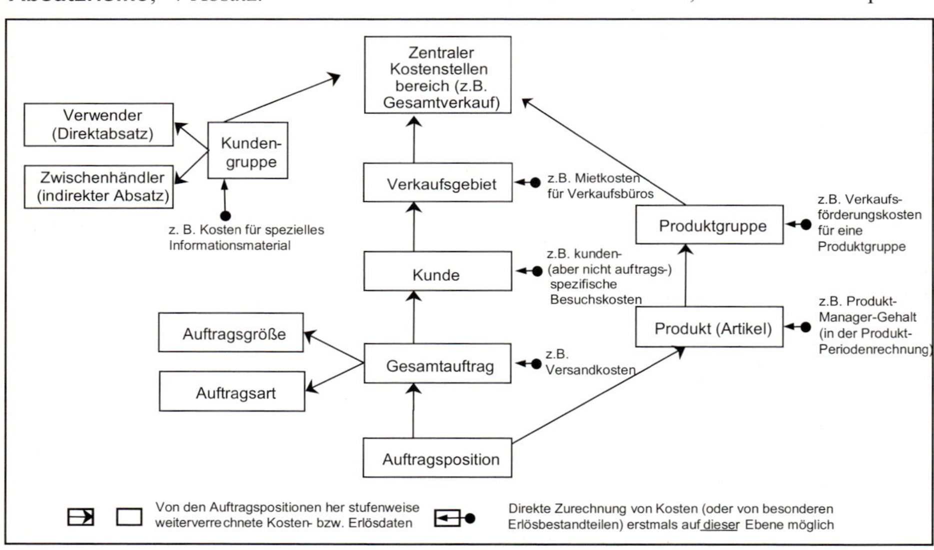

Bezugsgrößenhierarchie in der Absatzsegmentrechnung (Quelle: Köhler: 1993, S. 385)

Verkaufsgebiet	Region Nord						
Kunde	A			B			Σ
Auftrag	A1	A...	Σ	B1	B...	Σ	
Brutto-Auftragswert							
- Erlösschmälerungen							
= Netto-Auftragswert							
- Einzelkosten der pro Auftragszeile ausgewiesenen Produkte							
= Auftrags-DB I							
- gesonderte Auftragseinzelkosten							
= Auftrags-DB II							
= Kunden-DB I							
- gesonderte Kundeneinzelkosten							
= Kunden-DB II							
= Gebiets-DB I							
- gesonderte Gebietseinzelkosten							
= Gebiets-DB II							

Beispiel einer Absatzsegmentrechnung

II. Aufbau: Grundlage für die Erfolgsermittlung im Zuge der A. ist die → Deckungsbeitragsrechnung Diese kann auf Basis variabler Kosten (→ Direct Costing) oder auf Basis relativer Einzelkosten (→ Einzelkostenrechung, relative) durchgeführt werden. Für stückbezogene Produkterfolgsrechnungen empfiehlt sich der Direct Costing-Ansatz, in Bezug auf andere Absatzsegmente erscheint es geeigneter, relative Einzelkosten zu betrachten, da auf den verschiedenen Zurechnungsebenen i.d.R. pro Periode auch Fixkosten schlüsselungsfrei zugeordnet werden können. Die A. knüpft hierzu an eine Bezugsgrößenhierarchie an, die sich automatisch aus der sukzessiven Erweiterung der Bezugsobjekte ergibt (Abb. „Bezugsgrößenhierarchie in der Absatzsegmentrechnung"). Von unten nach oben gesehen wird dabei eine logische Verkettung deutlich: Kosten, die auf unteren Ebenen bereits als relative Einzelkosten erfasst werden können, lassen sich der nächst höheren Hierarchiestufe eindeutig als Einzelkosten zuordnen. Auf jeder höheren Bezugsgrößenebene kommen damit Kostenbeträge hinzu, die sich erst dort ohne Schlüsselung zurechnen lassen, wie z.B. im Falle der Versandkosten beim Gesamtauftrag oder der kundenspezifischen Besuchskosten bei den Kundengruppen.

Zur konkreten Erfolgsermittlung greift die A. auf das Schema der stufenweisen Deckungsbeitragrechnung zurück. Ausgehend von Nettoerlösen werden Schritt für Schritt die relativen Einzelkosten aufeinander folgender Bezugsebenen abgezogen. Der Deckungsbeitrag eines bestimmten Absatzsegments entspricht demnach der Differenz zwischen den eindeutig und zwingend zurechenbaren Erlösen des betrachteten Segments und dessen eindeutig und zwingend zurechenbaren Kosten. Der sich daraus ergebende Betrag trägt zur Gewinnerzielung bei bzw. zur Abdeckung derjenigen Kosten, die dem betreffenden Absatzsegment noch nicht eindeutig zugerechnet werden können, weil sie erst auf einer übergeordneten Bezugsebene direkt entstanden sind. Ein beispielhaftes Schema für eine A., in der es insbesondere um den Segmentzusammenhang „Aufträge-Kunden-Verkaufsgebiet" geht, ist abgebildet

(Abb. „Beispiel einer Absatzsegmentrechnung“).

III. Arten: Je nach betrachtetem Segment kann die A. unterschiedlich tief gegliedert und ausgestaltet werden. Zentrale A. sind vor allem Produkte und Kunden. In dem einen Fall wird die A. auch als Produktdeckungsbeitragsrechnung, im anderen Fall als Kundendeckungsbeitragsrechnung bezeichnet. Vor allem letztere gewinnt zunehmend an Bedeutung. Während Unternehmen heute häufig detailliert ermitteln, wie rentabel einzelne Produkte sind, bleibt die Frage der Rentabilität der Kundenbearbeitung spezieller Kunden oder Kundengruppen vielerorts noch immer unbeantwortet.

Christian Homburg

Absatzstatistik, systematische, zahlenmäßige Erfassung der Markttätigkeit eines Unternehmens. Gegenstand der A. können z.B. Anfragen, Angebote, Auftragseingänge, Umsätze, Versand, Geschäftsarten, Abnehmergruppen, Exporte, regionale Marktbeobachtungen, Qualitäten, Abmessungen, Reklamationen und Besuchsberichte sein.

Absatztheorie, → Distributionspolitik.

Absatzvolumen, abgesetzte Menge eines Produktes durch ein Unternehmen (→ Absatzpotenzial).

Absatzweg, → *Distributionsweg*, → *Vertriebsweg*; Folge der Wirtschaftssubjekte, die ein Wirtschaftsgut vom Produzenten bis zum Verbraucher durchläuft. Ein Beispiel für einen A. ist die Folge Hersteller, → Großhandel, → Einzelhandel und Verbraucher. Die Gesamtheit aller möglichen Absatzwege, die ein Unternehmen für seine Produkte auswählt, wird als → Absatzkanal bezeichnet.

Absatzwegbindung, → Absatzbindung, → Absatzweg, → Absatzwegewahl, → Bezugsbindung; Im Rahmen einer A. verpflichtet sich ein Anbieter, seine Produkte ausschließlich über einen bestimmten Absatzweg zu vertreiben.

Absatzwegeentscheidung, → Absatzkanalpolitik.

Absatzwegepolitik, → Absatzkanalpolitik.

Absatzwegewahl, → Absatz, → Absatzkanalpolitik, → Absatzweg, → Absatzkanalwahl; Entscheidung über den Absatzweg. Die Wahl des Absatzweges hängt u.a. ab von produktbezogenen, absatzmittlerbezogenen, unternehmens- und konkurrenzbezogenen sowie verbraucherbezogenen Faktoren. Der Hersteller wird z.B. für ein in hohem Maße erklärungs- und beratungsbedürftiges Konsumgut vorzugsweise den → Fachhandel oder den → direkten Vertrieb wählen. Strebt der Hersteller eines weniger beratungsbedürftigen Konsumgutes hingegen eine große → Absatzreichweite und einen großen → Distributionsgrad an, dann wird er versuchen, seine Produkte über überregional tätige → Handelssysteme mit vielen Verkaufsstellen zu vertreiben.

Absatzwerbung. Der A. sind alle verkaufspolitischen Zwecken dienenden, absichtlichen und zwangfreien Prozesse der Einwirkung auf Menschen mit Hilfe spezieller Kommunikationsmittel zuzuordnen. Die Betonung liegt hier eindeutig auf dem absatzpolitischen Aspekt der → Werbung, d.h. der Lösung der auf dem Absatzmarkt auftretenden Kommunikationsprobleme. Es handelt sich also um Werbung zum Zwecke des Absatzes von Leistungen.

Absatzwirtschaft, kann sowohl gesamtwirtschaftlich (makroökonomisch) als auch einzelwirtschaftlich (mikroökonomisch) definiert werden. Aus gesamtwirtschaftlicher Sicht wird die A. als ein Element einer dreigeteilten Wirtschaft betrachtet, deren weitere Sektoren die Produktionswirtschaft und die Konsumwirtschaft darstellen. Dabei umfasst die A. die Bündelung und Institutionalisierung der Aktivitäten des → Absatzes und der → Beschaffung der verschiedenen Marktpartner. In diesem Zusammenhang wird auch von der Distributionswirtschaft bzw. von → Distribution gesprochen. Die einzelwirtschaftliche A. kennzeichnet hingegen die Institutionalisierung sowie Bündelung der absatzmarktorientierten Aktivitäten eines Unternehmens. Zudem findet sich der Begriff der A. als Titel der führenden „Zeitschrift für Marketing“ in Deutschland wieder.

Absatzziel, anzustrebender zukünftiger Sollzustand. Ein A. ist als quantitatives und ökonomisches Ziel Teil der → Marketingziele. Es handelt sich um ein periodengebundenes Mengenziel (z.B. auf Monats-, Quartals- oder Jahresbasis) in Bezug auf die zu verkaufende Menge. Ein A. kann auf einzelne Personen (z.B. Außendienstmitarbeiter), Abteilungen, Profit Center oder das Gesamtunternehmen bezogen sein.

Abschlussbindungen. I. Begriff: A. schreiben dem Abnehmer einer Ware vor, wie er mit dieser Ware umzugehen hat. Da A. die Gestaltungsfreiheit von Verträgen einschränken, unterliegen sie der Missbrauchsaufsicht der Kartellbehörden (§ 16 GWB). Grundsätzlich sind diese Vertragstypen zulässig; erst die missbräuchliche Bindung kann die Kartellbehörde zu einem Eingreifen veranlassen. Als Missbrauch ist eine vertragliche Bindung dann einzustufen, wenn durch sie entweder (1) eine für den Wettbewerb auf dem Markt erhebliche Zahl von Unternehmungen gleichartig gebunden und in ihrer Wettbewerbsfreiheit unbillig eingeschränkt ist oder (2) für andere Unternehmungen der Marktzutritt unbillig beschränkt wird oder (3) der Wettbewerb auf dem Markt für diese oder andere Waren oder gewerbliche Leistungen wesentlich beeinträchtigt wird.

II. Formen: Möglich sind Verwendungsbeschränkungen, Ausschließlichkeitsbindungen, Kopplungsgeschäfte und Vertriebsbindungen. (1) Verwendungsbeschränkungen: Sie verpflichten den Vertragspartner, die Ware oder gewerbliche Leistung nur in der vom Lieferanten vorgeschriebenen Weise, etwa in der Produktion, zu verwerten. (2) Ausschließlichkeitsbindungen: Beinhalten die vertragliche Verpflichtung, keine Geschäftsbeziehungen mit Dritten aufzunehmen. Bedeutung erlangt hat dieser Vertragstyp vor allem als Bezugsbindung im Rahmen von Bierlieferungsverträgen. (3) Kopplungsgeschäfte: Dies sind Verträge, bei denen der Abnehmer zum Kauf weiterer Waren oder gewerblicher Leistungen verpflichtet wird, die lediglich Nebensachen im Verhältnis zur eigentlichen Hauptsache darstellen. (4) Vertriebsbindungen: Hierdurch wird dem Abnehmer vorgeschrieben, an wen, wohin und wann dieser die Produkte des Lieferanten weiterzuvertreiben hat. Mit einer derartigen Bindung kann sich der Lieferant vor einem unerwünschten → Intrabrand-Wettbewerb zu schützen versuchen.

Abschlussvertreter, ist der Gruppe der → Handelsvertreter zuzuordnen. Abschlussvertreter sind rechtlich selbständige Personen, die geschäftlich im Namen anderer Unternehmen auftreten. Im Gegensatz zu den Vermittlungsvertretern sind sie bevollmächtigt, Verträge verbindlich abzuschließen. Abschlussvertreter können nach Ein- und Mehrfirmenvertreter untergliedert werden, je nachdem für wie viele Unternehmen sie tätig sind. Unternehmen, die eine Steigerung des → Absatzes anstreben, sollten bei der Auswahl ihrer Mehrfirmenvertreter darauf achten, dass sie Produkte im Angebotssortiment haben, die Synergiecharakter haben und sich nicht gegenseitig substituieren.

Abschneideverfahren, → Auswahlverfahren, bei dem man sich aus technischen Gründen lediglich auf einen Teil der → Grundgesamtheit bezieht, der als repräsentativ erachtet wird.

Abschöpfungsstrategie, → Skimming Pricing.

Abschreibung, I. Begriff: Betrag bzw. Methode zur Ermittlung des Betrages der im Laufe der Nutzungsdauer von materiellen und immateriellen Vermögensgegenständen eintretenden Wertminderung. Betriebswirtschaftlich gesehen sollen die Abschreibungsbeträge der Wiederbeschaffung des betreffenden Gegenstandes dienen. Ursachen für den Wertverzehr sind Gebrauchs- und Zeitverschleiß. Gebrauchsverschleiß entsteht durch Nutzung der Vermögensgegenstände, Zeitverschleiß ist unabhängig von der Nutzung auf technische Überalterung, Lizenzablauf und Nachfrageverschiebungen zurückzuführen.

II. Arten: Zu unterscheiden sind: (1) buchhalterische A., sind Aufwand und mindern den Jahresüberschuss; (2) kalkulatorische A., haben Kostencharakter und mindern den Betriebserfolg; (3) steuerliche A. (auch AfA = Absetzung für Abnutzung genannt), stellen Betriebsausgaben oder Werbungskosten dar und mindern die Steuerbemessungsgrundlage

III. Bestimmungsfaktoren: Maßgebliche Bestimmungsgrößen der A. sind die Abschreibungsbemessungsgrundlage, -dauer und -methode. Bemessungsgrundlage sind die Anschaffungs- bzw. Herstellkosten des Vermögensgegenstandes, in der Kostenrechnung häufig auch der Wiederbeschaffungspreis. Richtlinie für die Abschreibungsdauer ist die technische, rechtliche, wirtschaftliche oder betriebsgewöhnliche Nutzungsdauer des Gegenstandes. Zur Verteilung der Beträge auf die Nutzungsdauer können als Methode zur Anwendung kommen: (1) lineare Verfahren: in jeder Periode wird der gleiche Abschreibungsbetrag verrechnet; (2) arithmetisch-degressive Verfahren: die Abschreibungsbeträge reduzieren sich in jeder Periode um den gleichen Betrag; (3) geometrisch-degressive Verfahren: abnehmende Abschreibungsbeträge auf Basis eines festen Prozentsatzes vom jeweiligen Restbuchwert; (4) progressive Verfahren: über die Nutzungsdauer zunehmende Abschreibungsbeträge.

Absteigerung, *Auktion auf Abstrich, Abstrichverfahren, Holländische Auktion*; Erscheinungsform der → Auktion, bei der ausgehend von einem Höchstpreis, dieser sukzessiv so lange verringert wird bis ein Interessent das Angebot annimmt oder aber bei einem unteren Limitpreis das Warenangebot zurückgezogen wird.

Abstimmungskosten, → Institutionenökonomik.

Abwanderung, Auflösung der Beziehung eines Kunden zu einem bestimmten Anbieter (→ Kundenbeziehung). Als Abwanderungsgründe können grundsätzlich drei Kategorien unterschieden werden: Die A. aufgrund von Unzufriedenheit mit den Leistungen des Anbieters (unternehmensbezogene Abwanderung), aufgrund direkter Abwerbungsangebote der Konkurrenz (konkurrenzbezogene Abwanderung) sowie die A. aufgrund persönlicher Faktoren bzw. Veränderungen der Lebensgewohnheiten des Kunden (kundenbezogene Abwanderung). Im Rahmen der Abwanderungsanalyse eines Unternehmens wird somit der Frage nachgegangen, welche Gründe im konkreten Abwanderungsfall vorlagen, um daraufhin bei profitablen Kunden Maßnahmen des → Rückgewinnungsmanagements zu ergreifen. *Vgl. auch* → Churn Rate, → Customer Recovery, → Organisationales Beschaffungsverhalten, → Kundenabwanderungsanalyse.

Abweichungsanalyse, zentraler Bestandteil des Kontrollprozesses der betrieblichen Leistungserstellung. Aufgabe der A. ist es, die auf Basis eines → Soll-Ist-Vergleichs festgestellten Differenzen zwischen den tatsächlich entstandenen Kosten (Istkosten) und den Kosten, die bei wirtschaftlichem Verhalten hätten eintreten sollen (Plan- bzw. Sollkosten), auf ihre Ursachen hin zu untersuchen. Zu diesem Zweck wird die Gesamtabweichung (= Istkosten minus Plankosten) in verschiedene Abweichungsarten aufgespalten. Üblicherweise werden folgende Hauptabweichungsarten unterschieden: (1) Preisabweichungen: sind darauf zurückzuführen, dass die für eine Kostenart angesetzten Planpreise nicht mit den Istpreisen übereinstimmen. (2) Verbrauchsabweichungen: resultieren daraus, dass die Istverbrauchsmengen für einen bestimmten Einsatzfaktor nicht denjenigen Mengen entsprechen, die planmäßig bei einer gegebenen Istbeschäftigung hätten verbraucht werden dürfen. (3) Beschäftigungsabweichung: entspricht einer Über- oder Unterdeckung bei denjenigen Kosten, die sich kurzfristig nicht anpassen lassen, wenn Planbeschäftigung und Istbeschäftigung nicht identisch sind. Darüber hinaus gibt es eine Reihe spezieller Abweichungsarten, wie z.B. Seriengrößenabweichungen und Intensitätsabweichungen. Anhand der festgestellten Teilabweichungen im Rahmen der A. werden letztlich Gründe und Verantwortlichkeiten für die Abweichung insgesamt deutlich sowie gezielte Ansatzpunkte bzgl. einer möglichen Fehlerkorrektur bzw. -vermeidung sichtbar.

Accountmanager, *Kontakter*, *Kundenberater*; → Werbeberufe (1).

Accountsupervisor, Supervisor des Accountmanagers. *Vgl. auch* → Werbeberufe.

ACM, → Anden Common Market.

ACNielsen, ACNielsen ist mit insgesamt 21'000 Mitarbeitern das grösste Marktforschungsunternehmen der Welt. ACNielsen bietet seinen Kunden weltweit Dienstleistungen im Bereich Marktforschung an und versorgt sie mit Informationen, Analysen und Einblicken in den Konsumgüter- und den Dienstleistungssektor. Die von ACNielsen ständig durchgeführten → Panelerhebungen im Fach- und Lebensmittelhandel liefern Informationen über den mengen- und wertmäßigen Absatz von Warengruppen sowie Marken und Sorten. Weiter geben sie Auskunft über die Marktanteile verschiedener Fabrikanten und über das Einkaufsverhalten der Konsumenten in den entsprechenden Märkten.

ACSI, → *American Customer Satisfaction Index.*

Activity Based Costing, → Prozesskostenrechnung.

Adaptionsniveau, Begriff aus der Psychophysik. Die Psychophysik ist ein Teilgebiet der experimentellen Wahrnehmungspsychologie (→ Wahrnehmung) und untersucht funktionelle Beziehungen zwischen physikalischen Reizen und psychischen Prozessen, insbesondere im Bereich der Preiswahrnehmung (→ Preispolitik). Im Marketing sind zwei, aufeinander bezogene Theorien besonders relevant: Das Weber-Fechner'sche Gesetz sowie die Adaptionsniveau-Theorie von Helson. Das Weber-Fechner'sche Gesetz, auch als Gesetz von der abnehmenden Grenzwahrnehmung des Preises bezeichnet, geht davon aus, dass Preise logarithmisch transformiert wahrgenommen werden, wodurch ein steigender Preis eine nur unterproportionale Wahrnehmungsverstärkung nach sich zieht und die Interpretation zulässt, dass eine Preisänderung einen bestimmten Schwellenwert übersteigen muss, um wahrgenommen zu werden. Die „Adaptionsniveau-Theorie" von Helson besagt, dass die Beurteilung eines Preisstimulus nicht nur von dessen Stärke, sondern auch von seiner Abweichung von früheren Preisstimuli bestimmt wird. Die Wahrnehmung und Beurteilung eines neuen Preises wird von einem A. beeinflusst, das von früheren Preiserfahrungen abhängt. Der Adaptionsbereich beinhaltet somit Preisniveaus, die der Käufer als „fair" einstuft und insofern am Einkaufsort erwartet (sog. „antizipierte" Preise). Diese antizipierten Preise stellen eine Mischung aus früheren Preiserfahrungen mit gleichen oder ähnlichen Produkten und bestimmten Erwartungen hinsichtlich der Preisentwicklung dar. Beispielsweise ist an Computerpreise zu denken, bei denen die Kunden von kontinuierlichen Preisreduktionen ausgehen. Das subjektive Preisempfinden hat somit einen dynamischen Charakter (→ Assimilations-Kontrast-These).

Adaptive Selling, → Personal Selling; umschreibt die Anpassung des Verkäuferverhaltens auf Basis von Informationen über die Kunden und die Verkaufssituation. Um das A.S. wirkungsvoll anwenden zu können, muss der → Verkäufer das Wissen unterschiedlicher Verkaufssituationen in Kategorien einteilen. Beispielhafte Kategorien sind „Überzeugungsarbeit bei schwierigen Kunden" oder „Reaktion auf eine Reklamation". Die während der Verkaufstätigkeit angesammelte Erfahrung über effiziente Vorgehensweisen bei unterschiedlichen Verkaufssituationen wird den verschiedenen Kategorien zugeordnet. Um Nutzen aus den vergangenen Erfolgsstrategien ziehen zu können, werden neue Verkaufssituationen gedanklich einer der Kategorien zugeordnet und Verhaltensweisen abgeleitet. Der Verkäufer geht dabei auf die Bedürfnisse der Kunden ein, wobei die Fähigkeit des A.S. im Laufe der Berufserfahrung zunimmt.

Adaptives Filtern, → Absatzprognoseverfahren.

Adaptives Social Marketing, → Social Marketing.

ADC, Abk. für → Art Directors Club für Deutschland e.V.

Ad-Click, → Online Banner.

Add-a-card, Tipp-on-Card. Eine auf → Anzeigen oder → Beilagen aufgeklebte Postkarte, die dem Leser/Empfänger die Möglichkeit zur sofortigen Reaktion gibt, d.h. zu bestellen, Informationen anzufordern usw. Aufgrund des hohen Aufforderungscharakters gehört die A.-Technik zu den wirksamsten Reaktionstechniken bei → Zeitschriften. Durch die einfache Reaktionsmöglichkeit bringt sie i.d.R. höhere → Rückläufe als normale Coupon-Anzeigen.

Added Value, *Begleitende Dienste*. Der Gesamtwert eines Angebotes wird durch die Einbeziehung eines → Zusatznutzens erhöht.

Adequacy-Importance-Modell, Verfahren zur Einstellungsmessung (→ Einstellung), das die Merkmalsbeurteilung mit ihren jeweiligen Wichtigkeiten multipliziert und diese sog. Eindruckswerte aufsummiert.

Ad-hoc-Forschung, empirische Forschung, die auf einer einmaligen → Erhebung beruht. – *Gegensatz:* → Tracking-Forschung.

Ad-hoc-Werbung. Unter A. wird eine Werbmaßnahme verstanden, die im Umfeld von Events, Veranstaltungen usw. mit hohem Aufmerksamkeitsgrad durchgeführt wird. Sie soll mit dem Ereignisumfeld in (einen positiven) Zusammenhang gebracht werden. Ein Beispiel für die Anwendung von Ad-hoc-Werbung sind Werbebanden im Stadion. Der Begriff ist unglücklich gewählt, da er eigentlich unterstellt, dass es sich um eine spontane, ungeplante, Maßnahme handelt.

Ad-Impression, *Ad View*, → Online Banner.

ADM Master Sample, Auswahlbasis für repräsentative → Stichproben in der BRD des Arbeitskreises Deutscher Marktforschungsinstitute e.V. (ADM).

Adopter, eine Person, die beschließt, eine → Innovation in vollem Umfang durch regelmäßigen Gebrauch anzunehmen.

Adoptergruppe, Einteilung von → Adoptern in Gruppen. Geht man von der Annahme aus, dass Adopter zu verschiedenen Zeitpunkten eine → Innovation übernehmen und dass der Funktionsverlauf der Adoptionszeiten über alle Adopter einer Gauß'schen → Normalverteilung (Glockenkurve) entspricht, ergeben sich A. mit unterschiedlichen Größen. Die Innovatoren umfassen demnach 2,5 Prozent, die Frühadopter 13,5 Prozent, die frühe Mehrheit 34 Prozent, die späte Mehrheit 34 Prozent und die Nachzügler 16 Prozent der Personen, die insgesamt die Innovation annehmen. *Vgl. auch* → Adopterkategorien, → Adoptertypologie.

Adopterkategorien. Da verschiedene Individuen eines sozialen Systems eine → Innovation zu unterschiedlichen Zeitpunkten adoptieren, können nach dem Ausmaß an Innovationsbereitschaft die A. unterschieden werden. Gemeinhin differenziert man zwischen den Innovatoren, den frühen Übernehmern, der frühen Mehrheit, der späten Mehrheit und den Nachzüglern. Betrachtet man die Anzahl der Adopter im Zeitverlauf, von den ersten Innovatoren bis hin zu den letzten Nachzüglern, so ergibt sich für fast alle bisher untersuchten Innovationen eine ähnliche Kurvenform. Die Kurve folgt einer Gauß'schen Normalverteilung. *Vgl. auch* → Adoptergruppen, → Adoptertypologie.

Adoptertypologie, Charakterisierung von einzelnen → Adoptergruppen. Diese unterscheiden sich in ihrer Wertorientierung, so dass sich jedes Segment aufgrund eines typischen Musters beschreiben lässt. Die Innovatoren sind unternehmungslustig; sie gehen bei Neuheiten bereitwillig ein gewisses Risiko ein. Die Frühadopter lassen sich von ihrem Wunsch nach Respekt leiten. Sie sind in ihrem gesellschaftlichen Umfeld die Meinungsführer und übernehmen neue Ideen frühzeitig, aber vorsichtig. Die frühe Mehrheit handelt wohl überlegt. Die Angehörigen dieser Gruppe übernehmen neue Ideen eher als der Durchschnittsverbraucher. Die späte

Mehrheit ist skeptisch und erst dann bereit, eine → Innovation anzunehmen, wenn die Mehrheit sie bereits ausprobiert hat. Die Nachzügler schließlich handeln traditionsgelenkt, verhalten sich Veränderungen ggü. misstrauisch, pflegen Kontakte mit Gleichgesinnten und übernehmen die Innovation nur, weil sie in ihrem Umfeld inzwischen in einem gewissen Maß traditionell erscheint.

Adoption, Entscheidung zur Übernahme einer → Innovation. Die Entscheidung kann dabei von einzelnen oder mehreren Nachfragern für eigene oder organisationsbezogene Zwecke getroffen werden. *Vgl. auch* → Adoptionsprozess.

Adoptionsforschung, untersucht das Verhalten des Individuums ggü. einer → Innovation, wohingegen, die Diffusionsforschung auf aggregierter Ebene Aufschlüsse über die Verbreitung neuer → Produkte und Verfahren während des gesamten Marktzyklusses liefert. Bzgl. der Innovation und deren zeitlicher Ausbreitung baut die Diffusionsforschung auf den Erkenntnissen der A. auf. Verschafft man sich ein Bild über die in der A. behandelten Untersuchungsbereiche, so lassen sich vier Themenschwerpunkte erkennen: Ein großer Teil der „Scientific Community“ setzt sich mit der „Katalogisierung“ einer Reihe von adoptionsentscheidenden Innovationseigenschaften auseinander. Da sich zudem die Wahrnehmung dieser Merkmale beim Nachfrager aufgrund von Informationen bildet bzw. verändert, zählt die Erforschung der Kommunikationswege und -bedingungen zu einem weiteren Forschungsfeld, dem verschiedene Wissenschaftler ihre Aufmerksamkeit schenken. Die Wahrnehmung der Innovationseigenschaften verdichtet sich bei den Nachfragern dann zu einem „inneren Bild“, das beim Kunden wiederum ein bestimmtes Adoptionsverhalten (→ Adopterkategorien) induziert. Traditionell konzentriert sich daher die A. auf die Übernahme der Innovation. Beachtung finden bei den in diesem Bereich tätigen Wissenschaftlern eine Vielzahl von Kontextvariablen wie sozio- und psychographische Merkmale der Nachfrager sowie situative Faktoren.

Adoptionsprozess, ein geistiger Vorgang, den jemand vom ersten Hören von einer → Innovation bis zu ihrer endgültigen Annahme durchläuft. Gemeinhin zeichnet sich der Vorgang durch fünf Phasen aus: (1) Wahrnehmung, d.h. der Verbraucher nimmt die Innovation wahr, hat jedoch keine näheren Informationen darüber, (2) Interesse, d.h. der Verbraucher wird dazu angeregt, Informationen über die Innovation zu sammeln, (3) Bewertung, d.h. der Verbraucher erwägt, ob es sich lohnt, die Innovation auszuprobieren, (4) Probieren, d.h. der Verbraucher probiert die Innovation in kleinem Umfang aus, um ihren → Nutzen noch besser einschätzen zu können und (5) → Adoption, d.h. der Verbraucher beschließt, die Innovation in vollem Umfang und zum regelmäßigen Gebrauch zu adoptieren.

Adressanmietung. I. Begriff: Eine A. ist eines der zentralen Instrumente für die Neukundengewinnung im → Direct Marketing. Dabei handelt es sich in den meisten Fällen um Anschriftenmaterial für die schriftliche → Werbung, aber auch Telefon- und Faxnummern oder E-Mail-Adressen sind auf dem Markt verfügbar.

II. Merkmale: Im Gegensatz zum Adresskauf erwirbt der Mieter nur ein begrenztes Nutzungsrecht für eine einmalige Nutzung der Adressen für die Neukundenwerbung. Als professionelle Vermieter treten hauptsächlich Adressverlage, Listbroker und Anbieter von Wirtschaftsinformationen auf. Im Beratungsprozess werden die Zielgruppenkriterien möglichst exakt definiert, um → Streuverluste zu vermeiden. Beispiele für diese Kriterien sind z.B. Branchen und Umsatzgrößen bei Firmenadressen oder Kaufverhalten, Lifestyle-Typ und Alter bei Endverbraucheradressen.

III. Arten: Grundsätzlich unterscheidet man folgende drei Arten von Mietadressen: (1) Adressen aus kompilierten Datenbanken (vor allem Adressverlage, Wirtschaftsinformationen), (2) Adressen aus ihren Markt in einem eigenen Datenbanksystem abzubilden und dafür Adressen und qualifizierende Informationen nicht einmalig anzumieten, sondern dauerhaft einzukaufen und mit eigenen Daten weiter zu qualifizieren bzw. über Outsourcing als Dienstleistung das Up-Dating bzw. die Datenergänzung durchführen zu lassen. Diese Entwicklung beeinflusst auch die Prozesse der A., aber Argumente für die weitere hohe Bedeutung sind Kosteneffizienz und schnelle Verfügbarkeit.

Adressat. I. Begriff: Der A. ist der Empfänger der → Werbebotschaft in der typischen Erscheinungsform des → Direct Marketing, des → Mailings. Der A. sollte als Teil eines Zielgruppensegments über dessen beschreibende Merkmale bewusst ausgewählt werden. Aufgrund empirischer Erfahrungen hat die Auswahl der A. den wohl gewichtigsten Anteil am Erfolg oder Misserfolg einer Aktion im Direct Marketing.

II. Merkmale: Zu unterscheiden ist bei der Beschreibung von Zielgruppen zwischen der Business-to-Business-Kommunikation sowie der Business-to-Consumer-Kommunikation. (1) Business-to-Business-Kommunikation: Typisch für diese Kategorie sind Zielgruppendefinitionen nach Berufsgruppen/ Branchen. Die aktuelle Verfügbarkeit von marktgängigen Adressangeboten erlaubt viele Selektionen nach der hierarchischen und funktionalen Stellung der Entscheidungs-

Namensblock	Adressblock	Allgemeine Informationen	Interaktionsblock
• Name • Titel • Anrede • Stellung im Unternehmen – Top-Manager – Abteilungsleiter – usw. • Erreichbarkeit in Zweigniederlassung • Interesse(n)-Code • Entscheidungsbefugnis – selbst – zusammen – mit anderen – beratend – o.A. • Tätigkeitsbereich – Einkaufsleiter – EDV-Leiter – usw. • Zeitdauer in dieser Funktion, in diesem Unternehmen	• Unternehmensfirmierung – Straße(n) – Postfach – PLZ – Ort(e) • Datum der letzten Modifikation • Zweigniederlassungen – Straße(n) – Postdach – PLZ – Ort(e) • Daten der letzten Modifikation	• Telefon-Nr. • E-Mail-Adressen • Beschäftigungszahl(en) • Branchenschlüssel gem. Stat. Bundesamt • Bonitätsdaten/Zahlungsverhalten	• Korrespondenz • Kontaktursache (Quellencode) • Datum des Erstkontaktes • Anfrage(n) • Beschwerde(n) • „Zähler“ • Werbemittelzähler nach Code(s) • Umsatzzahlen – kumuliert – nach Einzelauftrag • Betreuer/zuständiger Verkäufer • Besuchszeiten

Beispiel einer Database-Konzeption für den Business-to-Business-Markt (Quelle: Dallmer 1989, S. 549)

Namensdaten	Adressdaten	Allgemeine Informationen	Interaktionsdaten
• Name, Vorname • Titel • Anredeart	• Straße • Postfach • PLZ • Ort • Letzte Modifikation	• Interessen-Kennziffer(n) • Geschlecht • Alter (Geburtsdatum) • Beruf • Familiengröße, -stand • Bonitätsbeurteilung • Telefon-Nr. • E-mail-Adresse • Freundschaftswerber • Multiplikator/Experte für ... • Dauer unter dieser Anschr. • Banktyp, Kreditkarte(n) • Regionaltyp	• Werbeart – Mailing – Couponanzeige – usw. • Kontaktzahl • Zeitpunkt der letzten Bestellung • Umsatz – pro Auftrag – kumuliert • Zahlungsart • Mahndaten • Mail-Order-Index

Beispiel einer Database-Konzeption für den Consumer-Markt (Endverbraucher-Kunde/Interessent) (Quelle: Dallmer 1989, S. 550)

Individuelle Merkmale		Gruppenweise zugeordnete Merkmale
Allgemeine demographische Merkmale: • Alter • Familiengröße (Haushaltstyp) • Familienphase • Familienstand • Geschlecht • Religion • Rasse • Sprache • Wohnort (-größe) • u.a. Sozioökonomische Merkmale: • Beruf • Berufsstellung • Bildung(sgrad) • Einkommen • Vermögen • Art des Wirtschaftszweigs, in dem der Haushaltsvorstand seinen Beruf ausübt • Soziale Schicht • u.a.	Bestands- und Konsum-analytische Merkmale • Besitz, Vorrat an Gütern • Verbrauch, Verwendung von Gütern, Interesse daran • Konsumintensität, -wert • Konsumhäufigkeit • Konsumdauer • Konsumart • Konsumzeit • Konsumrhythmus • Konsumort /-Region (!) • u.a. Verhaltensorientierte Merkmale: • Informationsverhalten • Mediennutzung • Freizeitverhalten • Mitgliedschaft in Organisationen, Vereinen • u.a.	• nach der Ort, Ortsgröße • nach dem Gebiet, Einzugsbereich von Infrastrukturangeboten • Kaufkraftkennziffern • Bevölkerungsdichte • Verteilrouten, Besuchsrouten • nach dem Beruf, die Einstufung Einkommensklassen

Merkmale zur Zielgruppenauswahl (Quelle: Dallmer 1989, S. 548)

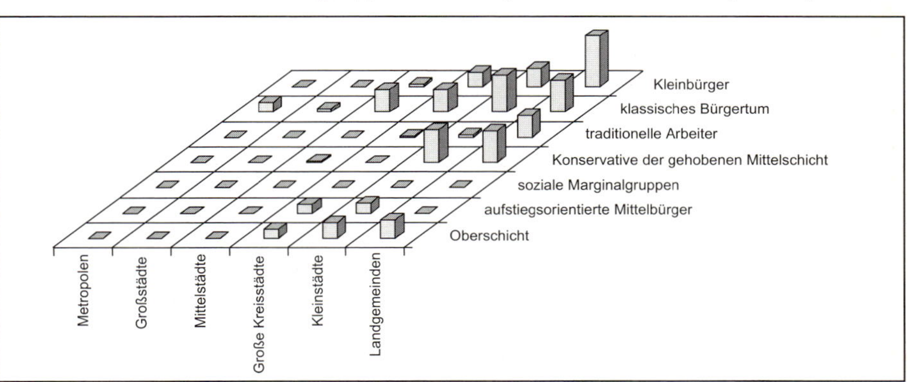

Penetrationsindex eines Unternehmens innerhalb der Wohngebietstypen (REGIO SELECT)

träger im Unternehmen in Verbindung mit anderen Kriterien. Ein typisches Beispiel eines Merkmalsrasters der Business-to-Business-Adressdaten vermittelt die Tab. „Beispiel einer Database-Konzeption für den Business-to-Business-Markt“. (2) Die nahe liegende Beschreibung von Consumer-Zielgruppen nach → soziodemographischen Merkmalen hat als einzige Beschreibungsmöglichkeit deutlich an Anwendungshäufigkeit verloren. Aktuell ist eine Kombination aus Altersdefinition und echten Kaufverhaltensdaten, die häufig angewandte Adressselektion. Ein typisches Beispiel eines Merkmalsrasters einer unternehmensinternen Consumer-Database vermittelt die Tab. „Beispiel einer Database-Konzeption für den Consumer-Markt (Endverbraucher-Kunde/Interessent)". Bei den Merkmalsarten endverbraucherbezogener Zielgruppendefinition muss zwischen personen-individuellen und gruppenweise zugeordneten Merkmalen unterschieden werden (vgl. Tab. „Merkmale zur Zielgruppenauswahl"). In jüngster Zeit werden A. zunehmend aus der sog. → mikrogeographischen Marktsegmentierung bzw. nach der Life-Style-Research-Methode bestimmt. a) Der Ansatz der Mikrogeographischen Marktsegmentierung basiert auf der Erkenntnis: Je kleiner man das regionale → Absatzgebiet wählt, desto deutlicher gilt der Grundsatz „Gleich und Gleich gesellt Sich gern", und desto stärker bilden sich Konsumententypen mit ähnlicher demographischer Struktur, ähnlicher Lebensphase und letztlich ähnlichem Lebensstil heraus und diese sind über die Methode operational erreichbar (*vgl. auch* → Konsumententypologien). b) Eine Beschreibung von Wohngebietstypen erfolgt hingegen bei der Life-Style-Research-Methode durch das sog. „REGIO SELECT" (vgl. Tab. „Beschreibung der Wohngebietstypen (REGIO SELECT)"). Hier ist jede Person durch ihre Adresse eindeutig einem dieser Wohnbezirke zugeordnet. Die Datenbank enthält mehrere hunderttausend Straßennamen und Hausnummern und weitere Daten, so dass eine Auswahlmöglichkeit z.B. eines Wohnbezirks nach seiner deskriptiven Konsumneigung und damit auch die Chance der Auswahl entsprechender Konsumenten besteht. Der besondere Vorteil von REGIO SELECT liegt darin, dass das tatsächliche Konsumverhalten der Haushalte einer Zelle in Bezug auf viele → Produktkategorien enthalten ist. Aus den → Absatzprofilen der Wohngebiete wurden typische Lebensstile und Neigungen zum Kauf bestimmter Angebote bzw. die Reaktion auf bestimmte werbliche Gestaltungsarten ermittelt. b_1) Zur Gewinnung solcher mit verschiedenen Merkmalsausprägungen beschreibbaren Wohngebietstypen wurden unter Anwendung der multivariaten Statistik die erwähnten Konsumakte mit Hilfe der Faktorenanalyse zu „Konsummustern" verdichtet (*vgl. auch* → Analysemethoden, multivariate). Eine → Clusteranalyse führte zu sieben typischen Wohngebietssegmenten, von denen jedes ein ganz spezifisches Konsum- und Lebensstilmilieu aufweist. Demographisch finden sich Oberklassensegmente, in denen Luxuskäufe dominieren, Mittelschicht- und Unterschichtsegmente, in denen preiswerte Versandhandelsprodukte ihre Hauptabnehmer finden. Mit Hilfe von Ortsgrößenklassen lassen sich die sieben Wohngebietstypen aus der Tab. „Beschreibung der Wohngebietstypen (REGIO SELECT)" in 42 Segmente gliedern. Ein Unternehmen kann auf der Suche nach geeigneten Zielgruppen mit Hilfe von REGIO SELECT z.B. wie folgt vorgehen: Der vorhandene Kundenbestand oder die auf Mailings des betreffenden Unternehmens Reagierenden werden den 42 Segmenten bzw. den 52.073 Zellen zugeordnet. Dieses Vorgehen zeigt die Abb. „Penetrationsindex eines Unternehmens innerhalb der Wohngebietstypen (REGIO SELECT)". Hieraus lassen sich (1) prozentuale Über- bzw. Unterdeckungen innerhalb der Wohngebietstypen feststellen, (2) sämtliche Zellen identifizieren, die zwar das ideale Konsummuster repräsentieren, in denen das Unternehmen aber vergleichsweise wenige Kunden hat. b_2) Der zweite Ansatz basiert auf Befragungen von Haushalten in Bezug auf deren Soziodemographie und Kaufverhalten. Zum Teil betreffen über 100 Fragen verschiedene Konsumentenbereiche des Haushaltes über konkretes abgeschlossenes Kaufverhalten, aber auch über Kaufabsichten. Im Zustimmungsfall des Betroffenen können die Befragten als Adressaten von Direct-Marketing-Kampagnen berücksichtigt werden

Literatur: Dallmer, H. (Hrsg.) (2002): Das Handbuch. Direct Marketing & More, 8. Aufl., Wiesbaden.

Heinz Dallmer

Adressaufbereitung, → Adressenqualifizierung.

Adressbereinigung, I. Begriff: Unter A. versteht man die Summe aller Maßnahmen, die zu einer qualitativen Optimierung von Adressen/Adressbeständen führen.

Wohngebietstyp	Nr.	Merkmale						
		Wohnung	Wohnstandort	Einkommen	Berufssituation	Familiensituation	Konsumneigung	Freizeitinteressen
Oberschichtmilieu	1	Luxuriöses Einfamilienwohnhaus	Stadtperipherie	Sehr hoch	Selbständige, Unternehmer, Freiberufler	Patriarchalisch, verheiratet, 2 Kinder	Hohes Interesse an hochwertigen Produkten	Sehr aktiv in Gesellschaft, Politik
Aufstiegsorientiertes Mittelschichtniveau	2	Elegante Appartements, Eigenheime	Attraktive Innenstadtanlage	Hoch	Leitende Angestellte, selbständige Freiberufler	Verheiratet, alleinstehend, partnerschaftliche Beziehung	Ausgeprägtes Markeninteresse	Kommerzielle Fluchtangebote der Freizeitindustrie
Soziale Marginalgruppe	3	Ältere „Mietblöcke"	Innenstadt, Bahnhofsnähe, Altbauviertel	Sehr niedrig	Rentner, Studenten, Arbeitslose	Verheiratet, alleinstehend	Interesse an sehr billigen Produkten	„Kneipenbesuche", Sport
Konservative der gehobenen Mittelschicht	4	Eigenheime in aufgelockerter Bebauung	Stadtperipherie, gewachsene Wohnviertel, Land	Hoch	Angestellte, Beamte	Verheiratet, traditionell eingestellt	Interesse an Familienprodukten, Tendenz zu anspruchsvollen Produkten	Familie, Pflege von Heim und Garten
Traditionelles Arbeitermilieu	5	Mietwohnung	Gewachsene Arbeitergebiete, Industriegebiete	Niedrig	Arbeiter, Anlernkräfte	Verheiratet, mit Kindern	Mittleres bis starkes Interesse an bürgerlichen Produkten	Reisen, Familie, soziales Engagement
Klassisches Bürgertum	6	Eigenheime bzw. Eigentumswohnung	Gewachsene Wohnviertel, Landbereiche	Mittel	Beamte, Angestellte, Facharbeiter	Verheiratet, mit Kindern	Mittleres bis starkes Interesse an bürgerlichen Produkten	Reisen, Familie, soziales Engagement
Kleinbürgermilieu	7	Mietwohnung, kleinere Eigenheime	Gewachsene Wohngebiete am Stadtrand	Mittel	Niedrige Beamte, Angestellte	Verheiratet, mit Kindern	Eingeschränktes Interesse	Sammler, Vereine, Familie, Handwerker

Beschreibung der Wohngebietstypen (REGIO SELECT) (Quelle: Dallmer 1989, S. 555ff.)

II. Verfahren: A. werden vor allem für „inaktive" Kundenbestände, aber auch im Vorfeld von Direct-Marketing-Aktionen durchgeführt. Des Weiteren bieten sich A. an, wenn Adressen aus mehreren unterschiedlich strukturierten und aktuellen Adressbeständen in Folgesysteme, z.B. → SAP/R3 oder → CAS (Computer-Aided-Selling)-Systeme, überführt (migriert) werden sollen.

III. Ziele: Zielsetzungen der A. sind: (1) Inhaltliche Prüfung von Adressen durch z.B. Prüfung und Generierung von Anredekennzeichen, Prüfung von korrekten Feldinhalten. (2) Postalische Bereinigung, d.h. postalische Prüfung und Korrektur von Anschriften durch fehlertolerante Prüfungen gegen jeweils gültige Referenzbestände (Leitdaten, bestehend aus PLZ/Ort/Straßendateien). (3) Aktualitätsprüfungen von Adressbeständen durch Abgleich gegen validierte gültige Adressbestände, insbesondere gegen die Umzugsdatenbank der Deutschen Post (4) Intra-Dublettenabgleich zur Identifizierung und ggf. Aussteuerung von Mehrfachadressen. (5) Aussteuerung werbeungeeigneter Adressen (z.B. → Robinson-Liste). (6) Zusammenführung (Verschmelzung) von Adressinformationen, die auf den identifizierten → Dubletten liegen

IV. Zweck: Die A. bildet, aufgrund der erreichten Adressqualität, eine wichtige Voraussetzung, um Adressbestände mit externen Marketing- und Analysedatenbanken zu verknüpfen. Neben der Adressbereinigung bereits bestehender und/oder über Dritte erworbener Adressbestände, werden entsprechende Bereinigungsfunktionen zunehmend in Datenbankanwendungen zur Online-Bereinigung eingesetzt. Ziel ist es dabei, die fehlerträchtige Adresserfassung (z.B. im → Call Center) durch Hinterlegung von Online-Bereinigungsfunktionen zu unterstützen, um möglichst nur formal und inhaltlich richtige und korrekte Adressen in die eigene → Database aufzunehmen.

Adressbeschaffung, → Adressgenerierung, → Adressanmietung.

Adressbücher, gedruckte Adressverzeichnisse ohne besondere Merkmale, wie z.B. Stadtadressbücher, Telefonbücher usw. Der Werbeumsatz in Adressbüchern machte 2001 1.269 Mio. EUR aus. Darin sind auch neu auf den Markt gekommene Telekommunikationsverzeichnisse enthalten. *Vgl. auch* → Printmedien.

Adress-CD-Rom, Datenträger zur Abspeicherung von Firmen- und Endkundendaten. Durch neue Formen der Komprimierung ist es möglich, eine große Anzahl von Adressen und Merkmalen auf CD-Roms anzubieten. Die Preise für diese Art der Datenträger variieren sehr stark, verbunden mit der Anzahl und der Qualität (Aktualität) der Daten. Die neueste Generation von A. enthält neben der klassischen Adresse und den Kommunikationsdaten auch Bildmaterial, beispielsweise Fotos der zur Adresse gehörigen Straße. Diese Form des Vertriebes von Adressen wird voraussichtlich in Zukunft durch Online-Abfrage von Adressdaten abgelöst. Letztere bietet die Möglichkeit, die Adressdaten tagaktuell verfügbar zu haben und nicht auf regelmäßige Updates angewiesen zu sein.

Adressdatenbanken, → Database.

Adresseigner, → Listeigner.

Adressenabgleich. I. Begriff: Der A. dient dazu, doppelte oder mehrfache Adresssätze (→ Dubletten), die häufig in unterschiedlichen Schreibweisen vorliegen, zu identifizieren und ggf. auszusteuern. Der Adressenabgleich kann innerhalb einer Adressdatei, aber auch, sofern mehrere – z.B. angemietete – Adressbestände verarbeitet werden sollen, dateiübergreifend erfolgen.

II. Ziele: Mögliche Zielsetzungen des A. sind: (1) Intra-Abgleich, zur Identifizierung von doppelten Adresssätzen (Dubletten) innerhalb einer Datei bzw. dateiübergreifend. (2) Positivabgleich, dient dem Abgleich einer oder mehrerer Adressbestände gegen einen Referenzbestand, um eine Bestätigung der eigenen Adresse, bzw. eine Übernahme von weiteren Informationen, z.B. Telefonnummern, zu ermöglichen. (3) Negativabgleich, um z.B. werbeungeeignete Adressen z.B. → Robinson-Listen aus Adressbeständen auszusteuern.

III. Verfahren: Für die Durchführung von A. stehen effiziente Softwaretools zur Verfügung, die es erlauben, auch sehr heterogene „gleiche" Adressen (Dubletten) aus Beständen herauszufiltern und zu kennzeichnen. Von entscheidender Bedeutung für die Qualität des A. ist die Trennschärfe des jeweils verwendeten→ Match-Code-Verfahrens oder der mathematisch-phonetischen Verfahren zur Ähnlichkeitsbewertung.

IV. Qualität: Die Qualität von A.-programmen leitet sich aus folgenden Größen ab: (1) Quote der Adressen, die der Gruppe der sicher dublettenfreien Adressen falsch zugeordnet werden (Underkill), (2) Quote der Adressen, die der Gruppe der sicheren Dubletten falsch zugeordnet werden (Overkill), (3) Quote der Restadressen, für die keine sichere Zuordnung vorgenommen werden konnte (Underkill).

Adressenbewertung. I. Begriff: A. ist die Klassifikation von Zielgruppen. Nach Anreicherung (Enhancing) mit beschreibenden Merkmalen werden die Adressen mittels Scoring-Verfahren, → RFMR- oder Mail-Order-Index-Methoden bewertet. Die Adressen der Endkunden und Unternehmen werden z.B. um mikrogeographische und Kreditinformationen ergänzt.

II. Ziel: A. dient der Ermittlung von Referenzgrößen für die Berechnung von Marktpotenzialen und Ermittlung zusätzlicher Selektionsmerkmale für die genaue Zielgruppenbestimmung. Die Bewertung unterliegt insbesondere im Consumer-Bereich datenschutzrechtlichen Restriktionen (→ Datenschutz). Die Sammlung und Verwertung personenbezogener Daten wird vom Gesetzgeber eingeschränkt. Der Erfolg von Direktwerbemaßnahmen wie → Mailing, Versand von Katalogen, Zeitschriften u.v.m., wird nach Bewertung der Anschriften sowohl kostenseitig als auch im → Werbeerfolg optimiert. Der Mehrwert der den Adressen eindeutig zugeordneten Kriterien bemisst sich in erhöhten Response- und Verkaufsquoten.

III. Aktuelle Entwicklungen: In den USA werden beim Aufbau von Verbraucherdatenbanken seit längerem Kreditinformationen (Bonitätsdaten) generiert. In Deutschland wird das boomende E-Commerce-Angebot die Generierung und Nutzung dieser Informationen vorantreiben. Die Übermittlung von Kreditbewertungen einzelner Interessenten und Kunden geschieht unter Einbindung eines Informationsanbieters in Echtzeit. Auf Basis der sich schnell entwickelnden Informationstechnologie gewinnen die Informationen zur A. an strategischer Bedeutung.

Adressenmiete, → Listbroking.

Adressenqualifizierung, *Data Enhancement*, umfasst die Prüfung, Korrektur, Ergänzung, Anreicherung und Gewichtung von Adressen.

I. Ziel: Insbesondere die Sicherung des Direktwerbeerfolgs durch postalisch korrekte, zustellfähige und aussagefähigere Adressen. Dazu gehört auch die Möglichkeit, durch eindeutige Zuordnung der Adresse zu einer Zielgruppe, die → Streuverluste einer Direktwerbeaktion zu vermindern. Die Qualifizierung erfolgt über EDV-Abgleichverfahren und → Analyseverfahren, multivariate, der Statistik. Datenbanken und Data-Mining-Tools setzen die Verfahren effizient um (→ Database, → Data Mining). In der Praxis unterscheidet man bei der A. zwischen Instrumenten zur Adresspflege und Adressanreicherung bzw. -aufbereitung.

II. Instrumente: (1) Wesentliche Instrumente der Adresspflege sind: a) Dublettenabgleich: Identifikation von Mehrfach-Adressen in einem Bestand (→ Dubletten), b) Aktualisierung auf Postordnungsmäßigkeit (postalische und orthographische Richtigkeit), c) Überprüfung auf Existenz/Aktualität einer gespeicherten Adresse, d) Einpflege der Umzügler: Änderungsdienst auf Basis von Original-Nachsendeanträgen der Umzügler, e) Ermittlung von Negativ- und Risikoadressen (→ Robinson-Liste, „listen-tote“ und „dubiose“ Adressen). b) Wesentliche Instrumente der Adressanreicherung sind: a) Informationen, die exakt einer Adresse zuzuordnen sind (Telefonnummern, Bebauungsstrukturen, Altersstrukturen, Beschäftigtenanzahl, Name von Entscheidern), b) straßenabschnittsbezogene statistische Informationen (→ Kaufkraft, Versandhandelsneigung, Wohngebietstypen, Lifestyle-Typen). Zusatzinformationen zur Anreicherung von Anschriften gewinnen für den → Unternehmenserfolg an strategischer Bedeutung, insbesondere im stark wachsenden Internet-Handel (→ Internet Shopping), sowie durch die Zunahme des Anteils der direkten Kommunikation am gesamten → Kommunikationsmix.

Adressenverlag, Anbieter von Adresslisten. *Vgl. auch* → Werbeadressen.

Adressgenerierung. Ausgehend von den Analysen im Bereich der → Bestandskunden können Adressmerkmale der positiv reagierenden Konsumenten ermittelt werden. Eine Herausforderung des Marketing ist aufgrund dieser Zielgruppenmerkmalskenntnisse, neue Interessenten zu generieren, die mit hoher Wahrscheinlichkeit als Käufer in Frage kommen (Leadsgenerierung). Insbesondere bei nicht exakt definierbaren Zielgruppen aufgrund heterogener Struktur werden Vorschaltmedien eingesetzt, um möglichst viele, konkret interessierte Konsumenten zur Reaktion zu veranlassen, z.B. über ein Informationsangebot. Im Anschluss daran erfolgt eine Nachschaltkampagne mit direkter Ansprache des Interessenten, die mit höherem Aufwand gestaltet werden und eine vergleichsweise größere Reaktion bewirken

		Business-to-Business-Markt	Business-to-Consumer-Markt
Unternehmenseigene Quellen	Generierung (Adressengewinnung)	•Lieferantenkarteien •Besucherlisten •Seminarteilnehmer •Verbandsmitglieder •Messebesucher •Außendienst •Kundendienst •Medienwerbung •Mailings •Befragung	•Garantiekarten •Außendienst, Kundendienst •Sammelbesteller •Freundschaftswerbung •Medienwerbung •Mailings •Promotionskampagnen •Plastikkarten
	Database (Adressenbestand)	Datei(en)	Datei(en)
Fremdbezug		•Adressverlage •Telefon- / Adressbücher •Öffentliche Institutionen •Handelsregister •Vereinsregister •Bezugsquellennachweise •Messekataloge •Datenbanken •Redaktionelle Beiträge	•Listbroker •Syndication •Telefon- / Adressbücher •Öffentliche Institutionen •Geogr. Datenbank-Segmentation

Überprüfungs-, Auswahl- und Bewertungsverfahren
REGIO Adresse-Plus RFRM- Scoring MO-Index
REGIO Adresse-Plus

Systematik der Zielgruppenquellen (Quelle: Dallmer 1989, S. 547)

kann. Als Ausgangsbasis bzw. Grundpotenzial für die Adressgenerierung können verschiedene Quellen dienen. Eine Übersicht liefert die Abb. „Systematik der Zielgruppenquellen".

Literatur: Dallmer, H. (1989): Stichwort Direct-Marketing, in Bruhn, M. (Hrsg.): Handbuch des Marketing, München, S. 457.

Adresshändler, → Broker.

Adressierte Werbesendung, → Mailing.

Adresslieferform. Die wichtigsten A. sind: (1) Endloslisten (Cheshire) als übliche Ausdrucksform von Adressen durch großformatige Drucker im Endlosformat. Die Ablage erfolgt zick-zack-gefalzt. Die Weiterverarbeitung (Trennung, Leimung, usw.) erfolgt über Cheshire-Automaten. Diese Form stellt einen preiswertern Weg der Adressierung dar. (2) Selbstklebe-Etiketten: Bei dieser Lieferform ist i.d.R. mit Mehrkosten zu rechnen. (3) Datenträger: Die sind z.B. Diskette, Magnetband, CD-ROM. Zusätzlich zum Datenträger kann eine Kontrollliste ausgedruckt werden, hier fallen meistens lediglich die technischen Kosten an. (4) Datenfernübertragung (DFÜ): Die Adressen werden via Online-Verbindungen direkt auf den Rechner übertragen. (5) → Internet: Selektieren und Herunterladen seiner Zielgruppen (downloading). (6) Direktadressierung: Aufbringen der Adresse auf das → Werbemittel ohne Zwischenträger wie Etiketten.

Adressmanagement, umfasst die Verwaltung, den Einsatz und die Kontrolle von Adressdatenbanken (→ List-Broking). Das A. wird eingesetzt, um vorhandene Informations- und Adressendateien zu analysieren, zu bewerten, mit Adressmerkmalen für Datamining-Prozesse zu ergänzen und für effizientes → Direktmarketing zu nutzen. Softwareunterstütztes A. stützt sich auf Datenbanken mit diversen Funktionen zur Steuerung von Kunden- und Lieferantenbeziehungen. In diesem Zusammenhang wird A. durch Schnittstellen zu Telefonie, Fax und E-Mail, Serien- und Einzelbriefen sowie erweiterten Such- und Kontaktverwaltungsfunktionen wie z.B. Historie und Datensatzverknüpfung unterstützt. A. setzt zum einen die Beschaffung zielgruppengerechter Adressen (→ Adressbeschaffung) und deren Aufbereitung (→ Adressaufbereitung) voraus. Zum anderen muss kontinuierliche Adresspflege betrieben werden, d.h. ein → Adressenabgleich, die → Adressbereinigung sowie die Berücksichtigung der sog. → Robinsonlisten.

Adresspool, ist eine von mehreren Unternehmen gemeinsam betriebene → Database. Mit dem Aufbau eines A. werden i.d.R. zwei Zielsetzungen verfolgt: (1) Die unternehmerischen Investments, die mit dem Aufbau und dem Betrieb einer Database verbunden sind, können auf mehrere Teilnehmer verteilt werden. Dieses führt zu einem schnelleren → Return on Investment (ROI). A.-Projekte gestalten sich allerdings dann als schwierig, wenn stark unterschiedliche Zielsetzungen mit der Database verfolgt werden. Dieses erhöht die Systemkomplexität mitunter erheblich, so dass die angestrebten Effekte nicht erreicht werden. (2) Begegnung der Problematik der Datengenerierung und Datenaktualisierung. Legt man die gesamten Marktbearbeitungsaktivitäten von mehreren Unternehmen zusammen, so gelingt es in aller Regel sehr viel besser und schneller, aktuelle und wichtige Informationen über die Zielgruppen zu gewinnen. Jeder Poolteilnehmer kann dann auf diese aktuellen Informationen zugreifen und erhöht damit die Effizienz seiner → Marktbearbeitung. A. werden zielgruppenorientiert aufgebaut, d.h., die Teilnehmer sind zwar in der gleichen Zielgruppe tätig, konkurrieren aber nicht miteinander. Über ein entsprechendes Regelwerk wird der Interessenausgleich gesteuert und die Investments verteilt. Wer mehr einbringt, muss weniger zahlen, wer mehr nutzt, muss mehr zahlen. Das → Database Management wird dabei einer neutralen Partei übergeben, die selbst nicht Poolteilnehmer ist. A. stellen eine neue Form unternehmerischer Kooperation dar, die die Zielgenauigkeit des Marketing erhöht und die Einsatzkosten reduziert. Es ist zu erwarten, dass in den nächsten Jahren eine Vielzahl von Unternehmen A. bilden werden.

Adress-Scoring. I. Begriff: A.-S. umfasst die Bewertung von Privat- oder Firmen-Adressen als Ergebnis einer zuvor durchgeführten (statistischen) Analyse der Adressdaten (Anschrift, Umsatzdaten, Art der Kundengewinnung, Geschlecht usw.).

II. Vorgehen: Zur Erstellung eines Kundenprofils mittels Scoring wird ein hierfür entwickeltes Bewertungsmodell angewendet, die sog. Score-Karte. Diese ordnet den Adressen Qualitätspunkte („Scores") zu und ermöglicht so die Rangreihung bzw. Klassifizierung der Adressen, z.B. nach → Affinität zu bestimmten Produkten (z.B. Hochpreistextilien im Versandhandel), Kaufverhaltensmustern (Online, per Post usw.), → Cross-Selling-Potenzialen (z.B. Familien im Versandhandel) oder Stornorisiken (z.B. bei Versicherungs- oder Telekommunikationsverträgen).

III. Ziel: Identifikation von Personen(gruppen) im eigenen Kundenbestand (Kundensegmente) oder in Fremdadressbeständen (z.B. in bundesweiten Haushaltsadressdateien), die für bestimmte Produkte, Marketingaktionen oder Betreuungsmaßnahmen geeignet sind bzw. geeignet scheinen (Top-Segmente = Zielgruppe).

IV. Entwicklung: A.-S. ist eng verbunden mit Aspekten der Bereiche → Data Mining, Marketingdatenbanken, Datawarehouse und → Mikrogeographische Marktsegmentierung. Anbieter wie z.B. Direktmarketing-Unternehmen bieten z.T. umfangreiche A.-S.-Dienstleistungen an: hier werden z.B. Adressdateien eines Kunden mit den flächendeckenden Adress- und Marktdatenbanken des Anbieters angereichert, mit Hilfe moderner Data-Mining-Methoden analysiert und eine kundenspezifische Score-Karte entwickelt – häufigste Zielsetzung des A.-S. ist hier die Bestimmung und Selektion von Neukundenpotenzialen. Nutzer großer Adressdateien, wie z.B. Telekommunikationsunternehmen oder Finanzdienstleister, verfügen oftmals bereits über eigene Analyseabteilungen und entwickeln ihre Score-Karten selbst zur Bewertung ihres Kundenprofils. Hauptziele sind hier vor allem die effektive → Kundenbindung bzw. Kundenausschöpfung. A.-S. bildet den Ausgangspunkt für effektives → One-to-One-Marketing und wird daher in jeder Branche, die Produkte zielgruppengenau vertreiben muss, in der Zukunft noch an Bedeutung gewinnen.

Adressvermietung, → Listbroking.

ADV, Abk. für Allgemeiner Direktwerbe- und Direktmarketing-Verband e.V. *Vgl. auch* → Deutscher Direktmarketing-Verband.

Adverse Selektion, → Marktorientiertes Umweltmanagement.

Advertainment, Verknüpfung der Begriffe Entertainment und Advertisement. A.-Anwendungen zielen im Rahmen der → Multimediakommunikation primär auf eine emotionale → Positionierung von → Produkten bzw. Leistungen durch die Vermittlung virtueller Erlebnisse ab. *Vgl. auch* → Infotainment, → Infotisement.

Advertising-Recall, → Recall.

Advocacy Advertising, Erscheinungsform des → Public Relations. A.A. bezeichnet sämtliche Aktivitäten der Mediawerbung, mit denen Unternehmen auf Angriffe von Anspruchsgruppen reagieren oder zu öffentlich diskutierten Themen ihren Standpunkt mit Hilfe von z.B. → Anzeigen oder Werbespots vertreten.

AfA (Absetzung für Abnutzung), → Abschreibung.

Affect-Transfer-Model, (ATM). Das Modell unterstellt, dass das Gefühl, was sich ggü. einer Werbemaßnahme einstellt, auf das beworbene Produkt übertragen wird.

Affektive Komponente, → Einstellung.

Affektive Prozesse (affektive Komponente), im anglo-amerikanischen Sprachraum als Oberbegriff für die Kennzeichnung der mentalen Prozesse → Emotionen, → Stimmungen und → Einstellungen genutzt.

Affektives Involvement, → Involvement

Affektkauf, impulsive → Kaufentscheidungen.

Affiliate-Programm, *Partnerprogramm*. Programm, in dessen Rahmen ein Werbetreibender (Merchant) auf → Websites von Partnern (Affiliates) sein Leistungsangebot präsentiert. Der Betreiber der → Website erhält eine Provision für zustande gekommene Geschäfte oder Kontakte. Die Promotion erfolgt in Form von Links, die der Partner auf seiner → Website integriert, ergänzt um Contents verschiedener Art wie Informationen, Erfahrungsberichte usw. Für die Berechnung der Provision gibt es verschiedene Möglichkeiten. So ist eine Provision pro Click auf den Werbelink des Anbieters möglich (Pay per Click, → CPC). Weitere Möglichkeiten sind die Zahlung einer Verkaufsprovision (Pay per Sale, Pay per Use) oder einer Prämie für jedes von einem User ausgefüllte Kontaktformular (Pay per Lead, → CPL).

Affinität, gibt an, wie stark eine Zielgruppe von einem Medium erreicht wird. Sie lässt sich als Prozentzahl oder als Indexwert angeben. A. als Prozentzahl wird wie folgt berechnet:

$$A = \frac{\text{Reichweite in der Zielgruppe (absolut)}}{\text{Reichweite in der Bevölkerung (absolut)}} \times 100$$

Hat z.B. eine Zeitschrift eine absolute → Reichweite in der Bevölkerung von 1,55 Mio., und hat dieselbe Zeitschrift eine absolute Reichweite von 0,77 Mio. bei starken Rauchern, dann ist die A. dieser Zeitschrift $0{,}77/1{,}55 \cdot 100 = 49{,}68\%$. Das bedeutet, dass 49,68% der Leser starke Raucher sind. Befinden sich in der gesamten Bevölkerung z.B. 33% starke Raucher, dann ist der Indexwert der A. 49,68/33 = 1,505. Das heißt, unter den Zeitschriftenlesern dieser Zeitschrift sind die starken Raucher überrepräsentiert. Dieser Erreichungsgrad wird am Anteil der Zielgruppe in der Gesamtbevölkerung gemessen. Hat eine Zielgruppe in der Bevölkerung einen Anteil von 25%, und ist z.B. der Anteil der Zielgruppe bei den Nutzern eines Mediums 4%, dann ist die A. 40/25 = 1,6. *Vgl. auch* → Mediaplanung.

Affinitätskonzept, in der → Mediaplanung gilt die → Affinität als ein zusätzliches Beurteilungskriterium für die Kontaktqualität eines → Werbeträgers neben den eingeführten quantitativen Kriterien wie → Tausenderpreis oder → Reichweite zur Bezeichnung der Selektivität eines Mediums ggü. einer → Zielgruppe.

After-Sales-Marketing, → *Nachkaufmarketing*.

After-Sales-Service, Leistungstyp bei einer Klassifikation von Service- bzw. → Dienstleistungen nach dem Zeitpunkt der Leistungserstellung, wobei zu den A.-S.-S. sämtliche Serviceleistungen eines Unternehmens zählen, die nach dem Kauf eines Produktes bzw. der Inanspruchnahme der Dienstleistung erbracht werden. Beispiele für A.-S.-S. sind die Wartung von technischen Anlagen nach dem Verkauf einer umfangreichen Software zur Steuerung der Kundeninformationen (z.B. ein → Customer Relationship Management System (CRM-System)) oder die Durchführung einer Inspektion nach Verkauf eines Neuwagens. Der Ursprung des A. liegt im Industriegüterbereich (→ Industriegütermarketing), in dem eine hohe Notwendigkeit zur Wartung von langlebigen Gütern besteht.

Agency-Kosten, → Prinzipal-Agenten-Theorie, → Theorien des Marketing.

Agent, → Agentursystem, → Handelsvertreter.

Agentur, → Werbeagentur.

Agentursystem, → Absatzmittler werden für einen Hersteller mitunter im Rahmen von speziellen Agenturverträgen tätig. Die Agentursysteme können nach dem Grad der Abhängigkeit des Absatzmittlers vom Hersteller klassifiziert werden. Auf der einen Seite befinden sich → Vertragshandelssysteme, in denen dem Händler Eigengeschäfte mit Produkten anderer Hersteller weitgehend untersagt sind. Auf der anderen Seite wird der Absatzmittler als → Makler tätig und vermittelt Geschäfte für unterschiedliche Hersteller, ohne auf eigenen Namen tätig zu werden. In Formen mit mittlerem Abhängigkeitsgrad vom Hersteller wird der Absatzmittler als → Handelsvertreter (Agent) oder → Kommissionär tätig.

Agenturtheorie, *Agency Theory;* → Prinzipal-Agenten-Theorie, → Institutionenökonomik.

Agenturvergütung. Dass eine → Werbeagentur für ihre Leistungen vergütet werden muss, steht außer Frage. Die Frage ist aber, was ist der geeignete Maßstab. Die kreative Leistung ist nach heutiger Erkenntnis einer genauen Messung nicht zugänglich, so dass die Leistung einer Werbeagentur, die i.Allg. immer auch kreative Bestandteile beinhaltet, nicht genau messbar ist und deshalb als Kostenträger ausscheidet. In der Werbepraxis haben sich daher unterschiedliche Verfahren der Vergütung herausgebildet: (1) Einzelabrechnung auf Honorarbasis: Bei der Einzelabrechnung setzt sich die Berechnung der Agentur aus ihren einzelnen Leistungen zusammen. Diese Einzelleistungen werden dann i.d.R. mit bestimmten Stundensätzen bewertet. (2) Pauschale: Bei der in Deutschland weit verbreiteten Pauschalabrechnung wird der Agentur für einen bestimmten Leistungsumfang, der meist für ein Jahr im Voraus festgelegt wird, eine pauschale Vergütung gezahlt, die auch monatlich abgegolten wird. (3) Provision: Bei der Abrechnung auf Provisionsbasis wird der für Streuaufträge an die Werbedurchführenden (Verlage, Rundfunkanstalten usw.) verwendete Teil des Gesamtetats als Bemessungsgrundlage für die A. verwendet. Bucht z.B. ein Werbetreibender A Anzeigen bei einem Verlag B, und kostet die Schaltung dieser Anzeigen 50.000 EUR, dann zahlt A an B 50.000 EUR ohne Einschaltung einer Werbeagentur. Mit Einschaltung einer Agentur berechnet der Verlag bei einem Provisionssatz von 15% der Agentur 42.000 EUR = 100% - 15% von 50.000 EUR, und die Agentur berechnet ihren Kunden 50.000 EUR. (4) Service-Fee: Beim reinen Service-Fee-Verfahren weist die Agentur den Betrag für Streuleistungen explizit aus und berechnet auf diesen „Nettobetrag“ eine Gebühr. Geht man von vorgenanntem Beispiel aus, und berechnet die Agentur eine Service-Fee von 17,67%, dann erhält man einen Betrag von 42.500 EUR, der der Agentur in Rechnung gestellt wird. Addiert man hierzu die 7.509 EUR (Service-Fee-Aufschlag der Agentur), ergibt sich ein Rechnungsbetrag für den Kunden von 50.009 EUR. Man sieht sofort, dass der durchaus übliche Provisionssatz von 17,67% auf den Nettobetrag (bis auf Rundungsfehler) identisch ist mit Provisionssatz von 15% auf Bruttobasis. (5) Kombination aus Honorar- und Provisionsabrechnung: Im Normalfall leistet eine Agentur aber mehr als nur die Vermittlung von Streuetats. In diesem Fall sind die genannten Verfahren – außer der Einzelabrechnung – unbefriedigend. Hier bietet sich eine Kombination aus Einzelabrechnung und Service-Fee-Verfahren an (vgl. Tab. „Beispielhafte Berechnung der Agenturvergütung").Der an die Media fließende Betrag ist 255.000 = 300.000 – 45.000 EUR. Vom nicht streufähigen Etat erhält die Agentur 55.000 EUR, so dass 145.000 EUR an die Werbedurchführenden fließen. Daraus ergibt sich ein Gesamtnettobetrag von 400.000 EUR, und der Service-Fee-Prozentsatz ist 25% = 100.000 von 400.000 EUR.

Etat	500.000 EUR
streufähig	300.000 EUR
nicht streufähig	200.000 EUR
Medienposition 15% auf streufähigen Etat =	45.000 EUR
Honorar und Einzelvergütung der Agentur =	55.000 EUR
Gesamtvergütung für Agentur (Service-Fee absolut)	100.000 EUR

Beispielhafte Berechnung einer Agenturvergütung

Agostini-Formel, eine vom französischen Medienforscher Jean-Michel Agostini 1960 entwickelte Formel zur Berechnung der → Nettoreichweite einer Werbemaßnahme bei gleichzeitiger Belegung mehrerer Werbeträger. Nettoreichweite = (Summe der BRW)^2/(1.125 * Summe der Doppelleser + Summe der Bruttoreichweiten). *Vgl. auch* → Mediaplanung.

Agrarmarketing, ist in erster Linie als das → Marketing von landwirtschaftlichen Unternehmen zu verstehen. Des Weiteren werden unter dem Begriff auch Gemeinschaftsaktivitäten von internationalen, nationalen und regionalen Unternehmen oder Institutionen zur Planung und Durchführung von Maßnahmen der Erschließung, Entwicklung und Pflege von → Absatzmärkten des Agribusiness zusammengefasst. Aufgrund der externen Rahmenbedingungen für Marketingaktivitäten auf dem Agrarsektor (wie spezifische Gesetzgebung, saisonale und jährliche Angebots- und Preisschwankungen sowie Strukturunterschiede im System des Agribusiness) ist es für die einzelnen Anbieter unmöglich, sich von ihren Wettbewerbern zu differenzieren. Das Gemeinschaftsmarketing ist daher die für das A. charakteristische Form der Marketingaktivitäten. In der BRD wird A. vorwiegend von der Centralen Marketinggesellschaft der deutschen Agrarwirtschaft mbH (CMA) betrieben.

Ähnlichkeitsmaß, → Cluster-Analyse.

AIDA-Modell, → Werbewirkung.

AID-Analyse, *Automatic Interaction Detection, Baumanalyse, Kontrastgruppenanalyse.* Verfahren zur Prüfung von Interaktionen zwischen verschiedenen Variablen einer Stichprobe. Die A. ist ein Verfahren der → Dependenzanalyse. Es wird bei diesem Verfahren sukzessiv versucht, die Variable zu finden, die am besten anhand eines zuvor bestimmten Kriteriums die → Stichprobe in zwei Teile trennt. Durch dieses Verfahren erhält man dann im Ergebnis eine Baumstruktur.

Aided Recall, *gestützte Erinnerung, unterstütze Reproduktion.* A. R. ist die Anzahl aller gelernten Objekte (z.B. Markenname), die eine Testperson mit Hilfe einer Gedächtnisunterstützung (z.B. Hinweis auf den Kontext) wiedergeben kann. Somit ist A.R. eine Messgröße zur Erfassung der Gedächtnisleistung einer Testperson → Unaided Recall, → Aided Recall, → Recall.

AIO-Ansatz, von Wells und Tigert in den 1970er-Jahren entwickeltes, ca. 300 Statements umfassendes, standardisiertes Konzept zur Messung des → Lebensstils, bei dem die Befragten unter Zuhilfenahme einer Ratingskala Auskunft geben sollen über ihre Activities (A, Aktivitäten, z.B. Freizeit, Arbeit, Einkauf), Interests (I, Interessen, z.B. bzgl. Familie, Heim, Beruf) sowie Opinions (O , Meinungen, z.B. über sich selbst, Kirche, Staat, Politik, Wirtschaft). Das Konzept wurde in der Folgezeit vielfach überarbeitet und stellt auch heute noch die Grundlage für viele Lebensstiluntersuchungen dar.

Ajzen-Fishbein-Modell, zur Klasse der Erwartungswert-Modelle (Expectancy Value Models) zählendes multiattributives Einstellungsmessmodell, das von dem Sozialpsychologen Fishbein entwickelt wurde. Die → Einstellung ergibt sich durch Multiplikation subjektiver Überzeugungen (beliefs) vom Vorhandensein bestimmter Produktmerkmale (kognitiver Aspekt) mit den subjektiven Bewertungen dieser Merkmale (affektiver Aspekt). Die kognitive Komponente wird durch subjektive Wahrscheinlichkeiten erfasst, die motivational-wertende Komponente durch eine Notenskala. Die Multiplikation dieser beiden Komponenten hinsichtlich eines Merkmals wird als Eindruckswert bezeichnet, die Addition der Eindruckswerte über alle Eigenschaften ergibt die Einstellung. Das Fishbein-Modell ist ein kompensatorisches Modell, bei dem negative Bewertungen einzelner Eigenschaften durch positive Beurteilungen anderer Merkmale aufgewogen werden können. An dem Modell wird die multiplikative Verknüpfung der affektiven und kognitiven Aspekte kritisiert und es wird angezweifelt, ob Konsumenten ihre Produkteindrücke als subjektive Wahrscheinlichkeiten über das Vorhandensein von Eigenschaften bilden.

Akkreditiv, Finanzierungsfunktion, ohne selbst einen Kredit im engeren Sinne darzustellen. Der Exporteur erhält bereits bei Einreichung der akkreditivkonformen Dokumente und Versendung der Ware die monetäre Gegenleistung in Höhe der vereinbarten A.-Summe. Als Formen von A.-Geschäften sind übertragbare A. sowie A. mit verzögerter Zahlung (Deferred Payment) zu nennen. Übertragbare A. beinhalten die Möglichkeit, die A.-Summe Dritten (z.B. Lieferanten des A.-Begünstigten) zur Verfügung zu stellen. Auf diese Weise kann ein Exporteur ein Guthaben bei einem Zulieferer aufbauen bzw. Verbindlichkeiten tilgen. Bei A. mit verzögerter Zahlung räumt der Exporteur dem Importeur ein Zahlungsziel in der Form ein, dass keine sofortige Zahlung nach Einreichung der Dokumente durch den Exporteur erfolgen muss. Die entstehenden Zinskosten werden dabei in der A.-Summe mit berücksichtigt.

Akquisition, Gewinnung neuer Kunden, sowie die Pflege bestehender Geschäftsbeziehungen. Üblicherweise erfolgt die A. durch die → Außendienstmitarbeiter eines Unternehmens im Rahmen von Kundenbesuchen. Hierbei wird der potenzielle Kunde auf die Leistungen des Unternehmens aufmerksam gemacht und über ihre Vorteile im Vergleich zu Konkurrenzangeboten informiert oder die bereits vorhandenen Kunden kontinuierlich bei der Lösung existierender Probleme unterstützt. Von der Kundenakquisition ist die Unternehmensakquisition (→ Mergers & Acquisitions), also der Erwerb einer Anteilshöhe am Vermögen oder Kapital einer Personen- oder Kapitalgesellschaft, abzugrenzen.

Akquisitionsanalyse, Analyse der Vorteilhaftigkeit einer → Akquisition. Sie spielt vor allem bei Großprojekten (z.B. Industrieanlagenbau) eine wichtige Rolle, da Kundenakquisitionen in diesem Bereich mit einem erheblich Finanz- und Zeitaufwand verbunden sind. Eine A. umfasst i.d.R. eine Risikoanalyse zu dem angestrebten Kundenauftrag sowie beim Vorliegen mehrerer Akquisitionsprojekten eine Prioritätsanalyse. Im Rahmen der Risikoanalyse werden zunächst die Bonität des Kunden, juristische Vertragsrisiken, Risiken aus der angewandten Technologie, die begrenzten Ressourcen des eigenen Unternehmens und die voraussichtlichen Kosten der Angebotserstellung überprüft. Ist die Akquisition auf Basis dieser Ergebnisse grundsätzlich weiterzuführen, gilt es im Rahmen einer Prioritätsanalyse gegebenenfalls zu klären, welchen Akquisitionsprojekten Vorrang gegeben werden soll. Dazu sind nicht nur die jeweiligen Risikoanalysen zu vergleichen, sondern jeweils auch die Gewinnmöglichkeiten und die Beschäftigung des eigenen Personals abzuwägen. Außerdem ist zu überlegen, welcher Kunde oder welches Land im Hinblick auf die zukünftige geschäftliche Entwicklung interessanter ist.

Akquisitionskosten, Teil der → Marketingkosten, die zur Gewinnung neuer Kunden aufgewendet werden müssen. Darin enthalten sind Kosten für die Kundenansprache, die Kundeninformation sowie die Herbeiführung des Kaufabschlusses (z.B. Bewirtungskosten,

Präsentationskosten, Reisekosten). Zu unterscheiden sind fixe Kosten für die Akquisitionsbereitschaft (z.B. fixe Kosten eines Verkaufsbüros) und variable Kosten der Akquisition (z.B. Verkaufsprovisionen). Von den Kosten der Kundenakquisition abzugrenzen, sind die Kosten der Firmenakquisition, die beim Kauf von Unternehmen entstehen.

Akquisitionsverbund, spezielle Ausprägung des → Kaufverbundes. Der A. ist charakterisiert durch die Zusammenfassung von Artikeln, die Gegenstand einer gemeinsamen absatzpolitischen Förderung sind. Diese werbliche Förderung führt u. U. auch bei Artikeln, die in keinem Bedarfsverbund stehen, dazu, dass die Produkte während eines Kaufaktes gleichzeitig von einem Nachfrager gekauft werden. Die Aufnahme geeigneter Artikel in den A. fördert Substitutionseffekte zu Lasten der nicht geförderten Substitutionsartikel sowie Impulskäufe durch das Anlocken von neuen Käufern.

Akquisitorisches Potenzial, ein von Erich Gutenberg eingeführter Begriff, der im Zusammenhang mit der Analyse der → Preispolitik polypolistischer Anbieter auf unvollkommenen Märkten entstand. Er bezeichnet die Fähigkeit eines Wirtschaftsunternehmens, Abnehmer für seine Güter und/oder → Dienstleistungen sowohl anzuziehen als auch festzuhalten. Dabei versuchen die Anbieter einerseits durch → Produktdifferenzierung im weitesten Sinne, Präferenzen zugunsten ihrer Güter bzw. Leistungen aufzubauen. Andererseits wird versucht, über den Einsatz von Maßnahmen der → Kommunikationspolitik, Kundendienstpolitik, über Lieferungs- und Zahlungsbedingungen sowie durch das gesamte Ansehen der Firma, die Kunden an das Unternehmen zu binden. Durch den Aufbau eines A.P. erlangen konkurrierende Anbieter ein Intervall preispolitischer Autonomie (vgl. Abb. „Doppelt geknickte Preis-Absatz-Funktion"). Innerhalb dieses Intervalls kann das Unternehmen seinen Verkaufspreis variieren, ohne dass größere Käuferreaktionen zu erwarten sind.

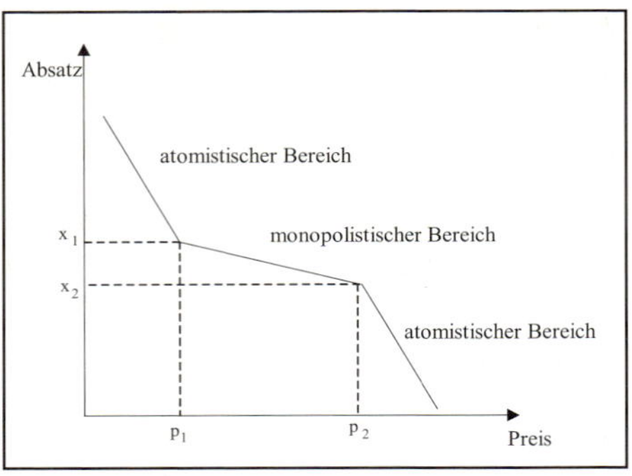

Doppelt geknickte Preis-Absatz-Funktion

Aus diesen Überlegungen resultiert die doppelt geknickte → Preis-Absatz-Funktion, bei der das Intervall preispolitischer Autonomie als monopolistischer Bereich gekennzeichnet und durch zwei Grenzpreise (p_1 und p_2) limitiert ist. Dieser monopolistische Bereich ist umso größer, je höher das A.P. ist. Messbar wird dieses beispielsweise durch vergleichende Imageanalysen.

Aktionsdaten. Im Zusammenhang mit → Database Management haben sich bestimmte Datenkategorien als sinnvoll erwiesen. Die Historie der Kunden/Interessenten-Lieferanten-Beziehung bzw. die Definition der Zielgruppen mit beschreibenden Merkmalen werden zur Grundlage des Marketingerfolgs. Die Nutzung, Auswahl und Auswertung komplexer Daten erfolgt mit Hilfe eines EDV-gestützten Online-Systems, das tagesaktuelle Veränderungen berücksichtigen lässt und eine kombinierte Auswertung aller Variablen zulässt. Typische Datenkategorien sind: (1) namensbezogene Daten (z.B. Titel, Anrede, Geschlecht, Alter usw.), (2) adressbezogene Daten (z.B. postalische Erreichbarkeit, Telefonnummer, Datum der letzten Veränderung, E-Mail-Adresse), (3) beschreibende Daten (z.B. Familienstatus, Eigenschaften, Einstellungen, Bonität usw.), (4) A. enthalten alle erreichbaren Daten aus der Kontakthistorie wie Korrespondenzdaten, Quellencode (aus welcher Werbeaktion entstand der Erstkontakt), → Kontakthäufigkeit, Zeitpunkt der Bestellungen, Reklamationsart und -häufigkeit, Art und Häufigkeit der Informationsanforderungen usw.

Aktionsrabatt, → Rabatt, der für einen begrenzten Zeitraum im Rahmen der → Verkaufsförderung zur Steigerung der → Absatzmenge gewährt wird.

Aktionswerbung, Werbung für andere Marketingaktionen. Die A. weist in erster Linie nicht auf ein Produkt hin.

Aktivierende Prozesse, psychische Vorgänge, die mit inneren Erregungen und Spannungen verbunden sind und das Verhalten antreiben. A.P. können durch Innen- und Außenreize ausgelöst werden und bestimmen zusammen mit den → kognitiven Prozessen das menschliche Verhalten (vgl. Abb. „Gesamtsystem psychischer Prozesse").

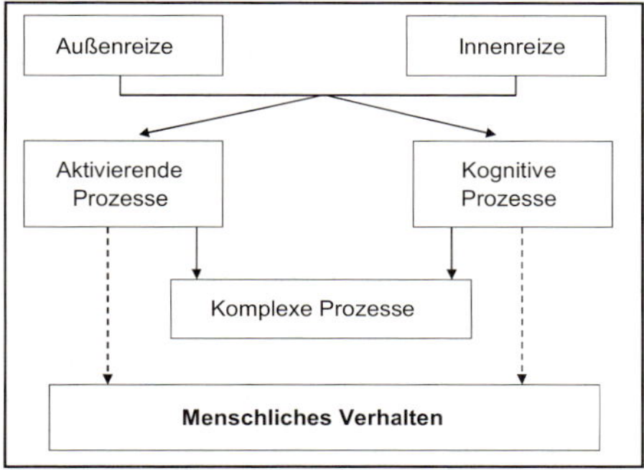

Gesamtsystem psychischer Prozesse

Aktivierung. I. Begriff: Unter A. wird i.Allg. ein Erregungsvorgang verstanden, durch den der menschliche Organismus in einen Zustand der Leistungsfähigkeit und Leistungsbereitschaft versetzt wird. Der Aktivierungsgrad des menschlichen Organismus kann sowohl in Zusammenhang mit der Intensität als auch mit dem Bewusstheitsgrad psychophysischer Prozesse gesehen werden. Die Stärke der A. ist ein Maß dafür, wie wach oder reaktionsbereit ein Individuum ist. Die A. kann von einem Minimum (Koma, Schlaf) über moderate Stufen bis hin zu einem Maximum variieren. Dabei wird zwischen tonischer und phasischer A. unterschieden. Die tonische A. bestimmt die länger anhaltende Bewusstseinslage (Wachheit) und die allgemeine Leistungsfähigkeit. Sie verändert sich nur langsam und ist häufig von tagesperiodischen Einflüssen oder lang andauernder bzw. intensiver externer Reizeinwirkung abhängig. Als phasische A. werden die kurzfristigen Aktivierungsschwankungen bezeichnet, die als Reaktionen auf bestimmte Reize auftreten und die spezielle Leistungsfähigkeit des Individuums bei einer Stimulusverarbeitung anzeigen. Die phasische A. ist eng mit dem Konstrukt Aufmerksamkeit verbunden, also mit der kurzfristig erhöhten Sensibilisierung des Organismus, die dafür sorgt, dass biologisch bedeutsame Reize aufgenommen und irrelevante Stimuli gehemmt werden. Auslöser von A. können sowohl innere (z.B. Stoffwechselprozesse, gedankliche Aktivitäten) als auch äußere Reize sein. Nach Fahrenberg sollte zwischen Aktiviertheit als Zustand einerseits und A. als Prozess andererseits unterschieden werden. Im angloamerikanischen Sprachgebrauch werden die entsprechenden Begriffe Activation und Arousal allerdings häufig synonym verwendet. Im Rahmen des Marketing interessiert zum einen der Zustand der Aktiviertheit und dessen Einfluss auf die Informationsverarbeitungsprozesse (Informationsaufnahme, -wahrnehmung, Lernen, Gedächtnis) sowie zum anderen der Prozess der A., also die Frage, wie durch die Kommunikationspolitik, insbesondere durch die Werbung oder die Kommunikation am Point of Sale, die A. verändert bzw. ausgelöst werden kann.

II. Entstehung der Aktivierung: Die inzwischen als stark vereinfacht angesehenen eindimensionalen Vorstellungen gehen von einem einzigen Aktivierungssystem aus, als dessen anatomische Grundlage die Formatio Reticularis angesehen wird. Die Formatio Reticularis ist ein verzweigter und reich gegliederter Neuronenverband im Hirnstamm. Das eindimensionale Konzept kann wie folgt beschrieben werden: Alle sensorischen und motorischen Bahnen tragen über Kollateralen zur Gesamterregung der Formatio Reticularis bei. Auch die Formatio Reticularis selbst kann weite Teile des zentralen Nervensystems diffus erregen und damit in eine generelle Aktions- und Reaktionsbereitschaft versetzen. Infolgedessen könnte bei einer Zunahme äußerer und innerer Reize eine Erhöhung der allgemeinen A. bzw. eine Steigerung der Aufmerksamkeit eintreten, während Anpassung und Gewöhnung an solche Reize eine allgemeine Desaktivierung hervorrufen könnte. Das Vorhandensein eines einzigen, übergreifenden A.-Systems würde bedeuten, dass das Ausmaß der in einer konkreten Situation entfalteten Energie sich in der Messung verschiedener physiologischer Systeme ermitteln lassen müsste. Allerdings haben Studien gezeigt (Buck 1988; Boucsein 1997), dass die Interkorrelationen der Aktivierungsindikatoren gering sind. Diese Ergebnisse legen das Vorhandensein eines mehrdimensionalen Konzeptes nahe, das davon ausgeht, dass verschiedene Aktivierungssysteme existieren, die sich unterschiedlich auf die physiologischen Begleiterscheinungen und auf das Verhalten und Erleben der A. auswirken.

III. Messung der Aktivierung: Grundsätzlich kann eine Messung der A. auf drei verschiedenen Ebenen erfolgen: (1) Messung auf der physiologischen Ebene*:* Dazu zählen elektrodermale Messungen, Messung der Kreislaufsysteme (Herzschlag (EKG), Blutdruck, Vasomotorik), Registrierung der Aktionsströme der Muskeln mit dem Elektromyogramm, Aufzeichnung des Verlaufs der Hirnaktionsströme mit dem Elektroenzephalogramm (EEG). (2) Messung auf der subjektiven Erlebnisebene: Hierzu zählen verschiedene Befragungsmethoden, mit denen die Probanden Auskunft über die wahrgenommenen inneren Erregungen geben sollen, sowie → Farb- und → Musterzuordnungsverfahren (*Vgl. auch* → Emotion). (3) Messung auf der motorischen Ebene*:* Ermittlung von unmittelbar beobachtbaren Verhaltensweisen, Registrierung der Mimik, Gestik (nonverbale Kommunikation), der Kopfbewegungen (Orientierungsreaktionen) (→ Blickregistrierung). Das Zugrundelegen eines mehrdimensionalen Aktivierungskonzeptes legt es nahe, die unterschiedlichen Aktivierungsprozesse mit neurophysiologisch begründbaren bzw. charakteristischen Indikatoren zu messen. Gleichfalls ist zu beachten, dass eine verbale A.-Messung (z.B. mit Items wie innerlich erregt, aufgeregt, unruhig, lebendig) in Untersuchungssituationen versagen kann, in denen die Gefahr groß ist, dass die Probanden das Untersuchungsziel durchschauen und mit sozial erwünschten Antworten reagieren. In Bezug auf Muster- und Farbzuordnungsverfahren liegen noch nicht genügend Untersuchungsergebnisse vor, um abschließend die Reliabilität und Validität dieser Methoden zu bewerten. Dagegen hat sich die Messung der elektrodermalen Aktivität (auch psychogalvanische Reaktion (→ PGR-Messung) oder hautgalvanische Reaktion genannt) zur Ermittlung der A. als besonders zuverlässig erwiesen und eignet sich aufgrund der Unabhängigkeit von verbalen Auskünften auch für interkulturelle Vergleiche (→ Cross Cultural Research). Mittels Elektroden, die i.d.R. an den Handinnenflächen angebracht werden, können Veränderungen des elektrischen Hautwiderstandes in bestimmten Reizkonstellationen gemessen werden. Der Widerstand der Haut variiert mit der Aktivität der Schweißdrüsen, die durch aktivierende Vorgänge beeinflusst werden. Je höher die innere Erregung, desto höher ist die Aktivität der Schweißdrüsen. Dabei zeigen hautelektrische Veränderungen besonders gut phasische A.-Prozesse bei der Reizverarbeitung an und sind bereits bei niedrigen A.-Graden als Indikatoren einsetzbar. Bei der Auswertung der Daten muss der Anwender eine sehr sorgfältige Entschlüsselung der bioelektrischen Signale vornehmen und prüfen, ob eine spontane, unspezifische Reaktion vorgelegen hat (physiologische Reaktion ohne Vorliegen eines experimentellen Events) oder eine ereignisabhängige Reaktion (provoziert von einem tatsächlichen oder antizipierten Stimulus) und ob eine phasische Aktivierungserhöhung (kurzfristiger Ausschlag, nach dem Ereignis Rückgang auf das alte Niveau) oder eine tonische Aktivierungserhöhung stattgefunden hat. Die EDA-Daten geben keinen Aufschluss darüber, ob der Stimulus als angenehm oder unangenehm empfunden wurde. Felduntersuchungen mit telemetrischen EDA-Messungen liefern jedoch sehr gute Ergebnisse hinsichtlich der phasischen Aktivierungswirkungen unterschiedlicher Warenpräsentationen am Point of Sale (Gröppel-Klein/Baun 2001).

IV. Wirkung der Aktivierung: Die A. nimmt Einfluss auf die Informationsverarbeitung und damit auf die Leistung des Individuums. Die früheren Arbeiten zur A.-Wirkung gehen davon aus, dass es in Abhängigkeit von der Aufgabenkomplexität ein optimales A.-Niveau gibt. Diese sog. Lambda-Hypothese (auch umgekehrte U-Funktion genannt) besagt, dass bei zunehmender Stärke der A. zunächst die Leistung des Individuums ansteigt, bis sie von einer bestimmten A.-Stärke an wieder abfällt. Die Lambda-Hypothese wird v.a. durch intuitive Einsichten getragen und kann der heuristischen Orientierung dienen. Die empirische Gültigkeit der Funktion wird ähnlich wie die eindimensionale Vorstellung von einem einzigen A.-System mehr und mehr in Frage gestellt. Zum einen ist denkbar, dass in den unterschiedlichen A.-Systemen unterschiedliche Funktionsverläufe zur Darstellung der Beziehung zwischen A. und Leistung existieren können. Zum anderen haben sich die bisherigen empirischen Einzeluntersuchungen zur A.-Wirkung i.d.R. nur auf bestimmte Abschnitte der Funktion erstreckt. Die empirischen Ergebnisse reichen jedoch nicht aus, um die Lambda-Hypothese in ihrem gesamten Verlauf zu bestätigen. Die Wahrscheinlichkeit, dass durch in der Werbung benutztes Reizmaterial Überaktivierung ausgelöst wird, ist nur in Ausnahmefällen zu vermuten. Es ist dagegen anzunehmen, dass in der werblichen Kommunikation durch die Erhöhung des tonischen A.-Niveaus die Effizienz der gesamten Informationsverarbeitung steigt und dass die durch einen werblichen Reiz kurzfristig ausgelöste phasische A. die Verarbeitungseffizienz dieses Reizes erhöht. Mit aktivierenden Stimuli kann die Informationsverarbeitung gesteuert werden, allerdings können die interindividuellen Unterschiede der ausgelösten A. hoch sein.

V. Auslösung von Aktivierung in der Werbung und am Point of Sale: Die aktivierungsauslösenden Reize können in drei Gruppen unterteilt werden: (1) Affektive Stimuli: Zu den affektiven Stimuli zählen Variablen, die aufgrund angeborener Reiz-Reaktionsmechanismen oder aufgrund von Konditionierungen angenehme oder unangenehme Emotionen auslösen. Zu den positiven affektiven Reizen zählen i.Allg. Schlüsselreize (Kindchenschema, Natur, Erotik – auch in Form von Attrappen) aber auch Stimuli, die für den Einzelnen eine besondere Bedeutung haben. Schlüsselreize können nicht nur visuell, sondern auch haptisch oder olfaktorisch wahrgenommen werden (z.B. spezielle Düfte). Stark affektive Reize wirken zwar stark aktivierend, bergen allerdings die Gefahr in sich, dass sie die gesamte Aufmerksamkeit auf sich lenken und das eigentliche Werbeziel verfehlt wird (→ Ablenkungseffekt, → Bumerangeffekt). Diese Fehlwirkungen können mit Hilfe der Blickregistrierung kontrolliert werden. (2) Intensive Stimuli: Die intensiven Reize wirken durch die physikalischen Eigenschaften und lösen als saliente Informationen reflexartig Orientierungsreaktionen aus. Zu dieser Kategorie zählen Lautstärke, Helligkeit, chromatische, auffällige Farben, also Stimuli, die aufgrund ihrer Intensität automatisch A.-Prozesse provozieren. Die intensiven Stimuli wirken bzgl. der A.-Erhöhung recht zuverlässig, werden oftmals von den Rezipienten jedoch als unpassend, unglaubwürdig oder inhaltslos wahrgenommen (*Vgl. auch* → Reaktanz). (3) Kollative Stimuli: Als kollative Reizvariablen werden Stimuluskonstellationen definiert, die aufgrund ihrer Vielfältigkeit, ihrer Neuartigkeit oder ihres Überraschungsgehaltes stark aktivieren. Beispiele für kollative Stimuli am Point of Sale sind lebendig wirkende und agierende Puppen. Kollative Reize können allerdings auch nachteilige Assoziationen (z.B. Irritation) auslösen.

Literatur: Boucsein, W. (1997): Aktivierung, in: Luczak, H./Volpert, W. (Hrsg.): Handbuch Arbeitswissenschaft, Stuttgart, S. 309-312; Buck, R. (Hrsg.) (1988): Human Motivation and Emotion, 2. Aufl., New York u.a.; Fahrenberg, J. (1979): Psychophysiologie, in: Kisker, K.P./Meyer, E./Müller, C./Strömgren, E. (Hrsg.): Psychiatrie der Gegenwart, Teil I: Grundlagen und Methoden, Berlin, S. 91-210; Gröppel-Klein, A./ Baun, D. (2001): The Role of Customers' Arousal for Retail Stores, in Advances in Consumer Research, Vol. 28, Nr. 1, S. 412-419.

Andrea Gröppel-Klein

Aktivierungstheorie. Der A. zufolge steigt die Lernleistung eines Individuums mit der Antriebsstärke bis zu einem bestimmten Punkt, um dann bei einem weiteren Anstieg wieder zu fallen. Demnach existiert ein optimales Erregungsniveau, das vom Organismus angestrebt wird. Bei einer Stimulation unter diesem Niveau setzt der Organismus Verhaltensweisen in Gang, die eine Zunahme an Stimulation bewirken. Bei einer Stimulation unter dem Niveau erfolgen stimulationsreduzierende Verhaltensweisen. Zentraler Bestandteile der A. ist das Yerkes-Dodson-Gesetz (1908). Es postuliert, dass die Leistungshöhe eines Individuums sich als Funktion des Erregungsniveaus sowie des Schwierigkeitsgrades des Problems darstellt, hinsichtlich dessen die Leistung zu erbringen ist. Bei mittlerer Aktivierung wird die beste Leistung erbracht, während sie mit zunehmendem Schwierigkeitsgrad sinkt. Mit größerer Leichtigkeit einer Aufgabe ist folglich eine höhere Aktivierung erforderlich, damit eine optimale Leistung erbracht wird.

Aktivierungstest, ermittelt auf physiologischer Ebene körperliche Funktionen, die Rückschlüsse auf die Stärke der → Aktivierung einer Testperson zulassen. Der Vergleich unterschiedlicher → Werbetests verdeutlicht, dass A. sowohl vergleichbaren Messungen auf der subjektiven Erlebnisebene als auch der motorischen Ebene überlegen sind. Diese Überlegenheit ist darauf zurückzuführen, dass physiologische Reaktionen universell sind und immer auftreten, sobald der Organismus aktiviert wird. Bei beobachtbaren subjektiven Erlebnissen und motorischen Verhaltensweisen ist dies indessen nicht der Fall. Allerdings sind A. auch sehr aufwändig und erfordern eine apparative Ausstattung und umfangreiches Knowhow. Eine hohe Bedeutung bei den A. kommt den elektrophysiologischen Indikatoren zu. Diese Größen, die bioelektrische Vorgänge wiedergeben, lassen sich durch unterschiedliche Messverfahren erheben. Einsatz finden vor allem elektrodermale Messungen, Messungen der Kreislaufsysteme, Registrierung der Aktionsströme der Muskeln mit dem Elektromyogramm sowie die Aufzeichnung des Verlaufs der Hirnaktionsströme mit dem Elektroenzephalogramm.

Aktualgenese. Entstehungsprozess der visuellen Wahrnehmung u.a. basierend auf Erkenntnissen der Gestaltpsychologie und → Ganzheitspsychologie. Die → Wahrnehmung umfasst einen Prozess, der sich sukzessiv vom gefühlsmäßigen Erahnen, der ersten → Anmutung, bis hin zum gegenständlichen Erfassen und der damit einhergehenden kognitiven Interpretation entfaltet. Die A. geht von der Basisannahme aus, dass ein Objekt im allerersten Augenblick der Wahrnehmung emotionale Eindrücke auslösen kann, ohne dass der Betrachter weiß, um was für ein Objekt es sich überhaupt handelt. Diese ersten emotionalen Anmutungen können die anschließenden kognitiven Interpretationen des Meinungsgegenstandes (unbewusst) beeinflussen. Für die Werbewirkung kann es von entscheidender Bedeutung sein, negative unterschwellige Reaktionen von Anfang an auszuschalten, da die Aufmerksamkeitswirkung dann verringert oder das Objekt mit Vorurteilen versehen werden kann. Mit Hilfe des → Tachistoskopes kann der Prozess der A. simuliert werden. Das Tachistoskop ist eine Art Diaprojektor, der durch entsprechende elektronische oder mechanische Einrichtungen Projektionszeiten im Millisekundenbereich bis zur Dauerexposition erlaubt. Bei nur sehr kurzer Exposition des Materials können nur sehr undeutliche Eindrücke wahrgenommen werden. Durch Verlängerung der Darbietungszeit werden zunehmend mehr Elemente für den Betrachter erkennbar, bis sich schließlich eine geschlossene Gesamtwahrnehmung einstellt. Die spontanen, bei unterschiedlichen Projektionszeiten geäußerten Anmutungen von Probanden können Aufschluss über unerwünschte Objektwirkungen geben.

Aktualisierungswerbung, versucht mit einem Teil einer Gesamtbotschaft an diese Gesamtbotschaft zu erinnern. Ziel ist es, das beworbene Objekt dauerhaft im Gedächtnis des Konsumenten zu verankern.

Akzidenzielle Werbung, → Werbung.

Akzidenzwerbung, → Werbung.

Aleatorische Werbung, → Werbung.

Allegatorische Werbung, → Werbung.

Allein- und Spitzenstellungswerbung, → Werberecht.

Alleinstellungswerbung. I. Begriff: Mit der Hervorhebung der Alleinstellung verfolgt der Werbende die Absicht, seine eigene Sonderstellung im Vergleich zu seinen Mitbewerbern ggü. den Rezipienten zum Ausdruck zu bringen. Formen sind die Superlativwerbung (z.B. „Der Größte", „unschlagbar", „Die Nr. 1", „Das einzig Wahre"), die positive Komparativwerbung (z.B. „Top Job gibt Ihrem Waschmittel höhere Waschkraft."), die negative Komparativwerbung (z.B. „Es gibt kein besseres Vollwaschmittel."), die Positivwerbung (z.B. „Das erste Spülmittel, bei dem Sie nicht abzutrocknen brauchen.") und die Spitzengruppenwerbung (z.B. „Einer der besten Camcorder.").

II. Rechtliche Zulässigkeit: Die A. ist grundsätzlich zulässig, wenn die Angaben inhaltlich wahr sind und nicht gegen das Irreführungsverbot verstoßen (*vgl. auch* → Werbung, irreführende). Nicht unter dieses Verbot fallen offensichtliche Übertreibungen, humoristische Anpreisungen und nicht ernst genommene marktschreierische Behauptungen. Wenn eine direkte Bezugnahme auf bestimmte Mitbewerber oder deren Produkte erkennbar ist, gelten die Regeln für die → Werbung, vergleichende.

Alleinvertrieb, *Exklusivvertrieb*. Neben der Selektion nach qualitativen Kriterien erfolgt die quantitative Beschränkung der Zahl belieferter Händler (*vgl. auch* → Selektivvertrieb, → Gebietsschutz, → Vertriebssystem, vertragliches).

Alleinvertriebssystem, → Vertrieb, exklusiver.

Allensbacher Werbeträger-Analyse (AWA), eine der drei großen aus der Arbeitsgemeinschaft Leser-Analysen AGLA hervorgegangenen Werbeträgeranalysen. Die AWA wird vom Institut für Demoskopie Allensbach durchgeführt und den Agenturen, Verlagen u.a. angeboten.

Allfinanzanbieter, Bezeichnung für → Dienstleister, die umfassend verschiedenartige → Finanzdienstleistungen anbieten. Einige Banken, Versicherungen und Versicherungsvermittler bieten neben ihren „klassischen" → Finanzdienstleistungen auch eine breite „Palette" an anderen → Finanzdienstleistungen an. A. offerieren ihren Kunden viele verschiedenartige → Finanzdienstleistungen aus einer Hand. Kunden haben so die Möglichkeit, hinsichtlich ihrer gesamten Finanztransaktionen von einem A. bedient zu werden. So haben beispielsweise Banken ihr Angebot an → Dienstleistungen um andere banknahe Leistungen, wie Versicherungs- und Bausparleistungen sowie Investmentleistungen, erweitert.

Allgemeine Geschäftsbedingungen (AGB), I. Begriff: AGB sind Vertragsbedingungen, die gesetzliche Regelungen ergänzen oder abwandeln, für eine Vielzahl von Geschäften vorformuliert sind und von einer Partei verwendet und beim Geschäftsabschluss der anderen Partei zur Annahme vorgelegt werden.

II. Bedeutung: Ein Anwender von AGB, der schon aus Gründen der Gleichbehandlung von diesen nicht abweicht, verfügt über ein starkes Machtinstrument. Dies gilt umso mehr, wenn seine Konkurrenten ähnliche oder aufgrund von Verbandsempfehlungen die gleichen Bedingungen verwenden. Der andere Vertragspartner hat dann kaum Einfluss auf den Vertragsinhalt.

III. Rechtliche Grundlage: Die Regelungen der §§ 305 ff. BGB schützen denjenigen, der mit den AGB konfrontiert wird, vor einer unangemessenen Benachteiligung. Solche Bestimmungen in den AGB sind unwirksam, die den Vertragspartner entgegen den Geboten von Treu und Glauben unangemessen benachteiligen. Weitere Konkretisierungen des Benachteiligungsgedankens enthalten die Klauselverbote der §§ 308, 309 BGB. Den Kunden muss vor Vertragsabschluss die Möglichkeit gegeben werden, von der Einbringung und vom Inhalt der AGB Kenntnis zu nehmen (§ 305 Abs. 2 Ziff. 2 BGB).

Allgemeiner Direktwerbe- und Direktmarketing-Verband (ADV), → Deutscher Direktmarketing-Verband.

Allgemeinwohl. Die Ausrichtung am A. ist eine zentrale Orientierungsgröße, welche die Zielsysteme öffentlicher Unternehmen wesentlich prägt (→ Marketing für öffentliche Betriebe). In marktwirtschaftlichen Wirtschaftssystemen legitimiert sich die Existenz öffentlicher Unternehmen, also von Unternehmen, die sich ganz oder teilweise im Besitz des Staates befinden, durch ihre Ausrichtung am Allgemeinwohl. Die Zielgröße A. lässt sich allerdings angesichts ihrer Unschärfe kaum direkt in operationale Anweisungen zur Ausgestaltung der Strukturen und Prozesse öffentlicher Unternehmen übersetzen. Einen Versuch, diese allgemeine Zielgröße öffentlicher Unternehmen zu konkretisieren, macht z.B. das → Bedarfswirtschaftliche Marketingkonzept öffentlicher Unternehmen.

Allianz, I. Begriff: Zeitlich befristete und inhaltlich genau umgrenzte Zusammenarbeit von mehreren Unternehmen mit dem Ziel, die Stärken und Schwächen der beteiligten Unternehmen auszugleichen und Wettbewerbsvorteile für die daran Beteiligten zu schaffen. Ggü. alternativen Wachstumsstrategien bieten strategische A. den Vorteil, dass der Zusammenschluss schneller und mit wesentlich geringerem Aufwand vollzogen werden kann. A. unterliegen darüber hinaus vergleichsweise geringen vertraglichen Restriktionen und können sich auf alle Ebenen der Wertkette beziehen. Andererseits können sich aber auch Probleme ergeben, die z.B. aus der unterschiedlichen Bereitwilligkeit der Partner zu weiteren Investitionen, den unterschiedlichen Erwartungen, Einstellungen und Zielsetzungen sowie durch unterschiedliche Buchführungs- und Informationssystemen der Partner resultieren. In einigen Fällen kann es auch zu wettbewerbspolitischen Problemen und Einwänden durch die Kartellbehörde kommen.

II. Gründe für die Errichtung von Allianzen: (1) Zugang zu neuen Technologien, (2) Möglichkeit zur schnelleren Reaktion auf Nachfrage- und Technologieänderungen, (3) Eintritt in anderweitig verschlossene Märkte, (4) Verteilung des Kapitalbedarfs für ein Neugeschäft oder für eine Expansion auf mehrere Partner oder Zusammenlegung bereits vorhandener Teilinvestitionen der Partner, (5) erweiterte Nutzung bekannter Markennamen, (6) Zugang zu neuen Kundengruppen sowie (7) vergrößerte Präsenz im globalen Markt.

III. Typen: Folgende Typen von Marketingallianzen lassen sich u.a. unterscheiden: (1) Waren- und Dienstleistungs-A.: Zu dieser Marketing-A. gehört die Lizenzvergaben für → Produkte und → Marken, die gemeinsame Vermarktung komplementärer Produkte unterschiedlicher Unternehmen sowie die gemeinsame Entwicklung, Produktion und Vermarktung eines neuen Produktes. Diese Marketing-A. sind sowohl zwischen Warenanbietern bzw. Dienstleistungsanbietern untereinander als auch zwischen Waren- und Dienstleistungsanbietern, wenn sich ihre Produkte ergänzen, denkbar. (2) Verkaufsförderungs-A.: Bei dieser Marketing-A. übernimmt ein Unternehmen mit seinen Produkten oder → Dienstleistungen die Verkaufsförderung für die Produkte der anderen Unternehmen bei der gleichen Zielgruppe. (3) Logistik-A.: Bei dieser Marketing-A. stellt ein Unternehmen seine Logistiksysteme und sein Logistik-Knowhow einem anderen Unternehmen zur Verfügung oder übernimmt sogar einen wesentlichen Teil der Logistik des anderen Unternehmens. (4) Preisbildungs-A.: Bei dieser Marketing-A. kommt es zu einer Abstimmung des Preises für ein Angebotspaket zwischen einem oder mehreren Unternehmen. Das Angebotspaket, das dem Nachfrager insgesamt angeboten wird, besteht aus Komponenten der einzelnen Unternehmen.

Allowable Costs, → Target Costing.

All-You-can-Afford-Methode, → Restwertverfahren.

Altauto-Verordnung (AltautoV), → Altfahrzeug-Gesetz.

Alternativenbewusstsein, Anzahl der im → Kaufentscheidungsprozess berücksichtigten Alternativen. *Vgl. auch* → Evoked Set.

Alterseffekt, physisch-biologische (z.B. Ernährungsnotwendigkeiten) sowie (sozial-) psychologische Verhaltensveränderungen, die dem natürlichen Alterungs- oder Reifungsprozess des Individuums unterliegen. Unterschiedliche Lebensphasen (→ Familienlebenszyklus) gehen häufig mit unterschiedlichen Wertvorstellungen, sozialen Rollen oder Verhaltensweisen und auch mit unterschiedlichen finanziellen Möglichkeiten einher. Zu unterscheiden ist dabei das biologische von dem psychologischen Alter. Letzteres wird durch die Persönlichkeit, den → Lebensstil, die eigenen Einstellungen und Erwartungen geprägt und kann das Konsumverhalten stärker beeinflussen als das biologische Alter.

Altersstrukturanalyse, ein Instrument der Marketingplanung bzw. des Marketingcontrolling, das zur Steuerung der → Programmpolitik dient. Heute wird dieses Instrument, das der → Produkt- und Sortimentspolitik zuzuordnen ist, zunehmend durch Portfolioanalysen ergänzt oder ersetzt. Die Analyse der Altersstruktur aller → Produkte im Programm soll der Produkt- und Sortimentspolitik helfen, eine im Hinblick auf den Altersaufbau ausgewogene Programmzusammensetzung zu schaffen und zu erhalten. Die A. ist als Instrument vor allem bei einem umfangreicher Angebotsprogramm von Nutzen. Im Rahmen der A. werden zuerst die Produkte den einzelnen Lebenszyklusphasen (→ Produktlebenszyklus) zugeordnet und anschließend für jede Phase der Umsatz und Bruttoerfolgsbeitrag bestimmt. Unter einer durch Alterslastigkeit gekennzeichneten Struktur wird eine Struktur mit einem hohen Umsatzanteil der Produkte in der Sättigungs- und → Degenerationsphase verstanden. Höhere Innovationsraten oder ein beschleunigter Markteintritt können die Alterslastigkeit eines Programms ausgleichen.

Altfahrzeug-Gesetz, (Gesetz über die Entsorgung von Altfahrzeugen; AltfahrzeugG, BGBl I 2002, S. 2199) trat am 1. Juli 2002 in Kraft und dient der Umsetzung der EU-Altfahrzeug-Richtlinie vom September 2000 in deutsches Recht. Grundlage des Gesetzes ist die am 1. April 1998 in Kraft getretene Altauto-Verordnung (BGBl I 1997, S. 1666) zur Sicherstellung einer umweltverträglichen Entsorgung von Personenkraftwagen.

I. Ziele: (1) Erhöhung der Verwertungsquoten: Ab 2006 sollen mindestens 85% des durchschnittlichen Gewichts eines Altfahrzeugs verwertet und mindestens 80% stofflich verwertet oder wiederverwendet werden. Ab 2015 sind 95% zu verwerten und 85% stofflich zu verwerten bzw. wiederzuverwenden. (2) Aufbau einer flächendeckenden Infrastruktur zur Annahme und Verwertung von Altautos durch anerkannte Betriebe: Hersteller und Importeure, die zur Rücknahme von Altfahrzeugen verpflichtet sind, müssen ein flächendeckendes Rücknahmesystem aufbauen bzw. durch Dritte aufbauen lassen.

II. Merkmale: (1) Verwertungsnachweis: Letztbesitzer müssen bei Stilllegung der Zulassungsstelle einen Verwertungsnachweis des Demontagebetriebes vorlegen. (2) Rücknahmepflichten: Letzthalter von Personenkraftwagen, deren Fahrzeuge erst nach Inkrafttreten des Gesetzes am 1. Juli 2002 neu in den Markt gekommen sind, haben nach dem Gesetz die Möglichkeit, ihre Altautos sofort kostenlos an den Hersteller oder Importeur zurückzugeben. Für schon davor im Verkehr befindliche Fahrzeuge gilt dies ab Januar 2007.

Altruistische Motive, sind losgelöst von persönlichen Nutzenerwartungen und basieren auf dem Verlangen, „moralisch“ zu handeln.

Ambulanter Handel, → Betriebsformen des → Einzelhandels, die über einen ‚beweglichen‘ Standort verfügen. Dazu zählen Verkaufswagen, Heimdienste und Wochenmärkte. Teilweise werden die Waren nach Bestellung, aber auch ohne vorherige Bestellung bis zu den Häusern der Verbraucher geliefert oder dort angeboten. Ihr Sortiment ist sehr begrenzt oder häufig spezialisiert. Es umfasst i.d.R. Produkte des täglichen Bedarfs und Frischwaren (Lebensmittel und Blumen).

American Customer Satisfaction Index, *ACSI*, *Amerikanisches Kundenbarometer;* → Nationales Kundenbarometer in

American Customer Satisfaction Index

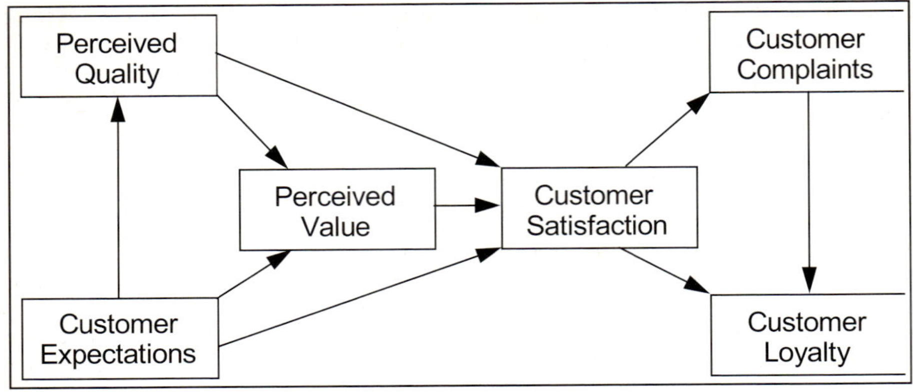

Strukturmodell des ACSI

den USA, das in Anlehnung an das schwedische Modell (→ Swedish Customer Satisfaction Barometer) konzipiert und erstmals 1994 durchgeführt wurde. Der ACSI misst die Zufriedenheit amerikanischer Kunden (→ Kundenzufriedenheit) mit der → Qualität von (nationalen und internationalen) Produkten und Dienstleistungen. Die Organisation obliegt dem National Quality Research Center an der University of Michigan Business School. Die Zielsetzungen des ACSI beinhalten, exakte und verständliche Informationen über den wirtschaftlichen Output, im Sinne von Kundenzufriedenheit, zu liefern sowie als langfristiger Indikator für den wirtschaftlichen Erfolg von Unternehmen, Branchen und der Gesamtwirtschaft zu fungieren. Im Rahmen der Messungen werden die Ausprägungen von vier Indexgrößen erhoben: Nationaler Zufriedenheitsindex, Indizes für sieben Wirtschaftssektoren, Indizes für 38 Branchen und Indizes für über 200 Unternehmen. Dem ACSI liegt ein spezifisches Modell zugrunde, das auf dem modelltheoretischen Hintergrund des Schwedischen Kundenbarometers sowie weiterführenden Forschungen aufbaut. Als Basis dienen vier zentrale Modellvoraussetzungen: (1) Verwendung eines Modells und entsprechender Messvariablen, die aufgrund der Abstraktheit generell anwendbar und daher über verschiedene Unternehmen, Branchen und Sektoren vergleichbar sein sollen (sowohl für Unternehmen mit Gewinnerzielungsabsicht als auch für Non-Profit-Unternehmen). (2) Einbindung in ein Beziehungs- und Kausalgeflecht, das der nomologischen Validierung (→ Nomologische Validität) der Indizes dienen soll. (3) Zufriedenheit wird als nicht direkt messbare, latente Variable (→ Variable, latente) aufgefasst, die mittels verschiedener Indikatorvariablen bestimmt wird. (4) Ziel des Modells ist es, die → Kundenbindung zu erklären, um die Bewertung der gegenwärtigen und zukünftigen Unternehmensperformance zu ermöglichen. Die theoretische Basis des ASCI ist ein → Strukturmodell, das aus einer Vielzahl von Gleichungen gebildet wird und wiederum aus latenten Variablen besteht (→ Kausalanalyse). Bei den latenten Variablen des Modells handelt es sich um sechs verschiedene Variablen (*vgl.* Abb. „Strukturmodell des ACSI"): → Kundenerwartungen (Customer Expectations), wahrgenommene → Qualität (Perceived Quality), wahrgenommener Wert (Perceived Value), → Kundenzufriedenheit (Customer Satisfaction), → Beschwerden (Customer Complaints) und → Kundenbindung (Customer Loyalty). Die → Datenerhebung erfolgt in drei Phasen: Branchen-/Anbieterauswahl, Entwicklung der Fragebögen und Auswahl der → Stichprobe. Die → Erhebungsmethode ist die telefonische → Befragung. Im Gegensatz zum → Kundenmonitor Deutschland, der auf dem Bevölkerungsansatz beruht, verwendet der ACSI den Unternehmensansatz, d.h. es werden nur solche Konsumenten befragt, die Kunden der ausgewählten Unternehmen sind. Für die → Skalierung der Erhebungsinhalte wird eine 10er-

Skala verwendet, welche die → Validität des → Messmodells sicherstellen soll.

American Marketing Association, (AMA), mit über 45.000 Mitgliedern in 92 Ländern die weltweit größte Vereinigung von Marketingexperten aus Wissenschaft und Praxis. Sie ist 1937 in den USA aus einer Fusion der National Association of Marketing Teachers und der American Marketing Society hervorgegangen. Zielsetzung der AMA ist es, das → Marketing auf dem Gebiet der Forschung, Hochschulaus- und Weiterbildung zu fördern und eine Plattform für den Erfahrungsaustausch von Marketingexperten zu liefern. Primär in den USA werden regelmäßig Konferenzen, Workshops und Seminare veranstaltet. Inhaltliche und sektorale Schwerpunkte des → Marketingmanagement werden durch eine Vielzahl von sog. Special Interest Groups innerhalb des Mitgliederkreises bearbeitet. Die AMA bietet einen umfassenden Informationsservice und veröffentlicht neben Büchern regelmäßig Fachmagazine durch die AMA Publishing Group (Marketing Management, Marketing Research, Marketing Health Services, Journal of Marketing, Journal of Marketing Research, Journal of International Marketing, Journal of Public Policy & Marketing). *Vgl. auch* www.ama.org.

Amoroso-Robinson-Relation, spiegelt die Beziehung zwischen Preis, Grenzumsatz und direkter Preiselastizität der Nachfrage wider.

Amortisationsrechnung, Verfahren der → Investitionsrechnung zur Beurteilung von Investitionsprojekten. Beurteilungskriterium ist die Dauer der Amortisation des investierten Kapitals, d.h. die Zeit, in der das eingesetzte Kapital sozusagen wieder ins Unternehmen zurückfließt (Amortisationsdauer, Kapitalrückflusszeit, Kapitalwiedergewinnungsdauer, Payback Period). Grundsätzlich lassen sich statische und dynamische A. unterscheiden. Bei der statischen A. wird der Zeitraum ermittelt, in dem die Summe der geplanten Nettoeinzahlungen den Anschaffungsbetrag mindestens erreicht. Mit Hilfe der dynamischen A. hingegen lässt sich der Zeitraum bestimmen, in dem die Summe der geplanten Nettoeinzahlungen unter Berücksichtigung einer bestimmten Verzinsung den Anschaffungsbetrag mindestens erreicht. Als Beurteilungsmaßstab für die Verzinsung des eingesetzten Kapitals sind A. allerdings nicht geeignet, da sie die Zahlungsströme nach Ablauf der Amortisationsdauer nicht mit einbeziehen.

Analyseinstrument, Verfahren zur Aufbereitung und Verdichtung von → Daten, um Informationen (d.h. entscheidungsrelevante Daten) zu erhalten, die die → Grundgesamtheit gut beschreiben. → Analyseverfahren, multivariate.

Analyseverfahren, multivariate. Mit Hilfe der M.A. sollen bestehende Beziehungen zwischen mehreren Variablen nachgewiesen und erkannt werden. Sie stellt damit die logische Fortführung der univariaten und der bivariaten → Datenanalyse dar, die sich auf die Untersuchung von einer einzelnen bzw. zwei Variablen konzentrieren. Die große Anzahl an multivariaten Verfahren lässt sich grundsätzlich in zwei Gruppen unterteilen. Dies sind zum einen die Verfahren der → Dependenzanalyse und zum anderen die Verfahren der → Interdependenzanalyse. Das gemeinsame Ziel aller Verfahren ist es, eine Näherungsfunktion zu finden, mit deren Hilfe das Verhalten der übrigen Variablen – bei Veränderung einer oder mehrerer Variablen – prognostiziert werden kann. Bei der Dependenzanalyse unterscheidet man zwischen abhängigen und unabhängigen Variablen. Man versucht, den Einfluss zu analysieren, den die unabhängigen Variablen auf die abhängigen Variablen haben. Typische Verfahren der Dependenzanalyse sind z.B. die multiple → Regressionsanalyse, die multiple → Varianzanalyse, die multiple → Diskriminanzanalyse und die → Kausalanalyse. – Um wechselseitige Beziehungen zwischen Variablen zu untersuchen, wird die Interdependenzanalyse verwendet. Dabei wird u.a. versucht, die Anzahl der Variablen zu verringern (→ Faktorenanalyse) oder die einzelnen Variablen zu Gruppen zusammenzufassen (→ Cluster-Analyse). Klassische Verfahren sind z.B. die Cluster-Analyse, die Faktorenanalyse und die → Multidimensionale

Skalierung (MDS). Das Problem der statistischen Verfahren ist, dass sie nur aufgrund mathematischer Kriterien Aussagen über einen kausalen Zusammenhang und dessen Stärke liefern. Ob dieser Zusammenhang aber wirklich plausibel ist, muss in jedem Einzelfall vorab geklärt werden. Weiterhin stellt sich das Problem der Anzahl der Variablen. Mit einer größeren Anzahl von Variablen kann zwar die Realitätsnähe gesteigert werden, aber dafür wird die Prognosegenauigkeit negativ beeinflusst.

Analytic Hierarchy Process (AHP), der AHP repräsentiert ein Verfahren zur Entscheidungsunterstützung. Ziel des AHP ist die Lösung komplexer Probleme durch die Strukturierung des Problems als Hierarchie einzelner Entscheidungselemente zwischen denen bestimmte Beziehungen bestehen. Gemeinsames Ziel aller Hierarchien ist die Findung eines Ergebnisvektors, der die (quantifizierte) Bedeutung der Handlungsalternativen auf der untersten Hierarchieebene in Bezug auf das oberste Hierarchieziel angibt. Zu diesem Zweck bedarf es auf jeder Hierarchieebene einer Gewichtung der in ihr enthaltenen Elemente in Bezug auf das jeweils übergeordnete Hierarchieziel. Die hierfür nötigen → Daten werden vom Probanden in Form von Paarvergleichsurteilen erhoben. Als Gemeinsamkeit aller AHP-Hierarchien wird genannt, dass sie (1) von einem übergeordneten Ziel (z.B. Erfolg, optimale Auswahl von Handlungsalternativen) ihren Ausgang nehmen, (2) aus diesem übergeordneten Ziel konkrete, das Oberziel beeinflussende Unterziele ableiten und (3) Maßnahmen bzw. Gestaltungsalternativen einbeziehen, mit denen die gesetzten Ziele (evtl. in unterschiedlichen Umweltsituationen) realisiert werden können. – AHP ist nicht auf eine allgemein gültige Hierarchie festgelegt, sondern erlaubt dem Entscheidungsträger eine individuelle Strukturierung der jeweiligen Problemsituation in Abhängigkeit seiner subjektiven Einschätzung. Folglich sind sowohl die einzelnen Ebenen und Elemente der Entscheidungshierarchie als auch die Beziehungen der Entscheidungselemente zueinander individuell durch den Entscheidungsträger festzulegen. AHP kann daher als ein systematisches Verfahren zur beliebigen Problemstrukturierung verstanden werden. – Die Einsatzmöglichkeiten von AHP sind entsprechend vielfältig. Als Beispiele seien die optimale Personalauswahl, das Problem der optimalen Produktgestaltung und die optimale Gestaltung internationaler Fertigungsstrategien genannt.

Literatur: Tscheulin D.K. (2000): Analytic Hierachy Process, in: Herrmann, A./Homburg, Ch. (Hrsg.): Marktforschung: Methoden – Anwendungen – Praxisbeispiele, 2. Aufl., Wiesbaden, S. 579-606.

Anbietergemeinschaft, → Anbieterorganisation.

Anbieterorganisation, „Unternehmen auf Zeit“, das über entsprechendes Human-, Sach- und Finanzkapital verfügt und in Form einer Arbeitsgemeinschaft, einer Generalunternehmerschaft oder eines Konsortiums organisiert wird. Der Generalunternehmer ist dabei Koordinator der Gesamtleistung, d.h. Ansprech- sowie Kontraktpartner für den Kunden und vergibt Unteraufträge im eigenen Namen. Bei dem Generalunternehmer kann es sich auch um ein Konsortium (offen oder still) mehrerer rechtlich selbständiger Unternehmen mit unterschiedlicher Haftungsregelung ggü. dem Kunden und innerhalb der A. handeln. A. sind vor allem im → Anlagengeschäft anzutreffen. Beispielsweise arbeiten dort häufig Maschinenbauer mit Stahlbau- und Bauunternehmen ebenso wie mit Engineering-Firmen zusammen.

Anbieterposition, Dimension des → Kundenportfolios. Die A. wird i.d.R. über den Lieferanteil bestimmt, den der Anbieter bei dem betrachteten Kunden erzielt. Ähnlich wie bei der Berechnung eines → Marktanteils wird dazu das bei dem Kunden erzielte Umsatzvolumen zu seinem relevanten Bedarf in Beziehung gesetzt. Ist der Lieferanteil des stärksten Wettbewerbers bekannt, kann auch der relative Lieferanteil als Quotient aus dem eigenen Lieferanteil und dem des stärksten Wettbewerbers zur Beurteilung der A. herangezogen werden. Daneben können qualitative Kriterien, wie z.B. die Qualität der Geschäftsbeziehung mit dem jeweiligen Kunden, in die Bestimmung der A. einfließen.

Anden Common Market, Freihandelszone (auch: *Andenpakt*) zwischen Bolivien, Ecuador, Kolumbien, Peru sowie Venezuela.

Anfragenselektion, Anfragenanalyse und -bewertung. Im → Anlagengeschäft ist die Erstellung eines Angebots aufgrund der → Komplexität der Leistung für den Anbieter im Regelfall recht kostspielig (Akquisitions-, Projektierungs-, Organisationskosten), weshalb er genau analysieren muss, welche Anfragen er bearbeiten will. Der Aufwand für eine A. hängt davon ab, ob es sich lediglich um ein Kontaktangebot, ein Richtangebot oder aber ein Festangebot handelt. Je nach Informationspotenzial und Funktion der Beteiligten im Anlagengeschäft fällt die Anfragenbewertung unterschiedlich aus. Die verschiedenen Konzepte hierzu haben entweder qualitativen oder quantitativen Charakter bzw. stellen eine Mischform dar.

Angebotserstellung, Phase im → Anlagengeschäft; *vgl. auch* → Angebotskalkulation.

Angebotsfunktion, algebraische Darstellung des Zusammenhangs zwischen der angebotenen Menge eines Gutes und dem jeweiligen Preis. Im "Normalfall" besteht ein positiver Zusammenhang, d.h. mit steigendem Preis steigt die Angebotsmenge, und umgekehrt. Der Schnittpunkt der steigenden Angebotskurve und der fallenden → Preisnachfragefunktion bestimmt im vollkommenen Markt den Marktpreis.

Angebotskalkulation, vor allem im → Anlagengeschäft häufig anzutreffendes Mittel zur → Preisfindung. Da aufgrund der spezifischen Leistungen im Anlagengeschäft i.d.R. kein Marktpreis vorhanden ist, greift der Anbieter in diesem Fall auf interne Kalkulationen zurück. Zur individuellen A. existieren verschiedene Verfahren, z.B. → Regressionsmodelle mit Einflussgrößen, Modifikationspreisansatz sowie mengengerüstbasierte Verfahren.

Angebotsmacht, Einzelwirtschaftlich die Übermacht eines Anbieters ggü. einem Nachfrager; gesamtwirtschaftlich die Übermacht einer Wirtschaftsstufe ggü. der unmittelbar nachgelagerten. Wettbewerbspolitisch bedenklich, wenn die Nachfrager (z.B. Verbraucher) über keine Möglichkeit verfügen, auf andere Anbieter (z.B. Händler) auszuweichen. Die Anbieter können die A. dahingehend missbrauchen, dass sie die Endverbraucherpreise auf ein höheres Niveau anheben als bei funktionsfähigem Wettbewerb.

Angebotstypen im Einzelhandel, → Betriebstyp.

Angebotsverbund, Art von → Verbundeffekten.

Animatic-Test, Test zur Überprüfung verschiedener → Visualisierungen von → Spots, bei dem mit Hilfe von Standbildern die Illusion eines „bewegten" Filmes erzeugt wird.

Animationsdesigner, → Werbeberufe (13).

Ankerpreis, Referenzpunkt des Preisurteils, der das Preisempfinden des Konsumenten widerspiegelt. Die Preisforderung eines Anbieters wird mit dem A. verglichen. Der Vergleich prägt das → Preisgünstigkeitsurteil. In der verhaltenstheoretischen Adaptionsniveau-Theorie geht man davon aus, dass die Reaktion auf einen Preis von dessen Höhe und von den Abweichungen zu den Preisen der Vergangenheit (→ Preisentwicklung) abhängt. Akzeptiert man diese Annahmen, dann kann der A. aus der Preisentwicklung in der Vergangenheit geschätzt werden.

Ankerpreis-Wettbewerbsfunktion, flexible → Preis-Absatz-Funktion, die die Preisgeschichte und Konkurrenzpreise als → Ankerpreis enthält und dynamische Effekte (→ Carryover, → Obsoleszenz) abbildet. Die (dynamische) Ankerpreis-Wettbewerbsfunktion basiert auf plausiblen Verhaltenshypothesen über die → Preisreaktionen der Konsumenten. Die Variablen dieser Funktion werden durch den Preis und die Reputation der betrachteten Unternehmung, die nichtlineare Beurteilung von Preisabweichungen der Nachfrager, den Ankerpreis, den Preisabstand zur Konkurrenz, den Carryover bzw.

die Obsoleszenz und die Marktmacht der Wettbewerber gebildet.

Ankerpunkt-Methode, → Multidimensionale Skalierung (MDS).

Anlagengeschäft. I. Begriff: → Geschäftstyp im → Industriegütermarketing. Das A. ist dadurch gekennzeichnet, dass mittel- bis hochspezifische Leistungen für einzelne bzw. wenige Kunden erbracht werden. Entsprechend sind die Marketingmaßnahmen auf einzelne bzw. wenige Kunden auszurichten. Klassisches Beispiel für ein A. ist die Errichtung einer hochspezifischen Werkanlage. Neben Sachleistungen sind i.d.R. zusätzliche Engineering-Leistungen notwendig. Die Leistungen im A. lassen sich folglich insgesamt als ein kundenindividuelles Hard-/Software-Bündel beschreiben, wobei die Teilleistungen häufig in Einzel- und Kleinserien produziert und beim Kunden zu einer funktionsfähigen Einheit montiert werden.

II. Phasenspezifische Marketinentscheidungen: Das A. besitzt Projektcharakter und folgt einem typischen Phasenverlauf. Von der Projektentwicklung über die Vertragsverhandlungen bis zur Projektabwicklung und Inbetriebnahme vergehen i.d.R. mehrere Jahre. Um die einmaligen, zeitlich begrenzten und komplexen Aufgaben bewältigen zu können, ist der Aufbau eines umfassenden Projektmanagements erforderlich. Der typische Verlauf der Transaktionsbeziehung in der Praxis lässt sich dabei in die folgenden Phasen untergliedern: Projektentwicklung, Angebotserstellung, Projektabwicklung und Betrieb der Anlage. (1) Projektentwicklungsphase: In dieser Phase greift der Anlagenbauer die oftmals nur allgemein formulierten Bedürfnisse des Kunden auf, konkretisiert neue Projektideen und entwickelt diese zu einem tragfähigen Konzept weiter. Während in der Vergangenheit die Bedarfserkundung beim Kunden, mit dem Ziel, erfolgreich auf Anfragen von Kunden zu reagieren, zentraler Gegenstand dieser Phase war, übernimmt der potenzielle Anlagenbauer heute in Form von Consulting- und Engineering-Dienstleistungen eine aktive Rolle in der Projektentwicklung. Wesentlicher Bestandteil ist dabei auch die Prüfung der wirtschaftlichen Machbarkeit eines Projektes in Form von Feasibility Studies. Inwieweit sich der Kunde an den Kosten beteiligt, die beim Anbieter dafür entstehen, hängt jeweils von den situativen Gegebenheiten ab. Als vorteilhaft für den potenziellen Anlagenbauer erweist sich in dieser Phase vor allem, dass er das Projekt in allen Details kennen lernt und sich damit einen Vorteil ggü. anderen Anbietern verschaffen kann, die erst in der nächsten Phase auftreten. (2) Angebotserstellungs- und Kundenverhandlungsphase: Auf Basis der in der Projektentwicklungsphase erstellten Unterlagen findet in dieser Phase eine offene Ausschreibung statt, d.h. der Kunde fordert technisch und kommerziell leistungsfähige Anbieter zur Angebotsabgabe auf. Die Anzahl der Wettbewerber hängt dabei von der Struktur des jeweiligen Projektes ab. Um ein wettbewerbsfähiges Angebot unterbreiten zu können, müssen Anbietergruppierungen mit leistungsfähigen Partnern gebildet werden. Bei der Auswahl der Partner spielen technische Aspekte (Zugriff auf → Schlüsseltechnologien sowie verfügbare Kapazitäten) ebenso eine Rolle wie kommerzielle Überlegungen (wettbewerbsfähige Preise der Partner für Teilleistungen, Finanzierungsmöglichkeiten). Entscheidend für die Zusammensetzung der Anbietergemeinschaften ist weiterhin die Bereitschaft der potenziellen Partner, sich am Kapital der Projektgesellschaft zu beteiligen und ein entsprechendes Engagement auch nach Fertigstellung zu übernehmen. Schließlich haben in den letzten Jahren strukturierte Finanzierungen mit einer zumindest temporären Kapitalbeteiligung des Anlagenbauers stark zugenommen. Bei diesen BOT-Modellen erstellt der Anbieter eine Anlage (Build), durch deren Betrieb (Operate) der Schuldendienst für die Finanzierung des Projektes erwirtschaftet und zurückgezahlt wird. Erst dann findet die endgültige Übergabe an den Kunden statt (Transfer). Die Bezahlung des Anlagenbauers erfolgt quasi aus dem Betrieb der Anlage. Die längerfristige Kapitalbeteiligung an Großprojekten wirkt sich entsprechend auf die Bilanzstruktur der jeweiligen Unternehmen aus. Unter diesen Bedingungen kann der Anbieter bereits als Projektentwickler ein Angebot auf exklusiver Basis erstellen und

und Konkurrenten frühzeitig ausschalten. Da die Anbieter ggü. dem Kunden i.d.R. gesamtschuldnerisch haften, muss auch der Aspekt der Risikoteilung bei der Partnerwahl berücksichtigt werden. Das Risiko des Einzelprojektes darf den Bestand der beteiligten Unternehmen nicht gefährden. Durch die Einbindung leistungsstarker Partner wird eine entsprechende Risikostreuung angestrebt. Der Angebotsabgabe folgen Kundenverhandlungen über technische Probleme, Leistungsmodifikationen, Finanzierungsprobleme, Preisnachlässe und Preisnachforderungen für Mehrleistungen und Lieferzeitfragen. Schließlich kommt es zum Vertragsabschluss. Die Vorvertragsphase geht über in die Nachvertragsphase bzw. Vertragserfüllungsphase. (3) Projektabwicklungsphase: Sie beginnt mit dem Aufbau einer leistungsfähigen Projektorganisation durch die beteiligten Partner, um die Vielzahl der Aufgaben und die Menge der Beteiligten koordinieren zu können. So können sich bei einem Großprojekt in Spitzenzeiten durchaus mehr als 5.000 Mitarbeiter auf einer Baustelle befinden. Das Projektmanagement trägt die Verantwortung für die erfolgreiche Durchführung des Auftrages, d.h. die Leistung muss in der vereinbarten Qualität zu angemessenen Kosten im vorgegebenen Zeitrahmen erbracht werden. Insgesamt entsteht ein hoher Abstimmungsaufwand innerhalb der Anbietergruppierung (interne → Koordination), aber auch mit dem Kunden (externe Koordination). Hinzu kommen ständige Änderungen und Anpassungen, die ein Fortsetzen der Vertragsverhandlungen zwischen allen Beteiligten erforderlich macht. Leistungsstörungen können auftreten und zu Kostenerhöhungen und Lieferzeitverschiebungen führen. Deshalb werden in einem Rahmenvertrag auch Prozeduren für die Regelung von Streitigkeiten festgelegt. Häufig wird ein Claim-Management aufgebaut, das die Aufgabe hat, mögliche und tatsächliche Veränderungen und deren Auswirkungen zu erkennen und zu bewerten, um die daraus resultierenden Forderungen der Parteien finanzieller und terminlicher Art (Claims) besser verhandeln zu können. (4) Betriebsphase: In der Vergangenheit erfolgte in dieser Phase nach Abnahme der Anlage durch den Kunden und nach Klärung noch offener Streitpunkte die Endabrechung, so dass der Anbieter nur noch Gewährleistungsverpflichtungen besaß. Dieser vom klassischen Anlagenbauer als „ideal" angesehene Fall kommt heute immer seltener vor. Beispielsweise wird im Rahmen von BOT-Verträgen bereits während der Projektstrukturierung und Kundenverhandlung eine temporäre Beteiligung des Anlagenbauers über die Fertigstellung der Anlage hinaus vereinbart.

III. Vertragsphasen und -probleme: Aufgrund der hohen Komplexität der Aufgaben in der Vor- und Nachvertragsphase bestehen im A. hohe Anforderungen an das effektive und effiziente Management der Transaktionsbeziehung. Der anfängliche Bietprozess und Wettbewerb zwischen mehreren qualifizierten Anbietern geht nach Vertragsschluss in ein bilaterales Monopol über. Der Anbieter investiert in transaktionsspezifisches Human- und Sachkapital (fundamentale Transformation) und kann ohne Verlust der Quasirente nicht aus der Beziehung ausbrechen. Auch der Kunde kann in den ex post Vertragsphasen den Anbieter nur schwer wechseln. Nicht nur Bewertungsprobleme für die Übernahme bereits erbrachter Leistungen treten auf, sondern zusätzlich hohe Kosten für das Aushandeln eines neuen Vertrages mit anderen Vertragspartnern. Deshalb liegt es im Interesse des Kunden und des Anbieters, die Transaktionsbeziehung gemeinsam erfolgreich bis zum Ende des Vertrages zu gestalten. Dennoch bestehen angesichts von Unsicherheit und Spezifität erhebliche Spielräume für opportunistisches Verhalten (→ Geschäftstypologien). Die Anreizordnung wird ex ante vor allem über die Verteilung der Verfügungsrechte (→ Property Rights) bestimmt. Anreizdefizite können gewöhnlich über komplexe Verträge behoben werden. Beispielsweise tätigt im A. der Anbieter die spezifischen Investitionen und baut die Anlage, und vertraglich wird festgelegt, wann die Anlage in das Eigentum des Kunden übergeht. Anreizdefizite beim Anbieter können dadurch auftreten, dass er nach Inbetriebnahme nicht selbst für die Erträge der Anlage verantwortlich ist, sondern allein der Kunde. Vor diesem Hintergrund wird deutlich, dass BOT-Modelle interessante Vertragsstrukturen und Anreizordnungen beinhalten. Schließlich resultiert aus der ex ante festgelegten Anreizordnung, ex post das → Prinzipal-Agenten-Problem. Der Prinzipal (Kunde) schließt den Vertrag in vollem Bewusstsein der Risiken, welche die Vertragserfüllung durch Agenten (Anbieter) mit sich bringt. Das häufig hohe Knowhow-Gefälle zwischen Kunde und Anbieter verstärkt diese Probleme, so dass der Kunde häufig einen Berater als Drittpartei einbindet, um die → Qualität der Leistung sicherzustellen. Da die Planung unvollständig ist und sich flexibel anpassen muss, sind auch die Verträge lückenhaft, so dass in durchgängigen Verhandlungen Vertragsanpassungen stattfinden. So entsteht hier das Problem der Gewinnverteilung, und es stellt sich die Frage, wie kostspieliges Feilschen und Opportunismus verhindert werden können. Bei Streitigkeiten hilft eine gerichtliche Regelung wenig, vielmehr sind außergerichtliche Regelungen erforderlich, wie die Vereinbarung eines Schiedsgerichts.

IV. Kooperationsbeziehungen: Ein effektives und effizientes Management der Transaktion hängt vor allem davon ab, inwieweit es gelingt, vertrauensvolle Beziehungen zu schaffen. Diese werden gestützt durch Reputationseffekte (→ Reputation). Dies gilt sowohl in der externen Kooperation zwischen Anbieter und Kunde als auch in der internen Kooperation zwischen den Anbietern innerhalb der Anbietergemeinschaft. (1) Kooperationsbeziehung mit dem Kunden: Die Leistungen der Anbieter werden i.d.R. sehr detailliert festgelegt. Verträge zur schlüsselfertigen Erstellung von Anlagen verfügen nicht selten über einen Umfang von mehreren hundert Seiten. Dazu gehören auch umfangreiche technische Dokumentationen. Im Projektverlauf müssen Kunde und Anbieter immer wieder Entscheidungen treffen, die einerseits den Erfolg des Projektes sicherstellen und andererseits die Einzelinteressen der Partner berücksichtigen. Dabei steht der Projekterfolg im Vordergrund. Die Klärung strittiger Fragen, z.B. nach der Verantwortung und Kostenaufteilung, wird erst später aufgenommen, um die zeitgemäße Realisierung des Projektes nicht zu gefährden. Diese Vorgehensweise verlangt einerseits ein gewisses Maß an Vertrauen zwischen den Vertragsparteien, andererseits erfordert es aber auch eine starke Projektleitung mit ausreichenden Kompetenzen, die in der Lage ist, situationsspezifisch Lösungen zu finden und zu vereinbaren, und zwar so, dass die Interessen der Einzelnen gewahrt werden und keiner sich übervorteilt fühlt. Zur Stärkung der Vertrauensbasis und zur Vermeidung einer Übervorteilung des Kunden bei späteren Preisverhandlung werden daher häufig sog. Open Book Calculations vereinbart. Dabei legt der Anbieter dem Kunden seine → Kalkulation offen, Gewinn- und Risikoaufschlag werden vorab vereinbart, während die endgültigen Kosten erst dann ermittelt werden, wenn der genaue Projektumfang feststeht. (2) Kooperationsbeziehung zwischen den Anbietern: Eine Vielzahl von unterschiedlichen Partnern bilden eine → Anbietergemeinschaft. Die Beziehungen werden jeweils projektspezifisch in einer Vielzahl von Verträgen geregelt, die insbesondere die Verantwortungsbereiche (Leistungen, Zuständigkeiten, ex-/internes Berichtswesen, Informationsfluss) und die entsprechende Vergütung betreffen. Nach erfolgreicher Realisierung eines Projektes finden sich häufig wieder die gleichen Partner in anderen Projekten zusammen. Sie haben ein Verhältnis des → Vertrauens aufgebaut. Langfristige Kooperationsvereinbarungen zwischen verschiedenen Anbietern sind allerdings selten, weil die → Wahrnehmung von Geschäftsmöglichkeiten eine hohe Flexibilität hinsichtlich der projektspezifischen Bildung von Partnerschaften verlangt.

Literatur: Backhaus, K. (1999): Industriegütermarketing, 6. Aufl., München.

Margit Meyer/Jutta Müschen

Anlagenmarketing, → Anlagengeschäft.

Anlaufkosten, Kosten, die (1) nach Errichtung eines neuen Betriebs (z.B. durch Anlernen und Eingewöhnen der Mitarbeiter, Einrichten der Maschinen), (2) nach längerem Stillstand des Betriebs und (3) nach Ausweitung des Fertigungsprogramms auf bisher nicht hergestellte Erzeugnisse entstehen. Sollten A. ein größeres Ausmaß annehmen, sind sie gesondert zu erfassen und auf mehrere Rechnungsabschnitte, denen die Aufwendungen zugute kommen, zu verteilen.

Anmutung, erste Stufe des Wahrnehmungsprozesses, erstes gefühlsmäßiges Erahnen eines Objektes. *Vgl. auch* → Aktualgenese.

Annoncen-Expedition, Vorläufer der heutigen Werbeagentur. A.-E. agierten als Vermittler zwischen den Verlagshäusern und werbetreibenden Unternehmen. Sie übernahmen für die Verlage die Aufgabe, in ihrem Namen und Auftrag Reklame zu akquirieren. Als Gegenleistung erhielten sie eine Mittlerprovision von 15 Prozent, die sich als ein Anteil an den Werbeeinnahmen ergab und von den Verlagen bereits in die Listenpreise für die Insertionen einkalkuliert wurde. Der Begriff A.-E. rührt daher, dass die Vermittler die Druckvorlagen für Anzeigen zumeist bei den Werbetreibenden abholten und dem Verlagshaus übergaben (expedierten). Aus Perspektive der werbetreibenden Unternehmen lag der Vorzug der A.-E. vor allem in deren Knowhow die dynamisch wachsende Medienlandschaft betreffend sowie ihren Kenntnissen im Einsatz unterschiedlicher Werbemittel. In der weiteren Entwicklung boten die A.-E. den Werbetreibenden eine immer umfassendere Beratung bis hin zur Mediaplanung und Werbemittelgestaltung an. Sie lösten sich außerdem aus ihrer vertraglichen Bindung an die Verlagshäuser und fungierten fortan als Makler zwischen Verlagen und der werbetreibendenden Wirtschaft. Mit dieser Weiterentwicklung wurde der Begriff der A.-E. schließlich aufgegeben und es entstand das sog. Reklamebüro.

ANOVA, → Varianzanalyse.

Anpassung, Anpassung von Konsumenten an ihre soziale Umwelt durch konformes Verhalten (→ Gruppe), bzw. Anpassung von Unternehmen an die Konkurrenz durch Nachahmung der Marketingpolitik.

Anreiz, ist eine vom Individuum in seiner Umwelt wahrgenommene Möglichkeit zur Befriedigung eines → Bedürfnisses. A. gelten als vorweggenommene Belohnungen, denen eine motivationale Funktion zukommt, bestimmte Verhaltensweisen zu verstärken und auszulösen. *Vgl. auch* → Anreizmodelle, → Lerntheorien.

Anreiz, extrinsischer, im Rahmen von → Anreizmodellen der Führung werden darunter diejenigen äußeren Anreize verstanden, die vom System oder vom Vorgesetzten gewährt werden, also z.B. Gehaltserhöhungen, Beförderungen, Leistungsprämien. Extrinsische Reize werden nach Herzberg als → Hygienefaktoren bezeichnet, die in erster Linie einen Abbau von Unzufriedenheit bewirken sollen.

Anreiz, intrinsischer, im Rahmen von → Anreizmodellen werden darunter diejenigen Anreize verstanden, die aus der Natur der Aufgabe selbst stammen. Die Bewältigung einer anspruchsvollen Aufgabe kann ein Erfolgserlebnis vermitteln und zu weiteren Leistungen anspornen. Auch von der Partizipation an Entscheidungen gehen intrinsische Anreize aus, die die Arbeitszufriedenheit erhöhen können.

Anreiz-Beitrags-Theorie, organisationstheoretisches Konzept. Die Existenz einer Unternehmung (→ Organisation) hängt davon ab, ob für alle Interessengruppen wie Mitarbeiter, Kapitalgeber, Lieferanten und Kunden die gewährten Anreize mindestens so groß sind wie die geforderten Beiträge. So muss etwa das Gehalt dem Arbeitseinsatz eines Mitarbeiters entsprechen (oder es übertreffen), und der Nutzen eines Produktes muss mindestens so groß sein wie dessen Preis.

Anreizmodell, wird zur Führung von Mitarbeitern eingesetzt und geht davon aus, dass durch bestimmte → Anreize ein bestimmtes Verhalten bei einem Mitarbeiter oder einer Führungskraft ausgelöst wird. Zu den A. zählen beispielsweise: → Management by Objectives, Lohnsysteme und Erfolgsbeteiligung (leistungsgerechte Entlohnung), Qualifikationssysteme (Weiterentwicklung des Fachwissens und der Persönlichkeit des Mitarbeiters).

Anreizsystem, Managementsystem, das der Leistungssteigerung von Arbeitnehmern dient und außerdem deren Kosten- und Qualitätsbewusstsein erhöht sowie dazu veranlasst, zielgerichtetes Verhalten zu zeigen (→ Mitarbeitermotivation, → Personalentwicklung). Ein A. umfasst mehrere aufeinander abgestimmte Anreize mit der Funktion von Belohnungen, die im Wirkungsbund erwünschte Verhaltenswiesen auslösen bzw. unerwünschte Verhaltensweisen unterdrücken sollen. Es können individuelle, d.h. auf die Leistung des einzelnen Mitarbeiters bezogene, und gruppenbezogene A. eingesetzt werden. Die Elemente eines (positiven) A. unterteilen sich in → Anreize, extrinsischer und → Anreize, intrinsischer Art, wobei die extrinsischen in monetäre (z.B. Entlohnung, Zulagen, Prämien) und nicht-monetäre Anreize (z.B. Anerkennung, Fortbildung, Karrieremöglichkeiten sowie Mitsprache- und Mitgestaltungsrechte) differenziert werden können. *Vgl. auch* → Kundenorientiertes Vergütungssystem; → Leistungsorientiertes Vergütungssystem.

Anschlusswerbung. Werbemaßnahme, die an eine allgemeine (meist überregionale) Maßnahme anschließt und das zunächst allgemeine Werbeversprechen (meist auf regionale Bedürfnisse angepasst) konkretisiert. Beispiel hierfür ist die Sparkassenwerbung, die deutschlandweit für die Sparkasse an sich wirbt und von den Sparkassen vor Ort durch regionale Werbemaßnahmen konkretisiert wird.

Anschriftenprüfung, → Adressenqualifizierung, → Adressbewertung.

Ansoff-Matrix, → Produkt-Markt-Matrix.

Anspruchsanpassungstheorie, danach hängt der individuell festgelegte Anspruch an das Entscheidungsverhalten von den subjektiv wahrgenommenen Erfolgs- bzw. Misserfolgserlebnissen des Individuums ab. Die individuellen Ansprüche werden selten an extremen Normen orientiert und sind keine konstanten Größen. Eine Veränderung des → Anspruchsniveaus erfolgt vor allem in Abhängigkeit von vorangegangenen Erfahrungen und dem früheren Anspruchsniveau. Mit steigendem Anspruchsniveau verändern sich die Wertschätzung und die Wahrscheinlichkeit eines Erfolgserlebnisses umgekehrt proportional zueinander.

Anspruchsniveau, stellt einen Bezugsrahmen für die Bewertung einer erbrachten Leistung dar und ist im Marketing wichtig für die Analyse der Kundenzufriedenheit. Das A. kann nicht als gegeben oder unveränderlich angesehen werden, sondern kann sich im Zeitablauf aufgrund von Konsumerfahrungen ändern. *Vgl. auch* → Anspruchsanpassungstheorie.

Anthropozentrik, Auffassung, die den Menschen in den Mittelpunkt der Weltschöpfung und des Weltgeschehens stellt. Aus der Sicht der A. ergibt sich der Wert der Umwelt aus ihrer → Nutzenstiftung für den Menschen. Demgegenüber fordert die biozentrische Umweltethik, dass der Mensch für den Schutz aller Lebewesen und Pflanzen Verantwortung übernimmt.

Anti-Piraterie-Verordnung. EU-Verordnung mit dem Ziel, die Einfuhr von Waren, die rechtswidrig mit einer → Marke, rechtliche Aspekte, versehen sind, in die EU zu verhindern und Maßnahmen zur Abschreckung für Geschäfte dieser Art zu entwickeln. Gefälschte Markenwaren können in einem Mitgliedstaat der EU auch dann beschlagnahmt werden, wenn weder der Hersteller noch der Kunde aus der EU kommen, der Mitgliedstaat aber als Transitland für die Markenfälschung benutzt wird. So entschied der EuGH z.B., dass in Indonesien gefälschte Waren, die über Österreich nach Polen gelangen sollten, in Österreich zu Recht beschlagnahmt werden durften. Dabei spielt es keine Rolle, ob der Inhaber des gewerblichen → Schutzrechtes, der sein Recht geltend macht, aus der EU oder einem anderen Land stammt.

Antizyklische Werbung, → Werbeetat.

Antizyklisches Verhalten, Konsumenten verhalten sich entgegen der allgemeinen Konsumgewohnheiten, um beispielsweise Preisnachlässe zu erzielen (z.B. Kauf der Weihnachtsgans nach dem Weihnachtsfest). Bei Unternehmen häufig im Rahmen der

→ antizyklischen Werbung zu beobachten, hier verändern sie die Höhe der Werbeausgaben entgegen der konjunkturellen Entwicklung, um beispielsweise Saisonschwankungen auszugleichen.

Antwortquote, *Rücklaufquote*. Die A. ist ein Maß zur Beurteilung des Rücklaufs einer empirischen Untersuchung (insbesondere Befragung mittels Fragebogen). Sie berechnet sich, in dem der Quotient aus den zurückerhaltenen Fragebogen und den zuvor versendeten Fragebogen gebildet wird. → Fragebogenrücklauf.

Antwortverweigerung, → Non-Response-Fehler.

Anweisungsvertrieb, weist im Gegensatz zum Absatzkanalsystem mit anarchistischen Beziehungen eine hohe Intensität der Verhaltensabstimmung zwischen den Systempartnern auf. Der A., d.h. mit Blick auf die Handelsstufe die Filialisierung, kommt insbesondere dann in Frage, wenn die Verkaufsprozesse ggü. den potenziellen Nachfragern unter eigener Kontrolle stehen sollen. Die Form des Anweisungsvertriebs harmoniert i.d.R. mit dem Exklusivvertrieb. Da die Filialisierung für viele Produzenten ausscheidet (z.B. fehlende Finanzkraft, mangelnde Bereitschaft des Nachfrager, für den Erwerb des Produkten eine spezielle Verkaufsstelle aufzusuchen), ist der Erfindungsreichtum, die Vorteile des Anweisungsvertriebs (z.B. Einfluss auf die Preispolitik und die Dienstleistungen in der Verkaufsstelle) mit den Vorteilen eines anarchistischen Systems (z.B. niedrige Fixkosten) zu verbinden, besonders groß. So reicht das Spektrum der zwischen diesen Extremen liegenden Kooperationsformen von ‚losen Kooperationsformen' über ‚marktstrategische Partnerschaften' und ‚vertragliche Einzelbindungen' bis zu ‚herstellergebundenen Verkaufsorganen' (→ Direktes Franchising).

Literatur: Ahlert, D. (1996): Distributionspolitik, 3. Aufl., Stuttgart/Jena.

Anzeige, als → Werbemittel kleinflächige Texte oder Text-Bild-Kombinationen, die die → Werbebotschaft beinhalten. Generell können A. als die von Interessenten aufgegebene Mitteilung verstanden werden. Für A. bieten sich mehrere Varianten an: A. im Anzeigenteil, Textteilanzeige (grenzt an mehr als zwei Seiten an den redaktionellen Teil), Formatanzeige (ist so platziert, dass sie an genau zwei Seiten an den redaktionellen Teil grenzt; heißt auch Eckfeldanzeige), Panoramaanzeige (größtmögliche Anzeige in einer Zeitung) sowie Farbanzeige. Bei A. unterscheidet man die Gestaltungskategorien: Bild (Artwork), Überschrift (Headline), Textteil (Body Copy) und ggf. Schlusszeile (Schlussslogan, Baseline). Der eigentlichen Schaltung einer A. gehen verschiedene Aufgaben der A.-Planung und der A.-Disposition sowie des → Anzeigentests voraus. Dabei umfassen die A.-Planung und die A.-Disposition alle Tätigkeiten (Bestimmung des Anzeigenetats, Formatbestimmung, Ermittlung der Anzeigenkontaktchance, Entscheidungen über die → Mediaselektion usw.), die planerisch vorgedacht und entschieden werden müssen.

Anzeigenblatt, → Printmedien.

Anzeigenkollektiv, räumliche und meist auch gestalterische Zusammenfassung von → Anzeigen mehrerer Werbetreibender im Rahmen eines Dachthemas (z.B. „Alles für den Garten"). Bei einem A. geht die Initiative zumeist vom Verlag des Werbeträgers aus, der häufig auch für die Überschrift sowie ein gemeinsames Erscheinungsbild verantwortlich ist und das redaktionelle Umfeld liefert. Vorteile für den Werbetreibenden liegen vor allem in der überdurchschnittlichen Aufmerksamkeitswirkung und dem Bezug zum redaktionellen Umfeld. Nachteile sind jedoch in der Gefahr negativer Ausstrahlungseffekte und dem Verzicht auf die Stärkung des eigenständigen Images zu sehen.

Anzeigentest, → Werbetest.

Anzeigenwirkung, → Werbetest.

APEC, → Asian Pacific Economic Corporation.

A-posteriori-Wahrscheinlichkeit, zugrunde liegt ein Wahrscheinlichkeitsexperiment über zwei Perioden. A. ist die Wahrscheinlichkeit, dass in der ersten Periode ein gewisser Zustand eingetreten war, unter der Bedingung, dass in der zweiten Periode ein zuvor festgelegter Zustand eingetreten ist. → Bayes-Test.

Apparatives Testverfahren, → Blickaufzeichnung.

Apperzeption, Begriff aus der psychologischen → Wahrnehmungstheorie, der den Vorgang der bewussten Verarbeitung neu aufgenommener Wahrnehmungsinhalte und Vorstellungsgegebenheiten auf der Basis individueller Erfahrungen umschreibt. Ein psychischer Inhalt wird zu klarer Auffassung gebracht.

Apperzeptionstest, thematischer A. (TAT), auch Bilder-Erzähl-Test genannt. → Projektive Technik, die aus der Psychodiagnostik stammt und auf Murray (1943) zurückgeht. Sie wird insbesondere in der psychologischen Marktforschung eingesetzt und baut auf dem Grundprinzip der Assoziation auf. Den Auskunftspersonen werden Bildtafeln vorgelegt, zu denen diese Geschichten erzählen sollen. Dabei sollen die Versuchspersonen angehalten werden, die eigenen individuellen Wünsche und Vorstellungen mit dem Bildgeschehen in Verbindung zu bringen. Im Vordergrund des TAT steht insbesondere die persönliche und individuelle Produkt-Beziehung. I.d.R. werden vier Bildvorlagen eingesetzt, wobei zwei davon bewusst offen und vieldeutig gehaltene Situationen darstellen, während die beiden anderen sich auf eine konkrete Konsum-, Kauf oder Verwendungssituation beziehen.

Appetenz, positive Verhaltenstendenz, Annäherung an ein subjektiv anziehendes Verhaltensziel (→ Motivation).

Appetenz-Appetenz-Konflikt, Annäherungs-Annäherungs-Konflikt, hier lösen zwei Verhaltensziele gleich hohe Appetenz aus, Als Folge verlängert sich die Entscheidungszeit. Der Konflikt kann meist nur durch Verlagerung der Aufmerksamkeit auf ein Objekt oder durch Wahl einer bisher unberücksichtigten Alternative gelöst werden.

Appetenz-Aversions-Konflikt, Annäherungs-Vermeidungskonflikt, eine Person steht einen Zielobjekt mit sowohl positiver als auch negativer Valenz annähernd gleicher Stärke ggü., z.B. ansprechendes Produktdesign, aber hoher Preis (→ Motivation).

Appraisal-Theorie, → Emotionen.

A-priori-Wahrscheinlichkeit, zugrunde liegt ein Wahrscheinlichkeitsexperiment über zwei Perioden. A. ist die Wahrscheinlichkeit, dass in der zweiten Periode ein gewisser Zustand eintreten wird, unter der Bedingung, dass in der ersten Periode ein zuvor festgelegter Zustand eingetreten ist. → Bayes-Test.

Arbeitskreis der Deutschen Werbefachschulen, Zusammenschluss der mit Werbeausbildung befassten Organisationen zum Zwecke der Abstimmung von Lehrplänen und Prüfungsordnungen.

Arbeitszufriedenheit, Teilbereich der → Mitarbeiterzufriedenheit.

Arbitrage, Güteraustausch über Ländergrenzen bzw. die festgelegten geographischen Abgrenzungen hinweg. Arbitrage-Aktivitäten sind Teil von → grauen Märkten. Arbitrage-Geschäfte können zu im Hinblick auf die Qualität nicht länderadäquaten Produktlösungen führen, die Irritationen, Unzufriedenheit, Image-Verluste u.Ä. zur Folge haben. Arbitrage-Geschäfte treten insbesondere bei einer → Marketingstandardisierung von z.B. Name, Design und Verpackung auf.

Arbitragekosten, Kosten für die Durchführung von → Arbitrage bzw. Arbitrage-Geschäften zur Ausnutzung von internationalen Preisdifferenzen bei identischen oder zumindest vergleichbaren Produkten. Die Arbitragekosten bestehen im Wesentlichen in Such- und Informationskosten sowie Transaktionskosten (z.B. Transportkosten).

Arbitrageprozess, → Arbitrage.

Arousal, anglo-amerikanische Bezeichnung für → Aktivierung.

Art Director, → Werbeberufe (4).

Internationale Artikelnummer (EAN)

40 12345	00000 99999	1 0
Basisnummer	Eigen-generierung	Prüfziffer

Die internationale Artikelnummer (EAN) (Quelle: CCG 1997)

Art Directors Club für Deutschland e.V. (ADC). Der ADC wurde 1964 in Düsseldorf nach Vorbild des New Yorker Art Directors Club gegründet. Er verfolgt das Ziel, die kreativen Leistungen in Design, Medien und Editorial zu verbessern und den Nachwuchs zu fördern. Dies soll durch die Verleihung entsprechender Preise erreicht werden. Die Juroren ermittelten für das Jahr 2002 die besten Werbemaßnahmen in insgesamt 32 Kategorien. Zur Förderung des Nachwuchses werden die Nachwuchspreise „Junior und Junior-Talent des Jahres" ausgelobt. Dokumentiert werden die Ergebnisse der Clubtätigkeit im ADC-Jahrbuch, der ADC-Rolle und in „Sushi", der Publikation des Nachwuchswettbewerbes. Als Preisträger kann man Mitglied des ADC werden. Die Bewerbung erfolgt auf eigene Initiative. Anfang 2003 bestand der Club aus rund 388 Mitgliedern, 112 Fördermitgliedern und einem 10-köpfigen Vorstand. Auf europäischer Ebene findet ein „Best-of-the-Best"-Wettbewerb des ADC of Europe statt, an dem nur Gewinner der nationalen ADC-Wettbewerbe teilnehmen dürfen. Somit trägt auch der ADC dem allgemeinen Globalisierungstrend Rechnung. Weitere Informationen finden sich unter www.adc.de.

Art-Buying, → Werbeagentur.

Artefakt, marktorientiertes, Bestandteil der → marktorientierten Unternehmenskultur. A. bezeichnen direkt erfassbare Objekte, Erzählungen, Sprache und → Rituale, die von einer sozialen Gesellschaft erschaffen wurden. Sie sind durch einen stark symbolischen Charakter gekennzeichnet.

Arten der Werbung, → Werbung.

Artikel, *Sortengruppe;* A. stellen eine ganz bestimmte Ausführung eines Produkttyps dar (z.B. Leder- oder Kunststofftasche). Sie unterscheiden sich hinsichtlich einiger Merkmale, wie z.B. Preis, Größe, Farbe und Material. Die übergeordnete Gliederungsebene des → Sortiments wird als → Artikelgruppe (z.B. Damenhandtaschen) bezeichnet.

Artikeldichte, Kennzahl zur Optimierung und Kontrolle des → Sortiments. Sie gibt die durchschnittliche Artikelzahl pro → Artikelgruppe an und ermöglicht somit, Anhaltspunkte über die ‚Mächtigkeit' des Sortiments, einzelner → Sorten und → Artikel zu erhalten.

Artikelerfolgsrechnung, → Produktergebnisrechnung.

Artikelgruppe, → Artikel.

Artikelnummer/-nummerierung, europäische, die **E**uropäische **A**rtikel **N**ummerierung (EAN) ist eine in Balkencode oder OCR-Schrift maschinell lesbare 13-stellige Ziffernfolge zur Artikelidentifikation. Sie wird in Europa seit 1977 verwendet. In Deutschland ist die Centrale für Coorganisation (CCG) für die Vergabe der EAN zuständig. Die EAN schafft die technische Voraussetzung für die teilautomatisierte Form des Kassiervorgangs. Die ersten 7 Ziffern bilden die Basisnummer, die auch bundeseinheitliche Betriebsnummer (BBN) genannt wird (vgl. Abb. „die internationale Artikelnummer (EAN)"). Sie ermöglicht, den Hersteller des Produktes zu identifizieren. Die ersten beiden

Ziffern der Basisnummer stehen für das Herkunftsland (40 für Deutschland). Nach der Basisnummer folgen sechs durch den Hersteller zu vergebende Ziffern für die Produktidentifikation und eine Prüfziffer. Das Handelsunternehmen kann so jeden einzelnen Kaufakt erfassen und erhält Aufschluss darüber, welcher Artikel wann (Datum und Uhrzeit) in welcher Verkaufsstelle wie oft und mit welchem Preis verkauft wurde. Darüber hinaus besteht die Möglichkeit, sämtliche Artikel eines einkaufenden Konsumenten, also den gesamten Warenkorb, abzuspeichern. Diese Daten werden auch als → Scanningdaten bezeichnet.

Literatur: CCG Arbeitsbericht (1997): Ausblick 1998, Köln.

Artwork, *Bild*; Gestaltungskategorie bei → Anzeigen.

Arzneimittelwerbung, → Werbepolitik, rechtliche Aspekte.

ASEAN, → Association of South East Asian Nations.

Asian Pacific Economic Corporation, nach → OECD-Vorbild gegründete internationale Kooperation, der neben den → Asean-Staaten auch Australien, Neuseeland, Japan, Kanada, China, Südkorea, Taiwan, Hongkong und die USA angehören. Ziel der APEC ist vorrangig die Stärkung der Kooperation auf zahlreichen wirtschaftlich relevanten Gebieten.

Assessment Center, Begriff aus der Managementlehre. Das A.C. ist eine besondere Form der Eignungsuntersuchung, die vor allem zur Bewertung und Selektion potenzieller Führungskräfte im Rahmen der → Personalauswahl (sog. Auswahl-Assessments) eingesetzt wird sowie der Potenzialbeurteilung im Rahmen der Führungskräfteentwicklung (sog. Entwicklungs-Assessments) dient. Die Bewerber werden unter einer mehr oder weniger großen Drucksituation mit personenzentrierten Testverfahren bzw. Simulationen von Bewährungssituationen konfrontiert, die unter Beachtung von Zeitvorgaben bewältigt werden müssen. Das A.C. stellt kein wissenschaftliches Routineverfahren dar, das auf eine standardisierte Durchführung angelegt ist. Vielmehr kann es an die Ziele des einzelnen Unternehmens angepasst und/oder neu konzipiert werden. Das A.-C.-Verfahren verfügt über eine vergleichsweise hohe prädiktive → Validität unter den eignungsdiagnostischen Verfahren. Die Möglichkeit, das tatsächliche Verhalten von potenziellen Mitarbeitern zu beobachten, favorisiert dieses Verfahren für eine kundenorientierte Personalauswahl, dem ggü. steht ein hoher finanzieller sowie zeitlicher Aufwand der Durchführung.

ASSESSOR-Modell, Modell zur Schätzung des langfristigen Marktanteils bei einer Neuprodukteinführung (→ Spezielle Testdesigns in der Marktforschung). Die Daten für das A. liefert ein Pre-Testmarkt (d.h. eine simulierte Kaufsituation in einer laborähnlichen Umgebung, → Testmarkt). Der langfristige Marktanteil M wird folgendermaßen geschätzt:

$$M = T \cdot S$$

$$T = F \cdot K \cdot D + C \cdot U - (F \cdot K \cdot D) \cdot (C \cdot U)$$

Dabei ist T die Versuchskaufrate und S die Wiederholkaufrate. F ist die Versuchskaufwahrscheinlichkeit unter der Bedingung der Verfügbarkeit und Bekanntheit. K und D sind die Wahrscheinlichkeiten für die Bekanntheit bzw. Verfügbarkeit. C ist die Wahrscheinlichkeit zum Erhalt einer Probe des Produkts und U ist die Wahrscheinlichkeit zum Kauf unter der Bedingung des Erhalts einer Probe. Die Wiederholkaufrate S wird anhand des Gleichgewichtszustands eines Markov-Prozesses geschätzt.

Assimilation, im Rahmen der Konsumentensozialisation kann sich ein einzelner Verbraucher den Verhaltensweisen seiner sozialen Umwelt anpassen, sich somit „assimilieren“. Dieses geschieht i.d.R., wenn der Konsument mit seiner sozialen Umwelt intensiv interagiert und über eine hohe Anpassungsbereitschaft und ein ausgeprägtes Harmoniebedürfnis verfügt.

Assimilations-Kontrast-These, Theorie, nach der der gleiche Sachverhalt unterschiedlich beurteilt wird, je nachdem, welche Erfahrungen mit dem Reizgegenstand vorliegen. Diese These wird insbesondere genutzt, um zu erklären, warum manche Preisänderungen wahrgenommen werden, andere nicht. Ein Assimilationseffekt kann bei mäßigen und geringen Preisabweichungen einsetzen, d.h. der neue Preis und der sog. Ankerpreis werden als ähnlich empfunden. Ein Kontrasteffekt tritt dagegen auf, wenn die neue Preisinformation außerhalb der Spannbreite des Preisempfindens, d.h. außerhalb des → Adaptionsniveaus, liegt. Stetige Preiserhöhungen oder -senkungen ziehen eine Veränderung des Preisempfindens und somit der Preisschwellen nach sich (vgl. Abb. „Assimilations-Kontrast-These").

Association of South East Asian Nations, Vereinigung von südostasiatischen Staaten. Angehörige Länder sind Malaysia, Singapur, Indonesien, Philippinen, Thailand und Brunei.

Assoziation, Verknüpfung von psychischen Bewusstseinsinhalten, z.B. von Begriffen, Gedanken und Vorstellungen. A. ermöglichen und lenken das Bewusstwerden von Wahrnehmungsinhalten. Wenn der Vorstellungsinhalt A mit dem Vorstellungsinhalt B assoziativ verknüpft ist, dann folgt daraus, dass bei der Wahrnehmung von A auch B bewusst wird. Beispielsweise löst der Wortreiz „Du darfst" bei vielen Konsumenten die A. „Ich will so bleiben, wie ich bin" aus. Eine notwendige Voraussetzung für die Bildung einer assoziativen Kette ist die räumliche und zeitliche Nähe der Stimuli (→ Kontiguitätsprinzip). Drei Arten von A. können unterschieden werden: (1) Bei der äußeren Verknüpfung geht es um A. zwischen beobachtbaren Stimuli (z.B. Zeichen, Informationen, Situationen) und beobachtbaren Reaktionen. (2) Nach der assoziativen Verknüpfung löst der wahrgenommene Stimulus die damit verknüpfte Reaktion aus (→ Lernen). (3) Bei der inneren Verknüpfung geht es um A. zwischen Gedächtnisspuren. Bei der letzten Kategorie handelt es sich schließlich um eine Mischform zwischen inneren und äußeren Verknüpfungen. Es liegt eine sog. vermittelte A. vor, wenn zwei Vorstellungsinhalte über einen konkreten Stimulus verknüpft werden, beispielsweise mittels des Firmenlogos. Hier überträgt das Individuum die Eigenschaften, die mit dem Unternehmen assoziativ verknüpft sind (z.B. Zuverlässigkeit), auf die mit dem Firmenlogo gekennzeichneten Produkte. Die Analyse der mit der Werbung aufgebauten A. ist äußerst bedeutsam, beispielsweise für das Markenmanagement. *Vgl. auch* → Assoziationstest.

Assoziationstest, wird in der Marketingforschung eingesetzt, um zu prüfen, welche → Assoziationen mit Symbolen, Produkten, Marken, Unternehmen, Kampagnen usw. generell ausgelöst werden, und ob das Werbeziel erreicht worden ist, bestimmte erwünschte Assoziationen hervorzurufen. Dabei haben

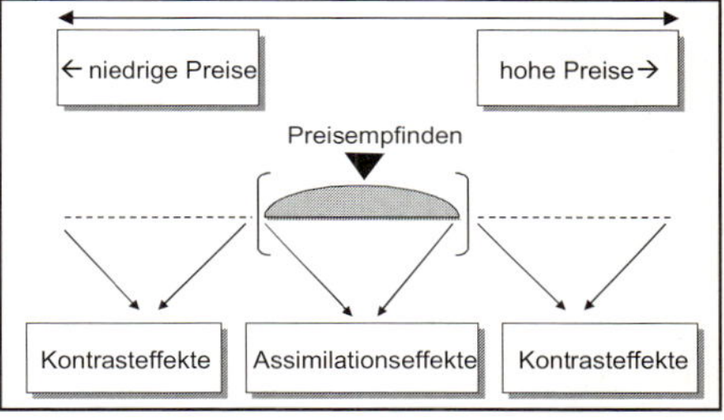

Assimilations-Kontrast-These

die im Rahmen der → Markenwertmessung durchgeführten Assoziationstests gezeigt, dass erfolgreiche Marken einzigartige, lebendige und bildhafte Vorstellungen auslösen. Bekannte A. sind die in der Marketingforschung angewendeten → projektiven Verfahren (z.B. Thematischer Apperzeptionstest, Wortassoziationstest, Satzergänzungstest, Picture-Frustrations-Test).

ASU/UNI, → Umweltorientierte Unternehmensverbände und -vereine.

Atomistischer Markt, idealtypische → Marktform der mikroökonomischen Theorie (→ Theorien des Marketing). Eine (unendlich) große Zahl von Anbietern eines homogenen Gutes steht einer (unendlich) großen Zahl von Nachfragern gegenüber. Der Marktanteil eines einzelnen Anbieters oder Nachfragers ist so klein, dass durch Veränderungen der angebotenen oder nachgefragten Mengen kein Einfluss auf die Preishöhe des Gutes genommen werden kann. Unternehmen können bei dieser Marktform den Preis nicht selbst festlegen, sondern sind sog. Preisnehmer.

ATR-Modell, das Awareness-Trial-Reinforcement-Modell zählt zu den → Werbewirkungsmodellen und empfiehlt, das Gewohnheitsverhalten von Konsumenten durch werbliche Maßnahmen zu unterstützen. Wenn ein Konsument ein Produkt zum ersten Mal kauft und testet, dann sollte die Werbung ihn zu diesem Kauf beglückwünschen und sein Verhalten verstärken, um Kaufwiederholungen auszulösen. Das Modell geht davon aus, dass der Konsument gerade in der Trialphase für werbliche Kommunikation empfänglich ist.

Attention, → Aufmerksamkeit, → AIDA-Modell.

Attraktionsmodell, → Attraktions-Reaktionsfunktion, → Preis-Absatz-Funktion.

Attraktions-Reaktionsfunktion, auch Attraktionsmodell oder logistische Preis-Absatz-Funktion genannt, stellt einen der vier Grundtypen von Preis-Absatz-Funktionen dar. Sie hat einen doppelt gekrümmten Verlauf (z-förmig), wobei der mittlere Teil relativ steil (elastisch), die Randabschnitte dagegen eher flacher ausgeprägt sind. Die logistische Preis-Absatz-Funktion weist eine explizite verhaltenswissenschaftliche Fundierung auf. Die hohe Preis-Elastizität der Nachfrage im mittleren Bereich der Funktion basiert auf der Annahme, dass extreme Imageunterschiede zwischen Konkurrenzmarken relativ selten auftreten und daher schon geringe Preisschwankungen so große Marktanteilsverschiebungen bewirken, dass bei noch größeren Preisveränderungen kein zusätzliches Nachfragepotenzial mehr aktiviert werden kann. Diese Annahme ist besonders für gesättigte Konsumgütermärkte sinnvoll.

Attributdominanz, das gesamte Image wird von der Wahrnehmung eines Merkmals dominiert. *Vgl. auch* → Irradiation.

Attribute-Processing, Produktauswahl nach Attributen. Zu den kognitiven Programmen der Produktwahl zählender Vorgang, bei dem ein Konsument zunächst das wichtigste Produktmerkmal festlegt und dann die einzelnen Kaufalternativen nacheinander dahingehend prüft, ob sie und wie gut sie dieses Attribut erfüllen. Kann anhand des wichtigsten Produktmerkmals eine Entscheidung noch nicht erfolgen, da mehrere Alternativen dieses Kriterium gleich gut erfüllen, wird das zweitwichtigste Attribut zur Prüfung der Produktalternativen herangezogen (gegebenenfalls auch noch weitere Merkmale), bis eine Entscheidung möglich ist. *Vgl. auch* → Information-Display-Matrix.

Attribution, → Attributionstheorie.

Attributionstheorie, A. beschäftigt sich mit subjektiven Ursache-Wirkungs-Wahrnehmungen. Attribution bedeutet, dass der Beobachter eines Ereignisses von dem Ereignis auf eine oder mehrere Ursachen schließt, die es seiner Meinung nach herbeigeführt haben. Attributionen beschreiben kognitive Prozesse der Informationsverarbeitung im Alltagsleben. Gegenstand der Attributionsforschung sind nicht die kausalen Erklärungen des erfahrenen Wissenschaftlers, sondern die des Laien, des sog. „Mannes auf der Straße“, des „naiven Psychologen“ oder des „naiven Wissenschaftlers“. Die A. versuchen, zahlreiche Fragen über die Natur von Alltagserklärungen zu beantworten, insbesondere warum, wann und wie Alltagserklärungen abgegeben werden und welche Funktionen sie erfüllen. Eine der bekanntesten A. ist Kelleys Modell der Ursachenzuschreibung. Ausgangspunkt dieser Theorie ist die Frage, welche und welches Ausmaß an Informationen zur Kausalattribution verwendet werden. Kelley unterscheidet die beiden Fälle „Kovariation“ und „Konfiguration“. Beim Kovariationsprinzip stehen dem Beobachter Informationen aus mehreren Quellen zur Verfügung. Der Beobachter kann somit die Kovariation zwischen einem beobachteten Effekt und seinen möglichen Ursachen wahrnehmen. Die Kovariationsregel lautet: „Ein Effekt wird auf eine Bedingung attribuiert, die besteht, wenn der Effekt besteht, und die fehlt, wenn auch der Effekt fehlt“. Unter einer Konfiguration versteht Kelley die Attribution aufgrund einer Einzelbeobachtung und mittels eines kausalen Schemas. Kausale Schemata sind aus Erfahrungen heraus entwickelte vorgefertigte Meinungen, Vorannahmen und sogar Theorien darüber, wie bestimmte Arten von Ursachen miteinander interagieren, um einen spezifischen Effekt zu erzielen. Der wesentliche Unterschied zwischen dem Kovariations- und dem Konfigurationsprinzip besteht also darin, dass bei der Kovariation die Attribution „datengeleitet" erfolgt, d.h. aufgrund mehrerer Beobachtungen, während bei der Konfiguration die Ursachenzuschreibung „theoriegeleitet" vorgenommen wird, d.h. aufgrund früherer Erfahrungen wird diejenige Ursache dem Effekt zugeschrieben, die für den Beobachter am plausibelsten erscheint. Die Kritik an Kelley's Theorie lautet, dass es sich bei der Kovariation und Konfiguration nicht um zwei dichotome Prozesse handeln müsse, sondern dass beide Prinzipien für die Attribution von Bedeutung seien, denn es liege eine Interaktion zwischen Daten und Erwartungen vor: Die theoretischen Vorüberlegungen bestimmten nicht nur ob, sondern auch wann und wie die Daten verarbeitet würden. Zudem wird in den letzten Jahren eine konsequente Einbeziehung von → Emotionen und → Motivationen zur Bewertung des → Informationsverarbeitungsprozesses gefordert, da alle Attributionen motivgesteuert seien, unabhängig davon, ob sie nach logischen Regeln, mit einem hohen, intersubjektiv nachvollziehbaren, kognitiven Gehalt vollzogen worden sind oder ob es sich um subjektiv „verzerrte" Fehlattributionen handele.

Literatur: Kelley, H.H. (1978): Kausalattribution: Die Prozesse der Zuschreibung von Ursachen, in: Stroebe, W. von (Hrsg.): Sozialpsychologie, Band 1: Interpersonale Wahrnehmung und soziale Einstellung, Darmstadt, S. 212-265.

Attributweise Informationsaufnahme, → Attribute Processing.

Audience Flow Analyse, dient zur Berechnung der identischen Seherschaft von im Sendeablauf eines Programms aufeinanderfolgenden Sendungen. Sie gibt also Auskunft darüber, welcher Anteil der Seherschaft einer zu untersuchenden Sendung von der vorherigen Sendung übernommen bzw. an die anschließende Sendung übergeben werden konnte. Das Erzielen eines hohen Audience Flows gehört zu den wichtigsten Zielen der Programmplanung der Fernsehsender, da es Ausdruck einer hohen → Kundenbindung ist.

Audimeter, → Telemeter.

Audiomedien, technische Mittel zur Übertragung und Wiedergabe von akustischen Signalen (z.B. Sprache, Geräusche, Musik). Beispiele für Audiomedien sind der Hörfunk und Tonträger wie CD (Compact Discs), Audiokassetten und Tonbänder. *Vgl. auch* → Medien (Werbeträger).

Audiovision, ein aus Film, Sprache (gesprochen) oder Musik zusammengesetztes → Werbemittel.

Audiovisuelle Kommunikation, Informationsübertragung mit Hilfe audiovisueller → Medien. Audiovisuelle Medien erlauben den simultanen Einsatz mehrerer Darstellungsformen wie Text, Ton (Sprache, Geräusche, Musik), Bild (Fotos, Grafiken, Zeichnungen) sowie Bewegtbild (Film, Video, Zeichentrick).

Audit, → Organisations-Audit, Marketing-Audit.

Aufbauorganisation, *Strukturorganisation*; bezeichnet als eine Form der → Marketingorganisation das System der organisationalen Teileinheiten im Marketing und Vertrieb, das die Arbeitsteilung durch Aufteilung der im Unternehmen wahrzunehmenden Marketing- und Vertriebsaufgaben auf verschiedene Mitarbeiter regelt. Im Rahmen der A. werden die Mitarbeiter und Teilfunktionen des Marketing in organisationalen Teileinheiten zusammengefasst. In diesem Zusammenhang erfolgt die Stellenbildung, die Gestaltung des Führungs-, Informations- und Kommunikationssystems sowie die Regelung des Einsatzes von Sachmitteln. Während die A. also das statische Gerüst für die Aufteilung der Aufgaben eines Unternehmens darstellt, dient die dynamischere → Ablauforganisation der räumlich-zeitlichen Abstimmung der im Rahmen dieser Aufgaben anfallenden Arbeitsprozesse.

Aufbauorganisation, marktorientierte, → *Aufbauorganisation,* → *Marketingorganisation,* → *Organisationsstruktur.*

Aufkaufhandel, bezeichnet den sog. ‚kollektierenden' Großhandel, dessen Hauptaufgabe in dem Sammeln von Abfällen (z.B. Altpapier, Lumpen, Schrott) bzw. landwirtschaftlichen Erzeugnissen (z.B. Eier, Obst, Häuten) und der Zusammenstellung dieser Waren zu verkaufsgeeigneten → Sortimenten besteht. Als Aufkäufer betätigen sich Händler, Großkollekteure sowie genossenschaftliche und öffentliche Aufkauforganisationen.

Auflage, Anzahl der Exemplare einer Druckschrift. Es lassen sich verschiedene Spezifikationen unterscheiden: (1) Druckauflage: Gesamtzahl aller gedruckten Exemplare ohne Makulaturstücke, (2) Abonnementsauflage: Die Gesamtzahl der an Abonnenten und Lesezirkel gelieferten und bezahlten Exemplare, (3) Einzelverkaufsauflage: Die Gesamtzahl der Exemplare, die als Einzelstücke verkauft werden, (4) Verkaufte Auflage: Abonnementsauflage plus Einzelverkaufsauflage minus Remittenden (die an den Einzelhandel gelieferten, aber nicht verkauften Exemplare, die an den Verlag zurückgehen) und (5) Kontrollierte Auflage: Die von der Informationsgemeinschaft zur Festlegung der Verbreitung von → Werbeträgern (IVW) überprüfte Druck-, Verbreitungs- und Verkaufsauflage. *Vgl. auch* → Printmedien, → Mediaplanung (2).

Aufmerksamkeit, eine vorübergehende Erhöhung der → Aktivierung, die zur Sensibilisierung des Individuums ggü. bestimmten Reizen führt. A. führt somit zur Reizauswahl. Dieser Auswahlvorgang ist notwendig, um sicherzustellen, dass bei Reizüberflutung nur die relevanten Stimuli beachtet werden und das Gehirn nicht überlastet wird. Kollative, affektive und intensive Reize haben eine besonders hohe Wahrnehmungschance. *Vgl. auch* → Aktivierung.

Aufmerksamkeitsspanne, Zeitintervall, in dem sich ein Individuum konzentriert einem Reiz zuwenden kann.

Auftragsabwicklung, → Auftragsdatenverarbeitung, *Order Processing*; umfasst die Übermittlung, Bearbeitung und Kontrolle eines Kundenauftrags. Die A. beginnt somit i.d.R. mit dem Eingang des Auftrags beim Unternehmen und endet erst mit der Ankunft der Sendungsdokumente und Rechnung beim Kunden. Kernbestandteil der A. ist der Formularfluss zur Bearbeitung eines Auftrags, wobei dieser sowohl Produkte als auch → Dienstleistungen zum Gegenstand haben kann. Zur Erleichterung und Standardisierung der A. greift die Mehrzahl der Unternehmen auf computergestützte Auftragsabwicklungssysteme zurück. Diese steuern den Kundenauftrag vom Angebot bis zur Auslieferung.

Auftragsdatenverarbeitung, → Auftragsabwicklung; Erfassung, unternehmensindividuelle Aufbereitung und Kontrolle der Auftragsdaten i.d.R. mit Hilfe computergestützter Systeme. Nach der Auftragsübermittlung des Kunden an das Unternehmen gehen die Auftragsdaten zunächst bei einer Auftragsempfangsstelle im Unternehmen ein. Hier werden die Aufträge aufbereitet und somit den unternehmensindividuellen Anforderungen angepasst. Diese aufbereiteten Aufträge dienen der Zusammenstellung der Güter im Lager und dem Versand. Hierbei fallen weitere Aufgaben für die A. an. So müssen z.B. die Lagerpapiere nach den Kriterien Inhalt und Organisation der Kommissionierung disponiert werden. Nach der Zusammenstellung erfolgt die Fertigstellung der Versandpapiere, die auf die Auftragsdaten zugeschnitten werden müssen. Letztendlich münden die Auftragsdaten in die Rechnung, die das Unternehmen seinem Kunden für die erbrachte Leistung ausstellt.

Auftragserfolgsrechnung, → Absatzsegmentrechnung.

Auftragsfertigung, *Einzelfertigung*; kundenindividuelle Herstellung; *vgl. auch* → Individualmarketing.

Auftragsfinanzierung, wichtiges Instrument im → Anlagengeschäft. Die A. umfasst i.e.S. alle Maßnahmen zur Finanzierung eines Auftrags, d.h. die Mittelbeschaffung zur Deckung von Auszahlungsüberhängen. I.w.S. beinhaltet die A. zusätzlich auch die Betreuung, Steuerung und Dokumentation der Finanzierungstätigkeiten. *Vgl. auch* → Projektfinanzierung.

Aufwands-Ertrags-Analyse, dient zur Identifizierung der hinter dem Ergebnis liegenden positiven und negativen Erfolgskomponenten. Dazu werden zum einen die einzelnen Positionen der Gewinn- und Verlustrechnung ins Verhältnis zum Gesamtaufwand bzw. Gesamtertrag gesetzt, wodurch das relative Gewicht der verschiedenen Aufwands- und Ertragsblöcke und damit die zentralen Abhängigkeiten des Unternehmens in der Erfolgsentstehung sichtbar werden. Zum anderen werden im Rahmen der A.-E.-A. die einzelnen Positionen der Gewinn- und Verlustrechnung im Zeitverlauf beobachtet, so dass Entwicklungstendenzen sichtbar werden und den hierfür verantwortlichen Ursachen gezielt nachgegangen werden kann.

Augenblick der Wahrheit, → *Service Encounter*.

Auktion, Marktveranstaltung, in deren Rahmen ein angebotenes Gut an den Nachfrager verkauft wird, der den höchsten Preis bietet. Grundsätzlich lassen sich vier Grundformen der A. unterscheiden: Bei der englischen Auktion werden die Gebote offen abgegeben, wobei sukzessive der Preis erhöht wird. Der Höchstbietende erhält den Zuschlag zum gebotenen Preis. Holländische Auktionen funktionieren nach dem gleichen Prinzip, allerdings wird hier ausgehend von einem sehr hohen Ausgangsniveau der Preis gesenkt. Der erste Nachfrager, der den aufgerufenen Preis akzeptiert, erhält den Zuschlag und zahlt den entsprechenden Preis. Bei verdeckten Auktionen (sealed-bid) reicht jeder Interessent sein Gebot verdeckt ein. Der Höchstbietende erhält den Zuschlag entweder zu dem Preis, den er selbst geboten hat (first price) oder zum Preis des zweithöchsten Gebots (second price; Vickrey-Auktion). Zwar unterscheiden sich die genannten A. hinsichtlich des optimalen Bietverhaltens der Interessenten (bidding), unter bestimmten Bedingungen führen jedoch alle Formen zum gleichen Ergebnis (Auktionserlös). Besonders hervorzuheben ist die Vickrey-Auktion, da sie für die potenziellen Nachfrager Anreize bietet, ihre tatsächliche → Preisbereitschaft zu offenbaren. Aufgrund dieser Erkenntnis bieten einige Internet-Auktionshäuser inzwischen zum Teil Vickrey-Auktionen an.

AUMA, Abk. für → Ausstellungs- und Messe-Ausschuss der Deutschen Wirtschaft e.V.

Ausfuhrkreditanstalt, Gesellschaft zur ausschließlichen Finanzierung von Außenhandelsgeschäften. Sie wird von einem Bankenkonsortium getragen und befasst sich mit mittel- bis langfristigen Finanzierungen. Die Ausfuhrkreditanstalt bietet drei Kreditprogramme an, die Plafonds genannt werden. Die Kredite der Ausfuhrkreditanstalt sind im Regelfall zu 100 % über eine → Exportkreditversicherung abgesichert; Kreditausfälle im Rahmen der Außenhandelsfinanzierungsgeschäfte der Ausfuhrkreditanstalt sind daher selten.

Ausführungsgremium, sind dafür verantwortlich, marketingpolitische Entscheidungen umzusetzen. Zur Sicherstellung einer adäquaten Umsetzungsarbeit sollten sich A. aus Mitarbeitern aller durch die Entscheidung betroffenen Abteilungen zusammensetzen.

Ausgleichsanspruch, → Handelsvertreter.

Ausgleichsgesetz der Planung, → Planung, Ausgleichsgesetz der.

Ausgleichskalkulation, → Mischkalkulation.

Auslandsgeschäftsfinanzierung, → Kreditpolitik, internationale.

Auslandsmarktforschung, als A. werden die Tätigkeiten der Absatz- und Beschaffungsmarktforschung bezeichnet, die sich auf den ausländischen Markt beziehen. Sie dient in erster Linie dazu, für die einheimische Wirtschaft im Ausland neue Märkte zu erschließen. Neben den klassischen Fragen der → Marktforschung (was, wer, wann, wo, welcher Preis usw.) stellen sich bei der A. spezielle Probleme. – So muss die Wirtschaftspolitik des eigenen Landes genauso mit in die Forschung einbezogen werden wie die des Auslands. Das Wirtschafts-, das Steuer- und das Rechtssystem müssen detailliert betrachtet werden. Transportmöglichkeiten müssen sichergestellt sein. Weiter ist zu beachten, dass sich Kursschwankungen der Währung auf die erzielbaren Gewinne auswirken. Kulturelle Eigenheiten eines Landes müssen beachtet werden. Mögliche Handelsrestriktionen müssen überprüft werden und Informationen über die Handels- und Zahlungsbilanz müssen eingeholt werden. Schließlich muss auch die Notwendigkeit eines Vermittlers vor Ort in Betracht gezogen werden.

Auslandsmarktinformationssysteme, Quellen zur Erlangung von Informationen über Auslandsmärkte. Auslandsmarktinformationssysteme können dem Unternehmen insbesondere für Märkte mit hohem Fremdheitsgrad von Kultur und Unternehmensumfeld wesentliche Impulse geben und neuartige Sichtweisen und Erkenntnisse fördern. Allgemein kann auf Veröffentlichungen, Archivmaterial und Informationsdienste von Ministerien, statistischen Ämtern, Handelskammern, Wirtschaftsverbände, Wirtschaftsforschungsinstitute, Beratungsunternehmen, Marktforschungsinstitute usw. zurückgegriffen werden. Existenz, Ausprägungen und Qualität der Informationen aus diesen Quellen können von Land zu Land stark differieren. Typische deutsche Informationsquellen, die Daten über Auslandsmärkte zur Verfügung stellen können, sind das Auswärtige Amt (AA), die Bundesstelle für Außenhandelsinformationen (BfAI), das Statistische Bundesamt (Stat. BA), Industrie- und Handelskammern (IHK), Außenhandelskammern (AHK) sowie wissenschaftliche Institutionen (z.B. das HWWA-Institut für Wirtschaftsforschung in Hamburg, das Institut für Weltwirtschaft an der Universität Kiel, das Ifo-Institut für Wirtschaftsforschung in München usw.). Neben den nationalen Institutionen der jeweiligen Länder gibt es auch eine große Zahl an internationalen Organisationen, die Informationen zu außenwirtschaftlichen Fragen liefern. Hierzu gehört z.B. die Organisation for Economic Cooperation and Development (OECD), die Vereinten Nationen (UN), der International Monetary Fund (IMF), die World Trade Organization (WTO) sowie die Internationale Handelskammer. Ein zunehmend wichtiger werdendes Instrument zur Recherche und Übermittlung von Sekundärinformationen sind Online-Datenbanken. Durch Online-Zugriff auf die gewünschten Daten und Datenfernübertragung entsteht ein deutlich geringerer Zeit- und Personalaufwand als bei traditioneller Recherche. Als ein wichtiger kommerzieller Anbieter in Deutschland ist Genius (www.genius.de) zu nennen. Darüber hinaus verfügen die einschlägigen Marktforschungsinstitute ebenfalls über Online-Datenbanken (z.B. www.acnielsen.com, www.emnid.de, www.Infratest.de).

Ausschließlichkeitsbindung, → Absatzbindung; beschränkt ein Unternehmen darin, Waren oder gewerbliche Leistungen von Dritten zu beziehen oder an Dritte abzugeben. Besonders häufig ist diese Art von Verträgen in der Automobilbranche als → Bezugsbindung für die Original-Ersatzteile von Herstellern und in der Getränkebranche als Bierlieferungsvertrag anzutreffen. Darüber hinaus tritt die A. in vielen Branchen des Konsumgüterhandels auch als vertraglicher Bestandteil im Rahmen des → exklusiven Vertriebs auf. In diesem Fall untersagt die A. dem Hersteller, seine Produkte an andere als die ausgewählten und vertraglich begünstigten → Händler zu liefern.

Ausschreibung, → Ausschreibungsverfahren, → Anlagengeschäft.

Ausschreibungsverfahren, die öffentlichen Verwaltungen in Deutschland sowie in der EU sind verpflichtet, Aufträge ab einem bestimmten Auftragsvolumen öffentlich auszuschreiben, denn Leistungen sind im Wettbewerb und unter Gleichbehandlung aller Bieter zu vergeben. Eine Ausschreibung beinhaltet die genaue Beschreibung der vom Auftragnehmer zu erbringenden Produkt- bzw. Dienstleistungen und umfasst dazugehörige Pläne, Dokumente und Leistungsverzeichnisse, sowie eine Kopie der Vergabeordnung, nach der die Auswahl des Auftraggebers erfolgt. Neben Ausschreibern der öffentlichen Hand können auch Unternehmen als Auftraggeber Ausschreibungen vornehmen, was insbesondere im → Anlagengeschäft (Industriegütermarketing) der Fall ist, wenn es sich um die Beschaffung komplexer und vom Auftraggeber genau zu spezifizierender Technologien bzw. Anlagen handelt. Mit einer Ausschreibung können folgende Zielsetzungen verfolgt werden: Spezifikation von Leistungsvorgaben als Kalkulationsgrundlage für den Auftragnehmer; Vereinfachung des Prozesses zur Ermittlung des wirtschaftlichsten Angebots für den Auftraggeber; Erhaltung und Steigerung eines offenen Wettbewerbes; Erhöhung der Transparenz der Vergabeentscheidung und Erschwerung der Korruption im Bereich der privaten Wirtschaft und öffentlichen Verwaltung.

Außendienst, → Außendienstpolitik, → Außendienststeuerung, → Außendienstorganisation; Teilbereich des Verkaufs, dessen Mitarbeiter den (potenziellen) Kunden auf dessen Wunsch oder aufgrund eigener Initiative aufsuchen. Aufgabe des Außendienstes ist es, Beziehungen zu Kunden anzubahnen und zu pflegen, Geschäfte anzubahnen und abzuschließen sowie Informationen über den Markt zu sammeln. Die Gestaltung des Außendienstes ist Gegenstand der Außendienstpolitik.

Außendienstanreiz, → Außendienst, → Außendienstpolitik, → Außendienststeuerung, → Außendienstvertrag; Anreize für Mitarbeiter im Außendienst, ihre Verkaufsanstrengungen zu vergrößern. Die Gestaltung von Außendienstanreizen erfolgt durch Entlohnungssysteme, Incentives usw. und ist Gegenstand der Außendienststeuerung.

Außendienstbeurteilung, Bewertung der Außendienstleistung. Mit Hilfe der A. sollen primär Entgelt-Differenzen (→ Außendienstvergütung) begründet, Personalentscheidungen (z.B. Beförderung) unterstützt und Hinweise für notwendige Ausbildungs- und Trainingsmaßnahmen der Außendienstmitarbeiter gewonnen werden. Grundlage der A. ist die Messung der Außendienstproduktivität. Diese erfolgt gewöhnlich auf Basis von → Deckungsbeitragsrechnungen, die den Erfolg der einzelnen Außendienstmitarbeiter z.B. differenziert nach Besuchstouren, Aufträgen, Kunden bzw. Kundengruppen ausweisen. Wird die A. auf das Erreichen bestimmter Umsatz-, Deckungsbeitrags- und Gewinnziele reduziert, vernachlässigt man, dass andere Marketinginstrumente sowie externe Störgrößen ebenso Einfluss auf diese → Kennzahlen nehmen können. Von daher sollten zur A. neben ergebnisbezogenen Kontrollen auch Verhaltenskontrollen herangezogen werden (z.B. Einhaltung von Besuchsvorgaben). Zur Beurteilung der einzelnen Außendienstmitarbeiter eignen sich als quantitative Maße zum einen Inputgrößen, wie z.B. Zahl der Besuche, Zeitaufteilung, Spesenhöhe, Anteil nicht direkt verkaufsbezogener Tätigkeiten, zum anderen Outputgrößen, wie z.B. Zahl der Aufträge und Zahl der Neukunden. Darüber hinaus kann auch eine qualitative Beurteilung seitens der Vorgesetzten Bestandteil der A. sein.

Außendienst-Controlling, → Marketing- und Vertriebscontrolling.

Außendienstentlohnung, → Außendienstvergütung.

Außendienst-Leasing, Contract Sales Force; bezeichnet das Mieten von → ‚Reisenden' für eine begrenzte Zeit. Die Miet-Reisenden sind ausschließlich für das nachfragende Unternehmen tätig und erhalten auch von diesem Unternehmen den Arbeitsauftrag.

Die Reisenden können bei folgenden Aufgaben ihren Einsatz finden: (1)Vertretung von Vakanzen bei Krankheit oder Urlaub, (2) Unterstützung der fest angestellten Vertriebsmitarbeiter bei Sonderaktionen oder Neuprodukteinführungen, (3) Erschließung neuer Absatzgebiete oder Kunden. Die Vorteile des A.-L. liegen in der flexiblen, aufgabenspezifischen und räumlichen Einsatzfähigkeit des gemieteten Personals und der hohen Variabilität der Kosten. Es entfallen z.B. Gehaltsfortzahlungen und Abfindungen nach Beendigung der Außendienstaufgabe. Nachteile des A.-L. ergeben sich insbesondere aus den zusätzlichen Kosten und der Bindung von Personalressourcen zur Schulung und Qualifizierung der Reisenden. Bei nicht ausreichender Qualifikation und Kompetenz des gemieteten Verkaufspersonals kann das Image des Unternehmens Schaden erleiden, da diese Reisenden im Namen des Unternehmens auftreten.

Außendienstmitarbeiter, → Außendienst, → Verkaufspersonal.

Außendienstorganisation, → Außendienst, → Außendienstpolitik; bezeichnet die Organisation des Außendienstes im Rahmen der Außendienstpolitik. Gegenstand der A. ist die Gliederung des Außendienstes. Es ist z.B. eine Segmentierung des Außendienstes nach Kundengruppen, → Sortimenten oder eine regionale Einteilung denkbar. Der A. kann einstufig oder in Form einer mehrstufigen Hierarchie (Gebietsleiter, Bezirksleiter usw.) organisiert werden. Ebenso ist eine funktionale Unterteilung in Altkundenbetreuung und → Akquisition von Neukunden möglich.

Außendienstpolitik, → Außendienst, → Außendienstanreiz, → Außendienstorganisation, → Außendienststeuerung; Die A. beschäftigt sich mit der Gestaltung, den Aufgaben und dem Einsatz des Außendienstes. Zunächst sind die Organe des Außendienstes (z.B. → Reisende) auszuwählen. Im Rahmen der Außendienstorganisation ist die Struktur des Außendienstes festzulegen. In vielen Unternehmen wird der Außendienst nach Verkaufsbezirken gegliedert. Die Außendienststeuerung beschäftigt sich mit der Kommunikation der absatzpolitischen Unternehmensziele an den Außendienst. Zur Motivation des Außendienstes muss insbesondere ein geeignetes Entlohnungssystem konzipiert werden (*vgl. auch* → Außendienstanreize).

Außendienstproduktivität, → Außendienstbeurteilung.

Außendienststeuerung, → Außendienst, → Außendienstpolitik, → Vertriebssteuerung; Steuerung der Mitarbeiter im Außendienst. Die Steuerung des Außendienstes erfolgt i.d.R. durch Vorgabe der erwarteten Ergebnisse. Das Ergebnis wird meist in Form von Umsätzen oder Absatzzahlen, seltener in Form von Deckungsbeiträgen spezifiziert. In Abhängigkeit vom erzielten Ergebnis erhält der Außendienstmitarbeiter eine → Provision. I.d.R. enthält seine Entlohnung auch fixe Bestandteile, die als Fixum bezeichnet werden. Derartige Vereinbarungen zwischen Unternehmen und Außendienstmitarbeiter sind Gegenstand von → Außendienstverträgen.

Außendienstvergütung, Leistungsvergütung der Verkaufsaußendienstmitarbeiter. Wesentliche Elemente im Rahmen der A. sind die Zahlung eines Fixgehalts, → Provisionen und → Prämien. Die Bestim-mung des optimalen Mixes dieser Elemente ist ein zentrales Entscheidungsfeld im Bereich des Außendienstmanagements. Ziel ist es i.d.R., durch Kombination der verschiedenen Anreizkomponenten steuernd auf die Außendienstmitarbeiter einzuwirken. In der Praxis ist häufig eine Kombination aus 70 Prozent fixer und 30 Prozent variabler Entlohnung anzutreffen.

Außendienstvertrag, → Außendienst, → Außendienststeuerung; bezeichnet einen Vertrag zwischen einem Unternehmen und einem Mitarbeiter im Außendienst. Gegenstand eines solchen Vertrages sind u.a. Regelungen zur privaten Nutzung von Firmenwagen und das Entlohnungssystem für die → Außendienstmitarbeiter. Das Unternehmen verfolgt mit der Wahl des Entlohnungssystems das Ziel, → Außendienstanreize zu setzen.

Außengroßhandel, → Großhandel.

Außenhandel, → Welthandel.

Außenhandelsgeschäft, Transaktion im Rahmen einer Beschaffungs- und/oder Absatztätigkeit über die nationalen Grenzen eines Staates hinweg. Mit Blick auf den institutionellen → Außenhandel hat sich eine Vielzahl verschiedener Arten von Außenhandelsgeschäften entwickelt. Zu den bedeutendsten Arten gehören u. a. das Ablade- oder Einfuhrgeschäft, Transithandelsgeschäfte und

Countertrade-Geschäfte. Besonderheiten des A. sind besondere Bestimmungen hinsichtlich der Zahlungsbedingungen (INCOTERMS) sowie der zu liefernden Qualität, so hat der Verkäufer beispielsweise bei fehlender vertraglicher Fixierung der Qualität zumindest die Durchschnittsqualität zu liefern.

Außenhandelskette, beschreibt den distributionswirtschaftlichen Weg eines stofflich unveränderten Gutes vom Produzenten bis zum Verwender im → Außenhandel. A. können aus internationalen Eigenhändlern, internationalen Vermittlern oder einer Kombination aus diesen bestehen.

Außenhandelskonsortium, Zusammenschluss von rechtlich selbständigen Unternehmen, sog. Konsorten, zur gemeinschaftlichen Erbringung einer Leistung in einem Außenhandelsgeschäft.

Außenhandelsstatistik, Instrument zur Erhebung von länderübergreifendem Warenverkehr. Die A. in Deutschland ist eine vom Gesetzgeber angeordnete und mit einer Auskunftspflicht versehene Erhebung, die vom Statistischen Bundesamt erstellt wird. Sie ist in Deutschland als Zentralstatistik konzipiert, deren Organisation und Durchführung einzig dem Statistischen Bundesamt obliegt. A. sind ein Schlüsselindikator für die Wirtschaftsentwicklung und somit ein wichtiges Instrument für zahlreiche öffentliche und private Entscheidungsträger. Sie helfen Unternehmen bei der Erstellung von Marktstudien und der Festlegung ihrer Handels- und → Markteintrittsstrategie. Ebenso unterstützen sie nationale und internationale Behörden bei der Vorbereitung bi- und multilateraler Verhandlungen. Schließlich stellen sie eine wichtige Informationsquelle für Zahlungsbilanzstatistiken, die Volkswirtschaftliche Gesamtrechnung oder Konjunkturanalysen dar.

Außenwerbeforschung, umfasst sämtliche Methoden, die eine Messung der Effizienz von → Kommunikationsträgern in der → Außenwerbung vornehmen. Als zentrale Kennzahl im Rahmen der A. kommt der von der GfK-Marktforschung entwickelte G-Wert zur Anwendung. Der G-Wert gibt die Leistung einer Großfläche (z.B. eines → Plakates) als erinnerungswirksamen Werbemittelkontakt an. In die Berechnung des G-Wertes fließen folgende Merkmale ein: (1) der Ablenkungsgrad, der durch weitere Plakatstellen und den Umfeldverkehr hervorgerufen wird, (2) die Beleuchtungsverhältnisse, (3) die Entfernung des Passantenstroms, (4) die Kontaktchancendauer, (5) die Präsentationshöhe, (6) die Sichthindernisse, (7) die Komplexität des Umfeldes im Sinne der Ablenkung durch Blickfänge im Umfeld sowie (9) der Winkel zum Verkehrsstrom.

Außenwerbung, → Werbung im Freien, z.B. auf → Plakaten.

Aussteller, Teilnehmer einer → Messe bzw. → Ausstellung mit der Präsentation eines Güter- bzw. Dienstleistungsangebots auf einem eigenen Stand, als Mitaussteller am Stand eines Hauptausstellers oder als Teilnehmer an einem Gemeinschaftsstand.

Ausstellergremien. Zur Wahl der richtigen Messekonzeption werden A. bzw. Ausstellerbeiräte konstituiert, in denen Vertreter von Fachverbänden der ausstellenden Wirtschaft gemeinsam mit Repräsentanten der veranstaltenden Messegesellschaften in regelmäßigen Zeitabständen über die Konzeption von → Messen und → Ausstellungen entscheiden. Im Mittelpunkt steht die Zusammenstellung der ausstellenden Unternehmen, des Messeturnus, die Messedauer sowie Beginn und Ende der Messe.

Ausstellung. Nach dem → Ausstellungs- und Messe-Ausschuss der Deutschen Wirtschaft e.V. (AUMA) sind Ausstellungen „zeitlich begrenzte Marktveranstaltungen, auf denen eine Vielzahl von Unternehmen – bei vorrangiger Ansprache des allgemeinen Publikums – das repräsentative Angebot eines oder mehrerer Wirtschaftszweige ausstellt und vertreibt oder über dieses Angebot zum Zwecke der Absatzförderung informiert." In Titel IV der Gewerbeordnung (GewO) erfolgt unter § 64 eine ähnliche Definition, die allerdings die Zielgruppe nicht angibt. Historisch entwickelten sich A. aus den Gewerbe- und Industrieausstellungen des

19. Jahrhunderts. Ab 1851 findet alle fünf Jahre die Weltausstellung statt, auf der vorwiegend technische Neuheiten präsentiert werden. Im Gegensatz zur → Messe, die sich an ein Fachpublikum richtet und der eher ein Marktcharakter zukommt, weisen A. einen Schaucharakter auf und können von der breiten Öffentlichkeit besucht werden. In der Praxis sind die Unterscheidungen zwischen Messen und Ausstellungen jedoch irrelevant, da die Differenzierungen ausschließlich formalrechtlicher Natur sind und von den Veranstaltungsgesellschaften selbst gewählt werden, um sich im Messewettbewerb zu profilieren.

Ausstellungs- und Messe-Ausschuss der Deutschen Wirtschaft e.V. (AUMA), im Jahr 1949 neu konstituierter Verband der deutschen Messewirtschaft. Mitglieder des AUMA sind die Spitzenverbände der deutschen Wirtschaft, Fachverbände der ausstellenden und einkaufenden Wirtschaft sowie des Messebaus, die deutschen Messe- und Ausstellungsveranstalter sowie die Durchführungsgesellschaften für Auslandsmessebeteiligungen. Als Aufgabenstellung definiert der AUMA: (1) Vertretung der Interessen der Messewirtschaft auf nationaler und internationaler Ebene ggü. Parlament, Ministerien, Behörden und anderen Organisationen. (2) Mitwirkung beim Interessenausgleich von Ausstellern, Besuchern und Veranstaltern. (3) Koordinierung der deutschen Auslandsmesseaktivitäten. Ziel der satzungsmäßigen Aufgabe ist es ferner, interessierten → Ausstellern und Besuchern Entscheidungshilfen für eine Messeteilnahme oder für den Besuch einer → Messe zu liefern.

Ausstrahlungseffekt, *Spill-Over-Effekt*; Wirkung, die der Einsatz eines Instrumentes auf Zielbereiche hat, die nicht vorab in der Planung berücksichtigt wurde. Dabei ist in der Interpretation dieses Effektes zwischen verschiedenen Betrachtungsebenen zu differenzieren. Auf wirtschaftspolitischer Ebene bezieht sich der Effekt auf den Einfluss, den nationale und internationale Entscheidungen und Entwicklungen aufeinander ausüben können. Im Sinne des wirtschaftstheoretischen Verständnisses bei der makroökonomischen Modellanalyse beschränkt sich der Begriff auf Auswirkungen, die eine Marktstörung auf andere Märkte hervorruft. Auf marketingpolitischer Ebene werden eine Vielzahl von zeitlichen (→ Carry Over, → Hysterese), sachlichen, segmentspezifischen und unternehmensexternen Ausstrahlungen unter dem Begriff Spill-Over-Effekt zusammengefasst. Kann die Richtung der Effekte (positiv/negativ) i.d.R. einfach bestimmt werden, sind in Bezug auf die Messung des Ausmaßes der Effekte eine Reihe von Daten- und Schätzproblemen zu beobachten, die u.a. daher rühren, dass auch bei der Datenermittlung Ausstrahlungseffekte von nicht in die Erhebung einbezogenen Variablen auftreten können.

Austauschgut, idealtypische Gütergruppe aus Sicht der → Institutionenökonomik (→ Theorien des Marketing). Alle Güter, die zum Zeitpunkt des Kaufes bereits existieren. Gegenteil der → Kontraktgüter. Informations- und Anreizprobleme sind hier geringer als bei Kontraktgütern, hängen aber davon ab, ob es sich um → Such-, → Erfahrungs- oder → Vertrauensgüter handelt, für die jeweils unterschiedliche Marketingmaßnahmen ergriffen werden müssen.

Austauschprozess, → Theorien des Marketing.

Austauschtheorie, Konzept zum Zustandekommen sozialer Austauschprozesse. Es kommt nur dann zu Markttransaktionen, wenn alle beteiligten Partner zumindest auf längere Sicht ein Gleichgewicht aus Anreizen und Beiträgen aus den Transaktionen erkennen. → Verhaltenswissenschaftlicher Ansatz.

Austrittsbarriere, → Markttaustritt.

Ausverkauf, *Räumungsverkauf;* Verkaufsveranstaltung, die nicht im Rahmen des regelmäßigen Geschäftsverkehrs stattfindet. Im Gegensatz zu beispielsweise Schlussverkäufen dürfen bei Ausverkäufen lediglich vorhandene Waren zum Verkauf angeboten werden. Durch die UWG-Novelle von 1986 sind Ausverkäufe nur noch begrenzt zulässig. Voraussetzungen für eine ‚Räumung' im

Rahmen eines Ausverkaufs sind nach §8 Abs. 1 und 2 UWG: Der Umstand eines anzeige- oder genehmigungspflichtigen Umbauvorhabens, Feuer-, Wasser-, Sturmschäden, vergleichbare Schäden, Aufgabe des gesamten Geschäftsbetriebes.

Auswahl, geschichtete, die Grundgesamtheit wird bei der G.A. in disjunkte Teilmengen (d.h. Schnittmengen der Teilmengen sind leer) zerlegt, die in sich homogen und untereinander heterogen sind. Dann werden aus jeder Teilmenge zufällige Stichproben gezogen.

Auswahl, mehrstufige, die Grundgesamtheit wird bei der M. A. in disjunkte Teilmengen (d.h. Schnittmengen der Teilmengen sind leer) zerlegt und es wird zufällig ausgewählt, aus welcher Teilmenge gezogen wird. → Klumpenauswahl.

Auswahl, nicht zufällige, → Auswahlprinzip.

Auswahl, sequenzielle, es werden nacheinander kleine Stichproben gezogen, bis der erforderliche Umfang erreicht ist, der signifikante Aussagen zulässt. → Auswahlprinzip.

Auswahl, systematische, → Auswahltechnik.

Auswahl, typische, Auswahlprinzip, bei der die Stichprobe lediglich aus einer typischen bzw. repräsentativen → Auswahlbasis besteht. → Auswahlprinzip.

Auswahl, zufällige, → Auswahlprinzip.

Auswahlbasis, *Auswahlgrundlage*. Mit der A. bezeichnet man das Abbild der Grundgesamtheit, aus der bei einer Erhebung die → Erhebungseinheiten ausgewählt werden. Dabei kann die A. in verschiedenen Formen vorliegen, z.B. als Adressenliste, Telefonbuch, Landkarte oder Kundenkartei. Im Idealfall entspricht die A. exakt der Grundgesamtheit. Bei einer Abweichung von der Grundgesamtheit spricht man von der Erhebungsgesamtheit. Bei der A. sind im Wesentlichen zwei Dinge zu beachten. Zum einen darf sie keine Lücken aufweisen, und zum anderen darf sie nicht zu stark von der Grundgesamtheit abweichen. Beides ist dringend notwendig, um bei einer Erhebung ein für die Grundgesamtheit repräsentatives Ergebnis zu erhalten, und den Fehler so gering wie möglich zu halten.

Auswahlgrundlage, → Auswahlbasis.

Auswahlplan, der A. stellt einen Teil des Erhebungsplanes dar und legt fest, in welcher Form die Untersuchungseinheiten aus der Grundgesamtheit ausgewählt werden. Wird eine Erhebung als → Teilerhebung durchgeführt, muss ein A. aufgestellt werden. Der A. setzt sich aus folgenden Aspekten zusammen, die bestimmt werden müssen: → Auswahlbasis, → Auswahlprinzip, → Auswahltechnik und → Auswahlumfang.

Auswahlprinzip, beschreibt die Art und Weise, mit der bei einer → Teilerhebung die Untersuchungseinheiten aus der Auswahlbasis ausgesucht werden. Prinzipiell unterscheidet man die → Zufallsauswahl und die nicht zufällige Auswahl. Bei der nicht zufälligen Auswahl bleibt es dem Forscher selbst überlassen, nach welchen Kriterien er die Auswahl trifft, und ob er überhaupt alle Elemente der Auswahlbasis einbeziehen möchte. Bei der Zufallsauswahl hingegen hat jede Erhebungseinheit die Möglichkeit, mit einer gewissen Wahrscheinlichkeit in die → Stichprobe zu gelangen. – Für beide Arten der Auswahl steht eine große Anzahl an Verfahren zur Verfügung. Bei der nicht zufälligen Auswahl sind dies z.B. die willkürliche Auswahl, das → Konzentrationsverfahren, die typische Auswahl (→ Auswahl, typische) und die → Quotenauswahl. Verfahren der Zufallsauswahl sind z.B. die einfache Zufallsauswahl, die geschichtete Auswahl (→ Auswahl, geschichtete), die → Klumpenauswahl, das mehrstufige Auswahlverfahren (→ Auswahl, mehrstufige) und die sequenzielle Auswahl (→ Auswahl, sequenzielle).

Auswahltechnik, unter dem Begriff der A. werden verschiedene Möglichkeiten zusammengefasst, die es erlauben, aus einer großen Anzahl an Elementen eine → Stichprobe von bestimmtem Umfang zu ziehen. Zur Anwendung kommen diese Techniken bei der Zufallsauswahl, da hier gedanklich das Urnenmodell zugrunde liegt, es häufig jedoch zu umständlich und zu teuer wäre, eine solche Ziehung durchzuführen. Beispiele für Techniken wären die Auswahl mit Zufallszahlen, die systematische Auswahl und das Master-Sample. Bei der Auswahl mit Zufallszahlen werden per Computer Zufallszahlen erzeugt. Aus der → Auswahlbasis, die durchnummeriert sein muss, werden dann die → Erhebungseinheiten ausgewählt, die den Zufallszahlen entsprechen. Bei der systematischen Auswahl wird ein Abstand festgelegt, in welchem die Erhebungseinheiten aus der Auswahlbasis ausgewählt werden. Das Master-Sample dient als Verfahren, um eine Bevölkerungsstichprobe zu ziehen. Dabei werden zuerst Stimmbezirke gezogen. Als nächstes werden dann Haushalte in den gewählten Stimmbezirken gezogen und in jedem Haushalt – mittels Zufallsauswahl – eine Zielperson bestimmt.

Auswahltyp, das Auswahlverfahren, mit dem konkret das → Auswahlprinzip durchgeführt wird. Wurde z.B. eine Entscheidung für eine Zufallsauswahl getroffen, so muss nun ein Auswahltyp gewählt werden, der diesem Prinzip Rechnung trägt.

Auswahlumfang, beschreibt die Anzahl der Elemente, die bei einer Erhebung aus der Grundgesamtheit ausgewählt werden. Bei der Festlegung der Menge müssen drei Aspekte beachtet werden. Zum einen muss man sich die Tatsache vor Augen führen, dass die Kosten einer Erhebung stark mit der Erhöhung des → Stichprobenumfangs steigen. Das zweite Problem besteht darin, dass die Genauigkeit der Ergebnisse einer Erhebung bei einer Verringerung des Stichprobenumfangs überproportional abnimmt. Schließlich muss noch mit einbezogen werden, dass ein hoher A. auch eine deutlich längere Planungs-, Durchführungs- und Auswertungszeit benötigt. Das Ziel bei der Festlegung des A.s muss es also sein, einen vernünftigen Mittelweg zwischen der Höhe der Kosten, der Güte der Ergebnisse und der Dauer der Erhebung zu finden. D.h. der A. sollte so gewählt sein, dass die Erhebung wirtschaftlich durchführbar, informativ und zeitlich überschaubar bleibt.

Autokorrelation, lineare paarweise Abhängigkeit der Residuen einer → Regressionsanalyse bzw. lineare paarweise Abhängigkeit der Elemente einer Zeitreihe.

Automatenverkauf. Für den Verkauf von Waren aus Automaten besteht eine Anzeige- und Genehmigungspflicht (§14 III GewO, §4 Einzelhandelsgesetz). Vertragliche Grundlage für die Aufstellung eines Automaten bildet der sog. Automatenaufstellvertrag. Er ist ein im Gesetz nicht ausdrücklich normierter, im Rechts- und Wirtschaftsleben entstandener, sog. verkehrstypischer → Vertrag. Die Art des Rechtsverhältnisses zwischen dem Automatenaufsteller und der anderen Vertragspartei hängt davon ab, wo und unter welchen Gegebenheiten es zu einer Automatenaufstellung kommt.

Automatic Interaction Detection, → AID-Analyse.

Average-Linkage-Verfahren, Hierarchisches agglomeratives Verfahren zur Clusterbildung bei der → Cluster-Analyse, wobei von der feinsten Partition iterativ bis hin zur gröbsten Partition geschlossen wird. Beim A. wird die Distanz eines Elements zum → Cluster durch den Durchschnitt der Distanzen der Elemente des Clusters zum Element bestimmt. Das Element, das die geringste Distanz zum Cluster aufweist, wird dem Cluster zugeschlagen.

Aversion, negative Verhaltenstendenz, Vermeidung eines Verhaltenszieles.

Aversions-Aversions-Konflikt, *Vermeidungs-Vermeidungskonflikt*, eine Person steht zwei Zielobjekten mit negativer Valenz annähernd gleicher Stärke ggü. → Motivation.

AWA, Abk. für → Allensbacher Werbeträger-Analyse.

Awareness, → Stufenmodelle der Werbewirkung.

Awareness Set, Menge aller dem Konsumenten bekannten Marken, unabhängig davon, ob die Marken akzeptiert oder abgelehnt werden. *Vgl. auch* → Alternativenbewusstsein.

B

Back-Office-Bereich, bezeichnet den kundenfernen Bereich im Rahmen der → Dienstleistungserstellung. Im B.-O.-B. werden Aktivitäten, die für die → Dienstleistungserstellung notwendig sind (z.B. das Zubereiten des Essens in einem Restaurant), ohne Präsenz des → externen Faktors, dem Kunden, erbracht. Folglich wird dieser Teil der → Dienstleistungserstellung nur durch den → Dienstleistungsanbieter erbracht. Somit ist der Kunde für diesen Teil der → Dienstleistungserstellung kein → Co-Producer. Zudem ist der B.-O.-B. für den Kunden nicht ersichtlich (im obigen Beispiel die Küche). Die → Line of Visibility trennt den für den Kunden sichtbaren und nicht sichtbaren Bereich (B.-O.-B). *Gegensatz*: → Front-Office-Bereich. *Vgl. auch* → Blueprinting.

Back-Office-Personal, Mitarbeiter eines → Dienstleistungsanbieters, die im → Back-Office-Bereich arbeiten. Sie haben folglich keinen bzw. nur sehr geringen Kontakt zum Kunden. Somit haben sie anderen Anforderungen zu genügen als das → Front-Office-Personal, insbesondere was ihre Beziehungskompetenz zu Kunden angeht. Einige → Dienstleistungsanbieter verlangen von ihrem B.-O.-P., dass sie für eine gewisse Zeit im → Front-Office-Bereich arbeiten, damit sie auch die Gelegenheit haben, Kunden „aus Fleisch und Blut" zu sehen. Dies kann das Verständnis des B.-O.-P. für die Belange und Bedürfnisse der Kunden stärken. *Gegensatz*: → Front-Office-Personal. *Vgl. auch* → Blueprinting.

Badge Engineering, steht für die Vermarktung von gleichen Produkten unter verschiedenen Marken. Ein derartiges Vorgehen lässt sich sowohl in der Computerindustrie (Notebookhersteller fertigen Backbones, die mit geringfügigen Ausstattungsunterschieden unter verschiedenen Labels verkauft werden) als auch bei den Automobilherstellern beobachten (VW Sharan/Seat Alhambra oder Toyota Corolla/Geo Prizm). Vorteil: Die Hersteller können höhere Stückzahlen realisieren und dadurch von Erfahrungskurveneffekten profitieren. Des Weiteren lassen sich durch die verschiedenen Marken unterschiedliche (Preis-) Segmente abdecken. Nachteil: Die Preisunterschiede für identische Produkte mit unterschiedlichen Markenlogos (Badges) sind nur schwer zu rechtfertigen.

Balanced Scorecard, Konzept zur betrieblichen Leistungsmessung und Leistungsbewertung als Grundlage der Unternehmenssteuerung. Die Kernidee der B.S. besteht darin, die Vision und Strategie eines Unternehmens in qualitative und quantitative Zielsetzungen umzusetzen. Sie ist damit als ein Instrument zur Strategieimplementierung zu verstehen, das die Defizite in der Verzahnung von strategischem und operativem Management aufheben soll. Basis des Konzepts ist eine strukturierte Sammlung von → Kennzahlen. Charakteristisch für diese strukturierte Kennzahlensammlung ist zum einen die Ausgewogenheit der verwendeten Kennzahlen (Balance), zum anderen die Darstellung der Kennzahlen innerhalb eines Berichtsbogens (Scorecard). Die Ausgewogenheit der verwendeten Kennzahlen spiegelt sich darin wider, dass kurz- und langfristige Ziele sowie monetäre und nicht-monetäre Größen berücksichtigt werden. Dazu kommt, dass die Unternehmensleistung mit Hilfe von Kennzahlen aus vier unterschiedlichen Perspektiven – Finanzperspektive, Kundenperspektive, Prozessperspektive sowie Lern- und Entwicklungsperspektive – betrachtet wird. Bestehende Ursache-Wirkungs-Beziehungen zwischen den einzelnen Perspektiven finden ebenso Berücksichtigung. Um die Spezifika der jeweiligen Wettbewerbsposition berücksichtigen zu können, muss die konkrete Ausgestaltung der B.S. letztlich immer unternehmensindividuell unter Mitwirkung des Managements getroffen werden.

Ballon-Test, auch Picture-Frustration-Test oder Comic-Strip-Test genannt. Besteht aus 24 Zeichnungen, die jeweils unterschiedliche und nicht zusammenhängende Situationen darstellen. Das Wesentliche dieser Zeichnungen besteht darin, dass jeweils zwei Personen in einer Konfliktsituation dargestellt sind, auf die ein Person reagiert. Diese Reaktion ist in Form einer Sprechblase mit entsprechendem Text dargestellt, während die Antwort der anderen Person offen bleibt. Die Aufgabe der Versuchsperson besteht darin, die mögliche Antwort und Reaktion der zweiten Person (mit der sie sich identifizieren soll) darzulegen.

Bandenwerbung. Hierunter wird die Werbung auf Banden, die entweder eine reale Spielfeldbegrenzung darstellen, wie z.B. beim Eishockey oder die im Bereich von Spielfeldbegrenzungen aufgestellt werden, wie z.B. beim Fußball, verstanden. Die Werbebotschaften sind damit für die Zuschauer vor Ort aber auch für Zuschauer bei Fernsehübertragungen wahrnehmbar. Beim → Sportsponsoring spielt die B. als sponsoringspezifische Form im Rahmen der kommunikativen Nutzung vor allem im Fußballsport eine große Rolle. Neben starren Banden werden Drehbanden, die durch Rotation einen Wechsel der gezeigten Werbebotschaften ermöglichen und virtuelle Banden bei Fernsehübertragungen eingesetzt.

Bandwagon-Effekt, auch Mitläufereffekt genannt. In der Mikroökonomie identifizierter Verstärkereffekt, der dann auftritt, wenn aufgrund einer Preissenkung ein zusätzlicher Nachfragezuwachs über die Höhe der Preisabsatzfunktion hinaus entsteht. Der nichtpreisbedingte Effekt einer zusätzlichen Nachfrageerhöhung entsteht durch Imitationsverhalten.

Bangtail, *Bumerang*. Ein Antwortumschlag mit verlängerter Rückenklappe dem sog. „Bangtail". Dieser abtrennbare Antwortschein kann z.B. Angebote enthalten, als Anforderungscoupon oder Gewinnlos gestaltet sein. Er lässt sich auch voradressieren.

Bankmarketing, beschreibt das → Dienstleistungsmarketing von Banken. Diese Unternehmen unterteilen ihre Kunden wie Versicherungen (→ Versicherungsmarketing) oft in Privat- und Firmenkunden. Banken müssen ähnlich wie Versicherungsunternehmen beim → Dienstleistungsmarketing rechtliche Rahmenbedingungen, beispielsweise bei der Kommunikationspolitik, beachten.

Banner-Werbung, → Werbebanner.

Bargaining, Einkaufsmotiv (→ Motive). Beschreibt den Wunsch von Konsumenten, am Point of Sale Preise „herunterhandeln" zu können.

Barter, einfachste Form eines internationalen → Kompensationsgeschäfts. Barter-Geschäfte beinhalten einen direkten, zahlungslosen Austausch von sich wertmäßig entsprechenden Waren und/oder Dienstleistungen. Es wird nicht in einer vereinbarten Währung fakturiert, sodass die implizit zugrunde gelegten Preise für die einzelnen Leistungen nicht in Erscheinung treten. Ein Barter-Geschäft kann damit eine Preisdifferenzierung bis hin zum Dumping beinhalten. Die praktische Bedeutung des Barter-Geschäfts ist gering und beschränkt sich i.d.R. auf meist ungeplante ad-hoc-Geschäfte, die als Reaktion auf kurzfristige absatzpolitische oder finanzielle Engpässe abgeschlossen werden.

Baseline, *Schlußzeile*; Gestaltungskategorie bei → Anzeigen.

Basement Store, Verkaufsbereich im Untergeschoss eines → Warenhauses, → Kaufhauses. Vielfach wird der B.S. mit Blick auf preisbewusste Nachfrager gestaltet. Dies geschieht insbesondere durch ein Angebot zumeist preisgünstiger und qualitativ weniger hochwertiger Produkte. Eine andere Möglichkeit zur Ansprache dieser Konsumentengruppe ist die Platzierung von Sonderangebotsflächen, sog. ‚Schnäppchen-Märkten', in diesem Bereich. Besondere Serviceleistungen treten i.Allg. zugunsten des Selbstbedienungskonzeptes in den Hintergrund. Vielfach werden auch Lebensmittelabteilungen im Basement Bereich platziert, um die Kundenfrequenz der übrigen Geschosse durch Angebot von Artikeln des täglichen Bedarfs zu steigern.

Basisanforderung, Bestandteil einer Typologisierung der → Kundenzufriedenheit. B. sind Leistungsbestandteile, deren Nichterfüllung Unzufriedenheit der Kunden führt. Die Erfüllung der B. ist hingegen mit keinem wesentlichen Zuwachs an Zufriedenheit verbunden.

Basisfaktor, Bestandteil einer Typologisierung der → Kundenzufriedenheit. B. sind Bestandteile der Leistung eines Unternehmens ggü. seinen Kunden, deren Nichterfüllung zu Unzufriedenheit der Kunden führt. Die Erfüllung der B. ist hingegen mit keinem wesentlichen Zuwachs an Zufriedenheit verbunden. *Anders*: → Begeisterungsfaktor.

Basis-Dienstleistung, → *Kerndienstleistung*.

Basistechnologie, reife bzw. althergebrachte → Technologie, deren wettbewerbsstrategisches Potenzial aufgrund der allgemeinen Verfügbarkeit gering ist. Für die technologische Entwicklung einer Volkswirtschaft birgt sie kaum Spielraum, wogegen die zukünftige Leistungsfähigkeit → Neuer Technologien bei entsprechendem F&E-Aufwand (→ Forschung & Entwicklung) hoch ist, so dass der Sprung auf neue Technologien notwendig erscheint. *Vgl. auch* → S-Kurven-Konzept.

Bass-Modell, Variante sog. Sättigungsmodelle; ursprünglich von Bass (1969) entwickeltes integratives Diffusionsmodell (→ Diffusion) dem die Idee zugrunde liegt, dass sich die Absatzmenge eines → Produktes in einer Periode aus der Nachfrage der Innovatoren und Imitatoren zusammensetzt. Inzwischen haben zahlreiche Autoren das Modell abgewandelt und ausgebaut. Da der Verlauf einer interessierenden Variablen (z.B. Nachfrage nach einer → Marke) von spezifischen Vorstellungen über den Diffusionsprozess abhängt, verkörpert das Modell eine Mischform aus Wirkungs- und Entwicklungsprognose. Ausgangspunkt des Modells bildet die Annahme, dass ein neuartiges Gebrauchsgut für einige Zeit nur für Erstkäufer und nicht für Ersatzkäufer in Betracht kommt. Die zeitliche Verteilung der Erstkäufe wird als Diffusionskurve $f(t) = h_t \cdot [1-F(t)]$ dargestellt. Diese Diffusionskurve kann als Dichtefunktion einer Zufallsvariablen, die typischerweise einen glockenförmigen Verlauf aufweist, interpretiert werden. Die Zufallsvariable gibt die Wartezeit eines Nachfragers zwischen Produkteinführung und Erstkauf an. F(t) ist die s-förmig verlaufende korrespondierende Verteilungsfunktion. Der (Erstkauf-)Absatz in einer bestimmten Periode (S_t) resultiert aus dem unbelieferten Käuferrepertoire ($M-X_{t-1}$), also der „Bedarfslücke", multipliziert mit der Kaufwahrscheinlichkeit in der betrachteten Periode (h_t):

$$St = ht \cdot (M - Xt - 1) \text{ mit } ht = (p + q \cdot \frac{Xt - 1}{M}),$$

wobei M die Anzahl der potenziellen Erstkäufer (Marktpotenzial), X_{t-1} die bisherigen Gesamtkäufe (Adoptionen) und p, q Funktionsparameter darstellen. Aus der bedingten Wahrscheinlichkeit, dass ein Nachfrager die Innovation zum Zeitpunkt t unter der Voraussetzung erwirbt, dass er sie bis zum Zeitpunkt t-1 noch nicht gekauft hat, ergeben sich diffusionsendogene und -exogene Einflussgrößen: Diffusionsendogene Größen beruhen auf der Eigendynamik der Nachfrage und können über den Verbreitungsgrad des Produktes im Zeitpunkt t (X_{t-1}/M) erfasst werden. Je mehr Käufer das Gut bereits besitzen, desto größer ist der Druck, der auf den Nachfragern lastet, die es noch nicht gekauft haben. Dies wird auch als positive Eigendynamik der Nachfrage bezeichnet. Es ist auch denkbar, dass der Kaufanreiz für bestimmte Nachfrager abnimmt, je stärker ein Produkt verbreitet ist, da es keinen Snob-Effekt mehr gibt. Dies wird als negative Eigendynamik der Nachfrage bezeichnet. Zu den diffusionsexogenen Einflussgrößen zählen u.a. das Verhalten der Unternehmen und ökonomische Rahmenbedingungen. Der Innovationskoeffizient p umfasst alle Komponenten, die mit dem sozialen Effekt nicht verbunden sind. Je größer der Innovationskoeffizient, desto ausgeprägter exponentiell entwickelt sich der Absatz. Der Imitationskoeffizient q steuert die Wirkung zusätzlicher Größen, wie z.B. der Intensität der → Kommunikation. Durch einen großen Imitationskoeffizient entsteht eine deutlich logistische Verteilung des Absatzes. Für die beiden Extremfälle p=0 und q=0 ergibt sich das exponenzielle bzw. logistische Modell als Spezialfall. Um das unterschiedliche innovative und imitative Verhalten der Nachfrager bei der Übernahme neuer Produkte zu berücksichtigen, werden bei der Rekonstruktion des Diffusionsverlaufs mithilfe des B.-M. häufig verschiedene Nachfragergruppen voneinander unterschieden. Wenn die bedingte Wahrscheinlichkeit für die gesamte Käuferschaft gleich ist (Homogenitätsannahme), entspricht der momentane Sättigungsgrad des Marktes für Erstkäufe genau der Wahrscheinlichkeit eines Erstkaufes bis zu dem betrachteten Zeitpunkt $X_{t-1}/M = F(t)$.

Bauleitplan, → Standortpolitik im Einzelhandel, rechtliche Aspekte.

Baunutzungsverordnung, → Standortpolitik im Einzelhandel, rechtliche Aspekte.

Bayes-Test, *Bayes-Analyse*. Mit Hilfe des B.-T. soll festgestellt werden, ob eine auf → Marktforschung basierende Informationsbeschaffung lohnend oder zu kostenintensiv ist. Informationen dienen hier zur Reduktion des Entscheidungsrisikos bei der Wahl einer Handlungsalternative in einer unsicheren Umwelt. Dabei wird beim B.-T. in zwei Schritten vorgegangen. – Als erstes wird der maximale Erwartungswert des Gewinns ohne die Informationsbeschaffung berechnet. In einem zweiten Schritt wird der Gewinnerwartungswert berechnet, wenn die Information beschafft worden wäre. Der Differenzbetrag der beiden Gewinnerwartungswerte entspricht nun der maximalen Kostenhöhe der Informationsbeschaffung. Liegt der Preis für die Information über diesen Betrag, so lohnt sich die Beschaffung der Information nicht.

BCG-Portfolio, → *Marktanteils-Marktwachstums-Portfolio*.

BDS, Abk. für → Bund Deutscher Schauwerbegestalter e.V.

BDW, Abk. für Bund Deutscher Werbeberater und Werbeleiter (BDW), 1998 umbenannt in → Kommunikationsverband.de.

Bebauungsplan, → Standortpolitik im Einzelhandel, rechtliche Aspekte.

Bedarf, objektive, quantifizierbare Größe für eine Mangelsituation. Der B. ist im Unterschied zum psychischen Konstrukt → Bedürfnis eine ökonomische Größe und kann konkretisiert werden. Der Ausdruck beinhaltet die zielgerichtete Verhaltensabsicht, die Verfügungsrechte über eine bestimmte Leistung zu erlangen (B.-Deckung). Der B. ist meist größer als die aus ihm entstehende Nachfrage, i.d.R. aufgrund finanzieller Restriktionen. *Vgl. auch* → Kaufkraft.

Bedarfsanalyse, Voraussetzung für die Durchführung von Beschaffungsaktivitäten in Unternehmen. Im Rahmen der B. werden die benötigten Sortimente (beispielsweise mit Hilfe von Materialschlüsseln) erfasst und ggf. optimiert. Zur Optimierung gehören neben Normung und Typisierung auch Typenbereinigungen oder Plattformstrategien, um die Teilevielfalt zu reduzieren. Der nächste Schritt der B. besteht in der Mengenplanung. Dabei werden auf Grundlage von Produktionsprogrammdaten die Materialbedarfe einer Periode geplant (programmgesteuerte Bedarfsplanung). Das setzt voraus, dass die Beschaffungsobjekte beispielsweise mit Hilfe von Stücklisten aus dem Absatzprogramm ermittelt werden können. Alle weiteren Materialbedarfe müssen mit Hilfe von Erfahrungswerten für die Planungsperiode geschätzt werden (verbrauchsgesteuerte Bedarfsplanung). *Vgl. auch* → Organisationales Beschaffungsverhalten.

Bedarfsartikel, Güter des täglichen Bedarfs, wobei der Bedarf ein auf ein konkretes Objekt ausgerichtetes Bedürfnis (individueller Wunsch, der aus Mangelempfinden resultiert und als interner Reiz die betreffende Person in eine allgemeine Handlungsbereitschaft versetzt) darstellt. Der Begriff kommt insbesondere als rechtlicher Begriff im Lebensmittel- und Bedarfsgegenständegesetz zur Anwendung. Den Bedarfsgegenständen sind u.a. Spielwaren, Gegenstände zur Körperpflege und Kosmetika, Reinigungs- und Pflegemittel, Bekleidungsgegenstände, Tabakerzeugnisse sowie Packungen und Behälter für Lebensmittel zuzurechnen.

Bedarfsverbund, absatzbezogener Ausstrahlungseffekt der Verbundbeziehung zwischen mehreren Produkten, der durch den gemeinsamen Ge- und/oder Verbrauch verursacht wird. Ein positiver B. entsteht, wenn sich die Produkte beim Gebrauch einander ergänzen (z.B. Kaffee und Filtertüten). Negative B. entstehen, wenn eine substitutive Beziehung zwischen den Produkten existiert (z.B. Auto und Zug).

Bedarfsweckung, bedeutet, einen Bedarf, der in irgend einer Form schon vorhanden ist (z.B. latenter Bedarf), zu wecken, d.h. durch eine Aktivität zu realisieren; im Unterschied zur Bedarfsschaffung, bei der durch Aktivitäten völlig neue Bedarfe geschaffen werden. Ob die → Werbung Bedarf oder sogar Bedürfnisse zu schaffen vermag, ist strittig. Dass Werbung aber latente Bedürfnisse wecken und damit zur Nachfrage nach einer bestimmten Leistung animieren kann, wenn ein latentes Bedürfnis bereits vorhanden ist, ist weitgehend unstrittig.

Bedarfswirtschaftliches Marketingkonzept.. I. Kennzeichnung: Das B.M. kennzeichnet eine von Stauss entworfene → Marketingkonzeption, die speziell auf öffentliche Unternehmen und ihre Besonderheiten abzielt (→ Marketing öffentlicher Betriebe). Stauss interpretiert das allgemeine Postulat der Allgemeinwohlorientierung öffentlicher Unternehmen konkretisierend „im Sinne einer optimalen Versorgung der Verbraucher und einer besonderen Verantwortung für das Wohl der Leistungsabnehmer" (→ Allgemeinwohl). Das bedarfswirtschaftliche Marketingkonzept kommt somit einem verbraucherpolitisch orientierten Konzept gleich. Diese starke Verbraucherorientierung schlägt sich auch in den zentralen Postulaten des bedarfswirtschaftlichen Marketingkonzeptes nieder: (1) Die Aufnahme von Verbraucherinteressen bzw. Verbraucherrechten in die Unternehmensphilosophie und in das Unternehmenszielsystem. (2) Die Schaffung eines verbrauchergerechten Leistungsangebots. (3) Die Einrichtung von Verbraucherabteilungen. (4) Die Durchführung verbraucherbezogener Leistungskontrollen und (5) die Einräumung von Partizipationsmöglichkeiten für Verbraucher.

II. Würdigung: Positiv ist dem bedarfswirtschaftlichen Marketingkonzept anzurechnen, dass es eine inhaltliche Konkretisierung des sehr unscharfen Begriffs der Allgemeinwohlorientierung vornimmt und daraus unmittelbare Handlungsempfehlungen für das → Marketing öffentlicher Betriebe ableitet. Allerdings ist dessen einseitige Verbraucherorientierung zu kritisieren, die andere relevante Ziel- und Anspruchgruppen des Marketing öffentlicher Betriebe vernachlässigt. Auch geraten die auch bei öffentlichen Unternehmen relevanten erwerbswirtschaftlichen Ziele und deren Konflikte mit bedarfswirtschaftlichen → Unternehmenszielen aus dem Blickwinkel. Zudem wird die Instrumentalfunktion öffentlicher Unternehmen (→ Instrumentalthese), d.h. deren potenziell sehr vielfältige wirtschafts- und gesellschaftspolitische Aufgaben, die über die → Verbraucherpolitik weit hinausgehen können, nur verkürzt erfasst.

Literatur: Stauss, B. (1987): Ein bedarfswirtschaftliches Marketingkonzept für öffentliche Unternehmen, Baden-Baden.

Bedienungsgroßhandel, → Großhandel.

Bedürfnis, im Unterschied zum → Bedarf handelt es sich beim B. um ein psychisches Konstrukt, das ein subjektives Mangelempfinden kennzeichnet und nach Beseitigung strebt. Ein B. wird auch als ein subjektiv bewusst gewordenes, kognitiv ausdifferenziertes Primärmotiv (→ Motive) beschrieben.

Das bedeutet, dass ein Konsument einen Mangelzustand erlebt (z.B. Hunger), aufgrund seiner Sozialisation und bisherigen Erfahrungen weiß, wie dieser am besten behoben werden kann (z.B. Besuch eines Restaurants). Das → Anspruchsniveau reguliert die Menge der in Frage kommenden Alternativen zur Bedürfnisbefriedigung, dadurch entsteht ein konkreter Bedarf, der dann, je nachdem ob finanzielle Restriktionen vorhanden sind oder nicht, eine entsprechende Handlung auslöst (z.B. Wahl eines Gourmet-Restaurants).

Bedürfnisadäquanz, Angemessenheit eines → Bedürfnisses.

Bedürfnisbefriedigung, → Bedürfnis.

Bedürfnishierarchie, → Bedürfnispyramide.

Bedürfnispyramide, von Maslow gilt als einer der bekanntesten, aber auch umstrittensten Versuche, Motive zu klassifizieren. Maslow unterscheidet fünf Motivklassen, die hierarchisch geordnet sind, d.h. wenn → Bedürfnisse einer Ebene befriedigt sind, wird die nächst höhere Stufe aktiviert. Auf der untersten Ebene sind die physiologischen Bedürfnisse wie Hunger und Durst angesiedelt. Sind diese zufrieden gestellt, strebt das Individuum zunächst nach Sicherheit und dann auf der nächsten Stufe nach Zuneigung und Liebe. Auf der vierten Ebene werden Motive wie Selbstachtung und Geltungsstreben relevant. Auf der obersten Stufe steht schließlich der Wunsch nach Selbstverwirklichung. Bei den ersten vier Stufen handelt es sich um sog. „Defizit-Bedürfnisse“, die durch Mangel an bedürfnisreduzierenden Reizen entstehen. Bei der Selbstverwirklichung handelt es sich dagegen um ein Wachstumsbedürfnis, das durch das aktive Streben des Individuums gekennzeichnet ist und sich immer weiter entwickelt. Kritische Äußerungen zu der B. von Maslow geben zu bedenken, dass viele Menschen oder unterschiedliche Kulturkreise andere Rangfolgen bevorzugen und daher die empirische Fundierung mangelhaft sei. Weiterhin bliebe unklar, unter welchen Bedingungen die nächst höher gelegene Hierarchiestufe aktiviert werde und ob dabei stets eine vollständige, hundertprozentige Befriedigung eines Defizitmotivs vorliegen müsse. Trotz der berechtigten Kritik hat die B. von Maslow in der Literatur viel Anklang gefunden und diverse Forschungsarbeiten angeregt.

Beeindruckungserfolg, Kennzahl zur Beurteilung der Gestaltung von Werbemitteln. B. = (Werbebeeindruckte * 100)/Werbeberührte. Allerdings hat sich die Größe in der Praxis aufgrund von Operationalisierungsproblemen nicht durchsetzen können.

Beeinflussbarkeit, allgemeine Aufgeschlossenheit ggü. kommunikativen Einflüssen. Gegenstand der Kommunikationsforschung ist das Ausmaß der individuellen B. durch meinungsbeeinflussende Kommunikation. Die Wirksamkeit meinungsbeeinflussender Kommunikation verringert sich, wenn der Rezipient erwartet, dass er vom Kommunikator manipuliert wird (→ Reaktanz), dass er sich mit einem falschen Urteil ins Unrecht setzt oder dass er von der gesellschaftlichen Umwelt missbilligt wird. Weiterhin wird angenommen, dass sich jüngere Personen eher beeinflussen lassen als ältere, Frauen tendenziell eher als Männer, Individuen mit geringem Selbstbewusstsein eher als mit ausgeprägtem Ego.

Beeinflussungsprozess, → Organisationales Beschaffungsverhalten.

Befragung, bei der B. äußern sich Personen zu einem Erhebungsgegenstand. B. und → Beobachtung bilden zusammen die Methoden der primären Datengewinnung, wobei die B. die bedeutendere Methode darstellt. → Befragungsmethoden.

Befragungsmethode, die → Befragung ist die bedeutendste Methode der primären Datengewinnung, bei der sich Personen zum Erhebungsgegenstand äußern. Die Äußerung kann schriftlich (schriftliche Befragung in Form eines Fragebogens, Einsendecoupons usw.), mündlich (mündliche Befragung in Form eines persönlichen oder telefonischen Interviews) oder per Computer erfolgen. Bei der mündlichen Befragung werden die Interviewer häufig durch Computer unterstützt

(CATI, → Computer Aided Telefone Interviewing). Neben der Art unterscheidet man die Befragung nach Gegenstand, Fragetechnik, Häufigkeit und Form. Bei dem Gegenstand einer Befragung differenziert man die Ein-Themen-Befragung, die in der Praxis eher selten angewendet wird, von der Mehr-Themen-Befragung (Omnibus-Befragung), die durch eine Vermischung von Fragen aus mehreren Themenbereichen versucht, die wahren Hintergründe den Befragten ggü. zu verschleiern. Die Fragetechnik lässt zwei Konzeptionen zu. Zum einen die direkte Frage, bei der aber bei bestimmten Themengebieten mit einer hohen Anzahl an Nicht- oder Falschbeantwortungen gerechnet werden muss. Zum anderen die indirekte Frage, welche sich wiederum aus mehreren Fragetypen zusammensetzt. Hierzu zählen z.B. die projektive Frage und die indikative Frage. Ziel ist es, den gewünschten Sachverhalt auf Umwegen zu erfahren. Bei der indirekten Befragung werden oft auch psychologische Tests eingesetzt, bei denen aus der Reaktion der Probanden Rückschlüsse auf ihr Verhalten oder ihre Persönlichkeitsstruktur gezogen werden. Beispiele hierfür wären Satzergänzungstests, Thematische Apperzeptionstests und Bildenttäuschungstests. Aufgrund der Häufigkeit lassen sich Befragungen in einmalige Befragungen und in laufende Befragungen, sog. → Panels, trennen. Die Form einer Befragung wird durch die Art des Fragenkatalogs bestimmt. Man unterscheidet den standardisierten Fragebogen, das grob strukturierte Fragengerüst und das freie Interview (Tiefeninterview), wobei bei allen Formen der Befragung sowohl eine Einzelbefragung als auch eine Gruppenbefragung möglich ist.

Begeisterungsfaktor, Leistungsdimension, die durch eine Übererfüllung der → Kundenerwartungen und in der Folge einer überproportionalen → Kundenzufriedenheit gekennzeichnet ist (z.B. Lieferung einer bestellten Ware nach vier Tagen anstatt, wie zugesagt, nach zwei Wochen). Werden die angestrebten B. hingegen nicht erfüllt, besteht keine Gefahr, dass die → Zielgruppe deswegen unzufrieden ist. *Vgl. auch* → Begeisterungsfaktor, → Dienstleistungsqualität, → Dienstleistungsqualitätsdimension.

Begleitende Dienste, → Added Value.

Behavior Scan, Langzeitstudie zur Messung der Werbewahrnehmung mittels Scannertechnologie in einer lokal begrenzten Grundgesamtheit. → Gesellschaft für Konsum-, Markt- und Absatzforschung (GfK).

Behavioral Accounting, *verhaltensorientiertes Rechnungswesen*; Forschungsrichtung, die sich damit beschäftigt, im Rahmen des Rechnungswesens über die Gewinnung, Bereitstellung und Bereithaltung unternehmenszielbezogener Informationen hinaus, auch die Wirkung bzw. Verwendung der Informationen auf den bzw. von dem Informationsempfänger (z.B. Führungskraft, Aktionär) einzubeziehen. Beispielsweise haben Tests bezüglich der Wirkungsweise von vorgegebenen Zielgrößen gezeigt, dass das Leistungsverhalten maßgeblich durch das individuelle Anspruchsniveau des Handlungsträgers beeinflusst wird. Liegt die Höhe eines Vorgabewertes leicht über dem selbst empfundenen mittleren Schwierigkeitsgrad des Handlungsträgers, so wirkt dies anreizförderlich. Bei unerreichbar erscheinender oder zu niedriger Anforderung sind dagegen Leistungsminderung und Demotivation zu erwarten. Insgesamt ist im Bereich des B.A. noch ein erhebliches Forschungsdefizit zu konstatieren.

Behaviorismus, von Watson begründete Verhaltenstheorie, nach der für die Erklärung des Verhaltens nur Aussagen über beobachtbare Reize zugelassen sind. Beobachtbar sind zum einen die Reize, die auf einen Organismus einwirken, zum anderen die dadurch ausgelösten Reaktionen. Der behavioristische Ansatz versucht dabei, Gesetzmäßigkeiten zwischen Reizen (Input) und Reaktionen (Output) zu ermitteln, um Prognosen über das zukünftige Verhalten stellen zu können. Dabei werden die sich im Organismus abspielenden Prozesse nicht untersucht, sondern als sog. Black Box betrachtet. Man spricht daher auch vom Stimulus-Response-Forschungsparadigma. Der Neobehaviorismus (→ Konsumentenforschung) kritisiert, dass mit Black-Box-Modellen komplexe Vorgänge nicht erklärt werden können und beschäftigt sich intensiv mit den internen, nicht-beobachtbaren, aktivierenden und kognitiven Prozessen, die hier als intervenierende Variablen bezeichnet werden. *Vgl. auch* → S-O-R-Paradigma.

Behinderungswettbewerb, Störung von Wettbewerbern in der Entfaltung ihrer marktbezogenen Leistungsfähigkeit; *vgl. auch* → Gruppenfreistellung, → Preisfestsetzung, unlautere, → Selektivvertrieb, → UWG. Bei der Auswahl von Zielgruppe, Aktivitäten und Akteuren sowie bei der Zusammenarbeit innerhalb des Unternehmens ist darauf zu achten, dass das Key Account Management nicht durch zu starke → Formalisierung bürokratisiert und damit inflexibel wird. Empirische Erkenntnisse zeigen, dass sich eine zu starke Formalisierung des K.A.M. negativ auf den Unternehmenserfolg auswirkt (vgl. Jensen 2001). Eng verbunden mit der Frage nach der Formalisierung ist die Frage, wie systematisch etwas für Key Accounts getan wird. Dabei umfasst systematisches K.A.M. mehrere Schritte in einem kontinuierlich ablaufenden Prozess (vgl. Abb.: „Key Account Management als Prozess").

Beikleber, sind Postkarten, die auf eine (ganzseitige) Anzeige geklebt werden und vom Leser leicht abgenommen und verwendet werden können. Anstatt einer Postkarte können auch andere Drucksachen oder Produktproben eingeklebt werden.

Beilage, wird einem Werbeträger lose beigefügt (Free-Standing-Insert). Vorteile der B. sind niedrigere Schaltkosten als bei → Anzeigen und eine erheblich grössere Werbefläche als diese. → Mailings lassen sich i.d.R. ohne große Umgestaltung (keine Personalisierung) leicht zu B. mit Umschlag abändern. Ansonsten ist der Reaktionsträger fest in ein einteiliges → Werbemittel integriert bzw. (als Antwortkarte) aufgeklebt. Als Nachteile der B. sind anzuführen, dass diese zum einen verloren gehen können und zum anderen schnell weggeworfen werden.

Beiträge, sind – ebenso wie → Gebühren – Entgelte, die von Bürgern an den Staat entrichtet werden müssen. Sie werden abgeführt für Leistungen des Staates, die dem einzelnen Bürger direkt zugerechnet werden können, werden aber unabhängig von ihrer faktischen Nutzung durch den Bürger bereits mit der Bereitstellung der Leistung fällig (z.B. Straßenanliegerbeiträge). Die Festlegung der Höhe von B. für Staatsleistungen stellt einen wichtigen preispolitischen Entscheidungsbereich im Rahmen des → Marketing öffentlicher Betriebe dar.

Bekanntheit einer Marke, → Markenbekanntheit, rechtliche Aspekte.

Bekanntheitsgrad, → Recall.

Belegschaftshandel, Verkauf von Waren aus der eigenen Produktion bzw. dem eigenen Sortiment, i.d.R. unter Gewährung erheblicher Sondernachlässe (Selbstkosten mit geringem Aufschlag), an Belegschaftsangehörige. Der Verkauf findet zumeist in betriebseigenen Räumen (Belegschaftsladen) während oder unmittelbar vor bzw. nach der Arbeitszeit statt und wird häufig vom Betriebsrat organisiert.

Below-the-Line-Aktivität, Sammelbegriff für alle Maßnahmen der → Kommunikationspolitik, die nicht der klassischen Mediawerbung (Fernseh-, Hörfunk- und Kinowerbung, → Anzeigen in → Printmedien, → Plakate) zuzurechnen sind. Darunter fällt der Einsatz der → Kommunikationsinstrumente, wie → Verkaufsförderung, → Sponsoring, → Direct Marketing, → Public Relations, Persönliche Kommunikation, → Messen und Ausstellungen, → Event Marketing, → Multimediakommunikation sowie → Interne Kommunikation.

Benchmarking, Ansatz zur Erfassung der relativen Stärken oder Schwächen eines Unternehmens. Gegenstand des B. ist die gezielte und umfassende Suche nach Vergleichsgrößen und Richtwerten („Benchmarks"), die repräsentativ für die besten Verfahren („Best Practices") zur Realisierung bestimmter Vorhaben sind. Diese Best Practices können konkrete Ansatzpunkte für Leistungsverbesserungen im eigenen Unternehmen aufzeigen. Untersuchungsobjekte sind i.d.R. nicht einzelne Produkte, sondern vor allem Prozesse und Methoden in sämtlichen Funktionsbereichen des Unternehmens. Wichtige Vergleichsgrößen können hierbei z.B. Kosten, Qualität, Zeitdauern oder die Kundenzufriedenheit sein. Best Practices können sowohl branchenspezifische als auch branchenübergreifende Gültigkeit haben. Je nach Art des Vergleichsobjektes lassen sich folgende Arten des B. unterscheiden: (1) Internes B.: als Vergleichsobjekte werden dezentrale Abteilungen desselben Unternehmens herangezogen, die im Wesentlichen gleiche oder ähnliche Funktionen erfüllen. (2) Externes B.: als Vergleichsobjekte werden direkte Konkurrenten bzw. nicht direkt konkurrierende Unternehmen innerhalb der eigenen Branche (branchenspezifisches B.) oder außerhalb der eigenen Branche (generisches B.) genutzt. Grundsätzlich ist festzustellen, dass B. zunehmend den traditionellen → Betriebsvergleich ersetzt. Für die Durchführung von B.-Analysen hat sich bisher kein Standardmuster herauskristallisiert. Eine mögliche Abfolge könnte z.B. sein: (1) Auswahl des B.-Objektes, (2) Festlegung des Vergleichsobjektes, (3) Datengewinnung, (4) Feststellen der Leistungslücken und Analyse der Ursachen, (5) Festlegung und Durchführung von Maßnahmen zur praktischen Umsetzung der Erkenntnisse.

Benefit-Segmentierung, Marktsegmentierungsmethode aufgrund der Nutzenerwartungen der Kunden bzgl. eines Produkts. Zugrunde liegt die Erwartung, dass Nutzenerwartungen das Kaufverhalten beeinflussen und verschiedene Kunden unterschiedliche Nutzenerwartungen haben.

Benutzergruppe, geschlossene, *Closed User Group*; Darunter versteht man typischerweise Systemnutzer, die sich in Gruppen zusammenschließen, um Erfahrungen zur Anwendung von bestimmten → Produkten und Systemen auszutauschen. Manche Anbieter beziehen B. häufig in die Kommunikationspolitik ein, um deren Kompetenz zu nutzen. Deshalb fördern sie derartige Verbindungen oft, indem sie (1) die Bildung von Benutzergruppen selbst initiieren, (2) finanzielle Unterstützung leisten und (3) ihnen beratend zur Seite stehen. Es besteht die Möglichkeit, für diese Gruppen Experten aus potenziellen Abnehmerunternehmen als Mitglieder anzuwerben, wodurch die B. den Status einer Referenz erhält.

Beobachtung, unter B. im Sinne der → Marktforschung versteht man das systematische Sammeln von Informationen über Personen, ihre Bedürfnisse und ihre Verhaltensweisen, (typischerweise) ohne mit ihnen durch Kommunikation in Kontakt zu treten. Die visuelle oder maschinelle Erhebung der → Daten erfolgt mittels Kameras, elektronischer Zähl- oder → Messinstrumente oder des menschlichen Auges. Neben der → Befragung bildet die B. das zweite wichtige Werkzeug der primären Datengewinnung. Der wesentliche Unterschied besteht darin, dass die Probanden bei der B. keine Erklärungen zum Untersuchungsgegenstand abgeben. Grundsätzlich unterscheidet man zwei Arten der B. Zum einen die teilnehmende B., zum anderen die nicht-teilnehmende B. Bei der teilnehmenden B. tritt der Beobachter mit den Beobachteten in Kontakt. Anwendung findet diese Art der B. bei Tests von Dienstleistungen wie Verkauf oder Service. Bei der nicht-teilnehmenden B. hingegen agiert der Beobachter im Hintergrund, unbemerkt von der Versuchsperson. Weitere Unterscheidungskriterien bestehen in der Durchschaubarkeit der B.-situation für den Beobachteten, dem Standardisierungsgrad, der Methode der → Datenerhebung und den räumlichen Bedingungen der B. Je nach Art der B. verfügt der Beobachtete über das Wissen, dass er beobachtet wird (man spricht dann von einer offenen B.) oder nicht (dann handelt es sich um eine verdeckte B.). Bei der offenen B. ist zu beachten, dass es zu einem B.-Effekt (verändertes Verhalten durch das Wissen der B.) kommen kann. – Bei einer standardisierten B. werden nur bestimmte, festgelegte Kriterien erfasst. Im Gegensatz hierzu steht die nicht-standardisierte B., die Situationen oder Verhaltensweisen global erfasst. Zur Durchführung einer B. stehen viele Möglichkeiten und technische Hilfsmittel (Kameras, Einwegscheiben, Telemeter, Tachistoskop usw.) zur Verfügung. Je nach Ort der B. können diese eingesetzt werden. Man unterscheidet hierbei die Labor-B. von der Feld-B.

Bereichserfolg, Erfolg einer Unternehmenseinheit. Durch die Ermittlung des Erfolgsbeitrages einzelner Teilbereiche verbessert sich die Ergebnis- und Kostentransparenz im Unternehmen. Vorteile kann dies insbesondere im Hinblick auf eine zielorientierte Steuerung und Koordination der Teilbereiche haben. Grundsätzlich kann der B. anhand unterschiedlicher Erfolgskomponenten erfasst und ausgewiesen werden. Ist eine Organisationseinheit beispielsweise als → Cost Center ausgelegt, so werden als Maßstab für den Erfolg dieses Bereiches üblicherweise die Standardkosten für die in Anspruch genommenen Leistungen herangezogen. Ist die Vorgabe von Standardkosten nicht zweckmäßig (z.B. im Forschungs- und Entwicklungsbereich) können auch Kosten- und Ausgabebudgets für diese Bereiche gebildet werden. Im Falle einer als → Profit Center ausgelegten Organisationseinheit wird der B. i.d.R. als Differenz zwischen Leistungen und Kosten (→ Gewinn) oder in Form eines Rentabilitätsmaßes (→ Rentabilität) ausgedrückt.

BERI, → Business Environment Risk Index.

Berichtigungswerbung, → Werbung, vergleichende.

Berichtssysteme, computergestützte Informationsauswertung, -aufbereitung und Ergebnispräsentation. B. sind weitgehend als sog. generatoraktive Systeme konzipiert, d.h. die Aktivität liegt auf Seiten des Computers. Sie können entweder standardmäßig oder auf Anfrage des Benutzers generiert werden. Der Umfang der enthaltenen Informationen kann dabei je nach System von fest vorgegebenen Standardberichten (z.B. monatliche Umsatzstatistiken) bis hin zu frei gestaltbaren Berichten, die der Benutzer selbst festlegt (z.B. Umsatzstatistiken für einen spezifischen Zeitraum oder ein bestimmtes Absatzgebiet), variieren.

Berliner Format, → Formate, → Printmedien.

Berner System, dient der Analyse der Körpersprache. Das von Siegfried Frey und Mitarbeitern Ende der 1970er-Jahre entwickelte Erhebungsinstrument wird zur Erfassung des gestischen Verhaltens in Interaktionssituationen eingesetzt. Dabei wird zunächst Filmmaterial über das menschliche Ausdrucksverhalten angefertigt, das anschließend mittels einer Zeitreihennotation kodiert wird. In bestimmten zeitlichen Abständen (meist in Halbsekundenschritten) werden die (räumlichen) Bewegungen und Positionswechsel der Körperteile (Kopf, Rumpf, Schultern, Oberarme, Hände, Oberschenkel und Füße) mit Hilfe eines detaillierten Kodierbogens notiert. Die Auswertung der Notation erfolgt über spezielle Datenverarbeitungsprogramme, als Ergebnis erhält man u.a. eine Zusammenfassung der gezeigten Gestik sowie Korrelationskoeffizienten über gemeinsam durchgeführte Bewegungen einzelner Körperteile. Aufgrund der Trennung zwischen Notation und Evaluation kann dem System eine hohe Objektivität zugeschrieben werden. Das Verfahren kann besonders gut zur Analyse des → nonverbalen Verhaltens in Käufer-Verkäufer-Interaktionen eingesetzt werden. Es wird angenommen, dass die Gestik Aufschluss über die Intensität einer erlebten → Emotion gibt.

Beschaffenheitsangabe, Angabe von Produkteigenschaften, rechtliche Relevanz in verschiedenen Bereichen: → Marke, rechtliche Aspekte, → Umweltschutz, rechtliche Aspekte, → Verkehrsdurchsetzung, → Werbung, irreführende.

Beschaffung, → Beschaffungsmarketing, → Organisationales Beschaffungsverhalten.

Beschaffungshelfer, rechtlich und wirtschaftlich selbständige Organisationen, die für einen organisationalen Käufer Hilfsfunktionen im → Beschaffungsweg übernehmen. Im Gegensatz zum → Beschaffungsmittler verbleiben die spezifischen Transaktionsrisiken dabei beim Käufer. Beispiele für B. sind → Makler, → Handelsvertreter und Einkaufskommissionäre. *Vgl. auch* → Absatzhelfer.

Beschaffungskooperation, → Einkaufskooperation.

Beschaffungskosten, umfassen im Sinne der Total Cost of Ownership (TCO) alle → Kostenarten, die dem Unternehmen im Rahmen des Güterbezugs von Dritten entstehen.

I. Materialeinstandspreise: derjenige Teil der Kosten, der direkt vom Lieferanten verursacht und dem Abnehmer in Rechnung gestellt wird. Optimierungen in diesem Bereich sind (1) über die Nutzung des Lieferantenwettbewerbs durch Ausschreibungen bzw. Angebotsvergleich und (2) durch engere Zusammenarbeit mit Lieferanten zur Steigerung der Lieferanteneffizienz möglich. Geeignete Formen dazu sind z.B. Vor-Ort-Besuche (Audits) mit Workshops.

II. Logistikkosten: entstehen durch den Transport von Leistungen vom Lieferanten zum Abnehmer. I.d.R. steigen diese Kosten mit zunehmender Entfernung der Transaktionspartner. Im Rahmen von → Global Sourcing übersteigen die Logistikkosten (→ Logistik) häufig mögliche Einsparungen bei den Materialeinstandspreisen. Eine Möglichkeit, die Logistikkosten drastisch zu senken, stellt z.B. die Errichtung von → Factory-within-a-Factory-Systemen dar.

III. Transaktionskosten: alle Kosten, die bei der Anbahnung, Vereinbarung, Kontrolle und Anpassung von Transaktionen mit Lieferanten anfallen. Dazu gehören z.B. Aufwendungen im Rahmen der Lieferantensuche bzw. -auswahl. Gerade bei komplexen Austauschbeziehungen, die u.a. den regelmäßigen Austausch umfangreicher Produktions- und Konstruktionsdaten erfordern, steigen die → Transaktionskosten sprunghaft an. Deshalb finden derartige Austauschbeziehungen häufig nur mit einem Lieferanten statt (*vgl. auch* → Single Sourcing).

IV. Kosten der Einkaufsabteilung und der internen Beschaffungsprozesse: Die Kosten der Einkaufsabteilung können im Gegensatz zu den Transaktionskosten meist direkt dem betrieblichen Rechnungswesen entnommen werden. Dabei handelt es sich in erster Linie um Personalkosten für Einkäufer und um Kosten für die Errichtung einer leistungsfähigen Infrastruktur, z.B. EDV-gestützte Lieferanteninformations- und Bestellsysteme. Personalkosten können aber auch den Transaktionskosten zugeordnet werden, wenn ein Einkäufer beispielsweise mit der Lieferantenbeurteilung beschäftigt ist. Hilfreich ist in diesem Zusammenhang oftmals auch die Ermittlung von → Prozesskosten im Rahmen des → Beschaffungsmarketing.

Beschaffungslogistik, marktverbundenes Teilsystem der → Logistik, das Gegenstand des physischen → Beschaffungsmarketing ist. Unter Logistik ist allgemein die Summe aller planenden, steuernden, realisierenden und kontrollierenden Tätigkeiten der raumzeitlichen Gütertransformation zu verstehen. Die Notwendigkeit logistischer Aktivitäten ergibt sich aus der volkswirtschaftlichen Arbeitsteilung. Raumzeitliche Gütertransformationen ohne qualitative Veränderung der Leistungseigenschaften sind immer dann notwendig, wenn Produzent und Bedarfsträger keine Einheit bilden und/oder Produktions- und Bedarfszeitpunkte nicht identisch sind. Durch diese Formen der Aufgabenteilung entstehen regelmäßig Schnittstellen, die optimiert werden müssen (→ Schnittstellenmanagement). Aus logistischer Sicht werden diese Schnittstellen primär unter dem Aspekt eines reibungslosen Güter- und Informationsflusses optimiert. Dabei wird zwischen Aufgaben der Beschaffungs-, Produktions- und → Distributions- bzw. → Absatzlogistik unterschieden. Die Schnittmenge zwischen Logistik und → Beschaffung bildet den Aufgabenbereich der B. (vgl. Abb. „Beschaffungslogistik“). Sie ist Teil der Gesamtaufgabe der Versorgung und insbesondere für die körperliche Verfügbarkeit von Inputfaktoren verantwortlich. Dazu gehört vor allem die Transport- und Bestandsplanung der Lieferanten. Besonderes Augenmerk wird dabei auch auf die unternehmensübergreifende Optimierung entlang der Versorgungskette (→ Supply Chain Management) gelegt.

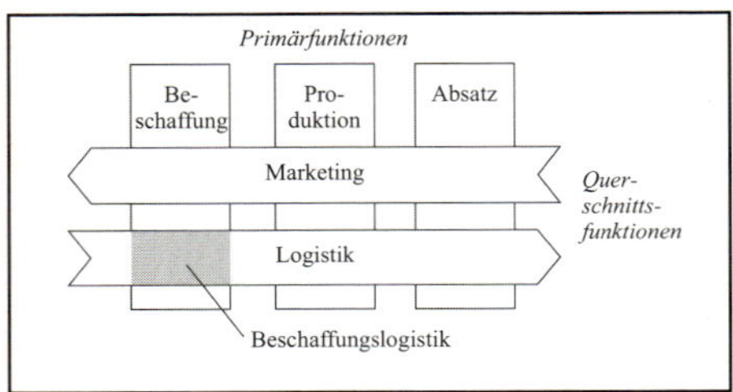

Beschaffungslogistik

Beschaffungsmanagement, → Beschaffungsmarketing.

Beschaffungsmarketing, Anwendung des Konzepts der → Marktorientierten Unternehmensführung auf die Beschaffungspolitik und damit auf die Märkte von Inputfaktoren von Unternehmen. Lieferanten und Vormärkte werden gezielt und aktiv zur Erschließung von Erfolgspotenzialen genutzt. Hauptgrund für die zunehmende Beschaffungsmarktorientierung von Industrieunternehmen sind die gestiegenen Fremdbezugsanteile. Die Materialintensität beträgt heutzutage bei Industrieunternehmen regelmäßig weit über 50 Prozent der Herstellungskosten bzw. der Umsatzerlöse. Entsprechend groß ist die Hebelwirkung der Materialkosten auf den Unternehmenserfolg. Zu unterscheiden sind grundsätzlich: (1) Akquisitorisches B.: umfasst alle Maßnahmen, die darauf gerichtet sind, für ein Unternehmen die benötigten, nicht selbst hergestellten Beschaffungsobjekte rechtlich verfügbar zu machen. Dazu wird eine Beschaffungskonzeption erarbeitet, die aus → Beschaffungszielen, → Beschaffungsstrategien und dem → Beschaffungsmarketingmix besteht (vgl. Abb. „Beschaffungskonzeption"). Ausgehend von der → Unternehmensstrategie und abgeleitet aus den Beschaffungszielen muss das akquisitorische B. eigenständig seine beschaffungsmarktbezogenen Fähigkeiten und Handlungsmöglichkeiten entfalten. Es geht also nicht mehr nur darum, einen vorgegebenen oder abgeleiteten Materialbedarf bereitzustellen, sondern proaktiv Vorleistungsmärkte zu gestalten. Durch die Entwicklung von → Beschaffungsstrategien soll das Beschaffungsmanagement mögliche Entwicklungspfade ausarbeiten und selektieren sowie die Voraussetzungen für die Transformation eines gegenwärtigen in einen zukünftig angestrebten Zustand im Sinne der Beschaffungsziele schaffen. Beschaffungsstrategien bilden somit die Grundlage operativer Beschaffungsaktivitäten. Als nach außen gerichtete Unternehmensfunktion (Grenzsystem) kann und muss die Beschaffung marktliche Impulse in die → Strategische Planung einbringen. Ein strategisch verstandenes B. revidiert so zumindest teilweise die traditionellen Gegensätze von Unternehmens- und → Funktionalstrategien. (2) Physisches B.: hat die physische Güterversorgung sicherzustellen. Es umfasst alle Maßnahmen zur Steuerung des dazu erforderlichen Material- und zugehörigen Informationsflusses zum und im Unternehmen. Dabei handelt es sich primär um die → Beschaffungslogistik und die → Materialwirtschaft. *Vgl. auch* → Organisationales Beschaffungsverhalten.

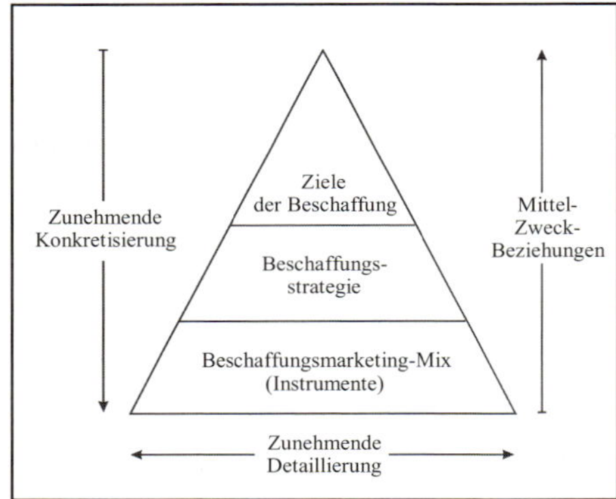

Beschaffungskonzeption

Beschaffungsmarketingmix, Umsetzung der → Beschaffungsstrategie auf operativer Ebene (→ Beschaffungsmarketing). Es lassen sich zwei zentrale beschaffungspolitische Aktionsparameter unterscheiden: (1) Bei der Preis-Mengen-Politik (P_1) geht es sowohl um die Entscheidung über die Mengen der benötigten Transaktions- bzw. Beschaffungsobjekte sowie ihre materielle Beschaffenheit als auch um die Bestimmung der Gegenleistungspolitik. Zur Preis-Mengen-Politik gehören die Einzelinstrumente a) → Preise und → Konditionen, b) Mengen und Bestände sowie c) → Sortimente. Im Rahmen der

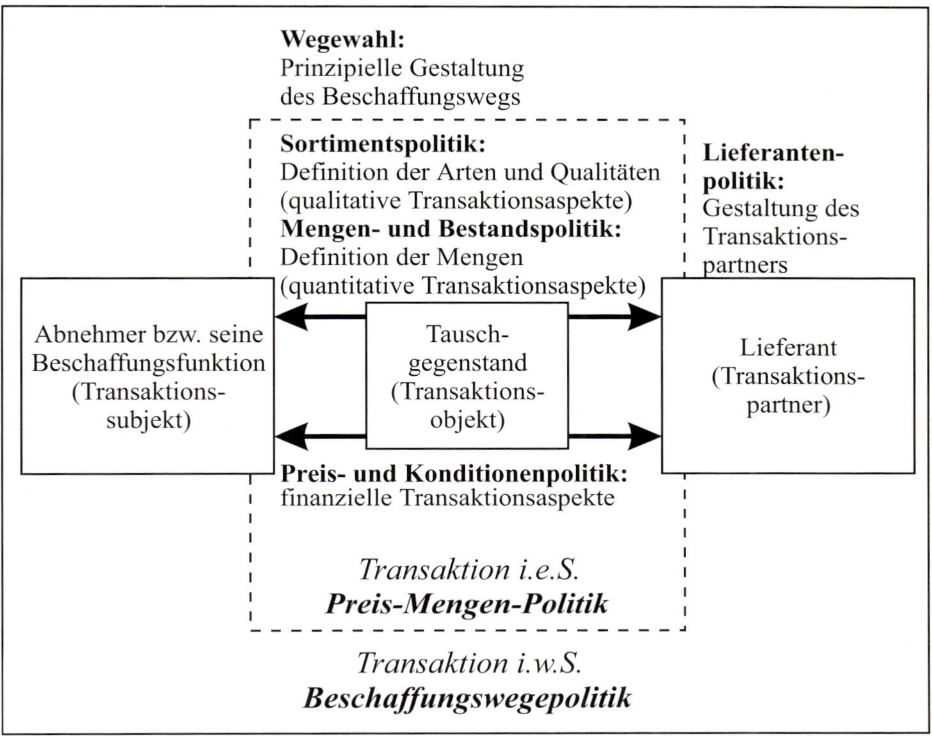

Beschaffungsmarketingmix

→ Sortimentspolitik werden die qualitativen Aspekte der Transaktionsobjekte festgelegt. Dazu gehört vor allem die Definition der benötigten Inputfaktoren (Materialarten/-qualitäten). Wichtig ist hierbei die Sortimentserfassung über einen einheitlichen, ggf. überbetrieblichen Materialschlüssel und die → Sortimentsbereinigung beispielsweise über Plattformstrategien, Typisierung, Normung. Die Mengen- und Bestandspolitik umfasst die quantitativen Aspekte einer Beschaffungstransaktion. Dabei werden für alle im Rahmen der Sortimentspolitik definierten Inputfaktoren die zugehörigen Mengen, Bestände und Bestellmengen ermittelt. Die Gestaltung der finanziellen Aspekte des Transaktionsprozesses ist Aufgabe der Preis- und → Konditionenpolitik. Nachdem sowohl Art als auch Menge der spezifischen Inputfaktoren definiert und somit die quantitativen und qualitativen Gesichtspunkte der einzelnen Transaktion geklärt sind, stehen der Angebots- und Preiswettbewerb im Vordergrund.

(2) Die Rahmenfaktoren der Transaktion, insbesondere die Auswahl geeigneter Lieferanten/Transaktionspartner, werden im Zuge der (zeitlich i.d.R. vorgelagerten) → Beschaffungswegepolitik (P_2) bearbeitet. Der B. stellt die unternehmensspezifisch optimale Kombination der beschaffungspolitischen Instrumente dar (vgl. Abb. „Beschaffungsmarketingmix"). Analog zum → Marketingmix auf der Absatzseite bildet das B. einen Optimierungsansatz der operativen beschaffungspolitischen Instrumente, der wie folgt ausgedrückt werden kann:

$$BM_{opt.} = f(P_1, P_2)$$

Beschaffungsmarkt, umfasst alle (potenziellen) Lieferanten, die einzeln oder in ihrer Gesamtheit einen merklichen Einfluss ausüben. Dazu gehören auch die Anbieter von Substitutionsprodukten. Gleichzeitig wird der (relevante) B. durch alle Nachfrager abgegrenzt, die mit dem eigenen Unternehmen um gleiche oder substituierbare Ressourcen konkurrieren. *Vgl. auch* → Marktabgrenzung.

Beschaffungsmittler, rechtlich und wirtschaftlich selbständige Organisationen, die für einen organisationalen Käufer Hilfsfunktionen im → Beschaffungsweg übernehmen. Im Gegensatz zum → Beschaffungshelfer erwerben sie dabei das Eigentum an den Einsatzgütern, um diese anschließend weiter zu veräußern. Für die Beschaffung von → Investitionsgütern ist vor allem der Produktivgüterverbindungshandel von großer Bedeutung. Dieser übernimmt vorwiegend kollektierende Aufgaben und reduziert somit die → Transaktionskosten für den Nachfrager. *Vgl. auch* → Absatzmittler.

Beschaffungsportfolio, Instrument zur Ableitung geeigneter Strategien für unterschiedliche Beschaffungssituationen eines Unternehmens. Mit Hilfe der Portfolio-Technik (*vgl. auch* → Portfolio-Modell) wird ein einfach handhabbares Beurteilungsraster geschaffen, anhand dessen Beschaffungsaufgaben typisiert und den so abgegrenzten Grundtypen jeweils passende → Normstrategien zugeordnet werden können. Dimensionen des B. sind: (1) Versorgungsrisiko: Diese Dimension beurteilt die Leistungsfähigkeit der Beschaffungsquellen hinsichtlich ihrer zukünftigen Lieferfähigkeit. Die Quantifizierung dieser Dimension erfolgt über Expertenurteile. (2) Wertigkeit: Mit Hilfe einer → ABC-Analyse lässt sich sehr einfach der relative Wert der Beschaffungsgüter am gesamten Güterbedarf einer Periode (beispielsweise als Jahresbedarfswert) ermitteln. Trägt man die beiden Dimensionen ab, erhält man die in Abb. „Beschaffungsportfolio" dargestellte Wertigkeits-Risiko-Matrix mit ihren vier Normstrategietypen.

I. Strategietyp „effizient abwickeln": Geringwertige Güter, für die keinerlei Versorgungsprobleme zu erkennen sind, sollten zum Gegenstand kostengünstiger Routinebeschaffungen gemacht werden. Eine effiziente Abwicklung der gesamten Beschaffungsprozesse steht daher im Vordergrund. Ggf. sind damit Transaktionskostenvorteile mit geringen Preiszugeständnissen an einen bestimmten Lieferanten verbunden (*vgl. auch* → Beschaffungskosten). Effizienzsteigernde Ansatzpunkte sind vor allem die Reduzierung der Transaktionskosten durch automatisierte Bestellung via → Electronic Data Interchange (EDI), die Nutzung standardisierter Einkaufsvereinbarungen und die dezentralisierte Güterbeschaffung durch den jeweiligen Bedarfsträger unter Nutzung sog. Purchasing Cards.

II. Strategietyp „Marktpotenziale ausschöpfen": Im Falle von hochwertigen Gütern müssen Nachfrager ein → Beschaffungsmarketing entwickeln, das zu einer deutlichen Effizienzsteigerung führt. Effizienzsteigerungen lassen sich insbesondere durch Nutzung der Wettbewerbskräfte in den Beschaffungsmärkten erzielen. Die Beschaffer müssen mit ihren spezifischen Märkten und deren ökonomischen Gesetzmäßigkeiten vertraut sein. Zentrale Bedeutung kommt dabei der Ausstattung mit Marktinformationen zu, da nur bessere Markttransparenz Preisarbitragen bei unterschiedlichen Lieferanten ermöglicht. Die Nutzung EDV-gestützter Informations- und Recherchesysteme und die Nutzung externer Marktexpertise (→ Information Broker) sind Möglichkeiten, die Informationsaufgaben wirkungsvoller zu lösen.

III. Strategietyp „Versorgung gewährleisten": Ist die Versorgung mit geringwertigen Beschaffungsgütern mit marktlichen Risiken verbunden, empfiehlt sich die Bevorratung dieser Güter (sofern sie lagerfähig sind). Wegen des geringen Wertes fallen die Lagerhaltungskosten kaum ins Gewicht und sind im Hinblick auf eventuell auftretende Kosten von Versorgungsstörungen ökonomisch gerechtfertigt.

IV. Strategietyp „vertikale Zusammenarbeit": Die Lösung der Beschaffungsprobleme, die hochwertige Güter mit Versorgungsrisiken verursachen, setzt an der Kooperationsbereitschaft von Anbietern an und führt i.d.R. zum → Single Sourcing. Letztlich führen die Formen einer stärkeren vertikalen Verbindung zu längerfristigen Vertragslösungen. Der Preis für die Reduzierung von Versorgungsrisiken besteht somit in der gewollten Errichtung von → Marktaustrittsbarrieren. Hierarchische Planabstim-

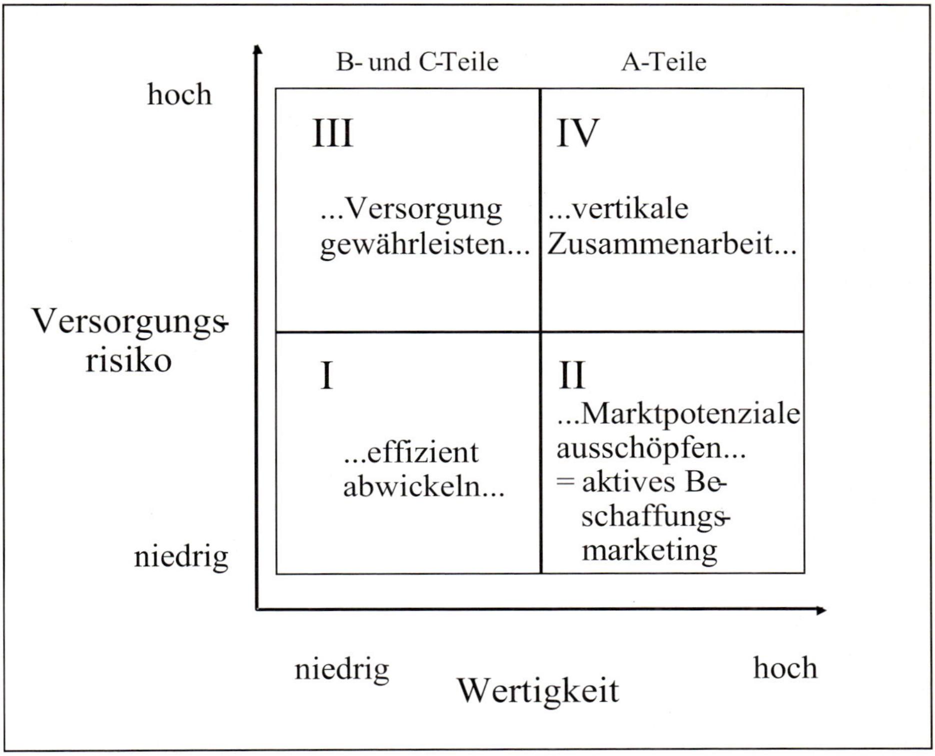

Versorgungsrisiko	B- und C-Teile	A-Teile
hoch	III ...Versorgung gewährleisten...	IV ...vertikale Zusammenarbeit...
niedrig	I ...effizient abwickeln...	II ...Marktpotenziale ausschöpfen... = aktives Beschaffungsmarketing
	niedrig	hoch
	Wertigkeit	

Beschaffungsportfolio

mungsprozesse verdrängen dabei den Markt und folglich die Wettbewerbsdynamik.

Ulli Arnold

Beschaffungsstrategie, langfristiger Verhaltensplan für die Einkaufstätigkeiten eines Unternehmens, der vom Beschaffungsmanagement (*vgl. auch* → Beschaffungsmarketing, → Organisationales Beschaffungsverhalten) aus den → Beschaffungszielen und den Vorgaben der → Unternehmensstrategie abgeleitet wird. Die B. setzt sich aus den sechs Substrategien Lieferantenstrategie, Objektstrategie, Arealstrategie, Zeitstrategie, Subjektstrategie und Wertschöpfungsortstrategie zusammen. Diese Substrategien stellen die Grundelemente jeder B. dar. Inhaltliche Affinitäten einzelner Ausprägungen sind zwar empirisch evident, nicht jedoch sachlogisch zwingend.

I. Lieferantenstrategie: Eine wichtige strategische Entscheidung richtet sich auf die Anzahl der Lieferanten, von denen ein bestimmtes Gut bezogen werden soll. Der Bezug eines Inputfaktors von mehreren Lieferanten wird als → Multiple Sourcing bezeichnet. Im Gegensatz dazu steht der Bezug eines Einsatzgutes von nur einem Lieferanten, was sich in den Konzepten des Sole Sourcing bzw. → Single Sourcing widerspiegelt. Sole Sourcing bezeichnet eine monopolistische Anbietersituation, also eine erzwungene Konzentration auf nur einen Lieferanten, wohingegen sich der Abnehmer beim Single Sourcing freiwillig auf nur einen Lieferanten fixiert. Mit Dual Sourcing (Zweiquellenbezug) unternimmt die Beschaffungsseite den Versuch, von den Vorteilen des Single Sourcing zu profitieren, gleichzeitig aber die Abhängigkeit von nur einem Lieferanten zu verringern.

II. Objektstrategie: Im Mittelpunkt der B. steht die Komplexität der benötigten Inputfaktoren. Klassische kaskadenförmige Zulieferketten sind charakterisiert durch den Austausch von Gütern mit geringer Komplexität (Unit Sourcing). Diese werden von einer Vielzahl von Lieferanten bezogen und erst am Ende der → Wertschöpfungskette zu einer funktionsfähigen Gesamtheit (Endprodukt) verbaut. Im Gegensatz dazu steht die Strategie des → Modular Sourcing, bei dem der Lieferant die Aufgabe der (Vor-) Montage und Teile der Entwicklung übernimmt. Werden darüber hinaus komplette Systemeinheiten bezogen, spricht man von System Sourcing.

III. Arealstrategie: Die arealbezogenen Sourcing-Konzepte beziehen sich auf die Größe des Marktraumes. Bei Local Sourcing wird ein Einsatzgut von einer Lieferquelle bezogen, die in der Nähe zum Beschaffer liegt. Im Vordergrund steht hier die Sicherheit, das benötigte Gut auch bei kurzfristigen Datenänderungen rechtzeitig am Bedarfsort verfügbar zu haben. Logistische Risiken lassen sich auch durch den Bezug aus dem Inland minimieren (Domestic Sourcing). Wird der Aktionsradius der Beschaffung konsequent auf ausländische Märkte ausgedehnt, spricht man hingegen von → Global Sourcing.

IV. Zeitstrategie: Die Zeitstrategie richtet sich auf die Entscheidung, ob und wie Bestände berücksichtigt werden können oder sollen. Das Prinzip des Demand Tailored Sourcing versucht, die Nachteile von Vorratsbeschaffungen (Stock Sourcing) zu vermeiden. Darunter lassen sich sowohl die Einzelbeschaffung im Bedarfsfall als auch die bedarfssynchrone Anlieferung subsumieren. Bei der Einzelbeschaffung im Bedarfsfall werden die Materialien erst dann beschafft, wenn sie im Produktionsprozess tatsächlich benötigt werden. Dies betrifft üblicherweise den Fall der Auftragsproduktion. Lager- und Kapitalbindungskosten entfallen dann weitgehend. Zunehmende Routine stellt sich bei bedarfssynchroner Anlieferung ein. Im Gegensatz zur Einzelbeschaffung liegt hier ein regelmäßiger bzw. für eine bestimmte Dispositionsperiode exakt ermittelbarer Bedarf über einen längeren Zeitraum vor. Grundlage der fertigungssynchronen Anlieferung ist ein langfristiger Rahmenvertrag mit dem Lieferanten. Dieser verpflichtet den Lieferanten dazu, die benötigten Materialien jeweils in einer durch den Produktionsprozess bestimmten Zeitstruktur am Bedarfsort bereitzustellen. Lagerhaltung findet dann – sofern keine Synchronisation mit der Vorstufe erreicht werden kann – nur noch beim Lieferanten bzw. bei einem logistischen Dienstleister statt. Bei Just-in-Time-Sourcing halten weder der Abnehmer noch der Lieferant Bestände vor.

V. Subjektstrategie: Im Mittelpunkt der subjektbezogenen Sourcing-Konzepte steht die Frage, ob Beschaffungsaktivitäten individuell oder gemeinsam mit anderen Unternehmen realisiert werden. Cooperative Sourcing bezeichnet die gemeinsame Bearbeitung des Beschaffungsmarktes durch mehrere Unternehmen. Erreicht wird dies mit Hilfe einer → Kooperation der Beschaffungssubsysteme (→ Einkaufskooperation). Von Individual Sourcing spricht man, wenn ein Unternehmen seine Beschaffungsaufgaben ausschließlich mit eigenen Ressourcen und in eigener Verantwortung wahrnimmt.

VI. Wertschöpfungsortstrategie: Traditionellerweise erfolgt die → Wertschöpfung eines Lieferanten in dessen eigener Produktionsstätte. Seine Produktionsergebnisse werden anschließend an die Abnehmer ausgeliefert und von diesen weiterverarbeitet. Diese Form der räumlichen Trennung von Fertigungsort und Bedarfs- bzw. Verbauungsort wird External Sourcing genannt. Neuerdings führen die beschaffungsseitigen Integrationsbemühungen zwischen Abnehmer und Zulieferer jedoch zunehmend zu einer räumlichen Annäherung (Internal Sourcing). Gestaltungsmöglichkeiten des Internal Sourcing kommen vor allem in → Factory-within-a-Factory-Systemen zum Ausdruck. Die Kombinationsmöglichkeiten der Sourcing-Konzepte zu einer B. werden anhand der Abb. „Sourcing Toolbox" zusammenfassend verdeutlicht. Die optimale B. (BS_{opt}) für ein Einsatzgut lässt sich dabei als Funktion jeweils einer Ausprägung von lieferantenbezogenem, objektbezogenem, arealbezogenem, zeitbezogenem, subjektbezogenem und wertschöpfungsortbezogenem Sourcing-Konzept beschreiben:

$$BS_{opt.} = f(L, O, A, Z, S, W)$$

Ulli Arnold

Lieferantenstrategie (L)	sole	single	dual	multiple
Objektstrategie (O)	unit		modular	
Arealstrategie (A)	local	domestic	global	
Zeitstrategie (Z)	stock	demand tailored	just-in-time	
Subjektstrategie (S)	individual		kooperative	
Wertschöpfungsortstrategie (W)	external		internal	

Sourcing Toolbox

Beschaffungsverhalten, organisationales, → *Organisationales Beschaffungsverhalten.*

Beschaffungsweg, *Beschaffungskanal*; Weg eines Einsatzgutes von der vorgelagerten → Wertschöpfungsstufe bis hin zum beschaffenden Unternehmen. Vereinbarungsgemäß beginnt der B. bei dem Hersteller, der das Gut zuletzt produktiv verändert hat. Die Summe der B. von der Urproduktion bis zum Endkäufer eines bestimmten Gutes stellt dessen Supply Chain dar (*vgl. auch* → Supply Chain Management). Die Betrachtung des B. umfasst dabei den Fluss von Real- und Nominalgütern sowie von Informationen. Die Wahl des B. ist Gegenstand der → Beschaffungswegepolitik. Zu unterscheiden sind grundsätzlich: (1) Direkter B. („One to One"): Der Nachfrager bezieht die Güter unmittelbar von einem Hersteller. Die Bedeutung des direkten B. hat vor allem für industrielle Unternehmen stark zugenommen, weil die zunehmende Spezifität der Güter und Prozesse eine enge Anbindung von Hersteller und Abnehmer erforderlich macht. (2) Indirekter B.: In diesem Fall bezieht der Nachfrager die Güter nicht direkt vom → Händler, sondern über dazwischen geschaltete → Beschaffungsmittler. Dieser Weg empfiehlt sich vor allem bei wenig spezifischen Gütern (→ Commodity), z.B. im Falle von rohstoffnahen Inputfaktoren.

Beschaffungswegepolitik, Aktionsparameter des → Beschaffungsmarketingmix. Im Vordergrund steht die generelle Gestaltung der Transaktions- bzw. → Beschaffungswege sowie die Entwicklung der Beziehung zu den Transaktionspartnern (Lieferanten). Damit legt die B. weitgehend die Grundlage für die Abwicklung der jeweiligen Beschaffungstransaktionen. Im Einzelnen umfasst sie dabei die (1) Beschaffungswegewahl (direkte oder indirekte Transaktionen) und die (2) Lieferantenpolitik (Auswahl des Transaktionspartners und Gestaltung der Beziehung zu ihm). *Vgl. auch* → Beschaffungsstrategie, → Organisationales Beschaffungsverhalten.

Beschaffungsziel, Ausgangspunkt einer Beschaffungskonzeption im Rahmen des → Beschaffungsmarketing. Zentrales B. ist die Sicherstellung bzw. Erreichung des → Materialwirtschaftlichen Optimums. Ein weiteres wichtiges Ziel der → Beschaffung liegt darin, die Integration der vom Lieferanten bezogenen Vorleistungen (1) in die eigenen Wertschöpfungsprozesse und (2) in das Endprodukt zu verbessern (→ Schnittstellenmanagement). Außerdem muss es Ziel der Beschaffung sein, das spezifische Innovationspotenzial der Lieferanten zu erkennen und exklusiv zu nutzen. Lieferanten können so z.B. dazu beitragen, → Wettbewerbsvorteile durch eine qualitätsmäßige → Differenzierung zu realisieren. Die Nutzung vertikaler Verbundpotenziale ist ein weiteres B., das vor allem die gewünschte dauerhafte Bindung der Lieferanten sicherstellen soll. Daraus leitet sich die Errichtung von Kooperationsprogrammen (→ Kooperation), wie z.B. in der Automobilindustrie, ab. Zunehmend erkennen Industrieunternehmen, dass derartige Kooperationserfolge auch auf horizontaler Ebene durch Volumenbündelung und Teilung von Marktwissen möglich sind (*vgl. auch* → Einkaufskooperation). Folglich wird in der Beschaffung in steigendem Maße die Nutzung horizontaler Verbundeffekte angestrebt. *Vgl. auch* → Beschaffungsstrategie, → Organisationales Beschaffungsverhalten.

Beschränkte Rationalität, → Deskriptive Entscheidungstheorie.

Beschwerde, Artikulation von Unzufriedenen, die ggü. dem Unternehmen bzw. Drittinstitutionen mit dem Zweck geäußert wird, auf ein subjektiv als schädigend wahrgenommenes Verhalten eines Anbieters aufmerksam zu machen, Wiedergutmachung für erlittene Beeinträchtigungen zu erreichen und/oder eine Änderung des kritisierten Verhaltens zu bewirken. Als Reklamationen wird die Teilmenge von B. bezeichnet, in der Kunden in der Nachkaufphase Beanstandungen von → Produkten oder → Dienstleistungen explizit oder implizit mit einer Forderung verbinden, die juristisch durchgesetzt werden kann. *Vgl. auch* → Beschwerdemanagement, → Beschwerdeverhalten.

Beschwerdeanalyse, Element des → Beschwerdemanagements. Die operative B. bezeichnet die qualitative und quantitative Auswertung von eingehenden → Beschwerden nach Inhalt, Zuständigkeit und möglichst rascher Lösung des Beschwerdeproblems. Die strategische B. umfasst die Analyse der Beschwerden nach bestimmten Beschwerdekategorien bzw. grundsätzlichen Ursachen, um langfristig die → Qualität des Unternehmens zu verbessern. Aufbereitet werden die Ergebnisse der B. beispielsweise durch Häufigkeitsauswertungen von Beschwerden, Entwicklung von globalen Indizes der → Beschwerdezufriedenheit im Zeitablauf, zeitpunktbezogenen Analysen, Auswertungen nach Kundengruppen. *Vgl. auch* → Frequenz-Relevanz-Analyse für Probleme.

Beschwerdeannahme, Entscheidungstatbestand des → Beschwerdemanagements, bei dem unternehmensseitig festgelegt wird – bzw. festgelegt werden muss – wie → Beschwerden, die das Unternehmen erreichen, von den Mitarbeitern angenommen werden sollen. Im Zentrum der B. steht ein adäquates, konfliktvermeidendes Verhalten der Mitarbeiter ggü. dem Beschwerdeführer sowie die vollständige Erfassung der Umstände, die zur Beschwerde geführt haben.

Beschwerdeauswertung, Aufgabe im Rahmen der → Beschwerdeanalyse.

- 75 Prozent der Beschwerden sollen sofort oder noch am selben Tag erledigt werden.
- Die durchschnittliche Beschwerdedauer sollte fünf Tage nicht überschreiten.
- Bei schriftlichen Beschwerden soll der Kunde noch am gleichen Tag eine Eingangsbestätigung mit Ansprechpartner und Terminzusage erhalten.
- Bei Beschwerden, deren Bearbeitung länger als fünf Tage dauert, soll am fünften Tag ein Zwischenbescheid erfolgen.
- Es soll keine Beschwerde in den Eskalationsprozess eintreten.

Beispiele für Standards in der Beschwerdebearbeitung

Beschwerdebearbeitung, Element des → Beschwerdemanagements, das sämtliche Maßnahmen betrifft, die unternehmensintern zur Lösung einer → Beschwerde ergriffen werden. Im Mittelpunkt steht die Analyse der Beschwerdeursachen, die Weiterleitung der Beschwerdeinformationen sowie die Festlegung von Standards zur B. In einem ersten Schritt ist eine Analyse der Beschwerdeursachen (→ Beschwerdeanalyse) vorzunehmen, da Beschwerden nicht in jedem Fall ausschließlich auf den Anbieter zurückzuführen sind. Z.B. können auch externe Faktoren, wie Zulieferer, Kooperationspartner usw., die eigentliche Ursache der Beschwerde sein. Um eine adäquate Reaktion zu gewährleisten, sollte ein möglichst umfassendes Bild der Beschwerdeursachen angestrebt werden. Sofern die → Beschwerdeannahme und B. nicht in einen bestimmten Zuständigkeitsbereich fallen, ist ferner intern zu prüfen, an wen die Beschwerdeinformation weitergeleitet werden muss (Weiterleitung der Beschwerdeinformation). Falls es erforderlich ist, zusätzliche Mitarbeiter in die B. zu involvieren, sollte eine eindeutige Handlungsanweisung mit der Vorgabe eines konkreten Bearbeitungstermins abgegeben werden, um unnötige Verzögerungen im Beschwerdeprozess zu vermeiden. Die Kontrolle der Beschwerdebearbeitungszeit kann z.B. durch ein internes „Eskalationssystem" erfolgen, das bei Überschreitung der festgelegten Bearbeitungszeit den Beschwerdevorgang an eine höhere Hierarchiestufe weiterleitet. Schließlich gilt es, eine Festlegung von Beschwerdestandards vorzunehmen. Um nicht nur den Zeitaspekt, sondern auch die sonstigen inhaltlichen Leistungen und Reaktionen der Mitarbeiter zu strukturieren, können Standards zur B. definiert werden (z.B. „75 Prozent der Beschwerden sollen sofort oder noch am selben Tag erledigt werden", vgl. Abb. „Beispiele für Standards in der Beschwerdebearbeitung").

Beschwerdeerfassung, Element des → Beschwerdemanagements, das die Aufnahme und Speicherung des Beschwerdeeingangs bzw. der fallspezifischen Beschwerdeinformationen im Informationssystem des Unternehmens umfasst. Die aktuell in der Praxis eingesetzten Erfassungssysteme reichen von einer einfachen Erfassung in Tabellen o.ä. bis hin zu umfassenden, computergestützten Beschwerdemanagementsystemen.

Beschwerdekosten. Die Kosten des → Beschwerdemanagements umfassen den bewerteten Verbrauch von Gütern oder Leistungen zur Implementierung des → Beschwerdemanagements im Unternehmen. Die Einteilung der Kostenbestandteile kann nach verschiedenen Systematiken erfolgen. Zunächst ist eine Differenzierung nach dem Kriterium „Art der verbrauchten Produktionsfaktoren oder Dienstleistungen" möglich. Hierbei werden die Personal-, Verwaltungs-, Betriebsmittel-, Kommunikations-, Dienstleistungs- sowie Realisationskosten des Beschwerdemanagements unterschieden. Eine Kostenbetrachtung nach den inhaltlichen Schwerpunkten des Beschwerdemanagements orientiert sich am Prozess des Beschwerdemanagements. Hierbei werden die Kosten der → Beschwerdestimulierung, → Beschwerdeannahme, → Beschwerdebearbeitung, → Beschwerdereaktion sowie Beschwerdekontrolle betrachtet. Die Grundproblematik bei der Erfassung der B. besteht jedoch nicht in der Systematik, sondern vielmehr in der Erfassung der Kosten im Rechnungswesen des Unternehmens. Vor dem Hintergrund der unterstellten prozessorientierten Betrachtung des Beschwerdemanagements ist zur Kostenanalyse der Einsatz der → Prozesskostenrechung erforderlich. Anderenfalls muss auf die traditionelle → Kostenrechnung und eine andere Kostensystematik zurückgegriffen werden, um die Kosten des Beschwerdemanagements zu erfassen. Vgl. Tab. „Kosten des Beschwerdemanagements.

Kostenkategorie	Beispielaktivität
Beschwerde-stimulierung	Meinungszettel, Internet-Rubrik, Broschüren u.a.m.
Beschwerde-annahme	Mitarbeiterschulung, Honorare für externe Trainer, Info-Center
Beschwerde-bearbeitung	Beschwerdesystem, Beschwerde-formulare
Beschwerde-reaktion	Beschwerdebriefe, Kompensationsangebote
Beschwerde-kontrolle	Kontrollsystem, Statistikprogramme

Kosten des Beschwerdemanagements

Beschwerdemanagement. I. Begriff: Das B. beinhaltet sämtliche Maßnahmen der Analyse, Planung, Durchführung und Kontrolle, die ein Unternehmen im Zusammenhang mit → Beschwerden bzw. dem → Beschwerdeverhalten von Kunden oder sonstigen Anspruchsgruppen ergreift. Es handelt sich folglich um einen aktiven Prozess des Unternehmens zur zielgerichteten Gestaltung der → Kundenbeziehung sowie Erhöhung der → Kundenzufriedenheit und → Kundenbindung.

II. Ziele: Im Zentrum eines aktiven B. steht das Ziel, auf artikulierte Unzufriedenheit so zu reagieren, dass diese abgebaut bzw. nach Abschluss des Beschwerdemanagementprozesses die Kundenzufriedenheit wiederhergestellt ist. Aus diesem Oberziel lassen sich folgende Teilziele ableiten: (1) Umsetzung und Verdeutlichung einer kundenorientierten → Unternehmensstrategie: Die Existenz eines aktiven B. ist sichtbarer Ausdruck unternehmerischer → Kundenorientierung. Deshalb dient es unternehmensextern zur Entwicklung und Aufrechterhaltung eines kundennahen Unternehmensimages. Unternehmensintern zielt das B. durch die Institutionalisierung eines kritischen Kundenfeedbacks auf die Implementierung kundenorientierten Denkens und Handelns. (2) Vermeidung alternativer Reaktionsformen unzufriedener Kunden: Da Beschwerdeführer ihre Unzufriedenheit direkt ggü. dem Unternehmen artikulieren, erhält dieses Gelegenheit, das aufgetretene Problem selbst zu lösen. Insofern sollen mit Hilfe des B. die alternativen Optionen eines Beschwerdeführers, wie → Abwanderung zum Wettbewerber, negative → Mund-zu-Mund-Kommunikation oder die Einschaltung von Medien vermieden werden. (3) Schaffung zusätzlicher akquisitorischer Effekte: Durch die Wiederherstellung von Kundenzufriedenheit soll nicht nur negative Mund-zu-Mund-Kommunikation verhindert, sondern auch positive Mund-zu-Mund-Kommunikation zur Beeinflussung der → Einstellung potenzieller Kunden initiiert werden. (4) Informationsgewinnung über Leistungsdefizite: Beschwerden enthalten wichtige Informationen über die vom Kunden wahrgenommenen Probleme und damit ein hohes Ideenpotenzial für Maßnahmen des → Qualitätsmanagements und des → Innovationsmanagements.

III. Aufgaben und Elemente: Ist die Entscheidung zugunsten eines aktiven B. gefallen, muss analysiert werden, welche Aufgaben das B. konkret wahrnehmen soll. Bei einer prozessorientierten Sicht können drei Aufgabenbereiche unterschieden werden (vgl. die Abb. „Beschwerdemanagementprozess"): (1) → Beschwerdestimulierung: Diesem Teilprozess können sämtliche planvollen und zielgerichteten Aktivitäten eines Unternehmens zugerechnet werden, die den Kunden zur Artikulation einer Beschwerde aufgrund bestehender Unzufriedenheit bewegen. Die Hauptaufgabe der Beschwerdestimulierung besteht darin, die Voraussetzungen für eine leichte sowie unkomplizierte Beschwerdeführung zu schaffen. (2) → Beschwerdeannahme: Hier steht insbesondere eine systematische und vollständige Erfassung der Beschwerdeinformation sowie das adäquate Verhalten der Mitarbeiter bei der mündlichen Beschwerde im Vordergrund. (3) → Beschwerdebearbeitung und → Beschwerdereaktion: Im Mittelpunkt steht die Analyse der Beschwerdeursachen, die Weiterleitung der Beschwerdeinformationen an die betroffenen Abteilungen bzw. Mitarbeiter sowie die Festlegung von Standards zur Beschwerdebearbeitung. Die Aktivitäten des B. sind ferner einer regelmäßigen Kontrolle der Wirtschaftlichkeit zu unterziehen, bei der die → Beschwerdekosten sowie der → Beschwerdenutzen analysiert werden.

Literatur: Stauss, B./Seidel, W. (2002): Beschwerdemanagement, Fehler vermeiden – Leistung verbessern – Kunden binden, 3. Aufl., München/Wien.

Manfred Bruhn

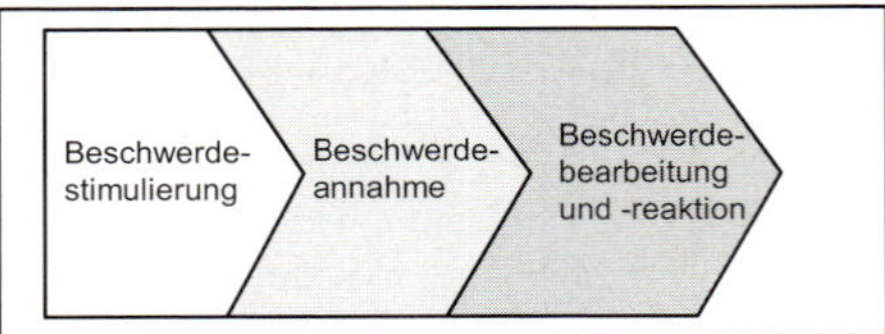

Beschwerdemanagementprozess

Beschwerdenutzen, Entscheidungstatbestand bei der Kontrolle der Wirtschaftlichkeit des → Beschwerdemanagements. Die Quantifizierung des Nutzens ist in der Unternehmenspraxis problematisch, da qualitative Nutzenaspekte durch monetäre Größen, wie → Umsätze oder → Deckungsbeiträge, ausgedrückt werden müssen. Generell kann zwischen einem unternehmens- und kundenbezogenen Nutzen des Beschwerdemanagements unterschieden werden. Aufbauend auf dieser Systematisierung lassen sich drei Nutzenkategorien des Beschwerdemanagements ableiten: (1) Informationsnutzen: liegt vor, wenn aufgrund von Beschwerdeinformationen Restrukturierungsprozesse im Unternehmen eingeleitet wurden, die in der Folge zu wesentlichen Kostenreduktionen führen (z.B. wenn das Produktangebot aufgrund einer Beschwerdeinformation optimiert wurde und in der Folge keine Produkthaftpflichtzahlungen geleistet werden müssen). Ein umsatzerhöhender Nutzen ist gegeben, wenn Produkt- oder Dienstleistungsinnovationen (→ Innovationsmanagement) aufgrund von Beschwerdeinformationen erfolgreich eingeführt werden. (2) Einstellungsnutzen: Es ist davon auszugehen, dass sich die allgemeinen → Einstellungen des Kunden aufgrund der erlebten → Beschwerdereaktion des Unternehmens beeinflussen lassen. Es sind sowohl positive als auch negative Wirkungseffekte denkbar, die im positiven Fall dem Einstellungsnutzen des Beschwerdemanagements zugerechnet werden können. (3) Kommunikationsnutzen: Durch das Beschwerdemanagement kann eine positive → Mund-zu-Mund-Kommunikation ausgelöst werden, die der Kategorie des Kommunikationsnutzens zu subsumieren ist. (4) Kundenbindungsnutzen: Von einem Kundenbindungsnutzen kann immer dann gesprochen werden, wenn eine drohende → Abwanderung der Kunden (→ Kundenbindung) aufgrund der Beschwerdereaktion verhindert wird.

Literatur: Stauss, B./Seidel, W. (2002): Beschwerdemanagement, Fehler vermeiden – Leistung verbessern – Kunden binden, 3. Aufl., München/Wien.

Beschwerdepolitik, → Beschwerdemanagement.

Beschwerdereaktion, Element des → Beschwerdemanagements, bei dem festgelegt werden muss, wie das Unternehmen auf die eingegangene → Beschwerde reagieren will. Grundsätzlich sind eine Standard- oder Individualreaktion denkbar. Im erstgenannten Fall handelt es sich um ein standardisiertes Reaktionsverhalten des Unternehmens bei häufiger auftretenden Beschwerdefällen mit geringerem Problemausmaß. Vorteilhaft ist die Standardreaktion insbesondere durch ihre schnelle Anwendbarkeit bei entsprechend kostengünstigem Aufwand. Bei der Individualreaktion wird einzelfallspezifisch entschieden, wie zu reagieren ist. Grundsätzlich sind in diesem Zusammenhang finanzielle, materielle und immaterielle Kompensationsangebote denkbar. Bei finanziellen Kompensationsangeboten erfolgt eine Erstattung des Kaufpreises, das Angebot eines Schadenersatzes oder die Gewährung eines Preisnachlasses. Materielle Kompensationsangebote umfassen ein Umtausch- bzw. Reparaturrecht oder die Wiedergutmachung eines entstandenen Schadens durch ein individuelles Geschenk. Eine immaterielle Kompensation kann durch eine offizielle Entschuldigung oder Erklärung zu den situativen Faktoren des Beschwerdefalles im Unternehmen erfolgen. Bei den kompensatorischen Maßnahmen der B. ist häufig nicht der tatsächliche Wert des finanziellen oder materiellen Angebotes, sondern die Art und Weise der B. für die Erreichung einer hohen → Beschwerdezufriedenheit ausschlaggebend. Ferner spielt die Zeitdimension bei der B. eine entscheidende Rolle. Wird die aus Kundensicht als realistisch eingeschätzte Zeitspanne der B. überschritten, sinkt die Erfolgsaussicht des Unternehmens auf die Wiederherstellung der → Kundenzufriedenheit. Erfahrungswerte gehen von einer adäquaten Reaktion auf eine schriftliche Beschwerde von ca. fünf Tagen aus. Auf Beschwerden, die das Unternehmen online erreichen, sollte jedoch spätestens am folgenden Tag reagiert werden.

Beschwerdestimulierung, Element des → Beschwerdemanagements, bei dem zwei Aufgaben im Vordergrund stehen: (1) Gestaltung von → Beschwerdewegen: Bei der Festlegung des Beschwerdeweges stehen dem Unternehmen unterschiedliche Möglichkeiten zur Verfügung. Eine → Beschwerde kann entweder mündlich, schriftlich, telefonisch oder Online an das Unternehmen herangetragen werden. Je nach Branchenzugehörigkeit und Unternehmensstruktur kann die Aktivierung unterschiedlicher Beschwerdewege sinnvoll sein. Mündliche Beschwerden lassen sich beispielsweise häufiger in Dienstleistungsbranchen beobachten, wohingegen schriftliche oder telefonische Beschwerde traditionell eher im Konsumgüterbereich anzutreffen sind. (2) → Kommunikation über die Beschwerdewege: Eine traditionelle Maßnahme bei der Einrichtung schriftlicher Beschwerdewege ist die Ausgabe von → Comment Cards (Meinungskarten). Hierbei handelt es sich um standardisierte Vordrucke, die an leicht zugänglichen und auffälligen Standorten des Unternehmens ausgelegt werden und auf denen der Kunde seine (Un)Zufriedenheit (→ Kundenzufriedenheit) sowie Bemerkungen schriftlich darstellen kann. Darüber hinaus sind sämtliche Kommunikationsmittel (→ Kommunikationspolitik) denkbar, z.B. der Vermerk an Anzeigenmotiven, auf Lieferscheinen, → Plakaten, durch persönliche Kommunikation. *Vgl. auch* → Beschwerdebearbeitung.

Beschwerdeverhalten, Beschwerden sind Artikulationen von Unzufriedenen, die ggü. dem Unternehmen bzw. Drittinstitutionen mit dem Zweck geäußert werden, auf ein subjektiv als schädigend wahrgenommenes Verhalten eines Anbieters aufmerksam zu machen, Wiedergutmachung für erlittene Beeinträchtigungen zu erreichen und/oder eine Änderung des kritisierten Verhaltens zu bewirken. Als Reklamationen wird die Teilmenge von Beschwerden bezeichnet, in denen Kunden in der Nachkaufphase Beanstandungen von Produkten oder Dienstleistungen explizit oder implizit mit einer Forderung verbinden, die juristisch durchgesetzt werden kann. Im Mittelpunkt des → Beschwerdemanagements steht die Frage, wie Unternehmen mit Kundenbeschwerden umgehen und wie sie diese zur Verbesserung ihrer Leistungspolitik nutzen, um die Kundenunzufriedenheit abzubauen bzw. die → Kundenzufriedenheit zu erhöhen. Aus Konsumentensicht stellt sich die Frage, wann Konsumenten Beschwerden äußern und wie diese erfasst werden können. Die empfundene Unzufriedenheit nimmt hier eine Schlüsselrolle ein. Unzufriedenheit entsteht, wenn der Kunde eine Diskrepanz zwischen den Erwartungen an ein Produkt oder an eine Dienstleistung einerseits und der wahrgenommenen Leistungsqualität andererseits wahrnimmt. Dabei ist bedeutsam, von welchem → Anspruchsniveau der Konsument ausgeht. Das erwartete Leistungsniveau kann mit dem (1) als idealerweise erwünschten Angebot („Desired Performance"), (2) als angemessen angesehenen Angebot („Adequate Performance"), (3) aller Erfahrung nach zu erwartenden Angebot („Anticipated Performance"), (4) mit dem als Mindeststandard („Minimum Tolerable Performance") oder (5) mit dem als Normalstandard erwarteten Angebot („Product Type Norm") verglichen werden. Dabei kann Unzufriedenheit am ehesten entstehen, wenn sich der Kunde am Ideal orientiert. Die Wahrscheinlichkeit, dass eine Beschwerde ausgesprochen wird, ist dagegen am höchsten, wenn die zu beurteilende Leistung mit dem Mindeststandard verglichen wird. Hier ist für den Kunden sozusagen die „Schmerzgrenze" erreicht. Wenn ein Konsument eine Beschwerde äußert, kann das Unternehmen versuchen, den Schaden unmittelbar zu beheben (Reparaturfunktion), sich bemühen, die angebotenen Leistungen langfristig zu verbessern (Lernfunktion) und/oder die Mitarbeiter im Rahmen des Human Resources Managements dahingehend zu schulen, dass sie ihre Leistungen an der Zufriedenheit der Konsumenten messen (Anreizfunktion). Allerdings steht das Beschwerdemanagement vor dem Problem, dass nicht alle unzufriedenen Konsumenten ihren Unmut dem Unternehmen ggü. direkt äußern. Manche Konsumenten bevorzugen statt der Diskussion mit dem Verursacher die Benachrichtigung von Schieds- oder Schlichtungsstellen, Verbraucherorganisationen oder öffentlichen Medien. Darüber hinaus sind sehr viele unzufriedene Kunden häufig nicht bereit, Beschwerden zu verfassen, da die Äußerung oder gar das schriftliche Einreichen einer Beanstandung für Konsumenten mit Kosten in materieller, zeitlicher sowie psychischer Hinsicht verbunden ist. Zudem ist der Beschwerdenutzen für den Konsumenten ex ante nur sehr schwer einzuschätzen. Viele Konsumenten wandern daher einfach ab im Sinne eines Marken- oder Geschäftswechsels, ohne die Ursachen dafür bekannt zu geben. Manche machen ihren Unmut auch durch negative Mund-zu-Mund-Propaganda kund. Die Beschwerdeverhaltensforschung analysiert, aus welchen Beweggründen sich ein Konsument für eine bestimmte Handlungsoption entscheidet (Äußern einer Beschwerde, „Unvoiced Complaints" oder negative persönliche Kommunikation). Dabei werden folgende Themengebiete untersucht: Kosten-Nutzen-Einschätzung der Konsumenten vor der Beschwerdeführung, personenspezifische Merkmale (z.B. Persönlichkeitsmerkmale, soziodemographische Variablen), produkt- bzw. dienstleistungsspezifische Determinanten, situative Ursachen, Zufriedenheit der Konsumenten mit der Reaktion der Unternehmen auf die Beschwerde. Viele Unternehmen haben ein großes Interesse daran, dass mehr und mehr Konsumenten Beschwerden ihnen ggü. äußern, da diese Beanstandungen für die Weiterentwicklung der Produkte und Dienstleistungen sehr wertvoll sein können. Erkenntnisse über das Beschwerdeverhalten können Hilfestellungen leisten, wie die Beschwerdeführung forciert werden kann.

Andrea Gröppel-Klein

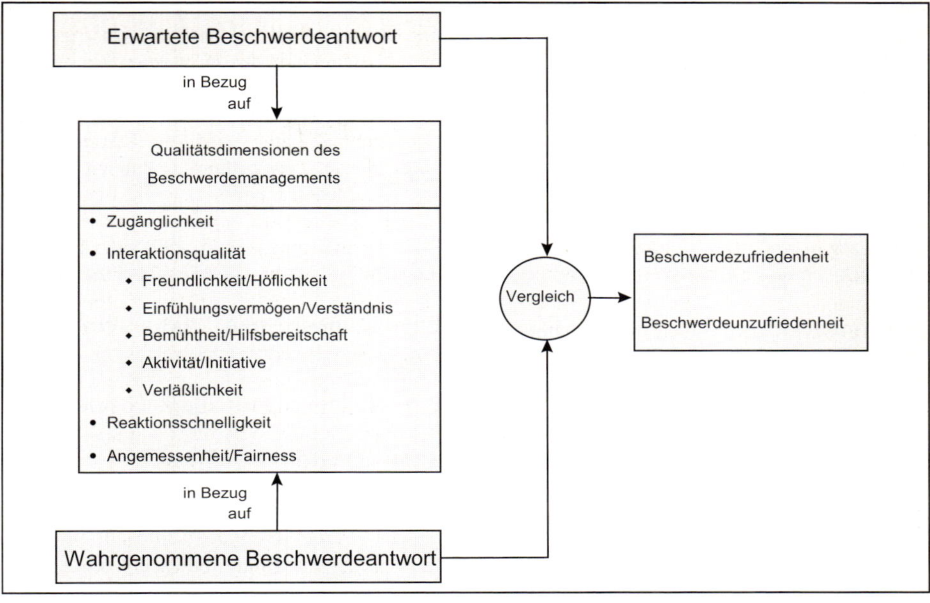

Entstehung von Beschwerdezufriedenheit (Quelle: Stauss 2000)

Beschwerdeweg, Kommunikationskanal bzw. -kanäle, die einem Kunden offen stehen, um eine → Beschwerde an das Unternehmen zu richten. Zu unterscheiden ist der mündliche, schriftliche, telefonische oder multimediale (online) B. *Vgl. auch* → Beschwerdestimulierung, → Beschwerdemanagement, → Beschwerdeverhalten.

Beschwerdezufriedenheit, Ergebnis eines internen Vergleiches zwischen den → Kundenerwartungen hinsichtlich einer adäquaten Reaktion des Unternehmens auf die vom Kunden artikulierte Beschwerde (→ Beschwerdereaktion) und der Wahrnehmung der tatsächlichen, unternehmerischen Beschwerdeantwort. Diese erwartete Beschwerdeantwort ist der Standard, an dem der Kunde seine tatsächliche Erfahrung mit der unternehmerischen Reaktion (wahrgenommene Beschwerdeantwort) vergleicht. Werden die Erwartungen erfüllt oder gar übertroffen, tritt B., andernfalls Beschwerdeunzufriedenheit ein (vgl. Abb. „Entstehung von Beschwerdezufriedenheit"). Die B. ist abhängig von folgenden Qualitätsfaktoren: (1) Zugänglichkeit: Leichtigkeit, mit der ein unternehmerischer Ansprechpartner für ein Kundenproblem gefunden wird, Kenntnis über offene → Beschwerdewege. (2) Interaktionsqualität: kundenorientiertes Verhalten während der Annahme und Bearbeitung der Beschwerde. a) Freundlichkeit/Höflichkeit: Zuvorkommenheit, mit der die Beschwerde angenommen wird; höflicher Umgangston/ Sprachstil usw. b) Einfühlungsvermögen/ Verständnis: Bereitschaft, die Kundenperspektive einzunehmen, Verständnis für den Ärger des Kunden, individuelle Behandlung des Falles. c) Bemühtheit/Hilfsbereitschaft: Erkennbares Bemühen, das Problem im Kundensinne zu lösen. d) Aktivität/Initiative: Erkundigung nach gewünschten Lösungen, Benachrichtigung über Verzögerungen. e) Verlässlichkeit: Einhaltung von Zusagen in inhaltlicher und zeitlicher Hinsicht. (3) Reaktionsschnelligkeit: Schnelligkeit, mit der auf die Beschwerde reagiert wird, z.B. durch eine Eingangsbestätigung, sowie die Reaktionszeit vom Eingang der Beschwerde bis zur Lösung. (4) Angemessenheit/Fairness: Angemessenheit der Problemlösung, Fairness der angebotenen Wiedergutmachung. *Vgl. auch* → Beschwerdemanagement, → Kundenzufriedenheit.

Bestandskunde, *Ertragskunde*; Kunde, der zum Fortbestand der Wettbewerbsfähigkeit des Unternehmens einen besonders hohen Beitrag leistet. Zur Identifikation eines B. können verschiedene Methoden der → Kundenbewertung zum Einsatz gelangen, z.B. die → ABC-Analyse, bei der die A-Kunden als Bestandskunden zu klassifizieren sind, da sie gemäß der sog. 80/20-Regel den größten Beitrag am Umsatz leisten, oder das → Kundenportfolio.

Bestandswerbung, auch als Erhaltungswerbung bekannt, ist eine Werbemaßnahme, die an bestehende Kunden gerichtet ist. Typischerweise dient die bestehende Kundendatei als Grundlage für eine Maßnahme im Bereich der→ Direktwerbung.

Bestellmengenpolitik, → Beschaffungsmarketingmix.

Bestimmtheitsmaß, das B. beschreibt die Güte oder den Erklärungsgehalt einer Regressionsfunktion. Hierbei kommt die Stärke des Zusammenhanges zwischen der abhängigen und den unabhängigen Variablen zum Ausdruck. Berechnet wird das B. durch das Verhältnis der erklärten zur totalen (Gesamt-) Varianz:

$$R^2 = \frac{\sum_{i \in I} (\hat{y} - \bar{y})^2}{\sum_{i \in I} (y - \bar{y})^2}$$

Somit wird dargestellt, welcher Anteil der durch die Regressionsfunktion erklärten Streuung an der Gesamtvarianz der abhängigen Variable mittels der einbezogene(n) unabhängige(n) Variable(n) erklärt wird. Das B. nimmt Werte zwischen 0 und 1 an. Je größer der Wert ist, desto geringer streuen die beobachteten Werte um die Regressionsfunktion, desto höher ist also die erklärte Varianz der abhängigen Variable.

Bestimmungslandprinzip, Belastung von international gehandelten Produkten mit den Steuern, die im Land ihrer letztlichen konsumtiven oder investiven Verwendung herrschen. Es erfolgt eine Besteuerung der Importe im importierenden Land bei gleichzeitiger Steuerfreiheit der Exporte im exportierenden Land. Die Waren werden bei diesem Verfahren an der Grenze von dem exportierenden Land steuerlich entlastet und im importierenden Land wird ein Steuersatz in Höhe des im Importland geltenden Steuersatzes aufgeschlagen.

Best Practice, Element des → Benchmarking.

Beteiligungs- und Akquisitionsstrategie, → Mergers & Akquisitions.

Betriebliches Vorschlagswesen, *BVW*; Instrument zur betrieblichen Leistungsverbesserung durch ein institutionalisiertes System der organisatorischen Behandlung und Belohnung von technischen und nicht-technischen Verbesserungsvorschlägen aus dem Kreis der Mitarbeiter. Neben den Zielen der Wirtschaftlichkeitsverbesserung und einer Steigerung der → Produktivität gewinnen zunehmend die Aspekte der → Mitarbeitermotivation und die Entfaltung ihrer Fähigkeiten und Talente (Selbstverwirklichung) an Bedeutung. Im Gegensatz zu einer umfassenden → Mitarbeiterbefragung ist eine Anhörung von Mitarbeitervorschlägen vor der Geschäftsstellenleitung mit relativ geringem personellen und finanziellen Aufwand verbunden. Aus Gründen der Akzeptanz ist es wichtig, die dadurch erzielten Verbesserungen zu honorieren, z.B. durch materielle oder auch immaterielle Prämien (→ Anreizsystem), und vor allem umzusetzen. Als weitere Signalwirkung für Kollegen kann es sinnvoll sein, prämierte Vorschläge zu veröffentlichen (z.B. in einer → Mitarbeiterzeitschrift).

Betriebsform, I. Begriff: Ergebnis einer unternehmensübergreifenden Systematik von → Handelsbetrieben, die durch Klassifikation oder Typisierung entsteht.

II. Abgrenzung: In der Literatur und Unternehmenspraxis besteht keine eindeutige Abgrenzung der Begriffe B. und → Betriebstyp. Handelsbetriebe werden unter Zuhilfenahme der begrifflich-klassifizierenden oder der typologischen Methode und unter Berücksichtigung unterschiedlicher Merkmale, wie z.B. die betrachtete Marktstufe (Groß- und Einzelhandel) und die Branche (z.B. Lebensmittel, Bekleidung) immer wieder unterschiedlich systematisiert. Unterschiedliche Abgrenzungen der Begriffe resultieren aus einer unterschiedlichen Auswahl von Merkmalen und Methoden, die der Systematisierung zugrunde gelegt werden. Zudem tragen unterschiedliche Definitionen und Kombinationen der Merkmale und Methoden zu einer uneinheitlichen Abgrenzung bei. Jedoch ist ein gewisser Grundkonsens über einige methodische Belange und inhaltliche Gesichtspunkte wünschenswert, um – unabhängig von speziellen Untersuchungszwecken – eine Basis für die wissenschaftliche Auseinandersetzung mit den Institutionen des Handels zu gewinnen. Lediglich die Zuordnung der typologischen Methode zum Begriff Betriebstyp ergibt sich rein etymologisch. Ursache für die häufig vorzufindende Zuordnung der Klassifikation zum Begriff Betriebsform und der Typologie zum Begriff Betriebstyp sind zwei unterschiedliche Betrachtungsperspektiven, die unterschiedliche Anforderungen an die einzusetzenden Methoden stellen. Eine unternehmensübergreifende Perspektive, die z.B. im Rahmen gesamtwirtschaftlicher, historischer, rein deskriptiver und auch prognostischer Betrachtungen eine Rolle spielt, erfordert auf eine Vielzahl unterschiedlicher Realobjekte zutreffende Merkmalsausprägungen und klar gegenüberstellende Strukturierungen. Demzufolge werden B. häufig durch Klassifikation der einzelnen Betriebe gebildet, da die Klassifikation Merkmale bzw. ihre Ausprägungen in ein klares Subordinationsverhältnis überführt (Merkmalshierarchie). Demgegenüber verlangt eine unternehmensindividuelle Perspektive, die insbesondere im Rahmen einzelwirtschaftlicher Betrachtungen und damit unter wettbewerbsstrategischen Gesichtspunkten eine große Bedeutung besitzt, i.d.R. eine tiefergehende, viele Merkmale und Merkmalsausprägungen berücksichtigende Untergliederung. Dieses gelingt eher durch Typisierung, da die betrachteten Merkmale quasi gleichrangig nebeneinander gestellt werden. Betriebstypen werden daher häufig durch Typisierung der einzelnen Betriebe gebildet. Betriebsformen des deutschen Konsumgütereinzelhandels sind z.B. → Boutique, → Discounter, → Fachdiscounter, → Fachgeschäft, → Fachmarkt, → Kaufhaus, → Kleinpreisgeschäft, → Off-Price-Store, → SB-Warenhaus, → Supermarkt, → Verbrauchermarkt und → Warenhaus. Zu den Betriebsformen des deutschen Konsumgütergroßhandels zählen z.B. → Cash & Carry-Markt, → Fachgroßhandel, und → Lagergroßhandel. Als ein Betriebstyp könnte man beispielsweise den Obi-Bau- und Heimwerker-Fachmarkt kennzeichnen.

Literatur: Olbrich, R. (1998): Unternehmenswachstum, Verdrängung und Konzentration im Konsumgüterhandel, Stuttgart, S. 106ff.

Betriebsformen, Dynamik der, *Wheel of Retailing;* Bezeichnung für das Aufkommen und Verschwinden unterschiedlicher → Betriebsformen in einem Markt (unternehmensübergreifende Betrachtungsebene), ausgelöst durch die Verbreitung innovativer → Betriebstypen. Traditionelle Betriebsformen werden in einem Markt ersetzt bzw. ergänzt, wenn Individuen (Unternehmen) neue Angebotsformen kreieren und verbreiten. Der D.d.B. auf der Makroebene ist damit eine Summe individueller Innovations- und Adoptionsprozesse auf der Mikroebene vorgelagert, die zusammengenommen einen Diffusionsprozess ergeben.

Betriebsformen, Klassifikation von, Bezeichnung für eine Systematisierung von → Betriebsformen des Handels unter Zuhilfenahme einer klassifizierenden Methode.

Betriebstyp, Ergebnis einer unternehmensindividuellen Systematik von → Handelsbetrieben, die durch Typisierung der Betreibungskonzepte eines Unternehmens entsteht. In der Literatur und Unternehmenspraxis besteht keine einheitliche Abgrenzung der Begriffe B. und → Betriebsform.

Betriebstypendifferenzierung, Strategiealternative des Handels im Rahmen des → Handelsmarketing. Im Zuge eines zunehmenden Systemwettbewerbs im Konsumgüterhandel werden innerhalb der → Handelssysteme nicht nur verschiedene → Betriebstypen unterschiedlicher Branchen nebeneinander geführt (sog. Betriebstypendiversifikation), sondern auch immer neue Betriebstypen entwickelt (sog. Betriebstypeninnovation). Differenzierungsmöglichkeiten bieten z.B. die Betriebsgröße, der Standort, das Sortiment, der Preis, der Service, der Ladenbau und die Kommunikation.

Betriebstypeninnovation, → Wheel of Retailing.

Betriebstypenmultiplikation, Bezeichnung für die Verbreitung eines → Betriebstyps. Diese Strategiealternative des Handels wird häufig von → Handelssystemen genutzt, die die Diffusion eines auf dem Markt bereits bewährten und erfolgreichen Konzeptes anstreben.

Betriebstypenprofilierung, Wettbewerbsorientierte Gestaltung eines → Betriebstyps zur Erzielung eines aus Konsumentensicht marktadäquaten Erscheinungsbildes. Vor dem Hintergrund des zunehmenden → Systemwettbewerbs im Konsumgüterhandel wächst auch die Bedeutung der B. Idealtypische und vereinfachende Profilierungsmöglichkeiten eines Betriebstyps bestehen in einem Preisvorteil oder einem Leistungsvorteil. Ein Preisvorteil bezieht sich dann nicht auf einzelne Produkte, sondern er drückt sich in der vom Verbraucher wahrgenommenen Preiskompetenz des Betriebstyps (z.B. → Discounter) aus. Ein Leistungsvorteil setzt sich nicht nur aus der Qualität der angebotenen Produkte, sondern insbesondere aus den Handelsleistungen, wie z.B. Beratung, Ladengestaltung, Angebotsflexibilität und Serviceleistungen, zusammen.

Betriebsvergleich, spezielle Form des → Benchmarking, die insbesondere im Handel Anwendung findet. B. beinhalten eine systematisch vergleichende Betrachtung betrieblicher Daten eines Betriebes (innerbetrieblicher Vergleich) oder mehrerer Betriebe (zwischenbetrieblicher Vergleich). Sie können einmalig für einen bestimmten Untersuchungszweck oder in regelmäßigen Zeitabständen zur permanenten Kontrolle von Unternehmensaktivitäten durchgeführt werden. Ziel eines B. ist die Leistungssteigerung bei den Teilnehmerbetrieben. Jeder Betrieb soll Informationen über seinen eigenen Leistungsstand im Vergleich zu anderen Betrieben erhalten, um so Stärken und Schwächen des eigenen Unternehmens sowie mögliche Ansatzpunkte für Gegenmaßnahmen zu identifizieren. Innerbetriebliche Vergleiche werden als Zeitvergleich im Sinne eines → Ist-Ist-Vergleichs oder als Kontrollrechnung im Sinne eines → Soll-Ist-Vergleichs durchgeführt. Zwischenbetriebliche Vergleiche basieren i.d.R. auf einem Ist-Ist-Vergleich von → Kennzahlen vergleichbarer Betriebe einer bestimmten Branche. Wichtig ist hierbei, dass die Vergleichbarkeit in Form einer einheitlichen Kennzahlenermittlung gewährleistet ist. Zwischenbetriebliche Vergleiche werden häufig von Verbänden durchgeführt.

Betriebswirtschaftliche Standardanwendungssoftware, *Enterprise Resource Planning Software, ERP*; ermöglicht eine computerunterstützte, zeitnahe Bearbeitung sämtlicher Geschäftsprozesse vom → Produktdesign bis zur Verbrauchsstelle. Im Idealfall umfasst b.S. also sämtliche Funktionsbereiche vom Rechnungswesen über die Personalwirtschaft bis hin zu Produktion und → Vertrieb sowie die externen Schnittstellen und unternehmensübergreifenden Anwendungen, z.B. im Rahmen von Electronic-Business-Lösungen (*vgl. auch* → Electronic Data Interchange (EDI)). Das Ziel eines solchen integrierten Ansatzes liegt in der Integration der gesamten betriebswirtschaftlichen Aufgaben, Funktionen und Prozesse über alle Unternehmensbereiche hinweg zu einem Gesamtsystem und damit in der Verbesserung der Material- und Informationsflüsse sowie in einer Entscheidungsunterstützung und Intensivierung der Lieferanten- und Abnehmerbeziehungen. Die Vorteile der B.S. ergeben sich ferner aus der Möglichkeit zur hardwareunabhängigen, bereichsübergreifenden, unternehmensweiten Informationsbereitstellung, -verarbeitung und → Kommunikation, die ganzheitlichen Anforderungen entspricht. Die Vermarktungsprobleme der B.S. sind typisch für das industrielle → Systemgeschäft. Bei der → Beschaffung und Implementierung von B.S. stehen die Unternehmen vor sehr komplexen Aufgaben, die weit über das reine technische Informatikproblem hinausgehen. Häufig entwickelt sich die Einführung der Software zu einem grundlegenden unternehmerischen Organisationsproblem. Die entstehende Komplexität der vielfältigen Aufgaben- und Problemfelder bei der Implementierung solcher Softwaresysteme zwingt die Unternehmen oft zur Inanspruchnahme komplementärer Dienstleistungen (→ Implementierdienstleister). *Vgl. auch* → SAP R3, → Warenwirtschaftssystem.

Betriebszeitschrift, → Mitarbeiterzeitschrift.

Beziehungsmanagement, Managementansatz, in dessen Mittelpunkt die → Geschäftsbeziehungen, insbesondere die Steuerung der → Kundenbeziehungen, eines Unternehmens stehen. *Vgl. auch* → Relationship Marketing, → Customer Relationship Management.

Beziehungsmarketing, → Relationship Marketing.

Beziehungsorientierung, Ausrichtung sämtlicher Unternehmensaktivitäten an den Bedürfnissen und Wünschen der Kunden durch die konsequente Umsetzung eines → Relationship Marketing.

Beziehungspromotor, Person im Unternehmen, die auf Basis der Faktoren Sozialkompetenz, Beziehungsportfolio und Netzwerkwissen interorganisationale Austauschprozesse initiiert, gestaltet und vorantreibt (*vgl. auch* → Buying Center, → Key Account Management). Sie schafft Verbindungen zwischen unterschiedlichen Organisationen, Wissensbereichen und Kulturen. B. werden vor allem von Unternehmen im Business-to-Business-Bereich eingesetzt. *Vgl. auch* → Fachpromotor.

Beziehungsqualität, gibt den Grad der durch den Kunden wahrgenommenen Güte seiner Beziehung zu einem Unternehmen an. Ausgehend von der Erkenntnis der Erfolgsrelevanz der vom Kunden wahrgenommenen Qualität eines Unternehmens → (Qualitätsmanagement) ist eine hohe Beziehungsqualität im Zuge der zunehmenden Orientierung am Gedanken des → Relationship Marketing eine der Marketingzielsetzungen zur Realisierung einer hohen → Kundenbindung. Im Gegensatz zur wahrgenommenen Produktqualität bzw. → Dienstleistungsqualität betrifft die B. weniger die Leistungen eines Anbieters als die Beurteilung der Gesamtbeziehung durch den Kunden. Generell können zwei Dimensionen der Beziehungsqualität differenziert werden: → Vertrauen des Kunden in das Unternehmen und Vertrautheit zwischen Kunden und Unternehmen. Weiterhin können verschiedene Ausprägungen der B. differenziert werden: (1) Insbesondere bei Existenz eines direkten Mitarbeiter-Kunden-Kontaktes ist die personale *B.* zu betrachten. Diese wird zumeist durch die Zufriedenheit des Kunden mit der Beziehung zu dem entsprechenden Mitarbeiter und das Vertrauen des Kunden in den Mitarbeiter sowie dessen Fähigkeiten operationalisiert. (2) Betrifft die Kundenbeziehung die Beziehung zum Gesamtunternehmen, kann von einer organisationalen B. gesprochen werden. Hierbei werden neben der persönlichen Beziehung zu Mitarbeitern des Unternehmens, auch unpersönliche Kontakte zum Unternehmen bzw. zu einer Marke berücksichtigt.

Beziehungsstruktur, als B. werden die direkten oder indirekten Beziehungsgefüge zwischen Kunde und Unternehmen bezeichnet. Untersuchungsgegenstand der direkte B. sind beispielsweise die Beziehungen zwischen Kunde und Unternehmen oder zwischen Unternehmen und Handel, wobei diese Beziehungen unabhängig voneinander betrachtet werden. Indirekte Beziehungen zwischen Unternehmen und Kunde ergeben sich durch die Einschaltung von Händlern bzw. Vermittlern. Werden die direkten und indirekten Beziehungen nicht unabhängig voneinander sondern als komplexes Beziehungsgefüge aufgefasst, so wird von einer triadischen Beziehung zwischen Endkunde, Vermittler und Leistungsanbieter gesprochen. Eine zentrale Frage liegt hierbei darin, ob der Endkunde die Marketingaktivitäten (z.B. → Kommunikationspolitik, → Qualitätsmanagement) innerhalb der Triade als gesamthaft und in sich konsistent wahrnimmt und wie die Kundenwahrnehmung einheitlich gesteuert werden kann.

Bezugsbindung, → Absatzbindung, → Ausschließlichkeitsbindung; Verpflichtung eines Unternehmens nur Produkte eines bestimmten Anbieters zu beziehen. Eine solche B. wird z.B. in den → Vertragshändlersystemen der Automobilindustrie vereinbart. Ein Vertragshändler verpflichtet sich, nur Fahrzeuge eines Produzenten anzubieten. Die entsprechende Form der Ausschließlichkeitsbindung, bei der der Anbieter eine entsprechende Verpflichtung eingeht, ist der → Alleinvertrieb.

Bezugsgrößenhierarchie, → Absatzsegmentrechnung.

Bezugsgrößenverfahren, Verfahren zur Aufstellung und Messung der → Werberesponsefunktionen. *Vgl. auch* → Werbeetat (2).

Bezugsgruppe, soziale Gruppe, an deren Wertvorstellungen, Einstellungen und Verhaltensweisen sich ein Individuum ausrichtet. Dabei kann eine B. eine Mitgliedschafts- oder eine Fremdgruppe sein. Bei Mitgliedschaftsgruppen wird der soziale Einfluss i.d.R. durch persönliche Kommunikation vermittelt, bei Fremdgruppen durch Massenkommunikation. Das Individuum kann auf den durch die B. ausgeübten Anpassungsdruck mit konformen oder nicht-konformen Verhalten reagieren. Bei Konformität übernimmt die B. komparative und normative Funktionen. Die komparativen Funktionen zeigen sich darin, dass die B. Maßstäbe liefert, an denen das Individuum seine Wahrnehmungen, Einstellungen und Urteile messen kann. Die normativen Funktionen bestehen in der Aufstellung von Verhaltensnormen für die Gruppe sowie in der mittels Sanktionen durchgeführten Kontrolle dieser Kodizes.

Bias, *systematischer Fehler*. Die Differenz zwischen dem wahren Wert des zu schätzenden Parameters und dem Erwartungswert des Parameters. → Validität.

Bidding, → Auktionen.

Bildagentur, → Werbeagentur.

Bilderskala, wird zur Messung innerer Bilder, diffuser emotionaler Komponenten oder anderer nur schwer verbalisierbarer Sachverhalte herangezogen. B. eignen sich besonders gut (1) zur modalspezifischen Messung innerer Bilder, d.h. bildhaft gespeicherte Eindrücke sind mit Bildern am besten zu erfassen, (2) zur Stimmungsmessung, da Bilder eher Zugang zu schwer verbalisierbaren und nicht unmittelbar bewussten Empfindungen verschaffen, (3) bei stärker gefühls- denn vernunftbegründeten Entscheidungen, (4) zur Minderung der Gefahr sozial erwünschter Antworten, da nonverbale Messverfahren von den Probanden nicht so leicht zu durchschauen sind, (4) bei Low-Involvement-Situationen, da schwach empfundene Eindrücke mit verbalen Skalen schlecht zu erfassen sind (→ Involvement). Die für die Untersuchung ausgewählten Bildvorlagen sollten zuvor sorgfältig hinsichtlich ihrer → Reliabilität und → Validität geprüft werden.

Bildkommunikation, → Kommunikation.

Billing Inserts. B.I. sind → Beilagen zu Rechnungen. Die Möglichkeit, ausgehenden Rechnungen, Mahnungen oder Mitteilungen noch etwas beizulegen, ohne damit die Portokosten zu erhöhen, ist ein preiswerter Werbeweg. Kleine Prospektblätter (→ Stuffer, → Flyer) können zusätzliche → Kaufanreize auslösen oder als → Kundenbindungsinstrument genutzt werden. Sie sind noch erfolgreicher, wenn sie den Zielpersonen entsprechend variiert werden.

Billings, → Equivalent Billings.

Binnenhandel, Warenverkehr, der innerhalb eines Landes stattfindet. Der B. ist unabhängig vom Geschäftssitz der beteiligten Marktpartner. Das Gegenteil ist der Außenhandel (*vgl. auch* → Welthandel), bei dem Waren die Staats- oder Zollgrenzen überschreiten. Seit Vollendung des EU-Binnenmarktes (→ Binnenmarkt) im Jahre 1992 zählt auch der Handel zwischen Staaten innerhalb der → Europäischen Union (EU) zum B.

Binnenmarkt, Beschreibung von Märkten auf Basis der politischen Abgrenzung nach Staaten. Von einem B. im engeren Sinne kann gesprochen werden, wenn sich der Warenaustausch zwischen Wirtschaftssubjekten innerhalb der Grenzen eines Staates vollzieht. Bedingt durch eine zunehmende → Internationalisierung der Wirtschaftstätigkeit und dem daraus resultierenden Abbau von → Handelsbarrieren wurde der Begriff des B. erweitert. Für die Abgrenzung des B. i.w.S. spielen Staatsgrenzen keine Rolle mehr, wenn innerhalb eines länderübergreifenden Raumes der freie Verkehr von → Waren, Personen, → Dienstleistungen und Kapital gewährleistet wird (→ Freihandel). Der im Jahre 1992 vollendete Europäische Binnenmarkt stellt mit über 340 Mio. Einwohnern den größten Wirtschaftsraum der westlichen Welt dar.

Bio-Laden, → Betriebsform des stationären → Einzelhandels. Merkmal eines B. ist eine vergleichsweise kleine Verkaufsfläche. Zudem werden im Sortiment Produkte angeboten, die entsprechend besonderer Umwelt-, Gesundheits- und/oder ‚naturbezogenen' Richtlinien hergestellt werden. Es werden vor allem Waren aus den Bereichen Textilien, Nahrungsmittel und Kosmetika angeboten.

Biotische Testsituation, → Werbetest.

Bivariate Datenanalyse, um Zusammenhänge zwischen zwei Variablen zu untersuchen werden die bivariaten Verfahren der → Datenanalyse verwendet. Neben der Frage, ob ein Zusammenhang zwischen zwei Variablen besteht, kann aber auch untersucht werden, wie stark ein solcher Zusammenhang ist. Beispiele für bivariate Verfahren sind die → Kreuztabellierung, die → Korrelationsanalyse und die einfache → Regressionsanalyse.

Black-Box-Modell, → Behaviorismus.

Blauer Engel, Umweltengel, → Umweltzeichen.

Blickaufzeichnung, ein apparatives Testverfahren, bei dem über eine Lesebrille mit integrierter Kamera eine Blickregistrierung der Testperson erfolgt. Durch die B. können z.B. Rückschlüsse darauf gezogen werden, in welcher Reihenfolge die Testperson die Bildbestandteile fixiert (Fixation) oder ob Schlüsselelemente z.B. bei einer Anzeige (→ Markenname) richtig platziert wurden. → Datenerfassung → Spezielle Testdesigns in der Marktforschung.

Blickfangwerbung. I. Begriff: Im Rahmen einer Gesamtankündigung werden einzelne Werbeangaben im Vergleich zu den sonstigen Angaben besonders herausgestellt, z.B. durch Fettdruck, farbliche Unterschiede, größere Buchstabenhöhe, Einrahmung, Art der Platzierung und bildliche Darstellungsmittel. B. soll als „Door-Opener" dienen, um die Rezipienten über die herausgestellte Angabe zu dem übrigen Inhalt der Ankündigung zu führen.

II. Rechtliche Fragen: Die ständige Rechtsprechung geht davon aus, dass der flüchtige Betrachter nicht notwendigerweise die Gesamtankündigung beachtet, sondern lediglich den Blickfang. Daher wird überwiegend die herausgestellte Angabe isoliert auf ihre Eignung zur Irreführung hin geprüft (*vgl. auch* → Werbung, irreführende).

Blickregistrierung, auch Blickaufzeichnung genannt, stellt ein apparatives Verfahren zur Ermittlung des Blickverlaufs dar, insbesondere zur Messung der Informationsaufnahme bei der Betrachtung von Werbeanzeigen oder Verpackungen. Dieses apparative Beobachtungsverfahren kann im Labor oder im Feld eingesetzt werden. Dabei setzen die Versuchspersonen eine Brille auf, die den Blickverlauf anhand der Pupillenbewegungen registriert. Das Blickverhalten eines menschlichen Individuums verläuft nicht kontinuierlich, sondern in unbewussten Sprüngen. Das Verweilen des Blicks auf einem bestimmten Punkt wird Fixation, der Sprung von einem Element zum Nächsten wird Saccade genannt. Eine Fixation dauert im Durchschnitt zwischen 200 und 400 Millisekunden, eine Saccade zwischen 30 und 90 Millisekunden. Das Biometric-

Verfahren liefert Blickaufzeichnungen auf einer ruhenden Vorlage (daher im Prinzip nur im Labor einsetzbar), das für Feldversuche geeignete NAC-Verfahren („Augenkamera") bietet Videobilder, die das gesamte Blickfeld einer Person zeigen und spezielle Fixationen jeweils anhand der Einblendung eines kleinen Pfeils kennzeichnen. Eine Informationsaufnahme kann nur während der Phase einer Fixation erfolgen. Mithilfe der B. kann also ermittelt werden, welche Elemente einer Werbeanzeige oder einer Packung fixiert werden. Somit ergeben sich Indikatoren dafür, welche Informationen in den → Kurzzeitspeicher übernommen werden. Grobe Fehler der → Werbemittelgestaltung können damit aufgedeckt und behoben werden, beispielsweise wenn der Markenname aufgrund von → Ablenkungseffekten durch andere Bildreize nicht registriert wird.

Blimps, Fachbegriff für die Nutzung von Luftschiffen („Zeppelinen") als Werbeträger im Rahmen der → Außen- bzw. Luftwerbung.

Blindmuster. Auf Format gefalzte → Werbemittel aus unbedrucktem Papier im Originalgewicht. B. dienen dazu, sich vor dem eigentlichen Gestaltungsbeginn ein Bild von Größe, Falzung und vor allem Gewicht des Werbemittels zu machen. Vor der Präsentation beim Kunden wird ein solches B. auch deshalb erstellt, um mit dem Drucker die technische Machbarkeit abzuklären. Beispielsweise ist das Handmuster Beweisgrundlage im Falle von Regressansprüchen.

Blindtest, Produkttestform, bei der auf die neutrale Aufmachung des Produkts Wert gelegt wird, um Verzerrungseffekte zu vermeiden.

Blocktarif, nichtlinearer Preistarif (→ Preisbildung, nichtlineare), der bis zu einer festgelegten Menge (Tarifgrenze) durch einen konstanten Satz pro nachgefragter Leistungseinheit gekennzeichnet ist. Liegt die nachgefragte Menge oberhalb der Tarifgrenze, so kommt ein → zweiteiliger Tarif zur Anwendung. Durch entsprechende Staffelung der Tarifgrenzen können Tarife resultieren, die aus einer Vielzahl von Blöcken bestehen. Dies wird als mehrstufiger Blocktarif bezeichnet (→ Preisbildung, nichtlineare). Blocktarife werden insbesondere von Dienstleistungs- und Versorgungsunternehmen eingesetzt.

Blueprint, grafische Darstellung des Prozesses der Dienstleistungserstellung, die zur → Dienstleistungsqualitätsmessung, vor allem im Rahmen der → Sequenziellen Ereignismethode und → Critical-Incident-Technik angewandt wird. Vgl. Abb. „Kundenkontaktpunkte am Beispiel eines Charterfluges".

Literatur: Bruhn, M. (2003): Qualitätsmanagement für Dienstleistungen. Grundlagen, Konzepte, Methoden, 4. Aufl., Berlin.

Body Copy, *Textteil*; Gestaltungskategorie bei → Anzeigen.

Bonanalyse, → Warenkorbanalyse. I. Begriff: Sammelbegriff für die systematische computergestützte Auswertung von Informationen über die von Kunden des → Einzelhandels erworbenen Warenbündel.

II. Datengrundlage: Grundlage der Analyse sind die am → Point of Sale erhobenen, nicht aggregierten → Scanningdaten. I.d.R. liegen diese Daten in relationalen Datenbanken (→ Database) vor. Die Haupttabelle einer Warenkorbdatenbank enthält für jeden → Artikel aus einem Warenkorb eine Zeile. Jede Zeile ist eindeutig einem Kassenbon zugeordnet und enthält Angaben über den gekauften Artikel (z.B. die → EAN oder die genaue Artikelbezeichnung), die abgenommene Stückzahl und den Stückpreis. Zusätzlich müssen zur Durchführung einer B. Informationen über die Uhrzeit und den genauen Ort des Kaufaktes in den Daten enthalten sein. Weitere Informationen, wie z.B. die eindeutige Zuordnung jedes Artikels zu einer → Warengruppe, Angaben darüber, ob für einen Artikel im entsprechenden Zeitraum besondere kommunikationspolitische Maßnahmen ergriffen wurden (z.B. Werbung mit Handzetteln) sowie weitere artikelbezogene Kennzahlen (z.B. die → Handelsspanne) können bei Bedarf aus dem Warenwirtschaftssystem entnommen und mit der Bon-

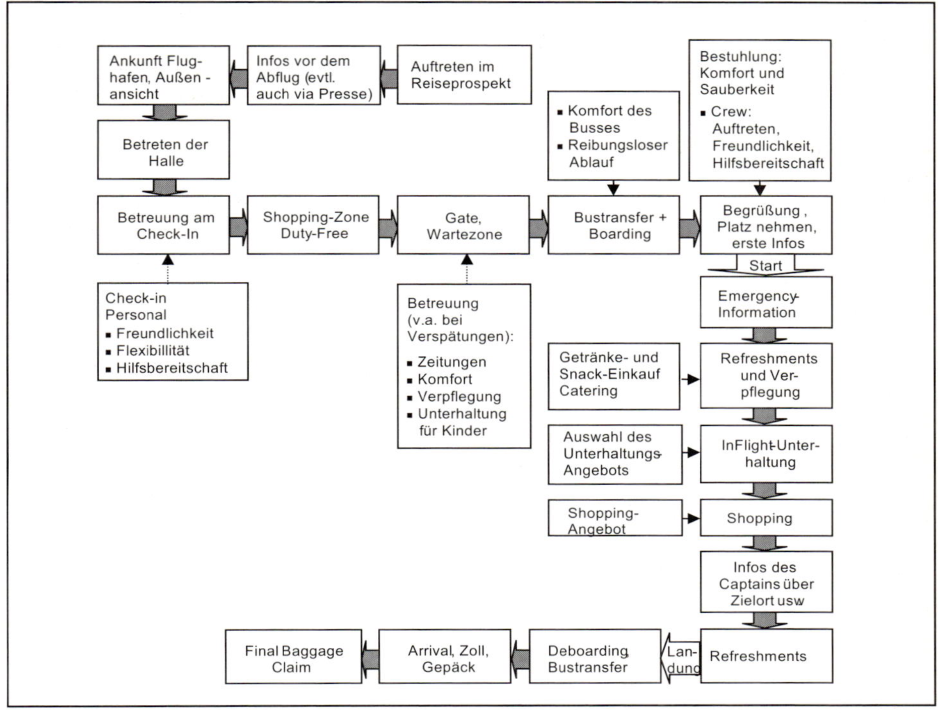

Kundenkontaktpunkte am Beispiel eines Charterfluges (Quelle: Bruhn 2003, S. 114)

analyse verknüpft werden. Wenn es möglich ist, jeden Warenkorb z.B. über eine → Kundenkarte einem Käufer zuzuordnen, spricht man von identifizierten, anderenfalls von anonymen Warenkörben.

III. Analysemethoden: Viele Auswertungsmöglichkeiten von Warenkörben lassen sich direkt in der Datenbank durchführen, z.B. mit Hilfe der standardisierten Datenbankabfragesprache Structured Query Language (SQL). Andere Fragestellungen erfordern die Anwendung weitergehender Methoden der → Datenanalyse.

IV. Auswertung anonymer Warenkörbe: Schon mit aggregierten Scanningdaten (die nach Tagen, Wochen oder sogar Monaten zusammengefasst werden) kann eine Vielzahl von Untersuchungen durchgeführt werden, z.B. Marktbeobachtungen (Abverkaufs-/Marktanteilsanalysen, Preisklassen-/-stellungsanalysen, Sortimentsstrukturanalysen usw.) und Wirkungsanalysen (Werbewirkungsanalyse, Preis-Absatz-/Preis-Promotion-Analysen, usw.). Die Arbeit mit Warenkörben erweitert dieses Spektrum um weitere sehr unterschiedliche Fragestellungen. Als globale Kennzahlen lassen sich z.B. die durchschnittliche Anzahl von Artikeln pro Warenkorb, der durchschnittliche Umsatz pro Warenkorb oder die durchschnittliche Anzahl unterschiedlicher im Warenkorb vertretener Warengruppen errechnen. Warenkörbe bieten auch Ansatzpunkte zur Erkennung von → Verbundeffekten. Direkt lässt sich anhand der Warenkörbe zwar nur die Stärke von Kaufverbünden (→ Verbundkauf) quantifizieren, aber mit diesen sind u.U. Rückschlüsse auf bestehende Nachfrageverbünde möglich. Zum Zwecke der Zielgruppenanalyse können Warenkörbe zudem z.B. mit Hilfe der → Cluster-Analyse zu Gruppen zusammengefasst werden. Als Unterscheidungsmerkmal können dabei zum einen die warengruppenübergreifenden Eigenschaften, wie Umsatz oder Artikelanzahl, zum anderen warengruppenbezogene Merkmale (z.B. „enthält Artikel der Warengruppe X aber keine Artikel der Warengruppe Y") herangezogen werden. Werden die Warenkorbgruppen verschiedenen abstrakten Käufertypen zugeordnet, lassen sich Aussagen über die Zusammensetzung der Kundschaft ableiten.

V. Auswertung identifizierter Warenkörbe: Mit identifizierten Warenkörben sind zusätzliche Auswertungen im Vergleich zum Fall anonymer Warenkörbe möglich. Die *Zielgruppenanalyse* kann z.B. um die Dimension der zeitlichen Verteilung der Einkaufsakte erweitert werden. Zudem ist es denkbar, weitere Informationen über die Käufer zu erfragen und als Unterscheidungsmerkmale bei der B. heranzuziehen. Geographische Informationen könnten dazu dienen, die Besonderheiten von solchen Warenkörben zu ermitteln, für die die Kunden extra einen längeren Weg zurückgelegt haben; demographische Informationen erleichtern z.B. die Untersuchung lebensalterspezifischen Kaufverhaltens.

VI. Anwendungsmöglichkeiten: Die Ergebnisse der B. lassen sich in vielfältiger Weise nutzen. Die → Sortimentspolitik erhält z.B. Anhaltspunkte für die Verteilung der warengruppenbezogenen Nachfrage. Die → Preispolitik kann neben der Gesamtmengenänderung bei einem bestimmten Artikel nun auch die Wirkungen berücksichtigen, die Preisänderungen bei diesem Artikel auf die Zusammensetzung der Warenkörbe und damit auf den Absatz anderer Artikel hat. Die → Platzierungsanalyse profitiert ebenfalls von erkannten Verbundeffekten, genauso wie die → Sonderpreispolitik.

Rainer Olbrich/Carl-Christian Buhr

Bonus, nachträglich gewährter Preisnachlass, für das Erreichen eines bestimmten Umsatzes oder einer bestimmten Abnahmemenge. Häufig werden Boni auch als Umsatzrabatte bezeichnet, da sie nach der in einer bestimmten Periode erzielten Umsatzhöhe gestaffelt sind.

Bonusprogramm, preispolitisches → Kundenbindungsinstrument, bei welchem dem Kunden bei der Inanspruchnahme von Leistungen Bonuspunkte gutgeschrieben werden, die entweder bar oder durch andere materielle Kompensationsangebote eingetauscht werden können. Die Erscheinungsformen von B. sind vielfältig. Teilweise ist das Sammeln der Bonuspunkte auf die Benutzung einer → Kundenkarte beschränkt; in anderen Programmen hingegen existieren zahlreiche Möglichkeiten, Bonuspunkte zu sammeln (z.B. bei den Vielflieger-Programmen der Fluggesellschaften, bei denen sowohl bei der Buchung von Flügen als auch bei Hotelübernachtungen oder Mietwagen-Inanspruchnahmen Bonuspunkte gesammelt werden können). In jüngster Zeit ist ein stärkerer Kooperationstrend (→ Kooperation) im Hinblick auf das gemeinsame Angebot von B. durch Unternehmen unterschiedlicher Branchen bei der Realisation von B. erkennbar. Aus Unternehmenssicht steht neben der Informationsgewinnung oftmals auch ein gewisser Wettbewerbsdruck zur Realisation eines B. im Vordergrund. Dies ist der Fall, wenn sämtliche Hauptkonkurrenten attraktive B. anbieten und diese folglich von der → Zielgruppe nicht mehr als → Zusatzleistung, sondern als dauerhaftes Kaufentscheidungskriterium empfunden wird (z.B. B. der Fluggesellschaften bei Business-Kunden). Für die Akzeptanz des B. aus Kundensicht ist die Höhe des Mehrwertes bzw. Rabattes ausschlaggebend. Die Grenzen der Realisation von B. liegen in der teilweise mit dem Programm verbundenen Informationsüberlastung des Kunden (z.B. durch die Zusendung von Informationen zum Handling des Programms oder neuen Angeboten) sowie der immer schwieriger werdenden Differenzierungsmöglichkeit durch derartige Kundenbindungsangebote. *Vgl. auch* → Kundenbindungsmanagement.

Booklet. Bündelung von → Werbemitteln. Die kleinen Broschüren, i.d.R. im C6- oder Lang-DIN-Format, beginnen auf der ersten Innenseite mit der (den Brief ersetzenden) persönlichen Ansprache, führen dann zu den Angeboten und schließen mit dem Bestellschein oder einer Bestellkarte (technisch durch Papierverdoppelung erreicht). Verschiedene Veredelungen – je nach Druckmaschine – sind möglich: Perforationen, Verklebungen, Folienverschweißungen, Rubbeln usw. Vielseitige → Personalisierung trägt erheblich zur Aufwertung bei. Die logische Abfolge der Werbemittel zwingt den Empfänger dazu, die Werbung in der Reihenfolge zu lesen, wie es vom Werbetreibenden gewünscht wird.

Boston-Effekt, → Erfahrungskurvenmodell.

BOT-Modell, *Build-Operate-Transfer-Modell*; → Anlagengeschäft.

Botschaft, kommunikative, → Kommunikationsbotschaft.

Bottom-up-Budgetierung, → Budgetierung.

Bottom-up-Planung, Planungsmethode bei der die unteren Hierarchieebenen eines Unternehmens Ziele, Maßnahmen sowie Mittel planen und die Ergebnisse an die nächsthöhere Ebene weiterleiten. Auf dieser Ebene werden die einzelnen Punkte koordiniert und zusammengefasst sowie das Ergebnis wiederum eine Ebene höher gereicht, bis schließlich die nächste Managementebene erreicht ist. Das soll am Beispiel der Kommunikationspolitik verdeutlicht werden.

I. B.u.P. und → Integrierte (Unternehmens-)Kommunikation: Eine B.u.P. kommt im Rahmen der Integrierten (Unternehmens-)Kommunikation auf Ebene der einzelnen Kommunikationsfachabteilungen zum Einsatz, wenn diese relativ isoliert den Einsatz der verschiedenen Kommunikationsinstrumente festlegen. Allerdings müssen sie sich dabei an den Festlegungen durch den übergeordneten Managementprozess der Gesamtkommunikation orientieren und durch die Entwicklung eigener Integrationsmaßnahmen dafür Rechnung tragen, dass ein einheitliches kommunikatives Auftreten ermöglicht wird. *Vgl. auch* → Down-up-Planung sowie → Top-down-Planung.

II. B.u.P. und → Budgetierung: Im Rahmen der B.u.P. bilden die Kommunikationspläne der einzelnen Fachabteilungen (z.B. Sponsoring, Mediawerbung) die Grundlage der Budgetierung. Die Abteilungen stellen einen Kommunikationsplan für die Arbeit einer Planungsperiode (i.d.R. ein Jahr) auf, der auf Basis einer Ist-Analyse die Kommunikationsziele der einzelnen Fachabteilungen festlegt und dann eine entsprechende Kommunikationskonzeption erarbeitet. In dieser Konzeption sind Kommunikationsziele, -zielgruppen, -strategien, → -instrumente, -objekte, → -botschaften, → -mittel und der Zeitraum definiert, um eine konkrete Umsetzung der Kommunikationsaktivitäten zu gewährleisten. Aus dem vorliegenden Kommunikationsplan bestimmt sich die Höhe des benötigten Budgets der Fachabteilungen, das wiederum die Höhe des Gesamtbudgets der Kommunikation mitbestimmt.

Boulevardzeitungen, Zeitungen, die vorwiegend auf der Straße (im Kiosk und Straßenverkauf) zum Verkauf angeboten werden. Sie sind durch eine betont populär sensationelle Aufmachung gekennzeichnet und haben zum Ziel, beim Leser durch schockierende Meldungen Neugier und Sensationshunger zu wecken und ihn zum Kauf zu verleiten.

Boutique, kleinflächige → Betriebsform des stationären → Einzelhandels, deren Standort sich meist in Einkaufszentren und Innenstadtlagen befindet. B. sind gekennzeichnet durch ein eingeschränktes Warenangebot, das mit dem eines → Fachgeschäftes vergleichbar ist. Durch eine auffällige und Life-Style-orientierte Ladengestaltung und Warenpräsentation soll eine bestimmte modebewusste und Trend-orientierte Käufergruppe angesprochen werden. B. waren ursprünglich überwiegend in der Modebranche vertreten. Heutzutage ist diese Betriebsform auch als Möbel- oder Schmuckgeschäft anzutreffen.

Brainstorming, Form der → Kreativitätstechnik, bei der in Gruppen kreative Leistungen erbracht werden sollen.

Brainwriting, nicht verbale Kreativitätstechnik, die große Ähnlichkeit mit dem → Brainstorming aufweist. Die Teilnehmer verständigen sich untereinander durch ein sog. Schreibgespräch: jedes Mitglied schreibt die Lösungsvorschläge zum gestellten Problem auf einen Zettel und reicht diesen im Kreis weiter zum nächsten Nachbarn. Dieser gibt seinen bearbeiteten Zettel nach einer bestimmten Zeitspanne wieder zum Nächsten usw. Die Zielsetzung besteht darin, auf der gedanklichen Leistung des Nachbarn aufzubauen und diese weiterzuentwickeln. Ein dreimaliger Tauschzyklus ist gewöhnlich ausreichend, um eine Vielzahl guter Ideen zu produzieren. Der Gruppenleiter kann dann die entsprechenden Ideen lesen, sie auf ein → Storyboard schreiben oder die Gruppe bitten, eine weitere B.-Übung durchzuführen. Der Vorteil des B. besteht darin, dass dem Leiter weniger Möglichkeiten der Beeinflussung eingeräumt werden. Demgegenüber kann sich die fehlende Spontaneität nachteilig bemerkbar machen.

Branche, → Industrieklassifikation.

Branchenklassifikationen, → Industrieklassifikationen.

Branchenkonjunktur, bezogen auf eine definierte Branche mehr oder weniger regelmäßige Schwankungen aller wichtigen ökonomischen Größen wie z.B. Beschäftigung, Kapazitätsauslastung, Produktion u.a. Branchenkonjunkturen können sehr unterschiedlich ausgeprägt sein (Wachstumsbranchen versus rückläufige Branchen).

Branchenmarketing, als Branche bezeichnet man einen spezifischen Wirtschaftszweig (z.B. Energie, Pharma, Chemie). B. bezieht sich darauf, die Branche ggü. spezifischen Zielgruppen in das richtige Licht zu setzen oder konkret zu vermarkten. Ausdruck eines B. könnte etwa sein, wenn die Pharmabranche ihre Bedeutung für die Gesellschaft ggü. Politikern, der Öffentlichkeit usw. zielorientiert herauszustellen versucht.

Branchenmesse, → Messe, auf der das wesentliche Angebot einer Branche bzw. eines Wirtschaftszweiges ausgestellt wird.

Branchenpool. I. Begriff: Ein B. ist die Vereinigung von verschiedenen Branchenadressgruppen zu einer Gemeinschaftsdatei. Ein guter B. ist die Basis für effizientes → Direct Marketing im Business-to-Business-Markt (*vgl. auch* → Business-to-Business-Marketing)

II. Merkmale: Ein B. kann aus den gesamten verfügbaren, gewerblichen, freiberuflichen und sonstigen (nicht privaten) Adressgruppen (z.B. Institutionen, Verbände) gebildet werden oder sich aus einzelnen speziellen Branchenadressgruppen eines bestimmten Zielmarktes zusammensetzen (→ Adresspool). Der Aufbau eines globalen bzw. branchenspezifischen B. als Marketingdatenbank ermöglicht nicht nur die direkte Kommunikation mit den eigenen Kunden, sondern auch mit den Potenzialen des Gesamt- bzw. Zielmarktes, um Neukunden zu gewinnen.

III. Vorgehen: Durch die Entwicklungen in der Datenverarbeitung ergibt sich heute ein breites Spektrum von Möglichkeiten, den Adressen weitere qualifizierende Informationen zuzuordnen. Für eine gezielte Selektion bzw. Ansprache sind primär folgende Informationen relevant: (1) Vollständige Adresse mit zusätzlichem Regionalcode (Land, Reg.-Bezirk, Kreis, Ortsschlüssel), (2) Ansprechpartner, Führungskräfte mit Angabe der Funktion und Anrede, (3) Telefon-/Fax-Nr., (4) Branchencode, (5) Anzahl Beschäftigte (6) Umsatz, (7) Kapital, (8) Rechtsform, (9) Zentral- bzw. Filial-Kennung, (10) Kundenmerkmale, (11) Interessentenmerkmale, (12) Aktionsdaten, (13) Reaktionsdaten.

IV. Beispiele: Gute Beispiele für die Komplexität von B. stellen die Business-Adressangebote der → Adressenverlage dar. Sie informieren umfangreich über die Vielfalt von Selektions-/Sortier- und Ausgabemöglichkeiten. Das Angebot deckt weitestgehend den Gesamtmarkt ab und ist sehr detailliert. Über intelligente Abgleichtools lassen sich ohne Probleme diverse Spezial-Adress-Pools (z.B. EDV-Anwender) mit einem globalen Gesamtmarkt-Pool vernetzen.

Branchenstrukturanalyse, → *Wettbewerbsstrukturanalyse; vgl. auch* → Strategische Planung → Wettbewerbsanalyse, → Wettbewerbsstrategie.

Brand, → *Marke.*

Brand Awareness, *Markenbekanntheit*; notwendige Bedingung dafür, dass sich Konsumenten ein klares → Image von einer → Marke bilden können, das wiederum aus Assoziationen und Bildern, die mit einer Marke in Verbindung gebracht werden, resultiert. Durch eine entsprechende B.A. wird eine Marke bei einer Kaufentscheidung überhaupt erst berücksichtigt, ein Anker zur Befestigung markenspezifischer Assoziationen hergestellt sowie Vertrautheit und Zuneigung bei den Konsumenten geschaffen. B.A. und → Brand Image repräsentieren das Markenwissen des Nachfragers.

Brand Equity, → Markenwert.

Brand Extension, *Markenerweiterung*. Von B.E. spricht man, wenn ein Unternehmen einen etablierten → Markennamen verwendet, um ein neues → Produkt einzuführen. B.E. können sich dahingehend unterscheiden, dass das neue Produkt in einer Produktkategorie eingeführt wird, in der zurzeit die Stammmarke vermarktet wird (d.h. Erweiterung der → Produktlinien) oder die Einführung in eine völlig neue Produktkategorie (d.h. Kategorieerweiterung) erfolgt.

Brand Identity, → *Markenidentität.*

Brand Image, → *Markenimage.*

Brand Leverage, *Markenausweitung*; Bezeichnung für die Benutzung eines etablierten → Markennamens, um ein neues → Produkt in eine völlig neue Produktkategorie (d.h. Kategorieerweiterung) einzuführen. Der Begriff B.L. ist somit eine Teilmenge des Ausdrucks → Brand Extension.

Brand Loyalty, → Markentreue.

Brand Management, → *Produktmanagement.*

Brand Manager, → *Produktmanager.*

Brand Name, → *Markenname.*

Brand Processing, zu den kognitiven Programmen der Produktwahl zählender Vorgang, bei dem ein Konsument im Unterschied zum → Attribute-Processing alternativenweise vorgeht.

Brand/Product Stewardship, *Environmental Stewardship*, dieses Prinzip fordert von allen an der → Wertschöpfungskette des → Produktlebenszyklus beteiligten Organisationen eine unternehmensübergreifende Übernahme der Verantwortung für die Sozial- und Umweltverträglichkeit von ihnen hergestellter Produkte und Dienstleistungen. → Circular Economy, Kreislaufwirtschaft, → Kreislaufwirtschafts- und Abfallgesetz, → Ökologieorientierte Produktpolitik.

BRANDAID-Modell, flexibles Marketingmix-Modell für Konsumgüter. Es berücksichtigt als Bausteine Herstellermaßnahmen, Konkurrenten, Verkäufer, Konsumenten und das Marketingumfeld. Das Modell besteht aus Untermodellen für Entscheidungen zu → Werbung, Preisbildung und für die Konkurrenzanalyse. Es wird durch ein kreatives Zusammenführen von Ermessensentscheidungen, historischen Fakten, Zeitreihenanalysen, Feldexperimenten und adaptiven Steuerungsalgorithmen kalibriert.

Brand-Building, Instrument der → Produktpolitik, mit dessen Hilfe den Abnehmern eine „Produktpersönlichkeit" bzw. → Marke angeboten werden soll, die leicht im Gedächtnis behalten und zum identifizierbaren Einstellungsobjekt gemacht werden kann.

Branding, darunter werden alle Aktivitäten der Auswahl, der rechtlichen Absicherung und des Anbringens eines → Warenzeichens an ein → Produkt oder dessen → Verpackung verstanden. *Vgl. auch* → Warenkennzeichnung.

Brand-Net-Company, repräsentiert ein Geschäftsmodell, bei dem rund um eine starke → Marke (→ Dach-, → Familien-, → Einzelmarke) als Magnet ein Wertschöpfungsnetzwerk gesponnen wird. Dieses Konzept ermöglicht es, kleinen Unternehmen Größenvorteile zu erzielen, Erfahrungen zu nutzen, über die man im eignen Haus nicht verfügt, Technologien einzusetzen, die man nicht selbst entwickelt hat, flexibel zu reagieren, ohne dafür Kapazitäten vorhalten zu müssen und mit begrenzten Ressourcen schnell zu wachsen. Im Hinblick auf die organisatorische Gestaltung der Unternehmung kann das bedeuten, traditionelle Kernbereiche wie Produktion, Vertrieb und Logistik auszulagern, andere Bereiche wie → Forschung und Entwicklung oder Marketing jedoch stärker ins eigene Haus zu holen. Dabei muss gelernt werden, unter Verzicht auf das Eigentum an einer Funktion trotzdem die Kontrolle über diese zu behalten. Die Idee der B.-N.-C. lässt das → Outsourcing von Funktionen in einem völlig neuen Licht erscheinen: nicht mehr die Kostenfrage ist die treibende Kraft, sondern Flexibilität und Geschwindigkeit sind die zentralen Gesichtspunkte für die Entscheidung. Auch Schlüsselbereiche werden ausgelagert, wenn andere sie besser abdecken können. Mit dem Schlüssellieferanten wird dann eine enge Partnerschaft aufgebaut. Bei der Gründung von Firmen wie Virgin, Red Bull oder Nike lag dieses Geschäftsmodell zugrunde.

Break Even-Analyse, *Cost Volume Profit-Analysis, Gewinnschwellenanalyse*; Methode zur Ermittlung der Profitabilität von Handlungsalternativen. Im Rahmen der B.E.-A. wird diejenige Absatzmenge ermittelt, bei der die Gesamtkosten gerade gedeckt sind und ein Ergebnis von Null realisiert wird. Diese Menge wird auch als Break Even-Menge oder kritische Menge bezeichnet. Die Kenntnis des Break Even-Punkts (auch Deckungspunkt, Nutzschwelle, Gewinnschwelle genannt), ist für zahlreiche unternehmerische Entscheidungen von Relevanz. Im Marketingbereich spielen B.E.-A. vor allem bei Preisänderungen, Neuproduktprojekten sowie anderen Investitionsentscheidungen (z.B. hinsichtlich Fuhrpark, Lagerwesen oder Werbekampagnen) eine entscheidende Rolle. Rechentechnisch lässt sich der Break Even-Punkt durch eine Gegenüberstellung der linear verlaufenden Erlöse eines Produktes mit den linear verlaufenden Kosten in Abhängigkeit von der Ausbringungsmenge ermitteln. Ausgehend vom Gleichsetzen der Erlöse (E) mit den Kosten (K) ergibt sich die Break Even-Menge (x_0) im Falle einer Einproduktfertigung als Quotient aus Fixkosten (K_f) und → Deckungsbeitrag je Stück (d). Letzterer stellt dabei die Differenz aus Stückpreis (p) und variablen Stückkosten (k_v) dar. Der Zusammenhang lässt sich damit wie folgt ausdrücken:

$$\begin{aligned} E(x_0) &= K(x_0) \\ \Leftrightarrow p * x_0 &= K_f + k_v * x_0 \\ \Leftrightarrow x_0 &= \frac{K_f}{p - k_v} = \frac{K_f}{d} \end{aligned}$$

Break Even-Menge, → Break Even-Analyse.

Briefform, Gestaltungsparameter im Rahmen eines → Mailings. Aus Sicht des Lesers muss das Mailing folgende Fragen beantworten: Wer schreibt mir? Warum? Welche Vorteile bietet mir sein Angebot? Was muss ich tun, um sein Angebot anzunehmen? Auf diese Fragen muss es für den Briefleser schlüssige Antworten geben, um von einem chancenreichen Werbebrief zu sprechen. Briefe können adressiert, personalisiert oder auch völlig ohne persönliche Anrede sein, wenn z.B. Umschlag oder Antwortkarte die Adresse tragen. Eine Standardanrede („Lieber Leser") ist eine Verlegenheitslösung. Besser ist eine Schlagzeile, mit der der Leser sofort ins Thema gezogen wird. Oder eine sog. „Johnson-Box", ein umrandeter Vorschalttext. Für die Lesbarkeit empfehlen sich kurze Sätze, häufige Absätze und sog. „Stopper" für das Auge: Unterstreichungen, Fettdruck, farbliche Hervorhebungen. Die üblichen Geschäftsbriefbögen sollten – zumindest bei Erstkontakten – nicht als Werbebriefe eingesetzt werden.

Briefing, → Werbeplanung (2).

Broadening, → Non-Profit-Marketing.

Broker. Der Begriff B. hat seinen Ursprung in den USA. Im Rahmen des→ Direkt Marketing bezeichnet er Firmen oder Personen, die als → Makler oder Vermittler auf fremden Namen fremde Adressen mieten oder vermieten. Die so gehandelten Listen stammen vordergründig aus Kunden- oder Interessentendateien verschiedener Versandhäuser. Aber auch Dateien von Verlagen, Finanzdienstleistern, Auskunfteien und diversen anderen Unternehmen werden gehandelt. Es kann sich hierbei sowohl um Privat- als auch um Firmenadressen handeln. Der B. berät aufgrund seiner umfassenden Marktkenntnis die Adresseneigentümer (Listeigner) im Hinblick auf eine optimale Vermarktung ihrer Adressen (→ Listbroking). Er überwacht und kontrolliert die Vermarktung und die Einhaltung der Datenschutzbedingungen in seiner Einflusssphäre (→ Datenschutz). In vielen Fällen verwaltet er treuhänderisch die zur Vermietung bestimmten Dateien verschiedener Adresseneigentümer (Listeigner). Der B. unterstützt darüber hinaus die verschiedenen Anmieter von Dateien mit einer qualifizierten Beratung bei der Auswahl geeigneter Listen, deren Anmietung und Optimierung. Auch hier führt, überwacht und kontrolliert er die Abwicklung einzelner Aktionen. Der B. ist damit ein wichtiges Bindeglied zwischen Adresseigentümern (Listeignern) und Anmietern.

Browser, → WorldWideWeb.

Bruttobetrieb, → Marketing für öffentliche Betriebe.

Bruttoerlös, Produkt aus Absatzmenge und Bruttopreis (Preis vor → Erlösschmälerungen (Boni, Skonti, Rabatte usw.)). *Gegensatz*: → Nettoerlös.

Bruttoetatisierung, → Marketing öffentlicher Betriebe.

Bruttokontakte, → Mediaplanung (2).

Bruttonutzenziffer, *Gross Margin Return on Inventory (GMROI)*; → Kennzahl in Handelsunternehmen, die als Steuerungsgröße im Rahmen der → Sortimentspolitik Verwendung findet. Sie ist ein Rentabilitätsmaß, das anhand des Produkts aus Handelsmarge (= Bruttogewinn/Umsatz) und dem Lagerumschlag (= Umsatz/durchschnittlicher Lagerbestand) berechnet wird.

Bruttoreichweite, → Reichweite, → Mediaplanung (2).

BS 7750, British Standard, → Umwelt-Audit.

Buchführung, mentale, → Mental Accounting.

Budgetierung, I. Begriff: Aufstellung, Verabschiedung, Kontrolle sowie → Abweichungsanalyse von Budgets, d.h. geplanten monetären Sollgrößen für bestimmte Organisationseinheiten.

II. Zweck: (1) Planungszweck (Budgets als Ergebnis der Planung mit Vorgabecharakter), (2) Koordinations-/Steuerungszweck (aufeinander abgestimmte Budgets zur Förderung eines optimalen Verhaltens aller Organisationseinheiten), (3) Motivationszweck (Budgets als Zielvorgabe bei gleichzeitigem Offenlassen von Handlungsspielräumen), (4) Kontrollzweck (Budgets als Maß für die Zielerreichung). Budgets stellen damit insgesamt ein wichtiges Instrument des → Controlling dar.

III. Merkmale: Die wesentlichen Differenzierungsmerkmale von Budgets sind: (1) Bezugsobjekt (Budgets für Funktionen, Prozesse, Produkte, Regionen, Projekte (horizontale Betrachtung) oder Budgets für verschiedene Ebenen in der Unternehmenshierarchie (vertikale Betrachtung)), (2) Geltungsdauer (z.B. Monats-, Quartals-, Jahres-, Mehrjahresbudgets), (3) Wertdimension (z.B. Ausgaben-, Kosten-, Deckungsbeitrags-, Umsatzbudgets), (4) Verbindlichkeitsgrad (Budgets als feste Vorgabe oder als Orientierungsgröße).

IV. Verfahren: Zur Aufstellung von Budgets gibt es unterschiedliche Methoden: (1) Top-Down-Budgetierung, ist dadurch gekennzeichnet, dass der Planungsweg von oben nach unten (also progressiv) verläuft. Höhere Hierarchieebenen geben hierbei die Budgets für untere Ebenen vor. Im Gegensatz dazu steht die (2) Bottom-Up-Budgetierung, bei der der Planungsweg von unten nach oben (also retrograd) verläuft. Die Budgetvorschläge werden hierbei auf unterer Hierarchieebene entwickelt und dann auf höherer Ebene diskutiert und abgestimmt. Da mit beiden Verfahren gewisse Vor- und Nachteile verbunden sind, werden sie in der Planungspraxis oftmals kombiniert eingesetzt ((3) Gegenstromverfahren). Erfolgt die B. losgelöst von Vergangenheitswerten spricht man vom → Zero Base Budgeting.

Budgetkontrolle, Phase des Budgetierungsprozesses (→ Budgetierung). Sie umfasst die laufende Überwachung der Einhaltung eines Budgets auf Basis des Vergleichs der budgetierten mit den realisierten Größen.

Bulletin Board System, *(BBS).* Computer, auf dem Nachrichten und Dateien auf einem elektronischen schwarzen Brett (Bulletin Board) abgelegt werden können. Das BBS kann von anderen Computern angewählt werden, eingestellte Daten können abgerufen sowie neue Daten können eingestellt werden. BBS operieren grundsätzlich unabhängig von Internet, betreiben aber meist eine → Website. Weltweit existieren mehr als 40.000 BBS.

Bumerangeffekt, → Reaktanz.

Bund Deutscher Schauwerbegestalter e.V. (BDS). Der BDS ist eine Interessenvertretung für Angestellte, Auszubildende und Selbständige. Er fördert die Kommunikation mit der Displayindustrie, den Behörden, dem Handel, den Verbänden und den Schauwerbegestalter/innen und Merchandiser/innen. Darüber hinaus bietet der BDS seinen Mitgliedern Informationen zu Rechtsfragen, Informationen zu Markttendenzen sowie das bedeutendste Archiv in Sachen Schauwerbung. Weitere Informationen finden sich unter www.bds.schauwerbe.de.

Bund Deutscher Werbeberater und Werbeleiter (BDW), 1998 umbenannt in → Kommunikationsverband.de

Bundesdatenschutzgesetz, regelt den Umgang mit personenbezogenen Daten. Es setzt die Rahmenbedingungen, in denen personenbezogene Daten erhoben, verarbeitet und genutzt werden dürfen. „Zweck dieses Gesetzes ist es, den Einzelnen davor zu schützen, dass er durch den Umgang mit seinen personenbezogenen Daten in seinem Persönlichkeitsrecht beeinträchtigt wird.“ (§ 1 I BDSG). Jeder hat das Recht auf Auskunft über die zu seiner Person gespeicherten Informationen, den Zweck der Speicherung und über die Personen und Stellen, an die regelmäßig Daten übermittelt werden. Alle öffentlichen und nicht-öffentlichen Stellen, die selbst oder im Auftrag personenbezogene Daten verarbeiten, müssen technische und organisatorische Maßnahmen zur Einhaltung der Gesetzesanforderungen treffen. In der Praxis gehören dazu die Maßnahmen zur Transparenz und Kontrolle aller Prozesse zur Verarbeitung und Speicherung der Daten i.w.S. Die Notwendigkeit der Kontrolle der Einhaltung des → Datenschutzes in Staat und Wirtschaft steigt, da die sich rasant entwickelnde Informationstechnologie vereinfacht Informationssammlung und Verwertung, und der Informationsbedarf in Staat und Wirtschaft wächst.

Bundesverband deutscher Anzeigenblätter e.V. (BVDA). Der BVDA unterstützt Werbe- und Mediaagenturen bei der Erstellung von Mediaplänen. Die Interessen der Mitglieder – Deutschlands Anzeigenblattverleger – werden durch ihn in Fachausschüssen der Werbewirtschaft sowie durch Lobbyarbeit ggü. der Politik auf nationaler und europäischer Ebene vertreten. Sämtliche Mitgliedsverlage (2003: 199 Verlage mit insgesamt 749 Titeln) unterliegen der Auflagenkontrolle der Anzeigenblätter (ADA). Die ADA ist jedoch keine verbandliche Instanz des BVDA. Der BVDA unterstützt seine Mitglieder durch einen Informationsdienst bezüglich rechtlicher Belange und Aktivitäten von Agenturen und Großkunden. Ferner vertreibt und pflegt der Verband das Anzeigenblattplanungsprogramm BVDA-TOPline. Ein interner Pressedienst, strategische Planung und die Auswertung von Studienergebnissen runden das Aktivitätsspektrum ab. Weitere Informationen finden sich unter www.bvda.de.

Bundling, → Preisbündelung.

Bürgerbefragung, stellt ein wichtiges Instrument zur Erzielung einer höheren Bürgerorientierung bzw. Bürgernähe öffentlicher Betriebe dar (z.B. durch Fahrgastbefragungen im öffentlichen Personennahverkehr zur Optimierung der Linienführung). Die Vorgehensweise bei Planung, Durchführung und Auswertung erfolgt analog zu gängigen Methoden und Verfahren der → Marketingforschung. Das Instrument der B. wird bisher noch selten im Rahmen eines systematischen → Marketing für öffentliche Betriebe eingesetzt. Es gewinnt im Rahmen der auf breiter Ebene vorzufindenden Bestrebungen nach mehr Effektivität und Effizienz öffentlicher Betriebe und durch die zunehmende → Wettbewerbsorientierung öffentlicher Betriebe durch → Privatisierung zunehmend an Bedeutung.

Burnett-Lifestyle-Forschung, → Lebensstil.

Bürokratie, *bürokratische Organisation*; bezeichnet einen Typus von Organisation, bei dem Herrschaft auf rational geschaffenen, verstehbaren Regeln beruht. Die B. ist insbesondere durch die folgenden Merkmale charakterisiert: Das Handeln der Mitarbeiter ist an Regeln gebunden (Regelgebundenheit), so dass es im Idealfall für jede Entscheidungssituation eine vorher schriftlich festgelegte Handlungsregel gibt, die in der Organisationsstruktur festgelegt sind. Alle Weisungs- und Kontrollbefugnisse sind in hierarchisch über- und untergeordneten Stellen klar geregelt (Amtshierarchie). Die räumliche und sachliche Kompetenzverteilung zwischen diesen Stellen ist formal abgegrenzt, was gleich bedeutend mit der Spezialisierung der Mitarbeiter ist. Für alle Vorgänge besteht das Prinzip der Aktenmäßigkeit, d.h. die interne und externe Kommunikation erfolgt durch Briefe und Formulare und Entscheidungen werden schriftlich dokumentiert. Die Stellen in der Organisation werden nach Fähigkeit und Fachwissen besetzt.

Bürokratieansatz, Organisationstheoretischer Ansatz und Vorläufer der soziologischen Organisationsanalyse. Besonders prominent sind der B. Max Webers und der administrative B. Fayols. Im B. Max Webers wird die Organisation als Herrschaftsform aufgefasst. Die Herrschaft stützt sich etwa auf Charisma, Tradition oder Gesetz. Das Hauptproblem ist die Legitimation dieser Herrschaft. Der administrative B. Fayols befasst sich mit der organisatorischen Gestaltung eines Gesamtunternehmens. Er unterscheidet Teilaufgaben bzw. Teilfunktionen des Managements. Er betont zudem die Amtsautorität und das Kontrollelement. Aus dem Prinzip der Einfachunterstellung (eine Personen wird maximal einem Vorgesetzten unterstellt) entwickelt er das sog. Einliniensystem.

Business Environment Risk Index, Index zur Messung zunächst des geschäftlichen Klimas in etwa fünf Anlageländern, der im Jahre 1972 erstmals vorgestellt wurde. Inzwischen wurde der Business Environment Risk Index zu einem umfassenden Informationssystem erweitert, innerhalb dessen auf Basis von Ein- und Fünfjahresprognosen verschiedener Experten-Panels drei Komponenten des Auslandsrisikos gemessen werden: (1) das Geschäftsklima mithilfe des sog. Operation Risk Index, (2) die politische Stabilität anhand des sog. Political Risk Index sowie (3) der sog. Rückzahlungsfaktor (R-Faktor). Der Operation Risk Index (ORI) basiert auf einem etwa 100 Führungskräfte umfassenden Experten-Panel, das nach dem Delphi-Verfahren das Geschäftsklima von Ländern beurteilt. Zugrunde liegt dabei ein Scoring-Modell, innerhalb dessen insgesamt 15 unterschiedlich gewichtete Kriterien bewertet werden, wobei jeweils Punktwerte zwischen 0 (nicht akzeptabel) und 4 (sehr günstig) vergeben werden können. Durch Addition der gewichteten Einzelurteile ergibt sich ein Gesamtpunktwert, der die Risikoklasse eines Landes angibt. Maximal können 100 Punkte erreicht werden. Im Rahmen des Political Risk Index (PRI) wird die längerfristige Stabilität eines Landes beurteilt. Auch der PRI ist als Scoring-Modell konzipiert, innerhalb dessen insgesamt 10 Kriterien, die gleichgewichtet sind, auf einer Punkteskala von 0 bis 7 bewertet werden. Zusätzlich können insgesamt 30 Punkte für weitere Faktoren vergeben werden. Der R-Faktor dient der Evaluierung der Zahlungsfähigkeit eines Landes und indiziert damit das Risiko international tätiger Unternehmen, das aus der Notwendigkeit eines Umtausches von Erträgen und Kapital von der Landes- in eine harte Währung sowie dem Rücktransfer dieser Guthaben ins Stammland erwächst. Der R-Faktor besteht aus insgesamt vier Kriteriengruppen, innerhalb derer weitere Unterkriterien existieren. Auch der R-Faktor ist als Scoring-Modell angelegt. Die drei Teil-Indizes können als eigenständige Risikoindikatoren für die Beurteilung von Länderteilrisiken herangezogen werden oder zu einem Gesamtindex – der Profit Opportunity Recommendation (POR) – aggregiert werden. Die Skala des POR reicht von 0 bis 300 Punkten. Je nach Punktwert werden dann Empfehlungen abgegeben, die keine geschäftlichen Transaktionen mit einem Land vorsehen (0-120 Punkte), eine Beschränkung auf lediglich Handel empfehlen (121-160 Punkte), die Investition von geringem Eigenkapital oder Lizenzverträge empfehlen (161-180 Punkte) oder Direktinvestitionen vorsehen (181 - 300 Punkte).

Business Reengineering, *Business Process Reengineering (BPR)*, *Process Reengineering*; bezeichnet einen gemanagten Veränderungsprozess im Unternehmen, der auf die Verschlankung von Geschäftsprozessen und Hierarchien im Unternehmen abzielt. Im Rahmen des B.R. werden folglich die → Aufbauorganisation und die → Ablauforganisation des Unternehmens im Hinblick auf ihre Orientierung an Geschäftsprozessen analysiert, wobei erkannte Defizite optimiert werden.

Business-to-Business-Marktplatz, ist ein physisch nicht existenter Marktplatz, auf dem die Voraussetzungen für die Mechanismen des marktmäßigen Tausches von Gütern und Leistungen mit Hilfe neuer Informations- und Kommunikationstechniken bereitgestellt werden.

Business-to-Business-Werbung, → Werbung.

Business-to-Consumer-Werbung, → Werbung.

Business-TV, Produktion und Verteilung von Fernsehprogrammen für geschlossene Nutzergruppen im geschäftlichen Bereich. Charakteristisch ist die integrative Verwendung verschiedener Technologien wie Audio- und Videotechnologien, Satellitentechnologie, → Internet und EDV-Technologie. Neben der Verteilfunktion von Inhalten umfasst Business-TV auch interaktive Anwendungsformen über einen Rückkanal. Anwendungsbereiche des B.-TV sind integrierte Daten-, Audio- und Videokonferenzen, Mitarbeiterschulung und -weiterbildung sowie die Kommunikation mit Partnern wie Lieferanten, Filialisten, Vertragshändlern.

Business Unit, → *Strategische Geschäftseinheit, Geschäftsfeld (SGE).*

Butterfahrt, → Kaffeefahrt.

Buygrid-Modell, Analysemodell für ein → Buying Center, in dem Zusammenhängezwischen Kaufklassen und -phasen dargelegt werden. *Vgl. auch* → Organisationales Beschaffungsverhalten.

Buying Center, *Einkaufsgremium*; alle Personen und Gruppen, die auf eine bestimmte Art am Einkaufsprozess einer Organisation beteiligt sind. Man unterscheidet in Beschaffungssituationen folgende Rollen: Einkäufer (Buyer), Nutzer (User), Beeinflusser (Influencer), Entscheider (Decisionmaker) und Informationsselektierer (Gate Keeper). Diese Rollen sind allerdings nicht personengebunden. Es ist sowohl möglich, dass ein Mitglied des E. mehrere Funktionen ausfüllt, als auch, dass mehrere Personen identische Rollen übernehmen. Das Einkaufsverhalten von Organisationen hängt in starkem Maße von den individuellen Zielen der Rolleninhaber und den Chancen, diese zu erreichen, ab, sodass zwischen dem tatsächlichen und dem erwarteten Rollenverhalten oft eine Diskrepanz besteht. Zusätzlich existieren noch weitere Rollenkonzepte. Das Promotorenkonzept von Witte hat das Machtpotenzial und Fachwissen der Mitglieder des Einkaufsgremiums zum Gegenstand. Unter den an den Einkaufsprozessen Beteiligten wird zwischen Macht- und Fachpromotoren unterschieden. Das Simplifier-Clarifier-Konzept legt das Informationsverhalten der Mitglieder des E. während des Beschaffungsprozesses zugrunde. Der Clarifier nutzt alle zur

Verfügung stehenden Informationen, um das Risiko beim Einkauf zu minimieren, wohingegen der Simplifier lediglich Informationen in komprimierter Form heranzieht und sich in vielen Fällen auf seine subjektive Wahrnehmung verlässt. Unabhängig davon, welches Buying-Center-Konzept als Bestes angesehen wird, ist es Hauptaufgabe jedes Lieferanten, sich zu informieren, wer dem E. angehört und welche Funktion er bekleidet, damit er die Besetzung seiner Verkaufsabteilung (Selling Center) darauf ausrichten kann. Allerdings können die Besetzungen der Rollen und somit die kaufentscheidungsrelevanten Kriterien von Kaufentscheidung zu Kaufentscheidung differieren.

Buying Network, *Einkaufsnetzwerk*; Erweiterung des Begriffs des → Buying Center um den Aspekt der → Kooperation bzw. der zwischen den Mitgliedern stattfindenden → Kommunikationsprozesse.

BVDA, → Bundesverband deutscher Anzeigenblätter e.V..

BVW, → Betriebliches Vorschlagswesen.

C

C&C-Markt, → Cash & Carry-Markt.

CAAS, Abk. für → Computer Aided Advertising Systems.

CAD, → Computer Aided Design.

Cafeteria-System, der Begriff C.-S. wurde ursprünglich insbesondere in der Personalwissenschaft verwendet. In diesem Zusammenhang bezeichnet C.-S. eine Lohnform, bei der der Arbeitnehmer die Zusammensetzung bestimmter Entgeltbestandteile selbst wählen kann. Ziel dabei ist die Abstimmung der Lohnformen mit den individuellen Bedürfnissen der Mitarbeiter. So bevorzugt ein Mitarbeiter möglicherweise die Bereitstellung eines Firmenwagens im Vergleich zu einer Barauszahlung. In Analogie dazu wird der Begriff C.-S. auch bei der individuellen Zusammenstellung von Teilleistungen durch den Kunden verwendet. Die Einzelkomponenten können dabei i.d.R. in Form eines Baukastensystems miteinander kombiniert werden. Gebräuchlich ist diese Form der standardisierten → Individualisierung beispielsweise in der Automobilindustrie. *Vgl. auch* → Customizing, → Individualmarketing, → Mass Customization, → Relationship Marketing.

Call-by-Call-Verfahren, stellt ein Verfahren dar, bei dem einzelne Telefonverbindungen im Fernbereich über einen Verbindungsnetzbetreiber hergestellt wird. Vor der Eingabe der Zielrufnummer muß die Vorwahl der entsprechenden Telefongesellschaft gewählt werden. Die Nutzung des Service erfolgt dabei, anders als bei der sog. Preselection, ohne Anmeldung oder Vertragsbindung.

Call Center. I. Begriff: Geschäftsbereich eines Unternehmens, das für den telefonischen Kontakt mit den Kunden zuständig ist. Häufig auch als → Outsourcing realisiert.

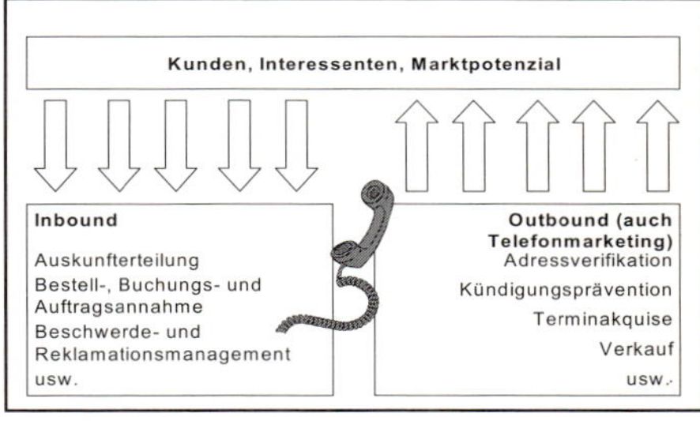

Unterschiede Inbound/Outbound C.C.

II. Arten: Man kann Inbound und Outbound C.C. unterscheiden. In Abgrenzung zum → Telefonmarketing wird mit C.C. meist der Inbound Traffic (vom Kunden zum Unternehmen) bezeichnet, wohingegen Telefonmarketing vor allem Outbound-Gespräche (vom Unternehmen zum Kunden) meint. Die Abb. „Unterschiede Inbound/Outbound" zeigt die beiden unterschiedlichen Arten des Einsatzes von C.C. Inboundgespräche schließen u.a. die Auskunftserteilung, die Bestell-, Buchungs- und Auftragsannahme, das → Beschwerde- und Reklamationsmanagement, den Informationsservice, den Notfallservice, die Schadensbearbeitung und den Supportservice ein.

III. Ziel: Ziel der Einrichtung eines C. C. ist eine dauerhafte Erreichbarkeit des Unternehmens und ein verstärktes Eingehen auf Kundeninteressen. Weitere Ziele sind: (1) Zielgenaue Steuerung des Marketing, (2) Optimierung der Servicequalität, (3) Erhöhung der Kundenbindung, (4) Gewinnung von Neukunden, (5) Verbesserung des Informationsflusses.

IV. Bedeutung: Mit der wachsenden Bedeutung der → Kundenbindung ist das Verständnis dafür gestiegen, den Kunden auch nach dem Kauf zu bedienen. C.C. eignen sich für diesen Zweck sehr gut. Organisatorisch ist das C.C. entweder Inhouse oder wird durch einen externen C.C. Dienstleister betrieben. Die eingehenden Anrufe werden von den Mitarbeitern des C.C. (auch Agents genannt) selbst bearbeitet oder in die Fachabteilungen (Einkauf, Marketing, Produktion, Kundendienst, Verkauf und Verwaltung) weitergeleitet.

V. Vorgehen: Die vom Kunden eingehenden Anrufe werden durch ein Automatic-Call-Distribution-System (ACD) auf freie Arbeitsplätze verteilt. Meist erfolgt eine Verknüpfung der Anrufe mit einem Datenbanksystem. Die Technologie, die dahinter steht, wird mit CTI (Computer-Telefone-Integration) bezeichnet. Dies erlaubt eine Direkteingabe von Daten durch den Agent und die Anzeige von Kundeninformationen während des Gespräches. Nach der Identifikation des Kunden erhält der Agent auf dem Bildschirm eine Übersicht über die Kontakthistorie und meist die Klassifizierung des Kunden. Sollten keine freien Plätze verfügbar sein, erlauben sprachgesteuerte Computersysteme (IVR = Interactive-Voice-Response) die automatische Anrufbeantwortung und -steuerung.

VI. Entwicklung: Die Tendenz geht dahin, dass die Unternehmen versuchen, die klassische Telefonzentrale zum Kundenkommunikationszentrum weiterzuentwickeln. Die zunehmende Verschmelzung mit dem → Internet lässt das C.C. zu einem entscheidenden → Marketinginstrument der Zukunft werden. Die Ziele Kundengewinnung und -bindung lassen sich damit sehr gut verfolgen.

CAO, *Computer Assisted Ordering*; → Electronic Purchasing, → Electronic Data Interchange (EDI).

Captive Audience, (dt.: „gefangenes Publikum") eine Gruppe von Personen, die Kontakt zu einer Werbemaßnahme haben, ohne dass sie die Möglichkeit haben, sich dieser zu entziehen. Ein Beispiel hierfür ist ein Radiospot, der während einer kurzen Unterbrechung im Fußballstadion ausgestrahlt wird.

Captive Broker, bezeichnet einen Börsenmakler (→ Makler), mit dem ein Unternehmen spezielle Vereinbarungen (beispielsweise bzgl. der zu entrichtenden Gebühren) getroffen hat. Der C.B. übernimmt alle Aktivitäten, die sich auf Aktien bzw. Aktienoptionen von Mitarbeitern des betreffenden Unternehmens beziehen (z.B. termingerechte Ausübung von Aktienoptionen, die Bestandteil der Vergütung von Mitarbeitern sind).

Carryover, Effekte des Absatzes einer Periode auf den Absatz in späteren Perioden. Carryover-Effekte werden vor allem durch die Erfahrungen mit einem Produkt bestimmt. Die Erfahrungen eines Konsumenten haben Einfluss auf das Wiederkaufverhalten und über die Mundwerbung auf das Kaufverhalten anderer Konsumenten. Zudem ist der Gebrauch eines Produktes mit dessen Demonstration verbunden, die wiederum ein bestimmtes Verhalten bei bisherigen Nichtkäufern auslöst. Ein negativer Carryover-Effekt wird auch als → Obsoleszenzrate bezeichnet. Jede verkaufte Einheit in einer Periode kann den Absatz zukünftiger Perioden reduzieren, da nur eine begrenzte Menge absetzbar ist. Dies ist z.B. bei Internetanschlüssen der Fall. Der Wunsch nach Abwechslung bewirkt ebenfalls einen Rückgang des Absatzes in zukünftigen Perioden. Dies ist z.B. in der Reisebranche evident. Da Preisforderungen Einfluss auf die Absatzmenge in einer Periode haben, wirken die Preise über die Carryover-Effekte auch auf den Absatz zukünftiger Perioden. Erfolge bei der Einführung eines Produktes wirken als Multiplikatoren für den Absatz in der Zukunft.

Carry-over-Effekt, Wirkungsverzögerungen einer Werbemaßnahme (→ Werbewirkung). Diese Effekte treten auf, wenn z.B. eine Werbemaßnahme in der Periode t realisiert wird und Werbewirkungen auch noch bzw. erst später in der Periode t+s auftreten. In der Abb. „Zeitliche Werbewirkungsverläufe" sind zwei Werbewirkungsverläufe gegenübergestellt, einmal mit und einmal ohne C.-o.-E. Die Werbemaßnahme wird zwischen den Perioden t_0 und t_1 durchgeführt. Während die Zunahme der Absatzmenge ohne C.-o.-E. auf den Durchführungszeitraum beschränkt bleibt und nach Abschluss der → Werbekampagne sofort wieder auf das Ausgangsniveau zurückfällt, steigt die Absatzmenge mit C.-o.-E. im Durchführungszeitraum der Werbemaßnahme an und sinkt nicht gleich nach Abschluss der Werbemaßnahme ab.

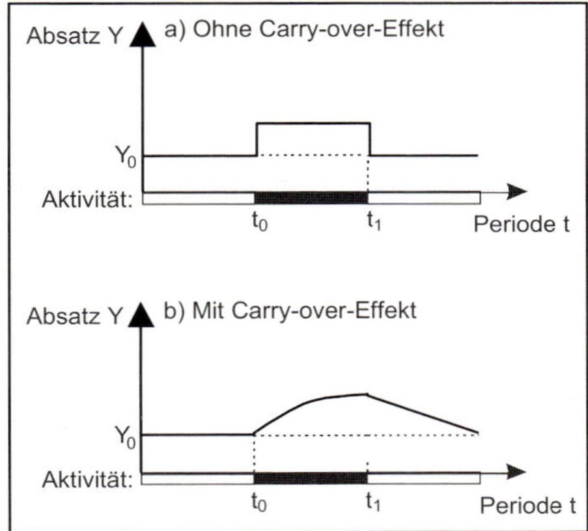

Zeitliche Werbewirkungsverläufe

CAS, → Computer Aided Selling.

Case Manager, bezeichnet einen Manager, der als Bindeglied zwischen dem Kunden und dem Unternehmen einen Kundenauftrag eigenständig abwickelt. Hierzu muss dem Case Manager der Zugang zu allen relevanten Informationen in den verschiedenen Funktionsbereichen des Unternehmens ermöglicht werden. Diese Art der Auftragsbearbeitung eignet sich insbesondere für Unternehmen, deren Produkte relativ komplex sind und daher enge und kontinuierliche Interaktionen mit dem Kunden erfordern.

Cash & Carry-Großhandel, → *Cash & Carry-Markt.*

Cash & Carry-Markt, *C&C-Markt;* → Betriebsform des → Großhandels, die im Lebensmittelbereich weit verbreitet ist. Ein C.&C.-M. ist ein Großhandelsbetrieb, der Wiederverkäufern und gewerblichen Verbrauchern Waren gegen Barzahlung (Cash) und zur Selbstabholung (Carry) anbietet. Durch die Übertragung von Funktionen auf die Abnehmer sollen u.a. Preisvorteile entstehen, die im Wettbewerb der Betriebsformen des Großhandels Verdrängungsspielräume eröffnen.

Cash Cow, → Marktanteils-Marktwachstums-Portfolio, → Portfolio-Modell.

Cash-Flow, finanzwirtschaftliche → Kennzahl, die den in einer Periode ermittelten Zahlungsmittelüberschuss angibt. Der C.-F. dient als Kriterium zur Beurteilung der Finanz- und Ertragslage eines Unternehmens. Vor allem gibt er Auskunft über die Möglichkeit, sich aus eigenen Mitteln zu finanzieren (Innenfinanzierung). Rechentechnisch ist der C.-F. nicht eindeutig festgelegt. So gibt es verschiedene Berechnungsvarianten. Gewöhnlich wird der C.-F. indirekt ermittelt, indem ausgehend vom Periodenergebnis die in der → Erfolgsrechnung enthaltenen, nicht einzahlungswirksamen Erträge (z.B. Zuwachs an Forderungen) subtrahiert und die nicht auszahlungswirksamen Aufwendungen (z.B. → Abschreibungen) addiert werden.

Category Captain, i.d.R. Herstellerunternehmen, das ein Handelsunternehmen in der Gestaltung und Optimierung einer Category (vgl. → Category Management) beratend unterstützt. Häufig werden jene Hersteller als C.C. bestimmt, deren Produkte/Marken einen hohen Sortimentanteil innerhalb der entsprechenden Warengruppe besitzen.

Category Manager, bezeichnet einen Manager, der Aufgaben im Bereich des → Category Management übernimmt.

Category Management, *Kategorienmanagement.* I. Begriff: C.M. bezeichnet eine Form der → Marketingorganisation, die als eine Weiterentwicklung des traditionellen → Produktmanagements gilt.

II. Entwicklung des C.M.: Die Entstehung des C.M. beruht auf den folgenden Problemen und Entwicklungen: Im Rahmen des traditionellen → Produktmanagements kann ein ungesunder firmeninterner Wettbewerb zwischen Produktmanagern, die für unterschiedliche Produkte verantwortlich sind, zu Kannibalisierungseffekten (→ Kannnibalisierung) zwischen diesen Produkten führen. Mögliche Synergien zwischen den einzelnen Funktionen wie Marketing, F&E und Produktion können dann nicht vollständig ausgeschöpft werden. Darüber hinaus führte die zunehmende Macht und Professionalisierung des Handels dazu, dass Handelsunternehmen traditionelle Aufgaben des Produktmanagements (→ Preisfindung, → Werbung, → Merchandising, → Verkaufsförderung) selbst durchführen und damit die Bedeutung der → Produktmanager für einzelne → Produktgruppen eingeschränkt wurde. Wichtiger war es, dem mächtigeren → Handel mit dem Category Manager einen produktgruppenübergreifenden Ansprechpartner gegenüberzustellen.

III. Ziele und Formen des C.M.: Manager aus verschiedenen Funktionsbereichen des Unternehmens versuchen, in Category Teams funktionsübergreifende Synergien zu nutzen. Die Mitglieder der Category Teams sind verantwortlich für die Betreuung bestimmter Produktkategorien (→ Warengruppen). Verschiedene → Marken des Unternehmens werden diesen Produktkategorien zugeordnet, wobei die Zuordnung zu den Kategorien auf der Anwendung der entsprechenden Produkte durch die → Konsumenten beruht. Beispielsweise können verschiedene Marken zu den Kategorien Waschmittel und Körperpflegemittel zusammengefasst werden. C.M. wird sowohl von Herstellerunternehmen als auch von Handelsunternehmen betrieben. Auf Herstellerseite lassen sich unterschiedliche Category Management-Formen unterscheiden (vgl. Hahne 1995, 1997): (1) C.M. als Vertriebseinheit: Hier werden multifunktionale Category Teams oder auch sog. Customer Business Development Groups gebildet, die dem → Vertrieb zugeordnet sind. Diesen Teams können auch Mitglieder aus Handelsunternehmen zugeordnet sein. Die primäre Zielsetzung bei dieser Category Management-Form ist die funktionsübergreifende Abstimmung der Marketing- und Vertriebsaktivitäten auf die Erfordernisse des Handels und die Abstimmung von Produktprogrammüberlegungen (→ Produktprogramm) mit der Sortimentsgestaltung (→ Sortimentspolitik) von Handelsunternehmen (Handelsorientierung). (2) C.M. als Produktgruppenmanagement: Bei dieser Organisationsform wird den → Produktmanagern ein Category Manager als zusätzliche Leitungsinstanz zugewiesen oder der Zuständigkeitsbereich bisheriger Produktmanager wird ausgeweitet. Die primäre Zielsetzung der resultierenden Entscheidungszentralisation ist die → Koordination von Marketing- und Vertriebsaktivitäten der von verschiedenen Produktmanagern geführten Produkte und Marken im Hinblick auf die Bedürfnisse der Endverbraucher (Endverbraucherorientierung). (3) C.M. mit General Management-Kompetenz: Hier wird das C.M. als → Profit Center mit einer umfassenden Gewinnverantwortung organisiert. Die Leiter dieses Profit Centers sind mit relativ hohen Weisungskompetenzen ausgestattet. Sie haben Aufgaben vom → Produktmanagement, der Marketingleitung und teilweise von der Geschäftsleitung übernommen. (4) C.M. als Koordinationseinheit zwischen Marketing und Vertrieb: Bei dieser Organisationsform liegt der Fokus auf der unternehmensinternen Umsetzung und funktionsübergreifenden → Koordination der Anforderungen des → Handels. Die Category Manager haben zur Erfüllung ihrer Koordinationsaufgaben jedoch keine wesentlichen formalen Weisungsbefugnisse.

Literatur: Hahne, H. (1995): Category Management, Die Betriebswirtschaft, 55. Jg., Nr. 6, S. 799-801; Hahne, H. (1997): Category Management: Interface zum Handel, Absatzwirtschaft, 40. Jg., Nr. 3, S. 72-76.

Harley Krohmer

CD, multimedialer Datenträger. Während die CD der ersten Generation lediglich lesbar waren (CD-ROM, Compact Disc Read Only Memory) sind die neuen CD auch beschreibbar bzw. wiederbeschreibbar (recordable, rewriting). Im Gegensatz zu einer herkömmlichen Audio-CD, die zum Abspielen von Schallereignissen (z.B. Musik) dient, können auf einer CD nicht nur Audiodaten, sondern generell computerlesbare Daten (auch Videos oder Programmdaten) in digitalisierter Form gespeichert sein; zum Abspielen benötigt man das CD-ROM-Laufwerk eines Computers. Die CD zeichnet sich durch eine hohe Speicherkapazität aus und eignet sich daher als Trägersystem für große Datensätze. Des Weiteren erlaubt sie das interaktive Selektieren der gewünschten Informationen. Typische Inhalte von CD ROM sind Software, Auskunftssysteme, Lernprogramme, Lexika und Datenbanken, aber auch unterhaltende Contents sowie die Produkt- und Leistungspräsentation von Unternehmen zu Promotionszwecken. *Vgl. auch* → Electronic Commerce, → Electronic Shopping.

CD-I, Compact Disc-Interactive, interaktive CD. Standard für Abspielgeräte im Bereich Multimedia. Diese Hard- und Software für eine bestimmte Form optischer Speicherplattentechnologie kann Audio-, Video- und Textelemente auf einer leistungsfähigen CD kombinieren. In welcher Reihenfolge die gespeicherten Elemente gezeigt werden, bestimmt der Anwender. Der Standard umfasst Methoden zur Codierung, Kompression, Dekompression und Anzeige der gespeicherten Informationen. CD-I-Geräte arbeiten unabhängig von einem Computer und werden in den meisten Fällen an ein herkömmliches Fernsehgerät angeschlossen.

CD-ROM, *Compact Disc Read Only Memory*; multimedialer, i.d.R. nicht wieder beschreibbarer Datenträger. Im Gegensatz zu einer herkömmlichen CD, die zum Abspielen von Schallereignissen (z.B. Musik) dient, können auf einer CD-ROM nicht nur Audiodaten, sondern generell computerlesbare Daten (auch Videos oder Programmdaten) in digitalisierter Form abgespeichert sein; zum Abspielen benötigt man das CD-ROM-Laufwerk eines Computers. Die CD-ROM zeichnet sich durch eine hohe Speicherkapazität aus und eignet sich daher als Trägersystem für große Datensätze. Des Weiteren erlaubt sie das interaktive Selektieren der gewünschten Informationen. Typische Inhalte von CD-ROMs sind Software, Auskunftssysteme, Lernprogramme, Lexika und → Datenbanken, aber auch die Produkt- und Leistungspräsentation von Unternehmen zu Promotionzwecken. *Vgl. auch* → Electronic Commerce, → Electronic Shopping, → DVD (Digital Versatile Disc).

Central Consumption Context, → Consumption Context.

Chancen-Risiken-Analyse, → SWOT-Analyse, → Wettbewerbsanalyse, → Strategische Planung.

Change Management, → *Cultural Change Management*; Veränderungsmanagement in einer → Lernenden Organisation, mit dem Ziel, eine kontinuierliche Verbesserung von Strukturen und Prozessen auf allen Hierarchieebenen unter aktiver Beteiligung der Führungskräfte und Mitarbeiter zu erreichen. Durch das C.M. sollen (starre) Strukturen aufgebrochen, verändert und neu implementiert werden. Der Erfolg des C.M. ist wesentlich vom Einbezug und der Mitwirkung der Mitarbeiter abhängig. Aber auch die → Kommunikation der Veränderungen an unternehmensexterne Interaktionspartner nimmt ständig an Bedeutung zu.

Chaostheorie, beschäftigt sich mit der Analyse nichtlinearer und dynamischer Systeme. Im Mittelpunkt des Erkenntnisinteresses steht die Zielsetzung, scheinbar zufällige und ohne jegliche Ordnung verlaufende Entwicklungen zu erklären und analytisch abzubilden (deterministischer bzw. mathematischer Chaosbegriff). In nichtlinearen Systemen treten positive Rückkopplungen auf, die dazu führen, dass nach einer Störung eines Systemzustandes kein Gleichgewichtszustand erreicht wird. Vielmehr können kleine Veränderungen innerhalb eines nichtlinearen Systems zu großen Ergebnisänderungen führen. Im Rahmen der → Marketingwissenschaft wird die C. seit den 80er Jahren verstärkt bei der Analyse und Erklärung von → Diffusionsprozessen (bei Netzeffektgütern, wie z.B. Telefonen) sowie → Carry-Over-Effekten und in der Forschung zur → Werbewirkung berücksichtigt.

Character Licensing, spezielle Form der Displaygestaltung im Rahmen der → Verkaufsförderung. Dabei werden durch den Erwerb von Produktlizenzen Namen und/ oder

Bildnisse bekannter Charaktere aus Film, Fernsehen oder Literatur verwendet, um die Aufmerksamkeit von Konsumenten hinsichtlich der → Verkaufsförderung am → Point of Sale zu erhöhen.

Chat, Unterhaltungen, die in Echtzeit zwischen zwei oder mehreren Nutzern über das → Internet mithilfe eines Ein- und Ausgabesystems von Daten (z.B. Tastatur und Bildschirm) geführt werden. Für Chats werden Chatrooms genutzt, die meistens einen thematischen Schwerpunkt (→ Community) haben.

Checkliste, *Checklistenverfahren*; Instrument zur Problemstrukturierung und Entscheidungsunterstützung. Durch Auflistung aller für das betrachtete Planungsproblem relevanten Aspekte ermöglicht die Checkliste eine geschlossene, systematische Analyse sowie die Objektivierung und Kontrolle von Ent-scheidungsprozessen z.B. im Rahmen der → Strategischen Planung. *Vgl. auch* → Punktbewertungsmodell.

Cheshire, → Adresslieferformen.

Chi-Quadrat-Test, C.-Q.-Ts sind Tests, die als Prüfvariable eine C.-Q.-verteilte Prüfgröße haben. Man unterscheidet zwischen C.-Q.-Varianztest, C.-Q.-Anpassungstest, C.-Q.-Unabhängigkeitstest und C.-Q.-Homogenitätstest. Der C.-Q.-Varianztest prüft, ob die Varianz einer Zufallsvariablen einer vorgegebenen Varianz entspricht. Der C.-Q.-Anpassungstest prüft, ob die Verteilungsfunktion einer Zufallsvariablen einer gegebenen Verteilungsfunktion entspricht. Der C.-Q.- Unabhängigkeitstest testet, ob zwei diskret verteilte Zufallsvariablen voneinander unabhängig sind. Der C.-Q.-Homogenitätstest testet, ob endlich viele diskret verteilte Zufallszahlen identisch verteilt sind. Der C.-Q-T. ist ein → Signifikanztest und liefert somit immer Aussagen, die mit einer gewissen Wahrscheinlichkeit (→ Signifikanzniveau) richtig sind.

Choffrey/Lilien-Modell, → Organisationales Beschaffungsverhalten.

Churn Rate, *Abwanderungsrate*, wird bestimmt durch die Summe der Kündigungen/→ Abwanderungen einer Periode, dividiert durch den durchschnittlichen Kundenbestand einer Periode. Ein Anbieter mit einer C.R. in Höhe von 25 Prozent verliert demnach in einem Jahr 25 von 100 Kunden, bezogen auf den durchschnittlichen Kundenbestand der betrachteten Periode. *Vgl. auch* → Customer Recovery, → Rückgewinnungsmanagement, → Kundenbindungsmanagement.

CIF-Agent, der C.-A. stellt eine Sonderform des → Handelsvertreters dar. Als Verkaufsvertreter von Ablade- und Überseegeschäften ist er an Importplätzen tätig und berät als Spezialist für bestimmte Waren (z.B. Kaffee, Tee, Gewürze) ausländische Importeure über Angebote, Preise und Lieferbedingungen. Er erhält für seine Geschäftsvermittlung vom ausländischen Händler eine Provision. Der Begriff CIF-Agent selbst beruht auf der früheren Praxis, Waren mit der Lieferbedingung CIF (cost, insurance, freight = Verladekosten, Versicherung und Frachtkosten zahlt der Lieferant) zu exportieren.

CIM, → Computer Integrated Manufacturing.

Circular Economy, *Kreislaufwirtschaft*; Leitprinzip, das darauf gerichtet ist, industrielle Stoffkreisläufe zu schließen.

I. Begriff: Durch einen fortwährenden Wiedereinsatz von Rohstoffen, die aus Produktions- und Konsumabfällen zurückgewonnen und einer erneuten Verwendung zugeführt werden, wird einer Verminderung natürlicher Ressourcenbestände entgegengewirkt. Im Gegensatz zur „Durchflusswirtschaft", welche die hergestellten, verteilten und konsumierten Produkte als Abfälle behandelt und deponiert, werden bei der Kreislaufwirtschaft durch die Phase des → Recycling (→ Abfallverhalten) und der Redistribution (→ Redistributionspolitik) dem produzierenden Gewerbe Sekundärrohstoffe zur erneuten Verwendung zugeführt.

II. Merkmal: Das Prinzip der Kreislaufwirtschaft leitet sich aus der Ökosystemforschung ab, wonach eine dauerhafte Bewirtschaftung mit Rohstoffen nur dann möglich ist, wenn die Interdependenzen (Austauschbeziehungen) zwischen dem ökologischen System (Versorgungs- und Aufnahmefunktion) und dem ökonomischen System (Produktion, Konsum, Recycling) beachtet werden.

III. Maßnahmen: (1) Der Gesetzgeber hat mit dem 1996 in Kraft getretenen → Kreislaufwirtschafts- und Abfallgesetz (KrW/AbfG) den Versuch unternommen, den Einstieg in die Kreislaufwirtschaft festzuschreiben. Dieses Gesetz gibt der Abfallvermeidung vor der Abfallverwertung und -beseitigung Vorrang. Darüber hinaus geht das Gesetz vom Grundprinzip der umfassenden Produktverantwortung von Herstellern (→ Brand/Product Stewardship) aus, d.h. es wird eine betriebliche Kontrolle über geschlossene Stoffkreisläufe gefordert. (2) Hersteller haben die Möglichkeit, über einen produktionsintegrierten Umweltschutz, die Herstellung recyclingfreundlicher Produkte (→ Umweltfreundliche Konsumgüter) sowie durch → Abfallmanagement und den Aufbau von betrieblichen Redistributionssystemen (→ Redistributionspolitik) Stoffkreisläufe zu schließen.

City-Block-Metrik, Abstandsmaß zwischen zwei Punkten im n-dimensionalen Raum. Der Abstand D zwischen zwei Punkten X und Y wird nach der C. folgendermaßen berechnet:

$$D = \sum_{i=1}^{n} |x_i - y_i|$$

x_i und y_i sind die Koeffizienten von X und Y. C.-B.-M. ist eine spezielle Form der → Minkowski-Metrik mit p gleich eins.

City-Light-Poster, → Abribus, → Plakat.

City Marketing, → *Stadtmarketing, kommunales Marketing*. I. Begriff und Hintergrund: Übertragung der Marketingkonzeption auf Städte bzw. Kommunen im Sinne komplexer wirtschaftsgeographischer, verwaltungstechnischer und sozialer Systeme. Ferner kennzeichnet C.M. die Nutzung des → Marketing aus Sicht einzelner Institutionen zur Verwirklichung städtebezogener Ziele. Aus dem Blickwinkel der Stadt- bzw. Kommunalverwaltung ist C.M. die Nutzung des Marketing als umfassender Führungskonzeption. Bei anderen C.-M.-Trägern handelt es sich um ein strategisch relevantes Marketing-Teilprogramm, über das Voraussetzungen zur Erreichung der jeweiligen → Unternehmensziele geschaffen werden sollen. Letzteres lässt sich etwa am Beispiel ortsansässiger → Einzelhändler nachvollziehen. Aber auch für andere im Stadtgebiet angesiedelten Industrie- und Dienstleistungsunternehmen ist die Verwirklichung kommunaler Ziele von Bedeutung, um z.B. Mitarbeiter gewinnen und halten zu können. Im Sinne eines ganzheitlichen Ansatzes sollte C.M. allgemein als Marketing zur Verwirklichung kommunaler bzw. städtebezogener Zielsetzungen verstanden werden. Hierbei werden auch umfassendere geographische Einheiten wie Ballungszentren, ggf. auch ganze Regionen, einbezogen.

II. Herausforderungen eines C.M.: Gestiegenen Ansprüchen aller Akteure (Bürger, Industrie, Gewerbe, Handel) sowie gravierenden Problemen (Verkehrschaos, Kriminalität usw.) steht ein immer engerer finanzieller Spielraum gegenüber. Zu beachten ist dabei zugleich die Tatsache, dass andere potenzielle C.-M.-Träger (z.B. Unternehmen) ihre Entscheidungen vor dem Hintergrund des gestiegenen Kostendrucks zu fällen haben und mithin ein konkretes C.-M.-Engagement oft gering ausfällt. Parallel dazu hat der Wettbewerb um attraktive Unternehmen, aber auch um Bürger, Touristen usw. zugenommen. Der Verwirklichung einer → Wettbewerbsstrategie steht die Tatsache entgegen, dass Städte komplexe und oft nicht klar abgrenzbare soziale Einheiten darstellen, in denen viele unterschiedliche Akteure wirken. Damit verbindet sich die Herausforderung, der Heterogenität der vielfältigen C.-M.-Ziele, insbesondere auch dem Spannungsfeld kommerzieller und nicht-kommerzieller Institutionen und Ziele gerecht zu werden. Es besteht die Gefahr, dass Prozesse einer konzertierten C.-M.-Politik im Lichte konfligierender Interessen und/oder bedingt durch eine ausgeprägte Trittbrettfahrer-Mentalität versanden und die Verwirklichung von C.-M.-Zielen primär in den Verantwortungsbereich der Stadtverwaltung gestellt wird. Im kommunalen Sektor ist z.T. mit Akzeptanzbarrieren ggü. dem C.M. zu rechnen, vor allem bei öffentlichen Akteuren oder – aufgrund des Ressourcenverzehrs eines C.M. – auch bei den Bürgern. Des Weiteren fehlt es kommunalen C.-M.-Trägern oft an Knowhow bzgl. C.M. Schließlich darf im Blick auf die Notwendigkeit einer z.T. langfristigen Planung des C.M. nicht übersehen werden, dass gerade Akteure der Kommunalpolitik oft zu einem kurzsichtigen Denken in Legislaturperioden neigen.

III. Umsetzung des C.M.: Dreh- und Angelpunkt eines C.M. ist der Versuch, ein Netzwerk von C.-M.-Trägern aufzubauen. Gleichgültig, von welchen Akteuren hierbei Impulse ausgehen, sollte es gelingen: (1) Vertreter aller relevanten Gruppierungen (Industrie, Gewerbe, Handel, Kunst und Kultur, Wissenschaft, Verwaltung usw.) zur Mitwirkung zu gewinnen und diese (2) in ein Netzwerk zu integrieren, in dessen Zentrum eine leistungsfähige Arbeitsgruppe aus Vertretern der Stadtverwaltung steht. Neben einem professionellen Projektmanagement muss auch die Entwicklung einer effizienten Netzwerk-Kultur gelingen. Basis hierfür könnte z.B. ein C.-M.-Kompetenzzentrum bilden, das für das gesamte C.-M.-Netzwerk eine Unterstützungs- und Controllingfunktion übernimmt und sich aus Marketingspezialisten aus den beteiligten C.-M.-Trägern rekrutiert sowie über fest angestellte Spezialisten verfügt. Der erste Schritt zur Umsetzung ist die Formulierung eines strategischen Orientierungsrahmens, in dem globale Zielvorstellungen, allgemeine strategische Stoßrichtungen und zentrale C.-M.-Grundsätze festgehalten sind. Die klassische Marktforschung, über welche die Bedürfnisse der relevanten Akteure aufgespürt werden können, bildet hier eine Grundlage. Es erscheint zudem erforderlich, die klassische Marktanalyse um dialogische Ansätze zu ergänzen, über die zugleich eine aktive Problemsensibilisierung und -aufklärung der verschiedenen Zielgruppen erfolgt, um möglichst frühzeitig eine nachhaltige Interessensartikulation zu provozieren. Innerhalb eines C.-M.-Netzwerkes muss darauf geachtet werden, dass vor dem Hintergrund unterschiedlicher Interessen aller Betroffenen frühzeitig ein breit angelegter Ideenwettbewerb stattfindet. Das Ringen um einen interessenspluralistischen C.-M.-Ansatz ist als Kernaufgabe der Identitätsfindung im Rahmen einer strategisch ausgerichteten Corporate Identity- bzw. City-Identity-Politik zu begreifen. Hierbei geht es darum, alle Akteure auf eine gemeinsame Vision für die Stadtentwicklung einzuschwören und auf dieser Grundlage ein starkes Wir-Gefühl zu erzeugen. Eine wichtige Rolle spielt hierbei eine klare → Positionierung im Meinungsbild aller internen und externen Akteure. In einem Leitbild gilt es, zusätzliche relevante C.-M.-Grundsätze festzuhalten. Das C.-M.-Leitbild stellt sowohl für die weitere Ausarbeitung einer C.-M.-Konzeption als auch für die Schaffung geeigneter Voraussetzungen für die Verwirklichung von C.-M.-Programmen eine Orientierungsgrundlage dar. Als geeignetes Modell für die Ausgestaltung einer Stadt- bzw. C.-M.-Kultur mag dabei etwa das zuvor skizzierte Netzwerk-Bild für → Public Private Partnerships dienen. Hierbei über die Sicherstellung eines kooperativen Klimas unter den Akteuren konkrete Kooperationsstrukturen aufzubauen, ist auch unter dem Gesichtspunkt der Gewährleistung einer in sich schlüssigen und widerspruchsfreien Identitätsvermittlung von Bedeutung. Es gilt, eine über alle C.-M.-Träger hinweg → Integrierte Kommunikation sicherzustellen, um ein hohes Maß an Glaubwürdigkeit und Vertrauen zu erreichen. In Verbindung mit der Festlegung eines strategischen Rahmens ist eine fundierte → Situationsanalyse von Bedeutung (Analysephase). Herausforderungen ergeben sich vor allem in inhaltlicher Hinsicht, da sich die Komplexität des Gestaltungsbereiches eines C.M. auch in den nötigen Informationsaktivitäten niederschlägt (bzgl. der zahlreichen kommunalen Anspruchsgruppen und ihrer Wahrnehmung der Stadt, der spezifischen Strukturen, Stärken und Schwächen der Stadt und ihrer „Mitbewerber“, der relevanten Rahmenbedingungen und ihrer zukünftigen Entwicklung usw.). Es lassen sich dann in einem weiteren Schritt konkrete C.-M.-Handlungsprogramme definieren (Ziel- und Strategiephase). Angesichts der Vielfalt und Heterogenität von Institutionen, die Träger und Zielgruppe eines C.M. sein können, besitzen, → Differenzierungsstrategien (Schaffung eines Profils an „Standortkompetenzen“ zur Differenzierung ggü. anderen Städten), → Diversifikationsstrategien (z.B. Streuung der angesiedelten Branchen zur Senkung der Abhängigkeit von spezifischen Branchen) oder auch → Innovationsstrategien (z.B. Angebot von Beratungsleistungen für ansiedlungswillige Unternehmen) eine hohe Bedeutung. Die Maßnahmenphase des C.M. umfasst die Ausgestaltung eines schlüssigen Marketingmix. Im Mittelpunkt steht hier die Angebots- und Servicepolitik, d.h. die Schaffung anspruchsgruppenadäquater kommunaler Leistungskonzepte (beispielsweise Infrastruktur, Stadtbild, Serviceangebote, Kulturlandschaft usw.). Aber auch die → Kommunikationspolitik (Städte-PR (→ Public Relations), → Werbung, Auftritte im → Internet und auf → Messen usw.), die → Distributionspolitik (→ Standortplanung, Verkehrsführung, Dienstleistungsvertrieb via Internet usw.) und die → Preis- und Kontrahierungspolitik (Gebührenpolitik, Hebesätze, innovative Zahlungsmodi usw.) spielen im Marketingmix eine Rolle. Die Implementierungsphase des C.M. zielt vor allem auf die Schaffung geeigneter personeller und institutioneller Voraussetzungen ab. Im Anschluss an die Realisationsphase des C.M. stellt sich in der Kontrollphase die Aufgabe einer permanenten Erfolgskontrolle auf strategischer und operativer Ebene. Hier sind der Identifikation und → Operationalisierung geeigneter → Kennzahlen für das C.M. entsprechende Aufmerksamkeit zu schenken.

Literatur: Klee, A./Meissner, S./Wiedmann, K.-P. (2000): City-Marketing: State of the Art und Gestaltungsperspektiven, Hannover.

Klaus-Peter Wiedmann/Alexander Klee

Claim Management, → Anlagengeschäft.

Clear Payment, *direktes Entgelt*, besitzt vor allem im Kontext der preispolitischen Entscheidungen öffentlicher Betriebe Bedeutung (→ Marketing für öffentliche Betriebe). Er kennzeichnet ein vom Bürger zu entrichtendes Entgelt, das einer erbrachten Leistung direkt und in voller Höhe zuzurechnen ist (z.B. Gebühren für die kommunale Müllentsorgung). Die Bestimmung der Entgelthöhe für Leistungen öffentlicher Betriebe orientiert sich bei Vorliegen eines C.P. nicht selten schwerpunktmäßig an gängigen Prinzipien der → Preisfindung, wie sie auch im privatwirtwirtschaftlichen → Marketing herangezogen werden (→ Preispolitik). Bisweilen werden hier jedoch auch bei C.P. stark, durch bestimmte öffentliche Ziele motivierte, „politische Preise“ gesetzt. Häufig sind bei öffentlichen Unternehmen und vor allem bei öffentlichen Verwaltungen freilich indirekte Entgelte vorzufinden, bei der Bereitstellung von → Kollektivgütern sind sie sogar zwingend: Staatliche Leistungen wie etwa die Landesverteidigung oder die Sicherung der Währungsstabilität werden – scheinbar „unentgeltlich“ – ohne direkte monetäre Gegenleistung des Bürgers erbracht; sie werden über Steuern und Abgaben aus dem allgemeinen Budget öffentlicher Körperschaften finanziert. Die Festlegung der Steuern und Abgaben erfolgt aber nicht durch z.B. die öffentliche Verwaltung als Teil der Exekutive, die die Leistung erbringt, die mit diesen indirekten Entgelten finanziert werden, sondern durch die Legislative (Bundestag usw.). Die Erbringung der Leistung und die Festsetzung des Entgeltes dafür sind also institutionell getrennt – eine Preisfindung im privatwirtschaftlichen Sinne findet hier nicht statt bzw. kann nicht stattfinden.

Clearing Geschäft, Ausprägung eines → Kompensationsgeschäftes in der Form einer Finanzkompensatzion Clearing-Abkommen werden i.d.R. zwischen Regierungen von Ländern mit Devisenmangel und -bewirtschaftung abgeschlossen. Solche Verträge sehen vor, dass die beteiligten Länder während eines festgelegten Zeitraums Waren- und → Dienstleistungen zu einem bestimmten Wert voneinander abnehmen. Angestrebt wird der wertmäßige Ausgleich zwischen → Exporten und → Importen der beteiligten Länder am Ende des vereinbarten Zeitraums. Die Abrechnung der einzelnen Transaktionen erfolgt dabei über Verrechnungskonten bei den Außenhandels- oder Zentralbanken der Beteiligten in sog. Clearing-Dollar, welche den Charakter von Verrechnungseinheiten haben. Dadurch braucht keines der beteiligten Länder harte Devisen bereitzustellen. *Vgl. auch* → Internationales Marketing.

Click Through Rate, → Online Banner.

Clickstream Analyse, Instrument zur Marktforschung im Internet. Die C.A. verfolgt eine virtuelle „Fußspur" des Users im Online-Angebot eines Anbieters bzw. zwischen Online-Angeboten verschiedener Anbieter. Mithilfe spezieller Skripte auf dem Internet-Server kann nachträglich ermittelt werden, welche Internetseiten der Nutzer aufgesucht hat. Auf diese Weise können indirekt Rückschlüsse auf Nutzungsstile und Nutzungsmotive der User gezogen werden. Eine potenzielle Anwendung der C.A. in der Marktforschung ist die Identifikation von optimalen „Navigationspfaden", an deren Ende der Aufruf einer gewünschten Seite (z.B. ein Bestellformular) steht.

Clienting, Oberbegriff und Philosophie für ein Unternehmenskonzept, in dessen Kern es um den Aufbau und die Pflege von langfristigen und profitablen → Kundenbeziehungen geht. Die C.-Philosophie kommt insbesondere dadurch zum Ausdruck, dass das Ziel des C. nicht – wie sonst üblich – in einer hohen → Kundenzufriedenheit und → Kundenbindung liegt, sondern die Hauptaufgabe des Unternehmens darin gesehen wird, die Profitabilität der → Geschäftsbeziehungen des Firmenkunden mit seinen Kunden (→ Customer Profitability) zu steigern. Insofern handelt es sich um ein Konzept, das im Business-to-Business-Bereich angesiedelt ist.

Client-Server-System, → Internet.

Clipping, Methode der Erfolgskontrolle von Maßnahmen des → Public Relation (PR). Bei diesem vielfach in der Praxis angewandten Ansatz erfolgt eine Auszählung von Pressebeiträgen bzw. Erwähnungen des Unternehmens in den Medien. Dabei werden sämtliche Zeitungsartikel über das Unternehmen, sog. C., gesammelt und die Abdruckerfolge einer PR-Aktion, wie z.B. Preisausschreibung oder Pressekonferenz, in Zeilen und Auflagenhöhe dokumentiert. Kritisch zu bemerken ist, dass bei C. lediglich die zahlenmäßige Verbreitung der Pressemitteilung erhoben wird, die Wirkung der PR-Aktion jedoch nicht berücksichtigt wird. Aus diesem Grund werden zunehmend → Inhaltsanalysen in Form von →Medienanalysen durchgeführt.

Closed User Group, → Benutzergruppe, geschlossene.

Club Marketing, Einsatz von → Kunden-Klubs im Rahmen des → Kundenbindungsmanagement.

Cluster Sampling, *Klumpenauswahl*. Auswahlverfahren, bei der die Grundgesamtheit in Stichprobengruppen (Cluster) unterteilt wird. Beim C.S. werden ganze Cluster zufällig als Stichprobe gezogen.

Cluster-Analyse, unter dem Begriff der C.-A. fasst man eine Reihe von Verfahren zusammen, deren Aufgabe es ist, eine bestimmte Menge von Objekten in Gruppen (Cluster) zusammenzufassen. Dabei kommt es darauf an, dass die Gruppen in sich möglichst homogen, die Gruppen untereinander jedoch möglichst heterogen sind. – Zu Beginn der Analyse wird ein Proximitätsmaß definiert, das die Ähnlichkeit bzw. Unähnlichkeit zweier Gruppen angibt. Die Proximitätsmaße lassen sich in vier Gruppen unterteilen: in Korrelationsmaße, Distanzmaße, Ähnlichkeitsmaße und probabilistische Proximitätsmaße. Für eine C.-A. werden hauptsächlich zwei Verfahrensweisen angewandt: Die hierarchischen und die partitionierenden Verfahren. Bei den hierarchischen Verfahren unterscheidet man wiederum agglomerative hierarchische Verfahren und divisive hierarchische Verfahren. Die agglomerativen Verfahren gehen zu Beginn davon aus, dass jedes Objekt eine eigene Gruppe bildet. Ähnliche Gruppen werden dann zu neuen Obergruppen zusammengefasst. Dies wird so lange wiederholt, bis nur noch ein Cluster übrig ist. Die divisiven Verfahren beginnen mit nur einer Gruppe und teilen diese dann in immer kleinere Untergruppen auf. Die hierarchischen Verfahren können in einem → Dendrogramm dargestellt werden. – Bei den partitionierenden C. beginnt man mit einer vorgegebenen Einteilung der Objekte in entsprechende Gruppen. Pro Gruppe wird deren Homogenität anhand des → Proximitätsmaß gemessen. Im nächsten Schritt wird das Objekt ermittelt, dass am unähnlichsten mit der Gruppe ist und einer anderen Gruppe zu geordnet. Dies wird solange durchgeführt, bis die Homogenitätengrade in den Gruppen durch Umgruppierung einzelner Objekte nicht mehr verbessert werden können. Die Ergebnisse von C.-A. sind stark von der methodischen Vorgehensweise und der subjektiven Interpretation geprägt und damit selten eindeutig.

Coaching, Umschreibung einer Führungsfunktion, die in erster Linie die Beratung und Förderung der Mitarbeiter beinhaltet. Der Begriff C. kommt aus den USA und wurde dort zunächst für die psychologische Betreuung von Spitzensportlern eingesetzt, die von fachlich und persönlich geeigneten Beratern durchgeführt wurde. Übertragen auf den betrieblichen Bereich bezog sich C. anfangs auf die Unterstützung von Führungskräften bei der Bewältigung von bestimmten Aufgaben oder persönlichen Problemen. Inzwischen bedeutet C., dass ein Vorgesetzter gemeinsam mit dem Mitarbeiter dessen berufliche Entwicklung plant und fördert, indem er seine Ziele und Wünsche berücksichtigt und anschließend auf ihre Realisierbarkeit hin überprüft. In den letzten Jahren haben sich auch Gruppen- und Teamsettings durchgesetzt, d.h., für funktions- und hierarchiegleiche Mitarbeiter bietet sich das Gruppen-C. an, für Teams von Mitarbeitern das Team-C. („Corporate Team C."). C. dient der individuellen und kollektiven → Personalentwicklung, dem bewussten Reflektieren und Lernen und ermöglicht den Beteiligten Klarheit über Situationen, Entscheidungen, sowie Erfahrungen. In kundenorientierten Unternehmen (→ Kundenorientierung) kom-men der Personalführung bzw. dem C. besondere Rollen zu, da auf diese Weise die Unternehmensphilosophie einer Kundenorientierung intern gelebt werden kann. C. kann somit auch als → Dienstleistung für die Mitarbeiter verstanden werden (→ Interne Kunden), d.h. als ein Angebot, die Geführten bei der Erfüllung ihrer Aufgaben zu unterstützen. Bei dem Konzept des C. ist die Ambivalenz der Dienstleistungspyramide zu beachten: Der Vorgesetzte ist zum einen als Coach für die Weiterentwicklung seiner Mitarbeiter zuständig. Zum anderen muss er gleichzeitig deren Leistungsergebnisse kontrollieren und bewerten. Zur Vermeidung von Rollenkonflikten ist für dieses Führungsverständnis erforderlich, entsprechende Bedingungen innerhalb der Organisation zu schaffen, z.B. durch eine → Unternehmenskultur, die den Mitarbeitern die Möglichkeit zu eigenverantwortlichem Handeln einräumt (z.B. in Form eines → Empowerment) und eine eindeutige Delegation sowie flache Hierarchien strukturell verankert.

Co-Branding, beschreibt eine Marketingstrategie, bei der zwei Marken (i.d.R. von unterschiedlichen Herstellern) ggü. dem Kunden als miteinander verzahnt dargestellt werden. Diese Verzahnung kann bis hin zum Produktdesign reichen, insbesondere wenn externe Services an ein Produkt geknüpft werden (z.B. Automobilhersteller und Versicherungsunternehmen beim Angebot von Autoversicherungen). Die beteiligten Marken profitieren hierbei jeweilig von der Kompetenz des Partners und können außerdem ihre marketingpolitischen Kräfte (Werbebudgets) bündeln.

Cocooning, „sich in einen Kokon einspinnen", von Faith Popcorn propagierter Trend, nach dem sich Konsumenten aufgrund der zunehmenden Technisierung, Bedrohlichkeit und Unkontrollierbarkeit der sie umgebenden Umwelt vollkommen in ihre eigenen „Vier-Wände" zurückziehen möchten und sich eine Wohnatmosphäre zu Hause wünschen, die Vertrauen, Sicherheit und Behaglichkeit vermittelt.

Codierung, → Kommunikation.

Cognitive-Response-Ansatz, → Elaboration-Likelihood-Methode.

Collaborative Filtering, im Rahmen des Einsatzes von Marketing-Experten-Systemen verwendeter methodischer Ansatz der Extraktion relevanter Informationen aus der vorhandenen Datenmenge (Information Filterung) für unterschiedliche Nutzergruppen. Beim C.F. erfolgt die Auswahl und Zusammenstellung der als relevant erachteten Information (z.B. Produktinformationen für die Kunden) nicht nach einem vordefiniertem Regelwerk von Wenn-Dann-Beziehungen (Top-Down-Ansatz), sondern über die registrierten Bewertungen, Präferenzen und Empfehlungen anderer Nutzer (Bottom-Up-Ansatz). Dabei wird jeder neue Nutzer des Expertensystems einer bestehenden User-Gruppe („Affiliate Groups“) zugeordnet, und zwar derjenigen, die die höchste Ähnlichkeit in Bezug auf die geäußerten Präferenzen und das Informationsverhalten des neuen Nutzers aufweist. Bei einer Veränderung der Bedürfnisstruktur des Nutzers korrigiert sich das System selbständig.

Colorama, gehört zur → Außenwerbung und ist ein farblicher hinterleuchteter → Werbeträger (Plakat) im Hochformat.

Colportagegeschäft, (auch: Kolportagegeschäft) ist das Anbieten von Produkten oder Dienstleistungen an der Haustür der (potentiellen) Kunden. In engem Zusammenhang zum C. stehen die sog. „Drückerkolonnen“, dies ist eine Gruppe von Personen, die systematisch in Wohngebieten bei einer Vielzahl von Haushalten zum Zwecke eines (Kauf- oder sonstigen) Vertragsabschlusses ihre Ware anbieten.

Co-Makership, Integration des Zulieferers in den Produktionsprozess des Herstellers (z.B. Smart). Co-M. ist besonders häufig im → Industriegütermarketing anzutreffen. Die → Integration kann dabei soweit erfolgen, dass der Zulieferer aktiv bei der Produktentwicklung mit dem Hersteller zusammenarbeitet.

Comment Card, Instrument zur → Beschwerdestimulierung.

Commercial, → Fernsehspot.

Commission Merchant, → Handelsvertreter.

Commitment, englischer Begriff für Engagement, Einsatz, Verbindlichkeit, Verpflichtung. Im → Marketing werden unter dem Begriff C. → Einstellungen des Kunden oder auch des Anbieters verstanden, die mit den aufgelisteten Attributen in Einklang stehen und im positiven Fall zugunsten des Fortbestandes der → Geschäftsbeziehung wirken. Im Bereich des → Internen Marketing kommt darüber hinaus dem C. der Mitarbeiter ggü. dem Unternehmen eine besondere Rolle zu. Neben dem positiven C. wird die Erscheinungsform des negativen sowie des indifferenten C. unterschieden.

Commodity, steht für hoch standardisierte → Produkte und → Dienstleistungen, die die Nachfrager als weitgehend oder sogar völlig homogen wahrnehmen. Aufgrund der Homogenität der Produkte und Dienstleistungen stellt der Preis das wichtigste und oft in vielen Fällen das einzige Kaufentscheidungskriterium dar. Anbieter von C. bieten sich die zwei folgenden Möglichkeiten: (1) Anbieter können versuchen, bestehende Unterschiede in den Gütereigenschaften hervorzuheben und zu kommunizieren, so dass sich die angebotenen Produkte und/oder Dienstleistungen in der Wahrnehmung der Nachfrager von denen der anderen Anbietern differenzieren. (2) Handelt es sich jedoch um nahezu identische Güter, bleibt nur die Möglichkeit, sich ggü. den Wettbewerbern durch begleitenden Produkte und/oder Dienstleistungen zu differenzieren und nicht über das C. selbst. So kann der Differenzierungsgrad und der Wert des C. z.B. durch begleitende Angebote wie technische Unterstützungen, Schulungen oder verlängerte Zahlungszeiträume erheblich gesteigert werden. Auch bei C. kann durch eine konsequente Ausrichtung der Angebote an den Bedürfnissen der Nachfrager mit dem Ziel, Kundenzufriedenheit aufzubauen und die Kunden an sich zu binden, ein gewisser Preisspielraum geschaffen und Wettbewerbsvorteile realisiert werden.

Commodity-Agreement, internationale Vereinbarung, die vom Im- und Exporteur bei Durchführung eines Warengeschäftes formal akzeptiert wird. Derartige Warenabkommen werden häufig bei Rohmaterialgeschäften getroffen und können u.a. auch den Preis der gehandelten Ware betreffen (Commodity Price Agreement).

Community, → Virtual Community.

Community Marketing. Unter einer Community wird eine soziale Gemeinschaft verstanden, die sich um Interessen und Werte bildet. Communities zeichnen sich somit durch ein gemeinsames Bewusstsein und Verantwortungsgefühl aus sowie durch gemeinsame Rituale und Traditionen. Demzufolge können die Mitglieder einer Community i.d.R. durch das psychographische Merkmal der sie verbindenden Einstellung zu einem Gegenstand gekennzeichnet werden (z.B. Subkulturen wie Brand Communities, die sich auf eine bestimmte Marke konzentrieren). Unter C.M. werden alle Maßnahmen verstanden, die gezielt auf die Bildung und Ansprache einer solchen Gemeinschaft gerichtet sind und die gemeinsamen Wertvorstellungen berücksichtigen. Im Rahmen von C.M. ist es unerheblich, ob diese Gemeinschaften real, d.h. geographisch konzentriert oder virtuell sind (→ Virtual Community). Das gemeinsame Interesse kann einen Verstärkereffekt für die Vermarktung von Produkten und Dienstleistungen bedeuten.

Company Wide Quality Control, *CWQC*; japanisches Konzept des → Qualitätsmanagements, das vor allem auf K. Ishikawa zurückzuführen ist. Es handelt sich um ein dynamisches Konzept, dessen grundlegendes Ziel die langfristige, kontinuierliche Qualitätsverbesserung (→ Kontinuierlicher Verbesserungsprozess (KVP)) ist. Die zentralen Bausteine des Konzepts sind ein partizipatives Management mit besonderer Betonung der → Mitarbeitermotivation und -schulung sowie der Einsatz von Instrumenten der → Marktforschung und Umsetzung der Qualitätserwartungen bzw. → Kundenerwartungen.

Comparative Demo, → Product-Spots. *Vgl. auch* → Gestaltung.

Competitive Bidding, → Submissionsmodell.

Compiled List. Unter C.L. versteht man eine aus diversen Quellen für bestimmte Zwecke zusammengestellte Adressliste (-gruppe). Die Zusammenstellung kann nach unterschiedlichen Kriterien vorgenommen werden. Sie kann nach Altersgruppen, Branchen, Berufen, Interessenschwerpunkten, oder regionalen Schwerpunkten usw., gebildet werden. Im Gegensatz zur C.L. ist die Response-List (R.L.) zu sehen. Eine R.L. setzt sich aus Adressen zusammen, die als Reaktionen auf Direct-Marketing-Aktionen (z.B. Antwortcoupons) zurück kommen. Eine R.L. hat i.Allg. eine höhere Wertigkeit, weil die Reagierer bereits ein gewisses Interesse mit ihrer Reaktion bekundet haben. Die Adressen einer C.L. gelten allgemein als „kalt“. Sie weisen zwar in aller Regel eine gewisse → Affinität zum Angebot auf, haben aber (noch) nicht reagiert. Mit dem Einsatz von C.L. für → Direct Marketing wird allgemein bezweckt, möglichst umfangreich und trotzdem noch zielgenau zu werben.

Complaint Ownership, Konzept aus dem Bereich des → Beschwerdemanagement. Die Kernidee dieses Ansatzes besagt, dass ein Mitarbeiter, der als erster mit einem Kundenproblem konfrontiert wird, zum Eigentümer (Owner) dieses Problems wird, d.h. er ist für die weitere Bearbeitung bzw. die schnelle und vollständige Lösung der → Beschwerde verantwortlich. Falls eine unmittelbare Lösung aufgrund fehlender fachlicher Kompetenz nicht möglich ist, muss der Complaint Owner entsprechende fach- und entscheidungskompetente Mitarbeiter zur Lösung des Problems hinzuziehen. Eng verknüpft mit dem Konzept des C.O. ist die Dezentralisierung von Entscheidungskompetenzen der jeweiligen Mitarbeiter (→ Empowerment).

Complete-Linkage-Verfahren, hierarchisches agglomeratives Verfahren zur Clusterbildung bei der → Cluster-Analyse, wobei von der feinsten Partition iterativ bis hin zur gröbsten Partition geschlossen wird. Beim C.-L.-V. wird die Distanz eines Elements zum → Cluster, durch das dem Element am nächsten liegende Element des Clusters bestimmt. Das Element, dass die geringste Distanz zum Cluster aufweist, wird dem Cluster zugeschlagen.

Compliance Audit, → EMAS, → Umwelt-Audit.

Comprador, spezielle Form eines Handelsvertreters, die in erster Linie im Fernen Osten bzw. in Japan anzutreffen ist. Er ist Teil der internationalen → Vertriebspolitik eines Unternehmens.

Compulsive Buying, zwanghaftes Einkaufen (Kaufsucht). Beschreibt ein Verhalten, bei dem sich der Konsument gegen den Wunsch oder den Trieb, ein bestimmtes Produkt besitzen zu müssen, nicht wehren kann, wenngleich ihm dabei deutlich bewusst ist, dass der Kauf des Produktes großen Schaden anrichten kann, beispielsweise zu einer extremen Überschuldung des Haushalts führt. Zwanghafte Käufer haben trotz der dabei stattfindenden kognitiven Prozesse den Eindruck, diesen Trieb nicht kontrollieren zu können und fühlen sich nach dem Kauf häufig schuldig. Das Konstrukt ist von den → impulsiven Kaufentscheidungen abzugrenzen. Psychische Probleme (z.B. mangelnde Anerkennung im Privatleben) sind häufig die Ursache des zwanghaften Einkaufens.

Compunication, Kunstwort aus „Computer“ und „Communication“, das die interaktive, computervermittelte Kommunikation bezeichnet. Die C. ist gleichzusetzen mit dem Begriff der Telematik.

Computer Aided Advertising System (CAAS), computerunterstützte Systeme zur Beurteilung von Werbeentwürfen und → Anzeigen sowie zur Entwicklung von Vorschlägen zur Optimierung eines → Werbemittels. Etwa mit dem Anfang der 1990er-Jahre wurde am Institut für Konsum- und Verhaltensforschung der Universität des Saarlandes damit begonnen, im Rahmen des CAAS-Forschungsprojektes eine Reihe von Expertensystemen (XPS) zu entwickeln. Zunächst handelte es sich dabei um CAAS-Diagnosesysteme zur Beurteilung von Zeitschriften-, Radio- sowie Zeitungs- und Beilagenwerbung. Zusätzlich beschäftigte sich ein Forschungsteam mit der Erarbeitung eines Systems, das kreative Wege für die Suche nach neuen Ideen zeigt. Dies geschieht über die Erhebung und Speicherung von Primärassoziationen, die vom Kreativen jederzeit abgerufen werden können. Das System dient also zur Anregung der Kreativität und liefert keine fertigen Lösungen. Das CAAS-Diagnosesystem dient sowohl zur Beurteilung von Werbeentwürfen und fertigen Anzeigen als auch zur Entwicklung weiterer Vorschläge zur Optimierung des Werbemittels. Es berücksichtigt → Positionierung durch Aktualität, erlebnisbetonte, sachorientierte und gemischte, d.h. emotionale und informative Positionierung als strategische Kommunikationsziele und bezieht das → Involvement der Konsumenten als Rahmenbedingung ein.

Computer Aided Communication, computergestützte Kommunikation. EDV-basierte Kommunikation, die mit Hilfe von → Offline-Systemen oder → Online-Systemen realisiert werden kann. Bedeutende Ausprägung der C.A.C. ist die → Multimedia-Kommunikation.

Computer Aided Design, *CAD*. Computergestützte Erstellung von technischen Zeichnungen. CAD-Systeme spielen im Bereich der Konstruktion eine wichtige Rolle. Sie ermöglichen den dreidimensionalen Entwurf und die Simulation komplexer Industrieprodukte (z.B. von Bauteilen und technischen Systemen), ersparen die aufwendige Herstellung realer Modelle und reduzieren die Anzahl der notwendigen Prototypen. Im Mittelpunkt steht der eigentliche Konstruktionsprozess mit dem Ziel, exakte Vorgaben für den Produktionsprozess zu liefern und gleichzeitig Datenmaterial für den Bereich CAP (Computer Aided Planning) zur Verfügung zu stellen, das für Vorgaben und Arbeitsprogramme für die produzierenden Systeme genutzt werden kann. Idealerweise sollten CAD-Systeme in Industriebetrieben keine isolierten Lösungen darstellen, sondern vielmehr in umfassende Modelle des → Computer Integrated Manufacturing (CIM) integriert sein.

Computer Aided Selling, *CAS*; Unterstützung des Verkaufs (vor allem auch im → Außendienst) durch elektronische Datenverarbeitung. Der → Verkäufer kann von einem CAS-System zunächst mit Informationen über den Kunden (z.B. bisherige Umsätze mit dem Kunden) versorgt werden. Das CAS-System unterstützt ggf. die Erstellung von Angeboten und die Auftragserfassung. Die erfassten Aufträge können automatisch, im Falle von → Außendienstmitarbeitern ggf. sogar per Datenfernübertragung in den zentralen Auftragsbestand des Unternehmens übernommen werden. Weitere Funktionen von CAS-Systemen bestehen u.a. in der Nachbereitung von Kundenbesuchen durch den Verkäufer und der Auswertung von Daten, die durch den Verkäufer gesammelt wurden.

Computer Aided Telefone Interviewing (CATI), computerunterstütze Telefonbefragung, bei der der Interviewer die Fragen per Computer vorgegeben bekommt und die Antworten schon während der Befragung ins System eingibt. Dadurch sind Abänderungen des Interviewverlaufs während der Befragung möglich.

Computer Assisted Ordering, *CAO*; → Electronic Purchasing, → Efficient Consumer Response (ECR).

Computer Integrated Manufacturing, *CIM*. CIM-Konzepte dienen der prozessbasierten, integrierten Rechnerunterstützung der gesamten Wertschöpfungsaktivitäten eines Industrieunternehmens. Ziel ist die integrierte Erfassung, Planung und Steuerung der betrieblichen Prozesse mit den dazugehörigen Material-, Informations- und Kapitalflüssen, d.h. die informationsorientierte Verknüpfung der fertigungsbezogenen betrieblichen Aufgaben. Die CIM-Grundprinzipien sind die Datenerfassung am Entstehungsort, die zielgerichtete Verfügbarkeit der Daten sowie die Aktualität der Daten. Zu den Bestandteilen von CIM zählen neben dem PPS- (Produktionsplanungs- und Steuerungs-) System und der Fertigungsauftragsverwaltung als Kernbestandteilen auch CAE- (Computer Aided Engineering-), → Computer Aided Design- (CAD), CAP- (Computer Aided Planning-) sowie ferner CAM- (Computer Aided Manufacturing-) und CAQ- (Computer Aided Quality Control-) Systeme. Als Gesamtmodell verknüpft CIM all diese isolierten Anwendungen.

Computeranimateur, → Werbeberufe (14).

Confirmation-Disconfirmation-Paradigma, Grundkonzept der Zufriedenheitsforschung, das die Entstehung von Kundenzufriedenheit aus der Differenz zwischen den Erwartungen der Kunden und den tatsächlichen Wahrnehmungen berechnet. *Vgl. auch* → Expectation-Disconfirmation-Paradigma.

Conjoint-Analyse, die C.-A. ist ein Verfahren, mit dem Teilnutzenwerte eines Objekts aus empirisch erhobenen Gesamtnutzenwerten geschätzt werden. Die C.-A. hat sich im Hinblick auf die Entwicklung eines neuen oder neu zu gestaltenden Produkts oder Dienstleistung stark etabliert. Bei der C.-A. werden im ersten Schritt Präferenzurteile über komplett beschriebene Produktprofile erhoben (d.h. dem Probanden werden verschiedene Alternativprodukte zur Bewertung vorgestellt, anstatt ihn direkt nach Präferenzen für spezielle Komponenten zu fragen). Die Bewertung erfolgt häufig anhand eines → Rangordnungsverfahren. Zur Ermittlung der Teilnutzenwerte aus den Gesamtnutzenwerten wären die metrische und monotone Varianzanalyse, sowie die monotone Regressionsrechnung zu nennen. Die Aggregation der Daten kann schon bei der Bewertung der kompletten Produktprofile geschehen oder aber erst bei den persönlich ermittelten Teilnutzenwerten vorgenommen werden. Beispiele für die Vielfalt ihrer Anwendungsgebiete sind die Gestaltung von Tarifvertragskomponenten, die optimale Gestaltung touristischer Dienstleistungen oder die Ermittlung der Preisbereitschaft von Konsumenten bei umweltfreundlich verpackten Produkten.

Literatur: Herrmann, A./Homburg, Ch. (2000): Marktforschung: Methoden – Anwendungen – Praxisbeispiele, 2. Aufl., Wiesbaden.

Conjoint+Cost-Ansatz, eine Variante des Conjoint Measurements, die neben dem Nutzen, den die einzelnen → Produkteigenschaften den Nachfragern stiften auch die Kosten der Eigenschaftsausprägungen in die Analyse integriert und als weitere Zielgröße neben dem Marktanteil den Gewinn berücksichtigt. Der C.+C.-A. setzt folgende zwei Überlegungen voraus: (1) Festlegung des Marktanteils: Mittels des Conjoint Measurement lassen sich Teilnutzenwerte für einzelne Eigenschaftsausprägungen ermitteln. Unter Verwendung der aus den Teilnutzenwerten errechneten Gesamtnutzenwerte der Güter lassen sich mittels Simulationsmodellen die Marktanteile der einzelnen Güter ermitteln. Hierzu kommen die „Maximum Utility Choice" (MUC)-Regel und die „Bradley Terry Luce" (BTL)-Regel in Betracht. Während die Vorhersage des Marktanteils mit der BTL-Regel dem Prinzip der Verhältniswahl entspricht, gleicht die MUC-Heuristik dem Konzept der Mehrheitswahl. (2) Bestimmung des Gewinns: Aus den Ergebnissen des Conjoint Measurements und einem geschätzten Marktvolumen von V absetzbaren Einheiten lässt sich der geschätzte Umsatz von Gut 1 ermitteln:

$$U_1 = M_1 \cdot V \cdot P_1$$

wobei U_1 der erwartete Umsatz von Gut1 und P_1 der Preis von Gut 1 ist. Anschließend werden allen Merkmalsausprägungen, die im Rahmen des Conjoint Measurement eine Rolle spielen, variable Stückkosten zugeordnet. Die entsprechenden Kosten der anderen Merkmale bzw. deren Ausprägungen und die fixen Kosten erfahren keine Berücksichtigung, da sie für alle aus diesem Modell abgeleiteten Entscheidungen irrelevant sind. Der erwartete Gewinn errechnet sich wie folgt:

$$G_1 = U_1 - k_1 \cdot M_1 \cdot V$$

wobei k_1 die variablen Stückkosten von Gut1 sind. Der errechnete Gewinn G_1 stellt lediglich einen entscheidungsbezogenen Deckungsbeitrag dar. Mithilfe des C.+C.-A. können folgende Fragen beantwortet werden: Wie muss das Unternehmen das Gut 1 variieren, damit es einen maximalen Gewinn erzielt? Welche Eigenschaftsausprägungen von Gut 1 sind zu verändern, damit es einen bestimmten Gewinn erreicht? Wie ist Gut 1 zu modifizieren, damit der Marktanteil eines Konkurrenzgutes um einen vorgegebenen Anteil sinkt? Welche produktpolitischen Aktionen kommen in Betracht, damit sich der Marktanteil von Gut 1 um einen gewünschten Anteil erhöht? Der C.+C.-A. benötigt als Dateninput die Teilnutzenwerte der Merkmalsausprägungen, die Gesamtnutzenwerte der Güter, die variablen Stückkosten der Ausstattungskomponenten und das Marktvolumen.

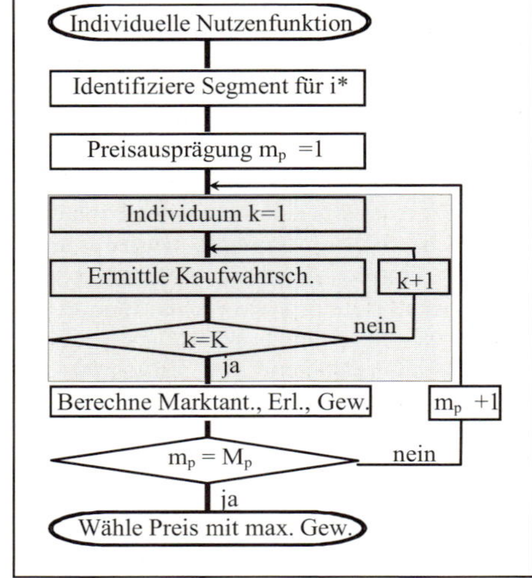

Preisfindungsprozess

Conjoint-Preis-Analyse, Variante des Conjoint Measurement (→ Conjoint-Analyse, Verbundmessung). Vorrangiges Ziel dieser Vorgehensweise ist die Vermeidung der Probleme direkter Abfragen der Wichtigkeit einzelner Produktmerkmale und der Wichtigkeit des Preises. Mittels statistischer Verfahren der multivariaten → Datenanalyse werden aus empirisch erhobenen Gesamtbeurteilungen individuelle Teilnutzenwerte berechnet. In Voruntersuchungen sind die entscheidungsrelevanten Merkmale einer Absatzleistung zu erheben. Diese werden in verschiedenen Kombinationen auf sog. Produktkarten (mit Bildern, Textbeschreibung usw.) oder als Prototypen bzw. Modelle den Probanden präsentiert. Meistens werden Produktkarten verwendet, auf denen die entscheidungsrelevanten Merkmalsausprägungen vermerkt sind. Jede Produktkarte enthält eine mögliche Kombination von Merkmalsausprägungen einer Absatzleistung. Bei einer Sprachreise könnten dies z.B. der Preis, die Art der Unterkunft und die Anzahl der Kursteilnehmer sein. Die zu beurteilenden Objekte sollen von den Probanden in eine Reihenfolge gebracht werden, die ihren Präferenzen entspricht. Dabei bewerten die Probanden die vorgezeigten gesamten Produktalternativen ganzheitlich. Die Besonderheit der C.-P.-A. besteht darin, dass der Preis als Merkmal auf den Produktkarten enthalten ist. Aus den erhobenen (ordinalen) Präferenzen kann für jeden Probanden eine metrische (intervallskalierte) Nutzenfunktion in Abhängigkeit der Merkmalsausprägungen geschätzt werden. Dabei ist die Preishöhe eine der Merkmalsausprägungen, die den Nutzen eines Produktes bestimmen. Im Falle des Preises ist der Nutzen i.d.R. negativ, da es sich aus Sicht des Kunden um ein Opfer handelt. Für die Berechnung der Nutzenwerte ist zuvor das Nutzenmodell zu bestimmen. I.d.R. wird dabei auf ein linear-additives Teilnutzenmodell zurückgegriffen. Darüber hinaus findet aber auch noch das Idealvektormodell und das Idealpunktmodell Anwendung. Das linear-additive Teilnutzenmodell besitzt den Vorteil, dass nominalskalierte Merkmale in die Analyse eingehen können. Dabei ergeben die Teilnutzenwerte einer jeden Merkmalsausprägung auf der Produktkarte in der Summe den Nutzen aus diesem Produkt. Die Teilnutzenwerte werden so geschätzt, dass die hieraus resultierenden Nutzenwerte für die Produktkarten möglichst gut der empirisch erhobenen Präferenzreihenfolge entsprechen. Das Ergebnis der Schätzung ist eine individuelle Nutzenfunktion in Abhängigkeit der Merkmale und des Preises. Dadurch kennt man den Trade-Off (die Austauschverhältnisse) zwischen Preis und (Qualitäts-)Merkmalen eines Produktes. Für die Preisanalyse benötigt man nun eine Entscheidungsregel, damit man das Kaufverhalten modellieren kann. Bei Anwendung der First-Choice-Regel wird unterstellt, dass jeder Proband das Produkt mit dem höchsten Nutzen kauft. Die Attraktionsregel unterstellt einen probabilistischen Zusammenhang zwischen gemessenem Nutzen und dem Kauf, d.h. es werden Kaufwahrscheinlichkeiten bestimmt. Aus diesen Entscheidungsregeln lassen sich die Individualentscheidungen zu einer Preisreaktion aller Probanden aggregieren. Variiert man die Ausprägung des Preises, erhält man für jede Preishöhe die Anzahl der Käufer bzw. den Marktanteil für ein bestimmtes Produkt. Die Ergebnisse können als Punkte auf der → Preis-Absatz-Funktion interpretiert werden. Die C.-P.-A. wird in der Praxis zunehmend und vielfältig eingesetzt. Die Vorgehensweise ist in der Abb. „Preisfindungsprozess" schematisch für ein Produkt i* dargestellt. Die Basis für die Berechnung des gewinnmaximalen Preises bilden die mit dem Conjoint Measurement geschätzten individuellen Nutzenfunktionen. Kritisch sind allerdings die impliziten Annahmen über die Nutzenfunktion zu beurteilen. Ein linear additives Nutzenmodell unterstellt z.B. vollständig kompensatorische Eigenschaften. Insbesondere bei Dienstleistungen existieren sog. K.O.-Kriterien, wie z.B. mangelnde Freundlichkeit, die nicht durch den Vorteil eines anderen Merkmals der Dienstleistung wieder wettgemacht werden können. Darüber hinaus werden weder Budgetrestriktionen der Konsumenten noch situative Faktoren einer Kaufentscheidung formuliert, wie z.B. der Zeitdruck. Generell ist die Validität der Schätzung in Frage zu stellen, wenn viele Merkmale für die Kaufentscheidung relevant sind. Die Einbeziehung vieler Merkmale führt aufgrund der hohen Zahl von Produktkarten, die ein Proband beurteilen muss, zu dessen Überforderung. Make or Buy-Entscheidungen werden ebenfalls nicht abgebildet. Dies ist wiederum bei Dienstleistungen besonders wichtig, da dort die Angebote auf einem Markt häufig durch Eigenleistungen ersetzt werden. Die Nichtberücksichtigung von Konkurrenzreaktionen (diese werden i.d.R. ceteris paribus behandelt) auf die Preispolitik einer Unternehmung schränkt die Aussagekraft einer C.-P.-A. stark ein. Diese und andere, nicht erwähnte Kritikpunkte mahnen zur Vorsicht und Sorgfalt beim Einsatz der C.-P.-A.

Literatur: Simon, H. (1992): Preismanagement: Strategie, Analyse, Umsetzung, 2. Aufl., Wiesbaden; Woratschek, H. (1998): Preisbestimmung von Dienstleistungen,

Markt- und nutzenorientierte Ansätze im Vergleich, Frankfurt/Main.

Herbert Woratschek

Consideration Set. Die Menge derjenigen Produkte, die nach einer Vorauswahl in den engeren Kreis der Kaufalternativen aufgenommen werden. Die Bildung eines solchen Sets wird von mehreren Variablen beeinflusst: Zum einen fallen *Suchkosten* an. Je mehr Zeit und finanzieller Aufwand zur Informationsbeschaffung von Nöten sind, desto kleiner wird die Vorauswahl der Kaufalternativen. Ähnlich verhalten sich die Opportunitätskosteen und Evaluationskosten, die jeweils bei der Erstellung des C.S anfallen. Die Höhe dieser Kosten steht in einem negativen Zusammenhang zur Größe des C.S. Ebenso lassen sich die Präferenz eines Konsumenten für eine bestimmte Marke oder Variety-Seeking in ein Verhältnis zum C-Set setzen. Während eine starke Markenpräferenz den Umfang der Vorauswahl deutlich einschränkt, haben sog. Variety-Seekers sehr große und dynamische C.S.

Consumer Behaviour, → Konsumentenverhaltensforschung.

Consumer Promotion, Maßnahme der → Verkaufsförderung (Promotion), die auf den Endverbraucher (Consumer) gerichtet ist.

Consumer Relation, → *Kundenbeziehung*; *vgl. auch* → Relationship Marketing, → Kundenmanagement.

Consumerism, Verbraucherbewegung in den USA, die die Interessen der Konsumenten in der Öffentlichkeit durchsetzen möchte und bessere Gesetze und Regelungen zum Verbraucherschutz fordert (→ Konsumerismus).

Consumption Context, kultureller Kontext, in dem ein Produkt konsumiert wird. Der C.C. besteht aus einer Reihe sich ergänzender Produkte, die der Konsument in einer bestimmten Weise miteinander verbindet, um eine Aufgabe zu lösen bzw. eine → Motivation zu befriedigen. So kann beispielsweise auch ein Wohnzimmer einen solchen C.C. darstellen. Hier gebraucht der Konsument komplementäre Produkte, wie die Möbel, den Fernseher, die Zeitung, die Fernbedienung usw., um fernzusehen. Die grundlegende Hypothese im → Cross Cultural Research lautet, dass die unterschiedlichen C.C. mehr oder weniger stark von kulturellen Werten und Normen geprägt werden. Beispielsweise stellt das Weihnachtsessen eine Konsumbegebenheit dar, die sehr intensiv von der Kultur eines Landes beeinflusst wird. Der C.C. kann als Kontinuum mit den beiden Extrempunkten „Central" (d.h. zentraler, großer Einfluss der kulturellen Regeln und Gepflogenheiten) vs. „Peripheral Consumption Context" (d.h. periphere, geringe Kulturgebundenheit) betrachtet werden. Die Stärke des kulturellen Einflusses ist nun dafür verantwortlich, inwieweit eine ausländische Innovation angenommen wird. Für ein ausländisches Gut, das im „Central Context" konsumiert wird, werden hohe Barrieren bzgl. der Akzeptanz des Produktes erwartet und daher wird eine standardisierte Vermarktung in dem betreffenden Kulturumfeld wenig Aussicht auf Erfolg haben. Ausländische Innovationen, die im „Peripheral Context" konsumiert werden, sehen sich dagegen auch bei standardisierter Vermarktung geringen Hemmschwellen am Markt gegenüber.

Content-Analyse, → *Inhaltsanalyse*, → Medienanalyse.

Content Management, Management der Inhalte von für die Nutzer/Kunden relevanten medialen Angeboten, insbesondere Management der Beschaffung und Pflege der Inhalte von Informationssystemen.

Content Provider, stellen Kunden gesammelte, selektierte, systematisierte und kompilierte (in Pakete verpackte) Inhalte auf einer eigenen Plattform zur Verfügung. Die Inhalte werden teilweise in personalisierter Form bereit gestellt und können unterhaltender, informierender oder bildender Art sein.

Content Sponsoring. Ein Content-Sponsor übernimmt das Sponsoring eines bestimmten Contentbereichs einer → Website. Der Sponsor ist auf der → Website mit seinem Logo, einem Banner oder einem Hyperlink im gesponserten Content-Bereich vertreten. Es wird dabei ein gesamter Content-Bereich positiv besetzt.

Content Syndication, Mehrfachverwertung von Internet-Inhalten. Mögliche Erlösquelle für Site-Betreiber neben Online-Werbung, → E-Commerce und der Bezahlung von Inhalten durch die User.

Continuity Clubs. Durch C.C. erfolgt eine Einbindung der Kunden durch ein Endlos-Serien-Angebot. Der Kunde bestellt ein Exemplar einer Zeitschrift, eines Buches usw., und erhält in regelmäßigen Abständen einen Folgeband zugeschickt. Das Konzept ist darauf ausgerichtet, dass die Serie endlos ist. Die Kündigungsfristen derartiger Clubs sind unterschiedlich. Der psychologische Effekt der Verbundenheit zielt darauf ab, dass der Kunde nicht innerhalb eines laufenden Prozesses aussteigen möchte. Der Erfolg derartiger Ansätze ist unterschiedlich.

Contract Manufacturing, *Lohnherstellung, Vertragsfertigung, Lohnveredelung.*

Contracting, Bezeichnung für den Abschluss eines Rahmenvertrages zwischen unternehmensinternen Kunden und Lieferanten im Rahmen von → Service Level Agreements (SLA).

Contracting Out, → Public Private Partnership.

Controlled Circulation, *Kontrollierter Vertrieb*; Vertriebsform im Zeitschriftenmarkt, bei der die → Zeitschriften nach einer vorgegebenen Zielgruppendefinition an eine Zielgruppe kostenlos vertrieben werden. Die Vorteile der C.C. liegen in geringen Streuverlusten für die Anzeigenkunden sowie einer themenbezogenen Ansprache der Leser durch Redaktion und Vertriebswerbung. Um die Streuverluste bei den Zielgruppen möglichst gering zu halten, müssen die Versandlisten der C.C.-Publikationen regelmäßig geprüft werden. Die Finanzierung der C.C.-Publikationen erfolgt ausschließlich durch Anzeigenwerbung, die aufgrund der hohen Zielgruppengenauigkeit für die Werbetreibenden besonders attraktiv ist. Die Grundvoraussetzung des C.C. liegt in der kontinuierlichen Pflege von Empfänger- und Adressdatenbanken mit klar definierter und selektierbarer Merkmalsstruktur. In Deutschland findet die C.C. bislang primär bei Fachzeitzeitschriften statt, sie setzt sich inzwischen aber auch bei einigen Special-Interest-Titeln durch. Es gibt zwei Arten der C.C.: (1) Mit dem vordergründigen Ziel der Gewinnung neuer Abonnenten werden vom Verlag selektierte Lesegruppen kostenfrei und unregelmäßig beschickt. (2) Im Rahmen eines qualifizierten, rücklaufbezogenen Zielversands werden die Leser in regelmäßigen Abständen durch schwerpunktbezogene Befragungen mit unterschiedlichen Merkmalen klassifiziert.

Controller, Träger des → Controlling. Seine Aufgabe besteht im Wesentlichen darin, Controlling-Werkzeuge bereitzustellen bzw. anzuwenden, die zur systematischen Planung, Kontrolle sowie Informationsversorgung dienlich sind und damit einen Beitrag zur Erreichung der aufgestellten Ziele leisten. Dies umfasst z.B. die Implementierung von Planungsinstrumenten wie → Scoring-Modelle und → Target Costing, die Durchführung von Kontrollen in Form von → Abweichungsanalysen und die Bereitstellung von → Informationssystemen für das Management. Die Einordnung des C. in die betriebliche Hierarchie wird in der Praxis sehr unterschiedlich gehandhabt. Grundsätzlich ist bei der Einordnung zu überlegen, ob die Stelle des C. als Liniencontroller mit Weisungsbefugnis oder als Stabscontroller mit nur beratender Funktion ausgewiesen wird. Weiterhin ist zu entscheiden, ob die Controllingaufgaben von einer einzigen Stelle wahrgenommen (Zentralcontroller) oder Teile der Aufgaben dezentral angesiedelt werden (dezentraler C.).

Controlling, uneinheitlich gebrauchter Begriff, für den sich bis heute keine klare und allgemein anerkannte Definition durchsetzen konnte. Kern des Begriffs ist das englische Verb „to control“, das mit steuern, lenken oder regeln übersetzt werden kann. Der eigentliche Begriffsinhalt des C. geht damit weit über das hinaus, was eine bloße Gleichsetzung mit dem deutschen Wort „Kontrolle“ bedeuten würde. Während man unter Kontrolle nämlich nur die Durchführung eines Vergleichs versteht, umfasst C. den gesamten Prozess von Planung über Durchführung und Kontrolle bis hin zur Reaktion auf etwaige Abweichungen. Diesen Prozess zu erfüllen, stellt letztlich eine Aufgabe des Managements selbst dar (funktionales Controllingverständnis). Unterstützt wird es hierbei vom → Controller, der eine Art Service- oder Lotsendienst leistet (institutionelles Controllingverständnis). Die wesentlichen Ziele des C. lassen sich damit wie folgt beschreiben: (1) Sicherung und Erhaltung der Adaptions- und Antizipationsfähigkeit der Führung, indem Informationen über bereits eingetretene Veränderungen des Umfelds bzw. über mögliche zukünftige Umfeldveränderungen bereitgestellt werden; (2) Sicherung der Reaktionsfähigkeit des Unternehmens, indem den Entscheidungsträgern u.a. ein effektives Planungs- und Kontrollsystem zur Seite gestellt wird; (3) Verbesserung der Koordinationsfähigkeit der Unternehmensführung durch Abstimmen der einzelnen Subsysteme der Führung wie Ziel-, Organisations-, Personalführungs-, Informations-, Planungs- und Kontrollsystem.

Controlling-Audit, Überprüfung des → Controllingsystems. Dabei geht es insbesondere um eine Überprüfung der Controllingziele, des Einsatzes der Controllinginstrumente und der Controllingorganisation hinsichtlich der Umfeldbedingungen bzw. -veränderungen. Das C.-A. kann i.d.R. in drei Phasen gegliedert werden: (1) Analyse/Bewertung, (2) Zielplanung/Strategieentwicklung, (3) Umsetzung/Anpassung.

Controllingsystem, Konkretisierung der Controllingkonzeption. Maßgeblich für die Ausgestaltung des C. sind zum einen die Controllingziele, zum anderen die Controllingfunktion (gedankliche Zusammenfassung der Controllingaufgaben). Auf dieser Basis gilt es im Rahmen eines C., Controllingaufgaben, -organisation und -instrumente festzulegen, d.h. sozusagen zu bestimmen, wer wo was womit und wie „controlled“ (→ Controlling). Die Überprüfung des Systems erfolgt mittels → Controlling-Audit.

Convenience Good, Gut des täglichen Bedarfs, bei dem der Kunde z.B. aufgrund des niedrigen Preises die ‚Kosten‘ von etwaigen Preis- oder Qualitätsvergleichen (zurückzulegende Wegstrecken, aufzuwendende Zeit für die Informationssuche usw.) höher einschätzt als den daraus resultierenden Nutzen. Mithin unterbleiben zumeist derartige Vergleiche. Zu den Convenience Goods gehören für viele Konsumenten z.B. große Teile der angebotenen Lebensmittel. Eine Zuordnung ist jedoch stets subjektiv.

Convenience Store, → Betriebsform des → Einzelhandels. Kleinflächige Geschäfte mit einer Verkaufsfläche bis ca. 350 qm. Sie werden nach dem Selbstbedienungsprinzip geführt und verfügen über ein straffes, bequemlichkeitsorientiertes Sortiment mit einem Schwerpunkt im Lebensmittelbereich und i.d.R. mit einem zusätzlichen Service-Angebot, z.B. Bestellung auf Wunsch usw.

Conversion Rate, Umwandlungsrate von Besuchern einer → Website zu tatsächlichen Käufern.

Co-Op, klassische Form des Verbundmailings (→ Mailing). Bündelung von mehreren Anbietern, die gemeinsam eine → Direct-Marketing-Aktion starten. Ein C. ist meist eine Sammlung von etwa zehn Responsekarten, die aus Kosten- und teilweise auch → Cross-Selling- und Cost-Sharing-Gründen gemeinsam an einen Kunden geschickt werden.

Co-Producer, beschreibt die Rolle des Kunden im Rahmen der → Dienstleistungserstellung. In der → Prozessphase überträgt der → Dienstleistungsanbieter seine Leistungsfähigkeiten auf den Kunden. Der Kunde ist somit an der → Dienstleistungserstellung zumindest teilweise beteiligt. Ohne ein gewisses Maß an Aktivität kann der → Dienstleistungsanbieter die Dienstleistung (→ Dienstleistung, Begriff der) also nicht bzw. nur fehlerhaft produzieren. Richtet sich ein Kunde nicht an den Wunsch des Friseurs, den Kopf ruhig zu halten, kann ein schlechter Haarschnitt die Folge sein. Im Gegensatz dazu können viele Sachgüter ohne Beteiligung des Kunden produziert werden. Neben dieser Rolle als Mit-Produzent hat der Kunden im Rahmen der → Dienstleistungserstellung auch noch eine zweite Rolle: die des Verbrauchers bzw. des Konsumenten der mit seiner Hilfe erstellten Dienstleistung. Der Haarschnitt ist an ihm erstellt worden. Der Kunde ist somit Produzent und Konsument der Dienstleistung (→ Prosumer).

Co-Promotion, → *Kooperativ-Promotion.*

Copy Test, *Pretest.* Kommunikationswirkungsmessung. Insbesondere werden Werbemittel, Verpackungen und Display-Material vor der eigentlichen Einführung getestet. → Spezielle Testdesigns in der Marktforschung.

Copy-Strategie, *Gestaltungsstrategie*; stellt einen umfassenderen Ansatz als die → Positionierung dar. Sie ist Basis und Ausgangspunkt für die Visualisierung und Verbalisierung der zu vermittelnden → Werbebotschaft. Die C.-S. ist durch drei Bestandteile gekennzeichnet: (1) Customer Benefit (Kundennutzen): Bei der Festlegung des Kundennutzens geht man davon aus, dass ein (potenzieller) Kunde ein → Produkt oder eine → Dienstleistung als nützlich (Nutzen stiftend) empfinden muss, um es zu kaufen. Der Nutzen kann durch sehr unterschiedliche Eigenschaften gestiftet werden, die sich aus der Bedürfnislage der Kunden bzw. der → Zielgruppe ergeben. Eine C.-S., die vom Kundennutzen des Produktes oder der Dienstleistung ausgeht, hat als → Werbeziel immer auch den Verkauf. Hat eine Kampagne das Ziel, „das Bewusstsein der Bevölkerung zu ändern“, wie die Kampagne „gegen Gewalt“ des Polizeivereins Hamburg, dann tritt der „Kundennutzen“ in den Hintergrund oder verschwindet ganz. Genauer gesagt tritt an die Stelle des Kundennutzens der Nutzen Dritter, so dass letztendlich immer eine Nützlichkeit in der Werbebotschaft zum Ausdruck kommen muss, auch wenn sie sehr „versteckt“ ist. Der Nutzen kann dabei entweder vernunftmäßig (rational: funktionaler Nutzen) oder gefühlsmäßig (emotional: z.B. Anerkennung oder Prestige) entstehen. (2) Reason why (Begründung): Bei der Begründung geht es darum, zwei Dinge deutlich zu machen: Zunächst muss der versprochene Nutzen begründet werden. So wurde z.B. die glattere Rasur eines Doppelklingenrasierers dadurch verdeutlicht, dass man den Rasiervorgang erheblich vergrößert gezeigt hat, womit die Wirkung der beiden Klingen deutlich wurde. Des Weiteren muss begründet werden, dass das von der Zielgruppe gewünschte Verhalten den oben genannten Nutzen stiftet. So bekommt ein Kunde den Nutzen eines Produktes dadurch, dass er es kauft (gewünschtes Verhalten). Ein wesentlicher Punkt bei der Begründung ist die Glaubwürdigkeit. Hier werden bisweilen prominente Persönlichkeiten eingesetzt, um die Glaubwürdigkeit der Argumente zu unterstreichen. (3) → Tonality (Stimmung): Schließlich muss die Werbebotschaft sich auch in der Stimmung, also der „atmosphärischen Verpackung“, niederschlagen und von ihr getragen werden. So wurde die Stimmung der Entspanntheit in der Kampagne „Jever Bier“ durch Dünen und Strand transportiert.

Core Business, → *Kerngeschäft.*

Core Service, → *Kerndienstleistung.*

Corporate Behaviour, in sich schlüssiges Verhalten des Unternehmens ggü. seinen internen und externen Zielgruppen wie Kunden, Mitarbeitern, Kapitalgebern und Lieferanten. Das C.B. zeigt sich u.a. darin, wie Mitarbeiter untereinander und mit externen Zielgruppen umgehen, wie Konflikte gelöst werden, auf Probleme reagiert wird und wie viel Öffentlichkeit und Vertrauen vorherrschen soll. Das C.B. bildet einen Teil der → Corporate Identity und beeinflusst wesentlich die Wahrnehmung des Unternehmensimages und der → wahrgenommenen Dienstleistungsqualität des Unternehmens. Damit das C.B. schlüssig und in sich stimmig ist, muss es sich am Leitbild des Unternehmens orientieren. Durch Kommunikationsaktivitäten, Führungsgrundsätze und Schulungsmaßnahmen lässt sich das C.B. gezielt entwickeln.

Corporate Citizenship, → Gesellschaftspolitische Verantwortung von Unternehmen.

Corporate Communications, Koordinationskonzept der Kommunikation, das der Umsetzung des Identitätsgedankens sowie der Präsentation eines einheitlichen Unternehmensbildes nach innen und außen dient. Während die → Corporate Identity auf der strategischen Ebene konzipiert ist, stellen C.C. die entsprechende Taktik dar. Im Mittelpunkt des C.C.-Konzeptes steht die Verzahnung aller Kommunikationsmaßnahmen eines Unternehmens miteinander, womit das Ziel verfolgt wird, Geschlossenheit in der Kommunikation zu demonstrieren. Von zentraler Bedeutung ist, dass alle internen und externen Zielgruppen des Unternehmens im Rahmen der C.C. berücksichtigt sowie konsequenterweise alle Kommunikationsbereiche in eine Gesamtbetrachtung eingebunden werden. Als Bausteine der C.C. lassen sich sämtliche → Kommunikationsinstrumente anführen, wie Corporate Advertising (→ Mediawerbung), Corporate → Sponsoring, Corporate → Public Relations u.a.m. In gewisser Weise kann das C.C.-Konzept als Vorläufer der → Integrierten (Unternehmens)Kommunikation betrachtet werden. Dies drückt sich u.a. darin aus, dass im Rahmen der C.C. die Notwendigkeit eines nach innen und außen geschlossenen, einheitlichen Auftretens des Unternehmens erkannt und nachgewiesen wurde. Ebenfalls wurde dargelegt, dass sämtliche internen und externen Kommunikationsmaßnahmen in die Entwicklung eines Gesamtkonzeptes der Kommunikation eingebunden werden müssen. Allerdings erfolgen im C.C.-Konzept nur selten konkrete Ansatzpunkte zur Planung und Umsetzung der Koordination verschiedener Kommunikationsmaßnahmen.

Corporate Culture, → *Organisationskultur,* → *Unternehmenskultur.*

Corporate Design. Das C.D. stellt die gestalterische Komponente der → Corporate Identity dar und dient der Visualisierung der Unternehmensidentität. Wiederspiegeln kann sich das C.D. u.a. in Firmensignets, in der Architektur, der Produktgestaltung sowie dem Graphic Design (Gestaltung der Drucksachen, Bekleidungsvorschriften, usw.). Ziel des C.D. ist eine verbesserte Wahrnehmung der ganzheitlichen Identität eines Unternehmens sowie eine bessere Wiedererkennbarkeit und Unverwechselbarkeit seiner Produkte. Ein einheitliches C.D. gewinnt vor allem für stark diversifizierte und expandiere Unternehmen an Bedeutung, bei denen die Vielfalt visueller Ausdrucksmittel häufig Orientierungsschwierigkeiten bei den Konsumenten provoziert. Damit das C.D. seine Aufgabe einer symbolischen Identitätsvermittlung erfüllen kann, darf die Gestaltung nicht dem Zufall überlassen werden. Vielmehr ist es erforderlich, das C.D. aus der Unternehmensphilosophie und Corporate Identity schlüssig und stringent abzuleiten sowie die unterschiedlichen Elemente (Farben, Zeichen, Buchstaben, usw.) systematisch miteinander zu kombinieren.

Corporate Identity, übergeordnetes, integriertes Kommunikationskonzept, das einen strategischen Rahmen für den Einsatz der übrigen kommunikationspolitischen Instrumente festlegt. Unter einer C.I. kann dabei ein Ziel, eine anzustrebende Eigenart/Einmaligkeit/Persönlichkeit eines Unternehmens, die ein Unternehmen unverwechselbar macht, die es damit den relevanten Bezugsgruppen der Umwelt erlaubt, das Unternehmen in seiner Eigenart und Einmaligkeit zu erkennen, die es außerdem den Mitarbeitern eines Unternehmens erlaubt, sich mit dem Unternehmen zu identifizieren, verstanden werden. Instrumente der Corporate Identity Policy zur Erreichung eines länderübergreifend einheitlichen Erscheinungsbildes sind das Corporate Design, die Corporate Communications mit den Bestandteilen Corporate Advertising und Public Relations, sowie das Corporate Behaviour. Gegenstand des Corporate Design ist die Gestaltung von Firmennamen und -zeichen auf Gebäuden, Anzeigen und auf Briefköpfen, die Form der Gebäude selbst sowie sonstige visuelle Elemente, die in enger Beziehung zum Unternehmen als Ganzes stehen. Beim Einsatz des Corporate Design als Element der C.I.-Strategie ist darauf zu achten, dass unterschiedliche Farben, Bilder und Motive in unterschiedlichen Ländern unterschiedliche Bedeutung haben können und in der Lage sind, unterschiedliche Assoziationen hervorzurufen. Gegenstand des Corporate Advertising als Bestandteil der

Corporate Communications ist die Werbung für das Unternehmen als Ganzes. Im Gegensatz zur internationalen → Werbung werden damit nicht nur einzelne Produkte oder Dienst- bzw. Serviceleistungen des Unternehmens beworben. Die internationalen Public Relations als Bestandteil der internationalen Corporate Communications umfassen hingegen alle Aktivitäten zur Festigung und positiven Beeinflussung der Integration und des Ansehens des Unternehmens, wobei sie sich vor allem mit der Gestaltung des Firmenbildes zur Schaffung einer dauerhaften Vertrauensbasis bei den relevanten Öffentlichkeiten mit dem Ziel einer Konfliktminderung beschäftigen. Die Zielgruppen sind jene, deren Interessen sich mit den eigenen kreuzen (z.B. Mitarbeiter, Aktionäre, Gläubiger, Kunden, Medien, Regierungen). Die hohe Relevanz einer umfassenden internationalen PR-Politik ergibt sich daraus, dass multinationale Unternehmen mit nationalistischen Einstellungen und emotionalen Abneigungen konfrontiert sind, die durch die Schaffung eines Vertrauensklimas im politischen und administrativen Umfeld eingedämmt werden sollen. Die Mittel der internationalen Public Relations schließen Geschäftsberichte, Hauszeitschriften, Besuche von Führungskräften sowie Pressekonferenzen ein, die ausnahmslos der Förderung der internen und externen Integration durch Betonung gemeinsamer Interessen dienen. Das internationale Corporate Behaviour als Bestandteil der internationalen Corporate Identity Policy prägt den Verhaltensstil der Mitarbeiter nach innen und außen, wobei intern ein weltweit einheitlicher Unternehmensgeist vermittelt und die Motivation gefördert werden soll und extern ein geschlossenes Bild des Verhaltens angestrebt wird. Hohe Relevanz für das Corporate Behaviour erlangt dabei die Unternehmenskultur, die Werte, Normen, Symbole und kulturelle Artefakte beinhaltet.

Corporate Mission, → Unternehmenszweck.

Corporate Social Responsibility, englisches Schlagwort, das den Trend zu einer stärkeren Berücksichtigung der gesellschaftlichen Verantwortung in den Management- und → Marketingkonzepten privatwirtschaftlicher Unternehmen kennzeichnet. Einen großen Stellenwert nimmt die gesellschaftlichen Verantwortung von Unternehmen z.B. im Konzept des → Gesellschaftsorientierten Marketing ein.

Corporate Team Coaching, Erscheinungsform des → Coaching.

Cost Center, eindeutig abgegrenzte Organisationseinheit, deren Verantwortlichkeit sich in Ermangelung zurechenbarer Erlöse primär auf die Effizienz der Leistungserstellung bezieht. Im Gegensatz zum → Profit Center trägt ein C.C. also keine Erfolgsverantwortung. Dem C.C. werden lediglich klare Vorgaben hinsichtlich der zu erbringenden Leistungen gemacht sowie entsprechende Handlungsspielräume bzgl. des Faktoreinsatzes eröffnet. Das Ziel der Leitung des C.C. besteht somit darin, die Kosten bei festgelegtem Output möglichst gering zu halten. Mögliche Implementierungsfelder für C.C. sind unternehmensinterne Bereiche, wie z.B. Marktforschung und Werbung, die i.d.R. keine Leistungen betriebsextern erbringen. Von daher lassen sich ihnen auch keine Erfolge i.e.S. zuordnen, sondern lediglich bestimmte → Kostenarten.

Cost Driver, → Prozesskostenrechnung.

Cost-per-Inquiry (C.p.I.), deutsch: *Kosten pro Anfrage*. Die C.p.I. berechnen sich, indem die gesamten Aktionskosten durch die Anzahl der eingegangenen Anfragen dividiert werden. Manchmal auch als → Cost-per-Order verstanden, insbesondere, wenn die Anfrage mittels → Call Center direkt in einen Kauf oder eine Bestellung umgewandelt werden kann.

Cost-per-Order (C.p.O.), *deutsch: Kosten pro Bestellung*. Die gesamten Aktionskosten plus den Kosten des → Follow-Up, des → Fulfillment und der Retourenbearbeitung müssen so aufgeschlüsselt werden, dass sie sich einer Bestellung eindeutig zuordnen lassen. Kompliziert wird die Berechnung dann, wenn die bestellten Produkte oder Dienstleistungen in Qualität oder Bestellwert variieren.

Die Kennzahl C.p.O. wird bei Prognosen zur Neukundengewinnung benutzt. Wenn man eine langfristige → Kundenbindung anstrebt, müssen diese Kosten zusätzlich noch in die Kosten pro Bestellung eingerechnet werden. Zur Findung eines genauen Wertes gibt es unterschiedliche Formeln, die so vorgehen, dass sie Teile der Gesamtkosten direkt oder über einen Schlüssel dem einen Auftrag/Kauf zuordnen. Hier spielt auch die Art der → Kostenrechnung des Unternehmens mit hinein.

Cost-per-Reply (C.p.R.), *deutsch: Kosten pro Reaktion*. Die C.p.R. berechnen sich, indem die gesamten Aktionskosten durch die Anzahl der eingegangenen Antworten auf die spezifische Aktion dividiert werden.

Cost-Plus-Pricing, → Kosten-plus-Preisbildung.

Costs of Ownership, Teil der Beschaffungskosten. Die C.o.O. beinhalten neben dem tatsächlich bezahlten Preis für einen Input-Faktor insbesondere Handlingkosten, die vor, während bzw. nach der Nutzung des Input-Faktors entstehen. Wichtige Komponenten sind Kosten der Qualitätssicherung, der Logistik, des Transports, der Lagerhaltung und der Entsorgung. Zusammen mit den Kosten des Lieferantenmanagements (Kosten wie z.B. solche der Lieferantenwahl, der Lieferantenförderung und -bewertung sowie der Pflege der Geschäftsbeziehung) ergeben sie die Gesamtkosten der Beschaffung. Während die Kosten des Lieferantenmanagements vornehmlich unregelmäßig anfallen, sind die C.o.O. durch einen relativ regelmäßigen Anfall gekennzeichnet und insbesondere von der Menge und der Beschaffenheit der bestellten Leistung abhängig. Zur genaueren Bestimmung von Handlingkosten bietet sich vor allem die → Prozesskostenrechnung an.

Counterfeiting, → Nachahmung.

Countertrade, → Kompensationsgeschäfte.

Countervailing Power, Schlagwort, das in erster Linie im Bereich der → Verbraucherpolitik an Bedeutung gewonnen hat und das vor allem auf die Kritik an der einseitigen Machtkonzentration auf Seiten der privaten (Groß-) Unternehmen abstellt. Zentrales Ziel u.a. der Verbraucherpolitik hat es demnach zu sein, eine C.P., also eine „Gegenmacht" auf Seiten der Verbraucher aufzubauen, etwa durch die Förderung der Selbstorganisation von Verbrauchern oder die Einrichtung von Verbraucherabteilungen in Unternehmen als unternehmensinterne „Advokaten" des Verbrauchers. *Vgl. auch* → Consumerism.

Country-of-Origin-Effekte, Image des Herkunftslandes, das einen entscheidenden Einfluss auf Kaufentscheidungen haben kann. Diese sog. Made-in-Images können dazu führen, dass völlig identische Produkte mit lediglich unterschiedlichen Herkunftsbezeichnungen von Nachfragern unterschiedlich beurteilt werden. Beispielsweise gelten deutsche Erzeugnisse in vielen Ländern als qualitativ hochwertig. Zu unterscheiden von diesen Made-in-Images sind Made-by-Images, die die Einstellungen bzgl. bestimmter Hersteller kennzeichnen.

Coupon, Mittel der → Verkaufsförderung. Wertgutschein, der bei Einlösung den → Preis des betreffenden → Produktes um einen bestimmten Betrag reduziert. Es können vier Arten von C. unterschieden werden: (1) Direct-Mail-Coupon (→ Mailing) gelangen durch die Post oder Hausverteilungsorganisationen direkt in die Briefkästen der Konsumenten. Bei der Ein-Coupon-Aussendung werden C. verschickt, die nur für ein Produkt gültig sind. Gruppen-Coupon-Aussendungen beziehen sich auf fünf bis 20 Produkte des Unternehmens. (2) Media-Coupon sind vom → Werbeträger separierbare C., z.B. Postkarten, oder in eine → Anzeige gedruckte C., die über → Printmedien distribuiert werden. (3) Packungs-Coupon liegen innerhalb der Packung, sind auf die Packung aufgeklebt oder auf das Etikett gedruckt (In/On Pack C.) Packungs-Coupon kommen in zwei Arten vor. Der normale Packungs-Coupon kann vom Konsumenten beim nächsten Produktkauf für das gleiche Produkt eingelöst werden. Der Crossruff-Coupon ist dagegen für andere Produkte gültig. (4) Coupon, der vom Handelsunternehmen vergeben wird (Co-op Advertising) oder

Coupon des Herstellers, der dafür bezahlt, dass Händler ihre Coupons verteilen.

Couponing, → Gutscheinwerbung.

Cournot-Modell, nimmt eine statische, linear fallende → Preis-Absatz-Funktion an. Die gewinnoptimale → Preis-Mengen-Kombination lässt sich bei Kenntnis der Preis-Absatz-Funktion und der Kostenfunktion bestimmen. Aus der Preis-Absatz-Funktion lässt sich die Erlösfunktion errechnen. Durch Erlös- und Kostenfunktion ist die Gewinnfunktion bestimmt. Das Gewinnmaximum kann ermittelt werden, indem die erste Ableitung der Funktion gleich Null gesetzt und die zweite Ableitung geprüft wird (Zweite Ableitung muss für ein Maximum kleiner als Null sein). Die gewinnoptimale Preis-Mengenkombination ist am Schnittpunkt der Grenzerlös- und Grenzkostenfunktion gegeben, d.h. im Gewinnoptimum gilt, dass die Grenzkosten gleich den Grenzerlösen sind. Die gewinnoptimale Preis-Mengen-Kombination lässt sich auf der Preis-Absatz-Funktion in der Grafik ablesen (Punkt C, Cournotscher Punkt). Das Cournotsche Modell hat nicht nur Aussagekraft für den Monopolfall. Es beschreibt den Preis-Mengen-Zusammenhang auf unvollkommenen Märkten. Für die Bestimmung des Cournotschen Punktes muss nur gelten, dass niedrige Preise hohe Absatzmengen zur Folge haben, und umgekehrt. Ist dies der Fall, gibt das Cournot-Modell Auskunft über die Art der zu beschaffenden Informationen für eine gewinnoptimale Preispolitik. Die Bestimmung gewinnoptimaler Preise erfordert Informationen über den Verlauf der Grenzerlös- und der Grenzkostenfunktion. Daher können gewinnoptimale Preise nicht alleine durch die → Preiskalkulation bestimmt werden. Vollkostenkalkulationen sind gänzlich ungeeignet, da sie keine Informationen über die Grenzkosten enthalten. Teilkostenrechnungen können hingegen Aufschluss über die Grenzkosten einer Unternehmung geben. Diese müssen aber durch Methoden der kundenorientierten → Preisbestimmung ergänzt werden, da diese auf die Erforschung der → Preisbereitschaft der Konsumenten oder der → Preiselastizität der Nachfrage und damit letztlich auf die Ermittlung der → Preis-Absatz-Funktion abzielen.

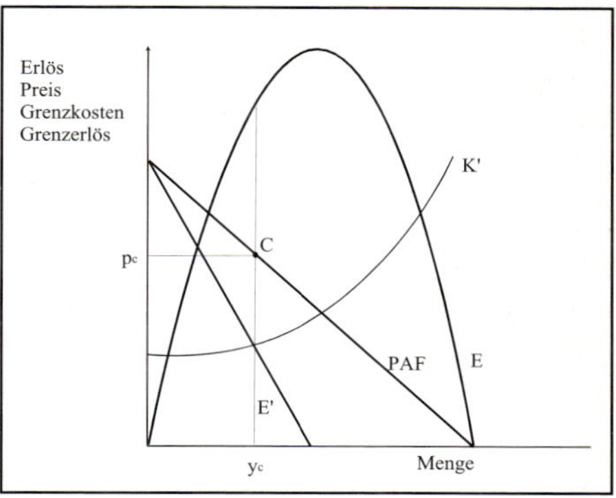

Cournot-Modell

Coverage, → Marktabdeckung.

CPC, *(Cost per Click)*, Kosten pro Weiterleitung eines Nutzers auf die → Website eines Werbekunden.

CPL, *(Cost per Lead)*, Kosten für den Anbieter einer → Website pro vollständiger Nutzeradresse. Diese Adresse muss vorher durch den Nutzer in ein Kontaktformular eingetragen worden sein.

CPM-Netzplantechnik, → Netzplantechnik.

Creative-Director, → Werbeberufe (5).

Credence Quality, → *Vertrauenseigenschaft*; Eigenschaft einer Leistung, die durch den Kunden schwieriger zu beurteilen ist als → Search Qualities (→ Sucheigenschaft) und → Experience Qualities (→ Erfahrungseigenschaft). C.Q. lassen sich häufig selbst nach der Nutzung einer Leistung durch den Kunden nicht umfassend beurteilen. Beispiele für C.Q. sind vor allem bei → Dienstleistungen zu finden (Medizinische Beratung, Rechtsberatung, Autoreparatur). *Vgl. auch* → Dienstleistungsqualitätsdimension, → Suchgut, → Erfahrungsgut, → Vertrauensgut.

Critical-Incident-Technik, Methode der → Dienstleistungsqualitätsmessung zur Erfassung und Auswertung sog. „kritischer Ereignisse“ im → Dienstleistungserstellungsprozess mit dem Ziel der Qualitätsverbesserung. Als Critical Incident werden Ereignisse bezeichnet, die der Kunde bei der → Wahrnehmung der → Dienstleistungsqualität als besonders zufrieden stellend oder unbefriedigend erlebt. Die C.-I.-T. sieht vor, diese Ereignisse mit Hilfe standardisierter, offener Fragen zu erfassen. Als Grundlage der Befragung dient i.d.R. ein sog. → Blueprint. Hierbei handelt es sich um eine schematische Abbildung verschiedener Kontaktpunkte des Kunden innerhalb des Prozesses der Dienstleistungserstellung. Typisch für die Qualitätsmessung auf Basis der C.-I.-T. sind nach Erstellung des Blueprints folgende Fragen: (1) Erinnern Sie sich an einen Vorfall, bei dem Sie als Kunde einen besonders zufrieden stellenden bzw. besonders unbefriedigenden Service erlebt haben? (2) Wann kam es zu diesem Ereignis? (3) Beschreiben Sie die konkreten Umstände, die zu dieser Situation geführt haben. (4) Wie haben sich die Mitarbeiter konkret verhalten (was haben sie gesagt, was haben sie getan)? (5) Welche Ursachen haben das Gefühl ausgelöst, dass es sich in diesem Fall um ein besonders (un-) befriedigendes Ereignis gehandelt hat? Die derart erhobenen Meinungen geben ein umfassendes Bild der Kundenwahrnehmungen ab, so dass sich neben den Bereichen, in denen offensichtlicher Handlungsbedarf besteht, auch Kriterien ableiten lassen, die die Wahrnehmung der Dienstleistungsqualität aus Kundensicht determinieren. *Vgl. auch* → Sequenzielle Ereignismethode, → Switching-Path-Analyse.

CRM, → *Customer Relationship Management,* → *Beziehungsmanagement*; *vgl. auch* → Kundenbindungsmanagement.

CRM-System, → *Customer Relationship Management-System*; *vgl. auch* → Database Management.

Cronbach´s Alpha, Maß zur Beurteilung der inneren → Reliabilität eines Konstrukts. Bei der Berechnung des C. werden die Varianzen und Kovarianzen der → Items eines → Konstrukts verglichen. Die Formel für C. lautet

$$\alpha = \frac{n}{n-1}\left(1 - \frac{\sum_i \sigma_i^2}{\sum_{ij} \sigma_{ij}^2}\right)$$

wobei n die Anzahl der Messungen ist, σ_i die Standardabweichung des i-ten Items und σ_{ij} die Varianzen und Kovarianzen zwischen den Items.

Cross Buying, → *Verbundkauf*; Kundenverhalten, bei dem neben der eigentlichen Einstiegs- bzw. Kernleistung (→ Kerndienstleistung) zusätzliche, mit den Kernleistungen verbundene Leistungen eines Anbieters in Anspruch genommen werden. Beispiele für C.B. sind der Kauf eines Shampoos beim Friseurbesuch, der Kauf eines Getränkes während einer Zugfahrt und der Abschluss einer Wertpapieranlage zusätzlich zum Girokonto. Versucht ein Unternehmen, das C.B. der Kunden aktiv zu stimulieren, so spricht man von → Cross Selling. *Vgl. auch* → Kundenbindung, → Kundenbindungsmanagement.

Cross Cultural Research, Marktforschungsaktivitäten, die sich auf Angehörige mehrerer Kulturkreise beziehen. Zu unterscheiden ist zwischen der binnenstaatlichen Subkulturforschung sowie der länderübergreifenden Untersuchung verschiedener Kulturgruppen. Ziel der C.C.R. ist es, Unterschiede zwischen den Angehörigen der jeweiligen Kulturgruppen im Hinblick auf die interessierenden Variablen herauszuarbeiten.

Cross Cultural Target Group, transkulturelle → Zielgruppe, die im Rahmen einer integralen → Marktsegmentierung entsteht. Durch Anwendung multivariater statistischer Verfahren (z.B. → Cluster-Analyse) wird versucht, über Staatsgrenzen hinweg Konsumenten mit ähnlichen Bedürfnissen und Konsumstrukturen zu finden. Von transkulturellen Zielgruppen ist dann die Rede, wenn die darin befindlichen Personen nicht nur unterschiedlicher Nationalität sind, sondern auch aus unterschiedlichen Kulturkreisen stammen.

Cross Docking, ist ein Konzept zur Optimierung der Warenströme zwischen Industrie und Handel. Im Rahmen des Cross-Docking-Konzeptes werden die Lieferungen unterschiedlicher Hersteller in einem vom Handel gesteuerten Distributionszentrum kommissioniert. Beim einstufigen C.D. kommissioniert der Hersteller seine Lieferungen nach dem Bedarf der belieferten Filialen. Werden die Waren im Distributionszentrum filialgerecht zusammengestellt, spricht man vom zweistufigen C.D. Die wesentlichen Ziele, die mit C.D. verfolgt werden, sind die Bestandsreduktion in den Distributionszentren, die effiziente Warenabwicklung, verkürzte Belieferungszeiten sowie die Vermeidung von Out-of-Stock-Situationen.

Cross-Impact-Analyse, qualitative Methode zur Prognose von Wechselwirkungen unterschiedlicher Umweltentwicklungen, die die Interaktionswirkungen zwischen den relevanten Faktoren, Trends, Ereignissen aufzeigt. Ziel ist das Erkennen von Chancen und Risiken, die aus mit dem Unternehmen verbundenen Umweltentwicklungen resultieren können. *Vgl. auch* → Umweltanalyse, → SWOT-Analyse.

Cross Posting, Versand eines Beitrags an mehrere → Newsgroups gleichzeitig. Dem Vorteil, dieselbe Nachricht breit streuen zu können, steht der Nachteil gegenüber, dass häufig dieselben Beiträge mehrfach bei den Adressaten ankommen, was zu einer gewissen Verärgerung führen kann.

Cross Selling, zielgerichtete Aktivitäten eines Anbieters zum Verkauf von mit Einstiegs- bzw. Kernleistungen verbundenen Zusatzleistungen an einen (potenziellen) Kunden. Einstiegsleistungen sind jene Leistungen, die eine → Geschäftsbeziehung oder zumindest ein Kaufinteresse des Kunden ursprünglich begründet haben (z.B. das Girokonto im Finanzdienstleistungsbereich oder Energie im Ver-/Entsorgungsbereich). Das C.S. der Zusatzleistungen kann zeitgleich mit dem Verkauf der Einstiegsleistungen oder auch zeitlich versetzt stattfinden. Die im Zuge des C.S. verkauften Leistungen können sowohl durch den Anbieter selbst erstellt oder von anderen Anbietern zugekauft werden. Entscheidend ist der Marktauftritt als Anbieter dieser Leistungen ggü. dem Kunden. Der Kauf der Zusatzleistungen wird aus Sicht des Kunden als → Cross Buying bezeichnet. Homburg/Schäfer (2001) konnten nachweisen, dass sich durch systematisches C.S. der Kundenwert (→ Kundenbewertung) und letztlich der Unternehmenserfolg signifikant steigern lässt. C.S. zielt auf die Erschließung von → Cross-Selling-Potenzialen ab.

Literatur: Homburg, Ch./Schäfer, H. (2001): Profitabilität durch Cross Selling: Kundenpotenziale professionell erschließen, Arbeitspapier Nr. M 60 der Reihe Management-Knowhow, Institut für Marktorientierte Unternehmensführung, Mannheim.

Cross-Selling-Potenzial, umfasst sämtliche zusätzlichen und unabhängigen Geschäfte, die ein Unternehmen in anderen als den bisherigen Geschäftsbereichen im Verlauf der Beziehung zu einem Kunden voraussichtlich tätigen kann. In der Praxis gestaltet sich die Bestimmung des C.-S.-P. als relativ schwierig. Generelle Hinweise auf die Höhe des C.-S.-P. können z.B. das Einkommen des Kunden oder die bisherige → Markentreue geben. Darüber hinaus ist es erforderlich, unternehmensindividuelle Indikatoren für die Höhe des C.-S.-P. zu bestimmen. *Vgl. auch* → Cross Selling, → Cross Buying.

Cross-Selling-Strategie, → Cross Selling.

Cross Subsidization, Bekämpfung der Konkurrenz mittels Durchführung einer verlustbringenden Preisstrategie in einem Land, die durch Gewinne finanziert wird, die in einem (mehreren) anderen Land (Ländern) erwirtschaftet wurden.

Cultural Change Management, Prozess zur Veränderung der Unternehmenskultur. Zentrales Instrument des → CUSTOR-System. Gestaltung des Prozesses in fünf Phasen: (1) Identifikation von kulturellen Defiziten (Ist-Analyse) in bezug auf die Art des Umgangs untereinander und mit Kunden, die Architektur des Unternehmensgebäudes, die Sprache und die Verhaltensweisen der Mitarbeiter. (2) Sensibilisierung des Unternehmens: Kommunikation der Ergebnisse der Ist-Analyse an die Führungskräfte und Mitarbeiter des Unternehmens. Aufzeigen von Potenzialen und Konsequenzen. (3) Definition der Zielkultur: Entwicklung von neuen → Werten und → Normen, → Artefakten und → Verhaltensweisen für das Unternehmen.

Customer Acquisition, → Neukundengewinnung.

Customer Benefit, *Kundennutzen*; Bestandteil der → Copy-Strategie.

Customer-Care-Programm, Summe der zielgerichtet eingesetzten internen und nach außen gerichteten Aktivitäten eines Unternehmens, die einen Beitrag zur Erhöhung der → Kundenzufriedenheit und zur Verankerung und Aufrechterhaltung eines effektiven → Beziehungsmarketing leisten sollen.

Customer Costing, kundenbezogene Kostenanalysen. Das Spektrum des C.C. reicht von einfachen Kostenvergleichen (z.B. Vergleich der Kosten der Abwanderung von Altkunden mit den Kosten der Neukundengewinnung) über → Kundenergebnisrechnungen bis hin zu komplexen Kundenlebenszyklusbetrachtungen (→ Life Cycle Costing, → Customer Lifetime Value). Kundenbezogene Kostenanalysen spielen vor allem im Hinblick auf eine zielorientiertere Marktbearbeitung und einen effizienteren Ressourceneinsatz einen entscheidenden Faktor.

Customer Equity, kundenbezogener Wert (→ Kundenbewertung), der sich aus dem → Customer Lifetime Value und indirekten Wertgrößen des Kunden (z.B. Referenzwert) zusammensetzt.

Customer Focus, Konzentration der Unternehmensaktivitäten auf die Kundenbedürfnisse (→ Kundenerwartungen). Die Sicherstellung einer hohen → Kundenorientierung wird in zahlreichen Unternehmen mit dem Schlagwort C.F. beschrieben. Inhaltlich ist ein Prozess zur Steigerung der Kundenorientierung gemeint, dessen inhaltliche Ausgestaltung von isolierten Maßnahmen zur Steigerung der Kundenorientierung (z.B. Mitarbeiterschulungen) bis hin zu umfassenden Anpassungen der Unternehmensstrukturen, -systeme und -kultur (→ Unternehmenskultur) reicht.

Customer Integration, im Business-to-Business-Bereich entwickeltes managementbezogenes Konzept zur Steuerung der Kundenintegration, das bis zur Verschmelzung der Wertketten zwischen Anbieter und Nachfrager führen kann. Je größer das Ausmaß der Integrativität des Leistungserstellungsprozesses ist, desto schwieriger wird es, die Kundenintegration effektiv und effizient zu bewältigen. Hier setzt das Konzept der Customer Integration als Integrationsmanagement an, das die Kundenbeziehung funktionsübergreifend für alle nachfragerbezogenen Prozesse systematisch analysieren, planen, gestalten und kontrollieren soll.

Customer Intimacy, → Kundennähe.

Customer Lifetime Value (CLV). I. Begriff: Instrument zur Bestimmung der Rentabilität von Kunden (→ Kundenbewertung, → Customer Profitability).

II. Merkmale: Die Kernidee des CLV besteht darin, den Wert eines Kunden über die Dauer der Geschäftsbeziehung zu betrachten (→ Life Cycle Costing). Der Betrachtung wohnt dabei eine investitionspolitische Perspektive inne, d.h. Geschäftsbeziehungen werden grundsätzlich als Investitionsfelder verstanden, die entsprechend effizient und ressourcenbewusst zu bearbeiten sind. Eine Kundenbindung im Sinne einer langfristigen Geschäftsbeziehung wird demzufolge nur dann angestrebt, wenn den zu erwartenden Auszahlungen entsprechende Einzahlungen gegenüberstehen und deren Verhältnis mit Verfahren der → Dynamischen Investitionsrechnung positiv bewertet wird.

III. Berechung: I.d.R. wird zur Ermittlung des CLV auf die Kapitalwertmethode zurückgegriffen. Diese basiert auf dem Prinzip, dass zukünftige Zahlungen weniger wert sind als gegenwärtige. Die Berechnung erfolgt auf die Weise, dass zukünftige Einzahlungen und Auszahlungen kumuliert und mit einem Kalkulationszinsfuß entsprechend der Anzahl der zu betrachtenden Perioden abgezinst werden. Mathematisch lässt sich der CLV demnach wie folgt ausdrücken:

$$CLV = \sum_{t=0}^{t=n} \frac{e_t - a_t}{(1+i)^t} = e_0 - a_0 + \frac{e_1 - a_1}{(1+i)} + \frac{e_2 - a_2}{(1+i)^2} + \ldots + \frac{e_n - a_n}{(1+i)^n}$$

Mit e_t werden in obiger Formel die (erwarteten) Einnahmen aus der Geschäftsbeziehung in der Periode t beschrieben. Die Variable a_t hingegen beschreibt die (erwarteten) Ausgaben aus der Geschäftsbeziehung in der Periode t. Die Dauer der Geschäftsbeziehung wird durch die Variable n ausgedrückt.

IV. Folgerungen: Aus dem CLV lassen sich bestimmte Handlungsstrategien ableiten. Ist der Wert z.B. negativ, empfiehlt es sich, das Angebot unter den getroffenen Annahmen abzulehnen oder in neue Verhandlungen bzgl. der Konditionen zu treten.

V. Anwendungsgebiete: Besonders geeignet ist der CLV für den Business-to-Business-Bereich, da dieser durch eine begrenzte Kundenzahl und langfristige Geschäftsbeziehungen gekennzeichnet ist. Hier kann er z.B. zur Abschätzung von Chancen und Risiken langfristiger Lieferantenbeziehungen herangezogen werden oder als Argumentationshilfe ggü. Großkunden eingesetzt werden. Im Massenkundenbereich lässt sich der CLV vielmehr nur auf ausgewählte Kundensegmente oder Kundengruppen anwenden.

Customer Management, → *Kundenmanagement.*

Customer Profitability, *Kundenprofitabilität.* Ein Kunde gilt als profitabel, wenn er über die Dauer der Geschäftsbeziehung einen Zahlungsstrom erbringt, der den Kostenstrom des Unternehmens für seine Akquisition und Bedienung um ein akzeptables Minimum übersteigt (→ Kundenbewertung).

Customer Recovery, → *Rückgewinnungsmanagement, Wiedergewinnungsmanagement, Regain Management*; Ansatz, der sich unter Profitabilitätsaspekten mit der Rückgewinnung „verlorener" Kunden beschäftigt. Die → Zielgruppe der „verlorenen Kunden" umfasst sowohl tatsächlich abgewanderte Kunden (→ Abwanderung) als auch diejenigen Kunden, die vermutlich in absehbarer Zeit abwandern werden. Inhaltlich sind mit der C.R. verschiedene Aufgaben, z.B. die Identifikation der abgewanderten Kunden, die Analyse von Abwanderungsgründen, die Problembehebung, die Rückgewinnung von Kunden durch den Einsatz geeigneter Maßnahmen sowie die Nachbetreuung der reaktivierten Kunden, verbunden. *Vgl. auch* → Failure Recovery, → Service Recovery.

Literatur: Homburg, Ch./Schäfer, H. (1999): Customer Recovery. Profitabilität durch systematische Rückgewinnung von Kunden, Arbeitspapier Nr. M 39 der Reihe Management Know-how, Institut für Marktorientierte Unternehmensführung, Mannheim.

Customer Relationship Management, *CRM, Kundenbeziehungsmanagement*; Planung, Durchführung, Kontrolle und Anpassung aller Unternehmensaktivitäten, die unter Nutzung von → Informations- und Kommunikationstechnologien zu einer Steigerung der Profitabilität von → Geschäftsbeziehungen (→ Kundenbeziehungen) beitragen sollen. Dem CRM liegen dabei vor allem die Prinzipien → Kundenorientierung, Wirtschaftlichkeitsorientierung (→ Kundenbewertung), → Individualmarketing und IT-Anwendung zugrunde. In konzeptioneller Hinsicht basiert CRM sehr stark auf den bekannten Grundgedanken des → Kundenbindungsmanagements (*vgl.* auch → Relationship Marketing). In technologischer Hinsicht bestehen enge Verbindungen zum → Database Management. Man unterscheidet oft (1) operatives CRM (Aktivitäten bzw. Anwendungen zur Optimierung des direkten Kundenkontakts), (2) kommunikatives CRM (Steuerung, Unterstützung und Synchronisation aller → Kommunikationsinstrumente) und (3) analytisches CRM (Gewinnung und Auswertung kundenbezogener → Daten).

Literatur: Homburg, C./Sieben, F. (2003): Customer Relationship Management – Strategische Ausrichtung statt IT-getriebenem Aktivismus, in: Bruhn, M./Homburg, C. (Hrsg.): Handbuch Kundenbindungsmanagement, 4. Aufl., Wiesbaden, S. 423-450;

Customer Retention

Bruhn, M. (2001): Relationship Marketing. Das Management von Kundenbeziehungen, München.

Customer Retention, → *Kundenbindung.*

Customer Satisfaction Tracking-System, System zur Messung der → Kundenzufriedenheit im Unternehmen mit dem Ziel, Vergleichsdaten im Hinblick auf Zeit-, Abteilungs- und Geschäftsstellenvergleiche u.a.m. zu ermitteln. Hinsichtlich der Messmethode sind grundsätzlich sämtliche Ansätze der → Kundenzufriedenheitsmessung für den Aufbau eines CST-S. geeignet. In der Unternehmenspraxis ist jedoch besonders häufig die Form der merkmalsorientierten Zufriedenheitsmessung durch eine schriftlichen → Befragung anzutreffen, die entweder durch einfache deskriptive Mittelwertvergleiche (→ Mittelwert) oder komplexere kausalanalytische Verfahren (→ Kausalanalyse) ausgewertet werden.

Customer Segment, → Kundensegment.

Customer Value, *Kundenwert*; individueller Nutzenwert (→ Kundennutzen), den ein Kunde einem Angebot beimisst. Er basiert auf einer Abwägung von Kosten- und Nutzenaspekten durch den Kunden, die dem Kauf vorausgeht. Der C.V. resultiert dabei aus der Bedürfnisbefriedigung bzw. dem Potenzial der Bedürfnisbefriedigung.

Customizing, → *Individualisierung*; Ansatz eines Unternehmens, weithin oder völlig individualisierte Lösungen zu entwickeln und seinen Kunden anzubieten. Diese maßgeschneiderten, individuellen Lösungen können sich auch auf Güter, die den sog. Massenbedarf decken, beziehen. C. bildet den Gegenpol zur → Standardisierung. Während innerbetrieblich i.d.R. eine Standardisierung vorgezogen wird, steht absatzpolitisch das C. im Vordergrund. Mit auf die spezifischen Bedürfnisse bestimmter Nachfrager zugeschnittene Lösungen verfolgt das Unternehmen das Ziel, die Nachfrager an das Unternehmen dauerhaft zu binden, sich von den → Wettbewerbern zu differenzieren, um dadurch → Wettbewerbsvorteile zu realisieren. Absatzpolitisch ergeben sich folgende Vorteile: höherer preispolitischer Spielraum und → Differenzierung von Konkurrenzangeboten und Minderung der Wettbewerbsgefährdung vor allem auf engen Märkten. Zu den innerbetrieblichen Vorteilen gehören u.a. Know-how-Zuwachs durch die ständige Anpassung an individuelle Bedürfnisse und veränderte Anforderungen, geringere Lagerhaltungskosten und Kapitalbindung für vorgefertigte Teile und → Produkte. Durch das C. ergeben sich für ein Unternehmen aber auch eine Reihe von Nachteilen: hohe Entwicklungs- und Distributionskosten, großer Personalbedarf, geringe Bereitschaft der Nachfrager, für die individuellen, maßgeschneiderten Produkte zusätzlich zu zahlen, hohe Kosten für Ersatzteilhaltung und für die individuellen Reparaturen, schwierige Planung der Auslastung der Fertigungskapazität, starke Sensibilität ggü. Absatzschwankungen, geringere Rationalisierungsmöglichkeiten, hoher Forschungs- und Entwicklungsaufwand sowie erhebliche Kalkulationsrisiken. *Vgl. auch* → Individualmarketing, → Mass Customization.

CUSTOR-System, System zur Steigerung der Kundenorientierung des Unternehmens. Es ist durch folgende Prinzipien gekennzeichnet: (1) Integrativität: Das CUSTOR-System stellt einen umfassenden Ansatz dar, der vom ersten Verständnis der Kunden über Methoden der kundenorientierten Unternehmensführung bis hin zu Verfahren des Kundenbindungsmanagements reicht. (2) Wissenschaftliche Fundierung: Das CUSTOR-System wurde auf Basis neuester und anerkannter wissenschaftlicher Methoden und Verfahren entwickelt. (3) Praxisbezug: Im CUSTOR-System erfolgt ein praxisgerechter Übertrag der wissenschaftlichen Methoden in die Unternehmenspraxis. (4) Management by fact: Mit Hilfe des CUSTOR-Systems ist es möglich, die untersuchten Sachverhalte zu quantifizieren und auf dieser Basis Maßnahmen einzuleiten. Auch „weiche" Erfolgsfaktoren werden im Rahmen von CUSTOR konsequent quantifiziert. (5) Branchenübergreifende Ausrichtung: Aufgrund seiner Konzeption kann das CUSTOR-System in jeder Branche und jeder Unternehmenssituation

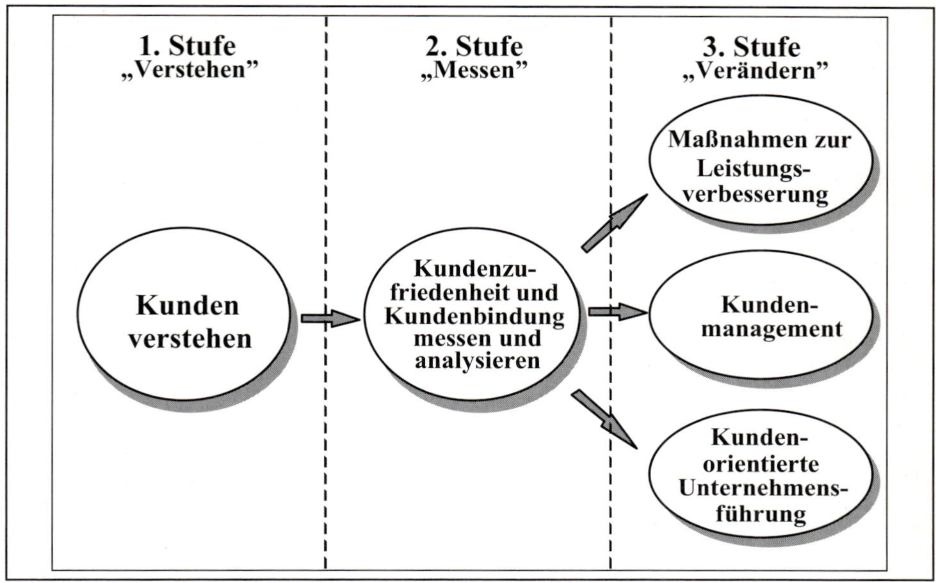

Das CUSTOR-System im Überblick (Homburg/Werner 1998, S.23)

angewendet werden. (6) Strategische Ausrichtung: Das CUSTOR-System ist bewusst nicht auf rein operative Maßnahmen zur Steigerung der Kundenorientierung beschränkt. Strategische Aspekte der Unternehmensführung und des Kundenmanagements nehmen breiten Raum ein. (7) Schrittweises Vorgehen: Das CUSTOR-System trägt mit seinem schrittweisen Vorgehen (vgl. Abb. „das CUSTOR-System im Überblick") der Tatsache Rechnung, dass der Prozess der Steigerung der Kundenorientierung durchaus eine gewisse Zeit in Anspruch nimmt. Die Umsetzung des CUSTOR-Systems erfolgt in drei Stufen: (1) Kunden verstehen: Betrachtung der Bedürfnisse von aktuellen und ehemaligen Kunden (→ Lost Customer-Analyse), Nicht-Kunden (→ Non Customer-Analyse) und zukünftigen Bedürfnisse der Kunden. (2) Messen: Umfasst insbesondere die systematische Bewertung der Kundenzufriedenheit und Kundenbindung. Unterscheidung zwischen merkmalsbezogenen (kumulativen) und ergebnisbezogenen Ansätzen. Merkmalsbezogene Ansätze: Beschäftigung mit einem breiten Spektrum von Produkt-, Service- oder Interaktionsmerkmalen, über die sich der Kunde gewissermaßen im Laufe der Zeit eine Meinung bildet, die dann abgefragt werden kann. Ergebnisbezogene Ansätze: Beleuchtung nur eines (oder mehrerer) als besonders wichtig empfundener Kontaktereignis(se), z.B. Persönliche Beratung durch einen Mitarbeiter des Unternehmens. Ergänzung der Kundenzufriedenheitsmessung durch Imageanalysen, Benchmarking-Informationen. (3) Verändern: Beinhaltet systematische Maßnahmen zur Leistungsverbesserung, Kundenmanagement und Schaffung einer → marktorientierten Unternehmensführung.

Literatur: Homburg, Ch./Werner, H. (1998): Kundenorientierung mit System: Mit Customer-Orientation-Management zu profitablem Wachstum, Frankfurt/Main.

CWQC, → Company Wide Quality Control; vgl. auch → Qualitätsmanagement.

Cyberspace, die durch das → Internet künstlich erzeugte, multimediale Darstellungs-, Informations- und Kommunikationswelt (→ Virtuelle Realität). Das Internet erlaubt nicht nur die subjektive Wahrnehmung der virtuellen Umgebung durch den einzelnen Nutzer, sondern auch dessen Interaktion und Kommunikation mit anderen Besuchern des C.

D

Dachkampagne, *Schirmwerbung*, *Umbrella-Werbung*; mehrere → Produkte werden unter einer → Marke (→ Dachmarke) beworben (z.B. Milka). Eine D.-Strategie kann empfehlenswert sein, wenn ein Unternehmen einen für alle angebotenen Produkte relevanten Wettbewerbsvorteil hat. Bei Milka ist es z.B. die Kompetenz in Schokolade, während es bei 3M die Innovationskompetenz ist. Man unterscheidet drei verschiedene Arten von Dachkampagnen: (1) Markenfamilie*:* Es werden weitere Variationen einer Marke, ausgehend vom Mutterprodukt, angeboten. Die Differenzierung erfolgt durch eine Zusatzbezeichnung oder eine andere Geschmacksrichtung (z.B. Coca-Cola: Coca-Cola Classic, Coca-Cola Light). (2*)* Sortimentsmarke: Eine Marke deckt verschiedene Produktkategorien ab. Die Differenzierung erfolgt durch eine zusätzliche Produktkategorie (z.B. Camel: Camel Zigaretten, Camel Boots, Camel Rucksäcke). (3) Marken von Herstellergemeinschaften: Eine Marke wird von vielen Herstellern gemeinsam bzw. von einer Erzeugergemeinschaft geführt. Dies wird vorwiegend von kleineren Unternehmen mit dem Ziel der Schaffung von Synergien in der Kommunikation genutzt (z.B. Wiener Wein: Vienna Classic).

Dachmarke, hierzu gehören sämtliche → Produkte eines Unternehmens. Die Strategie von Dachmarken ist geeignet, um die → Flop Rate bei Neuprodukten zu reduzieren und die Aufnahme eines neuen Gutes bei Händlern und Nachfragern zu erhöhen. Darüber hinaus erscheint diese strategische Option vor allem zur Ausweitung einer Produktpalette geeignet. Zu den Chancen der Dachmarkenstrategie gehören die folgenden Punkte: (1) Aufgrund der sehr engen Verzahnung von Marke und Hersteller lässt die Dachmarkenstrategie im Unterschied zur → Familienmarkenstrategie den Aufbau einer unverwechselbaren Unternehmensidentität und eines differenzierten Markenimages zu. (2) Ferner strahlt ein besonders erfolgreiches Produkt auf alle anderen Güter des Anbieters aus.

DAGMAR, Abk. für „Defining Advertising Goals for Measured Advertising Results“, Kürzel für Zielsysteme der Werbung. *Vgl. auch* → Werbeziele.

Darsteller-Spots. Der Fokus der Spothandlung liegt beim Darsteller. Darsteller werden differenziert hinsichtlich (1) Presenter (Verkäufertyp, der das Produkt anpreist), (2) Testimonial (Käufertyp, der das Produkt glaubhaft selbst verwendet), (3) Prominente (eine bekannte Persönlichkeit tritt auf), (4) Kinder (Kinder dominieren die Spothandlung), (5) Tiere (Tiere dominieren die Spothandlung). *Vgl. auch* → Gestaltung.

Data Enhancement, → Adressenqualifizierung.

Data Entry. I. Begriff: Umwandlung und Verfügbarmachung von in jedweder Form vorliegenden Daten in elektronischer Form.

II. Formen: Die heutige → Datenerfassung gliedert sich in (1) die klassische Offline-Erfassung, (2) die im Netzwerk betriebene Online-Erfassung (z.T. über Tele-Arbeitsplätze), (3) die sprachgesteuerte Erfassung (deren Bedeutung im → Direct Marketing eher gering ist) sowie (4) die elektronische

Datenerfassung (Scannen und Interpretieren von Daten).

III. Einsatzgebiete: Das Einsatzgebiet der Datenerfassung ist groß, z.B. werden Bestellungen, Antwortkarten, Gewinncoupons aber auch Fragebogen aus dem Bereich der → Marktforschung eingesetzt. Datenbanken müssen aktualisiert und mit Informationen angereichert werden, die aus Verzeichnissen, Telefonbüchern oder aus dem direkten Kundenkontakt stammen. Das Ziel ist jedoch immer dasselbe: Daten, die in Papierform vorliegen oder auch durch Telefonkontakte eruiert wurden, müssen elektronisch verfügbar gemacht werden, um so eine Weiterverarbeitung zu ermöglichen.

IV. Entwicklung: Durch den Siegeszug der Personal Computer hat sich die Welt der Datenerfassung enorm verändert. Wurden Daten früher noch auf Lochkarten erfasst, konnten sich sehr schnell die ersten PC etablieren. Es entwickelte sich die klassische Offline-Erfassung, die bereits mit recht komfortablen DOS-basierten Programmen viele Möglichkeiten eröffnete. Die immer schneller fortschreitende Entwicklung – Netzwerke, → Internet, ISDN, schnellere PC, neue Betriebssysteme – führte schließlich dazu, dass eine Online-Anbindung von Arbeitsplätzen an Datenbanken möglich war. Die zu erfassenden Daten konnten nun also ohne Umweg über Datenträgeraustausch direkt und ohne Zeitverzug in die Datenbank eingepflegt werden. Aber auch die zur Erfassung notwendige Software zog mit der rasanten Hardware-Entwicklung gleich. Spezialisierte Software für den Bereich D.E. verbesserte die Datenqualität. Ein Beispiel hierfür ist der Einsatz von Referenztabellen, die Orte, Postleitzahlen und Straßen auf ihre Richtigkeit prüfen. War die Erfassung bis dahin eher eine klassischerweise manuelle Tätigkeit, geht die Entwicklung heute hin zu Systemen, die eine automatische Datenerfassung ermöglichen. Die Technologie des Datenscanning und die Erkennung von Handschriften steht heute im Vordergrund der technischen Entwicklung. Im Bereich der Formularverarbeitung sind hier die größten Fortschritte gemacht worden. Ob die klassische Datenerfassung an Bedeutung verlieren wird, hängt stark davon ab, wie schnell die Entwicklung in der Handschriftenerkennung fortschreitet. Nicht zuletzt hat auch die wachsende Bedeutung des → Internet Auswirkungen auf diesen Bereich. Immer mehr Firmen benutzen das Internet als → Kommunikationsmittel, wodurch eine schriftliche Korrespondenz entfällt.

Data Mining. I. Begriff: D.M. bezeichnet die automatische oder semi-automatische Analyse und Aufdeckung von signifikanten Regeln und Mustern innerhalb (zumeist) großer Datenbestände. Aus einer ganzheitlichen prozessorientierten Sichtweise wird hierfür auch der Begriff Knowledge Discovery verwendet. Ziel des D.M. ist es, diese Regeln und Muster wirtschaftlich nutzbar zu machen.

II. Prozess: Der iterative und interaktive D.M.-Prozess besteht aus folgenden Arbeitsschritten: (1) Erlernen des Anwendungsgebietes und der Struktur der Daten, (2) Auswahl der in Frage kommenden Datenbestände, (3) modelltechnische Aufbereitung der Daten für das entsprechende D.-M.Werkzeug, (4) statistische Aufbereitung der Daten, (5) Reduktion und Projektion der Daten, (6) Auswahl des D.-M.-Vorgehensmodells, (7) Ausführung des entwickelten D.-M.-Algorithmus, (8) Interpretation und Evaluierung des Ergebnisses, (9) Anwendung des erlernten Wissens.

III. Methoden: (1) Validierung von Hypothesen: Bei diesem Top-down-Ansatz besteht der erste Schritt in der Aufstellung einer bestimmten Hypothese durch den Analytiker. Diese Hypothese wird anschließend durch die Analyse des vorhandenen Datenmaterials oder durch ein Experiment überprüft. (2) Automatisches Erkennen von Mustern und Regeln: Während dieses Bottom-up-Prozesses wird nach signifikanten Merkmalen oder Merkmalskombinationen innerhalb eines Datenbestandes gesucht. Die Durchführung dieses Prozesses kann direkt und indirekt erfolgen. Während der direkten Durchführung wird dem Prozess eine Zielvariable gegeben und daraufhin überwacht. Eine Zielvariable kann z.B. die „Bestellhäufigkeit" sein. Im Falle des indirekten Prozesses wird keine explizite Zielvariable vorgegeben. Während des D.M. wird versucht,

Korrelationen bzw. Zusammenhänge in den Daten zu finden.

IV. Techniken: Die derzeit gängigsten D.-M.-Techniken sind: (1) Warenkorbanalysen, (2) Fallbasiertes Schließen, (3) Entscheidungsbäume und Induktion von Regeln, (4) Neuronale Netze, (5) Genetische Algorithmen, (6) Automatische → Clusteranalyse.

Data Warehouse. I. Begriff: Mit D.W. wird ein von den operativen Systemen abgekoppeltes Datenhaltungssystem bezeichnet, in dem die operativen Daten zu dispositiven Informationen transformiert und bewusst redundant gespeichert werden. Ein D.W: dient als unternehmensweite Datenbasis für das gesamte Spektrum managementunterstützender Informationssysteme. Die operativen Daten werden speziell für Fragestellungen der Fachabteilungen aufbereitet und häufig in einzelnen Data Marts innerhalb eines D.W. wiederum redundant abgelegt. Gespeist wird das D.W. durch unternehmensinterne Daten (z.B. → SAP, FIBU) aber auch externe Datenquellen.

II. Komponenten: (1) Die Daten aus den operativen Systemen sind der Kern des DW. Diese werden im D.W. nicht vollständig normalisiert in einem relationalen Datenmodell verwaltet, sondern denormalisiert in bereits vorverdichteter Form. (2) Transformationsprogramme werden für die Übernahme der operativen Daten eingesetzt. Sie extrahieren und transformieren die Daten aus unterschiedlichen operativen Systemen und gewährleisten den Ladevorgang in das D.W. Die richtige Aufbereitung und Modellierung der Daten für ein D.W. ist der kritischste Punkt innerhalb eines D.W.-Projektes, weil hiervon die Aussagekraft und Zugriffsmöglichkeiten auf die Informationen innerhalb eines D.W. maßgeblich abhängen. (3) In einem Meta-Datenbanksystem werden Informationen über alle D.-W.-Komponenten gehalten und verwaltet. Es stellt sicher, dass die Benutzer die benötigten Informationen schnell und sicher finden. Darüber hinaus unterstützt das Meta-Datenbanksystem auch die für den Betrieb des D.W. verantwortlichen IT-Mitarbeiter. (4) Das Archivierungssystem deckt die Bereiche Datensicherung und -archivierung ab. Wegen der Wichtigkeit und des Wertes, die Daten in einem D.W. darstellen, gewinnt das Thema Datensicherung immer mehr an Bedeutung.

Database. I. Begriff: Der Begriff D. kommt aus dem Amerikanischen und hat sich weitgehend auch im deutschen Sprachraum für den Begriff *Datenbank* durchgesetzt.

II. Inhalt: Unter einer D. ist ein EDV-System zu verstehen, in dem Daten gespeichert und organisiert werden können. Unter den verschiedenen Datenbanksystemen haben sich die relationalen Datenbankmanagement-Systeme (RDBMS) durchgesetzt. In dieser Form einer Datenbank werden die Daten in Tabellen gespeichert, wobei die einzelnen Tabellen in Beziehungen gesetzt werden. Für den Aufbau einer Marketing-D. heißt dies z.B., dass die Adressen in Tabelle 1 und die Marketingaktivitäten in Tabelle 2 gespeichert werden. Jede Adresse erhält nun eine Verknüpfung mit allen Marketingaktivitäten, an denen sie teilgenommen hat (*vgl.* die Abb. „Relationale Datenbank").

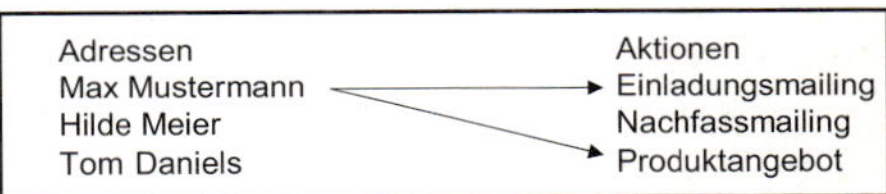

Relationale Datenbank

Häufig wird der Begriff D. in einem erweiterten Sinne verwendet. Neben der Datenhaltung ist dann die Gesamtheit der Prozesse gemeint, die in dem EDV System zur Verfügung stehen. Bei den Prozessen kann zwischen Dialogprozessen und Batchprozessen unterschieden werden. Dialogprozesse ermöglichen dem Anwender einen Online-Zugriff auf die D., z.B. für die Suche nach einem bestimmten Kunden. Die Weiterentwicklung der → Internet- und Intranettechnologie wird diese Art des Zugriff auf D. immer alltäglicher werden lassen. Batchprozesse sind Massenverarbeitungen, z.B. die Selektion einer bestimmten Kundengruppe. Wird eine D. für eine spezifische Marketingaufgabenstellung aufgebaut, so wird von einer Marketing-D. gesprochen.

Database Management. I. Begriff: Mit D.M. ist die Gesamtheit der planenden, ausführenden und kontrollierenden Tätigkeiten bei Aufbau und Einsatz einer (Marketing-) → Database gemeint. Das D.M. ist damit eine Querschnittsfunktion zu Marketing und Vertrieb auf der einen Seite und den EDV-Services auf der anderen Seite. Entwickelt das Marketing eine spezifische Konzeption zur Marktbearbeitung, die den Einsatz einer Database vorsieht, so handelt es sich um D.M.

II. Ziel: D.M. verfolgt die Zielsetzung, unter Einsatz bestimmter kunden- oder marktorientierter Daten eine kundenindividuelle und bedarfsgerechte Ansprache zu realisieren und den Kunden zu einer dauerhaften und dialogorientierten → Kommunikation zu bewegen. Vom Marketing werden entsprechende Konzepte entwickelt, die dann als Anforderungskatalog für das Database-Design herangezogen werden. Beispiele für solche D.M.-Konzepte sind die → Kundenclubs oder die Kundenkontaktprogramme. Die EDV-Services entwickeln auf Basis dieser Anforderungen ein entsprechendes Database-System und unterstützen die Anwender im Rahmen des operativen Betriebes.

III. Aufgaben: Das D.M. stellt eine übergeordnete Sichtweise dar, die den dauerhaften Erfolg sicherstellen soll. Hierfür sind verschiedene Teilaufgaben zu realisieren. Das Datenmanagement stellt sicher, dass die für den Erfolg der Konzepte notwendige Daten zur Verfügung stehen. Aus der Gesamtheit der möglichen Quellen (unternehmensinterne Quellen wie z.B. Buchhaltung, externe Datenquellen wie z.B. Adressenverlage, Instrumente der Datengenerierung wie z.B. Antragsformulare) sind die relevanten Quellen zu extrahieren und die Datenflüsse zu implementieren. Dabei ist darauf zu achten, dass Verfahren zur dauerhaften Datenaktualisierung zur Verfügung stehen, da die Daten sonst schnell veralten. Das D.M. entwickelt die organisatorischen Abläufe und legt die Verantwortungen für die Teilfunktionen fest. Diese Abläufe unterliegen einer permanenten Überprüfung, um die häufig komplexen und personalintensiven Prozesse effzient zu gestalten und qualitativ zu optimieren. Das D.M. entwickelt Mechanismen, mit denen die Wirksamkeit des → Database Marketing überprüft wird und der Zielerreichungsgrad gemessen werden kann. Stehen solche Mechanismen zur Verfügung, kann das Database Marketing budgetorientiert erfolgen. Die Budgetorientierung kann sich an den Kunden oder den Marketingaktionen ausrichten. Das D.M. ist damit die übergeordnete Instanz, die sicherstellt, dass die unternehmerischen Ziele, die mit dem Einsatz einer Database verfolgt werden, erreicht werden.

Literatur: Link, J./Brändli, D./Schleuning, C./Kehl, R.E. (Hrsg.) (1997): Handbuch Database Marketing, Ettlingen.

Database Marketing, → Database Management.

Daten, die D. sind Beschreibungen der verschiedenen Merkmalsausprägungen einer → Erhebungseinheit. Im Bereich der → Marktforschung können zwei verschiedene Arten von D. unterschieden werden. Zum einen sind dies D., die als eine Menge von Zahlen beschrieben werden können (numerische D.). Zum anderen können D. aber auch mündliche oder schriftliche Aussagen sein, die durch Befragung ermittelt worden sind. Handelt es sich um entscheidungsrelevante D., spricht man von Informationen. Als Darstellungsform für numerische D. bietet sich die → Datenmatrix an.

Datenanalyse, Verfahren zur Verarbeitung und Verdichtung von Daten, um aussagekräftige Informationen zu erhalten. Die gängigste Unterscheidung der Verfahren zur D. betrifft die Anzahl der in die Analyse einbezogenen Variablen. Man unterscheidet zwischen univariaten, bivariaten und multivariaten D.-methoden.

I. Bei den univariaten Verfahren der D. wird jeweils nur eine einzige Variable untersucht. Hier ist zwischen deskriptiven und induktiven Verfahren zu unterscheiden. Deskriptive univariate Verfahren untersuchen die Häufigkeitsverteilung einer Variablen, sowie die zugeordneten Verteilungsparameter. Man unterscheidet absolute Häufigkeiten, relative Häufigkeiten (Anteile) und kumulierte Häufigkeiten für die Ermittlung der Häufigkeitsverteilung. Die Verteilungspara-

		UNABHÄNGIGE VARIABLE	
		metrisches Skalenniveau	Nominales Skalenniveau
ABHÄNGIGE VARIABLE	metrisches Skalenniveau	Regressionsanalyse	Varianzanalyse
	nominales Skalenniveau	Diskriminanzanalyse	Kontingenzanalyse

Grundlegende strukturen-prüfende Verfahren

meter lassen sich einteilen in → Lage-, → Streu-, → Form- und → Konzentrationsparameter. Die induktiven univariaten Verfahren der D. versuchen aufgrund einer → Stichprobe der → Grundgesamtheit, Aussagen über die Parameter der Häufigkeitsverteilung der Grundgesamtheit anzugeben.

II. Bivariate und multivariate Verfahren der D. Die bivariaten Verfahren der D. beziehen lediglich zwei Variablen gleichzeitig in die Betrachtung ein. Die multivariaten Verfahren (→ Analyseverfahren, multivariate) betrachten mehrere Variablen gleichzeitig. Die bivariaten und multivariaten Verfahren der D. kann man in Verfahren der → Dependenzanalyse (struktur-prüfende Verfahren) und in Verfahren der → Interdependenzanalyse (strukturen-entdeckende Verfahren) unterteilen. Die primär strukturenprüfenden Verfahren werden in erster Linie zur Überprüfung von Kausalzusammenhängen zwischen Variablen eingesetzt. In diesem Fall besitzt der Anwender einer Methode eine entweder auf sachlogischen oder auf theoretischen Überlegungen basierende Vorstellung über die Zusammenhänge zwischen den Variablen und möchte diese mittels multivariater Methoden einer Überprüfung unterziehen. Um die strukturen-prüfenden Verfahren einsetzen zu können, muss der Anwender die Variablen in abhängige und unabhängige Variablen unterteilen. (1) Zu den dependenzanalytischen D.-methoden zählt die → Kontingenzanalyse. Hierunter versteht man allgemein die Kennzeichnung des Zusammenhangs zwischen zwei oder mehr, rein nominalskalierten Variablen. Dabei werden verschiedene Erhebungsmerkmale (z.B. Geschlecht und Raucher/Nichtraucher) unter gleichzeitiger Berücksichtigung eines oder mehrerer Merkmale miteinander in Beziehung gesetzt. Zur Prüfung der Abhängigkeit zwischen den untersuchten Variablen werden Kontingenzmaße (z.B. Kontingenzkoeffizient, Konkordanzkoeffizient, → Chi-Quadrat-Test) eingesetzt. Mit diesen lässt sich feststellen, ob Unterschiede in der Variablenverteilung zufälliger Natur oder aber statistisch signifikant sind. (2) Ebenfalls zu den dependenzanalytischen Verfahren der D. zählt die → Regressionsanalyse. Diese untersucht die Abhängigkeit zwischen einer zu erklärenden, metrisch skalierten (unabhängigen) Variablen (der sog. Prädiktorvariablen, z.B. das metrisch gemessene Image einer Marke) und einer (bivariate → Regressionsanalyse) oder mehreren (multivariate Regressionsanalyse, s.u.) erklärenden, ebenfalls metrisch skalierten (abhängigen) Variablen (sog. Kriteriumsvariable oder Regressor, z.B. der Preis der Marke). (3) Bei der → Varianzanalyse hingegen weisen die unabhängigen Variablen lediglich nominales → Messniveau auf, während die abhängige Variable metrisch skaliert ist. Die Varianzanalyse wird häufig im Rahmen von Experimenten eingesetzt, wobei die nominalen, unabhängigen Variablen i.d.R. die experimentellen Einwirkungen repräsentieren. (4) Wenn die abhängige Variable nominal skaliert ist, die unabhängigen Variablen hingegen metrisch skaliert sind, kommt die → Diskriminanzanalyse zum Einsatz. Diese eignet sich insbesondere zur Analyse von Gruppenunterschieden (z.B. Unterscheidung und Charakterisierung von zufriedenen und unzufriedenen Kunden). Je nach dem Skalenniveau, auf dem abhängige und unabhängige Variablen gemessen wurden, lassen sich die in Abb. 1 dargestellten, grundlegenden strukturenprüfenden Verfahren charakterisieren (Backhaus et al., 1996). Neben den in Abb. 1 aufgeführten Verfahren

Verfahren	Beispiel
Regressionsanalyse	Abhängigkeit der Absatzmenge eines Produktes von Preis, Werbeausgaben und Einkommen
Varianzanalyse	Wirkung alternativer Verpackungsgetaltungen auf die Absatzmenge eines Produktes
Diskriminanzanalyse	Unterscheidung der Wähler der verschiedenen Parteien hinsichtlich soziodemographischer und psychographischer Merkmale
Kontingenzanalyse	Zusammenhang zwischen Rauchen und Lungenerkrankung
Faktorenanalyse	Verdichtung einer Vielzahl von Eigenschaftsbeurteilungen auf zugrunde liegende Beurteilungsdimensionen
Cluster	Bildung von Persönlichkeitstypen auf Basis der psychographischen Merkmale von Personen
LISREL	Abhängigkeit der Käufertreue von der subjektiven Produktqualität und Servicequalität eines Anbieters
Multidimensionale Skalierung	Positionierung von konkurrierenden Produktmarken im Wahrnehmungsraum von Konsumenten
Conjoint-Analyse	Ableitung der Nutzenbeiträge alternativer Materialien, Formen oder Farben von Produkten

Synopsis der multivariaten Analyseverfahren (Quelle: Backhaus 2000, S. XXVII)

subsumiert man gemeinhin auch die → LISREL-Analyse sowie die → Conjoint-Analyse unter die primär strukturenprüfenden Verfahren. Während erstere speziell für die Messung nicht beobachtbarer Variablen (sog. hypothetischen → Konstrukten bzw. → latenten Variablen, wie z.B. Einstellungen oder Images) geeignet ist, wird die Conjoint-Analyse vor allem zur Präferenzmessung und zur optimalen Produktgestaltung eingesetzt. Die primär strukturenentdeckenden Verfahren lassen sich vor allem zur Entdeckung von Zusammenhängen zwischen Variablen oder zwischen Objekten einsetzen. Deshalb erfolgt durch den Anwender vorab keine Unterteilung der Variablen in abhängige und unabhängige Variablen. Zu den Verfahren der Interdependenzanalyse rechnet man die Korrelationsanalyse. Damit wird ein Verfahren zur Messung des Ausmaßes von Wechselbeziehungen zwischen zwei oder mehreren statistischen Reihen bezeichnet. Das Ergebnis der Korrelationsanalyse ist der Korrelationskoeffizient, dessen Größe (zwischen 0 und 1) die Stärke und dessen Vorzeichen die Richtung des Zusammenhangs angibt. Die → Faktorenanalyse wird vor allem zur Datenreduktion im Sinne der Bündelung bzw. Verdichtung von Variablen eingesetzt. Die ebenfalls strukturenentdeckende → Cluster-Analyse hingegen nimmt eine Bündelung von Objekten (Bildung von homogenen Gruppen) vor. Der Hauptanwendungsbereich der → Multidimensionalen Skalierung (MDS) als strukturen-entdekkendes Verfahren liegt in der Positionierung von Objekten (z.B. Marken) im Wahrnehmungsraum von Personen. In Tabelle 2 sind die oben knapp charakterisierten, multivariaten Analysen zur D. nochmals mit jeweils einem Anwendungsbeispiel zusammengefasst (vgl. Backhaus et. al. 2000).

Literatur: Backhaus, K./Erichson, B./ Plinke, W./Weiber, R. (2000): Multivariate Analysemethoden. Eine Einführung, 9. Aufl., Berlin u. a.; Herrmann, A./Homburg, Ch. (2000): Marktforschung: Methoden – Anwendungen – Praxisbeispiele, 2. Aufl., Wiesbaden.

Dieter K. Tscheulin/Bernd Helmig

Datenautobahn, → Information Highway.

Datenbank, → Database.

Datenbank, Online-, → Database.

Datenbank, relationale, → Database.

Datenerfassung, die D., ein Teilbereich der → Datenerhebung neben der Datenaufbereitung und Datenerschließung. Die D. wird neben der Erfassungsmethode durch das → Skalenniveau der erfassten → Daten und die Güte der Messverfahren und → Messinstrumente charakterisiert (→ Gütemaße). Bei den Erfassungsmethoden unterscheidet man allgemein die → Befragung und die → Beobachtung, wobei die Befragung die wichtigere und häufiger angewandte Methode darstellt.

Datenerhebung, unter dem Begriff der D. wird der gesamte Prozess der Informationsgewinnung zusammengefasst. Darunter fällt die → Datenerfassung, die Datenaufbereitung, und die Datenerschließung. Dabei werden die Erhebungen in → Primärerhebungen und → Sekundärerhebungen unterteilt. Bei der Sekundärerhebung wird Datenmaterial ausgewertet, das bereits existiert und das auch für andere Marktforschungszwecke erhoben worden sein kann. Dabei unterscheidet man, je nach Herkunft der → Daten, interne (z.B. Buchhaltung, Kundenkarteien oder bereits durchgeführte Primärerhebungen) und externe (z.B. Statistisches Jahrbuch, Geschäftsberichte oder Kataloge) Datenquellen. Von einer Primärerhebung spricht man, wenn die gewünschten Information speziell zu Marktforschungszwecken erhoben werden.

Datenschutz. Jeder Anbieter, der an den Eigenschaften und Verhaltensweisen seiner aktuellen und potenziellen Kunden interessiert ist, wird sich bemühen, die relevanten Kundendaten zu beschaffen und für seine Zwecke zu verwenden. Diesem Wunsch steht als Restriktion das Recht der Verbraucher auf informationelle Selbstbestimmung entgegen, das in selbstdisziplinären Regeln wie der → Robinson-Liste und in staatlichen Rechtsetzungsakten zum Ausdruck kommt. Zentrale Grundlage der nationalen Bestimmungen ist das Bundesdatenschutzgesetz (BDSG), das das Speichern, Verändern oder Übermitteln persönlicher Daten regelt. Den Verbrauchern wird ein Widerspruchsrecht eingeräumt, das sowohl ggü. denjenigen ausgeübt werden kann, die Daten speichern, als auch ggü. denjenigen, die Daten empfangen (§ 28 III BDSG). Die Daten dürfen dann zum Zwecke der Werbung oder der Markt- und Meinungsforschung nicht genutzt und nicht übermittelt bzw. verarbeitet werden. Das Widerspruchsrecht bezieht sich ausschließlich auf personenbezogene Daten, die zum Zweck der *individuellen* Kundenansprache verwendet werden sollen. Die Erstellung von Nutzerprofilen für *massenmediale* Werbemaßnahmen ist davon unberührt. Weitere Restriktionen finden sich insbesondere in solchen Regelwerken, die den Fortschritt auf dem Gebiet der teletechnischen Kommunikation berücksichtigen. Das Gesetz über den D. bei Telediensten (TDDSG) verlangt von den Anbietern von Telediensten, dass diesen bei der Verarbeitung und Nutzung personenbezogener Daten für Zwecke der Werbung die ausdrückliche Einwilligung der Betroffenen vorliegt (§ 5 II TDDSG). Zudem wird gefordert, dass Nutzungsprofile nur unter der Verwendung von Pseudonymen erstellt werden dürfen. Unter einem Pseudonym erfasste Nutzungsprofile dürfen nicht mit Daten über den Träger des Pseudonyms, etwa dem Kunden einer Versandhandelsunternehmung, zusammengeführt werden (§ 4 IV TDDSG). Gleiches gilt nach dem Staatsvertrag über Mediendienste für die Anbieter von Mediendiensten (MDStV), der in §§ 16 ff. den Schutz personenbezogener Daten der Nutzer von Mediendiensten bei der Erhebung, Verarbeitung und Nutzung dieser Daten durch Diensteanbieter regelt. Darüber hinaus kann ein Verstoß gegen die Normen des D. zugleich wettbewerbswidrig sein, wenn sich der Verletzer durch seinen Gesetzesverstoß einen sachlich nicht gerechtfertigten Konkurrenzvorsprung vor seinen gesetzestreuen Mitbewerbern verschafft. Weitere Konsequenzen für den D. ergeben sich aus der allgemeinen Europäischen Datenschutzrichtlinie von 1995. Den betroffenen Personen wird das Recht eingeräumt, „auf Antrag kostenfrei gegen eine vom für die Verarbeitung Verantwortlichen beabsichtigte Verarbeitung sie betreffender Daten für Zwecke der Direktwerbung Widerspruch einzulegen oder vor der ersten Weitergabe personenbezogener Daten an Dritte oder vor deren erstmaliger Nutzung im Auftrag Dritter zu Zwecken der → Direktwerbung informiert zu werden und ausdrücklich auf das Recht hingewiesen zu werden, kostenfrei gegen eine solche Weitergabe oder Nutzung Widerspruch einlegen zu können" (Art. 14). Ergänzt wird die allgemeine D.-Richtlinie durch die Europäische Datenschutzrichtlinie für elektronische Kommunikation von 2002. Sie greift die Verarbeitung personenbezogener Daten und den Schutz der Privatsphäre im Bereich öffentlich zugänglicher Telekommunikationsdienste auf, insbesondere solcher, die sich des ISD-Netzes und öffentlicher digitaler Mobilfunknetze bedienen. Über ISDN können beispielsweise Video auf Abruf und interaktives Fernsehen betrieben werden. Grundsatz: „Die Systeme für die Bereitstellung elektronischer Kommunikationsnetze und -dienste sollten so konzipiert werden, dass so wenig personenbezogene Daten wie möglich benötigt werden." Der Verbraucher soll bei Telefonaten insbesondere davor geschützt werden, dass der andere Teilnehmer unerwünscht Kenntnis von seiner Rufnummer erlangt, und er soll unerwünschte Anrufe auf einfache Weise und gebührenfrei abweisen können. Die Betreiber öffentlich zugänglicher Telekommunikationsdienste dürfen bestimmte Daten der Teilnehmer nur dann für Zwecke der Vermarktung der eigenen Dienste verarbeiten, wenn die Teilnehmer ihre Einwilligung gegeben haben. Dabei handelt es sich ausschließlich um Daten der Gebührenabrechnung und der Bezahlung.

Datenverdichtung, Verfahren zur Reduzierung der Datengrundgesamtheit auf entscheidungsrelevante Daten. Verfahren zur D. sind z.B. die → Faktorenanalyse oder die → Cluster-Analyse.

Dauerniedrigpreis, im Gegensatz zu einem → Sonderangebot wird der Preis eines Produktes, das zu einem D. angeboten wird, dauerhaft abgesenkt. Handelsunternehmen wählen hierfür sehr oft sog. → Eckartikel aus. Sie verfolgen dadurch die Zielsetzung, von den Konsumenten als besonders preisgünstig wahrgenommen zu werden. Erfolgreich ist eine Dauerniedrigpreisstrategie z.B. dann, wenn sich die Kundenfrequenz erhöht und die Kunden in der Verkaufsstätte auch ihren Bedarf an anderen Produkten, die zu ‚Normalpreisen' angeboten werden, decken.

Day-after-Recall-Test, *DAR-Test*; → Recall.

DDV, → Deutscher Direktmarketing-Verband.

Decay-Effekt, Abklingen der Wirkung von Marketinginstrumenten in späteren Perioden; begrenzt die Wirkung von → Carry-Over-Effekten, also der Wirkung von Marketingmaßnahmen über die Periode des Einsatzes hinaus. Bei der → Werbewirkung ergibt sich der D.-E. u.a. aus der Vergesslichkeit der Menschen.

Decision Calculus, pragmatischer Typ von quantitativen → Marketingmodellen zur Verbesserung der unternehmerischen Entscheidungsfindung. Folgende Anforderungen kennzeichnen ein Modell nach dem Typ des D.C.: Einfachheit, Benutzungssicherheit, Prüfbarkeit, Adaptionsfähigkeit, Vollständigkeit (insbesondere sollen auch die subjektiven Einschätzungen der Manager Eingang finden) und Kommunikationsfähigkeit.

Decision-Support-System (DSS), *Entscheidungsunterstützungssystem*; interaktives, computergestütztes System zur Unterstützung von Entscheidungsträgern bei schlecht strukturierten Entscheidungsproblemen. Die Betonung liegt hierbei auf unterstützen, weil die meisten Entscheidungsprozesse im Rahmen eines DSS nicht vollständig algorithmisiert sind, d.h. eine automatisierte Lösungsfindung bieten diese Systeme nicht. Außerdem ist die Funktion eines DSS auf eng umgrenzte Teilaufgaben beschränkt. Im Zentrum des Entscheidungsprozesses steht also weiterhin der Entscheidungsträger selbst. Die Architektur eines DSS setzt sich üblicherweise aus den folgenden Komponenten zusammen: (1) Datenbank: Bereitstellung von Daten aus internen und externen Quellen; (2) Methoden- und

Modellbank: Bereitstellung von Verfahren zur Datenauswertung, (3) Kommunikationseinrichtungen: Mensch-Maschine-Schnittstelle, die die Eingaben der Benutzer verarbeitet und ihnen Ausgaben (z.B. Ergebnisberichte, Fehlermeldungen) zur Verfügung stellt.

Deckungsbeitrag, je nach Art der Kostenspaltung unterschiedlich definiert. Im System des → Direct Costing stellt der D. die Differenz zwischen Erlösen und variablen Kosten dar, im Rahmen der → relativen Einzelkostenrechnung hingegen die Differenz zwischen relativen Einzelerlösen und relativen Einzelkosten eines Bezugsobjektes. I.d.R. geht man von der ersten Definition aus, da in der Praxis Teilkostenrechnungssysteme auf Basis von variablen Kosten vorherrschen. Zu unterscheiden sind hierbei Stückdeckungsbeitrag und Gesamtdeckungsbeitrag. Als Stückdeckungsbeitrag wird die Differenz zwischen dem am Markt erzielbaren Preis und den variablen Stückkosten bezeichnet. Multipliziert man diesen mit der Absatzmenge, ergibt sich der Gesamtdeckungsbeitrag. Aus der Differenz zwischen Gesamtdeckungsbeitrag und Fixkosten ergibt sich das Betriebsergebnis. Jedes Produkt mit einem positiven D. trägt zur Deckung der Fixkosten bei. Solange der D. also positiv ist, trägt auch ein Produkt, das nicht die in der → Vollkostenrechnung errechneten → Selbstkosten erwirtschaftet, zum Betriebserfolg in der betrachteten Periode bei.

Deckungsbeitrag, engpassbezogener, spezifischer → Deckungsbeitrag, der sich aus der Division des Deckungsbeitrages einer Leistungseinheit durch die zur Erbringung dieser Einheit benötigten Engpasskapazität ergibt. Er wird vor allem zur Programmoptimierung im Falle eines vorliegenden Kapazitätsengpasses benötigt und gibt Hinweise darauf, in welcher Weise die knappe Engpasskapazität, um die verschiedene Leistungseinheiten konkurrieren, optimal genutzt wird.

Deckungsbeitragsrechnung, → Teilkostenrechnung, die aus der Gegenüberstellung der Erlöse und der variablen Kosten (klassische D.) bzw. aus der Gegenüberstellung der relativen Einzelerlöse und der relativen Einzelkosten (relative D.) den → Deckungsbeitrag ermittelt. Im Rahmen der klassischen D. können grundsätzlich die einstufige und die mehrstufige D. unterschieden werden. Die einstufige D. ermittelt den Deckungsbeitrag in einer Rechenstufe ohne weitere Differenzierung der fixen Kosten. Die mehrstufige D. hingegen geht von einem nach Bezugsgrößen gegliederten Fixkostenblock (Fixkostenschichten) aus und nimmt eine stufenweise Verrechnung der Fixkostenschichten vom jeweils verbleibenden (Rest-) Deckungsbeitrag vor. Die Deckungsbeiträge der einzelnen Stufen sind ein Indiz dafür, inwieweit die zurechenbaren Fixkosten gedeckt sind. Mögliche Bezugsgrößen zur Fixkostenzerlegung sind z.B. Erzeugnisarten, -gruppen, Fertigungsbereiche, Sparten und das Unternehmen an sich. Durch die stufenweise Verrechnung der Fixkosten gewinnt man ggü. der einstufigen D. zusätzliche Informationen für betriebliche Entscheidungen. D. auf Basis der relativen Einzelkostenrechnung beruhen auf der Abbildung des Unternehmensprozesses durch sog. Bezugsgrößenhierarchien. Stückdeckungsbeiträge und spezifische Deckungsbeiträge werden hierbei nach dem Muster einer mehrstufigen D. ermittelt, wobei jeweils immer nur diejenigen Erlöse und Kosten gegenübergestellt werden, die auf denselben dispositiven Ursprung zurückgeführt werden können. D. können dabei grundsätzlich in Bezug auf unterschiedliche Dimensionen erstellt werden, z.B. artikelbezogen, kundenbezogen oder auftragsbezogen (→ Absatzsegmentrechnung).

Decodierung, → Kommunikation.

Defizitärbedürfnisse, → Motivation, → Bedürfnispyramide.

Degenerationsphase, die letzte Phase im → Produktlebenszyklus, in der das Verkaufsvolumen, der Absatz und die Gewinne sowie der Deckungsbeitrag bedrohlich schrumpfen. Die Entwicklung in der D. ist auch nicht mehr durch intensiven Einsatz des marketingpolitischen Instrumentariums aufzuhalten. Gründe für den Rückgang sind u.a. der technische Fortschritt, die Veränderung des

Geschmacks der Nachfrager oder ein verstärkter internationaler Wettbewerb. Diese Entwicklungen führen zu Überkapazitäten, Preissenkungen und Gewinneinbußen. Die fallenden Absätze und Gewinne führen dazu, dass sich die Zahl der Unternehmen am Markt reduziert. Die verbleibenden Unternehmen reduzieren möglicherweise die Zahl der angebotenen Produkte, steigen aus kleinen Marktsegmenten und schwachen Vertriebskanälen aus, reduzieren die Absatzförderung und senken weiter die Preise. Bevor eine Entscheidung über die Marketingstrategien in der D. getroffen werden können, müssen die leistungsschwachen Produkte ermittelt werden. Der Marktaustritt hängt im Wesentlichen von der Höhe der Marktaustrittsschranken ab. Die geeignete Strategie in dieser Phase richtet sich nach der relativen Attraktivität der Branche und der Wettbewerbsstärke des Unternehmens in der Branche. Befindet sich ein Unternehmen in einer unattraktiven Branche, verfügt aber über ein starke Stellung, sollte es die Strategie der selektiven Schrumpfung verfolgen. In einer attraktiven Branche, in der das Unternehmen zudem noch eine starke Stellung hat, sollte es das gegenwärtige Investitionsniveau erhöhen oder zumindest halten.

Degustation, Verkostung von Produktproben am → Point of Sale; Maßnahme der → Verkaufsförderung.

Dekompositionelle Qualitätsmessung, Verfahren zur Messung der → Qualität, bei dem in einem ersten Schritt anhand globaler Qualitätsurteile eine Rangreihe verschiedener Leistungen mit unterschiedlichen Merkmalsausprägungen gebildet wird, um in einem zweiten Schritt die Bedeutung von Teilqualitäten zu berechnen (z.B. mit Hilfe der → Conjoint-Analyse). Im Gegensatz zur D.Q. wird bei multiattributiven Ansätzen der → Qualitätsmessung (→ Dienstleistungsqualitätsmessung) eine Verdichtung von Teilqualitäten zu globalen Qualitätsdimensionen vorgenommen. *Vgl. auch* → Vignette-Methode.

Dekompositionelle Verfahren, Verfahren, bei dem von einer Gesamtheit auf einzelne Teilbereiche geschlossen wird. Z.B. → Conjoint-Analyse. Hier wird von der Gesamtbeurteilung eines Produktes auf dessen Teilnutzen geschlossen.

Dekoration, bezeichnet die Ausschmückung von Räumen und gleichfalls die schmückende Darstellung bzw. Präsentation von Produkten. Mit Blick auf den Bereich des → Einzelhandelsmarketing spielt die D. im Rahmen von Store-Design-Entscheidungen eine bedeutende Rolle. Die dekorative Gestaltung von → Discountern zielt beispielsweise vorrangig auf die Ermöglichung eines schnellen, unkomplizierten Einkaufs ab. Das Konzept der → erlebnisorientierten Einkaufsstätte erfordert hingegen zumeist recht aufwendige Maßnahmen hinsichtlich der D. des → Point of Sale. Als Beispiel hierfür kann eine Produktherausstellung durch Lichteffekte oder → Sonderplatzierungen angeführt werden. Allgemeine Ziele einer D. können somit einerseits die Ermöglichung eines möglichst bequemen, schnellen Einkaufs und andererseits die Generierung einer für den Nachfrager angenehmen → Ladenatmosphäre sein.

Demand Pull, → Pull Strategie.

De-Marketing, systematischer Einsatz des Marketing mit dem Ziel, Verhaltensweisen (z.B. ausländerfeindliches Verhalten) oder die Produktion bzw. den übermäßigen Konsum von Gütern und → Dienstleistungen zu reduzieren (z.B. Zigaretten), die z.B. aus gesellschaftlicher Sicht unerwünscht sind. Maßnahmen eines D. können vor allem im Rahmen eines → Social Marketing große Bedeutung haben.

Deming Price, von der Union of Japanese Scientists and Engineers (JUSE) vergebener japanischer → Qualitätspreis, der auf dem Ansatz der → Total Quality Control (TQC) basiert und nach W.E. Deming benannt ist. Um den → Preis können sich auch nicht-japanische Unternehmen bewerben.

DEMON-Modell, von Varnes u.a. (1966) entwickelt; stellt ein formalisiertes global-analytisches Modell zur Bestimmung des gewinnoptimalen Neuproduktkonzeptes sowie des Prozesses der Neuproduktplanung dar. Das Modell, das den Produktentwicklungsprozess (→ Produktentwicklung) in seiner Gesamtheit phasenmäßig abbildet, setzt sich aus folgenden vier Elementen zusammen: soll es aufgegeben werden (NO) oder sollen weitere Informationen beschafft werden (ON)? (1) Zielsystem: Erfassung des erwarteten Mindestgewinns, der Mindestamortisationszeit, des akzeptablen Risikoniveaus und des maximalen Marktforschungsbudget. (2) Planungssystem: Bestimmung des erwarteten Umsatzes einer Marketingmix-Kombination des Neuproduktes mithilfe der aus empirischen Untersuchungen abgeleiteten multivariaten Nachfrage respektive Marktreaktionsfunktion. (3) Entscheidungsmodell: Spezifizierung des Marketingplans (Ausprägungen der Aktionsparameter), der unter gegebenen Nebenbedingungen (Marktforschungsbudget, Mindestgewinn, Kapitalwiedergewinnungszeit) zum maximalen (erwarteten) Gewinn führt. Eine Erweiterung des D.-M. stellt das SPRINTER-Modell von Urban (1967) dar.

Demonstrativer Konsum, auch *Prestigekonsum* oder im angloamerikanischen Raum *Conspicious Consumption* genannt. Das Konsumverhalten ist darauf ausgerichtet, möglichst solche hochpreisigen Marken und Güter zu erstehen und in der Öffentlichkeit demonstrativ zu zeigen, die einen hohen Prestigewert haben. Der demonstrative Konsum wurde von Veblen (*vgl. auch* → Veblen-Effekt) als geltungssüchtiger Konsumstil der Oberschicht beschrieben, die Reichtum und Macht durch Luxusgüter dokumentieren wollte. Heute findet sich der demonstrative Konsum in allen Klassen.

Demoskopie, Synonym für Umfrage- und Meinungsforschung.

Dendrogramm, grafisches Schaubild in Form einer Baumstruktur (vgl. Abb. „Dendrogramm"), das die Entwicklung der Clusterbildung bei der → Cluster-Analyse darstellt. Im D. sind die Elemente der → Stichprobe vertikal angeordnet. Von jedem Element geht eine Linie aus.

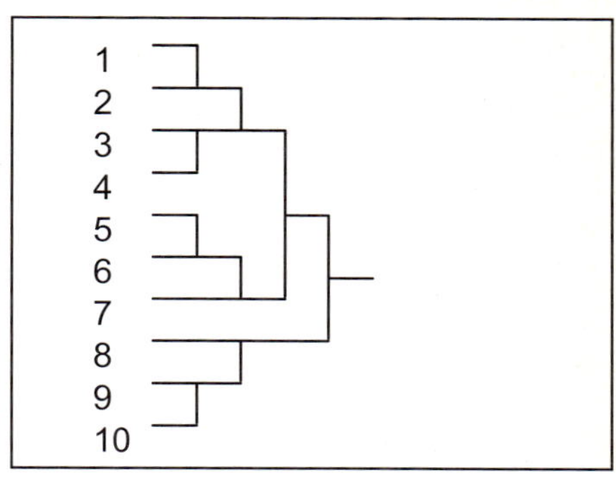

Dendrogrammm

Wenn zwei Elemente in einem Cluster zusammengeführt werden, werden deren Linien in der Grafik ebenfalls zu einer Linie zusammengeführt.

Dependenzanalyse, *struktur-prüfendes Verfahren.* Mit Hilfe der D. soll das Vorhandensein bzw. die Stärke eines statistischen Zusammenhangs zwischen Variablen untersucht werden. Im Gegensatz zur Interdependenzanalyse, der zweiten großen Gruppe der multivariaten → Datenanalyseverfahren, unterscheidet man die zu untersuchenden Variablen in abhängige und unabhängige Variablen. Voraussetzung für die D. ist die Existenz eines kausalen Zusammenhangs der abhängigen und der unabhängigen Variablen. Deshalb muss vor Durchführung der Analyse überprüft werden, ob überhaupt ein solcher Zusammenhang gegeben ist. Dies kann rein intuitiv, durch theoretische Plausibilität oder aber durch empirische Tests erfolgen. Im Verlauf der eigentlichen Analyse treten zwei Zielsetzungen in den Vordergrund. Zum einen die Überprüfung eines Zusammenhangs mittels geeigneter rechnerischer Verfahren und zum anderen die Prognose der abhängigen Variablen. Häufige Verwendung bei der Berechnung finden dabei die Verfahren der → Varianzanalyse, der → Regressiosanalyse, der → Diskriminanzanalyse und der → Kontingenzanalyse. Ein Problem, das bei der multivariaten → Datenanalyse – und somit auch bei der D. – immer auftritt, ist die Frage nach der Anzahl der einzubeziehenden Variablen. Je größer die gewählte Zahl der sich beeinflussenden Variablen, desto mehr gleicht das Modell der Realität. Auf der anderen Seite verringert sich aber die Prognosegenauigkeit durch Hinzunahme weiterer Variablen und Einflussgrößen. Oft reicht schon eine relativ geringe Anzahl von Variablen, um akzeptable Ergebnisse zu erzielen.

Design, als planvolle Gestaltungsarbeit mit starken ästhetischen Zügen umfasst dieser Begriff verschiedene Felder wie z.B. das Grafikdesign, das Corporate Design und das Industrial Design. Das Produktdesign als planvolles Gestalten des Produktäußeren stellt ein sehr wirksames und leistungsfähiges produktpolitisches Instrument dar. Insbesondere die ästhetische Qualität der Form, des Materials und der Farbe sind dabei von großer Bedeutung. Ein grundlegendes Designkonzept ist zur Sicherstellung eines einheitlichen Marktauftrittes unerlässlich. Darüber hinaus kommt der ästhetischen Faszination im Vergleich zur funktionalen Zwecktauglichkeit und Leistungsfähigkeit eines → Produktes eine größere Bedeutung bei der Kaufentscheidung zu. Massenprodukte können z.B. durch ein modisches D. erheblich aufgewertet und differenziert werden. Durch ein verändertes D. ist außerdem eine grundsätzliche Repositionierung eines Produktes möglich. Für das Marketing ergeben sich folgende Dimensionen: (1) Praktische Dimension: als → Produktgestaltung, die die Benutzbarkeit und Gebrauchstauglichkeit erleichtern, (2) Ästhetische Dimension: als wahrnehmungsbezogene Produktgestaltung, die ästhetischen Urteile hervorrufen soll (individuelle Anmutungsleistung) und (3) Symbolische Dimension: als Produktgestaltung, die der Kommunikationsfähigkeit des Produktes dient (soziale Anmutung).

Design for Disassembly (DFD), → Ökologieorientierte Produktpolitik, → Umweltfreundliche Konsumgüter.

Design for Environment (DFE), → Marktorientiertes Umweltmanagement, → Umweltfreundliche Konsumgüter.

Designstrategien. Es lassen sich verschiedene Richtungen unterscheiden: (1) Ästhetischer Funktionalismus: Beschränkung der Materialien, Formen und Farben auf das unbedingt Notwendige, auf Einfachheit, Regelmäßigkeit und Symmetrie. Ausrichtung auf die Gebrauchstauglichkeit des → Produktes und Vereinfachung der Gestaltung (→ Produktgestaltung). (2) Technizismus, technische Ästhetik: Dominanz sehr kühl anmutender Materialien (z.B. Stahl-Glas-Konstruktion von Gebäuden), des Hochtechnischen und Professionellen. (3) Ästhetizismus: Bewusstes Verstecken des Funktionalen zur Hervorhebung ästhetischer Proportionen mit ebenmäßigen, geschlossenen Formen (z.B. Bang&Olufson). (4) Mephisbewegung: Nicht-funktionale Formen, bewusste Materialverfremdungen und bunte Farben. (5) Dekonstruktivismus: Eine aus der Postmoderne abgeleitete Stilrichtung, die durch das Aufbrechen der Körper und Auflösung der Senkrechten und Waagerechten charakterisiert ist. (6) Neobarock: Sehr ausdrucksstarke Formen, die vor allem in der Möbel- und Kleidungsbranche zu finden sind. (7) Organic-Design: Verwendung organischer Materialien wie Holz oder Horn, Funktionalität rückt in den Hintergrund. (8) Archetypdesign: Die Produktgestaltung orientiert sich an einfachen und markanten, als Bild gespeicherten Urtypen von Erzeugnissen. Die einzelnen Designrichtungen und -wellen finden in den unterschiedlichen Segmenten des sozialen Milieus unterschiedlichen Anklang. Im traditionellen Arbeitermilieu ist der ästhetische Funktionalismus stark verbreitet. Diese Segmente sind keine Zielgruppe für Designprodukte. Beim technokratisch-liberalen Milieu dagegen ist das Designinteresse sehr groß. Bei der → Produktentwicklung muss entschieden werden, ob lediglich einer oder mehrerer Designarten gefolgt werden soll und ob auf kurzfristig andauernde Designwellen (z.B. Swatch) oder eher langfristig angelegte Designkonzepte (z.B. Jaguar) zu setzen ist. Grundsätzlich kommen als Gegenstände des Produktdesigns alle mit den Nutzenerwartungen der Konsumenten verbundenen Faktoren in Betracht: Produktqualität i.e.S.: Produktkern, -funktion, Produktäußeres, Produktform, -farbe und sonstige nutzenbeeinflussende Faktoren: Preis, Produktname, distributionswirtschaftliche Bedingungen sowie produktbezogene Marktkommunikation.

Desinvestitionsstrategie, auf den Rückzug aus → Geschäftsfeldern ausgerichtete → Normstrategie.

Deskriptive Entscheidungstheorie, Ansatz zur Abbildung individuellen Entscheidungsverhaltens unter Sicherheit oder Unsicherheit bei begrenzter (bzw. beschränkter) Rationalität. Im Gegensatz zur sog. normativen Entscheidungstheorie, die Individuen vorschreibt, wie sie sich entscheiden sollen, wenn sie sich mit bestimmten Rationalitätsaxiomen einverstanden erklären (perfekte Rationalität), befasst sich die D.E. mit der Frage, wie sich Individuen tatsächlich entscheiden. Die D.E. ist auf empirische Ergebnisse angewiesen. Bevorzugte Forschungsmethodik ist die experimentelle Forschung. Ein prominentes Beispiel für ein Modell der D.E. ist die → Prospect Theorie.

Desktop-Publishing-Spezialist, → Werbeberufe (15).

Deutsche Gesellschaft für Qualität e.V., *DGQ*; 1954 gegründete Interessengemeinschaft zur Erfüllung von Aufgaben, die dem Gebiet des → Qualitätsmanagements zugeordnet sind, mit Sitz in Frankfurt. Als Non-Profit-Organisation verfolgt die DGQ gemeinnützige Zwecke. Siehe auch unter www.dgq.de.

Deutsche Public Relations Gesellschaft, *DPRG*; Berufsverband der professionell arbeitenden PR-Fachleute in der BRD. Hauptaufgabe der DPRG ist die Etablierung der → Public Relations (PR) als Führungs- und Managementfunktion, die Schaffung eines homogenen beruflichen Selbstverständnisses, die Verbesserung der Aus- und Fortbildung von PR-Fachleuten, die Vertretung der beruflichen Interessen der Mitglieder sowie die Förderung des Berufstandes und Vertiefung der Kenntnisse über ihn in der Öffentlichkeit sowie die wissenschaftliche Durchdringung der PR. Von den 1.708 DPRG-Mitgliedern arbeiten 797 in der PR-Beratung, 307 im Dienstleistungsbereich und 245 in Wirtschaftsunternehmen. 178 sind in Verbänden, Institutionen, Kirchen sowie der Aus- und Fortbildung engagiert und 181 stammen aus sonstigen Bereichen. Der zweite wichtige Verband der PR-Branche ist die → Gesellschaft für Public Relations Agenturen (GPRA). Siehe auch www.dprg.de.

Deutscher Direktmarketingverband e.V. (DDV). Der DDV ist die Interessenvertretung von Dienstleistern und Anwendern des Direktmarketing. Er ist aus dem 1948 gegründeten Verband der Adressverleger hervorgegangen. Die Aufgaben des Verbandes sind die Förderung von → Direktwerbung und Direktmarketing, die Wahrnehmung der Interessen der Mitglieder sowie die Zusammenarbeit mit anderen Fachverbänden. Er bündelt Fragen und Probleme der über 800 Mitglieder und betreibt für sie intensives Lobbying auf Berliner und Brüsseler Ebene sowie Öffentlichkeitsarbeit ggü. den Medien und den Verbrauchern. Als wesentliche Aufgabe sieht es der DDV, die Informations- und Verkaufskanäle für Direktmarketing anwendende Unternehmen offen zu halten. Traditionsgemäß sollen die Interessen der Verbraucher einerseits und der Wirtschaft andererseits in Einklang gebracht werden. Die politischen Ziele, die der Verband nach außen vertritt, werden von acht Councils erarbeitet. Foren gleich gesinnter Mitglieder treffen sich zum themenbezogenen Erfahrungsaustausch. Der DDV ist Mitglied des → Zentralausschusses der Werbewirtschaft ZAW. Weitere Informationen finden sich unter www.ddv.de.

Deutscher Kommunikationsverband (BDW), Nachfolgebezeichnung für *Bund Deutscher Werbeberater und Werbeleiter* (BDW), 1998 umbenannt in → Kommunikationsverband.de

Deutscher Werberat. Der D.W. wurde 1972 als Institution innerhalb des ZAW gegründet. Seine Hauptaufgabe ist es, beanstandenswerte → Werbung im Rahmen der Wirtschaftswerbung zu vermeiden bzw. zu beseitigen. Jedermann ist berechtigt, dem D.W. Beschwerden über Werbemaßnahmen vorzulegen. (Art. 1 Abs. 1 Verfahrensordnung des deutschen Werberates). Der Werberat arbeitet nach dem System eines Schiedsrichters. Für grenzüberschreitende Beschwerdefälle ist die European Advertising Standards Alliance (EASA) verantwortlich, die diese Fälle ggf. an die nationalen Organe weiterleitet. Weitere Informationen finden sich unter www.werberat.de.

Deutsches Kundenbarometer, branchenübergreifende Studie zur Messung der → Kundenzufriedenheit. Firmiert seit 1999 unter → Kundenmonitor Deutschland. *Vgl. auch* → Nationales Kundenbarometer.

Dezentralisierung der Marketingfunktion, → Marketingorganisation; Organisationsstruktur.

DGQ, → *Deutsche Gesellschaft für Qualität e.V.*

Dialoginstrument. Im Sinne der Definition des → Direct Marketing zählen alle Medien zu den D., die Zielgruppen in individueller Einzelansprache gezielt erreichen lassen, aber auch solche, die einen direkten individuellen Kontakt über eine freiwillige Rückkopplung herstellen lassen (z.B. Coupon-Anzeige). D. sind: Direct Mail, Katalog, Couponanzeige bzw. Beilage/-hefter/-kleber, TV-Spot mit Adresse bzw. Telefonnummer, Telefon-Marketing, → Internet. I.d.R. bieten diese Medien: (1) Zielbarkeit der Streuung, (2) Testfähigkeit, (3) Möglichkeit zur eindeutigen Erfolgskontrolle, (4) kaum Einschränkungen im Hinblick auf Art (Umfang, Inhalt, Gestaltung), Zeit und Ort des Einsatzes (Direct Mail), (5) kaum Störungen durch das Umfeld, (6) Vermittlung des Produkterlebnisses durch Proben und Warensendungen (dadurch multisensorische Ansprache), (7) Chance der Exklusivität (Diskretion) und Ausschluss der Öffentlichkeit bzw. Konkurrenz, (8) Möglichkeit zur spontanen, konkreten, direkt zurechenbaren Reaktion des Adressaten, (9) Chance zur individuellen, die persönlichen Merkmale des Adressaten berücksichtigenden Ansprache (dadurch vielfach nachgewiesener hoher Aufmerksamkeitswert), (10) nachhaltige Wirksamkeit durch Aufbewahrungsmöglichkeit („nichtflüchtige“ Medien), (11) Synergien. (Dallmer 1989, S. 543).

Literatur: Dallmer, H. (1989): Direct-Marketing, in: Bruhn, M. (Hrsg.): Handbuch des Marketing, München, S. 535-562.

Dialogkommunikation. In der D. spiegelt sich der Wandel von einem transaktions- zu einem beziehungsorientierten Marketing (→ Relationship Marketing) auf Ebene der Kommunikationshandlungen von Unternehmen wider. Stand im Rahmen des transaktionsorientierten Marketing die einseitige Darstellung von Leistungen ggü. einem dispersen Massenpublikum (→ Massenkommunikation) im Vordergrund, so kommt der Kommunikation im Rahmen des Relationship Marketing eine wichtige Aufgabe bei der Initiierung, Aufrechterhaltung und Verstärkung eines individuellen zweiseitigen Dialoges zur Gestaltung der Unternehmen-Kunden-Beziehung zu.

I. Begriff: Nach Lischka (2000) werden unter D. sämtliche Maßnahmen eines Unternehmens verstanden, die einen dauerhaften, interaktiven Informationsaustausch zwischen dem Unternehmen und potenziellen sowie aktuellen Kunden ermöglichen und das Ziel verfolgen, profitable Kundenbeziehungen aufzubauen und zu pflegen.

II. Hintergründe: Der Wandel von der Massen- zur Dialogkommunikation lässt sich in erster Linie auf drei Gründe zurückführen. (1) Der Aufbau von Kundenbeziehungen bedingt ein verändertes Rollenverständnis von Unternehmen und Kunden im Rahmen des Kommunikationssystems. Dabei bedeutet Kommunikation nicht mehr allein den einseitigen Austausch von Kommunikationsbotschaften, sondern vielmehr die zweiseitige Interaktion. Gemäß diesem Kommunikationsverständnis stellen Unternehmen und Kunden gleichberechtigte Kommunikationspartner dar, die gegenseitig Informationen austauschen und miteinander in Dialog treten. (2) Die Aktivitäten im Rahmen eines beziehungsorientierten Marketing konzentrieren sich nicht auf einzelne Zielgruppen, sondern den einzelnen Kunden. Demzufolge sind auch die Kommunikationsaktivitäten auf den individuellen Kunden und dessen Kommunikations- und Informationsbedürfnisse auszurichten. (3) Die Realisierung der Zielsetzungen des Relationship Marketing (z.B. Kundenzufriedenheit, Vertrauen) erfordert die Einnahme einer langfristigen Perspektive, die über die Realisierung klassischer Kommunikationsziele (z.B. Bekanntheitsgrad, Image) hinausgeht.

III. Merkmale: Die D. zeichnet sich insbesondere durch fünf Merkmale aus. (1) Interaktivität: Im Rahmen der D. finden dauerhafte Interaktionen zwischen Unternehmen und Kunden statt, wobei beide als gleichberechtigte Interaktionspartner anzusehen sind. (2) Individualität: Als Rezipienten der D. werden die einzelnen Kunden angesehen, so dass für die Gestaltung der D. deren individuelle Kommunikationsbedürfnisse maßgeblich sind. (3) Informativität: Im Mittelpunkt der Unternehmen-Kunden-Interaktionen steht nicht die einseitige Vermittlung von leistungsdarstellenden Kommunikationsbotschaften, sondern ein zweiseitiger Informationsaustausch. (4) Langfristigkeit: Der interaktive Austausch von Informationen ist nicht auf einzelne Interaktionssequenzen beschränkt, sondern richtet sich auf die gesamte Kundenbeziehung. Infolgedessen werden durch den Einsatz der D. nicht nur kurzfristige, sondern auch langfristig orientierte Zielsetzungen verfolgt. (5) Kundendatenbanken: Voraussetzung für eine individuelle und langfristige D. ist der Einsatz einer umfassenden Kundendatenbank bzw. Database, in der sämtliche kundenbezogenen Informationen gespeichert werden und aufbereitet sind.

IV. Funktionen: Während Maßnahmen der Massenkommunikation primär darauf ausgerichtet sind, die Zielgruppen zu informieren und in ihren Entscheidungen zugunsten des eigenen Unternehmens zu beeinflussen, übernimmt die D. insbesondere eine Ansprache-, Rezeptions- und Informationsverarbeitungfunktion. (1) Die Ansprachefunktion bezieht sich dabei auf die Abgabe von Informationen durch das Unternehmen. Diese hat kundenindividuell zu erfolgen und muss sich derart an den Kommunikationsbedürfnissen der Kunden orientieren, dass eine Reaktion bei diesen erzielt wird. (2) Um langfristige Dialoge aufzubauen und aufrechtzuerhalten, kommt der D. gleichfalls die Funktion der Rezeption zu, wobei es darum geht, die Reaktionen der Kunden (z.B. Anfragen, Beschwerden) zu erfassen. (3) Verbunden sind die Ansprache- und Rezeptionsfunktion durch die Informationsverarbeitungsfunktion, deren Ziel es ist, die sich aus den Dialogen zwischen Unternehmen und Kunden ergebenden Daten zu filtern, zu verarbeiten und zu speichern, um sie in einen folgenden Dialog wieder einfließen zu lassen.

V. Instrumente: Zur Erfüllung der Funktionen der D. stehen jeweils unterschiedliche Instrumente zur Verfügung. So kommen im Rahmen der Ansprachefunktion proaktive Instrumente zum Einsatz, wie z.B. Direct Mail, E-Mail und Mitarbeiter-Kunden-Gespräche. Die Wahrnehmung der Rezeptionsfunktion erfolgt indessen durch reaktive Instrumente, wie etwa Servicetelefonnummern und das Beschwerdemanagement. Für die Informationsverarbeitungsfunktion spielen Instrumente des Database Management eine zentrale Rolle. Hierzu zählen neben Kundendatenbanken u.a. auch Telefonmarketing, Data Warehouse und Data Mining.

Literatur: Lischka, A. (2000): Dialogkommunikation im Relationship Marketing. Kosten-Nutzen-Analyse zur Steuerung von Interaktionsbeziehungen, Wiesbaden.

Dialogmarketing, ist eine Form der → Direct-Marketing-Methode, die ausschließlich die Kommunikation in den Mittelpunkt der Betrachtung stellt und sich mit dem Einsatz von Medien der Direktkommunikation beschäftigt. Während sich D. auch mit Gesamtheiten von Zielgruppen auseinandersetzt, ist One-to-One-Kommunikation der höchste Grad an Vereinzelung der Ansprache. Die zur Verfügung stehende Medientechnologie erlaubt zurzeit nur eine Simulation des Face-to-Face-Kontaktes, der reinsten Form der Dialogkommunikation.

Diawerbung, → Spot.

Dienstleister, → Dienstleistungsunternehmen.

Dienstleistung, automatisierte, beschreibt Dienstleistungen (→ Dienstleistung, Begriff der), bei denen im Rahmen der → Dienstleistungserstellung die → Potenzialfaktoren vor allem Maschinen sind. → Dienstleistungsanbieter setzen also zur

Erstellung dieser Leistungen im geringen Maße bzw. im Extremfall überhaupt keine menschlichen Leistungsträger ein. Der entscheidende Grund hierfür liegt in den oft hohen Personalkosten. Beispiele für A.D. sind vollautomatische Waschstraßen, Skilifte oder automatisch ablaufende Audio- und Videobeiträge in Museen. *Gegensatz*: → Dienstleistung, personalintensive.

Dienstleistung, begleitende, *Dienstleistung, sachgüterbegleitende*, → Dienstleistung, produktdifferenzierende; kennzeichnet Dienstleistungen (→ Dienstleistung, Begriff der), die Sachgüter ergänzen. Insbesondere → Handelsbetriebe und Industriegüterunternehmen „reichern" ihre Sachgüter durch Dienstleistungen an. Folglich bieten diese Unternehmen Leistungsbündel an, die aus Sachgütern und Dienstleistungen bestehen. Diese Leistungsbündel sollen die Bedürfnisse der Kunden umfassend befriedigen. *Vgl. auch* → Dienstleistung, handelsbezogene und → Dienstleistung, industrielle.

Dienstleistung, Begriff der, → Service, Serviceleistung.

I. Allgemeine Ansätze: Es sind drei prinzipielle Ansätze zur Definition von Dienstleistungen zu unterscheiden: (1) enumerative Definition, (2) Negativ-definition zu Sachgütern und (3) Definition von Dienstleistungen auf der Basis von konstitutiven Merkmalen. Bei der enumerativen Definition wird der Dienstleistungsbegriff anhand von Beispielen, wie beispielsweise Leistungen von Steuerberatern, Ärzten, Transportunternehmen, konkretisiert. → Absatzobjekte, die keine Sachgüter sind, stellen bei der Negativdefinition Dienstleistungen dar. Der letzte Ansatz ist der bedeutendste, da er Dienstleistungen hinreichend präzise beschreibt. Konstitutive Dienstleistungsmerkmale müssen die folgenden zwei Anforderungen erfüllen (Meffert 1994, S. 521f.): (1) Allgemeingültigkeit: Jedes → Absatzobjekt, dass dieses Merkmal nicht aufweist, ist folglich keine Dienstleistung. (2) Trennschärfe: Ein solches Merkmal muss klar zwischen zwei Typen von → Absatzobjekten trennen. Deshalb kann nur ein Typ von → Absatzobjekten (z.B. Dienstleistungen) dieses Merkmal aufweisen. Somit grenzt sich dieser Typ ggü. anderen Typen von → Absatzobjekten (z.B. Sachgütern) ab.

II. Überblick über Definitionsansätze: Auf der Grundlage konstitutiver Dienstleistungsmerkmale sind (1) potenzial-, (2) prozess- und (3) ergebnisorientierte Definitionsansätze zu unterscheiden. Diese drei Ansätze betonen jeweils eine der drei Phasen einer Dienstleistung und sind in der Abb. „Die drei Phasen einer Dienstleistung" verdeutlicht.

III. Darstellung konkreter Definitionsansätze: Die Potenzialphase, und damit die potenzialorientierte Definition, fasst Dienstleistungen als Bereitschaft und Fähigkeit interner Faktorkombinationen (z.B. Personal, materielle Güter) auf, die ein → Dienstleistungsanbieter anbietet und zur → Einbringung in den Prozess der → Dienstleistungserstellung bereithält. Somit stellt die Potenzialphase auf das Angebot von Leistungsfähigkeiten eines → Dienstleistungsanbieters ab. Im Gegensatz dazu stellt die Prozessphase, und demzufolge die prozessorientierte Definition auf die Überführung bzw. Übertragung von Leistungsfähigkeiten des → Dienstleistungsanbieters auf externe Faktoren ab. Der externe Faktor kann der Kunde selbst sein. Dies hat zur Folge, dass der externe Faktor zumindest partiell bei der → Dienstleistungserstellung beteiligt ist (→ Co-Producer, → Prosumer). Der externe Faktor wird auch als Fremdfaktor bezeichnet, da der → Dienstleistungsanbieter, im Gegensatz zu internen Faktorkombinationen (z.B. Maschinen, Mitarbeitern), über ihn nicht autonom verfügen kann. Die Prozessphase beinhaltet, dass die Erstellung und die Inanspruchnahme bzw. der Verbrauch einer Dienstleistung, zumindest teilweise, gleichzeitig erfolgen. In diesem Kontext spricht man auch von dem uno-actu-Prinzip, dass die Simultaneität von Erstellung und → Absatz einer Dienstleistung beinhaltet. Die Ergebnisphase, und damit der ergebnisorientierte Ansatz, beschreibt die Dienstleistung als intangibles, also nicht materielles, nicht berührbares oder nicht sichtbares Resultat einer dienstleistenden Tätigkeit. Die Resultate werden häufig an den durch sie vorgenommenen Veränderungen am externen Faktor erkennbar; ein vorher nicht funktionsfähiges Auto ist wieder fahrbereit.

IV. Dienstleistungsmerkmale: Ein erheblicher Teil der, insbesondere deutschen, Literatur zum → Dienstleistungsmarketing, erörtert die Frage, welche (konstitutiven) Merkmale Dienstleistungen aufweisen. Im Laufe der wissenschaftlichen Auseinandersetzung wird immer deutlicher, dass kein Dienstleistungsmerkmal existiert, dass den zwei oben genannten Anforderungen konstitutiver Merkmale genügt (Allgemeingültigkeit, Trennschärfe). Insbesondere die Anforderung der Trennschärfe ist schwierig zu erfüllen. So sind auch einige Sachgüter, wie z.B. Lebensmittel, verderblich oder auch Sachgüter im Industriegüterbereich sind durch eine hohe Integration des externen Faktors gekennzeichnet. Ausgehend von einer Literaturanalyse identifiziert Fassnacht (1996) fünf Dienstleistungsmerkmale: (1) Intangibilität, (2) Verderblichkeit, (3) Integration des externen Faktors, (4) wahrgenommenes Kaufrisiko und (5) Individualität. Dienstleistungen sind intangibel, da das Resultat einer dienstleistenden Tätigkeit nicht greifbar ist. Am Ende des Prozesses der → Dienstleistungserstellung liegt im Gegensatz zur Produktion von Sachgütern kein tangibles Gut vor. Verderblich sind Dienstleistungen, weil sie infolge der (teilweisen) Untrennbarkeit ihrer Produktion und ihres Absatzes (uno-actu-Prinzip) nicht lagerfähig sind. Im Vergleich zu Sachgüterherstellern können → Dienstleister nicht vorab Dienstleistungen auf Lager produzieren. Die Integration des externen Faktors beschreibt den Sachverhalt, dass der Kunde in den Erstellungsprozess einer Dienstleistung als externen Faktor ein Lebewesen, materielles Gut, Nominalgut oder Informationen einbringt. Das Lebewesen kann der Kunde selbst, das materielle Gut das Auto des Kunden sowie das Nominalgut das Geld des Kunden sein. Das wahrgenommene Kaufrisiko bezieht sich auf die unsicheren, unerwünschten Konsequenzen eines Dienstleistungskaufs. Im Gegensatz zu Sachgütern existiert bei Dienstleistungen kein Gut, das Kunden vor dem Kauf in Augenschein nehmen und folglich prüfen können. In diesem Zusammenhang wird auf die informationsökonomischen Eigenschaften von Dienstleistungen abgestellt. Dienstleistungen zeichnen sich tendenziell durch einen geringen Anteil an → Sucheigenschaften (→ Suchgüter) und hohen Anteil an → Erfahrungseigenschaften (→ Erfahrungsgüter) und → Vertrauenseigenschaften (→ Vertrauensgüter) aus. Eingehen auf Kundenwünsche und somit eine aus Kundenperspektive gewünschte Individualität bringt das Dienstleistungsmerkmal Individualität zum Ausdruck.

V. Beurteilung: Die oben genannten fünf Dienstleistungsmerkmale werden zur Kennzeichnung von Dienstleistungen verwandt, obwohl sie nicht konstitutiv sind. Dienstleistungen kann man hinsichtlich dieser Merkmale, wenn auch nicht stets eindeutig, von Sachgütern trennen. Diese Verschiedenartigkeit von Sachgütern und Dienstleistungen führt zu Besonderheiten des Marketing von → Dienstleistern bzw. → Dienstleistungsanbietern (hinsichtlich Dienstleistungen), was ein eigenständiges Gebiet → Dienstleistungsmarketing konstituiert.

Literatur: Hilke, W. (1989): Grundprobleme und Entwicklungstendenzen des Dienstleistungs-Marketing, in: Hilke, W. (Hrsg.): Dienstleistungs-Marketing, Wiesbaden , S. 5-44; Meffert, H. (1994): Marktorientierte Führung von Dienstleistungsunternehmen – neuere Entwicklungen in Theorie und Praxis, in: Die Betriebswirtschaft, 54. Jg., Nr. 4, S. 519-541; Fassnacht, M. (1996): Preisdifferenzierung bei Dienstleistungen: Implementationsformen und Determinanten, Wiesbaden, S. 106-122; Meyer, A. (1998): Dienstleistungs-Marketing: Erkenntnisse und praktische Beispiele, 8. Aufl., München; Corsten, H. (2001): Dienstleistungsmanagement, 4. Aufl., München u.a..

Martin Fassnacht

Dienstleistung, elektronisch vermittelte, beschreibt Dienstleistungen (→ Dienstleistung, Begriff der), bei deren Erstellung der Kunde bzw. der → externe Faktor mit Mitarbeitern des → Dienstleistungsanbieters über elektronische Medien in Kontakt tritt (mittelbare Interaktion). Typisches Beispiel hierfür ist ein Call-Center. Im Gegensatz zu

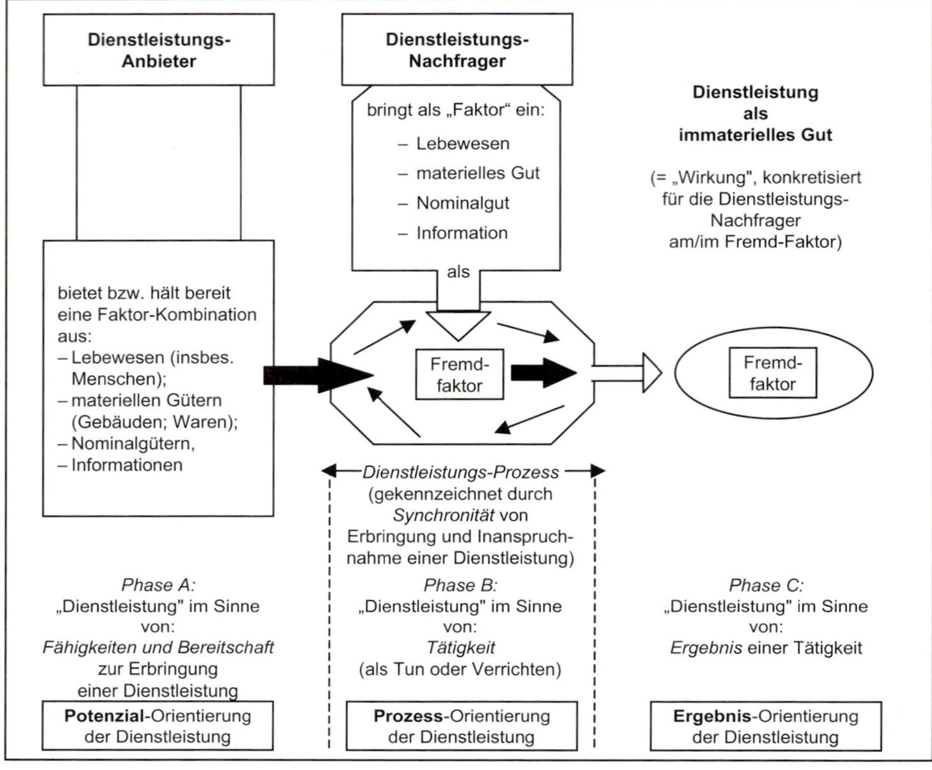

Die drei Phasen einer Dienstleistung (Quelle: Hilke 1989, S.15)

elektronischen Dienstleistungen (→ Dienstleistung, elektronische) erfolgt die Leistungserstellung durch Mitarbeiter des Anbieterunternehmens.

Dienstleistung, elektronische, bezeichnet Dienstleistungen (→ Dienstleistung, Begriff der), deren Erstellung rein elektronisch vonstatten geht. Beispielsweise fallen alle → Online-Dienstleistungen unter den Begriff E.D., aber auch Automaten wie z.B. Self-Checkin-Terminals von Fluggesellschaften. Der Anbieter stellt hierbei seine Leistungen in elektronischer Form bereit. Bei Inanspruchnahme E.D. findet die Interaktion des Kunden bzw. des → externen Faktors mit dem Anbieter nicht über Mitarbeiter des Anbieters statt, sondern nur über ein Endgerät, wie etwa einen Automaten, ein Mobiltelefon oder einen PC. Dadurch kommt dem Kunden eine sehr aktive Rolle bei der Erstellung der Leistung zu (→ Self Service). Abgrenzungskriterium zu automatisierten Dienstleistungen (→ Dienstleistung, automatisierte) ist die Digitalisierbarkeit der wesentlichen Leistungsbestandteile. Eine Autowäsche etwa lässt sich automatisieren, kann aber nicht rein elektronisch durchgeführt werden. *Vgl. auch* → Dienstleistung, elektronisch vermittelte.

Dienstleistung, externe, Dienstleistungen (→ Dienstleistung, Begriff der), die → Dienstleistungsanbieter am Markt offerieren. *Gegensatz*: → Dienstleistung, interne.

Dienstleistung, fremdbezogene, Dienstleistungen (→ Dienstleistung, Begriff der), die von einem Unternehmen, unabhängig davon, ob es sich um einen → Dienstleister oder Nicht-Dienstleister handelt, von → Dienstleistungsanbietern bezogen werden. Im Rahmen des → Outsourcing erbringen viele Unternehmen ursprünglich selbst erstellte Dienstleistungen nicht mehr in eigener „Regie", sondern überlassen deren Erstellung darauf spezialisierten → Dienstleistungsanbietern. *Vgl. auch* → Facility Management.

Dienstleistung, handelsbezogene, → Dienstleistung, begleitende; beschreibt Dienstleistungen (→ Dienstleistung, Begriff der), die → Handelsbetriebe ihren Kunden zur Förderung des Absatzes ihrer Waren anbieten. → Einzelhändler offerieren zusätzlich zu Waren beispielsweise Warenberatung, verlängerte Garantie auf Waren, Zustellung der Ware zum Kunden, Bestellmöglichkeit über Internet, Bezahlung mit Kredit-/Scheck- oder Debitkarte und Kinderbetreuung. *Vgl. auch* → Dienstleistung, industrielle.

Literatur: Fassnacht, M. (2003): Eine dienstleistungsorientierte Perspektive des Handelsmarketing, Wiesbaden.

Dienstleistung, immaterielle, Dienstleistungen (→ Dienstleistung, Begriff der), die intangibel sind. Das Resultat der dienstleistenden Tätigkeit ist für Kunden wenig bzw. nicht greifbar. Diese Leistungen weisen also in sehr hohem Ausmaße das → Dienstleistungsmerkmal Intangibilität auf. Solche Dienstleistungen werden u.a. von Unternehmensberatern, Wirtschaftsprüfern, Steuerberatern, Ärzten und Rechtsanwälten erbracht. *Gegensatz*: → Dienstleistung, materielle.

Dienstleistung, individuelle, Dienstleistungen (→ Dienstleistung, Begriff der), die auf bestimmte Kundengruppen bzw. Kunden zugeschnitten sind. I.D. stellen auf die Befriedigung spezieller Kundenwünsche und Kundenbedürfnisse ab. Diese Leistungen weisen also in sehr hohem Ausmaße das → Dienstleistungsmerkmal Individualität auf. → Dienstleister, wie Unternehmensberatungen, Luxushotels, Restaurants der gehobenen Gastronomie, erbringen oft I.D. Typischerweise erfordern I.D. bei der → Dienstleistungserstellung einen hohen Einsatz menschlicher Leistungsfähigkeiten. *Gegensatz*: → Dienstleistung, standardisierte. *Vgl. auch* → Dienstleistung, personalintensive.

Dienstleistung, industrielle, → Dienstleistung, begleitende; kennzeichnet Dienstleistungen (→ Dienstleistung, Begriff der), die Industriegüterunternehmen ihren institutionellen Kunden zur Förderung des Absatzes ihrer Industriegüter anbieten. Industriegüterunternehmen offerieren beispielsweise Aufrüstung/Nachrüstung/Upgrading sowie Konsignationslagerung von Industriegütern, persönliche Beratung/Außendienstbesuche und Versicherungsleistungen. *Vgl. auch* → Dienstleistung, handelsbezogene.

Literatur: Homburg, Ch./Günther, Ch./ Fassnacht, M. (2000): Die Industrie muss ihren Service aktiv vermarkten, in: Absatzwirtschaft, 43. Jg., Nr. 10, S. 74-85; Homburg, Ch./Fassnacht, M./Günther, Ch. (2002): Erfolgreiche Umsetzung dienstleistungsorientierter Strategien von Industriegüterunternehmen, in: Schmalenbachs Zeitschrift für betriebswirtschaftliche Forschung, 54. Jg., Nr. 9, S. 487-508.

Dienstleistung, interne, Dienstleistungen (→ Dienstleistung, Begriff der), die Unternehmen nicht am Markt anbieten, sondern für den unternehmensinternen Bereich erstellen bzw. beziehen (→ Dienstleistung, fremdbezogene). Beispielsweise erstellen Abteilungen in einem Unternehmen (z.B. Marktforschung) I.D. für andere Abteilungen desselben Unternehmens (z.B. Vertrieb). *Gegensatz*: → Dienstleistung, externe.

Literatur: Reckenfelderbäumer, M. (2001): Zentrale Dienstleistungsbereiche und Wettbewerbsfähigkeit. Analyse auf der Basis der Lehre von den Unternehmerfunktionen, Wiesbaden.

Dienstleistung, investive, → Dienstleistungen (→ Dienstleistung, Begriff der), die von Unternehmen, also von institutionellen Kunden, nachgefragt werden. *Gegensatz*: → Dienstleistung, konsumtive.

Dienstleistung, Klassifikation von, → Dienstleistung, Systematisierung von.

Dienstleistung, konstitutives Merkmal von, → Dienstleistung, Begriff der.

Dienstleistung, konsumtive, Dienstleistungen (→ Dienstleistung, Begriff der), die von privaten Kunden nachgefragt werden. Der Schwerpunkt der Literatur zum → Dienstleistungsmarketing liegt auf K.D. *Gegensatz*: → Dienstleistung, investive.

Dienstleistung, kontaktintensive, umfasst Dienstleistungen (→ Dienstleistung, Begriff der), bei denen in der → Prozessphase → Dienstleistungsanbieter und Kunde oft interagieren (→ Service Encounter). Dies ist u.a. typischerweise bei Dienstleistungen von Unternehmensberatungen, Werbeagenturen und Universitäten der Fall.

Dienstleistung, Materialisierung von, Dienstleistungen (→ Dienstleistung, Begriff der), die sich typischerweise durch eine hohe Intangibilität (Immaterialität) auszeichnen (→ Dienstleistungsmerkmal), werden durch die M.v.D. vom → Dienstleistungsanbieter greifbarer gestaltet. Beispielsweise wird auf die Reinigung von Objekten durch entsprechende Hinweise (z.B. Papierbezug auf Toilettenbrille im Hotel) aufmerksam gemacht. → Dienstleistungsanbieter wollen durch die M.v.D. oft das wahrgenommene Kaufrisiko (→ Dienstleistungsmerkmal) ihrer Kunden reduzieren. Die M.v.D. macht die ursprünglich nicht sichtbare Dienstleistung für Kunden etwas greifbarer. Dadurch wird es für Kunden leichter, die Qualität der Dienstleistung wahrzunehmen. *Vgl. auch* → Dienstleistung, immaterielle.

Dienstleistung, materielle, umfasst Dienstleistungen (→ Dienstleistung, Begriff der), die tangibel sind. Das Resultat der dienstleistenden Tätigkeit ist für Kunden relativ gut greifbar. Insofern sind diese Leistungen keine typischen Dienstleistungen, da sie in geringem Ausmaße das → Dienstleistungsmerkmal Intangibilität aufweisen. Beispiele hierfür sind Leistungen von Fast-Food-Restaurants. *Gegensatz*: → Dienstleistung, immaterielle.

Dienstleistung, Merkmal von, → Dienstleistung, Begriff der.

Dienstleistung, öffentliche, beschreibt Dienstleistungen (→ Dienstleistung, Begriff der), die von öffentlichen Institutionen und Organisationen erbracht werden. Hierzu zählen beispielsweise Leistungen von Arbeitsämtern, Sozialversicherungsträgern, Universitäten, Krankenhäusern, Polizei und Feuerwehr. Diese Institutionen haben hinsichtlich der Gestaltung des → Dienstleistungsmarketing oft viele rechtliche Aspekte zu beachten. Dennoch sind bei einigen dieser Institutionen Versuche der Angleichung an das → Dienstleistungsmarketing privater Institutionen zu beobachten. Dies ist u.a. auf die angespannte Finanzlage von Bund, Ländern und Kommunen zurückzuführen. Vor dem Hintergrund der wirtschaftlichen Bedeutung Ö.D. und des Verbesserungspotenzials beim Management Ö.D. haben einige Beratungsunternehmen, Anbieter Ö.D. als Zielkunden verstärkt ins Visier genommen.

Dienstleistung, personalintensive, *Dienstleistung, persönliche*; kennzeichnet Dienstleistungen (→ Dienstleistung, Begriff der), bei denen im Rahmen der → Dienstleistungserstellung die → Potenzialfaktoren vor allem Menschen sind. → Dienstleistungsanbieter setzen also zur Erstellung dieser Leistungen im geringen Ausmaße bzw. im Extremfall überhaupt keine Maschinen ein. Leistungen von Dozenten, Ärzten und Psychologen sind Beispiele hierfür. *Gegensatz*: → Dienstleistung, automatisierte.

Dienstleistung, personenbezogene, Dienstleistungen (→ Dienstleistung, Begriff der), bei denen unmittelbar am Prozess der → Dienstleistungserstellung auf der Kundenseite mindestens eine Person beteiligt ist. Der → externe Faktor, an dem die Leistung erbracht wird, ist hier also der Kunde selbst (z.B. Dienstleistungen eines Seminarveranstalters). *Gegensatz*: → Dienstleistung, sachbezogene.

Dienstleistung, persönliche, → *Dienstleistung, personalintensive*.

Dienstleistung, Phase der, → Dienstleistung, Begriff der.

Dienstleistung, produktdifferenzierende, → Dienstleistung, begleitende; umfasst Dienstleistungen (→ Dienstleistung, Begriff der), mittels derer sich Sachgüterunternehmen von ihrer Konkurrenz abheben wollen. Vor allem → Handelsbetriebe und Industriegüterunternehmen „reichern" ihre Sachgüter durch Dienstleistungen an und erhoffen sich dadurch eine Differenzierung (→ Differenzierungsstrategie) ggü. ihren Wettbewerbern. Kunden sind nicht nur an „nackten" Sachgütern interessiert, sondern wissen Dienstleistungen um das Sachgut herum zu schätzen. Somit können → Handelsbetriebe und Industriegüterunternehmen ihren Kunden unverwechselbare Leistungsbündel anbieten, die aus Sachgütern und Dienstleistungen bestehen. Damit haben Kunden weniger Anreiz und Motivation, zur Konkurrenz zu wechseln. Zudem sind Dienstleistungen für die Konkurrenz tendenziell schwerer zu imitieren als das Angebot von Sachgütern und billige Preise, da die → Dienstleistungserstellung häufig den Einsatz menschlicher Leistungsfähigkeiten erfordert. *Vgl. auch* → Dienstleistung, handelsbezogene, → Dienstleistung, industrielle, → Value-added Service.

Dienstleistung, sachbezogene, Dienstleistungen (→ Dienstleistung, Begriff der), bei denen der Kunde als → externen Faktor ein materielles Objekt in den Prozess der → Dienstleistungserstellung einbringt. Der → externe Faktor, an dem die Leistung erbracht wird, ist hier also typischerweise das Objekt des Kunden (z.B. das Auto des Kunden, das durch die Reparaturwerkstatt wieder fahrbereit gemacht wird). *Gegensatz*: → Dienstleistung, personenbezogene.

Dienstleistung, sachgüterbegleitende, → *Dienstleistung, begleitende.*

Dienstleistung, standardisierte, umfasst Dienstleistungen (→ Dienstleistung, Begriff der), die wenig auf die Bedürfnisse und Wünsche bestimmter Kundengruppen bzw. Kunden ausgerichtet sind. Diese Leistungen weisen also in sehr geringem Ausmaße das → Dienstleistungsmerkmal Individualität auf. Insofern stellen S.D. keine typischen Dienstleistungen dar. Aufgrund der hohen Wettbewerbsintensität und des damit oft einhergehenden „Preisdrucks" versuchen relativ viele → Dienstleistungsanbieter, ihre Dienstleistungen zu standardisieren. Auch wenn dies aufgrund der → Integration des externen Faktors erschwert wird, versuchen diese → Dienstleistungsanbieter zumindest Teile einer Dienstleistung zu standardisieren. So bieten Softwarehäuser Standardsoftware an, die durch unternehmensspezifische Unterprogramme ergänzt wird. Fast-Food-Restaurants offerieren Standard-Cheeseburger und Standard-Hamburger, die Kunden durch ihre Lieblingssauce usw. stärker auf ihre Bedürfnisse zuschneiden können. Typischerweise versuchen → Dienstleistungsanbieter bei S.D. den Einsatz menschlicher Leistungsfähigkeiten durch die Nutzung von Maschinen zu ersetzen. Gegensatz: → Dienstleistung, individuelle. *Vgl. auch* → Dienstleistung, automatisierte.

Dienstleistung, Systematisierung von, Dienstleistungen (→ Dienstleistung, Begriff der) werden anhand ein- und mehrdimensionaler Systematisierungsansätze klassifiziert bzw. typologisiert. Die meisten der in der relevanten Literatur zu findenden Ansätze sind eindimensionaler Art. Beispielsweise werden anhand des Kriteriums Zeitaspekt Dienstleistungen unterschieden, die Zeit sparen (z.B. Leistungen einer Reinigungsfirma) oder Zeit erfordern (z.B. Leistungen eines exklusiven Restaurants). Eindimensionale Ansätze weisen oft das Problem auf, dass Dienstleistungen nicht eindeutig einer Dienstleistungs gruppe zugeordnet werden können. Aufgrund dieser Problematik werden mehrdimensionale Systematisierungsansätze entwickelt. Diese klassifizieren Dienstleistungen oft mittels zweier Kriterien. Beispielsweise typologisiert Lovelock (1983) anhand der zwei Merkmale „Art der Beziehung" und „Art der Dienstleistungserstellung" zwischen vier Gruppen von Dienstleistungen. Diese vier Gruppen sind in der Abb. „Typologie zu Beziehungen eines Dienstleisters mit Kunden" dargestellt. Ausgangspunkt dieser Typologisierung ist die Überlegung, wie die Beziehung zwischen den Kunden und dem → Dienstleister beschrieben werden kann.

Dienstleistung, Typologisierung von

		Art der Beziehung	
		Mitgliedschaftsähnliche Beziehung	Keine formale Beziehung
Art der Dienst-leistung	Kontinuierliche Leistungserstellung	• Versicherung • Telefonanschluss • ADAC	• Polizeischutz • Radiosender • Öffentliche Verkehrs-mittel
	Gelegentliche Leistungserstellung	• Theaterabonnement • Finanzamt • BahnCard	• Autovermietung • Telefonzelle • Restaurantbesuch

Typologie zu Beziehungen eines Dienstleisters mit Kunden (Quelle: Lovelock 1983, S. 13, deutsche Übersetzung bei Benkenstein/Güthoff 1996, S. 1496).

Zum einen lässt sich die Beziehung durch den Grad der Bindung zwischen Kunde und → Dienstleister charakterisieren. Zum anderen ist die Beziehung auch durch die Art der → Dienstleistungserstellung gekennzeichnet, die durch die zeitliche Gestaltung der Leistungserstellung beschrieben wird. Ziel einer Typologie ist hier die Bestimmung von Dienstleistungsgruppen, die gruppenübergreifend verschiedene, aber innerhalb einer Gruppe einheitliche Implikationen für das → Dienstleistungsmarketing haben.

Literatur: Lovelock, C.H. (1983): Classifying Services to Gain Strategic Marketing Insights, in: Journal of Marketing, 47. Jg., Nr. 3, S. 9-20; Benkenstein, M./Güthoff, J. (1996): Typologisierung von Dienstleistungen, in: Zeitschrift für Betriebswirtschaft, 66. Jg., Nr. 12, S. 1493-1510.

Dienstleistung, Typologisierung von, → Dienstleistung, Systematisierung von.

Dienstleistung, veredelte, beschreibt Dienstleistungen (→ Dienstleistung, Begriff, der), bei denen die menschliche Leistungsfähigkeit für die → Dienstleistungserstellung erkennbar ist. Allerdings findet die Übertragung bzw. Überführung der → Potenzialfaktoren (vor allem der menschlichen Leistungsfähigkeit) nicht zeitlich synchron, sondern zeitlich getrennt am → externen Faktor statt (→ Prozessphase). Die menschliche Leistungsfähigkeit wird in einem Trägermedium gespeichert (z.B. Compact Disc). Folglich können V.D. ohne erneuten Einsatz der → Potenzialfaktoren (insbesondere der menschlichen Leistungsfähigkeit) multipliziert und reproduziert werden. Damit weisen V.D. in geringem Ausmaße die Merkmale von Dienstleistungen auf (→ Dienstleistung, Begriff der). Im engen Sinne stellen V.D. deshalb keine Dienstleistungen dar. Insbesondere sind V.D. nicht verderblich, da sie an ein Trägermedium gebunden sind und deshalb gespeichert werden können. Beispiele sind Musik-CDs, DVDs von Konzertveranstaltungen und Videoaufzeichnungen von Theateraufführungen.

Dienstleistungsanbieter, → Dienstleistungsunternehmen; Institution, die Dienstleistungen (→ Dienstleistung, Begriff der), unabhängig davon, ob es sich dabei um ihren Tätigkeitsschwerpunkt handelt oder nicht, erstellt und anbietet. Neben → Dienstleistungsunternehmen gehören hierzu insbesondere Unternehmen (Sachgüterunternehmen), bei denen Dienstleistungen den Absatz von Sachgütern fördern. Dies trifft typischerweise für → Handelsbetriebe und Industriegüterunternehmen zu, die ihre Sachgüter durch Dienstleistungen „anreichern". Diese Unternehmen offerieren Leistungsbündel, die aus Sachgütern und Dienstleistungen bestehen. Diese Leistungsbündel sollen die Bedürfnisse ihrer Kunden umfassend befriedigen.

Dienstleistungsbetrieb, → *Dienstleistungsunternehmen.*

Dienstleistungsbranche, → Dienstleistungssektor.

Dienstleistungsbündelung, Servicebündelung; beschreibt die → Produktbündelung von → Dienstleistern bzw. die dienstleistungsbezogene (→ Dienstleistung, Begriff der) → Produktbündelung von → Sachgüterunternehmen (z.B. von → Handelsbetrieben und Industriegüterunternehmen). Typische Beispiele für D. sind Angebote von Reiseveranstaltern (Hotel, Flug und Verpflegung) und von Restaurants (Menüs bestehend aus Vorspeise, Hauptgericht und Dessert).

Dienstleistungsdesign, Service Design; beschreibt insbesondere die Gestaltung der (physischen) Umgebung im Rahmen der → Dienstleistungserstellung (→ Servicescape) und die Gestaltung der → Prozessphase (→ Service Encounter, → Blueprinting). Ein wesentlicher Unterschied zwischen dem D. und dem → Produktdesign ergibt sich durch das → Dienstleistungsmerkmal → Integration des externen Faktors.

Dienstleistungserstellung, Dienstleistungsproduktion; beschreibt die Übertragung der Leistungsfähigkeiten des → Dienstleistungsanbieters auf den → externen Faktor (z.B. den Kunden) während der → Prozessphase. Dies impliziert, dass der → externe Faktor zumindest partiell an der D. beteiligt ist (→ Co-Producer, → Prosumer). Da der → Dienstleistungsanbieter über den → externen Faktor, im Gegensatz zu anderen internen Faktorkombinationen (z.B. Maschinen, Mitarbeitern) nicht autonom verfügen kann, wird der → externe Faktor auch als Fremdfaktor bezeichnet. Die → Integration des externen Faktors wird in der relevanten Literatur als wesentlicher Unterschied zwischen der D. und der Produktion von Sachgütern angesehen. Vgl. auch → Dienstleistung, Begriff der.

Dienstleistungserweiterung, kennzeichnet die Ergänzung eines bestehenden → Serviceprogramms von → Dienstleistungsanbietern um (neue) weitere Dienstleistungen (→ Dienstleistung, Begriff der).

Dienstleistungsgarantie, → Garantie eines → Dienstleistungsanbieters für Dienstleistungen (→ Dienstleistung, Begriff der). Die Relevanz von D. für → Dienstleistungsanbieter ergibt sich aus dem → Dienstleistungsmerkmal wahrgenommenes Kaufrisiko. Durch den Einsatz von D. versuchen → Dienstleistungsanbieter, das Qualitätsrisiko ihrer Kunden zu senken.

Dienstleistungsgeschäft, → beschreibt das Anbieten von Dienstleistungen (→ Dienstleistung, Begriff der) durch → Dienstleistungsanbieter. Einige → Dienstleistungsanbieter, wie → Handelsbetriebe und Industriegüterunternehmen, gliedern ihr D. in separate Dienstleistungsabteilungen in Form eines → Cost Centers oder → Profit Centers aus.

Dienstleistungsgesellschaft, beschreibt die große wirtschaftliche Bedeutung des → Dienstleistungssektors. Dies kommt beispielsweise durch einen hohen Anteil der im → Dienstleistungssektor Beschäftigten an der Gesamtzahl der Erwerbstätigen zum Ausdruck. Dieser Anteil beträgt in der BRD 2002 ca. 70 Prozent (Statistisches Bundesamt 2003).

Literatur: Statistisches Bundesamt, Erwerbstätige im Inland nach Wirtschaftsbereichen, in: Statistisches Jahrbuch 2002 für die Bundesrepublik Deutschland, 2003, http://www.destatis.de/indicators/d/vgr010ad.htm [Zugriff am 8.4.2003].

Dienstleistungsgewerbe, → Dienstleistungssektor.

Dienstleistungsindustrie, → Dienstleistungssektor.

Dienstleistungsinnovation, → kennzeichnet die Innovation (→ Produktinnovation) von Dienstleistungen (→ Dienstleistung, Begriff der). Dienstleistungen können im Unterschied zu Sachgütern i.d.R. nicht patentiert werden. Wettbewerber können also prinzipiell ohne erheblichen Zeitverlust D. eines → Dienstleistungsanbieters imitieren. Somit haben es → Dienstleistungsanbieter tendenziell schwer, dienstleistungsbezogene Vorteile über einen längeren Zeitraum aufrechtzuerhalten.

Dienstleistungsintensität, ein vom Institut der deutschen Wirtschaft entwickelter Index, der die Bedeutung von Dienstleistungen (→ Dienstleistung, Begriff der) für das Verarbeitende Gewerbe zum Ausdruck bringt. Im Gegensatz zur Einteilung des → Dienstleistungssektors durch das Statistische Bundesamt berücksichtigt der vom Institut der deutschen Wirtschaft entwickelte Index (D.), dass auch Unternehmen des Verarbeitenden Gewerbes Dienstleistungen erbringen. *Vgl. auch* → Dienstleistung, industrielle.

Dienstleistungskultur, *Servicekultur*, Dienstleistungsphilosophie; D. wird in der relevanten Literatur auf zwei Arten interpretiert: zum einen als die → Unternehmenskultur von → Dienstleistungsunternehmen. Zum anderen wird der Begriff D. auch bei Sachgüterunternehmen verwendet, vor allem bei → Handelsbetrieben und Industriegüterunternehmen, die ihre Sachgüter um Dienstleistungen (→ Dienstleistung, Begriff der) ergänzen. In diesem Kontext bringt die D. zum Ausdruck, inwieweit die → Unternehmenskultur dienstleistungsbezogene Aspekte (wie z.B. die Betonung des Werts „Dienen“) berücksichtigt. Während die D. den tatsächlichen Ist-Zustand beschreibt, bezieht sich die Dienstleistungsphilosophie auf den Sollzustand der D.. Die Dienstleistungsphilosophie kann ein Instrument zur positiven Beeinflussung der D. sein.

Dienstleistungsmanagement, → Dienstleistungsmarketing. Seit einigen Jahren verwendet die → Marketingwissenschaft die Begriffe → Marketing und → marktorientierte Unternehmensführung synonym. Folgt man dieser Auffassung für → Dienstleistungsunternehmen, sind die Begriffe → Dienstleistungsmarketing und D. gleichzusetzen. Allerdings ist festzuhalten, dass die → Marketingwissenschaft diesem Anspruch nicht umfassend gerecht wird. Das → Dienstleistungsmarketing setzt sich vor allem mit strategischen Aspekten und → Marketingmix-Instrumenten auseinander. Dagegen werden Facetten des Managements, wie beispielsweise der → Unternehmenskultur, des → marktorientierten Personalführungssystems oder der → marktorientierten Organisation, weniger ausführlich behandelt.

Literatur: Fassnacht, M./Homburg, Ch. (2001): Deutschsprachige Dienstleistungsforschung im internationalen Vergleich, in: Die Unternehmung, 55. Jg., Nr. 4/5, S. 279-294.

Dienstleistungsmarke, → Marke von → Dienstleistern bzw. dienstleistungsbezogene → Marke von Sachgüterunternehmen (z.B. von → Handelsbetrieben und von Industriegüterunternehmen). Aufgrund der beiden → Dienstleistungsmerkmale Intangibilität und wahrgenommenes Kaufrisiko wird dem Einsatz von D. eine hohe Bedeutung eingeräumt. Die Intangibilität von Dienstleistungen (→ Dienstleistung, Begriff der) führt zu deren Nicht-Markierbarkeit. Als Ersatzmöglichkeiten können → Dienstleistungsanbieter tangible interne Kontaktobjekte (z.B. Fahrzeuge, Gebäude), tangible interne Kontaktsubjekte (z.B. Mitarbeiter), tangible externe Kontaktobjekte (z.B. Fahrrad des Kunden nach Reparatur) und tangible externe Kontaktsubjekte (z.B. Fußballfan mit T-Shirt) einsetzen.

Literatur: Fassnacht, M. (2003): Markenmanagement für Dienstleistungen, erscheint in: Bruhn, M. (Hrsg.): Handbuch Markenartikel, 2. Aufl., Wiesbaden.

Dienstleistungsmarketing, *Service Marketing*. I. Begriff: D. bezeichnet das → Marketing von → Dienstleistungsanbietern. Somit werden die Inhalte des allgemeinen Konzepts → Marketing auf → Dienstleistungsanbieter übertragen. I.w.S. werden das institutionelle D. und das funktionelle D. unterschieden. Das institutionelle D. beschäftigt sich mit dem → Marketing von reinen → Dienstleistungsunternehmen (→ Dienstleistungssektor, → Dienstleistungsindustrie), wie beispielsweise von Fluggesellschaften, Banken, Versicherungen, Unternehmensberatungen. Im Gegensatz dazu setzt sich das funktionelle D. mit dem

→ Marketing von Unternehmen auseinander, bei denen Dienstleistungen (→ Dienstleistung, Begriff der) den Absatz von Sachgütern fördern. Diese Unternehmen „reichern" ihre Sachgüter durch Dienstleistungen (→ Dienstleistung, Begriff der) an. Somit bieten sie Leistungsbündel an, die aus Sachgütern und Dienstleistungen bestehen. Diese Leistungsbündel sollen die Bedürfnisse der Kunden umfassend befriedigen. → Handelsbetriebe und Industrie- und Konsumgüterunternehmen offerieren solche Leistungsbündel. In der relevanten Literatur wird sehr häufig der Begriff D. mit dem institutionellen D. gleichgesetzt. Folglich beschäftigt sich die Literatur zum D. vor allem mit dem → Marketing von reinen → Dienstleistungsunternehmen.

II. Entwicklung: Trotz der im Laufe der letzten Jahrzehnte zunehmenden wirtschaftlichen Bedeutung von Dienstleistungen (→ Dienstleistungsgesellschaft) hat das Gebiet des D. einige Zeit benötigt, um sich wissenschaftlich zu etablieren. Die Unternehmenspraxis war und ist ein wesentlicher Antriebsfaktor der akademischen Auseinandersetzung mit dem Gebiet des D. Sie betont die Unterschiede im → Marketing von Sachgütern und → Dienstleistungen (→ Dienstleistung, Begriff der). Mittlerweile ist das D. akademisch etabliert. Somit ist das D. im Vergleich zu den anderen zwei wesentlichen institutionellen Perspektiven des → Marketing, dem → Handelsmarketing und dem → Industriegütermarketing, das jüngste Forschungsgebiet. Wissenschaftliche Arbeiten zum D. finden sich sowohl in Zeitschriften, die keinen speziellen Fokus auf Dienstleistungen haben (z.B. im „Journal of Marketing" und in der „Zeitschrift für Betriebswirtschaft") und in Zeitschriften mit einer speziellen Ausrichtung auf Dienstleistungen (z.B. im „Journal of Service Research" und im „Journal of Services Marketing").

III. Inhalte: Das D. umfasst i.d.R. den zentralen Aspekt der → Dienstleistungsqualität und strategische sowie instrumentelle Besonderheiten. → Dienstleistungsqualität stellt im D. ein sehr wichtiges Untersuchungsfeld dar. Bedingt durch die Charakteristika von Dienstleistungen (→ Dienstleistungsmerkmale), wie die Integration des externen Faktors, haben es → Dienstleistungsunternehmen tendenziell schwerer als Sachgüterhersteller, eine hohe Qualität ihrer Absatzleistungen (Dienstleistungen) sicherzustellen. Bei den strategischen und instrumentellen Besonderheiten werden die Implikationen diskutiert, die sich aus den → Dienstleistungsmerkmalen für → Strategien und → Marketingmix-Instrumente ergeben. Beispielsweise begünstigt die → Integration des externen Faktors die Anwendung der → Differenzierungsstrategie (weil sie es erleichtert, Kundenbedürfnisse zu identifizieren) und der Preisdifferenzierung (da sie die für die Gewinnerhöhung notwendige Trennung der Kundensegmente gewährleisten kann). Zu den → Marketingmix-Instrumenten gehören die klassischen Instrumente → Produkt-, → Preis-, → Kommunikations- und → Distributionspolitik. Einige Wissenschaftler ergänzen diese Instrumente um drei weitere und sprechen dann vom erweiterten Marketingmix. Bei diesen drei Instrumenten handelt es sich um die Personal-, Ausstattungs- und Prozesspolitik. In der Personalpolitik kommt die Wichtigkeit des Personals des → Dienstleistungsunternehmens bei der → Dienstleistungserstellung zum Ausdruck. Die Ausstattungspolitik (→ Servicescape) hat vor allem die in der → Potenzialphase vom → Dienstleister bereitgehaltenen Potenzialfaktoren in Form von materiellen Gütern (z.B. Gebäude eines Restaurants oder Flugzeuge einer Fluggesellschaft) zum Inhalt. Die Prozesspolitik stellt auf die → Prozessphase einer Dienstleistung ab und hängt deshalb mit dem → Dienstleistungsmerkmal → Integration des externen Faktors zusammen. Das → Interaktionsmanagement behandelt Aspekte des Managements der → Prozessphase.

Literatur: Meyer, A. (Hrsg.) (1998): Handbuch Dienstleistungs-Marketing, Band 1 und 2, Stuttgart; Fassnacht, M./Homburg, Ch. (2001): Deutschsprachige Dienstleistungsforschung im internationalen Vergleich, in: Die Unternehmung, 55. Jg., Nr. 4/5, S. 279-294; Zeithaml, V.A./Bitner, M.J. (2002): Services Marketing: Integrating Customer Focus Across the Firm, 3. Aufl., New York; Meffert, H./Bruhn, M. (2003): Dienstleistungsmarketing: Grundlagen – Konzepte – Methoden; mit Fallbeispielen, 4. Aufl., Wiesbaden.

Martin Fassnacht

Dienstleistungsmarketing, funktionelles, → Dienstleistungsmarketing.

Dienstleistungsmarketing, institutionelles, → Dienstleistungsmarketing.

Dienstleistungsmerkmal, → Dienstleistung, Begriff der.

Dienstleistungsorientierung, Serviceorientierung; D. wird in der relevanten Literatur oft als Phänomen von Personen behandelt. D. bezieht sich dabei auf persönliche Neigungen und Anlagen der Mitarbeiter eines → Dienstleistungsanbieters, Dienstleistungen (→ Dienstleistung, Begriff der) zu erbringen (→ Dienstleistungserstellung). Somit ist die D. für die → Dienstleistungsqualität und dort insbesondere für die → Prozessqualität und → Ergebnisqualität wichtig. Im Gegensatz dazu kann man D. auch als Phänomen von Organisationen und damit von → Dienstleistungsanbietern auffassen. Beispielsweise beinhaltet eine dienstleistungsorientierte Strategie von → Handelsbetrieben die Facetten Anzahl angebotener Dienstleistungen, Umfang der bedienten Kunden und Intensität der Vermarktung von Dienstleistungen.

Literatur: Homburg, Ch./Hoyer, W.D./ Fassnacht, M. (2002): Service Orientation of a Retailer's Business Strategy: Dimensions, Antecedents, and Performance Outcomes, in: Journal of Marketing, 66. Jg., Nr. 4, S. 86-101.

Dienstleistungsphilosophie, → Dienstleistungskultur.

Dienstleistungspolitik, → Service, Servicepolitik; beschreibt die → Produktpolitik von → Dienstleistern bzw. die dienstleistungsbezogene → Produktpolitik (→ Dienstleistung, Begriff der) von → Sachgüterunternehmen (z.B. von → Handelsbetrieben und Industriegüterunternehmen). Die D. weist aufgrund der → Dienstleistungsmerkmale einige Besonderheiten auf. Beispielsweise impliziert die Intangibilität (Nicht-Greifbarkeit) von Dienstleistungen eine große Bedeutung der Markenpolitik (→ Markenmanagement). Die nicht sichtbare Dienstleistung soll durch die → Dienstleistungsmarke symbolisiert werden. Vgl. auch → Dienstleistungsmarketing.

Dienstleistungsprodukt, → Dienstleistung, Begriff der.

Dienstleistungsproduktion, → Dienstleistungserstellung.

Dienstleistungsprozess, → Dienstleistung, Phase der; beschreibt die Aktivitäten, die während der → Prozessphase zwischen → Dienstleistungsanbieter und → externem Faktor stattfinden. Der → externe Faktor, also z.B. der Kunde, übernimmt hier auch einige Aktivitäten und ist demzufolge zumindest teilweise bei der → Dienstleistungserstellung beteiligt. *Vgl. auch* → Co-Producer und auch → Prosumer.

Dienstleistungsqualität, Fähigkeit eines Anbieters, die Beschaffenheit einer primär intangiblen und der → Kundenbeteiligung bedürfenden Leistung gemäß den → Kundenerwartungen auf einem bestimmten Anforderungsniveau zu erstellen. D. stellt einen zentralen Erfolgsfaktor für Dienstleistungsunternehmen dar (→ Qualitätsmanagement, 2) Im → Dienstleistungsmarketing stellen die → Operationalisierung, Messung und das Management der D. zentrale Problemstellungen dar. Bevor die D. gemessen werden kann, muss ihre Operationalisierung vorgenommen werden. Aufgrund der Mehrdimensionalität der D. werden zumeist verschiedene → Dienstleistungsqualitätsdimensionen anstatt einer absoluten D. analysiert. Zur → Dienstleistungsqualitätsmessung werden nachfrager-, anbieter- und mitarbeiterbezogene Messverfahren eingesetzt. Das → Qualitätsmanagement für Dienstleistungen dient der Aufgabe, die Kundenanforderungen zu erfassen (operative → Qualitätsplanung), umzusetzen (→ Qualitätslenkung), ihre Erfüllung zu überprüfen (→ Qualitätsprüfung), und die Qualitätsfähigkeit des Dienstleistungsanbieters nach innen und außen zu dokumentieren (→ Qualitätsmanagementdarlegung).

Dienstleistungsqualitätsdimension, eine sachinhaltlich zusammenhängende Kategorie von – durch unternehmensinterne und -externe Ziel- und Anspruchsgruppen wahrgenommenen – Qualitätseigenschaften eines Dienstleistungsanbieters und seiner Leistungen. D. stellen mögliche Formen der Operationalisierung der → Dienstleistungsqualität dar. Anhand der Phasen der → Dienstleistungserstellung lassen sich die → Potenzialqualität, → Prozessqualität und → Ergebnisqualität differenzieren. Bei einer Betrachtung von Umfang und Art der erstellten Dienstleistungen kann eine Unterteilung in die → technische Qualität einerseits und die → funktionale Qualität andererseits vorgenommen werden. Im Hinblick auf die Erwartungshaltung des Kunden können eine Routinequalität und eine Ausnahmequalität unterschieden werden. Zur Routinequalität einer Dienstleistung gehören Eigenschaften, die als Standard einer Dienstleistung angesehen werden. Sind Routineeigenschaften nicht erfüllt, bewertet der Kunde die Leistung negativer, eine Existenz dieser Eigenschaften wirkt sich jedoch nicht positiv auf die Kundenbewertung aus. Der Ausnahmequalität sind Leistungsmerkmale zuzurechnen, die der Kunde von sich aus nicht vom Anbieter erwartet und somit bei einer Erfüllung positiv, bei einer Nichterfüllung jedoch nicht negativ bewertet. Unterschiedliche Grade der Beurteilbarkeit einer Dienstleistung führen zur Differenzierung in → Search Qualities, → Experience Qualities und → Credence Qualities. Im Rahmen der Entwicklung des sog. → SERVQUAL-Ansatzes (SERVice QUALity) wurden fünf D. aus Kundensicht empirisch identifiziert: (1) Annehmlichkeit des tangiblen Umfeldes, (2) Zuverlässigkeit, (3) Reaktionsfähigkeit, (4) Leistungskompetenz und (5) Einfühlungsvermögen.

Dienstleistungsqualitätsmessung. I. Begriff: Unter D. wird die Erfassung und Bewertung des Niveaus einer Dienstleistung aus Sicht der Ziel- und Anspruchsgruppen verstanden.

II. Gegenstand: Die D. dient der Identifizierung von Ansatzpunkten für Qualitätsverbesserungen eines → Dienstleistungsanbieters durch Maßnahmen des → Qualitätsmanagements und der Kontrolle der Zielrealisierung durch diese Maßnahmen. Die D. ist somit Teil der → Qualitätsplanung und → Qualitätsprüfung. Ausgehend von der Definition der → Dienstleistungsqualität werden durch die D. die → Kundenerwartungen und der Erfüllungsgrad der Kundenerwartungen durch die Leistungen eines Dienstleistungsanbieters gemessen.

III. Verfahren: In Abhängigkeit des Beurteilungssubjekts einer Dienstleistung lassen sich die nachfrager-, anbieter- und mitarbeiterbezogene D. differenzieren. (1) Nachfragerbezogene D.: Hierbei wird die Bewertung einer Dienstleistung durch die Kunden vorgenommen. Dies ist zum einen durch eine quasi-objektive D. durch das Verfahren des → Mystery Shopping, Expertenbeobachtungen oder Warentests möglich, bei denen die Leistungsbeurteilung zwar aus Kundensicht, allerdings nicht durch den Kunden im realen Kontakt mit dem Anbieter vorgenommen wird. Im Rahmen der subjektiven D. aus Kundensicht werden drei Instrumentengruppen unterschieden: a) Eine merkmalsorientierte D. wird anhand von systematisch abgeleiteten → Dienstleistungsqualitätsdimensionen und -merkmalen vorgenommen (multiattributive Messung). Exemplarische Verfahren sind der → SERVQUAL-Ansatz (SERVice QUALity), der → Penalty-Reward-Faktoren-Ansatz und die → Vignette-Methode. b) Bei der ereignisorientierten D. wird die Dienstleistungsqualität anhand von aus Kundensicht relevanten (positiven und/oder negativen) Ereignissen gemessen. Sie trägt somit dem prozessualen Charakter der → Dienstleistungserstellung und der → Integration des externen Faktors Rechnung. Exemplarische Methoden sind die → Sequenzielle Ereignismethode und die → Critical-Incident-Technik. c) Durch eine problemorientierte D. werden ausschließlich für den Kunden relevante negative Leistungsaspekte berücksichtigt. Auf diese Weise können Dienstleistungsanbieter Leistungsmerkmale identifizieren, bei denen ein besonderer Verbesserungsbedarf besteht. Exemplarische Verfahren in dieser Kategorie sind die → Beschwerdeanalyse, die Methode des → Problem Detecting und die → Frequenz-Relevanz-Analyse für Probleme (FRAP). (2) Anbieterbezogene D.: Hierbei werden die Dienstleistungsqualität selbst (z.B. durch ein → Qualitätsaudit) oder ihre unternehmensinternen Ursachen (z.B. → Statistical Process Control, → Fishbone-Analyse, → Fehlermöglichkeits- und Fehlereinflussanalyse) und die Wirkungen für den Anbieter (z.B. → Qualitätskostenanalyse) untersucht. (3) Mitarbeiterbezogene D.: Bei der mitarbeiterbezogenen D. wird die (externe) Dienstleistungsqualität aus Sicht der Mitarbeiter beurteilt. Hierbei kommen beispielsweise → Mitarbeiterbefragungen oder das → betriebliche Vorschlagswesen zum Einsatz.

IV. Beurteilungskriterien: In Abhängigkeit von der spezifischen Unternehmenssituation und dem konkreten Untersuchungszweck müssen Dienstleistungsanbieter die für sie sinnvollen Messverfahren auswählen. Bei dieser Entscheidung sollten folgende Beurteilungskriterien berücksichtigt werden: (1) Relevanz der gemessenen Merkmale der Dienstleistungsqualität für die Kaufentscheidung des Kunden. (2) Vollständigkeit der erhobenen Qualitätsmerkmale. (3) Aktualität der erhobenen Merkmale, (4) Eindeutigkeit der Messergebnisse. (5) Steuerbarkeit im Sinne einer Identifizierung von Ansatzpunkten für eine Qualitätsverbesserung durch die Messung und (6) Wirtschaftlichkeit der Methoden.

Literatur: Bruhn, M. (2003): Qualitätsmanagement für Dienstleistungen. Grundlagen, Konzepte, Methoden, 4. Aufl., Berlin.

Manfred Bruhn/Dominik Georgi

Dienstleistungsqualitätsmodell, theoretischer Strukturierungsansatz zur Analyse der Determinanten und Auswirkungen der → Dienstleistungsqualität. Ein D. dient der Entwicklung von Instrumenten zur → Dienstleistungsqualitätsmessung und der Ableitung von Ansatzpunkten für das → Qualitätsmanagement von Dienstleistungen. Beispiel: → GAP-Modell.

Dienstleistungssektor, *Dienstleistungsgewerbe, tertiärer Sektor*, umfasst laut dem deutschen Statistischen Bundesamt die folgenden Dienstleistungsindustrien bzw. Dienstleistungsbranchen: (1) Handel, (2) Verkehr und Nachrichtenübermittlung, (3) Kreditinstitute und Versicherungsgewerbe, (4) Dienstleistungen von Unternehmen und freien Berufen, (5) Organisationen ohne Erwerbscharakter und private Haushalte sowie (6) Gebietskörperschaften und Sozialversicherungen. Das Statistische Bundesamt berücksichtigt somit nicht die → Dienstleistungen, die von einigen → Dienstleistungsanbietern, wie z.B. von Industriegüterunternehmen, erbracht werden. Deshalb wird die wirtschaftliche Bedeutung des D. in der BRD unterschätzt. Das primäre Absatzobjekt von → Handelsbetrieben stellen nicht Dienstleistungen, wie bei den Unternehmen aus den anderen fünf Bereichen, sondern Waren dar. Deswegen berücksichtigt die Literatur zum → Dienstleistungsmarketing typischerweise nicht Handelsbetriebe. *Vgl. auch* → Dienstleistungsgesellschaft.

Dienstleistungsstrategie, der Begriff D. wird in der relevanten Literatur verschieden aufgefasst: zum einen als die → Strategie von → Dienstleistungsunternehmen. Zum anderen wird der Terminus D. auch bei Sachgüterunternehmen verwendet, beispielsweise bei → Handelsbetrieben und Industriegüterunternehmen, die ihre Sachgüter um Dienstleistungen (→ Dienstleistung, Begriff der) anreichern. In diesem Kontext drückt die D. aus, welche → Strategie diese → Dienstleistungsanbieter hinsichtlich der Dienstleistungen anwenden. Da diese → Dienstleistungsanbieter oft Leistungsbündel, bestehend aus Sachgütern und Dienstleistungen, offerieren, kann sich die → Strategie auch auf das gesamte Leistungsbündel und nicht auf einzelne Bestandteile des Leistungsbündels beziehen.

Literatur: Homburg, Ch./Fassnacht, M. (1998): Wettbewerbsstrategien von Dienstleistungs-Anbietern, in: Meyer, A. (Hrsg.):

Handbuch Dienstleistungs-Marketing, Band 1, Stuttgart, S. 527-541.

Dienstleistungsunternehmen, *Dienstleistungsbetrieb, Dienstleister*, → Dienstleistungsanbieter; Institution, deren Tätigkeitsschwerpunkt in der Erstellung und in dem Absatz von Dienstleistungen (→ Dienstleistung, Begriff der) besteht. Typische D. sind Telekommunikationsanbieter, Banken, Versicherungen, Reiseveranstalter, Unternehmensberatungen, Unternehmen, die Objekte und Personen transportieren, Softwarehäuser, medizinische und soziale Einrichtungen usw. *Vgl. auch* → Dienstleistungssektor.

Differenzial, semantisches, → Semantisches Differenzial.

Differenzierung, → Differenzierungsstrategie.

Differenzierungsstrategie, *Individualisierungsstrategie, Qualitätsführerschaftsstrategie, Leistungsführerschaftsstrategie*; auf Porter (1986) zurückgehende generische → Wettbewerbsstrategie.

I. Begriff: Eine D. zeichnet sich dadurch aus, dass die Produkte (und/oder Dienstleistungen) des Unternehmens so gestaltet sind, dass sie die Kunden im Konkurrenzvergleich als einzigartig und überlegen wahrnehmen. Die → Wahrnehmung der Überlegenheit muss dabei nicht zwangsläufig auf objektiven Leistungsmerkmalen (z.B. Produktzuverlässigkeit) beruhen, sondern kann sich auf subjektiv empfundene Vorteile der Leistung (z.B. das → Image einer → Marke) beziehen. Eine gelungene dauerhafte Differenzierung kann es einem Unternehmen ermöglichen, höhere Preise am Markt durchzusetzen. Die Ausrichtung an den unterschiedlichen Bedürfnissen der Kunden bedeutet nicht zwangsläufig, für jeden einzelnen Kunden eine individualisierte Leistung anzubieten. Vielmehr besteht der Leitgedanke der D. darin, sich nicht an den Durchschnittsbedürfnissen des gesamten → Zielmarktes zu orientieren, sondern diesen unter Zuhilfenahme geeigneter Segmentierungskonzepte so in Teilmärkte mit weitgehend homogenen Präferenzstrukturen zu zerlegen, dass der für die Nachfrager gestiftete Nutzen in einem optimalen Verhältnis zu den Kosten der Leistungserstellung steht.

II. Gestaltungsmöglichkeiten: Die Qualitätsorientierung, verstanden als Orientierung am Grade der Erfüllung von Abnehmerbedürfnissen, kann als zentrale Grundlage von D. angesehen werden. Bei der Gestaltung von D. kann an acht wichtigen → Qualitätsdimensionen angesetzt werden, anhand derer der Nachfrager die Qualität beurteilt (Garvin 1988). Neben der Konzentration auf geeignete Qualitätsdimensionen („was") muss im Rahmen einer D. auch die situative Umfeld- und Wettbewerbsdynamik durch eine Einbeziehung des Faktors Zeit im Rahmen einer günstigen Timingstrategie („wann") berücksichtigt werden. In Form einer Innovationsorientierung können z.B. Vorteile der Stellung einer → Pionierstrategie durch frühzeitige → Markteintritte realisiert werden, die sich einerseits direkt auf die Nachfragerpräferenzen auswirken (z.B. Schaffung eines progressiv-technologischen Image usw.), andererseits die Voraussetzung für die Ausnutzung von → Wettbewerbsvorteilen in späteren Phasen der Marktentwicklung schaffen (z.B. Entwicklung von Markt-Knowhow, Begründung von De-Facto-Standards usw.).

III. Kritische Würdigung: Mit der Verfolgung einer D. sind folgende Chancen verbunden: Die Berücksichtigung individueller → Bedürfnisse schafft die Grundlage für → Kundenzufriedenheit. Damit werden Abnehmer an die Marke oder das Unternehmen gebunden, wodurch sich die → Preissensibilität verringern kann. Ein Kostenvorsprung kann als Schutz vor → Wettbewerbern unter gewissen Bedingungen entbehrlich sein, die wettbewerbsreduzierenden Effekte entlang der skizzierten Qualitätsdimensionen können die Gefahr eines ruinösen Wettbewerbs verringern. Des Weiteren werden → Markteintrittsbarrieren geschaffen. Die Nachfragermacht von Großkunden wird durch die weit gehende Alleinstellung des Angebotes abgeschwächt. Daneben existieren auch Risiken: Der Preisvorsprung der Konkurrenz kann so groß werden, dass den potenziellen Nachfragern die finanziellen

Einsparungen wichtiger als die Berücksichtigung der individuellen Bedürfnisse werden. Der Ansatzpunkt, auf dem die Differenzierung beruht, z.B. Image oder Ästhetik, kann im Zeitablauf durch Veränderungen im Wertesystems der Nachfrager an Bedeutung verlieren.

Literatur: Garvin, D.A. (1988): Die acht Dimensionen der Produktqualität, in: Harvard Manager, H. 3, S. 66-74; Koppelmann, U. (1997): Produktmarketing, 5. Aufl., Berlin u.a.; Mayer, R. (1993): Strategien erfolgreicher Produktgestaltung: Individualisierung und Standardisierung, Wiesbaden; Porter, M.E. (1986): Wettbewerbsvorteile – Spitzenleistungen erreichen und behaupten, Frankfurt/Main.

Klaus-Peter Wiedmann/Holger Buxel

Diffusion, Prozess der Ausbreitung von → Innovationen in sozialen Systemen. Innovationen können dabei u.a. neue Ideen, Verhaltensweisen, Meinungen, Einstellungen, → Produkte oder Produktionsverfahren sein. Die D. ist das aggregierte Ergebnis der individuellen Entscheidungen der Mitglieder des sozialen Systems (Individuen, Gruppen, Organisationen), die Innovationen zu übernehmen (→ Adoption). Diese Entscheidungen sind wiederum das Ergebnis eines komplexen individuellen Übernahmeprozesses (→ Adoptionsprozess). Im Marketing wird unter D. die Verbreitung einer Innovation innerhalb der Menge potenzieller Nachfrager verstanden. Der Diffusionsverlauf zeigt die Diffusionsgrade im Zeitablauf. Diese werden an den im Zeitablauf pro Periode zu registrierenden Absatzmengen bzw. der kumulierten Absatzmenge abgelesen. Ausgangspunkt bildet die Hypothese, dass von einem bestimmten Subjekt, das der Träger einer Innovation ist, eine Ansteckungswirkung auf die anderen potenziellen Nachfrager ausgeht und die Innovation von einer immer größer werdenden Anzahl von Nachfragern übernommen wird. Die für die einzelnen Phasen typischen → Adopter (Übernehmer) werden je nach Zeitpunkt der Übernahme der Innovation als Innovatoren, frühe Übernehmer, frühe Mehrheit, späte Mehrheit und Nachzügler bezeichnet. Diffusionsstudien zur Untersuchung eines Kommunikationsprozesses müssen folgende Aspekte berücksichtigen: Art der Innovationen, vorgegebene Zeitperiode, Art des sozialen Systems, gegebenes Wertesystem und Kommunikationsnetz, mit dem die sozialen Systeme untereinander und mit der Sozialstruktur der Gruppe verbunden sind. Die Ausbreitung einer Innovation kann als Häufigkeitsverteilung bzw. grafisch als Diffusionskurve der Zahl der Übernehmer einer Innovation im Zeitablauf dargestellt werden. Zentrale Kriterien für die D. einer Innovation sind die individuelle Innovationsbereitschaft sowie die Funktion der Meinungsführer als entscheidender Träger der D.

Digitales Fernsehen, Sammelbegriff für *Digitales Fernsehen* (*DTV*) und *HDTV* (*High Definition TV*). D.F. decodiert die mit Hilfe von MPEG-2 komprimierten Signale, wie sie von den üblichen Satelliten gesendet werden, zeigt sie dann aber in wesentlich höherer Auflösung als das normale Fernsehen. D.F. beruht auf den Prinzipien der Digitalisierung der Fernsehübertragungstechnik. Die Übertragung des digitalisierten Programms an die TV-Haushalte erfolgt auf herkömmlichem Wege über Satelliten oder Kabelnetze; damit die Nutzer das digitale Fernsehangebot nutzen können, benötigen sie jedoch eine spezielle Hardwarekomponente, die sog. Set Top Box, welche die empfangenen digitalen Signale analysiert und für herkömmliche Fernsehgeräte nutzbar macht. Das D.F. hat den Vorteil der Datenkompression: Es wird nicht mehr wie bisher 25-mal pro Sekunde das komplette Fernsehbild aufgebaut, sondern es werden nur noch die Daten übertragen, die vom vorhergehenden Bild abweichen; die unveränderten Bildteile werden nur im Empfangsgerät wiederholt. Dadurch können Kommunikationssatelliten eine vielfache Anzahl von Fernsehkanälen abstrahlen. Das D.F. ermöglicht die Ausstrahlung von bis zu zehn Programmen über einen Kanal, der bis dahin lediglich eines übertragen konnte. Für den Nutzer besteht damit die Möglichkeit, sich sein Wunschprogramm aus einer großen Anzahl von Sparten- und Lokalkanälen selbst zusammenzustellen und nach dem Pay-per-View-Modus nur die tatsächlich gesehenen Sendungen zu bezahlen. Des Weiteren besteht die Möglichkeit, im Rahmen des Pay-per-Channel-Konzepts einzelne verschlüsselte Kanäle zu abonnieren. Das D.F. ist die Voraussetzung für das Interaktive Fernsehen, bei dem die Zuschauer über einen Rückkanal Fernsehprogramme, Videofilme (→ Video on Demand), Computerspiele, Online-Zeitungen oder andere Serviceleistungen von einem Server abrufen und auf die Auswahl von Kameraeinstellungen oder Bildausschnitten direkt einwirken können. *Vgl. auch* → Direct Response TV (DRTV).

DIN, *Deutsche Industrienorm*; *vgl. auch* → ISO-Normen 9000ff.

DIN ISO, *Deutsche Industrienorm International Standards Organization*; *vgl. auch* → ISO-Normen 9000ff.

DINKS, Akronym für „Double Income, No Kids“, d.h. Doppeltes Einkommen, keine Kinder. Es handelt sich hierbei um kinderlose Paare, bei denen beide Partner verdienen. Diese Paare stellen eine sehr attraktive → Zielgruppe dar, da sie über ein hohes, frei einteilbares Einkommen verfügen. *Vgl. auch* → Konsumententypologie.

Direct Banking. I. Begriff: Mit D.B. wird die Art der Kunde-Bank-Beziehung bezeichnet, die sich ausschließlich direkter Kommunikationskanäle wie → Mailing, → Beilagen, → DRTV (Direct-Response-TV)-Spots, → Call Center und insbesondere des → Internet bedient. Der Bankkontakt findet nun nicht mehr traditionell über Geschäftsstellen statt. Dadurch lassen sich Kosteneinsparungen realisieren, die in den Anfängen des D.B. meist an die Kunden weitergegeben wurden.

II. Anwendung: Während D.B. anfangs auf die Zielgruppe der technologieorientierten Generation der Mitte 20- bis 40-jährigen ausgerichtet gewesen ist, verbreitert sich mit der verstärkten Nutzung des Internet für Banktransaktionen die Zielgruppe extrem. Das Internet als Medium für das Direct Banking wird einen großen Einfluss auf den Umfang von persönlichen One-to-One-Kontakten im Bankwesen haben. Entscheidend für den Erfolg des D.B. ist eine eindeutige Identifizierung des Kunden, die derzeit in allen Fällen über eine Geheimnummer erfolgt. Getestet werden derzeit Identifikationsverfahren über Fingerabdruck, Auge und Gesichtsprofil.

III. Sicherheit: Da das D.B. neben der Kundenansprache auch Transaktionen beinhaltet, ist der Aspekt Sicherheit der Datenübertragung ein wichtiger → Erfolgsfaktor im D.B. Mit dem Aufbau der → Website muss die Sicherheit vermittelt werden, dass es Externen nicht möglich ist, die Transaktionen einzusehen bzw. zu manipulieren. Sicherheit wird durch Auswahl geeigneter Verschlüsselungstechniken, durch Passwort- und Transaktionsnummernvergabe erreicht.

Direct Costing, System der → Teilkostenrechnung, dessen wesentliches Merkmal die Trennung in variable und fixe Kosten ist. Solch eine Differenzierung ist vor allem im Hinblick auf kurzfristige Entscheidungen wichtig, da auf kurze Sicht nur die variablen Kosten entscheidungsrelevant sind und nicht die kurzfristig unveränderlichen Fixkosten. Entscheidungssituationen, in denen dies eine Rolle spielt, sind im Absatzbereich z.B. Entscheidungen über Preisuntergrenzen oder die Annahme eines Zusatzauftrags. Dadurch, dass im System des D.C. nur variable Kosten auf die einzelne Leistungsmengeneinheit verrechnet werden, wird eine Fixkostenproportionalisierung, wie sie in der Vollkostenrechnung vorherrscht, umgangen. Die Fixkosten werden stattdessen erst im Rahmen der Kostenträgerzeitrechnung (→ Erfolgsrechnung) miteinbezogen (→ Deckungsbeitragsrechnung).

Direct Mailing, → Mailing.

Direct Marketing. I. Begriff: Bei D.M. handelt es sich zwangsläufig in erster Linie um → direkte Kommunikation, die durch einen gezielten Kommunikationskontakt und Individualität der Kommunikationsbeziehung gekennzeichnet ist. Sie kann von Person zu Person (Face-to-Face) oder über ein geeignetes Medium erfolgen.

II. Inhalt: Es ist zu unterscheiden zwischen (1) → Direktwerbung und (2) D.M., wobei einhellige Übereinstimmung besteht, dass die Direktwerbung Teil des D.M. ist. a) Direktwerbung umfasst alle Werbemaßnahmen, die den Empfänger gezielt ansprechen, indem sie ihm die → Werbebotschaft in Form eines selbständigen → Werbemittels direkt und nicht mithilfe eines anderen Mediums übermitteln. Selbständige Werbemittel, die i.d.R. per Post zugestellt werden (Direct Mail/→ Mailing), sind → Werbebrief, → Prospekt, → Katalog, Reaktionskarte und Versandhülle. Erweitert man den Begriff um Aktivitäten, die der Herstellung eines direkten Kontakts dienen, handelt es sich um → Direct-Response-Maßnahmen (z.B. Streuung von Couponanzeigen). b) D.M. geht noch einen Schritt weiter und ergänzt die Kommunikation um die → Distribution auf direktem Wege: D.M. umfasst alle marktgerichteten Aktivitäten, die sich einstufiger (direkter) Kommunikation und/ oder des → Direktvertriebs bzw. des → Versandhandels bedienen, um Zielgruppen in individueller Einzelansprache gezielt zu erreichen, und umfasst ferner solche Aktivitäten, die sich mehrstufiger Kommunikation bedienen, um einen direkten, individuellen Kontakt herzustellen. Diesen Zusammenhang verdeutlicht die Abb. „Ziele und Funktionen des Direct-Marketing“.

III. Entwicklung: Einer der Gründe für die zunehmende Verbreitung von D.-M.-Maßnahmen ist die Vielzahl der Einsatzmöglichkeiten. Häufig werden die Freiheit in der Gestaltung der Kommunikationsaussage, der betreffenden Medien und der vielfach nachgewiesene hohe Aufmerksamkeitswert, der durch die angestrebte Kongruenz von Angebotsausprägung und Interesse der Zielgruppe ex definitionem nahe liegt, als wichtigste Funktionen genannt (vgl. Gerardi 1974). Dies gilt insbesondere für Maßnahmen der Direktwerbung, die häufig für den Verkauf von bzw. die Auslösung des Interesses an erklärungsbedürftigen Produkten eingesetzt wird. Für das erweiterte Funktionenspektrum des D.M. muss an erster Stelle die Identifizierung des Konsumenteninteresses in direkter Kommunikation genannt werden.

IV. Ziele und Funktionen: In der Literatur gibt es viele Ansätze zur Auflistung von Zielsetzungen des D.M. (vgl. z.B. Hodgson, R., Direct-Mail and Mail-Order Handbook, Chicago, 1974, S. 72ff.). Hier sollen exemplarisch nur die wesentlichen Ziele und Funktionen dargestellt werden, die vielfach kaum oder nur eingeschränkt von anderen Methoden des Marketing gelöst werden können: (1) Gewinnung bzw. Rückgewinnung von Interessenten, Kunden, Absatzmittlern, Spendern, (2) → Direktverkauf, (3) Flankierung von Außendienst und übrigem Medieneinsatz (Vor-, Nachschaltung, begleitende Maßnahmen, Synergien), (4) Kundenbetreuung (Nachkaufbetreuung), Dialogfunktion, → Kundenbindung, (5) Unterstützung des Handels, (6) Informationsvermittlung, Muster- bzw. Probenverteilung, (7) Rekrutierung, (8) Gewinnung von Marktinformationen (Marktforschung) und Kunden-/Interessenten-Strukturinformationen, (9) Einladung zu Veranstaltungen (Messen, Seminaren, Verkaufsveranstaltungen).

V. Bedeutung: Wirtschaftliche Bedeutung des D.M.: Gemäß den Jahresberichten des Deutschen Direktmarketing-Verbandes e.V. (DDV), des → Zentralausschusses der Werbung (ZAW) und den Verkehrszahlen der Bundespost wurden 1998 für Werbung per Post 3.480,21 Mio. EUR aufgewendet. Insgesamt hat die Wirtschaft (Schätzwert) ca. 7,5 Mrd. EUR in adressierte und unadressierte schriftliche → Direktwerbung investiert. Das bedeutet, dass ein Drittel der Gesamtaufwendungen für kommunikative Aktivitäten der deutschen Wirtschaft dem D.M. zugerechnet werden muss. Während in den USA bereits seit Beginn der 1960er-Jahre die Bedeutung dieses Dienstleistungsbereichs der Wirtschaft offenkundig wurde, gilt dies für den europäischen Wirtschaftsraum seit Ende der 1970er-Jahre. Nachdem sich die Werbeagenturen auf die betreffenden Anforderungen der auftraggebenden Unternehmen eingerichtet haben, entstand spätestens seit Anfang der 1980er-Jahre ein regelrechter Anwendungsboom. Unterstützt wurde dieser Trend durch eine rapide Entwicklung der technischen Voraussetzungen, vor allem in der individuell nutzbaren EDV-gestützten

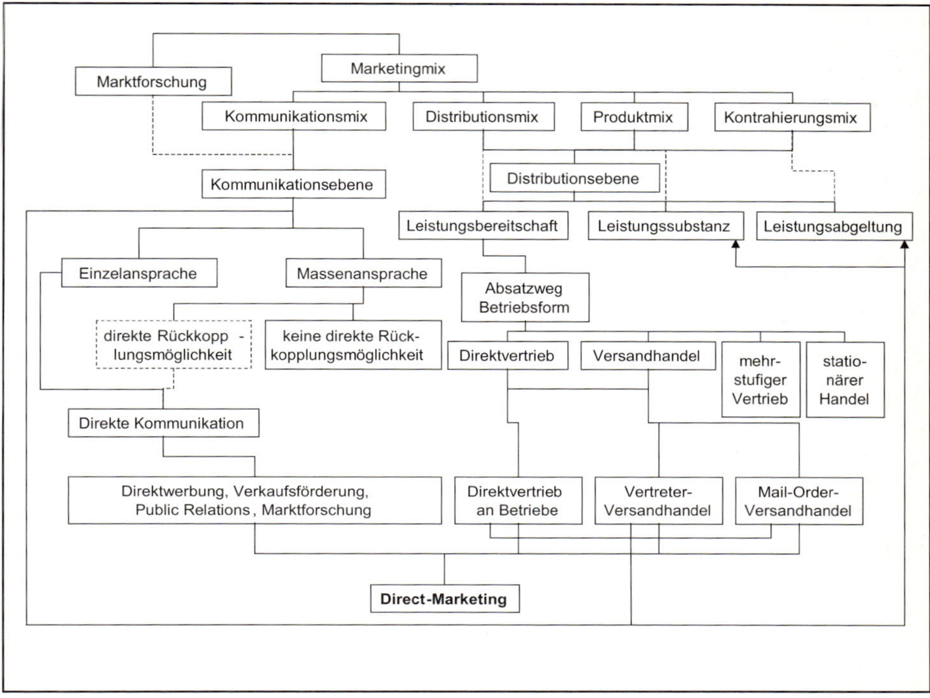

Ziele und Funktionen des Direct-Marketing (Quelle: Dallmer 1989, S. 53ff.)

Drucktechnologie (Laser-/Ink-Jet-Print) und in der datenbankorientierten elektronischen Datenverarbeitung (verbunden mit einem Trend von zentralorganisierten Main-Frame-Anlagen (Großrechner) hin zu dezentral installierten Personal Computern). Vor allem die Personal Computer trugen erheblich zu einer verbreiteten Ansprache spezialisierter Zielgruppen durch Klein- und Mittelbetriebe bei. Das Wachstum des D.M. ist jedoch nicht nur quantitativ zu werten. So ist z.B. die Zahl der per Post gestreuten Werbemittel, die dem D. M. zugerechnet werden müssen, nicht im gleichen Maße gestiegen wie die Aufwendungen. Dies weist auf einen zunehmenden qualitativen Einsatz hin, d.h. durch Möglichkeiten ständig verbesserter → Zielgruppenselektion sank die Zahl der Aussendungen, während die → Qualität und der Wert eines jeden einzelnen Kommunikationsaktes stiegen. Der Zuwachs kommt von Branchen, die das D.M. erst in jüngster Zeit entdeckt haben. D.M. hat in den letzten Jahren eine Vielzahl neuer Arbeitsplätze geschaffen, in Dienstleistungsbetrieben wie in den produzierenden Unternehmen bzw. im Handel.

VI. Anwendungsbereiche: Es gilt die Prognose, dass der Zielgruppenmanager bald gefragter sein wird als der Produktmanager. Die Aufgaben des Zielgruppenmanagers sind der Aufbau, die Steuerung, der selektive Einsatz und die Pflege des Zielgruppendatenbestandes eines Unternehmens. In kleineren Unternehmen nimmt der Unternehmer selbst diese Aufgabe wahr. Im mittleren Betrieb zählt dies zu den Aufgaben des Werbe-, Marketing- bzw. Verkaufsleiters. Im Großbetrieb oder Spezialunternehmen (z.B. Versandhaus) wird eine qualifizierte Ausbildung, i.d.R. Informatik und Marketing, und das methodische Knowhow (z.B. Anwendung multivariater Datenanalyse) verlangt. Die häufigste Anwendung von D.M. kann in folgenden Branchen festgestellt werden: (1) Produktions- und Investitionsgüterindustrie (einschließlich Pharmaindustrie), (2) Versandhandel, (3) Verlage, (4) Einzelhandel, (5) Finanzdienstleistungen, (6) Touristik, (7)

Konsumgüterindustrie, (8) Institutionen. Folgende zwei Anwendungsfelder des D.M. sind grundsätzlich denkbar: (1) Einsatz im Business-to-Business-Bereich, (2) Einsatz im Business-to-Consumer-Bereich (klassischer Versandhandel). a) Wie bereits festgestellt, eignen sich Methoden und Instrumente des D.M. aufgrund der Dialogfähigkeit und aufgrund der relativ unbeschränkten Gestaltungsbreite vor allem für die Vermarktung erklärungsbedürftiger Produkte. Der konventionelle Einsatz mit großem Anteil am Gesamtaufwand betrifft dementsprechend die Produktions- und Investitionsgüterindustrie. In der Produktions- und Investitionsgüterindustrie herrschen aufgrund der speziellen Produktanwendung i.d.R. vergleichsweise kleine Auflagen vor. Als Marketingproblem erweist sich hier die Ermittlung des relevanten Einkaufsentscheiders. Dies führt zu meist zweistufigen D.-M.-Aktivitäten, deren erste Stufe nur der Identifizierung des adäquaten Personenkreises gilt. Im industriellen Bereich werden Maßnahmen des D.M. häufig zur Verkaufsförderung und zur Unterstützung des → Außendienstes angewandt. I.d.R. gelten die Aktionen der Gewinnung von Interessenten (Leads/Leadsgenerierung), um dem Außendienst vergebliche Einsätze zu ersparen. Als aktueller Trend gilt in diesem Wirtschaftsbereich der Einsatz von Katalogen zur Auslotung von Direktbestellmöglichkeiten per Post (z.B. Brief, Telefon, Online), was bislang traditionell dem Versandhandel vorbehalten war. b) Der zweite „klassische" Anwendungsbereich ist der Versandhandel, in dem seit jeher Medien der schriftlichen und mündlichen Direktkommunikation (Direct-Mail, Katalog, Telefonverkauf) den Verkäufer ersetzten. Während offensichtlich ein Rückgang alteingeführter Spezialversandhäuser oder deren Übernahme durch Sortimentsversender als aktueller Trend festzustellen ist, sind die Angebote der Allroundversender nicht zuletzt durch Einstieg in Spezialbereiche, durch Sonderkataloge, durch Auslotung des spezifischen Bedarfs homogen strukturierter Zielgruppen und durch Special-Interest-Charakter geprägt. Als weitere Besonderheit ist hier die Rekrutierung von Sammelbestellern mittels des D.M. zu erwähnen. c) Auch das Marketing der Verlage ist eher der Gruppe der traditionellen D.M.-Anwender zuzuordnen. Hier ist die Vermarktung von Abonnements, also die Abonnentengewinnung, Hauptzielsetzung. Die Einführungskampagnen von heute marktführenden Zeitschriften per D.M. (GEO, Impulse) sind prägnante Beispiele. In dieser Branche ist der Einsatz von „negative options" üblich, d.h. der Interessent, der ein Probeabonnement bestellt, kann eine automatische Verlängerung der Belieferung nur durch aktive Abbestellung stornieren. Auch Buch- und Schallplattenclub-Angebote zählen zu dieser Belieferungsform. d) Zur zweiten Gruppe von Branchen, die erst in jüngerer Zeit die Chancen des D.M. erkannt haben, zählt der → Einzelhandel. Es sind die trendorientierten Händler bzw. Handelsunternehmen, die ihren Kunden die Wahl der Einkaufsart (Ladenlokal, per Post, Telefon oder Online) überlassen und sich damit auch neue Käuferschichten erschließen und alte halten. Zum Teil übernehmen heute die Produktlieferanten die produktbezogenen Werbekosten oder stellen die Werbemittel auf ihre Kosten zur Verfügung. Im Einzelhandel dient das D.M. auch als Instrument der Kundenpflege und -bindung (*vgl. auch* → Konsumgütermarketing). Nirgendwo könnten besser als im Einzelhandel die Interessenarten des Konsumenten in direkter Kommunikation ausgelotet und in eine selektionsfähige → Database als Information eingebracht werden. e) Ebenfalls stark wachsend ist der Anteil der Finanzdienstleistungsunternehmen an den Gesamtaufwendungen der Wirtschaft für D.M. Während Versicherungsunternehmen bereits seit längerem bestimmte Arten von Versicherungen (z.B. Unfallversicherungen, Krankenversicherungen) bewerben oder auch im → Cross Selling neue Sparten den Bestandskunden anbieten, sind Banken erst in jüngerer Zeit zu den Anwendern des D.M. gestoßen und nutzen vor allem zielgruppengerechte Angebote, z.B. an bestimmte Alterssegmente („Auszubildende").

VII. Neuere Entwicklungen: Bekannt geworden sind auch sog. Store-Traffic-Kampagnen, die dazu dienen, die Frequenzen einzelner Zweigniederlassungen zu erhöhen. Bei bestehendem harten Wettbewerb sind im Bereich der Finanzdienstleistungen D.M.-Kampagnen für Bausparkassen und Kreditkartenorganisationen üblich. Aufgrund der vielen individuellen Kundendaten entstanden in diesen Bereichen segmentspezifische Konzepte. Während die Markenartikel- bzw. Konsumgüterindustrie bereits seit geraumer Zeit D.-M.-Aktionen realisiert. Vor allem als Antwort auf zunehmende gesetzliche Restriktionen (Werbeverbote für Genussmittel in bestimmten Medien), aber zu Zwecken der Kundenbindung auch für Markteinführungskampagnen, bedient sich die Touristikindustrie überraschenderweise erst seit jüngster Zeit des D.M. Es wurde erst relativ spät erkannt, dass bei der Buchung von Reisezielen qualitative Daten der Kunden für eine segmentierfähige Database anfallen. Diese Erkenntnis nutzen auch die Fluggesellschaften und setzen als D.-M.-Medium Plastikkarten („Frequent-Traveller-Cards") als Bonussystem ein. Klassische Anwendungsbeispiele für → Database Management im D.M. bieten auch die Kraftfahrzeug- und die Pharmaindustrie. Durch sog. Kunden-Kontakt-Programme in der erstgenannten Branche, als Arzt-Informationssysteme in der pharmazeutischen Industrie, werden Database-Informationen für gezielte Kommunikation genutzt. Als jüngste Anwendungsbereiche sind nichtkommerzielle Institutionen und Organisationen zu nennen, die D. M. erfolgreich für die Verbreitung von Ideen (Parteien/Wahlwerbung) oder das Spendenmarketing einsetzten (→ Fundraising). Auf eine inzwischen marktübliche Unterscheidung sei abschließend hingewiesen: Man geht heute von zwei unterschiedlichen Märkten im D.M. aus, die sich nicht nur durch die Zielgruppen, sondern auch durch die angewandten Methoden erheblich unterscheiden: Der Consumer-Markt und der Business-to-Business-Markt. Grundlage der Unterschiede sind im Wesentlichen die Merkmale der Zielgruppen. Während bei der Vermarktung an Endverbraucher Individualinformationen von Einzelpersonen entscheidend sind, sind beim Verkauf an Handel und Industrie ergänzende Kriterien über das jeweilige Unternehmen relevant.

Literatur: Dallmer, H. (Hrsg.) (2002): Das Handbuch. Direct Marketing & More, 8. Aufl., Wiesbaden.

Heinz Dallmer

Directmail, → Werbeadressen.

Direct-Marketing-Agentur. Agentur, die sich verschiedener → Dialoginstrumente bedient, um Konzepte zur genauen Zielgruppenansprache zu erstellen. Innerhalb der klassischen Agenturen sind Bereiche entstanden, die sich auf unterschiedlichen Formen des → Zielgruppenmarketing spezialisiert haben. So gibt es beispielsweise Spezialagenturen, die → DRTV (Direct Response TV)-Spots erstellen, → Mailings und Beilagen kreieren oder Online-Auftritte gestalten. Letztere werden jedoch eher als Online- oder → Internet-Agenturen bezeichnet. Neben den D.-M.-A. gibt es Full-Service-Dienstleister, die neben den kreativen Leistungen und Konzepten auch Adresspotenziale und Abwicklung der Direct-Marketing-Aktion anbieten.

Direct-Marketing-Channel, → Dialoginstrument.

Direct-Marketing-Instrument, → Dialoginstrument.

Direct-Marketing-Medien, → Dialoginstrument.

Direct-Response-TV, (DRTV). Beinhaltet alle → Werbeformen im Fernsehen, bei denen der Zuschauer Produkte oder Dienstleistungen über eine eingeblendete Telefonnummer, Adresse oder neu auch E-Mail-Adresse direkt bestellen kann. Neben den allgemeinen inhaltlichen Anforderungen an Werbung, gilt beim DRTV zusätzlich, dass Werbespots länger als 90 Sekunden mit dem Vermerk „(Dauer-)werbesendung" versehen werden müssen, der Absender der Werbung muss klar erkennbar, sowie der Endpreis (inkl. aller Nebenkosten) ausgewiesen sein. Unterteilt wird DRTV zusätzlich in die Bereiche (1) Teleshopping, (2) Infomercials, (3) Homeshopping, sowie (4) Spots mit Responseelement. Teleshopping ist das Angebot von Produkten über TV-Sendungen zwischen fünf und 30 Minuten. Die Produkte werden in Anwendungen präsentiert und können mittels direkter Kontaktaufnahme bestellt werden. Kanäle, die ununterbrochen

Produkte anbieten, werden als Homeshopping-Sender bezeichnet. Teilweise werden diese Networks auch als Pay-TV-Programme angeboten. Infomercials unterscheiden sich von Teleshopping dahingehend, dass in einer Verkaufssendung – meist 30 Minuten lang und als Fernsehshow inszeniert – immer nur ein Produkt angeboten wird. Insbesondere für erklärungsbedürftige Artikel bietet sich diese Art von DRTV an. Die → Erfolgsfaktoren des DRTV lauten: (1) Produktauswahl & Angebotsdefinition, (2) Kreation & Produktion, (3) Mediaplanung, (4) → Call Center, (5) Fulfillment, (6) → Follow-Up. Mit den zunehmenden technischen Möglichkeiten durch Breitbandkanäle, sowie die Verschmelzung von → Internet und TV werden dem DRTV in Zukunft neue Möglichkeiten eröffnet.

Direct-Responsewerbung, Werbung bei der dem Rezipienten die Möglichkeit gegeben wird, direkt auf die Werbung zu reagieren. Dies kann beispielsweise durch die Angabe einer Telefonnummer, Internet- bzw. E-Mailadresse und/oder → Beikleber geschehen, die in die Werbung integriert werden.

Direktabsatz, → Vertrieb, direkter.

Direkte Frage, → Fragearten.

Direkte Kommunikation, → Direct Marketing.

Direkte Kommunikation, *persönliche Kommunikation*; → Kommunikation.

Direkte Kosten, → Einzelkosten.

Direkte Produkt-Rentabilität (DPR), drückt als relative Größe den direkten Produkt-Profit eines Artikels in Prozent des im durchschnittlichen Lagerbestand dieses Artikels gebundenen Kapitals aus. Sie errechnet sich aus „Umsatz-Profitabilität“ und „Lagerumschlagshäufigkeit“.

Direktes Franchising, → Franchising; Erscheinungsform des Franchising. Das Franchising stellt eine Form der vertikalen Kooperation dar, bei der der Franchisegeber aufgrund langfristiger, individualvertraglicher Regelungen rechtlich selbständig bleibenden Franchisenehmern gegen Entgelt das Recht einräumt und die Pflicht auferlegt, bestimmte Güter und/oder → Dienstleistungen unter Verwendung von Namen, Warenzeichen und sonstigen Schutzrechten sowie des technischen und gewerblichen Know-hows des Franchisegebers unter Beachtung der von diesem aufgestellten ‚Spielregeln‘ auf eigene Rechnung an Dritte abzusetzen. Nimmt der Franchisenehmer die vom Franchisegeber eingeräumten Rechte und auferlegten Pflichten selbst wahr, spricht man von direktem Franchising (Selbstbetreiber). Indirektes Franchising liegt demgegenüber vor, wenn ein Investor die Rechte und Pflichten des Franchising käuflich erworben hat und für deren Nutzung und Erfüllung einen unselbständigen Betriebsleiter einstellt.

Literatur: Knigge, J. (1995): Franchising, in: Tietz, B./Köhler, R./Zentes, J. (Hrsg.): Handwörterbuch des Marketing, 2. Aufl., Stuttgart, S. 702-710; Ahlert, D. (1996): Distributionspolitik, 3. Aufl., Stuttgart/Jena, S. 216.

Direktexport, *direkter Export,* → Export; bezeichnet eine Erscheinungsform des gewerbsmäßigen und grenzüberschreitenden Absatzes von Sach- oder → Dienstleistungen. Beim D. erfolgt die Bearbeitung und Belieferung ausländischer Kunden ohne Einschaltung von im Inland ansässigen Unternehmen, während beim indirekten Export ein inländischer Produzent einem unabhängigen inländischen Absatzorgan alle aus dem Auslandsgeschäft resultierenden Funktionen, Risiken und Kosten überträgt.

Direktinvestition, Form einer internationalen → Markteintrittsstrategie, bei der der Wertschöpfungsschwerpunkt im Ausland liegt und das inländische Unternehmen Kapital- und Managementleistungen ins Ausland transferiert. Typische Motive von Direktinvestitionen sind die Umgehung tarifärer und nicht-tarifärer Handelshemmnisse, Nutzung komparativer Kostenvorteile (z.B. billigere Rohstoffe oder Arbeitskräfte im Ausland), niedrigere Transportkosten, Nutzung von Investitionsanreizen seitens der ausländischen Regierung sowie intensivere Beziehungen zu Behörden, Kunden und einheimischen Zulieferern. Nachteile sind in dem hohen Kapital- und Managementaufwand zu sehen sowie der Tatsache, dass das Unternehmen politischen und wirtschaftlichen Risiken unmittelbar ausgesetzt ist.

Direktmarketing, → Direct Marketing.

Direktverkauf, *Direktvertrieb,* → Absatz direkter. I. Begriff: Selbständige → Absatzmittler sind beim D. nicht zwischengeschaltet. Es handelt sich also um eine Absatzmethode, die unter Ausschaltung von wieteren Gliedern der Handelskette (z.B. → Einzelhandel) „direkt" an den Abnehmer verkauft.

II. Ziele: Ziele dabei können u.a. sein: (1) Konfliktfreiheit des Vertriebswegs, (2) Erhöhung der Abnehmerpräferenzen, (3) Erweiterung des preispolitischen Spielraums, (4) Verbesserung der Kundendienstleistungsbetreuung.

III. Merkmale: Angeboten werden können die Leistungen auf schriftlichem Wege, mithilfe von Reisenden bzw. Handelsvertretern, Verkaufsbüros sowie Läden (Filialen). Allen Formen gemeinsam ist, dass die Leistung zum Konsumenten oder Verwender transportiert werden muss und dass der eigentliche Ort des Verkaufs nicht der Standort des Anbieters, sondern der des Nachfragers ist. Ihn besucht der Vertreter oder die Vertriebsfachkraft des Verkaufsbüros. Von dort (Wohnung, Betrieb) wird i.d.R. die Ware auch bestellt. Es wird auf Distanz gekauft.

IV. Arten: Diese Eigenschaften gelten ebenfalls für eine spezielle Form des Einzelhandels – nämlich der des → Versandhandels. Wenn die Waren privaten Endverbrauchern durch ein Hersteller- oder Handelsunternehmen angeboten werden, das sie durch Vertriebspersonen zu Hause aufsuchen lässt, um die Waren im Original oder als Muster vorzuführen und hierüber Bestellungen entgegenzunehmen, spricht man vom Vertreter-Versandhandel. Bei Bestellmöglichkeit der Waren per Post handelt es sich i.d.R. um den Katalog-Versandhandel. Nicht immer ist jedoch das Bestellmedium der Katalog. Häufig werden Kunden durch → Mailings, Zeitungs- und Zeitschriftenbeilagen, Coupon-Anzeigen oder andere Direct-Marketing-Medien, z.B. Online, akquiriert. Wenn die Bestellung der Waren bzw. Dienstleistungen per Post gegeben ist, spricht man generell vom → Mail-Order-Versandhandel. Im Mail-Order-Versandhandel lassen sich drei Arten von Versandgeschäften unterscheiden: (1) der Sortimentsversandhandel durch Großversandhäuser mit warenhausartigem Sortiment, (2) der Spezialversandhandel, (3) Versender mit Ein-Artikel-Angeboten. Direkte Kommunikation bedingt keinen D. oder Distanzhandel, d.h. auch bei anderen Absatzmethoden kann man sich der direkten Kommunikation bedienen. Umgekehrt sind D. und Versandhandel ohne direkte Kommunikation nicht denkbar.

Direktvertrieb, → *Vertrieb, direkter.*

Direktwerbung, ist die gezielte und geplante (Werbe-)Ansprache einer exakt definierten Zielgruppe. Im Gegensatz zur klassischen Werbung ist das Zielpublikum hier nicht anonym. Die Direktwerbung lässt sich in zwei Kategorien unterteilen, nämlich die adressierte sowie die unadressierte Direktwerbung. Im Falle der adressierten Direktwerbung wird das Werbemittel an eine konkrete Postadresse versandt. Unadressierte Direktwerbemaßnahmen werden dann verwendet, wenn beispielsweise die Bewohner eines bestimmten Wohngebietes erreicht werden sollen. In beiden Fällen ist das Medium individuell auf den Empfänger zugeschnitten und kann somit eindeutig von der sog. klassischen Werbung unterschieden werden. Die am häufigsten genutzte Form der D. ist die adressierte Werbesendung.

Direktwerbung, rechtliche Aspekte. Direkte Kommunikation mit Kunden über Medien wie Brief, Telefon, Fax, TV und E-Mail unterliegen rechtlichen Rahmenbedingungen. Eine Vielzahl von Gesetzen und höchstrichterlichen Rechtsprechungen schränken den Einsatz von personenbezogenen Daten und Firmendaten für das → Direct Marketing ein. Ziel des rechtlichen Rahmen ist es, die Interessen der Verbraucher und die

Anwendungsmöglichkeiten der Direct Marketer aufeinander abzustimmen. Rechtliche Aspekte beziehen sich hier auf die Adressgewinnung und Erhebung und Nutzung personenbezogener Daten über Werbebrief, Telefon, Fax, TV und E-Mail. Das → Bundesdatenschutzgesetz beispielsweise regelt den Umgang mit personenbezogenen Daten. Es setzt die Rahmenbedingungen, in denen personenbezogene Daten erhoben, verarbeitet und genutzt werden dürfen. In der Praxis gehören dazu Maßnahmen zur Transparenz und Kontrolle aller Prozesse zur Verarbeitung und Speicherung der Daten i.w.S. Die Trends „Multimedia" und „Globalisierung" verändern die Geschäftsmodelle der Direkt Marketer. Aus diesem Grund gewinnen unter rechtlichem Aspekt das Multimedia-Gesetz (01.08.1997) und die Brüsseler Richtlinienvorgaben mit Wirkung für die Direktwerbeaktionen innerhalb der EU an Bedeutung. *Vgl. auch* → E-Mail-Werbung, → Handy-Werbung, → Telefaxwerbung, → Telefonwerbung, → Werbebriefe.

Disconfirmation Paradigma, Ansatz, nach dem → Kundenzufriedenheit bzw. → Dienstleistungsqualität dem Abgleich aus den → Kundenerwartungen auf der einen Seite und den Kundenwahrnehmungen der tatsächlichen Leistung auf der anderen Seite entspricht. Obwohl auch positive Diskonfirmationen auftreten können, wird das D.P. vor allem hinsichtlich negativer Diskrepanzen verwendet, d.h. die wahrgenommene Leistung bleibt hinter den Erwartungen zurück. Die Entstehung von Diskonfirmationen kann entweder durch mangelhafte Leistungen des Anbieters (z.B. Pannen während der Leistungserstellung) oder durch überzogene Erwartungen des Kunden hervorgerufen werden. In beiden Fällen sollte seitens des Unternehmens der Behandlung der Diskonfirmation eine besondere Aufmerksamkeit geschenkt werden, beispielsweise durch Maßnahmen des → Qualitätsmanagements oder der Steuerung der Kundenerwartungen.

Discount, der Verkauf von Waren zu Preisen, die erheblich unter den Durchschnittspreisen liegen.

Discounter, *Discountgeschäft;* → Betriebsform des → Einzelhandels, insbesondere des Konsumgütereinzelhandels. D. sind vor allem im Lebensmittelhandel weit verbreitet. Zu den grundlegenden Charakteristika eines D. zählen ein begrenztes Sortiment, eine einfache Ladenausstattung, eingeschränkte Kundendienstleistungen und ein vergleichsweise niedriges Preisniveau der angebotenen Produkte. Großdiscounter, als neuere Betriebsform des Lebensmittelhandels, verfolgen auch das klassische Discountprinzip, verfügen aber mindestens über eine Fläche von 700 qm und zeichnen sich durch ein erweitertes Discount-Sortiment aus, das auch Frischwaren umfasst.

Discountmarke, Marke (zumeist → Handelsmarke), die durch ein niedriges Leistungsniveau und einen niedrigen Innovationsgrad gekennzeichnet ist. Die Vorteilhaftigkeit einer D. besteht in einem niedrigen Preisniveau. Der Preisunterschied ggü. einer konkurrierenden Marke kann bis zu 40% betragen. Es handelt sich meist um Massenprodukte des täglichen Bedarfs, die wenig erklärungsbedürftig sind. Merkmal einer D. ist zudem ein geringes Aufmachungsniveau der Verpackung. Häufig werden kommunikationspolitische Maßnahmen nur bei der Einführung der Marke betrieben, um einen gewissen Bekanntheitsgrad der Marke zu erzielen. Zu den D. zählen auch sog. Gattungsmarken. Gattungsmarken zeichnen sich zusätzlich durch eine unifarbene Verpackung und den Verzicht auf eine spezielle Markierung aus (häufig wird lediglich die Produktbezeichnung genannt).

Discrete Choice Analysis, → *Diskrete Entscheidungsanalyse.*

Disintermediation, direkter Zugang von Kunden zum Leistungsangebot von Herstellern auf elektronischem Wege unter Umgehung von Absatzmittlern. Anreize zur D. für Hersteller sind die Internalisierung von Handelsmargen und ein direkter Kontakt zum Kunden, der die Möglichkeit eröffnet, Daten für die Produktentwicklung zu generieren. Risiken der D. sind die Konflikte mit den Absatzmittlern sowie die Komplexität der Distributionsprozesse, insbesondere wenn

Hersteller keine oder nur geringe Erfahrungen im Endkundengeschäft haben.

Diskrete Entscheidungsanalyse, modelliert die Auswahl einer Absatzleistung als stochastischen Prozess. Die zugrundeliegenden Modelle beschreiben die Entscheidungsträger als nutzenmaximierende Individuen. Ziel der D.E. ist die Schätzung der Parameter einer Nutzenfunktion. Der dem Marktforscher unbekannte Nutzen, den eine Produktalternative dem jeweiligen Individuum erbringt, stellt sich als ein Konstrukt aus einer stochastischen und einer deterministischen Komponente dar. Die deterministische Nutzenkomponente enthält die entscheidungsrelevanten Produktmerkmale sowie soziodemographische Merkmale, die Einfluss auf die Kaufentscheidung haben. Die stochastische Nutzenkomponente ist eine Zufallsvariable, welche die im Individualfall beobachtbaren Abweichungen der Kaufentscheidung vom modellierten Verhalten erklärt. Von dieser Zufallsvariablen wird angenommen, dass sie einen Erwartungswert von Null hat und einer bestimmten Verteilung folgt. Nimmt man eine Normalverteilung an, spricht man von Probit-Modellen. Wird eine Exponentialverteilung der Schätzung zugrunde gelegt, werden diese als Logit-Modelle bezeichnet. Wie bei der → Conjoint-Preis-Analyse können auch Preis-Absatz-Funktionen und gewinnoptimale Preise bestimmt werden, sofern der Preis als Merkmal in die deterministische Nutzenkomponente eingeht (→ Probabilistisches Preisreaktionsmodell). Die Parameterschätzung der Nutzenfunktion beruht auf dem Konzept der offenbarten Präferenzen. Die Kaufwahrscheinlichkeit für eine Absatzleistung entspricht der Wahrscheinlichkeit dafür, dass für die Konsumenten der Nutzen dieser Absatzleistung höher ist als für eine andere auf dem Markt verfügbare Absatzleistung. Die Kaufwahrscheinlichkeiten lassen sich in Form von Marktanteilen beobachten. Mit Hilfe des Maximum-Likelihood-Ansatzes können die Parameter der definierten Nutzenfunktion geschätzt werden.

Diskontierung, *Abzinsung*; Ermittlung des Anfangskapitals für ein gegebenes Endkapital bzw. Bestimmung des Bar- oder Gegenwartwerts zukünftiger Zahlungen durch Multiplikation mit dem zugehörigen Abzinsungsfaktor (→ Dynamische Investitionsrechnung, → Customer Lifetime Value).

Diskriminanzanalyse, die D. ist ein Trennverfahren, bei der von der Kombination metrischer Merkmale (unabhängige Variable) auf eine zuvor festgelegte Gruppenzugehörigkeit (abhängige nominale Variable) geschlossen werden soll. Die D. gehört zu den Verfahren der → Dependenzanalyse, welche der Untersuchung einseitiger Abhängigkeiten zwischen Variablen dient. Voraussetzung für die D. ist, dass die abhängige Variable ein nominales → Skalenniveau aufweist. Die abhängige Variable wird deshalb auch als Gruppierungsvariable bezeichnet. Mit Hilfe der D. wird versucht, eine Anzahl von Objekten anhand von Merkmalsausprägungen (also anhand der unabhängigen Variablen) in zwei oder mehr Gruppen zu trennen. Je nach Zahl der zu trennenden Gruppen spricht man entweder von der einfachen D. (Unterscheidung in zwei Gruppen) oder von der multiplen D. (Unterscheidung in mehr als zwei Gruppen). Die mathematische Vorgehensweise der D. besteht darin, eine Diskriminanzfunktion zu berechnen, die als Trennkriterium möglichst fehlerfrei die Objekte anhand ihrer Beobachtungswerte, den entsprechenden Gruppen zuordnet. Durch Einsetzen der Beobachtungswerte in die errechnete Diskriminanzfunktion erhält man die sog. Diskriminanzwerte, welche der Zuordnung der Elemente zu einer bestimmten Gruppe dienen. Die Diskriminanzfunktion kann dann anschließend dazu verwendet werden, neue Objekte oder Personen den bereits gebildeten Gruppen zuzuordnen. Es muss dabei jedoch immer im Auge behalten werden, dass die Diskriminanzfunktion lediglich eine Prognose abgibt und somit eine Zuordnung fehlerbehaftet sein kann.

Diskriminanzfunktion, → Diskriminanzanalyse.

Diskriminanzvalidität, → Validität.

Diskriminierung, → Diskriminierungsverbot.

Diskriminierungsverbot, I. Gegenstand: Nach § 20 I GWB dürfen „Marktbeherrschende Unternehmen [...] ein anderes Unternehmen in einem Geschäftsverkehr, der gleichartigen Unternehmen üblicherweise zugänglich ist, weder unmittelbar noch mittelbar unbillig behindern oder ggü. gleichartigen Unternehmen ohne sachlich gerechtfertigten Grund unmittelbar oder mittelbar unterschiedlich behandeln". Dieses Verbot gilt nach Abs. 2 ebenso für relativ marktstarke Unternehmen, d.h. Unternehmen, von denen „kleine oder mittlere Unternehmen als Anbieter oder Nachfrager einer bestimmten Art von Waren oder gewerblichen Leistungen in der Weise abhängig sind, dass ausreichende und zumutbare Möglichkeiten, auf andere Unternehmen auszuweichen, nicht bestehen".

II. Bedeutung: Vor allem bei der Frage der → Preisdifferenzierung, diskriminierende, und bei der Frage, ob Abnehmer (z.B. Händler) von der Belieferung ausgeschlossen werden dürfen. Die Unzulässigkeit einer solchen Exklusion (analog Preisdifferenzierung) ist dann gegeben, wenn die Fragen nach der Zugehörigkeit der lieferverweigernden Unternehmung zum Normadressatenkreis, der Zugehörigkeit der nicht-belieferten Unternehmung zum geschützten Personenkreis und der unbilligen und/oder ohne sachlich gerechtfertigten Grund durchgeführten Nichtbelieferung bejaht werden müssen.

III. Selektionskriterien: Zulässig ist i.d.R. der Ausschluss eines Händlers von der Belieferung, wenn dieser die notwendigen sachlichen und personellen Rahmenvoraussetzungen nicht erfüllt, die die Herstellerprodukte aufgrund ihrer Erklärungs-, Beratungs- und Servicebedürftigkeit erfordern. Als kritisch bzw. unzulässig zu beurteilen sind dagegen Gründe, die auf den systematischen Ausschluss bestimmter Handelsbetriebstypen abzielen. Ebenso zu den rechtlich nicht anerkannten Gründen zählen z.B. (1) die ausschließlich willkürliche Exklusion bestimmter Händler, (2) die Einhaltung eines bestimmten → Preisniveaus, (3) die Vermeidung des → Intrabrand-Wettbewerbes, (4) die Aufrechterhaltung einer überschaubaren Zahl an Abnehmern, wenn dadurch die Verbraucherversorgung beeinträchtigt wird, (5) den Wettbewerb beschränkende Maßnahmen als Voraussetzung für eine Belieferung, wie z.B. die Aufforderung an den betreffenden Händler, aus einer → Kooperation auszuscheiden oder den Abbruch der Lieferbeziehungen mit bisherigen Lieferanten herbeizuführen, sowie (6) das Drängen belieferter Händler auf Nichtbelieferung anderer Händler.

Display, sowohl im Rahmen von Endverbraucher- als auch von Händler-Promotions (→ Promotion) angewendete Form der Darbietung von Produkten unter Einbindung von speziellem Präsentationsmaterial, wie z.B. Plakate, Aufsteller, → Regalstopper, Bodenständer, Monitore. Instrument des → Merchandising. Zur Platzierung von Displays lassen sich vier typische Formen unterscheiden: Platzierung (1) im Gang (In Aisle Display), (2) am Ende eines Regals (End of Aisle Display), (3) im Eingangsbereich (Front of Store Display), (4) im Kassenbereich. Ziel der Verwendung von Displays ist insbesondere die Generierung von → Impulskäufen.

Dispositiver Faktor, *Management*; bezeichnet gemäß Gutenberg die Gesamtheit der Führungsorgane (Manager) in einem Unternehmen. Der D.F. kombiniert die Elementarfaktoren menschliche Arbeitskraft, Betriebsmittel und Werkstoffe und hat als Aufgabe die Planung, Organisation, Leitung und Kontrolle des Betriebsprozesses sowie das Vorbereiten und das Treffen der in diesem Zusammenhang notwendigen Entscheidungen.

Dissonanz, → Dissonanztheorie.

Dissonanzreduktion, → Dissonanztheorie.

Dissonanztheorie, auf Festinger zurückgehende Theorie, nach der Dissonanzen vorliegen, wenn im gedanklichen System des Individuums Beziehungen zwischen Kognitionen vorhanden sind, die nicht miteinander harmonieren. Jeder Mensch strebt nach kognitiver Konsistenz (Konsistenztheorie), d.h. nach einer widerspruchsfreien Verknüpfung von inneren Erfahrungen, Kognitionen und

Einstellungen. Das bedeutet, dass jedes Individuum ein Bedürfnis hat, auftretende Widersprüche (Inkonsistenzen) in seinem Einstellungssystem zu beseitigen oder von vornherein zu vermeiden. Dissonanzen werden vielfach in der Nachkaufphase erlebt, (1) wenn Konsumenten die ersten Erfahrungen mit dem gekauften Produkt sammeln und von diesem enttäuscht sind, (2) als Folge von kritischen Kommentaren als eigentlich kompetent wahrgenommener Dritter, (3) aus dem Gefühl heraus, vielleicht doch die falsche Alternative gewählt zu haben, was durch entsprechende Werbekontakte von Konkurrenzangeboten forciert werden kann. Das Auftreten und die Stärke der kognitiven Dissonanz hängen davon ab, wie stark die kognitiven Konflikte das Selbstwertgefühl bzw. die Kompetenzeinschätzung des Einzelnen berühren, wie intensiv das Individuum in der Phase nach der Entscheidung aktiv nach weiteren Informationen sucht, bei denen die Gefahr besteht, dass sie im Widerspruch zu der getätigten Entscheidung stehen, wie stark die persönliche Verantwortung für die Kaufentscheidung erlebt wird und ob eine hohe oder geringe subjektive Toleranz ggü. kognitiven Ungereimtheiten vorhanden ist. Inkonsistenzen können vermieden werden, indem widersprechende Informationen nicht wahrgenommen oder verleugnet oder herabgesetzt werden, indem bisherige Einstellungssysteme verändert werden oder indem aktiv Informationen gesucht werden, die eine Selbstbestätigung versprechen. Auch das Marketing kann zum Dissonanzabbau von Konsumenten beitragen, indem der Konsument in der Nachkaufphase durch Direktmarketing-Maßnahmen, aber auch durch Massenwerbung noch einmal auf die Vorteilhaftigkeit der gewählten Alternative aufmerksam gemacht wird und zu seiner Entscheidung beglückwünscht wird (→ Nachkaufwerbung).

Distanzmaß, *Metrik*. Maßeinheit zum messen des Abstands zweier Punkte. → Euklidische Metrik, → City-Block-Metrik, → Minkowski-Metrik.

Distribution. Während die makroökonomische Sichtweise unter D. den Prozess der physischen Weiterleitung von Gütern zwischen Wirtschaftspartnern versteht, existiert in der Betriebswirtschaft keine einheitliche Begriffsdefinition. In der engsten Sichtweise wird die D. auf den technischen Güterumschlag (→ physische Distribution) begrenzt. Demgegenüber umfasst die tätigkeitsorientierte Begriffsdefinition die Summe der (Marketing-)Aktivitäten aller Wirtschaftssubjekte, die an der Überführung eines Wirtschaftsgutes vom Hersteller zum Verbraucher beteiligt sind. Dabei werden zum Tätigkeitskomplex der D. außer den logistischen Warenverteilungsprozessen zumindest auch die davon separierbaren Akquisitionsprozesse in den → Absatzkanälen (akquisitorische Distribution) gezählt. Der tätigkeitsorientierten Sichtweise steht die zustandsorientierte Fassung des Distributionsbegriffes ggü., die in der Marketingpraxis weit verbreitet ist. Sie kennzeichnet die Erhältlichkeit eines Produktes in den Einkaufsstätten eines → Absatzgebietes (→ Distributionsgrad).

Literatur: Ahlert, D. (1996): Distributionspolitik, 3. Aufl., Stuttgart/Jena, S. 8-10.

Distribution, akquisitorische, → Distribution.

Distribution, exklusive, → Distribution, intensive.

Distribution, gewichtete, → Distributionsgrad.

Distribution, intensive, → Distribution, → *ubiquitäre Distribution*; Distributionsstrategie, bei der die → Marktabdeckung (→ Distributionsgrad) sehr hoch ist. Im Allgemeinen findet eine solche Strategie Anwendung bei Produkten des täglichen Bedarfs. Das Gegenstück zur intensiven Distribution bildet die exklusive Distribution (→ Vertrieb, exklusiver), bei der die Abdeckung des Marktes recht gering ist. Hierbei werden aus der Gesamtzahl der in Frage kommenden Verkaufsstellen eine sehr begrenzte Anzahl anhand vorher genau fixierter Anforderungen ausgewählt. Eine Zwischenform der intensiven und exklusiven Distribution stellt die selektive Distribution (→ Vertrieb, selektiver) dar.

Distribution, kombinierte, → Distribution; Form der Distribution, bei der die Waren sowohl vom Hersteller direkt als auch mit Hilfe anderer Wirtschaftseinheiten (z.B. → Absatzhelfern, → Absatzmittlern) an den Endkunden überführt werden.

Distribution, Ökonomisierung der, → Distribution; Wie jede Unternehmensfunktion verursacht auch die Distribution (unabhängig davon, wie sie begrifflich gefasst wird) Kosten. Nicht nur in Zeiten zunehmenden Wettbewerbsdrucks ist es daher für Unternehmen von besonderer Bedeutung, dass die Ziele der Distribution (z.B. die logistische Warenverteilung und die Akquisitionsaufgabe) mit minimalen Kosten erfüllt werden. Früher bezog sich die Distributionstätigkeit vorwiegend auf Vorgänge im unternehmensexternen Bereich mit einer großen Zahl von Gestaltungsalternativen. Im Vordergrund stand die menschliche Arbeitskraft. Deshalb waren die Möglichkeiten hinsichtlich einer Ö.d.D. stark eingeschränkt. So waren sowohl der Ausnutzung von → Economies of Scale, der Leistungserbringung auf Vorrat, der Substitution von Arbeit durch Kapital, aber auch der Standardisierung der Arbeitsabläufe enge Grenzen gesteckt. Durch die in den letzten Jahrzehnten in der Konsumgüterindustrie vollzogenen Konzentrations- und Filialisierungsprozesse wurden diese Grenzen zum großen Teil aufgehoben. Stabile, z.T. sinkende Preise im → Einzelhandel sind die Folge.

Literatur: Klein-Blenkers, F. (1964): Die Ökonomisierung der Distribution, Köln/Opladen; Olbrich, R. (1998): Unternehmenswachstum, Verdrängung und Konzentration im Konsumgüterhandel, Stuttgart.

Distribution, physische, → Distribution.

Distribution, selektive, → Distribution, → Distributionsstrategie; Zwischenform der exklusiven und → intensiven Distribution. Es handelt sich um eine Distributionsstrategie, die eine gezielte und begrenzte Auswahl der → Absatzmittler vorsieht (→ Distributionsgrad). Diese können auch an ein bestimmtes Kooperationssystem gebunden werden. In der Praxis findet diese Vorgehensweise vor allem bei solchen Gütern Anwendung, für deren Erwerb die Käufer bereit sind, gewisse Anstrengungen auf sich zu nehmen und bei denen die Distributionspartner festgelegten Kriterien entsprechen müssen.

Distribution, ubiquitäre, → *Distribution, intensive.*

Distributionsaufgabe, → Absatzmittlerfunktion, → Distributionsfunktion, → Handelsfunktion.

Distributionsdichte, → Distributionskennzahl; Kennzahl für die Erhältlichkeit der → Distributionsobjekte im Markt. So definiert lässt sie sich wie der → Distributionsgrad als ein Ziel der → Vertriebswegepolitik kennzeichnen, da sie ein Indiz für den zahlenmäßigen Umfang der Marktpräsenz eines Produktes oder einer → Dienstleistung darstellt. Die D. ist ein Quotient, dessen Zähler aus der Anzahl der Geschäfte, die über ein bestimmtes Charakteristikum verfügen (z.B. Belieferung mit dem fraglichen → Distributionsobjekt, Erzielung einer konkreten Bedienungsintensität oder aber Vorhandensein eines bestimmten → Standortes) besteht. Der Nenner enthält solche Größen, die nicht absatzmittlerorientiert sind (z.B. die Fläche eines → Absatzgebietes, deren Einwohnerzahl oder aber die Anzahl der hier existierenden Haushalte).

Distributionsforschung, → Distribution; wissenschaftliche Fachrichtung, die die Distribution aus verschiedenen Perspektiven und unter unterschiedlichen Gesichtspunkten analysiert. Die Ansätze der D. lassen sich in solche mit überwiegend formalem und in solche mit überwiegend materiellem (fachbezogenem) Charakter einteilen. Formale Ansätze zeichnen sich dadurch aus, dass sie in allen Bereichen der wirtschafts- und sozialwissenschaftlichen Forschung und darüber hinaus Anwendung finden können. Hier lassen sich insbesondere die Methoden der Begriffsbildung, Fallmethoden, Typen- und Modellbildungen aber auch interdisziplinäre Ansätze der System-, Verhaltens- und Entscheidungstheorie sowie ergänzend die Ansätze der Organisations-, Innovations- und Planungsforschung einordnen. Demgegenüber gehen die materiellen Methoden von einer bestimmten, fachspezifischen Kategorie des Forschungsgebietes aus, die bereits einen Teil der zu untersuchenden Empirie (z.B. Funktionen, Institutionen) bildet. Als Beispiele für materielle Methoden können die waren- und funktionenorientierten Forschungsansätze der Distributions- und → Handelsforschung genannt werden.

Literatur: Ahlert, D. (1996): Distributionspolitik, 3. Aufl., Stuttgart/Jena, S. 34ff.

Distributionsfunktion, → Absatzmittlerfunktion, → Handelsfunktion; ergeben sich aus der für das Zustandekommen des Güterumsatzes unerlässlichen Überbrückung der räumlichen, zeitlichen, quantitativen und qualitativen Diskrepanzen zwischen Produktion und Verbrauch. Solche Diskrepanzen treten bei sämtlichen Elementen auf, die Gegenstand der Prozessbeziehungen zwischen Produktion und → Konsum sein können, d.h. bei Realgütern genauso wie bei Nominalgütern und Informationen. Im Rahmen des Realgüterstroms erfolgt die Überbrückung der räumlichen Diskrepanz z.B. durch das Bewegen der Güter von Ort zu Ort, während die zeitliche Diskrepanz z.B. mit Hilfe des Vorratshaltens durch die Zeit überbrückt werden kann. Der quantitativen Diskrepanz kann in diesem Fall z.B. durch Sammeln, Aufteilen oder Kommissionieren der Güter und der qualitativen Diskrepanz durch das Aussortieren, Markieren und Ergänzen der Waren durch Zusatzleistungen begegnet werden.

Distributionsgrad, → Distributionskennzahl; Kennzahl für die Erhältlichkeit der → Distributionsobjekte im Markt. Hierbei stellt der D. eine Maßzahl für die Intensität der Distribution auf der letzten Stufe des → Absatzkanals dar. Ähnlich wie die → Distributionsdichte handelt es sich beim D. um ein als Quotient formuliertes Ziel der → Vertriebswegepolitik. Bei dem D. bestehen jedoch sowohl der Zähler als auch der Nenner aus einer absatzmittlerorientierten Größe. Einmal kann der D. aus Sicht der Nachfrager ermittelt werden. In diesem Fall wird der D. als die Wahrscheinlichkeit definiert, mit der der potenzielle Kunde in einer Absatzstelle, die nach seinen Vorstellungen das Produkt führen müsste, dieses auch tatsächlich erwerben kann. Wird der D. losgelöst von den Erwartungen der Nachfrager ermittelt, ist es üblich, diesen als Quotient aus der Anzahl der Einkaufsstätten z.B. einer Branche, die das Produkt tatsächlich führen, und der Gesamtheit aller Einkaufsstätten dieser Branche in einem bestimmten → Absatzgebiet zu definieren. Beide Arten von Distributionsgraden lassen sich als numerische und als gewichtete Größen darstellen. Die numerische Distribution ist der Anteil der → Absatzmittler an den potenziell möglichen oder anvisierten Absatzmittlern (absolut oder prozentual). Demgegenüber gibt die gewichtete Distribution Aufschluss über die Bedeutsamkeit der → Handelsbetriebe, die für den → Absatz des betrachteten Produktes gewonnen werden konnten. Sie zeigt, welchen prozentualen Anteil die Geschäfte, die dieses Produkt führen, am gesamten Warengruppenumsatz aller einschlägigen Geschäfte haben.

Distributionshelfer, → *Absatzhelfer.*

Distributionskanal, → Absatzkanal, → Marketing Channel, → Marketingkanal, → Vertriebskanal.

Distributionskennzahl, Quotient, der das Ausmaß der Erhältlichkeit von → Distributionsobjekten im Markt misst. Der Zähler bildet die Anzahl der Träger eines bestimmten Merkmals ab (z.B. Bedienungsintensität, Breite und Tiefe eines → Sortiments, → Standort, Zugehörigkeit zu einer bestimmten Branche). Der Nenner besteht aus einer entscheidungsrelevanten Bezugsgröße. Je nach Bezugsgröße unterscheidet man zwischen der → Distributionsdichte und dem → Distributionsgrad.

Distributionskosten, Vertriebskosten, die insgesamt für die → Distribution von Gütern und → Dienstleistungen anfallen. I.e.S. versteht man unter den D. lediglich solche Kosten, die im Rahmen der physischen Warenverteilung (physische Distribution) entstehen. Im weiten Sinne fallen unter die D.

auch solche Kosten, die für die Kundengewinnung und –betreuung (akquisitorische Distribution) aufgewendet werden müssen.

Distributionslogistik, → Absatzlogistik, → Logistik. Die D. ist darauf ausgerichtet, Raum und Zeit durch → Transport und Lagerung zu überbrücken. Neben dieser Aufgabe werden vielfach auch die → Auftragsabwicklung und die Auslieferung der Produkte zur D. gezählt, wobei diese Funktionen eine Überschneidung mit der → Absatzlogistik aufweisen. Eine noch weitere Begriffsabgrenzung schließt in die D. auch noch die → Beschaffungslogistik mit ein.

Distributionslogistik, internationale, Entscheidungen hinsichtlich des grenzüberschreitenden Warenverkehrs. Elemente der internationalen Distributionslogistik bestehen in der Auftragsabwicklung im internationalen Geschäft, der Lagergestaltung und Lagerhaltung im In- und Ausland, der Auswahl von Transportsystemen sowie der Gestaltung der Außen- bzw. Versandverpackung.

Distributionsmanagement, → Distributionspolitik; Das D. beinhaltet die Analyse, Planung, Implementierung und Kontrolle der → Distributionsfunktionen. In einer engen Sichtweise bezieht es sich im Rahmen dieser Aufgabe lediglich auf alle Entscheidungen, die zu den physischen Warenverteilprozessen zählen, während eine weite Begriffsfassung zusätzlich die Entscheidungen über die → Absatzkanäle umfasst. Organisatorisch kann das D. bei jedem Distributionsorgan auf allen Wirtschaftsstufen verankert werden.

Distributionsmanagement, internationales, Entscheidungen im Rahmen der internationalen → Vertriebspolitik, der internationalen → Verkaufspolitik sowie der internationalen → Distributionslogistik.

Distributionsmix, der D. stellt eine Kombination der einzelnen Instrumente der → Distributionspolitik dar. Diese Kombination hat nun so zu erfolgen, dass die distributionspolitischen Ziele möglichst ‚optimal' erfüllt werden. Da sich sowohl die Zielsetzungen eines Unternehmens als auch die einzelnen ihm zur Verfügung stehenden Instrumentarien im Zeitablauf verändern können, handelt es sich auch bei der Festlegung des D. zumeist um einen dynamischen Prozess.

Distributionsobjekt, Gegenstand der Distributionstätigkeit. In Frage kommen hier vor allem alle materiellen und immateriellen Realgüter (z.B. Waren, Nutzungsrechte, → Dienstleistungen), deren Erzeugung und Verbrauch institutionell auseinander fallen.

Distributionspolitik, → Distribution; I. Begriff: In vielen Fällen fallen die Produktion und Konsumtion eines Absatzgutes räumlich, zeitlich und/oder institutionell auseinander, so dass eine Übermittlung des Absatzgutes vom Hersteller zum → Konsumenten erforderlich ist. Die D. umfasst alle Entscheidungen, die sich mit der Übermittlung von materiellen und/oder immateriellen Leistungen beschäftigen. Die D. kann in die beiden Aufgabenbereiche Gestaltung der Warenverkaufsprozesse und Gestaltung der physischen Distribution unterteilt werden.

II. Gestaltung der Warenverkaufsprozesse: Im Rahmen der Gestaltung der Warenverkaufsprozesse ist der Hersteller bestrebt, den → Absatzweg seiner Güter entsprechend seiner Distributionsziele zu beeinflussen. Als Absatzweg bezeichnet man dabei jenen Weg eines Absatzgutes, der alle Wirtschaftssubjekte, die für dieses Gut eine Verkaufsfunktion übernehmen, berücksichtigt. Bei der Gestaltung der Warenverkaufsprozesse unterscheidet man zwischen der → Absatzkanalpolitik und der → Verkaufs- und Außendienstpolitik: (1) Absatzkanalpolitik: Zentrale Bestandteile der Absatzkanalpolitik bilden die Entscheidungen eines Herstellers über die vertikale und die horizontale Struktur des Absatzweges eines Produktes und seine Bemühungen zur Akquisition und Koordination von → Absatzmittlern: a) Festlegung der vertikalen Absatzkanalstruktur: Hierbei bestimmt ein Hersteller die → Absatzkanallänge für ein Produkt. Die Länge ist determiniert durch die Auswahl der eingeschalteten → Vertriebsstufen, die ein Produkt vom Hersteller zum Konsumenten durchläuft. Der Hersteller kann die Distribution selber übernehmen und auf die Einschaltung weiterer → Vertriebsstufen verzichten (→ Vertrieb, direkter). Hierbei erfolgt der Vertrieb ohne Einschaltung selbständiger → Handelsbetriebe. Im Konsumgüterbereich zählen z.B. der Verkauf mittels → Reisender und der Vertrieb über → Factory Outlets zu den Formen des direkten Vertriebs. Demgegenüber kann der Hersteller auch entscheiden, dass eine oder mehrere Vertriebsstufen an der Distribution eines Produktes beteiligt werden (→ Vertrieb, indirekter). Der indirekte Vertrieb ist somit dadurch gekennzeichnet, dass → Groß- und/oder → Einzelhändler als → Absatzmittler in den Absatzweg integriert werden. b) Festlegung der horizontalen Absatzkanalstruktur: Für jede einbezogene Vertriebsstufe (Groß- und/oder Einzelhandel) wird nun die Anzahl der verschiedenen → Betriebstypen des Handels (→ Absatzkanaltiefe) bestimmt. Darüber hinaus wird für jeden ausgewählten Handelsbetriebstyp die Anzahl der zugehörigen Vertriebsstätten festgelegt (→ Absatzkanalbreite). Tiefe und Breite des Absatzkanals determinieren somit die horizontale Absatzkanalstruktur. Die Festlegung der horizontalen Absatzkanalstruktur kann auf drei Prinzipien basieren: dem → intensiven Vertrieb, dem → selektiven Vertrieb, und dem → exklusiven Vertrieb. c) → Akquisition und Koordination von Absatzmittlern: Ein Hersteller kann die beschriebenen Formen der Auswahl geeigneter Absatzmittler nur durchführen, wenn eine hinreichend große Anzahl von Handelsunternehmen bereit ist, die Produkte des Herstellers im → Sortiment zu führen. Die Akquisition von Absatzmittlern (akquisitorische Distribution) zielt deshalb darauf ab, diese Bereitschaft zu erzeugen bzw. aufrechtzuerhalten. Im Rahmen der Akquisition stehen einem Hersteller grundsätzlich zwei Strategien zur Verfügung: Die → Push- und die → Pull-Strategie. Zum einen können Hersteller ihre Akquisitionsanstrengungen vorrangig auf die selektierten Händler ausrichten und damit einen Angebotsdruck auslösen, der die Händler dazu bewegen soll, die Produkte in das Sortiment aufzunehmen (Push-Strategie). Zum anderen können Hersteller einen Nachfragesog erzeugen, indem sie mit Hilfe der → Kommunikationspolitik (z.B. durch endverbrauchergerichtete Produktwerbung in → Massenmedien) eine Kaufabsicht bei den Konsumenten erzielen. Diese führt idealtypisch dazu, dass die Verbraucher das Produkt im Handel verlangen und somit für die Aufnahme des Produktes in das Sortiment des Handels sorgen (Pull-Strategie). Häufig wird auch eine Kombination dieser beiden Methoden eingesetzt. Darüber hinaus muss ein Hersteller auch die Zusammenarbeit mit den verschiedenen Absatzmittlern koordinieren. Durch diese Koordination wird der Teil der Beziehungen eines Herstellers zu den Absatzmittlern gestaltet, der nicht in den Vertragsbedingungen enthalten ist. Die Koordinationsanstrengungen umfassen die aktive und passive Bindungspolitik, das Konfliktmanagement und die Steuerung und Kontrolle des Absatzkanalsystems. (2) Verkaufs- und Außendienstpolitik: Im Rahmen der Verkaufs- und Außendienstpolitik übt der Hersteller einen direkten Einfluss auf die Umstände der Kaufhandlungen seiner direkten Abnehmer aus. Es werden Entscheidungen über den Verkaufsort, die Verkaufszeit sowie die personellen und sachlichen Aspekte des Verkaufsvorgangs getroffen. Entsprechend dieser Entscheidungen ergeben sich bestimmte Anforderungen an das → Verkaufspersonal und den → Außendienst eines Herstellers wie z.B. an die organisatorische Strukturierung und Dimensionierung des ‚Verkaufs- und Außendienstapparates'.

III. Gestaltung der physischen Distribution: Die physische Distribution umfasst den → Transport und die Lagerhaltung der Produkte (→ Distributionslogistik). Diese beiden Aufgaben können sowohl von einem Hersteller als auch von Absatzmittlern oder sogar von den Nachfragern übernommen werden. Aus der Sicht eines Herstellers hat dieser Teil der D. die Überbrückung des räumlichen und zeitlichen Auseinanderfallens von Produktion und Konsumtion zum Gegenstand. Ein Hersteller kann die physische Distribution gestalten, indem Vereinbarungen über Lieferkonditionen mit den Absatzmittlern getroffen werden. Inhalte der Lieferkonditionen können z.B. die Kosten- und Gefahrentragung, die technische Abwicklung der Raumüberbrückung, die → Lieferzeiten und -termine, die Beschaffenheit und Genauigkeit der Lieferung sowie die rechtlichen Verpflichtungen sein. Die Einhaltung der Lieferkonditionen soll mit Hilfe der → Marketinglogistik gewährleistet werden. Hierbei trifft ein Hersteller z.B. Entscheidungen über Formen, Standorte und Träger der Lagerhaltung, über Mittel und Träger des Transportes sowie über die Gestaltung einer aus logistischer Sicht adäquaten → Verpackung. Die Gestaltungselemente der physischen Distribution sind daher die Festlegung der Lieferkonditionen und die → Marketinglogistik. Sie können unter dem Begriff → Lieferungspolitik zusammengefasst werden. Der tatsächliche Lieferservice eines Herstellers wird dabei maßgeblich durch dessen Lieferungspolitik beeinflusst.

Literatur: Ahlert, D. (1996): Distributionspolitik, 3. Aufl., Stuttgart/Jena.

Rainer Olbrich

Distributionspolitik, rechtliche Aspekte, → Absatzkanalpolitik, rechtliche Aspekte, → Lieferungspolitik, rechtliche Aspekte, → Verkaufspolitik, rechtliche Aspekte.

Distributionsprozess, → Distribution; bezeichnet den Vorgang der Verteilung von Realgütern, Nominalgütern und Informationen zwischen dem Ort der Herstellung und des Verbrauchs. Der physische Warenverteilungsprozess kann hierbei unterschiedliche Formen annehmen.

Distributionsquote, → Distributionsgrad. Ein für die → Distributionspolitik wichtiges Ziel, das die Anzahl der ein bestimmtes Produkt führenden Abverkaufsstellen (Outlets) zur Anzahl jener Abverkaufsstellen in Beziehung setzt, die irgendein Produkt der jeweiligen Produktart führen. Als Datenquelle bei der Ermittlung der D. dienen im Konsumgütersektor insbesondere → Handelspanels. Aus Herstellersicht werden die numerische und die gewichtete D. unterschieden. Während die erstere ungewichtete Werte zugrundelegt, arbeitet letztere mit der Umsatzbedeutung oder den → Marktanteilen gewichteten Werten. Dies berücksichtigt, dass verschiedene Outlets für den → Absatz sehr unterschiedliche Bedeutung besitzen können. Aus Abnehmersicht ist die D. ein Indiz für die Erhältlichkeit bestimmter Güter und somit für die Versorgungsqualität und –bequemlichkeit.

Distributionsstrategie, → Distributionspolitik; langfristige und ganzheitliche Planung der Distributionspolitik vor dem Hintergrund einer übergeordneten Zielformulierung im Unternehmen.

Distributionsstruktur, → Absatzkanal.

Distributionsstruktur, horizontale, → Absatzkanalpolitik.

Distributionsstruktur, vertikale, → Absatzkanalpolitik.

Distributionssubjekt, → Distribution, *Distributionsorgane*; Personen und Institutionen, die in den Prozess der Distribution (→ Distributionsprozess) von Produkten und → Dienstleistungen eingebunden sind. Bei den D. unterscheidet man unternehmenseigene und unternehmensfremde Subjekte. Während es sich z.B. bei den Verkaufsabteilungen und den → Reisenden um unternehmenseigene D. handelt, können alle selbständigen Handelsunternehmen (z.B. → Groß- und → Einzelhändler) als Beispiele für unternehmensexterne D. angesehen werden.

Distributionssystem, → Vertriebssystem; (gedankliche) Zusammenfassung aller an den Real-, Nominal- und Informationsströmen teilnehmenden Wirtschaftseinheiten. Den Ausgangspunkt für die Abgrenzung eines D. bildet zumeist eine ganz bestimmte Absatzleistung eines ganz bestimmten Produzenten. Dabei kann es sich sowohl um ein einzelnes Produkt als auch um eine Produktlinie mit in distributiver Hinsicht verwandten Produktarten handeln. Unterschiede in der Abgrenzung von Systemen ergeben sich insbesondere aus dem Umstand, ob die Verbraucher als Systemelemente einbezogen oder zur Aufgabenumwelt des Systems gerechnet werden. Das Gesamtsystem ist zumeist in einzelne Subsysteme unterteilt, die die verschiedenen → Vertriebskanäle darstellen.

Literatur: Ahlert, D. (1996): Distributionspolitik, 3. Aufl., Stuttgart/Jena, S. 11f.

Distributionsvermittler, → *Absatzhelfer*, → *Distributionshelfer*.

Distributionsweg, → *Absatzweg*, → *Vertriebsweg*.

Distributor, → *Großhandel*; angloamerikanisch für Großhändler. Im eigentlichen Sinn handelt es sich bei einem D. um eine der Auslandsniederlassung eines Exporteurs ähnliche Form des internationalen Vertriebs, welche eine Zwischenform von Eigen- und Vermittlungshandel darstellt. Der D. versorgt i.d.R. ein bestimmtes → Absatzgebiet.

Diversifikationsstrategie, *Diversifizierungsstrategie*. I. Begriff: → Strategie des Übergangs von wenigen zu mehreren Geschäftsbereichen. Bei Anwendung dieser Strategie brechen Unternehmen aus dem Rahmen ihrer traditionellen Branchen (Märkte) in verbundene oder unverbundene Aktivitätsfelder aus (→ Produkt-Markt-Matrix). Ein weit ausgelegtes Begriffsverständnis schließt die Diversifikationsdimensionen Produkte (Angebotsdiversifikation, d.h. neue Produkte auf neuen Märkten) und (internationale) Märkte (Marktdiversifikation bzw. geographische Diversifikation, d.h. neue Produkte auf neuen (internationalen) Märkten) ein.

II. Klassifikation von D.: In der Literatur finden sich unterschiedliche Klassifikationsansätze für D. Anhand des Kriteriums „Richtung der Diversifikation" werden drei D. unterschieden: (1) Horizontale Diversifikation: Einführung von Produkten/Leistungen derselben Produktions- oder Vertriebsstufe wie die bisherigen Produkte. Die neu eingeführten Produkte bzw. Leistungen stehen dabei in einem sachlichen Zusammenhang mit dem bis dahin geführten Produkt-/Leistungsprogramm, schaffen jedoch einen für die Unternehmung neuen Absatzmarkt (→ Absatz). (2) Vertikale Diversifikation: Erweiterung der Leistungstiefe durch Aufnahme vor- oder nachgelagerter Produktions- oder Vertriebsstufen (→ Integration) in das Produktions-/Leistungsprogramm. (3) Laterale Diversifikation: Ausdehnung des Produkt-/Leistungsprogramms auf neue, mit der bisherigen Tätigkeit in keinem sachlichen Zusammenhang stehende Geschäftsfelder. In der amerikanischen Literatur finden sich z.T. andere Klassifikationen. Unterschieden werden dort konzentrische, horizontale und konglomerate D.: (1) Konzentrische Diversifikation: neue Produkte/Leistungen mit technologischen und/oder marktbezogenen Ähnlichkeiten mit den bisherigen Produkten/ Leistungen für neue Kundengruppen. (2) Horizontale Diversifikation: neue, technologisch nicht verwandte Produkte/Leistungen für bestehende Kundengruppen. (3) Konglomerate Diversifikation: neue, technologisch nicht verwandte Produkte/Leistungen für neue Kundengruppen.

III. Ursachen und Ziele von D.: Die Entscheidung für eine D. kann sowohl durch unternehmensinterne als auch -externe Entwicklungen begründet sein. Unternehmensexterne Gründe können u.a. steigende Wettbewerbsintensität, Veränderungen der wirtschaftlichen Kontextbedingungen, beispielsweise aufgrund veränderter rechtlicher Rahmenbedingungen, zunehmende → Internationalisierung, stagnierende oder schrumpfende Märkte sowie kürzere → Produktlebenszyklen sein. Nicht ausgeschöpfte Ressourcen, wie Personal, Betriebsmittel oder auch Ressourcen aus dem Absatz-, Finanz- oder aus dem Bereich → Forschung & Entwicklung, können unternehmensinterne Ursachen darstellen. Schließlich können irrationale Beweggründe Anlass eine D. bedingen. Beispielsweise kann die zunehmende Diversifikation von Konkurrenten Unternehmen dazu veranlassen, ebenfalls eine D. zu verfolgen, weil sie befürchten, ansonsten Wettbewerbsnachteile (→ Wettbewerb) zu erleiden. Die mit einer D. angestrebten Ziele sind i.d.R. langfristige, komplexe Ziele, die sich in folgende Oberziele zusammenfassen lassen. Unternehmenswachstum: (1) Durch die Diversifikation in neue Produktbereiche, Märkte und/oder Branchen versuchen Unternehmen, dauerhaft hohe Wachstumsraten sowie → Economies of Scale und Scope zu erzielen. Mit den so erwirtschafteten → Gewinnen werden ggf. Umsatz- oder Gewinneinbußen in traditionellen Geschäftsfeldern ausgeglichen. (2) Risikoreduktion: Durch die Ausdehnung des Tätigkeitsfeldes der Unternehmung auf unterschiedliche Produktfelder, Märkte, Branchen und → Kundensegmente wird ein Risikoausgleich angestrebt. (3) Festigung und Verbesserung der Wettbewerbsposition sowie Erschließung zukunftsträchtiger Geschäftsfelder (→ Strategische Geschäftseinheit): Vorhandene Stärken können in für das Unternehmen neuen Märkten komparative → Wettbewerbsvorteile ggü. etablierten Wettbewerbern begründen. Mittels → Mergers & Akquisitions versuchen Unternehmen, Wettbewerbsvorteile in Märkten, in denen sie bereits tätig sind, zu erzielen oder sich in neuen Märkten und Branchen zu etablieren. (4) Verbesserung der Wirtschaftlichkeit (→ Wirtschaftlichkeitsprinzip): Durch die Ausschöpfung von Wachstumspotenzialen in neuen Geschäftsbereichen wird die effizientere Nutzung vorhandener Ressourcen sowie die Realisierung von Synergiepotenzialen (→ Synergie) in Management und Organisation, Beschaffung (→ Beschaffungsmarketing), Produktion, Absatz, Forschung & Entwicklung sowie im Technologie-Management angestrebt. (5) Reduktion des Wettbewerbsdrucks: Dieses Ziel kann durch eine Diversifikation in substitutive Märkte und/oder neue Geschäftsfelder realisiert werden.

IV. Chancen und Risiken: In Abhängigkeit von den situativen Rahmenbedingungen und der Fähigkeit des jeweiligen Unternehmens, die durch eine D. entstehenden Potenziale zu nutzen, bergen D. sowohl Chancen als auch Risiken auf Unternehmensebene und auf volkswirtschaftlicher Ebene. Auf Unternehmensebene bieten D. insbesondere die Chancen, Nachfrageschwankungen in unterschiedlichen Geschäftsfeldern auszugleichen, Synergiepotenziale zu realisieren und damit eine Verbesserung der Kosten- und Gewinnsituation des Unternehmens zu erreichen. Risiken einer D. sind im Wesentlichen Marktein- und Marktaustrittsrisiken (→ Markteintrittsbarriere, → Marktaustrittsbarriere), Verminderung der Leistungsfähigkeit des Unternehmens mit zunehmender Entfernung von den → Kernkompetenzen sowie die Gefahr, die mit zunehmender Diversifikation entstehende → Komplexität besonders auf organisationaler, kultureller, personeller Ebene nicht zu beherrschen und damit Synergiepotenziale nicht ausschöpfen zu können. Volkswirtschaftlich können wettbewerbsbeschränkende Effekte entstehen. Neben der Zunahme marktbeherrschender Stellungen (Unternehmenskonzentration), der Veränderung der Wettbewerbs- und Konkurrenzverhältnisse könnten Markteintrittsbarrieren geschaffen und/oder erhöht werden.

V. Umsetzung von D.: Neben der Möglichkeit, die Ausweitung des Leistungsprogramms bzw. die Erschließung neuer Märkte und/oder Branchen durch unternehmenseigene Potenziale – beispielsweise durch eigene Forschung & Entwicklung zu erzielen, können unternehmensexterne Potenziale nutzbar gemacht werden. Bei externer Diversifikation werden fremde Potenziale durch → Kooperationen, → Strategische Allianzen (*vgl. auch* → Allianzen), → Lizenzen, An- bzw. Eingliederungen, Unternehmensbeteiligungen oder -käufe im Rahmen von Mergers & Akquisitions erworben. Weitere Möglichkeiten zur externen Diversifikation bieten → Joint Ventures und Gemeinschaftsunternehmen sowie der Zukauf von Handelswaren, die über eigene Absatzorgane vertrieben werden.

Literatur: Ansoff, H.I. (1965): Corporate Strategy, New York u.a.; Jacobs, S. (1992): Strategische Erfolgsfaktoren der Diversifikation, Wiesbaden; Porter, M.E. (1987): Diversifikation. Konzerne ohne Konzept, in: Harvard Manager, Nr. 4, S. 30-49.

Klaus-Peter Wiedmann/Sabine Meissner

Diversifizierung, → Diversifikationsstrategie.

Divisionalisierung, bezeichnet die organisatorische Aufteilung eines Unternehmens in Sparten oder Geschäftsbereiche (divisions), die in ihren operativen Funktionen autonom sind (→ Profit Center). Im Marketing bezieht sich Divisionalisierung auf die Bildung von Sparten im Zusammenhang mit der → produktorientierten Marketingorganisation, die insbesondere dezentralere Entscheidungen und dadurch schnellere Reaktionen auf Marktveränderungen ermöglicht.

DKB, *Deutsches Kundenbarometer*; → Kundenmonitor Deutschland.

Dokumentenakkreditiv, Form einer dokumentären Zahlungsbedingung, bei der ein Zahlungsversprechen einer Bank ggü. dem Verkäufer in Höhe der Kaufpreisforderung vorliegt (Letter of Credit). Liefer- und Zahlungsgeschäft sind völlig getrennt. Die Bank des Importeurs (Akkreditivbank) verpflichtet sich, aus dem Guthaben oder Kredit des Importeurs (Akkreditivsteller) innerhalb einer bestimmten Frist dem Exporteur (Akkreditierter) gegen Vorlage bestimmter Dokumente einen währungsmäßigen Geldbetrag auszuzahlen bzw. gutzuschreiben. Der Exporteur versendet seine Ware erst nach Vorlage des Akkreditivs und sichert auf diese Weise – bei korrekter Leistungserfüllung in Form akkreditivkonformer Dokumente – seine Forderung. Der Importeur kann im Rahmen dieses Geschäfts seiner Bank Art und Umfang der vom Exporteur einzureichenden Dokumente festlegen und auf diese Weise dafür sorgen, dass eine Entgegennahme der Dokumente nur bei erwiesener Richtigkeit der Ware erfolgt. Wie beim → Dokumenteninkasso haftet die Bank jedoch grundsätzlich nicht für die Qualität der gelieferten Ware.

Dokumenteninkasso, dokumentäre Zahlungsbedingung in Form eines Zug-um-Zug-Geschäfts, d.h. der Exporteur bzw. Verkäufer händigt die Ware nur bei entsprechender Gegenleistung aus. Geläufig sind dabei zwei Vorgehensweisen: (1) Documents against Payment sowie (2) Documents against Acceptance. Bei Documents against Payment beauftragt der Exporteur seine Hausbank, den Gegenwert für die von ihm bei seiner Bank eingereichten Dokumente vom Importeur bzw. Käufer einzuziehen oder von einer Bank im Importland einziehen zu lassen. Die Ware selbst wird dabei zwischengelagert und kann vom Importeur nur unter Vorlage dieser Dokumente übernommen werden. Die Dokumente erhält der Importeur jedoch nur, wenn zuvor die geforderte Summe in Höhe des Warenwerts beglichen wurde. Abgewickelt wird das Dokumenteninkasso über Kreditinstitute, die den Zahlungs- und Dokumententransfer übernehmen. Sie nehmen damit eine Treuhänder- und Vermittlerfunktion wahr. Offensichtlich besteht bei diesem Verfahren keine Möglichkeit für den Importeur, die Ware vor Begleichung der Rechnung zu inspizieren. Eine Variante dieser Vorgehensweise besteht darin, dass der Exporteur einen Wechsel auf den Importeur zieht, der von diesem akzeptiert wird. Durch diese Vorgehensweise des Documents against Acceptance wird dem Importeur ein Zahlungsziel eingeräumt. Das Akzept verbleibt dann entweder bei der Inkassobank oder wird an den Exporteur weitergereicht. Unter Umständen wird der Wechsel durch die Inkasso- oder Einreicherbank diskontiert, so dass dem Exporteur unmittelbar der Diskonterlös gutgeschrieben wird.

Domestic Marketing, auf den Heimatmarkt ausgerichtetes → Marketing; *vgl. auch* → Marketing, internationales.

Door to Door Selling, → *Tür-zu-Tür-Verkauf.*

Doppelerfassung, fallen häufig in den Bereichen der manuellen Belegverarbeitung (z.B. Couponadressen), im Bereich der Erfassung von akustischen Datenträgern oder auch bei maschinellen Belegleseverfahren an. D. resultieren u.a. aus quantitativen Erfassungsvorgaben, aber auch aus der Duplizität der zu erfassenden Belege. Diese resultieren häufig aus zeitlich versetzten Mehrfachteilnahmen bei z.B. Gewinnspielaktionen oder → Incentive-Angeboten. D. führen in operativen Systemen zu Qualitätseinbußen, da häufig zu den eingestellten Datensätzen zusätzliche Informationen (z.B. debitorische Vorgänge) aufgenommen werden, die anschließend nicht ohne weiteres auf einen bereits bestehenden „gleichen“ Kundensatz zurückgeführt werden können.

Dot.com, Sammelbezeichnung für Unternehmen der → New Economy, deren Geschäftsmodell (zunächst) ausschließlich im Internet besteht. *Vgl. auch* → E-Branding.

Downcycling, → Abfallverhalten, Recycling.

Down-up-Planungsprozess, Synthese der → Top-down-Planung und der → Bottom-up-Planung im Rahmen der Entwicklung einer → Integrierten (Unternehmens-) Kommunikation. (1) Inhalt der Top-down-Planung ist die Festlegung eines Handlungsrahmens aller integrativen Maßnahmen auf der Ebene der Gesamtkommunikation. Als gedanklicher Entwurf eines einheitlichen kommunikativen Auftritts sind seitens des → Kommunikationsmanagements die Ziele und → Zielgruppen sowie die zum Einsatz kommenden → Kommunikationsinstrumente und die kommunikative Positionierung festzulegen. (2) Innerhalb der Bottom-up-Planung erfolgt die Planung des Einsatzes der einzelnen Kommunikationsinstrumente auf der Ebene der Kommunikationsfachabteilungen. Um eine Einheit in der Kommunikation sicherzustellen, ist dabei eine Orientierung an den strategischen Vorgaben als Ergebnis der Top-down-Planung notwendig. (3) Zielsetzung des Down-up-Planungsprozesses ist es, die Entwicklung eines strategischen Daches der Integrierten Kommunikation sowie eines vernetzten Einsatz der Kommunikationsinstrumente sicherzustellen.

DPR (Direkte Produkt-Rentabilität), → Direkte Produkt-Rentabilität.

Dreieck, strategisches, → Wettbewerbsstrategie.

Drei-Komponenten-Theorie, mehrdimensionale Konzeption der → Einstellung. Einstellungen umfassen neben den affektiven (emotionalen und motivationalen) und kognitiven Komponenten zusätzlich einen dritten Bestandteil, die Verhaltenskomponente (auch konative Komponente genannt).

Drei-Speicher-Modell, Modell der Kognitionswissenschaft (Cognitive Science), wonach die gedankliche Verarbeitung von Reizen mittels verschiedener Gedächtniskomponenten erfolgt, die als Speicher bezeichnet werden. Das D.-S.-M. der → Informationsverarbeitung geht von dem sensorischen, dem Kurzzeit- und dem Langzeitspeicher aus, womit der Informationsfluss von der Aufnahme eines Reizes bis hin zu seiner dauerhaften Speicherung erklärt werden soll (vgl. Abb. „Drei-Speicher Modell“). Der sensorische Informationsspeicher (SIS), auch Ultrakurzzeitspeicher genannt, speichert die Sinneseindrücke nur für äußerst kurze Zeit. Am Beispiel des Sinnesorgans Auge lässt sich der Vorgang wie folgt beschreiben: Das Auge tastet die Umwelt ab, die vom Auge aufgenommenen Reize werden in bioelektrische Reize umgewandelt und dann weiterverarbeitet. Die Weiterverarbeitung im SIS besteht in der Auswahl, Interpretation und Verknüpfung von einzelnen, nacheinander aufgenommenen Reizen zu einem Gesamtbild. Dafür ist eine kurze Speicherung der Sinneseindrücke notwendig, die wahrscheinlich noch in der Netzhaut erfolgt. Die Speicherdauer schwankt zwischen 0,1 und 1 Sekunde, die Kapazität des SIS ist sehr hoch. Eine kognitive Verarbeitung findet allerdings nur auf einem sehr elementaren Niveau statt. Der Kurzzeitspeicher (KZS) kann auch als Arbeitsspeicher bezeichnet werden. Er greift auf das umfangreiche Sammelbecken der im sensorischen Speicher vorhandenen Sinneseindrücke zurück und übernimmt einen Teil der Eindrücke. Die Auswahl ist abhängig von der Aktivierungswirkung (*vgl. auch* → Aktivierung) der Reize. Im Arbeitsspeicher werden diese Stimuli entschlüsselt, mit anderen Informationen in Beziehung gesetzt und zu größeren Informationseinheiten zusammengesetzt. Dabei greift der KZS auf das im Langzeitspeicher (LZS) vorhandene Wissen zurück, so dass neue und bereits gespeicherte Infor-

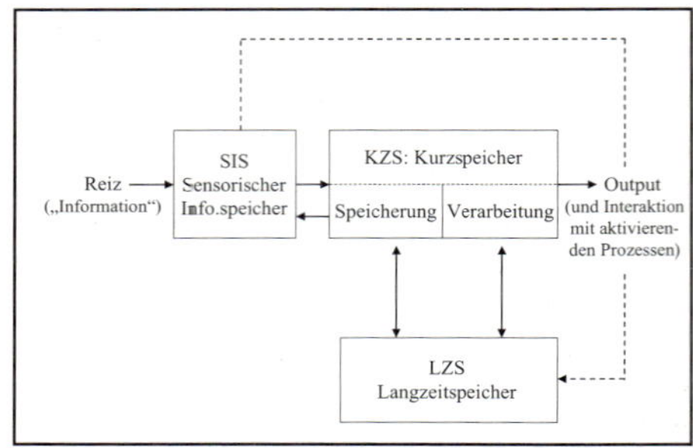

Drei-Speicher Modell
(Quelle: Kroeber-Riel/Weinberg 2003, S. 226)

mationen miteinander verknüpft werden können. Der KZS kann somit als aktives Gedächtnis charakterisiert werden und stellt die zentrale Einheit der Informationsverarbeitung dar, in dem die Bewusstwerdung der kognitiven Prozesse stattfindet. Die Speicherkapazität des KZS ist begrenzt, die Speicherdauer kann unterschiedlich lang sein (meistens einige Sekunden). Da laufend neue Reizeindrücke eingehen, löscht der KZS entweder die sich in ihm befindlichen Informationen oder überträgt sie in den Langzeitspeicher (LZS), in dem das gesamte Wissen und die Erfahrungen des Individuums gesammelt werden. Der LZS kann mit dem menschlichen Gedächtnis gleichgesetzt werden und hat eine nahezu unbegrenzte Kapazität. Hier werden die im KZS verarbeiteten Informationen langfristig gespeichert. Diese langfristige Speicherung ist an den Aufbau von biochemischen Substanzen gebunden und führt zu substanziellen Gedächtnisspuren. Nach der Interferenztheorie (→ Gedächtnistheorien) kann eine einmal im LZS gespeicherte Information nicht vergessen werden, allerdings kann sie von neu erlerntem Wissen überlagert werden, so dass der Zugriff auf die alte Information nur sehr schwer möglich ist. Die Zugriffsgeschwindigkeit wird i.d.R. von der kognitiven Verarbeitungstiefe determiniert, also von dem Ausmaß an kognitiven Anstrengungen, mit dem das Wissen erworben wurde. Die Verarbeitungstiefe kann wiederum von dem → Involvement des Individuums bzgl. des Meinungsgegenstandes sowie von der Aktivierungswirkung des Reizmaterials abhängig sein.

Literatur: Kroeber-Riel, W./Weinberg, P. (2003): Konsumentenverhalten, 8. Aufl., München.

Drittmarke, → Erstmarke.

Drogeriemarkt, → Betriebsform des → Einzelhandels, die vom Grundprinzip eine große Ähnlichkeit zum → Fachgeschäft aufweist. Das Sortiment beinhaltet eine zielgruppenorientierte Spezialisierung auf Waren aus dem Drogeriebereich. Zu den angebotenen Warengruppen zählen beispielsweise Haushaltsartikel, Wasch- und Putzmittel sowie Körperpflegeprodukte und Kosmetika.

DRTV, → *Direct Response TV.*

Drugstore, → Betriebsform des → Einzelhandels, die aus dem US-amerikanischen Raum stammt. Das Sortiment eines Drugstore umfasst sowohl Arzneimittel als auch Waren aus dem Drogeriebereich (→ Drogeriemarkt), wie z.B. Körperpflegeprodukte. Zusätzlich werden in einem begrenzteren Umfang Güter des täglichen Bedarfs aus dem Food- und Non-Food-Bereich angeboten. Dazu zählen beispielsweise Süßwaren, Getränke und Zeitungen.

Dual Use, bedeutet, dass ein → Produkt für zwei unterschiedliche Zwecke geeignet ist bzw. verwendet werden kann (z.B. die Verwendung von Kraftfahrzeugen für den zivilen und militärischen Einsatz).

Duale Abfallwirtschaft, → Abfallverhalten, Recycling, → Ökologieorientierte Distribution, → Redistributionspolitik.

Duale Organisation, bezeichnet eine Organisationsform, die dadurch gekennzeichnet ist, dass zusätzlich zu einer primären Organisationsstruktur eine zweite (überlappende) Struktur existiert. Diese → Sekundärorganisation dient der Lösung neuer oder zeitlich befristeter Aufgaben. Für die Sekundärorganisation werden keine zusätzlichen Stellen geschaffen, sondern die Mitarbeiter nehmen in Doppelfunktion zusätzlich zu ihren Aufgaben aus der Primärorganisation Aufgaben der Sekundärorganisation wahr. Die duale Organisation findet insbesondere im Rahmen der → Marketingorganisation Anwendung, indem regionale und kundenbezogene Strukturen verknüpft werden, ohne dass eine neue Organisationsebene eingerichtet wird.

Duales System Deutschland AG (DSD), wurde im Vorgriff auf die Verpackungsverordnung von 1991 als privatwirtschaftliches Unternehmen mit der Aufgabe gegründet, die für Industrie und Handel geltenden Verpflichtungen aus der Verpackungsverordnung zu erfüllen. Rund 600 Firmen aus Handel und Industrie gehören dem Unternehmen heute als Aktionäre an und mehr als 19.000 Lizenznehmer nutzen den → Grünen Punkt zur Finanzierung für Sammlung, Sortierung und Verwertung von Verkaufsverpackungen. → Ökologieorientierte Verpackungspolitik, → Redistributionspolitik.

Dubletten. Unter D. versteht man die in einem Adressbestand vorhandenen zweifach oder mehrfach enthaltenen Adressen. D. entstehen i.d.R. aufgrund von Doppel-/Mehrfacherfassungen, unterschiedlicher Erfassungen einer Adresse z.B. durch unterschiedliche Abkürzungen, Schreibfehlern, unleserlichen Handschriften, oder auch Mehrfachteilnahmen, z.B. an Gewinnspielen. Die D.-Problematik ist weiterhin von großer Bedeutung, sofern mehrere Adress-Listen oder Bestände aktionsbezogen oder auch dauerhaft zusammengeführt werden sollen. Mehrfach vorkommende Adressen in einem oder mehreren Adressbeständen verursachen bei der werblichen Ansprache nicht nur erhöhte Produktionskosten (z.B. → Mailing- und Portokosten), sondern führen zusätzlich zu einer negativen Beurteilung durch den mehrfach angeschriebenen Empfänger des → Werbemittels. Des Weiteren wird die inhaltliche Bewertung von Kunden- und Interessentendatenbeständen erschwert, da in den enthaltenen D.-Sätzen häufig weitere Informationen, z.B. Umsatzinformationen, oder Kontakthistorien hinterlegt sind, die nicht ohne weiteres auf eine ermittelte Kopfdublette zurückgeführt werden können. Wesentliche Verfahren zur Vermeidung von D. sind entsprechende Abgleichverfahren (→ Adressenabgleich), die eine fehlertolerante Identifizierung und Kennzeichnung von D. ermöglichen. Neben der „Batch"-artigen Untersuchung bestehender Adressdateien wird in Datenbankanwendungen zunehmend eine „Online-D.-prüfung" bereits am Ort der Erfassung, der Aufnahme oder Änderung eines Stammdatums, durchgeführt.

Dublettenabgleich, → Dubletten; → Adressbereinigung.

Dummy-Variable, Scheinvariable. Eine D.-V. ist eine künstliche Variable, die je nach Bedarf einen festgesetzten Wert annimmt, um externen Faktoren im Modell Rechnung zu tragen (z.B. saisonale Veränderungen).

Dumpingpreis, unzulässiges Angebot von exportierten Produkten zu Preisen, die unter den Inlandspreisen im Exportland liegen.

Durchführung von Erhebungen, die Durchführung sollte so erfolgen, wie sie in der Planung der Erhebung (→ Planung von Erhebungen) festgelegt wurde. Sie lässt sich dabei in drei Schritte unterteilen. Zum einen die Vorlaufstudie (→ Pilotstudie), in der mittels Testpersonen die Erhebung simuliert wird und eventuelle Planungsfehler verbessert werden. Als zweiter Schritt folgt die Hauptstudie, in der die Erhebungsdaten gewonnen werden. Am Ende steht dann die → Datenanalyse und die Interpretation der Daten unter Anwendung der festgelegten Verfahren und Methoden.

Durchlaufzeit, Zeitspanne, die bei einer Prozessbetrachtung (→ Prozess) zwischen dem Beginn des ersten Prozessschrittes und dem Abschluss des letzten Prozessschrittes verstreicht. Die D. setzt sich zusammen aus: (1) Bearbeitungszeit: Zeit, in der das Prozessobjekt tatsächlich bearbeitet wird, unabhängig ob die Tätigkeit einen wertschöpfenden Charakter besitzt oder nicht. (2) Transferzeit: Zeit, die für den Transport des Prozessobjektes anfällt. (3) Warte- und Liegezeit: Zeit, in der sich das Prozessobjekt unbearbeitet in einem Prozess befindet. Das Verhältnis zwischen der Bearbeitungszeit und der gesamten Durchlaufzeit wird häufig als → Kennzahl zur Beurteilung eines Prozesses herangezogen. Erfahrungsgemäß liegt das Verhältnis in einer Größenordnung von 1 zu 30. Hauptursache hierfür sind i.d.R. zu lange Liege- und Transferzeiten. Um diese und damit letztlich auch die D. zu optimieren, ist der Prozessablauf reibungslos zu gestalten, sind Verzögerungen zu verhindern und Schnittstellen zu reduzieren.

Durchschnittskontakt, → Leseranalyse (4).

Duty-free-Importe, Einfuhr von nicht verzollten bzw. versteuerten Waren in ein Land durch Kauf der Waren in sog. Duty-free-Shops. Derartige Importe sind pro Kauf bzw. pro Kopf mengenmäßig beschränkt.

DVD, *Digital Video Disc*, Datenträger, in dem ähnlich einer → CD computerlesbare Daten in digitalisierter Form gespeichert sind. Im Vergleich zu einer → CD verfügen sie über eine deutlich höhere Speicherkapazität und können beidseitig gelesen und beschrieben werden. Zunehmende Verbreitung und Akzeptanz weist die DVD im Videobereich auf (→ Videomedien).

Dynamische Investitionsrechnung, Gruppe von Verfahren zur Bewertung von Investitionen (→ Wirtschaftlichkeitsrechnung). Zu den wichtigsten Verfahren gehören: Annuitätenmethode, interne Zinsfußmethode, → Kapitalwertmethode sowie dynamische → Amortisationsrechnung. Im Gegensatz zu Verfahren der → Statischen Investitionsrechnung berücksichtigen Verfahren der D.I. zeitliche Unterschiede im Zahlungsanfall einer Investition mit Hilfe finanzmathematischer Methoden. Vom Prinzip her bedeutet dies, dass die zu unterschiedlichen Zeitpunkten anfallenden Zahlungen mittels Auf- oder Abzinsung (→ Diskontierung) rechnerisch vergleichbar gemacht werden. Schwierigkeiten ergeben sich im Rahmen der D.I. vor allem aus der Notwendigkeit, zukunftsbezogene Rechnungsgrößen (Zahlungen, Nutzungsdauern) abzuschätzen.

Dynamisierte Konfiguration, Begriff der → Multidimensionalen Skalierung (MDS), deren Grundgedanke darin besteht, die Position von Objekten in einem Wahrnehmungsraum eines Individuums abzubilden. Dabei handelt es sich zumeist um eine statische Betrachtungsweise. Versucht man nun dynamische Aspekte, wie das Lernen, zu berücksichtigen, benötigt man eine dynamische Konfiguration. Die Konfiguration stellt dabei die Gesamtheit der Positionen der Objekte im Wahrnehmungsraum in der relativen Lage zueinander dar. Zur Bestimmung der Konfiguration stehen grundsätzlich zwei Wege zur Verfügung: (1) der Wahrnehmungsraum wird vorgegeben oder (2) die Dimensionen des Wahnehmungsraums sind vorher nicht bekannt. Die MDS benötigt dabei einen Algorithmus der darauf ausgerichtet ist, eine (dynamische) Konfiguration zu ermitteln, bei der die Rangfolge der Distanzen zwischen den Objekten möglichst gut die Rangfolge der Ähnlichkeiten wiedergibt.

Dyopol, Spezialform des Oligopols, bei der nur zwei Wettbewerber bzw. Verkäufer (Angebotsdyopol) den Nachfragern ggü.stehen. Im Falle des Nachfragedyopols besteht diese Konstellation auf der Nachfrageseite. → *vgl. auch* Marktformen.

E

EAN, → Europäische Artikelnummer; → Artikelnummer/-nummerierung, europäische.

E-Branding. Unter dem Begriff „E-Brand" (Internet-Marke, Online Brand) werden diejenigen Marken verstanden, deren Ursprung in der Online-Welt liegt. Aus diesem Grunde fehlt ihnen jegliche a priori-Markenbekanntheit, d.h., der Konsument muss zunächst lernen, welche Leistungsangebote sich hinter den neu geschaffenen Markennamen verbergen. Dies ist umso schwieriger, je geringer der Bezug des Markennamens zum Leistungsangebot ist. Markenbildung und Markenaufbau stellen damit die zentrale Herausforderung für Internet-Marken dar. Diese Aufgabe erfolgt für Internet-Marken in den folgenden Stufen (1) Markenfindung, (2) Bekanntmachung der Marke, (3) Markenpositionierung, (4) Markenausbau und (5) Stabilisierung.

Eckartikel, Artikel, denen von Seiten der Konsumenten dahingehend eine erhöhte Aufmerksamkeit entgegengebracht wird, dass sie z.B. über das Preisniveau dieser Artikel besser informiert sind. E. werden deshalb bevorzugt ausgewählt, um sie zu → Dauerniedrigpreisen anzubieten. Den Konsumenten soll dadurch das wahre Preisniveau der Einkaufsstätte verborgen bleiben.

E-Commerce, → Electronic Commerce.

Economies of Scale, *Skaleneffekte, Größeneffekte*; Kostenvorteile, die aus einer wachsenden Ausbringungsmenge resultieren. Begründet sind diese Vorteile durch produktivitätssteigernde Spezialisierung, Lernprozesse (→ Erfahrungskurvenmodell) oder Kapazitätsgrößenvorteile. Konsequenz hieraus ist ein degressiver Stückkostenverlauf. Anbieter mit großer Ausbringungsmenge haben demzufolge häufig strukturelle Kostenvorteile (→ Markteintrittsbarriere).

Economies of Scope, *Verbundeffekte, Synergieeffekte*; Kostenvorteile, die aus der gemeinsamen Produktion und/oder dem gemeinsamen Vertrieb zweier oder mehrerer Produktlinien resultieren. Voraussetzung ist, dass die einzelnen Produktlinien gemeinsame Ressourcen (z.B. Produktionsanlagen, Vertriebskanäle) in Anspruch nehmen. Wenn die Kosten der gemeinsamen Durchführung von Produktion und/oder Vertrieb der Produktlinien insgesamt niedriger sind als die Summe der Kosten bei getrennter Durchführung für die jeweiligen Linien, spricht man von E.o.S. Verursachungsfaktoren hierfür sind u.a. Einsatzfaktoren mit Kollektivguteigenschaften (z.B. Image, Grundlagenforschung) oder verschieden nutzbare Kapazitäten. Kostenvorteile von Mehrproduktunternehmen können mitunter eine → Markteintrittsbarriere ggü. anderen Anbietern darstellen.

ECR, → Efficient Consumer Response.

E-CRM-System, *elektronisches Kundenbeziehungsmanagementsystem*, das dazu eingesetzt wird, den Kunden zu identifizieren, wichtige Daten über den Kunden zu sammeln und auszuwerten und den Mitarbeitern im Front-Office für die Kundenansprache zur Verfügung stellt (*vgl. auch* → Relationship Marketing) oder die individuelle Bearbeitung des Kunden vollständig automatisiert. Die in diesem Zusammenhang erforderlichen Kundendaten reichen von Interessengebieten und bevorzugter Zahlungsweisen, über das bisherige Interaktionsverhalten mit dem Unternehmen (z.B. Bestellungen, Beschwerden, usw.), bis hin zu Einschätzungen über das Weiterempfehlungsverhalten eines Kunden. Ein Teil dieser Informationen kann im Internet durch Beobachtung gewonnen werden. Bei jedem Besuch auf der Website eines Unternehmens hinterlässt der Besucher eine Vielzahl auswertbarer Datenspuren. So lässt sich etwas das Navigationsverhalten des Besuchers analysieren oder aufgrund der Login-Files feststellen, ob der Besucher bereits zuvor auf der Website des Unternehmens war. Andere Informationen, wie beispielsweise Adressdaten, erfordern die Auskunftsbereitschaft des Kunden. Diese werden bei Anmelde- und Registrierungsvorgänge über Formulare gewonnen bzw. vom jeweiligen Kundenbetreuer in das Datensystem eingetragen. Letztlich gilt es sämtliche von einem Kunden vorhandenen (On- und Offline-) Daten zu verknüpfen und auszuwerten. Um dieser Aufgabe gerecht zu werden, ist der Einsatz von Data-Mining-Werkzeugen (*vgl. auch* → Data Mining, → Data Warehouse) von besonderem Interesse. Beispielsweise können mittels eines Vergleichs von Bestell- und Interaktionsprofilen Kunden mit ähnlichen Interessen identifiziert werden. So können dem Kunden Produkte angeboten werden, die bereits von anderen Kunden mit vergleichbaren Interessen gekauft wurden.

Literatur: Eggert, A./Fassott, G. (Hrsg.) (2001): Electronic Customer Relationship Management. Management der Kundenbeziehung im Internet-Zeitalter, Stuttgart.

ECSI, → *European Customer Satisfaction Index.*

EDI, → Electronic Data Interchanage.

Edutainment, basiert auf einer Verknüpfung der Begriffe Education und Entertainment. Er beschreibt die Wissensvermittlung auf der Grundlage interaktiver Lernprogramme, wie z.B. Computer Based Training, Computer Aided Learning. *Vgl. auch* → Multimediakommunikation.

EEG-Messung, das Elektroenzephalogramm misst rhythmische Schwankungen im Gehirn und stellt u.a. ein psychophysiologisches Verfahren zur Messung der → Aktivierung dar.

Efficient Consumer Response, → *ECR*; I. Begriff: ECR bezeichnet eine kooperative Wertschöpfungspartnerschaft zwischen Industrie und → Handel. Es beinhaltet eine ganzheitliche Betrachtung und gemeinsame Optimierung der Wertschöpfungskette der Kooperationspartner. Es sollen Ineffizienzen entlang der Wertschöpfungskette identifiziert und beseitigt werden, um insbesondere durch steigende → Kundenzufriedenheit die Gewinne der beteiligten Partner zu maximieren.

II. Merkmale: Das ECR umfasst vier Basisstrategien, die den Unternehmensbereichen → Logistik (Supply-Side) und → Marketing (Demand-Side) zugeordnet werden können. Die logistikorientierte Basisstrategie Efficient Replenishment (ERP) hat die Optimierung der Warenversorgung und des damit einhergehenden Informationsflusses zwischen den Kooperationspartnern zum Gegenstand. Die übrigen marketingorientierten Basisstrategien beinhalten die effiziente Sortimentsgestaltung (Efficient Assortment, EA), die effiziente Gestaltung von → Verkaufsförderungsmaßnahmen (Efficient Promotion, EP) und die effiziente → Produktentwicklung und -neueinführung (Efficient Product Introduction, EPI). Zu den elementaren Grundtechniken des ECR zählen u.a. das → Category Management, das → Electronic Data Interchange und das → Space Management, eine EDV-gestützte Verkaufsflächenoptimierung auf der Grundlage von Umsatz- und Ertragskennzahlen der Produkte. Zudem erfordert das ECR eine Umstrukturierung der unternehmensinternen Organisation und die Schaffung kooperationsfördernder Unternehmensabläufe.

III. Ziele: Im Rahmen einer internen Sichtweise sind die konkreten Ziele des ECR: (1) die Ausnutzung von Kostensenkungspotenzialen (z.B. durch niedrigere Lagerbestände und eine damit verbundene Verminderung der Kapitalbindung), (2) Zeiteinsparungen, (z.B. durch effiziente Logistikkonzepte und einen elektronischen Informationsaustausch), (3) eine Erhöhung der

Umsätze durch die Vermeidung von Fehlmengen. Im Rahmen einer externen Sichtweise sind die konkreten Ziele des ECR: (1) die Erhöhung des Servicegrades (z.B. durch die Einhaltung von Lieferterminen und die Vermeidung von Out-of-Stock-Situationen) und (2) eine Erhöhung der Umsätze (z.B. durch kundenorientierte Produktentwicklung und Sortimentsgestaltung).

IV. Entwicklung des ECR: Der Ursprung des ECR wurde durch eine Studie der Kurt Salmon Associates 1993 in den USA gelegt, die aufzeigte, dass durch eine partnerschaftliche Optimierung der Wertschöpfungskette zwischen Industrie und Handel Effizienzsteigerungen und damit Kosteneinsparungen von insgesamt 10,8% des Endverbraucherumsatzes erzielt werden könnten. Verbände und Unternehmen der Konsumgüterbranche gründeten daraufhin in den USA eine ECR-Initiative, die in einer Vielzahl von Projekten und Projektgruppen mit den Themenschwerpunkten Effiziente Sortimente, Effiziente Promotions, Effiziente Produktneuentwicklungen und –einführung und Effizienter Warennachschub mündeten. Europäische Unternehmen der Konsumgüterbranche standen den Entwicklungen zunächst skeptisch gegenüber, obwohl man auch hier von den erzielbaren Einsparungspotenzialen profitieren wollte. Unterschiede in der Markt-, Wettbewerbs- und Branchenstruktur zwischen US-amerikanischem und europäischem Markt ließen die Unternehmen befürchten, dass vergleichbare Ergebnisse nicht erzielt werden könnten. Erst eine Studie der Coca-Cola Research-Group in 1994, die zu dem Ergebnis kam, dass in Europa Einsparungspotenziale von ca. 3% vom Umsatz realisiert werden könnten, mobilisierte die europäischen Unternehmen. 1994 wurde das ECR Executive Board gegründet, in dem sich neun Konsumgüterhersteller und neun Handelsunternehmen mit Unterstützung der Verbände AIM (Europäischer Verband der Markenartikelindustrie), CIES (The Food Business Forum) und Eurocommerce (Interessenvereinigung des europäischen Groß- und Einzelhandels) zusammenschlossen, um einheitliche Grundsätze, Definitionen, Techniken und Standards des ECR festzulegen und Pilotversuche durchzuführen. Dem paritätisch besetzten ECR Executive Board sind verschiedene, ebenfalls paritätisch zusammengesetzte Projektgruppen untergeordnet, die sich bisher vornehmlich mit logistischen Problemstellungen beschäftigen (z.B. Continous Replenishment oder Efficient Unit Loads) und von diversen Unternehmensberatungen unterstützt werden. Zudem koordiniert das Board die Zusammenarbeit mit den nationalen ECR-Initiativen, die sich in nahezu jedem europäischen Land gegründet haben. Seit 1997 entsendet jede nationale ECR-Initiative und einzelne international bedeutende Unternehmen aus Handel und Industrie Vertreter ihrer Gremien als offizielle Mitglieder des ECR Europe. Damit soll gewährleistet werden, dass ein reibungsloser Informationsaustausch zwischen den nationalen Projekten und dem übergeordneten ECR Europe Board gegeben ist. In zahlreichen Veröffentlichungen und auf den ECR-Europe-Konferenzen werden Ergebnisse der Projektarbeit regelmäßig dokumentiert.

V. Kritische Würdigung und Ausblick: Insgesamt hat das ECR in Europa bisher noch nicht die breite Akzeptanz und Umsetzung wie in den USA gefunden. Ein Grund dafür liegt wohl in den aufgrund des intensiven Verdrängungswettbewerbs ohnehin geringeren Einsparungspotenzialen auf der Kostenseite. Ein weiterer Grund besteht in der Tatsache, dass bisher der Schwerpunkt der Zusammenarbeit zu stark auf die Supply-Side (ERP) gelegt wurde. Zukünftig sollten marketingorientierte Fragestellungen der Demand-Side (EA, EP und EPI) stärker in den Vordergrund der Projektarbeiten gerückt werden.

Literatur: Von der Heydt, A. (Hrsg.) (1999): Handbuch Efficient Consumer Response, München.

Rainer Olbrich / Daniela Braun

EFFIE, ein in 1968 durch die New York American Marketing Association eingeführter Preis, der für effektive Werbekampagnen verliehen wird. Mittlerweile gibt es 21 nationale EFFIE-Programme. In Deutschland wird der Preis durch den → GWA verliehen.

EFQM, → *European Foundation for Quality Management*.

EFT, → *Electronic Funds Transfer*.

EFTA, → European Free Trade Association.

EG-Richtlinien, wie EG-Verordnungen sind E.-R. eine Form der Rechtsetzung und dienen der Angleichung des Rechts innerhalb der EU. Während EG-Verordnungen in allen Teilen verbindlich sind und nach ihrem Erlass unmittelbar in jedem Mitgliedstaat gelten, sind EG-Richtlinien erst in nationales Recht zu transformieren, um dort Wirkung zu erlangen. Sie sind hinsichtlich des zu erreichenden Ziels verbindlich, richtlinienkonform auszulegen und innerhalb einer vorgegebenen Frist umzusetzen. Es wäre jedoch falsch zu glauben, dass dadurch ein vollständig harmonisiertes Recht in der EU geschaffen würde. (1) Das Ziel der EU ist seit 1987 nicht mehr primär die Harmonisierung von Rechtsvorschriften, sondern die gegenseitige Anerkennung nationaler Regelungen. Daher wird es in bestimmten Bereichen auch künftig bei national abweichenden Rechtsnormen bleiben. (2) Wenn E.-R. mit Optionen ausgestattet sind, wie z.B. die Richtlinie zur Produkthaftung von 1985, dann bleibt es den Mitgliedstaaten überlassen, diese nach ihren eigenstaatlichen Interessen auszuüben. Ein international einheitliches Recht dürfte anschließend selten das Ergebnis sein. (3) Auch bei einheitlichen Rechtsnormen wird es weiterhin abweichende Rechtsprechungen geben, wie das Beispiel der → Werbung, irreführende zeigt. Während die Rechtsprechung z.B. in der Bundesrepublik Deutschland von einem weniger souveränen Verbraucher ausgeht, und ihm daher mehr Schutz zubilligt, ist man in dieser Hinsicht in Italien wesentlich großzügiger. Dort hält man die Verbraucher für kritisch genug, sich durch Werbeangaben nicht so leicht täuschen zu lassen.

Eigenhändler, Absatzmittler, der im eigenen Namen und auf eigene Rechnung Waren kauft und verkauft (→ Einzelhändler, → Großhändler), abzugrenzen von Absatzvermittlern (→ Handelsmakler, → Handelsvertreter, → Kommissionär).

Eigenkapitalrentabilität, → Rentabilität.

Eigenmarke, besondere Form der → Handelsmarke. Die Markierung einer E. besteht aus einer Firmenmarke, die warengruppenübergreifend als Dachmarke im gesamten Sortiment des Handelsmarkenträgers geführt wird. In der Literatur werden die Begriffe Handelsmarke und Eigenmarke häufig synonym verwendet.

Eigenschaft, → Produkteigenschaft.

Eigenschaftsraum, basiert auf dem Konzept der relevanten Gütereigenschaften von Lancaster, dem die Vorstellung zugrunde liegt, der Nachfrager bewerte Eigenschaften von Produkten (→ Produkteigenschaften), also die Mengen von objektiven, in Gütern enthaltenen Eigenschaften. Beispielsweise lässt sich ein Pkw durch objektiv feststellbare Werte für den Luftwiderstandsbeiwert, die PS-Zahl, den Kraftstoffverbrauch und die Höchstgeschwindigkeit kennzeichnen. Dem Modell liegt die Prämisse zugrunde, ein Individuum handle rational und sei daher bestrebt, den Gesamtnutzen der konsumierten Güter zu maximieren. Die Budgetrestriktion fungiert wie im neoklassischen Ansatz als Nebenbedingung. Die Konsumtechnologie B dient dazu, die über Eigenschaften definierte Nutzenfunktion mit der über Gütermengen spezifizierten Budgetrestriktion zu verknüpfen. Dabei stellt B eine Matrix dar, deren Elemente angeben, wie viel eine Mengeneinheit des Guts i von der Eigenschaft j enthält: $\text{Matrix } B = [b_{ij}]$. Multipliziert man den Vektor der Produktmengen (x1, ..., xn, ..., xN) mit der Matrix der Konsumtechnologie B, ergibt sich der Vektor jener Merkmalsmengen, die in der betrachteten Gütermenge enthalten sind und in der Nutzenfunktion bewertet werden:

$$(y_1, \ldots, y_M) = (x_1, \ldots, x_N) \cdot (b_{ij})$$

Die Abb. „Einkommensvariationen im Eigenschaftsraum" zeigt die Produkte x_1 und x_2, die aus der Sicht eines Nachfragers die charakteristischen Eigenschaften z_1 und z_2 aufweisen. Für jede beliebige Menge eines Gutes bleibt das Verhältnis von z_1 und z_2

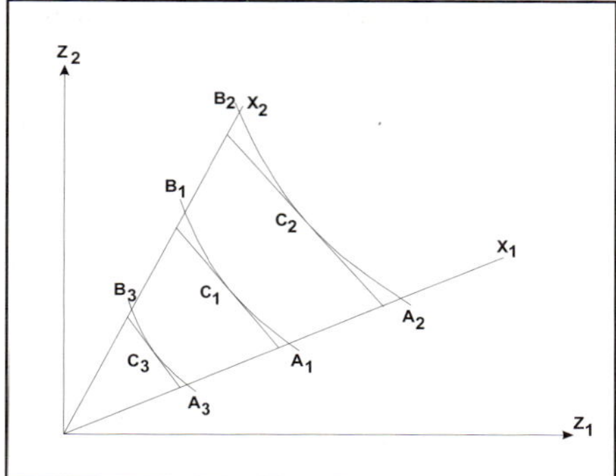

Einkommensvariationen im Eigenschaftsraum

(Eigenschaftsmischung) gleich. Aufgrund des begrenzten Einkommens (Budgetrestriktion) ist es dem Konsumenten jedoch nicht möglich, jede beliebige Merkmalskombination zu kaufen. Daher erwirbt ein nach Nutzenmaximierung strebender Verbraucher jene Eigenschaftsmischung, die er sich unter Berücksichtigung der Budgetrestriktion gerade noch leisten kann. Hierbei kommt entweder Gut x_1 mit der Eigenschaftskombination A_1, Erzeugnis x_2 mit der Merkmalsmischung B_1 oder ein aus x_1 und x_2 bestehendes, auf der Budgetgerade angesiedeltes Bündel (z.B. C_1) in Betracht. Welches Produkt bzw. welche Produktkombination das Individuum auswählt, hängt von seinem Präferenzgefüge ab, das die Indifferenzkurve zum Ausdruck bringt. Im Beispiel greift der Nachfrager zu einem aus Produkt x_1 und x_2 zusammengesetzten Bündel (vgl. Punkt C_1). Aufgrund einer Modifikation des Erzeugnisses x_1 beim Merkmal z_1 (z.B. 90 PS anstatt wie bisher 70 PS) verschiebt sich die Effizienzgerade von A_1B_1 nach A_1B_5 (vgl. Abb. „Preis- und produktpolitische Maßnahmen im Eigenschaftsraum"). Der Punkt C_5 bringt die von der Person nach der Produktmodifikation bevorzugte Attributskombination zum Ausdruck. Durch diese produktpolitische Aktivität erhält der Nachfrager bei gegebenem Einkommen und konstanten Güterpreisen eine größere Eigenschaftsmenge. Bei der Einführung eines neuen Produkts x_3 liegt es nahe, zwei produktpolitische Handlungsoptionen voneinander zu unterscheiden (vgl. Abb. „Einführung eines Neuproduktes im Eigenschaftsraum"): Ist das neue Erzeugnis unter-

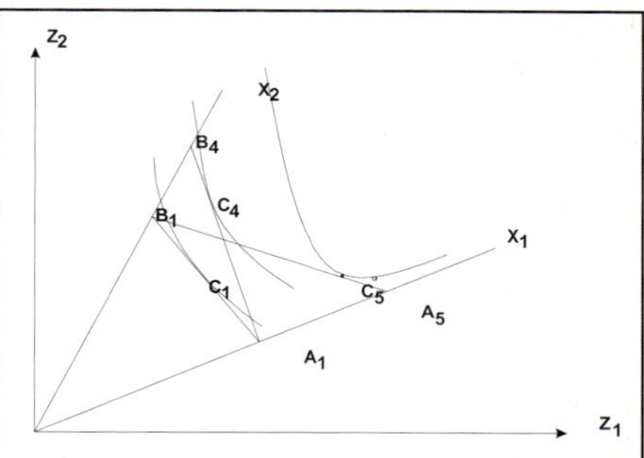

Preis- und produktpolitische Maßnahmen im Eigenschaftsraum

halb von A_1B_1 angesiedelt (z.B. in D_3), bleibt der Nachfrager bei dem bislang aus x_1 und x_2 zusammengesetzten Bündel. In diesem Fall dominiert jede aus x_1 und x_2 bestehende Kombination alle aus x_3 und x_1 bzw. x_3 und x_2 resultierenden Pakete. Liegt das neue Gut hingegen oberhalb von A_1B_1 (z.B. in D_2), erscheint eine Kombination aus x_3 und x_1 bzw. x_3 und x_2 effizienter als das aus x_1 und x_2 konstruierte Bündel. Einige kaum haltbare

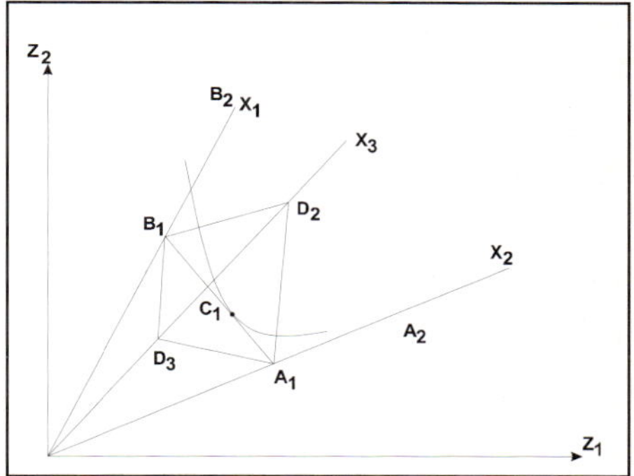

Einführung eines Neuproduktes im Eigenschaftsraum

Prämissen schränken die Erklärungskraft dieses Ansatzes jedoch ein: Aller Erfahrung nach liefern Auskunftspersonen keine objektive Einschätzung von Produktmerkmalen. Folglich trägt ein Ansatz, der auf objektiv messbaren Merkmalen beruht, dem individuellen Wahrnehmungsvermögen nur in seltenen Fällen Rechnung. Lancaster geht davon aus, dass die Nutzenfunktion einen monoton steigenden Verlauf aufweist. Hiernach erhöht sich der Nutzen, den ein Gut stiftet, mit zunehmendem Merkmalswert. Ein konvexes Indifferenzkurvensystem dieser Art widerspricht der Erkenntnis, dass „mehr" nicht in jedem Falle auch „besser" ist. Urteile von Probanden über Merkmalsausprägungen unterliegen sowohl inter- als auch intraindividuellen Veränderungen. Insofern erscheint die Annahme kaum zutreffend, dass alle Nachfrager dieselben Beurteilungskriterien anlegen. Ein gemeinsamer E. existiert nur für Güter, die der gleichen → Produktgruppe angehören. Dies lässt sich damit begründen, dass Auskunftspersonen die Alternativen unterschiedlicher Produktgruppen (z.B. Erfrischungsgetränke, Schokoriegel, Waschmaschinen und Fernsehgeräte) hinsichtlich verschiedener Eigenschaften beurteilen.

Andreas Herrmann

Eigenwert, im Rahmen der Faktorenanalyse beschreibt der E. den Varianzbeitrag eines Faktors im Hinblick auf die Varianz aller Variablen. Wird der E. ins Verhältnis zur Gesamtvarianz der analysierten Variablen gesetzt, dann ergibt sich hieraus der durch einen Faktor erklärte Varianzanteil. → Faktorenanalyse.

Einfaktorielle Varianzanalyse, → Varianzanalyse.

Einheitspreisgeschäft, → Betriebsform des → Einzelhandels, die in Deutschland Mitte der 20er Jahre entstand. Charakteristisch war für diese Betriebsform die Einteilung des Warenangebots in niedrige, feste Preisstufen (sog. Einheitspreise). Mitte der 30 Jahre musste das System der festen Einheitspreise aufgrund wirtschaftspolitischer Maßnahmen aufgegeben werden. Demzufolge wurden die E. in → Kleinpreisgeschäfte umbenannt.

Einkauf, → Beschaffung, → Käuferverhalten, Organisationales Beschaffungsverhalten, → Supply Chain Management.

Einkaufsatmosphäre, subjektive Anmutung (→ Ladenatmosphäre) einer Einkaufsstätte oder einer Agglomeration von Einkaufsstätten (→ Einkaufszentrum) beim Nachfrager.

Einkaufsdauer, *Verweildauer;* gibt die Zeit an, die ein Nachfrager zur Abwicklung seiner Einkäufe in einer Einkaufsstätte aufwendet. Durch Maßnahmen der Ladengestaltung wird vielfach versucht, die E. zu verlängern. Dies kann u.a. durch die gezielte Ausrichtung der Ladengänge geschehen. I.d.R. wird vermutet, dass mit zunehmender E. die Anzahl gekaufter Produkte ansteigt.

Einkaufsgemeinschaft, mehrere Einzelhändler schließen sich zu einer E. zusammen, um durch größere Beschaffungsmengen günstigere Einkaufskonditionen zu erhalten. Neben dieser ursprünglichen Funktion erbringt die als Kapital- oder Personengesellschaft organisierte E. (vgl. → Einkaufsgenossenschaft) i.d.R. weitere Funktionen. Beispielsweise unterstützt sie ihre Mitglieder bei der Absatzförderung und betreibt ein eigenes Zentrallager, von dem die Mitglieder über eine zentral organisierte Logistik beliefert werden. Neben dem → Lagergeschäft können E. u.a. auch im → Strecken-, Fremd- und Kommissionsgeschäft tätig sein.

Einkaufsgenossenschaft, Zusammenschlüsse kleiner und mittlerer Einzelhändler zu einer → Einkaufsvereinigung oder Verbundgruppe, die in der Rechtsform der Genossenschaft geführt wird. Beispiele für E. sind Garant im Schuheinzelhandel oder Vedes, Vereinigung der Spielwaren-Fachgeschäfte.

Einkaufsgremium, → Buying Center.

Einkaufskontor, gemeinschaftliches Beschaffungsorgan des Großhandels i.d.R. auf dem Nahrungs- und Genussmittelsektor. Ihre ursprüngliche Aufgabe war ausschließlich das Vermittlungsgeschäft, insbesondere durch den Abschluss so genannter Empfehlungsabkommen für das Warengeschäft zwischen dem Großhandel und der Industrie. Hierbei sammelt das E. die Bestellungen ihrer Gesellschafter und gibt sie zusammengefasst an die Hersteller weiter, welche die Gesellschafter unmittelbar beliefern. Das E. übernahm dabei das Delkredere und die Finanzierung durch sofortige Kassazahlung. Neuerdings forcieren die Einkaufskontore bzw. die aus ihnen hervorgegangenen Kooperationen das Eigengeschäft, das Importgeschäft, die Entwicklung von → Handelsmarken und auch die Konzeption neuartiger → Betriebstypen.

Einkaufskooperation, Form der Zusammenarbeit zwischen mindestens zwei selbständigen Unternehmen, die auf derselben Wertschöpfungsstufe (→ Wertschöpfung) stehen. Im Rahmen von E. werden gleichartige Objektbedarfe zu einer Verbundbestellung zusammengefasst, um auf diese Weise durch Größendegressionen eine größere Nachfragemacht und Kostenvorteile zu erreichen. Diese Kosteneffekte haben zwei Ursachen: Einerseits werden durch die Zusammenfassung der Einkaufsprozesse und -aktivitäten an einer Stelle Redundanzen bzw. Doppelarbeiten vermieden, andererseits können die Lieferanten im Falle größerer Fertigungslose → Mengenrabatte weitergeben.

Einkaufspreis, → Beschaffungskosten.

Einkaufsstättentreue, *Ladentreue*, *Geschäftstreue* kann als wiederholtes Aufsuchen einer präferierten Einkaufsstätte definiert werden bzw. als Konzentration der Einkäufe auf ein bestimmtes Geschäft. Dieses gewohnheitsmäßige Verhalten kann aus einer positiven → Einstellung zu dem Geschäft resultieren, die wiederum von der positiven Einschätzung der Ladenatmosphäre und Warenpräsentation und/oder des Preisimages, der subjektiv empfundenen Standortqualität und der Sortimentspolitik abhängig ist. Letzteres zeigt, dass häufig Ladentreue und → Markentreue in einer engen Beziehung stehen. Ein markentreuer Konsument wird dasjenige Geschäft bevorzugen, das seine bevorzugte Marke führt und kann dadurch ein ladentreuer Kunde werden. Es ist aber auch gleichfalls denkbar, dass ein Geschäftswechsel einen Markenwechsel hervorruft oder dass die Geschäftstreue die Markentreue dominiert. Dann findet ein Markenwechsel statt, weil der Kunde nicht bereit ist, die → Einkaufsstättenwahl wegen der nicht geführten Präferenzmarke zu ändern.

Einkaufsstättenwahl, mit der → Einkaufsstättentreue eng verbundener Begriff. Die Forschung beschäftigt sich mit der Frage, aus welchen Gründen ein Konsument eine Einkaufsstätte auswählt. Das könnten z.B. die Wertschätzung des Marketingmixes eines Geschäftes aus Sicht des Konsumenten, die gute Erreichbarkeit des Standortes, die Erwartung, dass dort subjektive empfundene Einkaufsmotive (*vgl. auch* → Motive) am besten befriedigt werden oder situative Gründe sein.

Einkaufsvereinigung, *Verbundgruppe;* Zusammenschluss kleiner und mittlerer Unternehmen zu (vielfach genossenschaftlich) organisierten Verbänden. Vorwiegend im Handel anzutreffende Kooperation. E. werden mit dem Ziel der Existenzsicherung und Stärkung der Wettbewerbsfähigkeit der Mitglieder geschlossen. Durch den gemeinsamen Einkauf können kleinere Unternehmen im Preiswettbewerb mit größeren Unternehmen besser bestehen. Die Einkaufsvereinigungen des Handels sind teilweise mehrstufig auf regionaler und nationaler Ebene organisiert. Sie besitzen i.d.R. eine nationale Systemzentrale. Das Leistungsspektrum der Einkaufsvereinigungen ist heute nicht mehr nur auf die Beschaffung von Waren beschränkt, sondern umfasst zahlreiche weitere Beratungs- und Servicefunktionen.

Einkaufszeit, zeitliche Angabe, wann Nachfrager ihre Einkäufe tätigen (z.B. Tageszeit, Wochentag, Monat). Informationsquellen zur Ermittlung der E. sind beispielsweise Verbraucher-, Einzelhandelspanels, → Kundenlaufstudien usw. Die kaufbezogenen Angaben der E. können sich sowohl auf einzelne Produkte als auch auf aggregierte Größen wie z.B. Warengruppen beziehen. Die auf den Besuch des → Point of Sale bezogene E. kann in ähnlicher Weise auf unterschiedliche Größen bezogen werden, z.B. auf den Besuch einer Fachabteilung oder des Einzelhandelsbetriebes insgesamt. Verschiedene Institutionen untersuchen die E. anhand diverser Untersuchungen. Die Bundesarbeitsgemeinschaft der Mittel- und Großbetriebe des Einzelhandels (BAG) und das Institut für Selbstbedienung (ISB) liefern z.B. im Rahmen der so genannten → Kundenverkehrsanalysen Informationen über Einkaufsbeträge und die Bedeutung einzelner Wochentage.

Einkaufszentrum, → Shopping Center, eine geplante bzw. im Zeitablauf ‚gewachsene' Agglomeration von Einzelhandels- und/oder Dienstleistungsbetrieben. Neben der Stadtlage wird bei geplanten Einkaufszentren insbesondere die so genannte ‚grüne Wiese' mit günstiger Verkehrsanbindung als Standort gewählt. Durch die außerstädtische Lage ergibt sich zumeist der Zusatznutzen sehr guter Parkmöglichkeiten. Das E. betreffende Führungsaufgaben, wie beispielsweise Auswahl der Einzelhandelsbetriebe, architektonische Gestaltung, Koordination von gemeinschaftlichen Aufgaben und Pflichten usw., obliegen zumeist einem zentralen Management.

Einkomponentenauffassung, begreift → Einstellungen als eindimensionales Konstrukt und betont den affektiven, evaluativen Charakter von Einstellungen.

Einschaltpreise, → Mediaplanung (2).

Einschaltquote, besagt, wie viel Prozent der Fernsehhaushalte in Deutschland im Durchschnitt über die gesamte Zeit die Sendung gesehen haben. Die E. werden von der Nürnberger Gesellschaft für Konsumforschung (GfK) im Auftrag der sieben größten deutschen Fernsehsender ermittelt.

Einseitige Argumentation, im Unterschied zur → zweiseitigen Argumentation werden nur die Vorteile des Produktes in der Kommunikationspolitik hervorgehoben.

Einstellung. I. Einführung: Die E. zählt sicherlich zu denjenigen Konzepten innerhalb der Konsumentenforschung, die in der Vergangenheit und auch heute noch ein besonders hohes Forschungsinteresse auf sich gelenkt haben. Die E. (das Image) muss in der Marketingforschung zur Erklärung einer Vielzahl von Sachverhalten herhalten, z.B. um die Aufnahmefähigkeit des Marktes zu bestimmen, absatzpolitische Ziele festzulegen und zu kontrollieren, das Kaufverhalten vorherzusagen usw. Die Begriffe E. und → Image werden hier als Synonyme benutzt. Trotz des intensiven Forschungsinteresses, den dieses Konstrukt ausgelöst hat, gibt es keine allgemein gültige und akzeptierte Definition. Trommsdorff (1998, S. 143) definiert E. als Zustand einer gelernten und relativ dauerhaften Bereitschaft, in einer entsprechenden Situation ggü. dem betreffenden Objekt regelmäßig mehr oder weniger stark positiv bzw. negativ zu reagieren. Kroeber-Riel/Weinberg erklären, dass E. trotz des erheblichen Ausmaßes kognitiver Komponenten zu den aktivierenden Prozessen gezählt werden sollten, da sie primär von der emotionalen Haltung ggü. dem Gegenstand geprägt werden und definieren E. als die subjektiv wahrgenommene Eignung eines Gegenstandes zur Befriedigung einer Motivation. In Anlehnung an Ajzen verstehen Petty/Unnava/Strathman (1991, S. 242) unter attitudes „global and relatively enduring (i.e., stored in the long-term memory) evaluations of objects, issues or persons [...] These evaluations can be based on behavioral, cognitive, and affective information and experiences, and they are capable of guiding behavioral, cognitive, and affective responses". Den Definitionen gemeinsam ist, dass die Einstellung als ein langfristiges Konstrukt angesehen und als intervenierende Variable im → SOR-Verhaltensmodell betrachtet wird Die Fragen, die sich aus den unterschiedlichen Begriffsbestimmungen ergeben, lauten, ob Einstellungen primär durch affektive oder kognitive Prozesse entstehen, ob sie das Kaufverhalten bestimmen können und wie sie im Rahmen von → Lernprozessen erworben und verändert werden können. Darüber hinaus muss diskutiert werden, wie Einstellungen gemessen werden und welche Bedeutung sie für das Marketing haben.

II. Theoretische Grundlagen: Die mehrdimensionale Konzeption der → Drei-Komponenten-Theorie geht davon aus, dass E. neben den affektiven (emotionalen und motivationalen) und kognitiven Komponenten zusätzlich einen dritten Bestandteil umfassen, nämlich die Verhaltenskomponente (auch konative Komponente genannt). Im Mittelpunkt dieser Theorie steht die sog. Einstellungs-Verhaltens-Hypothese (E-V-Hypothese), nach der E. von heute das Verhalten von morgen bestimmen. Die Drei-Komponenten-Theorie geht davon aus, dass affektive, kognitive und konative Prozesse aufeinander abgestimmt sind und eine Konsistenz

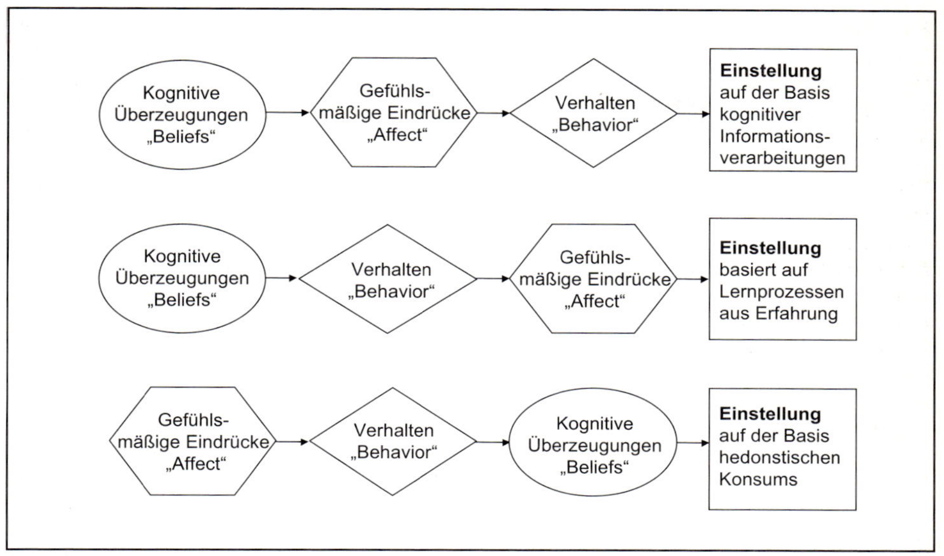

ABC-Modell der Einstellung
(Quelle: Solomon/Bamossy/Askegaard 1999, S. 124)

von Denken, Fühlen und Handeln angestrebt wird. Eine Änderung des Verhaltens ggü. einem Gegenstand verursacht damit eine Änderung der gefühlsmäßigen und kognitiven Haltung zu diesem Objekt und umgekehrt. Die Gültigkeit der E-V-Hypothese bzw. der Drei-Komponenten-Theorie ist umstritten. Tendenziell kann zwar festgehalten werden, dass die Kaufwahrscheinlichkeit umso höher ist, je positiver die E. zu dem Meinungsgegenstand ausgeprägt ist, allerdings haben empirische Untersuchungen auch gezeigt, dass positive affektive und kognitive Einschätzungen eines Produktes nicht unbedingt zum Kauf führen müssen. Beispielsweise haben viele Männer eine sehr positive E. zu der Automobilmarke Porsche, aufgrund finanzieller Restriktionen kauft jedoch nur ein kleiner Prozentsatz davon diese Marke. Für die Kaufwahrscheinlichkeitsprognose empfiehlt es sich somit, die Verhaltensabsicht in konkreten Situationen zu erfassen. Heute wird die Drei-Komponenten-Theorie dahingehend interpretiert, dass die affektiv und kognitiv bedingte E. direkt Verhaltensintentionen und indirekt das Verhalten beeinflusst. Diese Auffassung korrespondiert mit der Einstellungsdefinition von Pety/Unnava/Strathman. Der Definition von Kroeber-Riel/Weinberg liegt die sog. Means-End-Analyse (Ziel-Mittel-Analyse) der E. zugrunde. Dieses Prinzip besagt, dass eine E. davon abhängig ist, wie gut oder schlecht ein Meinungsgegenstand ein → Motiv befriedigen kann. Hier ist es von ausschlaggebender Bedeutung, ob man sich dem Motivkonstrukt der Means-End-Analyse aus emotionspsychologischer oder kognitionspsychologischer Sicht nähert. Bei der von Weinberg und Kroeber-Riel bevorzugten emotionspsychologischen Perspektive stehen die inneren Antriebskräfte (*vgl. auch* → Aktivierung) im Vordergrund. Bei der kognitionspsychologischen Motivationsforschung steht die bewusst abwägende Zielorientierung des Menschen im Mittelpunkt. Die Motivation – also die mehr oder weniger stark ausgeprägte Tendenz, eine Handlung auszuführen – ist abhängig vom subjektiv gesehenen Ziel-Mittel-Zusammenhang und vom subjektiv erwarteten Befriedigungswert des Ziels, d.h. das Individuum bewertet zum einen den Befriedigungswert eines Ziels bzw. dessen subjektive Bedeutung und prüft zum anderen, inwieweit ein Gegenstand als Mittel zur Erreichung des Zieles geeignet ist. Die aktivierende Komponente wird bei dieser Sichtweise vernachlässigt. Die beiden unterschiedlichen Perspektiven führen zu unterschiedlichen Messkonzepten der E. Das mehrdimensionale ABC-Modell der E. integriert die unterschiedlichen Auffassungen der Means End Analysis und der Drei-Komponenten-Theorie (vgl. Abb. „ABC-Modell der Einstellung"). A steht dabei für Affect und damit für die gefühlsmäßigen Eindrücke eines Konsumenten von einem Meinungsgegenstand. B steht für Behaviour und soll die Verhaltenskomponenten bezeichnen (dies bezieht sich sowohl auf Intentionen als auch beobachtbares Kaufverhalten). C schließlich ist die Abk. für Cognition und umfasst alle kognitiven Überzeugungen von einem Meinungsgegenstand. Diese drei Konstrukte können in drei verschiedenen Varianten miteinander verknüpft werden und erklären damit unterschiedliche Wege der Einstellungsbildung (Hierarchies of Effects). Das ABC-Modell zeigt drei Rangordnungen. Beim ersten Fall („Standard Learning Hierarchy"), der als Einstellungsbildung auf der Basis kognitiver Informationsverarbeitung bezeichnet wird, informiert sich ein Konsument zunächst sehr sorgfältig über die relevanten Eigenschaften eines Meinungsgegenstandes (kognitive Komponente) und gewichtet sie. Anschließend bewertet er die zur Verfügung stehenden Alternativen anhand dieser Eigenschaften und formt gefühlsmäßige Haltungen (affektive Komponente) zu den einzelnen Marken oder Produkten. Die Präferenz für eine Alternative kann sich dann in einer Verhaltensintention äußern oder zu einem beobachtbaren Verhalten (z.B. Kauf einer Marke) führen. Eine solche Einstellungsbildung ist für den Konsumenten mit einem erheblichen Aufwand verbunden und daher nur möglich, wenn er hoch involviert ist (→ Involvement). Der zweite Fall charakterisiert eine Low-Involvement-Einstellungsbildung („Low Involvement Hierarchy"). Hier steht zwar auch die kognitive Komponente am Anfang, im Unterschied zum ersten Fall hat der Konsument jedoch keine festen Überzeugungen und wählt eine Alternative auf der Basis minimaler Informationen. Die eigentliche Einstellungsbildung findet erst nach dem Kauf statt, wenn das Individuum Erfahrungen mit dem Meinungsgegenstand macht und/oder von seiner Umwelt für das Kaufverhalten belohnt bzw. bestraft wird (Verstärkerprozesse). Bei der Low-Involvement-Einstellungsbildung sind die Konsumenten also an komplexen Informationen nicht interessiert und lassen sich bei der Kaufentscheidung eher durch → Verkaufsförderungsmaßnahmen, auffällige Verpackungen usw. beeinflussen. Ob die Marken- bzw. Produktwahl wiederholt wird, ist abhängig von den affektiven Prozessen nach dem Kauf. Der dritte Fall schließlich („Experiential Hierarchy") stellt die affektive Komponente der E. als hauptsächlichen Erklärungsfaktor in den Vordergrund. Dieser Typus ist immer dann bedeutsam, wenn Konsumenten hinsichtlich der funktionellen Eigenschaften (z.B. bei technisch ausgereiften Produkten) keine Unterschiede wahrnehmen, diesbezüglich die Marken als austauschbar empfinden und die Präferenzbildung auf der Basis emotionaler Erlebniswerte erfolgt. Während bei dem klassischen Modell der Einstellungsbildung mittels kognitiver Informationsverarbeitungsprozesse (Fall 1) die affektive Einschätzung nur der letzte Schritt nach einer Reihe intensiver kognitiver Vorgänge ist, wird bei dem dritten Typus die Einstellung zu einem Meinungsgegenstand durch seine subjektiv wahrgenommene Eignung zur Befriedigung einer hedonistischen Motivation geprägt. Hier spielt also eine Rolle, wie viel Spaß der Konsument an dem Produkt hat und welche positiven Erlebniswelten er damit verbindet. Die Marketingpraxis ist an der Einstellungsforschung sehr interessiert, weil sie sich insbesondere durch kommunikationspolitische Maßnahmen erhofft, die Einstellung der Konsumenten zu verändern und damit das Kaufverhalten zu beeinflussen. Die Wahrscheinlichkeit einer Einstellungsänderung ist jedoch von dem Commitment des Konsumenten abhängig. Darunter wird die Stärke verstanden, mit der sich ein Individuum an seine einmal gebildete E. gebunden fühlt. Drei verschiedene Commitment-Niveaus können voneinander unterschieden werden: (1) Compliance: Einverständnis mit einer Marke oder einem Produkt. Hierbei handelt es sich um die niedrigste Stufe des Commitments. Die Einstellung ist eher oberflächlich und wurde i.d.R. nach dem Low-Involvement-Einstellungsprinzip gebildet. Entfallen die Belohnungen aus der sozialen Umwelt des Konsumenten, ist dieser auch gerne bereit, eine andere Alternative zu wählen. (2) Identifikation: Ein Identifikationsprozess kann einsetzen, wenn ein Konsument eine Präferenz für eine bestimmte Marke entwickelt, um damit den Normen seiner → Bezugsgruppe gerecht zu werden. (3) Internalisierung: Höchste Stufe des Commitments. Diese „tief sitzenden“ Einstellungen sind verinnerlicht und gehören zum Wertesystem eines Individuums. Diese Einstellungen sind nur sehr schwierig zu ändern, da die Konsumenten davon kognitiv überzeugt sind und eine tiefe emotionale Verankerung stattgefunden hat. Nicht nur die Höhe des Commitments ist für die Wahrscheinlichkeit einer erfolgreichen Einstellungsänderung wesentlich, sondern auch die Tatsache, dass eine E. nicht „alleine im luftleeren Raum“ steht, sondern ein Teil eines hochkomplexen Einstellungssystems ist. Somit bedingen sich E. gegenseitig und können vom Individuum selbst, ohne Kommunikation mit anderen, verändert werden. Diese These wird durch vier unterschiedliche Theorien untermauert: (1) Konsistenztheorie: Danach strebt jedes Individuum nach kognitiver Konsistenz, d.h. nach einer widerspruchsfreien Verknüpfung von inneren Erfahrungen, Kognitionen und E. Das bedeutet, dass jedes Individuum ein Bedürfnis hat, auftretende Widersprüche (→ Dissonanzen) in seinem E.-System zu beseitigen oder von vornherein zu vermeiden. Insbesondere in High-Involvement-Situationen möchte das Individuum Inkonsistenzen vermeiden und wünscht sich eine Übereinstimmung von Denken, Fühlen und Handeln. Prallen also zwei sich widersprechende E. aufeinander, wird das Individuum eine der beiden E. verdrängen und verändern, um wieder in ein psychisches Gleichgewicht zu kommen. Der Wunsch nach psychischer Konsistenz zeigt sich auch in den drei weiteren Theorien. (2) Selbstwahrnehmungs-Theorie: Wenn das Individuum über unklare und noch wenig geformte E. verfügt (Low Involvement Hierarchy), so leitet es seine E. aus der Beobachtung seines eigenen Verhaltens ab. Ähnlich wie man versucht, von der Beobachtung des Verhaltens fremder Menschen deren Beweggründe zu attribuieren, schließt hier das Individuum von seinem Verhalten in bestimmten Situationen auf die dahinter stehenden Einstellungen, nach dem Motto: „Ich muss diese Marke mögen, sonst würde ich sie nicht kaufen“. (3) Social Judgement-Theorie: Neue Informationen zu einem Meinungsgegenstand werden mit der bisherigen Einstellung im Sinne der → Assimilations-Kontrast-These verarbeitet. Ähneln die neuen Informationen den bisherigen affektiven oder kognitiven Erfahrungen, fallen sie somit in den Assimilationsbereich, dann werden diese neuen Hinweise akzeptiert und können zur weiteren Festigung der alten E. beitragen. Weichen die neuen Informationen jedoch sehr stark von den früheren Erfahrungen ab und liegen somit außerhalb des Akzeptanzbereiches, dann werden sie zurückgewiesen. Die Toleranz ggü. neuen Informationen und damit die Größe des Assimilationsbereichs ist davon abhängig, wie stark die frühere E. verfestigt ist. (4) Balance-Theorie: Individuen analysieren Beziehungen zwischen den an der E.-Bildung beteiligten Elementen und ihre E. nur dann stabil sein kann, wenn die Beziehungen „ausbalanciert“ sind, d.h. in einem harmonischen Verhältnis zueinander stehen. Ein Beispiel ist eine Konsumentin die von der Beratung einer Verkäuferin sehr angetan ist und das Gefühl hat, dass sie sich auf deren Rat verlassen kann. Dann entdeckt sie, dass die Verkäuferin gepierct ist. Die Kundin kann Piercings nicht ausstehen. Hier droht eine Inkonsistenz, da zwischen den drei Elementen (erste Erfahrung mit der Verkäuferin, Entdecken des Piercings, E. zum Piercing) keine Balance besteht.

III. Messung: E. sind hypothetische Konstrukte, die als intervenierende Variablen nicht direkt beobachtbar sind. Zur Erhebung von E. ist es notwendig, messbare Indikatoren zu finden, die in einer engen Beziehung zum theoretischen Einstellungskonstrukt stehen (vgl. Abb. „Einstellungsmessung“). Einstellungsmessmodelle legen fest, welche messbaren Größen verwendet werden dürfen und wie sie zur Messwertbestimmung miteinander verknüpft werden müssen. Die so ermittelten E. müssen sich → Reliabilitäts- und → Validitätsprüfungen unterziehen. Grundsätzlich lassen sich eindimensionale und mehrdimensionale Einstellungsmessmodelle voneinander unterscheiden. Eindimensionale Verfahren beschränken sich auf eine

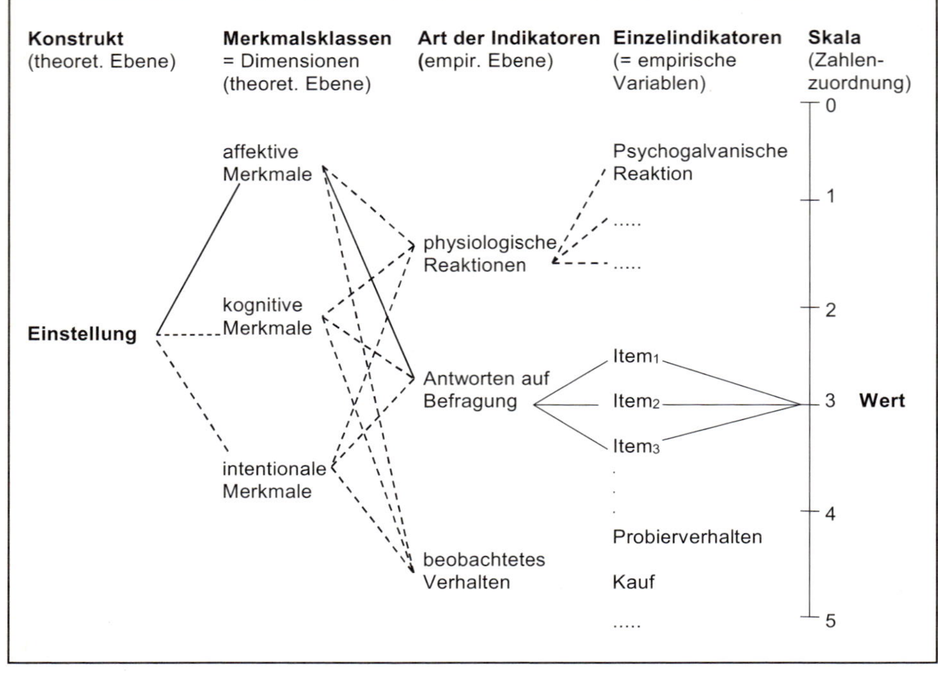

Einstellungsmessung
(Quelle: Kroeber-Riel/Weinberg 2003, S. 190)

der drei Komponenten (i.d.R. auf den affektiven Aspekt), mehrdimensionale Verfahren versuchen zwei oder drei Einstellungskomponenten gemeinsam zu erfassen und sind heute vorherrschend. Zu den bekanntesten eindimensionalen Befragungsmethoden zählt die sog. Likert-Skala, bei der sich die Einstellung aus der Summe der Punktwerte einzelner Ratingskalen ergibt. Auch die → Magnitude-Skalierung, die physiologischen Verfahren zur Messung der → Aktivierung sowie die → Technik der verlorenen Briefe („Lost-Letter"-Technik) können den eindimensionalen Methoden zugerechnet werden. Die kognitionspsychologischen Anhänger der Means-End-Analyse nutzen die sog. „Laddering-Technik" (Leitertechnik), um Ziel-Mittel-Beziehungen sichtbar zu machen (→ Motive) und damit kognitiv gespeichertes Wissen im Gedächtnis darzustellen. Zu den bekanntesten mehrdimensionalen Verfahren zählen das Semantische Differenzial von Osgood/Suci/Tannenbaum, sowie die multiattributiven Modelle von → Ajzen/Fishbein, → Rosenberg und → Trommsdorff. Das → Ajzen-Fishbein-Modell zur Einstellungsmessung geht von den beiden Hypothesen aus, dass der Konsument (1) an einem Meinungsgegenstand nur einige wenige Eigenschaften wahrnimmt, die für seine E. ausschlaggebend sind, und dass (2) die E. zu dem Meinungsgegenstand aus der subjektiven Wahrnehmung dieser Eigenschaften und ihrer Bewertung folgt. Die zweite Hypothese soll dabei zum Ausdruck bringen, dass E. auf die subjektiven Motive zurückgehen und auf das Wissen, wie diese Motive mit dem relevanten Meinungsgegenstand befriedigt werden können. Beim Rosenberg-Modell setzt sich der Einstellungswert aus der multiplikativen Verknüpfung der wahrgenommenen Instrumentalität und der Zielwichtigkeit zusammen. Die Zielwichtigkeit im Rosenberg-Modell wird auch als die motivationale Komponente bezeichnet, weil sie das aus den Motiven abgeleitete, individuelle Zielsystem des Subjektes widerspiegelt. Die Einstellungsmodelle von Fishbein und Rosenberg sind in der Literatur häufig kritisiert worden.

Das Rosenberg-Messverfahren wurde in der Marktforschungspraxis selten angewendet, da sich Probleme bei der Ermittlung relevanter Motive ergaben. Trommsdorff beanstandete beim Fishbein-Modell insbesondere die multiplikative Verknüpfung der affektiven und kognitiven Komponenten und entwickelte ein alternatives Modell, das zur Klasse der Idealpunktmodelle zählt. Bei dem Trommsdorff-Modell (1975) wird weiterhin eine getrennte Messung der kognitiven und affektiven Aspekte vorgenommen, es verzichtet jedoch auf die Multiplikation der Ratingskalen. Hier besteht allerdings das Problem, dass eine Übererfüllung des Ideals genauso gewichtet wird wie das „Nichterreichen" des Ideals. Alle Modelle müssen sich den Kritikpunkt gefallen lassen, dass die erhobenen Einstellungswerte einen für Positionierungszwecke notwendigen Einstellungsvergleich unterschiedlicher Marken oder Produkte nur bedingt erlauben, da nicht davon ausgegangen werden kann, dass bei allen Marken dieselben E.-Dimensionen verhaltenswirksam sind. Bei der sog. → Wettbewerbs-Image-Struktur-Analyse (WISA) berücksichtigt Trommsdorff neben der E. zum Produkt eines Anbieters auch die E. zu Wettbewerbsprodukten sowie zu Wechselwirkungen zwischen diesen E.

IV. Bedeutung im Marketing: Die Ergebnisse der Einstellungsmessung dienen der Diagnose des Marktgeschehens sowie der Ableitung von Soll-Empfehlungen (Therapie) für die Zukunft. Zu Diagnosezwecken werden die ermittelten Einstellungswerte als Basis für die Erklärung und Prognose des Konsumentenverhaltens sowie zur Kontrolle der Wirkung von bereits durchgeführten absatzpolitischen Maßnahmen genutzt. Hier sind folgende Erfolgskontrollen hervorzuheben: (1) Kontrolle der Absatzmethoden durch Ermittlung des Images der Verkaufsorgane aus Sicht der Konsumenten, (2) Kontrolle der durch Werbung erzielten Einstellungsänderungen, (3) Kontrolle der Produkt-, Marken- und Sortimentsimages aus Konsumentenperspektive, (4) Kontrolle der durch Ladengestaltung und Warenpräsentation am Point of Sale ausgelösten E., (5) Kontrolle der Wirkungen von Imagetransfers. Daneben werden in der Marktforschung Einstellungsuntersuchungen durchgeführt, um zu prüfen, ob verschiedene → Lebensstile zu unterschiedlichen E. ggü. einem Meinungsgegenstand führen oder ob anhand unterschiedlicher E. homogene Marktsegmente gebildet werden können, für die es sich empfiehlt, spezielle absatzpolitische Maßnahmen zu entwickeln. Zu Therapiezwecken werden die gewonnenen Ist-Werte der E. mit Soll-Werten (Idealwerten) verglichen. Die Diskrepanz zwischen „Soll" und „Ist" soll Aufschluss über zukünftige Marketingstrategien geben. Dabei kommen grundsätzlich zwei Strategien in Betracht: (1) Anpassung der E. an das Angebot, (2) Anpassung des Angebots an die E. der Konsumenten. Ersteres wird nur gelingen, wenn die bisherigen Einstellungen ein geringes Maß an Commitment erfahren haben. Mit den Chancen und Risiken der zweiten Strategie beschäftigt sich das Themengebiet der → Positionierung.

Literatur: Ajzen, I. (1987): Attitudes, Traits and Actions: Dispositional Prediction of Behavior in Personality and Social Psychology, in: Berkowitz, L. (Hrsg.): Advances in Experimental Social Psychology, 20. Jg., o.Nr., S. 1-62; Balderjahn, I. (1995): Einstelllungen und Einstellungsmessung, in: Tietz, B./Köhler, R./Zentes, J. (Hrsg), Handwörterbuch des Marketing, Stuttgart, Sp. 542-554; Gröppel, A. (1996): Preiswürdigkeitsimages und Differenzierungsstrategien. Der Einfluss der am Point-of-Sale empfundenen Dissonanz auf die Preisbeurteilung, in: Trommsdorff, V., (Hrsg.): Handelsforschung 1996/97, Wiesbaden, S. 297-315; Kroeber-Riel, W./ Weinberg, P. (2003): Konsumentenverhalten, 8. Aufl., München; Petty, R.E./Unnava, R.H./Strathman, A.J. (1991): Theories of Attitude Change, in: Robertson, T.S./Kassarjian, H.H. (Hrsg.): Handbook of Consumer Behavior, Englewood Cliffs, S. 241-280; Solomon, M./Bamossy, G./Askegaard, S. (1999): Consumer Behaviour. A European Perspective, New York u.a.

Andrea Gröppel-Klein

Einstellung, kundenorientierte, zentrale Einflussgröße des → kundenorientierten Verhaltens. Kundenorientierte E. bezeichnet eine Denkhaltung, die dadurch gekennzeichnet ist, dass der Mitarbeiter die Bedeutung von Kundenorientierung für sein Unternehmen, aber auch für sich selbst verinnerlicht hat. Es ist also eine eher intern orientierte Größe. Einflussgrößen der kundenorientierten E. sind: (1) die → Motivation zu Kundenorientierung, (2) die → Erfahrungen im Umgang mit Kunden, (3) die → Persönlichkeitsmerkmale und (4) das → Führungsverhalten.

Einstellungsbeeinflussung, → Werbewirkung.

Einstellungsmanagement, Diagnose des Marktgeschehens (Ermittlung des Ist-Images) sowie Ableitung von Soll-Empfehlungen (Therapie) für die Zukunft (Idealimages). → Einstellung.

Einstellungsmessung, Messsystem zur Ermittelung des persönlichen Bezugs zu einem gewissen Objekt. Man unterscheidet eindimensionale (z.B. → Ratingskalen) und mehrdimensionale (z.B. → Semantisches Differenzial, → Multidimensionale Skalierung (MDS)).

Eintrittsbarrieren, Erschwernisse aus Sicht eines Anbieters, in einen (z.B. ausländischen) Markt einzutreten. Typische Markteintrittsbarrieren sind Konsumpatriotismus, Subventionen für heimische Anbieter, Importzölle für bestimmte Waren, sowie etablierte einheimische Marken mit hohen Marktanteilen.

Einzelhandel, E. im funktionalen Sinne bezeichnet die Beschaffung und Weiterveräußerung von Waren an private Haushalte, ohne diese einer eingehenderen Be- oder Verarbeitung zu unterziehen. E. im institutionellen Sinne umfasst jene Unternehmen und Institutionen, die ausschließlich oder überwiegend Waren beschaffen und an private Haushalte weiterveräußern und damit Einzelhandelsfunktionen übernehmen. Dabei ist es unerheblich, ob die Waren in eigenem Namen für eigene Rechnung oder für fremde Rechnung (Kommissionshandel) abgesetzt werden.

Einzelhandel, ambulanter, → Ambulanter Handel.

Einzelhandel, stationärer, → Betriebe des → Einzelhandels, die im Gegensatz zum → ambulanten Handel über ein Ladenlokal mit einem festen Standort verfügen. Neben dem → Spezialhandel gehören auch Betriebsformen des Universalhandels, wie z.B. → Discounter, → Verbrauchermärkte und → Warenhäuser zum S. E., da sie zur Distanzüberwindung zwischen privatem Haushalt und Handelsunternehmen auf dem Prinzip des Holkaufs des Verbrauchers beruhen.

Einzelhandelsmarketing, Spezialform des → Handelsmarketing. Als E. wird die Summe aller Aktivitäten, die eine marktgerichtete Führung von Einzelhandelsbetrieben zum Gegenstand haben, bezeichnet. Das E. lässt sich in die zwei Teilbereiche Absatzmarketing und Beschaffungsmarketing gliedern. Der erste Teilbereich bezieht sich auf Maßnahmen, die auf eine Beeinflussung potenzieller Nachfrager abzielen. Eines der Hauptziele des Absatzmarketing ist hier, durch Einsatz der dem Einzelhandel zur Verfügung stehenden absatzpolitischen Instrumente, einen möglichst hohen Anteil der relevanten Nachfrage in das eigene → Einzugsgebiet zu lenken und zu befriedigen. Das Beschaffungsmarketing ist hingegen auf eine möglichst effiziente Gestaltung der Geschäftsbeziehungen mit den jeweiligen Lieferanten ausgerichtet. Die Bedeutung eines eigenständigen E. ist gestiegen, da die traditionellen Handelsfunktionen, wie Lagerung, Sortimentsfunktion, Veredelung und Weiterveräußerung von vorgefertigten Waren, durch relativ neuartige Entwicklungen, wie z.B. die Entwicklung und Einführung von Handelsmarken, intensiver ausgeführt werden können.

Einzelhandelspanel, → Panelerhebungen im Einzelhandel.

Einzelhandelszentralität, Kennziffer, die im Rahmen der Standortforschung zur Ermittlung von Marktgrenzen und der Analyse von Kaufkraftströmen genutzt wird. Durch die Bestimmung der E. wird z.B. die Bedeutung des Einzelhandels eines Ortes im Vergleich zu dessen Umfeld ermittelt. Die E. wird üblicherweise als Differenz aus Umsatzvolumen des Ortes und dem Produkt aus dem Durchschnittsumsatz pro Einwohner des Gesamtgebietes und der Einwohnerzahl des Ortes ermittelt. Grundsätzlich werden bei einer positiven E. Kaufkraftgewinne vermutet, während eine negative E. auf Kaufkraftverluste hindeutet. Eine derartige Berechnung der E. wird jedoch durch die i.d.R. lediglich approximativ bestimmbaren Umsatzwerte erschwert.

Einzelhändler, Bezeichnung für eine Person, die Waren beschafft und an Endkunden weiterveräußert. Als E. werden jedoch nicht diejenigen Personen bezeichnet, die als Arbeitnehmer im Angestelltenverhältnis im → Einzelhandel tätig sind, sondern die Arbeitgeber bzw. Unternehmer. Bezugsrahmen für den Begriff E. sind insbesondere Ladengeschäfte, wie beispielsweise → Supermärkte, → Fachgeschäfte, → Boutiquen usw. Für sonstige Formen des Einzelhandels, wie Tankstellenmärkte, Hausierhandel, ist die Bezeichnung E. eher ungewöhnlich.

Einzelkosten, *direkte Kosten*; Kosten, die im Gegensatz zu → Gemeinkosten einem bestimmten Bezugsobjekt verursachungsgerecht, d.h. direkt zugerechnet werden können. Je nach Bezugsobjekt lassen sich Kostenträgereinzelkosten (sind den erzeugten Leistungseinheiten als → Kostenträger direkt zurechenbar) und Kostenstelleneinzelkosten (sind den betrieblichen → Kostenstellen direkt zurechenbar) unterscheiden. Beispielsweise lassen sich Verkaufsprovisionen i.d.R. direkt einem bestimmten Auftrag als Kostenträgereinzelkosten zurechnen. Als Beispiel für Kostenstelleneinzelkosten können die Gehälter der Marketingmitarbeiter angeführt werden, sofern diese direkt einzelnen Marketingbereichen zugerechnet werden können.

Einzelkostenrechnung, relative, von Paul Riebel entwickeltes System der → Teilkostenrechnung, das im Speziellen auf die Unterscheidung zwischen → Einzel- und → Gemeinkosten abstellt. Wesentliches Merkmal dieses Systems ist, dass sämtliche Kosten als (relative) Einzelkosten bestimmten Bezugsobjekten zugerechnet werden. Die Unterscheidung zwischen Einzel- und Gemeinkosten wird dadurch relativiert, dass sich letztlich alle Kosten und Erlöse einem Bezugsobjekt als Einzelkosten bzw. Einzelerlöse zurechnen lassen. Die Kosten einer Werbekampagne beispielsweise stellen – bezogen auf die einzelne Produkteinheit – Gemeinkosten dar, für ein anderes, hierarchisch weitergefasstes Bezugsobjekt (z.B. Produktgruppe) sind diese aber durchaus wieder direkt zurechenbar und können damit als (relative) Einzelkosten verstanden werden. Durch diese sukzessive Erweiterung der Bezugsobjekte entsteht eine Bezugsgrößenhierarchie (→ Absatzsegmentrechnung). Als Bezugsobjekte kommen generell andere Unternehmensteile, Ausschnitte aus den Umweltbeziehungen eines Unternehmens (Kunden, Lieferanten, Regionen, Absatzwege, Auftragsarten usw.) sowie grundsätzlich alle Ereignisse, die für ein Unternehmen von Interesse sind, in Frage. Die Bezugsobjekte im System der relativen Einzelkostenrechnung gehen damit über die in der klassischen Kostenrechnung üblichen Zurechnungseinheiten → Kostenstellen und → Kostenträger hinaus. Hinsichtlich der verursachungsgemäßen Kostenzurechnung kann die relative Einzelkostenrechnung als eines der exaktesten Verfahren bezeichnet werden. Grund hierfür ist, dass weder Gemeinkosten aufgeschlüsselt noch Fixkosten proportionalisiert werden. Allerdings ist sie mit einem erheblichen Rechenaufwand verbunden, weshalb sie sich in der Praxis bisher nicht als durchgängig eingesetztes System hat durchsetzen können.

Einzelmarke, *Monomarke*; ein → Produkt, das unter einer eigenen → Marke vom Anbieter offeriert wird. Im Konsumgüterbereich verfolgen z.B. Ferrero und Henkel diese E.-Strategie. Hier verbirgt sich das Unternehmen hinter Labels wie Duplo und Hanuta (Ferrero) oder Persil und Fewa (Henkel). Diese strategische Option weist folgende Vorteile auf: (1) Für jede Marke lässt sich eine unverwechselbare Persönlichkeit aufbauen, indem der Hersteller die Beschaffenheit des Erzeugnisses auf die Bedürfnisse der Nachfrager ausrichtet. (2) Der Aufbau einer individuellen Markenpersönlichkeit gestattet die Bildung eines eigenständigen Markenimages, das zu den Markenbildern anderer Produkte des Unternehmens kaum Überschneidungen aufweist. (3) Die E.-Strategie erfordert nur einen geringen Koordinationsbedarf der absatzwirtschaftlichen Aktionen der einzelnen Marken. *Vgl. auch* → Dachmarke, → Familienmarke.

Einzugsgebiet, *Marktgebiet*. Die räumliche Abgrenzung des Gebietes, das von den dem E. zuzurechnenden Nachfragern, aus verschiedenen Gründen, wie beispielsweise Attraktivität des Angebotes und geringe räumliche Distanz im Vergleich zu anderen Verkaufsorten, präferiert wird, so dass es im Ergebnis zu keiner Abwanderung der Nachfrager kommt. Zur Bestimmung von Einzugsgebieten kommen unterschiedliche Methoden, die im Rahmen von empirischen Untersuchungen entwickelt wurden, zur Anwendung. Beispiele für Methoden zur → Einzugsgebietsabgrenzung sind u.a. Gravitationsmodelle und der probabilistische Potenzialansatz. Besondere Bedeutung erfährt die → Einzugsgebietsabgrenzung im Rahmen der → Standortwahl.

Einzugsgebiet, Bestimmung des, → *Einzugsgebietsabgrenzung*.

Einzugsgebietsabgrenzung, bezeichnet die Abgrenzung der räumlichen Ausdehnung des Marktgebietes und ist somit Teil der → Standortforschung und dort insbesondere Teil der Mikroanalyse. Die Notwendigkeit einer E. liegt in dem unternehmerischen Ziel begründet, einen Großteil der für die Verkaufsstätten relevanten Nachfrage zu befriedigen. Eine der grundlegenden Fragen im Rahmen der E. lautet mithin, aus welchen Entfernungen Nachfrager einen bestimmten → Standort beispielsweise eines Einzelhandelsbetriebes aufsuchen und aus diesem Grund als potenzielle Kunden zu betrachten sind. Zur E. existiert eine Vielzahl von Methoden, die sich in die drei Gruppen Abgrenzung mit Hilfe von Erfahrungswerten, Abgrenzungsverfahren, die auf Gesetzmäßigkeiten beruhen, und Abgrenzungsverfahren, die auf Befragung beruhen, einteilen lassen. In die erste Gruppe kann die Kreismethode eingeordnet werden, bei der die E. durch gleichmäßig zunehmende Luftliniendistanzkreise durchgeführt wird. Die Zeitdistanzmethode zählt ebenfalls zu der erstgenannten Gruppe. Im Mittelpunkt der Zeitdistanzmethode steht die Ermittlung der zeitlichen Entfernung des → Point of Sale zum jeweiligen Wohnort der Nachfrager. Hierbei kann zwischen zwei Vorgehensweisen differenziert werden. Zur Abgrenzung von Einzugsgebieten werden im Rahmen der Zeitdistanzmethode je nachdem ob der zu untersuchende Point of Sale eher ‚zu Fuß' oder eher per Verkehrsmittel erreicht wird, entweder Gehminuten oder reale, also durch Unwegsamkeiten wie Ampeln, Baustellen usw. beeinflusste Autominuten verwendet. In der praktischen Anwendung der Zeitdistanzmethode wird der Standort des Point of Sale auf einer entsprechenden Landkarte markiert und anschließend durch eine Verknüpfung einzelner Standpunkte, die jeweils ca. zehn Gehminuten vom Point of Sale entfernt sind, das → Einzugsgebiet ermittelt. Das Einzugsgebiet, dessen äußere Grenzen z.B. in fünf Gehminuten erreicht werden können, kann als sog. primäres Einzugsgebiet bezeichnet werden und umfasst nicht selten 80% des gesamten Kundenpotenzials. Die äußeren Grenzen dieses primären Einzugsgebietes bilden den Beginn des sog. sekundären Einzugsgebietes, das sich z.B. bis ca. acht Gehminuten erstreckt und einen Nachfrageranteil von ungefähr 15% abgrenzt. Das tertiäre Einzugsgebiet wird durch den Bereich gebildet, der sich zwischen acht und zehn Gehminuten befindet, dieses Einzugsgebiet umfasst in diesem Beispiel die restlichen 5% des Kundenpotenzials. Im Fall der Verwendung von Autominuten verschieben sich die Grenzen des primären, sekundären und tertiären Einzugsgebietes auf z.B. jeweils bis 15, 24 und 30 Autominuten, wobei sich in diesem Beispiel die Verteilung des Nachfragerpotenzials auf jeweils 70%, 20% und 10% ändert. Trotz der Vorteile, die die Zeitdistanzmethode durch die Verwendung ‚wirklich' beanspruchter Geh- bzw. Autominuten beispielsweise ggü. der sog. Kreismethode aufweist, bleiben auch bei dieser Methode einige Mängel zu konstatieren. So ist beispielsweise die aus der Analyse von Erfahrungswerten entstandene, pauschalierende Einteilung der Einzugsgebietszonen, insbesondere mit Blick auf die unterschiedliche Attraktivität verschiedener → Betriebsformen, durchaus umstritten. Als letztes Verfahren zählt die Auswertung von Kundenkarteien u. Ä. zur ersten Gruppe. Im Rahmen dieses Verfahrens wird auf einer Stadtkarte die zu betrachtende Einkaufsstätte eingezeichnet und mit verschiedenen Kreisen unterschiedlicher Radien versehen. Anschließend werden die Kunden auf der Karte eingetragen, so dass ein primäres, sekundäres und tertiäres Einzugsgebiet ersichtlich wird. Zu den wesentlich komplexeren Methoden zählen das Gravitationsgesetz nach Reilly, das Gravitationsmodell nach Converse, das Kaufkraftverteilungsmodell nach Huff und die Ökonometrische Methode, die alle der zweiten Gruppe zuzuordnen sind. Zu der letztgenannten Gruppe, der auf Befragung beruhenden Abgrenzungsverfahren, zählt beispielsweise das sog. ‚Customer Spotting'. Bei diesem Verfahren handelt es sich im Wesentlichen um eine Zusammenfassung mehrerer Methoden. Auf einer Landkarte, in deren Mitte sich der Point of Sale befindet, werden zunächst durch Befragung identifizierte Wohnorte von Kunden eingetragen. Im Anschluss daran werden um den Point of Sale konzentrische Kreise eingetragen, die das Einzugsgebiet in unterschiedliche Entfernungszonen aufteilen. Durch dieses Vorgehen wird versucht, einen Maßstab für die Anziehungskraft des Point of Sale zu ermitteln.

Literatur: Theis, H.-J. (1999): Handels-Marketing – Analyse- und Planungskonzepte für den Einzelhandel, Frankfurt/Main, S. 314-334.

Einzweckerhebung, bei einer E. werden den Probanden ausschließlich Fragen zu einem einzigen Thema gestellt. Es gibt also nur einen Auftraggeber für die Erhebung, im Gegensatz zur → Mehrzweckerhebung, bei der unterschiedliche Themen miteinander verknüpft werden. Positiv zu bewerten sind die präziseren Ergebnisse, die sich daraus ergeben, dass mehr Fragen zu einem Thema gestellt werden können, ohne dass die Konzentration und die Bereitschaft, die Fragen zu beantworten, sinken. Dadurch können wesentlich mehr und genauere Informationen gewonnen werden. Andererseits besteht die Gefahr, dass die Probanden den genauen Zweck der Erhebung durchschauen und unbewusst ein verändertes Antwortverhalten aufweisen, was ein verzerrtes Ergebnis zur Folge hat.

Elaboration-Likelihood-Methode, das von Petty/Cacioppo entwickelte Elaboration-Likelihood-Modell beschäftigt sich mit zentralen und peripheren Beeinflussungsrouten der Werbung. Bei der zentralen Beinflussungsroute findet eine tiefe gedankliche Informationsverarbeitung statt, bei der neue Informationen über den Meinungsgegenstand mit bereits vorhandenem Wissen abgeglichen werden. Die hierbei entstehenden kognitiven Aktivitäten werden Elaborationen genannt. Je höher das → Involvement einer Person bezüglich eines Meinungsgegenstandes ist, desto höher ist die Wahrscheinlichkeit, dass eine intensive Informationsverarbeitung stattfindet, d.h. die „zentrale Route" eingeschlagen wird. Bei geringem Involvement folgen die Konsumenten dagegen eher der peripheren Route, d.h. die Einstellung zu einem Produkt wird durch die Einschätzung der emotionalen Stimuli der Werbebotschaft bestimmt (z.B. Gefallen der Hintergrundmusik, Attraktivität der dargebotenen Personen usw.).

Elbow-Kriterium, Kriterium anhand dessen bestimmt wird, wie viele Faktoren bei einer → Faktorenanalyse extrahiert werden sollen. Dazu werden die Faktoren gemäß ihres Eigenwerts der Größe nach geordnet und auf einem Graphen dargestellt. Im Allgemeinen hat der Graph einen geknickten Verlauf. Nach dem E.-K. werden nur die Faktoren extrahiert, die sich oberhalb des Knicks (Elbow) befinden.

Electronic Banking, beschreibt den → Vertriebsweg von Banken (→ Bankmarketing), Dienstleistungen (→ Dienstleistung, Begriff der) insbesondere über elektronische Kommunikationsmedien zu verkaufen. Unter elektronischen Kommunikationsmedien sind vor allem die auf dem Internetstandard basierenden Netzwerktechnologien zu verstehen. Neben dem Verkauf über elektronische Kommunikationsmedien werden zum E.B. i.w.S. auch der → Vertrieb von Dienstleistungen über Geldausgabeautomaten, Selbstbedienungsterminals und Kontoauszugsdrucker gezählt. Die Mehrzahl der Banken setzt E.B. zusätzlich zum Vertrieb ihrer Dienstleistungen über ihre stationären Filialen ein. Einige Banken, vor allem Direktbanken, nutzen fast ausschließlich E.B. Generell versuchen viele Banken aus Kostengründen den Vertriebsweg E.B. zu Lasten ihrer stationären Filialen intensiver zu nutzen.

Electronic Business, Anbahnung und Abwicklung von Geschäftsprozessen mittels elektronischer Netze. Als Endgeräte können stationäre oder tragbare PC wie auch Mobiltelefone dienen (→ M-Commerce). *Vgl. auch*: → E-Commerce, → Electronic Marketing, → Electronic Shopping, → Virtual Trade.

Electronic Cash, allgemeine Bezeichnung für elektronische Zahlungsmittel. Im Jahre 1990 wurde das Electronic-Cash-System in Deutschland eingeführt. Als ‚Netzgeld' kann das E.C. neue Zahlungstransaktionen ermöglichen. Der Kunde kann z.B. mit der Euroscheckkarte (EC-Karte) unter Eingabe seiner persönlichen Geheimnummer an einem POS-Terminal (→ Point of Sales) bei einem dem System angeschlossenen Händler bezahlen. Die Autorisierung des Kontoinhabers erfolgt bei jeder Transaktion online und der Betrag wird anschließend vom Konto des Kunden abgebucht. Andererseits kann die EC-Karte zur Erstellung eines Lastschrift-Auftrages (Einzugsermächtigung) genutzt werden. Hierbei wird ohne Herstellung einer Online-Verbindung zu einer Autorisierungszentrale am → POS lediglich die Kontonummer, die Bankleitzahl und der Name des Kunden von der EC-Karte gelesen. Eine Erfassung der PIN-Nummer erfolgt nicht. Der Kunde unterschreibt den mit den erfassten Daten erstellten Lastschrift-Auftragsbeleg, womit dem Handelsunternehmen eine Abrechnung des Rechnungsbetrages mit der Bank des Kunden ermöglicht wird. Beide Vorgehensweisen im Zusammenhang mit der Nutzung der EC-Karte dienen sowohl aus der Perspektive der Kreditinstitute als auch der Perspektive der teilnehmenden Handelsunternehmen zur Förderung des bargeldlosen Zahlungsverkehrs. Ziel ist es auf beiden Seiten, die Kosten für den Einsatz des Online-Systems bzw. Lastschrifteinzuges unter die erheblichen Kosten für Bar-/Scheckzahlungsvorgänge zu senken. Nicht zuletzt sollen aus der Perspektive der Handelsunternehmen auch die Kosten für die Entgegennahme von Kreditkarten vermieden werden. Im Wege einer Integration von Cash-Management-Systemen und POS-Banking mit der computergestützten Warenwirtschaft, die täglich die Daten über Umsatzvolumina und Lieferantenverbindlichkeiten ermittelt, sind vor allem in großen Handelssystemen Rationalisierungsvorteile und damit ein verbessertes Finanzmanagement zu erwarten.

Literatur: Olbrich, R. (1997): Stand und Entwicklungsperspektiven integrierter Warenwirtschaftssysteme, in: Ahlert, D./Olbrich, R. (Hrsg.): Integrierte Warenwirtschaftssysteme und Handelscontrolling, 2. Aufl., Stuttgart, S. 135f.

Electronic Commerce, E-Commerce, elektronischer Handel.

I. Begriff: E.C. bezeichnet den Prozess der elektronischen Abwicklung einer Markttransaktion über Online-Medien.

II. Merkmale: E.C. umfasst zwei Geschäftsbereiche. Innerhalb des ersten Bereiches wickeln Hersteller untereinander oder mit einem Handelspartner ihre Transaktionen ab. Dieser Bereich wird in der Praxis als ‚Business-to-Business-Bereich' bezeichnet. In diesem Rahmen können auch andere Tätigkeiten, wie z.B. Online-Beschaffung, Datenaustausch zwischen Hersteller und Handel sowie Online-Lieferung von Software-Produkten durchgeführt werden. Der Konsument bleibt in diesem Falle ausgeklammert. E.C. vollzieht sich in diesem Bereich bereits seit Jahren mit Hilfe des → Electronic Data Interface. Innerhalb des zweiten Bereiches wickeln Hersteller und Handel ihre Transaktionen direkt mit Konsumenten ab. Dieser Bereich wird in der Praxis als ‚Business-to-Consumer-Bereich' bezeichnet. Offene Netze, wie das Internet, und sinkende Preise in der Computerbranche ermöglichen einen zunehmenden elektronischen Geschäftsverkehr zwischen Unternehmen.

III. Ziele: Neben der Möglichkeit, Kosten einzusparen, besteht das Hauptziel des E.C. darin, die Marktbeziehungen zwischen Online-Anbietern (Handel und Hersteller) und Konsumenten zu individualisieren. Den Ausgangspunkt für den Aufbau einer solchen Beziehung bilden die aus den Online-Kaufprozessen gewonnen Informationen über das Käuferverhalten (z.B. Art der Ware, Suchverhalten oder der individuelle Selektionsprozess). Diese Informationen werden genutzt, um Direkt-Marketingmaßnahmen (z.B. Werbung, Sonderangebote und -aktionen) zu konzipieren, welche die Ansprache des Nachfragers bei seiner Informationssuche im Internet oder im Rahmen des → Internet-Shoppings erleichtern sollen. Aus Konsumentensicht bietet das E.C. durch die Inanspruchnahme verschiedener Suchmaschinen im globalem Netz detaillierte Informationen über einzelne Produkte und somit relativ gute Vergleichsmöglichkeiten der Angebote.

IV. Probleme: Die wesentlichen Probleme des E.C. sind die noch unzureichenden Sicherheitsmechanismen und einige Unklarheiten in der deutschen Gesetzgebung. Sicherheitsprobleme können z.B. bei der Abwicklung von Zahlungen auftreten, da die für den Zahlungsverkehr notwendigen Daten (z.B. Kundenname und Kreditkartennummer) über das Netz übertragen werden müssen. Zu den Rechtsproblemen gehören insbesondere der unzureichende Copyright-Schutz für Multimedia-Werke und das umstrittene Datenschutzgesetz.

Literatur: Sönke, A./Michael, C./Peters K./Skiera, B. (1999): eCommerce: Einstieg, Strategie und Umsetzung im Unternehmen, Frankfurt/Main..

Rainer Olbrich/Martin Grünblatt

Electronic Customer Care, Bezeichnung für die Pflege von → Geschäftsbeziehungen über vor allem elektronische Kommunikationsmedien. Unter elektronischen Kommunikationsmedien sind insbesondere die auf dem Internetstandard basierenden Netzwerktechnologien zu verstehen. Unternehmen setzen diese Medien neben der persönlichen und der telefonischen Betreuung zum → Management von Geschäftsbeziehungen ein. Im Vergleich zu den letzten zwei genannten Möglichkeiten können Unternehmen mittels des E.C.C. ihre Kunden tendenziell kostengünstiger betreuen. In der Regel setzen Unternehmen in diesem Kontext in Abhängigkeit der Wertigkeit ihrer Kunden (→ Kundenwert) nicht nur eine, sondern mehrere der drei erwähnten Alternativen ein.

Literatur: Muther, A. (2001): Electronic Customer Care: Die Anbieter-Kunden-Beziehung im Informationszeitalter, 3. Aufl., Berlin u.a.

Electronic Data Interchange, → *EDI*; elektronischer Austausch von Nachrichten und Informationen in Unternehmen (z.B. zwischen den Bereichen Disposition, Wareneingang, → Logistik, Einkauf, Fakturierung und → Transport) oder zwischen Geschäftspartnern (Kunden, → Lieferanten, Banken usw.) und Behörden. Durch den Einsatz der elektronischen Datenverarbeitung und der elektronischen Kommunikation können einerseits die Abläufe innerhalb einer Vorgangskette von der Produktion bis zum Vertrieb verbessert und andererseits die Effizienz des Geschäftsverkehrs gesteigert werden. Neben der Ausschöpfung von Rationalisierungspotenzialen, die sich z.B. in Zeit- und Kostenersparnissen widerspiegeln, vereinfacht der EDI-Einsatz auch die organisatorischen Abläufe. Die damit verbundene Beschleunigung der Geschäftsabwicklung führt zu einer Verkürzung der Reaktionszeiten des Unternehmens und zu einer Beschleunigung der Marktprozesse. Im Handelsbereich erlaubt der Einsatz von EDI z.B. die Senkung der Lager- und Kapitalbindungskosten sowie eine Zunahme des Warenumschlags durch die Vermeidung von Fehlmengen in den Verkaufsstätten.

Literatur: Olbrich, R. (1997): Stand und Entwicklungsperspektiven integrierter Warenwirtschaftssysteme, in: Ahlert, D./Olbrich, R. (Hrsg.): Integrierte Warenwirtschaftssysteme und Handelscontrolling, 3. Aufl., Stuttgart, S. 140ff.

Electronic Data System, → Electronic Data Interchange (EDI).

Electronic Funds Transfer, *EFT*, kennzeichnet den elektronischen Zahlungsverkehr. Dieser wird zwischen Institutionen und zwischen Institutionen und privaten Personen/Kunden ohne Beleg mittels elektronischer Impulse durchgeführt. Zwischen Institutionen und privaten Kunden vollzieht sich der elektronische Zahlungsverkehr beispielsweise über → Electronic Banking.

Electronic Mail, *E-mail*. Methode der Übermittlung von schriftlichen Nachrichten über Netzwerke. Mittels E.M. lassen sich zielgenau – innerhalb eines sehr kurzen Zeitraums – Nachrichten übermitteln. Damit eröffnet man für das Marketing eine neue Dimension der individuellen und direkten Kommunikation mit dem Kunden. Insbesondere geeignet sind sie für die → Kundenbindung, finden aber auch vielseitig Einsatz bei Kundengewinnungsmaßnahmen (*vgl. auch* → Neukundenakquisition). Ein nachteiliges Image haftet den Massen-E.M. (sog. Spam) an: An eine sehr große Zahl von Kunden wird ein inhaltgleiches Mail verschickt. Damit verschwindet die Treffergenauigkeit und die Unzufriedenheit über volle „EM.-Briefkästen“ steigt. Ziel der Direct Marketer ist es derzeit, eine Verknüpfung von physikalischer mit elektronischer Adresse zu realisieren.

Electronic Marketing, Sammelbegriff für alle Marketingbereiche, in denen elektronische Komponenten und Systeme der Informations- und Kommunikationstechnologie zur Anwendung gelangen. Die Marketingaktivitäten können sowohl auf → Online- als auch auf → Offline-Systemen basieren. Ein erster Einsatzbereich elektronischer → Medien im Marketing ist die → Marktforschung. Dazu gehören z.B. computergestützte Sekundärerhebungen mittels → Online-Datenbanken oder → CD. Im Rahmen der Primärforschung sind computergestützte Befragungen wie die computergestützte telefonische Befragung (→ CATI), die computergestützte persönliche Befragung (CAPI) und die direkte Computerbefragung ohne Interviewer-Unterstützung zu nennen. Des Weiteren zählen auch scanner- und computergestützte Beobachtungen dazu wie z.B. die elektronische Verkaufszahlenerfassung, Blickregistrierungsverfahren, Fernsehzuschauerforschung u.Ä. Im Rahmen der → Produktpolitik sind elektronische Medien u.a. im Rahmen der Produktentwicklung einsetzbar, etwa virtuelle Produkttests und die Entwicklung virtueller Prototypen. Des Weiteren lassen sich elektronische Medien insbesondere → CD und → Online-Medien für die Gestaltung interaktiver Gebrauchsanweisungen, Bedienungsanleitungen u.Ä. nutzen, die bei Bedarf individuell abrufbar sind. Schließlich kommen elektronische Medien zur Einrichtung von Hotlines und Call-Centers zum Einsatz (z.B. per Telefon oder → online). *Vgl. auch* → Online-Service. Im Rahmen der → Preispolitik spielen elektronische Medien insbesondere bei der Angebotskalkulation eine Rolle. Aus Sicht des Kunden ist hier insbesondere die Möglichkeit des einfachen Preisvergleichs verschiedener Angebote zu nennen, die durch → Multimedia wesentlich erleichtert wird: sog. virtuelle Agenten ermöglichen es dem Käufer, aus der Vielzahl bestehender Internet-Angebote das jeweils preisgünstigste zu selektieren. Entstanden sind auch innovative Formen der Preisbildung, z.B. in Form von Online-Auktionen. Wesentlicher Einsatzbereich elektronischer Medien ist die → Kommunikationspolitik. Elektronische Medien wie Fernsehen, → Kiosksysteme, → CD-ROM, → Videosysteme und → Online-Systeme eignen sich besonders zur realitätsnahen und ansprechenden Präsentation des Leistungsangebotes eines Unternehmens. Die neuen interaktiven Technologien ermöglichen darüber hinaus das selektive Abrufen der gewünschten Informationen seitens des Rezipienten bis hin zu einem echten Dialog und eignen sich insbesondere auch für die Direktkommunikation. *Vgl. auch* → Multimedia-Kommunikation, → multimediale Direktkommunikation. Im Rahmen der → Distributionspolitik können elektronische Medien zum einen beim persönlichen Verkauf zum Einsatz kommen (→ Computer Aided Selling). Zum anderen lassen sich der elektronischen Distribution auch die verschiedenen Formen des → Electronic Commerce zuordnen (→ Electronic Shopping, → Online-Distribution, → Online-Shopping). Weiterhin finden elektronische Medien Einsatz im Rahmen computergestützter → Warenwirtschaftssysteme, Datenaustauschsystemen (→ Electronic Data Interchange), Kommissionierungs- und Distributionsabwicklungssystemen.

Electronic Publishing. Im weitesten Sinne die elektronische Veröffentlichung von Dokumenten, z.B. in Form von Microfiches, → CD ROM oder im → Internet. Im engeren Sinne bezeichnet E.P. das Platzieren redaktioneller Angebote im Internet, eine von Medienunternehmen sowohl aus dem Print- als auch aus dem Rundfunkbereich häufig praktizierte Form des → Electronic Marketing. I.d.R. werden bei Printunternehmen Ausschnitte aus der Printausgabe sowie Zusatzangebote wie Online-Recherchen und Entertainment-Angebote präsentiert, wohingegen Rundfunkunternehmen Zusammenfassungen bzw. Hintergrundinformationen zu einzelnen Fernsehsendungen anbieten. In einigen Fällen entstehen völlig neue Titel (z.B. CineMotion), die ausschließlich online verfügbar sind.

Electronic Purchasing, Oberbegriff für alle Beschaffungsaktivitäten, die von modernen, elektronischen → Informations- und Kommunikationstechnologien unterstützt werden. Auf diese Weise sind direkte One-to-One-Beziehungen auch zwischen räumlich weit entfernten Transaktionspartnern möglich. Unter die Systeme des E.-P. fallen Bedarfsplanungs- und Bedarfssteuerungssysteme im Rahmen von Standardanwendungen, wie z.B. → SAP R3 (Modul Material Mangement) – auch als → Computer Assisted Ordering (CAO) bezeichnet –, unternehmensübergreifende elektronische Bestellabwicklungen mittels → Electronic Data Interchange (EDI) und die vollständige elektronische → Beschaffung, beispielsweise mittels elektronischer Auktionssysteme im → Internet. So gibt es zunehmend Unternehmen, die ihren → Bedarf (vor allem an weitgehend standardisierten Leistungen) im Rahmen sog. Reverse Auctions im Internet ausschreiben und entsprechende Angebote einfordern, wobei der günstigste Bieter bzw. Lieferant schließlich den Zuschlag erhält.

Electronic Shopping, *Elektronischer Einkauf.* Ausprägung des → Electronic Commerce. Als E.S. werden allgemein Einkaufsvorgänge bezeichnet, die ganz oder teilweise über elektronische → Medien abgewickelt werden; im engeren Sinne bezeichnet E.S. die Nutzung des → Internet oder sonstiger offener oder geschlossener Computer- und Telekommunikationsnetze (→ Extranet, → Digitales Fernsehen, → M-Commerce) für den Einkaufsvorgang. Wichtige Formen im Rahmen des E.S. sind das interaktive → Teleshopping, das → Onlineshopping wie auch der Einkauf über hybride → Kiosksysteme.

Elektro- und Elektronikaltgeräte-Richtlinie, Richtlinie 2002/96/EG des Europäischen Parlaments und des Rates über Elektro- und Elektronikaltgeräte vom 27. Januar 2003 schreibt vor, dass Systeme für die Behandlung und Verwertung von Altgeräten eingerichtet werden müssen sowie die Erfüllung festgelegter Zielvorgaben bei der Verwertung (Quoten). Die Richtlinie ist am 13. Februar 2003 in Kraft getreten. Innerhalb von 18 Monaten wird durch eine Elektro- und Elektronikaltgeräte-Verordnung (ElektroV) die Umsetzung in deutsches Recht erfolgen → Redistributionspolitik.

Elektro- und Elektronikaltgeräte-Verordnung (ElektroV), → Elektro- und Elektronikaltgeräte-Richtlinie.

Elektrodermale Reaktion (EDR), Reaktion, bei der der elektrische Hautwiderstand gemessen wird. Sie ist ein valider und reliabler Indikator für die Aktiviertheit eines Individuums.

Elektronikschrottverordnung, → Redistributionspolitik.

Elektronische Medien, hierzu zählen: Hörfunk, Fernsehen, Filmtheater/Kino und Online Dienste. Hörfunk und Fernsehen zusammen bilden den Rundfunk. Der Hörfunk hat im → Mediamix lange nicht die Bedeutung wie z.B. das Fernsehen. War der Netto-Werbeumsatz in 2002 für den Hörfunk 678 Mio. EUR, so belief sich der Netto-Werbeumsatz des Fernsehens im gleichen Jahr auf 4.469 Mio. EUR ohne Produktionskosten. Durchschnittlich hört der Bundesbürger täglich mehr als drei Stunden Radio und sieht mehr als drei Stunden fern. Die werbestärksten Branchen im Hörfunk 2002 zeigt die Tab. „Werbestärkste Branchen im Hörfunk".

Branchen	In Mio. EUR
Auto-Markt	156
Massenmedien	106
Handelsorganisationen	61
Alkoholfreie Getränke	44
Möbel und Einrichtung	44
Telekommunikation	41
Bier	39
Spezialversender	33
Lotterien / Lotto / Toto	31
Hotels und Gastronomie	25

Werbestärkste Branchen im Hörfunk (Quelle: ZAW 2002, S. 307)

Beim Werbefernsehen konnten die privaten Anbieter einen Netto-Werbeumsatz von 4.154 Mio. EUR verbuchen, die öffentlich-rechtlichen Anstalten ARD und ZDF hingegen ca. 315 Mio. EUR. Beim Fernsehen gibt es für den Zuschauer verschiedene Möglichkeiten, die heute üblichen Werbeblöcke, die während eines Spielfilmes gezeigt werden, zu vermeiden, z.B. → Zapping, → Flipping oder → Sticking. Zur Übertragung *vgl. auch* → Kabelfernsehen, → Satellitenfernsehen, → Terrestrisches Fernsehen.

Literatur: ZAW (2002) (Hrsg.): Werbung in Deutschland 2002, Bonn. ARD/ZDF Langzeitstudie „Massenkommunikation".

Elektronischer Handel, → *Electronic Commerce.*

Elektronischer Markt, *elektronischer Marktplatz.* Elektronische Plattform, auf der Angebot und Nachfrage zusammentreffen und Geschäftstransaktionen unabhängig von der räumlichen und zeitlichen Distanz der Marktteilnehmer stattfinden. Im Gegensatz zu realen Märkten sind E.M. virtueller Natur (→ Virtuelle Realität). Als Medium dienen Telekommunikationsnetze wie auch digitale Daten- bzw. Informationsnetze wie das → Internet oder kommerzielle → Online-Dienste. E.M. bilden die wesentliche Grundlage des → Electronic Commerce. *Vgl. auch* → Electronic Shopping, → Online-Shopping.

Elektronischer Testmarkt, → Spezielle Testdesigns in der Marktforschung.

Elementenpsychologie, ältere wahrnehmungspsychologische Theorie, die im Gegensatz zur Gestaltheorie und → Ganzheitspsychologie davon ausgeht, dass sich die Wahrnehmung aus der Summe von Einzelempfindungen zusammensetzt, die durch chemisch-physikalische Reize ausgelöst werden. Die E. geht weiterhin davon aus, dass die Intensität einer Empfindung von der Stärke des Reizes abhängig ist. Die Erkenntnisse dieser Theorie werden heute angezweifelt.

Elimination by Aspects, → Verhaltenswissenschaftlicher Ansatz, → Kaufentscheidung, → Konsumentenverhaltensforschung.

ELM, Abk. für → Elaboration-Likelihood-Methode.

E-Mail-Werbung, ist als solche zu kennzeichnen, um zu verhindern, dass der Empfänger durch vermeidbare Arbeit und Kosten belastet wird. Denn ohne Identifikation als Werbung muss er jede E-Mail bei seinem Provider abholen und öffnen, um festzustellen, ob es sich um Werbung oder andere Inhalte handelt. Nicht gekennzeichnete und unverlangt zugeschickte E.-M.-W. (sog. Spamming) ist grundsätzlich wettbewerbswidrig; *vgl. auch* → Telefonwerbung.

Emanzipations- und Anpassungskonzept, Basisstrategien für Zulieferer. Emanzipationskonzepte verlangen die Übernahme einer Führungsrolle, z.B. beim Durchsetzen von neuen Technologien für Komponenten oder bei der Neugestaltung der Industriestruktur, z.B. als System- oder Modullieferant. Anpassungskonzepte, auch Adapterstrategie genannt, beinhalten ein eher reaktives Verhalten der Unternehmung, die sich an bereits durchgesetzten Industrie- und Technologieveränderungen in der Branche flexibel anpasst.

EMAS, → *Environmental Management and Audit Scheme*.

Emergente Strategien, → Strategische Planung.

Emic-Ansatz, Forschungsansatz innerhalb der interkulturellen Marktforschung (→ Cross Cultural Research), der das in einer nationalen Population auftretende Verhalten oder die vorherrschenden Werte als einzigartig ansieht und versucht, diese Phänomene mithilfe von systemimmanenten Konzepten bestmöglich abzubilden. Dieser Ansatz erfordert die gesonderte Entwicklung kulturspezifischer Messinstrumente. Der Forscher nimmt im Gegensatz zum → Etic-Ansatz einen Standpunkt innerhalb des Systems ein. Die Untersuchung beschränkt sich auf eine Kultur.

Emotion. I. Einführung: E. zählen zu denjenigen Konstrukten in der Psychologie, über die die vielfältigsten Definitionsvorschläge vorliegen. Die Anzahl der verschiedenen Begriffsbestimmungen ist sicherlich auch ein Indiz dafür, dass das Zustandekommen von E. nicht endgültig geklärt ist, wenngleich die Emotionsforschung schon über 100 Jahre alt ist. Vielen Definitionen ist gemeinsam, dass eine E. ein subjektives Ereignis darstellt, d.h. eine innere Erregung (→ Aktivierung) ist, die mehr oder weniger bewusst als angenehm oder unangenehm erlebt wird und mit neurophysiologischen Vorgängen sowie häufig mit beobachtbarem Ausdrucksverhalten (Gestik und Mimik, → nonverbale Kommunikation) einhergeht. E. sind abzugrenzen von den Begriffen Stimmung und Affekt. Stimmungen werden als lang anhaltende diffuse E. beschrieben, die als Dauertönungen des Erlebens bzw. als Hintergrunderlebnisse umschrieben werden. Sie beziehen sich nicht auf bestimmte Sachverhalte, können jedoch Informationsverarbeitungsprozesse einfärben. Im deutschsprachigen Raum werden Affekte als grundlegende, kurzfristig auftretende Gefühle der Akzeptanz oder der Ablehnung eines Sachverhaltes verstanden, sowie als E., die kognitiv wenig kontrolliert werden und inhaltlich kaum differenziert sind. Im angloamerikanischen Raum wird der Ausdruck Affect dagegen als Oberbegriff für die mentalen Prozesse E., Stimmungen und Einstellungen genutzt. Der Begriff Primary Affects bezieht sich auf die angeborenen Emotionen, wie Überraschung, Wut oder Freude, mit dem Ausdruck Social Affects werden häufig jene Gefühle bezeichnet, die zwar auch biologisch programmiert sind, sich aber erst bei der Interaktion mit anderen Individuen ergeben können, wie beispielsweise Scham- und Schuldgefühle oder Stolz. Im Marketing gewinnt die Analyse emotionaler Vorgänge an Bedeutung, zum einen, da Konsumenten sich selten im Sinne des neoklassischen ökonomischen Ansatzes „rational“ verhalten und vielfach impulsiv entscheiden, zum anderen, da die Emotionalisierung des Konsums (Erlebnismarketing, emotionale Werbung) in Zeiten technisch austauschbarer Produkte und gesättigter Märkte häufig zum entscheidenden Erfolgsfaktor wird. E. spielen somit im Marketing eine zentrale Rolle und haben unterschiedliche Funktionen: Sie können als Folge der Marketingpolitik (emotionale Werbung) betrachtet werden, sie können die Ursache eines Entscheidungsverhaltens (sowohl im Konsumgüter- und Dienstleistungssektor als auch im Business-to-Business-Bereich) sein und sie können als intervenierende Variable (Mediators) oder als Kovariate (Moderators) verstanden werden. Beispielsweise wird der Einfluss der E. auf die kognitive Informationsverarbeitung (*vgl. auch* → Elaboration-Likelihood-Modell), auf Gedächtniswirkungen oder auf die Willensstärke bei der Zielerreichung untersucht.

II. Theoretische Grundlagen der Emotionsforschung: Grundsätzlich lassen sich die konkurrierenden Theorien zur Entstehung von E. zwei Lagern zuordnen. Die eher naturwissenschaftlich-orientierte Betrachtungsweise stellt die biologische Programmierung des emotionalen Verhaltens und die Aktivierungstheorie in den Vordergrund (E. als biologische Funktionen des zentralen Nervensystems), die sog. Appraisal Theories setzen auf der subjektiven Erlebnisebene an und erklären E. über kognitive Interpretationsvorgänge. Die Frage, ob und inwieweit kognitive Vorgänge Bestandteile von E. sind, zählt zu den meistdiskutierten

Themen innerhalb der Konsumentenforschung. In der wissenschaftlichen Literatur wird diese Diskussion unter dem Stichwort „Zajonc-Lazarus"-Debatte geführt. Lazarus zählt zu den Befürwortern der kognitiv-ausgerichteten Emotionstheorien. Im Mittelpunkt steht der sog. Appraisal-Prozess (zu Deutsch: Einschätzungs- oder Bewertungsprozess), was bedeutet, dass ein Individuum erst dann eine E. erleben kann, wenn es ein bestimmtes Ereignis (eine Episode oder eine unerwartete Stimuluskonstellation) bewertet und interpretiert. Diese Bewertung kann mehr oder weniger bewusst erfolgen. Wesentlich ist bei dem Appraisal-Vorgang vor allem, dass der durch ein Ereignis ausgelöste Zustand mit einem erwünschten Zustand verglichen wird („Goal Congruence"). Dabei kann eine E. nur dann zustande kommen, wenn das Individuum ein bestimmtes Interesse an dem Ereignis hat (Goal Relevance) und zur gleichen Zeit bewertet, inwieweit das Ereignis den erwünschten Zustand fördert oder bedroht. Eine bekannte Appraisal-Theorie stammt von Roseman, der fünf Dimensionen unterscheidet, nach denen die Bewertung eines Ereignisses vorgenommen werden kann: Jedes Ereignis kann danach (1) als motiv-konsistent (positive Emotion) bzw. -inkonsistent (negative E.) erlebt werden, (2) Appetenz oder Aversion (z.B. bei Vorliegen einer Belohnung oder Abwesenheit einer Bestrafung) erzeugen, (3) selbst oder durch andere Personen bzw. Umstände verursacht (Agency) werden, (4) wobei die Ursache mehr oder weniger sicher eingeschätzt werden kann (5) und mit unterschiedlicher Intensität verarbeitet werden kann. Dies bedeutet, dass manche Gefühlen leichter als andere bewältigt werden können (Coping Potential). Beispielsweise kommt Stolz dann zustande, wenn ein Individuum seine eigene Leistung in einem positiven Licht sieht, d.h. den Eindruck hat, ein bestimmtes Ziel erreicht zu haben. Diese positive E. ist motiv-konsistent und anziehend (eine Belohnung steht in Aussicht oder eine Bestrafung wird vermieden), sie ist selbst verursacht und kann mit einem hoch oder niedrig ausgeprägtem Coping Potential verbunden sein. Traurigkeit kann entstehen, wenn ein Individuum einen bedeutsamen Verlust erlebt, von dem es weiß, dass nichts getan werden kann, um ihn rückgängig zu machen. Dieser Verlust wird negativ erlebt (motiv-inkonsistent), den Umständen und nicht dem eigenen Verschulden zugeschrieben (wie z.B. bei Schuldgefühlen) und das Individuum wird schlecht mit diesem Erlebnis fertig. Somit können nach Roseman mittels unterschiedlicher Kombinationen der fünf genannten Dimensionen die E. Überraschung, Hoffnung, Freude, Erleichterung, Angst, Traurigkeit, Abneigung, Zuneigung, Ekel, Frustration, Ärger, Scham und Schuldgefühle, Stolz und Bedauern kategorisiert werden. Beispielsweise sind die Gefühle Freude und Erleichterung in Bezug auf vier Dimensionen identisch, unterscheiden sich jedoch dahingehend, dass Freude entsteht, wenn eine Belohnung winkt, während Erleichterung erlebt wird, wenn eine Bestrafung ausbleibt. Die Appraisal-Theorie von Roseman kann gleichfalls zur Generierung von Hypothesen eingesetzt werden, die erklären sollen, wann welche E. zu erwarten sind. Den Appraisal-Theorien wird außerdem eine hohe Erklärungskraft zugesprochen, wenn es darum geht, das Erreichen von Zielvorstellungen im Marketing zu analysieren (*vgl. auch* → Motivation). Ziele werden hier definiert als interne Repräsentationen von erwünschten Zuständen. Immer dann, wenn ein Individuum ein Ziel nicht erreichen kann, reagiert es mit einer emotionalen Reaktion, die in Stärke und Qualität von dem Konfliktbewältigungspotenzial des Individuums abhängig ist. Ein großer Kritikpunkt an den kognitiv-orientierten Emotionstheorien ist, dass in vielen Reizsituationen Erregungsmuster ausgelöst werden, die von vornherein – ohne subjektive Interpretation – in einer spezifischen Weise erlebt werden und das Verhalten bestimmen. Die biologischorientierten Emotionstheorien (auch evolutionäre Theorien genannt) gehen davon aus, dass die grundlegenden, sog. „primären Emotionen" in den Erbanlagen des Menschen verankert sind. Zu den zehn angeborenen E. zählen nach Izard Interesse, Freude, Überraschung, Kummer, Zorn, Ekel, Geringschätzung, Furcht, Scham und Reue. Alle E. gehen mit einem spezifischen mimischen Ausdrucksverhalten einher. Individuelle oder soziokulturelle Einflüsse können allerdings das subjektive Erleben und das Ausdrucksverhalten der primären E. modifizieren. Die biologische Programmierung erklärt, warum unterschiedliche Individuen auf bestimmte emotionale Stimuli (z.B. Schlüsselreize) gleich reagieren und warum emotionale Konditionierungsprozesse (*vgl. auch* → Lernen) beispielsweise in der Werbung gelingen. Ein weiterer Kritikpunkt an den kognitiven Emotionstheorien besteht darin, dass hier die Auffassung vertreten wird, E. könnten aufgrund gedanklicher Vorgänge entstehen, auch ohne die Beteiligung aktivierender Prozesse. Für die biologisch-orientierten Emotionstheorien steht dagegen die → Aktivierung im Mittelpunkt der Forschung. E. werden als biologische Funktionen des Nervensystems betrachtet, die ohne aktivierende Prozesse nicht möglich sind. Diese Auffassung erfährt Unterstützung durch die Erkenntnisse der modernen Gehirnforschung, die zeigt, dass die Aktivierungssysteme Zellen für einströmende Signale sensibilisieren, und dass über spezielle Nervenbahnen das mit den Emotionen einhergehende mimische Ausdrucksverhalten, d.h. die Funktionsbereitschaft bzw. –tätigkeit der entsprechenden Muskeln, Organe bzw. Drüsen, erzeugt wird. Die bisherige Gehirnforschung kommt zudem zu der Erkenntnis, dass der Hypothalamus homöostatische Emotionen und Motivationen reguliert, die durch interne Reizungen wie Hormone, Blutzucker usw. ausgelöst werden, während das limbische System für Emotionen zuständig ist, die durch externe Reize erzeugt werden.

III. Messung der Emotionen: Die Verfahren zur Messung der E. im Marketing (z.B. Werbewirkungsmessungen, Wirkung räumlicher Umwelten) können in drei Gruppen unterteilt werden: (1) subjektive Erlebnismessungen, (2) psychobiologische Messmethoden und (3) Analyse der Mimik und Gestik. Die Auswahl eines Messinstrumentes ist dabei von der theoretischen Perspektive abhängig. So wählen kognitiv-orientierte Emotionsforscher vor allem „Protokolle lauten Denkens", d.h. (Selbst-)beschreibungen von subjektiven Erlebnissen. Darüber hinaus existieren diverse standardisierte verbale Skalen mit unterschiedlicher Item-Länge. Zu den bekanntesten Skalen zählen die Pleasure-Arousal-Dominance-Skala von Mehrabian/Russell und die Differenzielle Emotionsskala von Izard. Daneben können auch nonverbale Skalen eingesetzt werden, z.B. Bilderskalen zur Messung von Stimmungen und E. oder Programmanalysatoren, die die spontanen emotionalen Eindrücke während einer Programmdarbietung feststellen können. Die psychobiologischen Verfahren sowie die Beobachtung des Ausdrucksverhaltens werden vor allen von den biologisch-orientierten Emotionstheoretikern eingesetzt. Psychobiologische Messungen (z.B. Messung des Blutdrucks, der Atmung oder des Hautwiderstandes) werden verwendet, um die Intensität der emotionalen Erregung zu messen (*vgl. auch* → Aktivierung). Diese Verfahren sind sehr zuverlässig, geben jedoch keine Auskunft über die Richtung und Art der E. Die Messung des Ausdrucksverhaltens umfasst die Analyse der Gesichts- und Körpersprache, wobei die Mimik verschiedene Arten von E. ausdrücken kann, während die Körpersprache vor allem die Intensität der empfundenen Gefühle widerspiegelt. Mithilfe des → FACS und → FAST-Systems können die unterschiedlichen mimischen Reaktionen entschlüsselt werden, die instinktiv und reflexartig als Teil des Emotionsprozesses auftreten. So zeigt das Individuum bei Überraschung aufgerissene Augen, bei Freude bewegen sich die Mundwinkel nach oben.

Literatur: Izard, C.E. (1994): Die Emotionen des Menschen. Eine Einführung in die Grundlagen der Emotionspsychologie, 3. Aufl., Weinheim; Lazarus, R.S. (1991): Emotion and Adaption, New York; Roseman, I.J. (1991): Appraisal Determinants of Discrete Emotions, in: Cognition and Emotion, 5. Jg., Nr. 3, S. 161-200; Zajonc, R.B. (1998): Emotions, in: Gilbert, D.T./Fiske, S.T./Lindzey, G. (Hrsg.): The Handbook of Social Psychology, Boston, S.591-632.

Andrea Gröppel-Klein

Emotionale Konditionierung, → Emotionen, → Lerntheorien.

Emotionale Kundenbindung, Erscheinungsform der → Kundenbindung. E.K. liegt vor, wenn die Verbundenheit des Kunden zum Anbieter auf → Kundenzufriedenheit, → Vertrauen und Freiwilligkeit beruht sowie unabhängig von vertraglichen oder sonstigen Bindungen besteht. *Vgl. auch* → Faktische Kundenbindung.

Emotionale Werbung, → Werbung.

Empathie, *Einfühlungsvermögen*; beschreibt die Fähigkeit, sich in die Gedanken und Gefühle anderer Personen hinein zu versetzen. Das → Verkaufspersonal muss über dieses Einfühlungsvermögen verfügen, um die Bedürfnisse der Kunden zu erkennen und die Gesprächsstrategie daraufhin auszurichten. Im Rahmen des → SERVQUAL-Ansatzes, der die maßgeblichen Einflussfaktoren auf die Qualität einer → Dienstleistung festlegt, ist die E. einer der fünf Faktoren. Dies bedeutet, dass es nicht möglich ist, eine hohe Qualität im Dienstleistungsprozess und –ergebnis zu erreichen, wenn man sich nicht empathisch mit den Sichtweisen der Kunden auseinander setzt.

Empathische Produktgestaltung, steht für eine Reihe von Techniken, die aufgrund genauer Kundenbeobachtung dazu beitragen, Bedürfnisse zu erkunden, die den Nachfragern noch nicht bewusst sind. Im Gegensatz zu Gebrauchseignungstests, Zielgruppenanalysen und anderen Methoden der herkömmlichen Marktforschung hat dieses Beobachten im direkten Umfeld, d.h. dem Alltag der Kunden, der Nichtkunden oder einer Gruppe von Personen stattzufinden. Die Durchführung der Beobachtung übernimmt ein Team, das sich idealerweise aus Anthropologen, Ingenieuren, Sozialpsychologen und Designern zusammensetzt, die sich durch Offenheit, Beobachtungsgabe und Neugierde auszeichnen. Da sich die Techniken der E.P. stärker auf Kundenbeobachtung als -befragung stützen, werden relativ wenige Informationen im Frage-Antwort-Spiel gewonnen. Wenn Beobachter genauer wissen wollen, wie bestimmte Handlungen der beobachteten Person zu verstehen sind, stellen sie u.U. einige offene Fragen, wie z.B.: „Warum machen Sie das?" Die meisten Daten entstammen visuellen, auditiven und sensorischen Eindrücken. Die Teams der E.P. setzen daher auch häufig Fotoapparate oder Videogeräte als Werkzeug ein. Im Anschluss an die Datenerhebung steht die Analyse der Eindrücke im Mittelpunkt. Die Teammitglieder versuchen nunmehr alle denkbaren Probleme und Bedürfnisse der Kunden des Unternehmens zu identifizieren. Im Anschluss daran dienen Brainstormingsitzungen dazu, Beobachtungen in grafische oder visuelle Präsentationen möglicher Lösungen zu übersetzen.

Empfänger, *Kommunikationsadressat*; → Kommunikation.

Empowerment, ist generell eine Bezeichnung für die Ausweitung von Handlungsspielräumen innerhalb des Unternehmens. Es erfolgt eine Verlagerung von Entscheidungsrechten auf einzelne Mitarbeiter (meist unterer Hierarchiestufen) und eine Erweiterung bzw. Stärkung ihrer Handlungskompetenz (→ Kompetenz). Grundlegendes Ziel ist die Stärkung der Kundenkontaktmitarbeiter und somit das Erzielen einer schnelleren Problemlösung für die Kunden, wodurch wiederum die → Kundenzufriedenheit erhöht und eine verstärkte Kundennähe realisiert wird. Es kann eine Verbesserung in den verschiedenen Kundenprozessen erzielt werden – z.B. durch die Reduktion von Beschwerdebearbeitungszeiten (→ Beschwerdemanagement). Hierdurch ergeben sich wiederum positive Effekte auf die Kostenstruktur (z.B. weniger Kosten durch Einsparung von Bearbeitungszeit) Des Weiteren werden positive Motivations- und Zufriedenheitseffekte beim Personal (→ Mitarbeitermotivation, → Mitarbeiterzufriedenheit) angestrebt, die sich aufgrund einer größeren Verantwortung des Einzelnen ergeben. Außerdem verfolgt das E. eine Verbesserung der Kommunikationsbeziehungen zwischen den Mitarbeitern im Kundenkontakt und dem Management (→ Interne Kommunikation). Es können zwei Arten des Empowerments unterschieden werden, die hinsichtlich des Grades an Mitarbeiterautonomie und in Bezug auf die Breite des eingeräumten Handlungsspielraumes variieren. Das strukturierte E. beruht auf relativ klar definierten Richtlinien und gibt den Mitarbeitern die Möglichkeit, bestimmte Lösungen eigenständig zu ergreifen. Das flexible E. räumt dem Mitarbeiter durch weit gefasste Regelungen größere Verhaltensspielräume ein, um flexibel, kreativ und individuell auf Kundenwünsche und -anforderungen (→ Kundenerwartungen) reagieren zu können. Dazu zählt auch die Aufforderung, sich nicht buchstabengetreu an die Richtlinien zu halten, sondern situativ angemessen selbst eine Entscheidung im Sinne des Kunden zu treffen. Damit eignet sich das flexible E. vor allem für Unternehmen, die z.B. eine → Differenzierungsstrategie verfolgen oder deren → Geschäftsbeziehungen durch ein hohes Maß an persönlichen Interaktionen zwischen Kunden und Mitarbeitern gekennzeichnet sind. Liegen stattdessen relativ starre Kundenwünsche vor, erscheint eher die Form eines strukturierten E. sinnvoll (z.B. bei Fast-Food-Ketten).

Empty Nest, Phase innerhalb des → Familienlebenszyklus.

Encounter Point, → *Service Encounter.*

Endlosliste, → Adresslieferformen.

Endogene Variable, *abhängige Variable, Zielvariable*; ist die im Rahmen eines kausalzusammenhängeabbildenden Modells zu erklärende Variable. Sie steht folglich auf der linken Seite der Gleichung. Erklärt wird die E.V. durch eine oder mehrere → exogene Variablen des Modells. Bei der → Regressionsanalyse entspricht die endogene Variable somit dem Regressanden.

Energiesparverhalten, in Unternehmen und Haushalten trägt einerseits dazu bei, knappe Ressourcen wie Öl, Kohle und Gas zu schonen und andererseits werden dadurch die mit der Verbrennung dieser Rohstoffe entstehenden umwelt- und gesundheitskritischen Emissionen von Stickoxiden (NOx), Kohlenwasserstoffen (CHx) und Kohlendioxid (CO_2) reduziert. Darüber hinaus trägt ein verminderter Energieverbrauch zu teilweise erheblichen Kostenreduktionen bei.

I. Begriff: Unter E. werden alle Handlungsoptionen verstanden, die darauf gerichtet sind, den Energieverbrauch ohne gravierende Einschränkung der Leistungsbereitschaft bzw. Lebensqualität zu senken.

II. Merkmale: Nicht das → Umweltbewusstsein, sondern die Möglichkeit, Kosten zu sparen, ist häufig der wichtigste Grund, Energie zu sparen (→ Low-Cost-Hypothese). Deshalb können insbesondere gesetzgeberische Maßnahmen, die ökonomische Anreize setzen, das E. fördern.

III. Maßnahmen und Instrumente: (1) Energieeinsparung in Unternehmen: Rationelle Energieverwendung umfasst die Bereiche a) Senkung der Energieverluste, b) Erhöhung der Wirkungsgrade der Energienutzung, c) Lastmanagement zur Vermeidung von Spitzenbelastungen d) Erhöhung der Wirkungsgrade der innerbetrieblichen Energiebereitstellung, e) Einsatz regenerativer Energieträger. (2) Energieeinsparung in privaten Haushalten: Von den in den privaten Haushalten nachgefragten Energiedienstleistungen entfällt der größte Anteil auf die Raumheizung, gefolgt vom Warmwasserbedarf und der Elektrizitätsnachfrage. Durch den Einsatz energieeffizienter Heizanlagen, verbesserter Haus- und Raumisolation und durch die Herabsetzung der Raumtemperatur lässt sich ein erheblicher Teil der nachgefragten Energie einsparen.

IV. Aktuelle Entwicklungen: Das Niveau des Primärenergieverbrauchs ist in Deutschland seit 1980 leicht zurückgegangen. Für die Zukunft wird für Deutschland ein kontinuierlicher Rückgang prognostiziert, während der weltweite Verbrauch stark ansteigen könnte. Die sektorale Struktur des Endenergieverbrauchs hat sich in den letzten Jahren stark verändert. Während die Bedeutung der Industrie erheblich zurückgegangen ist, hat das Gewicht der privaten Haushalte und insbesondere des Straßenverkehrs deutlich zugenommen (Quelle: Umweltbundesamt: Daten zur Umwelt 2000, Kap. 7).

Engel-Blackwell-Kollat-Modell, Phasenmodell zur Erklärung extensiver → Kaufentscheidungen. Folgende Prozessphasen werden voneinander unterschieden: (1) Problemerkenntnis, (2) Informationssuche, (3) Informationsverarbeitung, (4) Alternativenbewertung, (5) Auswahl einer Alternative, (6) Entscheidung: Kauf und (7) Entscheidungsfolgen. Zwischen den einzelnen Phasen können Rückkopplungen stattfinden.

Enterprise Resource Planning, *ERP*; Sammelbegriff für → Betriebswirtschaftliche Standardanwendungssoftware und → Warenwirtschaftssysteme (z.B. → SAP R3). ERP wird zudem gebraucht als Abk. für Efficient Replenishment (→ Efficient Consumer Response).

Entrepreneur, häufig mit den Begriffen „Unternehmer" bzw. → „Unternehmertum" gleichgesetzt. Inhaltlich stimmen diese Ausdrücke jedoch nicht vollständig überein. Der Begriff des E. bezieht sich ausschließlich auf junge, innovative Unternehmen und wird oftmals synonym zu dem Ausdruck „New Venture Creation" verwendet; am ehesten lässt sich dies mit dem „Unternehmensgründer" im Sinne von Schumpeter übersetzen. Die Entrepreneurship-Forschung konzentriert sich entsprechend auf den selbständig tätigen Unternehmensgründer, in dem sich die verschiedenen unternehmerischen Aufgaben vereinen. Der Unterschied zwischen E. und Unternehmer besteht nach Schumpeter darin, dass der E. die Unternehmerrollen in sich vereint, während in größeren Unternehmen die unternehmerischen Aufgaben auf angestellte Personen aufgeteilt werden. Entrepreneurship-Aktivitäten beinhalten somit die Gründung von Unternehmen in Hochtechnologie-Branchen in Form von → Spin offs bzw. Start ups. *Gegensatz*: → Intrapreneur.

Entrepreneurship, → Entrepreneur.

Entropie, Maß für die Umkehrbarkeit von Prozessen. Sind Prozesse irreversibel (nicht umkehrbar), so nimmt die E. in geschlossenen Systemen stetig zu, während sie für reversible (umkehrbare) Abläufe konstant bleibt. Auf Produktions- und Konsumprozesse übertragen besagt das E.-Gesetz, dass aus wertvollen Ressourcen (Zustand geringer E.) durch ständige Umwandlungsprozesse (z.B. → Downcycling) irreversibel nutzloser Abfall wird (Zustand hoher E.).

Entscheidungsdezentralisation, → Category Management, → Divisionalisierung, → Netzwerkorganisation; bezeichnet die Übertragung von Entscheidungsautonomie auf nachgelagerte Hierarchiestufen. Ziel ist hier die größere unternehmerische Eigenständigkeit der entsprechenden Organisationseinheiten und damit verbunden eine höhere Motivation sowie Anpassungsfähigkeit an Veränderungen der Umwelt. Problematisch kann hier die Gefahr sein, dass aufgrund der Verselbständigung der betroffenen Organisationseinheiten übergeordnete Aspekte nicht berücksichtigt werden, Verbundeffekte nicht genutzt werden und Informationen zwischen den autonomen Organisationseinheiten nicht ausgetauscht werden.

Entscheidungszentralisation, → Entscheidungsdezentralisation; bezeichnet die Zusammenfassung von Entscheidungsbefugnissen auf übergeordneten Hierarchiestufen. Ziel ist hier eine größere Kontrolle der nachgelagerten Hierarchiestufen verbunden mit der optimalen Zuteilung von Ressourcen auf die nachgelagerten Einheiten und der Ausnutzung von Verbundeffekten.

Entwicklungspsychologie, liefert Einsichten in die Wertegenese und prüft in den einzelnen Stufen des Heranwachsens eines Individuums, inwieweit innerfamiliäre Determinanten (z.B. Erziehungsstil) die geistig-moralische Entwicklung und damit die Werthaltungen beeinflussen.

Entwicklungszeit, bei → Produkten die zeitliche Dauer eines Produktentwicklungsprojektes, beginnend mit der Generierung einer neuen → Produktidee, über die Bewertung und Selektion dieser Produktidee sowie die Wirtschaftlichkeitsanalyse bis zur Testphase und Markteinführung. Der Erfolg von Entwicklungsprojekten hängt in entscheidendem Maße von kurzen und gesicherten E. ab.

Environmental Management and Audit Scheme, *EMAS*, internationale Kurzbezeichnung für die „Verordnung (EWG) Nr. 1836/93 des Rates vom 29. Juni 1993 über die freiwillige Beteiligung gewerblicher Unternehmen an einem Gemeinschaftssystem für das Umweltmanagement und die Umweltbetriebsprüfung" (kurz: EG-Öko-Audit-VO).

I. Begriff: EMAS ist das europäische → Umwelt-Audit-System, das als System-Audit die Einrichtung eines Umweltmanagement-systems, die Durchführung von regelmäßigen Umweltbetriebsprüfungen sowie die Information der Öffentlichkeit beinhaltet. Im Gegensatz dazu richtet sich ein Compliance-Audit ausschließlich auf die Prüfung der Einhaltung gesetzlicher Vorschriften.

II. Merkmale: (1) Freiwilligkeit der Teilnahme, (2) betrifft gewerbliche Unternehmen (nationale Gesetzgeber können den Geltungsbereich auf andere Branchen erweitern; dies ist in der BRD für Dienstleistungsunternehmen erfolgt), (3) Verpflichtung zur Information der Öffentlichkeit (Umweltbericht), (4) fokussiert die Prüfung von Betriebsstandorten (Standortbezug) und (5) Zertifizierung durch unabhängige Gutachter.

III. Ziele: (1) Beachtung einschlägiger Umweltgesetze, (2) kontinuierliche Verbesserung des betrieblichen Umweltschutzes über die gesetzlichen Vorschriften hinaus, (3) Sicherung der Transparenz umweltbezogener Unternehmensaktivitäten für die Öffentlichkeit.

IV. Konzept: EMAS erfordert die Einrichtung eines Umweltmanagementsystems mit den folgenden Komponenten: (1) Umweltpolitik: Selbstverpflichtung zur Einhaltung aller Umweltschutzgesetze und darüber hinausgehende Umweltleitlinien. (2) Organisation des Umweltschutzes: aufbau- und ablauforganisatorische Regelungen. (3) Umweltprogramm: Festlegung konkreter Umweltschutzziele und Maßnahmen zur Erreichung dieser Ziele. (4) Umweltbetriebsprüfung: systematische und regelmäßig mindestens alle drei Jahre durchgeführte Prüfung der Umweltschutzaktivitäten eines Unternehmens am jeweiligen Standort. (5) Umwelterklärung und Umweltbericht: Darstellung und öffentliche Bekanntmachung der Umweltpolitik und des Umweltprogramms. Der Standort wird zertifiziert, wenn ein zugelassener Gutachter durch eine Gültigkeitserklärung feststellt, dass die Forderungen der Verordnung erfüllt werden. Danach erfolgt eine Registrierung mit der Möglichkeit, das Umweltmanagementgütezeichen auf Briefpapier zu verwenden.

V. Probleme: Kritikpunkte sind: (1) Freiwilligkeit der Teilnahme (kein ordnungspolitisches Instrument), (2) fehlende Vorgabe von verbindlich einzusetzenden Umweltinstrumenten, (3) Interpretationsspielräume (z.B. „bestverfügbare Technik“), (4) Standortbezug (VO erfasst oft nur Unternehmensteile), (5) hoher Implementierungsaufwand, (6) bürokratisches Vorgehen und (7) fehlender Produktbezug.

VI. Aktuelle Entwicklungen: Seit Inkrafttreten der Verordnung haben sich über 2.250 deutsche Betriebe zertifizieren lassen. Die Kosten der erstmaligen Zertifizierung belaufen sich auf ca. 300.000 DEM und die Dauer der Erstzertifizierung kann ohne weiteres ein Jahr überschreiten. Nach zahlreichen praktischen Erfahrungen kann der Aufbau eines Umweltmanagementsystems nach EMAS zu ökologisch bedingten Einsparpotenzialen von bis zu 10 Prozent der Gesamtkosten führen. Mit der 1998 in Kraft getretenen Erweiterungsverordnung wurde die Verordnung in Deutschland für Dienstleistungsunternehmen geöffnet. Inzwischen wird die Novellierung der Verordnung vorbereitet. Es wird erwartet, dass EMAS II voraussichtlich im ersten Halbjahr 2001 in Kraft treten wird. Wesentliche Veränderungen ergeben sich hinsichtlich des Logos, des Gebrauchs des Logos zu wettbewerblichen Zwecken sowie der Aufnahme des internationalen Standards ISO 14001 (Abschnitt 4) als Baustein des Umwelt-Audit-Systems.

Environmental Scanning, → Frühwarnsystem.

Environmental-Performance-Indicator, → Marktorientiertes Umweltmanagement, → Ökologieorientierte Planungsinstrumente.

Episodenkonzept nach Kirsch/ Kutschker, → Organisationales Beschaffungsverhalten.

EPRG-Schema, Orientierungen des Management von international tätigen Unternehmen. Zu unterscheiden ist zwischen derethnozentrischen, polyzentrischen, regiozentrischen sowie geozentrischen Orientierung des Management. Ethnozentrische Unternehmen orientieren sich bei ihren internationalen Aktivitäten an ihrem Heimatmarkt. Es wird versucht, ein im Inland erfolgreiches Produkt bzw. Marketingkonzept weitgehend unverändert auf ausländischen Märkten anzubieten bzw. durchzuführen. Die bearbeiteten Märkte sind dabei strukturell zumeist sehr ähnlich im Vergleich mit dem Inlandsmarkt. Generell werden die Auslandsaktivitäten als untergeordnet ggü. den Inlandsaktivitäten angesehen. Typisch für derartige Unternehmen ist dabei der Markteintritt per → Exportstrategie. Eine polyzentrische Orientierung liegt vor, wenn sich die internationalen Aktivitäten eines Unternehmens an den Besonderheiten und Bedürfnissen der einzelnen Ländermärkte ausrichten. Dieser Ansatz geht von der Verschiedenartigkeit der Länder aus, die folglich auch differenziert bearbeitet werden müssen. Typisch für diese Orientierung ist die Marktbearbeitung durch Tochtergesellschaften im Ausland mit einer vergleichsweise hohen Entscheidungsautonomie. Die Zusammenfassung mehrerer Länder zu übergeordneten Gebieten, die als zusammengehörig anzusehen sind, stellt den Kern des regiozentrischen Ansatzes dar. Ziel ist hier die Entwicklung einer integrierten, länderübergreifenden Marktbearbeitungsstrategie. Gefördert wird diese Haltung durch die Bildung gemeinsamer Märkte z.B. in Form von Freihandelszonen oder Wirtschafts- und Währungsunion (z.B. → EU). Kennzeichen einer geozentrischen Ausrichtung ist die Auffassung, dass der relevante Markt für das betrachtete Unternehmen der Weltmarkt ist. Ziel von Unternehmen mit einer derartigen Orientierung ist die Verbesserung der internationalen Wettbewerbsfähigkeit durch Integration aller Unternehmensaktivitäten in ein zusammenhängendes Gesamtsystem. Nationale Wünsche und Bedürfnisse stehen zugunsten der Erzielung von Kostenvorteilen infolge einer standardisierten Massenproduktion nicht im Vordergrund der Marktbearbeitung. Eine derartige geozentrische Ausrichtung ist Kennzeichen von Unternehmen, die ein → globales Marketing betreiben.

EQA, → *European Quality Award.*

Equity-Theorie, → Verhaltenswissenschaftlicher Ansatz.

Equivalent Billings. Die Summe der von einer → Werbeagentur verwalteten Etats bezeichnet man auch als Billings. Diese Billings entsprechen aber nicht dem eigentlichen Umsatz (in der Werbebranche typischerweise Gross Income genannt) der Agentur, den sie durch ihre Dienstleistung produziert, sondern von diesen Billings werden sog. durchlaufende Posten abgezogen. Diese durchlaufenden Posten sind die Leistungen anderer Unternehmen, z.B. ein Betrag, der von einer Fernsehanstalt für das Senden eines → Spots entsprechend den Einschaltpreisen in Rechnung gestellt wird. Dieser Betrag ist aus dem Gesamtetat zu bestreiten und stellt damit den Umsatz der Fernsehanstalt und nicht den der Agentur dar. Auch für das Schalten von → Anzeigen u.a.m. gibt es solche durchlaufenden Posten. Der eigentliche Umsatz bzw. das Gross Income einer Agentur kann sich aus unterschiedlichen Bestandteilen zusammensetzen (→ Agenturvergütung). Die E.B. ergeben sich, indem man das Gross Income mit 6,67 multipliziert. Dabei wird implizit angenommen, dass (1) das Gross Income aus Provisionen stamme, (2) die Provisionshöhe 15% ist und (3) der Gesamtetat völlig streufähig ist. Unter diesen Annahmen ergibt sich dann nämlich ein Etat, der 6,67-mal das Gross Income ausmacht. Anders ausgedrückt: verwaltet eine Agentur einen Etat von 500.000 EUR, der vollständig streufähig ist, und erhält sie eine Provision von 15%, dann ist ihr Gross Income 75.000 EUR. Umgekehrt gerechnet ergibt sich bei einem Gross Income von 75.000 EUR durch Multiplikation mit 6,67 oder Division durch 0,15=15% ein E.B. von 500.000 EUR (mit Rundungsfehlern). Die E.B. geben also an, wie hoch der Etat einer Agentur bei einem gegebenen Gross Income wäre, wenn die drei oben genannten Voraussetzungen erfüllt wären. Grundsätzlich lässt sich der Etat nur unter den gemachten Voraussetzungen aus dem Gross Income berechnen, weshalb die E.B. dem tatsächlich verwalteten Etat in den meisten Fällen eher nicht entsprechen. Für die Agenturen sind die E.B. vielleicht deshalb von Bedeutung, weil sie den Kunden der Agenturen signalisieren, wie hoch die Etatsumme der Agentur ist und wie viel Vertrauen ihr damit von den Werbetreibenden entgegengebracht wird. Nüchtern betrachtet sind die E.B., wenn sie wie dargestellt berechnet werden, überflüssig.

Ereignismethode, → Sequenzielle Ereignismethode.

Erfahrungen im Umgang mit Kunden, Einflussgröße der → kundenorientierten Einstellung. E. sind positive oder negative Erlebnisse des Mitarbeiters im Kundenkontakt. Dauerhaft negative Erfahrungen führen zu einem negativen Verständnis (Feindbild) des Kunden. Umgang mit negativen Erfahrungen durch → Ressourcen-Management.

Erfahrungseigenschaft, Gütereigenschaft aus Sicht der → Institutionenökonomik (→ Theorien des Marketing). Während bei → Suchgütern die kaufrelevanten Eigenschaften offen liegen und sie bei → Vertrauensgütern auch nach dem Kauf verborgen bleiben oder nur zu prohibitiv hohen Kosten überprüfbar sind, werden E. nach dem Kauf offenbar. Beispiele für E. sind die Qualität eines Restaurants oder die Haltbarkeit von Modeartikeln. → Erfahrungsgüter.

Erfahrungsgemeinschaft, → Kooperation, → Anbietergemeinschaft.

Erfahrungsgut, idealtypische Gütergruppe aus der Sicht der → Institutionenökonomik (→ Theorien des Marketing) mit mittleren Informationsproblemen des Kunden. Während bei → Suchgütern (informatorisch einfachstes → Austauschgut) die kaufrelevanten Eigenschaften offen liegen (z.B. Modeschmuck), werden bei E. (z.B. Auto) wichtige Eigenschaften erst nach dem Kauf offenbar (Hidden Characteristics). Das Marketing für E. muss auf die glaubwürdige Kommunikation der verborgenen Eigenschaften setzen, etwa durch Markenpolitik und den Aufbau von Anbieterreputation. → Erfahrungseigenschaften.

Erfahrungskauf, im Rahmen der informationsökonomischen Leistungs- bzw. Eigenschaftstypologie erfolgt die Klassifizierung der Kaufprozesse von Konsumenten aufgrund der wahrgenommenen Verhaltensunsicherheit. Der Ansatz unterscheidet zwischen drei Leistungs- bzw. Kaufarten: dem → Suchkauf, dem Vertrauenskauf und dem E. Im Rahmen des E. erwirbt der Nachfrager eine Leistung, deren Qualität er erst nach dem Konsum bzw. der Verwendung der Leistung einschätzen kann (z.B. der Geschmack eines Weines).

Erfahrungskurvenmodell, auf Untersuchungen der Boston Consulting Group (BCG) zurückgehendes Modell, das einen Rückgang der Kosten in Abhängigkeit von der im Zeitablauf kumulierten „Erfahrung" (gemessen als die kumulierte Produktionsmenge) postuliert. Das dem Modell zugrunde liegende Erfahrungsgesetz lässt sich folgendermaßen formulieren: Mit jeder Verdopplung der im Zeitablauf kumulierten Produktionsmenge eines Produkts besteht ein Kostensenkungspotenzial von 20 bis 30 Prozent, bezogen auf alle in der → Wertschöpfung des Produkts enthaltenen (inflationsbereinigten) Stückkosten. Berücksichtigt werden alle direkt einem Produkt (bzw. einer → Geschäftseinheit) zurechenbaren Kostenkomponenten, die im unternehmensinternen Prozess der Wertschöpfung anfallen. Hierzu zählen u.a. Kapital-, Entwicklungs-, Fertigungs-, Distributions-, Vertriebs-, → Marketing-, Verwaltungs- und sonstige → Gemeinkosten. Nicht wertschöpfungsbezogene Aufwandskomponenten (z.B. Materialaufwand oder Aufwand für Vorprodukte) werden nicht berücksichtigt. Bezeichnet man mit x die im Zeitablauf kumulierte Produktionsmenge und mit k die wertschöpfungsbezogenen Stückkosten, so lässt sich das Erfahrungsgesetz in der Form $k(x) = a \cdot x^{-b}$ ausdrücken. Hierbei sind a und b produktspezifische Konstanten. Für positive b liefert diese Gleichung eine hyperbolische Kurve (vgl. Abb. „Die Erfahrungskurve" (a) Lineare Skalierung). Gehen wir auf beiden Seiten der Gleichung zum (natürlichen) Logarithmus über, so ergibt sich die Beziehung $\ln(k(x)) = \ln a - b \cdot \ln x$. In einem doppeltlogarithmischen Koordinatensystem (logarithmische Skalierung beider

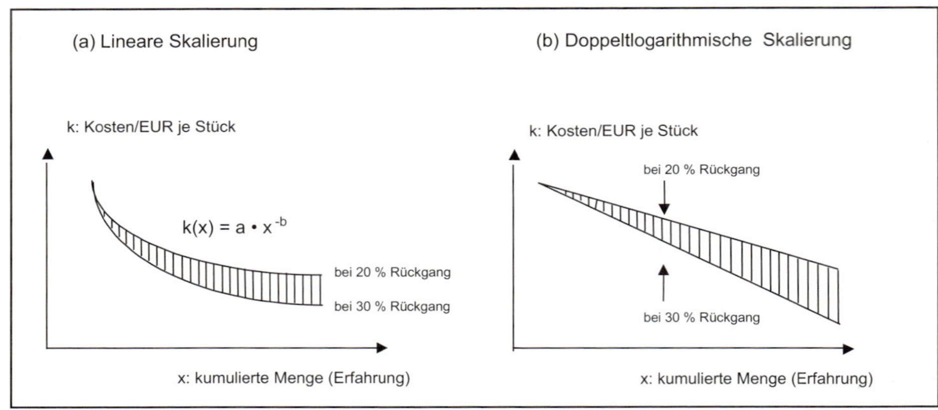

Die Erfahrungskurve (Quelle: Homburg 2000, S. 74)

Achsen) erhalten wir somit einen linearen Verlauf (vgl. Abb. „Die Erfahrungskurve" (b) Doppeltlogarithmische Skalierung). Die Bedeutung der Konstanten a und b ergibt sich wie folgt: a ist ein Skalierungsparameter, der die Stückkosten der ersten produzierten Einheit angibt. Die Kostenreduktion bei Verdopplung der kumulierten Produktionsmenge beträgt $(1-2^{-b})*100\%$. Die Größe $1-2^{-b}$ bezeichnet man als Lernrate. Sie ist umso größer, je größer b ist, d.h. b gibt die Intensität der Kostenreduktion an.

Literatur: Homburg, Ch. (2000): Quantitative Betriebswirtschaftslehre, 3. Aufl., Wiesbaden.

Erfolgsanalyse, rückblickende Untersuchung bestimmter Kosten- und Leistungsbeziehungen bzw. Aufwands- und Ertragsrelationen. Basis der E. stellen → Erfolgsrechnungen dar. Die zentralen Untersuchungsdimensionen im Marketingbereich sind absatzwirtschaftliche Aktivitäten (z.B. Distributionsmaßnahmen), organisatorische Zuständigkeiten (z.B. Verkaufsbüros) und Produkt-Markt-Beziehungen (z.B. Kundengruppen). Zur Analyse werden in diesem Zusammenhang vor allem → Absatzsegmentrechnungen (z.B. als → Kundenergebnisrechnungen bzw. → Produktergebnisrechnungen) herangezogen. Liegen im Rahmen einer E. geplante Soll-Größen als Vergleichsmaßstab vor, spricht man im strengeren Sinne von einer Ergebniskontrolle (→ Erfolgskontrolle).

Erfolgsfaktor, Einflussgröße, Situation, Struktur oder Leistungsfaktor, der für den Erfolg oder Misserfolg der Planungseinheit entscheidend ist. Ansätze zur Identifikation branchenübergreifender strategischer Erfolgsfaktoren („Erfolgstheorien") haben ihren Ursprung in der empirischen Planungsforschung. Diese Ansätze sind z.B. das → Profit-Imact-of-Market-Strategies-Modell, das → Erfahrungskurvenmodell und das → Lebenszyklusmodell.

Erfolgsfaktorenforschung, → Erfolgsfaktor, → PIMS-Modell.

Erfolgskontrolle, umfasst die Kontrolle von Handlungsresultaten (Ergebniskontrolle) und Abläufen (Verfahrenskontrolle). Anhand von Ergebniskontrollen soll überprüft werden, ob das antizipierte Handlungsergebnis eingetreten ist. Grundlage hierfür ist ein → Soll-Ist-Vergleich. Dieser kann sich sowohl auf erfolgsrechnerische Größen als auch auf nicht monetäre Handlungsresultate und Zielvorgaben beziehen. Liegen im Falle einer erfolgsrechnerischen Datenauswertung keine Soll-Größen als Vergleichsmaßstab vor, spricht man im strengeren Sinne von einer → Erfolgsanalyse. Verfahrenskontrollen beinhalten die Überwachung der korrekten Ausführung einer Handlung nach bestimmten Vorgaben. *Vgl. auch* → Marketing- und Vertriebskontrolle.

Erfolgskriterien, Merkmale, die zur Beurteilung des Erfolges betrieblicher Aktivitäten herangezogen werden, z.B. → Marktanteil oder → Rentabilität.

Erfolgsmessung, Aufnahme und Bewertung der Wirksamkeit von Marketingaktivitäten. Sie findet u.a. zur Messung der Werbewirksamkeit sowie zur Bewertung des Kundenbeziehungsmanagements statt.

Erfolgsrechnung, *Ergebnisrechnung*; Ermittlung des Erfolges eines Unternehmens innerhalb eines Zeitabschnitts. Zu unterscheiden sind Totalerfolgsrechnungen, die den Erfolg für die gesamte Lebensdauer eines Unternehmens ermitteln, und Periodenerfolgsrechnungen, die sich lediglich auf einen zeitlichen Teilabschnitt beziehen. Hierzu gehören jährliche E., die auf Basis der Bilanz bzw. der Gewinn- und Verlustrechnung erstellt werden. Unterjährige E. werden als kurzfristige E. bezeichnet und bauen auf den Zahlen der Kosten- und Leistungsrechnung auf. Sie können nach dem Gesamt- oder Umsatzkostenverfahren durchgeführt werden. Beim Gesamtkostenverfahren wird der Erfolg ermittelt, indem man den Umsatz sowie die mit Herstellkosten bewerteten Bestandsveränderungen um die Gesamtkosten der Periode vermindert. Beim Umsatzkostenverfahren wird der Erfolg als Differenz zwischen Umsatz und dem Produkt aus Umsatzmenge und → Selbstkosten je Einheit ermittelt. Wesentliche Vorteile des Umsatzkostenverfahrens ggü. dem Gesamtkostenverfahren bestehen darin, dass sich Kosten und Erlöse nach Kostenträgern differenzieren lassen und die Erfolgsermittlung ohne Inventur möglich ist. Um die klassischen Män-gel der → Vollkostenrechnung zu umgehen, bietet es sich an, das Umsatzkostenverfahren auf Grenzkostenbasis durchzuführen. Als Struktur ergibt sich dann eine → Deckungsbeitragsrechnung.

Ergänzungsmarketing, → Social Marketing.

Ergebniskontrolle, → Erfolgskontrolle.

Ergebnisphase, → Dienstleistung, Begriff der.

Ergebnisqualität, ergibt sich aus dem Grad der Erzielung der Leistungsziele, wie beispielsweise einer wieder funktionsfähigen Waschmaschine. Diese Dimension der → Dienstleistungsqualität knüpft an die Ergebnisphase der Dienstleistung an (→ Dienstleistung, Phase der). *Vgl. auch* → Potenzialqualität und → Prozessqualität.

Ergebnisrechnung, kundenbezogene, → Kundenergebnisrechnung.

Ergebnisrechnung, produktbezogene, → Produktergebnisrechnung.

Erhaltungswerbung,→ Bestandswerbung.

Erhebung, unter E. versteht man die gezielten und systematischen Aktivitäten, mit deren Hilfe Informationen über eine Gruppe von Personen oder Objekten gesammelt werden sollen. Sie dient dazu, Aussagen über Merkmale von Elementen einer Gruppe zu treffen. In diesem Zusammenhang sind Entscheidungen über die → Erhebungseinheit, → Erhebungsform und → Erhebungsmethode zu treffen.

Erhebungseinheit, die E. ist die Zielgruppe der Erhebung, die für die Erhebung die → Daten liefern soll. E. können z.B. Personen, Haushalte, Unternehmen, Produkte usw. sein. Eines der Hauptprobleme bei einer Erhebung besteht in der Auswahl der E. Hier ist primär die Frage nach den Kriterien zu lösen (z.B. Alter, Geschlecht, Beruf usw.), die diese erfüllen sollen. – Da es häufig unmöglich ist, die E. direkt zu bestimmen, benutzt man Auswahleinheiten, die in mehrere Stufen gegliedert sind. Die letzte Stufe der Auswahleinheiten entspricht dann immer auch der E.. Soll z.B. eine Erhebung bei Mitgliedern des Verkaufspersonals von großen Fast-Food-Ketten durchgeführt werden, so könnte die erste Stufe der Auswahleinheit die Fast-Food-Ketten sein, die mehr als 25.000 Filialen besitzen. Die zweite Stufe würde dann das Verkaufspersonal darstellen und wäre somit mit der Erhebungseinheit identisch. – Die E. muss repräsentativ ausgewählt werden, um Rückschlüsse über die Grundgesamtheit zuzulassen (→ Auswahlprinzip).

Erhebungsform. Die Formen von → Erhebungen lassen sich untergliedern in (1) den Umfang der jeweils untersuchten Objekte, (2) die Art der Erhebungsmethode, (3) die Häufigkeit oder die zeitliche Dauer der Erhebung, (4) den Gegenstand der Erhebung, (5) die Art des methodischen Vorgehens bei der Informationsgewinnung und (6) den Ort der Erhebung Zu (1): Je nach Umfang unterscheidet man die → Vollerhebung und die → Teilerhebung. Bei der Vollerhebung werden sämtliche Elemente der Gesamtheit einbezogen, während bei der Teilerhebung nur ein Teil der Gesamtheit zur Informationsgewinnung herangezogen wird. Bei der Teilerhebung ist der Stichprobenumfang noch zu klären. Die Vollerhebung wird meist nur eingesetzt, wenn die Gesamtheit nur einen relativ kleinen Umfang besitzt. Zu (2): Bei der Art der Erhebungsmethode wird nach der Herkunft der Informationen unterschieden. Handelt es sich um Material aus einer → Sekundärerhebung oder → Primärerhebung? Zu (3): Bei der Häufigkeit einer Erhebung unterscheidet man die einmalige Erhebung oder → Ad-hoc-Forschung von der regelmäßigen oder wiederholten Erhebung, der → Tracking-Forschung. Die Tracking-Forschung wird weiter untergliedert in die Wellenerhebung (mit unterschiedlichen → Stichproben) und die → Panelerhebung (mit gleich bleibenden Stichproben). Zu (4): Die Unterscheidung in → Einzweckerhebung und → Mehrzweckerhebung erfolgt je nach Anzahl der zu untersuchenden Gegenstände. Zu (5): Schließlich können Erhebungen noch nach der Vorgehensweise bei der Informationsgewinnung unterteilt werden. Die beiden Hauptformen sind die → Befragung und die → Beobachtung, jedoch sind auch Mischformen aus beiden möglich. Zu (6): Bei dem Ort der Erhebung unterscheidet man zwischen der normalen Erhebung und dem → Experiment.

Erhebungsmethode, → Erhebungsform.

Erinnerungsfrage, → Unaided Recall → recall, → Aided Recall.

Erklärte Streuung, → Bestimmtheitsmaß.

Erlebniskauf, Sonderform des Kaufes, die aufgrund der zunehmenden Freizeit- bzw. Erlebnisorientierung der Nachfrager entstanden ist. Durch die zunehmende Anzahl von Märkten, die eine Sättigungsphase erreichen, bietet sich durch die Generierung eines erlebnisorientierten Kaufumfeldes die Möglichkeit zur Differenzierung ggü. Wettbewerbern. Im Vordergrund des Erlebniskaufes steht weniger das Produkt, als vielmehr der Einkaufsprozess selbst. Folglich kommt der adäquaten Warenpräsentation und der entsprechenden Gestaltung des → Point of Sale (→ Dekoration) eine besondere Bedeutung zu. Um einen E. zu ermöglichen, werden des Weiteren die Optionen erlebnisorientiertes Design der Produkte, erlebnisbezogene Werbung und erlebnisorientierte Verkaufsgespräche verwendet. Zur Realisierung einer Erlebnisorientierung im Rahmen von Kaufprozessen wurde das Konzept der → erlebnisorientierten Einkaufsstätten entwickelt. Idealtypische Erlebniswerte sind u.a. Luxus, Sportlichkeit, ‚Abenteuer', Natürlichkeit, Nostalgie, Gesundheit und ferner bestimmte Life-Style Orientierungen (Gruppenzugehörigkeit, → Referenzgruppen usw.).

Erlebnismarketing, Vermarktung von Produkten und Leistungen auf der Grundlage einer Vermittlung emotionaler Erlebniswerte. Intention des E. ist die Stimulierung des → Erlebniskaufs.

Erlebnisorientierte Einkaufsstätte, Konzept der zielgerichteten Gestaltung eines → Point of Sale zur Berücksichtigung des Trends zum → Erlebniskauf. Insbesondere durch die emotionale Gestaltung des → Point of Sale mittels Verwendung von Lichteffekten, Beschallung, Storelayout usw. kann eine Erlebnisorientierung verwirklicht werden. Eine weitere Möglichkeit, eine Erlebnisorientierung zu generieren, besteht in der Verlagerung von Produktionsprozessen in die Verkaufsräume, z.B. durch Herstellung von Speisen in den Verkaufsräumen anstatt in den

Nachfragern unzugänglichen Räumen. Ein potenzieller Interessenkonflikt für den Nachfrager kann jedoch durch das Spannungsfeld ‚Erlebnisorientierung' versus ‚Preisorientierung' entstehen. Dieser Konflikt ist durch den Umstand begründet, dass erlebnisorientierte Einkaufsstätten, im Gegensatz zu beispielsweise → Discountern, i.d.R. höhere Preise für die angebotenen Produkte verlangen (müssen).

Erlösplanung, Teil der → Marketing- und Vertriebsplanung. Gegenstand der E. ist die Planung der Erlöshöhe für einzelne Produkte, Kunden und Kundengruppen, Vertriebswege, Absatzmärkte und -gebiete sowie andere Absatzsegmente. Zu berücksichtigen sind in diesem Zusammenhang mögliche → Erlösverbunde und → Erlösschmälerungen. Oftmals werden die Planwerte den jeweiligen Verantwortungsträgern als Budgetwerte vorgegeben (→ Budgetierung).

Erlösschmälerung, Minderung des Bruttoumsatzes oder → Bruttoerlöses durch Abzüge wie Boni, Skonti, Rabatte, Debitorenausfälle und Warenrücksendungen (Retouren). Der um E. reduzierte Bruttoumsatz wird als Nettoumsatz oder → Nettoerlös bezeichnet.

Erlösverbund, Erlösverbundenheit. Erlöse sind immer dann miteinander verbunden, wenn ihre Höhe nicht isoliert voneinander bestimmt werden kann. Folglich ist es aufgrund von E. häufig nicht möglich, produktbezogene Einzelerlöse zu ermitteln. Dabei kann man verschiedene Formen von E. unterscheiden: (1) Stückbezogene Angebotsverbunde (z.B. Zehnerpackung), (2) Erzeugnisartenbezogene Stückverbunde (z.B. Zwang zum Abschluss eines Wartungsvertrages bei Kauf eines Gebrauchsgegenstandes), (3) Zeitpunktbezogene Nachfrageverbunde (z.B. Kauf unterschiedlicher Waren in einem Kaufakt zur Reduzierung der Beschaffungskosten), (4) Zeitraumbezogene Nachfrageverbunde (z.B. Markentreue/Ladentreue).

Ernte-Strategie, *Milking-Strategie, Harvesting-Strategie,* → *Abschöpfungsstrategie*; konkurrenzorientierte → Preisstrategie, bei welcher der → Preis konstant gehalten wird, auch wenn aufgrund des Eintritts eines Konkurrenten in den Markt ein Verlust der → Marktanteile hingenommen werden muss.

ERP, → *Enterprise Resource Planning.*

Ersatzbedarf, → Bedarf.

Ersatzteilgeschäft. Im E. werden austauschbare Teile für den Ersatzbedarf vertrieben, während der Erstbedarf im → OEM-Geschäft (Original Equipment Manufacturer) bedient wird.

Erstinvestition, → Systemgeschäft.

Erstkauf, → Kaufentscheidungen.

Erstkaufrate, zu den Erstkäufern zählen jene Nachfrager, die entweder ein neues Produkt in der ersten Vermarktungsphase des Lebenszyklus kaufen (Innovatoren) oder ein bereits länger eingeführtes Produkt erstmals kaufen. Die E. drückt das Verhältnis zwischen der Anzahl der Innovatoren und der Gesamtzahl aller Käufer bzw. Nachfrager aus, die die Innovation annehmen. → *vgl. auch* Adoptionsforschung.

Erstleser, → Leseranalyse.

Erstmarke, bilden für Unternehmen den strategischen Ausgangspunkt der Markterschließung und sind meist hochpreisig als Premiumprodukt oder niedrigpreisig als Discountprodukt positioniert. Neben der E. gibt es noch Zweit- und Drittmarken. Zweitmarken werden vom Hersteller preispolitisch unter- oder oberhalb der Erstmarke eingeführt. Bei der strategischen Entscheidung Drittmarken am Markt einzusetzen, verfolgt das Unternehmen meist die Zielsetzung mit aggressiven Dauerniedrigpreisen langfristig Preis-Mengen-Effekte zu realisieren. Vermehrt wenden Hersteller das Drittmarkenkonzept an, um sich gegen Handelsmarken zur Wehr zu setzen. Die Vorteile liegen darin, mit Drittmarken das untere volumenstarke Preissegment zu besetzen und abzuschöpfen sowie die Erst- und Zweitmarke ggü. Preisaktionen der Wettbewerber abzuschirmen. Nachteile können durch den Verdrängungswettbewerb ggü. Handelsmarken entstehen. Zudem können preissensitive Verbraucher von Erst- und Zweitmarken zur Drittmarke abwandern, was zu einer Ertragserosion führt. Ferner erwirtschaften diese → Marken nur geringe Deckungsbeiträge und sind eher aus Umsatz- als aus Gewinngesichtspunkten zu sehen.

Ertragsgeneratoren, Quellen für Ertrag. Zwei zentrale Ebenen von E. sind zu unterscheiden: (1) Leistungen (Produkte/Programme) und (2) Kunden.

Ertragskunde, Kundenkategorie nach Maßgabe des → Kundenportfolios. E. sind durch eine geringe → Kundenattraktivität gekennzeichnet, wobei die → Anbieterposition des eigenen Unternehmens stark ausgeprägt ist. Angesichts der begrenzten Attraktivität dieser Kunden sind massive Steigerungsprogramme i.d.R. nicht wirtschaftlich. Folglich empfiehlt es sich, in die Geschäftsbeziehung mit E. nur so viel wie erforderlich zu investieren, um sie auf dem bestehenden Niveau zu halten.

Ertragswert, Barwert zukünftiger Nettoeinzahlungen eines Objektes (z.B. Maschine, Gesamtbetrieb). Voraussetzung zur Bestimmung des E. ist, dass die Nettoeinzahlungen und die Nutzungsdauer zuverlässig eingeschätzt sowie ein Diskontierungszinssatz in sinnvoller Weise festgelegt werden kann (→ Dynamische Investitionsrechnung, → Diskontierung).

Erwartung, → Kundenerwartung, → Motiv.

Erwartungs-Valenz-Theorie, Prozesstheorie zur Erklärung der Entstehung von → Motivation menschlichen Verhaltens (z.B. → Mitarbeitermotivation). Im Gegensatz dazu stehen die Inhaltstheorien der Motivation, wie z.B. die der humanistischen Psychologie entstammenden Konzepte von Maslow (→ Bedürfnishierarchie, → Bedürfnispyramide) oder Herzberg. Bei der E.-V.-T. steht die extrinsische Motivation im Vordergrund, d.h. der eigentliche Anreiz (→ Anreizsystem) ist nicht die Durchführung einer Tätigkeit, sondern ihr möglicher Nutzen.

Erweiterter Produktbegriff, geht in seinem begrifflichen Umfang über den substanziellen Produktbegriff hinaus. Letzterer kennzeichnet ein abgrenzbares, physisches Kaufobjekt. Dienstleistungen sind nicht in diese herkömmliche Definition integriert, obwohl sie in der aktuellen Servicegesellschaft als wichtiges Verkaufsargument für eine Vielzahl von physischen Produkten gelten. Der erweiterte Produktbegriff schließt nunmehr alle mit dem substanziellen Produkt verknüpften Dienstleistungen ein. Eigenständige Dienstleistungen wie Depotverwaltung oder Versicherungen werden nach dieser Auffassung nicht als Produkte betrachtet.

Erweiterungsinvestition, → Systemgeschäft.

Erweiterungssystem, → Systemgeschäft.

Eskalationssystem, → Beschwerdebearbeitung.

ESPRIX, Schweizer Qualitätspreis für unternehmerische Bestleistungen. Das Modell des Preises orientiert sich am europäischen Modell, das dem → European Quality Award zugrunde liegt. Die Teilnahme am E. steht allen Unternehmen und Organisationen mit Sitz in der Schweiz und Liechtenstein offen. Der Gewinner des E. 2003 war das Unternehmen Swissmill.

Etatdirector, → Werbeberufe (6).

Etatkalkulator, → Werbeberufe (6).

Ethnozentrisches Marketing, Marketingaktivitäten, die von einem ethnozentrisch orientierten Management ausgehen. Der Ethnozentrismus stellt eine Orientierungsform im Rahmen des → EPRG-Schemas dar.

Etic-Ansatz, Forschungsansatz innerhalb der interkulturellen Marktforschung (→ Cross Cultural Research), der sich mit der vergleichenden Erforschung mehrerer Kulturen beschäftigt und dafür kulturfreie Messinstrumente entwickeln muss, die mit hoher → Reliabilität und → Validität in unterschiedlichen nationalen Populationen eingesetzt werden können. Um länderübergreifende Vergleiche durchführen zu können, muss der Forscher im Unterschied zum → Emic-Ansatz einen Standpunkt außerhalb des Systems einnehmen.

EU,→ Europäische Union.

Euklidische-Metrik, Abstandsmaß zwischen zwei Punkten im *n*-dimensionalen Raum. Der Abstand D zwischen zwei Punkten *X* und *Y* wird nach der E. folgendermaßen berechnet:

$$D = \sqrt{\sum_{i=1}^{n} (x_i - y_i)^2}$$

x_i und y_i sind die Koeffizienten von *X* und *Y*. E. ist eine spezielle Form der → Minkowski-Metrik mit *p* gleich zwei.

EU-Richtlinie, wie EU-Verordnungen (→ Europäische Union) sind EU.-R. eine Form der Rechtsetzung und dienen der Angleichung des Rechts innerhalb der EU. Während EU-Verordnungen in allen Teilen verbindlich sind und nach ihrem Erlass unmittelbar in jedem Mitgliedstaat gelten, sind EU-R. erst in nationales Recht zu transformieren, um dort Wirkung zu erlangen. Sie sind hinsichtlich des zu erreichenden Ziels verbindlich, richtlinienkonform auszulegen und innerhalb einer vorgegebenen Frist umzusetzen. Es wäre jedoch falsch zu glauben, dass dadurch ein vollständig harmonisiertes Recht in der EU geschaffen würde. (1) Das Ziel der EU ist seit 1987 nicht mehr primär die Harmonisierung von Rechtsvorschriften, sondern die gegenseitige Anerkennung nationaler Regelungen. Daher wird es in bestimmten Bereichen auch künftig bei national abweichenden Rechtsnormen bleiben. (2) Wenn EU.-R. mit Optionen ausgestattet sind, wie z.B. die Richtlinie zur Produkthaftung von 1985, dann bleibt es den Mitgliedsstaaten überlassen, diese nach ihren eigenstaatlichen Interessen auszuüben. Ein international einheitliches Recht dürfte anschließend selten das Ergebnis sein. (3) Auch bei einheitlichen Rechtsnormen wird es weiterhin abweichende Rechtsprechungen geben, wie das Beispiel der → Werbung, irreführende zeigt. Während die Rechtsprechung z.B. in der BRD von einem weniger kritischen Verbraucher ausgeht, ist man in dieser Hinsicht in Italien wesentlich großzügiger. Dort hält man die Verbraucher für kritisch genug, sich durch Werbeangaben nicht so leicht täuschen zu lassen.

Euro, Gesetzliches Zahlungsmittel der Euro-Teilnehmerstaaten innerhalb der Europäischen Union, seit 01.03.2002 alleiniges, gemeinsames Zahlungsmittel.

I. Begriff: Der E. stellt die gemeinsame Währung der Teilnehmerstaaten aus den Europäischen Union dar. Seine Einführung vollzieht sich in 3 Stufen. Die erste Stufe begann am 01.07. 1990. Damals wurden die Beschränkungen im Kapitalverkehr weitestgehend aufgehoben. Ziel der zweiten Stufe (01.01.1994 bis 31.12.1998) war die Herstellung von Konvergenz und die Erfüllung der Aufnahmekriterien. Am Ende standen 11 EU-Mitgliedsstaaten, die den E. einzuführen beabsichtigten und die Konvergenzkriterien (weitgehend) erfüllten. Die dritte Stufe (01.01.1999 bis 31.12.2001) begann mit der Festlegung der fixen Umtauschkurse der Teilnehmerländer zum Euro (noch am 31.12.1998) und der Übernahme der Verantwortung für die Geldpolitik durch die Europäische Zentralbank (EZB) mit neubegründetem Sitz in Frankfurt a.M. Die bisherigen nationalen Währungen werden seitdem nicht mehr an der Börse gehandelt, blieben aber weiterhin neben dem E., der nur als Buchgeld existierte, als Zahlungsmittel bestehen. Ab dem 01.01.2002 wurden die E.-Noten und Münzen herausgegeben, die parallel zu den nationalen Zahlungsmitteln gültig waren. Seit dem 01.03.2002 ist der Euro das alleinige gesetzliche Zahlungsmittel in den Teilnehmerstaaten.

II. Merkmale: Der Euro ersetzt die nationalen Währungen der Mitgliedsstaaten und wird in diesen somit alleiniges gesetzliches Zahlungsmittel. Dies fördert in erster Linie die Preistransparenz aus Sicht der Verbraucher, da ein unmittelbarer Preisvergleich ohne vorherige Umrechnung anhand des momentan gültigen (und oft unbekannten) Wechselkurses erfolgen kann. Zu berücksichtigen sind allerdings hier die Informationskosten, die bei der Suche nach vollständiger Preistransparenz entstehen. Dies kann in einigen Bereichen zu einem erheblich verschärften (Preis-) Wettbewerb führen. Die eigene Wettbewerbsposition wird andererseits durch den Wegfall von Wechselkursrisiken sowie Umtauschkosten gestärkt. Zudem erstreckt sich die verbesserte Preistransparenz auch auf die Anlageseite, also hinsichtlich Finanzierungsmöglichkeiten der einzelnen Unternehmen, da ein Vergleich der Konditionen nun auch ausländischer Banken stark vereinfacht wird. Allgemein ist davon auszugehen, dass daher eine Intensivierung des Wettbewerbs erfolgt, die neben Risiken auch Chancen mit sich bringt.

III. Ziele: Die Einführung des E. soll zu einer Intensivierung des Wettbewerbs und zu einer stärkeren Stellung der europäischen Wirtschaft im weltweiten Handel führen. Zudem profitieren vor allem exportorientierte Länder wie die Bundesrepublik Deutschland vom Wegfall der Wechselkursschwankungen sowie Umtauschgebühren bei Transaktionen mit Partnern innerhalb der E.-Teilnehmerstaaten. Auch soll die → Europäische Union durch die Einführung des E. zu einem der bedeutenden Finanzplätze der Welt werden, was zu einer Verbesserung der Investitionsbedingungen führen würde.

IV. Zukünftige Probleme: Bei der Einführung des E. waren sich die Regierungschefs der Teilnehmerstaaten darüber einig, dass der E. eine stabile Währung darstellen wird, der eine ähnliche Position wie der US-Dollar oder der Yen auf dem Weltmarkt aufweisen könnte. Dies hängt von der konsequenten Finanzpolitik der einzelnen Länder ab. Die Konvergenzkriterien zum Stichtag am 01.01.1999 wurden zum Teil nur mit erheblichem Aufwand erfüllt und es ist zu befürchten, dass mittelfristig mit einer Aufweichung der Kriterien zu rechnen ist, was zu einem Vertrauensschwund in den E. und darüber letztendlich zu einer Schwächung der gemeinsamen Währung führen könnte. Kurzfristig stellt die Währungsumstellung insbesondere Probleme für die Preispolitik der Unternehmen und des Handels dar. Die Umrechnung von DEM in E. führte zu krummen Preisen, und es konnten vielfach versteckte Preiserhöhungen beobachtet werden. Nach wie vor versuchen Unternehmen, das bei den Konsumenten noch verbreitet fehlende Gefühl für den E. für sich durch eine entsprechende Preispolitik auszunutzen. Die durch den E. bedingte erhöhte internationale Preistransparenz kann schließlich zur Entstehung oder Verstärkung → grauer Märkte führen.

Matthias Sander

Euro-Blume, *EU-Blume*, → Umweltzeichen.

Europäische Artikelnummer, → Artikelnummer/-nummerierung, europäische, → EAN.

Europäische Union, Staatengemeinschaft, die sich aus der Europäischen Wirtschaftsgemeinschaft (EWG) heraus entwickelt hat. Die Länder der Europäischen Union bilden seit 1993 einen gemeinsamen Markt, den Europäischen Binnenmarkt, der durch den Wegfall der Grenzen größere Absatzchancen für Unternehmen bietet, gleichzeitig aber auch ein höheres Maß an Konkurrenz und damit an Wettbewerbsintensität bedeutet. Derzeitige Mitgliedstaaten sind Belgien, Dänemark, Deutschland, Frankreich, Griechenland, Großbritannien, Irland, Italien, Luxemburg, Niederlande, Portugal, Spanien, Schweden, Österreich und Finnland. Die Aufnahme von Beitrittsverhandlungen mit weiteren Ländern lässt mittelfristig eine Ausweitung der Europäischen Union insbesondere in osteuropäische Staaten erwarten. So ist die Aufnahme von 10 weiteren Ländern – Estland, Lettland, Litauen, Malta, Polen, Ungarn, Slowakei, Tschechien, Slowenien und Zypern – zum 1.5.2004 geplant. 2007 wird die EU möglicherweise durch den Beitritt von Bulgarien und Rumänien abermals erweitert.

Europäische Wirtschafts- und Währungsunion, Staatengemeinschaft der → Europäischen Union, die einen Wirtschaftsraum mit einer einheitlichen Währung darstellt. Die Währungsunion ist endgültig im Jahre 2002 mit der Einführung des → Euro vollzogen. Die nationalen Noten und Münzen der an diesem System teilnehmenden Staaten verlieren zu diesem Zeitpunkt ihre Gültigkeit als gesetzliches Zahlungsmittel. Es gilt dann ausschließlich der Euro als einzige Währung in dieser Staatengemeinschaft.

Europäisches Patentamt, zuständig für die Erteilung von Patentschutz im Wege einer europäischen Patentanmeldung; *vgl. auch* → Patent. Das europäische Patenterteilungsverfahren richtet sich nach dem Europäischen Patentübereinkommen (EPÜ) und wird vom E.P. als eigenständiges Patenterteilungsverfahren durchgeführt. Mit der Bekanntmachung in den durch die Anmeldung benannten Vertragsstaaten des EPÜ entsteht ein nationales Schutzrecht.

European Customer Satisfaction Index, *ECSI*; supranationales Kundenbarometer (→ Nationale Kundenbarometer), das unter der Federführung der Europäischen Kommission, der European Organization for Quality (EOQ) sowie der → European Foundation for Quality Management (EFQM) konzipiert und entwickelt wurde. Im Rahmen der ersten Pilotuntersuchung im Jahre 1999 haben zwölf europäische Länder (Belgien, Dänemark, England, Finnland, Frankreich, Griechenland, Island, Italien, Portugal, Spanien, Schweden, Schweiz) parallel Untersuchungen in jeweils mindestens drei Branchen (Banken, Telekommunikation und Supermärkte) zu → Kundenzufriedenheit und → Kundenbindung sowie deren Einflussfaktoren durchgeführt. Die → Datenerhebung selbst erfolgte auf dem Wege von Telefoninterviews mit Kunden, die in letzter Zeit ein bestimmtes Produkt bzw. eine Dienstleistung genutzt haben. Inhaltlich lehnt sich der ECSI an den → American Customer Satisfaction Index und das → Swedish Customer Satisfaction Barometer an. Als Voraussetzung für die Generierung international vergleichbarer Datensätze wurden verschiedene Mindestanforderungen festgelegt, wie ein einheitliches → Strukturmodell als Basis der Erhebung, die Verwendung standardisierter Fragebögen mit identischen → Skalen, eine zeitlich parallele Datenerhebung und ein einheitliches Auswertungsverfahren, die Verwendung identischer statistischer Verfahren zur Indexberechnung sowie die Übereinstimmung hinsichtlich grundlegender Definitionen (z.B. von Kunden, Anbietern und Produkten). Das ECSI-Modell umfasst als Variablen das → Image, die → Kundenerwartungen, die wahrgenommene → Qualität (→ Dienstleistungsqualität), den wahrgenommenen Nutzen (→ Kundennutzen), die → Kundenzufriedenheit sowie die → Kundenbindung.

European Foundation for Quality Management, *EFQM*; eine 1988 von 14 europäischen Unternehmen gegründete Institution mit Sitz in Brüssel, die seit 1992 den → European Quality Award (EQA) auf Basis des sog. EFQM-Modells verleiht. Siehe auch www.efqm.org.

European Free Trade Association, Europäische Freihandelsgemeinschaft, gegründet 1960 mit Sitz in Genf. Gründungsmitglieder waren Großbritannien, Schweden, Norwegen, Dänemark, Schweiz, Österreich, Portugal und Island. Seit 1992 besteht ein Vertrag zwischen der → EU und EFTA zur Gründung des Europäischen Wirtschaftsraumes (EWR). Derzeitige Mitglieder der EFTA: Finnland, Island, Liechtenstein, Norwegen, Schweiz.

European Marketing Academy, *EMAC*, berufliche Vereinigung von Vertretern und Interessenten der Marketingtheorie und -forschung. Ziel der 1975 gegründeten EMAC ist es, als Kommunikationszentrum zur Verbreitung von Informationen auf dem Gebiet des → Marketing zu fungieren und den internationalen Wissensaustausch zu unterstützen. Die in Belgien angesiedelte Vereinigung setzt sich aus über 500 Mitgliedern aller Kontinente zusammen. Eine jährlich von der EMAC organisierte Konferenz wird in Verbindung mit einem Doktorandenkolloquium an ausgewählten europäischen Standorten und Forschungsinstituten ausgerichtet. Viermal jährlich erscheint das von der EMAC herausgegebene „International Journal of Research in Marketing“.

European Performance Satisfaction Index, *EPCSI*; bis 2002: European Customer Satisfaction Index (ECSI), supranationales

Kundenbarometer (→ Nationale Kundenbarometer), das unter der Federführung der Europäischen Kommission, der European Organization for Quality (EOQ) sowie der → European Foundation for Quality Management (EFQM) konzipiert und entwickelt wurde. Im Rahmen der letzten Untersuchung im Jahre 2001 haben acht europäische Länder (Dänemark, Finnland, Griechenland, Island, Irland, Portugal, Russland, Schweden) parallel Untersuchungen zur Kundenzufriedenheit durchgeführt. Dabei wurden in mindestens der Hälfte der Länder Erhebungen in fünf Branchen (Banken, Telekommunikation Festnetz, Telekommunikation mobil, Supermärkte und Versicherungen) zu → Kundenzufriedenheit und → Kundenbindung sowie deren Einflussfaktoren vorgenommen. Die → Datenerhebung selbst erfolgte auf dem Wege von Telefoninterviews mit Kunden, die in letzter Zeit ein bestimmtes Produkt bzw. eine Dienstleistung genutzt haben. Inhaltlich lehnt sich der ECSI an den → American Customer Satisfaction Index und das → Swedish Customer Satisfaction Barometer an. Als Voraussetzung für die Generierung international vergleichbarer Datensätze wurden verschiedene Mindestanforderungen festgelegt, wie ein einheitliches → Strukturmodell als Basis der Erhebung, die Verwendung standardisierter Fragebögen mit identischen → Skalen, eine zeitlich parallele Datenerhebung und ein einheitliches Auswertungsverfahren, die Verwendung identischer statistischer Verfahren zur Indexberechnung sowie die Übereinstimmung hinsichtlich grundlegender Definitionen (z.B. von Kunden, Anbietern und Produkten). Das EPSI-Modell umfasst als Variablen das → Image, die → Kundenerwartungen, die wahrgenommene → Qualität (→ Dienstleistungsqualität), den wahrgenommenen Nutzen (→ Kundennutzen), die → Kundenzufriedenheit sowie die → Kundenbindung.

European Quality Award, *EQA*, *Europäischer → Qualitätspreis*. Der EQA wurde unter Federführung der → European Foundation for Quality Management (EFQM) in Zusammenarbeit und mit finanzieller Unterstützung der Europäischen Kommission sowie der European Organization for Quality (EOQ) entwickelt und erstmals 1992 verliehen. Das Modell des Preises (EFQM-Modell) umfasst neun Kriteriengruppen, die in „Befähiger“ und „Ergebnisse“ eingeteilt sind (vgl. Abb. „EFQM-Modell“): Führung, → Mitarbeiterorientierung, Produkt und Strategie, Ressourcen, Prozesse, → Mitarbeiterzufriedenheit, → Kundenzufriedenheit, Gesellschaftliche Verantwortung und Geschäftsergebnisse. Befähiger beschreiben Sachverhalte, die die Bemühungen eines Anbieters um eine hohe → Qualität bzw. die Ausgestaltung des → Qualitätsmanagements zum Ausdruck bringen. Die Ergebnisse betreffen die Wirkungen des Qualitätsmanagements. Der EQA baut auf dem Konzept des → Malcolm Baldrige National Quality Award (MBNQA) auf, allerdings ist er nicht identisch mit dem MBNQA-Konzept. Zwei der wesentlichen Unterscheidungsmerkmale betreffen die Anzahl der Beurteilungskriterien und die Würdigung des Qualitätsmanagements. Im Gegensatz zum MBNQA (ca. 90 Einzelpunkte) beschränkt sich der EQA auf nur ca. 30 Punkte. Des Weiteren werden die Vortrefflichkeit des Qualitätsmanagements sowie die daraus resultierenden Ergebnisse weniger gewürdigt. Der EQA legt vielmehr Wert auf die Zufriedenstellung aller Interessengruppen (u.a. der Gesellschaft). Der Nutzen liegt wie beim MBNQA vor allem in dem Feedback-Bericht, den jeder Teilnehmer im Anschluss erhält und der für jedes Kriterium die jeweiligen Stärken und Verbesserungsbereiche aufführt. Die Teilnahme am EQA ist damit auch ohne die Absicht auf eine tatsächliche Auszeichnung für ein Unternehmen von großem strategischen Vorteil. Erstens kann die Bewerbung im Rahmen einer Selbstbeurteilung erfolgen. Anhand der Bewerbungsunterlagen für die Qualitätsauszeichnung wird das Unternehmen analog zu dem eigentlichen Verfahren untersucht. Zweitens besteht die Möglichkeit, auf Basis des Kriterienkataloges ein umfassendes → Total Quality Management (TQM) zu entwerfen. In diesem Fall wird die strategische → Unternehmensplanung an den einzelnen Kategorien ausgerichtet.

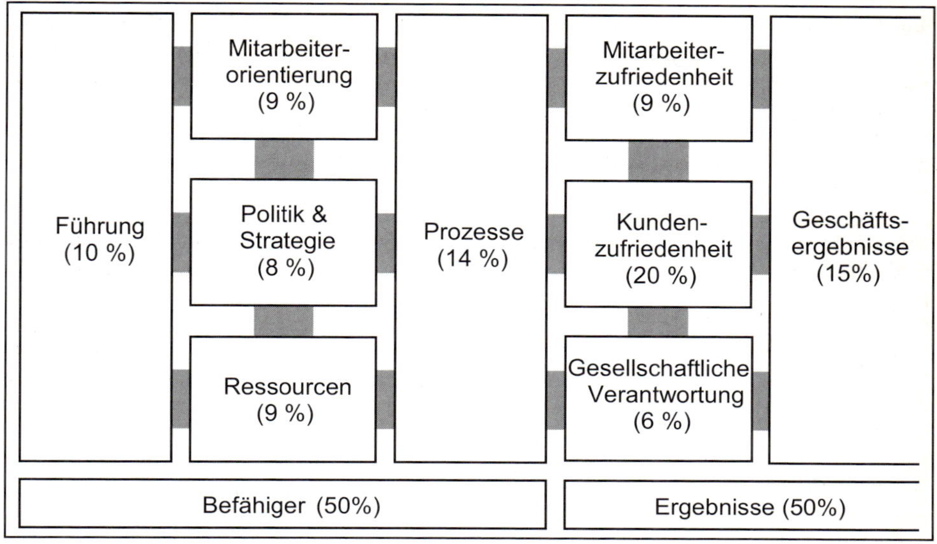

EFQM-Modell
(Quelle: Bruhn 2003, S. 258; www.efqm.org)

Euro-Styles, supranationale Verbrauchertypologie, die auf Basis einer integralen → Marktsegmentierung zustande gekommen ist. Das Konzept dieser Verbrauchertypologie basiert darauf, dass sich Weltanschauungen, Verhaltensweisen, der Besitz von Gütern, der Kauf von bestimmten Produkten oder die Inanspruchnahme von Dienstleistungen häufig in charakteristischer Art und Weise bei bestimmten Gruppen verdichten lassen. Als Grundlage von E.-S. stehen dabei 24.000 schriftliche Befragungen zur Verfügung, die sich aus einer mehrfach geschichteten Personenstichprobe in Europa zusammensetzen. Die besagte Personengruppe ist repräsentativ für die Erwachsenenbevölkerung aus 15 europäischen Ländern und deren Regionen. Die Daten wurden in allen Ländern mit einheitlichen Methoden erhoben, die Auswertung der Daten erfolgte mithilfe der Cluster-Analyse. Ergebnis waren 16 Konsumententypen, die in unterschiedlicher Häufigkeit in den einzelnen Ländern Europas vorkommen. Diese können der Abb. „Kurzcharakterisierung der 16 Euro-Styles“ entnommen werden. Der Vorteil solcher länderübergreifender Zielgruppen liegt in der Möglichkeit einer standardisierten Marktbearbeitung der einzelnen E.-S. über Ländergrenzen hinweg. Dadurch können die Kostenvorteile aus einer Marketingstandardisierung mit den Vorteilen einer zielgruppenspezifischen Ansprache verbunden werden.

Even Pricing, Preispolitik runder Preise. Im Gegensatz zum → Odd Pricing (→ Preisendzifferneffekt) vertritt man beim Even Pricing die Ansicht, dass runde Endziffern bei den Verbrauchern positive Vorstellungen hervorrufen. Runde Preise sollen mit "übersichtlich, gut und glatt" assoziiert werden.

Event, kennzeichnet ein von einem Unternehmen bzw. einer Institution selbst inszeniertes Ereignis, das der Zielgruppe in Form einer Veranstaltung oder Aktion firmen- und/oder produktbezogene Kommunikationsinhalte erlebnisorientiert vermittelt. Je nach angesprochener Zielgruppe können Kunden-, Händler-, Mitarbeiter- oder Zulieferer-Events u.a. unterschieden werden. Durch eine multisensuale Ansprache soll eine besondere Aktivierung der Zielgruppen für die Aufnahme der Kommunikationsinhalte erreicht werden. → *vgl. auch* Kunden-Event.

Euro-Dandy	Angeber, vergnügungssüchtig, immer auf der schönen Seite des Lebens
Euro-Business	Karriere-Macher - immer auf der Leiter
Euro-Vigilante	Misstrauisch, frustriert, vorsichtig, konservativ
Euro-Defense	Heimchen, der Defensive - Eigentum und lange nichts mehr
Euro-Prudent	Vorsichtiger, Resignierter - Sicherheit kommt zuerst
Euro-Moralist	Gut-Bürgerlicher - religiös, prinzipientreu, aber auch tolerant
Euro-Gentry	Nobler - Gesetz, Ordnung und Tradition
Euro-Scout	Wohltäter, Generöser - helfen wir den anderen
Euro-Rocky	Rocker, junge Außenseiter - Augen zu und durch
Euro-Squadra	Aktiver - Freizeit und Freunde sind alles
Euro-Protest	Protestler - allein gegen das ganze System
Euro-Pioneers	Idealist, die Alternativen - verändern wir die Welt
Euro-Citizens	Verantwortungsvoller, der gute Nachbar - dienen wir der Öffentlichkeit
Euro-Strict	Puritaner - führt ein untadeliges Leben
Euro-Romantic	Träumer - Harmonie, Heim und Familie kommen zuerst
Euro-Olvidados	Abgekoppelter - vergessen und neidisch

Kurzcharakterisierung der sechzehn Euro-Styles

Event Marketing, → Kundenbindungsinstrument, → Kunden-Event.

E-V-Hypothese, *Einstellungs-Verhaltens-Hypothese,* → Einstellungen, → Drei-Komponenten-Theorie.

Evoked Set, begrenzte, klar profilierte Zahl von kaufrelevanten Alternativen. Das E.S. leitet sich aus dem → Awareness-Set (Anzahl aller bekannten Marken oder Produkte) ab. Das Awareness-Set umfasst akzeptierte (Accepted Set) und zurückgewiesene Alternativen (Rejected Set). Aus dem Accepted Set werden gegenwärtig nicht in Frage kommende Produkte in das sog. Hold Set zurückgestellt, die kauffähigen bleiben im E.S. präsent. Empirische Untersuchungen haben gezeigt, dass das E.S. nur aus wenigen Alternativen besteht und charakteristisch für limitierte → Kaufentscheidungen ist. Zur Bildung des E.S. sind Markenkenntnisse, Prädispositionen und tatsächliche oder symbolische Produkterfahrungen notwendig.

EWWU, → Europäische Wirtschafts- und Währungsunion.

Executive Information System (EIS), *Führungsinformationssystem*; Managementunterstützungssystem, das speziell für den Einsatz im Bereich des Top-Managements konzipiert ist. Aus der Notwendigkeit heraus, einerseits entscheidungsrelevante, vorhandene Informationen zu nutzen, andererseits aber die Informationsaufnahmekapazität des Top-Managements nicht zu überstrapazieren, ergeben sich vor allem hinsichtlich Datenauswahl, -verdichtung und -präsentation besondere Anforderungen an ein EIS. So zeichnet es sich üblicherweise durch eine graphische, leicht erlernbare Oberfläche aus. Informationen sind i.d.R. auf unterschiedlichen Aggregationsstufen abrufbar und über eine Vielzahl technischer Schnittstellen kann bei Bedarf auf unterschiedliche Datenbanken zugegriffen werden. Im Hinblick auf die laufende Überprüfung von Planzielen durch das Top-Managment besteht häufig auch die Möglichkeit, Abweichungen von festgelegten Vorgaben gesondert hervorzuheben. In diesem umfassenden Sinne haben EIS allerdings noch keine weite Verbreitung gefunden.

Existenzberechtigung des Handels, → Handelsbetriebslehre.

Exklusive Distribution, → Distribution, intensive.

Exogene Variable, *Unabhängige Variable*; ist die Variable, die nicht innerhalb des betrachteten Modells erklärt wird, sondern die als „vorgegeben" angenommen wird. Eine oder mehrere E.V. beschreiben innerhalb eines kausalzusammenhängeabbildenden Modells die zu erklärende, → endogene Variable. E.V. stehen somit immer auf der rechten Seite einer Gleichung. Im Rahmen der → Regressionsanalyse wird anstelle von E.V. der Begriff Regressor verwendet.

Expatriate, Mitarbeiter, der in ausländische Niederlassungen oder Tochterunternehmen eines Unternehmen entsandt wird und dort für einen (begrenzten) Zeitraum arbeitet. *Vgl. auch* → Verkaufspolitik, internationale, → Local.

Expectation-Disconfirmation-Paradigma, grundlegender Erklärungsansatz im Rahmen der Zufriedenheitsforschung. Hierbei wird die erwartete Leistung mit der tatsächlich erhaltenen Leistung verglichen. Unterschreitet die Erwartungsleistung die tatsächlich wahrgenommene Leistung, dann entsteht Kundenunzufriedenheit. Im umgekehrten Fall entsteht → Kundenzufriedenheit. Uneinigkeit herrscht, ob schon eine genaue Übereinstimmung von erwarteter und tatsächlich wahrgenommener Leistung zu Zufriedenheit führt oder ob erst im Fall der Übererfüllung → Kundenzufriedenheit entsteht.

Experience Quality, → *Erfahrungseigenschaft*; Form der Klassifikation von Sachgütern und Dienstleistungen hinsichtlich ihrer Beurteilungsmöglichkeiten durch den Kunden. Unterschieden werden Experience, → Search Qualities (→ Sucheigenschaften) und → Credence Qualities (→Vertrauenseigenschaften). E.Q. zeichnen sich durch eine hohe Schnittmenge von produkt- und dienstleistungsbezogenen Aspekten aus und sind daher durch den Kunden erst während oder nach der Inanspruchnahme der Leistung beurteilbar (z.B. Restaurantbesuch). Sachgüter zeichnen sich hingegen in hohem Maße durch Search Qualities aus, sie sind folglich bereits vor dem Kauf einzuschätzen (z.B. Kleidung). Credence Qualities sind Leistungen, die überhaupt nicht oder nur sehr schwer durch den Kunden beurteilt werden können (z.B. medizinische Beratung). *Vgl. auch* → Erfahrungsgut.

Experiment, gezielte Erhebung von Daten eines bestimmten Bedingungskomplexes zur Prüfung einer wissenschaftlichen Hypothese. Man kann E. nach deren → Erhebungsmethode (→ Befragung oder → Beobachtung) unterscheiden und nach deren Erhebungsbedingungen. Dabei unterscheidet man das → Feldexperiment und das → Laborexperiment. Ziel beider Arten von Experimenten ist es, Reaktionen von Probanden zu beobachten, die sich auf Änderungen von äußeren Einflüssen durch den Forscher zurückführen lassen. Die gewonnenen Erkenntnisse sollen dann auf reale Situationen übertragen werden und eine Hilfe für Entscheidungen darstellen. Bei der Beurteilung von Experimenten werden vor allem zwei Größen herangezogen: die interne und die externe → Validität. Dabei bezieht sich die interne Validität darauf, ob die Veränderungen durch die vom Forscher variierten Einflüsse stattgefunden haben. Die externe Validität bezieht sich auf die Übertragbarkeit der Ergebnisse auf die Realität. Feldexperimente finden in einer realen Umgebung statt, während bei Laborexperimenten in einer künstlichen, der Realen ähnlichen Umgebung das E. durchgeführt wird.

Expertenbefragung, → Prognosemethoden.

Expertensystem, wissensbasiertes Computerprogramm, das in klar abgegrenzten Anwendungsbereichen das Problemlösungsverhalten von Experten nachzuahmen versucht. Kern des E. sind die Wissensbasis, die das zur Problemlösung notwendige Fakten- und Hintergrundwissen umfasst, sowie der

Interferenzmechanismus, d.h. die Art und Weise, wie aus dem gespeicherten Wissen Schlussfolgerungen zur Lösung eines konkreten Problems gezogen werden. Je nach Aufgabenstellung können folgende E. unterschieden werden: (1) Diagnosesysteme (klassifizieren Fälle auf Basis teils gegebener, teils zu suchender Symptome), (2) Beratungssysteme (geben im Dialog mit dem Benutzer eine auf den vorliegenden Fall bezogene Handlungsempfehlung), (3) Konfigurationssysteme (stellen auf Basis von Selektionsvorgängen unter Berücksichtigung von Unverträglichkeiten und Benutzerwünschen komplexe Gebilde zusammen), (4) Planungssysteme (führen einen Ausgangszustand durch eine Folge von Aktionen in einen Endzustand über). Im → Marketing sind E. in erster Linie im Hinblick auf den → Marketing-Mix sowie den Bereich des → Strategischen Marketing anwendbar, da sich hier sinnvoll parzellierte Wissensbereiche zur Problembearbeitung bilden lassen.

Explorative Forschung, *Strukturentdeckende Forschung*. Sammlung von statistischen Verfahren, die zur Hypothesen- und Modellfindung hilfreich sein sollen. Z.B. → Multidimensionale Skalierung (MDS), → Cluster-Analyse. Gegenstück: Konfirmatorische Forschung.

Exploratorische Faktorenanalyse, Strukturentdeckende → Faktorenanalyse.

Exponat, Ausstellungsgegenstand auf → Messen und → Ausstellungen, der das Leistungsangebot des Unternehmens darstellt. Die Auswahl und Gestaltung der E. ist von der verfolgten Messekonzeption, den Spezifika der Veranstaltung sowie den Interessen und Erwartungen der Besuchergruppen abhängig. Es können vier Exponattypen unterschieden werden. (1) Originale: sind jene E., bei denen die Verkaufsobjekte des Ausstellers gleichzeitig das Exponat darstellen. (2) Muster: hierbei wird das physische Leistungsangebot durch ein Musterexemplar oder einen Prototypen repräsentiert. (3) Modelle: dienen als Anschauungsmaterial, das Angebotsobjekte bzw. Funktionsabläufe verdeutlichen soll. (4) Attrappe: hierbei ist das Angebotsobjekt zwar äußerlich identisch, substanziell allerdings verschieden.

Exponentielle Glättung, die E.G. gehört zu den → Prognosemethoden, die auf der Analyse einer Zeitreihe basieren. Mit Hilfe der Werte einer Zeitreihe soll der Wert einer Variable für die folgenden Perioden vorhergesagt werden. Bei dem Verfahren der E.G. geht man davon aus, dass ältere Werte der Zeitreihe einen geringeren Einfluss auf die Prognose haben als aktuellere Werte. Deshalb gehen die Werte mit unterschiedlichen Gewichtungen in die Prognosefunktion ein. Weiter sollen extreme Schwankungen innerhalb der Zeitreihe geglättet werden. – Die Gewichtungen selbst werden durch den Gewichtungsfaktor α bestimmt. Bei der einfachen exponentiellen Glättung bleibt α konstant. Dies hat zur Folge, dass die Gewichte älterer Werte exponentiell abnehmen. Bei der adaptiven exponentiellen Glättung wird der Gewichtungsfaktor ständig neu berechnet, was nötig wird, wenn sich eine Zeitreihe im Zeitablauf stark verändert.

Export, spezifische Form einer internationalen → Markteintrittsstrategie, bei der ein Verkauf von Gütern außerhalb des Landes, in dem sie hergestellt worden sind, stattfindet. Der E. ist die einfachste Möglichkeit, Beziehungen zu einem Markt im Ausland aufzunehmen. Der Einstieg ist häufig mit nur geringen Veränderungen der Produkte, der Unternehmensorganisation sowie der Unternehmensaufgabe verbunden. Wesentliche Voraussetzungen, die für den E. vorliegen müssen, sind ein möglichst freier Güter- und Zahlungsverkehr sowie etablierte Distributionskanäle. Die Vorteile von E. liegen darin, dass sie auch bei geringer Auslandserfahrung und für kleine Unternehmen durchführbar sind, flexible Reaktionen auf Umweltveränderungen ermöglichen sowie keinen Kapital-, Management- und Personaltransfer erfordern. Ungeeignet sind E. bei Vorhandensein tarifärer und nichttarifärer Handelshemmnisse, bei stark schwankenden Wechselkursen, hohem Zahlungsrisiko und schlecht transportierbaren Gütern. Im Rahmen der → E.-Strategie kommen sowohl der indirekte als auch der direkte E. in Frage.

Export-Factoring, Verkauf von Forderungen eines Exporteurs ggü. ausländischen Kunden an eine spezielle Factoring-Gesellschaft. Je nachdem, ob die Forderungsabtretung dem ausländischen Kunden bekannt ist oder nicht, spricht man vom offenen oder stillen → Factoring. Neben dieser Finanzierungsfunktion übernehmen diese Spezialinstitute darüber hinaus Serviceleistungen wie Inkasso, Bonitätsprüfungen, Mahnwesen und Debitorenbuchhaltung. Von wesentlicher Bedeutung ist die Tatsache, dass durch den Ankauf der Forderung auch das Delkredere-Risiko auf das Factoring-Institut übergeht.

Exportkalkulation, kostenorientierte Kalkulationsschemata zur Bestimmung von zu fordernden Preisen bei Auslandsgeschäften. Zu unterscheiden ist dabei zwischen einer progressiven, retrograden und differenziellen Kalkulation. Im Falle einer progressiven Kalkulation werden zunächst die Stückkosten ermittelt und anschließend mittels Anwendung eines Aufschlagfaktors der Preis bestimmt. Bei der retrograden Kalkulation wird von einem gegebenen Preis – z.B. dem durchschnittlichen Marktpreis auf einem Produktmarkt im jeweiligen Land – ausgegangen und ermittelt, ob dieser Preis kostendeckend ist. Residualgrößen sind in diesem Fall offensichtlich der Aufschlagssatz und die Stückkosten. Bei der differenziellen Kalkulation wird sowohl von einem gegebenen Preis als auch von vorgegebenen Stückkosten ausgegangen und die Höhe des Aufschlagssatzes berechnet. Residualgröße ist hier offensichtlich der Aufschlagssatz. Die konkrete Bestimmung von Preisen auf Basis von Kosten ist im Vergleich zu markt- bzw. nachfrageorientierten Preisen einfach und wenig zeitaufwendig, da auf feststehende Kalkulationsschemata zurückgegriffen werden kann. Im Falle des Exports bildet generell die Summe der relevanten Kosten der Herstellung, des Transports, der eventuellen Kreditgewährung und Risikoübertragung auf Dritte sowie des Gewinnaufschlags den Ausgangspunkt für die Preiskalkulation. Nachteilig ist die mangelnde Nachfrage- und Konkurrenzorientierung dieser Vorgehensweise.

Exportkreditversicherung, Möglichkeit zur Abdeckung wirtschaftlicher, politischer und Finanzierungsrisiken bei Auslandsgeschäften. E. sind Teil der staatlichen Exportförderung. In Deutschland wird im Auftrag des Bundes eine Kreditversicherung als Exportförderungsinstrument durch ein Konsortium, das aus der Hermes Kreditversicherungs AG (Hamburg) und der Treuarbeit AG (Frankfurt am Main) besteht, angeboten. Dem Konsortium wird unter Federführung der Hermes Kreditversicherungs AG im Rahmen des Haushaltsgesetzes ein bestimmter Kreditrahmen eingeräumt, der für Außenhandelszwecke zur Verfügung steht. Konkret werden mit diesen Mitteln Garantien und Bürgschaften im Rahmen von Auslandsgeschäften übernommen. Kennzeichen dieser E. ist, dass eine Selbstbeteiligung für den Exporteur vorgesehen ist, so daß Auslandsforderungen nie zu 100% versichert werden können. Neben dieser staatlichen Exportversicherung existieren in vielen Ländern auch private Institutionen, die E. anbieten. In Deutschland zählen hierzu z.B. die Allgemeine Kreditversicherungs AG (Mainz), die Zürich Kautions- und Kreditversicherungs AG (Frankfurt am Main), sowie die Gerling Konzern Speziale Kreditversicherungs AG (Köln).

Exportmarketing, Marketingmaßnahmen im Rahmen einer → Exportstrategie als internationale → Markteintrittsstrategie. Das Exportmarketing korreliert dabei mit einer ethnozentrischen Orientierung im Rahmen des → EPRG-Schemas.

Exportmesse, → Messen, deren Absatzrichtung in erster Linie auf den → Export von Gütern und → Dienstleistungen abzielt.

Exportstrategie, strategische Gestaltung des → Exports im Rahmen von Auslandsgeschäften. Grundsätzlich kann ein Unternehmen zwischen zwei Grundformen des Exports wählen: dem indirekten und dem direkten Export. Beim indirekten Export wird der Inlandsproduzent nicht selbst auf dem Auslandsmarkt aktiv, sondern bedient sich unabhängiger, im Inland ansässiger Absatzorgane, die Lieferung und Verkauf im Ausland in eigener Regie betreiben. Typische Absatzorgane, die bei einem indirekten Export eingeschaltet werden, sind Exporteigenhändler oder Exportagenten. Vorteilhaft ist der indirekte Export dann, wenn das exportierende Unternehmen über wenig Auslandserfahrung und geringe finanzielle und personelle Ressourcen verfügt und seine Absatzchancen mit möglichst geringen Risiken wahrnehmen möchte. Nachteile bestehen darin, dass das Unternehmen auf direkte Kontakte zu den ausländischen Abnehmern und Verwendern verzichtet. Eine Kontrolle des Einsatzes des marketingpolitischen Instrumentariums beim lokalen Handel und beim Endkunden ist damit faktisch nicht möglich. Im Rahmen des direkten Exports wickelt das Unternehmen alle im Heimatmarkt im Zusammenhang mit dem Export der Güter anfallenden Tätigkeiten selbst ab. Die Waren oder Dienstleistungen werden ohne Einschaltung von Absatzmittlern direkt im Ausland abgesetzt. Zu beachten ist, dass der direkte Export nicht mit dem direkten Vertrieb verwechselt wird, da im Rahmen des direkten Exports die Produkte sowohl an Endverbraucher als auch an ausländische Absatzmittler verkauft werden können. Der Vorteil direkter Exporte im Vergleich zu den indirekten Exporten liegt in der größeren Marktnähe sowie der größeren Kontrollierbarkeit und Steuerbarkeit des Warenflusses. Andererseits sind sie mit höheren Risiken verbunden, insbesondere dann, wenn sie Direktinvestitionen (z.B. Vertriebsgesellschaften Repräsentanzbüros o.Ä.) beinhalten.

Extensive Kaufentscheidung, → Kaufentscheidung mit hohem kognitiven Aufwand.

Externe Validität, bezieht sich auf die Übertragbarkeit der Ergebnisse eines → Experiments auf die Realität. → Validität.

Externer Faktor, → Dienstleistung, Begriff der.

Extranet, geschlossenes (meist unternehmenseigenes) Computernetz. E. ist eine Erweiterung unternehmensinterner Computernetze (→ Intranet), durch das auch externe Nutzer wie Zulieferer, Partnerfirmen oder Kunden eines Unternehmens eine meist beschränkte Zugriffsmöglichkeit auf betriebliche Daten erlangen. Da geschlossene Netze eine höhere Sicherheit und Zuverlässigkeit gewährleisten können als das Internet, spielt das E. für den Business-to-Business- Bereich eine wichtige Rolle.

Extrapolation, zu den quantitativen → Prognosemethoden gehören die Verfahren, die auf der Methode der E. basieren. Dabei erfolgt die Prognose der Variable ausschließlich aufgrund der vorangegangenen Perioden. Die Zeitreihe soll für folgende Zeitperioden fortgeführt (extrapoliert) werden. Als Beispiele für E.-Verfahren wären die → Zeitregression, die → exponentielle Glättung und die Prognose mit Wachstumsfunktionen zu nennen. Bei der Zeitregression wird angenommen, dass die Zeitreihe einem linearen Trend folgt. Mit Hilfe der → Regressionsanalyse wird eine Gerade berechnet, die die bisherigen Werte der Zeitreihe am besten annähert. Das Modell der exponentiellen Glättung geht davon aus, dass ältere Werte der Zeitreihe einen schwächeren Einfluss auf die Prognose der Werte in der Zukunft haben als neuere Werte. Deshalb werden die älteren Werte bei der Bildung der Prognosefunktion schwächer gewichtet als die neueren Werte. Bei der Prognose mittels Wachstumsfunktionen werden nichtlineare Funktionen verwendet, die gegen einen oberen Grenzwert streben.

F

F&E, Abk. für → Forschung & Entwicklung.

Fabrikverkauf, → Factory Outlet; Form des Direktabsatzes, bei der ein Hersteller seine Erzeugnisse über an die ‚Fabrik' angeschlossene Läden oder herstellereigene Verkaufsniederlassungen (Factory Outlet) an die → Konsumenten absetzt. Dabei handelte es sich zunächst in erster Linie um Überhang-, Ausschuss-, leicht fehlerhafte und saisonversetzte Waren, die i.d.R. zu deutlich niedrigeren Preisen angeboten wurden. Weit verbreitet ist der F. in der Bekleidungsbranche.

Fachbesucher. Zu → Fachmessen und -ausstellungen sind i.d.R. nur Besucher zugelassen, die einen fachlichen Bezug zur Thematik der → Messe bzw. → Ausstellung belegen können. Hierzu dienen beispielsweise Voranmeldungen über die Firma des Besuchers, Buchungen über die Industrie- und Handelskammer bzw. über Berufsverbände oder die Vorlage von Geschäftskarten. Der Veranstalter behält sich vielfach vor, entsprechende Zugangskontrollen durchzuführen und die Besucherberechtigung zu prüfen.

Fachbesucherpotenzial, in der Praxis von → Messen und → Ausstellungen oftmals angewandte → Kennzahlen im Rahmen von Veranstaltungsanalysen. Anhand mehrerer Kennzahlen wird das F. abgebildet, z.B. Fachbesucherkontaktpotenzial = Anzahl → Fachbesucher/Anzahl Aussteller, Fachbesucheranteil = → Fachbesucher/ alle Messebesucher, Zielgruppenanteil I = → Zielgruppe eines Ausstellers/alle Messebesucher, Zielgruppenanteil II = Zielgruppe eines Ausstellers/ → Fachbesucher einer Messe.

Fachdiscounter, → Betriebsform des → Einzelhandels. Gegenüber dem → Discounter bildet ein branchenspezifisches Warenangebot, i.d.R. aus dem Non-Food-Bereich, den Kern des Sortiments eines Fachdiscounters.

Fachgeschäft, → Betriebsform des → Einzelhandels. Das Sortiment eines F. ist gekennzeichnet durch ein breites und branchenspezifisches Warenangebot. Die Produkte verfügen in einer traditionellen Sichtweise i.d.R. über eine mittlere bis hohe Qualität. Diese Eigenschaft ist allerdings zunehmend in Frage zu stellen, da auch die übrigen Betriebsformen des Handels (insbesondere → SB-Warenhäuser, → Waren- und → Kaufhäuser und die sog. → Fachmärkte) gleiche oder vergleichbare Produkte im Angebot haben. Kennzeichen eines F. sind die Fremdbedienung und die Gewährleistung von After-Sales-Services für die Kunden.

Fachgroßhandel, *Spezialgroßhandel*; → Betriebsform des → Großhandels. Die Besonderheit des F. liegt in der Sortimentspolitik. Ein F. bietet ein breites und tiefes Warenangebot für eine spezifische Branche an (→ Fachgeschäft).

Fachhandel, → Fachgeschäft.

Fachhandelskette, → Freiwillige Kette, deren Mitglieder über ein branchenspezifisches Warenangebot verfügen (vgl. → Fachgeschäft).

Fachkompetenz, zentrale Einflussgröße des → kundenorientierten Verhaltens. F. bezeichnet den Umfang an Fähigkeiten eines

Mitarbeiters, die zur Erbringung der Arbeitsleistung erforderlich sind. F. umfasst insbesondere drei Dimensionen: (1) Fachliche Kenntnisse, d.h. Kenntnisse über eigene Produkte, sonstige technische Aspekte, betriebswirtschaftliche Sachverhalte, Prozesse im Unternehmen. Im Firmenkundengeschäft gehören auch Kenntnisse über Produkte und Prozesse der Kunden dazu. (2) Konzeptionelle Fähigkeiten, d.h. Fähigkeit zur Erarbeitung von (neuen) Konzepten sowie die systematische Vorgehensweise bei der Lösung von spezifischen Problemen. (3) Selbstorganisation, d.h. Fähigkeit, die eigene Arbeitsweise reibungslos und effizient zu gestalten.

Fachmarkt, → Betriebsform des → Einzelhandels. F. verfügen über ein breites und branchenspezifisches Warenangebot. Im Gegensatz zum → Fachgeschäft werden auf einer relativ großen Verkaufsfläche Waren nach dem Selbstbedienungsprinzip angeboten. F. existieren beispielsweise im Bereich der Unterhaltungselektronik, im Heimwerker-, Drogerie- und Getränkebereich.

Fachmesse, bilden im Rahmen von → Messen und → Ausstellungen das Angebot einer Branche oder Berufsgruppe ab und geben einen Überblick über den aktuellen Stand der Technik. Auf der funktionsorientierten F. werden → Exponate eines betrieblichen Funktionsbereichs, wie z.B. Informations- und Kommunikationstechnologien (→ Kommunikationstechnik) für Büros, ausgestellt. Die branchenorientierte F. gibt einen Überblick über einen Herstellerbereich oder fasst Hersteller mehrerer Branchen zusammen, die sich an eine bestimmte Abnehmerbranche richten. Themenbezogene F. zeigen Problemlösungen zu bestimmten Gebieten, wie z.B. Umweltschutz oder Energie.

Fachpromotor, Person mit → Fachkompetenz; *vgl. auch* → Buying Center.

Fachversandhandel, → Betriebsform des → Einzelhandels. Hierbei handelt es sich um eine besondere Form des → Versandhandels, deren Sortiment ein breites und branchenspezifisches Warenangebot aufweist.

Fachzeitschriften, → Printmedien.

Facility Management, beschreibt umfangreiche Aufgaben des Managements von Gebäuden und den mit ihnen zusammen hängenden technischen Einrichtungen (wie z.B. Kantinen), die von → Dienstleistern durchgeführt werden. Diese Managementaufgaben beinhalten u.a. die Projektierung, die Beschaffung, die Inbetriebnahme, den laufenden Betrieb, die Überwachung, die Wartung (Instandhaltung) und die Stilllegung von Gebäuden und den mit ihnen verbundenen technischen Einrichtungen. Viele Unternehmen, → Dienstleister sowie Sachgüterunternehmen, sind im Rahmen des → Outsourcing dazu übergegangen, diese vielfältigen Aufgaben völlig oder in hohem Ausmaße darauf spezialisierten → Dienstleistern zu überlassen. *Vgl. auch* → Dienstleistung, fremdbezogene.

FACS, aus der → FAST-Technik von Ekman und Friesen weiterentwickeltes Notationssystem zur → Emotionsmessung. Das Facial-Action-Coding-System geht von einer anatomischen Analyse der Gesichtsaktivitäten aus und zeigt, dass jede Emotion mit typischen Muskelbewegungen im Gesicht einhergeht. Das menschliche Gesicht verfügt über 33 visuell unterscheidbare Bewegungseinheiten. Diese sog. Action Units können mit einer Filmkamera beobachtet und anschließend in kleinsten Zeiteinheiten notiert werden. Die Kombination typischer Muskelbewegungen gibt Aufschluss über die erlebte Emotion. FACS stellt eine sehr aufwendige, aber zuverlässige Methode der Emotionsmessung dar.

Factoring, Finanzierungsmöglichkeit durch den Verkauf einer Forderung ggü. einem Abnehmer an ein F.-Institut. Das F. stellt eine kurzfristige Finanzierungsform dar, die insbesondere bei Auslandsgeschäften in Form des → Export-F. vorgenommen wird. Das Export-F. ist eine Finanzierungsform im Rahmen der internationalen → Kreditpolitik.

Factory Outlet, → Fabrikverkauf; herstellereigene Verkaufsniederlassungen, die in den Anfängen durch eine schlichte Aufmachung der Verkaufsstelle und ein eingeschränktes Serviceangebot gekennzeichnet waren. Ursprünglich wurden sie im Sinne des ‚Fabrikverkaufs' in der Nähe einer Produktionsstätte oder eines Außenlagers des Herstellers errichtet. In den letzten Jahren finden sog. Factory Outlet Center eine zunehmende Verbreitung. Dabei handelt es sich um einen räumlichen Zusammenschluss unterschiedlicher F.O. verschiedener Hersteller. Sie befinden sich häufig an für Großflächen günstigen Standorten (z.B. auf aufgegebenem Militärgelände, in der Nähe von großräumigen Verkehrsknotenpunkten). Sie werden von Handelsbetrieben in den nahe gelegenen Stadtzentren häufig als Bedrohung empfunden.

Factory Outlet Center, → *Factory Outlet*.

Factory-within-a-Factory-System, Ansatz zur beschaffungsseitigen Integration von Lieferanten. Dabei kommt es zu einer räumlichen Annäherung von Zulieferanten an ihre Abnehmer. Je nach Integrationsgrad können drei Systemtypen unterschieden werden: (1) Industriepark: Durch die Gründung eines Industrieparks kann ein Abnehmer bestimmte Kernlieferanten in der Nähe seiner eigenen Produktionsstätte ansiedeln. Durch diese räumliche Annäherung verringern sich nicht nur die logistischen Risiken. Die räumliche Nähe schafft auch eine Bindung zwischen Lieferant und Abnehmer, die durch wechselseitige spezifische Investitionen abgesichert wird. (2) In-Plants, → Shop-in-the-Shop: Eine wesentlich engere Anbindung entsteht, wenn die Verlagerung von Fertigungsprozessen des Lieferanten in die Produktionsstätten des Abnehmers erfolgt. Die in der Produktionsstätte des Abnehmers befindlichen Betriebsmittel stehen im Eigentum des Lieferanten. Auch die Mitarbeiter sind bei ihm inkorporiert. Transaktionsrisiken und -kosten können durch In-Plants noch stärker als im Falle der Ansiedlung in einem Industriepark gesenkt werden. (3) Entmaterialisierte Fabrik: Die stärkste Integrationsform ist dann erreicht, wenn nicht nur die Erstellung des Gutes in den Produktionsstätten eines Abnehmers erfolgt, sondern ein Lieferant zudem diese Güter direkt in das Endprodukt seines Abnehmers montiert. Hier gehen nicht nur die → Wertschöpfung, sondern auch die Transaktionsrisiken vollständig auf den Zulieferer über. Beispiele dafür findet man vor allem in der Automobilindustrie. Die Zulieferer übernehmen dabei praktisch alle direkten Produktionsaktivitäten, der Abnehmer ist letztlich nur noch für die Steuerung des Lieferantennetzwerks verantwortlich. Er hält fast keine physischen Aktiva mehr.

Failure Recovery, Wiedergutmachung von Fehlern. Der Begriff F.R. wird im → Dienstleistungsmarketing und hier speziell im Bereich → Service Recovery angewandt. Inhaltlich beschäftigt sich dieser Forschungsbereich mit der adäquaten Reaktion von Mitarbeitern im Kundenkontakt beim Auftreten von Fehlern innerhalb des Prozesses der → Dienstleistungserstellung. Grundannahme ist, dass bei einer hohen Handlungsfreiheit der Mitarbeiter und somit einer schnellen Lösung des Problems begangene Fehler schnell wieder gutgemacht werden können und das aktuelle Niveau der → Kundenzufriedenheit nicht sinkt. In der Konsequenz wird Kundenunzufriedenheit vermieden und → Abwanderungen möglicherweise verhindert. Als geeignete Maßnahmen der F.R. werden u.a. die Entschuldigung, das Ergreifen einer unternehmensseitigen Initiative zur Lösung des Problems sowie die materielle Kompensation im Falle eines Schadens vorgeschlagen. *Vgl. auch* → Empowerment, → Beschwerdemanagement, → Service Recovery, → Customer Recovery.

Fakten-Reagierer, am Beschaffungsprozess beteiligter Informationsverarbeitungstyp. Im Gegensatz zum → Image-Reagierer beschafft der F.-R. umfangreiche Detailinformationen zur Beurteilung des Beschaffungsobjektes. Er ist sich des Risikos der → Beschaffung bewusst und versucht dieses, durch umfangreiche Informationsbeschaffung und -beurteilung zu reduzieren. *Vgl. auch* → Organisationales Beschaffungsverhalten.

Faktische Kundenbindung, Erscheinungsform der → Kundenbindung. Der Begriff F.K. ist eine Möglichkeit der Systematisierung von Bindungsursachen, wobei von F.K. gesprochen wird, wenn die Wechselmöglichkeit des Kunden aufgrund bestimmter Bindungsursachen eingeschränkt ist (→ Lock-in-Effekt). Gründe hierfür können beispielsweise bestimmte Verträge (→ Vertragliche Kundenbindung), technische Determinanten (→ Technisch-funktionale Kundenbindung) oder auch die Tatsache sein, dass ein Wechsel aus Kundensicht mit zu hohen Wechselkosten (→ Ökonomische Kundenbindung) verbunden ist. Demgegenüber wird von → Emotionaler Kundenbindung gesprochen, wenn die Verbundenheit ausschließlich auf einer hohen → Kundenzufriedenheit und somit einer emotionalen Basis beruht (→ Emotion).

Faktorenanalyse, die F. ist sowohl ein struktur-entdeckendes als auch ein strukturprüfendes Verfahren.

I. Exploratorische Faktorenanalyse: Als struktur-entdeckendes Verfahren dient es der Datenreduktion. Dabei werden mehrere interkorrelierte Variablen durch wenige Variablen, zwischen denen keine Korrelation bestehen soll, ausgedrückt. Diese Variablen werden als Faktoren bezeichnet. Bei der Durchführung der F. lassen sich fünf Schritte unterscheiden: Erstellen der Korrelationsmatrix, Extraktion der Faktoren, Rotation der Faktoren, Interpretation der Faktoren und Berechnung der Faktorwerte (Faktorscores). Beim Erstellen der Korrelationsmatrix werden sämtliche Variablenkombinationen hinsichtlich ihrer Abhängigkeit überprüft. Bei der folgenden Extraktion der Faktoren wird versucht, einen möglichst hohen Anteil der gesamten → Varianz in den Merkmalsvariablen auf eine geringere Anzahl an Faktoren zurückzuführen. Die Höhe des Anteils an der Varianz stellt ein wichtiges Qualitätsmerkmal einer F. dar. Diese Art der F. wird als Hauptkomponentenmethode bezeichnet. Die Faktoren, die man erhält, bilden nun die Achsen eines Koordinatensystems, in dem die einzelnen Merkmalsvariablen, entsprechend ihrer Korrelation zu den Faktoren, verteilt werden. Durch Rotation der Faktoren versucht man, den einzelnen Faktoren bestimmte Variablen zuzuordnen, d.h., dass die Variablen möglichst hoch mit den Faktoren korrelieren. – Die Interpretation der Faktoren kann nur subjektiv erfolgen, indem man den Faktoren Oberbegriffe zuweist, die den stark korrelierten Merkmalsvariablen am ehesten gerecht werden. Das lässt häufig einen großen Interpretationsspielraum. Abschließend werden die Faktorenwerte ausgerechnet, um die Möglichkeit zu erhalten, neue Objekte anhand ihrer Merkmalsausprägungen in den Merkmalsraum der Faktoranalyse einzuordnen.

II. Konfirmatorische Faktorenanalyse: Als struktur-prüfendes Verfahren lässt die Faktorenanalyse lediglich die zu prüfenden Zuordnungen der Indikatoren zu den Faktoren zu. Dabei wird mit Hilfe eines Schätzverfahrens die theoretische Kovarianzmatrix, die aus der Faktorladungsmatrix reproduziert wird, möglichst nahe der empirischen Kovarianzmatrix angenähert. Daraus ergeben sich dann die Werte für die Parameter des Messmodells. Danach wird die Güte des Messmodell als ganzes und die der Faktoren (→ Faktorreliabilität) und Indikatoren (→ Indikatorreliabilität) bestimmt.

Faktorladung, die F. eines Faktors bzgl. einer Variable ist die Korrelation zwischen ihm und der Variable. Die F. aller zu extrahierenden Faktoren und aller Variablen spannen die Faktorladungsmatrix auf.

Faktorladungsmatrix, → Faktorladung.

Faktorreliabilität, zeigt an, wie gut der Faktor durch alle ihm zugeordneten Indikatoren gemeinsam gemessen wird.

Faktorrotation, → Faktorenanalyse.

Faktorscores, → Faktoranalyse.

Faktorwerte, → Faktoranalyse.

Fakturierungswährung, Währung, die im Rahmen von Auslandsgeschäften der Rechnung zugrunde gelegt wird. Die Wahl der F. ist von Bedeutung für das Wechselkursrisiko der am Geschäft beteiligten Partner. Erfolgt eine Fakturierung in der heimischen Währung des Anbieters, so wird das Wechselkursrisiko voll auf den ausländischen Abnehmer abgewälzt. Entsprechend umgekehrt trägt der Exporteur das volle Währungsrisiko, wenn in Währung des ausländischen Abnehmers fakturiert wird. Abgefangen werden können derartige Wechselkursrisiken durch spezifische Instrumente zur Absicherung von Währungsrisiken wie Kurssicherungsklauseln, Währungsoptionen, Devisentermingeschäfte, Optionsgeschäfte in Devisen oder durch Fremdwährungskredite.

Familie, zur näheren Umwelt des Konsumenten zählende Primärgruppe, die i.d.R. die in einem Haushalt lebenden Familienmitglieder (Kernfamilie) umfasst. Die F. hat im Unterschied zu anderen Gruppen eine von der Kultur festgelegte Rollenstruktur sowie eine intensivere Qualität der gefühlsmäßigen Beziehungen zwischen den Mitgliedern, die sich durch ein starkes Zusammengehörigkeitsgefühl und eine relativ große Stabilität auszeichnet. Die F. kann einen großen Einfluss auf das Konsumverhalten der einzelnen Mitglieder ausüben, allerdings wird prognostiziert, dass aufgrund der stärkeren Berufstätigkeit der Frau und des zunehmenden Einflusses von → Bezugsgruppen außerhalb der Familie die Bedeutung der Familienmitglieder für individuelle Entscheidungen geringer wird. In der Konsumentenforschung konzentriert sich das Interesse an der F. zum einen auf das → Familienlebenszykluskonzept, zum anderen auf die kollektiven Familienentscheidungen. Letzteres Forschungsgebiet bedingt eine Analyse der → sozialen Rolle und der → sozialen Position der einzelnen Familienmitglieder während der Kaufentscheidung. Die soziale Rolle wird definiert als die Menge von Verhaltensweisen, die dem Einzelnen von der Gruppe zugewiesen wird. Das einzelne Individuum weiß, dass es die sog. Muss-, Soll- und Kann-Erwartungen einhalten sollte und dass andernfalls Sanktionen drohen. Die soziale Position kennzeichnet die Stellung eines Individuums in der Gesellschaft und die an diese Position geknüpften Verhaltensnormen. Mittels Interaktionsanalysen kann geprüft werden, wie Kaufentscheidungen in der Familie gefällt werden. Als theoretische Grundlagen fungieren die Theorien der kulturellen Normen sowie die sozialpsychologischen Austauschtheorien. Empirische Studien haben gezeigt, (1) dass der Einfluss eines Individuums bei der Familienentscheidung umso größer ist, je höher seine soziale Position in der Gesellschaft eingestuft wird, (2) dass der Einfluss des Mannes beim Kauf von Gebrauchsgütern dominiert, die außerhalb des Hauses benötigt werden, während die Frau meistens den Kauf derjenigen Güter bestimmt, die im Haus benutzt werden, (3) dass Kinder und Frauen oftmals die Funktion der Kaufanregung übernehmen, also von ihnen die ersten Initiativen und Wünsche ausgehen, die eine Familienentscheidung auslösen und zu einem Kauf führen. Es ist zu erwarten, dass sich aufgrund des Rollenwandels in der westlichen Gesellschaft Mann und Frau zunehmend gleichrangig an allen Entscheidungen im Haushalt beteiligen.

Familienlebenszyklus, stellt die wichtigsten Phasen des Lebens einer normalen Familie dar. Klassische Modelle teilen den Lebenszyklus in vier Phasen ein: (1) Phase I: unverheiratet, jung, (2) Phase II: verheiratet, mit jungen Kindern, (3) Phase III: verheiratet, mit älteren Kindern und (4) Phase IV: verheiratet, ohne Kinder, Kinder haben das Elternhaus zwecks eigener Haushaltsbildung wieder verlassen (→ Empty Nest). Neuere Modelle berücksichtigen die Zunahme von Singlehaushalten sowie das Zusammenleben unverheirateter Paare. Den einzelnen Abschnitten werden typische Konsummuster und soziodemographische Daten zugeordnet. Somit kann der F. als Instrument zur Marktsegmentierung und Zielgruppenformulierung verwendet werden. Beispielsweise ist der Verdienst junger Erwachsener im Vergleich zu älteren Lebensphasen geringer ausgeprägt, dieser kann aber ganz zum an persönlichen Bedürfnissen orientierten Konsum genutzt werden (Kleidung, Hi-Fi usw.). Die Gründung einer Familie und die Geburt von Kindern reduziert i.d.R. das Pro-Kopf-Einkommen, da Frauen häufig für einige Jahre nicht mehr berufstätig sind und sich das Einkommen auf mehrere Köpfe verteilt. Gleichfalls verändert sich das Konsumverhalten; der Hausstand und die Wohnungssituation müssen erweitert werden, und es werden familiengerechte Produkte gekauft (z.B. Wahl strapazierfähiger Möbel statt Designermöbel). In der Phase mit älteren Kindern verbessert sich i.d.R. die Einkommenssituation der Familie, da die Schuldenlast abnimmt, die Berufskarriere des Mannes voranschreitet oder die Frau wieder eine Erwerbstätigkeit aufnimmt. Die Ausgaben des Haushalts richten sich oftmals nach den Wünschen und Bedürfnissen der Kinder. Auch die Ansprüche der Eltern steigen und führen häufig zu Investitionen in die Wohnungseinrichtung. Während der Empty-Nest-Phase schließlich werden für viele Paare Reisen und Ausgaben für Kultur und Gesundheit immer wichtiger. *Vgl. auch* → Lebenszyklusmodell.

Familienmarke, umfasst mehrere verwandte Produkte, wie etwa die Marke Bild des Springer-Verlags mit den → Einzelmarken Bild-Zeitung, Bild am Sonntag, Sportbild, Autobild und Bild der Frau. Diese F.-Strategie setzt voraus, dass das Unternehmen für die Produkte der Familie ganz ähnliche marketingpolitische Aktivitäten festlegt. Hieraus ergeben sich für ein Unternehmen folgende Vorteile: (1) Bei der Einführung einer neuen Marke (z.B. Milka Lila Pause) profitiert der Anbieter vom Image seiner anderen, bereits erfolgreich etablierten Güter. (2) Da die Verbraucher bereits andere → Produkte der Familie kennen, lässt sich der kommunikationspolitische Aufwand beschränken, und es existiert ein preispolitischer Spielraum. *Vgl. auch* → Einzelmarke, → Dachmarke.

Familienmarkenstrategie, dieser Ansatz beschreibt die Führung mehrerer verwandter Produkte unter einer Marke, ohne dabei auf den Namen der Unternehmung direkten Bezug zu nehmen. Die Produkte innerhalb der Markenfamilie ähneln sich hinsichtlich der Anwendung des Marketingmix, ihrer Qualität und typischer Leistungsmerkmale. Beispielsweise erfüllen alle Cremes, Lotions, Haarpflegeprodukte oder Duschgels von Nivea gleichermaßen Ansprüche an Qualität und Pflegewirkung. Aus dieser Produktähnlichkeit ergeben sich diverse Vorteile. Kleine Abwandlungen können ohne großen Marketingaufwand durchgesetzt werden und ermöglichen eine effiziente Marktausschöpfung durch Produktvariationen. Neuprodukteinführungen profitieren von dem Bekanntheitsgrad der Familienmarke bzw. positiven Spill-Over-Effekten. Generell sind deutlich mehr Synergiepotenziale beim Marketingmix realisierbar als bei → Einzelmarkenstrategien. Nachteilig indessen ist die Möglichkeit negativer Imageabstrahlung auf die gesamte Familie im Falle von fehlerbehafteten Einzelprodukten. Des Weiteren wirkt eine F. einschränkend auf Preissetzung und Qualitätsniveau der Produkte. Zudem ergibt sich ein erhöhter Koordinationsbedarf für die Handlungsmaßnahmen der einzelnen Marken innerhalb der Familien.

FAQ, (Frequently Asked Questions). Dokument einer → Website, das ständig wiederkehrende Fragen von Nutzern beantwortet. Damit wird die kostenintensive Nutzerbetreuung von der Beantwortung einfacher Fragen entlastet.

Farbanzeige, → Anzeige.

Farbzuordnung, Methode zur → Aktivierungsmessung, bei der den Probanden unterschiedliche Farbkarten zur Auswahl vorgelegt werden und bei der davon ausgegangen wird, dass innerlich sehr erregte Personen auffällige, warme Farben (Rot- oder Orangetöne) wählen, während wenig aktivierte Probanden kühlere Farben (Grau- und Blautöne) bevorzugen. Ein Vorteil dieser Methode ist die im Vergleich zu verbalen Messmodellen schwerere Durchschaubarkeit und damit die Einsetzbarkeit in Untersuchungssituationen mit sozialem Potenzial. Reliabilität und Validität sind jedoch u.a. aufgrund einer unabhängig vom Aktivierungsgrad auftretenden Farbpräferenz von Individuen umstritten.

FAST, die von Ekman/Friesen entwickelte *Facial Affect Scoring Technique* ist ein Verfahren zur Messung des mimischen Ausdruckverhaltens (*vgl. auch* → Emotion). Dabei wird von unabhängigen Beurteilern die tatsächlich gezeigte Mimik einer Person mit typischen und standardisierten Ausdrucksweisen verglichen, die normalerweise mit einer Emotion einhergehen. Die emotionstypische Mimik kann einem sog. Gesichtsatlas entnommen werden. Die FAST-Methode wurde von Ekman und Friesen später weiterentwickelt. *Vgl. auch* → FACS.

Fax-on-Demand. Auf Wunsch des Kunden werden ihm Informationen auf sein Faxgerät gesteuert. Dazu hat er eine entsprechende Telefonnummer zu wählen, die gewünschte Dokumentennummer und die Nummer des anzusteuernden Faxgerätes einzutippen. Er erhält dann die entsprechenden Informationen. Um den Faxservice kontinuierlich attraktiv zu halten, müssen die Dokumente redaktionell gepflegt und laufend aktualisiert werden.

Feasibility-Studie, *Machbarkeitsstudie*; → Anlagengeschäft.

Feedback, → Kommunikation.

Fehler der Teilerhebung, werden in zwei Gruppen aufgeteilt: Den Zufallsfehler der Teilerhebung und den systematischen Fehler der Teilerhebung.

I. Der Zufallsfehler der Teilerhebung entsteht bei einer zufälligen Auswahl der Stichprobe. Er beschreibt den Unterschied der Ergebnisse der Teilerhebung zu der Grundgesamtheit, auf die später ja geschlossen werden soll. Dieser Fehler wird um so kleiner, je größer der Stichprobenumfang gewählt wird. Mit einer Erhöhung der Stichprobe lässt sich zwar der Zufallsfehler verringern, aber gleichzeitig muss beachtet werden, dass sich der systematische Fehler im Verfahren der Teilerhebung vergrößen kann.

II. Systematische Fehler der Teilerhebung können vor der Erhebung, während der Erhebung und nach der Erhebung entstehen. (1) Es können im Vorfeld einer Erhebung Fehler auftreten durch Verwendung unkorrekter Unterlagen, Auswahl einer falschen Grundgesamtheit, mehrdeutige Formulierungen in Fragebögen oder eine unbrauchbare bzw. nicht repräsentative Zufallsauswahl. (2) Auch während der Durchführung der Erhebung kann es zu einer Vielzahl von Fehlern kommen. Dabei können die Fehlerquellen sowohl bei den Interviewern liegen (→ Interviewereinfluss, Quotenfälschung, Beeinflussung der Probanden, falsche Antwortregistrierung usw.) als auch bei den Probanden selbst, z.B. durch Falschbeantwortung oder Beantwortungsunfähigkeit (→ Non-Response-Fehler). (3) Schließlich können Fehler auch nach der Erhebung vorkommen. So treten Fehler bei der Interpretation und der Darstellung der Ergebnisse der Teilerhebung auf.

Fehler erster Art, Ablehnung einer richtigen → Nullhypothese. → Signifikanztest.

Fehler zweiter Art, Annahme einer falschen → Nullhypothese. → Signifikanztest.

Fehler, systematischer, → Fehler der Teilerhebung.

Fehler, zufällige, → Fehler der Teilerhebung.

Fehlerkosten, eine Kategorie qualitätsbezogener Kosten; *vgl. auch* → Qualitätskostenanalyse.

Fehlermöglichkeits- und Fehlereinflussanalyse, *FMEA*; Verfahren zur Messung der → Dienstleistungsqualität mit dem Ziel, Fehler im Leistungsprozess zu identifizieren.

I. Formen: (1) System-FMEA, (2) Subsystem-FMEA und (3) Prozess-FMEA. Mit Hilfe der System-FMEA wird die Zusammenarbeit einzelner Systemelemente untersucht. Gegenstand einer solchen Analyse ist beispielsweise im Bankbereich die Zusammenarbeit einzelner Abteilungen im Privatkundenbereich. Die Subsystem-FMEA untersucht demgegenüber, ob der Aufbau einzelner interner Servicekomponenten den definierten Anforderungen entspricht (z.B. die korrekte Entscheidung über Kreditkartenanträge). Aufgabe der Prozess-FMEA ist schließlich die Analyse einzelner interner Leistungsprozesse, so z.B. die für die Kreditkartenbewilligung erforderliche Bonitätsprüfung.

II. Vorgehensweise der FMEA: Im Rahmen der Fehlerbeschreibung müssen zunächst alle potenziellen Fehlerquellen innerhalb des → Dienstleistungsprozesses ermittelt werden. Dies setzt eine umfassende Beschreibung des Gesamtsystems, der Funktionen und Prozesse des → Dienstleistungsunternehmens voraus. Im Rahmen der FMEA sollen alle Fehler Berücksichtigung finden, um die Vollständigkeit des Vorgehens zu gewährleisten. Aufgabe der Risikobeurteilung im Rahmen der FMEA ist es ferner, die Schwere eines Fehlers, die Wahrscheinlichkeit seines Auftretens sowie die Wahrscheinlichkeit der Fehlerentdeckung zu quantifizieren.

Fehlmenge, wenn ein Artikel nachgefragt wird, aber nicht lieferbar ist, spricht man von einer F. Fehlmengen verursachen Fehlmengenkosten in Form der entgangenen Deckungsbeiträge des nicht lieferbaren Artikels. Weitere Fehlmengenkosten treten auf, wenn → Konsumenten ihre zukünftige Nachfrage bei anderen Anbietern decken.

Feldanteil, *Marktpenetration*; der F. bezeichnet das Verhältnis der Anzahl der Kunden, die ein bestimmtes Produkt mindestens einmal gekauft haben, zur Gesamtzahl der Kunden in einer relevanten Käufergruppe. Somit gehört der F. in den Bereich der → Marketing-Kennzahlen. Um Aussagen über eine langfristige → Produktentwicklung machen zu können, ist es allerdings nötig, den → Marktanteil in die Betrachtung miteinzubeziehen.

Feldexperiment, → Experiment, das in einer realen Umgebung (z.B. Supermarkt) durchgeführt wird. F. weisen meist eine hohe externe und eine eher niedrige interne → Validität auf. Dies liegt daran, dass F. unter realen und gewohnten Verhältnissen stattfinden, es dadurch aber auch eine große Anzahl an nicht beabsichtigten Einflussgrößen gibt, die auf die Probanden einwirken und ihr Verhalten beeinflussen.

Feldtest, → Werbetest.

Feldtheoretisches Modell von Spiegel, psychologisches Marktmodell (→ Verhaltenswissenschaftlicher Ansatz), in dem (Veränderungen von) Meinungsverteilungen (Einstellungen) analysiert werden. Das soziale Feld (relevanter Markt) wird durch zweipolige Merkmalsdimensionen aufgespannt, und die Mitglieder der Population werden gemäß ihrer Einstellung und ihres Wissensstandes positioniert. Die im F.M.V.S. zentralen, so genannten Aufforderungsgradienten lassen zu, dass eine größere Distanz zu einem „Meinungsgegenstand" (etwa Produkt oder Unternehmen) durch dessen größeren Aufforderungscharakter (etwa durch Kommunikation) ausgeglichen oder sogar überkompensiert werden kann.

Fenster, strategisches, → Strategisches Fenster.

Fernabsatzvertrag, Gegenstand ist die Lieferung von Waren oder die Erbringung von Dienstleistungen, die zwischen einem Unternehmer und einem Verbraucher unter ausschließlicher Verwendung von Fernkommunikationsmitteln abgeschlossen werden. Fernkommunikationsmittel sind Kommunikationsmittel, die zur Anbahnung oder zum Abschluss eines Vertrages zwischen einem Verbraucher und einem Unternehmer ohne gleichzeitige körperliche Anwesenheit der Vertragsparteien eingesetzt werden können, insbesondere Briefe, Kataloge, Telefonanrufe, Telekopien, E-Mails sowie Rundfunk, Tele- und Mediendienste. Die Regelungen von F. finden sich in §§ 312b ff. BGB (übernommen aus dem Fernabsatzgesetz von 2000).

Fernsehen, bildet zusammen mit Hörfunk den → Rundfunk. *Vgl. auch* → Elektronische Medien, → Pay-TV, → Digitales Fernsehen.

Fernsehpanel, → Verbraucherpanel.

Fernsehspot, *Commercial*; → Spot.

Fernsehwerbung, *TV-Werbung*, → Spot.

Fertigungstiefe, gibt an, inwieweit ein Unternehmen Vor- bzw. Zwischenprodukte vom Markt bezieht oder im eigenen Betrieb erstellt. Erfolgsfaktorenstudien verweisen auf die Vorteilhaftigkeit einer geringen F., die eine Konzentration auf die Kernkompetenzen erlaubt. Nicht zuletzt der hohe Komplexitätsgrad in der Produktion verlangt nach einer reduzierten F. Die Verringerung der F. geht i.d.R. mit dem Abbau der Entwicklungstiefe einher. Unternehmen lagern nicht mehr alleine die Fertigung aus, sondern überlassen auch die Entwicklung der Teile und Komponenten ihren Zulieferern. Durch den Zukauf bereits vollständig montierter Komponenten lässt sich die eigene Montage erheblich einfacher gestalten. Als Instrument der Komplexitätsreduktion erlaubt die verringerte F. somit eine Kostensenkung und die Beschleunigung der Produktion. Die Auslagerung von Wertschöpfungsaktivitäten erscheint insbesondere dann vorteilhaft, wenn damit nicht nur Zeit- und Kosten-, sondern auch Qualitätsvorteile verbunden sind. So kann ein Zulieferer, auf den sich eine größere Nachfrage konzentriert, die Methoden der → Qualitätssicherung und -überwachung besser entwickeln und einsetzen als es etwa die Eigenproduktion mit einer kleineren Stückzahl ermöglicht. Andererseits kann das zukaufende Unternehmen nur noch beschränkt auf die Qualität und das Qualitätsbewusstsein des Zulieferers Einfluss nehmen. Im Mittelpunkt der Fertigungstiefenplanung steht die Frage nach dem Ausmaß der zwischenbetrieblichen Arbeitsteilung und der Rationalisierungsmöglichkeiten durch die betriebliche Spezialisierung. Als Maß für die F. dient das Verhältnis von Wertschöpfung eines Unternehmens zum Umsatz.

Filialbetrieb, *Filialsystem;* → Betrieb, der aus einer Anzahl von Verkaufsstellen an verschiedenen, räumlich getrennten Standorten und einer Zentrale, die für die Steuerung der Filialen verantwortlich ist, besteht. Die Filialleiter der einzelnen Verkaufsstellen sind ggü. der Zentrale des F. weisungsgebunden. I.d.R. besteht eine 100%ige Bezugsquote zwischen einer Filiale und der Zentrale. Damit ist eine tief gehende Abhängigkeit zwischen den Filialen und der Zentrale gegeben. F. existieren auf regionaler, nationaler und internationaler Ebene.

Filiale, einzelne Verkaufsstelle eines → Filialbetriebes. Sie wird von einem Filialleiter geleitet, der an die Weisungen der Zentrale des Filialbetriebes gebunden ist.

Filialgroßhandel, → Betriebsform des → Großhandels. Im Gegensatz zum → Filialbetrieb richten sich die Leistungen des F. nicht an die privaten Haushalte, sondern an Wiederverkäufer, Weiterverarbeiter oder gewerbliche Verbraucher.

Filialisierendes Handelssystem, *Filialverbundsystem;* vertikaler Zusammenschluss von Unternehmen des → Groß- und → Einzelhandels. Ebenso wie ein → Filialbetrieb ist ein F.H. durch die Weisungsgebundenheit der → Filialen ggü. der Systemzentrale (→ mehrstufiges Handelssystem) und eine 100%ige Bezugsquote gekennzeichnet. Zudem besteht Inhaberidentität zwischen Groß- und Einzelhandel.

Filialsystem, → *Filialbetrieb.*

Filialverbundsystem, → Filialisierendes Handelssystem.

Financial Engineering, Planung und Ausarbeitung von individuellen Finanzierungsplänen im → Anlagengeschäft.

Financial Service, → *Finanzdienstleistung.*

Finanzdienstleister, → Dienstleistungsunternehmen, die → Finanzdienstleistungen anbieten. Hierzu zählen insbesondere Banken (→ Bankmarketing), Versicherungsunternehmen, selbständige Versicherungsvermittler (→ Versicherungsmarketing), Bausparkassen sowie Kreditkartenunternehmen und Leasinggesellschaften. Somit gehören zu F. auch Nicht-Banken und Nicht-Versicherungen in Form von z.B. Kreditkartenunternehmen und Leasinggesellschaften. Folglich umfassen F. verschiedenartige → Dienstleistungsunternehmen, die ähnliche Bedürfnisse ihrer Kunden befriedigen. Dies hat einen „harten" Wettbewerb zwischen F. zur Folge. *Vgl. auch* → Finanzdienstleistung.

Finanzdienstleistung, *Financial Service,* → Finanzdienstleister; beinhaltet verschiedenartige geldnahe Leistungen. Dazu zählen insbesondere Finanzierungsgeschäfte, Geld- und Kapitalanlagegeschäfte und Geldtransaktionen.

Firmeninformationen. I. Begriff: Unter F. versteht man neben der kompletten Adresse mit den Kommunikationsdaten (Telefon, Fax) vor allem zusätzliche Informationen, die für ein Firmenportrait (Firmenprofil) relevant sind. F. schließen Gewerbedaten ein.

II. Inhalt: F. umfassen primär: (1) Struktur-Informationen: Handels-/Gewerberegister-Informationen, Gründungsdatum, Rechtsform, Zentral-/Filialbeziehungen, Firmenverflechtungen, Beteiligungs- und Besitzverhältnisse, Firmen-Mütter/-Töchter, Branchen-/Tätigkeits-/Produktinformation. (2) Finanz-/ Betriebswirtschafts-Informationen wie Umsatz, Kapital: Bilanzdaten, GuV, Bonitätsmerkmale, Ratinginformationen, Immobilienbesitz, Negativinformationen (z.B. Konkurs). (3) Sonstige Informationen: Anzahl Mitarbeiter, Bankverbindungen, EDV-/ Geschäftsausstattung, Fuhrparkinformationen, Werbeverhalten, Ident-Nummer , Import/Export-Eckdaten, Deutsche Leitzahl (DLZ), Management-Informationen mit Angabe der Namen von Führungskräften und deren hierarchische Stellung und Verantwortungsbereich (*vgl. auch* → Identifikationsschlüssel).

III. Verwendungszweck: F. werden vorrangig für folgende → Geschäftsfelder benötigt: (1) → Marketing Management: Wer und wo sind meine besten Kunden?, Wo finde ich neue Kunden?; (2) Risikomanagement: Wie kann ich mein Geschäftsrisiko managen, meine → Liquidität sichern und mein Ausfallrisiko minimieren; (3) Im → Direct Marketing nutzt man die vielfältigen F., um die Zielgruppenselektionen zu optimieren (*vgl. auch* → Zielgruppenmarketing). Es lassen sich bei der Selektion nahezu alle Informationen miteinander verknüpfen.

IV. Beispiele: (1) Geschäftsführer u. Vorstände sowie Kaufmännische Leiter in allen Unternehmen mit der Rechtsform AG und GmbH ab 500 Mitarbeiter, ohne Negativinformationen, aus den Branchen: Eisen-, Stahl-, Metallindustrie, Kunststoffindustrie, Chemische Industrie. Regionen: Bayern, Baden-Württemberg, Hessen und Rheinland-Pfalz. (2) Geschäftsführer, neu berufene in den letzten zwei Monaten, alle Branchen ohne Kreditinstitute und Versicherungen, und Firmen-Neugründungen der letzten zwei Monate mit mindestens 150.000,- EUR Kapital, mit einem Geschäftsführer, Inhaber oder persönlich haftendem Gesellschafter.

V. Anbieter: Die Anbieter von F. für die beiden vorstehend aufgeführten Geschäftsfelder hatten in der Vergangenheit vollkommen verschiedene Ausrichtungen: Das Angebot der Direktwerbeunternehmen und → Adressenverlage (z.B. AZ Bertelsmann Direct, Gütersloh, Merkur, Einbeck und Schober, Dietzingen) war vorwiegend auf die Bedürfnisse des Direct Marketing ausgerichtet. Die Wirtschaftsauskunfteien (z.B. Creditreform, Dun & Bradstreet, Bürgel) hatten ihre Geschäftsschwerpunkte auf das Risikomanagement konzentriert. Heute haben die Informationsanbieter ihre Geschäftsfelder erweitert. So bieten die Adressenverlage auch erweiterte F. und die Auskunfteien DEM-Adressen an. Die Schwerpunkte sind dabei geblieben. Es ist heute möglich, über intelligente Abgleichverfahren verteilte Datenbanken zu verknüpfen und fehlende Informationen zu transferieren. Hierbei ist die „DLZ-Deutsche Leitzahl“ als Schnittstelle zwischen den Datenbanken besonders ökonomisch, da sie aufgrund ihrer Eindeutigkeit hohe Sicherheit bei der maschinellen Übertragung sensibler Daten gewährleistet. Schnelle konjunkturelle, strukturelle oder organisatorische Veränderungen in der Wirtschaft werden einen ständig wachsenden Bedarf an aktuellen und vollständigen F. nach sich ziehen.

VI. Entwicklung: Die Aufgabe der Zukunft ist es, diese Informationen einfach und effektiv dem Nutzer zugänglich zu machen. Der Kunde, der sowohl DEM- als auch Wirtschaftsinformationen benötigt, muss alle Informationen von einem Lieferanten abrufen können.

Firmenmarke, → Dachmarke.

Firmenwert, *Geschäftswert, Goodwill, Fassonwert, Façonwert*; Differenz zwischen dem Preis, den ein Käufer bei Übernahme eines Unternehmens als Ganzes zu zahlen bereit ist, und dem Wert der einzelnen Vermögensgegenstände abzüglich der Schulden. Im F. kommen damit wertfördernde immaterielle Faktoren eines Unternehmens zum Ausdruck. Dazu zählen beispielsweise der vorhandene Kundenstamm, die Marktstellung, das Firmenimage, Marken, Standort, Bonität sowie die Qualität der Unternehmensleitung.

Im Hinblick auf die Bilanzierung in Handels- und Steuerrecht ist grundsätzlich zu unterscheiden zwischen im Betrieb selbstgeschaffenem F. (originärer F.) und bei Veräußerung des Betriebes entstandenem F. (derivater F.).

First Choice Buyer, als *Erstmarkenpräferenz* bezeichnete Kennzahl zur Analyse der → Markentreue bzw. → Kundenbindung, die den Prozentsatz von Kunden angibt, bei denen es einer Marke gelingt, innerhalb eines festgelegten Zeitraums die am meisten präferierte Marke zu sein.

Fishbein-Modell, → Ajzen-Fishbein-Modell, → Einstellung.

Fishbone-Analyse, *Fischgräten-Analyse, Ishikawa-Technik*; Methode zur → Dienstleistungsqualitätsmessung, insbesondere zur Analyse von Qualitätsdefiziten mit dem Ziel, konkrete Problembereiche zu identifizieren sowie die Ursache-Wirkungs-Zusammenhänge dieser Probleme detailliert zu beschreiben (→ Dienstleistungsqualität). Vorgehensweise der F.-A.: In einem ersten Schritt werden alle potenziellen Faktoren niedergeschrieben, die ein bestimmtes Qualitätsdefizit in der Leistungserstellung verursachen können. Die ermittelten Faktoren werden anschließend in ein Diagramm überführt, das einem Fischkörper ähnelt (vgl. auch Abb. „Fishbone-Analyse“). Am „Kopf“ wird das zu lösende Problem eingetragen (z.B. die ständige Überlastung des Call-Centers), die „Hauptgräten“ bilden die zentralen Dimensionen, die auf die Problementstehung einwirken. Das Ergebnis der F.-A. ist ein komplexes Ursache-Wirkungs-System, das als Diskussionsgrundlage genutzt wird, um Lösungsvorschläge für die Qualitätsprobleme zu erarbeiten.

Fit-Analyse, strategische, → Strategiekombination.

Fitness for Use, Konzept des → Qualitätsmanagements nach J.M. Juran. Neben externen Kunden werden in dem Konzept auch sog. interne Kunden berücksichtigt, so dass der Qualitätsprozess zur abteilungsübergreifenden Aufgabe wird. Die auf dem Konzept

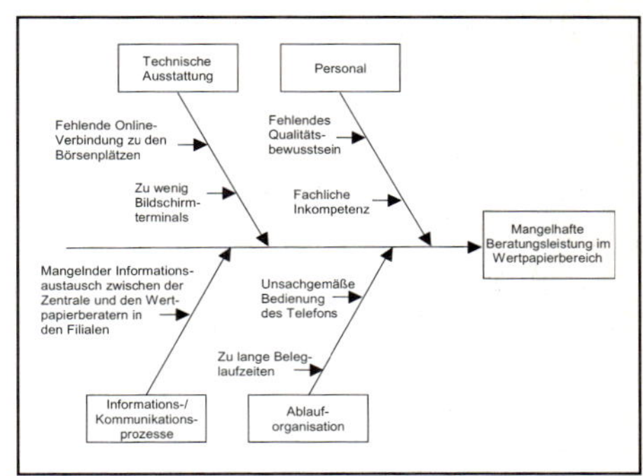

Fishbone-Analyse
(Quelle: Bruhn 2003, S. 137)

basierende „Quality Triology“ aus → Qualitätsplanung, -regelung und -verbesserung stellt einen umfassenden Managementprozess zur kontinuierlichen Qualitätsverbesserung (→ Kontinuierlicher Verbesserungsprozess) dar, der vor allem statistische Methoden (z.B. → Statistical Process Control) nutzt.

Fixation, → Blickaufzeichnung.

Flächenauswahl, → Marktforschung; Auswahlverfahren im Rahmen einer → Zufallsauswahl. Es handelt sich bei der F. um eine Sonderform der → Klumpenauswahl. Ausgangspunkt einer F. ist zunächst die Zerlegung des Gesamtgebietes in Teilflächen. Von diesen Teilflächen werden anschließend Einzelne zufällig ausgewählt und dann sämtliche in diesen enthaltene Elemente befragt. Der Vorteil dieser Methode liegt darin, dass eine konkrete Erfassung der → Grundgesamtheit nicht erforderlich ist. Zur Durchführung einer F. reicht zunächst eine Landkarte oder ein Stadtplan aus. Nachteilig wirkt sich bei der F. der bei Verfahren der Klumpenauswahl übliche ‚Klumpeneffekt‘ aus. Damit wird die Vergrößerung des → Stichprobenfehlers der Zufallsauswahl aufgrund der häufig auftretenden Homogenität der Klumpen hinsichtlich des Untersuchungsgegenstandes bezeichnet.

Flächennutzungsplan, → Standortpolitik im Einzelhandel, rechtliche Aspekte.

Flächenproduktivität, die F. ist definiert als Quotient aus dem Umsatz (umsatzorientierte F.) oder dem Deckungsbeitrag (deckungsbeitragsorientierte F.) und der Verkaufsfläche in Quadratmetern, die zur Erzielung dieses Umsatzes oder Deckungsbeitrages eingesetzt wurde. Als Deckungsbeitrag kann z.B. der Umsatz abzüglich Wareneinstands-, Personal- und Raumkosten verwendet werden. Die F. kann für die gesamte Verkaufsstätte oder für einzelne Abteilungen berechnet werden. Die F. ist eine Produktivitätskennzahl, die misst, wie effizient der Engpassfaktor Fläche eingesetzt wird.

Flexibilität, zunehmend bedeutend wegen wachsender Umweltdynamik und Verringerung der Reaktionszeiten auf Veränderungen. F. bezeichnet die Reaktionsfähigkeit des Unternehmens auf Umweltveränderungen. Im Marketing ist insbesondere in folgenden Bereichen hohe Flexibilität gefordert: (1) Marketing-Planung/Kontrolle, (2) Marketing-Mix, (3) Marketing-Organisation und (4) Marketing-Personal.

Flipping, Vermeidung von Werbeblöcken im Fernsehen, wobei der Zuschauer schnell durch die Kanäle schaltet. *Vgl. auch* → Elektronische Medien; *Gegensatz:* → Zapping.

Flop Rate, erfolglose → Innovationen, die nicht mit der Durchsetzung des Neuproduktes am Markt bzw. einem vergrößerten Marktanteil enden, bezeichnet man als Flop. Die F.R. erfasst die Quote von nicht-erfolgreichen Neuprodukten zur Gesamtzahl der Innovationen. Verzichtet ein Unternehmen während der Neuproduktentwicklung auf den Einbezug der Abnehmerwünsche und -meinungen, riskiert es, dass das → Produkt die Nachfragerbedürfnisse nicht anspricht und somit keine Akzeptanz auf dem Markt findet. Eben aus diesem Grunde erwirtschaften nur wenig Neuprodukteinführungen Gewinne. Die Ergebnisse einer empirischen Studie von Arthur D. Little zeigen, dass sich von 100 Neuproduktideen im Durchschnitt lediglich eine auf dem Markt durchsetzt. Im Lebensmittelbereich liegt die F.R. je nach Warengruppe zwischen 57% (Backmischungen) und 98% (Konserven).

Flyer, *Flugblatt, Werbeblatt, Handzettel. Vgl. auch* → Werbemittel.

FMEA, → *Fehlermöglichkeits- und Fehlereinflussanalyse.*

Fokusgruppe, spezielle Befragungsform, bei der eine kleine Gruppe in Form eines offenen Interview bzw. offene Diskussion durch einen → Moderator befragt wird.

Folder, der F. ist ein gefalzter → Prospekt, in dem (im Gegensatz zum → Katalog) wenige Angebote sehr detailliert, z.B. von Nutzer- und Empfehleraussagen unterstützt, präsentiert werden. Zur Verdeutlichung der Produkt- bzw. Dienstleistungsvorteile werden i.d.R. Fotografien und Abbildungen eingesetzt. Raffinierte Falztechniken sind Aufmerksamkeitsfaktoren des F.

Folgebedürfnisse, → Bedürfnispyramide.

Folgeinstrumente, → Integrierte (Unternehmens-)Kommunikation.

Folgeleser, → Leseranalyse.

Folgerstrategie, → Markteintrittsstrategie.

Follow-up, unter F.-U. ist zweierlei zu verstehen: Zum einen das → Fulfillment, zum anderen die → Kundenbindung und -pflege. Das Fulfillment umfasst alle Aktionsstufen, die auf den Versand von Direktwerbebriefen (→ Mailings) und die darauf folgende Bestellung folgen: Erfolgskontrolle, Musterzusendung, Warenversand, Rechnungslegung, Mahnungen usw. Unter dem F.-u. der Kundenbindung sind Nachfassaktionen aufgrund einer vorausgegangenen Testaussendung zu verstehen, eine der wichtigsten und effizientesten Techniken im Direktmarketing (*vgl. auch* → Direct Marketing).

Förderkreis Umwelt Future, → Umweltorientierte Unternehmensverbände und -vereinigungen.

Forfaitierung, mittel- bis langfristige Finanzierungsform bei Auslandsgeschäften im Rahmen der internationalen → Kreditpolitik.

Die F. ist eng verwandt mit dem → Export-Factoring. Bei der F. verkauft der Exporteur seine Forderung ggü. dem Importeur an den Forfaiteur, der häufig eine Bank ist. Dabei gehen sämtliche Risiken wie Delkredere-Risiko, Zinsänderungs- und Wechselkursrisiken sowie andere wirtschaftliche und politische Risiken auf den Forfaiteur über. Die Höhe der Risiken findet Berücksichtigung in dem Abschlag, den der Forfaiteur von der ursprünglichen Forderung vornimmt. Zusätzlich spielen die Bonität des Schuldners und des Importlandes, die dem Geschäft zugrunde liegende Währung, die Refinanzierungskosten der Bank bzw. des Forfaiteurs sowie die Laufzeit der Forderung eine Rolle für die Höhe des vorzunehmenden Abschlags. Für den Exporteur wird das Außenhandelsgeschäft durch die F. zum Bargeschäft, wobei die auszuzahlende Summe um den Diskont bzw. Abschlag und eine eventuelle Bereitstellungsprovision gekürzt wird. Der wesentliche Unterschied zum Export-Factoring liegt darin, dass bei der Forfaitierung Einzelforderungen mit mittel- bis langfristiger Laufzeit eingekauft werden, während beim Export-Factoring im Regelfall Rahmenverträge abgeschlossen werden, die für eine Mehrzahl an – eher kurz- bis mittelfristigen – Forderungen gelten. Zudem umfassen bei der F. die einzelnen Forderungen im Regelfall deutlich größere finanzielle Beträge als beim Factoring.

Formale Integration, → Formen der Integrierten (Unternehmens-) Kommunikation.

Formalisierung, bezeichnet eine Dimension der → Organisationsstruktur. F. bezieht sich auf das Ausmaß, zu dem die organisatorischen Regeln und Vorgänge in einer Organisation bzw. in einem Unternehmen schriftlich festgehalten sind – z.B. in Form von Organigrammen, Handbüchern, Richtlinien oder Stellenbeschreibungen. Im Rahmen der Formalisierung können drei Teildimensionen unterschieden werden: (1) Als Strukturformalisierung wird der Umfang bezeichnet, zu dem organisatorische Regeln z.B. in Form von Schaubildern, Handbüchern oder Richtlinien schriftlich festgelegt sind. Beispielsweise können die Art der Spezialisierung der einzelnen Stellen, die Struktur der Weisungsbefugnisse oder Stellenbeschreibungen formalisiert (schriftlich fixiert) werden. (2) Aktenmäßigkeit bezieht sich auf die Formalisierung des Informationsflusses. Hier wird festgelegt, dass bestimmte Kommunikationsprozesse zwischen verschiedenen Stellen oder Mitarbeitern schriftlich zu erfolgen haben. Dies bedeutet, dass z.B. Weisungen oder Anfragen an andere Stellen schriftlich zu erfolgen haben. Die Leistungsdokumentation erstreckt sich auf den Umfang der Formalisierung der Prozesse der Leistungserfassung und -beurteilung. Ziel dieser Formalisierung ist eine versachlichte Beurteilung von Mitarbeitern und damit verbunden eine gerechte Entlohnung und Beförderung. Als Instrumente der Leistungsdokumentation können z.B. Stechuhren, Arbeitsstatistiken und Fragebögen als Grundlage für Mitarbeitergespräche dienen.

Formate, beschreiben die Größe von Zeitungen. Es werden drei F. differenziert: Berliner, Rheinisches und Nordisches F. *Vgl. auch* → Printmedien.

Formatanzeigen, Anzeigen in Printmedien, die von zwei Seiten von Text umgeben sind und häufig als einzige Anzeige auf einer Seite stehen.

Formen der Integrierten (Unternehmens-)Kommunikation. Im Rahmen der → Integrierten Kommunikation erfolgt eine Abstimmung der → Kommunikationsinstrumente auf verschiedenen Ebenen. Mit der inhaltlichen, formalen sowie zeitlichen Integration lassen sich drei Formen einer Vernetzung der Kommunikationsinstrumente voneinander abgrenzen. Kroeber-Riel unterscheidet zusätzlich eine geographische Integration, bei der die länderübergreifende Abstimmung der Kommunikationsinstrumente im Vordergrund steht. (1) Inhaltliche Integration: Im Rahmen dieser wird die thematische Verknüpfung der ausgewählten Kommunikationsinstrumente festgelegt. Die Grundlage bildet die Entwicklung einer kommunikativen Leitidee, die die wesentlichen Merkmale der → Positionierung widerspiegelt. Primäre Zielsetzung der inhaltlichen Integration ist ein Aufbau spezifischer Unternehmens- bzw. → Markenimages. Zur einheitlichen Vermittlung kommunikativer Inhalte werden sprachliche Mittel sowie Bilder eingesetzt. Bzgl. der sprachlichen Mittel ist zwischen dem parallelen und wiederholten Einsatz identischer Aussagen in der Form von Slogans sowie einer variierten sprachlichen Vermittlung identischer Positionierungsinhalte zu unterscheiden. Eine bildliche Abstimmung kann durch den Einsatz identischer Schlüsselbilder sowie die Verwendung unterschiedlicher Bildmotive mit gleichen Positionierungsinhalten erreicht werden. (2) Formale Integration: Gegenstand dieser sind Entscheidungen bzgl. einer Abstimmung der Kommunikationsinstrumente durch die Verwendung einheitlicher Gestaltungsprinzipien. Zum Einsatz kommen einheitliche Farben und Formen sowie gleich bleibende Typographien. Darüber hinaus werden einheitliche Wort-Bild-Zeichen verwendet, bei denen der Name des Unternehmens oder der → Marke mit einem Bild kombiniert wird. Zielsetzung der formalen Integration ist in erster Linie die Unterstützung der Wiedererkennung (→ Recognition) und Zuordnung kommunikativer Botschaften. Spezifische Images lassen sich über eine rein formale Integration nicht aufbauen. (3) Zeitliche Integration: Die zeitliche Integration lässt sich in zwei Bereiche untergliedern. Gegenstand ist zum einen die Sicherstellung einer kontinuierlichen Umsetzung aller Maßnahmen im Rahmen der inhaltlichen und formalen Integration über einen längeren Zeitraum hinweg. Zum anderen bezieht sie sich auf die zeitliche Abstimmung des Einsatzes der Kommunikationsinstrumente innerhalb einer Planungsperiode. Während bei der periodenübergreifenden zeitlichen Integration ein Aufbau von Kenntnissen und die Sicherstellung von Lerneffekten (→ Lernen) bei den Zielgruppen im Vordergrund steht, ist die zeitliche Integration der Kommunikationsinstrumente innerhalb einer Planungsperiode auf eine gegenseitige Verstärkung der Maßnahmen der Kommunikationspolitik bezogen.

Formparameter, Parameter, der die Schiefe bzw. Wölbung einer Häufigkeitsverteilung auf der Merkmalsskala angibt. Z.B. Schiefe und Exzess.

Forschung & Entwicklung, gemäß der Definition des Bundesministeriums für Forschung und Technologie (1982) umfassen die Termini F&E die systematische, schöpferische Arbeit zur Erweiterung des Kenntnisstandes sowie die Nutzung dieser Kenntnisse mit dem Ziel, neue Anwendungsmöglichkeiten zu schaffen. Dabei lassen sich drei Bereiche unterscheiden: (1) die Grundlagenforschung, (2) die angewandte Forschung sowie (3) die Entwicklung. Die F&E in der Unternehmung lässt sich als Kombination von Produktionsfaktoren beschreiben, die aufgrund eines systematischen, regelgesteuerten Prozesses die Gewinnung neuen Wissens ermöglichen sollen. Der betriebswirtschaftliche F&E-Prozess bezieht sich aber nicht alleine auf die kreativ erfinderischen Aktivitäten, die in neuen → Produkten oder Technologien münden, sondern auch auf den Funktionsbereich im Rahmen der Unternehmensorganisation, in dem diese Tätigkeiten stattfinden und der gleichberechtigt neben der Produktion, der Beschaffung, der Finanzierung oder dem Absatz steht. Kennzeichnend für den F&E-Prozess in der Unternehmung erweist sich die dem Prozess immanente Ungewissheit. Neben der technologischen Unsicherheit gilt es, die Marktungewissheit zu reduzieren. Letzteres erfordert eine intensive Zusammenarbeit mit der Marketingabteilung.

Forschungsbericht, der F. fasst schriftlich das Vorgehen und die Ergebnisse eines Forschungsprojektes zusammen. Beginnend mit der Beschreibung und der Formulierung des zugrunde liegenden Problems werden alle wichtigen Bestandteile des Forschungsprojektes aufgeführt. Der F. entspricht also im wesentlichen der schriftlichen Ausführung des → Forschungsprozessablaufs. Er beinhaltet folglich neben der Problemformulierung auch genaue Angaben über die Dauer, den Ort, den Umfang und die Zielgruppe der Untersuchung. Weiter werden die Verfahren erläutert, die angewandt werden, um eine Auswahl aus der Grundgesamtheit zu treffen. Die erhobenen → Daten sind ebenso im F. zu finden wie das Vorgehen bei der → Datenanalyse (angewandte Verfahren zur Aufbereitung der Daten). Den Abschluss des F. bildet schließlich die Interpretation der gewonnen Ergebnisse.

Forschungsprozessablauf, beschreibt die aufeinander folgenden Schritte im Verlaufe eines Forschungsprojektes. Dabei lassen sich acht Schritte unterscheiden. Am Anfang des F. steht die Formulierung des Problems. Als nächstes werden der Ort, die Dauer und die Zielgruppe der → Erhebung festgelegt. Den dritten Schritt bildet die Wahl der → Erhebungsmethode. Anschließend wird der Erhebungsplan aufgestellt, in dem detaillierter auf den Umfang der Erhebung und die Auswahl der → Erhebungseinheiten eingegangen wird. Dabei wird auch schon das genaue Vorgehen während der Datenerhebung geplant. Es folgt als fünfter Schritt die Datengewinnung. Zur Aufbereitung der erhobenen → Daten folgt dann deren Analyse mittels der im Erhebungsplan festgelegten Verfahren. Schließlich bedarf es noch der Interpretation der gewonnenen Ergebnisse. Der gesamte F. wird dann noch in einem → Forschungsbericht, in dem alle einzelnen Schritte des Forschungsprojektes detailliert aufgeführt und beschrieben werden, schriftlich zusammengefasst.

Fortschreibungsverfahren, → Bezugsgrößenverfahren zur Bestimmung der Höhe des → Werbeetats.

Fourt-Woodlock-Modell, das F.-W.-M. ist ein multivariates Marktdurchdringungsmodell, das zur Absatzprognose von Neuprodukten geeignet ist. Dabei erfahren Erst- und Wiederkäufe eine getrennte Betrachtung. Die Vorhersage der Erstkäufe in Periode t beruht auf der Annahme, dass ein in jeder Periode konstanter Anteil r aller potenziellen Erstkäufer das → Produkt tatsächlich kauft. Bei den potenziellen Erstkäufern handelt es sich um den Anteil der Gesamtbevölkerung, der sich im Laufe der Zeit für einen Erstkauf entscheiden wird. Der Zusammenhang zwischen der Anzahl M der potenziellen Erstkäufe und den vorhergesagten Erstkäufen in Periode t (Y(t)) lässt sich mittels einer geometrischen Reihe formulieren. Zur Prognose der Wiederkäufe dient die Annahme, dass ein stets konstanter Teil der Erstkäufer einen Wiederkauf (Wiederkauf erster Ordnung) oder mehrere Wiederkäufe (Wiederkäufe höherer Ordnung) tätigt. Aus den vorhergesagten Erst- und Wiederkäufen resultiert schließlich der geschätzte Absatz des Neuproduktes. Als problematisch erweist sich insbesondere die Bestimmung der Zeiträume, innerhalb derer ein Käufer einen Wiederkauf tätigt.

Frageart. Die Vielzahl von F. lässt sich in mehrere Gruppen unterteilen. Zunächst lässt sich unterscheiden, ob eine Frage durch Zugabe von Bildern, Texten usw. unterstützt wird (Frage mit Vorlage) oder nicht (Frage ohne Vorlage). Auch durch die Antwortmöglichkeiten, die dem Befragten zur Auswahl stehen, lassen sich verschiedene Arten von Fragen kategorisieren. Werden keine speziellen Antwortmöglichkeiten vorgegeben, spricht man von einer offenen Frage. Stehen jedoch verschieden Antworten zur Wahl, handelt es sich um eine geschlossene Frage. Geschlossene Fragen können weiter unterteilt werden in Alternativfragen, bei denen der Befragte zwischen zwei Antwortmöglichkeiten wählen kann, und Selektivfragen, bei denen eine größere Zahl an Antworten zur Verfügung steht. Schließlich lassen sich F. noch in direkte und in indirekte Fragen unterteilen. Dabei zielt die direkte Frage ohne Umwege auf den interessierenden Sachverhalt ab, während die indirekte Frage so gestellt wird, dass für den Befragten nicht unmittelbar ersichtlich wird, was den interessierenden Sachverhalt darstellt.

Fragebogen, → Befragungsmethoden.

Fragebogenrücklauf, Anzahl der Fragebogen, die man ausgefüllt und auswertbar nach einer Durchführung einer Erhebung mit Fragebogen zurückerhält. Gemessen wird der F. meist mit der → Antwortquote.

Fragezeichenkunde, ist eine Kundenkategorie nach Maßgabe des → Kundenportfolios. F. zeichnen sich durch eine hohe → Kundenattraktivität aus, wobei die → Anbieterposition des eigenen Unternehmens nur schwach ausgeprägt ist. Da sich F. ihrer Attraktivität bewusst sind, legen sie üblicherweise ein dementsprechend hohes Anspruchsniveau an den Tag, z.B. was die Kundenbetreuung oder preisliche Zugeständnisse betrifft. Folglich ist ihre Bearbeitung i.d.R. recht aufwendig. Von daher gilt es, im Hinblick auf F. eine grundsätzliche Entscheidung zu treffen: Entweder man versucht, die eigene Position bei diesen Kunden konsequent auszubauen, so dass sie zu → Starkunden werden, oder man gibt ihre Bearbeitung mittelfristig ganz auf. In der amerikanischen Managementliteratur wird diese Entscheidungssituation bisweilen auch durch die Formel „Big Step or Out" zum Ausdruck gebracht. Entscheidet man sich für den „Big Step", sprich für eine nachhaltige Verbesserung der Anbieterposition bei einem F., sollte man dies vor allem mit klar quantifizierten und terminierten Zielsetzungen koppeln. Dadurch lässt sich der Aufwand möglicher Maßnahmenpakete begrenzen. Stellt man so beispielsweise fest, dass trotz eines erheblichen Mehraufwandes zum Ausbau der eigenen Position bei einem speziellen F. oder einer Gruppe von F. keine nachhaltigen Fortschritte erzielt werden, sollte die zweite Alternative, nämlich der Rückzug, wieder stärker in Betracht gezogen werden.

Frame-Struktur, Aufteilung des → Browser-Fensters in mehrere voneinander getrennte Teilflächen bzw. Rahmen. Auf diese Weise können mehrere → Websites gleichzeitig dargestellt und unabhängig voneinander bearbeitet werden. Die F.-S. wird häufig verwendet, um Navigationsbuttons und Inhalte einer → Website nebeneinander darzustellen.

Framing, Verfahren, mit dem auf der eigenen → Website die Darstellung von Inhalten fremder → Websites in Frames möglich ist. Dies kann zu urheberrechtlichen Problemen führen.

Franchisesystem, vertikal kooperativ organisiertes → Handelssystem rechtlich selbständiger Unternehmen. F. sind gekennzeichnet durch eine arbeitsteilige Organisation zwischen den Systempartnern. Durch ein umfangreiches Weisungs- und Kontrollsystem soll ein systemkonformes Verhalten der Systemmitglieder und damit ein einheitlicher Marktauftritt des Gesamtsystems gewährleistet werden. Die Franchise-Nehmer sind in eigenem Namen und auf eigene Rechnung tätig. Sie erwerben durch die Zahlung eines einmaligen und/oder regelmäßigen Entgeltes an den Franchise-Geber die Berechtigung, ein Franchise-Paket zu nutzen. Das angebotene Franchise-Paket besteht i.d.R. aus einem Beschaffungs-, Absatz- und Organisationskonzept. Es kann die Ausbildung des Franchise-Nehmers, die Verpflichtung des Franchise-Gebers, den Franchise-Nehmer aktiv und laufend zu unterstützen und das Konzept ständig weiterzuentwickeln sowie die Gewährung von Schutzrechten beinhalten. Beispiele für Franchisesysteme sind ‚Obi' und ‚The Body Shop'.

Franchising, → direktes Franchising.

Franchising, rechtliche Aspekte, *vgl. auch* → Absatzkanalpolitik, rechtliche Aspekte. Eine Legaldefinition für F. bietet das deutsche Recht nicht. Auf europäischer Ebene fanden sich Erläuterungen zum F. in der Gruppenfreistellungsverordnung (GVO) über Franchise-Vereinbarungen. Diese GVO wurde 2002 ersetzt durch die „vertikale GVO" (*vgl. auch* → Gruppenfreistellung), die auf alle Arten vertikaler Beschränkungen anzuwenden ist, die durch Alleinvertrieb, Alleinbezug, F. usw. entstehen. Die abgelöste GVO beschrieb in Art. 1 III a, b F.-Vereinbarungen als Vereinbarungen, „in denen ein Unternehmen, der Franchisegeber, es einem anderen Unternehmen, dem Franchisenehmer, gegen unmittelbare oder mittelbare finanzielle Vergütung gestattet, eine Franchise zum Zweck der Vermarktung bestimmter Waren und/oder Dienstleistungen zu nutzen". Eine Franchise wurde definiert als „eine Gesamtheit von Rechten an gewerblichem oder geistigem Eigentum wie Warenzeichen [nach dem → Markengesetz müsste heute von Marken und sonstigen Kennzeichen gesprochen werden, Anm. d.V.], Handelsnamen, Ladenschilder, → Gebrauchsmuster, Urheberrechte, Knowhow oder → Patente, die zum Zwecke des Weiterverkaufs von Waren oder der Erbringung von Dienstleistungen an Endverbraucher genutzt wird". Damit entsteht zwischen F.-geber und F.-nehmern eine enge vertragliche Beziehung, in der sich die F.-nehmer i.d.R. stark den Weisungen des F.-gebers unterwerfen. Umgekehrt ist zu prüfen, ob und inwieweit die F.-nehmer Ansprüche gegen den F.-geber geltend machen können, wenn sich diese im Wettbewerb unlauter verhalten.

FRAP, → *Frequenz-Relevanz-Analyse für Probleme*.

Free-Mail-in-Promotion, Maßnahme der → Verkaufsförderung. Diese sind Artikel, die der Hersteller zwar nicht in seinem → Sortiment führt, aber als Belohnung des Konsumenten für eine bestimmte Anzahl von Produktkäufen gewährt. Die Gewährung von F.-M.-i.-P. ist damit an gewisse Anstrengungen des Konsumenten (Produktkäufe) gekoppelt, die er z.B. durch die Einsendung von Pakkungsbelegen (Refunds) kenntlich machen kann. *Vgl. auch* → Coupon.

Freihandel, zwischenstaatliche Austauschbeziehungen, die von Zöllen und anderen Eingriffen unbeeinflusst sind. Der F. findet innerhalb einer genau definierten Freihandelszone statt, die durch die am F. beteiligten Mitgliedsländer bestimmt ist. Dem Gedanken des F. folgen viele → Handelsblöcke, wie z.B. → Anden Common Market (ACM), → Association of South East Asian Nations (ASEAN), → European Free Trade Association (EFTA), → Europäische Wirtschafts- und Währungsunion (EWWU), → Mercado Común del Cono Sur (Mercosur), → North American Free Trade Association (NAFTA). Gefördert wird die Etablierung von Freihandelszonen durch das → General Agreement on Tariffs and Trade (GATT).

Freiheitsgrade, → Gütemaße.

Freiwillige Kette, Kooperation zwischen Groß- und Einzelhändlern zur Stärkung ihrer Leistungs- und Wettbewerbsfähigkeit. Sie beruht nicht auf gesellschaftsrechtlichen, sondern nur auf vertragsrechtlichen Bindungen zwischen den Kooperationsmitgliedern und der Systemzentrale. Ein Beispiel für eine freiwillige Kette im Lebensmittelhandel stellt die SPAR-Gruppe dar, die 1932 in den Niederlanden gegründet wurde. Die Initiative zur Gründung der deutschen SPAR ging 1952 von einigen Großhändlern aus.

Fremdbild, → Image.

Fremdenverkehrsmarketing, → Tourismusmarketing; beschreibt das → Dienstleistungsmarketing von Fremdenverkehrsbetrieben. Fremdenverkehrsbetriebe sind u.a. Verbände, Regionen, Orte, Städte, Reiseveranstalter, Reisebüros und Verkehrsträger. Charakteristisch für das F. ist die Notwendigkeit, dass sich die verschiedenen Fremdenverkehrsbetriebe auf ein gemeinsames Konzept zum F. für eine bestimmte Region, Stadt oder Ort einigen. Entgegenstehende Interessen der einzelnen Fremdenverkehrsbetriebe können diese Übereinstimmung gefährden.

Fremdfaktor, → Dienstleistung, Begriff der.

Frequent-Flyer-Programm, *Vielfliegerprogramm*; → Kundenbindungsinstrument von Fluggesellschaften, das auf finanziellen Anreizen bei Erreichung einer bestimmten Anzahl von Flugmeilen beruht. Diese in den USA bereits in den 80er Jahren eingeführten Programme wurden in Europa erst in den 90er Jahren konsequent umgesetzt, was auf der Tatsache basierte, dass bei Geschäftsreisenden das Angebot eines F. zu einem bedeutsamen Entscheidungskriterium wurde. Ferner wurde mit der Einführung derartiger Programme das Ziel der Frequenzsteigerung sowie positive Effekte hinsichtlich der → Preissensibilität der Kunden verbunden. *Vgl. auch* → Bonusprogramm.

Frequent-Shopper-Programm, → Kundenbindungsinstrument im Handel, das → Markentreue bzw. Geschäftstreue der Kunden durch finanzielle Anreize oder sonstige Vorteile (z.B. besondere Stammkundenangebote) belohnt. Zur Identifikation der Stammkunden werden häufig → Kundenkarten eingesetzt. *Vgl. auch* → Kundenclub.

Frequenzeffekte, verdeutlichen, wie viele wiederholte Kontakte einer Person mit einem Werbemittel unter spezifischen Umfeldbedingungen welche → Werbewirkungen im

Gedächtnis der Person erzeugen. F. lassen sich auf die von dem amerikanischen Psychologen Benton J. Underwood entwickelte Frequenztheorie zurückführen, nach deren Aussagen bei der Wiederholung einer Botschaft neben den Lernumständen auch die Darbietungshäufigkeit von den Rezipienten abgespeichert wird. In mehreren Experimenten konnte Underwood feststellen, dass der Lernerfolg nur wenig von der Darbietungszeit abhängt, in hohem Maße jedoch von der Wiederholungsfrequenz. Für Unternehmen sind F. im Rahmen der Mediaplanung von Bedeutung, wenn es um die Auswahl geeigneter → Kommunikationsträger und die Ermittlung der erforderlichen Häufigkeit (Frequenz) ihrer Belegung geht. *Vgl. auch* → Mediaplanung.

Frequenz-Relevanz-Analyse für Probleme, *FRAP*; Methode der Qualitätsmessung (→ Dienstleistungsqualitätsmessung) für die Analyse von Qualitätsproblemen, die sowohl die Ermittlung der Problemklassen als auch die → Positionierung dieser Klassen in einem Bewertungsraster umfasst. Unter der Annahme, dass sich Unternehmen um so dringlicher mit einem konkreten Problem der Leistungserstellung befassen sollten, je häufiger es auftritt und je bedeutsamer sein Erscheinen für den Kunden ist, werden innerhalb der FRAP Kundengruppen nach dem Auftreten bestimmter Probleme, dem Ausmaß ihrer Verärgerung sowie nach ihrer anschließenden Verhaltensreaktion befragt. Das Vorgehen der FRAP erfolgt mehrstufig: Nach der Ermittlung einer Problemliste werden die erfassten Einzelprobleme zu Problemclustern verdichtet. Der anschließend zu erstellende Fragebogen weist je Problemklasse drei Fragenkategorien auf: (1) Ist das konkrete Problem bereits aufgetreten? (2) Wie groß ist das Ausmaß der Verärgerung? (3) Welche Reaktionen wurden ins Auge gefasst? An die → Datenerhebung schließt sich die Auswertung an, die die ermittelten Kundenreaktionen in Frequenz- und Relevanzwerte überführt. Während die Ermittlung der Frequenzwerte weitgehend unproblematisch ist, müssen die Relevanzwerte durch die Verknüpfung der Kundenaussagen gewonnen werden. Dabei werden sowohl das Ausmaß der Verärgerung als auch die einzelnen Reaktionsformen (z.B. → Beschwerde oder → Abwanderung) mit Punktwerten belegt, so dass sich aus der Multiplikation der beiden Werte die Kennzahl für die Problemrelevanz ergibt. Die so gewonnenen Werte können beispielsweise zur Bildung von sog. „Problem Scores“ genutzt werden. *Vgl. auch* → Beschwerdeanalyse.

Front Line Staff, → *Front-Office-Personal.*

Front-Office-Bereich, beschreibt den kundennahen Bereich im Rahmen der → Dienstleistungserstellung. Im F.-O.-B. werden Aktivitäten, die für die → Dienstleistungserstellung notwendig sind (z.B. das Aufgeben einer Bestellung durch Kunden in einem Restaurant), im Rahmen von Interaktionen zwischen → Dienstleistungsanbieter und Kunde erbracht. Folglich ist der Kunde für diesen Teil der → Dienstleistungserstellung → Co-Producer. Außerdem ist der F.-O.-B. für den Kunden ersichtlich (im obigen Beispiel der Sitzbereich des Restaurants). Die → Line of Visibility trennt den für den Kunden sichtbaren Bereich (F.-O.-B.) vom nicht sichtbaren Bereich (B.-O.-B). *Gegensatz*: → Back-Office-Bereich. *Vgl. auch* → Blueprinting.

Front-Office-Personal, *Front Line Staff, Kontaktpersonal*; Mitarbeiter eines → Dienstleistungsanbieters, die im → Front-Office-Bereich tätig sind. Demzufolge haben sie viele Kontakte mit Kunden. Somit stellen sie für Kunden in gewisser Weise die Repräsentanten des → Dienstleistungsanbieters dar. Vor diesem Hintergrund muss das F.-O.-P. neben einer hohen Fachkompetenz auch über eine hohe Beziehungskompetenz verfügen. Außerdem kann das F.-O.-P. aufgrund seiner Nähe zum Kunden auch Informationen über Wünsche und Bedürfnisse von Kunden erhalten. Diese Informationen können beispielsweise für die Entwicklung neuer Dienstleistungen genutzt werden (→ Dienstleistungsinnovation). *Gegensatz*: → Back-Office-Personal. *Vgl. auch* → Blueprinting.

Frühaufklärungssystem, → *Frühwarnsystem.*

Frühindikator, → Frühwarnsystem.

Frühwarnsystem, *Früherkennungssystem, Frühaufklärungssystem*; System zur frühen Erkennung bzw. Antizipation möglicher Gefahren für das Unternehmen. Im Rahmen der Erfassung und Auswertung von Daten über die Umwelt (Environmental Scanning) kann die Analyse der globalen Umwelt und die → Wettbewerbsanalyse unterschieden werden. Gebräuchliche Verfahren zur → Datenerhebung und -auswertung über die Zukunft stellen beispielsweise allgemeine Methoden der Zukunftsforschung, die sich mit langfristigen Trends von Gesamtstrukturen beschäftigt, F. und Monitoringsysteme dar, die im Rahmen der strategischen Früherkennung mögliche Gefahren antizipieren und melden sollen und Unternehmen so in die Lage versetzen, rechtzeitig geeignete Gegenmaßnahmen zur Abwehr oder Minderung der signalisierten Gefahren zu treffen. In diesem Zusammenhang wird absatz- wie beschaffungsmarktbezogen auf Marktinformationsdienste und Marktmonitorsysteme zurückgegriffen, die Informationen über den Markt liefern bzw. Marktbegebenheiten systematisch überwachen sollen. Viele Verfahren des strategischen Informationsmanagements greifen aufgrund des langfristigen Planungscharakters unterstützend auf Sensorsysteme bzw. andere Verfahren auf Basis von Indikatoren (Anzeiger) zurück. Indikatormethoden stellen → Prognosemethoden dar, die bestimmte wirtschaftliche Daten in ihrem Wert als Indikator für zu erwartende Entwicklungen einer anderen Größe benutzen. Im Rahmen von Prognosen spricht man von Frühindikatoren. Häufig werden viele einzelne Indikatoren in Indikatormodellen miteinander zielgerichtet in Verbindung gesetzt, um beispielsweise → Kennzahlen und Indizes zu generieren, die als Erklärung und auch Prognose nicht untersuchbarer Marktentwicklungen dienen (Marktindikatoren). Die gewonnenen Informationen können bei → Szenario-Techniken oder Entscheidungsmodellen Anwendung finden, die unter Einschluss von Zielen Alternativen für Entscheidungen auf Istdaten-Basis generieren.

Führungsinformationssystem, → Executive Information System.

Führungsverhalten, individuelles Verhalten des Vorgesetzten ggü. seinen Mitarbeitern.

I. Begriff: F. bezeichnet das Verhalten des Vorgesetzten ggü. seinen Mitarbeitern, das darauf abzielt, deren Einstellungen und Verhaltensweisen zu beeinflussen.

II. Theoretische Ansätze: Mit der theoretischen Erklärung des Führungsverhaltens haben sich zahlreiche Ansätze auseinandergesetzt. Die wichtigsten sind: (1) Eigenschaftstheorie: Verschiedene Eigenschaften des Führers (Intelligenz, Durchsetzungsvermögen, Einfühlungsvermögen usw.) sind verantwortlich für den Führungserfolg, (2) Verhaltensbezogene Ansätze: Führungsverhalten wird durch unterschiedliche → Führungsstile charakterisiert. (3) Systemtheoretische Ansätze: Führungsverhalten wird durch gesellschaftliche, organisatorische, arbeitsbezogene und technische Variablen beeinflusst. (4) Kontingenztheorie bzw. situative Ansätze: Der Einfluss des Führungsverhaltens auf den Führungserfolg hängt ab von situativen Bedingungen. (5) Gruppendynamische Ansätze: Prozesse und Konstellationen in der Gruppe beeinflussen die Position und das Verhalten des Führers. (6) Kybernetische Ansätze: Prozess der wechselseitigen Beeinflussung (Kreislauf). Beeinflussung des Verhaltens der Mitarbeiter durch das Führungsverhalten, das wiederum durch den Führungserfolg beeinflusst wird. Der Führungserfolg wird wiederum durch das Verhalten der Mitarbeiter beeinflusst.

III. Messung: In der Psychologie wurden zahlreiche Instrumente zur Messung des Führungsverhaltens entwickelt, die in erster Linie auf den verhaltensbezogenen Ansätzen der Führungsforschung basieren. Insbesondere zwei Verfahren haben weite Verbreitung gefunden: (1) Leader Behavior Description Questionnaire (LBDQ): Unterscheidung der Dimensionen „Consideration" (→ Mitarbeiterorientierung), „Initiating Structure" (→ Leistungsorientierung), „Production Emphasis" und „Sensitivity". (2) Fragebogen zur Führungsverhaltensbeschreibung

Führungsverhalten, kundenorientiertes

(FVVB): Unterscheidung der Dimensionen „freundliche Zuwendung/Respektierung", „Gewährung echter Mitbestimmung und Beteiligung", „Kontrolle" und „Mitreißende, zur Arbeit stimulierende Aktivität".

Literatur: Homburg, Ch./Stock, R. (2002): Führungsverhalten als Einflussgröße der Kundenorientierung von Mitarbeitern: Ein dreidimensionales Konzept, Marketing–ZFP, 24. Jg., Nr. 2, S. 123-137.

Ruth Stock

Führungsverhalten, kundenorientiertes, zentrale Einflussgröße der → kundenorientierten Einstellung. Kundenorientiertes F. umfasst alle Verhaltensweisen des Vorgesetzten ggü. seinen Mitarbeitern, welche für die Kundenorientierung der Mitarbeiter förderlich sind. Kundenorientiertes F. umfasst drei Dimensionen: (1) die → Leistungsorientierung, d.h. der Vorgesetzte kommuniziert aktiv und regelmäßig seinen Mitarbeitern die Unternehmensziele und richtet deren Leistungsziele danach aus. (2) die →Mitarbeiterorientierung, d.h. der Vorgesetzte bringt seinen Mitarbeitern persönliche Wertschätzung entgegen und beachtet nach Möglichkeit ihre beruflichen und persönlichen Ziele. (3) die → Kundenorientierung, d.h. der Vorgesetzte lebt Kundenorientierung durch sein eigenes Verhalten vor.

Fulfillment. Unter F. sind diejenigen Aktivitäten zu verstehen, die in einem Zusammenhang mit der Reaktion oder Bestellung des Kunden und der konkreten Leistungsübermittlung stehen. Folgende Prozesse beinhaltet das F. im → Direct Marketing: Bearbeitung der Anfragen/Anforderungen, kundenbezogene Auftragsdurchführung (Auftragsabwicklung), Bearbeitung der Retouren, Erstellung von Statistiken und Lagerhaltung einschließlich Auslieferung in Zusammenhang mit einer → Mailing-Aktion. Eine neue Art des F. ist im Bereich der → Online-Medien möglich. Die direkte Leistungsübermittlung beschränkt sich dabei allerdings auf elektronisch codierbare Produkte.

Full-Profile-Methode, Erhebungsmethode, bei der die Befragten komplette ausgestaltete Produkte miteinander vergleichen, anstatt nach ihren Präferenzen zu einzelnen Komponenten gefragt zu werden. → Conjoint-Analyse.

Full-Service-Werbeagentur, → Werbeagentur.

Fundraising, → Social Marketing.

Fünf-Kräfte-Modell, weitverbreitetes, von Michael Porter eingeführtes Hilfsmittel zur systematischen Analyse der Wettbewerbsbedingungen einer Branche. Die Rivalität unter den bestehenden Unternehmen stellt dabei üblicherweise die stärkste der fünf Wettbewerbskräfte dar. Ein hohes Maß an Rivalität ist an Marketingmaßnahmen wie Preis-Promotions, Garantieverlängerungen, häufige Produktverbesserungen und Neuprodukteinführungen usw. zu erkennen. Die Rivalität in einer Branche nimmt zu, wenn die Anzahl der Wettbewerber steigt (und diese dadurch in Größe und Fähigkeiten ähnlicher werden) oder die Nachfrage nach einem Produkt nur langsam wächst (da nicht genügend Platz für jeden Wettbewerber zum Wachsen ist). Ferner ist die Rivalität in einer Branche größer, wenn die Branchenstruktur (bzw. Kostenstruktur) einen Anreiz gibt, durch Preisnachlässe oder andere wettbewerbliche Maßnahmen die Absatzmenge zu steigern. Bei geringen Wechselkosten zwischen den Marken ist die Rivalität ebenfalls höher, zumal wenn ein oder mehrere Wettbewerber mit ihrer augenblicklichen Position nicht zufrieden sind. Weitere, die Rivalität fördernde Aspekte, sind hohe Renditen bei erfolgreichen strategischen Maßnahmen und hohe Ausstiegsbarrieren. Die Rivalität kann sprunghaft ansteigen, wenn starke branchenfremde Firmen eine schwache Firma innerhalb der Branche übernehmen und versuchen, deren Wettbewerbsposition zu verbessern.

Dies stellt einen Spezialfall der Bedrohung durch neue Konkurrenten dar. Der Eintritt neuer Konkurrenten in den Markt geht üblicherweise mit einer Intensivierung der Rivalität einher, da neue (Über-)Kapazitäten entstehen. Das Bedrohungspotenzial hängt dabei im Wesentlichen davon ab, ob Markteintrittsbarrieren vorhanden sind und welche

Erwartungen hinsichtlich der Reaktion bestehender Firmen auf einen Markteintritt bestehen. Bzgl. der Konkurrenzreaktion hängt viel von glaubwürdigen Signalen (→ Signaling) ab. Markteintrittsbarrieren können beispielsweise in Größenvorteilen (Economies of Scale) bestehen, die Unternehmen innerhalb der Branche einen Kostenvorsprung verschaffen. Die Notwendigkeit des Zugangs zu bestimmten Technologien, Spezialwissen und Distributionskanälen sowie Lernkurveneffekte, Markenpräferenzen der Konsumenten und ein hoher Kapitalbedarf stellen neben Handelsbeschränkungen und Regulierungsmaßnahmen weitere Marktzugangsbarrieren dar. Generell ist die Bedrohung durch neue Konkurrenten dann eine starke Kraft, wenn die Wachstums- und Gewinnerwartungen einer Branche einen Markteintritt attraktiv erscheinen lassen. Wettbewerbsdruck kann ferner durch Ersatzprodukte entstehen. Das Vorhandensein solcher Substitute begrenzt den Preissetzungsspielraum innerhalb der Branche bzw. die Gewinnmöglichkeiten. Gewinnsteigerungen können dann nur durch Kostensenkungen erreicht werden. Weiterhin laden Ersatzprodukte die Konsumenten zu einem Qualitäts- und Leistungsvergleich ein, was die Firmen innerhalb der Branche dazu zwingt, sich ggü. dem Ersatzprodukt kontinuierlich zu profilieren. Der Wettbewerbsdruck durch Ersatzprodukte wird durch Wechselkosten der Konsumenten reduziert. Durch die Verhandlungsstärke der Lieferanten kann ein erheblicher Wettbewerbsdruck auf die Branche ausgeübt werden, falls das entsprechende Produkt nicht standardisiert von einer großen Anzahl von Lieferanten mit ausreichender Produktionskapazität zu beziehen ist. Die Verhandlungsstärke ist geringer, wenn es Substitute gibt und die Wechselkosten hierfür gering sind. Machen die Vorprodukte eines Lieferanten einen Großteil der Kosten eines Unternehmens aus, ist das Vorprodukt unverzichtbar für den Produktionsprozess oder ist es entscheidend für die Qualität des Endproduktes, so verfügt der Lieferant über einen erheblichen Einfluss auf den Wettbewerbsprozess. Andererseits befindet sich ein Lieferant in einer schlechten Verhandlungsposition, wenn die nachfragende Branche mengenmäßig sehr wichtig ist oder glaubwürdig mit einer Integration der vorgelagerten Stufen (beispielsweise aus Kosten- oder Qualitätsgründen) drohen kann. Die Verhandlungsmacht der Abnehmer wirkt sich negativ auf die zu erzielenden Absatzpreise aus. Sie ist dann groß, wenn große Abnehmer einen bedeutenden Anteil am Branchenumsatz haben, insbesondere, wenn die Kosten eines Wechsels zu einem Konkurrenzprodukt gering sind. Bei stark differenzierten oder kleinen Abnehmern ist die Verhandlungsstärke hingegen geringer. Grundsätzlich ist die Gewinnerwartung in einer Branche gering, wenn die fünf Wettbewerbskräfte stark sind. Eine Branche ist demnach besonders attraktiv, wenn die Verhandlungsmacht der Lieferanten und Abnehmer gering ist und neue Konkurrenten und Substitute durch Eintrittsbarrieren und Inkompatibilitäten ausgegrenzt werden können. Trotzdem können auch Branchen mit starken Wettbewerbskräften attraktiv für ein Unternehmen sein, wenn seine → Kernkompetenzen ihm in diesem Wettbewerbsumfeld einen Vorteil ggü. der Konkurrenz verschaffen. Ziel des Managements muss es zudem sein, Wettbewerbsstrategien zu entwickeln, die einen negativen Einfluss der fünf Kräfte auf die Gewinnsituation des Unternehmens zumindest begrenzen bzw. die Wettbewerbskräfte sogar zum eigenen Vorteil nutzen.

Christian Schade

Funktionale Qualität, Qualitätsdimension von Dienstleistungen (→ Dienstleistungsqualitätsdimension), die sich – im Gegensatz zur → technischen Qualität – auf die Art und Weise des Prozesses der → Dienstleistungserstellung bezieht. Ausschlaggebend für die F.Q. sind beispielsweise die fachliche Kompetenz oder die Höflichkeit des Kundenkontaktpersonals.

Funktionalorganisation, *funktionale Organisationsstruktur, Funktionsorganisation, Funktionsgliederung, Verrichtungsorganisation;* bezeichnet eine Form der organisatorischen Gliederung, bei der die Bildung von Abteilungen bzw. Verteilung von Kompetenzen nach Funktionen (Marketing und Vertrieb, Beschaffung, Forschung und Entwicklung, Finanzierung, Produktion) erfolgt. Die F. weist eine → Funktionsorientierung auf.

Funktionalstrategie, → Strategie für einen Funktionsbereich im Unternehmen oder in einer → Strategischen Geschäftseinheit. Die → Unternehmensstrategie stellt den Handlungsrahmen für die F. (z.B. → Marketing-, Produktions-, Personal- oder Finanzierungsstrategie) dar.

Funktionenorientierter Ansatz, älterer Ansatz der → Theorien des Marketing. Im Mittelpunkt des F.A. steht die deskriptive Analyse und Systematisierung der Funktionen des Absatzes. In der Lehre von den → Handelsfunktionen wird auf diese Weise versucht, den Vorwurf der Unproduktivität des Handels zu entkräften. Nach dem F.A. hat der Handel eine Raum-, Zeit-, Mengen- und Qualitätsüberbrückungsfunktion.

Funktionsorientierung, bezeichnet eine Ausrichtung der Organisation, die zu einer → Funktionalorganisation führt. In Rahmen einer F. ist das Unternehmen so organisiert, dass jeweils gleichartige oder ähnliche Aktivitäten in derselben organisationalen Teileinheit zusammengefasst werden (vgl. Abb.: „Marketing und Vertrieb in einer funktional organisierten Strategischen Geschäftseinheit").

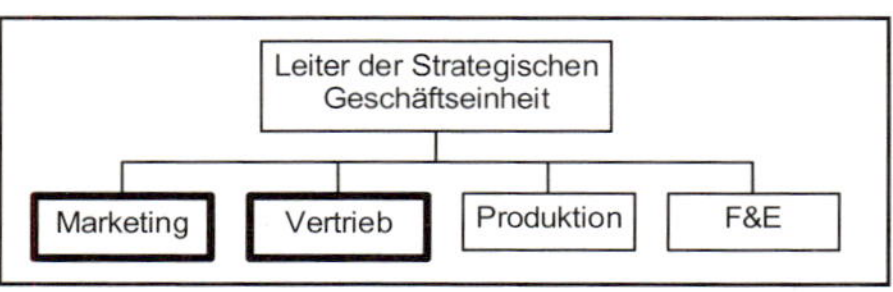

Marketing und Vertrieb in einer funktional organisierten Strategischen Geschäftseinheit

Das Aufgabengebiet dieser organisationalen Teileinheiten ist somit genau festgelegt, wobei organisationale Teileinheiten beispielsweise Abteilungen sein können – es geht hier also nicht um die Abgrenzung von Geschäftseinheiten. – Die Verrichtung der so zusammengefassten Aktivitäten erfolgt dann durch spezialisierte Mitarbeiter. Folglich können aufgrund dieser Bündelung ähnlicher Aktivitäten die betrieblichen Prozesse standardisiert und routinisiert werden. Ein primärer Vorteil der F. ist, dass die betrieblichen Aktivitäten in den verschiedenen Funktionen durch qualifizierte und erfahrene Spezialisten routiniert durchgeführt werden können. Dies kann zu einer relativ hohen Effizienz der Arbeit und zu relativen Kostenvorteilen führen. Die Bündelung von Marketingaktivitäten bei diesen Spezialisten kann weiterhin in einem einheitlicheren Marktauftritt des Unternehmens resultieren, da die Kommunikation mit den Marktpartnern stärker standardisiert werden kann. Diesen Vorteilen der F. stehen auch Nachteile gegenüber. Insbesondere ist die F. mit der Gefahr des Abteilungsdenkens und einem erhöhten Aufwand an horizontaler Koordination zwischen den verschiedenen funktionsorientierten Abteilungen verbunden. Zudem besteht die Gefahr, dass aufgrund der stärkeren Spezialisierung der Mitarbeiter die speziellen Anforderungen unterschiedlicher Kundengruppen nicht umfassend berücksichtigt werden können. Kritisiert werden auch eine möglicherweise geringere Anpassungsfähigkeit an dynamische Märkte sowie eine verminderte → Innovationsfähigkeit des Unternehmens. → Marketingorganisation, Funktionsorientierung der Organisation.

Fusionskontrolle, → *Zusammenschlusskontrolle*; *vgl. auch* → Mergers & Akquisitions.

Future e.V., → Umweltorientierte Unternehmensverbände und -vereine.

G

Ganzheitspsychologie, Forschungsrichtung, die sich aus der Gestalttheorie entwickelt hat und sich hauptsächlich mit dem Einfluss der Gefühle auf die Wahrnehmung beschäftigt.

Gap-Analyse, *strategische Lückenanalyse*; Instrument der Planung des → Strategischen Marketing, das methodisch auf einer Trendextrapolation beruht. Im Rahmen der G.-A. wird eine quantifizierbare Zielgröße – z.B. Umsatz oder → Gewinn – festgelegt und deren Zielerreichungsgrad für einen festgelegten Planungszeitraum prognostiziert. Die Differenz zwischen der Zielgröße und der Plangröße ergibt die strategische Lücke.

GAP-Modell, in den 1980er-Jahren von Parasuraman/Zeithaml/Berry entwickeltes Erklärungsmodell der → Dienstleistungsqualität aus Unternehmens- und Kundensicht. Das G.-M. basiert auf Erkenntnissen, die im Rahmen von Fokusgruppeninterviews mit Dienstleistungskunden sowie Expertengesprächen aus den Bereichen Banken, Kreditkartenunternehmen, Versicherungen, Broker sowie Reparaturdienstleister gewonnen wurden. Als Ergebnis konnten Diskrepanzen – sog. „GAPs" – zwischen den Wahrnehmungen der Kunden in Bezug auf die Dienstleistungsqualität und den Vorstellungen in den Unternehmen identifiziert werden. Hierbei wurden fünf Diskrepanzen festgestellt (vgl. Abb. „GAP-Modell der Dienstleistungsqualität"): GAP 1 ist die Diskrepanz zwischen den tatsächlichen → Kundenerwartungen und den vom Management wahrgenommenen Kundenerwartungen. Dieses GAP weist auf die Schwäche hin, dass Unternehmen fehlende oder falsche Vorstellungen über die Bedeutung einzelner Merkmale für die Qualitätseinschätzung der Kunden und das von ihnen geforderte Leistungsniveau haben. Mögliche Ursachen dieser Lücke können aus einer unzureichenden Orientierung an vorhandenen Marktforschungsergebnissen bzw. dem Nicht-Vorhandensein dieser Informationen resultieren. Die Entstehung dieser Diskrepanz könnte ferner in einer unzulänglichen Kommunikation zwischen → Front-Office-Personal und Management („Aufwärtskommunikation") und/ oder einer zu großen Anzahl von Hierarchiestufen begründet sein. GAP 2 ist die Diskrepanz zwischen den vom Management wahrgenommenen Kundenerwartungen und der Umsetzung in Spezifikationen der Dienstleistungsqualität. Dieses GAP erfasst die Diskrepanz in der Umsetzung der Kundenerwartungen in konkrete Spezifikationen der Dienstleistungsqualität, beispielsweise in Form von konkreten → Qualitätsstandards. Dieses Umsetzungsdefizit entsteht in der Praxis häufig durch folgende Faktoren: Mangelnde Entschlossenheit des Managements zur Verbesserung der Dienstleistungsqualität, unklare Zielsetzungen in Bezug auf die Dienstleistungsqualität und unzureichende Nutzung von Instrumenten und Verfahren zur Standardisierung von → Dienstleistungen. GAP 3 ist die Diskrepanz zwischen den Spezifikationen der Dienstleistungsqualität und der tatsächlich erstellten Leistung. Dieses GAP spiegelt das Ausmaß wider, in dem das Kundenkontaktpersonal die Leistung nicht auf dem vom Management erwarteten Niveau erbringt. Verursachende Faktoren sind in diesem Zusammenhang insbesondere eine mangelnde Qualifikation der Mitarbeiter, falsche Kriterien der Leistungsüberwachung,

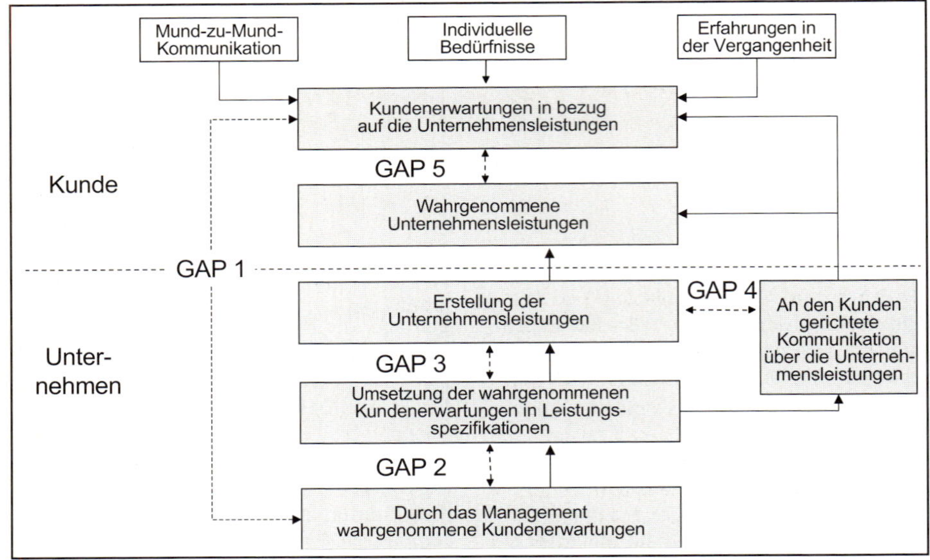

GAP-Modell der Dienstleistungsqualität
(Quelle: Zeithaml/Berry/Parasuraman 1988, S. 44)

mangelhafte Teamarbeit oder Rollenkonflikte (→ Rolle, soziale) bzw. ein falsches Rollenverständnis des Servicepersonals. GAP 4 ist die Diskrepanz zwischen tatsächlich erstellter Serviceleistung und der an den Kunden gerichteten → Kommunikation über diese Leistung. Dieses GAP entsteht, wenn die Wahrnehmung des Kunden bzgl. der Dienstleistungsqualität durch übertriebene Versprechungen in der → Werbung oder durch fehlende Informationen so beeinflusst wird, dass eine Diskrepanz zwischen tatsächlich erstellter und versprochener Leistung entsteht. Ursachen können eine unzureichende horizontale Kommunikation, z.B. zwischen → Marketing- und → Vertrieb, oder eine Tendenz des Unternehmens zu übertriebenen Versprechungen in → Werbekampagnen sein. GAP 5 ist schließlich die Diskrepanz zwischen den Erwartungen des Kunden an die Dienstleistung sowie der tatsächlich wahrgenommenen Dienstleistung und entspricht somit der wahrgenommenen Dienstleistungsqualität. Dieses GAP stellt die zentrale Lücke des GAP-Modells dar, die von den intern bedingten GAPs 1 bis 4 abhängig ist. Die hier zugrunde liegende Differenz zwischen der erwarteten und der real erlebten Dienstleistung kann durch die Minimierung der übrigen vier GAPs verringert werden und stellt insofern den Schlüssel zu „gutem Service" dar. In Abhängigkeit von der jeweiligen Situation wird sich der Nachfrager ein individuelles Urteil über die erlebte Dienstleistungsqualität des Unternehmens bilden. Dabei kann diese die → Kundenerwartungen erfüllen, nicht erfüllen oder auch übertreffen. Von besonderem Interesse sind hierbei die Fälle der Über- bzw. Unterschreitung der erwarteten Dienstleistungsqualität. *Vgl. auch* → Dienstleistungsmarketing, → Qualitätsmanagement, → Kundenzufriedenheit.

Manfred Bruhn/Dominik Georgi

Garantie, → Haftpflichtrecht.

Gatekeeper, nehmen die Funktion der Informationsfilterung in einem → Buying-Center wahr und entscheiden somit, welche Alternativen bis zu den Entscheidern vordringen.

Gatekeeper-Funktion, im Sinne eines → Gatekeepers entscheidet der Handel im Falle des indirekten Absatzes (→ Absatz, indirekter) letztlich, welche Produkte den Endabnehmer erreichen. Dies wird als Gatekeeper-Funktion des Handels bezeichnet (→ Handelsmacht; → Hersteller-Handels-Beziehungen).

GATT, → General Agreement on Tariffs and Trade.

Gattungsmarke, → Discountmarke.

Gattungsmarke, *No Names*, *Weiße Ware*, *Uni-Ware*, (*Generika* im Pharmabereich); zumeist von Handelsunternehmen vertriebene → Produkte ohne differenzierenden → Markenname, die zur Demonstration der Wettbewerbsfähigkeit ggü. Discountern angeboten werden. Zumeist handelt es sich hierbei um Güter des täglichen Bedarfs, die weiß, wie beim Erfinder Carrefour, oder unifarben verpackt sind. Deshalb wirkt die → Verpackung einfach und nüchtern, zudem fehlen Hinweise auf Hersteller und Händler, einzig der Aufdruck der Warengattung signalisiert, um welches Produkt es sich handelt. Ferner hilft ein Verzicht auf Service und → Werbung, die Marketingkosten weiter zu senken, so dass der Handel G. sehr preisgünstig anbieten kann. Die Produkte werden zu einem Preis angeboten, der etwa 20 bis 50 Prozent unter dem vergleichbarer → Markenartikel liegt. Die niedrigen Preise sollen G. ggü. den Markenartikeln einen Wettbewerbsvorteil verschaffen und den Preiswettbewerb ggü. Discountern und Fachhändlern abwehren. Dabei gilt es jedoch zu beachten, dass ein gewisses Preis-Leistungs-Verhältnis eingehalten werden muss. Häufig kommt es aber zu einem Unterschreiten der Preisuntergrenze. Dies erklärt auch das Phänomen, dass der traditionelle Einzelhandel kein Interesse zeigt, den weißen Produkten einen Umsatzanteil von mehr als 3-5 Prozent zuzugestehen. G. erfreuen sich hingegen einer gewissen Beliebtheit bei den Nachfragern. Insbesondere im Pharmamarkt haben sich Generika durchsetzen können. Es handelt sich um bekannte Herstellermarken, deren Patentschutz abgelaufen ist und die nun preisgünstig in Apotheken erhältlich sind. Manche Konsumenten bringen sogar die G. mit den jeweiligen Handelsunternehmen in Verbindung, die somit dann in die Nähe von → Markenartikeln rücken.

Gauß'sche Normalverteilung, → *Normalverteilung*.

Gebietsanalyse, → Marktforschung; Instrument der regionalen Marktforschung. Im Bereich der → Handelsforschung werden Gebietsanalysen insbesondere im Rahmen der → Einzugsgebietsabgrenzung durchgeführt.

Gebietsauswahl, → *Flächenauswahl*.

Gebietsorientierung, *Regionenorientierung*; bezeichnet eine Ausrichtung der Organisation, bei der Geschäftseinheiten nach geographischen Kriterien voneinander abgegrenzt sind (vgl. Abb.: „Beispiel für die regionenorientierte Abgrenzung von Geschäftseinheiten"). Die Organisation wird also aufgeteilt nach Kontinenten, Ländergruppen (z.B. Triade), Ländern, Bundesländern, Regierungsbezirken, Landkreisen oder → Nielsen-Gebieten. Diese Organisationsform eignet sich vorwiegend für solche Unternehmungen, die über ein großes → Absatzgebiet verfügen (z.B. weltweit tätige Industriegüterhersteller) oder sich einem nach Gebieten differenzierten Verbraucherverhalten (→ Konsumentenverhalten) ggü. sehen. G. spielt oftmals bei der Spezialisierung der Vertriebseinheiten eine große Rolle – auch dann, wenn die Geschäftseinheiten produktorientiert sind. Ein zentraler Vorteil der G. besteht in der Möglichkeit, regionale Marktbesonderheiten besser berücksichtigen zu können. Dies liegt beispielsweise an der besseren Kenntnis der regionalen Besonderheiten aufgrund der regionalen Spezialisierung und der physischen Nähe zum Kunden. Daneben winken Effizienzgewinne aus der zentralen Steuerung der Aktivitäten durch regionale Manager. – Nachteile sind insbesondere die problematische Koordination zwischen den Regionen – nicht zuletzt wegen der Problematik des „Regionalfürstentums" und die erschwerte Bearbeitung internationaler (regionenübergreifender) Kunden. Auch besteht die Gefahr von Parallelarbeiten für das gleiche Produkt in verschiedenen

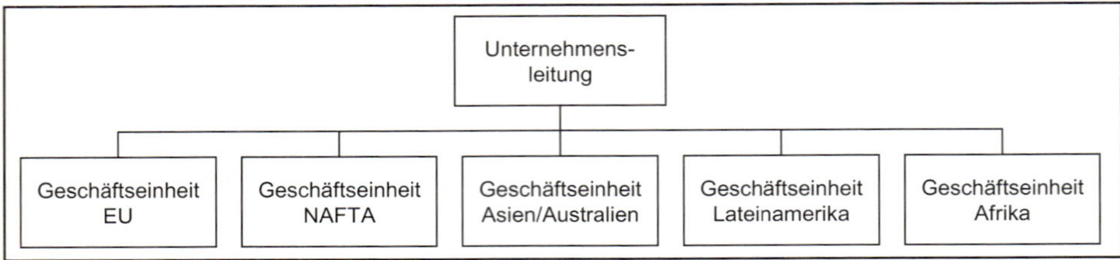

Beispiel für regionenorientierte Abgrenzung von Geschaftseinheiten

Regionen. → Marketingorganisation, Gebietsorientierung der.

Gebietsschutz, Vertriebswegebindung räumlicher Art, *vgl. auch* → Ausschließlichkeitsbindungen, d.h. Beschränkung des Vertriebs auf bestimmte → Absatzgebiete. Zu unterscheiden sind starre oder flexible G.-klauseln. Flexibler G. bedeutet, dass ein Händler durchaus an Abnehmer verkaufen kann, die nicht in seinem Gebiet ansässig sind; allerdings hat er dann dem dort ansässigen Händler eine Kompensationszahlung zu leisten. Mit Bezug auf grenzüberschreitenden Vertrieb lassen sich Exportverbote für Inländer, Reimportverbote für inländische Exporteure sowie Reexportverbote und Weiterexportverbote für ausländische Abnehmer formulieren.

Gebietsstrategie, auf ein abgegrenztes Areal ausgerichtete Strategie (beispielsweise → Handelsstrategie). Der Umfang der zur Bearbeitung abgegrenzten Region kann aufgrund unterschiedlicher Zielsetzungen variieren. Im nationalen Bereich können beispielsweise. die verschiedenen → Einzugsgebiete der einzelnen → Point of Sales als zu bearbeitende Gebiete definiert werden. Im internationalen Bereich kann der Gebietsbegriff zunächst weiter gefasst werden und sich auf die relevanten Ländermärkte erstrecken.

Gebiets-Verkaufstest, bei einem G. werden entweder ein einzelner Ort oder mindestens zwei vergleichbare Orte, Städte, Regionen oder auch Einzelhandelsgeschäfte, auch Test- bzw. Kontrollmärkte genannt, analysiert. Dabei wird meistens der Einfluss einer Maßnahme, wie z.B. die Einführung eines neuen Produktes, auf den Umsatz erforscht. In einem → Testmarkt wird die Manipulation der → unabhängigen Variablen durchgeführt. Im Kontrollmarkt hingegen bleiben sämtliche Variablen unverändert. Die gewählte Testperiode sollte so lang sein, dass aus der Erfahrung heraus die maßnahmenbedingten Umsätze auch wirklich realisiert werden können. Die Wirkung der Manipulation ergibt sich dadurch, dass die Veränderung des Umsatzes über die Zeit oder der Umsatz des Kontrollmarktes vom Umsatz des → Testmarktes abgezogen wird: Die Differenz ergibt das Ergebnis der Veränderung der Variablen. Je mehr sich Kontroll- und Testmarkt hinsichtlich Größe und Zielgruppenstruktur ähnlich sind, um so genauer ist das Instrument des G.-V.

Gebrauchsgut, ein Gut des privaten Konsums, das zum mehrmaligen, längerfristigen oder auch andauerndem Gebrauch bestimmt ist. Die Unterteilung der Konsumgüter in Ge- und → Verbrauchsgüter schließt in einigen Fällen einen fließenden Übergang nicht aus. Die Nachfrage nach langlebigen und hochwertigen G. bestimmen Faktoren wie das Einkommen, die Kaufkraft, die Familienstruktur, die Freizeit usw.

Gebrauchsgüterpanel, → Panelerhebung.

Gebrauchsmuster, *vgl. auch* → Rechtsschutz, gewerblicher.

I. Gegenstand: Wie beim → Patent erfolgt ein Schutz für technische Unternehmensleistungen vor → Nachahmung, aber nur für Erzeugnisse und nicht für Verfahren. Gebrauchsmusterfähig sind auch Anlagen und Anordnungen, wie z.B. Müllverbrennungsanlagen, Fertigungs- und Montagezellen oder Förderanlagen. Ebenfalls sind dem

Gebrauchsmusterschutz Nahrungs-, Genuss- und Arzneimittel zugänglich, genauso Stoffe ohne festen Inhalt, womit ein Stoff (Festkörperstoff, Flüssigkeit, Gas) gemeint ist, dessen Verwendung als Gebrauchsgegenstand noch nicht festgelegt ist. Die Schutzdauer beträgt drei Jahre und kann einmal um drei und zweimal um zwei Jahre verlängert werden.

II. Schutzvoraussetzungen: Die Anforderungen an eine zu schützende Leistung sind geringer als die des Patentrechts, weshalb ein G. häufig auch als kleines Patent bezeichnet wird. Wie das Patentrecht fordert auch das G.-recht Neuheit der zu schützenden Erfindung. Als neu gilt die Erfindung, wenn sie nicht dem Stand der Technik entspricht. Allerdings braucht hier die Verschiedenheit vom bisher Bekannten nicht groß zu sein. Sie muss lediglich wahrnehmbar sein. Neuheitsschädlich ist überdies im Unterschied zum Patentrecht lediglich das, was vor dem für den Zeitrang der Anmeldung maßgeblichen Tag durch schriftliche Beschreibung oder eine im Inland erfolgte Benutzung der Öffentlichkeit zugänglich gemacht wurde (§ 3 I GebrMG). Für G. ist somit die relative Neuheit ausschlaggebend; denn offenkundige Vorbenutzungen im Ausland sowie öffentliche mündliche Beschreibungen im In- und Ausland bleiben unberücksichtigt und sind nicht neuheitsschädlich. Während das Patentgesetz eine „erfinderische Tätigkeit" fordert, verlangt das G.-gesetz lediglich einen „erfinderischen Schritt" (§ 1 I GebrMG). Dennoch gilt auch hier der Grundsatz, dass sich die zu schützende Leistung für einen Durchschnittsfachmann nicht in nahe liegender Weise aus dem Stand der Technik ergeben darf.

III. Entstehung des Schutzes: Mit dem Tag der Eintragung in die G.-rolle. Anders als beim Patent werden hier nur die formellen, nicht aber die materiellen Schutzvoraussetzungen wie Neuheit und Erfindungshöhe geprüft. Dies bedeutet, dass das G. lediglich ein „Scheinrecht" ist, dessen tatsächlicher Wert sich erst in einem Streitfall zeigt.

IV. Kosten: Im Unterschied zu Patenten fallen keine jährlichen Gebühren an. Stattdessen sind für die Eintragung in die G.-rolle und für die erste Laufzeit von drei Jahren 30 EUR bei elektronischer Anmeldung (40 EUR bei Anmeldung in Papierform) sowie für maximal drei Verlängerungen um drei, zwei und noch einmal zwei Jahre Gebühren in Höhe von 210 EUR, 350 EUR und 530 EUR zu entrichten, also maximal 1.120 EUR bzw. 1.130 EUR (Stand: Januar 2002).

Gebrauchsnutzen, bezeichnet den funktionalen Nutzen eines Produktes, d.h. den Grad der Bedürfnisbefriedigung, den der Konsument bei der Inanspruchsnahme eines Gebrauchsgutes aufgrund der gebrauchstechnischen Qualität von Produkten empfindet. Der Begriff ist eng mit dem Begriff des „Grundnutzens" verwandt und abzugrenzen vom Zusatznutzen eines Produktes. Letzterer bezieht sich auf den Erlebniswert, das Design oder ökologische Nutzenkomponenten. Die Unterscheidung in Gebrauchs- (bzw. Grund-) und Zusatznutzen wird aufgrund zunehmender Angleichung der Funktionsqualitäten heute nur noch selten vorgenommen.

Gebühren, Entgelt für eine spezielle Gegenleistung einer Behörde oder öffentlichen Anstalt. Bei vielen Dienstleistungen wird dieser Begriff auch anstelle des Preises (→ Preis) verwendet, z.B. Rechtsanwälte, Notare, Wirtschaftsprüfer.

Gedächtnis, Fähigkeit des Menschen, Ereignisse zu behalten und zu reproduzieren, sich Wissen einzuprägen und zu ordnen. Das G. ist mit den meisten kognitiven psychischen Prozessen wie Wahrnehmung und → Lernen sowie mit den → aktivierenden Vorgängen eng verbunden. Das → Drei-Speicher-Modell setzt das menschliche G. mit dem Langzeitspeicher gleich. Hier werden die im Kurzzeitspeicher verarbeiteten Informationen langfristig gespeichert. Der Langzeitspeicher hat eine nahezu unbegrenzte Kapazität. Er wird als ein → aktives Netzwerk aufgefasst, das Wissensstrukturen repräsentiert. Die langfristige Speicherung ist an den Aufbau von biochemischen Substanzen gebunden und führt zu substanziellen Gedächtnisspuren. Die Neurophysiologie unterscheidet das prozedurale von dem deklaratorischen G. Das prozedurale Wissen ist im

Stamm- und Kleinhirn lokalisiert und enthält verinnerlichte, früh erlernte Handlungsabläufe wie Laufen oder Kauen. Das deklaratorische Wissen kann noch einmal in das semantische und in das episodische G. unterteilt werden.

Gedächtnistheorie, beschäftigt sich mit den Fragestellungen, wie Wissen entsteht, abgerufen und vergessen werden kann. Die Entstehung kann mithilfe von → Lernen erklärt werden. Hier spielt die assoziative Verknüpfung (→ Assoziationen) von Lernmaterial eine entscheidende Rolle. In experimentellen Verfahren, in denen Probanden Wortreihen zum Lernen vorgegeben und anschließend die Erinnerungsleistungen gemessen wurden, konnte festgestellt werden, dass die Versuchspersonen zum einen die ersten (Primacy Effect) und zum anderen die letzten Wörter (Recency Effect) am besten behielten. Diese Positionseffekte können für die Gestaltung von Werbebotschaften und Verkaufsgesprächen von Bedeutung sein. Bekannte Theorien, die sich mit dem Vergessen von Gedächtnisinhalten beschäftigen, sind die Theorie des autonomen Verfalls und die Interferenztheorie. Die Theorie des autonomen Verfalls geht vom allmählichen Vergessen eines Gedächtnisinhalts aus, d.h. Erinnerungen verblassen im Verlauf der Zeit. Nach der Interferenztheorie kann eine einmal im Gedächtnis gespeicherte Information nicht vergessen werden, allerdings kann sie von neu erlerntem Wissen überlagert werden, so dass der Zugriff auf die alte Information nur sehr schwer möglich ist. Einmal gelernte Markennamen würden demnach nicht vergessen, sondern überlagert. Die Konsumentenforschung hat der (mittlerweile nicht ganz unumstrittenen) Interferenztheorie große Beachtung geschenkt und untersucht, unter welchen Bedingungen die Zugriffsmöglichkeit und -geschwindigkeit zu erlernten Marken- bzw. Produktinformationen erhöht werden kann. Die sog. Retrieval-Hypothesen gehen davon aus, dass eine Information immer dann aus dem Gedächtnis abgerufen werden kann, wenn (1) sich das Individuum beim Versuch der Erinnerung in derselben Stimmung befindet wie beim Lernen der Information, (2) die kognitive Verarbeitungstiefe, also das Ausmaß an kognitiven Anstrengungen, mit der das Wissen erworben worden ist, stark ausgeprägt gewesen ist, (3) das Individuum mit der zu lernenden Information immer wieder in Kontakt geraten ist, (4) die Aktivierungswirkung des erlernten Reizmaterials hoch gewesen ist, (5) Informationen bildlich und verbal gespeichert worden sind. *Vgl. auch* → Imageryforschung, → Hemisphärentheorie.

Gedächtniswirkung, → Gedächtnistheorien.

Gefangenendilemma, → Ökologieorientierte Marketingstrategien.

Gegenhypothese, → Signifikanztest.

Gehirnforschung. Das menschliche Gehirn kann grob in die Bereiche Kortex und Subkortex eingeteilt werden. Der Kortex (Großhirnrinde, Endhirn) umfasst die äußeren Zonen des Gehirns und ist hauptsächlich für die kognitiven Vorgänge verantwortlich. Im Subkortex, bestehend aus den inneren Teilen des Gehirns (Zwischenhirn, Kleinhirn, Stammhirn), entstehen die allgemeinen und spezifischen → Aktivierungsvorgänge. Hier werden die verschiedenen inneren und äußeren Verhaltensmechanismen koordiniert. Für die affektiven Prozesse sind vor allem folgende Funktionseinheiten von Bedeutung: (1) die Formatio Reticularis, ein verzweigter und reich gegliederter Neuronenverband im Hirnstamm, der für die Wachheit des Organismus verantwortlich ist, (2) der Hypothalamus, reguliert → Emotionen und → Motivationen, die durch innere Reize wie Hormone, Blutzucker usw. ausgelöst werden, (3) das limbische System, das an der Entwicklung von Emotionen und Motivationen mitwirkt, die durch äußere Stimuli ausgelöst werden. Neben der Analyse der einzelnen Funktionseinheiten des Gehirns beschäftigt sich die G. mit der sog. → Hemisphärenforschung.

Geltungsnutzen, Zusatznutzen, der sich auf den Prestigewert eines Produktes oder einer Dienstleistung bezieht und damit der Befriedigung sozialer → Bedürfnisse dient.

Gemeinkosten, *indirekte Kosten*. – I. Begriff: Kosten, die im Gegensatz zu → Einzelkosten einem Bezugsobjekt nur indirekt zugerechnet werden können. Beispielsweise stellen die Kosten, die für den Aufbau des Unternehmensimages anfallen auf die einzelne Leistungseinheit bezogen G. dar. Je nach Bezugsobjekt werden vor allem Kostenstellengemeinkosten (lassen sich den betrieblichen → Kostenstellen nicht direkt zurechnen) und Kostenträgergemeinkosten (lassen sich der erzeugten Leistungseinheit, d.h. dem → Kostenträger nicht direkt zurechnen) unterschieden.

II. Verrechnung: Zur Verteilung der G. auf die Bezugsobjekte kommen i.d.R. sog. Verteilungsschlüssel zum Einsatz, die wert- und mengenmäßiger Natur sein können. Als Wertschlüssel können z.B. Kostenwerte (Löhne, Gehälter, Materialkosten u.a.), Bestandswerte (Lagerbestandswert, Maschinenwert, Grundstückswert u.a.) sowie Umsatz- und Erfolgswerte herangezogen werden. Als Mengenschlüssel kommen vor allem Zeitgrößen (Maschinenstunden, Rüststunden, Lagerzeiten u.a.) sowie sonstige physikalisch-technische Größen (Flächen, Mengeneinheiten, Gewichte u.a.) in Frage. Die Kosten für Hilfsstoffe werden z.B. vielerorts als prozentualer Zuschlag auf die jeweiligen Materialeinzelkosten des Kostenträgers auf selbigen verrechnet (→ Zuschlagskalkulation). Wichtig bei der Wahl von Verteilungsschlüsseln ist, dass die Kosten zumindest auf lange Sicht proportional zu dem gewählten Schlüssel sind. Nichtsdestotrotz gilt es zu beachten, dass aufgrund der den G. innewohnenden → Zurechenbarkeits-Problematik die Kostenrechnung letztlich umso weniger aussagefähig ist, je mehr G. über Schlüssel auf die Bezugsobjekte verrechnet werden.

Gemeinkostenmanagement, Planung, Steuerung und Kontrolle von Bereichen, in denen vorwiegend → Gemeinkosten anfallen. Dazu zählen vor allem Tätigkeiten bzw. Bereiche wie Unternehmensführung, EDV, Finanz- und Rechnungswesen, Personalwesen, Marketing, Auftragsbearbeitung, Forschung- und Entwicklung, Arbeitsvorbereitung, Fertigungssteuerung, Materialwirtschaft und Logistik. Ziel des G. ist es, in den Gemeinkostenbereichen auf Basis einer systematischen Analyse der Kosten und Leistungen Maßnahmen einzuleiten, die zu einer Senkung der Gemeinkosten führen. Die hierzu verfügbaren Verfahren sehen vom Grundsatz her vor, Art und Notwendigkeit der Leistungen im jeweiligen Gemeinkostenbereich detailliert zu analysieren und vor dem Hintergrund der anfallenden Kosten zu beurteilen. Zu den bekanntesten Verfahren zählen die → Gemeinkosten-Wertanalyse (GWA) sowie das → Zero Base Budgeting (ZBB).

Gemeinkosten-Wertanalyse (GWA), *Administrative Wertanalyse, Gemeinkosten-Systems-Engineering*; Verfahren innerhalb des → Gemeinkostenmanagments zur unternehmensinternen Effektivitäts- und Effizienzsteigerung, insbesondere im Verwaltungsbereich. Es handelt sich dabei um eine spezielle Form der → Wertanalyse. Mittels der GWA sollen in ausgewählten Gemeinkostenbereichen die Kosten- und Leistungsstruktur offen gelegt sowie Möglichkeiten aufgezeigt werden, wie die gleiche Leistung zu geringeren Kosten bzw. ein höheres Leistungsniveau bei gleich bleibenden Kosten erreicht werden kann. I.d.R. steht der Kostensenkungsaspekt im Vordergrund, indem vorab ein Kostensenkungsziel vereinbart wird.

Gemeinschaftsaufgabe, kennzeichnen öffentliche Aufgaben, in denen Bund und Ländern gemäß den Bestimmungen des Grundgesetzes zusammenwirken, etwa in der Hochschulpolitik oder der regionalen Wirtschaftsförderung. Steht das → Marketing öffentlicher Betriebe durch die Vielfalt der beteiligten Institutionen und Anspruchsgruppen ohnehin vor der Herausforderung einer hohen Aufgabenkomplexität, so verschärft sich dieses Problem noch bei Gemeinschaftsaufgaben durch das Zusammenspiel von Gebietskörperschaften unterschiedlicher Ordnung. Die Ausformung geeigneter Strategien einer → Kooperation unter den beteiligten Institutionen im Rahmen eines Marketing öffentlicher Betriebe kann hier zu einer Sicherung der Effektivität und Effizienz öffentlichen Handelns wesentlich beitragen.

Gemeinschaftsmarke, → Marke, rechtliche Aspekte.

Gemeinschaftswerbung, → Werbeobjekt.

General Agreement on Tariffs and Trade (GATT), 1948 etabliertes Handelsabkommen und inzwischen Sonderorganisation der United Nations (UN) mit dem Ziel, Beschäftigung und Wirtschaftswachstum der Mitgliedstaaten insbesondere durch Abbau von tarifären und nicht-tarifären Handelshemmnissen zu fördern. Seit den 1980er-Jahren wird die Einbeziehung von Dienstleistungen in das Abkommen diskutiert, d.h. zu einer Ergänzung um ein General Agreement on Trade and Services (GATS). Besondere Befürworter waren die USA, während Widerstand vor allem von Entwicklungsländern und einigen Industriestaaten geleistet wurde. Im Wesentlichen wurde der Widerstand getragen von der Erwartung, dass nur die fortgeschrittenen Volkswirtschaften des Westens, vor allem die USA als größter Dienstleistungsexporteur, bevorzugte Nutznießer dieser Liberalisierung sein würden. Erst im Dezember 1993 konnte die Diskussion zu einem vorläufigen Abschluss gebracht werden, allerdings bleibt wegen der strittigen Frage der Förderung bzw. des Schutzes der europäischen Film- und Fernsehindustrie der audiovisuelle Bereich ausgeklammert.

Generalisierung, → Lernen.

Generalunternehmer, → Anbietergemeinschaft.

Generic Marketing. Das Konzept des G.M. löst sich von der reinen Gewinn- und Rentabilitätsorientierung des kommerziellen Marketingansatzes. G.M. umfasst die Gesamtheit der Austauschbeziehungen zwischen Marktpartnern, wobei als Marktpartner sämtliche Akteure der Aufgaben- (z.B. → Wettbewerber, Zulieferer) und Globalumwelt (z.B. der Staat) bezeichnet werden. Mit der Ausweitung der Interpretation des → Marketing auf nichtkommerzielle Inhalte stellt das G.M. die allgemeinste Fassung des Marketing dar. Letztlich wird mittels dieses Konzeptes versucht, den Grundgedanken der gezielten Beeinflussung von Austauschprozessen am Markt auf öffentliche und soziale Unternehmen zu übertragen. Mit Bezug auf unterschiedliche Zieldefinitionen zwischen kommerziellen und nichtkommerziellen Marktpartnern bleibt jedoch weiterhin die Differenzierung in → Non-Profit-Marketing und kommerzielles Marketing von hoher Bedeutung.

Generics, → Gattungsmarke.

Generischer Produktbegriff, umfasst die Gesamtheit aller an den Konsumenten gerichteten Nutzenmerkmale, die in Form von physischen Produkten, verknüpften oder einzelständigen Dienstleistungen offeriert werden. *Vgl. auch* → Produktnutzen.

Generische Wettbewerbsstrategien, → Wettbewerbsstrategie.

Geographisches Informationssystem (GIS). I. Begriff: GIS bezeichnen EDV-Programme für die Erfassung, Verwaltung, Analyse, kartographische Aufbereitung und Bearbeitung einerseits raumbezogener Daten (Lageattribute, z.B. Koordinaten von Punkten, Linien, Flächen) und andererseits diesen zugeordneten thematischen Merkmalen (Sachattribute, z.B. Kundenadresse, Straßenbezeichnung, Anzahl Kunden oder Umsatz je Gemeinde). Das Zuordnen raumbezogener Daten zu Objekten wird Geokodierung genannt.

II. Arten: Bei GIS lassen sich unterscheiden: (1) Profi-GIS: mit hohen Ansprüchen an Hardware und Nutzer aufgrund von Leistungsvielfalt, Datenserver-Eigenschaften und komplexer Integrationsmöglichkeiten in die Unternehmens-IT. Diese sind z.B. zu finden bei großen Versicherungen oder Telekommunikationsunternehmen, die GIS gleichzeitig in mehreren Abteilungen benötigen, z.B. für → Kundenanalyse und → Vertriebsplanung, aber auch für Abbildungen technischer Abläufe oder Ausweisungen von Problemgebieten (z.B. hinsichtlich Versicherungsprämien). (2) Desktop-Mapping-Software: ermöglicht in erster Linie, auf einem PC („Desktop“) aus Daten eine Karte („Map“) zu erzeugen. Die Funktionsbreite liegt deutlich unter der eines Profi-GIS. Der Vorteil liegt in der vergleichsweise einfachen Handhabung und im Preis. Zudem existieren heute zahlreiche, speziell für Vertriebs- und Marketingfragestellungen (z.B. Geokodierung von Adressen, Vertriebsgebietsplanung) entwickelte Produkte. (3) Objekt-Bibliotheken: zur Integration nur der tatsächlich benötigten GIS-Technologie bzw. -Tools in die bestehende Software eines Unternehmens, z.B. Integration einer Postleitzahlenkarte zur Kundenvisualisierung in eine Kundendatabase-Anwendung.

III. Entwicklung: Die technische Entwicklung im Bereich der Hard- und Software schafft heute fließende Übergänge zwischen den drei GIS-Typen. Profi-GIS auf Windows-PC und durch integrierte Programmiersprachen ausbaufähige DMS, Erweiterungen von → Internet Browsern um kartographische Elemente, gebietsspezifische Adressselektion oder Routenplanung per Internet sind aktuelle Möglichkeiten, deren Potenziale noch lange nicht ausgeschöpft sind.

Geokodierung, → Geographische Informationssysteme.

Geozentrische Orientierung → EPRG-Schema.

Gerechtigkeits-(Equity-)Theorie, aus der Sozialpsychologie stammender Theorieansatz, nach dem Personen in sozialen Austauschsituationen nach dem Prinzip der Billigkeit solchen Transaktionen den Vorzug geben, bei denen sie auf kurze oder lange Sicht eine äquivalente Gegenleistung zur eigenen Leistung erwarten können. Im Marketing vor allem zur Erklärung von Verhandlungen oder Prozessen im → vertikalen Marketing herangezogen. → Verhaltenswissenschaftlicher Ansatz.

Gesamtverband Werbeagenturen (GWA). Der GWA ist das Sprachrohr für über 150 Werbe- und Mediaagenturen mit deren Spezialagenturen ggü. Wirtschaft, Politik und Öffentlichkeit. Durch ihn sollen die Funktionen der Wirtschaftskommunikation, → Werbung und Agenturen in der Marktwirtschaft verdeutlicht werden. Werbungtreibende werden über das Spektrum der GWA-Agenturen informiert und die Mitgliedsagenturen erhalten Unterstützung in punkto Agenturmanagement durch entsprechende Dienstleistungen. Die Mitglieder des GWA stehen für 17.000 Mitarbeiter und ein Werbevolumen in Höhe von 13 Mrd. EUR pro Jahr. Der Weiterbildung widmet sich der GWA durch Seminare und die prestigeträchtige Marbach-Academy. Der GWA steht für Werbeeffizienz. Dies wird durch das „GWA-Jahrbuch", das „Elektronische GWA-Jahrbuch" und den „EFFIE" unter Beweis gestellt. Der → EFFIE wird in verschiedenen Kategorien in Gold, Silber und Bronze verliehen. Kreativität und Effizienz stellen den Beurteilungsmaßstab für die Evaluierung durch 19 Juroren dar. Der deutsche EFFIE, der seit 1981 verliehen wird, ist dabei einer von momentan 21 weltweit, darunter auch ein europäischer EFFIE. Weitere Informationen finden sich unter www.gwa.de und www.effie.org.

Geschäftsbedingungen, → Allgemeine Geschäftsbedingungen, → AGB.

Geschäftsbeziehung, von ökonomischen Zielen zweier oder mehrerer Individuen oder Organisationen geleiteter Interaktionsprozess ab dem ersten Geschäftsabschluss. Die Steuerung von Geschäftsbeziehungen ist Aufgabe des → Relationship Marketing; *vgl. auch* → Kundenbeziehung, → Zuliefergeschäft.

Geschäftseinheit, strategische, *Business Unit, Geschäftsfeld, strategisches;* → Strategische Geschäftseinheit (SGE).

Geschäftsfeld, strategisches, *Geschäftseinheit, strategische;* Business Unit, → Strategische Geschäftseinheit (SGE).

Geschäftsfeldstrategie, → Strategie für eine → Strategische Geschäftseinheit (SGE); *vgl. auch* → Unternehmensstrategie.

Geschäftsprozess, Ablauf einer betriebswirtschaftlichen Vorgangskette, z.B. im Rahmen der → Beschaffung. Zur besseren Analyse lässt sich ein G. in einzelne Phasen oder Transaktionen unterteilen, für die aus Marketingsicht phasenspezifische Handlungsempfehlungen gegeben werden können.

Geschäftsstättentreue, → *Einkaufsstättentreue*; loyales Kundenverhalten ggü. einer bestimmten Geschäftsstätte des Handels. Die Gründe für die G. können in einer sehr hohen → Kundenzufriedenheit mit den Leistungen

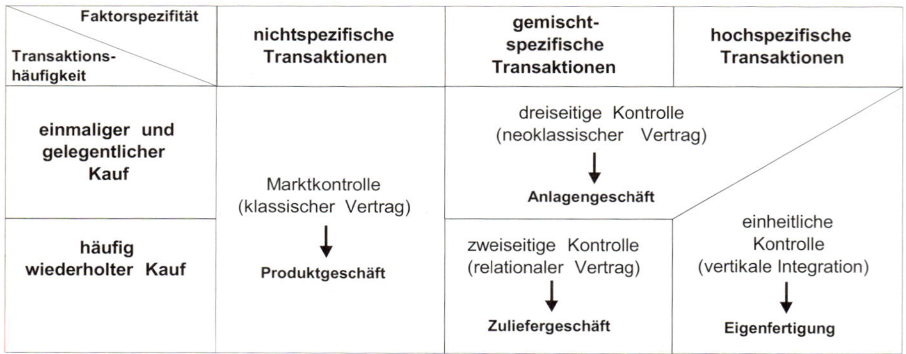

Vertragstypologie nach Williamson (Quelle: Meyer/Kern/Diehl 1998, S. 124)

der bestimmten Geschäftsstätte oder auch in der aus Kundensicht günstigen Erreichbarkeit des Standortes liegen. *Vgl. auch* → Kundenbindung.

Geschäftstyp, → Geschäftstypologien.

Geschäftstypologien, I. Zielsetzung: systematische Erfassung der Heterogenität der Transaktionsbeziehungen auf industriellen Märkten. Die Notwendigkeit hierzu ergibt sich aus der Bandbreite der Vermarktungsprozesse im → Industriegütermarketing, die von Standardleistungen bis hin zu hochspezifischen und komplexen Leistungsprozessen reicht. Voraussetzung für eine sinnvolle Reduktion dieser Vielfalt ist das Erkennen von typischen Transaktionsmustern, da auf dieser Basis Aussagen und Empfehlungen für das Management der Transaktionsbeziehungen aus Marketingsicht abgeleitet werden können. Eine sinnvolle Abgrenzung von Transaktionstypen verlangt dabei zunächst die Analyse der Einflussfaktoren, die das Transaktionsverhalten von Anbieter und Nachfrager maßgeblich bestimmen und verantwortlich für die Entwicklung von Transaktionstypologien sind. In der Literatur zum → Industriegütermarketing findet sich eine Reihe von Transaktionstypologien. Die meisten davon haben beschreibenden Charakter mit nur geringem ökonomischen Erklärungsgehalt. Erst die Berücksichtigung von Ansätzen der → Institutionenökonomie, insbesondere der → Transaktionskostentheorie (→ Theorien des Marketing), führte in den 90er-Jahren zu einer theoriegestützten Diskussion und Weiterentwicklung von G., die sich durch einen hohen Anwendungsbezug in der Praxis auszeichnen. Zentrale Typologisierungsansätze stellen in diesem Zusammenhang die Vertragstypologie von Williamson, der Geschäftstypenansatz von Backhaus sowie der von Plinke entwickelte Managementansatz von Transaktionstypen dar.

II. Vertragstypologie von Williamson: Diese basiert auf der → Transaktionskostentheorie. Williamson bezeichnet die drei Institutionen des Kapitalismus, nämlich Markt, → Kooperation und Unternehmung, als Governance Structures, die unterschiedliche Organisationsformen zur Koordination von Transaktionen darstellen. In hoch arbeitsteilig organisierten → Wertschöpfungsketten, wie z.B. in der Automobilindustrie, können somit die Transaktionen entweder über den Markt mit Hilfe des Preis- und Wettbewerbsmechanismus, innerhalb der Unternehmung über Hierarchie und zentrale Planung oder im Rahmen von Kooperationen über Verhandlungsprozesse koordiniert werden. Kooperationen werden auch als hybride Formen bezeichnet, die Elemente der marktlichen und hierarchischen Koordination miteinander verbinden. Die Governance Structures bilden die Grundlage für die Entwicklung der Vertragstypologie (vgl. Abb. „Vertragstypologie nach Williamson"). Auf dieser Basis lassen sich Transaktionstypen danach unterscheiden, welche Vertragsschwierigkeiten auftreten. Ursachen für Vertragsschwierigkeiten sind vor allem Unsicherheit (unvollkommene Information) und begrenzte Rationalität der beteiligten Personen. Die

Koordination der Transaktionen führt zu → Transaktionskosten (Kosten der Information und → Kommunikation) im Sinne von Reibungsverlusten, die dann besonders hoch sind, wenn die Partner die Regeln der Fairness verletzen und sich opportunistisch verhalten. Opportunismus zerstört → Vertrauen und bedeutet die Verfolgung von Eigeninteresse unter Zuhilfenahme von Arglist. Die Geschäftspartner kommunizieren nicht offen, sondern geben Informationen nur teilweise, verzerrt oder falsch weiter. Die Höhe der Transaktionskosten hängt dabei von den Transaktionsbedingungen ab, die sich aus der Faktorspezifität und der → Transaktionshäufigkeit ergeben. Je nachdem, ob Transaktionen mit keinen, mittleren oder hohen spezifischen Investitionen beim Anbieter verbunden sind und ob der Nachfrager häufig oder einmalig/gelegentlich kauft, wählen die Vertragspartner bestimmte Vertragstypen, die dazu dienen, die Transaktionskosten zu senken. Die zentrale Bedeutung spezifischer Investitionen wird durch die Höhe der Quasirente ausgedrückt. Beispielsweise führt der Kauf einer Spezialmaschine im Gegensatz zu einer Standardmaschine zu einer hohen Quasirente. Die Quasirente ergibt sich aus der Differenz zwischen dem hohen Ertrag der Investition in der gewünschten spezifischen Verwendung und dem geringen Ertrag in der nächstbesten alternativen Verwendung. Sie bringt den Bindungsgrad und kritische Abhängigkeiten zwischen den Vertragspartnern zum Ausdruck. Aus der Abb. „Vertragstypologie nach Willliamson“ geht hervor, dass bestimmte Vertragstypen eng mit bestimmten Geschäftstypen, wie → Produkt-, → Anlagen- und → Zuliefergeschäft, verbunden sind. Der klassische Vertrag beruht auf der Marktkontrolle und geht davon aus, dass bei standardisierten Leistungen/Produkten eine Regelung über den Preis- und Wettbewerbsmechanismus vorliegt. Unabhängig davon, ob der Kunde einmal oder häufig kauft, handelt es sich um isolierte Transaktionen, die quasi automatisch abgewickelt werden. Aufgrund der Eindeutigkeit von Vereinbarung und Leistung spielt die Identität der Vertragspartner keine Rolle, wenn Probleme auftreten. In diesem Sinne handelt es sich um anonyme Marktpartner. Sowohl die Leistung als auch die Vertragsbedingungen sind standardisiert. Das Transaktionsmuster nähert sich dem Idealbild vom Markttausch in der neoklassischen mikroökonomischen Theorie. Probleme zwischen den Vertragspartnern werden vor Gericht über Streitverfahren entschieden. Standardisierte Maschinen, die der Kunde einmal bzw. gelegentlich beschafft, und standardisierte Teile/Komponenten, die der Kunde häufig beschafft, stellen Paradebeispiele nach Willliamson dar. Nach Backhaus findet die Vermarktung dieser Leistungen im Produktgeschäft statt, denn die Transaktionsbedingungen bei nichtspezifischen Transaktionen bestimmen nicht nur den Vertragstyp, sondern auch den Geschäftstyp. Steigt die Spezifität bei einmaligen/gelegentlichen Transaktionen, wie z.B. bei Spezialmaschinen oder Werksanlagen, dann findet das neoklassische Vertragsrecht Anwendung, das von einer dreiseitigen Kontrolle ausgeht. Ein Schiedsgericht hilft bei Transaktionsproblemen, um eine beidseitige Erfüllung des Vertrages zu ermöglichen. Es handelt sich um langfristige Verträge, die auch nach Vertragsschluss in ständigen Verhandlungsprozessen angepasst werden müssen, denn bei Vertragsschluss sind die Vereinbarungen unvollständig und die kundenindividuellen Leistungen nicht eindeutig bestimmbar. Typische Beispiele für Vertragsanpassungen sind freiwillige Zahlungen des Auftraggebers an den Auftragnehmer, wenn sich die Kosten einer industriellen Großanlage erhöhen, oder die Rückzahlung überhöhter Gewinne vom Auftragnehmer an den Auftraggeber bei Fehlkalkulationen. Auch hier bestimmen die Transaktionsbedingungen nicht nur den Vertragstyp, sondern auch den Geschäftstyp (→ Anlagengeschäft). Steigen bei hoher Transaktionshäufigkeit die spezifischen Investitionen, wie dies im Zuliefergeschäft für kundenindividuell entwickelte und produzierte Komponenten/Module der Fall ist, entstehen langfristige Geschäftsbeziehungen. Williamson spricht von relationalen Verträgen, die einer zweiseitigen Kontrolle unterliegen. Die Vertragspartner müssen sich untereinander einigen, denn kein Außenstehender, auch kein Schiedsgericht, kann hier entscheiden. Die Bezugsbasis ist nicht mehr die einzelne Transaktion, sondern die gesamte Geschäftsbeziehung über die Zeit und die vielfältigen Normen und Werte, die eine vertrauensvolle Zusammenarbeit und offene Kommunikation sowie eine schnelle Anpassung und Verlängerung von Verträgen ermöglichen. Vor diesem Hintergrund argumentiert Williamson, dass bei hochspezifischen Investitionen eines Zulieferanten die Transaktionskosten aufgrund der Gefahr des Opportunismus drastisch steigen und eine vertikale Integration stattfindet. Die zweiseitige Kontrolle geht in eine einheitliche Kontrolle über. Innerhalb der Unternehmung findet eine hierarchische Koordination statt, und die durch gemeinsames Eigentum geschaffene Anreizordnung dient dazu, die spezifischen Investitionen gegen Opportunismus abzusichern. Die Vertragstypologie von Williamson besitzt große Ähnlichkeit mit der Transaktionstypologie von Kaas, der zwischen Austausch- und Kontraktgütern sowie Geschäftsbeziehungen unterscheidet. → Austauschgüter sind standardisierte Güter, die für den anonymen Markt auf Vorrat produziert werden. Dies entspricht dem Produktgeschäft mit Marktkontrolle. Im Anlagengeschäft mit dreiseitiger Kontrolle handelt es sich um → Kontraktgüter und im Zuliefergeschäft mit zweiseitiger Kontrolle um Geschäftsbeziehungen.

III. Geschäftstypenansatz von Backhaus: Der Ansatz führt zu einer Weiterentwicklung der Transaktionskostentheorie. Um neben dem Produkt-, Anlagen- und Zuliefergeschäft auch die Besonderheiten des → Systemgeschäfts erfassen zu können, argumentiert Backhaus, dass spezifische Investitionen und damit kritische Bindungen über die Quasirente nicht nur auf Seite des Anbieters entstehen, sondern auch auf Seite des Nachfragers. Die Transaktionshäufigkeit wird zur Abgrenzung der vier Geschäftstypen nicht mehr herangezogen (vgl. Abb. „Geschäftstypen im Industriegütermarketing"). Charakteristisch für das Produktgeschäft ist die fehlende Quasirente bei Anbieter und Nachfrager. Dabei beinhaltet das Produktgeschäft nur noch das Geschäft mit Einzelaggregaten und Standardkomponenten. Handelt es sich um spezifische Komponenten, werden diese im Zuliefergeschäft vermarktet. Während das Systemgeschäft durch eine hohe Quasirente des Nachfragers gekennzeichnet ist, liegt nach Backhaus die Besonderheit des Anlagengeschäfts in der einseitig hohen Quasirente des Anbieters, der die Anlage individuell für einen Kunden erstellt. Das Zuliefergeschäft führt hingegen zu einer hohen Quasirente beim Anbieter und Nachfrager, weil z.B. im Automobilbereich Zulieferteile für den einzelnen Kunden entwickelt werden und sich der Kunde für die Dauer des → Produktlebenszyklus eines Automodells an diesen Zulieferanten bindet. Bei der Vorgehensweise von Backhaus bleibt kritisch anzumerken, dass die Besonderheiten des Zuliefergeschäftes nicht allein über die Quasirente erklärt werden können, sondern nur über eine hohe Transaktionshäufigkeit in Verbindung mit spezifischen Investitionen. Beispielsweise besitzen hohe standortspezifische Investitionen eines Zulieferanten in Form einer Produktionsstätte in der Nähe eines Endmontagewerkes des Herstellers auch Fixkostencharakter. Sie lohnen sich nur, wenn sie über zeitlich aufeinander folgende Transaktionen durch ein hohes Transaktionsvolumen ausgelastet werden.

IV. Management von Transaktionstypen nach Plinke: Managementansatz, der auf den Dimensionen Spezifität (Markt vs. Einzelkunde) und Häufigkeit, die ein Maßstab für die → Kundenbindung bei Wiederkaufsprozessen darstellt, beruht (vgl. Abb. „Management von Transaktionstypen"). Demnach lassen sich vier Arten von Transaktionstypen unterschieden, die ein verschiedenartiges Transaktionsmanagement verlangen. Im Mittelpunkt des Marktsegmentmanagements steht der Produktgruppenmanager, der Standardleistungen vermarktet. Beim → Kundenbindungsmanagement steht der Kundengruppenmanager im Zentrum, der standardisierte, häufig wiedergekaufte Leistungen vermarktet. Typisch für das → Key Account Management sind spezifische Transaktionen mit einer hohen bindenden Transaktionshäufigkeit. Das Projektmanagement von hochspezifischen, einmalig erbrachten komplexen Leistungen verlangt i.d.R. einen starken Projektmanager. Anders als Backhaus betont Plinke die Bedeutung der Transaktionshäufigkeit, da sie maßgeb-

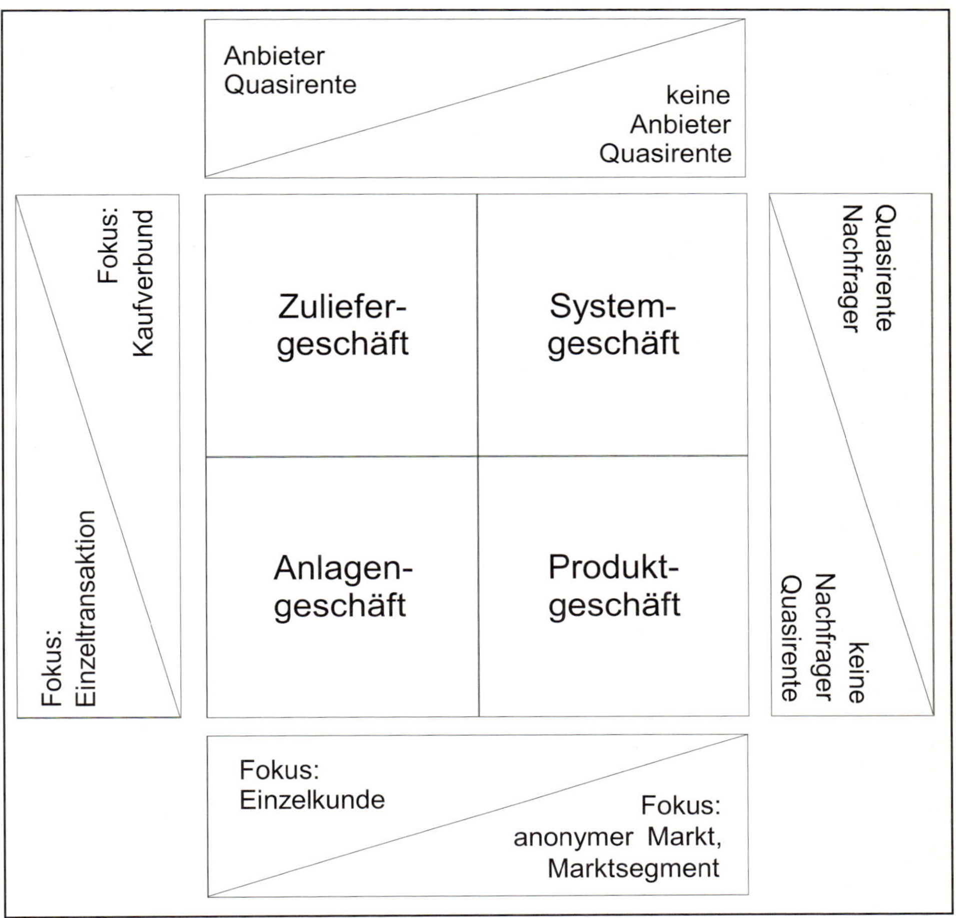

Geschäftstypen im Industriegütermarketing (Quelle: Backhaus 1999, S. 306)

Verhaltensprogramm des Anbieters		**Anbieterfokus**	
		Markt(segment)	Einzelkunde
	Transaction Marketing	Markt(segment)-management	Projekt-management
	Relationship Marketing	Kundenbindungs-management	Key Account Management

Management von Transaktionstypen (Quelle: Backhaus 1999, S. 295)

lich den Unterschied zwischen Transaktions- und → Relationship Marketing bestimmt. Ein Vergleich mit der Vertragstypologie von Williamson zeigt, dass die relationalen Verträge im Zuliefergeschäft mit einem Key Account Management einher gehen. Die dreiseitige Kontrolle im Anlagengeschäft ist verbunden mit einem Projektmanagement. Unspezifische Transaktionen, die der Marktkontrolle unterliegen, werden über ein Produkt- oder Kundengruppenmanagement organisiert. Über das Management von Transaktionsbeziehungen im Systemgeschäft finden sich bei Plinke keine konkreten Aussagen. Somit stellt das Systemgeschäft nach wie vor eine Herausforderung für weitere Forschungsarbeiten dar. Die Praxis zeigt allerdings, dass im Systemgeschäft häufig das Key Account Management mit einem Projektmanagement verbunden wird.

Literatur: Backhaus, K. (1999): Industriegütermarketing, 6. Aufl., München; Meyer, M./Kern, E./Diehl, H.-J. (1998): Geschäftstypologien im Investitionsgütermarketing – Ein Integrationsversuch, in: Büschken, J./Meyer, M./Weiber, R. (Hrsg.), Entwicklungen des Investitionsgütermarketings, Wiesbaden, S. 117-175.

Margit Meyer/Jutta Müschen

Geschichte des Marketing, beschäftigt sich als Teilgebiet der Geschichte der Wirtschaftswissenschaften mit dem Ursprung und der historischen Entwicklung der wissenschaftlichen Aussagesysteme des → Marketing und ihrer Anwendungen in der Marketingpraxis. Obwohl der Austausch von Waren und der Handel bereits mehrere Jahrtausende die Zivilisation prägt, erfolgte die wissenschaftliche Untersuchung von Austauschprozessen auf Märkten erst Anfang des 19. Jahrhunderts. In den USA wird der Ursprung der → Marketingwissenschaft auf die Periode von 1900-1920 datiert. Bis 1940 war eine Ausbreitung der Marketingphilosophie an den Hochschulen und in der Praxis zu beobachten. In Europa und Deutschland war dagegen erst in den 50er-Jahren eine verstärkte Adaption und später eine eigenständige Weiterentwicklung der amerikanischen Theorieansätze zu beobachten. Im deutschsprachigen Raum lassen sich die folgenden Entwicklungsschritte des Marketing skizzieren: (1) 1910-1950 Begründung der → Handelsbetriebslehre; (2) 1925-1970 Entwicklung der betrieblichen → Absatzlehre; (3) 1960-1975 Rezeption der amerikanischen Marketinglehre; (4) seit 1970 Ausbau der Marketinglehre. Ausgehend von der Handelsbetriebslehre wurde mit der Verbreitung der Massenproduktion und dem eintretenden Wandel von Verkäufer- zu Käufermärkten Ende der 50er-Jahre der Markt zum Engpassfaktor betriebswirtschaftlicher Entscheidungskalküle. Die Absatzlehre konzentrierte sich in diesem Zusammenhang auf die effiziente Ausgestaltung der → Distributionsfunktion. Amerikanische Wissenschaftler wandten sich in dieser Zeit verstärkt den Erklärungsansätzen des → Kaufverhaltens, der systematischen Analyse von Marketingsystemen und der optimalen Kombination absatzpolitischer Instrumente zu. Als Geburtsstunde des modernen Marketing wird die Formulierung des → Marketingmix durch Jeromy McCarthy im Jahre 1964 angesehen. Insbesondere durch Philip Kotler wurde der managementorientierte Ansatz des Marketing entwickelt, der in Deutschland zunächst von Robert Nieschlag 1963 und Heribert Meffert 1969 aufgegriffen und in eine moderne Marketinglehre an den Hochschulen integriert wurde. Im Rahmen der Vertiefung des Marketing (Deepening) fand eine Erweiterung der Zielinhalte auf gesellschaftliche und ökologische Bereich statt, was zu neueren Ansätzen wie dem → Human Concept of Marketing oder dem → Ökologischen Marketing führte. In den 70er-Jahren wurde das Anspruchsspektrum des Marketing sektoral auf Fragestellungen der Bereiche der → Investitionsgüter des → Handels und der → Dienstleistung erweitert. Vor dem Hintergrund der → Internationalisierung und des zunehmenden Verdrängungswettbewerbs gewannen in den 80er-Jahren Konzepte des → Strategischen Marketing an Bedeutung, in denen neben der Abnehmerorientierung vor allem der Wettbewerbsorientierung ein besonderer Stellenwert eingeräumt wurde. Die in der G.d.M. zu beobachtende Erweiterung und Vertiefung des Anspruchsspektrums hat sich auch in den 90er-Jahren fortgesetzt. Gleichzeitig hat sich der Gegenstandsbereich des Marketing auf nicht-kommerzielle Institutionen erweitert (→ Non-Profit-Marketing, → Social Marketing). Diese zunehmende Umwelt- und Sozialorientierung führt zu einem erweiterten Verständnis des Marketing als Sozialtechnik zur Beeinflussung von Austauschprozessen.

Geschlossene Frage, → Fragearten.

Geschmacksmuster, *vgl. auch* → Rechtsschutz, gewerblicher.

I. Gegenstand: Schutz ästhetisch wirkender Muster vor → Nachahmung. Der Terminus „Geschmacksmuster" darf nicht dahingehend missverstanden werden, dass ein Muster den Geschmackssinn ansprechen müsse. Maßgeblich ist die Ansprache des Schönheitssinnes, unabhängig davon, ob etwas als schön oder weniger schön empfunden wird. Die Schutzdauer beträgt fünf Jahre, Verlängerungen sind um fünf Jahre oder ein Vielfaches davon bis höchstens 20 Jahre möglich.

II. Schutzvoraussetzungen: Wesentlich sind Neuheit und Eigentümlichkeit. Ein Muster gilt als neu, wenn es in inländischen Fachkreisen weder hinlänglich bekannt ist noch bei zumutbarer Beobachtung hätte bekannt sein können. Eigentümlichkeit ist dann gegeben, wenn das Muster aufgrund überdurchschnittlicher gestalterischer Begabung entstand, somit also Ergebnis besonderer individueller Fähigkeiten ist. Alles, was der Durchschnittsmensch gestalterisch hervorbringen kann bzw. könnte, ist nicht schutzfähig.

III. Entstehung des Schutzes: Mit der Anmeldung zur Eintragung in das zentral geführte Musterregister beim Patentamt. Eine Prüfung der Neuheit findet nicht statt. Der Antrag hat schriftlich zu erfolgen und muss eine photographische oder sonstige graphische Darstellung des Musters oder Modells enthalten.

IV. Kosten: Fallen für Anmeldung, Bekanntmachung und Verlängerung an. Die Höhe der Anmeldegebühren ist davon abhängig, ob eine Einzelanmeldung (60 EUR bei elektronischer Anmeldung, 70 EUR bei Anmeldung in Papierform) oder eine Sammelanmeldung (6 EUR je Muster oder Modell bei elektronischer Anmeldung, mindestens jedoch 60 EUR; 7 EUR je Muster oder Modell bei Anmeldung in Papierform, mindestens jedoch 70 EUR) vorgenommen wird. Die Kosten der Bekanntmachung hängen von der Art der jeweiligen Darstellung ab. Für maximal drei Verlängerungen im Abstand von fünf Jahren fallen für jedes Muster oder Modell steigende Gebühren von 90 EUR, 120 EUR und schließlich 180 EUR an.

V. Schutzumfang: Geringer als bei Patenten und Gebrauchsmustern. Erstens greift der Schutz nicht gegen einen unabhängigen, selbständig schaffenden Urheber eines identischen Musters. Der Schöpfer eines identischen Musters kann durchaus ein identisches Schutzrecht wirksam begründen. Zweitens ist die Benutzung einzelner Motive eines Musters bzw. Modells zur Herstellung eines neuen Musters bzw. Modells nicht als Nachbildung anzusehen, daher also zulässig (§ 4 GeschmMG).

Gesellschaft für Konsum-, Markt- und Absatzforschung (GfK). Große deutsche Marktforschungsgesellschaft, die z.B. in Hassloch eine Langzeitstudie zur Messung des Konsumentenverhaltens und der Werbewahrnehmung mittels Scannertechnologie (→ Behavior Scan) aufgebaut hat. Die GfK hat über 800 Vertretungen in Deutschland.

Gesellschaft für Public Relations Agenturen, *GPRA*. Neben der → Deutschen Public Relations Gesellschaft (DPRG) wichtigster Verband der PR-Branche (→ Public Relations), in dem die 30 führenden PR-Agenturen Deutschlands organisiert sind. Hierzu zählen sowohl Großagenturen mit mehr als 100 Mitarbeitern, Agenturen in internationalen Agenturnetzen, Spezialagenturen (etwa für Finanzen oder Medizin) als auch kleine, inhabergeführte Agenturen. Zweck des Verbandes ist die ständige Verbesserung der Leistungsfähigkeit und Qualität der in der GPRA zusammengeschlossenen Agenturen sowie die Darstellung des Leistungspotenzials professioneller Agenturen. Die GPRA setzt sich dafür ein, dass ihre Mitglieder durch die Qualität der Arbeit und der Mitarbeiter das → Image von PR und PR-

Agenturen fördern und sichern. Ebenso verfolgt die GPRG die Integration von Forschung und Praxis. Hierzu werden das Selbstverständnis der PR-Agenturen definiert sowie Qualitätsstandards für PR formuliert. Siehe auch www.gpra.de.

Gesellschaftsorientiertes Marketing, I. Kennzeichnung: konzeptionelle Weiterentwicklung des traditionellen Ansatzes des → Marketingmanagement. Kennzeichnend für das G.M. ist, dass es sich ggü. traditionellen Marketingansätzen aus der engen Marktperspektive löst und die Unternehmung als mit ihrer marktlichen und gesellschaftlichen Umwelt stark vernetzte Institution begreift. Damit verknüpft sind zentrale Leitideen, die eine → Marktorientierte Unternehmensführung im Sinne eines G.M. zu prägen haben. Besondere Bedeutung haben hier folgende Maximen: (1) ganzheitliches Denken und Komplexitätsbejahung, (2) langfristiges und antizipatives Denken, (3) organisches Denken und dynamisches Prozessdenken sowie (4) gesellschaftliche Verantwortung und Idee der Fortschritts- sowie proaktiven Chancenorientierung.

II. Aufgabenbereiche: Durch die erweiterte Perspektive eines G.M. ergeben sich im Hinblick auf die grundlegenden Gestaltungsfelder marketingorientierter Unternehmensführung weniger revolutionär neue Aktivitätsfelder – sie schlägt sich vielmehr vor allem in einer ggü. traditionellen Marketingansätzen deutlich stärkeren Gewichtung der unternehmerischen Aufgabenfelder nieder, die sich mit „außermarktlichen" Aktivitäten befassen. Besondere Bedeutung im Rahmen eines G.M. haben hier neben einer Gestaltung der unternehmerischen Kernleistungen in Übereinstimmung mit langfristigen gesellschaftlichen Interessen u.a. der Ausbau der PR-Aktivitäten zu einem → Public Marketing, die Beeinflussung unternehmerischer Rahmenbedingungen durch ein systematisches Kontextmanagement, ein weitgefasstes und das gesamte gesellschaftliche Umfeld umfassendes Environmental Scanning (→ Frühwarnsystem) hinsichtlich relevanter Einflussfaktoren für die Unternehmung (z.B. gesellschaftlicher Wertewandel), eine systematische Abschätzung der langfristigen gesellschaftlichen Folgen unternehmerischen Handelns im Rahmen eines „Marketing Assessment" sowie nicht zuletzt die Konzipierung systematischer Sozio-Programme, die unter der Leitidee gesellschaftlicher Verantwortung stehen und sich nicht in reine „Sozio-Mätzchen" mit Alibifunktion erschöpfen. Vor allem hinsichtlich des letztgenannten Punktes gewinnt im Rahmen eines G.M. das → Social Marketing auch für das Marketing kommerzieller Unternehmen eine große Bedeutung.

Literatur: Wiedmann, K.-P. (1993): Rekonstruktion des Marketingansatzes und Grundlagen einer erweiterten Marketingkonzeption, Stuttgart.

Gesellschaftsorientierung, neben den drei traditionell im Mittelpunkt des Marketingkonzeptes stehenden Leitideen (→ Kundenorientierung, Potenzialorientierung, Wettbewerbsorientierung,) eine zentrale Leitidee des → Gesellschaftsorientierten Marketing.

Gesellschaftspolitische Verantwortung, bedeutet, dass sich Unternehmen als Teil von Gesellschaften auffassen und bereit sind, freiwillig Verantwortung für das Wohlergehen von Gesellschaft und Umwelt zu übernehmen. Dazu gehört die Verfolgung nachhaltigen Wirtschaftens (→ Sustainable Development), das sowohl die intragenerative als auch die intergenerative Gerechtigkeit umfasst. Bewegungsgründe für die Einbeziehung des Umweltschutzes als Leitlinie (→ Umweltschutzleitlinien, Umweltschutzphilosophie) werden in der Gesinnungs- und Verantwortungsethik der Entscheidungsträger gesehen. Probleme: (1) mangelnde Informationsgrundlage und unzureichender Kenntnisstand über negative soziale und ökologische Einwirkungen unternehmerischen Handelns, (2) einseitige, „monologische" Verantwortungsübernahme ohne einen Dialog mit den → Ökologischen Anspruchsgruppen.

Gestaltgesetze, wurden im Rahmen der → Gestaltpsychologie aufgestellt und sind darauf ausgerichtet zu erklären, durch welche Faktoren die Wahrnehmung durch die Rezipienten bestimmt wird. Sie sollen deutlich machen, welche Phänomene, Erscheinungen und Stimuli auf welche Weise als Einheit oder Gruppierung in räumlich-zeitlicher Präsentation wahrgenommen werden. Die Erkenntnisse der G. z.B. tragen zur theoretischen Fundierung der → Integrierten (Unternehmens-) Kommunikation bei und geben Unternehmen konkrete Hinweise für die Gestaltung ihrer Kommunikationsmaßnahmen.

I. Historie: Untersuchungen über die G. wurden erstmalig von Max Wertheimer in den Jahren 1911 bis 1914 durchgeführt und 1923 veröffentlicht. In den darauf folgenden Jahren und Jahrzehnten wurden sie erweitert, verfeinert und auch auf andere Wahrnehmungsfelder ausgedehnt. In der Gestaltpsychologie wird zwischen einem allgemein gültigen Gesetz (Gesetz der guten Gestalt bzw. Prägnanzprinzip) sowie in der Zwischenzeit 114 speziellen Gestaltgesetzen (z.B. Gesetz der Gleichartigkeit, Gesetz der Nähe, Gesetz der Geschlossenheit) unterschieden. Die speziellen Gestaltgesetze sind mehr oder weniger spezifische Auswirkungen des allgemein gültigen Prägnanzprinzips.

II. Vorgehen: G. sind vornehmlich in Zusammenhang mit einfachen optischen Figuren entwickelt worden. Diese optischen Figuren bzw. optischen Gestalten bestehen hauptsächlich aus Punkten und Strichen bzw. Linien. Dabei wurde der Frage nachgegangen, welche Gesetzmäßigkeiten sich bei der individuellen Wahrnehmung beobachten lassen und welche Aspekte förderlich sind, wenn Individuen versuchen, selbständige Einheiten zu erfassen. Bei der Analyse der G. wird nach Metzger (1966) in zwei Schritten vorgegangen: In einem ersten Schritt wird betrachtet, wie einzelne Teile zu Gruppen zusammengefasst werden. Dieses dient der Analyse von Beziehungen zwischen Elementen. Im zweiten Schritt wird die Wahrnehmung von Einheiten betrachtet, also das Ergebnis der Wahrnehmung.

III. Relevanz für Unternehmen: Bei den G. wird methodisch von diskontinuierlichen Reizmustern ausgegangen. Dieser Ausgangspunkt ist auch für den Bereich der Kommunikation aufgrund der Vielzahl gesendeter Botschaften und Markenbilder typisch. Darüber hinaus gewinnen die G. vor allem vor dem Hintergrund der Reizüberflutung der Konsumenten und der Vielfalt von Kommunikationsmaßnahmen an Bedeutung, da diese eine selbständige Wahrnehmung von Einheiten (z.B. Marken) erheblich erschweren. Aus den G. lässt sich ableiten, dass insbesondere Klarheit, Kontinuität und Kongruenz wesentliche Voraussetzungen für die Einheitlichkeit in der Wahrnehmung darstellen, so dass Unternehmen diesen Kriterien bei der Gestaltung ihrer Kommunikationsmaßnahmen besondere Aufmerksamkeit schenken sollten.

Gestaltpsychologie, Die G. lässt sich einordnen in die Wahrnehmungspsychologie, einem Teilgebiet der Allgemeinen Psychologie im Zusammenhang mit der Analyse von Wahrnehmungsprozessen. Die G. gilt als eine der wichtigen Teildisziplinen der deutschsprachigen Psychologie, die auch internationale Anerkennung erfahren hat. Die G. liefert Erklärungsansätze hinsichtlich der Aufnahme, Verarbeitung und Speicherung komplexer Informationen durch die Rezipienten und trägt auf diese Weise z.B. zur theoretischen Fundierung der → Integrierten (Unternehmens-) Kommunikation bei.

I. Historie: Die G. hat eine mehr als hundertjährige Tradition. Ihre zentralen Erkenntnisse wurden zwischen den Jahren 1890 und 1930 erarbeitet. Die Wahrnehmungspsychologie ist eng verbunden mit Psychologen wie Christian von Ehrenfels (1890), Max Wertheimer (1925), Wolfgang Köhler (1928), Kurt Koffka (1935) und Wolfgang Metzger (1936, 1963, 1966). Nachdem der Begriff der Gestalt von Christian von Ehrenfels (1890) in die Psychologie eingeführt wurde, hat Max Wertheimer die G. 1912 begründet. In unterschiedlichen Schulen (Berliner Schule, Österreichische Schule, Grazer Schule, Leipziger Schule) hat seitdem eine Weiterentwicklung verschiedener Ansätze stattgefunden. Die theoretischen Grundlagen der Gestaltpsychologie wurden überwiegend für das Gebiet der Wahrnehmung entwickelt und später auf weitere Gebiete der Psychologie übertragen, u.a. auf die Bereiche des Gedächtnisses, des Denkens, des Lernens, der Entwicklung und der Handlung. Von besondere Bedeutung im Rahmen der G. sind die

→ Gestalttheorie sowie eine Vielzahl von → Gestaltgesetzen.

II. Zentrale Aussagen: Die G. untersucht Gestalten, d.h. ein Ganzes, das zu seinen Teilen in bestimmten Relationen steht. Die Grundhypothese der G. lässt sich in dem folgenden Satz zusammenfassen: Das Ganze ist mehr als die Summe seiner Teile. In der G. bedeutet das „Ganze" die „Gestalt", die vom Menschen als eine Einheit wahrgenommen wird. In das „Ganze" bzw. die „Einheit" müssen sich die „Teile" integrieren. Durch die Wahrnehmung einer Gestalt – eines Ganzen bzw. der Einheit – wird eine höhere Wirkung erreicht als durch die summierte Wahrnehmung des Einsatzes von einzelnen Teilen (Gestaltkriterium der Übersummaktivität). Nach Aussagen der G. selektiert der Kommunikationsempfänger mit Hilfe der subjektiven Wahrnehmung als Prozess der Informationsverarbeitung empfangene Stimuli nach bestimmten Kriterien und aktiviert so sein Entscheidungsverhalten. Die G. geht davon aus, dass ein Individuum bei widersprüchlichen, inkonsistenten Informationen Konflikte erfährt, die eine einheitliche Wahrnehmung erheblich erschweren.

III. Relevanz für Unternehmen: Im Rahmen der verhaltenswissenschaftlichen Analysen von kommunikativen Prozessen kommt der G. zur Erklärung der → Integrierten (Unternehmens-)Kommunikation eine zentrale Bedeutung zu. Die Ursache ist darin zu sehen, dass die Grundhypothese der G. die Basis für die gesamte Betrachtung einer integrierten Kommunikationsarbeit darstellt. Auf die Integrierte Kommunikation bezogen stellt das „Ganze" die „Einheit" der Kommunikation dar, d.h. das gesamte Erscheinungsbild des Bezugsobjektes. Als „Teile", die sich in das „Ganze" zu integrieren haben, lassen sich die einzelnen Kommunikationsmaßnahmen betrachten. Durch die Wahrnehmung der Einheit in der Kommunikation wird eine höhere Wirkung erreicht als durch die summierte Wahrnehmung des Einsatzes von einzelnen Kommunikationsmaßnahmen. Aus diesen Überlegungen ergibt sich eine grundlegende Forderung an die Kommunikationspolitik von Unternehmen: Der Einsatz verschiedener Kommunikationsinstrumente wird vom Rezipienten aus Perspektive der G. nur dann als positiv wahrgenommen, wenn das vermittelte Erscheinungsbild in sich widerspruchsfrei ist. Ein einheitlicher Gesamteindruck ist beim Rezipienten folglich umso eher zu erreichen, je konvergierender die einzelnen Kommunikationsmaßnahmen und je konsistenter die vermittelten Informationen sind.

Gestalttheorie, bildet einen wesentlichen Teil der → Gestaltpsychologie. Die G. ist die Anwendung gestaltpsychologischer Überlegungen in der Physiologie, in erster Linie der Neurophysiologie. Dabei steht die Strukturgleichheit (Isomorphie) zwischen psychischen und physischen Prozessen im Vordergrund. Die gestaltpsychologischen Hypothesen im Bereich der Physiologie werden der G. zugeordnet.

Gestaltung, bedeutet in der → Werbung, eine → Werbebotschaft wahrnehmbar zu machen (bei optischer Wahrnehmbarkeit = Visualisierung). Dazu bedient man sich unterschiedlicher Gestaltungselemente, z.B. Wort, Farbe und Töne. In der Werbepraxis haben sich (insbesondere für TV-Spots) verschiedene Gestaltungsmerkmale bzw. Gestaltungskategorien herausgebildet, deren Wirkung untersucht wurde: (1) → Produkt-Spots (Monadic Demo, Comparative Demo), (2) → Key Visual-Spots (Key Visual), (3) → Darsteller-Spots (Presenter, Testimonial, Prominente, Kinder, Tiere), (4) → Story-Spots (Slice-of-Life-Geschichten, nicht alltägliche Handlungen, Fantasiehandlungen, Sitcom), (5) → Innovations-Spots (Neues Produkt, Neue Marke, Line Extension), (6) → Stilmittel-Spots (Humor, Musik, Zeichentrick, Vignette, → Jingle, Erotik). Von diesen 21 sind 19 in Bezug auf ihren Einfluss in der TV-Werbung untersucht worden. Dabei kann ein → Spot mehrere Gestaltungskategorien beinhalten.

Gestaltung des Marketingmix, → Marketingmix.

Gestützte Erinnerung, → Aided Recall.

Gewährleistung, → Haftpflichtrecht.

Gewerbedaten, → Firmeninformationen.

Gewichtete Distribution, → Distributionsgrad.

Gewinn, in der Betriebswirtschaftslehre unterschiedlich ausgelegter Begriff. Zu unterscheiden sind grundsätzlich der bilanzielle und der kalkulatorische Gewinnbegriff. Der bilanzielle G. ergibt sich im Rahmen der → Erfolgsrechnung aus der Differenz zwischen Ertrag und Aufwand einer Periode (Gewinn oder Verlust) und stellt die Verzinsung des Eigenkapitals dar. Der kalkulatorische Gewinn ergibt sich im Rahmen der → Kostenrechnung als Differenz zwischen Erlösen und Kosten. Die Eigenkapitalzinsen und Unternehmerlöhne zählen dabei zu den Kosten.

Gewinnoptimierung, → Gewinn.

Gewinnspiel, rechtliche Aspekte. I. Begriff: Die Spielleidenschaft der Menschen ansprechende Verkaufsförderungsmaßnahme, die vor allem zur Bekanntmachung eines → Produktes oder einer → Dienstleistung und zur Kaufanregung eingesetzt wird. Sämtliche Erscheinungsformen wiesen als gemeinsame Merkmale die Eröffnung einer Gewinnchance und die zeitliche Begrenzung der Aktion auf.

II. Rechtliche Würdigung: Nach herrschender Meinung sind G. nicht von vornherein als unlautere Wettbewerbsmittel zu werten. Als unlauter gelten G., die das Publikum irreführen (z.B. über die Gewinnchance), die die Spielleidenschaft durch Kopplung mit einer Ware ausnutzen (z.B. Einsendung des Kassenbons, um die Teilnahmeberechtigung erlangen zu können), die einen psychologischen → Kaufzwang oder einen Pseudo-Kaufzwang ausüben, die das Publikum übertrieben anlocken oder Mitbewerber behindern.

Gewohnheitskauf, → Kaufentscheidungen.

Giffen-Effekt, nach dem englischen Ökonom Robert Giffen (1837 – 1910) benannter Nachfrageeffekt aus der mikroökonomischen Theorie. Bei einer Steigerung des Preises müsste es im "Normalfall" eigentlich zu einem Nachfragerückgang kommen (Substitutionseffekt). Wie beim → Snob-Effekt und beim → Veblen-Effekt kommt es bei Preissteigerungen zu Nachfragerückgängen, und umgekehrt. Eine Preissteigerung für so genannte (absolut) inferiore Güter (z.B. Brot für Bezieher niedriger Einkommen) führt im Falle des Giffen-Effektes zur verstärkten Nachfrage des Gutes. Der gestiegene Preis des inferioren Gutes führt zu einer Abnahme des zum weiteren Konsum zur Verfügung stehenden Einkommens (Einkommenseffekt). Aufgrund des knappen Einkommens muss der Konsum anderer Güter (z.B. Fleisch) eingeschränkt werden und durch den Konsum des inferioren Gutes (z.B. durch das zum Hunger stillen notwendige Brot) ersetzt werden. Da bei (absolut) inferioren Gütern der Einkommenseffekt den Substitutionseffekt übersteigt, und somit die Preiselastizität der Nachfrage positiv wird, kommt es insgesamt jedoch zu einer Nachfragesteigerung.

GIS, → Geographische Informationssysteme.

Glaubwürdigkeit, Determinante der Kommunikationswirkung, die vor allem durch die Merkmale des Kommunikators bestimmt wird. Dazu zählen das Know How, die empfundene Vertrauenswürdigkeit, der soziale Status und das äußere Erscheinungsbild des Kommunikators. Die Wahrscheinlichkeit, dass eine Information vom Kommunikanten übernommen wird, steigt mit der Glaubwürdigkeit des Kommunikators.

Gleichverteilter Werbeeinsatz, Möglichkeit der zeitlichen Gestaltung des Einsatzes von → Werbemitteln.

I. Begriff und Merkmale: Beim g.W. kommt es über einen längeren Zeitraum hinweg (z.B. ein Jahr) zu einer gleichverteilten (z.B. alle vier Wochen) Konfrontation der Zielgruppen mit einem Werbemittel. Untersuchungen deuten darauf hin, dass der g.W. im Gegensatz zum → konzentrierten Werbeeinsatz zwar kurzfristig keine hohen Recall-Werte (→ Recall) bewirken kann, sich über das Jahr hinweg aber eine kontinuierliche Steigerung (sog. „Sägezahnkurve") einstellt. Diese Entwicklung ist auf die kontinuierliche

Erinnerungsstützung zurückzuführen, die einem ähnlich starken Absinken der Recall-Werte wie beim konzentrierten Werbeeinsatz entgegenwirkt.

II. Anwendung: Der g.W. erweist sich dann als sinnvoll, wenn ein schneller und deutlicher Wirkungsverfall verhindert werden soll. Um dem Wirkungsverfall entgegenzuwirken, ist es hier notwendig, die Zielpersonen kontinuierlich Werbekontakten auszusetzen. Der g.W. muss in vielen Fällen gar nicht hoch sein, sondern es kommt vorrangig darauf an, den Zielpersonen eine Erinnerungsstütze bzgl. des/der beworbenen Produkts/Marke/Unternehmen zu geben, damit der jeweils beworbene Gegenstand nicht in Vergessenheit gerät. Die Gleichverteilung anzustrebender Kontakte im Zeitablauf stellt daher beispielsweise für Güter des täglichen Bedarfs eine sinnvolle Alternative dar.

Gleitender Durchschnitt, → Prognosemethoden.

Global Advertising, weltweite Werbeaktivitäten eines → Global Players im Rahmen der → internationalen Kommunikationspolitik. Die Werbeaktivitäten stehen dabei im Spannungsfeld zwischen der weltweiten → Marketingstandardisierung und → Marketingdifferenzierung. Je nach Art der Nutzung, Stellung im Produktlebenszyklus in den einzelnen Ländern, Originalität bzw. Spezialität des Produktes, Ausmaß seiner Kulturgebundenheit und Erklärungsbedürftigkeit ergibt sich die Tendenz zur Standardisierung bzw. Differenzierung der Werbung. (Vgl. die Abb. „Kriterien zur Beurteilung der Standardisierbarkeit der Produktwerbung") G.A. wird dabei häufig mit der Standardisierungsstrategie in Einklang gebracht. Die Aufgabenbereiche des G. A. umfassen dabei die Analyse der Ausgangssituation in den einzelnen Ländern, die internationale Werbezielplanung, die internationale Werbestrategieplanung (Standardisierung bzw. Differenzierung der Werbung), die internationale Werbebudgetplanung, die internationale Werbegestaltungsplanung sowie die internationale Werbestreuplanung. Nach der Durchführung der Werbemaßnahmen hat im Rahmen der internationalen Werbeerfolgskontrolle eine Überprüfung stattzufinden, ob die anvisierten Werbeziele in den einzelnen Ländern erreicht wurden. Innerhalb der internationalen Kommunikationspolitik spielt die internationale Werbung bzw. das G.A. volumenmäßig die größte Rolle.

Global Brand, → Globale Markenstrategie.

Global Commerce Initiative, weltweit freiwillige Vereinigung, die im Oktober 1999 von Herstellern und Einzelhändlern gebildet wurde, um die Leistungen innerhalb der internationalen Versorgungskette für Verbrauchsgüter durch gemeinschaftliche Entwicklung und Aufschrift freiwilliger Standards zu verbessern. Ziel dieser Globalen Handelsinitiative (GCI) ist es, den Interessen der Verbraucher durch Normierung und Verbesserung der Geschäftsprozesse entgegen zu kommen.

Global Marketing, I. Begriff: Unter G.M. wird die grenzüberschreitende Aktivität eines Unternehmens verstanden, wobei die nationalen Bedürfnisse und Ziele zugunsten eines gemeinsamen Oberziels eine nachrangige Stellung einnehmen. Teilweise wird unterschieden zwischen internationalem Marketing (ethnozentrische Orientierung im Rahmen des → EPRG-Schemas, ausgehend vom Inlandsgeschäft erfolgt eine Erweiterung der Unternehmensaktivitäten in lukrative Auslandsmärkte, wobei der → Export als Markteintrittsform dominiert), multinationalem Marketing (polyzentrische Orientierung im Rahmen des EPRG-Schemas, das Geschäft ist durch verstärkte Investitionen in den Auslandsmärkten geprägt (Tochtergesellschaften), es wird verstärkt auf nationale Gegebenheiten eingegangen, um den Unternehmenserfolg in den Auslandsmärkten zu sichern) und globalem Marketing (geozentrische Orientierung im Rahmen des EPRG-Schemas, die selektierten Auslandsmärkte werden zu einem großen, zusammenhängenden Weltmarkt zusammengefasst und ganzheitlich bearbeitet, wobei einzelne Ländermärkte suboptimal bearbeitet werden können, sofern dies der verbesserten Zielerreichung des globalen Oberziels dienlich ist). Oftmals werden diese Begriffe jedoch auch

1) Nutzung 1.1 Verwendung 1.2 Kaufgrund 1.3 Alternativen	 gleich Grundnutzen nicht vorhanden	 ◄-----► ◄-----► ◄-----►	 unterschiedlich Zusatznutzen vorhanden
2) Stellung im PLZ	gleich	◄-----►	unterschiedlich
3) Originalität/Spezialität	gegeben	◄-----►	nicht gegeben
4) Kulturgebundenheit	niedrig	◄-----►	hoch
5) Erklärungsbedürftigkeit	niedrig	◄-----►	hoch
	Standardisierung	◄-----►	**Differenzierung**

Kriterien zur Beurteilung der Standardisierbarkeit der Produktwerbung

synonym verwendet, da eine genaue Abgrenzung schwierig ist.

II. Merkmale: Das G.M. zeichnet sich durch ein hohes Maß an länderübergreifender Integration zur Ausnutzung von Synergieeffekten aus. Länderspezifische Besonderheiten spielen dabei keine oder nur eine untergeordnete Rolle. Dabei steht das G.M. im Spannungsfeld von hohen Integrationsvorteilen durch Ausnutzung dieser Synergieeffekte (z.B. Kostenvorteile in der Beschaffung) und niedrigen Differenzierungsvorteilen durch weitgehende Negierung nationaler Unterschiede z.B. hinsichtlich Konsumpräferenzen bzw. –gewohnheiten. Die zunehmende Vereinheitlichung technischer Standards fördert diese globale Ausrichtung ebenso wie eine zunehmende Homogenisierung der Märkte, zu der in bedeutendem Maße auch die fortschreitende Informationstechnologie beiträgt.

III. Ziele: Im Mittelpunkt des Interesses steht bei G.M. wie auch beim nationalen Marketing die Erfüllung des unternehmerischen Oberziels, z.B. Gewinnmaximierung. Durch eine globale Ausrichtung des Marketing können sowohl die Erlös- als auch die Kostenkomponente beeinflusst werden. Höhere Erlöse werden über eine Ausweitung der Aktivitäten auf den globalen Markt erreicht. Die dadurch entstehenden Synergieeffekte führen wiederum zu Kostenvorteilen, z.B. durch gemeinsame Beschaffung aber auch Economies of Scale durch Massenproduktion. Voraussetzung eines erfolgreichen G.M. ist, dass die entgangenen Erlöse auf den einzelnen nationalen Märkten, die aus einer → Marketingstandardisierung ohne Rücksicht auf nationale Gewohnheiten oder Ansprüche resultieren, von diesen Kostenvorteilen (über)kompensiert werden.

IV. Maßnahmen: Im Rahmen des G.M. kommt einer standardisierten Marktbearbeitung eine entscheidende Rolle zu. Durch Massenfertigung eines Produkts (ohne nationale Anpassungen) können bereits erhebliche Kosten im Produktionsbereich (z.B. Umrüstkosten) eingespart werden. Auch für die Beschaffungsseite ergibt sich durch größere Einkaufsmengen ein größerer Verhandlungsspielraum hinsichtlich der Einstandspreise der jeweiligen Inputfaktoren. Aus Sicht des Marketing stellt sich insbesondere die Frage, in welchem Ausmaß eine Standardisierung der internationalen → Kommunikationspolitik erfolgen kann. Eine vollständig oder zumindest weitgehend einheitliche internationale Werbekampagne hat beispielsweise positive Auswirkungen auf die Kostenseite, da ein Werbemittel nur einmalig produziert werden muss und nur eventuell vergleichweise unbedeutende nationale Anpassungen (wie die Synchronisation eines TV-Spots) erfolgen müssen. Gleichzeitig kann eine standardisierte Kampagne zu einem Image als → „Global Player“ führen, Irritationen durch unterschiedliche Werbekampagnen (die durch → Media Overspill auftreten können) werden vermieden. Synergieeffekte können sich auch im Bereich der Distributionspolitik durch ein geeignetes Logistiknetz ergeben. Schließlich liegt auch in preispolitischer Hinsicht ein Vorteil in einer globalen Ausrichtung des Marketing. So können beispielsweise → graue Märkte (die durch unerwünschte Transaktionen zwischen verbundenen Märkten entstehen) vermieden bzw. abgeschwächt werden. Hier kommt deutlich der globale Charakter dieser Strategie zum Vorschein, denn durch eine aus Sicht eines einzelnen Landes suboptimale Preispolitik kann das Gesamtergebnis aller bearbeiteten Länder verbessert werden.

Matthias Sander

Global Player, Ausdruck für weltweit agierende Unternehmen. Tatsächlich beschränkt sich die Marktbearbeitung auf wesentliche, nicht aber auf alle Länder der Welt. Als Global Player werden i.d.R. Großunternehmen bezeichnet, wobei die Abgrenzung zum internationalen bzw. multinationalen Unternehmen jedoch fließend ist.

Global Sourcing, → Internationalisierung der → Beschaffung auf Basis eines strategischen Grundverständnisses. Ziel ist dabei der Aufbau eines weltumfassenden Beschaffungsnetzwerks. G.S. geht damit über die reine Internationalisierung der Einkaufsfunktion hinaus. In der Abb. „Global Sourcing“ wird dies deutlich. Die dort abgebildete Vier-Felder-Matrix wird anhand von zwei Globalisierungsdimensionen (→ Globalisierung (des Unternehmens)) aufgespannt. Die erste Globalisierungsdimension erfasst die strategische Bedeutung der Beschaffung, d.h. ihren Beitrag zur Erhaltung bzw. Stärkung der Wettbewerbsfähigkeit eines Unternehmens. Die zweite Globalisierungsdimension dagegen bezieht sich auf den Aktionsradius der Beschaffung in einem räumlichen Sinne. Demnach ist G.S. einerseits durch einen weltweit ausgelegten Beschaffungsradius gekennzeichnet, andererseits zugleich durch eine klare strategische Stoßrichtung, die vor allem auf die langfristig angelegte Realisierung von Einkaufs- und Beschaffungsvorteilen abzielt.

Geographischer Aktionsradius		
international/ weltweit	2. Internationaler Einkauf	4. Global Sourcing
national	1. Traditioneller Einkauf	3. Strategische Beschaffung als Supply Chain Management
	nur operative und abgeleitete Funktionen	strategische, an Erfolgspotenzialen orientierte Funktionen
	Strategische Qualität	

Global Sourcing

Globale Markenstrategie, Planung, Realisation und Kontrolle sämtlicher zielgerichteter Marketingmaßnahmen, die auf markierte und international distribuierte Produkte gerichtet sind. Eine globale Markenstrategie geht dabei regelmäßig mit einer Standardisierung der Marketinginstrumente einher. Insbesondere der Markenname und das Markenzeichen werden dabei nicht bzw. nur unwesentlich länderübergreifend differenziert. Eine internationale Standardisierung von Markenname und Markenzeichen zur Schaffung von Global Brands (Weltmarken) ist insbesondere dann vorteilhaft, wenn ein großer → Media Overspill vorhanden ist, Konvergenztendenzen im Nachfrageverhalten zwischen einzelnen Ländern vorherrschen, hohe Mobilität der Nachfrager gegeben ist, ein international einheitliches Image und eine einheitliche Produktpositionierung angestrebt werden, eine internationale Schützbarkeit der Marke gegeben ist und eine geozentrische Unternehmensorientierung im Rahmen des → EPRG-Schemas mit der Tendenz zu inhaltlicher und prozessualer Standardisierung der Marketingaufgaben vorliegt.

Globales Marketing, → Global Marketing.

Globalisierung, Integration aller Unternehmensbereiche in ein weltumspannendes Gesamtsystem.

I. Begriff: Die Bezeichnung G. wird häufig synonym mit dem Begriff der → Internationalisierung verwendet. Oftmals wird unter G. aber auch eine mögliche Form der internationalen Geschäftstätigkeit verstanden. Kennzeichnung der G. ist, dass ein Unternehmen dabei auf dem Weltmarkt als Ganzem auftritt. Nationale Interessen einzelner Tochtergesellschaften treten zugunsten eines globalen Optimierungsstrebens in den Hintergrund. Dabei werden nationale Suboptima hingenommen, wenn sie der Verbesserung des globalen Zielerreichungsgrades dienlich sind.

II. Merkmale: Das Streben eines Unternehmens nach Globalisierung kann an einem erhöhten Grad der → Marketingstandardisierung erkannt werden. Durch einen weltweit einheitlichen Werbeauftritt kann es sich beispielsweise so den Ruf eines → „Global Player" verschaffen. Auch die Zurückstellung eigener Optimierungsstreben nationaler Tochtergesellschaften zugunsten des unternehmerischen Oberziels kann als Indiz für die G.-Bemühungen dienen. Differenzierungsvorteile im Sinne einer besseren Kundenbefriedigung auf den jeweiligen Märkten werden durch Integrationsvorteile, die u.a. aus Standardisierungs- und damit Kostenvorteilen entstehen, kompensiert. Häufig sind unterschiedliche Pfade der G. zu beobachten. Europäische und amerikanische Unternehmen entwickelten ihre G.-Strategie oftmals erst langsam und ausgehend von einer zunehmenden Auslandsaktivität. Hingegen verfolgten japanische Unternehmen in vielen Fällen die Strategie einer direkten, offensiven G.

III. Ziele: Als Grund für eine G.-Strategie wird das optimale Zusammenspiel der einzelnen Unternehmensbereiche inklusive aller Tochtergesellschaften angeführt. Durch die optimale Ausnutzung von Synergieeffekten und die Aufgabe länderspezifischer Optimierungsbestrebungen kann ein Unternehmen das Gesamtergebnis ggü. der bloßen Addition länderspezifischer Erfolge verbessern. Neben diesem ökonomischen Ziel können aber auch Imageziele angeführt werden. Das einheitliche Auftreten eines Gesamtunternehmens auf dem Weltmarkt und somit das Image eines „Global Player" kann ebenfalls zu Wettbewerbsvorteilen führen.

IV. Maßnahmen: Im Rahmen der G. muss auf die konsequenten Ausnutzung von Synergieeffekten abgestellt werden. In erster Linie sind hier Kostensenkungspotenziale zu nennen. Diese können sowohl in der Beschaffung (durch einen zentralisierten Einkauf, der zu besseren Konditionen bzw. Rabatten führt) als auch im Marketingbereich (z.B. durch die konsequente Standardisierung von Werbekampagnen oder Verpackungen) liegen. Die voranschreitende Entwicklung der Kommunikationstechnik unterstützt die Unternehmen dabei sehr stark (z.B. durch die Möglichkeit, kostspielige Geschäftsreisen durch Videokonferenzen zu ersetzen). Die technologische Entwicklung (wie z.B. CAD und CIM) ermöglicht eine flexiblere Anpassung an die jeweiligen Erfordernisse, wodurch schon geringe Losgrößen eine Realisierung von Kostenvorteilen ermöglichen. Weiterhin wird eine G.-Strategie im Bereich der Industriegüter durch zunehmend homogene Anforderungen der Kunden und die Vereinheitlichung technischer Standards, im Konsumgüterbereich durch die wachsende Homogenisierung der Nachfrage (Existenz sog. → „Cross-Cultural Target Groups", bestehend aus Konsumenten aus verschiedenen Ländern mit länderübergreifend einheitlichen Ansprüchen und Konsumgewohnheiten) gefördert.

Globalisierungsstrategie,→ Global Marketing.

Globalisierungsthese, Annahme, sich weltweit angleichender Bedürfnisse von Konsumenten infolge einer zunehmenden technischen Standardisierung von Produkten, innovativer länderübergreifender Kommunikationstechnologie (z.B. Satellitenfernsehen, Internet), erhöhter Mobilität der Bevölkerung usw. Als adäquate Reaktion auf diese Globalisierungstendenzen seitens der Unternehmen gilt die → Marketingstandardisierung.

Gompertz-Kurve, Wachstumsfunktion mit s-förmigem Verlauf. Im Gegensatz zur logistischen Kurve verläuft die G.-K. nicht symmetrisch zu beiden Seiten des Wendepunktes sondern asymmetrisch. So erreicht die Gompertz-Funktion ihren Wendepunkt schon früher, indem sie zunächst steil ansteigt, ein relativ lang anhaltendes, annähernd lineares Wachstum aufweist und sich dann langsam an das Sättigungsniveau anpasst. Mathematisch lässt sich die Gompertz-Funktion wie folgt ausdrücken:

$$y = ab^{c^x} + d,$$

mit a > 0, 1 > b > 0 und c < 1. Wie andere Wachstumsfunktionen dient auch die G.-K. hauptsächlich zur Darstellung und Prognose von zeitlichen Entwicklungen. Anwendungsbeispiele sind die Ausbreitung von technologischen Innovationen oder die Erstkaufrate von Produkten.

Goodwill, *Geschäfts- oder → Firmenwert*; bezeichnet den Mehrwert zwischen dem Ertrags- bzw. Gesamtwert eines Unternehmens und der Summe der Zeitwerte (Teilwerte) des Vermögens, abzüglich der Schulden. G. entsteht durch → Wettbewerbsvorteile eines Unternehmens, die auf Firmenimage, → Markenwert, Knowhow, → Kundenwert usw. beruhen und stellt somit die besonderen Gewinnchancen eines Unternehmens dar. Hinsichtlich seiner Entstehung wird der G. in den durch eigene Aufwendungen geschaffenen (originären) und den entgeltlich erworbenen (derivativen) G. differenziert. Für den originären G. besteht in der Steuer- und der Handelsbilanz ein Aktivierungsverbot. Demgegenüber kann der derivative G. in der Handelsbilanz aktiviert werden. In der Steuerbilanz sowie in der bewertungsrechtlichen Vermögensaufstellung muss der derivative G. angesetzt werden.

Gossensche Gesetze, nach Hermann Heinrich Gossen (1810-1858) benannte Zusammenhänge. Es handelt sich eigentlich nicht um Gesetze, sondern um eine plausible Beschreibung des funktionalen Zusammenhangs einer Nutzen-funktion von Konsumenten. Das 1. Gossensche Gesetz besagt, dass der Nutzen mit jeder konsumierten Mengeneinheit eines Gutes stets zunimmt, aber der Grenznutzen (d.h. der Zusatznutzen einer weiteren Einheit) abnimmt. Das 2. Gossensche Gesetz handelt vom Ausgleich der Grenznutzen. Das Maximum an Bedürfnisbefriedigung ist erreicht, wenn die Grenznutzen pro Geldeinheit für die zuletzt beschafften Mengeneinheiten aus jedem Gut gleich sind.

GPRS, (*General Packet Radio Service*). Übertragungsstandard im Mobilfunk, der es ermöglicht, nach der übertragenen Datenmenge mit den Kunden abzurechnen. Die Mobilfunkgeräte bleiben dabei ständig Online, so dass ein Datentransfer jederzeit erfolgen kann, ohne dass eine eigene Verbindung hergestellt werden muss.

Grafikdesigner, *Werbegrafiker*; → Werbeberufe (7).

Graphentheorie, *Netzwerktheorie*. Die G. ist als mathematische Disziplin Teil der Mengenlehre und behandelt die binären Relationen einer abzählbaren Menge mit sich selbst. Im Bereich des Marketing kommt die G. sowohl in der → Netzplantechnik als auch als Grundlage soziologischer Ansätze des → Business-to-Business-Marketing zur Anwendung. Für das Business-to-Business-Marketing ist die Unterscheidung zwischen Informations-, Sanktions- und Austauschnetzwerken zentral. Die Marktteilnehmer werden als Knoten, deren Verbindungen als Kanten beschrieben. Auf dieser Basis kann etwa die Reputationsentstehung in Netzwerken von Geschäftsfreundschaften erklärt werden.

Gratifikationsprinzip, Gratifikationen stellen für ein Individuum erwartete oder vorweggenommene Belohnungen und Bestrafungen dar. Sie werden als wesentliche Antriebskräfte des Verhaltens von Individuen und Organisationen angesehen (→ Lernen). Das G. stellt ein theoretisches Leitprinzip für die → Marketingwissenschaft dar und liefert einen grundlegenden Bezugsrahmen zur Erklärung von Austauschprozessen zwischen Marktteilnehmern. Das G. begründet im → Marketing eine konsequente Analyse und Orientierung an den Kundenbedürfnissen und Lebensbedingungen der Austauschpartner. Durch den Einsatz der → Marketinginstrumente können gezielt Gratifikationskonzepte entwickelt werden, die das Zustandekommen von Austauschprozessen fördern.

Grauer Markt, eine Form des Direktvertriebs, der unter Übergehung der Handelsstufe, direkt an den Kunden mit dem Anreiz von Preisnachlässen vertreibt. Dies führt oft dazu, dass die Produzenten zur Konkurrenz des Handels werden. Meist verstößt dieses Verhalten gegen bestehende vertikale Kooperationsvereinbarungen.

Grauimport, vom Hersteller nicht intendierte Warenströme in Form eines → Parallelimportes oder → Reimportes.

Gravitationsmodell, modelltheoretisches Verfahren zur → Einzugsgebietsabgrenzung. Die G. haben ihren Ursprung in den Überlegungen von Reilly aus dem Jahre 1931, der in Anlehnung an das Newtonsche Gravitationsgesetz sowie auf Basis eigener empirischer Untersuchungen das „Law of Retail Gravitation" formulierte. Als theoretisch-deduktive Verfahren versuchen die G., das konkrete Einzugsgebiet eines Standortes aus allgemeinen theoretischen, mathematisch formalisierten Überlegungen abzuleiten. Im Wesentlichen sind unter die G. das Gravitationsgesetz nach Reilly, die Erweiterung des Reilly'schen Grundmodells nach Converse, das probabilistische Gravitationsmodell von Huff und die ökonometrische Methode zu fassen. Das Gravitationsgesetz von Reilly besagt, dass die Anziehungskraft einer Einkaufsstätte auf einen Ort (Verbrauchsort) proportional zur Bevölkerung des Ortes, in der sich die Einkaufsstätte befindet, und umgekehrt proportional zur Entfernung der beiden Orte ist, wobei diese Entfernungsrelation mit einem Exponenten größer Null versehen werden soll. Mit Hilfe dieses Verfahrens kann für jeden Verbrauchsort ermittelt werden, wel-che von zwei Einkaufsstätten eine größere Anziehungskraft aufweist. Unter dem Einzugsgebiet einer Einkaufsstätte werden nach Reilly somit all jene Verbrauchsorte verstanden, die zu keiner anderen Einkaufsstätte eine größere Anziehung aufweisen. Selbst wenn ein Konsument durchaus in zwei Einkaufsstätten einkaufen kann, so wird er nur zum Einzugsgebiet der Einkaufsstätte mit der höheren Anziehungskraft gezählt. Der entscheidende Beitrag des Gravitationsgesetzes von Reilly zur Standortforschung ist die Überwindung der „nearest-center-hypothesis", nach der ausschließlich die Entfernung Maßstab für die Wahl der Einkaufsstätte von Konsumenten ist. Er ergänzt dieses Modell um eine zweite Determinante, die Attraktivität der Einkaufsstätte, die er über die Bevölkerungszahl des Ortes operationalisiert. Vorteilhaft an dem Ansatz ist, dass die Einzugsgebiete der Einkaufsstätten ohne aufwendige Befragungsaktionen, nur anhand der Bevölkerungszahlen der Orte und der Entfernungen der Orte untereinander, ermittelt werden können. Kritisch muss jedoch angemerkt werden, dass die Aussagefähigkeit und Anwendbarkeit erheblichen Einschränkungen unterliegt. Zum einen werden lediglich zwei Determinanten der Absatzreichweite und nur die Beziehungen zweier Einkaufsstätten anasiert. Zum anderen kann ein Einzugsgebiet nicht als klar abgrenzbares Gebilde gekennzeichnet werden. Vielmehr setzt sich ein Marktgebiet aus mehreren Zonen mit unterschiedlich ausgeprägter Konkurrenzintensität zusammen. Darüber hinaus wird der Exponent, mit dem die Entfernung zwischen den Orten gewichtet werden soll, weder theoretisch begründet noch konnte er empirisch nachgewiesen werden. Converse entwickelte ein modifiziertes G. mit dem Ziel, die Grenzen zwischen den Einzugsgebieten zweier kon-kurrierender Einkaufsstätten zu ermitteln. Diese Einzugsgebietsgrenzen sind formal durch geographische Indifferenzpunkte determiniert, an denen Konsumenten gleich stark von beiden Einkaufsstätten angezogen werden. Die Grenzlinie stellt dabei die äußerste Grenze des Einzugsgebietes der jeweiligen Einkaufsstätte dar. Der Ansatz von Converse hat grundsätzlich die gleichen Mängel wie das Gravitationsgesetz von Reilly. Eine Verbesserung stellt die Erweiterung von Con-verse nur insofern dar, als dass die Determinanten des Gravitationsgesetzes durch andere Größen (die monetär bewertete Fahrzeit und die Verkaufsfläche) substituiert werden. Im Rahmen des probabilistischen Ansatzes von Huff wird die Wahrscheinlichkeit ermittelt, mit der ein Konsument des Untersuchungsortes (Verbrauchsort) in einer bestimmten Einkaufsstätte einkauft. Die Wahrscheinlichkeit, dass der Konsument eine Einkaufsstätte aufsucht, wird über die relative Nutzenstiftung der Einkaufsstätte für den Konsumenten erhoben, wobei dieser Nutzen auf den Nutzen aller für ihn erreichbaren Einkaufsstätten bezogen wird. Der Nutzen der Konsumenten stellt wiederum eine Funktion dar, die positiv mit der Attraktivität der Einkaufsstätte (operationalisiert über die Verkaufsfläche) und negativ mit der zeitlichen Entfernung korreliert. Mit Hilfe dieser Wahrscheinlichkeit und der Kaufkraft eines Ortes lässt sich ebenfalls das Nachfragepotenzial einer Einkaufsstätte bestimmen. Ein Unterschied des probabilistischen Ansatzes gegenüber den deterministischen Modellen von Reilly und Converse ist, dass es sich um ein stochastisches Modell handelt und somit nicht der Anspruch erhoben wird, die Umsatzverteilung exakt berechnen zu können. Es werden lediglich Einkaufswahrscheinlichkeiten ermittelt. Nachteilig ist, dass auch Huff nur zwei Determinanten für die Wahl der Einkaufsstätte berücksichtigt. Ferner orientiert er sich an objektiven Größen wie der tatsächlichen Fahrzeit und der Größe der Einkaufsstätte. Diese Faktoren können subjektiv von den Konsumenten anders wahrgenommen werden. Bei der von der Gesellschaft für Konsumforschung (GfK) entwickelten ökonometrischen Methode steht die Berechnung eines Intensitätsindex im Mittelpunkt. Der als Besuchsintensität oder Besuchswahrscheinlichkeit zu interpretierende Index ist von zwei Faktoren abhängig, der Attraktivität der Einkaufsstätte und der zeitlichen Distanz zwischen dem Verbrauchsort und der Einkaufsstätte. Aussage dieses stochastischen Index ist, dass die Wahrscheinlichkeit, mit der eine Einkaufsstätte von einem Konsumenten ausgesucht wird, steigt, je höher die Attraktivität der Einkaufsstätte und je kleiner die Zeitdistanz zwischen Verbrauchsort und Einkaufsstätte ist. Auch wenn die Grundaussage keine wirklich neue Erkenntnis für die Standortforschung darstellt, so liegt der innovative Beitrag der ökonometrischen Methode vielmehr in der Messvorschrift des Attraktivitätsmaßes von Einkaufsstätten. Diese Attraktivität wird bei der ökonometrischen Methode nicht mehr nur mit einem Attribut erhoben, sondern beruht auf einer elf Items umfassenden Befragung von Experten. Bei dieser Befragung werden neben quantitativen auch erstmals qualitative Attraktivitätskomponenten von Einkaufsstätten erfasst. Diese differenzierte Betrachtung der Attraktivität als ein multiattributives Konstrukt, ist als größter Vorteil der ökonometrischen Methode zu betrachten. Ein Nachteil besteht jedoch in dem beträchtlichen Erhebungsaufwand der Methode. Außerdem eignet sich das Verfahren eher zur Einzugsgebietskontrolle bei bestehenden Einkaufsstätten und weniger zur Standortbeurteilung bei Neugründungen, da hier bei einigen qualitativen Faktoren der Einkaufsstättenattraktivität (z.B. Image, Gebäudewirkung) noch keine verlässlichen Aussagen getroffen werden können.

Literatur: Bienert, M. L. (1996): Standortmanagement – Methoden und Konzepte für Handels- und Dienstleistungsunternehmen, Wiesbaden; Theis, H.-J. (1999): Handels-Marketing: Analyse und Planungskonzepte für den Einzelhandel, Frankfurt/ Main; Müller-Hagedorn, L. (2002): Handelsmarketing, 3. Aufl., Stuttgart u.a.

Rainer Olbrich/Marc Knuff

Grenzerlös, *Grenzumsatz*; Erlös bzw. Umsatz, der zusätzlich entsteht (entfällt), wenn die Ausbringungsmenge um eine Einheit erhöht (vermindert) wird. Mathematisch ergibt sich der G. aus der ersten Ableitung der Erlös- bzw. Umsatzfunktion.

Grenzkosten, Kosten, die zusätzlich entstehen (entfallen), wenn die Ausbringungsmenge um eine Einheit erhöht (vermindert) wird. Mathematisch ergeben sich die G. aus der ersten Ableitung der Kostenfunktion. Sofern lineare Kostenverläufe vorliegen und man gleichzeitig von vorgegebenen, d.h. konstanten Kapazitäten ausgehen kann, entsprechen die G. den variablen Stückkosten.

Gross Income, Netto-Roheinnahmen einer → Werbeagentur, d.h. Honorare und Provisionen ohne Kundengelder für Medienkosten. *Vgl. auch* → Equivalent Billings.

Großfläche, Plakattafel im 18/1-Bogenformat auf privatem Grund. *Vgl. auch* → Plakat.

Großhandel, der G. im funktionalen Sinne umfasst im Gegensatz zum → Einzelhandel die Beschaffung von Waren und deren Weiterveräußerung an Wiederverkäufer (Einzelhandel), Weiterverarbeiter oder gewerbliche Verbraucher (z.B. Behörden) und damit nicht an private Haushalte. Im institutionellen Sinne bezeichnet der G. alle Institutionen, die sich ausschließlich oder überwiegend mit den oben beschriebenen Tätigkeiten beschäftigen.

Großhandelspanel, → Panelerhebungen.

Großkundenmanagement, → *Key Account Management.*

Großmarkt, → Betriebsform des → ambulanten Handels. I.d.R. handelt es sich um einen wöchentlichen, großflächigen Markt, auf dem vor allem Landwirte und Importeure Frischwaren, wie z.B. Obst, Gemüse, Fisch und Pflanzen, anbieten. Das Angebot richtet sich insbesondere an Wiederverkäufer, Weiterverarbeiter und Großverbraucher.

Gross-Rating-Point, → Mediaplanung.

Großverbraucherpanel, → Panelerhebungen.

Grundbedürfnis, → Bedürfnis, Bedürfnispyramide.

Grundgesamtheit, Menge der Untersuchungsobjekte, die Gegenstand einer → Datenanalyse sind. Eine genaue Definition ist wichtig, um eine repräsentative → Stichprobe ziehen zu können, von der man später auf die Grundgesamtheit schließen will.

Grundnutzen, technisch funktionaler Nutzen von Produkten und Dienstleistungen, → Gebrauchsnutzen.

Grüner Punkt, → Verpackungsverordnung.

Gruppe, soziale, Mehrzahl von Personen, die in wiederholten und nicht nur zufälligen wechselseitigen Beziehungen zueinander stehen. Merkmale einer Gruppe sind: (1) eine eigene Identität, d.h. eine Gruppe wird von den Mitgliedern als eine soziale Einheit aufgefasst, (2) eine soziale Ordnung, die den einzelnen Mitgliedern eine Position in der Gruppe zuweist und ihre Tätigkeiten (Rollen) regelt, (3) Verhaltensnormen, die das Verhalten der Mitglieder bestimmen und standardisieren, (4) Werte und Ziele, die vom Einzelnen als für seine Gruppe verbindlich erlebt werden. Es werden Primär- und Sekundärgruppen unterschieden. Primärgruppen sind kleine Gruppen, bei denen die Mitglieder in persönliche Interaktion treten und somit einen engen Kontakt sowie emotionale Bindungen haben (*vgl. auch* → Familie, → Bezugsgruppe). Bei Sekundärgruppen handelt es sich dagegen um große Gruppen, in denen die Mitglieder ein distanzierteres und formal begründetes Verhältnis zueinander haben.

Gruppendiskussion/-interview, das G. ist eine Methode, bei der mehrere Personen gleichzeitig zu einem vorgegebenen Thema unter Laborbedingungen befragt werden. Hierbei besteht die Möglichkeit, Gruppenprozesse zwischen den Befragten zu initiieren und zu untersuchen, wie auch thematische Inhalte zu vermitteln. Dabei unterscheidet man zwischen der vermittelnden Gruppendiskussion, die Gruppenprozesse initiieren will und der ermittelnden Gruppendiskussion, die Informationen über die inhaltlichen Ergebnisse oder die gruppenprozessuale Generierung dieser Ergebnisse erreichen will. Der Ablauf einer Gruppendiskussion folgt i. Allg. dem Schema: Auswahl der Teilnehmer, allgemeine Vorgabe eines Themas, eigentliche Diskussion, Aufzeichnung der Daten, Auswertung des Materials. Als Ziele der Gruppendiskussion können folgende Aspekte genannt werden: (1) die Erkundung von Meinungen und Einstellungen der einzelnen Teilnehmer der Gruppendiskussion, (2) die Ermittlung der Meinung und Einstellung der ganzen Gruppe, (3) die Feststellung öffentlicher Meinungen und Einstellungen, (4) die Erforschung gruppenspezifischer Verhaltensweisen, die Erkundung der den Meinungen und Einstellungen zugrundeliegenden Bewusstseinsstrukturen der Teilnehmer, (5) die Gruppenprozesse, die zur Bildung einer bestimmten individuellen oder Gruppenmeinung führen, (6) die empirische Erfassung ganzer gesellschaftlicher Teilbereiche. Die vermittelte Gruppendiskussion findet in der Organisationsentwicklung oder in der Unternehmensberatung Anwendung. Die Daten können aufgrund psychologischer Gruppenprozesse kaum verallgemeinert werden.

Gruppenentscheidung, → Buying Center.

Gruppenfreistellung, Begriff aus dem europäischen → Wettbewerbsrecht. Die G. nimmt wettbewerbsbeschränkende Vereinbarungen, Beschlüsse oder Abstimmungen durch Verordnungen (GVO) vom europäischen Kartellverbot (Art. 81 EGV) aus. Im Juni 2000 sind die ehemaligen GVO über Alleinvertriebsverträge (*vgl. auch* → Ausschließlichkeitsbindungen), über Alleinbezugsverträge und Franchise-Vereinbarungen (→ Franchise) durch die einheitliche „vertikale GVO" ersetzt worden. Nicht hiervon erfasst ist der Kraftfahrzeugsektor, für den seit 2002 die neue Kfz-GVO 1400/2002 gilt. Die Ausnahme vom Kartellverbot ist das Ergebnis einer Abwägung zwischen den Interessen der am Wettbewerb beteiligten Gruppen. Bsp.: Auf der Grundlage der GVO für Vertriebs- und Kundendienstvereinbarungen über Kfz können die Automobilhersteller ein selektives Vertriebssystem (→ Selektivvertrieb) unterhalten und den Vertragshändlern → Gebietsschutz gewähren. Die Einschränkung des Wettbewerbs auf der Handelsseite wird hierbei in Kauf genommen. Begründet wird dies mit dem Interesse der Verbraucher an fachgerechtem Kundendienst und an der Deckung sicherheitstechnischer Bedürfnisse, die nur leistungsstarke Händler erbringen können, sowie mit dem Interesse der Hersteller an der Verringerung der → Distributionskosten.

Gruppenverhalten, → Bezugsgruppe.

GSM, *(Global System for Mobile Communication)*. Weltweit eingesetzter und in Europa entwickelter technischer Standard für die digitale Funktelefonie. GSM wird sowohl in D- als auch in E-Netzen verwendet. Neben Sprache können auch Daten übertragen werden.

Guerillia-Strategie, → Wettbewerbsstrategie zur „Schwächung" der Konkurrenz, in deren Rahmen regelmäßig Aktionen durchgeführt werden, die zu Lasten eines Wettbewerbers gehen (beispielsweise durch permanente Angriffe des Konkurrenten auf rechtlicher Ebene).

Gutenberg-Modell, Preistheorie: Nachfragefunktion bei mehreren preissetzenden Anbietern und bei Vorliegen von akquisitorischem Potenzial (Bindung der Kunden an bzw. Präferenzen für bestimmte Anbieter). Diese sog. doppelt geknickte Preis-Absatz-Funktion von Erich Gutenberg (1951) beruht auf folgenden Annahmen: Auf dem relevanten Markt sind viele kleine Anbieter sowie viele kleine Nachfrager aktiv. Niemand hat eine marktbeherrschende Stellung. Das gehandelte Gut wird in verschiedenen, aber substituierbaren Ausführungen angeboten. Jede Firma produziert genau eine Aus-prägung des Gutes. Aufgrund der Heterogenität des Produktes existiert für jeden Anbieter zumindest ein Preisintervall, in dem er mit einer fallenden Preis-Absatz-Kurve kalkulieren kann. Diese Annahmen führen zu einem sog. Modell der „monopolistischen Konkurrenz".

Jeder Anbieter habe eine bestimmte Preislage, innerhalb derer er monopolistisch agieren kann. Diese sei im Preis-Mengen-Diagramm durch ein bestimmtes Preisintervall beschrieben. Innerhalb dieser Preislage bleiben die Kunden dem Anbieter treu. Erhöht der Anbieter den Preis über eine bestimmte Preisobergrenze hinaus, dann wandern nach und nach Kunden zur Konkurrenz ab. Senkt der Anbieter jedoch den Preis unter eine bestimmte Preisuntergrenze, so zieht dies Kunden von der Konkurrenz an. Die Größe des Preisintervalls hängt vom akquisitorischen Potenzial des Anbieters ab, das wiederum bestimmt wird vom Ansehen dieses Anbieters (Reputation), vom Kundendienst, von den Liefer- und Zahlungskonditionen, vom Standort und den Produkteigenschaften usw.

Literatur: Gutenberg, E. (1951): Grundlagen der Betriebswirtschaftslehre, Bd. I: Die Produktion, Berlin/Heidelberg.

Gütemaß, um die Güte von → Messinstrumenten bzw. Messverfahren beurteilen zu können, lassen sich vier Gütekriterien heranziehen. Dies sind die Objektivität, die → Reliabilität (Zuverlässigkeit), die → Validität (Gültigkeit) und die Praktikabilität (Durchführbarkeit).

I. Objektivität: Die Objektivität einer Messung ist dann hoch, wenn die Ergebnisse unabhängig von demjenigen sind, der die Messung durchführt. Man spricht von der Durchführungsobjektivität. Weiter zu erwähnen wären die Auswertungsobjektivität, die sich auf die Anzahl der Freiheitsgrade bei der Auswertung bezieht, und die Interpretationsobjektivität, bei der die Anzahl der Freiheitsgrade bei der Interpretation der Messergebnisse näher betrachtet wird.

II. Reliabilität: Während sich die Validität auf konstante Fehler bezieht, betrachtet die Reliabilität die variablen Fehler. Auch hier gilt, je kleiner die variablen Fehler, desto größer ist die Reliabilität. Ein Messinstrument kann dann als reliabel bezeichnet werden, wenn es nicht durch äußere Einflüsse oder bauliche Ungenauigkeiten bei demselben Messinstrument zu unterschiedlichen Ergebnissen kommt. Auch zur Überprüfung der Reliabilität einer Messung stehen mehrere Konzepte zur Verfügung: die Wiederholungsreliabilität, die Paralleltestreliabilität und die Halbierungsreliabilität.

III. Validität: Bei der Validität einer Messung werden die systematischen Fehler untersucht. Je kleiner die systematischen Fehler sind, desto größer ist die Validität. Formal gesehen entspricht sie der Korrelation der gemessenen Werte mit den wirklichen Werten (d.h. misst das Messinstrument das, was es messen soll?). Um die Validität einer Messung zu überprüfen steht eine Vielzahl von Konzepten zur Verfügung, z.B. die Inhaltsvalidität, die Kriteriumsvalidität, die Konvergenzvalidität und die Diskriminanzvalidität.

IV. Praktikabilität: Schließlich beschäftigt sich die Praktikabilität mit der Durchführbarkeit eines Messverfahrens für eine bestimmte Untersuchung.

Zwischen den ersten drei Gütekriterien besteht ein fester Zusammenhang. So ist die Objektivität die Voraussetzung für Reliabilität, und Validität kann ohne Reliabilität nicht existieren.

Gütertypologie, Typologisierung, bei der Güter nach verschiedenen Eigenschaftsmerkmalen gruppiert werden, wobei die Auswahl der einbezogenen Merkmale vom Analyse- bzw. Entscheidungszweck abhängig ist. Zum einen lassen sich Güter nach dem Interesse des Nachfragers bzw. der Komplexität des Kaufentscheidungsprozesses in High-Involvement- (hohes Interesse, hohe Komplexität) und Low-Involvement-Güter (→ Involvement, niedriges Interesse, niedrige Komplexität) einteilen. Im Rahmen des → Verhaltenswissenschaftlichen Ansatzes wurden diese Unterscheidungen aufgegriffen und als Basis für unterschiedliche Erklärungsmodelle verwendet. Eng damit verbunden ist die Unterscheidung in superiore (hohe Bedeutung) und inferiore Güter (niedrige Bedeutung). In Abhängigkeit von der Nutzungsdauer können Güter ebenso in langlebige und kurzlebige Güter unterteilt werden. Hinsichtlich der Komplexität der Güter unterscheidet man zudem erklärungsbedürftige und problemlose Güter. Nach informationsökonomischen (→ Informationsökonomik) Kriterien kann man auch zwischen (1) → Such-, (2) → Erfahrungs- und (3) → Vertrauensgüter unterscheiden. Bei Suchgütern sind vor dem Kauf die → Produkteigenschaften für den Nachfrager zu prüfen, während bei Erfahrungsgütern die Beurteilung der Eigenschaften erst durch die Produktnutzung stattfinden kann. Bei Vertrauensgütern sind unter vertretbaren Informationssuchkosten Eigenschaftsmerkmale durch den Nachfrager nicht zu prüfen. Bei einer Vielzahl von Gütern sind alle drei Eigenschaften vorhanden, wobei sie sich lediglich hinsichtlich ihrer Gewichtung unterscheiden. *Vgl. auch* → Kontraktgut, → Austauschgut, → Investitionsgut, → Konsumgut, → Gebrauchsgut, → Verbrauchsgut, → Geschäftstypologie.

Güterverkehrszentrum, → Güterverteilzentren; lokale Zusammenführung von Verkehrs-, Logistik-, und Dienstleistungsunternehmen an einem oder mehreren verkehrsgünstig gelegenen Standorten. Die wichtigsten Funktionen eines G. sind der effiziente Einsatz möglichst vieler (mind. zwei) Verkehrsträger im Logistikprozess, eine bessere

Koordination zwischen Nah- und Fernverkehr sowie die Schaffung eines logistischen Knotens für den Standort. Durch die Zentralisierung des Transport-, Umschlag- und Lagergewerbes können sich verschiedene, positive Effekte ergeben wie z.B. die Reduzierung von Leerfahrten und → Fehlmengen.

Güterverteilung, → Güterverteilzentren.

Güterverteilzentren, → Güterverkehrszentrum, *Transit-Terminals;* Ein überwiegend von Handelsunternehmen angewendeter Ansatz zur Bündelung von Güterströmen. Die Warensendungen einer Vielzahl von Lieferanten werden zunächst an ein G. geliefert. Anschließend werden die Waren nach dem Empfänger sortiert und gebündelt transportiert. Für die Lieferanten ergibt sich der Vorteil des großen zusammengefassten Transportvolumens. Für die Kunden ergibt sich der Vorteil der geringen Anzahl an Anlieferungen und für den Frachtführer eine hohe Auslastung der Touren. Durch diese Art der Güterverteilung wird neben der Vermeidung von → Fehlmengen und der Reduzierung von Anlieferungen eine Senkung der Bestände in der Logistikkette angestrebt. Insofern wird mitunter von ‚bestandslosen' Warenverteilzentren gesprochen.

Gütezeichen, *Qualitätssiegel*, *Zertifikat*; ein Instrument der Qualitätspolitik sowie des Gemeinschaftsmarketing. Ein G. berechtigt die gemeinschaftliche Benutzung eines eingetragenen Zeichens aller Hersteller eines bestimmten Erzeugnisses oder einer bestimmten Leistung. Des Weiteren signalisiert es eine besonders hohe Qualität des → Produktes und dient einer qualitativen → Standardisierung der Ware bzw. Leistung. Das Zeichen soll dabei eine spezielle, an objektiven Kriterien zu messende Qualität garantieren. Die Verwender eines G. verpflichten sich i.d.R. zur Einhaltung gewisser Mindestanforderungen bzw. es wird nur solchen Herstellern das Führen eines G. zugestanden, die für die Einhaltung der Gütebedingungen verbindlich gewährleisten. Die Träger der G. können Firmen, Verbände oder sogar staatliche Stellen sein (z.B. TÜV-Plakette). In der Praxis erfüllen die Zeichen häufig auch die Funktion, sich ggü. Nichtmitgliedern abzugrenzen. G. sind deutlich von → Marken und → Warenzeichen zu unterscheiden.

Guttman-Skala, mit Hilfe einer G.-S. werden die Antworten (Aussagen) einer Anzahl an Befragten über ein Objekt dargestellt. Dabei ist zu beachten, dass die getroffenen Aussagen in skalierter Form vorliegen müssen. Durch Addition der Skalenwerte der Antworten lässt sich eine Rangreihenfolge der Befragten bilden. Diese Rangreihenfolgen werden festgehalten. Lassen sich nun aus dem Rang einer Testperson Rückschlüsse auf ihre Antworten ziehen, spricht man von einer ordinalen Skalierung nach Guttman. Ziel ist es, allein aus dem Rang einer Testperson, ihre genauen Antworten benennen zu können. Ist dies der Fall, können durch das Wissen über den Rang einer Testperson Prognosen über Reaktionen und Verhalten dieser Testperson getroffen werden. Da jedoch einem Rang häufig mehrere verschiedene Kombinationen von Antworten zugewiesen werden können, ist es nötig, weitere Methoden anzuwenden, um eine genaue Zuordnung durchführen zu können.

GWA, Abk. für → Gesamtverband Werbeagenturen.

GWB, *Gesetz gegen Wettbewerbsbeschränkungen*, Teil des deutschen → Wettbewerbsrechts.

I. Gegenstand: Das GWB soll den Wettbewerb als Grundlage der wirtschaftlichen Ordnung gegen Beschränkungen durch die Marktteilnehmer schützen, d.h. die Freiheit des Wettbewerbs sicherstellen und wirtschaftliche Macht dort beseitigen, wo sie die Wirksamkeit des Wettbewerbs und die ihm innewohnenden Tendenzen zur Leistungssteigerung beeinträchtigt und die bestmögliche Versorgung der Verbraucher in Frage stellt. Im ersten von sechs Teilen regelt das GWB u.a. Kartellvereinbarungen, Kartellbeschlüsse und aufeinander abgestimmtes Verhalten (§§ 1-13 GWB), Vertikalvereinbarungen (§§ 14-18 GWB), → Marktbeherrschung, wettbewerbsbeschränkendes Verhalten (§§ 19-23 GWB), enthält Wettbewerbsregeln (§§ 24-27 GWB) sowie Sonderregeln für bestimmte Wirtschaftsbereiche (§§ 28-31 GWB), bestimmt Sanktionen (§§ 32-34 GWB) und reguliert die → Zusammenschlusskontrolle (§§ 35-43 GWB).

II. Änderungen durch die 6. Novelle: Bei der Überarbeitung des GWB kam es 1999 u.a. zu folgenden Neuerungen: Die Übernahme der Formulierung des Artikels 85 I EG-Vertrag zum Kartellverbot bei Horizontalvereinbarungen und Einführung eines echten Verbotstatbestands (§ 1 GWB), die Entschlackung und Bereinigung des Kataloges der Ausnahmen vom Kartellverbot durch Streichung der Regelungen über Rabattkartelle (→ Rabatt, rechtliche Aspekte) sowie Ausfuhr- und Einfuhrkartelle, die Einführung eines Verbots des Missbrauchs einer marktbeherrschenden Stellung entsprechend dem EG-Recht (§ 19 I Nr. 1 GWB), die Ergänzung der Regelbeispiele beim Missbrauch einer marktbeherrschenden Stellung um eine eigenständige Missbrauchsregelung bei der Verweigerung des Zugangs zu wesentlichen-Einrichtungen (§ 19 IV Nr. 4 GWB), die Ergänzung des Diskriminierungs- und Behinderungsverbots um ein Regelbeispiel zu unbilligen Untereinstandspreisverkäufen (§ 20 IV S. 2 GWB), die Straffung der Zusammenschlusstatbestände, die Schaffung größerer Transparenz im Verfahren der Zusammenschlusskontrolle, die Lösung der sog. Ross- und Reiter-Problematik durch die Klarstellung, dass die Kartellbehörde auf entsprechendes Ersuchen zum Schutz des Beschwerdeführers ein Verfahren von Amts wegen einleiten kann (§ 54 GWB) sowie die Absicherung der Beweisposition der Kartellbehörden in den Fällen, in denen die Kartellbehörde den Beschwerdeführer auch im Rahmen des Weiteren Verwaltungsverfahrens anonym halten möchte (§ 70 IV GWB).

III. Verhältnis zum Europäischen Kartellrecht: Grundsätzlich sind beide Regelwerke nebeneinander anwendbar. In bestimmten Fällen geht das EG-Kartellrecht dem nationalen Recht vor, etwa dann, wenn eine nach nationalem Recht erlaubte Wettbewerbsbeschränkung gegen EG-Kartellrecht verstößt. Vorrang genießt das EG-Recht z.B. auch dann, wenn es eine Freistellung vom Kartellverbot gewährt oder wenn das Vorhaben eines Zusammenschlusses von Unternehmungen gemeinschaftsweite Auswirkungen hat.

Habitualisierte Kaufentscheidung, gewohnheitsmäßiges Kaufverhalten mit geringer kognitiver Steuerung, → Kaufentscheidungen.

Habituation, adaptiver Lernprozess (→ Lernen), in dessen Verlauf die auf bekannte Umweltreize gerichtete Aufmerksamkeit abnimmt und die Verarbeitung redundanter Informationen somit gehemmt wird.

Haftpflichtrecht. I. Gegenstand: Grundlage für die Inanspruchnahme des Anspruchsverpflichteten durch einen Geschädigten für Mangelschäden oder Mangelfolgeschäden. Mangelschäden beeinträchtigen das Erfüllungs- bzw. Geschäftsinteresse eines Käufers, Mangelfolgeschäden das Integritätsinteresse einer Person.

II. Rechtsgrundlagen: (1) Mangelschaden: a) Gesetzliche Gewährleistung: Gesetzlich vorgeschriebenes Einstehenmüssen für Mängel bei der Erfüllung von Kauf-, Werk-, Werklieferungs- und Mietverträgen. Grundprinzip ist die Verschuldensunabhängigkeit des Verkäufers einer mangelhaften Sache (z.B. Gewährleistungs-, Schadensersatz- und Nachlieferungsansprüche nach §§459ff. BGB). b) Garantie: Vertraglich vereinbarte Haftung, die gesetzliche Gewährleistungsansprüche erweitert oder einschränkt (Freizeichnungsklausel). c) Kulanzleistung: Übernahme der Haftung für einen Schaden, ohne rechtlich dazu verpflichtet zu sein. (2) Mangelfolgeschaden: Wenn die Benutzung eines fehlerhaften Produktes zu einem Schaden an einem anderen Rechtsgut geführt und somit das Integritätsinteresse beeinträchtigt hat, liegt ein Fall der → Produkthaftung vor. Die rechtlichen Anspruchsgrundlagen hierfür finden sich, sofern die Schäden weder über Kulanzleistungen noch über Garantiezusagen ersetzt werden, im Vertrags- und Deliktsrecht sowie im Produkthaftungsgesetz.

Halbwertzeit. Durch Kenntnis des Wertes der H. lassen sich mit einer geringen Fehlertoleranz die zu erwartenden Gesamtrückläufe berechnen. Berechnet wird der Wert, indem die Anzahl der → Mailings, die bis zum H.-Punkt (ein bis zwei Tage nach Überschreiten des Maximums der Rückläufe) eingetroffen sind, mit zwei multipliziert wird (vgl. Abb. „Halbwertzeit“).

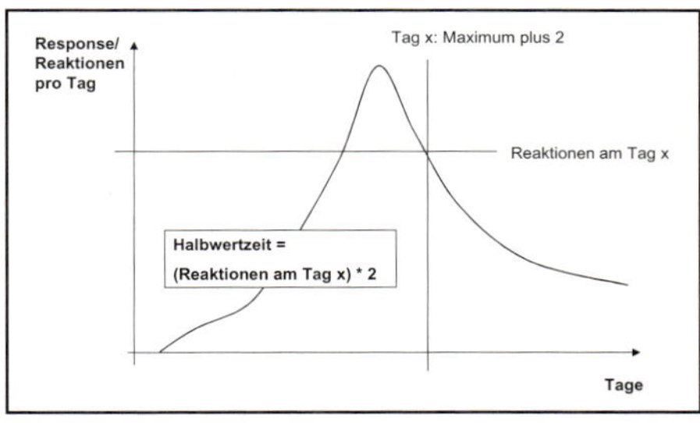

Halbwertzeit

Verschiebungen des berechneten Wertes ergeben sich dann, wenn die Postauslieferung in mehreren Teilen erfolgt oder wenn eine Deadline gesetzt ist (z.B. durch Gewinnspiel, Subskriptionspreis usw.).

Halo-Effekt. Darunter wird ein *Ausstrahlungseffekt* von einem gebildeten Gesamteindruck eines Meinungsgegenstands auf die spätere → Wahrnehmung spezifischer Eindrücke desselben Meinungsgegenstandes verstanden. Hinter dem H.-E. steht das Streben nach kognitiver → Konsistenz. Der H.-E. ist auch in der → Marktforschung bekannt. Hier bezeichnet er den Einfluss einer Frage bzw. Antwort auf die Folgenden.

Handel, H. im funktionalen Sinne bezeichnet die wirtschaftliche Tätigkeit der Beschaffung und des Absatzes von Gütern. Vor der Weiterveräußerung werden die Güter i.d.R. nicht wesentlich be- oder verarbeitet. H. im institutionellen Sinne bezeichnet jene Institutionen, deren wirtschaftliche Tätigkeit ausschließlich oder überwiegend zum H. im funktionalen Sinne gehört (→ Handelsbetriebe).

Handel vom Lager, beschreibende Bezeichnung einer Betriebsform des stationären → Einzelhandels. Die Bezeichnung H. gibt Hinweise auf Gemeinsamkeiten mit Blick auf das Bedienungskonzept und auf die Geschäftsflächendimensionierung. Die handelsbetrieblichen Erscheinungsformen können jedoch je nach betrachteter Branche z.T. deutlich voneinander differieren. Bedeutende Formen des H. sind z.B. im Kraftfahrzeug- und Brennstoffhandel, Baustoffhandel und Möbelhandel verbreitet.

Handel, Theorien des internationalen, hauptsächlich aus volkswirtschaftlichen Blickrichtungen heraus entwickelte Theorien mit dem Ziel, das Entstehen von Exporten zu untersuchen sowie wohlfahrtstheoretische Aspekte des Außenhandels zu erklären. Zu den Theorien des internationalen Handels gehören die Theorie des komparativen Kostenvorteils (Produktivitätsunterschiede, Faktorausstattungen), Theorie der technologischen Lücke, Produktlebenszyklustheorie, Lernkurventheorie des internationalen Handels, Nachfragestrukturtheorie, Standorttheorie, Economies-of-Scale-Theorie sowie die Theorie des intrasektoralen Handels.

Handelsbarriere, tarifäre sowie nichttarifäre Hemmnisse, die das Ausmaß des länderübergreifenden Handels beschränken. Während typische tarifäre Handelshemmnisse in Form von Zöllen gegeben sind, schlagen sich nicht-tarifäre Handelshemmnisse in generellen Einfuhrverboten, Kontingentierungen, Local Content-Vorschriften oder divergierenden technischen Normen nieder. Derartige Handelshemmnisse stehen in engem Zusammenhang mit → Eintrittsbarrieren in die einzelnen Länder mit der Folge einer erschwerten Markterschließung.

Handelsbetrieb, → Handel; Institution, deren Tätigkeit in der Beschaffung und dem Absatz von Gütern besteht. Die Güter werden i.d.R. ohne eine wesentliche Be- und Verarbeitung weiterveräußert. Das Sortiment eines H. bietet eine Zusammenstellung bedarfsverwandter Waren unterschiedlicher Hersteller. Daneben gehört zum Leistungsspektrum eines H. eine mehr oder weniger große Anzahl an Dienstleistungen.

Handelsbetriebslehre, I. Begriff: Lehre vom → Handel. Die H. kann grundlegend in zwei Bereiche untergliedert werden: (1) In der deskriptiven H. werden Aussagen über den Handel gesammelt, die auf empirischer → Beobachtung beruhen. Es werden z.B. die Betriebsformen des Handels klassifiziert (→ Betriebsformen, Klassifikation von) sowie eine beobachtbare Dynamik der Betriebsformen (→ Betriebsformen, Dynamik der) beschrieben wird. (2) Im Rahmen der normativen bzw. entscheidungsorientierten H. gilt es, Handlungsempfehlungen für Handelsbetriebe zu generieren. Beispielsweise werden zunächst Beobachtungen im Bereich der → Hersteller-Handels-Beziehungen erklärt. Anschließend werden im Rahmen der entscheidungsorientierten H. hieraus Handlungsempfehlungen für den Handel abgeleitet. Ein Ergebnis könnte sein, wie sich ein Handelsunternehmen unter bestimmten Bedingungen ggü. der Industrie verhalten sollte, um vorgegebene Zielsetzungen zu erreichen.

II. Ansätze: Als wichtigste Ansätze, um Aussagen über den Handel zu gewinnen, können der institutionen-, funktionen- und warenorientierte Ansatz genannt werden. Der institutionenorientierte Ansatz versucht, Gesetzmäßigkeiten über die Entwicklung und Verbreitung von Betriebsformen aufzudecken und über Betriebsvergleiche zu einer Ökonomisierung der Handelsbetriebe beizutragen. Der funktionenorientierte Ansatz versteht Handelsunternehmen als Aufgabenträger der → Handelsfunktionen und leistet Beiträge zu der ökonomischen Ausübung dieser Funktionen. Der warenorientierte Ansatz stellt die verschiedenen Eigenschaften unterschiedlicher Warentypen in den Mittelpunkt. Ausgehend von vorgegebenen Warenkategorien sollen praktisch verwertbare Aussagen über die ökonomische Gestaltung von Handelsbetrieben gewonnen werden.

Literatur: Barth, K. (1999): Betriebswirtschaftslehre des Handels, 4. Aufl., Wiesbaden, S. 12ff.

Handelsblock, Ermöglichung des → Freihandels durch Zusammenschluss verschiedener Länder mit dem Ziel, die räumliche Enge nationaler Märkte zu überwinden und durch den Abbau tarifärer und nichttarifärer → Handelsbarrieren länderübergreifende Güter- und Dienstleistungsströme zu intensivieren. Ein innerhalb von Handelsblöcken vorgenommener Abbau von Zöllen, Kontingentierungen und Quotierungen führt dabei zu einer Auflösung der Marktabschottung der beteiligten Länder und innerhalb der Handelsblöcke zu einem zunehmenden Internationalisierungsdruck. Bedeutende Handelsblöcke sind die → Europäische Union, → European Free Trade Association, → North American Free Trade Association, → Anden Common Market, → Association of South East Asian Nations, → Mercado Común del Cono Sur.

Während innerhalb der Handelsblöcke eine Tendenz zur Wettbewerbsintensivierung besteht, lassen sich zwischen Handelsblöcken durchaus protektionistische Tendenzen beobachten. Diese protektionistischen Tendenzen führen dazu, dass eine Erweiterung der Unternehmensaktivitäten über die Grenzen des eigenen Handelsblocks hinaus erschwert wird.

Handelsforschung, die Erforschung des Handels befasst sich mit Fragen, die Gegenstand der → Handelsbetriebslehre sind.

Handelsfunktionen, es gibt im Schrifttum zahlreiche Ansätze, die Aufgaben oder Funktionen von Handelsunternehmen zu systematisieren. Grund für die intensive Beschäftigung mit den H. ist die Frage, ob der Handel produktiv ist. Beispielhaft sollen im Folgenden die wichtigsten H. aufgeführt werden: Die Sortimentsfunktion besteht darin, konsumorientierte Kombinationen von Produkten verschiedener Hersteller zu bilden. Diese werden den Konsumenten an geeigneten Orten (Transportfunktion) und über eine Lagerhaltung zu geeigneten Zeitpunkten (Zeitüberbrückungsfunktion) und in geeigneten Mengen (Quantitätsfunktion) angeboten. Andere Aufgaben des Handels, wie z.B. Werbung, Beratung und Wartung werden in weiteren H. zusammengefasst.

Handelsgruppe, Zusammenschluss selbständiger Handelsunternehmen in einer Kooperation (kooperierendes → Handelssystem).

Handelskalkulation, in der handelsbetrieblichen Praxis wird der Begriff H. häufig im Zusammenhang mit der Festlegung von Verkaufspreisen verwendet. Bei der Kalkulation der Verkaufspreise im Handel sollten insbesondere die anfallenden Wareneinstands- und Handlungskosten sowie die Zielsetzung des betreffenden Handelsunternehmens berücksichtigt werden. Zur Ermittlung von Verkaufspreisen stehen dem Handel prinzipiell verschiedene Verfahren der Preisbildung zur Verfügung. Zu diesen zählen z.B. die Divisions- sowie die Zuschlags- oder Stufenkalkulation.

Handelskette, Bezeichnung für die Gesamtheit aller Absatzorgane, die auf dem Absatzweg einer Ware vom Hersteller zum Konsumenten eingeschaltet sind.

Handelsklassen, gelten für einige Lebensmittel (z.B. Kartoffeln, Eier). Die Klassifizierung in H. erfolgt nach Qualitätskriterien. H. basieren auf EU-Verordnungen oder auf dem Deutschen Handelsklassengesetz. Das Ziel ist die Förderung der Markttransparenz für Industrie, Handel und Verbraucher.

Literatur: Strecker, O., Reichert, J., Pottebaum, P. (1996): Marketing in der Agrar- und Ernährungswirtschaft, Frankfurt/Main, S. 32.

Handelslogistik, → Logistik des Handels, die sich aus den drei Teilbereichen Beschaffungs-, Distributions- und Entsorgungslogistik zusammensetzt. Während die Beschaffungs- und Entsorgungslogistik zentrale Aufgaben des Handels sind, werden viele Aufgaben der → Distributionslogistik im stationären Einzelhandel an die Hersteller übertragen. Insbesondere in den letzten Jahren hat die Bedeutung der Logistik-Strategie für Handelsunternehmen als Profilierungsinstrument stark zugenommen. Dieser Bedeutungszuwachs lässt sich einerseits auf neuere Entwicklungen (z.B. Forderung nach Just-in-Time-Lösungen auf Verwenderseite, gestiegenes Umweltbewusstsein) im Umfeld des Handels zurückführen. Andererseits führt die Konzentration im Handel zu wettbewerblichen Einheiten, für die sich eine eigene Distributionslogistik zu lohnen scheint.

Handelsmacht, → Hersteller-Handels-Beziehungen; dokumentiert sich im Vorrecht des → Handels im Falle des → indirekten Absatzes zu bestimmen, welche Produkte dem → Konsumenten überhaupt zugänglich gemacht werden (→ Gatekeeper-Funktion). Insbesondere → Handelssysteme mit vielen Verkaufsstellen, die für eine flächendeckende → Distribution der Produkte der Hersteller eine große Bedeutung besitzen, verfügen über eine starke Machtposition. Die Stärke der Machtposition eines Handelsunternehmens wird z.B. dadurch determiniert, welche Bedeutung die Nachfrage des betreffenden Handelsunternehmens für die Hersteller hat. Im Extremfall gerät ein Hersteller ohne die Abnahmemengen eines großen Handelsunternehmen in eine existenzbedrohende Situation. Man spricht deshalb auch von der Nachfragemacht des Handels.

Literatur: Ahlert, D. (1996): Distributionspolitik, 3. Aufl., Stuttgart/Jena, S. 117ff.; Olbrich, R. (1998): Unternehmenswachstum, Verdrängung und Konzentration im Konsumgüterhandel, Stuttgart, S. 444ff.

Handelsmakler, selbständige Kaufleute, die in ihrer Rolle als unternehmungsfremde Verkaufsorgane in keinem dauerhaften, festen Vertragsverhältnis zu einem bestimmten Auftraggeber stehen (§§ 93ff. HGB). Ihre Aufgabe besteht darin, einen Vertragsabschluss in die Wege zu leiten, wobei sie sowohl für den Käufer als auch für den Verkäufer tätig sein können. Der H. besitzt keine Inkassovollmacht, ist beiden Parteien gleichermaßen verpflichtet und haftet jeder Partei für von ihm verschuldete Schäden.

Handelsmanagement, die Unternehmensführung des → Handelsbetriebs. U.a. mit Hilfe der Erkenntnisse der → Handelsbetriebslehre soll der Leistungsprozess eines Handelsunternehmens möglichst ökonomisch gesteuert werden. Zu den hierbei zu erfüllenden Managementaufgaben zählen Planung, Entscheidung, Organisation und Kontrolle sowie die Führung der Mitarbeiter. Die Tätigkeitsbereiche des Handelsmanagements bestehen u.a. im → Handelsmarketing auf der Beschaffungs- und Absatzseite, der Logistik und → Warenwirtschaft, der Finanzierung des Handelsunternehmens, der Personalpolitik und dem Rechnungswesen.

Handelsmarke, → *Händlermarke*, → Eigenmarke. I. Begriff: H. sind Produkte, die mit einem Markenzeichen versehen sind, das sich im Eigentum eines Handelsunternehmens befindet. Zudem ist die Distribution der H. auf die eigenen Verkaufsstellen und/oder angeschlossene Kooperationspartner des Handelsunternehmens begrenzt. Terminologisch bildet die H. das Pendant zur Herstellermarke. In Deutschland verfügen diese Handelsunternehmen häufig nicht über eigene Produktionsstätten, sondern sie lassen die Handelsmarkenprodukte in Auftragsproduktion von Industrieunternehmen herstellen. Auch Markenartikelhersteller beschäftigen sich mit der Entwicklung und Produktion von H. für den Handel.

II. Merkmale: Die Erscheinungsformen der H. sind vielfältig. Mit Blick auf die Positionierung der H. im Preis- und Qualitätssegment unterscheidet man zwischen Gattungsmarken (→ Discountmarken), → Imitationsmarken und → Premiummarken. H. werden als Einzel-, Produktlinien- oder → Dachmarke geführt. Sie werden entweder mit einer Firmenmarke des Handelsunternehmens oder einer Phantasiemarke versehen. Nach der geographischen Reichweite ihres Absatzmarktes unterscheidet man lokale, regionale, nationale und internationale H.

III. Ziele: H. werden zur Ertrags- und Sortimentsoptimierung geführt. Zudem soll mit ihrer Hilfe eine Profilierung bei den Kunden erfolgen, die zur Einkaufsstättentreue und Kundenbindung beiträgt. Weitere Ziele sind die Reduktion der Herstellermacht und eine stärkere Bindung der Mitglieder innerhalb von → Einkaufsvereinigungen und Verbundgruppen.

Literatur: Dumke, S. (1996): Handelsmarkenmanagement, Hamburg, S. 17ff.

Handelsmarketing, Bezeichnung für das Marketing von Handelsunternehmen (→ Handelsbetrieben). Ziel ist eine marktorientierte Unternehmensführung. In der Praxis wird unter dem Begriff des Handelsmarketing mitunter auch das Marketing von Herstellern in Bezug auf den Handel verstanden. Terminologisch beinhaltet der Begriff des Handelsmarketing allerdings nur das Marketing von Handelsbetrieben ggü. den Absatz- und Beschaffungsmärkten dieser Institutionen. Das Marketing von Herstellern in Bezug auf den Handel wird demgegenüber als → Trade-Marketing bezeichnet. Die Abb. „Die Einordnung des Handelsmarketing in das Instrumentarium des Absatzmarketing" veranschaulicht die Einordnung des H. in das Instrumentarium des Absatzmarketing. Das H. umfasst alle marketingzielorientierten Maßnahmen eines Handelsunternehmens, die sowohl auf eine gezielte Beeinflussung der Kaufentscheidungen potenzieller Abnehmer als auch auf eine Beeinflussung der Verkaufsentscheidungen potenzieller Lieferanten gerichtet sind. Obwohl der Marketingmix eines Handelsunternehmens mit dem eines Industrieunternehmens prinzipiell vergleichbar ist, machen einige Besonderheiten, wie z.B. die Standortgebundenheit, die ‚Nähe' zum Endkunden der Wertschöpfungskette und die Sortimentsbildung über eine Vielzahl an Lieferanten hinweg, eine spezifische Ausprägung des H. erforderlich. Weitere Gründe für die Eigenständigkeit des H. liegen in der Emanzipation des Handels von der Rolle des ‚bloßen Absatzmittlers' der Konsumgüterindustrie zu einem gleichwertigen Marktpartner mit eigenen Profilierungsbemühungen, in der Generierung einer unternehmensspezifischen Handelsmarkenführung (→ Handelsmarke) und in dem Machtzugewinn des Handels ggü. der Industrie aufgrund fortschreitender Konzentrations- und Kooperationsprozesse im Handel. Im Mittelpunkt des H. steht die Handels-leistung und damit nicht der einzelne Artikel oder ein einzelnes Produkt, sondern die Kombination aus fremderstellten Sachleis-tungen (Ware) und eigenerstellten Dienstleis-tungen (Beratung und Service). Das H. orientiert sich damit i.d.R. weniger an Produk-ten, sondern vielmehr an Sortimenten und → Betriebsformen. Zu den absatzseitigen Marketinginstrumenten des Handels zählen die → Produktpolitik (hier vor allem die Handelsmarkenpolitik), die → Sortimentspolitik, die → Preispolitik, die Absatzfinanzierung, die Servicepolitik, die Verkaufsorganisation und die Kommunikationspolitik. Zum beschaffungsseitigen Marketinginstrumentarium des Handels gehören die beschaffungsseitige Sortiments- und Produktpolitik, die Bestellpolitik, die beschaffungsseitige Preispolitik, die Beschaffungsfinanzierung, der Lieferantenservice und die Beschaffungskommunikation.

Literatur: Müller-Hagedorn, L. (2002): Handelsmarketing, 3. Aufl., Stuttgart u.a.; Olbrich, R. (1995): Vertikales Marketing, in: Tietz, B./Köhler, R./Zentes, J. (Hrsg.), Handwörterbuch des Marketing, 2. Aufl., Stuttgart, S. 2612-2623; Theis, H.-J. (1999): Handels-Marketing: Analyse- und Planungskonzepte für den Einzelhandel, Frankfurt/Main, S. 28.

Rainer Olbrich/Dirk Battenfeld

Handelsmesse, zeitlich begrenzte, wiederkehrende Veranstaltung mit Marktcharakter, auf der Waren zum Zweck des direkten Absatzes (Handels) angeboten werden. H. sind die ursprüngliche Form der jahrhundertealten → Messen an traditionellen Standorten wie Leipzig, Lyon, Bergamo oder Padua. Vor allem im Zuge der Industrialisierung löste die → Mustermesse die H. ab.

Handelspanel, → Panelerhebungen sind → Teilerhebungen, die in periodischen Ab-

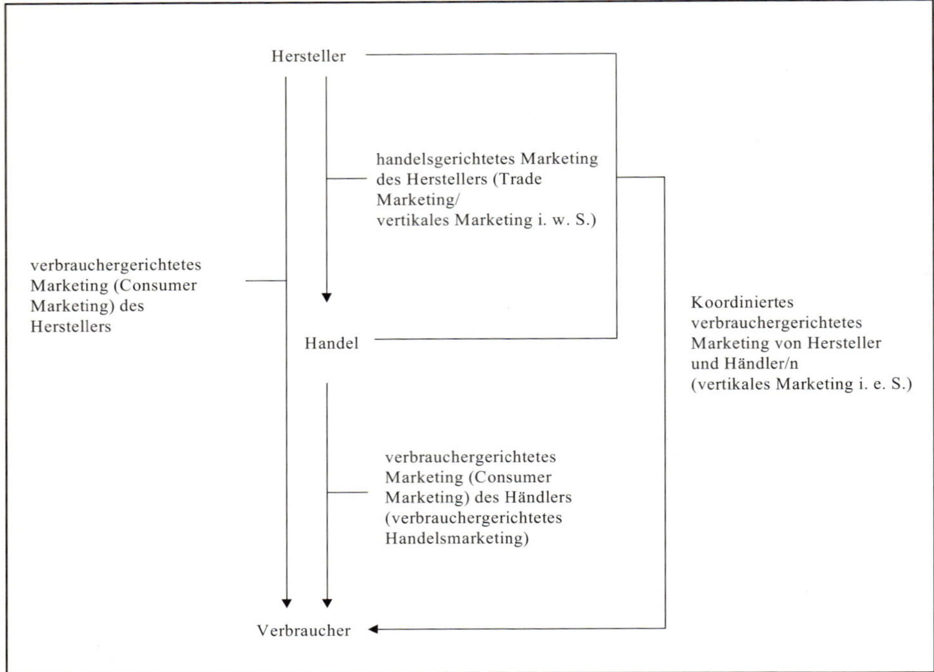

Die Einordnung des Handelsmarketing in das Instrumentarium des Absatzmarketing

ständen durchgeführt werden. Dabei werden der Erhebungsgegenstand und die Untersuchungseinheiten konstant gehalten. Mit Hilfe von H. werden → Daten über die Absatzzahlen von Einzel- und Großhändlern ermittelt. Die Erhebung erfolgt entweder manuell durch Abzählen der Waren und Bilden des Saldos aus Anfangsbestand und Endbestand, oder maschinell mittels Scannerkassen. Neben den Absatzzahlen liefern H. auch wichtige Informationen über → Distributionsgrade von Produkten. Distributionsdaten liefern Informationen über die Verfügbarkeit eines Produktes oder einer Marke. Dies erfolgt entweder in absoluten Zahlen (numerische Distribution) oder in relativen Zahlen (gewichtete Distribution). Wegen der hohen Kosten von H.s werden diese fast ausschließlich von Marktforschungsinstituten durchgeführt. Die beiden bedeutendsten H. in Deutschland sind die der → Nielsen GmbH mit ca. 700 Geschäften und die der GfK mit ca. 800 Geschäften.

Handelsplattform, elektronische, → Elektronischer Markt.

Handelspsychologie, → Verkaufspsychologie.

Handelssortiment, Summe der Artikel, die sich im Angebot eines Handelsunternehmens befinden. Grundsätzlich lässt sich das H. in das → Kernsortiment und das → Saisonsortiment untergliedern (→ Sortiment).

Handelsspanne, Differenz zwischen Verkaufs- und Einkaufswerten der von einem Handelsbetrieb umgesetzten Waren. Es kann differenziert werden zwischen der Betriebshandelsspanne, die sich auf den Gesamtumsatz bezieht, der Warengruppenspanne, bei der warengruppenspezifische Umsätze betrachtet werden und der Artikelspanne, die sich aus der Differenz zwischen Einstandspreis und Nettoverkaufspreis ergibt. Die H. ist Ausdruck des handelsbetrieblichen Wertschöpfungsprozesses. In der Handelsbetriebslehre wird die H. als Entgelt für die vom Handelsbetrieb wahrgenommenen Distributionsaufgaben definiert. Die Artikelspannen, die im Rahmen der Kalkulation der Verkaufspreise zu bestimmen sind, basieren auf den zu erbringenden Handelsfunktionen und den dadurch bedingten Kosten. Neben dieser kostenorientierten Sichtweise sind darüber hinaus marktorientierte Einflussfaktoren zu berücksichtigen, z.B. die Wettbewerbssituation und die → Preiselastizität der Nachfrage. Aus kalkulatorischer Sicht wird zwischen Betragsspanne, Aufschlagsspanne und Abschlagsspanne unterschieden. Die Betragsspanne ist die Differenz zwischen Verkaufs- und Einkaufswert. Die Aufschlagsspanne ist ein Prozentsatz, der dem Einkaufswert zugeschlagen wird, um zum Verkaufswert zu kommen. Die Abschlagsspanne bezieht sich auf den Verkaufswert und gibt den prozentualen Abschlag an, um zum Einkaufswert zu gelangen.

Handelsstrategie, langfristige Planung des Einsatzes der verschiedenen Instrumente des → Marketing-Mix zur Realisierung der beschaffungs- sowie der absatzmarktorientierten Ziele des → Handelsmarketing. Grundlegende Strategien des Handels sind beispielsweise die standardisierte Bearbeitung des Gesamtmarktes mit nur einem → Betriebstyp oder die individuelle Bearbeitung segmentierter Teilmärkte (→ Gebietsstrategie) mit unterschiedlichen Betriebstypen. Im Anschluss an die Auswahl der zu bearbeitenden Märkte wird im Rahmen der H. weiterhin über die grundsätzliche Form der → Marktbearbeitung entschieden. Als grundlegende Formen können dabei entweder preisorientierte (z.B. → Discounter) oder leistungsorientierte (z.B. → Fachgeschäfte) → Betriebsformen Anwendung finden. Die strikte Trennung zwischen diesen beiden Grundausrichtungen ist indes nicht für alle Fälle zutreffend. Jenseits dieser beiden Basisstrategien existiert mit Blick auf die strategischen Optionen des Handelsmanagements eine Reihe von weiteren Möglichkeiten (z.B. hybride Betriebstypen, die Preis- und Leistungsvorteile miteinander verbinden).

Handelsstufe, → Absatz, indirekter.

Handelssystem, Handelsunternehmen, das i.d.R. aus mehreren Einzelhandelsbetrieben und einer oder mehreren Systemzentralen besteht. Man unterscheidet zwischen kooperierenden und → filialisierenden (→ Filialbetrieb) Handelssystemen. Bei einem kooperierenden H. handelt es sich um einen Zusammenschluss selbständiger Groß- und/oder Einzelhändler, die durch Belieferungs- und Dienstleistungsverträge und Funktionsübertragungen an eine Kooperationszentrale gebunden sind. Ein → filialisierendes H. bezeichnet einen vertikalen Zusammenschluss von → Groß- und → Einzelhandel, der durch Weisungsgebundenheit der → Filialen, eine 100%ige Bezugsquote und Inhaberidentität von Groß- und Einzelhandel gekennzeichnet ist.

Handelssystem, filialisierendes, → Filialisierendes Handelssystem.

Handelssystem, freies, vertikal nicht organisiertes, zeichnet sich im Gegensatz zu den vertikal organisierten Handelssystemen durch keinerlei Bindungsverträge oder Verhaltensabstimmungen zwischen Groß- und Einzelhandelsstufe aus. Vielmehr besteht zwischen beiden Wirtschaftsstufen eine reine Ein- bzw. Verkaufsbeziehung. Zu dieser Gruppe sind selbständige und ungebundene Cash- und Carry-Großhandelsbetriebe, aber auch diejenigen selbständigen Einzelhändler zu rechnen, die keiner kooperierenden Handelsgruppe angehören. In einigen Branchen des Konsumgüterhandels, so insbesondere im Lebensmitteleinzelhandel nimmt die Bedeutung des selbständigen Einzelhandels immer weiter ab.

Handelssystem, hybrides, zu der Gruppe der H. H. sind diejenigen Handelsunternehmen zu rechnen, bei denen zwar ein enger Zusammenschluss von Groß- und Einzelhandelsstufe besteht, gleichwohl die besonderen Merkmale von Filialsystemen – wie z.B. Inhaberidentität – nicht vorliegen. Aufgrund ihres besonderen Charakters als Mischform ist eine trennscharfe Abgrenzung dieser Systeme nur schwerlich möglich und sinnvoll. Merkmale derartiger Handelssysteme können u.a. eine hundertprozentige Bezugsquote, ein einheitliches Erscheinungsbild als Gruppe, eine ausschließliche Versorgung der Geschäftsstätten durch die Hintergrundsysteme der Gruppe (z.B. EDV, Logistik) und eine wechselseitige Entscheidungsdelegation zwischen Zentrale und Geschäftsstätten sein. Eine derartige Konstellation kann auf engen kooperationsvertraglichen Vereinbarungen – wie sie in vielen Fällen des → Franchising vorliegen – oder auf einer abgeschwächten Form der Filialisierung, bei der z.B. die Marktleiter an den Geschäftsstätten finanziell beteiligt werden, beruhen. Im Ergebnis können diese Mischformen – wie die → filialisierenden Handelssysteme – als integrierte Handelssysteme bezeichnet werden.

Handelssystem, kooperierendes, → Kooperierendes Handelssystem.

Handelsvermittler, sind Personen oder Institutionen, die den An- und Verkauf von beweglichen Sachgütern in fremden Namen und auf fremde Rechnung vermitteln. Wird ein H. von einem Verkäufer von Waren mit der Suche nach Käufern beauftragt, handelt es sich um eine Handelsvermittlung nach dem Prinzip ‚down-stream' (z.B. → Handelsvertreter). Arbeitet der H. hingegen für einen potenziellen Käufer und sucht damit geeignete Lieferanten, erfolgt die Handelsvermittlung nach dem ‚up-stream'-Prinzip (z.B. → Einkaufskontore). Eine Handelsvermittlung findet sowohl auf der Großhandelsstufe (z.B. → Handelsvertreter) als auch auf der Einzelhandelsstufe (z.B. Vertreter des → Versandhandels) statt.

Handelsvertreter. I. Begriff: Selbständige Gewerbetreibende, die fortlaufend damit beauftragt sind, im Namen und für Rechnung ihres Auftraggebers (Hersteller, Großhandelsunternehmungen, Importeure usw.) Produkte abzusetzen. Nach der Vollmacht, die dem H. erteilt wird, unterscheidet man zwischen Vermittlungsvertreter und Abschlussvertreter, d.h. H. ohne und mit Abschlussvollmacht. Der Vermittlungsvertreter kann lediglich Angebote unterbreiten und Bestellungen entgegennehmen (Absatzanbahnung). Der Kaufvertrag kommt erst zustande, wenn die Unternehmung, für die der H. tätig ist, den Auftrag bestätigt.

II. Rechtsgrundlagen: Zwischen der auftraggebenden Unternehmung und dem H. wird ein Handelsvertretungsvertrag über Geschäftsbesorgungen abgeschlossen (§§ 84ff. HGB), wobei von wesentlicher Bedeutung für beide Parteien die rechtlichen Fragen der Kündigung (§§ 89, 89a HGB) sowie der ggf. bestehende Ausgleichsanspruch des H. bei Beendigung des Vertragsverhältnisses (§ 89b HGB) sind. Der Ausgleichsanspruch liegt in dem → akquisitorischen Potenzial begründet, das der H. während seiner Tätigkeit für seinen Auftraggeber aufgebaut hat. Mit der Umsetzung der EG-Richtlinie von 1986 in das deutsche H.-recht 1990 ist für die im Ausland tätigen H. eine bedeutende Änderung eingetreten: Unter der Voraussetzung, dass die Vertragsparteien die Anwendbarkeit deutschen Rechts vereinbaren, kann der Ausgleichsanspruch eines nicht im Inland ansässigen H. – anders als nach altem Recht – nicht mehr ausgeschlossen werden, wenn dieser zumindest einen Teil seiner Tätigkeit innerhalb der EU ausübt (§ 92c HGB).

Handelsware, bezeichnet diejenigen Produkte, die von einem Hersteller nicht selbst hergestellt, sondern zugekauft werden, um sie in das eigene → Sortiment zu integrieren und weiterzuveräußern. Ziel dieses Vorgehens ist die besondere Berücksichtigung der Wünsche der Nachfrager durch eine entsprechende ‚Abrundung' des eigenen Sortimentes.

Handelswerbung, Teil des Kommunikations-Mix eines Handelsunternehmens. Sowohl die Instrumente der Werbung als auch der Ablauf der Werbeplanung unterscheiden sich nicht grundlegend von denen der Industrie. Ein bedeutender Unterschied mit Blick auf die Werbung der Industrie manifestiert sich indes in der unterschiedlichen Zielorientierung der jeweiligen Werbemaßnahmen. Während bei Unternehmen der Industrie die Profilierung der eigenen Produkte im Vordergrund der Werbemaßnahmen steht, ist das Hauptziel der H., die eigenen Sortimente und Handelsbetriebe zu ‚bewerben', was bedeutet, einen möglichst hohen Anteil der relevanten Nachfrage auf die eigenen Verkaufsstellen zu lenken.

Händlermarke, → *Handelsmarke.*

Händlerseminar, häufig als → Kundenbindungsinstrument eingesetztes Fortbildungsangebot eines Herstellers an ausgewählte Handelspartner mit dem Ziel, die Bereitschaft des → Handels zur Realisierung bestimmter Marketingmaßnahmen sowie deren Produktkenntnisse zu fördern. Bei entsprechendem → Zusatznutzen für die Händler sowie einem attraktiven Seminarangebot können H. als Instrument der Bindung des Handels an den Hersteller eingesetzt werden oder zumindest die Beziehung und Kooperationsbereitschaft der Partner erhöhen.

Händlerwettbewerb, Maßnahme der handelsgerichteten → Verkaufsförderung. Vom Hersteller organisierter und durchgeführter Wettbewerb, wie z.B. ein Schaufensterwettbewerb, mit dem Ziel, die Attraktivität der Einkaufsstätten und Produktkenntnisse der Handelsmitarbeiter zu steigern.

Handwerkshandel, als H. werden häufig jene Betriebe bezeichnet, bei denen sowohl die gewerbliche Produktion als auch der Verkauf der erstellten Erzeugnisse in der eigenen Betriebstätte abwickelt wird. Einige typische Betriebe des Handwerkshandels sind z.B. im Lebensmittelhandwerk zu finden. Zu diesen gehören z.B. Schlachtereien, Bäckereien und Konditoreien.

Handy-Werbung. Handy: Im deutschen Sprachraum umgangssprachliche Bezeichnung für Mobiltelefon. Die Zusendung von unverlangter Werbung über SMS (Short Message Service) ist grundsätzlich unzulässig. Es gelten dieselben Regeln wie sie die Rechtsprechung für die → Telefonwerbung und die → Telefaxwerbung herausgearbeitet hat. Ohne ausdrückliche Zustimmung des Empfängers dürfen Geräteadressen und Rufnummern nicht als Ziel von H. genutzt werden. Eine Ausnahme bilden Handy-Verträge, in denen die Verbraucher ausdrücklich ihr Einverständnis zum Empfang elektronischer Werbung geben.

Handzettel, *Flyer. Vgl. auch* → Werbemittel.

Haptik, die Lehre vom Tastsinn. Für Unternehmen liegt die Bedeutung der H. darin, dass sie mittels ihrer Marketingaktivitäten möglichst viele Reizmodalitäten bei ihren Zielgruppen ansprechen müssen. Dazu zählen neben der H. auch der Geruchs-, Seh-, Hör-, und Geschmackssinn. Werden die Reizmodalitäten vernachlässigt oder die eingesetzten Reize nicht aufeinander abgestimmt, kann dies erhebliche Wirkungsverluste zur Folge haben.

Hard-Selling, → Personal Selling; Verhandlungsstil im Rahmen des Personal Sell-ing, der darauf abzielt, durch Einsatz bestimmter → Verkaufstechniken potenzielle Kunden schnell von der angebotenen Leistung zu überzeugen und somit zum Verkaufsabschluss zu bewegen. Das H.-S. findet seine Anwendung insbesondere in solchen Verkaufssituationen, die nicht auf den Aufbau langfristiger → Kundenbindungen gerichtet sind (z.B. beim → Tür-zu-Tür-Verkauf von Haushaltswaren). Als Gegenpol zum H.-S. hat sich in letzter Zeit das Soft-Selling entwickelt. Hierbei versucht der Verkäufer ausschließlich, dem Käufer bei der Lösung eines konkreten Problems zu helfen und seine Leistung nur dann zu verkaufen, wenn diese auch tatsächlich die beste Problemlösung für den Kunden darstellt.

Harvesting-Strategie, → *Ernte-Strategie.*

Häufigkeitsverteilung, Funktion, die jeder Merkmalsausprägung ihre absolute bzw. relative Häufigkeit zuordnet. Die H. ist die Grundlage vieler Verfahren der → Datenanalyse. Eine besondere Form stellt die kumulierte H. dar, bei der die relativen oder (seltener) die absoluten Häufigkeiten addiert werden, woraus sich eine steigende Verteilungskurve ergibt. Wichtige Parameter von H. sind die → Lageparameter, die → Streuparameter und die → Formparameter. Die grafische Darstellung kann in unterschiedlicher Form erfolgen. Am häufigsten verwendet werden das → Histogramm, das Kreisdiagramm, das Banddiagramm und das Häufigkeitspolygon.

Hauptachsenmethode, Analyseverfahren der → Faktorenanalyse, das davon ausgeht, dass bei einer Faktorenanalyse immer eine spezifische Varianz durch die Faktoren nicht erklärt wird. Das bedeutet, dass die → Kommunalitäten immer kleiner eins sind.

Hauptbotschaft, → Werbebotschaft.

Hauptkomponentenmethode, Analyseverfahren der → Faktorenanalyse, das davon ausgeht, dass bei einer Faktorenanalyse bei gleicher Anzahl von Faktoren und Variablen die komplette Varianz erklärt wird.

Haushaltspanel, bei dieser Art des → Verbraucherpanel stellt der Haushalt in seiner Gesamtheit, und nicht das Individuum, den zu untersuchenden Endverbraucher dar. Das H. ist neben dem → Individualpanel die bedeutendste Panelform. Das Ziel eines solchen Panels ist es, Informationen über das Konsumverhalten des Haushaltes zu bekommen. Mussten die ausgewählten Haushalte früher noch Tagebuch über ihre Einkäufe führen, so werden diese Daten mittlerweile überwiegend über Handscanner erfasst und elektronisch an das untersuchungsführende Institut übermittelt. Im Mittelpunkt des Interesses stehen dabei insbesondere Daten bzgl. der Anzahl der erworbenen Waren, deren Markennamen, Produktbezeichnung, Preis, Packungsbeschaffenheit sowie Name und Art der Einkaufsstätte, an der sie erworben wurden. Ein klassisches H. setzt sich normalerweise aus mindestens 8.000 Haushalten zusammen und repräsentiert eine zuvor aus der Zielsetzung der Untersuchung festgelegte → Grundgesamtheit (beispielsweise Gesamtheit privater Haushalte eines Landes). Ein speziell bei H. auftretendes Problem, ein so genannter Paneleffekt, ergibt sich, wenn vor allem eine Person im Haushalt das Scannen der gekauften Produkte übernimmt. Das kann dazu führen, dass Einkäufe anderer Haushaltsmitglieder nicht eingescannt werden, oder Einkäufe, die bereits ausser Haus konsumiert wurden, nicht erfasst werden. Die bekanntesten H. werden von der ACNielsen GmbH (Haushaltspanel Homescan™) und der GfK AG (Consumer Scan Panel) unterhalten. Durch die zusätzliche Erfassung der Medien-Gewohnheiten der Individuen des Haushaltes kann weitergehend auch noch die Werbewirkung auf das Kaufverhalten des Haushaltes bestimmt werden (→ Single-Source-Panel).

Haustürverkauf, → Verkaufspolitik, rechtliche Aspekte.

Hauswurfsendung. Als H. werden Sendungen ohne Aufschrift mit gleichem Inhalt bezeichnet. Sie dürfen nur durch vervielfältigte Ordnungsbezeichnungen voneinander unterschieden werden. Die Deutsche Post bietet die Wahl zwischen Sendungen an alle Haushalte, an Haushalte, die am Zustelltag Tagespost erhalten oder an alle Briefabholer (Postfachinhaber). Das Verteilgebiet veranlasst der Kunde nach Postleitzahl, bestimmten → Einzugsgebieten oder Straßenzügen (*vgl. auch* → Postwurfsendung).

Hauszeitung, wird von einem einzelnen Unternehmen oder einer Institution vorwiegend als Instrument er → Internen Kommunikation herausgegeben und dient primär der Information der Mitarbeiter sowie der Mittelspersonen, wie Groß- und Einzelhändlern. Teilweise wendet sich die H. auch an Kunden. Neben sachlicher, fachlicher und personeller Information kann die H. ebenfalls Unterhaltung bieten. Bei entsprechender Ausgestaltung kann die H. als Mittel zur Entwicklung einer bestimmten → Unternehmenskultur eingesetzt werden.

Hautwiderstandmessung, → Elektrodermale Reaktion (EDR).

HDTV, Abk. für High Definition TV. *Vgl. auch* Digitales Fernsehen, → Elektronische Medien.

Headline, *Überschrift*; textliches bzw. sprachliches Element des → Werbemittels. Der Gestaltung der H. kommt insbesondere bei solchen Werbemitteln eine wesentliche Bedeutung zu, die nur wenig bildliche Komponenten enthalten. Unter den textlichen Gestaltungselementen verfügt die H. über das größte Aktivierungspotenzial (→Aktivierung). Die Höhe der physischen Reizqualität einer H. setzt sich insbesondere aus der eingesetzten Schrift(art), der Beziehung zu den sonstigen Gestaltungselementen sowie der Lesbarkeit der H. zusammen. (1) Große, farbige sowie auffällig gestaltete Schrift(art) gestaltete H. lassen das Aktivierungspotenzial des gesamten Werbemittels ansteigen und fördern die Aufnahmebereitschaft durch die Rezipienten. (2) Je stärker sich die H. von den übrigen Gestaltungselementen abhebt, d.h. je auffälliger sie gestaltet wird, desto höher ist das Aktivierungspotenzial des gesamten Werbemittels. (3) Da mit höherer Schnelligkeit der gedanklichen Verarbeitung die Chance steigt, dass sich die Rezipienten auch mit den übrigen Elementen des Werbemittels auseinandersetzen, sollte bei der Gestaltung der H. ihrer Lesbarkeit innerhalb des Werbemittels besondere Aufmerksamkeit geschenkt werden. Aus den Ergebnissen empirischer Studien ist in diesem Zusammenhang zu entnehmen, dass die Lesegeschwindigkeit der H. u.a. sinkt, wenn die Schrift einen zu geringen Kontrast zum Untergrund hat, auf unruhigem Untergrund steht oder in Großbuchstaben gesetzt ist.

Health Care Marketing, Übertragung des Marketingkonzeptes auf Problemfelder und Institutionen des Gesundheitsbereichs. Das H.C.M. umfasst sowohl Problemfelder des kommerziellen → Marketing (z.B. das Marketing von Pharmaunternehmen) als auch des → Non-Profit-Marketing (z.B. das Marketing von Krankenkassen). Gegenüber traditionellen Ansätzen im Gesundheitswesen kann hier der Marketinggedanke z.B. durch → Befragung von Patienten, verhaltenswissenschaftlich fundierte Marktkommunikation oder öffentlich-private → Kooperationen im Rahmen von → Public Private Partnerships dazu beitragen, individuell oder sozial schädliche Werte und Verhaltensmuster aufzubrechen und zu verändern. *Vgl. auch* → Social Marketing.

Hedonische Preise, in Geldeinheiten bewertete Merkmale eines Produktes oder einer Dienstleistung. Die hedonische Preistheorie geht davon aus, dass die Preisforderungen der Anbieter und die → Preisbereitschaften der Nachfrager vom Qualitätsniveau eines Produktes abhängen. Die Qualität ist dabei über die Ausprägungen der Eigenschaften der Absatzleistung definiert. Der Preis eines Gutes setzt sich somit aus den Preisen für diese Eigenschaften zusammen. Die hedonischen Preise bzw. Eigenschaftspreise lassen sich aus den beobachtbaren Marktpreisen der Absatzleistung durch Regressionen schätzen.

Hedonismus, Werthaltung, die durch Genussorientierung, Sinnlichkeit, Lebens- und Konsumfreude charakterisiert ist. Hedonistische Konsumenten stellen die ideale Zielgruppe für das Erlebnismarketing dar und werden auf ca. 30 Prozent der Gesamtbevölkerung beziffert. Die Konsumentenforschung untersucht seit ca. zwei Jahrzehnten, wie Produkte, Dienst- und Einzelhandelsleistungen das Hedonismusbedürfnis befriedigen können. Im angloamerikanischen Sprachraum wird unter Hedonic Consumption die multisensorische, emotionale und die Fantasie anregende Interaktion eines Konsumenten mit einem Produkt oder einer Dienstleistung verstanden.

Hemisphärenforschung, Forschungsrichtung innerhalb der → Gehirnforschung, die sich mit den Funktionen der linken und rechten Großhirnhälfte (sog. Hemisphäre) beschäftigt. Dabei verarbeitet die rechte Gehirnhälfte holistische (ganzheitliche) Informationen, wie z.B. Bilder, räumliche Umwelten, gefühlsmäßige Eindrücke, während in der linken Gehirnhälfte die analytische Informationsverarbeitung, d.h. das „rationale Denken“, stattfindet. Die rechte Hemisphäre versucht, Sinneseindrücke gleichzeitig und simultan zu bewältigen, während links die Informationen nacheinander in einer bestimmten Reihenfolge verarbeitet werden. Die rechte Gehirnhälfte sieht Analogien, die linke versucht hingegen Ursache und Wirkung zu erkennen. Die H. leistet Beiträge für die Erklärung von → Emotionen. So haben medizinische Untersuchungen ergeben, dass Patienten mit einer nicht-intakten rechten Hemisphäre nicht mehr fähig sind, Geschichten mit einem emotionalen Inhalt nachzuerzählen, Gefühle über eine Veränderung der Stimmlage auszudrücken oder Emotionen durch mimisches Ausdrucksverhalten zu zeigen. Weitere Studien der Hemisphärenforschung zeigen, dass die beiden Hälften in einer wechselseitigen Balance-Beziehung stehen. So kann die linke Gehirnhälfte eine Art Regulativ darstellen bzw. die Aktivität der rechten Gehirnhälfte hemmen. Die rechte Gehirnhälfte kann dagegen die kognitiven Prozesse in der linken Hemisphäre unterstützen oder bremsen. So ist festgestellt worden, dass die Ergebnisse von IQ-Tests abhängig von den Angstgefühlen der Probanden sind und dass die Effizienz kognitiver → Informationsverarbeitungsprozesse von der Stimmung des Individuums beeinflusst werden kann. Die beiden Gehirnhälften sind somit für unterschiedliche Prozesse zuständig, es findet allerdings ein Austausch zwischen beiden Systemen statt.

Herkunftslandeffekt, → Country-of-Origin-Effekte.

Hermeneutik, eine interpretative Methode, die in der Werbewirkungsforschung angewandt wird. Sie geht davon aus, dass Konsumenten Werbebotschaften auf der Basis vorgefasster Meinungen beurteilen und untersucht, ob sich die Ansichten der Konsumenten über sich selbst, über die Welt und über die Quelle der Botschaft nach einer Werbedarbietung verändern.

Hermes-Kreditversicherung, → Exportkreditversicherung.

Hersteller-Handels-Beziehungen, die H.-H.-B. sind auf der einen Seite gekennzeichnet durch die → Handelsmacht. Auf der anderen Seite versuchen die Hersteller durch Produkte mit einem ausgeprägten → Markenimage eine Gegenposition aufzubauen. Dies gelingt ihnen nur dann, wenn der → Konsument nach ihren Produkten aktiv verlangt und gezielt Verkaufsstellen des → Handels aufsucht, in denen er derartige Produkte erwartet. Da jedoch in vielen Branchen auch Markenprodukte aus Sicht der Konsumenten austauschbar sind, gelingt es den Herstellern in vielen Fällen nur unzureichend, eine Gegenposition zur Handelsmacht aufzubauen. In vielen Branchen kann deshalb ein Machtungleichgewicht zugunsten des Handels diagnostiziert werden.

Herstellermarke, ein → Markenartikel, dessen Träger im Gegensatz zur → Handelsmarke der Hersteller ist. Insgesamt ist das Herstellerkonzept dadurch gekennzeichnet, dass die Entwicklung, die Erstellung, die Vermarktung und die Qualitätsgarantie der → Produkte beim Hersteller angesiedelt ist. Der Vertrieb der herstellergesteuerten Markenartikel erfolgt i.d.R. direkt oder über den institutionellen Handel. Dabei erreichen die H. ggü. Handelsmarken immer noch eine dominante Position in den Sortimenten der Einzelhandelsunternehmen, sie decken ca. 70% des gesamten aktiven Markenpotenzials in der Distribution ab.

Herstellkosten, alle Kosten, die im Zusammenhang mit der Herstellung einer Leistungseinheit anfallen. Sie werden im Rahmen der differenzierenden → Zuschlagskalkulation als Summe aus Material- und Fertigungskosten ermittelt und fungieren dort als Basis für die Verrechnung der Marketing-, Vertriebs- und Verwaltungskosten. H. sind primär für kostenrechnerische Zwecke geeignet, wie z.B. zur internen Bewertung von selbsterstellten Vermögensgegenständen.

Herstellungskosten, → Herstellkosten.

Herzberg-Ansatz, → Hygienefaktoren.

Heuristik, erkenntnistheoretisches und methodisches Verfahren zur Gewinnung neuer wissenschaftlicher Erkenntnisse und zur Problemlösung. Im Gegensatz zu → Optimierungsmodellen stellt eine H. eine auf Erfahrung basierende Entscheidungsregel auf, die eine optimale Lösung nicht garantieren kann. Mit dem Einsatz einer H. wird das Ziel verfolgt, die Wahrscheinlichkeit für eine zufriedenstellende und schnell zu findende Problemlösung zu erhöhen. Im → Marketing finden H. u.a. in Form von → Expertenbefragungen, der → Szenario-Technik oder der Delphi-Methode Anwendung.

Hidden Action, Begriff der → Prinzipal-Agenten-Theorie. Der Anbieter ergreift bzw. unterlässt im Laufe der Transaktion für den Nachfrager verdeckte Maßnahmen, z.B. indem er weniger Input als vereinbart leistet.

Die Nachfrager können die Handlungen des Unternehmens erst beurteilen, nachdem die Transaktion abgeschlossen ist. Dieses Problem ergibt sich aus der Informationsasymmetrie zwischen Kooperationspartnern (→ Theorien des Marketing). Personen oder Unternehmen, die Aufgaben übertragen bekommen, etwa Anbieter von → Kontraktgütern wie Unternehmensberatungsleistungen oder Werbung, können durch den Auftraggeber nicht (perfekt) kontrolliert werden. Daraus ergeben sich Anreizprobleme, die wiederum zu Vertrauensproblemen führen, die es durch Marketingmaßnahmen, etwa durch Reputationsaufbau und Kooperationsverträge, zu überwinden gilt. → Vertrauensgüter, → Vertrauenseigenschaften.

Hidden Champions, „heimliche Gewinner" sind insbesondere kleine und mittelständische Unternehmungen, die trotz relativ geringen Bekanntheitsgrades und relativ geringer Größe (→ Größenwettbewerb) überdurchschnittlich erfolgreich sind. Unternehmen mit diesen Charakteristika schaffen es z.T. bis hin zur Position eines Weltmarktführers. Erfolgsfaktoren sind u.a. extreme → Kundennähe, wert- nicht preisorientiertes Denken und Handeln, Konzentration auf → Kernkompetenzen, hohe Innovationstätigkeit und starke Mitarbeiterorientierung.

Hidden Characteristics, Begriff der → Prinzipal-Agenten-Theorie. Um sich einen Vorteil zu seinen Gunsten zu ermöglichen, hält der Anbieter Informationen über Merkmale der Kauftransaktion zurück (z.B. Mängel und Qualität). Es besteht nach Vertragsabschluss keine Möglichkeit mehr, Einfluss auf die Merkmale zu nehmen. Der Nachfrager sieht sich mit einer Unsicherheit konfrontiert, die als Qualitätsunsicherheit bezeichnet wird. Beispielsweise ist der Kunde unsicher über die Qualität des ihm verkauften Produktes. → Informationsökonomik, → Theorien des Marketing.

Hierarchie, Merkmal der → Aufbauorganisation eines Unternehmens. Unterscheidung zwischen → Hierarchietiefe und → Hierarchieintensität. Hierarchietiefe: Anzahl der Hierarchiestufen im Verhältnis zur Unternehmensgröße. Hierarchieintensität: Ausmaß, in dem in der täglichen Arbeit auf die Hierarchie zurückgegriffen wird.

Hierarchieintensität, → Hierarchie.

Hierarchietiefe, → Hierarchie.

Hierarchische Clusteranalyse, → Clusteranalyse, → Ward-Verfahren, → Zentroid Verfahren, → Average-Linkage-Verfahren.

High-Essay-Verfahren, von der US-amerikanischen Werbeagentur Young & Rubicam entwickeltes Iterationsmodell der → Mediaselektion, das sich zu den Satisfizierungsmodellen zählen lässt. Das H.-E.-V. ist insbesondere dadurch gekennzeichnet, dass es gänzlich auf die manuelle Ausarbeitung von → Streuplänen verzichtet und von dem anspruchsvollen Ziel Abstand nimmt, einen optimalen Streuplan zu entwerfen.

I. Vorgehen: Das H.-E.-V. setzt in der ersten betrachteten Woche ein und wählt aus den zur Verfügung stehenden Medien dasjenige mit dem niedrigsten qualitativen → Tausenderkontaktpreis aus. Im weiteren Vorgehen werden die in einer Datenbank gespeicherten Mediadaten geändert, so dass externe Überschneidungen und Rabatte Berücksichtigung finden. Liegt die erreichte → Kontakthäufigkeit unter den errechneten Werten, wird für die jeweilige Woche eine weitere Einschaltung nach dem Kriterium des Tausenderkontaktpreise vorgenommen. Dieser Vorgang wird so lang wiederholt, bis die optimale Kontaktzahl für die Woche erreicht ist. Er beginnt sodann für die nächste Woche und wird fortgesetzt bis das Budget erschöpft ist.

II. Würdigung: Der entscheidende Vorteil des H.-E.-V. ggü. anderen Modellen der Medialselektion liegt darin, dass der Streuplan der Einschaltungen zeitgleich mit der Mediaselektion entworfen wird. Anders als bei den mathematischen Optimierungsverfahren werden darüber hinaus Überschneidungen und Rabatte berücksichtigt. Ein Nachteil des H.-E.-V. ist allerdings darin zu sehen, dass nur durchschnittliche Kontakthäufigkeiten und Kontakte optimiert werden, nicht jedoch die Kontaktverteilung.

High Interest Product, Erzeugnis, dem der Bedarfsträger im Kaufentscheidungsprozess und bei kommunikationspolitischen Maßnahmen aufgrund seiner Art und seines Preises eine hohe Aufmerksamkeit schenkt. *Gegensatz:* → Low Interest Product.

High-Involvement(-Situation), → Involvement.

High-Tech-Marketing, sektoraler Ansatz des → Marketing, der sich auf die Planung, Koordination und Kontrolle aller marktgerichteten Aktivitäten auf High-Tech-Märkten bezieht. Diese Märkte können als junge und schnell wachsende Märkte gekennzeichnet werden, in denen der prozentuale Anteil der Forschungs- und Entwicklungsaufwendungen (→ Forschung & Entwicklung, F&E) auf ca. das Doppelte des Industriedurchschnitts eines Landes beziffert wird. Die Märkte sind aufgrund fehlender „Spielregeln" und Standards von einer hohen Unsicherheit gekennzeichnet. Die Märkte für Telekommunikation, Biotechnologie und → Multimedia-Systeme sind Beispiele. Anbieterbezogen zeichnen sich High-Tech-Märkte insbesondere dadurch aus, dass einerseits hohe F&E-Aufwendungen für den erfolgreichen → Markteintritt notwendig sind, allerdings gleichzeitig die Produktlebensdauer und damit die Amortisationsdauer der Produkte im Markt abnimmt. Gegenstand des H.-T.-M. ist die Ableitung von → Markteintrittsstrategien (Pionier, früher und später Folger) sowie von besonderen Entscheidungen in den einzelnen Marketinginstrumentalbereichen, wie z.B. Durchsetzung von Standards, dynamische → Preisstrategien.

Hinweisschild, Maßnahme der endverbrauchergerichteten → Verkaufsförderung. H. richten sich vorrangig auf die Erzielung von Erinnerungswirkungen von Konsumenten am → Point of Sale. *Vgl. auch* → Regalstopper.

Histogramm, grafische Darstellungsform, die klassierte metrisch skalierte Daten in Form eines Säulendiagramms darstellt. Dabei gibt der Flächeninhalt der Säule die jeweilige Größe der Klasse an.

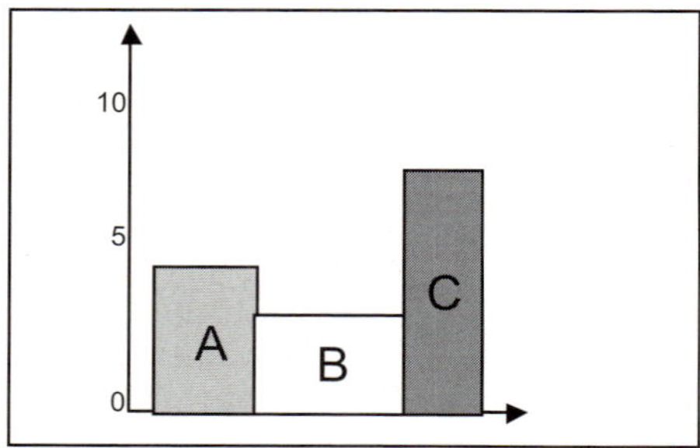

Histogramm

Hit. (1) Eintrag in der Trefferliste, die nach der Suche in einer Datenbank ausgegeben wird (→ Navigationshilfen). (2) Jede Datei, die beim Zugriff eines Clients auf einen Server aufgerufen wird. Da alle Komponenten einer → Website erfasst werden (Grafiken, Texte, Multimediaelemente), sind Hits als Maßzahl für den Abruf von Internetseiten kaum aussagefähig.

Hochpreispolitik, ist eine → Preispolitik, bei der überdurchschnittlich hohe Preise gefordert werden. Sie geht meist mit einer Qualitätspolitik oder dem Anstreben einer Qualitätsführerschaft einher. Strategien einer H. sind: → Skimming Pricing und Premium-Preis-Strategie.

Hochrechnung, Rückschluss von einer → Stichprobe auf die → Grundgesamtheit. Grundsätzlich lassen sich Verfahren der freien und der gebundenen H. unterscheiden. Sind z.B. in einer uneingeschränkten Zufallsauswahl n Elemente der Grundgesamtheit mit den Werten $y_1, y_2, \ldots, y_n$ eines Untersuchungsmerkmals Y erfasst worden, dann wird bei der freien H. die Summe dieser Merkmalswerke durch ihre Anzahl n dividiert und mit der Anzahl N aller Elemente der Grundgesamtheit multipliziert. Der aus der Stichprobe hochgerechnete Gesamtbetrag $\hat{Y}$ des Merkmals Y ergibt sich also als

$$\hat{Y} = \frac{N}{n} \cdot \sum_{i=1}^{n} y_i .$$

Das „Dach" über dem Y soll andeuten, dass es sich um einen hochgerechneten Wert handelt, d.h. um einen Schätzwert für Y. Der Faktor N/n wird auch als Hochrechnungsfaktor bezeichnet. Werden im Rahmen der H. zusätzlich Vorkenntnisse über die Grundgesamtheit hinsichtlich eines anderen Merkmals X berücksichtigt (dieses kann z.B. dem Untersuchungsmerkmal Y bezogen auf einen anderen Zeitpunkt bzw. Zeitraum entsprechen), spricht man von einer gebundenen H. Je nach Art der Verknüpfung zwischen den Merkmalen Y und X lässt sich dabei eine weitere Untergliederung der Verfahren in Verhältnisschätzung, Differenzschätzung und Regressionsschätzung vornehmen.

Hochregallager, Lagerhausform, die sich durch eine möglichst optimale Ausnutzung der vorhandenen Fläche auszeichnet, da die jeweiligen Waren nach dem Prinzip der Raumhöhenausnutzung auf mehreren Regalebenen in die Höhe gestapelt werden. Durch die fortschreitende Automatisierung der Lagertechnik wird die herkömmliche Transport- und Verteilfunktion, die bislang i.d.R. mit Hilfe personengeführter Maschinen (z.B. Gabelstapler) durchgeführt wurde, zunehmend durch computergesteuerte Anlagen ersetzt. Das H. als Lagerhausform wird einerseits als vorübergehendes Güterlager im logistischen Netzwerk von Unternehmen und andererseits als integrierter Teil von → Betriebsformen, insbesondere von Cash & Carry-Großhandelsbetrieben (→ Cash & Carry (-Markt), → Cash & Carry-Großhandel, → Großhandel) verwendet.

Hochschulmarketing, systematische Anwendung des Marketing durch Institutionen des Hochschulbereichs. Soweit es sich hierbei um öffentliche Hochschulen handelt, stellt das H. ein Problemfeld des → Non-Profit-Marketing dar. Das H. öffentlicher Hochschulen gewinnt im Kontext der anhaltenden Restrukturierungsbemühungen des Bildungssektors in Deutschland und der wachsenden Konkurrenz mit privaten Hochschulen zunehmend an Bedeutung.

Hold-up-Problem, → Kontraktgüter.

Home Banking, → Electronic Banking, → Online Banking.

Home Shopping, allgemeine Bezeichnung für solche Vertriebsformen, bei denen der Kaufakt in dem Domizil des Käufers stattfindet. Zu diesen Vertriebsformen können insbesondere gehören → Online Shopping, Teleshopping und Verkauf per Telefon oder Fax. Das H.-S.-Konzept wurde zunächst in den USA eingeführt. Der Erfolg des H. S. begann Ende der Siebzigerjahre mit dem Verkauf von Sonderangeboten im Radio (H.-S.-Network). Später wechselten die Radiostationen ins TV-Kabelsystem, wodurch das Konzept eine größere Verbreitung fand. Mittlerweile ist das Konzept auch in Europa bekannt. Das Konzept des H. S. hat in Europa angesichts von Parkplatznot in den Innenstädten und problematischen Ladenöffnungszeiten immer mehr Akzeptanz bei den Konsumenten gefunden.

Homepage, Eingangsseite einer → Website.

Home-Use-Test, Test, bei dem die Testkandidaten das fertige (marktreife) Produkt mit nach Hause nehmen können und dort testen sollen. Der H.-U.-T. wird z.B. im Rahmen des → ASSESSOR-Modell durchgeführt.

Honorar, Entgelt für bestimmte Dienstleistungen. H. wird für einige Dienstleistungen als Begriff anstelle des Preises (→ Preis) verwendet, z.B. Unternehmensberater, Ingenieure, Architekten. Das H. bezeichnet auch die Vergütung für eine frei- oder nebenberufliche wissenschaftliche, künstlerische o.ä. Tätigkeit (im eigentlichen Sinne „Ehrensold").

Hörerwahrscheinlichkeit, → OTH-Wert.

Hörfunk, bildet zusammen mit Fernsehen den → Rundfunk. *Vgl. auch* → Elektronische Medien.

Hörfunkwerbung, Instrument der (akustischen) → Mediawerbung, das mit einer Zunahme der Empfangsmöglichkeiten von Rundfunk stark an Bedeutung gewonnen hat und inzwischen als Instrument der Massenkommunikation dient (ähnliche Begriffe: Radiowerbung, Radiospot). Die erste H. wurde

1927 ausgestrahlt. Im Jahre 1997 wurden insgesamt 5.395 Radiospots täglich gesendet (1984: 1.034).

I. Beurteilung: Unternehmen, die H. platzieren, verfolgen vor allem das Ziel, dass die kommunikative Botschaft den Zielgruppen relativ ortsunabhängig präsent ist, d.h., sowohl im Wohnraum, im Auto als auch an anderen Orten. Mit einer durchschnittlichen Hördauer nach ZAW-Angaben von 203 Minuten täglich (2002) zählt der Hörfunk zu einem der wichtigsten Medien der Bundesbürger. Darüber hinaus ist H. vergleichsweise flexibel einsetzbar, sie kann z.B. wetterabhängig gebucht werden. Ein weiterer Vorteil liegt in der Möglichkeit, durch die Kreation einprägsamer Jingles eine hohe Wiedererkennbarkeit der Werbung sowie eine enge Verbindung von Unternehmen und Radiospot zu schaffen. Durch die Wahl der Tageszeit und des Programmumfeldes können Zielgruppen außerdem gezielt angesprochen werden. Allerdings muss als Nachteil der H. gesehen werden, dass sie häufig von den Konsumenten nur beiläufig wahrgenommen wird und nur einen mittleren Grad an Aufmerksamkeit erfährt. Hinzu kommt, dass eine Vielzahl von Unternehmen es nicht vermag, durch die akustische Gestaltung Wiedererkennungswert und Einzigartigkeit zu erzeugen und ein Großteil der H. als austauschbar wahrgenommen wird.

II. Wirkungsmessung: Während eine Vielzahl von Studien die positive Wirkung von H. auf Werbeerinnerung, Markenbekanntheit und Kaufneigung nachweisen kann, lagen bis vor kurzem keine entsprechenden Analysemethoden zum Zusammenhang zwischen H. und dem Abverkauf von Produkten vor. Diese Wirkungsmechanismen werden seit dem Jahr 2000 in einem neuen Instrument des Marktforschungsinstituts AC-Nielsen untersucht. Im ACNielsen Single Source PLUS Radio kann über die Parameter Spot- und Schalteffektivität sowie die Kampagneneffizienz eine umfassende Bewertung der Abverkaufsleistung von Radiokampagnen vorgenommen werden. Auf diese Weise durchgeführte Studien deuten darauf hin, dass H. ähnlich positive Wirkungen auf die Absatzförderung auszuüben vermag wie Werbung im Fernsehen.

III. Finanzierungsfunktion für Rundfunksender: H. kommt eine bedeutende Funktion bei der Finanzierung öffentlich- und (noch stärker) privat-rechtlicher Rundfunksender zu. Im Jahr 2002 nahmen die Hörfunksender nach Erhebungen der ZAW netto 595 Mio. Euro über H. ein. Gegenüber 2000 gingen die Einnahmen damit um knapp 19 Prozent zurück. Als Gründe für den Rückgang der H. wird die allgemein schwierige wirtschaftliche Lage genannt sowie das Ausbleiben spezieller Werbeimpulse, die im Jahr 2000 z.B. durch Telekommunikationsunternehmen generiert wurden. An der Spitze der Werbeausgaben im Hörfunk stand 2002 die Automobilbranche, gefolgt von Massenmedien, Handelsorganisationen, alkoholfreien Getränken sowie der Branche Möbel und Einrichtungen.

Horizontale Distributionsstruktur, → Absatzkanalpolitik.

Horizontale Diversifikation, → Diversifikationsstrategie.

Hot Group, bezeichnet eine Gruppe von Mitarbeitern, die sich mit der ihnen gestellten Aufgabe stark identifizieren und intensiv und fokussiert an der gemeinsamen Bewältigung dieser Aufgabe arbeiten, ohne beispielsweise auf Überstunden zu achten. Der Begriff der H.G. bezieht sich also insbesondere auf die äußerst motivierte Einstellung der Gruppe. Ändert sich diese positive Einstellung zur Aufgabe, verliert die H.G. ihren speziellen Charakter und hört als solche auf zu existieren. Somit ist eine H.G. mehr als nur eine → Task Force oder ein Team, sie stellt vielmehr eine höchst motivierte Einheit im Unternehmen dar, die wichtige Schlüsselprojekte schnell voranbringen kann. *Vgl. auch* → Team Organisation.

Literatur: Lipman-Blumen, J./Leavitt, H.J. (1999): Hot Groups and the HR Manager: How to Fire up Your Employees, in: HR Focus, Vol. 76, No. 8, S. 11-12; Leavitt, H. J./Lipman-Blumen, J. (2000): Hot Groups: The Rebirth of Individualism, in: Ivey Business Journal, Vol. 65, No. 1, S. 60-65.

Hotline. In zwei Bereichen des Direktmarketing wird der Begriff genutzt (*vgl. auch* → Direct Marketing): (1) In der Adressenvermittlung (→ Listbroking) wird er für den aktuellsten Teil der Adressenliste, bzw. für die Adressen von Personen, die am besten oder die vor kurzer Zeit gekauft haben, verwendet. Diese Adressen werden i.d.R. zu einem höheren Preis vermietet. Die Unternehmen versprechen sich durch den Einsatz dieser Adressen („heiße" Adressen) eine höhere Responsequote bei schriftlichen Werbungen. Erfahrungen bestätigen dies. (2) H. im Telefonmarketing bedeutet eine Telefonnummer, unter der die Kunden oder Interessenten eines Unternehmens dieses anrufen können. Sehr häufig ist diese Telefonnummer kostenlos und rund um die Uhr erreichbar. Diese Nummer unterstützt den Servicegedanken. Sie wird daher für eilige Bestellungen ebenso wie für Kundendienstzwecke eingesetzt.

House of Quality, Matrixanordnung, die als Grundlage des → Quality Function Deployment (QFD) dessen Ablaufschritte grafisch abbildet.

Howard-Sheth-Modell, von Howard und Sheth entwickeltes Strukturmodell zur umfassenden Erklärung des Kaufverhaltens, das sich an das → SOR-Modell anlehnt und aus drei Variablenklassen besteht: (1) Inputvariablen: beobachtete Reizeinflüsse, (2) hypothetische Vorgänge im Konsumenten (Wahrnehmung, Bewertung, subjektiv empfundene Befriedigung, Entscheidung), (3) Outputvariablen: beobachtbare Ergebnisse der inneren Prozesse (z.B. Kauf).

Human Concept of Marketing, wurde im Jahre 1969 von L.M. Dawson als Erweiterung der klassischen Marketingtheorie (→ Theorien des Marketing) vorgeschlagen. Weil der Ausgangspunkt der Marketingphilosophie im Wesentlichen in der → Kundenorientierung begründet wurde, ohne die mit der Erfüllung der Kundenbedürfnisse verbundenen außermarktlichen und gesellschaftlichen Probleme einzubeziehen, wurde in den 60er Jahren von der sog. Konsumerismusbewegung (→ Consumerism) eine kritische Überprüfung des Marketing und die damit verbundenen negativen gesellschaftlichen und ökologischen Folgen thematisiert. Das H.C. o.M. proklamiert eine Erweiterung der Marketingperspektive über rein ökonomisch fokussierte Themenbereiche hinaus. Dabei soll zwar die Kundenorientierung nach wie vor die Basis für die Gewinnerzielung darstellen, das Gewinnstreben jedoch soll durch die Berücksichtigung gesellschaftlicher, ökologischer und sozialer Ansprüche begrenzt werden. Weiterentwicklungen des H.C.o.M. sind u.a. → Non-Profit-Marketing, → Social Marketing und → Ökologisches Marketing.

Human-Relations-Ansatz, organisationstheoretischer Ansatz. Der H.-R.-A. kritisiert ein simplifizierendes ökonomisches Menschenbild. Soziale Bedürfnisse des Menschen sowie Normen und Werte werden betont. Gemäß dem H.-R.-A. haben informelle Führer durch die Festlegung von Gruppenerwartungen und -normen erheblichen Einfluss auf das Verhalten von Organisationsmitgliedern. Leistung würde nicht in erster Linie durch Zwang oder monetäre Anreize sondern vor allem durch zufriedenstellende Arbeit erreicht. Ein partizipativer Führungsstil, also eine intensive, weitgehend offene Kommunikation, führe ebenso zu Leistungssteigerung. Mit den in den Hawthorne Werken durchgeführten gleichnamigen Studien (1924-1932) wurden die zentralen Thesen des H.-R.-A. empirisch bestätigt. Wegen exogener Störgrößen – Beginn der Weltwirtschaftskrise 1929 usw. – ist dieses Resultat jedoch umstritten. Trotzdem zog die Studie Konsequenzen nach sich, etwa die Empfehlung eines mitarbeiterorientierten Führungsstils.

Human Resource Management, → Personalmanagement.

Humor in der Werbung, lustige → Spots mit Pointe oder Übertreibungen, die zum Schmunzeln anregen; wird bei → Stilmittel-Spots verwendet. *Vgl. auch* → Gestaltung.

Hurwicz-Regel, Entscheidungsregel für Unsicherheitssituationen. Für die Beurteilung einer Alternative sei der jeweils höchste und niedrigste mögliche Erfolg (unabhängig von den Eintrittswahrscheinlichkeiten der betreffenden Umweltzustände) maßgeblich. Der Entscheider muss aus diesen Erfolgen einen gewogenen Durchschnitt bilden. Nach subjektivem Ermessen – abhängig von der Risikoeinstellung – wird der Maximalerfolg mit einem Parameter α ($0 \leq \alpha \leq 1$), der Minimalerfolg mit $1 - \alpha$ gewichtet. Gewählt wird die Alternative mit dem höchsten gewogenen Durchschnitt.

Hybride Organisationsform, bezeichnet Organisationsform, die eine Zwitterstellung zwischen Markt und Hierarchie darstellt. Hierzu gehören insbesondere Kooperationen zwischen Unternehmen wie → Joint Ventures (Gemeinschaftsunternehmen), strategische Allianzen, Franchising oder Genossenschaften. H.O. entstehen dann, wenn aufgrund transaktionsspezifischer Notwendigkeiten (z.B. Notwendigkeit der Kontrolle ei-nes Franchisenehmers) die Integration von Transaktionen in die Unternehmenshierarchie sinnvoll erscheint und gleichzeitig Effizienzvorteile für eine Abwicklung der Transaktionen über den Markt sprechen.

Hybrider Käufer, → *hybrider Verbraucher.*

Hybride Wettbewerbsstrategie, → Wettbewerbsstrategie, welche die Strategietypen → Kostenführerschaft und → Differenzierung verbindet (→ Strategien, Typologien von). Bei sequenzieller Verfolgung der generischen Wettbewerbsstrategien spricht man auch von → Outpacing-Strategien.

Hybrider Verbraucher, widersprüchliches Konsumverhalten in dem Sinne, dass der Konsument sowohl hochpreisige und qualitativ hochwertige Produkte bevorzugt als auch sparorientierte Käufe tätigt, bei denen er möglichst preisgünstig einkaufen möchte (z.B. morgens Kauf bei Aldi, abends Besuch eines Gourmet-Restaurants). *Vgl. auch* → Smart-Buyer

Hygienefaktor, nach Herzberg wird extrinsische → Anreiz als H. bezeichnet, der in erster Linie einen Abbau von Unzufriedenheit in der Arbeitswelt bewirken soll.

Hyperlink, hervorgehobene bzw. unterstrichene Bild- oder Textstelle auf einer → WorldWideWeb-Seite, die beim Anklicken ein weiteres Dokument aufruft.

Hypermarché, → Betriebsform des → Einzelhandels. Ein H. vereinigt Elemente eines → Discounters und eines → Supermarktes mit denen eines Lagerhauses ‚unter einem Dach'. Das Sortiment umfasst sowohl Waren aus dem Food- als auch aus dem Non-Food-Bereich. Sie werden i.d.R. zu einem vergleichsweise deutlich niedrigeren Preis ggü. ‚üblichen' Handelspreisen angeboten.

Hyperwettbewerb, auf D`Aveni (1994) zurückgehende Idee der zunehmenden Dynamisierung von Märkten. Diese sollen dazu führen, dass Markt- und → Branchenstrukturen instabiler werden und → Wettbewerbsvorteile ebenso rasch verloren gehen, wie sie erworben werden.

Literatur: D'Aveni, R.A. (1994): Hypercompetition. Managing the Dynamics of Strategic Maneuvering, New York.

Hypothese, Vermutung über strukturelle Beschaffenheit der Realität. Meist handelt es sich um einen Wirkungszusammenhang, wobei vermutet wird, dass eine unabhängige Variable eine abhängige Variable beeinflusst. → Signifikanztest.

Hypothetisches Konstrukt, ein → Konstrukt dessen Wirkungszusammenhänge → Hypothesen sind. Es gilt diese → Hypothesen noch auf ihre → Signifikanz zu untersuchen.

Hysterese, Fortdauer einer Wirkung nach Beendigung der Ursache. Ursprünglich als ein Phänomen der Physik bekannt geworden (z.B. Magnetisierung), kann der Begriff auf das → Marketing übertragen werden. Dabei kann auch nach Beendigung eines vorübergehend eingesetzten Stimulus (z.B. kommunikationspolitische Maßnahme) weiter eine Wirkung (z.B. Steigerung des Marktanteils) zu beobachten sein (→ Carry Over). Die sich daraus ergebende Differenz im Wirkungsniveau lässt sich als Remanenz bezeichnen. *Vgl. auch* → Ausstrahlungseffekt.

I

Idealpunkt-Modell, → Produktmarktraum.

Ideenauswahl, an die → Ideenfindung schließt sich im Rahmen des Neuprodukt-entwicklungsprozesses die Prüfung und Auswahl der Neuproduktideen an. Im Mittelpunkt steht dabei die Reduzierung des Misserfolgsrisikos (→ Flop Rate). Des Weiteren gilt es, in einer frühen Stufe des Entwicklungsprozesses die Ressourcen auf eine gewinnträchtige Neuproduktidee zu konzentrieren. Aus Gründen der Kostenersparnis und einer leichteren Bewältigung des Informationsbedarfes empfiehlt sich zunächst eine Grobauswahl, an die sich die Feinauswahl anschließt. Im Rahmen der Grobauswahl (→ Screening) erfolgt die Identifizierung und die Auslese der nicht erfolgsversprechenden Neuproduktideen mittels Fragenkatalogen, Checklisten oder Punktbewertungsmodellen (Scoringmodelle). Eingang in diese Verfahren finden in erster Linie die Mindestanforderungen, denen das Neuprodukt entsprechen sollte, so. z.B. Erfolgsaussichten, → Entwicklungszeiten, Entwicklungskosten, Umsatzwachstum sowie die vom Kunden wahrgenommenen herausragenden Produkteigenschaften und Nutzenkonsequenzen. Die Produktideen, die den Anforderungen der Grobauswahl genüge leisten, werden im Rahmen der Feinauswahl einer Wirtschaftlichkeitsanalyse (z.B. → Break-Even-Analyse oder → Kapitalwertmethode) oder einer → Nutzwertanalyse unterzogen.

Ideenfindung, im Rahmen der Neuproduktentwicklung bildet die I. den ersten Schritt. Da die Ausfallrate der Produktideen während des Innovationsprozesses sehr hoch ist, bedarf es einer Vielzahl von Neuproduktideen. Diese liefern zum einen die Konsumenten, zum anderen unternehmensexterne oder unternehmensinterne Experten (z.B. Unternehmensberater, Forschungsinstitute, Konkurrenten, Händler bzw. Mitarbeiter). Die wichtigste Rolle übernehmen jedoch die Kunden. Ihre Wünsche und → Beschwerden bilden die Grundlage für eine kundenorientierte Neuproduktgestaltung (→ Leistungsgestaltung). Besondere Beachtung im Rahmen der Ideengenerierung gilt es, den Lead Usern (Leitkunden) zu zollen. Sie zeichnen sich durch ein hohes nutzungsorientiertes Produkt-Knowhow sowie durch ein ausgeprägtes Produktinvolvement aus. Zudem artikulieren sie eher ihre Bedürfnisse und Beschwerden als die übrigen Kunden. Insofern empfiehlt es sich, insbesondere die Leitkunden in den Ideenfindungsprozess zu integrieren (→ Kundeneinbindung). Wertvolle Hinweise für kundenorientierte Qualitätsverbesserungen liefert auch der Kundendienst und der Vertrieb, die die Beschwerden, Wünsche und Meinungen der Kunden in besonderem Maße kennen. Durch die Nutzung dieser kundennahen Ideenquellen vermeidet ein Unternehmen die Entwicklung von → Produkten, die den Bedürfnissen der Nachfrager nicht entsprechen und somit keine Akzeptanz auf dem Mark finden (→ Flop Rate). Die I. kann sowohl systematisch als auch unsystematisch erfolgen. Bei der unsystematischen Ideensuche verzichtet ein Unternehmen auf gezielte Suchaktivitäten und verlässt sich darauf, dass Konsumenten, unternehmensexterne Experten oder die eigenen Mitarbeiter Neuproduktideen an das Unternehmen herantragen. Als Motivationsinstrument zur systematischen Ausschöpfung des unternehmensinternen Innovationspotenzials eignen sich das betriebliche Vorschlagswesen und Ideenwettbewerbe. Des Weiteren lassen sich die reine Ideensammlung von der kreativen → Ideenproduktion unterscheiden. Die kostengünstigere und einfachere Variante stellt die Ideensammlung dar. Sie versorgt das Unternehmen mit ersten Anhaltspunkten hinsichtlich zukünftiger Innovationsbemühungen. Zur Generierung neuartiger Problemlösungen eignet sich das Verfahren jedoch nur bedingt. Die Entwicklung von echten Neuheiten und unkonventionellen Problemlösungen bedarf vielmehr kreativer Denkprozesse im Rahmen der Ideenproduktion.

Ideenproduktion, neben der planmäßigen Sammlung von Produktideen (→ Ideenfindung) der Mitarbeiter oder Kunden erfolgt zur Gewinnung weiterer Neuproduktideen eine bewusste I. Im Mittelpunkt der I. stehen kreative Denkprozesse, die durch verschiedene Kreativitätstechniken unterstützt werden. Kreativität lässt sich als der mentale Prozess des schöpferischen Denkens bezeichnen, bei dem die Zusammenfügung an sich nicht zusammengehörender Elemente, Aspekte und Erfahrungen vor dem Hintergrund einer gemeinsamen Aufgabenstellung zu einer neuartigen Problemlösung führen. Je nach Vorgehensweise lassen sich die diskursiven von den intuitiven Verfahren unterscheiden. Zu den diskursiven Verfahren zählen Fragenkataloge, Checklisten, Funktionsanalysen sowie Methoden der systematischen Konfrontation. Diese Verfahren zeichnen sich durch eine systematisch-analytische Vorgehensweise aus. Um Neuproduktideen zu generieren, werden einzelne Eigenschaften oder Funktionen eines bestehenden → Produktes systematisch verändert. Dagegen beruhen die intuitiven Methoden, wie z.B. das → Brainstorming, die → Synektik oder der → morphologische Kasten, auf spontan-kreativen Einfällen aus dem Unterbewusstsein. Um die Kreativität zu wecken und besser auszuschöpfen, erfolgt die Ideengenerierung i.d.R. als gruppendynamischer Prozess.

Identifikationsschlüssel (ID), *ID-Nummern, Adress-Nummern.* I. sind in digitalen (elektronisch gespeicherten) Adressdateien verwendete Nummern, die die eindeutige Identifizierung jeder einzelnen Adresse (Datensatz) in einer Datenbank (→ Database) er-möglichen. I. werden i.d.R. für jede Datenbank individuell, meistens vom Computer automatisch zu jedem neuen Datensatz vergeben. Sie sind i.Allg. nicht kompatibel zu anderen Datenbanken. I. bieten eine einfache und ökonomische Möglichkeit für eindeutige Online- und Offline-Zugriffe auf die einzelnen Datensätze in einer Datenbank. Dies hat vor allem für die Datenpflege und Zuordnung von Zusatzinformationen große Bedeutung. Eine Besonderheit unter den I. stellt die Deutsche Leitzahl (DLZ) dar. Sie wird nicht wie andere I. automatisch in aufsteigender Nummernfolge vergeben, sondern basiert auf der Handelsregister-Nummer eines Unternehmens. Ergänzt um die Postleitzahl des jeweiligen Registergerichtes, der Registerart und einer Modulkennziffer ergibt sich ein eindeutiger I., der für alle im Handelsregister eingetragenen Organisationen (Firmen, Genossenschaften usw.) generiert werden kann. Der Aufbau der DLZ im Modul-Verfahren sieht wie folgt aus:

12	-33330	0-	1631
Handelsregister-Art (HR-A, HR-B, GNR)	Postleitzahl	Index	Handelsregister-Nr.

Aufbau der DLZ im Modul-Verfahren

Die DLZ kann von jedem, der einen eigenen Firmen-(Kunden-/Interessenten-) → Adresspool betreibt, selbst generiert werden. Sie ist systemunabhängig und kann somit als eindeutiger I. als Schnittstelle zu diversen anderen Datenpools für den Austausch von ergänzenden (Pflege-)Informationen eingesetzt werden. Ein großer Vorteil ist z.B. die ökonomische Auswertung aller Firmeninformationen, die von den Handelsregistern lückenlos im Bundesanzeiger veröffentlicht werden. Darüber hinaus stellt die DLZ ein wichtiges Instrument zur Vermeidung bzw. Eliminierung von Firmen- → Dubletten dar.

Identity Products. Zu definieren als computergestützte Promotionsideen. Dazu gehören z.B. immer während Kalender oder Kinderbücher. Diese werden zwar tausendfach aufgelegt, stellen aber jeweils ein Unikat dar.

Um zu diesem Unikat zu kommen, wird Endverbrauchern ein → Fragebogen übersandt, in dem z.B. die Geburtstage und Namen der Familienmitglieder, der Kfz-Typ und die Telefonnummer abgefragt werden. Diese Informationen werden durch ein EDV-Programm in einen standardisierten Text eingebunden und über Laser ausgegeben. So entsteht ein Print-on-Demand-Produkt, das individuell auf eine Person oder einen Personenkreis (z.B. Familie) ausgerichtet ist. Ein solcher Weg der Informationsbeschaffung ist sinnvoll und trifft auf große Bereitschaft zur Teilnahme, denn es profitieren beide Seiten. Klassische → Befragungen erfolgen dagegen i.d.R. nur zugunsten des Initiators und können negative Einflüsse auf das → Kaufverhalten haben.

IfH, → Institut für Handelsforschung.

Illustrierte, → Printmedien.

Image, Konstrukt im Marketing für das eine Vielzahl von Definitionsvorschlägen existieren. Nach Schweiger kann als kleinster gemeinsamer Nenner aller Begriffsbestimmungen folgende Definition zugrunde gelegt werden: Das I. ist das Gesamtbild, das sich eine Person von einem Meinungsgegenstand macht, wobei es sich eher um eine gefühlsmäßige Auseinandersetzung mit dem Meinungsgegenstand handelt. Kennzeichnend für das I. ist die Stabilisierung und Verfestigung im Zeitablauf. Uneinigkeit besteht in der Literatur, ob I. und → Einstellung eigenständige und voneinander abgrenzbare Konstrukte sind. Kroeber-Riel schlägt vor, den I.-Begriff durch den Einstellungsbegriff zu ersetzen bzw. diese beiden Begriffe synonym zu benutzen, da zum einen beiden Termini die gleichen Merkmale zugesprochen werden (so ist das I. einer Marke beispielsweise abhängig von den Emotionen, die mit ihr verbunden werden, von den Motiven, die das Individuum zufrieden stellen möchte und von dem Wissen, inwieweit sich diese Marke zur Befriedigung der Motive eignet), und zum anderen wird bei der Messung des Imagekonstruktes vielfach auf die Verfahren der Einstellungsmessung zurückgegriffen (z.B. Semantisches Differenzial). Grundsätzlich lassen sich vier Arten von I. unterscheiden: (1) Das Produktgruppenimage bezieht sich auf eine Produktgattung einer Branche unter Einbeziehung aller Marken. Hier werden die Wertschätzung bzw. die Vorstellungen von einer gesamten Produktgruppe untersucht (z.B. Snowboards: jung, dynamisch, unkonventionell usw.). (2) Das Markenimage beschreibt die mit einer spezifischen Marke verbundenen Vorstellungen. (3) Das Firmenimage ist von besonderer Bedeutung, wenn Marken- und Unternehmensname nicht identisch sind. Dann stellt sich für das Unternehmen die Frage, ob eine positive Integration oder eine Entkoppelung zwischen den I. der einzelnen Marken und des Unternehmens sinnvoll ist. (4) Das Länderimage bzw. das Regionen- oder Stadtimage beschreibt die Vorstellungswelt der Konsumenten hinsichtlich des geographisch relevanten Gebietes. Hier kann zwischen einem Selbstbild und einem Fremdbild unterschieden werden. Das Selbstbild beschreibt das Bild, das sich die Einwohner einer Stadt oder eines Landes selbst von ihrer Heimat machen, während das Fremdbild die Einstellung von Außenstehenden zu dem Untersuchungsobjekt darstellt. Die Erkenntnisse der Imageuntersuchungen werden zur → Positionierung von Produkten, Marken und Dienstleistungen genutzt. Unter Imagetransfer wird die Übertragung von Imagebestandteilen von einem Produkt auf ein anderes verstanden, wobei man sich des Markennamens bedient und hofft, dadurch positive Ausstrahlungseffekte wechselseitig nutzen zu können. Dabei werden zwei Strategien des Imagetransfers unterschieden: → Brand Extension und → Markenlizensierung.

Literatur: Kroeber-Riel, W./Weinberg, P. (2003): Konsumentenverhalten, 8. Aufl., München; Schweiger, G. (1995): Image und Imagetransfer, in: Tietz, B./Köhler, R./Zentes, J. (Hrsg.): Handwörterbuch des Marketing, Stuttgart, Sp. 915-928.

Imagemessung, Verfahren zur Messung von Vorstellungs- und Einstellungsbildern (→ Einstellung), das sich ein Individuum von einem gewissen Gegenstand macht. Die I. ist problematisch, da das → Image ein stark von → Emotionen geprägtes Bild ist.

Man unterscheidet die verbale und die nonverbale I. Bei der verbalen I. dominiert das → Semantische Differenzial als Analyseinstrument. Bei der Anwendung der nonverbalen I. wird oft auf Zuordnungstests zurückgegriffen. Dabei werden dem Probanden verschiedene Bilder vorgelegt, die dann den Untersuchungsgegenständen zugeordnet werden sollen. Hierbei ist die Vermeidung des Interviewereinflusses (→ Fehler der Teilerhebung) wichtig.

Image-Reagierer, am Beschaffungsprozess beteiligter Informationsverarbeitungstyp. Der I.-R. legt keinen Wert auf Vollständigkeit der Information und handelt weniger rational, sondern die emotionale Komponente überwiegt. Dadurch ist er eher mit imagepolitischen (→ Image) Maßnahmen beeinflussbar als der → Fakten-Reagierer oder der Risikoneutrale (Mischung aus I.-R. und Fakten-Reagierer), der sich häufig einer Meinung anschließt. *Vgl. auch* → Organisationales Beschaffungsverhalten.

Imagery-Forschung, beschäftigt sich mit der gedanklichen Entstehung, Verarbeitung und Speicherung von inneren Bildern. Innere Bilder können unterschieden werden in Wahrnehmungsbilder und Gedächtnisbilder. Ein Wahrnehmungsbild entsteht, wenn ein physischer Umweltreiz (z.B. ein Gegenstand) real dargeboten und betrachtet wird. Ein Gedächtnisbild entwickelt sich aus der Erinnerung an den wahrgenommenen Gegenstand bei Abwesenheit desselben. Die I.-F. untersucht, wie die mentale Verarbeitung von Gedächtnisbildern im Unterschied zu verbalen Reizen funktioniert. Dabei können die Imagery-Theorien danach unterschieden werden, ob sie modalitätsspezifische Unterschiede negieren (Propositionale Theorien), diese stattdessen betonen (Percept-Analogy-Theorien) oder versuchen, eine Synthese zwischen beiden Ansätzen zu schaffen (Multimodale Gedächtnistheorie). Die propositionalen Theorien unterstellen, dass sowohl Bilder als auch Texte in einem gemeinsamen abstrakten Code verarbeitet werden. Die vielleicht bekannteste Imagery-Theorie, die Theorie der dualen Kodierung, stammt von Paivio und zählt zu den Percept-Analogy-Ansätzen. Danach werden verbale und bildliche Informationen in voneinander unabhängigen, aber miteinander verbundenen Systemen verarbeitet und gespeichert. Dieser theoretische Ansatz hat Unterstützung durch die → Hemisphärenforschung erfahren, wonach sich die linke Gehirnhälfte auf die Verarbeitung von verbalen und die rechte Hemisphäre auf die Verarbeitung von nonverbalen Stimuli (z.B. Bilder) spezialisiert hat. Das verbale System arbeitet sequenziell, während das Imagery-System ganzheitlich analog vorgeht – zwischen den beiden Subsystemen besteht eine Verbindung. Ein konkreter Meinungsgegenstand kann in beiden Systemen gespeichert sein, bildlich in der rechten, sprachlich in der linken Gehirnhälfte (sog. duale Kodierung). Um die Beziehungen zwischen den beiden Kodierungssystemen zu charakterisieren, unterscheidet Paivio drei verschiedene Verarbeitungsstufen, die repräsentationale, die referenzielle und die assoziative Verarbeitungsstufe. Auf der repräsentationalen Stufe besteht eine völlige Unabhängigkeit der beiden Kodierungssysteme. Bilder aktivieren einen imaginalen Code, sprachliche Stimuli lösen einen verbalen Code aus. In der referenziellen Stufe kann ein Zusammenspiel der beiden Systeme hergestellt werden. Diese Fähigkeit äußert sich einerseits in der Fähigkeit, Bilder mit einem Namen zu versehen und andererseits in bestimmten Verhaltensweisen. Beispielsweise können bei Vorgabe eines Begriffes hierzu Bilder gezeichnet werden. Bei abstrakten linguistischen Informationen kann eine Verbindung der beiden Systeme i.d.R. nicht erzeugt werden, da für diese Informationen die entsprechenden Imagene fehlen. In der assoziativen Phase werden im verbalen System verbale, im imaginalen System imaginale Assoziationsketten gebildet, die sich je nach Art der zu verarbeitenden Information durchaus miteinander verknüpfen können. In diesem Fall liegt das Phänomen der dualen Kodierung vor. Eine duale Verarbeitung wirkt sich positiv auf die Erinnerungsleistungen aus, da beim Abruf einer Information potenziell mehr Attribute zu Verfügung stehen, wenn ein Reiz doppelt kodiert ist. Die Wahrscheinlichkeit, dass ein Stimulus dual kodiert wird, steigt mit der Zunahme des Konkretheitsgrades. Bei Bildern ist die Verfügbarkeit beider Kodierungssyteme am wahrscheinlichsten, da es nach Paivio für das Individuum einfacher ist, Bilder in einen verbalen Kode zu transformieren als sprachliche Informationen in einen bildlichen Kode. Daraus ergibt sich der sog. Picture Superiority Effect, der Effekt der überlegenen Gedächtnisleistung von Bildern. Bilder werden eher erinnert als Wörter, konkrete Wörter besser als abstrakte. Die multimodale Gedächtnistheorie verbindet die Erkenntnisse der beiden Forschungsrichtungen. Sie trägt den Erkenntnissen der Hemisphären-Theorie Rechnung, nach der Bilder und Worte primär in unterschiedlichen Speichern verarbeitet werden und erlaubt darüber hinaus auch die Speicherung sowohl episodischer als auch semantischer Informationen in einem amodalen Kode. Die Erkenntnisse der I.-F. sind für die Kommunikationspolitik in unserer informationsüberlasteten Gesellschaft von großer Bedeutung. Bilder werden ganzheitlich und weitgehend automatisch verarbeitet. Dies führt zu einer schnelleren Aufnahme und Verarbeitung von bildlichen Stimuli im Vergleich zu verbalen Informationen. Aufgrund der automatischen Verarbeitung eignen sich Bilder auch für Lernprozesse in Low-Involvement-Situationen. Außerdem unterlaufen die bildlich-analogen Aktivitäten oftmals die gedankliche Kontrolle, wodurch Informationen vermittelt werden können, die verbal eventuell unglaubwürdig klingen oder → Reaktanz auslösen würden. Der dargelegte Picture-Superiority-Effekt, der mittlerweile in diversen empirischen Untersuchungen bestätigt worden ist, macht deutlich, dass Bilder nicht nur schneller aufgenommen werden, sondern auch besser wiedererkannt und erinnert werden. Dabei sind solche Bilder besonders zu empfehlen, die einen hohen Grad an Lebendigkeit (Vividness) aufweisen. Gleichfalls zeigen neuere Studien aus dem Einzelhandelsmarketing, dass sich auf Basis der Imagery-Theorie interessante Erkenntnisse für die Wahrnehmung und Erinnerung von Einkaufsumwelten ableiten lassen (Gröppel-Klein/Germelmann 2003).

Literatur: Gröppel-Klein, A./Germelmann, C. (2003): Minding the Mall. Do we remember what we see?, in: Keller, P.A./ Rook D.W (Hrsg.): Advances in Consumer Research, 30. Jg.; Paivio, A. (1971): Imagery and Verbal Processes, New York u.a.

IMC, *Integrated Marketing Communication*; → Integrierte (Unternehmens-) Kommunikation.

Imitation, ein → Produkt, das ein Unternehmen im Rahmen einer Me-too-Strategie gezielt in der Nähe eines bereits am Markt erfolgreichen innovativen Konkurrenzproduktes positioniert. Die → Leistungsgestaltung erfolgt in enger Anlehnung bzw. als Nachahmung des Konkurrenzproduktes. Diese produktpolitische Handlungsoption besteht generell nur dann, wenn die → Innovation des Konkurrenten nicht rechtlich geschützt ist (Patentschutz). Diesen Schutz unterlaufen imitierende Unternehmen, indem sie die I. durch eigene, i.d.R. technische Leistungsveränderungen ergänzen und verbessern. Diese Vorgehensweise ermöglicht es gleichzeitig, die Markteintrittsbarrieren des etablierten Innovators zu überwinden.

Imitationsstrategie, Strategie der Nachahmung bereits am Markt erfolgreicher Strategien (→ Imitation). Die Vorteile einer solchen Vorgehensweise liegen vor allem in niedrigeren Forschungs- und Entwicklungsaufwendungen (→ Forschung & Entwicklung) sowie in einer geringeren Unsicherheit bzgl. der Marktakzeptanz des Leistungsangebots. Für den Imitator stellt sich jedoch das Problem, dass Geschäftsbeziehungen aufgebrochen werden müssen, wenn sich der Innovator bereits am Markt etabliert hat.

Immobilienmarketing, kennzeichnet das → Dienstleistungsmarketing von Akteuren, die Immobilien beschaffen, verkaufen oder vermieten. Wichtige Akteure sind hier Immobilienmakler, Bauunternehmen, Immobilienfonds, Immobilien-Aktiengesellschaften, Versicherungsunternehmen, private Kapitalanleger und Eigennutzer, Kommunen und Finanzierungsinstitute. Gegenüber anderen → Absatzobjekten sind Immobilien durch ihre Standortgebundenheit gekennzeichnet. Eine wichtige Unterscheidung besteht zwischen Wohnimmobilien und Gewerbeimmobilien. Diese Differenzierung wird anhand des Kriteriums Art des Nachfragers, (privater Kunde vs. institutioneller Kunde) vorgenommen.

Impact-Test, → Werbetests.

IMP-Group, *Industrial Marketing and Purchasing Group*, → Netzwerkkonzept der IMP-Group.

Implementierdienstleister, → Dienstleister, der die Implementierung → Betriebswirtschaftlicher Standardanwendungssoftware oder von → Warenwirtschaftssystemen, wie z.B. → SAP R3, im beschaffenden Unternehmen übernimmt. Das Angebot derartiger Dienstleistungen ist heute ein entscheidender Faktor in der erfolgreichen Vermarktung von Software.

Implementierung (einer Software), Installation einer Software auf der dafür vorgesehenen Hardware. Implementierkosten entstehen aus der Installierung, Anpassung und Einführung der Software im Unternehmen. Teilweise sind hierzu auch Änderungen der betrieblichen Organisationsstrukturen und Geschäftsprozesse notwendig. Zur I. von → Betriebswirtschaftlicher Standardanwendungssoftware kann auch ein → Implementierdienstleister herangezogen werden.

Import, Verkauf von ausländischen Gütern im Inland. Wie beim → Export kann auch beim I. zwischen direktem und indirektem I. unterschieden werden. Während beim indirekten I. unabhängige Dritte im Ausland zwischen dem ausländischen Hersteller und dem Endabnehmer im Inland zwischengeschaltet sind, werden beim direkten I. die Waren unmittelbar vom ausländischen Hersteller ohne Zwischenschaltung anderer Vertriebsorgane im Inland an die Endnachfrager im Inland abgesetzt (Direktvertrieb) oder zumindest an inländische Absatzmittler verkauft. Vorteilhaft beim direkten I. sind die größere Beschaffungsmarktnähe, besserer Marktüberblick, schnellerer Zugang zu wichtigen Ressourcen und Lieferanten sowie eine bessere Sicherung von Beschaffungsquellen. Die Nachteile bestehen in einem hohen Transaktionsrisiko, der Notwendigkeit eines größeren Beschaffungs- und Internationalisierungs-Know-hows, der Abhängigkeit von Im- und Exportbestimmungen sowie den Wechselkursrisiken. Beim indirekten I. sind diese Vor- und Nachteile spiegelbildlich zu sehen. Darüber hinaus können I.-Kooperationen geschaffen werden, die als Vorteile die Aufteilung von Beschaffungskosten, ein ge-ringes Transaktionsrisiko, eine größere Einkaufsmacht durch Addition der Beschaffungsvolumina sowie die Erzielung von Economies of Scope nach sich ziehen. Typische Probleme von I.-Kooperationen bestehen in der Abhängigkeit von den Partnern, dem hohen latenten Konfliktpotenzial, hohen Koordinationskosten sowie langen Abstimmungs- und Abwicklungszeiten.

Importmesse, → Messe, deren Absatzrichtung in erster Linie auf den → Import von Gütern und → Dienstleistungen abzielt.

Impulskauf, unmittelbar reizgesteuerte → Kaufentscheidung.

In Pack, innerhalb der Packung eines Produktes beigefügte Maßnahme der Verkaufsförderung, wie z.B. → Zugaben-Promotion, → Produktprobe oder → Coupon.

Inbound, → Call Center.

Incentive, Gesamtheit der materiellen und immateriellen Anreize, die das Unternehmen dem Mitarbeiter neben der Zahlung des Festgehalts für seinen Beitrag zur Realisierung der → Unternehmensziele anbietet. Mithilfe der I. soll eine Steigerung der → Motivation des Mitarbeiters erreicht werden; *vgl. auch* → Anreizsystem.

Incoterms, → International Commercial Terms.

Index, relative → Kennzahl.

Indikatormodell, → Prognosemethoden.

Indikatorreliabilität, die I. gibt für die einzelne beobachtete Variable den Anteil der durch den zugehörigen Faktor erklärten Varianz an der Gesamtvarianz dieser Variablen an. → Faktorenanalyse.

Indirekte Frage, → Fragearten.

Indirekte Kosten, → Gemeinkosten.

Indirekter Vertrieb, → *Vertrieb, indirekter.*

Indirektes Entgelt, Gegenteil von → Clear Payment.

Individualdienstleistung, sind Dienstleistungen (→ Dienstleistung, Begriff der), die an einem Kunden erbracht werden (z.B. medizinische Untersuchung, Haarschnitt). *Gegensatz*: → Kollektivdienstleistung.

Individualgut, Gegenteil von → Kollektivgut.

Individualisierung (der Marktbearbeitung), seit den 90er-Jahren immer stärker werdende Entwicklung, bei der die Pflege individueller, persönlicher → Kundenbeziehungen in den Vordergrund rückt. Der Trend zur I. ist insbesondere im Bereich der → Marktsegmentierung erkennbar, z.B. durch das → Segment-of-One-Marketing bzw. → One-to-One-Marketing. Diese Ansätze basieren insbesondere auf der Erkenntnis, dass sich zwar auch heute noch homogene Zielgruppen gemäß den üblichen Segmentierungskriterien bilden lassen, diese jedoch in ihrem → Kaufverhalten nicht mehr homogen, sondern sehr individuell sind. Im Ergebnis werden diejenigen Kunden zu relevanten → Zielgruppen zusammengefasst, die ähnliche Beziehungsmerkmale, z.B. ein ähnliches Zufriedenheitsniveau, ähnliche Wiederkaufabsichten, → Kundenerwartungen usw., aufweisen. *Vgl. auch* → Customizing, → Individualmarketing, → Mass Customization, → Relationship Marketing.

Individualkommunikation, → One-to-One-Marketing.

Individualmarketing, *Customized Marketing;* Weiterentwicklung des differenzierten Marketing (*vgl. auch* → Differenzierungsstrategie), bei dem kundenspezifische Produktwünsche mit einem sehr hohen Individualisierungsgrad befriedigt werden. Im Gegensatz zur handwerklichen Produktion können hierbei jedoch die durch prozessorientierte Massenfertigung entstehenden Kostenvorteile ausgenutzt werden. Da es sich sowohl um eine auftragsorientierte Einzelfertigung als auch um eine Massenfertigung handelt, wird im Zusammenhang mit dem I. häufig auch von → Mass Customization gesprochen. Die Notwendigkeit zum I. wird mit der These begründet, dass die Kaufwahrscheinlichkeit umso höher ist, je stärker ein Angebot mit dem individuellen Bedürfnis potenzieller Kunden übereinstimmt. Diesem Gedanken wurde in einem ersten Schritt durch die → Marktsegmentierung auf Basis unterschiedlicher Bedürfnisse Rechnung getragen. Bei dieser Segmentierung repräsentiert jeder Nachfrager ein eigenes Segment (→ One-to-One-Marketing). Auf technologischer Seite gelingt es einerseits mit Hilfe neuer Produktionstechnologien immer besser, kleinere Losgrößen kostengünstig herzustellen, andererseits ermöglichen neue Kommunikationstechnologien die interaktive Verständigung mit dem Nachfrager. Darüber hinaus lässt sich eine fortschreitende Verknüpfung von Produktions- und Kommunikationstechnologien beobachten. Seitens der Konsumenten bedingt die wachsende → Individualisierung vor dem Hintergrund der zunehmenden Freizeitorientierung die Bereitschaft und das Interesse, sich selbst in Teilfunktionen des Wertschöpfungsprozesses einzubringen (sog. → Prosumer). Obwohl bislang die Anwendungsfelder des Individualmarketing auf einzelne Nischen begrenzt sind, ergeben sich für das → Marketing in Bezug auf strategische und operative Entscheidungsfelder eine Reihe von Anpassungserfordernissen. *Vgl. auch* → Customizing.

Individualpanel, → Panelerhebungen.

Individualsoftware, ist i.d.R. für einen bestimmten Anwender und dessen individuelle Anforderungen programmiert. Sie dient dazu, ein kundenspezifisches Problem zu lösen. Die → Implementierung ist Teil des Produktionsprozesses der Software, da sie während der Programmierung erfolgt, unabhängig davon, ob sie eigen- oder fremdentwickelt wird. Der Einsatz einer I. lohnt sich heute nur noch in wenigen Ausnahmefällen oder in Bereichen, in denen es keine geeignete → Standardsoftware gibt. Für den Einsatz einer I. spricht vor allem, dass eine genaue Abstimmung auf die Organisationsstruktur und -anforderung des Unternehmens von vornherein gegeben ist. Eine → Betriebswirtschaftliche Standardsoftware hingegen kann die Unternehmensabläufe nie zu 100 Prozent abdecken.

Individualwerbung, → One-to-One-Marketing.

Individuelle Kaufentscheidung, → Kaufentscheidung.

Industrial Economics, → *Industrieökonomik,* → Theorien des Marketing.

Industrial Marketing and Purchasing Group, *IMP-Group*; → Netzwerkkonzept der IMP-Group.

Industriegütermarketing, *Industrial Marketing.* I. Begriff: Industrielle Herstellungs- und die damit verbundenen Vermarktungsprozesse lassen sich dahingehend unterscheiden, ob sie auf den Letztkonsumenten oder auf den Einsatz in weiteren Industrieprozessen ausgerichtet sind. Gegenstand des I. sind die letztgenannten Prozesse, d.h. im Unterschied zum → Konsumgütermarketing bezieht sich I. von seiner Abnehmerseite her nicht auf Endverbraucher, sondern auf Organisationen. Dies können → Dienstleister (Produktionsverbindungshandel), Industrieunternehmen, Verbände, → Öffentliche Verwaltungen oder sonstige staatliche Institutionen sein. Neben dem Begriff des I. werden in der Literatur auch die Ausdrücke → Investitionsgütermarketing und → Business-to-Business-Marketing verwendet.

II. Besonderheiten bei der Vermarktung von Industriegütern: Vermarktungsprozesse im I. erfolgen entweder direkt oder über die Zwischenschaltung des Produktionsverbindungshandels als → Absatzmittler. Ein charakteristisches Merkmal von Industriegütermärkten liegt darin, dass sich die Nachfrage über das Kaufverhalten nachgelagerter Absatzstufen bestimmt (→ Abgeleitete Nachfrage). Da es sich bei den Nachfragern im Industriegüterbereich um Organisationen (→ Organisationales Beschaffungsverhalten) handelt, liegt i.d.R. eine multipersonale Kaufentscheidungsfindung vor (→ Buying Center). In vielen Fällen besteht sogar eine Multiorganisationalität der Beschaffungsprozesse. Beispielsweise nehmen im internationalen Geschäft oft staatliche Außenhandelsorganisationen Einfluss auf den Kaufprozess. Auch auf Anbieterseite treten Gemeinschaften auf, so z.B. im → Anlagengeschäft. Die komplexen Leistungen werden von mehreren Anbietern gemeinsam erbracht. Da Industriegüter oftmals durch eine hohe Komplexität gekennzeichnet sind, spielen Serviceleistungen und interaktive Vermarktungsstrategien (z.B. → Personal Selling im Rahmen der → Kommunikationspolitik) im Hinblick auf ein wettbewerbsfähiges Leistungsangebot eine wichtige Rolle.

III. Typologien: Die Vermarktungsprozesse im I. sind äußerst heterogen. Nach der Art der angebotenen Leistungen lassen sich vier unterschiedliche Typologien (→ Geschäftstypologien) herauskristallisieren, das → Produktgeschäft, das → Zuliefergeschäft, das → Anlagengeschäft und das → Systemgeschäft. Diese vier Geschäftstypen weisen Besonderheiten bei der Vermarktung auf, so dass eine eigenständige Betrachtung notwendig ist, um zielgerichtet Handlungsempfehlungen für das Marketing ableiten zu können.

Margit Meyer/Jutta Müschen

Industrieklassifikation, *Branchenklassifikation.* I. Begriff: Eine I. ist eine Einteilung von wirtschaftlichen Tätigkeiten in eine Systematik – allgemein „Systematik der Wirtschaftszweige" genannt. Sie dient dazu, wirtschaftliche Institutionen möglichst einheitlich nach den Tätigkeitsschwerpunkten zu gruppieren. Für die BRD liegt eine offizielle Wirtschaftszweig-Systematik (WZ), herausgegeben vom Statistischen Bundesamt in Wiesbaden, vor. In den übrigen bedeutenden Wirtschaftsnationen stehen ebenfalls offizielle Branchenklassifikationen zur Verfügung. Länderübergeordnet gibt es für den EG-Raum eine WZ für die Europäischen Gemeinschaften (NACE) und für den gesamten

UN-Wirtschaftsraum die „International Standard Industrial Classification" (ISIC) .

II. Entstehung: Ein Problem war in der Vergangenheit die internationale Vergleichbarkeit aufgrund der unterschiedlichen Strukturen der Branchen-Systematiken. Bei der neuesten Überarbeitung der deutschen WZ-Systematik und der europäischen NACE ist es weitestgehend gelungen, eine Kompatibilität in den oberen Ebenen der Systematiken (erste vier Stellen des Systematik-Codes) zu realisieren. Bedeutung im internationalen Geschäftsleben hat auch die „Standard Industrial Classification" (SIC), deren Code amerikanischen Ursprungs ist. Dieser ist nicht kompatibel zu den übrigen Systematik-Codes.

III. Inhalt: Die „offiziellen" Wirtschaftszweigsystematiken fassen den Begriff „wirtschaftliche Institutionen" sehr weit. Er umfasst neben den land- und forstwirtschaftlichen sowie den gewerblichen Unternehmen und den Freien Berufen auch die Organisationen ohne Erwerbszweck, wie z.B. Verbände, Behörden und Organisationen von Kirchen und der freien Wohlfahrtspflege. Ein Problem liegt in der mangelhaften Detaillierungstiefe. Sie genügt in keinster Weise den Ansprüchen des Marketing. So ist z.B. die Gruppierung der Humanmediziner in der deutschen WZ auf folgende Detaillierung beschränkt: N 8512 Arztpraxen, N 85121 Allgemeinmediziner und praktische Ärzte, N 85122 Fachärzte. Die für Zwecke des → Direct Marketing erforderliche Untergliederung nach den einzelnen Fachrichtungen ist nicht vorgesehen. Diese Problematik erstreckt sich über alle Wirtschaftszweige. Ein Teil der deutschen Direct-Marketing-Unternehmen mit eigenem Adressenverlag hat sinnvollerweise den offiziellen WZ-Systematik-Code (als Basis für die Branchenklassifizierung ihrer Business-Adressbestände) mit einer eigenen, erweiterten und sehr tief gehenden, Codierung kombiniert. Somit ist gewährleistet, dass sowohl die für Marketingzwecke erforderliche Detaillierung erreicht wird als auch die internationale Vergleichbarkeit gegeben ist. Dies ist aufgrund der Globalisierung der internationalen Märkte bereits heute von ganz besonderer Bedeutung.

Industrie-Lebenszyklus, qualitatives Rahmenkonzept zur Untersuchung des technologischen Wandels. Das Modell beschreibt den Entwicklungsverlauf eines → Produktes von seiner Markteinführung über den Wachstums- und Reifeprozess bis hin zur Sättigungsphase (→ Lebenszyklusmodell). Ursprünglich wurde es zum Verständnis für den Ausbreitungsprozess eines einzelnen Produktes entwickelt, um so eine Hilfestellung für das → Innovations- und → Produktmanagement zu geben. In einer erweiterten Version wird es auf ganze Branchen oder Industriezweige angewendet. Demnach durchlaufen Produkte und Branchen verschiedene Stadien, die durch die Produkttechnologie, die Herstellungsverfahren, die Marketing- und Forschungs- und Entwicklungsaktivitäten (→ Forschung & Entwicklung) usw. charakterisiert werden können. Eine zentrale Aussage des Modells besteht darin, dass der Wettbewerb während der → Reifephase in einen → Preiswettbewerb übergeht und die Produktionstechnologie in diesem Zuge standardisiert wird.

Industrieökonomik, theoretische und empirische Analyse des Wettbewerbs in Branchen. Ursprüngliches Analyseziel der I. ist die Frage, welche Wohlfahrtseffekte unterschiedliche Branchenstrukturen haben (Branchenergebnis). Ausgangspunkt der I. ist das sog. Structure-Conduct-Performance-Paradigma. Hiernach lassen sich die Wohlfahrtseffekte einer Branche durch deren Struktur und das Verhalten der beteiligten Unternehmen erklären. In neueren Beiträgen zur I. wird auch die retrograde Beziehung, d.h. der Einfluss des Branchenergebnisses auf die nachfolgende Struktur und das Verhalten der Unternehmen, analysiert. Die theoretischen Modelle ermöglichen somit die Abbildung von Konsequenzen der Wettbewerbs-, Industrie- und Technologiepolitik. Im Vordergrund steht dann, inwiefern Wettbewerbsprozesse und deren positive Wohlfahrtswirkungen durch politische Rahmenbedingungen befördert werden können. In Marketinganwendungen der I. können ganz andere Ziele im Vordergrund stehen. So könnte nach Strategien gesucht werden, die den Wettbewerb reduzieren und Markteintrittsbarrieren schaffen. Ziel ist dann die Steigerung der Gewinne einzelner Unternehmen bei verschlechterten Wohlfahrtsergebnissen der Branche.

Infomercial, Wortschöpfung aus Information und → Commercials. Dabei handelt es sich um längere → Werbespots (ca. zwei bis sieben Minuten), die → Werbung in Form von ausführlichen Informationen über ein Unternehmen, ein → Produkt oder eine → Dienstleistung präsentieren.

Information, marktorientierte, Bestandteil der → marktorientierten Unternehmensführung.

Information Broker, Informationsbeschaffungssystem als Schnittstelle zwischen den Informationsnutzern und den Informationsanbietern, das im Auftrag der Nutzer Informationen recherchiert, zusammenstellt, aufbereitet und übersichtlich darbietet.

Information Highway, *Data Highway, Datenautobahn*. Öffentlich zugängliche Hochgeschwindigkeitsnetze, über die große Mengen an Informationen (Texte, Grafiken, Töne, unbewegte und bewegte Bilder) in digitaler Form übertragen werden können.

Information Overload, von Jacoby erarbeitete Hypothese über die Beschränkung der persönlichen Informationsverarbeitungskapazität. Jedem Menschen sind kognitive Restriktionen auferlegt, die bewirken, dass es für die menschliche Fähigkeit, in einem bestimmten Zeitintervall Informationen aufzunehmen und zu verarbeiten, eng abgesteckte Grenzen gibt. Werden diese Grenzen überschritten, tritt das Phänomen des I.O. ein, das dazu führt, dass das Ergebnis des Verarbeitungsprozesses weniger effizient ist oder dass dieser Vorgang ganz abgebrochen wird. Es ist daher ratsam, in der Kommunikationspolitik → Schlüsselinformationen anzubieten (*vgl. auch* → Informationsüberlastung).

Information-Display-Matrix, in der klassischen Form ein Laborverfahren zur Analyse der Informationsaufnahme von Konsumenten. Der Konsument erhält eine Matrix, bei der auf der horizontalen Achse die einzelnen Kaufalternativen, auf der vertikalen Achse die Attribute abgebildet sind. Die zu einer Kaufalternative gehörenden Eigenschaftsbeschreibungen sind durch Kärtchen verdeckt. Die einzelnen Probanden werden gebeten, diejenigen Kärtchen aufzudecken und sich damit diejenigen Informationen anzueignen, die sie für das Fällen einer Kaufentscheidung benötigen. Umfang, Inhalt und Reihenfolge der abgerufenen Informationen werden vom Beobachter notiert. Als Ergebnis kann festgehalten werden, welche Strategie der Informationsverarbeitung durchgeführt wurde, beispielsweise ob die Entscheidungsfindung attributweise oder alternativenweise erfolgte. An der I.-D.-M.-Methode wird die Künstlichkeit der Erhebungssituation kritisiert. Heute werden Information-Display-Matrizen als Computerversionen angeboten, die versuchen, dieses Manko abzubauen.

Informations- und Kommunikationstechnologie, zusammenfassender Begriff für elektronisch unterstützte uni-, bi- oder multilaterale Methoden des Nachrichtenaustauschs. Der Markt für I.-u.K. befindet sich seit geraumer Zeit weltweit in einer Phase des Umbruchs. Immer mehr → Daten können in immer kürzerer Zeit transportiert und verarbeitet werden, insbesondere in und zwischen Unternehmen. Die Unternehmen sind gezwungen, die Potenziale neuer Kommunikations- und Informationstechniken zu nutzen, um wettbewerbsfähig zu bleiben. Insbesondere wächst die Notwendigkeit des Einsatzes → Betriebswirtschaftlicher Standardanwendungssoftware. *Vgl. auch* → Customer Relationship Management-System, → Database Management, → Informationssystem, → Warenwirtschaftssystem, → Individualsoftware, → SAP R3.

Informationsasymmetrie, → Institutionenökonomik, → Informationsökonomik, → Prinzipal-Agenten-Theorie, → Theorien des Marketing.

Informationsaufnahme, → Informationsverarbeitung.

Informationsbeurteilung, → Informationsverarbeitung.

Informationsgemeinschaft zur Feststellung der Verbreitung von Werbeträgern e.V. (IVW). 1949 durch den → ZAW gegründet, verfolgt die IVW den Zweck, Wahrheit und Klarheit der → Werbung zu fördern. Sie leistet damit einen Beitrag zur Sicherung eines echten Leistungswettbewerbs, in dem vergleichbare und objektiv ermittelte Unterlagen über die Verbreitung von → Werbeträgern beschafft und bereitgestellt werden. Das Aufgabenfeld der IVW umfasst die Auflagenkontrolle der → Printmedien, Plakatanschlag, → Verkehrsmittelwerbung, Filmtheater, Funkmedien, periodische elektronische Datenträger und → Online-Medien. Die kontrollierten Medien unterliegen jeweils eigenen Richtlinien. Zur Förderung des internationalen Informations- und Erfahrungsaustauschs, sowie im Interesse einer Harmonisierung internationaler Messstandards wurde unter Mitinitiative der IVW die International Federation of Audit Bureaux of Circulations (IFABC) gegründet. Weitere Informationen finden sich unter www.ivw.de.

Informationsgesellschaft, Begriff, der die zunehmende Bedeutung von Informationen im unternehmerischen aber auch privaten Umfeld sowie deren wachsende Intensität und Komplexität widerspiegelt. Unternehmen sind in Folge der → Globalisierung sowie ihrer wachsenden Größe gezwungen, zum Erhalt ihrer Wettbewerbsfähigkeit eine laufend wachsende Zahl von Daten zu erfassen, zu verarbeiten und aufzubereiten sowie über Netzwerke an die relevanten Mitarbeiter weiterzuleiten. Gleichzeitig hat sich vor allem durch die Entwicklung digitaler → Informations- und Kommunikationstechnologien die Zahl der Medienangebote, aber auch deren umfassende Nutzung durch die Bevölkerung in der Vergangenheit sprunghaft erhöht.

Informationsgewinnung, → Leistungsfindung, → Theorien des Marketing.

Informationslogistik, umfasst die Planung, Steuerung und Kontrolle von → Informationssystemen. Im Rahmen der I. sind i.d.R. vier Informationsflüsse zu regeln: (1) unternehmensübergreifender, (2) hierarchischer, (3) funktionsübergreifender und (4) funktionsinterner Informationsfluss.

Informationsökonomik, Teildisziplin der → Institutionenökonomik (→ Theorien des Marketing). Sie erklärt, wie Märkte funktionieren, die durch asymmetrische Information der Marktteilnehmer über die Transaktionsangebote gekennzeichnet sind. Insbesondere die in diesen Ansätzen diskutierten Gütereigenschaften sowie die Bedingungen für Marktversagen und die Mechanismen zur Übertragung und Gewinnung von Informationen (Informationsinstitutionen) sind für das Marketing von Bedeutung. Beispiele für potenziell problematische Gütereigenschaften sind die von → Erfahrungsgütern, bei denen es im Extrem zum Marktversagen kommen kann. z.B. können Kunden etwa die Qualität von Gebrauchtwagen vor dem Kauf nur schwer beurteilen („market for lemons"). Folglich kann nur eine Durchschnittsqualität bezahlt werden, deren Preis für die Anbieter der besten Wagen jedoch nicht kostendeckend ist. Sie werden damit sukzessive vom Markt verdrängt („adverse selection"), bis nur noch die Anbieter der schlechtesten Qualität übrig sind. Garantien und Reputationsaufbau sind Instrumente zur Überwindung dieser Probleme.

Informationspolitik, Ausgestaltung der Wietergabe unternehmensspezifischer Informationen an die Gesellschaft bzw. die → Medien durch das Unternehmen hinsichtlich Inhalt, Umfang und Form. Der I. von Unternehmen ist eine hohe Bedeutung beizumessen. Über eine umfassende und offene I. kann das Vertrauen in das Unternehmen und seine Werte gesteigert werden. Die Zurückhaltung für die Öffentlichkeit wesentlicher Informationen, wie z.B. eine unzureichende oder zu späte Aufklärung über den zeitweiligen Verkauf gesundheitsschädigender Produkte, kann dagegen zu einem wesentlichen Imageverlust für das Unternehmen führen. *Vgl. auch* → Kommunikationspolitik sowie → Public Relations (PR).

Informationsselektierer, → Organisationales Beschaffungsverhalten.

Informationsspeicherung, → Informationsverarbeitung.

Informationssystem, I. Begriff: Gesamtheit aus Personen, technischen Einrichtungen und Verfahren zur Gewinnung, Zuordnung, Analyse, Bewertung und Weitergabe zeitnaher und zutreffender Informationen. Das Ziel eines betrieblichen I. besteht darin, den Informationsbedarf der Entscheidungsträger durch Bereitstellung aussagefähiger und problembezogener, am richtigen Ort und zur richtigen Zeit verfügbarer Informationen zu befriedigen (z.B. → Marketing- und Vertriebsinformationssystem). Problem ist dabei häufig die Ermittlung des wahren Informationsbedarfs, denn üblicherweise treten Differenzen zwischen der Menge der Informationen, die zur Lösung eines Problems objektiv wichtig sind und dem von Entscheidungsträgern subjektiv empfundenen Informationsbedarf auf. Die Lösung dieses Koordinationsproblems ist Aufgabe des → Controlling.

II. Gestaltung: Um das oben stehende Ziel zu erreichen, muss ein I. folgende Funktionen wahrnehmen: Beschaffung, Speicherung, Verarbeitung, Übermittlung und Darstellung von Informationen. Bei der Ausgestaltung dieser Funktionen im Rahmen eines I. sind gewisse Grundsatzanforderungen zu berücksichtigen: (1) Hohe Benutzerorientierung, manifestiert sich in einer sorgfältigen Verdichtung von Informationen, der Sicherstellung der Aktualität von Informationen, der Einfachheit und Schnelligkeit des Systemzugriffs, der Standardisierung der Datenerfassung, differenzierten Auswertungsmöglichkeiten, verständlichen Darstellungsformen sowie der Automatisierung der Lieferung ständig benötigter Informationen. (2) Gute Integrations- und Koordinationsfähigkeit, ermöglicht den effizienten Informationsaustausch zwischen unterschiedlichen, bereichsspezifischen Informationssystemen. (3) Wirtschaftlichkeit, manifestiert sich darin, dass der durch das System erzielte Mehrwert den erforderlichen System-Pflegeaufwand übersteigt. Der Pflegeaufwand kann z.B. durch eine restriktive Informationssammlung reduziert werden. (4) Sicherheit, bezieht sich auf den Aspekt der Verwahrung und Speicherung von Informationen sowie auf den Schutz vor Zugriff durch unberechtigte Personen.

Informationsüberlastung, Anteil der verfügbaren bzw. angebotenen Informationen, die von dem Empfänger nicht wahrgenommen werden. Z.B., wenn ein Konsument von einer 200 Seiten starken Zeitschrift nur zehn Seiten liest und die Zeitschrift dann wegwirft, dann wird von der insgesamt verfügbaren Information nur fünf Prozent aufgenommen. Der Informationsüberschuss beträgt 95 Prozent (Kroeber-Riel 1992). Nach Einschätzung von Kroeber-Riel (1992) kann für die BRD ein Informationsüberschuss von über 98 Prozent angenommen werden. Ursache für die extreme I. ist das starke Wachstum des Informationsangebotes. Die Inflation der kommunikativen Maßnahmen zeigt sich heute in folgenden Zahlen (Esch/Wicke 1999): 1991 gab es 404.924 Werbespots, 1998 wurden 1.952.501 Werbespots ausgestrahlt. Die einzelnen Sendezeiten über alle Kanäle summiert, ergeben für das Jahr 1998 eine Summe von 33 Stunden Werbefernsehen täglich. Die Ausgaben für Werbung betrugen 1986 ca. 5,5 Mrd. EUR, 1996 waren es ca. 13 Mrd. EUR, 2001 ca. 21,7 Mrd. EUR. Nach Auskunft des ZAW wurden 1998 46,87 Mio. Sekunden Funkwerbung gesendet und über 300.000 Seiten Zeitschriftenwerbung sowie ca. 220.000 Seiten Zeitungswerbung veröffentlicht. 1996 konnten in der BRD 93 Fernsehsender, 233 Radiostationen, 408 Tageszeitungen, 1.781 Zeitschriften sowie 391.292 Plakatanschlagstellen gezählt werden. Aufgrund der extremen Informationsüberlastung ist die Kommunikationseffizienz stark rückläufig. Heute sind doppelt so hohe Ausgaben wie 1990 notwendig, um den gleichen durchschnittlichen Recall von 20 Prozent zu erhalten. Werbeanzeigen werden beispielsweise im Durchschnitt nur noch ein bis zwei Sekunden betrachtet. Kroeber-Riel (1992) hat angesichts dieser zu erwartenden Entwicklung schon frühzeitig empfohlen, (1) sprachliche Informationen so zu gestalten, dass sie leichter aufgenommen werden können (kürzere Sätze, konkrete Ausdrucksweise), (2) eine hierarchische Kommunikationsstrategie zu verfolgen (Informationen werden nach ihrer Bedeutung geordnet präsentiert), (3) sprachliche Informationen in zunehmendem Maße durch Bilder zu ersetzen, da diese automatisch verarbeitet werden (*vgl. auch* → Imagery-Forschung), (4) die → Aktivierungswirkung der Informationen zu erhöhen, (5) die einzelnen Elemente des Kommunikationsmix inhaltlich und formal aufeinander abzustimmen (Integrierte Kommunikation).

Andrea Gröppel-Klein

Informationsübertragung, → Theorien des Marketing.

Informationsunsicherheit, subjektiv empfundene Unsicherheit über Art, Güte und Angemessenheit der für eine → Kaufentscheidung zur Verfügung stehenden Informationen.

Informationsverarbeitung. I. Einführung: Nach Kroeber-Riel/Weinberg werden die kognitiven Prozesse, durch die das Individuum Kenntnis von sich selbst und seiner Umwelt erhält, als I. in Analogie zur elektronischen I. betrachtet. Die enge Beziehung zwischen psychologischen Modellen kognitiver Prozesse und den Informationsverarbeitungsmodellen der Computerwissenschaft (→ Drei-Speicher-Modell) hat zu einer neuen interdisziplinären Forschungsrichtung, der sog. Kognitionswissenschaft (Cognitive Science), geführt. Das Basismodell der Informationsverarbeitung umfasst die Vorgänge (1) Informationsaufnahme (Wahrnehmung), (2) Informationsverarbeitung im engeren Sinne (Denken) und (3) Informationspeicherung (Lernen).

II. Informationsaufnahme: Wahrnehmung: Frühe Vertreter der Psychophysik charakterisierten die Wahrnehmung als einen dem mechanistischen Prinzip unterliegenden Prozess. Sie waren der Ansicht, dass beispielsweise die optische Wahrnehmung dem Vorgang des Fotografierens gleicht. Eine feste, berechenbare Beziehung zwischen dem objektiven Reiz und der subjektiven Wahrnehmung wurde angenommen. Diese sog. klassische Konstanzannahme gilt heute als falsifiziert. Nach Behrens ist Wahrnehmung eine allgemeine und umfassende Bezeichnung für den Prozess der Informationsgewinnung aus Umwelt- und Körperreizen einschließlich der damit verbundenen emotiven Prozesse und der Modifikationen durch Transformationsprozesse. Das Ergebnis sind Empfindungen und Vorstellungen über die Umwelt sowie die eigene Person. Wahrnehmung ist somit ein Prozess der Entschlüsselung von aufgenommenen Umweltreizen und inneren Signalen und kann über alle Sinnesorgane erfolgen, d.h. Sehen, Hören, Tasten, Schmecken, Riechen, Empfinden. Das Sinnesorgan Auge spielt bei der Wahrnehmung eine dominante Rolle. 90 Prozent aller sensorischen Informationen werden durch den visuellen Wahrnehmungsapparat übermittelt. Die Wahrnehmung erfolgt aktiv, subjektiv, selektiv und kontextabhängig. Aktivität bedeutet, dass die Umwelt nicht passiv registriert wird, sondern dass die wahrgenommenen Reize spontan bewertet, eingeordnet, modifiziert und mit eigenen Gedächtnisinhalten verknüpft werden. Subjektivität bedeutet, dass jedes Individuum in seiner eigenen subjektiv wahrgenommenen Welt lebt und dass jeder Mensch aufgrund der Verknüpfung mit schon vorhandenen Gedächtnisinhalten eingehende Reize anders wahrnimmt. Gleiche Produkte, Marken oder Dienstleistungen können daher von verschiedenen Konsumenten völlig unterschiedlich wahrgenommen werden. Kontextabhängigkeit meint, dass nicht nur die inneren psychischen Prozesse die Wahrnehmung beeinflussen, sondern auch die Situation (z.B. Zeitdruck). Selektivität bedeutet schließlich, dass aus der unübersehbaren Menge von Informationen diejenigen ausgewählt werden, die für das Individuum von besonderer Bedeutung sind und hohe → Aufmerksamkeit auslösen. Aufmerksamkeit erzielen vor allem solche Reize, die mit einer hohen → Aktivierung einhergehen (intensive, affektive, kollative Stimuli). Wahrnehmung ist somit ein Vorgang der Informationsbewältigung. Für das Marketing ist von Belang, dass mit steigender Produkterfahrung die Fähigkeit wächst, die wichtigsten Informationen auszuwählen und zu analysieren. Die Kommunikationspolitik beschäftigt sich darüber hinaus mit der Frage, ob wiederholt gesendete Werbebotschaften vom Konsumenten über einen längeren Zeitraum aktiv wahrgenommen werden oder ob sich die Rezipienten so sehr an die Stimuli gewöhnen, dass sie nicht mehr in das Bewusstsein vordringen und nur noch passiv registriert werden. Bei diesem sog. Anpassungsprozess (Adaptation) spielen fünf Faktoren eine Rolle: (1) Intensität: Konsumenten gewöhnen sich an gedämpfte Stimuli (z.B. gedämpfte Farben) schneller als an intensive Reize. (2) Zeitdauer: Stimuli, die eine lange Expositionszeit brauchen, um vom Konsumenten aufgenommen werden zu können, führen zu einer schnelleren Gewöhnung, da diese Informationen eine lange Aufmerksamkeitsspanne für sich beansprucht haben. (3) Diskriminierung: Einfache Informationen werden im Vergleich zu komplexen schneller adaptiert. (4) Frequenz der Informationsdarbietung (Exposure): Je häufiger ein Konsument einem Reiz ausgesetzt wird, desto eher gewöhnt er sich an diesen. (5) Relevanz: Der Konsument nimmt vor allem solche Reize wahr, die seinen persönlichen Wünschen und → Bedürfnissen entsprechen. In diesem Zusammenhang wird vielfach die Wirkung unterschwelliger Wahrnehmung diskutiert. Unter unterschwelliger Wahrnehmung versteht man eine nicht bewusste Informationsverarbeitung. Ein Reiz, der unterhalb der Wahrnehmungsschwelle bleibt, wird aufgenommen und verarbeitet, ohne dass sich die betreffende Person dieses Vorgangs bewusst wird. Erst eine entsprechende Reaktion lässt darauf schließen, dass ein solcher Prozess stattgefunden hat. Beispielsweise wurden in Kinofilmen Wörter wie „Fleisch" oder „Käse" unterhalb der Bewusstseinsschwelle eingeblendet und es konnte später festgestellt werden, dass diejenigen Kinobesucher, bei denen dieser Versuch durchgeführt wurde, ein stärkeres Hungergefühl hatten als diejenigen, bei denen keine Einblendung vorlag. Die bislang vorliegenden empirischen Ergebnisse zu der Wirkung unterschwelliger Wahrnehmung sind jedoch widersprüchlich. Es bleibt unklar, ob hierdurch Bedürfnisse ausgelöst oder modifiziert werden können. Der Prozess der Wahrnehmung kann mittels des → Tachistoskopes gemessen werden (*vgl. auch* → Aktualgenese). Um zu ermitteln, welche Informationen vom Individuum aufgenommen werden, kann auf die Methoden der → Befragung, → Blickregistrierung und → Information-Display-Matrix zurück gegriffen werden.

III. Informationsverarbeitung im engeren Sinne (Denken): Die I. im engeren Sinne bezieht sich auf die beiden Prozesse „Denken als Erkenntnisprozess" und „Denken als Problemlösung". Denken als Erkenntnisprozess bedeutet, dass das Individuum bestrebt ist, Zusammenhänge zu erkennen, Regelmäßigkeiten und individuelle Strukturen zu entdecken und ungeordnete Daten zu systematisieren. Mit Denken als Problemlösungsprozess wird dagegen die systematische Lösung eines Problems, also das wohl überlegte Ausräumen von Hindernissen zur Erreichung eines erwünschten Zielzustandes, bezeichnet. Beide Absätze beschreiben damit unterschiedliche Perspektiven, aber ergänzen sich gegenseitig. So muss häufig vor dem Prozess der Problemlösung die Erkenntnisgewinnung stehen. In der Konsumentenverhaltensforschung steht im Mittelpunkt der Denkprozesse die → Kaufentscheidung. Das Individuum trifft Kaufentscheidungen, um Bedürfnisse zu befriedigen. Ausgangspunkt ist also ein wahrgenommener Mangel, den es zu beseitigen gilt (Denken als Problemlösungsprozess). Dabei stehen dem Individuum i.d.R. mehrere Alternativen zur Befriedigung seines Bedürfnisses zur Verfügung, von denen es eine auswählen muss. Erschwert wird die Entscheidungsfindung durch die beschränkten Ressourcen des Individuums (Geld, Zeit), durch unvollständige Informationen oder unzulängliche Erfahrungen. Der Konsument muss sich bei seiner Wahl auf die zuvor gewonnenen Erkenntnisse verlassen (Denken als Erkenntnisgewinnung). Grundsätzlich kann das Kaufentscheidungsproblem mit mehr oder weniger hohem kognitiven Einsatz gelöst werden. Die Entscheidung hängt daneben von vielen anderen Faktoren ab, wie persönliche Risikobereitschaft, bisherige Erfahrungen usw. Die Konsumentenforschung interessiert sich im Rahmen der I. im engeren Sinne, wie der Konsument diesen Problemlösungsprozess bewältigt. Hier reicht die Bandbreite vom einfachen praktischen Probieren (Versuch und Irrtum) bis hin zur kognitiv kontrollierten Problemlösung, bei der vor der Entscheidung eine gedankliche Optimierung stattfindet. Außerdem untersucht die Konsumentenforschung, welche Informationen (Produktinformationen, Umfeldinformationen) der Konsument zur Entscheidungsfindung mehr oder weniger bewusst nutzt, wie diese beurteilt werden und nach welchen kognitiven Entscheidungsregeln (z.B. → Attribute Processing) die Wahl getroffen wird. Bei der Beurteilung einer neuen Information greift der Konsument oft auf schematisch gespeichertes Wissen zurück. Ein Schema ist eine standardisierte Vorstellung darüber, wie ein Sachverhalt typischerweise aussieht. Diese schematischen Wissensstrukturen geben die wichtigsten Merkmale eines Gegenstandsbereiches wieder, sind mehr oder weniger konkret und hierarchisch organisiert. Schemata, auch solche über den Ablauf von Ereignissen (sog. Skripts), können die Informationsverarbeitung stark beeinflussen, indem sie die Wahrnehmung steuern und die Denkvorgänge erleichtern. Schematische Vorstellungen können mithilfe von → semantischen Netzwerken dargestellt werden.

IV. Informationsspeicherung: Die Informationsspeicherung betrifft den Vorgang des Lernens von Informationen (*vgl. auch* → Lerntheorien) und die Übertragung dieses Wissens in den Langzeitspeicher (*vgl. auch* → Drei-Speichermodell). Im Langzeitspeicher, der mit dem menschlichen Gedächtnis gleichgesetzt werden kann, wird das gesamte Wissen und die Erfahrungen des Individuums gesammelt.

Literatur: Alba, J.W./Hutchinson, J.W. (1987): Dimensions of Consumer Expertise, in: Journal of Consumer Research, 13. Jg., Nr. 4; S. 411-454; Behrens, G. (2003): Konsumentenverhalten, Heidelberg; Kroeber-Riel, W./Weinberg, P. (2003): Konsumentenverhalten, 8. Aufl., München; Pieters, R./ Warlup, L./Hartog, M. (1997): The Effect of Time Pressure and Task Motivation on Visual Attention to Brands, in: Bruchs, M/MacInnis, D.J. (Hrsg.), Advances in Consumer Research, 24. Jg., o.Nr., Provo, UT, S. 281-287.

Andrea Gröppel-Klein

Informationsverhalten, → Informationsverarbeitung, → Involvement.

Informationszeitalter, Bezeichnung für die heutige Epoche, in der der produktive Umgang mit der Ressource Information und die wissensintensive Produktion eine herausragende Rolle spielen. Sie zeichnet sich insbesondere durch das Ineinandergreifen der drei Sektoren Informationstechnik, Telekommunikation und Inhalte (Content) aus.

Informative Werbung, → Werbung.

Infotainment, Bezeichnung für die Vermittlung von Informationen in unterhaltender Form.

Infotisement, künstliches Wort aus den Begriffen Information und Advertisement, das Werbeformen bezeichnet, bei denen die Information im Vordergrund steht bzw. Werbeinhalte mit redaktionellen Inhalten verknüpft werden.

Infratest-Multi-Media-Analyse (IMMA/ imd). Die IMM ist neben anderen Mediaanalysen eine der großen Analysen in Deutschland, die heute nicht mehr existiert.

Ingredient Branding, beschreibt die Verwendung eines Markenproduktes als Bestandteil in einem anderen Markenprodukt. Ein typisches Beispiel ist der Slogan „Intel inside“, mit dem zahlreiche PC-Hersteller ihrem Produkt einen Mehrwert verschaffen wollen, indem sie mit dem Güte-Indikator „Intel“ einen Technologie- und Qualitätsfortschritt zu symbolisieren versuchen. Dem Konsumenten wird dabei suggeriert, dass er dank der Ingredient Brand und der Marke des eigentlichen Produktes (Host Brand) zwei Qualitätsmarken in einem Produkt erwerben kann. Für die Host Brand besteht allerdings die Gefahr, dass das Produkt in Abhängigkeit gerät und an Mehrwert verliert, wenn die Markenallianz aufgelöst wird.

Inhaltliche Integration, → Formen der Integrierten (Unternehmens-) Kommunikation.

Inhaltlich-konzeptionelle Barrieren der Integrierten Kommunikation, → Integrierte (Unternehmens-) Kommunikation.

Inhaltsanalyse, die I. ist ein Verfahren zur systematischen Analyse von schriftlichen Materialen, wie z.B. Zeitungsartikeln und Briefen. Grundgedanke ist es, qualitative Daten entsprechend zu quantifizieren. Die I. vollzieht sich in vier Schritten. (1) Zu Beginn muss die Datengrundlage definiert werden, die systematisch analysiert werden soll (z.B. Auswahl entsprechender Zeitungen aus einem gewissen Zeitraum). (2) Danach muss die Erhebungseinheit festgelegt werden. (z.B. Stellenangebote in einer Zeitung). (3) Im Anschluss werden Kategorien gebildet. Dies sind die Analyseobjekte der I. (4) Den Kategorien werden Variablen zugeordnet, anhand deren Merkmalsausprägungen die Erhebungseinheiten nun eingeordnet werden können (Kategorisierung). Durch die systematische Analyse erhält man als Ergebnis der I. quantifizierbare Daten.

Inhaltsvalidität, *content validity*. → Validität.

Ink-Jet-Verfahren, Adressierungs- und Personalisierungsverfahren. Allerdings ist die Qualität des Ausdrucks gering, was an dem „Tintenstrahldruck" liegt: Winzige Farbtröpfchen werden exakt gesteuert auf den Druckträger, z.B. das Papier, gespritzt. Zusammengesetzt ergeben sie das Druckbild (Buchstaben, Zahlen, einfache Abbildungen usw.). Genau besehen hat jeder Buchstabe im Gegensatz zum Laserdruck ausgefranste Ränder. Der Druck erfolgt in hoher Geschwindigkeit von der Rolle (was hohe → Auflagen voraussetzt). Verschiedenste Schriftarten in unterschiedlichsten Größen können genutzt werden.

Inkrementalismus, → Strategische Planung.

Innerbetriebliche Leistungsvereinbarung, → Service Level Agreement (SLA).

Innerbetrieblicher Vergleich, → Benchmarking.

Innere Bilder, → Imagery-Forschung.

Innere Repräsentation von Wissen, → Gedächtnistheorien.

Innovation, im objektbezogenen Sinne die Bezeichnung für ein neuartiges → Produkt oder Verfahren, das eine Unternehmung erstmalig auf den Markt bringt oder in den Betrieb einführt. Aufgrund der Kritik gegen diese objektive Interpretation, die vor allem das Fehlen eines universell einsetzbaren und allgemein anerkannten Instrumentariums zur Messung von objektiven Unterschieden sowie dem daraus resultierenden Aufwand des Nachweises der absoluten Neuheit bemängelte, unterbreiteten zahlreiche Autoren den Vorschlag, dass zur Beurteilung einer I. das subjektive Empfinden über den Neuheitsaspekt ausreiche. Als I. bezeichnet man daher auch Veränderungen in der subjektiv wahrgenommenen Marktleistung der Unternehmen. Im Gegensatz zu den genannten Definitionen repräsentieren nach Ansicht zahlreicher Experten nicht allein die Erstmaligkeit und auch nicht ausschließlich die Wahrnehmung der Neuartigkeit das Wesensmerkmal einer I. Für zahlreiche Vertreter aus Wissenschaft und Praxis konstituiert sich der Begriff vielmehr aus einer neuartigen Kombination von Zweck und Mitteln. Diese Deutung zeigt, dass I. eigentlich das Ergebnis zweier Prozesse beschreibt. Auf der einen Seite steht der potenzielle Wandel der Verfügbarkeit bzw. des Angebots von Problemlösungen durch neuen Ideen, Erfindungen und Entdekkungen (→ Ideenauswahl), auf der anderen Seite die Nachfrage nach Problemlösungen, die ebenfalls veränderlich ist. Werden beide Seiten zur Deckung gebracht, also eine Anwendung bzw. Verwendung erreicht bzw. durchgesetzt, wobei auf mindestens einer Seite etwas Neues auftritt, so spricht man von I.

Innovationserfolg. Ob sich eine → Innovation als erfolgreich bezeichnen lässt, hängt mit der Position des Beurteilenden zusammen. Während z.B. Fachpromotoren den Erfolg vor allem an technischen Indikatoren messen, liefern für den Investor der ökonomische und außerökonomische Nutzen letztlich die Antwort auf diese Frage. Ausgehend von der letztgenannten betriebswirtschaftlichen Sichtweise, interessieren als Nächstes die Aspekte der Messung des I. Besondere Beachtung verdienen in diesem Zusammenhang der Messbereich, die Messdimensionen, der Messzeitpunkt, die Referenzgrößen der Messung sowie das Messsubjekt. Bei der Festlegung des Messbereiches muss zwischen einer Mikroebene (Projektebene) und der Makroebene (Zusammenfassung vieler Projekte) unterschieden werden. Entscheidet man sich für eine Messung des I. auf Makroebene gilt es, die Frage zu klären, ob eine Nation, eine Branche oder das Innovationsprogramm einer Unternehmung Gegenstand der Betrachtung ist. Der Erfolg einer Innovation betrifft ferner verschiedene Dimensionen. Zentral sind die ökonomischen Effekte, die technischen Effekte und die außerökonomischen Effekte (z.B. wissenschaftliche Anerkennung). Bei der Messung des Erfolges spielt zudem der Zeitpunkt eine bedeutsame Rolle. Unterscheiden lassen sich vier Zeitpunkte: (1) Bei einem frühen Zeitpunkt würde die Abschätzung des Erfolges mit der Erstpublikation bzw. der Entdeckung der Innovation erfolgen. (2) Zu einem zentralen Zeitpunkt die Innovation zu beurteilen, hieße die Evaluation würde nach der Erstellung eines Prototyps oder nach der Patentierung stattfinden. (3) Eine weitere Möglichkeit besteht darin, die Bewertung der Innovation nach der Einführung im Markt vorzunehmen. (4) Ein sehr später Zeitpunkt wäre die Beurteilung der Innovation nach Erreichen des Gipfels im Lebenszyklus. Unstrittig ist, dass ein Messzeitpunkt nach der Einführung in den Markt oder Betrieb gewählt werden muss, wenn es darum geht, den ökonomischen Effekt der Innovation zu bestimmten. Das Urteil über den I. verlangt nicht nur Messung, sondern auch Bewertung. Die Bewertung erfolgt im Vergleich des erreichten Zustandes mit einem Referenzzustand. Als Vergleichsobjekte bietet sich eine alternative Innovation, ein angestrebtes Ziel oder ein bestimmter Zustand an. Zu den bestimmten Zuständen zählt man gemeinhin den Betriebsvergleich, den Vergleich mit einem fiktiven Zustand sowie den Zustand zu einem früheren Zeitpunkt. Der letztgenannte Zustand wird im Management gerne als Referenz gewählt, da in → Innovationsprozessen sich die Entscheidung in einer sehr frühen Phase auf ein „Ja" oder „Nein" zu reduzieren scheint. Die Variante des „Nein" ist ein fiktiver Zustand, der als Vergleichsmaßstab weite Verbreitung gefunden hat. Es stellt sich schließlich noch die Frage, wer bestimmen sollte, ob eine Innovation erfolgreich war. Unterscheiden lassen sich in diesem Zusammenhang Insider oder Outsider. Die Insider lassen sich wiederum danach differenzieren, ob sie am Innovationsprojekt beteiligt sind, ob sie eine Spezialisten- oder Generalistenfunktion ausüben oder ob sie eine Funktion im technischen oder kaufmännischen Bereich ausfüllen. Zur Beurteilung können auch nicht im Unternehmen involvierte Personen herangezogen werden. Gemeinhin lassen sich Sachverständige und Nichtsachverständige differenzieren. Denkbar ist ferner die Bewertung durch eine Gruppe von Sachverständigen.

Innovationsfähigkeit, umfasst das ganze Instrumentarium, das eine Organisation in die Lage versetzt, Innovationsaktivitäten durchzuführen. Zur Bewertung der I. können Input- und Outputgrößen herangezogen werden. Zu den Inputgrößen gehören Maßgrößen aus dem Personal-, Forschungs- und Entwicklungs- sowie dem Finanzbereich. So interessieren einerseits die Gesamtforschungsausgaben, die Anzahl der Forscher und deren Aus- und Weiterbildungsmaßnahmen, die Anzahl der Labore und Forschungseinrichtungen, die Finanzierungsarten (z.B. die Inanspruchnahme von Venture Capital), andererseits aber auch die Methoden der → Ideenfindung und -bewertung bzw. die Maßnahmen zur Umsetzung, z.B. durch den Ein-satz von Innovationskomitees auf Vorstandsebene. Zudem spielen die Quellen der Innovationsideen bei der Bewertung eine Rolle. Die gebräuchlichsten Outputmaße sind Patente und → Produkte, wobei bei letzteren zwischen Zwischenprodukten (Ideen) und Endprodukten (Gütern) unterschieden wird. Auch das Alter der Programmstruktur gibt Auskunft über die I. eines Unternehmens. Große Bedeutung für die I. kommt ferner der Organisationsstruktur zu.

Innovationsmanagement, eine Tätigkeit, die stark durch den Begriff der → Innovation geprägt ist. Darunter versteht man einen Vorgang der Erneuerung, dem die für die Entwicklung, Einführung und Durchsetzung der Neuerung notwendigen Phasen, Aktivitäten und Aspekte zu subsumieren sind. In dieser Innovationsphase ergreift die Unternehmung Aktivitäten zur erfolgreichen Vermarktung einer Neuerung („Bringing Invention into Use"). Alle während dieser Phase anfallenden Aufgaben und Aktivitäten charakterisieren das I.

Innovationsprozess, diesem Begriff werden vier Aktivitäten subsumiert, die bestimmte Ergebnisse zur Folge haben. In einer ersten Phase stellt die Invention (Erfindung) das Ergebnis der auf Anbieterebene ablaufenden Aktivitäten im F&E-Bereich (→ Forschung & Entwicklung) dar und ist als wichtigstes Ergebnis eines ersten, erfolgreich abzuschließenden Prozessschrittes zu betrachten. Verspricht die Erfindung einen wirtschaftlichen Erfolg, so wird diese in den anvisierten Absatzmarkt eingeführt. In der Literatur wird hierbei von der → Innovation i.e.S. gesprochen. Im Anschluss an die Markteinführung versucht der Anbieter eine schnelle Verbreitung seiner Neuerung zu erreichen, mithin die → Diffusion seines → Produktes zu fördern. Dies kann Wettbewerber zur Nachahmung der Innovation veranlassen, wobei durch diese Imitation wiederum der Diffusionsprozess der ursprünglichen Innovation beeinflusst wird.

Innovations-Spot, dieser → Spot stellt die Neuheit des beworbenen → Produktes in den Vordergrund. Im Rahmen der Klassifikation werden folgende Produkte unterschieden: Neue Produkte (echte Produktinnovation), Neue → Marke (bereits etablierte Produkte unter neuem → Markenname) und → Line Extension (weitere Produkte unter demselben Markendach). *Vgl. auch* → Gestaltung.

Innovationsstrategie. Im Rahmen einer umfassenden I. gilt es, langfristige Entscheidungen bzgl. der Innovationsziele sowie des Innovationsprogramms zu klären. Die Formulierung expliziter Innovationsziele gehört dabei sicherlich zu den schwierigsten Aufgaben bei der Ausarbeitung der I. So sind Innovationsziele in erster Linie projektgebundene Ziele, die ohne die konkrete Definition von Projekten nur sehr allgemein formuliert werden können. Die im Folgenden genannten Ziele sind daher als allgemeine Leitlinien für den Innovationsbereich anzusehen. Die Entwicklung einer → Innovation soll insbesondere zur Erzielung und Sicherung von Wettbewerbsvorteilen in Form einer Leistungs- und/oder Kostenführerschaft unter besonderer Berücksichtigung der Entwicklung umweltfreundlicher → Produkte und Prozesse beitragen. Darüber hinaus soll die Unternehmung bei der Entwicklung möglichst kurze Forschungs- und Entwicklungszeiten anstreben, um einen frühzeitigen Markteintritt zu ermöglichen. Diese Leitlinien definieren den Rahmen, innerhalb dessen sich die strategische Programmplanung vollzieht. Sie legt die grundsätzliche Zusammensetzung des langfristigen Innovationsprogramms fest. Ein erster Schwerpunkt ergibt sich in der Frage, auf welche Art von Innovationen sich die Unternehmung konzentrieren soll. Wird nach dem Grad der Neuigkeit differenziert, so kann zwischen Basis-, Verbesserungs- und Routineinnovation unterschieden werden. Wird nach dem Objekt, auf das sich die Forschung und Entwicklung konzentriert, differenziert, können Produkt-, Prozess- und Sozialinnovation unterschieden werden. Ein zweiter Kernpunkt liegt in der Erlangung und Gewinnung systematischen Wissens. Im Mittelpunkt steht hier die Beantwortung der Frage nach dem Innovationsbudget sowie die Frage nach dem Zukauf oder der Eigenentwicklung von Innovationen. Überlegungen gilt es ferner, hinsichtlich der Organisationsform zur Ausführung des Projektes anzustellen. Die rechtzeitige und effiziente Vermarktung ist der dritte Schwerpunkt, dem sich die Unternehmung im Rahmen der innovationsstrategischen Entscheidungen widmen muss. Das Augenmerk richtet sich hierbei auf den Grad der Marktabdeckung (Nische- oder Gesamtmarkt), das Timing des Markteintritts (Führer oder Folger) sowie auf Vorziehenswürdigkeit einer Patent- oder Lizenzpolitik.

Innovationszyklus, beschreibt den Zeitraum von einer zur nächsten Markteinführung eines neuen → Produktes.

Innovator, → Diffusionsprozess.

Input-Output-Analyse, → Medienanalyse.

Insertionsmedien, sind Medien, in denen man inserieren kann. I. werden in der Werbeliteratur häufig synonym zu Printmedien verwendet. Sie sollten besser Inseratmedien heißen, da Insertion neben dem Aufgeben einer Anzeige auch das Einfügen sprachlicher Einheiten in einen Satz oder das Einfügen einer Urkunde im vollen Wortlaut in eine neue Urkunde als Form der Bestätigung bedeuten kann.

Institut für Handelsforschung, das → IfH wurde 1929 von Rudolf Seyffert gegründet. Der Schwerpunkt der Forschungstätigkeiten des Instituts liegt in den Betriebsvergleichen im Handel. Seit 1998 wird aber auch im Bereich der Markt- und Unternehmensanalyse verstärkt geforscht. Die Betriebsvergleiche befassen sich mit Branchen des Einzelhandels-, des Großhandels- und anderen Dienstleistungsbereichen. Die Betriebsvergleiche des IfH stellen für die teilnehmenden Betriebe wichtige Informationen für das Controlling und die Unternehmensplanung bereit. Schon der Vergleich mit einem einzelnen vergleichbaren Betrieb kann dem Teilnehmer eigene Stärken und Schwächen aufzeigen sowie Ansatzpunkte für Verbesserungen geben. Die Finanzierung dieses Bereichs wird durch die finanzielle Förderung des Bundesministeriums für Wirtschaft, Mittelstand, Technologie und Verkehr des Landes Nordrhein-Westfalen ermöglicht. Die Beiträge der Mitglieder der Gesellschaft zur Förderung des Instituts für Handelsforschung, die Erlöse aus entgeltpflichtigen Betriebsvergleichen, die Spenden und vor allem Umsätze aus den frei akquirierten Projekten des Instituts bilden die zentralen Einnahmequellen. Im zweiten Geschäftsfeld Markt- und Unternehmensanalyse werden Forschungsprojekte und Kundenaufträge, wie z.B. Standortbewertungen, Zufriedenheitsmessungen und Gutachten, durchgeführt. Hierbei wird insbesondere wissenschaftlichen Fragestellungen und Problemen der Praxis nachgegangen. Neben diesen zwei Bereichen wendet sich das Institut anderen Forschungsbereichen zu, die i.d.R. aktuelle Probleme der Handelspraxis betreffen. Die Ergebnisse des Instituts werden den Interessenten in unterschiedlichen Veröffentlichungen, wie z.B. Mitteilungen des Instituts für Handelsforschung, Beiträge des Instituts für Handelsforschung zur Dokumentation der betriebswirtschaftlichen Situation im Groß- und Einzelhandel und Beiträge zur Handelsforschung, zugänglich gemacht.

Institutionenansatz des Marketing, ältester Ansatz der → Theorien des Marketing. Im Mittelpunkt steht die Beschreibung und Klassifikation unterschiedlicher „Absatzinstitutionen".

Institutionenökonomik, ökonomisches Paradigma und eine der → Theorien des Marketing. Zentraler Begriff der Forschungsrichtung ist die Institution. Richter definiert ihn wie folgt: „Eine Institution (...) ist ein auf ein bestimmtes Zielbündel abgestelltes System von Normen einschließlich deren Garantieinstrumente, mit dem Zweck, das individuelle Verhalten in eine bestimmte Richtung zu steuern." (Richter 1994, S. 2) Eine anschauliche Beschreibung findet sich bei Kaas: „Institutionen sind evolutorisch gewachsene oder bewusst geschaffene Einrichtungen, die gleichsam die Infrastruktur einer arbeitsteiligen Gesellschaft bilden. Märkte, Unternehmungen, Haushalte, Verträge und Gesetze sind Institutionen, aber auch Handelsbräuche, Kaufgewohnheiten, Geschäftsbeziehungen, bekannte Firmennamen und Markenartikel" (Kaas 1992, S. 3). Im Gegensatz zur neoklassischen Theorie befasst sich die I. mit den Unvollkommenheiten realer Märkte und mit den Einrichtungen (Institutionen), die für eine Bewältigung dieser Unvollkommenheiten geeignet sind. Nach Richter sind die folgenden „analytischen Grundinstrumente" für eine institutionenökonomische Argumentation typisch (vgl. Richter 1994, S. 3-4): Methodologischer Individualismus: die Erklärung des Verhaltens von sozialen Gruppierungen muss von den Einstellungen und dem Verhalten ihrer einzelnen Mitglieder ausgehen. Individuelle Rationalität: der Mensch ist entweder perfekt rational (homo oeconomicus) oder zumindest intendiert rational (eingeschränkte Rationalität). Emotionale Beweggründe werden daher aus den

Verhaltenserklärungen ausgeklammert. Transaktionskosten: bei wirtschaftlichen Vorgängen, d.h. Transaktionen (s.u.), treten – gegenüber der Situation im perfekten Tauschgleichgewicht der Neoklassik – Reibungsverluste auf.

Die I. besteht aus einer Reihe von heterogenen Teildisziplinen und ist auch aus einer Vielzahl unterschiedlicher Forschungsrichtungen hervorgegangen. Die Ursprünge reichen bis weit in die erste Hälfte des letzten Jahrhunderts zurück. Williamson, wichtigster Vertreter einer der „Hauptströmungen" der I., der → Transaktionskostentheorie, nennt als dessen Wurzeln etwa Knight (1921), Commons (1931) und Coase (1937) (vgl. Williamson 1985, S. 2-4). Knight nahm mit seinen Überlegungen zum „Moral hazard" und zur menschlichen Natur wie sie wirklich ist (vgl. Knight 1921, S. 256 und 270), das opportunistisch handelnde Individuum Williamsons vorweg, d.h. den Menschen, der unter Einsatz von List eigennützig handelt (vgl. Williamson 1985, S. 30). Commons, wichtigster Vertreter des (alten) Institutionalismus, erkannte bereits die Bedeutung von Transaktionen als zentrale Betrachtungseinheit für ökonomische Analysen – definierte diese allerdings anders als später Williamson (vgl. Commons 1931, S. 652). Coase war der erste, der Markt und Unternehmung als alternative Koordinationsformen (Institutionen) zur Abwicklung von Transaktionen ansah und bereits Effizienzkriterien für den Vergleich der situationsabhängigen Vorteilhaftigkeit dieser Institutionen, die Höhe von „Marketing costs" und internen Koordinationskosten (die Summe der Reibungsverluste), angab (vgl. Coase 1937).

Vereinfachend werden folgende Teildisziplinen zur I. gerechnet: die → Informationsökonomik, die Theorie der Property Rights, die → Prinzipal-Agenten-Theorie und der → Transaktionskostentheorie (vgl. Kaas 1992, S. 3). Deren Erklärungsziele werden im Folgenden gegenübergestellt und gemeinsame Probleme der Ansätze skizziert.

Die Informationsökonomik befasst sich mit der Beantwortung der Frage, wie Märkte funktionieren, die durch asymmetrische Information der Marktteilnehmer über die Transaktionsangebote der anderen Marktteilnehmer gekennzeichnet sind (vgl. Hirshleifer 1973, S. 34; vgl. auch Fischer u. a. 1993, S. 445). Insbesondere die in diesen Ansätzen diskutierten Gütereigenschaften und die Mechanismen zur Übertragung und Gewinnung von Informationen (Informationsinstitutionen) (vgl. Kaas 1990, 1991 und 1992, S. 31-33; Fischer u. a. 1993, S. 445) sind für das Marketing von Bedeutung.

Die Property-Rights-Theorie führt einen gegenüber der Neoklassik erweiterten Gutsbegriff ein. Sie sagt aus, dass nicht die physischen Eigenschaften eines Gutes, sondern die an diesem Gut und dessen Nutzung bestehenden Rechte für dessen Wert und Austauschrelation maßgeblich sind (vgl. Tietzel 1981, S. 210). Werden Güter ausgetauscht, so ist das Maß, in dem folgende Rechte übertragen werden, entscheidend: (vgl. Furubotn/ Pejovich 1974, S. 4) (1) das Recht, ein materielles oder immaterielles Gut zu benutzen, (2) das Recht, sich den Ertrag aus dessen Nutzung anzueignen, (3) das Recht, die Form eines Gutes zu verändern, und (4) das Recht zur Veräußerung des Gutes zu einem frei vereinbarten Preis an Dritte.

Die Property-Rights-Theorie unterstellt (wie alle institutionenökonomischen Ansätze, s.o.) individuelle Nutzenmaximierung; das besagt, dass jeder am Wirtschaftsprozess Beteiligte versucht, sein Eigeninteresse innerhalb der zur Verfügung stehenden Handlungsmöglichkeiten bestmöglich zu verfolgen. Daher wird das individuelle Verhalten letztlich durch die Verfügungs-, Dispositions- bzw. Handlungsrechte bestimmt (Furubotn/Pejovich 1972). Diese Betrachtungsweise impliziert umgekehrt, dass alles, was verhaltenswirksam ist, insbesondere auch ein Transaktionsarrangement, als ökonomisches Gut aufgefasst werden kann; die Wirkungen derartiger Güter und deren Ressourcenverbrauch können damit in ökonomische Kalküle integriert werden (vgl. Terberger 1994, S 71-81).

Der Nutzen eines Gutes ist umso höher, je vollständiger die Zuordnung von Rechten erfolgt; diese Zuordnung ist am höchsten, wenn ein Eigentümer die absolute Verfügungsgewalt besitzt (vgl. Demsetz 1967, S. 347; Alchian/Demsetz 1973, S. 17). Rechte können außerdem mehr oder weniger genau definiert sein. Häufig liegt – etwa durch eine Überlagerung der Rechte vieler oder durch rechtsfreie Räume – eine Verwässerung („at-tenuation“) vor (Furubotn/Pejovich 1972, S. 1146; Tietzel 1981, S. 211).

Die Property-Rights-Theoretiker haben sich u.a. mit den folgenden beiden Problemfeldern auseinandergesetzt (Coase 1960; Alchian/Demsetz 1972): Zum einen wurden die Auswirkungen externer Effekte untersucht. Von externen Effekten wird gesprochen, wenn die Konsequenzen von Handlungen nur unvollständig in das ökonomische Kalkül der handelnden Wirtschaftssubjekte eingehen, deren Handlungen jedoch das Nutzenniveau anderer Wirtschaftssubjekte beeinflussen. Ein Beispiel ist das Chemieunternehmen am Fluss, das von seiner Abwassereinleitung keinen Nachteil hat, das Wohlergehen der Anwohner flussabwärts aber beeinträchtigt (und der Agent, der das Nutzenniveau des Prinzipals beeinträchtigt, indem er zu wenig arbeitet). Zum anderen wurde versucht, die Existenz der Institution Unternehmung zu erklären (etwa von Alchian/Demsetz 1973).

Im Mittelpunkt des Transaktionskostenansatzes (Williamsons) (→ Transaktionskostentheorie) steht die effiziente Koordination dauerhafter Leistungsbeziehungen. Ökonomische Fragestellungen werden als Probleme der Aushandlung und Durchsetzung von Verträgen formuliert (vgl. Williamson 1985, S. 20). Da Verträge notwendigerweise unvollständig sind, kommt es in Verbindung mit (annahmegemäß) begrenzter Rationalität sowie Opportunismus der handelnden Akteure (vgl. Williamson 1985, S. 30-32, 43-52 und 64-67; vgl. auch Simon 1961, S. XXIV) und der gleichzeitig wirkenden Umweltunsicherheit zu Kooperationsproblemen, die die Frage nach geeigneten, d.h. mit einem möglichst geringen Ressourcenverbrauch verbundenen, Koordinationsdesigns aufwerfen (Minimierung auch der sog. Abstimmungskosten nach Vertragsabschluss): „This book advances the proposition that the economic institutions of capitalism have the main purpose and effect of economizing on transaction costs.“ (Williamson 1985, S. 17). Da die Transaktionen im Transaktionskostenansatz als – mehr oder weniger komplizierte – Übertragung von Property Rights-Bündeln formuliert werden, besteht eine enge theoretische Beziehung zu diesem Ansatz. An Hand der Transaktionsmerkmale Spezifität (das ist die Abhängigkeit des Wertes von Investitionen von der konkreten Transaktionssituation), Unsicherheit und Häufigkeit wird über die relative Vorteilhaftigkeit der Abwicklungsformen Markt und Hierarchie sowie von Mischformen entschieden (vgl. Williamson/Ouchi 1981, S. 367; Williamson 1985, S. 52-61 und 72-79).

„In most general terms agency theory focusses on cooperation in the presence of external effects as well as asymmetric information.“ (Spremann 1987, S. 3) Im Gegensatz zum Transaktionskostenansatz wird allerdings meistens, vor allem in den älteren Modellen, (implizit) unterstellt, dass es nach Vertragsabschluß keinen Regelungsbedarf mehr gibt, weil die getroffenen Absprachen vollständig und durchsetzbar sind (vgl. Williamson 1985, S. 26-29, 50-51 et passim). Man kann die Grundprobleme auch als Risikoverteilung, Anreizgestaltung und Kontrolle identifizieren (vgl. Laux 1990, S. 6-15). Die Agency-Theorie wird in der Literatur in zwei Varianten unterteilt: das formale Agency-Modell wird von Terberger als neoklassischer Kern der institutionenökonomischen Diskussion aufgefasst (vgl. Terberger 1994, S. 92-99); die positive Agency-Theorie ist die realitätsnähere, aber formal weniger exakte (meist verbale) Variante (vgl. Jensen 1983; Terberger 1994, S. 106).

Alle institutionenökonomischen Ansätze beschreiben Reibungsverluste, „(...) costs of running the economic system (...)“ (Arrow 1969, S. 48), ggü. der „first-best“-Welt der neoklassischen Theorie, die aus der Unvollkommenheit realer Transaktionssituationen entstehen und die es zu minimieren gilt. Dasjenige institutionelle Arrangement wird als optimal angesehen, das diese Differenz minimiert (vgl. Terberger 1994, S. 97). Eine genaue Definition dieses Effizienzkriteriums erscheint vor diesem Hintergrund zentral. Leider wird die institutionenökonomische Literatur diesem Anspruch jedoch nicht immer gerecht, sie ist vielmehr oft verwirrend und uneinheitlich. Die Probleme beginnen bereits innerhalb des Transaktionskostenansatzes von Williamson. Zum einen muss verwundern, dass hier eine einseitig kostenbezogene Betrachtung vorliegt (vgl. Williamson 1981, S. 1547; Terberger 1994, S. 125-134; Picot/Dietl 1990, S. 183; Kaas/Fischer 1993, S. 693). Führen unterschiedliche Transaktionsarrangements nicht auch zu einem unterschiedlichen Nutzen der Kooperation? Noch verwirrender ist die Frage, welche Rolle den Produktionskosten für die Entscheidung über die Vorteilhaftigkeit unterschiedlicher Transaktionsarrangements zukommt? Das oben angeführte Zitat Williamsons zur Entstehung und zum Effekt ökonomischer Institutionen scheint auf ein Primat der Transaktionskostenbetrachtung bei der Beurteilung von Institutionen hinzuweisen, bei der Entscheidung über vertikale Integration summiert er jedoch Transaktionskosten und Produktionskosten (vgl. Williamson 1985, S. 92-95). Von Williamson stammt zudem die Aussage, dass Produktions- und Transaktionskosten im Grunde nicht unabhängig voneinander zu bestimmen sind, sondern dass man deren Interdependenzen eigentlich nur durch eine simultane Behandlung gerecht werden kann. Er geht über eine Addition dieser Größen aber im Rahmen sei-ner Theorie nicht hinaus (vgl. Williamson 1981, S. 1547; Terberger 1994, S. 131).

In der Agency-Theorie wird die Höhe der Abweichung zwischen dem „First-best" und dem „Second-best" als „Agency costs" bezeichnet (vgl. Jensen/Meckling 1976, S. 308-310). Jensen/Meckling, als Vertreter der positiven Agency-Theorie, unterteilen die „Agency costs" in „Monitoring costs" (das sind Kosten, die anfallen, wenn der Agent beobachtet wird), „Bonding costs" (das sind Kosten, die entstehen, wenn sich der Agent freiwillig bindet) und „Residual loss" (verbleibende Abweichungen der Leistung des Agenten ge-genüber der „first-best"-Situation ohne Anreizprobleme) (vgl. Jensen/Meckling 1976, S. 308-310). Die Höhe dieser „Agency costs" gilt es durch geeignete Kooperationsdesigns zu minimieren. Deren Definition ist wesentlich überzeugender als die der Transaktionskosten oder lässt sich zumindest entsprechend interpretieren: Es werden Kosten aufgewendet, nämlich „Monitoring costs" und „Bonding costs", *um* den *Nutzen* der Kooperation zu erhöhen, indem das „Residual loss", die Abweichung zwischen den Nutzenniveaus im „First-best" und „Second-best", verkleinert wird (vgl. Schneider 1987, S. 483); da diese Abweichung in der Agency-Theorie unmittelbar durch die Informations- und Anreizprobleme erklärt wird, trifft diese Vorstellung eines Tradeoff zwischen Kosten und Nutzen eines Kooperationsdesigns eher den Kern der Kooperationsproblematik als die Vorstellung von Transaktionskosten im Sinne Williamsons (vgl. Dow 1987, S. 18; Terberger 1994, S. 130).

Sowohl die Definition der Transaktionskosten als auch die Definition der „Agency costs" sind weiterer Kritik unterzogen worden. Eine besonders schwerwiegende Kritik stammt von Schneider, der immerhin behauptet, keiner der beiden Begriffe wäre konsistent definiert (vgl. Schneider 1985, S. 1242-1243, 1245; Schneider 1987, S. 483). Das Argument lässt sich vereinfachend wie folgt wiedergeben: Transaktionskosten und „Agency costs" beinhalten auch Opportunitätskosten (vgl. Schneider 1987, S. 483). Opportunitätskosten sind jedoch nur sinnvoll ggü. einer als Vergleichsmaßstab dienenden Alternative definierbar. Das zu diesem Zweck heranzuziehende allgemeine Konkurrenzgleichgewicht ist nach Schneider aber auf Märkten mit Informations- und Unsicherheitsproblemen nie beobachtbar (vgl. Schneider 1985, S. 1242-1243, 1245; Schneider 1987, S. 483; Schneider 1993, S. 257-258). Es entsteht eine Inkonsistenz zwischen dem zu analysierenden Objekt und dem Instrument der Analyse (vgl. Schneider 1985, S. 1242-1243, 1245; Schneider 1987, S. 483; Schneider 1993, S. 257-258; vgl. auch Schmidt 1987, S. 497-498): Gerade dann, wenn Institutionen sinnvoll sind, weil die Märkte durch Informations- und Unsicherheitsprobleme geprägt sind – sie sind nur dann erklärbar – ist das „First-best" nicht mehr feststellbar und die Opportunitätskosten nicht mehr definierbar; die zur Erklärung von Institutionen herangezogenen Transaktionskosten bzw. „Agency costs" sind somit nur dann definierbar, wenn es keine Institutionen gibt und ihre Betrachtung somit überflüssig ist, weil sie ohnehin gleich Null sind.

Aus diesen und weiteren Gründen bezeichnet Schneider Begriffe wie „Agency costs" und Transaktionskosten als bloße „Methaphern" für die „vorwissenschaftliche" Diskussion (vgl. Schneider 1987, S. 493). Dieser Kritik hält Schmidt, zumindest für den Fall der „Agency costs", folgendes entgegen:

„'Agency Costs' may indeed be a methaphor. But this is not necessarily a weakness. (...) Indeed, one could consider agency costs to be a good methaphor because, as such, it directs attention to the problem of taking into account and assessing the consequences which an asymmetrical distribution of information can have for the way people organize their cooperation." (Schmidt 1987, S. 499)

Aus theoretischer Sicht gebührt dem Begriff der „Agency costs" der Vorzug ggü. dem der Transaktionskosten: „Agency costs" erfassen den Tradeoff zwischen Kosten und Nutzen unterschiedlicher Kooperationsdesigns, Transaktionskosten dagegen – in ihrer üblichen Verwendung – nicht.

Literatur: Alchian, A.A./Demsetz, H. (1972): Production, Information Costs, and Economic Organisation, in: The American Economic Review, Vol. 62, S. 777-795; Alchian, A.A./Demsetz, H. (1973): The Property Rights Paradigm, in: Journal of Economic History, Vol. 33, S. 16-27; Arrow, K.J. (1969): The Organisation of Economic Activity: Issues Pertinent to the Choice of Market vs. Nonmarket Allokation, in: Joint Economic Committee, The Analysis and Evaluation of Public Expenditure, The PBB System, Washington, S. 47-67; Coase, R.H. (1937): The Nature of the Firm, in: Economica, New Series, Vol. 4, S. 386-405; Coase, R.H. (1960): The Problem of Social Cost, in: Journal of Law and Economics, Vol. 3, S. 1-44; Commons, J.R. (1931): Institutional Economics, in: The American Economic Review, 21. Jg., S. 648-657; Demsetz, H. (1967): Toward a Theory of Property Rights, in: The American Economic Review, Vol. 57, S. 347-359; Dow, G.K. (1987): The Function of Authority in Transaction Cost Economics, in: Journal of Behavior and Or-ganization, Vol. 8, S. 13-38; Fischer, M. u.a. (1993): Marketing und neuere ökonomische Theorie: Ansätze zu einer Systematisierung, in: Betriebswirtschaftliche Forschung und Praxis, 45. Jg., S. 444-470; Furubotn, E.G./Pejovich, S. (1972): Property Rights and Economic Theory: A Survey of Recent Literature, in: Journal of Eonomic Literature, Vol. 10, S. 1137-1162; Hirshleifer, J. (1973): Where are we in the Theory of Information?, in: The American Economic Review, Vol. 63, S. 31-39; Jensen, M.C. (1983): Organisation Theory and Methology, in: Journal of Accounting Research, Vol. 58, S. 319-339; Jensen, M.C./Meckling, W.H. (1976): Theory of the Firm: Managerial Behavior, Agency Costs and Ownership Structure, in: Journal of Financial Economics, Vol. 3, S. 305-360; Kaas, K.P. (1990): Marketing als Bewältigung von Informations- und Unsicherheitsproblemen im Markt, in: Die Betriebswirtschaft, 50. Jg., S. 539-548; Kaas, K.P. (1991): Marktinformationen: Screening und Signaling unter Partnern und Rivalen, in: Zeitschrift für Betriebswirtschaft, 61. Jg., S. 357-370; Kaas, K.P. (1992): Marketing und Neue Institutionenlehre; Arbeitspapier Nr. 1 aus dem Forschungsprojekt Marketing und ökonomische Theorie, Frankfurt am Main; Kaas, K.P./Fischer, M. (1993): Der Transaktionskostenansatz, in: Das Wirtschaftsstudium, 22. Jg., S. 686-693; Knight, F. (1921): Risk, Uncertainty and Profit, Boston – New York; Laux, H. (1990): Risiko, Anreiz und Kontrolle; Principal-Agent-Theorie; Einführung und Verbindung mit dem Delegationswertkonzept, Berlin u.a.; Picot, A./Dietl, H. (1990): Transaktionskostentheorie, in: Wirtschaftswissenschaftliches Studium, 19. Jg., S. 178-184; Richter, R. (1994): Institutionen ökonomisch analysiert: zur jüngeren Entwicklung auf einem Gebiet der Wirtschaftstheorie, Tübingen; Schmidt, R.H. (1987): Agency Costs are not a „Flop"!, in: Agency Theory, Information and Incentives, hrsg. von G. Bamberg und K. Spremann, Berlin u.a., S. 495-509; Schneider, D. (1985): Die Unhaltbarkeit des Transaktionskostenansatzes für die „Markt oder Unternehmung"-Dis-kussion, in: Zeitschrift für Betriebswirtschaft, 55. Jg, S. 1237-1254; Schneider, D. (1987): Agency Costs and Transaction Costs: Flops in the Principal-Agent-Theory of Financial Markets, in: Agency Theory, Information and Incentives, hrsg. von G. Bamberg und K. Spremann, Berlin u.a., S. 481-494;

Schneider, D. (1993): Die Betriebswirtschaftslehre, Band 1: Grundlagen, München-Wien; Simon, H.A. (1961): Administrative Behavior, 2. Aufl., New York; Spremann, K. (1987): Agent and Principal, in: Agency Theory, Information and Incentives, hrsg. von G. Bamberg und K. Spremann, Heidelberg, S. 3-37; Terberger, E. (1994): Neoinstitutionalistische Ansätze: Entstehung und Wandel, Anspruch und Wirklichkeit, Wiesbaden; Tietzel, M. (1981): Die Ökonomie der Property Rights: Ein Überblick, in: Zeitschrift für Wirtschaftspolitik, Jg. 30, S. 207-243; Williamson, O.E. (1981): The Modern Corporation: Origins, Evolution, Attributes, in: Journal of Economic Literature, Vol. 19, S. 1537-1568; Williamson, O.E. (1985): The Economic Institutions of Capitalism, New York; Williamson, O.E./Ouchi, W.G. (1981): The Markets and Hierarchies Programm of Research: Origins, Implications, Prospects, in: Organisational Design, hrsg. von W. Joyce und A. van de Ven, New York.

Christian Schade

Institutionenwahl, → Transaktionskostentheorie, → Theorien des Marketing.

In-Store-Marketing, direkter Einsatz von Instrumenten des → Marketing-Mix innerhalb eines → Point of Sale. Im Rahmen des I.-S.-M. nehmen insbesondere die kommunikationspolitischen Instrumente eine bedeutende Stellung ein. Mögliche Aktionsfelder eines I.-S.-M. sind der direkte Kundenkontakt innerhalb von Verkaufsgesprächen, die → Ladengestaltung, die Optimierung der → Warenpräsentation und Maßnahmen der → Verkaufsförderung. Der derzeitige Trend zur Generierung → erlebnisorientierter Einkaufsstätten verdeutlicht die Bemühungen des → Handels, seine unternehmerischen Ziele selbst aktiv im Rahmen von → Marketingstrategien am Point of Sale zu realisieren.

Instrumentalthese, stellt auf die gesellschaftliche Bedeutung öffentlicher Betriebe ab und betont speziell deren wirtschaftspolitische Rolle. Gemäß der I. sind öffentliche Unternehmen sowie viele → Öffentliche Verwaltungen als Instrumente der staatlichen bzw. kommunalen Wirtschaftspolitik anzusehen. Gegenüber privatwirtschaftlichen Betrieben ergeben sich also für öffentliche Betriebe andere bzw. erweiterte Zielsetzungen, da sie neben erwerbswirtschaftlichen Zielen auch mit fallweise unterschiedlicher Gewichtung Ziele z.B. im Bereich der Wettbewerbs-, Geld- und Währungs-, Umwelt-, Verbraucher- oder Forschungspolitik verfolgen (müssen) bzw. überhaupt erst zu deren Erreichung gegründet werden. Die Bewältigung von sich daraus ergebenden Zielkonflikten stellt eine der zentralen Herausforderungen des → Marketing für öffentliche Betriebe dar (etwa der Ausgleich von Gewinn- und Gemeinwohlorientierung bei den öffentlich-rechtlichen Sparkassen).

Instrumentelle Konditionierung, → Lernen.

Instrumentelles Lernen, → Lernen.

Insupplier-/Outsupplier-Problematik. Ein Insupplier ist ein Lieferant in einer bestehenden → Geschäftsbeziehung. Ein Outsupplier hingegen möchte eine bestehende Geschäftsbeziehung aufbrechen. Die I-/O.-P. stellt sich insbesondere bei langfristigen Geschäftsbeziehungen im → Zuliefergeschäft. Sie resultiert vor allem aus der Spezifität der Leistungen und der engen Bindung nach Vertragsschluss. Dadurch wird es einerseits dem Insupplier erschwert, aus der Geschäftsbeziehung auszusteigen, anderseits aber auch einem Outsupplier schwer gemacht, in eine bestehende Beziehung einzubrechen und einen Konkurrenten als Lieferanten abzulösen.

Intangibilität, → Dienstleistung, Begriff der, → Dienstleistung, immaterielle.

Integrated Marketing Communication, *IMC*; → Integrierte (Unternehmens-)Kommunikation.

Integration des externen Faktors, → Dienstleistung, Begriff der.

Integration, vertikale, Vereinigung bzw. Zusammenschluss (→ Mergers & Akquisitions, → Kooperation, → Strategische Allianz) von Unternehmen aus aufeinander folgenden

Wertschöpfungsstufen (z.B. Hersteller-Handel oder Lieferant-Hersteller). Die jeweils nachgelagerte Stufe (z.B. → Handel) nimmt die Erzeugnisse der vorgelagerten Stufe (z.B. Hersteller) auf und nur das Erzeugnis der Endstufe tritt am Markt auf. Die Integration ist entweder rückwärts- oder vorwärtsgerichtet. Bei einer Rückwärtsintegration schließt sich die nachgelagerte Stufe mit der vorgelagerten Stufen zusammen (Beispiel Hersteller schließt sich mit Rohstofflieferant zusammen). Ziel ist hierbei u.a. die Sicherung der Versorgung mit Rohstoffen oder Fertigteilen. Bei einer Vorwärtsintegration schließt sich z.B. ein Rohstoffgewinnungsbetrieb mit einer nachgelagerten, weiterverarbeitenden Stufen (z.B. Konsumgüterhersteller) zusammen. Ziel ist u.a. die Sicherung des → Absatzes an weiterverarbeitende verbundene Unternehmen oder an Endverbraucher.

Integrationsfähigkeit, → Beschaffungsmarketing.

Integrationsinstrument, → Integrierte (Unternehmens-)Kommunikation.

Integrationsmanager, → Matrixorganisation.

Integrierte (Unternehmens-)Kommunikation, I. Begriff: Gegenstand der integrierten Kommunikationsarbeit ist eine Koordination aller Quellen der Kommunikation von Unternehmen. Ausgangspunkt der Integration sind die Werthaltungen und → Kernkompetenzen der Unternehmen bzw. die spezifische → Positionierung einer → Marke. Die Auswahl und Vernetzung der zum Einsatz kommenden → Kommunikationsinstrumente erfolgt dabei auf der Grundlage von Kenntnissen bzgl. deren spezifischer Leistungsfähigkeit sowie der → Interaktionseffekte zwischen den Instrumenten. Insofern stellt die I.K. einen Prozess der Analyse, Planung, Organisation, Durchführung und Kontrolle dar, der darauf ausgerichtet ist, aus den differenzierten Quellen der internen und externen Kommunikation von Unternehmen eine Einheit herzustellen, um ein für die → Zielgruppen konsistentes Erscheinungsbild über das Unternehmen bzw. ein Bezugsobjekt des Unternehmens zu vermitteln.

II. Beweggründe: Auslöser des Einsatzes einer I.K. sind die vielfältigen Veränderungen des Unternehmensumfeldes. Vor allem die wachsende → Informationsüberlastung der Rezipienten sowie die zunehmende Zahl der zur Verfügung stehenden Kommunikationsinstrumente und -medien stellen seitens der Unternehmen wesentliche Gründe für den Einsatz einer I.K. dar. Zudem spielt der Kosteneinsparungszwang eine Rolle.

III. Ziele: (1) Die Unternehmen verfolgen mit der Abstimmung der Kommunikationsinstrumente das Ziel, ein einheitliches Erscheinungsbild des Unternehmens bzw. der angebotenen Marken, Produkte oder Produktgruppen in der Wahrnehmung der Rezipienten zu schaffen. (2) Mittels der Gestaltung einer Einheit in der Kommunikation wird zudem eine kommunikative Differenzierung im → Wettbewerb angestrebt. Intention ist es, durch die kontinuierliche Umsetzung der Werthaltungen bzw. der Positionierung ein über alle eingesetzten Kommunikationsinstrumente eigenständige Unternehmens- bzw. → Markenimages oder Produktimage bei den Zielgruppen aufzubauen. (3) Durch die Verankerung von Kenntnissen bzgl. des Unternehmens bzw. der angebotenen Marken im Gedächtnis der Zielgruppen sollen in einem weiteren Schritt verbesserte Lerneffekte (→ Lernen) erzielt werden. Ausgangspunkt dieser Überlegungen ist die Erfahrung, dass die bei den Zielgruppen vorhandenen Kenntnisse einen Filter für die Selektion der angebotenen Informationen darstellen und in einem höheren Maße jene kommunikativen Botschaften aufgenommen werden, die mit den gelernten Inhalten übereinstimmen. (4) Insgesamt wird angestrebt, über den aufeinander abgestimmten Einsatz der Kommunikationsinstrumente Synergieeffekte zu realisieren, wobei sich nutzen- und kostenorientierte Ziele voneinander abgrenzen lassen. Ansatzpunkt der nutzenorientierten Ziele ist eine bestmögliche Allokation des Kommunikationsbudgets durch die systematische Vernetzung der Kommunikationsinstrumente. Dadurch kann eine Optimierung der Kontaktwirkungen bei gleichbleibenden Kommunikationskosten erreicht werden. Andere Unternehmen verfolgen die Zielsetzung, über ei-ne Vernetzung der Kommunikationsinstrumente die im Rahmen der Kommunikation entstehenden Kosten zu senken.

IV. Konzeption: Die Basis einer erfolgreichen Vernetzung der Kommunikationsinstrumente ist die Entwicklung eines strategischen Konzeptes der I.K. Ihre Aufgabe ist es, den Handlungsrahmen aller integrativen Maßnahmen festzulegen. Als gedanklicher Entwurf des einheitlichen Unternehmens- bzw. Markenauftritts gibt die strategische Konzeption die Bezugsgrößen, die Zielgruppen sowie die Positionierung und die Instrumente der I.K. vor. (1) Gegenstand der Festlegung der Bezugsgrößen der I.K. ist die Einordnung der Integrationsüberlegungen, wobei in erster Linie zwischen einer Abstimmung der Kommunikationsinstrumente bezogen auf → Einzelmarken, Markenfamilien oder das Gesamtunternehmen unterschieden werden kann. Einflussgrößen der Auswahlentscheidung bilden die bestehenden → Markenstrategien sowie die inhaltlichen Klammern zwischen den angebotenen Leistungen, die über systematische Analysen der bestehenden Verbindungslinien offen zulegen sind. (2) Den Rahmen der Zielgruppenauswahl bilden die innerhalb der übergeordneten strategischen Unternehmens- und → Marketingplanung bestimmten Zielgruppen. Diese sind innerhalb der strategischen Konzeption beispielsweise über den Einsatz von → Punktbewertungsmodellen zu spezifizieren, wobei die festgelegten Bezugsgrößen der I.K. einen wesentlichen Einflussfaktor darstellen. So stehen auf der Ebene der Einzelmarke vor allem die Kunden der Marke im Fokus der Betrachtung, wohingegen bei einem auf das Gesamtunternehmen ausgerichteten Kommunikationsauftritt eine breitere Zielgruppenabgrenzung erfolgt. Die ausgewählten Zielgruppen werden zur Sicherstellung einer zielgruppengerechten kommunikativen Ansprache nach unterschiedlichen Kriterien weiter untergliedert und näher charakterisiert. Integrativer Bestandteil sind dabei auch Untersuchungen bzgl. der Erreichbarkeit der Zielgruppen durch die verschiedenen Kommunikationsinstrumente. Die Grenzen der differenzierten Ansprache der isolierten Zielgruppen bilden die festgelegte Unternehmens- bzw. Markenpositionierung sowie die darauf aufbauende inhaltliche, formale und zeitliche Vernetzung der Kommunikationsinstrumente. Erreicht werden soll die zielgruppenspezifische Umsetzung eines einheitlichen Kommunikationsauftritts, so dass nicht mehr die Problematik eines Auftretens von → Dissonanzen besteht, wenn Zielgruppen kommunikative Botschaften aufnehmen, die an andere Empfänger gerichtet sind. (3) Inhalt der kommunikativen Positionierung ist der Aufbau eines spezifischen Sollbildes über ein Unternehmen bzw. eine Marke in der subjektiven Wahrnehmung der Zielgruppen durch den vernetzten Einsatz der Kommunikationsinstrumente. Erreicht werden soll eine hinreichende → Differenzierung ggü. den Wettbewerbern und deren Angeboten sowie der Aufbau von Präferenzen bzgl. des eigenen Unternehmens bzw. der Leistungsangebote. Die Grundlage kommunikativer Positionierungsentscheidungen bilden die innerhalb der strategischen Unternehmens- und Marketingplanung entwickelte Unternehmensidentität bzw. die grundlegenden Charakteristika und Leistungsmerkmale von Marken. Deren Konkretisierung erfolgt innerhalb der → Kommunikationspolitik, wobei die I.K. die Rolle des Trägers der Positionierung einnimmt, da der Aufbau spezifischer entscheidungsrelevanter Gedächtnisinhalte bei den Zielgruppen durch den Grad der Abstimmung der kommunikationspolitischen Maßnahmen determiniert wird. (4) Die Auswahl der Kommunikationsinstrumente wird in hohem Maße durch die anzusprechenden Zielgruppen beeinflusst, da diese durch die verschiedenen Kommunikationsinstrumente unterschiedlich gut erreichbar sind. Wesentliche Bausteine der Gestaltung eines einheitlichen Auftritts sind die → Mediawerbung (siehe auch → Werbung) sowie die → Public Relations (PR), die breitere Zielgruppen ansprechen. Von hoher Bedeutung ist zudem die → Interne Kommunikation. Instrumente, bei denen eine persönliche Interaktion mit den Zielgruppen im Vordergrund steht, wie es beim persönlichen Verkauf sowie dem → Event Marketing und der → Multimediakommunikation der Fall ist, sind ebenfalls in das System der Gesamtkommunikation einzubeziehen.

V. Typen von Instrumenten: Basis einer Vernetzung der Kommunikationsinstrumente sind Kenntnisse bzgl. deren interinstrumenteller Beziehungen. Auf der Grundlage diesbezüglicher Untersuchungen lassen sich mit den Leit-, Integrations-, Kristallisations- sowie Folgeinstrumenten vier Typen von Kommunikationsinstrumenten isolieren. (1) Die Leitinstrumente zeichnen sich dadurch aus, dass sie andere Kommunikationsinstrumente beeinflussen, selbst aber nur wenig beeinflusst werden. Sie steuern das → Image der Unternehmen bzw. Marken und nehmen damit im Rahmen der Gestaltung der I.K. eine zentrale Rolle ein. (2) Kennzeichnendes Merkmal der Integrationsinstrumente ist, dass sie weder einen hohen Einfluss auf andere Instrumente ausüben, noch durch andere Instrumente stark beeinflusst werden können. Hier besteht die Aufgabe der in die integrierte Kommunikationsarbeit eingebundenen Mitarbeiter darin, systematisch nach Verbindungslinien zwischen diesen Instrumenten und den anderen zum Einsatz kommenden Kommunikationsinstrumenten zu suchen, um einen einheitlichen Auftritt sicherzustellen. (3) Die Kristallisationsinstrumente üben einen hohen Einfluss auf andere Instrumente aus und werden gleichzeitig selbst stark beeinflusst. Durch ihre komplexen Wirkungsbeziehungen sind sowohl die Folgewirkungen des Einsatzes dieser Instrumente als auch externe Einflüsse auf deren Einsatz zu berücksichtigen. (4) Folgeinstrumente der I.K. beeinflussen andere Kommunikationsinstrumente lediglich in einem geringen Umfang, werden durch diese aber stark beeinflusst. Beim Einsatz dieser Instrumente steht folglich die Frage im Vordergrund, inwieweit zu beachtende Vorgaben bestehen.

VI. Barrieren: Die Verwirklichung einer I.K. stößt in der Praxis auch auf Widerstände. (1) Zunächst stehen inhaltlich-konzeptionelle Barrieren einem Integrationserfolg entgegen. Mängel sind vor allem hinsichtlich unzureichender Zielformulierungen sowie einer unvollständigen Vernetzung der Kommunikationsinstrumente zu beobachten. Ebenso bestehen Defizite bei der Überprüfung der Erfolgswirksamkeit in der Umsetzung eines einheitlichen Auftritts. (2) Probleme bei der Planung und Umsetzung einer I.K. basieren zudem auf personell-kulturellen Barrieren. In den Unternehmen ist teilweise ein ausgeprägtes Abteilungsdenken der Mitarbeiter zu beobachten, das sich u.a. in einer mangelnden Bereitschaft zur Maßnahmenabstimmung sowie Weitergabe von Informationen äußert. Auslöser sind Vorbehalte der Mitarbeiter, dass durch die Einführung einer I.K. u.a. die eigenen Kompetenzbereiche und Entscheidungsfreiräume beschnitten werden. (3) Des Weiteren wird die integrierte Kommunikationsarbeit durch organisatorisch-strukturelle Barrieren negativ beeinflusst. Im Zentrum steht die Problematik einer organisatorischen Trennung der für die Integration verantwortlichen Mitarbeiter, ohne dass Koordinationsmechanismen bestehen, die eine Abstimmung der Kommunikationsmaßnahmen gewährleisten.

VII. Erfolgskontrolle: Im Rahmen der Erfolgskontrolle der I.K. sind sowohl Prozess-, Wirkungs- als auch Effizienzkontrollen notwendig. (1) Prozesskontrollen beschäftigen sich mit der Kontrolle der Durchführung von Integrationsprojekten und sind unternehmensinterne Messungen. Zielsetzung der Prozesskontrollen ist es, Planabweichungen frühzeitig zu erkennen und ein Erreichen der gesetzten Integrationsziele sicherzustellen. Durch die Prozesskontrolle soll der Fortschritt der I.K. kontrolliert und gesteuert sowie der Stand der I.K. im Unternehmen in Form eines sog. Integrationsgrades gemessen werden. Innerhalb der Prozesskontrollen kommen insbesondere → Checklisten, die → Netzplantechnik und → Punktbewertungsmodelle zum Einsatz. (2) Gegenstand der Wirkungskontrollen ist eine ganzheitliche Überprüfung der integrativen Maßnahmen hinsichtlich ihrer Wirkungen auf die Zielgruppen. Es sind somit unternehmensexterne Messungen, deren Zielsetzung darin liegt, herauszufinden, ob der integrierte Einsatz von Kommunikationsinstrumenten bei den Rezipienten höhere Wirkungsgrade als ein isolierter Einsatz einzelner Instrumente erreicht. Unsicherheiten bestehen hierbei bisher vor allem bzgl. des Gegenstandes der Wirkungsmessung sowie der jeweils in Frage kommenden Messverfahren. Eine Option ist die Überprüfung der Wirkungen verschiedener Formen einer Integration in Relation zu einem isolierten Instrumenteeinsatz. In diesem Fall ist der Aufbau eines experimentellen Designs notwendig. Soll eine Kontrolle der längerfristigen Wirkungen eines abgestimmten Instrumenteeinsatzes erfolgen, sind die relevanten Daten über regelmäßige → Befragungen zu erfassen. Die → Erhebung der Entwicklung der Kenntnisse der Zielgruppen über ein Unternehmen bzw. eine Marke ist jedoch ebenso aufwendig wie die Entwicklung eines experimentellen Designs, so dass in der Praxis zumeist auf klassische Marktforschungsmethoden, wie beispielsweise Recall- und Recognition-Tests (→ Recall), zurückgegriffen wird. (3) Durch Effizienzkontrollen soll die ökonomische Bewertung der Kommunikationsaktivitäten erfolgen. Da interne Kosten mit dem externen Nutzen verrechnet werden, handelt es sich um Messungen gleichzeitig unternehmensinterner und -externer Art. Dabei geht es nicht nur um eine Beurteilung der Gesamteffizienz integrierter Kommunikationsarbeit, sondern auch um die Wertigkeit unterschiedlicher Kommunikationsinstrumente.

VIII. Organisatorische Gestaltung: Zum Abbau der organisatorischen Barrieren der I.K. bestehen vier Ansatzpunkte: „De-Spezialisierung", Abflachung von Hierarchien, Teamorientierung und Prozessorganisation. (1) Integration durch „De-Spezialisierung" bedeutet, dass die Bildung spezialisierter Kommunikationsfachabteilungen eingeschränkt wird und statt dessen eine Zusammenfassung kommunikativer Aufgaben in wenigen (im Extremfall in einer) Abteilungen erfolgt. Auf diese Weise soll die Koordination unterschiedlicher Kommunikationsaktivitäten verbessert werden, um Koordinationskosten zu senken, Synergiepotenziale besser auszunutzen und ein einheitliches Erscheinungsbild bei den Zielgruppen zu fördern. (2) Der Abbau von Hierarchien fördert die direkte Abstimmung zwischen den Verantwortungsträgern und vermeidet lange, organisatorisch bedingte, Informations- und Entscheidungsprozesse. (3) Ziel einer Teamorientierung ist es, „Konstruktionsfehler" in der Aufbauorganisation von Unternehmen durch ablauforganisatorische Maßnahmen zu reduzieren. Im Mittelpunkt unterschiedlicher Organisationsformen, die auf einer Teamarbeit basieren, steht die Etablierung von Gremien, die spezifische Integrationsaufgaben für die Kommunikation erhalten. Ferner ist die Einrichtung von Projektteams geeignet, um komplexe und innovative Aufgabenstellungen gemeinsam durch verschiedene Fachabteilungen lösen zu lassen. Als Vorteile der Teamorientierung können gesehen werden: Förderung von Kreativität, Eigeninitiative und Kooperationsbereitschaft (personaler Aspekt); Verbesserung der Informationswege und gemeinsamer Nutzung des Spezialwissens sowie des Erfahrungspotenzials der einzelnen Kommunikationsabteilungen (fachlicher Aspekt); Erhöhung der Akzeptanz von Arbeitsergebnissen durch die Partizipation der Führungskräfte und Mitarbeiter am Entscheidungsprozess (Machtaspekt). (4) Bei einer prozessorientierten Betrachtung der I.K. rückt das simultane Management kommunikativer Teilprozesse in den Mittelpunkt. Die funktionelle Systematisierung der Kommunikationsinstrumente tritt zurück und der Blick richtet sich auf die Zielgruppenrelevanz der Kommunikationsprozesse. Für die Wahl der organisatorischen Struktur ist zu analysieren, welche unterschiedlichen Teilprozesse einzelner Kommunikationsinstrumente zu verbinden sind, um eine übergeordnete kommunikative Zielsetzung zu realisieren. Auf diese Weise soll intern erreicht werden, dass die unterschiedlichen am Kommunikationsprozess beteiligten Abteilungen besser kooperieren sowie effizienter und effektiver zusammenarbeiten. Durch die Verbesserung der internen Koordination soll letztlich sichergestellt werden, dass in der externen Kommunikation keine Widersprüche auftreten und die Aussagen des Unternehmens durch inhaltliche, formale und zeitliche Einheitlichkeit geprägt sind.

IX. Personelle Gestaltung: Die personelle Gestaltung der I.K. beinhaltet vor allem fünf Aspekte: Förderung des Integrationsbewusstseins, Modifikation von Stellenbeschreibungen, Institutionalisierung eines Kommunikationsmanagers, Intensivierung der → Internen Kommunikation sowie integrationsorientierte Anreizsysteme. (1) Die Förderung des Integrationsbewusstseins bei

Mitarbeitern und Führungskräften bildet eine der wesentlichen Voraussetzungen für die Integrationsarbeit, da die Integrationsaufgaben von den Verantwortlichen persönlich entwickelt und getragen werden müssen. Ziel der personellen Gestaltung muss es sein, das Wissen, die Einstellungen und das Verhalten in Richtung einer stärkeren Integration zu fördern. Als Maßnahmen kommen sowohl „weiche" Faktoren (z.B. Durchführung von Seminaren, Belohnung integrativer Verhaltensweisen) als auch „harte" Faktoren (z.B. Verordnung und Zwang zu integrativen Maßnahmen) in Frage. (2) Die Modifikation von Stellenbeschreibungen dient vor allem einer Erweiterung der Einzelaufgaben für die Stelleninhaber in der Kommunikation. Neben der Planung, Durchführung und Kontrolle des Einsatzes der Kommunikationsinstrumente wird es die Aufgabe der Kommunikationsmitarbeiter sein, die in dem Konzeptpapier enthaltenen Kommunikationsregeln einzuhalten bzw. umzusetzen. Dementsprechend sind auch die Vollmachten und Informationswege der Kommunikationsmitarbeiter so zu regeln, dass eine I.K. in die Praxis umgesetzt wird. (3) Besonders in größeren Unternehmen ist in Erwägung zu ziehen, die Stelle eines Kommunikationsmanagers zu institutionalisieren, der für die I.K. als „Koordinationsstelle" bzw. „Integrationsmanager" fungiert, indem er fachübergreifend die Analyse, Planung, Organisation, Durchführung und Kontrolle der I.K. koordiniert und realisiert. An den Kommunikationsmanager werden vielfältige Anforderungen sowohl fachlicher als auch persönlicher Art gestellt, die sich z.B. auf Knowhow in der Vernetzung von Kommunikationsinstrumenten sowie eine ausgeprägte Kommunikations- und Teamfähigkeit beziehen. (4) Eine intensive Interne Kommunikation stellt eines der wesentlichen Instrumente dar, die Bedeutung und Notwendigkeit einer I.K. unternehmensintern zu kommunizieren und das Integrationsbewusstsein zu fördern. Zur Gestaltung der Internen Kommunikation gilt es, Kommunikationslücken aufzudecken und eine „Kommunikationsinfrastruktur" auszubilden, die eine systematische Nutzung aller zur Verfügung stehenden Kommunikationsmöglichkeiten realisiert. (5) Integrationsorientierte Anreizsysteme sind auf die Behebung personell-kultureller Widerstände der I.K. ausgerichtet, die sich auf unterschiedliche Konflikte zurückführen lassen. Die Anreize können sowohl monetärer (z.B. Boni) als auch nichtmonetärer Art (z.B. Lob, Aufsteig) sein und sollten sich unmittelbar an den Konfliktursachen (Interessen-, Rollen-, Machtkonflikte) orientieren.

Literatur: Bruhn, M. (2003): Integrierte Unternehmens- und Markenkommunikation. Strategische Planung und operative Umsetzung, 3. Aufl., Stuttgart. Esch, F.-R. (1999): Wirkung integrierter Kommunikation. Ein verhaltenswissenschaftlicher Ansatz für die Werbung, 2. Aufl., Wiesbaden.

Manfred Bruhn

Integriertes Kundenbindungsmangement, Abstimmung und Koordination sämtlicher → Kundenbindungsinstrumente, um die Wirkungen der einzelnen Maßnahmen zu erhöhen. Zu unterscheiden sind die instrumentelle, inhaltliche, funktionale, horizontale sowie formale Integration: (1) Instrumentelle Integration: → Kundenklubs können als erster Schritt in die Richtung einer integrierten → Kundenbindungsstrategie gesehen werden, da hier der Versuch unternommen wird, die einzelnen (produkt-, preis-, kommunikations- sowie distributionspolitischen) Kundenbindungsinstrumente unter einem gemeinsamen Dach zu vermarkten. (2) Inhaltliche Integration: Bei dieser Integration des → Kundenbindungsmanagements liegt der Schwerpunkt in dem Bemühen, die einzelnen Maßnahmen der Kundenbindung thematisch aufeinander abzustimmen und somit ein in sich geschlossenes Gesamtbild der Konzeption zu generieren, beispielsweise in der Form, dass die Kundenzeitschrift eines Automobilherstellers das Thema „Fahren im Winter" als Titelthema aufgreift und das zugesandte Direct Mail (→ Mailing) eine ähnliche Thematik behandelt. (3) Funktionale Integration: Diese beschäftigt sich mit der Frage, ob eine bestimmte Funktionserfüllung des Anbieters, z.B. die der Interaktion und des Dialogs mit dem Kunden, für bestimmte Zielgruppen einen besonders hohen Bindungsanreiz aufweist. Ist dies der Fall, so sind spezielle Funktionsanalysen der Kundenbindungsinstrumente durchzuführen und die Instrumente mit identischer Funktionserfüllung aufeinander abzustimmen. (4) Horizontale Integration: Sie verbindet die Kundenbindungsinstrumente auf den verschiedenen Marktstufen, vorrangig die des Herstellers und des → Absatzmittlers (z.B. Automobilhersteller und Autohändler). (5) Formale Integration: Die formale Integration hat die Vereinheitlichung von Gestaltungsmerkmalen der Kundenbindungsinstrumente zum Ziel und ist daher primär in der → Kommunikationspolitik des → Kundenbindungsmanagements bedeutsam. Konkret ist an einheitliche Gestaltungselemente, Schrifttypen Logos, u.Ä. zu denken.

Integriertes Marketing, meint das Verständnis des → Marketing als Konzeption der → Marktorientierten Unternehmensführung. Vor dem Hintergrund eines Wandels vom → Verkäufer- zum → Käufermarkt und der damit verbundenen Erweiterung des Anspruchsspektrums entwickelte sich aus der traditionell funktionsorientierten Betrachtung des Marketing dieser ganzheitliche Ansatz der Unternehmensführung. Dabei wird die mit dem Marketing verbundene Absatz- und → Marktorientierung in den Mittelpunkt des unternehmerischen Interesses gerückt (vgl. Abb. „Ansatz des Integrierten Marketing"). Entgegen der häufigen Fehlinterpretation, die einen Dominanzanspruch des Marketing innerhalb des Unternehmens ableitet, besagt der Ansatz des I.M. lediglich, dass die marktorientierte Sichtweise auf alle betriebswirtschaftlichen Teilbereiche der Unternehmung zu übertragen ist.

Literatur: Meffert, H. (2000): Marketing, 9. Aufl., Wiesbaden.

Intensivinterview, → Tiefeninterview.

Interaktion, strategische, → Theorien des Marketing.

Interaktionsanalyse, Untersuchungsmethode zur Analyse der Interaktionen von Menschen untereinander und mit Objekten ihrer Umgebung durch die systematische Auswertung von Videoaufnahmen. Der Vorteil der Methode ist, dass sich dadurch eine detailliertere Beschreibung der Arbeitsabläufe als bei einer rein verbalen Analyse ergibt, da auch das unbewusste Verfahrenswissen des Mitarbeiters sichtbar wird. Risiken können in der Ablehnung durch die Mitarbeiter entstehen, die diese Methode als Kontrolle empfinden. *Vgl. auch* → Interaktionsmanagement, → Interaktionstheorie, → Organisationales Beschaffungsverhalten.

Interaktionsansatz, → Organisationales Beschaffungsverhalten.

Interaktionseffekt, Einfluss auf eine abhängige Variable, der durch die Wechselwirkung von mehreren unabhängigen Variablen entsteht. → Varianzanalyse.

Interaktionseffekte im Marketingmix, → Marketingmix.

Interaktionsmanagement, *Interaktivitätsmanagement*, → Dienstleistung, Phase der; bezeichnet die bewusste Steuerung der Interaktionen zwischen → Dienstleistungsanbieter und → externem Faktor (vor allem Kunde) während der → Prozessphase durch den → Dienstleistungsanbieter. Hierzu zählen u.a. das Management der Zeitwahrnehmung der Kunden, das Management der Beteiligung der Kunden an der → Dienstleistungserstellung (→ Co-Producer, → Prosumer), die Gestaltung des → Front-Office-Bereichs, den Kunden während der Prozessphase wahrnehmen (→ Servicescape) und im weiten Sinne die Personalführung (→ Personalführungssystem, marktorientiertes). Letztere ist wichtig, da Kunden die Mitarbeiter des → Dienstleistungsanbieters, mit denen sie während der → Prozessphase in Kontakt kommen (→ Front-Office-Personal), oft als Repräsentanten des Unternehmens wahrnehmen.

Interaktionstheorie, → Verhaltenswissenschaftlicher Ansatz.

Interaktives Medium, elektronische → Medien, die eine gezielte Selektion von Informationen bis hin zum Dialog mit dem Informationsanbieter erlauben. *Vgl. auch* → Multimedia, → Neue Medien.

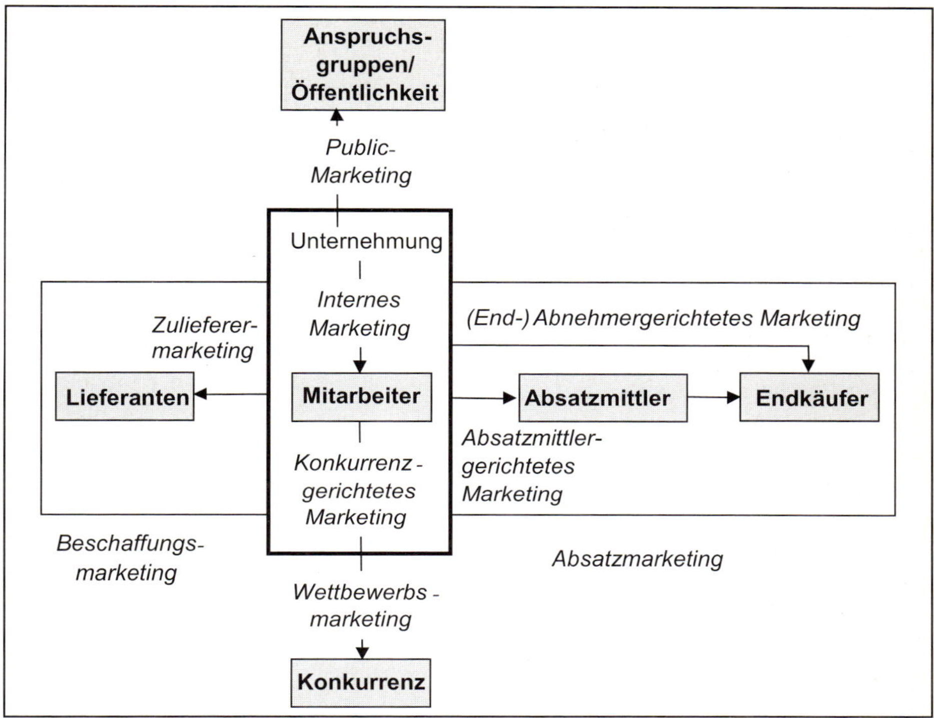

Ansatz des Integrierten Marketing (Quelle: Meffert 2000, S. 27)

Interaktives Fernsehen, → Digitales Fernsehen.

Interaktives POS-System, allgemeine Bezeichnung für multimediale Verkaufsstände, die entweder vom Konsumenten direkt benutzt oder durch den Verkäufer als Hilfsmittel beim Verkaufsgespräch eingesetzt werden. Diese Systeme werden mitunter auch als Kiosk-Systeme bezeichnet. Die interaktiven POS-Systeme bieten die Möglichkeit, Produkte und Dienstleistungen zu kaufen oder zu bestellen. Darüber hinaus können die Konsumenten über die interaktiven POS-Systeme Informationen über Produkte, wie z.B. Gebrauch, Funktionsweise und Auswahl, erhalten. Die multimediale Darstellung der Produkte und die Möglichkeit des direkten Zugriffs auf Datenbanken bieten ein großes Informations- und Präsentationspotenzial, das den Wert des → Erlebniskaufs steigern kann. Aus Sicht von Handels- und Industrieunternehmen können wichtige Daten von Konsumenten gewonnen werden. Diese können z.B. im Bereich der Marktforschung und der Werbemittelerstellung verwendet werden.

Interaktives Marketing, → *Interaktionsmanagement*; zielt auf die Einbeziehung des externen Faktors (→ Dienstleistung, Begriff der), vielfach die Person des Nachfragers, in den Erstellungsprozess von Produkten und → Dienstleistungen ab und auf die → Individualisierung der Leistung im → Konsum- und → Industriegütermarketing. Untersuchungen belegen, dass der Grad der Partizipation von Kunden im Leistungserstellungsprozess als Maß der Interaktion einen zentralen Erfolgsfaktor im → Dienstleistungsmarketing darstellt (→ Kundenintegration). Dieser Zusammenhang erklärt das Bestreben von Unternehmen, mit Hilfe des I.M. auf die Gestaltung des Inhalts, die Dauer und die Qualität der Interaktion Einfluss zu nehmen.

Interaktivitätsmanagement

Bedingt durch die zunehmende Interaktivität, die mittels → Neuer Medien realisiert werden kann, wird die Idee des I.M. auf die Produkterstellung übertragen. I.M. bietet insbesondere im Rahmen der → Kommunikationspolitik vielfältige Möglichkeiten, das Knowhow aus allen bisherigen Transaktionen sowie den potenziellen → Kundenwert zu berücksichtigen. Die Grenzen des I.M. werden vorrangig durch die Komplexität und Intensität der Interaktion sowie durch Datenschutzvorschriften gesteckt.

Interaktivitätsmanagement, → *Interaktionsmanagement*.

Interbrand-Wettbewerb, umschreibt die Rivalitätsbeziehungen zwischen Distributionsorganen, die die Leistungen unterschied-licher Hersteller verkaufen. *Vgl. auch* → In-trabrand-Wettbewerb.

Interdependenzanalyse, *strukturentdeckendes Verfahren*. Zusammen mit der → Dependenzanalyse bildet die I. die multivariate → Datenanalyse. Aufgabe beider Arten der Analyse ist es, Zusammenhänge zwischen Variablen aufzudecken, die Merkmalsausprägungen darstellen. Im Gegensatz zur Dependenzanalyse, bei der davon ausgegangen wird, dass sich die Variablen in abhängige und unabhängige Variablen unterteilen lassen, wird bei der I. eine wechselseitige Beziehung zwischen den Variablen oder Objekten angenommen. Zur Durchführung einer I. steht eine Vielzahl von Verfahren zur Verfügung: die → Cluster-Analyse, die → Faktorenanalyse, die → Multidimensionale Skalierung, die → Conjoint-Analyse und die Konfigurationsfrequenzanalyse. Bei der Cluster Analyse wird versucht, die Anzahl der untersuchten Objekte zu reduzieren, indem sie in Gruppen – sog. Cluster – zusammengefasst werden, die in sich möglichst homogen sind. Ziel der Faktorenanalyse hingegen ist eine Variablenreduktion. Eine Anzahl an korrelierten Variablen soll durch eine geringere Anzahl an unkorrelierten Variablen dargestellt werden. Die unkorrelierten Variablen (Faktoren) fassen dann die Merkmalsausprägungen in einem Oberbegriff zusammen. Die multidimensionale Skalierung versucht, Objekte räumlich so zu platzieren, dass durch die Entfernungen zwischen den einzelnen Objekten Unterschiede und Gemeinsamkeiten ausgedrückt werden. Mit Hilfe der Conjoint-Analyse soll der Zusammenhang zwischen Präferenzen von Objekten und Eigenschaften dieser Objekte untersucht werden. Dies wird dadurch erreicht, dass Objekte mit verschiedenen Merkmalsausprägungen von Probanden in eine Präferenzreihenfolge gebracht werden, welche anschließend ausgewertet wird. Wie auch bei der Cluster-Analyse werden bei der Konfigurationsfrequenzanalyse Objekte in Gruppen eingeteilt. Die Einteilung erfolgt nach dem Kriterium, ob eine Merkmalsausprägung signifikant häufiger oder seltener auftritt als eine andere. Man erhält dadurch drei Gruppen: die Konfigurationstypen, die Konfigurationsantitypen und die neutralen Typen. Die Auswahl des geeigneten Verfahrens erfolgt anhand der Fragestellung, die es zu lösen gilt.

Interferenztheorie, → Drei-Speicher-Modell, nach der I. kann eine im Langzeitspeicher gespeicherte Information nicht vergessen werden, allerdings kann sie von neu erlerntem Wissen überlagert werden, so dass der Zugriff auf die alte Information nur sehr schwer möglich ist.

Interkulturelles Management, Berücksichtigung kultureller Eigenheiten im Rahmen der internationalen → Marktbearbeitungsstrategie.

I. Begriff: Das I.M. beinhaltet die Überlegung, dass ein → Marketingmix nur für eine bestimmte Zielgruppe, die sich durch bestimmte Eigenheiten von anderen unterscheidet, optimal sein kann. Eine wesentliche Rolle spielt dabei die Kultur. Diese beinhaltet alle Errungenschaften im sozialen Leben eines Menschen. Sie wird gelernt, geteilt und von einer Generation zur anderen übertragen. Sie umfasst Faktoren wie Sprache (verbal und nonverbal), Religion, Werte und Normen, Gepflogenheiten, Ästhetik, Bildung, soziale Institutionen und Sozialverhalten. Diese Faktoren zu berücksichtigen, stellt eine große Herausforderung an das Marketing dar. So können sich kulturelle Unterschiede beispielsweise auf die Positionierung von Produkten (z.B. Fahrräder als Freizeitartikel oder Transportmittel) auswirken. Im Wesentlichen werden unterschiedliche Kulturen durch die Zugehörigkeit von Konsumenten zu einem bestimmten Land determiniert. Jedoch sind oftmals auch zwischen einzelnen Ländern starke kulturelle Gemeinsamkeiten feststellbar (→ Cross-Cultural Target Groups).

II. Merkmale: Ein I.M. ist dadurch gekennzeichnet, dass es gezielt unterschiedliche kulturelle Aspekte berücksichtigt. Dies kann in verschiedenen Bereichen erfolgen, angefangen in der Produktion (ungleiche Stückzahlen pro Packung aufgrund kulturell negativ behafteter Zahlen), bis hin zur Distributionspolitik (z.B. Akzeptanz von Katalogkäufen). In einzelnen Fällen kann es sogar zu einem Widerstand ggü. dem Kauf ausländischer Produkte kommen. Hier wäre z.B. ein Markteintritt im Rahmen einer Auslandsbeteiligung zu erwägen. Umgekehrt kann insbesondere das Herkunftsland verkaufsfördernde Effekte beinhalten (→ Country-of-Origin-Effekte, z.B. die Suggerierung des „American Way of Life"). Dies erfolgt in Abhängigkeit von der Offenheit ggü. ausländischen Produkten oder Anschauungen.

III. Ziele: Mit der Implementierung eines I.M. ist die Absicht verbunden, die Eigenheiten einzelner Märkte, d.h. die spezifischen Bedürfnisse und Wünsche der jeweiligen Konsumenten, die einer bestimmten kulturellen Gruppe zugehörig sind, zu erfassen und mittels des Marketinginstrumentariums gezielt darauf einzugehen. Eine derartige differenzierte Marktbearbeitung erfolgt aufgrund der Überlegung, dass die Nachfrage nach einem Produkt umso höher ist, je stärker individuelle Bedürfnisse befriedigt werden. Durch die Berücksichtigung kultureller Spezifika (z.B. Beachtung religiöser Normen oder ästhetischer Prinzipien) soll so die Erlössituation auf den einzelnen (nationalen) Märkten verbessert werden. Vor dem Hintergrund des gesamtunternehmerischen Oberziels (z.B. der Gewinnmaximierung) gilt es jedoch, diese zusätzlichen Erlöse mit den durch die → Marketingdifferenzierung entstehenden zusätzlichen Kosten zu vergleichen.

IV. Maßnahmen: Die Bereiche des Marketing, in denen kulturelle Aspekte eine Rolle spielen können, sind vielfältig. Daher muss jedes einzelne Instrument des Marketingmix, auf entsprechende Problembereiche untersucht werden. In der internationalen Produkt- bzw. → Leistungspolitik spielt in erster Linie das Verwendungsverhalten sowie der Geschmack und das ästhetische Empfinden eine Rolle. Dieses kann zu unterschiedlichen Produktvarianten führen, die in den einzelnen Kulturbereichen angeboten werden. Aber auch die Namensgebung spielt eine entscheidende Rolle. Die Entscheidung für einen weltweit einheitlichen Produktnamen kann beispielsweise an negativen Assoziationen in einzelnen Sprachen scheitern, wie dies in der Vergangenheit im internationalen → Marketing häufig zu beobachten war. In der internationalen → Kommunikationspolitik muss sehr stark auf Normen und Werte sowie religiöse Aspekte geachtet werden. Eine ungenügende Beachtung dieser Punkte kann zu einer geringen Akzeptanz des Produktes oder gar zu Importverboten (insbesondere in religiös-fundamentalistischen Ländern) führen. Die Wahl der Medien als Werbeträger ist wiederum entscheidend durch das Bildungsniveau der Zielgruppe geprägt. Von der Form der sozialen Institutionen ist es schließlich abhängig, wer in der Familie für den Einkauf der Produkte verantwortlich ist und welchen Einfluss einzelne Familienmitglieder auf die Produktwahl haben. Davon ist die Ausgestaltung der Werbebotschaft unmittelbar abhängig. Hinsichtlich der Preispolitik als Bestandteil der internationalen → Kontrahierungspolitik ist neben dem Einkommensniveau beispielsweise die Positionierung eines Produktes zu beachten. Je nachdem, ob ein Produkt als alltäglicher Gebrauchsgegenstand oder als Freizeitartikel angesehen wird, sollten unterschiedliche Preise erwogen werden. Schließlich ist im Rahmen der internationalen → Verkaufs- und → Vertriebspolitik zu überlegen, auf welchem Weg das Produkt zum Endverbraucher gelangt. In einigen Ländern ist z.B. der Kauf per Internet oder Katalog mit anschließendem Direktversand per Post weit verbreitet. In anderen Ländern existieren hingegen Vorbehalte gegen diese Art des Vertriebs, wodurch auf diesen Märkten der Vertrieb über den Handel oder Vertreter wirksamer sein kann.

Inter-Mediaselektion, Auswahl von → Werbeträgern, z.B. Zeitung, Fernsehen usw. Vgl. auch → Mediaplanung.

Intermediavergleich. Im I. geht es für Unternehmen um die Frage nach der Auswahl der geeigneten Kommunikationsinstrumente (z.B. → Mediawerbung, → Sponsoring, → Verkaufsförderung) für eine bestimmte Kommunikationskampagne. Der I. spiegelt für Unternehmen die Frage der Effektivität unterschiedlicher → Kommunikationsinstrumente wider („To do the right things"). *Vgl. auch* → Inter-Mediaselektion.

International Commercial Terms, Lieferklauseln, die auf die im Jahre 1919 in Paris gegründete Internationale Handelskammer zurückzuführen sind. In diesen internationalen Regelungen werden im Einzelnen Lieferung, Lieferort und Lieferart, Warenabnahme, Zahlung des Kaufpreises, Gefahrenübergang, Kosten- und Nebenspesenübernahme, zu erbringende Transportleistungen, Warenprüfung und sonstige Verpflichtungen für Käufer und Verkäufer festgelegt. Nicht geregelt werden hingegen Eigentumsfragen, Mängelrügen, Lieferunmöglichkeit sowie die Zahlungsmodalitäten. Zu unterscheiden ist bei den Incoterms zwischen Einpunkt- und Zweipunktklauseln; während bei Einpunktklauseln der Ort des Gefahren- und des Kostenübergangs übereinstimmen (sog. E-, F- und D-Klauseln), fallen für das liefernde Unternehmen bei Zweipunktklauseln nach dem Gefahrenübergang noch Kosten an (sog. C-Klauseln). Vgl. hierzu auch die Abb. „Überblick über die 1990 neugefassten International Commercial Terms (INCO TERMS)".

Internationale Distributionslogistik, → Distributionslogistik, internationale.

Internationale Kommunikationspolitik, → Kommunikationspolitik, internationale.

Internationale Kontrahierungspolitik, → Kontrahierungspolitik, internationale.

Internationale Leistungspolitik, → Leistungspolitik, internationale.

Internationale Marketingorganisation, → Marketingorganisation, internationale.

Internationale Marketingplanung, → Marketingplanung, internationale.

Internationale Markteintrittsbarrieren, → Eintrittsbarrieren.

Internationale Marktforschung, → Marktforschung, internationale

Internationale Organisationen und Abkommen, Institutionen bzw. Verträge, die sich den zumeist wirtschaftlichen Interessen mehrerer Länder annehmen. Hierzu gehören z.B. → Anden Common Market, → Association of South East Asian Nations, → European Free Trade Association, → Europäische Wirtschafts- und Währungsunion, → Europäische Union, → General Agreement on Tariffs and Trade, → Maastrichter Vertrag, → North American Free Trade Association, → Asian Pacific Economic Corporation, → Organisation for Economic Cooperation and Development, → Mercado Común del Cono Sur.

Internationale Verkaufspolitik, → Verkaufspolitik, internationale

Internationale Vertriebspolitik, → Vertriebspolitik, internationale

Internationaler Markteintritt, → Markteintrittsstrategie, internationale.

Internationales Distributionsmanagement, → Distributionsmanagement, internationales.

Internationales Kommunikationsmanagement, → Kommunikationspolitik, internationale.

Internationales Management, → Management, internationales.

International Commercial Terms (Incoterms 1990)		
E-Term	Die gehandelten Güter werden dem Käufer, der alle weiteren Kosten und Risiken zu tragen hat, im eigenen Bereich des Verkäufers bereitgestellt	**EXW:** ex works, named place
F-Terms	Die gehandelten Güter werden vom Verkäufer, der die Kosten dafür trägt, einem verantwortlichen Frachtführer übergeben	**FCA:** free carrier, named place
		FAS: free alongside ship, named port of shipment
		FOB: free on board, named port of shipment
C-Terms	Die gehandelten Güter werden vom Verkäufer, der in Abhängigkeit von der jeweils vereinbarten Klausel Kosten und Risiken zu tragen hat, in das Bestimmungsland versendet	**CFR:** cost and freight, named port of destination
		CIF : cost, insurance and freight, named port of destination
		CPT: carriage paid to, named place of destination
		CIP : carriage and insurance paid to, named place of destination
D-Terms	Die gehandelten Güter werden vom Verkäufer, der alle Kosten und Risiken zu tragen hat, im Gebiet des Käufers bereitgestellt	**DAF:** delivered at frontier, named place
		DES: delivered ex ship, named port of destination
		DEQ: delivered ex quay (duty paid), named port of destination
		DDU: delivered duty unpaid, named place of destination
		DDP: delivered duty paid, named place of destination

Überblick über die 1990 neugefassten International Commercial Terms (INCO Terms)

Internationales Marketing, → Marketing, internationales.

Internationales Marketingcontrolling, → Marketingcontrolling, internationales.

Internationales Marketingmanagement, → Marketingmanagement, internationales.

Internationales Preismanagement, → Kontrahierungspolitik, internationale.

Internationales Produktmanagement, → Leistungspolitik, internationale.

Internationalisierung, I. Begriff: Unter I. wird die Tatsache verstanden, dass ein Unternehmen seine bisherigen inländischen Aktivitäten auf ausländische Märkte ausdehnt.

II. Merkmale: Gründe für zunehmende I.-Tendenzen können sich aus politisch-rechtlichen Veränderungen, dem technologischen Fortschritt (wie z.B. dem Internet) aber auch Entwicklungen auf Seiten der Konsumenten (zunehmend homogene Konsumgewohnheiten), der Konkurrenten oder der Handelspartner (zunehmende Dynamik) ergeben. Veränderungen in diesen Bereichen, die zu einem I.-Pull führen, ziehen i. Allg. einen I-Push nach sich, dem Versuch, dem zunehmenden Druck durch Erschließung neuer Auslandsmärkte zu begegnen. Hier geben vor allem Kostensenkungsbestrebungen den Ausschlag für eine zunehmende internationale Aktivität. Insbesondere kann es zu einer I. kommen, wenn der → Lebenszyklus eines Produktes bzw. eines Teils des Produktprogramms in einem Land die Sättigungsphase erreicht hat. In diesem Fall können die betreffenden Produkte in einem anderen Land vertrieben werden, in dem noch große Wachstumspotenziale liegen.

III. Ziele: Die oberste Priorität einer I.-Maßnahme liegt letztendlich in der Förderung des unternehmerischen Oberziels (z.B. Gewinnmaximierung). Somit können mehrere Bereiche angeführt werden, die im Rahmen der I. von Bedeutung sind. Hierzu zählen der Absatzbereich (Erhöhung der Absatzmenge durch Erweiterung des Vertriebsgebietes), der Beschaffungsbereich (Nutzung günstiger Inputfaktoren in den Auslandsmärkten, insbesondere hinsichtlich des Faktors Arbeit) sowie der Finanzbereich (geringere Steuersätze im Ausland usw.). Allgemein stehen Bestrebungen zur Aufdeckung von Kostensenkungspotenzialen bei gleichzeitiger Erweiterung des Absatzmarktes im Vordergrund.

IV. Maßnahmen: Den Ausgangspunkt erster I.-Bestrebungen stellen zumeist → Exporte dar, die keinen oder wenig Einsatz an Kapital- und Managementleistungen im Ausland mit sich führen. Des Weiteren können Vertriebsniederlassungen im Ausland (ggf. mit Übernahme der technischen Beratung und des Kundendienstes), die Vergabe von Lizenzen (Produkt-, Marken-, Vertriebs- sowie Produktions-/Verfahrenslizenzen), Auslandsproduktion, → Joint Ventures (Zusammenarbeit mit einem oder mehreren ausländischen Partnern in deren Land) sowie Tochtergesellschaften (im Extremfall ein von der Muttergesellschaft abgelöstes, selbständiges Unternehmen, das den Vertrieb im Ausland übernimmt) als Formen von → Direktinvestitionen genannt werden. Letztere bringen den größten Bedarf an Kapital- und Managementleistungen im Ausland mit sich und sind damit auch mit einem höheren Risiko als beispielsweise der Export verbunden. Als Kriterien für die Wahl der geeigneten I.-Form können genannt werden: Externe Faktoren des Auslandsmarktes (z.B. Marktpotenzial, Marktwachstum, Marktstrukur (Konkurrenzsituation), politisch-rechtliche Faktoren und Risiken, sozio-kulturelle Determinanten, geographische Faktoren), unternehmensspezifische Faktoren (Finanzsituation, Mitarbeiterpotenzial usw.) sowie weitere Kriterien wie Kontrollmöglichkeiten oder Kooperationsabhängigkeit im Rahmen der jeweils gewählten → Markteintrittsstrategie.

Internationalisierung, Theorien der, Erklärungsansätze, die zum Ziel haben, mögliche Bestimmungsfaktoren der Internationalisierung von Unternehmen abzuleiten. Wesentliche theoretische Ansätze bestehen in der Internalisierungstheorie, dem Transaktionskostenansatz, der Theorie der strategischen Unternehmensführung sowie in verhaltenswissenschaftlichen Ansätzen. Die Internalisierungstheorie beruht auf der Annahme, dass die Unternehmung ihren technologischen Wissensvorteil auf dem firmenexternen Markt aufgrund von Marktunvollkommenheiten nicht zum wahren Wert absetzen kann. Auf die Wahl der → Markteintrittsstra-tegie angewandt kann die → Direktinvestition als Konkretisierung der unternehmensinternen Lösung interpretiert werden. Der Transaktionskostenansatz hingegen beruht auf dem Vergleich der bei einer ökonomischen Aktivität über den Markt anfallenden Transaktionskosten und den bei einer unternehmensinternen Durchführung anfallenden Kosten. Die Theorie der strategischen Unternehmensführung berücksichtigt, inwieweit wettbewerbsstrategische Ziele den Auslandsmarkteintritt eines Unternehmens mit bestimmen. Verhaltenswissenschaftliche Ansätze rücken Motive und Merkmale der Entscheider selbst in den Mittelpunkt und beziehen dabei außerökonomische Entscheiderziele als Bestimmungsfaktoren für die Wahl einer speziellen Markteintrittsstrategie ein.

Internationalisierungsgrad, Ausmaß der Internationalisierung eines Unternehmens. Zur Messung des I. werden folgende typische Kennziffern herangezogen: Relativer Marktanteil (Marktanteil im Auslandsmarkt im Verhältnis zum Marktanteil im Inlandsmarkt), Internationaler Umsatzanteil (Auslandsumsatz als Anteil am Gesamtumsatz), internationaler Beschaffungsanteil (Wert/Menge der im Ausland beschafften Güter als Anteil des Wertes/der Menge des gesamten Beschaffungsvolumens), internationaler Gewinnanteil (im Ausland erzielter Gewinn als Anteil am Gesamtgewinn des Unternehmens), internationaler Beschäftigtengrad (Anteil der Beschäftigten im Ausland an der Gesamtbeschäftigtenzahl des Unternehmens), internationaler Wertschöpfungsgrad (Anteil der Wertschöpfung im Ausland an der Gesamtwertschöpfung des Unternehmens) sowie dem internationalen Produktionsanteil (mengen-/wertmäßige Produktion im Ausland als Anteil am gesamten Produktionsvolumen des Unternehmens).

Internationalisierungsstrategie, → Markteintrittsstrategie, internationale.

Interne Kommunikation, kommunikative Einbindung der Mitarbeiter im Rahmen des → Internen Marketing. Die I.K. umfasst sämtliche Aktivitäten der Botschaftsübermittlung zwischen potenziellen, aktuellen oder ehemaligen Mitarbeitern einer Organisation auf unterschiedlichen Ebenen. Die horizontale I.K. verläuft zwischen Mitarbeitern auf gleicher Hierarchieebene (z.B. Rundschreiben eines Außendienstmitarbeiters an die Mitarbeiter der übrigen Regionen, informelle Kollegengespräche). Die vertikale I.K. verläuft zwischen Führungskräften und Mitarbeitern und ist in diesem Sinne als → Mitarbeiterkommunikation zu verstehen. Unter dieser werden sämtliche Maßnahmen zusammengefasst, die vom Management ergriffen werden, um mit den Mitarbeitern zu kommunizieren. Hierunter sind zum einen direkt tätigkeits- und aufgabenbezogene Kommunikationsprozesse zu verstehen, die als zwingend notwendig für die Leistungserstellung anzusehen sind. Zum anderen sind der I.K. jene Aufgaben zuzuordnen, die den Bereichen Klima, → Vertrauen und Einbindung im Unternehmen zugerechnet werden können. Eine leistungsfähige I.K. zwischen den Mitarbeitern ist zum einen zwingend notwendig, um die → Qualität der Kernleistungen ggü. den Kunden zu gewährleisten (z.B. Einhaltung von Terminen). Zum anderen kann die I.K. zu Mitarbeitercommitment (→ Commitment) und → Mitarbeiterzufriedenheit beitragen, so dass die Mitarbeiter ihrerseits Vertrauen zum Unternehmen dokumentieren. Hinsichtlich der Kommunikationsrichtung lassen sich die Abwärtskommunikation (z.B. Rundschreiben der Geschäftsführung an die Mitarbeiter) und die Aufwärtskommunikation (z.B. persönliche Gespräche, betriebliches Vorschlagswesen, Mitarbeiterbriefe in der Mitarbeiterzeitschrift) unterscheiden. Eine Erscheinungsform der I.K., die in letzter Zeit an Bedeutung gewonnen hat, ist die → Prozesskommunikation, bei der Mitarbeiter kontinuierlich über Entscheidungsprozesse informiert werden. Zur Strukturierung der Instrumente der I.K. ist eine Unterscheidung nach dem Medium (persönliche und mediale I.K.) sowie der Kontinuität (kontinuierliche vs. sporadische I.K.) zweckmäßig. Die Abb. „Instrumente der Internen Kommunikation" zeigt die verschiedenen Kategorien und möglichen Maßnahmen auf.

Kontinuität des Einsatzes \ Ansprache	Persönlich	Medial
Kontinuierlich	Kontinuierlich-persönliche Interne Kommunikation Beispiele: ■ Schulungen und Trainings ■ Projektgruppen ■ Mentorenschaften	Kontinuierlich-mediale Interne Kommunikation Beispiele: ■ Mitarbeiterzeitschrift ■ Intranet ■ Videos
Sporadisch	Sporadisch-persönliche Interne Kommunikation Beispiele: ■ Workshops ■ Mitarbeitergespräch	Sporadisch-mediale Interne Kommunikation Beispiele: ■ Aushänge ■ Rundschreiben

Instrumente der Internen Kommunikation (Quelle: Bruhn 2003)

Interne Kundenorientierung, grundlegendes Konzept im Rahmen der → Integrierten Kundenorientierung.

I. Begriff: Im Sinne einer Definition bezeichnet I.K. die Fähigkeit eines Unternehmens und seiner Mitarbeiter, die innerbetrieblichen Voraussetzungen durch die Ausrichtung am → Internen Kunden dafür zu schaffen, dass eine kontinuierliche, an den Erwartungen der externen Kunden (Anspruchsgruppen) ausgerichtete Unternehmensstrategie am Markt umgesetzt wird. Bei einer gesamtunternehmerischen Betrachtung wird deutlich, dass die I.K. alle Aktivitäten betrifft, die sich in erster Linie auf interne Anspruchsgruppen beziehen (Mitarbeiter, andere Abteilungen oder Hierarchieebenen) (→ Mitarbeiterorientierung), einer Berücksichtigung der externen Anspruchsgruppen wird die I.K. in dem Sinne gerecht, dass durch eine Gestaltung der innerbetrieblichen Voraussetzungen auch die im direkten Kundenkontakt wahrnehmbaren Faktoren verbessert werden, (→ Kundenorientierung).

II. Merkmale: Die I.K. (1) ist eine Denkhaltung, die von Mitarbeitern aller Hierarchiestufen getragen wird, (2) ist kein Selbstzweck, sondern dient der Erreichung marktgerichteter Ziele, (3) ist relevant in Bezug auf das gesamte Unternehmen sowie auf einzelne Mitarbeiter, (4) setzt systematische Planungs- und Entscheidungsprozesse voraus.

III. Ziele: (1) Maßnahmen der I.K. tragen über die Verbesserung des Interaktionsverhaltens von Mitarbeitern zu einer Erhöhung der externen → Kundenorientierung bei. (2) Eine ausgeprägte I.K. ist als dauerhafter → Wettbewerbsvorteil des Unternehmens anzusehen. (3) Die I.K. führt zur Steigerung der → Mitarbeitermotivation und somit zu einer → kundenorientierten Kultur.

IV. Planungsprozess der I.K.: Anhand der Aufgaben einer managementorientierten Auffassung der Unternehmensführung lassen sich vier Phasen des Prozesses zur Umsetzung einer I.K. unterscheiden: (1) Analysephase: Identifikation der → Internen Kunden bzw. Kundengruppen und Durchführung gezielter Bedürfnisanalysen. (2) Planungsphase: Erarbeitung von Konzepten zur Steuerung der internen Kundenbeziehungen (u.a. Überlegungen zur Integration der externen und internen Kundenorientierung in ein Gesamtkonzept. (3) Durchführungsphase: die Umsetzung erfolgt sowohl bezogen auf die Unternehmensebene als auch hinsichtlich der Bearbeitung von Abteilungen, internen Gruppierungen oder einzelnen internen Kunden; Ansatzpunkte können dialog- oder auch zufriedenheitssteigernde Maßnahmen sein (4) Kontrollphase: Die Maßnahmen der I.K. werden einer systematischen Kontrolle unterzogen, deren Ergebnisse in zukünftige Aktivitäten im Rahmen der drei übrigen Phasen einfließen. → Erfolgskennzahlen sind klassische Größen wie die → Mitarbeiterzufriedenheit oder die → Mitarbeiterbindung, aber auch ein Kulturveränderungsfortschritt oder die Erreichung von Prozesszielen.

V. Implementierung: Zur Umsetzung einer erfolgreichen I.K. bedarf es einer integrierten Gestaltung der Strukturen, Systeme und → Kultur des Unternehmens. (1) Die Organisation hat durch kundenorientierte Unternehmensstrukturen die innerbetrieblichen Rahmenbedingungen zur Umsetzung der I.K. zu schaffen. Durch die Gestaltung einer kundenorientierten → Aufbauorganisation sowie → Ablauforganisation (Prozessorganisation) können solche Strukturen geschaffen werden (z.B. durch → Key Account Management, → Schnittstellenmanagement usw.).

(2) Die Strukturen der I.K. müssen gleichzeitig durch eine entsprechende Gestaltung der → kundenorientierten Unternehmens- und Managementsysteme getragen werden. Daher hat das Unternehmen entsprechende kundenorientierte Informations-, Kommunikations-, Steuerungs- und Personalmanagementsysteme intern zu verankern. (3) Die Umsetzung der I.K. bedarf einer kundenorientierten → Kultur (hinsichtlich der Unternehmenskultur, Subkulturen (z.B. auf Abteilungsebene) und der individuellen Perspektive der Mitarbeiter).

Literatur: Bruhn, M. (2002): Integrierte Kundenorientierung. Implementierung einer kundenorientierten Unternehmensführung, Wiesbaden; Bruhn, M. (2003): Kundenorientierung. Bausteine eines exzellenten Unternehmens, 2. Aufl., München.

Manfred Bruhn

Interne Validität, misst, ob die Veränderungen in einem → Experiment durch die vom Forscher variierten Einflüsse stattgefunden haben.

Interner Kunde, Unternehmensmitglied, das interne Leistungen von anderen Unternehmensmitgliedern empfängt. Die Definition von I.K. basiert auf der Übertragung des Prinzips der → Kundenorientierung auf unternehmensinterne Vorgänge. Die eigenen Mitarbeiter werden hierbei als I.K. verstanden und interne Prozesse als Kunden-Lieferanten-Beziehungen. Dadurch soll verdeutlicht werden, dass jeder am Wertschöpfungsprozess (→ Wertschöpfung) Beteiligte Anbieter und zugleich Kunde ist. *Vgl. auch* → Interne Kundenorientierung.

Internes Marketing. I. Begriff: Unter I.M. versteht man eine auf der Marketingperspektive basierende Führungsphilosophie eines Unternehmens mit dem Ziel, den internen Mitarbeitermarkt (→ Interner Kunde) bestmöglich zu Service- und → Kundenorientierung zu motivieren (→ Mitarbeitermoti-vation). Die ersten Diskussionen um I.M. datieren auf Ende der 1970er- bis Mitte der 80er-Jahre in den USA. Bei der Untersuchung von Fragestellungen der → Kundenorientierung und → Dienstleistungsqualität entstand zu dieser Zeit das Bewusstsein, dass sowohl die → Qualität der von Unternehmen erstellten Leistungen (insbesondere Dienstleistungen) von den eigenen Mitarbeitern abhängt, als auch die Auswahl und Entwicklung von kundenorientierten Mitarbeitern (→ Personalauswahl, → Personalentwicklung) mit den herkömmlichen Methoden des → Personalmanagement nicht in zufrieden stellendem Umfang bewältigt werden konnte. Im Sinne einer Definition ist I.M. als die systematische Optimierung unternehmensinterner Prozesse mit Instrumenten des → Marketing- und Personalmanagement zu verstehen, um durch eine konsequente und gleichzeitige Kunden- und → Mitarbeiterorientierung das → Marketing als interne Denkhaltung durchzusetzen, damit die marktgerichteten → Unternehmensziele effizient erreicht werden.

II. Merkmale: (1) Systematischer Entscheidungs- und Planungsprozess: I.M. muss als Managementprozess im Unternehmen geplant, implementiert und kontrolliert werden. Dies erfordert eine Konkretisierung der Ziele, Strategien und Einzelmaßnahmen. (2) Parallele Förderung der → Kunden- und → Mitarbeiterzufriedenheit. Die inhärenten Wechselbeziehungen zwischen Kunden und Mitarbeitern sind zu berücksichtigen und sämtliche unternehmensinterne Prozesse aufeinander abzustimmen. Dabei wird Mitarbeiterzufriedenheit als notwendige Voraussetzung externer Leistungsqualität und damit der Kundenzufriedenheit angesehen. Ebenfalls angesprochen werden dabei Fragestellungen der → Mitarbeitermotivation, der Selbstverpflichtung der Mitarbeiter (→ Commitment) sowie der → Mitarbeiterbindung. Aufgrund der Interaktionsintensität im Dienstleistungsbereich ist der Aspekt der Mitarbeiterzufriedenheit für die Kundenzufriedenheit als besonders wichtig einzuordnen. (3) Interne Denkhaltung: I.M. geht davon aus, dass Marketing nicht eine klassische Unternehmensfunktion, sondern eine Leitidee darstellt. Damit ist Marketing eine Unternehmensphilosophie, die von allen Führungskräften und Mitarbeitern getragen und intern sowie extern gelebt wird. Die Zusam-

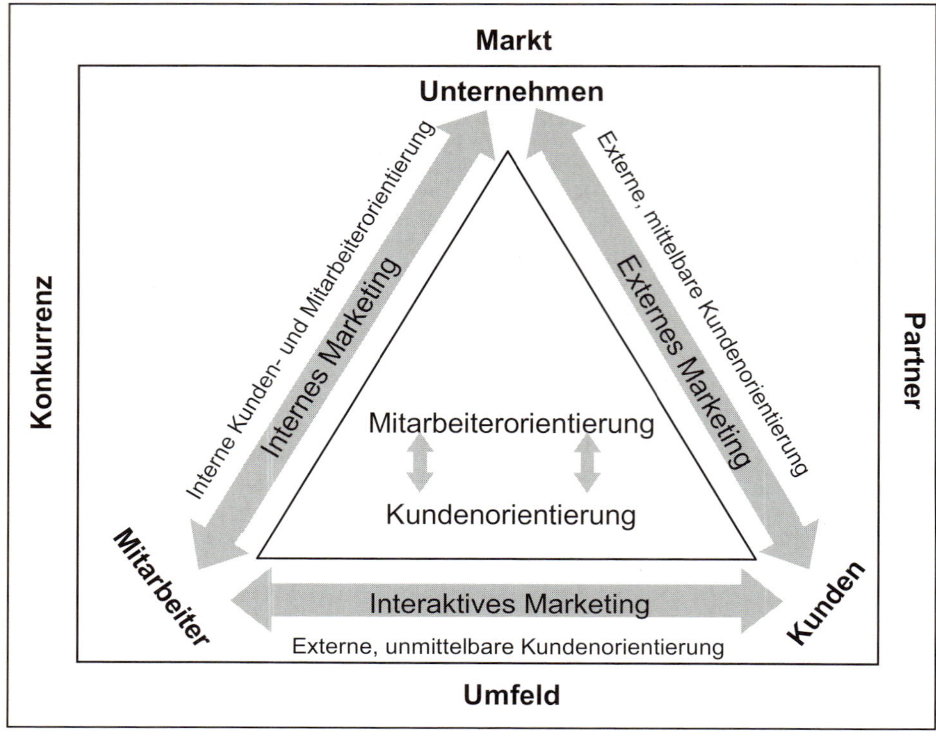

Beziehungsdreieck (Quelle: Bruhn 1999)

menhänge und Interdependenzen zwischen Kunden, Unternehmen und Mitarbeitern werden in der Abb. „Beziehungsdreieck" verdeutlicht.

III. Ziele: (1) Kognitive Ziele: Mit den kognitiven Zielen werden jene Zielbereiche des I.M. erfasst, die mit gedanklichen Prozessen verbunden sind. Unternehmensintern ist von Bedeutung, dass Mitarbeiter die externe → Marketingstrategie des Unternehmens ebenso kennen wie die → Kundenerwartungen. Unternehmensextern sind innerhalb der kognitiven Ziele z.B. die Kenntnis des Leistungsangebots des Unternehmens durch die (potenziellen) Kunden sowie die Generierung einer herausragenden Position im → Evoked Set der Kunden ggü. konkurrierenden Anbietern wichtig für den angestrebten Markterfolg. (2) Affektive Ziele: Bei diesen Zielen ist z.B. die Entwicklung von → Vertrauen von besonderer Bedeutung. Für die Mitarbeiter steht hier die Beziehung zum Unternehmen als Arbeitgeber, für die Kunden die Beziehung zum Unternehmen bzw. zum jeweiligen Berater oder Betreuer im Mittelpunkt. → Mitarbeiterzufriedenheit ist dabei als wesentliche Voraussetzung des Vertrauens sowohl von Mitarbeitern als auch von Kunden anzusehen. (3) Konative Ziele: Die konativen Ziele beziehen sich schließlich auf Handlungen bzw. Handlungsabsichten bei Mitarbeitern und Kunden. Ggü. den Mitarbeitern ist z.B. anzustreben, dass sie sich im Sinne eines → Commitment dem Unternehmen verpflichtet fühlen und einen positiven Beitrag zur Erreichung der Unternehmensziele leisten wollen. Darüber hinaus stehen die verschiedenen Aspekte der → Mitarbeiterbindung im Mittelpunkt, z.B. die Treue zum Unternehmen als Arbeitgeber.

IV. Planungsprozess: Die Optimierung interner und externer Prozesse ist mit der Notwendigkeit einer systematischen Planung des I.M. verbunden. Hierbei können acht Schritte unterschieden werden: (1) Interne und externe Situationsanalyse: Um der Zielsetzung der parallelen Kunden- und Mitarbeiterorientierung gerecht werden zu können, ist es zunächst notwendig, die aktuellen internen und externen Rahmenbedingungen für das I.M. zu ermitteln und zu evaluieren. Das Ergebnis der Situationsanalyse führt zur Bestimmung der zentralen Problemstellung des I.M. (2) Bestimmung der Themenschwerpunkte des I.M.: Aufbauend auf diesen Ergebnissen sind Schwerpunktsetzungen innerhalb der Themenbereiche des I.M. erforderlich. (3) Zielbestimmung: Neben der Definition der für das eigene Unternehmen besonders relevanten Programmbereiche des I.M. ist auch eine konkrete Zielbestimmung in diesen Bereichen vorzunehmen. Von hervorgehobener Bedeutung ist hierbei die Abstimmung zwischen den einzelnen Programmbereichen, um z.B. die parallele Verfolgung konfligierender Ziele zu vermeiden. (4) → Segmentierung der Mitarbeiter: Als nächstes ist eine Segmentierung der Mitarbeiter vorzunehmen, wobei als Segmentierungsmerkmale Hierarchieebenen, Abteilungen, Regionen, Personenmerkmale u.a. in Betracht kommen. (5) Budgetierung: Die strategische Bedeutung der Fragestellungen des I.M. muss auch durch die Budgetierung zum Ausdruck gebracht werden. Entsprechend den Prioritäten der einzelnen Themenbereiche sind Budgetpositionen zu bestimmen, um eine unsystematische und nicht kontinuierliche Finanzierung über „Budgetrestposten" zu vermeiden. (6) Maßnahmenplanung: In diesem Bereich sind insbesondere Instrumente des Marketing- sowie des Personalmanagement angesprochen. Die originäre Aufgabe des I.M. im Rahmen des Instrumenteeinsatzes besteht darin, die Koordination und Integration der in der Unternehmenspraxis meist isoliert eingesetzten Instrumentalstrategien des Personal- und Marketingmanagement zu verknüpfen und beide Perspektiven gleichzeitig zu verfolgen. Für die operative Planung ist zu bestimmen, welche Instrumente konkret eingesetzt werden sollen und auf welche Weise die Schnittstellen zwischen dem Aufgabenbereich des Marketing- sowie des Personalmanagement optimiert werden können (→ Schnittstellenmanagement). (7) Implementierung: Neben der Implementierung von Marketingkonzepten als Programmschwerpunkt des I.M. ist auch die Implementierung des I.M. selbst ein wesentlicher Teil des Planungsprozesses. Zielsetzung muss es hierbei sein, das Konzept und die Programmschwerpunkte in aktionsfähige Aufgaben umzusetzen. (8) Erfolgskontrolle: Am Ende des Planungsprozesses schließt sich die Evaluierung des I.M. an. Im Mittelpunkt steht die Beurteilung der Zielerreichung hinsichtlich der einzelnen Programmschwerpunkte sowie von Strategien und operativen Maßnahmen. Die Erfolgskontrolle stellt damit auch den Ausgangspunkt der nachfolgenden Planungsprozesse dar.

V. Implementierung: Die Umsetzung des I.M. kann in Unternehmen von einer Vielzahl von Barrieren behindert werden, die drei Schwerpunktbereichen zuzuordnen sind: (1) Zu den inhaltlich-konzeptionellen Barrieren gehören insbesondere jene Probleme, die auf Fehlinterpretationen des I.M. zurückzuführen sind. So werden dem I.M. nicht nur falsche Inhalte subsumiert, sondern auch die Notwendigkeit einer parallel nach aussen und innen gerichteten Marketingorientierung wird nicht erkannt. (2) Organisatorisch-strukturelle Hindernisse resultieren vielfach aus der Schnittstellenposition des I.M. zwischen Marketing- und Personalmanagement. Zu nennen sind hier vor allem Kompetenzprobleme (→ Kompetenz), Macht- und Abteilungsdenken sowie das Streben nach einer allzu idealtypischen Ausgestaltung des I.M., das seinerseits die initiale Realisierung einer weitgehend positiven Lösung verhindert. (3) Personell-kulturelle Barrieren betreffen letztendlich die fachlich-sozialen Fähigkeiten der Mitarbeiter, Unklarheiten über das Ausmaß der persönlichen Betroffenheit sowie z.T. auch hieraus resultierende Ängste im Hinblick auf den Ansatz des I.M. Um diese Probleme zu verringern und die Umsetzung sowie Durchsetzung des I.M. zu forcieren, bietet sich ein vierstufiges Verfahren der Implementierung an: (1) Verpflichtung des Management d.h., das Denken und Handeln der Führungskräfte hat den postulierten Grundsätzen des I.M. zu entsprechen. Als Instrumente eignen sich hierzu insbesondere Dialogveranstaltungen der Unternehmensleitung mit den Führungskräften, Workshops und Seminare. (2) Kommunikation mit den Mitarbeitern (→ Interne Kommunikation) zur Sicherstellung des Kennens und Verstehens des I.M. durch eine Einbeziehung der Mitarbeiter in den Dialog mit Vorgesetzten und Unternehmensleitung. (3) Vermittlung des erforderlichen Knowhows (z.B. Unternehmensleitbild, Strategien, Führungstechniken, Qualitätstechniken und das Kundenkontaktmanagement) und (4) Verpflichtung der Mitarbeiter zur Internalisierung des I.M. auf allen Unternehmensebenen. Eine erfolgreiche Implementierung setzt dabei voraus, dass die Bedeutung des I.M. durch das Handeln der Führungskräfte dokumentiert wird und die Kontinuität der Maßnahmen des Marketing-und Personalmanagement sichergestellt ist. Um das I.M. erfolgreich implementieren zu können, muss der Umgang von Mitarbeitern und Führungskräften vertikal wie auch horizontal von Vertrauen geprägt sein.

Literatur: Bruhn, M. (1999) (Hrsg.): Internes Marketing. Integration der Kunden- und Mitarbeiterorientierung. Grundlagen – Implementierung – Praxisbeispiele, 2. Aufl., Wiesbaden; Bruhn, M. (2003): Integrierte Unternehmens- und Markenkommunikation. Strategische Planung und Umsetzung. 3. Aufl., Stuttgart; Bruhn, M. (2003): Kundenorientierung. Bausteine eines exzellenten Unternehmens, 2. Aufl., München; Cahill, D.J. (1996): Internal Marketing. Your Company's Next Stage of Growth, New York/London; Stauss, B. (1999): Internes Marketing als personalorientierte Qualitätspolitik, in: Bruhn, M./Stauss, B. (Hrsg.): Dienstleistungsqualität. Konzepte – Methoden – Erfahrungen, 3. Aufl., Wiesbaden, S. 203-222.

Manfred Bruhn

Internes Servicebarometer, Weiterentwicklung und Zusammenführung der externen → Kundenzufriedenheitsmessung auf Basis → Nationaler Kundenbarometer sowie interner Kundenbefragungen (→ Mitarbeiterbefragung). I.S. beziehen sich auf sämtliche relevanten internen Austauschbeziehungen zwischen unternehmensinternen Leistungsanbietern und Kunden.

Internet, offener Verbund von Computernetzwerken, der die Computer und die darauf ablaufenden Programme in die Lage versetzt, direkt miteinander zu kommunizieren. Das I. stellt eine Weiterentwicklung des 1969 entstandenen ARPANET, das im Auftrag des US-Verteidigungsministeriums entwickelt wurde und erstmals den Informationsaustausch zwischen Computern über mehrere alternative Verbindungen ermöglichte. Die zwischen zwei Computern auszutauschende Dateien werden dabei über das Internet Protocol (IP) in kleinen Datenpaketen verschickt, die sich jeweils auf dem Datennetz einen eigenen Weg suchen, um dann beim Empfänger wieder zusammengesetzt zu werden. Der Begriff I. wird meistens im Zusammenhang mit dem weltweiten, öffentlich zugänglichen Netzwerk gebraucht. Im Gegensatz zu den kommerziellen → Online-Diensten steht hinter dem I. kein Unternehmen als Betreiber. I.-Hosts sind über fast jede Art von elektronischen Übertragungsmedien verbunden, wie z.B. Glasfaser- oder Kupferdraht-Telefonleitungen sowie Funk- oder Mikrowellenkanäle. Zudem kann nahezu jede Art von Computern und Betriebssystemen angeschlossen werden. I.-Verbindungen werden normalerweise mit internationalen Standardprotokollen ermöglicht. Alle am Internet angeschlossenen Netzwerke und Computer (I.-Hosts) verfügen jeweils über eine weltweit einmalige I.-Adresse (URL, Uniform Resource Locator). Mit weltweit über 170 Mio. angeschlossenen Computern (Stand: Januar 2003) ist das I. der mit Abstand größte Online-Rechnerverbund der Welt. Erheblich beschleunigt wurde die Diffusion des I. durch die Einführung des → WorldWideWeb (WWW) im Jahre 1992, das mit seiner intuitiven Benutzeroberfläche, der einfachen Programmiersprache HTML und der Integration multimedialer Elemente die Benutzerfreundlichkeit des Mediums erheblich verbessert und es zu einer attraktiven Marketingplattform macht. *Vgl. auch* → Online-Marketing. Grundlage für die Informationsabfrage im WWW ist eine Client-Server-Architektur. Auf dem Server ist ein Programm installiert, das ständig zugriffsbereit ist; auf diesem Server sind auch die einzelnen → Websites im HTML-Code gespeichert. Von einem an einem beliebigen Standort platzierten Client-Rechner kann der Nutzer über eine Browser-Software die URL-

Adresse der Sites, die auf dem Server abgelegt sind, eingeben; die gewünschten Informationen werden dann zum Client-Rechner überspielt. Der dort platzierte Browser übernimmt dabei nicht nur den Datenabruf vom Server, sondern ist auch für Gestaltung und Einbindung der übertragenen Grafiken und Dokumente zuständig. Der große Umfang und die Vielseitigkeit des öffentlichen I. führt dazu, dass viele Arten von Computernetzwerken und Diensten, beispielsweise auch von Informations- und Warenanbietern, über Systeme integriert werden, die als Gateway bezeichnet werden. Wesentliche Vorteile des I. sind u.a. die Multimedialität, die raum- und zeitunabhängige Verfügbarkeit der Informationen, die laufende und einfache Aktualisierbarkeit des Informationsangebots wie auch die ständige Kontrollierbarkeit der Nutzung der einzelnen Webseiten über Zugriffsprotokolle.

Internet Marketing, → Online Marketing.

Internetdesigner, Werbeberufe (16).

Internet-Portal, → Website, die von Nutzern als Einstiegsseite in das Internet genutzt wird und daher besonders für Werbezwecke geeignet ist. IP bieten Nachrichten und Informationen sowie verschiedene Services wie z.B. → Navigationshilfen, E-Mail-Konten, → SMS Service.

Internet-Recht (IR), auch Online-Recht. Begriff der für Rechtsfragen verwendet wird, die im Zusammenhang mit der Anbahnung und Abwicklung von Geschäften über das Internet entstehen. Zentrale Bereiche sind das Vertragsrecht, der → Datenschutz, der → Verbraucherschutz, das Urheberrecht, das → Kennzeichenrecht (z.B. Schutzvoraussetzungen für Domain-Namen) sowie das → Wettbewerbsrecht. Zwar begründen die Charakteristika des Internet neuen Regelungsbedarf, wie etwa hinsichtlich der Reichweite, der Veränderbarkeit und der Verfügbarkeit von Informationen. Es ist aber wenig zweckmäßig, für technische und wirtschaftliche Neuerungen jeweils eigene Rechtsbereiche zu benennen.

Internet-Shopping, → Online-Shopping, → Electronic Shopping, → Electronic Commerce.

Interviewereinfluss, → Fehler der Teilerhebung.

Interviewleitfaden, der I. dient dem Forscher als mehr oder weniger strukturiertes und mehr oder weniger ausgearbeitetes Instrument zur Gestaltung von Interviews. Die Erarbeitung der Themen im I. erfolgt idealtypischerweise aus der vorher diskutierten Theorie bzw. dem Problembereich. Fragen und Bereiche, die der Befragte von sich aus angesprochen hat, können so vom I. gestrichen werden. Der I. dient insgesamt als Gedächtnisstütze und Orientierungsrahmen durch das Interview. Dem Interviewer bleibt die Reihenfolge und Formulierung der Themen des I. im Wesentlichen selbst überlassen.

Intrabrand-Wettbewerb, umschreibt die Rivalitätsbeziehungen zwischen Distributionsorganen, die die Leistungen eines bestimmten Herstellers verkaufen. Demnach kommen als mögliche Akteure im I.-W. zunächst herstellerinterne Verkaufsabteilungen sowie sämtliche Vertragshändler bzw. werkseigene Niederlassungen derselben Vertriebsorganisation in Betracht. I.-W. kann folglich auch zwischen Hersteller und Handel auftreten. Insoweit herrscht Übereinstimmung mit dem Begriff des Intragruppenwettbewerbs. Der gewählte Definitionsansatz ist jedoch umfassender und enthält darüber hinaus auch gruppenexterne Konkurrenten in Form von nicht-autorisierten Wiederverkäufern von Leistungen derselben → Marke.

Intramediaselektion, Auswahl von → Werbeträgern innerhalb einer Mediengattung. *Vgl. auch* → Mediaplanung.

Intramediavergleich, Im I. geht es für Unternehmen um den Vergleich alternativer Medien bzw. → Kommunikationsmaßnahmen innerhalb eines → Kommunikationsinstrumentes unter Kosten-Nutzen-Gesichtspunkten. Im I. spiegelt sich somit die Frage der Effizienz wider („To do the things right"). Im

Rahmen des I. ist es notwendig, die kommunikationspolitischen Instrumente jeweils einer prozessorientierten Kosten-Nutzen-Analyse zu unterziehen, um zu einer optimalen Allokation der Kommunikationsressourcen zu gelangen. Als Konsequenz wird es bei vielen Unternehmen zu einer interinstrumentellen Umschichtung der Kommunikationsressourcen kommen. *Vgl. auch* → Intra-Mediaselektion.

Intranet, Netzwerk, das mit der gleichen Technik wie das → Internet arbeitet und für die unternehmensinterne Kommunikation genutzt wird. Durch sog. „Firewalls" wird das Intranet vor fremden Zugriffen geschützt.

Intrapreneur, angestellter Manager, der hohe Innovationsbereitschaft, hohe Bereitschaft für eigenverantwortliches Handeln und hohen persönlichen Einsatz aufweist. Die Arbeitseinstellung lautet: Man muss nicht Unternehmer sein, um sich unternehmerisch zu verhalten. Charakteristisch für den I. sind hohe → Mitarbeiterzufriedenheit und hohe → Mitarbeiterloyalität.

Investition, beziehungsspezifische, Übertragung der Grundgedanken der klassischen Investitionstheorie auf die Problemstellungen des Managements von → Kundenbeziehungen (→ Relationship Marketing). Maßnahmen zum Aufbau bzw. zur Pflege von Kundenbeziehungen werden nicht als kurzfristiger Kostenfaktor, sondern als langfristige Investition in die → Geschäftsbeziehung betrachtet. Als Entscheidungskriterium kann beispielsweise der → Customer Lifetime Value oder auch das Kriterium → Kundenattraktivität herangezogen werden (→ Kundenbewertung). Zur weiteren Fundierung der Entscheidung der b.I. kommen häufig → Kundenportfolios zum Einsatz

Investitionsgut. Als entscheidend für die Klassifizierung einer Leistung als Konsum- oder Investitions- bzw. Produktionsgut erweist sich der Status des Abnehmers. Wie Produktionsgüter dienen I. zur Herstellung von Erzeugnissen bzw. zur Erstellung von → Dienstleistungen und werden folglich von Organisationen (z.B. Industrieunternehmen, öffentliche Einrichtungen oder Außenhandelsorganisationen) und nicht von Endverbrauchern nachgefragt. Im Gegensatz zu Produktionsgütern, die in die zu erstellenden Erzeugnisse in Form von Rohstoffen, Bauteilen, Hilfs- oder Betriebsstoffen eingehen, erfahren I. lediglich eine Abnutzung bei der Leistungserstellung. Im Rahmen des Investitionsgütermarketing empfiehlt es sich, zwischen drei Investitionsgütertypen (bzw. Geschäftstypen) zu unterscheiden: den Produkten, den Systemen und den Anlagen (bzw. dem Produkt-, dem System- und dem Anlagengeschäft). Bei den → Produkten handelt es sich um standardisierte Massenerzeugnisse. Im Systemgütergeschäft erwirbt der Kunde die Leistung nicht als Komplettpaket, sondern beschafft die Komponenten oder Teilsysteme nacheinander. Kundenindividuell erstellte komplexe Komplettlösungen, die zur Fertigung weiterer Güter dienen (z.B. Raffinerien oder Kraftwerke), sind Gegenstand des Anlagengeschäftes. Unabhängig vom Geschäftstyp zeichnen sich die Kaufentscheidungen im Investitionsgüterbereich durch eine hohe Komplexität und einen ausgeprägten Formalisierungsgrad aus und kommen unter Einschaltung mehrerer Personen (Multipersonalität, → Buying Center) oder gar mehrerer Organisationen (Multiorganisationalität) zustande. Des Weiteren erfolgt die organisationale Beschaffung in mehreren Phasen. Charakteristisch ist weiterhin, dass sich die Investitionsgüternachfrage aus dem Bedarf der Leistungen, die mithilfe der I. erstellt werden, ableitet.

Investitionsgütermarketing, wird zunehmend durch den Begriff des → Industriegütermarketing ersetzt. Der Grund hierfür liegt darin, dass der → Investitionsgüterbegriff in der Praxis häufig zu eng gefasst wird. Demnach würde sich I. nur auf Sachgüter des Anlagevermögens beziehen und nicht auch auf Sachgüter des Umlaufvermögens sowie auf industrielle Dienstleistungen (→ Dienstleistung, industrielle).

Investitionsrechnung, → Wirtschaftlichkeitsrechnung.

Investitionsstrategie, auf den Ausbau von → Geschäftsfeldern, strategische, ausgerichtete → Normstrategie.

Investor Relations, Pflege und Aufbau von Beziehungen zu aktuellen und potenziellen Kapitalgebern (Investoren) des Unternehmens. *Vgl. auch* → Public Relations, → Beziehungsmanagement.

Involvement. I. Definition und Bedeutung für das Konsumentenverhalten: In der Konsumentenforschung stellt das I. ein Schlüsselkonstrukt zur Erklärung des Verhaltens und zur Verhaltensbeeinflussung dar. I. wird im Rahmen des SOR-Modells (*vgl. auch* → SOR-Paradigma) als intervenierende Variable betrachtet und kann als das innere Engagement, mit dem sich ein Individuum einem Meinungsgegenstand widmet, definiert werden. Das Konstrukt ist sowohl mit kognitiven (Informationssuche und Informationsverarbeitung) als auch mit emotionalen Prozessen verbunden und wird durch externe (Situationen, Produkte) und interne Variablen (personenspezifische Variablen) bestimmt. Im Unterschied zu den kognitiv-dominierten I.-Definitionen im angloamerikanischen Raum wird in der deutschen Konsumentenforschung die emotionale Komponente, d.h. die gefühlsmäßige Verbundenheit mit einem Meinungsgegenstand, betont. Danach kann das emotionale I. mancher Personen bzgl. eines Objektes sehr hoch sein, kognitive Aktivitäten können, müssen aber nicht sehr stark ausgeprägt sein. Verhaltensweisen mit geringen kognitiven Aktivitäten dürfen daher nicht einfach mit Low-I.-Verhalten gleichgesetzt werden. Letzteres kann nur angenommen werden, wenn sowohl die emotionale Verbundenheit als auch die kognitiven Informationsverarbeitungsaktivitäten hinsichtlich eines Meinungsgegenstandes unterdurchschnittlich ausgeprägt sind. Es empfiehlt sich also, emotionales und kognitives I. zu trennen. Das Involvementkonzept wurde Mitte der 1960er-Jahre von Krugman in die Marketingliteratur eingeführt und beschäftigte sich vor allem mit werbewissenschaftlichen Problemen. Auch heute wird mit dem Involvementkonstrukt vorrangig versucht, Werbewirkungen zu erklären. Kroeber-Riel/Weinberg unterscheiden zwei verschiedene Werbewirkungspfade (*vgl. auch* → Elaboration-Likelihood-Methode). Bei hohem I. können Konsumenten Werbebotschaften aufmerksam wahrnehmen und verarbeiten. Die Einstellungsbildung zu einem Meinungsgegenstand resultiert aus der Wahrnehmung und Bewertung von Informationen und determiniert die Kaufabsicht. Bei gering involvierten Konsumenten ist dagegen eine umfangreiche Informationsvermittlung nicht möglich. Die schwache Aufmerksamkeit bei der Informationsaufnahme lässt nur eine Vermittlung von wenigen, leicht verständlichen Informationen zu. Für die Kommunikationspolitik gilt bei niedrigem Engagement der Rezipienten: Gefallen statt informieren. Statt mit Argumenten sollte hier mit Bildern geworben werden, da Bilder automatisch verarbeitet werden.

Involvement		Entscheidungs-merkmale
Kognitiv	Emotional	
Stärker	Schwach	Extensiv
Stark	Schwach	Limitiert
Schwach	Stark	Impulsiv
Schwach	Schwach	Habitualisiert

Involvement und Entscheidungsverhalten (Quelle: Kroeber-Riel/Weinberg 2003)

Die Einstellung zu einem Produkt wird unter Low-I.-Bedingungen i.d.R. erst nach dem Kauf gebildet. In der Kaufsituation greift der Konsument hier zu einem Produkt, weil er sich an den Namen erinnert und das Produkt vielleicht sympathisch findet, nicht aber, weil er zuvor Kenntnisse über die Produkteigenschaften erworben und eine Präferenz für diese Marke aufgebaut hat (*vgl. auch* → Kaufentscheidungen). Das I. beeinflusst somit auch das Entscheidungsverhalten (Vgl. Abb. „Involvement und Entscheidungsverhalten").

II. Ursachen des Involvement: Folgende I.-verursachende Variablen können voneinander unterschieden werden: (1) Das Produktinvolvement wird im Wesentlichen von dem Interesse bestimmt, das ein Individuum unterschiedlichen Produktkategorien entgegenbringt. Die Ergebnisse bisheriger empirischer Untersuchungen machen deutlich, dass die Aufstellung von Produkthierarchien nach dem ausgelösten I. problematisch sind, da diese Rangreihen von dem Kulturkreis und dem Lebensstil der Befragten sowie der Operationalisierung des Konstruktes abhängen können. Verallgemeinern lassen sich dagegen nur bestimmte Produkteigenschaften, die mit mehr oder weniger großem Engagement einhergehen. Eine empirische Studie von Kapferer und Laurent (1985) belegt, dass der Kauf von Produkten mit höherem Kaufrisiko (das technischer oder sozialer Art sein kann) ein höheres I. auslöst. Viele Versorgungseinkäufe können dagegen eher mit einer Low-I.-Grundhaltung erklärt werden. Nach Zaichkowsky zeigen Low-I.-Produkte häufig die folgenden Merkmale auf: Sättigungsphase im Produktlebenszyklus, gering ausgeprägte Produktdifferenzierung, nur oberflächlich entwickelte → Einstellungen und gering empfundenes Kaufrisiko. (2) Personenspezifische Determinanten charakterisieren den Einfluss persönlicher Prädispositionen des Individuums, die von den subjektiven Bedürfnissen, Werten und Zielen abhängen. Auch die Einkaufsmotive (*vgl. auch* → Motive) können als personenspezifische Involvementursachen verstanden werden. Die persönliche Relevanz, die das Individuum mit einem Meinungsgegenstand verbindet, wird auch als Ego-I. bezeichnet. (3) Spezifische Situationen können das I. einer Person kurzfristig erhöhen. So kann ein „Modemuffel" durchaus ein großes Engagement in Bezug auf Kleidung zeigen, wenn diese für einen ganz besonderen Anlass gekauft werden muss, beispielsweise für die eigene Hochzeit. Nach dem Ereignis flacht das I. wieder ab. (4) Das Medien-I. besagt, dass unterschiedliche Werbeträger aufgrund ihrer unterschiedlichen Kommunikationswiese (z.B. bild- vs. textbetonte Informationsübermittlung) sich für eine Low- (z.B. Fernsehen) oder High-I.-Kommunikation (z.B. Printmedien) mehr oder weniger gut eignen.

III. Messung des Konstruktes: Das Involvementkonstrukt als intervenierende Variable ist nur über Indikatoren erfassbar. Als Messverfahren werden vor allem physiologische und verbale Methoden diskutiert. Eine vielfach vorgeschlagene physiologische Methode zur Ermittlung des I. ist die → EEG-Messung, bei der Gehirnaktivitäten aufgezeichnet werden. Unter Zuhilfenahme der Erkenntnisse der → Hemisphärenforschung, nach denen die linke Gehirnhälfte vor allem für die kognitive Informationsverarbeitung und die rechte Gehirnhälfte für emotionale Prozesse zuständig ist, können die aufgezeichneten Hirnströme wie folgt interpretiert werden: Hohes kognitives I. ist durch eine starke linkshemispherische, hohes emotionales I. hingegen durch eine starke rechtshemisphärische Gehirntätigkeit gekennzeichnet. Bei insgesamt geringer Gehirntätigkeit liegt Low I. vor. Ein Vorteil der physiologischen Messmethode liegt in der zuverlässigen Erhebung des emotionalen I., das oftmals nur schwer verbalisierbar ist und daher mit verbalen Verfahren nur schlecht erfasst werden kann. Diesem Vorzug stehen jedoch die Nachteile ggü., dass EEG-Messungen aufwendig sind, nur vom Spezialisten im Labor durchgeführt und keine Aussagen über die Ursachen des I. gewonnen werden können. Bei den verbalen Messmethoden werden zum einen „Protokolle lauten Denkens", zum anderen Involvementprofile bevorzugt. Die Möglichkeit, I. mittels retrospektiver Gedankenprotokolle zu messen, geht auf Krugmann zurück. Er operationalisert I. als die Menge der gedanklichen Beziehungen, die ein Proband zwischen einem Kommunikationsstimulus und seinem eigenen Leben herstellt. Diese Gedanken sollen von der Versuchsperson laut geäußert und gleichzeitig protokolliert werden. Art und Anzahl der geäußerten Gedankenverbindungen geben Aufschluss über die Höhe des I. Die Methode des lauten Denkens ist sicherlich einfacher durchzuführen als eine EEG-Messung, muss sich jedoch die Vorwürfe gefallen lassen, im Feld wenig praktikabel zu sein, große Manipulationsspielräume bei der Dateninterpretation zu ermöglichen und das emotionale I. nur unzureichend ermitteln zu können. Die Involvementprofile sind mehrdimensional aufgebaut und versuchen, beide psychischen Komponenten des Konstruktes sowie die Involvementursachen zu erfassen. Mittels Ratingskalen können die Befragten zu Statements aus folgenden Bereichen Stellung nehmen: (1) Wissen über die Produktklasse, wahrgenommenes Kaufrisiko (Produkt-I.), (2) Bedeutung des Kaufs (Situations-I.), (3) Persönliche Relevanz des Kaufes (Ego-I.), (4) Freude und Spaß am Meinungsgegenstand (emotionale Dimension) und (5) Informationsverarbeitungsaktivitäten, Qualitätskenntnisse (kognitive Dimension). I.-Profile stellen umfassende und praktikable Messinstrumente dar. Allerdings ist es fraglich, ob sie sich zur Erfassung schwach empfundener kognitiver und emotionaler Eindrücke eignen und ob sie in Erhebungssituationen mit hohem sozialen Potenzial valide einsetzbar sind. Zur Vermeidung sozial erwünschter Antworten und zur Messung der emotionalen Komponente haben sich Bilderskalen empirisch bewährt.

Literatur: Gröppel, A. (1994): Die Dynamik der Betriebsformen des Handels. Ein Erklärungsversuch aus Konsumentensicht, in: Forschungsgruppe Konsum und Verhalten (Hrsg.): Konsumentenforschung, Festschrift für Prof. Dr. W. Kroeber-Riel, München, S. 379-397; Jain, K./Srinivasan, N. (1990): An Empirical Assessment of Multiple Operationalizations of Involvement, in: Goldberg, M.E/Gorn, G. Pollay, R.W., (Hrsg.): Advances in Consumer Research, 17. Jg., o.Nr., Provo UT, S. 594-602; Jeck-Schlott-mann, G. (1987): Visuelle Informationsverar-beitung bei wenig involvierten Konsumen-ten, Dissertation Saarbrücken; Kapferer, J.N./Laurent, G. (1985): Consumer's Involvement Profile: New Empirical Results, in: Hirschman, E./Holbrook, M. (Hrsg.): Advances in Consumer Research, 12. Jg., o.Nr., Provo UT, S. 290-295; Kroeber-Riel, W./Weinberg, P. (2003): Konsumentenverhalten, 8. Aufl., München; Krugmann, H.E. (1966): The Measurement of Advertising Involvement, in: Public Opinion Quarterly, 30. Jg., Winter, S. 583-596; Zaichowski, J.L. (1985): Measuring the Involvement Construct, in: Journal of Consumer Research, 12. Jg., Nr. 3, S. 341-352.

Andrea Gröppel-Klein

Irradiation, Begriff aus der Gestalttheorie, Verzerrungseffekt (→ Ausstrahlungseffekt), bei dem die Wahrnehmung einer Eigenschaft z.B. „Made in Italy") auf die Einschätzung eines anderen Attributes abfärbt (z.B. Design). Wird das gesamte → Image von der Wahrnehmung eines Merkmals dominiert, spricht man von Attributdominanz; handelt es sich bei dieser Eigenschaft um das Produktherkunftsland, so bezeichnet man diesen I.-Eeffekt als „Country-of-Origin-Effekt".

Irreführende Werbung, → Werberecht.

Irreführung, → Werbung, irreführende.

ISDN, (Integrated Service Digital Network). Leistungsfähiges digitales Telefonnetz, das insbesondere für den Datentransfer genutzt werden kann und mehrere Leitungen in einer bündelt.

Ishikawa-Diagramm, grafische Darstellung von Leistungserstellungsfehlern und ihren Ursachen im Rahmen der → Fishbone-Analyse; *vgl. auch* → Qualitätsmanagement.

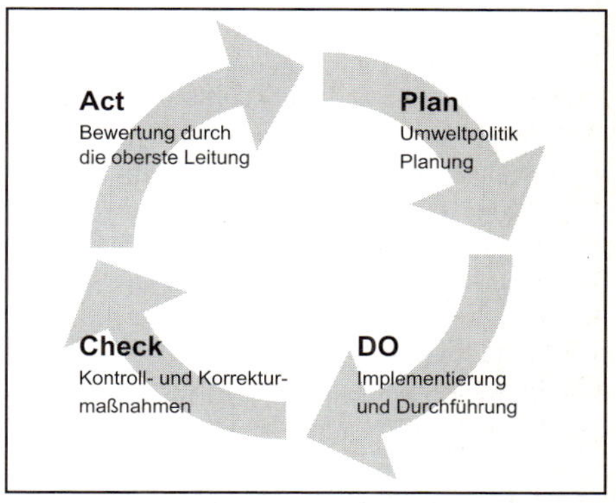

Plan-Do-Check-Act-Kreislauf der ISO 14001-Norm (Quelle: Institut für Wirtschaft und Ökologie, Universität St.Gallen: Basiswissen ISO 14001)

ISO-Norm, → ISO-Normen 9000ff.

ISO 14001-Norm, internationale Normenreihe der ISO (International Standard Organisation) zum Umweltmanagement (→ Umwelt-Audit) von 1996, die in Deutschland anerkannt und als DIN EN ISO 14001 veröffentlicht ist. ISO 14001 ist ein System verschiedener Normen zu unterschiedlichen Aspekten des Umweltmanagements. Die Struktur der I. ist als Plan-Do-Check-Act-Kreislauf festgelegt (vgl. Abb. „Plan-Do-Check-Act-Kreislauf der ISO 14001-Norm"). Diese Norm umfasst fünf Elemente: (1) Umweltpolitik (Verpflichtung, Gesetze und Vorschriften einzuhalten und den Umweltschutz kontinuierlich zu verbessern), (2) Planung (Umweltanalyse, Ziel- und Maßnahmenplanung), (3) Implementierung und Durchführung (aufbau- und ablauforganisatorische Regelungen, Feststellung des Aus- und Weiterbildungsbedarfs, Maßnahmen zur Notfallvorsorge), (4) Kontroll- und Korrekturmaßnahmen (systematische Überwachung aller umweltschutzrelevanten Prozesse und Aufgaben, regelmäßige interne Audits durch unabhängige Institutionen), (5) Bewertung durch die Unternehmensleitung.

Die Zielsetzung des Aufbaus eines wirkungsvollen Umweltmanagementsystems, der Einhaltung der Umweltgesetze und der Verpflichtung zur kontinuierlichen Verbesserung, unterscheidet sich nicht zu → EMAS. ISO 14001 ist allerdings weniger bürokratisch, offener, straffer geregelt, konsistenter und verständlicher als → EMAS. Eine Verpflichtung zur Publikation der Aktivitäten (Umweltbericht) gibt es bei ISO 14001 nicht. ISO 14001 lässt sich einfacher in bestehende Managementsysteme integrieren. Da es sich um eine weltweit akzeptierte Industrienorm handelt, sind auch im Vergleich zur europäischen → EMAS mit über 40 Mio. deutlich mehr Unternehmen nach ISO 14001 zertifiziert. In Deutschland haben sich bis Juni 2002 3.450 Unternehmen nach ISO 14001 zertifizieren lassen, was den zweiten Rang nach Japan bedeutet.

ISO-Normen 9000ff. I. Begriff: Normen der International Standards Organization (ISO) im Hinblick auf die Gestaltung eines Qualitätsmanagementsystems (→ Qualitätsmanagement, → Zertifizierung).

II. Entwicklung: Die Erstausgabe der Normen ISO 9000, 9001, 9002, 9003 und 9004 erschien 1987. Nach einer Überarbeitung 1994 erfolgte 2000 eine erneute Revision. Als Ergebnis existieren heute die Normen ISO 9000, ISO 9001 und ISO 9004. Die ehemaligen Normen ISO 9001-9003 gingen in der neuen Norm ISO 9001 auf.

III. Inhalt der Normen: Die Normenreihe besteht aus einem Satz von Einzelnormen. Die Norm ISO 9001 konkretisiert die Forderungen an ein Qualitätsmanagementsystem. Dabei werden acht Prinzipien zugrunde gelegt: Kundenfokus, Führung, Einbeziehung der Mitarbeiter, Prozessorientierung, Systemorientierung, ständige Verbesserung, sachlicher Ansatz zur Entscheidungsfindung sowie Lieferantenbeziehungen zum gegenseitigen Nutzen. Die Norm ISO 9004 gibt über die in ISO 9001 enthaltenen Anforderungen hinaus gehende Anleitungen, um sowohl die Wirksamkeit als auch die Effizienz eines Qualitätsmanagementsystems zu steigern.

IV. Rechtliche Aspekte: Durch den Nachweis eines Qualitätsmanagements kann sich ein Anbieter vom Vorwurf schuldhaften Verhaltens eher entlasten als ein Anbieter, der einen solchen Nachweis nicht führen kann. Vertragliche Vereinbarungen über eine Nachweisführung hinsichtlich eines Qualitätsmanagements durch den Anbieter entbinden den Empfänger der gelieferten Leistung nicht von seinen Pflichten im Rahmen des eigenen Qualitätsmanagements. Konsequente Qualitätsmanagementmaßnahmen wirken vorbeugend gegen alle Arten von → Produkthaftung, d.h. der Haftung des Anbieters aus der Nichterfüllung von Qualitätsanforderungen aufgrund gesetzlicher oder vertraglicher Anforderungen, Garantieerklärungen oder aus unerlaubter Handlung. Die Entlastung des Anbieters ist bei verschuldensunabhängiger Haftung, wie sie durch europäisches Recht gesetzt worden ist, nur dann möglich, wenn nachgewiesen wird, dass beim Inverkehrbringen Leistungsfehler nach dem Stand von Wissenschaft und Technik nicht erkennbar waren. Zum Nachweis dieses Sachverhaltes ist ein dokumentiertes Qualitätsmanagement bei der Entwicklung, Erstellung, Montage und Betreuung der Leistung hilfreich.

ISO-Zertifizierung, → Zertifizierung.

Issue Management, *Themenmanagement*; Auseinandersetzung eines Unternehmens mit strategisch bedeutsamen Themen der öffentlichen Diskussion; *vgl. auch* → Krisenmanagement.

Ist-Ist-Vergleich, ex-post Gegenüberstellung von realisierten Größen, z.B. Gegenüberstellung von Umsatzzuwachs eines Unternehmens in der vergangenen Periode und durchschnittlichem Umsatzwachstum der Branche in dieser Periode.

Item, das einzelne Merkmal, zu dem bei einer Erhebung Daten ermittelt werden. Bei einer Befragung wäre jede Frage ein I.

Iteratives Gegenstromverfahren, → Down-up-Planungsprozess.

IVW, Abk. für → Informationsgemeinschaft zur Feststellung der Verbreitung von Werbeträgern e.V

J

Jingle, musikalische, meist kurze Werbekonstante bzw. eine Tonfolge in Funk, Film und TV. J. gibt es in der Form der Erkennungs-, Trenn- oder Pausenmelodie oder als Musikeinblendung, um Texte oder Bilder emotional zu verstärken. Sie dienen zur Wiedererkennung des beworbenen Produktes. *Vgl. auch* → Werbemittel, Gestaltung.

Job Enlargement, *Arbeitserweiterung, Arbeitsfeldvergrößerung (Aufgabenerweiterung)*; Maßnahme aus dem Bereich der Arbeitsgestaltung, die auf eine horizontale Erweiterung des Aufgabenspektrums und eine Verringerung der Monotonie abzielt. Durch die Bündelung verschiedener, inhaltlich jedoch weitgehend zusammengehörender Teilaufgaben mit etwa dem gleichen Anforderungsniveau zu einem Aufgabenkomplex (z.B. durch Ausweitung der Vielfältigkeit der Arbeitsvollzüge, Verringerung der horizontalen Arbeitsteilung) kann J.E., ähnlich wie das → Job Enrichment den Mitarbeitern die Nutzung eines breiteren Qualifikationsspektrums erlauben sowie sich auf das Verantwortungsbewusstsein und die → Motivation positiv auswirken. Meist sind in diesem Zusammenhang Maßnahmen der → Personalentwicklung und → Mitarbeiterkommunikation Voraussetzung für eine Erfüllung der neuen Anforderungen. *Vgl. auch* → Personalmanagement.

Job Enrichment, *Arbeitsbereicherung, Aufgabenbereicherung*; Maßnahme aus dem Bereich der Arbeitsgestaltung, das J.E. bezeichnet die Vergrößerung der Aufgaben um dispositive Inhalte im Sinne einer Zunahme der Entscheidungsbefugnisse oder Verantwortung des Mitarbeiters (z.B. durch Erweiterung des Planungs-, Entscheidungs- und Kontrollspielraumes). Ähnlich wie das → Job Enlargement beabsichtigt J.E. eine Motivationssteigerung beim Mitarbeiter (→ Mitarbeitermotivation). *Vgl. auch* → Personalmanagement.

Jobber, Exporthändler, der auf eigene Rechnung Waren international im- und exportiert.

Joint Venture, Gemeinschaftsunternehmen, das von mindestens zwei rechtlich und wirtschaftlich selbständigen Unternehmen gegründet und kontrolliert wird. Die beteiligten Unternehmen setzen ihre Ressourcen und Erfahrungen ein, deren Höhe vertraglich festgelegt wird. In Abhängigkeit von der Höhe der Einlagen erfolgt auch die Risiko- und Gewinnverteilung wie auch die Verteilung der Entscheidungsbefugnisse auf die Partnerunternehmen. Weitere wichtige Bestandteile des Vertrags sind Zweck und Dauer der Zusammenarbeit, die meist langfristig angelegt wird. Internationale J.V. sind dadurch gekennzeichnet, dass mindestens ein Vertragspartner seinen Sitz im Ausland hat oder aber dass die Geschäftsaktivitäten des J.V. überwiegend im Ausland stattfinden. Durch die Zusammenarbeit mit einem ausländischen Unternehmen in einem J.V. können dessen Markt- und Landeskenntnisse wie auch seine Kontakte zu Behörden, Lieferanten und Kunden genutzt werden. Durch die finanzielle Beteiligung des ausländischen Partners sinkt das eigene Risiko des Markteintritts. Geeignet sind J.V. auch für mittelständische Unternehmen, da eine Kapitalknappheit durch den ausländischen Partner ausgeglichen werden kann. Typische Probleme von J.V. bestehen im Hinblick auf die Teilung des Gewinnes, der eingeschränkten Handlungsfreiheit des Investors und dem hohen Konfliktpotenzial. J.V. stellen eine mögliche Form einer internationalen → Markteintrittsstrategie dar.

Junk Mail, *Papierkorbwerbung*, der englische Begriff von Werbegegnern für unerwünschte Werbung per Post. Wer vom überfüllten Briefkasten durch die → Mailings spricht, bezieht meistens auch die unpersonalisierte Werbung (→ Postwurfsendungen und → Beilagen) mit ein, was ein völlig verfälschtes Bild in der Öffentlichkeit hervorruft.

Just in Time, → Beschaffungsstrategie.

K

K1-Wert, Kennzahl aus der Werbeträgerforschung. Der K1-W. beschreibt die durchschnittliche Leserschaft einer Zeitung oder Zeitschrift anhand der Lesehäufigkeit des sog. weitesten Leserkreises. Bei diesem werden alle Personen eingeschlossen, die von der bestimmten Publikation mindestens eine der letzten (z.B. 12) Ausgaben gelesen haben. Theoretisch müsste der K1-Wert gleich dem → LpA-Wert sein. In der Realität stimmen beide Werte jedoch nie überein. Der LpA-Wert ist meistens tiefer. Diese Diskrepanz wird zumeist damit erklärt, dass mit dem auf der normativen Häufigkeitsfrage („Wie viele von 6 Ausgaben?") basierenden K1-Wert zusätzlich zum tatsächlichen Leseverhalten teilweise auch die Leseabsicht miterhoben wird.

Kabelfernsehen, alle Anlagen zur leitungsgebundenen Übertragung von Fernsehprogrammen von einer Zentrale an eine Vielzahl einzelner Empfänger. *Gegensatz:* → Satellitenfernsehen, → Terrestrisches Fernsehen; *Vgl. auch* → Elektronische Medien.

Kaffeefahrt, *Butterfahrt*; bezeichnet eine Verkaufsfahrt, bei der eine Reiseveranstaltung mit Verkaufsaktionen kombiniert wird. Die ein- oder mehrtägigen Fahrten werden meistens als Gruppenreisen mit Omnibussen durchgeführt und dienen dazu, den Reisenden Konsumgüter zu präsentieren und zum Kauf anzubieten. Ein Kaufzwang besteht nicht, doch sind derartige Reiseveranstaltungen aufgrund des psychologischen Kaufzwanges wettbewerbsrechtlich umstritten. Eine andere Variante dieser Verkaufsfahrten stellen die Butterfahrten dar, bei denen Tagesausflüge auf Schiffen angeboten werden, um einen zollfreien Einkauf (→ Duty-Free-Import) von Gütern zu ermöglichen.

Kaffeefahrt, Maßnahme der Verkaufsförderung. K. ist eine Verkaufsfahrt, bei denen Personen Reisen unternehmen, die zu Verkaufszwecken organisiert sind. Neben dem touristischen Angebot, werden Verkaufsveranstaltungen von Produkten in den Mittelpunkt gerückt. Der psychologische Kaufzwang, der im Rahmen der Verkaufsveranstaltung seitens der Veranstalter durch das günstige Angebot der Reise erzeugt wird, ist wettbewerbsrechtlich umstritten.

Kaiserkriterium, Kriterium zur Bestimmung der Anzahl der zu extrahierenden Faktoren bei der → Faktorenanalyse. Nach dem K. werden nur Faktoren mit einem Eigenwert über eins extrahiert.

Kaizen, Ansatz einer permanenten, konsequenten Verbesserung sämtlicher Qualitätsprozesse im Unternehmen; *vgl. auch* → Qualitätsmanagement.

Kalkulation, *Kostenträgerstückrechnung.* I. Begriff: stückbezogene Ermittlung der Kosten eines → Kostenträgers im Rahmen der → Kostenträgerrechnung. Aufgabe der K. ist die Bestimmung der → Selbstkosten bzw. die Ermittlung bestimmter Kostenbestandteile der angebotenen Leistungen, um etwa Bestandsveränderungen an Halb- und Fertigerzeugnissen zu bewerten, Hilfestellung bei der Angebotspreisgestaltung zu leisten oder betriebliche Entscheidungen zu unterstützen, bei denen Stückkosten benötigt werden. K. lassen sich insbesondere nach ihrem Durchführungszeitpunkt sowie dem zugrundeliegenden Kalkulationsverfahren differenzieren.

II. Kalkulationszeitpunkt: Je nachdem, ob die K. vor, während oder nach dem Leistungserstellungsprozess erfolgt, unterscheidet man: (1) Vorkalkulation: liegt zeitlich vor dem Leistungserstellungsprozess. Ihre Aufgabe besteht in der Ermittlung der erwarteten Kosten für eine bestimmte Leistung. Sie dient damit insbesondere der Preisfindung (Angebotskalkulation). Da die effektiven Wertverzehre vorab nicht bekannt sind, muss in der Vorkalkulation zwangsläufig mit geschätzten bzw. geplanten Kostenwerten gerechnet werden. Als Grundlage werden hierzu häufig Erfahrungswerte aus der Vergangenheit herangezogen. (2) Zwischenkalkulation: mitlaufende Rechnung, die begleitend zum Produktionsprozess verläuft. Sie ist i.d.R. bei Großprojekten mit längerer Projektdauer notwendig, um die Einhaltung der veranschlagten Werte kontinuierlich überwachen zu können. Dadurch wird die Möglichkeit geschaffen, bei eventuellen Abweichungen Gegensteuerungsmaßnahmen einzuleiten. (3) Nachkalkulation: liegt zeitlich nach dem Leistungserstellungsprozess. Ihre Aufgabe besteht in der Ermittlung der tatsächlich angefallenen Kosten für eine Leistung. Sie übernimmt in erster Linie eine Kontrollfunktion, indem sie den im Voraus kalkulierten Werten entsprechende Istwerte ggü.stellt. Vergleicht man die Istkosten mit dem ausgehandelten Verkaufspreis, kann darüber hinaus der erzielte Erfolg ermittelt werden.

III. Kalkulationsverfahren: Je nachdem, wie die Kosten auf die Kostenträger verrechnet werden, unterscheidet man folgende Verfahren: (1) Divisionskalkulation: Die Kosten pro Kostenträgereinheit ergeben sich bei diesem Verfahren aus der Division der in einer Periode angefallenen Kosten durch die Anzahl der erstellten Kostenträgereinheiten. Eine Differenzierung in Kostenträgereinzel- und Kostenträgergemeinkosten ist folglich nicht erforderlich. Divisionskalkulationen können weiter gehend differenziert werden in einfache und mehrfache (nach Anzahl der Produkte) sowie einstufige und mehrstufige (nach Anzahl der Produktionsstufen) Formen. Das Anwendungsfeld der Divisionskalkulation ist bei Unternehmen der Massenfertigung zu sehen sowie bei Serien- und Sortenfertigern, bei denen eine zeitliche Abgrenzung der Produktion möglich ist. (2) Zuschlagskalkulation: Die Kosten je Kostenträgereinheit ergeben sich bei diesem Verfahren durch eine differenzierte Zurechnung von Kostenträgereinzelkosten und Kostenträgergemeinkosten. Während die in der → Kostenartenrechnung gesondert erfassten Einzelkosten den Kostenträgern direkt zugerechnet werden, erfolgt die Zurechnung der → Gemeinkosten prozentual auf Basis von → Einzelkosten. Die jeweiligen Verrechnungssätze bzw. Zuschlagssätze ergeben sich dabei aus der → Kostenstellenrechnung. Zu unterscheiden sind grundsätzlich die summarische Zuschlagskalkulation, bei der die gesamten Gemeinkosten eines Betriebes mit einem einzigen Zuschlag verrechnet werden, sowie die differenzierende Zuschlagskalkulation, bei der für jeden Kostenbereich bzw. für jede Kostenstelle gesonderte Zuschlagssätze gebildet werden (Abb. „Schema der differenzierenden Zuschlagskalkulation“).

1		Fertigungsmaterial (Einzelkosten)
2	+	Materialgemeinkosten (%-Satz von 1)
3	=	**Materialkosten** (1 + 2)
4		Fertigungslöhne (Einzelkosten)
5	+	Fertigungsgemeinkosten (%-Satz von 4)
6	+	Sondereinzelkosten der Fertigung
7	=	**Fertigungskosten** (4 + 5 + 6)
8		**Herstellkosten** (3 + 7)
9	+	Verwaltungsgemeinkosten (%-Satz von 8)
10	+	Marketing- und Vertriebsgemeinkosten (%-Satz von 8)
11	+	Sondereinzelkosten des Vertriebs
12	=	**Selbstkosten** (8 + 9 + 10 + 11)

Schema der differenzierenden Zuschlagskalkulation

Da eine proportionale Beziehung zwischen Einzel- und Gemeinkosten nicht immer die wirklichen Verhältnisse widerspiegelt, greift man bei der Verteilung der Gemeinkosten auf die Kostenträger immer häufiger auf leistungsbezogene Verrechnungssätze (Mengen- und Zeitbezugsgrößen) zurück, über die die Kosten im Verhältnis der Leistungsinanspruchnahmen auf die Kostenträger verteilt werden. Dennoch stellt die Zuschlagskalkulation noch immer die am häufigsten vorzufindende Kalkulationsform dar, die vor allem bei Mehrproduktunternehmen mit einer heterogenen Produktpalette zum Einsatz kommt.

Kalkulationsgruppe, Zusammenfassung von → Artikeln eines → Sortiments, die im Rahmen der → Kalkulation mit dem gleichen Aufschlagssatz kalkuliert werden. So belegen Handelsunternehmen selten all ihre Artikel mit einem einheitlichen Aufschlagssatz, sondern verwenden z.B. je nach Umsatzanteil, Umschlagshäufigkeit, Volumen (Platzbedarf), Handlingaufwand oder Werbeaufwand des einzelnen Artikels oder einer bestimmten Artikelgruppe differenzierte Zuschlagssätze.

Kampagne, → Werbekampagne.

Kanal, → Kommunikation.

Kannibalisierung. Entscheidet sich ein Unternehmen zur → Produktdifferenzierung, gilt es, die Absatzverbundenheit der → Produkte und insbesondere die Kannibalisierungs- bzw. Substitutionseffekte zu beachten. Durch den Wechsel der Kunden von einem Produkt des Unternehmens zu der neuen Produktvariante, treten innerhalb der Produktpalette interne und ineffiziente Konkurrenzbeziehungen auf. Die mit der Produktdifferenzierung angestrebten Mehrerlöse können nicht in vollem Umfang erreicht werden. Vielmehr führt der K.-Effekt dazu, dass die Absatzmenge des einen Produktes in dem Maße sinkt, wie die Absatzmenge der neuen Produktvariante steigt. Unter Berücksichtigung dieses Effektes gilt es, bei der Produktdifferenzierungsentscheidung die mit der zusätzlichen Produktvariante erzielbaren Mehrerlöse und die zusätzlichen Kosten gegeneinander abzuwägen.

Kannibalisierungseffekt, beschreibt ein typisches Problem von Mehrprodukt-Unternehmungen: Produkte, die in Beschaffenheit, Design, Funktion, Preis oder Nutzen ähnlich sind, laufen Gefahr, vom Verbraucher substituiert zu werden (→ Substitutionsprodukt). Dieser Substitutions- bzw. Kannibalisierungseffekt zwischen eigenen Produkten oder Produktlinien ist üblicherweise unerwünscht. Andererseits kann er von Unternehmungen bewusst herbeigeführt werden. Beispielsweise versuchte Elli Lilly kurz vor Ablauf des Patentschutzes für ihr wichtigstes Medikament Prozak die Anwender auf ein weiterentwickeltes, besser wirkendes Produkt umzustellen. Dieser selbst herbeigeführte K. sollte die aggressive Marktpenetration von Generikaherstellern nach Ablauf des Patentes verhindern.

Kano-Modell, in der 1970er-Jahren von Prof. Dr. Noriaki Kano entwickelter Ansatz zur Strukturierung von Kundenanforderungen. Das K.-M. unterscheidet drei Arten von Leistungsmerkmalen: (1) Basisanforderungen, die vom Kunden als selbstverständlich angesehen (Muss-Anforderungen) werden. Das Vorhandensein dieser Merkmale führt zu keiner erhöhten → Kundenzufriedenheit, lediglich das Nichtvorhandensein führt zu negativen Auswirkungen auf die Zufriedenheit. Ein Beispiel für eine Muss-Anforderung ist das Lenkrad im Auto. (2) Leistungsanforderungen sollten vorhanden sein (Soll-Anforderungen). Nichterfüllung führt zu Unzufriedenheit, Erfüllung zu Zufriedenheit. Ein Beispiel wäre der Reparaturservice nach einem Autokauf. (3) Begeisterungsanforderungen werden vom Kunden i.d.R. nicht erwartet und stellen Kann-Anforderungen dar. Ihr Vorhandensein hat positive Konsequenzen in Bezug auf die Kundenzufriedenheit, während ein Fehlen der Kunde nicht bemerkt. Ein Beispiel wäre die kostenlose Autowäsche nach jeder Autoreparatur. Um sich von der Konkurrenz abzuheben und Kunden zu binden, muss ein Unternehmen somit an den Soll- und Kann-Anforderungen ansetzen. Allerdings kann sich im Zeitablauf die Kategoriezugehörigkeit einzelner Kundenanforderungen verschieben: Was derzeit vom Kunden noch als Begeisterungsanforderung eingestuft wird, kann in naher Zukunft schon als Selbstverständlichkeit hingenommen werden. *Vgl. auch* → Kundenerwartung.

Kapazitätsauslastung, gibt Auskunft über die wirtschaftliche Nutzung der im Unternehmen eingesetzten, nicht beliebig teilbaren, ein Nutzungspotenzial verkörpernden Produktionsfaktoren (Potenzialfaktoren). Das Nutzungspotenzial wird durch die maximal mögliche zeitliche und intensitätsmäßige

Verwendbarkeit der Potenzialfaktoren bestimmt. Die K. drückt das Verhältnis von tatsächlicher Nutzung und maximal möglicher Nutzung der Potenzialfaktoren aus. Die K. eines Call Centers kann z.B. als Verhältnis von effektiver Belegungszeit zu der wirtschaftlich bzw. technisch maximal möglichen Belegungszeit ausgedrückt werden.

Kapazitätsprinzip, wird in Verbindung mit dem → Gratifikationsprinzip als theoretisches Leitprinzip in der → Marketingwissenschaft eingeordnet. Das K. besagt, dass das Verhalten von Austauschpartnern von den vorhandenen und aktivierbaren Ressourcen abhängt, die i.d.R. einen gewissen Knappheitsgrad aufweisen. Zu den Ressourcen der Austauschpartner zählen neben spezifischen Sachgütern und finanziellen Mitteln auch Fähigkeiten, Fertigkeiten, Kenntnisse und immaterielle Potenziale (z.B. → Reputation). Das K. verdeutlicht, dass bei der Gestaltung von Austauschprozessen zwischen Marktteilnehmern eine Reihe von Restriktionen zu berücksichtigen sind. So auch die Begrenzung des menschlichen Rationalverhaltens durch eine begrenzte Wahrnehmungs-, Informationsverarbeitungs- und Kommunikationsfähigkeit.

Kapitalbindung, unter dem in einem Unternehmen gebundenen Kapital versteht man das gesamte im Anlagevermögen und in den Lagerbeständen gebundene Kapital. Die K. ist Ausgangspunkt für die Berechnung von Kennzahlen, wie z.B. des → Kapitalumschlags.

Kapitalstruktur, Zusammensetzung des in Bilanzen ausgewiesenen Kapitals von Unternehmen, die Relation von Eigen- zu Fremdkapital. Die K. unterliegt bestimmten Regeln; so ist beispielsweise eine bestimmte Eigenkapitalquote zu gewährleisten. Vertikale Kapitalstrukturkennzahlen geben Auskunft darüber, wie sich das Unternehmen außenfinanziert bzw. welche Verschuldungspolitik es betreibt. Horizontale Kapitalstrukturkennzahlen treffen Aussagen über die Beziehung zwischen Investition und Finanzierung des betrachteten Unternehmens.

Kapitalumschlag, der K. bzw. die Kapitalumschlagshäufigkeit wird als Quotient aus dem Umsatz und dem gebundenen Kapital (→ Kapitalbindung) berechnet. In Handelsunternehmen wird speziell die Lagerumschlagshäufigkeit des → Sortiments, von Teilen des Sortiments oder von einzelnen Artikeln betrachtet. Es wird dann der Umsatz des betrachteten Sortimentsausschnittes zum durchschnittlich gebundenen Kapital im zugehörigen Lagerbestand in Relation gesetzt. Tendenziell ist der Handel i.d.R. eher an einer hohen Lagerumschlagshäufigkeit zu Lasten des Stückdeckungsbeitrages und die Industrie an einem hohen Stückdeckungsbeitrag zu Lasten der Lagerumschlagshäufigkeit im Handel interessiert. Dieses Verhalten des Handels erklärt sich dadurch, dass der Engpass → Verkaufsfläche durch eine ‚intensivere Nutzung', also durch einen höheren Lagerumschlag, weder abnutzt noch höhere Nutzungskosten anfallen. Eine höhere Produktionsmenge ist demgegenüber in der Industrie i.d.R. nur unter Inkaufnahme höherer Stückkosten oder durch eine kapitalintensive Vergrößerung der Produktionskapazität möglich. Zudem kann der Handel durch attraktive Preise seine Kundenfrequenz erhöhen. Die Kundenfrequenz ist für den Handel von großer Bedeutung, da er über → Verbundeffekte und Impulskäufe einen beträchtlichen Teil seines Umsatzes erzielt.

Kapitalumschlagshäufigkeit, → *Kapitalumschlag.*

Kapitalwertmethode, → Customer Lifetime Value.

Karrieremanagement, Teilbereich eines marktorientierten → Personalmanagement. In Abhängigkeit von den individuellen Kompetenzen werden für den einzelnen Mitarbeiter in engem Kontakt zu den Vorgesetzten Karrierepfade entwickelt, die zum einen dem aktuellen Leistungsstand und zum anderen den Entwicklungsfähigkeiten des Mitarbeiters gerecht werden. In engem Zusammenhang zum K. stehen Instrumente der → Personalentwicklung von Schulungs- und Seminarveranstaltungen bis zum individuellen Mitarbeitergespräch, in dem über Zielvereinbarungen der Rahmen für die kommende Arbeit festgelegt wird. *Vgl. auch* → Marktorientierte Unternehmensführung.

Katalog, Lieferverzeichnis oder bebilderte Angebotsbroschüre. *Vgl. auch* → Werbemittel.

Kategorienmanagement, → *Category Management.*

Kategorisierung, → Inhaltsanalyse.

Kaufabsicht, Wahrscheinlichkeit, mit der ein Konsument in absehbarer Zeit mit einer konkreten Kauftätigkeit rechnet. Die Verhaltensabsicht in einer konkreten Situation wird mittels Befragung erfasst und ist für die Prognose der Kaufwahrscheinlichkeit ein wesentlicher Indikator.

Kaufanreiz, → Motivation.

Kaufentscheidung. I. Grundlagen: In der Konsumentenverhaltensforschung existieren diverse Strukturmodelle zur Erklärung des Kaufverhaltens von Konsumenten (z.B. → Engel-Blackwell-Kollat-Modell, → Howard-Sheth-Modell). Nach dem Komplexitätsgrad werden Total- und Partialmodelle unterschieden. Die Totalmodelle versuchen, das gesamte Kauf- oder Entscheidungsverhalten abzubilden, hierbei unterschiedliche verhaltenswissenschaftliche Konzeptionen und Konstrukte miteinander zu verbinden und bisherige empirische Ergebnisse einzuordnen. Ein Totalmodell ist daher sehr komplex, auf Abstraktion angewiesen und eignet sich vorzugsweise als Orientierungshilfe bzw. als Heuristik. Aufgrund der Vielzahl von Variablenbeziehungen ist ein Totalmodell selbst mithilfe leistungsfähiger kausalanalytischer Verfahren i.d.R. empirisch nicht überprüfbar. Die Partialmodelle, die nur Ausschnitte des Kaufverhaltens behandeln, verfügen über einen vergleichsweise weniger hohen theoretischen Aussagewert, eignen sich aber aufgrund der geringeren Komplexität für eine empirische Überprüfung. Zur Vereinfachung der Vielfalt der in der Realität vorkommenden Kaufentscheidungen werden in der Literatur vier Grundtypen unterschieden: (1) extensive, (2) limitierte, (3) habitualisierte und (4) impulsive K. Das Kaufverhalten eines Konsumenten wird ferner durch folgende Restriktionen determiniert: a) Kognitive Restriktionen: Für die menschliche Fähigkeit, in einer bestimmten Zeitspanne Informationen aufzunehmen und zu verarbeiten, gibt es eng abgesteckte Grenzen (*vgl. auch* → Information Overload). Daneben folgt der Konsument bei der → Informationsverarbeitung seiner subjektiven Psycho-Logik (*vgl. auch* → Attributionstheorie). b) Emotionale Restriktionen: Die Richtung und Effizienz der Entscheidungsprozesse wird vielfach von → Emotionen und → Motiven beeinflusst. c) Soziale Restriktionen: Der Konsument lässt sich bei seiner Entscheidung von den Normen und Erwartungen seiner sozialen Umwelt beeinflussen. Das Entscheidungsverhalten wird durch die ausgelösten kognitiven, emotionalen und reaktiven Prozesse bestimmt. Die kognitive Steuerung ist umso intensiver, je weniger der Konsument über bewährte Entscheidungsmuster verfügt und je höher die persönliche Relevanz der K. ist (*vgl. auch* → Involvement) sowie das subjektive → Anspruchsniveau ausgeprägt ist. Das Anspruchsniveau aktiviert das Informationsverhalten und mobilisiert die emotionale Schubkraft. Daneben kann auch eine Kaufentscheidungsart mit stark emotionalisiertem Verhalten, aber ohne oder nur mit geringer kognitiver Kontrolle ermittelt werden (reine Impulskäufe). Die reaktiven Prozesse sind vom Reizwert der Entscheidungssituation abhängig, der von internen (z.B. Persönlichkeitsvariablen) und von externen Faktoren (z.B. Zeitdruck, erlebnisorientierte Präsentation der Ware) bestimmt wird. Die vier unterschiedlichen Kaufentscheidungsarten können anhand dieser drei psychischen Prozesse charakterisiert und voneinander abgegrenzt werden (*Vgl.* Tab. „Dominante psychische Prozesse und Entscheidungsverhalten").

II. Charakteristika der einzelnen Kaufentscheidungsarten: Die extensiven K. können durch umfassende, zum großen Teil bewusst ablaufende Problemlösungsprozesse gekennzeichnet werden. Sie treten vor allem auf, wenn Konsumenten subjektiv als neuartig erlebte Produkte kaufen und dabei ein Kaufrisiko empfinden. In diesen Situationen fehlen die sog. kognitiven

Art der Entscheidung	Dominante Prozesse			Ausmaß kognitiver Kontrolle
	Affektiv	Kognitiv	Reaktiv	
Extensiv	X	X		Stärker
Limitiert		X		
Habitualisiert			X	Schwächer
Impulsiv	X		X	

Dominante psychische Prozesse und Entscheidungsverhalten (Quelle: Kroeber-Riel/Weinberg 2003, S. 370)

Anker, d.h. die Konsumenten haben keine Informationen hinsichtlich des betreffenden Produktes gespeichert und verfügen nicht über Produkterfahrungen. Zwecks Abbau der Kaufunsicherheit ergibt sich die Notwendigkeit, Informationen zu beschaffen, zu verarbeiten und diese anhand von neu zu bildenden Kriterien (Kaufentscheidungsheuristiken) zu bewerten. Zu den kognitiven Problemlösungsmustern extensiver Entscheidungen zählen z.B. das → Brand Processing bzw. das → Attribute Processing. Diese umfangreiche und zeitintensive Informationsverarbeitung bedingt i.d.R. ein hohes emotionales und kognitives → Involvement. Die Ausprägung affektiver Prozesse ist zwecks Aktivierung der gedanklichen Tätigkeiten notwendig. Neben dem Ego Involvement können auch soziopsychographische Merkmale ein extensives Kaufverhalten beeinflussen. So zeigen sich diese Prozesse eher bei Personen jüngeren Alters und bei hoch qualifizierten Personen der gehobenen sozialen Schicht. Auch das als Kind beobachtete Kaufverhalten in der näheren sozialen Umwelt (→ Familienentscheidung) kann eine Orientierungsgröße für spätere eigenverantwortlich durchgeführte K. darstellen. Bei der habitualisierten K. handelt es sich um ein verfestigtes Verhaltensmuster bzw. um ein routinemäßiges Verhalten, das die Umsetzung bereits „vorgefertigter Entscheidungen" in Kaufhandlungen darstellt. Das gewohnheitsmäßige Verhalten verhilft zu schnellen, risikoarmen Einkäufen und wird somit durch die kognitive Entlastung des Individuums und durch eine sehr geringe Entscheidungszeit charakterisiert. Vielfach werden die Produkte oder Marken quasi automatisch gewählt. Die reaktive Komponente ist daher im Unterschied zu den extensiven K. stark ausgeprägt. Affektive Prozesse spielen hier eine unbedeutende Rolle. Die Entstehung habitualisierter K. kann auf der Basis von drei verursachenden Variablen erklärt werden: (1) Habitualisierung als Folge eigener → Erfahrung: Eine zunächst extensiv gefällte K. hat zu einem sehr zufrieden stellenden Ergebnis geführt. Um sich kognitiv zu entlasten, greift das Individuum auf diese positive Erfahrung zurück, kauft das Produkt immer wieder und kann als produkt- bzw. markentreu charakterisiert werden. Das Gewohnheitslernen wird forciert, wenn das Individuum zusätzlich Verstärkungen (z.B. Belohnungen) aus der Umwelt erfährt. Habitualisierung kann auch als Folge zunächst impulsiv gefällter Entscheidungen auftreten, wenn diese gleichfalls zur Zufriedenheit des Kunden geführt haben. (2) Habitualisierung durch Übernahme von Erfahrungen: Hier entsteht die Habitualisierung durch Beobachtung und Übernahme des Kaufverhaltens anderer Personen („Schon meine Mutter kaufte stets Kinderschokolade"), d.h. die Empfehlungen bzw. Erfahrungen anderer werden bereits beim Erstkauf übernommen (Lernen am Modell). (3) Habitualisierung als → Persönlichkeitsmerkmal: Bei Produktkäufen des tägliches Bedarfs ist häufig ein geringes → Involvement und damit verbunden ein geringes Anspruchsniveau an die Sorgfalt der Entscheidungsfindung zu beobachten. Hier ist die Wahrscheinlichkeit besonders hoch, dass Käufe gewohnheitsmäßig durchgeführt werden. Auch die Risikoneigung und der Wunsch nach kognitiver Entlastung und Vertrautheit mit dem Produkt kann dieses Verhalten bestärken. In Bezug auf die soziodemographischen Variablen wird vermutet, dass mit zunehmenden Alter die Habitualisierungsneigung steigt, während bei hohem sozialen Status ein Gewohnheitsverhalten seltener zu beobachten ist. Limitierte K. sind hinsichtlich des damit verbundenen Ausmaßes kognitiver Steuerung zwischen extensivem und habitualisiertem Kaufverhalten anzusiedeln. Limitierte K. werden im Unterschied zu dem Gewohnheitsverhalten geplant und überlegt gefällt (die reaktive Komponente spielt somit keine Rolle). Im Unterschied zum extensiven Verhalten beruhen die limitierten Entscheidungen auf Wissen und Erfahrungen. Voraussetzungen für limitierte K. sind ausgeprägte Markeneinstellungen, die auf eigenen oder übernommenen Kauferfahrungen basieren sowie das Vorhandensein eines präferierten → Evoked Set, d.h. einer begrenzten, klar profilierten Zahl von kaufrelevanten Alternativen. Aus dem Evoked Set wird eine Alternative ausgewählt, wozu der Konsument bewährte Entscheidungsregeln nutzt. Zunächst prüft der Konsument, ob die Entscheidung auf der Basis der intern gespeicherten Informationen (Prädispositionen, Markenkenntnis usw.) getroffen werden kann. Wenn nicht, sucht der Konsument aktiv nach externen Informationen, mit denen die präferierten Kaufalternativen im Einzelnen besser beurteilt werden können. Hier interessieren ihn vor allem die prägnanten Schlüsselinformationen. Schlüsselinformationen ersetzen Einzelinformationen, d.h. sie helfen dem Konsumenten, eine Entscheidung zu fällen, ohne einzelne Prüfprozesse durchführen zu müssen oder Entscheidungsregeln zu entwickeln. Um zu wissen, welche Informationen als Schlüsselinformationen geeignet sind, werden Erfahrungen benötigt. Evoked Set und Schlüsselinformationen charakterisieren somit limitierte K.. Vielfach wird auch von vereinfachtem Verhalten mit mäßigem Engagement gesprochen. Eine hohe emotionale Schubkraft wird hier nicht benötigt. Reine Impulskäufe können als ungeplante Spontankäufe mit geringer Kognition und hoher Aktivierung charakterisiert werden. Die Kaufhandlung erfolgt verhältnismäßig rasch. Letztere Eigenschaft zeichnen insbesondere erinnerungsgesteuerte oder sonderangebotsevozierte Spontankäufe aus. Diese sind jedoch von den „echten“ impulsiven K. zu trennen, bei denen i.d.R. die spezifische Emotion Freude durch die Reizsituation hervorgerufen wird. Diese Freude kann beispielsweise durch eine ungewöhnliche oder besonders attraktive Warenpräsentation am Point of Sale erzeugt werden (→ Umweltpsychologie). Das impulsive Kaufverhalten ist aus psychologischer Sicht der Persönlichkeitsdimension „Extraversion“ zuzuordnen.

Weiterhin sind die Begriffe Kaufsucht (→ Compulsive Buying) und Impulskauf voneinander abzugrenzen. Kaufsucht ist durch einen intrinsisch zwanghaften Charakter in Verbindung mit starken Kognitionen gekennzeichnet und wird von einer verzerrten Selbstkontrolle begleitet.

III. Messung der K.-arten: Die komplexe Struktur extensiver K. macht eine simultane empirische Überprüfung aller mit diesem Kaufverhalten einhergehenden Determinanten sehr schwierig. I.d.R. werden daher nur einige zentrale Konstrukte gemessen, wie beispielsweise das Informationsverhalten und das Anspruchsniveau. Vielfach wird auch das Involvement als Hintergrundvariable berücksichtigt. Die limitierte K. kann anhand der Variablen Entscheidungszeit, Zahl und Art der benötigten Informationen sowie anhand des Vorhandenseins eines Evoked Set operationalisiert werden. Da bei habitualisiertem Kaufverhalten vor allem die reaktive Komponente eine dominante Rolle spielt, empfiehlt sich hier, eine Beobachtung durchzuführen bzw. zur Erfassung von Wiederholungskäufen Paneldaten heranzuziehen. Aufgrund der hohen Aktivierung bei „echten“ impulsiven K. können hier zur Erhebung die Verfahren der → Aktivierungsmessung angewendet werden bzw. zur Unterscheidung ungeplanter, erinnerungsgesteuerter, sonderangebotsorientierter oder „echter“ Impulskäufe beispielsweise die von Baun entwickelten verbalen Skalen.

Literatur: Baun, D. (2000): Operationalisierung der Determinanten von Impulskäufen. Ergebnisse einer empirischen Untersuchung. Diskussionspapier Nr. 158 der Europa-Universität Viadrina Frankfurt/Oder; Bettman, J.R./Johnson, E.J./Payne, J.W. (1991): Consumer Decision Making, in: Robertson, T.S./Kassarjian, H.H. (Hrsg.): Handbook of Consumer Behavior, Englewood Cliffs, S. 50-84; Dieterich, M. (1996): Konsument und Gewohnheit. Eine theoretische und empirische Untersuchung zum habituellen Kaufverhalten, Heidelberg; Kroeber-Riel, W./Weinberg, P. (2003): Konsumentenverhalten, 8. Aufl., München; O'Guinn, T.C./ Faber, R.J. (1989): Compulsive Buying: A Phenomenological Exploration, in: Journal of Consumer Research, 16. Jg., Nr. 2, S. 147-

157; Rook, D.W. (19987): The Buying Impulse, in: Journal of Consumer Research, 14. Jg., S. 189-199; Schulte-Frankenfeld, H. (1985): Vereinfachte Kaufentscheidungen von Konsumenten, Frankfurt/Main; Sheth, J.N. (1974) (Hrsg.): Models of Buyer Behavior. Conceptual, Quantitative and Empirical, New York u.a.

Andrea Gröppel-Klein

Käufer, Erwerber eines → Produktes oder einer → Dienstleistung, der beim Kauf eine finanzielle Verpflichtung eingeht. Der K. unterscheidet sich vom → Konsumenten dahingehend, dass der Konsument Verwender des Erworbenen ist. Häufig kann davon ausgegangen werden, dass K. (Erwerber) und Konsument (Verwender) des Produktes bzw. der Dienstleistung miteinander identisch sind. Ausnahmefälle können in erster Linie im → Kaufverhalten von Familien, beim Kauf im Auftrag Dritter oder beim Kauf von Geschenken beobachtet werden. Obwohl in Forschung und Praxis Daten über die Käuferstruktur systematisch ausgewertet werden, behindert die Tendenz zum hybriden Kaufverhalten eine detaillierte Typologisierung der K.

Käufermarkt, ist im Gegensatz zum → Verkäufermarkt dadurch gekennzeichnet, dass im → Transaktionsprozess ein Übergewicht der Nachfrageseite im Vergleich zur Angebotsseite vorliegt. Diese Konstellation, die durch einen Angebotsüberschuss oder ein Nachfragedefizit entsteht, zwingt die Anbieter bei der Leistungserstellung zu einer verstärkten → Kundenorientierung. Zur langfristigen Sicherung des Unternehmenserfolges im K. ist die Kenntnis von Zielen und Bedürfnissen der → Konsumenten unabdingbar. Durch den Wandel vom Verkäufer- zum K. hat, beginnend bereits in den 60er Jahren, in vielen Branchen die Bedeutung des → Marketing zugenommen.

Kaufentscheidungsprozess, → Kaufentscheidung.

Käuferreichweite, → Reichweite.

Käuferverhalten, kann in das Verhalten der privaten Haushalte auf Konsumgütermärkten (→ Konsumentenverhaltensforschung) und in das Verhalten der industriellen Einkäufer auf Investitionsgüter- und Produktionsgütermärkten sowie der Einkäufer das Handels und sonstiger Institutionen (bzw. Organisationen) unterteilt werden. Das Entscheidungsverhalten kann in den einzelnen Märkten sehr stark variieren.

Kaufgewohnheit, → Kaufentscheidung.

Kaufhandlung, → Kaufentscheidung.

Kaufhäufigkeit, → Kaufintensität.

Kaufhaus, → Betriebsform des → Einzelhandels. Mit Blick auf das Sortiment und die Betriebsgröße weist ein K. große Ähnlichkeit zu einem → Warenhaus auf. Allerdings verfügt ein K. über eine geringere Sortimentsbreite und -tiefe. Zudem werden überwiegend Produkte mit einem vergleichsweise niedrigem Preisniveau angeboten. Kaufhäuser führen häufig ein branchenorientiertes Sortiment, Lebensmittel werden i.d.R. nicht angeboten. Mit Blick auf das Warenangebot kann z.B. zwischen Textil-Kaufhäusern, die schwerpunktmäßig Textilien und Sportbekleidung anbieten, und technischen Kaufhäusern, die über ein tiefes Sortiment im Elektro-, Elektronik- und technischen Bereich verfügen, unterschieden werden.

Kaufintensität, → Distributionskennzahl, → Kennzahl; ist eine Kennzahl zur Erfassung der Bedeutung einer → Marke in Relation zum Gesamtabsatz aller Marken der Produktgattung. Sie ist definiert als die durchschnittlich nachgefragte Menge einer Marke dividiert durch das durchschnittliche Absatzvolumen aller Marken der Produktgattung. Mit Hilfe der K. lassen sich u.a. eine → Kannibalisierung bei der Einführung neuer Marken und Absatzverschiebungen zwischen einzelnen Marken aufzeigen.

Kaufklassen, → Organisationales Beschaffungsverhalten.

Kaufkraft, realer Gegenwert einer Geldeinheit in Sachgütern. Die K. wird als Indikator herangezogen, um das → Marktpotenzial, d.h. die theoretisch maximal auf einem Markt absetzbare Menge, abzuschätzen. Das Marktpotenzial dient u.a. als Kriterium bei der Entscheidung, in einen neuen Markt einzutreten. Zur Unterstützung der Entscheidung, ein neues Produkt auf den Markt zu bringen, kann ebenfalls die K. als Indikator zur Abschätzung des → Absatzvolumens herangezogen werden. Der hierbei unterstellte Zusammenhang zwischen der K. und dem Absatzvolumen von z.B. Luxusgütern ist jedoch kritisch zu beurteilen.

Kaufmodell, → Kaufentscheidung.

Kaufrisiko, Theorie des wahrgenommenen, → Verhaltenswissenschaftlicher Ansatz.

Kaufsucht, → Compulsive Buying.

Kauftypen, → Organisationales Beschaffungsverhalten.

Kaufverbund, spezielle Ausprägung von Verbundeffekten. Der K. charakterisiert den Umstand, dass verschiedene Produkte während eines Kaufaktes gleichzeitig von einem Nachfrager gekauft werden. Ein K. kann sowohl aus Gründen der Beschaffungsrationalisierung von Konsumenten (‚one-stop-shopping') als auch durch verkaufsfördernde Maßnahmen am → Point of Sale (→ Akquisitionsverbund) sowie mitunter durch einen Zufall bedingt sein. Eine Strategie für Handelsunternehmen zur Generierung von Kaufverbünden kann beispielsweise die auf den Bedarf der Konsumenten ausgerichtete Platzierung und Zusammenstellung von Produkten (‚Alles für den Fernseh-Abend') sein.

Kaufverhalten, → Organisationales Beschaffungsverhalten, → Käuferverhalten.

Kaufwahrscheinlichkeit, Ermittlung der Kaufabsicht bzw. der sog. konativen Kompenente in der → Einstellungsforschung.

Kaufzwang, wettbewerbswidriges Element von → Gewinnspielen. Es lassen sich rechtlicher, psychologischer und Pseudo-K. unterscheiden. (1) Rechtlicher K.: Liegt vor, wenn eine der Phasen eines Gewinnspiels mit dem Kauf eines Produktes des Gewinnspielveranstalters (z.B. Hersteller) gekoppelt ist. Die Lösung einer Aufgabe ist nur möglich, wenn ein bestimmtes Produkt gekauft wird. Bestehen zwar gleichzeitig Teilnahmemöglichkeiten, die nicht an den Warenkauf gekoppelt sind, so sind auch diese wettbewerbswidrig, wenn sie für den Teilnehmer umständlichere Ausweichmöglichkeiten darstellen als der Kauf der Ware selbst. (2) Psychologischer K.: Der Verbraucher fühlt sich gezwungen, von ihm nicht gewollte Waren zu kaufen, wobei er glaubt, dass ein Kauf von ihm erwartet wird. Eine derartige Konfliktsituation kann z.B. durch die Ausgabe von Gewinnlosen hervorgerufen werden, zu deren Entgegennahme die Umworbenen die Einkaufsstätte betreten müssen. Anstatt das Warenangebot objektiv zu prüfen, können sie sich veranlasst sehen, aus sachfremden Erwägungen (Anstandsgefühl, Dankbarkeit, Peinlichkeit usw.) heraus zu kaufen. (3) Pseudo-K.: Der Verbraucher glaubt die Gewinnchancen eines → Preisausschreibens z.B. dadurch verbessern zu können, dass er gleichzeitig mit der Abgabe der Lösung einen Kauf tätigt oder eine Bestellung aufgibt (z.B. im → Versandhandel). Wird nicht deutlich klargestellt, dass die gleichzeitige Warenbestellung keinerlei Einfluss auf die Gewinnchancen hat, dann ist das Gewinnspiel sittenwidrig.

Kausalanalyse, *Kovarianzstrukturanalyse.* Die K. gehört zu den Verfahren der multivariaten → Datenanalyse. Mit ihrer Hilfe soll überprüft werden, ob ein hypothetischer Zusammenhang von latenten (d.h. nicht beobachtbaren) Größen, mit empirisch gewonnenen → Daten vereinbar ist. Das der K. zugrundeliegende Modell besteht aus zwei Teilen: Dem Strukturmodell, das die Abhängigkeitsverhältnisse von → latenten Variablen beschreibt und dem Messmodell, das jeder latenten Variablen gewisse Indikatorvariablen zuordnet. Im Verfahren der K. ist eine Multiple → Regressionsanalyse und eine → Konfirmatorische Faktorenanalyse kombiniert. – Das Vorgehen bei der K. kann man wie folgt beschreiben: (1) Zuerst erfolgt die → Konzeptualisierung der theoretischen → Konstrukte bzw. der latenten Variablen sowie die Aufstellung von Hypothesen über die Beziehung zwischen diesen. (2) Danach versucht man Indikatoren für ein Messmodell zu finden (→ Operationalisierung). Dies kann mit Hilfe einer → exploratorischen Faktorenanalyse geschehen. (3) Aus den latenten Variablen und den Indikatorvariablen wird dann ein Pfaddiagramm aufgestellt, das die Zusammenhänge darstellt. (4) Dieses wird anschließend durch ein Strukturgleichungsmodell mathematisch dargestellt. (5) Durch Umformung des Strukturgleichungsmodells erhält man eine theoretische Kovarianzmatrix. (6) Die enthaltenen Parameter werden nun mit Hilfe der empirischen Kovarianzmatrix geschätzt. (7) Im letzten Schritt muss noch die Güte des ganzen Modells und der einzelnen Faktoren und Indikatoren ermittelt werden (→ Faktorreliabilität, → Indikatorreliabilität). Die Vorteile der K. liegen darin, dass mehrere Hypothesen und somit ein ganzes Modell gleichzeitig geprüft werden kann. Darüber hinaus erlaubt es Aussagen über den Zusammenhang von latenten Variablen. Ein Software-Paket zur EDV-gestützten Durchführung der K. ist → LISREL (Linear Structural Relationships).

Literatur: Hildebrandt, L./Homburg, Ch. (1998): Die Kausalanalyse – Instrument der empirischen betriebswirtschaftlichen Forschung, Stuttgart,; Herrmann, A./Homburg, Ch. (2000): Marktforschung: Methoden – Anwendungen – Praxisbeispiele, 2. Aufl., Wiesbaden.

Kausale Prognoseverfahren, gehören zur Klasse der quantitativen → Prognosemethoden. Diese liefern Prognosewerte auf Basis einer Prognosefunktion, die den Zusammenhang zwischen der zu prognostizierenden Größe und den zur Erklärung herangezogenen Einflussgrößen modelliert. Charakteristisch für K.P. ist, dass sie nicht nur Vergangenheitswerte der zu prognostizierenden Größen berücksichtigen, sondern auch weitere relevante Einflussfaktoren in die Prognose einbeziehen, die die zu prognostizierende Größe stark beeinflussen. Beispielsweise ließe sich das → Marktvolumen einer bevorstehenden Periode durch Anwendung eines K.P. auf der Basis gesamtwirtschaftlicher Größen prognostizieren. Die Anwendung K.P. stützt sich häufig auf komplexe ökonometrische Modelle.

Kennzahlen, I. Begriff: quantitative Daten, die in präziser und konzentrierter Form über wichtige zahlenmäßig erfassbare betriebswirtschaftliche Sachverhalte informieren. Innerhalb eines Unternehmens können sie unterschiedliche Funktionen erfüllen: (1) Planungsfunktion (Verwendung von K. als Ziel-/Plangrößen), (2) Steuerungsfunktion (Verwendung von K. zur Vereinfachung von Steuerungsprozessen), (3) Kontrollfunktion (Verwendung von K. zum Erkennen von Soll-Ist-Abweichungen).

II. Arten: (1) *Absolute K.*: lassen sich weiter aufgliedern in a) Bestandszahlen (erfassen zeitpunktbezogene Größen im Unternehmen, z.B. Lagerbestand) und b) Bewegungszahlen (erfassen zeitraumbezogene Größen im Unternehmen z.B. Umsatz). (2) *Relative K.*: lassen sich weiter gehend unterteilen in a) Gliederungszahlen (stellen eine Teilgröße der entsprechenden Gesamtgröße gegenüber, z.B. Anlagevermögen zu Gesamtvermögen), b) Beziehungszahlen (setzen verschiedenartige Gesamtheiten, die in einem sachlogischen Zusammenhang stehen, in Beziehung, z.B. Gewinn zu Eigenkapital) und c) Indexzahlen (verdeutlichen eine zeitliche Entwicklung gleichartiger Merkmale, z.B. Preisindex für Lebenshaltung 1985 = 100 Prozent als Basiswert im Vergleich zum Index von 1995 = 125 Prozent). Neben dieser klassischen Einteilung gibt es eine Reihe weiterer Kriterien, nach denen sich Kennzahlen differenzieren lassen. Häufiges Kriterium ist der jeweilige Objektbezug. Beispielsweise lassen sich Kennzahlen danach unterscheiden, ob sie sich auf gesamtbetriebliche Zusammenhänge oder auf funktionale, divisionale bzw. organisatorische Gegenstandsbereiche beziehen (→ Leistungsschlüssel-K., → Leistungsstandard-K., → Kundenkennzahlen, → Vertriebskennzahlen). Stehen Kennzahlen nicht isoliert nebeneinander, sondern ergänzen sich gegenseitig und sind auf einen einheitlichen Sachverhalt ausgerichtet, spricht man auch von einem → Kennzahlensystem.

Kennzahlen der Mediaplanung, → Mediaplanung.

Kennzahlensystem, Kombination zweier oder mehrerer → Kennzahlen, die in einem sachlogischen Zusammenhang stehen. Auf diese Weise wird der Gefahr einer rein punktuellen Analyse isolierter Kennzahlen entgegengewirkt. Abhängig von der Beziehungsstruktur der Kennzahlen untereinander lassen sich zwei Elementarformen von K. unterscheiden: (1) Rechensysteme: beinhalten eine mathematische Verknüpfung der Kennzahlen. Ausgangspunkt ist eine sog. Spitzenkennzahl, die in komprimierter Form die Hauptaussage des Systems vermittelt. Diese wird nach mathematischen Regeln in weitere zerlegt. Durch das sich fortsetzende Zerlegen der Kennzahlen entsteht eine Hierarchie, die die Beziehungen zwischen den Kennzahlen deutlich macht und Rechenoperationen ermöglicht. (2) Ordnungssysteme: beinhalten keine mathematische Verknüpfung der Kennzahlen, sondern sortieren diese je nach Fragestellung nach bestimmten Kriterien und fassen sie zu Gruppen zusammen. Definition und Abgrenzung der Kennzahlen untereinander sind damit nicht zwingend vorgegeben. Das wohl bekannteste K. ist das DuPont-System of Financial Control. Es fällt in die Klasse der Rechensysteme und hat den → Return on Investment als oberste Kennzahl. Diese wird zunächst in Kapitalumschlag und Umsatzrentabilität zerlegt, die daraufhin weiter bis zur gewünschten Erklärungstiefe aufgebrochen werden. Für den Marketingbereich ist vor allem eine Zusammenstellung absatz- bzw. marketingspezifischer Kennzahlen (→ Kundenkennzahlen, → Vertriebskennzahlen) von Bedeutung. Vom Prinzip her sollte ein Marketing-K. so aufgebaut sein, dass es ausgehend von den Marketing-Zielsetzungen eine strukturierte Gesamtheit interdependenter, sich gegenseitig ergänzender Marketingkennzahlen beinhaltet, mit denen marketingbezogene Sachverhalte für Planungs- und Kontrollzwecke vollständig und übersichtlich abgebildet werden.

Kennzeichenschutz, → Marke, rechtliche Aspekte.

Kennzahlenvergleich, Vergleich einzelner → Kennzahlen oder kompletter → Kennzahlensysteme zur Erhöhung des Informationsgehalts. Grundsätzlich lassen sich folgende Formen von K. unterscheiden: (1) Zeitvergleich: Vergleich von Kennzahlen unterschiedlicher Perioden zur Verdeutlichung von Entwicklungen im Zeitablauf (→ Frühindikatoren). (2) Soll-Ist-Vergleich: Gegenüberstellung von vorgegebenen und tatsächlich eingetretenen Kennzahlenwerten (meistens für Kontrollzwecke). (3) Betriebsvergleich: Vergleich von Kennzahlen zwischen verschiedenen Einheiten (z.B. Abteilungen, Produkte, Geschäftsfelder usw.) eines Unternehmens (interner Betriebsvergleich) oder zwischen verschiedenen Unternehmen (externer Betriebsvergleich). *Vgl. auch* → Benchmarking.

Kennzeichenrecht, → Kennzeichenschutz.

Kennzeichenschutz, → Marke, rechtliche Aspekte.

Kennzeichnungspflicht, → Produktpolitik, rechtliche Aspekte, → Werbepolitik, rechtliche Aspekte.

Kernbotschaft, → Werbebotschaft.

Kerndienstleistung, *Basis-Dienstleistung, Core Service*; umfasst Dienstleistungen (→ Dienstleistungen, Begriff der), die von Kunden als „Standard" angesehen werden und demzufolge von vielen → Dienstleistungsanbietern angeboten werden. K. bieten deshalb wenig Chancen für → Dienstleistungsanbieter, sich vom Wettbewerb zu differenzieren. *Vgl. auch* → Dienstleistung, produktdifferenzierende und auch → Value-added Service.

Kerngeschäft, *Stammgeschäft, Core Business*; Aktivitäts- oder → Geschäftsfeld eines Unternehmens (z.B. Produkt-Markt-Kombination), das mit vorhandenen → Kernkompetenzen effektiv und effizient bearbeitet bzw. geführt werden kann. Im Zuge einer → Diversifikationsstrategie kann die Gefahr entstehen, sich vom K. des Unternehmens zu entfernen.

Kernkompetenz, auf Prahalad und Hamel (1990) zurückgehendes Konzept zur Erklärung von → Wettbewerbsvorteilen, das die Ideen des → Ressourcenorientierten Ansatzes auf die Praxis des strategischen Managements überträgt. Demnach sind die K. eines Unternehmens eine managementbezogene Quelle für Wettbewerbsvorteile. K. lassen sich durch folgende Merkmale charakterisieren: (1) Sie ermöglichen den Zugang zu Märkten. (2) Sie sind für den vom Kunden wahrgenommenen Nutzen wesentlich. (3) Sie sind nur schwer durch Wettbewerber imitierbar. K. eines Kraftfahrzeugkonzerns könnten in der Entwicklung von überlegenen Motoren für die unterschiedlichsten Objekte wie PKWs, Motorräder, Landmaschinen oder LKWs liegen. Eine andere K. wäre die Fähigkeit, ein exzellentes → Vertriebssystem für diese Produkte aufzubauen und zu managen.

Literatur: Prahalad, C.K./Hamel, G. (1990): The Core Competence of the Corporation, in: Harvard Business Review, Vol. 68, S. 79-91.

Kernleistung, *Kernnutzen*; beschreibt den zentralen → Nutzen einer Leistung für den Konsumenten, also das, was der Konsument tatsächlich kauft. Diese können allgemein gültig nach den vier Nutzenkategorien → Grundnutzen, persönlicher, soziologischer und magischer Nutzen weiter differenziert werden. Die K. muss in ein generisches → Produkt umgesetzt werden.

Kernsortiment, Teil des → Sortiments eines Handelsbetriebes, das im Unterschied zum Zusatz- oder → Saisonsortiment ständig geführt wird. Das K. umfasst i.d.R. die Hauptumsatzträger.

Key Account Management, *Großkundenmanagement*; bezeichnet eine spezielle Koordinationsform des → Marketing, bei der die wichtigsten Kunden von Key Account Managern betreut werden. K.A.M. umfasst insbesondere den mehr oder weniger formalisierten Einsatz spezieller Aktivitäten und/oder speziellen Personals sowie die interne Zusammenarbeit funktionaler Ressourcen für die wichtigsten Kunden. Diese Kunden sind aufgrund ihres Einkaufsvolumens oder ihres Images für das Unternehmen besonders wichtig. In der Unternehmenspraxis existiert eine Vielzahl von Bezeichnungen für diese Kunden, z.B. Key Accounts, Schlüsselkunden, National Accounts, Global Accounts, Strategic Accounts. Die Beziehungen zu diesen wichtigen Kunden werden von vielen Unternehmen in besonderer Weise gemanagt. Hauptanliegen des K.A.M. ist es, die Beziehungen zwischen Hersteller und Key Account bzgl. aller → Produkte des Herstellers zu optimieren. Zum Teil erfolgt diese Optimierung auch über die Produkte des eigenen Unternehmens hinaus (ausgedehnt auf die Produkte von Wettbewerbern), um die Bedürfnisse der Kunden ganzheitlich zu bedienen. Die Bedeutung des K.A.M. hat in den letzten Jahren zugenommen. In diesem Zusammenhang sind die folgenden Entwicklungen zu nennen: (1) Die Gesamtnachfrage konzentriert sich durch Fusionen und Akquisitionen auf weniger, dafür größere Kunden. Beispielsweise ist die Verhandlungsmacht des → Einzelhandels ggü. den Konsumgüterhersteller durch Unternehmenszusammenschlüsse gestiegen. (2) Internationale Großunternehmen wickeln ihre Beschaffungsaktivitäten (→ Beschaffung) zunehmend zentral ab. Dies steigert ihre Verhandlungsmacht zusätzlich. (3) Viele Abnehmer reduzieren die Zahl ihrer Lieferanten und streben mit diesen eine engere Zusammenarbeit an. Während in vielen Unternehmen Key Accounts traditionell von der Unternehmensleitung betreut wurden, sehen sich heute viele Unternehmen durch die aufgezeigten Tendenzen veranlasst, ein K.A.M. neu einzurichten oder ihr bestehendes K.A.M. zu systematisieren. Im Sinne dieser Systematisierung sind bei der Gestaltung des K.A.M. fünf Kernfragen zu beantworten (vgl. Abb. „Grundlegende Aspekte der Konzeptualisierung des Key Account Managements“): (1) Für welche Kunden wird K.A.M. betrieben? (2) Welche speziellen kundenbezogenen Aktivitäten umfasst das K.A.M.? (3) Welche Akteure im Unternehmen sind für die

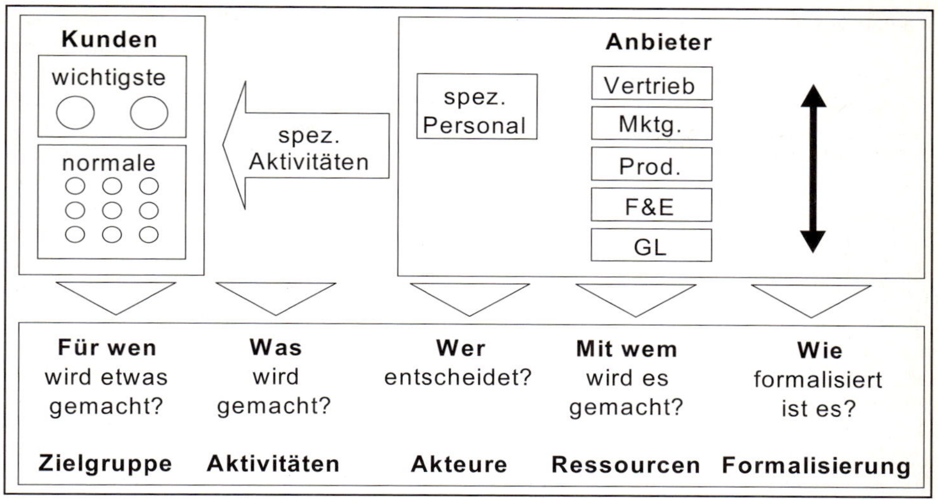

Grundlegende Aspekte der Konzeptualisierung des Key Account Managements (Quelle: Homburg/Workman/Jensen 2000)

K.A.M.-Aktivitäten primär verantwortlich? (4) Mit welchen Funktionen im Unternehmens (z.B. Marketing, → Vertrieb, → Forschung & Entwicklung, Produktion) wird im K.A.M. zusammengearbeitet? (5) Inwiefern sollen beim K.A.M. die Entscheidungen und Kommunikationsprozesse formalisiert werden? Da das K.A.M. den Einsatz beschränkter Ressourcen (wie z.B. die Zeit der Key-Account-Manager) erfordert, können nicht alle Kunden des Unternehmens als Key Accounts eingestuft werden. Daher muss das Unternehmen festlegen, welche Kunden es als Key Accounts behandeln will. Zur Auswahl der Key Accounts können verschiedene Kriterien herangezogen werden: (1) Wirtschaftliche Bedeutung: Größe des beim Kunden getätigten Umsatzes. (2) Wirtschaftliches Potenzial: Gesamtumfang und Wachstum der Nachfrage des Kunden, die durch das eigene Unternehmen und Wettbewerber befriedigt wird (einschließlich des Cross-Selling-Potenzials (→ Cross Selling)). (3) Know-how: Möglichkeit zum Lernen im Lauf der Geschäftsbeziehung mit dem Kunden – Lernen über → Schlüsseltechnologien, Märkte des Kunden und Prozesstechniken des Kunden (z.B. technologische Kenntnisse des Kunden, die in eine gemeinsame Produktentwicklung eingebracht werden können). (4) Image: Möglichkeit, den Kunden als → Referenzkunden zu verwenden. (5) Forderung des Kunden nach Key-Account-Status (bei relativ großer Bedeutung des Kunden für das Unternehmen) und (6) Notwendigkeit zur Reaktion auf Koordinationsprobleme im Rahmen der Geschäftsbeziehung zum Kunden (→ Koordination).

Um das K.A.M. möglichst systematisch und damit erfolgreich durchführen zu können, muss festgelegt werden, welche Aktivitäten im Rahmen des K.A.M. anfallen. Grundsätzlich kann jedes → Marketinginstrument an die speziellen Bedürfnisse der Key Accounts angepasst werden. Darüber hinaus fallen unternehmensinterne Aktivitäten an. Somit können die folgenden Aktivitätsfelder unterschieden werden: (1) Preisbezogene Aktivitäten umfassen vor allem die Festlegung der → Preisstrategie ggü. dem Key Account sowie die Anpassung bestehender → Konditionensysteme oder Finanzierungsangebote für Key Accounts. Eine zentrale Aufgabe sind die Preisverhandlungen z.B. in Jahresgesprächen. Oftmals werden den Key Accounts spezielle Preiszugeständnisse eingeräumt und spezielle Finanzierungslösungen angeboten. Im Rahmen der Preisverhandlungen kann ggü. besonders wichtigen Key Accounts die eigene Kostenstruktur offen gelegt werden. (2) Produktbezogene Aktivitäten bestehen in der Anpassung von

Produkten an die speziellen Bedürfnisse der Key Accounts hinsichtlich → Design, → Verpackung oder Anwendungstechnik. Auch die gemeinsame → Neuproduktentwicklung und der Austausch von Technologien sind wichtige Aufgabenfelder. (3) Im Rahmen der dienstleistungsbezogenen Aktivitäten werden für die Key Accounts spezielle → Dienstleistungen wie produktbezogene Schulungen, Marketing-Beratungsleistungen (z.B. → Marktforschung für die Märkte des Key Accounts), die Durchführung von Kundendiskussionsforen oder das Management von → Kundenklubs. (4) Kommunikationsbezogene Aktivitäten umfassen insbesondere den Informationsaustausch mit den Key Accounts. Der Kontakt zum Key Account muss aufgebaut und ständig gepflegt werden. Durch den intensiven formellen (z.B. im Rahmen offizieller Projekte) und informellen (z.B. durch Einladungen zu → Messen oder anderen Veranstaltungen) Informationsaustausch können die Bedürfnisse der Key Accounts ermittelt und Verbesserungspotenziale im eigenen Unternehmen erkannt werden. Die gemeinsame Abstimmung von Produktionsplänen, die Anpassung der IT-Systeme, gemeinsame → Werbung sowie gemeinsame Aktivitäten am → Point of Sale und des → Event Marketing können ebenfalls zum Informationsaustausch genutzt werden. (5) Aktivitäten im Bereich → Distribution und → Logistik zielen darauf ab, den Prozess von der Produktion, der Warenbestellung bis zur Lieferung gemeinsam mit den Key Accounts zu optimieren. Hierzu gehören Qualitätsprogramme, die Platzierung eigener Mitarbeiter als Koordinationspartner bei den Key Accounts sowie die Übernahme von Geschäftsprozessen für den Key Account. (6) Interne Maßnahmen beziehen sich auf die unternehmensinterne Abstimmung der Aktivitäten, die für die Key Accounts erbracht werden. Hierzu gehört die Analyse der kundenbezogenen Informationen durch die Key Account Manager (z.B. die Analyse kundenbezogener → Kennzahlen wie Umsatzbeitrag, → Deckungsbeitrag des Key Accounts sowie Lieferanteil und → Wettbewerbsvorteil des Unternehmens beim Key Account; die Analyse der Bedürfnisse und → Strategien der Key Accounts, die Analyse des → Cross-Selling-Potenzials sowie die Analyse allgemeiner Verbesserungspotenziale in der Geschäftsbeziehung). Weiterhin sind die Key Account Manager für die Planung, Umsetzung und Kontrolle der kundenbezogenen Aktivitäten verantwortlich. In diesem Zusammenhang sind die Weitergabe kundenbezogener Aktivitäten im Unternehmen, die Schulung von Mitarbeitern auf den Kunden und die Koordination der Aktivitäten mit anderen Funktionen relevant. Insbesondere sollte auf die Profitabilität des K.A.M. geachtet werden, die durch die Kosten zusätzlich erbrachter Dienstleistungen für den Key Account und durch höhere → Komplexitätskosten bei Key-Account-spezifischen Produktvarianten negativ beeinflusst wird. Empirische Erkenntnisse zeigen, dass erfolgreiche Unternehmen Key-Account-Management-Aktivitäten nicht nur intensiv betreiben, sondern diese auch proaktiv – nicht erst auf Drängen des Kunden – initiieren. Ferner ist zu entscheiden, welche Akteure im Unternehmen für das K.A.M. verantwortlich sein sollen. Die Rolle des Key Account Managers können entweder Linienmanager in General Management, Marketing oder Vertrieb neben ihren übrigen Aufgaben wahrnehmen oder es können hierfür spezielle Positionen geschaffen werden. Dabei gibt es vielfach verschiedene Ebenen von Key Account Managern, die internationale Key Accounts global, auf Regionenebene und vor Ort betreuen (vgl. Abb. „Beispielhafte Struktur des internationalen Key Account Managements“). Key Account Manager nehmen sowohl im Kundenkontakt als auch unternehmensintern vielfältige und anspruchsvolle Aufgaben wahr. Empirische Ergebnisse zeigen, dass Unternehmen erfolgreicher sind, in denen Key Account Manager über breite, über den Marketing- und Vertriebsbereich hinausgehende Erfahrung verfügen und in denen das Top-Management aktiv in das K.A.M. involviert. Die Unterstützung des K.A.M. durch das Top-Manage-

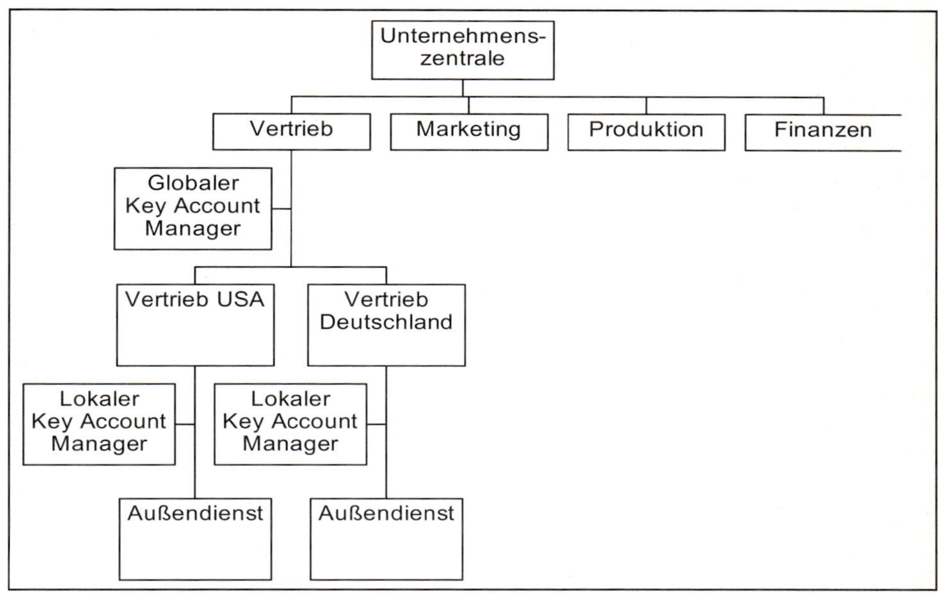

Beispielhafte Struktur des internationalen Key Account Managements (Quelle: Homburg/Krohmer 2001)

ment ist besonders wichtig im Hinblick auf die Zusammenarbeit mit den involvierten Funktionen. Denn Key Account Manager müssen ihre Koordinationsaufgabe (→ Koordination) zumeist wahrnehmen, ohne über formale Anordnungsbefugnisse zu verfügen. Dies gilt nicht nur für die Einflussnahme auf Funktionen wie F&E und Produktion, sondern auch für die Durchsetzung von K.A.M.-Aktivitäten innerhalb von Marketing und Vertrieb. Denn vor Ort werden die Key Accounts zumeist von Außendienstmitarbeitern betreut, die neben den Key Accounts noch zahlreiche andere Kunden betreuen müssen. Diese Außendienstmitarbeiter sind nicht dem Key Account Manager, sondern der Vertriebsleitung unterstellt. Deshalb ist der Key Account Manager häufig auf seine Überzeugungskraft angewiesen, um K.A.M.-Aktivitäten beim Außendienst entsprechend zu priorisieren. Empirische Erkenntnisse zeigen, dass in erfolgreichen Unternehmen die Key Account Manager Einfluss auf die Personalressourcen in- und außerhalb von Marketing und Vertrieb haben und sich alle involvierten Mitarbeiter für den Erfolg des K.A.M. verantwortlich fühlen. Bei der Auswahl von → Zielgruppe, Aktivitäten und Akteuren sowie bei der Zusammenarbeit innerhalb des Unternehmens ist darauf zu achten, dass das K.A.M. nicht durch zu starke → Formalisierung bürokratisiert und damit inflexibel wird. Empirische Erkenntnisse zeigen, dass sich eine zu starke Formalisierung des K.A.M. negativ auf den Unternehmenserfolg auswirkt. Eng verbunden mit der Frage nach der Formalisierung ist die Frage, wie systematisch etwas für Key Accounts getan wird. Dabei umfasst systematisches K.A.M. mehrere Schritte in einem kontinuierlich ablaufenden Prozess (vgl. Abb. „Key Account Management als Prozess“). Grundlage für die Analyse des Key Accounts sind umfangreiche Informationen. Hierzu gehören beispielsweise Informationen über Bedürfnisse, Cross-Selling-Potenziale und Strategien des Key Accounts sowie generelle Optimierungspotenziale in der Geschäftsbeziehung. Es gehört zu den Aufgaben des Key Account Managers, diese Informationen zusammenzutragen, auszuwerten und die Ergebnisse zu dokumentieren. Die Ergebnisse fließen in einem nächsten Schritt in die Planung der kundenbezogenen Aktivitäten ein. In vielen Unternehmen bestehen gerade in

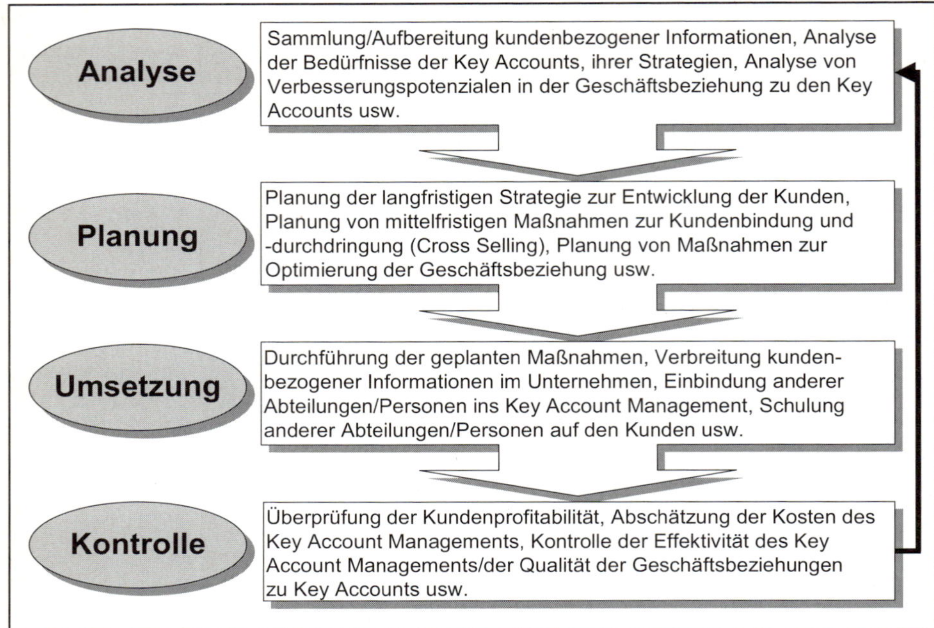

Key-Account-Managemement als Prozess (Quelle: Homburg/Schäfer/Schneider 2003)

diesem Bereich erhebliche Defizite (vgl. Homburg/Schneider/Schäfer 2001): Oft sind Key Accounts „einfach da“ und werden „irgendwie“ betreut. Wohin man diese Kunden langfristig entwickeln möchte, ist aber völlig unklar. Exzellentes K.A.M. zeigt dagegen die langfristigen (quantifizierten) Ziele und Entwicklungsrichtungen für die Geschäftsbeziehung auf. Im Rahmen der Planung ist darüber hinaus festzulegen, mit welchen konkreten Maßnahmen man den Kunden entwickeln möchte (z.B. durch spezielle Verkaufsförderungsaktionen, gemeinsame Marktforschung oder gemeinsame Rationalisierungsmaßnahmen in der Logistik). In einem nächsten Schritt wird die Umsetzung der geplanten Maßnahmen angestrebt. Neben der Interaktion mit dem Key Account gehören hierbei auch die Verbreitung kundenbezogener Informationen im Unternehmen, die Schulung von Mitarbeitern auf den Kunden sowie die Integration anderer Abteilungen (z.B. der Logistik oder der IT-Abteilung) in die Projektarbeit zu den Aufgaben des K.A.M. Der Umsetzung der geplanten Maßnahmen folgt die Kontrolle. Hierbei sollte neben der Kontrolle Entwicklung der Zufriedenheit, des → Umsatzes oder des → Deckungsbeitrags (bei den Key Accounts insbesondere auch die Profitabilität des K.A.M. kontrolliert werden. Neben kundenspezifischen → Rabatten und → Boni sollten hierbei auch die Kosten der zusätzlich erbrachten Serviceleistungen, die Komplexitätskosten von Key-Account-spezifischen Produktvarianten oder der Zeitaufwand der Key-Account-Betreuung berücksichtigt werden. Ohne solche detaillierten Kosten-Nutzen-Betrachtungen gerät das Unternehmen ansonsten schnell in die Gefahr, K.A.M. auf Kundenwunsch „schönzurechnen“.

Literatur: Homburg, Ch./Krohmer, H. (2001): Marketingmanagement: Strategie, Instrumente, Umsetzung, Unternehmensführung, Wiesbaden; Homburg, Ch./Schneider, J./ Schäfer, H. (2001): Sales Excellence – Vertriebsmanagement mit System, Wiesbaden; Homburg, Ch./Workman, J.P./Jensen, O. (2000): Key Account Management: Conceptualization, Implementation Forms, Outcomes, Mannheim.

Harley Krohmer

Key Account Teams, werden gebildet zur Betreuung einzelner (sehr wichtiger) Kunden. Zentrale Gestaltungsform des → Key Account Management. Diese Teams bestehen üblicherweise aus Spezialisten unterschiedlicher Funktionsbereiche (z.B. Produktmangement, Logistik, Marktforschung, Vertrieb usw.).

Key-Visual-Spots, das → Commercial enthält ein für die → Marke immer wiederkehrendes Visual (Werbekonstante). Dabei handelt es sich meist um Key-Visuals im Sinne von Schlüsselbildern (z.B. Milka-Kuh, Esso-Tiger). Marken-Visuals dienen als kommunikativer Anker des beworbenen → Produktes. *Vgl. auch* → Gestaltung.

Kinderwerbung, → Darsteller-Spots. *Vgl. auch* → Gestaltung.

Kinospot, → Spot.

Kiosk, Betriebsform des Einzelhandels. Gekennzeichnet durch ein enges Sortiment des kurzfristigen Bedarfs. Aufgrund der möglichen Befreiung von gesetzlich vorgeschriebenen Ladenschlusszeiten übernimmt der K. gerade außerhalb der Ladenschlusszeiten traditioneller Betriebsformen eine Versorgungsfunktion an stark frequentierten Standorten (Bahnhöfe, Marktplätze usw.).

Kiosksystem, frei zugänglicher Computerterminal, der vom kommunizierenden Unternehmen am → Point-of-Sale oder Point-of-Interest aufgestellt wird und für den Anwender multimedial aufbereitete Informationen bereithält. In technischer Hinsicht sind Kiosksysteme herkömmliche PC, die entweder auf → CD gespeicherte Informationen bereitstellen, oder aber um hybride Systeme mit Online-Offline-Mix, d.h. neben dem Zugriff auf offline gespeicherte Daten (→ Offline-System) wird der Zugang zu einem → Online-System (z.B. → Internet) ermöglicht. Im Vergleich zu herkömmlichen PC zeichnen sich K. durch eine leichtere Bedienbarkeit aus, u.a. durch die sog. Touch-Screen-Technik. Grundsätzlich können zwei Typen von K. unterschieden werden. (1) Point-of-Interest-Systeme (→ Point-of-Information, Point-of-Fun) haben primär informativen oder unterhaltenden Charakter und sind dem Pre-Sales-Bereich zuzuordnen. (2) Point-of-Sale-Systeme beinhalten hingegen neben informativen Elementen auch eine Transaktionsfunktion. Bestellungen, Reservierungen und Buchungen können direkt am Terminal vorgenommen werden; einige Systeme ermöglichen darüber hinaus auch die Bezahlung mittels Eingabe entsprechender Daten wie Kreditkartennummer o.Ä. Solche Systeme weisen immer eine hybride Struktur auf.

Klassische Konditionierung, → Lernen.

Kleinflächen, Anschlagtafeln im 4/1- oder 6/1-Bogenformat. *Vgl. auch* → Plakat.

Kleinpreisgeschäft, → Betriebsform des → Einzelhandels. K. verfügen über ein breites und flaches Sortiment. Dabei werden Waren zu einem relativ niedrigen Preisniveau angeboten. Niedrige Preise werden durch eine geringe Handelsspanne, niedrige Einstandskosten und einen minimalen Personaleinsatz erzielt.

Kleinste Quadratschätzung, Schätzverfahren für die Parameter einer Schätzfunktion, die so gewählt werden sollen, dass die Funktion möglichst gut die empirischen Werte annähert. Dazu wird der quadratische Abstand zwischen den empirischen Werten und den Funktionswerten gemessen und in Abhängigkeit der Parameter die Schätzfunktion derart optimiert, dass der quadratische Abstand minimal ist.

Klumpenauswahl, → Cluster Sampling.

K-Means-Verfahren, *nichthierarchisches Clusterverfahren*. Verfahren der → Cluster-Analyse, die nicht hierarchisch strukturiert sind. Dabei wird zuerst ein Zentrum eines Cluster definiert und dann alle in einem bestimmten Umkreis liegenden Objekte diesem Cluster zugeordnet. Der Nachteil liegt darin, dass die Startzentren und die Anzahl der Cluster vorgeben werden.

Knowledge Management, ist der systematische Ansatz, das kollektive Wissen innerhalb eines Unternehmens zu erhöhen. Es beinhaltet die effektive Speicherung und Verteilung von Wissen, wobei es insbesondere darum geht, wer auf welche Art Zugang zu diesem Wissen haben soll. Das Management von Wissen verlangt, die Ressource „Wissen" konsequent auf die Unternehmensziele abzustimmen und zu steuern mit dem Ziel, in einem kontinuierlichen gestalterischen Prozess - auf der Grundlage vielfältigster Informationen Wettbewerbsvorteile zu schaffen. Wissensmanagement ist daher die erfolgreiche Auseinandersetzung eines Unternehmens mit seinen Stakeholdern, um durch gestalterische und kreative Leistungen etwas Neues und Einzigartiges zu generieren. Wissen wird somit im Zuge eines Gestaltungsprozesses, durch unternehmensrelevante kreative Leistungen entwickelt.

Kognitive Dissonanz. Als K.D. wird das Vorliegen eines psychischen Spannungszustandes im kognitiven System (Meinungen und → Einstellungen) eines Individuums bezeichnet, der durch widersprüchlich empfundene Informationen entstanden ist. Das Auftreten K.D. motiviert das Individuum, Widerspruch kompensierende Maßnahmen zu ergreifen, um zu einem kognitiven Gleichgewicht zu gelangen. Durch selektive Wahrnehmung (Nichtwahrnehmung, Leugnung, Beschaffung und Interpretation Dissonanz reduzierender Informationen), Verhaltensänderungen und Einstellungsänderungen können K.D. reduziert werden. K.D. treten vor allem vor und nach wichtigen Kaufentscheidungen auf, wenn die in Frage kommenden Alternativen Vor- und Nachteile aufweisen. Psychische Konflikte können zu Kaufverzögerungen oder gar Nichtkäufen führen. Somit ist es Aufgabe des Marketing, K.D. zu reduzieren oder besser zu verhindern. Dies kann geschehen, indem die Bedeutung des Kaufes herabgestuft wird oder Werbemaßnahmen in der After-Sales-Phase (z.B. auf Gebrauchsanweisungen) ergriffen werden.

Kognitive Komponente, → kognitive Prozesse.

Kognitive Prozesse, mit Hilfe der gedanklichen Vorgänge erhält das Individuum Kenntnis von seiner Umwelt und sich selbst. Das Verhalten kann dadurch gedanklich kontrolliert und willentlich gesteuert werden. Die kognitiven Prozesse spielen sich im Kortex des Gehirns ab (→ Gehirnforschung). In Analogie zur elektronischen → Informationsverarbeitung werden die gedanklichen Prozesse in Informationsaufnahme, -verarbeitung und -speicherung gegliedert.

Kognitive Reize, beispielsweise kognitiv überraschende, sog. kollative Stimuli, regen → kognitive Prozesse an, → Informationsverarbeitung.

Kognitives Involvement, → Involvement.

Kognitives Verständnis, → Informationsverarbeitung.

Kohortenanalyse, → Prognosemethoden.

Kollektivdienstleistung, umfasst Dienstleistungen (→ Dienstleistung, Begriff der), die an mehreren Kunden erstellt werden. → Dienstleistungsanbieter müssen hierbei beachten, dass Kunden bei K. vor, während und nach der → Dienstleistungserstellung interagieren können. Somit ist für die Qualitätsbeurteilung eines Kunden bei einer K. nicht nur die Interaktion mit dem → Dienstleistungsanbieter, sondern auch mit den anderen, zeitgleich präsenten Kunden wichtig. Beispiele für K. sind Verkehrsdienstleistungen und einige Leistungen von → Dienstleistungsanbietern im Freizeitbereich (Spiel eines Fußballklubs, Konzertveranstaltung). *Gegensatz*: → Individualdienstleistung.

Kollektive Kaufentscheidungen, Mehr-Personen-Entscheidungen, die in Konsumgütermärkten vor allem in der → Familie durchgeführt werden bzw. in der Industrie oder im Handel vornehmlich bei organisationalen Beschaffungsfragen anfallen (→ Buying Center).

Kollektivgut, *öffentliches Gut*. K. spielen im → Marketing für öffentliche Betriebe eine große Rolle. Sie zeichnen sich dadurch aus, dass sie im Gegensatz zu Individualgütern von mehreren oder gar von beliebig vielen Bürgern gleichzeitig konsumiert werden können. Klassische Bespiele sind die von der

Bundeswehr bereitgestellte Landesverteidigung oder das Ausstrahlen von Rundfunkprogrammen durch (öffentlich-rechtliche) Sender. Zentrales Merkmal von K. ist somit eine Nicht-Rivalität im Konsum. Eng damit verknüpft ist ein zweites wichtiges Merkmal. K. weisen oft eine Nicht-Ausschließbarkeit im Konsum auf. Personen, die nicht bereit sind, den → Preis für eine bestimmte Leistung zu bezahlen, können von ihrer Nutzung dennoch nicht ausgeschlossen werden (so wäre es etwa im Kriegsfall unmöglich, nur diejenigen Bürger zu verteidigen, die vorher auch für die Landesverteidigung bezahlt haben). Die Eigenarten von K. haben sehr bedeutende Konsequenzen u.a. für die → Preispolitik öffentlicher Betriebe. Insbesondere muss die Refinanzierung der staatlichen Bereitstellung von K. über indirekte (Zwangs-) Entgelte erfolgen, da sich auf anderem Wege keine ausreichende Versorgung der Bürger erzielen lässt.

Kollektivmarke, ist ein Zeichen (Markierung) einer Vereinigung von Fabrikations-, Handels- oder Dienstleistungsunternehmungen, das dazu dient, die Waren oder Dienstleistungen der Mitglieder der Vereinigung von solchen anderer Unternehmen zu unterscheiden. Ziel dieser Bündelung von Einzelmarken unter der Kollektivmarke ist ein einheitlicher Auftritt und die damit verbundenen Vorteile von Synergieeffekten einer gemeinsamen Kommunikationspolitik und einem damit einhergehenden höheren Bekanntheitsgrad.

Kollektivwerbung, → Werbebotschaft.

Kolportagegeschäft, → Colportagegeschäft

Kombinierte Reichweite, → Reichweite, → Mediaplanung (2).

Kommerzielles Marketing, *Business Marketing*; Planung, → Koordination und Kontrolle von → Marketingmaßnahmen zum Zwecke der Erreichung kommerzieller, erwerbswirtschaftlicher Ziele. Im Gegensatz zum → Non-Business-Marketing bzw. → Non-Profit-Marketing nehmen Gewinnziele eine zentrale Stellung im → Zielsystem des Unternehmens ein.

Kommissionär, selbständiger Gewerbetreibender, der im eigenen Namen für Rechnung seines Auftraggebers Waren kauft oder verkauft (§§ 383ff. HGB). Zwar trägt der K. ggü. den Kunden die sich aus dem K.-Vertrag ergebenden Risiken (Außenverhältnis); dagegen übernimmt im Innenverhältnis der Auftraggeber die Risiken für Absatz, Gewährleistung, Garantie, Kreditierung usw. K. unterliegen wie → Handelsvertreter und → Handelsmakler den Weisungen ihrer Auftraggeber, insbesondere was die Preisgestaltung betrifft.

Kommissionierung, → Tätigkeit im Rahmen der → Warenwirtschaft. Die K. stellt einen Teil der Warenausgangslogistik dar. Lt. Auftragseingang erfolgt eine versandfertige Zusammenstellung georderter Waren.

Kommunales Marketing, bezieht sich auf das Marketing von Gebietskörperschaften, angefangen bei kleineren Gemeinden bis hin zu großen Städten und Regionen. Besonderheiten des K.M. ergeben sich zum einen aus der Marketingaufgabe, die i.d.R. außerordentlich komplex ist (z.B. Vermarktung der Gebietskörperschaft als Wirtschaftsstandort, als Wohnort, usw.). Zum anderen resultieren Herausforderungen aus dem organisationalen Kontext – speziell aus der Einbindung in politische Entscheidungsgremien (Gemeinderäte, Stadtgremien, usw.). Letzteres führt dazu, dass beim K.M. das „Marketing nach innen“ einen besonderen Stellenwert erhält, indem die unterschiedlichen Interessens- und Interessentengruppen zu integrieren sind. → Soziomarketing, → City Marketing, → Marketing für öffentliche Betriebe.

Kommunalität, Teil der Varianz bei der → Faktorenanalyse, der durch die extrahierten Faktoren erklärt wird.

Kommunikation, abgeleitet von dem lateinischen Wort communis („gemeinsam“). Sie findet statt, wenn Informationen zwischen einem Sender und einem Empfänger ausgetauscht werden. Gemäß der → Lasswell-Formel lassen sich folgende Elemente der K. unterscheiden: Sender, Botschaft/ Nachricht, Kodierung, Kanal, Dekodierung, Empfänger sowie Feedback. (1) Der Sender ist eine Person oder Gruppe von Personen (z.B. Unternehmen) mit dem Bedürfnis, Informationen (z.B. Produktinformationen) an andere Personen oder Gruppen von Personen weiterzugeben. (2) Die Nachricht ist der symbolische Ausdruck der Informationen, die der Sender übermittelt. (3) Bei der Kodierung wird eine Botschaft mittels einer Zuordnungsvorschrift in eine Nachricht umgeformt. So werden die zu übertragenden Informationen in Bilder, Musik usw. übertragen. (4) Der Kanal ist der Weg der Nachricht vom Sender zum Empfänger. Kanäle sind z.B. → Elektronische Medien und → Printmedien. (5) Beim Empfänger wird die Botschaft dekodiert, d.h. „entschlüsselt". (6) Der Empfänger, auch als Kommunikationsadressat bezeichnet, ist eine Person oder eine Gruppe von Personen, welche die Nachricht des Senders erhält (→ Adressat). Ist → Werbung der Inhalt der K., so sind die Empfänger die potenziellen und/oder bestehenden Kunden des werbetreibenden Unternehmens (Sender). (7) Feedback erlaubt dem Sender die Überprüfung, ob seine Nachricht die gewünschten Wirkungen beim Empfänger erzielt hat. Feedback kann durch Marktforschungsstudien erfolgen und hilft, Korrekturen im Kommunikationsprozess vorzunehmen und K. effizient zu gestalten. K. kann grundsätzlich verbal, d.h. durch den Einsatz von Worten, oder nonverbal, also durch alternative Formen wie Bilder, Musik usw., erfolgen. Die → Bildkommunikation wird teilweise synonym für nonverbale K. verwendet, tatsächlich stellt sie jedoch nur eine Teilmenge dar. Die Botschaft kann dem Empfänger persönlich überbracht werden, d.h., sie wird individuell entsprechend den individuellen Anforderungen angepasst; man spricht daher von persönlicher K. In synonymer Weise wird auch der Begriff der direkten K. verwandt. Beispiele für persönliche K. sind personifizierte → Web Sites und → Mailings. Bei der Massenkommunikation wird die Botschaft hingegen der Allgemeinheit zur Verfügung gestellt, ohne dass individuelle Elemente enthalten sind. Beispiele für Massenkommunikation sind der Werbespot im analogen TV, die Printanzeige (→ Printmedien) und der Radiospot.

Kommunikation, interne, → *Interne Kommunikation.*

Kommunikationsadressat, → Kommunikation.

Kommunikationsbotschaft, die Verschlüsselung kommunikationspolitischer Leitideen durch Modalitäten (Text, Bild und /oder Ton). In der K. konkretisieren sich die von den Kommunikatoren bereitzustellenden Informationen und Bedeutungsinhalte. Ziel ist es, bei den Rezipienten durch Aussagen über Produkte/Marken/Unternehmen die gewünschte Wirkung im Sinne der unternehmenspolitisch relevanten → Kommunikationsziele zu erreichen. Um bei den Rezipienten die gewünschten Wirkungen zu erzielen, sind kommunikative Botschaften aufmerksamkeitsstark und glaubwürdig zu gestalten. Wesentlich ist ferner, dass sie die kommunikative Positionierung sowie die relevanten Informationen eingängig vermitteln. Vielfach treten dabei → Kommunikationsmittel an die Stelle des persönliches Kontaktes mit den Zielpersonen oder üben ergänzende Funktionen aus. *Vgl. auch* → Werbung, → Kommunikation.

Kommunikationsbudget. Zur Umsetzung der → Kommunikationsstrategie in aktionsfähige Aufgaben ist die Höhe des K. für die Planperiode sowie dessen Verteilung auf die zum Einsatz kommenden → Kommunikationsinstrumente festzulegen. Da im Rahmen der Festlegung des K. geeignete Algorithmen zur simultanen Festlegung der Budgethöhe sowie -verteilung bisher fehlen, ist zunächst die Budgethöhe zu bestimmen. Dabei können analytische sowie heuristische Budgetierungsansätze zum Einsatz kommen. Die analytischen Budgetierungsansätze sind darauf ausgerichtet, die Budgethöhe und den Zielerreichungsgrad des Instrumenteeinsatzes in eine funktionale Beziehung zu setzen, wohingegen die heuristischen Verfahren überwiegend auf Erfahrungswerte abstellen. Anschließend ist im Rahmen der Budgetverteilung das festgelegte Budget so auf die Kommunikationsinstrumente und Kommunikationsmittel aufzuteilen, dass eine Wirkungsmaximierung im Hinblick auf die angestrebten → Kommunikationsziele erreicht wird.

Kommunikationsfähigkeit, Facette der → Sozialkompetenz.

Kommunikationsform, Ergebnis einer Ordnung der Aktivitäten der → Kommunikationspolitik eines Unternehmens auf der Grundlage einer Analyse deren spezifischer Charakteristika. Zentrale Ordnungskriterien sind Richtung und Art der → Kommunikation. (1) Richtung der Kommunikation: Hierbei unterscheidet man die externe, marktgerichtete sowie die interne, mitarbeitergerichtete Kommunikation. (2) Art der Kommunikation: Es lassen sich zunächst die direkte sowie die indirekte Kommunikation voneinander abgrenzen. a) Bei der direkten Kommunikation besteht ein unmittelbarer Kontakt zwischen Unternehmen und Kunde, wie dies beispielsweise beim → Persönlichen Verkauf der Fall ist. b) Kennzeichnendes Merkmal der indirekten Kommunikation ist eine Ansprache der Zielgruppen über den Einsatz von → Medien. Beispiele sind → Anzeigen in Zeitschriften sowie Fernsehwerbung. Bzgl. der Art der Kommunikation ist in einem weiteren Schritt zwischen einer einseitigen sowie zweiseitigen Kommunikation zu unterscheiden. d) Die einseitige Kommunikation ist dadurch gekennzeichnet, dass nur ein Kommunikator existiert, so dass die Empfänger der kommunikativen Botschaften nicht die Möglichkeit einer direkten Reaktion haben. Dies ist z.B. beim → Sponsoring i.d.R. der Fall. e) Charakteristisches Merkmal der zweiseitigen Kommunikation ist die sofortige Rückkoppelungsmöglichkeit zwischen Sender und Empfänger, wie dies beim Telefonverkauf der Fall ist. Des Weiteren ist zwischen einer physischen Kommunikation sowie einer Kommunikation mittels Sprache und Bildern zu unterscheiden. f) Die physische Kommunikation vollzieht sich durch die reine Präsenz gestalteter Bilder und Personen. Sie wird in der Literatur auch als nonverbale Kommunikation bezeichnet, wobei diese sowohl die Kommunikation mittels materieller Gegenstände als auch die Körpersprache umfasst. Beispiele für die physische Kommunikation sind die Vorführung von Exponaten in Schaufenstern sowie ein gestalteter Messestand. g) Bei der Kommunikation mittels Sprache und Bildern werden Kommunikationsmittel, wie beispielsweise Radiospots sowie visuell sichtbare Anzeigen in Fachzeitschriften und Katalogen, eingesetzt, um die Reichweite der kommunikativen Aktivitäten zu vervielfachen. Zu unterscheiden ist dabei zwischen einer symbolischen sowie informationsbasierten Kommunikation.

Kommunikationsinstrument. Unternehmen setzen zur Erreichung kommunikationspolitischer Ziele vielfältige → Kommunikationsmaßnahmen ein. K. stellen das Ergebnis einer Bündelung von Kommunikationsmaßnahmen nach ihrer Ähnlichkeit auf der Grundlage verschiedener Kriterien, wie der Richtung (intern/extern) sowie der Art der Kommunikation (direkt/indirekt, einseitig/zweiseitig), dar. Unterschieden werden die K.: Mediawerbung, persönliche → Kommunikation, → Verkaufsförderung, → Sponsoring, → Public Relations, → Direct Marketing, → Messen und Ausstellungen, → Event Marketing, → Multimediakommunikation und → Interne Kommunikation. *Vgl. auch* → Kommunikationspolitik.

Kommunikationskultur, Gesamtheit der vorhandenen Normen, Wertvorstellungen und Meinungen der Führungskräfte und Mitarbeiter eines Unternehmens, die ihren Ausdruck in den spezifischen Denk- und Verhaltensweisen der Unternehmensmitglieder als Sender und Empfänger von → Kommunikation findet. Die K. ist prägend für das Kommunikationsverhalten und damit das Erscheinungsbild eines Unternehmens bei seinen Zielgruppen. *Vgl. auch* → Unternehmenskultur.

Kommunikationsmanagement, Planung, Organisation und → Koordination aller → Kommunikationsmaßnahmen.

Kommunikationsmaßnahme, Aktivität, die von einem Unternehmen im Rahmen einer Ansprache der → Zielgruppen sowie zur Erreichung kommunikativer Zielsetzungen durchgeführt wird. Beispiele sind die Versendung von → Mailings sowie die Schaltung einer → Anzeige in einer Tageszeitung.

Kommunikationsmittel, → Kommunikationsform.

Kommunikationsmedium, → *Medium*; K. ist ein Gegenstand und Hilfsmittel, das der Vermittlung von Informationen aller Art dient. Kommunikationsmedien lassen sich grob in → Printmedien und in → elektronische Medien einteilen. Zu den Printmedien zählen z.B. Zeitungen, Zeitschriften und Anzeigenblätter. Demgegenüber gehören z.B. Funk, Fernsehen und → Online-Medien zu den elektronischen Medien. Die Kommunikationsmedien unterscheiden sich durch die Art und Weise der Übermittlung von Informationen. Dies gilt insbesondere für die Auswahl, Gewichtung und Darstellung der Informationen. Darüber hinaus spielen Zugangseinschränkungen, wie z.B. Preis und → Reichweite, eine nicht zu unterschätzende Rolle bei der Wahl der Kommunikationsmedien. Diese stellt einen wichtigen Aspekt im Rahmen der → Kommunikationspolitik von Unternehmen dar. Möchte ein Unternehmen Informationen möglichst vielen → Konsumenten übermitteln, so wird es Kommunikationsmedien mit einer hohen Reichweite und einem niedrigen Preis, sog. → Massenmedien, wählen. Soll dagegen die Kommunikationspolitik des Unternehmens ein bestimmtes, an einem Fachgebiet interessiertes Publikum ansprechen, dann wird das Unternehmen Kommunikationsmedien wählen, die von dieser Zielgruppe genutzt werden (z.B. Fachzeitschriften).

Literatur: Hillebrecht, S.W. (1997): Grundlagen des Medienmarketing, in: Wirtschaftsstudium, 26. Jg., Nr. 6, S. 537-538.

Kommunikationsmix, Gesamtheit aufeinander abgestimmter kommunikationspolitischer Maßnahmen, die darauf abzielen, die Kenntnisse sowie → Einstellungen der → Zielgruppen ggü. einem Unternehmen bzw. einer → Marke positiv zu beeinflussen und Verhaltensabsichten zu generieren. *Vgl. auch* → Kommunikationspolitik.

Kommunikationspolitik. I. Begriff: Marketingpolitisches Instrument, in dessen Rahmen Ziel- und Maßnahmenentscheidungen zur Ausrichtung und Gestaltung der → Kommunikation getroffen werden.

II. Inhalt: Gegenstand ist ein kombinierter Einsatz der → Kommunikationsinstrumente zur Übermittlung von Informationen und Bedeutungsinhalten, die der Steuerung bzw. Beeinflussung von Meinungen, → Einstellungen, Erwartungen und Verhaltensweisen der → Zielgruppen gemäß spezifischer Zielsetzungen dienen.

III. Instrumente: (1) Mediawerbung: Transport und Verbreitung werblicher Informationen über die Belegung von → Werbeträgern mit → Werbemitteln im Umfeld öffentlicher Kommunikation gegen ein leistungsbezogenes Entgelt. (2) → Verkaufsförderung: Analyse, Planung, Durchführung und Kontrolle meist zeitlich begrenzter Akti-onen mit dem Ziel der Schaffung zusätzlicher Anreize auf nachgelagerten Vertriebsstufen. (3) → Direct Marketing: → Planung, Durchführung und Kontrolle von Kommunikationsmaßnahmen, die darauf ausgerichtet sind, durch eine gezielte Einzelansprache einen direkten Kontakt zum → Adressaten herzustellen und einen unmittelbaren Dialog zu initiieren oder durch eine indirekte Ansprache die Grundlage eines Dialoges in einer zweiten Stufe zu legen. (4) → Public Relations (PR): Planung, Organisation, Durchführung sowie Kontrolle sämtlicher Aktivitäten eines Unternehmens, um bei ausgewählten Zielgruppen um Verständnis und Vertrauen zu werben. (5) → Sponsoring: Planung, Organisation, Durchführung sowie Kontrolle sämtlicher Aktivitäten, die mit der Bereitstellung von Geld, Sachmitteln, → Dienstleistungen oder Knowhow durch Unternehmen bzw. Institutionen zur Förderung von Personen und/oder Organisationen in den Bereichen Sport, → Kultur, Soziales, Umwelt und/oder → Medien verbunden sind. (6) Persönliche Kommunikation: Planung, Organisation, Durchführung sowie Kontrolle sämtlicher unternehmensinterner und -externer Aktivitäten, die mit der wechselseitigen Kontaktaufnahme bzw. -abwicklung zwischen Anbieter und Nachfrager in einer durch die Umwelt vorgegebenen Face-to-Face-Situation verbunden sind in die bestimmte Erfahrungen und Erwartungen durch verbale und nonverbale Kommunikationshandlungen eingbracht werden. (7) → Messen und Ausstellungen: Planung, Organisation, Durchführung sowie Kontrolle und Nachbearbeitung sämtlicher Aktivitäten, die mit der Teilnahme an einer zeitlich begrenzten und räumlich festgelegten Veranstaltung verbunden sind, deren Zweck in der Möglichkeit zur Produktpräsentation, der Information eines Fachpublikums und einer interessierten Allgemeinheit, Selbstdarstellung des Unternehmens sowie des unmittelbaren Vergleichs mit der Konkurrenz liegt. (8) → Event Marketing: Zielgerichtete, systematische Planung, Organisation, Inszenierung und Kontrolle von Veranstaltungen als Plattform einer erlebnis- und dialogorientierten Präsentation eines → Produktes, einer Dienstleistung oder eines Unternehmens, so dass durch emotionale (→ Emotion) und physische Stimulanz (→ Aktivierende Prozesse) in Bezug auf Produkt, Dienstleistung oder Unternehmen mit dem Ziel der Vermittlung unternehmensgesteuerter Botschaften ausgelöst werden. (9) → Multimediakommunikation: Zielgerichtete, systematische Planung, Entwicklung, Distribution und Kontrolle eines computergestützten, interaktiven und multimodalen Kommunikationssystems als zeitunabhängige Plattform eines zweiseitigen, von den individuellen Informations- und Unterhaltungsbedürfnissen des Rezipienten gesteuerten Kommunikationspro-zesses mit dem Ziel der Vermittlung unternehmensgesteuerter Botschaften. (10) → Interne Kommunikation: Gesamtheit der primär Top down gerichteten Aktivitäten der Botschaftsübermittlung innerhalb einer Organisation.

Literatur: Bruhn, M. (2002): Kommunikationspolitik, 2. Aufl., München.

Manfred Bruhn

Kommunikationspolitik, internationale, Planung und Gestaltung der kommunikationspolitischen Instrumente in den einzelnen Ländern und deren Integration zu einem internationalen Kommunikationsmix. Eine internationale Marketingkommunikation umfasst folgende Handlungsalternativen: Internationale Corporate Identity Policy zur Schaffung einer internationalen → Corporate Identity im Sinne eines angestrebten internationalen Erscheinungsbilds eines Unternehmens, die internationale → Werbung, d.h. die werbliche Ansprache der internationalen Zielgruppen durch Print- und elektronische Medien sowie die Medien der Außenwerbung, internationales → Sponsoring, d.h. die Förderung international bekannter Sportler, Künstler, Institutionen und Veranstaltungen gegen eine vertraglich vereinbarte Gegenleistung des Gesponsorten, internationales → Product Placement, d.h. die gezielte Platzierung von Markenartikeln in internationalen Film- und Fernsehproduktionen sowie in Videoclips, internationale → Verkaufsförderung als die Gesamtheit aller Maßnahmen zur kurzfristigen Absatzsteigerung eines Produkts, internationale → Direktkommunikation, d.h. die direkte, persönliche Ansprache von Zielgruppen in den einzelnen Ländern. Hinsichtlich der Bedeutung der einzelnen Instrumente gilt, dass lediglich der Corporate Identity Policy, der Werbung, dem Product Placement und dem Sponsoring eine internationale Relevanz zukommt. Diese Instrumente besitzen auch die höchsten Potenziale im Rahmen einer → Marketingstandardisierung. Die Verkaufsförderung und die Direktkommunikation haben hingegen eher flankierenden Charakter; aufgrund ihres typischerweise regional begrenzten Einsatzes entfalten sie im Regelfall keine länderübergreifende Wirkung.

Kommunikationsprozess, → Integrierte (Unternehmens-) Kommunikation.

Kommunikationsregeln der Integrierten (Unternehmens-) Kommunikation, Richtlinien für die tägliche Kommunikationsarbeit der Kommunikationsfachabteilungen, abgeleitet aus den Vorgaben des Strategiepapiers der → Integrierten (Unternehmens-) Kommunikation. Die Kommunikationsregeln enthalten Aussagen über die kommunikative → Positionierung und die Kommunikationsziele des Unternehmens, die Formulierung der zentralen Kommunikationsbotschaften sowie Vorgaben für den Einsatz der → Kommunikationsinstrumente und

→ Kommunikationsmittel. Die Kommunikationsregeln sind ebenso wie das Strategiepapier Teilelement des → Konzeptpapiers der Integrierten (Unternehmens-)Kommunikation.

Kommunikationsstrategie, bedingter, langfristiger Verhaltensplan zur Erreichung von → Kommunikationszielen bei festgelegten → Zielgruppen. Die Entwicklung einer K. stellt ein komplexes Planungsproblem dar, bei dem mehrere Entscheidungen parallel zu fällen sind. Es lassen sich sechs relevante Dimensionen unterscheiden: (1) Kommunikationsobjekte: Grundlage der Formulierung einer K. ist die Festlegung der Kommunikationsobjekte als die Bezugsgröße zukünftiger Aktivitäten. In Abhängigkeit von der übergeordneten → Marketingstrategie können einzelne → Produkte, Produktlinien, → Marken und Markenfamilien, → Dienstleistungen oder das Gesamtunternehmen Objekte unterschiedlicher K. sein. (2) Botschaftsgestaltung: a) Inhaltliche Überlegungen bzgl. geeigneter Bilder und Ausdrucksformen, die die spezifische → Positionierung eines Unternehmens bzw. einer Marke widerspiegeln. b) Formale Überlegungen bzgl. des konstanten Einsatzes von Farben, Symbolen und Typographien, um eine Abgrenzung ggü. den sonstigen, auf die Zielgruppen einströmenden Impulse zu erreichen. (3) Timing-Strategie: Entscheidungen bzgl. Zeitpunkt, Zeitraum und Intensität des Einsatzes kommunikationspolitischer Maßnahmen. (4) Medienauswahl: Festlegung der im Rahmen der Kommunikation zum Einsatz kommenden Träger der Kommunikation, wie beispielsweise Fernsehen, Hörfunk, Tageszeitungen und Publikumszeitschriften, auf der Grundlage der Kriterien → Reichweite, Kosten, Zielgruppengenauigkeit, Darstellungsmöglichkeiten, Ziele und Bezugsobjekte der Kommunikation. (5) Zielgruppenauswahl: Bestimmung der Gruppen, die durch Kommunikationsmaßnahmen angesprochen werden sollen, wie beispielsweise Kunden, Mitarbeiter, Lieferanten. Den Rahmen der Auswahlentscheidung bilden die innerhalb der übergeordneten → strategischen Unternehmens- und → Marketingplanung bestimmten Zielgruppen. Diese sind im Rahmen der Erarbeitung der K. beispielsweise über den Einsatz von → Punktbewertungsmodellen zu spezifizieren, wobei die festgelegten Bezugsgrößen der Kommunikation einen wesentlichen Einflussfaktor darstellen. (6) Marktarealabgrenzung: Entscheidung, welches Absatzgebiet durch kommunikationspolitische Maßnahmen abgedeckt werden soll. Bestimmungsfaktoren dieser Entscheidung sind dabei sowohl die Marktattraktivität sowie eventuelle Kommunikationsbarrieren, wie z.B. in Form rechtlicher Beschränkungen.

Kommunikationssystem, Darstellung von Kommunikationsbeziehungen und Kommunikationswegen zwischen Sender und Empfänger als vereinfachte Abbildung der Realität. Die Grundstruktur eines K. geht auf Lasswell zurück, der die Elemente des Kommunikationsprozesses anhand der Fragestellung: „Wer sagt was zu wem auf welchem Kanal mit welcher Wirkung?" beschrieben hat. Anhand der Art der empfangenen Informationen kann man originäre, einstufige sowie derivative, mehrstufige K. unterscheiden. (1) Bei originären, einstufigen K. bestehen zwischen Sender und Empfänger unmittelbare Beziehungen. Der Empfänger erhält die Informationen unmittelbar und in unmodifizierter Form vom Sender. (2) Bei derivativen, mehrstufigen K. bestehen zwischen Sender und Empfänger keine unmittelbaren Beziehungen. Vielmehr sind Elemente, wie z.B. Meinungsführer oder → Medien, zwischengeschaltet, so dass die Sender die Informationen in modifizierter Form erhalten.

Kommunikationstechnik, Oberbegriff für alle technischen Hilfsmittel, die den Prozess der → Kommunikation unterstützten.

Kommunikationsträger, ein Übermittlungsmedium, mit dessen Hilfe die in Form von → Kommunikationsmitteln verschlüsselte → Kommunikationsbotschaft quasi im „Huckepackverfahren" den Adressaten näher gebracht wird. K. können z.B. Informations- und Unterhaltungsmedien, Geschäftsräume, Verkehrsmittel oder Ausstellungsräume sein. In der Praxis ist es nicht immer möglich, eine trennscharfe Abgrenzung zwischen K. und Kommunikationsmitteln vorzunehmen.

Kommunikationsverband.de, hieß früher Bund Deutscher Werbeberater und Werbeleiter (BDW). 1978 benannte er sich in Deutscher Kommunikationsverband um. 1998 erfolgte die erneute Umbenennung in K. Er ist die größte und führende Vereinigung der Kommunikationsbranche. Die Mitglieder arbeiten in den Bereichen → (Media)Werbung, → Public Relations, → Verkaufsförderung, Training, → Sponsoring, Media, → Messen und → Marketing. Der Verband ist Interessensvertretung seiner Mitglieder und Servicestelle in fachlichen Fragen in einem. Mit dem Ziel, jährlich aktuelle Standards für konzeptionelle und kreative Kommunikationsarbeit festzulegen, führt der K. sieben „Awards" in verschiedenen Kommunikationsdisziplinen durch und verleiht den Deutschen Kommunikationspreis. Die 22 Klubs in 15 Bundesländern bilden die Basis des Verbandes und bieten ein umfangreiches Angebot für den fachlichen Austausch, die berufliche Weiterbildung und den persönlichen Kontakt. Die Klubs bieten den Mitgliedern mehr als 200 Veranstaltungen (Erfahrungsaustausch, Referate, Podiumsdiskussionen, Workshops, Seminare usw.) pro Jahr im gesamten Bundesgebiet an. Siehe auch www.kommunikationsverband.de.

Kommunikationswettbewerb. Der K. unter Unternehmen ist eine Erscheinungsform der 1990er Jahre, die den zuvor vorherrschenden Produktwettbewerb weitgehend abgelöst hat. Ursachen den K. sind eine zunehmende Homogenisierung von Produkten sowie sich angleichende Produktbeurteilungen durch die Konsumenten mit der Folge, dass eine Differenzierung durch Produktmerkmale immer schwieriger wird. Da auch die → Marketinginstrumente → Preis- und → Vertriebspolitik weitgehend gleichartig von den Unternehmen eingesetzt werden, hat der Stellenwert der → Kommunikationspolitik im Rahmen des Marketingmix in den letzten Jahren kontinuierlich zugenommen. Verstärkt streben Unternehmen an, über den Einsatz der Kommunikation strategische Wettbewerbsvorteile zu erzielen, da die Realisierung einer → Unique Selling Proposition in zunehmendem Maße von der Erzielung einer Unique Communication Proposition (UCP) abhängt. Als Konsequenz des K. stellt sich bei vielen Unternehmen eine überproportionale Steigerung der Kommunikationskosten ein, was u.a. auf die Suche nach neuen innovativen Kommunikationsmöglichkeiten (z.B. Ereignisse) zurückzuführen ist. Im Verlauf des K. wird die Unternehmensführung in erster Linie durch das Umfeld, in dem sie agiert, herausgefordert. Dynamische und turbulente Veränderungen in den Bereichen Ökologie, Technologie, Politik und Recht induzieren einen permanenten → Wertewandel. Ein Aspekt dieses Wertewandels dokumentiert sich in einer kritischeren Einstellung weiter Bevölkerungskreise ggü. Unternehmen und speziell auch ihrer Werbung sowie sonstigen kommunikativen Engagements. Unternehmen müssen sich folglich stärker darum bemühen, die vielfältigen und differenzierten Quellen der → Unternehmenskommunikation in ihrem Einsatz so aufeinander abzustimmen, dass bei den Kommunikationsempfängern ein glaubwürdiges und widerspruchsfreies Bild entsteht. Eine besondere Rolle in diesem Zusammenhang spielt die Integration aller → Kommunikationsinstrumente in ein ganzheitliches Konzept der Unternehmenskommunikation (→ Integrierte (Unternehmens-)Kommunikation).

Kommunikationswirkung, Maß, in dem durch Maßnahmen der → Kommunikationspolitik angestrebte Effekte bei den Rezipienten eintreten, wie beispielsweise Veränderungen des Wissens sowie der → Einstellungen ggü. einem → Produkt bzw. einer Leistung. Die kommunikativen Wirkungen lassen sich grob in die Stufen Wahrnehmung, Verarbeitung und Verhaltensabsichten untergliedern. (1) Die Analyse der → Wahrnehmung der Botschaften bildet den Ausgangspunkt der Untersuchung des kommunikativen Wirkungsprozesses. Es ist zu untersuchen, in welchem Umfang es gelungen ist, durch kommunikationspolitische Maßnahmen die → Aufmerksamkeit der Rezipienten bzgl. der angebotenen Informationen sowie emotionalen Inhalte zu erzeugen. (2) Im Rahmen einer Überprüfung der Verarbeitung der Botschaften ist zu analysieren, inwieweit welche Wahrnehmungsinhalte im Gedächtnis der

Rezipienten gespeichert wurden (*vgl. auch* → Gedächtnistheorie). So lassen sich beispielsweise durch langfristig inhaltlich konsistente Botschaften → Einstellungen ggü. einer → Marke bzw. einem Unternehmen bei den → Zielgruppen aufbauen. (3) Innerhalb einer Analyse der Verhaltensabsichten wird untersucht, in welchem Umfang die kommunikationspolitischen Maßnahmen in der Lage waren, Prädispositionen bzw. Kaufbereitschaften zu erzeugen. Es existieren verschiedene Erklärungsmodelle kommunikativer Wirkungen, die zentrale Merkmale kommunikativer Wirkungsprozesse erfassen. Ein bekanntes Modell ist die AIDA-Formel. Danach wird ein hierarchischer Verlauf der K. in den Stufen Aufmerksamkeit (Attention), Interesse (Interest), Wunsch (Desire) und Aktion (Action) unterstellt. *Vgl. auch* → Werbewirkung.

Kommunikationsziele. Gegenstand der Ableitung von K. sind Entscheidungen, in welchem Umfang vor allem absatzorientierte Größen, wie die → Bekanntheit einer Marke oder bestehende → Kaufabsichten der → Zielgruppen, innerhalb eines bestimmten Zeitraumes durch Maßnahmen der → Kommunikationspolitik verändert werden sollen. Unternehmen arbeiten zumeist mit einem System aus mehreren, gleichzeitig zu verfolgenden Zielen, die aus den übergeordneten Marketingzielen abgeleitet werden. Insofern ist bei der Festlegung der K. darauf zu achten, dass diese in sich stimmig festgelegt werden und konsistent zu den Marketingzielen sind. Anzustreben ist der Aufbau eines in sich konsistenten hierarchischen Zielsystems, um den einzelnen → Kommunikationsmaßnahmen eine spezifizierte Richtung zu geben und das kommunikationspolitische Handeln präzise auf die Erzielung bestimmter Resultate auszurichten. Grundlage eines solchen hierarchischen Zielsystems können definitorische Beziehungen zwischen den Ober- und Teilzielen sein oder empirisch ermittelte bzw. vermutete Ursache-Wirkungs-Zusammenhänge. Zu unterscheiden ist zwischen ökonomischen und psychologischen K.. (1) Ökonomische K. sind jene Ziele, die monetäre wirtschaftliche Größen, wie beispielsweise den Gewinn und seine Bestandteile, beinhalten. Die ausschließliche Vorgabe dieser Kategorie zuzuordnender Ziele ist jedoch aufgrund der fehlenden Vorgabe von Handlungsimpulsen sowie einer Verringerung der individuellen unternehmerischen Differenzierungspotenziale nicht ausreichend. (2) Für die Aktivitäten im Rahmen der Kommunikationspolitik sind daher psychologische Zielsetzungen von zentraler Bedeutung. Sie sind darauf ausgerichtet, basierend auf der Initiierung eines Kontaktes, einen nicht beobachtbaren geistigen Verarbeitungsprozess beim Rezipienten in Gang zu setzen, in dessen Konsequenz Wirkungen entstehen, die letztlich in der eigentlichen Kaufhandlung münden. Nach der individuellen Reaktion auf die Stimuli lassen sich mit den kognitiv, affektiv sowie konativ orientierten Zielen drei aufeinander aufbauende Kategorien psychologischer K. unterscheiden. a) Kognitiv orientierte K. sind darauf ausgerichtet, die Informationsaufnahme, -verarbeitung und -speicherung zu steuern, ohne unmittelbar handlungssteuernd zu wirken. Durch die Weitergabe von Informationen soll erreicht werden, dass die Rezipienten ein bestimmtes Leistungsangebot wahrnehmen, Kenntnisse über eine Marke, ein Produkt oder ein Unternehmen aufgebaut werden und sich der Bekanntheitsgrad erhöht (*vgl. auch* → Informationsverarbeitung). b) Bei den affektiven Zielgrößen wird zusätzlich das Ziel verfolgt, ein Leistungsangebot oder ein Unternehmen ggü. den Konkurrenten abzugrenzen und individuell zu positionieren sowie spezifische → Einstellungen, → Images und Präferenzen bei den Zielgruppen aufzubauen. c) Konativ orientierte K. umfassen die Reaktionen der Rezipienten als Ergebnis einer Beeinflussung, wie beispielsweise die Generierung einer Verhaltensabsicht oder Kaufbereitschaft sowie die daraus abgeleiteten Ausprägungen des äußeren Verhaltens in Form eines bestimmten Informations- oder Kaufverhaltens. Die Entscheidung über den Kauf eines Produktes oder die Nutzung einer Unternehmensleistung resultiert dabei letztlich aus dem Zusammenspiel aller Zielgrößen.

Kommunikative Leitidee, Formulierung einer Grundaussage über das Unternehmen bzw. eine Marke, in der die wesentlichen

Merkmale der → Positionierung enthalten sind. Sie ergibt sich inhaltlich aus der vom Unternehmen bewusst angestrebten Soll-Positionierung und spiegelt die Absichten und insbesondere Ansprüche des Unternehmens bzw. einer Marke wider, die ggü. dem Markt formuliert sind. Die k. L. übernimmt für sämtliche Kommunikationsbotschaften die Führung („Leit“) und spiegelt die zentrale unternehmerische Aufgabe des Unternehmens bzw. den Nutzen einer Marke wider („Idee“). Sie ist die Grundaussage des jeweiligen Bezugsobjektes der Kommunikation ggü. allen relevanten Zielgruppen, da aus ihr die unternehmerische Existenz abgeleitet wird. Die kommunikative L. stellt die „Einheit“ dar, in die sich alle weiteren Aussagen des Unternehmens bzw. der Marken im Rahmen der → Integrierten (Unternehmens-) Kommunikation integrieren lassen.

Kommunikatives Leitbild, dient der umfangreicheren Formulierung der kommunikativen → Leitidee eines Unternehmens bzw. einer Marke. Das kommunikative L. (auch: Schlüsselbild) vereint die unterschiedlichen kommunikativen Auftritte in Grundmotiven und bestimmt den langfristig visuellen (und akustischen) Auftritt und Erlebniskern eine Unternehmens bzw. einer Marke. Beispiele eines kommunikativen L. sind der seit vielen Jahren für die Zigarettenmarke Marlboro verwendete Cowboy, der mit seinem Pferd in der Prärie zu sehen ist sowie der „freie Weg“, der in jeweils abgewandelter Form in unterschiedlichen Werbemaßnahmen der Volksbanken- und Raiffeisenbanken als Bildmotiv auftaucht.

Kompensationsgeschäfte, Handelstransaktionen, bei denen der → Export einer Ware oder Dienstleistung an den → Import einer anderen Ware oder Dienstleistung geknüpft ist, und zwar unabhängig davon, ob einzelne Transaktionen mit Zahlungen abgegolten werden oder nicht. Grundsätzlich lassen sich drei Hauptgruppen von K. identifizieren: Die Handelskompensation, die Industriekompensation sowie die Finanzkompensation. Während Formen der Handelskompensation (z.B. → Barter, → Parallelgeschäft) eher kurzfristig orientiert sind und mit herkömmlichen Import-Exportgeschäften vergleichbar sind, umfassen Industriekompensationen (z.B. Buy-back-Geschäft, Offset-Geschäft) langfristig angelegte Gegengeschäfte, die eher mit Kooperationen oder → Direktinvestitionen vergleichbar sind. Finanzkompensationen (z.B. → Clearing-Geschäft, Switch-Geschäft) hingegen werden nicht zu den K. im engeren Sinne gezählt; hierbei handelt es sich um ein Instrument der Außenhandelsfinanzierung mit dem Ziel, internationale Transferzahlungen zu erleichtern.

Kompensatorische Modelle, basieren auf der Annahme, dass Nachteile einer zur Auswahl stehenden Alternative hinsichtlich einzelner Attribute durch Vorteile bei anderen Eigenschaften kompensiert werden können. Bei nicht-kompensatorischen Modellen können dagegen Schwächen bei einzelnen Attributen nicht ausgeglichen werden.

Kompetenz, im Rahmen der Organisationslehre die Befugnis für die Ergreifung sämtlicher Maßnahmen, die zur Erfüllung von Aufgaben notwendig sind, und für deren Resultat der Kompetenzträger die Verantwortung trägt. Der Begriff K. ist dabei in zweierlei Hinsicht zu interpretieren: (1) K. als organisatorische, rechtliche Ausgestaltung: Hier kann zwischen Entscheidungskompetenz, Realisationskompetenz und Kontrollkompetenz unterschieden werden. Im Rahmen des → Internen Marketing wird im Sinne der Steigerung der → Mitarbeiterzufriedenheit angestrebt, die K. von Mitarbeitern auszuweiten (Kompetenzentwicklung), z.B. durch → Empowerment, → Weiterbildung, → Job Enrichment. (2) K. als Handlungskompetenz: Hierbei wird K. im Sinne von Fähigkeiten, Qualifikation und Eignung für eine Stelle interpretiert. Hier können vier Arten differenziert werden: a) Die → Fach- bzw. Sachkompetenz bezieht sich auf fachspezifische Kenntnisse und Erfahrungen (Breiten- und Tiefenwissen) die jemanden in die Lage versetzen, die mit einer Stelle oder Arbeitsplatz verbundenen fachlich-sachlichen Aufgaben angemessen zu bewältigen. b) Die Methoden- bzw. Konzeptkompetenz subsumiert Lernfähigkeit, das Denken in Zusammenhängen bzw. die Fähigkeit, Fachwissen zu kombinieren und zu ergänzen. c) Die → Sozialkompetenz (soziale K.) umfasst sowohl die Bereitschaft zur Toleranz ggü. Kollegen und Mitarbeitern als auch Verantwortungsbereitschaft, Teamfähigkeit und zwischenmenschliche Interaktionsfähigkeit. d) Die psychologische Kompetenz umfasst die → Motivation, → Einstellungen sowie den Einsatzwillen (z.B. die Fähigkeit eine → kundenorientierte Unternehmenskultur zu verwirklichen). Neben der fachlichen K. gewinnt die soziale K. zunehmend an Bedeutung (z.B. bei der → Personalauswahl, → Personalentwicklung).

Kompetenzentwicklung, Aufbau von → Kompetenz der Mitarbeiter, z.B. im Rahmen der → Personalentwicklung.

Komplexität, Grad der Unüberschaubarkeit von Systemen. K. beruht auf der Beziehungsvielfalt zwischen den Elementen eines Systems und seiner Umwelt. Ursache für K. im Unternehmen ist die Vielfalt des Produktions- und Vermarktungsprozesses. Diese kann sich z.B. auf bestehende Kundenbeziehungen, angebotene Produkte sowie die in den Produkten angewendeten Teile beziehen. Eine weitere Dimension der K. ist die Prozesskomplexität, die weitgehend von den beiden ersten Komplexitätsarten bestimmt wird. Durch K. entstehen im Unternehmen → Komplexitätskosten, die sich i.d.R. nachteilig auf die Wettbewerbsfähigkeit auswirken. Dem entgegenzuwirken, ist Aufgabe des → Komplexitätsmanagements.

Komplexitätsbewältigung, Maßnahmenbereich des → Komplexitätsmanagements. Im Vordergrund steht nicht die Vermeidung bzw. Reduktion von → Komplexität, sondern die wirtschaftliche Bewältigung eines gegebenen Maßes an Komplexität. Zentraler Ansatzpunkt der K. ist der Zeitpunkt, an dem Komplexität im Wertschöpfungsprozess entsteht, d.h. wann eine Variante sozusagen zur Variante wird und damit den standardisierten Prozess verlässt. Dieser Zeitpunkt wird auch als Freeze-Point bezeichnet. Tendenziell gilt, dass Komplexität insbesondere dann kostenintensiv ist, wenn sie große Teile des Wertschöpfungsprozesses überlagert. Von daher gilt es im Rahmen der K. über Maßnahmen nachzudenken, die den Freeze-Point möglichst weit nach hinten in die späteren Stufen des Wertschöpfungsprozesses verlagern (z.B. durch Materialstandardisierung, Verwendung von Gleichteilen, modulare Bauweise). Ein fertigungstechnisches Instrument der K. ist die Fertigungssegmentierung, die eine weit gehende modulare Gestaltung der Produktion vorsieht. Das bedeutet, dass nicht mehr alle Produkte mit ihren unterschiedlichen Ausrichtungen auf einer einzigen Anlage hergestellt werden, sondern voneinander getrennte Markt-Produktions-Kombinationen gebildet werden. Infolgedessen sind Verantwortungsbereiche eindeutig abgegrenzt, Fertigungsverfahren vereinfacht sowie flexibel modular aufgebaut und damit die Koordinationsaufwendungen insgesamt geringer. Ein weiterer Aspekt, der im Zusammenhang mit der K. von Bedeutung ist, ist das Zusammenspiel zwischen der Breite der Produktpalette und der Fertigungstiefe. Hier lautet die grundlegende Empfehlung, dass man, wenn man ein hohes Maß an Komplexität in der Produktpalette akzeptiert, bei der Fertigungstiefe Abstriche machen sollte, um so die → Komplexitätskosten zu beherrschen und im Rahmen zu halten.

Komplexitätskosten, Kosten, die im Unternehmen kausal von der Vielfalt des Produktions- und Vermarktungsprozesses, d.h. durch → Komplexität verursacht werden. K. sind in ihrer Gesamtheit im Wesentlichen unsichtbar. Sie stellen sozusagen das Sand im Getriebe eines Unternehmens dar. Kostentreibende Effekte der Komplexität können dabei von der Pflege zusätzlicher Teiledaten in der Entwicklung über eine Erhöhung der Bestell- und Liefervorgänge bis hin zu einem erhöhten Aufwand in der Kalkulation reichen. Weitere Reibungsverluste aufgrund von Komplexität innerhalb der Wertschöpfungskette äußern sich beispielsweise in Form von Lagerzeiten, Verzugszeiten, Fehlmengen, ablaufbedingten Stillstandszeiten, Maschinenstörungen sowie in Kosten der Informationsbeschaffung und -auswertung. Der Senkung der K. kommt im Rahmen des → Komplexitätsmanagements eine hohe Bedeutung zu. Aufgrund der Intransparenz von K. gelingt es den meisten Unternehmen nicht, diese zu quantifizieren und in der Kostenrechnung auszuweisen. Grundsätzlich lassen sich zwei Arten von K. unterscheiden: (1) Direkte K: liegen in der vermehrten Inanspruchnahme der Infrastruktur durch jedes zusätzliche Produkt begründet. Direkte K. lassen sich in einmalige und dauerhafte K. unterscheiden. Unter einmaligen K. sind z.B. einmalige Konstruktions- bzw. Markterschließungskosten zu verstehen. Unter dauerhaften K. werden dagegen Aufwendungen gefasst, die solange entstehen, wie das Produkt im Sortiment ist. Hier sind beispielsweise Aufwendungen für den begleitenden Kundendienst, die Qualitätsmaßnahmen usw. zu nennen. (2) Indirekte K.: treten in Form von → Opportunitätskosten auf. Sie bringen zum Ausdruck, dass Ressourcen zur Bewältigung der Komplexität benötigt werden, die in einem anderen Kontext sinnvoller eingesetzt werden könnten. Als Beispiel für Opportunitätskosten der Komplexität ist die Zeit eines Produktmanagers zu nennen, wenn er einen wesentlichen Anteil seiner Zeit infolge der Vielfalt der Varianten für hauptsächlich koordinierende Aktivitäten verwenden muss. Im weitesten Sinne sind auch Kannibalisierungs- und Substitutionseffekte innerhalb des Sortiments als Opportunitätskosten anzuführen. So ist stets zu berücksichtigen, dass jede Einführung neuer Varianten den Absatz des bereits vorhandenen Sortiments beeinflusst.

Komplexitätsmanagement, Managementansatz zur Optimierung der → Komplexitätskosten. K. umfasst die drei Maßnahmenbereiche → Komplexitätsvermeidung, → Komplexitätsreduktion sowie → Komplexitätsbeherrschung. Während die Vermeidung von → Komplexität antizipativen Charakter hat, ist die Komplexitätsreduktion eine Reaktion auf zu hohe Komplexität. Im Gegensatz zu diesen beiden Ansätzen sieht die Komplexitätsbeherrschung den Grad der Komplexität des Leistungsangebots des Unternehmens als gegeben an und befasst sich mit der Frage, wie dieser möglichst wirtschaftlich bewältigt werden kann.

Komplexitätsreduktion, Maßnahmebereich des → Komplexitätsmanagements. Ansätze der K. stellen eine Reaktion auf schon entstandene Überkomplexität dar. Indikatoren von Überkomplexität sind häufig zu lange Durchlaufzeiten und zu hohe Bestände. Ursache hierfür ist gewöhnlich eine zu hohe Anzahl von Varianten. Wichtigster Ansatzpunkt der K. ist demnach das Feld der Produktbereinigung. Das beinhaltet vor allem die Erarbeitung und regelmäßige Anwendung eines Kriterienkatalogs für die Elimination von Produkten bzw. Varianten. Als Instrument bietet sich diesbezüglich eine produktbezogene → ABC-Analyse nach Umsatz bzw. → Deckungsbeitrag an. Darüber hinaus ist bei der Produkteliminationsentscheidung aber auch die Bedeutung des Kunden für das Unternehmen zu berücksichtigen. Dies lässt sich z.B. mit Hilfe einer → Kundendeckungsbeitragsrechnung realisieren.

Komplexitätsvermeidung, Maßnahmenbereich des → Komplexitätsmanagements. K. bringt das Bestreben zum Ausdruck, → Komplexität erst gar nicht aufkommen zu lassen bzw. ihr möglichst frühzeitig entgegenzuwirken. Maßnahmen hierzu sollten bereits in der Produktentwicklung in Form einer Teile- und Materialstandardisierung ansetzen. Infolgedessen kann es vorkommen, dass flächendeckend höherwertige Teile bzw. Materialien eingesetzt werden, als es für einzelne Produktvarianten erforderlich wäre. Die → Einzelkosten einzelner Varianten würden demnach über dem prinzipiell erreichbaren Kostenminimum liegen. Diesen Mehrkosten können allerdings deutlich höhere Kosteneinsparungen im Gemeinkostenbereich aufgrund der niedrigeren → Komplexitätskosten entgegenstehen. Dieser Zusammenhang wird vielfach nicht erkannt. Weitere Maßnahmen zur K. liegen in einer klar definierten → Variantenpolitik sowie im Bundling. Beim Bundling kombinieren Unternehmen nach dem Menüprinzip verschiedene Komponenten zu einem Leistungsbündel. Somit wird zum einen die Variantenvielfalt auf niedrigem Niveau gehalten, zum anderen der interne Koordinationsaufwand durch standardisierte Fertigungsabläufe und Reduzierung der Schnittstellen verringert. Darüber hinaus kommt es zum Abbau der Bestände an Extra-Ausstattungen, wodurch erhebliche Komplexitätskosten vermieden werden.

Kompositionelle Verfahren, Verfahren, bei dem Teilbereiche einer Gesamtheit zusammengefasst werden. Z.B. → Faktorenanalyse. Hier werden mehrere Variablen zu einer Einzigen verdichtet.

Komponentengeschäft, → Produktgeschäft, → Zuliefergeschäft.

Kompositionelles Verfahren, Verfahren, bei dem Teilbereiche zu einer Gesamtheit zusammengefasst werden, wie z.B. die → Faktorenanalyse, bei der mehrere Variablen zu einer einzigen verdichtet werden.

Konative Komponenten, → Einstellung.

Konditionenforderung, bezeichnet die Forderung eines Abnehmers nach einem bestimmten → Preis, → einem bestimmten Rabatt oder nach bestimmten Bedingungen (z.B. Serviceleistungen) bei einem Geschäftsabschluss mit einem Anbieter.

Konditionenpolitik, systematische Gestaltung der → Zahlungs-, → Lieferungs- und Leistungsbedingungen im Rahmen der → Preispolitik. Die im Rahmen der K. vereinbarten Leistungen können neben der Ware und den Dienstleistungen die Gewährung bestimmter Rechte beinhalten (z.B. Garantien, Umtausch- oder Rückgaberechte). Die K. regelt nicht nur → Preisabschläge (→Rabatt), sondern auch Zuwendungen (z.B. Werbekostenzuschüsse, Produktproben, kostenlose Geschäftsausstattungen). Häufig werden Vereinbarungen über Konditionen zwischen Anbieter und Abnehmer individuell verhandelt. Das Ergebnis hängt somit von den unternehmerischen Zielen beider Parteien, deren Verhandlungsmacht und -geschick ab. Dabei sind rechtliche Restriktionen zu berücksichtigen (Rabattgesetz, Zugabeverordnung, UWG, GWB).

Konditionierung, → Lernen.

Konditionssystem, Betrachtungsgegenstand der → Konditionenpolitik.

Kondratieff-Zyklen, nach dem russischen Ökonom Nikolai D. Kondratieff benannte industrielle Entwicklungszyklen. So entdeckte Kondratieff, dass die internationale industrielle Entwicklung 48- bis 60-jährigen Zyklen folgt (vgl. die Abb. „Kondratieff-Zyklen"). Schumpeter griff diesen Ansatz auf und fügte noch mittlere (Juglar-) und kurze (Kitchin-Zyklen) hinzu, so dass sich ein abgestimmtes Bild von kurz-, mittel- und langfristigen Wellen der wirtschaftlichen Entwicklung ergibt, wobei drei Kitchin- einen Juglar-Zyklus darstellen und sechs Juglars wiederum einen K.-Z. ausmachen. Auch wenn diese Ansätze von verschiedenen Seiten angezweifelt worden sind, besteht heute zumindest dahingehend Konsens, dass lange und auch kurze Entwicklungswellen existieren, wenn auch nicht unbedingt mit fester Periodizität. Als Ursache für die zyklischen Schwankungen führte Schumpeter die Durchsetzung von → Innovationen an. So häufen sich Basisinnovationen während einer Stagnation, da erst dann die Risikoscheu überwunden wird. Während der Wachstumsphase verlagert sich das Gewicht auf die Verbesserungsinnovationen, später auf Scheininnovationen, die eine Innovation lediglich vortäuschen. Die Wirtschaft verfällt daraufhin wieder in eine technologische Pattsituation, die nur durch Basisinnovationen überwunden werden kann.

Konfektionierung, Zusammentragen der Einzelteile eines → Mailings nach dem Druck bzw. der → Personalisierung, um diese versandfertig zu machen. Die gedruckten → Werbemittel müssen gefalzt, geklebt und geschnitten werden. Sie werden in die Versandhüllen eingelegt (kuvertiert), diese werden geschlossen, evtl. mit Adressaufkleber versehen, frankiert und postfertig gemacht (nach PLZ sortiert, gebündelt usw.).

Konfidenzintervall, *Vertrauensintervall*. Bereich um den Mittelwert der Verteilung einer Zufallszahl, dem eine gewisse Wahrscheinlichkeit (Konfidenzniveau) für sein Eintreten zugeordnet ist. → Signifikanztest.

Konfiguration, bezeichnet eine Dimension der → Organisationsstruktur. Die K. ist die äußere Form oder Gestalt des Unternehmens und wird im Organigramm dargestellt. Im

Rahmen der K. wird geregelt, wie die durch die → Spezialisierung geschaffenen Stellen

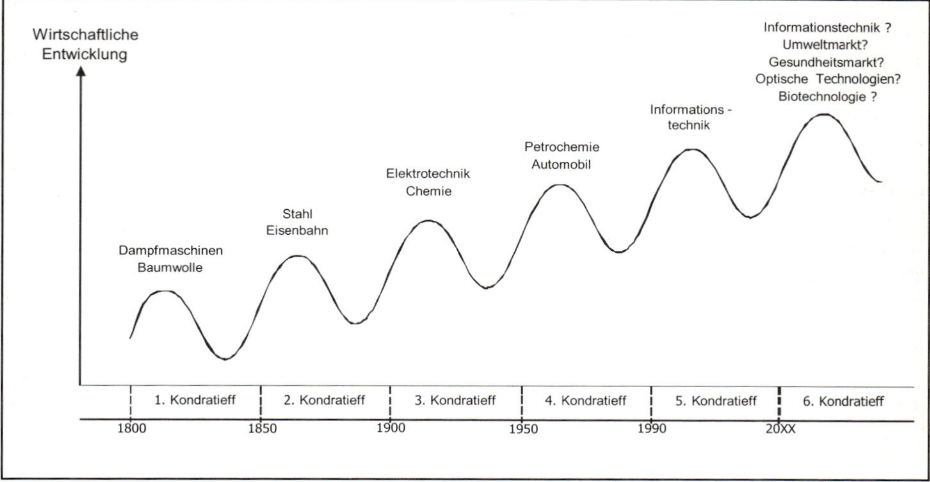

Kondratieff-Zyklen

zueinander in Beziehung stehen (Über-, Unter- oder Nebenordnung) und welche Weisungsbefugnisse die Stelleninhaber haben. Die Gesamtheit der mit Weisungskompetezen ausgestatteten Instanzen (= Leitungsstellen) wird als Leitungssystem bezeichnet. Die K. stellt das Ergebnis der Gestaltung des Leitungssystems dar. Bei der Gestaltung des Leitungssystems lassen sich zwei idealtypische Grundmodelle für die Festlegung der vertikalen Beziehungen zwischen Vorgesetzten (höhere Stelle: Instanz) und Mitarbeitern (niedrigere Stellen: Ausführungsstellen) unterscheiden: (1) In einem Einliniensystem darf eine höhere Stelle mehreren niedrigeren Stellen Weisungen erteilen, wobei jede niedrigere Stelle nur von einer höheren Stelle Weisungen erhält (Einfachunterstellung). Dies entspricht dem Prinzip der Einheit der Auftragserteilung mit dem Ziel, eine klare Regelung der Verantwortlichkeiten zu schaffen. (2) In einem Mehrliniensystem wird die Leitungsfunktion für eine niedrigere Stelle aufgegliedert und auf mehrere höhere Stellen verteilt, so dass einer niedrigeren Stelle mehrere höhere Stellen vorgesetzt sind (Mehrfachunterstellung). Dies hat zum Ziel, die Leitungsaufgaben auf mehrere Vorgesetzte zu verteilen (→ Spezialisierung) und somit Vorgesetzte schneller anlernen zu können.

Konfirmatorische Faktorenanalyse, strukturprüfende → Faktorenanalyse .

Konflikt, kann in inter- und intrapersonale K. unterschieden werden. In der Konsumentenforschung interessieren zum einen die sozialen K. zwischen Personen, die aus Interessensgegensätzen, unvereinbaren Zielen oder Wertvorstellungen resultieren können (z.B. Käufer-Verkäuferkonflikte) sowie zum anderen die kognitiven (*vgl. auch* → Dissonanztheorie) und motivationalen K. (*vgl. auch* → Motivation), die sich im Inneren eines Menschen abspielen.

Konkurrenz, → Wettbewerb und Wettbewerbsanalyse.

Konkurrenzanalyse, → *Wettbewerbsanalyse.*

Konsignation, Form des Kommissionsgeschäftes, → Kommissionär.

Konsistenzmatrix, → Wettbewerbsvorteile.

Konsistenztheorie, besagt, dass Individuen nach einer widerspruchsfreien Verknüpfung von inneren Erfahrungen, Kognitionen und Einstellungen streben und damit das Bedürfnis haben, auftretende Widersprüche (Inkonsistenzen) in ihren Einstellungssystemen zu beseitigen oder von vornherein zu vermeiden. *Vgl. auch* → Dissonanztheorie).

Konsortium, → Anbietergemeinschaft.

Konstantnutzenmodell, in K. bietet jede Produktalternative einen deterministischen Nutzen, wobei eine Produktalternative mit höherem einer solchen mit geringerem Nutzen vorgezogen wird. Die Differenz zwischen dem Nutzen stellt das Ausmaß der Präferenz dar. Im Konstantnutzenmodell von Luce (1959) ergibt sich die Auswahlwahrscheinlichkeit für eine Produktalternative aus dem Quotienten des Nutzens dieser Alternative für einen Konsumenten und der Summe der Nutzenwerte aller Alternativen.

Konstrukt, *theoretisches Konstrukt, latente Variable.* Im Bereich der → Marktforschung bezeichnet der Begriff eine abstrakte Einheit, die ein nicht direkt beobachtbares Phänomen der Realität beschreibt. Dieses Phänomen kann nicht durch direkte Messung überprüft werden (z.B. Image, Motivation). Deshalb müssen zur Überprüfung eines K. Messverfahren herangezogen werden, die sich auf messbare Indikatoren beziehen. Zur Abschätzung der Güte werden vor allem die → Reliabilität und die → Validität einer Messung in Bezug auf das K. überprüft.

Konsument, → Konsumentenverhaltensforschung.

Konsument, hybrider, → hybrider Verbraucher.

Konsumentenbedürfnis, → Motivation.

Konsumentenforschung, → Konsumentenverhaltensforschung.

Konsumenten-Jury, bezeichnet in der Konsumgüterindustrie die im Rahmen von Befragungen erfassten Urteile ausgewählter Endverbraucher.

Konsumentenpanel, → Panelerhebungen.

Konsumentenrente, beschreibt die Differenz zwischen dem Preis eines Gutes und der → Preisbereitschaft des Konsumenten. Mit Hilfe der → Preisdifferenzierung – und damit oft einhergehenden → Produktdifferenzierung – soll diese Konsumentenrente abgeschöpft werden. Dies kann auch mittels nichtlinearer Preisbildung (→ Preistheorie, nichtlineare und → Preisbildung, nichtlineare) und → Preisbündelung geschehen.

Konsumentensouveränität, Leitbild, nach dem die Entscheidungen der Konsumenten letztlich bestimmen, welche Güter in welchen Mengen erzeugt und am Markt angeboten werden.

Konsumentenverhalten, → Konsumentenverhaltensforschung.

Konsumentenverhaltensforschung. I. Entwicklungsgeschichte der Konsumentenforschung: Noch vor 25 Jahren waren die Begriffe Konsumentenverhalten und Konsumentenforschung kaum bekannt. Sie wurden Mitte der 1960er-Jahre eingeführt, als sich die empirische Marketingforschung in den USA etablierte und sich die Erforschung des Konsumentenverhaltens zu einem vorrangigen Gegenstand der Marketingforschung entwickelte. Unter Konsumentenverhalten im engeren Sinne wird das beobachtbare „äußere" und das nicht beobachtbare „innere" Verhalten von Menschen beim Kauf und Konsum wirtschaftlicher Güter verstanden. Im weiteren Sinne bezeichnet Konsumentenverhalten das Verhalten der Letztverbraucher von materiellen und immateriellen Gütern in einer Gesellschaft, also auch das Verhalten von Wählern, Museumsbesuchern oder Patienten. In der BRD erschienen Anfang der 1970er-Jahre die ersten Veröffentlichungen zur Konsumentenforschung. Hier wurde die Disziplin vor allem durch die Arbeiten von Kroeber-Riel geprägt. Die Konsumentenforschung erlebte einen schnellen Aufschwung, verselbständigte sich und wurde zur dominanten Forschungsrichtung der verhaltensorientierten Marketingforschung. Eine unangefochtene Vormachtstellung über alle anderen Paradigmen der Marketingwissenschaft konnte die Konsumentenforschung in der BRD jedoch nicht für sich verbuchen. So musste dieser Ansatz stets um seine Anerkennung innerhalb des Marketing kämpfen, anfangs aufgrund der vor allem durch Gutenberg geprägten Marketingwissenschaft, heute aufgrund einer Renaissance mikroökonomischer Paradigmen. Im Unterschied zur BRD begreift man sich im angloamerikanischen Raum voller Selbstbewusstsein als wichtigste Disziplin innerhalb des Marketing. International erfolgt der wissenschaftliche Austausch der Konsumentenforscher über die 1973 gegründete wissenschaftliche Zeitschrift „Journal of Consumer Research", die zu den sog. A-Journals zählt. Darüber hinaus treffen sich die Mitglieder der internationalen Organisation „Association for Consumer Research„ mittlerweile zweimal jährlich zu einer Konferenz. Die Tagungsergebnisse werden in den „Advances in Consumer Research" veröffentlicht.

II. Wissenschaftstheoretische Perspektiven: Die Konsumentenforschung versteht sich als interdisziplinäre Wissenschaft und nutzt für die Hypothesenbildung und Methodik Erkenntnisse der Psychologie, der empirischen Sozialforschung, der Soziologie und der Sozialpsychologie, der vergleichenden Verhaltensforschung (Cross Cultural Research) und der physiologischen Verhaltenswissenschaft. Zentrale Ziele der wissenschaftlichen Konsumentenforschung sind das Verstehen und Erklären des Verhaltens von Konsumenten sowie die Ableitung von Handlungsempfehlungen zur Beeinflussung des Konsumentenverhaltens. Dieser einfache Satz birgt jedoch eine Menge Zündstoff in sich, denn erstens wehren sich viele Marketingforscher vehement dagegen, dass sie Sozialtechniken zur Beeinflussung von Verhalten entwickeln sollen, zum anderen verbergen sich hinter den Begriffen Erklären und Verstehen zwei Forschungsparadigmen, die von vielen Forschern durchaus als diametral erlebt werden. Wie bereits angesprochen, hat sich die Konsumentenforschung aus der empirischen Marketingforschung entwickelt. Die Konsumentenforschung war daher anfangs rein positivistisch geprägt. Die positivistische Richtung geht von erfahrungswissenschaftlichen Erkenntnissen aus. Im Sinne des kritischen Rationalismus ist die Forschung darauf ausgerichtet, generalisierbare Aussagen, also Theorien und Hypothesen, zu formulieren und diese empirisch zu überprüfen. Diese Aussagen sollen dazu dienen, das Konsumentenverhalten zu erklären und im Sinne des modifizierten Hempel-Oppenheim-Schemas Prognosen über das Verhalten zu erstellen und Empfehlungen über die Beeinflussung des Verhaltens abzugeben. Immer wiederkehrende Probleme sind dabei die Operationalisierung und Messung theoretischer Begriffe. Die empirisch gewonnenen Erkenntnisse müssen daher sorgfältigen Reliabilitäts- und Validitätsprüfungen unterzogen werden. Grundsätzlich geht der positivistische Ansatz also davon aus, dass mittels verhaltenswissenschaftlicher Ansätze Problemlösungsstrategien für das Marketing entwickelt werden. Der positivistische Ansatz hat sich seit den 1980er-Jahren der Kritik aussetzen müssen, einen blinden „Empirismus" entfacht zu haben. Darüber hinaus sei der Ansatz zum Scheitern verurteilt, wenn einmalige Ereignisse im Leben eines Konsumenten erklärt werden sollen, die aber erheblichen Einfluss auf zukünftige Konsumentenentscheidungen ausüben können (sog. Critical Incidents), da die positivistische Richtung auf der Suche nach Gesetz- oder zumindest nach Regelmäßigkeiten im menschlichen Verhalten ist. Das setzt voraus, dass bestimmte Phänomene immer wiederkehrend sind. Die verstehende Richtung der Konsumforschung hat sich in den 80er-Jahren als Gegenrichtung zum Positivismus entwickelt. Der verstehende Ansatz versucht, wie der Name schon impliziert, das Verhalten von Konsumenten zu verstehen und zu interpretieren. Beispielsweise hat die verstehende Konsumentenforschung ermittelt, dass Frauen Marlboro rauchen, weil sie sich unterdrückt fühlen und mit der Marlboro diese empfundene Schwäche überwinden möchten. Die Anhänger möchten allerdings keine quantifizierbaren und generalisierbaren Erklärungen oder Prognosen über das Konsumentenverhalten aufstellen und damit keine Sozialtechniken zur Beeinflussung des Verhaltens liefern. „Verstehende Konsumentenforscher" versuchen, beispielsweise mittels → hermeneutischer und → semiotischer Verfahren oder unter Zuhilfenahme der Anthropologie die komplexen sozialen und kulturellen Einflüsse auf das Konsumverhalten zu ermitteln, was aber nicht bedeutet, dass diese Erkenntnisse für die Beeinflussung des Konsumverhaltens durch eine entsprechende Marketingmixpolitik genutzt werden sollen. Viele Vertreter der verstehenden Richtung sind der Ansicht, dass der Materialismus zu sehr im Mittelpunkt der positivistischen Richtung stünde und dass auch die sog. „Dark Sides of Consumer Behavior" (wie beispielsweise Kaufsucht oder Umweltverschmutzung) erforscht werden müssten. Zu den Exponenten dieser Forschungsrichtung zählen vor allem Morris Holbrook und Elisabeth Hirschman. Diese Einstellung wird auch seitens der Verfechter der sog. „kritischen Schule" der Konsumforschung unterstützt, die sich der interpretativen Richtung zugehörig fühlen und es sich zum Ziel gesetzt haben, eine „moralische Wirtschaft" zu etablieren und die Konsumwelt kritisch zu hinterfragen. Es ist sicherlich ein Verdienst der verstehenden Richtung, dass sich die Konsumentenforschung seit den 1980er-Jahren mit den negativen Auswüchsen der Konsumgesellschaft und mit dem Verbraucherschutz beschäftigt und dass sie die positivistische Richtung beeinflusst hat, ihr Manko zu erkennen und sich dieser Themen ebenfalls anzunehmen. Gleichfalls hat dieser Ansatz (man bezeichnet sich heute auch gerne als „qualitative Forschungsrichtung") die lange Zeit vernachlässigten Methoden der psychologischen Marktforschung wie Bildertests oder thematische Apperzeptionstests wieder stärker in den Vordergrund gespielt, projektive Verfahren weiterentwickelt (z.B. Zaltman's Metaphor Elicitation Technique) oder die Aufmerksamkeit auf den Nutzen von Fokusgruppen gelenkt. Weiterhin haben qualitative Forschungsarbeiten im Cross-Cultural-Bereich wertvolle Erkenntnisse für das Verstehen anderer Kulturen (und damit für das internationale Marketing) geleistet. Viele von dieser Forschungsrichtung gewonnenen Erkenntnisse sind jedoch spekulativ und erinnern an die psychoanalytische Motivforschung von Ernest Dichter. So wird eine mangelnde intersubjektive Nachvollziehbarkeit der Ergebnisse kritisiert, die vielfach allerdings auch gar nicht angestrebt wird. Letzteres ist insbesondere dann gegeben, wenn sich der Forscher als Teil des zu untersuchenden Phänomens begreift und, statt Distanz zu den Probanden zu wahren, mit ihnen interagiert und kooperiert. Zusammenfassend kann hier festgehalten werden, dass die verstehende Richtung originelle und innovative Beiträge zur Konsumforschung geleistet hat. Beispielsweise hat die von amerikanischen Forschern durchgeführte Konsumentenverhaltensodyssee tiefe Einblicke in das amerikanische Konsumverhalten gegeben. Vielleicht ausgelöst durch den 1982 erschienenen Artikel von Holbrook und Hirschman „Experiential Aspects of Consumption: Fantasies, Feelings and Fun" hat sich der verstehende Ansatz stärker den emotionalen Aspekten zugewandt, wie es auch von deutschen Konsumentenforschern gefordert wird. Allerdings muss sich die verstehende Richtung dem Gültigkeitsproblem stellen. Denkbar wäre hier eine konsequente Anwendung der sog. Triangulation. Hierbei handelt es sich um einen multidimensionalen Forschungsprozess, der (idealerweise) wie folgt abläuft: Es wird unterschiedliches Ausgangsmaterial (z.B. Beobachtungen, Tiefeninterviews, die sog. Thick Descriptions, Fotos, Symbole usw.) zur Analyse eines Phänomens gesichtet. Diese Daten werden von unterschiedlichen Forschern aus unterschiedlichen Disziplinen (z.B. Soziologen, Psychologen, Anthropologen usw.) mit unterschiedlichen Methoden (z.B. Semiotik, kognitive Psychologie usw.) unter Zuhilfenahme konkurrierender Hypothesen interpretiert. Einigt man sich in dem Forschungsprozess gemeinsam auf eine theoretische Erklärung für das Zustandekommen des Ausgangsmaterials und kann man diese Erklärung noch mit weiterem Material untermauern, dann ist die Wahrscheinlichkeit hoch, dass die Interpretation auch von anderen nachvollzogen werden kann und nicht mehr als willkürlich gelten muss. Diese Art der Forschung könnte dann auch den wissenschaftstheoretischen Anforderungen der syntaktischen und pragmatischen Kriterien gerecht werden und ebenfalls gesichertes Wissen entwickeln. Solange sich die verstehende Richtung jedoch nicht einer grundlegenden Güteprüfung unterzieht, stellen die hier gewonnenen Erkenntnisse i.d.R. nur Hypothesen dar, die in den Entdeckungszusammenhang eingeordnet werden und sich einer klassischen empirischen Prüfung im Begründungszusammenhang unterwerfen sollten. Ein weiterer Unterschied zwischen den Forschungsrichtungen besteht darin, dass – wie bereits angesprochen – von dem überwiegenden Teil der Verfechter des verstehenden Ansatzes die Entwicklung von Sozialtechniken abgelehnt wird. Damit beraubt sich diese Forschungsrichtung eines Vorteils, der den verhaltenswissenschaftlichen Ansatz anderen Forschungskonzeptionen im Marketing überlegen macht.

III. Das SOR-Paradigma: Die verhaltensorientierte Konsumentenforschung ist neben ihrer Interdisziplinarität durch das neobehavioristische SOR-Paradigma geprägt. Das Verhalten von Konsumenten lässt sich danach durch das Zusammenwirken von Umwelteinflüssen und von psychischen Vorgängen erklären, die sich in der Person abspielen: Die Modellvariablen beziehen sich demzufolge auf beobachtbare Reize der Umwelt (S für Stimulus), auf die nicht beobachtbaren, internen psychischen Prozesse (O für Organismus) und schließlich auf die beobachtbare Reaktion (R). Die internen Prozesse werden auch als intervenierende Variablen (I) bezeichnet, da sie sich zwischen die beobachtbaren Reize der Umwelt und das Verhalten schieben. Vielfach wird daher auch vom SIR-Paradigma gesprochen. Die Umwelt wird als eine Reizkonstellation aufgefasst, die auf den Konsumenten einwirkt. Zu den Umweltreizen zählen: physische Umwelt (z.B. Gebäude, Landschaften; → Umweltpsychologie), die nähere soziale Umwelt, die Personen umfasst, zu denen der Konsument direkte Beziehungen unterhält (z.B. → Familie, → Bezugsgruppen), die weitere soziale Umwelt. Dazu zählen insbesondere die Kultur und die Subkultur, die das Verhalten des Einzelnen beeinflussen (→ Consumption Context, → Cross Cultural Research). Aufgrund der zunehmenden Internationalisierung wird die Analyse der kulturellen und subkulturellen Einflussfaktoren in Zukunft mehr und mehr an Bedeutung gewinnen. Die intervenierenden Variablen lassen sich in die primär → aktivierenden und die → primär kognitiven Prozesse einteilen. Die kognitiven Vorgänge entstehen durch die gedankliche Verarbeitung der aktuell aufgenommenen Informationen (→ Informationsverarbeitung). Dabei werden neue Informationen mit bereits im Gedächtnis gespeicherten Wissen verknüpft (→ Gedächtnis, → Lernen). Die aktivierenden Prozesse sind die grundlegenden Antriebskräfte (→ Motivation, → Emotion) des Menschen. Eine Schlüsselfrage in der Konsumentenforschung lautet, ob sich den intervenierenden Prozessen aus kognitiver oder affektiver Sicht genähert wird, d.h. aus welcher Forschungsperspektive man versucht, die sich im Organismus abspielenden Prozesse zu erklären. Bei Betrachtung der internationalen Veröffentlichungen ist festzustellen, dass der kognitive Ansatz eindeutig dominiert. In der deutschen Konsumentenforschung ist jedoch u.a. aufgrund der Arbeiten von Kroeber-Riel und Weinberg das Verhältnis umgekehrt. Als abhängige Variable (R) wird i.d.R. das Kaufverhalten untersucht. Konsumenten können impulsive, habitualisierte, limitierte oder extensive → Kaufentscheidungen fällen. Welches Kaufverhalten der Konsument zeigt, hängt häufig von dem → Involvement ab. Neben dem Kaufverhalten interessieren als abhängige Reaktionen vielfach auch Variablen wie beispielsweise die Kundenfrequenz, Verweildauer und das Erkundungsverhalten am Point of Sale oder das Mediennutzungsverhalten (z.B. Einschaltquoten) zur Überprüfung der Kommunikationspolitik.

IV. Bedeutung der Konsumentenforschung für die Praxis: Die positivistische Konsumentenforschung hat für die betriebswirtschaftliche Praxis zahlreiche wertvolle Handlungsempfehlungen entwickelt. Exemplarisch seien folgende Forschungsbereiche genannt: Einstellungsforschung und Markenbildung, Preisverhalten und Preispolitik, Umweltpsychologie und Ladengestaltung, Kommunikationsforschung (Bildkommunikation, Imagerytheorie) und Werbung, Emotionsforschung und Werbung sowie Erlebnismarketing, Wahrnehmungstheorien und Werbung. Die positivistische Konsumentenforschung ermöglicht die Ableitung konkreter Handlungsempfehlungen, wie ein Beispiel aus der Einzelhandelsforschung deutlich macht. Die Umweltpsychologie beschäftigt sich u.a. mit der Frage, wie Individuen kognitive Lagepläne (Mental Maps) bilden und welchen Nutzen diese haben. Die Erkenntnisse dieser Disziplin erlauben eine Übertragung auf das Verhalten von Konsumenten in Ladenumwelten. Es konnte in diversen empirischen Untersuchungen nachgewiesen werden, dass kognitive Lagepläne die subjektiv empfundene Orientierungsfreundlichkeit am Point of Sale erhöhen und dass Mental Maps durch markante Erinnerungshilfen, die sog. kognitiven Anker, und durch eine Verbundpräsentation gefördert werden können. Gleichfalls bestätigte sich die Hypothese, dass Konsumenten, die die Orientierungsfreundlichkeit des Geschäftes positiv wahrnehmen, eine positive Einkaufsstimmung erleben und eine hohe Kaufbereitschaft haben. Es lassen sich weitere zahlreiche sozialtechnische Implikationen finden, die theoretisch abgeleitet und empirisch geprüft sind. Die verhaltenswissenschaftliche Generierung und methodische Prüfung von Sozialtechniken sind zentrale Anliegen dieser konsequent nachfrageorientierten Marketingforschung.

Literatur: Belk, R.W. (1988): Possessions and the Extended Self, in: Journal of Consumer Research, 15. Jg., Nr. 2, S. 139-168; Belk, R.W. (1991) (Hrsg): Highways and Buyways: Naturalistic Research from the Consumer Odyssey, Provo, UT; Gröppel, A. (1995): In-Store-Marketing, in: Tietz, B./ Köhler, R./Zentes, J. (Hrsg.): Handwörterbuch des Marketing, Stuttgart, Sp. 1020-1030; Gröppel-Klein, A./Weinberg, P. (2000): Die Konsumentenforschung im Marketing. Stärken und Schwächen aus Erfahrungssicht, in: Backhaus, K. (Hrsg.): Deutschsprachige Marketingforschung. Bestandsaufnahme und Perspektiven, Stuttgart; Grunert, K.G. (1990): Kognitive Strukturen in der Konsumentenforschung, Heidelberg; Hirschman, E.C. (1989) (Hrsg.): Interpretive Consumer Research, Provo, UT; Hirschman, E.C./Holbrook, M.B. (1992): Postmodern Consumer Research: The Study of Consumption as Text, Newbury Park; Holbrook, M.B./Hirschman, E.C. (1982): Experiential Aspects of Consumption: Fantasies, Feelings and Fun, in: Journal of Consumer Research, 7. Jg., Nr. 9, S.132-140; Kroeber-Riel, W. (1973) (Hrsg.): Konsumentenverhalten und Marketing, Opladen; Kroeber-Riel, W. (1995): Konsumentenverhalten, in: Tietz, B./ Köhler, R./Zentes, J. (Hrsg.), Handwörterbuch des Marketing, Stuttgart, Sp. 1234-1246; Kroeber-Riel, W./Weinberg, P. (2003): Konsumentenverhalten, 8. Aufl., München; Rogers, E. (1987): The Critical School and Consumer Research, in: Advances in Consumer Research, 14. Jg., Provo, UT, S. 7-11; Sherry, J.F. (1991): Postmodern Alternatives: The Interpretative Turn in Consumer Research, in: Robertson, T.S./Kassarjian, H.H. (Hrsg.): Handbook of Consumer Behavior, Englewood Cliffs, S. 548-591; Solomon, M./ Bamossy, G./Askegaard, S. (1999): Consumer Behaviour. A European Perspective, New York u.a.; Trommsdoff, V. (1998): Konsumentenverhalten, 3. Aufl., Stuttgart u.a.; Zaltman, G./Coulter, R.H. (1995): Seeing the Voice of the Consumer: Metaphor-Based Advertising Research, in: Journal of Advertising Research, 35. Jg., Nr. 4, S. 35-51.

Andrea Gröppel-Klein

Konsumentenzufriedenheit, → Kundenzufriedenheit.

Konsumerismus, alle Aktivitäten von staatlichen Institutionen, Organisationen oder Unternehmen, die Verbraucher vor sie beeinträchtigenden Praktiken von Anbietern schützen. Zu den Aktivitäten können auch medienwirksame Aktionen oder Boykottaufrufe oder Mobilisierung des Gesetzgebers zählen. Der Konsumerismus (→ Consumerism) hat seine Wurzeln in den USA. Ein international bekannter → Verbraucherschützer ist beispielsweise Ralph Nader gewesen.

Konsumgenossenschaft, historisch betrachtet eine Institution auf genossenschaftlicher Basis zur preisgünstigen und leistungsgerechten Versorgung der Mitglieder mit Waren. Die K. hat ihren Ursprung zu Beginn des 19. Jahrhunderts. Aufgrund ihrer schlechten wirtschaftlichen und sozialen Lage gründeten damals vor allem Verbraucher aus der Arbeiterschicht K. als Protest gegen die bisherige Warenversorgung.

Konsumgut, ein Gut, das dem Endverbraucher in erster Linie zur Befriedigung seiner materiellen Bedürfnisse dient. K. werden wieder unterteilt in → Gebrauchs- und → Verbrauchsgüter.

Konsumgütermarketing, Vermarktung von Konsumgütern auf tendenziell anonymen Massenmärkten (→ Massenmarktstrategie). Konsumgüter sind dabei materielle Wirtschaftsgüter, die von privaten Haushalten, also Endverbrauchern, nachgefragt werden. Das K. ist das klassische Betätigungsfeld des → Marketing. Es ist aber nicht mit dem Marketing als solchem gleichzusetzen. Eine sektorale Typologisierung des Marketing unterscheidet neben dem K. das → Industriegütermarketing, das → Dienstleistungsmarketing und das → Handelsmarketing (→ Trade Marketing). Für Konsumgüterhersteller gewinnt aufgrund steigender Handelsmacht neben der Bearbeitung der Endverbraucher (K. i.e.S.) zunehmend das handelsgerichtete Marketing (K. i.w.S.) an Bedeutung. Mit Unterstützung → Neuer Medien kann das K. auch auf Massenmärkten stärker individualisiert werden.

Konsumklimaforschung, repräsentative Befragung in der Bevölkerung zur Ermittlung der ökonomischen Einschätzungen und Erwartungen der Konsumenten bzw. der Konsumbereitschaft der Bevölkerung. Zentrale Zielsetzung ist die Untermauerung der Konjunkturprognosen der Wirtschaftsinstitute.

Konsumkompetenz, damit sind alle fachlichen und sozialen Fertigkeiten des Konsumenten gemeint, die seinen Umgang mit dem Produkt in allen Phasen nach dem Kauf bestimmen. Diese Fertigkeiten können z.B. die optimale Nutzung des Produktes (z.B. Stereoanlage) betreffen oder den Aufbau einer interaktiven Beziehung mit dem Anbieter, auch zur kundenfreundlichen Weiterentwicklung des Produktes (z.B. Softwareprogramme). Die Vermittlungen von Konsumkompetenz ist im Rahmen des → Kundenbindungsmanagements eine wichtige Aufgabe.

Literatur: Hennig-Thurau, T. (1998): Konsum-Kompetenz. Eine neue Zielgröße für das Management von Geschäftsbeziehungen, Frankfurt/Main.

Kontakt, → Reichweite. *Vgl. auch* → Mediaplanung.

Kontakt- und Mediengewichte, → Mediaselektionsprogramme.

Kontaktassistent, → Werbeberufe.

Kontakt(mengen)bewertungskurve, *Response-Funktion*; spezifische Werbewirkungsfunktion, die die → Werbewirkung als Funktion der Kontaktdosis beschreibt.

I. Ermittlung: Das Konzept der K. stammt aus der psychologischen Lerntheorie. Auf die Werbewirkung angewandt, dient die K. als Grundlage für die anzustrebende Kontaktzahl bei anvisierten → Zielgruppen. Zur Ermittlung der K. ist die aggregierte → Werbewirkung, d.h. die Werbewirkung bei allen (erreichten) Zielpersonen, in Abhängigkeit von der realisierten bzw. erwarteten Kontaktdosis (ausgeübter Werbedruck) abzubilden. Hierzu wird jeder Kontaktklassse ein bestimmtes Gewicht zugeordnet, das die Kontakte bewertet, die mit einem Medium oder Mediaplan erreicht werden.

II. Grundmodelle: Empirische Untersuchungen, die diesbezüglich in den letzten Jahren durchgeführt wurden, konnten zwar keine allgemeingültigen Ergebnisse generieren, sie konnten aber einige, durch einen typischen Verlauf gekennzeichneten, K. als Grundmodelle identifizieren. Hierbei handelt es sich um die stufenförmige, lineare, logistische, konvex-konkave sowie die konvexe Wirkungskurve (vgl. Abb. Funktionsverläufe von „Kontaktbewertungskurven"), denen jeweils unterschiedliche Annahmen zur Werbewirkung zugrunde liegen. Größte empirische Relevanz verfügt nach diesen Ergebnissen die konvexe (degressive) Funktion. Dieser Funktion entsprechend nimmt die Werbewikung mit steigender Kontaktdosis ab einer bestimmten Kontaktzahl nur noch unterproportional zu (→ Wear in Effect). Der Grenznutzen eines Kontaktes nimmt also mit wachsender Kontaktzahl ab.

Literatur: Hörzu-Service (Hrsg.) (1974): Media Programme, Media-Probleme, Hamburg.

Kontakter, *Accountmanager*; → Werbeberufe (1).

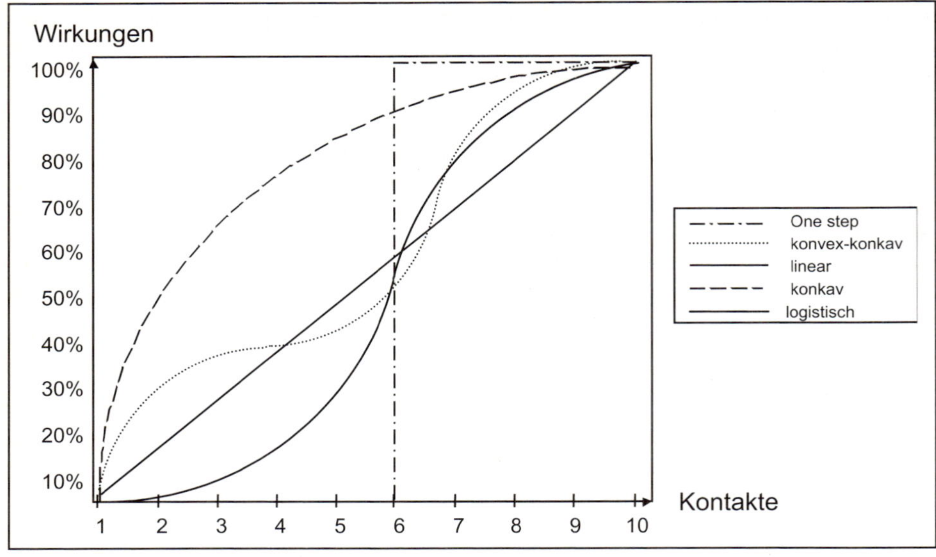

Funktionsverläufe von Kontaktbewertungskurven (Quelle: Hörzu-Service 1974)

Kontaktform, → Personal Selling; bezeichnet die Art und Weise wie Kunden angesprochen werden. Vertriebskontakte können persönlich direkt, persönlich medial oder unpersönlich medial erfolgen. Eine persönlich direkte Kontaktaufnahme kann z.B. durch den → Außendienst, den → stationären Handel oder auf → Messen erreicht werden. Beispiele für den persönlich medialen Kontakt sind Telefon oder Videokonferenzen, während hingegen das Fernsehen, das → Mailing und das → Internet der unpersönlich medialen Kontaktformen zuzuordnen sind.

Kontaktfrequenz, → Kontakthäufigkeit.

Kontaktgewichtung,→ Mediaplanung (2).

Kontakthäufigkeit, *Kontaktfrequenz*, *Kontaktmenge*; die Anzahl der Kontakte, die ein Leser, Hörer, Zuschauer oder eine andere Zielperson mit einem oder mehreren → Werbeträgern bzw. → Werbemitteln hat. *Vgl. auch* → Mediaplanung.

Kontakthistorie, Sammlung von über eine Zeitperiode angefallenen Informationen über einen Kunden. Gespeichert werden Anforderungen, Transaktionen und Beschwerden des Kunden, wozu meist eine → Database-Lösung eingesetzt wird. Die meisten modernen Softwarelösungen bieten es an, neben den Stammdaten wie Name, Anschrift, usw. auch die Kontaktdaten zu speichern. Aus der Summe der Kontaktdaten wird eine K. ermittelt, die wiederum Aufschluss über die Bedürfnisse des Kunden gibt. Die Analyse der K. erfolgt über den Einsatz von statistischen Verfahren (*vgl. auch* → Data Mining), woraus sich dann ein Score-Wert ergibt, der den Kunden einer bestimmten Zielgruppe zugeordnet wird.

Kontaktpersonal, → *Front-Office-Personal.*

Kontaktpunktanalyse, Untersuchung der Interaktionen zwischen Anbieter und Nachfrager im Hinblick auf Aspekte der → Qualität (→ Dienstleistungsqualität). *Vgl. auch* → Critical-Incident-Technik.

Kontaktqualität, Maßstab für die Eignung eines Werbeträgers oder einer Werbeträgergruppe für die Präsentation der in einer → Werbekampagne verwendeten → Werbebotschaft. Die Programmzeitschriften „Hörzu“ und „Funk Uhr“ haben 1984 in Zusammenarbeit mir einer Expertengruppe des

GWA ein Messinstrument vorgelegt, das mithilfe von acht Merkmalen die Kontaktqualität erfassen hilft. *Vgl. auch* → Mediaplanung.

Kontiguitätsprinzip, → Lernen.

Kontingenzanalyse, bei der K. handelt es sich um ein Verfahren, mit dem die Abhängigkeit bzw. die Unabhängigkeit von zwei oder mehreren nominalen Variablen untersucht wird. Dazu wird die Kontingenztabelle aufgestellt, die die Häufigkeiten der einzelnen Merkmalsausprägungen für die jeweiligen Variablen enthält. Anhand von entsprechenden zu berechnenden Kontigenzkoeffizienten wird dann die Stärke der Abhängigkeit abgelesen. Bei zwei Variablen kann auch der Chi-Quadrat-Unabhängigkeitstest verwendet werden (→ Chi-Quadrat-Test). Die Abhängigkeit der beiden Variablen kann anhand des Kontigenzkoeffizienten *C* von Pearson abgelesen werden:

$$C = \sqrt{\frac{\chi}{\chi + n}}$$

wobei n der Umfang der untersuchten Gesamtheit ist und χ die Testgröße des Chi-Quadrat-Unabhängigkeitstests.

Kontingenzansatz, → Situativer Ansatz, → Theorien des Marketing.

Kontinuierlicher Verbesserungsprozess, *KVP*; Hauptziel des → Total Quality Management (TQM), über das eine Sicherung und Steigerung der → Kundenzufriedenheit erreicht werden soll. Unter Verbesserung wird die Beseitigung von Fehlleistungen aller Art, von unrationellen Arbeitsabläufen, Behinderungen, Kommunikations- und Informationslücken, Führungsproblemen u.a. verstanden. Nicht zur Verbesserung zählen große → Innovationen an Produkten, Prozessen und Einrichtungen. Der Begriff KVP ist auch unter dem japanischen Konzept → Kaizen bekannt geworden, das ein in vielen kleinen Schritten auf allen Unternehmensebenen systematisch betriebenes Verbesserungsmanagement bezeichnet.

Kontrahierungspolitik, sämtliche Maßnahmen, die auf die zielgerichtete Gestaltung von Lieferungs- und Leistungsverträgen sowie die damit verbundenen → Preiskonditionen abzielen. Als Element des Marketingmix beinhaltet die Kontrahierungspolitik sämtliche Gestaltungsparameter der → Preispolitik und → Konditionenpolitik.

Kontrahierungspolitik, internationale, kann in die Bereiche internationale Preispolitik und internationale Konditionenpolitik eingeteilt werden. Im Rahmen der internationalen Preispolitik ist über alle absatzpolitischen Maßnahmen zu befinden, die der internationalen → Preisbestimmung und Durchsetzung für Produkte eines Unternehmens dienen, die in mehr als einem Land angeboten werden. Handlungsalternativen im Rahmen der internationalen Preispolitik sind: Die jeweilige Preishöhe für ein Produkt in einem Land, landesspezifische Preisvariationen, die in den einzelnen Ländern zu verfolgende Preisstrategie, internationale → Preisdifferenzierungen sowie die Preisdurchsetzung in den bearbeiteten Ländern. Die internationale Konditionenpolitik umfasst Regelungen beim Abschluss von internationalen Verträgen; dazu gehören die internationale → Rabattpolitik, die internationalen Lieferungsbedingungen (→ Incoterms), internationale → Zahlungsbedingungen, die internationale → Kreditpolitik wie auch die Allgemeinen Geschäftsbedingungen.

Kontrahierungszwang. Grundsätzlich gilt Vertragsfreiheit, was die Wahl der Vertragspartner (Abschlussfreiheit) und den Inhalt des → Vertrages (inhaltliche Gestaltungsfreiheit) anbelangt. Ein Eingriff in die Abschlussfreiheit liegt vor, wenn jemand zum Abschluss mit einem anderen gezwungen wird. Gemeinsames Merkmal dieser Fälle ist ein regulierter Markt, für den auf der Anbieterseite eine Zulassungsbeschränkung besteht. K. gilt z.B. für Unternehmungen, die dem Personenbeförderungsgesetz unterliegen, wie Taxen, Bus- und Straßenbahnunternehmungen (§ 22 PersBefG). Sonstige Privatunternehmungen unterliegen grundsätzlich nicht dem K., auch wenn sie praktisch eine Monopolstellung haben. So kann sich z.B. die einzige Reinigung in einer Kleinstadt ohne Begründung weigern, für einen bestimmten Einwohner Reinigungsarbeiten durchzuführen. Diesen Grundsatz durchbricht § 20 GWB, wonach bestimmte marktbeherrschende oder relativ marktstarke Unternehmungen andere Unternehmungen nicht diskriminieren dürfen und daher gelegentlich auch gegen ihren Willen zu Vertragsabschlüssen gezwungen werden können (*vgl. auch* → Diskriminierungsverbot).

Kontrakt, → Vertrag.

Kontraktgüter, idealtypische Gütergruppe aus Sicht der → Institutionenökonomik (→ Theorien des Marketing), Gegenteil der → Austauschgüter. K. werden erst nach Vertragsabschluss erstellt. Sie sind spezifisch, d.h. auf den Kunden zugeschnitten, komplex und hochwertig. Beispiele für K. sind komplexe Dienstleistungen (z.B. Unternehmensberatung, Abenteuerreise) und hochwertige Investitionsgüter (z.B. Anlagenbau). Vor dem Vertragsabschluss stehen Kunde und Anbieter vor gravierenden Informations- und Anreizproblemen. Zum einen kann die Qualifikation des potenziellen Kooperationspartners oft nicht eingeschätzt werden (→ Hidden Characteristics , die auch bei Austauschgütern auftreten), zum anderen kann auch ein qualifizierter Anbieter (oder Kunde) viel versprechen, muss seine Versprechen aber nicht halten, weil der jeweilige Arbeitseinsatz oft nur unzureichend kontrolliert werden kann (→ Hidden-Action- bzw. Moral-Hazard-Problem; exklusives K.-Problem). Wegen der Spezifität der Investitionen in die Kooperationsbeziehung, d.h. die schlechte Nutzbarkeit der Ergebnisse der Bemühungen in alternativen Verwendungen außerhalb der Kooperationsbeziehung, können außerdem (beidseitige) Erpressungspotenziale und Konflikte um die Aufteilung der Vorteile der Kooperation entstehen (sog. Hold-Up-Problem). Im Marketing für K. geht es vor allem um den Aufbau von Vertrauen (z.B. im Business-to-Business-Bereich etwa in Netzwerken von Geschäftsfreundschaften und in Geschäftsbeziehungen) sowie um die effiziente Gestaltung des Vertrags und der Kooperationsbeziehung.

Kontraktmarketing, bezeichnet die vertraglich abgesicherte Ausgestaltung einer gemeinsamen → Marketingstrategie zwischen Händler und Hersteller. Insbesondere im Rahmen des → exklusiven Vertriebs wird das K. als Form der vertikalen → Kooperation gewählt.

Kontrasttheorie, Theorie des Konsumentenverhaltens, nach der Konsumenten dazu neigen, Unstimmigkeiten zwischen Wahrnehmungen und Kognitionen zu *vergrößern*. Steht die Wahrnehmung eines neuen Leistungsangebotes etwa im Konflikt mit dem vorhandenen kognitiven System, so vergrößert der Konsument in der Wahrnehmung noch die Diskrepanz. Das gilt für positive wie negative Unterschiede, also auch für negative Erfahrungen mit einem Anbieter. Unzufriedene Konsumenten könnten ihre Erfahrungen somit in extremer Form kommunizieren. Dies zu verhindern ist eine Aufgabe des Beschwerdemanagements.

Kontrolladressen, *Deckadressen*, sind Anschriften, die zu Prüfzwecken in Adresszielgruppen/-pools verdeckt eingespielt werden (*vgl. auch* → Adresspool). K. werden in der Schreibweise charakteristisch so verändert, dass sie einerseits eindeutig als K. identifiziert werden können, und andererseits die Zustellung durch die Post sichergestellt ist. Sie dienen → Adressenverlagen, Adress-List-Brokern und Adresslisteneigentümern, also allen, die sich mit der Vermietung oder dem Verkauf von Adressen beschäftigen, zur Kontrolle der vertragsgemäßen Verwendung und Nutzung. K. sind die einzigen Beweismittel bei einer vertraglich nicht statthaften (Mehrfach-) Nutzung. Sie werden auch bei Gericht als solche anerkannt.

Kontrolldimension, → Marketing- und Vertriebskontrolle.

Kontrolle, marktorientierte, Bestandteil der → marktorientierten Unternehmensführung.

Kontrollsystem, → Marketing- und Vertriebscontrolling.

Konstruktvalidität, → Validität.

Konvergenzvalidität, → Validität.

Konzentrationsparameter, Parameter, der die Konzentration einer Häufigkeitsverteilung auf der Merkmalsskala angibt. Z.B. der Gini-Koeffizient. Praktische Anwendung finden solche Koeffizienten beispielsweise bei der ABC-Analyse zur Identifizierung wichtiger Kunden (Anteil vom Umsatz) oder zur Analyse des Beschaffungs- bzw. Einkaufsvolumens einzelner Produktkomponenten bzw. Bauteile zur Verhandlung von Rabatten, Boni und Skonti.

Konzentrationsverfahren, Auswahlverfahren, die sich bewusst nur auf einen bestimmten Teil der Grundgesamtheit beziehen. Darunter fallen die typische Auswahl (→ Auswahl, typische) und das → Abschneideverfahren.

Konzentrierter Werbeeinsatz, Möglichkeit der zeitlichen Gestaltung des Einsatzes von → Werbemitteln.

I. Begriff und Merkmale: Beim k.W. kommt es in einem bestimmten Zeitraum zu einer regelmäßigen (zumeist wöchentlichen) Konfrontation der Zielgruppen mit einem Werbemittel. Untersuchungen deuten darauf hin, dass der k.W. kurzfristig hohe → Recall-Werte bewirkt, nach Ablauf dieser Zeitspanne sich jedoch aufgrund des eintretenden Vergessens ein rapider Verfall der Recall-Werte einstellt. Darüber hinaus ist zu berücksichtigen, dass bei einem k.W. bereits nach kurzer Zeit werbemittelbezogene Reaktanzen oder Langeweile die Informationsverarbeitung zu überlagern beginnen. Diese Faktoren fokussieren die kognitiven Energien des Empfängers auf das innere Gegenargumentieren, so dass die verstandesbetonte Einstellungsbildung negativ beeinflusst wird.

II. Anwendung: Der k.W. ist vor allem für solche Produkte zu empfehlen, deren Nachfrage überwiegend saisonal zu erklären ist (z.B. Kinderspielzeug). Hier ist insbesondere im Vorfeld des Weihnachtsfestes eine hohe aktive Markenbekanntheit notwendig, da in diesem Zeitraum das aktivierbare Nachfragepotenzial im Vergleich zum restlichen Jahr besonders hoch ist. Ein weiteres Beispiel liefert die Parteienwerbung, bei der es u.a. darum geht, den Bekanntheitsgrad der „Spitzenpolitiker" innerhalb eines möglichst kurzen Zeitraums stark zu erhöhen.

Konzeptpapier der Integrierten Kommunikation, Instrument zur Konkretisierung und inhaltlichen Ausgestaltung der strategischen Konzeption der → Integrierten (Unternehmens-)Kommunikation. Innerhalb des Konzeptpapiers werden die wesentlichen Vorgaben der strategischen Konzeption durch Richtlinien und Regeln konkretisiert und so für die Mitarbeiter der Kommunikationsabteilungen handhabbar gemacht. Bausteine des Konzeptpapiers sind das Strategiepapier sowie die Kommunikationsregeln und die Organisationsregeln der Integrierten Kommunikation.

Konzepttest, bei einem K. handelt es sich um ein – dem → Produkttest zeitlich vorgelagertes Verfahren, bei dem Probanden die Konzeption für ein neues Produkt bewerten sollen. K. finden meistens in Form von Einzelinterviews oder → Gruppendiskussionen statt, wobei die Einzelinterviews durch höhere Interpretierbarkeit meistens zu besseren Ergebnissen führen. Da zum Zeitpunkt des K. das Produkt selbst noch nicht existiert, wird es den Testpersonen in verbaler oder graphischer Form vorgelegt. Dabei soll die Gestaltung und die Funktion des Produktes verdeutlicht werden. Mit Hilfe der Testpersonen soll nun überprüft werden, ob aus deren Sicht das Produkt Vorteile ggü. bereits existierenden Produkten – mit vergleichbaren Funktionen – aufweist. Durch die Reaktion der Probanden kann abgeschätzt werden, ob ein ausreichender Käuferkreis zu erwarten ist. Auch können Grenzen abgesteckt werden, in denen sich der Preis des Produktes bewegen sollte. Neben den Vorteilen, die ein neues Produkt aufweist, interessieren aber auch die Nachteile, die aus Sicht der Probanden existieren. So ist es möglich, Mängel schon während der Konzeptionsphase zu beseitigen. Während eines K. können aber auch wichtige neue, bisher nicht oder nur ungenügend bedachte Aspekte aufgegriffen werden und in die weitere Entwicklung des Produktes einfließen. – Bei einem K. werden die Probanden auch allgemein über Eigenschaften, die ein Produkt besitzen sollte, befragt. Mit Hilfe verschiedener Verfahren (z.B. → Conjoint-Analyse) sollen auch Merkmalskombinationen herausgefunden werden, die für den Konsumenten nutzenoptimal sind, und somit in das neue Produkt eingehen sollten.

Konzeptualisierung, Erarbeitung der Dimensionen eines theoretischen → Konstrukts. → Operationalisierung, → Kausalanalyse .

Konzession, (1) behördliche Erlaubnis zum Betreiben eines Gewerbes oder zur Nutzung einer öffentlichen Sache, (2) umgangssprachlich für Erlaubnis unter Privaten zur Nutzung einer Sache, i.d.R. als Synonym für → Lizenz.

Kooperation, jedwede Art der Zusammenarbeit zwischen am Wirtschaftsleben beteiligten Personen und Institutionen. Unternehmenskooperationen umfassen die Abstimmung (K.) und gemeinsame Erfüllung von Teilaufgaben durch rechtlich und – außerhalb des Aufgabengebiets der K. – auch wirtschaftlich selbständige Unternehmen. K. können in unterschiedlichen rechtlichen und organisatorischen Formen ausgestaltet werden, z.B. als → Absatzkooperation, → Strategische Allianzen (→ Allianz), als → Joint Ventures, in Form von → Unternehmensnetzwerken oder → Mergers & Akquisitions. Ähnlich wie bei strategischen Allianzen kann man zwischen horizontalen, vertikalen oder lateralen Formen der K. unterscheiden.

Literatur: Behnisch, W. (1973): Kooperationsfibel. Bundesrepublik und EWG, 4. Aufl., Bergisch Gladbach; Hanke, J. (1993): Hybride Kooperationsstrukturen – Liefer- und Leistungsbeziehungen kleiner und mittlerer Unternehmen der Automobilindustrie aus transaktionskostentheoretischer Sicht, Bergisch Gladbach; Hornhusen, K. (1993): Die Organisation von Unternehmenskooperationen, Frankfurt/Main.

Kooperationsverträge, → Prinzipal-Agenten-Theorie, → Theorien des Marketing.

Kooperativer Vertrieb, → Kooperation; Bei dieser Sonderform der vertraglich geregelten und auf freiwilliger Basis beruhenden Zusammenarbeit von rechtlich und wirtschaftlich selbständigen Partnern ist der Unternehmensbereich → Vertrieb Gegenstand der Kooperation. Als Kooperationsmöglichkeiten wären hier insbesondere der Anschluss- und der Gemeinschaftsabsatz zu nennen. Während beim Anschlussabsatz ein Produzent seine Produkte über die Vertriebsorganisation eines anderen Produzenten vertreiben lässt, schließen sich beim Gemeinschaftsabsatz mehrere (mindestens aber zwei) Hersteller zusammen und gründen eine Institution, die die Leistungen der dahinter stehenden Organisationen vertreibt. Bedeutsam ist der K.V. insbesondere in solchen Fällen, in denen sich ein eigenständiger Vertrieb nicht lohnt, so u.U. für die Exporttätigkeit von kleinen Unternehmen.

Kooperativ-Promotion, → Kooperation zwischen Herstellern und → Absatzmittlern bei der Planung, Organisation und Durchführung von Aktivitäten der → Verkaufsförderung. Es können vertikale K.-P. zwischen Hersteller und → Absatzmittler sowie horizontale zwischen Herstellern (→ Verbund-Promotion) gegeneinander abgegrenzt werden.

Kooperierendes Handelssystem, im Gegensatz zu → Filialisierenden Handelssystemen handelt es sich bei K. H. um den vertikalen Zusammenschluss von rechtlich und in bestimmten Grenzen auch wirtschaftlich selbständigen Einzelhändlern, die aus Gründen der Wettbewerbsfähigkeit einzelne Funktionen an die Kooperationszentrale abgeben. Die angeschlossenen Geschäftsstätten sind in unterschiedlichem Umfang durch Belieferungs- und Dienstleistungsverträge an die Kooperationszentrale gebunden, auch wenn kein Belieferungszwang besteht. Die Bezugsquote weicht i.d.R. nur um einen relativ kleinen Anteil an Nebenlieferanten von der → Filialisierender Handelssysteme ab. Es liegt jedoch keine Inhaberidentität von Groß- und Einzelhandelsstufe vor (→ Mehrstufiges Handelssystem).

Koordination, bezeichnet als eine Dimension der → Organisationsstruktur die Abstimmung der Teilaktivitäten eines Unternehmens in Hinblick auf ein übergeordnetes Ziel. Eine derartige Abstimmung ist erforderlich, wenn im Rahmen der → Spezialisierung die Gesamtaufgabe des Unternehmens in Teilaufgaben aufgeteilt und verschiedenen Mitarbeitern zugewiesen wird. Die Aktivitäten der einzelnen Mitarbeiter sind also auf das Unternehmensziel abzustimmen, so dass sich die verschiedenen Mitarbeiter gegenseitig zuarbeiten.

Koordinationsinstrumente, bezeichnen organisatorische Mechanismen, welche der Abstimmung von Teilaktivitäten im Rahmen der → Koordination dienen. Es lassen sich strukturelle K. und nicht-strukturelle K. unterscheiden. Strukturelle K. betreffen die → Aufbau- und Ablauforganisation. Hierzu zählen die Wahl des Organisationstyps (→ Funktionalorganisation, → Spartenorganisation, → Matrixorganisation), die Bildung von Koordinationsausschüssen, die Beauftragung von Stabsstellen mit der Koordination, der Einsatz von Projektleitern und Koordinatoren (→ Projektorganisation), der Einsatz von Produktmanagern (→ Produktmanagement) und die Bildung von Teamstrukturen (→ Teamorganisation). Zu den nicht-strukturellen K. gehören strategieorientierte K. und kulturorientierte K. Strategieorientierte K. erzielen eine koordinierende Wirkung durch Gestaltung der Geschäftstätigkeit im Rahmen der strategischen Planung. Kulturorientierte K. umfassen die bewusste Pflege kooperationsfördernder Werte und Normen durch die gezielte Kommunikation derselben, die kooperative Führung, die Bildung von Teams sowie die kulturkonforme Auswahl von Mitarbeitern.

Koordinationskonzepte, internationale, organisatorische Regelungen, die als Weiterentwicklung formaler Koordinationskonzepte gelten können und der Überwindung des Dezentralisierungskonfliktes bei internationaler Geschäftstätigkeit von Unternehmen dienen. Beispielhafte internationale Koordinationskonzepte sind regelmäßige Konferenzen, sog. globale Koordinationsgruppen, das → Lead-Country-Konzept, das Profit-Center-Prinzip sowie internationale → Netzwerkstrukturen.

Koordinationskosten, Kosten, die aus der Koordination wirtschaftlicher Leistungsbeziehungen resultieren. Von zentraler Bedeutung ist der Koordinationskostenbegriff insbesondere im Rahmen der → Transaktionskostentheorie. So entstehen die bei → Transaktionen über den Preis der auszutauschenden Leistung hinaus anfallenden Kosten primär durch Informations- und Kommunikationsaktivitäten und damit letztlich durch Koordinationstätigkeiten. Vor diesem Hintergrund werden die Begriffe → Transaktionskosten und K. häufig synonym verwendet.

Koordinationsmechanismen, → *Koordinationsinstrumente.*

Kopplungsgeschäft, → Ausschließlichkeitsbindungen.

Korrelationsanalyse, → Korrelationskoeffizient.

Korrelationskoeffizient, Maß für den Zusammenhang zwischen zwei oder mehreren Variablen bzw. Merkmalen. Es gibt verschiedene K. je nachdem, ob die Variablen metrisch, ordinal oder nominal skaliert sind. Für metrisch skalierte Daten findet der K. nach Bravais-Pearson am meisten Anwendung. Für zwei Variablen X und Y lautet er:

$$r_{xy} = \frac{\sum_i (x_i - \bar{x})(y_i - \bar{y})}{\sqrt{\sum_i (x_i - \bar{x})^2 \sum_i (y_i - \bar{y})^2}}$$

Korrelationskoeffizienten geben keine Angaben über die Richtung des kausalen Zusammenhangs. Darüber hinaus können auch Scheinkorrelationen damit nicht aufgedeckt werden. Das systematische Verfahren zur Berechnung der K. nennt man Korrelationsanalyse.

Kostenarten, Kostenkategorien, die hinsichtlich des zugrunde gelegten Kriteriums die gleiche Merkmalsausprägung besitzen. Gliederung und Erfassung der K. sind Gegenstand der → Kostenartenrechnung. Wesentliche Kriterien, die zur Differenzierung von K. herangezogen werden können, sind: (1) Art der verbrauchten Güter und Leistungen (Personal-, Sach-, Kapital-, Versicherungskosten, Kosten für bezogene Dienstleistungen, Kosten für Fremdrechte, Öffentliche Abgaben und Steuern), (2) Zurechenbarkeit zu einer Bezugsgröße (→ Einzelkosten, → Gemeinkosten), (3) Verhalten bei Beschäftigungsänderung (fixe Kosten, variable Kosten), (4) betriebliche Funktionsbereiche (Beschaffungs-, Fertigungs-, Verwaltungs-, Vertriebskosten), (5) Herkunft der Kostendaten (aufwandsgleiche Kosten (Grundkosten), kalkulatorische Kosten (Anderskosten und Zusatzkosten)), (6) Ort der Kostenentstehung (primäre Kosten bzw. extern bezogene Güter und Leistungen vs. sekundäre Kosten aufgrund von innerbetrieblichen Leistungen bzw. dem Verbrauch innerbetrieblich erstellter Güter und Leistungen), (7) Zeitbezug (Ist-, Plan-, Normalkosten).

Kostenartenrechnung, Ausgangspunkt im Gesamtsystem der → Kostenrechnung. Aufgabe der K. ist es, alle Kosten einer Abrechnungsperiode nach → Kostenarten gegliedert, vollständig und periodengerecht zu erfassen. Die K. gibt demnach Antwort auf die Frage, welche Kosten in welcher Höhe in einem Unternehmen während einer Abrechnungsperiode angefallen sind. Damit liefert sie zum einen die Voraussetzung für die Wieterverrechnung der Kosten in der → Kostenstellen- und → Kostenträgerrechnung, zum anderen eine Basis für einfache Kostenkontrollen in Form von Vergleichsrechnungen mit früheren Perioden. Darüber hinaus vermittelt sie einen Überblick über die Kostenstruktur des Unternehmens. Grundlegend für die Gliederung der Kostenarten im Rahmen der K. ist die Art der verbrauchten Güter und Leistungen. Für Zwecke der anschließenden Wieterverrechnung der Kosten wird i.d.R. eine ergänzende Differenzierung in → Einzel- und → Gemeinkosten vorgesehen. Wichtig bei der Erfassung der Kostenarten ist, dass eine klare Zuordnung der Kosten zu einzelnen Kostenarten gewährleistet ist. Wird hier nicht einheitlich vorgegangen (z.B. Prospekte einmal unter Büromaterial, ein anderes Mal unter Werbeaufwand erfasst), ist die Aussagefähigkeit der gesamten Kostenrechnung in Frage gestellt.

Kostendegression, → Skaleneffekte.

Kostenführerschaft, Strategie der, → Wettbewerbsstrategie, die auf die Erreichung der günstigsten Kostenposition in einer Branche abzielt. Eine solche Kostenposition eröffnet dem Anbieter gemeinhin einen größeren Spielraum bei der Gestaltung der → Preise. Um diese Kostenposition zu erreichen, kann ein Anbieter hohe → Marktanteile bzw. die Produktion hoher Stückzahlen anstreben. Entsprechende strategische Instrumente wären u.a. der Aufbau von Produktionsanlagen zur Erreichung von Größenvorteilen (z.B. durch → Skaleneffekte), das gezielte Ausnutzen von → Kostensenkungspotenzialen, die auf Lerneffekte zurückzuführen sind (→ Erfahrungskurve), die Standardisierung und Modularisierung von Produkten sowie ein strenges → Kostenmanagement in sämtlichen Funktionsbereichen. *Gegensatz*: → Differenzierungsstrategie. *Vgl. auch* → Strategien, Typologien von.

Kostenmanagement, hat die Veränderung von betrieblichen Aktivitäten unter Kostengesichtspunkten zum Ziel. Im Gegensatz zur traditionellen → Kostenrechnung, die primär reaktiv ausgerichtet ist, d.h. von festen betrieblichen Strukturen ausgeht und vornehmlich dem Aufdecken sowie Analysieren bereits angefallener Kostenabweichungen dient, besitzt das K. demgegenüber eine Gestaltungsfunktion. Die Ansatzpunkte des K. können grob in zwei Wirkungsrichtungen aufgegliedert werden: (1) Kostenoptimierung eines bestehenden Nutzenpotenzials, (2) Nutzenoptimierung innerhalb bestehender Kostenstrukturen. Herkömmliche Kostenmanagementansätze haben meist punktuellen Charakter, sind symptomorientiert, beziehen sich auf überwiegend interne Erfolgsgrößen und setzen ihren Schwerpunkt in der Produktion. Vor diesem Hintergrund fordern moderne Konzepte des K. vor allem eine stärkere Marktorientierung. Marktorientiertes K.

zeichnet sich dadurch aus, dass es (1) K. als permanente Aufgabe versteht, (2) sich auf proaktive zukunftsgerichtete Kostenvermeidung konzentriert, (3) auf fundierten Ursachenanalysen von Kostenproblemen sowie der Erkenntnis beruht, dass diese Ursachen häufig in marktbezogenen Aspekten liegen, (4) sich zwar auf die marktbezogenen Funktionsbereiche Marketing, Vertrieb und Beschaffung konzentriert, nicht aber darauf beschränkt, (5) „weiche" sowie unternehmensexterne kostenbeeinflussende Faktoren berücksichtigt sowie (6) auf der Überzeugung basiert, dass Kosteneffizienz und Kundennähe prinzipiell vereinbar sind. Ansatzpunkte zur Anwendung eines marktorientierten K. liegen insbesondere (1) im Management der → Kundenzufriedenheit, (2) in der Analyse und Optimierung der → Kundenstruktur, (3) im Bereich der Produktentwicklung, (4) in der Strukturgestaltung der Produktpalette, (5) in der Gestaltung der Rabatt- und Bonuspolitik, (6) im Management der beschaffungsmarktbezoge-nen Aktivitäten und (7) in der Gestaltung der Aufbau- und Ablauforganisation unter Berücksichtigung marktbezogener Aspekte.

Kosten-Nutzen-Analyse, *Cost-benefit-Analyse*; Planungstechnik zur Beurteilung von Handlungsalternativen. Ähnlich einer → Nutzwertanalyse werden bei einer K.-N.-A. den einzelnen Handlungsalternativen Nutzenbeiträge sowie darüber hinaus die verursachten Kosten zugeordnet. Im Unterschied zu klassischen Methoden der Investitionsrechnung berücksichtigen K.-N.-A. auch solchen Nutzen, der sich nicht direkt in Leistungen und Einzahlungen niederschlägt. In der Quantifizierung dieser nicht monetären Nutzengrößen besteht die Hauptschwierigkeit des Verfahrens. Ihren Ursprung hat die K.-N.-A. im Bereich der Volkswirtschaftslehre. Ziel ist es dort, die gesamtwirtschaftlichen Folgen von Entscheidungen vorherzusagen bzw. deren volkswirtschaftliche (soziale) Kosten und Nutzen abzuschätzen, um auf dieser Basis diejenige Handlungsalternative zu wählen, die den größten gesamtwirtschaftlichen Nettonutzen verspricht.

Kosten-plus-Preisbildung, Methode der → Preiskalkulation. Die Preisbildung erfolgt hierbei auf Basis der Kosten eines Anbieters. Typischerweise werden die Vollkosten herangezogen und ein Gewinnaufschlag addiert. Die unternehmensinternen Gegebenheiten bestimmen hierbei die Preisbildung und somit handelt es sich um ein kostenorientiertes Preiskalkulationsverfahren (→ Preiskalkulation). Dem Vorteil einer einfachen Handhabung steht der große Nachteil ggü., dass hierbei die Gemeinkosten willkürlich und nicht verursachungsgerecht auf die Kalkulationsobjekte verteilt werden. Darüber hinaus wird der Nachfragesituation durch diese Art der Preisbestimmung nicht Rechnung getragen. Die Preisentscheidung sollte immer auch die Marktgegebenheiten berücksichtigen, wie z.B. die → Preisbereitschaften der Nachfrager (→ Preisbestimmung).

Kostenrechnung, umfasst die Erfassung, Verteilung und Zurechnung der Kosten, die bei der betrieblichen Leistungserstellung und -verwendung entstehen. K. setzt sich zusammen aus drei Bereichen: (1) Kostenartenrechnung: Erfassung aller Kosten, die bei der Erstellung und Verwertung der Kostenträger (Leistungen) entstanden sind. Kosten werden differenziert nach der Art der verbrauchten Produktionsfaktoren. (2) Kostenstellenrechnung: Baut auf der Kostenartenrechnung auf. Verteilung der Kostenarten auf die Teilbereiche des Unternehmens, in denen sie angefallen sind. (3) Kostenträgerrechnung: Kosten werden nach dem Verursacherprinzip den Leistungseinheiten zugerechnet, welche die Kosten verursacht haben.

Kostensenkungspotenzial, liefert Ansatzpunkte zur Steigerung der Wirtschaftlichkeit im Unternehmen. Wesentliche Instrumente zur Identifizierung von K. sind auf strategischer Analyseebene die Erfahrungskurve, auf operativer Ebene das → Zero Base Budgeting sowie die → Wertanalyse.

Kostenstelle, betrieblicher Teilbereich, für den die Kosten gesondert geplant, erfasst und kontrolliert werden. K. sind demnach Orte der Kostenentstehung (Kostenverursachung) und der Kostenzurechnung (Kostenverantwortlichkeit). Für die Einteilung des Unternehmens in K. gibt es keine allgemein gültigen Regeln. So kann die Bildung von K. auf Basis von betrieblichen Funktionen, Verantwortungsbereichen, räumlichen oder abrechnungstechnischen Gesichtspunkten erfolgen. Häufig anzutreffen ist eine funktionale Einteilung z.B. in Forschungs- und Entwicklungs-, Material-, Fertigungs-, Verwaltungs-, Marketing- und Vertriebskostenstellen. Die Feinheit der Kostenstellengliederung ist stets von dem eigentlichen Kostenrechungszweck abhängig zu machen. Prinzipiell kann die Einteilung bis auf einzelne Maschinen, Maschinengruppen und Arbeitsplätze heruntergebrochen werden. In diesen Fällen spricht man dann von Kostenplätzen. Praktisch sollte man aber nur so weit differenzieren, wie dies wirtschaftlich gerechtfertigt erscheint. Die Aufteilung des Unternehmens in K. wird in einem Kostenstellenplan festgehalten. In diesem Plan lassen sich zwei charakteristische Grundklassen von K. unterscheiden: (1) Hauptkostenstellen: K., deren Kosten unmittelbar über Kalkulationssätze auf die zum Verkauf bestimmten → Kostenträger verrechnet werden. (2) Hilfskostenstellen: K., die ihre Leistungen nicht unmittelbar an die Kostenträger weitergegeben, sondern diese für andere K. erbringen. Die Be- und Entlastung der einzelnen K. findet im Rahmen der → Kostenstellenrechnung statt.

Kostenstellenrechnung, I. Begriff: Teilgebiet der Kostenrechnung. Die K. stellt das Bindeglied zwischen → Kostenartenrechnung und → Kostenträgerrechnung dar, indem sie die den → Kostenträgern nicht direkt zurechenbaren → Gemeinkosten aus der Kostenartenrechnung in der Form aufbereitet, dass sie in der anschließenden Kostenträgerrechnung auf die Kostenträger weiterverrechnet werden können. Notwendig ist dieser Schritt vor allem bei Mehrproduktunternehmen, da verschiedene Produkte die betrieblichen Produktionsfaktoren i.d.R. auch in unterschiedlichem Maße beanspruchen. Um zu klären, für welche Kostenträger die in der Kostenartenrechnung ermittelten Gemeinkosten angefallen sind, wird im Rahmen der K. untersucht, an welchen Stellen im Unternehmen Kosten in welcher Höhe angefallen sind. Von diesen → Kostenstellen aus werden die Gemeinkosten dann je nachdem, wie und welche Kostenstellen der Kostenträger beansprucht, über Verrechnungssätze auf diesen verrechnet. Die K. ist jedoch nicht als reines Erfassungs-, Abrechnungs- bzw. Verrechnungsinstrument zu verstehen, sondern schafft darüber hinaus die Voraussetzung für eine wirksame Kostenplanung und -kontrolle. Mögliche Unwirtschaftlichkeiten in Teilbereichen des Leistungserstellungsprozesses und ihre Ursachen können auf diese Weise schneller und besser identifiziert werden.

II. Verrechnungsweg: Die Verrechnung der Gemeinkosten im Zuge der K. vollzieht sich in drei Schritten. Im ersten Schritt werden alle Gemeinkosten aus der Kostenartenrechnung in die K. übernommen und dort auf die einzelnen Kostenstellen verteilt. Im zweiten Schritt werden die innerbetrieblichen Leistungen verrechnet, indem die Kosten der Hilfskostenstellen auf die Hauptkostenstellen umgelegt werden. Im dritten Schritt werden schließlich Verrechnungssätze für die Zwecke der Kostenträgerrechnung gebildet. Grundlage der K. kann eine kontenmäßige oder tabellarische Form sein. Häufig anzutreffen ist der sog. Betriebsabrechnungsbogen (BAB), dem eine tabellarische Form zugrunde liegt, wobei die in Zeilen aufgelisteten Kostenarten auf die in Spalten abgebildeten Kostenstellen verrechnet werden.

Kostenträger, materielle oder immaterielle Leistung eines Unternehmens. K. sind Bezugsgrößen, denen im Rahmen der → Kostenträgerrechnung oder der → Kostenstellenrechnung Kosten zugerechnet werden. In der Praxis werden häufig nur die betrieblichen Absatzleistungen, d.h. die fertigen Erzeugnisse, als K. bezeichnet (Hauptkostenträger). Daneben stellen aber auch innerbetriebliche Leistungen (z.B. selbsterstellte Anlagen, Maschinen, Werkzeuge, Forschungs- und Entwicklungsleistungen) sowie Nebenkostenleistungen, die im Zusammenhang mit der Erstellung der Hauptkostenträger entstehen und neben diesen am Markt verkauft werden, K. dar (Hilfs- bzw. Nebenkostenträger).

Kostenträgerrechnung, Teilgebiet der Kostenrechnung. Die K. dient der Ermittlung der Kosten der betrieblichen Leistungen, d.h. gibt Antwort auf die Frage, wofür wie viel Kosten angefallen sind. Sie baut auf der → Kostenartenrechnung und der → Kostenstellenrechnung auf. Die Zurechnung der Kosten auf die → Kostenträger erfolgt in zwei Schritten. Im ersten Schritt werden die Kostenträgereinzelkosten (→ Einzelkosten) den Kostenträgern zugerechnet. Bei Verwendung einer kostenträgerorientierten Kostenarteneinteilung kann dies bereits in der Kostenartenrechnung erfolgen. Im zweiten Schritt werden die Kostenträgergemeinkosten (→ Gemeinkosten) auf Basis der Kalkulationssätze aus der Kostenstellenrechnung auf die Kostenträger verrechnet. Die K. kann sowohl als stückgezogene Rechnung (Kostenträgerstückrechnung, → Kalkulation), die sich außer auf einzelne Mengeneinheiten auch auf Fertigungslose oder Aufträge beziehen kann, als auch als periodenbezogene Rechnung (Kostenträgerzeitrechnung) durchgeführt werden. Durch Einbeziehung der Erlöse lassen sich beide Rechnungen zu einer kurzfristigen → Erfolgsrechnung ausbauen.

Kostentreiber, → Prozesskostenrechnung.

Kovarianzstrukturanalyse, → Kausalanalyse.

Kreativitätstechnik, Methoden zur Anregung und Förderung der Fähigkeit, Ideen oder originelle neue Lösungsmöglichkeiten für ein Problem zu generieren. Sie spielen insbesondere bei der Herausbildung neuer → Produkt- und Geschäftsideen sowie zur Erzielung qualitativer Prognosen eine wichtige Rolle. Kreativität bezeichnet einen mentalen Prozess des schöpferischen Denkens, bei dem an sich nicht zusammengehörige Elemente, Aspekte, Erfahrungen usw., vor dem Hintergrund einer bestimmten Aufgabenstellung zusammengefügt, eine adäquate Problemlösung erlauben. K. basieren auf Suchregeln oder Heuristiken. Untergliedert werden die K. in systematisch-logische Verfahren, bei denen ein Problem in seine Komponenten zerlegt wird, um aus der Vielfalt möglicher Kombinationen dieser Teilaspekte neue Lösungsansätze zu gewinnen, und intuitiv-kreative Techniken, in denen das Problem stets als Ganzes gesehen wird. Zu den bekanntesten systematisch-logischen K. zählen der morphologische Kasten und die morphologische Matrix. Hingegen sind das → Brainstorming, die Delphi-Technik, die Synektik und die → Methode 635 bekannte Vertreter der intuitiv-kreativen Verfahren. Üblicherweise werden K. in Gruppenarbeit angewendet, um das schöpferische Potenzial mehrerer Personen nutzbar zu machen.

Kreditpolitik, internationale, Maßnahmen zur Finanzierung von → Exporten bzw. → Importen. Die mittels der K. verfolgten Ziele orientieren sich grundsätzlich an den übergeordneten Marketing- bzw. Unternehmenszielen. Ein zentrales kreditpolitisches Ziel besteht in der Minimierung der Finanzierungskosten. Hinzu treten risikopolitische Überlegungen, die im Rahmen der Formulierung kreditpolitischer Ziele zu berücksichtigen sind. Darüber hinaus ist zu beachten, dass neben der Gewinnerzielung die Aufrechterhaltung der Liquidität und die Vermeidung einer Überschuldung eigenständige kreditpolitische Ziele darstellen bzw. stets im Rahmen des Ziels der Gewinnerzielung berücksichtigt werden müssen. Im Hinblick auf die Art von Finanzierungsalternativen ist zwischen der Eigenfinanzierung, dem Handelskredit, dem Lieferantenkredit und dem Bestellerkredit zu unterscheiden. Bei der Eigenfinanzierung bringt der Exporteur bzw. der Importeur die finanziellen Mittel selbst auf. Für den Exporteur sind finanzielle Mittel beispielsweise zur Überbrückung des Zeitraumes von der Produktion und Lieferung bis zur endgültigen Bezahlung der Ware durch den Abnehmer zu beschaffen. Ein Handelskredit liegt vor, wenn der Exporteur ohne Zwischenschaltung eines Kreditinstituts dem Importeur einen Kredit einräumt, z.B. in Form eines Zahlungsziels. Bei dem Lieferantenkredit erfolgt eine Finanzierung des Lieferanten bzw. des Exporteurs – z.B. zur Überbrückung des Zeitraums zwischen Lieferung und Bezahlung der Exportware – durch ein Kreditinstitut. Im Gegensatz zur Eigenfinanzierung werden finanzielle Mittel also von unabhängigen Dritten zur Verfügung gestellt mit der Folge, dass entsprechende Finanzierungskosten für den Exporteur entstehen.

Kennzeichnend für einen Bestellerkredit ist die Tatsache, dass dem importierenden Unternehmen eine Finanzierungsalternative zur Verfügung gestellt wird. Die Finanzierung des Geschäfts erfolgt dabei nicht über den Exporteur, sondern über ein Kreditinstitut. Kurzfristige kreditpolitische Handlungsalternativen im Rahmen der internationalen Kreditpolitik bestehen beispielsweise in Form des → Akkreditivs oder in Form des → Export-Factoring. Eine mittel- bis langfristige Finanzierungsalternative ist u.a. durch die → Forfaitierung gegeben.

Kreislaufmodell ökologischer Unternehmenskrisen, → Ökologisches Krisenmanagement.

Kreislaufwirtschaft; *Circular Economy*, Leitprinzip, das darauf gerichtet ist, industrielle Stoffkreisläufe zu schließen.

I. Begriff: Durch einen fortwährenden Wiedereinsatz von Rohstoffen, die aus Produktions- und Konsumabfällen zurückgewonnen und einer erneuten Verwendung zugeführt werden, wird einer Verminderung natürlicher Ressourcenbestände entgegengewirkt. Im Gegensatz zur „Durchflusswirtschaft", die die hergestellten, verteilten und konsumierten Produkte als Abfälle behandelt und deponiert, werden bei der K. durch die Phase des Recycling (→ Abfallverhalten, Recycling) und der Redistribution (→ Redistributionspolitik) dem produzierenden Gewerbe Sekundärrohstoffe zur erneuten Verwendung zugeführt.

II. Merkmal: Das Prinzip der K. leitet sich aus der Ökosystemforschung ab, wonach eine dauerhafte Bewirtschaftung mit Rohstoffen nur dann möglich ist, wenn die Interdependenzen (Austauschbeziehungen) zwischen dem ökologischen System (Versorgungs- und Aufnahmefunktion) und dem ökonomischen System (Produktion, Konsum, Recycling) beachtet werden.

III. Maßnahmen: (1) Der Gesetzgeber hat mit dem 1996 in Kraft getretenen → Kreislaufwirtschafts- und Abfallgesetz (KrW-/AbfG) den Versuch unternommen, den Einstieg in die K. festzuschreiben. Dieses Gesetz gibt der Abfallvermeidung Vorrang vor der Abfallverwertung und Beseitigung (→ Abfallverhalten, Recycling). Darüber hinaus geht das Gesetz vom Grundprinzip der umfassenden Produktverantwortung von Herstellern (→ Product Stewardship) aus, d.h. es wird eine betriebliche Kontrolle über geschlossene Stoffkreisläufe gefordert. (2) Hersteller haben die Möglichkeit, über einen produktionsintegrierten Umweltschutz, die Herstellung recyclingfreundlicher Produkte (→ Umweltfreundliche Konsumgüter) sowie durch → Abfallmanagement und den Aufbau von betrieblichen Redistributionssystemen (→ Redistributionspolitik) Stoffkreisläufe zu schließen.

Kreislaufwirtschafts- und Abfallgesetz, KrW-/AbfG (Gesetz zur Förderung der Kreislaufwirtschaft und Sicherung der umweltverträglichen Beseitigung von Abfällen) vom 27. September 1994 (BGBl I 1994, 2705; zuletzt geändert durch Art. 69 G v. 21. 08. 2002 I 3322) trat mit dem ergänzenden untergesetzlichen Regelwerk am 7. Oktober 1996 in Kraft. Dieses Gesetz überträgt allen, die Güter produzieren, vermarkten und konsumieren, die Verantwortung zur Vermeidung, Verwertung und umweltverträglichen Beseitigung der dabei anfallenden Abfälle. Damit wird die Verwertung von Reststoffen (→ Abfallverhalten, Recycling) und Wirtschaftsgütern rechtlich geregelt. Ergänzt wird das KrW-/AbfG durch ein untergesetzliches Regelwerk, zu dem u.a. eine Verordnung zur Einführung eines europäischen Abfallkataloges sowie die Verordnung über Abfallwirtschaftskonzepte und Abfallbilanzen gehören (→ Abfallmanagement). Darüber hinaus legt dieses Gesetz das Prinzip einer umfassenden Produktverantwortung (→ Product Stewardship) der Hersteller zugrunde.

Kreuzpreiselastizität, kennzeichnet einen Spezialfall der → Preiselastizität der Nachfrage. Hierbei wird die relative Änderung des Absatzes eines Gutes ins Verhältnis zu einer relativen Änderung des Preises eines anderen Gutes gesetzt. Die K. misst somit die Abhängigkeit des Absatzes von den Preisen anderer Produkte:

$$\varepsilon_{AB} = \frac{\frac{\partial x_A}{x_A}}{\frac{\partial p_B}{p_B}} = \frac{\partial x_A}{\partial p_B} \cdot \frac{p_B}{x_A}$$

Liegt eine negative K. vor, so bestehen komplementäre Beziehungen zwischen den Gütern, d.h. der Absatz des einen Gutes fällt mit einer Preissteigerung des anderen Gutes und umgekehrt. Eine positive K. signalisiert eine substitutionale Beziehung. Bei einer K. von Null existieren keine Verbundeffekte zwischen den beiden Produkten. Messungen von Kreuzpreiselastizitäten geben somit Aufschluss über die Art der Verbundbeziehung. Die K. kann sich entweder auf Produkte des Sortiments eines Anbieters oder auf die Produkte unterschiedlicher Anbieter beziehen. Im ersten Fall werden die Verbundbeziehungen innerhalb eines Sortiments gemessen. Im zweiten Fall gibt die gemessene Elastizität Aufschluss über die Art der Beziehung zwischen den Unternehmen und damit im Falle einer positiven Ausprägung über die Intensität der Konkurrenzbeziehung.

Kreuztabellierung, die K. stellt das einfachste Verfahren dar, mit dem Zusammenhänge zwischen Variablen veranschaulicht und analysiert werden können. Sie ist die Grundlage der → Kontingenzanalyse. Dabei werden zuerst sämtliche Kombinationen von Merkmalsausprägungen in eine Matrix, die sog. Kreuztabelle, eingetragen. Anschließend wird jeder Merkmalskombination die Häufigkeit (in absoluten oder relativen Zahlen) zugewiesen, die durch Messung ermittelt wurde. Aus der Tabelle wird dann ersichtlich, ob zwischen dem Auftreten einzelner Merkmale ein Zusammenhang besteht. – Der Vorteil der K. liegt darin, dass die verwendeten Variablen (Merkmalsausprägungen) keinem bestimmten → Skalenniveau entsprechen müssen.

Krisenkommunikation, Teilbereich der → Kommunikationspolitik, der sich im Fall von Unternehmenskrisen (Störfall, Unfall Katastrophen, Verbrechen, große wirtschaftliche Schwierigkeiten, Streik, Boykott usw.) mit der entsprechenden Zielgruppe (z.B. Öffentlichkeit, Kunden, Anteilseigner) beschäftigt.

Krisenmanagement, besondere Form der Unternehmensführung, dessen Aufgabe darin besteht, alle jene Prozesse in Unternehmen zu vermeiden (Krisenvermeidung) oder zu bewältigen (Krisenbewältigung), die ansonsten in der Lage wären, ihren Fortbestand substanziell zu gefährden oder sogar unmöglich zu machen. *Vgl. auch* → Issue Management.

Kristallisationsinstrumente, → Integrierte (Unternehmens-) Kommunikation.

Kruskal-Wallis-Test, mit Hilfe des K.-W.-T. kann analysiert werden, ob ein Unterschied zwischen den Verteilungen zweier oder mehrerer unabhängiger → Stichproben besteht. Unabhängige Stichprobe bedeutet hier, dass die → Daten jeweils bei unterschiedlichen → Erhebungseinheiten erhoben werden müssen. Die verwendeten Daten müssen in ordinalskalierter Form vorliegen. Der K.-W.-T. ist eine Fortführung des Mann-Whitney-Tests und beruht ebenfalls auf der Untersuchung der Unterschiede der → Mittelwerte. – Bei der Durchführung wird zuerst die → Nullhypothese aufgestellt, die davon ausgeht, dass sich die unabhängigen Stichproben nicht unterscheiden. Aus den ordinalskalierten Werten aller Stichproben werden die Werte für die kombinierten Ränge berechnet. Aus diesen kumulierten Werten lässt sich dann die Kruskal-Wallis H-Statistik berechnen. Durch den Vergleich des H-Wertes mit den entsprechenden theoretischen Werten wird dann schließlich noch überprüft, ob die → Nullhypothese beibehalten oder verworfen wird.

Kulanz, → Haftpflichtrecht.

Kultur, in der Literatur lassen sich drei Verständnisebenen des Begriffs K. voneinander unterscheiden: Die erste Ebene grenzt den Kultur- vom Zivilisationsbegriff ab und begreift sie als „[...] freie(s) Wirken des menschlichen Geistes im Dienste des ‚Schönen‘, ohne materiellen Zweck und Nutzen“. Die zweite Ebene schließt zusätzlich zum geistigen Schaffen Gegenstände der Volkskunst mit ein, wie z.B. Volksbräuche, Sagen, Güter des traditionellen Handwerks sowie die Darstellung religiöser Vorstellungen mittels Gegenständen und Worten. Die dritte und zeitlich jüngste Ebene geht noch weiter und versteht Kultur als „[...] Inbegriff aller Tätigkeiten [...], die der Mensch bewusst im Hinblick auf die Gestaltung des Lebens entfaltet“. Dieses neuere Kulturverständnis, das auch alltägliche Gegenstände mit einbezieht, liefert die Grundlage für die Definition von Berekoven (Berekoven, L., Internationales Marketing, 2. Aufl., Berlin 1985), bei der Kultur als eine Gesamtheit der typischen Lebensformen einer Bevölkerung einschließlich der sie tragenden Geistesverfassung, insbesondere ihrer Wertvorstellungen und gesellschaftlichen Normen aufgefasst wird. Das jüngere Begriffsverständnis ist für das internationale Marketing (→ Cross Cultural Research) wesentlich, kann damit doch die Kultur als mögliche Einflussgröße für die Erfolgswirksamkeit von Marken und Dienstleistungen betrachtet werden.

Kulturmarketing, systematische Anwendung des → Marketing durch Institutionen des Kultursektors. Das K. umfasst neben Aspekten des traditionellen kommerziellen Marketing (z.B. das Marketing für Museen oder Theater) vor allem Probleme des → Non-Profit-Marketing. Da auch die kulturelle Attraktivität eine immer größere Bedeutung für die Beurteilung von Wohnorten und Firmenstandorten darstellt, gewinnt das K. oft auch im Rahmen eines → City Marketing (→ Stadtmarketing) sehr große Bedeutung.

Kumulierte Leserschaft. Leserschaft, die mit mehreren Ausgaben einer Zeitung oder Zeitschrift mindestens einmal erreicht wird. Die unterschiedlich hohe K.L. einzelner Titel führt zu einer entsprechend unterschiedlichen Verteilung der Werbeträgerkontakte. *Vgl. auch* → kumulierte Reichweite.

Kumulierte Reichweite, → Reichweite, → Mediaplanung (2).

Kunde, → Käufer.

Kundenabwanderung, → Abwanderung.

Kundenabwanderungsanalyse, Entscheidungstatbestand des → Rückgewinnungsmanagements. Im Zentrum der K. steht die Beantwortung der Fragen nach den konkreten Abwanderungsgründen, dem Verlauf des Abwanderungsprozesses sowie den Einflussfaktoren der → Abwanderung eines Kunden. Hierzu können, je nach Schwerpunkt der Analyse, verschiedene Messansätze zum Einsatz gelangen. In der Unternehmenspraxis finden insbesondere drei Methoden Anwendung: (1) Befragung abgewanderter Kunden: Die derzeit verbreitetste Form der K. ist die häufig standardisierte telefonische oder schriftliche → Befragung abgewanderter Kunden zu ihren spezifischen Abwanderungsgründen. Durch die Vorgabe bestimmter Abwanderungskategorien im Fragebogen besteht jedoch die Gefahr, dass die wahren Ursachen der Abwanderung unentdeckt bleiben bzw. nur ein Teilaspekt der Abwanderung erhoben wird. Im Ergebnis erhält das Unternehmen Prozentangaben über Abwanderungsgründe, die sehr allgemein sind (z.B. 50 Prozent der Kunden wandern aufgrund des schlechten Service ab). Eine weitere Einschränkung der Befragung als Ansatz der K. ist durch den Prozesscharakter der Kundenabwanderung gegeben, der innerhalb der standardisierten Befragung nicht berücksichtigt wird. Kündigungen sind i.d.R. nicht auf ein isoliertes Ereignis zurückzuführen, sondern werden durch eine Vielzahl von kritischen Ereignissen innerhalb einer bestimmten Zeitspanne beeinflusst. Aus diesem Grunde sollten zur K. prozessorientierte Analyseinstrumente eingesetzt werden, die sowohl die Abwanderungsgründe als auch den Abwanderungsprozess als Ganzes betrachten. (2) → Switching-Path-Analyse: Das Instrument verfolgt das Ziel, den Abwanderungsprozess – angefangen von einem bestimmten Auslöser (Trigger), über bestimmte Gründe der Unzufriedenheit bis hin zur Kündigung sowie zur Aufnahme einer neuen Beziehung abzubilden. Inhaltlich basiert das Instrument auf strukturierten, persönlichen → Tiefeninterviews mit abgewanderten Kunden. (3) Root-Cause-Analyse: Bei dieser liegt der Schwerpunkt auf der Identifikation und

Konkretisierung der Abwanderungsursachen, um die Informationen in die Verbesserung des Leistungsprogramms einfließen zu lassen. Bei diesem Verfahren werden die Ursachen der Kundenabwanderung in einem mehrstufigen Verfahren differenziert identifiziert. Den Ausgangspunkt der Root-Cause-Analyse bilden Hypothesen zu möglichen Abwanderungsursachen, die in einem zweiten Schritt im Rahmen detaillierter Ursachenbäume näher beschrieben werden (vgl. Abb. „Beispiel einer Root-Cause-Analyse bei Versicherungskunden“). Hieran schließt sich eine telefonische Befragung abgewanderter Kunden an.

Literatur: Venhor, B./Zinke, C. (2000): Kundenbindung als strategisches Unternehmensziel: Vom Konzept zur Umsetzung, in: Bruhn, M./Homburg, Ch. (Hrsg.): Handbuch Kundenbindungsmanagement, 3. Aufl., S. 153-172.

teilung der K. können z.B. das geschätzte Wachstum des relevanten Bedarfs, das Preisniveau, das beim Kunden erzielt werden kann, oder das Image des Kunden im Hinblick auf die Nutzung als Referenzkunde sein.

Kundenbarometer, → Nationale Kundenbarometer, → Kundenbefragung, → Befragung, → Kundenzufriedenheitsmessung, → Kundenbindung, Messung der.

Kundenbeirat, institutionalisierte Form der Zusammenkunft von Kunden eines Unternehmens bzw. einer → Marke mit dem Ziel, bestimmte unternehmensbezogene Fragen (wie Produktinnovationen, → Produkteliminierungen, zukünftige → Dienstleistungen usw.) zu diskutieren und insofern die Marketing- bzw. Produktmanagemententscheidungen zu unterstützen. Der Unterschied des K.

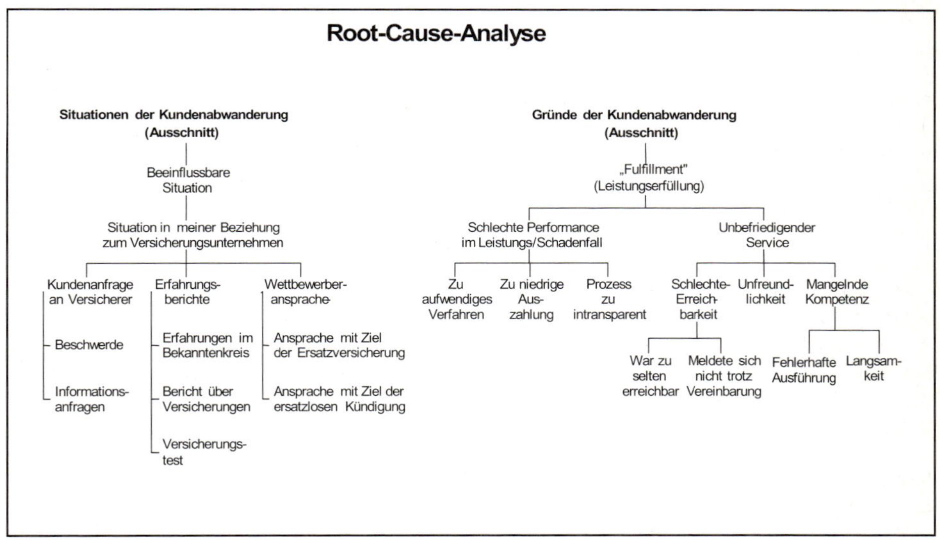

Beispiel einer Root-Cause-Analyse bei Versicherungskunden (Quelle: Venhor/Zinke 2000, S. 163)

Kundenattraktivität, Dimension des → Kundenportfolios. Maßgebliches Kriterium zur Bestimmung der K. ist der (z.B. jährliche) Bedarf des Kunden an Produkten und/ oder Dienstleistungen (auch relevanter Bedarf genannt). Dabei handelt es sich um das Absatzvolumen, das beim Kunden prinzipiell erzielbar wäre. Weitere Kriterien zur Beur-

zu ähnlichen Kooperationsformen (→ Kooperation) zwischen Anbieter und Kunde (z.B. → Lead User) besteht darin, dass der K. keinen sporadischen Charakter hat, sondern die Zusammenkünfte in regelmäßigen, festen Formen stattfinden.

Kundenberater, *Accountmanager*; → Werbeberufe (1).

Kundenbeschwerde, → Beschwerde.

Kundenbewertung, Beurteilung der Profitabilität sowie Attraktivität eines Kunden aus Sicht des Unternehmens, um zukünftige beziehungsspezifische Investitionsentscheidungen in die Kundenbeziehung zu fundieren. Die K. dient somit der Entscheidungsunterstützung im → Kundenmanagement. Hinsichtlich der einzusetzenden Verfahren kann zwischen heuristischen sowie quasi-analytischen Verfahren der K. (vgl. Abb. „Verfahren der Kundenbewertung") unterschieden werden. Heuristische Verfahren geben Hinweise auf richtige Lösungswege und ein erfolgversprechendes Suchverhalten. Quasi-analytische Verfahren basieren hingegen auf mathematischen Berechnungen, und ermöglichen einen quantitativen Vergleich von Kunden auf der Grundlage numerischer Werte oder Punktwerte. Ferner kann auf einer zweiten Systematisierungsebene zwischen monetären und nicht-monetären Verfahren unterschieden werden. Auf einer dritten Systematisierungsebene sind statische (Zeitpunktbetrachtung) und dynamische Verfahren (Zeitraumbetrachtung) zu unterscheiden.

I. Heuristische Verfahren: Die klassische → Kundensegmentierung mittels demographischer und ökonomischer Kriterien kann als die einfachste Methode einer K. angesehen werden. Kunden eines Unternehmens werden bei dieser Methode anhand unternehmensspezifisch festgelegter Bewertungskriterien analysiert und gruppiert. Wenn bereits eine qualitativ hochwertige → Datenbank besteht, die demographische, geographische, psychographische und/oder kaufverhaltensbezogene Merkmale der Kunden erfasst, kann darüber hinaus das Verfahren des Positiv Cluster eingesetzt werden. Bei dieser Methode werden die Ausprägungen merkmalsgleicher Kunden zur Bewertung der Investitionswürdigkeit von potenziellen Kunden sowie Neukunden verwendet. Ein weiteres Instrument der K. stellt das → Kundenportfolio dar. In einer Portfoliomatrix (→ Portfolio-Analyse) werden zwei Faktoren – häufig die Kundenattraktivität als unternehmensexterne Größe sowie die Wettbewerbsposition als unternehmensspezifische Größe – analysiert (*vgl. auch* → Investition, beziehungsspezifische). Die Kunden werden entsprechend ihren Ausprägungen im Portfolio positioniert und entsprechende → Normstrategien abgeleitet. Die Möglichkeit einer Dynamisierung heuristischer, nicht-monetärer Verfahren bietet das Verfahren der Loyalitätsleiter. Hier werden die Kunden in Abhängigkeit von ihrer Bindung zum Unternehmen in Loyalitätsstufen kategorisiert. Auf der Loyalitätsleiter verändert sich die Position eines Kunden idealtypisch aufgrund der geschätzten Kundenloyalität (ermittelt z.B. durch die → Wiederkaufrate) schrittweise im Zeitablauf nach oben oder unten. Als monetäres, heuristisches Verfahren stellt die Kundenumsatzanalyse der auch → ABC-Analyse dar. Die Basis bildet die Analyse der in einer Periode getätigten Umsätze, indem alle Kunden nach der Höhe der Umsätze bzw. der Umsatzerwartungen in eine Rangreihe gebracht werden. Aufgrund dieser Reihenfolge ergeben sich drei Kundengruppen. Die Kunden mit dem höchsten Umsatzanteil werden als A-Kunden, die übrigen Kunden als B- bzw. C-Kunden bezeichnet. Mit Hilfe einer Erweiterung der ABC-Analyse um dynamische Werte, beispielsweise um Umsatz- oder Deckungsbeitragspotenziale (→ Deckungsbeitragsrechnung), kann die Qualität der Verfahren – insbesondere für die exakte Analyse von potenziellen Kunden – noch verbessert werden. Der Kundenlebenszyklus (→ Kundenbeziehungslebenszyklus) zeigt den Verlauf der Kosten- und Umsatz- bzw. der Deckungsbeitragsentwicklung eines Kunden im Zeitablauf auf. In Abhängigkeit von der Lebenszyklusphase, in der sich der Kunde aktuell befindet, kann dieser unterschiedlich bewertet und angesprochen werden. Kundenattraktivität als unternehmensexterne Größe sowie die Wettbewerbsposition als unternehmensspezifische Größe – analysiert (*vgl. auch* → Investition, beziehungsspezifische). Die Kunden werden entsprechend ihren Ausprägungen im Portfolio positioniert und entsprechende → Normstrategien abgeleitet. Die Möglichkeit einer Dynamisierung heuristischer, nicht-monetärer Verfahren bietet das Verfahren der Loyalitätsleiter. Hier werden die Kunden in Abhängigkeit von ihrer Bindung zum Unternehmen in Loyalitätsstufen kategorisiert. Auf der Loyalitätsleiter verändert sich die Position eines Kunden idealtypisch aufgrund der geschätzten Kundenloyalität (ermittelt z.B. durch die → Wiederkaufrate) schrittweise im Zeitablauf nach oben oder unten. Als monetäres, heuristisches Verfahren stellt sich die Kundenumsatzanalyse oder auch → ABC-Analyse dar. Die Basis bildet die Analyse der in einer Periode getätigten Umsätze, indem alle Kunden nach der Höhe der Umsätze bzw. der Umsatzerwartungen in eine Rangreihe gebracht werden. Aufgrund dieser Reihenfolge ergeben sich drei Kundengruppen. Die Kunden mit dem höchsten Umsatzanteil werden als A-Kunden, die übrigen Kunden als B- bzw. C-Kunden bezeichnet. Mit Hilfe einer Erweiterung der ABC-Analyse um dynamische Werte, beispielsweise um Umsatz- oder Deckungsbeitragspotenziale (Deckungsbeitragsrechnung), kann die Qualität der Verfahren – insbesondere für die exakte Analyse von potenziellen Kunden – noch verbessert werden. Der Kundenlebenszyklus zeigt den Verlauf der Kosten- und Umsatz- bzw. der Deckungsbeitragsentwicklung eines Kunden im Zeitablauf auf. In Abhängigkeit von der Lebenszyklusphase, in der sich der Kunde aktuell befindet, kann dieser unterschiedlich bewertet und angesprochen werden.

II. Quasi-analytische Verfahren: Der Grundgedanke des quasi-analytischen, nichtmonetären → Punktbewertungsmodells ist die Bewertung des Kunden anhand mehrerer Merkmale, bei denen verschiedene qualitative Kriterien im Vordergrund stehen. Die Kunden werden durch die Identifizierung und Gewichtung dieser Kriterien sowie durch die Vergabe von Punkten beurteilt und somit direkt vergleichbar gemacht. Die Realisierung einer dynamischen Kundenbetrachtung kann mittels einer Scoring-Tabelle mit Potenzialwerten erfolgen. Das bekannteste Verfahren dieser Art ist die → RFMR-Methode (Recency, Frequency, Monetary Ratio), die als grundlegende Kriterien das letzte Kaufdatum, die Häufigkeit der Käufe, den durchschnittlichen Umsatz, die Anzahl der Retouren bzw. Beanstandungen und die Zahl der Werbesendungen als Bewertungsgrundlage verwendet. Durch die Punktbewertung der Kriterien entsteht aufgrund der Potenzialorientierung bei der Punktvergabe ein dynamisches Käuferprofil. Eine wesentlich höhere Verbreitung als die nicht-monetären Ansätze haben die quasi-analytischen, monetären Verfahren. Die Kundendeckungsbeitragsrechnung ermöglicht die Berechnung des Beitrages jedes Kunden zum Periodengewinn, indem durch eine stufenweise und verursachungsgerechte Zuordnung von Erlösen und Kosten ein monetärer Kundenwert berechnet wird. Beim Customer Costing erfolgt die Steuerung sowie die hierarchische Zurechnung der kundenbezogenen Kosten und Erträge zu den Bezugsebenen → Marketing, → Vertrieb und → Logistik, die in Form einer → Kundenergebnisrechnung umgesetzt wird. Die Zuordnung der produkt- und kundenspezifischen → Gemeinkosten erfolgt auf unterschiedlichen Deckungsbeitragsstufen in einer auf der → Prozesskostenrechnung basierenden Erfolgsrechnung. Durch das Konzept des → Return on Customer Investment (→ ROI) lässt sich der erwirtschaftete Deckungsbeitrag in Relation zu dem in eine → Kundenbeziehung eingesetzten Kapital bringen. Je höher die individuelle Rendite ausfällt, desto attraktiver ist die Kundenbeziehung für das Unternehmen zu bewerten. Der Kundenwert setzt sich im Customer Equity Test aus dem Akquisitions-, Wiederkaufs- (Wiederkaufswahrscheinlichkeit), und dem Kommunikationsverhalten des Kunden zusammen. Die Berechnung des Kundenwertes basiert dabei auf der Wahrscheinlichkeit dafür, dass ein Kunde akquiriert bzw. gebunden werden kann. Je ausgeprägter diese Faktoren in Verbindung mit den ökonomischen und vorökonomischen Faktoren ausfallen, desto wertvoller ist ein Kunde zu bewerten. Der → Customer Lifetime Value (CLV) hat als Verfahren der K. in den letzten Jahren stark an Bedeutung gewonnen. Der Vorteil dieses Bewertungsverfahrens liegt darin, dass der monetäre Wert eines Kunden zu einem beliebigen Zeitpunkt (dynamisch)

Kunden-Bewertungs-verfahren	Heuristisch	Nicht-monetär	Statisch	· Demographische und ökonomische Segmentierung · Klassifikationsschlüssel · Positiv Cluster · Kundenportfolio
			Dynamisch	· Loyalitätsleiter
		Monetär	Statisch	· ABC-Analyse
			Dynamisch	· ABC-Analyse mit dynamischen Werten · Kundenlebenszyklusanalyse
	Quasi-Analytisch	Nicht-monetär	Statisch	· Scoring-Tabelle
			Dynamisch	· Scoring Tabelle mit Potenzialwerten (RFMR-Tabelle)
		Monetär	Statisch	· Kundendeckungsbeitragsrechnung · Customer Costing · Kundenbezogene Rentabilitätsrechnung (ROI)
			Dynamisch	· Customer Equity Test · Customer Lifetime Value

Verfahren der Kundenbewertung (Quelle: Bruhn et al. 2000)

für die gesamte Dauer der → Kundenbeziehung berechnet werden kann.

III. Kritische Würdigung der Kundenbewertungsverfahren: Die unterschiedlichen Kundenbewertungsansätze unterscheiden sich in hohem Maße nach Inhalt, Aussagekraft und Anwendbarkeit voneinander. Heuristische Methoden liefern keine quantitativen Resultate, sind aber unter Verwendung relativ kleiner Datenbanken durchführbar und daher mit geringen Kosten verbunden. Aufgrund dieser Vorteile werden heuristische Verfahren in der Praxis – trotz der eingeschränkten Aussagekraft ihrer Ergebnisse – immer noch ggü. quasi-analytischen Verfahren bevorzugt. Letztere erzielen i.d.R. vollständigere und besser anwendbare Resultate, weisen jedoch Schwächen aufgrund der aufwendigen Datenbeschaffung und -verarbeitung sowie der Komplexität der Problemerfassung auf. Die monetären Verfahren lassen durch ihre Eindeutigkeit direkte Kundenvergleiche zu und haben den Vorteil, dass sie in Kalkulationen und Budgetberechnungen einbezogen werden können. Als Nachteil der meisten monetären Verfahren ist zu nennen, dass sie wegen ihrer auf den Zusatzumsatz beschränkte Wertauffassung als unvollständig anzusehen sind. Wegen ihrer Unvollständigkeit in der Kundenbetrachtung sind statische Verfahren den dynamischen Verfahren als unterlegen anzusehen. Neukunden und potenziell attraktive Kunden, die zum Zeitpunkt der Ermittlung unrentabel sind, können nur durch die Berücksichtigung ihres zukünftigen Ertragspotenzials bewertet werden. Eine langfristige Kundenpotenzialbetrachtung ist daher eine unabdingbare Voraussetzung (*vgl. auch* → Cross-Selling-Potenzial). Als Nachteil dynamischer Verfahren ist die hohe Komplexität der Verfahren anzuführen, die primär durch die zu erstellenden Prognosen und das zu berücksichtigende Risiko bedingt ist.

Literatur: Bruhn, M. et al. (2000): Wertorientiertes Relationship Marketing – Vom Kundenwert zum Customer Lifetime Value, in: Die Unternehmung, 54. Jg., Nr. 3, S. 167-187.

Manfred Bruhn

Kundenbeziehung, → *Kunden-Lieferanten-Beziehung*, → *Geschäftsbeziehung*; geregelter, häufig auch durch Verträge abgesicherter Austauschprozess zwischen Kunde und Unternehmen zur Erreichung individueller Ziele. Beim Kunde steht die Bedürfnisbefriedigung, beim Unternehmen die langfristige Gewinnsicherung im Vordergrund. Die Steuerung von K. ist Kerngegenstand des → Relationship Marketing.

Kundenbetreuungsteam, Mitarbeiter, die für Kunden bei Anliegen oder Problemen als Ansprechpartner zur Verfügung stehen und diese beraten. Neben Fachqualifikationen sollten Mitarbeiter in K. auch über soziale Qualifikationen, wie die Fähigkeit zur Perspektivenübernahme verfügen. Zum Austausch der Kundendaten innerhalb des K. (→ Database Management) ist der Aufbau einer Datenbank (→ Database) erforderlich, die von allen Mitarbeitern genutzt und ergänzt werden kann. Im → Relationship Marketing werden die Kunden häufig in Abhängigkeit von Ihrem Kundenwert und ihren Bedürfnissen einem persönlichen K. zugewiesen. So wird sichergestellt, dass die Kunden individuell betreut werden. K. werden z.B. häufig bei Banken oder Versicherungen eingesetzt.

Kundenbeziehungsanalyse, umfasst alle Maßnahmen eines Unternehmens, die der Bewertung von → Kundenbeziehungen vor dem Hintergrund der Unternehmensziele dienen (→ Kundenbewertung). Im Zuge einer zunehmenden Fokussierung auf langfristige Kundenbeziehungen anstatt auf einzelne Leistungstransaktionen treten kundenbeziehungsorientierte Erfolgskennziffern neben klassische finanzielle → Kennzahlen. Auf diese Weise soll der langfristigen Orientierung des → Relationship Marketing Rechnung getragen werden. Es können zwei Kategorien von Kennziffern unterschieden werden: (1) Aufgrund ihrer Aussagefähigkeit bzgl. des Erfolgspotenzials einer Kundenbeziehung nehmen vorökonomische Kennziffern im Vergleich zu klassischen Marketinganalysen (→ Situationsanalyse) eine relativ hohe Bedeutung ein. Hierbei gilt es vor allem, die → Kundenzufriedenheit, die → Beziehungsqualität und → die Kundenbindung systematisch zu analysieren, da diese Größen Ansatzpunkte für die Steuerung von Kundenbeziehungen geben. (2) Im Rahmen der K. erfahren klassische ökonomische Kennziffern eine stärkere Fokussierung auf die einzelne Kundenbeziehung bzw. auf Kundensegmente. Neben statischen ökonomischen Kennziffern (z.B. → Kundendeckungsbeitrag) werden insbesondere dynamische Kennziffern (z.B. → Customer Lifetime Value (CLV)) eingesetzt, um Kundenbeziehungen aus einer ökonomischen Perspektive zukunftsgerichtet zu bewerten. Die Bewertung von Kundenbeziehungen wird derzeit als eine der wichtigsten Herausforderungen für Marketingwissenschaft und -praxis betrachtet.

Literatur: Bruhn, M. (2001): Relationship Marketing, München; Günter, B./Helm, S. (Hrsg.) (2003): Kundenwert. Grundlagen – Innovative Konzepte – Praktische Umsetzung, 2. Aufl., Wiesbaden.

Kundenbeziehungslebenszyklus. *Kundenlebenszyklus*. Der K. ist eine an dem klassischen Konzept des → Produktlebenszyklus angelehnte graphische Darstellung der Entwicklungsphasen einer → Kundenbeziehung, die der Ableitung von kundenbezogenen Handlungsempfehlungen dient. Im Rahmen eines K. wird die Strukturierung einer idealtypischen Kundenbeziehung anhand verschiedener Phasen vorgenommen. Ziel ist die Systematisierung der Aufgaben des → Relationship Marketing in den verschiedenen Phasen einer Kundenbeziehung. Der Lebenszyklus wir in einem zweidimensionalen Diagramm dargestellt, dessen Abszisse die Dauer einer Kundenbeziehung repräsentiert. Anhand der Ordinate wird die Beziehungsstärke bzw. Beziehungsintensität der jeweiligen Kundenbeziehung abgetragen (vgl. Abb. „Kundenbeziehungslebenszyklus"). Die Beziehungsintensität kann anhand verschiedener Indikatoren gemessen werden. Zum einen können psychologische (z.B. → Beziehungsqualität) oder verhaltensbezogene Indikatoren (z.B. Kauffrequenz) zum anderen ökonomische Indikatoren (z.B. → Customer Lifetime Value (CLV)) als Kriterien für die Stärke einer Kundenbeziehung Verwendung finden. Idealerweise steigt die Beziehungsintensität mit der Dauer der Kundenbeziehung stetig an bis zu einem Be-

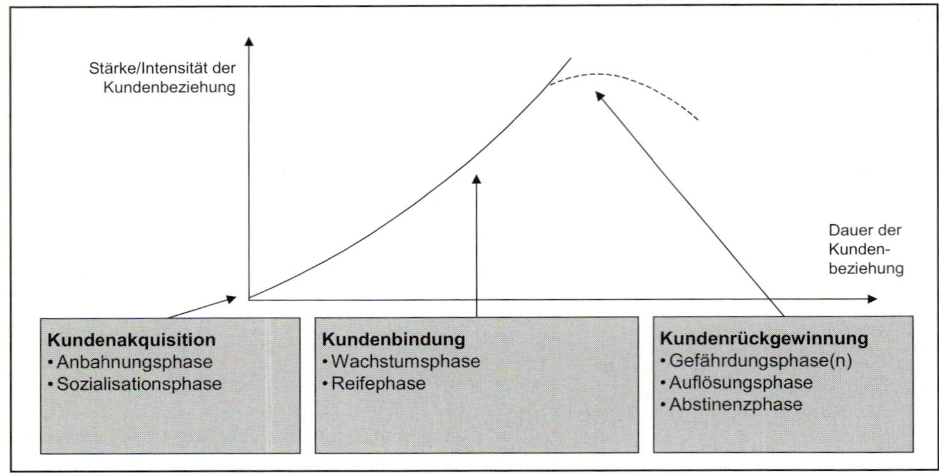

Kundenbeziehungslebenszyklus (Quelle: Bruhn 2001, S. 48)

ziehungsoptimum. Leistungserstellungsfehler und sonstige zu Unzufriedenheit führenden Tatbestände können ein Sinken der Beziehungsstärke und somit letztendlich die Abwanderung der Kunden zur Folge haben. Es können die folgenden drei Zyklusphasen unterschieden werden (1) In der Phase der → Neukundenakquisition tritt das Unternehmen mit potenziellen (lukrativen) Kunden in Kontakt, um diese zu gewinnen. (2) In der Phase der → Kundenbindung unternimmt das Unternehmen Anstrengungen, die Beziehung zu den gewonnenen Kunden zu intensivieren und auf diese Weise die Kundenpotenziale auszuschöpfen (z.B. durch → Cross Selling) sowie die Kunden langfristig zu binden. (3) Im Falle eines Sinkens der Beziehungsstärke kommt die Phase der Kundenrückgewinnung (→ Rückgewinnungsmanagement) zum Tragen, durch die abwanderungswillige Kunden für das Unternehmen wiedergewonnen bzw. bereits abgewanderte Kunden zurückgewonnen werden sollen. Anhand der Phasen des K. lassen sich Aufgaben und Einsatzfelder von Instrumenten des Relationship Marketing ableiten. Insbesondere dient der K. einer Integration des klassischen transaktionsorientierten Marketing und des Relationship Marketing. *Vgl. auch* → Lebenszyklusmodell.

Literatur: Stauss, B. (2000): Perspektivenwandel. Vom Produkt-Lebensyklus zum Kundenbeziehungs-Lebenszyklus, in: Thexis, 17. Jg., Nr. 2, S. 15-18; Bruhn, M. (2001): Relationship Marketing. Das Mange-ment von Kundenbeziehungen, München.

Kundenbeziehungsmanagement, → Beziehungsmanagement. *Vgl. auch* → Relationship Marketing.

Kundenbeziehungspotenzial, möglicher Nutzen, den ein Unternehmen in der Zukunft aus einer → Kundenbeziehung ziehen kann. Dieser Nutzen setzt sich zum einen aus dem Marktpotenzial des Kunden (z.B. Ertragspotenzial, Cross-Buying-Potenzial) zum anderen aus dem Ressourcenpotenzial (z.B. Referenzpotenzial, Kooperationspotenzial) des Kunden zusammen. Das K. ist ein Untersuchungsgegenstand der → Kundenbeziehungsanalyse bzw. der → Kundenbewertung.

Kundenbindung. I. Begriff: K. stellt in der Praxis das Gegengewicht zur → Neukundengewinnung dar, d.h. K. beschäftigt sich mit der Betreuung der Kunden nach dem Geschäftsabschluss. Ursprünglich hervorgegangen aus dem Wunsch, bereits bestehende Kunden nach einer längeren Zeit ohne Kontakt zu reaktivieren (Kundenreaktivierung). Definitorisch beinhaltet K. die beiden unterschiedlichen Komponenten Gebundenheit und Verbundenheit des Kunden zum Unternehmen. Während in den letzten Jahren in Deutschland vor allem über Gebundenheit im Sinne einer „Fesselung“ des Kunden mittels Verträgen gesprochen worden ist, hebt sich derzeit in der Diskussion das Element Verbundenheit hervor. Unternehmen versuchen, die → Loyalität des Kunden zu gewinnen, um dadurch eine Form der Bindung zu erzielen.

II. Formen: Als Formen der Bindung sind erkannt worden: psychologische K., situative K., rechtliche K., ökonomische K. und technologische K. Während K. selbst als ein Ziel des → One-to-One-Marketing bezeichnet wird, zielt das moderne Verständnis von K. darauf ab, beim Kunden Zufriedenheit und Vertrauen ggü. dem Unternehmen (Produkt oder Service) zu implizieren. Für die Erreichung dieses Zieles sind drei Faktoren ausschlaggebend: die Aktivitäten des Anbieters, die Einstellung des Kunden zu diesen Aktivitäten und die Verhaltensintention (Reaktion) beim Kunden.

III. Maßnahmen: Die Möglichkeiten des Anbieters, das Massenpublikum zu kontrollieren, sind erst durch die Weiterentwicklung der Technik ermöglicht worden. Das → Database Marketing spielt dabei eine zentrale Rolle, da alle Kundendaten in diesem System gesammelt werden. Nur wenn ein Unternehmen einen Kunden genau kennt, kann es seine Aktionen so steuern, dass sich Zufriedenheit und Vertrauen einstellen. K. ist zudem ein dauerhafter Prozess, der professionell gemanagt werden muss. Der gesamte Prozess der K. setzt sich aus vier Schritten zusammen: (1) Sammeln und Analyse von Kundeninformationen, (2) Zielgruppenspezifische Beratung und maßgeschneiderte Angebote, (3) Initiieren von Veränderungsprozessen und Gestaltung von K.-Maßnahmen, (4) Gestaltung effektiver Kunden-Feedback-Systeme und deren kontinuierliche Anpassung. Die hier gewonnen Informationen sollten auch in die Kundengewinnungsaktivitäten einfließen.

IV. Konzept: Die Vielschichtigkeit des K.-Konzeptes lässt sich gut anhand der Abb. „Eisberg Darstellung“ visualisieren. Entscheidend für den Erfolg der K. ist eine möglichst individuelle und direkte An-

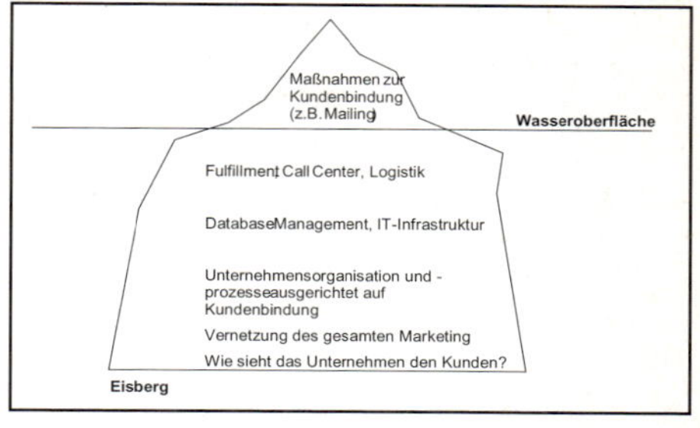

Eisberg Darstellung
(Quelle: in Anlehnung an Diller 1997, S. 33)

sprache des Kunden, mit vorausgehender sorgfältiger → Segmentierung. Nur dieses Vorgehen ermöglicht einen systematischen Aufbau von Zufriedenheit und anschließend Vertrauen beim Kunden. Für die Zukunft ist es notwendig, die Idee der K. in den Unternehmen praktisch umzusetzen. Zur Verbesserung des Verständnisses von K. sind zudem effiziente Messverfahren zur Erfassung von Zufriedenheit und Vertrauen zu entwickeln.

Literatur: Diller, H. (1997): Preis-Management im Zeichen des Beziehungs-Marketing, Arbeitspapier Nr. 52, Universität Erlangen-Nürnberg; Jeschke, K. (1995): Nachkaufmarketing: Kundenzufriedenheit und Kundenbindung auf Konsumgütermärkten, Frankfurt/Main.; Peppers, D./Rogers, M. (1996): Strategien für ein individuelles Kundenmarketing. Die 1:1 Zukunft, München.

Kundenbindung, Messung der. Zur Messung der → Kundenbindung können zwei Messgrößen herangezogen werden. In der Unternehmenspraxis, aber auch in den meisten wissenschaftlichen Studien, wird lediglich die Absichtsperspektive der Kundenbindung erhoben. Die M.d.K. erfolgt dabei indirekt durch die Abfrage folgender Indikatoren: (1) → Wiederkaufabsicht, z.B. erhoben durch die Frage „Werden Sie die Leistungen des Anbieters auch in Zukunft in Anspruch nehmen?“. (2) Weiterempfehlungsabsicht (→ Weiterempfehlung), z.B. erhoben durch die Frage „Werden Sie den Anbieter an Freunde und Bekannte weiterempfehlen?“. (3) Cross-Buying-Absicht (→ Cross Buying), z.B. erhoben durch die Frage „Beabsichtigen Sie, in Zukunft auch andere Leistungen des Anbieters in Anspruch zu nehmen?". (4) → Preissensibilität, z.B. erhoben durch die Frage „Wären Sie bereit, für die Leistungen des Anbieters auch einen höheren Preis zu zahlen?". Demgegenüber sind die meisten Indikatoren des tatsächlichen Kundenverhaltens durch bereits vorhandene Kundeninformationen abgedeckt. Als Indikatoren ist z.B. der tatsächliche Wiederkauf, aber auch andere → Kennzahlen, wie die Rate der → Kundendurchdringung oder die Dauer der → Kundenbeziehung insgesamt zu nennen.

Kundenbindungsgewinn, Differenz zwischen Kosten und Nutzen der → Kundenbindung. Es handelt sich hierbei um eine → Kennzahl, welche die Wirtschaftlichkeit der Kundenbindungsaktivitäten ausweist. Eine Kundenbindungsinvestition ist dabei umso wirtschaftlicher, je höher der K. ist. In Erweiterung hierzu umfasst die → Kundenbindungsrendite das Verhältnis aus Kundenbindungsgewinn und -kosten. *Vgl. auch* → Kundenbewertung.

Kundenbindungsgrad. Einsatz von → Kundenbindungsinstrumenten, bei dem der Kunde die Maßnahmen noch als vorteilhaft empfindet. Wird der optimale Grad der → Kundenbindung aus Kundensicht überschritten, entsteht ein Gefühl der → Informationsüberlastung bzw. Eingeschränktheit, was letztlich in einer Abwehrhaltung des Kunden ggü. Maßnahmen der Kundenbindung endet (→ Reaktanz). Um dies zu vermeiden, kann nicht nur der Aufbau von Kundenbindung, sondern ebenfalls die Verringerung der Kundenbindung bzw. die aus Sicht der Kunden wahrgenommene Bindung Ziel eines Unternehmens sein.

Kundenbindungsinstrument, operative Maßnahme des → Kundenbindungsmanagements zur Erreichung von → Kundenbindungszielen (→ Kundenbindung). Analog den klassischen → Marketinginstrumenten können vier Kategorien von K. unterschieden werden:

I. Kommunikationspolitische K.: Die → Kommunikationspolitik erfüllt innerhalb des Kundenbindungsmanagements zwei Ziele. Zum einen wird der Aufbau eines kontinuierlichen Dialogs mit dem Kunden angestrebt, um zu einer Stabilisierung oder Veränderung der → Kundenerwartungen beizutragen. Zum anderen soll potenziellen → Kognitiven Dissonanzen nach dem Kauf durch die Verbreitung von kaufbestätigenden Informationen entgegengewirkt werden. Weit verbreitete kommunikationspolitische K. sind die folgenden: (1) Bei → Direct Mailings handelt es sich um adressierte Werbesendungen, die in Abhängigkeit von der individuellen Zielsetzung des Unternehmens aus verschiedenen Bestandteilen bestehen, wie beispielsweise einem Anschreiben, Katalogen, Prospektbeilagen oder anderen aufmerksamkeitsstarken Gegenständen. Im Rahmen des Kundenbindungsmanagements werden Direct Mailings eingesetzt, wenn der Kunde zu einem bestimmtes Anlass, z.B. Einladung zu einem Event, Geburtstag des Kunden, Zeitpunkt kurz vor Vertragsablauf, angesprochen werden soll. (2) → Kundenzeitschriften sind periodisch erscheinende Publikationen von Herstellern oder Handelsunternehmen, die überwiegend unentgeltlich an die aktuellen Kunden des Unternehmens distribuiert werden. (3) → Kundenkarten sind Plastikkarten mit oder ohne Zahlungsfunktion, die an den Kunden distribuiert werden und mit deren Nutzung bestimmte Vorteile für den Kunden verbunden sind. (4) → Kundenklubs vereinen als integrierter Strategieansatz sämtliche Kundenbindungsmaßnahmen wie Kundenkarte, Kundenzeitschrift und Klubveranstaltungen in einem umfassenden Gesamtkonzept (→ Integriertes Kundenbindungsmanagement). Durch die Mitgliedschaft in einem Kundenklub werden die Bedürfnisse nach sozialem Kontakt, Akzeptanz, Status, Prestige und Selbstverwirklichung des Kunden angesprochen. (5) Klassische Einsatzgebiete des → Telefonmarketing sind Nachfassaktionen im Anschluss an ein Direct Mailing mit dem Ziel, die → Rücklaufquote zu erhöhen, oder telefonische Kundenbefragungen zur Produkt- oder Servicezufriedenheit der Kunden nach einem Kauf bzw. der Inanspruchnahme einer → Dienstleistung. (6) Vor dem Hintergrund einer zunehmenden Verbreitung von → Informations- und Kommunikationstechnologien werden vermehrt Maßnahmen des → Online-Marketing (z.B.

per → E-Mail oder → Internet; *vgl. auch* → Multimedia) zum Zwecke der Kundenbindung eingesetzt. Die Vorteile dieses Instruments liegen in der leichten Handhabung sowie der individuellen Interaktion mit dem Kunden. Eine → Emotionale Kundenbindung kann beispielsweise durch spezielle Servicefunktionen oder Beratungssysteme erreicht werden. (7) Das → Event Marketing umfasst die zielgerichtete Planung, Organisation, Inszenierung und Kontrolle von Veranstaltungen oder Ereignissen, die multisensitiv vor Ort, meist von ausgewählten Kunden, erlebt werden und als Plattform der Unternehmenskommunikation dienen. Mögliche Erscheinungsformen sind beispielsweise Sport- oder Kulturveranstaltungen, Festakte oder ein „Tag der offenen Tür".

II. Preispolitische K.: Im Rahmen des Kundenbindungsmanagements kommen folgende preispolitischen Instrumente in Betracht: (1) Durch Rabatt- und Bonussysteme (→ Bonusprogramm, → Rabatt) werden finanzielle Vergünstigungen bei der Erfüllung bestimmter Voraussetzungen mit dem Ziel gewährt, ökonomische → Wechselbarrieren aufzubauen. (2) Bei finanziellen Anreizen steht weniger der direkte Preisnachlass als vielmehr andere Formen der monetären Vergünstigung, z.B. zwei Produkte zu einem Preis, im Vordergrund. (3) Im Rahmen der → Preisdifferenzierung werden unterschiedliche Preishöhen für die gleiche materielle oder immaterielle Leistung eines Anbieters gefordert. Die Preisdifferenzierung kann nach räumlichen, zeitlichen, abnehmerorientierten oder quantitativen Kriterien erfolgen. Eine besondere Erscheinungsform der Preisdifferenzierung, die im Rahmen des Kundenbindungsmanagements häufig zum Einsatz kommt, ist die Methode der → Nichtlinearen Preisbildung. Hierunter versteht man die Anhebung der einmaligen fixen Eintrittskosten bei gleichzeitiger Ermäßigung der Folgekosten.

III. Leistungspolitische K.: Leistungspolitische K. setzen an den Produkten oder Serviceleistungen an, wobei über eine hohe → Qualität (→ Dienstleistungsqualität) versucht wird, → Kundenzufriedenheit und in der Folge Kundenbindung zu erreichen. Dies sollte jedoch nicht zu dem Schluss führen, dass das Angebot eines qualitativ hochwertigen Produktes bzw. einer Dienstleistung ausreicht, um Kunden an das Unternehmen zu binden. Aufgrund der zunehmenden Homogenität der Produktqualitäten muss es vielmehr gelingen, in mindestens einer Zufriedenheitsdimension einen wahrgenommenen, dauerhaften → Wettbewerbsvorteil zu erzielen (→ Begeisterungsfaktor). Ansatzpunkte zum Aufbau dieses Wettbewerbsvorteils und Generierung von Kundenbindung bieten z.B. spezielle Zubehörprogramme, ein besonderes → Produktdesign, individualisierte Produktangebote (→ Individualmarketing, → Customizing) oder besondere technische Standards.

IV. Vertriebspolitische K.: Aus Unternehmenssicht können zwei generelle Ansatzpunkte der vertriebspolitischen Kundenbindung unterschieden werden: Instrumenteeinsatz zur Bindung der Handelspartner und Instrumenteeinsatz zur Bindung der Endkunden. Innerhalb der Gestaltung eines handelsgerichteten Kundenbindungsmanagements wird beispielsweise die Bewertung der Handelspartner sowie das Angebot umfangreicher Unterstützungsmaßnahmen, z.B. → Händlerseminare, → Trade Marketing ergriffen. Hingegen ist konsumentenseitig der Einsatz des Direkt- oder auch Katalogverkaufs denkbar. Für die Erarbeitung eines erfolgreichen Kundenbindungskonzeptes kommt es darauf an, aus dem isolierten Set der Möglichkeiten jene Instrumente auszuwählen, die für die individuelle Kundenstruktur geeignet sind. Allerdings sind die einzelnen Maßnahmen nicht isoliert zu betrachten, sondern müssen im Rahmen eines → Integrierten Kundenbindungsmanagements erarbeitet, implementiert und kontrolliert werden.

Literatur: Bruhn, M./Homburg, Ch. (Hrsg.) (2000): Handbuch Kundenbindungsmanagement, 3. Aufl., Wiesbaden.

Manfred Bruhn

Kundenbindungskosten, bewerteter Güterverzehr, der durch Aktivitäten des → Kundenbindungsmanagements zur Steuerung der Kunden im Hinblick auf die Erhaltung bzw.

die Intensivierung ihrer Beziehung zum Unternehmen (→ Kundenbeziehung) entsteht (z.B. Kundenbetreuungskosten, Treueboni usw.). Gemäß der Zurechenbarkeit auf ein bestimmtes Kalkulationsobjekt können Einzel- und Gemeinkosten unterschieden werden. Da sich K. selten auf ein bestimmtes Produkt zurückführen lassen, stellt der Großteil der Kosten des Kundenbindungsmanagements Gemeinkosten dar. Im Hinblick auf die Häufigkeit des Anfalls der K. können Implementierungskosten und laufende Kosten unterschieden werden. Schließlich lassen sich in Abhängigkeit vom Aktivitätsniveau des Kundenbindungsmanagements fixe, intervallfixe und variable K. differenzieren. Die Grundproblematik bei der Erfassung der Kosten des Kundenbindungsmanagements besteht aufgrund ihres grundsätzlichen Gemeinkostencharakters in der verursachungsgerechten Zuordnung, so dass eine → Prozesskostenrechnung eingesetzt werden sollte. Die Vorgehensweise der Prozesskostenrechnung des Kundenbindungsmanagements orientiert sich an der Methodik der herkömmlichen Prozesskostenrechnung. Mögliche Kostentreiber des Kundenbindungsmanagements sind die Anzahl von Kundenklassen, die Anzahl der Fehlermöglichkeiten oder die Anzahl der Leistungsvarianten. Durch eine Tätigkeitsanalyse sind die Kundenbindungsaktivitäten zu identifizieren, die in aktivitätsinduzierte und aktivitätsneutrale Prozesse unterteilt werden. Die Summe der aus einer Verdichtung der (bewerteten) aktivitätsinduzierten Teilprozesse resultierenden Hauptprozesskosten repräsentiert die Gesamtkosten des Kundenbindungsmanagements. Zentrale Voraussetzung für die Durchführung einer Prozesskostenanalyse des Kundenbindungsmanagements ist die Existenz einer Prozesskostenrechnung für sämtliche Abläufe im Unternehmen. Auf diese Weise kann der Aufwand für die Konzeption der kundenbindungsbezogenen Prozesskostenrechnung relativ gering gehalten werden, ohne auf deren Vorzug einer verursachungsgerechten Kostenermittlung verzichten zu müssen. *Vgl. auch* → Marketingcontrolling, → Qualitätscontrolling, → Kosten-Nutzen-Kontrolle.

Kundenbindungsmanagement, Analyse, Planung, Durchführung und Kontrolle sämtlicher auf den aktuellen Kundenstamm gerichteten Maßnahmen mit dem Ziel, dass diese Kunden auch in Zukunft die → Kundenbeziehung aufrechterhalten bzw. ausbauen. (1) Analyse: Voraussetzung für die Umsetzung eines K. sind Informationen über den aktuellen Kundenstamm. Hierunter fallen beispielsweise Daten hinsichtlich der Kundenanzahl sowie möglichst detaillierte Strukturinformationen, z.B. zu Kundensegmenten oder zur → Kundenprofitabilität (→ Kundendatenbank, → Kundenbewertung, → Kundenbeziehungsanalyse). (2) Planung: Weiterhin ist eine → Kundenbindungsstrategie zu erarbeiten, bei der Fragen nach dem Bezugsobjekt, der relevanten Zielgruppe, der Art der → Kundenbindung, der → Kundenbindungsinstrumente, der Intensität des Einsatzes von Kundenbindungsmaßnahmen, des Timings, der Notwendigkeit, bestimmte → Kooperationen einzugehen, sowie den Möglichkeiten der Integration bzw. Abstimmung sämtlicher Aktivitäten zu klären sind. (3) Durchführung: Durchführungsaufgaben betreffen sämtliche operativen Fragen zwecks Realisation der geplanten Kundenbindungsstrategie sowie der Umsetzung der Kundenbindungsinstrumente, z.B. hinsichtlich der Organisation des → Call Centers oder des Instrumenteneinsatzes. (4) Kontrolle: Die Erfolgswirksamkeit des K. kann auf unterschiedliche Art kontrolliert werden. Eine weit verbreitete Vorgehensweise besteht darin, das → Konstrukt Kundenbindung durch geeignete Indikatoren zu messen (→ Kundenbindung, Messung der). Typische Indikatoren sind die Absichten zum → Wiederkauf, zur → Weiterempfehlung sowie zum → Cross Buying. Darüber hinaus ist auch die Wirtschaftlichkeit der Kundenbindung zu kontrollieren, die sich aus einem Abgleich der → Kundenbindungskosten und des → Kundenbindungsnutzens ergibt.

Literatur: Bruhn, M./Homburg, Ch. (Hrsg.) (2000): Handbuch Kundenbindungsmanagement, 3. Aufl., Wiesbaden.

Kundenbindungsmaßnahme, → Kundenbindungsinstrument.

Kundenbindungsnutzen, das bewertete Maß der Zielerreichung durch Aktivitäten des → Kundenbindungsmanagements. Die Konkretisierung des K. setzt an den Zielgrößen des Kundenbindungsmanagements, insbesondere der (zufriedenheitsinduzierten) Steigerung der Kundenbindung, an. Es lassen sich ein beziehungsbezogener und ein beziehungsneutraler Nutzen differenzieren: (1) Der beziehungsbezogene Nutzen entsteht durch die Steuerung von Parametern, die eine einzelne → Kundenbeziehung betreffen. Der Beziehungserhaltungsnutzen ergibt sich unmittelbar aus dem Nichtabbruch einer Kundenbeziehung, d.h. der Wiederwahl bzw. dem → Wiederkauf. Weiter gehend ist der Beziehungsintensivierungsnutzen durch eine für das Unternehmen positive Modifikation der Beziehung gekennzeichnet, indem der Kunde bereit ist, einen höheren Preis für eine Leistung zu zahlen (Preisbereitschaftsnutzen), diese häufiger zu beanspruchen (Kauffrequenznutzen) bzw. weitere Leistungen des Unternehmens zu kaufen (Cross-Buying-Nutzen). (2) Der Kommunikationsnutzen als beziehungsneutraler, indirekter Nutzen betrifft nicht die jeweils betrachtete Unternehmen-Kunde-Beziehung. Vielmehr kann durch die Steigerung positiver bzw. die Vermeidung negativer → Mund-zu-Mund-Kommunikation seitens der zufriedenen Kunden die → Neukundengewinnung unterstützt und somit Kosten bei der Kundenakquisition eingespart werden. Zur Erfassung der absoluten Nutzenausprägungen ist zunächst die Erhebung einer Vielzahl von Informationen erforderlich, die sowohl externen (z.B. → Kundenbefragungen) als auch internen Quellen (z.B. Prozessanalysen) entnommen werden können. Die Ermittlung der relativen Nutzenausprägungen erfolgt über den Ausprägungsvergleich zwischen der Aktivitätspräsenz, die die Existenz der betrachteten Kundenbindungsmaßnahme betrifft, und der Aktivitätsabsenz, bei der die entsprechende Maßnahme nicht durchgeführt wurden. Die → Operationalisierung von Aktivitätspräsenz und -absenz kann auf verschiedene Arten erfolgen. Durch einen Zeitvergleich entspricht die Aktivitätsabsenz dem Zeitpunkt vor Durchführung einer Kundenbindungsmaßnahme. Weiterhin lassen sich Filial- oder Unternehmensvergleiche heranziehen. Schließlich ergibt sich der Gesamtnutzen des Kundenbindungsmanagements durch die Addition der relativen Ausprägungen sämtlicher Nutzenkategorien. *Vgl. auch* → Marketingcontrolling, → Qualitätscontrolling, → Kosten-Nutzen-Kontrolle .

Literatur: Bruhn, M./Georgi, D. (1999): Kosten-Nutzen-Analyse des Qualitätsmanagements, München.

Kundenbindungsprogramm, unternehmensindividuelles Konzept zur Erreichung von → Kundenbindungszielen. Zur Akzeptanzschaffung sowie Erhöhung der Durchsetzungskraft von Kundenbindungsaktivitäten werden diese in der Unternehmenspraxis häufig mit konkreten Namen belegt bzw. in bestehende Unternehmensprogramme integriert. Je nach Branche werden diese Kundenbindungsprogramme nur im internen Sprachgebrauch oder auch offiziell ggü. dem Kunden verwendet. Beispiele für den internen Sprachgebrauch: PKZ (Porsche Kundenbindungssystem, Porsche AG), Quality-Network-Vertriebssystem (Adam Opel AG). Beispiele für den externen Sprachgebrauch: Miles & More (Lufthansa AG), CUMULUS-Programm (Migros Schweiz), UBS Key-Klub (UBS AG). *Vgl. auch* → Bonusprogramm, → Kundenbindungsmanagement.

Kundenbindungsrendite, → Kennzahl zur Wirtschaftlichkeitsbeurteilung des → Kundenbindungsmanagements. Die K. ist definiert als der Quotient aus dem → Kundenbindungsgewinn und den → Kundenbindungskosten. *Vgl. auch* → Marketingcontrolling, → Qualitätscontrolling, → Kosten-Nutzen-Kontrolle .

Kundenbindungsstrategie, bedingter, langfristiger Plan zur Erreichung der definierten → Kundenbindungsziele. Sechs Dimensionen sind bei der Strategiefestlegung zu betrachten: (1) Zunächst sollte das Bezugsobjekt der Kundenbindung konkretisiert werden, d.h. es muss festgelegt werden, um welches Objekt (z.B. → Produkt, Hersteller, → Absatzmittler) es sich handelt, an das ein Kunde gebunden werden soll. (2) Als zweite

Strategiedimension geht es innerhalb der Zielgruppendefinition (→ Zielgruppe) primär um die Frage, mit welcher Priorität in die verschiedenen Kundensegmente zur Steigerung der → Kundenbindung investiert werden soll. Häufig ergeben sich dabei Differenzierungen derart, dass bedeutsame Kunden eine individuellere Kundenbindungsansprache erhalten als beispielsweise Kunden mit sehr geringen Kundenwerten (→ Investition, beziehungsspezifische, → Kundenbewertung). (3) In einem nächsten Schritt ist die Art der Kundenbindung (z.B. situative, technisch-funktionale, vertragliche, ökonomische oder auch psychologische Kundenbindung) näher zu bestimmen. (4) Als weitere Strategiedimension folgt die Festlegung der → Kundenbindungsinstrumente, die – je nach vorab festgelegter K. – eher auf den Aufbau von Dialog und Interaktion sowie → Kundenzufriedenheit, aber auch auf den Aufbau von → Wechselbarrieren ausgerichtet sein können. (5) Ferner gilt es, Intensität und Einsatzzeitpunkt (Timing) der Kundenbindung zu konkretisieren (z.B. Versendung von → Mailings alle zwei Monate oder nur jährlich). (6) Schließlich bleibt festzulegen, mit wem eine Abstimmung und Koordination der eigenen Kundenbindungsmaßnahmen sinnvoll erscheint, um den Gesamterfolg zu erhöhen. Zu denken ist hier insbesondere an eine → Kooperation zwischen Hersteller und → Handel, um → Synergien optimal auszunutzen und die Wirkungen der Kundenbindungsmaßnahmen aufgrund der Abstimmung von Maßnahmen zu erhöhen.

Kundenbindungsziel. Grundsätzlich werden Maßnahmen des → Kundenbindungsmanagements (→ Kundenbindungsinstrumente) mit dem Ziel eingesetzt, die Wettbewerbsfähigkeit eines Unternehmens aufrechtzuerhalten bzw. diese auszubauen. Insofern handelt es sich letztlich auch um ökonomische Größen, wie Umsatz und Kosten, die mit der → Kundenbindung verbunden werden. Als vorökonomische Ziele sind folgende K. zu nennen: Steigerung der → Kundenzufriedenheit, Immunisierung der aktuellen Kunden ggü. Konkurrenzangeboten und somit Sicherung des → Wiederkaufes, Steigerung der beidseitigen Vertrauensbasis (→ Vertrauen), Ausbau der Kundeninformationsbasis, Nutzung von → Cross-Selling-Potenzialen, Belebung des Neukundengeschäftes durch positive → Mund-zu-Mund-Kommunikation aktueller Kunden, Verringerung der → Preissensibilität aktueller Kunden, Minimierung der jährlichen → Churn Rate bzw. → Abwanderung.

Kundenbindungsursache, aus Sicht der Kunden lassen sich generell zwei Gründe für die → Kundenbindung differenzieren: Die Gebundenheit und die Verbundenheit. Im Falle der Gebundenheit entsteht die Kundenbindung durch → Wechselbarrieren. Aufgrund vertraglicher, technisch-funktionaler und/oder ökonomischer Wechselbarrieren ist der Kunde für einen bestimmten Zeitraum an einen Anbieter gebunden. Auch wenn der Kunde i.d.R. in diesen Zustand freiwillig eintritt, ist er bis zum Wegfallen der Wechselbarrieren (z.B. durch Auslaufen eines Vertrages) in seiner Entscheidungsfreiheit eingeschränkt. Bei der Verbundenheit (freiwillige Kundenbindung) – als zweiter Grund für Kundenbindung – entsteht der Bindungszustand aufgrund von psychologischen Ursachen, wie z.B. → Kundenzufriedenheit, → Beziehungsqualität. Im Vergleich zur Gebundenheit hat Verbundenheit einen langfristigeren Einfluss auf die Kundenbindung. Ohne das Vorhandensein von Verbundenheit wirkt sich die Gebundenheit nur solange auf die Kundenbindung aus, bis die Wechselbarrieren wegfallen. Bei einer Orientierung der Aktivitäten eines Unternehmens an den Grundgedanken des → Relationship Marketing sollte daher der Aufbau von Verbundenheit im Vordergrund der Marketingaktivitäten stehen.

Kundenclub, Instrument zur Erzeugung von → Kundenbindung. Der K. vereint als integrativer Ansatz sämtliche Kundenbindungsmaßnahmen wie Kundenkarte, Kundenzeitschrift und Clubveranstaltungen in einem umfassenden Gesamtkonzept. In K. versuchen Unternehmen, Kundengruppen oder auch die gesamte Kundschaft mit identischen Interessen in einem Club zusammenzufassen. Durch die Mitgliedschaft in einem K. werden die Bedürfnisse nach sozialem Kontakt, Akzeptanz, Status, Prestige und Selbstverwirklichung des Kunden angesprochen. Dieser immaterielle Zusatznutzen und das Angebot individueller Serviceleistungen tragen zum Aufbau eines psychologischen Mehrwertes für den Kunden und somit zur Verstärkung der emotionalen Kundenbindung bei. K. können danach unterschieden werden, ob die Mitgliedschaft aus Kundensicht an bestimmte Bedingungen geknüpft ist. In diesem Zusammenhang wird von einem offenen Kundenklubsystem gesprochen, wenn keine Bedingungen zu erfüllen sind und somit die Mitgliedschaft grundsätzlich für jeden möglich ist. Im Gegensatz hierzu steht das geschlossene Kundenklubsystem, bei dem u.U. auch ein Mitgliedsbeitrag erhoben wird. *Vgl. auch* → Integriertes Kundenbindungsmanagement.

Kundendaten, → Database Management.

Kundendatenbank, Informationssystem, in dem sämtliche Informationen über bestehende → Kundenbeziehungen erfasst sind. Eine an den Zwecken des → Kundenbindungsmanagements ausgerichtete K. sollte nicht nur Basisdaten wie Alter, Adresse, Telefonnummer, Tag der Aufnahme der → Geschäftsbeziehung u.a.m., sondern darüber hinaus auch Informationen zu den geschäftsbezogenen Ereignissen, z.B. Ansprechpartner, → Beschwerden, besondere Bedürfnisse, Kundenzufriedenheitsergebnissen, Vorlieben des Kunden u.a.m. enthalten. Aus technischer Sicht ist eine integrierte K. anzustreben, d.h., sämtliche Informationen befinden sich in einem System und können entsprechend übersichtlich abgerufen werden (→ Database, → Data Warehouse, → Customer Relationship Management). In der Unternehmenspraxis finden sich jedoch häufig isolierte Datenbanken, die unterschiedliche Informationen zur Kundenbeziehung enthalten. Zur Optimierung bzw. zum Aufbau von K. existieren verschiedenste Softwareprogramme, die von darauf spezialisierten → Dienstleistern angeboten werden.

Kundendeckungsbeitrag, → Kundenergebnisrechnung.

Kundendienst, Teilbereich der Serviceinstrumente im Rahmen der → Produktpolitik. Gliedert sich in die drei Bereiche (1) Anpassung, Installation, Montage, (2) Pflege, Wartung, Inspektion und (3) Reparatur, Ersatzteilversorgung.

Kundendurchdringung, → Kennzahl, bei der die Bedarfsdeckung des bestimmten Kunden bei einem Anbieter mit dem Gesamtbedarf der Kundennachfrage pro Periode in der bestimmten Kundengruppe verglichen wird. Diese Messgröße bzw. Kennzahl erfasst somit indirekt die „Nichthinwendung" des Kunden zum Wettbewerb, die im Extremfall den ausschließlichen Bezug des Produktes oder der Dienstleistung bei einem Anbieter ausweist. Die Analyse der Kundendurchdringungsrate erfordert allerdings zusätzliche Informationen über den Periodenbedarf der Kunden, die auf primär- oder sekundärstatistischem Wege ermittelt werden müssen. *Vgl. auch* → Bedarf, → Kundenbewertung, → Cross Selling, → Kundenbeziehungsanalyse.

Kundeneinbindung, die frühzeitige Einbindung der Kunden in den Produktgestaltungsprozess gewährleistet, dass die → Produkte den Wünschen und Bedürfnissen der Kunden in möglichst optimalem Maße entsprechen, um eine möglichst hohe Akzeptanz auf dem Markt zu finden. Neben dem Einsatz von qualitativen und quantitativen Marktforschungsstudien (z.B. Conjoint Analyse) empfiehlt sich die Zusammenarbeit mit ausgewählten Leitkunden (Lead User). Leitkunden verfügen über ein ausgeprägtes Produktinvolvement und somit auch über ein hohes produktspezifisches Fachwissen. Dadurch zeigen die Leitkunden häufig ein hohes Potenzial an kreativen Neuproduktideen und Verbesserungsvorschlägen. Als Trendsetter und Meinungsführer tragen Lead User zur Diffusion neuer Produkte bei. Umso wichtiger erweist es sich, dass sie von den Neuproduktideen überzeugt sind. Dies stellt ein Unternehmen eben durch die Einbindung der Leitkunden in den Prozess der → Produktentwicklung sicher.

Kundenergebnisrechnung, kundenbezogene → Deckungsbeitragsrechnung, bei der dem Umsatz mit einem Kunden jene Kosten zugeordnet werden, die unmittelbar für diesen entstanden sind und die entfallen würden, wenn der Kunde als Abnehmer ausscheidet. Ausgehend vom Nettoumsatz mit einem Kunden werden nach dem Prinzip der mehrstufigen Deckungsbeitragsrechnung zunächst die variablen → Herstellkosten der an den Kunden abgesetzten Leistungen subtrahiert. Der Saldo ergibt den → Deckungsbeitrag I. Zieht man von diesem im folgenden Schritt alle kundenspezifischen Kosten, wie z.B. Werbe-, Verwaltungs- und Vertriebskosten, ab, erhält man den Kundendeckungsbeitrag. Durch Vorgabe eines Zieldeckungsbeitrags lassen sich Kunden auf diese Weise z.B. in förderungswürdige und nicht förderungswürdige unterteilen. Die K. stellt damit ein zentrales Instrument zur Kundenbeurteilung und Steuerung der Ressourcenverwendung dar.

Kundenerwartung. I. Begriff: K. kennzeichnen einen psychologischen Zustand des Kunden, der sich auf zukünftige Verhaltenskonsequenzen für ihn bezieht. Die K. beziehen sich auf die → Qualität (→ Dienstleistungsqualität) eines Unternehmens und seiner Leistungen.

II. Bedeutung: Gemäß der Definition der → Qualität und der → Kundenzufriedenheit repräsentieren die K. eine wesentliche Determinante der beiden Konstrukte. Entspricht eine Leistung den K., nimmt der Kunde eine hohe Qualität wahr und ist zufrieden. Werden die K. durch eine Leistung nicht erfüllt, wird die Qualität negativ wahrgenommen, und es stellt sich Unzufriedenheit ein. Somit lassen sich Qualitätswahrnehmung und Kundenzufriedenheit auf Basis einer Analyse der K. (→ Dienstleistungsqualitätsmessung) und über ein Management der K. steuern.

III. Typen: Es existiert eine Vielzahl unterschiedlicher Interpretationen des Begriffs der K.. So können sie aus Kundensicht als die ideale, erwünschte, verdiente, gebrauchte, angemessene oder vorhergesehene Leistung interpretiert werden (→ Anspruchsniveau). Die Vielzahl der möglichen Erwartungstypen lässt sich in prädiktive und normative K. unterteilen. Prädiktive K. haben antizipierenden Charakter, indem der Kunde durch sie zum Ausdruck bringt, welches Leistungsniveau er vor Inanspruchnahme der Leistung für wahrscheinlich hält. Normative K. stellen eine Forderung des Kunden an das Unternehmen dar und bezeichnen das Leistungsniveau, das der Kunde vom Unternehmen verlangt.

IV. Determinanten: (1) Ein Einflussfaktor der K. sind die Kundenbedürfnisse. Nimmt ein Kunde eine Leistung zur Deckung eines bestimmten → Bedürfnisses in Anspruch, steigt seine Erwartung mit der Ausprägung des Bedürfnisses. (2) Weiterhin beeinflussen die Kundenerfahrungen die K. Hierbei kann es sich sowohl um Erfahrungen mit dem betrachteten Anbieter als auch um die Erfahrungen mit anderen Anbietern im Hinblick auf eine Leistungskategorie handeln. (3) In Form der → Mund-zu-Mund-Kommunikation können sich auch die Erfahrungen anderer Kunden auf die K. auswirken.

V. Steuerung: Ansatzpunkte für ein Management der K. ergeben sich aus den durch das Unternehmen steuerbaren Determinanten der K. Hierbei kommen insbesondere das → Qualitätsmanagement und die → Kommunikationspolitik des Anbieters zum Tragen. Durch das Qualitätsmanagement werden die K. indirekt gesteuert, da sich die (vergangene) Leistungsqualität auf die K. auswirkt. Durch die → Kommunikationspolitik kann eine direkte Erwartungssteuerung vorgenommen werden, indem das Unternehmen dem Kunden über Leistungsversprechen und -informationen Anhaltspunkte bzgl. der zu erwartenden Leistungsqualität bereitstellt.

Literatur: Bruhn, M. (2000): Kundenerwartungen – Theoretische Grundlagen, Messung und Managementkonzept, in: Zeitschrift für Betriebswirtschaft, 70. Jg., Nr. 9, S. 1031-1053.

Kunden-Event, → Kommunikationsinstrument im Rahmen des → Event Marketing, dem als → Kundenbindungsinstrument eine hohe Bedeutung zukommt. Durchführung von Spezialveranstaltungen für Kunden zur Erreichung bestimmter allgemeiner Marketingziele oder auch Ziele der → Kundenbindung. Je nach Zielsetzung richtet sich das K.-E. somit auch an sämtliche Kunden oder nur an einen ausgewählten Kundenkreis. Neben dem Erlebniswert aus Kundensicht besteht bei der Durchführung von K.-E. ferner der Vorteil, persönliche Kontakte zu knüpfen bzw. diese in einer ungezwungenen Atmosphäre weiter auszubauen.

Kundenfluktuation, Zu- und → Abwanderung von Kunden.

Kundenfokussierung, konsequente Konzentration der Marktbearbeitung auf ausgewählte Kundengruppen. K. stellt einen zentralen Ansatzpunkt zur Optimierung der → Kundenstruktur dar, indem enge Beziehungen zu ausgewählten Kunden aufgebaut und gepflegt werden. Voraussetzung hierfür ist die Bereitschaft, Kundengruppen, die nicht im Mittelpunkt der Marktbearbeitung stehen, aufzugeben oder zumindest mit einem abgestuften Leistungsangebot zu bedienen. K. kommt damit sozusagen der Umkehrung des „Gießkannenprinzips" gleich, bei dem alle Kunden unabhängig von ihrer jeweiligen Bedeutung für das Unternehmen mehr oder weniger gleich bearbeitet werden. Konsequente Fokussierung ist eine häufig übersehene Notwendigkeit im Zusammenhang mit der Steigerung der Kundenorientierung. Ansatzpunkte zur K. liefern insbesondere die kundenbezogene → ABC-Analyse sowie das → Kundenportfolio.

Kundenintegration, → *Kundeneinbindung*, beschreibt die Tatsache, dass ein Kunde in den Prozess der Leistungserstellung (z.B. → Dienstleistungserstellung) aktiv eingebunden wird, d.h. einen persönlichen Beitrag, z.B. durch Informationsaustausch oder eigene Ideen zur Erstellung des Produktes bzw. der → Dienstleistung, erbringt. Beispiele der K. finden sich häufig im Dienstleistungs- oder im Industriegüterbereich. Der Vorteil der K. liegt aus Unternehmenssicht in der Möglichkeit, durch ein hohes einzelkundenbezogenes Wissen, optimale Lösungen anzubieten und darüber hinaus entsprechende → Wechselbarrieren zu errichten, die nicht selten zu langjährigen → Kundenbeziehungen führen. Da dieser Wissensaufbau jedoch ebenfalls auf Kundenseite stattfindet, besteht die Gefahr der K. darin, dass der Kunde unternehmensbezogenes Wissen erlangt, das er zu seinen Gunsten, beispielsweise bei Preis- oder Serviceverhandlungen, einsetzt.

Kundenkarte, → Kundenbindungsinstrument, rein formal häufig in Form einer Plastikkarte, die Unternehmen an ihre Kunden ausgegeben wird. K. werden mit oder ohne Zahlungsfunktion, mit oder ohne Jahresgebühr, mit oder ohne → Rabatten, mit oder ohne Serviceleistungen realisiert. Aus Unternehmenssicht steht bei der Ausgabe einer K. die kundenspezifische Informationsgewinnung im Vordergrund. Der Kunde verspricht sich hingegen die Realisation der aufgelisteten Vorteile. Mittlerweile bieten nicht nur größere, filialisierte Unternehmen, sondern auch Mittel- bis Kleinbetriebe und sogar „Tante Emma-Läden" K. an. Um die Erfolgswirksamkeit einer K. sicherzustellen, sind bei der Einführung verschiedene Anforderungen zu beachten. Zunächst ist zu prüfen, ob eine generelle Kartenakzeptanz im aktuellen Kundenkreis vorhanden ist und ob das Unternehmen über eine ausreichend breite Vertrauensbasis (→ Vertrauen) zur Ausgabe einer solchen Karte verfügt. Zudem sollte ein Mindestmaß an Interaktionsfrequenz zwischen Unternehmen und Kunde bestehen sowie ein plausibler → Zusatznutzen der K. ergänzend zum Basisangebot des Unternehmens vorliegen. *Vgl. auch* → Kundenclub.

Kundenkennzahlen, → Kennzahlen, die zur kompakten und übersichtlichen Aufbereitung kundenbezogener Informationen dienen. Elementare K. sind z.B. die Anzahl der Kunden, die Besuche je Kunde, die Kundenzufriedenheit sowie Umsatz, → Deckungsbeitrag und → Gewinn pro Kunde. Unter Zuhilfenahme der → ABC-Analyse oder dem → Kundenportfolio lassen sich weitere K. bilden, die vor allem zum Ausdruck bringen, inwieweit Ressourcen des Unternehmens durch einzelne Kundenkategorien beansprucht werden (z.B. Anteil der C-Kunden an den absolvierten Kundenbesuchen).

Kundenkontakt, beschreibt die Interaktion zwischen Mitarbeiter und Kunden. Der K.

kann direkt oder mit Hilfe von multimedialen Kommunikationstechnologien (z.B. Telefon, Internet) erfolgen. Das Management des Kundenkontaktes wird zum Teil durch Datenbankanwendung (→ Database Management) unterstützt, die aufgrund der Kundenhistorie eine individuelle Kundenansprache ermöglichen.

Kundenlaufstudie, Methode der Marktforschung des Handels, die angewendet wird, um das Verhalten von Nachfragern in der Verkaufsstätte zu analysieren. Hauptziel derartiger Kundenlaufstudien ist es, eine optimale → Ladengestaltung, insbesondere mit Blick auf die Erhöhung des Abverkaufes durch Gestaltung des Laufweges und eine entsprechende Anordnung von Regalen usw. zu erreichen. Zur Datengewinnung existieren unterschiedliche Verfahren. Zum einen bietet sich die ‚Beobachtung' des Laufverhaltens von Nachfragern durch Mitarbeiter an. Zum anderen sind elektronische Aufzeichnungsverfahren möglich, beispielsweise die Ermittlung von Daten hinsichtlich des Kundenlaufes mittels an Einkaufswagen befestigter Sender.

Kundenlebenszyklus, → Kundenbeziehungslebenszyklus; *vgl. auch* → Lebenszyklusmodell.

Kunden-Lieferanten-Beziehung, → *Geschäftsbeziehung,* → *Kundenbeziehung*; sagt aus, dass zwischen zwei Partnern (Kunde-Lieferant) ein Geschäftsverhältnis besteht, das i.d.R. vertraglich abgesichert ist. Der Ausdruck Kunden-Lieferanten-Beziehung ist eher im → Business-to-Business-Bereich und hier insbesondere bei Zulieferbetrieben, z.B. innerhalb einer Geschäftsbeziehung zwischen einem Reifenproduzenten und einem Automobilhersteller, gebräuchlich. Insofern ist mit der Verwendung des Begriffes K.-L.-B. auch implizit ein bestimmtes Rollenverständnis verbunden, nach welchem der Lieferant historisch gesehen stets in einer schwächeren Ausgangssituation ist und somit ein ungleiches Machtverhältnis besteht. Der Ausdruck Geschäftsbeziehung wird hingegen eher in gleichberechtigten Partnerschaften verwendet.

Kundenloyalität, beschreibt die nachfragerbezogene Perspektive der → Kundenbindung, d.h., der Kunde hat seinerseits eine verringerte Wechselbereitschaft und beabsichtigt auch zukünftig bei diesem Anbieter Kunde zu bleiben. Das Konzept der K. wurde im Laufe der Zeit vertieft bzw. verfeinert. Hierbei wurden drei Arten der K. identifiziert: „Echte Loyalität" mit hohem Wiederkaufverhalten (→ Wiederkauf) und positiver → Einstellung, „latente Loyalität" bei positiver Einstellung, aber geringem Wiederkaufverhalten, und „unechte Loyalität" bei hohem Wiederkaufverhalten, aber negativer Einstellung.

Kundenmanagement, umfasst sämtliche Steuerungs- und Koordinationsaufgaben, die sich mit dem Aufbau sowie Ausbau des Kundenstamms beschäftigen, wobei als → Zielgruppe des K. sowohl die aktuellen als auch die potenziellen und ehemaligen Kunden zu betrachten sind. Bei Verwendung des Ausdrucks K. wird häufig implizit die Annahme getroffen, dass es sich stets um Fragen des Ausbaus von → Kundenbeziehungen handelt. Ein Management der Kundenbeziehung kann jedoch auch bedeuten, dass das Unternehmen bewusst auf bestimmte Kundenbeziehungen verzichtet und diese von sich aus löst. Insofern kann u.U. auch die Auflösung von Geschäftsbeziehungen ein Teil des K. sein. *Vgl. auch* → Relationship Marketing, → Kundenbindungsmanagement.

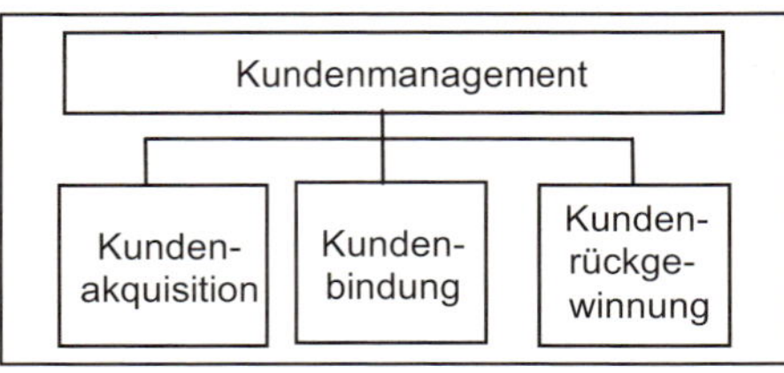

Aufgaben des Kundenmanagements

Kundenmanager, → *Key Account Manager*, bezeichnet einen Manager, der im Rahmen einer → kundenorientierten Marketingorganisation für alle Produkte zuständig ist, welche für einen Kunden in Betracht kommen. Insbesondere gehört es zu seinen Aufgaben, die auf seine Kunden gerichteten Marketingaktivitäten zu planen, zu koordinieren und zu kontrollieren. *Vgl. auch* → Key Account Management.

Kundenmerkmal, → Kundensegmentierung.

Kundenmonitor Deutschland, → Nationales Kundenbarometer. Hinter dem Namen K.D. (vormals Deutsches Kundenbarometer) verbirgt sich eine branchenübergreifende Studie zur → Kundenorientierung und → Kundenzufriedenheit in Deutschland. Für die Durchführung der Studie ist die ServiceBarometer AG in München verantwortlich. Im Rahmen der Studie werden Kennzahlen zu insgesamt 47 Branchen und über 1.000 Unternehmen bereitgestellt. Siehe auch www.servicebarometer.de

I. Ziele der Studie: Das zentrale Ziel des K.D. liegt in der Bereitstellung von zufriedenheits-, qualitäts-, sowie kundenbindungsbezogenen → Kennzahlen für Führungskräfte und Aufsichtsgremien in Unternehmen, Verbänden, Politik und Gesellschaft, um Maßnahmen zu initiieren, die letztlich zur allgemeinen Verbesserung der Kundenorientierung in Deutschland beitragen.

II. Träger der Studie: Das Erhebungsdesign der Untersuchung wurde 1992 im Rahmen eines wissenschaftlichen Forschungsprojekts von Prof. Dr. Anton Meyer (Universität München) und seinem damaligen Mitarbeiter Herrn Dr. Frank Dornach (heute Geschäftsführer der Servicebarometer AG) entwickelt. Die telefonische → Datenerhebung führt heute das EMNID-Institut aus.

III. Untersuchungsgegenstand: Um die Vergleichbarkeit über mehrere Erhebungszeiträume und die Repräsentativität der Untersuchung zu gewährleisten, ist die Struktur der Fragestellungen im K.D. in allen Branchen an folgenden sechs Kernfragen ausgerichtet: (1) Penetration (Kundenanteile einer Branche bzw. eines Anbieters im Bereich der privaten Endverbraucher). (2) Kundenzufriedenheit (global und im Detail über verschiedene Teilzufriedenheiten). (3) → Kundenbindung (z.B. Dauer der Kundenbeziehung, Wiederkauf- und Wiederwahlabsichten, → Cross-Buying, Weiterempfehlungsabsichten, Wechselbereitschaft). (4) Anbietervorteile. (5) → Beschwerden (z.B. Häufigkeit, Gründe, Bearbeitung) und (6) Nutzungsverhalten (z.B. Nutzungshäufigkeit, → Absatzwege, Kauffrequenz, Einkaufsbeträge). Die einzelnen Fragetypen beziehen sich jeweils auf den vom Kunden hauptsächlich genutzten Anbieter und werden auf einer 5er-Skala mit 1 = beste Ausprägung der jeweiligen Frage (überzeugte Kunden) und 5 = schlechteste Ausprägung der jeweiligen Frage (enttäuschte Kunden) erhoben.

IV. Ergebnisse 1999: Die Optiker erreichen mit einem Mittelwert von 2,02 den ersten Rang im K.D. 1999, gefolgt von den Apotheken (2,07), Friseuren (2,10) und Kfz-Versicherungen (2,20). Die untersten Ränge nehmen die Wertstoffentsorgungsanbieter (2,75), Postfilialen (2,77), der öffentliche Nahverkehr (2,93) sowie die Stadt- und Kreisverwaltungen (2,96) ein.

Kundennähe, K. bezeichnet die Ausrichtung der Unternehmenseinheiten auf die Erfüllung der Kundenwünsche. K. umfasst zwei Dimensionen: (1) Kundennähe des Leistungsangebots: Diese Dimension beinhaltet die Produkt- und Dienstleistungsqualität, die Qualität der kundenbezogenen Prozesse sowie die Flexibilität der Mitarbeiter im Umgang mit Kunden. (2) Kundennähe des Interaktionsverhaltens: Diese Dimension beinhaltet die Qualität der Beratung durch die Verkäufer, die Offenheit im Informationsverhalten ggü. Kunden, die Offenheit ggü. Anregungen von Kunden sowie die Kundenkontakte von nicht im Verkauf tätigem Personal.

Literatur: Homburg, Ch. (2000): Kundennähe von Industriegüterunternehmen: Konzeption – Erfolgsauswirkungen – Determinanten, 3. Aufl., Wiesbaden.

Kundennutzen, dient als theoretisches → Konstrukt, um Aussagen über das → Konsumentenverhalten abzuleiten. Die Schaffung von K. als Mittel zur Erzielung von → Wettbewerbsvorteilen ist eines der Hauptziele → Marktorientierter Unternehmensführung. Beim → Strategischen Marketing und bei der Ausgestaltung der → Marketinginstrumente sollte die Schaffung von K. im Zentrum der Überlegungen stehen. Dieser Forderung liegt die Theorie zugrunde, dass das Auswahlverhalten der Nachfrager vom Grad des empfundenen K. abhängt. In der wirtschaftswissenschaftlichen Forschung gibt es verschiedene Nutzenkonzepte. (1) Das Nutzenkonzept in der ökonomischen Theorie: Diese geht davon aus, dass der Wert eines Gutes von der subjektiven Nutzenbeurteilung der Nachfrager abhängt. Die Nutzenbeurteilung ist abhängig von der Dringlichkeit des → Bedürfnisses und der Knappheit des Gutes. In der mikroökonomischen Theorie wird das Verhalten der Nachfrager durch Nutzenfunktionen modelliert. Dabei wird Rationalverhalten und Nutzenmaximierung unterstellt. (2) Das Nutzenkonzept in der betriebswirtschaftlichen Entscheidungslehre: Die deskriptive Entscheidungslehre will mit Hilfe des Nutzenkonzeptes reale Entscheidungen im Kaufverhalten beschreiben und erklären. Die präskriptive Entscheidungslehre dagegen will durch Modelle und Entscheidungsregeln normative Aussagen über rationale Entscheidungen in unterschiedlichen Entscheidungssituationen ableiten. Nutzenwerte bilden in beiden Ansätzen die Basis der Modellbildung. (3) Das absatzwirtschaftliche Nutzenkonzept basiert auf einer Nutzenleiter und unterstellt damit eine hierarchische Gliederung verschiedener Nutzenarten, aus denen sich der Gesamtnutzen bzw. Produktnutzen additiv zusammensetzt. Der sog. → Grundnutzen schafft dabei die aus den physisch-funktionalen Eigenschaften eines Produktes resultierende Bedarfsdeckung. Grundnutzen und → Zusatznutzen bilden zusammen den Gesamtnutzen, der die aus allen Eigenschaften eines Produktes resultierende Bedarfsdeckung repräsentiert. Der Zusatznutzen lässt sich in Erbauungsnutzen und Geltungsnutzen unterscheiden. Unter Erbauungsnutzen wird die aus den ästhetischen Eigenschaften eines Produktes resultierende Bedarfsdeckung (z.B. Form, Farbe, Geruch) verstanden. Der Geltungsnutzen ist die Bedarfsdeckung, die aus den sozialen Eigenschaften (z.B. Prestige) eines Produktes oder einer Leistung resultiert. (4) Im Marketing werden Nutzenkonstrukte speziell in der → Produktpolitik zur Neuproduktplanung und → Produktgestaltung, zur Erklärung des Markenwahlverhaltens, zur → Positionierung und zur → Marktsegmentierung (→ Benefit-Segmentierung) herangezogen. Zur Messung und Modellierung von Nutzenwerten existieren verschiedene Verfahren. Vor der → Diskreten Entscheidungsanalyse und dem → Analytic Hierarchy Process ist die → Conjoint-Analyse die verbreitetste und präziseste Methode zur Nutzenmessung. Bei der Conjoint-Analyse werden aus globalen Präferenzurteilen Teilnutzenwerte für einzelne Eigenschaften bestimmt.

Kundennutzenrechnung, → Kundennutzen.

Kundenorientierte Einstellung, zentrale Einflussgröße des → Kundenorientierten Verhaltens. K.E. bezeichnet eine Denkhaltung, die dadurch gekennzeichnet ist, dass der Mitarbeiter die Bedeutung von → Kundenorientierung für sein Unternehmen, aber auch für sich selbst verinnerlicht hat (→ Einstellung). Es ist also eine eher intern orientierte Größe. Einflussgrößen der K.E. sind: (1) die → Motivation zu Kundenorientierung, (2) die Erfahrungen im Umgang mit Kunden, (3) die → Persönlichkeitsmerkmale und (4) das → Führungsverhalten (→ Kundenorientiertes Führungsverhalten).

Kundenorientierte Logistik, → Absatzlogistik, → Distribution.

Kundenorientiertes Führungsverhalten, zentrale Einflussgröße der → Kundenorientierten Einstellung. K.F. umfasst alle Verhaltensweisen des Vorgesetzten ggü. seinen Mitarbeitern, welche für die → Kundenorientierung der Mitarbeiter förderlich sind. K.F. umfasst drei Dimensionen: (1) Die → Leistungsorientierung, d.h. der Vorgesetzte kommuniziert aktiv und regelmäßig seinen Mitarbeitern die → Unternehmensziele und richtet deren Leistungsziele danach aus. (2) Die → Mitarbeiterorientierung, d.h. der Vorgesetzte bringt seinen Mitarbeitern persönliche Wertschätzung entgegen und beachtet nach Möglichkeit ihre beruflichen und persönlichen Ziele. (3) Die → Kundenorientierung, d.h. der Vorgesetzte lebt Kundenorientierung durch sein eigenes Verhalten vor. *Vgl. auch* → Führungsverhalten.

Kundenorientiertes Vergütungssystem, Bestandteil der → Marktorientierten Personalführung und spezifische Komponente der → Kundenorientierung. Ziel ist die Ausrichtung vor allem der Führungskräfte am langfristigen Unternehmenswert über die Schaffung finanzieller Anreize auf Basis einer kundenorientierten Bemessungsgrundlage, z.B. der → Kundenzufriedenheit. K.V. sind nicht auf Unternehmensbereiche mit direktem Kundenkontakt beschränkt, sondern können in allen Bereichen entlang der → Wertschöpfungskette zum Einsatz kommen. Voraussetzungen für den Einsatz eines K.V. sind die Existenz variabler Vergütungskomponenten und die Durchführung regelmäßiger → Kundenzufriedenheitsmessungen. In deutschen Unternehmen sind K.V. derzeit wenig verbreitet. Besonders auf den unteren Führungsebenen stoßen variable Vergütungskomponenten auf Ablehnung. Im Marketing- und Vertriebsbereich und bei Dienstleistungsunternehmen besteht jedoch eine Tendenz zu K.V. *Vgl. auch* → Anreizsystem, → Marktorientierte Unternehmensführung.

Literatur: Homburg, Ch./Jensen, O. (2000): Kundenorientierte Vergütungssysteme: Voraussetzungen, Verbreitung, Determinanten, in: Zeitschrift für Betriebswirtschaft, 70. Jg., Nr. 1, S. 55-74.

Kundenorientierte Organisationsform, → Marketingorganisation; bezieht sich auf die Spezialisierung der Marketingorganisation nach Kunden bzw. Kundengruppen. Darüber hinaus lassen sich unterschiedliche Typen der Integration von Marketing und Vertrieb in die Unternehmensorganisation unterscheiden, die eine unterschiedlich hohe Ausprägung der Kundenorientierung aufweisen (→ Marketingorganisation).

Kundenorientierte Unternehmenssysteme. Im Rahmen der → Internen Kundenorientierung müssen funktionsfähige K.U. etabliert werden, die die Aufgaben und Ziele einer kundenorientierten → Unternehmensführung realisieren können. Für die langfristige Durchsetzung der → Kundenorientierung nehmen vier Unternehmensteilsysteme eine Schlüsselrolle ein: (1) Kundenorientierte Informationssysteme; diese bezeichnen insbesondere Systeme, die zur Aufnahme, Speicherung, Verarbeitung und Weitergabe von Informationen dienen und mit denen das Ziel, Kundenbeziehungen zu managen, umfassend und wirksam erreicht werden kann. Diese Systeme liefern die technologische Unterstützung, um anfallende Aufgaben in den Bereichen Marketing, Vertrieb und Kundenmanagement schneller und besser zu bewältigen. Kundeninformationen können dadurch effizienter in der Unternehmensorganisation verteilt und für die Bearbeitung der Kundenbeziehungen effektiver genutzt werden (z.B. → Data Mining, → Kundendatenbanken). (2) Kundenorientierte Kommunikationssysteme geben die beteiligten Kommunikationspartner, -strukturen und -beziehungen wider – mit dem Ziel, verschiedene Kommunikationsergebnisse (z.B. Information, Dialog) zu erzeugen. Auf Basis des auf Interaktion beruhenden zweiseitigen → Kommunikationsmodells können Ziele und Anforderungen eines geeigneten Systems identifiziert und deren Auswirkungen auf die Gestaltung und Maßnahmenplanung einer → internen Kommunikation und extern orientierten → Kommunikation des Unternehmens zur → Kundenorientierung beschrieben werden. Um Kundenorientierung im Unternehmen zu schaffen, muss eine Kommunikationskultur im Unternehmen gefördert werden, die dem Mitarbeiter umfassende Informationen übermittelt. (3) Kundenorientierte Steuerungssysteme: Im Hinblick auf die Realisierung der → Kundenorientierung sind operative Steuerungssysteme wie das → Qualitäts-, das → Kundenbindungs-, das → Beschwerde- und das → Value Management von Bedeutung. (4) Kundenorientierte Personalmanagementsysteme beschreiben die Gesamtheit von den auf die humanen Ressourcen eines Unternehmens gerichteten Regelungen und Bedingungen, mit denen die Aufgaben des → Personalmanagement vollzogen werden, mit dem Ziel, eine leistungsfördernde Arbeitsumgebung zu etablieren sowie kundenorientiert ausgerichtetes Mitarbeiterverhalten zu fördern. Durch die Verpflichtung zu einer ganzheitlichen und kundenorientierten Ausrichtung aller Unternehmensfunktionen an den Bedürfnissen der Kunden liegen die Schwerpunkte auf der → Personalauswahl bzw. → -entwicklung sowie → Anreiz- und Vergütungssystemen. Die einzelnen Subsysteme sind stark miteinander vernetzt, daher ist von einer integrierten Gestaltung der einzelnen Unternehmensteilsysteme auszugehen.

Literatur: Bruhn, M. (2003): Integrierte Unternehmens- und Markenkommunikation. Strategische Planung und Umsetzung. 3. Aufl., Stuttgart.

Kundenorientierung, wird unterschieden in Kundenorientierung des Unternehmens (→ Kundennähe, → Marktorientierung) und Kundenorientierung einzelner Mitarbeiter. Die Steigerung der K. auf Unternehmensebene ist die zentrale Zielsetzung des → *vgl.* CUSTOR-System. Die K. einzelner Mitarbeiter steht im Mittelpunkt des → Kundenorientierungs-Konzeptes von Homburg/Stock.

I. Begriff: K. bezeichnet die innere positive Denkhaltung (→ kundenorientierten Einstellung) und das → kundenorientierten Verhalten von einzelnen Mitarbeitern.

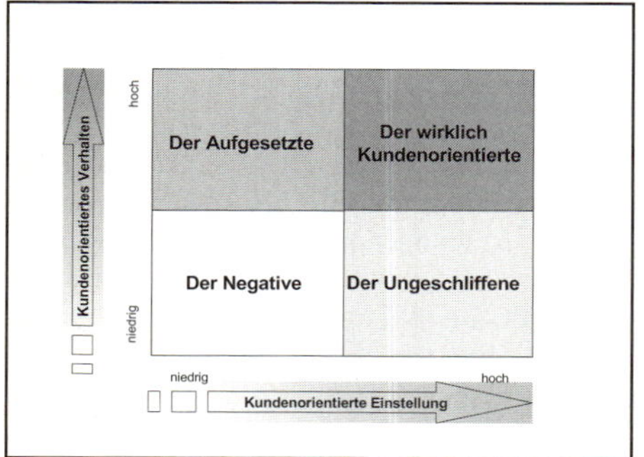

Das Kundenorientierungsprofil (Homburg/Stock 2000, S. 19)

II. Dimensionen der K.: Die K. einzelner Mitarbeiter setzt sich zusammen aus zwei Dimensionen: der → kundenorientierten Einstellung und dem → kundenorientierten Verhalten. Je nachdem wie die beiden Dimensionen der Kundenorientierung ausgeprägt sind, gelangt man zu vier unterschiedlichen Konstellationen.

(1) Wirkliche Kundenorientierung: Kundenorientierung ist sowohl in der inneren Einstellung verankert als auch im äußeren Verhalten beobachtbar. (2) Negative Kundenorientierung: Liegt vor, wenn beide Dimensionen niedrig ausgeprägt sind. (3) Ungeschliffene Kundenorientierung: Kundenorientierung wurde in der Einstellung verinnerlicht, sie wird jedoch nicht in entsprechendes Verhalten ggü. den Kunden umgesetzt. (4) Aufgesetzte Kundenorientierung: Hohe Ausprägung des kundenorientierten Verhaltens in Verbindung mit geringer Ausprägung der kundenorientierten Einstellung. Die systematische Steigerung der Kundenorientierung einzelner Mitarbeiter erfolgt im Rahmen eines systematischen Veränderungsprozesses. Der Prozess, der an der kundenorientierten Einstellung und den kundenorientierten Verhaltensweisen ansetzt, unterteilt sich in vier Stufen: (1) Messung: Systematische Bewertung der Kundenorientierung in Einstellung und Verhalten durch standardisierte Skalen. (2) Einstellungsänderung: Kommt zum Tragen, wenn Defizite in der kundenorientierten Einstellung festgestellt wurden. (3) Verhaltensänderung: Durchführung im Anschluss an die Einstellungsänderung oder (wenn keine Defizite in der kundenorientierten Einstellung vorliegen) direkt im Anschluss an die erste Stufe. Die K. stellt eine zentrale Dimension des → kundenorientierten Führungsverhaltens dar.

III. Messung der K.: Separate Erfassung der → kundenorientierten Einstellung und des → kundenorientierten Verhaltens. Beispielhafte Aussagen aus der Skala von Stock zur Messung der kundenorientierten Einstellung: (1) Der Mitarbeiter ist der Auffassung, dass zufriedene Kunden wichtig für den Erfolg seines Unternehmens sind. (2) Der Mitarbeiter ist der Auffassung, dass der Umgang mit Kunden einen Beitrag zu seiner persönlichen Entwicklung leistet. (3) Der Umgang mit Kunden macht dem Mitarbeiter Spaß. Beispielhafte Aussagen aus der Skala von Stock zur Messung des kundenorientierten Verhaltens: (1) Die Mitarbeiter lassen uns

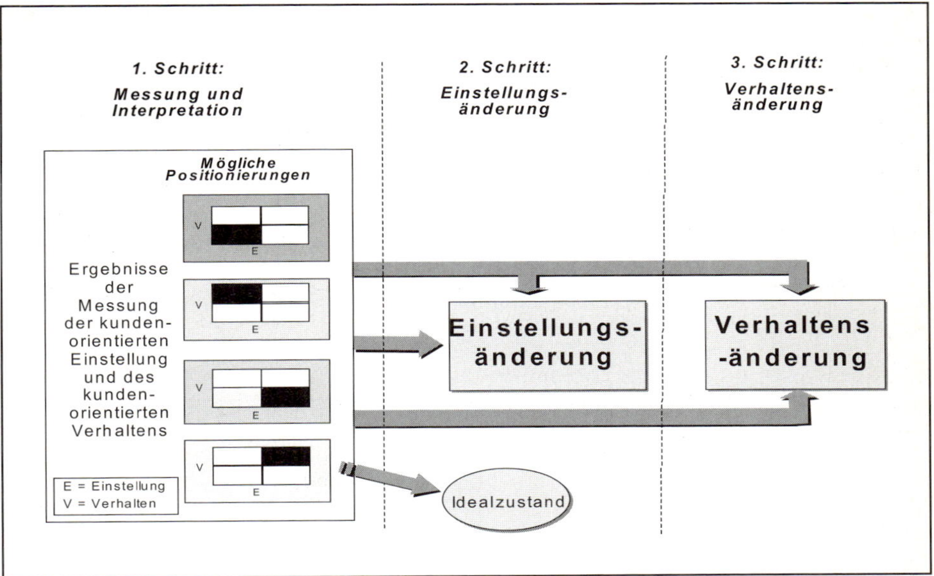

Das Konzept zur Steigerung der Kundenorientierung einzelner Mitarbeiter im Überblick (Homburg/Stock 2000, S. 21)

ausreden. (2) Die Mitarbeiter zeigen deutliches Interesse an unseren Bedürfnissen. (3) Die Mitarbeiter verhalten sich zuvorkommend ggü. uns.

Literatur: Homburg, Ch./Stock, R. (2000): Der kundenorientierte Mitarbeiter: Bewerten, Begeistern, Bewegen, Wiesbaden; Stock, R. (2002): Kundenorientierung auf individueller Ebene: Das Einstellungs-Verhaltens-Modell, Die Betriebswirtschaft, 61. Jg., Nr. 1, S. 55-72.

Ruth Stock

Kundenorientierungs-Konzept, → *Kundenorientierung*.

Kundenportfolio, Instrument zur Analyse der → Kundenstruktur. Mit Hilfe des K. wird deutlich, welche Kunden attraktiv sind und welche Mittel auf welche Kunden konzentriert werden sollen (→ Kundenfokussierung). Im Vergleich zu einer → ABC-Analyse der → Kundenstruktur hat es vor allem den Vorteil, dass es das Potenzial des Kunden berücksichtigt. Das K. wird i.d.R. anhand der unternehmensexternen Dimension → Kundenattraktivität sowie der unternehmensinternen Dimension → Anbieterposition aufgespannt. Dadurch ergibt sich eine Unterteilung in vier Kundenkategorien (→ Ertragskunde, → Starkunde, → Fragezeichenkunde, → Mitnahmekunden) (Abb. „Kundenportfolio"). Auf dieser Basis lassen sich sodann grundsätzliche kundengruppenspezifische Aussagen über Vertriebs- und Marketingaktivitäten treffen, z.B. im Hinblick auf Kundenbetreuung, Akquisition, Werbung und preisliche Zugeständnisse. Eine gesunde Kundenstruktur liegt i.d.R. dann vor, wenn es gelingt, den Anteil an Star- und Ertragskunden relativ hoch, den Anteil an Fragezeichenkunden angemessen und den Anteil an Mitnahmekunden nicht allzu hoch zu halten. Starkunden sollten den Kern des Geschäftes bilden, da sie die höchsten Umsatz- und Gewinnpotenziale bieten. Folglich sollten sich Kundenbindungsmaßnahmen auf diese Gruppe konzentrieren. Ähnliches gilt für Ertragskunden. Fragezeichenkunden stellen Wachstumspotenziale dar. Bei ihnen ist zwar momentan die eigene Position schwach, allerdings sind unter ihnen die künftigen Starkun den. Durch ein begrenztes Geschäft mit den Mitnahmekunden lässt sich das Portfolio schließlich sinnvoll abrunden.

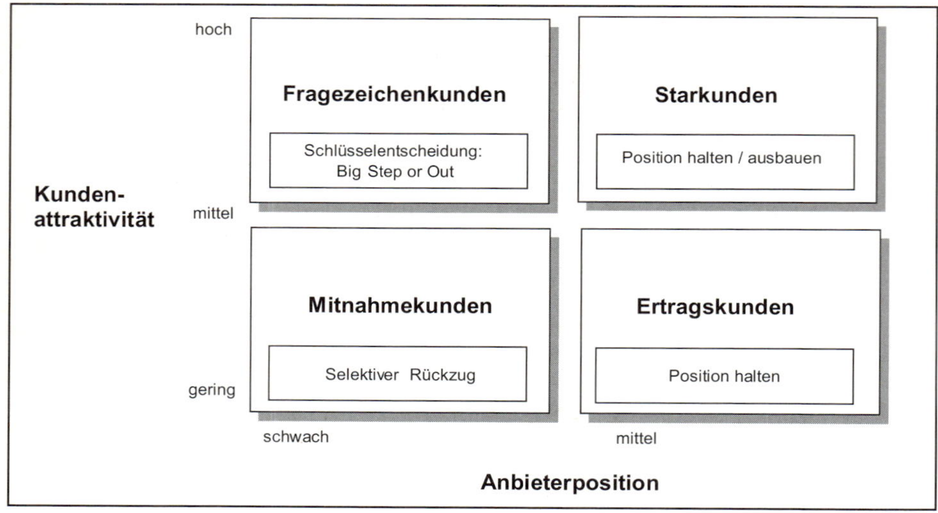

Kundenportfolio
(Quelle: Homburg/Schäfer/Schneider 2003, S. 183)

Kundenpotenzial, uneinheitlich verwendeter Begriff. Gemäß der weitesten Begriffsauslegung können unter K. alle kundenspezifischen Chancen bzw. Risiken subsumiert werden. In Anlehnung an den Begriff Marktpotenzial kann K. auch als maximaler Absatz verstanden werden, den alle Wettbewerber bei einem Kunden erzielen könnten, wenn der Kunde für alle Anwendungsbereiche die Produkte einsetzen würde.

Kundenprofil, → Adress-Scoring.

Kundenprofitabilität, → *Customer Profitability*.

Kundenreaktivierung, → Kundenbindung.

Kundenrückgewinnung, → *Customer Recovery*; Element des → Relationship Marketing, bei dem abgewanderte sowie sog. „abwanderungsgefährdete Kunden" durch geeignete Maßnahmen zu einer Reaktivierung der → Kundenbeziehung bewogen werden sollen (→ Rückgewinnungsmanagement). *Vgl. auch* → Kundenbeziehungslebenszyklus.

Kundensegmente. K. sind durch gleichartige bzw. ähnliche Merkmale gekennzeichnete Gruppen von Kunden eines Unternehmens. Diese Merkmale können personen- (z.B. Geschlecht, Wohnort), aktions- (z.B. Art der Kundengewinnung), reaktions- (z.B. Art gekaufter Produkte, Umsatz, Kauffrequenz) oder profilbezogen („Gute" und „schlechte" Kunden, Kunden mit hohen und niedrigen Score-Werten, *vgl. auch* → Adress-Scoring) sein. Die Ausweisung von K. dient dazu, Einflussfaktoren auf den Produktabsatz zu erkennen und das Unternehmen – d.h. z.B. Produkte, Vertrieb und Marketing – auf die Bedürfnisse unterschiedlicher Kundenansprüche auszurichten. Der zugrunde liegende Gedanke ist dabei, dass unterschiedliche K. zumeist unterschiedliche Anforderungen an ihre Ansprache aufweisen. Upper-Class-Haushalte sollten für bestimmte Produkte (z.B. Lebensversicherung, Zeitungsabonnement) anders angesprochen werden als Kleinbürger, Online-Nutzer anders als Computer-Laien, Frauen anders als Männer, junge Angestellte anders als Rentner, Finanzdienstleister anders als KFZ-Betriebe usw.. Adress-Scoring und → Data Mining unterstützen Unternehmen bei der differenzierten Ausweisung ihrer unternehmensspezifischen K.. Je genauer sich dabei ein K. beschreiben bzw. aufgrund unternehmerischer Vorgaben aus dem → Data Warehouse selektieren lässt, desto größer ist die Erfolgswahrscheinlichkeit bei zukünftigen, auf dieses K. ausgerichteten Aktionen. Im → One-to-One-Marketing wird als K. jeder einzelne Kunde betrachtet, da sich natürlich jeder Mensch in der Gesamtheit seiner Merkmale von den anderen Menschen unterscheidet. In der Praxis führen das oftmalige Fehlen umfangreicher personenindividueller Daten, der Datenschutz (*vgl. auch* → Mikrogeographische Marktsegmentierung) und der technische Aufwand zur individuell ausgerichteten Betreuung jedes einzelnen Kunden i.d.R. zur Bildung von Kundengruppen, die dann als K. gleichartige Bearbeitungsmaßnahmen erfahren.

Kundensegmentierung, → Marktsegmentierung.

Kundenselektion, Aussonderung unattraktiver bzw. Rangreihung mehr oder minder attraktiver Kunden. Hintergrund der K. ist, dass Kundenbeziehungen als Investitionsfelder zu verstehen sind, die entsprechend effizient und ressourcenbewusst zu bearbeiten sind. Als Selektionsinstrumente bieten sich z.B. die → ABC-Analyse und das → Kundenportfolio an.

Kundenservice. In Kombination mit den eigentlichen Kernleistungen (Primärleistungen) bieten zahlreiche Unternehmen zusätzliche Serviceleistungen (sog. Sekundäre → Dienstleistungen) an, die dem Kunden einen Zusatznutzen verschaffen sollen. Eben diese Serviceleistungen umfasst der K. Hierzu zählen neben dem klassischen Kundendienst, vor allem Garantieleistungen, Finanzierungsmöglichkeiten oder die Versicherung der Primärleistung. Aufgrund der zunehmenden Homogenität der Kernleistungen hinsichtlich Funktionalität, Qualität, Design und Lebensdauer bildet oft der K. das Einzige vom Kunden wahrgenommene Differenzierungskriterium. Lange Zeit als Kuppelprodukt der Kernleistung betrachtet, erlangt der K. in vielen Branchen den Rang einer eigenständig zu vermarktenden Leistung, für die das Unternehmen ein Entgelt verlangen kann.

Kundenstamm-Datei, enthält die Kundenstammdaten. Darunter sind die elementaren Daten zu verstehen, die eine bestimmte Person charakterisieren, wie z.B. Name, Geburtsort, Wohnort und Beruf. Daneben kann die K.-D. auch klassifizierende Merkmale (Profildaten) des Kunden beinhalten. Darunter fallen im Konsumgüterbereich Merkmale wie z.B. Familienstand, Ausbildung und Interessen. Die klassifizierenden Merkmale im Business-to-Business Bereich sind einerseits Profildaten des Unternehmens, wie z.B. Unternehmensgröße, Branche, Produktprogramm und Anzahl der Zweigniederlassungen, andererseits Profildaten der Entscheidungsträger im Unternehmen wie z.B. Stellung in der Organisation, Tätigkeits- und Verantwortungsbereiche.

Kundenstromanalyse, → *Kundenlaufstudie.*

Kundenstruktur, Anzahl, Art und Zusammensetzung der Kunden eines Unternehmens. Die K. muss aktiv gemanagt werden. In vielen Unternehmen ist die K. historisch gewachsen und nicht das Resultat eines langfristigen, systematischen Managementansatzes. Folglich haben etliche Unternehmen in Relation zu ihrem Geschäftsvolumen zu viele Kunden. Zum Problem wird dies vor allem dann, wenn keine klare Differenzierung der Marktbearbeitung erfolgt, d.h. alle Kunden im Wesentlichen die gleiche Leistung erhalten. Zur Optimierung der K. empfiehlt sich in diesem Fall eine → Kundenfokussierung. Als Verfahren zur Analyse und Optimierung der K. können z.B. die Kundenwertanalyse (→ Wertanalyse) oder das → Kundenportfolio herangezogen werden. Letzteres eignet sich besonders gut für das Kundenstrukturmanagement. Zwei Zielrichtungen können dabei unterschieden werden: (1) Volumenziele: beziehen sich auf die Erreichung bestimmter Volumina (z.B. Auftragseingang, Umsatz, Gewinn oder auch Ziele im Hinblick auf Außendienstbetreuung oder Einsatz von Kundenbindungsmitteln) in den verschiedenen Segmenten des Kundenportfolios, (2) Strukturziele: beziehen sich auf die Zusammensetzung des Kundenportfolios bzgl. verschiedener Größen (z.B. absolute Anteile der Kunden in den einzelnen Segmenten). Auf Basis des Kundenportfolios können vor allem auch aussagekräftige → Kennzahlen für das Kundenstrukturmanagement gebildet werden.

Kundentreue, *Kundenloyalität;* → Kundenbindung.

Kundenverhalten, → Konsumentenverhaltensforschung.

Kundenverkehrsanalyse, durch die Bundesarbeitsgemeinschaft der Mittel- und Großbetriebe des Einzelhandels e.V., Köln (BAG) durchgeführte Zeitreihenuntersuchung zur Analyse des Einkaufsverhaltens. Die K. lässt sich in drei Bestandteile aufteilen: Besucherzählung, Besucherbefragung und Befragung der teilnehmenden Unternehmen. Die Ermittlung der Änderungen von Standortqualitäten der in die Untersuchung einbezogenen Stadtzentren steht bei dieser Studie im Mittelpunkt. Insbesondere den betroffenen Einzelhandelsbetrieben soll es durch die Ergebnisse dieser Untersuchung ermöglicht werden, verkehrs- und zentrenpolitische Forderungen zu erarbeiten, um den Dialog mit den Kommunen möglichst effizient zu gestalten. Des Weiteren können von einzelnen Betrieben die durch die K. gewonnenen Daten zur Ausrichtung der eigenen absatzpolitischen Maßnahmen genutzt werden.

Literatur: Müller-Hagedorn, L. (1998): Der Handel, Stuttgart u.a., S. 298ff.

Kundenwert, → *Customer Value*.

Kundenzeitschriften, → Printmedien.

Kundenzufriedenheit, zentraler Forschungsgegenstand der → Marketingwissenschaft, der seit Ende der 1970er Jahre in der marketingwissenschaftlichen und -praktischen Diskussion einen hohen Stellenwert einnimmt. Inzwischen gehört K. zu den bedeutendsten unternehmerischen Zielgrößen (→ Unternehmensziel). Allerdings besteht bislang keine Einigkeit über das konzeptionelle Verständnis von K. bzw. über die Abgrenzung von verwandten Phänomenen. Aus der Fülle von konkurrierenden Konzepten (z.B. → Disconfirmation Paradigma, → Equity-Theorie, → Attributionstheorie) zur Definition und Beschreibung des → Konstrukts K. folgen die meisten Forscher dem Disconfirmation Paradigma. Auf abstraktem Niveau handelt es sich bei K. um ein Nachkaufphänomen, bei dem der Kunde Produkte oder → Dienstleistungen anhand seiner Erwartungen beurteilt (*vgl. auch* → Kundenerwartung). K. stellt das Ergebnis einer ex-post-Beurteilung dar und setzt ein vorheriges, konkret erlebtes Konsumerlebnis voraus. Der K. wird u.a. ein sehr großer Stellenwert beigemessen, weil durch eine Reihe von empirischen Einzelstudien sowie in branchenübergreifenden Untersuchungen (→ Nationales Kundenbarometer) grundsätzlich ein positiver Zusammenhang von K. und → Kundenbindung nachgewiesen werden konnte, die beide wiederum Voraussetzungen für die Erreichung ökonomischer Zielgrößen sind. Um allerdings in der Praxis einen Nutzen erzielen zu können, ist die Messung der K. von großer Bedeutung (→ Kundenzufriedenheitsmessung). Hier besteht vor allem Forschungsbedarf hinsichtlich Fragen, die beantworten, wie die gemessenen Kundenzufriedenheitswerte u.a. zum → Qualitätsmanagement, zur kundenorientierten Ausrichtung interner Prozesse bzw. zur Steuerung des individuellen Verhaltens von Mitarbeitern genutzt werden können.

Kundenzufriedenheitsmessung. → Kundenzufriedenheit ist ein theoretisches → Konstrukt, das nicht direkt, sondern nur indirekt über Indikatoren gemessen werden kann. Zur Messung existieren eine Vielzahl von → Messmodellen, die unterschiedlich systematisiert werden können. Zu den wichtigsten Verfahren zählen die merkmals- und ereignisorientierten Methoden: (1) Die merkmalsorientierte Messung erfasst die Zufriedenheit des Kunden anhand verschiedener Leistungsmerkmale. Zu den einzelnen Messverfahren im Rahmen einer merkmalsorientierten Messung können die multiattributive Messung (z.B. durch → SERVQUAL), die → Conjoint-Analyse sowie die → Frequenz-Relevanz-Analyse für Probleme (FRAP) aufgeführt werden. Als negativ ist anzumerken, dass die Ergebnisse i.d.R. weder alle relevanten Merkmale erfassen noch das Konsumerleben des Kunden vollständig und detailliert genug abbilden können. (2) Die ereignisorientierte Messung hingegen beruht auf der Annahme, dass Zufriedenheit auf der Bewertung von konkreten Ereignissen, sog. → Moments of Truth (Augenblicke der Wahrheit) während des Konsumprozesses beruht. Hier können als Varianten die → Critical-Incident-Technik (CIT), die → Sequenzielle Ereignismethode und die → Beschwerdeanalyse unterschieden werden. Vorteilhaft bei den ereignisorientierten Verfahren ist, dass sie gut zur Ermittlung konkreter zufriedenheitsrelevanter Erfahrungen geeignet sind und erlebte Kundenprobleme identifizieren können. Nachteilig ist wiederum, dass im Vergleich zu den merkmalsorientierten Messverfahren die Möglichkeiten bzgl. Standardisierung und Vergleichbarkeit beschränkt sind. *Vgl. auch* → Dienstleistungsqualitätsmessung.

Kunstsponsoring, steht in der Bedeutung der Sponsoringarten an zweiter Stelle nach dem → Sportsponsoring. Dem K., häufig auch als Kultursponsoring bezeichnet, wird ein relativ hohes Entwicklungspotenzial bescheinigt, da einerseits die öffentlichen Subventionen für die Kunst permanent verringert werden und andererseits die Nachfrage nach Kunst immer größer wird. Durch ihre Vielfalt bietet die Kunst ein breites Spektrum potenzieller Sponsorships. Diese Vielfalt ergibt sich einerseits durch die verschiedenen Kunstarten und ihren Ausprägungen (bildende Kunst, darstellende Kunst, Musik, Literatur, Film-Kunst, Multi-Media-Kunst) und andererseits durch die organisatorischen Einheiten der Kunst (Einzelkünstler, Kunstgruppen und Kunstinstitutionen).

Kurzzeitspeicher, → Drei-Speicher-Modell.

Kuvertieren. Das Einlegen der → Werbemittel in die Versandhülle. Für die einwandfreie maschinelle Kuvertierung eignen sich Umschläge mit kurzer gerader bzw. leicht geschwungener Rückenklappe am besten. Andere Rückenklappen lassen sich gar nicht bzw. mit nur sehr geringer Leistung maschinell kuvertieren. Die einzulegenden Teile sollten in der Höhe mindestens 5 mm, in der Breite 10 mm kleiner sein. Eine Längsseite muss geschlossen sein, das Hüllengewicht mindestens 60 g/m² betragen.

KVP, → Kontinuierlicher Verbesserungsprozess.

Kybernetischer Marketingansatz, Die Kybernetik befasst sich mit der Erforschung von Steuerungs- und Regelungsvorgängen dynamischer, technischer, biologischer oder sozialer Systeme. Komplexe Prozesse unterliegen den Prinzipien der Steuerung und Regelung (Rückkopplungsprinzip) der Kybernetik. Unter Steuerung ist die Anweisung an ein Systemelement zu verstehen, bei Systemstörungen unmittelbar einzugreifen. Demgegenüber stellt die Regelung auf Soll-Ist-Abweichungen ab, die eine entsprechende Regelung im System auslöst. K.M. versteht → Marketingmanagement als Instrument zur Steuerung und Regelung von internen und externen → Austauschprozessen. Typische Anwendungsfelder kybernetischer Erkenntnisse stellen die → Marketingplanung, die Gestaltung von → Marketingmodellen und des → Marketingcontrolling sowie der → Marketingorganisationen dar.

L

Laborexperiment, man spricht von einem L., wenn Versuche unter künstlichen Bedingungen durchgeführt werden. Das Umfeld wird dabei so manipuliert, dass Einflussgrößen, die für den eigentlichen Versuchszweck nicht relevant sind, nach Möglichkeit ausgegrenzt werden. Dies führt zu einem vereinfachten aber zweckmäßigen Abbild der Realität. Als Beispiele für L. im Bereich der → Marktforschung lassen sich → Konzept- und → Produkttests, die in Studios (Labors) durchgeführt werden, nennen. Die Vereinfachung bei L. ist jedoch häufig Ansatzpunkt für Kritik, da es im Einzelfall fragwürdig ist, ob die Ergebnisse eines L. direkt in die Realität übertragen werden können (externe → Validität). Weiter ist zu beachten, dass Testpersonen bei L. ein anderes Verhalten als in einer realen Situation aufweisen. Auf der anderen Seite ist es aber nötig, die Anzahl der Einflussgrößen bei einem Experiment überschaubar zu halten, da die interne Validität als Grundvoraussetzung für verwertbare Ergebnisse angesehen werden muss.

Labortest, → Werbetest.

Laddering-Technik, dient zur Erfassung der → Nutzenkomponenten und der dahinter stehenden Werthaltungen im Rahmen einer Means-End-Analyse (→ Means-End-Theorie). Die Methodik besteht darin, mittels mehrerer aufeinander folgender Warum-Fragen, die Vorstellungswelt eines Individuums offen zu legen, angefangen von abstrakten → Produkteigenschaften bis zu den terminalen Werthaltungen. In einer ersten Runde geht es um die Beantwortung der Frage, warum die mit der → Repertory-Grid-Methode identifizierten konkreten Merkmale für den Probanden bei der Produktwahl eine große Bedeutung haben. Die aus den Antworten rekonstruierten abstrakten Attribute bilden den Ausgangspunkt, um in einer zweiten Runde die funktionalen Nutzenkomponenten der vorliegenden Erzeugnisse zu ergründen. In der dritten Runde geht es darum, eine Vorstellung über die mit den betrachteten Marken verknüpften psychischen Nutzenkomponenten zu entwickeln. Diese Befragung wird so lange fortgeführt, bis das Individuum Auskunft über seine instrumentalen und terminalen Werthaltungen gibt.

Ladenatmosphäre, insbesondere durch die → Ladengestaltung, → Dekoration und die Produktpräsentation hervorgerufene subjektive Anmutung eines → Point of Sale beim Nachfrager. Zur Gestaltung der L. können verschiedene Stimuli genutzt werden. Visuelle Stimuli werden insbesondere durch das Store-Design (→ Dekoration) und die Produktdarbietung vermittelt. Auditive Stimuli können durch gezielten Einsatz von Beschallung (musikalische Untermalung, aber auch Schaffung von ‚Ruhezonen') eingesetzt werden. Ferner können auch olfaktorische, also den Riechnerv betreffende Stimuli im Rahmen einer Optimierung der L. verwendet werden. Sie manifestieren sich z.B. in der Verwendung von Duftstoffen, die zur mehr oder weniger bewusst werdenden Beeinflussung der Konsumenten eingesetzt werden. Ein anderer, indirekt beeinflussender Stimulus ist der gezielte Einsatz des Raumklimas (z.B. die i.d.R. in Lebensmittelabteilungen eher niedrig gehaltene Temperatur als ‚Frische-Indiz' für den Nachfrager). Weitere, die L. beeinflussende Faktoren sind soziale Stimuli, wie beispielsweise das Verhalten und das Erscheinungsbild des Verkaufspersonals sowie die den Point of Sale frequentierenden Nachfrager selbst. Insbesondere bei → erlebnisorientierten Einkaufsstätten kommt der L. eine hohe Bedeutung zu. Orientierungspunkte bei der Gestaltung der L. können beispielsweise die anzusprechenden Zielgruppen und eine etwaige Themenorientierung der Einkaufsstätte sein (→ Einkaufsatmosphäre).

Literatur: Bost, E. (1987): Ladenatmosphäre und Konsumentenverhalten, Heidelberg.

Ladengestaltung, visuelle Manifestation einer händlerischen Konzeption und bedeutendes Instrument des → Handelsmarketing, das aufgrund der erheblichen Anzahl der verschiedenen Aktionsvariablen letztlich nicht trennscharf abgegrenzt werden kann. Bestandteile der L. i.w.S. sind u.a. die Fassadengestaltung, die Schaufenstergestaltung und die L. i.e.S. Zu dem letztgenannten Aktionsbereich der L. zählen z.B. das Laden-Layout und die Ladenmöblierung sowie das Raumklima (→ Dekoration, → Ladenatmosphäre). Die L. wirkt sowohl direkt, z.B. durch die bewusste Beeinflussung des Kundenlaufes (→ Kundenlaufstudie) und durch entsprechendes Laden-Layout, als auch indirekt, beispielsweise durch emotional ansprechende Faktoren, wie Beleuchtung und Hintergrundmusik, während des Kaufprozesses auf den Nachfrager ein. Insbesondere mit Blick auf die verschiedenen → Betriebsformen kann die L. einen bedeutenden Beitrag zur Profilierung bzw. Durchsetzung verschiedener Konzepte (z.B. → Erlebnisorientierte Einkaufsstätte) leisten.

Ladenöffnungszeiten, → Ladenschlussgesetz.

Ladenschlussgesetz (LSchlG), regelt die Ladenschlusszeiten im stationären Einzelhandel.

I. Allgemeines: In der aktuellen Fassung von 2003 gelten für alle Verkaufsstellen folgende Ladenschlusszeiten (§ 3 LSchlG): An Sonn- und Feiertagen von 0.00 bis 24.00 Uhr, montags bis samstags bis 6.00 Uhr und ab 20.00 Uhr, am 24. Dezember, wenn dieser Tag auf einen Werktag fällt, bis 6.00 Uhr und ab 14.00 Uhr.

II. Sonderregelungen: Kürzere Ladenschlusszeiten, also längere Ladenöffnungszeiten, gelten z.B. für Apotheken, Tankstellen, Verkaufsstellen auf Personenbahnhöfen, Flughäfen und in Fährhäfen, für Kur- und Erholungsgebiete sowie für den Verkauf in ländlichen Gebieten und an Sonntagen.

III. Zweck: Primär Schutz der Arbeitnehmer, namentlich des im Handel beschäftigten Verkaufspersonals. Wettbewerbliche Ziele finden sekundär insoweit Berücksichtigung, dass in der Begründung zur Einführung des LSchlG im Jahr 1956 Wettbewerbsneutralität durch die rechtliche Gleichbehandlung von Geschäften mit und ohne Personal gefordert wurde, also von Einzelhandelsbetrieben, die nach dem Bedienungs- oder nach dem Selbstbedienungsprinzip arbeiten. Diese Zielsetzung kann aber nicht erfüllt werden. Denn alle → Betriebsformen des → Einzelhandels, die mit den Verkaufsstellen im Sinne des LSchlG konkurrieren, aber nicht in seinen Geltungsbereich fallen, wie z.B. der klassische → Versandhandel und das → Electronic Retailing, können ihre Angebotszeiten frei und ohne Reglementierung festlegen.

Ladenverschleiß, → *Store Erosion.*

Lageparameter, Parameter, der die Position einer Häufigkeitsverteilung auf der Merkmalsskala angibt. Z.B. → Mittelwert, → Median, → Modus und Quantile.

Lagergeschäft, → Streckengeschäft; Geschäftsart des → Handels, bei der die Ware zunächst vom Hersteller eingekauft und eingelagert wird. Anschließend wird die Ware vom Lager abverkauft.

Lagergroßhandel, → Betriebsform des → Großhandels. Der Schwerpunkt des L. liegt in der Erfüllung der Funktionen Lagerhaltung, Sortimentierung und Logistik. Der L. beliefert vor allem kleinere Einzelhändler auf lokaler und regionaler Ebene.

Lagerplanung. Im Rahmen der L. werden Entscheidungen über Lagerstandort, -bauweise, -organisation sowie über Strategien zur Vorratsergänzung bzw. -sicherung getroffen. Der Lagerstandort soll einerseits eine optimale Versorgung gewährleisten, andererseits die Zu- und Ablieferungswege minimieren. Die Lagerbauweise wird entsprechend der Lagerhöhe als Flachlager, hohes Flach-, Hoch- oder Hochregal-Lager ausgeführt. Hinsichtlich der Bauform kann man z.B. zwischen Boden-, Regal- oder Silolagerung unterscheiden. Aufgabe der Lagerorganisation ist die Überwachung und Verwaltung der Abläufe im Lagerbereich. Dazu gehört die Lagerplatzvergabe (fest/frei) und die Ein-/Auslagerungsstrategie (First In, First Out, Wegeoptimierung usw.). Schließlich muss noch entschieden werden, wann (fester Termin oder nach Unterschreitung des Meldebestands) und wie viel (fixe Menge oder vollständige Füllung) eingelagert werden soll.

Lagerhaltungskosten, L. sind eine Teilmenge der → Marketingkosten.

Lagerhaltungsmodell, enthält in strukturierter Form Informationen über alle Größen, die für die Lagerhaltung relevant sind, z.B. die Lieferzeit der zu lagernden Ware, die Lagerungskosten pro Mengeneinheit oder Prognosen über den zukünftigen Bedarf. Ziel ist es, die Kosten der Lagerhaltung zu minimieren, ohne die bedarfsgerechte Bereitstellung der gelagerten Ware zu gefährden. Dazu wird aus dem L. ein Gleichungssystem gebildet, aus dem Bestellmengen und zeitpunkte abgeleitet werden können. Bei statischen L. ist meist eine optimale Lösung berechenbar; bei dynamischen L., die auch die Auswirkungen von Entscheidungen auf Folgeperioden berücksichtigen, muss i.d.R. auf heuristische Lösungsansätze zurückgegriffen werden.

Lagerstufe, bezeichnet alle einer bestimmten Unternehmensfunktion zugeordneten Lagerungseinrichtungen. Bei Herstellerbetrieben lassen sich Eingangslager (Lagerung von Rohstoffen und Vorprodukten), Zwischenlager (Lagerung von Zwischenprodukten während des Produktionsprozesses) und Ausgangslager (Lagerung fertiger Produkte vor dem Abtransport) unterscheiden. Filialisierende Handelssysteme verfügen auf den verkaufsstellenübergreifenden Ebenen u.U. über Zentrallager (Lagerung des gesamten Sortiments, Anlieferung durch die Lieferanten), Regionallager (Zwischenlagerung eines Teilsortimentes als Puffer zwischen der Nachfrage und dem Zentrallager) und Auslieferungslager (letzte Zwischenlagerung vor der Zusammenstellung der durch einzelne Filialen bestellten Mengen).

Lagerumschlagshäufigkeit, → Kapitalumschlag.

Lambda-Hypothese, → Aktivierung IV.

LAMBDA-Modell, Instrument eines marktorientierten → Personalmanagement, mit dem das gesamte Unternehmen im Hinblick auf Kultur (LAMBDA 1), Erscheinung (LAMBDA 2) und → Image (LAMBDA 3) analysiert werden kann. Generell wird zwischen einem sichtbaren und unsichtbaren Teil sowie einer Innen- und Außenwirkung unterschieden. Anhand dieser Differenzierung lassen sich verschiedene Analysetechniken des Personalmanagements positionieren. In LAMBDA 1 liegen z.B. → Mitarbeiterbefragung oder Workshopbezogene Diagnoseinstrumente, in LAMBDA 2 erfolgt die Analyse des Erscheinungsbildes und in LAMBDA 3 sind Imagestudien die zentrale Analysetechnik. *Vgl. auch* → Marktorientierte Unternehmensführung.

Länderportfolio, Ergebnis der → Länderselektion mit dem Ziel, für die im Portfolio enthaltenen Länder spezifische Marketingstrategien zu entwickeln. Bei der Zusammenstellung eines Länderportfolios können zahlreiche Gesichtspunkte wie z.B. die Kombination risikoarmer und risikoreicher Länder, die Kombination von Gewinn bringenden etablierten Ländern und noch aufzubauen-den, noch nicht gewinnbringenden Ländermärkten, die Kombination von investiven und desinvestiven Länderengagements, die Kombination von wettbewerbsintensiven und weniger wettbewerbsintensiven Ländermärkten sowie die Kombination von zeitversetzt umsatzstarken und umsatzschwachen Ländern Bedeutung erlangen.

Länderrisiken, wirken sich einerseits als bedeutende → Eintrittsbarrieren aus, andererseits bestimmen sie in hohem Maße die Länderattraktivität. L. können definiert werden als die mit der unternehmerischen Tätigkeit verbundenen und aus dem Gastland resultierenden Verlustgefahren bzw. Gefahren der Beeinträchtigung oder Nichterreichung unternehmerischer Zielsetzungen, die aus der gesamtwirtschaftlichen, politischen und soziokulturellen Situation eines Landes resultieren. Dabei können wirtschaftliche und politische Risiken unterschieden werden. Politische Risiken entstehen aus der Gefahr, dass sich nicht vorhersehbare Veränderungen politischer Strukturen und Rechtsgepflogenheiten ergeben. Dazu zählen das Enteignungsrisiko, das Transferrisiko, das Dispositionsrisiko, das physikalische Risiko, das Sicherheitsrisiko im Sinne der Gefährdung von Leben, Gesundheit und Freiheit der Mitarbeiter im Gastland, sowie das rechtliche Risiko. Wirtschaftliche Risiken entstehen aus nicht vorhersehbaren Veränderungen ökonomischer Variablen. Dazu gehören das Zahlungsrisiko, das Währungsrisiko sowie das Transportrisiko. Zur Beurteilung von Länderrisiken kann u.a. auf den → BERI zurückgegriffen werden.

Länderselektion, Auswahl von Ländern, die für einen Markteintritt in Frage kommen. Die im Rahmen einer Länderselektion heranzuziehenden Kriterien können in der Länderattraktivität (z.B. Marktvolumen, Marktwachstum, erzielbare Preise), den → Eintrittsbarrieren sowie den → Länderrisiken bestehen. Als Verfahren der Länderselektion kann auf Checklisten, Scoringmodelle sowie Portfolio-Analysen zurückgegriffen werden. Im Rahmen von Checklistverfahren sollen Kriterien auf ihre Erfüllung hin in jedem Land überprüft werden, die als Mindestvoraussetzung für ein weiteres Marktengagement gegeben sein müssen. Auf diese Weise soll gewährleistet sein, dass zeit- und kostenaufwendige Marktforschungsmaßnahmen auf eine begrenzte Zahl an relevanten Ländern beschränkt werden. Scoringmodelle stellen eine Weiterentwicklung des Checklistverfahrens dar, da sie eine Berücksichtigung der unterschiedlichen Bedeutung der jeweiligen Kriterien zulassen. Wie beim Checklistverfahren werden zunächst die relevanten Kriterien ermittelt; diese werden anschließend gemäß ihrer relativen Bedeutung gewichtet. Die einzelnen Länder werden anschließend im Hinblick auf ihre jeweilige Kriterienerfüllung bewertet; dies geschieht unter Heranziehung einheitlicher Skalen durch Vergabe eines Punktwertes pro Land und Kriterium. Ziel der Portfolio-Analyse im Rahmen der Länderselektion ist es, aus einer Vielzahl möglicher Auslandsmärkte ein optimales Länderbündel zu bestimmen. Eine zweidimensionale grafische Darstellung z.B. mit den Dimensionen „Attraktivität des Marktes“ und „Risikopotenzial des Landes“ soll die Selektion erleichtern. Mithilfe der Kreisgröße kann dabei das Marktpotenzial eines Landes abgebildet werden. Die Positionierung eines Landes innerhalb dieses Portfolios kann dabei derart erfolgen, dass die abgebildeten Dimensionen durch Anwendung eines Scoringmodells für jedes einzelne Land gemessen werden. Sowohl das Risikopotenzial als auch die Marktattraktivität werden dabei durch verschiedene Variablen charakterisiert, die mithilfe des Scoringmodells auf eine Gesamtpunktzahl verdichtet werden.

Längsschnittanalyse, *Longitudinalstudie*. Erhebungsstudie, die über einen längeren Zeitraum von der selben Grundgesamtheit eine Stichprobe zieht, mit dem Ziel, zeitliche Trends zu entdecken. Gegenstück zur → Querschnittsanalyse. Z.B. → Panelerhebungen.

Langzeitspeicher, → Drei-Speicher-Modell.

Laplace-Regel, Entscheidungsregel für Unsicherheitssituationen. Es wird unterstellt, dass alle Umweltzustände und damit alle möglichen Ergebnisse einer Alternative die gleiche Eintrittswahrscheinlichkeit haben. Damit wird eine Unsicherheits- in eine Risikosituation transformiert. Soll der Erwartungswert des Erfolges maximiert werden, so impliziert die L.-R. eine Gleichgewichtung der Ergebnisse bei allen vorstellbaren Umweltzuständen.

Laserprint. Ein Druckverfahren zur Individualisierung (Adressierung, Personalisierung) von Direktwerbemitteln. Jeder Text wird variabel auf den einzelnen Empfänger hin ausgedruckt. Der Begriff Laser bedeutet *L*ight *A*mplification by *S*timulated *E*mission of *R*adiation. Der Laser besteht aus Lichtquellen, die Licht in einer bestimmten Wellenlänge erzeugen, verstärken und abstrahlen. Laserdrucke werden auf Einzelblättern (bis zum Format A3) und im Endlos für Großauflagen produziert. Das Mindestpapiergewicht sollte 70 g/m², besser 80 g/m² betragen. Die Papiersorte ist abzustimmen. Zu personalisierende Texte dürfen nicht allzu stark farbig unterlegt werden (max. 40%). Laserproduktion ist beidseitig möglich (Duplex) und zweifarbig. Die Auswahl an Schriften ist groß. Auch Briefunterschriften und einfache Bildsujets lassen sich hochwertig verarbeiten (z.B. Briefvarianten mit unterschiedlichen Absendern von Filialen). Laserpersonalisierte → Werbemittel lassen sich trotz ihrer individuellen Anmutung als Infopost versenden.

Lasswell-Formel, von Harold D. Lasswell entwickelte Formel, die lautet: „Who says what in which channel to whom with what effect". Diese Formel enthält alle Elemente des Kommunikationsprozesses (→ Kommunikation). Ferner stellt sie eine generelle Aufteilung der Kommunikationsforschung dar (vgl. die Tab. „Die Lasswell-Formell").

who	Produzent, Sender	Soziologie, Psychologie
what	Nachricht, Information	Inhaltsanalyse
to whom	Rezipient, Empfänger	Zielgruppenanalyse
which channel	Medium	Informationstheorie
with what effect	Wirkung	Wirkungsforschung

Die Lasswell-Formel

Latente Variablen, → Konstrukt.

Laterale Diversifikation, → Diversifikationsstrategie.

Law of Exchange, Austauschgesetz, das den Grundstein zur verhaltenswissenschaftlichen Öffnung der Marketinglehre legte. Das L.o.E. stellt darauf ab, dass sich → Austauschprozesse i. Allg. und die des → Marketing im Besonderen im Kontext des Strebens nach Belohnungen und der Vermeidung von Bestrafungen vollziehen. Austauschpro-zesse finden demnach nur statt, wenn ein Austausch für die involvierten Parteien wechselseitig von Vorteil ist. *Vgl. auch* → Gratifikationsprinzip, → Lernen, → Verhaltenswissenschaftlicher Ansatz.

Lavington-Modell, Kaufneigungsmodell, das individuelle Konsumentenreaktionen auf Marketingmaßnahmen (z.B. Preisveränderungen im Vergleich zur Konkurrenz) beinhaltet. Mittels Simulationsstudien sollen Aussagen über die optimale Wahl des absatzpolitischen Instrumentariums unter Berücksichtigung der Konkurrenzaktivitäten gewonnen werden. Aufgrund der Vielzahl der zu erhebenden Daten und Variablen wird die Praktikabilität und Gültigkeit des Modells kontrovers diskutiert.

Layout, der zeichnerische/grafische Entwurf eines → Werbemittels.

Layouter, → Werbeberufe (8).

Lead-Agency-Konzept, internationales, internationales → Koordinationskonzept, bei dem wie beim internationalen → Lead-Country-Konzept eine organisatorische Einheit als „primus inter pares" agiert. Das Lead-Agency-Konzept bezieht sich dabei auf Werbeagenturen. Eine Werbeagentur (Lead Agency) ist damit federführend im Rahmen der internationalen → Kommunikationspolitik eines Unternehmens tätig.

Lead-Country-Konzept, internationales, internationales → Koordinationskonzept, bei dem eine organisatorische Einheit – z.B. eine Tochtergesellschaft im Ausland oder das Stammhaus im Inland – für eine größere regionale Einheit (z.B. den asiatisch-pa-zifischen Raum) oder sogar den Weltmarkt selbst die Rolle des Koordinators und „primus inter pares" übernimmt. Einzelne Unternehmensteile können so ihre besonderen Kompetenzen in das Gesamtunternehmen einbringen. Kennzeichnend ist dabei die Tatsache, dass sich die Führungsposition des jeweiligen Landes bzw. der dort angesiedelten Unternehmenseinheit nur auf einzelne Produkte oder eine bzw. mehrere (homogene) Produktgruppen bezieht. Unter der Leitung dieses Lead Country wird für die zugeordneten Länder ein Orientierungsrahmen für die Marketingaktivitäten vorgegeben. Länderspezifische Adaptionen der Marketingkonzepte sind nur bei gravierenden Hindernissen (z.B. stark unterschiedliches Käuferverhalten) möglich und haben sich an den vorgegebenen Richtlinien zu orientieren. Die Vorteile des L.-C.-K liegen darin, dass grundsätzlich jede Unternehmenseinheit die Möglichkeit hat, Lead Country zu werden und damit die Koordinationsaufgaben zwischen den beteiligten Ländern zu übernehmen. Einer zu starken Machtkonzentration im Stammhaus wird so entgegengewirkt. Im Hinblick auf die Motivation der Mitarbeiter sind positive Effekte aufgrund des hohen Partizipationsgrades zu erwarten. Probleme wirft das L.-C.-K insofern auf, als die Verantwortungsbereiche bei Einführung des Konzeptes entsprechend restrukturiert werden müssen. Getreu dem Prinzip, dass für Erfolge bzw. Misserfolge nur dann eine Belohnung bzw. Sanktion erfolgen sollte, wenn eine maßgebliche Beteiligung hieran tatsächlich stattgefunden hat, müssen etwaige Autonomieverluste der Länderproduktmanager durch Einführung des L.-C.-K. berücksichtigt werden; es muss die Möglichkeit einer eindeutigen Lokalisation der Ursachen für den Erfolg bzw. Misserfolg von Marketingkonzepten entweder beim Lead Country oder bei den Managern im betreffenden Land angestrebt werden. Unternehmensweite Planungs- und Kontrollsysteme sind daher entsprechend anzupassen.

Leads. Zum Aufbau einer umfangreichen → Database ist das Sammeln von L. (*Interessentenadressen*) unerlässlich. Die Qualität dieser sog. „warmen" Adressen (im Gegensatz zu „kalten", d.h. Fremdadressen) hängt von der Art der Gewinnung ab. Kataloganforderer sind z.B. i.d.R. wertvoller als Adressen, die aus Gewinnspielen gewonnen werden. Auch Empfehlungsadressen haben einen höheren Wert. Je mehr Informationen über die reine Adresse hinaus vorliegen, desto gezielter können die Werbeanstöße erfolgen, um aus den Interessenten in einmaligen oder mehrmaligen Werbeanstößen per → Mailing und/oder E-Mail-Ansprache neue Kunden zu machen (*vgl. auch* → Direct Marketing).

Lead User, bedeutende Kunden, die vom Hersteller zur Optimierung des Produktinnovationsprozesses möglichst früh in diesen einbezogen werden sollten. L.U. sind Trendsetter in ihrer Branche und erhoffen sich von der Problemlösung durch ihren Lieferanten einen hohen wirtschaftlichen Vorteil. *Vgl. auch* → Lead-User-Analyse, → Kundeneinbindung, → Kundenintegration..

Lead-User-Analyse, als → Lead User werden Nachfrager bzw. Verwender von Produkten und Systemen bezeichnet, die dem neuesten Stand der technischen Entwicklung entsprechen. Die L.-U.-A stellt ein zentrales Instrument im Rahmen des → CUSTOR-Systems dar. L.-U.-A dient der frühzeitigen Erkennung zukünftiger Kundenbedürfnisse. Vorgehensweise der L.-U.-A.: (1) Identifikation des Trends, z.B. durch zufällige Kundenbefragung, (2) Identifikation von Lead Usern, z.B. durch Eigenforschung bei Anwendern, Kundenbefragung, systematische Kundenanalyse, (3) Analyse der Lead User Informationen, z.B. durch Workshops, Anwendergruppen, Befragung mittels Tiefeninterview und (4) Test auf Validität bei Durchschnittsnutzern, z.B. durch repräsentative Kundenbefragung, Tiefeninterviews.

Lean Management, Schlagwort für ein Umdenken in der → Unternehmensführung, dessen Ziel die Rationalisierung und Produktivitätssteigerung durch Team-Organisation, → Empowerment und Abflachung von Hierarchien ist.

Lean Selling, → Lean Management; Der ‚schlanke' Verkauf liefert einen Beitrag zu dem übergeordneten Unternehmenskonzept Lean Management, das die Realisierung von Synergien durch die Integration aller betrieblichen Funktionen und Unternehmensbereiche zum Ziel hat. Notwendig ist hierzu eine Dezentralisierung, die Delegation von Verantwortung, die Etablierung von flachen

Hierarchien und die Beschleunigung von Informations-, Kommunikations- und Entscheidungsprozessen im Unternehmensbereich Verkauf. Als oberste Maxime gilt auch hier die → Kundenorientierung und nicht der unbedachte Abbau von Arbeitsplätzen.

Leap Frogging, Verhalten von Kunden und Anbietern, Innovationen nicht sofort zu kaufen bzw. anzubieten, sondern erst später folgende Produktgenerationen der Innovation zu kaufen bzw. anzubieten. Insbesondere aufgrund sich verkürzender → Produktlebenszyklen gewinnt dieses Verhalten für Unternehmen an Bedeutung. *Vgl. auch* → Adoption, → Diffusion.

Learning Organization, → *Lernende Organisation.*

Leasing, mietähnliche Vereinbarung. Je nach Art der Vereinbarungen lassen sich zwei Grundtypen von Leasing-Verträgen unterscheiden: (1) Operate-Leasing-Verträge: Hierbei handelt es sich um Verträge, die den konventionellen Mietverträgen ähneln. Sie können von beiden Vertragspartnern sofort oder nach Einhaltung einer relativ kurzen Kündigungsfrist gekündigt werden. Der Leasing-Geber übernimmt in diesem Falle das Investitionsrisiko. Er trägt i.d.R. die Gefahren des zufälligen Unterganges und der wirtschaftlichen Entwertung sowie die Kosten für Versicherungen, Reparaturen und Wartung. Eine volle Amortisation der Investition kann bei Kündigung vor Ablaufzeit nur durch einen oder mehrere Anschlussmieten erzielt werden. Daher kommen für derartige Verträge i.d.R. nur solche Wirtschaftsgüter in Betracht, die von vielen potenziellen Mietern nachgefragt werden, also jederzeit erneut vermietet werden können (z.B. unspezifische Werkzeuge). (2) Finance-Leasing-Verträge: Dies sind Verträge, die für eine zwischen dem Leasing-Geber und dem Leasing-Nehmer vereinbarte Grundmietzeit unkündbar sind. Die Mietraten werden i.d.R. so bemessen, dass das vermietete Objekt sich nach Ablauf der Grundmietzeit einschließlich aller Nebenkosten voll amortisiert hat und der Leasing-Geber einen Gewinn erzielt hat. In diesem Falle trägt der Leasing-Nehmer das volle Investitionsrisiko. Der Leasing-Nehmer trägt die o.g. Gefahren und Kosten. Diese Art von Verträgen eignet sich aufgrund der vertraglichen Risikoübernahme durch den Leasing-Nehmer nicht nur für marktgängige Güter, sondern für Güter, die nach den besonderen Wünschen eines Leasing-Nehmers gestaltet werden (z.B. Einzelanfertigung). Weitere Formen von Leasing-Verträgen lassen sich durch individuell vereinbarte Regelungen realisieren. So sind z.B. Leasing-Verträge mit und ohne Kaufoption sowie Leasing-Verträge mit einer Verlängerungsoption nach Ablauf der Grundmietzeit möglich.

Lebensmittel- und Bedarfsgegenständegesetz (LMBG), → Produktpolitik, rechtliche Aspekte.

Lebensstil. I. Ursprung und Definition: Über die Entstehung und den erstmaligen Gebrauch des Lebensstilbegriffs herrscht Uneinigkeit. Soziologen und Psychologen haben diesen Begriff bereits zu Beginn des 20. Jahrhunderts verwendet. Die frühe psychologische Lebensstilforschung beschäftigte sich mit der ganzheitlichen Betrachtung von Individuen, indem ihre Lebensführung und Wertvorstellungen sowie ihr Verhalten untersucht wurde, während aus soziologischer Perspektive die Lebensweise von Gruppen interessierte und unter L. die Zugehörigkeit zu einer bestimmten Gruppe verstanden wurde. Die Wurzeln der marketingorientierten L.-Forschung gehen auf die 1963 veranstaltete Winterkonferenz der American Marketing Association zurück. Die Grundidee der L.-Forschung resultierte aus den Bemühungen, die traditionell aus Tiefeninterviews entnommenen Konsumenteninformationen zu quantifizieren. Schon auf der ersten Konferenz zeigte sich, dass der L. ein vielschichtiges interdisziplinäres Konstrukt ist, das auf psychologischen, soziologischen, anthropologischen, biologischen und ökonomisch fundierten Erkenntnissen basiert. Die L.-Theorie stellt somit keine eigenständige Theorie dar, sondern greift insbesondere auf Forschungsergebnisse der → Einstellungsmessung, der → Motivations- und Persönlichkeitsforschung, des → Meinungsführer- und Bezugsgruppenkonzeptes sowie auf die Theorie der sozialen Schichtung zurück. Es ist daher nicht verwunderlich, dass eine Vielzahl von unterschiedlichen Definitionen existiert. Lazer (1964, S. 130), als einer der ersten Vertreter der L.-Forschung, definierte auf der besagten AMA-Winterkonferenz das Konstrukt wie folgt: „Life Style [...] is the result of such forces as culture, values, resources, symbols, licence, and sanction [...] and refers to the distinctive or characteristic mode of living, in its aggregative or broadest sense of a whole society or segment thereof". Wind/Green (1974, S. 106) erklären, das Konstrukt beziehe sich auf „the overall manner in which people live and spend time and money [...] and (life style) is also a summary construct reflecting consumers' values". Banning betont die Bedeutung des Selbstkonzeptes und beschreibt den L. als ein theoretisches Konstrukt der Verhaltensforschung, das der Erklärung komplexer, relativ stabiler und vom Selbstkonzept gesteuerter Verhaltensmuster von Individuen und Gruppen dient. Kroeber-Riel/Weinberg bezeichnen den L. als Kombination typischer Verhaltensmuster. L. umfasst demnach Muster des beobachtbaren Verhaltens und Muster von psychischen (inneren) Größen, repräsentiert kulturelle und subkulturelle Verhaltensmuster und ermöglicht durch seine Messung den Vergleich des Konsumentenverhaltens in unterschiedlichen Kulturen. Drieseberg macht dagegen darauf aufmerksam, dass ein Individuum auch zu unterschiedlichen L.-Gruppen zählen kann und L. nicht den sichtbaren Ausdruck von sozialen Klassen darstellen. Es ist demzufolge durchaus möglich, entsprechend den individuellen Neigungen oder den angestrebten sozialen Zuweisungen, auf unterschiedlichen Bühnen der Selbstdarstellung verschiedene Identitäten zu realisieren. Die Fraktionalisierung von Lebenslagen und Lebensläufen ermöglicht die eigene Positionierung gleichzeitig in verschiedenen sozialen Segmenten, ohne dass dabei ein durchgängiges Identitätskonzept entstehen muss. Auch wenn die einzelnen Definitionen unterschiedliche Aspekte des L.-Konstruktes betonen, so weisen sie doch eine Gemeinsamkeit auf. Der L. stellt die miteinander verbundenen Einstellungen und Aktivitäten dar, durch die das Verhalten eines Konsumenten ein spezifisches Profil erhält. Bezugnehmend auf Drieseberg kann sich das Verhalten auch auf die gerade bedeutsame Identität einer Person beziehen. Für das Marketing sind die identifizierten L.-Gruppen von hohem Interesse, da der Marketingmix, insbesondere die Kommunikations- und Produktpolitik, auf die Wünsche und Bedürfnisse der einzelnen Zielgruppen genau zugeschnitten werden kann.

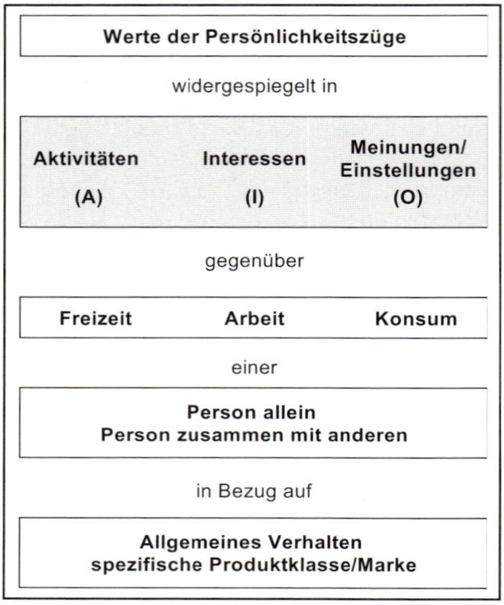

Werte der Persönlichkeitszüge

widergespiegelt in

Aktivitäten (A)	Interessen (I)	Meinungen/ Einstellungen (O)

gegenüber

Freizeit	Arbeit	Konsum

einer

Person allein
Person zusammen mit anderen

in Bezug auf

Allgemeines Verhalten
spezifische Produktklasse/Marke

Lebensstilbezugsrahmen nach Wells und Tigert (Quelle: Wells/Tigert 1971)

II. Messung des Lebensstils: Ähnlich vielfältig wie die Definitionen sind auch die Messkonzepte des L.-Konstruktes. Dabei muss zwischen theoriegeleiteten und rein empirischen L.-Untersuchungen unterschieden werden. Letztere müssen in Bezug auf ihre Validität und Reliabilität vielfach mit Vorsicht behandelt werden. Seit Ende der 1980er-Jahre haben viele Marktforschungsinstitute und Werbeagenturen entdeckt, dass bei den Anbietern von Produkten und Dienstleistungen ein großer Bedarf an Daten über die psychographischen Merkmale ihrer Kunden besteht. Als Folge sind in den letzten 15 Jahren kaum noch überschaubare Mengen an unterschiedlichen L.-Typologien entwickelt worden, die zur erfolgreichen Marktbearbeitung verwendet werden sollen. Viele neu entdeckte und in den Medien aufgebauschte Zielgruppen haben sich jedoch hinsichtlich der Wirtschaftlichkeit und Erreichbarkeit als

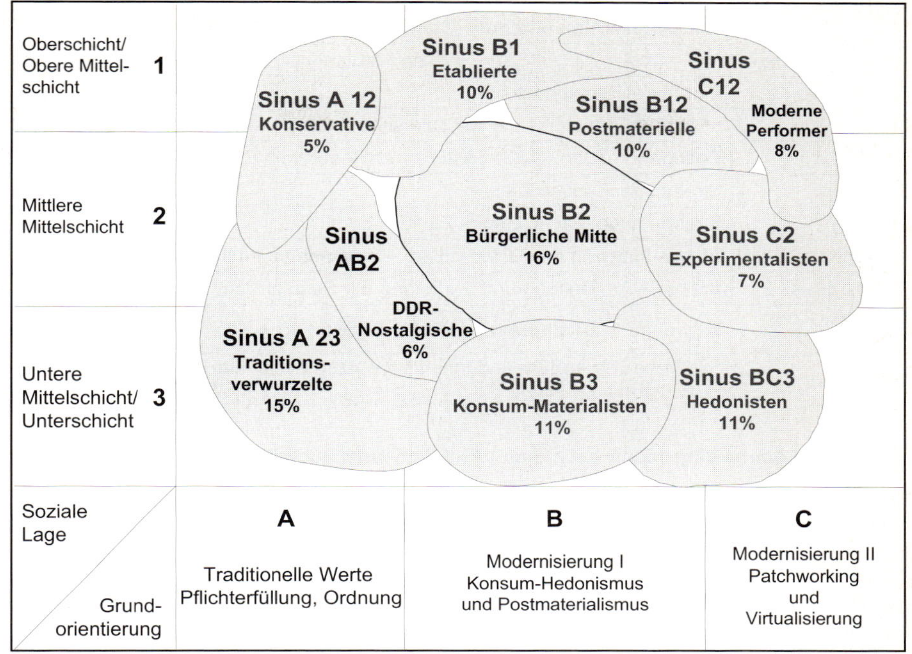

Sinus-Milieus Gesamtdeutschland 2002
(Quelle: Burda Advertising Center 2002, S. 16)

Flops herausgestellt. Beispielsweise machten die Ende der 80er-Jahre als besonders konsumfreudig und daher als ökonomisch sehr relevant eingestuften „Yuppies" (Young Urban Professional People) nur 0,4 Prozent der deutschen Gesamtbevölkerung aus (Szallies 1987, S.322). Zuverlässig durchgeführte L.-Untersuchungen zeichnen sich dadurch aus, dass sie (1) die Operationalisierung der zu messenden Werte, Lebensauffassungen, Aktivitäten offen legen, (2) kontinuierlich durchgeführt werden, so dass die zeitliche Stabilität der L.-Gruppen geprüft und kurzfristige Modeströmungen ausgeklammert werden können, (3) den Algorithmus sowie die Gütekriterien (optimale Gruppenzahl, Trennkraft der eingesetzten Variablen) der hinter der Studie stehenden Clusteranalyse darlegen, (4) die ökonomische Relevanz der identifizierten Seg-mente angeben. Zu den bekanntesten stärker theoriegeleiteten L.-Untersuchungen zählen: (1) der Value-and-Life-Style-Ansatz , (2) der Everyday-Life-Research-Ansatz und (3) die Conrad/Burnett-Life-Style-Forschung . Die Conrad/Burnett-Life-Style-Forschung basiert auf dem → AIO-Konzept von Wells und Tigert. Im Mittelpunkt steht hier die Erfassung der Aktivitäten, Interessen und Meinungen von Individuen (vgl. Abb. „Lebensstilbezugsrahmen nach Wells und Tigert"). Bei der Conrad & Burnett Lebensstilforschung werden 250 AIO-Items von Wells & Tigert genutzt, zusätzlich soziodemographische Variablen und Persönlichkeitsmerkmale erhoben sowie Fragen zum Konsumverhalten in 50 Produktkategorien gestellt. Conrad/Burnett unterscheiden traditionelle, gehobene und moderne L.-Typen. So können beispielsweise von Werten wie Pflicht, Gehorsam und Sparsamkeit geprägte L. festgestellt werden sowie Typen, die Leistungsorientierung und Aufstiegsstreben oder hedonistische Lebensauffassungen in unserer Gesellschaft repräsentieren. Der Every-Day-Life-Research-Ansatz des Sinus-Institutes stellt eine Weiterentwicklung des vorherigen Ansatzes dar (vgl. Abb. „Sinus-Milieus in Gesamtdeutschland, 2002"). Der L. wird hier als Baustein des sozialen Milieus begriffen. Die milieuspezifi-

VALS I-Ansatz von Mitchell (Stanford Research Institute)	
Lebensstilgruppe	Kurzcharakteristik
Survivors	Zentraler Überlebenstrieb
Sustainers	Erreichte Fortschritte sichern und sich von der ersten Stufe abgrenzen
Belongers	Dazugehören, soziale Akzeptanz und Anerkennung erfahren
Emulators	Streben nach Individualität
Achievers	Streben nach Macht, Erfolg, Einfluss
I-am-Mes	Abwendung von der Außenleitung, Hinwenden zum Inneren
Experientials	Intensive Ausweitung und Vertiefung der Selbsterfahrung
Societally Conscious	Hinwendung zu sozialen Angelegenheiten
Integrateds	Synthese von Außen- und Innenleitung zur Erreichung einer abgehobenen Betrachtung der Dinge

Lebensstilgruppen nach dem VALS I-Ansatz (Quelle: Mitchell 1983)

sche Werteorientierung steuert Lebens- und Konsumstile, beeinflusst damit das ästhetische Erleben und Verhalten in unserem Alltagsleben und prägt den Geschmack. Die Lebenswelten werden mit Hilfe von acht Milieu-Bausteinen erfasst (dabei werden auch → Bilderskalen verwendet): (1) Lebensziele (Werte, Lebensphilosophie), (2) Soziale Lage (Größe und soziodemographische Struktur), (3) Arbeit/Leistung (Arbeitsethos, Aufstieg, Prestige, materielle Sicherheit), (4) Gesellschaftsbild (politisches Interesse, Systemzufriedenheit, gesellschaftliche Probleme), (5) Familie/Partnerschaft (Einstellung zur Familie, Geborgenheit, privates Glück), (6) Freizeit (Freizeitgestaltung und -motive), (7) Wunsch- und Leitbilder (Vorbilder, Identifikationsobjekte, Wünsche) und (8) Stil (Alltagsästhetik, milieuspezifische Stilwelten). Das theoretisch fundierteste Konzept stellt die Value-and-Life-Style-Segmentierung (VALS) des Stanford Research-Institutes dar. Der VALS-Ansatz basiert auf der → Bedürfnispyramide nach Maslow und den sozialen Charaktertypen nach Riesmann. Diesem Ansatz liegt die Überlegung zugrunde, dass innerhalb einer Kultur unterschiedliche L.-Segmente den einzelnen Stufen der Maslowschen Bedürfnispyramide zugeordnet werden können. Auf dem Weg von der Befriedigung physiologischer Bedürfnisse bis hin zur Selbstverwirklichung können zwei Wege eingeschlagen werden. Der „außengeleitete" Mensch sieht sich Aufgaben ggü., die sich aus dem Umgang mit anderen Menschen und den Beziehungen zu ihnen ergeben. Außengeleitete Menschen orientieren sich gerne an anderen, sind eher materiell eingestellt und führen ein expressives Leben. Für den „innengeleiteten" Mensch sind dagegen die Erarbeitung des eigenen Charakters sowie soziales und kulturelles Engagement wichtiger als Prestige und Kommerz. Die innere Werthaltung wird beim VALS-Ansatz mit 22 grundlegenden Einstellungsitems gemessen, hinzu kommen Fragen zur Soziodemographie, zum Freizeitverhalten, zur Umwelt und zur Ernährung. Eine weitere Prämisse des VALS-Ansatzes stellt die Vermeidung von Informationsüberlastung dar. Es sollen nicht mehr als maximal neun unterschiedliche Segmente identifiziert werden, die äußerst trennscharf und übertragbar auf andere Kulturen sind. Das Konzept wurde erstmalig von Mitchell entwickelt und empirisch überprüft (vgl. Abb. „Lebensstilgruppen nach dem VALS I-Ansatz"). Da sich die „Integrateds" empirisch nicht nachweisen ließen und da die Verhaltenskomponente stärker betont werden sollte, wurde der VALS I-Ansatz zum VALS-II-Ansatz weiterentwickelt.

III. Anwendungspotenzial von Lebensstiluntersuchungen: Lebensstildaten können wertvolle Informationen für die → Marktsegmentierung und → Positionierung von Produkten und Dienstleistungen liefern – unter den bereits genannten Voraussetzungen hoher Reliabilität und Validität, was nicht alle auf dem Markt angebotenen Typologien erfüllen. Lebensstiluntersuchungen können dem strategischen, dem operativen und dem internationalen Marketing dienen. Im strategischen Marketing gewinnt die → Positionierung immer mehr an Bedeutung, insbesondere die erlebnisorientierte Verankerung von Produkten und Dienstleistungen in der Wahrnehmung der Konsumenten. Im operativen Bereich kann mithilfe der Kommunikationspolitik oder der Warenpräsentation am Point of Sale eine Etablierung von Life-Style-Produkten oder Dienstleistungen durch Darstellung typischer oder angestrebter Lebensweisen der anvisierten Segmente erfolgen. Geeignete Event-Marketingmaßnahmen können unterstützend eingesetzt werden. Der L. kann darüber hinaus in der operativen Planung auch als Kriterium für Mediaselektion und Werbetiming dienen. Zudem kann die Lebensstilforschung als Frühwarnsystem von Unternehmen fungieren, beispielsweise können Längsschnittuntersuchungen zeigen, ob bestimmte Werte in mehreren Gruppen im Zeitablauf an Bedeutung gewinnen oder verlieren (z.B. Ökologie). Im Rahmen des internationalen Marketing bieten Lebensstiluntersuchungen eine Möglichkeit zur Erforschung transkultureller Zielgruppen (Cross Cultural Groups). Zur Ermittlung von kulturübergreifenden Zielgruppen wurden beispielsweise repräsentative Studien durchgeführt vom Burnett-Life-Style-Research-Institut in sieben Ländern, von Anticipating Change in Europe in zwölf Ländern und vom Stanford Research-Institut, ebenfalls in zwölf Ländern. Die in Deutschland wahrscheinlich bekannteste L.-Segmentierung, die sog. „Euro-Styles-Studie", stammt von der GfK in Nürnberg und wurde in 15 europäischen Ländern erhoben. Den Studien ist gemein, (1) dass sie erstens eine Konsumententypologie entwickeln, bei der jedes einzelne Segment ein spezifisches, von den anderen Gruppen unterscheidbares Konsumverhalten zeigt (z.B. strebt der „Euro-Business"-Typ der GfK nach Karriere, der „Euro Dandy" ist vergnügungssüchtig und der „Euro Prudent" ist sehr auf Sicherheit bedacht) und (2) dass sie angeben, wie hoch die Häufigkeit der einzelnen Typen in den untersuchten Ländern ist. Ein Unternehmen, das sein Marketingkonzept auf eine spezielle L.-Gruppe ausrichtet, kann somit vorab ausrechnen, ob dieser Konsumententypus im anvisierten Expansionsland in genügend hoher Anzahl vertreten ist und ob sich eine Internationalisierung somit überhaupt lohnt. Kulturübergreifende Konsumententypologien können somit Markteintrittsstrategien erleichtern und (sofern die Untersuchungen zuverlässig durchgeführt werden) einen hohen ökonomischen Nutzen stiften.

Literatur: Banning, T.E. (1987): Lebensstilorientierte Marketing-Theorie, Heidelberg; Drieseberg; T.J. (1995): Lebensstil-Forschung, Heidelberg; Lazer, W. (1964): Life Style Concepts and Marketing, in: Greyser, S.A. (Hrsg.): Proceedings of the Winter Conference 1963, Toward Scientific Marketing, Chicago, S. 130-150; Lingenfelder, M. (1995): Lebensstile, in: Tietz, B./Köhler, R./ Zentes, J. (Hrsg.): Handwörterbuch des Marketing, Stuttgart, Sp. 1377-1392; Mitchell, A. (1983): The Nine American-Life Styles, New York; Wells, W.D./Tigert, D.J. (1971): Activities, Interests and Opinions, in: Journal of Advertising Research, 11. Jg., Nr. 4, S. 27-35; Wind, Y.L./Green, P.E. (1974): Some Conceptual, Measurement, and Analytical Problems in Life Style Research, in: Wells, W.D. (Hrsg.): Life Style and Psychographics, Chicago, S. 99-125; Szallies, R. (1987): Der neue Konsument: Vom „Otto-Normal-Verbraucher zum Ultra"; Stationen und Perspektiven einer Marketing-Karriere, in: Marketing Journal, 20. Jg., Nr. 4, S. 318-326.

Andrea Gröppel-Klein

Lebenszyklus Portfolio, Variante der Portfolioanalyse, die am Branchen-, Markt- oder Produktlebenszyklus ansetzt und entlang dessen die strategische Wettbewerbsposition einer → strategischen Geschäftseinheit analysiert und kategorisiert. In einer der klassischen Varianten wird etwa eine Matrix auf Basis der Gegenüberstellung der Dimensionen Marktlebenszyklus und Wettbewerbspositionierung gebildet, um davon ausgehend die unterschiedlichen Strategieoptionen und die mit ihnen verknüpften Norm- bzw. Standardstrategien abzuleiten. Strategische Stoßrichtungen sind hierbei etwa: (1) progressive Entwicklung (breites Spektrum strategischer Optionen), (2) selektive Entwicklung (Konzentration auf Teilbereiche), (3) Sanierung/

Beweis der Lebensfähigkeit, (4) Rückzug (Desinvestition bzw. minimale Investitionen).

Literatur: Laukamm, T./Steinthal, N. (1985): Methoden der Strategieentwicklung und des strategischen Managements – von der Portfolio-Planung zum Führungssystem, in: Arthur D. Little (Hrsg.): Management im Zeitalter der strategischen Führung, Wiesbaden; Bea, F.-X./Haas, J. (1995): Strategisches Management, Stuttgart; Jain, S. (1993): Marketing Planning and Strategy, 4. Aufl., Cincinnati.

Lebenszyklus, internationaler, Darstellung des Umsatz-, Absatz- oder Gewinnverlaufs eines Produktes in einzelnen Ländern im Zeitablauf. Typische Phasen des Lebenszyklus sind die Einführung, das Wachstum, die Reife und Sättigung sowie die Degeneration. Die Stellung der Produkte im Lebenszyklus der einzelnen Ländermärkte ist für internationale Marketingentscheidungen insofern von Bedeutung, als sich im Laufe des Lebenszyklus eine Vielfalt von Faktoren wie z.B. die Anzahl und das Verhalten von Wettbewerbern und Abnehmern ändern. Als Konsequenz resultiert hieraus die Notwendigkeit eines phasen- und länderspezifischen Einsatzes des Marketinginstrumentariums. Ein und dasselbe Produkt kann sich in Abhängigkeit verschiedener Faktoren wie Einführungszeitpunkt, internationaler Wettbewerb sowie Entwicklungsstand der einzelnen Nationen zum selben Zeitpunkt in verschiedenen Phasen des Produktlebenszyklus befinden. Aus diesem Grunde muss das Unternehmen die Lebenszyklen in den einzelnen Ländern miteinander vergleichen, um eine adäquate Ressourcenallokation vornehmen zu können.

Lebenszykluskosten, → Life Cycle Costing.

Lebenszyklusmodell, Modell, das auf der Hypothese beruht, dass Objekte (Produkte, Branchen, Märkte, Kunden) bestimmte Lebenszyklusphasen durchlaufen, die durch unterschiedliche Absatz- und Gewinnpotenziale gekennzeichnet sind. Die idealtypische Darstellung unterstellt zunächst einen konvexen und dann einen konkaven Verlauf (vgl. Abb. „Idealtypischer Lebenszyklus“). Man unterscheidet i. Allg. die vier Phasen (1) Einführung, (2) Wachstum, (3) Reife und (4) Sättigung.

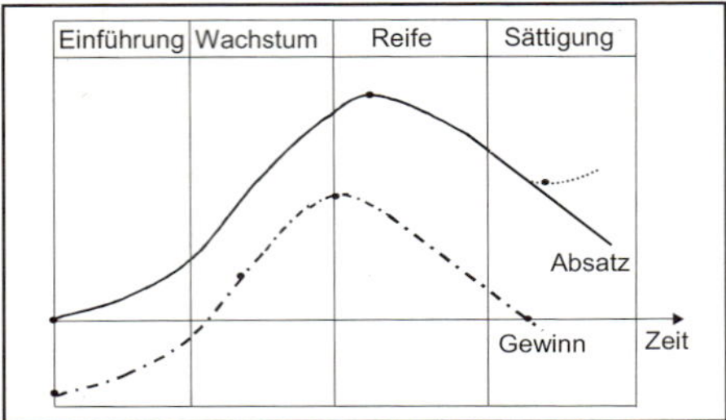

Idealtypischer Lebenszyklus

Das L. bezieht sich in seiner klassischen Form auf ein → Produkt bzw. auf eine bestimmte Produktart. Der → Produktlebenszyklus ist ein zeitbezogenes Marktreaktionsmodell, in dem die unternehmerische Erfolgsgröße nur von der Zeit als einziger, unabhängiger Variable abhängt. Die idealtypische, glockenförmige Darstellung ist nicht aus einer geschlossenen Theorie abgeleitet und besitzt daher an sich keine prognostische Kraft. Der Verlauf (z.B. des Umsatzes) entsteht durch viele Einzeleffekte wie der Entwicklung der Adoptorenanzahl (→ Adoption), der → Wiederkaufrate, der Kaufmenge pro Kauf, der Kauffrequenz, dem Preisniveau oder dem Konkurrenzverhalten. Der Verlauf ist vielmehr Ergebnis unternehmerischer Aktivitäten und externer Einflüsse. Erklärungsansätze für das Entstehen von Produktlebenszyklen setzen sowohl an der Angebots- als auch an der Nachfrageseite an. Nachfrageseitig entwickelt zum einen die → Adoptionsforschung Faktoren, die den Erstkauf eines Produktes erklären. Zum anderen entwickelt die Diffusionsforschung (→ Diffusion) Gesetzmäßigkeiten für die Ausbreitung von Innovationen in sozialen Systemen. Sie beschreibt den Ausbreitungsprozess einer „ansteckenden“ Eigenschaft (z.B. eines Produktes) in einem System begrenzter Größe. Angebotsseitig kann die Erschließung neuer Käufergruppen zum einen dadurch erklärt werden, dass neue Anbieter durch Gewinnchancen angelockt werden und sich mit differenzierten Produkten und eigenen Marketingaufwendungen engagieren. Die Degeneration des

Produkterfolgs wird dadurch erklärt, dass neue innovative Produkte das alte Produkt substituieren. Neben diesem Produktlebenszyklus wird die zugrundeliegende Gesetzmäßigkeit aber auch für ganze Märkte (Heuß 1965), Branchen (Höft 1992), Kunden oder Technologien (Ansoff 1984) unterstellt. Man spricht in diesem Zusammenhang vom Markt- bzw. Branchen-, Kundenbeziehungs- oder Technologielebenszyklus. Das L. hat insbesondere auf höherem Aggregationsniveau (z.B. auf Produktgruppenebene) gewisse Bedeutung für die → Strategische Planung. Weiterhin ist es ein wichtiges Werkzeug für die Lebenszyklusrechnung im Rahmen des → Innovationsmanagements. *Vgl. auch* → Familienlebenszyklus.

Literatur: Ansoff, H.I. (1984): Implementing Strategic Management, Englewood Cliffs, N.J.; Heuß, E. (1965): Allgemeine Markttheorie, Zürich; Höft, U. (1992): Lebenszykluskonzepte, Berlin.

Leeres Nest, → Familienlebenszyklus.

Leistungsbezogene Werbung, → Werbeobjekt.

Leistungserstellungsprozess, → Dienstleistung, Begriff der, → Dienstleistungserstellung.

Leistungsfaktoren, Bestandteil einer Typologisierung der → Kundenzufriedenheit. L. bewirken bei Erfüllung Kundenzufriedenheit und bei Nichterfüllung Unzufriedenheit der Kunden (linearer Verlauf).

Leistungsfindung, Konzept der institutionenökonomisch fundierten Marketing-theorie (→ Theorien des Marketing, → Institutionenökonomik). Eine der beiden Kernaufgaben des Marketing. L. impliziert die Gewinnung von Informationen über Nachfrager und Konkurrenten, den Abbau der Informationsprobleme des Anbieters durch eigene Aktitäten mit dem Ziel der Entwicklung im Wettbewerb überlegener Leistungsangebote, also solcher, die für bestimmte Kundengruppen besser und/oder billiger sind als die der Konkurrenten. Aus institutionenökonomischer Sicht besteht die zweite Hauptaufgabe des Marketing in der Leistungsbegründung, d.h. in der glaubhaften Kommunikation des überlegenen Leistungsangebotes.

Leistungsgarantie, unternehmensseitiges Versprechen, eine bestimmte Leistung zu erbringen, die bei Nichterfüllung durch den Kunden „einklagbar" ist. Mit dem Einsatz von Leistungsversprechen ist insbesondere das Ziel der → Kundenzufriedenheit und Kundenbegeisterung (→ Begeisterungsfaktor) verbunden. Daher beziehen sich erfolgreiche L. auf für den Kunden zentrale Leistungsdimensionen. L. wirken umso überzeugender, je uneingeschränkter die L. ausgesprochen wird (z.B. „bei Nichtgefallen Geld zurück"; „Wir garantieren Ihnen 100-prozentiges Umtauschrecht"; „Wir garantieren 100% Kundenzufriedenheit"). Das Risiko der Leistungsinanspruchnahme wird durch die Garantie aus Kundensicht stark minimiert und das aus Unternehmenssicht erwünschte Signal einer überdurchschnittlichen Leistungsfähigkeit deutlich übermittelt. *Vgl. auch* → Garantie.

Leistungsgestaltung, *Produktgestaltung*; verkörpert das Resultat einer Kombination von Material, Form, Farbe in Verbindung mit Arbeit und Intellekt. Aus Sicht des Marketing können lediglich aus den Kundenwünschen abgeleitete Gestaltungsanregungen gegeben werden, nicht jedoch, was im Einzelfall z.B. für den einen oder anderen Werkstoff spricht. Bei der Vermarktung eines Gutes spielt die Bequemlichkeit der Individuen eine Rolle. Es ist kaum mehr möglich, einem Nachfrager ein Erzeugnis an die Hand zu geben, das noch einer Be- und Verarbeitung bedarf. In nahezu allen Branchen zeigt sich das Bedürfnis der Käufer nach sicheren → Produkten. Hierzu gehört nicht nur die Stör- und Bedienungssicherheit, sondern auch der Schutz vor Diebstahl und Zerstörung. Die Forderung nach Wirtschaftlichkeit bezieht sich nicht nur auf die Nutzung des Gutes. Vielmehr interessiert auch dessen wirtschaftliche Herstellung, damit der Nachfrager nicht mehr bezahlen muss als unbedingt nötig. Die Umweltfreundlichkeit ist ein in vielen Fällen der Wirtschaftlichkeit entgegenstehender Anspruch. Oft beklagen die Konsumenten die bei der Produktion auftretende Vergeudung nicht regenerierbarer Ressourcen. Das Produkt vermittelt dem Individuum und seinem sozialen Umfeld mehr oder weniger angenehme Empfindungen. Sehr wichtige Gestaltungsmittel zur Beeinflussung der Anmutung bilden Material, Form und Farbe. Die Auswahl des Materials ist von großer Bedeutung, da von einzelnen Substanzen unterschiedliche Empfindungen ausgehen. Beispielsweise geht von Holz das Gefühl der Geborgenheit und Behaglichkeit aus, während Metall fest und Glas reinlich anmuten. Jedes Erzeugnis ist Gegenstand der Formgebung, wobei nahezu unendlich viele Formen in der Wirklichkeit auftauchen. Allerdings lässt sich diese unüberschaubare Vielfalt auf die Grundformen Kugel, Ellipsoid, Würfel, Zylinder, Pyramide und Kegel zurückführen. Entscheidend für die L. ist, dass verschiedene Elemente unterschiedliche Gefühle vermitteln. Die Farbe ist ein sehr kostengünstiges und äußerst flexibles Mittel, um Produkte zu verändern. Hier steht dem Produktmanager eine unübersehbare Palette von Grundfarben und Farbkombinationen zur Verfügung. Die einen aktivieren, die anderen beruhigen, wieder andere wirken schwer oder leicht, freudig oder traurig. Die Variation des Produktäußeren bietet ein wirksames und leistungsfähiges produktpolitisches Instrument. Insbesondere die ästhetische Qualität der Form, des Materials und der Farbe erscheint in diesem Zusammenhang von Relevanz. Was bewirkt eigentlich Ästhetik? Dem physiologischen Ansatz zufolge sind es klare, geordnete, einander nicht widersprechende, möglichst symmetrische Elemente eines Objekts. Dagegen deuten psychologische Untersuchungen darauf hin, dass der Geschmack, die Tradition und die Umgebung bedeutsame Einflussfaktoren sind. Mit der Lösung von Problemen dieser Art befassen sich in Unternehmen vor allem die Designer. Dies ist unbefriedigend, da alle Aspekte der funktionalen und ästhetischen Produktgestaltung auch aus Marketingsicht relevant sind. Hierfür sprechen die folgenden Gründe: Zur Sicherstellung eines einheitlichen Marktauftritts der Produkte eines Anbieters erscheint ein grundlegendes Designkonzept, das für alle Erzeugnisse gilt, unerlässlich. Es reicht nicht aus, dass ein Produkt durch seine funktionale Zwecktauglichkeit und Leistungsfähigkeit überzeugt. Der ästhetischen Faszination kommt eine zentrale Bedeutung bei der Kaufentscheidung zu. In vielen Unternehmen begleitet der Produktmanager die Generierung eines Erzeugnisses eher planerisch und nicht inhaltlich. Dies genügt nicht, um die Wünsche und Vorstellungen der Nachfrager in die Forschungs-, Entwicklungs- und Produktionsabteilungen zu übertragen. Im Rahmen der Produktmodifikation lassen sich z.B. billige Massenprodukte durch modisches Design erheblich aufwerten (z.B. Swatch). Damit erscheint eine grundsätzliche Repositionierung eines Erzeugnisses durch veränderte Designprägnanzen möglich. Ein Blick in Designstudios offenbart, dass eine Reihe von Designstilen existieren. Ein Überblick liefert einen Eindruck von der Vielfalt und Andersartigkeit der Designwellen: Dem ästhetischen Funktionalismus liegt die Idee zugrunde, die Materialien, Formen und Farben auf das unbedingt Notwendige zu beschränken. Im Mittelpunkt steht die Gebrauchstauglichkeit sowie eine auf den Bauhausstil zurückgehende Ästhetik. Hieran schließt sich der Technizismus an, bei dem sehr kühl anmutende Materialien dominieren. Die Vertreter dieser Designrichtung propagieren ihre Begeisterung für technische Ästhetik (z.B. Stahl-Glas-Konstruktion von Gebäuden). Gerade gegenläufig ist die Entwicklung des Ästhetizismus, der sich durch ebenmäßige, geschlossene Formen auszeichnet. Hier verbirgt der Designer das Funktionale ganz bewusst um der ästhetischen Proportionen willen (z.B. Bang & Olufson). Aus der Lust heraus, Dinge ganz anders zu gestalten als bisher, schöpfen die Designer der Memphisbewegung. Nicht-funktionale Formen, bewusste Materialverfremdungen und bunte Farben bilden den Kern dieser Designwelle. Eine aus der Postmoderne abgeleitete Stilrichtung verkörpert der Dekonstruktivismus. Das Aufbrechen der Körper, die durch Auflösung der Senkrechten und Waagerechten bei viele Individuen einen ungewohnten Eindruck hinterlassen, charakterisieren diese Richtung. Dem klassisch ästhetischen Funktionalismus lässt sich der Neobarock mit seiner Formensprache gegenüberstellen. Diese ausdrucksstarken Designprägnanzen sind vor allem in der Möbel- und Kleidungsbranche zu finden. Daneben hat sich das Organic-Design herausgebildet, bei dem die Erscheinung eines Objektes einen höheren Stellenwert einnimmt als die Funktionalität. Die Repräsentanten dieser Stilrichtung wählen bei der L. besonders gerne organische Materialien, wie Holz oder Horn. Einen anderen Weg schlagen die dem Archetypdesign verschriebenen Designer ein. Dabei orientiert sich die L. an einfachen und markanten, als Bild gespeicherten Urtypen von Erzeugnissen. Vor diesem Hintergrund sind bei der Gestaltung des Leistungskerns zwei strategische Grundfragen zu beantworten: Ist bei der Produktgenerierung lediglich einer Designart zu folgen oder erscheint ein Pluralismus an Designvarianten, wie bei Rosenthal und Alessi, ratsam? Ist auf kurzfristig andauernde Designwellen zu setzen, z.B. bei Swatch, oder bietet sich eher ein langfristig angelegtes Designkonzept, wie bei Jaguar, an?

Andreas Herrmann

Leistungsmerkmal, bezieht sich auf Eigenschaften von → Absatzobjekten. Beispielsweise setzt sich die relevante Literatur zum → Dienstleistungsmarketing mit Merkmalen von Dienstleistungen auseinander (→ Dienstleistung, Begriff der).

Leistungsorientierte Vergütungssysteme, Bestandteil der → Marktorientierten Personalführung. Ein L.V. repräsentiert ein Subsystem eines betrieblichen → Anreizsystems. Ziel der L.V. ist die Ausrichtung der Mitarbeiter am langfristigen Unternehmenswert über die Schaffung materieller und immaterieller → Anreize auf Basis einer leistungsorientierten Bemessungsgrundlage. Als Bezugsgröße kann eine Ausrichtung an den monetären und nicht-monetären Leistungszielen des Unternehmens dienen, deren Erreichung regelmäßig überprüft wird. Die Kopplung der Vergütung an die erbrachte Leistung bietet die Möglichkeit zur Veränderung der Anreizstruktur, da die Höhe des Gehalts ein wesentlicher → extrinsischer Motivationsfaktor für die Mitarbeiter ist. Das Management hat bei der Einführung eines L.V. folgende Faktoren zu beachten: Formen des variablen Entgelts (Einzel- und Teamprämie, erfolgsabhängiger Bonus); Ermittlung des variablen Entgelts (Messung der Leistung, Zielvereinbarung); Variables Entgelt für Teams (Verteilungsmaßstäbe für das Leistungsentgelt). Bei den L.V. handelt es sich um eine wichtige Maßnahme zur Steigerung der → Mitarbeitermotivation sowie der → Mitarbeiterzufriedenheit. *Vgl. auch* → Anreizsystem, → Kundenorientierte Vergütungssysteme.

Leistungsorientierung, zentrale Dimension des → kundenorientierten Führungsverhaltens.

Leistungspolitik, internationale, alle internationalen Entscheidungen, die sich auf Marktleistungen materieller und imaterieller Natur beziehen. Alle Bereiche der internationalen Leistungspolitik unterliegen dabei der Grundsatzentscheidung zwischen → Marketingstandardisierung und → Marketingdifferenzierung. Handlungsalternativen im Rahmen der internationalen Leistungspolitik sind: Die internationale Produktpolitik, d.h. alle Entscheidungen, die die Entwicklung, Adaption und Eliminierung von Produkten in den einzelnen Auslandsmärkten zum Gegenstand haben, die internationale Leistungsprogrammpolitik, d.h. die Entscheidung über Art und Anzahl der in den einzelnen Ländermärkten anzubietenden Sortimente, die internationale → Markenstrategie bzw. -politik, die sowohl die Namensgebung für das Produkt als auch die Gestaltung des Markenzeichens umfasst sowie die internationale → Servicestrategie bzw. -politik, d.h. die Entscheidung über die in den einzelnen Ländern zu erbringenden Nebenleistungen, wie Beratung, Wartung, Reparatur.

Leistungsrisiko, bezeichnet das Risiko, dass eine zugesagte Leistung nicht mehr erbracht werden kann. *Vgl. auch* → Leistungsgarantie.

Leistungsschlüssel-Kennzahlen, → Kennzahlen, die im Rahmen eines → Kennzahlensystems als Frühwarnindikatoren und Steuerungsinstrument zur Beurteilung der Leistungsfähigkeit der Beschaffungsabteilung dienen. Im Gegensatz zu → Leistungsstandard-Kennzahlen dienen sie dazu, grundsätzliche Gegebenheiten in den Rahmenbedingungen der Beschaffung aufzudecken. Folglich sind L.-K. weniger auf monetäre, qualitative und zeitliche Aspekte ausgerichtet, sondern setzen primär an den Bereichen Lieferantenstruktur, Lieferanteneinsatz, Mitarbeiterstruktur und Mitarbeitereinsatz an. Im Einzelnen geht es dabei vor allem um die Anzahl von Lieferanten unter verschiedenen Gesichtspunkten, platziertes Einkaufsvolumen, gemeinsame Produktentwicklung sowie Qualifikation und Arbeitsstil der Mitarbeiter.

Leistungsstandard-Kennzahlen, → Kennzahlen, die im Rahmen eines → Kennzahlensystems als Frühwarnindikatoren und Steuerungsinstrument zur Beurteilung der Leistungsfähigkeit der Beschaffungsabteilung dienen. L.-K. beziehen sich grundsätzlich auf die Zielgrößen Kosten, Qualität und Zeit. Im Einzelnen sind dies vor allem Personal-, Material- und Abteilungskosten, Lieferqualität und -pünktlichkeit sowie die Zeitspanne zwischen Materialanforderung und Bestellung. Im Gegensatz zu → Leistungsschlüssel-Kennzahlen geben L.-K. also Auskunft über das Ausmaß der Zielerreichung und nicht über die Art und Weise der Erreichung bestimmter Zielwerte. Da Kennzahlensysteme in der Praxis stark ergebnis- und weniger ursachenorientiert ausgerichtet sind, werden sie i.d.R. durch L.-K. dominiert.

Leitbild, kommunikatives, → Kommunikatives Leitbild.

Leithändlersystem, bezeichnet eine Form des → Vertikalen Marketing , bei der intensiv kooperierende Händler durch die Hersteller bevorzugt behandelt werden. Diese Leithändler erhalten von den Herstellern frühzeitig neue Produkte und geben im Gegenzug dem Hersteller Informationen über den Abverkauf. Bei beratungsintensiven Produkten übernehmen die Leithändler darüber hinaus vom Hersteller häufig die Schulung und Beratung der anderen Händler ihres Absatzgebietes. Zumeist erhält der Leithändler für diese intensive Kooperation Ausschließlichkeitsrechte und/oder besondere Lieferkonditionen vom Hersteller zugesichert.

Leitidee, kommunikative, → Kommunikative Leitidee.

Leitinstrument, → Integrierte (Unternehmens-)Kommunikation.

Leitmedium, Kommunikationsträger, wie beispielsweise das Fernsehen oder Zeitschriften, der bei der Vermittlung der kommunikativen Botschaften des Unternehmens die zentrale Rolle einnimmt. *Vgl. auch* → Medium, → Kommunikationsmedium, → Integrierte (Unternehmens-)Kommunikation.

Leitprinzipien des Marketing. Im modernen Marketingverständnis wird der Anspruch erhoben, → Marketing als Führungsphilosophie zu begreifen. Demzufolge sind alle betriebswirtschaftlichen Teilbereiche eines Unternehmens marktorientiert auszurichten (→ Marktorientierung). Zur Umsetzung dieser Führungsphilosophie sollten mit dem Marketing drei Leitprinzipien verfolgt werden: (1) Marketing als Maxime: Die konsequente Ausrichtung aller Entscheidungen an den Erfordernissen und Bedürfnissen der Abnehmer. (2) Marketing als Mittel: Der koordinierte Einsatz marktbeeinflussender Instrumente zur Schaffung dauerhafter Präferenzen und Wettbewerbsvorteile. (3) Marketing als Methode: Die systematische Entscheidungsfindung.

Leitsätze, → *Unternehmensleitbild.*

Lerneffekt, (1) Beschreibung der vielfältigen Vorgänge, bei denen durch eine häufige Wiederholung der immer gleichen Tätigkeit eine steigende Effizienz zu beobachten ist. Diese gesteigerte Effizienz der Abläufe kann beispielsweise auf die allgemein schnellere Verrichtung der Tätigkeit, die Verringerung von Fehlern und bessere Ausgestaltung der Arbeitsprozesse zurückgeführt werden.

(2) Innerer Störeffekt bei einem Interview, insbesondere bei längeren Fragebögen, bei denen dem Befragten durch vorangegangene Fragen ein Wissen vermittelt wird, das bei der Beantwortung weiterer Fragen angewendet wird und damit die Ergebnisse verzerrt.

Lernen am Modell, → Lernen.

Lernen. I. Begriff: Der Lernbegriff bezeichnet eine relativ überdauernde Veränderung im Organismus, die auf Erfahrung und/oder Erkenntnissen basiert und durch die psychischen Dispositionen modifiziert und das Verhaltenspotenzial erneuert oder verändert wird. Zum einen erfüllt das L. eine Informationsfunktion, die das Speichern von Informationen über Umweltzusammenhänge und Auswirkungen des eigenen Verhaltens auf die Umwelt umfasst. Zum anderen sorgt die Verhaltensfunktion des L. dafür, dass auf der Basis der angeeigneten Informationen das Verhaltensrepertoire den Erfordernissen angepasst wird. Für das Marketing sind sowohl die automatischen, d.h. willentlich nicht kontrollierten (Mere-Exposure-Effekte, klassische und instrumentelle Konditionierung), als auch die komplexen Lernvorgänge (Imitationslernen, kognitives Lernen) von Interesse.

II. Automatische Lernprozesse: Die sog. Mere-Exposure-Hypothese geht auf Zajonc zurück und besagt, dass ein Gegenstand umso positiver bewertet wird, je häufiger man diesem Gegenstand ausgesetzt ist. Die bloße Wiederholung verbessert somit die → Einstellung. Der Mere-Exposure-Effekt ist häufig kritisiert und modifiziert worden, scheint sich jedoch in seiner Urform zu bewahrheiten, wenn es sich um Low- → Involvement-Stimuli handelt. Bei der klassischen Konditionierung (nach Pawlow) lassen sich angeborene Reize auf neutrale Reize übertragen. Wenn ein neutraler Reiz, d.h. ein Reiz, der für das Individuum keinerlei Belang hat und keine Reaktion auslöst, zusammen mit einem unbedingten Reiz dargeboten wird – das ist ein Reiz, der aufgrund angeborener Reiz-Reaktions-Verknüpfungen eine unbedingte, also willentlich nicht vermeidbare Reaktion bewirkt – so wird bei wiederholter Darbietung und räumlicher Nähe der ursprünglich neutrale Reiz als „bedingter“ Stimulus erlernt, der, wenn er allein dargeboten wird, die gleiche Reaktion auslöst wie der unbedingte Stimulus. Ist der konditionierte Reiz fest erlernt, so kann die Reaktion auch durch ähnliche Reize ausgelöst werden (Reizgeneralisierung). Im Marketing bedeutet Reizgeneralisierung, dass der Konsument einmal erworbene Präferenzen für Produkte oder Dienstleistungen auf andere Produkte oder Dienstleistungen überträgt, wenn diese den präferierten sehr ähnlich sind. Im Unterschied dazu spricht man von Reizdiskriminierung (komplementärer Vorgang zur Reizgeneralisierung), wenn Individuen Reize diskriminieren und auf verschiedene Stimuli mit unterschiedlichen Verhaltensweisen reagieren können. Die für die Kommunikationspolitik besonders bedeutsame emotionale Konditionierung läuft nach der gleichen Gesetzmäßigkeit ab wie die klassische Konditionierung. Hier lernt das Individuum, auf neutrale Reize mit Gefühlen zu reagieren, d.h. wenn ein neutraler Reiz (z.B. eine Produktabbildung) wiederholt und stets gleichzeitig mit einem emotionalen Reiz gezeigt wird, so erhält der neutrale Reiz die Fähigkeit, selbst emotionale Reaktionen auszulösen. Kroeber-Riel konnte die Funktionsweise der emotionalen Konditionierung in der Werbung mit dem bekannt gewordenen Experiment für die fiktive Seifenmarke „Hoba“ nachweisen. Der Lernmechanismus der emotionalen Konditionierung stellt die Basis für die erlebnisorientierte Kommunikation dar. Bei der instrumentellen Konditionierung wird das L. durch die Konsequenzen des gelernten Verhaltens gesteuert. Während bei der klassischen Konditionierung Umweltreize vor dem Verhalten dargeboten werden und eine Auslösefunktion haben (L. nach dem Kontiguitätsprinzip), werden sie bei der instrumentellen Konditionierung nach dem Verhalten gezeigt und erfüllen eine Informationsfunktion (L. nach dem Verstärkungsprinzip). Die Umweltstimuli stellen damit Rückkopplungsinformationen über Erfolg oder Misserfolg der ausgeführten Verhaltensweisen dar. Wenn auf ein bestimmtes Verhalten eine positive Rückkopplung folgt (Belohnung oder Ausbleiben einer Bestrafung), dann wird dieses Verhalten verstärkt, d.h. es wird in ähnlichen Situationen mit hoher Wahrscheinlichkeit wiederholt. Bei einer Bestrafung sinkt dagegen die Wahrscheinlichkeit des erneuten Auftretens der Verhaltensweise. Wird eine Mutter von ihrer Familie wegen des Kaufs einer bestimmten Lebensmittelmarke gelobt, so ist es wahrscheinlich, dass sie die Marke erneut kaufen wird.

III. Komplexe Lernprozesse: Die komplexeren Lernvorgänge können durch ihren vernunftgesteuerten, kognitiven Charakter beschrieben werden. Das Individuum wird als aktives, informationsverarbeitendes System (→ Informationsverarbeitung) verstanden, und L. wird als Aufbau von Wissensstrukturen definiert. Die kognitive Theorie interessiert die Frage, wie Wissen dauerhaft im Langzeitgedächtnis verankert wird (*vgl. auch* → Drei-Speicher-Modell). Bei der Übernahme von wahrgenommenen Informationen in den Langzeitspeicher treten Verknüpfungen (sog. Kodierungen) zwischen den neuen und den bereits gespeicherten Informationen auf. Wissenserwerb ist somit zugleich auch ein Eingriff in vorhandene Wissensstrukturen. Wissensstrukturen können beispielsweise mittels → semantischer Netzwerke abgebildet werden. Als Verarbeitungstiefe wird das Ausmaß der gedanklichen Verankerung von neuen Informationen in das vorhandene Wissen, d.h. die Intensität der kognitiven Aktivität des Individuums beim Kodieren der dargebotenen Information bezeichnet. Die Verarbeitungstiefe bestimmt die Langfristigkeit der Speicherung und die Abrufgeschwindigkeit des erlernten Wissens. Ein Markenname wird z.B. umso schneller abgerufen, je intensiver zuvor die mit dem Markenartikel verbundenen Informationen mit dem bereits vorhandenen Wissen über die Produktgruppe verknüpft worden sind. Die beim Wissenserwerb erzeugten gedanklichen Leistungen sind abhängig vom Lernmaterial, von den situativen Lernbedingungen (Lerntechnik, Lernumfeld), dem → Involvement hinsichtlich der zu lernenden Botschaft und den persönlichen Fähigkeiten bzw. von der subjektiv empfundenen Notwendigkeit, sich Lerninhalte einprägen zu müssen. Bezüglich des Lernmaterials besagt die Duale-Kode-These der → Imagerytheorie beispielsweise, dass konkrete Bilder besser erinnert werden als abstrakte Wörter, da sie sowohl in unserem bildlichen als auch in unserem sprachlichen Gedächtnis gespeichert werden können. Komplexe Lernprozesse spielen auch bei der Sozialisation des Individuums eine entscheidende Rolle. Eine leistungsfähige Theorie stellt in diesem Zusammenhang das L. am Modell nach Bandura dar. Ein Individuum (Nachahmer) beobachtet ein anderes (Leitbild bzw. Modell) und ahmt das Verhalten des anderen nach. Das Verhalten kann direkt beobachtet werden oder durch Massenmedien vermittelt werden. L. durch Imitation geschieht somit über bildliche und/oder sprachliche Kommunikationsprozesse, die zu dauerhaften und abrufbaren Vorstellungen vom beobachteten Verhalten führen und vom Individuum gespeichert werden. Je vorteilhafter das vom Individuum beobachtete Verhalten eingeschätzt wird, desto höher ist die Wahrscheinlichkeit, dass es in ähnlichen Situationen reproduziert wird. Verstärkungsprozesse können den Lernerfolg somit beeinflussen. In der Werbung werden daher vielfach Situationen gezeigt, in denen das Kaufverhalten einer Person von anderen positiv verstärkt wird, um hierdurch Nachahmungsprozesse auszulösen.

IV. Lernen und Vergessen: Bekannte → Gedächtnistheorien, die sich mit dem Vergessen von Gedächtnisinhalten beschäftigen, sind die Theorie des autonomen Verfalls und die Interferenztheorie. Die Theorie des autonomen Verfalls geht vom allmählichen Vergessen eines Gedächtnisinhalts aus, d.h. Erinnerungen verblassen im Verlauf der Zeit. Die Werbewirkungsforschung geht von der These aus, dass durch zeitlich verteilte Wiederholung von werblichen Informationen durchschnittlich höhere Lernleistungen erzielt werden als durch massierte Wiederholung und der Vergessensprozess hier verzögert wird. Nach der Interferenztheorie kann eine einmal im Gedächtnis gespeicherte Information nicht vergessen werden, allerdings kann sie von neu erlerntem Wissen überlagert werden, so dass der Zugriff auf die alte Information nur sehr schwer möglich ist. Einmal gelernte Markennamen würden demnach nicht vergessen, sondern überlagert. Die Interferenztheorie ist allerdings umstritten.

Literatur: Bandura, A. (1979): Sozialkognitive Lerntheorie, Stuttgart; Kroeber-Riel, W. (1984): Emotional Product Differentiation by Classical Conditioning, in: Kinnear T.C. (Hrsg.): Advances in Consumer Research, 11. Jg., o.Nr., S. 538-543, Zajonc, R.B. (1968): Attitudial Effects of Mere Exposure, in: Journal of Personality and Social Psychology, 9. Jg., Nr. 2, S. 1-27.

Andrea Gröppel-Klein

Lernen am Modell, → Lernen.

Lernende Organisation, bezeichnet eine Organisation, in der der Prozess des → Lernens der Organisationsmitglieder bewusst gestaltet und zielgerichtet koordiniert wird. Das Lernen erfolgt in einer L.O. also nicht zufällig, sondern ist ein absichtliches Lernen durch die Organisation, das von Managern angestoßen und aufrechterhalten wird. Hierbei gilt es, in der Organisation implizit vorhandenes Wissen explizit zu machen und neues Wissen zu schaffen. Ziel ist es, das Gelernte in konkrete Veränderungsprozesse einzubringen. Für das erfolgreiche organisationale Lernen sind die aktive Unterstützung der Lern- und Veränderungsprozesse durch das Management und die Lernorientierung der → Unternehmenskultur wichtige Voraussetzungen.

Lernkurve, → Erfahrungskurvenmodell.

Lernmodell, → Lernen.

Lernrate, → Erfahrungskurvenmodell.

Lerntheorien, → Verhaltenswissenschaftlicher Ansatz.

Leser pro Ausgabe (LpA), → Mediaplanung (2), → Leseranalyse.

Leser pro Exemplar (LpE), → Mediaplanung (2), → Leseranalyse.

Leser pro Nummer, *LpN*; → Mediaplanung (2), → Leseranalyse.

Leseranalyse. Als L. bezeichnet man die systematischen und repräsentativen → Erhebungen und deren Auswertungen, mit deren Hilfe die Struktur der Leser von → Zeitungen und Zeitschriften sowie deren Lesegewohnheiten untersucht werden. Aus diesen Untersuchungen werden eine Reihe von → Kennzahlen gewonnen (vgl. auch die Tab. „Beispiel für die Leseanalyse“): (1) Leser pro Nummer (LpN) ist die Gesamtzahl derjenigen Personen, die angibt, eine bestimmte Nummer einer Zeitschrift bzw. Zeitung gelesen bzw. durchgeblättert zu haben, also Werbeträgerkontakt hatte. (2) Leser pro Ausgabe (LpA), auch als Nutzer pro Ausgabe bezeichnet, ist die Gesamtzahl der Leser einer durchschnittlichen Ausgabe. Während der LpN-Wert direkt erhoben wird und mit jeder Auflage bzw. Nummer schwanken kann, wird der LpA-Wert berechnet. Geht man von einer monatlich erscheinenden Zeitschrift aus und erhält aus der Befragung die LpN für jede einzelne Nummer, so ergibt sich bei gleich bleibender → Auflage folgender LpA-Wert:

Nummer	LpN in Tausend	Auflage in Tausend	LpE
1	50	20	2,5
2	55	20	2,75
3	52	20	2,6
4	54	20	2,7
5	55	20	2,75
6	53	20	2,65
7	56	25	2,24
8	50	25	2
9	48	25	1,92
10	52	25	2,08
11	53	25	2,12
12	55	25	2,2
Summe	633		

Beispiel für die Leseanalyse

LpA = 633/12 = 52.750 Leser pro durchschnittlicher Ausgabe. (3) Variiert die Auflage im Betrachtungszeitraum, dann ist es zweckmäßig, den LpA-Wert mit Hilfe des LpE-Wertes zu berechnen. Der LpE-Wert (Leser pro Exemplar) ergibt sich als

$$\text{LpE} = \frac{\text{Leser im Erscheinungsintervall}}{\text{Auflage im Erscheinungsintervall}}$$

Daraus errechnet sich für das erste Halbjahr ein Wert für LpE = 319/120 = 2,658 und für das zweite Halbjahr ein Wert für LpE = 314/150 = 2,09. Die entsprechenden LpA-Werte sind: LpA (1. Hj.) = 2,658 · 20 = 53,16 und LpA (2. Hj) = 2,09 · 25 = 52,25 bzw. einen auf das Jahr bezogenen LpA-Wert von 2,344 · 22,5 = 2,75. Dabei ist 2,344 = 633/270. Der Wert der Leserschaft pro Exemplar schwankt in der Realität zwischen ein und sieben Lesern, da er sich als Summe aus Erst- und Folgelesern ergibt. (4) Der K1-Wert gibt die Kontaktwahrscheinlichkeit einer Insertion bzw. einer durchschnittlichen Ausgabe mit dem Leser an (Durchschnittskontakt). Er errechnet sich wie folgt: An die Befragten wird die Frage gestellt: „Wie viel von 12 Ausgaben der Zeitschrift x lesen Sie i. Allg.?“ Bei einem Leser, der zwei von 12 Ausgaben liest, erhält man eine Kontaktwahrscheinlichkeit von 2/12 = 1/6. Allgemein ergibt sich der K1-Wert als:

$$K1 = \frac{\sum_{j=1}^{12} (f_j p_j)}{\sum_{j=1}^{12} f_j} \cdot 100$$

Dabei ist p_j die Anzahl der gelesenen Ausgaben dividiert durch 12, und f_j ist die Anzahl der Leser, die j Ausgaben gelesen haben (= Lesewahrscheinlichkeit bzw. Nutzungswahrscheinlichkeit). Geht man z.B. sehr vereinfachend von nur drei Lesern aus, von denen zwei Leser sechs Ausgaben und einer drei Ausgaben gelesen hat, dann ergibt sich der K1-Wert wie folgt: K1 = (2·6/12+1·3/12) /3 = 5/12. D.h., die Kontaktwahrscheinlichkeit für eine durchschnittliche Ausgabe ist etwas kleiner als 0,5. Der weiteste Lesekreis ist 3, da mit 12 Ausgaben maximal drei Leser erreicht werden. Der weiteste Lesekreis heißt auch K12.

Helge Löbler

Leseverhaltensbeobachtung. Bei der L. wird die Testperson mit einer versteckten Videokamera beim Lesen einer Zeitschrift gefilmt. Die Zeitschrift befindet sich auf einem Glastisch, und die Kamera erfasst sowohl die Zeitschrift als auch das sich in der Tischplatte widerspiegelnde Gesicht der Testperson. Die Auswertung des Videobandes erlaubt Rückschlüsse darauf, ob und wie lange eine Testperson eine Anzeige betrachtet hat. Darüber hinaus kann durch eine an den Test angeschlossene Befragung die Erinnerung der Testperson an diese Anzeige überprüft und zu den Beobachtungswerten in Beziehung gesetzt werden.

Lesewahrscheinlichkeit, → Leseranalyse (4).

Lesezirkel, Leihunternehmen für Publikumszeitschriften auf Abonnementbasis. Der L.-Unternehmer bezieht eine feste Anzahl von Zeitschriften, die er zu Erstmappen mit zwischen vier und zwölf Titel zusammenheften lässt. Die Erstmappen werden an Abonnenten (zumeist private Haushalte sowie Dienstleistungsunternehmen wie Arztpraxen und Friseure) in unterschiedlichen Aktualitätsabstufungen zu entsprechend abgestuften Bezugsgebühren ausgeliehen. Die Bezieher von Erstmappen erhalten die Zeitschriften nahezu gleichzeitig mit dem Erscheinen der Hefte und zahlen dafür etwa den halben Neupreis. Die Gebühren für die Bezieher von Zweit- und Drittmappen liegen niedriger. Derzeit abonnieren ca. 600.000 Haushalte und Dienstleistungsunternehmen in Deutschland L. Die wöchentliche Auflage der Erstmappen liegt bei etwa 205.000 Exemplaren. L. sind ein deutsches Kuriosum, das in dieser Form nur noch in Österreich und den Niederlanden anzutreffen ist. In Deutschland gibt es nach IVW-Angaben rund 200 L.-Unternehmen, die etwa 263 Titel mit einer Gesamtauflage von 2,5 Mio. Exemplaren verbreiten und 2002 einen Umsatz von 178 Mio. Euro machten. Das Wachstum bei den L. lässt sich vor allem auf eine zunehmende Differenzierung des Zeitschriftenangebotes der L. zurückführen. Immer stärker werden auch → Special-Interest-Zeitschriften über L. angeboten, womit eine Zunahme sowie Verbreiterung der Leserschaft bewirkt werden konnte. Aus Verlagsperspektive besteht das Ziel der L. in einer Steigerung von Auflagen und Reichweiten. Aus Perspektive der werbetreibenden Unternehmen liegt die Attraktivität der L. als Werbeträger vor allem darin, dass jedes Exemplar zumeist von mehr Menschen gelesen wird als ein im Einzelverkauf oder Abonnement bezogener Titel.

Letter of Intent, Dokument, das eine Absichtserklärung enthält. Beispielsweise wird die Kundenverhandlungsphase im → Anlagengeschäft i.d.R. mit der Erstellung eines L.o.I. abgeschlossen, womit der Nachfrager einem Anbieter den Zuschlag erteilt. Diese relativ informelle Erklärung wird bei der tatsächlichen Auftragsvergabe durch einen juristisch einwandfreien Vertrag ersetzt.

Lettershop. Im L. werden alle Arbeiten durchgeführt, die bei der Produktion eines → Mailings nach dem Druck anfallen. Dazu gehören: Falzen, Schneiden und Kleben der angelieferten → Werbemittel, Aufkleben von

Adressetiketten oder die Personalisierung auf elektrofotografischem Wege mittels Laserstrahl. Zudem das Einlegen (Kuvertieren) in die Umschläge, das Frankieren, die Sortierung nach Sendungsarten, die Bündelung und das Postaufliefern.

Leuchtwerbung, → Lichtwerbung.

Lexicographic Heuristic, → Verhaltenswissenschaftlicher Ansatz.

Lichtwerbung, *Leuchtwerbung*. L. zählt zur → Außenwerbung. Hierbei werden → Werbemittel eingesetzt, die selbst leuchten (aktiv) oder angeleuchtet/angestrahlt werden (passiv). Zum Teil wird der Begriff der Leuchtwerbung, synonym zu L. verwendet. Bei nicht synonymer Verwendung dieser beiden Begriffe bezeichnet Leuchtwerbung angestrahlte Werbeobjekte, während der Begriff der Lichtwerbung bei selbst leuchtenden Objekten verwendet wird. Prominente Vertreter der L. sind das beleuchtete Firmenschild und das → Colorama. Zur Vertretung der in der Lichtwerbung tätigen Unternehmen besteht in der Bundesrepublik der Fachverband Lichtwerbung e.V., auf europäischer Ebene der europäische Verband der Lichtwerbung.

Lieferantenabteilung, Präsentationskonzept, welches insbesondere Markenartikelhersteller verwenden, um sich einen → Regalplatz im → Einzelhandel zu sichern. Entscheidendes Charakteristikum ist die sogenannte Blockpräsentation eines repräsentativen Ausschnitts des gesamten Lieferantensortiments. Dieser Ausschnitt wird üblicherweise als → Shop-in-the-Shop deutlich unter dem Warenzeichen des Herstellers in einem optisch vom übrigen Sortimentsumfeld getrennten Bereich eines Geschäftes angeboten.

Lieferantenauswahl, vollzieht sich i.d.R. in zwei Schritten: In der Vorauswahlphase werden zunächst anhand produktbezogener Merkmale (z.B. Qualitätssicherung, Preiswürdigkeit, Termintreue, Standort) und anhand des Leistungspotenzials (z.B. Innovations-, Integrations- und Flexibilitätspotenzial) potenzielle Lieferanten bestimmt. Mit Hilfe von Lieferantenbewertungsmodellen (z.B. → Checklistenverfahren, Profilanalyse, → Portfolio-Modell) werden am Ende dieser Phase die den Anforderungen entsprechenden Lieferanten selektiert. Unter diesen wird in der darauf folgenden Phase ein Konzeptwettbewerb durchgeführt und eine entsprechende Auswahl getroffen. Aufgrund der Langfristigkeit von → Geschäftsbeziehungen, insbesondere im → Zuliefergeschäft, kommt der richtigen Auswahl der Lieferanten eine große Bedeutung zu. Grundsätzlich gilt, dass ein Lieferantenwechsel umso schwieriger wird, je spezifischer die Leistung ist. *Vgl. auch* → Beschaffungsmarketing.

Lieferantenbewertung, → Lieferantenauswahl.

Lieferantenkredit, Zahlungsziel, das der Lieferant einem Besteller einräumt. L. sind vor allem ein im → Anlagengeschäft häufig anzutreffendes Finanzierungsinstrument.

Lieferantenmanagement, → Beschaffungsmarketingmix.

Lieferantenpolitik, → Beschaffungsmarketingmix.

Lieferbedingungen, internationale, → International Commercial Terms.

Lieferbereitschaft, vermindert das Risiko von → Fehlmengen. Allerdings steigen mit der L. die Lagerhaltungskosten, da größere Mindestlagerbestände vorgehalten werden müssen. Ein Lieferbereitschaftsgrad von 100% bedeutet, dass keine Fehlmengen entstehen können. In diesem Fall sind jedoch relativ große Mindestlagerbestände erforderlich. Es muss deshalb ein ökonomisch gerechtfertigter Kompromiss zwischen Fehlmengen- und Lagerkosten gefunden werden.

Lieferservice, → Lieferungspolitik; Dienstleistungsbündel im Zusammenhang mit der Lieferung von Waren an den Kunden. Als Indikatoren zur Beurteilung des L. können die → Lieferzeit, die Lieferzuverlässigkeit, die Lieferqualität und die → Lieferbereitschaft herangezogen werden.

Lieferungs- und Zahlungsbedingungen, Vereinbarungen, die nähere Einzelheiten der Vertragsabwicklung im Hinblick auf die Lieferung und Zahlung regeln. Häufig sind sie Bestandteil der Allgemeinen Geschäftsbedingungen. Mit den Lieferungsbedingungen wird auch der Gefahrenübergang geregelt, d.h. an welchem Punkt die Risiken und Kosten des Transportes vom Verkäufer auf den Käufer übergehen. So bedeutet z.B. die Lieferungsbedingung "ab Werk", dass der Käufer die Transportkosten übernimmt. Lieferung "frei Haus" bedeutet, dass der Verkäufer die Transportkosten trägt. Die → Zahlungsbedingungen sind vielfach mit den Lieferungsbedingungen verbunden. Die Lieferungs- und Zahlungsbedingungen geben Aufschluss über Ort und Zeit der Transaktionen, Modalitäten der Transaktionen, transaktionsbegleitende Serviceleistungen, Aufteilung der Transaktionskosten, Gewährleistungs- und Umtauschrechte und Regelungen im Streitfall.

Lieferungspolitik, → Distributionspolitik; auf die physischen Warenverteilungsprozesse gerichteter Bereich der Distributionspolitik von Herstellern. Die L. umfasst alle Entscheidungen und Instrumente, die mit der Überbrückung von räumlichen und zeitlichen Diskrepanzen zwischen dem Anbieter und dem Abnehmer im Zusammenhang stehen. Hierbei kommt zum einen der Vereinbarung der Lieferungskonditionen mit den Abnehmern und zum anderen der Erfüllung der vereinbarten Lieferungskonditionen durch die Maßnahmen der → Marketinglogistik eine besondere Bedeutung zu. Beide Gestaltungsbereiche bilden zusammen die L.

Lieferungspolitik, rechtliche Aspekte. I. Gegenstand: Sowohl bei der Wahl der ökonomischen Gestaltungselemente, etwa der Festsetzung der Transportkosten und der Auslastung des Fuhrparks, als auch bei der Ausschöpfung der rechtlichen Freiheitsgrade, etwa der Gestaltung der Haftungsvereinbarungen, stößt die Unternehmung auf vielfältige restriktive Rechtsnormen aus unterschiedlichen Rechtsgebieten.

II. Lieferungskonditionen: Zu regeln sind zwischen den Vertragsparteien die Lieferzeit bzw. Erfüllungszeit, der Erfüllungsort, die Folgen einer Lieferzeitüberschreitung, die Folgen einer Annahmeverweigerung des Empfängers, die Folgen des endgültigen Lieferungsausfalles, die Transportkostentragung, der Abschluss einer Transportversicherung und deren Kostenübernahme, die Haftung für Transportschäden, die Benutzung eines oder mehrerer verschiedener Transportmittel, die Auswahl einer bestimmten Person, die die Lieferung durchführt. Grundsätzlich können die Basis von Verträgen bilden: Einschlägige gesetzliche Bestimmungen wie das BGB und HGB, → Allgemeine Geschäftsbedingungen (AGB) sowie Individualvereinbarungen. In Anbetracht des Kosten- und Gefahrenüberganges besteht bei Geschäften zwischen Kaufleuten (Handelsgeschäfte) die Pflicht des Käufers, die Ware unverzüglich nach der Zulieferung zu untersuchen und einen festgestellten Mangel sofort dem Verkäufer anzuzeigen (§ 377 HGB). Im Außenhandel werden Trade Terms, spezielle USA-Lieferungsklauseln und die sog. Incoterms (International Commercial Terms) verwendet. Die Incoterms legen den Kosten- und Gefahrübergang für die Ware im Regelfall fest, d.h. bei termingerechter Lieferung der Ware und bei ordnungsgemäßer Abnahme durch den Käufer.

III. Verkehrsmittel: Hier sind je nach Transportart zahlreiche rechtliche Bestimmungen unter Berücksichtigung des Transportrechtreformgesetzes zu beachten. (1) Luftfrachttransport: z.B. Bestimmungen der IATA, Internationales Luftrecht, bi- und multinationale Abkommen. (2) Schiffsfrachttransport: z.B. §§ 425ff. HGB (Frachtgeschäft), Binnenschifffahrtsverkehrsgesetz, Binnenschifffahrtsgesetz (privatrechtliche Verhältnisse). (3) Eisenbahngütertransport: z.B. §§ 453ff. HGB (Beförderung von Gütern auf öffentl. Eisenbahnen), Eisenbahnverkehrsordnung, Eisenbahngesetz, Gesetz über die Haftpflicht der Eisen- und Straßenbahnen für Sachschäden. (4) Straßengütertransport: z.B. Güterkraftverkehrsgesetz, Kraftverkehrsordnung, Straßenverkehrsgesetz, Straßenverkehrsordnung, Gesetz über das Fahrpersonal im Straßenverkehr sowie Spezialnormen für den Transport gefährlicher Güter.

IV. Absatzhelfer: Haben je nach Logistikdienstleistung bestimmte rechtliche Regelungen zu beachten. (1) Speditionsge-schäft: vor allem §§ 407ff. HGB sowie die Allgemeinen Deutschen Spediteurbedingungen (ADSp). (2) Frachtgeschäft: vor allem. §§ 425ff. HGB, Kraftverkehrsordnung (Haftung im Güterfernverkehr), Allgemeine Beförderungsbedingungen für den gewerblichen Güternahverkehr mit Kfz. (4) Lagergeschäft:vor allem §§ 416ff. HGB sowie die Hamburger Lagerungsbedingungen.

Lieferzeit, Zeitspanne zwischen Auftragserteilung durch den Kunden und Wareneingang beim Kunden. Die L. ist ein Indikator zur Beurteilung des → Lieferservice.

Life Cycle Costing, *Lebenszykluskostenrechnung*; Versuch, auf Grundlage des Modells des → Produktlebenszyklus die gesamten Kosten eines Produktes oder Projektes über dessen gesamte Lebensdauer abzubilden. Lebenszykluskosten beinhalten demnach sämtliche Kosten, die ein Produkt oder Projekt von der Ideensuche über Forschung und Entwicklung sowie Markteinführung bis zur Entsorgung verursacht. Aufgrund stark ansteigender Vorlauf- und Nachlaufkosten gewinnt eine periodenübergreifende Sichtweise in Form des L.C.C. zunehmend an Bedeutung. Als Verfahren eignen sich hierfür insbesondere → Dynamische Investitionsrechnungen. Sie haben ggü. → Kostenrechnungen den Vorteil, dass sie die zeitliche Verteilung der Zahlungen berücksichtigen. Allerdings sind sie mit dem Nachteil verbunden, dass sich produktbezogene Zahlungsströme im Gegensatz zu produktbezogenen Kosteninformationen in der Praxis nur schwer bestimmen lassen. Soll die Lebenszyklusrechnung zur Entscheidungsunterstützung herangezogen werden, muss sie bereits vor der genauen Spezifizierung des Produkts durchgeführt werden. Da zu diesem Zeitpunkt noch keine zuverlässigen Informationen über Kosten, Preise, Produktvolumen usw. vorliegen, ergibt sich hier ein Prognoseproblem. Grundsätzlich ist die Anwendung des L.C.C. für alle Objektbereiche der strategischen Planung zu empfehlen, für die sich im Zeitablauf ihrer Lebens- bzw. Nutzungsdauer Veränderungen im Kostenanfall, aber auch im Erlösanfall ergeben. Beispielsweise können Lebenszykluskostenrechnungen auf Produkte, Produktprogramme, Kunden, Märkte oder Lieferanten angewendet werden (→ Customer Costing).

Lifestyle-Segmentierung, Marktsegmentierungsmethode aufgrund der Ausprägungen des Lebensstiles der Kunden eines Produkts. Zugrunde liegt die Erwartung, dass der Lebensstil das Kaufverhalten beeinflusst.

Likert-Verfahren, mit Hilfe des L.-V. können Einstellungen von Probanden ggü. Produkten, Institutionen usw. gemessen und untersucht werden. Die Vorgehensweise lässt sich dabei in zwei Hauptelemente teilen. Zum einen die Vorbereitung des Fragebogens der Einstellungsmessung unter Zuhilfenahme einer Gruppe von Testpersonen und zum anderen die Durchführung der eigentlichen Einstellungsmessung. Zuerst werden Aussagen aufgestellt, die jeweils eine starke positive bzw. negative Tendenz bzgl. des zu untersuchenden Themas aufweisen. Die Aussagen werden dann der Testgruppe vorgelegt, die ihre Zustimmung bzw. Ablehnung mittels einer → Ratingskala angeben soll. Den jeweiligen Tendenzen werden Zahlenwerte zugeordnet, die für jede Testperson addiert werden. Die 25% mit den höchsten und die 25% mit den niedrigsten Werten werden herausgegriffen und jeweils der → Mittelwert gebildet. Die Aussagen, bei denen die Differenz zwischen den beiden Mittelwerten am größten ist, werden in den endgültigen Fragebogen aufgenommen. Mit diesem Fragebogen wird dann die eigentliche Einstellungsmessung vorgenommen, wobei sich die Einstellung wiederum durch Addition der Werte der Ratingskala und anschließende Mittelwertbildung ergibt.

Lilien-Modell zur Messebudgetierung, Ansatz zur Festlegung der Budgethöhe von → Messen und → Ausstellungen. Aufbauend auf den Budgetierungsmodellen ADVISOR 1 und 2 kann mit Hilfe des L.-M. auf Basis von messebezogenen Branchenausgaben und situativer Faktoren das durchschnittliche Budget ermittelt werden. *Vgl. auch* → Messebudgetierung.

Limitationale Marketinginstrumente, soll die Absatzmenge erhöht werden, dann ist die Menge bzw. Intensität aller erforderlichen Marketinginstrumente unter Beibehaltung ihres bisherigen Kombinationsverhältnisses zu erhöhen. Es handelt sich also um L.M. bzw. Produktionsfaktoren.

Limited-Information-Modell, *LIM*; vereinfachte Version des → ParROI-Modells.

Limitierte Kaufentscheidung, → Kaufentscheidung.

Lindqvist-Index, Maßzahl im Rahmen des → Problem Detecting, einer Methode der → Dienstleistungsqualitätsmessung.

Line Extension, Erweiterung der → Produktlinie durch das Hinzufügen von Erzeugnissen, die in enger Beziehung zu den bisherigen → Produkten stehen, da sie eine ähnliche Funktion erfüllen, an dieselbe Zielgruppe verkauft werden, über die gleichen Distributionspunkte verteilt werden oder in eine bestimmte Preisklasse fallen. Eine L.E. erfolgt dann, wenn der Umfang der bisherigen Produktlinie als zu klein angesehen wird. Insofern dient die Produktlinienerweiterung der Optimierung des Angebotes eines Unternehmens. Durch eine Erweiterung der Produktlinie ist es dem Anbieter möglich, neue Kundenschichten zu erschließen, dem Wettbewerb im angestammten Segment auszuweichen, Marktlücken zu schließen und das Qualitätsimage zu verändern. Eine Produktlinie kann in verschiedene Richtungen ausgedehnt werden. Ein Unternehmen, das am oberen Ende des Marktes agiert, kann seine Produktlinie nach unten erweitern, indem es neue, preislich günstigere Erzeugnisse offeriert, wobei das günstigere Modell allerdings dem Qualitätsimage der → Marke gerecht werden muss. Außerdem besteht die Gefahr der Kannibalisierung der bisherigen Produktlinie. Eine zweite Möglichkeit ist das Ausweiten der Produktlinie nach oben, d.h. das Vordringen in höherpreisige Segmente, wobei die Konsumenten von der höheren Qualität der hinzugekommenen Produkte überzeugt werden müssen. Schließlich kann ein Unternehmen seine Produktlinie gleichzeitig nach oben und unten erweitern.

Line of Interaction, separiert die Aktivitäten eines → Dienstleistungsanbieters von den Aktivitäten der Kunden. Ein Teil der Aktivitäten beider Parteien weist Berührungspunkte auf. Also erfasst die L.O.I. auch die Schnittstellen von dem → Front-Office-Personal und Kunden im Rahmen der → Dienstleistungserstellung. Beispielsweise bedingt das Einchecken eines Kunden in einem Hotel (Aktivität des Kunden) einen Registrationsvorgang eines Hotelangestellten (Aktivität des → Dienstleistungsanbieters). Beide Aktivitäten weisen also eine Schnittstelle auf. *Vgl. auch* → Blueprinting und → Line of Visibility.

Line of Visibility, trennt aus Kundenperspektive den sichtbaren Bereich (→ Front-Office-Bereich) und den nicht sichtbaren Bereich (→ Back-Office-Bereich) für den Prozess der → Dienstleistungserstellung. Die Relevanz der L.O.V. ergibt sich für → Dienstleistungsanbieter aufgrund der unterschiedlichen Gestaltungsmöglichkeiten für den → Front-Office-Bereich und den → Back-Office-Bereich. Bspw. haben Automatisierungsanstrengungen (→ Dienstleistung, automatisierte) im → Back-Office-Bereich andere Auswirkungen auf die Kundenbeziehungen als im → Front-Office-Bereich. Während tendenziell die Intensität der Kundenbeziehungen durch Automatisierungsmaßnahmen im → Back-Office-Bereich nicht betroffen wird, besteht bei denselben Maßnahmen im → Front-Office-Bereich die Gefahr, dass die Intensität der Kundenbeziehung geringer wird. Eine geringere → Kundenloyalität könnte die Folge sein. Zudem müssen → Dienstleistungsanbieter für den → Front-Office-Bereich und den → Back-Office-Bereich verschiedene Typen von Mitarbeitern einsetzen, da beide Bereiche andere Anforderungen an die Mitarbeiter stellen (→ Front-Office-Personal und → Back-Office-Personal). *Vgl. auch* → Blueprinting und → Line of Interaction.

Linienorganisation, *Leitungssystem, Linienmanagement, Liniensystem,* → Stabs- und Liniensystem; bezeichnet innerhalb der → Aufbauorganisation eine hierarchische Verknüpfung einzelner Stellen und Abteilungen, bei der Anordnungswege (Weisungsbefugnisse) von oben nach unten mit Berichtswegen von unten nach oben kombiniert werden. Als Linienmanager wird ein Manager bezeichnet, der befugt ist, hierarchisch untergeordneten Stellen direkte Anweisungen zu geben. Der Begriff der Linie spiegelt die Überlegung wider, dass jede Stelle und jede untergeordnete Organisationseinheit nur durch eine einzige Linie verbunden sind (vertikales Liniensystem oder auch Dienstweg). Ein Mitarbeiter erhält also nur von seinem direkten Vorgesetzten (Linienmanager) Aufgaben, Aufträge und Weisungen.

Link, → Hyperlink.

LINMAP, Computerprogramm von Srinivasan und Shocker (1974) zur Berechnung von Eigenschaftsgewichten und Idealpunktkoordinaten bei Produktwahlmodellen. → Conjoint-Analyse, → Multidimensionale Skalierung (MDS).

Literatur: *Shocker, A./Srinivasan, V.* (1974): A Consumer-Based Methodology for the Identification of New Product Ideas, in: Management Science, 20. Jg., S. 921-937.

Liquidität, bezeichnet die Fähigkeit eines Wirtschaftssubjektes, mit Hilfe „flüssiger" (Geld-)Mittel und liquidierbarer Vermögensteile alle fälligen Verbindlichkeiten fristgerecht begleichen zu können. Illiquidität kann langfristig zur Unternehmensaufgabe führen.

LISREL, *Linear Structural Relationships*, Programmpaket, das zur Lösung von Strukturgleichungen der → Kausalanalyse verwendet wird. Der LISREL-Ansatz ist der am häufigsten verbreitete Ansatz, um eine → Kausalanalyse durchzuführen.

Listbroking. I. Begriff: Der Begriff L. setzt sich aus den englischen Wörtern „List" (Adressgruppe) und „Broking" (broken/makeln/vermitteln) zusammen. Die Listbroker (→ Broker) vermitteln alle auf dem Markt für die Vermietung zur Verfügung stehenden Adresslisten an Unternehmen, die damit Direktwerbung zur Neukundengewinnung betreiben wollen (*vgl. auch* → Direct Marketing).

II. Inhalt: Die Besonderheit dieser Listen ist es, dass die darin befindlichen Personen i.d.R. alle mithilfe der → Direktwerbung gewonnen wurden (z.B. Kunden und Interessenten eines → Versandhauses). Der Listbroker bewirbt diese Listen am Markt und bietet sie in individuellen Zielgruppenangeboten dem jeweiligen Anmieter an. Der Listbroker fungiert als Distributor für die Adressen der → Listeigner. Auf diese Weise erwirtschaften heute ca. 1.400 Listeigner wichtige Zusatzerlöse, die im Laufe der Jahre zu einer festen Größe in der Budgetplanung der eigenen Marketingmaßnahmen geworden sind. Viele Listeigner sind heute dazu übergegangen, den Brokern ihre zur Vermietung stehenden Bestände treuhänderisch zur Verfügung zu stellen, damit er sie optimal für die Vermietung aufbereiten kann. Aufgrund der Kenntnisse der Strukturdaten der angebotenen Liste, z.B. Bestellhäufigkeit, Altersschwerpunkte, Anteile männlich/weiblich, durchschnittliche Auftragswerte, Kaufobjekte, Datum des letzten Kaufes, Bereinigungszustand und Aktualität, stellt der Listbroker entsprechende Angebote an die Anmieter zusammen. Der Listbroker gibt, aufgrund seiner umfassenden Kenntnis des Gesamtmarktes, damit seinen Kunden wichtige Entscheidungshilfen bei der Auswahl geeigneter Listen.

II. Besonderheiten: Im L. sind bei der An- bzw. Vermietung von Listen einige Besonderheiten zu beachten: (1) Die Adressen dürfen i.d.R. nur mit der ausdrücklichen schriftlichen Genehmigung des Listeigners an nicht mit ihm in Konkurrenz stehende Unternehmen vermietet werden. (2) Die gemieteten Adressen dürfen nur von einem neutralen Dienstleistungsunternehmen verarbeitet werden, nicht vom Mieter selbst (→ Datenschutz, → Auftragsdatenverarbeitung). (3) Die marktübliche Mindestabnahme beträgt 5.000 Adressen.

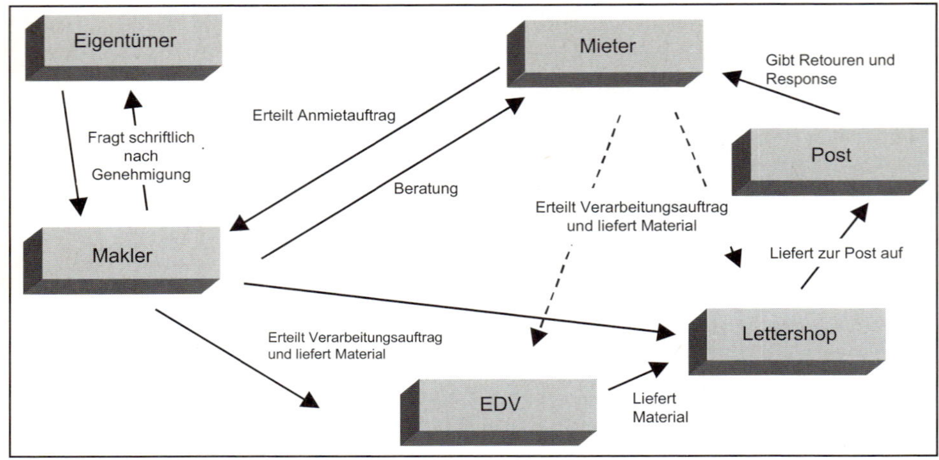

Ablauf einer Adressenvermietung

IV. Ablauf: Der schematische Ablauf einer Adressenvermietung ist in der Abb. „Ablauf einer Adressenvermietung" dargestellt.

Listeigner, *Adresseigner*. Unternehmen, die ihre Kunden- und Interessentendateien anderen Unternehmen zum Zweck der Neukundengewinnung zur Verfügung stellen. Sie kommen aus allen Wirtschaftszweigen, zum großen Teil jedoch aus dem → Versandhandel. Derzeit bieten in der Bundesrepublik Deutschland ca. 1.400 Unternehmen ihre Kunden- und Interessentenpotenziale zur Vermietung an. Der L. schaltet i.d.R. für die Vermarktung einen → Broker ein, der die Liste treuhänderisch verwaltet, in den Markt einführt, die Vermietungen anbahnt, deren Abwicklung kontrolliert und auf die Einhaltung der Datenschutzrichtlinien beachtet (→ Datenschutz). Die Listen werden vom L. i.d.R. nur solchen Unternehmen zur Verfügung gestellt, die in keinem Konkurrenzverhältnis zu ihm stehen (*vgl. auch* → Konkurrenzforschung). Die Adressen werden z.B. an EDV- und Lettershop-Dienstleister geliefert, die die weiteren Verarbeitungsschritte der Adressen übernehmen.

Listenoptimierung. Unter L. versteht man die Summe aller Maßnahmen, die dazu dienen, aus unterschiedlichen oder vorselektierten Einzellisten, diejenigen Adressmengen zu ermitteln, die für die geplanten Direktmarketingmaßnahmen (→ Direct Marketing) am geeignetsten erscheinen. Erreicht wird diese Optimierung durch die Verknüpfung der einlaufenden Adresslisten mit am Markt verfügbaren Marketinginformationsdatenbanken. Häufig werden dazu mikrogeographische Segmentierungssysteme genutzt (*vgl. auch* → mikrogeografische Marktsegmentierung). Aufgabenstellung ist es dabei, die brutto verfügbaren Adressmengen/Listen hinsichtlich ihrer Zielgruppenstruktur zu bewerten, um die Adressen zu ermitteln, die am besten dem benötigten Zielgruppenprofil entsprechen. Zur weiteren L. können verschiedene Verfahren eingesetzt werden. Dies kann zunächst bedeuten, die einzusetzenden Listen hinsichtlich ihrer Adressqualität zu überprüfen. Stichwörter in diesem Zusammenhang sind z.B. Analyse der Adresselemente (Anrede, Geschlecht), postalische Aktualisierung (Schreibweise, Umzüge) sowie der Ausschluss der doppelten Anschriften durch einen Dublettenabgleich (→ Dubletten).

Listmanagement, *Adressenverwaltung*. L. ist im Direktmarketing (→ Direct Markting) ein Begriff der dann verwendet wird, wenn → Listeigner (Adresseigner) ihre für die Vermietung vorgesehenen Adressendateien einem → Broker zur treuhändischen Verwaltung übergeben. Sinn dieser Übergabe ist die optimale Vorbereitung der Daten auf die Vermarktung und die Erzielung optimaler Ergebnisse. In der gesamten Vermarktungsphase hält der Broker engen Kontakt zum Listeigner. So tauschen sie in einem permanenten Prozess Informationen aus, um die Vermarktung weiter zu optimieren. Der Broker führt vor der Vermarktung Analyse- und Bereinigungsläufe durch. Damit überprüft er die Qualität dieser Listen und gewinnt Erkenntnisse, die ihm helfen, optimale Ergebnisse bei der Vermarktung zu erzielen. Dabei werden folgende Schritte durchlaufen: (1) In einem ersten Schritt werden alle Adressen eliminiert, die für die schriftliche Werbung ungeeignet sind. Hierzu wird u.a. die → Robinson-Liste des Deutschen Direktmarketing-Verbandes genutzt, um Personen, die schriftliche → Werbung ablehnen, von vorne herein aus den Listen zu löschen. Auch die postalisch korrekte Schreibweise der Adressen wird überprüft. Ein Abgleich der Listen mit Umzugsdaten (Personen, die einen Postnachsendeantrag gestellt haben) kann stattfinden, um die si-chere Zustellung der Werbung durch die Post zu gewährleisten. (2) Im Anschluss an die Bereinigungsläufe werden die Listen auf ich-ren Inhalt überprüft. Die Auswertung der darin enthaltenen Informationen zur regionalen Verteilung der Liste, dem Anteil der männlichen und weiblichen Personen, das → Kaufverhalten (z.B. Einfachkäufer, Mehrfachkäufer, Datum des letzten Kaufs, Geburtsdatum) sind unerlässlich, um präzise Se-lektionen im Bestand durchführen zu können. Adresslisten werden heute aber schon zu einem nicht geringen Anteil mit Daten aus der → mikrogeographischen Marktsegmentierung angereichert. Diese Anreicherungen helfen bei der Vermarktung, das Wohnumfeld, die → Kaufkraft, das Alter der Personen u.a. näher zu bewerten. Auch diese Daten können Grundlage für eine präzise Bestimmung der Zielgruppe sein.

Listung, Neuaufnahme eines Produktes in das → Sortiment eines → Handelsbetriebes.

Listungsrabatt, bezeichnet eine Vergütung, die der Hersteller dem → Handel für die Listung eines Artikels gewährt. Die Vergütung kann einmalig oder bei jedem Warengeschäft in Form eines → Preisnachlasses vorgenommen werden. Erstreckt sich die Listung der Artikel auf das gesamte → Sortiment des Herstellers, dann spricht man auch von Sortimentsrabatten.

Literatur: Berger, S. (1977): Ladenverschleiß (Store Erosion) – Ein Beitrag zur Theorie des Lebenszyklus von Einzelhandelsgeschäften, Göttingen, S. 4ff.; Simon, H. (1996): Die heimlichen Gewinner, Frankfurt /Main; Woratschek, H. (1992): Betriebsform, Markt und Strategie, Wiesbaden.

Litfaßsäule, nach dem Buchdrucker Ernst Th. Litfaß (1819-1874) benannte zylinderförmige Plakatanschlagsäule, die erstmals nach Pariser Vorbild 1855 in Berlin aufgestellt wurde. Die L. findet für Unternehmen als → Kommunikationsträger im Rahmen der → Außenwerbung Anwendung. L. sind zumeist an Standorten auf öffentlichem Grund und Boden und dort an frequenzstarken Verkehrsknotenpunkten, in Wohngebieten und Innenstädten platziert. Die Preisbestimmung der Belegung einer L. orientiert sich an den Einwohnerzahlen. In Deutschland existieren ca. 16.000 L. in allen Großstädten. Als Sonderformen der klassischen L. sind inzwischen auch beleuchtete oder hinterleuchtete sowie verglaste L. zu finden.

Lizenz. I. Begriff: Mit einer L. räumt der L.-geber dem L.-nehmer das Recht ein, ein gewerbliches Schutzrecht (→ Rechtsschutz, gewerblicher) zu benutzen. Gegenstand eines L.-vertrages können vor allem → Patente, → Gebrauchsmuster, → Geschmacksmuster und Marken (→ Marke, rechtliche Aspekte, (→ Markenlizenz) sein; *vgl. auch* → Lizenzpolitik.

II. Ausgestaltung: Neben der Selektion und Akquisition geeigneter L.-nehmer sind die vertraglichen Regelungen der L.-vergabe festzulegen. Hierzu zählt insbesondere was konkret lizenziert werden soll, welcher Exklusivitätsgrad den L.-nehmern eingeräumt werden soll (einfache oder ausschließliche L.), welche Beschränkungen diesen aufzuerlegen sind (räumlich, zeitlich, sachlich) und in welcher Höhe L.-entgelte zu entrichten sind. Neben der Zahlung von L.-gebühren (einmalige oder periodische Pauschalgebühren oder Umsatz-, Stück- und Gewinnlizenzgebühren) kommen auch Rücklieferungen zu Sonderkonditionen und die Überlassung von Kapitalanteilen in Frage.

Lizenzpolitik. I. Zwecke der Lizenzvergabe sind die Überwindung ressourcenbedingter Engpässe oder bestehender Handelshemmnisse, die Erwirtschaftung zusätzlicher Deckungsbeiträge aus unternehmungsfremden Tätigkeitsfeldern, die Reduktion des Fehlschlagrisikos für Marketingstrategien, die Erschließung fremder und Verteidigung eigener Schutzrechte.

II. Aufgaben: Selektion und Akquisition geeigneter Lizenznehmer, Gestaltung der vertraglichen Bindungen (→ Lizenz) sowie deren Überwachung.

III. Rechtliche Grenzen: Vor allem §§ 17, 18 GWB und Art. 85 EGV. § 17 Abs. 1 GWB bestimmt, dass „Verträge über Veräußerung oder Lizenzierung von erteilten oder angemeldeten Patenten oder Gebrauchsmustern, von Topographien oder Sortenschutzrechten [...] verboten [sind], soweit sie dem Erwerber oder Lizenznehmer Beschränkungen im Geschäftsverkehr auferlegen, die über den Inhalt des gewerblichen Schutzrechts hinausgehen. Beschränkungen hinsichtlich Art, Umfang, technischem Anwendungsbereich, Menge, Gebiet oder Zeit der Ausübung des Schutzrechts gehen nicht über den Inhalt des Schutzrechts hinaus." § 17 ist nach § 18 Ziff. 2 entsprechend anzuwenden auf Verträge über die Veräußerung oder Lizenzierung von anderen Schutzrechten wie Marken, Geschmacksmustern, Urheberrechten (z.B. an Software).

Lobbying, bezeichnet jene Aktivitäten im Rahmen von → Public Relations, die auf politische Meinungsführer in Parlamenten, Regierungen, Parteien usw. abheben. Ziel des L. ist es, Beziehungen zu politischen Meinungsführern aufzubauen und zu etablieren, um dadurch Einfluss auf die politische Willensbildung im Sinne der Unternehmensziele zu nehmen.

Local-Content-Vorschrift, vertragliche Festlegung im Rahmen von Offset-Geschäften als spezielle Form von → Kompensationsgeschäften, die das Ausmaß angeben, in welchem Unteraufträge an Lieferanten des Auftragslandes zu verteilen sind. Derartige Local-Content-Vorschriften werden häufig bei Ausschreibungen für öffentliche Bau- und Beschaffungsaufträge oder bei Rüstungsaufträgen zwischen den in unterschiedlichen Ländern angesiedelten Partnern ausgehandelt. Auf diese Weise kann gezielt eine Politik der Industrialisierung strukturschwacher Gebiete im Ausland verfolgt werden.

Locals, Einsatz von lokalem Verkaufspersonal im Rahmen der internationalen → Verkaufspolitik. Besondere Vorteile des Einsatzes von lokalem Verkaufspersonal bestehen in den hohen Marktkenntnissen vor Ort, einem kulturellen Fit zwischen Käufer und Verkäufer sowie durch die im Vergleich zu den → Expatriates geringeren Kosten. Mögliche Nachteile bestehen in u.U. nicht unternehmenskonformen Entscheidungen sowie z.T. geringeren Kenntnissen über die Produkte und deren Anwendungsmöglichkeiten.

Location, Drehort für einen Werbefilm wie beispielsweise Räume oder Plätze, die von sog. Location Scouts ausfindig gemacht werden.

Lock-in-Effekt, „Einsperrung" des Kunden in die Transaktionsbeziehung. Beispielsweise bindet sich im → Systemgeschäft der Nachfrager durch die Festlegung der → Systemarchitektur an den Hersteller (Systembindung), so dass ein Abhängigkeitsverhältnis, verbunden mit einer Unsicherheitsposition, entsteht. *Vgl. auch* → Faktische Kundenbindung.

Lockvogelangebot, → *Loss-Leader*, → Preiswerbung, irreführende.

Log File, Datei in die von einem Programm ständig Zustandsdaten einer Homepage geschrieben werden. Ein L.F. wird insbesondere zur Erfassung von Verkehrsdaten (Anzahl und Häufigkeit der Besuche) genutzt.

Logistik, kundenorientierte, → absatzbezogene Logistik, → physische Distribution, → Distribution.

Logistik, umfasst sämtliche Transport-, Lager- und Umschlagsvorgänge im Realgüterbereich in und zwischen Betrieben/Organisationen. Hierin eingeschlossen ist nicht nur die Aufgabe der Ausgangslogistik (d.h. die Zuleitung der Güter von der Produktion zum Kunden), sondern auch die Eingangslogistik (d.h. die Zuleitung von Materialien an das eigene Unternehmen). Somit beinhaltet die L. alle Prozesse der Raum- und Zeitüberbrückung von Sachgütern. Hierzu zählen auch die zugehörigen Steuerungs- und Regelungsabläufe. L. kann daher als ein von Unternehmen zu gestaltendes Flusssystem von Realgütern und Informationen angesehen werden, das die Beschaffungsmärkte mit den Produktionsstätten und → Absatzmärkten verbindet. Zur optimalen Gestaltung dieses Flusssystems werden unternehmensindividuelle Logistikziele fixiert, die dann die Basis für die Entwicklung eines Logistiksystems darstellen, welches die Realisation dieser Ziele sicherstellen soll. Die Kernfunktionen der L. umfassen dabei die Auftragsbearbeitung, die Lagerung, das Bestandsmanagement und den → Transport. Der Vorgang der L. beginnt damit, dass das Unternehmen von einem Kunden einen Auftrag erteilt bekommt. Somit benötigt das Unternehmen eine möglichst kundengerechte Auftragsbearbeitung, die zudem effizient arbeitet. Daneben müssen viele Unternehmen eine gewisse Menge an Gütern lagern, die bei Bedarf verkauft werden können. Hierzu muss eine Entscheidung darüber getroffen werden, wie viele Lagereinrichtungen benötigt werden und welche Typen von Lagereinrichtungen geeignet sind. Da die Höhe und Vollständigkeit der Lagerhaltung einen großen Einfluss auf die → Kundenzufriedenheit ausübt, muss das Unternehmen im Rahmen des Bestandsmanagement das Gleichgewicht zwischen einem zu hohen und einem zu niedrigen Lagerbestand finden. Hier gilt es, die Kosten einer zu hohen Lagerhaltung mit den möglichen Gewinneinbußen einer zu geringen Lagerhaltung abzugleichen (→ Fehlmenge). Letztlich müssen im Rahmen des Logistikkonzeptes auch Entscheidungen bzgl. des Transports (z.B. Wahl der Transportart und des Transportmittels) getroffen werden. In der Praxis besteht in den Unternehmen derzeit die Tendenz zur Einführung eines integrierten Logistikmanagements, welches alle Mitarbeiter eines Unternehmens und alle externen Partner einbindet, um so die optimale Betreuung der Kunden bei einer Minimierung der Verteilungskosten zu erreichen.

Literatur: Pfohl, H.-C. (1994): Logistikmanagement, Berlin u.a..

Logit-Modell, Modifizierung des → Regressionsmodells, um nominale abhängige Variablen zuzulassen. Hierzu geht man zur Wahrscheinlichkeit für die Merkmalsausprägungen der nominalen Variablen über. Das zu schätzende modifizierte Modell für den binären Fall sieht wie folgt aus:

$$P(y_i = 1) = \frac{1}{1 + e^{-(\beta_0 + \beta_1 x_{i1} + \cdots + \beta_k x_{ik})}}$$

wobei y_i die Merkmalsausprägung der abhängigen Variablen beim i-ten Objekt ist. $(x_{i1},\ldots,x_{ik})$ sind die Merkmalsausprägungen des i-ten Objekts bei den unabhängigen Variablen. $(\beta_1,\ldots,\beta_k)$ sind die zu schätzenden Parameter.

Logo, Kennzeichnung einer → Marke.

Lokaler Testmarkt, → Testmarkt.

Longitudinalstudie, → Längsschnittanalyse

Lorenzkurve, *Konzentrationskurve*; Form der graphischen Datenpräsentation zur Darstellung von Konzentrationen. Das Darstellungsprinzip gestaltet sich in der Art, dass in einem Koordinatensystem der kumulierte Anteil einer Variablen auf der Abszisse und der kumulierte Anteil einer anderen Variablen auf der Ordinate abgetragen wird. Die sich daraus ergebenden Punkte sind geradlinig miteinander zu verbinden. Bei vollständiger Gleichverteilung würde die L. folglich mit der 45°-Achse zusammenfallen. Wölbt sich die Kurve über diese Achse hinaus, ist dies als Maß für die Stärke der Konzentration zu betrachten. L. eignen sich insbesondere zur → Kunden- und → Umsatzstrukturanalyse. So kann anhand einer L. z.B. deutlich werden, wie viel Prozent der Kunden wie viel Prozent des Umsatzes, → Deckungsbeitrages oder → Gewinns erbringen. Eine besondere Form der L. stellt die → ABC-Analyse dar.

Loss-Leader, *Lockvogelangebot;* Produkt, das besonders preiswert, im Extremfall sogar unter dem Einstandpreis, angeboten wird, um Konsumenten anzulocken. Gewinne werden insbesondere über den Absatz anderer, ggf. komplementärer, normal kalkulierter Produkte erzielt.

Lost Customer-Analyse, zentrales Instrument im Rahmen des → CUSTOR-System. L.C.A. ermöglicht Rückschlüsse auf fehlende oder mangelnde Leistungskomponenten sowie das Mindestanspruchsniveau der Kunden. Vorgehensweise: (1) Definition des Untersuchungsziels, z.B. Kenntnis über Gründe des Ausstiegs, Rückgewinnung verlorener Kunden. (2) Identifikation verlorener Kunden, z.B. durch Kundenlisten, zufällige Befragungen. (3) Gewinnung von Ansprechpartnern durch relativ neutrale Ansprache oder Setzen von Anreizen zur Mitarbeit. (4) Durchführung der Erhebung, z.B. durch Tiefeninterviews, Fokusgruppe. (5) Qualitative (Gründe, Hintergründe usw.) und quantitative (Häufigkeiten, Kundenspezifika usw.) Nachbereitung der Daten. (6) Evtl. Durchführung einer zweiten/dritten Runde, z.B. Vertiefung bestimmter Aspekte.

Low-Cost-Hypothese, → Umweltfreundliches Konsumentenverhalten.

Low Interest Product, zeichnet sich aufgrund der Art und des Preises durch nur schwach ausgeprägte oder gar nicht vorhandene Produktpräferenzen und ein niedriges → Involvement seitens der Nachfrager aus. Diesem Erzeugnis schenkt der Bedarfsträger im Kaufentscheidungsprozess und bei kommunikationspolitischen Maßnahmen nur eine geringe Aufmerksamkeit. Die Kaufentscheidung ist zumeist habitualisiert. *Gegensatz:* → High Interest Product.

Low-Involvement, → Involvement.

Loyalitätsprogramm, → Kundenbindungsprogramm, → Kundenbindungsmanagement.

LpA, Abk. für Leser pro Ausgabe. *Vgl. auch* → Mediaplanung 2., → Leseranalyse.

LpE, Abk. für Leser pro Exemplar. *Vgl. auch* → Mediaplanung (2), → Leseranalyse.

LpN, Abk. für Leser pro Nutzer. *Vgl. auch* → Mediaplanung (2), → Leseranalyse.

Lücke, strategische, → Gap-Analyse.

Ludwig-Erhard-Preis, Deutscher → Qualitätspreis, der sich bzgl. seiner Vorgehensweise am → European Quality Award (EQA) orientiert. Gewinner des Preises war 2002 die drilbox Georg Knoblauch GmbH, Finalisten waren zudem Endress + Hauser Wetzer GmbH + Co. KG sowie Lufthansa Cityline GmbH.

Luxusmarke, ein fassbares Zeichen des Geschmacks einer Epoche auf ihrem höchsten Niveau. Diese → Marken als solche sind alle implizite Träger einer Kultur, einer ihnen eigenen Lebensethik. Die L. wird von ihrem inneren Programm getragen, von ihrer Vision der Welt, von dem Geschmackssystem, das sie verheißt und von der Verfolgung ihrer eigenen Standards außerhalb der Norm. L. werden in kleinen Serien gefertigt, wobei ihre Produktionsweise dem der Manufaktur ähnelt.

M

Maastrichter Vertrag, Vertrag mit dem Ziel der Errichtung einer Europäischen Zentralbank und der späteren Einführung des → Euros. Zur Teilnahme an der gemeinsamen Euro-Währung sind von den Mitgliedstaaten hohe Anforderungen zu erfüllen. So soll der jährliche Preisanstieg maximal 1,5% über dem durchschnittlichen Preisanstieg der drei stabilsten Länder liegen, die Staatsschulden sollen 60% der Wirtschaftsleistung nicht überschreiten und das Haushaltsdefizit soll höchstens 3% des Bruttoinlandsprodukts zu Marktpreisen betragen. Darüber hinaus soll das langfristige Zinsniveau nicht mehr als 2% über dem durchschnittlichen Zinsniveau der drei führenden Länder liegen. Diese Kriterien wurden bei der Errichtung der Europäischen Zentralbank 1999 von einigen Teilnehmerstaaten in ihrer Gesamtheit nicht erfüllt.

Machtpromotor, Person mit Machtkompetenz. *Vgl. auch* → Buying Center, → Fachpromotor.

Madrider Markenabkommen, → Wettbewerbsrecht.

Magazin, → Printmedien.

Mail Order, *Versandhandel*. Bestellung von Waren oder Dienstleistungen per Post. Ursprünglich für die Versorgung der Bevölkerung in ländlichen und abliegenden regionalen Gebieten gedacht, verschicken heute eine Grosszahl von Unternehmen (→ Handelsbetriebe, → Industriebetriebe und → Dienstleistungsbetriebe) Brief-, Prospekt- und Katalogaussendungen an einen weitgestreuten Kundenkreis. Für einige Unternehmen ist M.O. der einzige → Vertriebsweg, für andere ein ergänzender → Absatzkanal. Eine Klassifizierung des Versandgeschäftes kann anhand der folgenden Kriterien vorgenommen werden: nach Art des Aussenders (Industrie, Handel, Dienstleistung), nach Art der Empfänger (Consumer, Business), nach Art des → Kataloges (Universal, Spezial), nach Erscheinungsbild und Profilierung (Preisliste, Bildband, Internetauftritt, Größe, Gestaltung). Festzustellen ist heute eine Spezialisierung der Versender. Ging vor einigen Jahren der Trend dahin, dass in einem Katalog alles angeboten wurde, werden heute vor allem Spezialkataloge (Fachkataloge) versendet. Das Aufkommen des Internet Marketing (→ Online Marketing), dabei insbesondere die Darstellung von Produkten im → Internet, wird diesen Trend noch verstärken, da die direkten Aufwendungen bei der Erstellung einer Internetdarstellung geringer sind. Eine Kombination von Online- bzw. Offline-Darstellungen der Produkte bietet sich jedoch an. Synergieeffekte lassen sich dann nutzen, wenn die Darstellung der Produkte in sog. medienneutralen Datenbanken (→ Database) vorgehalten werden. Dies bedeutet, dass die gespeicherten Darstellungen (digital) in jedem beliebigen Format ausgegeben werden können und somit für Kataloge und Internetdarstellung genutzt werden können.

Mail Package, → Mailing.

Mailbox, elektronischer Briefkasten, in dem E-Mails bis zum Abruf für den Empfänger bereitgehalten werden.

Mailing, adressiert, → Mailing.

Mailing, *Package*. M. ist der direktwerbespezifische Ausdruck für personalisierte Werbebriefe, die durch die Post (bzw. zunehmend auch von privaten Verteilern) in Briefkästen verteilt werden (*vgl. auch*

→ Direct Mailing). Üblich ist dieser Begriff vor allem für die „klassischen“ Werbebriefe, die M. im C6- und Lang-DIN-Format (Infopost Standard bis 20 g, Infopost Kompakt bis 50 g Höchstgewicht) mit folgenden Bestandteilen: Umschlag, Brief (personalisiert oder anonym), Prospekt und Antwortkarte (personalisiert oder anonym). Alternativ ein Bestellschein mit Antworthülle. Nicht-personalisierte bzw -adressierte M., die mit gleichem Inhalt an eine große Anzahl Haushalte gehen, werden auch als Wurfsendungen bezeichnet (*vgl. auch* → Postwurfsendung). Je höher das Gewicht, umso mehr Zusatzteile sind denkbar: ein zusätzliches Schreiben einer weiteren Person des werbenden Unternehmens (höher gestellt oder mit spezialisiertem Fachwissen), → Testimonial-Aussagen (Produktnutzer) in Form eines Multiplikatoren-Flyer (z.B. Gutachten), Rubbel- oder Aufreißlose für → Gewinnspiele, kleine die Aufmerksamkeit fördernde Gadgets (aufgeklebte Münze, Kleeblatt, JA/NEIN-Marken), personalisierte Markenbogen oder Adressblöcke, aufgespendete Plastikkarten, bis hin zum Kleinkatalog oder Auszugs-Katalog mit Verweis auf den umfangreicheren abrufbaren Hauptkatalog.

Mailing, unadressiert, → Mailing.

Mailingbeilage (Package Inserts), sind zusätzliche Werbemittel, die einem → Mailing beigelegt werden. Es kann sich dabei z.B. um → Flyer → Prospekte, → Kataloge, Antwortkarten oder Produktproben handeln. Ziel der Beilagen ist es zusätzliche Aufmerksamkeit zu erhalten und weitergehende Produktinformationen zu liefern. Sie können dem Kunden aber auch eine Antwortmöglichkeit geben, so kann er beispielsweise über Antwortkarten weitere Informationen anfordern oder an einem Gewinnspiel teilnehmen kann.

Mailing-Produktion, → Lettershop.

Makler, → Absatzhelfer; gehört zur Gruppe der Absatzhelfer. Als rechtlich selbständige Person ist er für die Anbahnung von Vertragsabschlüssen zwischen Dritten zuständig, erwirbt aber selbst kein Eigentum an der Ware. Bei erfolgreicher Vermittlung wird dem M. ein Entgelt in Form einer → Provision bezahlt. Eine Grobunterteilung in Zivil- und Handelsmakler ist möglich. Der Zivilmakler bildet eine Brückenfunktion zwischen Privatpersonen (z.B. Wohnungsmieter und -vermieter), während hingegen der Handelsmakler Vermittlungen im Handelsverkehr (z.B. an der Börse) übernimmt.

Malcolm Baldrige National Quality Award (MBNQA), amerikanischer → Qualitätspreis, der als Kriterienraster für eine Konkretisierung des → Total Quality Management (TQM) dient. Aufgrund einer Verschlechterung der amerikanischen Wirtschaft und dem Erfolg japanischer Konkurrenten mit dem TQM-Konzept in den 80er-Jahren wurde 1987 der MBNQA eingeführt, der seitdem über die USA hinaus durch sein Konzept und Modell wichtige Impulse für ein neues Qualitätsbewusstsein auslöste. Ziel des MBNQA ist die Verbesserung des Niveaus der → Wettbewerbsfähigkeit amerikanischer Unternehmen. Ausgezeichnete Unternehmen können zum einen den Gewinn in Werbe- und PR-Maßnahmen kommunizieren, zum anderen sind sie verpflichtet, anderen US-Unternehmen Informationen über erfolgreiche Qualitätsanstrengungen zur Verfügung zu stellen. Das Qualitätsmodell des MBNQA ist in sieben Kategorien (→ Unternehmensführung, Information und Analyse, Strategische → Qualitätsplanung, Human Resource Management, Prozessqualitäts-Management, Qualitäts- und Betriebsergebnisse bzw. → Kundenorientierung und → Kundenzufriedenheit) eingeteilt. Die sieben Kategorien werden wiederum in 20 Subkategorien (Examination Items) und Einzelpunkte (Areas to Address) unterteilt. Während die Elemente des Gesamtmodells konsistent und auf das Ziel der Kundenzufriedenheit ausgerichtet sein müssen, lassen die Subkriterien den Unternehmen einen breiten Handlungsspielraum bzgl. der Erfüllung der Anforderungen. Der wesentliche Nutzen des MBNQA für Unternehmen – abgesehen von einem hohen Reputationsgewinn bei Verleihung des Preises – besteht in einer Selbstbewertung des gesamten Unternehmens und seiner Prozesse. Die beteiligten Unternehmen erhalten einen schriftlichen Feedbackbericht, unabhängig von der Auswahlstufe, die sie erreichen. So können Stärken und Schwächen des → Qualitätsmanagements identifiziert werden, die anschließend für Trainingszwecke oder als Grundlage für interne Qualitätspreise dienen. Zentrale Anwendungsbereiche im Rahmen dieser Unternehmensbewertung sind die Analyse und Bewertung des Ist-Zustandes, die Entwicklung von Verbesserungsmaßnahmen sowie die konkrete Planungshilfe bei der Einführung von TQM-Programmen. Die Gewinner 2002 waren Motorola, Branch-Smith und SSM Health Care. *Vgl. auch* → European Quality Award.

Mall, → Betriebsform des → Einzelhandels. Sehr großflächiges Einkaufszentrum, das den Verkauf von Waren mit Möglichkeiten zur Freizeitgestaltung verbindet. Die Läden innerhalb einer M. sind i.d.R. entlang beider Seiten einer straßenförmigen Fußgängerzone angeordnet. Häufig befindet sich innerhalb einer M. ein so genannter Food-Court, d.h. eine Ansammlung von Fast-Food-orientierten Imbissanbietern.

Management by Objectives (MbO), Führung durch Zielsetzung. Führungsmodell, bei dem die Sachziele der Organisation mit den individuellen Vorstellungen der Mitarbeiter in Einklang gebracht werden. Im Mittelpunkt steht die Formulierung konkreter Arbeitsziele (Objectives), die in ein gesamtes (hierarchisches) Zielsystem eingebunden werden. Der Prozess des MbO kann in fünf Stufen gegliedert werden: (1) Festlegung der Gesamtziele und Bekanntmachung an die Mitarbeiter, (2) Ableitung von Unterzielen auf Basis der vorgegebenen Oberziele, (3) Festlegung von seinen Einzelzielen in Gesprächen mit dem einzelnen Mitarbeiter und Rückmeldung an das Management, (4) Akzeptierte Ziele als Bewertungsmaßstab für die Beurteilung des Mitarbeiters, die zu festgelegten Zeitpunkten erfolgt, und (5) Ableitung bestimmter Konsequenzen aufgrund der Beurteilungsgespräche. Zu den Vorteilen zählen u.a. die Entlastung der Führungskräfte, die Förderung der Mitarbeiterqualifikation sowie größere Handlungsverantwortlichkeit seitens der Mitarbeiter. Als nachteilig sind mögliche Zielkonflikte und der hohe organisatorische Aufwand zu bewerten.

Management, internationales, übergeordneter Begriff des internationalen → Marketingmanagements. Neben dem internationalen Marketingmanagement umfasst das internationale Management weitere Bereiche wie das internationale Beschaffungsmanagement, das internationale F&E-Management, das internationale Produktionsmanagement, das internationale Finanzmanagement sowie das internationale Human Resource Management.

Management-Accounting, führungsorientiertes Rechnungswesen, anglo-amerikanische Bezeichnung für → Controlling.

Management-by-Techniken, bezeichnen Führungstechniken (→ Unternehmensführung), die insbesondere für die Effizienz der → Marketingorganisation eine wichtige Rolle spielen. Die M. stehen in engem Zusammenhang zum Führungsverhalten. Die wichtigsten Formen sind die folgenden: (1) Management-by-Decision-Rules: Die obere Hierarchieebene (z.B. Unternehmensführung oder Marketingleitung) gibt unteren Hierarchieebenen Entscheidungsregeln und Normen vor, nach denen Ziel- und Aufgabenkonflikte in der jeweiligen Entscheidungssituation zu lösen sind. (2) Management-by-Delegation (Führung im Mitarbeiterverhältnis): Verantwortung wird von oberen Hierarchieebenen auf die Mitarbeiter übertragen. (3) Management-by-Exception: Die obere Hierarchieebene delegiert wesentliche Aufgaben an untere Hierarchieebenen, wobei die obere Hierarchieebenen in Ausnahmesituationen in Entscheidungen oder Aufgaben eingreifen darf. (4) Management-by-Motivation: Alle Hierarchieebenen erhalten eine relativ hohe Autonomie in ihren Entscheidungen, wobei Fremdkontrolle durch Eigenkontrolle (Motivation) ersetzt wird. (5) Management-by-Objectives: Vorgesetzte und Mitarbeiter formulieren gemeinsam Ziele und detaillierte Teilziele, mit denen sie sich beide identifizieren, so dass eine hohe Motivation für die Erreichung dieser Ziele gegeben ist. Die Motivation wird verstärkt, indem die Leistungsziele des Unternehmens mit den persönlichen Entwicklungszielen der Mitarbeiter verknüpft werden. (6) Management-by-Participation: Alle Hierarchieebenen werden in den komplexen Prozess der Zielfindung und -formulierung eingebunden, was dem Management-by-Objectives sehr nahe kommt. (7) Management-by-Results: Untere Hierarchieebenen werden von der oberen Hierarchieebene ausschließlich über die Arbeitsergebnisse (z.B. Erfüllung von Umsatzzielen) gesteuert, wobei die unteren Ebenen relativ eigenständig entscheiden können.

Mangelfolgeschaden, → Haftpflichtrecht, → Produkthaftung.

Mangelschaden, → Haftpflichtrecht.

MANOVA, Multiple Analysis of Variance. Multiple Varianzanalyse. → Varianzanalyse.

Marginalanalyse, auf der mikroökonomischen Theorie basierendes Analyseverfahren. Dabei wird mit Hilfe der Infinitesimalrechnung untersucht, wie sich eine infinitesimal kleine Veränderung einer Variablen auf die Veränderung einer oder mehrerer anderer Variablen auswirkt. Die Auswirkungen solcher Veränderungen stellen so genannte Grenzwirkungen dar, die z.B. auch in Begriffen wie Grenznutzen, → Grenzerlös oder → Grenzkosten ihren Ausdruck finden. Marginalanalytische Lösungsansätze finden vor allem dort Verwendung, wo es um die Bestimmung von Gewinnmaxima geht. Grundgedanke marginalanalytischer Betrachtung ist dabei meist, dass eine Maßnahme nur dann wirtschaftlich ist, wenn der durch sie bewirkte Grenznutzen größer als die entsprechenden Grenzkosten ist. Marginalanalytische Betrachtungen haben im Marketing insbesondere in der Preistheorie eine lange Tradition (→ Preiselastizität, → Kreuzpreiselastizität). Weitere Anwendungsfelder finden sich z.B. im Rahmen der Analyse der → Marktreaktion sowie der Bestimmung der → Werbeelastizität.

Marke, bekannte, juristischer Begriff für besonderen Schutz einer Marke, *vgl. auch* → Marke, rechtliche Aspekte.

I. Bedeutung: Das Markengesetz billigt bekannten Marken (*vgl. auch* → Markenbekanntheit, rechtliche Aspekte) Schutz außerhalb des Ähnlichkeitsbereichs zu. Während bei der Anmeldung von Kennzeichen früher eingetragene identische oder ähnliche Zeichen für identische oder ähnliche Waren oder Dienstleistungen ein relatives Eintragungshindernis darstellen, genießen Zeichen mit dem Status einer bekannten Marke auch über den Bereich ähnlicher Waren oder Dienstleistungen hinaus Schutz, d.h. sie stellen ebenfalls ein Eintragungshindernis dar. Beispiel: Ein Hersteller kann für ein Waschmittel nicht den Schutz einer eingetragenen Marke beanspruchen, wenn unter demselben Namen bereits ein Whiskey den Status einer bekannten Marke für sich in Anspruch nimmt.

II. Schutzvoraussetzungen: Neben dem quantitativen Kriterium der → Markenbekanntheit müssen bestimmte qualitative Voraussetzungen vorliegen. Sie bestehen darin, dass fremde Kennzeichen die eigene Marke ausnutzen oder beeinträchtigen. Hierzu zählen (1) → Rufausbeutung bekannter Marken, etwa durch Ausnutzung von Güte-, Qualitäts- und Prestigevorstellungen oder durch Ausnutzung der Aufmerksamkeitswirkung, (2) Beeinträchtigung der Wertschätzung bekannter Marken durch Assoziation mit qualitativ schlechteren Produkten oder durch Inkompatibilität der Anmutungsqualitäten sowie (3) Beeinträchtigung der Unterscheidungskraft bekannter Marken (Verwässerungsgefahr).

Marke, *Brand.* I. Begriff: Eine M. kann als die Summe aller Vorstellungen verstanden werden, die ein → Markenname (Brand Name) oder ein Markenzeichen (Brand Mark) bei Kunden hervorruft bzw. hervorrufen soll, um die Waren oder → Dienstleistungen eines Unternehmens von denjenigen anderer Unternehmen zu unterscheiden. Die Vorstellungen werden durch Namen, Begriffe, Zeichen, Logos, Symbole oder Kombinationen dieser zur Identifikation und Orientierungshilfe bei der Auswahl von Produkten oder Dienstleistungen geschaffen. Durch die Kennzeichnung eines → Produktes mit einer M. entsteht aus einer anonymen Ware ein „markiertes Produkt“. Im Sprachgebrauch verwendet man häufig für markierte Produkte auch die Begriffe markierte Ware, Markenware, oder M. Generell kann zwischen einem formalen, engen und einem inhaltlichen, weiten Markenbegriff unterschieden werden. (1) Im formalen, engen Sinne ist die M. eine Möglichkeit zur äußeren Kennzeichnung von Gütern. Die American Marketing Association definiert die Marke als „[...] name, term, sign, symbol, or design, or a combination of them, intended to identify the goods or services of one seller or group of sellers and to differentiate them from those of competitors.“ Auch §1 des Warenzeichengesetzes (WZG) (→ Warenkennzeichnung) hat ein zeichenorientiertes Verständnis von M.: „Als Marke können alle Zeichen, insbesondere Wörter einschließlich Personennamen, Abbildungen, Buchstaben, Zahlen, Hörzeichen, dreidimensionale Gestaltungen einschließlich der Form einer Ware oder ihrer Verpackung sowie sonstige Aufmachungen einschließlich Farbe und Farbzusammenstellungen geschützt werden, die geeignet sind, Waren oder Dienstleistungen eines Unternehmens von denjenigen anderer Unternehmen zu unterscheiden." (§ 3 Abs. 1 Markengesetz). Darüber hinaus können aber auch Beziehungen und geographische Herkunftsangaben geschützt werden (*vgl.* §§ 1 und 5 Markengesetz). Unternehmen verwenden Warenzeichen zur Unterscheidung ihrer Ware von den Konkurrenten. (2) Für die inhaltliche, weit ausgerichtete Interpretation des Begriffs M. findet auch der Ausdruck → Markenartikel Verwendung, da der Markenartikel als „vollkommenste Ausprägung markierter Ware" betrachtet wird. In der Literatur unterscheidet man zwischen Begriffsauffassungen mithilfe von Merkmalskatalogen und wirkungsbezogenen Ansätzen für die Wesensbestimmung der Marke. Begriffsauffassungen mithilfe von Merkmalskatalogen konzentrieren sich auf angebotsorientierte Gesichtspunkte. Die verwendeten Kriterienkataloge orientieren sich i.d.R. an den Erfolgsfaktoren der M. Demzufolge werden M. durch „privaten Bedarf", „Fertigwaren", „größerer Absatzraum", → „Markierung", „einheitliche Aufmachung", „gleiche Menge und gleich bleibende oder verbesserte Güte", „Verbraucherwerbung" und „Verkehrsgeltung" definiert. Allerdings gibt es wesentliche Kritikpunkte an der merkmalsbezogenen Begriffsauffassung. Unstimmigkeiten bestehen einerseits über die Anzahl und Relevanz der zu beachtenden Kriterien, andererseits über deren Kontinuität. Die Kataloge sind i.Allg. statischer Natur, d.h. deren Zusammenstellung müssen stets den Marktgegebenheiten angepasst werden. Bei wirkungsbezogene Ansätzen steht der Nachfrager im Mittelpunkt des Interesses. Entscheidend für diese Ansätze ist die Verbraucherreaktion, sodass das Ansehen des markierten Erzeugnisses beim Konsumenten über alle anderen Kriterien gestellt wird.

II. Erfolgsprinzipien: Der Erfolg und letztendlich die Anerkennung des markierten Produktes sind verantwortlich für die Bildung einer M. Ein Produkt ist demnach erfolgreich, wenn es die verbraucherbezogenen Funktionen der Marke in einer hohen Weise erfüllt. In diesem Zusammenhang sind die Identifikationsfunktion, die Vertrauensfunktion und die Nutzenfunktion zu nennen. Messbar werden diese Funktionen durch die Konstrukte aktiver und passiver Bekanntheitsgrad (Identifikationsfunktion), die Marktsicherheit und das wahrgenommene Kaufrisiko (Vertrauensfunktion) und die Einstellung (Nutzenfunktion). Es wird erst von einer M. gesprochen, wenn allen drei Funktionen in hohem Maße Rechnung getragen wird. In Anlehnung an Meffert lassen sich Erfolgsprinzipien für die Markenführung formulieren: (1) Competence: Kompetenz bei den nutzenstiftenden Eigenschaften der Leistung. (2) Credibility: Glaubwürdigkeit bei der zentralen Botschaft der Marke. (3) Concentration: Konzentration der Ressourcen. (4) Continuity: Kontinuität als Orientierungshilfe in dynamischen Märkten. (5) Commitment: Verbindlichkeit bei der zentralen Botschaft der Marke. (6) Cooperation: bezieht sich auf das Verhältnis zwischen Hersteller und Handel.

Literatur: Markengesetz – Gesetz über den Schutz von Marken und sonstigen Kennzeichen; Meffert, H. (2000): Marketing: Grundlagen marktorientierter Unternehmensführung, 9. Aufl., Wiesbaden.

Marke, berühmte, juristischer Begriff für besonderen Schutz einer → Marke, rechtliche Aspekte.

Marke, notorisch bekannte, juristischer Begriff für besonderen Schutz einer → Marke, rechtliche Aspekte.

Marke, rechtliche Aspekte. I. Begriff: Ökonomen unterscheiden zwischen nichtmarkierten und markierten Objekten und sprechen bei markierten Objekten im Regelfall von einer Marke. Juristen dagegen sehen für markierte Objekte den Oberbegriff Kennzeichen vor (etwa im Markengesetz) und verwenden den Begriff Marke als Ausdruck für ein bestimmtes rechtlich geschütztes Objekt.

II. Rechtsgrundlagen: Vor allem das MarkenG, das BGB zum Schutz berühmter Marken sowie auf EU-Ebene die Gemeinschaftsmarkenverordnung.

III. Kennzeichen im MarkenG: Das MarkenG fasst unter dem Oberbegriff Kennzeichen verschiedene Sachverhalte zusammen, nämlich Marken für Waren und Dienstleistungen, geschäftliche Bezeichnungen (Unternehmenskennzeichen, Werktitel) sowie geographische Herkunftsangaben. (1) Schutzzweck: Grundlegende Prinzipien sind die Nichtakzessorietät der Marke (Existenz eines Gewerbebetriebes nicht erforderlich), die freie Übertragbarkeit der Marke (durch Verkauf oder Lizenzvergabe), der verstärkte Schutz der kommerziellen Verwertbarkeit bekannter Marken (→ Marke, bekannte) und das Verständnis der Marke als selbständiger Vermögensgegenstand einer Unternehmung. Damit verfolgt das MarkenG – anders als zuvor das WarenzeichenG – nicht allein den Zweck, nur die Unterscheidungs- und die Herkunftsfunktion von Marken zu schützen, sondern ebenso ökonomische Funktionen wie die Werbe- und die Qualitätsfunktion. (2) Markenformen sind: Schutzfähige Zeichen i.S. des MarkenG sind neben Wörtern, Abbildungen, Buchstaben, Zahlen auch Hörzeichen (z.B. akustische Ankündigung einer TV-Sendung), dreidimensionale Zeichen (z.B. Granini-Flasche), Farben (z.B. magenta), Farbkombinationen (z.B. magenta/grau), Geruchszeichen (z.B. frisch geschnittenes Gras für Tennisbälle), Geschmackszeichen (z.B. Briefmarke, die beim Befeuchten mit der Zunge nach Vergissmeinnicht riecht) und Bewegungszeichen (z.B. Bewegung des Zeigefingers der rechten Hand an den Nasenflügel). (3) → Markenschutz: a) Markenschutz durch Eintragung: Kennzeichen können in das Markenregister eingetragen werden, wenn keine absoluten (mangelnde Unterscheidungskraft, keine Selbständigkeit des Zeichens) und relativen (prioritätsältere Rechte) Eintragungshindernisse bestehen. Mit dem förmlichen Akt der Eintragung wird für Dritte erkennbar, dass ein Markenschutz beantragt bzw. vorhanden ist. Insoweit wirkt der Markenschutz präventiv. Die Schutzdauer beträgt zehn Jahre und kann beliebig oft verlängert werden. Für eingetragene Marken besteht ein Benutzungszwang, der mit einer fünfjährigen Benutzungsschonfrist verbunden ist. Ohne Benutzung werden sie danach löschungsreif. Markenschutz gilt grundsätzlich nur in der Klasse, für die ein Zeichen eingetragen ist. Insgesamt gibt es 34 Klassen für Waren und acht Klassen für Dienstleistungen. Die Anmeldegebühr beträgt für eine Marke einschließlich der Klassengebühr bis zu drei Klassen 290 EUR bei elektronischer Anmeldung (300 EUR bei Anmeldung in Papierform), für jede weitere Klasse 100 EUR (Stand: Januar 2002). Durch die Eintragung einer Marke in mehreren Klassen kann eine Unternehmung einen Zeichenvorrat auch für solche Waren und Dienstleistungen anlegen, für die sie diese Zeichen noch nicht benutzt. Bei der Verlängerung der Schutzdauer sind für eine Marke einschließlich der Klassengebühr bis zu drei Klassen 600 EUR und für jede weitere Klasse 260 EUR zu entrichten. b) Markenschutz durch Verkehrsgeltung: Die Erlangung des Markenschutzes ist in diesem Fall nicht an die Anmeldung und Eintragung in das Markenregister, sondern an den Grad der → Verkehrsgeltung (i.e.S. Bekanntheit) gebunden. Die Wirkungen des Markenschutzes sind grundsätzlich gleich denen einer eingetragenen Marke. Ist die Verkehrsgeltung allerdings regional begrenzt, so kann auch der Markenschutz nur für diese Region und nicht wie bei der eingetragenen Marke für das Hoheitsgebiet der Bundesrepublik Deutschland gelten. Des Weiteren geht der Schutz verloren, wenn die Verkehrsgeltung unter den für die Gewährung des Schutzes notwendigen Grad sinkt. In Streitfällen werden gerichtliche Entscheidungen klären müssen, ob einer Marke Schutz durch Verkehrsgeltung zugesprochen werden kann. c) Markenschutz durch notorische Bekanntheit: In Ländern, die der Pariser Verbandsübereinkunft (PVÜ) beigetreten sind, wird notorisch (=allgemein) bekannten Zeichen aus anderen Ländern Markenschutz ggü. Zeichen gleicher oder gleichartiger Produkte gewährt, wenn das notorisch bekannte Zeichen in diesem Land nicht eingetragen ist. Diese Form des Markenschutzes ist in das MarkenG übernommen worden und umfasst – weitergehend als die PVÜ – neben Waren auch Dienstleistungen. Für den Schutz reicht die Bekanntheit der Marke als Voraussetzung aus. Ihre Benutzung ist nicht erforderlich. Die notorisch bekannte Marke genießt denselben Schutz wie die eingetragene Marke und die durch Verkehrsgeltung entstandene Marke. (4) Schutz von Unternehmenskennzeichen: Unternehmenskennzeichen sind z.B. die Firma wie „Mercedes-Benz AG" und „Hugo Boss AG", Firmenschlagworte wie „Mercedes" und „Boss" und besondere Bezeichnungen eines Geschäftsbetriebs oder einer Unternehmung. Das MarkenG billigt Unternehmenskennzeichen kennzeichenrechtlichen Schutz zu, ohne die Voraussetzungen für die Entstehung der Rechte und des Schutzes im Einzelnen zu regeln. Während Marken solche Zeichen sind, die eine Unternehmung für bestimmte Waren oder Dienstleistungen benutzt oder benutzen will (z.B. Aspirin), individualisieren Unternehmenskennzeichen eine Unternehmung als Ganzes (z.B. Bayer). Damit ist nicht ausgeschlossen, dass ein und dasselbe Kennzeichen sowohl als Marke eingetragen werden als auch Schutz als Unternehmenskennzeichen genießen kann. (5) Schutz geographischer Herkunftsangaben: Geographische Herkunftsangaben sind Namen von Orten, Gegenden, Gebieten oder Ländern, die im geschäftlichen Verkehr zur Kennzeichnung der geographischen Herkunft von Waren und Dienstleistungen benutzt werden und allein Ortsansässigen zugänglich sind. Hierdurch soll u.a. die Gefahr der Irreführung über die geographische Herkunft vermieden werden. Nürnberger Lebkuchen, Frankfurter Würstchen und Meißner Porzellan müssen in den genannten Orten bzw. Regionen hergestellt worden sein. Die Gefahr der Irreführung über die geographische Herkunft ist dagegen nicht gegeben, wenn die Ortsangabe als Beschaffenheitsangabe verstanden wird, wie etwa Dresdner Stollen oder Berliner Pfannkuchen.

IV. Berühmte Marke: Schutz durch das BGB (§§ 12, 823 I, 1004 BGB) gegen Verwässerungsgefahr. Dieser Schutz bezieht sich nicht auf Kennzeichen als Individualisierungsmittel für eine Unternehmung als Ganzes bzw. bestimmte von ihr vertriebene Waren. Anknüpfungspunkt des Schutzes berühmter Marken sind auch nicht die wettbewerbsrechtlichen Funktionen. Vielmehr ist es der spezifische Eigenwert eines Kennzeichens als wertvoller Bestandteil einer Unternehmung, dem Schutz gewährt wird. Voraussetzungen für den Schutz eines Zeichens vor Verwässerungsgefahr sind eine überragende Verkehrsgeltung, die auf dem → Bekanntheitsgrad basiert, die Alleinstellung des betreffenden Zeichens, eine gewisse Eigenart des Zeichens im Sinne von Originalität und eine besondere Wertschätzung beim Publikum. Beispiele berühmter Marken: Avon, 4711, Coca Cola, Leica, Nivea.

V. Gemeinschaftsmarke: Mit einer Anmeldung Schutz für eine in allen oder ausgewählten EU-Mitgliedstaaten gültige, einheitliche Marke. Vorteile: standardisierte Anmeldeformulare und Gebührenerhebung, umfassender Markenschutz, für alle EU-Mitgliedstaaten nur ein Widerspruchsverfahren, mit Ausschließlichkeitsrechten (vgl. auch → Rechtsschutz, gewerblicher) ausgestattet, die vom Grundsatz her den Rechten des Inhabers einer Marke entsprechen. Die Grundgebühr für die Anmeldung einer Gemeinschaftsmarke beträgt 975 EUR, für die Eintragung in bis zu drei Klassen von Waren und Dienstleistungen 1.100 EUR; die Klassengebühr für jede weitere Klasse beträgt 200 EUR (Stand: Januar 2002).

Literatur: Schröder, H. (1997): Anforderungen des neuen Markenrechts an das Management von Kennzeichen, in: Die Betriebswirtschaft, 57. Jg., Nr. 2, S. 176-188; Schröder, H. (2001): Neuere Entwicklungen des Markenschutzes. Markenschutz-Controlling vor dem Hintergrund des Markengesetzes, in: Köhler, R./Majer, W./Wiezorek, H. (Hrsg.): Erfolgsfaktor Marke. Neue Strategien des Markenmanagements, München, S. 309-322; Schröder, H. (2001): Markenschutz als Aufgabe der Markenführung, in: Esch, F.-R. (Hrsg.): Moderne Markenführung, 3. Aufl., Wiesbaden, S. 267-293.

Hendrik Schröder

Markenartikel, die inhaltliche, weit ausgerichtete Interpretation des Begriffes → Marke. Dies kommt in der Auffassung zum Ausdruck, dass der M. als „vollkommenste Ausprägung markierter Ware" betrachtet wird. Der M. repräsentiert demnach ein → Produkt, das mit einem seine Herkunft kennzeichnenden Merkmal (z.B. Namen, Bildzeichen) (→ Warenkennzeichnung) versehen ist und durch gleich bleibende Aufmachung und Menge, unveränderte oder verbesserte Qualität, Verbraucherwerbung, hohen Bekanntheitsgrad und weite Verbreitung im Absatzmarkt charakterisiert ist.

Markenartikelerosion. Das sich im Zeitablauf ändernde Konsumverhalten hat auch Auswirkungen auf das Verhältnis zwischen Konsument und → Markenartikel. Die wesentlichen Aspekte sind: (1) die Qualitätsbeurteilung von Markenartikeln, (2) die Bereitschaft, Markenartikel zu kaufen und (3) die Treue zum Markenartikel. Wie die Ergebnisse verschiedener Marktforschungsstudien zeigen, hat dieser Wandel im Konsumverhalten zu einer Einstellungsänderung hinsichtlich der Qualitätsbeurteilung von Markenartikeln geführt. Wie z.B. die Gesellschaft für Konsumforschung (GfK) ermittelte, glaubten im Jahr 1997 nur noch 15 Prozent der Nachfrager an eine überlegene Qualität des Markenproduktes ggü. dem nicht markierten Gut. 1985 lag dieser Anteil noch bei 26 Prozent. Die Bereitschaft, Markenartikel zu erwerben hängt vom → Produkt ab. Bei Bohnenkaffee zeigte sich immer schon eine hohe Bereitschaft, wohingegen bei Toilettenpapier seit Jahren eine schwache Bereitschaft zu verzeichnen ist. Nichtsdestotrotz sinkt nach einer Studie der IRES GmbH in einer Vielzahl von Produktkategorien, wie z.B. Pharmazeutika, Bekleidung und Nahrungsmittel, die Bereitschaft der Nachfrager kontinuierlich seit 1978. Ferner zeigen Studien der GfK, dass das Niveau des markenloyalen Verhaltens nach wie vor hoch ist, doch bekunden 1997 deutlich weniger Konsumenten, bei vielen Produkten immer nur eine bestimmte → Marke zu kaufen. Der Anteil der Befragten lag bei 61 Prozent gegen über 67 Prozent im Jahr 1984.

Markenbekanntheit, rechtliche Aspekte. I. Gegenstand: Während bei der Eintragung von Kennzeichen in das → Markenregister unmittelbar Markenschutz entsteht (vgl. auch → Marke, rechtliche Aspekte), gibt es andere Fälle, in denen die Frage, ob und in welchem Umfang eine Marke Schutz genießt, erst über ihren → Bekanntheitsgrad beantwortet werden kann. Dies gilt z.B. für berühmte Marken (→ Marke, berühmte), notorische Marken (→ Marke, notorisch bekannte), bekannte Marken (→ Marke, bekannte), Markenkraft → Verkehrsgeltung und Markenkraft → Verkehrsdurchsetzung. In diesen Fällen ist der Schutz an bestimmte Umstände des Einzelfalles gebunden, deren Vorhandensein im Zweifelsfall erst Gerichte bestätigen werden. Ein solcher Schutz wirkt insoweit nur reaktiv. Die in der Abb. „Zusammenhang zwischen Bekanntheitsgrad und Schutz einer Marke“ angegebenen Schwellenwerte, ab denen Marken einen bestimmten Schutz erlangen, sind lediglich grobe Anhaltspunkte, die von der Rechtsprechung im Einzelfall unter- oder überschritten werden können.

Zusammenhang zwischen Bekanntheitsgrad und Schutz einer Marke

Bekanntheitsgrad	Eingetragene Marke	Nicht eingetragene Marke	Im Inland nicht benutzte und nicht eingetragen Marke
Unerheblich	Schutzbeginn		
> 30% Verkehrsgeltung		Schutzbeginn	
> 33% Bekannte Marke	Schutz gegen unlautere Verwässerung		
> 50% Verkehrsdurchsetzung		Von Hause aus schutzfähiges Zeichen wird eintragungsfähig	
> 60% Notorische Marke			Schutzbeginn
> 80% Berühmte Marke		Schutz gegen objektive Verwässerung	

II. Bedeutung: Grundsätzlich gilt: Je höher der Bekanntheitsgrad einer Marke ist, desto größer sind die Möglichkeiten, gegen Dritte vorzugehen (z.B. Anmeldung ähnlicher Zeichen) und sich vor Angriffen Dritter zu schützen (z.B. rufschädigende Werbung). Sollte bei Auseinandersetzungen eine außergerichtliche Einigung nicht möglich sein, können kontinuierlich gewonnene Informationen über die M. bei der Beweisführung vor Gericht helfen. Denn in der Vergangenheit standen die Gerichte wiederholt vor dem Problem, dass der Zeitpunkt, zu dem es zu einer Kollision zwischen zwei Zeichen gekommen war, und der Zeitpunkt, zu dem eine Befragung über die M. durchgeführt werden sollte, mehrere Jahre auseinander lagen.

III. Probleme: Bei der Ermittlung des Bekanntheitsgrades vor allem die Übersetzung juristischer Beweisfragen in valide demoskopische Testfragen, die Definition und Abgrenzung der Personen, die zu den relevanten Verkehrskreisen gehören (z.B.

Allgemeinheit oder Fachkreise, aktuelle Käufer, potenzielle Käufer, Interessierte), das Verfahren zur Auswahl von Stichproben (z.B. Zufallsstichprobe oder Quotenauswahl), die Erhebung der gestützten oder ungestützten → Markenbekanntheit sowie die Art der Fragestellung (offen oder geschlossen).

Markenbewertung, Bestimmung des → Markenwerts. Aufgrund der vielschichtigen Zusammensetzung und der Immaterialität der Marke ist ihre wertmäßige Bestimmung i.d.R. mit Schwierigkeiten verbunden. Ausgehend von den unterschiedlichen Auslegungen des Markenwertbegriffs sind so zahlreiche Varianten zur Markenwertbestimmung entstanden. Das Spektrum reicht von finanzorientierten, kosten- und preistheoretischen über kapitalmarktgerichteten bis hin zu konsumentenorientierten Ansätzen. Zu unterscheiden sind dabei grundsätzlich Global- und Partialmodelle. Unter Globalmodellen sind diejenigen Verfahren zu verstehen, die den Markenwert als Einheit betrachten und den Wert der Marke damit auch als Einheit quantifizieren. Partialmodelle dagegen versuchen, nur einen Teilaspekt der Marke quantitativ abzubilden.

Markenbewusstsein, positive Prädisposition ggü. Markenwaren im Vergleich zu unmarkierter Ware.

Markenbilanz, zweistufige Markenwertmessung. Der erste Schritt beinhaltet die Feststellung der Markenstärke aus Konsumentensicht anhand unterschiedlicher Kriterien (z.B. Markentreue, Werbeerinnerung, Markenidentifikation). Im zweiten Schritt erfolgt dann eine Verknüpfung dieser Werte mit Betriebsdaten, so dass man schließlich einen monetären → Markenwert erhält.

Markenbildung, Instrument der → Produktpolitik, mit dessen Hilfe den Abnehmern eine „Produktpersönlichkeit“ bzw. → Marke angeboten werden soll, die leicht im Gedächtnis behalten und zum identifizierbaren Einstellungsobjekt gemacht werden kann.

Markencontrolling, Teilbereich des → Marketingcontrolling, der den Produkt- bzw. Markenmanager in seiner Entscheidungsfindung unterstützen soll. Ziel eines M. muss es sein, sowohl quantitative Marktdaten in ausreichendem Umfang zur Verfügung zu stellen und somit eine Beurteilung der Marktstellung und des → Markenwerts zu ermöglichen, als auch ein kontinuierliches Monitoring qualitativer Aspekte (Image, Stellung beim Verbraucher, Einpassung in marktliche und gesellschaftliche Kontexte, Trendpotenziale usw.) zu leisten.

Markeneinführung, im markenpolitischen Entwicklungsprozess repräsentiert die markierte Ware die erste Phase. Fast jedes → Produkt wird zunächst als markierte Ware in den Markt eingeführt, die eindeutige → Markierung steht im Vordergrund. Durch den Einsatz des Marketinginstrumentariums entwickelt sich die lediglich markierte Ware zu einer Markenware. Entsprechend kann dann von einer → Marke gesprochen werden. Bei einer umfassenden und erfolgreichen Durchsetzung im Markt kann in einer weiteren Entwicklungsstufe die Marke zu einem → Markenartikel werden, bei dem ein höheres Niveau der zentralen Markeneigenschaften erreicht wird.

Markenfamilie, die Führung mehrerer → Produkte unter einer → Marke. Alle Erzeugnisse sollen dabei vom Goodwill dieser bekannten, am Markt gut eingeführten Marke profitieren. Dem Effizienzkriterium trägt diese Strategie dadurch Rechnung, dass die M. die Nutzung positiver Ausstrahlungseffekte erlaubt, wobei die Produkte nicht miteinander harmonieren müssen.

Markenführerschaft, zeichnet sich dadurch aus, dass neue und für das Kaufverhalten relevante Eigenschaftsmerkmale gesucht, gefunden und in die → Markenpositionierung integriert wurden. Durch die Auswahl eines einprägsamen und zugleich schutzfähigen → Markennamens und -zeichens (→ Warenkennzeichnung) gewährleistet der Markenführer zugleich die Wiedererkennung der → Marke.

Markenfunktionen. Die Markierung von Produkten verfolgt das Ziel der Unterscheidungsmöglichkeit und Abhebung innerhalb von informationsüberladenen Märkte. Die Marke stellt somit eine wichtige Orientierungshilfe dar, die den Konsumenten bei der Kaufentscheidung unterstützt. Sie erleichtert die Identifikation mit dem Produkt, indem sie Eigenschaften und Werte symbolisiert

(→ Markenpersönlichkeit). Im Rahmen des gesellschaftlichen Wertewandels kommt der Marke eine Ankerfunktion zu; sie verkörpert dabei u.a. Tradition, Stabilität und Zuverlässigkeit. Besonders letztere Eigenschaft schürt Vertrauen beim Konsumenten. Des Weiteren stehen Markenprodukte für (vermutete) Qualität, Kompetenz und Sicherheit. Image und Prestige sind weitere Markenfunktionen, die für das Kaufverhalten ausschlaggebend sein können. Im Zusammenspiel führen die einzelnen Funktionen der Marke zu einer festeren Kundenbindung.

Markengesetz, → Marke, rechtliche Aspekte.

Markengoodwill, liegt vor, wenn ein Konsument seine positiven Eindrücke zu einem bestimmten Produkt auf ein anderes Produkt des gleichen Herstellers überträgt und in den Kaufentscheidungsprozess einfließen lässt. Für den Konsumenten bedeutet dieses Verhalten eine Risikominimierung, indem er die von ihm bisher gesammelten Erfahrungen beim Kauf eines ihm unbekannten, für ihn risikobehafteten Produktes zugrunde legt. Aus Produzentensicht ist es daher wichtig, Markengoodwill beim Konsumenten zu erzeugen, um von einem höheren Bekanntheitsgrad und großem Vertrauen zu profitieren. Dieser Vorteil kommt insbesondere bei Produktneueinführungen zum Tragen, wenn die üblicherweise hohen Kosten für die Kommunikation der neuen Variante dank des M. reduziert werden können.

Markenidentität, *Brand Identity*; die in sich widerspruchsfreie Summe aller Merkmale einer → Marke, die diesen Gegenstand dauerhaft von anderen unterscheidet und damit seine Markenpersönlichkeit ausmacht. Die M. entsteht erst durch die wechselseitige Beziehung zwischen internen und externen Zielgruppen der Marke. Deshalb muss zwischen dem Selbstbild und dem Fremdbild der Identität unterschieden werden. Während auf der einen Seite das Selbstbild der Identität im Unternehmen entsteht und von den Managern direkt beeinflusst werden kann, formt sich auf der anderen Seite ein Fremdbild der M. bei den verschiedenen Zielgruppen. Dieses Fremdbild repräsentiert das → Image der Marke.

Markenimage, *Brand Image*; steht für die Wahrnehmung einer → Marke, die durch die Markenassoziationen im Gehirn des Konsumenten widergespiegelt wird. Als Dimensionen zur Erfassung der Assoziationen mit einer Marke kommt die Vorteilhaftigkeit, Stärke und Einzigartigkeit in Betracht. Die Vorteilhaftigkeit von Markenassoziationen zeigt sich in der Zufriedenheit und in einem positiven Gesamteindruck der Konsumenten von der Marke. Weiterhin erzeugt eine starke Markenassoziation u.a. eine höhere Erinnerungsfähigkeit („Brand Recall") des Verbrauchers an die Marke. Die Einzigartigkeit von Assoziationen ergibt sich aus dem Vergleich der assoziierten → Eigenschaften mit den Eigenschaften anderer Marken.

Markenkapital, steht für den aus Nachfragersicht empfundenen Geltungswert einer → Marke. Das Geltungskapital einer Marke wird aufgebaut durch Markenwissen und Vertrauen der Konsumenten in die Marke.

Markenkern, repräsentiert das zentrale Nutzenversprechen der → Marke. Dieses kann sowohl den funktionalen Produktnutzen als auch den emotionalen → Zusatznutzen betreffen. *Vgl. auch* → Nutzen.

Markenkombination, *Composite Branding*; eine Markenerweiterungsstrategie, die zwei vorhandene → Markennamen miteinander verbindet, um einen kombinierten Markennamen für ein neues → Produkt aufzubauen. Betrachtet man eine → Marke als ein Signal für den Verbraucher, so kann man sich vorstellen, dass zwei Markennamen größeres Vertrauen in ein Produkt hervorrufen als ein einziger Name. Schließlich sind bei einer Verbundstrategie zwei Marken bereit, ihren Ruf für das neue Produkt einzusetzen.

Markenlizenz, *vgl. auch* → Lizenz. Eine Marke ist – anders als noch beim Warenzeichengesetz – ein selbständiges verkehrsfähiges Wirtschaftsgut. Lizenzfähig sind eingetragene Marken (→ Marke, rechtliche Aspekte), durch → Verkehrsgeltung entstandene Marken sowie notorisch bekannte Marken (→ Marke, notorisch bekannte) (§ 30 I MarkenG). Der Lizenzgeber kann auf vielfältige Art und Weise die Markenlizenz gestalten. Neben Entscheidungen über die Ausschließlichkeit einer M. sind mit dem

Lizenzvertrag Regelungen über personelle, zeitliche, räumliche, sachliche und qualitative Aspekte zu treffen (vgl. die Abb. „Gestaltungselemente einer Markenlizenz"). Ggü. den sich vertragswidrig verhaltenden Lizenznehmern kann der Markeninhaber vertragliche oder gesetzliche Ansprüche geltend machen. Ggü. den übrigen Unternehmungen wird er sich auf seine Ausschließlichkeitsrechte oder, sofern das vermeintlich rechtswidrige Verhalten nicht durch das Markengesetz erfasst wird, auf andere Rechtsvorschriften berufen, wie z.B. das → UWG.

partnerschaftlichen Zusammenarbeit mit den Distributionsorganen.

Markenname, *Brand Name*; soll Verbrauchern helfen, die charakteristischen Eigenschaften eines Angebots zu verstehen. Er dient als Hinweis zum Entschlüsseln und Wiederfinden von markenbezogenen Informationen und kommuniziert die z.T. nicht greifbaren Produktmerkmale, die andernfalls durch Erfahrung oder guten Glauben gelernt werden müssen. Im Rahmen der Produktbeurteilung und -auswahl fungiert der M. darüber hinaus auch als Schlüsselmerkmal. Der M. ist also weit mehr als ein Subelement des Marketingmix. Er hat einen wesentlichen strategischen Einfluss auf die langfristige → Positionierung einer → Marke.

Beschränkung / Dimension	Ohne Beschränkung	Mit Beschränkung
Personell	Ausschließliche Lizenz: Lizenznehmer verfügt über alleiniges Benutzungsrecht	Nicht-ausschließliche Lizenz: Benutzungsrecht wird geteilt
Zeitlich	Unbefristet	Befristet
Räumlich	Gesamtes Hoheitsgebiet der Bundesrepublik Deutschland	Ein Teil des Hoheitsgebiets der Bundesrepublik Deutschland
Sachlich	Alle geschützten Warengruppen bzw. Dienstleistungen	Ein Teil der geschützten Warengruppen bzw. Dienstleistungen
Qualitativ	Keine Vorgaben für die Qualität der vom Lizenznehmer erstellten Waren bzw. erbrachten Dienstleistungen	Genaue Vorgaben für die Qualität der vom Lizenznehmer erstellten Waren bzw. erbrachten Dienstleistungen

Gestaltungselemente einer Markenlizenz (Grundlage MarkenG)

Markenmanagement, beschäftigt sich mit allen Entscheidungen und Maßnahmen, die mit der → Markierung von → Produkten oder → Dienstleistungen in Zusammenhang stehen. Folgende wesentlichen Aufgabenbereiche lassen sich identifizieren: (1) Generell soll die → Marke für die Unternehmung eine absatzfördernde Wirkung erzeugen, (2) die Marke soll einerseits der Präferenzbildung bei den Konsumenten dienen und andererseits zur Differenzierung ggü. der Konkurrenz beitragen, (3) bekannte Marken fungieren als Grundlage für ein positives Firmenimage, (4) das M. soll die Planungssicherheit erhöhen, indem sie einen Kundenstamm aufbaut, (5) es gilt, den preispolitischen Spielraum, den die Marke bietet, auszuschöpfen und (6) eine Wertsteigerung der Unternehmung zu realisieren. Um diese Ziele zu erreichen, bedarf es einer hohen Kompetenz, einer hohen Glaubwürdigkeit beim Nachfrager, einer Konzentration der Ressourcen auf starke Marken, einem kontinuierlichen Markenauftritt, einer konsequenten Innovationspolitik (→ Innovation) und einer partnerschaftlichen Zusammenarbeit mit den Distributionsorganen.

Markenpenetration, Phase im Prozess der Markeneinführung bzw. Markenpositionierung, die der Durchsetzung der Marke im Markt dient. Die Erreichung eines hohen Bekanntheitsgrades und eines hohen Marktanteils werden insbesondere durch die Vermittlung eines klaren Markenbildes gegenüber unternehmensinternen und -externen Anspruchsgruppen sowie durch die Verankerung der Markenbotschaft im Bewusstsein der relevanten Anspruchsgruppen erreicht. Zentrale Maßnahme zur Erreichung der genannten Ziele ist darüber hinaus ein integrierter Einsatz aller Marketingmix-Instrumente im Sinne eines integrierten Marenkonzeptes.

Markenpersönlichkeit, *Brand Personality*; ist neben den physischen Attributen und dem funktionalen Nutzen eine Determinante des Markenimage. Formal wird die M. als eine Gruppe menschlicher Eigenschaften, die mit einer → Marke assoziiert werden, definiert. Diese Gruppe enthält einerseits Charakteristika wie Geschlecht, Alter und Zugehörigkeit zu einer sozialen Schicht, andererseits auch klassische, menschliche Eigenschaften, wie z.B. Wärme oder Zuverlässigkeit. Die M. ist wie die menschliche Persönlichkeit unverwechselbar und dauerhaft. So wurde festgestellt, dass die Marke Coca Cola mit den Eigenschaften authentisch und echt, während die Marke Pepsi mit den Eigenschaften jung, einfallsreich und aufregend verbunden wird.

Markenpiraterie, → Nachahmung, → Produktpirateriegesetz, → Anti-Piraterie-Verordnung.

Markenpolitik, internationale, → Markenstrategie, internationale.

Markenpositionierung, → Positionierung.

Markenprofilierung, das Ergebnis eines Planungsprozesses, der dazu führt, dass eine → Marke mit bestimmten → Produkteigenschaften sowohl eine dominierende Stellung in der Psyche der Konsumenten als auch eine hinreichende Differenzierung ggü. Konkurrenzprodukten erreicht. Der Prozess der M. umfasst sechs Phasen: (1) Analyse der Bedürfnisstruktur der relevanten Zielgruppe, (2) Ermittlung der Markendominanz, d.h. Auswahl der produktbezogenen Idealanforderungen der Zielgruppe, (3) Markendifferenzierung, d.h. Sicherstellung der Differenzierungsfähigkeit ggü. der Konkurrenz, (4) Markengestaltung, d.h. nach der Identifikation der dominierenden und differenzierenden Produkteigenschaften und der Festlegung des zentralen Nutzenversprechens werden ein äußeres Leistungsprofil und Erscheinungsbild der Marke aufgebaut, (5) Abstimmung sämtlicher Marketingmixinstrumente auf das zentrale Nutzenversprechen (Markenkern) und (6) Markenpenetration, d.h. es gilt, die Marke am Markt durch eine langfristige und kontinuierliche werbliche Ansprache am Markt zu etablieren.

Markenpsychologie, befasst sich mit dem inneren Abbild, dem → Image von → Marken (*vgl. auch* → Markenimage), das sich als Projektion von → Einstellungen auffassen lässt. Es ist üblich, das Image von Marken mit einem mehrdimensionalen Merkmalsraum zu erfassen, dessen relevante Dimensionen z.B. bei Autos sportlich/unsportlich oder wirtschaftlich/unwirtschaftlich lauten. Den bekannten Wahrnehmungs- und Beurteilungsmodellen liegt jedoch die Sichtweise zugrunde, dass ein Konsument in der Lage ist, bestimmte Facetten einer Marke isoliert zu erleben. So hebt beispielsweise das sog. Vektormodell auf die innere Stimmigkeit der Eigenschaften einer Marke ab. Bei einem stimmigen Markenbild deuten alle Vektoren (Eigenschaften) in die gleiche Richtung, dagegen zeigen die Merkmale bei einem unstimmigen Image in unterschiedliche Richtungen, d.h., sie streuen mehr oder weniger zufällig. Trotz ihrer Aussagekraft verkörpern → Multiattributmodelle einen Rückfall in die Elementenpsychologie, indem sie Aspekte der Eindrucksbildung und Gestalthaftigkeit vernachlässigen. Ein theoretisch anspruchsvolleres, jedoch schwerer zu operationalisierendes Modell bietet das Konzept → semantischer Netzwerke. Nach diesem Ansatz sind Wissensstrukturen assoziativ miteinander verbunden und zwar im Ausmaß der semantischen Ähnlichkeit verschiedener Kategorien. Z.B. ist die Marke BMW verzahnt mit Begriffen wie Bayern, Motorrad, sportlich und exklusiv. Für die Gestaltung einer Marke ergeben sich aus diesem Ansatz die folgenden Hilfestellungen: Zunächst interessiert die Anzahl der Eigenschaften, die mit der Marke in Verbindung stehen. Dadurch erhält der Marktforscher Auskunft über die Intensität der Vernetzung dieser Marke in der Gedankenwelt des Nachfragers. Ferner ist die Richtung der Verbindung zwischen den Eigenschaften und der Marke zu analysieren. Ist der Zugriff nur von der Marke (z.B. Boss) auf die Eigenschaft (Exklusivität) oder auch umgekehrt möglich (von Exklusivität auf Boss)? Auch bedarf es einer Untersuchung der Stärke der Verzahnung zwischen Eigenschaft und Marke. Dies hängt entscheidend von der Anzahl der Marken, die diese Eigenschaft für sich beanspruchen, sowie von der Konsistenz der Auftritte der Marke ab. Schließlich gilt die Aufmerksamkeit dem mit der Marke verbundenen Inhalt. Dieser Inhalt lässt sich bildlich oder verbal präsentieren und sollte möglichst klar und prägnant sein. Studien der Gesellschaft für Konsumforschung zufolge ermöglichen markante, klare und eindringliche Markenbilder einen schnellen Zugriff durch die Nachfrager. Zur Unterstützung sind klare, einfache Aussagen sowie ein integrativer Gesamtauftritt der Marke zu empfehlen. Hierzu ist es unerlässlich, dass der Produktmanager die marketingpolitischen Aktivitäten abstimmt und auf eine konsistente Wiederholung der Aussagen und Bilder achtet.

Markenrecht, → Marke, rechtliche Aspekte.

Markenregister, → Marke, rechtliche Aspekte.

Markenschutz, → Marke, rechtliche Aspekte.

Markenshop, räumlich konzentrierte Zusammenfassung verschiedener Artikel eines Markenprogramms innerhalb der Verkaufsstelle des Handels (vgl. → Shop-in-the-Shop). M. werden i.d.R. durch ein ladenbauliches Konzept besonders hervorgehoben. Mit Hilfe entsprechender Dekorationen im M. soll i.d.R. die Erlebnisdimension der Herstellermarke unterstrichen werden. Über die Integration von M. in die Verkaufsstelle will der Einzelhändler seine Markenkompetenz dokumentieren. M. finden vor allem im Textileinzelhandel weite Verbreitung (z.B. Boss, Calvin Klein).

Markenstärke, Gesamtheit aller positiven und negativen Vorstellungen, die im Konsumenten ganz oder teilweise aktiviert werden, wenn er das → Markenzeichen wahrnimmt, und die sein Markenwahlverhalten beeinflussen.

Markenstrategie, internationale, markierungstechnische Entscheidungstatbestände, länderübergreifende Gestaltung von Markennamen und Markenzeichen von international agierenden Unternehmen.

I. Begriff: Die internationale Markenstrategie (auch International Branding) kann in ihrer weiten Fassung als Planung, Realisation und Kontrolle sämtlicher zielgerichteter Marketingmaßnahmen verstanden werden, die auf markierte und international distribuierte Produkte (und Dienstleistungen) gerichtet ist (→ internationale Leistungspolitik). In einer engen Sichtweise geht es um markierungstechnische Tatbestände, d.h. wie Markenname und Markenzeichen in den einzelnen Ländern gestaltet werden sollen.

II. Merkmale: Die Strategiealternativen einer internationalen Markierung reichen von völliger länderübergreifender Standardisierung von Markennamen und -zeichen bis hin zu landesspezifischen Adaptionen beider Gestaltungselemente. Die Standardisierung ist dabei vorteilhaft, wenn ein großer → Media Overspill vorhanden ist, Konvergenztendenzen im Nachfrageverhalten zwischen einzelnen Ländern vorherrschen, hohe Mobilität der Nachfrager gegeben ist, ein international einheitliches Image und eine einheitliche Produktpositionierung angestrebt werden, internationale Schutzfähigkeit der Marke gegeben ist sowie eine geozentrische Unternehmensorientierung im Rahmen des → EPRG-Schemas vorliegt mit der Tendenz zu inhaltlicher und prozessualer → Marketingstandardisierung. Die Differenzierung von Markennamen und -zeichen ist hingegen vorteilhaft, wenn die Gefahr von → Reimporten hoch ist (z.B. aufgrund großer internationaler Preisdifferenzen), der Auf- oder Ausbau einer lokalen Marke zu einer internationalen Marke zu ressourcenintensiv und/oder risikobehaftet erscheint, die Imitationsgefahr einer international bzw. global erfolgreichen Marke (→ Global Brands) hoch ist (Markenpiraterie), eine stark dezentrale Unternehmensstruktur mit geringer Entscheidungszentralisation bei der inländischen Muttergesellschaft vorliegt, Produkteigenschaften landesspezifisch angepasst werden (müssen) sowie eine polyzentrische Unternehmensorientierung im Rahmen des → EPRG-Schemas gegeben ist mit der Tendenz zur inhaltlichen und prozessualen Ausrichtung der → Marketingdifferenzierung.

III. Ziele: Je nach Standardisierungsgrad bzw. Tendenz der internationalen Ausrichtung können verschiedene Zielgrößen unterschieden werden. Weltmarken, d.h. Markenname und -zeichen sind weltweit identisch, sparen Kosten in Produktion und Marketing. Zudem fördern sie das Image des → Global Players. Andererseits tragen landesspezifische Adaptionen möglicherweise zu einer stärkeren Identifizierung der Konsumenten mit dem betreffenden Produkt bei, was in jeweils höheren Absatzmengen mündet, die die entgangenen Kostenvorteile wettmachen können. Je nach strategischer Ausrichtung werden also unterschiedliche Ziele verfolgt, die aber letztendlich aus verschiedenen Richtungen zur stärkeren Erfüllung des unternehmerischen Oberziels (z.B. der Gewinnmaximierung) beitragen.

IV. Maßnahmen: Grundsätzlich können sowohl der Markenname als auch das Markenzeichen standardisiert oder länderspezifisch unterschiedlich gestaltet werden. Somit ergeben sich vier Markierungsstrategien. Die Strategie I entspräche einem global standardisierten Auftritt mit einheitlichem Markenname und -zeichen. Der Strategie II liegt eine länderspezifische Ausgestaltung des Markennamens bei identischem Markenzeichen zugrunde. Der umgekehrte Fall ist bei der Strategie III zu beobachten. Hier sind ein einheitlicher Markenname, aber unterschiedliche Markenzeichen zu beobachten. Eine vollständige Differenzierung wird durch die Strategie IV beschrieben. Hier erfolgt sowohl eine landesspezifische Anpassung des Markennamens wie auch des Markenzeichens. Die nach der Strategie I gestaltete Marke wird auch als Weltmarke, die nach den übrigen Strategien entwickelte Marke als Lokalmarke bezeichnet. Wird eine Marke lediglich in einer Teilmenge der vom Unternehmen insgesamt bearbeiteten Länder in identischer Weise angeboten (z.B. weil die Rechte für eine Marke in einem bestimmten Land bereits bei einem anderen Unternehmen liegen), wird von einer Regionalmarke gesprochen. Im Hinblick auf die Anzahl der unter einer Marke geführten Produkte ist zwischen der Einzelmarkenstrategie (nur ein einzelnes Produkt wird unter der jeweiligen Marke geführt), der Markenfamilienstrategie (eine Marke kennzeichnet mehrere Produkte, die die gleiche Substanz aufweisen oder die gleichen Bedürfnisse betreffen) und der Dachmarkenstrategie (die Gesamtheit der von einem Unternehmen angebotenen Produkte wird unter eine einheitlichen Marke, die häufig mit dem Unternehmensnamen identisch ist, gestellt und mit einer zusätzlichen Submarke versehen) zu unterscheiden. Letztere bietet die Möglichkeit, ein länderübergreifend einheitliches Image aufzubauen, wobei trotzdem die Möglichkeit offen gelassen wird, durch eine entsprechende Wahl der Submarke eine Anpassung an lokale Verhältnisse vorzunehmen.

Markensympathie, bezieht sich auf das Verhältnis zwischen (aktuellem und potenziellem) Konsumenten und der Marke. M. beschreibt die Ähnlichkeit in der Art des Erlebens und Reagierens, die Gleichgerichtetheit der Überzeugung und Gesinnung zwischen Marke und Konsument.

Markentransfer, ist als eine Strategie zu verstehen, bei der unter Zuhilfenahme des → Markennamens positive Imagekomponenten von einer Hauptmarke auf einen Transferkandidaten übertragen werden. Hierfür bestehen die folgenden Gründe: (1) Geringe Markteintrittsbarrieren reduzieren die → Flop Rate und erleichtern den Eintritt in völlig neue Produktbereiche. (2) Durch die Übertragung positiver Konsumerfahrungen vom Hauptprodukt auf das Transferprodukt kann sich der Käufer kognitiv entlasten. (3) Durch das gemeinsame Auftreten zweier Produkte unter dem gleichen Markennamen lassen sich Synergien beim Einsatz des Marketingmix realisieren. (4) Das → Image des Transferproduktes vermag das Assoziationsfeld der Stammarke zu erweitern und dessen Stellung am Markt zu stärken. Der M. lässt sich durch einen gemeinsamen Marktauftritt von Haupt- und Transferprodukt unterstützen. Dies ist einerseits durch die gleichzeitige Präsentation mehrerer Produkte in der → Werbung möglich, andererseits erscheint eine gemeinsame Platzierung im Laden denkbar. Darüber hinaus bilden ein übereinstimmendes Verwendungsumfeld sowie gemeinsame Erlebniswelten und Lebensstile die Grundlage für einen erfolgreichen M. Vor dem eigentlichen Transfer eines → Markenartikels sind Fragen nach seinem Transferpotenzial und der Tragfähigkeit zu beantworten. Lässt sich die interessierende → Marke überhaupt in einen neuen Produktbereich übertragen? Ist die Marke für den Transfer ausreichend tragfähig? Empirische Studien für die Marke Mövenpick und die Marke Bild legen folgende Basishypothese nahe: Je weiter entfernt das Transferprodukt vom Ursprungsprodukt ist, desto geringer sind die Aussichten auf einen erfolgreichen M. Hiernach spielt das → Markenimage eine entscheidende Rolle bei der Identifikation möglicher Transferbereiche. Die beiden wichtigsten Typen von Imagestrukturen sind produktgeprägte und nutzengeprägte Markenimages. Produktgeprägte Images sind dadurch charakterisiert, dass die physikalische, chemische und technische Beschaffenheit die Marke bestimmt. Beispiele dafür sind Versprechen der folgenden Art: „Tesa ist eine durchsichtige Klebefolie" oder „eine Bohrmaschine von Black & Decker schafft jedes Material". Ohne Zweifel besteht ein nahezu unauflösbarer Widerspruch zwischen dem produktgeprägten Image einer Marke und seiner Tauglichkeit zum Transfer und zwar aus folgenden Gründen: (1) Durch die Produktprägung baut sich eine spezifische, aber gleichzeitig sehr enge Kompetenz auf, die kaum ausdehnbar oder übertragbar ist. (2) Jeder Transfer bedeutet bei diesem Imagetyp eine Abkehr von den tragenden Imagekomponenten, also den objektiven Produktmerkmalen. (3) Aus der Definition der Marke über ihre Attribute resultiert eine funktionale Gebundenheit. Das Individuum verknüpft ein bestimmtes Produkt (z.B. Tempo) mit einer speziellen Verwendung (z.B. die Nase putzen). Nutzengeprägte Images zeichnen sich dadurch aus, dass nicht die physikalische, chemische oder technische Beschaffenheit der Marke, sondern deren Fähigkeit zur Problemlösung im Mittelpunkt steht. Ein Beispiel hierfür ist das Versprechen von Tesa, Gegenstände zu verbinden oder zu befestigen. Wieweit das Transferpotenzial nutzengeprägter Marken reicht, zeigen die Beispiele emotional sehr stark aufgeladener Marken wie Armani, Cardin oder Dior. Diese Firmen bieten neben exklusiver Kleidung auch Kosmetikartikel, Brillenfassungen oder Parfums an. Offenbar lässt sich Folgendes postulieren: Je abstrakter das Problemlösungspotenzial einer Marke ist, desto eher eignet sie sich für einen M. Ein gemeinsamer → Markenname ist nur eine formale Klammer und damit eine notwendige, aber keineswegs hinreichende Voraussetzung für einen erfolgreichen M. Gefordert ist darüber hinaus eine inhaltliche Klammer, die dem Imagekern des Markenartikels entspricht und die Stamm- und Transferprodukte verzahnt. Obwohl eine Marke für einen bestimmten Produktbereich Transferpotenzial aufweist und sich auch Erfolge beim M. einstellen, überfordern viele Unternehmen die Tragfähigkeit ihrer Marken. Dies schlägt sich häufig in einem Prägnanzverlust, einer Deprofilierung nieder, die in einer schleichenden, allmählichen Aushöhlung des Markenimages, einer → Marken(artikel)erosion, endet. Ein Beispiel für die Überforderung des Images einer Kernmarke bildet die Erfolgsmarke Milka. Offenbar hat Jacobs-Suchard seine Lila Kuh mit Produkten, die vom Lila Schokohasen bis zum Dominostein reichen, überfrachtet. Im wichtigsten Kernsegment Schokoladenriegel verliert das Unternehmen mit der Lila Pause auf dem deutschen Markt seit Jahren Marktanteile.

Markentreue, *Brand Loyalty*; verfestigtes Verhaltensmuster bei der Markenwahl. Konsumenten kaufen eine bestimmte Marke aufgrund positiver Erfahrungen (bzw. positiver → Einstellung) wiederholt ein. Die M. kann zu einem habitualisierten Kaufverhalten (→ Kaufentscheidungen) führen. Die Messung kann über Paneldaten oder Befragungen erfolgen (→ Einkaufsstättentreue).

Markenwahlverhalten, → Kaufentscheidung.

Markenware, juristischer Terminus, der auf dem Markengesetz (MarkenG) basiert. Demnach umfassen M. mindestens die beiden Merkmale „die Herkunft des Produktes bezeichnende Markierung" und „gleichbleibende oder verbesserte Qualität" Produkte, die diese beiden Merkmale aufweisen, sind im juristischen Sinne Marken. „Als Marke können alle Zeichen, insbesondere Wörter einschließlich Personennamen, Abbildungen, Buchstaben, Zahlen, Hörzeichen, dreidimensionale Gestaltungen einschließlich der Form einer Ware oder ihrer Verpackung sowie sonstige Aufmachungen einschließlich Farben und Farbzusammenstellungen geschützt werden, die geeignet sind, Waren oder Dienstleistungen eines Unternehmens von denjenigen anderer Unternehmen zu unterscheiden." (§ 3 MarkenG)

Markenwert, wird sowohl in der Literatur als auch in der Praxis uneinheitlich verwendet. Ausschlaggebend für die mannigfaltige Verwendung des Ausdrucks ist die Uneinigkeit hinsichtlich der inhaltlichen Bestandteile des M. Die unterschiedlichen inhaltlichen Komponenten resultieren wiederum aus den unterschiedlichen Funktionen, die nach Auffassung verschiedener Marktakteure der ermittelte M. erfüllen muss. Ähnlich wie in der Unternehmensbewertung stellt somit der Bewertungszweck den zentralen Ausgangspunkt der Bewertung dar. Von diesem lassen sich spezifische Anforderungen an die Bewertungsmethode ableiten. Eine übersichtliche Gliederung der unterschiedlichen Markenwertbegriffe zeigt die Abb. „Varianten des Markenwertbegriffes" im Überblick.

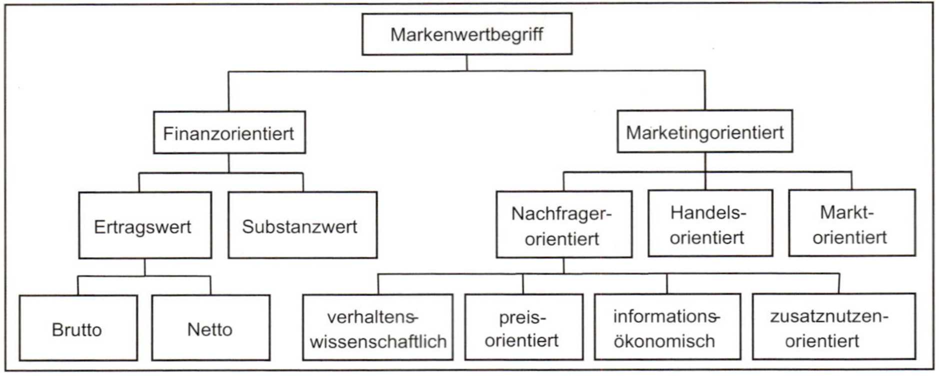

Varianten des Markenwertbegriffes

Bei den finanzorientierten Begriffsbestimmungen steht der Ausdruck M. für eine rein finanzielle Größe, deren Höhe von der Intensität der Beziehungen des Markenanbieters zu seinen Abnehmern (Nachfrager und Handel) und der Konkurrenz abhängt. Die finanzorientierten Begriffe lassen sich nach ihrer zeitlichen und inhaltlichen Dimension unterscheiden. Während sich in zeitlicher Hinsicht der gegenwartsorientierte Substanzwert und der zukunftsorientierte Ertragswert unterscheiden lassen, so geht es bei der inhaltlichen Unterscheidung um die Diskussion, ob ein Brutto- oder ein Nettowert in die Betrachtung einbezogen werden soll. Der Nettowert ergibt sich hierbei aus der Differenz zwischen diskontiertem Marken- und Produktgewinn, der Bruttowert hingegen trennt nicht explizit zwischen Produkt- und M. Großes Interesse genießt auch die marketingorientierte Betrachtung des M. Zentral für diese Sicht ist die Annahme, dass der Konsument den Ort der Entstehung des M. verkörpert. Aus verhaltenswissenschaftlicher Sicht stellt der M. das Ergebnis eines auf Assoziationen, → Einstellungen und Gefühlen mit der → Marke verbunden Prozesses dar. Hinsichtlich eines erfolgreichen → Markenmanagements nimmt diese Art der Definition eine besondere Position ein, vermag doch ein verhaltenswissenschaftlicher Ansatz die Treiber des M. zu identifizieren. Kein anderer Markenwertansatz kann beispielsweise erklären, warum die Waschmittelmarke Persil nach vorübergehender Einstellung der Produktion während des zweiten Weltkrieges ohne Verzögerung den alten Markenstatus wieder übernehmen konnte oder die Limonadenmarke Bluna durch die Mineralbrunnen AG gekauft wurde, obwohl zu dieser Zeit keinerlei Markenerträge zu verzeichnen waren. Die Vertreter einer preisorientierten Begriffsauffassung lassen sich hingegen von dem Gedanken leiten, dass starke Marken höhere Preise als schwächere Konkurrenzmarken erzielen können. Diese auch als Preis-Premium-Ansatz bekannte Ausformung des Markenwertbegriffes berücksichtigt somit die Aktivitäten der Konkurrenz. Weiterhin kann die zusatznutzenorientierte Sichtweise angeführt werden. Für die Vertreter dieser Sichtweise steht der M. für all jene Nutzenbestandteile eines → Produktes, die der Nachfrager an einem Erzeugnis wertschätzt und nicht aus funktionalen Eigenschaften resultieren. Schließlich kann der M. auch informationsökonomisch interpretiert werden. In diesem Fall repräsentiert der M. für den Nachfrager eine Informationseinheit hinsichtlich der → Markenpositionierung und der Glaubwürdigkeit der Unternehmung in Bezug auf ihre eigenen Ansprüche an die Marke.

Markenwert, internationaler, Wert einer international angebotenen Marke als immaterieller Vermögensgegenstand. Informationen über den Wert von Marken sind insbesondere bei folgenden Anlässen relevant: Im Rahmen von Unternehmensakquisitionen, bei der Bilanzierung von Marken, im Rahmen der Markenführung und -kontrolle, im Falle der Schadensbemessung bei missbräuchlicher Nutzung der Marke sowie bei der Feststellung der Höhe von Lizenzgebühren im Falle der Lizenzierung der Marke. Eine Markenbewertung im Rahmen einer Unternehmensakquisition wird dadurch notwendig, dass Marken aufgrund bilanzieller Richtlinien in vielen Ländern nicht oder zumindest nicht mit ihrem realen Wert bilanziert sind. Eine Markenbewertung kann hier helfen, divergierende Preisvorstellungen zwischen Unternehmenskäufer und -verkäufer zu vermindern. Damit ist grundsätzlich auch eine Markenbewertung zur Bilanzierung der Marken erstrebenswert. Eine Nichtaktivierung der Marken kann zu einer Unterbewertung des Unternehmens z.B. in Form zu niedriger Aktienkurse führen. Im Rahmen der Markenführung und -kontrolle hingegen kann eine Markenbewertung durchgeführt werden, um einerseits die gegenwärtige Stellung der Marke am Markt zu analysieren, andererseits können auf Basis dieser Informationen Entscheidungen mit dem Ziel abgeleitet werden, das Potenzial einer Marke möglichst weit auszuschöpfen (z.B. durch Markentransfer). Liegt eine missbräuchliche Markennutzung vor (Markenpiraterie), so kann eine Markenbewertung darüber Aufschluss geben, in welchem Ausmaß der geschädigte Markeninhaber Schadenersatz vom Plagiator fordern kann. Schließlich kann mittels einer Markenbewertung festgestellt werden, welche Lizenzgebühr ein Markeninhaber verlangen kann, wenn er im Rahmen der Lizenzierung der Marke auf die alleinige Nutzung des Markenzeichens verzichtet. Generell können Marken als immaterielle Vermögensgegenstände einen erheblichen Wert verkörpern, welcher bei sehr erfolgreichen Marken einen mehrfachen Millionen- oder sogar Milliardenwert aufweisen kann.

Markenzeichen, → Marke, rechtliche Aspekte.

Market Competition School, psychologischer Ansatz zur Erklärung des Einflusses der Kommunikationspolitik auf das Verhalten der Konsumenten. So kann nach Auffassung der M.C.S. durch den Einsatz kommunikationspolitischer Maßnahmen die Preissensibilität der Konsumenten erhöht werden. *Vgl. auch* → Market Power School.

Marketing. I. Gegenstand und Formen des Marketing: Der aus dem amerikanischen Sprachgebrauch übernommene Begriff „Marketing“ umfasst die Planung, Koordination und Kontrolle aller auf die aktuellen und potenziellen Märkte ausgerichteten Unternehmensaktivitäten zur Verwirklichung der Unternehmensziele im gesamtwirtschaftlichen Güterversorgungsprozess durch eine dauerhafte Befriedigung der Kundenbedürfnisse (Meffert 2000). Die klassische Definition hat in den letzten Jahrzehnten eine zunehmende Erweiterung erfahren (vgl. Abb. „Entwicklungsstufen des Marketing“). Damit hat sich eine generische Fassung des Marketingbegriffes durchgesetzt, die sich auf alle Arten von → Austauschprozessen zwischen mindestens zwei Individuen oder Organisationen bezieht. In dieser generischen Form wird das M. als universelles Konzept der Beeinflussung von Austauschbeziehungen verstanden (M. als Sozialtechnik). Inhaltlich hat sich der Fokus des M. in verschiedenen Stufen entwickelt (→ Geschichte des Marketing). Ausgehend von der klassischen → Absatzpolitik, die sich mit der Analyse, Planung und Durchsetzung der auf den → Absatzmarkt gerichteten Handlungsalternativen beschäftigt hat, wurde das M. schrittweise von der reinen Distributionsorientierung über eine Kunden- und Handelsorientierung sowie eine Wettbewerbsorientierung hin zu einer Gesellschafts- und Umweltausrichtung erweitert. Aufgrund der Unterschiede und Besonderheiten der Analyse und Gestaltung von Austauschprozessen bei → Konsum- und → Investitionsgütern sowie → Dienstleistungen sind spezifische (sektorale) Konzepte des → Konsumgüter-, → Investitionsgüter- und → Dienstleistungsmarketing entwickelt worden. Mit der zunehmenden Relevanz sog. digitaler Produkte, die über elektronische Netzwerke (z.B. Internet) nach den Gesetzmäßigkeiten der Internetökonomie ausgetauscht werden, ist aktuell zu beobachten, dass sich neben den bestehenden sektoralen Ansätzen des M. ein spezielles M. für digitale Produkte entwickelt. Mit der Ausweitung des Marketingverständnisses auf verschiedene Wirtschaftssektoren erfolgte auch eine Übertragung des Marketinggedankens auf nicht-kommerzielle Organisationen (→ Non-Profit Marketing, → Makro-Marketing). Die schrittweise Erweiterung des Marketingkonzeptes führt nach Kotler/Bliemel (1999) zur Vision eines „totalen Marketing“. Die Sicherung und Gestaltung von Wettbewerbsvorteilen erfordert eine Einbeziehung aller Mitarbeiter (→ Internes Marketing) und der relevanten → Marktpartner auf → Beschaffungs- und → Absatzmärkten (→ Beschaffungs- und → Absatzmarketing), sowie der gesellschaftlichen Anspruchsgruppen (→ Public-Marketing) unter dem Aspekt der marktorientierten Führung. Dem internen Marketing kommt in diesem Zusammenhang eine besondere Rolle bei der Implementierung und Durchsetzung einer → marktorientierten Unternehmensführung zu. Betrachtet man den Stellenwert des M. innerhalb einer Unternehmung, so wird es heute als duales Konzept der marktorientierten Führung interpretiert. Einerseits kommt dem funktionalen Kern des M., d.h. dem Absatzbereich, die Rolle einer gleichberechtigten Unternehmensfunktion zu. Andererseits wird mit dem M. ein Leitkonzept der Unternehmensführung verbunden, welches im Spannungsfeld zwischen Konsumenten, Handel und Wettbewerbern eine marktorientierte Koordination aller betrieblichen Funktionsbereiche im Sinne von „shared values“ sicherstellen soll. Dementsprechend umfasst das M. die bewusst marktorientierte Führung des gesamten Unternehmens und die funktionsübergreifende Koordination der Teilaktivitäten zur Befriedigung aktueller und potenzieller Bedürfnisses der Kunden. In wettbewerbsintensiven Märkten ist das Leistungsangebot so zu gestalten, dass mit ihm Wettbewerbsvorteile erzielt werden und es so vom Kunden gegenüber Konkurrenzangeboten präferiert wird. Für das duale Verständnis des M. werden acht Merkmale als charakteristisch angesehen (Meffert 2000): (1) Der Philosophieaspekt kennzeichnet die bewusste kundenorientierte Ausrichtung aller Unternehmensbereiche. (2) Der Verhaltensaspekt des M. kommt in der Erfassung und Beobachtung der für eine Unternehmung relevanten Umweltschichten (Käufer, Absatzmittler, Konkurrenten, Anspruchsgruppen u.a.) zum Ausdruck. Dementsprechend ist eine verhaltenswissenschaftliche und interdisziplinäre Orientierung des M. gefordert. (3) Die planmäßige Erforschung des Marktes und die systematische Aufbereitung von Marktinformationen stellt eine Voraussetzung für kundengerechtes Verhalten von Unternehmen dar (Informationsaspekt). (4) Der Strategieaspekt des M. kommt in der Festlegung marktorientierter → Unternehmensziele und → Marketingstrategien zum Ausdruck. (5) Der Aktionsaspekt beschreibt den ziel- und strategieadäquaten und aufeinander abgestimmten Einsatz der Marketingmaßnahmen. Die Marketingmaßnahmen sind im → Marketingmix zusammengefasst und dienen der planmäßigen Gestaltung der Markttransaktionen mit den jeweiligen → Zielgruppen. (6) Die zielgruppenorientierte Ausrichtung des M. kommt im Segmentierungsaspekt zum Ausdruck. Durch die Zerlegung des Gesamtmarktes in homogene Teilsegmente ist eine auf die jeweiligen Bedürfnisse der Segmente differenzierte Marktbearbeitung möglich. (7) Der Koordinationsaspekt stellt auf die Abstimmung aller marktgerichteten Unternehmensaktivitäten mit Hilfe einer geeigneten organisatorischen Verankerung des M. innerhalb einer Unternehmung ab. (8) Schließlich sind Marketingentscheidungen hinsichtlich ihrer gesellschaftlichen und ökologischen Wirkungen zu würdigen und ggf. anzupassen. Hierin manifestiert sich der Sozialbzw. Ökologieaspekt des modernen Marketingverständnisses. Die Berücksichtigung der aufgezeigten Anforderungen an das M. wird durch ein umfassendes Konzept des Marketingmanagement zu erreichen versucht. Die Aktivitäten des Marketingmanagements werden in einem systematischen Prozess der Willensbildung und Willensdurchsetzung eingeordnet. Der Marketingmanagementprozess besteht aus den Phasen der Analyse und Prognose, der → strategischen und → operativen Marketingplanung sowie der Implementierung des → Marketingkonzeptes.

II. Informationsgrundlagen des Marketing: Den Ausgangspunkt des Marketingmanagementprozesses bildet die → Situationsanalyse, in der vier Kategorien von Informationen zu erheben sind: (1) Informationen über die Unternehmensumwelt und die sich aus der Umweltentwicklung abzeichnenden Chancen und Risiken, d.h. über die Globalumwelt (ökonomische, gesellschaftliche, politisch-rechtliche, technologische, ökologische Umwelt) und die Aufgabenumwelt (Nachfrager, Konkurrenten, Absatzmittler, Lieferanten, Institutionen). Angesichts der Internationalisierung der Märkte erlangen Informationen über internationale Umweltbedingungen einen zunehmenden Stellenwert. (2) Informationen aus einer internen Situationsanalyse über die Stärken und Schwächen des Unternehmens und die finanziellen und personellen Restriktionen. (3) Informationen über die Möglichkeit des Einsatzes von → Marketinginstrumenten zur Schaffung von Kundenpräferenzen und Wettbewerbsvorteilen. (4) Informationen über die Marktreaktionen zur Abschätzung der Wirkungen, die bei den Teilnehmern durch den

Einsatz alternativer Marketingstrategien und -instrumente erzielt werden können. Zur Erfassung und Verarbeitung der Informationsgrundlagen werden verschiedene Methoden der → Marketingforschung eingesetzt. Ausgehend von einer Abgrenzung des relevanten Marktes erfolgt die Analyse der Marktteilnehmer. Einen verhaltenswissenschaftlichen Bezugsrahmen zur Beschreibung und Erklärung marktbezogener Austauschbeziehungen liefern Erkenntnisse und theoretische Modelle der Käuferverhaltensforschung. Fragestellungen der Käuferverhaltensforschung lassen sich anhand des folgenden Paradigmas des Kaufverhaltens strukturieren: Wer (Käuferstruktur), kauft was (Kaufobjekte), warum (Kaufmotive), wie (Kaufentscheidungsprozess), wie viel (Kaufmenge), wann (Kaufzeitpunkt und -häufigkeit) und wo bzw. bei wem (Einkaufsstätten-, Lieferantenwahl)? Informationsgrundlagen des Käuferverhaltens sind durch Analysen des Wettbewerbsverhaltens sowie des Handels- bzw. Absatzmittlerverhaltens zu ergänzen.

III. Strategische Marketingplanung: Aufbauend auf der Situationsanalyse und Prognose relevanter Marktgrößen erfolgt im Rahmen der strategischen Marketingplanung die Festlegung von → Marketingzielen und → Marketingstrategien. Marketingziele definieren die zu erreichenden Sollzustände und sind nach Inhalt, Ausmaß, Zeit- und Segmentbezug zu präzisieren. Neben den ökonomischen Zielinhalten (Gewinn, Deckungsbeitrag, Umsatz, Marktanteil) kommt im Marketing der Bestimmung von psychographischen Zielinhalten (Bekanntheit, Image, Zufriedenheit) ein besonderer Stellenwert zu. Die Entwicklung einer Marketingstrategie umfasst einen langfristig bedingten Verhaltensplan zur Erreichung der definierten Marketingziele. Bezugspunkt der Marketingstrategie stellen strategische Geschäftsfelder dar, die sich durch eine spezifische Marktaufgabe, hohe Eigenständigkeit und einen relevanten Beitrag zum Erfolgspotenzial der Unternehmung auszeichnen. Die Vielzahl der strategischen Verhaltensoptionen im M. lassen sich in die Kategorie der → Marktwahl- und → Marktbearbeitungsstrategien einordnen. Im Rahmen der Marktwahlstrategien lassen sich → Marktfeld-, → Marktareal- und → Marktparzellierungsstrategien unterscheiden. Marktfeldstrategische Optionen stellen die Marktdurchdringung, die Produkt- und Marktentwicklung, den Rückzug sowie die → Diversifikation dar. Bei einem Eintritt in neue Marktfelder ist darüber hinaus der Markteintrittszeitpunkt (Pionier-, frühe und späte Folgerstrategie) festzulegen. Weiterhin ist eine strategische Entscheidung über das regionale Betätigungsfeld zu treffen, wobei nationale, internationale und globale Marktarealstrategien unterschieden werden können. Mit der Marktparzellierungsstrategie wird die Auswahl der zu bearbeitenden Marktsegmente und damit der Differenzierungsgrad der Marktbearbeitung festgelegt. Hierzu stellt die Segmentierung des relevanten Marktes eine zentrale Voraussetzung dar. Im Rahmen der marktteilnehmergerichteten Strategien (→ Marktstimmulierungsstrategie) sind die Schwerpunkte der Bearbeitung der Marktteilnehmer (Abnehmer, Konkurrenz, Handel, Anspruchsgruppen) festzulegen. Zur Profilierung gegenüber den Abnehmern kann eine

Entwicklungsstufen des Marketing

Zeit	Marketingdefinitionen
1948	Marketing ist die Erfüllung derjenigen Unternehmensfunktionen, die den Fluss von Gütern und Dienstleistungen vom Produzenten zum Verbraucher bzw. Verwender lenken (American Marketing Association).
1957	Marketing ist die Analyse, Organisation, Planung und Kontrolle der kundenbezogenen Ressourcen, Verhaltensweisen und Aktivitäten einer Firma mit dem Ziel, die Wünsche und Bedürfnisse ausgewählter Kundengruppen gewinnbringend zu befriedigen (Kotler).
1977	Marketing ist die Analyse, Organisatoin, Planung und Kontrolle aller auf die aktuellen und potenziellen Märkte ausgerichteten Unternehmensaktivitäten. Durch eine dauerhafte Befriedigung der Kundenbedürfnisse sollen die Unternehmensziele im gesamtwirtschaftlichen Güterversorgungsprozess verwirklicht werden (Meffert).
1980	Das Marketingkonzept geht davon aus, dass der Schlüssel zur Erreichung der Unternehmensziele in der Bestimmung der Bedürfnisse und Wünsche von Zielmärkten und der Befriedigung dieser Wünsche in einer effektiveren und effizienteren Art und Weise als der Wettbewerb besteht (Kotler).
1985	Marketing ist der Prozess von Planung und Entwicklung, Preissetzung, Kommunikation und Distribution von Ideen, Gütern und Dienstleistungen zur Ermöglichung von Austauschprozessen, die die individuellen und organisationsbezogenen Zielsetzungen erfüllen (American Marketing Association).
1990	Marketing hat als Unternehmensaufgabe den Aufbau, die Aufrechterhaltung und Verstärkung der Beziehungen mit Kunden, anderen Partnern (Stakeholdern) und gesellschaftlichen Anspruchsgruppen zu gestalten. Mit der Sicherung der Unternehmensziele sollen auch die Bedürfnisse der beteiligten Gruppen befriedigt werden (Grönroos).

→ Preis-Mengen- und/oder → Präferenzstrategie verfolgt werden. Während die Preis-Mengen-Strategie auf den Wettbewerbsvorteil eines niedrigen Preises ausgerichtet ist, wird bei der Präferenzstrategie über Qualitäts-, Innovations- und Markierungsvorteile versucht, eine Vorzugsstellung bei den Abnehmern aufzubauen. Gegenüber den Konkurrenten, Absatzmittlern und Anspruchsgruppen können Anpassungs-, Kooperations-, Konflikt- oder Umgehungsstrategien verfolgt werden. Erfolg versprechende Strategiealternativen sind in einer Bewertungsphase auszuwählen.

IV. Operative Marketingplanung: Im Anschluss an die strategische Marketingplanung erfolgt die Ausgestaltung der Marketinginstrumente (→ Marketingmix). Im klassischen → Marketingkonzept werden vier Instrumentalbereiche, die → Produkt-, → Kontrahierungs-, → Distributions- und → Kommunikationspolitik unterschieden. In weiterführenden Betrachtungen werden bis zu 16 Instrumentalbereiche unterschieden. Die Produktpolitik wird häufig als „Herz des Marketing" bezeichnet. Sie umfasst alle Entscheidungstatbestände (Produktinnovation, -variation, -differenzierung und -elimination, Programmgestaltung, Kundendienstleistungen und Markengestaltung), die sich auf die Gestaltung aller von einem Unternehmen im Absatzmarkt angebotenen Leistungen beziehen. Zur Kontrahierungspolitk zählen alle vertraglich fixierten Vereinbarungen über das Entgelt des Leistungsangebotes (→ Preispolitik), mögliche Rabatte und Lieferungs-, Zahlungs- sowie Kreditierungsbedingungen. Der Distributionspolitik sind alle Entscheidungstatbestände zugeordnet, die sich mit der Wahl und Ausgestaltung des Absatzkanals und des logistischen Systems beschäftigen. Die Kommunikationspolitik beschäftigt sich hingegen mit der bewussten Gestaltung der auf die Zielgruppen gerichteten Informationen (→ Werbung, → Verkaufsförderung, → Public Relations, → Direkt-Kommunikation, → Sponsoring, → Multimedia-Kommunikation, → Messen und Ausstellungen). Im → Dienstleistungsmarketing wird der Marketingmix um die Instrumentalbereiche Personalpolitik, Ausstattungspolitik und Prozesspolitik erweitert. Die zentrale Aufgabe des Marketingmanagements besteht in der strategiegerechten Koordination und Integration der einzelnen Marketinginstrumente zu einem integrierten → Marketingmix. Hierbei sind eine Reihe von sachlichen und zeitlichen Interdependenzen zu berücksichtigen. Sowohl für die integrierte Planung einzelner Marketinginstrumente (z.B. Werbeplanung) als auch für die optimale Ausrichtung aller Marketinginstrumentebereiche sind → Marketingmodelle entwickelt worden.

V. Marketingimplementierung: Die letzte Stufe des Marketingmanagementprozesses umfasst die Implementierung der strategischen und operativen Marketingpläne. Im Rahmen der Marketingorganisation ist eine effiziente Aufbau- und Ablauforganisation zu schaffen. Als Strukturierungsmerkmale für die Untergliederung der Marketing-organisation können grundsätzlich in Frage kommen: Teilfunktionen des M., Produkte/Produktgruppen, Kunden/Kundengruppen, Absatzgebiete. Neben der funktionalen und objektorientierten Marketingorganisation (z.B. → Produktmanagement, → Key-Accountmanagement) zählen die Prozess- und Projektorganisation sowie die modulare Marketingorganisationen zu den neueren aufbauorganisatorischen Konzepten. Die kunden- und marktorientierte Ausrichtung der Unternehmenskultur wird ebenfalls als Aufgabe der Marketingimplementierung angesehen. Durch die Einrichtung eines Marketingcontrolling ist sicherzustellen, dass im Rahmen des Marketingmanagement eine kontinuierliche Informationsversorgung, eine zielgerichtete Planung, Koordination und Kontrolle stattfindet. Dem → Marketingcontrolling kommt auch die Aufgabe zu, ein → Marketing Informationssystem aufzubauen und zu pflegen.

Literatur: Becker, J. (1998): Marketing-Konzeption, 6. Aufl., München; Grönroos, C. (1989): A Relationship Approach to Marketing, Helsinki; Kotler, P./Bliemel, F. (1999): Marketing-Management, 9. Aufl., Stuttgart; Meffert, H. (2000): Marketing, 9. Aufl., Wiesbaden.

Manfred Kirchgeorg

Marketing, Generic Concept of, → Generic Marketing.

Marketing Channel, → Absatzkanal, → Distributionskanal, → Marktkanal, → Vertriebskanal.

Marketing für Ökologie, → Ökologisches Marketing.

Marketing- und Vertriebscontrolling, I. Begriff: M.uV. ist eine führungsunterstützende Funktion, die die Marketing- und Vertriebsleitung (bzw. auch die Unternehmensleitung oder die Leitung einer strategischen Geschäftseinheit) im Hinblick auf die Steuerung marktbezogener Aktivitäten unterstützt.

II. Bedeutung: → Controlling hat im weitesten Sinne mit der Steuerung von Aktivitäten im Unternehmen zu tun. Ein zentraler Aspekt ist hierbei die Steuerung der Ressourcenallokation im Unternehmen. Die große Bedeutung des M.uV. in der Unternehmenspraxis ergibt sich insbesondere aus der empirischen Beobachtung, dass in vielen Unternehmen die bedeutendsten Produktivitätssteigerungspotenziale in den Funktionsbereichen Marketing und Vertrieb liegen. Vor diesem Hintergrund kommt der Effektivität und Effizienz des Ressourceneinsatzes in Marketing und Vertrieb, auf die das M.u.V. abzielt, eine besondere Bedeutung zu.

III. Aufgaben: Die drei zentralen Aufgaben des M.u.V. bestehen in der Informationsversorgung, der Planung sowie der Kontrolle in Marketing und Vertrieb. Im Hinblick auf jeden Aufgabenbereich sind zwei Rollen des M.u.V. zu unterscheiden. Zum einen ist die systemgestaltende Rolle zu nennen. Hierbei geht es darum, den Verantwortlichen für die Marketing- und Vertriebsbereiche Vorschläge über die Gestaltung und die Modifikation der Systeme in den drei Bereichen zu machen. Es geht also um die Gestaltung des → Marketing- und Vertriebsinformationssystems sowie um die Gestaltung der Systeme zur → Marketing- und Vertriebsplanung bzw. zur → Marketing- und Vertriebskontrolle. Zum zweiten ist die systemanwendende Rolle zu nennen. Hier steht die Anwendung der Systeme in den drei Bereichen im Mittelpunkt. Diese Unterscheidung soll am Beispiel der Planung verdeutlicht werden: Die systemgestaltende Rolle bezieht sich hier auf die Gestaltung des Planungssystems im Marketing- und Vertriebsbereich. Es geht also beispielsweise darum, auf welche Größen sich die Planung bezieht, mit welchem Zeithorizont geplant wird und welchen Detaillierungsgrad die Planung aufweist. Die systemanwendende Rolle bezieht sich im Gegensatz hierzu auf die Erstellung eines Marketing- und Vertriebsplans unter Verwendung des Planungssystems. Es ist in diesem Zusammenhang darauf hinzuweisen, dass Marketing- und Vertriebscontroller die Systemanwendung lediglich koordinieren, nicht aber selbst durchführen. So kommen die wesentlichen Informationen, die in einem Marketing- und Vertriebsplan enthalten sind, in der Regel von Produktmanagern, Key Account Managern, regionalen Vertriebseinheiten sowie aus dem Marktforschungsbereich. Aufgabe des M.u.V. ist es, den Zusammenfluss dieser Informationen zu einem in sich stimmigen Plan zu koordinieren. Hilfreich können in diesem Zusammenhang beispielsweise die Erarbeitung von Planungsformaten bzw. -vorlagen (z.B. in Form eines Marketingplan-Blueprint) sowie die inhaltliche Strukturierung von zu erstellenden Plänen sein.

IV. Instrumente: Um die Funktionen Informationsversorgung, Planung und Kontrolle wahrnehmen zu können, greift man im Rahmen des M.u.V. auf ein breites Spektrum von Analyseinstrumenten zurück. Dieses Spektrum ist schwer einzugrenzen. So können beispielsweise auch Methoden der → Datenanalyse im Rahmen der → Marktforschung für das M.u.V. von Bedeutung sein. Daher ist eine geschlossene Darstellung aller Analyseinstrumente, die für das M.u.V. relevant sind, kaum möglich. Zu den wesentlichen Instrumenten im Rahmen des M.uV. zählen die → ABC-Analyse, → Portfolioanalysen, Instrumente der → Kosten- und Erlösrechung (z.B. → Absatzsegmentrechnungen) sowie → Kennzahlen und → Kennzahlensysteme.

V. Organisatorische Integration: Im Hinblick auf die organisatorische Verankerung des M.u.V. besteht eine erste grundsätzliche Entscheidung darin, ob hierfür eine spezielle organisatorische Einheit (d.h. eine Abteilung oder eine einzelne Person) eingerichtet wird. Bei begrenzter Komplexität des Geschäfts kann es durchaus sinnvoll sein, von der Schaffung einer speziellen organisatorischen Einheit abzusehen. In diesem Fall wird ein wesentlicher Teil des Aufgabenspektrums des M.u.V. durch die Marketing- bzw. die Vertriebsleitung wahrgenommen. Eine unterstützende Rolle spielt hierbei i.d.R. der Funktionsbereich Controlling des Unternehmens. Entschließt man sich zur Schaffung einer speziellen organisatorischen Einheit für das M.u.V., so sind im Hinblick auf deren organisatorische Verankerung prinzipiell drei Konstellationen denkbar: (1) Das M.u.V. ist fachlich und disziplinarisch dem Funktionsbereich Controlling unterstellt. Ein möglicher Vorteil dieser Variante liegt in einer gewissen Unabhängigkeit von den Marketing- und Vertriebsverantwortlichen. Dies ist insbesondere dann von Bedeutung, wenn die Analysen im Bereich des M.u.V. problematische Sachverhalte identifizieren, die Entscheidungen oder Vorgehensweisen von Marketing- bzw. Vertriebsleitern in Frage stellen. Ein möglicher Nachteil dieser Variante liegt darin, dass die Aufgabenträger im M.u.V. wenig Einblick in die Tätigkeit der Marketing- und Vertriebsbereiche sowie in die Marktgegebenheiten haben. Diese fehlende Realitätsnähe kann dazu führen, dass sie in den Marketing- und Vertriebsbereichen als Gesprächspartner nicht akzeptiert werden. (2) Das M.u.V. ist fachlich und disziplinarisch dem Marketing- bzw. Vertriebsbereich zugeordnet. Dies bedeutet logischerweise eine Umkehrung der oben genannten Vor- und Nachteile. Diese Variante weist also den Vorteil größerer Realitätsnähe und Akzeptanz der Aufgabenträger im M.uV. und den Nachteil geringerer Unabhängigkeit auf. (3) Das M.u.V. ist disziplinarisch dem Marketing- bzw. Vertriebsbereich zugeordnet, und der Leiter des Funktionsbereichs Controlling hat eine fachliche Weisungsbefugnis (im Sinne des Dotted-Line-Prinzips). Diese Form der Unterstellung stellt einen Kompromiss zwischen den oben genannten Varianten dar und bietet so die Möglichkeit, Linienerfordernisse mit Controllingnotwendigkeiten zu verbinden. Allerdings ist bei einer derartigen Doppelunterstellung stets zu beachten, dass sie zu einem Dauerkonflikt führen kann, sofern der Marketing- und Vertriebscontroller im Endeffekt weder bei der Linie noch im Funktionsbereich Controlling Akzeptanz findet.

Literatur: Homburg, Ch./Krohmer, H. (2003): Marketingmanagement, Wiesbaden.

Christian Homburg

Marketing- und Vertriebsinformationssystem, I. Begriff: Gesamtheit aus Institutionen (Personen und Abteilungen), technischen Einrichtungen und Verfahren zur Gewinnung, Zuordnung, Analyse, Bewertung und Weitergabe zeitnaher und zutreffender Informationen, die die Entscheidungsträger bei Marketing- und Vertriebsentscheidungen unterstützen. M.u.V. sind in der Unternehmenspraxis i.d.R. durch einen hohen Grad der EDV-Durchdringung gekennzeichnet.

II. Aufbau: Ein idealtypisches M.u.V. weist i.d.R. zwei zentrale Teilbereiche auf, nämlich Informationsgewinnung und -speicherung sowie Datenanalyse. Beide Bereiche können mit der → Marketing- und Vertriebsplanung sowie der → Marketing- und Vertriebskontrolle vernetzt werden (vgl. Abb. „Idealtypischer Aufbau eines Marketing- und Vertriebsinformationssystems"). Im Rahmen der Informationsgewinnung und -speicherung werden Daten über Kunden, Wettbewerber sowie das allgemeine Marktumfeld durch eine systematische Marktbeobachtung sowie durch die Interaktion mit Kunden im Rahmen der Marktbearbeitung generiert. Kern der Marktbeobachtung sind Marktforschungsaktivitäten (→ Marktforschung). Relevante Informationen aus der Interaktion mit Kunden im Rahmen der Marktbearbeitung (z.B. bei Kundenanfragen oder Verkaufsaktionen) werden i.d.R. über das Administrations- und Dispositionssystem (insbesondere Auftragsabwicklung sowie Vertriebslogistik) sowie über das Abrechnungssystem (insbesondere Finanzbuchhaltung und Kostenrechnung) erfasst. Die generierten Informationen werden dann in einer zentralen Datenbank (einem so genannten → Data Warehouse) zusammengeführt und gespeichert. Im Zusammenhang mit der Informationsspeicherung ist insbesondere eine sinnvolle Strukturierung der Daten von Bedeutung. Die so gespeicherten Daten stellen dann die Grundlage für die Datenanalyse dar. Hier bieten sich im wesentlichen zwei Ansatzpunkte zur Auswertung der Daten: (1) Im Berichts- und Kontrollsystem steht die Erstellung bzw. Durchführung relativ standardisierter Analysen und Kontrollaktivitäten im Mittelpunkt. Beispielsweise können monatliche Absatz- und Umsatzstatistiken automatisch vom System generiert werden (z.B. Gesamtabsatz sowie Absätze nach Produktgruppen, Artikeln, Kunden, Vertretern, Gebieten und Regionen). Auch kann die Entwicklung der Marktanteile der Produkte des Unternehmens (z.B. für die verschiedenen Außendienstregionen) überwacht werden. (2) Darüber hinaus können spezifischere Sachverhalte in speziellen Analysen gesondert untersucht werden.

Beispielsweise können die Kundendaten für die Identifikation und Analyse von Kundensegmenten herangezogen werden. Hierzu stehen Tabellenkalkulationsprogramme, statistische Programmpakete sowie spezielle Techniken des → Data Mining sowie des On-Line-Analytical Processing (→ OLAP) zur Verfügung. Die auf diese Weise gewonnenen Analyseergebnisse können zentral im Data Warehouse gespeichert werden, um sie den verschiedenen Funktionsbereichen und Abteilungen im Unternehmen zugänglich zu machen. Darüber hinaus stellen sie die Grundlage für die Marketing- und Vertriebsplanung dar. Hier können insbesondere spezielle Planungssysteme auf Basis quantitativer Marketingplanungsmodelle für wiederholt auftretende Entscheidungsprobleme (z.B. für Absatzprognosen, die Einteilung von Außendienstbezirken, die Zielgruppenselektion oder die → Marketingbudgetierung) eingesetzt werden.

III. Anforderungen: Unabhängig von der konkreten Ausgestaltung sollte ein M.u.V. folgenden grundlegenden Anforderungen genügen: (1) Hohe Benutzerorientierung, manifestiert sich in einer sorgfältigen Verdichtung von Informationen, der Sicherstellung der Aktualität von Informationen, der Einfachheit und Schnelligkeit des Systemzugriffs, der Standardisierung der Datenerfassung, differenzierten Auswertungsmöglichkeiten, verständlichen Darstellungsformen sowie der Automatisierung der Lieferung ständig benötigter Informationen. (2) Gute Integrations- und Koordinationsfähigkeit, ermöglicht den effizienten Informationsaustausch zwischen unterschiedlichen, bereichsspezifischen Informationssystemen. (3) Wirtschaftlichkeit, manifestiert sich darin, dass der durch das System erzielte Mehrwert den erforderlichen System-Pflegeaufwand übersteigt. Der Pflegeaufwand kann z.B. durch eine restriktive Informationssammlung reduziert werden. (4) Sicherheit, bezieht sich auf den Aspekt der Verwahrung und Speicherung von Informationen sowie auf den Schutz vor Zugriff durch unberechtigte Personen.

Literatur: Homburg, Ch./Krohmer, H. (2003): Marketingmanagement, Wiesbaden; Homburg, Ch./Schäfer, H./Schneider, J. (2003): Sales Excellence – Vertriebsmanagement mit System, 3. Aufl., Wiesbaden.

Marketing- und Vertriebskontrolle, I. Begriff: Kontrolle bezieht sich im Kern auf die Gegenüberstellung eines eingetretenen Ist-Zustandes mit einem vorgegebenen Soll-Zustand und ist Aufgabe des → Marketing- und Vertriebscontrolling. Der Soll-Zustand leitet sich hierbei i.d.R. aus der → Marketing- und Vertriebsplanung ab. In Analogie zum Planungsbegriff ist daher zwischen strategischer und operativer M.u.V. zu unterscheiden. Darüber hinaus umfasst Kontrolle auch einen Beitrag zur Sicherstellung der Planerreichung (z.B. durch das Initiieren von entsprechenden Aktivitäten). Kontrolle erfolgt daher begleitend zur Umsetzung von Plänen.

II. Objekte: Im Hinblick auf das Bezugsobjekt der Kontrolle lassen sich folgende Dimensionen unterscheiden: (1) Kontrolle einzelner Marketingaktivitäten (z.B. einer Sonderpreisaktion, einer Neuprodukteinführung, einer Produktmodifikation, einer Werbemaßnahme). (2) Kontrolle bestimmter Akteure (Organisationseinheiten bzw. einzelne Personen) im Marketing- und Vertriebsbereich (z.B. Produktmanager, Außendienstmitarbeiter, regionale Vertriebsniederlassungen). (3) Kontrolle bestimmter Absatzobjekte (z.B. Produktgruppen, Kundensegmente, Absatzregionen).

III. Inhalte: Im Hinblick auf den Inhalt der Kontrolle lassen sich zunächst verfah rensorientierte und ergebnisorientierte Kontrollen unterscheiden. Verfahrensorientierte Kontrollen vergleichen reale Prozesse mit entsprechenden Vorgaben. Beispiele aus dem Marketing- und Vertriebsbereich sind die Kontrolle der Einhaltung von Besuchsplänen durch den Außendienst oder von Terminplänen für Neuprodukteinführungen. Ergebnisorientierte Kontrollen beziehen sich dagegen auf den Abgleich von erzielten und angestrebten Resultaten und stehen im Mittelpunkt der M.u.V.. Sie stellen Zielerreichungskontrollen dar, die sich auf alle in der Planung berücksichtigten Zielgrößen beziehen können. Weiterhin können sie sich auf die zum Abschluss einer Planungsperiode gesetzten Ziele sowie auf Zwischenziele beziehen. Die Kontrolle der Erreichung von

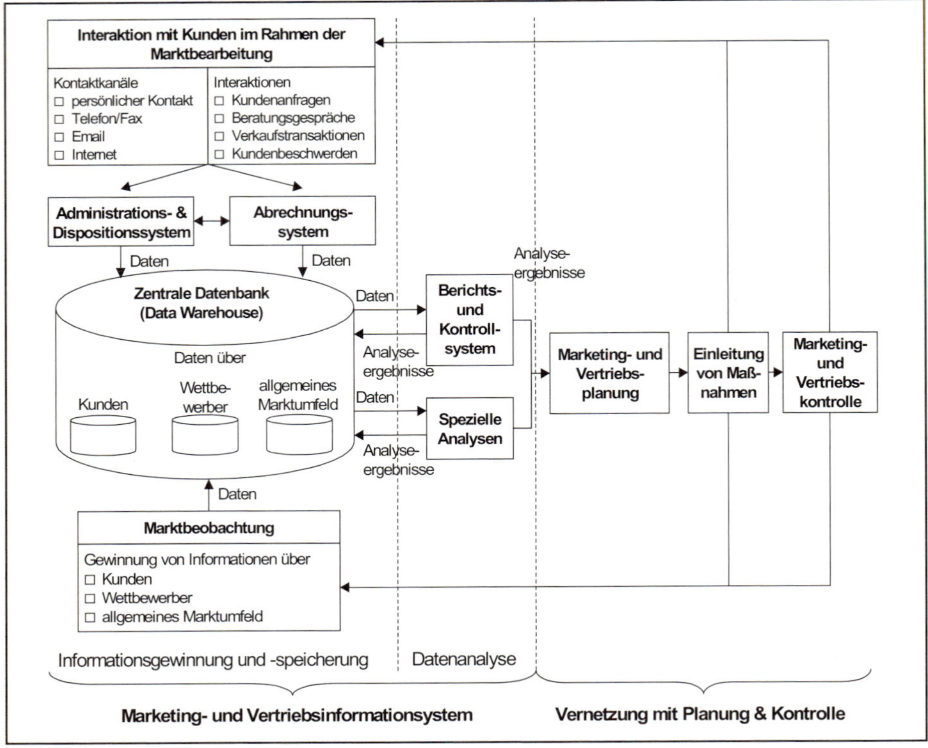

Idealtypischer Aufbau eines Marketing- und Vertriebsinformationssystems (Quelle: Homburg/Krohmer 2003, S. 997)

Zwischenzielen ist besonders wichtig im Hinblick auf das rechtzeitige Erkennen von Abweichungen. Neben diesen beiden Hauptvarianten der Kontrolle sind noch Prämissenkontrollen zu erwähnen. Sie beziehen sich auf die Überprüfung der Richtigkeit der für die Planung vorgenommenen Prognosen im Hinblick auf interne und externe Rahmenbedingungen.

IV. Instrumente: Zur M.u.V. kann eine Vielzahl unterschiedlicher Analyseinstrumente eingesetzt werden, die dem → Marketingcontrolling zugeordnet werden. Von besonderer Aussagekraft sind im Rahmen der M.u.V. Instrumente der → Kosten- und Erlösrechnung sowie → Kennzahlen und → Kennzahlensysteme.

Marketing- und Vertriebsplanung, I. Begriff: Festlegung von marketing- und vertriebsbezogenen Zielen, Aktivitäten und Budgets für einen klar definierten zukünftigen Zeitraum. Resultat dieser Planung ist der Marketing- und Vertriebsplan. Die M.u.V. wird durch das → Marketing- und Vertriebscontrolling unterstützt.

II. Arten: Zur Typisierung der M.u.V. gibt es verschiedene Ansätze. Von grundlegender Bedeutung ist die Unterscheidung zwischen strategischer und operativer M.uV. Der zentrale Unterschied zwischen diesen beiden Planungsebenen besteht im Hinblick auf den Zeithorizont sowie den Detaillierungsgrad. Der strategische Marketing- und Vertriebsplan ist langfristig orientiert, wobei in der Unternehmenspraxis Zeithorizonte von drei bis fünf Jahren als realistisch gelten. In vielen Unternehmen wird der strategische Marketing- und Vertriebsplan rollierend (d.h. beispielsweise immer für die folgenden drei Jahre) fortgeschrieben. Der Detaillierungsgrad dieser Planung ist eher gering. Die strategische M.u.V. leitet sich aus der → Marketingstrategie ab. Die operative M.u.V. dient

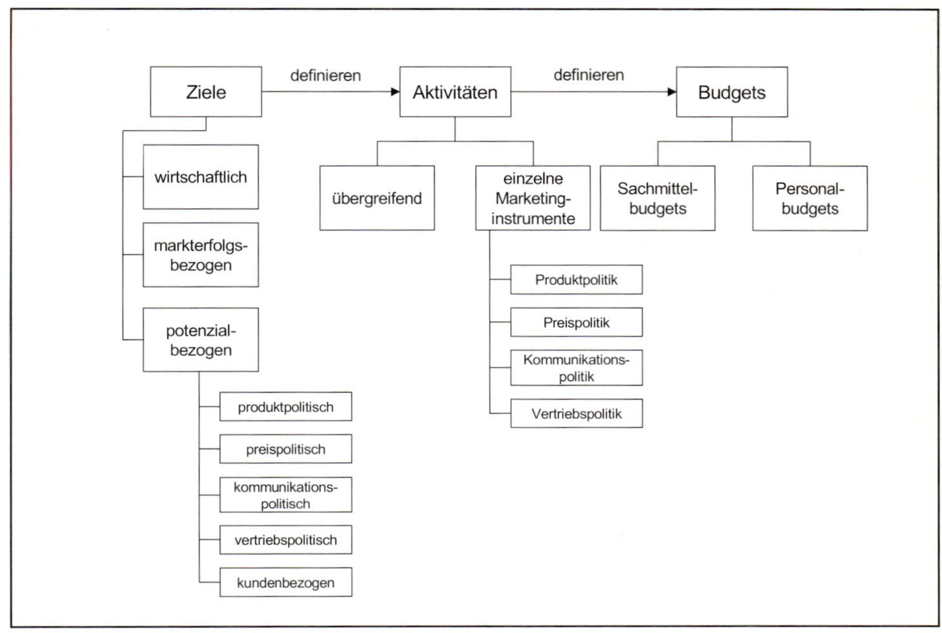

Übersicht über die Inhalte einer Marketing- und Vertriebsplanung (Quelle Homburg/Krohmer 2003, S. 1004)

zur weiteren Konkretisierung und Detaillierung der strategischen M.u.V. Im Bereich der operativen Planung ist der Planungshorizont deutlich geringer als bei der strategischen Planung. Häufig beziehen sich operative Marketing- und Vertriebspläne auf ein einzelnes Geschäftsjahr. Ein wesentliches Merkmal der operativen M.uV. ist weiterhin ein höherer Detaillierungsgrad. Während in der strategischen M.uV. beispielsweise Absatzziele für einen Ländermarkt definiert werden, ist es Aufgabe der operativen Planung, die Absatzziele auf einzelne Vertriebsregionen in diesem Ländermarkt herunterzubrechen. Bei entsprechend großer Bedeutung einzelner Kunden wird in der Unternehmenspraxis im Rahmen der operativen M.u.V. häufig auch bis auf die Einzelkundenebene detailliert geplant.

III. Inhalte: Sowohl in der strategischen als auch in der operativen M.u.V. geht es inhaltlich um die Festlegung von Zielen, Aktivitäten und Budgets. Zwischen diesen Größen besteht dabei ein sachlogischer Zusammenhang. So sind die Aktivitäten aus den Zielen und die Budgets wiederum aus den geplanten Aktivitäten abzuleiten (→ Budgetierung). Eine weitergehende Systematisierung der Planungsinhalte in diesen drei Bereichen ist in der Abb. „Übersicht über die Inhalte einer Marketing- und Vertriebsplanung“ dargestellt.

IV. Prozess: Im Hinblick auf die Entstehung des Marketing- und Vertriebsplans gibt es drei idealtypische Vorgehensweisen, die sich vor allem in der Einflussnahme verschiedener Hierarchieebenen auf die Planungsinhalte unterscheiden. (1) Top-down-Planung, ist dadurch gekennzeichnet, dass die Planung hierarchisch von oben nach unten erfolgt. So werden zunächst auf einer hierarchisch übergeordneten Ebene (Unternehmensleitung, Leitung der strategischen Geschäftseinheit oder auch Marketing- und Vertriebsleitung) übergeordnete Ziele, zentrale Aktivitäten sowie Budgets festgelegt. Diese Pläne werden daraufhin durch Verantwortliche auf nachgelagerten Ebenen sukzessiv auf kleinere Betrachtungsobjekte (z.B. einzelne Absatzregionen, Produktgruppen) heruntergebrochen. Ein Vorteil dieser Vorgehensweise liegt darin, dass sämtliche Marketing- und Vertriebsbereiche auf die übergeordneten Ziele ausgerichtet werden, was zu einer hohen Konsistenz der Planung führt. Ein wichtiger Nachteil ist allerdings dadurch gegeben, dass die Zielvorgaben möglicherweise auf Akzeptanzprobleme in den nachgelagerten Hierarchieebenen stoßen. Dies kann dazu führen, dass die gesamte Planung nur bedingt als Orientierungsleitlinie akzeptiert wird. Ein weiteres Problem liegt darin, dass die Top-down-Vorgaben möglicherweise aufgrund begrenzter Detailkenntnis höherer Hierarchieebenen (z.B. im Hinblick auf regionale Marktbesonderheiten) nicht sehr realitätsnah sind. (2) Bottom-up-Planung, verkörpert die entgegengesetzte Vorgehensweise. Ausgangspunkt der Planung sind hier die Vorstellungen und Vorschläge der unteren Hierarchieebenen bzw. der dezentralen Einheiten (z.B. Verantwortliche für das Produktmanagement, für einzelne Key Accounts oder für Absatzregionen). Diese Teilplanungen werden dann schrittweise zu übergeordneten Plänen sowie letztlich zu einer Gesamtplanung aggregiert. Im Rahmen dieser Vorgehensweise ist der Einfluss übergeordneter Hierarchieebenen auf die Planungsinhalte geringer als beim Top-down-Verfahren. Die Vorteile der Bottom-up-Planung liegen vor allem darin, dass erstens die Planungen jeweils dort stattfinden, wo die entsprechenden Informationen (z.B. über Marktgegebenheiten) vorliegen, und zweitens Planungs- und Durchsetzungsverantwortung übereinstimmen. Nachteile dieser Vorgehensweise liegen in dem erheblichen Koordinationsbedarf sowie in der Tatsache, dass die Aggregation der Teilpläne möglicherweise nicht mit den Zielvorstellungen der oberen Hierarchieebenen konsistent ist. (3) Gegenstromverfahren, stellt eine Kombination der bisher genannten Planungsverfahren dar. Ausgangspunkt des Gegenstromverfahrens ist eine Zielvorgabe durch die obere Hierarchieebene. Diese Zielvorgabe soll gewissermaßen richtungsweisend für die weitere Planung wirken. Sie wird allerdings nicht wie beim Top-down-Verfahren systematisch in kleinere Bereiche heruntergebrochen. Im Anschluss an diese Zielvorgabe erfolgt eine dezentrale Planung (z.B. nach einzelnen Produktgruppen, Absatzregionen oder Key Accounts). Die dezentralen Verantwortungsbereiche sind angehalten, sich an der übergeordneten Zielvorgabe zu orientieren. Im Anschluss hieran erfolgt eine Aggregation der Teilpläne und ein Abgleich des Resultats mit den Zielvorstellungen der übergeordneten Hierarchieebenen. Gegebenenfalls ist eine Konsolidierung erforderlich. Diese Vorgehensweise ermöglicht die Kombination der jeweiligen Vorteile von Top-down-Planung (Konsistenz der Planungsinhalte) bzw. Bottom-up-Planung (Realitätsnähe und Akzeptanz der Planung). Allerdings ist die Anwendung dieser komplexen Vorgehensweise in der Regel sehr aufwendig, insbesondere wenn sehr detailliert geplant wird.

V. Instrumente: Zur M.u.V. kann eine Vielzahl unterschiedlicher Analyseinstrumente eingesetzt werden, die dem → Marketing- und Vertriebscontrolling zugeordnet werden. Im Bereich der Planung kommen dabei insbesondere die → ABC-Analyse sowie → Portfolioanalysen zum Einsatz.

Literatur: Homburg, Ch./Krohmer, H. (2003): Marketingmanagement, Wiesbaden; Homburg, Ch./Schäfer, H./Schneider, J. (2003): Sales Excellence – Vertriebsmanagement mit System, 3. Aufl., Wiesbaden.

Christian Homburg

Marketing, internationales, Planung, Realisierung und Kontrolle von Maßnahmen zur Schaffung, Intensivierung oder Aufrechterhaltung von gewünschten Austauschprozessen zwischen einem Unternehmen und seinen Auslandsmärkten zur Erreichung betrieblicher Ziele.

I. Begriff: Das I.M. stellt kein grundverschiedenes Marketingproblem im Vergleich zum nationalen Marketing dar. Es gelten dieselben Prinzipien, die für ein effektives Marketing auf Binnenmärkten von Bedeutung sind; das methodische Instrumentarium lässt sich in analoger Weise anwenden. Allerdings steigt mit zunehmender internationaler Geschäftstätigkeit die Zahl der Entscheidungsparameter, z.B. hinsichtlich Risiko- und Finanzmanagement, oder internationalem Wirtschaftsrecht. Auch die Rahmenbedingungen internationaler Geschäftstätigkeit können erheblich von denen auf nationalen Märkten abweichen. Insgesamt sind Tätigkeiten im Rahmen des IM also durch eine erhöhte Komplexität gekennzeichnet.

II. Merkmale: Drei Merkmale kennzeichnen das I.M.: Die Marketingaktivitäten erstrecken sich auf mehrere Länder gleichzeitig, und zwar nicht fallweise, sondern als Kennzeichen der laufenden Geschäftstätigkeit; die Marketingentscheidungen in den einzelnen Ländern werden unter Berücksichtigung eines länderübergreifenden Gesamtkonzepts getroffen; die Aktivitäten werden systematisch geplant, d.h. es erfolgt eine zielgerichtete Auslandsmarktbearbeitung nach Marketinggesichtspunkten. Der Planungsprozess des I.M. umfasst eine Vielzahl aufeinanderfolgender Phasen, die sich zu folgenden Stufen zusammenfassen lassen: Situationsanalyse und -prognose (Analyse der globalen Rahmenbedingungen, Branchen- und Wettbewerbsanalyse, Unternehmensanalyse), strategische internationale → Marketingplanung (strategische Zielplanung, Marktsegmentierung und Marktselektion, → Markteintrittsstrategie und → Marktbearbeitungsstrategie), Planung der internationalen Marketingpolitik (Grundsatzentscheidung über den Grad der → Marketingstandardisierung bzw. → Marketingdifferenzierung, taktisch-operative Zielplanung sowie Planung des Einsatzes der einzelnen Marketinginstrumente für die einzelnen Auslandsmärkte und Einbettung dieser Einzelmaßnahmen in einen konsistenten → Marketingmix), Realisation der Auslandsaktivitäten (Implementierung der Maßnahmen) und Kontrolle der Auslandsaktivitäten.

III. Ziele: Ausgangspunkt der Zielplanung im I.M. sind die Gesamtunternehmensziele. Daraus lassen sich folgende Kategorien ableiten: Marktstellungsziele (vor allem Umsatz- oder Marktanteilssteigerung in Verbindung mit der Erschließung neuer Märkte), Kostenziele (hinsichtlich Produktivität und Wirtschaftlichkeit, dazu zählen z.B. Direktinvestitionen in Billiglohnländern), Rentabilitätsziele (Gewinn-, Umsatz- und Kapitalrentabilität), Finanzziele (Kreditwürdigkeit, Liquidität, Verschuldungsgrad), Sicherheitsziele (vor allem Risikostreuung, Sicherung der Rohstoffversorgung und des wirtschaftlichen Potenzials), soziale Ziele (Arbeitszufriedenheit, Motivation, soziale Sicherheit) sowie Macht- und Prestigeziele (Erreichen und Festigen einer Einflussposition ggü. Lieferanten, Konkurrenten, Abnehmern und der Öffentlichkeit, Präsenz auf prestigeträchtigen Auslandsmärkten). Aus den allgemeinen Internationalisierungszielen sind Marktziele abzuleiten, d.h. konkrete Ziele für die einzelnen (aktuellen und potenziellen) Ländermarktsegmente. Hierzu gehören: Marktdurchdringung (Verbesserung der Marktstellung in bereits bearbeiteten Ländermarktsegmenten), Marktentwicklung (Erschließung neuer Auslandsmärkte mit vorhandenen Produkten), Leistungsentwicklung (Auswietung des Leistungsangebots auf bereits bearbeiteten Ländermärkten durch Aufnahme neuer Produkte im jeweiligen Ländersortiment), Diversifikation (Entwicklung und Vermarktung neuer Produkte für bisher nicht bediente Ländermärkte) und Rückzug (Eliminierung bisher angebotener Produkte aus einzelnen Ländersortimenten oder vollständigen Austritt aus einem oder mehreren Ländermärkten). Zur Realisierung der Marktziele sind die Ziele für die einzelnen Funktionsbereiche des Unternehmens zu präzisieren. Bzgl. der internationalen Marketingziele kann unterschieden werden zwischen ökonomischen Marketingzielen (Steigerung von Gewinn, Umsatz oder Marktanteil), psychologischen Marketingzielen (Aufmerksamkeit, Bekanntheit, Image, Präferenzen usw.) und streutechnischen Marketingzielen (wie Maximierung der Zahl der Kontakte oder Zahl der erreichten Personen in der → Kommunikationspolitik).

IV. Maßnahmen: Die Handlungsebenen des I.M. umfassen eine strategische und eine taktisch-operative Ebene. Die strategische Dimension wird durch sog. Basisstrategien des I.M. definiert. Ausgangspunkt sind typische Grundorientierungen internationaler Unternehmen (→ EPRG-Schema). Diese können ethnozentrisch (d.h. das Marketingkonzept im Stammland stellt das Leitkonzept dar, die Auslandsaktivitäten beschränken sich überwiegend auf den → Export), polyzentrisch (d.h. die Auslandsaktivitäten erstrecken sich von internationalen Produktionsstätten über → Joint Ventures bis hin zu 100 prozentigen Tochtergesellschaften und orientieren sich primär an den Besonderheiten und Erfordernissen der jeweiligen nationalen Märkte) oder geozentrisch (d.h. Ausgangspunkt ist eine Globalisierungsstrategie, d.h. die Ziele werden am Weltmarkt formuliert und eine weltweite Optimierung unter bewusster Inkaufnahme national suboptimaler Ergebnisse entwickelt) ausgerichtet sein. Weiterhin gehört das Ausmaß der Marketingstandardisierung zu den zentralen strategischen Aspekten. Hierunter ist die länderübergreifende Vereinheitlichung der Marketinginhalte wie auch der Marketingprozesse zu verstehen. Vorteile der Standardisierung liegen in Kostenersparnissen durch Ausnutzung von Volumen-, Spezialisierungs- und Lerneffekten, der Erleichterung der Koordination zwischen Mutter- und

Tochtergesellschaften, der Förderung eines international einheitlichen Erscheinungsbildes im Sinne der → Corporate Identity sowie der Erleichterung einer globalen Optimierung der Marketingaktivitäten. Vorteile der → Marketingdifferenzierung sind insbesondere in der gezielten Berücksichtigung länderspezifische Faktoren und damit der Aussicht auf höhere Umsätze zu sehen. Neben diesen Extremen sind auch Mischstrategien beobachtbar (z.B. Beschränkung der Standardisierung auf nur einen Teil der Marketinginstrumente). Auf taktisch-operativer Ebene sind Entscheidungen über den Einsatz der einzelnen Marketinginstrumente sowie deren Integration in einen optimalen → Marketingmix zu treffen. Sie lassen sich unterteilen in internationale → Leistungspolitik, internationale → Kontrahierungspolitik, internationale → Kommunikationspolitik und internationale → Verkaufs- und → Vertriebspolitik. Die internationale Leistungspolitik umfasst alle internationalen Entscheidungen, die sich auf Marktleistungen materieller und immaterieller Natur beziehen. Dazu gehören die Produktpolitik (Entscheidungen hinsichtlich Entwicklung, Adaption und Eliminierung von Produkten in den einzelnen Auslandsmärkten), die Programmpolitik (Entscheidung über Art und Anzahl der in den einzelnen Ländermärkten anzubietenden Sortimente im Rahmen der internationalen → Sortimentsplanung, die Markenpolitik (Namensgebung des Produkts und Gestaltung des Markenzeichens) sowie die Servicepolitik bzw. → Servicestrategien (zu erbringende Nebenleistungen wie Beratung, Wartung oder Reparatur in den einzelnen Ländern). Gegenstand der internationalen Kontrahierungspolitik ist zum einen die Preispolitik, zum anderen die Konditionenpolitik. Handlungsalternativen im Rahmen der Preispolitik sind die jeweilige Preishöhe für ein Produkt in einem Land, landesspezifische Preisvariationen, die in den einzelnen Ländern verfolgte Preisstrategie, internationale → Preisdifferenzierungen sowie die Preisdurchsetzung in den bearbeiteten Ländern. Die Konditionenpolitik umfasst dagegen Regelungen beim Abschluss von internationalen Verträgen; hierzu gehören die → Rabattpolitik, → Liefer- und → Zahlungsbedingungen, die → Kreditpolitik sowie die Allgemeinen Geschäftsbedingungen. Die internationale → Kommunikationspolitik kann in folgende Bereiche unterteilt werden: → Corporate Identity-Policy (das angestrebte internationale Erscheinungsbild eines Unternehmens), → Werbung, → Sponsoring, → Product Placement, → Verkaufsförderung und Direct Communications bzw. → Direktkommunikation. Letzteren beiden Instrumenten kommt im Regelfall nur flankierende Bedeutung zu, da sie nur selten eine länderübergreifende Wirkung aufweisen. Die internationale Distributionspolitik kann in die Bereiche → Vertriebspolitik (Wahl der internationalen Absatzkanäle und Organisation des internationalen Vertriebssystems), → Verkaufspolitik (u.a. Akquisition, Schulung und Steuerung der internationalen Absatzorgane) sowie Distributionslogistik (physische Distribution der Güter auf internationalen Märkten) unterteilt werden. Alle diese Instrumente sind so zu kombinieren, dass ein optimaler → Marketingmix entsteht. Dieser ist dann erreicht, wenn weder durch die Umgestaltung eines bereits berücksichtigten, noch durch die Hinzunahme eines bisher noch nicht eingesetzten Marketinginstrumentes eine Verbesserung des (zielorientierten) Gesamtergebnisses erreicht werden kann. Die besondere Problematik liegt in den Wirkungsinterdependenzen der Marketinginstrumente begründet. Diese können sachlicher (der Einsatz eines Instrumentes beeinflusst ein anderes, z.B. determiniert die Produktqualität die Preishöhe) oder zeitlicher Natur (die Wirkung eines Instrumentes entfaltet sich erst verzögert (Time-Lag) und/oder wirkt sich in mehreren zukünftigen Perioden (Carry-Over-Effekt) aus) sein.

Literatur: Berndt, R./Fantapié Altobelli, C./Sander, M. (1997): Internationale Marketing-Politik, Berlin u.a.; Berndt, R./Fantapié Altobelli, C./Sander, M. (2003): Internationales Marketing-Management, 2. Aufl., Berlin u.a.; Meffert, H./Bolz, J. (1998): Internationales Marketing-Management, 3. Aufl., Stuttgart; Streich, M. (1997): Internationale Werbeplanung, Heidelberg.

Marketing, multinationales, → polyzentrisches Marketing.

Marketing, rechtliche Aspekte. I. Marketing und Recht: (1) Beziehung: Zwischen Marketing und Recht bestehen wechselseitige Beziehungen. Auf der einen Seite beeinflusst die Rechtsordnung das Verhalten der Marketingmanager durch Gesetze, Verordnungen und gerichtliche Entscheidungen.

Auf der anderen Seite kann die Unternehmung die Rechtsordnung beeinflussen, und zwar mittelbar durch die Schaffung neuer Regelungssachverhalte, etwa bei der Einführung neuer Vermarktungstechniken, und unmittelbar durch die Einflussnahme auf die Legislative und Jurisdiktion, etwa durch Musterprozesse, Gutachten, Verhandlungen mit Behörden, Anhörungsverfahren und informelle Kontakte (Lobby). (2) Wirkungen des Rechts: Die Rechtsordnung entfaltet restriktive und schützende Wirkungen. Zum einen begrenzen Rechtsnormen die absatzpolitischen Aktivitäten der Unternehmungen. Zum anderen gewährt das Recht Schutzpositionen z.B. in Form gewerblicher Schutzrechte und erleichtert damit die Durchführung bestimmter Marketingmaßnahmen. Spiegelbildlich führt jede Restriktion zum Schutz dritter Wirtschaftssubjekte und bedeutet jede Schutzposition eine Restriktion für Dritte. Die Missachtung rechtlicher Restriktionen kann ebenso zu Nachteilen führen wie der Verzicht darauf, rechtliche Schutzpositionen aufzubauen und zu pflegen. Wer z.B. ein unzulässiges → Gewinnspiel, rechtliche Aspekte, durchführt, muss damit rechnen, dieses einstellen und den durch sein Verhalten entstandenen Schaden ersetzen zu müssen. Zu den finanziellen Verlusten können Imageeinbußen kommen, wenn der Rechtsstreit publik wird. Versäumt es ein Anbieter andererseits, die mit dem Recht verbundenen Chancen auszuschöpfen, weil er etwa → Produkteigenschaften nicht durch gewerbliche Schutzrechte absichert, so eröffnet er seinen Konkurrenten die Möglichkeit, Innovationsvorsprünge schnell aufzuholen. Mit dem zügig nachstoßenden Wettbewerb muss der Innovator auf Einnahmen verzichten, die ihm das zeitlich begrenzte Monopol eines Patentes, eines Gebrauchsmusters oder eines Geschmacksmusters beschert hätte. (3) Formen des Rechts: Das staatliche Recht dient dazu, die in jeder Gesellschaft bestehenden Gegensätze und die aus ihnen resultierenden Konflikte zu verbieten, zu beseitigen oder zumindest zu kanalisieren. Recht im objektiven Sinne umfasst die Gesamtheit der Rechtsvorschriften sowie die Personen und Institutionen, die Recht schaffen, sich darauf berufen oder es anwenden. Im Gegensatz zum objektiven Recht (Law) ist unter subjektivem Recht eine Befugnis (Right) zu verstehen, die sich für den Berechtigten aus dem objektiven Recht direkt ergibt oder die aufgrund eines objektiven Rechts erworben werden kann. Beispiele sind Schadenersatzansprüche in Produkthaftungsfällen, der Schutz vor Nachahmungen durch den Erwerb eines → Patents oder der Abschluss von Verträgen bei der Einführung eines Franchisesystems. (4) Relevantes Recht: Juristen und Marketingmanager können nicht auf „das" Regelwerk zurückgreifen, in dem alle für das Marketing relevanten Rechtsnormen verzeichnet sind. Diese sind vielmehr über zahlreiche Gesetze und Verordnungen verstreut. Ein zentraler Bereich ist das → Wettbewerbsrecht, zu dem auf nationaler Ebene vor allem das → UWG und das → GWB sowie die Rechtsgrundlagen des → Rechtsschutzes, gewerblichen, gehören. Daneben existieren zahlreiche Gesetze und Verordnungen, die für ausgewählte Bereiche gelten, etwa für bestimmte Wirtschaftsgruppen (z.B. Handwerksordnung, Gaststättenverordnung), für bestimmte Waren und Leistungen (z.B. Gesetz über den Verkehr mit Lebensmitteln und Bedarfsgegenständen, Arzneimittelgesetz, Textilkennzeichnungsgesetz) oder für bestimmte Rechtsgeschäfte (z.B. die Regelungen über Haustürgeschäfte, Verbraucherkredite, allgemeine Geschäftsbedingungen, die seit der Schuldrechtsreform 2002 in das BGB eingearbeitet sind).

II. Marketing-Rechts-Probleme:
(1) Gegenstand: Marketing-Rechts-Probleme ergeben sich aus der Überschneidung von absatzwirtschaftlichen und rechtlichen Problemfeldern. Absatzwirtschaftlich initiierte Marketing-Rechts-Probleme treten z.B. bei der Planung neuer oder bei der Modifizierung bereits praktizierter Marketingmaßnahmen auf. Rechtlich initiierte Marketing-Rechts-Probleme entstehen durch die Schaffung neuer oder die Novellierung bestehender Rechtsnormen, die die Planung und Durchführung von absatzpolitischen Maßnahmen beeinflussen. Marketing-Rechts-Probleme lassen sich nach den formalen Phasen des absatzpolitischen Entscheidungsprozesses systematisieren. (2) Systematik: a) Marketing-Rechts-Probleme als Ausgangspunkt der → Strategieplanung: Beispiele für solche Anlässe sind Änderungen des Rechtsrahmens, Änderungen des subjektiven Informationsstandes über relevante Rechtsnormen, rechtliche Schritte Dritter gegen die Unternehmung oder rechtlich angreifbare Verhaltensweisen anderer Wirtschaftssubjekte. b) Marketing-Rechts-Probleme als Gegen-

stand der Strategieplanung: Die Antizipation rechtlicher Restriktionen der zur Auswahl stehenden → Marketingstrategien stellt einen integrativen Bestandteil der → Marketingplanung dar. Betrachtet man darüber hinaus die vielfältigen Möglichkeiten einer aktiven Ausnutzung der chancenerweiternden Wirkungen des Rechts im Wege der → Schutzrechtspolitik, der Vertragsgestaltung (z.B. → Selektivvertrieb) und des Einsatzes rechtlicher Mittel im Wettbewerb, so wird der instrumentale Charakter des Rechts deutlich. Rechtsinstrumente können somit zu wichtigen, möglicherweise sogar zu den tragenden Komponenten der → Marketingstrategie werden. c) Marketing-Rechts-Probleme als antizipierte Konsequenzen der Strategiedurchführung: Vielfältige Rechtsprobleme treten erst im Zuge der Durchsetzung der geplanten Marketingstrategie auf. Soweit sie in der Planungsphase antizipiert werden können, ist ihre Bewältigung integrativer Bestandteil des zu realisierenden Maßnahmenprogramms. Beispiele sind der Abschluss von Verträgen, die Erlangung gewerblicher → Schutzrechte, gewerbliche, und die Einflussnahme auf restriktive Rechtsnormen im Sinne der Unternehmungsziele. d) Marketing-Rechts-Probleme als unvorhergesehene Konsequenzen der Strategiedurchführung: Charakteristisch für zahlreiche Marketing-Rechts-Probleme ist, dass sie nicht oder nur unvollkommen vorhersehbar sind und die Praktizierung der gewählten Marketingstrategie erheblich behindern, aber auch begünstigen können. Beispiele sind rechtliche Schritte gegen Vertragspartner (z.B. bei Vertragsverletzungen) oder gegen Außenseiter (*vgl. auch* → Schleichbezug), die Abwehr von Angriffen Dritter auf die eigenen Marketingmaßnahmen oder Maßnahmen gegen die Verletzung des eigenen Schutzrechtsbestandes.

III. Marketing-Rechts-Management: (1) Begriff: Managementprobleme im Spannungsfeld zwischen Marketing und Recht können am besten auf der Grundlage einer engen Kooperation von Marketingmanagern und Rechtsexperten bewältigt werden. Diese Zusammenarbeit wird als Marketing-Rechts-Management im funktionalen Sinne bezeichnet. Die beteiligten Marketingmanager und Rechtsexperten sollen konfliktäre Ziele (Renditestreben vs. Sicherheitsstreben) vermeiden und sich an einer gemeinsamen Zielsetzung ausrichten, die aus dem Marketing abzuleiten ist. Soweit eine solche Zusammenarbeit organisatorisch gestaltet wird, kann von Marketing-Rechts-Management im institutionalen Sinn gesprochen werden. (2) Entscheidungen im Bereich des Marketing-Rechts-Managements: Neben der grundsätzlichen Frage, ob Rechtsexperten mit Marketingmanagern zusammenarbeiten sollen, ist zu klären, in welcher Form die Zusammenarbeit erfolgen soll, wie der Informationsprozess zu gestalten ist und welche Maßnahmen ergriffen werden sollen, um Marketing-Rechts-Probleme zu lösen. a) Organisation: Hier sind Entscheidungen zu treffen über Art und Ausmaß der Arbeitsteilung, die Kompetenzverteilung, die Koordinationsinstrumente, Art und Ausmaß der Prozessstrukturierung sowie die Konfiguration des Marketing-Rechts-Managements, insbesondere auch die Herausbildung spezieller Kollegien und Projektgruppen. b) Information: Die mit der Lösung von Marketing-Rechts-Problemen befassten Personen werden nicht selten Schwierigkeiten haben, den Zugang zu den relevanten Rechtsquellen und Rechtspublikationen zu finden. Die Suche unterstützen Microfiches und Datenbanken, wie z.B. die juris-Datenbank und CD-ROM-Datenbanken. Einen schnellen Zugriff zu aktueller Rechtsprechung und deren Kommentierung erlauben insbesondere juristische Fachzeitschriften. Auf dem Gebiet des marketingrelevanten Rechts sind dies vor allem BB, DB, EUGHE und EUGH Slg., JuS, NJW, GRUR, GRUR-Int., WRP, WuW und WuW/E, ZHR sowie ZIP. c) Zeitpunkt der Maßnahmen: Präventive Maßnahmen umfassen die Absicherung und Verbesserung der Marketingstrategien durch die aktive Erlangung von Schutzrechten, durch eine umsichtige Vertragsgestaltung sowie durch die vorbeugende Berücksichtigung von Rechtsrestriktionen bei der Planung von Marketingmaßnahmen. Reaktive Maßnahmen lassen sich danach unterscheiden, ob sie aufgrund eines rechtlichen Angriffs auf die Unternehmung eingeleitet werden (defensiver Maßnahmenbereich) oder ob die betrachtete Unternehmung selbst initiativ mit rechtlichen Mitteln gegen rechtlich vermeintlich unzulässige Verhaltensweisen anderer Wirtschaftssubjekte vorgeht (offensiver Maßnahmenbereich). Damit wird nicht zugleich ein friedfertiges oder aggressives Verhalten impliziert. Vielmehr kann z.B. die berechtigte Schadensersatzklage eines Konkurrenten zur Abschreckung mit einer Gegenklage beantwortet werden (aggressives Reagieren im defensiven Maßnahmenbereich), und ebenso kann die persönliche Ansprache eines Wettbewerbers, der rechtswidrig die eigenen, durch eingetragene Patente geschützten Produkte plump imitiert, als eine sehr friedfertige Reaktion im offensiven Maßnahmenbereich charakterisiert werden. In gewissen Grenzen können reaktive Maßnahmen durch präventive substituiert werden: Je mehr Zeit und Mühen man auf die präventive Vermeidung rechtlicher Störungen verwendet, desto geringer dürften die zukünftigen Belastungen durch akute Rechtsfälle sein. Gleichwohl ist präventive Problembehandlung nicht mit der Entscheidung für eine grundsätzliche Meidung sämtlicher Rechtsrisiken gleichzusetzen. Dies ist vielmehr nur eine unter mehreren zur Auswahl stehenden d) Verhaltensstrategien: Die Auswahl zielkonformer Verhaltensstrategien hängt von den spezifischen Umständen des Einzelfalls, insbesondere der Art und Dringlichkeitseinstufung des Marketing-Rechts-Problems, dem Zeitdruck, unter dem zu entscheiden ist, und der aktuellen Beschäftigungslage des Marketing-Rechts-Managements ab. Insbesondere in kleinen und mittleren Unternehmungen befassen sich Juristen eher mit arbeits- sowie gesellschaftsrechtlichen und weniger mit wettbewerbsrechtlichen Fragen. Bei der Ignoranzstrategie werden Rechtsnormen grundsätzlich nicht zur Kenntnis genommen. Die Ausweichstrategie meidet Rechtsrisiken, indem sie auf die strittige Marketingmaßnahme verzichtet. Die Anpassungsstrategie verfolgt weiterhin die geplante Zielsetzung, ändert die Maßnahme aber dahingehend ab, dass sie nicht mehr in den Geltungsbereich der zuvor verletzten Rechtsnorm fällt. Bei der Konfrontationsstrategie wird bewusst und vorsätzlich gegen Rechtsnormen verstoßen, insbesondere dann, wenn man die ökonomischen Vorteile des Rechtsverstoßes höher einschätzt als die mit dem Verstoß verbundenen Nachteile (Anwalts- und Gerichtskosten, Schadenersatzzahlungen usw.). Im Zuge der Beeinflussungsstrategie erfolgt – je nach Interessenlage – eine Einflussnahme auf die Legislative, Jurisdiktion und/oder Exekutive zur Beseitigung und Milderung von Rechtsnormen oder auch zur Schaffung neuer bzw. zur Verschärfung bestehender Rechtsnormen.

Literatur: Ahlert, D./Schröder, H. (1996): Rechtliche Grundlagen des Marketing, 2. Aufl., Stuttgart u.a.; Schröder, H. (1999): Rechtliche Aspekte des Marketing im Versandhandel, in: Mattmüller, R. (Hrsg.): Versandhandels-Marketing, Frankfurt/Main, S. 579-623; Schröder, H. (1999): Neue Formen des Direktvertriebs und ihre Rechtsprobleme, in: Tomczak, T./Belz, C./Schlögel, M./Birkhofer, B. (Hrsg.): Alternative Vertriebswege, St.Gallen, S. 60-76; Zerres, P./Zerres, T. (1994): Recht für Marketing-Manager, Frankfurt/Main.

Hendrik Schröder

Marketingabteilung, bezeichnet eine organisationale Teileinheit, die insbesondere für die Planung und Durchführung der Marketingaktivitäten eines Unternehmen verantwortlich ist. Ihre konkreten Aufgabenbereiche und ihre Rolle innerhalb des Unternehmens und der → Marketingorganisation ergeben sich vor allem aus der Verankerung des Konzepts der → marktorientierten Unternehmensführung im Unternehmen.

Marketing-Accounting, Gewinnung marketingpolitisch relevanter Informationen aus dem betrieblichen Rechnungswesen. Die Informationsgenerierung kann primär und sekundär erfolgen. Im primären Fall werden Daten ganz speziell für Marketingzwecke bereitgestellt, im sekundären Fall werden zunächst für andere Zielsetzungen erhobene Daten des Rechnungswesens für das Marketing aufbereitet. M.-A. nimmt folglich eine Schnittstelle zwischen Rechnungswesen und Marketing ein, wobei das Rechnungswesen den Charakter einer Servicefunktion hat und Marketing den Anwendungsbereich verkörpert. M.-A. dient damit allen Teilbereichen des → Marketingcontrolling. Aufgrund der vielfältigen Analyse- und Entscheidungsfragen im Marketing, zu deren Lösung ökonomische Kriterien und damit Informationen aus dem Rechnungswesen benötigt werden, umfasst das M.-A. eine unüberschaubare Zahl an Instrumenten und Verfahren. Als Beispiele sind zu nennen: → Prozesskostenrechnung, → Teilkostenrechnungen, → Amortisationsrechnungen, → Break-Even-Analysen u.a..

Marketingallianz, alle oder zumindest mehrere Marketingbereiche umfassende Allianz zwischen zwei oder mehr Unternehmen. Ziele von M. können die Erhöhung der konsumentenseitigen Wahrnehmung des Nutzens des angebotenen Produktes oder der Eintritt in neue Märkte bzw. Kundensegmente, die bisher nur eines der beiden kooperierenden Unternehmen als Zielsegmente bearbeitet hat, sein. Venkatesh et al. identifizieren zwei Richtungen der Marketingallianzforschung: eine Richtung befasst sich mit organisationalen Fragen (interorganisationale Zusammenarbeit und Steuerungsaspekte von M.), eine zweite Richtung setzt sich mit Markenallianzen als spezifische Ausprägung von M. auseinander. Im Fokus stehen dabei z.B. Aspekte der strategischen Begründung von Markenallianzen und auf Theorieebene die Kategorisierungstheorie, Signalingtheorie oder das Product Bundling.

Literatur: Till, B.D./Nowak, L.I. (2000): Towards effective Use of caused-related Marketing Alliances, in: Journal of Product & Brand Management, Vol. 9, No. 7, S. 472-484; Venkatesh, R./Mahajan, V./Muller, E. (2000): Dynamic Co-Marketing Alliances: When do they succeed or fail?, in: International Journal of Research in Marketing, Vol. 17, S. 3-31.

Marketing-Audit, Aufgabe des → Marketingcontrolling. Es umfasst die Überprüfung der inhaltlichen und organisatorischen Marketingaktivitäten im Unternehmen. Dabei geht es weniger um die Analyse von Marketingergebnissen, als vielmehr um die Früherkennung planungs- und systembedingter Risiken und Fehlentwicklungen im Marketingbereich. Das M.-A. lässt sich in die folgenden vier Unterbereiche aufgliedern: (1) Verfahrens-Audit (Überprüfung, ob der Marketingbereich auf dem aktuellen und betriebsspezifisch angemessenen Stand der Informations-, Planungs- und Kontrolltechniken steht), (2) → Ziel- und Strategien-Audit (Überprüfung der Annahmen, auf denen Marketingstrategien beruhen, der Vereinbarkeit der Marketingziele mit dem gesamtunternehmerischen Zielsystem und der Konsistenz des Strategiengesamtentwurfs), (3) Marketingmix-Audit (Überprüfung der Abstimmung zwischen strategischer und operativer → Marketingplanung, der Marketingmaßnahmen sowie der Angemessenheit der → Marketing-Budgets), (4) → Organisations-Audit (Überprüfung der Marketingorganisation).

Marketingbudget, → Marketingbudgetierung.

Marketingbudgetierung, Aufstellung und Überwachung von Budgets für einzelne Verantwortungsbereiche der Marketingorganisation (→ Budgetierung). Ergebnis der M. sind Marketing-Teilbudgets (z.B. Produkt-, Distributions-, Kommunikations- und Marktinformationsbudget), die entweder aus einem Marketing-Gesamtbudget gebildet oder zu solch einem integriert werden. Budgets sollten sowohl im Rahmen der strategischen → Marketingplanung als auch im Zuge der operativen Marketingplanung aufgestellt werden. Strategische Budgetierungsansätze haben den Zweck, die betroffenen Stellen und Abteilungen im Marketing frühzeitig auf die finanziellen Planungskonsequenzen hinzuweisen. Koordination und Vorgabe der Sollgrößen sind dabei Aufgabe des → Marketing- und Vertriebscontrolling. Die Aufstellung von M. auf operativer Ebene erfolgt oftmals nach gewissen Faustregeln, die keinen inhaltlichen Bezug zu Handlungs- und Gestaltungsplänen aufweisen (z.B. das Werbebudget ist X% vom Vorjahresumsatz). Derartige Ansätze sollten zugunsten einer sachlich begründeten Budgetermittlung, die an konkrete Maßnahmenpläne anknüpft, aufgegeben werden.

Marketing Channel, → Absatzkanal, → Distributionskanal, → Marktkanal, → Vertriebskanal.

Marketingcontrolling. I. Begriff: Teil des betrieblichen Controllingsystems mit dem Zweck, das Marketingmanagement durch Koordination der marketingbezogenen Informationsversorgung, Planung und Kontrolle zu unterstützen. M. übernimmt weder die inhaltliche Festlegung der Marketingziele noch die der → Marketingplanung, sondern stellt hierfür als Servicefunktion bedarfsgerechte Informationen bereit und schafft den äußeren organisatorischen und verfahrenstechnischen Rahmen.

II. Entwicklung: → Marketing wie auch → Controlling beherrschen seit langem die Diskussionen zum Thema moderner Unternehmensführung. Die Notwendigkeit einer Verknüpfung beider Konzeptionen zum M. ergibt sich primär aus der zunehmenden Komplexität im Marketingmanagement. Diese resultiert vor allem aus wachsenden

Unternehmensgrößen, einer erhöhten Dynamik der Marketingumwelt sowie einer steigenden Differenzierung der Marketingfunktionen. Darüber hinaus baut sich zusehends ein Spannungsfeld im Marketing auf: Auf der einen Seite werden zunehmende Marktdurchdringung bzw. -erschließung sowie intensive Kundenbindung bzw. -gewinnung gefordert, auf der anderen Seite wird immer häufiger Kritik an Fehlallokationen knapper Marketingressourcen geäußert und das Nicht-Erreichen von Marketingzielen moniert.

III. Ziele: In letzter Konsequenz zielt M. darauf ab, Effektivität und Effizienz im Marketing zu erhöhen. Zum einen soll M. dazu beitragen, dass im Marketing die richtigen Dinge getan werden (Effektivität), d.h. der im Hinblick auf die Marketingzielsetzung erfolgswirksamste Strategienkatalog zusammengestellt wird; zum anderen soll M. sicherstellen, dass die Dinge im Marketing richtig getan werden (Effizienz), d.h. die gewählten Marketingstrategien im Sinne einer besonders günstigen Kosten-Nutzen-Relation auf operativer Ebene umgesetzt werden.

IV. Aufgaben: Zentrale Aufgabe des M. ist es, die marketingbezogenen Planungs- und Kontrollprozesse sowie die Informationsversorgung nach Maßgabe der Marketingziele systembildend und systemkoppelnd zu koordinieren. Mit systembildender Koordination ist dabei die Entwicklung und Implementierung eines Marketingplanungs- und Marketingkontrollsystems sowie eines Marketinginformationsversorgungssystems gemeint. Dies beinhaltet zugleich die Eingliederung der Systeme in den entsprechenden Systemzusammenhang des Gesamtunternehmens. Systemkoppelnde Koordination hingegen bezieht sich auf die Abstimmung von Vorgängen innerhalb eines bestehenden Systemzusammenhangs der Marketingplanung und -kontrolle sowie der Marketinginformationsversorgung. In der Abb. „System des Marketingcontrolling“ ist der Gesamtzusammenhang noch einmal schematisch dargestellt.

V. Aufbau: Tragende Säule des M. ist das (1) → Marketinginformationssystem. Von seiner Güte hängt maßgeblich die Qualität der Marketingplanung und -kontrolle ab. Besonderheit im Rahmen des M. ist diesbezüglich, dass externe und interne Daten der Marktforschung und des Rechnungswesens miteinander verknüpft werden müssen. Das (2) Marketingplanungssystem beinhaltet im Wesentlichen die Mitwirkung bzw. Mitentscheidung in Bezug auf marketingbezogene Planungsfragen sowie die Abstimmung und Koordination der diversen Teilplanungen. Innerhalb des Planungssystems ist grundsätzlich zwischen strategischer und operativer Sicht zu unterscheiden. Gegenstand der strategischen Marketingplanung ist es, künftige Märkte zu analysieren, Marktsegmente auszuwählen und die Grundsätze der Marketingmix-Gestaltung festzulegen. Die operative Marketingplanung dagegen konkretisiert Ziele und Maßnahmen und schätzt die Erfolgskonsequenzen auf kürzere Sicht ab. Das (3) Marketingkontrollsystem hat die Überprüfung der Marketingmaßnahmen, der Marketingorganisationseinheiten sowie der Produkt-Markt-Beziehungen zum Gegenstand. Als Beurteilungsgrößen sind dabei sowohl Erfolgsgrößen des Rechnungswesens als auch nicht-monetäre Kriterien heranzuziehen.

VI. Instrumente: Im M. kommen i.d.R. eine Vielzahl von Instrumenten zur Anwendung. Sie lassen sich grob danach unterscheiden, ob sie im Rahmen des strategischen oder operativen Marketing zum Einsatz kommen. Wesentliche strategische Marketingcontrollinginstrumente sind z.B. → Life Cycle Costing, → Budgetierungen, und Portfolioanalysen (→ Portfoliomodell). Auf operativer Ebene hingegen spielen solche Instrumente wie → Deckungsbeitragsrechnungen, → Absatzsegmentrechnungen, → Ergebniskontrollen und → Berichtssysteme eine wichtige Rolle.

VII. Organisatorische Integration: Die organisatorische Verankerung des M. ist letztlich immer unternehmensindividuell zu gestalten. Wesentliche Kontextfaktoren sind in diesem Zusammenhang die Unternehmensgröße, die Unternehmensstruktur, das Produktprogramm, die Vielfalt oder Einheitlichkeit der Marktbeziehungen, die Kundenstruktur, die Marketingorganisation sowie die Dynamik der Umwelt. Insgesamt ist jedoch zu beobachten, dass marketingbezogene Controllingaufgaben in der Praxis meist vom Zentralcontrolling mitberücksichtigt werden. Die Einrichtung spezieller Marketingcontrollingstellen ist dagegen nur relativ selten anzutreffen. Grundsätzlich lassen sich drei Basisformen der organisatorischen Integration eines Marketingcontrollers unterscheiden: (1) Der Marketingcontroller ist fachlich und disziplinarisch dem Zentralcontroller unterstellt. Vorteile ergeben sich in dieser Konstellation für den Marketingcontroller vor allem aus der größeren Unabhängigkeit gegenüber den Bereichsmanagern und damit verbunden einer besseren Durchsetzungskraft eines einheitlichen Controllingansatzes. Weitere Vorteile sind in der schnellen Informationsweitergabe durch die Zentrale zu sehen sowie der Möglichkeit, integrative Koordinationsaspekte zwischen den einzelnen Bereichen wahrzunehmen. Demgegenüber sind als Nachteile zu nennen, dass linienspezifische Besonderheiten möglicherweise zu kurz kommen, der Marketingcontroller innerhalb der Linie auf zu geringe Akzeptanz stößt, womöglich gar isoliert bleibt und nicht zur Entscheidungsunterstützung herangezogen wird. (2) Der Marketingcontroller ist fachlich und disziplinarisch dem Marketingmanagement unterstellt. Dies bedeutet logischerweise eine Umkehrung der oben genannten Vor- und Nachteile. So wird durch diese Form der Unterstellung zwar ein guter Zugang zu formellen und informellen Informationen erreicht und die Akzeptanz des Marketingcontrollers innerhalb der Linie erhöht, doch besteht zugleich die Gefahr des Aufkommens von Bereichsegoismen und einer Loslösung vom Zentralcontrolling. (3) Der Marketingcontroller ist disziplinarisch dem Marketingleiter und funktional dem Zentralcontroller unterstellt. Diese Form der Unterstellung stellt einen Kompromiss zwischen den oben genannten Varianten dar und bietet so die Möglichkeit, Linienerfordernisse mit Controllingnotwendigkeiten zu verbinden. Allerdings ist bei einer derartigen Doppelunterstellung stets zu beachten, dass sie zu einem Dauerkonflikt führen kann, sofern der Marketingcontroller im Endeffekt weder bei der Linie noch beim Zentralcontrolling Akzeptanz findet.

Christian Homburg

Marketingcontrolling, Aufgaben des, → Marketing- und Vertriebscontrolling.

Marketingcontrolling, Instrumente des, → Marketing- und Vertriebscontrolling.

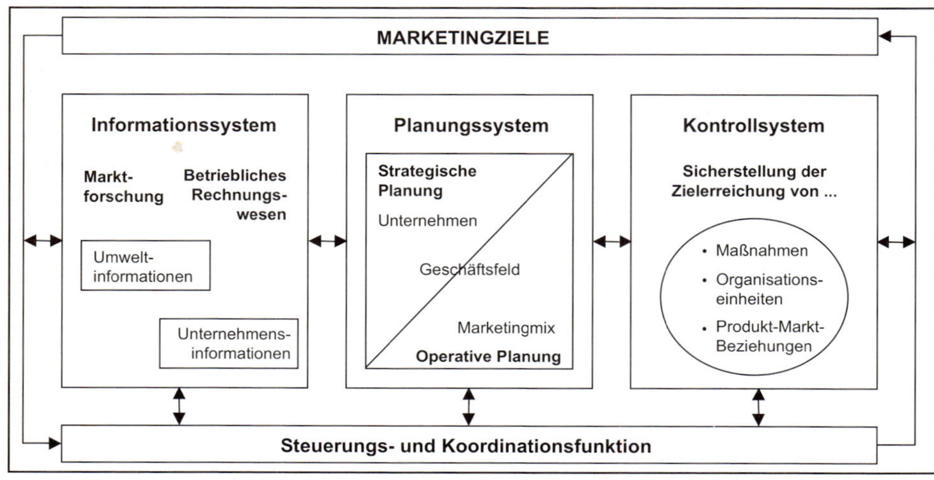

System des Marketingcontrolling

Marketingcontrolling, internationales, Teilbereich des internationalen → Marketingmanagement, in dem die Planung und die Kontrolle sowie die Informationsversorgung ergebniszielorientiert koordiniert werden. Wesentliche Aufgabe des internationalen Marketingcontrolling ist die eigentliche Kontrolle als betriebliche Funktion. In der klassischen ergebnisorientierten Marketingkontrolle werden die Zielgrößen, die im Rahmen der internationalen → Marketingplanung festgelegt wurden, auf deren Erfüllungsgrad überprüft. Im Rahmen von Marketingaudits hingegen werden das Unternehmensleitbild bzw. die Unternehmensphilosophie, die Planungsprämissen sowie die Organisation der Marketingplanung überprüft. Der enge Zusammenhang zwischen Planung und Kontrolle liegt darin begründet, dass Planung ohne Kontrolle sinnlos ist und Kontrolle ohne Planung nicht möglich ist.

Marketingcontrolling, Organisation, → Marketing- und Vertriebscontrolling.

Marketingdifferenzierung, länderübergreifend uneinheitliche Gestaltung von Marketinginhalten (Marketingstrategie bzw. Marketinginstrumente) und Marketingprozessen (z.B. Produkt-, Werbe- und Vertriebsplanung). Eine inhaltliche Differenzierung ist Ausdruck einer polyzentrischen Grundorientierung des Management im Rahmen des → EPRG-Schemas und beinhaltet eine länderspezifische Anpassung der Marketingkonzeption. Eine völlige Differenzierungsstrategie impliziert, dass die einzelnen Ländermärkte weitestgehend unabhängig voneinander bearbeitet werden. Werden Marketingprozesse länderübergreifend uneinheitlich gehandhabt, so spricht man von einer prozessualen M. Vorteilhaft an einer M. ist die gezielte Berücksichtigung länderspezifischer Faktoren und – damit einhergehend – die Möglichkeit, höhere Umsätze zu realisieren. Nachteilig sind die höheren Kosten der Marktbearbeitung, der höhere Abstimmungs- und Koordinationsaufwand wie auch die Gefahr, dass ein diffuses internationales Erscheinungsbild entsteht.

Marketingeffektivität, → Marketing- und Vertriebscontrolling.

Marketingeffizienz, → Marketing- und Vertriebscontrolling.

Marketingethik, beschäftigt sich mit den Werten und Normen des Marketing und seiner gesellschaftlichen Verantwortung. Ausgelöst durch die Konsumerismusbewegung (→ Consumerism) in den USA Ende der 60er-Jahre, gerieten die negativen Folgen des → kommerziellen Marketing zunehmend in die öffentliche Diskussion (z.B. irreführende Werbung, geplante Veralterung bzw. Obsoleszenz von Produkten, Datenschutzprobleme). Die gesellschaftliche Kritik am Marketing führte zu einem verstärkten Begründungszwang des Unternehmensverhaltens durch die verantwortlichen Entscheidungsträger. Die M. befasst sich mit den Ansprüchen aller Marktteilnehmer einer Unternehmung hinsichtlich des bereitzustellenden Leistungsangebotes und mit den Ansprüchen gesellschaftlicher Gruppierungen, die direkt oder indirekt von den (negativen) Folgen des Einsatzes der Marketinginstrumente betroffen sind. Ansätze der M. sollen insbesondere eine Berücksichtigung jener Ansprüche sicherstellen, die nicht über den Markt artikuliert werden. Gemäß der Forderungen des → Human Concept of Marketing erfolgt damit eine Erweiterung des Anspruchsspektrums des Marketing (→ Deepening). In der Forschung werden präskriptive, deskriptive und explikative Ansätze der M. unterschieden. Die präskriptive M. setzt sich mit der Frage auseinander, wie sich Marketingmanager in bestimmten Entscheidungssituationen verhalten sollen. Hierbei wird auf die dem Verhalten zugrundeliegende Gesinnung (Gesinnungsethik) oder auf die Handlungsfolgen (Verantwortungsethik) abgestellt. Ansätze der deskriptiven und explikativen Marketingethik beschäftigen sich hingegen mit der Beschreibung und Erklärung von Wertorientierungen im Marketing. Inhaltlich werden materiell-ethische und formell-ethische Normen unterschieden. Zu den materiell-ethischen Normen zählen z.B. Verhaltenskodizes oder ethische Grundsatzkataloge im Marketing. Sie verdeutlichen, dass Fragen der M. bereits bei der Festlegung der Unternehmensgrundsätze eine Rolle spielen. Formell-ethische Normen betreffen Entscheidungsmethodiken, die ethisches Handeln fördern. Hier ist die sog. Diskurs-Ethik einzuordnen, bei der ein gleichberechtigter Dialog mit allen betroffenen Marktteilnehmern und Anspruchsgruppen Orientierungen für ethisches Verhalten des Unternehmens liefern soll.

Marketingforschung, → Marktforschung.

Marketingführerschaft, Fähigkeit eines Marktpartners seine Marketingstrategien im Absatz- oder Beschaffungsmarkt durchzusetzen. Aufgrund der häufig anzutreffenden mehrstufigen Distributionssysteme kann vielfach auch eine so genannte partielle Marketingführerschaft vorliegen. Bei dieser speziellen Form bezieht sich die M. entweder lediglich auf die erste Stufe im Absatzkanalsystem oder auf eine bestimmte → Betriebsform. Insbesondere im Rahmen der Hersteller-Handel Beziehung können bei einem beidseitigen Streben nach M. Spannungen entstehen. Obgleich die Industrie für einen geraumen Zeitraum vielfach die Position des Marketingführers innehatte, verschiebt sich das Machtgefüge durch anhaltende Konzentrationsprozesse in der Handelslandschaft zusehends zugunsten des Handels.

Marketing für öffentliche Betriebe. I. Kennzeichnung: → Marketing wird im Allgemeinen als ein umfassendes Führungskonzept von Unternehmen bzw. allgemein von Organisationen interpretiert. Angesichts der vielfältigen Herausforderungen, denen heute gerade auch öffentliche Betriebe ausgesetzt sind und die insbesondere eine stärker kundenorientierte, im Zeichen der Privatisierungstendenz sogar stärker wettbewerbsorientierte → Unternehmensführung dringend erforderlich erscheinen lassen, gewinnt Marketing als ganzheitliche Führungskonzeption gerade auch in diesem Sektor immer mehr an Gewicht. Da im öffentlichen Sektor häufig nicht-kommerzielle Ziele dominieren, ergeben sich beim MöB breite Schnittstellen zum Problemfeld des → Non-Profit-Marketing.

II. Öffentliche Betriebe: Der öffentliche Sektor umfasst ein sehr weites und heterogenes Feld an Institutionen, die in der Literatur unterschiedlich untergliedert werden. Es lassen sich jedoch zwei grundlegende Arten öffentlicher Betriebe unterscheiden. Zum einen sind dies öffentliche Verwaltungen, die auch als Bruttobetriebe bezeichnet werden, da sie mit ihren Einnahmen und Ausgaben vollständig in den öffentlichen Haushalt einer Trägerkörperschaft eingegliedert sind („Bruttoetatisierung"). Sie umfassen Institutionen der Leistungsverwaltung (z.B. Straßenbau, Kulturpflege) und der Hoheitsverwaltung (z.B. Landesverteidigung, Steuerwesen). Zum anderen sind dies öffentliche Unternehmen, die typischerweise formell und materiell ein höheres Maß an Selbstständigkeit aufweisen (z.B. Sparkassen, Verkehrsunternehmen, Rundfunkanstalten). Öffentliche Unternehmen werden meist als Nettobetriebe geführt. Sie erscheinen im Haushalt der Trägerkörperschaft lediglich mit ihren Gewinnen und Verlusten („Nettoetatisierung"; Ausnahme: reine Regiebetriebe als Form öffentlicher Unternehmen ohne eigene Rechtspersönlichkeit). Gerade bei öffentlichen Unternehmen mit eigener Rechtspersönlichkeit nach Privatrecht und öffentlich-privat gemischter Eigentümerstruktur ist der Übergang zu privaten Unternehmen fließend. Bisweilen werden als dritte Kategorie im Zwischenfeld öffentlicher Verwaltungen und Unternehmen noch öffentliche Vereinigungen unterschieden, die sich primär über Beiträge und Umlagen finanzieren und die v.a. der Befriedigung der Gruppenbedürfnisse ihrer Mitglieder dienen (z.B. kommunale Zweckverbände, AOK-Landesverbände oder die Bundesversicherungsanstalt).

III. Übertragbarkeit des Marketingkonzeptes: Die Übertragung des Marketingansatzes in den öffentlichen Sektor basiert auf der Annahme einer prinzipiellen Gleichartigkeit der Austauschprozesse auf Absatz- und Beschaffungsmärkten bzw. mit der Öffentlichkeit sowie mit organisationsinternen Austauschpartnern bei privatwirtschaftlichen und öffentlichen Betrieben. Öffentliche Betriebe verfolgen ebenso wie privatwirtschaftliche Unternehmen gegenüber ihren Austauschpartnern Bedarfsdeckungs- und/oder Beeinflussungsziele, die sich durch den Einsatz der Marketingtechnologie wesentlich effizienter verwirklichen lassen: Das gilt etwa für öffentliche Entsorgungsbetriebe, Finanzämter, die Bundeswehr oder auch öffentliche Museen, Theaterbetriebe und Schwimmbäder. Zu beachten sind hierbei speziell im Kontext öffentlicher Betriebe zwei Aspekte; vor allem auch im Lichte der bisweilen vorgebrachten Kritik an der Übertragung der Marketingkonzeption, welche die Analogie der Problemstellungen im privatwirtschaftlichen und im öffentlichen Sektor anzweifelt. Zum einen erstreckt sich die Marketingtechnologie nicht nur auf die Analyse und Gestaltung klassischer marktlicher „Güter gegen Geld"-Austauschbeziehungen, sondern bezieht Austauschprozesse der verschiedensten Art ein (bspw. der „Vertrieb" von Informationen zur gesundheitlichen Aufklärung in der Bevölkerung). Zum anderen zielt die im → Marketingkonzept zentrale Maxime der Kundenorientierung nicht nur auf eine bloße Anpassung an vorhandene Bedürfnisse und Präferenzen der Austauschpartner ab, sondern kann sich im Sinne eines strukturverändernden Marketing durchaus auch in Aktivitäten niederschlagen, die auf deren tief greifende Veränderung ausgerichtet sind (bspw. Kampagnen zur Senkung des Alkoholmissbrauchs).

IV. Gestaltungsperspektiven des MöB.: Mit Blick auf das zentrale Problemfeld des Absatzmarketing öffentlicher Betriebe werden nachfolgend einige zentrale Möglichkeiten und Probleme der Anwendung der Marketingtechnologie skizziert. (1) Marketing-Leitideen: Eine zentrale Leitidee des Marketingkonzeptes stellt die Maxime der Kundenorientierung dar bzw. allgemeiner die systematische Orientierung an den Bedürfnissen und Präferenzen der relevanten Austauschpartner. Aufgrund der zumeist sozialen bzw. bedarfswirtschaftlichen Ausrichtung öffentlicher Betriebe besteht hier die Gefahr, ein hohes Maß an Abnehmerorientierung per se zu unterstellen und nicht weiter zu problematisieren. Verschiedene Untersuchungen und Berichte lassen demgegenüber jedoch vermuten, dass dieses hohe Maß an Abnehmerorientierung keinesfalls immer gegeben ist. So wurden bspw. in empirischen Untersuchungen zur Bürgernähe der Sozialpolitik mitunter erhebliche Leistungsdefizite gegenüber der Klientel festgestellt. Das Selbstverständnis v.a. öffentlicher Verwaltungen bzw. ihrer Mitglieder behindert hier – neben Schwachstellen im Marketing-Know-how – offensichtlich oft eine konsequente Orientierung an den Wünschen und Bedürfnissen ihrer Klientel. (2) Marketingplanung: Aufgabe der → Marketingplanung ist es u.a., auf der Grundlage systematisch gewonnener Informationen über die Umwelt und die eigene Organisation operationale Ziele zu formulieren und darauf aufbauend konkrete Strategien (→ Marketingstrategie) und Maßnahmenkonzepte zu deren Realisation zu entwickeln. Sowohl für die Zielbildung als auch für die Zielrealisation sind Informationen über die Bedürfnisse, Erwartungen und Forderungen der Austauschpartner außerordentlich wichtig. Die in der Marketingwissenschaft vielfältig erschlossenen verhaltenswissenschaftlichen Theorien (→ verhaltenswissenschaftlicher Ansatz) vermögen hier grundsätzlich den Prozess der Informationsgewinnung und -verarbeitung sehr wesentlich zu unterstützen (→ Konsumentenverhalten, → Konsumentenforschung). Die Marketingplanung speziell öffentlicher Betriebe wird allerdings wesentlich dadurch beeinträchtigt, dass u.a. von Seiten der Wissenschaft kaum eingehendere Untersuchungen vorliegen, in denen die Randbedingungen für die Anwendung verhaltenswissenschaftlicher Theorien bei jeweils spezifischen Fragestellungen öffentlicher Betriebe genau präzisiert werden. Hinzu kommt, dass öffentliche Betriebe in weitaus geringerem Maße auf sekundärstatistisches Material über ihre Klientel zurückgreifen können (→ Sekundärerhebung); es gibt keinen preiswerten Datenservice bzw. keine Paneldaten (→ Panelerhebungen) über das Abnehmerverhalten. Auch bei der Erhebung von Primärdaten (→ Primärerhebung) treten mitunter erhebliche Probleme auf. Dies nicht zuletzt deshalb, weil aufgrund der potenziell relevanten Fragestellungen (Gesundheitsfragen, Sexualverhalten, Drogenberatung usw.) häufig unrichtige, selbstbestätigende oder sozial erwünschte Antworten wahrscheinlich und nur schwer zu kontrollieren sind. Dadurch werden die Prognosemöglichkeiten und damit generell die Marketingplanung erheblich beeinträchtigt. Erschwerend kommt hinzu, dass häufig gerade in öffentlichen Verwaltungen, z.T. aber auch bei großen öffentlichen Unternehmen mit relativ guter personeller Besetzung und hoher Problemverwandtschaft zum traditionellen privatwirtschaftlichen Marketing die personellen, strukturellen und organisationskulturellen Voraussetzungen fehlen, um die anstehenden komplexen Probleme zu lösen (z.B. eine Marketingabteilung mit Experten, die im Umgang mit modernen Planungstechniken geschult sind). (3) Marketingstrategien: Auch im öffentlichen Sektor kann die Entwicklung langfristig ausgerichteter Marketingkonzepte durch eine Orientierung an den allgemeinen Basisstrategien des Marketing (→ Strategisches Marketing) wesentlich befruchtet werden. So lassen sich ohne eine Kooperationsstrategie bspw. die herausfordernden Aufgaben eines strukturverändernden Marketing (→ Social Marketing) im Gesundheitsbereich, das auf die Veränderung gesundheitsschädlicher Verhaltensmuster (z.B. im Ernährungsverhalten) abzielt, kaum realisieren – hier könnten etwa im Rahmen von → Kooperationen zwischen Krankenkassen, Ärztevereinigungen und Gesundheitsämtern entsprechende Beeinflussungs- und Bedarfsdeckungsprogramme zur Veränderung problematischer Essgewohnheiten entwickelt werden. Weiterhin lässt sich etwa auf kommunaler Ebene ein effektives → City-Marketing ohne öffentlich-private Kooperationen in Gestalt von → Public Private Partnerships oft kaum realisieren. Die Markenstrategie kann ebenfalls im MöB. eine bedeutende Rolle spielen. So kommt z.B. Energieversorgungsunternehmen in öffentlicher Trägerschaft auf den liberalisierten Energiemärkten die oftmals noch ungewohnte Aufgabe zu, sich unter Wettbewerbsbedingungen in der Wahrnehmung aktueller und potenzieller Abnehmer mit einem spezifischen Kompetenzprofil zu positionieren. Hier kann die Markenstrategie wertvolle Anregungen zur inhaltlichen Ausgestaltung und Umsetzung einer derartigen Positionierungsstrategie liefern. Grundsätzlich wird auch bei öffentlichen Betrieben ohne einen abgestimmten Maßnahmenplan im Sinne einer → Corporate Identity-Strate-gie kaum jenes Maß an Zustimmung seitens der Mitarbeiter, der Abnehmer und der allgemeinen Öffentlichkeit zu erzielen sein, das Vorbedingung für den Erfolg öffentlicher wie privatwirtschaftlicher Organisationen ist. Angesichts der allgemein zunehmenden Politik- und Staatsverdrossenheit sowie der regelmäßigen Vorwürfe einer mangelnden Bürgernähe kann dieser Aufbau an Unterstützungspotenzialen auch und gerade in öffentlichen Verwaltungen durchaus als zentraler strategischer Handlungsbereich angesehen werden. Schließlich sei noch auf die hohe Bedeutung der Basisstrategie der → Marktsegmentierung verwiesen, im Rahmen derer durch eine segmentspezifische Ausgestaltung von Marketingprogrammen grundsätzlich ein hohes Maß an Abnehmer- bzw. Bürgernähe erzielbar ist. So könnten etwa im Rahmen einer intensiveren Nutzung → Neuer Medien durch Ämter Kommunikations- und Leistungskonzepte entwickelt werden, die speziell den Präferenzen gerade der jüngeren, oftmals besonders „staatsmüden" Generation entgegenkommen. Dabei ist freilich zu beachten, dass aufgrund der bereits skizzierten Informationsprobleme der für eine Marktsegmentierung erforderliche Datenbedarf u.U. nur schwer zu decken ist. Zudem verbietet sich in vielen Fällen aufgrund des ggf. bestehenden Kontrahierungszwangs öffentlicher Betriebe oder aufgrund entsprechender sozialer Zielsetzungen ein konzentriertes Marketing, in dessen Rahmen nur besonders attraktive (z.B. Ober- und Mittelschichten) oder besonders leicht beeinflussbare Segmente bearbeitet werden. (4) Marketing-Aktionsinstrumente: Zur Realisierung von Bedarfsdeckungs- und Beeinflussungszielen ist auch im MöB. ein systematisch kombinierter und durch allgemeine Marketingstrategien gesteuerter Einsatz aller Marketing-Aktionsinstrumente erforderlich (→ Marketingmix). Die im MöB. nicht selten zu beobachtende Beschränkung auf das Instrument der → Werbung ist nicht zweckmäßig. Für öffentliche Betriebe gilt typischerweise noch mehr als für privatwirtschaftliche Unternehmen, dass das Herzstück des MöB. die Produkt- und Programmpolitik sein muss (→ Produktpolitik). Gerade in der Auswahl und Gestaltung der jeweiligen Haupt- und Nebenleistungen (Sachgüter, immaterielle Güter wie Aufklärungsinformationen, Werte, Normen usw.) sowie ihrer Kombination zu einem schlüssigen Absatzprogramm hat sich die Orientierung an den Bedürfnissen der Klientel letztlich zu beweisen. Wenn etwa Informations- und Bildungsangebote öffentlicher Museen, Theater oder Verbraucherinstitutionen oft nur eine begrenzte Resonanz haben, so dürfte dies nicht zuletzt in einer mangelnden nutzergerechten Produktpolitik begründet sein. So wichtig die Produktpolitik im MöB. ist, so schwierig ist jedoch oft auch ihre klientengerechte Realisation. Zum einen sind ihr meist schon infolge geringer finanzieller oder sonstiger Ressourcen enge Grenzen gesetzt (z.B. bei Hilfsgütern für Obdachlose, Kranke usw.), zum anderen geht es teilweise um das Angebot von Gütern, die von den Klienten nicht oder nicht von vornherein akzeptiert werden (meritorische Güter wie Drogenberatung, Entziehungskuren, Landesverteidigung). Die Marketingplanung öffentlicher Betriebe erfordert deswegen ein hohes Maß an Kreativität und Sorgfalt, um dennoch klientengerechte und beeinflussungswirksame Marketingkonzepte zu entwickeln. Die Produktpolitik hängt eng mit der Gegenleistungs- bzw. Entgeltpolitik zusammen. Preise bilden eine wichtige Leistungsdimension der angebotenen Güter (→ Preispolitik). Weit mehr als im Marketing privater Unternehmen müssen Preisstrategien öffentlicher Unternehmen und Verwaltungen i.d.R. darauf ausgerichtet sein, neben den monetären die psychischen und zeitlichen Kosten für die betreffenden Klienten zu minimieren. Während dies bei monetären Kosten oft zu erheblichen Finanzierungsproblemen führt, ist die Reduzierung psychischer (z.B. die Angst vor sozialer Stigmatisierung beim Bezug von Sozialhilfeleistungen) und zeitlicher Kosten deshalb schwierig, weil kaum Informationen über Art und Ausmaß der von den Klienten als Kosten wahrgenommenen Größen vorliegen. Im Bereich der → Kommunikationspolitik ist schließlich noch darauf hinzuweisen, dass öffentliche Betriebe, v.a. öffentliche Verwaltungen, oft die Möglichkeiten „bezahlter Werbung" infolge finanzieller Restriktionen nicht voll ausschöpfen können und sich z.T. aufgrund zu erwartender negativer Imageeffekte bestimmter aktivierender Werbeappelle (z.B. angsterregende Appelle) nicht bedienen können.

V. Würdigung: Im Feld des MöB. liegen bislang noch erhebliche Forschungsdefizite vor. Noch immer wird die vertiefte Auseinandersetzung mit dem MöB. von zahlreichen (Marketing-)Wissenschaftlern entweder völlig abgelehnt oder als wenig bedeutsam abgetan. Diesen Forschungsdefiziten steht die hohe gesamtgesellschaftliche Relevanz eines MöB. gegenüber, die vor allem auch aus seiner gesellschaftlichen Ergänzungs- und Korrekturfunktion resultiert. Die bislang recht einseitige Unterstützung der privatwirtschaftlichen Marketingpraxis durch die Marketingwissenschaft ist im Lichte der damit verbundenen Negativkonsequenzen als außerordentlich problematisch zu werten.

Literatur: Bargehr, B. (1991): Marketing in der öffentlichen Verwaltung, Stuttgart; Raffée, H./Fritz, W./Wiedmann, K.-P. (1994): Marketing für öffentliche Betriebe, Stuttgart u.a.; Stauss, B. (1987): Grundlagen des Marketing öffentlicher Unternehmen, Baden-Baden.

Klaus-Peter Wiedmann/Alexander Klee

Marketinginstrumente, → Marketingmix-Instrument.

Marketingkennzahlen, → Kennzahlen, die verschiedene Größen aus dem Bereich des → Marketing in ein sinnvolles Verhältnis zueinander setzen. Zu unterscheiden sind grundsätzlich die folgenden Klassen von M.-K.: (1) Marktbezogene Kennzahlen, wie z.B. Marktpotenzial der Branche, Kundenpotenzial, → Marktvolumen sowie absoluter und relativer Marktanteil. Weiterhin fallen in diesen Bereich Kennzahlen der Marktdurchdringung (z.B. Penetrationsrate, Distributionsrate, Wiederkauf), marktspezifische Kennzahlen (z.B. Marktwachstum), Kaufkraftkennzahlen (z.B. Sparquote) und Konkurrenzkennzahlen (z.B. Umsatz und Gewinn des Wettbewerbs, Fluktuationsrate). (2) Marketingerfolgskennzahlen mit monetärem und nicht-monetärem Charakter. In die erste Gruppe fallen vor allem Kennzahlen, die Aussagen über Umsatz, Umsatzanteile und → Erlösschmälerungen machen, wie z.B. Umsatz pro Produkt, Auftrag, Kunde, Marktsegment oder Umsatzanteil von Alt- und Neukunden, von zufriedenen und unzufriedenen Kunden sowie Erlösschmälerungen pro Produkt, Auftrag, Kunde oder Außendienstmitarbeiter. Zu der zweiten Gruppe, den nicht-monetären Kenngrößen, zählen in diesem Fall vornehmlich Kundenzufriedenheit, Kundenbindung und Trefferquote bei der Angebotserstellung. (3) Kennzahlen zur Analyse der Marketingkosten, im Hinblick auf Marketingmaßnahmen z.B. das Verhältnis von → Markenwert zu Kosten der Markeneinführung oder die Beziehung von Umsatz zu Kosten einer Werbeaktion. Entsprechend lassen sich derartige Kennzahlen für die anderen Kontrollobjekte definieren. Kennzahlen zur Kostenanalyse der Produkt-Markt-Beziehungen sind z.B. Kosten pro Kunde oder Kosten pro Marktsegement. Im Falle der Betrachtung von Marketing Organisationseinheiten dagegen sind zur Analyse Kennzahlen wie Kosten pro Verkaufsbüro oder Kosten pro Außendienstmitarbeiter relevant.

Marketingkonzept. Unter einem M. versteht man einen umfassenden gedanklichen Entwurf, der sich an einer Leitidee bzw. an bestimmten Richtgrößen (→ Marketingziele) orientiert und sowohl grundlegende Handlungsrahmen (→ Marketingstrategie) als auch operative Handlungen (→ Operatives Marketing) in einem schlüssigen Plan zusammenfasst.

Marketingkoordination, Abstimmung von Zielen, → Strategien, Maßnahmen und

Strukturen i.S. einer effektiven und effizienten Lösung der Marketingprobleme. M. ist ein Teilbereich des → Marketingmanagements und wird ergänzt durch das → Marketingcontrolling. Koordinationsbedarf besteht innerhalb der → Marketingfunktion (z.B. Koordination der → Marketinginstrumente), an den → Schnittstellen zu anderen betrieblichen Funktionsbereichen und im Rahmen der marktorientierten Führung funktionsübergreifend auf der Ebene der Gesamtunternehmung. Zur M. zählt auch die unternehmensübergreifende Abstimmung von Marketingaktivitäten, z.B. im vertikalen Marketing.

Marketingkosten, *Absatzkosten*, *Vertriebskosten*. I. Begriff: alle Kosten, die durch die betriebswirtschaftliche Grundfunktion Absatz und ihre Teilfunktionen verursacht werden. Dazu gehören im Einzelnen Kosten, die im Rahmen der (1) Absatzvorbereitung (→ Marktforschung, → Marketingplanung), (2) Absatzanbahnung (→ Werbung, → Messen, persönlicher Verkauf), (3) Lagerfunktion (Lagerhaltung im Werk, Haltung von Auslieferungslager), (4) Absatzdurchführung (Auftragsbearbeitung, Auftragsabwicklung, Verpackung, Versand, Übergabe, Behandlung von Reklamationen, Abwicklung von Garantiefällen), (5) Kontrahierung (Rechnungslegung, Absatzfinanzierung, Inkasso) und (6) Erhaltung der Kundenbeziehung (Serviceleistungen, Kundenpflege) anfallen.

II. Bestimmung: Einfluss auf die Höhe der M. haben insbesondere Art und Anzahl der angebotenen Produkte, die anzusprechenden Kunden sowie die Wahl der Absatzwege und -regionen. Als Instrumente zur Gewinnung aussagekräftiger Marketingkosteninformationen bieten sich z.B. die → Absatzsegmentrechnung und die → Prozesskostenrechnung an.

III. Arten: Grundsätzlich lassen sich M. danach unterscheiden, ob sie ausschließlich im Marketing vorkommen (spezifische M.) oder aber prinzipiell auch in anderen Funktionsbereichen vorzufinden sind (unspezifische M.). Weiterhin sind M. nach ihrem Einzel- und Gemeinkostencharakter zu unterscheiden. Zu den spezifischen M. zählen Marketingeinzelkosten und → Sonderkosten des Vertriebs. Marketingeinzelkosten können als → Einzelkosten von Marketingkostenstellen, als Kostenträgereinzelkosten oder auch als Einzelkosten in Bezug auf einzelne Absatzleistungen bestehen. Letzteres ist z.B. dann der Fall, wenn Werbekampagnen, → Verkaufsförderungsmaßnahmen oder Kundenschulungen als absatzwirtschaftliche Leistung verstanden werden, denen die hierfür entstandenen Kosten direkt zugerechnet werden können. Marketinggemeinkosten lassen sich dagegen nicht einzelnen → Kostenstellen oder → Kostenträgern zuordnen. Kosten für Unternehmenswerbung oder Kosten der Verkaufsorganisation stellen z.B. Kostenträgergemeinkosten dar.

Marketingmanagement, → Marketing.

Marketingmanagement, internationales, Planung, Organisation, Koordination und Kontrolle aller auf die aktuellen und potenziellen internationalen Absatzmärkte bzw. den Weltmarkt gerichteten Unternehmensaktivitäten. Zur Abgrenzung vom nationalen M. sind dabei folgende Charakteristika hervorzuheben: Bearbeitung von mindestens zwei Ländermärkten, besondere Bedeutung der Entscheidungsvorbereitung, erschwerte Informationsbeschaffung, Berücksichtigung des Gesamtzusammenhanges im Unternehmen beim Treffen von Entscheidungen und damit explizite Beachtung der länderübergreifenden Koordination von Entscheidungen, hohe Komplexität der Marketingentscheidungen aufgrund der Heterogenität der Ländermärkte. Das internationale M. stellt einen Teilbereich des übergeordneten internationalen Management dar. Ggü. dem internationalen Marketingmanagement umfasst das internationale Management die Bewältigung von weiteren Aufgaben wie z.B. das internationale Finanzmanagement, das internationale Forschungs- und Entwicklungsmanagement sowie das internationale Produktionsmanagement.

Marketingmix, gibt Auskunft über Auswahl, Gestaltung, und Gewichtung sowie der zeitlichen Fixierung der → M.-Instrumente im Hinblick auf die angestrebten Ziel eines Unternehmens oder einer Organisation. Fragen zu Auswahl und Ausgestaltung betreffen den qualitativen Aspekt des M. in Abhängigkeit der zugrunde liegenden Struktur. Die Gewichtung nimmt Bezug auf den quantitativen Aspekt des M. und spiegelt die generelle Bedeutung von Marketingmaßnahmen im Rahmen der → Unternehmenspolitik sowie die Bedeutung einzelner Instrumente innerhalb des M. wider. Wesentlich geprägt wird die Gewichtungsentscheidung des M. durch die Stellung des Produktes im Lebenszyklus. Die zeitliche Fixierung regelt die Dauer und Reihenfolge der eingesetzten Instrumente. Als fundamentales Entscheidungsproblem der → Marketingplanung ist die Ausgestaltung des M. eine operative Aufgabe der → Marketingkonzeption auf Basis der strategischen Vorgaben. Zur Strukturierung des M. bietet die Literatur eine Reihe von Instrumentenkatalogen an. So lässt sich zwischen Ansätzen differenzieren, die eine Strukturierung des M. anhand von Handlungsparametern vornehmen und solchen, die auf wirkungsbezogenen Parametern basieren. Handlungsparameterorientierte Ansätze fassen Einzelinstrumente zu Gruppen zusammen, die jeweils in ihrem Schwerpunkt die Gestaltung eines Handlungsparameters verdeutlichen. Eine gängige Darstellung basiert auf den Problemstellungen der Konsumgüterindustrie. Nach der amerikanischen Formel der sog. vier P werden die absatzpolitischen Instrumente in die Kategorien Product, Place, Promotion und Price eingeordnet. In Anpassung an die in Deutschland gebräuchlichen Termini finden entsprechend die Begriffe → Produkt- bzw. → Sortimentspolitik, → Distributions- und → Kommunikationspolitik sowie → Preis- und Konditionenpolitik Anwendung. Dem Aggregationsgedanken wird dadurch Rechnung getragen, dass häufig von → Produktmix, → Distributionsmix, usw. gesprochen wird. Auf dieses Weise wird verdeutlicht, dass jede Kategorie wiederum ein Bündel weiterer Unterinstrumente darstellt. Um die Besonderheiten von → Dienstleistungen besser berücksichtigen zu können, plädieren einige Autoren für die Erweiterung des M. auf sieben P, wobei Personnel (Personalpolitik), Physical Facilities (Ausstattungspolitik) und Process (Prozesspolitik) zu den vier P hinzugefügt werden. Für das Konzept des → Relationship Marketing, dessen Ursprünge u.a. in den → Interaktionsansätzen des → Investitionsgütermarketing liegen, erweiterte Gummesson (1987) die Struktur des M. auf 16 Handlungsparameter. Ansätze, die im Gegensatz zu den beschriebenen klassischen Instrumentenkatalogen das M. mit Hilfe zusätzlicher Kriterien strukturieren, versuchen weitere Anhaltspunkte zur Bewältigung der Gestaltungsproblematik zu integrieren. Neben der klassischen Struktur werden hierbei auf einer zweiten Ebene primär wirkungsbezogene Kriterien herangezogen. Beispiele dieser Art der Strukturierung sind die Differenzierung nach dem zeitlichen Wirkungshorizont (lang-, kurzfristig), nach dem strategischen Wirkungsspektrum (strategisch, taktisch), nach den Auswirkungen auf das → Markenimage (Imagestruktur-, Imageablaufvariablen) oder der Zielgruppenorientierung (Produktverwender, Handel). Die Komplexität des Problems der Ausgestaltung des M. wird erst deutlich, wenn man sich vor dem Hintergrund der Vielzahl an → M.-Instrumenten und ihren Differenzierungsmöglichkeiten die Antizipation unternehmensinterner und -externer Effekte vor Augen führt. So müssen als externe Effekte insbesondere Determinanten der Wettbewerbssituation in die Überlegungen einbezogen werden. Nicht vernachlässigt werden darf darüber hinaus neben gegebenen Restriktionen der Mikro- und Makroumwelt das Problem der Unsicherheit über die Wirkungen der jeweiligen Instrumente. Ein weiteres zentrales Probleme der Ausgestaltung des M. ergibt sich bei der Abgrenzung des Wirkungsbereiches (Zielgruppen, Zielbereiche) von absatzpolitischen Entscheidungen. Als wesentliche unternehmensinterne Effekte, die durch Interdependenzen zwischen den Instrumenten und Ausstrahlungseffekten entstehen, können genannt werden: zeitliche Verzögerungen (→ Carry Over), sachliche Zusammenhänge (→ Spill-Over-Effekt), wie Substitutions- oder Partizipationseffekte, und hierarchische Wechselwirkungen. Zu Letzteren zählen z.B. Zielkonflikte, die sich aus der Mehrdimensionalität des Zielsystems ergeben, sowie Interdependenzen, die aus der Mehrstufigkeit des Entscheidungsprozesses resultieren und somit mehrere selbstständige Entscheidungsträger involvieren. Die in der Literatur aufgeführten Lösungsvorschläge dieser Entscheidungsprobleme bei der Ausgestaltung des M. lassen sich in zwei Gruppen systematisieren: analytische und heuristische Verfahren. (1) Mit Hilfe analytischer Verfahren wird versucht, über eindeutige Lösungsvorschriften (Optimierungsalgorithmen) auf formalem Wege den optimalen M. zu bestimmen. Dies setzt voraus, dass Aufgabenstellungen und Ziele mittels numerischer Ausdrücke erfassbar sind. Als analytische Verfahren kommen Methoden der Marginalanalyse neben Verfahren der mathematischen Optimierung zur Anwendung. Bei der

Marginalanalyse handelt es sich um ein Verfahren, das auf der mikroökonomischen Theorie der Unternehmung aufbaut. Die Wirkungen des M. werden als stetige, differenzierbare Absatz- bzw. Umsatzfunktionen abgebildet und unter der Zielsetzung der Gewinnmaximierung abgeleitet. Der bekannteste Ansatz auf diesem Gebiet stammt von Dorfman und Steiner, nach deren Theorem der optimale M. einer Unternehmung dann erreicht ist, wenn die Preiselastizität der Nachfrage, der Grenzertrag der Werbung und die mit dem Quotienten aus Preis und Durchschnittskosten multiplizierte → Nachfrageelastizität in Bezug auf Qualitätsveränderungen einander gleich sind. Bei den analytischen Modellen der mathematischen Optimierung existieren Ansätze der linearen, nichtlinearen und dynamischen Optimierung. Wie bei der Marginalanalyse geht es hier ebenfalls um die Optimierung einer Zielfunktion, wobei Verfahren der mathematischen Programmierung zusätzlich eine Vielzahl möglicher Nebenbedingungen in Form von Ungleichungen aufnehmen können. (2) Demgegenüber zerlegen heuristische Verfahren das Problem in eine Reihe von Teilproblemen. Die bewusste Reduktion der Problemkomplexität sowie die anschließende Anwendung systematischer, problemvereinfachender Prinzipien führt jedoch dazu, dass suboptimale Problemlösungen in Kauf genommen werden müssen. Die in der Literatur behandelten heuristischen Verfahren als zweite Gruppe zur Bestimmung des M. basieren auf folgenden heuristischen Prinzipien: die Heuristik der Problemfaktorisierung (Zerlegung des Problems in Teilprobleme), Heuristik der Sukzessivität (sukzessive Lösung der Teilprobleme), Heuristik der Modellbildung (Abbildung der Problemsituation durch eine Problemumschreibung mit bekannter Grundstruktur) und die → Heuristik der beschränkten Rationalität (Substitution des Zieloptimums durch ein Begrenzungsziel). Beispiel für ein heuristischen Verfahrens ist das Kühn-Modell, dass das Gesamtproblem in eine Sequenz von 21 Teilentscheidungen zerlegt. Ein wichtiges Merkmal dieses Modells stellt die Unterscheidung zwischen strategischen und operativ/taktischen M.-Entscheidungen dar. Strategische Entscheidungen, die Ziele, Verhaltensgrundsätze, umfassende Gestaltungsrichtlinien und Budgetvorgaben für das M. festlegen, dienen in Form eines Grobplans (M.-Konzept) als Basis für die Steuerung und Koordination der operativen Feinplanung der Einzelinstrumente. In einer kritischen Würdigung der beschriebenen Modelle zur Bestimmung des M. werden heuristischen Verfahren in der praktischen Anwendung bessere Chancen eingeräumt als analytischen Verfahren. Den Vorteilen analytischer Modelle, wie geringen Implementierungskosten und dem Vorhandensein eines eindeutigen Optimalkriteriums, stehen insbesondere eine hohe Komplexität, zum Teil unrealistische Modellprämissen sowie die unvollständige Informationsverarbeitung gegenüber. Heuristische Modelle dagegen zeichnen sich durch ihre gute Verständlichkeit, Benutzungssicherheit und realitätsnahe Modellvoraussetzungen aus.

Literatur: Gummesson, E. (1987): Marketing. A long Term interactive Relationship, Stockholm; Kühn, R. (1997): Marketing-Mix, in: Tietz, B./Köhler, R./Zentes, J. (Hrsg.): Handwörterbuch des Marketing, 2. Aufl., Stuttgart, S. 1615-1626; Meffert, H. (2000): Marketing, 9. Aufl., Wiesbaden.

Manfred Kirchgeorg

Marketingmix, erweiterter, → Dienstleistungsmarketing.

Marketingmix-Instrument, *absatzpolitisches Instrument*. Konkrete Einzelmaßnahme oder Maßnahmenbündel zur Erreichung der → Marketingziele. Die verschiedenen M.-I. kommen im Rahmen des → Marketingmix kombiniert und koordiniert zum Einsatz. In der Literatur finden sich verschiedene Strukturierungsvorschläge für die M.-I. Im Folgenden soll auf die gebräuchlichste Darstellung eingegangen werden, die sich an den spezifischen Besonderheiten des → Konsumgütermarketing orientiert. Die Vielzahl von Einzelinstrumenten (Handlungsparameter) wird dabei zu vier M.-I.-Bereichen (Instrumentemix) zusammengefasst: → Produkt-/Programmpolitik, → Kontrahierungspolitik (→ Preis- und → Konditionenpolitik), → Distributions- bzw. Vertriebspolitik und → Kommunikationspolitik. (1) Produkt- und Programmpolitik: a) Produkt- und programmpolitische Entscheidungstatbestände: Die strategische und operative Produkt- und Programmpolitik bezieht sich auf die Ebenen des gesamten Produktprogramms, der Produktlinie und des einzelnen Produktes. Entscheidungstatbestände auf jeder Ebene sind im Einzelnen → Innovation (→ Produkteinführung), Variation (→ Produktvariation) und Pflege, Differenzierung (→ Differenzierungsstrategie, → Produktdifferenzierung) und Elimination (→ Produktelimination). Welche Ausprägung die einzelnen Handlungsparameter einnehmen sollen, hängt von der strategischen Ausrichtung des → Unternehmens und vom → Produktlebenszyklus ab. b) Informationsgrundlagen für die Produkt- und Programmpolitik: Zur zieladäquaten Ausgestaltung der einzelnen Handlungsparameter bedarf es entsprechender Analyseinstrumente. Auf strategischer Ebene sind dies insbesondere die → Produktlebenszyklusanalyse, die Analyse der Programmstruktur und die → Portfolio- sowie Positionierungsmodelle. Auf operativer Ebene kommen z.B. Deckungsbeitrags- und Kennzahlenanalysen sowie → Kundenzufriedenheits- und Beschwerdeanalysen zum Einsatz. (2) → Kontrahierungspolitik: a) Kontrahierungspolitische Entscheidungstatbestände: Die Kontrahierungspolitik umfasst alle vertraglichen Vereinbarungen über die Preispolitik, mögliche → Rabatte, Lieferungs-, Zahlungs- (→ Lieferungs- und Zahlungsbedingungen) und Kreditierungsbedingungen (→ Konditionenpolitik) für das Leistungsangebot. Die Besonderheit der Kontrahierungspolitik besteht in ihrer Flexibilität, dem Wirkungsausmaß und der Wirkungsgeschwindigkeit. Dies gilt insbesondere für die Preispolitik. Preispolitische Maßnahmen sind verhältnismäßig einfach und ohne Zeitverzug umsetzbar. Die Reaktion der Konkurrenz und der Nachfrager erfolgt bedeutend schneller als bei anderen absatzpolitischen Instrumenten. Die Preispolitik wird damit zu einem besonders effektiven Instrument zur Steuerung von → Absatz, → Marktanteil und Gewinn. Sie hat dabei gleichermaßen Einfluss auf die abgesetzten Mengen und auf die Wertkomponente des Umsatzes einer Unternehmung. b) Preispolitik: Aufgabe der Preispolitik ist es, den zur Erfüllung der Ziele des Unternehmens optimalen Preis zu bestimmen und am Markt durchzusetzen. Unter dem Preis eines Produktes oder einer Dienstleistung versteht man die monetäre Gegenleistung, die ein Käufer für eine Mengeneinheit der entsprechenden Leistung entrichten muss. Es gibt verschiedene Ansätze zur Preisfindung. Die klassische → Preistheorie, bei der insbesondere der Preissetzung im Oligopol eine bedeutende Rolle zukommt, bildet Reaktionen und Verhaltensweisen nur aggregiert ab und vernachlässigt verhaltenstheoretische Grundlagen (→ Preismodell, verhaltensorientiert). Zu den klassischen Ansätzen der Preisfindung in der betrieblichen Praxis zählen die Preisbestimmung mit Leitpreisen, bei der Wettbewerbspreise als Orientierungsmaßstab dienen und die kostenorientierte Preissetzung. Beide Ansätze vernachlässigen jedoch die Nachfrageseite als wesentliche Determinante einer optimalen Preisfindung. Hier setzen kundenorientierte Ansätze zur Preisfindung an, die versuchen, Preisresponsefunktionen empirisch zu bestimmen. Ein viel versprechender Ansatz ist hierbei die nutzenorientierte Preisbestimmung mit Hilfe des → Conjoint Measurement. Insgesamt gilt es bei der Bestimmung des optimalen Preises die drei Komponenten Nachfrager, Kosten und Konkurrenz adäquat zu berücksichtigen. c) Konditionenpolitik: Zur Konditionenpolitik zählen im Einzelnen die → Rabatt- und die Absatzkreditpolitik sowie die Gestaltung der Lieferungs- und Zahlungsbedingungen. (3) Distributions- bzw. Vertriebspolitik: a) Distributionspolitische Entscheidungstatbestände: Die Gesamtheit aller Handlungen, die die Übermittlung von materiellen und immateriellen Leistungen vom Hersteller zum Endabnehmer betreffen. Die zentralen distributionspolitischen Entscheidungstatbestände sind das Absatzkanalmanagement (→ Absatzkanalpolitik) und die Logistik. b) Absatzkanalmanagement ist die systematische Planung, Koordination, Durchsetzung und Kontrolle aller auf das Absatzkanalsystem gerichteten Maßnahmen. Das Selektionskonzept legt den → Absatzweg der Unternehmung fest. Dabei geht es um die vertikale (→ Absatzkanallänge) und die horizontale (→ Absatzkanalbreite) Absatzkanalstruktur. Das Kontraktkonzept beschreibt die vertraglichen Bindungsstrukturen zwischen Hersteller und → Absatzmittlern. Das Akquisitions- und Stimulierungskonzept schließlich beschreibt monetäre und nicht-monetäre Anreize zur Absatzmittlerakquisition und -stimulierung. Dabei kann der Fokus grundsätzlich auf Absatzmittler (→ Push-Strategie) oder Endabnehmer (→ Pull-Strategie) gerichtet sein. c) Ziel der Marketinglogistik ist es, den → Lieferservice im Hinblick auf die Distributionsziele zu optimieren. Einzelne Komponenten des Lieferservices sind → Lieferzeit, Lieferzuverlässigkeit, Lieferungsbeschaffenheit und Lieferflexibilität. (4) Kommunikatonspolitik: a) Kommunikationspolitische Entscheidungstatbestände: Die Kommunikationspolitik beschäftigt sich mit der bewussten und abgestimmten Gestaltung der vom Unternehmen auf seine Umwelt gerichteten Informationen zum Zweck der Meinungs- und Verhaltenssteuerung. Vor dem Hintergrund der Vielzahl einzelner → Kommunikationsinstrumente bedarf es einer → Integrierten Kommunikation, die die einzelnen → Kommunikationsinstrumente im Rahmen eines Managementprozesses auf die → Marketingziele und die daraus abgeleitete → Kommunikationsstrategie abstimmt. Die wesentlichen kommunikationspolitischen Entscheidungstatbestände sind Wahl und Integration der einzelnen → Kommunikationsinstrumente, Budgetierung des → Kommunikationsmix, Gestaltung der kommunikativen Botschaft, → Mediaselektion und eine abschließende Wirkungskontrolle. b) Kommunikationsinstrumente sind im Einzelnen klassische → Werbung, → Direkt-Kommunikation (→ Direktmarketing), → Verkaufsförderung, → Public Relations, → Sponsoring, → Messen und → Ausstellungen, → Event-Marketing sowie → Multimedia-Kommunikation. (→ Integrierte Kommunikation). Bei der sektoralen Anwendung des Marketing im → Dienstleistungsmarketing wird der klassische Marketingmix aufgrund der dienstleistungsspezifischen Besonderheiten um weitere Instrumentebereiche (z.B. Personal, Ausstattung, Prozess) erweitert.

Manfred Kirchgeorg

Marketingmix, internationaler, länderübergreifende Abstimmung aller Marketinginstrumente, so dass sich eine optimale Kombination im Hinblick auf die verfolgten Marketingziele ergibt. Ein optimaler Marketingmix ist dann realisiert, wenn das (zielorientierte) Gesamtergebnis weder durch die Umgestaltung eines (bestimmten) Marketinginstrumentes noch durch die Hinzunahme eines bisher noch nicht eingesetzten Instrumentes verbessert werden kann. Bei der Bestimmung des optimalen Marketingmix ist auf Wirkungsinterdependenzen zwischen den einzelnen Instrumenten zu achten. Vor einem internationalen Hintergrund sind insbesondere länderübergreifende Wirkungsinterdependenzen zu berücksichtigen (z.B. von Werbemaßnahmen oder preispolitischen Maßnahmen).

Marketingorganisation, bezeichnet die organisatorische und strukturelle Einbindung des Marketing in die Unternehmensorganisation. Ein zentrales Merkmal der M. ist die → Organisationsstruktur. Im Rahmen der Organisationsstruktur wird festgelegt, welche Abteilungen und Mitarbeiter für die Planung und Durchführung der Marketing- und Vertriebsaktivitäten zuständig sind. Die Organisationsstruktur umfasst die Gesamtheit der Regelungen zur Arbeitsteilung (→ Spezialisierung) und zur Koordination der arbeitsteiligen Aktivitäten auf die Organisationsziele hin. Die Organisationsstruktur lässt sich anhand von zwei zentralen Dimensionen charakterisieren → Spezialisierung und → Koordination (vgl. Abb. „Spezialisierung und Koordination als zentrale Dimensionen der Organisationsstruktur"). Spezialisierung bezieht sich auf den Grad der Arbeitsteilung bzw. das Ausmaß, in dem die Arbeit in spezialisierte Rollen aufgeteilt ist: Die Aktivitäten, die zur Erreichung der Unternehmensziele notwendig sind, werden also auf die einzelnen Mitarbeiter verteilt, damit diese die jeweils zugeteilten Aktivitäten möglichst effizient durchführen können. Im Rahmen der Spezialisierung der Organisation lassen sich verschiedene Ansätze unterscheiden. Je nach Ansatz werden die zu erledigenden Aufgaben auf Basis unterschiedlicher Kriterien verschiedenen organisationalen Teileinheiten zugeordnet. Eine derartige Abgrenzung entspricht dem Prinzip der Spezialisierung. Mögliche Ansatzpunkte für diese Spezialisierung sind (1) die unterschiedlichen Funktionen der organisationalen Teileinheiten innerhalb des Unternehmens (z.B. Marketing, Vertrieb, Produktion, Finanzen), (2) die verschiedenen Produkte oder Produktgruppen, für die die unterschiedlichen Teileinheiten verantwortlich sind, (3) die Kunden oder Kundengruppen, die von den jeweiligen Teileinheiten betreut werden, oder die Regionen, deren Märkte von den verschiedenen Teileinheiten bearbeiten werden. Je nachdem, welcher dieser Spezialisierungsansätze verfolgt wird, unterscheidet man unterschiedliche Orientierungen der Organisation. Bei der Spezialisierung nach Funktionen gilt die Marketing- und Vertriebsorganisation als funktionsorientiert (→ Marketingorganisation, Funktionsorientierung der). Als objektorientiert (→ Marketingorganisation, Objektorientierung der) bezeichnet man die Spezialisierung nach Produkten/Produktgruppen, Kunden/Kundengruppen oder Regionen. Auch innerhalb der Marketingabteilung kann es Spezialisierung geben – funktionenorientiert (Mafo, PR, Werbung) oder objektorientiert (Produktmanagement, Kundenmanagement). Spezialisierung führt dazu, dass → Koordination erforderlich wird: Durch die Aufteilung der Aktivitäten auf mehrere Mitarbeiter kann der einzelne Mitarbeiter in der Regel nicht mehr alle Aktivitäten überblicken. Die von ihm durchgeführten Aktivitäten müssen mit den Aktivitäten der anderen Mitarbeiter abgestimmt (koordiniert) werden. Im Rahmen der Koordination werden also die Einzelaktivitäten der Mitarbeiter auf die Unternehmensziele ausgerichtet. Für die Umsetzung der Koordination stehen strukturelle und nicht-strukturelle → Koordinationsinstrumente und -mechanismen zur Verfügung, die parallel angewendet werden können. Im Rahmen der strukturellen Koordination kann unpersönlich oder persönlich koordiniert werden. Es können also automatisch ablaufende Koordinationsprogramme und -pläne vorgegeben werden (unpersönliche Koordination). Alternativ koordinieren sich die Mitarbeiter über spezielle Integratorstellen wie das → Key Account Management, über vertikale Weisungen oder die horizontale Selbstabstimmung z.B. in → Projektteams (persönliche Koordination). Bei der nicht-strukturellen Koordination können die Aktivitäten der spezialisierten Mitarbeiter über unternehmensinterne Märkte koordiniert werden, auf denen die Aktivitäten der verschiedenen Abteilungen über interne Verrechnungspreise anderen Abteilungen in Rechnung gestellt werden. Auch die → Organisationskultur kann ein Instrument der nicht-strukturellen Koordination darstellen, indem der Austausch und die Kommunikation zwischen den verschiedenen Abteilungen des Unternehmens als Werte gelebt werden. Eng mit der Thematik der Koordination verbunden ist die Frage, wie die Marketing- und Vertriebsorganisation in die Gesamtorganisation des Unternehmens integriert (eingebettet) ist. Eine wichtige allgemeine Unterscheidung bei der Integration von Abteilungen wie Marketing und Vertrieb in die Unternehmensorganisation ist die Unterscheidung zwischen → Stabs- versus Linienfunktion. Während der Vertrieb zumeist als Linienfunktion organisiert ist, finden sich beim Marketing sowohl Linien- als auch Stabsfunktion. Neben der grundlegenden Unterscheidung zwischen Stabs- und Linienfunktion bietet sich eine differenziertere Unterscheidung der Integration von Teilfunktionen in die Gesamtorganisation an. So lassen sich sechs Grundmodelle der Teilfunktionsorganisation durch Zentralbereiche unterscheiden (vgl. Frese/v. Werder 1993): (1) das Kernbereichsmodell: die Marketingaufgaben sind weitgehend aus den Sparten ausgegliedert. In der Regel gibt es ein zentrales Marketing. In den Sparten werden nahezu keine Marketingaufgaben wahrgenommen. (2) das Richtlinienmodell: Ein zentraler Marketingbereich ist in Grundsatzentscheidungen des Marketing oftmals allein entscheidungsbefugt und gegenüber dem Marketing der Sparten weisungsbefugt. Im Marketing der Sparten werden in der Regel nur im Rahmen von zentralen Vorgaben Entscheidungen getroffen. (3) das Matrixmodell: Das zentrale Marketing und das Marketing der Sparten sind grundsätzlich nur gemeinsam entscheidungsbefugt und bilden regelmäßig Ausschüsse zur Beschlussfassung. (4) das Servicemodell: Das Marketing der Sparten entscheidet in der Regel nur über die Art der Maßnahmen und erteilt dem zentralen Marketing Aufträge zur Ausarbeitung und Durchführung. Das zentrale Marketing entscheidet in der Regel über das „wie" der Auftragserfüllung. (5) das Stabsmodell: Ein Marketing-Stab dient der informationellen und methodischen Unterstützung der Sparten. (6) das Autarkiemodell: Es gibt kein zentrales Marketing. Nahezu alle Aufgaben werden in den Sparten wahrgenommen. Diese Grundmodelle weisen eine unterschiedliche Konzentration von Befugnissen auf der obersten Instanz auf und verfügen somit also über eine unterschiedlich hohe Entscheidungszentralisation. Die Entscheidungszentralisation ist am höchsten beim Kernbereichsmodell, während die Entscheidungsdezentralisation am höchsten beim Autarkiemodell ist. Neben diesen allgemeinen Modellen lassen sich fünf Typen der Integration von Marketing und Vertrieb in die Unternehmensorganisation unterscheiden, wobei der Grad der Kundenorientierung der Marketingorganisation von Typ A nach Typ E zunimmt (vgl. Workman/Homburg/Gruner 1998 sowie die Abb. „Typen der Integration von Marke-

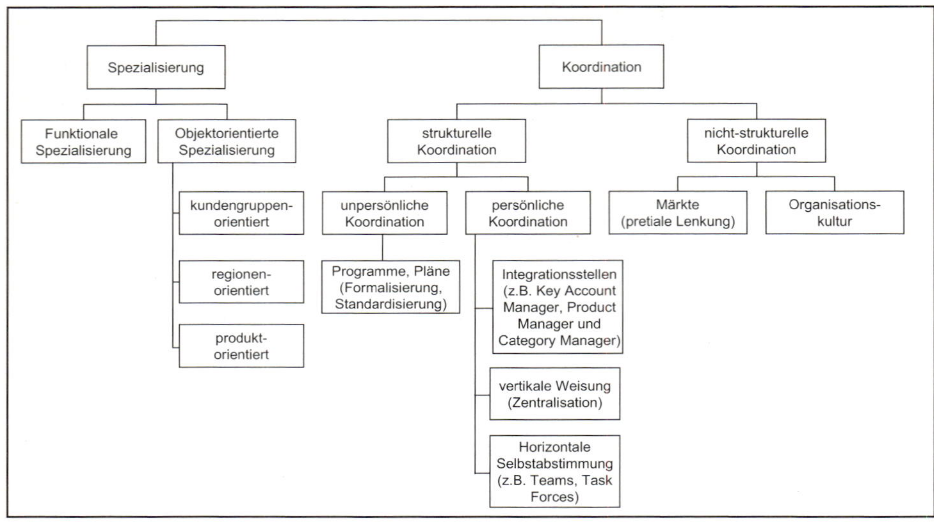

Spezialisierung und Koordination als zentrale Dimensionen der Organisationsstruktur

ting und Vertrieb in die Unternehmensorganisation"): Beim Typ A sind Marketing und Vertrieb in einer funktional organisierten Strategischen Geschäftseinheit angesiedelt. Bei dieser relativ einfachen Organisationsform berichten die Leiter der wichtigsten funktionalen Gruppen meist direkt an den Leiter der Strategischen Geschäftseinheit. Die drei häufigsten Konstellationen von Marketing und Vertrieb bei dieser Organisationsform sind die folgenden: a) Nichtexistenz der Marketinggruppe und Durchführung der Marketingaktivitäten durch den Vertrieb oder durch eine Abteilung Geschäftsentwicklung, b) Existenz von Marketing und Vertrieb, wobei die Leiter von Marketing und Vertrieb direkt an den Leiter der Strategischen Geschäftseinheit berichten, c) Existenz von Marketing und Vertrieb, wobei die Leiter von Marketing und Vertrieb an einen Leiter Marketing & Vertrieb berichten, der wiederum dem Leiter der Strategischen Geschäftseinheit unterstellt ist. (2) Der Typ B ist dadurch gekennzeichnet, dass die Strategischen Geschäftseinheiten eines Unternehmens jeweils sowohl Marketing- als auch Vertriebsabteilung aufweisen und parallel eine zentrale Marketingabteilung (Corporate Marketing) existiert. Die Mehrzahl der Marketing- und Vertriebsaktivitäten werden dezentral in den einzelnen Geschäftseinheiten durchgeführt. Die wichtigsten Aufgaben der zentralen Marketingabteilung bestehen in der Koordination der strategischen Marketingplanung über die einzelnen Geschäftseinheiten hinweg sowie in speziellen Marketingaktivitäten (z.B. Marktforschung, Mediaplanung), deren dezentrale und damit parallele Durchführung zu kostenaufwendig wäre. (3) Beim Typ C lassen mehrere Geschäftseinheiten eines Unternehmens ihre Produkte und Dienstleistungen über eine zentrale Vertriebsgruppe vertreiben. Diese Bündelung der Vertriebsaktivitäten ist insbesondere bei ähnlichen Produkten der einzelnen Geschäftseinheiten möglich und ermöglicht eine Reduktion der Vertriebskosten im Vergleich zu dezentral durchgeführten Vetriebsaktivitäten. Ein wieterer Grund für die Einrichtung einer zentralen Vertriebsgruppe besteht in der Betonung langfristiger Kundenbeziehungen. Darüber hinaus kann es erforderlich sein, die Vertriebsaktivitäten in Bezug auf einzelne Großkunden zu koordinieren, wenn diese Produkte aus verschiedenen Geschäftseinheiten nachfragen. Problematisch ist bei diesem Typ, dass die verschiedenen Geschäftseinheiten zwar Gewinnverantwortung aufweisen, jedoch die Vertriebsaktivitäten für ihre eigenen Produkte nicht kontrollieren können. Die einzelnen Geschäftseinheiten konkurrieren hier also um die Ressourcen der Vertriebsgruppe. Zur geschäftseinheitsübergreifenden Koordination dieser Ressourcen können Koordinationsmanager eingesetzt werden oder Quoten zur Aufteilung der Ver-

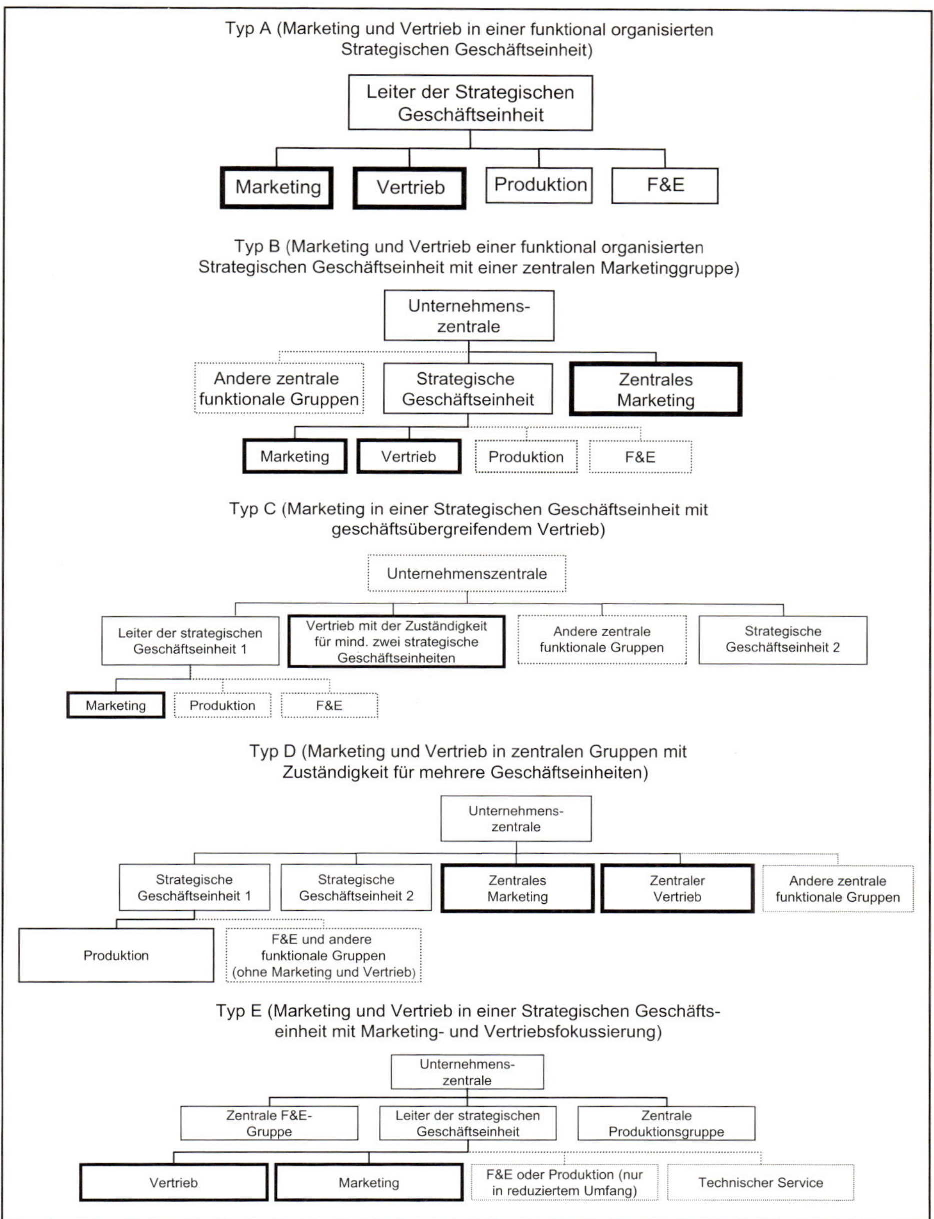

Typen der Integration von Marketing und Vertrieb in die Unternehmensorganisation (Quelle: Workman/Homburg/Gruner 1998)

triebsressourcen angewendet werden. (4) Marketing und Vertrieb sind beim Typ D als zentrale Gruppen organisiert, wobei verschiedene, voneinander unabhängige Geschäftseinheiten auf die Leistungen dieser Zentraleinheiten zurückgreifen. Bei dieser Konstellation weisen die Produkte und Dienstleistungen der einzelnen Geschäftsein-

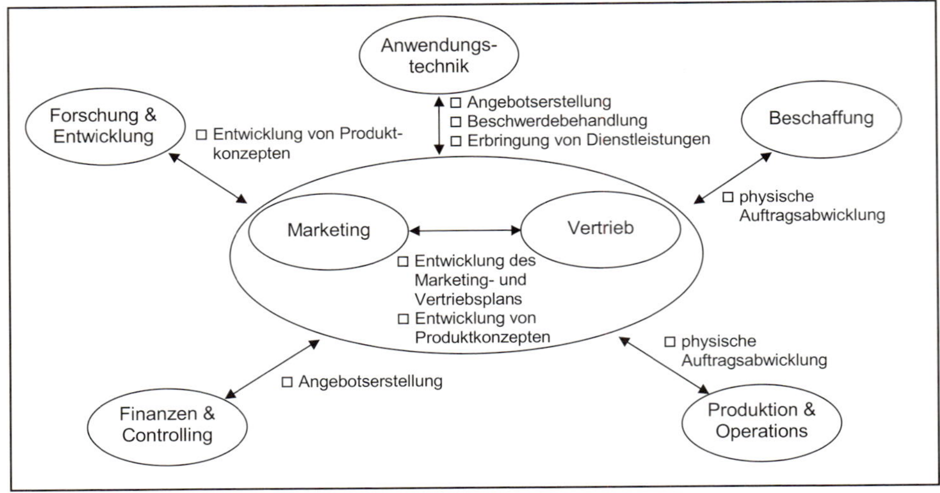

Wichtige unternehmensinterne Schnittstellen im Hinblick auf die Wahrnehmung von Marketingaufgaben und ausgewählte davon betroffene Prozesse (Quelle: Homburg/Krohmer 2003)

heiten ausreichend Gemeinsamkeiten auf, so dass sich die Zentralisierung von Marketing und Vertrieb lohnt. (5) Der Typ E ist dadurch gekennzeichnet, dass Marketing und Vertrieb einer Strategischen Geschäftseinheit zugeordnet sind, in der nur in sehr begrenztem Umfang F&E- und Produktionsaktivitäten durchführt werden. Der Leiter dieser Strategischen Geschäftseinheit trägt zwar Gewinnverantwortung, jedoch hat er einen nur geringen Einfluss auf die Entwicklung und die Produktion der Produkte und Dienstleistungen, die durch seine Geschäftseinheit abgesetzt werden. Die F&E- und Produktionsaktivitäten, die in dieser Geschäftseinheit durchgeführt werden, dienen insbesondere dazu, die Produkte und Dienstleistungen an die speziellen Anforderungen der Kunden der Strategischen Geschäftseinheit anzupassen. Ein drittes Merkmal sind spezielle Koordinationsformen wie das → Produktmanagement und das → Key Account Management, die die Koordination der Einzelaktivitäten der spezialisierten Mitarbeiter in Marketing und Vertrieb sowie aus anderen Funktionen auf die Ziele des Unternehmens hin ermöglichen. Ein viertes Merkmal bezieht sich auf die Frage nach dem Management der Schnittstellen von Marketing und Vertrieb zu anderen funktionalen Gruppen des Unternehmens. Marketingaktivitäten werden bei weitem nicht nur im Marketing wahrgenommen werden. So ist z.B. im → Key Account Management die abteilungsübergreifende Zusammenarbeit ein wichtiger Erfolgsfaktor. Der Frage, wie Schnittstellen zwischen Abteilungen gemanagt werden, ist daher besonders viel Aufmerksamkeit zuteil geworden. Im Bereich der Marketing- und Vertriebsorganisation können zwei Kategorien von Schnittstellen unterschieden werden: (1) Die Schnittstelle zwischen Marketing und Vertrieb und (2) die Schnittstellen von Marketing und Vertrieb zu den anderen Funktionen des Unternehmens. In Bezug auf die Schnittstelle zwischen Marketing und Vertrieb ist festzuhalten, dass diese Schnittstelle und der resultierende Koordinationsbedarf in der Forschung vernachlässigt wird. Dies liegt unter anderem daran, dass in der Marketingwissenschaft Marketing und Vertrieb meist als zusammenhängender Funktionsbereich gesehen werden. So wird meist nicht zwischen Marketing- und Vertriebsaktivitäten unterschieden. Insbesondere wird der Koordinationsbedarf zwischen Marketing und Vertrieb vernachlässigt. In der Unternehmenspraxis jedoch werden Marketing und Vertrieb als zwei unterschiedliche Teilbereiche des Unternehmens organisiert. In der Unternehmenspraxis können zwischen Marketing und Vertrieb oftmals massive Informationsdefizite und verhärtete Fronten bis hin zur wechselseitigen Arroganz beobachtet werden (vgl. Homburg/Schäfer/Schneider 2003). Dies liegt vor allem an den unterschiedlichen

Strukturbezogene Instrumente	Prozessbezogene Instrumente	Personalführungsbezogene Instrumente	Kulturbezogene Instrumente
• Zusammenfassen von Abteilungen • Verringerung der räumlichen Distanz • Einrichtung fester Koordinationsgremien • Bildung funktionsübergreifender Teams	• Sachliche bzw. ressourcenbezogene Entkopplung von Abteilungen (Verringerung der abzustimmenden Inhalte) • Klare Aufgaben- und Kompetenzverteilung • Definition von Standards (bzgl. Qualität, Verhaltensweisen usw.) & Management by Exception	• Bereichsübergreifende Verknüpfung von Ziel- und Anreizsystemen • Schulungen • Job Rotation	• Einrichtung von Zonen für informelle Kontakte (z.B. Kaffee-Ecke) • Verankerung des „Prinzips des internen Kunden" • Begrenzung von Subkulturen

Instrumente des Schnittstellenmanagements im Überblick (Homburg/Schäfer/Schneider 2003)

Kulturen: Die Marketingkultur ist eher analytisch-konzeptionell orientiert, wohingegen die Vertriebskultur sehr stark handlungsorientiert ist (vgl. Cespedes 1993, 1994). Die Schnittstellen von Marketing und Vertrieb zu den anderen Funktionen des Unternehmens sind in der Abbildung „Wichtige unternehmensinterne Schnittstellen" dargestellt. Eine der wichtigsten Schnittstellen ist die Schnittstelle zu Forschung & Entwicklung (F&E). Der F&E-Abteilung gehören Forscher und Techniker an, deren Hauptaufgabe die Entwicklung neuer Produkte und Dienstleistungen ist. Die Koordination der Schnittstelle des Marketing zu dieser Abteilung ist besonders wichtig für den Erfolg der → Neuproduktentwicklung. Neu entwickelte Produkte werden dann erfolgreich sein, wenn ein gutes Verständnis der Kundenbedürfnisse (resultierend aus Marketing- und Vertriebsaktivitäten) mit dem Verständnis der F&E- sowie Produktionsressourcen kombiniert wird (vgl. Griffin/Hauser 1996, Gupta/Raj/Wilemon 1986). Aus Schnittstellenproblemen zwischen Marketing und den anderen Funktionen können langwierige Abstimmungs- und Entscheidungsprozesse resultieren, die die Kapazitäten vieler Mitarbeiter binden. Dies kann zu steigenden Kosten und zeitlichen Verzögerungen interner Prozesse führen. Neben diesen internen gibt es auch externe Auswirkungen. So kann es beispielsweise zu Verzögerungen bei der Beantwortung von Kundenanfragen kommen oder bei der Abwicklung von Kundenaufträgen kommen, die zur Abwanderung des Kunden führen können. Um die negativen Auswirkungen der Schnittstellenprobleme zu begrenzen, empfiehlt sich ein systematisches Schnittstellenmanagement. Hierbei bieten sich zwei Ansatzpunkte an, die jeweils unterschiedliche Instrumente erfordern (vgl. Homburg/ Schäfer/Schneider 2003 sowie Abb. „Instrumente des Schnittstellenmanagements im Überblick"): (1) Zum einen sollte überflüssiger Koordinationsbedarf abgebaut werden, der z.B. aus einer zu starken Spezialisierung der verschiedenen Funktionen (beispielsweise. Marketing, Vertrieb, F&E) resultiert. (2) Zum anderen muss der unvermeidbare Koordinationsbedarf gemanagt werden. Bei den Instrumenten zur Reduzierung des Koordinationsbedarfs besteht generell die Möglichkeit, verschiedene Abteilungen oder Funktionen zusammenzufassen. Weiterhin können Abteilungen entkoppelt werden, indem die zwischen den Abteilungen abzustimmenden Inhalte begrenzt werden. Ein Beispiel hierfür wäre eine Regelung, nach der sich das Marketing und Vertrieb nicht mehr bei der Durchführung von Direkt-Mailing-Aktionen (→ Direct Mailing), sondern nur noch bei der Preissetzung abstimmen müssten. Schnittstellenmanagement erfordert auch eine klare Aufgabenverteilung zwischen den Abteilungen, um Zuständigkeiten eindeutig zu regeln und ein nachteiliges Kompetenzgerangel zu vermeiden. Sinnvoll ist in diesem Zusammenhang die Definition von Qualitätsanforderungen bei der Zusammenarbeit. So sollten beispielsweise Vorgaben existieren, in welcher Zeit eine Abteilung die Anfrage einer anderen Abteilung beantworten muss. Schließlich ist es auch möglich, Standards zu definieren, bei deren Überschreitung eine Abteilung sich mit einer anderen Abteilung abzustimmen beginnt. Ein Beispiel hierfür läge vor, wenn sich Vertriebsmitarbeiter in Verkaufsverhandlungen mit einem vom Kunden geforderten Preisnachlass (z.B. größer als 20% des Listenpreises) konfrontiert sehen, den sie ohne Zustimmung des Produktmanagements nicht gewähren können. Bleibt der Preisnachlass unterhalb dieses Standards, ist eine Abstimmung nicht notwendig. Zum Management des unvermeidbaren Koordinationsbedarfs lässt sich z.B. der Informationsaustausch zwischen den Abteilungen durch die Einrichtung von Gremien steigern. In diesen Gremien erfahren Mitarbeiter, welche aktuellen Projekte in anderen Abteilungen bearbeitet werden oder was für die nahe Zukunft geplant ist. Mögliche Schnittstellen können somit schon im Voraus identifiziert und die Zusammenarbeit geplant werden. Weniger formell findet der Informationsaustausch meist an bestimmten Punkten im Unternehmen statt wie z.B. am Kaffeeautomat oder in der „Raucherecke". Durch solche informellen Kommunikationszonen kann die Notwendigkeit für formelle Sitzungen oder Rundschreiben ebenfalls reduziert werden. Ein weiteres Instrument des Schnittstellenmanagements ist die Bildung funktionsübergreifender Teams (→ Teams, funktionsübergreifende). Teambildung ist insbesondere dann sinnvoll, wenn die gestiegenen Anforderungen der Kunden eine abteilungsübergreifende Zusammenarbeit erfordern. Im Business-to-Business-Bereich geht die Zusammenarbeit mit den Kunden heute oft über den reinen Verkauf hinaus. Viele Anbieter arbeiten mit ihren Kunden auch in anderen Bereichen wie der → Logistik oder der → Marktforschung eng zusammen. Um diese Zusammenarbeit kompetent leisten zu können, sind Teams oft unumgänglich. Aber auch die zunehmende Komplexität der angebotenen Leistungen macht die Teamarbeit immer notwendiger. Im Finanzdienstleistungsbereich zum Beispiel sind Kundenbetreuer oft auf Produktexperten angewiesen, wenn sie ihren Kunden komplexere Dienstleistungspakete – im Sinne des → Cross-Selling – anbieten wollen. Teams können für unterschiedliche Zwecke gebildet werden. In vielen Unternehmen werden funktionsübergreifende Teams in der → Neuproduktentwicklung eingesetzt, wobei z.B. Mitarbeiter aus der Forschung und Entwicklung, dem Controlling, dem Marketing, dem Vertrieb oder auch Kunden einbezogen werden. Diese Teams werden speziell für bestimmte Projekte gebildet und werden nach Beendigung dieser Projektes wieder aufgelöst. Im Vertrieb werden oftmals langfristig zusammenarbeitende Verkaufsteams eingerichtet. Mitglieder eines solchen Verkaufsteams sind neben den Vertriebsmitarbeitern zum Beispiel Mitarbeiter aus den Bereichen Marketing/Produktmanagement, Logistik oder Informationstechnologie.

Literatur: Cespedes, F.V. (1993): Coordinating Sales and Marketing in Consumer Goods Firms, in: Journal of Consumer Marketing, Vol. 10, No. 2, S. 37-55; Cespedes, F. V. (1994): Industrial Marketing: Managing New Requirements, in: Sloan Management Review, Vol. 35, No. 3, S. 45-60; Frese, E./Werder, A. von (1993): Zentralbereiche – Organisatorische Formen und Effizienzbeurteilung, in: Frese, E. von/Werder, A.: Maly, W. (Hrsg.): Zentralbereiche, Theoretische Grundlagen und praktische Erfahrungen, Stuttgart, S. 1-50; Griffin, A./Hauser, J.R. (1996): Integrating R&D and Marketing: A Review and Analysis of the Literature, in: Journal of Product Innovation Management, Vol. 13 (May), S. 191-215; Gupta, A.K./Raj, S.P./Wilemon, D.L. (1986): A Model for Studying R&D. Marketing Interface in the Product Innovation Process, in: Journal of Marketing, Vol. 50 (April), S. 7-17; Homburg, Ch./Krohmer, H. (2003): Marketingmanagement, Wiesbaden; Homburg, Ch./ Schäfer, H./Schneider, J. (2003): Sales Excellence: Vertriebsmanagement mit System, 3. Aufl., Wiesbaden; Workman, J.P./ Homburg, Ch./Gruner, K. (1998): Variations in the Organization and Role of Marketing: Findings from an International Field Study of

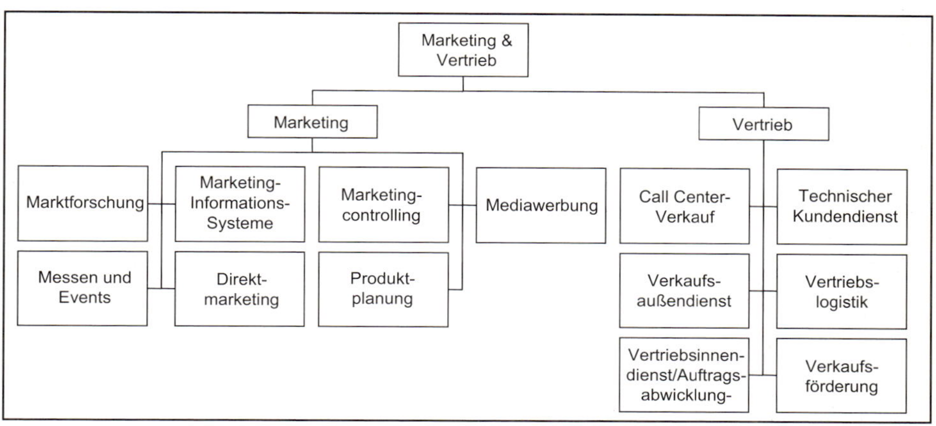

Beispielhafte Illustration einer funktionsorientierten Spezialisierung des Marketing- und Vertriebsbereichs (Quelle: Homburg/Krohmer 2003)

Manufacturing Companies, in: Journal of Marketing, Vol. 62, No. 3, S. 21-42.

Harley Krohmer

Marketingorganisation, Dezentralisation der, bezeichnet die Trennung von Marketingaufgaben, die im Hinblick auf bestimmte Merkmale gleichartig sind, und die Zuteilung auf unterschiedliche Abteilungen und Stellen innerhalb der Marketingorganisation. Der Gegensatz ist die → Zentralisation.

Marketingorganisation, Funktionsorientierung der, bezeichnet eine spezielle Art der Gestaltung der Marketingorganisation. Bei der funktionsorientierten (funktionalen) Organisation wird das Marketing so organisiert, dass jeweils gleichartige oder ähnliche Aktivitäten in derselben organisationalen Teileinheit zusammengefasst werden. Das Aufgabengebiet dieser organisationalen Teileinheiten ist somit genau festgelegt, wobei organisationale Teileinheiten beispielsweise Abteilungen oder Stellen sein können. Die Verrichtung der so zusammengefassten Aktivitäten erfolgt dann durch spezialisierte Mitarbeiter. Folglich können aufgrund dieser Bündelung ähnlicher Aktivitäten die Marketingprozesse standardisiert und routinisiert werden. Ein primärer Vorteil der Funktionsorientierung ist, dass die betrieblichen Aktivitäten in den verschiedenen Funktionen durch qualifizierte und erfahrene Spezialisten routiniert durchgeführt werden können. Dies kann zu einer relativ hohen Effizienz der Arbeit und zu relativen Kostenvorteilen führen. Die Bündelung von Marketingaktivitäten bei diesen Spezialisten kann weiterhin in einem einheitlicheren Marktauftritt des Unternehmens resultieren, da die Kommunikation mit den Marktpartnern stärker standardisiert werden kann. Diesen Vorteilen der Funktionsorientierung stehen auch Nachteile gegenüber. Insbesondere ist die Funktionsorientierung mit der Gefahr des Abteilungsdenkens und einem erhöhten Aufwand an horizontaler Koordination zwischen den verschiedenen funktionsorientierten Abteilungen verbunden. Zudem besteht die Gefahr, dass aufgrund der stärkeren Spezialisierung der Mitarbeiter die speziellen Anforderungen unterschiedlicher Kundengruppen nicht umfassend berücksichtigt werden können. Kritisiert werden auch eine möglicherweise geringere Anpassungsfähigkeit an dynamische Märkte sowie eine verminderte Innovationsfähigkeit des Unternehmens.

Marketingorganisation, Gebietsorientierung der, bezeichnet eine Organisationsform, bei der organisationale Teileinheiten nach geographischen Kriterien voneinander abgegrenzt werden (vgl. Abb. „Beispiel für die gebietsorientierte Abgrenzung von Geschäftseinheiten"). Die Organisation wird also aufgeteilt nach Kontinenten, Ländergruppen (z.B. Triade), Ländern, Bundesländern, Regierungsbezirken, Landkreisen oder → Nielsen-Gebieten. Diese Organisationsform kommt vorwiegend für solche Unternehmen in Betracht, die über ein großes Absatzgebiet verfügen (z.B. weltweit tätige

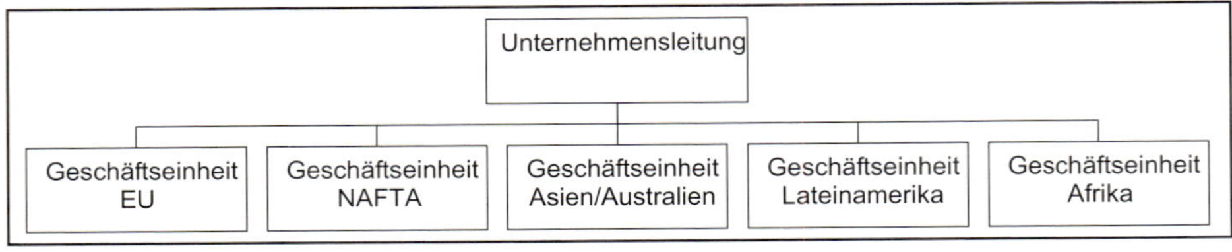

Beispiel für die gebietsorientierte Abgrenzung von Geschäftseinheiten

Industriegüterhersteller) oder sich einem nach Gebieten differenzierten Verbraucherverhalten gegenüber sehen. Regionenorientierung spielt oftmals bei der Spezialisierung der Vertriebseinheiten eine große Rolle – auch dann, wenn die Geschäftseinheiten produktorientiert sind. Ein zentraler Vorteil der gebietsorientierten Marketingorganisation besteht in der Möglichkeit, regionale Marktbesonderheiten besser berücksichtigen zu können. Dies liegt beispielsweise an der besseren Kenntnis der regionalen Besonderheiten aufgrund der regionalen Spezialisierung und der physischen Nähe zum Kunden. Daneben winken Effizienzgewinne aus der zentralen Steuerung der Aktivitäten durch regionale Manager. Nachteile sind insbesondere die problematische Koordination zwischen den Regionen – nicht zuletzt wegen der Problematik des „Regionalfürstentums" und die erschwerte Bearbeitung internationaler (regionenübergreifender) Kunden. Auch besteht die Gefahr von Parallelarbeiten für das gleiche Produkt in verschiedenen Regionen.

Literatur: Homburg, Ch./Krohmer, H. (2003): Marketingmanagement, Wiesbaden.

Marketingorganisation, internationale, Ordnungsrahmen, der die vielfältigen und arbeitsteiligen Aktivitäten im Rahmen des Wertschöpfungsprozesses eines international tätigen Unternehmens zielgerichtet zusammenführen soll. Dieser Rahmen liefert damit die strukturelle Basis für das Zusammenwirken von Personen, Sachmitteln und Informationen im Beziehungsgefüge zwischen Unternehmen und Umwelt. Konkret handelt es sich um ein System von organisatorischen Einheiten (Stellen, Abteilungen, Sparten usw.), die durch Beziehungen kommunikativer, hierarchischer oder sonstiger Art miteinander verbunden sind und Aufgaben nach bestimmten Regeln erfüllen. Vor einem internationalen Kontext kann dabei grundsätzlich zwischen integrierten und differenzierten → Organisationsstrukturen, unterschieden werden. Die Komplexität der Aufgabenerfüllung in international tätigen Unternehmen macht dabei ausgeklügelte internationale → Koordinationskonzepte notwendig. Im Rahmen der internationalen Marketingorganisation sind so wichtige Fragen zu beantworten wie die Einbindung der Marketingabteilung in das international tätige Unternehmen, die organisatorische Ausrichtung der Marketingabteilung selbst, das Ausmaß der Zentralisierung bzw. Dezentralisierung von Entscheidungsbefugnissen bei der Muttergesellschaft im Stammland bzw. bei den Tochtergesellschaften vor Ort, mögliche Konzepte zur Koordination der Aktivitäten in einem international tätigen Unternehmen und Möglichkeiten der organisatorischen Weiterentwicklung des Unternehmens.

Marketingorganisation, Kundenorientierung der, bezeichnet eine Organisationsform, bei der sich die Abgrenzung der organisationalen Teileinheiten an ausgewählten Kunden oder Kundengruppen orientiert (vgl. Abb. „Beispiel für die kundenorientierte Abgrenzung von Geschäftseinheiten"). Ziel ist die Zusammenfassung von betrieblichen Aktivitäten zur optimalen Betreuung festgelegter Abnehmergruppen. Die kundenorientierte Organisationsform eignet sich insbesondere für Unternehmen, deren Kundengruppen relativ heterogen sind, oder für Unternehmen, die wenige große Kunden haben. Hierzu gehören beispielsweise Konsumgüterunternehmen, die große Handelsunternehmen als Kunden haben, oder Automobilzulieferer. Vorteile der Kundenorientierung der Marketingorganisation sind die ganzheitliche Sicht des Kunden, engere Beziehungen zum Kunden und die damit verbundene bessere Befriedigung der unterschiedlichen Kundenbedürfnisse. Das → Cross-Selling wird durch die höhere → Kundenorientierung unterstützt. Weiterhin ergibt sich aus diesen Vorteilen meist eine bessere Verhandlungsposition gegenüber den Kunden, und das Unternehmen kann sich gut an Änderungen der Kundenpräferenzen anpassen. Die Nachteile der Kundenorientierung liegen insbesondere in den geringeren produktspezifischen Kenntnissen der Mitarbeiter sowie in der notwendigen Anpassung der Informations- und Controlling-Systeme. Problematisch sind weiterhin mögliche Effizienzverluste, die aus Parallelarbeiten in den einzelnen Kundensparten resultieren können.

Marketingorganisation, Objektorientierung der, → Objektorientierung.

Marketingorganisation, Produktorientierung der, bezeichnet eine spezielle Art der Gestaltung der Marketingorganisation, bei der die Abgrenzung organisationaler Teileinheiten nach Produkten oder Produktgruppen erfolgt (vgl. Abbildung: Beispiel für die produktorientierte Abgrenzung von Geschäftseinheiten). Bei einer produktorientierten Spezialisierung auf der obersten Hierarchieebene des Unternehmens (produktorientierte Abgrenzung von Geschäftseinheiten) sind nachgelagerte Hierarchieebenen möglicherweise nach anderen Kriterien spezialisiert (z.B. funktionsorientiert). Ziel der produktorientierten Abgrenzung ist es, durch Bildung von Spezialisten für einzelne Produktgruppen die produktbezogenen Aktivitäten zu optimieren. Die produktorientierte Abgrenzung weist diesbezügliche Vorteile auf: Vorteilhaft ist insbesondere die eindeutige Abgrenzung der Kompetenzen der Abteilungen und Mitarbeiter für einzelne Produktgruppen, was zu einem hohen produktspezifischen Know-how der spezialisierten Mitarbeiter und zu einer optimalen Betreuung von Kunden führt, die mehrere Produkte des Unternehmens beziehen. Die produktorientierte Abgrenzung bietet sich daher insbesondere für Unternehmen an, die ein breites und heterogenes Produktprogramm anbieten. Überzeugen können auch die einfachere Koordination mit anderen produktorientierten Unternehmenseinheiten sowie die gute Anpassungsfähigkeit an Änderungen in den Märkten der jeweiligen Produktgruppen (z.B. Änderungen der Kundenpräferenzen oder der Strategien der Wettbewerber). Besonders vorteilhaft für den Unternehmenserfolg ist die langfristige Orientierung der produktbezogenen Aktivitäten durch die Ergebnisverantwortung für die Produktgruppe. So können beispielsweise schädliche Kannibalisierungseffekte zwischen Produkten durch ein gezieltes Management schwächerer Produkte einer Produktgruppe reduziert werden. Jedoch existieren auch Nachteile – insbesondere im Hinblick auf die Kunden: Problematisch sind eine mangelnde Kundenorientierung, eine geringe Ausschöpfung von Cross-Selling-Potenzialen sowie ein diffuser Auftritt gegenüber dem Kunden. Auch unternehmensintern können Nachteile auftreten: Effizienzverluste durch parallel durchgeführte Aktivitäten (z.B. Verlust von Skaleneffekten in der Produktion), suboptimale Ressourcenaufteilungen aufgrund von Bereichsegoismen sowie das Risiko einer geringeren Professionalität aufgrund der fehlenden Funktionsspezialisierung.

Literatur: Homburg, Ch./Krohmer, H. (2003): Marketingmanagement, Wiesbaden.

Marketingplan, → Marketing- und Vertriebsplanung.

Marketingplanung, internationale, gedankliches Durchspielen von Handlungsweisen im Rahmen des internationalen Marketing, um die Wirkung der Aktivitäten auf verfolgte Zielgrößen antizipieren zu können. Sie stellt damit den logischen Ausgangspunkt des klassischen Managementprozesses dar. Im internationalen → Marketingmanagement umfasst die Planung wichtige strategische Entscheidungen wie die Aufstellung eines strategischen Zielsystems, aus dem taktische und operative Ziele für das international tätige Unternehmen abzuleiten sind, die Bestimmung zu bearbeitender Ländermärkte und zugehöriger Marktsegmente im Rahmen der → Länderselektion, die Auswahl einer → Markteintrittsstrategie für die ausländischen Ländermärkte, die Festlegung der → Marktbearbeitungsstrategie im Sinne einer Kosten- oder Qualitätsführerschaft bzw. einer Nischenstrategie. Darüber hinaus hat neben der strategischen internationalen Marketingplanung die taktisch-operative Planung zu erfolgen. Diese mündet in der Bestimmung der konkreten internationalen Marketingpolitik. Gegenstand der Marketingpolitik ist die Ausgestaltung der einzelnen Marketinginstrumente.

Marketingplanung, operative, → Marketing- und Vertriebsplanung.

Marketingplanungsprozess, internationaler

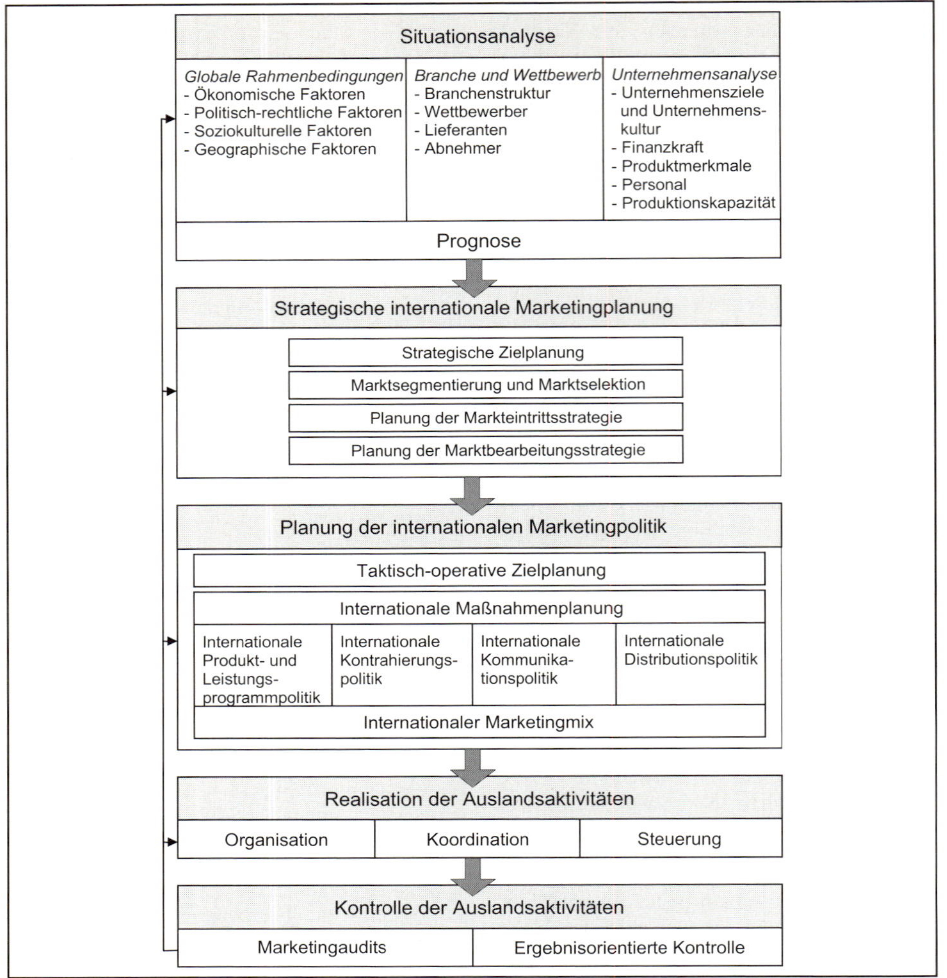

Planungsprozess des internationalen Marketing

Marketingplanungsprozess, internationaler, Vielzahl aufeinander folgender Phasen im Rahmen der internationalen → Marketingplanung, die sich zu folgenden Stufen zusammenfassen lassen: Situationsanalyse und Strichprognose, strategische internationale Marketingplanung, taktisch operative internationale Marketingplanung (internationale Marketingpolitik), Realisation sowie Kontrolle der Auslandsaktivitäten. Zu beachten ist, dass die Phasenabfolge nicht zwingend ist. Darüber hinaus sind zahlreiche Rückkopplungen wie auch Interdependenzen zwischen den einzelnen Entscheidungsfeldern gegeben. Vgl. hierzu auch die Abb. „Planungsprozess des internationalen Marketing".

Marketingplanung, strategische, → Marketing- und Vertriebsplanung.

Marketingprozesse, Prozesse, die einen Input (Marketingkapazität) in einen Output (Marketingergebnis) überführen. Zu unterscheiden sind im Marketing grundsätzlich Basisprozesse und Ausbauprozesse. Basisprozesse haben die Erhaltung des bestehenden Geschäftsvolumens bei bereits kaufenden Kunden zum Gegenstand. Ausbauprozesse hingegen haben die Gewinnung neuer Kunden sowie die Erweiterung der Zusammenarbeit mit bestehenden Kunden zum Ziel. Dementsprechend lassen sie sich weiter gehend differenzieren in Akquisitionsprozesse (z.B. Neukundengewinnung) und Intensivierungsprozesse (z.B. Cross-Selling-Maßnahmen, Erhöhung des Lieferanteils, Steigerung der Verwendungshäufigkeit).

Marketingsemiotik, → Semiotik.

Marketingstandardisierung, länderübergreifend einheitliche Gestaltung von Marketinginhalten (Marketingstrategien bzw. Marketinginstrumente) und Marketingprozessen. Im Rahmen einer inhaltlichen Standardisierung werden die gesamte Marketingstrategie oder einzelne Elemente des → Marketingmix weltweit einheitlich eingesetzt. Eine hohe M. findet sich insbesondere bei geozentrisch orientierten Unternehmen im Rahmen des → EPRG-Schemas, die eine Globalisierungsstrategie verfolgen. Eine internationale M. korreliert dabei mit dem Begriff des → Global Marketing. Vor- und Nachteile ergeben sich spiegelbildlich zur → Marketingdifferenzierung. Positive Effekte einer Standardisierungsstrategie sind damit: Kostenersparnisse durch Ausnutzung von Volumen-, Spezialisierungs- und Lerneffekten, Förderung eines international einheitlichen Erscheinungsbildes im Sinne einer → Corporate Identity, Erleichterung einer globalen Optimierung der Marketingaktivitäten, Erhöhung des Kundennutzens durch einheitliche Standards. Als nachteilig erweist sich insbesondere die mangelnde Berücksichtigung länderspezifischer Konsumentenbedürfnisse und – damit verbunden – Umsatzeinbußen infolge einer unzureichenden zielgruppenspezifischen Ansprache. Grenzen findet eine völlige Standardisierung in den unterschiedlichen kulturellen, rechtlichen und technologischen Gegebenheiten in den einzelnen Ländern, aber auch aus organisatorischen Bedingungen wie z.B. dem Ausmaß an Entscheidungsdelegation in multinationalen Unternehmen.

Marketingstrategien, internationale, → Marktbearbeitungsstrategien, internationale.

Marketingsynergien. Als Synergien bezeichnet man den Effekt, dass zwei oder mehr Einflussfaktoren bei ihrer Bündelung mehr bewirken als aus der Addition der Einzelwirkungen resultieren würde. Im Marketing gewinnen Synergien zunehmende Bedeutung bei der Realisierung strategischer Wettbewerbsvorteile (Kostenvorteile, Differenzierungsvorteile). Dies begründet die zunehmende Bereitschaft von Unternehmen, zur Realisierung von Synergiepotenzialen → Kooperationen bzw. → strategische Allianzen einzugehen. Hier ermöglicht das Zusammenführen der spezifischen → Kernkompetenzen der Kooperationspartner das Erreichen von Verbundvorteilen, d.h. von Effekten, welche die bloße Addition der Einzelkompetenzen übersteigen. *Vgl. auch* → Mergers & Akquisitions.

Marketingwissenschaft, beschäftigt sich mit der Beschreibung, Erklärung, Prognose und Gestaltung von speziellen Austauschbeziehungen. Im Mittelpunkt stehen dabei Austauschprozesse, die von menschlichen Bedürfnissen geprägt und gesteuert sind und der Befriedigung dieser Bedürfnisse dienen sollen. Sie versteht sich als angewandte Wissenschaft und versucht, wissenschaftliche Erkenntnisse für praktische Problemlösungen bereitzustellen. Die M. stellt eine Teildisziplin der Wirtschafts- und Sozialwissenschaften dar und wird institutionell im deutschsprachigen Raum durch mehr als hundert Lehrstühle an Universitäten repräsentiert. Im Rahmen des Verbandes der Hochschullehrer für Betriebswirte e.V. konstituierte sich 1970 ein „Arbeitskreis für Absatzwirtschaft", heute „Kommission Marketing".

Marketingziele, anzustrebende Sollzustände. Als Entscheidungskriterien dienen sie der zielgesteuerten Marketingstrategie- und Maßnahmenauswahl. Beim Ziel- und Strategieformulierungsprozess handelt es sich um ein interdependentes Entscheidungsproblem. → Marketingstrategien dienen einerseits zur Erreichung der M., andererseits kann die Zielplanung nur unter Berücksichtigung des strategischen Möglichkeitsspektrums erfolgen. Ein marktorientiertes Zielsystem muss entsprechend der unternehmensexternen und -internen Einflussgrößen (Marketingsituation, Managementpräferenzen) gestaltet werden. Dabei sind (1) vertikale und (2) horizon-

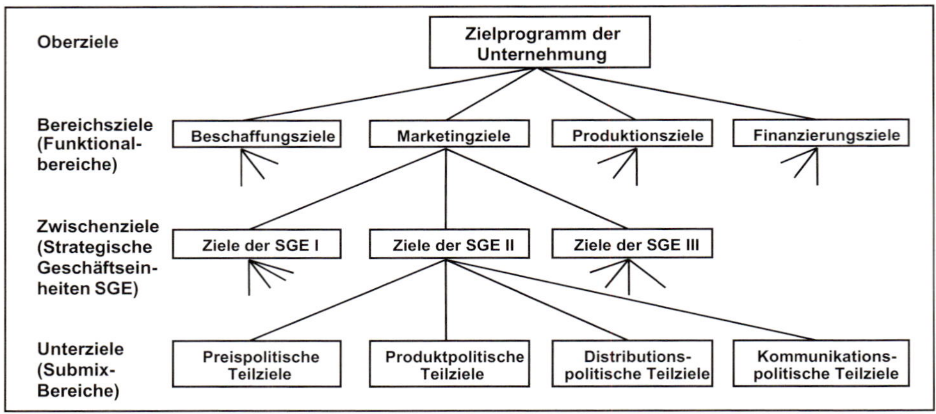

Zielsystem der Unternehmung

tale Zielbeziehungen zu beachten (vgl. Abb. „Zielsystem der Unternehmung"). (1) Ausgehend vom Unternehmenszweck, → Corporate Identity und → Unternehmenskultur werden die Unternehmensziele abgeleitet, die dann durch Bereichs- und Instrumentalziele konkretisiert werden. Im Rahmen der → Marketingplanung werden i.S. einer Zielhierarchie untergeordnete Ziele aus den übergeordneten abgeleitet. Bei einer konsequent marktorientierten Führung lassen sich jedoch die Unternehmensziele von den Bereichszielen (M. i.e.S.) nicht mehr klar abgrenzen. (2) Beim Aufbau eines Zielsystems sind Interdependenz- und Schnittstellenprobleme auf horizontaler Ebene zu beachten. Ziele können konfligieren, neutral oder komplementär zueinander sein. Unterschieden werden grundsätzlich Marktstellungs-, Rentabilitäts-, Finanz-, und Prestigeziele. Diese lassen sich weiterhin in ökonomische (z.B. Gewinn, Marktanteil) und psychographische (z.B. Image, Bekanntheit) bzw. quantitative (z.B. → Absatzziele) und qualitative Ziele unterscheiden. M. müssen operational formuliert werden, d.h. nach Inhalt, Ausmaß, Zeit- und Segmentbezug hinreichend konkret sein. Sie sollen den Grundsätzen der Vollständigkeit, Aufgabenadäquanz und Koordinationsgerechtigkeit (→ Marketingkoordination) genügen. M. haben Bewertungs-, Koordinations- und Kontrollfunktion.

Market Power School, psychologischer Ansatz zur Erklärung des Einflusses der Kommunikationspolitik auf das Verhalten der Konsumenten. Nach Auffassung der M.P.S. kann die Kommunikationspolitik dazu eingesetzt werden, die Bedeutung des Preises als Entscheidungskriterium zum Kauf eines Produktes bzw. der Wahrnehmung einer Leistung zu reduzieren. *Vgl. auch* → Market Competition School.

Market-Pull-Strategie. Für den Erhalt der unternehmerischen Wettbewerbsfähigkeit sind eine ständige Neu- bzw. Weiterentwicklung und Vermarktung innovativer Produkte erforderlich. Geht der ursprüngliche Anstoß zu Innovationen vom Markt aus, spricht man von einer M.-P.-S. (andernfalls → Technology-Push-Strategie).

Markierte Ware, Bezeichnung für ein → Produkt, das lediglich durch Namen oder Symbol gekennzeichnet ist.

Markierung, bezeichnet die Beschaffenheitssicherung von Gütern durch die Festlegung ihrer Eigenschaften. Sie erfolgt in Form einer äußerlichen Kennzeichnung des Erzeugnisses auf der Ware bzw. auf deren → Verpackung (→ Warenkennzeichnung). Die M. dient insbesondere zur Erklärung über Herkunft eines → Produktes und dessen Merkmale. Dadurch soll das Erzeugnis aus der anonymen Masse an Gütern hervorgehoben und dessen Vorzüge so dargestellt werden, dass die Nachfrager das Gut wieder erkennen, erwerben und weiterempfehlen. Die M. bezieht sich auf den Produzenten, auf die Einhaltung bestimmter Produktionsvorschriften, die Verwendung bestimmter Materialien, die Zugehörigkeit zu einer Güteklasse, dem

Herkunftsland, Auszeichnungen, Zertifikaten usw. Die M. tritt in vielerlei Formen auf, z.B. durch Warenzeichen, die Ausbildung eines → Markenartikels und die gesetzliche Kennzeichnungspflicht. Der M. kommt insbesondere in der Marketingkommunikation eine wichtige Bedeutung zu.

Marktanalyse, → Sammlung und Identifikation von Daten über Marktdaten (Kunden, Wettbewerber usw.) → Marktforschung.

Marktabdeckung, engl. Coverage; Ausmaß der Bedienung vorhandener Marktsegmente (vgl. auch → Marktparzellierungsstrategie). Im Rahmen der totalen M. wird der gesamte Markt vom Unternehmen bedient bzw. bearbeitet. Im Rahmen der partialen M. werden nur einzelne Marktausschnitte/-nischen bzw. Segmente bedient. *Vgl. auch* → Wettbewerbsstrategie der Fokussierung.

Marktabgrenzung, *Marktaufspaltung, Marktstrukturierung*; Strukturierung eines Marktes, verbunden mit der Grenzziehung um relevante Marktbereiche. Unterschieden werden drei Arten der M.: (1) die anbieterbezogene M. (Zusammenfassung von Anbietern, Unternehmen zu → Strategischen Gruppen, Branchen, Wirtschaftszweigen oder -sektoren), (2) die leistungsbezogene M. (Zusammenfassung von Gütern bzw. Leistungen zu Produktgruppen, -gattungen) und (3) die kundenbezogene M. (Zusammenfassung von Nachfragern zu → Marktsegmenten, Zielgruppen, Kundengruppen, Nachfragersektoren). Häufig erfolgt die M. unter Kombination dieser Perspektiven z.B. bei der Betrachtung von Produkt-Markt-Kombinationen für Zwecke der → Marktbearbeitung oder die Bildung → Strategischer Geschäftseinheiten. Ein Ansatz zur M. ist z.B. das → Abell-Schema.

Marktanteil, Verhältniszahl, die den Umsatz/Absatz eines Unternehmens zum Umsatz/Absatz aller Unternehmen der betreffenden Branche (= Marktvolumen) in Beziehung setzt. Der relative Marktanteil stellt den Marktanteil des betrachteten Unternehmens in Relation zu dem Marktanteil des oder der stärksten Konkurrenten dar. Der Marktanteil kann sowohl mengen- als auch wertmäßig erfasst werden.

Marktanteils-Marktwachstums-Portfolio, *BCG-Portfolio*; von der Boston Consulting Group (BCG) entwickeltes → Portfolio-Modell mit den Dimensionen „Marktwachstum" und „relativer Marktanteil", in das Produkte, Geschäftsfelder o.ä. eingeordnet werden. Im Rahmen des M.-M.-P. wird als unternehmensspezifische Größe der relative Marktanteil herangezogen *vgl. auch* → Marktanteil). Der berücksichtigte unternehmensexterne Faktor ist das Marktwachstum.

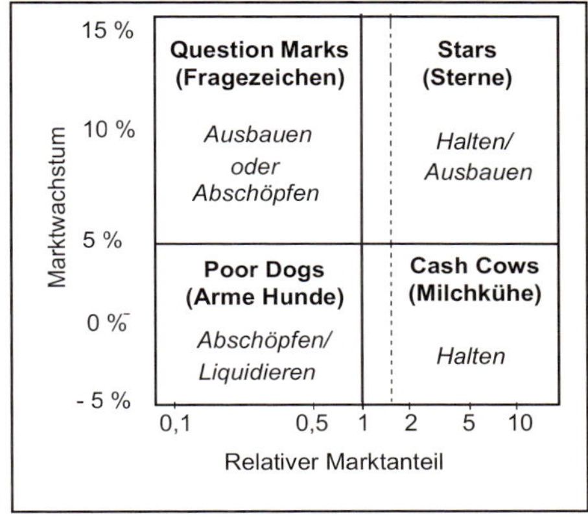

Beispiel eines Marktwachstums-Marktanteils-Portfolios

Je nach Position der Geschäftsfelder in der Matrix werden unterschiedliche → Normstrategien empfohlen. Für die Stars wird eine Halte-/ → Investitions-, für die Cash Cows eine Halte-, für die Poor Dogs eine Abschöpfungs-/→ Desinvestitions- und für die Question Marks eine Selektionsstrategie vorgeschlagen. Zu bedenken ist jedoch, dass zwischen den einzelnen Produkten (Absatz-) Verbünde bestehen können, so dass bspw. die Elimination eines Poor Dog zu Absatzeinbußen eines Star- oder Question-Mark-Produktes führen kann. Die konzeptionelle Grundlage der Messung der eigenen Marktposition mit Hilfe des relativen Marktanteils liegt im wesentlichen im → Erfahrungskurvenmodell. Ebenso kann die aus dem → PIMS-Projekt gewonnene Aussage, dass ein positiver Zusammenhang zwischen dem relativen Marktanteil und der Profitabilität einer SGE besteht, zur Begründung der zentralen Rolle des relativen Marktanteils in diesem Portfolio-Modell herangezogen werden. Die Beurteilung eines Marktes anhand seiner

Wachstumsrate geht im wesentlichen auf das Modell des → Lebenszyklus zurück. Bei Gültigkeit des Modells ist das Marktwachstum ein geeigneter Indikator für die Lebenszyklusphase, in der sich ein Markt befindet. Sie sollte somit ein sinnvolles Kriterium zur Beurteilung seiner Attraktivität darstellen.

Marktarealstrategie, neben der → Marktstimulierungs-, der Marktfeld-, sowie der Marktparzellierungsstrategie eine der vier grundlegenden Ebenen von Strategien (→ Strategien, Typologien von). Die M. ist auf die Identifikation des Absatzraumes gerichtet und legt fest, in welchem Areal ein Unternehmen agieren soll. Je nach Umfang des Marktareals werden lokale, regionale, überregionale, nationale, multinationale, internationale und Weltmarktstrategien voneinander unterschieden. Marketingpolitische Maßnahmen richten sich bei vielen Unternehmen, die sich in der Entwicklungsphase befinden, auf ein lokales oder regionales und erst im Laufe der Zeit auf ein überregionales oder nationales Absatzgebiet. Ein solcher Prozess erstreckt sich häufig über mehrere Jahre und bleibt in vielen Fällen auf einer der genannten Stufen stehen. Ist der Inlandsmarkt gesättigt, liegt es nahe, eine multinationale, internationale oder Weltmarktstrategie zu verfolgen. Auf diese Weise lassen sich die Fertigungskapazitäten besser ausschöpfen, die Produktionskosten reduzieren, Wechselkurs- und Kaufkraftunterschiede nutzen, die Krisenfestigkeit des Unternehmens erhöhen, Kostenvorteile erzielen, eine bessere Marktnähe gegenüber dem klassischen Export erreichen und Know-how erwerben.

Marktattraktivitäts-Wettbewerbspositions-Portfolio, *McKinsey-Portfolio*; → Portfolio-Modell.

Marktaustritt, Beendigung der Marktteilnahme von Unternehmen infolge stagnierender, schrumpfender oder erfolglos bearbeiteter Märkte. Marktaustrittsbarrieren in Form von Kosten- und Wettbewerbsnachteilen können einen Austritt behindern. Dazu zählen beispielsweise absatzfördernde Verbundbeziehungen zwischen den betreffenden Geschäftseinheiten und anderen Geschäftsteilen, niedrige Liquidationswerte oder mit dem Austritt verbundene hohe Fixkosten, aber auch emotionale Barrieren des Management (z.B. Stolz oder Angst um die Karriere) sowie soziale Restriktionen (z.B. Kosten eines Sozialplans). Der Rückzug aus einem Markt erfordert eine frühzeitige Marktaustrittsplanung, in deren Rahmen zur Senkung und Überwindung von Marktaustrittsbarrieren die Marktaustrittsstrategie festgelegt wird. Marktaustrittsstrategien können nach Dauer der Austrittsphase und Wirkung auf die Austrittskosten unterschieden werden. Einzelne Strategien sind: (1) Verkauf der Geschäftseinheit (schneller Austritt mit geringen Austrittskosten), (2) Senkung von Marktaustrittsbarrieren (langsamer Austritt mit geringen Austrittskosten), (3) Abschöpfungsstrategien (langsamer Austritt mit hohen Austrittskosten), (4) sofortige Beendigung der Geschäftsfeldaktivitäten (schneller Austritt bei hohen Kosten).

Marktaustrittsbarriere, → Marktaustritt.

Marktaustrittsstrategie, → Marktaustritt.

Marktbearbeitungsstrategien, internationale, Rahmen für den Einsatz des Marketinginstrumentariums in den anvisierten Ländermarktsegmenten. Sie bestimmen somit die langfristige Positionierung des Unternehmens bzw. seiner strategischen Geschäftseinheiten auf den bearbeiteten Auslandsmärkten. Eine internationale Marktbearbeitungsstrategie umfasst dabei Entscheidungen auf drei Ebenen: die grundsätzliche strategische Ausrichtung, die internationale Basismarketingstrategie und die internationale Geschäftsfeldstrategie. Die grundsätzliche strategische Ausrichtung basiert auf einer Portfolio-Analyse für die einzelnen Ländermarktsegmente und legt auf Unternehmensebene fest, welche Normstrategien für die einzelnen internationalen Geschäftsfelder einzuschlagen sind. Die Basisstrategien des internationalen Marketing bewegen sich zwischen den beiden Extremoptionen → „Marketingstandardisierung" und → „Marketingdifferenzierung" und beinhalten das Ausmaß an länderübergreifender Vereinheitlichung von Marketinginhalten und Marketingprozessen. Internationale Geschäftsfeldstrategien (z.B. Kosten-, Qualitätsführerschafts- oder Nischenstrategie) legen hingegen das Verhalten strategischer Geschäftsfelder ggü. Wettbewerbern, Abnehmern und Absatzmittlern im internationalen Kontext fest.

Marktbeherrschung. I. Begriff: Ein Unternehmen ist nach § 19 II GWB marktbeherrschend, „soweit es als Anbieter oder Nachfrager einer bestimmten Art von Waren oder gewerblichen Leistungen (1) ohne Wettbewerber ist oder keinem wesentlichen Wettbewerb ausgesetzt ist oder (2) eine im Verhältnis zu seinen Wettbewerbern überragende Marktstellung hat". Als Vermutungstatbestände einer solchen Stellung sieht § 19 III GWB die Verwendung von → Marktanteilen vor. Ein Unternehmen gilt als marktbeherrschend, wenn es einen Marktanteil von mindestens einem Drittel hat, bei drei oder weniger Unternehmen, wenn sie zusammen einen Marktanteil von 50 von Hundert erreichen, bei fünf oder weniger Unternehmen, wenn sie zusammen einen Marktanteil von zwei Dritteln erreichen.

II. Bedeutung: M. ist wettbewerbsrechtlich die Voraussetzung, um bestimmte Verhaltensweisen untersagen zu können, die als Missbrauch anzusehen sind, wie z.B. das Fordern von Entgelten oder sonstigen Geschäftsbedingungen, die von denjenigen abweichen, die sich bei wirksamem Wettbewerb ergeben würden, oder das Fordern ungünstigerer Entgelte oder sonstiger → Geschäftsbedingungen von gleichartigen Abnehmern, es sei denn, dass der Unterschied sachlich gerechtfertigt ist (→ Preisfestsetzung, missbräuchliche), oder die Weigerung, einem anderen Unternehmen gegen angemessenes Entgelt Zugang zu den eigenen Netzen oder anderen Infrastruktureinrichtungen zu gewähren (§ 19 IV GWB). Des Weiteren ist die marktbeherrschende Stellung relevant für die Untersagung diskriminierenden und unbilligen Verhaltens i.S.v. § 20 GWB (→ Diskriminierungsverbot, → Preisdifferenzierung, diskriminierende). Hierzu zählt u.a. auch, wenn ein Unternehmen ohne sachliche Rechtfertigung Waren oder gewerbliche Leistungen nicht nur gelegentlich unter Einstandspreis anbietet. Schließlich wird die Frage der Marktbeherrschung im Zuge der → Fusionskontrolle (§ 36 GWB) geprüft. Fusionen, von denen zu erwarten ist, dass sie eine marktbeherrschende Stellung begründen oder verstärken, sind grundsätzlich vom Bundeskartellamt zu untersagen.

Marktcharakteristika, → Marktformen und Marktsegmentierung.

Marktdynamik, zeitliches Entwicklungsmuster der Transformation von Märkten. M. entsteht durch Veränderungen der Umwelt, der Art, Anzahl und des Verhaltens der Marktteilnehmer und der zwischen ihnen stattfindenden Transaktionen. Es entstehen neue Marktsituationen, die ggf. eine strategische Neuausrichtung notwendig machen. Theoretische Ansätze zur Modellierung des Problems der M. werden unterteilt in Phasenmodelle und Theorien der Marktstrukturevolution. Zu den im Marketing gebräuchlichsten Phasenmodellen zählen die → Lebenszyklusmodelle und die Branchenstrukturanalyse. In schnelllebigen Märkten ist die Frage nach dem Markteintrittszeitpunkt von besonderer Bedeutung.

Markteffizienz, ist ein allgemeines und grundlegendes Konzept in der ökonomischen Theorie. Ein Markt wird als effizient bezeichnet, wenn zu jedem Zeitpunkt jede für die Bewertung der gehandelten Marktleistungen relevante Information durch die Preise vollständig widergespiegelt wird. Die in der neoklassischen Theorie gekennzeichneten vollkommenen Märkte werden auch als effiziente Märkte bezeichnet, weil sie die Annahmen der Homogenität, unendlich schnellen Reaktionszeiten, vollkommene Informationen, Präferenzlosigkeit, Rationalität der Wirtschaftssubjekte und der Transaktionskostenfreiheit erfüllen.

Märkte, graue, nicht vom Hersteller intendierte Warenströme, die infolge der → Arbitrage der Abnehmer entstehen. Diese Warenströme können in Form von → Parallelimporten, → Reimporten oder sog. lateralen grauen Importen (d.h. zwischen zwei Ländern außerhalb des Produktionslandes) auftreten. Kurzfristig können derartige graue Märkte u.U. zu Gewinnsteigerungen für ein Unternehmen führen, wenn z.B. ein Produkt im Ausland erworben wird, das andernfalls im In- bzw. Wohnsitzland zum dort herrschenden (höheren) Preis nicht gekauft werden würde. In diesem Fall entsteht zusätzlicher Absatz für das Unternehmen. Mittel- bis langfristig sind jedoch die Imagewirkungen grauer Märkte nicht zu unterschätzen, da Käufer, die die Produkte in ihrem Wohnsitzland zum hohen Preis erworben haben, durch graue Billigimporte verärgert werden.

Markteinführungsstrategie, → Produkteinführung.

Markteintritt, Aufnahme von Aktivitäten in einem zuvor noch nicht bearbeiteten Markt durch ein Unternehmen. Hierzu müssen ggf. vorhandene Markteintrittsbarrieren überwunden werden. Das Konzept der Markteintrittsbarrieren ist aus der → Industrieökonomie hervorgegangen. Wichtige strukturelle Barrieren sind danach z.B. Betriebsgrößen-, Produktdifferenzierungs- und größenunabhängige Kostenvorteile. Sie erlauben es etablierten Akteuren, die Preise so niedrig zu setzen, dass potenzielle Wettbewerber vom M. abgehalten werden (→ Entry Limit Pricing). Weitere strukturelle Markteintrittsbarrieren sind z.B, ein massiver Kapitalbedarf, der erschwerte Zugang zu Vertriebswegen oder eine restriktive staatliche Politik. Darüber hinaus können bereits etablierte Anbieter durch die glaubhafte Signalisierung von Vergeltungsmaßnahmen zusätzliche strategische Barrieren aufbauen. Für den M. stehen diverse → Markteintrittsstrategien zur Verfügung.

Markteintrittsbarriere, → Markteintritt.

Markteintrittstrategie, strategische Vorgaben und Leitlinien, zu welchem Zeitpunkt, mit welcher → Wettbewerbsstrategie und mit welchem Ressourceneinsatz ein → Markteintritt erfolgen soll, um die angestrebte Position im Markt zu erreichen. Bei der Festlegung der Markteintrittstrategie ist das Timing des Markteintritts ein entscheidender Faktor. Es betrifft die Frage, ob das Unternehmen als erster eine Innovation im Markt einführen (Pionierstrategie) oder einen späteren Zeitpunkt abwarten soll (Folgerstrategie bzw. Me-too-Strategie). Bisher ging man vielfach davon aus, dass eine Pionierstrategie dem Unternehmen u.a. einen hohen → Marktanteil verspricht, der aufgrund pionierspezifischer Aktionsspielräume auch langfristig gehalten werden kann. In jüngerer Zeit wird die Vorteilhaftigkeit der Pionierstrategie zunehmend kritisch diskutiert. Ein wesentlicher Kritikpunkt ist, dass man den Erfolg nicht allein durch den Einfluss der Pionierstrategie per se erklären kann. Vielmehr sollte man stets andere erklärende Variablen wie z.B. Produktcharakteristika und Managementfähigkeiten des Pionierunternehmens berücksichtigen. Bei der Festlegung der Markteintrittsstrategie ist ferner zu klären, ob der Markteintritt eigenständig (d.h. durch → Neuprodukteinführung des eigenen Unternehmens) oder nicht-selbständig (d.h. durch Akquisition von oder → Kooperation mit in diesem Markt etablierten Unternehmen) zu verfolgen ist.

Markteintrittsstrategie, internationale, Art des Eintritts in ausländische Märkte. Typische Markteintrittsformen sind der → Export, die Lizenzvergabe, das → Joint Venture oder die → Direktinvestition (z.B. ausländische Tochtergesellschaft). Die Auswahl einer Markteintrittsstrategie erfolgt dabei häufig unter Risiko- und Kostenaspekten. Empfehlungen im Hinblick auf einen adäquaten Markteintritt gibt der → BERI.

Marktentwicklungsstrategie, → Produkt-Markt-Matrix.

Markterfolg, Effektivität der Marketingaktivitäten eines Unternehmens. Der M. betrifft Aspekte, wie z.B. die Erzielung von Kundenzufriedenheit, die Schaffung von Kundennutzen, die Bindung bestehender Kunden, die Gewinnung neuer Kunden sowie die Erreichung des angestrebten → Marktanteils. Der M. wirkt sich positiv auf den → Unternehmenserfolg aus.

Marktexperiment, führt man ein Experiment in einem bestimmten Markt durch, spricht man von einem M. Im Vergleich zu einem → Laborexperiment, das in einer künstlichen Umgebung erfolgt, vollzieht sich das M. in einem natürlichen Umfeld, d. h. in einem bestimmten Markt. Es wird versucht eine Versuchsanordnung zu schaffen, anhand derer aufgestellte Kausalhypothesen mit Hilfe der Wirkungsmessung einer oder mehrerer → unabhängiger Variablen (z.B. Einführung eines neuen Produkts, Preissenkung, usw.) auf eine abhängige Variable (z.B. Umsatz) geprüft werden. Der Vorteil eines M. ist sicherlich die gegebene Realitätsnähe sowie die zahlreichen Durchführungsmöglichkeiten. Ein wesentlicher Nachteil besteht darin, dass der Marktforscher nur beschränkt verschiedene Variablen überprüfen und kontrollieren kann, da → Störgrößen ungewollt mit in die Untersuchung einfließen.

Marktfeldstrategie, → Strategien, Typologien von.

Anbieter / Nachfrager		Viele kleine	Wenige Mittelgroße	Ein Großer
Viele kleine	a)	Atomistische Konkurrenz	Angebotsoligopol	Angebotsmonopol
	b)	Polypolistische Konkurrenz	Angebotsoligopoloid	Angebotsmonopoloid
Wenige Mittelgroße	a)	Nachfrage-Oligopol	Bilaterales Oligopol	Beschränktes Angebotsmonopol
	b)	Nachfrage-Oligopoloid	Bilaterales Oligopoloid	Beschränktes Angebotsmonopoloid
Ein Großer	a)	Nachfrage-Monopol	Beschränktes Nachfrage – Monopol	Bilaterales Monopol
	b)	Nachfrage-Monopoloid	Beschränktes Nachfrage – Monopoloid	Bilaterales Monopoloid

a) = vollkommener Markt
b) = unvollkommener Markt

Marktformenschema

Marktformen, Kennzeichnung von Märkten nach ihrer qualitativen Beschaffenheit und quantitativen Ausprägung der Angebots- und Nachfrageseite. Die M. beeinflusst das Verhalten der Marktteilnehmer sowie die Preisbildung und ist daher besonders für die → Preistheorie und die → Preispolitik wichtig (vgl. Abb. „Marktformenschema"). Die verschiedenen möglichen Strukturausprägungen (Anzahl und relative Größe der Marktteilnehmer auf Anbieter- und Nachfrageseite) werden im morphologischen Marktformenschema abgebildet. Auf jeder Marktseite können entweder ein großer (Monopolist), mehrere mittelgroße (Oligopolisten) oder viele kleine (Polypolisten) Anbieter bzw. Nachfrager vertreten sein. Zur Abgrenzung zwischen Oligopol und Polypol kann das Verhalten der Marktteilnehmer als Kriterium herangezogen werden. Im Oligopol muss jeder Marktteilnehmer mit einer Reaktion auf sein Verhalten rechnen, weil das Marktgeschehen durch ihn spürbar beeinflusst wird. Die Wettbewerbsintensität ist im Oligopol am höchsten. Sie kann mit Hilfe der → Kreuzpreiselastizität gemessen werden. Im Polypol ist der Einfluss des einzelnen Anbieters auf das Marktgeschehen so gering, dass seine Maßnahmen im Markt nicht ins Gewicht fallen und entsprechend keine Konkurrenzreaktion zu erwarten ist.

Marktforscher, → Werbeberufe (10).

Marktforschung, ist eine systematische und objektive empirische Untersuchungstätigkeit im Hinblick auf die Identifizierung, Sammlung und Analyse von Information als Grundlage beschaffungs- und absatzpolitischer Entscheidungen. Erstes Element dieser Definition ist, dass M. systematisch ist. Systematische Planung wird auf allen Stufen des M.-Prozesses (→ Forschungsprozessablauf) benötigt. Die auf jeder Stufe verwendeten Verfahren sind methodisch fundiert, sorgfältig dokumentiert und ihr Einsatz nach Möglichkeit vorausgeplant. Im wissenschaftlichen Einsatz werden im Zusammenhang mit M. → Daten im Hinblick auf a priori vermutete Zusammenhänge oder Hypothesen gesammelt und analysiert. M. muss objektiv sein und die zu untersuchenden Tatbestände wahrheitsgetreu abbilden. M. sollte frei sein von subjektiven Einflussfaktoren und Verzerrungen. M. basiert auf der Identifizierung, Sammlung und Analyse von Information. Zunächst gilt es, das M.-Problem zu identifizieren. Im Anschluss daran wird festgelegt, welche Informationen zu dessen Untersuchung benötigt werden. Hierzu gilt es, die relevanten Informationsquellen zu identifizieren und die in Frage kommenden Methoden der Datensammlung im Hinblick auf ihre Vorteilhaftigkeit im konkreten

Fall zu evaluieren. Die bestgeeignete Methode wird schließlich zur Datensammlung herangezogen. In der Folge werden die Daten analysiert und interpretiert und entsprechende Schlüsse gezogen. Schließlich gilt es, die gewonnenen Erkenntnisse und Empfehlungen so aufzubereiten, dass sie für beschaffungs- und absatzpolitische Entscheidungen verwendet werden können. Beschaffungs-M. beschäftigt sich mit den Grundfragen: wer leistet, was, wo wann, in welcher Menge, über welche Kanäle, zu welchem Preis, zu welchen Bedingungen an (vgl. Hammann/Erichson 2000, S. 37)? Verbunden mit diesen Fragen ist die Notwendigkeit der Erstellung von Prognosen, die insbesondere der Klärung der Frage „Eigenfertigung oder Fremdbezug?“ dienen sollen. Analog zur Beschaffungs-M. sind die Grundfragen der Absatz-M. (vgl. Hamman/Erichson 1994, S. 30): wer benötigt, warum, was, wann, wo, in welcher Menge, über welche Kanäle, zu welchem Preis, zu welchen Bedingungen? Auch hier sind zu den einzelnen Fragen entsprechende Prognosen über zukünftige Situationen zu erstellen und die möglichen Konsequenzen absatzpolitischer Entscheidungsalternativen zu erörtern. Die Bedeutung der Absatz-M. wird deutlich vor dem Hintergrund, dass Marketing auf der Erforschung und Befriedigung von Konsumentenwünschen beruht. Zum Erkennen dieser Konsumentenwünsche und zur Implementierung von Marketingstrategien im Hinblick auf die Befriedigung dieser Wünsche benötigen Marketing Manager Informationen über Kunden, Wettbewerber und andere am Markt beteiligte Kräfte. Während der letzten Jahre haben zahlreiche Faktoren den Bedarf an mehr und besserer Information anwachsen lassen. Zu diesen Faktoren gehört die zunehmende Internationalisierung der Märkte genauso wie die kritischer gewordenen Einstellungen aufgeklärterer Verbraucher. Entsprechend werden Informationen über neue, geographisch weiter entfernte Märkte und Prognosen wie deren Verbraucher auf angebotene Produkte und Dienstleistungen reagieren werden immer wichtiger. Ein weiterer Faktor ist der immer schärfer werdende Wettbewerb, wodurch ein verstärkter Informationsbedarf hinsichtlich der Effektivität des Einsatzes der Marketinginstrumente entsteht. Zur gleichen Zeit verändern sich nicht kontrollierbare Umweltfaktoren wie Technologien, Gesetze, soziale, kulturelle und politische Faktoren immer schneller, was dazu führt, dass ständig aktuelle und rechtzeitig verfügbare Information benötigt wird. Aufgabe der M. ist es, den Informationsbedarf abzuschätzen und das Management mit präziser, zuverlässiger Information zu versorgen. Diese Information dient einer fundierten, über Intuition und Fingerspitzengefühl hinausgehenden Entscheidungsfindung. Die Abb. „Die Rolle der Marktforschung“ skizziert den zuvor erläuterten Sachverhalt. Entsprechend obiger Aus führungen wird M. zum einen zur Identifizierung von Marketingproblemen, zum anderen zu deren Lösung durchgeführt. M. kann daher eingeteilt werden in Problemidentifizierungsforschung und Problemlösungsforschung. Problemidentifizierungsforschung dient dem Erkennen von Problemen, die auf den ersten Blick nicht erkannt werden können, gleichwohl existieren oder in der Zukunft auftreten können. Beispiele sind Imageanalysen, Marktanteilsschätzungen oder Trendanalysen. Derartige Studien tragen dazu bei, ein Problem zu diagnostizieren. Ist ein Problem identifiziert oder eine Gelegenheit erkannt, besteht Bedarf an Problemlösungsforschung. Sie dient der Findung und dem Treffen von Entscheidungen im Hinblick auf spezifische Marketingprobleme. Beispiele sind die Auswahl von Zielmärkten oder die Erstellung von Kundengruppenprofilen im Bereich der → Marktsegmentierung, Bestimmung des optimalen Produktdesigns oder Verpackungstests im Bereich der Produktpolitik, Bestimmung optimaler Preise sowie von Preiselastizitäten im Bereich der Preispolitik, Werbeerfolgskontrollen im Bereich der Kommunikationspolitik oder die Erforschung der Effizienz verschiedener Vertriebskanäle im Bereich der Distributionspolitik.

Literatur: Hammann, P./Erichson, B. (2000): Marktforschung, 4. Aufl., Stuttgart; Herrmann, A./Homburg, Ch. (2000): Marktforschung: 2. Aufl., Wiesbaden; Malhotra, N.K. (1996): Marketing Research, Upper Saddle River.

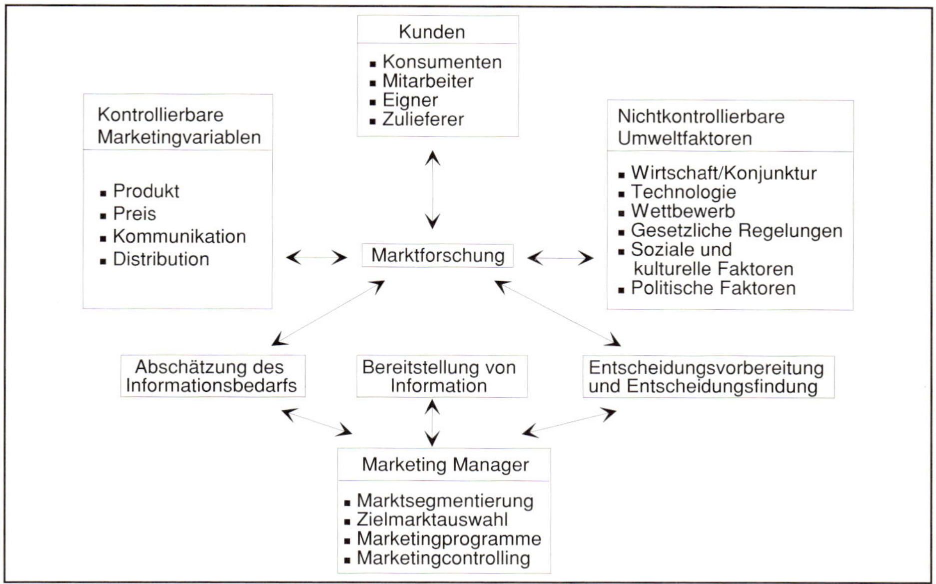

Die Rolle der Marktforschung (Quelle: Malhotra, 1996, S. 7)

Marktforschung, internationale, Datenerhebung und -auswertung in ausländischen Märkten mittels der internationalen → Primärforschung oder → Sekundärforschung.

Marktforschung, qualitativ, Marktforschung, die verbalargumentativ betrieben wird. → Marktforschung, → Marktforschung, quantitativ.

Marktforschung, quantitativ, Marktforschung, die sich auf mathematische Operationen und Verfahren stützt. → Marktforschung, → Marktforschung, qualitativ.

Marktforschungsbudget, das M. gibt die Menge der Mittel an, die in einer Periode für Zwecke der → Marktforschung zur Verfügung stehen.

Marktforschungsinstitute, Unternehmen, die Marktforschungsdienstleistungen für die Wirtschaft leisten, die von allgemeinen Interesse sind (z.B. → Behavior Scan). M. führen besonders → Primärerhebungen durch, die der Mehrzweckverwendung dienen, da diese sehr fixkostenträchtig sind. Die bedeutendsten M. in Deutschland sind die → Gesellschaft für Konsum-, Markt- und Absatzforschung (GfK) und → Nielsen.

Marktforschungsplan, in einem M. wird die Vorgehensweise zur Lösung eines Entscheidungsproblems beschrieben. Er stellt somit die Grundlage sowohl für die praktische Durchführung eines Marktforschungsprojektes als auch für die Planung des → Marktforschungsbudgets dar. Zu Beginn steht die Formulierung des Entscheidungsproblems, die Darstellung der bereits erhaltenen Informationen zu der Fragestellung und eine kurze Zusammenfassung des Forschungsproblems. Im Weiteren beinhaltet der M. Angaben darüber, wie vorgegangen wird, um das Forschungsproblem zu lösen. Dabei wird festgelegt, welche Methoden zur Erhebung und Analyse des benötigten Datenmaterials angewendet werden sollen. Schließlich wird noch festgelegt in welchem Umfang und über welchen Zeitraum die → Datenerhebung stattfinden soll. Aus den im M. aufgeführten Informationen lässt sich nun abschätzen, welcher Betrag an Finanzmitteln (→ Marktforschungsbudget) für das Forschungsprojekt zur Verfügung gestellt werden muss. → Forschungsbericht, → Forschungsprozessablauf.

Marktforschungsprozess, → Forschungsprozessablauf.

Marktkanal, → Absatzkanal, → Distributionskanal, → Vertriebskanal.

Marktkapazität, maximale Aufnahmefähigkeit eines Marktes ohne Berücksichtigung der finanziellen Restriktionen der Nachfrager. Die M. lässt sich bestimmen, indem das Absatz- bzw. Umsatzpotenzial unter der Prämisse ermittelt wird, dass die Nachfrager so viel kaufen, wie es ihren Bedürfnissen entspricht.

Marktkultur, der Begriff M. wird auch mit Wirtschaftskultur gleichgesetzt. Es handelt sich um Glaubenshaltungen, Symbole und Werte, die die Art und Weise bestimmen, in der die Marktakteure innerhalb des Rahmens wirtschaftlicher Institutionen handeln. Die M. beinhaltet wirtschaftliches Wissen, die emotionale Bindung der Marktakteure an das Wirtschaftssystem und die Bewertung der Vorgänge und Resultate dieses Systems sowie die Art und Intensität des wirtschaftlichen Handelns selbst. Die M. bezieht sich somit auch auf den soziokulturellen Kontext, in dem wirtschaftliche Tätigkeiten und Einrichtungen existieren. Im Rahmen der internationalen Marketingforschung können Märkte nach ihren unterschiedlichen M. klassifiziert werden, um hierfür spezifische Formen der Marktbearbeitungsstrategien abzuleiten.

Marktlebenszyklusmodell, zeitbezogenes Marktreaktionsmodell, dass die Ergebnisentwicklung eines Marktes in Abhängigkeit vom Zeitablauf betrachtet, wobei idealtypisch eine Normalverteilung unterstellt wird. Die Phasen Entwicklung, Einführung, Wachstum bzw. Reife, Sättigung, Verfall bzw. Absterben oder Wiederanstieg gehen gleitend ineinander über, sind jedoch typischerweise durch bestimmte Konstellationen gekennzeichnet. Im Phasenablauf gibt es keine Allgemeingültigkeit, vielmehr handelt es sich um eine idealtypische Sichtweise, die modellhaft einen denkbaren Verlauf darstellt und analysiert.

Marktneuheit. In Zeiten gesättigter Märkte und erheblichen Wettbewerbs besteht eine zentrale Herausforderung für die Unternehmen darin, neue und zugleich erfolgreiche Güter zu schaffen. Eine Möglichkeit hierzu ist das Vermarkten einer M. Diese stellt prinzipiell eine neue Problemlösung dar, die geeignet ist, eine Aufgabe auf eine völlig andere Weise zu bewältigen oder ein Bedürfnis zu befriedigen, für das es bislang noch kein Lösungskonzept gab.

Marktorientiertes Kostenmanagement, → Kostenmanagement.

Marktorientiertes Umweltmanagement, betriebliches Führungskonzept, das sich durch die Verpflichtung auszeichnet, Belastungen für Mensch und natürliche Umwelt in allen Unternehmensbereichen und bei allen Aktivitäten der Unternehmung konsequent zu verringern bzw. zu vermeiden, ohne vorhandene Wettbewerbsvorteile einzubüßen und auf Marktchancen verzichten zu müssen.

I. Begriff: M.U. beinhaltet eine konsequente Umsetzung des Umweltschutzes bei der Planung, Organisation, Durchführung und Kontrolle sämtlicher Aktivitäten eines Unternehmens. Durch den Anspruch, den Umweltschutz in der Unternehmung aus der marktlichen Perspektive zu gestalten, unterscheidet sich das M.U. von Konzepten, die den Umweltschutz ausschließlich aus ethisch-moralischen Gründen fordern (→ Gesellschaftspolitische Verantwortung von Unternehmen). Darüber hinaus wird dem gesellschaftlichen Anspruch nach Umweltschutz in Abhängigkeit von der jeweiligen → ökologischen Betroffenheit des Unternehmens eine hohe Priorität eingeräumt. Als Teil nachhaltigen Wirtschaftens (→ Sustainable Development) umfasst M.U. die Prüfung aller Aktivitäten des Unternehmens hinsichtlich ihrer ökonomischen (ökonomische Effizienz), ökologischen (→ ökologische Effizienz) und gesellschaftspolitischen Konsequenzen (soziale Effektivität). Die ökonomische Effizienz drückt sich in der Fähigkeit einer Unternehmung aus, Wertschöpfungspotenziale durch Umweltschutz auszuschöpfen und in Wettbewerbsvorteile umzusetzen. Dagegen zielt ökologisch effizientes Handeln auf eine Minimierung von Ressourcenverbrauch, Emissionen und ökologischen Risikopotenzialen (Environmental Performance). Gesellschaftspolitische Unterstützung (Legitimität) wird durch eine Beachtung gesellschaftlicher Ansprüche relevanter Gruppen und Institutionen (→ ökologische Anspruchsgruppen) nach Umweltschutz erreicht. Es müssen die auf den Umweltschutz gerichteten Beziehungen der Unternehmung zu marktlichen Akteuren (z.B. Lieferanten, Kunden) und gesellschaftlichen Anspruchsgruppen (z.B. Politik, Medien) zielorientiert gestaltet werden. Umweltprobleme, Umweltkatastrophen (z.B. die globale Erderwärmung) und zunehmendes → Umweltbewusstsein in der Öffentlichkeit führen sowohl zu Marktchancen als auch zu Risiken für Unternehmen. So entstehen einerseits für ökologisch innovative Unternehmen Wettbewerbsvorteile und neue Märkte für umweltgerechte Güter (→ Umweltfreundliche Konsumgüter) und Leistungen (Ökologie-Pull: der Markt als Treiberfaktor) und andererseits üben Politik (z.B. → Umweltgesetze) und Öffentlichkeit (z.B. Medien) dann Druck aus, wenn der Markt versagt (Marktversagen), und erzwingen Umweltschutzaktivitäten im Unternehmen (Ökologie-Push: rechtliche und soziale Normen als Treiberfaktoren).

II. Merkmale: (1) Marktorientierte Unternehmensführung ist a) mehrdimensional (Verfolgung ökologischer, sozialer und ökonomischer Ziele), b) funktionsübergreifend (Umweltschutz als Querschnittsfunktion), c) unternehmensübergreifend (sektorale Umweltschutzkooperationen), d) marktübergreifend (Umweltschutz als gesellschaftlicher Anspruch), e) antizipativ (proaktiver Umweltschutz) und f) interdisziplinär (Schnittstellencharakter des Umweltschutzes). (2) Prinzipien sind: a) Verantwortungsprinzip: Übernahme → gesellschaftspolitischer Verantwortung, b) Kreislaufprinzip: → Circular Economy, c) Kooperationsprinzip: Kooperation der an den Wertschöpfungs- und Stoffkreisläufen beteiligten Akteure über alle Phasen eines Produktlebenszyklus – von der Rohstoffgewinnung bis zur Entsorgung – („Cradle-to-Grave"-Prinzip,), d) Marketingprinzip: Profilierung des Umweltschutzes als Kundennutzen (→ Ökologisches Marketing). (3) Handlungsbedingungen leiten sich aus dem Kollektivgutcharakter der Umwelt ab: Umweltschutzaktivitäten kommen oft nicht nur dem Unternehmen selbst und dessen Kunden zugute, sondern der Allgemeinheit insgesamt (→ Umweltdilemma, soziales Dilemma). Die Kosten für den Umweltschutz fallen dagegen nur beim Unternehmen und beim umweltbewussten Kunden an (→ Umweltfreundliches Konsumentenverhalten).

III. Ziele: Die Verfolgung ökologischer, ökonomischer und gesellschaftspolitischer Ziele durch das M.U. steht im Einklang mit dem Leitbild nachhaltigen Wirtschaftens (→ Sustainable Development). (1) Ökologische Zielbereiche: Ressourcenschutz, Emissionsbegrenzung, Abfallminderung, Risikobegrenzung, Einsatz umweltverträglicher Produktionsprozesse und -technologien, Herstellung umweltverträglicher Produkte (→ Umweltfreundliche Konsumgüter). (2) Ökonomische Zielbereiche: Kostenreduzierung durch Einsparungen an Material und Energie, Umweltqualität als Kundennutzen profilieren (z.B. → Öko-Marken, → Umweltzeichen). (3) Gesellschaftspolitische Zielbereiche: Einhaltung von Umweltschutzgesetzen, keine gesundheitlichen Gefährdungen von → ökologischen Anspruchsgruppen (z.B. Anwohner), Unterstützung von gesellschaftlichen Umweltprojekten, Schaffung von Transparenz. Umweltschutz und Wirtschaftlichkeit können sich sowohl gegenseitig fördern (komplementäre Zielbeziehung) als auch behindern (konkurrierende Zielbeziehung). Das Umweltschutzziel steht insbesondere mit längerfristigen, strategisch-ökonomischen Zielorientierungen in einem komplementären Zusammenhang (z.B. Sicherung der Unternehmensexistenz). Auch lassen sich durch Umweltschutz zum Teil erhebliche Kostensenkungspotenziale erschließen (vgl. Abb. „Zielkonflikte im Umweltmanagement").

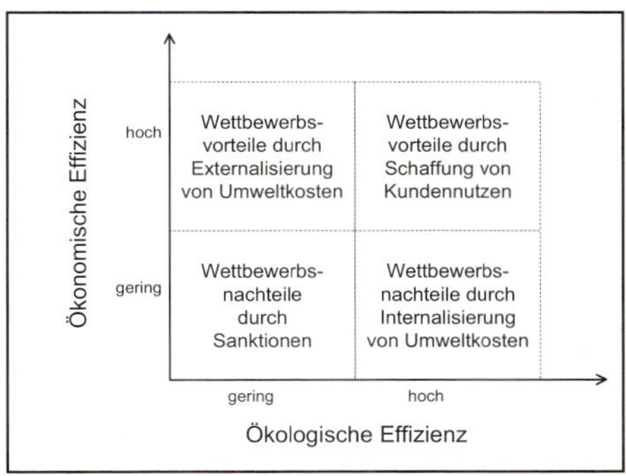

Zielkonflikte im Umweltmanagement

IV. Entwicklung und Abgrenzung des Begriffs: Die Betrachtung der Umwelt als Produktionsfaktor bildet den Ausgangspunkt der betrieblichen Umweltforschung. Produktionstechnische Analysen beschäftigen sich mit Recyclingkonzepten, Demontage- und Verwertungsmöglichkeiten (*vgl. auch* → Design for Environment (DFE) und → Design for Disassembly (DFD)). Darüber hinaus wird der Umweltschutz als ethischer und gesellschaftlicher Anspruch sowie als betriebliches Ziel innerhalb der Betriebswirtschaftslehre thematisiert. Umfassendere Konzepte betrieblichen Umweltmanagements stellen der systemtheoretische und entscheidungsorientierte Ansatz sowie Management-Konzeptionen, insbesondere das Managementkonzept der St.Galler Schule, dar.

V. Konzept: Eine Umweltmanagement-Konzeption umfasst nach dem St. Galler Management-Ansatz ein normatives, strategisches und operatives Umweltmanagement (vgl. Abb. „Das Umweltmanagement-Konzept").

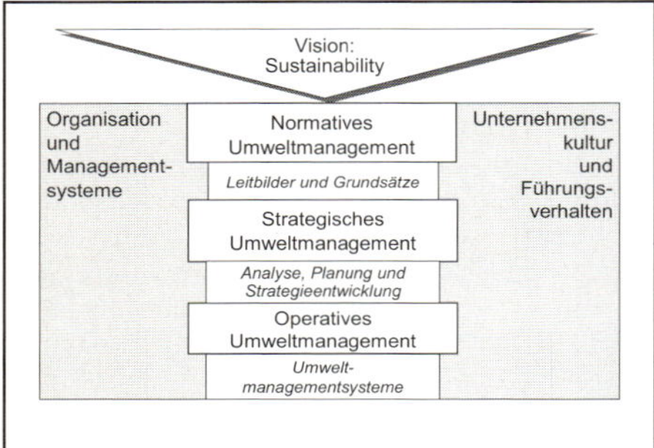

Das Umweltmanagement-Konzept (Quelle: Dyllick 1992, S. 307)

(1) Das normative Umweltmanage Umweltmanagement legt generelle Leitlinien und Oberziele zum Umweltschutz fest (→ Umweltschutzleitlinien, Umweltschutzphilosophie, → Gesellschaftspolitische Verantwortung von Unternehmen). (2) Strategisches Umweltmanagement: Umweltorientierte strategische Analyse und Planung sowie die Strategieentwicklung und -fixierung (→ Öko-Controlling, → Umweltschutzstrategien). (3) Operatives Umweltmanagement: Systeme, Instrumente, Methoden und Maßnahmen zur Umsetzung der Strategien und zur Erreichung der gesetzten Ziele sind Gegenstand des operativen Umweltmanagements. Zunehmend werden Umweltmanagementsysteme nach der EG-Öko-Audit-VO (→ EMAS) bzw. nach der → ISO 14001-Norm eingerichtet. Zur Unterstützung der Strategieimplementierung kann die Methode der → Sustainability Balanced Scorecard (SBSC) eingesetzt werden. Die Marktbearbeitung erfolgt mit Instrumenten des → ökologischen Marketing. (4) Aufbau- und Ablauforganisation: Der Gesetzgeber sieht dafür die → Umweltschutzbeauftragten vor. Weiter gehende Organisationskonzepte für den Umweltschutz sind im Rahmen von funktionalen Organisationen (z.B. Abteilung Umweltschutz), Stab-Linienfunktionen (Stabsstelle „Umweltschutz"), → Matrixorganisation (Umweltschutz als Querschnittsfunktion) und → Projektorganisation („Umweltteams") möglich. Ablauforganisatorische Regelungen beziehen sich auf die Steuerung konkreter Arbeitsabläufe und -prozesse mittels Arbeitsrichtlinien. Mitarbeiterbezogene Aus- und Weiterbildungsprogramme sowie umweltschutzorientierte Anreizsysteme ergänzen im Verhaltensbereich das Führungskonzept.

VI. Instrumente: M.U. erfordert den Einsatz strategischer → ökologieorientierter Planungsinstrumente. Diese umfassen einerseits die Analyse der unternehmensinternen Stärken und Schwächen im Umweltschutz (ökologieorientierte Schwachstellenanalyse) und andererseits die Identifikation von unternehmensexternen Chancen und Risiken (→ ökologisches Risikomanagement) im Umweltbereich. Methoden der ökologischen Schwachstellenanalyse: (1) → Methoden der Öko-Bilanzierung (z.B. → Stoff- und Energiebilanzen, → Öko-Bilanzen), (2) → Umwelt-Audit, (3) Öko-Wertekettenanalyse: Diagnoseinstrument zur ökologischen Schwachstellenanalyse sämtlicher Unternehmensfunktionen (z.B. Beschaffung) und -bereiche (z.B. Fuhrpark) sowie aller vor- und nachgelagerten Sektoren (z.B. Lieferanten) mit dem Ziel, durch kostenreduzierende bzw. ertragssteigernde Umweltschutzmaßnahmen vorhandene Wertschöpfungspotenziale besser auszuschöpfen. Die ökologieorientierte interne und externe Analyse wird als Öko-SWOT (Strengths, Weaknesses, Opportunities, Threats) bezeichnet.

Literatur: Dyllick, T. (1992): Ökologisch bewusste Unternehmensführung, in: Die Unternehmung, 46. Jg., Nr. 6, S. 291-309; Berlin; Winter, G. (Hrsg.) (1998): Das umweltbewusste Unternehmen, 6. Aufl., München.

Ingo Balderjahn

Marktorientierung, hat Einfluss auf die → marktorientierte Unternehmenskultur und die → marktorientierte Unternehmensführung.

I. Begriff: M. bezeichnet die unternehmensweite Gewinnung von Informationen über gegenwärtige und zukünftige Kundenbedürfnisse, die Verbreitung von Marktinformationen sowie die Reagibilität auf Marktinformationen. In bezug auf das Verständnis von Marktorientierung lassen sich zwei Perspektiven unterscheiden: (1) Kulturelle Perspektive: Betrachtung der Marktorientierung als Ausprägung der Unternehmenskultur. (2) Verhaltensbezogene Perspektive: Marktorientierung wird als Gesamtheit der marktorientierten Verhaltensweisen verstanden.

II. Messung: Es können im wesentlichen drei Gruppen von Ansätzen zur Messung der M. unterschieden werden: (1) Ansätze, denen die Konzeptualisierung von Narver/Slater (1990) zugrunde liegt: Konzeptualisierung von drei Dimensionen der Marktorientierung, und zwar Kundenorientierung, Wettbewerbsorientierung und interfunktionale Kooperationen. (2) Ansätze, denen die Konzeptualisierung von Kohli/Jaworski (1990) zugrunde liegt: Entwicklung der sog. MARKOR-Skala (Market Orientation) auf der Basis des statistischen Verfahrens der Faktorenanalyse. Ermittlung von vier Faktoren: Marktorientierung, Gewinnung von Marktinformationen, Verbreitung von Marktinformationen und Reagibilität auf Marktinformationen. (3) Ansätze, welche die Ergebnisse der Ansätze (1) und (2) verknüpfen.

Literatur: Narver, J./Slater, S. (1990): The Effect of a Market Orientation on Business Profitability, Journal of Marketing, Vol. 54 (October), S. 20-35; Kohli, A./Jaworski, B. (1990): Market Orientation: The Construct, Research Propositions, and Managerial Implications, Journal of Marketing, Vol. 54 (April), S. 1-18.

Marktorientierung der Mitarbeiter, → Kundenorientierung.

Marktorientierung, Verhalten, → Kundenorientierung, → Verhalten, kundenorientiertes.

Marktplatz, globaler, Bezeichnung für das → Internet, um seine Funktion als ökonomischem Ort des Tausches zu charakterisieren, das von nationalen Grenzen unabhängig ist. In dieser → Virtuellen Realität können Anbieter und Nachfrager mit real vorhandenen Rohstoffen, Waren und Dienstleistungen handeln. *Vgl. auch* → Elektronische Märkte.

Marktpotenzial, → Absatzpotenzial, die in einem Zeitabschnitt unter optimalen Bedingungen maximal absetzbare Menge eines Produktes. Es kann sowohl mengen- als auch wertmäßig erfasst werden. *Vgl. auch* → Absatz.

Marktpräsenz. Dominantes Ziel der → Distributionspolitik ist eine hohe M. i.S. geeigneter räumlicher, sachlicher, zeitlicher, qualitativer und quantitativer Kontaktmöglichkeiten von Absatzgütern mit Abnehmern der Zielgruppe. M. kann sowohl physisch als auch kommunikativ bestehen und in den verschiedenen Marktstufen unterschiedlich stark ausgeprägt sein. Das Ausmaß der physischen M. kann durch → Distributionskennzahlen beschrieben werden. Zur quantitativen Erfassung der M. dienen insbesondere → Distributionsgrad und → Distributionsdichte. Die kommunikative bzw. psychografische M. wird durch den Bekanntheitsgrad von Produkten und Leistungen repräsentiert.

Marktreaktion, kennzeichnet die Wirkung einer intensitätsmäßigen Variation eines oder mehrerer Aktionsparameter des Marketing auf Zielgrößen, wie den Marktanteil, den Umsatz, den Absatz oder den Gewinn. Sie kann durch eine M.-Funktion grafisch oder mathematisch abgebildet werden. Die Berücksichtigung der M. ist eine unabdingbare Voraussetzung rationaler Marketingentscheidungen.

Marktreife, → Lebenszyklusmodell.

Marktsättigung, → Lebenszyklusmodell.

Marktschrumpfung, → Lebenszyklusmodell.

Marktsegmentierung als Datenreduktion, mit Hilfe der → Marktsegmentierung werden Märkte in Teilmengen (Gruppen) unterteilt. Dabei sollen die neu gebildeten Gruppen in sich möglichst homogen, untereinander aber möglichst heterogen sein. Der Grad der Homogenität kann sich dabei auf unterschiedliche Merkmale beziehen, z.B.

demographische Merkmale (Alter, Geschlecht), sozioökonomische Merkmale (Beruf, Einkommen), Besitzmerkmale (Besitz bestimmter Güter), Verhaltensmerkmale (Markenwahl, Kaufrate), psychographische Merkmale (Meinungen, Einstellungen) oder Lebensstilmerkmale (Ziele, Lebensphilosophie). Verfahren, die zur Marktsegmentierung angewandt werden sind z.B. die → Faktorenanalyse, die → Cluster-Analyse, die → Diskriminanzanalyse und die → multidimensionale Skalierung. Durch die Teilung der Gesamtmenge lassen sich einzelne Gruppen herausgreifen, die dann näher analysiert werden, was durch die Verringerung der Datenmenge erheblich vereinfacht wird. So lassen sich z.B. Zielgruppen für bestimmte Produkte oder Dienstleistungen bestimmen, für die dann individuelle Marketingstrategien entwickelt werden können.

Marktsegmentierung, bezeichnet gemeinhin zwei miteinander verbundene Aspekte. Zum einen wird Marktsegmentierung als ein Prozess der Marktaufteilung bzw. Markterfassung verstanden, zum anderen als Marketing- bzw. Marktbearbeitungsstrategie (Freter, 1983): Der erste Aspekt beschreibt den Vorgang der Aufteilung heterogener Gesamtmärkte in relativ homogene Teilmärkte bzw. Käufersegmente zum Zweck der Zielgruppenbildung. Die strategische Perspektive der Marktsegmentierung umfasst die Auswahl und Koordination jener langfristigen und zielbezogenen Entscheidungen und Instrumente, die für eine (Teil-)Marktbearbeitung notwendig sind; z.B. segmentspezifische Festlegung des Preises oder der Vertriebswege. Segmentierung stellt eine strategische Alternative zum Massenmarketing dar. Mit der Einteilung von Märkten in Kundensegmente werden Kosten- und Nutzenvorteile assoziiert. Auf der Kostenseite ermöglicht eine Marktsegmentierung die Konzentration der Marketingausgaben auf attraktive Kundensegmente; Kunden, die kein Interesse an den angebotenen Produkten aufweisen, werden nicht angesprochen. Auf der Nutzenseite ermöglicht Marktsegmentierung eine differenzierte Berücksichtigung der Kundenbedürfnisse im Sinne einer Annäherung an die Präferenzfunktionen der Nachfrager, die mit einer höheren Kundenzufriedenheit und höherer Kundenloyalität verbunden ist.

I. Ansätze der Segmentierung: In methodischer Hinsicht erfordert eine wirkungsvolle Segmentierung leistungsfähige (multivariate) statistische Verfahren (z.B. → Cluster-Analyse) und aussagekräftige Trennvariablen, anhand derer der Gesamtmarkt unterteilt werden kann. Auf Konsumgütermärkten werden typischerweise demographische, psychographische und kaufverhaltensbezogene Kriterien isoliert oder in Kombination herangezogen; im letzten Fall spricht man von „hybrider Segmentierung“. Eine demographische Segmentierung ist vergleichsweise einfach vorzunehmen, jedoch häufig ungeeignet, um Präferenzunterschiede zu erfassen. Die psychographische Segmentierung hingegen lässt Rückschlüsse auf Produktpräferenzen zu, ist marketingrelevanten Variablen jedoch häufig nur schwierig zuzuordnen (Gunter/Furnham, 1992). Eine vergleichsweise leistungsfähige Form der psychographischen Segmentierung ist die sog. Nutzensegmentierung (→ Benefit-Segmentierung; Frank/Massy/Wind, 1972), die unter Einsatz der → Conjoint-Analyse recht verhaltensnah und messbar ist. Bei der verhaltensbezogenen Segmentierung beruht die Aufteilung von Kunden in Gruppen auf beobachtbarem Verhalten, wie z.B. der Mediennutzung und der Geschäfts- oder Produktwahl.

II. Segmentierungsstrategien: Teil der Segmentierungsstrategie sind grundsätzliche Entscheidungen über die Art der Segmente (z.B. Käufer oder Händler), Zahl und Potenzial der Segmente sowie die Kosten der Segmentbearbeitung. Die Bearbeitung einzelner Segmente unter Berücksichtigung von Marketingzielen und der Konkurrenzsituation ist Aufgabe des Segmentmanagement. Segmentierungsstrategien lassen sich grob hinsichtlich ihres Differenzierungsgrades (Massen- vs. Nischenmarketing) und des eingesetzten Marketinginstrumentariums sowie Grad der Marktbearbeitung differenzieren (Gesamt- vs. segmentspezifische Teilmarktbearbeitung).

Literatur: Frank, R.E./Massy, W.F./Wind, Y. (1972): Market Segmentation, Englewood Cliffs; Freter, H. (1983): Marktsegmentierung, Stuttgart; Gunter, B./Furnham, A. (1992): Consumer Profiles. An Introduction to Psychographics, London.

Marktsegmentierung, integrale, Versuch der Identifikation von Konsumenten mit ähnlichen Bedürfnissen und Konsumstrukturen über Staatsgrenzen hinweg. Ergebnis einer integralen Marktsegmentierung können → Cross-Cultural Target Groups sein. Grundsätzlich kann eine integrale Marktsegmentierung auf Basis klassischer Segmentierungskriterien (z.B. Beruf, Alter, Einkommen) oder Nutzenerwartungen erfolgen. Typischerweise werden jedoch auch für die integrale Marktsegmentierung Lifestyle-Typologien herangezogen. Das wohl bekannteste Beispiel einer supranationalen Verbrauchertypologie ist → Euro-Styles.

Marktsegmentierung, internationale, Identifikation und Auswahl von Zielgruppen innerhalb der anvisierten Länder. Die grundsätzliche Problemstellung entspricht damit einer nationalen Marktsegmentierung. Ebenso unterscheidet sich auch die Methodik nicht von der nationalen Vorgehensweise. Folgende Schritte sind notwendig: Auswahl der relevanten Segmentierungsmerkmale, Feststellung der Merkmalsausprägungen in der Stichprobe des jeweiligen Landes, Gruppenbildung z.B. mit Hilfe der Cluster-Analyse.

Marktstagnation, → Lebenszyklusmodell.

Marktstandard, dominantes Design oder technische Spezifikation, deren Gebrauch sich unternehmensübergreifend am Markt durchgesetzt hat. M. stellen gewissermaßen eine Weiterentwicklung von Typen dar, die am Markt eine große Akzeptanz und Verbreitung gefunden haben. Im Gegensatz zu technischen → Normen werden M. nicht von Institution vorgegeben. Das Betriebssystem DOS und das VHS-System stellen Praxisbeispiele für M. im PC-Bereich bzw. im Videomarkt dar.

Marktstimulierungsstrategie, neben der Marktfeld-, der Marktparzellierungs- sowie der → Marktarealstrategie eine der vier grundlegenden Ebenen von Strategien. M. legen die Art und Weise der Bearbeitung des Absatzmarktes fest. Die M. lässt sich in Präferenz- und Preis-Mengen-Strategien untergliedern. Die Präferenz-Strategie bedeutet, dass der Anbieter den Erwartungen und Vorstellungen der tatsächlichen und potenziellen Abnehmern entgegenkommt. Da in vielen Märkten die Sättigung der Grundbedürfnisse erreicht ist, suchen Unternehmen konsequent nach der Befriedigung von Zusatzbedürfnissen, um dieses Ziel zu verwirklichen. Die Preis-Mengen-Strategie ist auf einen aggressiven Preiswettbewerb ausgerichtet und zwar unter Verzicht auf sonstige präferenzpolitische Maßnahmen. Das akquisitorische Potenzial von Unternehmen, die gemäß dieser Strategie agieren, beruht im Kern auf einem Angebotspreis, der besonders niedrig ist. Zur Verwirklichung einer solchen Strategie muss das Unternehmen die Kostenführerschaft anstreben.

Marktversagen, → Marktorientiertes Umweltmanagement, → Umweltfreundliches Konsumentenverhalten.

Marktvolumen, Gesamtheit des in einer Periode von allen Anbietern realisierten Absatz- bzw. Umsatzvolumens auf einem abgegrenzten Markt. Es bildet die Bezugsbasis für die Bestimmung des → Marktanteils.

Maslow-Bedürfnispyramide, → Bedürfnispyramide.

Mass Customization. Das kundenindividuelle Marketing im Sinne einer kundenindividuellen Massenproduktion stellt die Verbindung zweier grundsätzlich verschiedener Konzepte dar. Der Ansatz ermöglicht eine kundenspezifische Problemlösung ohne dabei auf die Kostenvorteile einer prozessorientierten Massenfertigung zu verzichten. Die Idee des M.C. beruht darauf, dass ein Nachfrager ein individuell zugeschnittenes → Produkt auf der Grundlage eines Basisproduktes erhält. Dabei erfolgt die Individualisierung durch den Komponentenaustausch und/oder durch Zusatzleistungen. Erst der Fortschritt in der Fertigungstechnologie gestattet die Verzahnung der beiden Konzepte. Die wichtigsten Voraussetzungen für die Durchführung des M.C. sind eine kundenindividuelle Informationsbasis, ein funktionierendes Beziehungsmarketing sowie die Beherrschung flexibler Fertigungstechnologien. Es kann zwischen vier unterschiedlichen Umsetzungsmöglichkeiten differenziert werden: (1) Self Customization: hier erfolgt die Produktindividualisierung durch den Kunden selbst (z.B. Standardsoftware, die der Benutzer für seine Bedürfnisse anpasst). (2) Point of Delivery Customization:

die Anpassung an die individuellen Wünsche und Erfordernisse geschieht beim vorgefertigten Produkt am Verkaufsort (z.B. Anpassung des Skischuhs an die Fußform des Kunden im Sportgeschäft). (3) Modularization: die Produkte werden modular auf Basis eines Baukastensystems auf die Bedürfnisse ausgerichtet (z.B. die individuelle Zusammenstellung eines PC aus vorhandenen Modulen). (4) Time based Management: hier erfolgt die kundenindividuelle Produktion mit massenhafter Vorfertigung unter Nutzung von Zeitvorteilen (z.B. die maßgeschneiderte Damenjeans).

Massenkommunikation, → Kommunikation.

Massenpsychologie, beschäftigt sich im Marketing mit den psychologischen Auswirkungen der → Massenkommunikation.

Massensendung. Bei der Einhaltung vorgeschriebener Mindestmengen von Werbebriefen bezogen auf die Postleitzahl (bzw. Teilen davon) gewährt die Deutsche Post Portoermäßigung. Voraussetzung ist Inhaltsgleichheit der Werbebrieftexte (*vgl. auch* → Mailing).

Maßnahmeninterdependenz, Bezeichnung für besondere gegenseitige Abhängigkeiten von Marketingmaßnahmen, z.B. Preis- und Produktpolitik.

Maßnahmenplanung, → operatives Marketing, Marketingmix.

Match-Code-Verfahren. Unter einem M.-C.-V. versteht man die Verschlüsselung gewisser Adresselemente, mit dem Ziel, ähnliche oder gleiche Adresselemente trotz variierender Originalschreibweisen zu analysieren und zu kennzeichnen. Das M.-C.-V. wird für Adresspflegezwecke (→ Adressenabgleich), aber auch für den Abgleich verschiedener Adressdateien zur Ermittlung und ggf. Eliminierung von identischen Adressen (→ Dubletten) eingesetzt. Alle für einen Abgleich benötigten Adressen erhalten beim M.-C.-V. einen zugewiesenen identischen Merkmalsschlüssel. Beispielsweise kann ein Matchcode aus den ersten Stellen (Buchstaben) des Vornamens, des Familiennamens, der Postleitzahl, des Ortes, der Straße und ggf. der Hausnummer gebildet werden. Je nach Zielsetzung des Adressenabgleichs können die zu vergleichenden Stellen erweitert oder eingeschränkt werden. Aufgrund der Anfälligkeit von Detailabweichungen, z.B. bei abweichenden Anfangsinitialien, ist der ausschließliche Abgleich über M.-C.-V. in der Praxis nur wenig geeignet. Abhilfe schaffen phonetisch-mathematische Verfahren, die den ähnlichen Klang von Namen und Begriffen beachten und eine fehlertolerantere Bewertung von Adresselementen ermöglichen.

Matching-Strategien, mit der Verfolgung einer M.-S. zielt ein Unternehmen auf die Nutzung einer sich bietenden Chance durch die gezielte Nutzung unternehmerischer Stärken ab. Im Gegensatz hierzu setzen Umwandlungs-/Neutralisationsstrategien an Schwächen bzw. Risiken an, mit deren Hilfe dem Vorsatz Schwächen in Stärken umzuwandeln oder zu neutralisieren Rechnung getragen wird.

Materialwirtschaft, Gegenstand des → physischen Beschaffungsmarketing. M. umfasst sämtliche Vorgänge innerhalb eines Unternehmens mit dem Ziel, das → materialwirtschaftliche Optimum herzustellen. Dazu gehören neben der Materialbedarfsplanung und -disposition auch die Materialbestands- und Bereitstellungsplanung. Vor dem Hintergrund ökologisch orientierter Verbraucheranforderungen und einschlägiger gesetzlicher Regelungen werden zukünftig insbesondere die Aufgaben im Rahmen der Materialentsorgung und des Recycling sowohl quantitativ als auch qualitativ erheblich an Bedeutung gewinnen.

Materialwirtschaftliches Optimum, operatives Zielkriterium für das → Beschaffungsmarketing. Hinter dem M.O. steht die Sicherstellung der Versorgung des Unternehmens mit den richtigen Mengen und Qualitäten, zum richtigen Zeitpunkt, am richtigen Verbrauchs- oder Lagerungsort und zu den „richtigen“ (niedrigsten) Kosten. Häufig wird in diesem Zusammenhang auch von den sog. „fünf R“ der Beschaffung gesprochen.

Matrixorganisation, bezeichnet einen mehrdimensionalen Spezialisierungsansatz, bei denen eine Teileinheit zwei übergeordneten Instanzen direkt unterstellt ist. Es wird hier bewusst versucht, auf Instanzenebene einen Abstimmungsbedarf zu erzeu-

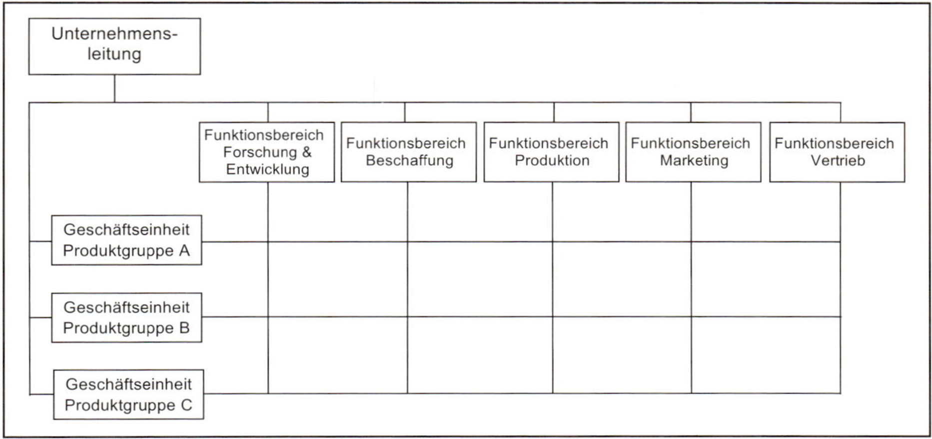

Beispiel für eine Matrixoranisation

gen. Ziel ist eine bestmögliche Entscheidungsqualität, bei der die Interessen verschiedener Instanzen angemessen berücksichtigt werden können. Diese Verbesserung der Entscheidungsqualität ist ein zentraler Vorteil der M. Eng verbunden damit ist eine mögliche Optimierung der Nutzung der Ressourcen des Unternehmens und eine Leistungssteigerung durch die Optimierung des Gesamtsystems und durch die damit verbundene Ausschaltung von Stab-Linien-Konflikten. Darüber hinaus bietet sich die Chance zu produktiven Such-, Lern-, und Kommunikationsprozessen – insbesondere im Rahmen der Entwicklung neuer Produkte. Problematisch bei der M. ist, dass eine unzureichende Abstimmung der Instanzen (also der Manager) zu einem schädlichen Zielkonflikt auf der untergeordneten (durchführenden) Ebene führen kann („Diener zweier Herren"). Auch auf der Ebene der Instanzen besteht Konfliktpotenzial – dies liegt in den Überschneidungen der Weisungskompetenzen begründet. Problematisch sind weiterhin hohe Koordinationskosten und die Gefahr der Bürokratisierung, was zu einer Verzögerung wichtiger Entscheidungen führen kann. Aufgrund der aufgezeigten Nachteile der M. und schlechter Erfahrungen mit der M. in der Unternehmenspraxis verlieren M. in der Unternehmenspraxis an Bedeutung.

Mäzenatentum, bezeichnet eine spezifische Form der Förderung Dritter, insbesondere solcher aus dem Bereich der Kunst. Beim M. erfolgt die Unterstützung vorrangig auf der Basis idealistischer und altruistischer Motive des Förderers. Es wird weder vom Geförderten eine Gegenleistung erwartet, wie das z.B. beim → Sponsoring der Fall ist, noch wird die Öffentlichkeit über die Förderung informiert.

MBNQA, Abk. für → Malcolm Baldrige National Quality Award.

MbO, Abk. für → Management by Objectives.

M-Commerce, *Mobile Commerce*, Teilbereich des → Electronic Business, in dem die Anbahnung und Abwicklung von Geschäftsprozessen mittels elektronischer Netze und mobiler Zugangsgeräte erfolgt. Im Vergleich zum stationären Electronic Business sind insbesondere die Vorteile der orts- und zeitunabhängigen Erreichbarkeit, der Lokalisierung sowie der Identifikation der Mobilfunkteilnehmer zu nennen. Dadurch eröffnen sich zahlreiche Möglichkeiten der Individualisierung von Informationsangeboten.

Means-End-Theorie, zielt darauf ab, eine ausgewählte Antriebskraft, wie Werthaltung und Lebensziel, mit den für die → Produktgestaltung bedeutsamen physikalischen, chemischen und technischen (objektiven) Eigenschaften (→ Produkteigenschaften) zu verzahnen. Dahinter steht die Idee, dass ein Individuum im Rahmen der Verarbeitung von Informationen eine Vorstellung über die Tauglichkeit des betrachteten Gutes (Mittel bzw. Mean) zur Erfüllung eines bestimmten Wunsches (Ziel bzw. End) entwickelt. Die Grundstruktur der M.-E.-T. besteht aus den drei Elementen Eigenschaften, → Nutzenkomponenten und Werthaltungen. (1) Eine Eigenschaft gilt als konkret, sofern ihre Ausprägungen die physikalische, chemische bzw. technische Beschaffenheit eines Erzeugnisses (Nike Sportschuhe) beschreiben (etwa mit Fersenstütze). Sie lässt sich i.Allg. direkt beobachten oder objektiv messen und weist häufig eine endliche Zahl diskreter Zustände auf. Während ein solches Merkmal häufig nur eine Facette einer Erscheinung zu spezifizieren vermag, ermöglicht eine abstrakte Eigenschaft eine umfassende Beschreibung eines Gutes (liegt gut am Fuß). Dabei hängt ihre Ausprägung bei einem Produkt weniger von objektiven Gegebenheiten, sondern vielmehr vom Empfinden des Individuums ab. (2) Ein Erzeugnis stiftet einen funktionalen → Grundnutzen, der sich aus seinen physikalischen, chemischen und technischen Eigenschaften ergibt. Er verkörpert die Qualität (Zwecktauglichkeit) eines Gutes und schließt die aus der eigentlichen Produktverwendung resultierenden Konsequenzen ein („Ich laufe schneller"). Dagegen umschließt der soziale bzw. psychische → Zusatznutzen alle für die Funktionsfähigkeit des Erzeugnisses nicht zwingend erforderlichen Extras. Hierzu gehören solche Produktmerkmale, die etwa die ästhetische Erscheinung des Gutes oder die soziale Akzeptanz des Nachfragers steigern („Ich bin entspannt nach dem Laufen"). (3) Werthaltungen sind im Zeitverlauf konstante Maßstäbe für die Generierung von Lebenszielen und deren Umsetzung in alltägliches Handeln. Insofern bildet eine Werthaltung eine explizite oder implizite, für ein Individuum charakteristische Konzeption des Wünschenswerten, die die Auswahl unter verfügbaren Handlungsarten, -mitteln und -zielen beeinflusst. Zu den terminalen Werthaltungen, die wünschenswerte Lebensziele verkörpern, gehören etwa die innere Harmonie, das Heil der Seele und die reife Liebe, eine friedliche Welt, die nationale Sicherheit und eine Welt voll Schönheit. Die instrumentalen Lebensziele, die wünschenswerte Verhaltensformen repräsentieren, umfassen z.B. Toleranz, Hilfsbereitschaft, Verantwortung, Logik, Intellekt und Phantasie. Im betrachteten Beispiel lässt sich die körperliche Fitness als instrumentale und die Selbstachtung als terminale Werthaltung kennzeichnen. Mittels der spezifizierten Means-End-Elemente lässt sich eine Kette konstruieren, die einen Ausschnitt aus der Wissensstruktur eines Individuums verkörpert. Hiernach führt die Absicht einer Person, ein → Produkt zu kaufen (Nike Sportschuhe), in einem ersten Schritt zu einer Aktivierung der mit ihm verknüpften konkreten (mit Fersenstütze) und abstrakten (liegt gut am Fuß) Merkmale. In einem zweiten Schritt breitet sich dieser Impuls auf die funktionalen und sozialen Nutzenkomponenten aus, bevor er in einem dritten Schritt die instrumentalen und terminalen Werthaltungen erreicht.

Mediaagentur, → Werbeagentur.

Media-Analyse, → Kennzahlen der Mediaplanung → Mediaplanung.

Mediadirector, *Medialeiter*; → Werbeberufe (12).

Mediakostenplan, enthält getrennt nach → Werbeträgern die Bruttokosten, die Einschaltfrequenzen, die Rabatte und die Nettokosten. Die dem Kostenplan zu entnehmenden Streukosten und die Gestaltungs- und Produktionskosten machen letztlich das → Werbebudget für ein bestimmtes → Produkt während eines gewissen Werbezeitraumes aus. *Vgl. auch* → Streuplan, → Werbekonzeption.

Medialeiter, *Mediadirector*; → Werbeberufe (12).

Mediamix, Ergebnis der → Mediaselektion.

Median, *Zentralwert*. Der M. gehört zusammen mit dem arithmetischen Mittel (→ Mittel, arithmetisches) und dem → Modus zu den → Mittelwerten. Sie bilden die → Lageparameter bei → Häufigkeitsverteilungen, mit deren Hilfe das charakteristische Aussehen einer Häufigkeitsverteilung von Merkmalsausprägungen beschrieben werden kann. Der M. bildet genau das mittlere Element der Stichprobe, d.h. 50% der Werte sind größer als der M. und 50% der Werte sind kleiner als der M. Sind die vorliegenden → Daten in Klassen eingeteilt, dann entspricht der M. der Klasse, bei der die kumulierten Häufigkeit den Wert 0,5 übersteigt. Als Zeichen für den M. wird Z verwendet.

Die Berechnung des M. bei metrischen Daten ergibt nur einen Sinn, wenn sich in der → Stichprobe eine große Anzahl von Ausreißern (Werte, die stark vom → Mittelwert abweichen) befindet. Ansonsten empfiehlt es sich, bei metrischen Daten das arithmetische Mittel zu verwenden.

Media Overspill, Hineinwirken werblicher Maßnahmen in benachbarte Länder. Ein Media Overspill kann bewusst herbeigeführt worden sein oder auch technisch bedingt sein. Durch einen Media Overspill wird eine werbliche Wirkung auch in angrenzenden Ländern erreicht, sodass bei entsprechender Verfügbarkeit der Produkte Absatzsteigerungen erzielt werden können. Bei bewusst herbeigeführtem Media Overspill sind die zusätzlich im Ausland geschaffenen Kontakte zu berücksichtigen mit der Folge, dass u.a. der Tausenderkontaktpreis sinkt.

Mediaplanung, *Medienplanung/Mediaselektion*; I. Begriff: Mit Hilfe der M. wird entschieden, welche → Medien wann und wie oft für → Werbung eingesetzt werden sollen. Für diese Entscheidung braucht der Medienplaner einerseits Entscheidungskriterien und andererseits Daten, die ihm sagen, wie die verschiedenen Medien seine Kriterien erfüllen. Die Übersicht „Wichtige Mediengattungen im Vergleich" enthält beispielhaft Kriterien und deren Ausprägungen für unterschiedliche Mediengattungen. Ergebnis der M. ist die → Mediastrategie.

II. Kennzahlen: Um die Medien miteinander vergleichbar zu machen, lassen sich verschiedene Kennzahlen berechnen (*vgl. auch* die Übersicht „Wichtige Mediengattungen im Vergleich"). Hierzu zählen der Tausender-Leser-Preis (TLP) bzw. Tausender-Hörer-Preis (THP), der Tausender-Auflagen-Preis (TAP) und der Tausender-Zielpersonen-Preis (TZP). Um z.B. den Tausender-Leser-Preis zu berechnen, werden zunächst in einer → Leseranalyse die Leser pro Ausgabe (LpA) bestimmt, indem durch Befragung die Leser pro Nummer (LpN) bzw. pro Exemplar (LpE) festgestellt werden und daraus die Leser pro Ausgabe (LpA) berechnet wird. Nimmt man den Bruttoinsertionspreis eines Werbeträgers i (Pi) hinzu (bei Rundfunk- und Fernsehen=Einschaltpreise), dann ergibt sich der TLP=(Pi/LpA)·1.000. Entsprechend errechnet sich der Tausender-Auflagen-Preis (TAP) als TAP=(Pi/A)·1.000, wobei A die Verkaufsauflage ist. Schließlich lässt sich der Tausender-Zielpersonen-Preis (TZP) bestimmen als TZP=(Pi/Z)·1.000, wobei Z die Anzahl der Zielpersonen ist, die ein Medium hat. Hat man z.B. die Männer über 14 als Zielgruppe, weil man einen Rasierapparat bewerben möchte, und sind folgende Daten für drei Zeitschriften A, B und C gegeben, dann ergeben sich folgende Tausender-Preise:

	B	A	C
Verkaufte Auflagen	2.647.308	843.156	799.127
Leser	9.350.000	4.240.000	3.000.000
Zielpersonen	4.490.000	1.640.000	260.000
Preis für 1/1-Seite	105.472	61.660	58.800

Für den TLP gilt:

A = 61.660/4.240.000·1.000=14,54 EUR

B = 105.472/9.350.000·1.000=11,28 EUR

C = 58.800/3.000.000·1.000=19,60 EUR

Für den TAP gilt:

A = 61.660/843.156·1.000=73,13 EUR

B = 105.472/2.637.308·1.000=39,84 EUR

C = 58.800/799.127·1.000=73,58 EUR

Für den TZP gilt:

A = 61.660/1.640.000·1.000=37,60 EUR

B = 105.472/4.490.000·1.000=23,50 EUR

C = 58.800/260.000·1.000=226,15 EUR.

Bisher wurde unterstellt, dass nur ein Medium betrachtet wird und auch nur eine Ausgabe. Jetzt sollen zunächst mehrere Medien betrachtet werden. In dieser Situation kann es vorkommen, dass einige Leser mehr als eine Zeitschrift lesen, in der die Werbung erscheinen soll. Daher ist es zweckmäßig, zwischen der → Brutto- und der → Nettoreichweite zu unterscheiden. Angenommen, wir haben zwei Medien A und B, diese erreichen folgende Leser 1 bis 10:

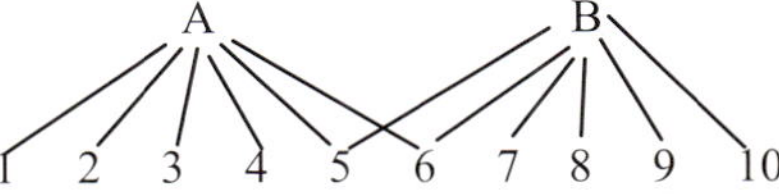

Offensichtlich erreicht jedes Medium sechs Personen, und daher ist die Bruttoreichweite 6+6 = 12. Da aber zwei Leser doppelt erreicht werden, ist die Nettoreichweite 6+6–2

= 10. Bisher wurde unterstellt, dass ein Leser alle Ausgaben einer Zeitschrift oder Zeitung liest. Tatsächlich lässt sich die Leserschaft in Gruppen mit unterschiedlicher → Lesewahrscheinlichkeit aufteilen:

L = Leserschaftsgruppen	Lesewahrscheinlichkeit
K = Kernleser	82,51 – 100,00
H = häufige Leser	58,51 – 82,50
G = gelegentliche Leser	41,51 – 58,50
S = seltene Leser	24,51 – 41,50
GS = ganz seltene Leser	00,51 – 24,50

Mit Hilfe der Lesewahrscheinlichkeit erhält man nun eine realistischere Reichweite R mit P_i Lesewahrscheinlichkeit des Lesers i bei N Lesern:

$$R = \frac{\sum_{i=1}^{N} P_i \cdot 100}{N}$$

Die von der Arbeitsgemeinschaft Mediaanalyse (AGMA) verwendete Formel zur Bestimmung der Reichweite beinhaltet darüber hinaus noch ein Personengewicht g_i mit dem man unterschiedliche Personen(-gruppen) innerhalb der Zielgruppe ihrer Bedeutung entsprechend gewichten kann. Danach ist

$$R = \frac{\sum_{i=1}^{N} g_i p_i}{N}$$

Neben diesen Maßzahlen spielen in der M. noch weitere Kriterien eine Rolle: Hat eine Zielperson Kontakt mit einem → Werbeträger, dann kann dieser Kontakt sehr unterschiedlich ausfallen. Daher wird der Kontakt in der M. durch verschiedene Eigenschaften beschrieben und gewichtet (Kontaktgewichtung), z.B. durch die → Kontaktqualität oder die → Kontakthäufigkeit. Während die Bruttokontakte die Anzahl der Begegnungen von Zielperson und Medium bezeichnet, beschreibt der Kontakt bzw. die → Reichweite die Zahl der Personen, die zu einem Medium Kontakt haben. Eine weitere Durchschnittsaussage liefert der Gross-Rating-Point, der Auskunft über den sog. Werbedruck gibt. Er lässt sich unterschiedlich berechnen:

$$(1)\quad GRP = \frac{\text{Bruttokontakte}}{\text{Zielpersonen}} \cdot 100$$

(2)

$$GRP = \frac{\text{Reichweite} \cdot \text{durchschn. Kontakte}}{\text{Zielpersonen}} \cdot 100$$

Angenommen, eine Zielgruppe beinhalte zehn Mio. Personen und ein Medium habe die Reichweite in dieser Zielgruppe von fünf Mio. (=50%), ferner erziele man im Durchschnitt vier Kontakte, dann ist der GRP=5 Mio. 4/10 Mio.=2, d.h., eine Person aus der Zielgruppe hat im Durchschnitt zwei Kontakte. Um die Kontakte einer Person zu einem Medium zu erfassen, wird für unterschiedliche Medien eine Medien-Kontakt-Einheit (MKE) definiert. Bei → Printmedien ist diese Einheit ein Exemplar einer → Zeitung bzw. Zeitschrift. Beim → Hörfunk ist es eine Stunde, beim → Fernsehen eine halbe Stunde, und beim Kino sind es sieben Tage. Diese Einheiten sind nicht unumstritten, haben sich aber als handhabbar und zweckdienlich herausgebildet. Eine weitere Kenngröße ist die → Affinität (→ Affinitätskonzept) Um die oben genannten Kennzahlen berechnen zu können, muss die → Auflage bekannt sein. Auf Grund der vom Verlag einer Druckschrift vorgenommenen Auflagenmeldung von Druckauflage, Abonnementauflage, Einzelverkaufsauflage usw. gemeldeten Auflagen errechnet der IVW die kontrollierte Auflage. Vierteljährlich erstellt der IVW die für die Mediaplanung wichtigen Verbreitungsanalysen der Tageszeitungen und der Fachzeitschriften

Literatur: Kotler, P./Bliemel, F. (2001): Marketing-Management: Analyse, Planung, Umsetzung und Steuerung, 10. Aufl., Stuttgart.

Mediaselektion. Im Rahmen der → Mediaplanung versucht die M., die für die Werbeziele geeignetsten → Medien auszuwählen. Hierzu dienen Kennzahlen wie die → Tausenderpreise, Kontaktzahlen und andere Kenngrößen der → Leser- und Mediaanalyse. Computerprogramme, die die M. unterstützen (Mediaselektionsprogramme), verwenden unterschiedliche Kenngrößen und Methoden bei der Bewertung und Auswahl von Medien. Dabei spielen Kosten ebenso eine Rolle wie Kontakt- und Mediengewichte, mit denen versucht wird, qualitativen Gegebenheiten in quantitativen Modellen Rechnung zu tragen. Das Ergebnis der M. ist ein Mediamix, in dem festgelegt ist, welche

Medien und Mediengruppen im Rahmen einer Kampagne wann und wie oft belegt werden.

Mediaselektionsprogramme, Computerprogramme zur Unterstützung der → Mediaselektion.

Mediastrategie, *Streuplan*, Ergebnis der Mediaplanung. Sie soll (1) die Zielgruppe personell und räumlich abdecken, (2) die nötige Kontaktfrequenz sicherstellen, (3) die Zielgruppe zur richtigen Zeit erreichen (4) wirtschaftlich sein und (5) möglichst wenig Personen erreichen, die nicht der Zielgruppe angehören (Streuverluste). Üblicherweise geschieht das in zwei Schritten, der Inter-Mediaselektion und der darauf folgenden Intra-Mediaselektion. Im Rahmen der Inter-Mediaselektion wird über einzelne Mediengruppen bzw. Gattungen entschieden, während im Rahmen der Intra-Mediaselektion einzelne Medien ausgewählt werden.

Medien, → Werbeträger.

Medienanalyse, Methode der Erfolgskontrolle von Maßnahmen der → Public Relations. Im Gegensatz zu → Clippings werden bei M. nicht nur die Anzahl von Pressebeiträgen, sondern ebenfalls deren Inhalte im Rahmen von Content-, Medienresonanz- oder Input-Output-Analysen erfasst. (1) Bei Content- und Medienresonanzanalysen werden im Prinzip nicht nur die Abdruckerfolge der Presseinformationen, sondern ebenfalls die Inhalte dieser Veröffentlichungen analysiert. Hierzu wird in zwei Schritten vorgegangen. Im ersten Schritt werden quantitative Daten ermittelt, d.h. in welchem Umfang, an welcher Stelle und mit welcher Häufigkeit die abgegebenen Pressemitteilungen in den Medien wiedergegeben worden sind. Im zweiten Schritt erfolgt die qualitative Inhaltsanalyse der Medienberichte, d.h. inwiefern die von Unternehmen bereitgestellten Presseinformationen von den Medien transformiert worden sind. Im Mittelpunkt steht die Frage, ob und inwieweit die vermittelten Informationen übernommen, umgeschrieben, ergänzt, in Frage gestellt oder kritisiert worden sind. Dadurch können Schwerpunkte der Medienberichterstattung ermittelt und bewertet werden. (2) Bei Input-Output-Analysen wird der vom Unternehmen in das Mediensystem hineingegebene „Input" dem daraufhin veröffentlichten „Output" der Journalisten gegenübergestellt. Hierzu werden die „Inputs" des Unternehmens nach ihren Einzelaussagen differenziert und an hand inhaltlicher und formaler Merkmale erfasst. Möglich ist auch die Erfassung stiltistischer und rhetorischer Merkmale. In gleicher Weise werden die „Outputs" der Journalisten registriert und bewertet. Aus der Gegenüberstellung der so ermittelten Größen kann vom Unternehmen die Effektivität einzelner PR-Maßnahmen ermittelt werden.

Medienarbeit, Erscheinungsform von → Public Relations. Die Medien- und Pressearbeit beinhaltet jene PR-Maßnahmen, die auf eine Zusammenarbeit des Unternehmens mit Journalisten und Redakteuren abheben. Hierzu zählen z.B. Pressekonferenzen, Pressemitteilungen, Berichte über Produkte und Dienstleistungen im redaktionellen Teil von Medien (Product Publicity), Erstellung von Unternehmensprospekten und Informationsmaterial für die Medien. Bei der Planung der Medienarbeit sind nicht nur die Informationsbedürfnisse der Medien, sondern in gleichem Maße der anvisierten PR-Zielgruppen, d.h. der Mediennutzer, zu berücksichtigen.

Medien, elektronische, → Medien, → Neue Medien.

Medienindustrie, Gesamtheit der Unternehmen, die als Träger kommunikationspolitischer Maßnahmen fungieren. Zu unterscheiden ist zwischen Insertionsmedien, wie Zeitungen, Publikums- und Fachzeitschriften sowie der Außenwerbung, und elektronischen Medien zu denen Fernsehen, Kino und Hörfunk zählen. Kennzeichnend für die M. ist die stetig steigende Zahl der Medien. Im Jahr 2001 konnten in Deutschland 163 öffentlich-rechtliche und private Fernsehsender bundesweit oder regional empfangen werden. Zum Gesamtangebot an TV-Sendern kommen darüber hinaus weitere Kabel- und Satelliten-Programme sowie privatrechtliche Aus- und Fortbildungs- sowie offene Kanäle (77) hinzu (405).

Medien-Kontakt-Einheit (MKE), → Printmedien, → Mediaplanung (2).

Medienplanung/Mediaselektion, → Mediaplanung.

Bewertungskriterien	Publikumszeitschriften	Tageszeitungen	Fernsehen	Hörfunk	Plakat
1. Wirkungskomponenten des Mediums	Unterhaltung Information Lebenshilfe Expertenstatus Leser-Blatt-Bindung Heftumfang Anzeigenumfang	Information Aktualität Unterhaltung Glaubwürdigkeit Leser-Blatt-Bindung	Realitätsnähe Aktualität Glaubwürdigkeit Information Unterhaltung	Aktualität Information Unterhaltung	Standortqualität
des Werbemittels	Format Farbe Bildantei	Format Farbe Platzierung: Textteil/ Anzeigenteil Anzeigenteil	Spotlänge, Farbe, Bewegung, Musik, Ton, Sprache, Geschwindigkeit, Kontrast zum Umfeld	Spotlänge, Musik, Ton, Sprache, Geschwindigkeit	Format, Farbe, Textmenge
Nutzung des Werbemittels Ort	Beliebig, vorwiegend zu Hause	Beliebig, vorwiegend zu Hause und am Arbeitsplatz	Beliebig, vorwiegend zu Hause	beliebig	Außer Haus
Zeitpunkt	Beliebig, vorwiegend abends	Beliebig, vorwiegend morgens	Innerhalb des Sendezeitraums	Innerhalb des Sendezeitraums	Vorwiegend während Helligkeit
Mögliche Nutzungsdauer	unbeschränkt	Während eines Tages	Eine Spotlänge	Eine Spotlänge	Bis 10 Tage
Nutzungschance	Von Produktbereich und Gestaltung abhängig	Von Produktbereich und Gestaltung abhängig	Unabhängig von Produktbereich und Gestaltung		Nur abhängig von der persönlichen Mobilität
Häufigkeit	wiederholbar	wiederholbar	einmal	einmal	wiederholbar
2. Kommunikationsfähigkeit					
Inhalte	Rationale und/oder emotionale Übermittlung von Sachverhalten und Argumentationen	Rationale Übermittlung von Sachverhalten und Argumentationen	Rationale und emotionale Handlungsabläufe, Demonstrationen, Argumentationen	Rationale und emotionale Handlungsabläufe, Argumentationen	Rationale und emotionale Produktdarstellung, Schlagworte
Lernerfolg	Langfristig und nachhaltig wirksam, Imageaufbau	Kurzfristig stimulierend und informierend	Kurzfristig aktualisierend und informierend, Imageaufbau	Kurzfristig aktualisierend und unterstützend	Kurzfristig aktualisierend und unterstützend

Wichtige Mediengattungen im Vergleich (Quelle: Kotler 2001, S. 953f.)

Bewertungskriterien	Publikumszeitschriften	Tageszeitungen	Fernsehen	Hörfunk	Plakat
3. Leistung und Kosten Nettoreichweiten Bevölkerung 14+	146 Titel 94% 10 Aktuell 46% 15 Programmz. 66% 44 Frauenz. 41% 12 Motorz. 35% 6 Wirtschaftsz. 7%	Liste reg Abozeitungen 68% 8 Kaufzeitungen 21%	ARD1: 8,4% pro ø 1/2 Std. ZDF: 9,0% pro ø 1/2 Std. RTL: 7,8% pro ø 1/2 Std. SAT1: 6,1% pro ø 1/2 Std. PRO7: 4,7% pro ø 1/2 Std. n-tv: 0,4% pro ø 1/2 Std. Seher pro Tag: 87,6%	Werbefunk gesamt 24,0% pro ø Std. Hörer pro Tag: 78, 9%	Großflächenquote 1:3 TEW 52,6% Ganzstellen Quote 1:10 TEW 57,5% CLP (Hauptanbieter am Ort) 47,6%
Nettoreichweite Ges.-Bev. nach 12 Einschaltungen	Je nach Zeitschrift bis 35%	Liste reg. Abozeitungen 82% Kaufzeitungen bis 32%	88,5% ø 1/2 Std. öffentl.-rechtl. und private MA-Sender	75,6% ø Std., Werbefunk gesamt	Großflächenquote 1:3 TEW 80,7% Ganzstellen Quote 1:10 TEW 49,0% CLP (Hauptanbieter am Ort) 56,3%
Kontakte pro Nutzer nach 12 Einschaltungen	Je nach Zeitschrift 9,7	Liste reg. Abozeitungen 10,8 Kaufzeitungen bis 7,0	4,9% ø 1/2 Std. öffentl.-rechtl. und private MA-Sender	4,2 ø Std., Werbefunk gesamt	Großflächenquote 1:3 TEW 163 Ganzstellen Quote 1:10 TEW 206 CLP (Hauptanbieter am Ort) 282
Durchschnittliche 1.000-Kontakt-Preise für Gesamtbevölkerung	1/1 Seite 4c 9,45 EUR üb. alle MA-Zeitschriften	1/4 Seite sw. Abozeitungen 9,72 EUR Kaufzeitungen 5,27 EUR	30 sec ø 1/2 Std. ARD: 3,85 EUR, ZDF: 2,43 EUR, RTL 4,12 EUR, SAT1: 4,14 EUR, PRO7: 5,06 EUR, n-tv: 3,24 EUR	30 sec ø Std. 2,02 EUR Werbefunk gesamt	Großflächenquote 1:3 TEW 2,71 EUR Ganzstellen Quote 1:10 TEW 1,20 EUR CLP (Hauptanbieter am Ort) 2,56 EUR
Produktionskosten	niedrig	niedrig	hoch	niedrig	hoch
4. Selektionsfähigkeit	Nach Zielgruppen	Regional (Orte, Regionen)	ARD, SAT1, RTL regional (Sendegebiete)	Regional (Sendegebiete) und nach Zielgruppen (durch Zeit- und Senderwahl)	Regional, lokal und einzeln
5. Verfügbarkeit Menge	Nicht beschränkt	Nicht beschränkt	20% der Sendestunde	Je nach Sender verschieden	Nicht beschränkt
Zeitpunkt	--	--	03:00-03:00 Uhr	--	--
Disposition	4-8 Wochen vor Erscheinen	2-3 Tage vor Erscheinen	Empfehlung bis Ende September des Folgejahres	Empfehlung bis Ende September des Folgejahres	4-6 Wochen vor Erscheinen

Wichtige Mediengattungen im Vergleich (Fortsetzung)

Medienresonanzanalyse, → Medienanalyse.

Mediensponsoring, beinhaltet die Koppelung des werblichen Auftritts eines Unternehmens/einer Marke als Sponsor mit einem redaktionellen Beitrag eines Mediums als Gesponserter, und zwar grundsätzlich im Sinne einer werblichen Alleinstellung. Die Leistung des Sponsors besteht in Geld, Sach- oder Dienstleistungen, während das gesponserte Medium als Gegenleistung eine Transportfunktion für das Werbemittel erbringt. Da i.d.R. keine kommunikativen Rechte transferiert werden, werden die Erscheinungsformen des M. auch als Sonderwerbeformen bezeichnet. Besonders häufig finden sich Sponsoringansätze im Fernsehen und im Hörfunk, insbesondere als Präsentationssponsoring (z.B.: Diese Sendung wird Ihnen präsentiert von der Marke XY) sowie im Internet, dem sog. Online-Sponsoring (z.B.: Besuchen Sie auch die Links unserer Sponsoren). Seltener werden Printmedien gesponsert (z.B. in einer Sonntagszeitung: Die Tabelle der ersten Fußballbundesliga präsentiert Ihnen die Marke XY).

Mehrfachkontakt. Da unter den herrschenden Kommunikationsbedingungen die → Kommunikationsbotschaften von Unternehmen in vielen Fällen nur flüchtig wahrgenommen werden, reicht ein einziger Kontakt zur Realisierung der Kommunikationsziele oftmals nicht aus. Aus diesem Grund können M. zwischen Kommunikationsmittel und Zielperson notwendig sein, um eine Erhöhung der Bekanntheit sowie auch eine Verbesserung der Bewertung einer beworbenen Marke bzw. eines Produktes bewirken zu können. *Vgl. auch* → Mediaplanung.

Mehrfaktorielle Varianzanalyse, → Varianzanalyse.

Mehrkanalsystem, bezeichnet die Wahl mehrerer Absatzwege im Rahmen der → Absatzwegewahl. Ziel ist dabei, die → Distributionsquote zu erhöhen. Beispielhafte Ausprägungen eines Mehrkanalsystems wären der parallele Vertrieb über das → Internet und über den → Einzelhandel oder aber der parallele Vertrieb über Einzel- und → Großhandel. Problematisch sind häufig Konflikte, die zwischen den verschiedenen Kanälen auftreten (→ Absatzkanalkonflikt).

Mehrmarkenstrategie. Bei dieser Strategie führt ein Unternehmen zwei oder mehrere → Marken parallel, die jeweils nicht auf ein spezielles Segment, sondern auf den Gesamtmarkt ausgerichtet sind (*Gegensatz:* → Einzelmarke). Beispielsweise offeriert Philip Morris die Zigarettenmarken Marlboro sowie Benson & Hedges, wohingegen Eckes die beiden Weinbrandmarken Chantré und Mariacron anbietet. Hieraus resultieren die folgenden Chancen: (1) Diese strategische Option führt zu Wettbewerb im eigenen Haus. Auf diese Weise lassen sich Motivation und Ehrgeiz der Markenmanager und ihrer Teams fördern. (2) Außerdem gelingt es, die nach Abwechslung strebenden Individuen durch eigene Marken zufrieden zu stellen, anstatt sie an die Wettbewerber zu verlieren. (3) Die M. kommt auch zur Sicherstellung von Regalfläche im Handel und zur Abschreckung von potenziellen neuen Konkurrenten in Betracht. Beispielsweise deckt Unilever mit Rama, Flora Soft, SB, Sanella, Bonella, Du darfst, Becel und Lätta das Spektrum von Margarineprodukten weitgehend ab. *Vgl. auch* → Monomarkenstrategie.

Mehrspeichermodell, → Drei-Speicher-Modell.

Mehrstufiges Handelssystem, im Gegensatz zu einem einstufigen → Handelssystem zeichnet sich ein M. H. dadurch aus, dass eine enge Verknüpfung zwischen Groß- und Einzelhandelsstufe besteht. Umfasst ein M. H. lediglich eine Systemzentrale und angeschlossene Geschäftsstätten (Filialen, kooperierende Einzelhändler) handelt es sich um ein zweistufiges Handelssystem. Im Einzelfall können allerdings auch mehrere, z.B. nach Regionen oder nach Geschäftsbereichen organisierte Zentralen bestehen, denen eine weitere, z.B. nationale oder internationale, Systemzentrale übergeordnet ist.

Mehrzweckerhebung, *Omnibus-Erhebung*. Eine M. dient der Informationsgewinnung zu zwei oder mehreren verschiedenen Themenbereichen. Der große Vorteil dieser Art der Erhebung liegt in der Kostengünstigkeit. Da es bei einer M. meist mehrere Auftraggeber gibt, verteilen sich die Fixkosten der Erhebung. Ein weiterer Vorteil besteht in der Möglichkeit, die Themenbereiche zu durchmischen, wodurch es den Probanden erschwert wird, die Zwecke der Erhebung zu durchschauen, um daraufhin die Antworten daran anzupassen. Außerdem kann durch die Abwechslung das Interesse und die Aufmerksamkeit der Probanden länger gewahrt bleiben. Es muss allerdings immer darauf geachtet werden, dass die Fragen zu einem Themenbereich nicht die Probanden bezüglich eines anderen Themenbereichs beeinflussen. Auch muss angemerkt werden, dass die Anzahl der Fragen, die zu einem Themenbereich gestellt werden, eingeschränkt ist, da die Aufmerksamkeit der Probanden mit zunehmender Fragenzahl deutlich sinkt.

Meilenstein, bezeichnet einen definierten Punkt (Ereignis), der zur Überprüfung des erfolgreichen Abschlusses einer Einzelaktivität im Rahmen eines Projektes herangezogen wird (→ Projektmanagement). M. werden meist bei größeren Projekten (z.B. bei Softwareentwicklungsprojekten) angewendet.

Meinungsführer, *Opinion-Leader*; stammt aus der sog. Zwei-Stufen-Fluss-Hypothese (Two-Step-Flow-Hypothese) der Massenkommunikation. Danach ist ein M. eine Person, die den Informationsfluss von den Massenmedien zu den Individuen einer Gruppe vermittelt. Der M. muss nicht notwendigerweise einen hohen sozialen Status genießen. Typischerweise ist seine Meinung in einem bestimmten Bereich aber von den Mitgliedern einer Gruppe akzeptiert und gefragt. Allerdings ist es nicht einfach, M. für Zwecke der → Werbung zu identifizieren und zu nutzen. Der Grund dafür ist, dass das Konzept des M. zwar gültig zu sein scheint, dass aber die Personen, die M. sind, je nach Informationsbereich, Massenmedien, Produktgruppen und anderen mehr variieren. Sie entfalten im Rahmen der persönlichen Kommunikation eine besondere Aktivität und übernehmen durch ihren größeren Einfluss oft Auslösefunktionen für die Meinungen und Entscheidungen anderer und haben damit auch im → Diffusionsprozess von neuen Produkten eine wichtige Funktion. M. können mithilfe der Methode der Soziometrie ermittelt werden.

Member get Member, (engl. für *Freundschafts-* bzw. *Empfehlungswerbung*). Ein erfolgreicher Weg zur Gewinnung von Interessentenadressen zur nachfolgenden Umwandlung zu Kunden (*vgl. auch* → Leads). Kunden, Abonnenten, Mitglieder werden dazu genutzt, als Mittler die Adressen von Verwandten, Freunden, Bekannten mitzuteilen, die an dem Angebot ebenfalls interessiert sein könnten. Im Rahmen des M.g.M. ist u.a. die Frage zu beantworten, ob der eigene Name als Empfehlender beim ersten schriftlichen Kontakt genutzt werden dürfe. Diesen Personenkreis zu nutzen, bietet sich vor allem deshalb an, da es sich i.d.R. um zufriedene Kunden handelt, die das Angebot und den Anbieter bereits gut kennen und aus ihrer Erfahrung heraus gute „Überzeugungsarbeit" leisten können. Die einfachste Form ist die anschließende Abfrage nach Adressen ohne jeden Anreiz. Die nächste Stufe ist die Teilnahme an einer Verlosung. Die „hohe Schule" der Freundschaftswerbung ist die Gewährung von Prämien, sobald der genannte Interessent zum Kunden wird. Das Angebot an Prämien richtet sich nach dem Profil der Kunden und sollte möglichst vielseitig sein, damit für jeden etwas dabei ist. Es sollte häufig entsprechend der Abforderungsmengen überprüft und angepasst werden. Die Höhe des Preises der Prämien richtet sich nach dem Angebot, für das geworben wird. Für ein Zeitungsabonnement werden dementsprechend erheblich niedrigpreisigere Prämien angeboten als bei einer Buchclub-Mitgliedschaft. Es existieren Ein- und Mehrfachprämien sowie Prämien mit und ohne Zuzahlung.

Mengenrabatt, → Rabatt für die Abnahme einer bestimmten Menge.

Menschenbild, → Konsumentenforschung.

Mental Accounting, → Verhaltenswissenschaftlicher Ansatz mit Bezügen zur ökonomischen Theorie (→ Theorien des Marketing), beruht auf der Wertfunktion der → Prospect Theorie (→ Deskriptive Entscheidungstheorie). Die separate vs. gemeinsame Bewertung zeitgleicher Zahlungen und die Bevorzugung einer zeitlich getrennten vs. gleichzeitigen Präsentation wird durch ein „Schmerzreduktionsprinzip" („Pain-Reduction-Principle") vorhergesagt. Menschen bevorzugen demnach separate Gewinne und aggregierte Verluste (Kreditkarteneffekt), weil diese Vorgehensweisen jeweils zu geringerem Schmerz (größerem Nutzen) führen.

Mental Maps, → Umweltpsychologie.

Mercado Común del Cono Sur, Vertrag über die Errichtung eines gemeinsamen Marktes im südlichen Lateinamerika. Angehörige Länder sind Argentinien, Brasilien und Uruguay.

Merchandising, vielfach unterschiedlich genutzter Begriff, der aus Herstellersicht i.Allg. die Gesamtheit aller verkaufsbezogenen Maßnahmen bezeichnet, zu denen vorrangig die → Warenpräsentation und die Dispositionsoptimierung zählen. Es handelt sich somit um Maßnahmen der indirekten konsumgerichteten Verkaufsförderung. Aus Handelssicht werden mit M. in einer weiten Abgrenzung alle warenbezogenen Marketingaktivitäten, in einer engen Abgrenzung jedoch lediglich diejenigen Maßnahmen, die zur Unterstützung der Darbietung eines Produktes am Regalplatz ergriffen werden, bezeichnet. Zu derartigen Maßnahmen zählen u.a. Degustationen und die Displaygestaltung (→ Display). Oftmals werden Maßnahmen, die die Warennachfüllung, -auszeichnung usw. betreffen, auf Mitarbeiter von Lieferanten, so genannte ‚Merchandiser', übertragen. Neben Handelsunternehmen setzen auch Unternehmen anderer Branchen (z.B. aus Freizeit- und Unterhaltungsindustrie) das Instrument des M. ein. Hier handelt es sich insbesondere um den Verkauf von so genannten Fan-Artikeln.

Mercosur, → Mercado Común del Cono Sur.

Mere-Exposure-Effekt, auf R.B. Zajonc zurückgehender Effekt (1968), der beschreibt, dass ein Gegenstand umso positiver bewertet wird, je häufiger er gezeigt wird (→ Lernen).

Merkmalstheorie, → Persönlichkeit.

Messe, internationale, zeitlich begrenzte, i. Allg. regelmäßig wiederkehrende Veranstaltung, auf der eine Vielzahl von Ausstellern aus mehreren Ländern das wesentliche Angebot eines oder mehrerer Wirtschaftszweige ausstellt und überwiegend nach Muster oder Großabnehmer vertreibt. Der Veranstalter kann dabei in beschränktem Umfang an einzelnen Tagen während bestimmter Öffnungszeiten Letztverbraucher zum Kauf zulassen. Die verschiedenen Arten von Messen können nach diversen Kriterien wie der Breite oder Tiefe des Angebotes (Universal-, Spezial-, Mehrbranchen-, Fach- oder Verbundmessen), den Angebotsschwerpunkten (Konsumgüter- oder Investitionsgütermessen), der Aussteller- und Besucherreichweite (weltweite, europaweite oder regionale Messe) sowie der Zugehörigkeit der Aussteller zu Branchen oder bestimmten Wirtschaftsstufen (Industrie-, Handwerks- oder Zuliefermesse) systematisiert werden. Eine innovative Entwicklung speziell im internationalen Kontext stellen sog. virtuelle Messen im Internet dar. Solche virtuelle Messen ermöglichen eine vergleichsweise kostengünstige weltweite Präsentation des eigenen Angebotes ohne räumliche Bindung an einen bestimmten Standort. Potenzielle Besucher können sich damit vor der realen Messe über das Angebot informieren; auch kleinere Unternehmen, denen der Besuch der realen Messe nicht möglich ist, können zumindest die virtuelle Messe besuchen und sich damit über aktuelle Entwicklungen informieren.

Messe. I. Geschichte: Die Ursprünge des heutigen Messewesens sind bis auf die Märkte der Antike zurückzuverfolgen. Allerdings bildete sich erst im 12. Jahrhundert mit dem Aufkommen des Städtewesens und der Entwicklung der Geldwirtschaft die M. als Institution heraus. Auf den jahreszeitlich wiederkehrenden und privilegierten Märkten, die zumeist zu Kirchenfesten abgehalten wurden, trafen sich Kaufleute, gewerbliche Verwender und Händler. Der Beginn des Industriezeitalters und die zunehmende Liberalisierung des Handels führten zum Wegfall der staatlichen Privilegien. Dadurch nahmen M. zunehmend Elemente von → Ausstellungen auf, die sich aus den ersten Gewerbe- und Industrieausstellungen als Forum für Leistungsschauen des 19. Jahrhunderts entwickelten, im 20. Jahrhundert fand eine Vermischung von M. und Ausstellungen statt.

II. Begriff: Nach der Legaldefinitio (§ 64 Gewerbeordnung (GewO)) ist eine M. eine zeitlich begrenzte, im Allgemeinen regelmäßig wiederkehrende Veranstaltung, auf der eine Vielzahl von Ausstellern das wesentli-

$$\text{Fachbesucherkontaktpotenzial} = \frac{\text{Anzahl Fachbesucher}}{\text{Anzahl Aussteller}}$$

$$\text{Veranstalterbesucherpreis} = \frac{\text{Messekosten}}{\text{Messebesucher}} \text{ einer Veranstaltung}$$

$$\text{Standkontaktpreis} = \frac{\text{Messekosten}}{\text{Anzahl der Kontakte am Messestand}}$$

$$\text{Hallenbesucherpreis} = \frac{\text{Messekosten}}{\text{Anzahl der Hallenbesucher}}$$

$$\text{Fachbesucheranteil} = \frac{\text{Fachbesucher}}{\text{Alle Messebesucher}}$$

$$\text{Zielgruppenanteil I} = \frac{\text{Zielgruppe eines Ausstellers}}{\text{Alle Messebesucher}}$$

$$\text{Zielgruppenanteil II} = \frac{\text{Zielgruppe eines Ausstellers}}{\text{Fachbesucher einer Messe}}$$

$$\text{Fachbesucherpreis} = \frac{\text{Messekosten}}{\text{Fachbesucher}}$$

$$\text{Zielgruppenpreis I} = \frac{\text{Messekosten}}{\text{Zielgruppe}}$$

$$\text{Zielgruppenpreis II} = \frac{\text{Zielgruppenspezifische Messekosten}}{\text{Größe der Zielgruppe}}$$

$$\text{Arbeitsbezogener Zielgruppenpreis} = \frac{\text{Budget des Angebotsprogrammanteils j}}{\text{Zielgruppe Angebotsprogrammanteils j}}$$

Kennzahlen der Messebeteiligung (Quelle: Funke 1987, S. 256ff.)

che Angebot eines oder mehrerer Wirtschaftszweige ausstellt und überwiegend nach Mustern an gewerbliche Wiederverkäufer, gewerbliche Verbraucher oder Großabnehmer vertreibt. Als → Kommunikationsinstrument umfasst die M. die Planung, Organisation, Durchführung sowie Kontrolle und Nachbearbeitung aller Aktivitäten, die mit der Teilnahme an einer zeitlich begrenzten und räumlich festgelegten Veranstaltung verbunden sind, deren Zweck in der Möglichkeit zur Produktpräsentation, Information eines Fachpublikums und der interessierten Allgemeinheit, Selbstdarstellung des Unternehmens und Möglichkeit zum unmittelbaren Vergleich mit der Konkurrenz liegt, um damit gleichzeitig spezifische Marketingziele – insbesondere Kommunikations- und Verkaufsziele – zu erreichen.

III. Merkmale: Messen und Ausstellungen finden in der Regel mehrmals jährlich oder in einem jährlichen bzw. zweijährlichen Rhythmus statt. Die Länge der Zeitintervalle wird durch den Innovations- bzw. Beschaffungszyklus der jeweiligen Wirtschaftskreise bestimmt. Des Weiteren wird von der Mehrzahl der Unternehmen eines Wirtschaftskreises das wesentliche Angebot eines oder mehrerer Wirtschaftszweige(s) repräsentiert und die Waren überwiegend nach Mustern vertrieben. M. richten sich hauptsächlich an kommerzielle → Messebesucher, wie gewerbliche Wiederverkäufer, gewerbliche Verbraucher oder Großabnehmer, Ausstellungen stehen dem privaten Publikumsverkehr offen. Kennzeichnend für Messen und Ausstellungen ist ferner die Dreiecksbeziehung zwischen Veranstaltern, ausstellenden Unternehmen und Besuchern. Dabei fungieren die veranstaltenden M.-Gesellschaften als Mittler im Kommunikationsgefüge zwischen → Ausstellern und Besuchern.

IV. Typologie: Die Vielzahl der auftretenden Erscheinungsformen von M. lassen sich anhand mehrerer Kriterien abgrenzen. (1) Nach der geographischen Herkunft der ausstellenden Unternehmen in regionale, überregionale, nationale und internationale M., (2) nach der Breite des Angebots: → Universal-, Verbund-, Spezial-, → Branchen-, Solo-, sowie → Fachmessen, (3) nach der angebotenen Güterklasse: Konsum-, Gebrauchs-, Dienstleistungs- und Industriegütermessen, (4) nach der Hauptrichtung des Absatzes: → Export- und → Importmessen, (5) nach der Funktion der Veranstaltung: Informations-, → Muster- und → Ordermessen sowie (6) nach der angesprochenen Zielgruppe in Händler- und Konsumentenmessen.

V. Funktionen: M. können vier Funktionen zugeordnet werden. (1) Verkaufsfunktion: Lange Zeit kamen M. hauptsächlich eine Verkaufs- bzw. Orderfunktion zu. Heute trifft dies in erster Linie nur noch auf M. ausgewählter Konsumgüterbranchen zu. (2) Informationsfunktion: Vor allem in der Industriegüterbranche dienen M. als „Markt für Informationen“ zur Erkundung technischer und wirtschaftlicher Trends sowie der Erhöhung der Markttransparenz. (3) Motivationsfunktion: Die Motivationsfunktion zielt auf mitarbeiterbezogene Zielsetzungen ab, wie die Förderung der Teamarbeit der Mitarbeiter und die Vermittlung von Erfolgserlebnissen. (4) Beeinflussungsfunktion: Die Beeinflussungsfunktion richtet sich auf abnehmerbezogene Ziele, wie die Erhöhung der Besucherfrequenz, Interesseweckung sowie → Public Relations und Imagepflege.

VI. Instrumente: Nach der Festlegung der → M.-Strategie und der → M.-Budgetierung ist über den Einsatz der Instrumente des → M.-Beteiligungsmix zu entscheiden. Hierzu zählen die Wahl der Exponate, die Standgestaltung, die Auswahl und der Einsatz des Standpersonals sowie die Integration mit anderen Kommunikationsinstrumenten, wie z.B. Mediawerbung.

VII. Ausblick: Treibende Kräfte für den zunehmenden Stellenwert von Messen und Ausstellungen sind die Internationalisierung des M.-Wesens, die zu einem intensivierten Wettbewerb der M.-Veranstalter führt, technologische Entwicklungen, die die Präsentationsmöglichkeiten auf M. erheblich erweitern sowie gesellschaftliche Veränderungsprozesse.

Literatur: Bruhn, M. (2003): Kommunikationspolitik. Systematischer Einsatz der Kommunikation für Unternehmen, 2. Aufl., München; Funke, K. (1986): Messeentscheidungen, Handlungsalternativen und Informationsbedarf, Frankfurt/Main u.a.; Meffert, H. (1988): Messen als Marketinginstrument, Düsseldorf; Strothmann, K.-H-/Busche, M. (Hrsg.) (1992): Handbuch Messemarketing, Wiesbaden.

Messebesucher. Neben → Ausstellern sind M. die zweite Gruppe von Bedarfsträgern von → Messen und → Ausstellungen. M. können in zwei Gruppen eingeteilt werden. (1) Fachbesucher nehmen aus beruflichen Gründen an Messen mit der Absicht teil, Handelswaren, Industriegüter, Hilfs- und Betriebsstoffe oder Dienstleistungen zu erwerben bzw. sich über das Angebot der Aussteller zu informieren. (2) Privatbesucher kommen aus individuellen Gründen, um sich über das Ausstellerangebot zu informieren. Auf Konsumgütermessen ist der Anteil von Privatbesuchern gegenüber Fachbesuchern deutlich größer, Industriegütermessen werden vorwiegend von Fachbesuchern aufgesucht.

Messebeteiligung. Entscheidungen über die M. betreffen die Wahl der zu verfolgenden → Messestrategie sowie der Festlegung des → Messebeteiligungsmix. Die Erfolgskontrolle der M. erfolgt anhand zahlreicher Kennzahlen, wie z.B. Fachbesucherpotenzial, die Auskunft über die Messekontaktkosten und den Nutzen der M. geben (vgl. Abb. „Kennzahlen der Messebeteiligung“).

Messebeteiligungsmix. Im M. wird die konkrete Ausgestaltung des Auftritts von Unternehmen auf → Messen festgelegt. (1) Exponate: Als → Exponate werden jene Ausstellungsgegenstände bezeichnet, die das

Leistungsangebot des Unternehmens den anvisierten Messezielgruppen transparent machen. In Abhängigkeit des Messetyps können Originale, Muster, Modelle oder Attrappen als Exponate ausgestellt werden. (2) Standgestaltung: Bei der Standgestaltung sind Entscheidungen über die Platzierung und die Grundform des Standes zu treffen. Dieser kann informations- oder kommunikationsfreundlich konzipiert werden. (3) Standpersonal: Die Auswahl und der Einsatz des Standpersonals betrifft neben der Zusammenstellung des Messeteams mit Mitarbeitern unterschiedlicher Qualifikationen und Hierarchien insbesondere die Schulung im Rahmen der Messevorbereitung. (4) Kommunikationsmaßnahmen: Um die Wirkung der Messeaktivitäten zu verstärken, sind nicht nur Entscheidungen über die persönliche Kommunikation des Standpersonals, sondern darüber hinaus kommunikative Aktivitäten vor, während und nach der Messebeteilung zu entwickeln, wie z.B. Verteilung von Prospektmaterial, → Mediawerbung, → Public Relations oder im Anschluss an die M. stattfindende Kundenbesuche.

Messebudgetierung. Die M. beinhaltet die Festlegung der Planungs- und Durchführungskosten, die zur Erreichung der Ziele von → Messen und → Ausstellungen erforderlich sind. (1) Praxisdeterminierte M.: Entscheidungsheuristiken, die sich, analog der Werbebudgetierung, an Richtwerten, wie verfügbaren Mitteln, Prozent vom Umsatz, Prozent vom Gewinn, Budget der Konkurrenz usw. orientieren. (2) Theoriedeterminierte M.: → Lilienmodell zur M.

Messeerfolgskontrolle, Ermittlung quantitativer und qualitativer Ergebnisse der → Messebeteiligung insbesondere durch Zählung (Besucher, Kontakte), → Befragung (Besucher, Standpersonal), Besuchsberichte, Gesprächsprotokolle, Resonanzanalysen (Rückläufe bei Aktionen, Verkaufs-/Vertragsabschlüsse), mit denen die Kosten und der Nutzen der Beteiligung an → Messen und → Ausstellungen eruiert wird. Bei der Beurteilung des Messeerfolgs sind darüber hinaus die messebezogenen Besonderheiten zu berücksichtigen.

Messegesellschaften, sind als finanziell und juristisch von den Unternehmen unabhängige Veranstalter für die Konzeption, Organisation und Durchführung von → Messen und → Ausstellungen verantwortlich. In Deutschland sind Messeveranstaltungen zumeist als Besitz- und Betriebsgesellschaften organisiert, die im Besitz des Messegeländes sind und ein eigenes Programm durchführen. Hauptaufgabe von M. ist es, Veranstaltungen zu organisieren, die eine große Zahl von → Ausstellern und → Messebesuchern anziehen.

Messekontaktkosten, bezeichnen jene Kosten von → Messen und → Ausstellungen, die zur Erreichung von Kontakten mit Messebesuchern erforderlich sind.

Messemarketing, bezeichnet aus Sicht der → Aussteller die unternehmensseitige Planung, Organisation, Durchführung und Kontrolle des Kommunikationsinstruments → Messen und → Ausstellungen. Ausgehend von einer Situationsanalyse sind die → Messeziele sowie die zu verfolgende → Messestrategie festzulegen. Anschließend ist im Rahmen der → Messebudgetierung über Höhe und Verteilung des Messebudgets sowie über den Einsatz der Instrumente des → Messebeteiligungsmix zu entscheiden. Abschließend ist die → Messeerfolgskontrolle durchzuführen. Aus Sicht der → Messegesellschaften bezieht sich M. auf die Konzeption und Durchführung von Messeveranstaltungen.

Messestand, anlässlich einer → Messe auf einer angemieteten Fläche errichtete Standkonstruktion zur Präsentation eines Ausstellers und mit der Möglichkeit zur Kontaktanbahnung und -pflege mit Besuchern. Bei der Konzeption des M. innerhalb des → Messebeteiligungsmix werden grundsätzlich zwei Handlungsalternativen unterschieden. (1) Informationsfreundlicher M.: Ziel ist die Imagepflege bzw. Präsentation des Angebotsprogramms des Unternehmens anhand von Prospekt- und Werbematerial. (2) Kommunikationsfreundlicher M.: Im Vordergrund steht die persönliche Kommunikation zwischen Standpersonal und Besuchern. Hierzu werden Besprechungsmöglichkeiten oder gesonderte Besprechungszonen eingerichtet. Des Weiteren ist die räumlich-geographische Standlage sowie die Standform des M. festzulegen. Die Abb. „Standformen“ zeigt fünf grundlegende Alternativen von Standformen.

Messestrategie, betrifft die Festlegung des mittel- bis langfristigen Messeengagements eines Unternehmens. Die M. ist zum einen von der Anzahl der zu besuchenden Messen und zum anderen von der Anzahl anzusprechender Zielgruppen abhängig. Dementsprechend können vier Typen von Messebeteiligungsstrategien differenziert werden (vgl. Abb. „Typen von Messestrategien"). Hinsichtlich der Anzahl zu besuchender Messen ist zu entscheiden, ob das Unternehmen an wenigen, relevanten Veranstaltungen (Konzentrierte M.) oder an vielen, z.T. unter schiedlichen → Messen und → Ausstellungen teilnimmt (Diversifizierte M.). Im Hinblick auf die anzusprechenden Zielgruppen können die Messeaktivitäten auf eine Zielgruppe konzentriert werden (Standardisierungsstrategie) oder nach einzelnen Besuchergruppen variiert werden (Differenzierungsstrategie).

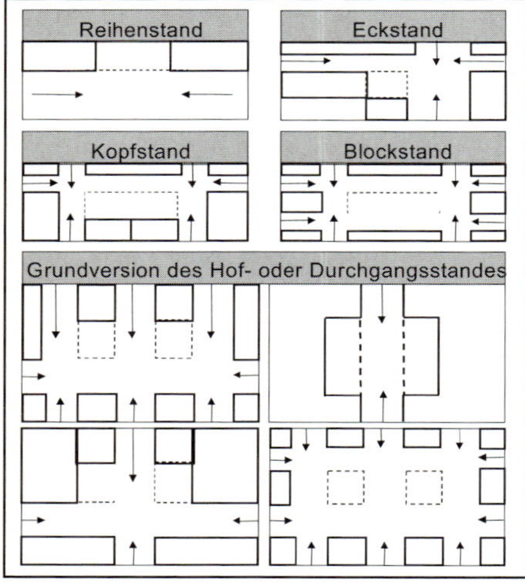

Standformen
(Quelle: Funke 1987, S. 61ff.)

Messeziele. Infolge der vielfältigen Funktionen von → Messen und → Ausstellungen verfolgen Unternehmen mit der Messebeteiligung zahlreiche Zielsetzungen, die nach drei Kategorien untergliedert werden können. (1) Kontakte: Zunächst gilt es, Kontakte mit den → Messebesuchern zu erlangen, d.h. die anvisierten Zielgruppen zu einem Besuch auf dem → Messestand zu veranlassen. (2) Gedächtniswirkungen: Aufgrund der Kontakte auf der Messe werden Gedächtniswirkungen bei den Zielgruppen angestrebt, wie z.B. Aufmerksamkeit, Bekanntheitsgrad, Interesse, Einstellungen und Verhaltensabsichten. (3) Verhaltensweisen: Übergeordnetes Ziel der Messebeteiligung ist die Auslösung von finalen Verhaltensweisen bei den Messebesuchern, wie z.B. die Realisierung von Beratungsgesprächen oder Akquisition von Aufträgen.

Anzahl Zielgruppen \ Anzahl Messen	Wenige	Viele
Wenige	Konzentrierte Standardisierungs strategie	Diversifizierte Standardisierungs strategie
Viele	Konzentrierte Differenzierungs-strategie	Diversifizierte Differenzierungs-strategie

Typen von Messestrategien
(Quelle: Meffert 1993, S. 85)

Messfehler, → Fehler der Teilerhebung.

Messinstrumente, im engeren Sinn werden mit M. Verfahren bezeichnet, die zur Durchführung einer Messung benötigt werden. In der → Marktforschung unterteilt man die M. in apparative und nichtapparative M. Apparative M. werden zur Messung von physikalischen Größen verwendet. Beispiele sind Waage, Stoppuhr, Thermometer und Zollstock. Nichtapparative M. (Messverfahren) werden benötigt, wenn sich die zu messende Größe nicht mit apparativen M. erfassen lässt. Da es sich in der Marktforschung sehr häufig um solche Größen handelt, wird dort auf M. wie z.B. Panels, →Produkttests usw. zurückgegriffen. In den meisten Fällen basieren die nichtapparativen M. auf der → Befragung. Im Gegensatz zu den apparativen M. verfügen die nichtapparativen Messverfahren über eine vergleichsweise geringe Güte, da häufig unkontrollierbare Einflüsse die Messung beeinträchtigen.

Messmodell, → Kausalanalyse.

Messniveau, → Skalenniveau.

Methode 635, ein Ansatz zur Generierung von Produktideen, der den intuitiv-kreativen Verfahren zuordnen ist. Die Methode bildet eine Variante des Brainstorming. Die Vorgehensweise ist dabei wie folgt: Sechs Probanden einer Gruppe wird eine schriftlich fixierte Problemstellung vorgelegt mit der Bitte, auf einem Stück Papier mindestens drei Lösungsvorschläge zu notieren. Dazu stehen ihnen fünf Minuten zur Verfügung. Anschließend reicht jedes Mitglied sein Blatt an seinen Nachbarn weiter, der die ihm vorgelegte Idee aufgreift und weiterentwickelt. Nach Ablauf weiterer fünf Minuten zirkuliert das Papier erneut. Diese Prozedur wird solange durchgeführt, bis alle Teilnehmer jedes Blatt genau einmal vor sich liegen hatte. Auf diese Weise gelingt es, bei sechs Probanden 18 Lösungsvorschläge jeweils fünfmal zu variieren.

Methode der kleinsten Quadrate, → Kleinste Quadratschätzung.

Methode der kritischen Ereignisse, → *Critical-Incident-Technik.*

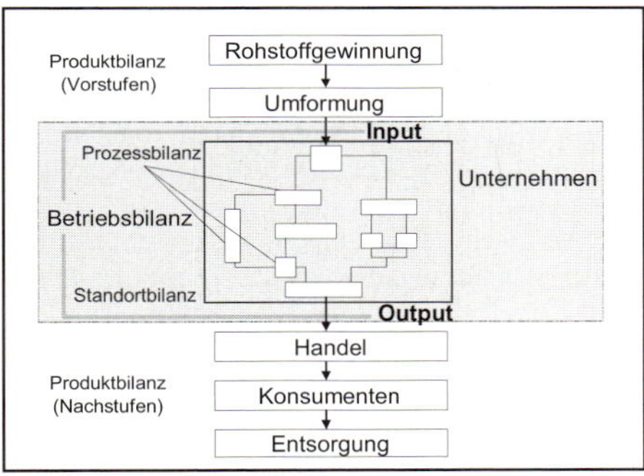

Allgemeines Schema einer Öko-Bilanz nach dem IÖW-Ansatz (Quelle: In Anlehnung an Stahlmann 1998, S. 767)

Methoden der Öko-Bilanzierung. (1) BUWAL-Methode (Schweizerisches Bundesamt für Umwelt, Wald und Landschaft): Diese Methode stellt eine Weiterentwicklung der Ökologischen Buchhaltung (→ Öko-Bilanzen) dar. Umwelteinwirkungen werden nach dem „Grad der ökologischen Knappheit" durch sog. Öko-Punkte bewertet. Öko-Punkte (Umweltbelastungspunkte) ergeben sich aus der Multiplikation eines bestimmten Umwelteintrages (z.B. t NO_2) mit dem aus Grenzwerten abgeleiteten und vom Ministerium bestimmten Öko-Faktor (z.B. 23 Öko-Punkte je Gramm). (2) ABC/XYZ-Methode vom Institut für Ökologische Wirtschaftsforschung (IÖW-Berlin): Dieses Konzept besteht aus vier Teilbilanzen (vgl. Abb. „Allgemeines Schema einer Öko-Bilanz nach dem IÖW-Ansatz"): Die Betriebsbilanz umfasst alle auf den gesamten Betrieb bezogenen Input- und Outputströme. Alle dem Betrieb zugeführten Materialien (Rohstoffe, Hilfsstoffe, Betriebsstoffe), Halbprodukte und Energien (Input) und alle den Betrieb verlassenden Produkte und Emissionen (Output) inklusive den Material- und Energieverlusten werden mengenmäßig in physikalischen Maßeinheiten (z.B t, l, kWh) für den gesamten Betrieb ermittelt und hinsichtlich ihrer Umwelteinwirkungen bewertet. Die Prozessbilanz erfasst die Input-Output-Ströme getrennt für einzelne Produktionsprozesse und die damit verbundenen Fertigungsschritte. Die Produkt- bzw. Stofflinenbilanz verfolgt Stoffströme für sich gesehen oder auf einzelne Produkte, bezogen auf alle Phasen des Produktlebenszyklus. Die Standortbilanz dient zur Erfassung sonstiger umweltrelevanter Größen des Standortes und gliedert sich auf verschiedene Unterbilanzen auf (z.B. Flächennutzung). Alle Stoff- und Energieströme (→ Stoff- und Energiebilanzen) sowie bestandsbezogene Werte werden anhand ausgewählter Kriterien (z.B. Gefährdungs- und Störfallpotenzial) einer ABC-Analyse unterzogen, die den Handlungsbedarf in die Dringlichkeitsstufen A (dringender Handlungsbedarf), B (mittelfristiger Handlungsbedarf) und C (kein Handlungsbedarf) klassifiziert. Mittels einer XYZ-Bewertung werden die Mengeneffekte der Stoff- und Energieströme abgeschätzt und ebenfalls klassifiziert.

Literatur: Stahlmann, V. (1998): Ökobilanzen, in: Winter, G. (Hrsg.): Das umweltbewusste Unternehmen, 6. Aufl., München, S. 759-784.

Metrik, → Distanzmaß.

M-Faktor, Mobilitätsfaktor; vom Marktforschungsinstitut Infratest entwickelter Faktor zur Ermittlung individueller Kontaktwahrscheinlichkeiten für Plakatstandorte in der Außenwerbung. Der M.-F. beschreibt das Verhältnis der durchschnittlichen Kontaktwahrscheinlichkeiten von Zielgruppen zu den durchschnittlichen Kontaktchancen aller Personen bzw. Personengruppen der zugrunde liegenden Gesamtheit. Ermittelt wird der M.-F. auf Basis von Interviews, in denen Daten über die Zahl der Tage, an denen eine Person unterwegs ist, die zurückgelegte Wegstrecke, die Berufstätigkeit und das Fortbewegungsmittel erhoben werden. Diese Daten werden verdichtet, und je höher der resultierende M.-F. ausfällt, desto besser ist eine anvisierte Zielgruppen über die jeweilige Außenwerbung erreichbar.

Micro-Payment, Bezeichnung für elektronische Zahlungsvorgänge bei Beträgen i.d.R. unter fünf Euro. Die M.-P.-Systeme sind häufig auf der Basis von Kreditsystemen (credits) realisiert. Das bedeutet, dass der Nutzer vor der Verwendung reales Geld in elektronisches Geld eintauschen muss. Dieses elektronische Geld kann als credits auf einer Chipkarte, einem Handy, einem PDA (Personal Digital Assistent) oder einem Server gespeichert und von dort aus abgerufen werden.

Mietkauf, → Leasing; bezeichnet eine Form des Leasing. Nach Ablauf eines Mietvertrages hat der Kunde die Möglichkeit, den gemieteten Anlagegegenstand (z.B. Maschine) zurück zu geben, unter Berücksichtigung der bereits getätigten Mietleistungen zu kaufen oder eine Verlängerungsoption zu günstigeren Mietkonditionen zu nutzen. Bei Verlängerung des Mietverhältnisses geht das Objekt nach einer bestimmten Zeit in den Besitz des Kunden über, ohne dass eine Restzahlung anfällt.

Mikrogeographische Marktsegmentierung. I. Begriff: Die insbesondere für den Endverbrauchermarkt entwickelte M. M. liefert flächendeckend feinräumige Informationen über die marktbestimmenden Einflussfaktoren für den → Absatz von Produkten.

II. Vorgehen: Der Markt wird in kleine Gebietseinheiten, z.B. Wohnblöcke oder Straßenabschnitte vergleichbarer Größe (i.d.R. nach ungefähr gleicher Anzahl der Bevölkerung oder Haushalte) unterteilt. Zur Charakterisierung dieser Marktzellen erstellen die Anbieter von M.-M.-Systemen (z.B. große Direktmarketingunternehmen) konsumenten-, z.T. auch branchenspezifische Marktdatenbanken (*vgl. auch* → Database). Diese enthalten Angaben z.B. zur Anzahl, → Kaufkraft oder Lifestyle-Typologie der Haushalte, zur Altersstruktur, Art der Bebauung oder PKW-Verteilung. Grundlagen hierfür sind z.B. → Kooperationen mit Handelsunternehmen, amtliche Statistiken, Marktforschungsergebnisse oder Auswertungen öffentlicher Quellen.

III. Restriktionen: Aufgrund datenschutzrechtlicher Bestimmungen (→ Datenschutz) darf von der Marktzelle nicht auf eine einzelne darin befindliche Person geschlossen werden: daher beinhalten diese Zellen grundsätzlich mehrere Haushalte. Zur Charakterisierung von Personen in diesen Zellen wird die Charakteristik der Zelle übernommen: die Zulässigkeit der zellenbezogenen Aussage über die Einzelperson ergibt sich aus dem Prinzip „Gleich und gleich gesellt sich gern".

IV. Beurteilung: Das Anreichern von Adressen mit qualifizierenden Daten ihres Wohnumfeldes aus der M. M. ermöglicht es Unternehmen, ihre Kunden zielgruppenspezifisch zu bewerten und anzusprechen und die Ausschöpfung in bestimmten Zielgruppenpotenzialen zu ermitteln (→ Adress-Scoring, → One-to-One-Marketing). Im *Gegensatz* zur klassischen Marktforschung liefert die M.M. nicht auf → Stichproben, sondern auf flächendeckenden Datenbanken basierende Informationen über zielgruppenspezifische Kunden- und Marktsegmente (*vgl. auch* → Marktsegmentierung, → Kundensegmentierung). Damit beantwortet sie nicht nur die Frage nach der Art einer Zielgruppe, sondern auch nach der Lokalisation: Jede aktuelle und potenzielle Kundenadresse kann einer räumlich eindeutigen Marktzelle zugewiesen werden, jede Marktzelle, die aufgrund ihrer Merkmale als zielgruppenrelevant erkannt wurde, kann die darin befindlichen Adressen als Zielgruppenpotenzial für Marketingaktionen liefern.

Mikroökonomische Nutzentheorie, → Nutzen.

Milieu, → Lebensstil.

Mini-Testmarkt, der M.-T. stellt ein Verfahren dar, mit dessen Hilfe die Marktchancen eines (neuen) Produktes geprüft werden können. Das Verfahren kann als Mischform aus einem → Storetest und einem → Haushaltspanel beschrieben werden. Dabei wird an eine kleine ausgewählte Anzahl von Supermärkten das Produkt geliefert. Zusätzliche wird in den Einzugsgebieten der Supermärkte für das Produkt geworben, wobei auf alle möglichen Werbeträger wie Printmedien,

Radiosender, Fernsehsender und Werbung direkt in den Supermärkten zurückgegriffen wird. Mittels Scannerkassen in den Supermärkten werden dann die Kaufdaten von ausgewählten Haushalten aufgezeichnet und weitergeleitet. Der Vorteil von M.-T. liegt in der realen Kaufsituation. Jedoch kann mit Hilfe eines M.-T. nur die Reaktion der Konsumenten beobachtet werden, nicht jedoch die Akzeptanz der Händler. Weiter muss bedacht werden, dass durch die Einführung eines Produktes auf einem M.-T. dieses für die Konkurrenz nicht länger geheim ist. In Deutschland wird M.-T.-Forschung von der → GfK (GfK-ERIM-Panel) und von der A.C. → Nielsen GmbH (Telerim) angeboten.

Minkowski-Metrik, Abstandsmaß zwischen zwei Punkten im n-dimensionalen Raum. Der Abstand D zwischen zwei Punkten X und Y wird nach der M. folgendermaßen berechnet:

$$D = \sqrt[p]{\sum_{i=1}^{n} \left(x_i - y_i\right)^p}$$

wobei p eine beliebige natürliche Zahl ist. Die bekannteste M. ist die → Euklidische-Metrik.

MIPS, die „Materialintensität pro Serviceeinheit", ist die Menge an Material, inklusive der Roh-, Hilfs- und Betriebsstoffmengen (sog. „ökologischer Rucksack"), die für ein Produkt über alle Produktions-, Transport- und Nutzungsstufen bis zum Ende der Gebrauchsfähigkeit des Produkts aufzuwenden sind, bezogen auf die Anzahl der Produktnutzungen. Je kleiner dieser Indikator, desto größer ist die → ökologische Effizienz des Produkts.

Mischkalkulation, bei dieser Kalkulationsform werden bestimmte Artikel (→ Preistypen) zeitlich befristet oder unbefristet unterhalb (Ausgleichsnehmer) oder oberhalb (Ausgleichsgeber) der durchschnittlichen Betriebshandelsspanne kalkuliert. Die Motivation dieser Kalkulationsform liegt nicht in kostenrechnerischen, sondern in marketingpolitischen Erwägungen. Üblicherweise findet die M. bei komplementären Verbundbeziehungen zwischen den Waren Anwendung (→ Kreuzpreiselastizität). Häufig wird sie auch angewendet, um gegenüber den Kunden besondere Preiswürdigkeit zu signalisieren. Dabei wird regelmäßig das Ziel verfolgt, durch Realisation besonders hoher Deckungsbeiträge bei einigen der Artikel einen kalkulatorischen Ausgleich dafür zu erzielen, dass bei anderen Waren auf Deckungsbeiträge verzichtet wird. Dies kann sogar zu Warenverkäufen unter Einstandspreisen führen.

Mitarbeiterbefragung, Betriebsumfrage, innerbetriebliche Meinungsumfrage, Belegschaftsbefragung.

I. Begriff: Instrument der internen → Marktforschung und der → Internen Kommunikation, mit dem im Auftrag der Unternehmensleitung anonym und auf freiwillliger Basis intern (d.h. bei sämtlichen Mitarbeitern bzw. repräsentativen Stichproben) Informationen über die Einstellungen, Wertungen, Erwartungen, Bedürfnisse und Veränderungsvorschläge der Mitarbeiter (→ Interne Kunden) gewonnen werden. Daraus sollen Hinweise auf betriebliche Stärken und Schwächen erlangt werden, deren Ursachen im Dialog zwischen Mitarbeitern und Führungskräften zu klären sind, um anschließend konkrete Veränderungsprozesse einleiten zu können.

II. Merkmale: M. erfolgen (1) in Zusammenarbeit mit den Arbeitnehmervertretungen, (2) Mit Hilfe von standardisierten und/ oder teilstandardisierten → Fragebögen bzw. Interviews, (3) anonym und auf freiwillliger Basis, (4) direkt und marktnah, (5) unter Beachtung methodischer, organisatorischer und rechtlicher Rahmenbedingungen, (6) bezogen auf bestimmte Bereiche der betrieblichen Arbeitswelt.

III. Ziele: Es werden konkret zwei Ziele verfolgt. Zum einen sind M. marktorientierte → Analyse-/→ Diagnoseinstrumente, die allgemeine Informationen über die gegenwärtige Situation im Unternehmen (z.B. den Grad der allgemeinen → Mitarbeiterzufriedenheit, Betriebsklima und → Führungsstil) zeigen und als Schwachstellenanalyse (z.B. Fehlzeiten, Qualitätsbewusstsein) dienen. Zum anderen erfolgt per se bereits ein gestalterischer Eingriff in die Organisation mit verschiedenen Folgewirkungen: die Einbindung aller Mitarbeiter in die Unternehmensentwicklung sowie die Initiierung des Dialogs von Verbesserungsprozessen, die Kommunikation,

Formen der Mitarbeiterbefragung (Morphologische Matrix)
(Quelle: Domsch/Ladwig 1999, S. 606)

<table>
<tr><th>Beschreibungs-merkmal (Auswahl)</th><th colspan="12">Ausprägungen (Auswahl)</th></tr>
<tr><td>Erfassungsform</td><td colspan="3">Schriflich (per Fragebogen)</td><td colspan="3">Online (via PC und Datennetz)</td><td colspan="3">Mündlich (per Interview/Gespräch/Telefonat)</td><td colspan="3">Teils mündlich/ teils schriftlich</td></tr>
<tr><td>Verbindlichkeit</td><td colspan="6">Freiwillige Beteiligung der einzelnen Organisationseinheiten</td><td colspan="6">Vom Unternehmen vorgeschrieben/ umfassend initiiert</td></tr>
<tr><td>Bezug zum Führungsbereich</td><td colspan="4">Direkter Vorgesetzter</td><td colspan="4">Direkter und nächsthöherer Vorgesetzter</td><td colspan="4">Management insgesamt</td></tr>
<tr><td>Richtung</td><td colspan="6">Beurteilung nur durch die Mitarbeiter</td><td colspan="6">Auch Beurteilung/Selbsteinschätzung durch die Vorgesetzten</td></tr>
<tr><td>Umfang</td><td colspan="6">Spezialbefragung (Vorgesetztenbereich, Information, Personalentwicklung usw.)</td><td colspan="6">Umfassende Mitarbeiterbefragung</td></tr>
<tr><td>Prozessumfang</td><td colspan="4">Nur Durchführung der Mitarbeiterbefragung</td><td colspan="4">Auch Präsentation und Diskussion der Ergebnisse mit den Mitarbeitern</td><td colspan="4">Integration in einen handlungsorientierten Prozess der Org.- u. Teamentwicklung</td></tr>
<tr><td>Anonymität</td><td colspan="6">Vollständig anonym (ohne Namensangabe)</td><td colspan="6">Mit Namensangabe/Personalnummer (freiwillig/vorgeschrieben)</td></tr>
<tr><td>Standardisierung</td><td colspan="4">Vollständig standardisiert</td><td colspan="4">Teilweise standardisiert</td><td colspan="4">Nur freie Antworten</td></tr>
<tr><td>Häufigkeit</td><td colspan="4">Einmalig</td><td colspan="4">Fallweise</td><td colspan="4">Regelmäßig (z.B. alle 2 Jahre)</td></tr>
<tr><td>Feedback</td><td colspan="4">Ergebnisse nur an die Vorgesetzten</td><td colspan="4">Ergebnisse an die Vorgesetzten und deren Mitarbeiter</td><td colspan="4">Ergebnisse an Vorgesetzte, Mitarbeiter und/oder Geschäftsleitung, Betriebsrat usw.</td></tr>
</table>

die Mitarbeiterzufriedenheit und das Betriebsklima werden verbessert.

IV. Formen: Generell wird zwischen umfassenden und speziellen M. unterschieden. Eine Übersicht über die verschiedenen Formen und Gestaltungsmöglichkeiten zeigt die Tab. „Formen der Mitarbeiterbefragung (Morphologische Matrix)“.

V. Probleme: Mit der Konzeption sowie Durchführung einer M. verbinden sich verschiedene Probleme. Als bedeutsam haben sich vor allem die Methodik sowie die Akzeptanz herausgestellt: (1) Die wesentlichen methodischen Anforderungen an eine M. sind die Forderung nach → Reliabilität (Zuverlässigkeit) und → Validität (Gültigkeit) sowie ferner nach → Objektivität, Relevanz und Trennschärfe. Das zentrale Problem besteht vor allem hinsichtlich der Validität, speziell der → Konstruktvalidität. (2) Ein weiterer Problemkreis liegt in der Akzeptanz der Befragung durch sämtliche Beteiligten (Geschäftsleitung, Mitarbeitervertretungen, Arbeitnehmer). Handhabungsmöglichkeiten bestehen hier z.B. in der Sicherstellung der Anonymität, der Abstimmung mit dem Betriebsrat und einem überzeugten Handeln der Geschäftsleitung.

Literatur: Bruhn, M. (2003): Integrierte Unternehmens- und Markenkommunikation. Strategische Planung und Umsetzung. 3. Aufl., Stuttgart; Domsch, M.E./Ladwig, D.H. (1999): Mitarbeiterbefragungen als Instrument einer professionellen Personalarbeit, in: Bruhn, M. (Hrsg.): Internes Marketing, 2. Aufl., Wiesbaden, S. 601-618; Domsch, M.E./Ladwig, D.H. (Hrsg.) (2000): Handbuch Mitarbeiterbefragung, Berlin.

Manfred Bruhn

Mitarbeiterbindung. I. Begriff: In Anlehnung an das Ziel der → Kundenbindung wird im Rahmen des → Internen Marketing auch das Ziel der M. verfolgt, d.h. qualifizierte Mitarbeiter sollen an das Unternehmen gebunden werden.

II. Gegenstand: Im Gegensatz zur Unternehmen-Kunde-Beziehung (→ Kundenbeziehung) ist die Beziehung Unternehmen-Mitarbeiter schon von Beginn an durch eine überwiegend hohe Bindungsintensität und ein gegenseitiges Abhängigkeitsverhältnis gekennzeichnet (z.B. aufgrund von Arbeitsverträgen). Allerdings darf diese faktische M. nicht mit der M. im Sinne des Internen Marketing verwechselt werden. Ziel des Unternehmens sollte vielmehr sein, eine echte Verbundenheit i.S.v. → Commitment auf Seiten des Mitarbeiters zu erreichen, damit ein Mitarbeiter nicht ausschließlich aufgrund von vertraglichen Regelungen oder aus ökonomischen Gründen in einem Unternehmen verbleibt, sondern aufgrund einer Selbstverpflichtung einen Beitrag zur Erreichung der → Unternehmensziele.

III. Mitarbeiterbindungsmanagement: Grundlage für ein systematisches Mitarbeiterbindungsmanagement ist eine Bindungsstrategie, die sechs Dimensionen umfasst (vgl. Abb. „Dimensionen einer Mitarbeiterbindungsstrategie"): (1) Zunächst muss bestimmt werden, welches Bezugsobjekt als relevant für die M. angesehen wird. Hierbei können z.B. das Unternehmen als Ganzes, ein bestimmter Unternehmensbereich, eine Abteilung oder auch ein konkreter Arbeitsplatz in Betracht kommen. Die Ergebnisse empirischer Untersuchungen legen nahe, dass insbesondere bei hoch interaktiven Dienstleistungen bereits der Wechsel des Arbeitsplatzes zu Kundenverlusten (→ Abwanderung) führen kann. (2) Neben dem Bezugsobjekt müssen auch die → Zielgruppen der M. festgelegt werden. Diese können durch eine entsprechende Segmentierung der Mitarbeiter (z.B. Kundenkontaktmitarbeiter, Back-Office-Mitarbeiter, Führungskräfte) unterschieden werden, um Mitarbeitergruppen zu identifizieren, deren Bindung aus unternehmensinternen Gründen notwendig erscheint. (3) Auch bzgl. der angestrebten Formen der M. können Differenzierungen vorgenommen werden. In Betracht kommen u.a. die vertragliche M. mit entsprechenden Wechselbarrieren, die ökonomische M. aufgrund finanzieller Vorteile (z.B. → Incentives, Altersversorgung) oder auch die emotionale M. (z.B. Identifikation mit dem Unternehmen, gutes Arbeits- und Betriebsklima). Die Ergebnisse empirischer Untersuchungen legen nahe, dass in erster Linie eine emotionale M. anzustreben ist. (4) Ferner sind konkrete Instrumente festzulegen. Es können Maßnahmen ergriffen werden, die direkt zur → Mitarbeiterzufriedenheit und nur indirekt zur → Kundenzufriedenheit beitragen (z.B. attraktive Gestaltung der Arbeitsplätze) oder es erfolgt der Einsatz von Maßnahmen, die parallel positive Wirkungen auf die Mitarbeiter- und Kundenzufriedenheit entfalten (z.B. → Empowerment). (5) Des Weiteren ist die Bestimmung des Timing von Maßnahmen des Mitarbeiterbindungsmanagement notwendig. Hierbei stehen die Intensität sowie die Einsatzzeitpunkte von konkreten Maßnahmen im Fokus. Als Alternativen kommen z.B. kontinuierliche Maßnahmen (z.B. regelmäßige → interne Kommunikation), zyklische Maßnahmen (z.B. jährliches Sommerfest) oder auch unregelmäßige Maßnahmen (z.B. informelle Kontakte zu Vorstandsmitgliedern) in Betracht.

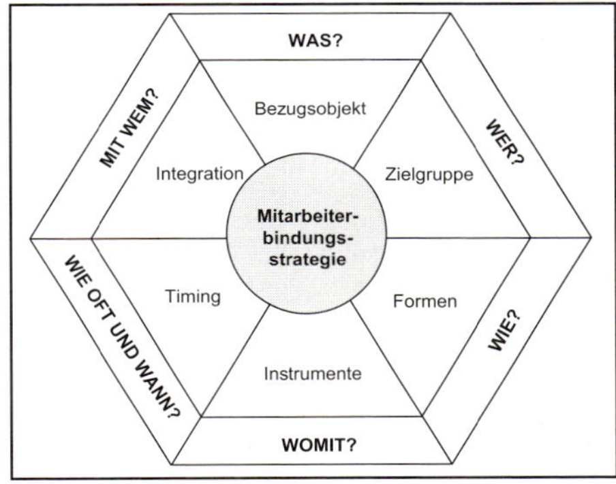

Dimensionen einer Mitarbeiterbindungsstrategie

(6) Abschließend sind noch Entscheidungen hinsichtlich der Integration des Mitarbeiterbindungsmanagement zu treffen. Von zentraler Bedeutung sind hier Aspekte der externen Integration (z.B. inwieweit Familienangehörige oder andere Bezugspersonen der Mitarbeiter ebenfalls angesprochen werden) sowie der internen Integration (z.B. welche Ansatzpunkte im Hinblick auf das → Kundenbindungsmanagement des Unternehmens genutzt werden können). Im Rahmen der systematischen Auseinandersetzung mit den sechs Strategiedimensionen des Mitarbeiterbindungsmanagement kommt der Bestimmung konkreter Instrumente und der Ausgestaltung von Maßnahmen besondere Bedeutung zu. Dabei erscheint es vor allem erforderlich, dass Systeme entwickelt wer-

den, die nicht nur dem unternehmerischen Zielsystem, sondern auch dem individuellen Zielsystem der Mitarbeiter entgegenkommen. Demnach muss M., die in den letzten Jahren vor allem für Unternehmen mit Vorteilen der Leistungserstellung ggü. den Kunden verbunden war, auch für den einzelnen Mitarbeiter einen erlebbaren Wert darstellen. Dies setzt allerdings voraus, dass zum einen Mitarbeiter akquiriert werden, deren Zielsysteme mit den Möglichkeiten im Unternehmen grundsätzlich in Einklang stehen, und dass zum anderen auch tatsächlich jene Entwicklungspfade dargeboten werden, die deren individueller Nutzenstruktur gerecht werden.

IV. Ausblick: Es ist zu erwarten, dass in den nächsten Jahren das Bewusstsein hinsichtlich der Zusammenhänge zwischen der M. und Kundenbindung zunehmen wird. Dienstleistungsunternehmen mit individuellen und interaktiven Leistungen benötigen qualifizierte Mitarbeiter, die bereit und fähig sind, diese Interaktionsleistungen permanent zu erbringen.

Literatur: Bruhn, M./Grund, M.A. (1999): Interaktionsbeziehungen im Dienstleistungsmarketing, in: Bruhn, M. (Hrsg.): Internes Marketing. Integration der Kunden- und Mitarbeiteroreintierung. 2. Aufl., Wiesbaden, S. 495-535; Bruhn, M. (2003): Integrierte Unternehmens- und Markenkommunikation. Strategische Planung und Umsetzung. 3. Aufl., Stuttgart.

Manfred Bruhn

Mitarbeiterkommunikation, Teilbereich der → internen Kommunikation. Unter der M. werden sämtliche Maßnahmen verstanden, die vom Management ergriffen werden, um mit den Mitarbeitern zu kommunizieren (sog. „Top-Down"-Prozess). Betrachtet man die Formen der M., dann sind hier eine Vielzahl von Gesprächs- und Diskussionsformen im Unternehmen einzuordnen. Generell können als Instrumente der M. die direkte, persönliche Kommunikation (Besprechung, Seminare, usw.) bzw. die unpersönliche Kommunikation, z.B. durch Papier-Medien (Mitarbeiterzeitung, Schwarzes Brett) und/ oder elektronische Medien (z.B. → Intranet), eingesetzt werden. Die M. wird dabei als wesentlicher Erfolgsfaktor des → Internen Marketing angesehen.

Mitarbeiterloyalität, → Organizational Commitment.

Mitarbeitermotivation, → Motivation der Mitarbeiter. Die Steigerung der M. ist eines der Ziele des → Internen Marketing. Durch eine verstärkte Förderung der M. lassen sich positive Auswirkungen hinsichtlich → Mitarbeiterzufriedenheit und → Mitarbeiterbindung erzielen, die wiederum zu Umsatzwachstum und Kosteneinsparungen beitragen können. Maßnahmen zur Steigerung der M. können in → Anreizsystemen, → Empowerment bzw. in einem generellen Ansatz der Mitarbeiterorientierung (→ Interne Kundenorientierung) bestehen.

Mitarbeiterorientierung, Dimension des → Kundenorientierten Führungsverhaltens, Teilbereich der → Internen Kundenorientierung.

Mitarbeiterzeitschrift, *Mitarbeiterzeitung*; Instrument der → Mitarbeiterkommunikation, → Internes Marketing. Im Rahmen der klassischen → Internen Kommunikation dient die M. dazu, die Mitarbeiter bzgl. konkreter arbeitsbezogener Themen (z.B. den Umgang mit Gefahrstoffen), unternehmensbezogene Ereignisse (z.B. Jubiläum) und gesellschaftsrelevante Fragen (z.B. Altersvorsorge) zu informieren. Die M. kann auch ein wichtiges Instrument zur Imagebildung und -pflege bei Kunden und Lieferanten, aber auch im Personalmarkt und in anderen Bereichen der Öffentlichkeit sein.

Mitarbeiterzufriedenheit. I. Begriff: M. ist als Begriff in der Marketingliteratur erst in jüngerer Zeit zunehmend anzutreffen. Wurde in der Vergangenheit die Zufriedenheit von Mitarbeitern in einem Unternehmen thematisiert, so wurde häufiger von der → Arbeitszufriedenheit gesprochen. Damit wurden i.e.S. Sachverhalte erfasst, die die Zufriedenheit einer Person mit ihrer Arbeit (Inhalte und Arbeitsplatz) betreffen. Demgegenüber umfasst M. sowohl die Zufriedenheit mit dem eigenen Arbeitsplatz und den Arbeitsinhalten als auch die Zufriedenheit des Mitarbeiters als Teil des unternehmensinternen Leistungsprozesses. Der Fokus beschränkt sich demnach nicht nur auf eine enge Betrachtung des Arbeitsplatzes, sondern bezieht auch die weiteren unternehmensinternen Zusammenhänge mit ein, um somit einer

→ Internen Kundenorientierung gerecht zu werden. M. kann in Entsprechung zur → Kundenzufriedenheit über einen Abgleich zwischen den Erwartungen des Mitarbeiters und der Wahrnehmung seiner Situation erklärt werden. Stimmen Erwartung und Wahrnehmung im Wesentlichen (mit gewissen Toleranzzonen) überein, so ist die Entstehung von M. wahrscheinlich.

II. Entstehung: Die klassischen Erklärungsansätze der M. (im Sinne der Arbeitszufriedenheit) stützen sich vielfach auf die Zwei-Faktoren-Theorie von Herzberg (→ Herzberg-Ansatz). Demnach sind für die Entstehung von M. Motivationsfaktoren und Hygienefaktoren entscheidend. (1) Motivationsfaktoren sind bei Vorhandensein geeignet, die M. zu erhöhen (primär → intrinsische Anreize, wie z.B. Lob und Anerkennung durch Vorgesetzte, erweiterte Entscheidungs- und Handlungsspielräume im Sinne des → Empowerment, Karrieremöglichkeiten). (2) Hygienefaktoren (primär → extrinsische Anreize, wie z.B. Gehalt, Arbeitsbelastung) wirken demgegenüber nicht wirklich zufriedenheitssteigernd, sondern können bei entsprechend positiver Ausprägung allenfalls die Entstehung von Unzufriedenheit verhindern. Werden die Hygienefaktoren allerdings negativ bewertet, wirken sie direkt auf die Unzufriedenheit. Empirische Untersuchungen zeigen, dass verschiedenen Faktoren Wirkungen auf die M. zugeschrieben werden können. Zu nennen sind hier die Wahrnehmung des Arbeitsplatzes sowie des Arbeitsumfeldes, die unternehmensinternen Interaktionsprozesse, die Aspekte Klima und → Vertrauen sowie auch die wahrgenommene Wertschätzung als Person. Die Summe dieser Aspekte unterstützt das ggü. der Arbeitszufriedenheit erweiterte Verständnis der M.

III. Dimensionen: Versteht man M. als einstellungsähnliches Konstrukt (→ Einstellung), so sind affektive, kognitive und konative Dimensionen zu unterscheiden. Die affektive Dimension kennzeichnet dabei die mit der Arbeit und dem Umfeld verbundenen Gefühlszustände des Mitarbeiters (z.B. ein Zugehörigkeitsgefühl zum Unternehmen). Die kognitive Dimension erfasst die aktive gedankliche Auseinandersetzung mit der Arbeitssituation (z.B. die alternativenorientierte Bewertung der Arbeitsbedingungen). Die konative Dimension erfasst schließlich die resultierenden Verhaltensabsichten (z.B. in Form von Absentismus und Fluktuation).

IV. Wirkungen: Die Zielsetzung, in einem Unternehmen über einen Stamm von zufriedenen Mitarbeitern verfügen zu können, ist i.d.R. kein originäres Unternehmensziel. M. wird dementsprechend vor allem angestrebt, um eine höhere → Mitarbeitermotivation und Leistung(sbereitschaft) zu erzielen. Im Hinblick auf die Wirkung auf die Mitarbeitermotivation ist der Erklärungsansatz von Maslow (→ Maslow Bedürfnispyramide) inzwischen als wissenschaftlich nicht mehr haltbar angesehen, in der Unternehmenspraxis jedoch zumindest implizit noch immer anzutreffen. Bzgl. der Leistungsbereitschaft wurde in der Vergangenheit insbesondere der Zusammenhang zwischen M. und Leistung von Mitarbeitern häufiger analysiert. Die Ergebnisse empirischer Untersuchungen zu diesem Themenbereich sind keineswegs eindeutig. Ist in der Summe ein eher positiver Zusammenhang zwischen M. und Leistung zu unterstellen, so können bei einer differenzierteren Betrachtung verschiedene Reaktionsmuster auf (Un-)Zufriedenheit angenommen werden. So kann z.B. auch Unzufriedenheit dazu führen, dass über eine Senkung der Erwartungen ein Stadium resignativer Zufriedenheit erreicht wird bzw. über eine Verdrängung der Ursachen der Unzufriedenheit letztlich ein Zustand der „Pseudo-Zufriedenheit" entsteht. M. wird in verschiedenen Modellen auch als wichtige Determinante bei der Entstehung von → Commitment seitens der Mitarbeiter ggü. dem Unternehmen verstanden. Im Mittelpunkt steht dabei nicht ein vereinfachend unterstellter Zusammenhang zwischen Zufriedenheit und Leistung, sondern eine weiterreichende (Selbst)Verpflichtung ggü. dem Unternehmen, deren Verhaltenskonsequenz in psychologischer und faktischer → Mitarbeiterbindung (positive Einstellung und darüber hinaus auch tatsächlicher Verbleib im Unternehmen) resultiert. Hierauf aufbauend finden in Wissenschaft und Praxis die Zusammenhänge zwischen M. und → Kundenzufriedenheit bzw. → Kundenbindung zunehmende Beachtung. Im Sinne eines „Qualitätskreislaufes" wird hier unterstellt, dass M. zu Mitarbeitermotivation führt, diese sich in erhöhter → Dienstleistungsqualität und → Kundenzufriedenheit manifestiert und schließlich in der Konsequenz über den resultierenden ökonomischen Unternehmenserfolg wiederum die M. steigert. Bei einer differenzierteren Betrachtung lassen sich somit drei mögliche Ebenen der Wirkung von M. unterscheiden: (1) Zunächst sind direkte Wirkungen der M. auf das unternehmensinterne Mitarbeiterverhalten zu erwarten. Es wird unterstellt, dass M. die Entstehung von Commitment ggü. dem Unternehmen und seinen Zielen fördert und damit direkte Wirkungen auf die Leistungsbereitschaft der Mitarbeiter verbunden sind. (2) Direkte Wirkungen sind auch im Verhalten ggü. externen Kunden zu erwarten. Es wird unterstellt, dass sich zufriedene Mitarbeiter ggü. den externen Kunden mit größerer Wahrscheinlichkeit so verhalten, dass die → Kundenerwartungen erfüllt werden und somit Kundenzufriedenheit resultiert. (3) Indirekte Wirkungen auf den Unternehmenserfolg sind schließlich gegeben, wenn die aus der M. resultierende Kundenzufriedenheit ihrerseits zur Entstehung von Kundenbindung beiträgt. Den damit einhergehenden positiven Verhaltensweisen (→ Wiederkauf, → Cross Buying, → Weiterempfehlung) werden wiederum positive Beiträge zur Erreichung der ökonomischen → Unternehmensziele zugeschrieben.

V. Ausblick: Trotz der teilweise langen Tradition der Erforschung der Arbeitszufriedenheit sind zahlreiche Aspekte der M. noch nicht ausreichend erforscht. Die Komplexität des Konstrukts und der starke Einfluss personenbezogener Determinanten macht auch zukünftig eine systematische Auseinandersetzung mit den Ursachen und Konsequenzen der M. erforderlich. Komplexere statistische Verfahren, wie z.B. die → Kausalanalyse, erscheinen in diesem Zusammenhang geeignet, zukünftig weitere Erkenntnisse in diesem Themenbereich zu liefern. Notwendig für die Unternehmenspraxis ist vor allem die Etablierung von Steuerungssystemen mit einer regelmäßigen und institutionalisierten Erfassung der M. (M.-Tracking) zur Abbildung der aktuellen Zufriedenheitssituation sowie der Überprüfung von mitarbeiterzufriedenheitsbezogenen Zielen.

Literatur: Bruggemann, A. (1974): Zur Unterscheidung verschiedener Formen von „Arbeitszufriedenheit", in: Arbeit und Leistung, 28. Jg., Nr. 11, , S. 281-284; Bruhn, M. (2003): Integrierte Unternehmens- und Markenkommunikation. Strategische Planung und Umsetzung. 3. Aufl., Stuttgart; Grund, M.A. (1998): Interaktionsbeziehungen im Dienstleistungsmarketing. Zusammenhänge zwischen Zufriedenheit und Bindung von Kunden und Mitarbeitern, Wiesbaden; Heskett, J.L. (1987): Lessons in the Service Sector, in: Harvard Business Review, 65. Jg., Nr. 2, S. 118-126.

Manfred Bruhn

Mitnahmekunden, Kundenkategorie nach Maßgabe des → Kundenportfolios. M. sind durch eine geringe → Kundenattraktivität sowie eine schwache Anbieterposition des eigenen Unternehmens gekennzeichnet. Bei M. stellt sich vor allem die Frage nach der Wirtschaftlichkeit ihrer Bearbeitung. Die Erfahrung zeigt nämlich, dass M. oft in überproportionaler Weise für unwirtschaftliche Phänomene im Unternehmen (z.B. Kleinstaufträge) verantwortlich sind. Folglich lautet die generelle Empfehlung, sich von diesen Kunden selektiv zurückzuziehen. Dies muss nicht zwangsweise die Aufgabe dieser Kunden bedeuten. Häufig reicht schon eine andere Form der Kundenbearbeitung aus, um die Wirtschaftlichkeit nachhaltig zu steigern. Wird beispielsweise eine Außendienstmannschaft zur Betreuung der M. unterhalten, so könnte eine mögliche Maßnahme darin bestehen, diese Kunden zukünftig schwerpunktmäßig telefonisch zu betreuen.

Mittel, arithmetisches, das A.M. gehört zusammen mit dem Median und dem → Modus zu den → Mittelwerten. Sie bilden die → Lageparameter bei → Häufigkeitsverteilungen, mit deren Hilfe das charakteristische Aussehen einer Häufigkeitsverteilung von Merkmalsausprägungen beschrieben werden kann. Das A.M. von n Werten lautet.

$$\bar{x} = \frac{1}{n}\sum_{i=1}^{n} x_i$$

→ Median, → Mittelwert, → Modus.

Mittelstandsmarketing. Mittelständische Unternehmen können durch ihre Betriebsgröße z.B. in Bezug auf Mitarbeiter oder Umsatz abgegrenzt werden. Ihre Marketingaktivitäten werden auch durch ihre betriebsgrößenspezifischen Vor- und Nachteile gegenüber Großunternehmen determiniert. Aufgrund von Ressourcenbeschränkungen können mittelständische Unternehmen vielfach nur einen Teilmarkt (Nische) abdecken. Im

Bereich des → operativen Marketing liegen ihre Stärken in der Regel in einem – verglichen mit Großunternehmen – höheren Flexibilitätsgrad sowie in einer größeren Kundennähe. Nachteile sind dagegen die fehlenden Größenvorteile z.B. im Hinblick auf die finanzielle Ausstattung oder die Einflussmöglichkeiten auf andere Akteure der → Wertschöpfungskette. Entscheidend für die Bedeutung der mittelständischen Besonderheiten für das Marketing ist insbesondere, ob sich das einzelne mittelständische Unternehmen in einem rein mittelständischen Wettbewerbsumfeld oder aber im → Wettbewerb mit Großunternehmen befindet. Davon ist es abhängig, inwieweit die mittelstandsspezifischen Vor- und Nachteile das Entscheidungsverhalten im Marketing beeinflussen.

Mittelwert, der M. dient als → Lageparameter von → Häufigkeitsverteilungen. Die drei wichtigsten und am häufigsten verwendeten M. sind das arithmetische Mittel (→ Mittel, arithmetisches), der → Median und der → Modus, wobei das arithmetische Mittel der gebräuchlichste M. ist.

MKE, Abk. für Medien-Kontakt-Einheit. *Vgl. auch* → Printmedien, → Mediaplanung (2).

Mobile Verkaufsstelle, hierbei handelt es sich zumeist um Automobile, die zu ladenähnlichen Einkaufsstätten umgebaut wurden und spezielle, dem → Konsumenten bekannte Haltestellen, in einer vorher fixierten Zeitspanne anfahren und dort ein auf das Verkaufsgebiet abgestimmtes → Sortiment an Nahrungs- und Genussmitteln anbieten. Besondere Vorteile bietet diese Form des → ambulanten Handels in den Gebieten, in denen der → stationäre Handel in unzureichendem Maße präsent ist oder das Warenangebot Defizite aufweist. In der Praxis existieren mobile Verkaufsstellen vor allem in ländlichen Regionen.

Mobilitätsfaktor, → M-Faktor.

Modell der strategischen Gruppen, auf Porter zurückgehender Ansatz zur Systematisierung der Branchen- bzw. Wettbewerbsanalyse. Kann zur Erklärung von Profitabilitätsunterschieden zwischen Unternehmen einer Branche herangezogen werden. Eine strategische Gruppe besteht i.d.R. aus mehreren Unternehmen. Untereinander unterscheiden sich strategische Gruppen durch so genannte Mobilitätsbarrieren, das sind Variablen, die nur mittelfristig und mit Aufwand und Risiko durch das Unternehmen modifiziert werden können. Oft ist der Wettbewerb innerhalb einer strategischen Gruppe durch andere Parameter geprägt als der Wettbewerb zwischen strategischen Gruppen. Es lassen sich differenzierte Aussagen über Verhaltensweisen ggü. verschiedenen Wettbewerbern ableiten.

Modell von Rogers, Modellierung einer → Diffusion, die auf Kommunikationsprozessen beruht (Rogers 1962). Analysiert den Prozess, durch den eine → Innovation im Zeitablauf über bestimmte Kanäle unter Mitgliedern eines sozialen Systems kommuniziert wird. Es ergibt sich eine s-förmige Kurve der Zahl kumulierter Übernehmer im Zeitablauf. Unter einer Innovation versteht Rogers eine Idee, Handlungsweise oder Objekt, die bzw. das von einer Person oder einer anderen Adoptionseinheit als neu angesehen wird. Innovationen lassen sich durch fünf Merkmale („Rogers-Kriterien“) charakterisieren: (1) Den relativen Vorteil, den sie gegenüber Technologien aufweisen, die durch sie verdrängt werden. Dieser Vorteil ist ein subjektives Maß, das außer der ökonomischen Dimension auch Sozialprestige und andere Faktoren umfassen kann. (2) Die Kompatibilität der Innovation, also das Ausmaß, in dem die Innovation mit bestehenden Werten, Erfahrungen und Anforderungen der potenziellen Adoptoren im Einklang stehend wahrgenommen wird. (3) Die Komplexität, die ein Maß für Schwierigkeit bei Verständnis oder Anwendung einer Innovation ist. (4) Testbarkeit bringt zum Ausdruck, inwieweit eine Innovation partiell (zeitweise oder nur in Teilbereichen) übernommen werden kann. (5) Beobachtbarkeit, also das Ausmaß, in dem andere Personen das Ergebnis einer Innovationsübernahme sehen können, spielt wegen seiner kommunikationsfördernden Rolle unter gleichrangigen Mitgliedern der Population ein wichtige Rolle. Grundsätzlich sollte sich eine Innovation mit höherem relativen Vorteil, größerer Kompatibilität, geringerer Komplexität, größeren Testmöglichkeiten und höherer Beobachtbarkeit schneller ausbreiten. Rogers definiert → Kommunikation als den Prozess, durch den Mitglieder

Informationen erzeugen und einander mitteilen um ein gegenseitiges Einvernehmen herzustellen. Als Kommunikationskanäle kommen primär Massenmedien und interpersonelle Kommunikation in Frage. Dabei ist die Kommunikation zwischen solchen Individuen effektiver, die einander ähnlicher sind hinsichtlich Bildungsstand, Status usw. Der Entscheidungsprozess der Innovationsübernahme umfasst fünf Stadien: Bei der Wissensgenerierung erfährt das Individuum von der Existenz einer Innovation und lernt seine grundsätzliche Funktion kennen, was effektiv über massenmediale Kommunikationskanäle geschehen kann. In der Überzeugungsphase sowie in der Entscheidungsphase hingegen sind interpersonelle Netzwerke von größerer Bedeutung. In der Überzeugungsphase bildet das Individuum eine positive oder negative Einstellung gegenüber der Innovation, bevor es in der Entscheidungsphase konkrete Schritte zur Ablehnung oder Übernahme der Innovation unternimmt. In der Implementierungsphase wird die Innovation tatsächlich erstmalig benutzt. In der abschließenden Bestätigungsphase wird eine getroffene Adoptionsentscheidung – je nach hinzukommenden Informationen über die Innovation – entweder verstärkt oder rückgängig gemacht. Abweichungen in der Reihenfolge der Phasen sind möglich, die Gesamtdauer des Durchlaufens dieser Phasen bezeichnet Rogers als Innovation-Decision Period. Die Mitglieder des Sozialsystems teilt Rogers anhand ihrer Innovationsbereitschaft in unterschiedliche → Adopterkategorien ein: (1) Innovatoren (ca. 2,5 Prozent) der Population), (2) frühe Übernehmer (13,5 Prozent), (3) frühe Mehrheit (34 Prozent), (4) späte Mehrheit (34 Prozent) und (5) Nachzügler (16 Prozent) ein. Das Sozialsystem wird einerseits durch eine formale Sozialstruktur und andererseits durch eine informelle Kommunikationsstruktur charakterisiert. Für die Innovationsdiffusion spielen dabei *Normen* eine wichtige Rolle. Im Bereich der persönlichen Kommunikation ist Meinungsführerschaft, also die Möglichkeit, informell die Einstellung oder das Verhalten anderer Individuen zu beeinflussen, von großer Bedeutung für die Ausbreitung von Innovationen. → Meinungsführer sind üblicherweise externer Kommunikation gegenüber offener, verfügen über einen höheren Status und sind (nicht immer, aber meistens) innovativer. Sie stellen dabei die Schnittstelle für so genannte Change Agents dar, die von außerhalb des Sozialsystems versuchen, die → Adoption einer Innovation zu fördern (oder zu verhindern). Aufgrund ihres höheren Bildungsniveaus ist es für Change Agents schwierig, mit den einfachen Mitgliedern des Sozialsystems effektiv zu kommunizieren, weshalb sie sich um Meinungsführer oder so genannte Helfer bemühen müssen. Das Sozialsystem kann auch hinsichtlich der Konsequenzen einer Innovation betroffen sein, wenn diese auf Systemniveau auftreten.

Literatur: Rogers, E.M. (1962): Diffusion of Innovations, New York.

Modell von Vidale/Wolfe, dynamisches Werbeplanungsmodell mit stetiger Zeit. Die Veränderung des Absatzes x im Zeitablauf (dx/dt) wird in Abhängigkeit der Werbeausgaben W(t) wie folgt modelliert (S=Sättigungsmenge):

$$\frac{dx}{dt} = r \cdot W(t) \cdot \frac{S - x(t)}{S} - \lambda \cdot x(t)$$

Je näher der Absatz x(t) bereits bei der Sättigungsmenge S liegt, desto geringer ist die Werbewirkung (r entspricht einer Werbewirkungsintensität). Der Parameter λ (es gilt $0 < \lambda < 1$) sollte als „Vergessensrate" interpretiert werden. Es kann das für das Halten eines bestimmten Absatzniveaus (dx/dt = 0) erforderliche Werbebudget bestimmt werden:

$$W(t) = \frac{\lambda}{r} \cdot \frac{S}{S - x} \cdot x$$

Ein solches Werbebudget ist demnach um so größer, je größer die Vergessensrate, je kleiner die Werbewirkungsintensität und je höher das zu haltende Absatzniveau ist.

Literatur: Vidale, M.L./Wolfe, H.B. (1957): An Operations-Research Study of Sales Response to Advertising, in: Operations Research, 5. Jg., Nr. 3, S. 370-381.

Modell-Lernen, → Lernen.

Modelltheoretischer Ansatz, im Mittelpunkt des M.A. von Gutenberg stehen innen- und außengerichtete Konzepte des Absatzes, der dort als Prozess der Leistungsverwertung interpretiert wird. Die innengerichteten Ansätze untersuchen Organisation, Absatzplanung und Absatzkosten. Die außengerichteten Ansätze streben eine optimale Kombination der absatzpolitischen Instrumente an. → Theorien des Marketing.

Moderator, verantwortlicher Interviewer einer → Fokusgruppe.

Modulares Design, entfaltet seine Nützlichkeit insbesondere bei der kostengünstigen Bereitstellung einer breiten Angebotspalette. Durch die Kombination einiger weniger standardisierter Module lassen sich vielfältige, den Kundenwünschen angepasste Produktvarianten generieren. Aufgrund der → Standardisierung der einzelnen Module können diese in großer Stückzahl unter Ausnutzung von Economies of Scale und Economies of Scope hergestellt und durch ihre Kombination heterogene Kundenwünsche befriedigt werden. Nach einem Baukastensystem werden Bausteine hinzugefügt oder weggelassen. Somit erreicht das Unternehmen eine hohe Vielfalt bei gleichzeitiger Kontrolle und Reduktion der Komplexitätswirkung. Neben dem Angebot einer großen Produktvielfalt eröffnet ein M.D. die Chance, Produktvarianten schnell zu fertigen. Ein exzellentes Beispiel für ein reichhaltiges Angebot, das nur aus wenigen Komponenten besteht, findet sich im Chinarestaurant. Die Speisekarte führt zumeist mehr als 100 verschiedene Gerichte auf, die aber allesamt aus wenigen Grundkomponenten, wie z.B. Reis, Hühner- und Rindfleisch bestehen. Durch die geschickte Kombination ist es möglich, die Vorratshaltung in Grenzen zu halten und dennoch den Kunden Vielfalt und Abwechslung zu bieten. Eine exzessive Modularisierung kann allerdings die Erzeugnisse sehr ähnlich machen, da gemeinsame Merkmale die Ähnlichkeit zwischen den → Produkten erhöht. Dadurch sinkt die Wertschätzung der Kunden und die Gefahr der Kannibalisierung wächst. Eine wichtige Voraussetzung der Modularisierung ist, dass sich die einzelnen Module ohne Anpassungen problemlos miteinander kombinieren lassen. *Vgl. auch* → Design, → Designstrategien.

Modular Sourcing, → Beschaffungsstrategie, bei der der Lieferant die Aufgabe der (Vor-) Montage sowie Teile der Entwicklung übernimmt. Er liefert damit ein komplexes, mehr oder weniger umfassendes Leistungsbündel (Modul) an die beschaffende Organisation.

Mogelpackung, → Verpackungen, die bewusst auf eine Irreführung der Konsumenten abzielen, indem sie den Inhalt entschieden größer erscheinen lassen, als er wirklich ist.

Monomarkenstrategie, basiert auf dem Bestreben, mit einer einzigen → Marke den Bedürfnissen einer breiten Masse zu entsprechen. Mit einem extrem reduzierten Angebotsprogramm soll ein möglichst großer Teil der Nachfrage des Zielmarktes erobert werden. Allerdings wird es mit zunehmenden Grad an Marktabdeckung immer schwieriger, ein → Produkt in der Weise zu gestalten, dass dieses den Anforderungen aller Kunden weit gehend entspricht. Aus diesem Grund vermag ein Hersteller mit einer Monomarke (→ Einzelmarke) letztendlich nur Durchschnittsansprüche zu befriedigen. *Gegensatz*: → Mehrmarkenstrategie.

Modus, *Modalwert*. Neben dem arithmetischen Mittel (→ Mittel, arithmetisches) und dem → Median gehört der M. zu den am häufigsten verwendeten → Mittelwerten. Der M. ist der Merkmalswert, der am häufigsten in einer Verteilung vertreten ist. Als Zeichen wird M verwendet. Der M. setzt kein spezielles → Skalenniveau voraus und kann somit sowohl für metrische als auch für nominale → Daten verwendet werden. Eine sinnvolle Verwendung findet der M. jedoch nur bei unimodalen Verteilungen.

Moment of Truth, → *Service Encounter*.

Monadic Demo, → Product-Spots. *Vgl. auch* → Gestaltung.

Monitoring, → Controlling.

Moral Hazard, → Prinzipal-Agenten-Theorie.

Motiv, → Motivation.

Motivation. I. Begriff und Grundlagen: M. bezeichnet ein hypothetisches Konstrukt, mit dem die Antriebe, d.h. die Ursachen des Verhaltens erklärt werden sollen. Die M.- oder Motivforschung beschäftigt sich beispielsweise mit den Fragestellungen, aus welchen Beweggründen Konsumenten bestimmte → Kaufentscheidungen treffen oder wann und warum manche Betriebsformen des Handels oder bestimmte Werbebotschaften präferiert werden und andere nicht. Auf der Basis unterschiedlicher Konsummotive lassen sich außerdem Konsumententypologien bilden (z.B. Smart Buyer, → Variety Seeker), für die gezielte Marketingmaßnahmen abgeleitet werden können. Das Motivationskonstrukt ist eng mit den Begriffen → Emotion und → Einstellung verbunden. Emotionen gelten als die grundlegenden menschlichen Antriebskräfte. Einer Emotion fehlt i.d.R. allerdings eine Ausrichtung auf konkrete Handlungsziele. Wird eine innere Erregung mit einer solchen kognitiven Zielorientierung gekoppelt, wird von M. gesprochen (zielorientierter Antriebsprozess). Mit anderen Worten: Die auf Emotionen und Trieben beruhenden inneren Erregungsvorgänge treten in Wechselwirkungen mit kognitiven Prozessen, die das Verhalten des Individuums auf spezifische Ziele ausrichten. M. bestehen somit aus zwei Komponenten. Die emotionale Komponente stellt die Grundlage für die Auslösung eines Handlungsprozesses dar, während die Wissenskomponente für die Richtung der Handlung verantwortlich ist. Für die Auswahl der Produkte, Marken oder Einkaufsstätten, die den erlebten Spannungszustand am besten beseitigen können, kann das Individuum auf die intern gespeicherten Einstellungen zu den unterschiedlichen Meinungsgegenständen zurückgreifen. Die Begriffe M. und Motiv sind eng miteinander verwandt. Der Ausdruck Motiv wird vielfach zur Kennzeichnung einer überdauernden, latenten Disposition benutzt, während sich der Begriff M. auf den Prozess der Aktualisierung eines Motivs bezieht.

II. Motivtypologien: In der Literatur werden primäre und sekundäre Motive voneinander unterschieden. Bei den primären Motiven handelt es sich um angeborene Bedürfnisse, wie z.B. Hunger oder Durst, die jedes Individuum stillen muss, um existieren zu können. Die sekundären Motive werden im Laufe des Sozialisierungsprozesses erworben. Hier erfährt das Individuum zum einen, wie primäre Motive zufrieden gestellt werden können (z.B. Gelderwerb als sekundäres Motiv, um Hunger als primäres Motiv zu befriedigen), zum anderen lernt das Individuum durch die Interaktion mit anderen Menschen und Situationen weitere Bedürfnisse kennen, die zwar nicht lebensnotwendig sind, aber für das Individuum von großer Bedeutung sein können (z.B. Macht- oder Statusstreben). Vielfach wird zur Unterscheidung primärer und sekundärer Motivklassen auch das Wortpaar physiologische (angeborene Bedürfnisse) und psychologische Motive verwendet. Die psychologischen Motive sind i.d.R. von der Kultur abhängig, in der das Individuum aufwächst (*vgl. auch* → Cross Cultural Research). Die → Bedürfnispyramide von Maslow gilt als eine der bekanntesten, aber auch umstrittensten Versuche, Motive zu klassifizieren. Maslow unterscheidet fünf Motivklassen (physiologische Bedürfnisse wie Hunger und Durst, Sicherheit, Zuneigung und Liebe, Selbstachtung und Geltungsstreben, Selbstverwirklichung) die hierarchisch geordnet sind, d.h. wenn Bedürfnisse einer Ebene befriedigt sind, wird die nächst höhere Stufe aktiviert. Eine weitere Motivklassifikation der 50er-Jahre stammt von der psychoanalytischen Motivforschung (Ernest Dichter, Vance Packard, Sigmund Freud). Ernest Dichter beispielsweise behauptet, dass der Verzehr von Speiseeis den Wunsch nach Sicherheit stillen könne, während Ketchup das Unabhängigkeitsstreben und Wodka den Wunsch nach Individualität befriedigen könne. Diese psychoanalytisch gewonnenen Erkenntnisse werden heute jedoch stark angezweifelt und spielen in der Forschung nur noch eine untergeordnete Rolle, da die Hypothesenbildung als sehr spekulativ gilt und die Forschungsergebnisse intersubjektiv nicht nachvollziehbar sind. Von Trommsdorff stammt eine Klassifikation von Konsummotiven mittlerer Reichweite, die auf unterschiedliche Produkte anwendbar ist. Danach können folgende Motive beim Kauf von Produkten bzw. Marken unterschieden werden: (1) Ökonomik, Sparsamkeit, Rationalität, (2) Prestige, Status, soziale Anerkennung, (3) Soziale Wünschbarkeit, Normenunterwerfung, (4) Lust, Erregung, Neugier, (5) Sex, Erotik, (6) Angst, Furcht, Risikoneigung und (7) Konsistenz, Dissonanz, Konflikt. In den letzten 15 Jahren hat sich die verhaltenswissenschaftliche Forschung verstärkt mit der empirischen Erfassung von Einkaufsmotiven und deren Bedeutung für das → Handelsmarketing beschäftigt. Einkaufsmotive werden als fundamentale, zielorientierte innere Kräfte definiert, die durch Einkaufsaktivitäten befriedigt werden können. Beispielsweise können die folgenden Einkaufsmotive voneinander unterschieden werden: Preisorientierung (auch Schnäppchensuche), Stimulierung (Wunsch nach Einkaufserlebnissen), Orientierung an Markenzeichen oder Gütesiegeln (Qualitätsorientierung und Unsicherheitsvermeidung), Kommunikation (Wunsch nach zwischenmenschlichen Kontakten), Verhandlungsorientierung (Wunsch, Preise herunterzuhandeln, Basaratmosphäre), Kaufoptimierung (sorgfältige Auswahl, Wunsch, das Allerbeste für die Familie bzw. für sich zu kaufen) und Praktikabilität. Die Ergebnisse bisher durchgeführter empirischer Studien (Gröppel-Klein et al. 1998) zeigen die Bedeutung der Einkaufsmotive für das Verhalten am Point of Sale auf. Einkaufsmotive können die am Point of Sale erlebten Emotionen sowie die Verweildauer, die Erkundungsbereitschaft und das Kaufinteresse beeinflussen. Die Einkaufsmotive sind gleichfalls entscheidend, wenn der subjektiv empfundene Eignungsgrad von Einkaufsstätten beurteilt werden soll. Hier kann man erkennen, dass unterschiedliche Marketingkonzepte (Betriebsformen) des Handels unterschiedliche Einkaufsmotive befriedigen. Der in einer Gesellschaft zu beobachtende Wertewandel kann die Relevanz einzelner Konsum- oder Einkaufsmotive verändern. So ist beispielsweise seit den 80er-Jahren ein verstärkter Wunsch nach emotionaler Anregung beim Einkaufen zu beobachten. Gleichfalls können auch die Produkte und Dienstleistungen der Anbieter die Motivstrukturen der Nachfrager beeinflussen. Darüber hinaus zeigt die lernpsychologische Motivforschung (→ Lernen), dass die Bedeutung unterschiedlicher Kaufmotive auch von Reinforcementprozessen abhängig sein kann (Belohnung bzw. Bestrafung des Konsumverhaltens durch die soziale Umgebung).

III. Forschungsrichtungen und Messverfahren: In der Motivforschung konkurrieren derzeit (ähnlich wie in der → Emotionsforschung) zwei Forschungsrichtungen um das bessere Erklärungskonzept: (1) Die kognitionspsychologische Motivforschung: Hier steht die bewusst abwägende Zielorientierung des Menschen und damit die kognitive Komponente des Motivkonstruktes im Mittelpunkt. Die Motivation, d.h. die mehr oder weniger stark ausgeprägte Tendenz, eine Handlung auszuführen, ist abhängig vom subjektiv gesehenen Ziel-Mittel-Zusammenhang und vom subjektiv erwarteten Befriedigungswert des Ziels. Der kognitive Motivationsbegriff entspricht damit dem Einstellungskonzept der → Means-End-Analyse, d.h. das Individuum bewertet zum einen den Befriedigungswert eines Ziels bzw. dessen subjektive Bedeutung und prüft zum anderen, inwieweit ein Gegenstand als Mittel zur Erreichung des Zieles geeignet ist. Die aktivierende Komponente wird bei dieser Sichtweise vernachlässigt. (2) Die emotionspsychologische Motivforschung kritisiert dagegen, dass nicht vor jeder Handlung eine bewusst abwägende Zielorientierung stattfinden müsse und stellt die inneren Antriebskräfte in den Vordergrund. Beispielsweise könne das Bedürfnis nach Kommunikation so stark sein, dass jeder Gesprächspartner akzeptiert werde, die Zielorientierung somit eine untergeordnete Rolle spiele. Gleichfalls könnten auch weniger bewusste Emotionen Handlungen auslösen. Die entwickelten Konzepte zur Messung von Motiven sind vielfältig. Es werden → assoziative und → projektive Verfahren genutzt, „Warum-Fragetechniken", verbale und nonverbale Emotionsskalen oder psychobiologische Verfahren. Grundsätzlich ist die Wahl des Messverfahrens stark von der jeweils präferierten Forschungsperspektive abhängig. Die kognitiv-orientierten Motivforscher nutzen vor allem die sog. Laddering-Technik. Die Leitertechnik versucht, Ziel-Mittel-Beziehungen sichtbar zu machen und damit darzustellen, aus welchen unter- und übergeordneten Gründen ein konkreter Produktkauf entsteht. Mittels spezieller Fragetechniken sollen die Konsumenten Auskunft geben über die für sie relevanten konkreten Produkteigenschaften (z.B. „geringer Alkoholgehalt eines Getränkes") und abstrakten Merkmale („man wird nicht so schnell betrunken"), über die erwarteten funktionalen Konsequenzen („Man bleibt im Gespräch länger kompetent") sowie über die übergeordneten Werte, die letztendlich mit dem Produkt befriedigt werden sollen (z.B. „Wunsch nach sozialer Anerkennung"). Die emotional-orientierten Konsumforscher konzentrieren sich dagegen auf die Messung der emotionalen Komponente, nutzen hier beispielsweise subjektive Erlebnisskalen zur Messung der Qualität der inneren Erregung oder psychobiologische Verfahren zur Ermittlung der Intensität der empfundenen Aktivierung (*vgl. auch* → Emotion). Grundsätzlich ist es durchaus möglich, die emotionalen und kognitiven Komponenten der M. getrennt zu operationalisieren und zu messen. Zur vollständigen und damit validen Erfassung des Konstruktes sollte jedoch eine Verknüpfung der beiden Komponenten erfolgen. Neben der Ermittlung von M. spielt im Marketing auch die Analyse intrapersoneller, motivationaler → Konflikte eine große Rolle. Dabei sind die Begriffe Appetenz und Aversion zu unterscheiden. Unter Appetenz wird die Annäherung an ein subjektiv anziehendes Verhaltensziel verstanden, bei Aversion wird ein Verhaltensziel gemieden. Ein Appetenz-Appetenz-Konflikt kann entstehen, wenn zwei Ziele eine gleich hohe Attraktivität aufweisen. Hier wird auch von einem Präferenzkonflikt gesprochen („Qual der Wahl" zwischen Marke A und B). Bei einem Aversions-Aversionskonflikt kann sich das Individuum nicht für das geringere Übel entscheiden, weil beide Ziele mit einer gleich hohen Abneigung einhergehen. Beim Ambivalenzkonflikt löst ein und dasselbe Ziel sowohl positive als auch negative Verhaltenstendenzen aus (prestigeträchtiger Markenname, aber hoher Preis).

Literatur: Gröppel-Klein, A./Thelen, E./ Antretter, C. (1998): Der Einfluss von Einkaufsmotiven auf die Einkaufsstättenbeurteilung. Eine empirische Untersuchung am Beispiel des Möbeleinzelhandels, in: Trommsdorff, V. (Hrsg.), Handelsforschung 1998/99, Wiesbaden, S.77-99; Grunert, K.G./Grunert, S.C. (1995): Measuring Subjective Meaning Structures by the Laddering Method: Theoretical Considerations and Methodological Problems, in: International Journal of Research in Marketing, 12. Jg., Nr. 3, S. 209-225; Trommsdorff, V. (1998): Konsumentenverhalten, 4. Aufl., Stuttgart u.a.

Andrea Gröppel-Klein

Motivation zu Kundenorientierung, Einflussgröße der → kundenorientierten Einstellung. M. zu Kundenorientierung bedeutet, dass die Mitarbeiter einen persönlichen Nutzen für sich in der Kundenorientierung erkannt haben. Die Steigerung der Motivation zu Kundenorientierung erfolgt im Rahmen eines Motivations-Workshops.

Multiattributmodelle, dienen der mehrdimensionalen → Einstellungsmessung auf der Basis von Ratingskalen.

Multidimensionale Skalierung (MDS), die MDS ist ein Verfahren zur räumlichen Darstellung von Ähnlichkeitsbeziehungen zwischen verschiedenen Objekten. Mit Hilfe der MDS sollen Objekte so in einem mehrdimensionalen Raum platziert werden, dass durch ihre Entfernungen Ähnlichkeiten zwischen den Objekten zum Ausdruck kommen. Dabei wird am Ende der MDS jeder Dimension eine Eigenschaft zugeordnet. Nach Möglichkeit wird versucht, die Zahl der Dimensionen gering zu halten, um die Interpretation zu erleichtern. Der Vorteil der MDS liegt darin, dass keine konkreten Eigenschaften von Objekten verglichen werden, sondern nur die Ähnlichkeiten der Objekte als Ganzes betrachtet werden. Somit entfällt das Problem der Wahl von Vergleichskriterien. Um die Ähnlichkeitsdaten zu ermitteln, stehen im wesentlichen drei Methoden zur Verfügung: → Rangordnungsverfahren, Ratings von Paaren und die Ankerpunktmethode. Das Rangordnungsverfahren verläuft in drei Schritten. Als erstes ordnen die Probanden die Vergleichsobjekte in zwei Gruppen: ähnliche und unähnliche Objektpaare. Anschließend werden die zwei Obergruppen weiter differenziert. In einem letzten Schritt werden die Objektpaare dann in eine Rangreihenfolge gebracht. Weniger anspruchsvoll für die Testpersonen verläuft die Methode der Ratingbildung. Sie müssen hierbei die Objektpaare auf einer Ähnlichkeitsskala einordnen. Dieses Verfahren ist jedoch wesentlich ungenauer. Bei der Ankerpunktmethode wird ein Objekt als Referenzobjekt festgesetzt. Die anderen Objekte werden dann, entsprechend ihrer Ähnlichkeit zu dem Referenzobjekt, in eine Rangreihenfolge gebracht. Im Folgenden wird dann versucht, die Objekte so in einem mehrdimensionalen Raum anzuordnen, dass die Abstände zwischen den einzelnen Objekten ihre Rangreihenfolge widerspiegeln. Bei der Anzahl der Dimensionen muss zwischen Darstellbarkeit, Interpretierbarkeit und Güte abgewogen werden. Den einzelnen Dimensionen werden nun noch Eigenschaften zugewiesen, was sich jedoch häufig als schwierig, da sehr subjektiv, erweist. Mit der fertigen Darstellung, bevorzugt im zwei bzw. dreidimensionalen Raum, ergibt sich eine Vielzahl von Erkenntnissen. So lassen sich z.B. Produkte oder Marken erkennen, die von den Konsumenten annähernd als Substitut emp-

Marktforschung	Produktpolitik	Preispolitik	Kommunikations-politik	Distributionspolitik
- Virtuelle Produkttests - Online-Befragungen - Usw.	- Mass Customization - Digitale oder digitalisierbare Produkte (Verlagserzeugnisse, Musikprodukte) - Multimediale Gebrauchsanweisungen - usw.	- Virtuelle bzw. intelligente Agenten - Online-Auktionen - usw.	- Websites - Produkt- und Unternehmenspräsentationen - Einrichten und Sponsoring von Newsgroups und Mailinglisten - Einrichten von Virtual Communities - Online Banners - Content Sponsoring - usw.	- Online-Shopping - Distribution digitaler Produkte über das Netz - Multimediale Verkaufsterminals am POS - Verkaufs-unterstützung - usw.

Beispielhafte Anwendungen von Multimedia im Marketing

funden werden, oder es können Marktlücken lokalisiert werden.

Multikanalhändler, Handelsunternehmen, das mehrere → Absatzkanäle parallel nutzt (→ Mehrkanalsystem).

Multikollinearität, lineare Abhängigkeit der unabhängigen Variablen der → Regressionsanalyse untereinander. Gemessen wird M. anhand von → Korrelationskoeffizienten.

Multimedia Marketing, → Multimedia, → Multimedia-Kommunikation, → Electronic Marketing.

Multimedia. I. Begriff: Computergestütztes, multimodales Interaktionssystem bzw. Interaktionsangebot. → M.-Systeme können in → Offline- und → Online-Systeme unterteilt werden.

II. Merkmale: Ein erstes konstituierendes Merkmal von M. ist die Multimodalität, d.h. das Ansprechen mehrere Sinne der menschlichen Wahrnehmung: So können die Darstellungsformen des (geschriebenen) Textes, Ton (Sprache, Geräusche, Musik), Bild (Fotos, Grafiken, Zeichnungen) sowie Bewegtbild (Film, Video, Zeichentrick) eingebunden und zielgerichtet kombiniert werden. In diesem Sinne sind sämtliche audiovisuellen Technologien wie z.B. das Fernsehen in der Lage, multimodal zu kommunizieren. Das eigentliche Kennzeichen von M. ist jedoch die Interaktivität. Interaktive Technologien erlauben es dem Nutzer, Inhalte gezielt zu selektieren und damit aktiv in den Kommunikationsprozess einzugreifen; insbesondere bei → Online-Medien ist sogar eine echte Dialogfähigkeit im Sinne einer Two-Way-Kommunikation gegeben. Darüber hinaus liegen bei multimedialen Anwendungen die Informationen in digitaler Form vor oder werden digital bearbeitet, was die Speicherung und Übertragung erheblich größerer Datenmengen als bei analogen Technologien erlaubt.

III. Entwicklung: Das Aufkommen von M. wurde durch das Zusammenwachsen der drei Sektoren Informationstechnologie, Unterhaltungselektronik und Telekommunikation ermöglicht. Relevante Entwicklungen auf dem Gebiet der Informationstechnologie umfassen Fortschritte in der Prozessortechnologie, in der Datenkompressionstechnik wie auch bei der Speicher- und Übertragungstechnik; dadurch ist es möglich, auch umfangreiche Datenmengen zu verarbeiten, zu speichern und zu übertragen. Im Bereich der Unterhaltungselektronik ist die Verwendung digitaler Technologien zur Speicherung audiovisueller Informationen zu nennen; aus der Verbindung der Informationstechnologie mit der Telekommunikation resultierte schließlich der Zusammenschluss mehrerer Computer zu einem Netzwerk wie z.B. dem → Internet.

IV. Anwendungsfelder: Die wichtigsten Anwendungsfelder von M. umfassen Dokumentation, Marketing, interne Kommunikation, Schulung, → Electronic Publishing und Unterhaltung. Im Rahmen der Dokumentation können Informationen nahezu beliebiger Art in ihrer realen Form digital gespeichert und vom Nutzer interaktiv abgerufen werden. Im Vergleich zu konventionellen Datenbanken lassen sich die Inhalte ohne Qualitätsverluste über einen längeren Zeitraum archivieren und – im Falle von → Online-Datenbanken – sogar laufend aktualisieren. Ein breites Anwendungsfeld von M. ist das Marketing (→ Electronic Marketing). Vgl. hierzu auch die Abb. „Beispielhafte Anwendungen von Multimedia im Marketing". Die Einsatzgebiete umfassen die → Marktforschung wie auch sämtliche Elemente des → Marketingmix. Im Bereich der internen Kommunikation lassen sich interne und externe Informationsquellen, Datenbanken u.Ä. in einem lokalen oder offenen Netzwerk integrieren, z.B. in Form von → Intranet, → Extranet und → Business-TV. Weitere Anwendungsfelder sind Videokonferenzen und die Kommunikation via → Electronic Mail. Schulung mithilfe von M.-Systemen bietet den Vorteil, dass auch komplexe Unterrichtsmaterialien wie Planspiele, Computersimulationen u.Ä. integrierbar sind; des Weiteren passen sich multimediale Lernsysteme aufgrund der interaktiven Komponente der individuellen Auffassungsgabe des Lernenden an. Electronic Publishing bietet sich insbesondere für umfangreiche Werke wie Lexika, Nachschlagewerke, Verzeichnisse u.Ä. Vorteilhaft sind zum einen die Komprimierung der Informationen, zum anderen deren interaktive Abrufbarkeit ohne lästiges „Blättern", was sich positiv auf die Bedienerfreundlichkeit auswirkt. Anwendungsfelder im Bereich der Unterhaltung sind schließlich multimediale Computerspiele wie auch Musik, Filme u.Ä. auf → CD-ROM, im Internet oder im → Digitalen Fernsehen. *Vgl. auch* → Multimedia-Kommunikation.

Literatur: Bliemel, F./Fassott, G./Theobald, A. (Hrsg.) (2000): Electronic Commerce. Herausforderungen – Anwendungen – Perspektiven, 3. Aufl., Wiesbaden; Fantapié Altobelli, C./Hoffmann, S. (1998): Marketing im interaktiven Zeitalter, in: Berndt, R. et al. (Hrsg.): Unternehmen im Wandel, Berlin u.a., S. 261-275; Fritz, W. (2001): Internet-Marketing und Electronic Commerce, 2. Aufl., Wiesbaden; Wirtz, B. (2001): Electronic Business, 2. Aufl., Wiesbaden.

Claudia Fantapié Altobelli

Multimedia-Kommunikation. Bezeichnung für Marketingkommunikation mittels → Multimedia-Systemen. Instrumente der M.-K. sind Multimedia-Werbung, Placements und Sponsoring. Im Rahmen der Multimedia-Werbung lassen sich verschiedene Formen unterscheiden. Bei reaktiven, unterhaltungsbezogenen Anwendungen stehen Unterhaltungselemente im Vordergrund. Beispiele sind Computerspiele mit integrierten werblichen Inhalten. Interaktive, dialogorientierte Anwendungen zielen auf die Vermittlung von Informationen ab, die vom Rezipienten selektiv abrufbar sind; Beispiele sind → Websites, Produktpräsentationen auf → CD-ROM sowie offline-basierte → Kiosksysteme. Dialog- und serviceorientierte Anwendungen beinhalten eine direkte Rückkopplungsmöglichkeit seitens des Rezipienten mit der Möglichkeit zum Dialog, zur Nutzung von Servicefunktionen bis hin zu einer direkten Bestellmöglichkeit von Produkten und Dienstleistungen. Damit handelt es sich um eine Form der → Multimedialen Direktkommunikation. Dazu gehören die Antwortmöglichkeit per → Electronic Mail, der Eintrag in elektronischen Gästebüchern, hybride → Kiosksysteme und interaktives → Teleshopping in → Online-Medien und im → Digitalen Fernsehen. Placements beinhalten die Platzierung vom Produktabbildungen, Markennamen und Logos, z.B. in Form von → Online-Banners. Von diesen gelangt man per Mausklick auf die Website des Anbieters. Gebräuchliche Formen des → Sponsoring sind das Content Sponsoring (Sponsoring bestimmter Angebote, insbesondere im → WorldWideWeb, und Platzierung des eigenen Logos), wie auch das Einrichten und Sponsern von → Newsgroups und → Virtual Communities. *Vgl. auch* → Online-Kommunikation. Die multimodale Aufbereitung der Kommunikation erlaubt ein ggü. klassischen audiovisuellen Medien erweitertes Gestaltungsspektrum der Kommunikationsmaßnahmen. Weiterhin erlauben multimediale Systeme eine Reaktion des Rezipienten auf die Kommunikationsmaßnahme. Somit wird eine dialoggestützte Benutzerführung ermöglicht (Interaktivität); der Kommunikationsvorgang kann dynamisch und rezipientenindividuell gesteuert werden. Diese wechselseitige (Two-Way-) Kommunikation geht qualitativ über die Massenkommunikation hinaus. Ein weiteres Kennzeichen ist insbesondere bei Online-Medien die Internationalität der Kommunikation, da Rezipienten nahezu weltweit erreicht werden können.

Multimedia-Kommunikation, Realisierung der. Umfasst die Phasen Produktion, Integration und Einführung. Die Produktion beinhaltet die Auswahl der zu verwendenden Materialien wie auch die Produktion neuer Contents (z.B. Audio-, Bild- und Filmmaterialien). In der sich anschließenden Integrationsphase werden insbesondere kontinuierliche Medienmaterialien gemischt und geschnitten und alle medialen Elemente in ein Gesamtsystem integriert (→ Multimedia-System); ggf. werden Pretests durchgeführt. In der Einführungsphase sind Kopien des fertigen Produkts zu erstellen (z.B. → CD ROM), Installations- und Bedienungsanleitungen zu gestalten und herzustellen usw. Je nach anvisiertem Trägermedium erfolgt dann die Installation, z.B. Platzierung in das Internet bzw. – bei → Offline-Systemen wie CD ROM – die Streuung der Kopien.

Multimedia-Kommunikationsinstrumente, → Multimedia-Kommunikation.

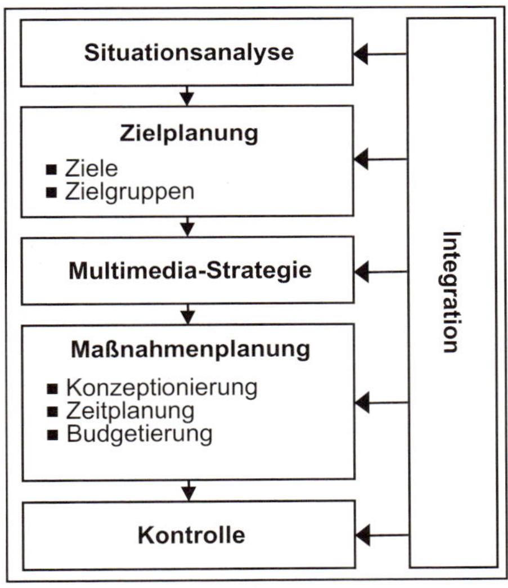

Planungsprozess der Multimedia-Kommunikation

Multimedia-Kommunikationsplanung. Ausgangspunkt der M.-K. ist die Situationsanalyse, im Rahmen derer insbesondere die Rahmenbedingungen der Multimedia-Kommunikation zu analysieren sind. Diese umfassen technische Determinanten wie Stand der technologischen Entwicklung und Marktdurchdringung von Multimedia-Plattformen, rechtliche Faktoren, insbesondere die geltenden Mediengesetze, nachfragerspezifische Determinanten wie Akzeptanz von Multimedia und Informationsbedürfnisse der Rezipienten sowie unternehmensinterne Daten wie finanzielle, technische und personelle Ressourcen. Ergebnis der Situationsanalyse ist die Entscheidung, ob Multimedia-Anwendungen realisiert werden sollen bzw. können. Im Rahmen der sich anschließenden Multimedia-Zielplanung werden zum einen die durch Multimedia-Einsatz zu erreichenden kommunikativen Ziele ökonomischer, psychologischer und streutechnischer Natur festgelegt; zum anderen werden die relevanten Zielgruppen identifiziert und näher charakterisiert u.a. nach Endgeräte-Ausstattung, Akzeptanz und Informationsbedürfnisse. Anschließend ist die Multimedia-Strategie, d.h. die verbindliche Festlegung zielgruppenadäquater mittel- und langfristiger Verhaltenspläne für den Multimedia-Einsatz, zu wählen. Im Rahmen der sich anschließenden Maßnahmenplanung sind die einzelnen Systemtypen auszuwählen und inhaltlich zu konzeptionieren; des Weiteren erfolgt eine Zeit- und Budgetplanung.Nach erfolgter Realisierung der Multimedia-Anwendungen (→ Multimedia-Kommunikation, Realisation der) schließt sich die Erfolgskontrolle an, d.h. die systematische Überprüfung der Maßnahmenwirkung(en) auf die Zielgruppen (vgl. Abb. „Planungsprozess der Multimedia-Kommunikation"). Entscheidend für einen widerspruchsfreien kommunikativen Gesamtauftritt im Sinne der → Corporate Identity des Unternehmens ist die Integration der Multimedia-Kommunikation in den gesamten Kommunikationsmix des Unternehmens. Dazu gehören die inhaltliche Integration der einzelnen Kommunikationsmaßnahmen bei den verschiedenen Kommunikationsinstrumenten, die formale Integration der einzelnen Gestaltungsansätze und -elemente wie auch die zeitliche Integration der kommunikativen Aktivitäten. Hierbei ist zu berücksichtigen, dass Multimedia-Anwendungen häufig nicht der angestammten Kommunikationsagentur, sondern einer Spezialagentur in Auftrag gegeben werden; aus diesem Grunde sollte vom Unternehmen aus eine Steuerung und Koordination der Aktivitäten der beteiligten Agenturen erfolgen, z.B. in Form von Projektteams.

Multimediale Direktkommunikation, multimediale, dialogorientierte Ansprache der Rezipienten mit dem Ziel, diese zu einer sofortigen Reaktion zu veranlassen; dazu gehören Direct Mailings und Direct-Response-Werbung. Direct Mailings umfassen das Versenden von z.B. → CD mit multimedial aufbereiteten Produktinformationen wie auch das Übermitteln von → Electronic

Mails mit werblichen Inhalten. Letzteres ist zulässig, wenn bereits Geschäftsbeziehungen bestehen; Anbieter, die mit einer eigenen → Website im → Internet präsent sind, bieten zunehmend den Nutzern die Möglichkeit an, sich in Mailinglisten eintragen zu lassen, um regelmäßig über Angebote, Produktneuheiten u.a. informiert zu werden. Direct-Response-Werbung beinhaltet eine multimedial aufbereitete kommunikative Botschaft mit direkter Rückkopplungsmöglichkeit, z.B. Buchung und Bestellung. *Vgl. auch* → Multimedia-Kommunikation, → Online-Shopping.

Multimediaspezialist, → Werbeberufe (17).

Multimediasystem. Kombination von mindestens einem kontinuierlichen (beispielsweise Audio-, Video-, Animationssystem) und einem statischen Medium (beispielsweise Bild-, Grafik, Textsystem) zur rechnergesteuerten, integrierten Erzeugung, Manipulation, Darstellung, Speicherung und interaktionsfähigen Weitergabe von unabhängigen Informationen. M.. können in Offline- und Online-Systeme unterteilt werden. Offline-Systeme umfassen Datenträger, auf denen vorproduzierte Informationen gespeichert und von einem PC-Arbeitsplatz lokal abgerufen werden können (z.B. → CD, → DVD, → CD-I). Online-Systeme stellen hingegen netzgebundene Verteil- und Abrufdienste dar, die eine Informationsübertragung in Echtzeit wie auch den Dialog zwischen Sender und Empfänger ermöglichen. Dazu gehören → Online-Medien (→ Internet und kommerzielle → Online-Dienste) wie auch das → Digitale Fernsehen. Daneben gibt es auch hybride Systeme wie z.B. → Kiosksysteme, die Online- und Offline-Anwendungen kombinieren. *Vgl. auch* → Multimedia.

Multimediawerbung, interaktive Werbung, Instrument der → Multimedia-Kommunikation.

Multiple Diskriminanzanalyse, → Diskriminanzanalyse

Multiple Regressionsanalyse, wird bei der Anwendung der → Regressionsanalyse die → abhängige Variable von zwei oder mehreren → unabhängigen Variablen erklärt, so spricht man von einer M.R.. Die Regressionsgleichung hat damit folgendes Aussehen:

$$\hat{y} = a + b_1 x_1 + \ldots + b_n x_n$$

($\hat{y}$ = Schätzwert für die abhängige Variable; a = Regressionskonstante; x_i = unabhängige Variable (i=1 bis n); b_i = Regressionskoeffizient (i=1 bis n)). Im Vergleich zur einfachen Regression ergeben sich aufgrund der grösseren Anzahl unbekannter und somit zu schätzender Parameter mehr Gleichungen, was einen höheren Rechenaufwand bedeutet. Sind die Messdimensionen der → unabhängigen Variablen nicht identisch, so sind die standardisierten Regressionskoeffizienten (β-Koeffizienten) zu errechnen. Deren Werte geben dann den Beitrag der einzelnen → unabhängigen Variablen zur Erklärung der → abhängigen Variablen an. Aussagen bezüglich der Qualität der M.R. liefern das → Bestimmtheitsmass R^2 (zeigt den Anteil der erklärten Varianz der abhängigen Variablen), die t-Werte für die Regressionskoeffizienten (geben Hinweise auf die Signifikanz der einzelnen Regressionskoeffizienten) und der F-Wert (gibt Aufschluss über die Signifikanz des Gesamtmodells). Als Voraussetzung für die Verwendung einer M.R. muss der Ausschluss von Autokorrelation, Homoskedastizität und von Multikollinearität gewährleistet sein.

Multiple Sourcing, → Beschaffungsstrategie, bei der auf mehrere Zulieferanten Rückgriff genommen wird. M. S. bedeutet für die beschaffende Organisation Nutzung der Marktdynamik und Stimulierung der Wettbewerbssituation auf der Angebotsseite. Dadurch soll Druck auf die Einstandspreise sowie Leistungssteigerungen durch die Lieferanten erreicht werden.

Multivariate Datenanalyse, → Analyseverfahren, multivariate.

Multivariate Varianzanalyse, → Varianzanalyse.

Mündliche Befragung, → Befragungsmethode.

Mund-zu-Mund-Kommunikation, *Word-of-Mouth-Communication*; I. Begriff: Kommunikationsprozess, dessen Träger nicht das Unternehmen selbst ist, sondern seine Kunden sind. Es handelt sich hierbei um eine in unterschiedlichem Maße zweckorientierte Übermittlung von unternehmens- oder leistungsspezifischen Informationen und Bedeutungsinhalten durch Kunden, deren Ziel die Beeinflussung von Meinungen, Einstellungen, Erwartungen und Verhaltensweisen der Adressaten ist. Die M.-z.-M.-K. ist insbesondere im Dienstleistungsbereich von Bedeutung (→ Dienstleistung).

II. Arten: Unterscheiden lassen sich eine positive (Weiterempfehlung) und negative (Kaufwarnung) M.-z.-M.-K. Besonders die positive M.-z.-M.-K. kann von Unternehmen durch die Gestaltung des → Relationship Marketing gefördert werden. (1) Im Rahmen der direkten Empfehlungsfundierung soll dabei die direkte Weiterempfehlung der Leistungen eines Unternehmens durch Dritte an potenzielle Kunden unterstützt werden, d.h., die Dritten werden direkt zur Herausstellung der Leistungen des Unternehmens aufgefordert. Dies kann z.B. durch Leistungstests wie Studien der → Stiftung Warentest geschehen. Eine andere Möglichkeit besteht in der Aufforderung aktueller Kunden (z.B. durch direkte Kommunikation oder Aufkleber), das Unternehmen gegenüber anderen Personen weiterzuempfehlen. (2) Bei der indirekten Empfehlungsfundierung werden die dritten Personen nicht direkt zur Weiterempfehlung aufgefordert. Statt dessen werden beispielsweise Public-Relations-Maßnahmen durchgeführt, um die Leistungen des Unternehmens gegenüber potenziellen Kunden hervorzuheben. Dies kann geschehen, indem Experten auf dem Gebiet der Leistungen des Unternehmens, z.B. Fachzeitschriften, kontinuierlich über die Aktivitäten des Unternehmens informiert werden.

III. Empirische Befunde: Die Bedeutung der M.-z.-M.-K. für das Kaufverhalten ist empirisch nachgewiesen worden und vor allem auf drei Punkte zurückzuführen (Murray 1991): (1) Personenbezogene Informationsquellen sind besonders glaubwürdig, da sie von eigenen Erfahrungen mit den zur Diskussion stehenden Dienstleistungen berichten. (2) Viele Anbieter von Dienstleistungen sind lokal gebunden und verfügen weder über ausreichende Erfahrung, noch über das notwendige Budget für eine entsprechende Werbung. (3) M.-z.-M.-K. ist durch eine stärkere Problemorientierung als andere Informationsquellen gekennzeichnet. Dies erweist sich im Dienstleistungsbereich als wesentliches Kriterium, da der Kunde oftmals nur einen unzureichenden Überblick über das vorliegende Angebot hat.

Literatur: Murray, K.B. (1991): A Test of Services Marketing Theory. Consumer Information Acquisition Activities, in: Journal of Marketing, Vol. 55, No. 1, S. 10-25.

Muppies, Mature Urban Professional People, reifer gewordene Yuppies, ein → Lebensstilsegment.

Musik/Jingle, → Jingle. *Vgl. auch* → Gestaltung.

Mustermesse. → Messe, auf der das aktuelle Warenangebot zu den aktuellen Preisen anhand von Mustern ausgestellt wird. Nach der M. erfolgt die Bestellung der Waren durch die → Messebesucher.

Musterzuordnung, Methode zur → Aktivierungsmessung, bei der den Probanden unterschiedliche Muster zur Auswahl vorgelegt werden und die davon ausgeht, dass innerlich sehr erregte Personen komplexe, unruhige Muster wählen, während wenig aktivierte Probanden ruhigere, einfachere Abbildungen bevorzugen. Ein Vorteil dieser Methode ist die im Vergleich zu verbalen Messmodellen schwerere Durchschaubarkeit und damit die Einsetzbarkeit in Untersuchungssituationen mit sozialem Potenzial. Reliabilität und Validität sind jedoch u.a. aufgrund einer unabhängig vom Aktivierungsgrad auftretenden Präferenz für mehr oder weniger komplexe Muster von Individuen umstritten.

Mystery Shopping, Verfahren zur → Dienstleistungsqualitätsmessung auf Basis der teilnehmenden → Beobachtung. Testkäufer simulieren reale Dienstleistungssituationen, um daraus Rückschlüsse auf Mängel im Dienstleistungsprozess (→ Dienstleistungserstellung) ziehen zu können. Das Verfahren eröffnet auch die Möglichkeit der vergleichenden Beobachtung, wenn gleichzeitig „Testkäufe“ bei der Konkurrenz durchgeführt werden. Der für den Einsatz von Testkunden erhobene Anspruch einer neutralen und aus der Kundenperspektive vorgenommenen Erhebung des Qualitätsniveaus kann jedoch nicht immer in vollem Maße erfüllt werden.

N

Nachahmung, *Plagiat, Imitation, Piraterie, Counterfeiting.* Übernahme identischer oder ähnlicher Leistungen Dritter, die diese durch kreative, geistige Betätigung geschaffen haben. N. von Ergebnissen geistigen Schaffens sind wettbewerbspolitisch grundsätzlich erwünscht, weil sie den Wettbewerb beleben sollen. Solange Innovationen mit gewerblichen → Schutzrechten belegt sind oder wettbewerbsrechtlichen Schutz individueller Leistungsergebnisse genießen (*vgl. auch* → Rechtsschutz, gewerblicher), ist die legale N. identischer Produkte nicht möglich. Wettbewerbspolitisch unerwünscht und wettbewerbsrechtlich unzulässig sind N., bei denen gegen bestehende Schutzrechte verstoßen wird. Denn entweder verhindern sie, dass zeitlich begrenzte Monopolgewinne entstehen, die als Vergütung für getätigte und Anreiz für weitere Forschung und Entwicklung gewährt werden (z.B. bei → Patenten, → Gebrauchsmustern und → Geschmacksmustern), oder sie rufen Marktverwirrungen hervor (z.B. bei Verwendung identischer oder ähnlicher Zeichen von geschützten Marken). Der volkswirtschaftliche Schaden durch Produkt- und → Markenpiraterie beträgt nach Angaben der Internationalen Handelskammer in Paris weltweit ca. fünf bis sieben Prozent des gesamten Handels. Eine Studie des Centre for Economics and Business Research (CEBR) aus dem Jahr 2000 beziffert den jährlichen Umsatzausfall in der EU auf 7,5 Mrd. EUR bei Bekleidung und Schuhen, auf 3 Mrd. EUR bei Parfüm und Kosmetik, auf 3,7 Mrd. EUR bei Spielwaren und Sportartikeln sowie auf 1,5 Mrd. EUR bei Arzneimitteln. Rechtlich unzulässige N. lassen sich danach unterscheiden, ob geschützte Produkte unter eigener, verwechselungsfähiger oder identischer Marke nachgebaut werden oder ob nicht geschützte Produkte unter verwechselungsfähiger oder identischer Marke angeboten werden.

Nachbarschaftsgeschäft, → *Nachbarschaftsladen.*

Nachbarschaftsladen, *Nachbarschaftsgeschäft, Tante-Emma-Laden;* kleinflächige → Betriebsform des stationären → Einzelhandels. Das Warenangebot ist sehr begrenzt und umfasst hauptsächlich Produkte des täglichen Bedarfs, vor allem Lebensmittel. Das Einzugsgebiet eines N. ist i.d.R. auf die umliegende Nachbarschaft begrenzt.

Nachfassaktion, bei der Durchführung von schriftlichen Befragungen im Rahmen der Marktforschung stellen N. eine zusätzliche Aufforderung zur Rücksendung des Fragebogens dar, sofern die Teilnehmer in einem definierten Zeitraum keine Rückantwort gegeben haben. → Marktforschung.

Nachfasswerbung, (*Follow Up*), sind Kontakte zw. Unternehmen und Kunden, z.B. nach Verkäufen, Gesprächen auf Messen oder durch Direct-Response.-Maßnahmen bei adressierten oder nicht-adressierten Werbesendungen zustande gekommen und sind die Daten der Kunden erfasst, können z.B. E-Mails, nachfassende Telefonaktionen, Zusendung von versprochenen Unterlagen, Dankesschreiben, Informationen an Außendienstmitarbeiter und Anfragebearbeitungen erfolgen. Ziel ist es, den Kunden durch nochmaliges Anstoßen zum Kauf zu aktivieren bzw. zu reaktivieren, ihm vertiefende Informationen zuzusenden oder ihn im Rahmen des Nachkaufmarketing zu bestätigen.

Nachfrageelastizität, Maßgröße für das Verhältnis der relativen Änderung der Nachfrage nach einem Gut zu der sie auslösenden relativen Änderung des Preises oder anderer Marketingaktivitäten. Im Gegensatz zur → Preiselastizität der Nachfrage, bei der die Absatzänderung auf eine relative Preisänderung bezogen wird, kann die N. auf unterschiedliche Instrumente des Marketingmix definiert sein, z.B. auf die Werbeausgaben oder die Wahl des → Distributionsweges.

Nachfragefunktion, algebraische Abbildung des Zusammenhangs zwischen der nachgefragten Menge eines Gutes x und den darauf einflussnehmenden Variablen q_i: $x = f(p, q_1, q_2, ..., q_n)$. Die nachgefragte Menge x ist abhängig vom Preis p des Gutes, aber auch von anderen Faktoren ($q_1...q_n$) (z.B. Einkommen, Präferenzen des Wirtschaftssubjektes sowie die Preise der anderen Güter). Eine spezielle Form der N. ist die sog. → Preisnachfragefunktion. Es gilt hierbei die sog. Ceteris-paribus-Klausel, d.h. Einkommen, Präferenzen des Wirtschaftssubjektes, die Preise der anderen Güter usw. werden als konstant unterstellt, lediglich der Preis p stellt eine unabhängige Variable dar. In einer erweiterten Auffassung zählen zum Preis neben der monetären Leistung auch alle nicht-monetären Aufwendungen des Kunden, die mit dem Leistungserwerb verbunden sind. Dies umfasst z.B. im Handel die Anstrengung und den Zeitaufwand der Kunden, den Verkaufsort zu erreichen. Diese stellen für den Kunden → Transaktionskosten dar und sind aus seiner Sicht ein Preisbestandteil.

Nachfragemacht. I. Begriff: Einzelwirtschaftlich die Übermacht eines Nachfragers ggü. einem Anbieter; gesamtwirtschaftlich die Übermacht einer Wirtschaftsstufe (z.B. Handel) ggü. der unmittelbar vorgelagerten (z.B. Hersteller).

II. Formen: (1) Derivative N.: Bei funktionierendem Wettbewerb pflanzt sich der von den Verbrauchern ausgehende Ausleseprozess über den → Handel, der die zersplitterte N. der Verbraucher bündelt, bis zur Herstellerstufe fort. Diese sog. derivative N. ist wettbewerbspolitisch erwünscht, auch wenn die damit einhergehenden Verhaltensweisen des Handels aus der Sicht von Lieferanten als unangenehm empfunden werden, wie z.B. die Forderung von „Listungsbeibehaltungsrabatten“ oder „unentgeltlichem Dienst am Regal“. (2) Originäre N.: Hersteller verfügen über keine Möglichkeit, auf andere Händler auszuweichen. Dies ist wettbewerbspolitisch bedenklich, wenn damit die Beschränkung des Wettbewerbs einhergeht. Sie kann dahingehend missbraucht werden, dass etwa nach Fusionen im Handel rückwirkend die Angleichung von Rabatten ggü. den Lieferanten gefordert wird. → Einkaufskooperation.

Nachfrageverbund, bei der Gestaltung der Programmpolitik werden sog. Verbundeffekte berücksichtigt. Letztere beschreiben eine Beziehung zwischen bestimmten Gütern bzw. Produktgruppen, die dazu führt, dass derartig verbundene Produkte typischerweise gemeinsam nachgefragt bzw. gekauft werden. Der N. bildet den nachfragewirksamen Teil dieser Verbundeffekte ab und lässt (im Gegensatz zum Kaufverbund) die Verfügbarkeit der Artikel außer Acht. Produkte können über gemeinsamen Bedarf verbunden werden (Bleistift und Radiergummi) als auch über die Einkaufsbequemlichkeit, die der Tendenz Rechnung trägt, möglichst rationell einzukaufen (One-Stop-Shopping).

Nachhaltiges Wirtschaften, → Sustainable Development.

Nachkalkulation, → Kalkulation.

Nachkaufkommunikation, Sammelbegriff für sämtliche Kommunikationsmaßnahmen, die Unternehmen einsetzen, um → Dissonanzen und Disharmonien, die bei Konsumenten nach einem Produktkauf entstehen können, zu vermeiden (→ Dissonanztheorie). Die Funktion der N. besteht darin, durch gezielte Informationen die Konsumenten im Kauf zu bestätigen und gleichzeitig negative Produkterlebnisse zu entkräften. N. kann darüber hinaus zum Ziel haben, eine nachträgliche Höherschätzung des Produktes zu bewirken und Präferenzen zu stabilisieren sowie zu vergrößern. Als Instrument der N. gewinnt vor allem das → Direct Marketing an Bedeutung. So können beispielsweise die Käufer eines beworbenen Produktes angeschrieben werden, um ihnen zu dem getätigten Kauf zu gratulieren, ihnen Serviceadressen zukommen zu lassen oder auch um Verbesserungsvorschläge zu erfragen. Darüber hinaus sind auch Testberichte und Expertenurteile in Zeitungen oder Zeitschriften sowie Anzeigen denkbar, die den Käufer auf indirekte Weise ansprechen und mögliche Dissonanzen beheben.

Nachkaufphase. Das Kaufverhalten wird als ein Prozess aufeinander folgender Phasen angesehen. Die N. umfasst alle psychischen und beobachtbaren Reaktionen, die ein Individuum nach dem Kauf in Bezug auf das erworbene Produkt erlebt bzw. äußert. Dazu zählen zum einen die Erfahrungen beim Geoder Verbrauch des Produktes oder bei der Entsorgung der Produktverpackung, zum anderen zählen hierzu auch die Interaktionen mit Dritten über das gekaufte Produkt, die gleichfalls einen Einfluss auf die Produktbeurteilung ausüben können (→ Dissonanz, → Beschwerdeverhalten). Die Erfahrungen in der Nachkaufphase können das zukünftige Kaufverhalten prägen.

Nachkaufverhalten, Untersuchung aller psychischen Prozesse und Aktivitäten des Käufers, die sich als Folge eines Kaufabschlusses entwickeln. Das Kaufverhalten wird hier als Kreislauf zeitlich aufeinanderfolgender Prozesse von der Vorkauf- bis zur → Nachkaufphase gesehen. In der Nachkaufphase kann der Konsument Un- bzw. → Zufriedenheit mit dem Produkt bzw. der Dienstleistung verspüren, → Konsistenz mit früheren Erfahrungen oder → Dissonanz erleben, was entweder das positive Commitment (→ Einstellung) bzw. die → Weiterempfehlung und → Kundentreue verstärken oder zum → Beschwerdeverhalten bis hin zum öffentlichen Boykott führen kann.

Nachkaufzufriedenheit. Aus Zufriedenheit in der → Nachkaufphase kann → Markentreue entstehen, während Unzufriedenheit zu Abwanderung oder Konsumverzicht führen kann (→ Dissonanz, → Beschwerdeverhalten).

Nachricht, → Kommunikation.

NAFTA, → North American Free Trade Association.

Namensrecht. Recht auf den eigenen Namen. Für natürliche Personen ist es durch § 12 BGB (Namensrecht), für juristische Personen durch § 17 HGB („Die Firma eines Kaufmanns ist der Name, unter dem er seine Geschäfte betreibt ...") und § 5 MarkenG (Geschäftliche Bezeichnungen, d.h. Unternehmenskennzeichen und Werktitel, → Marke, rechtliche Aspekte) geschützt.

Nationales Kundenbarometer, branchenübergreifende → Längsschnittanalyse zur periodischen Ermittlung von Werten der → Qualität, → Kundenzufriedenheit und → Kundenbindung sowie zentraler Erfolgsfaktoren von Unternehmen und Institutionen eines Wirtschaftsraumes durch eine neutrale Institution. Das Ziel ist, mit Hilfe der erhobenen Daten eine Steuerung des → Qualitätsmanagements zur Verbesserung der → Wettbewerbsfähigkeit zu erzielen. Zu den bedeutendsten Nationalen Kundenbarometern zählen der → American Customer Satisfaction Index (ACSI), das → Swedish Customer Satisfaction Barometer (SCSB) und der → Kundenmonitor Deutschland. Auf europäischer Ebene wurde 1999 der → European Performance Satisfaction Index (EPSI) eingeführt.

Navigationshilfe, Internet-Angebot, mit dessen Hilfe der Online-Nutzer im → WorldWideWeb Informationsquellen zu Begriffen findet, deren WWW-Adressen (URL) ihm nicht bekannt sind. Es wird zwischen Suchmaschinen und Webkatalogen differenziert. Die Funktionalität von Suchmaschinen ist vorrangig auf die Suche nach Schlagworten und Schlagwortverknüpfungen ausgerichtet. Webkataloge sind hingegen darauf spezialisiert, Quellen redaktionell zu überprüfen, aufzubereiten und die dazugehörigen WWW-Adressen in Themenbereichen zu katalogisieren. Technisch basieren sowohl Suchmaschinen als auch Webkataloge auf Datenbanken, in denen Schlag- und Schlüsselworte sowie WWW-Adressen gespeichert sind und laufend aktualisiert werden.

Near Pack Promotions, Besondere Form der → Zugaben-Promotion im Rahmen der handelsgerichteten → Verkaufsförderung. Kostenlose, in besonderem → Display zur Verfügung gestellte Zugabe an den Handel, die nicht direkt mit dem Produkt in Verbindung steht.

Nebenleistung, → Produkt.

Negativ-Adressen. N.-A. sind unzustellbare oder nicht zu bewerbende Adressen. In sog. Nixiepools sammeln und vermarkten Direkt-Marketing-Dienstleister die Negativ-Adressbestände. Diese Gesamtpools umfassen im Privatadressbereich mehrere Mio. Anschriften. Typische Bestände mit N.-A. sind die → Robinson-Liste, Listen mit nicht mehr aktuellen Anschriften („Tote Adressen") und Anschriften, deren Einsatz riskant sind („Dubiose Adressen", zahlungsausfallgefährdete Adressen, Katalogschnorrer usw.). So können bzw. sollten Adressbestände vor deren Einsatz für Direktmarketingzwecke mit den in den Nixiepools enthaltenen Adressen verglichen und ggf. bereinigt werden (*vgl. auch* → Direct Marketing). Im Ergebnis werden → Streuverluste reduziert und das Kommunikationsbudget der Direktwerbeaktionen optimiert. Die Relevanz von N.-A. für Direkt Marketer steigt aus verschiedenen Gründen. Privatpersonen wollen wegen der Vielzahl täglicher Informationen keine schriftliche Werbung von Unternehmen, viele Anschriften sind unzustellbar und vor dem Hintergrund steigender Verschuldung privater Haushalte kommen einige ihren Zahlungsverpflichtungen nach Kauf gegen Rechnung nicht nach. In den USA werden beim Aufbau von Verbraucherdatenbanken seit längerem Kreditinformationen (Bonitätsdaten) als Negativ- und Positivinformationen generiert. Entsprechende Anwendungen erfolgen im Business-Bereich.

Negativ-Option. Eine N.-O. ist eine Spezialtechnik zur Gewinnung von Neukunden in der Verlagsbranche (Zeitungen, Zeitschriften, Loseblatt-Sammlungen, Serienromanen usw.). Der potenzielle Neukunde erhält z.B. ein Angebot zum Bezug von vier aufeinander folgenden Zeitschriftenausgaben. Falls er nach der dritten Ausgabe nicht schriftlich widerruft, wird er zum Bezahl-Abonnenten. Manchmal werden sofort Probeexemplare mitgeschickt, um dem Empfänger das Gefühl der moralischen Verpflichtung zu geben, das Abo aus „Dankbarkeit" abzuschließen. Manche Verlage schicken bei Nichtabschluss Mahnungen oder Zahlungserinnerungen, um die Empfänger doch noch zu Abonnenten zu machen.

Netapps-Methode, *Net Ad-Produced Purchases*; Modell zur Erfassung der allein durch Werbung bewirkten Verkäufe. Die vom amerikanischen Media- und Werbeforscher Daniel Starch entwickelte Methode ermittelt das Verhältnis von direktem Werbeaufwand und Verkaufserfolg. Hierzu wird zunächst über Panelbefragungen die Zahl der Personen ermittelt, die eine Werbebotschaft wahrgenommen und innerhalb eines bestimmten Zeitraums das beworbene Produkt gekauft haben. Gleichfalls wird die Personenzahl ermittelt, die die Werbebotschaft nicht wahrgenommen haben, die aber dennoch das entsprechende Produkt erworben haben. Die Differenz zwischen den beiden ermittelten Prozentwerten ergibt schließlich den Umsatzeffekt, d.h. die Käufe, die sich ausschließlich auf den Einsatz der Werbung zurückführen lassen. Vorteile der N.-M. liegen vor allem in der leichten Anwendbarkeit und Plausibilität des Verfahrens. Nachteile werden allerdings darin gesehen, dass nur der kurzfristige Umsatzeffekt berücksichtigt wird, nicht jedoch Umsatzwirkungen, die längerfristig betrachtet auftreten. Erschwerend kommt hinzu, dass bei Werbemitteln, die in kurzen Intervallen geschaltet werden (z.B. TV-Spots) die Kausalität zwischen den emittelten Mehrkäufen und dem Einsatz des Werbemittels nicht eindeutig nachzuweisen ist. Getätigte Mehrkäufe können beispielsweise auch auf frühere Kommunikationsmaßnahmen oder Erfahrungen mit dem Produkt oder Unternehmen zurückzuführen sein.

Nettoerlös, um → Erlösschmälerungen (Boni, Skonti, Rabatte usw.) reduzierter → Bruttoerlös.

Nettoreichweite, → Reichweite, → Mediaplanung 2.

Netzeffekt, der N. umschreibt das Phänomen, das der Nutzen eines Gutes entscheidend durch dessen Verbreitung determiniert wird. Die Wertschätzung eines Gutes ist somit von der Zahl der übrigen Nutzer abhängig. Erhöht sich der Nutzen mit der Verbreitung des identischen Gutes, wie z.B. bei Telefonanschlüssen, spricht man von einem direkten N.. Bei einem indirekten N. führt die Verbreitung von komplementären Gütern zu einer Erhöhung des Nutzens, wie etwa die Verbreitung von DVDs für DVD-Player.

Netzplantechnik, Klasse von Methoden, die der Graphentheorie entnommen wurden und die zur Analyse von Graphen dienen. Dabei ist ein Graph eine Abbildung von Punkten, die mit Linien verbunden sind. Den Linien kann eine Richtung zugeordnet sein oder sie können ungerichtet sein. Graphen sind meist Modelle, die Beziehungen und Prozesse der Realität abbilden sollen (z.B. Fertigungsprozess in der Produktion). Mit der N. kann der Graph nun bzgl. der Durchlaufzeit, dem Durchlaufweg, Kapazitätsengpässen und den Kosten analysiert werden und eine optimale Lösung ermittelt werden. Verfahren der N. sind z.B. CPM und PERT.

Netzwerk, aktives, besteht aus einer Menge von Knoten und gerichteten Verbindungslinien, die auch Kanten oder Relationen genannt werden. Die Knoten stehen für Begriffe, Eigenschaften, Situationen oder Ereignisse. Die Verbindungslinien geben Beziehungen wieder, z.B. Beziehungen zwischen einem Produkt und den damit assoziativ verknüpften Produkteigenschaften. Ein Knoten (z.B. ein Produkt) kann durch die Wahrnehmung desselben aktiviert werden. Übersteigt die ausgelöste Erregung einen bestimmten Schwellenwert, dann wird nicht nur der Inhalt des Knotens bewusst, sondern auch das über die Verbindungslinien aktivierte Umfeld des Knotens. So kann das Bewusstwerden von Produkteigenschaften und -anwendungsmöglichkeiten erklärten werden. Wissenserwerb (→ Lernen) bedeutet die Anbindung neuer Knoten, eine Reorganisation des semantischen Netzwerkes oder eine Verstärkung der Verbindung zwischen zwei oder mehreren Knoten. Netzwerke sind somit nicht statisch, sondern aktiv. Bestimmte Wissensstrukturen können als → Schemata interpretiert werden (schematisches Netzwerk).

Netzwerkansätze. Aufgrund einer wachsenden Dichte und Reichweite sozialer Wechselwirkungen und den daraus resultierenden komplexen gesellschaftlichen Dynamiken steigt das Interesse an N. Ursprünglich in der Soziologie als Grundlagenkonzept entwickelt, stehen mittlerweile nicht personale, sondern interorganisationale Netzwerke, speziell in Form von Unternehmensnetzwerken, im Fokus der Untersuchungen (→ Netzwerk, aktives, → Netzwerk, strategisches). Sie erklären auf verschiedene Weise die Existenz und die Entwicklung eines Netzwerkes auf der Grundlage unterschiedlicher Annahmen, wobei unter einem Netzwerk die Summe aller → Geschäftsbeziehungen verstanden wird. Es können drei verschiedene N. unterschieden werden: der Transaktionskostenansatz, der austauschorientierte Ansatz und der Resource-Dependence-Ansatz: (1) Beim Transaktionskostenansatz (→ Transaktionskostentheorie) bildet die Transaktion (d.h. Anbahnung und Vollzug eines Austauschprozesses) die Grundlage des Netzwerkansatzes. Die damit verbundenen Kosten werden als → Transaktionskosten bezeichnet. Zur Minimierung dieser Kosten versuchen die beteiligten Organisationen ihr Handeln miteinander abzustimmen. Bei diesem Ansatz wird allerdings die unmittelbare Umwelt von existierenden personal-sozialen Netzen und Machtstrukturen nicht beachtet. Des Weiteren ist eine exakte Abgrenzung der Transaktionskosten nur schwierig vorzunehmen. (2) Die Austauschtheorie (→ Soziale Austauschtheorie) erklärt die Entstehung von Netzwerken mit dem Streben selbständiger Organisationen nach Nutzen. Der Austausch gilt nur als Mittel zur eigentlichen Zielerreichung, z.B. der Steigerung der Effizienz. Als Mittel dazu können u.a. die Sicherung mittel- und langfristiger Zugangsmöglichkeiten zu wichtigen Ressourcen bzw. eine bessere Durchsetzung von gemeinsamen Interessen ggü. Dritten dienen. Im Vergleich zum Transaktionskostenansatz misst der austauschorientierte Ansatz dem Einflussfaktor Macht eine größere Bedeutung bei. (3) Zu den am meisten betrachteten Ansätzen zählt der → Resource-Dependence-Ansatz. Aufgrund der Tatsache, dass Ressourcen knapp sind und nur durch Austausch erlangt werden können, sind Unternehmen gezwungen, mit anderen Organisationen zu interagieren. Zur Beschaffung und Sicherung von Ressourcen versuchen sie daher Netzwerke, aufzubauen und Abhängigkeiten zu verringern. Der Ansatz berücksichtigt zwar auch das Kriterium Macht, aber der soziale Aspekt wird vernachlässigt.

Netzwerkorganisation, bezeichnet eine Organisation in Form eines Netzwerkes. Ein internes Netzwerk besteht aus → Profit Center und verkörpert die Idee der Dezentralisation der Organisationsstruktur (→ Marketingorganisation, Dezentralisation der). Ein externes Netzwerk stellt eine hybride Organisationsform zwischen Markt und Hierarchie dar, die durch komplexe, eher kooperative als kompetitive und relativ stabile Beziehungen zwischen rechtlich selbständigen Unternehmen gekennzeichnet ist.

Netzwerkstrukturen, internationale, auf gegenseitigen Abhängigkeiten basierende Organisationsstruktur mit der Möglichkeit, die im Unternehmen vorhandenen Ressourcen bestmöglich zu nutzen. Die Rolle der Zentrale wird denen der Tochtergesellschaften angeglichen und alle Organisationseinheiten können potenziell gleichartige Aufgaben übernehmen. Durch einen intensiven Austausch von Produkten und Material, Personal und Informationen werden die Ressourcen dort eingesetzt, wo sie am effizientesten verwertet werden können. Der Zentrale obliegt dabei die Koordination der Prozesse zwischen den einzelnen Organisationseinheiten. Ziel ist es, die Integration und Kooperation von Aktivitäten im Gesamtunternehmen zu verstärken. Netzwerkkonzepte sind eine typische Ausprägung internationaler → Koordinationskonzepte.

Neue Institutionenökonomik, → Theorien des Marketing.

Neue Medien, Bezeichnung für moderne elektronische → Medien in Abgrenzung zu den klassischen Medien Print, Rundfunk, Kino und Außenwerbung. Mit dem Auftreten neuer Technologien im Bereich der Kommunikationsmittel seit den 1970er-Jahren der Begriff „neue Medien“ in Umlauf gekommen als eine Sammelbezeichnung vor allem für kabeltechnisch ermöglichte Telekommunikation und für opto-elektronische Formen der Informationsspeicherung und -wiedergabe. Nach Kabel- und Satellitenfernsehen, Videotext bzw. Bildschirmtext und Bildplatte sind es heute vor allem die → CD, die → DVD und die elektronischen Netzwerke wie z.B. → Online-Medien, die in den sich rasch weiterentwickelnden Bereich fallen. Charakteristisch ist für die N.M., dass die Information in codierter Form transportiert wird und zu ihrer Reproduktion bzw. Erfassung technische Geräte nötig sind, mit denen die codierte Information in unmittelbar verständliche Signale (Bild, Schrift, Ton) rückübersetzt wird. Die Übersetzung von Schrift, Sprache, Musik und Bild in den binären Code der digitalen Mikroprozessorentechnologie bringt neue Möglichkeiten der störungsfreien Übertragung sowie der Speicherung und Verarbeitung von Information mit sich. Sie stellt die Voraussetzung dar für die Entstehung neuer Kommunikationsprodukte auf der gesamten Bandbreite der Medien, von persönlicher Kommunikation bis zur Massenkommunikation, von den Druckmedien bis zu neuen Formen des Fernsehens. *Vgl. auch* → Digitales Fernsehen, → Multimedia, → Multimedia-System.

Neukundengewinnung, *Customer Acquisition*. Einsatz aller Instrumente des → Marketingmix, um neue Kunden für das Unternehmen zu gewinnen. N. ist eine der wichtigsten Zielsetzungen des → Direct Marketing. Unterscheiden kann man zwischen direkter und indirekter, bzw. zwischen ein- und mehrstufiger Kundengewinnung. Bei der einstufigen Kundengewinnung wird nach dem ersten Kontakt (z.B. durch ein → Mailing) direkt der Kauf getätigt. Bei der mehrstufigen N. wird im ersten Schritt zuerst das Interesse geweckt und dann in einem der nächsten Schritte versucht, das Interesse in einen Kaufakt umzuwandeln. Die Intensität der Wirkung der unterschiedlichen Maßnahmen wird durch vielfältige Faktoren beeinflusst. Der wichtigste Punkt ist die zuverlässige Zielkundenauswahl beispielsweise mithilfe mikrogeographischer Systeme (*vgl. auch* → Mikrogeographische Marktsegmentierung). Die Form der darauf folgenden Kontaktaufnahme muss genau auf die → Zielgruppe abgestimmt sein. Neben dem Kontaktmittel, sind weiterhin Timing und Angebotsform entscheidend. Um gewonnene Kunden langfristig an das Unternehmen zu binden, ist die Verknüpfung der Neukundengewinnung mit Kundenbindungsansätzen notwendig (→ Kundenbindung).

Neuproduktteams, bezeichnen funktionsbereichsübergreifende Gruppen von Spezialisten (Mitarbeitern), die zur Entwicklung eines neuen Produktes zeitlich begrenzt zusammenarbeiten (→ Neuproduktentwicklung). Aufgrund der Zusammenarbeit dieser Spezialisten aus verschiedenen Funktionsbereichen (z.B. F&E, Produktion, Marketing) kann das spezielle Wissen aus diesen Funktionsbereichen genutzt und frühzeitig im Prozess der → Neuproduktentwicklung berücksichtigt werden.

New Economy, Bereich der Wirtschaft, der durch das Internet entstanden ist oder zumindest durch diesen stark beeinflusst wird. Die N.E. ist durch eine erhebliche Evolutionsdynamik und einen ausgeprägten Zeitwettbewerb charakterisiert.

New Game Strategien, beschreiben das Anstreben eines nach veränderten Regeln funktionierenden Wettbewerbs. Teilnehmende Unternehmen zeichnen sich insbesondere durch ein hohes Maß der Wettbewerbsorientierung aus und sind in ihrer Strategieumsetzung umso erfolgreicher, je stärker Wettbewerber durch sie überrascht werden. Sie sind darüber hinaus bestrebt, die Wettbewerbsbedingungen entsprechend ihrer eigenen besonderen Stärken zu prägen. In diesem Zuge sollen die vermuteten hohen Ertragspotenziale bei gleichzeitiger Minimierung der vielfältigen Risiken abgeschöpft werden.

Newsgroup, *Newsgruppe*. Bezeichnung für eine öffentliche Diskussionsgruppe oder ein Forum zu einem bestimmtem Thema. Über sog. News-Server im Usenet, einem Computernetz, das unabhängig vom Internet entstand, aber heute weitgehend über das Internet abgewickelt wird, können Anwender Nachrichten veröffentlichen (posten) und abrufen.

Nichtalltägliche Handlungen, → Story-Spots. *Vgl. auch* → Gestaltung.

Nichtbiotische Testsituation, → Werbetest.

Nichthierarchische Clusterverfahren, *K-Means-Verfahren*. Verfahren der → Cluster-Analyse. → K-Means-Verfahren.

Nichtlineare Preisbildung, Preistarif, der einen mengenvariablen und mengenfixen Preisbestandteil enthält (→ Preistheorie, nichtlineare). Nichtlineare Preistarife gibt es als → Preispunkte, angestoßener und durchgerechneter Mengenrabatt (→ Rabatt), → Zweiteiliger Tarif und → Blocktarif.

Nichtlinearität, liegt vor, wenn der Zusammenhang zwischen abhängiger und unabhängiger Variablen nicht durch eine lineare Funktion abgebildet werden kann. Die N. wird als konstitutiv für synergetische und deterministisch-chaotische Prozesse angesehen.

Nichtparametrische Schätzung, → Schätzverfahren.

Nichtuniforme Preisbildung, → nichtlineare Preisbildung.

Niedrigpreispolitik, ist eine → Preispolitik, bei der überdurchschnittlich niedrige Preise gefordert werden. Sie geht häufig mit dem Anstreben einer Kostenführerschaft einher. Strategien einer N. sind: Promotionspreisstrategie (→ Promotionspreis) und Penetrationspreisstrategie (→ Penetration Pricing).

Nielsen, neben der GfK ist die ACNielsen GmbH in Deutschland eines der führenden Marktforschungsinstitute. Dabei unterhält die N. GmbH eines der wichtigsten → Handelspanels, den sog. N.-Lebensmittel-Einzelhandels-Index (LEH), an dem 710 Geschäfte beteiligt sind. Daneben zu erwähnen ist der N.-Lebensmittel-Sortimentsgroßhandels-Index. Neben der ständigen Überprüfung von Marktanteilen, Produktpreisen usw. durch die verschiedenen Panels testet die N. GmbH auch die Marktchancen von neuen Produkten mit Hilfe des → Mini-Testmarkts TELERIM (Television Electronic Research for Insights into Marketing). Zur Aufteilung von Deutschland hat die N. GmbH die sog. N.-Gebiete eingeführt, die die Bundesrepublik in neun Gebiete einteilen. Ein weiteres – von der N. GmbH entwickeltes – Verfahren stellt das Modell PAKOM (Preis-Absatzfunktion konkurrierender Marken) dar, mit dessen Hilfe die Auswirkungen von unterschiedlichen Preisen zweier Marken analysiert werden können.

Nischenstrategie, → Wettbewerbsstrategie.

Nixie ist eine unzustellbare oder nicht zu bewerbende Adresse. In N.-Pools sammeln Direkt-Marketing-Dienstleister diese → Negativ- und Risikoadressen (*vgl. auch* → Direct Marketing). Ziel für die Anwender ist es, die Quote der unzustellbaren Aussendungen und das Risiko von Zahlungsausfällen zu reduzieren und so die uneffektiven Kosteneinsätze zu minimieren. Typische Adressbestände des N.-Pools sind die → Robinson-Liste, Listen nicht mehr aktueller Adressen („Tote Adressen") und Anschriften, deren Einsatz riskant sind (z.B. „Dubiose Adressen", zahlungsausfallgefährdete Adressen, Katalogschnorrer usw.). Adressbestände werden vor deren Einsatz mit den in den N.-Pools enthaltenen Adressen verglichen und ggf. bereinigt. Im Ergebnis werden → Streuverluste minimiert und das Kommunikationsbudget der Direktwerbe-Aktionen optimiert.

No Names, → Gattungsmarke.

No-Frills-Prinzip, → Service Light.

Nominalskala, → Datenerfassung → Messniveau.

Nomologische Validität, → Validität.

Non Customer-Analyse, zentrales Instrument im Rahmen des → CUSTOR-Systems. N.C.A. bezeichnet ein Instrument zur Gewinnung von Informationen über das Leistungsvermögen der Konkurrenz sowie über potenzielle Kunden. Ziel: Erkennung von Akzeptanzbarrieren und Leistungsdefiziten. Analoge Vorgehensweise wie bei der → Lost-Customer-Analyse.

Non-Response-Fehler, *Antwortverweigerung*. Der systematische Fehler (→ Fehler der Teilerhebung) der durch die Nichtbeantwortung von Fragen durch die Probanden entsteht. Man kann Nichtbeantwortung des ganzen Fragebogens und einzelner Fragen unterscheiden. Gründe für die Verweigerung der Beantwortung des Fragebogens kann das Nichterhalten desselbigen oder die Ablehnung des Fragebogens sein. Gründe für die Nichtbeantwortung einzelner Fragen, kann das Nichtwissen der Antwort, das Problem sich für eine Antwort zu entscheiden oder ebenfalls die Ablehnung der Frage sein. N.-R.-F. können durch verschiedene Techniken reduziert werden. Z.B. Reduzierung der Fragebogenlänge, Vergabe von Incentives, ansprechende Gestaltung des Fragebogens, persönliche Kontaktaufnahme mit den Probanden und durch Erinnerungsschreiben nach dem Versand der Fragebogen.

Nonverbale Imagemessung, → Imagemessung.

Nonverbale Kommunikation, → Kommunikation.

Nonverbale Kommunikation, → Kommunikation.

Nordisches Format, → Formate, → Printmedien.

Normalverteilung, *Gaußsche Normalverteilung*. Wahrscheinlichkeitsverteilung, die Voraussetzung für die Verteilung der Variablen vieler statistischer Verfahren ist. Nach dem Gesetz der großen Zahlen strebt die Summe von beliebig verteilten Zufallszahlen immer gegen die N. Die Dichtefunktion der N. lautet:

$$\varphi(x) = \frac{1}{\sqrt{2\pi}\sigma} e^{-\frac{(x-\mu)^2}{2\sigma^2}}$$

wobei μ der Mittelwert und σ die Standardabweichung der Zufallszahl X sind.

Normen, → *marktorientierte Normen*, → Unternehmenskultur.

Normen, marktorientierte, Bestandteil der → marktorientierten Unternehmenskultur. Marktorientierte N. werden verstanden als implizite Regeln über Verhaltensweisen der Mitglieder einer sozialen Gemeinschaft. Sie haben relativ dauerhaften Charakter und werden von den Mitgliedern der Gemeinschaft akzeptiert, erwartet, kontrolliert und sanktioniert.

Normen, soziale, Verhaltensregelungen, die von den Mitgliedern einer → Gruppe i.d.R. akzeptiert werden. Normen zeigen an, was andere Menschen tun sollten oder tun müssten, bzw. was man unter bestimmten Umständen von ihnen erwartet. Abweichungen von den Normen können mit Sanktionen seitens der Umwelt bestraft werden. Die Höhe der Bestrafung reguliert die Verbindlichkeit der Normen. So kann zwischen Muss-, Soll- und Kann-Normen differenziert werden. Die Belohnung von normentsprechendem Verhalten sorgt häufig für eine hohe Identifikation mit der (→ Bezugs-) Gruppe.

Normung, Vereinheitlichung von materiellen und immateriellen Gegenständen zum Nutzen der Allgemeinheit. Diese Begriffsbestimmung umfasst auch die Anpassung von Normen an den jeweiligen Stand der Entwicklung. Ziel ist die Förderung der Rationalisierung und → Qualitätssicherung in Wirtschaft, Technik und Wissenschaft. Ferner dient die N. der Sicherheit der Nachfrager sowie der Qualitätsverbesserung bei → Produkten. Des Weiteren ermöglicht die

N. eine sinnvolle Ordnung von Informationen auf dem jeweiligen Normungsgebiet. Eine der bekanntesten N. ist die Qualitätssicherungsnorm DIN ISO 9000ff. (→ DIN ISO-Normen), die eine umfassende → Zertifizierung betrieblicher Abläufe darstellt. Diese Normierung verfolgt das Anliegen, den potenziellen und tatsächlichen Abnehmern die Qualität der Produkte zu dokumentieren.

North American Free Trade Association (NAFTA), Freihandelszone mit den Mitgliedstaaten Mexiko, USA und Kanada. Ziel dieser Freihandelszone ist der Abbau von Zöllen zwischen den Mitgliedstaaten bis zum Jahr 2010. Die NAFTA trat zum Jahresanfang 1994 durch die Ratifizierung des Abkommens in Kraft. Da zwischen den USA und Kanada bereits seit geraumer Zeit ein Freihandelsabkommen existiert, ergibt sich die größte Bedeutung der NAFTA-Zone für Mexiko. Über Mexiko hinaus ist zukünftig u.U. auch mit einer Erweiterung der NAFTA nach Süden hin zu rechnen. Grundsätzlich haben nach dem NAFTA-Vertrag südamerikanische Länder die Möglichkeit, beizutreten. So ist eine Erweiterung der NAFTA um den → Mercosur denkbar.

NpA, Abk. für Nutzer pro Ausgabe, Synonym für Leser pro Ausgabe. *Vgl. auch* → Mediaplanung (2), → Leseranalyse.

Null-Fehler-Prinzip, Philosophie, nach der durch das → Qualitätsmanagement eine möglichst auf Null („zero defects") reduzierte Fehlerzahl angestrebt wird. Bekanntester und einer der ersten Verfechter des N.-F.-P. war P. Crosby, der in den 1960er-Jahren bei der Firma Martin in den USA tätig war, die der US-Armee nach dem N.-F.-P. handelnd die erste Pershing-Rakete fehlerfrei geliefert hat. Nach Crosby werden Fehler durch mangelnde Kenntnisse und/oder ungenügende Aufmerksamkeit verursacht. Ein Mangel an Kenntnissen lässt sich durch entsprechende Trainingsprogramme beheben, während ungenügende Aufmerksamkeit auf einer entsprechenden inneren Einstellung beruht. Das N.-F-P. setzt an einem objektiv messbaren Qualitätsbegriff an und ist heute – bei einer Ergänzung des Qualitätsbegriffs um → Kundenorientierung – nur noch in modifizierter Form verfolgbar (→ Qualität, → Dienstleistungsqualität).

Nullhypothese, die N. ist diejenige Hypothese (H_0) im Verfahren von Hypothesentests, die mittels statistischer Verfahren überprüft werden soll. Sie wird i.d.R. so formuliert, dass diese abzulehnen ist, d.h. die Alternativhypothese (H_1) als die eigentliche Forschungshypothese angenommen wird. Wird nun eine N. abgelehnt, wird ausgesagt, dass die zum Test der Hypothesen gezogene Stichprobe signifikant von der N. abweicht. Grundsätzlich können beim Testen einer Hypothese zwei Fehler auftauchen: (1) eine richtige Hypothese wird fälschlicherweise abgelehnt (→ Fehler erster Art) und (2) eine falsche Hypothese wird akzeptiert (→ Fehler zweiter Art).

Numerische Distribution, → Distributionsgrad.

Nutzen. In der Mikroökonomie wurde der N. als theoretisches Konstrukt eingeführt und in ein System von Verhaltensaxiomen eingebunden, aus denen sich Aussagen über das Verhalten der Nachfrager ableiten lassen. Der Grenznutzentheorie zur Folge drückt der N. ein nach subjektiven Maßstäben bewertbares und deshalb intersubjektiv nur schwer überprüfbares Maß an Bedürfnisbefriedigung aus. Nach dieser Theorie richten sich ökonomische Wahlhandlungen nach dem N. der Güter, der sich aus der Dringlichkeit der Bedürfnisse und der Knappheit dieser Güter ableiten lässt. Im Kern der mikroökonomischen Theorie steht die N.-Funktion, die den N. in Abhängigkeit von der Gütermenge zeigt. Dieser Analyse liegt das Rationalprinzip als Verhaltensfiktion zugrunde, das von einer gegebenen Bedürfnisstruktur und der N.-Maximierung als individuelle Zielsetzung ausgeht. Dabei lassen sich zwei Strömungen unterscheiden: Während die introspektive Richtung vom Indifferenzkurvenprinzip ausgeht, knüpft die behavioristische Tradition an das beobachtete Verhalten an.

Nutzenfunktion, mikroökonomisches Konstrukt, das den Nutzen in Abhängigkeit von der Gütermenge modelliert.

Nutzenkomponenten, hierbei wird zwischen dem Grundnutzen und dem Zusatznutzen unterschieden. Der Grundnutzen bezieht sich auf die physikalischen, chemischen und technischen (also die funktionalen) Merkmale eines → Produktes. Zusatznutzen erbringt ein Erzeugnis dann, wenn es z.B. durch seine → Markierung oder im Wege der → Werbung seelisch-geistige Bedürfnisse, wie Prestige, Selbstbestätigung, Selbstachtung usw., befriedigt. Die Zweiteilung ist irreführend, da der Zusatznutzen bei vielen Erzeugnissen, z.B. Schmuck, Kleidung, nicht zusätzlich zu sehen ist, sondern im Zentrum der Bedürfnisbefriedigung steht. Daher ist es zweckmäßig zwischen einem Ver- oder Gebrauchsnutzen und dem Geltungsnutzen zu unterscheiden, sofern der Gebrauchsnutzen keinen Imagenutzen vermittelt. Bei ausgereiften Produkten bieten Zusatznutzenkomponenten die Möglichkeit, sie zu differenzieren und damit zu profilieren. Darüber hinaus besitzen die Nachfrager für solche Komponenten im Gegensatz zu den Grundnutzendimensionen eine deutlich höhere Zahlungsbereitschaft.

Nutzenleiter, von Vershofen entwickelt, nimmt die N. ihren Ausgangspunkt in der Unterscheidung zwischen Grund- und Zusatznutzen. Für den Zusatznutzen existiert eine tief gestaffelte Hierarchie. Gemäß diesem Schema lässt sich der geistig-seelische → Nutzen auf der obersten Sprosse der Leiter in den Geltungs- (Nutzen aus der sozialen Sphäre) und Erbauungsnutzen (Nutzen aus der persönlichen Sphäre) zerlegen, wobei die zuletzt genannte Nutzenart in die Komponenten Schaffensfreude (Nutzen aus Leistung) und Zuversicht (Nutzen aus Wertung) zerfällt. Die Zuversicht besteht ihrerseits aus den beiden Nutzenarten Ästhetik (Harmonie) und Transzendenz (Zurechtfindung), wohingegen die unterste Sprosse der Leiter den Nutzen der transzendenten Art in die Elemente Ethik (Ordnung) und Phantasie (Magie) unterteilt. Aus der N. leitet Vershofen eine Heuristik zur Beschreibung des Verhaltens der Nachfrager ab. Je spezieller eine Nutzenart im Sinne des Schemas der Leiter ist, desto stärker beeinflusst sie die Entscheidung. Weil sie die Entscheidung erbringt, ist sie als der ausschlaggebende Hauptnutzen zu bezeichnen. Außerdem wählt der Nachfrager ein mehrere Nutzenarten (z.B. Magie, Zurechtfindung, Zuversicht) stiftendes Gut immer aufgrund der in der Leiter am tiefsten angesiedelten Nutzenkomponente (Magie). So weist z.B. eine bestimmte Kaffeetasse für ein Individuum weniger aufgrund ihrer physikalischen, chemischen oder technischen Beschaffenheit einen sehr hohen Wert auf. Vielmehr ist es die Überzeugung, mit dieser Tasse ließe sich jede schriftliche Prüfung bestehen, die ihr diesen großen Nutzen verleiht.

Nutzenmaximierung, → Nutzen.

Nutzensegmentierung, → Marktsegmentierung.

Nutzenstiftung, → Nutzen.

Nutzentheorie, von Vershofen entwickelte eigenständige Nutzenlehre. Dabei unterscheidet er zwischen zwei Nutzenarten: Jedes Gut stiftet zunächst einen Grundnutzen, der aus den physikalischen, chemischen und technischen Eigenschaften resultiert und gewissermaßen die funktionale Qualität verkörpert. Davon unterscheidet sich der Zusatznutzen, der alle für die Funktionsfähigkeit des Produktes nicht zwingend erforderlichen Extras und → begleitenden Dienste umfasst. *Vgl. auch* → Means-End-Theorie, → Nutzenkomponenten.

Nutzer pro Ausgabe (NpA), *Leser pro Ausgabe. Vgl. auch* → Mediaplanung (2), → Leseranalyse.

Nutzungswahrscheinlichkeit, → Leseranalyse (4).

Nutzwertanalyse, Planungsmethode zur systematischen Vorbereitung von Entscheidungen. Die N. beinhaltet zum einen die Untersuchung alternativer Entscheidungsmöglichkeiten auf ihre Beiträge zu dem mehrdimensionalen Zielsystem des Entscheiders hin, zum anderen eine Ordnung der Alternativen entsprechend ihres jeweiligen Nutzwertes. Unter Nutzwert ist dabei ein zahlenmäßiger Ausdruck für den subjektiven Wert einer Entscheidung hinsichtlich des Erreichens vorgegebener Ziele zu verstehen. Die N. beginnt mit einer subjektiven Einschätzung der relativen Bedeutung der jeweiligen Zielkriterien. Anschließend erfolgt eine Bewertung der Zielerreichung jeder Handlungsalternative für jedes einzelne Zielkriterium. Die so ermittelten Teilnutzen werden entsprechend der relativen Bedeutung gewichtet und zu dem Gesamtnutzen der Handlungsalternative aggregiert. N. werden insbesondere dann zur Lösung herangezogen, wenn die relevanten Zielwirkungen der Entscheidungsalternativen nicht monetär fassbar sind, wie dies z.B. häufig bei der Auswahl komplexer Projektalternativen der Fall ist. Da die Durchführung von N. mit erheblichen Aufwand verbunden ist, sollte ihre Anwendung dementsprechend auf komplexe Großprojekte mit einer Vielzahl entscheidungsrelevanter, nicht direkt fassbarer Konsequenzen beschränkt bleiben.

O

Ö.B.U. (Vereinigung für ökologisch bewusste Unternehmensführung), → Umweltorientierte Unternehmensverbände und -vereine.

Objektivität, → Gütemaße.

Objektorientierung, bezeichnet eine Gestaltung der Organisation, bei der die Abgrenzung von Geschäftseinheiten objektorientiert erfolgt: Die organisationalen Teileinheiten (Sparten) werden nach den Objekten Produkte (→ Produktorientierung), Kunden (→ Kundenorientierung) oder Gebieten (→ Regionenorientierung) differenziert. Bei dieser Organisationsform werden also nicht bestimmte ähnliche Aktivitäten wie Produktion oder Verkaufen gebündelt. Stattdessen werden verschiedenartige Aktivitäten zusammengefasst, die für die Bearbeitung des gleichen Objektes notwendig sind. Ziel dieser Bündelung von Aktivitäten ist die gezielte Betreuung von Objekten wie bestimmter Sortimentsbestandteile, wichtiger Kundengruppen oder einzelner Regionen.

Obsoleszenz, *negativer Carryover*. Eine hohe O. bedeutet, dass das Nachfragepotenzial für ein Produkt schnell verfällt. Dies ist z.B. bei Modeartikeln der Fall. O. findet auch in der Marktsättigung ihre Begründung. Bei vielen langlebigen Gebrauchsgütern ist davon auszugehen, dass sie in den nächsten Perioden nicht zum Wiederkauf führen. Hohe O. spricht für → Skimming Pricing.

Odd Pricing, eine auf dem sog. → Preisendzifferneffekt beruhende Preispolitik gebrochener Preise. Der Preis wird meist als ungerade Zahl knapp unterhalb einer bestimmten Preishöhe festgelegt (z.B. 19,99 EUR statt 20 EUR). Dabei wird die These verfolgt, dass ungerade Preise als günstiger empfunden werden als runde Preise, da sie als knapper kalkuliert scheinen. Eine andere Vorstellung vertritt man beim → Even Pricing (→ Preisendzifferneffekt).

OECD, → Organisation for Economic Cooperation and Development.

Offene Frage, Frage eines Fragebogens, der keine vorgegebenen Antworten zugeordnet sind. Der Proband muss die Frage mit seinen Worten beantworten. → Fragearten.

Öffentlichkeitsarbeit, → Public Relations.

Offline-System, Stand-Alone-System → Multimedia-System.

Off-Price-Store, ursprünglich aus dem US-amerikanischen Raum stammende → Betriebsform des → Einzelhandels. In einem O.-P.-S. werden häufig Überhang-, Auslauf- und/oder Zweite-Wahl-Waren bekannter Markenprodukte mittlerer bis hoher Qualität zu dauerhaft niedrigen Preisen angeboten. Die Preisabschläge können bis zu 80 % des ursprünglichen Preisniveaus der Markenprodukte betragen. O.-P.-S. sind vor allem im Textilbereich weit verbreitet. Sie sind meist außerhalb der traditionellen Einkaufszentren an verkehrsgünstigen Standorten gelegen.

Öko-Bilanz, wird mit dem Ziel erstellt, durch eine systematische Erfassung und Bewertung potenzieller Umwelteinwirkungen von Stoffen, Produkten und Verfahren ökologische Schwachstellen im Unternehmen sowie Möglichkeiten ihrer Beseitigung zu erkennen. Die Ö.-B. ist ein → ökologieorientiertes Planungsinstrument sowie ein Instrument des → Öko-Controlling.

I. Begriff: Es handelt sich bei der Ö.-B. um eine systematische Erfassung und Gegenüberstellung (Bilanzierung) von objektbezogenen (Stoffe, Produkte, Prozesse) Ressourcenverbräuchen (Inputfaktoren) und Umweltbelastungskategorien (Outputfaktoren) zur Abbildung und Bewertung umweltrelevanter betrieblicher Prozesse und Zustände. Im Gegensatz zum Bilanzbegriff des externen Rechnungswesens – Bilanz als zeitpunktbezogene Gegenüberstellung von Vermögen (Aktiva) und Kapital (Passiva) – ist eine Saldierung im Rahmen der Ö.-B. nicht erforderlich und wegen schwieriger Mess- und Bewertungsprobleme oft nicht möglich. Gemäß dem ersten Hauptsatz der Thermodynamik wird davon ausgegangen, dass alle eingebrachten Ressourcen im Output, wenn auch in anderen Formen und Zuständen, nachzuweisen sind. Darüber hinaus erfasst die Ö.-B. vorwiegend Fluss- bzw. Strömungsgrößen (z.B. → Stoff- und Energiebilanzen) und seltener Bestandsgrößen (z.B. Altlasten). Zur Erstellung einer Ö.-B. müssen die Bilanzgrenze (Bilanzierungsraum, Zeitraum) und die Bilanzierungsmethode festgelegt werden (vgl. Abb. „Systematik einer Öko-Bilanz").

Input	Output
Güter und Materialien ➢Rohstoffe ➢Hilfsstoffe ➢Betriebsstoffe ➢Wasser ➢Luft Energien ➢Elektrische Energie ➢Thermische Energie Bodenversiegelung	Stoffliche Emissionen ➢Abfall/Sekundärstoffe ➢Abwasser ➢Abluft Konsumgüter Verpackungen Energetische Emissionen ➢Abwärme ➢Lärm

Systematik einer Öko-Bilanz

II. Merkmale: Erfassung aller umweltrelevanten Stoff- und Energieströme und objektbezogene Darstellung in einem Input-Output-Tableau. Analyse und Bewertung der mit diesen Strömen verbundenen Umwelteinwirkungen mittels bestimmter → Methoden der Öko-Bilanzierung.

III. Abgrenzung zu anderen Begriffen: (1) Die ökologische Buchhaltung ist eine der betrieblichen Buchhaltung angelehnte Methode, die verschiedene Umwelteinwirkungen eines Unternehmens einheitlich mit ökologischen Rechnungseinheiten auf speziellen Konten erfasst. Dazu werden die in physikalischen Maßeinheiten erfassten Ressourcenverbräuche mit ihren jeweiligen Äquivalenzkoeffizienten, die ein Maß für die ökologische Knappheit darstellen, multipliziert. Die so bestimmten einzelnen ökologischen Rechnungseinheiten können addiert und durch einen Gesamtbelastungswert repräsentiert werden. Für das Kernproblem dieser Methode, die Bestimmung der pro Verbrauchseinheit definierten Äquivalenzkoeffizienten, hat das Schweizerische Bundesamt für Umwelt, Wald und Landschaft (BUWAL) eine auf offizielle Grenzwerte bezogene Methodik entwickelt (→ Methoden der Öko-Bilanzierung). (2) Die Produktlinienanalyse (PLA) erfasst nicht nur die Umwelteinwirkungen eines Unternehmens, sondern auch gesellschaftliche und wirtschaftliche Konsequenzen betrieblichen Handelns. Kernstück dieser Methode ist eine Produktlinienmatrix, die zur Bewertung der jeweiligen Konsequenzen (Horizontalbetrachtung) in bestimmten Lebenszyklusphasen (*vgl. auch* → Lebenszyklusmodelle) herangezogen wird. Wegen schwer wiegender Bewertungsprobleme erfolgt allerdings keine Qualifizierung der jeweiligen ökologischen, sozialen und ökonomischen Einwirkungen.

IV. Ziele: Die Öko-Bilanzierung zielt auf die ökologische Schwachstellenanalyse. Es handelt sich insofern um eine Methode der strategischen Öko-Planung (→ Marktorientiertes Umweltmanagement). Darüber hinaus liefert die Ö.-B. wertvolle Hinweise auf vorhandene Kostensenkungspotenziale durch Produkt- und Prozessoptimierung. Untersuchungen besagen, dass mit Hilfe der Ö.-B. bis zu ein Prozent der Kosten p.a. eingespart werden können.

V. Darstellung des Modells: Nach dem Schema des Umweltbundesamtes (UBA) erfolgt die Erstellung einer Ö.-B. in drei Phasen: (1) Ermittlung und Darstellung der Stoff- und Energieströme (→ Stoff- und Energiebilanzen) für Betriebe, Prozesse und Produkte anhand geeigneter Kennwerte im Rahmen eines Input-Output-Tableaus (Sachbilanz); (2) Feststellung der globalen, regionalen und lokalen Umwelteinwirkungen auf Basis einschlägiger Kriterien (Wirkungsbilanz); (3) nachvollziehbare und einem Vergleich zugängliche Bewertung der ermittelten Umweltbelastungen.

VI. Beurteilung: Erhebliche Probleme ergeben sich bei der Beschaffung von betrieblichen Daten zu Mengen, Zusammensetzungen und physikalisch-chemischen Eigenschaften von Rohstoffen, Energie-, Emissions- und Abfallströmen sowie Abwasserfrachten. Darüber hinaus fehlen oft wissenschaftliche Grundlagen zur Wirkungsanalyse und für die Bewertung steht keine allgemein anerkannte und standardisierte Methodik zur Verfügung (→ Methoden der Öko-Bilanzierung).

Öko-Checklisten, *Umwelt-Checklisten*; → Ökologieorientierte Planungsinstrumente.

Öko-Controlling, *Umwelt-Controlling, Environmental Controlling*; uneinheitlich verwendeter Begriff, der sowohl mit einzelnen → ökologieorientierten Planungsinstrumenten gleichgesetzt als auch als Sammelbegriff bzw. Oberbegriff für diese Instrumente verwandt wird.

I. Begriff: Das Ö.-C. stellt eine Ergänzung bzw. Erweiterung des allgemeinen betrieblichen Controlling durch umweltbezogene Aspekte dar. Es handelt sich insofern um den Teil des → marktorientierten Umweltmanagements, der die Bereitstellung von entscheidungsrelevanten Daten zur Steuerung, Koordination, Planung und Kontrolle aller auf den Umweltschutz gerichteten Aktivitäten eines Unternehmens zur Aufgabe hat.

II. Merkmale: Im Mittelpunkt des Ö.-C. stehen Koordinations- sowie Informationsversorgungs- und -verwendungsaufgaben. Koordinationsaufgaben können in systembildende (Schaffung von aufbau- und ablauforganisatorischen Strukturen und Prozessen) und systemkoppelnde (wechselseitige Abstimmungs- und Integrationsaktivitäten zwischen einzelnen Teilsystemen) unterschieden werden (vgl. Abb. „Öko-Controlling als Teil des Umweltmanagements“). Darüber hinaus erfasst die Koordination sowohl unternehmensinterne als auch unternehmensexterne Vorgänge. Zur Erfüllung der Koordinationsaufgaben müssen betriebliche Informationsflüsse abgestimmt sowie geeignete Methoden und Instrumente der → Datenerfassung und -dokumentation bereitgestellt werden (→ Umweltinformationssystem, betriebliches).

III. Ziele: Das Strategische Ö.-C. zielt auf die Früherkennung marktlicher Chancen (→ Marktorientiertes Umweltmanagement) und betrieblicher Risiken (→ Ökologisches Risikomanagement) im Umweltschutz sowie auf eine Verbesserung der Beziehungen des Unternehmens zu seinen → ökologischen Anspruchsgruppen durch Veröffentlichung betrieblicher Daten zum Umweltschutz. Darüber hinaus müssen gesetzliche Informations- und Dokumentationspflichten erfüllt werden. Im operativen Bereich geht es um die Unterstützung bei der Implementierung von ökologischen Planungs- und Kontrollinstrumenten (→ Ökologieorientierte Planungsinstrumente) wie beispielsweise die Öko-Bilanzierung.

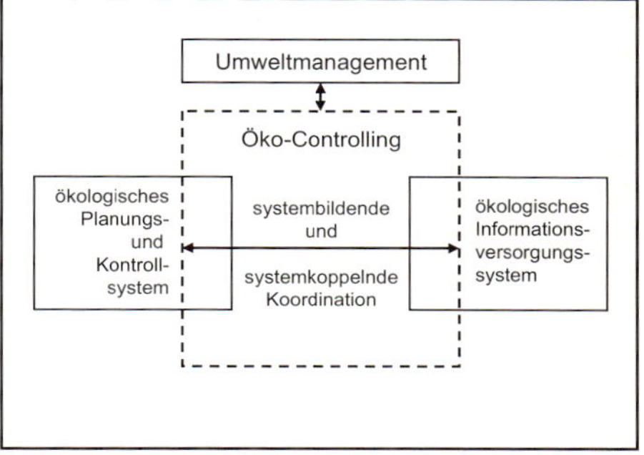

Öko-Controlling als Teil des Umweltmanagements

Öko-Design, → Ökologieorientierte Produktpolitik, → Umweltfreundliche Konsumgüter.

Öko-F&E, ist ein zielgerichteter Prozess zur Generierung neuer naturwissenschaftlicher, technischer, organisatorischer oder sozialwissenschaftlicher Lösungen von → Umweltproblemen.

I. Begriff: Das Öko-F&E kommerzieller Unternehmen konzentriert sich auf die Entwicklung von umweltverträglichen Verfahrens- und Produktinnovationen (→ umweltfreundliche Konsumgüter) im Spannungsfeld zwischen gesetzlichen Vorgaben (→ Umweltgesetze) und marktlichen Anforderungen (Ökologie-Pull).

II. Ziel: Umweltgerechte Gestaltung von Produkten und Produktionsverfahren im Sinne einer erweiterten Produktverantwortung (→ Product Stewardship) und im Konzept eines integralen Umweltschutzes von der Entstehung bis zur Entsorgung.

III. Merkmale: Kriterien des Öko-F&E erfassen sowohl ökonomische (z.B. Investitionsvolumen) als auch ökologische und soziale Aspekte (z.B. Umweltverträglichkeit, Arbeitsschutz). Die Lebenszyklusbetrachtung liefert eine Vielzahl von Ansätzen für eine ökologieorientierte Forschung und Entwicklung (*vgl. auch* → Lebenszyklusmodelle).

IV. Maßnahmen: (1) F&E für Produkte: a) Entwicklung ressourcenschonender und recyclebarer Werkstoffe (z.B. Nutzung nachwachsender Rohstoffe, Reduktion der Werkstoffvielfalt), b) Entwicklungen im Leichtbau (z.B. Automobilindustrie durch Einsatz von Aluminium und Magnesium), c) Verbundstoffe (z.B. Entwicklung von miteinander verträglichen Werkstoffpaaren), d) Modulare Bauteilstrukturen (z.B. zerlege-, demontage- und wartungsgerechte Produktstrukturen), e) Einsatz von Naturstoffen.(2) F&E für Verfahren: a) Schaffung interner Stoffkreisläufe, b) Vermeidung von Produktionsabfall und schädlichen Emissionen, c) Optimierung von Transportwegen.

Öko-Führerschaft, → Ökologieorientierte Marketingstrategien, → Umweltschutzstrategien.

Öko-Image, → Ökologieorientierte Marketingstrategien.

Öko-Kooperation, → Ökologische Anspruchsgruppen, → Ökologieorientierte Verpackungspolitik, → Redistributionspolitik, → Umweltschutzstrategien.

Ökologie, beschäftigt sich als Teildisziplin der Biologie mit den Wechselbeziehungen und Wirkungen zwischen Leben und Natur. Ökologie kann als Lehre von den Anpassungen der Organismen an ihre Umweltbedingungen definiert werden. Die ökologische Umwelt ist ein System, das die Umweltmedien Wasser, Luft und Boden, alle Lebewesen und ihre Lebensräume umfasst und aus einer Vielzahl im Gleichgewicht befindlicher Ökosysteme besteht. Die ökologische Umwelt übernimmt eine Versorgungsfunktion (Bereitstellung natürlicher Ressourcen zur Befriedigung der Elementarbedürfnisse der Menschen), eine Trägerfunktion (Aufnahme von Emissionen und Abfällen) sowie eine Regelungsfunktion (Erhaltung des ökologischen Gleichgewichts).

Ökologieorientierte Distribution. I. Begriff: Die Ö.D. umfasst im → ökologischen Marketing alle Entscheidungen der Versorgung nachgelagerter → Vertriebsstufen und des Endverbrauchers mit den Leistungen des Unternehmens unter ökologischen Kriterien. Dazu gehören insbesondere die Wahl der Absatzwege und die Durchsetzung ökologischer Standards im Absatzkanal sowie die → Logistik.

II. Maßnahmen: Ökologieorientierte logistische Konzepte zielen auf den Einsatz umweltfreundlicher und sicherer Transportmittel, eine effektivere Transportmittelausnutzung sowie auf eine Reduzierung bzw. Optimierung erforderlicher Verkehrsströme. Durch die Einrichtung von Güterverteilzentren in der Nähe städtischer Ballungsräume erfolgt die Optimierung durch eine Bündelung von Warenströmen (City-Logistik).

Ökologieorientierte Kommunikationspolitik, umfasst im → ökologischen Marketing den Einsatz aller → Kommunikationsinstrumente eines Unternehmens zur zielgruppenorientierten Darstellung des Umweltschutzverhaltens des Unternehmens und der Umweltverträglichkeit der angebotenen Produkte und Dienstleistungen.

I. Begriff: Die Ö.K. richtet sich an die Marktteilnehmer (Marktkommunikation), die Öffentlichkeit (Public Relations) und an die eigenen Mitarbeiter (interne Kommunikation). Dabei kann es sich sowohl um Maßnahmen der → Massenkommunikation (z.B. → Öko-Werbung, → Umweltsponsoring) als auch der → Individualkommunikation (z.B. Kundendialog) handeln. Das Umweltkommunikationskonzept besteht aus einer → Situationsanalyse, den → Kommunikationszielen, der → Zielgruppenanalyse, der Festlegung von ökologieorientierten → Kommunikationsstrategien sowie der Erfolgskontrolle.

II. Ziele: Die Ö.K. zielt insbesondere auf die Schaffung von → Glaubwürdigkeit und den Aufbau von → Vertrauen bei den Konsumenten und in der Öffentlichkeit (→ Umweltfreundliches Konsumentenverhalten). Bei der internen Öko-Kommunikation geht es um die Information, Schulung und Motivation der Mitarbeiter.

III. Maßnahmen bzw. Instrumente: (1) Interne Umweltschutzkommunikation, (2) → Öko-Werbung und Verwendung von → Umweltzeichen, (3) → Umweltsponsoring, (4) Ökologieorientierte → Öffentlichkeitsarbeit (Umweltberichte, Nachhaltigkeitsberichte), (5) Umweltdialog, (6) Krisenkommunikation (→ Ökologisches Krisenmanagement).

Ökologieorientierte Marketingstrategie. Beinhaltet mittel- bis langfristig angelegte Grundsatzentscheidungen zur ökologieorientierten Profilierung von Produkten und Unternehmen im Markt und in der Gesellschaft im Rahmen des → ökologischen Marketing. Damit wird ein Rahmen vorgegeben, mit welchen Mitteln bzw. Maßnahmen die ökologischen → Marketingziele erreicht werden sollen.

I. Begriff und Merkmale: Ö.M. können sich auf den Markt sowie auf die Gesellschaft richten und entweder defensiv oder offensiv den Umweltschutz integrieren (→ Umweltschutzstrategien). Während defensive ökologische Marketingstrategien den Umweltschutz stärker als Risiko oder notwendiges Übel und weniger als Chance begreifen, sind offensive Öko-Strategien chancen- und kundenorientiert (→ Marktorientiertes Umweltmanagement). Auf den Markt gerichtete Ö.M. können sowohl auf eine Steigerung der Ressourceneffizienz (z.B. Erschließen von Kostensenkungspotenzialen) als auch auf die Entwicklung von Umweltmärkten (→ Ökologieorientierte Marktsegmentierung) und die Vermarktung von umweltverträglichen Produkten (→ umweltfreundliche Konsumgüter) und → Dienstleistungen (z.B. Öko-Leasing, Product Sharing) zielen. Prinzipiell kommen auch die Porterschen → Wettbewerbsstrategien der Qualitätsführerschaft (Öko-Führerschaft), der Kostenführerschaft und der Nischenstrategie für das ökologieorientierte Marketing in Betracht. Ein weiteres wichtiges Strategiefeld stellt die Abstimmung und Koordination der Umweltschutzaktivitäten der Hersteller mit denen des → Handels dar (vertikales Öko-Marketing). Der Handel besetzt oftmals die Position des Vermittlers zwischen Hersteller und Konsument (→ Ökologischer Gatekeeper) und kann deshalb die Vermarktung → umweltfreundlicher Konsumgüter fördern, behindern oder sogar blockieren. Gesellschaftsbezogene Öko-Strategien richten sich defensiv (z.B. Selbstverpflichtungsabkommen) oder offensiv (z.B. Eintreten für die ökologische Steuerreform) auf eine ökologische Profilierung und Positionierung des Unternehmens bzw. einer ganzen Branche in der Öffentlichkeit. Im Gegensatz zum Anspruch des → ökologischen Marketing stehen Strategien, die sich gegen den Umweltschutz wenden bzw. diesbezügliche Forderungen von Konsumenten und Öffentlichkeit bewusst ignorieren.

II. Probleme: Die Erfolge der Praxis mit der Vermarktung umweltverträglicher Produkte und Dienstleistungen an Endverbraucher sind insgesamt recht enttäuschend, obwohl ein sehr großer Anteil der bundesrepublikanischen Bevölkerung als umweltbewusst eingeschätzt wird (→ Umweltbewusstsein). Hierzu kann das soziale Dilemma eine einleuchtende Erklärung bieten (→ Umweltdilemma, soziales Dilemma): Der umweltfreundliche Konsument trägt persönlich die Kosten für seinen Beitrag zum Umweltschutz (z.B. höherer Preis von Strom aus regenerativen Quellen), in den Genuss einer besseren Umweltqualität (z.B. Reduzierung der CO_2-Belastung der Atmosphäre) kommen aber alle, insbesondere auch diejenigen, die keinen Beitrag zum Umweltschutz leisten und denen somit auch keine persönlichen Kosten entstehen. Deshalb können im Umweltverhalten unterschiedliche Spielarten opportunistischen Verhaltens, sog. Trittbrettfahrerproblem, festgestellt werden (*vgl. auch* → Verhalten, opportunistisches). Es lassen sich vier Basisstrategien des Öko-Marketing ableiten (vgl. Abb. „Basisstrategien des Öko-Marketing).

Anreizschwerpunkte / Strategietyp	Nutzenanreiz	Kostenanreiz
Durch zusätzliche Anreize umweltverträgliches Konsumverhalten fördern	Persönlichen Nutzen des umweltfreundlichen Konsums erhöhen! (11)	Persönliche Kosten des umweltfreundlichen Konsums senken! (12)
Beschränkungen opportunistischer Konsumstile	Persönlichen Nutzen opportunistischer Konsumstile verringern! (21)	Persönliche Kosten opportunistischer Konsumstile erhöhen! (22)

Basisstrategien des Öko-Marketing

Im Strategiefeld der Vierfeldermatrix zielt Strategie (11) darauf, den Individualnutzen dadurch zu erhöhen, dass im Verbund mit dem Umweltnutzen eines Produktes dem Konsumenten Zusätzliches angeboten wird, was diesem, und keinem anderen, unmittelbar persönlich zugute kommt. Individuell nutzbare Zusatzleistungen umweltfreundlicher Produkte sind z.B. Förderung der Gesundheit (z.B. Lebensmittel aus ökologisch-kontrolliertem Anbau), soziale Anerkennung (z.B. Recycling) und → Image (z.B. Textstreifen zur Kennzeichnung von Kat-Pkw). Die Strategie (12) zielt auf eine konsequente Reduktion persönlicher Kosten → umweltfreundliches Konsumentenverhalten. Im Rahmen eines → ökologischen Marketing können Preisnachteile → umweltfreundlicher Konsumgüter in begrenztem Umfang abgebaut bzw. durch verschiedene Formen der → Mischkalkulation und → Preisdifferenzierung (→ Ökologieorientierte Preispolitik) ausgeglichen werden. → Umweltfreundliches Konsumentenverhalten kann in Dilemma-Situationen nicht nur durch zusätzliche Anreize, sondern in gleicher Weise durch eine Beschränkung opportunistischer Konsumstile gefördert werden. Das kann zum einen durch eine Verringerung des Nutzens opportunistischer Konsumalternativen erreicht (Strategie (21): z.B. ökologieorientiertes Demarketing) und zum anderen können die Kosten opportunistischer Konsumalternativen gezielt erhöht werden (Strategie (22)).

III. Aktuelle Entwicklungen: Eine am Institut für Marketing der Universität Münster zweimal, 1988 und 1994, durchgeführte empirische Studie zu umweltorientierten Strategien deutscher Unternehmen konnte drei, über die Jahre stabile strategische Grundausrichtungen im → ökologischen Marketing, die innovative, selektive und passive Öko-Strategie sowie einen Strategiewechsel von einer innengerichteten zu einer folgerorientierten Strategie, feststellen. Die Öko-Innovatoren sind die Pioniere auf diesem Feld. Sie agieren sowohl nach innen als auch nach außen auf dem Markt und auf die Gesellschaft gerichtet mit innovativen Lösungen zum Schutze der Umwelt. Bei ökologisch selektiv handelnden Unternehmen überlagern sich offensive und defensive ökologieorientierte Strategieansätze und Maßnahmen (Ecological Piecemeal Initiatives). Passive Unternehmen setzen sich nicht aktiv mit Umweltschutzanforderungen auseinander. Die zunächst auf einen nach innen gerichteten Umweltschutz orientierten Unternehmen haben sich im Verlauf des Untersuchungszeitraumes zunehmend auf die Umweltschutzherausforderungen der Märkte konzentriert und folgen somit den Öko-Pionieren. Während der Anteil der ökologisch innovativen Unternehmen von 1988 (22 Prozent) bis 1994 (20 Prozent) nahezu konstant blieb, stieg der Anteil der ökologisch selektiv agierenden Unternehmen von 20 Prozent auf 25 Prozent an. Unternehmen mit passiven Öko-Strategien reduzierten sich von 30 Prozent auf 25 Prozent.

Ökologieorientierte Marktsegmentierung, ist ein zentraler Bestandteil der ökologieorientierten strategischen → Marketingplanung und dient der Entwicklung von erfolgreichen → ökologieorientierten Marketingstrategien.

I. Begriff: Die Ö.M. hat die Identifikation, Bildung und Beschreibung von ökologieorientierten Teilmärkten (Markterfassung), deren Bewertung und Auswahl (→ Marktauswahl) sowie die Festlegung von → ökologieorientierten Marketingstrategien und -maßnahmen der → Marktbearbeitung für einzelne Segmente zur Aufgabe (*vgl. auch* → Marktsegmentierung). Im Rahmen der Markterfassung erfolgt eine Zerlegung des Marktes in Käufergruppen (Marktsegmente), die ähnlich und von anderen Käufergruppen deutlich unterscheidbar den Umweltschutz bewerten und auf den Einsatz ökologieorientierter marketingpolitischer Instrumente (→ Ökologisches Marketing) reagieren.

II. Merkmale: Zur Bildung und Beschreibung von ökologieorientierten Marktsegmenten werden ausgewählte demographische, psychographische und konsumverhaltensorientierte Merkmale der Käufer (→ Segmentierungsmerkmale) verwendet. Die → Gesellschaft für Konsumforschung Nürnberg (GfK) ermittelt seit 1985 regelmäßig verschiedene umweltfreundliche Konsumententypen (→ Umweltbewusstsein).

III. Maßnahmen: Es können verschiedene Marktsegmentierungsstrategien eingeschlagen werden: (1) nur das Segment umweltbewusster Konsumenten wird bearbeitet; (2) Spezialisierung auf ein → umweltfreundliches Konsumgut für verschiedene Käufergruppen; (3) differenziertes Angebot umweltverträglicher Produkte für verschiedene Käufergruppen.

Ökologieorientierte Planungsinstrumente, dienen als methodische Unterstützung der strategischen, ökologieorientierten → Unternehmensplanung, die darauf gerichtet ist, umweltbezogene Erfolgspotenziale aufzudecken und in → Wettbewerbsvorteile umzusetzen.

I. Begriff: Ö.P. werden zur frühzeitigen Analyse unternehmensinterner Potenziale (ökologische Stärken/Schwächen) und -externer Entwicklungen (ökologische Chancen/Risiken) mit dem Ziel eingesetzt, geeignete Strategien und Maßnahmen zur Zielerreichung abzuleiten und zu implementieren.

II. Merkmale: Mit Hilfe der Instrumente des operativen Umweltmanagements (z.B. Öko-Checklisten, → Öko-Bilanzen) sowie dem → Öko-Controlling können ökologische Probleme (Schwächen) und Potenziale (Stärken) identifiziert und mit denjenigen der Konkurrenz (externe Analyse, Öko-Benchmarking) verglichen werden. Die Darstellung der Ergebnisse erfolgt durch ein ökologieorientiertes Stärken-Schwächen-Profil.

III. Instrumente: (1) Die → Szenario-Technik ist ein sehr aussagekräftiges, aber auch recht aufwendiges Instrument, das in der ökologieorientierten → Unternehmensplanung eingesetzt werden kann. Szenarien sind hypothetische Folgen von durch Wirkgrößen bestimmte Ereignisse. Sie bündeln die vielfältigsten Umfeldeinflüsse zu möglichen Zukunftsbildern und dienen dazu, kausale Prozesse zu erkennen. Die mit der Betrachtungszeit zunehmende Unsicherheit zukünftiger Entwicklungen wird durch den Szenariotrichter dargestellt, dessen Grenzen durch Best-Case- und Worst-Case-Betrachtungen festgelegt sind. (2) Das phasenorientierte → Lebenszyklusmodell gesellschaftlicher Anliegen beschreibt die Diffusion öffentlichkeitswirksamer Umweltschutzthemen in Markt und Gesellschaft. Dadurch ergeben sich Möglichkeiten, rechtzeitig Chancen und Risiken für das Unternehmen zu erkennen. (3) Die Cross-Impact-Analyse zielt darauf, externe, auf den Umweltschutz bezogene Entwicklungen (Öko-Impacts) zu erkennen und deren Wirkung auf einzelne Unternehmensbereiche (z.B. → Strategische Geschäftsfelder) abzuschätzen. Hiermit ist es möglich, einerseits die am stärksten betroffenen Unternehmensbereiche und andererseits die Umwelteinflüsse zu bestimmen, von denen das Unternehmen insgesamt am stärksten betroffen ist. Zusammengefasst wird die ökologieorientierte Potenzial- und Umfeldanalyse als Öko-→ SWOT-Analyse (Strength, Weaknesses, Opportunities, Threats) bezeichnet. Eine Zusammenfassung beider Analyserichtungen erfolgt im Rahmen der Portfoliotechnik (→ Portfolio-Modell): Produkte, Prozesse oder Strategische Geschäftseinheiten werden im zweidimensionalen Raum entlang einer die unternehmensexternen Bedingungen zusammenfassenden Dimension (Umweltdimension) sowie einer die unternehmensinterne Situation widerspiegelnden Dimension (Unternehmensdimension) positioniert. Während die Umweltdimension ausdrückt, welche Chancen durch marktorientiertes Umweltmanagement ergriffen bzw. welche Risiken vermieden werden können, erfasst die Unternehmensdimension die ökologische Leistungsfähigkeit des Unternehmens (vgl. Abb. „Öko-Portfolio“).

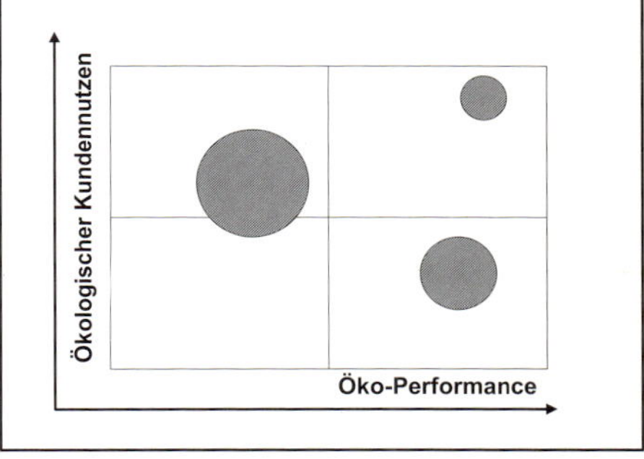

Öko-Portfolio

Die Umweltdimension kann beispielsweise durch den ökologischen → Kundennutzen und die Unternehmensdimension durch die Öko-Performance (ökologische Leistungsfähigkeit) des Unternehmens operationalisiert werden. Die Darstellung der Analyseeinheiten erfolgt in einer durch beide Dimensionen definierten Vierfelder-Matrix durch Kreise, deren Größe ein Maß für die Bedeutung der jeweiligen Einheit ist (z.B. → Marktpotenzial für ein bestimmtes umweltverträgliches Produkt). In einem zweiten Schritt werden in Abhängigkeit der jeweiligen Felder, in denen Produkte, Prozesse oder Strategische Geschäftseinheiten positioniert sind, Normstrategien zur Realisierung eines Soll-Portfolios abgeleitet bzw. empfohlen (*vgl. auch* → Portfolioanlayse).

Ökologieorientierte Portfolioanalyse, → Ökologieorientierte Planungsinstrumente.

Ökologieorientierte Preispolitik. I. Begriff: Die Ö.P. umfasst alle Entscheidungen im → ökologischen Marketing bzgl. der Festsetzung und zeitlichen Veränderung von Einzelpreisen und Konditionen (Rabatte, Boni, Skonto) sowie die preisliche Programmabstimmung unter ökologischen Kriterien. → Umweltfreundliche Konsumgüter müssen entweder zu vergleichbaren Preisen angeboten werden wie herkömmliche Produkte oder höhere Preise müssen durch die Profilierung eines herausragenden ökologischen Produktnutzens abgesichert werden, um erfolgreich zu sein (→ Ökologieorientierte Marketingstrategien, → Umweltschutzstrategien). Auch umweltbewusste Konsumenten sind kaum bereit, höhere Preise für Öko-Produkte zu bezahlen (→ Umweltfreundliches Konsumentenverhalten); *vgl. auch* → Preispolitik.

II. Maßnahmen: (1) ökologieorientierte → Preisdifferenzierung, (2) preisliche Anreize zur Rückgabe von Altprodukten, (3) → Mischkalkulation zugunsten ökologischer Produkte und (4) wettbewerbsfähige Miet- und Leasingangebote.

Ökologieorientierte Produktpolitik, umfasst im → ökologischen Marketing die Gestaltung von Produkten und Serviceleistungen und deren Zusammenstellung zu einem Programm bzw. Sortiment unter ökologischen Kriterien (→ Öko-Design).

I. Begriff: Ö.P. zielt auf die Entwicklung und Konstruktion → umweltfreundlicher Konsumgüter und Verpackungen (→ Ökologieorientierte Verpackungspolitik) nach dem „von-der-Wiege-bis-zur-Bahre“-Prinzip (Cradle-to-Grave) sowie auf die Schaffung von → Öko-Marken und Öko-Sortimenten.

II. Merkmale: Grundlage der Ö.P. ist die Übernahme einer den vollständigen → Produktlebenszyklus umfassenden Verantwortung der Unternehmung für die Gesundheits- und Umweltverträglichkeit hergestellter und vermarkteter Produkte und Dienstleistungen (→ Brand/Product Stewardship). Die Produktverantwortung ist nach § 22 KrW-/AbfG (→ Kreislaufwirtschafts- und Abfallgesetz) ein zentrales Prinzip der → Kreislaufwirtschaft. Ö. P. findet statt im Spannungsfeld umweltorientierter Gesetzgebung und Verordnungen auf nationaler und europäischer Ebene (Ökologie-Push) und einer ökologieorientierten Nachfrage (Ökologie-Pull).

III. Ziele: Entwicklung von ökologisch hoch effizienten Produkten, die zu einer vergleichbaren → Qualität und zu einem vergleichbaren Preis wie konventionelle Produkte angeboten werden können.

IV. Maßnahmen und Instrumente: (1) ökologieorientierter Materialeinsatz: a) Minimierung des Material- und Energieeinsatzes und Einsatz von Sekundärrohstoffen (→ MIPS; VDI-Richtlinie 4600 zur Ermittlung des kumulierten Energieaufwands), b) Substitution ökologisch bedenklicher durch unbedenkliche Materialien, c) Materialvielfalt reduzieren und Verbundstoffe vermeiden, d) Materialkennzeichnung, e) Dematerialisierung (z.B. Produkt-Sharing und Produkt-Leasing); (2) Kreislaufgerechtes Design: a) recyclinggerechtes Konstruieren (Design for Recycability, z.B. VDI-Richtlinie 2243), b) demontagegerechtes Design (Design for Disassembly), c) interne Kreislaufführung; (3) Langlebigkeit: a) modulares Design, so dass ein späteres Nach- bzw. Hochrüsten auf den neuesten technologischen Standard möglich ist, b) Mehrfachnutzungs- und Mehrfachverwendungskonzepte (Mehrwegverpackungen, Refillsysteme), c) Dauerhaftigkeit erhöhen (Design for Durability), u.a. durch Instandhaltung, Erhöhung der Zuverlässigkeit, Korrosionsbeständigkeit, geringe Verschleißanfälligkeit, Reparaturfreundlichkeit, Möglichkeit des Austausches von Verschleißteilen, → ökologieorientierter Kundendienst; (4) Umweltverträgliche Produktnutzung: Vermeidung einer nicht bestimmungsgemäßen, umweltbelastenden Produktnutzung durch Information (Gebrauchsanleitung, Produktkennzeichnung), Aufklärung und Schulung von Konsumenten sowie durch Servicedienste.

Ökologieorientierte Sortimentspolitik, → Ökologieorientierte Produktpolitik.

Ökologieorientierte Verpackungspolitik, umfasst im → ökologischen Marketing alle Entscheidungen hinsichtlich der Umhüllung (→ Packung) von Produkten unter ökologischen Kriterien. Ziel ist es, ohne die klassischen Funktionen der Verpackung (z.B. Transportschutz) zu beeinträchtigen, Verpackungsmittel zu vermeiden bzw. zu reduzieren und nur solche Materialien zu verwenden, die recycelt bzw. umweltschonend entsorgt werden können. Die Verpackungsgestaltung ist einerseits gesetzlichen Normen (z.B. → Verpackungsverordnung mit dem → Dualen System Deutschland, DSD) und andererseits Anforderungen des Handels unterworfen. Kooperationen mit dem Handel dienen dazu, das Verpackungsabfallaufkommen zu reduzieren und den anfallenden Abfall möglichst mittels Redistributionssystemen der Wiederverwertung bzw. Weiterverwendung (→ Redistributionspolitik) zuzuführen.

Ökologieorientierter Kundendienst, ist eine immaterielle, die Primärleistung unterstützende → Serviceleistung im → ökologischen Marketing und richtet sich auf die Steigerung des ökologischen → Kundennutzens der Primärleistung. Maßnahmen sind: (1) Beratung zur sach- und umweltgerechten Produktnutzung und Entsorgung mittels Gebrauchsanweisungen, geschultem Kundendienstpersonal, Servicetelefonen usw., (2) sach- und umweltgerechte Installation von Neuanlagen und Einweisung der Käufer, regelmäßige Wartung, lebensdauerverlängernde Reparaturen sowie Nach- und Hochrüstung gebrauchter Produkte, (3) Demontage alter Anlagen und Entsorgung zur Rückführung in entsprechende Stoffkreisläufe.

Ökologie-Pull, → Marktorientiertes Umweltmanagement, → Ökologische Betroffenheit, → Ökologieorientierte Produktpolitik.

Ökologie-Push, → Marktorientiertes Umweltmanagement, → Ökologische Betroffenheit, → Ökologieorientierte Produktpolitik.

Ökologische Anspruchsgruppen, sind solche für den Umweltschutz eintretende Akteure, ohne deren Unterstützung die Existenz einer Unternehmung langfristig gefährdet sein könnte.

I. Begriff: Anspruchsgruppen (→ Stakeholder) einer Unternehmung sind Personen, Gruppen oder Institutionen, die Interesse an dem Unternehmen haben, direkt oder indirekt von den Aktivitäten des Unternehmens betroffen sind und von deren Unterstützung der Geschäftserfolg, im extremsten Fall die Existenz des Unternehmens abhängig ist. Eine frühzeitige Identifikation und Berücksichtigung umweltbezogener Forderungen von Anspruchsgruppen stellt langfristig eine notwendige Voraussetzung zur Sicherung der gesellschaftsbezogenen Legitimität und Erhaltung von Unternehmen dar (→ Marktorientiertes Umweltmanagement). Zur Prognose solcher Forderungen eignet sich eine Analyse der Diffusion öffentlichkeitswirksamer Themen nach dem → Lebenszyklusmodell gesellschaftlicher Anliegen (→ Ökologieorientierte Planungsinstrumente.

II. Merkmal: Unternehmen sind als Institutionen fest eingebunden in ein System von interdependenten Umwelten. Neben den Gütermärkten gewinnt zunehmend die gesellschaftliche und ökologische Umwelt an Bedeutung. Zu dieser Entwicklung tragen einerseits von Unternehmen verursachte Umweltskandale (→ Ökologisches Krisenmanagement) sowie infolgedessen das → Umweltbewusstsein der Bevölkerung, → Umweltgesetze und Forderungen von Umweltgruppen bei. Es können interne (z.B. Mitarbeiter), marktliche (z.B. Konsumenten) und gesellschaftliche (z.B. Umweltgruppen) Anspruchsgruppen unterschieden werden. Den größten Einfluss auf das Unternehmensgeschehen wird mit Abstand den Konsumenten zuerkannt. Darüber hinaus wird den Medien eine immer wichtigere, oft bedrohliche Position eingeräumt.

III. Maßnahmen: (1) Strategien von Anspruchsgruppen zur Durchsetzung ihrer Forderungen: Mobilisierung des öffentlichen und politischen Drucks, Mobilisierung der Marktkräfte, Aktivierung der Gesellschafter einer Unternehmung und direkte Verhandlungen mit den Unternehmen (z.B. → Kooperationen). (2) Strategien der Unternehmen zur Gestaltung der Beziehungen zu Anspruchsgruppen im Rahmen eines → marktorientierten Umweltmanagements zielen hauptsächlich auf die Schaffung von → Vertrauen, → Glaubwürdigkeit und → Reputation durch (1) kooperatives Verhalten, (2) Verhandeln (Bargaining), (3) Lobbyismus, (4) Repräsentation, (5) Information (Schaffung von Transparenz) und Dialog.

Ökologische Betroffenheit, ist ein Ausdruck dafür, inwieweit ein Unternehmen durch marktliche und gesellschaftspolitische Umweltschutzforderungen von → ökologischen Anspruchsgruppen einem Sanktionspotenzial ausgesetzt ist. Ursachen sind: (1) marktbezogene Betroffenheit durch Umweltschutzforderungen der Kunden, des Handels und durch Umweltschutzaktivitäten der Konkurrenz (Ökologie-Pull) und (2) gesellschaftspolitische Betroffenheit durch → Umweltgesetze sowie Umweltschutzforderungen von Anspruchsgruppen und Medien (Ökologie-Push). Insgesamt ist die Betroffenheit durch Umweltschutzgesetze (z.B. → Kreislaufwirtschafts- und Abfallgesetz (KrW-/ AbfG)) am größten.

Ökologische Buchhaltung, → Öko-Bilanzen.

Ökologische Cross-Impact-Analyse, → Ökologieorientierte Planungsinstrumente.

Ökologische Effizienz, erfasst den Ressourcenverbrauch (Ressourceneffizienz), die Emissionen und das ökologische Risikopotenzial, bezogen auf eine Produktions-, Leistungs- oder Nutzungseinheit. Sie ist somit ein Maß für die Umweltbelastung pro Leistungseinheit. Eine mögliche Operationalisierung ist → MIPS. Das → marktorientierte Umweltmanagement zielt auf eine möglichst hohe Ö. E. Der Gesamterfolg eines Unternehmens im Umweltschutz wird als Environmental Performance bezeichnet.

Ökologische Krisenbereitschaft, → Ökologisches Krisenmanagement.

Ökologische Legitimität, gesellschaftliche Akzeptanz, → Marktorientiertes Umweltmanagement.

Ökologische Positionierungsstrategie, → Ökologisches Marketing.

Ökologische Preisdifferenzierung, → Ökologieorientierte Preispolitik.

Ökologische Produktlebenszyklusanalyse (Cradle-to-Grave), → Marktorientiertes Umweltmanagement, → Ökologisches Marketing.

Ökologische Risikostrategien, → Ökologisches Risikomanagement.

Ökologische Selbstbindung, → Altautoverordnung, → Ökologieorientierte Marketingstrategien.

Ökologische Stärken-/Schwächen-Analyse, Öko-SWOT, → Ökologieorientierte Planungsinstrumente.

Ökologische Unternehmensrisiken, Umweltrisiken, → Ökologisches Risikomanagement.

Ökologische Verhaltenslücke, → Umweltbewusstsein, → Umweltfreundliches Konsumentenverhalten.

Ökologischer Gatekeeper, → Ökologieorientierte Marketingstrategien.

Ökologischer Rucksack, → MIPS.

Ökologisches Krisenbewusstsein des Managements, → Ökologisches Krisenmanagement.

Ökologisches Krisenmanagement, umfasst alle → Strategien und Maßnahmen im → marktorientierten Umweltmanagement, die darauf gerichtet sind, eine durch das Verschulden des Unternehmens entstandene Krise zu verkürzen, abzuschwächen und den dadurch entstandenen Schaden zu reduzieren.

I. Begriff: Krisen sind außergewöhnliche, kaum vorhersehbare kritische Situationen mit gravierenden Gefahren- bzw. Schadenpotenzialen für die in die Krise geratene Unternehmung. Krisen können unterschiedliche Unternehmensbereiche treffen, sie entstehen in einem Systemzusammenhang aus vernetzten Ursachenbündeln, involvieren unterschiedliche → ökologische Anspruchsgruppen und verlaufen in bestimmten Phasen.

II. Merkmale: (1) Krisenmerkmale: a) Existenzbedrohung, b) extremer Handlungsdruck, c) Komplexität und Unsicherheit der Situation, d) Verlust von Handlungskontrolle und Einschränkung des Handlungsspielraumes (externe Willens- und Entscheidungszentren), e) Interessenkonflikte mit zahlreichen Anspruchsgruppen, f) persönliche Betroffenheit der Manager und g) Organisationsmängel (z.B. unzureichende Krisenvorbereitung). (2) Krisenursachen: a) technologisch bedingte Krisenursachen (z.B. Vergrößerung, Vernetzung und zunehmende Komplexität eingesetzter Produktionstechnologien, steigende Verletzbarkeit und Störanfälligkeit der Anlagen), b) gesellschaftlich bedingte Krisenursachen (z.B. gesellschaftliche Veränderungen von Werten und → Lebensstilen), c) unternehmensinterne Krisenursachen (z.B. mangelndes Risiko- und Krisenbewusstsein). Oft tragen mangelndes Risiko- und Krisenbewusstsein, falsche Einschätzung der Verwundbarkeit und fehlende Krisenvorkehrungen in der Unternehmung zur Eskalation von Krisenentwicklungen bei.

III. Modell: Nach dem Kreislaufmodell der Krise werden unterschieden: (1) Risikophase (Vorkrisenphase, → Ökologisches Risikomanagement), (2) die akute Krise und die (3) Erholungs- und Lernphase (Nachkrisenphase).

IV. Maßnahmen: (1) Frühzeitiges Erkennen ökologischer Risiken, (2) bewusste Auseinandersetzung mit Risiken (Risikobewusstsein), (3) Bewusstsein von der Krisenanfälligkeit bzw. Verwundbarkeit der Unternehmung (Krisenbewusstsein), (4) organisatorische Vorkehrungen (Krisenbereitschaft).

Ökologisches Marketing, *Öko-Marketing*; hat als Teil eines umfassenden → marktorientierte Umweltmanagements die Aufgabe, in allen Phasen des → Produktlebenszyklus, unter wirtschaftlichen Bedingungen (Ziel der ökonomischen Effizienz) für eine nachhaltige, über die gesetzlichen und sozialen Normen hinausgehende (Ziel der gesellschaftlichen Akzeptanz) Verringerung bzw. Vermeidung von schädlichen Belastungen für Mensch und Umwelt (Ziel der → ökologischen Effizienz) zu sorgen.

I. Begriff und Unterscheidung von anderen, ähnlichen Begriffen: Das Ö.M. richtet alle auf die Marktleistungen (Produkte und Dienstleistungen) bezogenen Strategien (→ Ökologieorientierte Marketingstrategien) und Maßnahmen eines Unternehmens an den ökologischen Erfordernissen aus. Von diesem, auf eine wirtschaftliche und umweltverträgliche Entwicklung und Vermarktung von Produkten und Dienstleistungen gerichteten Konzept ist das „Marketing für Ökologie" zu unterscheiden, das häufig von nichtkommerziellen Umweltgruppen und Verbraucherorganisationen mit dem Ziel praktiziert wird, das Umweltbewusstsein in der Bevölkerung zu steigern. Bevor das Ö.M. eine gesamt-ökologische Ausrichtung erfährt, durchläuft es in der Praxis häufig verschiedene Stufen, von einzelnen, eher sporadischen ökologieorientierten Marketingaktivitäten (Piecemeal Initiatives) über ökologieorientierte Teilkonzepte des Marketing (z.B. Entsorgungskonzepte). Bedingt durch die konsequent ökologische Ausrichtung unterscheidet sich das Ö.M. vom klassischen Marketing (1) durch die Verpflichtung zum Nachhaltigkeitsprinzip (→ Sustainable Development), (2) durch eine in der Verfolgung der Produktlebenszyklus-, Anspruchsgruppen- und Zukunftsorientierung zum Ausdruck kommenden ganzheitlichen Ausrichtung sowie (3) durch eine auf die Schaffung von → Vertrauen und Glaubwürdigkeit gerichtete strategische Konzeption.

II. Merkmale: Ö.M. findet statt im Spannungsfeld zwischen der Befolgung von → Umweltgesetzen (Ökologie-Push) und ökologieorientierten Markt- und Wettbewerbsanforderungen (Ökologie-Pull). Welche dieser Treiberfaktoren für ein bestimmtes Unternehmen bzw. für ein bestimmtes → strategisches Geschäftsfeld von Bedeutung sind, hängt von der jeweiligen Betroffenheitssituation (→ Ökologische Betroffenheit) ab.

III. Ziele: (1) Ökologische → Marketingziele sind u.a. die Substitution nicht-regenerativer Ressourcen durch regenerative und recyclingfähige Ressourcen, das Erreichen bestimmter Recyclingquoten und die Erhöhung des → Bekanntheitsgrades von umweltverträglichen Produkten. (2) Ökonomische Marketingziele richten sich auf die Entwicklung und das Angebot von wettbewerbsfähigen umweltverträglichen Produkten und Dienstleistungen. Es geht um die schwierige Profilierung der Umweltverträglichkeit als wichtiger Wertbestandteil (→ Umweltqualität als Zusatznutzen) bzw. als dominantes Bewertungs- und Kaufkriterium eines Produktes (→ Umweltfreundliches Konsumentenverhalten). (3) Gesellschaftliche Marketingziele sind u.a. die Achtung sozialer Normen und ethischer Wertvorstellungen, Information der Öffentlichkeit über die Umweltverträglichkeit angebotener Produkte und Dienstleistungen (z.B. Umweltbericht) sowie die Profilierung als glaubwürdiges und verantwortungsbewusstes Unternehmen.

IV. Darstellung des zugrundeliegenden Modells: Die Konzeption des Ö.M. umfasst die folgenden Elemente: (1) Ökologieorientierte Potenzial- und Umfeldanalyse (→ Ökologieorientierte Planungsinstrumente), (2) Formulierung von ökologieorientierten Marketingzielen, (3) Festlegung von → ökologieorientierten Marktsegmenten und → ökologieorientierten

Marketingstrategien, (4) Ausgestaltung des ökologieorientierten Marketingmix und (5) Koordination und Kontrolle der Maßnahmen (→ Öko-Controlling).

V. Maßnahmen und Instrumente: (1) → Ökologieorientierte Produktpolitik zielt auf die Entwicklung und Konstruktion umweltverträglicher Produkte und → Verpackungen sowie die Schaffung von → Öko-Marken. (2) → Ökologieorientierte Preispolitik ist darauf gerichtet, umweltverträgliche Produkte (→ umweltfreundliche Konsumgüter) entweder zu vergleichbaren Preisen anzubieten wie herkömmliche Alternativen oder höhere Preise durch die Profilierung eines herausragenden ökologischen Produktnutzens abzusichern. (3) → Ökologieorientierte Kommunikationspolitik zielt auf die Schaffung von Glaubwürdigkeit und Vertrauen in das Angebot sowie auf den Abbau von Misstrauen. (4) Der → ökologieorientierten Distribution sind u.a. mit der → Verpackungsverordnung und dem → Kreislaufwirtschafts- und Abfallgesetz (KrW-/AbfG) klare Rahmenbedingungen gegeben.

VI. Probleme: Die Erfolge der Praxis mit der Vermarktung umweltverträglicher Produkte und Dienstleistungen an Endverbraucher sind insgesamt recht enttäuschend, obwohl ein sehr großer Anteil der bundesrepublikanischen Bevölkerung als umweltbewusst eingeschätzt wird (→ Umweltfreundliches Konsumentenverhalten).

VII. Ausblick: Die Erfahrung hat gezeigt, dass das Marktsegment der umweltbewussten Käufer (→ ökologieorientierte Marktsegmentierung) in vielen Fällen zu klein für eine wirtschaftliche Bearbeitung ist. Aus diesem Grund sollte sich das Ö.M. auf die Käufersegmente konzentrieren, die (noch) nicht regelmäßig umweltverträgliche Produkte anderen Produkten vorziehen. Die Grenzen des Ö.M. liegen einerseits im Problem des sozialen Dilemmas (→ Umweltdilemma, soziales Dilemma) und andererseits darin, dass die Umweltqualität mit anderen → Unique Selling Propositions (USP) eines Produktes konkurriert.

Literatur: Balderjahn, I./Will, S. (1997): Umweltverträgliches Konsumentenverhalten. Wege aus einem sozialen Dilemma, in: Marktforschung & Management, 41. Jg., Nr. 4, S. 140-145; Kaas, K.P. (1992): Marketing für umweltfreundliche Produkte, in: Die Betriebswirtschaft, 52. Jg., Nr. 4, S. 473-487. Meffert, H./Kirchgeorg, M. (1995): Ökologisches Marketing, UmweltWirtschaftsForum, 3. Jg., S. 18-27.

Ingo Balderjahn

Ökologisches Risikobewusstsein des Managements, → Ökologisches Risikomanagement.

Ökologisches Risikomanagement, umfasst die Identifikation, Analyse und Bewertung betriebsbedingter Gefahrenpotenziale für die Umwelt sowie die Planung von → Strategien und Maßnahmen zur Vermeidung, Verminderung, Überwälzung und Versicherung dieser Risiken und solcher der Kommunikation über Risiken.

I. Begriff: Ökologische Risiken beziehen sich auf potenzielle Umweltschäden als Folge der Unternehmenstätigkeit (z.B. Risiken der Kernenergie). Ein ökologisches Risiko stellt eine Gefahr dar, die natürliche Umwelt über ein gesetzlich erlaubtes bzw. gesellschaftlich akzeptiertes Maß hinaus zu verschmutzen. Im Vergleich zu eher klassischen Unternehmensrisiken (z.B. Investitionsrisiko) gehören Umweltrisiken zu den modernen Zivilisationsrisiken, die einerseits durch hohe und z.T. globale Katastrophenpotenziale und andererseits durch geringe Eintrittswahrscheinlichkeiten charakterisiert werden können. Ökologische Risiken berühren das öffentliche Interesse und bedürfen einer expliziten gesellschaftliche Legitimation.

II. Merkmale: Betriebliche Risiken müssen vom Management (→ marktorientiertes Umweltmanagement) rechtzeitig erkannt und in ihrem Gefahrenpotenzial korrekt eingeschätzt werden. Dazu sind grundlegende individuelle (z.B. Risikobewusstsein des Managements) und organisatorische Fähigkeiten (z.B. Einsatz von Instrumenten der → Risikoanalyse) des Managements erforderlich.

III. Strategien: (1) Risikovermeidung (z.B. Rückzug aus riskanten Geschäftsbereichen), (2) Risikominderung (z.B. Substitution von umweltgefährdenden Ersatzstoffen), (3) Risikoüberwälzung (z.B. Übertragung auf Lieferanten), (4) Versicherung, (5) Selbsttragen des (Rest-)Risikos, (6) Risikokommunikation (z.B. Risikodialog mit Anwohnern).

Öko-Logistik, City-Logistik, → Ökologieorientierte Distribution.

Öko-Marken, *Umweltmarken*; sind Produkte oder Leistungen, die als Marken (→ Markenartikel) den Kunden eine (relativ) hohe Umweltverträglichkeit versprechen bzw. garantieren (→ Kundennutzen).

I. Begriff: Der Aufbau von Ö.-M. ist ein wesentliches Element einer ökologischen → Profilierungs- und → Differenzierungsstrategie im → ökologischen Marketing und beinhaltet neben einer umweltverträglichen Produkt- und Verpackungsgestaltung (→ ökologieorientierte Produktpolitik, → ökologieorientierte Verpackungspolitik) insbesondere die → Markierung durch eine Umweltmarke (z.B. Haushaltsreiniger Frosch) oder durch ein offizielles bzw. zertifiziertes → Umweltzeichen (z.B. Umwelt-Engel).

II. Ziele: Durch Schaffung von Markenpräferenzen (1) höhere Preise als die der konventionellen Alternativen für die → umweltfreundliche Marke durchzusetzen und (2) Kunden an die Marke zu binden (→ Kundenbindung).

III. Wirkungen: (1) Ö.-M. reduzieren das → Kaufrisiko, Theorie der wahrgenommenen, da sie glaubwürdig eine hohe → Umweltqualität der Marke signalisieren, und (2) verkörpern sympathisch eine Produktpersönlichkeit, mit der sich der Konsument identifizieren kann.

Ökonometrie, Teilgebiet der Ökonomie, das versucht, mit Anwendung von mathematisch-statistischen Methoden ökonomisch-mathematische Modelle zu schätzen. Sie vereint Wirtschaftstheorie, induktive Statistik und Wirtschaftsstatistik.

Öko-Pionier, → ökologieorientierte Marketingstrategien.

Öko-Portfolioanalyse, Öko-Portfolio, → Ökologieorientierte Planungsinstrumente.

Öko-PR, → Ökologieorientierte Kommunikationspolitik.

Öko-Punktsystem, Methode des BUWAL, → Methoden der Öko-Bilanzierung.

Ökosponsoring, spielt innerhalb der Sponsoringarten eine eher untergeordnete Rolle. Dies liegt in einer besonderen Glaubwürdigkeitsproblematik begründet, die mit externen ökologischen Engagements verbunden ist. Ökosponsoring ist damit nur für die Unternehmen ein relevantes Instrument für die Kommunikationspolitik, die das Umweltbewusstsein nicht nur glaubwürdig kommunizieren, sondern in der täglichen Arbeit auch tatsächlich praktizieren.

Öko-Werbung, richtet sich als Teil der → ökologieorientierten Kommunikationspolitik auf Branchen, Unternehmen und Produkte und zielt auf eine bewusste Beeinflussung ökologieorientierter Konsumeinstellungen und -stile (→ umweltfreundliches Konsumentenverhalten). Die Botschaften der Ö.-W. müssen bei den Umworbenen einen glaub- und vertrauenswürdigen Eindruck hinterlassen. Die Rechtslage wird weitestgehend durch das allgemeine Irreführungsverbot nach § 3 UWG (→ UWG, Gesetz gegen unlauteren Wettbewerb) sowie spezielle Regelungen des Lebensmittelgesetzes geregelt. Der → Zentralausschuss der Werbewirtschaft (ZAW) gibt Empfehlungen zur Gestaltung von → Werbemitteln heraus. So dürfen → Umweltzeichen nur in Verbindung mit dem Grund der relativen Umweltfreundlichkeit verwendet werden. Werbung ausschließlich mit dem Begriff „umweltfreundlich" ist dagegen unzulässig. Zertifizierungen nach der EG-Öko-Audit-VO (→ EMAS) dürfen nur eingeschränkt zur Werbung verwendet werden.

Öko-Wertkette, ökologieorientierte Wertekettenanalyse, → Marktorientiertes Umweltmanagement.

Öko-Zertifizierung, → EMAS, → ISO 14001-Norm.

OLAP (*Online Analytical Processing*). OLAP-Tools versetzen den Anwender in die Lage, komplexe Analysen mit mehrdimensionalen Daten durchzuführen. Sie zeichnen sich durch sehr schnelle Datenzugriffe, Adhoc-Informationsbereitstellung und eine grafische Benutzerführung aus. OLAP-Tools bereiten sequenzielle oder relationale Daten in einem mehrdimensionalen, für die Datenanalyse optimierten, Datenspeicher in einer speziellen Form auf. Dieser Speicher legt die Daten in einem Würfel (Cube) ab. Entlang der definierten Dimensionen kann der Anwender sich innerhalb des Cube frei bewegen. Die bekanntesten Analysemethoden der OLAP-Tools sind „Slice and Dice“, „Drill down“ und „Drill through“. (1) Durch „Slice and Dice“ kann der Anwender sich einzelne Dimensionen anschauen. Innerhalb eines Kundenbestandes könnte eine Dimension z.B. „Wohngebietstypologie“ oder „Kaufkrafteinschätzung“ mit den jeweils spezifischen Ausprägungen darstellen. (2) Die „Drill down“-Funktion ermöglicht das zoomen in immer detailliertere Schichten des Würfels. Bei entsprechender Datenaufbereitung können solche Schichten z.B. aus einer Bundesland-Ebene, einer Landkreis-Ebene und Gemeindeebene bestehen. (3) Die „Drill through“-Funktion ermöglicht den Durchgriff auf die operativen Daten, mit denen ein OLAP-Würfel verbunden ist. Ein Anwender könnte nach der Ermittlung eines Potenzials von Adressen mit einer bestimmten Wohngebietstypologie direkt auf die Adressen zugreifen (*vgl. auch* → Kundenanalyse).

Oligopol, → Marktformen.

Omnibus-Erhebung, → Mehrzweckerhebung.

On Pack, außerhalb der Packung befestigte Maßnahme der → Verkaufsförderung, wie z.B. → Zugaben-Promotion, → Produktprobe oder → Coupon.

Opportunity-to-Hear-Wert, *Hörwahrscheinlichkeit.* Maß zur Operationalisierung der → Kontakthäufigkeit mit anvisierten Zielgruppen. Der OTH-W. gibt die Anzahl der Durchschnittskontakte pro mindestens einmal erreichter Zielperson an. Definiert ist der OTH-W. durch die Merkmale Programm- und Zeitabschnitt, d.h. für jedes Programm müssen so viele verschiedene OTH-Werte errechnet werden, wie es Zeitabschnitte gibt, während Werbung in das Programm eingeblendet werden kann. Die OTH-W. werden als Verhältniszahl zwischen dem weitesten Leserkreis und der Leserschaft im letzten Erscheinungsintervall ermittelt.

Opportunity-to-See-Wert, *Sehwahrscheinlichkeit.* Maß zur Operationalisierung der → Kontakthäufigkeit mit anvisierten Zielgruppen. Der OTS-W. gibt die Anzahl der Durchschnittskontakte pro mindestens einmal erreichter Zielperson an. Definiert ist der OTS-W. durch die Merkmale Programm- und Zeitabschnitt, d.h., für jedes Fernsehprogramm müssen so viele verschiedene OTS-W. errechnet werden, wie es Zeitabschnitte gibt, während Werbung in das Programm eingeblendet werden kann. Die OTS-W. werden als Verhältniszahl zwischen dem weitesten Seherkreis innerhalb der letzten zwei Wochen und der Seherschaft am letzten Sendetag ermittelt.

OTH-Wert, → Opportunity-to-Hear-Wert.

OTS-Wert, → Opportunity-to-See-Wert.

One Stop Shopping, in diversen großen Warenhäusern, Verbrauchermärkten oder Einkaufszentren wird Konsumenten die Möglichkeit geboten, alle Einkäufe unter einem Dach tätigen zu können. Die Konsumenten brauchen also nur „einmal zu stoppen“, um ihren gesamten → Bedarf zu decken. Aufgrund der zunehmenden Parkplatznot in deutschen Innenstädten und des zunehmenden Wunsches nach Bequemlichkeit beim Kauf kann das O.S.S. für Güter des täglichen Bedarfs einen Wettbewerbsfaktor des Einzelhandels darstellen.

One-Shot-Mailing. I. Begriff: Im Gegensatz zu mehrstufigen → Mailings, die erst in einer Folgestufe zum Abschluss führen, z.B. Katalog-Anforderungen, Interesse-Abfragen mit dem nachfolgenden Ziel des Außendienstbesuches (→ Außendienst) oder Versicherungsangebote, die eine Bekanntgabe persönlicher Daten voraussetzen, wird das einstufige (One-Shot-)Mailing zu dem Zweck versendet, einen sofortigen Abschluss zu erzielen.

II. Inhalt: Sofortverkauf ist erheblich schwerer, als die reine Abfrage nach Interesse oder das ausschließliche „Adressen generieren“ mit dem Ziel der Nachbearbeitung. Das angebotene Produkt muss ausführlich und detailliert vorgestellt und dargestellt werden. Es muss das persönliche Gespräch bzw. die unmittelbare Begutachtung des Artikels „vor Ort“ (Kaufhaus) ersetzen, möglichst jede denkbare Frage des Lesers im

Vornherein beantworten, nicht nur Interesse, sondern den Besitzwunsch wecken mit dem Ziel, die Bestellkarte wegzuschicken. O.-S.-M. eignen sich besonders gut für Artikel, deren Verkauf aus einem aktuellen Anlass Erfolg verspricht, für Restposten, → Schlussverkäufe, Schnupper-Angebote.

One-to-One-Marketing. I. Begriff: Gestaltung einer direkten und persönlichen Beziehung vom Unternehmen zum Kunden. Während im Business-to-Business-Umfeld der direkte Kundenkontakt durch die meist geringe Anzahl der Kunden schon über Vertriebspersonal realisiert ist, bezeichnet One-to-One eine derartige Beziehung im Endkundengeschäft. Während diese Idee der Kundenansprache schon länger existiert, ist sie durch den erheblichen Technologieschub in den letzten Jahren umsetzbar geworden.

II. Umsetzung: Voraussetzungen der One-to-One-Kommunikation sind: (1) der Kunde ist direkt ansprechbar, (2) die Kommunikation kann in beide Richtungen verlaufen und (3) die Kosten für die direkte Ansprache sind kalkulierbar und im entsprechenden Rahmen. Umgesetzt wird die Idee des O.-t.-o.-M. derzeit durch Direct Mail (→ Direct Mailing), → Call Center, → Telefonmarketing und Online Marketing. Voraussetzungen für das O.-t.-o.-M. ist die genaue Kenntnis des Kundenverhaltens. Eine Sammlung von Daten über den Kunden und entsprechende Tools zur Analyse und Auswertung dieser Daten (→ Database, → Data Mining) müssen vorhanden sein. Da Informationen über den Kunden in vielfältiger Form im Unternehmen vorhanden sind, besteht der erste Schritt darin, diese Informationen in einer zentralen Datenbank zusammenzufassen. Die Kanäle der Kundenkommunikation werden sorgfältig definiert und die Prozesse dafür strukturiert. Es muss sichergestellt werden, dass jeglicher Kundenkontakt in das System einfließt und dass die Mitarbeiter mit Kundenkontakt jederzeit Zugriff auf ein derartiges System haben. Die Anwendung der Intranettechnologie (→Intranet) vereinfacht die Umsetzung dieses Prinzips. Die Mandantenfähigkeit der Datenbanken erlaubt die Schaffung unterschiedlicher Benutzerkreise.

III. Ziele: Dem O.-t.-o.-M. wohnt auch eine neue Sicht auf den Kunden inne: Erklärtes Ziel des O.-t.-o.-M. ist es nicht mehr ausschließlich, hohe → Marktanteile zu gewinnen, sondern der Fokus ist dahingehend gewechselt, bei einem einzigen Kunden über seine gesamte Lebenszeit einen hohen Kundenanteil zu erzielen (*vgl. auch* → Customer Lifetime Value). Zudem erhöht ein One-to-One-Kontakt den Aufbau von → Kundenzufriedenheit und stärkt demnach die → Kundenbindung.

IV. Entwicklung: In den nächsten Jahren werden durch die Verschmelzung von Fernsehen und → Internet, die Anwendung der Breitbandtechnologie und immer leistungsfähigerer technischer Systeme die Möglichkeiten der One-to-One-Kommunikation stark zunehmen und gleichzeitig Kosten und Zeitaufwand für einen derartigen Kontakt sinken.

Online. Ursprünglich wurde der Begriff im Zusammenhang mit Druckern und anderen Peripheriegeräten des Computers benutzt, um damit auszudrücken, dass das entsprechende Gerät eingeschaltet und mit dem Computer verbunden ist. Generell bedeutet „Online“, dass ein Datenaustausch stattfinden kann. In Zeiten des → Internet bedeutet „online sein“, dass über einen Provider oder → O.-Dienst eine Verbindung eines Computers mit dem Internet oder einem anderen Rechnernetz hergestellt wurde.

Online-Auftritt, → Website.

Online-Banking, *Internet Banking*, *Cyber Banking*, *Netz-Banking*. Die Abwicklung von Bankgeschäften wie Abbuchungen, Überweisungen, Einrichtung von Daueraufträgen über Computernetze. *Vgl. auch* → Electronic Banking, → Home Banking.

Online-Banner, Werbe-Banner, Banner-Ad. Werbeanzeige, die auf einer häufig besuchten → Website platziert ist und über einen direkten → Hyperlink zur Site des Werbetreibenden verfügt. Online-Werbeträger sind insbesondere Websites von → Navigationshilfen und Medienunternehmen. Banners können sowohl als einfache Grafiken als auch als bewegte Bilder, sog. Animationen, vorliegen. Bei der sog. Banner-Rotation wechselt die Anzeige der einzelnen Banner regelmäßig, während der Website-Besucher die geladene Seite betrachtet. Zur Messung der Werbewirkung werden folgende Kennzahlen herangezogen: Page Impressions bzw. Page Views (Zahl der Aufrufe einer bannerführenden Seite), Visits (Zahl der zusammenhängenden

Besuche einer Website), Adimpressions (Zahl der Banner-Kontakte), Adclicks (Zahl der Mausclicks auf das Banner) und Click-Through-Rate (Relation von Adclicks zu Page- bzw. Adimpressions).

Online Channel, *Online Kanal*; Allgemeine Bezeichnung für Datenübertragungssysteme, die den Transfer von Informationen zwischen einer Zentraleinheit (z.B. Datenbank eines Herstellers) und peripheren Geräten (z.B. Computer von → Konsumenten) ermöglichen. Die technischen Voraussetzungen für den Online-Transfer von Daten sind ein Datennetz, ein oder mehrere Computer und geeignete Software. Die Übertragung von Daten kann sowohl innerhalb (Intranet) als auch außerhalb (Extranet, → Internet) eines Unternehmens stattfinden. Während das Intranet und das Extranet Datennetze mit geschlossenem Adressatenkreis bezeichnen, stellt das Internet ein Datennetz mit offenem Adressatenkreis dar. Im Unternehmen können z.B. mit Hilfe eines Online-Channels Informationen zwischen einzelnen Abteilungen oder zwischen Unternehmen und Behörden übertragen werden (→ Electronic Data Interchange). Außerhalb des Unternehmens spielt die Übertragung von Daten insbesondere bei der Abwicklung von Transaktionen (→ Electronic Shopping) eine wichtige Rolle.

Online-Datenbank. Datenmenge, die gesammelt, kontrolliert, in Computersystemen gespeichert und verwaltet wird sowie darüber hinaus online abrufbar ist. → Online-Medien wie → Internet, → World Wide Web und → Online-Dienste dienen dabei als Schnittstelle zwischen dem Nutzer der Datenbank und dem Computersystem des Datenbankbetreibers. Der Anwender kann so mit Hilfe eines Online-Mediums auf die O.-D. zugreifen und darin (kostenfrei oder gegen Nutzungsgebühr) recherchieren. In Abgrenzung zu Datenbanken mit einem festen Berichtsstand, die lediglich vor Ort abrufbar oder auf einem Datenträger wie → CD-ROM oder Diskette gespeichert sind, kann die Aktualisierung von Online-Datenbanken vom Betreiber laufend vorgenommen werden; sie sind dem Anwender umgehend zugänglich.

Online-Dienst, *Online Service Provider (OSP)*, kommerzieller Betreiber eines Computernetzes, der seinen Kunden neben systemgebundenen Diensten auch einen Zugang zum → Internet über spezielle Schnittstellen (Gateways) anbietet. O.-D. bestehen in einem geschlossenen Rechnerverbund mit zentraler Leitung, in dem Online-Inhalte und verschiedene Dienste wie z.B. → Electronic Mail angeboten werden.

Online-Dienstleistung, umfasst Dienstleistungen (→ Dienstleistung, Begriff der), die insbesondere über elektronische Kommunikationsmedien angeboten werden. Unter elektronischen Kommunikationsmedien sind vor allem die auf dem Internetstandard basierenden Netzwerktechnologien zu verstehen. Einige → Dienstleistungsanbieter, wie beispielsweise Direktbanken, vertreiben ausschließlich O.-D. Typischerweise gehen viele → Dienstleistungsanbieter dazu über, einige ihrer Dienstleistungen über elektronische Kommunikationsmedien zu vertreiben. Neben diesem → Vertriebsweg setzen diese → Dienstleistungsanbieter auch weiterhin ihre „klassischen" → Vertriebswege ein (z.B. Banken verkaufen weiterhin Dienstleistungen über ihre stationären Filialen). *Gegensatz*: Offline-Dienstleistung. *Vgl. auch* → Dienstleistung, elektronische, → Dienstleistung, elektronisch vermittelte und → Electronic Banking.

Online-Distribution, → Internet; bezeichnet im engeren Sinne die → Distribution von digitalisierbaren Gütern (z.B. Software, Musik und Informationen) über ein Datennetz. Die O.-D. umfasst im weiteren Sinne aber auch einige → Dienstleistungen und Tätigkeiten, die bei dem → direkten Vertrieb von Gütern über → Online-Medien anfallen, wie z.B. Informationsangebot, Beratung und Bestellung. Die eigentliche Lieferung der Ware erfolgt in diesem Falle jedoch i.d.R. über den traditionellen Versand.

Online-Kommunikation, Marketingkommunikation in → Online-Medien. Die gebräuchlichsten Formen umfassen das Einrichten einer → Website, das Schalten von → Online-Banners, Direktkommunikation im Rahmen von → Online-Shopping-Angeboten wie auch → Electronic Publishing.

Online-Marketing, *Internet Marketing*. I. Begriff: Art des Marketing, die durch die Anwendung der Internet-Technologie ermöglicht wird. Da das → Internet sowohl ein

Marketing-Tool als auch ein Medium und sogar einen neuen Markt darstellt, gibt es – wie beim klassischen Marketing – die vier Marketingmixbereiche: Product, Price, Place und Promotion (*vgl. auch* → Marketingmix). Während Price und Place selbsterklärend sind, ist die Gestaltung einer Website gleichzustellen mit der → Produktgestaltung. In einigen Fällen ist es auch nur eine neue Art der Verpackung des Produktes. Die Kunst bei der Gestaltung einer Website liegt darin, die Kunden zu einer Informationsanfrage bzw. einem Kaufabschluss zu führen, sobald sie zum ersten Mal Kontakt mit der Website haben. Eine Website zur Erklärung eines Produktes bietet sich um so mehr an, je komplexer das Produkt ist.

II. Aufgaben: Die Aufgabe der Promotion im Internet ist. die Kunden zum Besuch einer Website oder zum Kauf des Produktes zu motivieren. Dazu dienen: → PR (Public Relations) innerhalb der neuen Medien, Registrierung in Suchmaschinen, Bannerschaltung und Direct-E-Mail.

III. Merkmale: Entscheidend und bezeichnend bei dem Bereich des O.-M., der dem → Direct Marketing zugeordnet wird, ist die einfache und kostengünstige Möglichkeit einer interaktiven Kommunikation mit dem Kunden. Für die PR-Arbeit im Online-Bereich muss bekannt sein, welche Online-Publikationen über welche → Reichweiten verfügen. Des Weiteren gelten ähnliche Regeln wie in der herkömmlichen PR-Arbeit. Die Geschwindigkeit der Reaktion auf Ereignisse muss jedoch viel höher sein. Zudem bietet sich die Möglichkeit für Unternehmen, den Kunden beispielsweise im Krisenfall schnell und direkt per E-Mail anzusprechen.

IV. Maßnahmen: (1) → *Suchmaschinen* listen nach Eingabe eines Suchbegriffes Websites auf, die über eine → Affinität zu dem Begriff verfügen. Unternehmen müssen, um aufgelistet zu werden, zunächst einen Eintrag in der Suchmaschine schalten. Bei der Registrierung in Suchmaschinen ist es das Ziel, als einer der ersten Begriffe auf der Trefferliste aufgelistet zu werden, da Einträge nach Rang 20 kaum noch beachtet werden. (2) → (Online-)Banner sind (interaktive) Werbeflächen auf Websites. Zur Schaltung von Banners haben sich in der Zwischenzeit eine Vielzahl von Medienagenturen spezialisiert, die Banner auf Seiten vermitteln. Bei der Gestaltung sind seit Einführung der Programmiersprache Java vielfältige Varianten möglich. Vielfach finden sich heute nur noch animierte Banner. Die Kosten für die Bannerschaltung berechnen sich nach der Anzahl der → Page Views, die eine Seite generiert. Bestimmte Websites bieten zielgruppengerichtete Bannerschaltung an, beispielsweise auf Länder ausgerichtet. Ein speziell geschaltetes Banner auf einer Suchmaschine erscheint beispielsweise nur bei Eingabe eines genau festgelegten Suchbegriffes. (3) Direct-E-Mail ist der Versand einer Nachricht mittels E-Mail. Sie erfreuen sich hoher Beliebtheit, da Kunden sehr kurzfristig angesprochen werden können. Einen nachteiligen Eindruck können Massen-E-Mails beim Kunden hinterlassen („Spamming"). Ein Problem für Direct Marketer stellt dar, dass die von Kunden angegebenen E-Mail-Adressen nicht einfach mit den realen Adressen verknüpft werden können, so dass meist zwei Datenbanken geführt werden (→ Database).

V. Entwicklung: Da sich der Bereich des O.-M. sehr dynamisch entwickelt, insbesondere seit die kritische Masse von Konsumenten im Internet überschritten ist, kommen regelmäßig neue Einsatzgebiete hinzu, die dem O.-M. zugerechnet werden können (z.B. V-Marketing). Insbesondere die Erfassung von Potenzialdaten der Kunden und deren Vermarktung ist in den USA bereits ein lukratives Geschäft. In Deutschland und Europa sind die datenschutzrechlichen Bestimmungen diesbezüglich noch nicht eindeutig geklärt (*vgl. auch* → Datenschutz). Die weit gehende Verknüpfung von Internet mit → Call Centern und anderen Tools zur umfassenden Kundenbetreuung, den Abschluss von Geschäften und die Einbindung der gesamten Logistikprozesse in den Kreislauf wird mit dem Schlagwort E-Commerce (→ Electronic Commerce) bezeichnet. Während heute mehrheitlich der Bereich → Promotion mit dem Bereich O.-M. bezeichnet wird, ist die oben angesprochene Entwicklung Auslöser für neue Marketingansätze bei Product, Price und Place.

Online-Medien, netzgebundene Abrufdienste. Sie umfassen zum einen durch einen kommerziellen Betreiber zentral organisierte Dienste (proprietäre → Online-Dienste), zum anderen offene Systeme mit dezentraler Struktur wie das → WorldWideWeb des → Internet.

Online-Plattform, → Internet-Plattform.

Online-Produktpolitik, beschäftigt sich mit den Besonderheiten der Ausgestaltung des Angebots von → Produkten. Dabei ist zu differenzieren zwischen Produkten, die bereits über etablierte → Online-Medien vertrieben werden, und solchen, die nur gemeinsam mit neuen interaktiven Medien offeriert werden können (z.B. Video on Demand). Besonders geeignet erscheinen Produkte, die in digitalisierter Form vorliegen, wie z.B. Software, Bücher oder CDs. Ferner sollten die Produkte einen Selbstbedienungscharakter aufweisen. Aus diesem Grund sind z.B. Bankdienstleistungen erfolgreich im → E-Commerce. Erklärungsbedürftige Produkte eignen sich hingegen nur für den Online-Vertrieb, wenn durch die Präsenz ein Mehrwert geschaffen wird. Im Hinblick auf die → Produktgestaltung ermöglicht der Einsatz der → interaktiven Medien eine weitgehende Personalisierung der Produkte. Diese ist erreichbar durch die Erhebung individueller Präferenzen und der anschließenden Empfehlung von Produkten, die das beste Matching erzielen. Aufgrund von geringen Rüstkosten sind ferner auch Einzelauftragsfertigungen möglich, bei denen das Produkt exakt auf die Wünsche der Nachfrager zugeschnitten wird.

Online-Service, Online-Angebot von Nebenleistungen mit dem Ziel, den Absatz der Hauptleistung zu unterstützen. Dazu gehören Online-Beratung und -Information (Online-Hotlines, Frequently Asked Question (FAQ) Lists, Trouble Shooting Guides u.Ä.), Online-Schulung und Weiterbildung sowie Electronic Customer Care (z.B. in Form von Online-Diskussionsforen bzw. → Newsgroups, Online-Kundenclubs, Online-Beschwerdemanagement).

Online-Shopping, *Internet Shopping;* bezeichnet den Verkauf von Produkten und Dienstleistungen über ein Datennetz, wie z.B. das Internet. Innerhalb des Internet existieren eine Reihe kommerzieller Online-Dienste (→ Electronic Commerce), wie z.B. AOL, CompuServe und T-Online, die ihren Kunden das Online-Shopping ermöglichen. Die Voraussetzungen für das O. S. sind ein PC, Computersoftware und der Zugang zum Netz bzw. den Servern, auf denen sich die Produktangebote befinden. Die Angebote können direkt von Online-Händlern abgerufen oder mit Hilfe sog. Suchmaschinen gesucht und verglichen werden. Die Vorteile des O. S. ggü. dem klassischen Versandhandel liegen aus Kundensicht in der Aktualität der Angebotspräsentation, in einem mitunter einfacheren Bestellvorgang und einem effizienteren Selektionsprozess der Angebote.

Outlet, → Factory Outlet.

Online-System, vernetztes System → Multimedia-System.

Online-Technologien, → Online-Medien, → Multimedia-System.

Online-Werbung, *Online Advertising*, → Online-Banner.

On-Pack, bezeichnet eine → Zugabe, die am Produktäußeren angebracht ist und dem Kunden ohne zusätzlichen Aufpreis zur Verfügung gestellt wird. Ein O.-P. kann z.B. in Form einer Probepackung eines anderen Sachgutes vorliegen (z.B. Zahnbürste und beiliegende Zahnpastaprobe). Ziel ist dabei, den Käufern einen zusätzlichen Kaufanreiz zum Erwerb des Gutes zu bieten und damit die → Absatzmenge zu erhöhen.

Operationalisierung, Entwicklung eines Messinstruments für eine latente Variable bzw. ein → Konstrukt. → Konzeptualisierung, → Kausalanalyse.

Operative Planung, → Marketing- und Vertriebsplanung.

Opinion-Leader, → Meinungsführer.

Opportunitätskosten, entgangener Nutzen der besten nicht gewählten Alternative. Sie ergeben sich stets aus Entscheidungssituationen, in denen sich zur Erzielung eines Nutzens mehrere konkurrierende Handlungsmöglichkeiten gegenüberstehen. Aufgrund von Knappheitsgründen oder Restriktionen schließen sich diese aus. O. stellen somit den erzwungenen Verzicht auf denjenigen Nutzen dar, der durch eine alternative Verwendung der knappen Mittel hätte erzielt werden können. Zieht man eine Grenzbetrachtung heran, so muss in erster Linie auf die nach der vorteilhaftesten Handlungsmöglichkeit nächst günstige verzichtet werden. Inhaltlich handelt es sich bei O. demnach nicht um Kosten im Sinne eines Wertverzehrs, sondern um einen Nutzenentgang, der z.B. in Form von entgangenem Umsatz, entgangenem → Gewinn, entgangenen Zinsen oder entgangenem → Deckungsbeitrag zum Ausdruck kommen kann.

Opt-in-Button, über den O.-i.-B. kann sich ein Website-Besucher aktiv in die Mailingliste eines Unternehmens eintragen. Der Besucher erteilt auf diese Art und Weise seine Einwilligung, Informationen des Unternehmens zu erhalten.

Ordermesse. Neben der Informationsfunktion liegt die wesentliche Aufgabe von → Messen und → Ausstellungen in dem Verkauf von Waren. Dementsprechend sind zahlreiche Messeveranstaltungen als O. ausgerichtet, auf denen Fachbesucher Waren kaufen und bestellen können.

Ordinalskala, → Datenerfassung → Messniveau.

Organisation for Economic Cooperation and Development, Zusammenschluss verschiedener Länder mit dem Ziel der Verstetigung der Wirtschaftsentwicklung, der Leistung von Entwicklungshilfe und der Ausweitung des Welthandels. Gegründet wurde die OECD 1961 mit Sitz in Paris. Mitgliedsländer sind Australien, Belgien, Dänemark, Deutschland, Finnland, Frankreich, Griechenland, Großbritannien, Irland, Island, Italien, Japan, Kanada, Luxemburg, Neuseeland, Niederlande, Österreich, Portugal, Schweden, Schweiz, Spanien, Türkei und die USA.

Organisation, im Hinblick auf den Organisationsbegriff lassen sich drei Auffassungen unterscheiden: (1) der institutionelle Organisationsbegriff („Das Unternehmen ist eine Organisation."), (2) der instrumentelle Organisationsbegriff („Das Unternehmen hat eine Organisation") und der funktionale Organisationsbegriff (Organisation als die Tätigkeit der Gestaltung der Organisationsstruktur). Diese drei Auffassungen lassen sich in einem integrativen Begriffsverständnis kombinieren (vgl. Kieser/Kubicek 1992). Hierbei versteht man unter Organisationen soziale Gebilde (gemäß dem institutionellen Organisationsbegriff) die dauerhaft ein Ziel verfolgen und eine formale Struktur aufweisen (entspricht dem funktionalen Organisationsbegriff), mit deren Hilfe die Aktivitäten der Mitglieder der Organisation auf das verfolgte Ziel ausgerichtet werden (entspricht dem instrumentellen Organisationsbegriff).

Literatur: Kieser, A./Kubicek, H. (1992): Organisation, 3. Aufl., Berlin.

Organisation, lernende, → Learning Organization.

Organisation, marktorientierte, Bestandteil der → marktorientierten Unternehmensführung.

Organisation, vernetzte, → Netzwerkorganisation.

Organisation, virtuelle, → *virtuelles Unternehmen.*

Organisations-Audit, Überprüfung der Zweckmäßigkeit organisatorischer Regelungen. Dabei geht es vor allem um eine Erhöhung der Effizienz und Effektivität von Abläufen sowie Strukturen im Unternehmen. Je nach Untersuchungsgegenstand ist das O.-A. damit z.B. auch als Teil des → Controlling-Audit bzw. des → Marketing-Audit zu sehen.

Organisationsgestaltung, bezieht sich auf die Definition der → Organisationsstruktur bzw. der → Aufbauorganisation sowie der → Ablauforganisation.

Organisationskommunikation, umfasst die gesamte Kommunikation, die in einem Unternehmen nach innen (→ interne Kommunikation) und nach außen (→ Kommunikationspolitik) gerichtet ist.

Organisationskultur, → *Unternehmenskultur,* → *Corporate Culture* → Unternehmenskultur. Unter O. versteht man die Summe der von Mitarbeitern aller Hierarchieebenen eines Unternehmens gemeinsam getragenen → Wertvorstellungen bzw. Grundprämissen, Normen (→ Normen, soziale), Denkweisen und → Verhaltensmuster. Demnach hat jedes Unternehmen seine spezifische O., die es von anderen abhebt und unterscheidbar macht. Zum Ausdruck kommt die O. in sichtbaren Erkennungszeichen, vor allem im Verhalten der Organisationsmitglieder, Gebräuchen, Ritualen und Bekleidungs- bzw. Sprachgewohnheiten. Diese Merkmale sind auch für Außenstehende wahrnehmbar. Die O., die einem Unternehmen eine eigene, unverwechselbare Systemidentität verleiht, wirkt aber nicht nur nach außen, sondern auch nach innen. Sie bewirkt eine Integration ihrer Systemmitglieder, wodurch das Funktionieren der Institution gewährleistet werden soll; im Sinne eines Organisations- und Führungskonzeptes wird die O. vor allem zur Erhöhung der Identifikation der Mitarbeiter mit dem Unternehmen und damit auch ihrer → Motivation verstanden. Weitere Effekte resultieren aus einer Sozialisation neuer Mitglieder sowie einer daraus folgenden Stabilisation der bestehenden Kultur. Der Erziehungsprozess wird vereinfacht, wenn bereits im Rahmen der → Personalauswahl darauf geachtet wird, dass diejenigen Bewerber bevorzugt werden, die bereits die im Unternehmen akzeptierten → Werte und Grundannahmen teilen. Die Stärke einer O. wird durch verschiedene Faktoren geprägt, dazu zählen u.a. die Homogenität und Stabilität der Gruppenzugehörigkeit (→ Gruppenverhalten), gemeinsam gewonnene Erfahrungen oder die Konsistenz und Transparenz des → Wertsystems. Die O. und deren Stärke ist auch hinsichtlich der externen Umwelt von Bedeutung. So können zwar starke Kulturen eher ihr Umfeld beeinflussen, allerdings gelten sie dafür auch als langsamer, d.h. als schwerer änderbar. Für eine zunehmend wandelnde Umwelt wird hingegen eine flexible O. als effektiver angenommen. Die Änderungsfähigkeit, d.h. der bewusste, gewollte und gesteuerte Prozess des Wandels, steht dabei in engem Zusammenhang mit dem → Personalmanagement. Wechselwirkungen liegen in zweifacher Hinsicht vor: Zum einen prägt die O. anhand grundlegender Annahmen das Personalmanagement. Zum anderen kann das Personalmanagement selbst als Bestandteil einer O. gedeutet werden.

Organisationsstruktur, bezeichnet ein System von Regelungen in einem Unternehmen. Unterschieden werden die → Aufbauorganisation zur Verknüpfung der Stellen und Abteilungen und die → Ablauforganisation zur Regelung der Arbeitsprozesse. Aufbau- und Ablauforganisation bilden die formelle Organisationsstruktur, die das Handeln der Organisationsmitglieder auf das Unternehmensziel ausrichtet und damit zur Verwirklichung des Unternehmensziels beiträgt. Das tatsächliche Handeln der Organisationsmitglieder (Bildung informeller Gruppen und informeller Kommunikationswege) resultiert in der informellen Organisationsstruktur, die von der formellen Organisationsstruktur abweichen kann. Zur Beschreibung von Organisationsstrukturen bieten sich fünf zentrale Strukturdimensionen an (vgl. Kieser/Kubicek 1992): (1) → Spezialisierung (Arbeitsteilung), (2) → Koordination, (3) → Konfiguration (Leitungssystem), (4) → Entscheidungsdelegation (Kompetenzverteilung) und (5) → Formalisierung.

Literatur: Kieser, A./Kubicek, H. (1992): Organisation, 3. Aufl., Berlin.

Organisationsstrukturen, differenzierte, Organisationsform, die sich dadurch auszeichnet, dass das internationale Geschäft in einer eigenen organisatorischen Einheit zusammengefasst wird. Auf diese Weise wird eine deutliche Trennung von Inlands- und Auslandsaktivitäten innerhalb des Unternehmens erreicht. Typische Ausprägungen einer differenzierten bzw. segregierten Organisation sind die Exportabteilung, die internationale Division sowie die Holding. Während sich die Exportabteilung als spezifische Abteilung innerhalb eines Unternehmens mit der Durchführung und Koordination sämtlicher Exportaktivitäten befasst, stellt die internationale Division eine rechtlich in die Muttergesellschaft eingebundene Funktionseinheit dar, die speziell für die Betreuung und Abwicklung des Auslandsgeschäfts zuständig ist. Diese gehen oft aus der Exportabteilung hervor und sind im Regelfall mit → Direktinvestitionen, die für die Produktion und den Vertrieb der Produkte im jeweiligen Land getätigt werden, verbunden. Darüber hinaus werden auch alle anderen Auslandsaktivitäten wie → Export, Lizenzvereinbarungen, Managementverträge usw. von der internationalen Division abgewickelt. Ist die internationale Division rechtlich selbständig und damit kein integraler Bestandteil des Unternehmens, so liegt eine Holding vor.

Organisationsstrukturen, integrierte, Aufhebung der organisatorischen Dichotomie von Inlands- und Auslandsgeschäft durch Bildung organisatorischer Einheiten bzw. Geschäftssegmente, deren Leitung sowohl für das Inlands- als auch das Auslandsgeschäft zuständig ist. Derartige Strukturen sind vorwiegend bei Unternehmen anzutreffen, die in erheblichem Ausmaß international tätig sind, bzw. deren Hauptgeschäft im internationalen Bereich liegt. Darüber hinaus fördert eine geozentrische Ausrichtung des Unternehmens im Rahmen des → EPRG-Schemas integrierte Organisationsformen.

Organisatorischer Wandel, *Organizational Change*, *Organisationsentwicklung*, bezeichnet die gezielte Veränderung von Organisationen im Rahmen des → Change Managements. Hierbei werden langfristige und umfassende Veränderungen der Einstellungen, Verhaltensweisen und Fähigkeiten der Mitarbeiter angestrebt.

Organizational Commitment, → *Mitarbeiterloyalität*, gekennzeichnet durch Identifikation des Mitarbeiters mit dem Unternehmen und seiner Tätigkeit, verbunden mit der Absicht, langfristig in diesem Unternehmen arbeiten zu wollen.

Organizational Inertia, bezeichnet die Tendenz in einer Organisation, dass Verhaltensweisen aus der Vergangenheit in der Zukunft fortgeführt werden. Liegt O.I. vor, wird ein erfolgreicher → organisatorischer Wandel deutlich erschwert.

Outbound, → Telefonmarketing.

Outlet-Store, → Factory Outlet.

Outplacement, bezeichnet die Personalfreisetzung von Mitarbeitern, bei der eine Vermittlung der freigesetzten Mitarbeiter an andere Unternehmen angestrebt wird. Ziel dieser Suche nach neuen Arbeitsplätzen und Aufgabenfeldern für die freigesetzten Mitarbeitern ist eine einvernehmliche Trennung. O. findet oftmals bei größeren Personalfreisetzungen Anwendung, die beispielsweise im Rahmen der Umgestaltung der → Organisationsstruktur erfolgen (→ Restrukturierung). O. kann durch externe Personalberater begleitet werden, wobei das Honorar i.d.R. vom Unternehmen getragen wird, das die Mitarbeiter freisetzt.

Overreporting, → Panelerhebungen.

Overspending-Effekt, Bezeichnung für die Ausgabe eines → Werbeetats in einer Höhe, die unter Berücksichtigung der dadurch erzielbaren → Werbewirkung nicht gerechtfertigt ist.

P

Paarvergleichsverfahren, → Rangordnungsverfahren.

Package Inserts, → Mailingbeilage.

Packung, → Verpackung.

Page Views, Bezeichnung für die Anzahl von Abrufen einer bestimmten Internetseite. Unternehmen messen damit vor allem die Nutzungshäufigkeit ihrer Seiten. P.V. dienen vielfach als Kalkulationsgrundlage für die Preise der Bannerschaltung (→ Online Banner). Neben den P.V. lassen sich mittels der Informationen, die im → Internet übertragen werden, zusätzliche Auswertungen betreiben. Statistiken erlauben beispielsweise eine Aufschlüsselung, aus welchen Ländern die Kunden stammen. Wer sein persönliches Profil hinterlegt hat, sendet diese Informationen zusätzlich an die besuchte Seite und hinterlässt dem Marketer dadurch viele nützliche Informationen.

Panel, Untersuchungseinheit der → Panelerhebungen.

Pampering, (engl. to pamper = verwöhnen, verhätscheln), das Angebot besonderer → Zusatzleistungen bzw. einer besonders intensiven Betreuung von Kunden, die zu einer Übererfüllung der → Kundenerwartungen führen soll. *Vgl. auch* → Kundenzufriedenheit, → Begeisterungsfaktor.

Panelerhebungen, als P. wird eine Untersuchung bezeichnet, die – in zeitlichen Abständen – wiederholt zu einem gleich bleibenden Untersuchungsgegenstand durchgeführt wird. Eine Änderung des Adressatenkreises (Untersuchungseinheiten) ist dabei nicht vorgesehen. Somit sind P. dazu geeignet, Veränderungen im Zeitablauf zu erfassen.

I. Verbraucherpanel: Von einem Verbraucherpanel spricht man, wenn sich die Menge der Untersuchungseinheiten aus Endverbrauchern zusammensetzt. Besteht diese Menge aus Einzelpersonen handelt es sich um ein Individualpanel. Dabei stehen Informationen (Produkte, Marken, Preis, Einkaufsort, Einkaufsdatum usw.) im Vordergrund, die die Bedürfnisse des einzelnen Individuums betreffen (z.B. Tabakwaren oder Kosmetikartikel). Bei → Haushaltspanels hingegen sind Informationen zu haushaltsbezogenen Waren (z.B. Nahrungsmittel) von Interesse. Weiter wird bei → Haushaltspanels unterschieden, ob es sich um Güter des täglichen Bedarfs (Verbrauchsgüterpanel) oder um längerlebige Produkte (Gebrauchsgüterpanel) handelt. Am Anfang der Durchführung eines Verbraucherpanels steht die Bildung einer repräsentativen → Stichprobe (die Anzahl der Untersuchungseinheiten in der BRD liegt meist im Bereich zwischen 2.500 und 10.000). Um Personen oder Haushalte für ein Panel zu gewinnen, werden häufig Vergütungen als Anreiz zur Beteiligung bereitgestellt. Die eigentliche Erhebung der → Daten wird durch eine regelmäßige schriftliche Mitteilung der Panelteilnehmer durchgeführt. Diese erfolgt durch Eintragungen in ein Haushaltsbuch (häufig auch unter Zuhilfenahme eines Scanners). Die folgende Auswertung der Daten kann in Standardauswertungen (z.B. Verkaufszahlen oder allgemeine Marktentwicklung) und Sonderanalysen (z.B. Markenwechsel der Panelteilnehmer oder Verknüpfungen zwischen verschiedenen Produkten) unterteilt werden. Neben der Auswertung ist auch eine ständige Kontrolle des Panels notwendig. Diese Kontrolle beinhaltet u.a. die Aufgabe, die Repräsentanz des Panels zu erhalten, die durch Todesfälle

(Panelsterblichkeit), Umzüge, Änderungen der Einkommensklasse, aber auch durch Lernprozesse während der Teilnahme an einem Panel (was zu einem veränderten Verhalten im Vergleich zu „normalen Konsumenten" führen kann – Panel-Effekt) gefährdet sein kann. Ein weiteres Problem besteht im sog. Overreporting, d.h. es werden Käufe angegeben, die überhaupt nicht getätigt wurden bzw. – im Falle des Underreporting – Käufe verschwiegen. Besondere Bedeutung haben Verbraucherpanels für die Markenartikelindustrie, da sie für die Planung und die Kontrolle als Grundlage und unentbehrlicher Informationslieferant dienen.

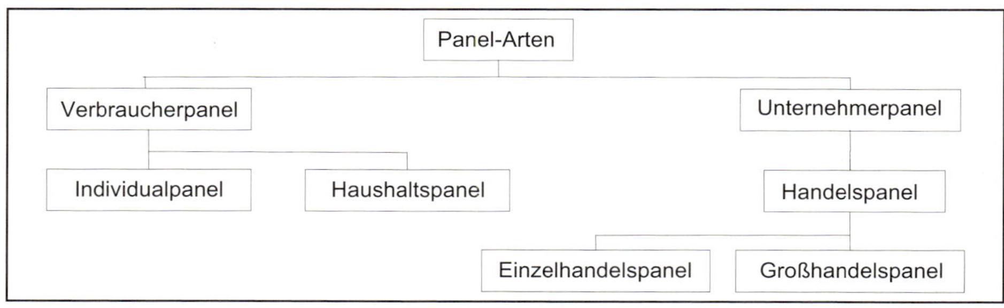

Panel-Arten

II. Unternehmerpanel: Das Unternehmerpanel verwendet als Untersuchungseinheiten eine repräsentative Stichprobe aller Unternehmen oder aller Unternehmen einer bestimmten Branche. Eine besondere Bedeutung im Rahmen der Unternehmenspanels hat das → Handelspanel, das sich wiederum in Einzelhandelspanels und Großhandelspanels aufgliedert. Die Untersuchungseinheiten bei Handelspanels setzen sich aus einem konstant bleibenden Kreis von Absatzmittlern zusammen, die in regelmäßigen Abständen Informationen zu Verkaufzahlen, Preisen, Lagerflächenaufteilung usw. liefern. Im Gegensatz zu den Verbraucherpanels werden hier die Daten jedoch hauptsächlich durch → Beobachtung und nicht durch → Befragung gewonnen. Bei der Auswahl der Stichprobe ergibt sich bei den Handelspanels eine Vielzahl von Problemen, u.a. ist das verfügbare Sekundärmaterial häufig ungenügend und nicht aktuell genug. Die Verfahren, die bei der Bildung der Stichprobe angewandt werden, beschränken sich im wesentlichen auf die der geschichteten Zufallsauswahl unter Verwendung des Quotaverfahrens. Das Quotaverfahren hat den Vorteil, dass Unternehmen, die die Teilnahme an dem Panel verweigern, leicht durch ein vergleichbares anderes Unternehmen ersetzt werden können. Ein weiteres Problem, das sich aus der relativ hohen Anzahl an Verweigerungen ergibt, ist, dass die durchschnittliche Marktabdeckung nur bei etwa 70 Prozent (in einigen Fällen sogar noch deutlich niedriger) liegt. Die → Datenerfassung erfolgt dann durch → Beobachtung von Mitarbeitern des Marktforschungsinstituts in den Geschäften und durch elektronische Ermittlung von Verkaufszahlen (meist) mittels Scannerkassen. Im Verlaufe der Auswertung der Daten werden die erhaltenen Zahlen aufaddiert und auf die Grundgesamtheit hochgerechnet.

Dabei werden u.a. Informationen erfasst zu Gesamtumsätzen, Marktanteilen, (durchschnittlichen) Beständen, (durchschnittlichen) Preisen, Anteil der Geschäfte, die ein bestimmtes Produkt führen, Art und Mittel der Verkaufsförderung usw. Unternehmenspanels liefern im Gegensatz zu Verbraucherpanels neben den Abverkaufszahlen auch Informationen über die Distribution. Sie bietet jedoch keinerlei Angaben über die soziodemographischen und psychographischen Hintergründe der Käufer. Die annähernd vollkommene informative Transparenz des Gütermarktes kann folglich nur eine Kombination aus Unternehmenspanel (Handelspanel) und Verbraucherpanel gewährleisten.

Dieter K. Tscheulin/Bernd Helmig

Panelsterblichkeit, → Panelerhebungen.

Paradigma, grundlegender Forschungsansatz, elementare Leitideen und wissenschaftliche Problemlösungsmuster, über die unter Vertretern eines Fachgebietes grundsätzlich Konsens herrscht. Dient auch als Bezeichnung für einzelne Forschungsströmungen.

Wissenschaftlicher Wandel entsteht durch in Frage stellen und Verwerfen bestehender P. und der Vorstellung alternativer Leitideen und Problemlösungsmuster. → Paradigmenwechsel.

Parallelgeschäft, spezifische Form eines → Kompensationsgeschäftes, bei der der Export der Hauptleistung des Anbieters zeitgleich oder dem Import der Gegenwaren aus dem Partnerland zeitlich nachgelagert ist. Ein Parallelgeschäft ist eine Form der Handelskompensation, die im Gegensatz zur sog. Industriekompensation kurzfristig orientiert ist.

Parallelimport, nicht vom Hersteller intendierte Warenströme in der Form, dass sich neben dem offiziellen Warenstrom vom Herstellungsland in das zu exportierende Land ein weiterer inoffizieller Warenstrom etabliert. Parallelimporte sind eine spezifische Form → grauer Märkte, die durch → Arbitrage entstehen. Die zu erzielenden Preise für die betroffenen Produkte liegen dabei im Ausland über denen im Herstellungsland, um einen Arbitragegewinn zu sichern.

Parallelsortiment, mehrfach geführte → Warengruppen, d.h. im Sortiment enthaltene gleiche oder sehr ähnliche Artikel verschiedener Hersteller (→ Sortimentstiefe). Ein P. ist häufig in Warengruppen gegeben, die viele → Markenartikel enthalten. Es dient der Demonstration von Sortimentskompetenz und kann die → Sonderpreispolitik unterstützen, da die Ähnlichkeit der Artikel es den Kunden erleichtert, Preisvergleiche vorzunehmen.

Parallelverhalten, Begriff aus dem Wettbewerbsrecht. Zwei oder mehr Unternehmungen richten ihr Verhalten aneinander aus, z.B. folgt ein Anbieter dem anderen mit einer Preiserhöhung. Soweit dies wettbewerbsbedingt ist, z.B. in Märkten mit hoher Transparenz und wenigen Anbietern, ist das P. wettbewerbsrechtlich nicht zu beanstanden. Entscheiden die Unternehmungen dagegen gemeinsam über ihre Maßnahmen, so liegt → abgestimmtes Verhalten i.S.v. § 1 GWB vor, das unzulässig ist.

Pareto-Prinzip, *80:20-Regel*, basiert auf den grundlegenden Erkenntnissen des italienischen Wirtschaftswissenschaftlers Vilfredo Pareto, der nachgewiesen hat, dass innerhalb einer Gruppe von Aufgaben bzw. Tätigkeiten die bedeutenden Dinge im Normalfall einen relativ kleinen Teil der Gesamtaufgaben ausmachen. Demnach zeigen Konzentrationskurven in der Praxis sehr häufig, dass 20 Prozent der Produkte (Kunden) 80 Prozent des Absatzes (Umsatzes, Gewinns) ausmachen. Ein Nachweis dieser Verteilung konnte sowohl in der Konsumgüterindustrie als auch in der Investitionsgüterindustrie erbracht werden. Eine sehr häufige Anwendung findet die 80:20 Regel im Rahmen des Zeitmanagements, wonach mit nur 20 Prozent des Zeitaufwandes 80 Prozent der Ergebnisse erreicht werden können.

Parfitt/Collins-Modell, zählt zu den multivariaten Marktdurchdringungsmodellen. Es dient zur Prognose des langfristigen Absatzpotenzials eines Neuproduktes. Zu diesem Zweck wird zwischen Erst- und Wiederkauf differenziert. Zur Prognose der erstmaligen Käufe Y(t) zum Zeitpunkt t kommt folgende Gleichung zum Einsatz:

$$Y(t) = M(1 - e^{-rt}), \ (0 \leq r \leq 1)$$

Hierbei verkörpert M den Anteil der potenziellen Erstkäufer im Hinblick auf die interessierende Produktklasse, die in der Periode einen Erstkauf tätigen. r bezeichnet den konstanten Teil potenzieller Erstkäufer, die zu jedem Zeitpunkt das → Produkt erwerben. Der Grenzwert ergibt sich folgendermaßen:

$$\lim Y(t) = M \quad \text{für } t \to \infty,$$

wobei sich der Parameter M unter Zuhilfenahme von Schätzfunktionen aus Kaufdaten errechnen lässt. Des Weiteren ist eine langfristige Wiederkaufrate w zu ermitteln. Diese Rate gibt den Anteil der Erstkäufer an, der zu dauerhaften Wiederkäufern wird. Allerdings unterliegt dieser Wert während der Produkteinführungsphase deutlichen Schwankungen. Durch die Multiplikation von M und w erhält man eine Prognose des mengenmäßigen Marktanteils, den das Neuprodukt langfristig erreichen kann. *Vgl. auch* → Wiederkaufmodell.

Pariser Verbandsübereinkunft (PVÜ), → Marke, rechtliche Aspekte.

ParROI-Modell, Teilmodell des → PIMS-Modells zur Schätzung der für eine gegebene SGE zu erwartenden Rentabilität (ROI).

Participation Marketing, beschreibt ein interaktives Marketingsystem und bezieht sich auf den Sachverhalt, dass Konsumenten nicht nur zustimmen, Marketinginformationen zu erhalten (→ Permission Marketing), sondern darüber hinaus in die individuelle Leistungserstellung einbezogen werden. Konsumenten haben die Möglichkeit, zwischen verschiedenen Kontakt- und Marketingstrategien zu wählen und diese wiederum durch ihr Verhalten zu beeinflussen. Die Kunden erhalten dadurch insbesondere den Vorteil, aktiv die Informationen zu erhalten, die auf ihr konkretes Bedürfnis zugeschnitten sind. P.M. bietet somit das konzeptionelle Rahmenkonzept für Unternehmen, um Produkte und Geschäftsstrategien interaktiv zu entwickeln, wobei insbesondere die Möglichkeiten des Internet genutzt werden, aber auch Print-on-Demand in Marketingkampagnen eine Rolle spielt. Die Online-Verbindung ist der etablierte Kanal, über den Kunden Zugang zum Unternehmen erhalten und Rückmeldungen erwarten. Instrumente des P.M. sind z.B. Membership-Mailings, Websites, Chatforen sowie Event-Mailings. P.M. ist somit nahe beim → Relationship Marketing angesiedelt.

Partizipation, (lat.) teilhaben, mitwirken an etwas. Beteiligung am Entscheidungsprozess. *Vgl. auch* → Personalmanagement.

Partnering, → Kooperation.

Partnerschaftssysteme, → Kooperierendes Handelssystem.

Party-Verkauf, Form des → direkten Absatzes, bei der eine Privatperson als Gastgeber Freunde, Bekannte und Nachbarn sowie einen Vertriebsrepräsentanten zu sich nach Hause oder in andere private Räumlichkeiten einlädt. Neben einer allgemeinen Produktvorstellung können die Waren auch ausprobiert und erworben werden. Der Gastgeber erhält als Gegenleistung i.d.R. eine umsatzabhängige Provision, meist in Form von Waren.

Patent, *vgl. auch* → Rechtsschutz, gewerblicher.

I. Gegenstand: Schutz technischer → Produkteigenschaften vor → Nachahmung. Schutzfähig sind Erzeugnis-P., wie z.B. Vorrichtungs-, Anordnungs- bzw. Schaltungs- und Stoff-P., sowie Verfahrens-P. Das Erzeugnis-P. schützt nicht nur das Produkt selbst, sondern auch alle Arten seiner Herstellung und seiner Verwendungsmöglichkeiten. Der Schutz des Verfahrenspatents erstreckt sich auch auf die unmittelbar damit hergestellten Produkte, d.h. der P.-Inhaber kann Ansprüche gegen Dritte geltend machen, wenn dieser mit seinem geschützten Verfahren bestimmte Produkte hergestellt hat. Dagegen hat er keine rechtliche Handhabe, wenn diese Produkte mit einem anderen Verfahren hergestellt worden sind, für das sein P. nicht gilt. Der Schutz von P. beträgt 20 Jahre.

II. Schutzvoraussetzungen: Nach § 1 PatG können P. für Leistungen auf dem Gebiet der Technik erlangt werden, die neu sind, auf erfinderischer Tätigkeit beruhen und gewerblich anwendbar sind. (1) Technik: Patentfähig sind Erfindungen, die es dem Menschen ermöglichen, die Natur zu beherrschen, und zwar in der Weise, dass durch die Nutzung natürlicher Kräfte und Rohstoffe oder die Nutzung z.B. physikalischer, chemischer oder biologischer Gesetze Bedürfnisse befriedigt werden. Erfindungen, die zur bloßen Welt des Geistes zählen und/oder eine Bedürfnisbefriedigung nicht durch Naturbeherrschung erzielen, sind dem P.-Schutz nicht zugänglich. (2) Neuheit: Eine Erfindung gilt dann als neu, wenn sie nicht zum Stand der Technik gehört, wozu alle Kenntnisse zählen, die vor dem für den Zeitrang (= Priorität, Vorrang) einer entsprechenden P.-Anmeldung maßgeblichen Tag durch schriftliche oder mündliche Beschreibung, durch Benutzung oder in sonstiger Weise der Öffentlichkeit zugänglich gemacht worden sind. Das P.-Recht fordert also von Erzeugnissen bzw. Verfahren absolute Neuheit. Neuheitsschädlich und für die Erlangung eines P. hinderlich ist alles, was irgendwann, irgendwo, irgendwie vor der Anmeldung bereits veröffentlicht ist. Zu den vielfältigen Möglichkeiten, wie ein Erzeugnis oder ein Verfahren bereits bekannt gemacht worden sein kann, zählen u.a. inländische und ausländische offen gelegte P.-Anmeldungen und P.-Schriften, Unterlagen eingetragener → Gebrauchsmuster, Bücher, Zeitschriften, Kataloge, Fotokopien, Fotos, Vorträge, Vorlesungen,

Radio- und Fernsehsendungen sowie Werbeveranstaltungen. Neuheitsschädlich kann auch das eigene Verhalten eines Herstellers sein. Hat er nämlich das Erzeugnis oder das Verfahren, das er zum P. anmelden möchte, bereits der Öffentlichkeit bekannt gemacht, etwa auf einer Messe oder in einem → Testmarkt, so ist dies der maßgebliche Zeitpunkt für den aktuellen Stand der Technik. Dies bedeutet aber nichts anderes, als dass er mit diesem Erzeugnis oder Verfahren den von ihm selbst entwickelten Stand der Technik nicht mehr überholen kann. Die P.-Anmeldung scheitert folglich an der Neuheit. (3) Erfindungshöhe: Bedeutet, dass sich die Erfindung für den Durchschnittsfachmann nicht in nahe liegender Weise aus dem Stand der Technik ergeben darf (§ 4 PatG). → Innovationen, die mittels P. geschützt werden sollen, müssen die stetige Weiterentwicklung im Rahmen des technischen Fortschritts übersprungen haben, d.h. entwicklungsraffende oder sprunghafte Verbesserungen des Standes der Technik verkörpern. (4) Gewerbliche Anwendbarkeit: bedeutet, dass die Erfindung auf irgendeinem gewerblichen Gebiet hergestellt oder benutzt werden kann. Um P.-Schutz zu erlangen, kommt es also allein darauf an, dass eine Möglichkeit zur gewerblichen Verwertung der Innovation besteht, und nicht darauf, dass diese tatsächlich gewerblich verwertet wird bzw. auch anders als gewerblich genutzt werden kann.

III. Kosten: Für die Anmeldung des P. sind 50 EUR bei elektronischer Anmeldung (60 EUR bei Anmeldung in Papierform) und für die Prüfung der Anmeldung 150 EUR (wenn ein Antrag bereits gestellt worden ist) bzw. 350 EUR (wenn ein Antrag nicht gestellt worden ist) an Gebühren an das P.-Amt zu entrichten (Stand: Januar 2002). Ab dem dritten Jahr sind Jahresgebühren zu entrichten (70 EUR), die ab dem fünften Jahr über 90 bis auf 1.940 EUR im zwanzigsten Jahr ansteigen. Bei voller Ausschöpfung des Schutzumfanges von 20 Jahren entstehen ab dem dritten Jahr insgesamt 13.170 EUR an laufenden Gebühren.

Patentrecht, → Patent.

Pay per Channel, Konzept des Pay-TV. *Vgl. auch* → Elektronische Medien.

Pay per Use, Verfahren, bei dem der Nutzer eines elektronischen Dienstes (z.B. → Internet, → Digitales Fernsehen) nur für die Contents bezahlt, die er auch tatsächlich nutzt.

Pay per View, Konzept des Pay-TV. *Vgl. auch* → Elektronische Medien.

Pay-TV, bedeutet, dass man individuell für seine Fernsehnutzung bezahlt. Hier gibt es verschiedene Konzepte: (1) Pay per Channel (Abonnenten bezahlen pro Monat und Kanal, z.B. Premiere), (2) Pay per View (hier bezahlt der Zuschauer nur die tatsächliche Sehzeit), (3) Video on Demand (hier kann der Zuschauer sein individuelles Programm teilweise selbst gestalten). *Vgl. auch* → Elektronische Medien.

Peak Load Pricing, besondere Form der zeitlichen → Preisdifferenzierung, die auf einen besseren zeitlichen Ausgleich von Kapazität und Nachfrage abzielt. Das P.L.P. ist insbesondere für Dienstleistungsunternehmen relevant. → Dienstleistungen sind häufig u.a. durch eine hohe Integrativität gekennzeichnet, d.h. der Simultaneität von Leistungserstellung und Leistungsverwertung (Uno-actu-Prinzip). Dies ist z.B. bei Telefongesellschaften, Energieanbietern oder kommerziellen Sportanlagen der Fall. Derartige Dienstleistungspotenziale sind als Umsatzbringer verloren, wenn sie nicht zum Zeitpunkt der Nachfrage zur Verfügung stehen. Daher sind bei zeitlich schwankender Nachfrage Kapazitäten vorzuhalten, die sich am Spitzenbedarf orientieren müssen. Typische Produktionsbetriebe können ihre Kapazitäten aufgrund der Lagerfähigkeit von Produkten an der durchschnittlichen Nachfrage orientieren. Der Preis kann bei integrativen Dienstleistungen als Steuerungsfaktor für die Kapazitätsauslastung eingesetzt werden. In Zeiten der Spitzenlast werden höhere Preise gefordert. In Zeiten der Unterauslastung werden niedrigere Preise gefordert. Energieunternehmen bieten daher z.B. Tag- und Nachtstrom zu unterschiedlichen Preisen an. Telefongesellschaften offerieren in Abhängigkeit der Tages- und Wochenzeit unterschiedliche Preistarife. Kommerzielle Sportanlagen verlangen in den Abendstunden zumeist höhere Preise als tagsüber.

Penalty-Reward-Faktoren-Ansatz, Methode zur → Dienstleistungsqualitätsmessung mit dem Ziel, den Prozess der

→ Dienstleistung in Routine- und Ausnahmekomponenten zu zerlegen. Der Ansatz basiert auf der Annahme, dass bei jeder Dienstleistung bestimmte Qualitätsfaktoren existieren, deren Nichterfüllung beim Kunden Unzufriedenheit (→ Kundenzufriedenheit) hervorruft. Diese Attribute werden als Penalty-Faktoren bezeichnet. Im Gegensatz dazu stellen die Reward-Faktoren Zusatzleistungen dar, die beim Kunden eine höhere Qualitätswahrnehmung und daher eine höhere Zufriedenheit erzeugen. Das Ziel dieses Messansatzes ist es, Merkmale einer Dienstleistung in diese Faktoren einzuteilen. Hierzu wird ein Gesamtqualitätsurteil der Dienstleistung auf einer 5er-Skala von „sehr zufrieden" bis „sehr unzufrieden" erhoben. Anschließend werden die Kunden gebeten, die einzelnen Attribute der Dienstleistung, die den Probanden vorgegeben werden, auf einer Skala von „viel schlechter als erwartet" bis „viel besser als erwartet" zu bewerten. Mit Hilfe dieser Daten wird eine → Multiple Regressionsanalyse unter dem Einsatz von → Dummy-Variablen durchgeführt. Als Ergebnis kennzeichnen Penalty-Faktoren diejenigen Attribute, bei denen der Kunde kein höheres globales Qualitätsurteil abgibt, obwohl die Leistung in Bezug auf das jeweilige Attribut besser als erwartet ausfiel. Dagegen sinkt das globale Qualitätsurteil, sofern die Qualität des jeweiligen Attributes schlechter als erwartet war. Reward-Faktoren zeichnen sich dadurch aus, dass das globale Qualitätsurteil steigt, sofern die Qualität des jeweiligen Attributes besser als erwartet eingeschätzt wurde; sie sinkt jedoch nicht, sollte die Leistung schlechter als erwartet gewesen sein. *Vgl. auch* → Dienstleistungsqualität.

Penetration Pricing, im Gegensatz zu → Skimming Pricing werden bei der Einführung neuer Produkte niedrige Preise gefordert (→ Preisstrategie). Der Einführungspreis liegt unter dem kurzfristig gewinnoptimalen Preis, um möglichst schnell den Markt zu durchdringen und evtl. Marktführer zu werden. Ist ein angestrebter Marktanteil erreicht, werden die Preise schrittweise angehoben. Vorausgesetzt wird eine preiselastische Nachfrage. Nach Möglichkeit sollte bei hoher Betriebsmittelauslastung als Folge einer starken → Kostendegression eine Verbesserung der Gewinnsituation eintreten. Vorteile dieser Strategie sind neben dem schnellen Absatzwachstum und der damit einhergehenden Kostendegression das Abschrecken potenzieller Konkurrenten, für welche die niedrigen Preise der betreffenden Unternehmung als → Markteintrittsbarriere wirken. Nachteilig ist die relativ lange Amortisationsdauer für die Investitionen in das Neuprodukt. Eine spätere Preisanhebung kann wegen der Gewöhnung der Kunden an niedrige Preise problematisch sein.

Penetrationsstrategie, → Penetration Pricing.

Per Unit Method, Verfahren der Werbeetatplanung. *Vgl. auch* → Werbeetat.

Perceived Value Pricing, Verfahren der Preisbestimmung auf der Grundlage des von den Kunden wahrgenommenen Wertes (perceived value). P.V.P. wird auch als Kalkulation nach dem wahrgenommenen Wert bezeichnet. Die Kostenseite spielt bei dieser Art der → Preisbestimmung keine Rolle. Dazu ist es notwendig, die Einzelkomponenten der Produkte zu analysieren und deren (wertmäßige) Einschätzung bei den Konsumenten zu erheben. Theoretische Grundlage sind die bei den Konsumenten erhobenen Nutzenwerte. Liegt der festgelegte Preis über dem ermittelten Wert, werden die Konsumenten das Produkt als zu teuer empfinden, liegt er unter dem Nutzenwert der Konsumenten, schöpft das Unternehmen nicht die gesamte → Preisbereitschaft ab. In der Abb. „Punktbewertungsverfahren" ist in einem vereinfachten Beispiel gezeigt, wie man sich an den vom Kunden wahrgenommenen Wert pragmatisch mit einem einfachen Punktbewertungsverfahren „herantasten" kann.

Merkmal	relative Wichtigkeit des Merkmals	Merkmalsausprägung Produkt A	Merkmalsausprägung Produkt B
Haltbarkeit	50 %	60	40
Zuverlässigkeit	30%	50	50
Garantieleistung	20%	20	80
Summe	100%	49	51

Punktbewertungsverfahren

Zunächst werden alle relevanten Merkmalsausprägungen möglichst aus Kundensicht erhoben (Spalte 1). Da nicht alle Merkmale gleich wichtig sind, müssen die relativen Wichtigkeiten der Merkmale ermittelt werden (Spalte 2). Diese werden mit den Bewertungen der Merkmalsausprägungen eines Produktes (Spalte 3 und 4) multipliziert und über alle Merkmale aufsummiert (Ergebnis letzte Zeile). Auf diese Weise werden Punkte für die einzelnen Produkte errechnet, die das Werte-Verhältnis aus Kundensicht widerspiegeln. Entsprechend dieser Werte kann der Preis für ein Produkt ermittelt werden, wenn die Preise der anderen Produkte auf dem Markt beobachtbar sind. Wird für Produkt A beispielsweise ein Preis von 98 EUR erzielt, kann der Anbieter von Produkt B 102 EUR verlangen (98·51:49). Kritisch ist jedoch die Verletzung des → Skalenniveaus bei dieser Vorgehensweise zu beurteilen. Die Punktebewertung ist streng genommen ordinalskaliert. Die Berechnung erfordert jedoch ratioskalierte Daten. Alternative Verfahren zur Bestimmung nutzenorientierter Preise sind die → Conjoint-Preis-Analyse und das → Probabilistische Preisreaktionsmodell.

Percentage of Sales Method, Verfahren der Werbeetatplanung. *Vgl. auch* → Werbeetat (2).

Perceptor-Modell, ist ein Modell zur Schätzung des langfristigen Marktanteils bei einer neuen Marke. Grundlage ist die Analyse der Idealpunkte von Konsumenten im Eigenschaftsraum. Der langfristige Marktanteil M wird folgendermaßen geschätzt:

$$M = T \cdot S$$

$$T = Q \cdot W \cdot V$$

dabei ist T die Versuchskaufrate und S die Wiederholkaufrate. V ist die Erhältlichkeit, W ist die Wahrnehmung und Q die Wahrscheinlichkeiten zum Versuchskauf unter der Bedingung der Aufmerksamkeit bzw. Verfügbarkeit des Produkts. Q hängt vom Abstand des Idealpunkts zum Produkt im Eigenschaftsraum ab.

Perceptual Mapping. Der → Produktmarktraum bildet die subjektive Wahrnehmung und Bewertung der → Produkte durch den Konsumenten in einem mehrdimensionalen Raum ab und lässt somit eine subjektive Interpretation realer Phänomene zu. Die Idee fußt auf folgenden Gedanken: (1) Die Produktalternativen lassen sich durch eine Vielzahl von Attributen beschreiben. (2) Jede Eigenschaft verkörpert eine Achse im psychischen Wahrnehmungs- und Beurteilungsraum; zusammen spannen diese einen nach ihrer Anzahl dimensionalisierten kognitiven Raum auf. (3) Es liegen die Urteile von Probanden über die Ausprägungen der Erzeugnisse bei den einzelnen Eigenschaften vor. Dadurch lässt sich jedes Produkt im kognitiven Raum bestimmen. Die Verwendung mathematisch-statistischer Methoden ermöglicht eine Reduktion der Dimensionen ohne großen Informationsverlust auf die maßgeblichen Achsen. Die Differenz der Güter zueinander im Wahrnehmungsraum spiegelt die Ähnlichkeit der Erzeugnisse wider. Die Rekonstruktion des Produktmarktraums erfolgt in zwei Schritten. Zuerst muss eine Aussage über den relevanten Markt getroffen werden, bevor im zweiten Schritt die Produkteigenschaften festzulegen sind. Diese sollten möglichst unabhängig voneinander wahrnehmbar und beurteilbar sein sowie eine gewisse Kaufrelevanz besitzen und zwischen den Produkten differieren. Grundsätzlich wird eine Unterteilung in kompositionelle und dekompositionelle Modelle getroffen. Bei ersterem liegen dem Probanden konkrete Ausprägungen vor, anhand derer er die Produkte zu beurteilen hat. Bei der zweiten Spielart schätzt der Proband die Erzeugnisse nicht bzgl. vorgegebener Merkmale ein, sondern einzig aufgrund globaler Ähnlichkeiten.

Periodenerfolgsrechnung, → Erfolgsrechnung.

Peripheral Consumption Context, → Consumption Context.

Permission Marketing, basiert auf dem Prinzip, dass Konsumenten den Marketingkommunikationsprozess kontrollieren, indem sie bewusst einwilligen, Informationen von einem Unternehmen zu erhalten. Dies geschieht i.d.R. in der Online-Kommunikation über sog. → Opt-in-Buttons. P.M. zielt darauf ab, eine Zielgruppe zu erreichen, die ein hohes Produktinteresse aufweist. Es werden Marketing- und Produktinformationen nur jenen Personen zugesendet, die sie explizit angefordert haben. Befürworter argumentieren, dass P.M. sehr effektiv sei, da die Rezipienten besonders aufnahmefähig für Informationen sind, die sie vorher angefordert haben. Darüber hinaus ist es eine kostengünstige Kommunikationsmaßnahme, da die Empfänger bereits identifiziert sind. In einer

Situation der Informationsüberlastung, automatisiertem Telemarketing und sog. Spamming, greift die Idee des Permission Marketing verstärkt um sich.

Permutationsverfahren, Verfahren der → Mediaselektion, das auf Grundlage eines vorgegeben Budgetrahmens systematisch eine bestimmte Anzahl möglicher Lösungen der Budgetverteilung durchprobiert. Das P. liefert folglich ebenso wie die iterativen Verfahren der Mediaselektion eine rechnergestützte heuristische Näherungslösung.

Personalauswahl, *Personalselektion*, Teilbereich des → Personalmanagements. Die P. befasst sich mit der Besetzung von bisher oder zukünftig vakanten bzw. noch zu schaffenden Stellen innerhalb des Unternehmens. Im Rahmen der P. muss zunächst entschieden werden, ob die Stelle intern, d.h. innerbetrieblich, oder extern ausgeschrieben werden soll. Des Weiteren müssen Kriterien festgelegt werden, die folgende Fragen beantworten: „Entsprechen die Kandidaten dem Anforderungsprofil?“, „Bringen sie alle fachlichen Qualifikationen und menschlichen Eigenschaften mit, um die unternehmerischen Ziele mit den nötigen Leistungsanforderungen zu erfüllen?“ Im Kontext der kundenorientierten Ausrichtung des → Personalmanagement kommt der P. eine besondere Bedeutung zu. Ziel ist die Neueinstellung kundenorientierter Mitarbeiter, die die gewünschten Persönlichkeitsmerkmale und die entsprechenden → Sozial- und Fachkompetenzen aufweisen. Zu den Methoden der P. zählen u.a. Interviews/Vorstellungsgespräche, Eignungstests, → Assessment Center, graphologische Begutachtung der Schrift.

Personalaus- und -weiterbildung, marktorientierte, Bestandteil der → marktorientierten Personalführung.

Personalbeförderung, marktorientierte, Bestandteil der → marktorientierten Personalführung.

Personalbeurteilung, marktorientierte, Bestandteil der → marktorientierten Personalführung.

Personalentwicklung. I. Begriff: Der P. kommt eine zunehmende Bedeutung als Erfolgsfaktor in der Wirtschaftspraxis zu, da die → Wettbewerbsfähigkeit von Unternehmen u.a. maßgeblich davon abhängt, wie qualifiziert die Mitarbeiter sind. Somit dient die P. vor allem der Verbesserung der Mitarbeiterqualifikation. Der Terminus P. weist dabei in der Literatur eine große Heterogenität sowie Unschärfe auf. Einstimmigkeit herrscht bzgl. der gemeinsamen Basisannahme, dass Mitarbeiterqualifikationen sich verändern bzw. gezielt verändert werden können. Im Sinne einer Definition sind unter der P. sämtliche Maßnahmen zu subsumieren, die der Veränderung von kognitiven (z.B. Kenntnisse, Fähigkeiten), affektiven (z.B. → Einstellungen, → Motivation) und konativen (z.B. kundenorientiertes → Verhalten) Persönlichkeitsmerkmale der Mitarbeiter dienen, um eine effizientere Erreichung der Unternehmensziele zu gewährleisten. Strittig ist in der Literatur der Umfang der Personalentwicklungsteilaufgaben sowie ihre Klassifizierung. Das klassische Personalwesen setzt P. weitgehend mit Aus-/Fortbildung gleich, d.h. es werden Formen des Arbeitsplatzlernens (→ Training-on-the-job) nicht beachtet. Generell zählen hierzu alle betrieblichen Maßnahmen, mit denen die Mitarbeiterqualifikationen systematisch erhalten und erweitert werden.

II. Ziele: Es können sowohl betriebliche Ziele als auch Mitarbeiterziele differenziert werden. Zu den betrieblichen Zielen der P. zählen u.a. Erhaltung und Verbesserung der Wettbewerbsfähigkeit, Erhöhung der Flexibilität der Mitarbeiter, Änderung der Einstellungen und Werte der Mitarbeiter, Erhaltung und Verbesserung der → Mitarbeitermotivation und die Sicherung eines qualitativen bzw. quantitativen Personalbestandes. Die Mitarbeiterziele der P. umfassen Aspekte wie z.B. Erhaltung und Verbesserung der persönlichen Qualifikation, Selbstverwirklichung am Arbeitsplatz, Minderung der Risiken eines Arbeitsplatzverlustes, Erhöhung individueller Mobilität und die Befriedigung materieller und immaterieller Motive. Obwohl die betrieblichen Zielsetzungen im Vordergrund stehen, ist festzustellen, dass eine zeitgemäße und effiziente P. ebenso individuelle Mitarbeitermotive berücksichtigt, speziell im Hinblick auf eine qualitativ hochwertige → Kundenorientierung. Daher strebt die P. an, den Mitarbeitern notwendige Qualifikationen und → Kompetenzen zur Aufgabenerfüllung zu vermitteln.

III. Marketingorientierte Ausrichtung: Aufgrund von veränderten internen und externen Umweltbedingungen (speziell einer steigenden Kunden- und Dienstleistungsorientierung) haben sich die Anforderungen an eine moderne Personalarbeit bei vielen Unternehmen geändert. In diesem Zusammenhang hat sich eine marketingorientierte Ausrichtung der Personalarbeit entwickelt (im Rahmen eines → Internen Marketingkonzeptes), die die P. als Serviceleister versteht, um sowohl direkt die → Internen Kunden als auch indirekt die externen Kunden zu bedienen. Besondere Bedeutung kommt der P. dabei in Unternehmen mit vielen Kundenkontaktsituationen zu. Mit Hilfe der Maßnahmen der P. sollen neben den fachlichen und methodischen Fähigkeiten auch das Bewusstsein zu verantwortlichem Handeln, kundenorientierten Verhalten und Eigeninitiative geweckt und gefördert werden.

IV. Prozess: Der Prozess der P. kann in vier Phasen unterteilt werden: Analyse, Planung, Qualifizierung und Kontrolle. (1) In der Analysephase wird der Bedarf an aktuellen bzw. zukünftigen Mitarbeitern (= Lückenkonzept) ermittelt. Als Nachteil ist anzumerken, dass diese defizitorientierte Bedarfsanalyse keinen methodisch gesicherten Weg zur Anforderungsanalyse/-prognose wie zur Qualifikationsprognose darstellt, wodurch eine Unschärfe bei der Bestimmung des konkreten Personalentwicklungsbedarfs resultiert. Anstatt eines Lückenkonzepts ist eine potenzialorientierte P. empfehlenswert, mit der → Kompetenzen geschaffen werden, die den flexiblen Umgang mit stetig neuen Anforderungen gestatten und die positionsübergreifend wirken. Die funktionalen Qualifikationen (als stellenspezifisch notwendige Leistungsvoraussetzungen) stehen hingegen eher im Hintergrund. (2) Die Planungsphase dient der systematischen Deckung des Personalentwicklungsbedarfs hinsichtlich Personalauswahl, Lerninhalten oder Methoden. Dazu zählt auch die Planung der individuellen Karriere (→ Karrieremanagement). (3) Die Qualifizierungsphase umfasst die eigentliche Durchführung der geplanten P.-Maßnahmen, d.h. die Qualifizierung selbst. Es wird zwischen inner-, über- und außerbetrieblicher P. differenziert. Die innerbetriebliche P. umfasst alle betriebsintern durchgeführten Qualifizierungsmaßnahmen. Die überbetriebliche P. hingegen bezieht sich auf alle Maßnahmen, die bei Bildungseinrichtungen veranstaltet werden. Die außerbetriebliche P. wiederum erfolgt betriebsextern, d.h. die Mitarbeiter werden zu Veranstaltungen externer Bildungsträger entsandt. (4) Die Kontrollphase dient der ökonomisch orientierten Evaluierung der P. Es erfolgt eine Überprüfung und Bewertung der einzelnen Maßnahmen hinsichtlich drei verschiedener Aspekte: Einsatz (= Inputevaluierung), Prozessverlauf (= Prozessevaluierung) und Ergebnis (= Outputevaluierung). Der konkrete ökonomische Nutzen der P. ist generell schwer zu quantifizieren. Obwohl die unmittelbare Qualifikationsentwicklung für eine erfolgreiche Weiterbildung spricht, stellt sich die Frage, inwieweit sich damit ein betrieblicher Nutzen erzielen lässt. Des Weiteren sind auf der Kostenseite die stellengebundenen P.-Maßnahmen nicht erfassbar. Hier können nur die einzelnen → Kostenarten (z.B. Zeit des Vorgesetzten, Abwesenheiten zwecks Fortbildung) bestimmt werden, nicht hingegen deren genaue Höhe.

V. Instrumente: Hier ist nach Teilbereichen und Methoden zu differenzieren. Die P. kann zunächst in drei unterschiedliche Teilbereiche untergliedert werden: (1) Die berufs- und stellenvorbereitende Qualifizierung (Einstiegsqualifizierung) betrifft diejenigen betrieblichen P.-Maßnahmen, die erstmals Mitarbeiter auf einen Beruf bzw. eine bestimmte Stelle vorbereiten sollen (z.B. Berufsausbildung, Umschulung als berufsvorbereitende Maßnahmen; Traineeausbildung, Anlernausbildung als stellenvorbereitende Maßnahmen). (2) Die berufs- und stellenbegleitende Qualifizierung (Anpassungs- und Erweiterungsqualifizierung) setzt bei bereits beschäftigten Mitarbeiter an. In diesen Bereich fallen die Anpassungs- und Erweiterungsfortbildung sowie die stellenbezogene Qualifizierung. (3) Die berufs- und stellenverändernde Qualifizierung (Aufstiegsqualifizierung) umfasst die Aufstiegsfortbildung sowie Maßnahmen zur Stellenbesetzung und/oder Stellenveränderung unter Berücksichtigung von Qualifizierungsaspekten, z.B. durch Aufgabenverkleinerung oder durch Aufgabenvergrößerung (→ Job Enrichment und → Job Enlargement). Die Personalentwicklungsmethoden betreffen die einzelnen Formen des organisierten Lernens (in jeweils unterschiedlichen Organisationsgraden). Generell zählen dazu alle Aktivitäten planerischer, organisatorischer und umsetzungsspezifischer Art, die erforderlich sind, um Mitarbeitern eine bestimmte Qualifikation in einem begrenzten Zeitraum zu vermitteln. Inhaltlich können folgende Gruppen klassifiziert werden: → Training off the job, → Training on the job, → Training near the job. Prinzipiell lassen sich diese Methoden im Rahmen aller skizzierten Teilbereiche einsetzen. Sie unterscheiden sich vorwiegend im Arbeitsplatzbezug bzw. den unterschiedlich notwendigen Aktivitätsgraden der Lernenden und Lehrenden.

Literatur: Becker, F.G. (1999): Marketingorientierte Ausrichtung der Personalentwicklung in Dienstleistungsunternehmen – am Beispiel von Finanzdienstleistern, in: Bruhn, M. (Hrsg.): Internes Marketing. Integration der Kunden- und Mitarbeiterorientierung. Grundlagen – Implementierung – Praxisbeispiele, 2. Aufl., Wiesbaden, S. 271-292; Bruhn, M. (2003): Integrierte Unternehmens- und Markenkommunikation. Strategische Planung und Umsetzung. 3. Aufl., Stuttgart; Neuberger, O. (1994): Personalentwicklung, 2. Aufl., Stuttgart.

Manfred Bruhn

Personalführung, marktorientierte, Bestandteil der → marktorientierten Unternehmensführung.

Personalisierung. Wenn → Mailings Erfolg haben sollen, dann reicht die aufgeklebte Adresse auf dem Umschlag als einziger Bezug auf die Zielperson selten aus. Auf den adressierten und personalisierten Brief mit Anrede sollte nicht verzichtet werden, wenn der Anbieter mit seinem potenziellen Kunden in eine längerfristige Beziehung treten möchte. Je individueller die Ansprache, desto glaubwürdiger ist ein Mailing. Je mehr Informationen über die Adresse hinaus zur Verfügung stehen und eingesetzt werden, umso persönlicher fühlt der Leser sich angesprochen (Alter, Kaufgewohnheit, Hobbies usw.). Dennoch ist Zurückhaltung geboten, um nicht den subjektiven Eindruck zu erwecken, dass der Absender zu viel über den Adressaten gespeichert hat. Es gibt technische Möglichkeiten, ein Mailing durchgängig zu personalisieren. Vom Umschlag über den Brief, den Prospekt, bis hin zum Antwortschein, auf jedem → Werbemittel findet der Leser seinen Namen wieder.

Personality Promotion, spezielle Form der → Verkaufsförderung, bei der durch den Auftritt von Prominenten am → Point of Sale Gedächtniswirkungen beim Konsumenten, wie z.B. Erhöhung des Bekanntschaftsgrads oder Imagetransfer, erzielt werden sollen.

Personalmanagement, Personalwesen, Personalwirtschaft; beinhaltet die Gestaltung, Implementierung und Weiterentwicklung aller auf die humanen Ressourcen einer Unternehmung gerichteten Aktivitäten. In einem integrativen Ansatz – unter Berücksichtigung instrumenteller und institutioneller Aspekte – werden diese so koordiniert, dass das geeignete Humanpotenzial unter Berücksichtigung unternehmensinterner und -externer Faktoren bereitgestellt, erhalten und entwickelt werden kann. Das P. umfasst mehrere Einzelbereiche zur Erfüllung seiner Aufgaben. Hierzu zählen das Arbeitsrecht (z.B. Tarifrecht, Arbeitsvertragsrecht), die Verfahrenstechniken (→ Personalauswahl, → Assessment Center, → Personalentwicklung) und die → Verhaltenswissenschaften (z.B. zur Lösung von Problemen bei der → Mitarbeitermotivation). Das P. dient sowohl der Steuerung des Mitarbeiterverhaltens im Unternehmensinteresse (Personalführung, Personalplanung) als auch der Gestaltung des organisationalen Systems (Personalentwicklung, Personalverwaltung). Die Instrumente des P. dienen dazu, unter Berücksichtigung der strategischen → Unternehmensziele die Allokation der Human Resources zu optimieren. Hierbei spielen vor allem die → Personalauswahl inklusive Personalbedarfsermittlung, Personalbeschaffung/-bedarfsdeckung usw. und die Personalentwicklung eine große Bedeutung. Des Weiteren zählen zu den Instrumenten Motivations- und → Anreizsysteme sowie → Empowerment. Im Kontext der → Kundenorientierung können einem marketingorientierten P. sämtliche Instrumente zugerechnet werden, die die absatzmarktorientierten Aktivitäten durch die Optimierung unternehmensinterner Strukturen und Prozesse unterstützen. Hierbei handelt es sich jedoch nicht um vollständig neue Maßnahmen, sondern um eine Schwerpunktverlagerung in Richtung Kundenorientierung (z.B. Personalauswahl nach kundenorientierten Kriterien).

Personalmarketing, sämtliche Maßnahmen zur Erschließung des externen Arbeitsmarktes durch Auf- und Ausbau eines positiven Image auf den beschaffungsrelevanten Arbeitsmarktfeldern. Während das P. somit eine externe Ausrichtung aufweist, betrifft das → Personalmanagement sämtliche Aktivitäten, die mit dem Personal innerhalb des Unternehmens in Zusammenhang stehen.

Personalrekrutierung, marktorientierte, Bestandteil der→ marktorientierten Personalführung.

Personal Selling, → *Persönlicher Verkauf*; I. Begriff: Das P.S. ist neben der → Werbung, der → Verkaufsförderung und der → Public Relation ein Instrument der → Kommunikationspolitik. Zudem kann das P.S. partiell dem absatzpolitischen Instrument der → Distributionspolitik zugeordnet werden.

II. Charakteristika: Entscheidendes Charakteristikum des P.S. ist die unmittelbare Interaktion von Anbieter und Nachfrager. Dieser unmittelbare Kontakt zwischen den Marktpartnern ist insbesondere in Zeiten von → Käufermärkten mit geringen oder negativen Wachstumsraten von großer Bedeutung. Die Bedeutung resultiert in dieser speziellen Marktsituation insbesondere aus der besonderen Eignung des P.S. als → Kommunikationsinstrument, das Präferenzen für ein Angebot bei potenziellen Kunden schafft, ohne hierdurch das Angebot materiell oder formell verändern zu müssen. Darüber hinaus gewinnt die Schaffung von Präferenzen heute fast auf allen Konsumgütermärkten an Bedeutung, da die angebotenen Leistungen häufig substituierbar sind. Von P.S. spricht man also, wenn Anbieter im Rahmen einer persönlichen → Kommunikation versuchen, potenzielle Nachfrager von ihrer angebotenen Leistung zu überzeugen. Der entscheidende Vorteil des P.S. besteht in der Möglichkeit, sich jeder denkbaren Situation im Rahmen einer Kommunikation anpassen zu können, da dies in besonderer Weise bei dieser Kommunikationsart möglich ist.

III. Ziele und Aufgaben: Das Hauptziel des P.S. ist es, mit Hilfe von Verkaufsgesprächen einen Verkaufsabschluss zu erzielen. Da im Rahmen des P.S. ein persönlicher Kontakt stattfindet, ist es darüber hinaus sehr gut für die Gewinnung von Informationen über den Markt und die Kundenbedürfnisse sowie als Instrument des Geschäftsbeziehungsmanagement (z.B. Kontaktpflege, Entwicklung spezieller Problemlösungen) geeignet. Zur Realisierung dieser Ziele müssen zunächst Kontakte hergestellt und mit den entsprechenden Personen in eine Kommunikation eingetreten werden. Im Rahmen dieser persönlichen Kommunikation hat der → Verkäufer eine Reihe an unterschiedlichen Aufgaben wahrzunehmen. Im Einzelnen handelt es sich hierbei um die folgenden Aufgaben (vgl. Weis, 1995, Sp. 1981): (1) die Vorbereitung des Verkaufsgesprächs, (2) die Kontaktaufnahme mit potenziellen Kunden, (3) die Durchführung von Verkaufsgesprächen, (4) die Erzielung von Verkaufsabschlüssen, (5) die Pflege von Geschäftskontakten. Idealtypisch lässt sich der Verkaufsprozess in vier Phasen einteilen: (1) Kontaktanbahnungsphase, (2) Kernphase, (3) Abschlussphase, (4) Nachabschlussphase. In der Kontaktanbahnungsphase muss der Verkäufer einen Termin mit einem potenziellen Kunden vereinbaren und sich alle wesentlichen Informationen über den Gesprächspartner sowie über mögliche Kaufmotive beschaffen. Darüber hinaus zählt zu dieser Phase die Annäherung an den potenziellen Kunden im Gespräch. Wesentlich ist hierbei insbesondere die Entscheidung, wie der Verkäufer das Gespräch eröffnet. Hieran schließt sich die Kernphase an, die als zentrale Bestandteile die eigentliche Produktpräsentation/-demonstration, die Begegnung von kritischen Einwänden und die Konfliktüberwindung beinhaltet. Diese sollte den Gesprächspartner am Ende dazu veranlassen, einen Kaufabschluss zu tätigen. Nach dem Kauf sollte der Käufer in seinem Entschluss bestätigt werden, damit keine kognitiven Dissonanzen auftreten.

IV. Formen: Das P.S. kann im Hinblick auf eine Reihe unterschiedlicher Kriterien betrachtet werden. Eine gängige Systematisierung des P.S. orientiert sich an dem Ort, an dem sich der persönliche Verkauf vollzieht. Hier unterscheidet man den Außen-, den Innen- und den Messeverkauf. Beim Außenverkauf besucht ein → Außendienstmitarbeiter einen potenziellen Kunden, um mit diesem ein Verkaufsgespräch zu führen und ihn von seinem Angebot zu überzeugen. Beim Innenverkauf sucht ein potenzieller Kunde dagegen einen Verkäufer auf, um sich hier über eine Leistung zu informieren. Angesichts der Aktion des Käufers besteht hier der Vorteil, dass der potenzielle Käufer u.U. schon eine Vorentscheidung für einen Kauf getroffen hat. Beim Messeverkauf findet das Verkaufsgespräch im Rahmen einer Marktveranstaltung statt, an der zumeist auch Konkurrenten teilnehmen. Wenn nicht bereits im Vorfeld geeignete Interessenten zu dieser Veranstaltung eingeladen worden sind, ist die Durchführung von erfolgreichen Verkaufsgesprächen auf → Messen eher die Ausnahme. Zumeist dienen die Messeauftritte von Unternehmen lediglich der Kontaktanbahnung mit möglichen Kunden, um zu einem späteren Zeitpunkt hierauf aufbauen zu können und dann ggf. ein erfolgreiches Verkaufsgespräch folgen zu lassen. Von besonderer Bedeutung ist das P.S. im Bedienungseinzelhandel, der Investitionsgüter-, der Bank- und Versicherungsbranche sowie bei dem Verkauf von erklärungsbedürftigen Produkten.

Literatur: Weis, H.C. (1995): Persönlicher Verkauf, in: Tietz, B./Köhler, R./Zentes, J., Handwörterbuch des Marketing, 2. Aufl., Stuttgart, Sp. 1979-1989.

Rainer Olbrich /Markus Vetter

Persönliche Kommunikation, *direkte Kommunikation*; → Kommunikation.

Persönlicher Verkauf, → *Personal Selling*.

Persönlichkeit. Unter P. wird die Gesamtheit der Erlebnis- und Verhaltenseigentümlichkeiten verstanden, die einen einzelnen Menschen zeit- und situationsüberdauernd von anderen Menschen unterscheidet. Die Persönlichkeitspsychologie, auch differenzielle Psychologie genannt, stellt ein System von wissenschaftlich-psychologischen Aussagen über das stabile, zeitandauernde Verhalten von Individuen dar. Persönlichkeitstheorien versuchen, eine sinnvolle Strukturierung von Begriffen, Eigenschaften und Verhaltensweisen vorzunehmen und Wahrscheinlichkeitsaussagen über Zusammenhänge zwischen Merkmalen und Situationsvariablen abzuleiten, um so Vorhersagen über das Verhalten von Personen in bestimmten Situationen zu ermöglichen. Persönlichkeitsmerkmale spielen im Konsumentenverhalten eine wichtige Rolle, da sie u.a. einen Beitrag zur Erklärung des → Kaufentscheidungsverhaltens oder des → Involvements leisten. Darüber hinaus wird der Begriff P. auch verwendet, um damit auszudrücken, dass bestimmte Marken ein sehr eigenständiges Profil haben (Markenpersönlichkeit).

Persönlichkeitsmerkmale, gewisse P. sind erforderlich, damit der Mitarbeiter eine → kundenorientierte Einstellung aufbaut. Für die → kundenorientierte Einstellung sind insbesondere drei P. förderlich: (1) Selbstwertgefühl, d.h. Vertrauen in die eigenen Fähigkeiten, (2) Einfühlungsvermögen, d.h. Fähigkeit, sich in die Perspektive anderer Menschen hineinzuversetzen und (3) Kontaktfreude, d.h. Freude im Umgang mit Menschen.

Persönlichkeitsstruktur, bezeichnet die Gesamtheit der entwickelten psychischen Anlagen eines Menschen. Sie sind zum Teil genetisch und zum Teil durch die Interaktion mit der Umwelt (Sozialisation) bedingt. P. setzt sich zusammen aus zahlreichen → Persönlichkeitsmerkmalen.

Perspektivenübernahme, auch „Role Taking" genannt. Forschungsgebiet innerhalb der Sozialpsychologie, das untersucht, wie durch das „in sich Hineinversetzen" („Define the Customer's Needs from the Customer's Perspective") in den Kunden die → Kundenorientierung verbessert werden kann.

Per Unit Method, Verfahren der Werbeetatplanung. *Vgl. auch* → Werbeetat.

Perzeption, → Informationsverarbeitung.

Pflichtenheft, schriftliche Zusammenstellung aller technischen, wirtschaftlichen und rechtlichen Einzelheiten eines → Produktes, die letztendlich zu erfüllen sind. Ferner sollten die Wünsche und die Bedürfnisse der Nachfrager Berücksichtigung finden. Die Darstellung der Anforderungen geschieht dabei in Form einer schriftlichen Spezifikation von Funktionen, Daten und deren Strukturen. Evtl. sind organisatorische, wirtschaftliche und technische Rahmenbedingungen zu berücksichtigen. Es interessieren hier vor allem die Produktanforderungen i.S.v. „Was muss das Produkt können" und nicht die detaillierten Abläufe i.S.v. „Wie kann ich diese Anforderung erreichen". Häufig findet eine Unterteilung der Anforderungen in Basis-, Leistungs- und Begeisterungsfaktoren statt.

PGR-Messung, → Aktivierung.

Phasenmodell, → Organisationales Beschaffungsverhalten.

Physiologische Reaktion, → Aktivierung.

Physische Distribution, → *Distribution, physische*, → Distributionspolitik.

Physische Umwelt, natürliche Umwelt → marktorientiertes Umweltmanagement, umweltfreundliche Konsumgüter.

Piktogramme, werden i.d.R. in Form von Gesichterskalen verwendet, mit der affektive Haltungen ggü. einem Meinungsgegenstand gemessen werden können. Die einzelnen gezeichneten Gesichtsausdrücke können Freude, Überraschung oder Ärger usw. zeigen. Der Proband soll mittels Selbsteinschätzung angeben, welcher Gesichtsausdruck seinem Gefühl (→ Emotion) oder seiner → Einstellung am besten entspricht. P. werden verwendet, wenn affektive Eindrücke schlecht verbalisiert werden können.

Pilotstudie, *Vorlaufstudie*. Die P. ist eine der Hauptstudie vorgelagerte Erhebung von kleinem Umfang. Sie dient in erster Linie dazu, die Durchführung der Hauptstudie zu simulieren. Dazu werden sämtliche Punkte festgelegt, die auch in der eigentlichen späteren Erhebung fixiert werden müssen: → Erhebungsmethoden, Erhebungsplan, Untersuchungseinheiten, Dauer und Umfang der Erhebung, Einweisung und Schulung des Testpersonals sowie die Verfahren zur Analyse der gewonnenen → Daten. Außerdem wird das Erhebungsmaterial (z.B. Fragebogen) erstellt. Bei der Durchführung der P. lassen sich dann Fehler in der Planung aufdecken. So kann z.B. überprüft werden, ob der Fragebogen verständlich und eindeutig formuliert ist, oder ob Probleme beim Ausfüllen auftreten. Anhand der gewonnen Erkenntnisse können mögliche Probleme vor der Durchführung der Hauptstudie beseitigt werden oder es können auch neue, bisher nicht berücksichtigte Aspekte in die Hauptstudie aufgenommen werden.

PIMS-Modell, *Profit-Impact-of-Market Strategies-Modell*; Ansatz zur Erforschung von → Erfolgsfaktoren. Zentrales Ziel des P.-M. war die Gewinnung von branchenübergreifend gültigen Aussagen über die Einflussfaktoren des Erfolges einer → Geschäftseinheit. Zur Ermittlung der zentralen Erfolgsfaktoren wurden diese Daten in ein → Regressionsmodell eingebunden, in dem die Rentabilitätskennzahlen → ROI und → ROS die abhängigen Variablen waren. Hierbei konnte die Varianz des ROI zu rund 80 Prozent durch Variablen aus den Bereichen Marktstruktur, Wettbewerbsposition und Geschäftsfeldstrategie erklärt werden. Drei zentrale Determinanten des ROI sind nach PIMS (1) die Investitionsintensität, (2) der relative Marktanteil und (3) die relative Produktqualität. Die Bezeichnung „relativ" deutet an, dass die eigene SGE im Vergleich zu entsprechenden Werten für Konkurrenten beurteilt wird. Diverse Kritikpunkte am Modell verdeutlichen aber die Notwendigkeit, PIMS-Aussagen nicht unreflektiert zur Strategiefindung heranzuziehen. Wie berechtigt diese Kritikpunkte insgesamt sind, wird daran deutlich, dass das PIMS-Projekt im Laufe des Jahres 1999 eingestellt wurde.

Piraterie, → Nachahmung.

Plagiate, → Nachahmung.

Plakat, großflächige (d.h. mindestens A3) Text-Bild-Kombinationen (→ Werbemittel, → Werbeträger), die eine → Werbebotschaft beinhalten. Sie gehören zur Akzidenzwerbung, da sie Druckarbeiten umfassen, die nicht zum Zeitungs- und Zeitschriftendruck zählen. Spezialformen der Plakatwerbung sind: (1) Stationäre „Plakate": Allgemeiner Anschlag bzw. Allgemeinstelle (Säulen und Tafeln auf öffentlichem Grund, die dem Plakatanschlag mehrerer Werbetreibender dienen), Ganzstellen (i.Allg. Säulen auf öffentlichem Grund, die nur einem Werbetreibenden vorbehalten sind), Großflächen (Plakattafeln im 18/1-Bogenformat auf privatem Grund), Kleinflächen (Anschlagtafeln im 4/1- oder 6/1-Bogenformat) und Spezialstellen (nicht kategorisierbare Stellen an Bauzäunen usw.), (2) Mobile „Plakate": Verkehrsmittelwerbung (Werbung auf Straßen-, U-, S-Bahn, Omnibus, letztendlich jede Werbung auf Verkehrsmitteln), (3) Sonstige „Plakate": City-Light-Poster/Abribus (Plakatwerbung in beleuchteten verglasten Vitrinen), Shoppingcenter-Stellen (Plakatflächen auf Parkplätzen großer Einkaufszentren) und Leuchtwerbung.

Planung, Ausgleichsgesetz der, ein von Erich Gutenberg formuliertes Gesetz, das besagt, dass kurzfristig die gesamte Unternehmensplanung auf die Kapazität des Engpassfaktors abgestellt werden muss (Dominanz des Minimumfaktors). Diese Überlegungen resultieren aus der Aufgliederung von Unternehmen in Funktionsbereiche und der damit zusammenhängenden Koordinationsproblematik einzelner Teilpläne für die Bereiche Beschaffung, Produktion, Absatz, Finanzierung usw. Häufig bildet zumindest einer dieser Teilbereiche einen Engpass bei der Leistungserstellung, wodurch die Kapazität in den anderen Abteilungen zum Teil ungenutzt bleibt. Häufig kann a priori nicht erkannt werden, welcher Bereich zum Engpass wird. Zur Lösung dieses Problems werden Optimierungsmodelle (z.B. lineare Programmierung) herangezogen.

Planung von Erhebungen, die Planung ist der wichtigste Schritt im Vorfeld einer Erhebung, bei dem eine Vielzahl von Aspekten festgelegt werden. Zuerst muss die Erhebung räumlich und zeitlich abgegrenzt und der Umfang bestimmt werden (Anzahl der Probanden, → Einzweckerhebung oder → Mehrzweckerhebung). Weiter muss festgelegt werden, ob die Erhebung selbst durchgeführt, oder ob ein Marktforschungsinstitut damit beauftragt wird. Die Methode der Erhebung und die Verfahren zur → Datenanalyse müssen festgelegt werden. Schließlich muss noch das beteiligte Personal geschult werden und eine Entscheidung darüber getroffen werden, ob eine → Pilotstudie durchgeführt werden soll.

Planung, marktorientierte, Bestandteil der → marktorientierten Unternehmensführung.

Planungssystem, → Marketing- und Vertriebscontrolling.

Platzierungsanalyse, bezeichnet die Untersuchung der Auswirkungen der Warenplatzierung in Handelsunternehmen auf Erfolgsgrößen (→ Platzierungseffekte). Hierbei werden ökonomische Erfolgsgrößen, wie z.B. Absatz, Umsatz, Deckungsbeitrag, Verkaufsflächenrentabilität und außerökonomische Erfolgsgrößen, wie z.B. Konsumentenverhalten (insb. Kundenfrequenz) und Kundenzufriedenheit, berücksichtigt. In die Betrachtung gehen nicht nur Erfolgsgrößen, sondern auch Kostengrößen, wie z.B. Kosten der beanspruchten Verkaufsfläche, Kosten der → Kapitalbindung und Opportunitätskosten, ein. Das Ziel der Platzierungsanalyse ist es, die Verkaufsräume möglichst effizient zu nutzen, d.h. die Kosten möglichst gering und die Erfolgsgrößen möglichst auf ein hohes Niveau zu führen → Produkt-Platzierung. Im Rahmen der Platzierungsanalyse wird insbesondere versucht, folgende Fragen zu beantworten: (1) Bei welchen Artikeln bzw. Artikelgruppen scheint eine gemeinsame Platzierung ökonomisch sinnvoll zu sein? (2) Welche Anteile der Verkaufsfläche sollen Artikel zugeteilt bekommen und wo sollen sie platziert werden? (3) Wie soll der Regalplatz einzelner Artikel eingerichtet werden und wie groß soll er sein?

Literatur: Heidel, B./Müller-Hagedorn, L. (1989): Platzierungspolitik nach dem Verbundkonzept im stationären Einzelhandel, in: Marketing, Zeitschrift für Forschung und Praxis, 11. Jg., Nr. 1, S. 19-26.

Platzierungseffekt, → Platzierungsanalyse.

PLC, Abk. für *Product Life Cycle. Vgl. auch* → Produktlebenszyklus.

Point of Purchase, *POP, Point of Sale, POS;* bezeichnet den Ort, an dem ein Kauf bzw. Verkauf getätigt wird. In der Praxis wird der Begriff POP mit den Verkaufsräumen von Handelsunternehmen gleichgesetzt. Allerdings haben u.a. neue Informations- und Kommunikationsmedien zu neuen Möglichkeiten des Vertriebs von Gütern geführt und somit eine Verlagerung des Verkaufs in das Domizil des Käufers (→ Home Shopping) ermöglicht.

Point of Sale, *POS, → Point of Purchase.*

Point-of-Interest-System, → Kiosksystem.

Point-of-Sales-System, → Kiosksystem.

Poka Yoke, Prinzip der permanenten Qualitätsverbesserung durch die im Leistungserstellungsprozess beteiligten Mitarbeiter mit dem Ziel, eine Null-Fehler-Quote (→ Null-Fehler-Prinzip) zu realisieren. Das P.Y. unterscheidet zwei Fehlerarten. Zum einen gibt es

Fehler, die von den Mitarbeitern während ihrer Entstehung bemerkt werden, zum anderen solche, deren Entstehen die Mitarbeiter übersehen. Die Erreichung des Anspruches einer permanenten Verbesserung der → Dienstleistungsqualität setzt eine in die einzelnen Phasen der → Dienstleistungserstellung integrierte Prüfung dieser Qualität am Ort der Entstehung voraus. Diese Fehlerquelleninspektion ist bei Dienstleistungen insbesondere aufgrund der Tatsache erforderlich, dass die Nachbesserung einer fehlerhaften Dienstleistung i.d.R. nur während des Leistungserstellungsprozesses möglich ist (→ Service Recovery). *Vgl. auch* → Dienstleistungsqualität, → Dienstleistungsqualitätsmessung.

Politik-Marketing, Beeinflussung politischer Entscheidungsprozesse i.S. der Gestaltung von Austauschbeziehungen zwischen Anbietern und Nachfragern politischer Ideen und Ziele. Anbieter (Träger des P.-M.) sind zum einen Institutionen, wie Parteien, zum anderen einzelne Kandidaten. Nachfrager (Zielgruppen des Politik-Marketing) sind Individuen, gesellschaftliche Interessensgruppen, Geldgeber und die allgemeine Öffentlichkeit. Der Erfolg des P.-M. kann sich materiell (Spenden, Mitgliedsbeiträge) und immateriell (Wählerstimmen, Image, Verhaltensänderungen) äußern. Voraussetzung eines effektiven P.-M. sind Meinungsforschung und Imagemessung. Das P.-M. ist im Schnittstellenbereich zwischen → Social Marketing und → Dienstleistungsmarketing einzuordnen.

Polyzentrische Orientierung, → polyzentrisches Marketing.

Polyzentrisches Marketing, spezifische Orientierung eines international tätigen Unternehmens im Rahmen des → EPRG-Schemas in der Form, dass sich die internationalen Aktivitäten des Unternehmens an den Besonderheiten und Bedürfnissen der einzelnen Ländermärkte ausrichten. Dieser Ansatz geht von der Verschiedenartigkeit der Länder aus, die folglich auch differenziert bearbeitet werden müssen. Typisch für diese Orientierung ist die Marktbearbeitung durch Tochtergesellschaften, die vor Ort angesiedelt sind und über eine vergleichsweise hohe Entscheidungsautonomie verfügen. Die Leitung dieser Tochtergesellschaften obliegt im Regelfall lokalen Managern, die nicht aus der Muttergesellschaft im Inland stammen.

Poor Dog, → Marktwachstums-Marktanteils-Portfolio.

POP, → Point of Purchase.

Portfolioanalyse, → Portfolio-Modell.

Portfolioanalyse, internationale, Instrument zur Analyse der gegenwärtigen Marktpositionen und Entwicklungsmöglichkeiten von → Strategischen Geschäftseinheiten (SGE) eines international tätigen Unternehmens. Ziel ist es, den Erfolg des Unternehmens langfristig zu sichern. Zur Beurteilung von SGEs liegen verschiedene → Portfolio-Modelle vor, welche die SGEs nach bestimmten Klassifikationskriterien einschätzen, strukturieren und in Matrix- oder Tabellenform darstellen. Die bekanntesten Konzepte sind die Wachstums-Marktanteils-Matrix der Boston Consulting Group sowie die Marktattraktivitäts-Wettbewerbsstärke-Matrix von McKinsey. Innerhalb der internationalen → Sortimentsplanung wird die Portfoliomethode eingesetzt, um die einzelnen Leistungen des Programms zu vergleichen und zu bewerten und auf dieser Basis eine optimale Programmstruktur zu entwickeln.

Portfolio-Modell, I. Begriff: Instrument zur Steuerung von und Ressourcenallokation auf → Strategische(n) Geschäftseinheiten (SGE). Das Instrument dient damit der aus Sicht des Unternehmens optimalen Gestaltung des Produkt-/Leistungs- bzw. Investitionsprogramms. Damit dienen P.-M. der integrativen Steuerung der Erfolgspotenziale eines Unternehmens. Der Begriff „Portfolio" stammt ursprünglich aus dem finanzwirtschaftlichen Bereich (Wertpapier-Portefeuille). In diesem Bereich weist das Problem der Streuung von Investitionen in Wertpapieranlagen eine gewisse Ähnlichkeit mit dem Problem der Ressourcenallokation in diversifizierten Unternehmen auf.

II. Hintergrund: P.-M. wurden vor dem Hintergrund der in den 60er-Jahren stark zunehmenden Diversifikation amerikanischer Großunternehmen entwickelt. Das damals aufkommende Profit-Center-/SGE-Konzept erwies sich zwar zur Abwicklung des Tagesgeschäfts als vorteilhaft, auf die strategisch relevante Frage nach einer effizienten Res-

Marktattraktivität	Wettbewerbsposition: schwach	mittel	stark
hoch	**Selektives Vorgehen** • Spezialisierung • Marktnischen besetzen • Akquisitionsstrategie erwägen	**Selektives Wachstum** • Potenzial für Marktführung abschätzen • Schwächen identifizieren • Stärken aufbauen	**Investition und Wachstum** • wachsen • Marktführerschaft anstreben/sichern • hohe Investitionen tätigen
mittel	**Ernten** • Spezialisierung • Nischen suchen • Rückzug erwägen	**Selektives Vorgehen** • Wachstumsbereiche identifizieren • Spezialisierung • selektiv investieren	**Selektives Wachstum** • Wachstumsbereiche identifizieren • stark investieren • ansonsten Position halten
niedrig	**Desinvestition** • geplanter Rückzug • desinvestieren	**Ernten** • Produktprogramm bereinigen • geringe Investitionen tätigen • auf Desinvestitionen vorbereiten	**Selektives Vorgehen** • Marktposition halten • hohen positiven Cash Flow anstreben • Kostensenkungen anstreben • Investitionen nur zur Instandhaltung

Marktattraktivitäts-Wettbewerbspositions-Portfolio (Quelle: Homburg 2000, S. 154)

sourcenallokation konnte es jedoch keine zufrieden stellenden Antworten geben. Daher wurde gegen Ende der 60er-Jahre das Portfoliokonzept als Instrument zur Bewältigung der Komplexität in großen, diversifizierten Unternehmen entwickelt. Das Konzept sollte dem Top-Management helfen, folgende Fragen zu beantworten: (1) Welche strategischen Geschäftseinheiten (SGE) sollten im Portfolio weitergeführt werden und welche SGE sollten eliminiert werden? (2) Welche (strategischen) Ziele sollten einer SGE zugewiesen werden, damit diese zur Erfüllung der Unternehmensziele beiträgt? (3) Wie sollte die optimale Ressourcenallokation zwischen den SGE gestaltet werden, damit diese die zugewiesenen Ziele erfüllen können?

III. Struktur: Grundgedanke des Portfoliokonzepts ist es, die SGE in einem zweidimensionalen Koordinatensystem zu positionieren, dessen horizontale Achse sich auf einen (oder mehrere zusammengefasste) unternehmensspezifische(n) Faktor(en) bezieht, während die andere Achse durch einen oder mehrere externe(n) Faktor(en) bestimmt ist. Die Basis von P. bilden theoretische und empirische Erkenntnisse. Theoretische Basis bilden insbesondere die Lernkurve (Wright 1925) und die → Erfahrungskurve (Henderson 1974), die zeigen, dass mit zunehmender Produkterfahrung Kostensenkungspotenziale entstehen können. Demnach gilt es, im Portfolio möglichst Positionen mit einem hohen relativen Marktanteil, also die Position von Stars oder Cash Cows, anzustreben. Zweiter theoretischer Bezugsrahmen von Portfolioanalysen ist das → Lebenszykluskonzept. Da das Wachstumspotenzial eines Geschäftsfeldes im Rahmen der Portfolioanalyse als wesentlicher Bestimmungsfaktor für die Änderung der Wettbewerbsposition gesehen wird, beginnen Produkte als Question Marks, werden dann zu Stars, anschließend zu Cash Cows und enden in der Sättigungsphase als Poor Dog. Dem Neun-Felder-Portfolio von McKinsey liegt zur Erklärung der beiden Matrixdimensionen zusätzlich die → PIMS-Analysen zugrunde.

IV. Erscheinungsformen: Ein „klassisches" Portfolio ist das → Marktwachstums-Marktanteils-Portfolio. Die unternehmensbezogene Größe ist hier der relative Marktanteil, der externe Faktor ist das Marktwachstum. Weitere bekannte Varianten sind das neun Felder umfassende Marktattraktivitäts-Wettbewerbspositions-Portfolio (auch McKinsey-Portfolio, vgl. Abb.) und das Lebenszyklusportfolio.

P.-M. haben zahlreiche Ausdifferenzierungen und Weiterentwicklungen erfahren. Neben den erwähnten Varianten sind folgende Portfolios als zentrale Weiterentwicklungen zu nennen: (1) Geschäftsfeld-Ressourcen-Portfolio zur Analyse von Produkten und Märkten auf der Beschaffungsseite. Berücksichtigt werden die derzeitige und zukünftige Verfügbarkeit sowie die Kostenentwicklung der Ressourcen. (2) → Technologieportfolio zur Analyse technologischer Potenziale der Unternehmung. Ziel ist die Analyse des im Unternehmen vorhandenen bzw. angewendeten Technologie-Know-hows. Beurteilungskriterien sind Technologieattraktivität (bestimmt durch Potenzial- und Bedarfsrelevanz) und Ressourcenstärke.

V. Anwendungsbereiche: P.-M. können als Analyseinstrumente zur Ermittlung des optimalen Geschäftsfeldmix/ → Produktprogramms und der Auswirkungen des Produktmix auf Cash Flow, → Return on Investment (ROI) und Gewinnbeitrag eingesetzt werden. Einen zweiten Anwendungsbereich finden die Modelle als Planungshilfe zur Ableitung von → Normstrategien. Dritter Anwendungsbereich von P.-M. ist der Einsatz als Führungskonzeption im Sinne eines Portfoliomanagements.

VI. Kritische Würdigung: Vorteile der P.-M. sind die Visualisierung der relativen Position der einzelnen Produkte oder Geschäftsfelder des Unternehmens, die Vergleichbarkeit sehr unterschiedlicher Geschäftsfelder eines Unternehmens anhand eines einheitlichen Kriteriums und die Moderationsfunktion der Modelle für unternehmensstrategische Diskussionen durch die Verbindung unterschiedlicher Geschäftsfelder. Auf der anderen Seite besteht die Gefahr, dass Normstrategien als Patentrezept verstanden werden, ohne die jeweiligen situativen Faktoren zu berücksichtigen. Zudem ist zweifelhaft, ob die Beurteilungsdimensionen durch je ein Kriterium beschreibbar sind. Zieht man jedoch mehrere Kriterien je Dimension heran, steigt die Komplexität des Modells. Die relativ subjektive Einteilung der Felder und die Zeitpunktbetrachtung sind weitere Nachteile der P.-M. Sie erfüllen demnach als Instrumente des Strategischen Managements eine wertvolle Planungs-, Entscheidungs- und Moderationsfunktion. Ebenso wie jedes andere Modell auch sollten sie jedoch vor dem Hintergrund des situativen Kontextes und in Verbindung mit anderen Instrumenten des Strategischen Managements beispielsweise GAP- und Konkurrenz-Analysen, zum Einsatz kommen.

Literatur: Boston Consulting Group (1970): The Product Portfolio, Boston; Dunst, K.H. (1979): Portfolio Management, Berlin u.a.; Hax, A.C./Majluf, N.S. (1988): Strategisches Management, Frankfurt/Main; Henderson, B.D. (1971): Construction of Business Strategy: The Boston Consulting Group, Boston; Homburg, Ch. (2000): Quantitative Betriebswirtschaftslehre, 3. Aufl., Wiesbaden; Markowitz, H. (1959): Portfolio Selection: Efficient Diversifications of Interests, N.Y.; Roventa, P. (1979): Portfolio-Analyse und Strategisches Management, München.

Klaus-Peter Wiedmann/Sabine Meissner

Portooptimierung. Portokosten können an drei Stellen entscheidend verringert werden: beim Gewicht, beim Format und bei der Stückzahl. (1) Beim Gewicht lohnt die Überlegung, ob nicht eine niedrigere Portogruppe gewählt werden kann, indem die Antwortkarte in den Prospekt oder die Broschüre integriert wird, indem man eine Seite einspart oder indem die Rückseite einer anderen Seite mit genutzt wird. (2) Bei der Auswahl eines kleineren Formates (DIN lang = 23,5 x 11,4 cm bzw. Kompaktformat = 23,5 x 12,5 cm) verringert sich neben den Portokosten auch das Gewicht. Eine Broschüre im DIN lang ist 23 Prozent leichter als in A5, eine Kompaktbroschüre immerhin noch sechs Prozent. (3) Die Deutsche Post bietet als portogünstige Versendungsformen Infobrief und Infopost an. Voraussetzung dafür ist eine Mindestmenge (Infobrief = 50 Sendungen bundesweit, Infopost = 4.000 Sendungen bundesweit, 250 Sendungen innerhalb einer Leitregion oder 50 Sendungen innerhalb eines Leitbereiches). Infopost muss nach PLZ sortiert, inhaltsgleich (mögliche Abweichungen vgl. „Infopost") und die Adresse muss maschinell lesbar sein. Wenn bei einem → Mailing nicht die geforderten Mindeststückzahlen erreicht werden, ist es manchmal günstiger, die Stückzahlen aufzurunden, um die nächste kostenintensivere Sendungsart zu vermeiden.

POS, Point of Sale, → Point of Purchase.

Positionierung, aktive Planung, Gestaltung und Kontrolle der Außenwahrnehmung von Unternehmenseinheiten (Produkt-, Marken-, Geschäftsfeld- oder Unternehmenspositionierung) auf der Basis des → Marketingmix. Die P. stellt damit ein zentrales Thema des strategischen Marketing dar und ist eng mit der Imagepolitik (→ Image) verbunden. In Zeiten gesättigter Märkte, austauschbarer Produkte und extremen Verdrängungswettbewerbs wird es für Unternehmen immer wichtiger, ihre Dienstleistung, ihre Marke oder ihr Produkt eindeutig und unverwechselbar im Wahrnehmungsraum ihrer Kunden bzw. ihrer Zielgruppe zu verankern und von der Konkurrenz abzugrenzen, um damit schließlich eine → Unique Selling Proposition (USP) zu erreichen. Eine Ausnahme stellt die Imitationspositionierung dar, bei der von den Konsumenten ein Produkt als sehr ähnlich zu einer bereits erfolgreich eingeführten Marke wahrgenommen werden soll (Me-Too-Produkt). Aufgrund der zunehmenden → Informationsüberlastung erfolgt die P. i.d.R. auf wenigen, aber für den Konsumenten besonders relevanten Imagedimensionen. Da die Qualität zwischen den angebotenen Produkten immer ähnlicher wird („Qualitätspatt"), eine eigenständige Abgrenzung von Konkurrenzleistungen auf der Basis von qualitativen Produkteigenschaften häufig nicht möglich ist, spielt die emotionale Verankerung in der Gefühls- und Erfahrungswelt des Konsumenten eine zunehmend entscheidende Rolle. Hier muss es der Kommunikationspolitik gelingen, das Produkt mit einem einzigartigen Erlebniswert zu verknüpfen. Auch die Höhe des mit dem Produkt verbundenen → Involvements stellt eine Determinante für die Entscheidung zugunsten eines Sach- oder Erlebnisprofils dar. Positionierungsstrategien können sowohl für bereits eingeführte als auch für neue Produkte durchgeführt werden. In beiden Fällen muss zunächst eine Analyse der Positionen der im Markt befindlichen Produkte erfolgen, beispielsweise durch Messung der → Einstellungen oder durch → Multidimensionale Skalierung. Hinter dem Positionierungsbegriff verbirgt sich die Vorstellung, dass die Wahrnehmung eines Produktes im Umfeld mit anderen Produkten räumlich abgebildet werden kann. Neben den Ist-Positionen empfiehlt sich (sofern möglich) eine Erhebung des Idealprofils aus der Sicht der Zielgruppe (Soll-Position). Bei einer bereits eingeführten Marke kann auf der Basis der Ist-Position die Entscheidung getroffen werden, ob eine Umpositionierung erforderlich ist oder nicht. Eine Repositionierung ist umso wahrscheinlicher, je mehr Konkurrenzmarken sich im gleichen Eigenschaftsraum bewegen oder je höher die Distanz zur Idealmarke ausgeprägt ist. Letzteres kann dazu führen, dass entweder die Marke an das Idealprofil der Zielgruppe angepasst wird, oder eine Beeinflussungsstrategie gefahren wird, bei der die idealen Vorstellungen der Konsumenten so verändert werden, dass die Attraktivität des eigenen Angebots davon profitiert. Die Marktanalyse kann auch Erfolg versprechende und noch unbesetzte Marktnischen ergeben. Diese eignen sich für eine Markteinführungsstrategie bzw. für eine Neupositionierung. Grundsätzlich ist bei der P. zu bedenken, dass die Wahrnehmung einer Marke seitens der Konsumenten nicht konstant bleibt, sondern sich in Abhängigkeit von den Positionierungsaktivitäten der Wettbewerber im Zeitablauf verändern kann (→ Wettbewerbs-Image-Struktur-Analyse).

Positionierungsmodell, ermöglicht die Abbildung der im Wettbewerb verbundenen Produktalternativen. Es veranschaulicht die konkurrierenden → Marken über die Produkteigenschaftsdimensionen, wobei die → Produkte als Ausprägungen in diesem Dimensionensystem abgetragen werden. Die Lage der Produkte zueinander drückt die Wettbewerbsbeziehung aus, je geringer die

Vergleich von Positionierungsmodellen (Quelle: Trommsdorff/Bookhagen/Hess 1999, S. 783)

	PERCEPTOR	PROPOSAS	HORSKY & NELSON	TRINODAL	DEFENDER	WISA
Zielsetzung	Bewertung von Produktzufriedenheit und Marketingkonzepten bei Neuprodukten und Relaunch	Bestimmung eines gewinnmaximalen Produktkonzeptes	Bestimmung eines gewinnmaximalen Produktkonzeptes unter Einbeziehung der Konkurrenz	Überprüfung von Werbestrategien und Unterstützung bei Repositionierung	Marketingstrategien für existierende Produkte bei Einführung einer neuen Wettbewerbsmarke (Verteidigungsstrategien)	Erfassung des Einflusses (eigener und Wettbewerber) von Imagedimensionen auf den Marktanteil, Erfassung von USP-Wirkungen
Zielkriterium	Marktanteil	Gewinn	Gewinn	Minimierung der Werbediffusität	Absatzmenge	Marktanteil
Dateninput	Eigenschaftsbeurteilungen oder Ähnlichkeitsurteile	Ähnlichkeitsurteile und Präferenzrangreihen	Präferenzdaten und Eigenschaftsbeurteilungen	Ähnlichkeits-, Verwechslungs- und Präferenzdaten	Eigenschaftsbeurteilungen	Eigenschaftsbeurteilungen
Verfahren	Faktorenanalyse oder MDS	MDS	Erstellung einer Nutzenfunktion, ähnlich CA, MDS und Faktorenanalyse zur Interpretation	MDS	Faktorenanalyse	Faktorenanalyse, Kausalstruktur- bzw. Regressionsanalyse
Bestimmung der Positionen	Faktorwerte oder euklidische Distanzen	Euklidische Distanzen	Nutzenwerte	Euklidische Distanzen, spezielle Distanzfunktion der Werbeimages	Faktorwerte	Ermittlung kausaler Zusammenhänge
Idealmodell	Idealpunktmodell	Idealpunktmodell	Idealvektormodell	Idealpunktmodell	Idealvektormodell	Keine Berücksichtigung von Idealvorstellungen
Eigenschaftsgewichtung	Gleichgewichtung	Unterschiedliche Gewichtung	Unterschiedliche Gewichtung	Gleichgewichtung	Unterschiedliche Gewichtung	Unterschiedliche Gewichtung für jede Marke möglich
Berücksichtigung der Konsumentenheterogenität	Durch Bildung homogener Untergruppen	Durch unterschiedliche Idealpunkte	In der Nutzenfunktion	Durch unterschiedliche Idealpunkte	Durch unterschiedliche Evoked-Sets und Präferenzfunktion	Durch Bildung homogener Untergruppen

Distanz im gemeinsamen Raum dabei ist, desto größer erscheint die Wettbewerbsintensität. P. lassen sich mittels der Faktoren-, der Cluster-, der Diskriminanzanalyse sowie der multidimensionalen Skalierung und der Conjoint-Analyse bilden, wobei den letzten beiden Methoden die größte Bedeutung zu kommt. Die zugrunde liegende Datenbasis variiert je nach Methode zwischen Ähnlichkeits- und Präferenzdaten sowie Aussagen zur Substitution. Die Tab. „Vergleich von Positionierungsmodellen" zeigt einen Vergleich der gängigsten P. anhand ausgewählter Kriterien.

Postalische Bereinigung, → Adressbereinigung.

Posttest, → Werbetest.

Postwurfsendung. P. sind Sendungen ohne Aufschrift mit gleichem Inhalt, die sich durch vervielfältigte Ordnungsbezeichnungen voneinander unterscheiden dürfen. Zusätzliche Leistungen sind nicht möglich. Die Deutsche Post bietet folgende Leistungen an: (1) Postwurfsendungen an alle Haushalte (Postwurfsendungen werden nicht zugestellt an Empfänger, die keine Haushaltswerbung wünschen), (2) Postwurfsendungen an Haushalte, die am Zustelltag Tagespost erhalten (Postwurfsendungen werden nicht zugestellt an Empfänger, die keine Haushaltswerbung wünschen), (3) Postwurfsendungen an alle Briefabholer (Postfachinhaber). Postwurfsendungen werden vom einzelnen Ortsteil bis hin zum gesamten Bundesgebiet zugestellt oder an Postfachinhaber ausgeliefert. Dabei ist jede Postleitzahl gemäß ihrer Haushalts- und Bevölkerungsdichte einer Tarifzone zugeordnet. Es gilt eine Preisstaffel nach folgenden Tarifzonen: Tarifzone A: Ballungszentren, Ballungsräume, Großstädte; Tarifzone B: Zwischenbereiche; Tarifzone C: Landbereiche. Folgende Maße werden unterschieden: Mindestmaß 14,0 x 9,0 cm, Höchstmaß 32,4 x 22,9 x 5,0 cm. Als Höchstgewichte gelten: Zuzustellende Postwurfsendungen: 250 g, Postwurfsendungen an Briefabholer: 1.000 g. Des Weiteren gibt es folgende Bezeichnungen: Postwurfsendungen verfügen über keine Aufschriftseite. Sie tragen auf der größten Außenseite eine der folgenden Bezeichnungen: „An alle Haushalte“, „An alle Haushalte mit Tagespost“, „An alle Briefabholer“ (Auszug aus dem Merkblatt „Postwurfsendung“ der Deutschen Post). Bei Postwurfsendungen an alle Haushalte (eine Dienstleistung, die auch von Privatdienstleistern angeboten wird) kann auf die Bezeichnung verzichtet werden.

Postwurf Spezial. Teiladressierte Sendungen: Kein Empfängername, sondern Sammelanschrift: „An die Bewohner des Hauses...“ (Straße, Hausnummer, PLZ, Ort). Prospekte und Kataloge müssen nicht in einem Umschlag geliefert werden. Die Bezeichnung „Postwurf Spezial“ und Postlogo sind vorgeschrieben. Von den Kosten her eine Alternative zwischen der preiswerten unpersonalisierten → Postwurfsendung und dem vollpersonalisierten → Mailing.

POS-Werbung, Gesamtheit aller werblichen Maßnahmen, die direkt am oder im → Point of Sale vorgenommen werden. Insbesondere die Instrumente → Ladengestaltung, → Warenpräsentation und Display-Nutzung (→ Display) sind im Rahmen der POS-W. von Bedeutung. Durch den direkten Kundenkontakt ist es dem → Handel möglich, eine direkte Rückkopplung zur Zielgruppe im Rahmen des Interaktionsprozesses zu erreichen. Dieser direkte Kontakt unterstützt die Messung der → Werbewirkung durch den Handel und kann somit zu einem optimierten Einsatz von Werbemaßnahmen führen. Diese grundsätzliche Möglichkeit der Verbesserung der Werbewirkungsmessung wird insbesondere durch die Vermeidung des sonst üblichen Time-Lags zwischen Wahrnehmung der Werbemaßnahme und tatsächlichem Verhalten im Kaufprozess möglich.

Potenzialanalyse, Untersuchung und Bewertung der gegenwärtigen und zukünftigen Unternehmenspotenziale (z.B. Ressourcen) im Hinblick auf ihre Eignung zur Bewältigung strategischer Herausforderungen (z.B. geplante Strategie, Umweltanforderungen). In diesem Zusammenhang kann auch ein Vergleich mit dem Wettbewerb im Sinne einer → Stärken-Schwächen-Analyse erfolgen.

Potenzialdaten, kundenbezogener Datentyp (→ Database Marketing). P. geben Auskunft darüber, welcher Bedarf zu welchen Zeitpunkten voraussichtlich beim Kunden auftreten wird.

Potenzialphase, → Dienstleistung, Begriff der.

Potenzialqualität, beinhaltet alle Leistungsvoraussetzungen, die → Dienstleistungsanbieter zur → Dienstleistungserstellung benötigen. (Beispielsweise die Qualifikation und die Anzahl der Mitarbeiter, die technische Ausstattung). Diese Dimension der → Dienstleistungsqualität ist an die Potenzialphase der Dienstleistung angelehnt (→ Dienstleistung, Phase der). *Vgl. auch* → Prozessqualität und → Ergebnisqualität.

PR-Agentur. Neben der PR-Abteilung eines Unternehmens zählen vor allem PR-Agenturen zu den Trägern der Aktivitäten der → Public Relations von Unternehmen und Non-Profit-Organisationen. PR-Agenturen stehen dem Unternehmen beratend bei der Planung, Organisation, Durchführung und Kontrolle der Public Relations zur Verfügung. In Deutschland sind die wichtigsten PR-Agenturen in der → Gesellschaft für Public Relations Agenturen (GPRA) organisiert.

Präferenz. Im Rahmen des Konzepts eines vollkommenen Marktes wird unterstellt, dass weder marktbezogene, persönliche, zeitliche oder räumliche P. existieren. Diese Prämisse entspricht jedoch nicht der Realität. Die Konsumenten verfügen über mehr oder weniger verfestigte P. für bestimmte Marken, Einkaufszeiten oder -regionen usw. Diese Vorlieben werden im Zeitablauf durch Erfahrungen erworben oder durch die Kommunikationspolitik vermittelt.

Präferenzmodell, ist die Präferenzstruktur der Abnehmer durch → Imageanalysen und/oder → Conjointanalysen bzw. durch → Positionierungsmodelle bekannt, können Kaufmodelle auf der Basis dieser → Präferenzen entwickelt werden.

Präferenzstrategie, → Strategien, Typologien von.

Prägnanzgesetz, übergeordnetes Gesetz einzelner Regeln aus der → Gestalttheorie (Gesetze der Nähe, der Geschlossenheit, der Ähnlichkeit und der Kontinuität), wonach Individuen bevorzugt solche Figuren wahrnehmen, die sie bereits erkennen, wenn nur Teile davon sichtbar sind.

Praktikabilität, → Gütemaße.

Prä-Marketing, findet Verwendung, um den Marktwiderstand für ein neues → Produkt möglichst schon vor der Markteinführung im Vorfeld abzubauen und die Nachfrager auf die Einführung eines neuen (innovativen) Produktes vorzubereiten. So wurde beispielsweise bei dem Automobil Smart schon lange vor dem ersten Verkaufstermin Interessenten angeschrieben bzw. das Produkt in Werbeanzeigen beworben und die besonderen Leistungsmerkmale herausgestellt. Zudem konnten zusätzliche Informationen angefordert werden. Dies ermöglicht dem Hersteller durch den Dialog mit den Interessenten, dessen Wünsche und Bedürfnisse zu erfassen und ggf. noch bei der → Produktentwicklung bzw. -fertigung zu berücksichtigen. Ein Prelaunch muss jedoch nicht immer umfassend auf alle Nachfrager angelegt sein, sondern kann sich auch nur auf sog. Trendsetter beschränken. Das P. lässt sich also in unterschiedlichen Abstufungen und Intensitätsformen realisieren.

Prämie, stellt im Rahmen des Vergütungssystems eine leistungsorientierte Zusatzvergütung dar. Somit wird die P. zusätzlich zu anderen Größen verwendet und dient zur ‚Belohnung' von Mitarbeitern, die spezielle Ziele realisiert haben. Solche Ziele können z.B. besonders hohe Verkaufszahlen oder Besuchsfrequenzen sein. I.d.R. werden Prämien somit für die Realisation von Zielen ausgeschüttet, die mit Hilfe anderer Vergütungssysteme wie Festgehalt oder → Provisionen zumeist nicht erreicht werden können.

PR-Budget, Budget, das zur Planung, Organisation, Durchführung und Kontrolle von Aktivitäten der → Public Relations von Unternehmen oder Non-Profit-Organisationen zur Verfügung steht. Hierzu ist im Rahmen des PR-bezogenen Planungsprozesses zum einen über die Höhe sowie zum anderen über die Verteilung des PR-Budgets auf die einzelnen PR-Maßnahmen zu entscheiden.

Preis, der in Geldeinheiten ausgedrückte Tauschwert eines Gutes pro Mengeneinheit. Der P. stellt die finanzielle Gegenleistung (Verkaufspreis plus Zuschläge, z.B. für Fracht und Verpackung) eines Marktteilnehmers für den Erwerb oder die Nutzung von Gütern einer bestimmten Qualität zu einem bestimmten Zeitpunkt dar. Somit besteht der P. aus einem Preiszähler (Entgelt) und einem Preisnenner (Leistungsumfang). In einigen Branchen wird der monetäre P. einer Leistung nicht mit P. bezeichnet. Für → Dienstleistungen werden oft → Gebühren (z.B. Steuerberater) bzw. → Honorare (z.B. Arztleistung) verlangt, für Rechte z.B. Mieten, Pachten, Lizenzgebühren, Prämien, für öffentliche Güter Tarife und Benutzungsgebühren sowie für Arbeit das Arbeitsentgelt in Form von Löhnen und Gehältern. Der P. ist einer der zentralen Handlungsparameter im Rahmen der → Marketingmix-Instrumente von Unternehmen mit direkter Wirkung auf die Gewinnsituation (→ Preispolitik). Das theoretische Leitbild des vollkommenen Marktes mit einem sich einstellenden „markträumenden" Preis ist für das Marketing nicht praktikabel. Die Preisforderung einer Unternehmung ist eine Managemententscheidung, die von der Kostenstruktur, den Unternehmenszielen, der Konkurrenzsituation und den Preisbereitschaften der Kunden (→ Preisbereitschaft) abhängt (→ Preispolitik). Generell können Individualpreise ausgehandelt oder Einheitspreise auf einem Markt angeboten werden.

Preis, gebrochener, → *Odd Pricing*. Preis, der nicht auf einem runden Euro-Betrag angesetzt wird, z.B. 2,99 Euro oder 13,80 Euro. Man hofft, dass diese Preise vom Konsumenten im Vergleich zu dem aufgerundeten Preis als deutlich günstiger empfunden werden. *Vgl.* → Preis, runder.

Preis, runder, → *Even Pricing*. Preis der direkt auf einem runden Euro-Betrag angesetzt wird, z.B. 100 Euro. Vgl. → Preis, gebrochener.

Preisabrufverfahren, im Einzelhandel verbreitete Form der optisch-elektronischen Preisregistrierung durch Kassenterminals. Die Artikelbezeichnungen werden durch Belegleser in den Computer eingelesen (Scanning) und die entsprechenden Tagespreise aus einem Zentralcomputer abgerufen. Neben der Verminderung von Registrierfehlern erhöht dieses Verfahren die Flexibilität der Preispolitik im Einzelhandel.

Preis-Absatz-Funktion, formuliert den Zusammenhang zwischen der Höhe des Preises p und der Absatzmenge x eines Gutes in einer funktionalen Beziehung bei Konstanz aller übrigen Güterpreise: p = f(x). Es handelt sich hierbei, im Gegensatz zur → Nachfragefunktion, um einzelwirtschaftliche Größen (Absatzobjekte von Unternehmen).

I. Determinanten der Preis-Absatz-Funktion: Die P.-A.-F. ist eine spezifische Marktreaktionsfunktion, wobei der Preis p die Aktionsvariable und die absetzbare Menge x die Reaktionsvariable darstellt.

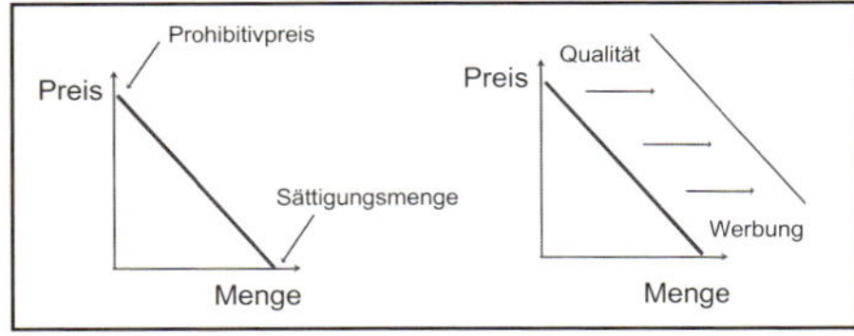

Verfahren der Preis-Absatz-Funktion

Üblicherweise werden ansonsten konstante Marketingmix-Instrumente, die Konstanz der anderen Preise im Sortiment und die Konstanz des Konkurrenzangebotes (ceteris-paribus-Bedingung) unterstellt. I.d.R. hat die P.-A.-F. einen negativen Verlauf. Der erhöhte Einsatz anderer Marketingmix-Instrumente, wie z.B. eine verbesserte Qualitätspolitik oder der erhöhte Einsatz von Werbung verschiebt die P.-A.-F. in der Abb. „Verfahren der Preis-Absatz-Funktion" nach rechts. Der Prohibitivpreis zeigt den Höchstpreis an, bei dem die nachgefragte Menge x = 0 beträgt. Die Sättigungsmenge signalisiert den Absatz, der bei einem Preis von p = 0 realisiert wird. Bei einer linearen P.-A.-F. gibt die Steigung der P.-A.-F. den sog. Grenzabsatz an, also die (absolute) Absatzveränderung bei Änderung des Preises um eine (infinitesimal kleine) Einheit. Im Gegensatz hierzu gibt die → Preiselastizität relative Veränderungen der Nachfrage im Verhältnis zu einer relativen Änderung des Preises an.

II. Geltungsbereich: Methoden der empirischen Bestimmung der Preis-Absatz-Funktion sind die Expertenbefragung, die Kundenbefragung (→ Conjoint Analyse), → Preisexperimente und die Schätzung aus beobachteten Marktanteilen (Regression). P.-A.-F. können nicht nur für Güter, sondern auch für Dienstleistungen bestimmt werden, da die P.-A.-F. das Aggregat individueller Preisbereitschaftsfunktionen darstellt. Daher gelten P.-A.-F. auch für den Fall, dass auf individueller Ebene eine → Dienstleistung nicht in variablen Mengen gekauft wird (Variable-Mengen-Fall), sondern entweder in Anspruch genommen wird oder nicht (Ja-Nein-Fall). Bei heterogenen und ungleichverteilten Preisbereitschaften verläuft die P.-A.-F. allerdings nicht linear. In diesen Fällen erscheint die Annahme einer doppelt geknickten P.-A.-F. sinnvoll, wie sie von Gutenberg vorgeschlagen wurde. Hierbei geht man von einem relativ konstanten Preisniveau im mittleren, steilen Verlauf der Funktion aus, wie die Abb. „Doppelt geknickte Preis-Absatz-Funktion" zeigt.

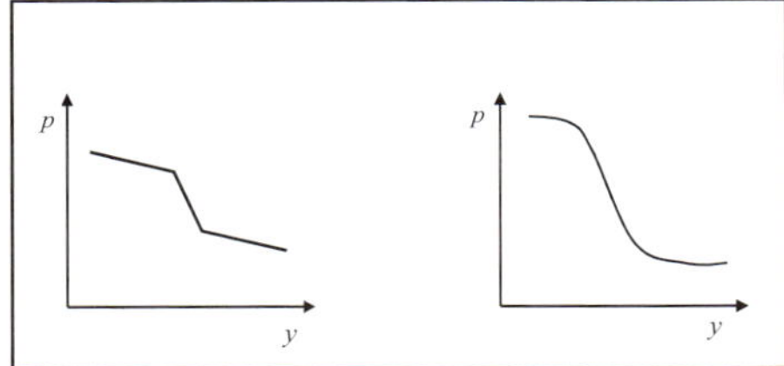

Doppelt geknickte Preis-Absatz-Funktion

Dieser Bereich wird auch als monopolistischer Bereich bezeichnet. Kleine Preisänderungen im monopolistischen Bereich ziehen kaum Nachfrageänderungen nach sich. Erst wenn eine größere Preisänderung stattfindet, kommt es bei Preissenkungen zu nennenswerten Absatzzuwächsen, und umgekehrt. Die doppelt geknickte P.-A.-F. lässt sich auch stetig formulieren. Die stetige Form, die erstmals von Albach vorgeschlagen wurde, lässt für empirische Untersuchungen die Einbeziehung der Wettbewerbspreise in Form des durchschnittlichen Konkurrenzpreises zu. Die bisher diskutierten Preis-Absatz-Funktionen weisen einen statischen Charakter auf. Es ist aber zu bedenken, dass Preisänderungen auch Wirkungen in den folgenden Perioden nach sich ziehen (→ Carryover, → Obsoleszenz, → Preistheorie). Darüber hinaus müssen für eine gewinnoptimale Preispolitik noch die möglichen Konkurrenzreaktionen einbezogen werden. Dies kann mit Hilfe von Simulationsrechnungen und durch die Annahme von konjekturalen Preisreaktionskoeffizienten geschehen (→ Preisreaktionskoeffizienten, konjekturale).

Herbert Woratschek

Preisabschläge, Verringerung des Listenpreises um einen bestimmten Betrag (→ Konditionenpolitik, → Rabatte).

Preisabsprachen, gegenseitige Verpflichtung von Unternehmen, die angebotenen Produkte zu einem einheitlichen Preis abzusetzen oder einen bestimmten Mindestpreis nicht zu unterbieten (→ Preiskartell). P. im Rahmen von Preiskartellen sind grundsätzlich nicht erlaubt (§1 GWB), sofern sie auf die Verhinderung des Wettbewerbs abzielen.

Preisagenturen, treten als Intermediäre auf. Ihre Aufgabe ist es, auf Anfrage von potenziellen Kunden einen Anbieter aufzufinden, der ein exakt definiertes Produkt oder eine Dienstleistung zu einem geringeren Preis anbietet als eine dem Auftraggeber bekannte Bezugsquelle. Für die Vermittlungsleistung wird ein Entgelt fällig, das sich i.d.R. nach der Differenz zwischen den beiden Preisen bemisst. Da Preisagenturen rechtlich als Makler behandelt werden, wird die Zahlung jedoch nicht mit Nennung des günstigeren Angebots fällig, sondern nur, falls tatsächlich ein Kaufvertrag zustande kommt (Landgericht München, Urteil vom 12. März 1998 – Az. 7 O 13754/97). Bei einfachen Konsumgütern, die überwiegend durch Sucheigenschaften ausgezeichnet sind, werden Informationsbeschaffungsmaßnahmen auf die Agentur ausgelagert, wodurch für die Konsumenten eine Reduktion der Suchkosten resultiert. Bei komplexen → Dienstleistungen und ganzen Leistungsbündeln gestaltet sich dagegen die Einschaltung von Preisagenturen ungleich schwieriger. Der Grund liegt in der hohen Verhaltensunsicherheit der Marktteilnehmer, da eine konkrete Leistungsdefinition zum Zeitpunkt des Vertragsabschlusses i.d.R. nicht gegeben werden kann. Eine Gegenüberstellung der Leistungen verschiedener Anbieter und der sich anschließende Preisvergleich kann unter diesen Umständen nur im Ausnahmefall an eine Preisagentur delegiert werden.

Preisaktionen, am häufigsten genutzte Form der → Verkaufsförderung des Handels. Bei Preisaktionen wird der Angebotspreis eines Artikels kurzfristig abgesenkt und mit flankierenden Maßnahmen (z.B. Präsentation, persönlicher Verkauf, Werbung) entsprechend unterstützt (→ Sonderpreispolitik).

Preisänderung, umfasst sowohl Preiserhöhungen als auch Preissenkungen. Die Änderungen lassen sich sowohl nach ihrer Dauerhaftigkeit (vorübergehend vs. dauerhaft) (→ Preisaktionen, → Sonderpreispolitik), als auch in ihrer Relation zum allgemeinen Preistrend (antizipierend vs. reagierend, kleine vs. große Anpassungsschritte) unterscheiden. Gründe für Preisänderungen finden sich im Kostenbereich (Rohstoffpreise, Inflation, Änderung der Produktionssituation, z.B. niedrigere Stückkosten durch höhere Produktionsmenge) und im Strategiebereich (Preissenkung bei → Skimming Pricing, Preiserhöhungen bei → Penetration Pricing). Preiserhöhungen beinhalten i.d.R. Aspekte der → Preisoptik, der → Preisdurchsetzung, und der Beachtung von → Preisschwellen.

Preisänderungsklausel, → Preisanpassungsklausel.

Preisänderungsresponse, Wirkung der Höhe von Preisänderungen im Zeitablauf. Die → Preisbeurteilung der Konsumenten ist an der Entwicklung der Preise im Zeitablauf verankert (→ Ankerpreis). Die Preisgeschichte zieht demzufolge eine „eigenständige" Preisreaktion der Konsumenten nach sich.

Preisanpassungsklausel, Vereinbarung über die Anpassung der Preise an eine bestimmte → Preisentwicklung. Damit sollen z.B. Risiken berücksichtigt werden, die aus Inflation und Wechselkursschwankungen resultieren. Diese Risiken treten vor allem bei langfristigen Rahmenverträgen oder langfristigen Projekten auf. Allerdings unterliegen solche P. rechtlichen Beschränkungen (Währungsgesetz, AGB-Gesetz).

Preis-Audit, Verfahren der Marktforschung. Für eine ausgewählte Stichprobe von Händlern (→ Handelspanel) werden regelmäßig Preise erhoben, um durchschnittliche Verkaufspreise für einzelne Waren zu erheben. Der durchschnittliche Preis eines Produktes über alle Händler des entsprechenden Panels wird als der mittlere Preis bezeichnet. Diese Informationen geben den Herstellern wichtige Anhaltspunkte für die am Markt erzielbaren Preise. Preis-Audits können auch in einer wesentlich aufwendigeren Variante direkt bei den Konsumenten erhoben werden.

Preisaufklärung, im Mittelpunkt der Verbraucheraufklärung steht die Information potenzieller Nachfrager über Angebotspreise bestimmter Güter und Dienstleistungen. Das Ziel der Preisaufklärung ist, die Verbraucher mit Informationen zu versorgen und ihnen ein preisbewusstes und kritisches Einkaufsverhalten bei der Befriedigung ihrer Bedürfnisse zu ermöglichen. P. mittels → Preisvergleichen und → Preisspiegeln kann zu einer Erhöhung der → Preistransparenz führen. Problematisch ist jedoch, dass komplexe Leistungsbündel sich nicht nur hinsichtlich des Preises, sondern auch hinsichtlich der Leistung erheblich unterscheiden können. Eine einseitige Betonung der Preiskomponente kann somit u.U. zu einer "künstlichen Homogenisierung" an sich heterogener Leistungen führen, die der Entscheidungsfindung der Konsumenten eher hinderlich ist.

Preisaufschläge, Erhöhung des Listenpreises um einen bestimmten Betrag (→ Konditionenpolitik). P. werden häufig für Zusatzservices oder für besondere Leistungen in der Produktion verlangt, wie z.B. Aufschlag für einen besonderen Werkstoff oder die Einhaltung besonders enger Toleranzen.

Preisaushang, generelle Bezeichnung für die öffentliche Bekanntmachung von → Preisinformationen. Insbesondere in Branchen mit Gebührenordnungen (→ Gebühren, → Preis) üblich, wie z.B. für Verwaltungsgebühren (z.B. Prüfungsgebühren, Erschließungsbeiträge) und öffentlich-rechtliche Benutzungsgebühren (z.B. Straßenreinigung, Stadtwerke). Der P. dient der → Preisaufklärung und der → Preistransparenz sowie dem → Preisvergleich mit Anbietern ähnlicher Leistungen, welche nicht an die jeweilige Gebührenordnung gebunden sind.

Preisausschreiben, Maßnahme der → Verkaufsförderung zur Steigerung des Interesses von Konsumenten.

Preisauszeichnung, Angabe einer Preisforderung für Güter und Dienstleistungen. Sie unterliegt gesetzlichen Bestimmungen zum Verbraucherschutz, die in der Preisangabenverordnung geregelt sind. Der Einzelhandel ist, bis auf wenige Ausnahmen, grundsätzlich zur P. der Produkte (Endpreis) verpflichtet. Dienstleistungsunternehmen müssen, mit bestimmten Ausnahmen, die Standardpreise in deutlich sichtbaren Preisverzeichnissen auslegen. Verstöße gegen die Preisangabenverordnung werden ordnungsrechtlich verfolgt. Der Konsument kann durch verschiedene Formen der P. über den Preis einer Ware oder Dienstleistung informiert werden. Bei der Einzelpreisauszeichnung wird der Preis auf dem Produkt angebracht, insbesondere beim Einsatz von Scannerkassensystemen wird auf die sog. Warenträger- oder Regalplatzauszeichnung zurückgegriffen. Hier wird die Preisinformation am Regal oder an bzw. über dem Warenträger platziert. In einigen Branchen und bei bestimmten Warengruppen ist es auch üblich, Preislisten auszuhängen.

Preisauszeichnung, rechtliche Aspekte. Neben dem Eichgesetz und der FertigpackungsVO, die eine Grundpreiskennzeichnung vorschreiben, ist die wichtigste Vorschrift für die Pflicht der P. die Preisangabenverordnung (PAngV). Sie regelt, wer was in welcher Form mit welchem Preis auszuzeichnen hat: „Wer Letztverbrauchern [...] Waren oder Leistungen anbietet oder als Anbieter von Waren oder Leistungen ggü. Letztverbrauchern unter Angabe von Preisen wirbt, hat die Preise anzugeben, die einschließlich der Umsatzsteuer und sonstiger Preisbestandteile unabhängig von einer Rabattgewährung zu zahlen sind (Endpreise)“ (§ 1 I PAngV). Die Pflicht zur P. betrifft den stationären → Einzelhandel ebenso wie den Versandhandel. Darüber hinaus gelten die Bestimmungen für alle Angebote von Waren auf Bildschirmen, sei es im Online-Betrieb, z.B. Fernsehen und World Wide Web, oder im Offline-Betrieb, z.B. CD-ROM. Im Interesse der Preisklarheit und Preiswahrheit müssen die Preise der angebotenen oder in der Werbung dargestellten Waren eindeutig zugeordnet, leicht erkennbar und deutlich lesbar oder sonst gut wahrnehmbar sein (§ 1 VI PAngV). Ein Verstoß gegen das Gebot der Preisklarheit liegt z.B. vor, wenn für dieselbe Ware zwei verschiedene Preise angegeben werden. Eine zulässige Ausnahme hiervon ist z.B. der Hinweis auf die von dem tatsächlich geforderten Preis abweichende → Preisempfehlung, unverbindliche, des Herstellers. Ebenso können in bestimmten Fällen derselben Ware oder Leistung räumlich oder zeitlich verschiedene Preise zugeordnet werden, z.B. der Verkauf einer Ware zu bestimmten Jahreszeiten.

Preisbaukasten, Instrument der qualitativen → Preisdifferenzierung. Ein Produkt kann mit verschiedenen Teilleistungen angereichert werden, um den Bedürfnissen der Kunden besser gerecht zu werden. Diese Teilleistungen können Güter, Rechte und → Dienstleistungen sein (z.B. Auto mit Schiebedach, Zusatzgarantien und Finanzierung). Diese Teilleistungen werden als „Baukasten” angeboten, aus denen der Kunde sich eine individuelle Absatzleistung zusammenstellen kann. Der Preisbaukasten ist ein System von Preisab- und -zuschlägen für diese verschiedenen Teilleistungen. Zwischen den Teilleistungen ist eine → Mischkalkulation möglich.

Preisbereitschaft, entspricht dem maximalen Preis, den ein Kunde für eine bestimmte Leistung zu einem bestimmten Zeitpunkt zu zahlen bereit ist. Sie stellt somit die individuelle Preisobergrenze dar. Die P. hängt insbesondere vom situativen Bedürfnisdruck, den gebildeten → Preiserwartungen, dem zur Verfügung stehenden Einkommen und den Nutzenvorstellungen ab. Ziel nachfragerorientierter Preispolitik ist die Ermittlung der Preisbereitschaften von Nachfragern bzw. Nachfragergruppen im Rahmen der → Preisbestimmung. Typischerweise sind heterogene P. für unterschiedliche Lebensstiltypen (z.B. preissensitive und qualitätsbewusste Nachfrager) zu erwarten. Homogene P. liegen i.d.R. nur für Güter mit niedrigen Qualitätsunsicherheiten vor.

Preisbestimmung, Festlegung eines Angebotspreises. In der Praxis werden häufig die Preise auf Basis der → Kostenrechnung im Rahmen der → Preiskalkulation festgelegt. Bei der Preiskalkulation handelt es sich um ein kostenorientiertes Verfahren der Preisbestimmung. Allerdings wird bei dieser Art der Preisbestimmung häufig “Geld” verschenkt, da nur die Kosten für ein Gut in die Kalkulation einfließen. Die auf der Kalkulation basierende Preisforderung verfehlt zumeist das Gewinnmaximum. Für die Bestimmung gewinnoptimaler Preise ist auch die → Preisbereitschaft der Konsumenten zu beachten. Die Bestimmung des zu fordernden Preises hängt somit von der ermittelten unternehmensinternen → Preisuntergrenze und der nachfragerorientierten → Preisobergrenze ab. Generell lassen sich drei Kalkulationsverfahren unterscheiden. (1) Im Rahmen der kostenorientierten Ermittlung stehen die unternehmensinternen Gegebenheiten im Mittelpunkt. Auf Basis der Kosten werden voll- bzw. teilkostenorientierte → Preisuntergrenzen ermittelt. (2) Bei der kundenorientierten Preiskalkulationen stehen die → Preisbereitschaft und Nutzenvorstellungen der Ziel-Nachfrager im Vordergrund. Mittels implizit oder explizit nutzenorientierter Verfahren werden die Preisreaktionen der Konsumenten bzw. deren Preisbereitschaften geschätzt. Bei den implizit nutzenorientierten Verfahren werden Preisreaktionsfunktionen (→ Preis-Absatz-Funktion) geschätzt, die auch Konkurrenzpreise, zeitliche Einflüsse und Referenzpreise (→ Ankerpreis, → Ankerpreis-Wettbewerbsfunktion) einbeziehen können. Explizit nutzenorientierte Verfahren setzen an der Schätzung von Präferenz- bzw. Nutzenfunktionen an, um die Preisreaktionen der Kunden zu bestimmen (→ Conjoint-Preis-Analyse, → Probabilistisches Preisreaktionsmodell). (3) Bei der konkurrenzorientierten Preisermittlung werden die Angebote der Wettbewerber betrachtet und der eigene Preis je nach strategischer Ausrichtung in gleicher oder abweichender

Höhe gesetzt (→ Preisführer, → Preisfolger). In wettbewerbsintensiven Märkten wird ein Unternehmen alle drei Ermittlungsmöglichkeiten einsetzen und die Entscheidung für einen Preis von den Kunden, der Konkurrenz- und der Unternehmenssituation abhängig machen.

Preisbestimmung, internationale, Vorgehensweise im Rahmen der internationalen → Kontrahierungspolitik zur konkreten Festlegung der Preishöhe von Produkten in einzelnen Ländern. Grundsätzlich lassen sich die bestehenden Ansätze zur Preisbestimmung in nachfrageorientierte, kostenorientierte und konkurrenzorientierte Ansätze unterteilen. Während bei nachfrageorientierten Ansätzen explizit die bei alternativen Preisen jeweils absetzbaren Mengen und damit die Preisabsatzfunktionen der einzelnen Märkte bzw. Länder Ausgangspunkt der Preisfestlegung sind, setzen kostenorientierte Ansätze an bestimmten Kalkulationsschemata an, um über den Preis einen bestimmten Deckungsgrad der jeweils zugrunde gelegten Kosten zu erzielen (→ Exportkalkulation). Die Preisfindung im Rahmen konkurrenzorientierter Ansätze basiert auf dem Preis- bzw. Angebotsverhalten der Konkurrenz, wobei einerseits eine Anpassung an das Konkurrenzverhalten beabsichtigt sein kann, andererseits jedoch eine bewusste Abkopplung von den Preis- bzw. Angebotsmodalitäten der Konkurrenz vorgenommen werden kann.

Preisbeurteilung, kognitiver Prozess der Wahrnehmung und Verarbeitung von → Preisinformationen. Es wird zwischen → Preisgünstigkeitsurteil und → Preiswürdigkeitsurteil unterschieden.

Preisbewertung, → Preisbeurteilung.

Preisbewertungsfunktion, beschreibt den Zusammenhang zwischen einem Preisstimulus (objektiver Preis) und dem → Preisgünstigkeitsurteil.

Preisbewusstsein, kognitive Auseinandersetzung mit dem Preis. Preisbewusstsein wird durch das → Preisinteresse und die → Preisbeurteilung entwickelt. Jegliche Art von Preisbeurteilung setzt Preisinteresse voraus.

Preisbildung, Preise können prinzipiell durch Individualverhandlungen oder durch Festsetzung einer Preisforderung (→ Preisbestimmung) gebildet werden. Üblich ist die Festlegung eines einheitlichen Geldbetrages pro Mengeneinheit (→ Preis). Es können aber auch nichtlineare Preise gebildet werden (→ Preisbildung, nichtlineare). In der volkswirtschaftlichen Theorie wird mit dem Begriff Preisbildung das Zustandekommen eines Preises auf einem Markt bezeichnet. Diese Preisbildungsvorgänge sind Gegenstand der → Preistheorie.

Preisbildung, nichtlineare, Festsetzung eines nichtlinearen Preises. Im Gegensatz zur Festsetzung eines Preises pro Mengeneinheit besteht hierbei kein linearer Zusammenhang zwischen der Absatzmenge und dem geforderten Gesamtpreis. I.d.R. wird für höhere Mengen ein niedrigerer Preis pro Stück verlangt. Typischerweise liegt eine nichtlineare Preisbildung bei → zweiteiligen Tarifen, → Blocktarifen und → Mengenrabatten vor. Beispiele sind die Bahncard oder Telefongebühren mit einem fixen Grundpreis und variablem Preis pro Mengeneinheit. Ziel der N.P. (Preistheorie, nichtlineare) ist vor allem die Abschöpfung von → Konsumentenrente bei heterogenen → Preisbereitschaften. Die Ermittlung gewinnoptimaler, nichtlinearer Preistarife ist aufgrund des hohen Informationsbedarfs (z.B. über die individuellen Grenznutzenfunktionen) als problematisch zu beurteilen (→ Preistheorie, nichtlineare).

Preisbindung, vertikale. I. Begriff: Preisbindung der zweiten Hand, schränkt den Abnehmer einer Ware darin ein, bei der Weiterveräußerung frei über den Preis zu entscheiden. Der Lieferant gewinnt somit Kontrolle über die Preisfestsetzung im Absatzkanal.

II. Vorgehensweise: Exakte Festlegung der von den Abnehmern bei Veräußerungen der Ware an Dritte zu fordernden Preise oder mittelbar z.B. durch Vereinbarung einer → Preisuntergrenze, eines Kalkulationssatzes oder einer Meistbegünstigungsverpflichtung. Die Beeinflussung der Zweit- bzw. Zweitfolgeverträge kann auf vertraglichen Vereinbarungen (Bindung in Erstverträgen) oder auf sonstiger Verhaltensbeeinflussung (faktische Bindung) beruhen.

III. Rechtliche Zulässigkeit: Die in Erstverträgen fixierte Bindung des Vertragspartners hinsichtlich der → Preisgestaltung ist nach § 14 GWB verboten. Ebenso sind faktische Bindungen unzulässig. Ausgenommen von dem Verbot sind lediglich Verlagserzeugnisse (§ 15 GWB). Weitere – jedoch außerhalb des GWB liegende – Ausnahmen bestehen bei Fertigarzneimitteln (§ 78 Arzneimittelpreisverordnung) und Tabakwaren. Einheitliche Preise bei apothekenpflichtigen Fertigarzneimitteln resultieren aus der gesetzlichen Festlegung von Höchstzuschlägen auf die Großhandelspreise und von Festzuschlägen auf die → Einkaufspreise der Apotheken. Die P. bei Tabakwaren ergibt sich dadurch, dass nach dem Tabaksteuergesetz der auf der Steuerbanderole angegebene Packungspreis grundsätzlich weder unter- noch überschritten werden darf (§§ 24, 26 TabStG).

Preisbündelung, bezeichnet das Verfahren, verschiedene Leistungsbündel (Dienstleistungen und/oder Produkte) zusammengefasst zu einem Paketpreis anzubieten. Dabei ist der Paketpreis bzw. Bündelpreis häufig günstiger als die Summe der Einzelpreise der Teilleistungen. Den Konsumenten wird auf diese Art ein (Umsatz-) → Rabatt gewährt. So ist z.B. der Gesamtpreis für eine Pauschalreise i.d.R. günstiger als die Summe der Einzelkomponenten Flugreise, Unterkunft und Reiseleitung. Es kann gezeigt werden, dass bei Preisbündelung trotz des günstigeren Bündelpreises im Vergleich zur Summe der Einzelpreise eine Unternehmung unter bestimmten Bedingungen höhere Gewinne erzielt als bei Einzelpreisstellung (→ Preistheorie). Man unterscheidet zwischen reiner Bündelung und gemischter Bündelung. Die gemischte P. ermöglicht den Kunden zwischen der Einzelpreisstellung und dem Bündelpreis zu wählen, d.h. die Kunden können auch die Teilleistungen einzeln erwerben. Bei der reinen P. ist dies nicht möglich. Hier hat der Kunde nur die Wahl zwischen Kauf des Bündels und dem Verzicht auf den Kauf. Die Vorteilhaftigkeit der Preisbündelung hängt von der Verteilung der Preisbereitschaften für die Teilleistungen des Bündels ab. Die Ermittlung der → Preisbereitschaft eines Individuums erfordert einen hohen Informationsbedarf, so dass die Ermittlung einer gewinnoptimalen P. in der Praxis auf ihre Grenzen stößt. Häufig wird die → Conjoint-Preis-Analyse herangezogen, um die Vorteilhaftigkeit der P. oder aber auch die Vorteilhaftigkeit der Entbündelung zu bestimmen.

Preisbündelung, Theorie der, Preistheorie für den Mehrproduktfall. Die Theorie der Preisbündelung kann belegen, dass in Abhängigkeit der Verteilung der → Preisbereitschaften im Mehrproduktfall zusätzliche Gewinne durch → Preisbündelung erzielt werden können, auch wenn kein komplementärer Verbund existiert. Die Theorie der Preisbündelung ist besonders für Marken oder → Dienstleistungen geeignet, bei denen ein Individuum pro Kaufakt nur eine Mengeneinheit nachfragt. Dies ist z.B. beim Kauf einer Pauschalreise der Fall (Ja-Nein-Fall). Dies wird in der Abb. „Isolierte Preisstellung“ am Fall der reinen Preisbündelung demonstriert.

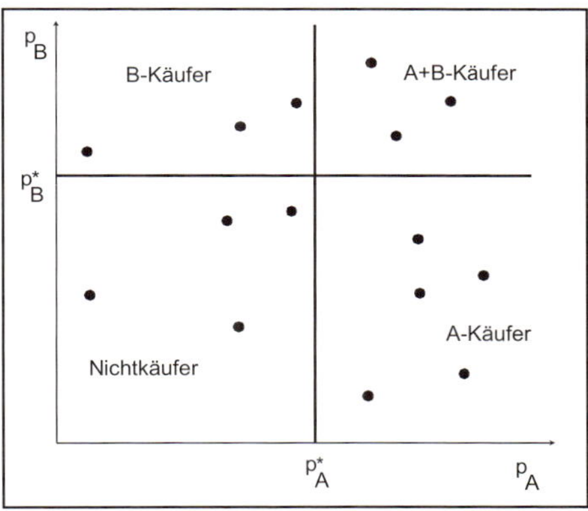

Isolierte Preisstellung

Die Preise p_A^* und p_B^* stellen die gewinnoptimalen Preise bei isolierter Preisstellung für Produkt A und B dar. Die Punkte im Koordinatensystem symbolisieren jeweils die Höhe der Preisbereitschaften eines Konsumenten für die Produkte A und B. Im linken oberen Feld sind die Käufer des Produktes B, weil deren Preisbereitschaft für B größer ist als die (gewinnoptimale) Preisforderung für B. Produkt A wird im linken oberen Feld nicht gekauft, da die Preisbereitschaft für A kleiner als der Preis von A ist. Für die anderen Felder wird analog argumentiert, so dass die vier Felder die Konsumenten nach ihrem Kaufverhalten segmentieren. Wenn der Anbieter von A und B nun eine reine Preisbündelung vornimmt, können die Konsumenten für sich den Bündelpreis beliebig aufteilen, so dass die Summe der Preisforderungen eine Gerade darstellt (Abb. „Reine Preisbündelung").

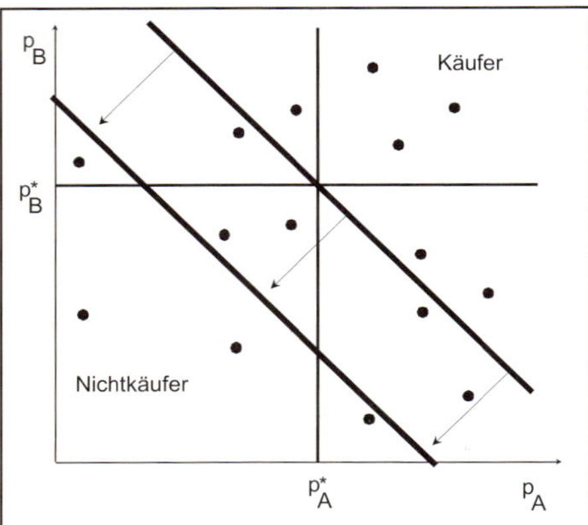

Reine Preisbündelung

Ist die Summe der Einzelpreise gleich dem Bündelpreis, geht die Gerade durch den Schnittpunkt der Preisgeraden von A und B bei isolierter Preisstellung. Ist der Bündelpreis kleiner als die Summe der Einzelpreise, verschiebt sich die Gerade des Bündelpreises nach links unten. Die Konsumenten sind nun in Käufer und Nichtkäufer eingeteilt, da sie entsprechend ihrer Preisbereitschaft das Bündel oder gar nicht kaufen. Betrachtet man wiederum den Quadranten links oben näher, stellt man fest, dass oberhalb der Geraden des Bündelpreises durch jeden dort angesiedelten Konsumenten ein Gewinn in Höhe des Preises von A entsteht, da nun beide Produkte gekauft werden. Unterhalb entsteht ein Verlust in Höhe des Preises von B, da diese Konsumenten vorher B gekauft haben und nun nicht mehr kaufen. Analog kann man für alle Segmente argumentieren und stellt dann fest, dass die Vorteilhaftigkeit der Preisbündelung von der Verteilung der Preisbereitschaften abhängt. Bei gemischter Preisbündelung ist die Anzahl der Segmente selbstverständlich größer. Aber auch hier hängt die Vorteilhaftigkeit von der Verteilung der Preisbereitschaften ab.

Literatur: Simon, H. (1992): Preismanagement: Strategie, Analyse, Umsetzung, 2. Aufl., Wiesbaden; Woratschek, H. (1998): Preisbestimmung von Dienstleistungen, Markt- und nutzenorientierte Ansätze im Vergleich, Frankfurt/Main.

Preis-Bundling, → Preisbündelung.

Preisdifferenzierung, beschreibt die preispolitische Strategie (→ Preispolitik), für gleiche oder ähnliche Leistungen auf verschiedenen (Teil-) Märkten unterschiedliche Preise zu verlangen.

I. Zielsetzung: Grundsätzlich lassen sich mit der P. alternativ oder parallel unterschiedliche Zielrichtungen verfolgen. Zum einen können durch Abschöpfung der → Konsumentenrente die Gewinne erhöht werden, indem die Preisstellung an spezifische Marktverhältnisse in verschiedenen Marktsegmenten angepasst wird. Zum anderen können bei der P. die Erzielung produktionswirtschaftlicher, finanzwirtschaftlicher, logistischer und verwaltungstechnischer Vorteile für das Unternehmen im Vordergrund stehen. P. wirkt auf das Kaufverhalten. So können z.B. kostengünstigere Produktionsmengen, geringere Lagerbestände, eine rationellere Auftragsabwicklung oder eine kundenseitige Vorfinanzierung erreicht werden.

II. Voraussetzung: Eine erfolgreiche P. ist an mehrere Voraussetzungen gebunden. Der Gesamtmarkt muss sich in mindestens zwei Teilmärkte aufspalten lassen, die unterschiedlich auf preispolitische Maßnahmen reagieren. Zwischen den Teilmärkten darf keine Arbitrage möglich sein, d.h. die Teilmärkte müssen gut voneinander isolierbar sein. Dies kann sich entweder aus einer geringen Markttransparenz oder durch hohe Arbitragekosten (→ Transaktionskosten) ergeben. Die Konkurrenzsituation auf den Teilmärkten muss die Durchsetzung von höheren Preisen zulassen. Je größer das akquisitorische Potenzial bzw. die Reputation einer Unternehmung ist, desto besser sind die Voraussetzungen für eine erfolgreiche Preisdifferenzierung. Darüber hinaus muss die P. ökonomisch sinnvoll sein. Die Mehrkosten für Preislisten, Produktvariationen, separate Marktbearbeitung, zusätzlichen Verwaltungsaufwand unter Berücksichtigung der geringeren → Economies of Scale dürfen die zu erwartenden Mehrerlöse nicht übersteigen. Die P. darf seitens der Konsumenten nicht als ungerecht bzw. diskriminierend empfunden werden.

III. Arten der Preisdifferenzierung: Grundsätzlich kann zwischen horizontaler und vertikaler P. unterschieden werden. Bei einer horizontalen P. fordert ein Unternehmen auf demselben (Teil-)Markt nacheinander unterschiedliche Preise. Auf diese Weise werden die individuell unterschiedlichen → Preisbereitschaften ausgenutzt und die individuellen → Konsumentenrenten abgeschöpft. Hierzu sind entweder geringfügig verschiedene Produktvarianten erforderlich, die aber kaum Kostenunterschiede aufweisen dürfen, damit die Differenzierungsvorteile nicht aufgezehrt werden (z.B. höherer Preis für eine Modefarbe); oder es muss die Möglichkeit individueller bzw. gruppenspezifischer Preisstellungen bzw. Preisverhandlungen bestehen. Die individuelle Preisverhandlung ist z.B. auf einem Flohmarkt gegeben. Gruppenspezifische Preise können verlangt werden, wenn die Identität der Kunden feststellbar ist, so dass die ungerechtfertigte Inanspruchnahme eines Preisvorteils kontrolliert werden kann (z.B. Studententarif). Die gewinnoptimale, horizontale P. erfolgt so, dass die Grenzerlöse eines Segments jeweils dem Preis des nachfolgenden Segments entsprechen und die Grenzerlöse des letzten Segments gleich den Grenzkosten sind (Ordnung der Segmente nach der Höhe der Preisbereitschaften). Bei einer vertikalen P. fordert eine Unternehmung auf verschiedenen (Teil-) Märkten unterschiedliche Preise. Dies ist z.B. der Fall, wenn in Deutschland und den USA unterschiedliche Preise für das gleiche Gut gefordert werden. In jedem der (Teil-) Märkte wird der gewinnoptimale Preis isoliert so festgesetzt, dass die dortigen Grenzerlöse den dortigen Grenzkosten entsprechen.

IV. Formen der Preisdifferenzierung: Die zur Anwendung kommenden preispolitischen Instrumente zur P. sind überwiegend Modifikationen des Normal- bzw. Listenpreises durch leistungsunabhängige Preiszu- oder Preisabschläge, → Rabatte oder veränderte → Lieferungs- und Zahlungsbedingungen. Bei der P. lassen sich folgende Varianten unterscheiden: (1) Personenbezogene Preisdifferenzierung: Ausschlaggebende Kriterien für die Preisdifferenzierung sind in diesem Fall soziodemographische Merkmale, wie z.B. Alter oder die Zugehörigkeit zu Berufs- und Standesgruppen. Die konsumentenbezogene P. kommt durch ermäßigte Eintrittspreise für Schüler, Studenten, Familien oder Rentner, in günstigen Versicherungsprämien für Beamte oder Angehörige des öffentlichen Dienstes, oder in höheren Arzthonoraren für Privatpatienten, usw. zum Ausdruck. (2) Räumliche Preisdifferenzierung: Auf regional abgegrenzten Märkten werden für die gleiche Leistung unterschiedlich hohe Preise verlangt. Dabei sind die Preisunterschiede nicht ausschließlich transportkostenbedingt, sondern resultieren vor allem aus unterschiedlichen Absatzsituationen, wie z.B. unterschiedlichen Einkommenssituationen in Tansania und Deutschland und den unterschiedlichen → Preisbereitschaften und → Preis-Absatz-Funktionen. (3) Zeitliche Preisdifferenzierung: Die Preise für eine Leistung variieren zeitpunktabhängig. Dabei kann nach der Kalenderzeit (z.B. Haupt- und Nebensaison) und nach Tageszeiten („Happy Hour" und „Stoßzeiten" oder Tag- und Nachtstrom) unterschieden werden (→ Preisvariation). (4) Verwendungsbezogene Preisdifferenzierung: Die Preise werden nach dem Verwendungszweck unterschieden (z.B. Preise für Heizöl und Diesel oder Alkohol und Spiritus aus steuerpolitischen Gründen bzw. Haushaltsstrom und Kraftstrom für die unterschiedlichen Betreibungsarten eines Werkzeuges). (5) Quantitative (mengenbezogene) Preisdifferenzierung (gestaffelte Preise): Die Preise pro Einheit sind abhängig von der Menge des bezogenen Produkts (→ Preisbildung, nichtlineare). Ein Beispiel hierfür ist, wenn Großkunden Preisnachlässe erhalten oder Familien- und Vorratspackungen für größere Haushalte angeboten werden. Eine quantitative P. liegt auch vor, wenn Mindermengenzuschläge für Kleinaufträge verlangt werden. (6) Qualitative (nebenleistungsbezogene bzw. gestaltungsbezogene) Preisdifferenzierung: Der Preis richtet sich nach Art und Umfang der mit dem Produkt bzw. der Dienstleistung verbundenen Nebenleistungen (→ Preisbaukasten). Höhere Preise werden bei speziellen Beratungs-, Transport- oder Versicherungsleistungen fällig. Preisnachlässe gibt es z.B. bei Selbstabholung oder Barzahlung. Ggf. kann auch die Gestaltung des eigentlichen Produkts bzw. der Dienstleistung für die Teilmärkte unterschiedlich sein, z.B. durch unterschiedliche Verpackungen. Die gleiche Ware kann auch als Markenartikel eines Herstellers und als Handelsmarke (z.B. „weiße" Marken) verkauft werden. Als Kriterium für die Marktaufspaltung in Form der qualitativen P. kommt auch die → Distribution über verschiedene → Vertriebskanäle in Betracht, wie z.B. der Verkauf von Bier in Gaststätten und im Getränkeeinzelhandel.

Herbert Woratschek

Preisdifferenzierung, diskriminierende. I. Gegenstand: Marktbeherrschende oder marktstarke Unternehmen dürfen keine P. betreiben, die sachlich nicht gerechtfertigt ist (§ 20 I, II GWB, *vgl. auch* → Diskriminierungsverbot). Ebenso ist es unzulässig, die Lieferanten zu einer nicht gerechtfertigten Gewährung von Vorzugskonditionen zu veranlassen (§ 20 III GWB). Als sachlicher Grund für eine Ungleichbehandlung gelten z.B. unterschiedliche Kosten durch Art und Umfang des Auftrages oder die Nichterfüllung von Funktionen wie Lagerhaltung und Kundendienst.

II. Rechtsnorm-Bedeutung: Ist aus zwei Gründen gering: Erstens sind Lieferanten, die auf Veranlassung ohne sachliche Rechtfertigung Vorzugsbedingungen gewähren, aus Furcht vor Verlust des Abnehmers oft nicht bereit, das sie zu diesem Verhalten veranlassende Unternehmen zu nennen (sog. „Ross-und-Reiter"-Problem.). Zweitens besteht das Problem des Nachweises sachlich ungerechtfertigter Vorzugsbedingungen. Weder gibt es einen Katalog nicht-leistungsgerechter Konditionen noch lässt sich vielfach bei manchen Konditionen jener Anteil bestimmen, der als nicht-leistungsgerecht zu bewerten ist (z.B. → Werbekostenzuschüsse).

Preisdifferenzierung, internationale, Ausdruck eines Verhaltens, für ein und dieselbe Leistung bzw. Produkt in verschiedenen Ländern unterschiedliche Preise zu fordern. Eine derartige Strategie ist nur dann bei ausgeprägten internationalen Preisdifferenzen möglich, wenn ein Wechsel der Marktteilnehmer nicht bzw. nicht ohne weiteres zwischen den Ländern stattfinden kann. Andernfalls besteht die Gefahr → grauer Märkte. Eine internationale Preisdifferenzierung ist eine typische Ausprägung einer differenzierten Marktbearbeitung und damit einer differenzierten Marketingstrategie bzw. → Marketingdifferenzierung. Zur Durchsetzung einer internationalen Preisdifferenzierung und gleichzeitig zur Verringerung der Gefahr grauer Märkte wird häufig simultan eine internationale Produktdifferenzierung durchgeführt, d.h. länderspezifische Produktvarianten entwickelt.

Preisdiskriminierung, Fähigkeit zur Diskriminierung der Preise im → Preisgünstigkeitsurteil. Preisunterschiede beeinflussen erst dann das Preisgünstigkeitsurteil, wenn eine bestimmte Reizschwelle überschritten wird. Dies führt zu → Preisschwellen in Preisbewertungsfunktionen.

Preisdurchsetzung, Entscheidungen und Maßnahmen, die auf die Durchsetzung von geplanten Angebotspreisen am Markt gerichtet sind. Sie begründen sich aus dem unvollkommenen Informationsstand bei der Preisfestlegung und dem damit verbundenen Preisrisiko. Auf die subjektive Bewertung der Preisgünstigkeit (→ Preisgünstigkeitsurteil) bzw. Preiswürdigkeit (→ Preiswürdigkeitsurteil) durch die Konsumenten kann durch gezielte → Preisoptik (z.B. bei der Preisauszeichnung) Einfluss genommen werden. Auf das potenziell unsichere Preisverhalten der zwischengeschalteten Händler kann der Hersteller – im Rahmen der gesetzlichen Regelungen – über → Preisbindung bzw. → Preisempfehlung sowie durch einen geeigneten Selektivvertrieb Einfluss nehmen. Letzterer bewirkt neben einer Stabilisierung des Preisniveaus auch die Sicherung notwendiger Serviceleistungen und eine Förderung des Produktimages. Begleitend finden die Verfolgung von Preismissbräuchen, die Registrierung des Warenflusses, die Androhung von Liefersperren und ggf. unmittelbare Eingriffe in das Marktgeschehen Anwendung. Als Unsicherheitsfaktor von Bedeutung ist ferner die zukünftige Kostenentwicklung. Preissicherung kann hier z.B. über Festpreisvereinbarungen erreicht werden. Das Überschreiten von → Preisschwellen durch Preiserhöhungen bedingt ein hohes Absatzrisiko. Deswegen wird meist das entsprechende Timing von Preiserhöhungen und eine Begleitung durch kommunikationspolitische Maßnahmen bei Zwischenhändlern und Konsumenten angezeigt.

Preisehrlichkeit, ein Bestandteil des → Preisimages. Produkte werden preisehrlich angeboten, wenn ihr Preisniveau Durchgängigkeit besitzt, die Produkte auch bei Preisaktionen (z.B. Sonderangeboten) verfügbar sind und dies keine qualitative Verschlechterung der Ware bedeutet.

Preiselastizität, Maßgröße für den Einfluss des Preises eines Gutes auf dessen Absatz. Die P. (der Nachfrage) wird durch das Verhältnis der relativen Absatzänderung zu einer relativen Preisänderung zum Ausdruck gebracht (Bogenelastizität):

$$\varepsilon = \frac{\frac{\Delta x}{x}}{\frac{\Delta p}{p}} = \frac{\Delta x}{\Delta p} \cdot \frac{p}{x}$$

Eine Elastizität von -2 besagt beispielsweise, dass mit einer einprozentigen Erhöhung des Preises eine zweiprozentige Verringerung der Absatzmenge verbunden ist. Wird die Elastizität nicht mit endlichen, sondern mit infinitesimalen Größen ermittelt (Punktelastizität), so folgt:

$$\varepsilon = \frac{\frac{\partial x}{x}}{\frac{\partial p}{p}} = \frac{\partial x}{\partial p} \cdot \frac{p}{x}$$

Die Elastizität ist eine dimensionslose Größe und insofern für Vergleichszwecke besonders geeignet. Da im Normalfall mit einer Preiserhöhung eine Verringerung der abgesetzten Menge einher geht, weist die P. i.d.R. negative Werte auf, die zwischen -∞ und 0 liegen. Entsprechend ergeben sich die Extremfälle völlig elastischer und völlig unelastischer Nachfrage. Da die P. auch vom betrachteten Ausgangsniveau (Preisniveau) abhängt, liegt in jedem Punkt einer → Preis-Absatz-Funktion eine andere Elastizität vor. Davon ausgenommen sind isoelastische Preis-Absatz-Funktionen der Form

$$p = \frac{k}{x^{\lambda}} \quad \text{mit } k = \text{konstant},$$

die eine konstante Elastizität $\varepsilon = -1/\lambda$ aufweisen. Allerdings sind isoelastische Preis-Absatz-Funktionen nicht sehr realistisch. Die Elastizität dürfte bei höheren Preisen nicht unverändert bleiben, da ein → Prohibitivpreis vermutet werden muss. Dennoch wurde dieser Funktionstyp bei empirischen Schätzungen oft aufgrund der leichten Handhabbarkeit zugrunde gelegt.

Preisempfehlung, unverbindliche. I. Gegenstand: Abgeschwächte Form der Durchsetzung preispolitischer Vorstellungen auf nachgelagerten Wirtschaftsstufen, im Gegensatz zur → Preisbindung, vertikale weder gesetzliche, vertragliche oder sonstige Verpflichtung zur Einhaltung. P. ist Meinungsäußerung eines Herstellers oder Großhändlers, der hierdurch seine Vorstellung über den Preis seines Produktes auf dem ihm nicht direkt zugänglichen Konsumentenmarkt kundtut. Beim Empfehlungsadressaten unterscheidet man zwischen einer Händler-Preisempfehlung, bei der nur dem Händler der gewünschte Endverkaufspreis mitgeteilt wird, und der Verbraucher-Preisempfehlung, die den Endverbraucher über die Preisvorstellung des Empfehlenden unterrichtet.

II. Voraussetzungen der Zulässigkeit: Wird geregelt in § 23 GWB. Die P. darf nur für Markenwaren ausgesprochen werden, worunter das Gesetz Erzeugnisse gleich bleibender oder verbesserter Güte versteht, die mit einem ihre Herkunft kennzeichnenden Merkmal versehen sind. Das empfehlende Unternehmen muss mit Herstellern gleichartiger Waren im → Preiswettbewerb stehen, die Empfehlung muss ausdrücklich als unverbindlich bezeichnet sein und zu ihrer Durchsetzung darf kein wirtschaftlicher, gesellschaftlicher oder sonstiger Druck angewendet werden. Außerdem muss die Empfehlung in der Erwartung ausgesprochen werden, dass der empfohlene Preis dem von der Mehrheit der Empfehlungsempfänger voraussichtlich geforderten Preis entspricht (sog. Mondpreis-Verbot).

III. Grenzen: Das BKartA kann Empfehlungen verbieten, wenn diese missbräuchlich benutzt werden. Ein Missbrauch liegt insbesondere vor, wenn die Empfehlung geeignet ist, den Preiswettbewerb zu beschränken oder den Verbraucher über den von der Mehrheit der Empfehlungsempfänger geforderten Preis zu täuschen. Ebenso liegt ein Missbrauch vor, wenn der empfohlene Preis in einer Mehrzahl von Fällen die tatsächlich geforderten Preise erheblich übersteigt oder Wiederverkäufer von der Belieferung ausgeschlossen werden, weil sie sich nicht an die P. gehalten haben bzw. weil die empfehlende Unternehmung bei ihnen mit einer Unterbietung des empfohlenen Preises rechnet.

Preisempfehlung, verbindliche, → Preisbindung, vertikale.

Preisempfinden, beinhaltet Preisniveaus, die ein Käufer als „fair" einstuft und die er vom Verkäufer als Preisforderung erwartet.

Das P. beeinflusst somit die → Preisbeurteilung. Das Preisempfinden orientiert sich am zuletzt gezahlten Preis, den Preisen der Vergangenheit (→ Ankerpreis), der → Preiskenntnis bei ähnlichen Produkten und an Erwartungen bzgl. der zukünftigen → Preisentwicklung (z.B. Inflation).

Preisempfindlichkeit, → Preissensibilität.

Preisendzifferneffekt, Hypothese, nach der bestimmte Preisendziffern einflussnehmend auf → Preiswahrnehmung und → Preisbeurteilung wirken sollen. Gemäß dieser Hypothese sollen ungerade Preise günstiger empfunden werden als runde Preise, da sie als knapper kalkuliert scheinen (→ Odd Pricing). Andererseits jedoch sollen Preise, deren Endziffer gerade ist, auf den Kunden positiver wirken als solche mit ungerader Endziffer (→ Even Pricing). Empirische Untersuchungen bzgl. des Preiseffekts führten zu unterschiedlichen Ergebnissen. Daher konnte kein eindeutiger Zusammenhang bestätigt oder widerlegt werden. Sog. Preisschwelleneffekte (→ Preisschwelle) bei ungeraden (bzw. gebrochenen) Preisen konnten hingegen empirisch bestätigt werden.

Preisentscheidungskompetenz, Fähigkeit bzw. Recht, Preise für angebotene Leistungen in einzelnen Ländern festlegen zu können. Im Mittelpunkt steht dabei die Frage, ob die preis- bzw. kontrahierungspolitische Entscheidungskompetenz zentralisiert oder dezentralisiert werden soll, da hierdurch die Höhe der in den einzelnen Ländern geforderten Preise bzw. eingeräumten Konditionen nicht unerheblich beeinflusst werden kann. So kommt eine ausländische Tochtergesellschaft mit Gewinnverantwortung und ausgeprägten Kenntnissen des eigenen Marktes wahrscheinlich zu anderen zu fordernden Preisen als eine Muttergesellschaft, die nur über geringe Kenntnisse der Märkte vor Ort verfügt und gleichzeitig das Ziel der länderübergreifenden Koordination einzelner Marketingaktivitäten zwischen den Tochtergesellschaften verfolgt. Eine endgültige Entscheidung über das adäquate Ausmaß der Entscheidungszentralisation bzw. Dezentralisation und damit der Ansiedlung der Preisentscheidungskompetenz kann nur im konkreten Einzelfall abgegeben werden. Eine Zentralisierung der Preisentscheidungskompetenz bietet sich beispielsweise dann an, wenn das Auslandsgeschäft nur als Zusatzgeschäft angesehen wird, eine hohe Gefahr unerwünschter → Parallelimporte bzw. → Reimporte besteht oder länderübergreifend stark ähnliche Marktstrukturen vorherrschen.

Preisentwicklung, Entwicklung der Preise im Zeitablauf. Die Messung erfolgt häufig über den → Preisindex.

Preisermittlung, → Preisbestimmung.

Preiserwartung, *subjektive Preisvorstellung*; die P. stellt die Erwartungen der Kunden hinsichtlich der Höhe des Preises eines Gutes dar. Diese bildet sich typischerweise aufgrund von eigenen Erfahrungen und kommunizierten Erfahrungen relevanter anderer (z.B. Meinungsführer) mit gleichen oder ähnlichen Gütern des Anbieters oder der Konkurrenz. Nachfrager haben P. hinsichtlich der aktuellen Höhe des Preises im Rahmen eines konkreten Kaufvorhabens und hinsichtlich der Entwicklung zukünftiger Preise des Unternehmens und seiner Konkurrenten. Während und nach dem Kauf eines Produktes oder der Nutzung einer Dienstleistung beeinflussen die P. die → Qualitätsbeurteilung und Zufriedenheit mit einem Gut und der Transaktion. Erwartete Preisänderungen können sich auch auf die Dispositionen des Einzelhandels niederschlagen. Der Abbau von Lagerbeständen des Händlers in Erwartung günstigerer Einkaufspreise wird typischerweise als Preiserwartungseffekt bezeichnet.

Preiseskalation, Effekt, der bewirkt, dass ein Produkt im jeweiligen Land aufgrund eines unangemessen hohen Preises an Wettbewerbsfähigkeit einbüßt bzw. sie ganz verliert. Eine Preiseskalation tritt insbesondere im Falle langer Absatzwege und hoher Handelsspannen auf den einzelnen Absatzstufen auf. Umgangen bzw. abgemildert werden kann die Preiseskalation durch die Entwicklung landesspezifischer Distributionsstrategien mit möglichst wenig Absatzstufen.

Preisexperiment, ist ein Untersuchungsdesign aus der Marktforschung, um Wirkungen von → Preisvariationen auf das Kaufverhalten von Kunden festzustellen. Die in Befragungen geäußerten Preisbeurteilungen und

Kaufabsichterklärungen stimmen mit dem tatsächlichen Kaufverhalten häufig nicht überein. In P. wird deshalb eine der Realität entsprechende Kaufsituation simuliert. P. unterscheiden sich von explorativen Forschungsdesigns in der Analyse von Ursache-Wirkungsbeziehungen. Im Gegensatz zu deskriptiven Forschungsdesigns besteht die Möglichkeit der weitestgehenden Kontrolle von Störeinflüssen. Experimentelle Untersuchungsdesigns werden in → Labor- und → Feldexperimente unterteilt. Für das P. als Laborexperiment wird ein künstliches Umfeld geschaffen, um die Entscheidungssituation so realistisch wie möglich nachzubilden. Dazu wird die Versuchsperson z.B. mit einem bestimmten Geldbetrag in einen dem Supermarkt nachempfundenen Raum geführt und soll aus den zur Verfügung stehenden Alternativen das präferierte Produkt auswählen. Zur Validierung der Ergebnisse werden i.d.R. eine Experiment- und eine Kontrollgruppe eingerichtet, so dass die Experimentwirkung, bereinigt um die ebenfalls auf die Kontrollgruppe wirkenden Störeinflüsse, berechnet werden kann. Feldexperimente finden direkt in der Praxis (z.B. in Supermärkten eines lokalen oder regionalen → Testmarktes) statt. Die Kontrolle der Störeinflüsse ist zwar im Vergleich zu Laborexperimenten schwieriger und nur begrenzt möglich, allerdings sind die Untersuchungsbedingungen insgesamt realistischer. In Feldexperimenten wird auf Testmärkten tatsächliches Kaufverhalten beobachtet, wohingegen in Laborexperimenten das Kaufverhalten simuliert wird.

Preis-Faktor-Kurve, beschreibt die Nachfrage nach einem Faktor in Abhängigkeit des eigenen Preises bei Konstanz aller übrigen Faktoren.

Preisfestsetzung, missbräuchliche. Marktbeherrschende Anbieter dürfen ihre Stellung nicht dazu missbrauchen, von ihren Abnehmern Preise in einer Höhe zu verlangen, die über dem Niveau liegt, das sich bei wirksamem Wettbewerb ergibt (§ 19 IV S. 1 GWB). Probleme bei der Anwendung dieser Rechtsnorm liegen vor allem in der Abgrenzung des relevanten Marktes (*vgl. auch* → Marktabgrenzung), in dem Nachweis einer marktbeherrschenden Stellung, in der Bestimmung eines hypothetischen, wettbewerbsgemäßen Preisbildungsverhaltens und in der Festlegung der Missbrauchsgrenze.

Preisfestsetzung, unlautere. Das „Auf und Ab" von Preisen ist eine typische Erscheinung im Wettbewerb. Die Forderung zu hoher oder zu niedriger Preise kann aber unlauter sein und damit gegen § 1 → UWG verstoßen.

I. Überhöhte Preisforderungen: Unlauter ist z.B. der Ausbeutungsmissbrauch, d.h. die anbietende Unternehmung missbraucht ihre Machtstellung zum Schaden des Abnehmers.

II. Preisunterbietungen: (1) Bei Pflicht zur Einhaltung bestimmter Preise: Etwa durch Gesetz, → Vertrag oder Gebührenordnung. Verletzung dieser Pflicht führt zu ungerechtfertigtem und daher i.d.R. sittenwidrigem Vorsprung (Vorsprung durch Rechtsbruch). (2) Bei nicht preisgebundener Ware: Preisunterbietungen sind unzulässig, wenn sie Mitbewerber individuell behindern oder den Wettbewerb in seinem Bestand gefährden oder zur gemeinschaftsschädlichen Nachahmung führen. a) Behinderungs- bzw. Vernichtungsunterbietung: Liegt vor, wenn der Anbieter absichtlich bestimmte Wettbewerber zu schädigen oder vom Markt zu verdrängen sucht. Folgende Indizien lassen auf eine Vernichtungsabsicht schließen, deren Nachweis in der Praxis allerdings auf erhebliche Schwierigkeiten stößt: Ständiger Verkauf zu Verlustpreisen ohne sachlich gerechtfertigten Grund, gezieltes Vorgehen gegen bestimmte Mitbewerber, örtliche → Preisdifferenzierung und Planmäßigkeit. b) Gefährdung des Wettbewerbsbestandes: Preisunterbietungen sind geeignet, die Mitbewerber vom Markt zu verdrängen und dadurch den Wettbewerb auf diesem Markt teilweise oder völlig aufzuheben. Unlauter ist dabei nicht die → Preisunterbietung an sich, sondern der Umstand, dass die Kunden statt eines Leistungs- nur noch einen Preisvergleich vornehmen und dadurch leistungsfähige Mitbewerber verdrängt werden. c) Gemeinschaftsschädliche Nachahmung: Andere Mitbewerber sehen sich zur Nachahmung veranlasst, wodurch es zu einer Störung der Wettbewerbsprozesse kommt. Diesen Tatbestand erfüllt die → Preisschleuderei, bei der z.B. nicht mehr wettbewerbsfähige Unternehmungen durch aggressive Niedrigpreise andere leistungsfähige Unternehmungen bedrohen.

Preisfestsetzung, wucherische. I. Gegenstand: „Ein Rechtsgeschäft, das gegen die guten Sitten verstößt, ist nichtig" (§ 138 I BGB). Mit dieser als Generalklausel formulierten Vorschrift wird der Zweck verfolgt, Missbräuchen der Privatautonomie entgegenzuwirken. Das zur Nichtigkeit führende sittenwidrige Verhalten kann ggü. Geschäftspartnern, ggü. der Allgemeinheit oder ggü. sonstigen Dritten zum Ausdruck kommen. Gerade durch den Schutz des einzelnen Konsumenten unterscheidet sich diese Rechtsnorm von denen des Wettbewerbsrechts, das grundsätzlich nur die Aktivlegitimation von Verbraucherschutzverbänden, nicht aber des einzelnen Konsumenten kennt. II. Voraussetzungen: Zunächst muss ein besonders grobes Missverhältnis zwischen Preis und Gegenleistung vorliegen. Treten sittenwidrige Umstände hinzu, wie etwa die verwerfliche Gesinnung des Begünstigten, dann ist das Rechtsgeschäft nichtig. Zwischen Geschäftspartnern (z.B. Hersteller und Händler) kann das sittenwidrige Verhalten auch in der missbräuchlichen Ausnutzung einer Macht- oder Monopolstellung liegen. Nichtig ist ein Vertrag mit einem wucherischen Preis als Bestandteil auch dann, wenn die Zwangslage, die Unerfahrenheit, der Mangel an Urteilsvermögen oder die erhebliche Willensschwäche des Dritten ausgebeutet werden. Unter Ausbeutung wird nach herrschender Rechtsprechung die bewusste Ausnutzung von wirtschaftlichen Notsituationen, von Unbekümmertheit und Sorglosigkeit sowie von mangelnder Lebenserfahrung verstanden.

Preisfestsetzungskompetenz, Vollmacht für die Festlegung von Angebotspreisen. Die Preisfestsetzungskompetenz kann auch innerhalb eines bestimmten Rahmens begrenzt sein. I.d.R. verkaufen Außendienstmitarbeiter ein bestimmtes Produktangebot zu einem vom Unternehmen im Rahmen der Preispolitik festgelegten Preis. Die Preisfestlegungskompetenz kann jedoch teilweise oder ganz an die Außendienstmitarbeiter delegiert werden. Dafür sprechen die Kundenkenntnis und Motivation der Mitarbeiter sowie das Vorhandensein einer hohen → Preiselastizität der Nachfrage und komplexe Leistungsangebote (Systempreise, → Preisbündelung). Nachteilig sind eine verstärkte Tendenz zum Verkauf über den Preis statt über die Qualität, Verärgerung von ungleich behandelten Kunden, Förderung des → Preiskampfes und eine langfristige Beeinflussung des Preisniveaus.

Preisfigureneffekt, → Preisendzifferneffekt.

Preisfindung, → Preisbestimmung.

Preisfixierer, tritt typischerweise bei monopolähnlichen Marktkonstellationen auf, bei denen der Anbieter aufgrund seiner Marktmacht den Preis für ein Gut nach seinem eigenen Ermessen festlegen kann. Das Unternehmen kann somit als → Preisführer (→ Preisführerschaft) am Markt auftreten (im Gegensatz zum → Preisfolger und → Preisnehmer). Wettbewerbsbeschränkende Absprachen zwischen Unternehmen sind i.d.R. verboten (→ Preiskartelle). Unverbindliche → Preisempfehlungen sind insbesondere von Produktionsbetrieben für den Verkauf im Handel üblich. Verbindliche Preise sind nur in Ausnahmefällen, wie z.B. bei Verlagserzeugnissen und Arzneimitteln erlaubt.

Preisfolger, der P. passt seine preispolitische Strategie an das Preisniveau eines anderen Unternehmens (→ Preisführer) an. Der Preis des Preisführers dient dabei als Orientierungshilfe für den oder die P.. Für eine optimale Anpassung muss der P. antizipieren, welche Auswirkungen seine Preissetzung auf die Gesamtnachfrage sowie seinen individuellen Gewinn hat. Ein einfaches „Gleichziehen" mit dem Preisführer führt meist noch nicht zum erhofften Erfolg. Der gewinnmaximale Preis des P. wird deshalb i.d.R. niedriger liegen.

Preisforschung, bezeichnet die Forschung über die → Preispolitik und die → Preisbestimmung von Unternehmen sowie die darauf folgenden Reaktionen anderer Marktteilnehmer (Konkurrenten und Kunden sowie Unternehmungen anderer Marktstufen). Im Mittelpunkt der Preisforschung steht der Versuch, einen am Markt durchsetzbaren Preis für ein Produkt oder eine Dienstleistung zu quantifizieren. Das Spannungsfeld der P. bewegt sich i.d.R. zwischen einer kalkulierten → Preisuntergrenze und der auf einem Markt erzielbaren → Preisobergrenze. Aktuelle Verfahren der Preisforschung orientieren sich vermehrt an den eigenschaftsabhängigen Nutzenfunktionen der Konsumenten. Ziel ist die Ableitung von Preis-Absatz-Funktionen aus den Präferenzen der Konsumenten (→ Conjoint-Preis-Analyse, → Probabilistisches Preisreaktionsmodell). Allerdings können diese Modelle nicht erklären, wie die Preisreaktionen zustande kommen. Hierzu ist die Auseinandersetzung mit verhaltenswissenschaftlichen Konstrukten notwendig (→ Preisinteresse, → Preiskenntnis, → Preisoptik, → Preisgünstigkeitsurteil, → Preiswürdigkeitsurteil).

Preisführer, Unternehmung, die die → Preisführerschaft innehat. In der Theorie wird der P. als eine bestimmte Verhaltensweise eines Anbieters im Oligopol beschrieben. Der P. fixiert seinen Preis in einer bestimmten Höhe, wobei er antizipieren muss, wie die Konkurrenten im Oligopol auf die Preisfixierung reagieren werden. Die Möglichkeit, die Preisführerschaft zu übernehmen, setzt voraus, dass das Unternehmen entweder aufgrund seiner Marktmacht als erstes den Preis festsetzen oder variieren kann, oder dass die Konkurrenten besonderes Vertrauen in die Preissetzungskompetenz des Preisführers haben.

Preisführerschaft, beschreibt eine Marktkonstellation, bei der sich mehrere konkurrierende Unternehmen in ihrer Preisstellung am Preis des Preisführers orientieren. Die Preise der Unternehmen müssen dabei nicht identisch sein; je nach Höhe ihres akquisitorischen Potenzials bzw. ihrer Reputation können diese um einen bestimmten Prozentsatz über- oder unterhalb des → Leitpreises liegen. Es lassen sich zwei Formen der Preisführerschaft unterscheiden: Eine dominante P. ist charakteristisch für ein Oligopol, in dem der Preisführer über eine größere Marktmacht (höherer Marktanteil) verfügt. Dies setzt i.d.R. erhebliche Größen- und/oder Kostenunterschiede zwischen den Wettbewerbern voraus. Bei der barometrischen P. existiert keine dominante Position eines Unternehmens. Vielmehr findet eine freiwillige Anpassung mit u.U. wechselnden Preisführern statt (wobei letzteres nach außen den Eindruck abgestimmten Verhaltens erweckt). Die P. findet i.d.R. ohne → Preisabsprachen statt, die verboten sind (→ Preiskartell).

Preisfunktion, die Funktionen von Preisen können aus gesamt- und einzelwirtschaftlicher Sicht betrachtet werden. Im Rahmen der Koordinationsfunktion kommt es zum Ausgleich der Nachfrage- und Angebotspläne der Kunden und Unternehmen. Preisen kommt ferner eine Signalwirkung (auch Informationsfunktion) derart zu, dass z.B. höhere Preise eine größere Knappheit und/oder eine höhere Qualität signalisieren können. Die Allokationsfunktion hat zur Folge, dass die Ressourcen der Anbieter und Nachfrager bestmöglich verwendet werden. Die Auslesefunktion beschreibt den Prozess, dass Unternehmen mit dauerhaft höheren Kosten als den Marktpreisen aus dem Markt ausscheiden müssen.

Preisgarantie, Maßnahme zur Steuerung des → Preisimages. Dem Kunden wird z.B. die Umtauschmöglichkeit für einen Artikel zugesichert, wenn dieser bei der Konkurrenz billiger zu erwerben ist. Preisgarantien werden auch in der Form abgegeben, dass der Verkäufer dem Kunden den Erwerb eines Artikels zu dem Preis zusichert, der auch vom billigsten Konkurrenten in einem definierten Umfeld verlangt wird. Der Garantienachweis erfolgt durch Vorlage einer entsprechenden Anzeige oder Prospekte der Konkurrenz. Diese Form wird in den USA als „Price Matching-Plans" bezeichnet.

Preisgleitklausel, → Preisanpassungsklausel.

Preisgünstigkeitsurteil, subjektive Bewertung der Höhe eines Preises. Das P. zielt im Gegensatz zum → Preiswürdigkeitsurteil nicht auf die Abwägung von Preis und Leistung ab. Hier interessiert lediglich, ob die Höhe des Preises als teuer oder billig eingestuft wird. So kann z.B. das → Odd Pricing das P. beeinflussen. Es werden mögliche Urteilsanker (→ Ankerpreis) analysiert, die etwas über die subjektive Bewertung der Preishöhe aussagen. In diesem Zusammenhang wird auch die Existenz von → Preisschwellen untersucht. Aus unterschiedlichen Verhaltenshypothesen lassen sich unterschiedliche Preisbewertungsfunktionen ableiten. Die Preisgünstigkeitsfunktion im linken Teil der Abbildung unterstellt eine untere absolute Preisschwelle, jenseits derer die Preisbewertung sich nicht mehr verbessert. Diese Funktion basiert auf dem Weber-

Fechnerschen Gesetz, welches postuliert, dass die Wahrnehmbarkeit des Unterschiedes zweier Reizintensitäten proportional zum absoluten Niveau dieser Reize ist. Dies bedeutet in der Übertragung auf die Preisbewertung: Bei hohem Preisniveau (z.B. 10.0000 EUR) wird eine kleine Preisdifferenz (10 EUR) als nicht fühlbar empfunden. Bei niedrigem Preisniveau (100 EUR) führt dieselbe Preisdifferenz zu einer unterschiedlichen Bewertung. Dabei wird von einer unteren absoluten Wahrnehmungsschwelle ausgegangen.

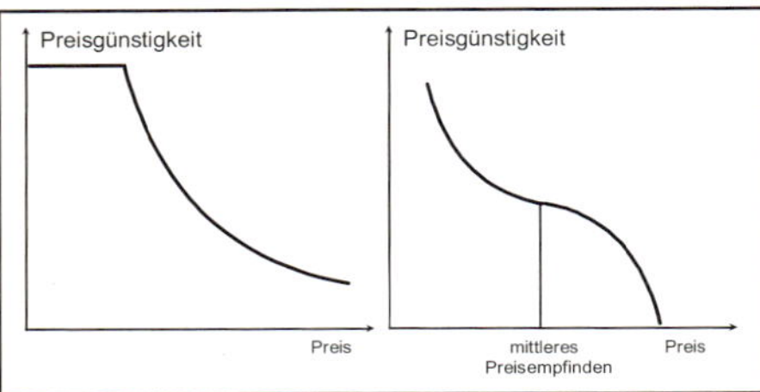

Preisbewertungsfunktionen

Der Zusammenhang zwischen einem Preisstimulus (objektiver Preis) und dem Preisgünstigkeitsurteil wird in Preisbewertungsfunktionen dargestellt (vgl. Abb. „Preisbewertungsfunktionen"). Je nach Art der unterstellten Hypothesen über das → Preisverhalten erhält man unterschiedliche Verläufe. Die untere absolute Wahrnehmungsschwelle liegt am „Knick" der Funktion (Unstetigkeitsstelle). Der Wendepunkt ist durch das mittlere Preisempfinden (Adaptionsniveau) gekennzeichnet. Die doppelt gekrümmte Bewertungsfunktion (linker Teil der Abbildung) kann durch unterschiedliche Hypothesen begründet werden. Eine überzeugende Begründung liefert z.B. die Assimilations-Kontrast-Hypothese. Individuen neigen dazu, weit vom Adaptionsniveau liegende Reize im Abstand zu überschätzen (zu kontrastieren) und nahe am Adaptionsniveau liegende Reize im Abstand zu assimilieren, d.h. im Abstand zu unterschätzen.

Preisimage, Beurteilung des Preisniveaus von Geschäften oder Sortimentsteilen eines Geschäftes. Es hängt u.a. vom → Preisgünstigkeitsurteil der Konsumenten ab.

Preisindex, Maßzahl für die Preisentwicklung. Preisindizes werden von der amtlichen → Preisstatistik für viele wirtschaftliche Bereiche berechnet, z.B. Großhandel, Landwirtschaft, Import, Export, Einzelhandel. Um die Entwicklung der Kaufkraft der Konsumenten zu beurteilen, werden Preisindizes für die Lebenshaltungskosten ermittelt. Hierzu werden typische Warenkörbe definiert, z.B. der eines 4-Personen-Arbeitnehmerhaushaltes mit mittlerem Einkommen. Das Ziel besteht in der summarischen Erfassung der Preisänderungen von einer Periode (Basisperiode) zu einer zeitlich nachfolgenden Periode (Vergleichsperiode). Dazu werden vorrangig zwei Konzepte herangezogen. Zum einen die Preisindexformel nach Laspeyres, die sich als die prozentuale Änderung der Aufwendungen für einen bestimmten in der Basisperiode zusammengestellten Warenkorb interpretieren lässt. Zum anderen der Paasche-Preisindex, der die prozentuale Änderung der Aufwendungen für einen in der Vergleichsperiode zusammengestellten Warenkorb erfasst.

Preisinformationen, werden von den Kunden in Abhängigkeit persönlicher und situativer Merkmale zur Beurteilung des Preis-Leistungsangebotes gesucht und herangezogen. Informationen können durch → Preisaushänge, → Preislisten, → Preisspiegel und → Preisagenturen eingeholt werden. Die Suche nach P. stellt einen Teil der Aktivitäten im Rahmen des Suchprozesses zur Vorbereitung einer Kaufentscheidung dar (→ Preisinteresse, →Preiskenntnis). Irreführende P. durch den Verkäufer sind gemäß der Preisangabenverordnung nicht erlaubt.

Preisinteresse, das Bedürfnis → Preisinformationen zu suchen und bei der Entscheidung zu berücksichtigen.

Preiskalkulation, rechnerische Ermittlung eines Preises auf Basis der → Kostenrechnung. Es wird zwischen der Kalkulation einer Preisuntergrenze für den Verkaufspreis (→ Preisbestimmung) und der Kalkulation einer Preisobergrenze für den Einkaufspreis unterschieden. Meistens wird aber damit die Ermittlung eines Verkaufs- bzw. Angebotspreises gemeint. Die Preiskalkulationen unterscheiden sich erheblich in Abhängigkeit des jeweiligen Kostenrechnungssystems (traditionelle Vollkostenrechnung, Grenzplankostenrechnung, Prozesskostenrechnung, Relative Einzelkostenrechnung).

Preiskampf, im Rahmen eines P. wird die Preispolitik ggü. allen anderen Instrumenten des → Marketingmix zum dominierenden Faktor. Zu einem P. kann es kommen, wenn ein Unternehmen die Preise derart senkt, dass seine Konkurrenten zu entsprechenden Preissenkungen gezwungen werden, um nicht die gesamte Nachfrage an den → Preisführer zu verlieren. Kennzeichen des P. ist, dass es dem Preisführer gelingt, den Preis so niedrig zu fixieren, dass den → Preisfolgern auch bei optimaler Anpassung Verluste entstehen. Das setzt in aller Regel voraus, dass das betrachtete Unternehmen bereits eine günstige Wettbewerbsposition hält. So kann ein hoher Marktanteil zu Größenvorteilen (→ Skaleneffekten) führen, wodurch wiederum eine günstigere Kostensituation resultiert, die niedrigere Preise ermöglicht. Gelingt es dem → Preisführer mit dieser Strategie, Konkurrenten vom Markt zu verdrängen, so kann er langfristig eine Monopolstellung erreichen. Dann kann er das Preisniveau wieder erhöhen und die im Rahmen des P. realisierten Gewinneinbußen bzw. Verluste kompensieren. Verfügen die Konkurrenten jedoch über ausreichend finanzielle Möglichkeiten, z.B. durch Quersubventionierung im Konzern, so können P. über einen längeren Zeitraum anhalten und damit zu kostspieligen Strategien werden. Darüber hinaus sind die in Aussicht stehenden Monopolgewinne durch zukünftige Markteintritte neuer Konkurrenten bedroht.

Preiskartell, spezielle Form des Kartells, bei der sich die beteiligten Unternehmen verpflichten, die angebotenen Produkte zu einem einheitlichen Preis (Einheitspreiskartell) abzusetzen oder einen bestimmten Mindestpreis nicht zu unterbieten (Mindestpreiskartell). Beide Formen setzen voraus, dass die Produkte der beteiligten Unternehmen weitgehend homogen sind und sehr ähnliche Qualitäten aufweisen, da sich andernfalls die Nachfrage auf den Anbieter der besten Qualität konzentrieren würde. Anlass für die Errichtung eines P. ist i.d.R. ein Preisverfall, der auf das Bestehen von Überkapazitäten in der Branche zurückzuführen ist. Das P. wird deshalb häufig durch ein Quotenkartell abgesichert, um eine gleichmäßige Kapazitäts-Mindestauslastung der Unternehmen zu gewährleisten. Durch die Bildung von P. wird der → Preismechanismus der Marktwirtschaft außer Kraft gesetzt. Die sich infolge dessen ergebende Monopolisierung des Marktes führt zur Ausbeutung der Marktgegenseite, der Verhinderung des Ausscheidens ineffizienter Unternehmen sowie fehlenden Anreizen zu Prozess- und Marktinnovationen. Wie alle Kartelle sind auch P. gemäß §1 GWB grundsätzlich verboten. Das Vorliegen eines Vertrages ist nach der sechsten Kartellrechtsnovelle (1999) nicht mehr zwingendes Merkmal eines Kartells. Jegliche Vereinbarungen, Beschlüsse oder aufeinander abgestimmte Verhaltensweisen, die eine Verhinderung, Einschränkung oder Verfälschung des Wettbewerbs bezwecken oder bewirken, sind demnach verboten.

Preiskenntnis, der Wissensgrad über die Preise der am Markt verfügbaren Güter wird als Preiskenntnis bezeichnet.

Preiskonditionen, Vereinbarungen zwischen Verkäufer und Käufer bzgl. der Preisbestandteile (→ Konditionenpolitik, → Rabatt, → Bonus, → Skonto).

Preiskonkurrenz, Wettbewerb, bei dem der Schwerpunkt der Maßnahmen auf einem (ruinösen) → Preiskampf liegt.

Preis-Konsum-Funktion, → Preis-Konsum-Kurve.

Preis-Konsum-Kurve, ist dem Gebiet der mikroökonomisch orientierten Preispolitik zuzuordnen. Beschreibt die aus einer Haushaltsentscheidung abgeleitete funktionale Beziehung zwischen der nachgefragten Menge eines Gutes und dessen Preis. Hierbei werden alle übrigen Preise und die Einkommen der Haushalte konstant gehalten (ceteris paribus-Bedingung). Unter diesen Bedingungen stellt die Preis-Konsum-Kurve den geometrischen Ort aller optimalen Verbrauchspläne bzw. Nachfragemengen dar. Einkommensveränderungen führen zu Verschiebungen und Preisänderungen zu Drehungen der Funktion.

Preiskorridor, Preisspanne um einen Differenzpreis, der weder unter- noch überschritten werden darf. Preiskorridore basieren auf folgenden Gedanken: Das Spektrum denkbarer internationaler Preise reicht von landesspezifisch optimalen bzw. gewinnmaximalen Preisen einerseits im Rahmen einer → Marketingdifferenzierung bis zur Setzung eines länderübergreifend einheitlichen Preises im Rahmen der → Marketingstandardisierung. Sofern unverbundene Länder vorliegen, ist die Setzung eines an den jeweiligen Nachfrageverhältnissen und den landesspezifischen Besonderheiten orientierten Preises unabhängig von den in anderen Ländern geforderten Preisen optimal. Oftmals führen die auf diese Weise resultierenden landesspezifischen Preise allerdings zu internationalen Preisdifferenzen, ab denen sich → Arbitrage lohnt. Sollen → graue Märkte verhindert werden, sind die Preisdifferenzen zu verringern. Die preispolitische Extremreaktion liegt in diesem Fall in der Setzung eines internationalen einheitlichen Standardpreises. Eine derartige Reaktion, die häufig zu erheblichen Gewinneinbußen führt, ist jedoch in den meisten Fällen nicht notwendig. In dieser Situation kann ein P. eingesetzt werden, der festlegt, in welchem Ausmaß die internationalen Preise voneinander abweichen dürfen.

Preiskrieg, → Preiskampf.

Preislagen, beschreiben die → Preispositionierung eines Unternehmens im Wettbewerbsumfeld. Mit der Preislage werden nicht die artikelspezifischen Preise festgelegt, sondern nur ein für die Preislinien- und Programmpolitik relevanter Preiskorridor, in dem sich der Anbieter bewegt. Die konkreten Preise für bestimmte Absatzleistungen werden im Rahmen der → Preisbestimmung festgelegt.

Preis-Leistungs-Analysen, Analyse der → Preis-Leistungs-Verhältnisse der auf einem Markt angebotenen Güter. Da sich die Produkte der Anbieter auf einem Markt zumeist in Qualität und Preis unterscheiden, wird versucht, die Höhe der Preisforderung für das Produkt einer bestimmten Unternehmung an das eigene Qualitätsniveau anzupassen. Für alle auf dem betreffenden Markt vertretenen Produkte werden die Teilqualitäten aus kundenorientierter Sichtweise analysiert und mittels Scoringverfahren (Punktbewertungsverfahren) bewertet. Die so ermittelten Qualitäten werden den am Markt erzielten Preisen gegenübergestellt und in einem Koordinatensystem als Preis-Qualitäts-Kombination abgetragen. Aus dieser Punktwolke lassen sich i.d.R. bestimmte Tendenzen ablesen, z.B. je höher die Qualität ist, desto höher ist der am Markt erzielbare Preis. Für die Schätzung einer Preis-Leistungs-Funktion kann eine Regressionsanalyse durchgeführt werden. Die Interpretation einer solchen Schätzung sollte vorsichtig erfolgen, da die Aussagekraft der Analyse vom Input-Datenmaterial abhängt. Zudem bedeutet Korrelation nicht Kausalität. Preis-Leistungs-Analysen bieten Herstellern eine relativ einfache und kostengünstige Möglichkeit, Informationen über die Positionierung des eigenen Produktes im relevanten Markt zu gewinnen und Preisspielräume auszunutzen.

Preis-Leistungs-Verhältnis, beschreibt die Bewertung des Verhältnisses zwischen Preis und Qualität eines Gutes oder einer Dienstleistung. Der → Preis ohne Bezug auf die Qualität einer Absatzleistung ist eine Ziffer ohne Aussagekraft für das → Preiswürdigkeitsurteil. Ausschlaggebend für die Kaufentscheidung des Kunden und damit für das Marketing ist das vom Kunden subjektiv wahrgenommene Preis-Leistungs-Verhältnis.

Preislinienpolitik, Preispolitik für Produktlinien. Innerhalb einer Produktlinie bestehen Verbundbeziehungen zwischen den Produkten. Bei den Verbundbeziehungen lassen sich kosten- und nachfragemäßige Interdependenzen unterscheiden. Nachfrageseitig lassen sich komplementäre und substitutive Verwendungsverbünde, Akquisitions- bzw. Einkaufsverbünde sowie sog. Urteilsverbünde (Beeinflussung des Preisimages des gesamten Programms durch einzelne Artikel) unterscheiden. Bei der Preisstellung für jeden Artikel einer Produktlinie müssen diese Interdependenzen derart berücksichtigt werden, dass die Produktlinie insgesamt die Zielfunktion optimal erfüllt. In der Praxis werden für einzelne Produkte in einer Produktlinie oder Warengruppe im Einzelhandel häufig Ausgleichskalkulationen (→ Mischkalkulation) durchgeführt. Im Einzelhandel kommen häufig auch „Lockvogelangebote" mit niedrigen Sonderpreisen (→ Sonderpreispolitik) vor, um die Kunden in die Einkaufsstätte zu „locken", in der Hoffnung, dass auch Produkte mit höheren Deckungsbeiträgen gekauft werden.

Preisliste, Darstellung und Kommunikation festgelegter Preise ggü. den Kunden. Während publizierte P. den Kunden direkt zur Verfügung stehen, werden Preise aus internen P. den Kunden nicht bzw. nur auf Anfrage genannt. Häufig stellen Listenpreise nur den Ausgangspunkt weiterer Preisverhandlungen dar und fungieren in sofern als Höchstpreise, die selten überschritten werden. Die individuellen Preisverhandlungen auf Basis der P. bieten dem Anbieter ideale Möglichkeiten zur persönlichen Preisdifferenzierung. Rabatte auf die Listenpreise können dem einzelnen Kunden das Gefühl vermitteln, besonders preisgünstig eingekauft zu haben. Während die Auslage von P. einerseits den Vorteil bietet, die Kunden einfach und schnell über die Preisstellung zu informieren, können sich andererseits aber auch Abschreckungswirkungen entfalten, falls die potenziellen Nachfrager relativ früh im Informationsprozess mit dem Preis konfrontiert werden. Insbesondere bei komplexen Leistungsbündeln, die zu Beginn des Verhandlungsprozesses noch nicht hinreichend definiert sind, verhindert die frühzeitige Nennung von Listenpreisen die Abschätzung individueller → Preisbereitschaften.

Preismanagement, Aufgabe des P. ist die Festlegung der → Preisstrategie und der → Preispolitik hinsichtlich der Zielsetzungen der Unternehmung.

I. Einordnung: Im Rahmen der Preispolitik ist die → Preisbestimmung eine zentrale Management-Entscheidung. Die Festlegung der Preise wirkt sich unmittelbar auf die Gewinnsituation einer Unternehmung aus, da Preisreaktionen der Kunden (→ Preisreaktionsfunktion) sehr schnell eintreten. Preispolitische Maßnahmen sind relativ kurzfristig initiierbar und sind umso wichtiger, je höher die Marktsättigung und die Markttransparenz sind. Die Voraussetzungen für eine aktive Preispolitik sind dabei umso besser, je stärker sich die Leistungen eines Unternehmens von denen der Konkurrenz unterscheiden. Nach der zeitlichen Perspektive lassen sich das strategische und das statische P. unterscheiden.

II. Strategisches Preismanagement: Das strategisches P. legt bei der Festlegung der → Preisstrategie und der → Preisbestimmung den Mehr-Perioden-Fall zugrunde und ist insbesondere für die → Preispositionierung verantwortlich. Dynamische Effekte sind zu beachten, wenn der Preis in der Periode t die Verhältnisse in den nachfolgenden Perioden beeinflusst. Ziel ist nicht die Gewinnmaximierung in einer Periode, sondern die Kapitalwertmaximierung über mehrere Perioden (→ Preistheorie, V. Dynamische Betrachtung). Absatzseitig können langfristige Effekte der in der Periode t festgelegten Preise auftreten, wie z.B. Wiederkäufe durch Kundentreue und Mundpropaganda (→ Carryover) oder vorgezogener Konsum (→ Obsoleszenz). Auf der Kostenseite bietet die → Erfahrungskurve ein wichtiges Kriterium bei den Entwicklung einer Preisstrategie. Langfristige Absatzüberlegungen, die durch die Diffusionsforschung untermauert werden, spielen vor allem bei der Einführung neuer Produkte eine wichtige Rolle (→ Penetration Pricing, → Skimming Pricing).

III. Statisches Preismanagement: Das Statische P. legt bei der → Preisbestimmung den Ein-Perioden-Fall zugrunde. Außerdem setzt die Festlegung des Preises mit dem Ziel der Gewinnmaximierung die Kenntnis der → Preis-Absatz-Funktion voraus. Diese lässt sich durch Befragungen, Beobachtungen und Experimente ermitteln. Durch die Einbeziehung von (potenziellen) Konkurrenzreaktionen (→ Preisreaktionskoeffizienten, konjekturale) steigt die Komplexität der Bestimmung der Preis-Absatz-Funktion. In der Praxis angewandte Verfahren wie das → Target Pricing vernachlässigen jedoch diesen Zusammenhang bei der Preisbestimmung. Im Rahmen des P. sind auch Entscheidungen der → Preisdifferenzierung von Bedeutung. Insbesondere bei → Dienstleistungen muss die Möglichkeit nichtlinearer Preise (→ Preisbildung, nichtlineare) oder der → Preisbündelung einbezogen werden.

Literatur: Simon, H. (1992): Preismanagement: Strategie, Analyse, Umsetzung, 2. Aufl., Wiesbaden.

Preismanagementprozess, internationaler, Sequenz mehrerer Entscheidungsstufen im Rahmen der internationalen → Kontrahierungspolitik, die die Planung, Durchsetzung und Kontrolle der Wirkung von Preisentscheidungen auf internationalen Märkten zum Inhalt haben. Stufen des internationalen Preismanagementprozesses sind: Definition strategischer Ziele des internationalen Preismanagements, Ableitung taktischer preispolitischer Zielvorgaben für die einzelnen Länder, Identifikation der für die Preissetzung relevanten in- und externen

Determinanten, Vorgabe einer adäquaten Preisstrategie, Bestimmung der in den einzelnen Ländern zu fordernden Preise, Durchsetzung der landesspezifischen Preise, Kontrolle der Wirkungen der geforderten Preise in den einzelnen Ländern, Analyse und Prognose der Veränderungen der unternehmensin- und -externen Determinanten im Zeitablauf. Zwischen den einzelnen Stufen können Interdependenzen bestehen, die zu Anpassungsmaßnahmen auf vorgelagerten Stufen führen können.

Preismechanismus, im P. ist die entscheidende Besonderheit der Marktwirtschaft zu sehen. Die Preise werden nicht (staatlich) fixiert, sondern stellen sich aufgrund der herrschenden Marktverhältnisse ein. Sie führen zur Anpassung von Angebot und Nachfrage. Der P. dient somit in dezentral organisierten Volkswirtschaften zur Lösung von Allokationsproblemen. Allokation bedeutet in diesem Zusammenhang, die Verteilung der produzierten Güter auf die Haushalte einer Volkswirtschaft. Knappe Güter sind teuer. Güter, die weniger nachgefragt werden, sind günstiger. Der P. bestimmt, welche Güter produziert werden. Verschiebt sich die Nachfrage zugunsten eines Gutes, so gehen damit steigende Preise mit besseren Erlösaussichten für die entsprechenden Produzenten einher. Dies führt zu einer Belohnung der Anbieter der stärker nachgefragten Güter, während andere Anbieter Nachfragerückgänge und Verluste hinnehmen müssen (Belohnungs- und Bestrafungsfunktion). Langfristig besteht ein Anreiz, Produktivkräfte aus den weniger rentablen Bereichen abzuziehen und durch Unternehmenserweiterungen oder Markteintritte die Produktionsfaktoren den Verwendungsweisen zuzuführen (Steuerungsfunktion), in denen sie eine maximale Bedürfnisbefriedigung der Nachfrager ermöglichen. Die Unternehmen werden gezwungen, die jeweils kostengünstigsten Produktionsverfahren einzusetzen, da andernfalls durch Marktzutritte weiterer Konkurrenten die Preise unter die Stückkosten fallen und das Unternehmen langfristig nicht am Markt bestehen kann.

Preis-Mengen-Kombination, Punkt auf der → Preis-Absatz-Funktion.

Preismodell, verhaltensorientiertes. I. Preiswahrnehmung aus verhaltenstheoretischer Perspektive: Die verhaltenstheoretischen Modelle der Preispolitik beziehen im Unterschied zu den klassischen Modellen, die sich vor allem mit der Ermittlung von Preis-Absatz-Funktionen beschäftigen, psychische, nicht direkt beobachtbare Größen in die Betrachtung ein. Unter der Wahrnehmung von Preisen kann die sensorische Aufnahme und Verarbeitung von Preisinformationen durch das Individuum verstanden werden. Bei der Preiswahrnehmung erfolgt eine Enkodierung objektiver Preise in subjektive Preisanmutungen. Es lassen sich grundsätzlich drei Quellen für Preisinformationen unterscheiden: (1) dem Kauf vorgelagerte Quellen (insbesondere Werbemittel wie Anzeigen, Prospekte, Handzettel, aber auch Mund-zu-Mund-Propaganda), (2) beim Einkauf in der Einkaufsstätte vorfindbare Quellen, (3) nach dem Kauf verfügbare Quellen. Die verhaltenswissenschaftliche Perspektive legt es nahe, die aus der allgemeinen Wahrnehmungstheorie bekannten Gesetzmäßigkeiten gleichfalls auf die Wahrnehmung von Preisen zu übertragen (→ Informationsverarbeitung). Danach kann auch die Preiswahrnehmung durch ihre Aktivität, Selektivität und Subjektivität charakterisiert werden. Aktiv bedeutet, dass der Preis bewusst aufgenommen und verarbeitet wird im Gegensatz zu der rein passiven Aufnahme von Reizeindrücken. Subjektiv bedeutet, dass je nach individueller Interessenslage Preise von unterschiedlichen Produkten am Point of Sale wahrgenommen werden und diese je nach Preiskenntnis und Anspruchsniveau der Konsumenten unterschiedlich beurteilt werden. Also nicht der objektiv günstige Preis entscheidet, sondern der subjektiv wahrgenommene Preis bestimmt das Konsumentenverhalten. Selektiv bedeutet schließlich, dass nicht alle Preise am Point of Sale wahrgenommen werden, sondern nur ein Teil davon, da sonst das menschliche Informationssystem überfordert wäre. Dabei sind in der menschlichen Verarbeitungskapazität wiederum subjektive Unterschiede erkennbar. Aus der Sicht des Käufers können nur solche Preise am Point of Sale wahrgenommen werden, die Aufmerksamkeit auslösen. Nach den Erkenntnissen der Wahrnehmungstheorie lösen vor allem solche Stimuli eine hohe Aufmerksamkeit aus, die den Wünschen und Bedürfnissen des Einzelnen entsprechen (d.h. ein hohes Preisinteresse erzeugen) und/oder die aufgrund ihrer Beschaffenheit eine hohe Aktivierung auslösen können (→ Assimilations-Kontrast-These).

II. Preisinteresse als Auslöser für Preiswahrnehmungen: Eine Ursache für individuell differierende Preiswahrnehmungen und unterschiedliches Preisverhalten ist in dem verschiedenartig ausgeprägten Preisinteresse der Konsumenten begründet. Das Preisinteresse kann als das Bedürfnis eines Nachfragers definiert werden, nach Preisinformationen zu suchen. Preisorientierung bezeichnet den Wunsch, diese Preisinformationen bei den Einkaufsentscheidungen zu berücksichtigen. Das Preisinteresse ist dabei kein angeborenes (primäres), sondern ein sekundäres Einkaufsmotiv, das Lernprozessen unterliegt. Ursachen für das Preisinteresse bzw. die Preisorientierung liegen im Versorgungsstreben, im Wunsch nach Erfüllung sozialer Rollen (z.B. Rolle des aufgeklärten Konsumenten) und/oder in Formen der Leistungsmotivation (z.B. Cleverness, Leistungsstolz). Konträr wirkt nach Diller das Entlastungsstreben von Konsumenten, insbesondere wenn preisorientiertes Verhalten mit hohem Informationsaufwand gekoppelt ist. Außerdem kann der Wunsch nach möglichst preisgünstigen Einkäufen oftmals im Konflikt mit dem Qualitätsinteresse und/oder mit Fragen des Sozialprestiges stehen. Die Stärke des Preisinteresses ist von Situation zu Situation und von Person zu Person unterschiedlich. Ältere empirische Untersuchungen haben sich vor allem mit soziodemographischen und produktspezifischen Merkmalen als Determinanten des Preisinteresses und der Preisorientierung beschäftigt. Nach einer Untersuchung von Wimmer (1982) sind ältere und sozial schwache Personen weit weniger preisorientiert eingestellt, als ihre Einkommenslage es erwarten ließe. Amerikanische Studien zeigen dagegen, dass mit abnehmender sozialer Schicht das Preisinteresse steigt (mit Ausnahme der untersten sozialen Schicht) (Simon, 1992, S. 594). Die Ergebnisse sind somit nicht ganz widerspruchsfrei, demonstrieren jedoch die grundsätzliche Relevanz des Preisinteresse-Konstruktes. Das Preisinteresse kann gleichfalls durch übergeordnete Werte in der Gesellschaft beeinflusst werden. Bis zu Beginn der 1980er-Jahre zeigten sich vor allem Personen der sozialen Mittelschicht als besonders preisinteressiert, was auf die stark ausgeprägte Leistungsmotivation dieser Schicht zurückgeführt wurde. In den 80er-Jahren wurde die Preisorientierung der Mittelschicht durch höhere Ansprüche an die Qualität und an den Erlebnis- und/oder Prestigecharakter von Geschäften und Marken vielfach überlagert. Aufgrund der veränderten Wirtschaftsdaten gewann die sorgfältige Begutachtung des Preis-Leistungs-Verhältnisses in den 1990er-Jahren wieder an Bedeutung, und man spricht heute von einer Renaissance der Mittelstandswerte. Die Intensität des Preisinteresses kann auch zur Kennzeichnung eines neuen Lebensstils herangezogen werden kann. Es gilt als besonders clever, zum einen Preise besonders treffend einschätzen zu können und zum anderen möglichst hochwertige Markenprodukte besonders preisgünstig einzukaufen (Smart Shopping, → Smart Buyer). Die sog. „Schnäppchenführer", die Adressen von Factory Outlets beinhalten, finden einen hohen Absatz und belegen diese These. Studien aus den 70er-Jahren haben ergeben, dass neben den käuferspezifischen Merkmalen die jeweilige Informationssituation auf einem Markt das Preisinteresse beeinflusst. Auf Märkten mit relativ hoher Preistransparenz sei das Preisinteresse höher als auf intransparenten Märkten. Wenn diese These auch noch heute gilt, wird das Preisinteresse in vielen Märkten generell steigen, trägt doch das via Internet verfügbare Informationsniveau erheblich zur Erhöhung der Preistransparenz bei. Neben dem Preisinteresse, das dazu führen kann, dass Konsumenten eine unterschiedlich hohe Zahl von Preisen am Point of Sale wahrnehmen, kann auch die Darstellung der Preise am Point of Sale dazu führen, dass Preisetikettierungen mehr oder weniger starke Aufmerksamkeit erzeugen. In diesem Zusammenhang wird von der sog. Preisoptik gesprochen. Ausgehend von der von dem Psychophysiker Helson 1964 entwickelten Adaptionsniveautheorie zeigt Diller drei Reizkategorien auf, die die Preiswahrnehmung beeinflussen können: (1) Stimuli, mit denen das Individuum zwecks Urteilsabgabe unmittelbar konfrontiert wird (sog. Fokalstimuli), (2) Stimuli, die den Reizhintergrund bilden, d.h. zusammen mit den Fokalstimuli wahrgenommen werden (sog. Kontextstimuli) und (3) sonstige Stimuli (sog. Residualstimuli), die ebenfalls als Urteilsanker dienen (intern gespeicherte Erfahrungen und Einstellungen). Zu den sog. Fokalstimuli zählen nicht nur die zu beurteilenden Angebotspreise an sich, sondern gleichfalls die Optik oder verbale Etikettierung dieser Preisangabe durch den Händler (Schriftgröße, Platzierung, Angebotsblitze, Kennzeichnung als „Sonderangebot", „Preisknüller" usw.). Fokalstimuli und Kontextstimuli können so gestaltet werden, dass sie eine hohe Aktivierungswirkung entfachen, daher in der Reizfülle am Point of Sale eine größere Wahrnehmungschance haben und auch das Preisverhalten der Konsumenten beeinflussen können.

III. Preisurteilsarten und Bildung von Preisimages: Die wissenschaftlichen Schriften zur Bedeutung des Preisimages von Handelsunternehmen gehen auf die Arbeiten des Skandinaviers Nystroem zurück. Danach kann das Preisimage eines Geschäftes als die käuferindividuelle Beurteilung des Preisniveaus eines Handelsbetriebes definiert werden, unabhängig davon, ob das Geschäft tatsächlich Produkte zu objektiv günstigen Preisen verkauft oder nicht. Preisimages haben einen längerfristigen, verfestigten, jedoch änderbaren Charakter und können wie generelle Images das Verhalten determinieren. Das Preisimage hat eine große strategische Bedeutung, da es die Einkaufsstättenwahl und die Absatzzahlen beeinflussen kann. Nach der Studie von Lenzen (1984) ist der Einfluss des Preisimages besonders hoch einzuschätzen, wenn die Konsumenten über geringe Preiskenntnisse verfügen. Die Preiskenntnis (als Ergebnis des Preisinteresses) kann – wie bereits angesprochen – aufgrund unterschiedlicher Motivlagen und differierender Informationsstände von Individuum zu Individuum, von Sortiment zu Sortiment variieren. Es ist anzunehmen, dass Konsumenten bei Gütern des täglichen Bedarfs (insbesondere bei Lebensmitteln) im Durchschnitt über höhere Preiskenntnisse bzw. über genauere Vorstellungen von „fairen" Produktpreisen verfügen als bei Non-Food-Artikeln des nicht-täglichen Bedarfs (Shopping Goods, Specialty Goods). Bei seltener gekauften Produkten existieren zwar auch Preisvorstellungen, diese werden i.d.R. aber nicht genau, d.h. auf einer metrischen Skala kodiert, sondern haben vielfach nur Ordinalskalen-Niveau (A ist teurer als B). Hinzu kommt, dass bei Gütern des nicht-täglichen Bedarfs das Preisimage des Geschäftes nicht nur ausgehend von der reinen Preisinformation gebildet wird, sondern Konsumenten gleichfalls Bewertungsanker in den übrigen Marketingmixinstrumenten am Point of Sale (Ladengestaltung und Warenpräsentation, Verkaufspersonal, usw.) suchen. Letzteres zeigt, dass Preisimages je nach Produktgruppe bzw. Kenntnisstand der Konsumenten auf Basis unterschiedlicher Informationen gebildet werden können. Eine Spezifikation des Begriffs Preisimage in Preisgünstigkeits- und Preiswürdigkeitsurteile ist daher empfehlenswert. Ein Preisgünstigkeitsurteil ist das aktuell vorhandene und bewertete Ergebnis des Preisvergleiches bzw. die von einem Verbraucher vorgenommene oder übernommene, aktuell vorhandene subjektive Beurteilung der Preise des für die Beurteilung relevanten Sortiments eines Geschäftes, d.h. die Beurteilung einzelner Preise und/oder des Preisniveaus von Artikelgesamtheiten. Beim Preisgünstigkeitsurteil wird also ein reiner Preisvergleich ohne Einbeziehung von Qualitätsurteilen vorgenommen (Produkt A ist preisgünstiger als Produkt B, bzw. Handelsmarke X ist günstiger als Herstellermarke Y). Davon zu unterscheiden sind Preiswürdigkeitsurteile. Preiswürdigkeitsurteile basieren auf Bewertungen eines Preises im Hinblick auf die gebotenen Leistungen und stellen somit Preis-Leistungs-Beurteilungen dar. Lenzen definiert die Preiswürdigkeit als die von einem Verbraucher vorgenommene oder übernommene, aktuell vorhandene subjektive Beurteilung der Preise des für die Beurteilung relevanten Sortiments eines Geschäftes in Verbindung mit relevant erscheinenden qualitativen Komponenten: Der Qualität der Artikel sowie aller Umstände des Einkaufs, die sich nicht auf den Preis beziehen. Die Preiswürdigkeit stellt eine gelernte, zeitpunktbezogene, jedoch im Zeitablauf veränderbare Größe dar, die wesentlichen Einfluss auf die Kaufentscheidung und insbesondere auf die Einkaufsstättenwahl eines Konsumenten ausübt. Zu den Umständen des Einkaufs können beispielsweise die Ausstattung der Verkaufsräume und des Schaufensters, die Beurteilung des Verkaufspersonals, der Standort der Einkaufsstätte, Anteil der Selbstbedienung oder die gebotene Auswahl zählen. Die Definitionen der Preiswürdigkeits- und Preisgünstigkeitsurteile beinhalten sowohl → kognitive als auch → emotionale Prozesse. Die kognitiven Aktivitäten beziehen sich auf die Beurteilungsprozesse, die bei Preiswürdigkeitsurteilen eine höhere Komplexität aufweisen als bei Preisgünstigkeitsurteilen. Die emotionalen Prozesse kommen vor allem in der Antriebskraft der Preisbeurteilungen zum Ausdruck, die die Einkaufsstättenwahl und/oder das Verhalten in Geschäften beeinflusst. Werden subjektive Preisurteile generalisiert, handelt es sich um Preisimages. Unter dem Oberbegriff Preisimage können zwei verschiedene Imagearten zusammengefasst werden: Ein Preiswürdigkeitsimage stellt eine längerfristig stabile Einstellung zu dem Preis-Leistungsverhältnis eines Handelsbetriebes dar, welches auf einzelnen Preiswürdigkeitsurteilen basiert. Ein Preisgünstigkeitsimage basiert auf der Generalisierung von Preisgünstigkeitsurteilen, d.h. vereinzelt durchgeführte Preisvergleiche (Stichproben) prägen die Einstellung zu dem Handelsbetrieb.

IV. Beeinflussung von Preisimages: In empirischen Studien konnte gezeigt werden, dass die Art der Preisdarstellung (Preisoptik) und die Gestaltung der Ladenatmosphäre die Wahrnehmung der Preisgünstigkeit und Preiswürdigkeit am → Point of Sale beeinflussen können. Wird beispielsweise ein positives Preiswürdigkeitsimage angestrebt, muss der Händler genau im Auge behalten, wann ein „Mehr" an Leistung auch höhere Preise rechtfertigt. Insbesondere Handelsunternehmen, die versuchen, eine Positionierung mit der Dimension Exklusivität durchzuführen und ein besonders luxuriös gestaltetes Ladenambiente anbieten, müssen mit der Gefahr eines Wucher-Images rechnen. Die empirischen Erkenntnisse von Gröppel (1996) zeigen, dass die am Point of Sale empfundene Dominanz eine wesentliche Bestimmungsgröße für die Preisbeurteilung der Konsumenten darstellt, d.h. je überlegener, sicherer und freier sich die Konsumenten am Point of Sale fühlen, desto positiver beurteilen sie das Preisniveau. Ein Wucher-Image ist dagegen wahrscheinlich, wenn sich die Konsumenten unterlegen und eingeschränkt fühlen. Die Ladenatmosphäre sollte daher der anvisierten Zielgruppe ein hohes Maß an Dominanz vermitteln. Ein positives Wahrnehmungsbild vom Point of Sale erzeugt darüber hinaus ein positives Gedächtnisbild, das für die Einkaufsstättenwahlentscheidung, die zu Hause gefällt wird, entscheidend ist.

Literatur: Diller, H. (2000): Preispolitik, 3. Aufl., Stuttgart; Germelmann, C.C. (2001): Der Einfluss von Einkaufsstättenschemata und inneren Bildern auf die Entstehung von Preisimages außerhalb des Point-of-Sale, Arbeitspapier Nr. 30 der Forschungsgruppe Konsum und Verhalten, Frankfurt/Oder; Gröppel, A. (1996): Preiswürdigkeitsimages und Differenzierungsstrategien, in: Trommsdorff, V. (Hrsg.): Handelsforschung 1996/97, Wiesbaden, S. 297-315; Gröppel-Klein, A. (1998): Wettbewerbsstrategien im Einzelhandel. Chancen und Risiken von Preisführerschaft und Differenzierung, Wiesbaden; Helson, H. (1964): Adaptation Level Theory, New York; Lenzen, W. (1984): Die Verarbeitung von Preisen durch die Konsumenten, Frankfurt/Main; Müller-Hagedorn, L. (1983): Wahrnehmung und Verarbeitung von Preisen durch Verbraucher. Ein theoretischer Rahmen, in: Zeitschrift für betriebswirtschaftliche Forschung, 35. Jg., Nr. 11/12, S. 939-951; Simon, H. (1992): Preismanagement, 2. Aufl., Wiesbaden; Wimmer, F. (1982): Mangelnde Effizienz im Einkaufsverhalten sozial schwacher, älterer Konsumenten? Eine inhaltliche Spezifizierung und theoretisch-empirische Untersuchung zur These „die Armen zahlen mehr", Habilitationsschrift, Nürnberg.

Andrea Gröppel-Klein

Preisnachfragefunktion, spezielle Form der → Nachfragefunktion. Bei der P. besteht lediglich ein funktionaler Zusammenhang zwischen der nachgefragten Menge x eines Gutes und dem jeweiligen Preis p dieses Gutes. Andere Einflussgrößen auf die nachgefragte Menge x (wie etwa Einkommen, Preise anderer Güter, Präferenzen der Wirtschaftssubjekte usw.) werden als konstant unterstellt. Im „Normalfall" besteht ein negativer Zusammenhang, d.h. mit sinkendem Preis steigt die nachgefragte Menge, und umgekehrt. Ausnahmen hiervon stellen der sog. → Giffen-Effekt, der → Snob-Effekt und der → Veblen-Effekt dar.

Preisnachlass, → Preisabschläge.

Preisnehmer, Verhaltensweise eines Polypolisten in der Marktform der vollständigen Konkurrenz. Da ein einzelner Polypolist aufgrund seiner geringen Angebotsmenge den Marktpreis nicht beeinflussen kann, muss er ihn als gegebene Größe hinnehmen. Die individuelle → Preis-Absatz-Funktion eines Anbieters weist somit eine unendliche → Preiselastizität auf, wobei der Preis dem Grenzerlös entspricht. Die Preis-Absatz-

Funktion verläuft somit parallel zur Mengenachse. Ein Gewinn maximierender P. passt seine Produktionsmenge derart an, dass der Preis seinen Grenzkosten gleicht.

Preisniveau, gesamtwirtschaftliche Betrachtung des → Preises zu dem ein Gut oder ein Güterbündel im Durchschnitt auf einem Markt angeboten wird. Einzelwirtschaftlich interpretiert beschreibt das P. den durchschnittlichen Preis mit dem Unternehmen ihre Güter am Markt anbieten. Das P. wird oft in Relation zur Konkurrenz bestimmt. Erfasst werden Informationen über das P. z.B. in → Preisspiegeln oder von → Preisagenturen. Die Preisunterschiede haben Auswirkungen auf die Wettbewerbsintensität am Markt und die Wahrnehmung der Preise durch die Nachfrager (→ Ankerpreis).

Preisobergrenze, bezeichnet im Rahmen der verhaltensorientierten Modelle den Preis für ein Produkt oder eine Dienstleistung, den ein Konsument höchstens bereit ist zu bezahlen (→ Preisbereitschaft). Aus Sicht eines Kunden entspricht die P. einer absoluten → Preisschwelle, die nicht überschritten werden darf. Aus Sicht einer Unternehmung ist somit die Preisobergrenze ein auf dem Markt maximal erzielbarer Preis für ein zu verkaufendes Gut oder eine abzusetzende Dienstleistung. Bei Beschaffungsvorgängen für den Fremdbezug eines Gutes oder einer Dienstleistung handelt es sich bei der P. um einen gerade noch akzeptierbaren Preis. Diese Preisobergrenze im Einkauf wird mit Hilfe der → Preiskalkulation ermittelt.

Preisoptik, mit Hilfe einer günstigen P. versucht der Anbieter, die von ihm geforderten Preise im Rahmen der Preiswerbung und bei Preisverhandlungen relativ günstiger aussehen zu lassen. Im Handel geschieht dies vor allem durch die schriftliche → Preisauszeichnung mittels auffälliger bildlicher bzw. plakativer und/oder semantischer Etikettierung (wie z.B. „Supersonderangebot", „Dauerniedrigpreis"), plakativer Aufmachung sowie Gegenüberstellungen mit höheren Vergleichspreisen und besonderer Platzierung (Präsentationsinsel). Die Art der Preisangabe kann den subjektiven Preiseindruck insbesondere beim → Impulskauf stark beeinflussen und stellt deshalb vor allem im Einzelhandel ein wichtiges Element der Preiswerbung und Imagegestaltung dar.

Preispolitik, dynamische, Gegenstand der dynamischen Preispolitik ist die Einbeziehung der periodenübergreifenden Wirkungen der Preissetzung in der Preisentscheidung. Zu den bekanntesten qualitativen Faustregeln zur Einbeziehung dynamischer Zusammenhänge zählen das → Skimming Pricing und das → Penetration Pricing (→ Preistheorie, V. Dynamische Betrachtung). Die Entscheidung für eine dieser Strategieoptionen hängt von einer Reihe von Einflussfaktoren ab (→ Preiselastizität, → Carryover, Kostensituation, Risikoaspekte) und kann aufgrund des qualitativen Charakters nur Hinweise auf die Tendenz der Preisvariation im Zeitablauf geben, jedoch nicht hinsichtlich des quantitativen Ausmaßes.

Preispolitik, Teil des → Marketingmix einer Unternehmung.

I. Gegenstand der Preispolitik: Die P. umfasst alle absatzpolitischen Maßnahmen der Gestaltung des → Preises bzw. des → Preis-Leistungs-Verhältnisses. Der Preis ist das Entgelt für eine angebotene Leistung. Die P. kann somit nicht unabhängig von der Qualitätspolitik einer Unternehmung gesehen werden. In der Praxis werden die Listenpreise häufig durch Zu- und Abschläge verändert. Zum Teil dienen diese Zu- und Abschläge zur besseren Durchsetzung der geforderten Preise und zur besseren Anpassung an spezifische Markt- und Produktionsverhältnisse (z.B. Mindermengenzuschläge, Legierungszuschläge). → Rabatte, Boni (→ Bonus) und Skonti (→ Skonto) sind ebenfalls Preisbestandteile, da sie das Entgelt für eine Leistung in der Summe mitbestimmen. Sie sollen die Preisgünstigkeit (→ Preisgünstigkeitsurteil) des Anbieters unterstreichen. Darüber hinaus gehören alle → Lieferungs- und Zahlungsbedingungen zum Gegenstand der P. Neben diesen operativen Entscheidungen zählen auch die grundlegenden, strategischen Preisentscheidungen zur P. (→ Preisstrategie). Daher ist im Rahmen der P. auch über die zeitliche Abfolge der → Preislagen im Produktlebenszyklus zu entscheiden. Die Bestimmung der Preislage hängt zu jedem Zeitpunkt von den Präferenzen der Zielgruppen und der Konkurrenzsituation ab (→ Preispositionierung). Da die Unternehmen i.d.R. mehrere Produkte anbieten, müssen die Verbundeffekte bei der Preisstellung berücksichtigt werden

(→ Preislinienpolitik). Innerhalb einer Preislage können zeitliche Preisanpassungen (tageszeitabhängige, kalenderzeitabhängige und saisonale Preise und Sonderangebotsaktionen) vorgenommen werden, um den Unternehmenszielen besser zu entsprechen. Ein zentrales Problem der P. ist die Durchsetzung der geplanten Preise auf dem Markt. Im Falle von Preisverhandlungen können Preisgleitklauseln im Vertrag die Risiken des Anbieters reduzieren. Nicht in jedem Fall können Preisverhandlungen mit dem Abnehmer geführt werden. Die Preisdurchsetzung wird daher durch unverbindliche Preisempfehlungen (→ Preisempfehlung, unverbindliche), Preisbindungen (→ Preisbindung, vertikale) sowie durch weitere Maßnahmen der → Preisoptik und → Preisauszeichnung unterstützt.

II. Ziele der Preispolitik: Bei Unterstellung der Gewinnmaximierung wird ein anderer Preis zu fordern sein, als wenn die Erlöse bzw. Umsätze oder die Marktanteile maximiert werden sollen. In der → Preistheorie wird meistens die Gewinnmaximierung unterstellt, ohne näher auf die exakte Gewinndefinition einzugehen. Formal erhält man den gewinnmaximalen Preis durch die Ableitungen der Gewinnfunktion. Die Gewinnfunktion setzt sich aus der Erlös- und der Kostenfunktion zusammen. Für den gewinnmaximalen Preis gilt allgemein, dass die Grenzerlöse gleich den Grenzkosten sind. Hieraus ist leicht zu ersehen, dass die Erlösmaximierung bei positiven Grenzkosten zu anderen Preisen führen muss als die Gewinnmaximierung. Nur wenn die Grenzkosten gleich Null sind, führen beide Zielsetzungen zur gleichen Preisforderung. Marktanteilsziele sind i.d.R. mit noch niedrigeren Preisforderungen verbunden. In der Praxis beeinflussen häufig auch produktionswirtschaftliche Ziele die P., wie z.B. die Erreichung einer besseren Auslastung der Produktion. Die Verfolgung von Gewinnzielen hängt zudem von den unterschiedlichen Definitionen des Gewinnes ab (z.B. kalkulatorischer oder pagatorischer Gewinn). Im angelsächsischen Sprachraum dominiert im Gegensatz zum deutschen Sprachraum die Zielsetzung von relativen Gewinnen (z.B. Return on Investment, Kapitalrentabilität).

III. Stellung im Marketingmix: Die P. sollte niemals isoliert betrachtet werden. Rückläufigen Kundenzahlen wird häufig durch Preisreduktionen begegnet, da die Preise als zu hoch angesehen werden. In vielen Fällen liegt jedoch die Schwachstelle nicht in den Preisen, sondern in den anderen → Marketingmix-Instrumenten. Häufig führen Qualitätsprobleme oder Mängel in der Distribution zu einer fehlenden Akzeptanz des Preises einer bestimmten Leistung. Insbesondere bei Dienstleistungen sind die Kunden i.d.R. bereit, für eine höhere Qualität einen höheren Preis zu akzeptieren. Zu beachten ist, dass bei Absatzleistungen (Güter oder Dienstleistungen) der Preis ein → Qualitätsindikator sein kann. Da die Kunden das Preis-Leistungs-Verhältnis auf der Basis ihrer subjektiven Wahrnehmungen beurteilen, kann auch eine mangelnde Kommunikationspolitik für die fehlende Preisakzeptanz verantwortlich sein. Die Kunden wägen stets den Nutzen und den Preis einer Leistung ab, so dass letztendlich der Nutzen aus einer Leistung die Preisakzeptanz bzw. die → Preisbereitschaft des Kunden bestimmt. Die P. zeichnet sich durch eine schnelle Wirkung aus, da Preise auch kurzfristig und ohne große Aufwendungen geändert werden können. Im Gegensatz zu Änderungen in der Produkt-, Kommunikations- und Distributionspolitik sind keine langen Vorlaufzeiten erforderlich. Allerdings beinhalten kurzfristige Preisänderungen eine Reihe von Gefahren, da die P. auch immer dynamische Wirkungen aufweist (→ Preispolitik, dynamische, → Obsoleszenz, → Carryover, → Ankerpreis-Wettbewerbsfunktion, → Preistheorie, V. Dynamische Betrachtung). Zudem reagieren die Konkurrenten auf durch die P. bedingte Absatzverschiebungen schneller und stärker, da sie sich durch eine aggressive P. i.Allg. stärker bedroht fühlen als durch nichtpreisliche Aktionen.

IV. Preisbildung: Die traditionelle → Preiskalkulation geht auf Zeiten zurück, in denen die Vermarktung der Produkte nicht das Hauptproblem der Unternehmen war. Produktionsseitig erfordert eine höhere Qualität der Absatzleistung zumeist den Einsatz hochwertigerer Produktionsfaktoren. Die Produktionsfaktoren determinieren die Kostenstruktur, welche wiederum die → Preiskalkulation beeinflusst. In Abhängigkeit der gewählten Unternehmensziele und der Kostenstruktur wird die zu fordernde → Preisuntergrenze festgelegt. Andererseits führt eine höhere Qualität i.d.R. zu einem höheren subjektiv wahrgenommenen → Preis-Leistungs-

Verhältnis. Der Konsument wägt die Preis-Leistungs-Verhältnisse der konkurrierenden Angebote auf einem Markt ab. Die auf einem Markt durchsetzbare → Preisobergrenze ist somit durch das Preis-Leistungs-Verhältnis des betrachteten Anbieters und der Preis-Leistungs-Verhältnisse der Konkurrenten auf einem Markt und damit letztendlich durch die → Preisbereitschaft der Nachfrager bestimmt. Die Preisbildung auf einem Markt liegt zwischen der durch die Unternehmensziele sowie die Kostenstruktur bestimmten Preisuntergrenze und der durch die Preisbereitschaften bestimmten Preisobergrenze. Dabei wird den Konsumenten manchmal der Preisvergleich durch komplizierte Tarife (→ Preistarif, → Preisbündelung und nichtlineare Preise, → Preisbildung, nichtlineare, → Preistheorie, nichtlineare) erschwert.

V. Komplexität der Preisentscheidung: In der → Preistheorie kommt der nachfrageseitige Einfluss auf die Preisbildung in der → Preis-Absatz-Funktion und in der → Preiselastizität zum Ausdruck. Der produktionsseitige Einfluss schlägt sich in der Kostenfunktion nieder. Da die Kostenfunktion in Abhängigkeit der Produktionsmenge formuliert wird, die Produktionsmenge von der erwarteten Absatzmenge abhängt und die Absatzmenge letztendlich von der Preisforderung der Unternehmung bestimmt wird, lässt sich die Kostenfunktion auch in Abhängigkeit der Preisforderung formulieren. Dadurch ist die Darstellung der Gewinnfunktion in Abhängigkeit des Preises und somit eine einfache analytische Ableitung des gewinnoptimalen Preises möglich. Unbeachtet bleiben dabei jedoch die psychologischen Aspekte, die u.a. das Preisurteil der Kunden und letztlich die Preis-Absatz-Funktion beeinflussen. Es ist somit für eine gewinnoptimale P. der Einsatz unterschiedlicher Ansätze notwendig, d.h. analytische Modelle müssen um Aspekte der psychologischen und verhaltenswissenschaftlichen Forschung ergänzt werden. Neben dem Listenpreis bzw. dem Grundpreis muss über Rabatte, Boni, Skonti sowie über die Lieferungs- und Zahlungsbedingungen entschieden werden. Nachfrageseitige Verbundeffekte bewirken, dass die Preisentscheidung bei einem Produkt Kaufentscheidungen anderer Produkte nach sich zieht (z.B. Kauf von Ersatzteilen bei Investitionsgütern, Kauf von Sonderausstattungen eines Autos). Es muss festgelegt werden, ob Einzelpreise oder Bündelpreise gestellt werden. (z.B. Flugreisen, → Preisbündelung). Die Möglichkeit einer sachlichen, persönlichen, räumlichen und zeitlichen → Preisdifferenzierung erhöht den Komplexitätsgrad der Preisentscheidung. Erschwert wird das → Preismanagement durch die Tatsache, dass in den Unternehmen zumeist unterschiedliche Personen an der Preisentscheidung beteiligt sind (z.B. Kostenrechnung vs. Vertrieb). Das Management muss die → Preispositionierung im Auge behalten. In diesem Fall ist die P. ein strategisches Instrument, das konsequent beibehalten werden muss.

VI. Rechtliche Restriktionen: Bei der Preisbildung existieren rechtliche Restriktionen, wenn die Interessen der Allgemeinheit oder Rechte anderer Marktteilnehmer berührt werden. Staatliche Eingriffe in die Preisautonomie der Unternehmen werden vorgenommen, wenn es für eine Leistung keinen Wettbewerb (z.B. Verrechnungspreise der Telekom für kommerzielle Nutzer des Netzes) gibt oder wenn soziale Schäden verhindert werden sollen (z.B. Preiserhöhungsbegrenzungen bei Wohnungsmieten). Man unterscheidet zwischen Interventions- und Richtpreisen. Der Interventionspreis wird nicht unterschritten. Staatliche Stellen sind verpflichtet, zu diesem Preis jede Angebotsmenge aus der inländischen Produktion aufzukaufen. Richtpreise sind die Basis für Zölle, mit denen die an und für sich niedrigeren Importpreise von ausländischen Agrarprodukten auf „EG-Niveau" angehoben werden. In anderen Branchen erfolgt seitens des Staates auch eine direkte Preisfestsetzung, wenn Monopole den Wettbewerb von vorneherein ausschließen. Der gesundheitsökonomische Markt unterliegt starken preispolitischen Restriktionen. Für die Preise von Arzneimitteln gibt es eine Arzneimittelpreisverordnung, die maximale Großhandelszuschläge und genau einzuhaltende Apothekenzuschläge vorsieht. So beruhen z.B. auch die Arzthonorare auf amtlichen Gebührenordnungen. Amtliche Gebührenordnungen existieren nicht nur für Ärzte, sondern auch für Rechtsanwälte, Notare, Architekten und sogar für Schornsteinfeger. Es gibt verbindliche Regelungen über die Mietpreisgestaltung von öffentlich geförderten Wohnungen und für die Preisbildung bei öffentlichen Aufträgen (VOL: Verdingungsordnung für Leistungen – ausgenommen Bauleistungen, VOB: Verdingungsordnung für Bauleistungen).

Beim staatlich verfügten Preisstopp werden beispielsweise zu einem bestimmten Stichtag die Preise eingefroren, um hohe Inflationsraten zu bekämpfen. Diese Maßnahmen sind jedoch umstritten, weil sich bereits nach kurzer Zeit „Schwarzmärkte" herausbilden, die versuchen die staatlich auferlegten, preispolitischen Restriktionen zu umgehen. In Deutschland wird der Spielraum der Preisfestlegung durch § 138 Abs. 2 BGB (Wucherparagraph), den § 302e StGB (Individualwucher) und den § 4 WiStG (Sozialwucher) begrenzt. Verfügt ein Unternehmen über eine marktbeherrschende Stellung, die es missbräuchlich durch überhöhte Preise ausnutzt, kann das Bundeskartellamt auf Basis des GWB eingreifen. Ebenso darf ein Unternehmen seine Marktmacht nicht durch Verkäufe unter den Einstandspreisen mit dem Ziel der Ausschaltung des Wettbewerbs ausnutzen. Es existiert auch ein Rabattgesetz, das Preisnachlässe nach Art und Umfang beschränkt. Um jedoch zu verhindern, dass aus dem Wettbewerb ausscheidende Anbieter den verbleibenden Wettwerbern durch überhöhte Preisnachlässe ökonomischen Schaden zufügen, enthält das UWG Bestimmungen über die Ausverkäufe im Einzelhandel. Preisabsprachen im Rahmen von Preiskartellen sind grundsätzlich nicht erlaubt (§ 1 GWB), sofern sie auf die Verhinderung des Wettbewerbs abzielen. Die Preisangabenverordnung soll → Preistransparenz erzeugen. Sie begründet eine Auszeichnungspflicht im Einzelhandel. Es existieren eine Reihe weiterer Spezialbestimmungen, die Preistransparenz erzeugen sollen, z.B. amtliche Preisnotierungen, Gesetz über Preisstatistik. Die unverbindlichen Preisempfehlungen (→ Preisempfehlung, unverbindliche) hängen mit der weit gehenden Abschaffung vertikaler Preisbindungen (→ Preisbindung, vertikale) zusammen.

Literatur: Simon, H. (1992): Preismanagement, 2. Aufl., Wiesbaden; Woratschek, H. (1998): Preisbestimmung von Dienstleistungen, Markt- und nutzenorientierte Ansätze im Vergleich, Frankfurt; Diller, H. (2000): Preispolitik, 3. Aufl., Stuttgart u.a.

Herbert Woratschek

Preispolitik, rechtliche Aspekte. I. Gegenstand: Bei der P. sind vor allem Entscheidungen über die Preishöhe, die Preisstruktur (→ Preisdifferenzierung, diskriminierende, Preisstaffelung, Multi-Unit-Pricing), die Art der Preisvereinbarung (individuell, gestaffelt, einheitlich), die Preisfreiheit des Kunden (ungebundene, gebundene oder empfohlene Preise für nachfolgende Abnehmerstufen), den Zeitbezug der Preisforderung (Sonderangebote, → Sonderveranstaltungen usw.) sowie auch der → Preisoptik (→ Preisauszeichnung, rechtliche Aspekte) zu treffen. Preispolitische Entscheidungen genießen grundsätzlich die Freiheit der Privatautonomie, d.h. Preise zwischen Marktteilnehmern können frei ausgehandelt werden. Grenzen findet dieses Prinzip dann, wenn schutzwürdige Interessen Einzelner oder der Allgemeinheit gefährdet werden. Zu diesen Interessen zählen vor allem der Schutz des Wettbewerbs (Funktionsfähigkeit des → Preismechanismus zur Regulierung von Überangeboten und Übernachfragen), Verhinderung unlauterer Verhaltensweisen sowie Schutz von Verbrauchern vor Nachteilen sittenwidriger Verhaltensweisen.

II. Rechtsgrundlagen: Relevant für preispolitische Entscheidungen sind vor allem das BGB (z.B. → Preisfestsetzung, wucherische), das GWB (z.B. → Preisdifferenzierung, diskriminierende, → Preisfestsetzung, missbräuchliche, marktbeherrschender Unternehmen, → Untereinstandspreis), das UWG (→ Preisfestsetzung, unlautere, → Sonderangebote, → Sonderveranstaltungen), die Preisangabenverordnung, das Gesetz über → Allgemeine Geschäftsbedingungen (AGB) sowie Preisberechnungsvorschriften bei öffentlichen Aufträgen (z.B. Verordnung über die Preise bei öffentlichen Aufträgen, Leitsätze für die Preisermittlung aufgrund von → Selbstkosten).

Preispolitischer Ausgleich, → Mischkalkulation.

Preispositionierung, Teil der → Preisstrategie. P. bedeutet, einen "Platz" in der Wahrnehmung der Kunden bzgl. des Preises einzunehmen (→ Preiswahrnehmung). Um dies zu bewerkstelligen ist im Rahmen der Positionierungsentscheidung grundsätzlich festzulegen, ob eine aktive (→ Preisführer) oder passive Preispolitik (→ Preisfolger) verfolgt wird. Darüber hinaus ist festzulegen in welchen Marktsegmenten eine Qualitäts- (→ Hochpreispolitik) oder Kostenführerschaft (→ Niedrigpreispolitik) angestrebt wird. Die P. beinhaltet auch, dass die → Preislagen für die einzelnen Güter und Dienstleistungen sowie die Arten der → Preisdifferenzierung festgelegt werden.

Preispräferenz, Einschätzung bzw. Akzeptanz eines Preises (→ Preisbeurteilung, → Preisempfinden, → Preisbereitschaft).

Preispunkte, → Spezialfall eines nichtlinearen Preistarifs (→ nichtlineare Preisbildung). Bei dieser Art der Preisstellung sind einzelnen Mengenausprägungen Preise zugeordnet, wie z.B. 1 Stück kostet 10 EUR und 3 Stück 25 EUR.

Preisreagibilität, Reaktionen der Konsumenten auf die → Preispolitik einer Unternehmung im Zeitablauf. Die P. wird von der Abhängigkeit der → Preiselastizität der Nachfrage von der jeweiligen Lebenszyklusphase eines Produktes sowie der → Preisänderungsresponse bestimmt.

Preisreaktionsfunktion, → Preis-Absatz-Funktion.

Preisreaktionskoeffizient, dieser Koeffizient gibt an, wie stark ein Anbieter A auf die Preisänderung eines anderen Anbieters B reagiert. Verhalten sich alle beteiligten Wettbewerber polypolistisch, so beträgt der P. Null. Kann die Reaktion der Konkurrenten mit Sicherheit bestimmt werden, so handelt es sich um oligopolistisches Verhalten. Der Koeffizient ist in diesem Fall eine deterministische Größe, die es dem Anbieter B erlaubt, die Reaktion des Anbieters A mit Sicherheit zu antizipieren. Ist dies nicht der Fall, kann der Preisreaktionskoeffizient eine Erwartung ausdrücken (→ Preisreaktionskoeffizienten, konjekturale).

Preisreaktionskoeffizienten, konjekturale, erwartete Konkurrenzreaktionen auf Preisänderungen werden mit Hilfe konjekturaler Elastizitäten (→ Preiselastizitäten) gemessen. Bei der empirischen Schätzung von statischen → Preis-Absatz-Funktionen wird die Konstanz der Konkurrenzpreise und damit keine Konkurrenzreaktion unterstellt, d.h. es gilt:

$$Erw\left(\frac{\partial p_i}{\partial p_j}\right)\cdot\frac{p_j}{p_i}=0$$

Die gewinnoptimale → Preisbestimmung unter Einbezug von Konkurrenzreaktionen auf Preisveränderungen eines Anbieters erfordert die Abschätzung der konjekturalen Preisreaktionskoeffizienten.

Preisregression, statistisch-ökonometrisches Auswertungsverfahren zur → Preiswirkungsmessung.

Preisregulierung, Element der Marktregulation, die i.d.R. von staatlicher Seite vorgenommen wird (→ Preispolitik). Das Ziel besteht in der Stabilisierung der Einkommenslage von Branchen, deren Existenz politisch gewünscht, unter Wettbewerbsbedingungen aber gefährdet ist und durch die Garantie von Fest- oder Mindestpreisen gesichert werden kann (z.B. Landwirtschaft).

Preisreihen, → Preisstaffeln.

Preisresponse, Einfluss der Preishöhe auf den Absatz. Der P. wird quantitativ in der → Preis-Absatz-Funktion dargestellt.

Preisresponsefunktion, → Preis-Absatz-Funktion.

Preisresponsemessung, → Preiswirkungsmessung.

Preisschere, Ausdruck für unterschiedliche → Preisentwicklungen. Wenn z.B. die Preise in der Industrie stärker ansteigen als in der Landwirtschaft, spricht man von einer sich öffnenden P. Die Preisentwicklung wird dabei über den jeweiligen → Preisindex gemessen.

Preisschirm, eine von zwei möglichen Preisstrategien im mittleren Produktlebenszyklusabschnitt. Anstatt einer permanenten Senkung des Preises entlang der Erfahrungskurve wird ein, gemessen an den Kosten, hohes Preisniveau gehalten. Unter diesem „Preisschirm" können auch Konkurrenten mit höheren Kosten überleben. Der Vorteil für den Kostenführer liegt in den hohen Stückdeckungsbeiträgen, die für die Entwicklung neuer Produkte verwendet werden können.

Preisschleuderei, Begriff im Wettbewerbsrecht für Preisangebote, die auf Einstands- oder Herstellungskosten oder andere kaufmännische Grundsätze keine Rücksicht nehmen. Preisschleuderei ist ein Tatbestand des unlauteren Wettbewerbs und kann Unterlassungs- und Schadensersatzklagen nach sich ziehen (§ 1 UWG).

Preisschwelle, Diskontinuität in der → Preisbewertungsfunktion. Der kontinuierliche Verlauf von Preisbewertungsfunktionen unterstellt, dass auch sehr kleine Preisunterschiede im → Preisgünstigkeitsurteil eine Rolle spielen. Diskontinuierliche Bewertungsfunktionen werden der Realität insofern besser gerecht, als dass erst eine gewisse Reizschwelle überschritten werden muss, bevor sie von einem Individuum wahrgenommen wird (Weber-Fechnersches Gesetz → Preisgünstigkeitsurteil). Man unterscheidet absolute und relative Preisschwellen. Absolute P. entsprechen der Ober- und Untergrenze des Funktionsbereichs. Relative P. stellen eine sprunghafte Veränderung des Preisgünstigkeitsurteils in Abhängigkeit des Preises dar. In der Abb. „Relative Preisschwellen“ wird dies grafisch veranschau-

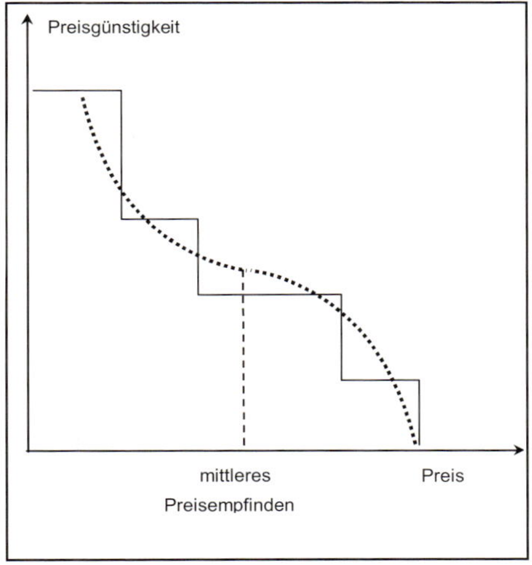

Relative Preisschwellen

licht. Die Anzahl der relativen P. hängt u.a. vom → Preisinteresse ab. Bei hohem Preisinteresse steigt die Diskriminationsbereitschaft (→ Preisdiskriminierung) der Konsumenten und die Anzahl der Preisschwellen nimmt zu. Umstritten ist, ob → Odd Pricing zu relativen Preisschwellen führt. P.-Effekte zeigen sich auch bei den gebrochenen Preisen. So wird eine Preiserhöhung um drei Cent eher wahrgenommen, wenn dadurch eine neue Dezimalstelle erreicht wird (z.B.: Eine Erhöhung von 0,95 EUR auf 0,98 EUR wird nicht registriert, dagegen aber eine von 0,98 EUR auf 1,01 EUR).

Preissegment, Klassifikation von Kunden nach unterschiedlichen → Preisbereitschaften. Generell können Hochpreis- und Niedrigpreissegmente unterschieden werden, wobei Unternehmen diese mit unterschiedlichen → Preisstrategien entsprechend ihrer → Preispositionierung bearbeiten können.

Preissensibilität, beschreibt die Bedeutung des Preises für einen Nachfrager oder eine Gruppe von Kunden (auch Preisempfindlichkeit). Je höher die P., desto wichtiger ist der Preis für eine Kaufentscheidung im Vergleich zu anderen Kriterien wie z.B. der Qualität. Beeinflusst wird die P. sowohl durch psychologische als auch wirtschaftliche Faktoren, wie z.B. die Kenntnis von Substitutionsgütern, die Einfachheit des Qualitätsvergleichs und die Bedeutung der finanziellen Ausgabe im Vergleich zum Einkommen.

Preisspanne, Bandbreite des Preises in einer Produktlinie. Die P. dient der Bestimmung der Endpreise einer Produktlinie. Während die obere Preisgrenze der Produktlinie insbesondere durch die Kaufkraft und die Nachfragestruktur determiniert ist, hängt die untere Preisgrenze weitgehend von der → Preispositionierung des Sortiments und der Kostenstruktur ab. Variationen der Preisspanne im Zeitablauf können sich aus der Aufnahme von Niedrigpreis- oder Premium-Produkten ergeben, um strategische Repositionierungen vorzunehmen oder veränderten Nachfragebedingungen gerecht zu werden.

Preisspiegel, vergleichende Zusammenstellungen von Marktpreisen, die verschiedene Anbieter für homogene Güter oder Dienstleistungen verlangen. Während → Preisvergleiche ausschließlich der Verbraucherinformation (→ Preisaufklärung) dienen, werden P. auch unternehmensintern für die Unterstützung von Marketingmaßnahmen (→ Preis-Audit) erstellt. P. werden häufig von staatlichen Stellen oder von Fachzeitschriften veröffentlicht, um → Preistransparenz herzustellen.

Preisstabilität, stabile → Preisentwicklung, d.h. die Abwesenheit von Inflation.

Preisstaffeln, gestufte Preisliste für Waren, die für einen gleichen Zweck bestimmt sind, sich jedoch hinsichtlich Qualität, Größe, Ausstattung usw. unterscheiden. Die Abstände zwischen den Preisen werden als Staffelmargen bezeichnet. Die einzelnen Preisstufen sind auf die Staffelung der → Handelsspannen oder auf Maßnahmen der → Preisdifferenzierung zurückzuführen.

Preisstatistik, Teilgebiet der Wirtschaftsstatistik mit der Aufgabe, die Entwicklung des Preisniveaus in bestimmten Branchen und/oder Regionen für bestimmte Güter oder Warenkörbe zu erheben. Besondere Bedeutung kommt denjenigen Preisen zu, die einen starken Einfluss auf die Lebenshaltungskosten von Personen oder Haushalten haben (z.B. Energiepreise, Mietpreise oder Immobilienpreise). Preisstatistiken werden z.B. vom Statistischen Bundesamt geführt. Die Erfassung der Preise von Produkten, Dienstleistungen oder Rechten zielt auf die Ermittlung von Indizes (→ Preisindex) ab, die die → Preisentwicklung widerspiegelt.

Preisstrategie, Grundsatzentscheidungen in der → Preispolitik zur Verfolgung langfristiger Gewinnziele. Die Grundsatzentscheidungen beziehen sich auf den Stellenwert der Preispolitik im Marketingmix, die Festlegung der → Preislagen für die einzelnen Produkte und Dienstleistungen und die Abfolge von Preisen im Zeitablauf. Die Festlegung der → Preislagen für die einzelnen Produkte und Dienstleistungen erfolgt im Rahmen der → Preispositionierung. Für die Abfolge von Preisen im Zeitablauf gibt es verschiedene Strategien, die auf den kombinativen Einsatz des → Skimming Pricing und des → Penetration Pricing zurückgehen. Die Festlegung der Preisstrategie ist eine äußerst komplexe Aufgabe da → Carryover und → Obsoleszenz die Optimierung langfristiger Gewinne erschweren (→ Preispolitik, → Preistheorie, V. Dynamische Betrachtung). Darüber hinaus sind die Kostensituation innerhalb der Unternehmung sowie die möglichen Reaktionen der Konkurrenz auf die Preispolitik in die Analyse einzubeziehen. Die Kostensituation ist dabei ebenfalls nicht statisch, da Effekte von → Erfahrungskurven einkalkuliert werden müssen. Ebenso ist für die Durchsetzung der P. die Wettbewerbsdynamik entscheidend, d.h. inwieweit es gelingt, Marktbarrieren der Konkurrenz abzubauen und Marktbarrieren für die Konkurrenz zu errichten (→ Markteintrittsbarrieren). Mögliche → Preisschwellen und die verzerrte → Preiswahrnehmung der Konsumenten erschweren das Kalkül. Trotz aller Schwierigkeiten lassen sich für den erfolgreichen Einsatz bestimmter P. grobe Empfehlungen unter bestimmten Rahmenbedingungen ableiten. Innovative Produkte verfügen bei Ihrer Markteinführung über eine Quasi-Monopolstellung. Darüber hinaus haben Erstnachfrager i.d.R. eine höhere → Preisbereitschaft. Damit liegt zu Beginn eine niedrige → Preiselastizität der Nachfrage auf dem Markt vor. Wenn zu einem späteren Zeitpunkt neue Konkurrenten den Markt betreten, so ändert sich die Situation, da nun die Konsumenten zwischen alternativen Angeboten wählen können. Damit wird die → Preiselastizität der Nachfrage größer. Folgt man diesen Überlegungen, ergibt sich daraus, dass in der Monopolphase zu Beginn höhere Preise gefordert werden sollten und mit steigender Preiselastizität der Nachfrage die Preise fallen müssen, um Kundenabwanderungen zu verhindern. Dies entspricht dem → Skimming-Pricing. Völlig anders verhält es sich mit der Dynamik der Preiselastizität bei Me-too-Produkten („Nachahmer Produkte"). Hier sind bei Markteintritt des entsprechenden Unternehmens von Anfang an Konkurrenten vorhanden, ohne dass der Neuanbieter über besondere Vorteile verfügt (Unique Selling Proposition). Das neu eingeführte Me-too-Produkt muss häufig mit niedrigen Einführungspreisen und hohem Einsatz von Werbung unterstützt werden. Nach einiger Zeit erwirbt das Produkt Bekanntheit und Vertrauen, so dass die → Preissensitivität und damit die → Preiselastizität zurückgeht. Dies spricht für das → Penetration Pricing. Für Skimming-Pricing spricht z.B. eine schnelle Amortisation des Forschungs- und Entwicklungsaufwandes bei Innovationen, eine geringe Preiselastizität in der Einführungsphase, ein später Konkurrenzeintritt, eine hohe Preisänderungswirkung bei Konsumenten und die Vermeidung der Notwendigkeit von späteren Preiserhöhungen, die Unterstützung einer Qualitätsstrategie (→ Qualitätsindikator, Preis als), das graduelle Abschöpfen der → Konsumentenrente durch → Preisdifferenzierung, eine schnelle Gewinnrealisation in frühen Lebenszyklusphasen, eine Reduktion des Marktrisikos durch Vermeidung hoher Kapazität in der Anfangsphase sowie eine starke Konzentration bei Absatzmittlern. Für das Penetration-Pricing spricht eine geringe Produktüberlegenheit, das schnelle Absatzwachstum und die Ausnutzung von Economies of Scale bzw. eine kurzfristige Kostensenkung, ein hoher → Carryover mit höheren Preisen und Absatzmengen in der Zukunft, die Reduzierung des Markteintrittsrisikos, hohe Liquiditätsreserven und die Abschreckung potenzieller Konkurrenten (Theorie bestreitbarer Märkte, → Preistheorie). Preisstrategien, die ständige → Preisvariationen beinhalten, sind z.B. die Pulsationsstrategie oder die Schnibbelstrategie. Bei der Pulsationsstrategie wechselt man, ausgehend von einem hohen Preisniveau, zwischen starken Preissenkungen und nachfolgenden Preisanhebungen ab. Die relativ starken Preissenkungen sollen besondere Kaufanreize für die Konsumenten bieten. Bei der Schnibbelstrategie unterbietet man die Konkurrenzpreise, bis diese nachziehen. Der Kostendruck für alle Unternehmen in der Branche macht nach einer bestimmten Zeit eine allgemeine Preisanhebung erforderlich.

Literatur: Simon, H. (1992): Preismanagement: Strategie, Analyse, Umsetzung, 2. Aufl., Wiesbaden; Schmalen, H. (1995): Preispolitik, 2. Aufl., Stuttgart, Jena; Diller, H. (2000): Preispolitik, 3. Aufl., Stuttgart, Berlin, Köln.

Herbert Woratschek

Preisstufungen, → Preisstaffeln.

Preistarife, Liste oder Aushang, die/der zur → Preisinformation der Nachfrager dient, z.B. Preistarife der Post oder der Bahn. Häufig wird auch von Preistarifen gesprochen, wenn der Konsument zwischen unterschiedlichen nichtlinearen Preisen auswählen kann (→ Preistheorie, nichtlineare).

Preistest, ein Element von Produkttests (→ Preisexperiment). Ziel ist die Gewinnung von Informationen über den bei Konsumenten durchsetzbaren Preis. Aus diesen lassen sich sowohl die → Preiselastizität der Nachfrage als auch Preisresponsebeziehungen (→ Preisresponsemessung) von Konsumenten berechnen.

Preistheorie, nichtlineare, → Theorie über nichtlineare Preisbildung. Nichtlineare Preise kommen in → Zweiteiligen Tarifen, → Blocktarifen, Mengenrabatten (→ Rabatt) und → Preispunkten in der Praxis vor. In der Literatur wird von nichtlinearer oder nichtuniformer Preisbildung gesprochen, wenn der sog. Gesamtpreis bzgl. der Abnahmemenge nichtlinear verläuft. Der Preis, der einer bestimmten Abnahmemenge zugeordnet werden kann, wird häufig als Durchschnittspreis bezeichnet. Wenn z.B. die Grundgebühr für das Telefon 20 EUR, der Minutenpreis 0,10 EUR beträgt und ein Kunde 100 Minuten telefoniert, zahlt er insgesamt 30 EUR und pro Minute 0,30 EUR. Die Begriffe Gesamtpreis (30 EUR) und Durchschnittspreis (0,30 EUR) führen im Zusammenhang mit der → Preis-Absatz-Funktion zu Verwirrungen. Prägnanter ist die Verwendung der Begriffe Kontrakterlöse (30 EUR) und Kontraktpreise (0,30 EUR), da hierdurch deutlich wird, dass man sich auf einen Individualfall bezieht. Ebenso sollte man von Kontraktmenge sprechen, da die Absatzmenge in einer Preis-Absatz-Funktion ein Aggregat ist. Die Summe aller Kontraktmengen entspricht der Absatzmenge in der Preis-Absatz-Funktion.

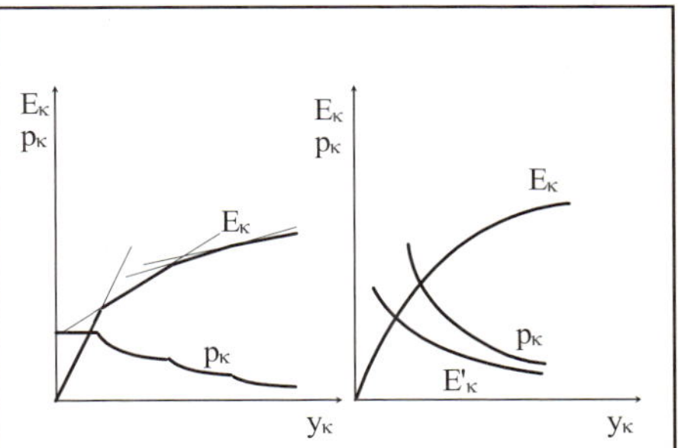

Mehrstufiger Blocktarif und kontinuierliche Preisstruktur

Alle nichtlinearen Tarife lassen sich in eine allgemeine Struktur überführen, die lediglich Spezialfälle eines mehrteiligen Blocktarifs darstellen, der im linken Teil der Abb. „Mehrstufiger Blocktarif und kontinuierliche Preisstruktur" dargestellt ist. E_K entspricht den Kontrakterlösen, p_K den Kontraktpreisen und y_K den Kontraktmengen. Im rechten Teil der Abbildung ist eine kontinuierliche Preisstruktur gezeigt, die als theoretischer Referenzpunkt dienen kann. Die nichtlineare Preisbildung ist dann sinnvoll, wenn ein

Konsument nicht nur am Kauf einer Mengeneinheit interessiert ist, sondern auch bereit ist, mehrere Mengeneinheiten zu kaufen. Die theoretische Grundlage für die nichtlineare Preisbildung bildet das erste → Gossensche Gesetz. Es wird unterstellt, dass der Nutzen aus einem Gut mit der konsumierten Menge stets zunimmt, aber der zusätzliche Nutzen aus jeder weiteren Mengeneinheit abnimmt. Die → Preisbereitschaft für jede weitere Mengeneinheit nimmt somit ab (ohne Null zu werden) und entspricht der in Geldeinheiten bewerteten Grenznutzenfunktion. Will man die Preisbereitschaften voll abschöpfen, folgt daraus eine kontinuierliche Preisstruktur, die die Grenznutzenfunktion des Konsumenten nachahmt. Für eine gewinnoptimale Preisforderung gilt somit:

$$p^* = \frac{dV}{dy} = \frac{dE_\kappa}{dy} = E'_\kappa$$

mit p* als Preisbereitschaft, V(y) als in Geldeinheiten ausgedrückte Nutzenfunktion und E_κ als Kontrakterlöse. Für einen gewinnoptimalen Preistarif müsste demzufolge eine Preisstruktur gewählt werden, so dass die Grenzkontrakterlösfunktion (E'_κ im rechten Teil der obigen Abbildung) der Preisbereitschaftsfunktion des Konsumenten entspricht. Es kann jedoch auch gezeigt werden, dass beliebige nichtlineare Preistarife die Konsumentenrente voll abschöpfen und somit gewinnoptimale Preisstrukturen ermöglichen können. Ein → Zweiteiliger Tarif mit einem uniformen Preis p_1 pro Mengeneinheit und einer fixen Gebühr, schöpft dann die Konsumentenrente voll ab, wenn die fixe Gebühr der folgenden Gleichung entspricht:

$$C(y^*) = \int_o^{y^*} (p' - p_1)dy$$

Dabei sollte für eine gewinnoptimale Preisstruktur der uniforme Preis in Höhe der Grenzkosten gestellt werden. Die nichtlineare Preistheorie zeigt, wie schwierig die Umsetzung einer gewinnoptimalen Preisstruktur in die Praxis ist. Es müssten Preisbereitschaftsfunktionen für homogene Kundengruppen bestimmt werden.

Die nichtlinearen Preistarife können aber auch bei unvollständigen Informationen dazu genutzt werden, die Gewinnsituation zu verbessern. Ein Anbieter z.B. von Telekommunikationsdienstleistungen weiß vor Vertragsabschluss nicht, welche Mengeneinheiten für den Konsum beabsichtigt sind. Er hat somit Unsicherheit über die Preisbereitschaften und Mengendispositionen des Konsumenten. Bietet er hingegen einen Blocktarif an, bei dem die Verbraucher zwischen einem hohen uniformen Preis und einem niedrigen Preis, verbunden mit einer monatlichen Grundgebühr, wählen können, ordnet sich jeder Konsument nach seinen Konsumabsichten selbst ein.

Literatur: Simon, H. (1992): Preismanagement: Strategie, Analyse, Umsetzung, 2. Aufl., Wiesbaden; Woratschek, H. (1998): Preisbestimmung von Dienstleistungen, Markt- und nutzenorientierte Ansätze im Vergleich, Frankfurt/Main.

Herbert Woratschek

Preistheorie, Teil der Wirtschaftswissenschaften, genauer der Mikroökonomie, der sich mit der Erklärung der → Preisbildung befasst.

I. Werttheorie: Die klassische P. basiert auf der objektiven Werttheorie, die das Paradoxon herausstellt, dass es Güter mit hohem Gebrauchswert und geringem Tauschwert (z.B. Brot) gibt, aber auch umgekehrt Güter mit geringem Gebrauchswert und hohem Tauschwert (z.B. Diamanten). Dieses Dilemma führte zu einer subjektiven Interpretation des Gebrauchswertes und zur Einführung des Nutzenbegriffs. Damit wurde die Beurteilung, inwieweit ein Gut brauchbar zur Bedürfnisbefriedigung ist, auf die subjektive Bewertungsebene verlagert.

II. Vollständige Konkurrenz: Die P. der vollständigen Konkurrenz setzt viele Anbieter, viele Nachfrager und einen vollkommenen Markt voraus. Gemäß den Bedingungen des vollkommenen Marktes existieren keine persönlichen, sachlichen, räumlichen und zeitlichen Differenzierungen sowie eine unendlich hohe Transaktionsgeschwindigkeit bzw. keine Transaktionskosten. Unter den Annahmen der vollständigen Konkurrenz existiert nur ein Preis. Die Anbieter passen ihren Produktionsplan und die Nachfrager ihren Konsumplan mengenmäßig an den Preis an. In der vollständigen Konkurrenz können kurzfristig Gewinne (Differenzialgewinne) auftreten, wenn nicht alle Unternehmen zu gleichen Kosten arbeiten. Aufgrund des freien Marktzutritts treten aber solange neue Anbieter hinzu, bis alle Differenzialgewinne abgebaut sind und alle Anbieter im Minimum der auf gleichen Produktionsverfahren basierenden Durchschnittskostenfunktion anbieten. Wegen seiner restriktiven Bedingungen kann der Fall der vollständigen Konkurrenz bestenfalls als theoretischer Referenzpunkt dienen.

III. Vollkommenes Monopol und monopolistische Konkurrenz: Die moderne P. basiert auf den Arbeiten von Cournot, der u.a. Preise für den Monopolfall (→ Cournot-Modell) und Gleichgewichtslösungen für den Duopolfall formalanalytisch ableitet. Die ursprüngliche Unterscheidung in Monopol- und Konkurrenzfall reichte nicht aus, zumal die unter den Prämissen des vollkommenen Marktes durchgeführten Analysen wenig Realitätsbezug aufweisen. Daher wurde u.a. von Chamberlin die Theorie der monopolistischen Konkurrenz entwickelt. Nach dieser Theorie besitzt der einzelne Anbieter eine schwache Monopolstellung, die auf den in der Realität existierenden Marktunvollkommenheiten basiert. Sachliche, zeitliche, persönliche und räumliche Differenzierungen führen zu heterogenen Angeboten, die Spielräume für die → Preispolitik und anderen Aktionsparametern, wie z.B. Werbung, eröffnen. Der Fall der monopolistischen Konkurrenz kann auch als unvollkommenes Polypol bezeichnet werden. Innerhalb einer bestimmten Preisspanne besteht keine direkte Konkurrenzbeziehung zu anderen Anbietern. Der Anbieter setzt den Preis fest und die Konsumenten entscheiden gemäß ihren Präferenzen unter Berücksichtigung des Angebotspreises über die Nachfragemengen. Der Preis-Mengen-Zusammenhang ist über eine → Preis-Absatz-Funktion gegeben. Nur außerhalb der Preisspanne bzw. des monopolistischen Bereichs kommt es zu Konkurrenzreaktionen. Gemäß Chamberlin bestimmt jeder Anbieter innerhalb seines monopolistischen Preisspielraums seinen gewinnmaximalen Preis (Cournotscher Punkt, → Cournot-Modell). Wenn keine Marktschranken existieren, treten neue Anbieter auf diesem Markt hinzu, solange noch Gewinne erzielt werden. Dadurch verschiebt sich aber die → Preis-Absatz-Funktion des ursprünglichen Anbieters in Richtung Ursprung, bis letztlich kein Gewinn erzielt wird. Bei sämtlichen Anbietern tangiert dann die Durchschnittskostenfunktion die Preis-Absatz-Funktion. Daher wird diese Lösung als Chamberlinsche Tangentenlösung bezeichnet. Später hat der deutsche Betriebswirt Gutenberg für diesen Fall die doppelt geknickte → Preis-Absatz-Funktion vorgeschlagen. Innerhalb des monopolistischen Preisspielraums (monopolistischer Bereich) verläuft die Preis-Absatz-Funktion steil und außerhalb flacher. Im monopolistischen Bereich ist demzufolge die → Preiselastizität der Nachfrager geringer als außerhalb. Das Gewinnmaximum wird wiederum über den Cournotschen Punkt bestimmt. Nur hohe Preisänderungen führen zu wesentlichen Kundenwanderungen. Solange die Nachfragewanderungen bei der Konkurrenz unterhalb der Fühlbarkeitsschwelle liegt, befindet man sich definitionsgemäß im unvollkommenen Polypol (monopolistische Konkurrenz). Aktionen einzelner Anbieter haben keinen spürbaren Einfluss auf die Konkurrenz. Das marktmorphologische Schema (Monopol, Oligopol, Polypol) wird an der Zahl der Anbieter und Nachfrager (einer, wenige, viele) festgemacht. Für die Anwendung der P. ist aber weniger die Zahl der Marktteilnehmer entscheidend als deren Verhaltensweisen. Daher sollte man von einem Oligopol sprechen, wenn die Aktionsparameter der Konkurrenten in die Gewinnfunktion des betrachteten Anbieters eingehen.

IV. Oligopolmodelle: Sämtliche Oligopolmodelle unterscheiden sich über die Verhaltenshypothesen und Reaktionen der Konkurrenz. Im Rahmen der P. spielen die → konjekturalen Reaktionskoeffizienten eine bedeutende Rolle für die Modellierung des Verhaltens der Marktteilnehmer. Man unterscheidet je nachdem, ob homogene oder heterogene Güter unterstellt werden, zwischen homogenen oder heterogenen Oligopolen. Homogene Oligopolmodelle setzen Mengenstrategien der Anbieter voraus (z.B. Cournotsches Duopol, Stackelbergsches Duopol, Bowleysches Duopol). Beim Cournotschen Duopol wird unterstellt, dass jeder Konkurrent seine Angebotsmenge festlegt, ohne die Konkurrenzreaktion zu antizipieren. Beim Stackelbergschen Duopol ist ein Duopolist der Marktführer, der unabhängig seine Mengen disponiert. Der andere Duopolist ist der Marktfolger, der seine Mengenentscheidung am Marktführer ausrichtet. Beim

Bowleyschen Duopol versuchen beide die Marktführerposition einzunehmen. Die resultierenden Preise und Gewinne der Duopolisten unterscheiden sich in Abhängigkeit der unterstellten Verhaltensweisen. Zu den unterschiedlichen Mengenstrategien gibt es Pendants mit dem Preis als Aktionsparameter. Es handelt sich hierbei um heterogene Oligopolmodelle. Bedeutsam ist hierbei, dass beim Stackelbergschen Duopol im Unterschied zur Mengenstrategie bei der Preisstrategie unter bestimmten Bedingungen die Marktfolgerposition vorteilhafter als die Marktführerposition sein kann.

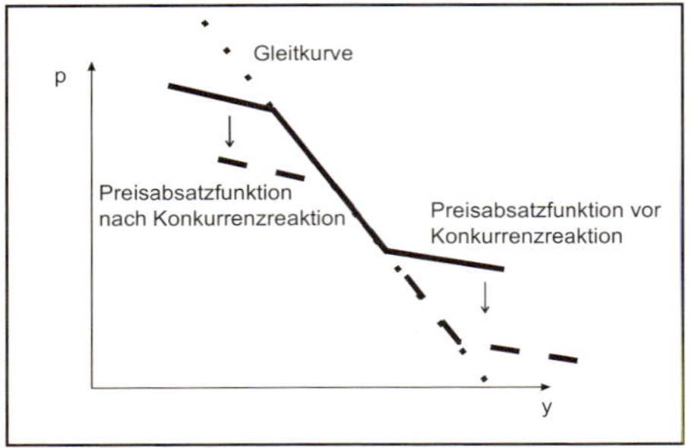

Oligopolistische Gutenberg-Absatzfunktion

Die oligopolistische Preis-Absatz-Funktion von Gutenberg (vgl. Abb. „Oligopolistische Gutenberg-Absatzfunktion“) unterscheidet sich von der oben diskutierten polypolistischen Preis-Absatz-Funktion dadurch, dass die Konkurrenz bei Preisvariationen außerhalb des monopolistischen Bereichs reagiert. Senkt der betrachtete Anbieter den Preis, senkt die Konkurrenz die Preise, et vice versa. Die P. von Gutenberg unterscheidet sich von den anderen Oligopolmodellen durch den betriebswirtschaftlichen Blickwinkel, welcher die Preisbildung aus Sicht eines bestimmten Anbieters analysiert. Die Preis-Absatz-Funktion des betrachteten Anbieters verschiebt sich nach erfolgter Konkurrenzreaktion bei paralleler Preispolitik entlang der Gleitkurve in der gezeigten Abbildung. Die Gleitkurve "verlängert" sozusagen den monopolistischen Bereich. Allerdings ist das parallele Verhalten der Konkurrenz, wie es von Gutenberg angenommen wurde, nur eine Möglichkeit unter vielen denkbaren Reaktionen. In letzter Zeit wird die oligopolistische Preisbildung mit Hilfe der Spieltheorie untersucht. Das Ergebnis des Cournotschen Duopols entspricht dem spieltheoretischen Nash-Gleichgewicht.

V. Dynamische Betrachtung: Die mikroökonomische P. ist statisch und modelliert nicht explizit die zeitlichen Einflüsse. In der Praxis wird aber häufig mit Hilfe der → Preisstrategie eine langfristige Gewinnmaximierung angestrebt. Langfristige Gewinne berücksichtigen nicht nur die Gewinne einer Periode, sondern die Gewinne über mehrere Perioden, die aufgrund zeitlicher Präferenzen und inflationärer Tendenzen mit einem Kalkulationszinsfuß gewichtet werden müssen, so dass gilt:

$$G_o = \sum_{t=0}^{T} G_t (1+i)^{-t}$$

mit i als Kalkulationszinsfuß und t als Zeitindex. Preiserhöhungen stoßen nach einer Preisreduktion bei den Konsumenten auf Widerspruch. Darüber hinaus beeinflusst die Preisforderung über das gegenwärtige → Preisverhalten der Konsumenten die Absatzmengen zukünftiger Perioden. Wenn in der Gegenwart aufgrund niedriger Preise mehr abgesetzt wird, wird zum Teil der Kauf zeitlich vorverlagert, so dass die zukünftige Absatzmenge niedriger ist. Dies ist bei lagerbaren Gütern und Gütern, die (in einer bestimmten Zeitspanne) nur einmal gekauft werden, der Fall. Die Wirkungen der gegenwärtigen absatzpolitischen (und damit auch preislichen) Entscheidungen werden als → Carryover und → Obsoleszenz bezeichnet. Durch Berücksichtigung eines Carryover-Koeffizienten können dynamische Preis-Absatz-Funktionen formuliert und empirisch geschätzt werden. Eine dynamische Preis-Absatz-Funktion, die sowohl dynamische Effekte als auch die Preisgeschichte des Anbieters und der Konkurrenz berücksichtigt, ist die → (dynamische) Ankerpreis-Wettbewerbsfunktion.

VI. Mehrproduktfall: Die traditionellen Modelle der P. nehmen den Einproduktfall an. Dies ist nicht sehr realistisch, da z.B. im Handel eine Vielzahl an Gütern angeboten wird. Zum Teil werden die Güter komplementär (Jacke und Hemd) nachgefragt; zum Teil handelt es sich aber auch um Substitutionsgüter (Hemden in verschiedenen Ausführungen). Für diesen Fall hat Niehans gezeigt, dass die gewinnoptimale Preisforderung sogar unter den Herstellkosten bzw. Einstandskosten liegen kann, wenn ein komplementärer Verbund vorliegt. Negative Deckungsbeiträge lassen sich durch hohe Deckungsbeiträge bei komplementären Gütern kompensieren. Die Art und Intensität des Verbundes wird über die → Kreuzpreiselastizität gemessen. Gleichzeitig stellt der Ansatz von Niehans eine theoretische Rechtfertigung für die → Mischkalkulation im Handel dar. Die Theorie der Preisbündelung (→ Preisbündel, Theorie der) kann zeigen, dass unter bestimmten Bedingungen im Mehrproduktfall zusätzliche Gewinne durch → Preisbündelung erzielt werden können, auch wenn kein komplementärer Verbund existiert.

VII. Nichtlineare Tarife: Die Gewinnsituation kann unter bestimmten Bedingungen durch → Rabatte, → Zweiteilige Tarife und → Blocktarife verbessert werden. Voraussetzung hierfür ist, dass ein Individuum unter Umständen mehrere Einheiten eines Produktes kauft. Dies ist z.B. bei Schokolade der Fall (Variable-Mengen-Fall). Die Vorteilhaftigkeit dieser sog. nichtlinearen Preistarife wird in der nichtlinearen Preistheorie (→ Preistheorie, nichtlineare) erklärt.

Literatur: Ott, A.E. (1965) (Hrsg.): Preistheorie, Köln und Berlin; Gutenberg, E. (1979): Grundlagen der Betriebswirtschaftslehre, Bd. 2: Der Absatz, 16. Aufl. Berlin u.a.; Simon, H. (1992): Preismanagement: Strategie, Analyse, Umsetzung, 2. Aufl., Wiesbaden; Woratschek, H. (1998): Preisbestimmung von Dienstleistungen, Markt- und nutzenorientierte Ansätze im Vergleich, Frankfurt/Main.

Herbert Woratschek

Preistransparenz, die P. basiert auf der Richtigkeit und Aktualität der Information über die am jeweiligen Markt angebotenen Leistungen und deren Preise. Mit zunehmender → Preisinformation und → Preiskenntnis der Verbraucher steigt die P. eines Marktes an. Anbieterseitig kann die P. durch gezielte Maßnahmen der → Preispolitik bewusst herabgesetzt werden, z.B. durch die Konstruktion komplexer Leistungsstrukturen und komplizierter → Preistarife. Als Gegenmaßnahmen der Verbraucher kommen → Preisaufklärung, die Erstellung von → Preisvergleichen und → Preisspiegeln sowie die Einbeziehung von → Preisagenturen in Frage.

Preistreppe, grafische Veranschaulichung der Reduktion des Grundpreises durch das Rabatt- und Bonussystem bis hin zum sog. Pocketpreis. Das ist das Entgelt, das der Kunde letztlich bezahlt hat. Meist wird die Preistreppe in Form eines Säulendiagramms dargestellt.

Preistypen, kommen aufgrund artikelspezifischer Kalkulationsregeln im Handel zustande. Im Rahmen der → Mischkalkulation kommen differenzierte Kalkulationszuschläge zur Anwendung, um den unterschiedlichen Marktbedingungen der Artikelgruppen gerecht zu werden. Schlüsselartikel werden unterdurchschnittlich, Zugartikel zuweilen sogar unter Einstandspreisen kalkuliert, um ein niedriges Preisniveau zu signalisieren und die Kundengewinnung voranzutreiben. Sonderangebotsartikel sollen Impulskäufe generieren und dienen zum Abbau von Lagerbeständen oder der Überbrückung von Liquiditätsengpässen. Kompensationsartikel werden überdurchschnittlich kalkuliert und dienen als Ausgleichsgeber.

Preisunifizierung, gleiche Preisstellung für verschiedene Artikel trotz u.U. unterschiedlicher Selbstkosten.

Preisuntergrenze, gibt die Höhe des Entgeltes einer Leistung an, die eine Unternehmung bzw. Institution erwirtschaften muss. Sollte dieser Preis nicht erzielt werden können, ist die Einstellung dieser Leistung zu erwägen. Entsprechend der betriebswirtschaftlichen Zielsetzung ist zu unterscheiden zwischen finanz-, absatz- und kostenwirtschaftlichen sowie lang- und kurzfristigen Preisuntergrenzen. Die kostenwirtschaftliche (kurzfristige) P. kann einerseits durch die Höhe der variablen Kosten (Direct Costing, Grenzplankostenrechnung) und anderseits durch die Höhe der direkt zurechenbaren Einzelkosten (Relative Einzelkostenrechnung) bestimmt werden. Die Ermittlung erfolgt im Rahmen der → Preiskalkulation. Neben der zeitlichen Betrachtungsweise beeinflusst die Beschäftigungslage die Höhe der P. Bei Vollbeschäftigung sind neben den variablen Kosten die Opportunitätskosten der verdrängten Güter mit in die Kalkulation aufzunehmen. Klar von der Ermittlung der P. zu trennen ist die tatsächliche Entscheidung für einen Angebotspreis. So kann unter bestimmten Bedingungen, wie z.B. der Verfolgung einer Lockvogelpolitik, die Preisfestsetzung unter der kalkulierten P sinnvoll sein (→ Mischkalkulation). Langfristig müssen jedoch alle Kosten (Vollkostenrechnung) eines Unternehmens gedeckt werden, um die Überlebensfähigkeit zu sichern (langfristige Preisuntergrenze).

Preisurteil, → Preisbeurteilung.

Preisvariation, systematische Veränderung des gültigen Angebots- oder Listenpreises innerhalb einer Planperiode zur gezielten Förderung des Absatzes. Dies kann regelmäßig in Form branchenüblicher Nebensaison-, Einführungs- oder sonstiger Rabatte oder unregelmäßig als befristete Preissenkung (→ Sonderpreispolitik) erfolgen. Preisvariationen sind von auf Dauer angelegten Preisänderungen und von der → Preisdifferenzierung zu unterscheiden.

Preisverbund, betrifft die Preispolitik für komplementäre Produkte (Systeme). Es handelt sich dabei um Preise für zumeist von verschiedenen Herstellern angebotene, zusammengehörige Produkte, die in festen oder variablen Proportionen von den Endabnehmern oder Wiederverkäufern nachgefragt werden (z.B. PC aus verschiedenen Komponenten mit zusätzlichen Peripheriegeräten, Betriebssystem, Software und ggf. inklusive Servicevertrag, Internetzugang usw.). Wird das Leistungspaket von einem Hersteller oder einem Händler angeboten, spricht man von → Preisbündelung.

Preisvergleich, Verzeichnis von bei verschiedenen Anbietern empirisch erhobenen Marktpreisen für homogene Güter oder Dienstleistungen. Preisvergleiche dienen der Aufklärung der Nachfrager und der Erhöhung der → Preistransparenz. Das Erreichen dieser Ziele setzt jedoch voraus, dass eine Vollerhebung in einer möglichst kurzen Zeitspanne durchgeführt wird, Sonderangebote entsprechend gekennzeichnet werden und die Vergleichbarkeit der einbezogenen Güter und Dienstleistungen gewährleistet ist. Insbesondere im letztgenannten Aspekt liegt ein Kernproblem des Preisvergleichs. Die Tendenz zu maßgeschneiderten Produkten und Dienstleistungen sowie die Differenzierung der Leistungen mittels Value-Added-Services führt zu einer Heterogenisierung des Leistungsangebots, die einen P. für komplexe Leistungsbündel verhindert. P. kommen aus diesem Grund nur für weitgehend standardisierte Konsumgüter in Frage, die sich überwiegend durch Sucheigenschaften auszeichnen.

Preisverhalten, Verhalten der Nachfrager ggü. dem Preis. In der klassischen → Preistheorie wird darunter meist nur die Reaktion in Form von Kauf oder Nichtkauf verstanden. Das aggregierte P. kommt in der → Preis-Absatz-Funktion zum Ausdruck. In den verhaltenswissenschaftlichen Ansätzen versteht man darunter auch die intervenierenden Variablen, d.h. die inneren psychischen Prozesse, welche die Preisreaktionen bestimmen. Dies sind z.B. das → Preisinteresse, die → Preiskenntnis, die → Preiswahrnehmung und das → Preisbewusstsein.

Preisverordnungen, zusammen mit allgemeinen Leitsätzen für die Preisermittlung aufgrund von Selbstkosten regeln P. die Grundsätze der Preisbildung bei öffentlichen Aufträgen.

Preisvorbehaltsklausel, → Preisanpassungsklausel.

Preisvorschriften, Normen zur Genehmigung oder Festsetzung von Preisen mit dem Ziel, den Preisauftrieb bestimmter Güter zumeist in speziellen Branchen einzudämmen.

Preiswahrnehmung, subjektive Wahrnehmung einer Preisforderung durch den Konsumenten. Die P. hängt von der → Preisinformation ab. Die Beurteilung einer Preisinformation (→ Preisbeurteilung) ist keine lineare Funktion der objektiven Preise einer Unternehmung. Es existieren → Preisschwellen. Zudem verzerrt die → Preisoptik die Wahrnehmung der Konsumenten (→ Even Pricing, → Odd Pricing).

Preiswerbung, irreführende. I. Gegenstand: Obwohl Werbeangaben zu der Höhe des Preises objektiv nachprüfbare Sachverhalte sind und damit leicht als wahr oder falsch identifiziert werden können, kann die Art der P. durchaus gegen das Irreführungsverbot verstoßen (*vgl. auch* → Werbung, irreführende).

II. Formen: (1) Verschleierung des tatsächlichen Preises: Die Umworbenen erkennen nicht, dass sie eine als unentgeltlich bezeichnete Leistung in Wahrheit mitbezahlen. Bsp.: Ein Kraftfahrzeugvermieter wirbt mit dem Hinweis, er trage die Kilometerkosten, gleichzeitig ist aber nicht ohne weiteres erkennbar, dass damit ein erhöhter Tagesgrundpreis einhergeht. (2) → Lockvogelangebote: a) Unzureichende Warenbevorratung: Unzulässig ist es, mit niedrigen Preisen zu werben, ohne über ausreichenden Vorrat der beworbenen Ware zu verfügen. Als Faustregel für die ausreichende Vorratsmenge gilt, dass bei → Markenartikeln der Bedarf von drei und bei Nicht-Markenartikeln von zwei aufeinander folgenden Verkaufstagen gedeckt sein muss. Von dieser Pflicht kann sich der Anbieter auch nicht durch den Zusatz in der → Werbung „solange der Vorrat reicht" befreien. b) Täuschung über die Preiswürdigkeit des Gesamtsortiments: Die Verbraucher schließen fälschlicherweise von den niedrigen Preisen bestimmter Artikel, sog. Eckartikel, auf die Preiswürdigkeit des Gesamtsortimentes. Der Nachweis der Irreführung ist problematisch, wenn die → Eckartikel als → Sonderangebote beworben werden. Denn bei Sonderangeboten erkennen die Verbraucher den einmaligen und begrenzten Charakter der Niedrigpreisstellung. (3) Gegenüberstellung von Preisen: Die Gegenüberstellung eines höheren mit einem aktuellen niedrigeren Preis ist irreführend, wenn der höhere Preis zuvor nicht ernsthaft gefordert wurde. (4) Preisschlagwörter: Der mit ihnen assoziierte Bedeutungsinhalt muss wahr und darf nicht mehrdeutig sein. Bsp.: „Einmalig günstig" setzt zwar nicht die Alleinstellung des Werbenden (*vgl. auch* → Alleinstellungswerbung) hinsichtlich der Vorteilhaftigkeit des Preises voraus, impliziert jedoch die Zugehörigkeit zu einer Spitzengruppe von Niedrigpreisanbietern. Ein „Preisbrecher" muss deutlich vom üblichen Preisniveau abweichen.

Preiswettbewerb, für die strategische Preispolitik relevante Marktsituation, in der der Preis als dominierender Erfolgsfaktor eingesetzt wird. P. entsteht vor allem, wenn die Leistungen der in Konkurrenz stehenden Unternehmen von den Konsumenten weitgehend als homogen wahrgenommen werden. Ist dies der Fall, kann kein Anbieter einen komparativen Nutzenvorteil für die Konsumenten generieren. Eine günstige Wettbewerbsposition ist somit nur durch den Einsatz des Preises als Wettbewerbsparameter zu realisieren. Voraussetzung dafür ist eine günstige Kostensituation eines Anbieters, die es ihm erlaubt, einen möglicherweise länger anhaltenden → Preiskampf zu überstehen.

Preiswichtigkeit, Wichtigkeit des Preises in Relation zu Qualitätsmerkmalen einer Absatzleistung. Die relativen Preiswichtigkeiten aus Konsumentensicht werden z.B. mit Hilfe der → Conjoint-Preis-Analyse oder dem → Probabilistischen Preisreaktionsmodell empirisch geschätzt.

Preiswirkungsfunktion, → Preis-Absatz-Funktion.

Preiswirkungsmessung, Verfahren zur Messung des Einflusses der Preishöhe auf den Absatz (Preisresponse). Die gewonnenen Erkenntnisse werden in einer → Preis-Absatz-Funktion dargestellt. Die Preiswirkungsmessung beinhaltet die Schritte der → Datenerhebung und der → Datenanalyse. Einen Spezialfall stellt die Datengewinnung als → Preisexperiment (als → Labor- oder → Feldexperiment) dar. Ein in der Praxis weit verbreitetes Verfahren zur Datenanalyse für dieses Untersuchungsproblem ist die → Regressionsanalyse. Die einfache Regressionsanalyse versucht, den Zusammenhang einer abhängigen Variablen (Absatzmenge) aufgrund der Ausprägungen einer unabhängigen Variablen (Preis) zu bestimmen und unterstellt darin eine einseitige Abhängigkeit. Wird der Preis als unabhängige Variable in Simulationen variiert, so lassen sich mögliche Preisreaktionen und Entwicklungen prognostizieren. Von Mehrfachregression wird gesprochen, wenn mehrere unabhängige Variablen in das Untersuchungsdesign aufgenommen werden. Dies können z.B. neben dem Preis Werbeaktionen oder bestimmte Zusatzleistungen sein, welche Einfluss auf die Absatzmenge haben.

Preiswissen, → Preiskenntnis.

Preiswürdigkeitsurteil, Urteil über das → Preis-Leistungs-Verhältnis eines Gutes oder einer Dienstleistung. Das P. kann sowohl durch eine → Preisvariation als auch durch Qualitätsvariationen beeinflusst werden. Bestehen bei den betrachteten Absatzleistungen keine Qualitätsunterschiede, genügt die Betrachtung des → Preisgünstigkeitsurteils. Das P. ist ausschlaggebend für die Kaufentscheidung. Daher wird im Rahmen der kundenorientierten → Preisbestimmung versucht, das P. aus Sicht der Konsumenten zu berechnen. Dies geschieht z.B. bei der Preiskalkulation nach dem wahrgenommenen Wert (→ Perceived-Value-Pricing). Das P. liegt auch der → Conjoint-Preis-Analyse und dem → probabilistischen Preisreaktionsmodell zugrunde. Bei diesen Verfahren geht man davon aus, dass der empfundene Nutzen mit zunehmender Qualität steigt und mit zunehmendem Preis sinkt. In der Realität lässt sich jedoch beobachten, dass der Preis als Qualitätsindikator dient, wenn die Konsumenten ihre Kaufentscheidung stark vereinfachen (→ Qualitätsindikator, Preis als). In diesem Fall steigt die wahrgenommene Qualität mit dem Preis. Bei Absatzleistungen mit einem hohen Grad an Verhaltensunsicherheit versagen somit häufig die kompensatorischen Modelle zum P., weil die Modellstruktur nicht dem tatsächlichen Preisverhalten in Form einer risikoreduzierenden Vereinfachung des Entscheidungsprozesses entspricht.

Premium-Dienstleistung, → Value-added Service.

Premiumpreis, im Gegensatz zum → Promotionspreis handelt es sich hierbei um einen relativ hohen Preis, der mit einer hohen Produktqualität verbunden ist. Eine Premium-Preis-Strategie ist geeignet zur Schaffung eines Hochpreisimages und zur Realisation hoher Gewinnspannen. Die preispolitischen Vorgaben sind dabei durch geeignete produktpolitische und kommunikationspolitische Maßnahmen zu unterstützen.

Pre-Sales-Service, kennzeichnet Dienstleistungen (→ Dienstleistung, Begriff der), die Kunden vor dem Kauf von Sachgütern und/oder Dienstleistungen angeboten werden. So bieten → Einzelhändler beispielsweise kostenloses Parken und verlängerte Ladenöffnungszeiten an. Industriegüterunternehmen offerieren technische Beratung und Lieferungen zur Probe. *Gegensatz*: → After-Sales-Service.

Preselection-Verfahren, Methode, bei der ein Kunde über einen längeren Zeitraum hinweg Ferngespräche ausschließlich über nur eine Telefongesellschaft führt. Der Anschluss des Kunden wird fest mit dem Netzanbieter verbunden, so dass er automatisch über dessen Netz telefoniert.

Presenter, → Darsteller-Spots. *Vgl. auch* → Gestaltung.

Pressearbeit, → Public Relations.

Pretest, → Spezielle Testdesigns in der Marktforschung.

Pretest, → Werbetest.

Price-look-up-Verfahren, → Preisabrufverfahren.

Primacy-Effekt, Positionseffekt, der besagt, dass beim Wahrnehmen von Informationsblöcken (z.B. Werbespots), die aneinander gereiht werden und nicht inhaltlich miteinander verbunden sind, die ersten Informationsblöcke besser erinnert werden als die mittleren, da hier die Rezipienten noch über eine größere Aufmerksamkeit verfügen. Der ebenfalls ermittelte sog. Receny-Effekt besagt, dass die letzten Werbeblöcke besser erinnert werden als die mittleren, da man sich an das zuletzt gehörte oft besser erinnern kann. Dieser Effekt ist allerdings schwächer ausgebildet als der P.-E. Dennoch spricht die Literatur auch von einem Primacy-Recency-Effekt, der somit zusammenfassend besagt, dass die mittleren Informationsblöcke schlechter erinnert werden als die ersten oder letzten. Die Wirkungen der Positionseffekte können durch andere Einflussfaktoren jedoch überlagert werden.

Primärdaten, → Primärerhebung.

Primärdienstleistung, umfasst Dienstleistungen (→ Dienstleistung, Begriff der), die von Sachgüterunternehmen unabhängig vom Sachgut in Rechnung gestellt werden. P. werden also von Sachgüterunternehmen separat, getrennt vom Preis für das Sachgut, bepreist. Viele Sachgüterunternehmen, wie z.B. → Handelsbetriebe und Industriegüterunternehmen, weisen noch Potenzial auf, Dienstleistungen separat zu bepreisen. Durch das separate Bepreisen von Dienstleistungen können Sachgüterunternehmen ihren Kunden den Wert von P. verdeutlichen. Beispiele für P. bei Industriegüterunternehmen stellen Reparaturen, Aufrüstung von Industriegütern und betriebswirtschaftliche Schulungen dar. *Gegensatz*: → Sekundärdienstleistung.

Primärerhebung, bei der P. werden → Daten erstmalig für einen bestimmten Marktforschungszweck erhoben. Zusammen mit der → Sekundärerhebung stellt sie die möglichen Verfahren der Datengewinnung in der → Marktforschung dar. Als Methoden stehen prinzipiell die → Befragung und die → Beobachtung zur Verfügung, wobei sich beide Methoden anhand einer Vielzahl von Aspekten weiter untergliedern lassen (mündliche Befragung, schriftliche Befragung, teilnehmende Beobachtung, nicht teilnehmende Beobachtung usw.). Weiter muss eine Entscheidung darüber getroffen werden, ob eine → Vollerhebung oder eine → Teilerhebung durchgeführt werden soll. – Fällt die Wahl auf die Teilerhebung müssen weitere Aspekte festgelegt werden: die Grundgesamtheit muss abgegrenzt werden, eine geeignete → Auswahlbasis muss bestimmt werden, eine Entscheidung über den Umfang, den Ort und die Dauer der → Erhebung muss getroffen werden, das Verfahren zur Auswahl der Untersuchungseinheiten aus der Grundgesamtheit muss festgelegt werden (→ Auswahltechnik) und schließlich muss man sich noch für ein Analyseverfahren entscheiden.

Primärforschung, internationale, Beschaffung von spezifischem neuen (primären) Datenmaterial zur Lösung anstehender internationaler Marktforschungsprobleme. Ggü. der internationalen → Sekundärforschung wird eigens für den Zweck der Untersuchung geeignetes Datenmaterial erhoben. Vorgehensweise und Methoden der internationalen Primärforschung unterscheiden sich nicht grundlegend von nationalen Projekten, es sind jedoch länderspezifische methodische Besonderheiten zu berücksichtigen (z.B. Äquivalenz der Untersuchungsmethoden). Darüber hinaus erweist sich die Vorbereitung und Durchführung internationaler Forschungsprojekte meist als komplexer und aufwendiger, da neben der Vergleichbarkeit der Erhebungssachverhalte und Ergebnisse auch die Überwindung räumlicher Probleme gewährleistet sein muss.

Prime Time, Hauptsendezeit im Fernsehen zwischen 18 und 23 Uhr.

Printmedien, gedruckte und transportable → Werbeträger. Es werden verschiedene Arten von P. unterschieden: (1) Zu den wichtigsten P. zählen die Zeitungen. Dabei handelt es sich um Werbeträger, die aktuelles Gegenwartsgeschehen in regelmäßiger Folge einer breiten Öffentlichkeit zugänglich machen. Gängige Formate sind: Berliner Format (47 x 63 cm; z.B. Nürnberger Nachrichten), Rheinisches Format (53 x 75 cm; z.B. Stuttgarter Nachrichten) und Nordisches Format (57 x 80 cm; z.B. Die Welt). Die Netto-Werbeumsätze der Tageszeitungen beliefen sich 2001 auf ca. 5.642 Mio. EUR und die der Wochen- und Sonntagszeitungen auf ca. 287 Mio. EUR (2) Auch die Anzeigenblätter wiesen einen beachtlichen Umsatz von 1.762 Mio. EUR in 1998 auf. Sie werden gewöhnlich einmal in der Woche kostenlos an die Haushalte verteilt. Immerhin gibt es 1.312 Anzeigenblätter mit einer Gesamtauflage von 88,9 Mio. (3) Supplements sind Beilagen zu Zeitungen, die sich in meinungsbildende und Programm-Supplements unterteilen lassen. Es sind in 2001 18 Titel registriert, die zusammen eine Auflage von 17,15 Mio. erreichten. (4) Die Zeitschriften lassen sich als periodisch erscheinende Presseorgane beschreiben, die für ein breiteres Publikum zugänglich sind, ihren Lesern allgemein verständliche Informationen und/oder Unterhaltung bieten. Sie lassen sich unterteilen in: Publikumszeitschriften/Illustrierte (richten sich an die breite Bevölkerung), Special-Interest-Zeitschriften (behandeln spezielle Themen, wie z.B. Hobby, Haus und Wohnen usw.), Zielgruppenzeitschriften (richten sich an spezielle Zielgruppen, wie z.B. Eltern, Jugendliche usw.), Fachzeitschriften/Magazine (richten sich an spezielle Berufsgruppen) und Kundenzeitschriften (unterhaltende und informierende Publikationen für Kunden; sie werden kostenlos abgegeben). Mit den Publikumszeitschriften wurde 2001 ein Netto-Werbeumsatz von 2.092,5 Mio. EUR realisiert. Vom Umfang her betrachtet, ergibt sich folgendes Bild für das Jahr 2001 (vgl. Abb. „Umfangsanalyse Publikumszeitschriften"). Die 854 Publikumszeitschriften haben eine Auflage im vierten Quartal 2001 von 125,1 Mio. Die Fachzeitschriften verzeichneten 2001 einen Nettowerbeumsatz von rund 1.057 Mio. EUR mit 1.094 Titeln bei einer verkauften Auflage von 17,86 Mio. Stück. Die 81 registrierten Kundenzeitschriften erzielten zusammen eine verkaufte Auflage von 45,6 Mio. Stück.

Heftumfang gesamt	880.338
davon:	
- Redaktion	625.518
- Werbung	254.820
Anzeigenseiten:	
- schwarz/weiß	41.231
- mit Zusatzfarbe	15.495
- vierfarbig	183.014
- Beihefter	15.080

Umfangsanalyse Publikumszeitschriften (in Seitenanzahl) (Quelle: ZAW 2002, S. 264)

Literatur: ZAW (2002) (Hrsg.): Werbung in Deutschland 2002, Bonn.

Prinzipal-Agenten-Theorie, auch Agenturtheorie, Ansatz der → Neuen Institutionenökonomik (→ Institutionenökonomik, → Theorien des Marketing), befasst sich mit der Gestaltung von Kooperationen, in denen die Wohlfahrt (oder der Nutzen) des Prinzipals (Auftraggeber) vom Verhalten des Agenten (Auftragnehmer) abhängig ist und asymmetrische Information besteht. Im Gegensatz zur → Transaktionskostentheorie wird meistens unterstellt, dass es nach Vertragsabschluss keinen Regelungsbedarf mehr gibt, weil die getroffenen Absprachen vollständig und durchsetzbar sind. Die Grundprobleme der P.-A.-T. sind Risikoverteilung, Anreizgestaltung und Kontrolle. Die P.-A.-T. kann in zwei Varianten unterteilt werden: in das formale Agency-Modell, in dem Empfehlungen für die Gestaltung von Kooperationsbeziehungen abgeleitet werden (normativer Ansatz) und die positive Agency-Theorie, die eher auf die, meist in verbaler Form vorgetragene, rationale Rekonstruktion in der Realität vorzufindender Kooperationsformen zielt. In der P.-A.-T. wird i.Allg. die (teilweise) Bindung der Entlohnung von Agenten an ihren Output empfohlen. Dabei hängt der zumutbare Anteil der Erfolgsbeteiligung an der Gesamtentlohnung von der Risikoscheu des Agenten, von der Wirkung von „Störgrößen" auf den Output (Größe des Risikos), von der Güte der Messgröße für den Output und dem Vorhandensein sowie der Güte weiterer Leistungsindikatoren ab. Letztere können die Basis für inputabhängige Kontrollen darstellen und ebenfalls in die (langfristige) Entlohnung des Agenten einfließen. – Im Marketing gibt es zwei Bereiche, die für die Anwendung von Aussagen der P.-A.-T. besonders prädestiniert sind: das Marketing von → Kontraktgütern und die Gestaltung von Verträgen mit Partnern im Distributionssystem. Bei Kontraktgütern lenkt die P.-A.-T. das Augenmerk auf die Bedeutung von Vertragsinhalten bzw. glaubwürdigen Selbstbindungen (freiwillige Einschränkungen des Handlungsspielraums) für die Gewinnung von Aufträgen. So kann das Angebot des Agenten (Unternehmensberater, Werbeagentur), sich erfolgsabhängig entlohnen zu lassen, dem Prinzipal (Kunden) einen Teil seiner Informationsprobleme abnehmen und Vertrauen schaffen. Nach dem Vertragsabschluss sorgen die Verträge dann für einen reibungslosen und produktiven Ablauf der Kooperationsbeziehung. In Distributionsverträgen, etwa mit Franchisenehmern, kann die geeignete Wahl von Vertragsformen die Effizienz des Distributionssystems steigern. Zentrales Kriterium für die relative Vorteilhaftigkeit unterschiedlicher Vertragsformen sind die Agency-Kosten. Das sind – verglichen mit der Situation vollkommener Märkte – vor allem die Verluste durch einen geringeren Arbeitsanreiz des Agenten und die Kosten, die durch Kontrollaktivitäten des Prinzipals entstehen. Es geht immer um die Suche nach Verträgen und Kooperationsformen mit möglichst geringen Agency-Kosten, die in Situationen der Informationsasymmetrie allerdings nie Null sein können.

Privatsphäre. Die Rechtsprechung definiert drei Persönlichkeitssphären. Neben Individual- und Intimsphäre umfasst die P., das Leben im häuslichen oder Familienkreis und das sonstige Privatleben. Direkte Kommunikation mit Kunden über Medien wie Brief, Telefon, Fax, TV und E-Mail unterliegen rechtlichen Rahmenbedingungen. Eine Viel zahl von Gesetzen und höchstrichterlichen Rechtsprechungen schützen die Privatsphäre von Verbrauchern, indem der Einsatz personenbezogener Daten und Firmendaten für das → Direct Marketing eingeschränkt wird. Ziel des rechtlichen Rahmen ist es, die Interessen

	Die vier Public-Relations-Modelle			
	Publicity	Informationstätigkeit	Überzeugungsarbeit	Dialog
Charakteristik	Propagieren	Mitteilen und Verlautbaren	Argumentieren	Sich austauschen
Ziel/Zweck	Anschluss-handlung	Aufklärung	Erziehung	Konsens
Art der Kommunikation	Einweg-Kommunikation, stark verkürzte Aussagen	Einweg-Kommunikation, umfassende Mitteilungen	Asymmetrische Zwei-Wege-Kommunikation, Berücksichtigung des Feedback	Symmetrische Zwei-Wege-Kommunikation, Mediation
Kommunikationsmodell	Sender? Empfänger (Stimulus-Response)	Sender? Empfänger	Sender? Empfänger	Gruppe? Gruppe (Konvergenzmodell)
Art der Erforschung	Quantitative Reichweiten- und Akzeptanzstudien	Verständlichkeits-studien	Evaluierung von Einstellungen, Meinungsforschung	Evaluierung des Vertrauens, Verhaltensforschung
Typische Verfechter	P.T. Barnum	Ivy Lee	Edward L. Bernays	James E. Grunig, Berufsverbände
Anwender heute	Parteien, Veranstalter, Verkaufsförderer	Behörden, Unternehmen	Unternehmen, Verbände, Kirchen	Unternehmen, PR-Agenturen
Geschätzter Anteil der Anwendungen	25 Prozent	35 Prozent	35 Prozent	5 Prozent

Public-Relations-Modelle (Quelle: Avenarius 2000, S. 87)

der Verbraucher und die Anwendungsmöglichkeiten der Direkt Marketer aufeinander abzustimmen. Das → Bundesdatenschutzgesetz regelt den Umgang mit personenbezogenen Daten. Der Schutz der P. in Staat und Wirtschaft gewinnt an Bedeutung, da die sich weiter entwickelnde Informationstechnologie Informationssammlung und Verwertung vereinfacht, und der Informationsbedarf in Staat und Wirtschaft wächst.

Privilegvertrieb, Sonderform des → Streckengeschäftes. Mit Hilfe des Privilegvertriebs soll es Herstellern, die normalerweise einen → Absatzmittler zwischen sich und den Endabnehmer eingeschaltet haben, ermöglicht werden, Großkunden ohne die Einschaltung einer Zwischenstufe, also direkt zu versorgen. Insbesondere im Verlagswesen ist es üblich, einen Teil der Auflage eines schriftlichen Mediums direkt an die Großkunden zu liefern. Ziel dieser Vertriebsform ist es, zum einen Doppelbelieferungen des Kunden durch den Hersteller und den → Handel zu vermeiden und zum anderen geringfügige Individualisierungen des Angebotes zu ermöglichen.

PR-Modelle, Ansatz der amerikanischen PR-Wissenschaftler James und Larissa Grunig zur Strukturierung grundsätzlicher Handlungsalternativen der →Public Relations. Es können vier PR-M. unterschieden werden (vgl. Abb. „Public-Relations-Modelle“): (1) Publicity: Einfachste Form der PR. Einseitige Kommunikation zwischen Unternehmen und Teilöffentlichkeiten, bei der vorwiegend Neuigkeiten und Mitteilenswertes vermittelt wird. Ziel der Publicity ist es, Aufmerksamkeit zu gewinnen und Verhaltensweisen bei den Zielgruppen auszulösen. Die Botschaften, deren stark verkürzte Aussagen nur bedingt überprüfbar sind, richten sich in erster Linie an die Öffentlichkeit, die entweder direkt oder indirekt über Journalisten angesprochen werden. (2) *Informationstätigkeit:* Im Mittelpunkt steht die Vermittlung von für das Unternehmen positiven und negativen Informationen. Die Zielpersonen sollen dabei vollständig über einen Sachverhalt oder ein Ereignis aufgeklärt und somit in die Lage versetzt werden, aufgetretene Ereignisse oder Handlungen des Unternehmens beurteilen zu können. (3) *Überzeugungsarbeit:* Durch das Unternehmen initiierte zweiseitige Kommunikation zwischen Unternehmen und Teilöffentlichkeiten mit dem Ziel, durch Argumentation die Zielgruppen hinsichtlich eines bestimmten Standpunkts oder einer Handlungsweise zu überzeugen. (4) Dialog: Gegenseitiger Austausch von Informationen, um sowohl auf der Seite des Unternehmens als auch der angesprochenen Zielgruppen Verständnis und Konsens zu erlangen. Dabei findet ein Wechselgespräch statt, bei dem Unternehmen und Zielgruppen die Vorstellungen des Kommunikationspartners antizipieren und gegenseitig aufeinander eingehen. Dieses PR-Modell wird von Grunig/ Grunig heutzutage allerdings eher als Idealmodell bezeichnet, denn als Modell, das sich in der Praxis hat durchsetzen können.

Probabilistisches Preisreaktionsmodell, Verfahren der Preisforschung, das von einer eigenschaftsorientierten Nutzenfunktion der Konsumenten ausgeht, um den Trade-Off zwischen Qualität und Preis aus Sicht der Kunden zu schätzen. Basis des probabilistischen Preisreaktionsmodells ist die → diskrete Entscheidungsanalyse. Die Besonderheit besteht darin, dass der Preis als Merkmal eines Produktes modelliert wird. Bei der diskreten Entscheidungsanalyse werden die Parameter einer eigenschaftsorientierten Nutzenfunktion geschätzt. Der zu schätzende Parameter für den Preis stellt die → Preiswichtigkeit dar. Dadurch erhält man wie bei der → Conjoint-Preis-Analyse den Trade-Off zwischen (Qualitäts-)Merkmalen und dem Preis einer Absatzleistung. Es lassen sich auf Basis der geschätzten Nutzenfunktion die → Preis-Absatz-Funktion einer Absatzleistung und der gewinnoptimale Preis bestimmen. Im Unterschied zur → Conjoint-Preis-Analyse können keine individuellen Nutzenfunktionen, sondern allenfalls gruppenspezifische Nutzenfunktionen geschätzt werden. Allerdings weist die diskrete Entscheidungsanalyse den Vorteil auf, dass beobachtetes Kaufverhalten und nicht eine erfragte Präferenzreihenfolge die Basis der Schätzung bildet. Dies erscheint im Rahmen der Analyse von Preisreaktionen besonders wichtig, da es eine Diskrepanz zwischen geäußerten Präferenzen und dem tatsächlichen Kaufverhalten aufgrund von situativen Einflüssen, wie z.B. Budget- und/oder Zeitknappheit geben kann. Das probabilistische Preisreaktionsmodell vermeidet somit die aufwendige Befragung der Probanden und die damit häufig einhergehende Überforderung der Probanden.

Proband, Teilnehmer an einem wissenschaftlichen → Experiment.

Probit-Modell, ökonometrisches nichtlineares Modell zur Erklärung von qualitativen, meist binären Entscheidungsvariablen. Grundannahme ist die Normalverteilung der zu erklärenden Variablen. Probit-Modelle werden hauptsächlich in der Mikroökonometrie angewendet.

Problem Detecting, Methode der → Dienstleistungsqualitätsmessung zur Identifikation von Qualitätsproblemen, bei der Kunden zu spezifizierten Problemfällen und deren Beurteilung befragt werden. Im Mittelpunkt des P.D. steht zum einen die Häufigkeit, mit der ein Problem bei der Serviceerstellung auftritt, zum anderen wird die Bedeutung des Problems in der Wahrnehmung des Kunden untersucht. Einsetzen lässt sich das Verfahren allerdings nur in den Fällen, in denen die entsprechenden Problemklassen bereits bekannt sind. Diese Klassen müssen zuvor mit Hilfe geeigneter Verfahren (wie etwa der → Critical-Incident-Technik) ermittelt werden. Praktische Anwendung fand die Methode bereits in vielfältigen empirischen Untersuchungen. Exemplarisch sei auf eine Erhebung verwiesen, die Lindqvist unter Kreuzfahrt-Teilnehmern durchgeführt hat. Dieser Dienstleistungsbereich ist aufgrund des Zusammenwirkens einer Vielzahl von Einzelleistungen (Personenbeförderung, Hotelunterbringung, Restaurantverköstigung, zollfreier Einkauf, Unterhaltung) besonders problemanfällig. Lindqvist ermittelte 81 Problembereiche, die mit dem Lindqvist-Index bewertet wurden:

$$\text{Lindqvist-Index} = \frac{\sum_{i=1}^{n}(a_i + b_i)}{n}$$

Legende: a_i = Existenz des Problems, b_i = Wichtigkeit des Problems, n = Anzahl der Befragten.

Ausgehend von der Berechnung der Indizes ordnete Lindqvist die Probleme nach der Höhe der jeweiligen Indexwerte.

Process Reengineering, → *Business Reengineering.*

Producer, → Werbeberufe (9).

Product Life Cycle, → *Produktlebenszyklus.*

Product Line, → Produktlinie.

Product Placement, entgeltliche Produktwerbung durch Platzierung von → Produkten bzw. eindeutig erkennbaren → Marken. *Vgl. auch* → Werberecht.

Product Placement, rechtliche Aspekte. I. Medienrechtliche Grenzen: Beschränken das P. P. nur in Fernsehsendungen (Spielfilme, Informationssendungen usw.), nicht aber in Kinofilmen. Grundlagen des Medienrechts sind der Staatsvertrag über den Rundfunk im vereinten Deutschland sowie die Landesmedien- und Landesrundfunkgesetze. Sie enthalten das Gebot der Trennung von → Werbung und übrigem Programm, die Pflicht zur Kennzeichnung von Werbung, das Verbot der Programmbeeinflussung durch Werbeveranstalter und → Werbeträger, die Verpflichtung zur Blockbildung bei der Werbung sowie die zeitliche Beschränkung der Werbung – bei öffentlich-rechtlichen Sendeanstalten nur werktags und dann nur bis 20 Uhr. Daneben haben ARD, ZDF sowie die Landesmedienanstalten Grundsätze und Richtlinien für die Trennung von Werbung und Programm verabschiedet, die auch für das P. P. von Bedeutung sind.

II. Wettbewerbsrechtliche Grenzen sind vor allem das Irreführungsverbot (→ Irreführung) und das Verbot sittenwidrigen Handelns (§ 1 UWG), das z.B. in der → Zugabe zu einer Ware bestehen kann, die als Lockmittel zu werten ist (übertriebenes Anlocken).

Produkt, im Marketing die Bezeichnung für die Unternehmensleistung, die von den Nachfragern im Hinblick auf ihre Fähigkeit zur Nutzenstiftung beurteilt wird. Gemäß der Grundidee des Marketing wird bei der Festlegung des Produktbegriffes eine nachfragerorientierte Perspektive eingenommen. Aufgrund der Entmaterialisierung der Unternehmensleistung ist es üblich, auch → Dienstleistungen als P. zu bezeichnen. Es lassen sich drei Produktbegriffe unterscheiden: (1) Dem substanziellen Produktbegriff zufolge gilt ein Erzeugnis als ein Bündel aus verschiedenen nutzenstiftenden Eigenschaften. Er zielt auf die physikalischen, chemischen und technischen Merkmale eines Erzeugnisses ab (Grundnutzen). Beispielsweise besteht das Angebot eines Herstellers von Schokolade aus den substanziellen Merkmalen Vollmilch, Kakao und Zucker. (2) Sofern neben dem substanziellen P. (z.B. Beton, Eisen und Glas) auch eine Dienstleistung (Erstellung des Wohnhauses) eine Rolle spielt, sprechen Marketer vom erweiterten Produktbegriff. Hierbei stehen weniger die physikalischen, chemischen und technischen Merkmale eines Objekts im Mittelpunkt der Betrachtung, sondern vielmehr die Serviceleistung im Sinne einer Problemlösung (Servicepolitik). (3) Geht es dem Kunden beim Güterkauf hingegen um Prestige, Geltung und Status (→ Zusatznutzen) ist der generische Produktbegriff relevant. Es umfasst nicht nur das durch physikalisch, chemisch und technische Eigenschaften definierte Erzeugnis und die begleitenden Dienste, sondern auch alle darüber hinausgehenden Produktfacetten. P. lassen sich nach vielfältigen Kriterien typologisieren (Produkttypologie). Im Marketing üblich ist die Unterscheidung zwischen Dienstleistungen und Realgütern sowie zwischen Konsum- und Investitionsgütern. Nach der Reife lassen sich Rohstoffe, Halbfertig- und Fertigerzeugnisse unterscheiden. Daneben variiert die Ichbeteiligung bei → Low- bzw. High-Interest-Produkten. Stellt man auf die Beschaffungsanstregungen des Kunden ab, lässt sich zwischen Convenience-, Shopping- und Specialty Goods unterscheiden. Häufig spielt die Problemhaftigkeit der Güter eine Rolle, so daß eine Differenzierung zwischen problemlosen und problemvollen Erzeugnissen nahe liegt. Unabhängig vom Produktbegriff bilden Erzeugnisse Vektoren aus Merkmalen, die einen Wahrnehmungs- und Beurteilungsraum aufspannen. Ein Raum dieser Art erlaubt eine → Positionierung der Produkte (→ Produktpositionierung). Hierzu kommt es entscheidend auf das Zusammenspiel aller Marketingmixinstrumente an.

Produktbegleitende Dienstleistungen. In vielen Branchen ist eine Homogenisierung des Kernproduktes beobachtbar. Dadurch wird es immer schwieriger, sich alleine über das Kernprodukt zu differenzieren. Um dennoch einen Vorteil am Markt zu erzielen, erweitern viele Unternehmen ihr Angebot um P.D. Diese ergänzen die Sachgüter mit komplementären Serviceangeboten, so dass ein Leistungsbündel bestehend aus materiellen und immateriellen Leistungselementen entsteht. Die komplementären Dienste können dabei relativ nahe am Kernprodukt sein, aber auch etwas weiter weg von ihm liegen. Beispielsweise offeriert ein Maschinenbauunternehmen nicht alleine die Maschine, sondern auch Schulungen, Wartung, Finanzierung und ähnliche → Dienstleistungen. Nutzentheoretisch argumentiert, dienen P.D. dazu, das Kernprodukt anzureichern und damit einen zusätzlichen Wert (→ Added Value) zu schaffen. Im Added Value steckt das Potenzial zur Differenzierung und Profilierung der Unternehmensleistung.

Produktbündelung, → Produktpolitik.

Produktdeckungsbeitragsrechnung, → Produktergebnisrechnung.

Produktdesign, → Design.

Produktdifferenzierung, zielt auf die Modifikation eines Gutes, in dem Sinne, dass neben das bestehende noch ein abgewandeltes tritt. Der Grund für die Popularität dieser Vorgehensweise liegt im Bestreben von Unternehmen, den Besonderheiten einzelner Märkte Rechnung zu tragen. Die Notwendigkeit den segmentspezifischen Anforderungen zu genügen, kann sowohl von gesetzlichen Regelungen als auch von unterschiedlichen Nachfragerpräferenzen herrühren. Obgleich die P. als geeignetes Instrument zur segmentspezifischen Bearbeitung der Nachfrager und zur teilmarktbezogenen Herausforderung der Wettbewerber gilt, tauchen bei ihrer konsequenten Umsetzung einige Schwierigkeiten auf. So sind z.B. der Handlungszeitpunkt, die Anzahl der Varianten und das Ausmaß der Veränderung festzulegen. (1) Zur Ermittlung des Handlungszeitpunktes bietet sich ein Rückgriff auf den → Produktlebenszyklus an. Grundsätzlich ist es ratsam, eine Differenzierung vorzunehmen, bevor das Produkt in die Stagnations- bzw. → Degenerationsphase gelangt. (2) Eine steigende Anzahl von Varianten geht i.d.R. mit einer deutlich überproportionalen Erhöhung der → Komplexitätskosten einher. Vor diesem Hintergrund erweist sich die Differenzierungsentscheidung als äußerst schwierig. (3) Außerdem ist die Frage nach dem Ausmaß der Veränderung aller ins Auge gefassten Varianten ggü. dem Basisprodukt zu beantworten. Hierbei spielen die Bedürfnisse der Nachfrager, die Komplexitätskosten und wettbewerbspolitische Überlegungen eine Rolle. Darüber hinaus stehen die Varianten häufig in einem vielschichtigen Wirkungsverbund, der sich im Partizipations- und Substitutionseffekt niederschlägt. Der Partizipationseffekt bezeichnet die durch die Produktvariante hinzugewonnenen Nachfrager, die bislang Produkte der Konkurrenten erwarben. Ein Substitutionseffekt liegt vor, sofern die Kunden von einer Produktvariante zu einer anderen wechseln, d.h., es besteht Wettbewerb zwischen den Erzeugnissen eines Anbieters (Kannibalisierung).

Produkteigenschaften, beschreiben tatsächlich beobachtete oder rein gedanklich erfasste Bestandteile eines Objekts (→ Produkt), die den Kern bilden. Welche Merkmale ein Produkt aufweist und auf welche Weise diese in der Realität auftreten, hängt sowohl von seiner Beschaffenheit als auch von der Art der Wechselwirkung mit anderen Produkten und deren Wesen ab. Damit bilden Attribute die Basis dafür, dass Erzeugnisse in bestimmten Beziehungen zueinander stehen. Dabei wird ein Merkmal als quantitativ bezeichnet, sofern seine Ausprägungen jeden Wert eines Intervalls annehmen (z.B. Geschwindigkeit). Dagegen spricht man von einem qualitativen Attribut, falls sich jedes Produkt durch eine endliche Zahl von Zuständen bzgl. dieser Eigenschaft beschreiben lässt (z.B. Antriebsart). Treten nur zwei Zustände auf (z.B. Vierradantrieb, Zweiradantrieb), liegt ein binäres oder dichotomes im Gegensatz zu einem mehrstufigen oder multichotomen Merkmal vor. Mit einer abstrakten Eigenschaft (z.B. → Image) lässt sich ein Objekt (z.B. Pkw) umfassend beschreiben, während ein konkretes Attribut (z.B. Bremssystem) nur eine Facette eines Phänomens zum Ausdruck bringt. Unterscheiden sich zwei Eigenschaften nur quantitativ, gelten sie als inhaltlich identisch. Qualitativ verschiedene Merkmale stehen beispielsweise durch Ober- und Unterbegriffe in einem hierarchischen Verhältnis zueinander. Deshalb lassen sie sich unter einem gemeinsamen Terminus zu einer Klasse zusammenfassen. Jedes Merkmal verkörpert eine bestimmte qualitative oder quantitative Komponente eines komplexen Attributs. Umgekehrt besteht jedes Attribut aus mehreren, zumeist nicht explizierten eindimensionalen Merkmalen. Die Ausprägungsgrade solcher Eigenschaften (z.B. PS-Zahl) bilden Punkte auf einem Fahrstrahl. Für komplexe Eigenschaften (z.B. Kurvenstabilität) reicht ein Kontinuum zur Repräsentation der möglichen Ausprägungen nicht mehr aus, da die Kurvenstabilität bedingt z.B. durch Bremssystem und Bereifung variiert.

Produkteinführung, begründet den eigentlichen Lebensbeginn eines neuen Gutes im Markt. In dieser Phase entscheidet sich, ob und inwieweit das → Produkt von den Nachfragern angenommen bzw. gekauft wird. Je höher hierbei der Neuigkeitsgrad ist (echte → Innovation, quasi-neues → Produkt oder lediglich Mee-too-Produkt), desto eher ist das Produkt in der Lage, sich einen Wettbewerbsvorteil zu verschaffen. Der Erfolg einer P. ist dabei abhängig von der Neuigkeit und Erklärungsbedürftigkeit des Gutes, der Übereinstimmung mit den Bedürfnissen der Nachfrager und der Existenz von Substitutionsprodukten. Im Hinblick auf eine möglichst schnelle Absatz- und Umsatzsteigerung kommt vor allem der → Produkt- und der → Kommunikationspolitik große Bedeutung zu. Eine hohe Problemlösungsqualität (Produktpolitik) vermag am ehesten Wettbewerbsvorteile begründen und Innovatoren überzeugen. Dabei kommt insbesondere der → Werbung eine zentrale Rolle zu, die auf den Aufbau des Bekanntheitsgrades und des → Images eines Produkts bzw. einer → Marke bei der Zielgruppe abzielt. Ferner hängt der Erfolg der P. nicht zuletzt von der Preispolitik (Abschöpfungs- vs. Penetrationsstrategie) und einer ausreichende Distribution in den jeweiligen Absatzkanälen ab.

Produktelimination, hierbei geht es um die Herausnahme eines → Produktes aus der Angebotspalette eines Unternehmens im Rahmen der → Programmpolitik zu Zwecken der Programmerneuerung, -straffung oder -bereinigung. Dies betrifft Erzeugnisse, die ein bestimmtes Absatz-, Umsatz- oder Gewinnziel nicht erreichen, in den Augen der Nachfrager zur Bedürfnisbefriedigung nicht geeignet erscheinen oder im Wettbewerb mit den Konkurrenzprodukten nicht bestehen. Da Güter um die sehr knappen Ressourcen eines Unternehmens konkurrieren, ist es erforderlich, die Entwicklungs-, Produktions- und Vermarktungsanstrengungen lediglich für erfolgreiche oder Erfolg versprechende Produkte zu unternehmen. Insofern bedarf es einer systematischen und kontinuierlichen Untersuchung der Produktpalette, mit dem Anliegen, die Berechtigung für die Beibehaltung oder die Notwendigkeit für die Elimination der einzelnen Objekte nachzuweisen. Bei einer solchen Entscheidung sind zwei Gesichtspunkte ins Kalkül zu ziehen: (1) Häufig hat ein eliminationsverdächtiges Produkt bereits beträchtliche Ressourcen verschlungen. Daher darf eine Aussonderung nicht ohne vorhergehende Analyse erfolgen. (2) Zur Einführung und Pflege eines Guts bedarf es vielfältiger entwicklungs-, produktions- und marketingpolitischer Anstrengungen. Folglich ist ein am Markt nicht erfolgreiches Erzeugnis aus der Angebotspalette zu nehmen, um den weiteren unwirtschaftlichen Ressourcenverbrauch zu stoppen. Neben zahlreichen qualitativen Indikatoren spielt die Kosten- und Erlösrechnung eine zentrale Rolle bei der Analyse des Produktprogramms. In Abhängigkeit der Kosten, die dabei Berücksichtigung finden, ist zwischen einer Voll- und einer Teilkostenrechnung zu unterscheiden. Neben quantitativen Kriterien, wie Kosten, Umsatz, Gewinn und Rentabilität spielen im Vorfeld der Entscheidung über die Beibehaltung oder Elimination eines Produktes auch qualitative Größen eine Rolle. Die vom Produktmanager als relevant erachteten Kriterien bilden in vielen Anwendungen ein Scoringmodell. Den einzelnen Kriterien lassen sich Gewichtungsfaktoren zuweisen, die deren relative Bedeutung zum Ausdruck bringen. Aus einer Verrechnung der Gewichtungsfaktoren mit der auf der danebenstehenden Skala abgetragenen Einschätzung über die Ausprägung des Kriteriums ergibt sich ein kriteriumsspezifischer Beurteilungswert. Die Addition der Teilurteile über alle Kriterien führt zu einem Index, der Chancen und Risiken einer Aussonderung bzw. einer Beibehaltung des Produktes signalisiert.

Produktentwicklung, zählt nach Ansoff zu den vier alternativen strategischen Stoßrichtungen zur Erschließung von Wachstumsquellen. Sie erfasst die Möglichkeit durch neue → Produkte auf bereits bestehenden Märkten Wachstum zu realisieren. Entschließt sich ein Unternehmen zur P., steht es vor der Wahl zwischen zwei grundlegenden Handlungsalternativen. Zum einen besteht die Möglichkeit → Innovationen i.S.v. echten Marktneuheiten auf einem bestehenden Markt anzubieten. Zum anderen kann das Unternehmen sein → Produktprogramm durch die Entwicklung zusätzlicher Produktvarianten (→ Produktvariation) vergrößern. Für beide Fälle erweist sich die Marktorientierung als zentraler Erfolgsfaktor. Er wird umso bedeutsamer in Märkten, in denen Verdrängungswettbewerb und die damit einhergehende Neuproduktinflation bzw. verkürzte → Produktlebenszyklen herrschen.

Produktergebnisrechnung, produktbezogene → Deckungsbeitragsrechnung, bei der ähnlich der → Kundenergebnisrechnung in einem mehrstufigen Prozess von dem Produktnettoerlös, die durch das jeweilige Produkt verursachten Kosten abgezogen werden.

Produkterlebnis, beschreibt, wie ein Konsument ein Erzeugnis (→ Produkt) erlebt. Bei der gezielten Vermittlung eines bestimmten Erlebnisses kommt es insbesondere auf das Produktäußere und auf die → Kommunikation an. Das Produktäußere umfasst die gesamte sinnlich wahrnehmbare Gestaltung durch Form und Farbe, Geruch, Geschmack und Geräusch. Deswegen sollte nicht nur auf das visuelle Erscheinungsbild geachtet werden, denn auch die anderen Sinne spielen beim Produkterlebnis eine wichtige Rolle. Alle Sinne des Konsumenten sollten angesprochen werden, um eine multisensuale Wirkung zu erzeugen. Das Streben nach funktionalem → Design führt häufig zu austauschbaren Produkten. Nur ein erlebnisorientiertes → Produktdesign ist dazu geeignet, Präferenzen beim Nachfrager zu generieren. Neben dem Produkt trägt auch dessen → Verpackung zum Produkterlebnis bei. Mithilfe des Geruches, der Form und Farbe, der Grafik sowie der Symbolik und der → Slogans hat die → Verpackung eine aktivierende Funktion, unterstützt die Anmutung und fördert die Erwartungen an das Produkt. Vor allem aber trägt der → Markenname zum Erlebniswert eines Produktes bei. Ziel ist es insbesondere, eine starke → Markenpersönlichkeit zu schaffen, die sich klar von anderen Marken abhebt. Für das P. ist es bedeutsam, dass sich das Erzeugnis am Lebensstil der Zielgruppe ausrichtet. Weiterhin muss das P. kommunikativ begleitet werden. Insofern besteht eine enge Beziehung zur → Kommunikationspolitik.

Produkterlös, erzielter Preis für ein Produkt. Zu unterscheiden ist dabei zwischen produktbezogenem Brutto- und Nettoerlös. Der Produktnettoerlös entspricht dem um → Erlösschmälerungen bereinigten Produktbruttoerlös.

Produkt-Facelifting, stellt eine Form der → Produktvariation dar. Mit Hilfe des P.-F. wird insbesondere das äußere Erscheinungsbild eines Erzeugnisses verändert, um z.B. verändertem Geschmack oder neuen Moden Rechnung zu tragen. Das → Produkt wirkt dadurch optisch jünger und aktueller. Außerdem lässt ein Facelift die bisherigen Erzeugnisse obsolet erscheinen und eignet sich insofern dazu, die Nachfrage nach Ersatzprodukten anzukurbeln.

Produktfamilie. In der Marketingliteratur finden sich zu diesem Begriff zwei Vorstellungen wieder. Zum einen bezeichnet die P. eine von sechs Ebenen der Produkthierarchie. Sie umfasst in dieser Hinsicht sämtliche → Produkte, die ein Grundbedürfnis in ähnlicher Weise zufrieden stellen können. Zum anderen repräsentiert die P. ein umfangreiches Paket sich ergänzender Produkte. Im Mittelpunkt steht dabei das Denken in Verwendungszusammenhängen. So zählen beispielsweise Trinkgläser, Porzellanservice und Besteck zu einer P. Bei der Konzeption einer P. empfiehlt es sich vier Parameter festzulegen: (1) Art der Komplementarität, (2) Intensität der Produktverbundenheit bei der Produktnutzung oder beim Produktkauf, (3) Relativer Rang der Produkte (z.B. besitzen eine Bohrmaschine und der Stichsägenvorsatz unterschiedliche relative Ränge hinsichtlich des Leistungsumfangs) und (4) Dimensionen der P., so die Breitendimension (komplette oder unvollständige Abdeckung des Verwendungsbereiches) und die Tiefendimension (ein vs. mehrere Verwendungszwecke).

Produktfehler, → Produkthaftung.

Produktgestaltung, → Leistungsgestaltung.

Produktgruppe, *Produktklasse*; eine Ebene der Produkthierarchie. Der P. lassen sich sämtliche Produkte innerhalb einer → Produktfamilie subsumieren, zwischen denen ein sachlicher Zusammenhang besteht.

Produktgruppenmanagement, bezeichnet das Zusammenfügen einzelner → Produktmanagements zu einem übergeordnetem Management, wobei die Zusammenfassung nach einer → Produktgruppe erfolgt.

Produkthaftung, *vgl. auch* → Produktpolitik, rechtliche Aspekte, → Haftpflichtrecht.

I. Gegenstand: (1) Begriff: Schadenersatzhaftung des bzw. der Anspruchsverpflichteten für die das sog. Integritätsinteresse beeinträchtigenden Begleit- und Folgeschäden (Mangelfolgeschäden) aus der ordnungsgemäßen Benutzung oder dem vorgesehenen Verbrauch fehlerhafter oder gefährlicher → Produkte, die der Anspruchsberechtigte infolge des Produktfehlers an seinen Rechts- und Vermögensgütern erlitten hat. (2) Mangelfolgeschäden: Personenschäden, d.h. Schäden an Leben oder Gesundheit einer mit dem fehlerhaften Produkt in Berührung gekommenen Person, Sachschäden, d.h. Schäden, die über den Schaden an dem fehlerhaften Produkt selbst hinausgehen und die durch dessen Benutzung an Vermögensgütern entstehen, sowie reine Vermögensschäden, wie z.B. der Gewinnausfall wegen einer defekten Produktionsanlage. (3) Anspruchsverpflichtete: Grundsätzlich alle Unternehmungen, die mit dem den Mangelfolgeschaden verursachenden Produkt in Berührung gekommen sind: Konstruktionsbüros, Hersteller von Zwischen- und Endprodukten, Groß- und Einzelhändler, Importeure sowie Serviceunternehmen. Dabei haftet jeder nur für den in seinem Verantwortungsbereich verursachten Produktfehler.

II. Haftungsgrundlagen: (1) Allgemeines: Zivilrechtliche Produkthaftungsansprüche in der Bundesrepublik Deutschland regeln die allgemeinen Haftungsbestimmungen des BGB, die für alle Produkte gelten, das auf dem Prinzip der Verschuldensunabhängigkeit basierende Produkthaftungsgesetz (ProdHaftG) sowie spezielle Vorschriften über die P. in einzelnen Gesetzen, die jeweils für bestimmte Produkte gelten, wie z.B. das Arzneimittelgesetz, das Futtermittelgesetz und das Saatgutverkehrsgesetz. Liegt zwischen dem Geschädigten und dem Schädiger ein Vertragsverhältnis (z.B. direkter Vertrieb eines Herstellers) vor, dann stehen sowohl die vertragliche P. (z.B. Haftung für das Fehlen zugesicherter Eigenschaften, Haftung aus positiver Vertragsverletzung) als auch die deliktsrechtliche Haftung und die Haftung nach dem ProdHaftG in Anspruchskonkurrenz zueinander: Der Geschädigte kann aus den drei Anspruchsgrundlagen die für ihn – insbesondere unter dem Aspekt der Beweisprobleme – günstigste wählen. Besteht kein Vertragsverhältnis, dann kann der Geschädigte immer noch zwischen der deliktsrechtlichen und der Haftung nach dem ProdHaftG wählen. (2) Produktfehler und Verkehrspflichten: a) Konstruktionsfehler und Planungspflichten: Konstruktionsfehler treten bei allen Produkten auf, womit jedem Verbraucher, der ein solches Produkt benutzt, ein Schaden droht, wie z.B. bei fehlerhaft konstruierten Bremsen. Der Hersteller hat die Pflicht, seinen Betrieb so einzurichten, dass technische Mängel bereits in der Planung vermieden werden. Er hat bei der Konstruktion den gültigen Stand der Wissenschaft und Technik zu beachten sowie die Produkte vor der Markteinführung ausreichend unter praxisnahen Bedingungen zu erproben. Wichtig: Die behördliche Zulassung oder Genehmigung bzw. Patentierung einer fehlerhaften Konstruktion entbinden den Hersteller nicht von seinen Verkehrspflichten, da die Herstellerpflicht zum einen umfassender ist als die Prüfungspflicht und der Prüfungsumfang einer Behörde und zum anderen im Rahmen eines Patentverfahrens nur die technische Neuheit eines Produktes geprüft wird. b) Produktionsfehler und Kontrollpflichten: Im Unterschied zum Konstruktionsfehler sind von einem Produktionsfehler nur einzelne Produkte betroffen, z.T. auch eine ganze Serie (sog. „Montagsproduktion"). Ursachen sind mangelhaft arbeitende Maschinen und Fehlverhalten des Personals. Kontrollpflichten beziehen sich auf alle Prozesse der Beschaffung und Fertigung: Kontrolle der Einsatzmaterialien (Rohstoffe, Halbfabrikate, Zwischenprodukte) und Maschinen sowie Zwischen- und Endkontrolle der Produkte innerhalb des Produktionsprozesses. c) Instruktionsfehler und Hinweispflichten: Instruktionsfehler liegen vor, wenn ein einwandfrei konstruiertes und produziertes Produkt dadurch Schäden anrichtet, dass der Hersteller den Benutzer nicht ausreichend auf bestimmte vorhersehbare Gefahren hingewiesen hat, die mit der Benutzung oder dem Verbrauch des Produktes einhergehen. Hinweispflichten sind die Belehrung des Benutzers über die sachgerechte und bestimmungsgemäße Bedienung und Handhabung des Produktes und die Warnung vor spezifischen, für den Verbraucher nicht ohne weiteres erkennbare Gefahren. d) Produktbeobachtungsfehler und Überwachungs- und Rückrufpflichten: Produktbeobachtungsfehler entstehen, wenn es der Hersteller versäumt, die Bewährung seiner Produkte am Markt zu beobachten und bei Kenntnis von Schäden, die seine Produkte verursachen, geeignete Gegenmaßnahmen einzuleiten, wie z.B. öffentliche oder persönliche Warnungen, Rückrufaktionen (vor allem bekannt in der Reifen-, Elektro- und Automobilbranche) und Auslieferungssperren. (3) Haftungsvoraussetzungen: Bei der deliktsrechtlichen Haftung nach § 823 I BGB müssen vorliegen ein Schaden, d.h. ein verletztes Rechtsgut, ein Fehler, d.h. ein Produktfehler und Herkunft des Fehlers aus der beklagten Unternehmung, der Kausalzusammenhang zwischen dem verletzten Rechtsgut und dem Produktfehler bei bestimmungsgemäßer Verwendung des fehlerhaften Produktes sowie das Verschulden der beklagten Unternehmung. Im Unterschied hierzu liegt dem ProdHaftG das Prinzip der verschuldensunabhängigen Unrechtshaftung zugrunde: Das Verschulden des Schädigers muss nicht nachgewiesen werden.

III. Management von Produkthaftungsrisiken: Soll die Eintrittswahrscheinlichkeit von Schadensfällen mindern bzw. die Gefahr möglicher Ersatzleistungen im Schadensfall verhindern oder reduzieren. Aufgabenbereiche sind die → Risikoanalyse zur Erkennung und Gewichtung von Produktfehlern und daraus resultierender Mangelfolgeschäden, Maßnahmen zur Ausschaltung bzw. Begrenzung der in der Risikoanalyse ermittelten Risiken (z.B. Verstärkung der sicherheitsorientierten Produktforschung, Intensivierung von Kontrollen, Sicherheitswerbung) sowie Maßnahmen zur Beherrschung des Risikos einer Inanspruchnahme im Schadensfall (z.B. vertragliche Abdingung von Produkthaftungsansprüchen, Abschluss von Produkthaftpflichtversicherungen).

Hendrik Schröder

Produktinvolvement, → Involvement.

Produktivität, → Kennzahl für die technische Ergiebigkeit der betrieblichen Faktorkombinationen. Sie gibt das Verhältnis von mengenmäßigem Output zu mengenmäßigem Faktoreninput an.

$$\text{Produktivität} = \frac{\text{Mengenmäßiger Output}}{\text{Mengenmäßiger Input}}$$

Durch die mengenmäßige Betrachtung unterscheidet sich die P. von der Wirtschaftlichkeit, die das Verhältnis von wertmäßigem Output zu wertmäßigem Input abbildet. Zu unterscheiden sind grundsätzlich Globalproduktivitäten, bei denen alle Produktionsfaktoren im Nenner einbezogen werden, und Teilproduktivitäten, die nur Bezug auf eine bestimmte Produktionsfaktorart nehmen.

Produktivitätsparadoxon, widerspricht der Erwartung, dass eine positive Beziehung zwischen Investitionen in neue Technologien und der Produktivität einer Unternehmung herrscht. Unter Produktivität wird dabei das Verhältnis von Produktionswert zum Kapitaleinsatz verstanden. Wie empirische Studien gezeigt habe, bringen Investitionen z.B. in die Informationstechnologie teilweise eine Stagnation oder gar Verringerung der Produktivität bzw. Rentabilität mit sich. Gründe für dieses Paradoxon liegen zum einen an der mangelnden Zurechenbarkeit von IT Investitionen zur Produktivität, zum anderen in der zeitlichen Verzögerung, nach der Investitionen Früchte tragen. Weiterhin führen Investitionen über alle Teilnehmer der Branche tendenziell nur zur Umverteilung von Marktanteilen, nicht jedoch zur Produktivitätssteigerung. Investitionen sind in diesem Fall lediglich Maßnahmen zur Sicherung des Überlebens am Markt. Innovationen im Investitionsbereich werden von der Konkurrenz übernommen, so dass sich die Vorteile neutralisieren, Wird dabei das Marktvolumen nicht ausgeweitet (stagnierende Märkte), so sind Produktivitätseinbußen auf Branchenebene zu beobachten.

Produkt-Leasing, **Öko-Leasing**, → Ökologieorientierte Marketingstrategien, → Ökologieorientierte Produktpolitik, → Umweltfreundliche Konsumgüter.

Produktlebenszyklus, *Product Life Cycle*; beschreibt den „Lebensweg“ eines → Produktes von dessen Einführung im Markt bis zur Elimination. In ihm manifestieren sich Mode-, Geschmacks- und Stilwandlungen genauso wie technischer Fortschritt sowie technische und psychologische Veralterung. Nicht nur → Marken und Produktarten besitzen einen Lebenszyklus, sondern auch bei Materialien, Farben, Formen und Produktions- und Verarbeitungsweisen kann ein solcher Zyklus existieren. Grundsätzlich handelt es sich beim P. um ein zeitbezogenes Marktreaktionsmodell, bei dem die abhängige Variable eine unternehmerische Erfolgsgröße, wie Absatz, Umsatz, Deckungsbeitrag oder Gewinn ist und die Zeit als Einzige unabhängige Variable fungiert. Der typische Verlauf eines P. gliedert sich in fünf deutlich differierende Phasen: (1) Nach Abschluss der Entwicklungsphase erfolgt die Einführung des neuen Produktes am Markt. (2) Daran schließt sich i.d.R. die Wachstumsphase an, in der sich der Absatz stark ausweitet und ein positiver Deckungsbeitrag erwirtschaftet wird. (3) Der Wendepunkt der Absatzkurve markiert den Übergang in die → Reifephase, allerdings verringern sich die Zuwachsraten. (4) In der → Sättigungsphase kommt es zu keiner Zunahme des Absatzvolumens, was sich negativ auf den Deckungsbeitrag auswirkt. (5) Die Sättigungsphase leitet über zu der → Degenerationsphase, in der ein Rückgang des Absatzes und ein weiterer Verfall des Deckungsbeitrags nicht mehr durch den Einsatz des marketingpolitischen Instrumentariums aufzuhalten ist.

Produktlinie, umfasst eine Gruppe an → Produkten, die eng miteinander verwandt sind, weil sie im Absatz miteinander verbunden sind, ähnlich funktionieren, auf vergleichbare Weise hergestellt werden oder in die selbe Preiskategorie fallen. Der Vertrieb einer P. erfolgt häufig unter Anwendung einer Dachmarkenstrategie (→ Dachmarke). Ein wichtiger Gesichtspunkt betrifft die optimale Größe der P. Ist die Linie zu kurz, kann der Gewinn durch zusätzliche Produkte gesteigert werden, ist die Linie hingegen zu lang, kann der Gewinn durch die Verkürzung der Linie, also durch die Eliminierung von Produkten erhöht werden. Die Länge der P. wird durch die Ziele des Unternehmens beeinflusst. Unternehmen, die ein volles Angebotsspektrum bieten wollen oder auf hohe Marktanteile abzielen, haben längere P. Einzelne unrentable Produkte fallen weniger ins Gewicht und werden beibehalten, um ein möglichst vielfältiges Angebot offerieren zu können. Hingegen sind die P. bei Anbietern, die auf hohe Profitabilität achten, normalerweise kürzer und bestehen aus gewinnträchtigen Erzeugnissen. P. tendieren dazu, im Zeitablauf länger zu werden, denn es treten mehr neue Produkte in das Angebot als alte Erzeugnisse verschwinden. Erweiterte P. sind oftmals das Resultat von Versuchen, überschüssige Kapazitäten in der Fertigung besser auszulasten oder die Folge des Drucks der Absatzmittler auf eine größere Angebotspalette. Eine P. kann systematisch auf zwei Weisen vergrößert werden. Zum einen kann eine bestehende Linie nach oben oder unten ausgeweitet werden, indem qualitativ höherwertige (Oberklassenfahrzeug bei VW) bzw. niedrigwertigere (A-Klasse bei Mercedes) Produkte hinzukommen. Zum anderen kann ein Unternehmen seine P. ausbauen, indem es innerhalb des bisherigen Spektrums zusätzliche Produkte aufnimmt, etwa um Lücken im Angebot zu füllen. In einigen Fällen ist der Umfang der P. adäquat, aber die Linie muss modernisiert werden, beispielsweise um Anschluss an die Konkurrenz zu halten.

Produktlinienanalyse (PLA), → Öko-Bilanzen.

Produktmanagement, *Brand Management, Product Planning Management, Product Line Management, Product Marketing Management*, bezeichnet die Umsetzung einer produktorientierten Marketingorganisation (→ Marketingorganisation, Produktorientierung der). Ein P. ist sinnvoll für Unternehmen, die eine Vielzahl von Produkten und Marken führen. Hier besteht die Gefahr, dass nicht alle Produkte und Marken optimal gemanagt werden. Dann kann es sinnvoll sein, → Produktmanager mit der Betreuung einzelner Marken und Produkte zu beauftragen. Das P. wurde im Konsumgüterbereich (→ Konsumgütermarketing) entwickelt und wird heute branchenübergreifend und in nahezu allen großen Unternehmen eingesetzt. Die Produkte dienen als Bezugspunkt der Aufgabengestaltung. Aufgaben werden also nach ihrer Zugehörigkeit zu Produkten bestimmten Funktionsträgern zugeordnet. Hierdurch wird erreicht, dass die produktbezogenen Aktivitäten der verschiedenen Funktionen des Unternehmens durch den → Produktmanager koordiniert werden können. Zudem können sich die Aufgabenträger, die für die Maßnahmenplanung und -durchführung zuständig sind, untereinander abstimmen. Im Hinblick auf die organisatorische Verankerung des P. innerhalb der Unternehmensorganisation ist allgemein festzuhalten, dass das P. typischerweise einen Bestandteil der Marketingabteilung oder technisch orientierter Abteilungen wie beispielsweise F&E darstellt. Seltener sind Produktmanager dem → Vertrieb zugeordnet, wo eher → Key Account Manager zu finden sind. Für die Organisation des P. lassen sich verschiedene Alternativen unterscheiden. Bei der Gestaltung des P. als Stabsabteilung arbeitet das P. der Marketing- oder Geschäftseinheitsleitung zu. Die konzeptionellen und analytischen Vorarbeiten des P. können dann von der Marketingleitung durch ihre Weisungsbefugnis im Unternehmen durchgesetzt werden. Das P. selbst verfügt als Stab nicht über die formale Weisungskompetenz, um die geplanten Aktivitäten bei den anderen Funktionen des Unternehmens zu koordinieren und durchsetzen zu können. Im Fall des P. als Linieninstanz erfolgt die organisatorische Eingliederung der Produktmanager in die Marketingabteilung oder als direkte Unterordnung des P. unter die Unternehmens- bzw. Geschäftseinheitsleitung. Bei dieser Art der organisatorischen Verankerung stellt das P. also eine Linienabteilung dar, die gleichrangig ggü. den anderen funktionalen Linienabteilungen gestellt ist. Aufgrund dieser Gleichberechtigung sind die Produktmanager teilweise noch auf die Unterstützung durch die Geschäftseinheits- oder Marketingleitung angewiesen, um sicherstellen, dass die Aktivitäten der anderen Funktionen des Unternehmens wie Vertrieb, Produktion, F&E auf die speziellen Anforderungen der von ihm betreuten Produktgruppe ausgerichtet werden. Eine dritte Gestaltungsalternative stellt das P. in mehrdimensionalen Organisationsstrukturen dar. Hier ist die Mehrfachunterstellung in einer Matrixstruktur (→ Matrixorganisation) institutionalisiert. Die Produktmanager und die Manager der einzelnen Funktionen stehen sich zwar wie bei der Linienorganisation gleichrangig ggü. Doch können die Produktmanager auf die Mitarbeiter der Funktionsmanager Einfluss nehmen. In der Unternehmenspraxis läuft diese Regelung darauf hinaus, dass die Produktmanager bestimmen, welche Aktivitäten in den einzelnen Funktionen in Bezug auf ihre Produkte durchgeführt werden sollen. Die Funktionsmanager (beispielsweise aus Vertrieb, Produktion oder Finanzen) legen dann die Gestaltung und die Durchführung dieser Aktivitäten fest. Die Einführung dieser Gestaltungsalternative des P. ist insbesondere in den folgenden Situationen Erfolg versprechend: Die zu bewältigenden Aufgaben sind komplex und erfordern den gemeinsamen Einsatz von Spezialisten aus verschiedenen Abteilungen, die betroffenen Mitarbeiter haben die Fähigkeit zur Kommunikation und Kooperation und können Konflikte ertragen und austragen, das Marketingkonzept prägt die Unternehmensphilosophie. Als ein Vorteil der P. im Rahmen einer Matrixstrukturierung gilt, dass der Produktmanager als Produktspezialist und Funktionsgeneralist seine absatzpolitischen Entscheidungen in Übereinstimmung mit Linienmanagern (Produktgeneralisten und Funktionsspezialisten) treffen muss. Hierdurch werden Expertenwissen und gesamtunternehmerische Interessen angemessen berücksichtigt. Als Nachteil ist der hohe Koordinationsaufwand zu nennen. Eine vierte Gestaltungsalternative des Produktmanagements ist das → Category Management, das als eine Weiterentwicklung des traditionellen Produktmanagements (Stabs-, Linien- und Matrixorganisation) gilt.

Produktmanager, Brand *Manager*, bezeichnet einen Manager der im Rahmen des → Produktmanagements die Marketingleitung für ein Produkt oder eine → Produktgruppe übernimmt. Er nimmt im Wesentlichen die Managementaufgaben Planung, Koordination und Kontrolle bzgl. des Produktes oder der Produktgruppe, für die er verantwortlich ist, wahr. Dies umfasst die folgenden Aufgabenfelder: (1) Sammlung und Aufbereitung von Informationen über die Produkte, (2) Konzeption und Planung der produktbezogenen Marketingaktivitäten sowie Erstellung von Produktstrategien, (3) Erarbeiten von Konzeptionen für Produktinnovationen, (4) Mitarbeit an der Implementierung dieser Konzeptionen, (5) Durchführung der Kontrolle der produktbezogenen Marketingaktivitäten.

Produkt-Markt-Matrix, von H.I. Ansoff (1966) entwickeltes strategisches Analyseinstrument, das der Suche nach strategischen Alternativen dient (→ Strategien, Typologien von). Ansoff geht davon aus, dass ein Unternehmen grundsätzlich über vier alternative strategische Stoßrichtungen verfügt. Jede dieser Stoßrichtungen bietet dem Unternehmen Wachstumsmöglichkeiten, die durch das Angebot von bestehenden oder neuen Produkten auf bestehenden oder neuen Märkten ausgeschöpft werden können.

Märkte / Leistungen	jetzige	neue
jetzige	Marktdurchdringungs-strategie	Marktentwicklungs-strategie
neue	Produktentwicklungs-strategie	Diversifikations-strategie

Strategietypen im Rahmen der Produkt-Markt-Matrix nach Ansoff

Literatur: Ansoff, H.I. (1966): Management-Strategie, München.

Produktmarktraum, ein Ansatz zur Beschreibung und Erklärung des Produktwahlverhaltens. Diesem Konzept liegen die folgenden Überlegungen zugrunde: (1) Es existiert eine Menge von → Produkten, die sich jeweils anhand einer Vielzahl von Attributen beschreiben lassen. Eine solche Gütermenge kann z.B. aus Konkurrenzprodukten, wie Armbanduhr und Pelzmantel oder Coke und Pepsi, bestehen. (2) Jede Eigenschaft verkörpert eine Achse im psychischen Wahrnehmungs- und Beurteilungsraum. Alle Eigenschaften zusammen spannen einen nach ihrer Anzahl dimensionierten kognitiven Raum auf. (3) Es liegen die Urteile von Probanden über die Ausprägungen der Erzeugnisse bei den einzelnen Eigenschaften vor. Damit lässt sich jedes Gut einem bestimmten Punkt im kognitiven Raum zuordnen. Unter Heranziehung mathematisch-statistischer Ansätze, wie Verfahren der Mehrdimensionalen Skalierung und Faktorenanalyse, gelingt es, die folgenden Ziele zu erreichen: (1) Die Zahl der Dimensionen des Wahrnehmungsraums lässt sich ohne großen Informationsverlust verringern. (2) Hieraus resultieren die für die Perzeption von Produkten durch die Individuen maßgeblichen Achsen. (3) Die relativen Positionen der Erzeugnisse im Perzeptionsraum geben Aufschluss über deren Ähnlichkeit. Dabei schätzen die Probanden die betrachteten Erzeugnisse nicht bzgl. vorgegebener Merkmale, sondern anhand der globalen Ähnlichkeit ein. Die Dimensionen des ermittelten P. entstehen demzufolge nicht durch die Vorgaben des Marktforschers. Vielmehr lässt sich die interessierende Konfiguration aus den Affinitätsurteilen erschließen. Diese Methode erlaubt den Versuchspersonen bei der Beurteilung der Ähnlichkeit von Gütern, von ihrer eigenen Welt der Attribute und deren Ausprägungen auszugehen. Daneben bleibt die kognitive Anstrengung begrenzt, da sich der Proband lediglich dazu äußert, ob er z.B. Pepsi und Fanta oder etwa Coke und Sprite für einander ähnlicher hält. Neben den relativen Positionen der Produkte zueinander interessieren auch die Dimensionen, die für die Verteilung der Güter im Perzeptionsraum verantwortlich sind. Was sich inhaltlich hinter den Koordinaten des Modells verbirgt, ist auf dem Wege einer Expertenbefragung oder unter Heranziehung statistischer Verfahren zu erhellen. Diesem Zweck dient der Profit-Ansatz (Property Fitting). Um neben der Wahrnehmung auch die Präferenzen der Nachfrager zu rekonstruieren, kommt der „Joint Space" in Betracht. Zunächst erstellt man auf der Grundlage der Ähnlichkeitsdaten den P. für die interessierenden Güter. Daraufhin wird

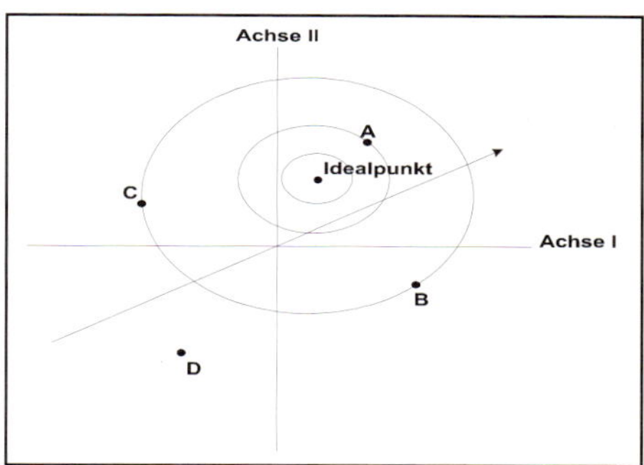

Das Idealpunkt-Modell

für jedes befragte Individuum jener Ort in der Konfiguration identifiziert, der den höchsten Präferenzwert reflektiert. Unabhängig von der gewählten Methode (interne oder externe Präferenzanalyse) ist eine Transformationsregel erforderlich, die es erlaubt, aus der Anordnung der Güter im Raum Hinweise auf das Verhalten der Betroffenen abzuleiten. Hierzu kommen Idealmodelle in Betracht, von denen zwei Spielarten, das Idealpunkt- und das Idealvektor-Modell, im Marketing Beachtung finden. Beim Idealpunkt-Ansatz verkörpert ein einziger Punkt die Merkmalswunschkombination eines Probanden (vgl. Abb. „Das Idealpunkt-Modell"). Dabei wählt der Betroffene jenes Produkt, das die kürzeste richtungsunabhängige Distanz zum Idealpunkt aufweist. Die Isopräferenzkurven lassen sich durch konzentrische Kreise um das Idealprodukt darstellen. Güter, die auf der gleichen Isopräferenzkurve liegen, erfahren vom Individuum auch die gleiche Präferenz. Mit zunehmender Entfernung der Realprodukte vom Idealpunkt nimmt die Vorziehenswürdigkeit kontinuierlich ab. Sofern beide Dimensionen die gleiche Bedeutung besitzen, lässt sich eine geringe Ausprägung eines Erzeugnisses beim ersten Attribut durch eine entsprechend höhere Ausprägung beim zweiten Merkmal ausgleichen (und umgekehrt). Dem Idealvektor-Ansatz liegt die Idee zugrunde, dass sich die vom Probanden bekundete Präferenzordnung aus der Richtung eines Vektors und aus den Projektionen der Produkte auf diesen Fahrstrahl rekonstruieren lässt (vgl. Abb. „Das Idealvektor-Modell"). Dabei gibt der Vektor sowohl die Richtung zunehmender Vorziehenswürdigkeit als auch die Bedeutung der einzelnen Merkmale für das Zustandekommen der Präferenzreihung an. Der Ko-

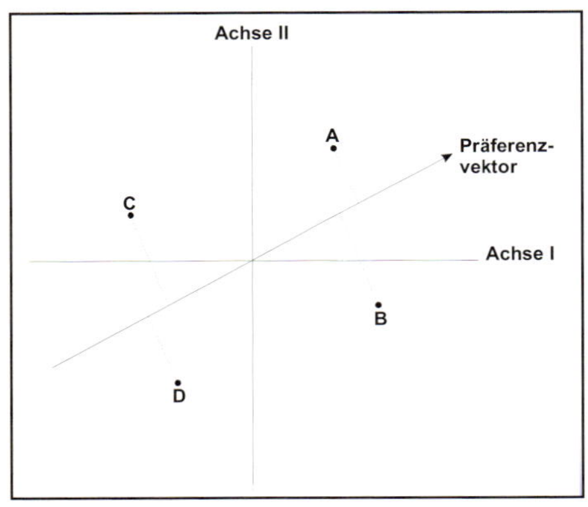

Das Idealvektor-Modell

sinus des Winkels zwischen dem Fahrstrahl und einer Achse des „Joint Space" (Wahrnehmungs- und Präferenzraum) liefert den Beitrag dieses Merkmals zu der entsprechenden Präferenzordnung. Beispielsweise ist das auf der ersten Achse abgetragene Merkmal für die Präferenzbildung des Individuums von großer Bedeutung, während dem anderen Attribut nur eine geringe Relevanz zukommt. In gleichem Maße bevorzugte Güter liegen im Idealvektor-Modell auf der gleichen, senkrecht zum Präferenzvektor verlaufenden Isopräferenzlinie. Der räumliche Abstand des Fahrstrahls (Länge des Lots) und die Lage des Produktes oberhalb oder unterhalb des Vektors sind für die Markenwahl des Konsumenten bedeutungslos. Entscheidend für den Kauf eines Gutes ist das Ausmaß des Präferenzwerts, den die Objekte auf dem Vektor einnehmen. Wird von jedem Produktpunkt ein Lot auf den Fahrstrahl gefällt, erhält man eine Rangreihung der Präferenzen für die einzelnen Erzeugnisse.

Andreas Herrmann

Produktmix, Gesamtheit aller → Produkte und Produktlinien.

Produktmodifikation, → Relaunch.

Produktnutzen, bezeichnet das Maß an Bedürfnisbefriedigung, das ein Individuum durch die Verwendung oder den Verbrauch eines Gutes bzw. durch Inanspruchnahme einer Dienstleistung erfährt. Man unterscheidet zwei grundsätzliche Nutzenkategorien: den Grund- und den Zusatznutzen. Der Grundnutzen resultiert aus den physikalisch-technisch-funktionalen Eigenschaften des Produktes, wie etwa Sättigung als Resultat des Verzehres einer Mahlzeit oder den Transport von A nach B. Der Zusatznutzen geht über den Grundnutzen hinaus und umfasst den Individualnutzen sowie die Geltungsnutzen-Komponente. Der Individualnutzen (auch: Erbauungsnutzen) befriedigt den inneren Anspruch des Konsumenten, beispielsweise statt simplen Transport luxuriöses und bequemes Reisen von A nach B. Der Geltungsnutzen wiederum verkörpert den Drang nach sozialer Anerkennung und persönlicher Aufwertung, etwa durch Reisen von A nach B in einer prestigeträchtigen Luxuslimousine (z-B: Jaguar). Diese Kategorie des Nutzen resultiert somit aus den sozialen Eigenschaften eines Produktes.

Produktorientierung, → Marketingorganisation, Produktorientierung der.

Produktpiraterie, → Nachahmung, → Produktpirateriegesetz, → Anti-Piraterie-Verordnung.

Produktpirateriegesetz. I. Gegenstand: Gesetz zur Stärkung des Schutzes des geistigen Eigentums und zur Bekämpfung der Produktpiraterie von 1990, sog.

Artikelgesetz, das Änderungen und Ergänzungen vor allem für das Patent-, das Gebrauchsmuster-, das Halbleiterschutz-, das Geschmacksmuster- sowie das mittlerweile ersetzte Warenzeichengesetz enthält.

II. Maßnahmen: Das P. erlaubt die Vernichtung von Erzeugnissen, die Gegenstand von Schutzrechten sind, sowie von Produktionsanlagen, auf denen diese Erzeugnisse hergestellt wurden, soweit diese Eigentum des Schutzrechtsverletzers sind. Daneben bestehen die Pflicht zur Auskunft über die Warenherkunft sowie die Möglichkeit zur Beschlagnahme von Piraterieware durch die Zollbehörden.

Produktpiraterie-Richtlinie. Entwurf von Februar 2003, der den EU-weiten Schutz gegen die Produkt- und Markenpiraterie vorsieht. Im Zentrum steht ein umfassendes Auskunftsrecht, das es erlaubt, die gesamte Distributionskette bis zum Erzeuger der Ware zurückzuverfolgen. Jeder Händler ist danach verpflichtet, Auskunft über seinen Lieferanten zu geben. „Das Auskunftsrecht, das ggü. allen an der Rechtsverletzung Beteiligten wirksam ist, verpflichtet den Antragsgegner, Auskünfte über die Herkunft der rechtsverletzenden Ware zu erteilen, ferner über die Vertriebswege sowie die Identität Dritter, die an der Herstellung und am Vertrieb der Ware beteiligt sind. Bisher hat das Recht auf Auskunft nur in die Rechtsordnungen weniger Mitgliedstaaten Eingang gefunden, nämlich in das deutsche Immaterialgüterrecht (§ 19 MarkenG) und in das Markenrecht der Benelux-Staaten." Ebenso enthält die Richtlinie die Vorschläge zum Aus-dem-Verkehr-ziehen rechtsverletzender Ware (Art. 13) sowie zur Vernichtung rechtsverletzender Ware für den Fall, dass dem Inhaber des Rechts an geistigem Eigentum durch den Verbleib der Ware am Markt ein Schaden entstehen würde. Da sich die Richtlinie u.a. am deutschen Recht (*vgl. auch* → Produktpirateriegesetz und → Markengesetz) orientiert, sind diesbezüglich keine über die derzeitige Rechtslage hinausgehende Regelungen zu erwarten.

Produktplanung, internationale, Aktivität innerhalb der internationalen → Leistungspolitik. Handlungsalternativen im Rahmen der internationalen Produktplanung bestehen in der unveränderten Übertragung der bisherigen Produktkonzeption auf die Auslandsmärkte, der länderspezifischen Anpassung der Produktkonzeption sowie der Entwicklung eines neuen Produkts für die Auslandsmärkte. Stufen für die Entwicklung eines neuen Produkts im Rahmen der internationalen Produktplanung sind die Gewinnung von Produktideen, die Grobauswahl der Produktideen, die Wirtschaftlichkeitsanalyse als Detailanalyse, die Produktentwicklung, Tests für neue Produkte sowie die Planung der Markteinführung. Die Vorteilhaftigkeit der jeweiligen Handlungsalternative kann nur im konkreten Einzelfall festgestellt werden. Von Bedeutung ist in diesem Zusammenhang das → EPRG-Schema; während ethnozentrisch orientierte Unternehmen häufig eine unveränderte Übertragung der bisherigen Produktkonzeption auf die Auslandsmärkte anstreben, ist die länderspezifische Anpassung der Produktkonzeption typisch für ein → polyzentrisches Marketing. Die Entwicklung eines neuen standardisierten Produkts für die Auslandsmärkte hingegen korreliert mit dem geozentrischen bzw. → Global Marketing.

Produktplatzierung, bei der P. entscheidet das Handelsunternehmen über Art, Ort, Umfang und Häufigkeit der Platzierung der in einer Verkaufsstätte präsentierten Waren (→ Warenpräsentation). Als Art des Warenträgers kommen z.B. Regale, Schütten, Wühltische u.s.w. in Frage. Ein Regal wird wiederum in die Sicht-, Griff-, Reich- und Bückzone unterteilt. Beim Ort der Platzierung unterscheidet man zwischen Normal- und → Sonderplatzierungen. Der Umfang der Platzierung wird z.B. durch die Kontaktstrecke (Breite der Platzierung in Metern multipliziert mit der Anzahl der Regalböden) oder der Anzahl der Facings, d.h. der neben- oder übereinander platzierten Produkteinheiten, gemessen. Mit Blick auf die Häufigkeit kann das Handelsunternehmen zwischen einer einfachen, einer → Zweitplatzierung und weiteren Platzierungen entscheiden.

Produktpolitik, I. Begriff: Unter instrumenteller Perspektive ein Teilbereich des → Marketingmix. Die P. umfasst alle Entscheidungen, die sich auf die Gestaltung der Absatzleistung (→ Produkte bzw. → Dienstleistungen) eines Unternehmens beziehen. Hierzu zählen sowohl produkt- als auch programmpolitische Aktivitäten. Den Kern bildet das Produkt, das kreiert, auf dem

Markt eingeführt, dort gepflegt, bei Bedarf modifiziert und gegebenenfalls eliminiert wird. Daneben spielen im Rahmen der P. auch Entscheidungen über begleitende Dienste, die Verpackungsgestaltung (→ Verpackung) und die → Markenbildung eine Rolle. Zu den begleitenden Diensten gehören beispielsweise Montage-, Beratungs-, Zustellungs- und Reparaturleistungen, aber auch Garantieversprechen und Schulungsveranstaltungen. Die P. bezieht sich nicht nur auf das einzelne Erzeugnis, sondern auf die Zusammenstellung verschiedener Güter oder ganzer Gütergruppen zu einer Gesamtheit. Dies hat zur Folge, dass auch Fragen hinsichtlich Umfang und Struktur der Angebotspalette zu beantworten sind. Außerdem interessieren Möglichkeiten zur Veränderung des Produktprogramms im Hinblick auf die Breite (Anzahl der geführten Produktlinien) und die Tiefe (Anzahl der Varianten innerhalb einer Produktlinie). Daneben bedarf es einer Entscheidung darüber, ob und inwieweit neue Produkte und Dienstleistungen ins Angebot aufgenommen werden sollen (→ Diversifikation). Diese produktpolitische Maßnahme führt zu einer Erweiterung der Angebotspalette, vermag neue Ertragsquellen erschließen und das unternehmerische Risiko reduzieren, setzt aber voraus, dass sich das Unternehmen eine bislang unbekannte Technologie möglichst rasch zu Eigen macht. Eine in vielen Branchen populäre Aktivität besteht darin, einzelne Komponenten (z.B. Aluminiumfelgen, Sportlenkrad, Sportsitze und Metalliclackierung) zu einem Bündel zusammenzufassen (Produktbündelung), dieses mit einem bestimmten Nutzenversprechen zu versehen (z.B. Sportpaket) und am Markt zu offerieren. Hierzu gehört auch die Verknüpfung von Erzeugnissen, die funktional nicht zwingend zusammengehören (z.B. ein aus einer Armbanduhr und einem Parfüm bestehendes Paket), und die Verquickung eines Hauptproduktes mit einem oder mehreren Nebenprodukten (z.B. ein aus einem CD-Player und einer Disk zusammengefügtes Bündel). Ein Nachfrager bewertet das vorliegende Gut durch einen Vergleich des damit verbundenen Nutzens mit den Kosten, die mit dessen Erwerb auftreten. Damit lässt sich die Gesamtheit aller positiven Facetten des Angebotes als Leistung kennzeichnen, wohingegen alle Kosten zum Erwerb der Alternative den Preis verkörpern. Die Leistung erteilt Auskunft über die Fähigkeit eines Produzenten, die Bedürfnisse der Nachfrager zu befriedigen, d.h. ihnen Problemlösungen zu vermitteln. Insofern ist es für den Erfolg eines Unternehmens unerlässlich, die Fähigkeit seiner Erzeugnisse zur Problemlösung in den Blickpunkt zu stellen.

II. Aufgaben: Die Aufgaben der P. teilen sich in drei zentrale Bereiche auf: a) → Produktentwicklung und -einführung: Aufgrund kürzerer → Produktlebenszyklen, hoher Flopraten (→ Flop Rate) und wachsendem Wettbewerbsdruck stellt die Entwicklung und Einführung neuer Produkte einen wichtigen Erfolgsfaktor für Unternehmen dar. Hier geht es darum, neue Produktkonzepte zu entwickeln und erfolgreich einzuführen. b) Produktpflege: Bei eingeführten Produkten ist es notwendig, Ansprüche der Kunden zu beachten. Bei Veränderungen müssen dann Maßnahmen der Produktdifferenzierung oder der -variation erfolgen. c) → Produktelimination: Bei sinkender Kundenakzeptanz besteht die Möglichkeit, Produkte aus dem Sortiment zu entfernen. Vor allem in der letzten Phase des Produktlebenszyklusses kann diese Strategie sinnvoll sein. Es ergeben sich vier Herausforderungen für die P.: (1) Ein Unternehmen muss die → Leistungsgestaltung an den Ansprüchen der Individuen orientieren. Das Postulat der umfassenden Marktadäquanz bildet somit den Ausgangspunkt aller leistungsbezogenen Gestaltungsmaßnahmen. In diesem Konzept enthalten ist die Forderung, nicht zwingend eine nutzenmaximale Leistung zu generieren, sondern die Bedürfnisse lediglich besser zu befriedigen, als es der Wettbewerber zu tun vermag. (2) Ob bzw. inwieweit ein Angebot den Erwartungen des Konsumenten entspricht, geht aus dem Wahrnehmungs- und Bewertungsverhalten hervor. Eine Leistung lässt sich nicht durch ihre objektive Beschaffenheit mittels technisch-konstruktiver und physikalisch-chemischer Merkmale (Sachgut) oder die Art der Verrichtung (Dienstleistung) charakterisieren. Vielmehr bildet das Urteil über die Zwecktauglichkeit einer Offerte das Ergebnis eines Informationsaufnahme- und -verarbeitungsprozesses. Es bestimmen nicht die physikalischen, chemischen und technischen Merkmale eines Erzeugnisses die Kaufentscheidung, sondern die mitunter von objektiven Gegebenheiten abweichende subjektive Einschätzung seines Problemlösungspotenzials. (3) Entsprechend dem generischen Produktbegriff (→ Produkt) lässt sich formulieren, dass Nachfrager nicht Eigenschaftsbündel, sondern einen Komplex an Nutzenkomponenten kaufen. Diese Vorstellung ist nahe liegend, da die Abnehmer selten alle nutzenstiftenden Eigenschaften eines Erzeugnisses kennen. Außerdem gilt in zahlreichen Fällen, dass verschiedene Merkmale einen konkreten Nutzen erfüllen und ein Attribut auf verschiedene Nutzenbereiche wirkt. Allerdings vermag ein Anbieter bei der Entwicklung eines Erzeugnisses lediglich Entscheidungen über die Ausprägungen der physikalischen, chemischen und technischen Merkmale zu treffen. (4) Die konsequente Orientierung der Unternehmensleistung an den Nutzenvorstellungen der Nachfrager führt häufig zu einer Aufhebung der traditionellen Branchengrenzen. Aus dieser strategischen Ausrichtung resultieren ganz neue Konkurrenzrelationen zwischen Unternehmen, die bislang nicht im Wettbewerb miteinander standen und sogar als sich ergänzende Anbieter (z.B. Banken und Versicherungen, Getränkeanbieter und Tenniscenter) am Markt agierten. Insofern sind im Vorfeld einer Produktkonzeption die Wettbewerbsbeziehungen auszuloten. Organisatorisch wird die P. häufig in spezifischen Organisationseinheiten (z.B. beim Produktmanagement) verankert. Diese Querschnittsfunktion ermöglicht es, die Kundenwünsche möglichst schnell und ungefiltert ins Unternehmen zu tragen. Dabei entstehen jedoch spezifische Schnittstellenprobleme, insbesondere mit der → Forschung & Entwicklung sowie der Produktion., die im Rahmen eines alle Funktionen übergreifenden → Qualitätsmanagement zu lösen sind.

III. Instrumente: Das produktpolitische Instrumentarium umfasst mehrere Teilbereiche: a) Produktqualität: auch als P. i.e.S. bezeichnet, beinhaltet dieser Bereich Entscheidungen über die Konzeption funktionaler Produkteigenschaften. b) Produktausstattung: hier wird die ästhetische Gestaltung des Produktes durch die → Verpackung und das → Design im formalen Sinne festgelegt. c) → Markierung: betrifft die Namensgebung und Kennzeichnung des Produktes (→ Warenkennzeichnung). d) Programm/Sortiment: im Rahmen dieses Teilbereiches werden Entscheidungen über die Gestaltung von → Produktlinien getroffen (→ Programmentscheidung, → Programmpolitik). e) Service und Dienstleistungen: hierzu zählen die Maßnahmenbereiche Beratung und Information, Lieferleistung, → Kundendienst sowie Garantieleistung.

Literatur: Haedrich, G./Tomczak, T. (1996): Produktpolitik, Stuttgart u.a.; Herrmann, A. (1998): Produktmanagement, München; Koppelmann, U. (2001): Produktmarketing. Entscheidungsgrundlagen für Produktmanager, 6. Aufl., Heidelberg.

Andreas Herrmann

Produktpolitik, rechtliche Aspekte. I. Gegenstand: Vielfältige Rechtsvorschriften wirken restriktiv auf die Produkt- und Verpackungsgestaltung sowie auf die Markierung oder vermitteln hierfür Schutzpositionen (→ Rechtsschutz, gewerblicher). Rechtliche Grenzen der Produkt- und Verpackungsgestaltung haben vor allem zum Ziel, die Sicherheit und Gesundheit der Verbraucher zu schützen.

II. Direkte Qualitätssteuerung: Durch Mittel des Wirtschaftsverwaltungsrechts, das eher präventiv angelegt ist und durch zwingende Vorschriften den Eintritt von Schäden nach Möglichkeit verhindern und die Gefahren für die geschützten Rechtsgüter bereits an ihrem Ursprungsort bekämpfen will. Diese Rechtsnormen wirken entweder unmittelbar, indem sie vorschreiben wie Produkte beschaffen sein bzw. verarbeitet werden müssen, oder mittelbar, indem sie vorschreiben, wer bestimmte Produkte herstellen darf (Zulassungsaufsicht) und wann ein Gewerbe untersagt werden darf (Gewerbeaufsicht). Dach- und Rahmengesetz des deutschen Lebensmittelrechts bildet das (1) Lebensmittel- und Bedarfsgegenständegesetz (LMBG): Es hat vor allem durch die Einbeziehung von Tabakerzeugnissen, kosmetischen Mitteln und Bedarfsgegenständen (u.a. Körperpflegemittel, Spielwaren, Scherzartikel, sämtliche Reinigungs-, Pflege- und Imprägniermittel sowie Mittel zur Geruchsverbesserung und Insektenvertilgung) eine weit reichende Bedeutung für produktpolitische Entscheidungen. So ist es z.B. untersagt, Lebensmittel, Kosmetika oder sonstige Bedarfsgegenstände herzustellen oder zu vertreiben, die geeignet sind, die menschliche Gesundheit zu schädigen, Bedarfsgegenstände in Lebensmitteln zu verwenden, soweit dies zu Gesundheitsschäden führen kann, und Zusatzstoffe in Lebensmitteln zu verwenden, die nicht ausdrücklich als Zusatz zugelassen sind. Des Weiteren soll die

Gefahr ausgeschlossen werden, Erzeugnisse mit Lebensmitteln zu verwechseln. Es ist untersagt, „Erzeugnisse, die keine Lebensmittel sind, bei denen jedoch aufgrund ihrer Form, ihres Geruchs, ihres Aussehens, ihrer Aufmachung, ihrer Etikettierung, ihres Volumens oder ihrer Größe vorhersehbar ist, dass sie von den Verbrauchern, insbesondere von Kindern, mit Lebensmitteln verwechselt und deshalb zum Munde geführt, gelutscht oder geschluckt werden können" (§ 8 Ziff. 3 LMBG), herzustellen und zu vermarkten, wenn diese Verwechslung eine Gefährdung der Gesundheit hervorruft. Von den im LMBG eingeräumten Regelungsbefugnissen, zur Verhütung einer Gesundheitsgefährdung durch die betreffenden Produkte Rechtsverordnungen zu erlassen, hat der deutsche Verordnungsgeber regen Gebrauch gemacht. Er hat diverse Verordnungen erlassen, durch die z.B. Höchstmengen an absichtlich beigefügten Zusatzstoffen festgesetzt, zulässige Rückstände von Arznei- und Pflanzenschutzmitteln sowie Antibiotika festgelegt, die Beachtung von Hygienevorschriften verlangt, die Verwendung bestimmter Stoffe bei der Produktion überhaupt verboten oder ihr Einsatz zwingend vorgeschrieben werden. (2) Produktsicherheitsgesetz (ProdSG): Gilt ausschließlich für Konsumgüter, nicht für Produktionsanlagen, Investitionsgüter, Rohstoffe, Halbfabrikate und andere nur für die berufliche Nutzung bestimmte Produkte. Es soll gewährleisten, dass nur sichere Produkte auf den Markt gebracht werden. Ein Produkt ist nach § 6 ProdSG sicher, wenn von ihm bei bestimmungsgemäßer oder zu erwartender Verwendung keine erhebliche, mit der Art der Verwendung nicht zu vereinbarende und bei Wahrung der jeweils allgemein anerkannten Regeln der Technik nicht hinnehmbare Gefahr für die Gesundheit und Sicherheit von Personen ausgeht. Die Beurteilung der Sicherheit eines Produktes erstreckt sich vor allem auf die Eigenschaften des Produktes einschließlich seiner Zusammensetzung, Verpackung, der Anleitungen für seinen Zusammenbau und der Wartung, seine Einwirkung auf andere Produkte (soweit seine Verwendung mit anderen Produkten zusammen zu erwarten ist), seine Darbietung, Aufmachung im → Handel, Kennzeichnung, die Anweisungen für seinen Gebrauch und seine Beseitigung sowie die sonstigen Angaben oder Informationen durch den Hersteller sowie auf besondere Verbrauchergruppen, die bei der Verwendung des Produkts einer größeren Gefährdung ausgesetzt sind als andere, besonders Kinder. Behörden dürfen vor nicht sicheren Produkten warnen und sie vom Markt zurückrufen. (3) Gesetz über den Verkehr mit Arzneimitteln (AMG): Bildet die Grundlage des deutschen Arzneimittelrechts und schreibt vor, wie ein Arzneimittel beschaffen sein soll, wer Arzneimittel herstellen darf und wie und durch wen ein Arzneimittel in den Verkehr gebracht werden darf. (4) Gesetz über technische Arbeitsmittel (sog. Maschinenschutzgesetz = MschG): Bietet den Gewerbeaufsichtsämtern die Grundlage, Herstellern und Importeuren von technischen Arbeitsmitteln – darunter fallen u.a. Arbeits- und Kraftmaschinen, Werkzeuge, Arbeitsgeräte, Haushaltsgeräte, Sport- und Bastelgeräte sowie Spielzeug – durch ein sog Vertriebsverbot den Absatz sicherheitstechnisch mangelhafter Geräte zu untersagen. (5) Kennzeichnungsvorschriften: Alle Vorschriften, die entweder positive oder negative Warenkennzeichnungspflichten für einzelne Wareneigenschaften bzw. Qualitätsbestandteile, wie z.B. Materialart, Brauchbarkeit, Haltbarkeit, Frische und Gefährlichkeit enthalten, z.B. im LMBG, AMG, MschG, Textilkennzeichnungsgesetz in der Lebensmittelkennzeichnungsverordnung und in der Benzin-Qualitätsangabenverordnung verankert, oder durch Festlegung von Standards und Handelsklassen zur Darstellung der Gesamtqualität der Produkte zwingen und eine Pauschalbeurteilung von Waren ermöglichen. Ziel ist die Unterrichtung der Verbraucher in einheitlicher, allgemein verständlicher Form über wesentliche, objektiv nachprüfbare und gesicherte Warenmerkmale, um eine kritische Beurteilung zu ermöglichen und sie damit sowohl vor gesundheitlichen Schäden und Sicherheitsrisiken als auch vor Irreführung zu schützen.

III. Indirekte Qualitätssteuerung: Durch Mittel des → Haftpflichtrechts, das eher korrektiv wirkt und entstandene Schäden ausgleichen bzw. beseitigen will. Allerdings bewirkt das Haftpflichtrecht i.d.R. auch eine mittelbare Verhaltenssteuerung, indem es ein betriebswirtschaftliches Kalkül induziert, das die Kosten von Qualitätsverbesserungen den Kosten vermeidbarer Haftpflichtansprüche gegenüberstellt.

Produktpositionierung, stellt das Ergebnis sämtlicher marketingpolitischer Maß-

nahmen dar, die auf die als günstig erachtete Stellung eines → Produktes im Wahrnehmungsraum der Nachfrager abzielen. Der Wahrnehmungsraum wird von den Kaufentscheidungskriterien aufgespannt, anhand derer ein Nachfrager das Produkt wahrnimmt und beurteilt. Welche Position eine Leistung innerhalb des Wahrnehmungsraumes einnehmen sollte, zeigt die Produktpositionierungsanalyse. Mit Hilfe des Verfahrens der Eigenschaftsbeurteilung oder der Multidimensionalen Skalierung erfolgt dabei zunächst die Konstruktion des → Produktmarktraumes (joint space). Beim Produktmarktraum handelt es sich um den Wahrnehmungsraum
eines Konsumenten, der sowohl die Realprodukte als auch das Idealprodukt enthält. Die Distanz zwischen der Position der einzelnen Realprodukte und des Idealproduktes beschreibt die Kaufwahrscheinlichkeit der Produkte. Je geringer diese Distanz ist, desto stärker präferiert das Individuum die Leistung. Mit Hilfe des Marketingmix geht es darum, das eigene Produkt in der Nähe des Idealproduktes, aber möglichst weit entfernt von den Konkurrenzleistungen zu (re-)positionieren. Nur dann besitzt die Leistung einen komparativen Konkurrenzvorteil.

Produktproben, Maßnahme der → Verkaufsförderung. P. (Samples) sind unentgeltliche Proben bzw. Muster von Produkten mit dem Ziel, Erstkäufe zu induzieren.

Produktprogramm, umfasst alle → Produkte, die ein Unternehmen zum Kauf anbietet. Im Handel findet sich nicht die Bezeichnung P. sondern Sortiment. Die Notwendigkeit, eine Produktprogrammgestaltung vorzunehmen, resultiert aus den Verbundbeziehungen, die zwischen den Produkten eines Unternehmens existieren. Dabei eignet sich eine Unterscheidung von drei Typen von Verbundeffekten: (1) Der Bedarfsverbund resultiert aus dem gemeinsamen Ge- bzw. Verbrauch von Gütern. (2) Der Nachfrageverbund ergibt sich aus der gemeinsamen Nachfrage von Gütern durch den Konsumenten. Im Mittelpunkt steht dabei der rationelle Einkauf von Gütern des täglichen Bedarfs. Im Gegensatz zum Nachfrageverbund bezieht sich der Kaufverbund auf lediglich einen Kaufakt. – Aufgrund der Verbundeffekte gilt es, die → Innovation, → Produktdifferenzierung, → Produktvariation oder gar Eliminierung von Produkten (→ Produktelimination) im Gesamtzusammenhang zu sehen. – Bei der Planung und Gestaltung des P. empfiehlt es sich, zwischen strategischen und operativen Entscheidungen zu differenzieren. Im Rahmen der strategischen Produktprogrammplanung erfolgt die Bestimmung der Programmbreite, d.h. die Anzahl der → Produktlinien, und der Programmtiefe, d.h. die Zahl der Produkte innerhalb einer Produktlinie. Diese Entscheidung beeinflusst zum einen die Wahl der Marktabdeckungsstrategie. Zum anderen impliziert eine hohe Zahl an Produktlinien und Produkten eine ausgeprägte Unternehmenskomplexität und somit hohe Komplexitätskosten. Die operative Produktprogrammplanung umfasst sämtliche Entscheidungen im Rahmen der Gestaltung der Produktlinien. Im Mittelpunkt der Entscheidungen steht dabei die Frage, welche Produkte zu einer Produktlinie gehören. Weiterhin gilt es festzulegen, inwiefern sich eine Ausweitung der Produktlinie empfiehlt, ob das Auffüllen einer Produktlinie durch neue Produkte zu einer Kannibalisierung führt, ob eine Modernisierung der Produktlinie angebracht erscheint und inwiefern es sich anbietet, einzelne Produkte aus der Linie herauszustellen oder in der Produktlinie eine Bereinigung notwendig erscheint?

Produktqualität, → Qualität.

Produktrentabilität, direkte, wird als Differenz aus dem Netto-Verkaufspreis und dem Netto-Einkaufspreis sowie den direkten Produktkosten ermittelt und stellt den Beitrag eines Produktes zur Deckung der nicht direkt zurechenbaren Kosten sowie des Gewinnes dar. Die verschiedenen Modelle unterscheiden sich durch eine unterschiedliche Ermittlung der direkten Produktkosten. Die Spannweite reicht von der Einbeziehung nur der variablen Kosten über die ‚verursachungsgerecht, direkt zurechenbaren' Kosten, die auch Fixkostenbestandteile enthalten, bis zur Berücksichtigung sogar der Kosten von z.B. Verwaltung und Geschäftsleitung. Damit setzt sich diese Methode der gleichen Kritik wie eine Vollkostenrechnung aus: Aufgrund der Proportionalisierung fixer Kosten ist die Kennzahl der direkten Produktrentabilität nur bedingt entscheidungsrelevant. Die in den direkten Kosten enthaltenen Fixkosten sind i.d.R. nicht oder nur in geringerem Umfang abbaufähig. Ebenso werden Effekte, die auf einem → Sortimentsverbund beruhen, nicht berücksichtigt.

Produkt-Sharing, → Ökologieorientierte Marketingstrategien.

Produktsicherheit, → Produktpolitik, rechtliche Aspekte, → Produkthaftung.

Produkt-Spots. Im → Commercial wird der Produktnutzen des beworbenen Produktes demonstriert. Ein großer Teil der Spothandlung besteht aus einer Produktdemonstration. Produktspots lassen sich unterscheiden in (1) Monadic Demo (monadische Produktdemonstration wie Darstellung der Produktzusammensetzung) und (2) Comparative Demo (vergleichende Produktdemonstration wie Side-by-Side-Vergleiche). *Vgl. auch* → Gestaltung.

Produktstandardisierung, → Standardisierung.

Produktteilkostenrechnung, produktbezogene → Teilkostenrechnung.

Produkttest, bei einem P. wird einer Reihe von Testpersonen ein Produkt zur Verfügung gestellt. Dabei kann es sich um ein neues Produkt oder aber auch um ein bereits existierendes Produkt handeln. Nach Ge- oder Verbrauch des Produktes werden die Probanden dann nach ihren Eindrücken befragt. Diese Eindrücke können sich sowohl auf das ganze Produkt (Volltest) als auch auf einzelne Eigenschaften (Partialtest) beziehen. Je nach Anzahl der in den Test einbezogenen Produkte unterscheidet man den monadischen Test (Einzeltest) von dem nichtmonadischen Test (Vergleichstest). Die Vergleichstests können weiter untergliedert werden in Paarvergleiche, triadische Tests und Tests mit Bildung einer Rangreihenfolge. Bei der Präsentation des Produktes unterscheidet man den Blindtest, bei dem auffällige Merkmale wie Markenname, Form oder Farbe entfernt werden, und den identifizierten Test, bei dem den Probanden das Produkt in marktüblicher Form dargeboten wird. Je nach Länge kann man den Test in Kurzzeittests und Langzeittests unterteilen, wobei das Produkt entweder nur einmalig und kurz oder mehrmals und über einen längeren Zeitraum zur Verfügung gestellt wird. Eng damit verbunden ist die Unterscheidung in Haushaltstests und Studiotests. Während die Probanden bei den Haushaltstests das Produkt üblicherweise zugeschickt bekommen und die Antwort in Form eines Fragebogens liefern (→ Home-Use-Test), wird der Studiotest auf offener Straße in mobilen Studios durchgeführt. – Weiter lässt sich der P. nach der Art der Fragestellung differenzieren. Bei einem Präferenztest soll geprüft werden, ob und warum die Probanden das Testprodukt einem vergleichbaren Produkt vorziehen. Mit Hilfe eines Deskriptionstest sollen die Eigenschaften des Produktes herausgefunden werden, die den Probanden am auffälligsten erscheinen. Oft werden dabei auch die Anforderungen an ein Idealprodukt erfragt. Der Akzeptanztest soll Informationen darüber liefern, ob bei den Probanden eine Kaufabsicht aufgrund der Qualität oder des Preises besteht. Bei einem Diskriminationstest wird überprüft, welche Unterschiede die Probanden zwischen Produkten wahrnehmen. Schließlich wäre noch der Evaluationstest zu nennen, bei dem das Produkt, unter Einbeziehung aller Kriterien, bewertet werden soll. → ASSESSOR-Modell.

Produkttreue, → Markentreue, → Kundenbindung.

Produkttypologie, dient der Einteilung von Produkten anhand von bestimmten Gemeinsamkeiten in Kategoriensysteme. Klassifikationen dieser Art ermöglichen es, spezifische marketingpolitische Maßnahmen für die verschiedenen Produkttypen festzulegen, um auf diese Weise Märkte gezielt bearbeiten zu können. Üblicherweise unterscheidet man Produkttypologien nach Dauerhaftigkeit und materieller Beschaffenheit (Verbrauchs- Gebrauchsgüter du Dienstleistungen) oder nach dem Ablauf des Kaufprozesses (Convenience Goods, Shopping Goods und Specialty Goods).

Produktvariation, Bewusste Veränderung von Eigenschaften bzw. Nutzenkomponenten, die ein bisher angebotenes → Produkt auszeichnen. Die Frage, inwieweit durch die Modifikation ein völlig neues oder nur ein abgewandeltes Erzeugnis entsteht, vermag letztlich nur der Käufer zu entscheiden. Grundsätzlich bleiben bei der P. die Basisfunktion des Guts sowie sein Verwendungszweck und seine Anwendungsmöglichkeiten erhalten. Vornehmlich geht es darum, ästhetische Facetten, wie Design, Farbe und Form, sowie symbolische Aspekte, zu denen etwa die zusatznutzenstiftenden Attribute (→ Zusatznutzen) gehören, zu modifizieren (→ Produktlebenszyklus). Die Gründe für diese produktpolitische Aktion sind vielfältig: (1) Da sich die Wünsche und Bedürfnisse der Nachfrager im Zeitverlauf ändern, ist eine Anpassung der nutzenstiftenden Attribute eines Guts für den Erfolg unerlässlich. (2) Gesetzliche Auflagen, wie im Automobilsektor oder in der Waschmittelbranche, zwingen ein Unternehmen dazu, ein Erzeugnis bei einem oder mehreren Merkmalen zu variieren. Diese Argumente verdeutlichen, dass die P. zwei Zielen dient: Erstens ist ein Unternehmen bestrebt, eine im Hinblick auf Absatz, Umsatz oder Gewinn als optimal identifizierte Lage am Markt zu verteidigen, sofern andere Akteure angreifen. Zweitens gilt, wenn eine andere als die bisherige Position am Markt günstiger erscheint, kommt eine Repositionierung in Betracht, die sich durch eine Variation der nutzenstiftenden Eigenschaften unterstützen lässt (→ Positionierung). Ein Blick auf die produktpolitischen Aktivitäten von Unternehmen zeigt, dass zwei Spielarten der P. zu finden sind, die Produktpflege und der Produktrelaunch. Beiden Varianten gemeinsam ist die Tatsache, dass die Gesamtzahl der vom Anbieter offerierten Erzeugnisse konstant bleibt. Den Gegenstand der Produktpflege bildet die kontinuierliche Verbesserung des am Markt eingeführten Erzeugnisses. Maßnahmen dieser Art sind geeignet, die nach der Produkteinführung auftretenden Mängel zu beheben. Darüber hinaus trägt die Produktpflege dazu bei, den Herstellungsprozess zu vereinfachen und die Abläufe in anderen betrieblichen Einheiten zu verbessern. Auch kommt es darauf an, die Aktualität eines Gutes durch regelmäßige Anpassung an Modetrends zu sichern. Der Produktrelaunch (→ Relaunch) kennzeichnet eine umfassende Modifikation eines Erzeugnisses bei einer oder mehreren Produktmerkmalen. Zur Unterstützung der Absatzwirkung einer solchen Produktveränderung kommen häufig auch andere Marketinginstrumente zum Einsatz. Denkbar sind beispielsweise eine Reduktion des Preises, eine Intensivierung der → Werbung und die Auswahl neuer Vertriebswege. Mit einem Produktrelaunch reagiert ein Anbieter zumeist auf eine unbefriedigende Absatz-, Umsatz- und Gewinnentwicklung. Viele Beispiele verdeutlichen, dass sich die Lebensdauer eines Gutes durch die Modifikation mitunter erheblich verlängern lässt. Allerdings ist sorgfältig abzuwägen, inwieweit der durch den Relaunch ausgelöste Umsatzschub die mit der Produktveränderung einhergehenden Kosten ausgleicht.

Produktverpackung, → Verpackung.

Produktvollkostenrechnung, produktbezogene → Vollkostenrechnung.

Produktzeichen, → Warenzeichen, → Warenkennzeichnung.

Produzentenhaftung, → Produkthaftung.

Profilierungsstrategie, P. von Handelsunternehmen zielen darauf ab, sich ggü. der Konkurrenz aus Sicht der Kunden abzuheben. Die Notwendigkeit einer P. ergibt sich u.a. aus der hohen Wettbewerbsintensität im Handel. Handelsunternehmen verfügen über vielfältige Möglichkeiten, sich zu profilieren. Beispielsweise können sie sich durch das Sortiment, den Standort, Dienstleistungen und die Ladengestaltung von der Konkurrenz aus der Perspektive der Kunden abheben. *Vgl. auch* → Betriebstypendifferenzierung, → Betriebstypenprofilierung, → Differenzierungsstrategie.

Profil-Methode, Verfahren zum Entwickeln eines Untersuchungsdesigns bei der → Conjoint-Analyse. Zu diesem Zweck wird jede Merkmalsausprägung eines Merkmals einmal mit der Merkmalsausprägung eines anderen Merkmals des Produkts kombiniert.

Profit Center, eindeutig abgegrenzte Organisationseinheit, die für den Erfolg ihrer wirtschaftlichen Aktivitäten verantwortlich ist. Erfolg ist dabei definiert als Differenz aus Leistungen und Kosten. Im Gegensatz zum → Cost Center ist ein P.C. damit nicht nur für die in dessen Zuständigkeitsbereich verursachten Kosten, sondern auch für die zugehörige Leistungsseite verantwortlich. Ziel der P.C.-Leitung ist die Erfolgsverbesserung des verantworteten Bereichs. P.C. können anhand verschiedener Kriterien abgrenzt werden, z.B. nach (1) Gebieten, (2) Produktlinien, (3) Vertriebswegen, (4) Kundengruppen, (5)

Unternehmensbereichen. Durch die Bildung derartig abgegrenzter Bereiche in Gestalt von P.C. soll vor allem eine Komplexitätsreduktion innerhalb des Unternehmens erreicht werden. Bezweckt werden weiterhin eine Erhöhung der Flexibilität, eine schnellere Reaktionsfähigkeit, eine Steigerung der Innovationsfähigkeit sowie insgesamt eine motivationsfördernde Wirkung auf die Leitung des P.C. Voraussetzung hierfür ist, dass sich Kosten und Leistungen dem P.C. weitgehend zurechnen lassen und die Beeinflussbarkeit dieser Größen durch das P.C.-Management gewährleistet ist.

Profit-Center-Konzept, bezeichnet eine → Organisationsstruktur, bei der sich die Bildung von organisationalen Teileinheiten (Sparten bzw. Divisionen) an → Profit Centern orientiert.

Profit-Impact-of-Market-Strategies Modell, → PIMS-Modell.

Prognose, → Prognosemethoden.

Prognosemethoden, neben der Analyse vergangenheitsbezogener → Daten spielt in der → Marktforschung die Vorhersage möglicher Entwicklungen eine wichtige Rolle. Grundlage für eine Prognose bilden dabei Erkenntnisse und Entwicklungen aus der Vergangenheit. Allgemein lassen sich Prognosen durch fünf Punkte charakterisieren. (1) Durch die Art der zu prognostizierenden Variable lässt sich eine Unterteilung in Entwicklungs- und Wirkungsprognose durchführen. Wirken auf die Variable Größen ein, die nicht kontrolliert werden können, spricht man von einer Entwicklungsprognose, bei veränderbaren Größen von einer Wirkungsprognose. (2) Je nach Länge des Untersuchungszeitraums unterscheidet man die langfristige und die kurzfristige Prognose, wobei die Meinungen in der wissenschaftlichen Literatur, wo die genaue Grenze zu ziehen ist, weit auseinander gehen. Sinnvoll scheint es, die Einteilung nach Art des Prognosegegenstandes festzulegen. (3) Nach der Anzahl der Prognosevariablen lassen sich einfache und multiple Prognosen unterscheiden. (4) Durch die Anzahl der erklärenden Größen wird festgelegt, ob es sich um eine univariate (nur eine Größe) Prognose oder um eine multivariate (mehrere Größen) Prognose handelt. (5) Bei der Einteilung in quantitative und qualitative Methoden wird unterschieden, ob die Prognose anhand mathematischer Operationen (quantitative P.) oder verbalargumentativ (qualitative P.) durchgeführt wird. P. sind z.B.:

I. Gleitender Durchschnitt: Bei der Methode des gleitenden Durchschnitts wird aus den letzten Beobachtungswerten ein → Mittelwert berechnet. Dieser bildet den Prognosewert für die nächste Periode. Sobald ein neuer Beobachtungswert vorliegt, wird dieser in die Berechnung einbezogen, wobei der älteste Wert aus der Berechnung herausgenommen wird. Werden neuere Daten stärker gewichtet als ältere, so spricht man von der Methode des gewogenen gleitenden Durchschnitts.

II. Exponentielles Glätten: Auch bei der Exponentiellen Glättung geht man davon aus, dass neuere Beobachtungswerte einen höheren Informationsgehalt haben als ältere Werte, weshalb auch hier Gewichtungen zur Berechnung der Prognosevariable verwendet werden. Um einen Schätzwert für die folgende Periode zu erhalten wird hier jedoch der gewichtete Beobachtungswert der aktuellen Periode und der gewichtete Schätzwert für die aktuelle Periode verwendet. → Exponentielle Glättung.

III. Trendmodelle: Trendmodelle, die auf der → Extrapolation einer Zeitreihe basieren, weisen ggü. den Durchschnittsverfahren den Vorteil auf, dass sie auch zyklische Schwankungen in der Zeitreihe berücksichtigen. Unter Einbeziehung der bisherigen Beobachtungswerte wird eine Trendfunktion ermittelt, die auch Prognosen längerfristiger Art (im Gegensatz zu den Durchschnittsverfahren, die normalerweise nur für die nächste Periode angewendet werden) zulassen. Am häufigsten wird die Prognose anhand einer linearen Trendfunktion durchgeführt, je nach Anwendungsbereich werden jedoch auch polynomiale und exponentielle Funktionen (z.B. bei Absatzzahlen einer Neuprodukteinführung) oder Funktionen mit ertragsgesetzlichem Verlauf (hierbei wird beispielsweise eine Sättigungsgrenze des Marktes vorgegeben) verwendet.

IV. Indikatormodelle: Bei Indikatormodellen wird die Prognose der interessierenden Variable durch die Vorhersage einer oder mehrerer Indikatoren (Variablen, die die Prognosevariable beeinflussen) durchgeführt.

Voraussetzung dabei ist, dass eine hohe Korrelation zwischen den Indikatoren und der Prognosevariable besteht und dass die Vorhersage der Indikatoren sicher durchführbar ist. Verfahren der Indikatorprognose sind beispielsweise die stufenweise Regression, das Komponentenmodell und die multiple Regression.

lage sind Querschnittserhebungen, die in bestimmten periodischen (häufig zehn Jahre) Abständen durchgeführt werden. Dabei wird untersucht, ob sich sog. Kohorteneffekte aufgrund von Perioden- (Veränderung der Lebenssituation, technischer Fortschritt, Wertewandel usw.) und Alterseffekten (persönliche Veränderungen während des Alterungsprozesses, Veränderungen in der Familie usw.) ergeben. Anhand dieser Daten wird dann versucht, Marktprognosen durchzuführen. Der Abb. „Einteilung der Prognosemethoden" kann man die Einteilung der Prognosemethoden in quantitative und qualitative Verfahren entnehmen.

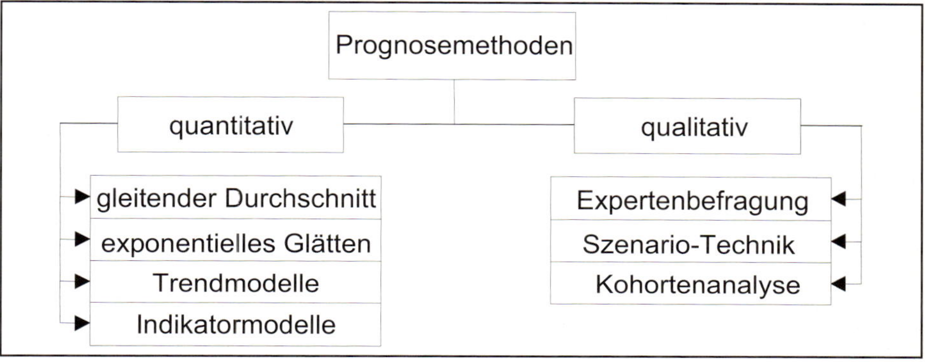

Einteilung der Prognosemethoden

V. Expertenbefragung: Bei Expertenbefragungen werden Personen über die zukünftige Entwicklung befragt, die – das interessierende Thema betreffend – als besonders kompetent angesehen werden. Üblich ist es, dass es sich dabei um Handelsexperten, Produktmanager oder Außendienstmitarbeiter handelt, jedoch können auch beispielsweise Verbraucher zu den Experten zählen. Vorteil der Expertenbefragung ist, dass schnell Ergebnisse erzielt werden, die allerdings durch Wunschvorstellungen der Experten verfälscht werden können.

VI. → Szenario-Technik: Die Szenario-Technik bietet kein eindimensionales Ergebnis, d.h. es ergibt sich kein eindeutiger Prognosewert, sondern vielmehr ein Möglichkeitsraum, in dem sich die zukünftige Entwicklung bewegt. Üblicherweise werden aus diesem Möglichkeitsraum einige Szenarien gebildet (beispielsweise bei optimistischer Sicht und bei pessimistischer Sicht), wobei die Grundlage keine Beobachtungswerte der Vergangenheit sind, sondern Experteneinschätzungen. Hauptziel der Szenario-Technik ist es, Wechselwirkungen zwischen Einflussgrößen und einen Rahmen für weiteres Handeln aufzuzeigen.

VII. Kohortenanalyse: Instrument zur Prognose von Marktentwicklungen. Grund-

Dieter K. Tscheulin/Bernd Helmig

Prognosevalidität, der systematische Fehler einer Prognose (→ Prognosemethoden). Das ist die Abweichung der Prognose vom wahren Wert. Die Prognosemethoden können auf vorherige Perioden angewendet werden, von denen man schon den wahren Wert kennt, um die P. zu prüfen. Verbessert werden kann die P. durch eine genaue Revision der kausalen Variablen, der Prognosefunktion und der Zeitstabilität.

Programmentscheidungen, betreffen die programmpolitische Grundorientierung sowie die Breite und die Tiefe des Absatzprogramms eines Unternehmens. Zunächst gilt es, den Programminhalt zu fixieren, d.h. die Produktarten, die → Produktlinien und gegebenenfalls auch die Produktsysteme festzulegen. Anschließend muss der Produktumfang bestimmt werden. Als programmpolitische Entscheidungsfelder dienen dabei der Umfang und die Struktur der Angebotspalette, deren Veränderung, die Diversifikation der Unternehmensleistung sowie die Bündelung von Gütern und Diensten. Die P. stellt eine echte Führungsentscheidung dar. Dies resultiert daraus, dass das Überleben eines Unternehmens bzw. dessen Erfolg insbesondere davon abhängt, welche → Produkte es in welcher Ausgestaltung anbietet. Hinzu kommt, dass jeder Anbieter sein Absatzprogramm für einen überschaubaren Zeitraum im Voraus festlegen muss. Insofern sind P. in zeitlicher Hinsicht weit weniger flexibel als Entscheidungen bzgl. der anderen absatzpolitischen Instrumente.

Programmpolitik, betrifft die Gesamtheit aller Leistungen eines Unternehmens. Die P. beschränkt sich im Gegensatz zur → Produktpolitik nicht auf das einzelne Erzeugnis, sondern bezieht sich auf die Kombination verschiedener → Produkte oder → Produktgruppen zu einer Gesamtheit. Deswegen berücksichtigt die P. auch die Interdependenzen, die zwischen den einzelnen Erzeugnissen existieren. Das Programm kann anhand von drei Dimensionen gekennzeichnet werden: Die programmpolitische Grundorientierung stellt auf die alle angebotene Leistungen prägenden Gemeinsamkeiten ab. Hingegen bezieht sich die Programmbreite auf die Zahl der offerierten Erzeugnisse, während die Programmtiefe die Anzahl der Varianten innerhalb einer Produktlinie widerspiegelt. Das → Produktprogramm ist in hohem Maß für die spezifische Kompetenz eines Unternehmens verantwortlich. Ein Spezialist hat i.d.R. ein schmales aber sehr tiefes Programm, während ein Universalanbieter eine hohe Programmbreite aber nur eine geringe Programmtiefe aufweist.

Programmstrukturanalyse, dient zur Evaluation der Zusammensetzung des Absatzprogramms eines Unternehmens. Insbesondere geht es darum, die Breite und Tiefe des Angebots hinsichtlich seiner Stärken und Schwächen zu analysieren, um Entscheidungen über die Neuaufnahme von → Produkten, die Eliminierung von Erzeugnissen oder Produktmodifikationen und -variationen zu treffen. Zur P. bedarf es auch einer Betrachtung der Nachfragerstruktur, der Auftragsstruktur, der Position der Erzeugnisse im → Produktlebenszyklus und des Verhältnisses von eigenerstellten und fremdbezogenen Leistungen. Wichtige Verfahren zur Strukturanalyse sind insbesondere die Portfolio-Methoden und das Produktlebenszykluskonzept. *Vgl. auch* → Produktlebenszyklus.

Prohibitivpreis, Höchstpreis, zu dem keine Nachfrage mehr existiert (→ Preis-Absatz-Funktion).

Projektfinanzierung, Finanzierungsform im → Anlagengeschäft, bei der sämtliche Zahlungen aus dem → Cash flow des Investitionsobjektes gedeckt werden. Im Unterschied zur → Auftragsfinanzierung steht bei der P. die Wirtschaftlichkeit des Projektes im Vordergrund. Das Unterbreiten von Vorschlägen zur P. stellt für Anbieter demnach eine Möglichkeit dar, das Akquirieren von Aufträgen aktiv zu unterstützen. Die sog. Betreibermodelle (→ BOT-Modell) zielen darauf ab, Nachfrager zu gewinnen, die nicht über die notwendigen finanziellen Mittel und das entsprechende Know-how für eine Anlage verfügen. Durch Zusammenschluss der an einer Anlage Beteiligten (Lieferanten, Banken, Projektinitiatoren) zu einer Projektgesellschaft wird die Finanzierung erheblich erleichtert, da Cash Flows sowie die aus dem Projekt resultierenden Aktivwerte und nicht die Bonität der Kunden im Mittelpunkt stehen.

Projektgruppe, *Projektteam*, bezeichnet eine Arbeitsgruppe, die für einen bestimmten Zeitraum zur Erfüllung einer Aufgabe eingesetzt wird. Die Gruppenmitglieder kommen i.d.R. aus den verschiedenen Funktionsbereichen des Unternehmens, die für die Aufgabenerfüllung wichtig sind. Sie sind i.d.R. primär für das jeweilige Projekt tätig und übernehmen nach Projektabschluss wieder Aufgaben in ihren ursprünglichen Funktionsbereichen.

Projektmanagement, *Projektorganisation*, bezeichnet eine Organisationsform zur Durchführung von Projekten. Da Projekte als zeitlich befristete, komplexe und nichtroutinemäßige Aufgaben meist eine besondere Art der Durchführung und Organisation erfordern, werden sie im Rahmen des P. meist aus der normalen Struktur ausgegliedert. Hierfür bieten sich drei Gestaltungsmöglichkeiten an: (1) Einrichtung eines besonderen Stabes im Rahmen eines Stabs-Projektmanagement (→ Stab- und Liniensystem), wobei die Entscheidungskompetenz in der Linie verbleibt. (2) Zusammenführung von Projektgruppe und Linie im Rahmen eines Matrix-Projektmanagements (→ Matrixorganisation), wobei ein Zwang zur Einigung bzw. Kooperation besteht. (3) Einrichtung einer autonomen Projekteinheit im Rahmen eines reinen Projektmanagements, wobei die zur Projektabwicklung notwendigen Kompetenzen dieser Einheit übertragen werden.

Projektorganisation, → *Projektmanagement.*

Prominente, → Darsteller-Spots. *Vgl. auch* → Gestaltung.

Promotion, → *Verkaufsförderung.*

Promotionspreis, im Gegensatz zum → Premiumpreis handelt es sich beim P. um einen relativ niedrigen Preis. Ziele dieser Form der → Niedrigpreispolitik können die Verdrängung der Konkurrenz aus dem Markt, die Realisation von → Economies of Scale (Kostendegressionseffekt), der Aufbau eines Discountimages (→ Discount), sowie die Nutzung der Werbewirksamkeit von Niedrigpreisen (→ Sonderpreispolitik) sein. Voraussetzung für die Wirksamkeit der Promotionspreisstrategie ist eine hohe → Preissensibilität der Konsumenten bzw. eine hohe → Preiselastizität der Nachfrage.

Promotoren, → Organisationales Beschaffungsverhalten.

Promotoren-Opponenten-Modell, → Organisationales Beschaffungsverhalten.

Propaganda, bezeichnet die Beeinflussung der öffentlichen Meinung mittels Medien. Entscheidend ist dabei die geschickte Auswahl und gegebenenfalls Manipulation der Nachricht, nicht ihr Wahrheitscharakter.

Prospect Theorie, Modell der → Deskriptiven Entscheidungstheorie, → Verhaltenswissenschaftlicher Ansatz mit Bezug zu ökonomischen Ansätzen (→ Theorien des Marketing). Gemäß der P.T. durchlaufen Entscheider zwei Phasen. In der ersten Phase werden die Entscheidungsprobleme formuliert oder gerahmt („Framing“ oder „Editing phase“). Wichtigste Operationen dieser Phase sind die Vereinfachung des Entscheidungsproblems und die Festlegung eines Referenz- oder Bezugspunktes (häufig der aktuelle Vermögensstand des Entscheiders), relativ zu dem alle relevanten Zahlungen bewertet werden.

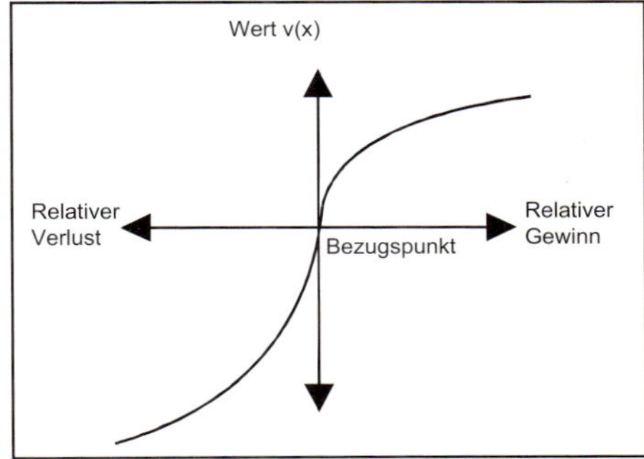

Wertfunktion der Prospect-Theorie

In der zweiten Phase, der Bewertungsphase, gehen die relevanten Zahlungen in eine Wertfunktion („Value Function“; v(x); vgl. Abb. „Wertfunktion der Prospect-Theorie“), die Wahrscheinlichkeiten in eine Wahrscheinlichkeitsgewichtungsfunktion („Risk Weighting Function“; $\pi(p)$) ein. Im Marketing ist bislang vor allem die Wertfunktion zur Anwendung gekommen. Diese verläuft oberhalb des Referenzpunktes konkav, unterhalb des Referenzpunktes jedoch konvex. Außerdem ist die Wertfunktion für Verluste steiler als für Gewinne („Loss Aversion“). Viele Marketinganwendungen beruhen auf dem Konzept des → Mental Accounting, das sich unmittelbar auf die Wertfunktion der P.T. stützt.

Prospekt, *kleine Werbeschrift, Werbeblatt. Vgl. auch* → Werbemittel.

Prospektbeilagen, Maßnahme der → Verkaufsförderung. Beilagen in Printmedien, die über das Produktangebot eines Herstellers oder Handelsunternehmens („Schweinebauchanzeige“) informieren.

Prosumer, kennzeichnet die Doppelrolle des Kunden bei der → Dienstleistungserstellung. Zum einen ist der Kunde zumindest teilweise an der → Dienstleistungsproduktion beteiligt und somit auch Produzent (Producer) der Dienstleistung (→ Co-Producer). Zum anderen ist er auch Konsument (Consumer) der mit seiner Hilfe produzierten Dienstleistung. Die Kombination der entsprechenden Silben der beiden Wörter Producer und Consumer ergibt den Begriff P.

Prosumerismus, Konzept, dass Konsumenten zunehmend und auf unterschiedliche Weise selbst zum „Produzenten" werden. Die Spannbreite reicht von der (mehr oder weniger freiwilligen) Übernahme bisher durch Dienstleistungsunternehmen angebotenen Leistungen (z.B. Geldautomaten) über Do-it-yourself-Programme (handwerkliche Arbeiten in Haus und Garten) bis hin zur individuellen Produktion von Produktvarianten auf der Basis interaktiver (Informations-)Technologien (→ Kundenintegration).

Prototyp, Vorabversion eines → Produktes. Er kann in einer relativ frühen Phase der → Produktentwicklung begutachtet werden. So lassen sich z.B: hinsichtlich der Benutzerwünsche Modifikationen ohne hohen Änderungsaufwand vornehmen. Dabei dient der P. verschiedenen Zwecken. Er kann zur Erforschung einer bestimmten Anwendungsproblematik, zum Experimentieren mit speziellen Lösungsmöglichkeiten und zur sukzessiven Entwicklung mehrerer Versionen eines Erzeugnisses herangezogen werden. Zudem dient ein P. z.B. im Rahmen von Messen oder Ausstellungen zu Demonstrationszwecken, als Schulungsobjekt für die Mitarbeiter und Benutzer oder als Basis für die Weiterentwicklung eines Produktes. In einen P. werden manchmal alle Eigenschaften eines Erzeugnisses einbezogen, gelegentlich aber auch nur einzelne Komponenten integriert, die von besonderer Bedeutung sind. P. eignen sich insbesondere für sehr komplexe Güter bzw. für Erzeugnisse mit denen im Unternehmen keine große Erfahrung bestehen.

Provision, → Außendienststeuerung; variabler, ergebnisabhängiger Bestandteil der Entlohnung eines Mitarbeiters im → Außendienst. Die Gestaltung von Entlohnungs- und Provisionssystemen ist Gegenstand der Außendienststeuerung.

Proximitätsmaß, → Distanzmaß.

Prozentverfahren, → Bezugsgrößenverfahren zur Bestimmung der Höhe des → Werbeetats.

Prozess, wiederholende Folge einzelner, wertschöpfungsorientierter Tätigkeiten mit messbarem In- bzw. Output. Der Output eines betrieblichen P. ist dabei auf einen bestimmten Kunden oder Markt gerichtet. Im Vergleich zur Aufbauorganisation, die hierarchische Abhängigkeiten widerspiegelt, verlaufen P. i.d.R. horizontal, d.h. quer durch verschiedene Funktionen eines Unternehmens. Ein P. besteht stets aus unterschiedlichen Prozesselementen, die den P. im Hinblick auf Kriterien wie Tätigkeit, ausführende Organisationseinheit, technische Hilfsmittel usw. beschreiben. Identifizierung und Darstellung dieser Elemente sind Gegenstand der → Prozessanalyse.

Prozessanalyse, Untersuchung von → Prozessen bzw. Prozesselementen. Die P. ist Ausgangspunkt der → Prozesskostenrechnung. Dort gilt es, Tätigkeiten bzw. Prozesse sowohl innerhalb einer Kostenstelle als auch auf kostenstellen- und bereichsübergreifender Ebene zu analysieren. Zielsetzung der P. ist hierbei, das Handlungsgeflecht im Unternehmen nach den Vorgaben der Prozesskostenrechnung zu untergliedern, zu ordnen und zu neuen Handlungseinheiten (Prozessen) zusammenzufassen. Grundsätzlich lassen sich Prozesse auch nach anderen Gesichtspunkten analysieren. Beispielsweise kann eine P. darauf abstellen, unternehmensinterne Prozesse aus Sicht des Kunden zu überprüfen. Als Maßstab kann diesbezüglich der Wertgewinn des Kunden durch den Prozess in Form von Zeit-, Kosten- und Qualitätsgrößen herangezogen werden.

Prozessinnovationen, → Innovationen, die sich auf ablauforganisatorische → Prozesse beziehen (→ Ablauforganisation). Zur Innovation derartiger Prozesse können sowohl die → Aufbau- als auch die Ablauforganisation verändert werden. Darüber hinaus können auch technische Verfahrensinnovationen (z.B. zur Optimierung von Produktionsprozessen) durchgeführt werden (→ Technologiemanagement).

Prozesskommunikation, Ansatz im Rahmen der → Internen Kommunikation. Das Ziel ist, die Mitarbeiter nicht erst nach einer Entscheidung zu informieren bzw. die Entscheidung zu kommunizieren, sondern diese an der Entscheidungsfindung per Information teilhaben zu lassen. Vorteile liegen u.a. in einer höheren → Mitarbeitermotivation und Loyalität, die der einzelne Mitarbeiter den Entscheidungen der Geschäftsleitung entgegenbringt (→ Mitarbeiterbindung). Durch diese offene Kommunikation wird außerdem das Feedback gefördert, wodurch sich frühzeitig Fehlentscheidungen vermeiden lassen. Grenzen sind der P. vor allem bei vertraulichen Informationen gesetzt, deren frühzeitige Veröffentlichung z.B. Wettbewerbsnachteile nach sich ziehen kann.

Prozesskostenrechnung, I. Begriff: spezielle Form der → Vollkostenrechnung, die sich zum Ziel gesetzt hat, die pauschale Gemeinkostenverrechnung traditioneller Kostenrechnungssysteme besser zu durchdringen. Auf diese Weise soll vor allem in den indirekten Leistungsbereichen wie Logistik, Marketing, Verwaltung und Vertrieb mehr Kostentransparenz geschaffen werden. Die Grundidee der P. besteht darin, → Gemeinkosten nach Maßgabe kostenstellenübergreifender Leistungsprozesse zu verrechnen. Dieser Kerngedanke ist auch dem Acitivity-Based-Costing, der prozessorientierten Kostenrechnung sowie der Vorgangskostenrechnung immanent, die damit i.w.S. allesamt als P. aufgefasst werden können.

II. Merkmale: Ausgangspunkt der P. ist eine genaue Tätigkeitsanalyse bzw. → Prozessanalyse. Darauf aufbauend werden die identifizierten Tätigkeiten innerhalb der → Kostenstellen zu einzelnen Teilprozessen aggregiert. Aktivitäten, die sich von ihrem Output her mengenvariabel zum Leistungsoutput der Kostenstelle verhalten, werden dabei als leistungsmengeninduziert bezeichnet (z.B. Teilprozess „Auftragsbearbeitung“). Vom Leistungsoutput unabhängige, mengenfixe Aktivitäten hingegen werden als leistungsmengenneutral bezeichnet (z.B. Teilprozess „Leiten der Abteilung“). Die Teilprozesse werden kostenstellenübergreifend zu Hauptprozessen zusammengefasst, die ihrerseits zu Prozessbereichen verdichtet werden können. Im nächsten Schritt sind die Kosten der Prozesse zu bestimmen. Zur Verrechnung innerhalb der Prozesshierarchie ist für jede leistungsmengeninduzierte Aktivität ein sog. Kostentreiber („Cost Driver“) zu identifizieren, der als Bezugsgröße die Inanspruchnahme der entsprechenden Prozessleistung bestimmt. Wichtig ist hierbei, dass zwischen der Bezugsgrößenmenge und der Ressourceninanspruchnahme, sprich dem Kostenanfall, eine proportionale Beziehung besteht. Für den Prozess „Auftragsbearbeitung“ bietet es sich z.B. an, die Anzahl der Aufträge als relevanten Kostentreiber heranzuziehen. Sind die Kostentreiber definiert, müssen deren jeweilige Mengenausprägungen ermittelt werden. Im Falle des oben genannten Beispielprozesses ist also festzustellen, wie viele Aufträge in einer bestimmten Periode anfallen. Da Informationen dieser Art selten explizit erfasst werden, bedeutet das Vorgehen der P. im Vergleich zur klassischen Verfahrensweise der Kostenrechnung einen nicht unerheblichen Zusatzaufwand. Aus der Division der Prozesskosten durch die Prozessmenge ergibt sich schließlich für jeden Prozess ein bestimmter Kostensatz, über den die Prozesskosten – je nachdem was für Prozesse der Kostenträger im Einzelnen in Anspruch genommen hat – letztlich auf den Kostenträger verrechnet werden.

III. Anwendung: Bezogen auf Marketingentscheidungen soll die P. das Informationsniveau im Hinblick auf Absatzprodukte bzw. abgesetzte Leistungsbündel, Produktvarianten und Absatzsegmente verbessern. Darüber hinaus sollen auf diese Weise verstärkt Informationen über betriebliche Abläufe und (→ Marketingmix-)Maßnahmen im Absatzbereich und der Auftragsabwicklung gewonnen werden.

Prozessoptimierung, Zielsetzung des → Total Quality Management (TQM) im Gegensatz zur Kostenstellenoptimierung. Betriebliche Abläufe erfordern das fehlerfreie Zusammenarbeiten mehrerer → Kostenstellen. Wenn diese Zusammenarbeit – ohne Rücksicht auf die Beschränkung durch die scheinbar notwendige Optimierung der beteiligten Kostenstellen – effizient verläuft, wird das kostengünstigste Ergebnis für das Unternehmen in diesem Prozess erreicht.

Prozessorientierung, bezeichnet ein Verständnis von Veränderungen in Organisationen, bei dem Veränderungen als schrittweiser Entwicklungsprozess aufgefasst werden. Jeder Veränderungsschritt wird analysiert und dient dann als Grundlage für weitere Schritte, wobei das angestrebte Endziel jeweils angepasst werden kann. Ein Gegensatz zu dieser Vorgehensweise wäre die Durchsetzung eines bereits vorher festgelegten Ziels.

Prozessphase, → Dienstleistung, Begriff der.

Prozesspromotor, bezeichnet einen Mitarbeiter, der als Verknüpfer zwischen → Machtpromotor und → Fachpromotor fungiert. Er nimmt also eine steuernde Rolle im Innovationsprozess ein (→ Prozessinnovationen). Durch den P. wird der Innovationsprozess aktiv und intensiv gefördert, indem Innovationsbarrieren wie mangelnde Fähigkeiten oder mangelnder Wille der Mitarbeiter reduziert werden. Hierbei kann der P. i.d.R. auf gute Einwirkungsmöglichkeiten auf die Beziehungs- und Organisationsstrukturen im Unternehmen zurückgreifen.

Prozessqualität, bezieht sich auf alle Aktivitäten, die während des Prozesses der → Dienstleistungserstellung stattfinden (beispielsweise die Freundlichkeit der Mitarbeiter sowie die Zeit des Erstellungsprozesses). Diese Dimension der → Dienstleistungsqualität ist eng mit der Prozessphase der Dienstleistung verbunden (→ Dienstleistung, Phase der). *Vgl. auch* → Potenzialqualität und → Ergebnisqualität.

PR-Strategien. Zur Erreichung der Zielsetzungen der → Public Relations, wie z.B. die Schaffung von Verständnis und Vertrauen bei den anvisierten Zielgruppen sind PR-Strategien zu definieren. Die Wahl der geeigneten PR-Strategie ist dabei abhängig vom situativen Kontext des Unternehmens. Einerseits wird die zu verfolgende PR-Strategie von dem Einfluss gesellschaftlicher Zielgruppen, wie z.B. Medienvertretern, Kunden, Anteilseigner bzw. Shareholdern, Umweltorganisationen und Bürgerinitiativen, bestimmt, da Zielgruppen mit hohem Einfluss aufgrund ihrer gesellschaftlichen Position Unternehmen zu einem bestimmten Verhalten veranlassen können oder sogar Interessen gegen Unternehmen durchsetzen können. Andererseits ist die Wahl der PR-Strategie von der Unternehmensstärke, d.h. der Fähigkeit des Unternehmens, seine Interessen ggü. den Zielgruppen auch entgegen deren Forderungen durchzusetzen, abhängig (vgl. Abb. „PR-Strategien im situativen Kontext").

I. *Strategie der Innovation/ Antizipation:* Stehen Unternehmen einflussreichen gesellschaftlichen Zielgruppen ggü., kann eine Innovations- bzw. Antizipationsstrategie verfolgt werden. Hierbei wird versucht, unabhängig von gesellschaftlichen oder marktbezogenen Einflüssen, Problemfelder zu identifizieren, denen in der Öffentlichkeit ein wachsender Stellenwert zukommt. Diesen begegnet das Unternehmen proaktiv, indem den Ansprüchen der Zielgruppen frühzeitig Rechnung getragen wird. Durch das frühe und verantwortungsbewusste Handeln sollen innovative Lösungen erarbeitet werden, um Akzeptanz und Vertrauen bei den anvisierten Zielgruppen zu erhöhen.

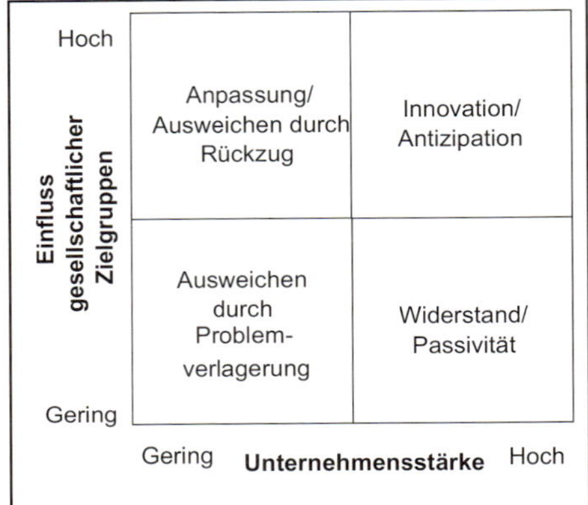

PR-Strategien im situativen Kontext (Quelle: Meffert 1994, S. 197)

II. *Strategie der Anpassung/Ausweichen durch Rückzug:* Besteht für Unternehmen nicht die Möglichkeit, aktiv auf die Zielgruppen einzugehen, kann eine Anpassungs- oder Ausweichstrategie durch Rückzug verfolgt werden. Bei der Anpassungsstrategie passt sich das Unternehmen den Forderungen der Zielgruppen an und nimmt eine vorwiegend abwartende Haltung ein. Durch diese passive Handlungsweise können Unternehmen auf den öffentlichen Druck lediglich reagieren. Eine Ausweichstrategie durch Rückzug muss dann nachgegangen werden, wenn auf die Kritik einflussreicher Zielgruppen nicht adäquat entgegnet werden kann und Konflikte vermieden werden sollen. Hierdurch kann das Unternehmen Akzeptanz gewinnen, wenn der Rückzug als gesellschaftlicher Beitrag angesehen wird.

III. *Strategie des Ausweichens durch Problemverlagerung:* Ziel der Problemverlagerungsstrategie ist es, Konflikte zu vermeiden und den auftretenden

Forderungen dadurch zu begegnen, dass die Probleme außerhalb der Wahrnehmung der Zielgruppen verlegt werden, wie z.B. die Verlagerung von Gen-Forschungsstätten ins Ausland.

IV. Strategie des Widerstands/Passivität: Sehen sich Unternehmen Forderungen wenig einflussreicher Zielgruppen ggü., kann eine Widerstandsstrategie angestrebt werden, die auf die Erhaltung des Status Quo abzielt und den eigenen Standpunkt in der Öffentlichkeit verteidigt. Schließlich kann eine Strategie der Passivität verfolgt werden, indem die Forderungen der Zielgruppen ignoriert werden.

Literatur: Meffert, H. (2001): Marketing. Grundlagen marktorientierter Unternehmensführung. 9. Aufl., Wiesbaden.

Prüfgröße, → Signifikanztest.

PSBE-Bericht, bezeichnet das sog. Problem Solved by Empowerment-Berichtssystem. Ermittlung von Situationen und Fällen durch die Mitarbeiter, die durch Empowerment optimiert werden können. Inhalte des PSBE-Berichts: (1) Angaben zum Kunden, Zeitpunkt und Ort des Vorfalls, (2) Anlass und Art des Vorfalls, (3) Kurzbeschreibung der ergriffenen Maßnahmen, (4) entstandene Kosten (z.B. gewährter Rabatt), (5) eigene aufgewendete Arbeitszeit. Auswertung der PSBE-Berichte erfolgt durch eine zentrale Instanz.

Psychischer Prozess, → aktivierender und → kognitiver Prozess.

Psychological Pricing, → Preismodell, verhaltensorientiertes.

Public Affairs. Die Aktivitäten von →Public Relations (PR) verfolgen zum einen absatzpolitische Zielsetzungen, zum anderen richtet sich PR auch auf die Gestaltung der Beziehungen zwischen Unternehmen und deren Anspruchsgruppen. Hierzu ist es für Unternehmen erforderlich, gesellschaftliche Kompetenz zu dokumentieren und zu gesellschaftlichen Themen (Public Affairs) Stellung zu beziehen, um Vertrauen sowie Akzeptanz in der Öffentlichkeit zu erzielen.

Publicity, → Public Relations-Modelle.

Public Marketing, kennzeichnet einen Teilbereich des → Strategischen Marketing, in dessen Zentrum die konsequente Ausrichtung aller betrieblichen Ziele, Aktivitäten und Leistungen auf die Anforderungen der Gesellschaft bzw. die Bedürfnisse und Erwartungen aller direkten sowie indirekten Austauschpartner steht. Insofern handelt es sich um eine Ausweitung des klassischen Marketingkonzeptes, das von der Orientierung an den Austauschpartnern von Gütern bzw. Dienstleistungen ausging, während im Public Marketing neben dieses Beschaffungs- bzw. Absatzmarketing eine dritte Ebene, nämlich die der Rechtfertigung des Unternehmens in der Gesellschaft aufgebaut wird. Die strategische Stoßrichtung liegt darin, durch einen gesellschaftsorientierten Kurs relevante Unterstützungs- und Erfolgspotenziale aufzubauen, auszuschöpfen und langfristig zu sichern. Neben dem Einsatz spezieller Kommunikationsinstrumente (z.B. Imagekampagnen, Mäzenatentum, Teilnahme an Talkshows, Pressekonferenzen usw.) kann Public Marketing zum → Social Marketing ausgebaut werden. Ferner ist eine konsequente Orientierung an den eigenen Prinzipien der → Marketingethik erforderlich.

Public Private Partnership. I. Begriff, Entstehung und Ziele: P.P.P. kennzeichnet eine spezifische Form der institutionellen → Kooperation, die sich dadurch auszeichnet, dass sich öffentliche und privatwirtschaftliche Akteure zur effektiveren und effizienteren Zielerreichung als bei isolierter Vorgehensweise zusammenschließen. Der in Europa bzw. Deutschland aktuell festzustellende Trend zur Intensivierung und Institutionalisierung öffentlich-privater Kooperationen ist wesentlich auf entsprechende Vorbilder in den USA zurückzuführen. Dort hat diese Form der Zusammenarbeit insbesondere im P.P.P.-Boom Ende der 70er-Jahre angesichts erschwerter ökonomischer Rahmenbedingungen v.a. auf kommunaler Ebene breiten Anklang gefunden, z.B. in Gestalt von Ver- und Entsorgungsunternehmen mit gemischter Eigentümerstruktur oder gemeinsamer Trägergesellschaften zur Realisierung eines → City-Marketing, zur Wirtschaftsförderung oder auch zur Planung regionaler Infrastrukturpolitik. Auch aktuell versprechen sich die beteiligten Parteien vom koordinierten Handeln privatwirtschaftlicher und öffentlicher Institutionen jeweils eine bessere

Bewältigung der für privatwirtschaftliche wie öffentliche Akteure verschärften Umweltbedingungen. Sind es im öffentlichen Bereich vor allem Finanzengpässe, Effizienz- und Flexibilitätsmängel sowie mangelnde Bürgernähe, welche zu bisweilen gravierenden Krisenerscheinungen führen, stellt sich privatwirtschaftlichen Unternehmen u.a. die Herausforderung, im globalisierten Wettbewerb neue Absatzmärkte zu erschließen, Marktrisiken zu senken oder auch auf die Gestaltung von Rahmenbedingungen der Unternehmenstätigkeit Einfluss zu nehmen. P.P.P. werden hier als zielführend betrachtet, um diesen Herausforderungen durch wechselseitigen Transfer spezifischen Know-hows, koordiniertes Verhalten und Pooling von Ressourcen zu begegnen.

II. Arten von P.P.P.: Über die Art der unter den mittlerweile inflationär gebrauchten Begriff P.P.P. zu subsumierenden Kooperationen und damit die Reichweite des P.P.P.-Konzeptes herrscht wenig Einigkeit. Traditionelle Geschäftsbeziehungen zwischen privaten und öffentlichen Akteuren erscheinen hier in der Tat unter dem Begriff P.P.P. fehl am Platze; ebenso das bloße Auslagern von nicht-hoheitlichen und ehedem durch öffentliche Institutionen erbrachten Leistungen (Schreibdienste, Gebäudereinigung usw.) in den privaten Sektor (Contracting Out). Dennoch verbleibt eine Vielfalt unterschiedlicher aktuell oder potenziell praxisrelevanter Ausgestaltungsoptionen für P.P.P. So erscheint es angesichts der allgemein stark steigenden Bedeutung informeller intra- und interorganisationaler Koordinationsmechanismen sinnvoll, neben formellen Kooperationen (z.B. die Einrichtung unternehmensfinanzierter Institute an öffentlichen Universitäten) grundsätzlich auch informelle Formen der Zusammenarbeit (z.B. „gemischte" Arbeitskreise in der Kommunalpolitik oder auch virtuelle Unternehmen mit Beteiligung öffentlicher und privatwirtschaftlicher Akteure) unter P.P.P. zu subsumieren. Je nachdem, ob eine eigenständige Organisation als Träger der Kooperation geschaffen wird, ist zudem zwischen institutionalisierten P.P.P. (z.B. gemischtwirtschaftliche Unternehmen im Bereich der Ver- und Entsorgung wie die Wirtschaftsbetriebe Oberhausen) und nicht institutionalisierten P.P.P. zu differenzieren. Ebenso erscheint es angesichts der Parallelität der Gestaltungsprobleme zweckmäßig, nicht nur dauerhafte, sondern auch projektbezogene Kooperationen (z.B. die kooperative Entwicklung und Verwertung kommunaler Immobilien) zwischen dem öffentlichen und privaten Sektor unter P.P.P. zu fassen. Schließlich ist zwischen P.P.P. mit eher operativer Ausrichtung (z.B. die Planung und Durchführung einzelner Maßnahmen im Rahmen eines → City-Marketing) oder P.P.P. mit eher strategischem Fokus zu unterscheiden (z.B. die kooperative Planung regionaler Infrastrukturpolitik zwischen den relevanten öffentlichen Akteuren und der lokalen Wirtschaft).

III. Gestaltungsaspekte: Prinzipiell ergeben sich bei P.P.P. die gleichen grundlegenden Gestaltungsprobleme wie bei der Anbahnung und Umsetzung traditioneller Formen interorganisationaler → Kooperation. In wesentlich höherem Ausmaß stellt sich bei P.P.P. jedoch das Problem der Heterogenität der Kooperationspartner bzw. ihrer jeweiligen Ausgangsbedingungen. Daraus ergeben sich besondere Schwerpunktsetzungen im Kooperationsmanagement. So kommt dem Abbau von „harten", v.a. rechtlichen und organisatorischen, aber auch „weichen" Kooperationsbarrieren (wechselseitige negative Vorurteile, Vertrauensdefizite, unterschiedliche Denkwelten usw.) als Grundvoraussetzung für das Zustandekommen von P.P.P. ein besonders hohe Bedeutung zu. Auch der Aufbau grundlegender Kooperationsfähigkeiten auf individueller Ebene in Gestalt von Kommunikations- und Sozialkompetenzen stellt gerade auf öffentlicher Seite eine kritische Erfolgsvariable dar. Besonderheiten ergeben sich darüber hinaus bei der Identifikation komplementärer Ressourcen bzw. Stärken der Kooperationspartner und der damit verknüpften Partnerauswahl und der Definition potenzieller Kooperationsfelder. Traditionelle Kooperationsmotive wie die Erzielung von Wettbewerbsvorteilen spielen bei P.P.P. häufig nur eine untergeordnete Rolle. So erhoffen sich öffentliche Institutionen aus der Partnerschaft mit privatwirtschaftlichen Akteuren oft z.B. die Aneignung von modernem Marketing- und Management-Know-how, um durch eine effizientere Aufgabenerfüllung Ressourcenengpässe zu bewältigen und ein höheres Maß an Bürgernähe zu erzielen. Private Partner erhoffen sich dagegen die Erschließung von Einflusspotenzialen zur Gestaltung der Rahmenbedingungen unternehmerischen Handelns. Die strukturell bedingte Heterogenität der Akteure und ihrer jeweiligen Rahmenbedingungen stellt eine permanente potenzielle Konfliktquelle innerhalb einer P.P.P. dar. Deswegen hat bei der Einrichtung der Kooperation auch die explizite Formulierung eines gemeinsamen Zielsystems, auf das sich die Partner verpflichten, eine besonders hohe Bedeutung für den Erfolg einer P.P.P.

IV. Beurteilung und Ausblick: Ein Blick auf die P.P.P.-Praxis zeigt, dass die für öffentlich-private Kooperationen gesteckten Ziele in vielen Fällen verwirklicht und erhebliche Vorteile für alle Beteiligten realisiert werden konnten. Der mancherorts prophezeite große P.P.P.-Boom ist im deutschsprachigen Raum allerdings bisher ausgeblieben. Dies ist nicht zuletzt auf punktuell auch eher ernüchternde Erfahrungen mit dieser Form der Kooperation zurückzuführen. Mangelnde Kooperationsfähigkeiten auf öffentlicher und opportunistisches Verhalten oder eine veränderte Unternehmenspolitik auf privater Seite haben stellenweise auch zum Scheitern von P.P.P. geführt. Auch wurden z.T. die Risiken, die mit öffentlich-privaten Kooperationen verknüpft sind, vernachlässigt (u.a. Verdrängung sozialstaatlicher Ziele durch ökonomistisches Denken der öffentlichen Hand, Förderung von Nepotismus durch die entstehenden informellen Beziehungsnetzwerke, Bildung von Allianzen zwischen Wirtschaft und öffentlicher Hand zu Ungunsten der Bürger). Schließlich ist die Frage ungeklärt, inwiefern die erzielten Positiveffekte jeweils nicht auch ohne private Kooperationspartner im Rahmen des allgemeinen Trends zu einem New Public Management, das sich ohnehin stärker gegenüber modernen Marketing- und Managementmethoden öffnet, realisiert worden wären. Insgesamt stellt das P.P.P.-Konzept aber einen innovativen Ansatz dar, der seine Leistungsfähigkeit zur Bewältigung der strategischen Herausforderungen privatwirtschaftlicher wie öffentlicher Institutionen vielfältig unter Beweis gestellt hat. P.P.P. werden in diesem Zusammenhang auch in Zukunft ein große Rolle spielen können – vor allem dann, wenn der situationsspezifischen Prüfung der Erfolgsträchtigkeit und dem Entwurf situativ angepasster Ausgestaltungsformen genügend Beachtung geschenkt wird. Hier sollte die gegebene Optionsvielfalt zur konkreten Ausgestaltung der Kooperation in Zukunft noch stärker genutzt werden. Dies betrifft v.a. die Nutzung innovativer institutioneller Arrangements (z.B. „gemischte" virtuelle Unternehmen), die stärkere Nutzung öffentlich-privater Kooperationen auch außerhalb der kommunalen Ebene (auf Bundesebene beispielsweise im Rahmen eines „Bündnis für Arbeit") sowie Einrichtung von P.P.P. auf internationaler Ebene, wie sie z.B. in der Energiewirtschaft zur Umsetzung von Joint Implementation-Projekten bereits erfolgreich genutzt werden.

Klaus-Peter Wiedmann/Alexander Klee

Public Relations (PR). I. Geschichte: Die Geburtsstunde der heutigen PR ist in der „Declaration of Principles" des Journalisten Ivy Lee zu sehen, der 1905 von John D. Rockefeller senior den Auftrag bekam, auf die jahrelangen Angriffe von kritischen Journalisten auf die Praktiken der Kohlen-, Eisenbahn- und Mineralölindustrie zu reagieren. Lee, der 1914 die erste PR-Agentur gründete, sah seine Aufgabe darin, Presse und Bevölkerung schnell und genau über die Tatsachen zu unterrichten, die für sie von Wert und Interesse sind. Maßgeblichen Bedeutungszuwachs erhielt die PR in den USA nach dem 1. Weltkrieg durch den Erfolg des von Präsident Wilson 1914 eingesetzten „Commitee on Public Information", das erfolgreich den Kriegseintritt der USA in der Öffentlichkeit vorbereitete. In Deutschland wurde ab 1950 infolge der damaligen Vorbehalte ggü. anglo-amerikanischen Begriffen die Bezeichnung „Öffentlichkeitsarbeit" eingeführt.

II. Begriff: PR als Kommunikationsinstrument beinhaltet die Planung, Organisation, Durchführung und Kontrolle sämtlicher Aktivitäten eines Unternehmens, die darauf abzielen, bei internen und externen Anspruchsgruppen um Verständnis und Vertrauen zu werben. Mit PR werden damit nicht nur kommunikations- und absatzwirtschaftliche Zielsetzungen, sondern darüber hinaus die Sicherung und der Ausbau der gesellschaftlichen Position des Unternehmens (→ Public Affairs) verfolgt.

III. Merkmale: PR erfordert einen systematischen Planungsprozess. Dieser beinhaltet eine Analyse der Unternehmenssituation in der Gesellschaft, die Ableitung von PR-Zielen, PR-Zielgruppen, → PR-Strategien, des PR-Budgets, PR-Maßnahmen und der PR-Erfolgskontrolle mittels Clippings und → Medienanalysen. Ziel der Public Relations ist die Schaffung von Verständnis, Vertrauen, Akzeptanz und Glaubwürdigkeit bei den PR-Zielgruppen. Dementsprechend muss sich das komplexe soziale Gebilde Unternehmen wie eine Persönlichkeit verhalten und diese in der Öffentlichkeit zur Geltung bringen.

IV. Typologie: Es können drei Typen von PR differenziert werden. (1) Leistungsbezogene PR: Im Mittelpunkt steht die Herausstellung von Leistungsmerkmalen von Produkten und Dienstleistungen, z.B. durch die Abgabe von Informationsmaterial an die Presse oder Experten. (2) Unternehmensbezogene PR: Zweck der unternehmensbezogenen PR ist die Selbstdarstellung des Unternehmens. Dabei wird die gesamte Unternehmensleistung in den Vordergrund gestellt, um das Unternehmensbild und Selbstverständnis in die Öffentlichkeit zu tragen. (3) Gesellschaftsbezogene PR: Ziel der gesellschaftsbezogenen PR ist es, dem Unternehmen als verantwortungsvoll handelndes Mitglied der Gesellschaft Geltung zu verschaffen und durch die Stellungnahme zu gesellschaftlichen Fragen soziale und gesellschaftliche Kompetenz zu dokumentieren.

V. Funktionen: Die Hauptaufgabe von PR besteht in der Gestaltung der Beziehungen zwischen dem Unternehmen und ausgewählten Zielgruppen in der Öffentlichkeit. Dementsprechend können PR folgende Funktionen zugeordnet werden. (1) Informationsfunktion: Vermittlung von Informationen unternehmensintern und an die Öffentlichkeit. (2) Kontaktfunktion: Auf- und Ausbau von Beziehungen zwischen Unternehmen und Zielgruppen in der Öffentlichkeit. (3) Führungsfunktion: Schaffung von Verständnis für Entscheidungen des Unternehmens. (4) Imagefunktion: Entwicklung und Pflege eines einheitlichen Erscheinungsbildes des Unternehmens. (5) Harmonisierungsfunktion: Schaffung eines Interessenausgleichs innerhalb des Unternehmens (Human Relations) und zwischen dem Unternehmen und der Gesellschaft. (6) Absatzförderungsfunktion: Unterstützung des Abverkaufs von Produkten und Dienstleistungen. (7) Stabilisierungsfunktion: Erhöhung der „Standfestigkeit“ des Unternehmens in kritischen Situationen durch stabile Beziehungen zu Teilöffentlichkeiten. (8) Kontinuitätsfunktion: Bewahrung eines konsistentes Erscheinungsbilds des Unternehmens nach innen und nach außen.

VI. PR-Maßnahmen: Zur Erreichung von Verständnis und Vertrauen bei den anvisierten Zielgruppen stehen eine Vielzahl unterschiedlicher PR-Maßnahmen zur Verfügung, die in vier grundsätzliche → PR-Modelle – Publicity, Informationstätigkeit, Überzeugungsarbeit, Dialog – gebündelt werden können. Hinsichtlich möglicher PR-Einzelmaßnahmen können vier unterschiedliche Erscheinungsformen voneinander abgegrenzt werden. (1) Pressearbeit: Die Pressearbeit betrifft sämtliche Maßnahmen, die auf die Zusammenarbeit des Unternehmens mit Journalisten abhebt, wie z.B. Pressekonferenzen, -mitteilungen, Unternehmensprospekte, Berichte über Produkte im redaktionellen Teil von Medien (Product Publicity). (2) Maßnahmen des persönlichen Dialogs: Aufbau und Pflege persönlicher Beziehungen zwischen Unternehmensvertretern und Meinungsführern bzw. Personengruppen aus Politik (→ Lobbying), Wirtschaft, Kultur, Verbänden, Kirchen usw. (3) Aktivitäten für ausgewählte Zielgruppen: Vermittlung von Informationen bei ausgesuchten Zielgruppen, wie z.B. Schulen, Hochschulen, Umweltverbänden, bei Kongressen, Fachtagungen oder Betriebsbesichtigungen. Hierzu zählt auch das Engagement von Unternehmen bei ausgewählten Institutionen, wie z.B. Stiftungen, um gesellschaftliche Kompetenz zu dokumentieren. (4) Mediawerbung: Werbliche Aktivitäten, wie z.B. Imagekampagnen, die das Unternehmen als Ganzes in den Vordergrund stellen. (5) Unternehmensinterne Maßnahmen: PR-Aktivitäten, die auf Aufbau und Pflege der Beziehungen zu Mitarbeitern abheben, wie z.B. Werks- und Mitarbeiterzeitschriften, Intranet, Betriebsausflüge, interne Sport-, Sozial- und Kultureinrichtungen.

VII. Ausblick: Infolge des zunehmenden Informationsstandes sowie der wachsenden Kritik von Teilöffentlichkeiten ggü. den Aktivitäten von Unternehmen, z.B. der Pharma-, Chemie-, Mineralöl-, Automobil- und Genussmittelindustrie, wird der seit den letzten Jahren steigende Stellenwert von PR im Rahmen der Unternehmenskommunikation weiterhin zunehmen. Dabei wird vor allem dialogorientierten Aktivitäten ein hohe Bedeutung zur Beziehungspflege mit Meinungsbildnern und der breiten Öffentlichkeit zukommen.

Literatur: Avenarius, H. (2000): Public Relations. Die Grundlagen der gesellschaftlichen Kommunikation, 2. Aufl., Darmstadt; Bruhn, M. (2002): Kommunikationspolitik, 2. Aufl., München; Grunig, J.E./Hunt, T. (1984): Managing Public Relations, New York; Kunczik, M. (2002): Public Relations. Konzepte und Theorien, 4. Aufl., Köln u.a.

Manfred Bruhn

Pull-Strategie, absatzmittlergerichtete Strategie der → Distributionspolitik. Mittels Endverbraucherwerbung und gleichrangiger medialer Kommunikation versucht der Hersteller, die Verbrauchernachfrage zu verstärken. Ziel ist es, im Einzelhandel einen → Nachfragesog zu erzeugen, der die Händler zur Listung bzw. Nachbestellung der jeweiligen Produkte zwingt. Voraussetzung für eine P. sind u.a. eine hohe Markenbekanntheit und → Markentreue und ein hohes → Involvement bzgl. des Produkts.

Pulsierender Werbeeinsatz, Möglichkeit der zeitlichen Gestaltung des Einsatzes von → Werbemitteln. Der P.W. ist eine Kombination des → konzentrierten und → gleichverteilten Werbeeinsatzes, der vor allem zur Anwendung kommt, wenn saisonale Fakten eine Rolle spielen oder es sich um ein neu einzuführendes Produkt handelt. Darüber hinaus können auch vertriebspolitische Anforderungen Gründe für einen P.W. darstellen. Bei einer Neulistung von Produkten ist beispielsweise häufig ein hoher Werbedruck zur Förderung des anfänglichen Abverkaufes zu erzeugen, um Widerstände bei den Absatzmittlern abzubauen.

Punktbewertungsmodell, *Scoring-Modell.* Verfahren zur Bewertung von Alternativen bei Risiko und mehrfacher Zielsetzung. Hierbei beurteilt man die einzelnen Alternativen im Hinblick auf einen vorgegebenen Katalog von Variablen, gewichtet diese Variablen und berechnet für jede Alternative den gewichteten Durchschnitt der Beurteilungen der Variablen.

Push-Button-Verfahren, beruht auf dem Prinzip der aktiven Metermessung und es ermöglicht eine Personenidentifizierung über individuelle Personentasten zur An- und Abmeldung an der sog. GfK-Meter-Fernbedienung. Bei der Panelforschung erfolgt die Messung der Fernsehnutzung durch das GfK-Meter. Es misst und speichert sekundengenau: das An- und Abschalten des Fernsehgerätes, jeden Umschaltvorgang, alle anderen Verwendungsmöglichkeiten des Fernsehgeräts (z.B. Videospiele, Videotext), die Aufnahme und Wiedergabe von selbst- oder fremdaufgezeichneten Videokassetten (Erfassung nach Kanal, Aufnahmedatum und -zeit). Dazu wird jedes Empfangsgerät im Panelhaushalt an das GfK-Meter angeschlossen. Mit einer Fernbedienung können sich die einzelnen Haushaltsmitglieder durch Knopfdruck (Push-Button-Verfahren) beim GfK-Meter als Fernsehzuschauer an- und abmelden. Das Anzeige-Display zeigt exakt Datum, Uhrzeit sowie – bei eingeschaltetem Gerät – das Senderkürzel an. Zudem können die Panelteilnehmer daran ablesen, ob sie sich an- bzw. abgemeldet haben. Dieses Verfahren wurde 1975 in Deutschland eingeführt und ist heute weltweiter Standard in der Werbewirkungs- bzw. Fernsehforschung.

Push-Strategie, Strategie der → Distributionspolitik, die vorrangig darauf zielt, mittels absatz- bzw. verkaufsfördernder Maßnahmen seitens des Herstellers Ware in den Einzelhandel „hineindrücken". Dies geschieht z.B. durch Gewährung besonderer → Rabatte, Präsentationen bei Händlern, Serviceleistungen oder durch die kostenlose Übernahme von Aktivitäten, die bisher dem Handel obliegen.

Q

QFD, Abk. für → Quality Function Deployment.

Qualitative Prognoseverfahren, → Prognoseverfahren.

Qualität, realisierte Beschaffenheit einer Einheit bzgl. der Qualitätsanforderungen. Im Zusammenhang mit dem Marketing steht die Q. von Unternehmen und ihren Leistungen im Vordergrund. Bei einer spezifizierten Betrachtung von Q. können fünf – sich nicht ausschließende – Definitionsansätze differenziert werden: (1) Nach dem produktbezogenen Ansatz wird Q. als die Summe der Ausprägungen der vorhandenen Eigenschaften einer Leistung angesehen. (2) Beim kundenbezogenen Ansatz wird Q. als die Wahrnehmung der betrachteten Leistung durch den Kunden bezeichnet. (3) Der absolute Definitionsansatz bestimmt Q. anhand unspezifischer Beurteilungsklassen. (4) Beim herstellungsorientierten Ansatz steht die Q. des Leistungserstellungsprozesses im Mittelpunkt, in dem bestimmte → Qualitätsstandards berücksichtigt werden. (5) Beim wertorientierten Ansatz wird durch den Beurteilenden eine Kosten-Nutzen-Abwägung im Hinblick auf die Nutzung einer Leistung vorgenommen. Q. stellt neben Kosten und Zeit einen der strategischen Erfolgsfaktoren von Unternehmen dar. In den letzten Jahren hat Q. hierbei aufgrund von ökonomischen Erfolgswirkungen, die ihr zugeschrieben werden (→ Qualitätsmanagement, 2.), an Bedeutung gewonnen. In Marketingwissenschaft und -praxis wird in den letzten Jahren vor allem die → Dienstleistungsqualität stark diskutiert. In Wissenschaft und Praxis existieren eine Vielzahl von Verfahren zur Qualitätsmessung (→ Qualitätsprüfung, → Dienstleistungsqualitätsmessung) und Ansätzen des → Qualitätsmanagements.

Qualitätsaudit. I. Begriff: Ein Q. ist eine systematische und unabhängige Untersuchung, um festzustellen, ob die qualitätsbezogenen Tätigkeiten und damit zusammenhängenden Ergebnisse den geplanten Anordnungen entsprechen, und ob diese Anordnungen tatsächlich verwirklicht und geeignet sind, die Ziele zu erreichen.

II. Gegenstand: Das Q. ist Teil der → Qualitätsprüfung und wird typischerweise auf ein Qualitätsmanagementsystem oder auf Elemente davon (→ Qualitätsmanagement), auf Prozesse oder auf Produkte angewandt, ist jedoch nicht darauf beschränkt. Q. werden durch Personen durchgeführt, die keine direkte Verantwortung in den zu auditierenden Bereichen haben. Es ist wünschenswert, dass die Auditoren mit dem betreffenden Personal zusammenarbeiten.

III. Arten: (1) Systemaudit: Es werden Elemente von Systemen, Subsystemen oder Gesamtsystemen geprüft, um festzustellen, inwieweit das aktuell vorhandene System dem geplanten Zustand entspricht. Festgelegte Erfordernisse sind die Aufbau- und Ablauforganisation, die Überwachung von Betriebs- und Prüfmitteln sowie die Dokumentation. Auditunterlagen sind Organisationsrichtlinien, das Qualitätsmanagementhandbuch, das Umweltmanagementhandbuch, Unfallverhütungsvorschriften und Arbeitsschutzvorschriften. (2) Prozessaudit: Es werden Fertigungs-, Verwaltungs- und Dienstleistungsprozesse überprüft, um festzustellen, inwieweit der jeweilige Prozess entsprechend den Vorgaben betrieben wird, und inwieweit er das geforderte Ergebnis zuverlässig hervorbringt. Festgelegte Erfordernisse sind Betriebsmittel, Einstellwerte am Prozess, Hilfsstoffe, Arbeitsabläufe, Umgebungseinflüsse und die Prozessfähigkeit. Heranzuziehende Auditunterlagen sind Einstellpläne, Fertigungspläne, Prüfpläne, Arbeitsplatzbeschreibungen, Instandhaltungspläne, Reinigungspläne und Umgebungsspezifikationen. (3) Produktaudit: Hier werden Einzelteile, Zusammenbauten, Zwischenprodukte, Endprodukte und Dienstleistungen geprüft, um festzustellen, inwiefern sie die geforderte Beschaffenheit aufweisen. Festgelegte Erfordernisse können Maße, Gewichte, Oberflächenmerkmale, Werkstoffmerkmale, Funktionswerte und Dienstleistungsmerkmale sein. Entsprechende Auditunterlagen sind Zeichnungen, Tabellen und Produktbeschreibungen.

Qualitätsauszeichnung, → Qualitätspreis.

Qualitätsbilanz, tabellarische Gegenüberstellung der Kosten und Nutzen des → Qualitätsmanagements (→ Qualitätscontrolling). Zwecke einer Q. sind die vergleichende Beurteilung und Analyse qualitätsbezogener Maßnahmen, die Ableitung qualitätsbezogener Trends sowie die Planung von Qualitätsbudgets. Die Q. erfüllt eine Strukturierungsfunktion, indem sie einen umfassenden Überblick über die finanziellen Konsequenzen des Qualitätsmanagements gibt.

Qualitätscontrolling. I. Begriff: Dem Q. werden sämtliche Maßnahmen subsumiert, die der zukunftsgerichteten Kontrolle qualitätsbezogener Aktivitäten im Hinblick auf eine wirtschaftliche Ausrichtung des → Qualitätsmanagements dienen.

II. Wirtschaftlichkeitskennziffern: Bei einer Kosten-Nutzen-Ausrichtung des Q. ist – im Gegensatz zur Kostenorientierung der → Qualitätskostenanalyse – die Ermittlung von Wirtschaftlichkeits- bzw. Kosten-Nutzen-Kennziffern Gegenstand des Q. Diese Kennziffern werden als Wertmaßstab für die Wirtschaftlichkeit von Qualitätsaktivitäten herangezogen und können in statische sowie dynamische Kennziffern eingeteilt werden. Zu den statischen Kosten-Nutzen-Kennziffern gehören der Qualitätsgewinn, d.h. die Differenz aus Nutzen und Kosten des Qualitätsmanagements – sowie die Qualitätsrendite (Return on Quality) – d.h. der Quotient aus dem Gewinn des Qualitätsmanagements und seinen Kosten. Als dynamische Kosten-Nutzen-Kennziffern werden der Qualitätswert und die dynamische Qualitätsrendite herangezogen. Der Qualitätswert ergibt sich als Differenz aus der Summe der abgezinsten jährlichen Qualitätsüberschüsse (-fehlbeträge) einerseits und den Implementierungskosten des Qualitätsmanagements andererseits. Dementsprechend ergibt sich die dynamische Qualitätsrendite als Quotient aus dem Qualitätswert und den kumulierten sowie abgezinsten Kosten des Qualitätsmanagements, die im Laufe des Investitionszeitraumes entstehen.

III. Kosten des Qualitätsmanagements: Die Kosten des Qualitätsmanagements entsprechen dem bewerteten Güterverzehr, der aufgrund von Aktivitäten zur Gewährleistung einer Leistungserstellung gemäß den → Kundenerwartungen entsteht. Eine aufgabeninhaltliche Kostenkategorisierung nach den Phasen des Qualitätsmanagements führt zur Unterscheidung von Kosten der → Qualitätsplanung, Kosten der → Qualitätslenkung, Kosten der → Qualitätsprüfung sowie Kosten der → Qualitätsmanagementdarlegung. Hinsichtlich der Kostenarten lassen sich qualitätsbezogene → Einzelkosten (z.B. Kosten aufgrund des Zeitaufwands für Mitarbeiterschulungen) und → Gemeinkosten (z.B. Kosten, die durch den Zeitaufwand der Mitarbeiter für Qualitätsprüfungen entstehen) differenzieren. Bezüglich der Kostenerfassung können qualitätsbezogene Einzelkosten der → Kostenstellenrechnung entnommen werden. Dahingegen ist zur Ermittlung qualitätsbezogener Gemeinkosten die qualitätsbezogene Prozesskostenrechnung einzusetzen. Ausgehend von der herkömmlichen → Prozesskostenrechnung sind bei der qualitätsbezogenen Prozesskostenrechnung zunächst → Kostentreiber festzulegen, die die Höhe der entstehenden Kosten des Qualitätsmanagements in wesentlichem Maße determinieren. Beispielhafte Kostentreiber sind die Anzahl von Kundenklassen (Differenziertheit der Kundenanforderungen), die Anzahl der Fehlermöglichkeiten (Fehleranfälligkeit der Leistungen) oder die Anzahl der Leistungsvarianten (Komplexität des Leistungsprogramms). In einem nächsten Schritt können die qualitätsbezogenen Hauptprozesse festgelegt werden, die sich wiederum aus den Phasen des Qualitätsmanagements ergeben. Durch Tätigkeitsanalysen werden auf Basis der Qualitätsaktivitäten in den einzelnen Unternehmensbereichen qualitätsbezogene Teilprozesse bestimmt. Diese werden anschließend den qualitätsbe-

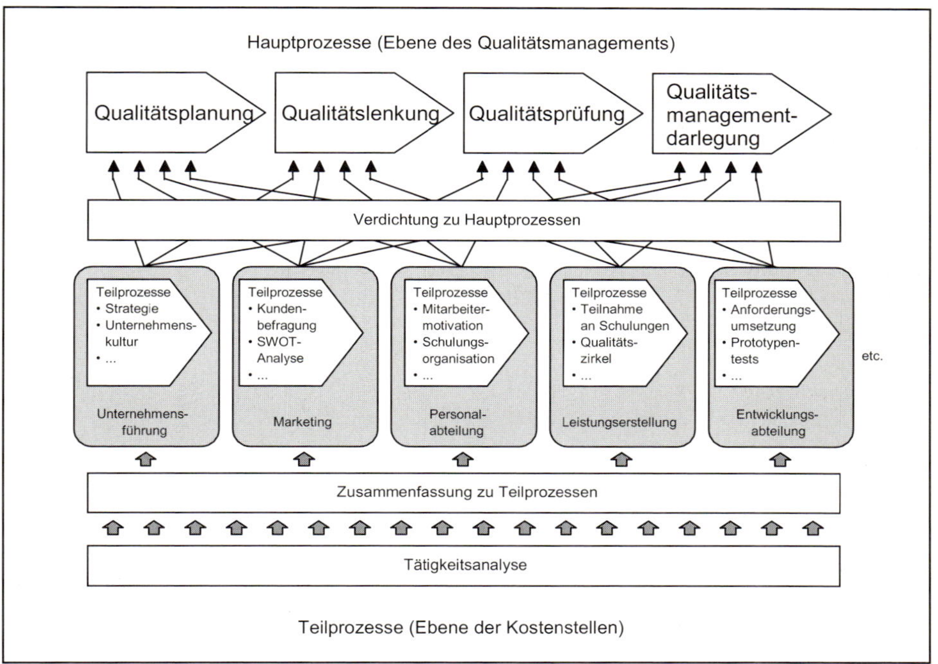

Prozesshierarchie des Qualitätsmanagements (Quelle: Bruhn 2003, S. 347)

zogenen Hauptprozessen zugeordnet, so dass eine Prozesshierarchie des Qualitätsmanagements dargestellt werden kann (vgl. Abb. „Prozesshierarchie des Qualitätsmanagements"). Bei einer Betrachtung der Personalkosten als Hauptkostenfaktor im Rahmen des Qualitätsmanagements werden die Teilprozesse zur Ermittlung der qualitätsbezogenen Prozesskosten mit dem entsprechenden Personalaufwand bewertet. Schließlich ergibt sich der Prozesskostensatz durch die Division der Prozesskosten mit der Ausprägung des entsprechenden Kostentreibers. Durch die Addition der in den verschiedenen Unternehmensbereichen im Rahmen eines Hauptprozesses anfallenden Kosten resultieren die entsprechenden Hauptprozesskosten. Die Summe der qualitätsbezogenen Einzelkosten und der gesamten Hauptprozesskosten repräsentiert dann die gesamten Kosten des Qualitätsmanagements.

IV. Nutzen des Qualitätsmanagements: Der Nutzen des Qualitätsmanagements stellt das Maß der Zielerreichung durch qualitätsbezogene Aktivitäten dar. Somit ergibt sich der Nutzen aus dem Grad der Zielrealisierung durch Qualitätsaktivitäten. Ausgehend von den Zielen des Qualitätsmanagements (→ Qualitätsmanagement, 5.) lassen sich ein interner und ein externer Nutzen differenzieren. Der interne Nutzen des Qualitätsmanagements hat eine Verbesserung der Leistungserstellung zum Gegenstand und setzt an den unternehmensinternen Wirkungen des Qualitätsmanagements an, die primär Kosten senkenden Charakter haben. Zu den internen Nutzenkategorien gehören Prozessverbesserungen (z.B. Verringerung von Leerlaufzeiten) und Fehlervermeidungen (z.B. Reduzierung des Ausschusses). Ein externer Nutzen des Qualitätsmanagements wird durch die Realisierung externer Ziele erreicht, die das Kundenverhalten betreffen. Die zentrale – durch das Qualitätsmanagement beeinflussbare – Determinante des Kundenverhaltens stellt die → Kundenzufriedenheit dar. Durch die Steuerung der Kundenzufriedenheit kann eine (indirekte) Beeinflussung der → Kundenbindung bzw. der → Mund-zu-Mund-Kommunikation und hierüber eine Erlössteigerung erzielt werden, so dass der externe Nutzen des Qualitätsmanagements in einen → Kundenbindungsnutzen und einen (Mund-zu-Mund-)Kommunikationsnutzen unterteilt werden kann. Im Rahmen der externen Nutzenerfassung kann das Kundenverhalten sowohl faktisch als auch intentional gemessen werden. Bei der faktischen Nutzenerfassung werden tatsächliche Kundenreaktionen gemessen (z.B. mithilfe einer Kundendatenbank), während bei der intentionalen Nutzenerfassung Verhaltensabsichten der Kunden (z.B. über Kundenbefragungen) erhoben werden (→ Kundenbindung, Messung der). Die Nutzenbestimmung unterliegt einer zweifachen Zurechnungsproblematik. Erstens sind die entsprechenden Erfolgswirkungen nicht ausschließlich auf Aktivitäten des Qualitätsmanagements zurückzuführen. Wird beispielsweise das Wiederwahlverhalten betrachtet, so nehmen bei fehlendem Qualitätsmanagement nicht sämtliche Kunden eines Unternehmens dessen Leistungen lediglich einmal in Anspruch. Zweitens können die Erfolgswirkungen nicht eindeutig den Maßnahmen und somit den Kosten des Qualitätsmanagements zugeordnet werden, weil zu ihrer Realisierung zusätzliche Ausgaben in anderen Unternehmensbereichen entstehen (z.B. und vor allem Leistungserstellungskosten). Zur Bewältigung dieser Zurechnungsproblematik ist eine Operationalisierung der Auswirkungen des Qualitätsmanagements vorzunehmen, die durch einen Zeitvergleich verwirklicht werden kann. Hierbei werden die nutzenbezogenen Ausprägungen (z.B. Anzahl der gebundenen Kunden) vor und nach Durchführung einer Qualitätsmaßnahme gegenübergestellt. Die Monetarisierung der resultierenden Werte erfolgt durch die Bewertung mit den Größen einer → Kundenergebnisrechnung. Beispielsweise kann hierzu der Gewinn pro Kunde herangezogen werden, der als Durchschnittsgesamtgewinn, durchschnittlicher Gewinn mit Kunden einer bestimmten Kundengruppe oder auf Einzelkundenbasis bestimmt werden kann.

IV. Würdigung: Die Ermittlung von Wirtschaftlichkeitskennziffern im Rahmen des Q. ist mit Problemen bei der Erfassung sowohl der Kosten als auch des Nutzens behaftet. Im Hinblick auf die Kostenermittlung können ihrer Vollständigkeit auch beim Ansatz der Prozesskostenrechnung Grenzen gesetzt sein. Bezüglich der Nutzenerfassung ist nicht auszuschließen, dass die erhobenen Verhaltensabsichten nicht immer das tatsächliche Kaufverhalten repräsentieren. Schließlich ist bei der Auswahl eines Messansatzes für den Gewinn pro Kunde die Heterogenität des Kundenstamms des jeweiligen Unternehmens zu berücksichtigen. Diese potenziellen Einschränkungen führen zur Festlegung verschiedener Annahmen, die bei der Interpretation der Ergebnisse der Kosten-Nutzen-Analyse zu berücksichtigen sind. Durch eine unternehmensspezifische Adaption des Ansatzes wird jedoch eine Beurteilung von Qualitätsmaßnahmen nach Wirtschaftlichkeitskalkülen ermöglicht. Somit kann eine Vergleichbarkeit sowohl zwischen Qualitätsmaßnahmen untereinander als auch zwischen qualitätsbezogenen und sonstigen Aktivitäten eines Unternehmens erreicht werden.

Literatur: Bruhn, M. (1998): Wirtschaftlichkeit des Qualitätsmanagements, Heidelberg; Bruhn, M. (2003): Qualitätsmanagement für Dienstleistungen. Grundlagen, Konzepte, Methoden, 4. Aufl., Berlin u.a.; Bruhn, M./Georgi, D. (1999): Kosten und Nutzen des Qualitätsmanagements. Grundlagen, Methoden, Fallbeispiele, München; Rust, R.T./Zahorik, A.J./Keiningham, T.L. (1993): Return on Quality. Measuring the Financial Impact of Your Company`s Quest for Quality, Chicago.

Manfred Bruhn/Dominik Georgi

Qualitätsgarantie, Versprechen eines Unternehmens, bestimmte Qualitätsmerkmale auf einem bestimmten Anforderungsniveau zu erfüllen. *Vgl. auch* → Zertifizierung.

Qualitätsgrundsatz, leicht verständliche Kernaussage eines Unternehmens im Hinblick auf seine Qualitätsorientierung (→ Qualität) zur Dokumentation seiner Qualitätspolitik und -strategie nach innen und außen im Rahmen der → Qualitätsplanung.

Qualitätsindikator, Preis als, ein hoher Preis wird von den Konsumenten manchmal als ein Indikator für eine hohe Qualität angesehen. Hierfür gibt es unterschiedliche Erklärungen: (1) Wenn die Preise durch → Preiskalkulation festgelegt werden, korrelieren die Preise mit der Qualität. Diese Erklärung widerspricht aber einigen empirischen Untersuchungsergebnissen, bei denen diese Korrelation nicht festgestellt werden konnte.

(2) Hohe Qualität zieht eine hohe Nachfrage nach sich und hat damit höhere Preise zur Folge. Dieser Zusammenhang scheint aber auch nicht zwingend zu sein. (3) Der Konsument besitzt nur geringe Informationen über die Qualität des Produktes und orientiert sich daher am Preis. Dies könnte z.B. beim Kauf von Wein der Fall sein, wenn der Konsument kein Weinkenner ist. Gibt es aber andere Qualitätsindikatoren, wie z.B. die Marke, verliert der Preis leicht seine Indikatorfunktion. (4) Das Streben nach Informationsentlastung veranlasst den Konsumenten zu einer vereinfachten Entscheidung, indem er sich am Preis orientiert. (5) Situative Faktoren, wie z.B. Zeitdruck, führen ebenfalls zu vereinfachten Entscheidungsregeln. (6) Die Qualitätserfahrung mit hochpreisigen Gütern wird auf andere Kaufentscheidungen übertragen. Der höhere Preis ist in diesem Sinne als Versicherungsprämie gegen das Risiko des Kaufes einer schlechten Qualität aufzufassen. Der Konsument vermindert sein subjektiv wahrgenommenes Risiko vor dem Kauf, indem er sich am Preis als Qualitätsindikator orientiert. (7) Die Rolle des Preises als Qualitätsindikator hängt von dem Glauben an die Informationseffizienz des Marktes ab. Wenn die Konsumenten glauben, dass der Marktmechanismus die Informationen effizient verarbeitet, ist es durchaus rational, keine weiteren Qualitätsinformationen einzuholen und den Preis als Qualitätsindikator zu verwenden. (8) Dem Konsumenten entstehen bei der Einholung von → Preisinformationen → Suchkosten, die er bei vereinfachten Entscheidungsregeln reduzieren kann.

Qualitätsinvestition, Vorgang im Rahmen des → Qualitätsmanagements, der Kosten und Nutzeneffekte des Qualitätsmanagements zur Folge hat. Durch die Interpretation von Qualitätsaktivitäten als Q. soll den langfristigen Auswirkungen des Qualitätsmanagements Rechnung getragen werden. Im Unterschied zu klassischen Sachinvestitionen sind insbesondere die positiven finanziellen Konsequenzen, der Nutzen einer Q., dieser schwieriger zuzurechnen. Die Bestimmung und Gegenüberstellung von Kosten und Nutzen des Qualitätsmanagements erfolgt durch Wirtschaftlichkeitsanalysen im Rahmen des → Qualitätscontrolling.

Qualitätskontrolle, → Qualitätsprüfung.

Qualitätskostenanalyse. I. Gegenstand: Die Q. ist eine Methode zur Untersuchung der finanziellen Konsequenzen des → Qualitätsmanagements. Im Gegensatz zu einer Kosten-Nutzen-Orientierung (→ Qualitätscontrolling) werden im Rahmen der Q. aus einer rein kostenorientierten Perspektive sämtliche Kosten analysiert, die mit → Qualität in Zusammenhang stehen. Hierbei werden dem Begriff der Qualitätskosten bzw. qualitätsbezogenen Kosten sämtliche Kosten subsumiert, die vorwiegend durch Qualitätsforderungen verursacht sind, d.h., durch Tätigkeiten der Fehlerverhütung, durch planmäßige → Qualitätsprüfungen sowie durch intern oder extern festgestellte Fehler sowie durch die externe → Qualitätsmanagementdarlegung.

II. Arten von Qualitätskosten: (1) Tätigkeitsorientierte Einteilung: Die tätigkeitsorientierte Einteilung qualitätsbezogener Kosten unterscheidet Präventionskosten (Fehlerverhütungskosten, prevention costs), Prüfkosten (Appraisal Costs) und Fehlerkosten (Failure Costs). Präventionskosten werden durch Aktivitäten generiert, die spezifisch zur Vermeidung einer nicht anforderungsgerechten Qualität unternommen werden. Prüfkosten entstehen durch Mess-, Evaluierungs- oder Audit-Aktivitäten, die der Gewährleistung der Übereinstimmung der Leistung mit gewissen Normen, Standards und/oder Anforderungen dienen. Fehlerkosten resultieren aus Aktivitäten, die durch die mangelnde Übereinstimmung einer Leistung mit diesen Normen, Standards und/oder Anforderungen hervorgerufen werden. In Abhängigkeit von dem Ort der Entstehung der Fehlerkosten werden interne (z.B. Kosten aufgrund von Nacharbeit) und externe Fehlerkosten (z.B. Garantieleistungen) unterschieden. (2) Wirkungsorientierte Einteilung: Im Rahmen der wirkungsorientierten Kostengliederung werden Konformitäts- und Nichtkonformitätskosten differenziert. Konformitätskosten (Kosten der Übereinstimmung, Cost of Conformance) leisten einen Beitrag zum Unternehmenserfolg, indem sie einer Erfüllung der → Kundenerwartungen dienen. Zu den Konformitätskosten gehören jene Kosten, die durch Maßnahmen zur dauerhaften Fehlerabstellung und Vermeidung von Fehlerrisiken entstehen. Nichtkonformitätskosten (Kosten der Abweichung, Fehlleistungsaufwand, Cost of Non-Conformance) repräsentieren eine Verschwendung von Ressourcen. Sie entstehen vor allem durch einen zusätzlichen Aufwand, der aufgrund einer nicht anforderungsgerechten Leistungserstellung erforderlich wird, d.h., wenn Prozess und Ergebnis der Leistungserstellung nicht den an sie gestellten Qualitätsanforderungen entsprechen. Ähnlich wie bei den Fehlerkosten lassen sich interne und externe Nichtkonformitätskosten unterscheiden. (3) Fehlerkostenrechnung: Die Fehlerkostenrechnung basiert auf der Überlegung, dass weder eine Zusammenfassung von Fehler- und Qualitätssicherungskosten (Fehlerverhütungs- und Prüfkosten), noch eine Zusammenfassung von Konformitäts- und Nichtkonformitätskosten sinnvoll ist. Ausgehend von dem Prinzip, dass Qualität Teil des Produktes bzw. der Leistung ist, wird die qualitätsbezogene Kostenrechnung durch eine Fehlerkostenrechnung ersetzt. Im Rahmen der Fehlerkostenrechnung wird eine Gliederung der Fehlerkosten anhand von zwei Dimensionen vorgenommen: a) Gemäß dem Ort der Fehlerentstehung werden interne und externe Fehlerkosten differenziert. b) Gemäß den Fehlerkonsequenzen werden direkte und indirekte Fehlerkosten sowie fehlerbedingte Opportunitätskosten unterschieden. Während der Ort der Fehlerentstehung auch bei der tätigkeitsorientierten Einteilung der qualitätsbezogenen Kosten zur Differenzierung der Fehlerkosten herangezogen wird, führt die Berücksichtigung der Fehlerkonsequenzen zu einer weiteren Spezifizierung der Fehlerkosten. Zu den direkten Fehlerkosten gehören solche Kosten, deren Entstehung eindeutig auf einen Fehler zurückgeführt werden kann und die i.d.R. eindeutig → Kostenstellen und → Kostenträgern zuzuordnen sind. Indirekte Fehlerkosten werden durch die Analyse und Behebung von Fehlern generiert. Schließlich repräsentieren die fehlerbedingten Opportunitätskosten keine tatsächlich auftretenden Kosten, sondern entgangene → Deckungsbeiträge bzw. → Gewinne.

III. Problemfelder: (1) Bei der Betrachtung der konzeptionellen Schlüssigkeit werden im Rahmen des Konzeptes positive und negative Wirkungen von Qualitätsmaßnahmen nicht einander gegenüber gestellt. Vielmehr werden die Kosten zur Erstellung von Qualität und die Kosten, die auf mangelnde Qualität zurückzuführen sind, summiert. Auf diese Weise ist eine konsequente Gegenüberstellung von positiven und negativen finanziellen Konsequenzen des Qualitätsmanagements nicht möglich. Weiterhin lässt der Begriff „Qualitätskosten" den Eindruck entstehen, dass die finanziellen Konsequenzen des Qualitätsmanagements lediglich in Kosten bestehen. Insbesondere vor dem Hintergrund entgangenen Nutzens aufgrund einer geringeren Kundenbindung u.a. ist der Begriff „Qualitätskosten" irreführend. (2) Aus der mangelnden konzeptionellen Schlüssigkeit folgt, dass hinsichtlich der Interpretierbarkeit der Analyseergebnisse auf Basis des Konzeptes qualitätsbezogener Kosten keine Aussagen über die Profitabilität von Qualitätsmaßnahmen getroffen werden können. Dies liegt darin begründet, dass diejenigen Kosten betrachtet werden, die mit Qualität in Zusammenhang stehen, jedoch keine konsequente Kosten-Nutzen-Betrachtung vorgenommen wird. Insbesondere ist eine Maßnahmenbeurteilung nicht durchführbar. (3) Im Hinblick auf die Praktikabilität des Ansatzes ist zunächst positiv zu erwähnen, dass die jeweiligen Einteilungen in ihrer Darstellung nachvollziehbar sind und eine hohe Übersichtlichkeit aufweisen. Diese Argumente begründen auch die hohe Verbreitung des Konzeptes in der Praxis. Demgegenüber ist jedoch festzustellen, dass die Kategorisierung der qualitätsbezogenen Kosten meist nach ihrer eigentlichen Erfassung vorgenommen wird. Somit ist vor allem die Datenpräsentation Ziel der Betrachtung qualitätsbezogener Kosten. Dies hat zur Folge, dass die qualitätsbezogenen Kosten nicht direkt mit der Geschäftstätigkeit des Unternehmens in Zusammenhang stehen und nicht gemäß ihrer Entstehung strukturiert sind. (4) Bezüglich der Vollständigkeit der Kategorisierungen qualitätsbezogener Kosten ist zunächst anzumerken, dass aufgrund der Vergangenheitsorientierung des Konzeptes eine proaktive Wirtschaftlichkeitsanalyse nicht durchführbar ist. Daher lässt sich eine Quantifizierung der qualitätsbezogenen Kosten lediglich zur Identifizierung und Verdeutlichung von qualitätsbezogenen Verbesserungspotenzialen, jedoch weniger zur wirkungsgerechten Planung und Kontrolle entsprechender Verbesserungsmaßnahmen einsetzen.

Literatur: Bruhn, M./Georgi, D. (1999): Kosten und Nutzen des Qualitätsmanagements. Grundlagen, Methoden, Fallbeispiele, München; Seghezzi, H.D. (1997): Fehlerkosten und Qualitätskostenrechnung, in: Siegwart, H. (Hrsg.): Jahrbuch zum Finanz- und

Rechnungswesen, Zürich, S. 167-198; Wildemann, H. (1995): Qualitätskosten- und Leistungsmanagement, in: Controlling, 8. Jg., Nr. 5, S. 268-276.

Manfred Bruhn/Dominik Georgi

Qualitätslenkung, *Qualitätssteuerung.* Begriff: Die Q. umfasst sämtliche vorbeugenden, überwachenden und korrigierenden Tätigkeiten bei der Realisierung einer Einheit mit dem Ziel, unter Einsatz von Qualitätstechnik die Qualitätsanforderungen (→ Kundenerwartungen) zu erfüllen.

II. Aufgabe: Im Rahmen der Q., die Teil des → Qualitätsmanagements ist, gilt es, die in der → Qualitätsplanung ermittelten Anforderungen, deren Erfüllungsgrad in der → Qualitätsprüfung getestet wird, zu erfüllen.

III: Instrumente: (1) Mitarbeiterbezogene Instrumente: Zur Q. lassen sich verschiedene Instrumente des → Personalmanagements einsetzen, die eine Ausrichtung auf die → Qualität des Unternehmens und seiner Leistungen erfahren müssen. Durch eine qualitätsorientierte → Personalauswahl muss bereits bei der Einstellung neuer Mitarbeiter gewährleistet werden, dass diese die Anforderungen erfüllen können, die zur Sicherstellung der angestrebten → Qualität erforderlich sind. Durch eine qualitätsorientierte Ausgestaltung der → Personalentwicklung gilt es, den Mitarbeitern unternehmensspezifische qualitätsbezogene Qualifikationen anzueignen. Hierbei kommen insbesondere Qualitätsschulungen in Form von Qualitätsseminaren, Qualitätstrainings und Coachingsystemen (→ Coaching) für die Führungskräfte zum Einsatz. Schließlich wird durch eine qualitätsorientierte Ausrichtung der → Anreizsysteme des Unternehmens die (extrinsische und intrinsische) → Mitarbeitermotivation zur Erstellung einer hohen Qualität erhalten bzw. erhöht. (2) Kulturbezogene Instrumente: Durch kulturbezogene Instrumente wird eine Qualitätsorientierung im Rahmen der → Unternehmenskultur angestrebt. Hierbei müssen vor allem die Führungskräfte des Unternehmens eine Vorbildfunktion übernehmen. (3) Organisationsbezogene Instrumente: a) Durch die qualitätsbezogene → Aufbauorganisation sind die primäre Qualitätsorganisation zur Festlegung der Qualitätsverantwortung des Linienmanagements und die sekundäre Qualitätsorganisation (z.B. → Qualitätszirkel) festzulegen. b) Im Rahmen der qualitätsbezogenen → Ablauforganisation werden die unternehmensinternen Prozesse auf die Qualität des Unternehmens abgestimmt (z.B. durch den Einsatz von Informations- und Kommunikationssystemen). (4) Statistische Q.: Insbesondere im industriellen Bereich wird mithilfe von → Qualitätsregelkarten eine → Statistical Process Control (SPC) vorgenommen.

Qualitätsmanagement. I. Begriff: Q. umfasst die Gesamtheit der qualitätsbezogenen Tätigkeiten und Zielsetzungen eines Unternehmens, d.h., sämtliche Planungs-, Durchführungs- und Kontrollaktivitäten, die auf die Sicherstellung einer geforderten → Qualität abstellen.

II. Bedeutung: (1) Theorie: Die Bedeutung des Q. ist auf die hohe (ökonomische) Erfolgsrelevanz der Qualität von Unternehmensleistungen zurückzuführen. Qualität wirkt sich sowohl auf der Kostenseite (z.B. durch Effizienzsteigerungen) als auch auf der Erlösseite (z.B. durch eine Erhöhung der → Kundenbindung infolge einer gesteigerten → Kundenzufriedenheit) auf den → Gewinn aus. (2) Empirie: a) Gemäß der sog. → PIMS-Studie (Profit Impact of Marketing Strategies) führt eine hohe Qualität zu höherem Umsatzwachstum, höheren realisierbaren Preisen, höherem Gewinn und höheren Marktanteilen. b) Im Rahmen des sog. „Baldrige Index" werden die Börsenkurse der Bewerber um den und die Gewinner des → Malcolm Baldrige National Quality Awards (MBNQA) zusammengefasst. Ein Vergleich mit dem „Standard & Poor's 500 Index" zeigt, dass die MBNQA-Bewerber und -Gewinner beispielsweise zwischen dem Zeitpunkt ihrer Bewerbung/ihres Gewinns und dem 2. Dezember 1996 um 200 bzw. 350 Prozent höhere Börsenkurszuwächse als die 500 größten US-amerikanischen Unternehmen zu verzeichnen hatten.

III. Entwicklung: (1) Die Geschichte des Q. lässt sich bis ins Altertum zurückführen (vgl. Abb. „Historische Entwicklung des Qualitätsmanagements"). Bereits beim Pyramidenbau in Ägypten wurden → Qualitätsstandards verfolgt und ihre Einhaltung überprüft. (2) Die Zünfte des Mittelalters legten der Handwerksarbeit Regeln und Normen zugrunde. Darüber hinaus diente die Einfüh-

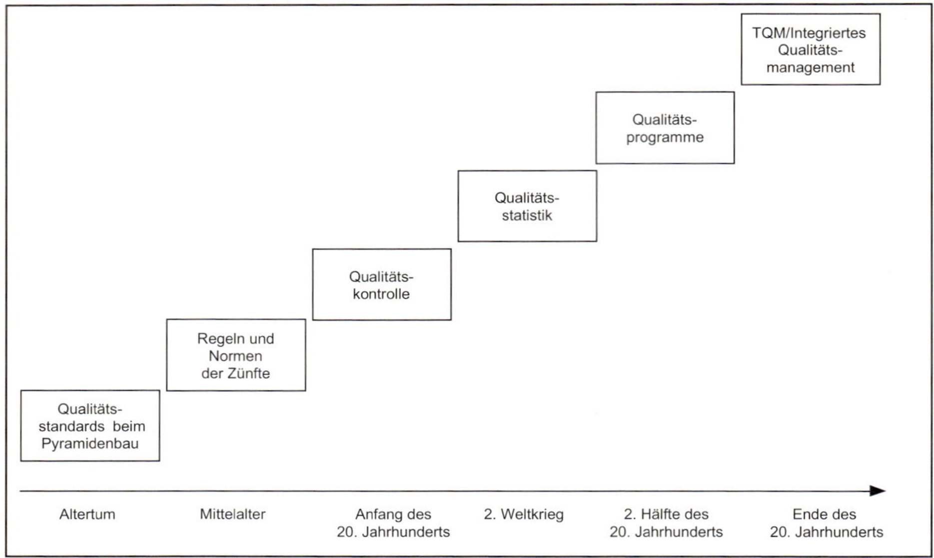

Historische Entwicklung des Qualitätsmanagements

rung von Gesellen- und Meisterprüfungen der Sicherstellung einer hohen Qualität der Handwerksleistungen. (3) Im Zuge der wachsenden Bedeutung der Massenproduktion wurde Anfang des 20. Jahrhunderts in zahlreichen Unternehmen eine Qualitätskontrolle (→ Qualitätsprüfung) eingeführt. Diese wurde an die Stufen Arbeitsvorbereitung und Fertigung angehängt. (4) Zur Zeit des 2. Weltkrieges gewann die → Qualitätsstatistik eine große Bedeutung, um beispielsweise durch Stichprobenpläne eine akkurate Einhaltung von Leistungsspezifikationen zu gewährleisten. (5) In der zweiten Hälfte des 20. Jahrhunderts erlangten die sog. Qualitätsprogramme von amerikanischen und japanischen Qualitätsexperten an Bedeutung. Hierzu zählen beispielsweise das → Fitness-for-Use-Konzept nach J.M. Juran, der → Total-Quality-Control-Ansatz von A.V. Feigenbaum, das → Null-Fehler-Prinzip nach P. Crosby sowie der Ansatz der → Company Wide Quality Control von K. Ishikawa. (6) Seit dem Ende des 20. Jahrhunderts wird Q. weiter gefasst als zu früheren Zeiten. Seiner unternehmensweiten Relevanz wird durch die Konzepte des → Total Quality Management und des Integrierten Q. Rechnung getragen (*vgl. auch* Abschnitt VII. dieses Stichworts).

IV. Q. und Marketing: (1) Q. als Teil der → Produktpolitik: Bei einer Interpretation von Qualität als Merkmal einer Leistung finden Aktivitäten des Q. bei der Leistungsgestaltung Anwendung. (2) Q. zur Umsetzung von → Kundenorientierung: Anders als beim klassischen Qualitätsverständnis, bei dem die Vermeidung von Fehlern im Mittelpunkt steht und somit interne Zwecke mit dem Q. verfolgt werden, wird Q. im Rahmen einer → Marktorientierten Unternehmensführung als Baustein zur Umsetzung einer (internen und externen) Kundenorientierung gesehen.

V. Ziele: (1) Intern-psychologische Ziele: Als intern-psychologische Ziele gelten die Schaffung eines Qualitätsbewusstseins, die Schaffung einer Kundenorientierung und die → Mitarbeitermotivation. (2) Intern-ökonomische Ziele: Zu den intern-ökonomischen Zielen zählen die Erhöhung der → Produktivität, Effizienzsteigerungen im Prozessablauf und die Vermeidung von Fehlern. (3) Extern-psychologische Ziele: Den extern-psychologischen Zielen werden die Steigerung der → Kundenzufriedenheit, die Steigerung der → Kundenbindung, die Verbesserung des Qualitätsimages und die Schaffung von → Markteintrittsbarrieren subsumiert. (4) Extern-ökonomische Ziele: Den extern-ökonomischen Zielen werden die Steigerung

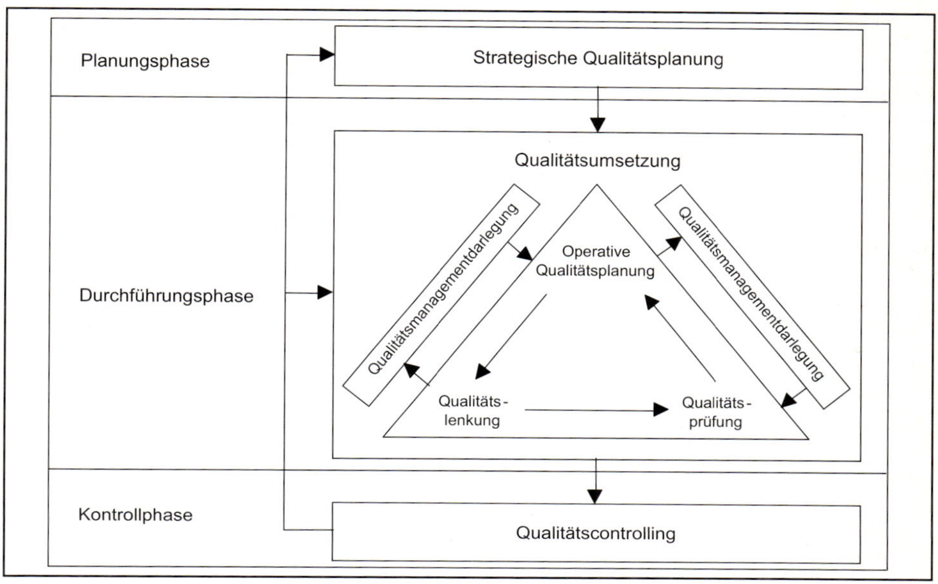

Instrumente des Qualitätsmanagements (Quelle: Bruhn 1998, S. 39)

des → Gewinns, die Steigerung von Umsatz und → Marktanteil, die Erhöhung von Wiederkäufen (→ Wiederkauf) sowie die Ausschöpfung von Cross-Selling-Potenzialen (→ Cross Selling) zugerechnet.

VI. Instrumente: (1) Übersicht: Nach dem sog. Regelkreis des Q. werden die Instrumente des Q. gemäß den klassischen Managementaufgaben (→ strategisches Management) Planung, Durchführung und Kontrolle in verschiedene Phasen strukturiert (vgl. Abb. „Instrumente des Qualitätsmanagements“). (2) Strategische Qualitätsplanung: Im Rahmen der strategischen → Qualitätsplanung gilt es, den grundsätzlichen Handlungsrahmen des Q. und somit die qualitätsbezogene strategische Ausrichtung des Unternehmens in Abstimmung mit der → Unternehmensstrategie festzulegen. Eine Konkretisierung erfährt die → Qualitätsstrategie durch die Festlegung von → Qualitätsgrundsätzen. Die Formulierung verbindlicher Qualitätsgrundsätze bildet das Fundament für die im Unternehmen durchzuführenden Qualitätsaktivitäten. Die Richtlinien sollten durch entsprechende Kommunikationsmaßnahmen (z.B. Qualitätsgrundsatzheft) sämtlichen Mitarbeitern transparent gemacht werden. (3) Qualitätsumsetzung: Im Rahmen der Qualitätsumsetzung soll die Qualitätsstrategie realisiert werden. Im Mittelpunkt der Qualitätsumsetzung stehen die – vor allem durch Kunden gestellten – Qualitätsanforderungen (→ Kundenerwartungen), die in der operativen → Qualitätsplanung ermittelt, in der → Qualitätslenkung realisiert, und deren Erfüllung in der → Qualitätsprüfung analysiert wird. Häufig wird zudem die Qualitätsverbesserung angeführt, die nach der Qualitätsprüfung angesiedelt werden kann. Gemäß der Aufgabe der Qualitätslenkung zählt die Qualitätsverbesserung jedoch zur Qualitätslenkung. Ein flankierender Baustein der Qualitätsumsetzung ist die → Qualitätsmanagementdarlegung, die der Schaffung von internem und externem Vertrauen in die Qualitätsfähigkeit des Unternehmens gilt, d.h. der Fähigkeit, seine Leistungen gemäß den Kundenanforderungen zu erstellen. (4) Qualitätscontrolling: Gegenstand des → Qualitätscontrolling ist die strategische Kontrolle der Qualitätsaktivitäten eines Unternehmens.

VII. Integriertes Q.: Es können drei Phasen der Integration des Q. differenziert werden.: (1) Bei der Intraphasenintegration gilt es, den Einsatz der Instrumente einer Phase des Q. aufeinander abzustimmen. Daher sollte in jeder Phase untersucht werden, welches Vernetzungspotenzial bei den einzelnen Instrumenten besteht, um durch einen integrierten Einsatz der Instrumente Synergieeffekte bei der Realisierung der Qualitätsziele zu erreichen. Als Instrument lässt sich hierzu eine Interdependenzanalyse im Hinblick auf die Wirkungsweise der Instrumente einsetzen. a) Im Hinblick auf den funktionalen Zusammenhang zwischen den Instrumenten existieren komplementäre, konditionale, substituierende, indifferente und konkurrierende Beziehungen. b) Hinsichtlich des temporalen Zusammenhangs werden parallele, sukzessive, intermittierende und ablösende Beziehungen differenziert. (2) Interphasenintegration: a) Hierarchisierung der Instrumente: Instrumente können eher strategischen oder eher operativen Charakter haben. Demnach werden Qualitätsleitinstrumente (eher strategisch) und Qualitätsfolgeinstrumente (eher operativ) festgelegt. Während Leitinstrumente verpflichtenden Charakter haben, werden Folgeinstrumente zur Unterstützung der Wirkung der Leitinstrumente eingesetzt. b) Interphasenverknüpfung der Instrumente: Auf Basis einer Analyse der Verknüpfungsmöglichkeiten der einzelnen Instrumente wird bestimmt, welche Instrumente phasenübergreifend eingesetzt werden sollen. (3) Intersystemintegration: Aufgrund der unternehmensweiten Bedeutung ist eine Integration des Q. mit anderen Systemen, Unternehmensbereichen oder Abteilungen (z.B. → Marketing, → Marktforschung, → Vertrieb, → Controlling) umzusetzen.

Literatur: Bruhn, M. (2003): Qualitätsmanagement für Dienstleistungen. Grundlagen, Konzepte, Methoden, 4. Aufl., Berlin; Bruhn, M. (1998): Wirtschaftlichkeit des Qualitätsmanagements, Berlin; Stauss, B. (Hrsg.) (1994): Qualitätsmanagement und Zertifizierung, Wiesbaden.

Manfred Bruhn/Dominik Georgi

Qualitätsmanagementdarlegung. Der Q. werden sämtliche geplanten und systematischen Tätigkeiten subsumiert, die innerhalb des → Qualitätsmanagements verwirklicht sind, und die, wie erforderlich, dargelegt werden, um ausreichendes Vertrauen zu schaffen, dass eine Einheit die Qualitätsanforderungen erfüllt. Die Q. dient der Schaffung von internem und externem Vertrauen in die Qualitätsfähigkeit des Unternehmens. In interner Hinsicht übernimmt die Q. vor allem eine Motivationsfunktion (→ Mitarbeitermotivation). In externer Hinsicht werden den externen Anspruchsgruppen, insbesondere den Kunden, die Bemühungen des Unternehmens verdeutlicht, die Qualitätsanforderungen der Anspruchsgruppen zu erfüllen. Es existieren verschiedene Instrumenten der Q.: (1) Qualitätsmanagementhandbücher legen die Qualitätspolitik des Unternehmens dar und beschreiben das Qualitätsmanagementsystem. (2) → Qualitätsstatistiken informieren über den Grad der Anforderungserfüllung durch das Unternehmen. (3) Durch → Benchmarking lässt sich die Qualitätsfähigkeit im Vergleich zum → Wettbewerb dokumentieren. (4) Eine integrierte Qualitätskommunikation (→ Integrierte Kommunikation) dient der Verdeutlichung der Qualitätsanstrengungen des Unternehmens nach innen und außen. (5) → Qualitätsaudits. (6) → Zertifizierung.

Qualitätsmessung, Erhebung von Informationen zur → Qualität von Unternehmen und ihren Leistungen. Im Bereich des Marketing sind vor allem Verfahren der → Dienstleistungsqualitätsmessung von Relevanz.

Qualitätsmessung, dekompositionelle, → dekompositionelle Qualitätsmessung.

Qualitätsnorm, → ISO-Normen 9000ff.

Qualitätsoptimierung, Ziel einer wirtschaftlichen Ausrichtung des → Qualitätsmanagements. Bei einer Kosten-Nutzen-Betrachtung des Qualitätsmanagements wird davon ausgegangen, dass Qualitätsaktivitäten ab einem bestimmten Aktivitätsniveau unrentabel werden. Daher werden Maßnahmen des → Qualitätscontrolling eingesetzt, um eine Q. vor dem Hintergrund der Unternehmensziele zu erreichen.

Qualitätsplanung, Phase des → Qualitätsmanagements. Q. bezeichnet sämtliche Maßnahmen des Auswählens, Klassifizierens und Gewichtens der Qualitätsmerkmale sowie eines schrittweisen Konkretisierens aller Einzelforderungen an die Beschaffenheit einer Leistung zu Realisierungsspezifikationen, und zwar im Hinblick auf die durch den Zweck der Einheit gegebenen Erfordernisse, auf die Anspruchsklasse und unter Berücksichtigung der Realisierungsmöglichkeiten. Zu den Aufgaben der Q. zählen die Bestimmung der Qualitätsposition des Unternehmens, die Ermittlung der Kundenanforderungen im Hinblick auf die Qualität von Produkten und Dienstleistungen (→ Kundenerwartungen), das Aufstellen von konkreten Qualitätszielen sowie die Entwicklung von Konzepten zur Verwirklichung der Qualitätsziele. In Abhängigkeit von der hierarchischen Ansiedelung der Aufgaben der Q. lassen sich die strategische und die operative Q. unterscheiden. Im Rahmen der strategischen Q. gilt es, den grundsätzlichen Handlungsrahmen des Qualitätsmanagements und somit die qualitätsbezogene strategische Ausrichtung des Unternehmens in Abstimmung mit der → Unternehmensstrategie festzulegen. Im Rahmen der operativen Q. werden die konkreten Anforderungen der Kunden an die Qualität von Produkten und Dienstleistungen ermittelt. Zu den Instrumenten der strategischen Q. zählen → Qualitätsportfolios, qualitätsbezogene → SWOT-Analyse, → Quality Function Deployment. Im Rahmen der operativen Q. werden vor allem Methoden der Qualitätsmessung (→ Dienstleistungsqualitätsmessung) eingesetzt.

Qualitätsportfolio, Instrument des → Qualitätsmanagements zur Bestimmung der Soll- und Istposition eines Unternehmens im Vergleich zum → Wettbewerb im Hinblick auf qualitätsbezogene Aspekte. Im Rahmen der → Qualitätsplanung werden Q. eingesetzt, um die strategische qualitätsbezogene Istsituation des Unternehmens zu bestimmen, mit seiner Sollsituation zu vergleichen und ausgehend von der Soll/Ist-Diskrepanz → Qualitätsstrategien abzuleiten. In Anlehnung an die → Portfolioanalyse der strategischen → Unternehmensplanung werden Unternehmen und ihre Geschäftsbereiche anhand von zwei qualitätsbezogenen Dimensionen in einer Portfoliomatrix abgebildet. Beispielhafte Dimensionen eines Q. sind die „Relative Qualitätsposition des Unternehmens“ und die „Bedeutung der → Qualität im Wettbewerbsumfeld“. Aufgrund ihrer Einfachheit und Nachvollziehbarkeit können Q. anschaulich bei der Ableitung einer → Qualitätsstrategie eingesetzt werden. Allerdings ist mit der Beschränkung auf zwei Strategiedimensionen der Nachteil verbunden, wichtige qualitätsbezogene Aspekte des Unternehmens bei der Strategieableitung zu vernachlässigen. Daher sollten Q. nicht isoliert, sondern z.B. in Kombination mit einer qualitätsbezogenen → SWOT-Analyse eingesetzt werden, mit der eine detailliertere Beschreibung der qualitätsbezogenen Position und Situation des Unternehmens erfolgen kann.

Qualitätspreise, *Qualitätsauszeichnungen, Quality Awards*. Preisvergaben durch unabhängige Institutionen, die national oder international ausgeschrieben werden und Unternehmen für deren unternehmerische Bestleistung prämieren. Die Auszeichnungen werden nicht für die Qualität von Produkten oder Dienstleistungen verliehen, sondern für ein erfolgreiches Qualitätsmanagement und die dadurch geschaffene strukturelle Fähigkeit, dauerhaft Qualität sicherzustellen. Die Ursprünge reichen bereits in die 1950er-Jahre zurück (hier ist speziell der Deming Prize in Japan zu erwähnen), aber erst seit 1987 – mit Einführung des amerikanischen Qualitätspreises → Malcolm Baldrige National Quality Award (MBNQA) – gewinnen Qualitätspreise wesentlich an Bedeutung. Aufgrund des starken Erfolges in den USA haben sich seitdem eine Vielzahl nationaler Qualitätspreise in Europa etabliert. In Deutschland ist hier der → Ludwig-Erhard-Preis zu nennen. Auf europäischer Ebene wird seit 1991 der → European Quality Award (EQA) verliehen. Die relevanten Q. weisen im Detail gewisse Unterschiede auf, aber hinsichtlich Zielsetzungen, Qualitätsverständnis, Bewerbungs- und Bewertungsverfahren sowie der Auszeichnung der Gewinner können folgende Gemeinsamkeiten konstatiert werden: (1) Zu den wesentlichen Zielen zählen die Verbesserung der Wettbewerbsfähigkeit, die Schaffung von Transparenz und die Förderung der Kommunikation von qualitätsrelevanten Wissen. (2) Den Q. liegt ein umfassendes Qualitätsverständnis einschließlich eines Prüfkataloges zugrunde, der keinen Spielraum für Interpretationen zulässt. (3) Die Preisvergabe erfolgt auf Basis eines systematischen Bewertungsverfahrens. Die Vergaberichtlinien der verschiedenen Qualitätspreise (z.B. MBNQA, EQA) orientieren sich i.d.R. an der Fähigkeit des Unternehmens, herausragende Qualität, umfassenden Kundennutzen und unternehmerischen Erfolg zu realisieren. (4) Schließlich haben alle Q. gemeinsam, dass am Ende eine öffentliche Verkündung der Gewinner und eine offizielle Verleihungszeremonie stehen (z.B. Verleihung des → MBNQA durch den amerikanischen Präsidenten). Q. ermöglichen den teilnehmenden Unternehmen auf Basis der Teilnahmerichtlinien eine Orientierungshilfe, die es ihnen erlaubt, den aktuellen Qualitätsstand zu bewerten und Leitlinien für erfolgreiche Qualitätsstrategien abzuleiten. Damit sind wiederum verschiedene Vorteile verbunden, z.B. erhebliche Qualitäts- und Produktivitätssteigerungen, eine größere Kunden- und Mitarbeiterzufriedenheit, höhere Marktanteile und eine Verbesserung der Gewinnsituation. Die Beteiligung an Q. kann aber auch Nachteile für die Unternehmen beinhalten. Die Tab. „Vor- und Nachteile einer Beteiligung an Qualitätsprogrammen" zeigt für unterschiedliche Kriterien mögliche Vor- und Nachteile.

Vor- und Nachteile einer Beteiligung an Qualitätspreis-Wettbewerben

Kriterien	Vorteile	Nachteile
Zielsetzungsprozess	• Gelegenheit zur Überprüfung der Unternehmensziele • Klare innerbetriebliche Kommunikation und Durchsetzung der Ziele	• Übersehen relevanter Umfeldveränderungen durch Beschränkung auf die festgelegten Ziele • Vernachlässigung von Erhaltungszielen
Mitarbeitermotivation	• Hohe Motivation • Steigender Enthusiasmus	• Nur kurzfristige Mitarbeitermotivation • Starker Motivationsabfall bei Misserfolg und dadurch Frustration
Innerbetriebliche Konflikte	• Stärkere Zusammenarbeit und Konfliktreduktion im Bemühen um den Preis • Förderung der Sozialisation von neuen Mitgliedern	• Neue Gruppenkonflikte und Rivalitäten nach dem Wettbewerb • Unrealistische Sozialisation aufgrund des Ausnahmecharakters
Image	• Hoher Imagegewinn	• Imagegewinn nur für die wenigen Sieger

Literatur: Bruhn, M. (2003): Qualitätsmanagement für Dienstleistungen. Grundlagen, Konzepte, Methoden, 4. Aufl., Berlin u.a.; Malorny, C. (1998): Funktion und Nutzen von Qualitätsauszeichnungen (Awards), in: Masing, W. (Hrsg.): Handbuch Qualitätsmanagement, 4. Aufl., München, S. 203-223; Stauss, B. (2001): Die Bedeutung von Qualitätspreisen für Dienstleistungsunternehmen, in: Bruhn, M./Meffert, H. (Hrsg.): Handbuch Dienstleistungsmanagement. Von der strategischen Konzeption zur praktischen Umsetzung, 2. Aufl., Wiesbaden, S. 499-524.

Qualitätsprüfung. Der Q., die eine Phase des → Qualitätsmanagements darstellt, werden sämtliche Maßnahmen zur Feststellung der Erfüllung der Qualitätsanforderungen (→ Kundenerwartungen) durch das Unternehmen und seine Leistungen zugerechnet, d.h., zur Überprüfung qualitätsbezogener Elemente, Prozesse und Tätigkeiten im Hinblick auf die Erreichung der geplanten Qualitätsziele. Hauptaufgabe ist die Überprüfung der Erfüllung der Qualitätsanforderungen in interner und externer Hinsicht. Intern gilt es, Prozesse und Tätigkeiten zu überprüfen, während extern die Kundenwahrnehmung des Unternehmens und seiner Leistungen im Mittelpunkt steht. Im Hinblick auf die Instrumente der Q. können zwei Gruppen unterschieden werden: (1) Interne Instrumente: Vieraugenprinzip als Maßgabe der gegenseitigen Überwachung der Tätigkeiten von Mitarbeitern durch Mitarbeiter auf der gleichen Hierarchiestufe; Dienstaufsichtskontrollen zur Kontrolle auf missbräuchliches Handeln und der Einhaltung von vorgegebenen → Qualitätsstandards, meist durch Computer; Mitarbeiterbeobachtung durch die gelegentliche passive Teilnahme der Vorgesetzten an der Leistungserstellung; Mitarbeiterbeurteilung in Form von standardisierten Leistungsbeurteilungen und anschließenden Feedbackgesprächen mit den entsprechenden Mitarbeitern (→ Personalbeurteilung, marktorientierte). (2) Externe Instrumente: → Dienstleistungsqualitätsmessung.

Qualitätsregelkarte, Formblatt zur graphischen Darstellung von fortlaufend anfallenden statistischen Kennwerten für eine Serie von Stichproben mit oberen und/oder unteren Eingriffswerten sowie häufig auch mit Warngrenzen und einer Mittellinie, zum Zweck der → Qualitätslenkung mittels Überwachung eines Prozesses, z.B. anhand der Verteilung eines Prozessmerkmals. Die Warn- und Eingriffsgrenzen können entweder auf aus einem Vorlauf gewonnenen Daten oder auf angenommenen oder festgelegten Werten für die statistischen Kennwerte beruhen. Q.

dienen der Feststellung der Beherrschung eines Prozesses, z.B. dient die Shewhart-Qualitätsregelkarte der Überwachung der Wahrscheinlichkeitsverteilung von Ausprägungen eines Merkmals, um festzustellen, inwieweit der Wert des betrachteten Parameters von einem vorgegebenen Wert abweicht. *Vgl. auch* → Statistical Process Control (SPC).

Qualitätsregelkreis, eine an der klassischen Regelungstechnik angelehnte Methodik im Berichtswesen des → Qualitätsmanagements. Ziel einer Regelung ist es, bestimmte Größen auf vorgegebenen Sollwerten zu halten. Zu regelnde Größen sollen den Änderungen der Sollgrößen möglichst gut folgen. Auf den Prozess einwirkende Störgrößen sollen die zu regelnden Größen möglichst wenig beeinflussen. Ein Q. besteht aus den folgenden Elementen: (1) Die Sollgröße entspricht im Q. der Qualitätsanforderung (→ Kundenerwartungen). (2) Die Regelgröße ist die Größe, die auf dem vorgegebenen Wert gehalten werden soll und entspricht im Q. der → Qualität. (3) Die Stellgröße ist die Größe, durch deren Änderung die Regelgröße im Prozess beeinflusst werden kann. Sie resultiert aus dem Vergleich von Qualität sowie Qualitätsanforderungen und repräsentiert Qualitätsmanagementmaßnahmen, die eine Rückkopplung in den Prozess ermöglichen. (4) Jede Größe, außer der Stellgröße, die den Prozess beeinflusst, ist eine Störgröße. Störgrößen beeinflussen das die Regelgröße tragende Qualitätsmerkmal.

Qualitätssicherung, konzeptioneller Vorgänger des → Qualitätsmanagements, heute im deutschen Sprachraum synonym zu → Qualitätsmanagementdarlegung verwendet.

Qualitätssignale, Elemente eines Unternehmens und seiner Leistungen, die dazu dienen, nach außen, d.h. z.B. ggü. den Kunden, zu dokumentieren, dass das Unternehmen seine Leistungen auf einem bestimmten Anforderungsniveau erstellt. *Vgl. auch* → Informationsökonomie.

Qualitätsstandard, qualitätsbezogene Handlungsanweisung an Mitarbeiter eines Unternehmens. Ziel von Q. ist die Sicherstellung eines einheitlichen, hohen und kontinuierlichen Qualitätsniveaus. Q. können in Form von Kennzahlen (z.B. Anzahl der Bearbeitungstage, Anzahl fehlerhaft ausgefüllter Formulare pro Zeiteinheit) oder detaillierten Beschreibungen (z.B. Checklisten, Bearbeitungsrichtlinien) ausgedrückt werden und lassen sich daher vor allem auf quantitativ messbare Qualitätsmerkmale einer Leistung anwenden. Zur Ableitung realistischer Q. sollten die Mitarbeiter, für die die Q. gelten, bei deren Entwicklung eingebunden werden.

Qualitätsstatistik, (1) Statistische Methoden, die der Gewährleistung eines fehlerfreien Leistungserstellungsprozesses dienen (→ Statistical Process Control); (2) Bericht, in dem die Ergebnisse der → Qualitätsprüfung zusammengefasst werden.

Qualitätssteuerung, → Qualitätslenkung.

Qualitätsstrategie, strategische Ausrichtung eines Unternehmens, bei der seine → Qualität und die Qualität seiner Leistungen im Vordergrund steht. Qualität wird als zentraler → Wettbewerbsvorteil angesehen. Ziel ist es, basierend auf der aktuellen Qualitätsposition des Unternehmens eine eindeutige → Positionierung des Unternehmens am Markt zu erreichen und gleichzeitig ein Gewinn bringendes → Marktpotenzial zu erschließen. Zur Umsetzung einer Q. werden Maßnahmen des → Qualitätsmanagements eingesetzt.

Qualitätstechniken, Instrumente des → Qualitätsmanagements.

Qualitätsunsicherheit, Unvorhersehbarkeit der tatsächlichen Qualität von Produkten oder Dienstleistungen. Zu unterscheiden sind objektive Q. und subjektive Q. Bei der objektiven Q. liegen keine Informationen über die zu erwartende Leistungsqualität vor. Bei der subjektiven Q. werden der zu erwartenden Qualität des Produktes oder der Dienstleistung individuelle Wahrscheinlichkeitsgrade zugemessen. → Gütertypologie.

Qualitätsurteil, Ergebnis der Bewertung der Eigenschaften eines Unternehmens und seiner Leistungen (→ Qualität, → Dienstleistungsqualität) durch seine Ziel- und Anspruchsgruppen. Unternehmen versuchen, die Q. der Anspruchsgruppen durch Qualitätsmessungen (→ Dienstleistungsqualitätsmessung) in Erfahrung zu bringen.

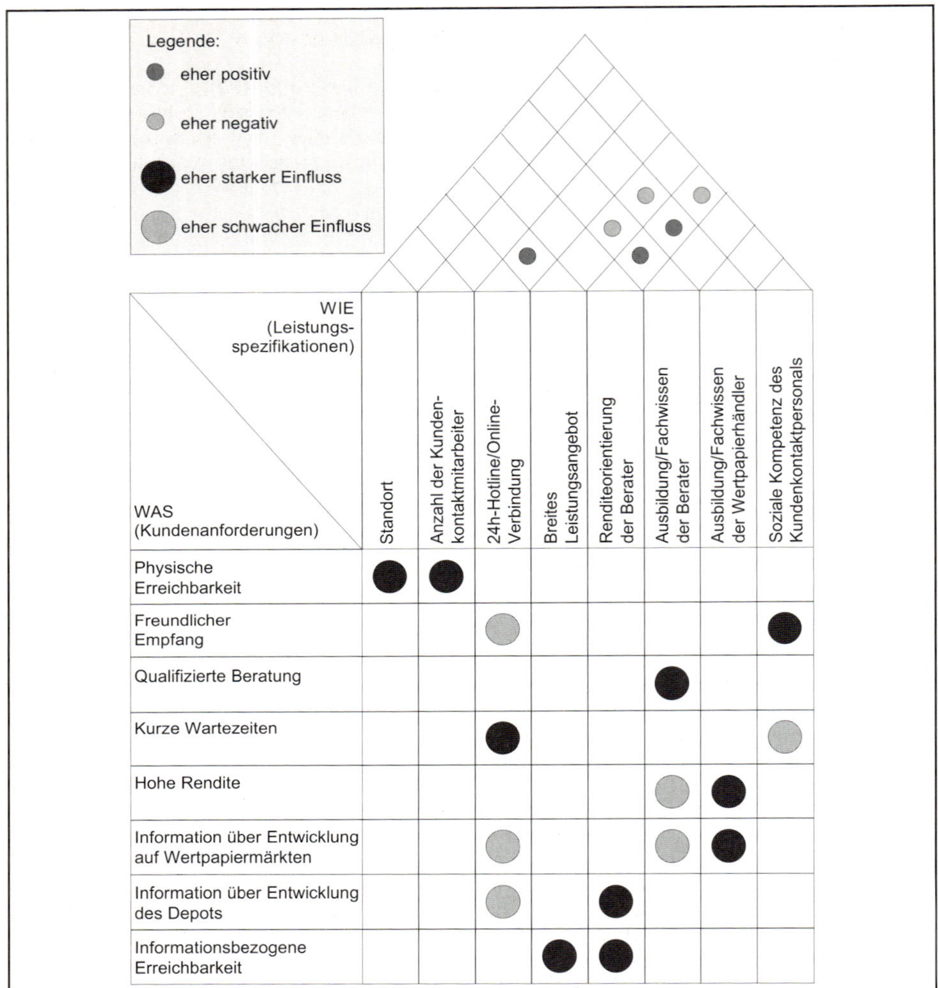

House of Quality für den Bereich Anlageberatung in einer Bank (Quelle: Bruhn 2003, S. 188)

Qualitätsverbesserung, → Qualitätsmanagement.

Qualitätswettbewerb, bezeichnet das Konkurrenzverhältnis mehrerer Unternehmen auf einem gemeinsamen Markt, die bestrebt sind, durch Aufbau bzw. Verteidigung eines Qualitätsvorteils ihrer Unternehmensleistung einen strategischen Wettbewerbsvorteil zu erzielen. → Differenzierungsstrategie, → Wettbewerbsstrategie.

Qualitätszertifikat, → Zertifikat.

Qualitätszirkel, auf Dauer angelegte Gesprächsgruppen (ca. fünf bis acht Personen), die ausgewählte Qualitätsprobleme des eigenen Arbeitsbereiches oder auch des gesamten Unternehmens diskutieren. Unter Anleitung eines geschulten Moderators werden mit Hilfe spezieller Problemlösungstechniken Lösungsvorschläge erarbeitet, umgesetzt und kontrolliert. *Vgl. auch* → Qualitätslenkung.

Quality Award, → Qualitätspreis.

Quality Function Deployment (QFD), Methodik anhand formalisierter Dokumente zur Systematisierung der umfassenden → Qualitätsplanung im Zusammenhang mit der Erstellung eines Leistungsangebots unter ständiger Berücksichtigung der → Kundenerwartungen. Grundlage des Q. ist eine Matrixanordnung, die die verschiedenen Ablaufschritte abdeckt und aufgrund ihrer spezifischen Form als „House of Quality" bezeichnet wird. Die Vorgehensweise des QFD besteht aus folgenden Schritten: (1) Der QFD-Prozess startet mit einer Identifikation der Zielgruppe, d.h. der relevanten Kundengruppen des Unternehmens. (2) Anschließend werden die vielfach in einer Baumstruktur angeordneten und gewichteten Anforderungen der Kunden an die Leistung erfasst. Hierbei können Daten der primären und sekundären → Marktforschung (→ Dienstleistungsqualitätsmessung) genutzt werden. (3) Weiterhin sind die zur Erfüllung der Kundenanforderungen notwendigen Leistungsmerkmale festzulegen. (4) Den festgelegten Qualitätsmerkmalen werden messbare bzw. bezifferbare Zielgrößen und -einheiten zugeordnet. Der Bestimmung der quantitativen Ausprägungen der Leistungsmerkmale folgt die Ermittlung der Optimierungsrichtung für die einzelnen Merkmalsausprägungen, d.h. die Festlegung des Zielwertes sowie dessen Maximierung oder Minimierung. (5) Es werden mögliche positive und negative Wechselwirkungen zwischen den einzelnen Qualitätsmerkmalen untersucht und in einer Korrelationsmatrix, dem „Dach" des „House of Quality", dokumentiert. Die Abb. „House of Quality für den Bereich Anlageberatung in einer Bank" zeigt die Vorgehensweise an einem Beispiel. Das QFD sollte nicht isoliert von anderen Instrumenten des → Qualitätsmanagements eingesetzt werden. Insbesondere zur Erfassung der Kundenanforderungen existieren in der → Qualitätsprüfung zahlreiche Methoden, die unterstützend eingesetzt werden können. Die gesamte Methodik des Quality Function Deployment lässt sich in vier aufeinander aufbauende Planungsschritte unterteilen. In jeder einzelnen Phase wird ein eigenes House of Quality abgeleitet, so dass vier Qualitätspläne unterschieden werden: (1) Qualitätsplan Produkt, (2) Qualitätsplan Konstruktion, (3) Qualitätsplan Prozess, (4) Qualitätsplan Produktion.

Quantitative Prognoseverfahren, → Prognoseverfahren.

Querschnittsanalyse, Erhebungsstudie, die zu einem gewissen Zeitpunkt aus einer Grundgesamtheit eine Stichprobe zieht, um eine Momentaufnahme von der Grundgesamtheit zu erhalten. Gegenstück zur → Längsschnittanalyse.

Question Mark, → Marktanteils-Marktwachstums-Portfolio.

Quotenanweisung, → Quotenplan.

Quotenauswahl, nichtzufälliges Auswahlverfahren, das die Elemente der Stichprobe nach entsprechend vorher ermittelten Quoten der Grundgesamtheit auswählt. Die Stichprobe muss diese Quoten wiederspiegeln, um repräsentativ zu sein. → Auswahlprinzip, → Auswahltyp, → Quotenplan.

Quotenplan, *Quotierungsplan*. Der Q. wird bei der gezielten Auswahl von Untersuchungseinheiten mithilfe des → Quotenverfahrens benötigt. Ein Q. gibt an, in welcher Anzahl bestimmte Merkmalsausprägungen in einer → Stichprobe vorhanden sein sollen.

Quotenverfahren, der Grundgedanke des → Quotenverfahrens besteht darin, dass man eine repräsentative Stichprobe erstellen kann, wenn man das Wissen über die Verteilung der Merkmalsausprägungen in einer Grundgesamtheit hat. Voraussetzung ist die Kenntnis derjenigen Merkmale, die einen Bezug zum Untersuchungsgegenstand haben. Das Q. gehört zu den nicht-zufälligen Auswahlverfahren (non probability sampling) (→ Auswahl) bei der Bestimmung einer Stichprobe. Dem Interviewer werden Quoten vorgegeben, deren entsprechende Verteilung der Merkmale (Alter, Geschlecht, Einkommen, usw.) in der → Grundgesamtheit schon vor der Durchführung der → Befragung bekannt sind. Die Interviewer sollten sich bei der Auswahl der Probanden an diese Quoten halten. Die → Stichprobe wird dann nach diesen Kriterien der → Grundgesamtheit zusammengestellt. Das Q. ist die in der → Marktforschung am häufigsten angewandte Methode. Der Interviewer sucht so lange Probanden aus, bis die geplanten Quoten erreicht sind. Man unterscheidet zwischen einfachen (z.B. Alter, Geschlecht, usw.) und kombinierten Quoten (Alter und Einkommen, Geschlecht und Muttersprache, usw.). Eine Grundvoraussetzung für ein Quotenverfahren ist ein bestimmtes Vorwissen über die → Grundgesamtheit. Es können keine Quoten von Merkmalen vorgegeben werden, über deren Verteilung in der → Grundgesamtheit keine Informationen vorliegen.

R

Rabatt, bezeichnet einen Preisnachlass auf den üblichen Listenpreis. R. mindern den Einstandspreis beim Warenbezug bzw. den Erlös beim Warenverkauf. R. gibt es in vielen Varianten mit den unterschiedlichsten Begründungen. Unterschieden werden z.B. Barzahlungsrabatte, Mengenrabatte, Funktions- oder Handelsrabatte, Zeitrabatte, Sonderrabatte und Treuerabatte für langandauernde Geschäftsbeziehungen. Frühbezugsrabatte werden für die vorzeitige Abnahme von Saisonartikeln gewährt. Es existieren R. in Form von Preisnachlässen für bestimmte Berufsgruppen, wie z.B. Beamtenrabatt, Personalrabatt oder Vereinsrabatt. Sonderformen stellen Boni (→ Bonus) und Skonti (→ Skonto) dar. R. beeinflussen die → Preisoptik und signalisieren den Abnehmern ein besonderes Entgegenkommen in preislicher Hinsicht.

Umsatzstaffel	Rabattsätze	getätigter Umsatz	durchgerechneter Rabatt	angestoßener Rabatt
bis 10.000	0 %	5.000	0	0
ab 10.000	5 %	15.000	750	250
ab 20.000	8 %	35.000	2.800	1.700
ab 50.000	9 %	75.000	6.750	5.150
ab 100.000	10%	150.000	15.000	12.400

Vergleich von angestoßenem und durchgerechnetem Rabatt

Mengenrabatte sind mengenabhängige Preisabschläge. Sie werden in der Praxis i.d.R. als Prozentzahl vom Umsatz angeboten. Mengenrabatte werden nach der Art der Berechnung in den durchgerechneten und angestoßenen Mengenrabatt unterschieden. Die häufigste Form des Mengenrabatts ist die durchgerechnete R.-Staffel. Der Rabattsatz wird dabei auf die gesamte Abnahmemenge eines Kontraktes gewährt. Bei der angestoßenen R.-Staffel wird der R. nur auf den jeweiligen Staffelbereich angewendet. In der Abb. „Vergleich von angestoßenem und durchgerechnetem Mengenrabatt" ist ein Rechenbeispiel enthalten, das die Konsequenzen der unterschiedlichen Berechnungsarten verdeutlicht. Mengenrabatte sind eine Form der nichtlinearen Preisbildung (→ Preisbildung, nichtlineare).

Rabattpolitik, Gesamtheit der einem Verkäufer zur Verfügung stehenden Entscheidungsspielräume für Preisminderungen (→ Rabatt). Rabattpolitik, Gestaltung der → Liefer- und Zahlungsbedingungen und die Gewährung von Lieferantenkrediten bilden zusammen die → Konditionenpolitik, die wiederum Bestandteil der → Preispolitik ist.

Rabattpolitik, internationale, Bestandteil der übergeordneten internationalen → Kontrahierungspolitik. Unter Rabatten kann allgemein eine monetäre oder nicht-monetäre Vergütung ggü. dem Abnehmer verstanden werden. Sie werden gewährt, wenn der Abnehmer bestimmte Leistungskriterien erfüllt. Damit ist mit Rabatten eine Preis-(Leistungs)-Variation verbunden, indem der für eine Leistung zu zahlende Preis reduziert wird oder bei gegebenem Preis die angebotene Leistung erhöht wird. Grundsätzlich hat sich die Rabattpolitik an den in den jeweiligen Ländern verfolgten rabattpolitischen Zielen auszurichten. Typische rabattpolitische Ziele sind beispielsweise Umsatzziele, Loyalitätsziele (z.B. Kundentreue), Imageerhaltungsziele trotz effektiv günstiger Nettopreise sowie Kostenreduktionsziele durch zeitliche Auftragslenkung (Produktionsglättung). Von besonderer Bedeutung ist die Tatsache, dass mittels Rabatten eine → Preisdifferenzierung ggü. verschiedenen Ländern bzw. unterschiedlichen Abnehmergruppen in den einzelnen Ländern vorgenommen werden kann, ohne dass diese Preisdifferenzierung in größerem Ausmaß publik wird. Auf diese Weise können de facto unterschiedliche internationale Preise gefordert werden, obwohl nach außen hin international standardisierte Preise vorzuherrschen scheinen. Typische Arten von Rabatten sind Mengenrabatte, Zeitrabatte (z.B. Saisonrabatte), Abschlussrabatte für langfristige Liefer- bzw. Abnahmeverträge, Funktionsrabatte an den Handel für die Übernahme bestimmter Leistungen (z.B. Regalpflege), Treuerabatte, Listungsrabatte für die Aufnahme von Produkten in Distributionssysteme (Handel), sowie Sonderrabatte (z.B. Behördenrabatte). Von Bedeutung sind in diesem Zusammenhang wettbewerbsrechtliche Regelungen in den einzelnen Ländern, da rabattpolitische Maßnahmen die wettbewerbliche Stellung eines Anbieters zu seinen Konkurrenten tangieren. In Deutschland sind beispielsweise die entsprechenden Regelungen des Gesetzes gegen den unlauteren Wettbewerb (UWG) sowie das Gesetz gegen Wettbewerbsbeschränkungen (GWB) zu beachten.

Rabatt, rechtliche Aspekte. Zwischen allen Wirtschaftsstufen besteht grundsätzlich volle R.-Freiheit. Relevante Rechtsgrundlagen sind vor allem das → GWB und das → UWG.

I. Rabatte ggü. gewerblichen Abnehmern: (1) GWB: Zu beachten ist vor allem das → Diskriminierungsverbot des § 20 GWB. Die Gewährung unterschiedlich hoher R. an verschiedene Abnehmer muss auf sachlich gerechtfertigten Gründen beruhen. Sachlich gerechtfertigt ist eine R.-Gestaltung nach objektiven Leistungskriterien, wie z.B. Umfang der Lagerhaltung durch den Händler, Breite des vom Händler geführten Sortiments, Abstellung von Händlerpersonal zu Schulungsveranstaltungen und besondere Werbemaßnahmen durch den Händler. R.-Kartelle sind nach § 1 GWB verboten. (2) UWG: Bedenken aus § 1 UWG ergeben sich u.a. aus der Gefahr, dass die Lieferanten sich gegenseitig bei der Gewährung bestimmter Vergünstigungen überbieten und der Leistungs- durch den Nebenleistungswettbewerb ersetzt wird. Aufgrund dieser Nachahmungsgefahr sind z.B. vom Lieferanten gezahlte Mieten für die Überlassung von Schaufenster- oder Regalplatzfläche unzulässig.

II. Rabatte ggü. Letztverbrauchern: Bis zum 31.7.2001 galten für Preisnachlässe an die Letztverbraucher die Regeln des R.-Gesetzes. Mit der Abschaffung des RabattG sind zwar spezialrechtliche Normen weggefallen, wie z.B. die Beschränkung des Barzahlungsrabatt auf höchstens 3 Prozent des allgemein geforderten oder angekündigten Preises. Weiterhin gelten jedoch die Regeln des UWG, wonach R. insbesondere unter dem Aspekt der Sittenwidrigkeit (§ 1 UWG) und der → Irreführung (§ 3 UWG) zu beurteilen sind. Wird z.B. der R. auf Grund verminderter Warenqualität oder nach vorheriger Heraufsetzung des Preises gewährt, ohne dass dies für den Käufer ersichtlich ist, so liegt ein Verstoß gegen das Irreführungsverbot vor.

Rabattspreizung, bezeichnet das Missverhältnis von Anstieg der Rabattsätze und zusätzlicher Abnahmemengen. Im Handel gilt die R. als eine den Leistungswettbewerb schädigende Geschäftspraktik, da sie die Abnehmer zu vermehrter Kooperation im Einkauf herausfordert. Dies äußert sich in der zunehmenden Konzentration im Einzelhandel.

Rack Jobber, *Regalgroßhändler, Service Merchandiser, Regalgrossist;* → Betriebsform des → Großhandels. Der R.J. nutzt Verkaufsflächen, die ihm von Groß- oder Einzelhandelsbetrieben gegen ein entsprechendes Entgelt in Form von Regalmiete oder Umsatzbeteiligung zur Nutzung überlassen werden. Die Tätigkeit des R.J. erfolgt in eigener Disposition, auf eigene Rechnung sowie auf eigenes Risiko. Der R.J. berät den beteiligten Händler i.d.R. hinsichtlich der Sortimentsauswahl, der Positionierung am → Point of Sale sowie der Präsentation.

Rangordnungsverfahren, *Paarvergleichsverfahren.* → Multidimensionale Skalierung (MDS), → Conjoint-Analyse.

Rankingskalen, geschlossene Befragungstechnik, bei der die Probanden verschiedene Meinungsgegenstände in eine ordinale Reihenfolge bringen sollen.

Ratingskalen, geschlossene Befragungstechnik, bei der Probanden als Antwort auf eine Frage Skalen mit zwei entgegengesetzten Endpolen vorgelegt werden, zwischen denen sie ihre Antwort festlegen sollen. R. können stetig oder diskret sein. → Imagemessung, → Semantisches Differenzial.

Rationalisierungsprinzip, umfasst alle Maßnahmen, die bei einer Veränderung eines Entscheidungsfeldes der Verwirklichung neuer optimaler Zielerreichungsgrade dienen und damit dem Rationalitätsprinzips folgen. Beispielsweise eröffnen neue Technologien und die Automatisierung von Arbeitsabläufen vielfach Rationalisierungspotenziale, weil der Output rationalisierter Prozesse mit geringerem Ressourcen- und Zeitaufwand realisiert werden kann.

Rationalität, → Entscheidungstheorie.

Ratioskala, → Verhältnisskala.

Räumungsverkauf. Rechtsgrundlage ist § 8 UWG.

I. R. wegen Räumungszwangslage: R. sind zulässig wegen Beschädigung des vorhandenen Warenvorrates (z.B. durch Feuer, Wasser, Sturm oder ein vom Veranstalter nicht zu vertretendes vergleichbares Ereignis) oder wegen der Durchführung eines nach den baurechtlichen Vorschriften anzeige- oder genehmigungspflichtigen Umbauvorhabens, was die Räumung des gesamten Warenvorrates unumgänglich macht. Die maximale Dauer des R. beträgt dann 12 Werktage.

II. R. wegen Geschäftsaufgabe: Zulässig, wenn der Veranstalter mindestens drei Jahre vor Beginn keinen R. wegen Aufgabe eines Geschäftsbetriebes gleicher Art durchgeführt hat. Mit dieser Restriktion will man dem Missbrauch von R. wegen Geschäftsaufgabe vorbeugen. Die maximale Dauer beträgt hier 24 Werktage. Der Veranstalter wird nach dem R. mit einem zweijährigen Betätigungsverbot am selben Ort mit den betroffenen Warengattungen belegt. Die Aufgabe einzelner Warengruppen oder einzelner Verkaufsstätten berechtigt nicht zu einem R. Will z.B. ein Filialunternehmen eine → Filiale schließen, muss es die Ware in eine andere Filiale verlagern. Im Zuge der Novellierung des UWG sollen R. künftig erleichtert werden.

Reaktanz. Ablehnende Reaktion eines Individuums, das einer wahrgenommenen Beeinflussung ausgesetzt ist, wenn es den Beeinflussungsversuch für illegitim hält und ihn als Einschränkung seiner Entscheidungsfreiheit empfindet. Zu starke oder aufdringliche → Werbung kann in solchen Fällen das Gegenteil vom gewünschten Ziel einer positiven Einstellung bewirken. Dieser Effekt wird als „Bumerangeffekt" bezeichnet.

Reaktionsverhalten. Abschlussverhalten auf einen initiierten Dialog. Während früher die Reaktion meist als Kauf oder Nichtkauf abgespeichert worden ist, lassen datengestützte Systeme eine tiefer gehende Analyse des Kundenverhaltens zu. Die gesamte Thematik des → Beschwerdemanagements beschäftigt sich mit dem Reaktionsverhalten von Kunden. Im Rahmen der → Kundenbindung wird insbesondere das Reaktionsverhalten von Kunden nach dem Kauf analysiert.

Reason Why, *Begründung*; Bestandteil der → Copy-Strategie.

Recall, misst die Erinnerung an → Werbemittel, → Produkte und → Marken. Dabei wird die Testperson aufgefordert, Werbemittel, Produkte oder Marken zu nennen. Die Erinnerung an Marken wird i.Allg. auch als → Markenbekanntheit bezeichnet. Bezieht sich der R. auf Werbung, bezeichnet man ihn auch als Advertising-Recall. Zusammenfassend spricht man vom Bekanntheitsgrad, dem Prozentsatz der potenziellen Kunden, denen eine Marke bekannt ist. Zur Überprüfung von TV-Spots wird häufig der Day-after-Recall-Test eingesetzt. Dabei werden am Tag nach der Ausstrahlung Testpersonen befragt, ob sie sich an den Spot erinnern und woran sie sich erinnern. Bei der Messung des R. wird unterschieden zwischen „Unaided R." (ungestützte Erinnerung) und „Aided R." (gestützte Erinnerung). Beim Unaided R. wird der Testperson z.B. die Frage „Welche Geschirrspülmittel kennen Sie?" vorgelegt. Die zwei zuerst genanten Marken werden als „Top of Mind" bezeichnet. Beim Aided R. wird der Testperson z.B. die Frage gestellt: „Haben Sie schon einmal Werbung für das Geschirrspülmittel der Marke X gesehen?" (→ Werbetest).

Recency-Effekt, → Primacy Effekt.

Recency-Frequency-Monetary-Ratio-Methode, → RFRM.

Rechtsharmonisierung, *Rechtsangleichung*. Rechtsbegriff, besonders im Zusammenhang mit dem EU-Recht. Die ursprüngliche Zielsetzung, abweichende Rechtsvorschriften innerhalb der EU anzugleichen, wurde von dem Prinzip der gegenseitigen Anerkennung nationaler Vorschriften abgelöst; *vgl. auch* → EG-Richtlinien.

Rechtsschutz, gewerblicher. I. Begriff: Gewährung rechtlichen Schutzes für technische, ästhetische und kennzeichnende → Produkteigenschaften vor der Nachahmung durch Dritte.

II. Zielsetzung: Schutz geistig-gewerblichen Schaffens sowie Sicherung des fairen Leistungswettbewerbs durch Bekämpfung unlauteren Wettbewerbsverhaltens. Nicht unter den gewerblichen R. fällt daher das Urheberrecht. Dieses schützt zwar auch geistige Leistungen, jedoch ausschließlich auf dem kulturellen und nicht dem gewerblichen Gebiet.

III. Schutz geistig-gewerblicher Schöpfungen: Die Gewährung des Schutzes in Form von → Patenten, → Gebrauchsmustern, → Geschmacksmustern usw. würdigt die geistige Leistung, die eine Person erbracht hat und billigt ihr für die Vermarktung ein zeitlich begrenztes Monopol zu. Grundlage für diesen Sonderrechtsschutz sind Ausschließlichkeitsrechte. Dies sind subjektive Privatrechte, die die Interessen des Schaffenden an einer konkreten, gewerblich verwertbaren Leistung sichern und diese allein seiner rechtlichen Herrschaft unterwerfen. Es sind weiterhin Immaterialgüterrechte, d.h. der geistige Gehalt der jeweils geschützten Leistung hat sich als geschütztes Gut im Verkehr verselbständigt. Ferner sind es absolute Rechte mit positivem und negativem Inhalt, d.h. der Inhaber hat die Benutzungsbefugnis (positiv) und die Befugnis, jedem Dritten die Nutzung des Schutzgegenstandes versagen zu können (negativ). Schließlich ist ihre Entstehung an das förmliche Moment der Anmeldung und Registrierung gebunden, womit die Zugehörigkeit des jeweils erteilten Rechtes zu einer bestimmten Person nach außen sichtbar wird.

IV. Sicherung des fairen Leistungswettbewerbs: Grundsätzlich anderer Art ist der R. des Wettbewerbsrechts. Er ist ein privatrechtlich gestalteter Interessenschutz, der sich darin konkretisiert, dass mittels einer umfassenden Generalklausel (§ 1 UWG) sowie einer Reihe von Sondertatbeständen objektive Verhaltensnormen für die Wettbewerber vorgegeben und jedem Gewerbetreibenden Abwehransprüche ggü. demjenigen Wettbewerber zugebilligt werden, der im Konkurrenzkampf gegen diese Verhaltensnormen verstößt. Die Reichweite des individuellen Schutzes von Leistungsergebnissen bestimmt sich nicht allein nach den jeweils berührten privaten Interessen der betroffenen Wettbewerber, sondern nach Maßgabe einer umfassenden Interessenabwägung, in die auch das Kollektivinteresse der Gesamtheit der Mitbewerber sowie das Allgemeininteresse einbezogen sind. Die Grenzen des wettbewerbsrechtlichen Leistungsschutzes sind damit relativ eng gezogen. Welche individuellen Schutzpositionen den Wettbewerbern konkret vermittelt werden, ist dem → UWG unmittelbar kaum zu entnehmen. Nur in wenigen Bereichen legt das UWG selbst Verhaltensnormen fest und konkretisiert spezielle Verbotstatbestände. Im Übrigen ist das UWG über die Generalklausel in § 1 UWG weitgehend Richterrecht.

IV. Wertungsgedanken des Markengesetzes: Dem Markengesetz liegt eine Kombination der beiden zuvor genannten Wertungsgedanken zugrunde. In formaler Hinsicht gewährt das Markengesetz R. durch Ausschließlichkeitsrechte (*vgl. auch* → Marke, rechtliche Aspekte). Dagegen sind in materieller Hinsicht die Ausschlussrechte des Kennzeichenrechtes vorrangig an Kollektiv- und Allgemeininteressen gebunden. Zum einen gewährt das Markengesetz keinen dem Patent- und Musterrecht analogen R. in dem Sinne, dass die geistig-gewerblichen schöpferischen Leistungen als solche geschützt werden. Primär sind die mit den Kennzeichen einhergehenden originären wettbewerblichen Funktionen geschützt. Zum anderen geht der wettbewerbsbezogene Wertungsgedanke aus der Einbeziehung wettbewerbsrechtlicher Tatbestände hervor, wie etwa der Schutz gegen irreführende geographische Herkunftsangaben. Schließlich ist die Entstehung von Kennzeichenrechten im Unterschied zu denen des Patent- und Musterrechtes nicht zwingend an die förmliche Registrierung geknüpft. Markenschutz kann auch durch die Benutzung eines Zeichens im geschäftlichen Verkehr entstehen, soweit das Zeichen innerhalb der beteiligten Verkehrskreise als Marke Verkehrsgeltung erworben hat.

Hendrik Schröder

Rechtswidrige Werbung, → Werberecht.

Recognition, *Wiedererkennung*; misst die Erinnerung einer Testperson an eine → Werbung. Die Messung von R. erfolgt durch Vorlage eines → Werbemittels verbunden mit der Frage, ob dieses Werbemittel schon einmal von der Testperson wahrgenommen wurde oder nicht. Hauptziel ist es, die Aufmerksamkeitswirkung bzw. die Wahrnehmung eines Werbemittels zu prüfen. R.-Tests finden hauptsächlich im Printmedienbereich Anwendung. Allgemeine Verbreitung bei der Durchführung eines R.-Tests bei → Printmedien fanden die Beurteilungskriterien von Starch: Als Testpersonen werden ca. 150 Personen nach dem Quota-Verfahren ausgewählt, die als Leser des Printmediums identifiziert wurden. Der Interviewer geht mit den Testpersonen die letzte Ausgabe des zu untersuchenden Printmediums (z.B. Zeitschrift), durch und fragt bei jeder Anzeigenseite, ob die Testperson die Anzeige wieder erkennt. Bei der Analyse werden folgende Maßgrößen verwendet: (1) „Noted“: Die Anzeige wurde bereits gesehen. (2) „Seen/associated“: Die Testperson behauptet, die Anzeige gesehen und einzelne Teile gelesen zu haben. Darüber hinaus kann sich die Testperson an den Namen des beworbenen Objektes erinnern. (3) „Read most“: Die Anzeige wurde zu mehr als der Hälfte von der Testperson gelesen. Bei diesem Vorgehen gibt es allerdings eine Reihe von Problemen. So haben Untersuchungen z.B. gezeigt, dass in Experimenten bei Lesern und Nichtlesern etwa gleich große R.-Quoten ermittelt wurden. Das Verfahren von Starch wird wegen der Begrenztheit seiner Möglichkeiten nur noch selten angewendet.

Recycling, → Abfallverhalten, Recycling.

Redistributionskanal, → Redistributionspolitik.

Redistributionskonzepte, → Redistributionspolitik.

Redistributionslogistik, → Redistributionspolitik.

Redistributionspolitik, umfasst alle Entscheidungen hinsichtlich der Einrichtung und Gestaltung eines zur → Distribution umgekehrten Stoff- und Güterflusssystems (Redistribution, Retro-Distribution), das auf den Wiedereinsatz von gebrauchten Stoffen und Gütern im Wirtschaftskreislauf (→ Kreislaufwirtschaft) gerichtet ist.

I. Begriff: Die Redistribution hat die Aufgabe, Abfälle (→ Abfallmanagement, → Abfallverhalten, Recycling) vom Entstehungsort zu erfassen und zum Ort des Wiedereinsatzes zu transportieren (Redistributionskanäle).

II. Merkmale: Das Redistributionssystem kann hinsichtlich der Stufigkeit (einstufig und mehrstufig), der Art von eingeschalteten Abfallmittlern (z.B. Entsorgungsunternehmen) sowie nach der Form des Wiedereinsatzes (Wieder- und Weiterverwendung sowie Wieder- und Weiterverwertung) unterschieden werden. An der Rückführung von Stoffen, Produkten und Verpackungen sind sowohl Konsumenten, Handel und Hersteller beteiligt.

III. Konzepte: (1) Redistributionskonzepte des Handels zur Rückführung und Verwertung von Produkt- und Verpackungsrückständen: a) Abfallvermeidungsstrategien (z.B. Optimierung der Wareneingangs- und -ausgangslogistik), b) Abfallverminderungsstrategien (z.B. Einsatz von Mehrwegtransportverpackungen), c) Abfallverwertungsstrategien (z.B. kundengerichtete Recyclingsysteme). (2) Betriebliche Redistributionskonzepte umfassen a) die Bestellung von Abfallbeauftragten (→ Umweltschutzbeauftragte), b) Prüfung abfallrechtlicher Anforderungen, c) Erstellung eines Abfallkartasters, d) Überprüfung des bestehenden Abfallkonzepts, e) Konzeption einer Entsorgungslogistik, f) organisatorische Verankerung der Entsorgungslogistik (Retrologistik), g) Entwicklung einer → Kostenrechnung für die Entsorgungslogistik, h) Berichtswesen und Dokumentation.

IV. Maßnahmen: (1) Betriebliche Maßnahmen: a) Einsatz von Technologien zur Abfallbehandlung, -aufbereitung und Abfalltrennung, b) Gestaltung von Demontageprozessen, c) Sammelmaßnahmen (Hol- oder Bringsysteme), d) Bereitstellungsmaßnahmen (Mengen und Zeitpunkte), e) Transport- und Lagermaßnahmen (z.B. Behälter- und Lagertechnik), f) Informationsmaßnahmen, g) Kooperationslösungen. (2) Staatliche Maßnahmen: (1) → Verpackungsverordnung: Hersteller und Händler werden zur Rücknahme und Wiederverwertung von Verpackungen verpflichtet. Die → Duale System Deutschland AG (DSD) ist eine privatwirtschaftlich geführte Dachorganisation von Industrie- und Handelsunternehmen, die ein zweites Verwertungssystem für Verkaufsverpackungen parallel zur kommunalen Abfallentsorgung aufgebaut hat (Duale Abfallwirtschaft), (2) → Altfahrzeuggesetz: Aufbau eines flächendeckenden Systems zur Annahme und Verwertung von Altautos, (3) → Elektro- und Elektronikaltgeräte-Richtlinie: Einrichtung von Systemen für die Behandlung und Verwertung von Altgeräten.

Reengineering, bezeichnet das grundsätzliche Überdenken und die Neuorganisation von → Organisationsstrukturen und Prozessen in Unternehmen (→ Business Reengineering). Das Ziel einer derartigen Neustrukturierung des Unternehmens besteht in der Optimierung der → Wertschöpfungskette, um Verbesserungen in den Bereichen Kosten (→ Kostenmanagement), Qualität (→ Qualitätsmanagement), Service (→ Servicequalität) und Zeit zu erzielen.

Reference Group, → Bezugsgruppe.

Referenzen, Nennung eines namhaften Kunden (→ Referenzkunde), der für die Qualität der an ihn gelieferten Leistung steht und/oder diese zu Demonstrationszwecken zur Verfügung stellt. Im Vermarktungsprozess kommt R. eine große kommunikationspolitische Bedeutung zu. So trägt der Nachweis der Leistungsfähigkeit zum Aufbau von → Vertrauen bei. Insbesondere bei sehr komplexen Leistungsangeboten lässt sich mit Hilfe von R. eine beim Nachfrager vorhandene Unsicherheit reduzieren.

Referenzkunde, aktueller Kunde eines Anbieters, der sich bereit erklärt, Auskünfte über seine persönlichen Erfahrungen mit dem Anbieter an andere, potenzielle Kunden dieses Anbieters, abzugeben. I.d.R. handelt es sich um Kunden, die überdurchschnittlich zufrieden sind (→ Kundenzufriedenheit) und von denen der Anbieter weiß, dass sie nicht negativ über ihn berichten werden. Insbesondere bei einmaligen, aus Kundensicht mit hohen persönlichen Risiken verbundene Leistungen, z.B. einer kosmetischen Operation oder der Durchführung eines großen Kundenevents, wird nach R. gefragt, um die eigene Entscheidung zu festigen.

Referenzpreis, → Ankerpreis.

Regalflächenoptimierung, Genaue Daten über Waren-, Artikelgruppen oder Einzelartikel, wie z.B. Maße der Artikel; Verkaufszahlen oder Deckungsbeiträge, und Verkaufs- bzw. Regalstammdaten, wie z.B. Wertigkeiten der Verkaufsfläche bzw. Regale können Regelflächenzuweisungen bestimmen. Zur ökonomischen Betrachtung der R. werden Raumleistungskennzahlen ermittelt, bei denen Umsätze, Roherträge oder Deckungsbeiträge auf Verkaufs- oder Regalflächen bezogen werden. Für die R. werden Space-Management-Systeme (wie z.B. Spaceman) als computergestützten Regaloptimierungssysteme zunehmend eingesetzt. Diese berechnen z.B. Belegungspläne oder die optimale Platzierungsbreite, die sich aus der Anzahl der Frontstücke (Facings) errechnet, unter Berücksichtigung von Absatzerwartungen, Stapelhöhen, Nachfüllhäufigkeiten u.a.

Regalgroßhändler, → Rack Jobber.

Regalgrossist, → Rack Jobber.

Regalmeter, die Kapazität von Regalen wird in Regalmetern angegeben. Ein laufender Meter Regal entspricht einem R.

Regalmiete, die Handelsspanne, die ein → Regalgroßhändler (Rack-Jobber) einem Einzelhandelsunternehmen gewährt, kann als Regalmiete und als Entgelt für die Inkassofunktion angesehen werden.

Regaloptimierung, Optimierung der Zuordnung von Waren zu → Regalplätzen im Rahmen der → Warenpräsentation. Eine R. wird durchgeführt, indem z.B. Waren des täglichen Bedarfs in der Reck- oder Bückzone und Impulskaufprodukte in der Augen- oder Greifzone platziert werden. (→ Produkt-Platzierung).

Regalpflege, die Beschickung und das regelmäßige Wiederherstellen eines attraktiven Anblicks der Regale werden als R. bezeichnet.

Regalplatz, die → Verkaufsfläche und damit letztlich der R. bilden einen Engpass in der gesamten Warendistribution. Der Handel entscheidet, welche Produkte den Weg zu den Konsumenten finden, und hat damit eine → Gatekeeper-Funktion inne.

Regalplatzwettbewerb, Mittelpunkt des R. ist das Regal des Händlers. Beim R. stehen zum einen die Hersteller mit ihren Produkten in Konkurrenz untereinander um den besten Verkaufsplatz im Handelsregal. Zum anderen stehen die Händler untereinander im Wettbewerb, um Herstellern den verkaufwirksamsten und somit gewinnträchtigsten Regalplatz anzubieten.

Regalstopper, Point-of-Sale-Material und Maßnahme der → Verkaufsförderung. R. sind → Hinweisschilder, die aus dem Regal herausragen und meist an der Preisauszeichnungsschiene fest angebracht sind oder sich bewegen (Wobbler), um Kunden, z.B. auf Sonderangebote, aufmerksam zu machen.

Regiebetriebe, → Marketing öffentlicher Betriebe.

Regionaldatei, → Mikrogeographische Marktsegmentierung.

Regionaler Testmarkt, → Testmarkt.

Regionalorganisation, bezeichnet ein Organisationsmodell, bei der die Bildung organisatorischer Einheiten nach regionalen Kriterien erfolgt (→ Gebietsorientierung).

Regiozentrische Orientierung, → EPRG-Schema.

Regressionsanalyse, mit Hilfe der R. soll der Einfluss einer (einfache R.) bzw. mehrerer (multiple R.) unabhängiger Variablen auf eine abhängige Variable untersucht werden. Ziel des Verfahrens ist es, die abhängige Variable in einem linearen Abhängigkeitsverhältnis darzustellen, um die Auswirkungen der unabhängigen Variablen für die abhängige Variable prognostizieren zu können. Das Verfahren zur → Datenanalyse lässt sich in drei Schritten skizzieren: (1) Aufstellen des Regressionsmodell, (2) Schätzen der Parameter, (3) Beurteilen der Güte des Modells. Zu (1): Beim Aufstellen des Regressionsmodells, wird die Entscheidung über die unabhängigen Variablen (Einflussgrößen) und deren Einfluss (linear oder multiplikativ) auf der Grundlage von theoretischen Überlegungen festgelegt. Zu (2): Im Anschluss werden die Parameter des Regressionsmodells geschätzt. Das bedeutet, man wählt die Parameter des Regressionsmodells derart, dass der Abstand der empirischen Daten von den Prognostizierten möglichst gering ist. Zur Schätzung der Parameter der Regressionsfunktion wird die → Kleinste Quadratschätzung verwendet. Die Funktion, die dieses Kriterium erfüllt, wird als Regressionsfunktion bezeichnet und wird zur Prognose der abhängigen Variable herangezogen. Zu (3): Zum Schluss wird die Güte des Modells und die → Signifikanz einzelner Parameter bestimmt. Um die Güte einer Regressionsfunktion beurteilen zu können, verwendet man das → Bestimmtheitsmaß. Dieses teilt die Streuung der empirischen Werte um die Regressionsfunktion in erklärte und unerklärte Streuung auf. Je höher der Anteil der erklärten Streuung an der Gesamtstreuung ist, desto besser lässt sich die abhängige Variable durch die unabhängige Variable vorhersagen, desto höher ist also die Güte der R. Bei der multiplen R. muss u.a. beachtet werden, dass die unabhängigen Variablen untereinander nicht korreliert sein dürfen, da dadurch die Qualität der R. sinkt. Auch muss beachtet werden, dass alle wesentlichen Einflussgrößen in die Analyse einbezogen werden, um eine Fehlspezifikation zu vermeiden. Ist die unabhängige Variable die Zeit, spricht man auch von einer Trendanalyse (→ Prognosemethoden). Die R. ist zur Untersuchung von linearen und multiplikativen Zusammenhängen geeignet – Die reine R. setzt metrische → Skalierung der Variablen voraus. Mit Hilfe sog. → Dummy Variablen können jedoch auch nichtmetrische Variablen einbezogen werden. Eine spezielle Form der R. ist das → Logit-Modell.

Regressionsfunktion, → Regressionsanalyse, → Multiple Regressionsanalyse.

Regressionskoeffizient, → Multiple Regressionsanalyse, → Regressionsanalyse.

Regulierte Unternehmen, stellen eine bestimmte Form öffentlicher Unternehmen dar, die spezifischen Rechtsvorschriften unterworfen sind und/oder einer staatlichen Aufsicht unterstellt sind. Eine häufige Regelung stellt hier der Kontrahierungszwang öffentlicher Anbieter dar, der diese verpflichtet, jeden Nachfrager zu bedienen, insbesondere dann, wenn für den Nachfrager keine ausreichenden oder zumutbaren Möglichkeiten gegeben sind, auf andere Anbieter auszuweichen. Die Gründe für diese Einschränkung der Handlungsfreiheit von R.U. liegen vor allem in der Verhinderung des Missbrauchs von Marktmacht bei Monopolen oder monopolartiger Marktstellung (z.B. der Kontrahierungszwang der Deutschen Post AG bei der Briefbeförderung) oder auch die Verwirklichung bestimmter politischer Ziele (z.B. der Kontrahierungszwang der Sparkassen auch für kleinste Spareinlagen, der eine Grundversorgung mit Bankdienstleistungen auch in wirtschaftlich schwächeren Bevölkerungsschichten sicherstellen soll).

Reichweite, Anzahl bzw. Anteil von Personen, die mit einem oder mehreren → Werbeträgern in Kontakt treten. Man unterscheidet folgende R.: (1) die R. einer Einschaltung in einem Werbeträger (Leser pro Nummer, Hörer pro Zeiteinheit), (2) die R. von je einer Einschaltung in mehreren Werbeträgern (Netto-R.), (3) die R. von mehreren Einschaltungen in einem Werbeträger (kumulierte R.) und (4) die R. von mehreren Einschaltungen in mehreren Werbeträgern (kombinierte *R.*.). *Vgl. auch* → Mediaplanung (2).

Reifephase, ist eine der fünf idealtypischen Abschnitte des → Produktlebenszyklus. Sie schließt sich der Wachstumsphase an und beginnt mit dem Wendepunkt des Absatzzuwachses, also dem Ende des progressiven Wachstums. Das Absatzvolumen nimmt in der R. noch zu, aber die Zuwachsraten gehen zurück. Das Gut ist im Markt positioniert und technisch ausgereift. In dieser Phase wirft das Erzeugnis hohe Deckungsbeiträge ab, obgleich aufgrund des heftigen Wettbewerbs die Umsatzrendite deutlich absinkt. Der für diese Phase typische Kampf um Marktanteile führt zu verstärktem Preiswettbewerb.

Reimport, Rücktransfer von ins Ausland exportierten Produkten in das Stammland des Herstellers. I.d.R. entstehen R. als Ausdruck der → Arbitrage durch internationale Preisdifferenzen. Im Stammland des Herstellers werden dann höhere Preise gefordert als im Ausland. R. sind daher wie → Parallelimporte Bestandteil → grauer Märkte, allerdings mit dem umgekehrten Preisgefälle als bei Parallelimporten.

Reisende, → *Außendienst*, weisungsgebundener Angestellter eines Unternehmens, der dessen Kunden in regelmäßigen Abständen aufsucht, um die Leistungen des Unternehmens zu präsentieren und zu verkaufen. Als Leistungsvergütung erhalten Reisende ein Fixum, das in der Praxis bei der Erreichung besonderer Unternehmensziele zumeist durch → Provisionen oder → Prämien aufgestockt wird. Reisende verfügen entweder über Vermittlungs- oder Abschlussvollmacht. Der Reisende als betriebseigener → Absatzmittler ist von dem selbständigen → Handelsvertreter zu unterscheiden, dem als rechtlich selbständigem Gewerbetreibenden ebenfalls die Aufgabe obliegt, Verkäufe für das/die auch von ihm vertretene(n) Unternehmen herbeizuführen.

Reizdiskriminierung, → Lernen.

Reizgeneralisierung, → Lernen.

Reizschwelle, liegt dem Wahrnehmungsprozess (→ Informationsverarbeitung) zugrunde und lässt sich in absolute und relative Schwellen gliedern. Reize, die aufgrund ihrer geringen Intensität nicht wahrgenommen werden, fallen unter die absolute R. und werden als unterschwellige Reize bezeichnet. Die Wirkung dieser Stimuli ist umstritten. Die relativen R. beziehen sich auf die Wahrnehmung von Reizunterschieden. Sind sich zwei Stimuli so ähnlich, dass kein Unterschied zwischen den beiden wahrgenommen wird, so liegt eine relative R. vor. R. sind von besonderer Bedeutung bei der Preiswahrnehmung (→ Preisschwelle).

Reklamationsquote, Anteil reklamierter Leistungen am gesamten Leistungsvolumen. Mögliche Bezugsobjekte für die Bildung einer R. sind z.B. Produkte, erbrachte Dienstleistungen und Lieferungen eines Unternehmens.

Reklame, mit aufdringlichen Mitteln durchgeführte Anpreisung von Waren und Dienstleistungen mit dem Ziel, eine möglichst große Anzahl von Personen als Interessenten und Kunden zu gewinnen. Wird vielfach mit → Werbung gleichgesetzt.

Relationship Marketing. I. Begriff: R.M. umfasst sämtliche Maßnahmen der Analyse, Planung, Durchführung und Kontrolle, die der Initiierung, Stabilisierung, Intensivierung und Wiederaufnahme von → Geschäftsbeziehungen zu den Anspruchsgruppen – insbesondere zu den Kunden – des Unternehmens mit dem Ziel des gegenseitigen Nutzens dienen (vgl. Abb. „Prozess des Relationship Marketing").

II. Beziehungstypen: Dem Konzept des R.M. liegt eine Anspruchgruppenorientierung zugrunde. Unternehmen halten Beziehungen zu den unterschiedlichsten Beziehungspartnern bzw. Anspruchsgruppen. Gemäß der Beziehungsrichtung lassen sich hierbei interne und externe Beziehungen differenzieren. Im Hinblick auf interne Beziehungen lassen sich horizontale Beziehungen (z.B. zwischen Mitarbeitern unterschiedlicher Abteilungen eines Unternehmens) und vertikale Beziehungen (z.B. zwischen Vorgesetztem und Mitarbeiter) differenzieren. Zu den externen Beziehungen zählen Beziehungen zu Kunden, Lieferanten, Zwischenhändlern, Wettbewerbern, Lizenznehmern oder Geldgebern. Hierbei wird in Wissenschaft und Praxis vor allem die Unternehmen-Kunde-Beziehung (→ Kundenbeziehung) intensiv analysiert, da für den Erfolg eines Unternehmens letztendlich deren Qualität entscheidend ist und die Beziehungen zu den anderen Anspruchsgruppen nur unterstützende Funktion haben. III. Ziele: (1) Ökonomische Ziele: Anders als beim traditionellen → Marketing werden bei der Gestaltung des R.M. verstärkt kundenbezogene im Gegensatz zu leistungsbezogenen Zielen verfolgt. Hierzu zählen beispielsweise der → Kundendeckungsbeitrag oder der → Customer Lifetime Value (→ Beziehungsanalyse). (2) Vorökonomische Ziele: Durch Maßnahmen des R.M. sollen langfristige Beziehungen zu profitablen Kundengruppen und somit eine hohe Kundenbindung in dem entsprechenden Segment realisiert werden. Damit stellen die Kundenbindung und ihre Einflussgrößen, insbesondere die → Kundenzufriedenheit und die → Beziehungsqualität, die zentralen vorökonomischen Zielsetzungen des R.M. dar.

IV. Bedeutung: Der Gedanke des R.M. stellt keine vollständige Neuorientierung des Marketing dar, sondern kann vielmehr als Weiterentwicklung des traditionellen Marketing in Richtung Beziehungsorientierung aufgefasst werden. Sowohl die Ansätze des → Strategischen Marketing als auch die Instrumente des → Operativen Marketing (die 4P: Product, Price, Promotion und Place) zielen auf die Initiierung von Transaktionen mit häufig nicht näher konkretisierten Kunden. Ein rein transaktionsorientiertes Marketing ist mit verschiedenen Problemen behaftet: (1) Bezüglich der Marketingphilosophie stehen definitionsgemäß seit jeher die Kundenbedürfnisse im Mittelpunkt von Marketingüberlegungen. Diese geforderte → Kundenorientierung wird jedoch häufig nur unzureichend in den Leitbildern und anderen strategischen Papieren der Unternehmenspraxis wieder gefunden. Eine ausschließliche Strukturierung von Marketingaktivitäten nach den 4P führt zu einer produktions- bzw. leistungsorientierten Marketingdefinition. (2) Weiterhin weist eine ausschließliche Strukturierung der Instrumente nach den 4P eine mangelhafte Trennschärfe auf. Dies zeigt sich insbesondere bei der Integration neuerer Instrumente und Konzepte zur Erzielung von → Kundenorientierung, wie z.B. des → Qualitätsmanagements, des E-Servicemanagements oder des → Beschwerdemanagements. (3) Die Orientierung an den 4P hat hinsichtlich der → Marketingorganisation häufig zu einer Isolierung der Marketingaktivitäten geführt, indem in Unternehmen Marketingabteilungen geschaffen wurden, die alleine mit Aufgaben im Zusammenhang mit der Erfüllung von Kundenbedürfnissen und → Kundenerwartungen betraut sind. (4) Ferner wird im Hinblick auf Wirtschaftlichkeitsgesichtspunkte zumeist nicht berücksichtigt, ob ein Kunde die Leistungen des Anbieters bereits genutzt hat und somit mit dem Unternehmen und seinen Leistungen bereits vertraut ist. Demnach werden auch Kunden, die bereits Kontakt mit dem Anbieter hatten, jeweils „neu akquiriert" (*vgl. auch* → Kundenbindungsnutzen). (5) Hinsichtlich des Anwendungsbereichs ist schließlich festzustellen, dass das transaktionsbezogene Marketing für den Konsumgüterbereich (→ Konsumgütermarketing) entwickelt wurde und eine Übertragung der 4P auf den Investitionsgüter- (→ Investitionsgütermarketing) und Dienstleistungsbereich (→ Dienstleistungsmarketing) nur unzureichend möglich ist.

V. Theorieansätze: Überlegungen zum R.M. lassen sich aus den Perspektiven unterschiedlichster Theorieansätze fundieren. (1) Interorganisationale Ansätze: Im Rahmen sog. → Interaktionsansätze oder Theorien sozialer Austauschprozesse (→ soziale Austauschtheorie) werden die Beteiligten an Leistungstransaktionen in ihrem sozialen Gruppengefüge untersucht, indem durch die Berücksichtigung relationaler Faktoren Abhängigkeitsbeziehungen zwischen den relevanten Marktparteien bestimmt werden. Da Beziehungen zwischen Organisationen nicht nur direkte, das Kerngeschäft betreffende Interaktionen zwischen Nachfrager und Anbieter, sondern auch indirekte personenbezogene Verflechtungen beinhalten, können sog. → Netzwerkansätze zur Ermittlung der relevanten Interdependenzen im Rahmen einer übergreifenden Betrachtungsperspektive Einsatz finden. (2) → Transaktionsanalyse: Die Strukturanalyse als anthropologische Basis der Transaktionsanalyse dient der umfassenden Diagnose der Persönlichkeitsstruktur des Individuums, indem die verschiedenen, von außen wahrzunehmenden menschlichen „Ich-Zustände" analysiert werden. Mit Hilfe der transaktionsanalytischen Kommunikationsanalyse können Interaktionsvorgänge zwischen Individuen und zwischen Gruppen differenziert erklärt und somit die Voraussetzungen für eine gesteuerte Verbesserung von Interaktions- und Kommunikationsprozessen geschaffen werden. Die sog. Skriptanalyse untersucht die Wirkung des individuellen, in früher Kindheit unter elterlichem Einfluss entwickelten, unbewussten Lebensplan eines Menschen auf sein Verhalten. (3) → Neue Institutionenökonomik: Untersuchungsgegenstand der → Property-Rights-Theorie sind die institutionellen Rahmenbedingungen des sozialen Geschehens, d.h. die mit einem Gut verbundenen und Wirtschaftssubjekten aufgrund von Rechtsordnungen und Verträgen zustehenden Handlungs- und Verfügungsrechte. Da Informationen unvollkommen sind, entstehen für die Spezifizierung, Zuordnung, Übertragung und Gewährleistung dieser Rechte sog. → Transaktionskosten. Der Transaktionskostenansatz (→ Transaktionskostentheorie) ergründet die Entwicklung institutioneller Ordnungsmuster und strebt eine optimale Gestaltung sämtlicher sozioökonomischer Leistungsbeziehungen an. Hierzu werden deren relevante Einflussgrößen ermittelt, um dann vor dem Hintergrund der jeweiligen „Transaktionsatmosphäre" eine relativ effiziente Koordinationsform auszuwählen. Die → Principal-Agent-Theorie erklärt die durch endogene → Informationsasymmetrie und exogene Unsicherheit charakterisierten Auftraggeber-Auftragnehmer-Beziehungen. (4) Verhaltenswissenschaftliche Ansätze: Zur Erklärung des R.M. und insbesondere der Kundenbindung können verschiedene verhaltenswissenschaftliche Ansätze herangezogen werden. Neben der → Zufriedenheitsforschung können vor allem Ansätze zur Analyse von → Vertrauen und → Commitment des Kunden eingesetzt werden.

VI. Instrumente: Bei den dem R.M. zuzurechnenden Instrumenten handelt es sich nicht um von bisherigen Marketingansätzen völlig losgelöste Maßnahmen. Vielmehr bietet es sich bei einer beziehungsorientierten Gestaltung des Marketing an, die Instrumente nicht nur nach den 4P, sondern darüber hinaus anhand der Phasen des Kundenbeziehungslebenszyklus (Kundenakquisition, Kundenbindung und Kundenrückgewinnung) als zweiter Dimension zu strukturieren. Demzufolge lassen sich drei Kernbereiche der Beziehungssteuerung identifizieren: (1) Kundenakquisition: In dieser Phase gilt es, eine Kundenbeziehung vorzubereiten und anzubahnen. In der Beziehungsvorbereitung geht es darum, die Potenziale für die Erstellung von Leistungen und die Gestaltung von Interaktionen zu schaffen und bereitzuhalten. Hierzu sind durch die traditionelle Marktforschung und die → Qualitätsplanung die → Kundenerwartungen zu analysieren. Außerdem müssen durch Maßnahmen der Leistungsentwicklung, des Internen Marketing und der Qualitätslenkung die internen Voraussetzungen zur Erwartungserfüllung geschaffen werden. Die Basis für die Schaffung von langfristigen Beziehungen ist die Beziehungsanbahnung, in der eine Nutzenvisualisierung und Überzeugung im Hinblick auf die Leistungen des Unternehmens (z.B. durch Maßnahmen der Kommunikations- oder Preispolitik) sowie eine Kontaktermöglichung (z.B. durch die Vertriebspolitik oder das Online-Marketing) vorzunehmen ist. Die Kunden sollen zu einem Erstkauf stimuliert

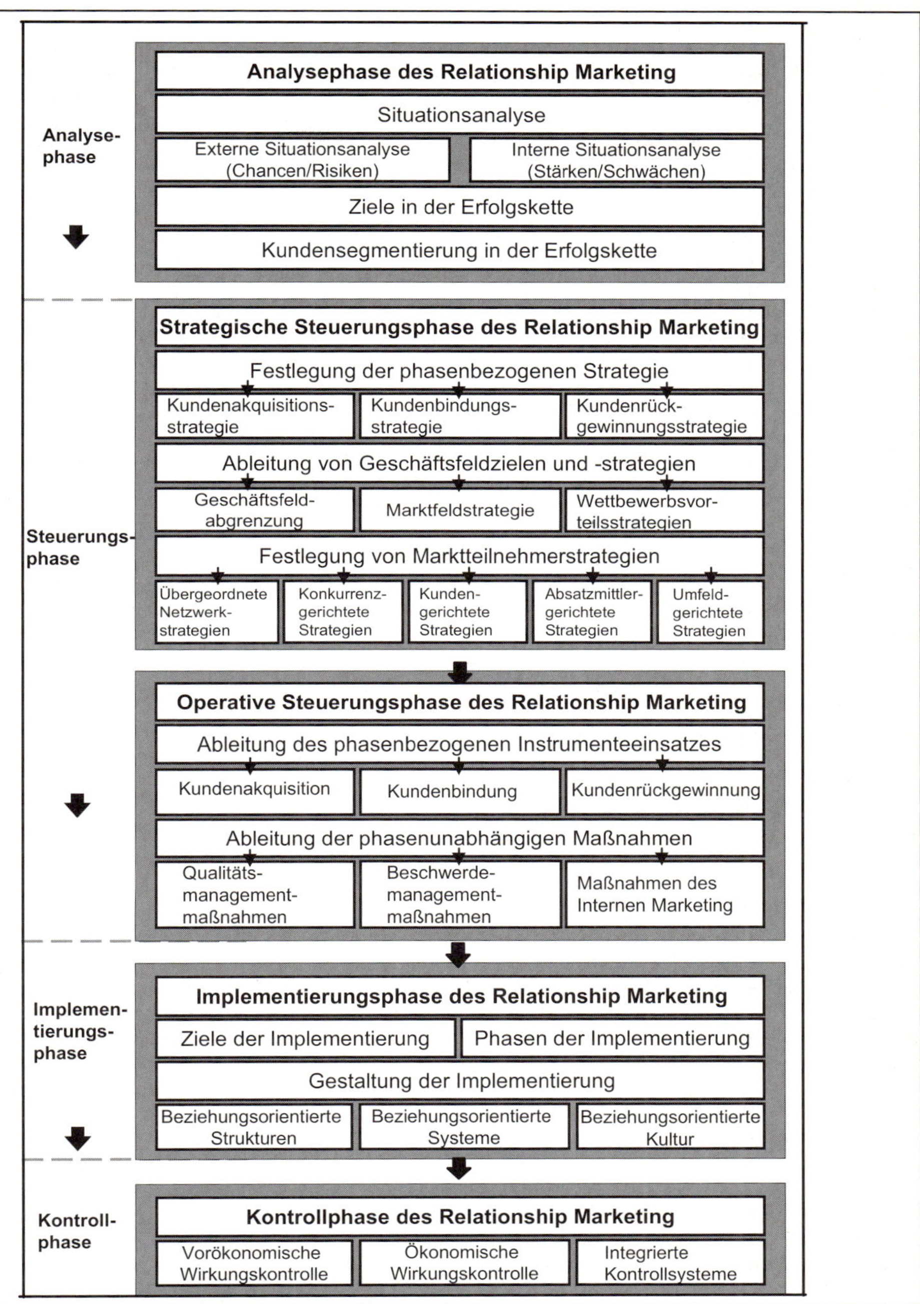

Prozess des Relationship Marketing
(Quelle: Bruhn 2001, S. 79)

werden. (2) Kundenbindung: In dieser Phase sind Beziehungen aufzubauen, zu pflegen und zu stabilisieren. Im Rahmen des Beziehungsaufbaus steht die Individualisierung der Kundenbearbeitung im Vordergrund, die durch eine Integration des Kunden oder Maßnahmen der Dialogkommunikation vollzogen werden kann. Die Beziehungspflege betrifft eine Erhöhung des Commitments der Beziehungspartner zur Beziehung. Hierbei kommen vor allem Maßnahmen zur Realisierung einer Nutzungsausweitung durch den Kunden (z.B. durch Maßnahmen der → Preispolitik, → Value Added Services) und zum anderen Maßnahmen der Konfliktbewältigung (z.B. → Garantien, → Beschwerdemanagement) zum Einsatz. Die Beziehungsstabilisierung betrifft die gegenseitige Zusicherung der Beziehungsfortsetzung durch die Beziehungspartner. Hierbei stehen (quasi-) formale Vereinbarungen (Wechselbarrieren) im Vordergrund, die sowohl die Existenz der Beziehung als auch die Fortsetzungsbereitschaft dokumentieren (z.B. Lieferverträge, → Kundenclubs, → Kundenkarten). (3) → Kundenrückgewinnung: Ziel des R.M. in dieser Phase ist es, abwanderungsgefährdete oder bereits abgewanderte Kunden wieder für das Unternehmen zu gewinnen. Zur Realisierung der Beziehungswiederaufnahme müssen etwaige vom Unternehmen begangene Fehler korrigiert oder wiedergutgemacht werden. Dies kann beispielsweise kommunikationspolitisch in Form von Entschuldigungen sowie durch Preisnachlässe und Leistungsnachbesserungen erfolgen. Neben den phasenbezogenen Instrumenten existieren phasenunabhängige Instrumente zur Beziehungsunterstützung, die sich schwerpunktmäßig in Instrumente des → Qualitätsmanagements, des → Beschwerdemanagements, der → internen Kundenorientierung und des E-Servicemanagements unterteilen lassen.

VII. Controlling: Ausgehend von den erweiterten Zielgrößen des Marketing ist mit der Orientierung am Gedanken des R.M. eine Neuausrichtung des Controlling verbunden (→ Beziehungsanalyse). Die Kontrolle des R.M. betrifft vor allem seine Wirkungen, so dass entsprechen der Einteilungen der Wirkungen des Relationship Marketing eine vorökonomische (z.B. in Bezug auf die Kundenzufriedenheit) und ökonomische Wirkungskontrolle (z.B. in Bezug auf den Kundenwert) unterschieden werden können. Darüber hinaus können integrierte Kontrollsysteme zum Einsatz kommen (z.B. Kundenbaromter)

Literatur: Berry, L.L. (1995): Relationship Marketing of Services. Growing Interest, Emerging Perspectives, in: Journal of the Academy of Marketing Science, Vol. 23, No. 4, S. 236-245; Bruhn, M. (1999): Relationship Marketing. Neustrukturierung der klassischen Marketinginstrumente durch eine Orientierung an Kundenbeziehungen, in: Grünig, R./Pasquier, M. (Hrsg.): Festschrift für Richard Kühn, Bern u.a., S. 197-225; Bruhn, M. (2001): Relationship Marketing: Das Management von Kundenbeziehungen, München; Bruhn, M./Bunge, B. (1996): Beziehungsmarketing als integrativer Ansatz der Marketingwissenschaft. Ein „Beziehungsgeflecht" zwischen Neologismus und Eklektizismus?, in: Die Unternehmung, 50. Jg., Nr. 3, S. 171-194; Diller, H./Kusterer, M. (1988): Beziehungsmanagement, in: Marketing ZFP, 10. Jg., Nr. 3, S. 211-220; Grönroos, C. (2000): Service Management and Marketing. A Customer Relationship Management Approach, Chichester; Morgan, R.M./Hunt, S.D. (1994): The Commitment-Trust Theory of Relationship Marketing, in: Journal of Marketing, Vol. 58, July, S. 20-38; Wehrli, H.P./Jüttner, U. (1996): Beziehungsmarketing in Wertsystemen, in: Marketing ZFP, 18. Jg., Nr. 1, S. 33-41.

Relative Einzelkostenrechnung, → Einzelkostenrechnung, relative.

Relativer Marktanteil, Verhältnis des Marktanteils des eigenen Unternehmens zu dem Marktanteil des stärksten oder der stärksten Wettbewerber auf dem relevanten Markt. Der relative Marktanteil findet z.B. bei der → Portfolio-Analyse Anwendung.

Relaunch, *Revitalization*; darunter ist die grundlegende Modifikation, Reaktivierung und Repositionierung eines → Produktes zu verstehen. Dabei umfasst der R. sowohl produktpolitische Maßnahmen als auch den Einsatz der anderen absatzpolitischen Instrumente. Der R. wird eingesetzt, um den Lebenszyklus eines Erzeugnisses zu verlängern und den Preisverfall zu stoppen. Mittels eines R. wird versucht, den Absatz wieder zu erhöhen und von einer Phase der Absatzstagnation oder gar des Absatzrückgangs in eine erneute Wachstumsphase einzutreten. Dies geschieht durch einen kombinierten Einsatz der absatzpolitischen Instrumente. Zumeist werden produktpolitische Maßnahmen, wie eine Produktmodifizierung bzw. -variation mit anderen Instrumenten des → Marketingmix, wie z.B. einer → Werbekampagne, verknüpft. *Vgl. auch* → Produktpolitik, → Produktlebenszyklus.

Reliabilität, zusammen mit der Validität und der Praktikabilität gehört die R. zu den → Gütemaßen, mit deren Hilfe Messverfahren in Bezug auf ihre Güte beurteilt werden können. Mit der R. wird die Zuverlässigkeit von Messungen bzw. → Messinstrumenten bezeichnet. Zur Überprüfung der R. wird meist eines oder mehrere der drei folgenden Merkmale verwendet. Beim Merkmal der Wiederholungsreliabilität wird die Zuverlässigkeit durch den Vergleich von wiederholten Messungen, die mit dem gleichen Messinstrument durchgeführt werden, untersucht. Ebenfalls auf dem Vergleich von verschiedenen Messungen beruht die Paralleltestreliabilität. Jedoch werden für die einzelnen Messungen unterschiedliche Messinstrumente verwendet. Als drittes Merkmal steht die Halbierungsreliabilität zur Verfügung, bei der eine Messung in zwei Hälften aufgeteilt wird, die dann miteinander verglichen werden.

Remailing. I. Begriff: Ein Verfahren, um Portokosten im Briefverkehr zu senken, wobei ein Postgebührengefälle zwischen Staaten genutzt wird.

II. Arten: Folgende Remailingformen werden unterschieden: (1) Physical Remailing: Transportieren von Briefsendungen grenzüberschreitend, (2) Non-Physical Remailing: Senden von Daten grenzüberschreitend (z.B. Daten für Kontoauszüge) von Land A nach Land B. Produzieren von Briefsendungen in Land B und Rückbeförderung von Post im Land B zur Post im Land A zur Zustellung an Empfänger, (3) A-B-C: ein Transportunternehmer holt vom Kunden in Land A größere Mengen Auslandssendungen ab. In Land B

Gebühr Standardbrief 40 g, Land A	= 1,00 EUR
./. Gebühr für gleiche Sendung, Auflieferung in Land B	= 0,67 EUR
./. Beförderungskosten von Land A nach Land B	= 0,02 EUR
= Ersparnis je 40 g Brief	= 0,31 EUR

Rechenbeispiel

erfolgt die Postauflieferung und die Weiterlieferung an die Post in Land C zur Zustellung an den Empfänger, (4) A-B-B: Abholung und Lieferung von Land A nach Land B, um dort durch die Post zugestellt zu werden, (5) A-B-A: Abholung von Land A und Auflieferung an die Post in Land B. Rücklieferung an Land A zur Zustellung an den Empfänger. Diese Form ist in einigen Ländern umstritten (Vgl. Rechenbeispiel).

Remissionen, Rücksendung von Waren, die einen Fehler aufweisen oder nicht den Wünschen des Kunden entsprechen.

Rentabilität, relatives Erfolgsmaß, das die Effizienz der Vermögens- und Kapitalverwendung zum Ausdruck bringt. Der Erfolg wird dabei ins Verhältnis zum Werteinsatz gesetzt. Rentabilitätsgrößen stellen damit wichtige → Kennzahlen für ein Unternehmen dar. Je nach Wahl der Größen können unterschiedliche Formen der R. unterschieden werden. Die wesentlichen Rentabilitätsmaße sind: (1) Eigenkapitalrentabilität, Eigenkapitalrendite, Return on Equity (ROE): errechnet sich als Quotient aus Erfolg (nach Zinsaufwand und Steuern) und Eigenkapital. Sie verkörpert die durch den Gewinn auf das Eigenkapital erzielte Rendite und gibt damit Auskunft über den relativ zum eingesetzten Kapital der Eigentümer gemessenen Erfolg. (2) Gesamtkapitalrentabilität, Gesamtkapitalrendite, Return on Assets (ROA): errechnet sich als Quotient aus Erfolg (nach Zinsaufwand und Steuern) plus Fremdkapitalzinsen und dem Gesamtkapital. Sie bringt zum Ausdruck, wie viel insgesamt für die Kapitalgeber als R. erwirtschaftet worden ist. (3) Umsatzrentabilität, Umsatzrendite Return on Sales (ROS): errechnet sich als Quotient aus Erfolg (nach Zinsaufwand und Steuern) und Umsatz. Sie bringt zum Ausdruck, wie viel Gewinn je Einheit Umsatz erzielt wird. Damit stellt sie ein Maß für die Gewinnspanne des Unternehmens dar. Je höher die Umsatzrendite demnach ist, desto größer ist der Spielraum, über den Verkaufspreisrückgänge und Kostensteigerungen aufgefangen werden können. Darüber hinaus ist sie zusammen mit der Kapitalumschlagshäufigkeit Basis zur Berechnung des → Return on Investment (ROI).

Reorganisation, bezeichnet die Umgestaltung der bestehenden → Aufbauorganisation bzw. der → Ablauforganisation. Eine R. kann erforderlich werden, wenn Änderungen in der Umwelt des Unternehmens, bei Strategie, Produktionsprogramm oder handelnden Personen des Unternehmens auftreten.

Repertory-Grid-Methode, zielt auf die Ermittlung der für die Kaufentscheidung eines Individuums bedeutsamen → Produkteigenschaften ab. Zu diesem Zweck liegen der Versuchsperson in mehreren Befragungsrunden jeweils Tripel von Erzeugnissen mit der Aufforderung vor, die Merkmale zu nennen, nach denen zwei der → Produkte einander ähnlich, beide aber dem Dritten unähnlich sind. Dieses Verfahren wird so lange fortgesetzt, bis der Betroffene keine neuen Attribute mehr angibt und eine umfassende Liste von Eigenschaften mit der Häufigkeit ihrer Nennung existiert. Daraufhin bittet man den Probanden, für jedes betrachtete Merkmal zwei möglichst gegensätzliche (dichotome) Ausprägungen zu nennen, die seinen positiven und negativen Pol repräsentieren. Schließlich erhält die Auskunftsperson die Aufgabe, für jedes Gut zu entscheiden, ob seine Ausprägung auf dem jeweiligen Attribut eher dem positiven oder dem negativen Pol entspricht.

Report Card, *Meinungskarte*; Instrument der → Beschwerdestimulierung im Rahmen des → Beschwerdemanagements.

Reputation, *„der gute Ruf"*; eng mit dem Begriff des → Vertrauens verbunden. Der Begriff R. stammt aus der Spieltheorie und bezeichnet das Vertrauenskapital in der Informations- und Institutionenökonomie. Indem das bereits erworbene Vertrauenskapital die Vertrauenswürdigkeit eines Unternehmens oder einer Person darstellt, bietet die R. die Grundlage zur Bildung vertrauensvoller Erwartungen. In R. spiegeln sich sowohl die mit einer Person oder Unternehmung gemachten eigenen als auch die fremden Erfahrungen anderer Marktteilnehmer wider. Die Übermittlung der Vertrauenswürdigkeit wird somit über den R.-Mechanismus gewährleistet. Das Funktionieren des R.-Mechanismus setzt voraus, dass die Marktteilnehmer untereinander kommunizieren und ihre Erfahrungen austauschen. Je stärker die Kommunikation unter den Marktteilnehmern ist, umso wirkungsvoller ist der R.-Effekt. Aus diesem Grund ist es von Vorteil, den Erfahrungsaustausch innerhalb einer Branche durch den Aufbau informeller Kommunikationsnetzwerke systematisch zu fördern. In der Automobilindustrie zeigen sich solche Tendenzen beispielsweise dadurch, dass Lieferantenverbände gegründet werden.

Resource-Dependence-Ansatz, → Ressourcenabhängigkeitsperspektive, → Theorien des Marketing.

Responseelement. I. Begriff: → Direct Marketing lebt vom Dialog. Werbebriefe (→ Mailings) sollten deshalb immer eine Responsemöglichkeit bieten. Das kann eine Antwortkarte sein, ein Antwortcoupon, eine Faxantwort oder eine Telefon-Hotline. Je mehr Möglichkeiten geboten werden, umso höher ist i.d.R. die Responsequote.

II. Inhalt: Da als Regel gilt, die Antwort so leicht wie möglich zu machen („Keep it simple and stupid"), sollten R. möglichst bereits mit der Adresse des Mailing-Empfängers adressiert sein. Wenn Tests ausgewertet werden sollen, ist eine Vormarkierung (Code, Adressnummer) je Testversion zur Auswertung unabdingbar. Ein Antwortcoupon verlangt einen Antwortumschlag. Deshalb wird er nur dann der Antwortkarte vorgezogen, wenn es das Angebot erfordert: persönliche, diskrete Angaben (z.B. bei einem Versicherungsangebot, umfangreiche Angaben, die nicht auf eine Karte passen würden, hochwertige Angebote). Faxantwortkarten sollten einfarbig und möglichst ohne Bildargumente gestaltet werden, um einen kompletten und schnellen Durchlauf zu sichern.

Response-Funktion, → Kontakt(mengen)bewertungskurve.

Ressourcenabhängigkeitsperspektive, Analysegegenstand der R. ist die Sicherung der Überlebensfähigkeit einer Organisation, indem eine Konkretisierung der Beziehung zwischen den Systemen Organisation und Umwelt vorgenommen wird. Die Umwelt gilt dabei als Quelle knapper Ressourcen, die die Organisation zum Überleben braucht. Nach der R. hängt die Überlebensfähigkeit von Organisationen im Wesentlichen von ihrer Fähigkeit ab, sich die notwendigen Ressourcen aus der Umwelt zu beschaffen. In engem Zusammenhang mit der Beschaffung von Ressourcen aus der Umwelt steht die Abhängigkeit einer Organisation von denjenigen externen Gruppen, die über die benötigten Ressourcen verfügen. Der Grad der Abhängigkeit determiniert dabei die Stärke der Bemühungen der Organisation, Kontrolle über die entsprechenden Ressourcen zu erlangen. → Theorien des Marketing.

Ressourcenallokation, → Ressourcenorientierter Ansatz und Budgetierung.

Ressourcendependenzperspektive, → Ressourcenabhängigkeitsperspektive, → Theorien des Marketing.

Ressourcen-Management, → Maßnahme zum Umgang mit negativen → Erfahrungen im Umgang mit Kunden. Aufbau von persönlichen Ressourcen des Mitarbeiters, um negative Erfahrungen im Kundenkontakt besser verarbeiten zu können. Persönliche Ressourcen umfassen drei Bereiche: (1) die psychische Verfassung, (2) die körperliche Verfassung und (3) das soziale Umfeld. Ziel des R. ist der systematische Auf- und Ausbau der persönlichen Ressourcen im Rahmen eines Coaching-Prozesses.

Ressourcenorientierter Ansatz, *Resource-Based View;* geht von der Annahme aus, dass der Erfolg von Unternehmen von den spezifischen und einzigartigen Ressourcen abhängt, über die sie verfügen. Seit den 80er Jahren erfuhr der R.A. aufgrund der Kritik am Fokus des marktorientierten Ansatzes eine erhöhte Aufmerksamkeit. Der R.A. unterscheidet sich von diesen früheren Forschungsbeiträgen, die den Unternehmenserfolg in Anlehnung an das Structure-Conduct-Performance-Paradigma der → Industrieökonomik in erster Linie über unternehmensinterne Faktoren erklären. Im Rahmen des R.A. lassen sich u.a. tangible (z.B. Anlagen, Zugang zu Rohmaterialen), intangible (z.B. Patente, Markennamen, Fähigkeiten der Mitarbeiter) und finanzielle (z.B. freie Liquidität, nicht ausgeschöpfte Fremdkapitaleinlagen) Ressourcen unterscheiden. Tangible Ressourcen sind im Gegensatz zu intangiblen Ressourcen leicht extern zu beschaffen und weniger eng mit dem Unternehmen verbunden. Diese Ressourcen können zu Wettbewerbsvorteilen führen und das Unternehmen vor dem Verlust der Wettbewerbsvorteile schützen. Damit eine Ressource zu einem dauerhaften Wettbewerbsvorteil führen kann, sollte sie den folgenden vier Anforderungen gerecht werden: Sie sollte wertvoll (d.h. sie sollte z.B. die Implementierung von Strategien ermöglichen), selten (d.h. bei möglichst wenig Wettbewerbern vorhanden sein), nicht imitierbar und nicht substituierbar sein.

Restrukturierung, bezeichnet eine → Reorganisation, die darauf abzielt, ein Unternehmen aus einer Krisensituation herauszuführen bzw. im Rahmen eines Turnarounds die allgemeine Situation des Unternehmens zu verbessern.

Restwertverfahren, All-you-can-afford-Methode; → Bezugsgrößenverfahren zur Bestimmung der Höhe des → Werbeetats.

Retail-Promotion, *Handels-Promotion.* Vom Handel selbst geplante und durchgeführte Maßnahmen zur Verkaufsförderung. Aufgrund des oftmals existenten Spannungsfeldes zwischen Unternehmen der Industrie und des Handels unternehmen einige Handelsunternehmen den Versuch, möglichst individuelle Formen der Verkaufsförderung zu generieren, nicht zuletzt, um den potenziellen Kunden die eigene Leistungsfähigkeit im Vergleich zu konkurrierenden Handelsunternehmen und Unternehmen der Industrie zu bekunden. Vielfach wird das Erreichen der Verkaufsförderungsziele über Preisaktionen angestrebt. Da dieses Vorgehen jedoch zumeist relativ einfach zu imitieren ist, werden in jüngster Zeit vermehrt Konzepte entwickelt, die eine ‚wirkliche' Profilierung in der Wahrnehmung der Nachfrager ermöglichen sollen. Als Beispiel für ein derartiges Konzept kann die zunehmende Erlebnisorientierung (→ erlebnisorientierte Einkaufsstätte) einiger Handelsunternehmen angeführt werden.

Retention Marketing, (engl. retention = Beibehaltung, Einbehaltung), → Kundenbindungsmanagement.

Retouren. Unzustellbare Zusendungen sowohl von Werbeaussendungen, als auch von zurückgesendeten Waren, bei denen das Rückgaberecht in Anspruch genommen wird. Ziel der Direct Marketer ist es, durch geeignete Aktionen der → Adressbereinigung die → Rücklaufquote zu senken. Gegen Gebühr und mit einem entsprechenden Unzustellbarkeitsvermerk versehen, werden Werbeaussendungen auf Wunsch gegen eine Gebühr an den Absender zurückgesendet. Sinnvoll bei Kundenadressen zur Pflege der eigenen Datei.

Retro-Distributionssystem, → Redistributionspolitik.

Retrologistik, → Redistributionspolitik.

Return on Investment (ROI), Kapitalrendite; → Kennzahl zur Analyse der → Rentabilität, wobei der Erfolg zu einer Kapitalbindung ins Verhältnis gesetzt wird. Die Grundformel zur Bestimmung des ROI lautet:

$$\text{ROI (in\%)} = \frac{\text{Erfolg}}{\text{Kapital}} \times 100$$

Im Gegensatz zur Gesamtkapitalrentabilität wird beim ROI die Erfolgsgröße nicht um den Zinsaufwand bereinigt. Eigen- und Fremdkapitalgeber-Perspektiven bleiben demnach vermischt, d.h. es wird der Ertrag aus dem investierten Kapital betrachtet. In der Praxis wird der ROI herangezogen, um entweder die Vorteilhaftigkeit einer neuen Kapitalbindung zu beurteilen oder bereits investiertes Kapital auf seine Rentabilität hin zu überprüfen. Während im ersten Fall die korrespondierende Erfolgsgröße der aus der neuen Kapitalbindung (Investition) resultierende Liquiditätsrückfluss (in Form von periodisierten und diskontierten → Cash-Flows) ist, wird im zweiten Fall normalerweise der Periodenerfolg herangezogen. Da die Erfolgsbeurteilung durch den ROI relativiert wird, lassen sich auch Geschäftsfelder unterschiedlicher Größe vergleichen und die Unternehmensressourcen durch Vorgabe eines Ziel-ROI in die rentabelste Verwendung lenken. Durch Zerlegung der Grundformel in die zwei Erfolgskomponenten Umsatzrendite und Kapitalumschlag wird darüber hinaus die Möglichkeit geschaffen, den ROI zu einem umfassenden → Kennzahlensystem auszubauen, welches dem → Controller wertvolle Dienste bei der gewinnorientierten Unternehmensplanung und -steuerung leistet.

Return on Qualification, Rendite von Maßnahmen der → Personalentwicklung. In Anlehnung an den → Return on Investment ist der R.o.Q. definiert als der Quotient aus dem auf Maßnahmen der Personalentwicklung zurückzuführenden Gewinn und den durch diese entstehenden Kosten. Der Gewinn ergibt sich als Differenz aus dem Nutzen der Maßnahmen und den entsprechenden Kosten. Problematisch ist hierbei insbesondere die Nutzenermittlung.

Return on Quality, an dem → Return on Investment angelehnte Kennziffer im Rahmen des → Qualitätscontrolling, 2.

Return on Sales (ROS), → Rentabilität.

Revitalization, → Relaunch.

Rezeptionsphase, → Werbewirkung.

RFMR (Recency-Frequency-Monetary-Ratio-Methode). Bewertungsverfahren, mit dem ein Kunde bestimmten Segmenten (*vgl. auch* → Zielgruppenmarketing) zugeordnet wird. Traditionell stammt dieses Verfahren aus dem Bereich → Versandhandel. Im RFMR-Verfahren werden die Zeitdauer seit dem letzten Umsatz, die Häufigkeit von Bestellungen und der durchschnittliche Auftragswert betrachtet, um dem Kunden einen Wert zu errechnen, der sein Potenzial für weitere Käufe mit hohem Umsatzvolumen darstellt.

Rheinisches Format, → Formate, → Printmedien.

Risikoanalyse, Ziel der R. ist es, die Wahrscheinlichkeitsverteilung einer Zielgröße aus den (unterstellten) Wahrscheinlichkeitsverteilungen der Inputgrößen zu ermitteln. Gewöhnlich werden dabei vier Schritte durchlaufen: (1) Bestimmung der unsicheren Inputgrößen. (2) Schätzung der Wahrscheinlichkeitsverteilungen für die unsicheren Inputgrößen. (3) Ermittlung der Wahrscheinlichkeitsverteilung der Zielgröße mittels analytischer Methoden oder Simulation (analytische Verfahren sind i.d.R. zu aufwendig, so dass meistens auf die sog. Monte-Carlo-Simulation zurückgegriffen wird). (4) Darstellung und Interpretation der Ergebnisse. Da sich die Schätzung der Wahrscheinlichkeitsverteilung der Inputgrößen in der Praxis häufig als sehr schwierig erweist und die R. darüber hinaus keine klaren Entscheidungsregeln beinhaltet, dient sie im Marketing insbesondere zur Vorbereitung von größeren Investitionsentscheidungen.

Risikoarten, *Institutionenökonomische Risikotheorie* (→ Theorien des Marketing): (1) exogene Risiken, die aus Problemen der Vorhersage von Umweltzuständen resultieren (z.B. Konjunktur), (2) endogene Risiken, die sich auf die Eigenschaften von Leistungsangeboten beziehen (z.B. Produktqualität) und (3) nachvertragliche Verhaltensrisiken (z.B. persönliche Integrität des Vertragspartners). Verhaltenswissenschaftliche Risikotheorie: (1) soziales Risiko, wenn durch den Kauf einer „falschen" Marke negative Meinungen bei Referenzpersonen auftreten und (2) finanzielle Risiken, wenn sich ein Kauf als Fehler herausstellt.

Risikopräferenz, Bevorzugung eines mehr oder weniger gewagten Risikoprofils.

Risikoreduktion, → Theorien des Marketing, → Prinzipal-Agenten-Theorie.

Risikotheorie, *Theorie des wahrgenommenen Kaufrisikos,* → Verhaltenswissenschaftlicher Ansatz , der die Unsicherheit der Konsequenzen jedes Kaufs in den Mittelpunkt der Betrachtung stellt. Dabei sind nicht die objektiven, sondern die subjektiv wahrgenommenen Risiken ausschlaggebend. Es werden bestimmte → Risikoarten unterschieden. → Risikoverhalten.

Risikoverhalten, individueller, kontextabhängiger Umgang mit unsicheren bzw. riskanten Entscheidungssituationen. Aus Sicht der → Deskriptiven Entscheidungstheorie (→ Prospect Theorie, → Verhaltenswissenschaftlicher Ansatz) lassen sich vereinfachend drei Determinanten des R. unterscheiden: Risikoeinstellung (als mehr oder weniger konstante Persönlichkeitseigenschaft, die über die Bewertung der Riskanz von Alternativen entscheidet), Ergebniswahrnehmung

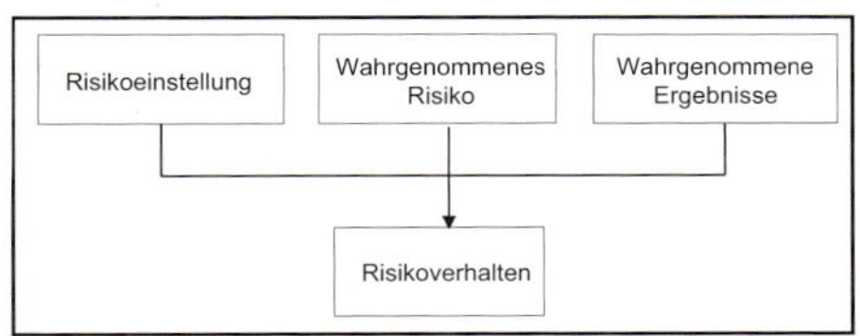

Determinanten des Risikoverhaltens

(als vom Entscheider und Entscheidungskontext abhängige Verarbeitung potenzieller Ergebnisse) und Risikowahrnehmung (als vom Entscheider und Entscheidungskontext abhängige Verarbeitung von Eintrittswahrscheinlichkeiten). Vgl. Abb. „Determinanten des Risikoverhaltens".

Ritual, Verhaltensweisen und -muster, die sich bei bestimmten Gelegenheiten regelmäßig wiederholen. Im Marketingkontext sind R. Erkennungszeichen einer bestimmten → Organisationskultur. (*Vgl. auch* → marktorientierten Unternehmenskultur.)

Robinson-Liste. Die R.-L. enthält Adressen von Personen, die keine Werbung per Post enthalten wollen. Werbetreibende, die → Mailings einsetzen, sollten vor Aussendung einen Abgleich gegen die R.-L. vornehmen lassen. Die Liste ist über den DDV (Deutscher Direct-Marketing-Verband), bzw. EDV-Dienstleister und Adressverlage erhältlich (→ Werbebriefe).

Rogers-Skala, Skala zur Messung von → Meinungsführern, bei der die Befragten im Wege der Selbsteinstufung angeben sollen, inwieweit sie sich selbst als Meinungsführer sehen (z.B. wie oft man über den relevanten Meinungsgegenstand diskutiert, diesbzgl. um Rat gefragt wird, usw.).

Rohrschach-Test, vor allem in der Persönlichkeitsforschung eingesetzter projektiver Test, bei dem der Testperson schwarz-weiße oder farbige Tintenklecksbilder zur Interpretation vorgelegt werden. Die Antworten sollen Rückschlüsse auf die → Persönlichkeit des Individuums geben.

ROI (Return on Investment), → Return on Investment.

Rolle, soziale, normative Erwartungen, die sich an den Inhaber einer bestimmten sozialen Position richten. Die soziale Position ist wiederum abhängig von der Stellung der Person in der Gesellschaft (→ Gruppe).

ROS (Return on Sales), → Rentabilität.

Rosenberg-Modell, multiattributives Modell zur → Einstellungsmessung. Die Einstellung einer Person zu einem Objekt hängt von der Wichtigkeit (affektive Komponente) ihrer Motive und der wahrgenommenen Eignung (kognitive Komponente) des Objektes zur Motiverreichung ab. Der Einstellungswert ergibt sich aus der multiplikativen Verknüpfung der Modellkomponenten (Zielwichtigkeit und wahrgenommene Instrumentalität) und ihrer anschließenden Addition.

Rückgewinnungsmanagement. I. Begriff: Das R. umfasst sämtliche Maßnahmen eines Unternehmens, die darauf gerichtet sind, abwanderungsgefährdete sowie abgewanderte Kunden (→ Abwanderung) und deren Abwanderungsgründe zu identifizieren, um daraufhin einen Reaktivierungsprozess einzuleiten mit dem Ziel, gefährdete Kunden dazu zu veranlassen, die → Kundenbeziehung nicht zu beenden bzw. abgewanderte Kunden wiederzugewinnen. Ausgangspunkt des R. ist somit eine Unterteilung in den Kundenabwanderungs- sowie Kundenreaktivierungsprozess. Beim Kundenabwanderungsprozess steht zunächst die generelle Erhöhung des Verständnisses zu Abwanderungsgründen und dem Prozessverlauf sowie die namentliche Identifikation der Zielgruppen im Vordergrund, um auf dieser Basis weitere Planungsschritte zur Verhinderung drohender Abwanderungen durchzuführen. Methodisch kommen hierbei vor allem qualitative Ansätze der → Marktforschung, z.B. die → Switching-Path-Analyse, zum Einsatz. Hingegen ist es Aufgabe des Reaktivierungsprozesses, Entscheidungen hinsichtlich des Einsatzes geeigneter Rückgewinnungsmaßnahmen, sowohl für die abwanderungsgefährdeten als auch für die bereits abgewanderten Kunden zu treffen.

II. Ziele: Mit der Rückgewinnung abgewanderter Kunden sowie der Verhinderung einer Abwanderung gefährdeter Kunden können zwei Oberziele des R. abgeleitet werden. Bei einer weiteren Differenzierung der Ziele lassen sich folgende Subziele unterscheiden: Bezogen auf den Abwanderungsprozess die Sicherung der Marktstellung durch Verringerung der Abwanderungsquote (→ Churn Rate), die Identifikation der Auslöser und Abwanderungsgründe zwecks Leistungsverbesserung und das Erkennen eines typischen Abwanderungsverlaufes, bezogen auf den Reaktivierungsprozess die Senkung der Unzufriedenheit auf ein ausreichendes Zufriedenheitsniveau (→ Kundenzufriedenheit), die Sicherung der → Wettbewerbsfähigkeit durch die Rückgewinnung profitabler Kunden (→ Kundenprofitabilität) und die Identifikation von erforderlichen Bedingungen hinsichtlich einer Wiederaufnahme der Beziehung aus Kundensicht.

III. Aufgaben: Im R. lassen sich Aufgaben der Identifikation, Segmentierung, Durchführung sowie Kontrolle unterscheiden. (1) Identifikation der Zielgruppe: Die Identifikation der relevanten Kunden(gruppen) stellt ein Kernproblem des R. dar. Zwei Zielgruppen sind zu unterscheiden. Die abgewanderten sowie diejenigen Kunden, die aufgrund bestimmter Anzeichen (Unzufriedenheit o.a.) die Kundenbeziehung vermutlich bald aufkündigen werden (abwanderungsgefährdete Kunden). Die tatsächlich abgewanderten Kunden können noch vergleichsweise leicht, z.B. durch Datenbankabfragen (→ Kundendatenbank) oder aufgrund von Kündigungsschreiben oder stornierten Verträgen, erkannt werden. Bei den abwanderungsgefährdeten Kunden stellt die namentliche Identifikation hingegen eine größere Herausforderung dar. Zentrale Fragestellung hierbei ist, welche Merkmale bzw. Signale eine konkrete Abwanderungsabsicht erkennen lassen und wie ein permanentes → Controlling dieser Merkmale über den Kundenstamm hinweg realisiert werden kann. Im Kern geht es somit um den Aufbau eines Frühwarn- bzw. Prognosesystems, das die verantwortlichen Mitarbeiter über eine drohende Abwanderung informiert und eine unverzügliche Reaktion möglich macht. Als Frühwarnindikatoren sind beispielsweise denkbar: Geringer Kundenzufriedenheitswert, aktive Abwanderungsabsicht, geringe → Beschwerde(zufriedenheit), geringe → Wechselbarrieren, sinkende Produktnutzungshäufigkeit, abnehmende Interaktionsfrequenzen u.a.m. (2) Identifikation der Abwanderungsgründe und des -prozesses: Die Gründe für eine Abwanderung lassen sich grundsätzlich in drei Kategorien unterteilen: (a) Unternehmensseitige Gründe (z.B. Fehler im Leistungsprozess, Unfreundlichkeit), (b) Wettbewerbsseitige Gründe (z.B. direktes Abwerben eines Kunden), (c) Kundenseitige Gründe (z.B. veränderte Lebensgewohnheiten des Kunden). Der Schwerpunkt der Aktivitäten innerhalb des R. liegt auf der Analyse, welche Abwanderungen in die erste Kategorie fallen und welche spezifischen Ursachen die Kündigung des Kunden ausgelöst haben (→ Kundenabwanderungsanalyse). Entscheidend ist in diesem Zusammenhang jedoch nicht die Aufarbeitung unternehmensspezifischer Abwanderungskategorien (z.B. Preis, Service, Leistung), sondern die Erfassung und Beschreibung der individuellen Kontaktpunkte bzw. kritischen Erlebnisse eines Kunden. Ein geeignetes Instrument zur Identifikation der Abwanderungsgründe sowie des -prozesses ist die → Switching-Path-Analyse. (3) Segmentierung der Zielgruppe: Im R. ist eine Beziehungssegmentierung (→ Kundensegmentierung) beider Zielgruppen vorzunehmen, um auf dieser Basis Entscheidungen über die Vorteilhaftigkeit von Rückgewinnungsmaßnahmen zu treffen. Bei den abwanderungsgefährdeten Kunden kann als Segmentierungskriterium beispielsweise der → Customer Lifetime Value oder die → Kundenattraktivität herangezogen werden.

IV. Maßnahmen: Grundsätzlich sind drei Ansatzpunkte einer Instrumentalstrategie des R. denkbar: (1) Zunächst dient ein individueller Kundendialog dazu, die Ziele des R. zu erreichen, da der Kunde direkt (persönlich, telefonisch) angesprochen wird. Hierbei können gleichsam die Gründe für die Unzufriedenheit sowie die Wünsche des Kunden zur Lösung des Problems erfragt werden. Es muss allerdings gewährleistet sein, dass die kontaktierenden Mitarbeiter eine hohe Entscheidungsfreiheit im Hinblick auf Kompensationsangebote (→ Beschwerdereaktion) sowie umfassende Kenntnisse über die Abwanderungsgeschichte des Kunden haben. (2) Zur Beziehungsstabilisierung bzw. -reaktivierung können ferner einmalige Rückgewinnungsangebote, z.B. in Form von Sonderkonditionen oder Rabatten, eingeräumt werden. Des Weiteren ist die Übernahme der unbequemen Modalitäten eines erneuten Wechsels durch das R. betreibenden Anbieter denkbar. (3) Die Schaffung von Mehrwerten, im Sinne einer Exklusivbehandlung oder der Gewährung von Rechten, die der Kunde in der normalen Geschäftsbeziehung noch nicht erreicht hat, kann ebenfalls zur Kundenrückgewinnung eingesetzt werden. Ein Beispiel hierfür ist die Aufnahme eines Kunden in eine bestimmte Kundenklasse eines Buchclubs, obwohl die dafür erforderliche Mitgliedschaftsdauer nicht gegeben ist.

V. Controlling: Um Aussagen über die Wirtschaftlichkeit des R. treffen zu können, ist eine Bewertung der Aktivitäten hinsichtlich ihrer Kosten- und Nutzenwirkungen erforderlich. Zu den Kosten des R. zählen neben den einmaligen Implementierungskosten insbesondere die dialogbezogenen (z.B. Anruf durch Call Center zur Kontaktaufnahme mit einem abgewanderten Kunden), angebotsbezogenen (z.B. einmalige Zahlung von 1.000 EUR bei Wiederaufnahme der Geschäftsbeziehung) sowie die mehrwertbezogenen Rückgewinnungskosten (z.B. Kosten für Organisation der Wiederaufnahme der Geschäftsbeziehung). Den Kosten muss der Nutzen des R. gegenübergestellt werden, der sich aus folgenden drei Nutzenkategorien berechnet: Informationsnutzen (z.B. Nutzen aufgrund verbesserter Leistungsprozesse), Umsatzerhaltungsnutzen (z.B. Erhalt sehr profitabler Kundenbeziehungen), Kommunikationsnutzen (Vermeidung von negativer → Mund-zu-Mund-Kommunikation). *Vgl. auch* → Relationship Marketing, → Kundenbindungsmanagement.

Literatur: Bruhn, M. (2001): Relationship Marketing: Das Management von Kundenbeziehungen, München; Stauss, B./Friege, C. (1999): Regaining Service Customers. Cost and Benefits of Regain Management, in: Journal of Service Research, Vol. 1, No. 4, S. 347-361.

Manfred Bruhn

Rücklaufquote, → Retouren.

Rückrufaktionen, sind Maßnahmen eines Herstellers, ein Produkt vom Markt zurückzunehmen, um künftigen Risiken, die sich aus der Verwendung des Produktes ergeben, aus dem Weg zu gehen. Diese Risiken hängen üblicherweise mit der Fehlerhaftigkeit eines Produktes zusammen und bilden ein Spektrum von einfacher Funktionsuntüchtigkeit bis hin zu lebensgefährlichen Gefahrensituationen ab. Besonders die Automobilindustrie kämpft mit der Problematik von Rückrufaktionen. Einerseits gilt es, den Kunden unbedingt vor möglichen Defekten zu schützen und Gefährdungen zu reduzieren, andererseits muss abgewogen werden, ob die Ernsthaftigkeit des Produktfehlers ausreichend groß ist, die enormen Kosten einer R. zu rechtfertigen. Auch das Resultat in den Köpfen der Verbraucher ist zwiespältig: Zwar kann eine R. durch kostenlosen Reparaturservice Vertrauen erzeugen, aber im gleichen Maße den → Markengoodwill zerstören, insbesondere wenn sich derartige Rückrufaktionen wiederholen.

Rückzugsstrategie, kennzeichnet einen teilweisen (regionalen) oder totalen Rückzug von Produkten bzw. Dienstleistungen oder ganzen Geschäftsbereichen vom Markt. Die Gründe für einen Marktaustritt können in stagnierenden, schrumpfenden oder erfolglos bearbeiteten Märkten liegen. Schrumpfende Marktvolumina können auslaufende Technologie- und Produktlebenszyklen ankündigen und erfordern eine „Stay or Exit"-Entscheidung, durch die ggf. frühzeitig die Marktaustrittsbarrieren gesenkt werden. Im Rahmen von Marktaustrittsstrategien stehen unterschiedliche Optionen zur Wahl: (1) Abschöpfungsstrategie mit schrittweisem Rückzug (2) sofortige Beendigung der Geschäftsaktivitäten (3) Verkauf des Geschäftsbereiches.

Rufausbeutung. I. Begriff: Schmarotzen an Werten (Werbewert, Prestige, → Image usw.) fremder Marken (*vgl. auch* → Marke, rechtliche Aspekte) mit dem Ziel, den Absatz der eigenen → Produkte zu steigern. R. kann mit einer → Rufschädigung einhergehen.

II. Formen: Absatzpolitische Maßnahmen, die zu einer R. führen können, sind vor allem (1) die anlehnende → Werbung, vergleichende (z.B. Anpassung eines bekannten Werbeslogans an das eigene Produkt, Hinweis auf Adäquanz der Eigenschaften des eigenen Produktes mit denen einer bestimmten Konkurrenzleistung), (2) die Täuschung über die Herkunft des eigenen Produktes (z.B. Verwendung verwechselungsfähiger Zeichen, irreführende Werbeangaben), (3) Benutzung geographischer Herkunftsangaben, die einen besonderen Ruf genießen, die (4) Verballhornung einer Marke (z.B. eines Schokoriegels), um die Aufmerksamkeit auf die eigenen Produkte zu lenken (z.B. Kondome) sowie (5) → Markenpiraterie (anlockende Wirkung von Plagiaten durch Verwendung bekannter Marken).

III. Rechtsgrundlagen: Wettbewerbsrechtlich sind vor allem das → UWG, etwa bei Verstößen gegen das Verbot der → Irreführung, und das → Markengesetz relevant, das Marken vor der Verwendung identischer oder ähnlicher Zeichen für identische oder ähnliche Waren und Dienstleistungen schützt; bei → Marken, bekannten, geht der Schutz über die Ähnlichkeit von Waren und Dienstleistungen hinaus. Des Weiteren schützt das Markengesetz geographische Herkunftsangaben mit einem besonderen Ruf. Im Fall der → Markenpiraterie kann auf Regelungen des → Produktpirateriegesetzes sowie der EG-Anti-Piraterie-Verordnung zurückgegriffen werden.

Rufschädigung. I. Begriff: Beeinträchtigung der Werte (Werbewert, Prestige, → Image, subjektiv wahrgenommene → Qualität usw.) einer Marke (*vgl. auch* → Marke, rechtliche Aspekte). Die R. wird im Wettbewerb mit der Konkurrenz z.T. billigend in Kauf genommen, z.T. bewusst herbei geführt, um die eigene Leistung von der Leistung der Konkurrenz abzuheben.

II. Formen: Absatzpolitische Maßnahmen, die zu einer R. führen können, sind vor allem (1) aggressive Niedrigpreiswerbung von Einzelhändlern (Produkt verliert Eignung zur Demonstration der sozialen Stellung sowie zur Demonstration der Wertschätzung eines Beschenkten, → Preisbereitschaft sinkt, Qualität wird fälschlicherweise schlechter beurteilt usw.), (2) kritisierende → Werbung, vergleichende, der Konkurrenz (Markenartikel wird in unsachlicher Form abgewertet und verliert an Wertschätzung), (3) irreführende → Werbeangaben (Enttäuschung der Konsumenten über unzutreffende Eigenschaften des beworbenen Markenartikels, → Irreführung), (4) Werbeumfeld von Anzeigen des Einzelhandels (z.B. sog. Schweinebauchanzeigen führen zu negativen Assoziationen), (5) Verballhornung von Marken, die negative Assoziationen auslöst (z.B. Schokoriegel und Kondom) sowie (6) → Markenpiraterie (Plagiate werden nicht erkannt und entsprechen nicht der Qualität der Originale).

III. Rechtsgrundlagen: Soweit es sich um unlautere Verhaltensweisen handelt, liegt ein Verstoß gegen das → UWG vor. Durch das → Markengesetz können → Marken, bekannte, vor bestimmten Verhaltensweisen geschützt werden. Es bedarf aber in jedem Fall des konkreten Nachweises, dass eine R. vorliegt.

Rundfunk, setzt sich aus Hörfunk und Fernsehen zusammen. *Vgl. auch* → Elektronische Medien.

S

Sachgütermarketing, beschäftigt sich im Gegensatz zum → Dienstleistungsmarketing mit der Vermarktung von materiellen Ge- und Verbrauchsgütern. S. lässt sich weiter differenzieren in → Industriegütermarketing und → Konsumgütermarketing.

Saisonsortiment, → Sortiment, das aus → Artikeln besteht, die entweder aufgrund der Produktion oder der Nachfrage saisongebunden sind. So können z.B. bestimmte Lebensmittel ohne Weiterverarbeitung, wie beispielsweise Tiefkühlung, nur zu bestimmten Jahreszeiten angeboten werden. Als weitere Beispiele für Artikel, die einer saisongebundenen Nachfrage unterliegen, können Oster- bzw. Weihnachtsartikel angeführt werden, die fast ausschließlich zu diesen Zeiträumen angeboten und nachgefragt werden. Um saisonzyklische Schwankungen auszugleichen, wird insbesondere der Aktionsparameter Preis (Saisonrabatte) eingesetzt.

Sales Folder, *Verkaufsordner;* optisch möglichst ansprechend und funktional gestaltete schriftliche Unterlagen zur Unterstützung des Verkaufsgesprächs. S.F. sind im → persönlichen Verkauf ein bedeutsames Instrument der → Verkaufsförderung und enthalten neben den reinen Produktinformationen vielfach auch Hinweise zu Aktionen des verkaufenden Unternehmens. In der Regel verbleibt der S.F. nach Beendigung des Verkaufsgesprächs zur Information beim Kunden.

Sales Management, *Verkaufsmanagement, Verkaufsleitung;* leitende (dispositive) Organisationseinheit in einem Unternehmen zur Planung, Steuerung und Kontrolle des → Außendienstes. In der Praxis trifft man zumeist zwei unterschiedliche Formen des S.M. an. So fasst ein Teil der Unternehmen den Außendienst und Innendienst unter der Verkaufsleitung zusammen, während der andere Teil die Leitungen des Außendienstes und Innendienstes einer Vertriebsleitung unterstellt. Dieser untersteht neben dem Verkauf z.B. auch die → Logistik und der Versand eines Unternehmens, so dass eine bessere Koordination unternehmensinterner Abläufe erfolgen kann.

Sales Promotions, →Verkaufsförderung.

Sample, → Stichprobe.

Sampling, Verteilung von → Produktproben.

Satellitenfernsehen, die Übertragung von Fernsehprogrammen erfolgt über Satelliten. *Gegensatz:* → Kabelfernsehen, → Terrestrisches Fernsehen; *Vgl. auch* → Elektronische Medien.

Sättigungsmenge, Menge bei einem Preis von Null (→ Preis-Absatz-Funktion).

Sättigungsphase, die vierte Phase im idealtypischen → Produktlebenszyklus. Das Absatzvolumen erreicht in dieser Phase eine Sättigungsgrenze.

Savage-Niehans-Regel, Entscheidungsregel für Unsicherheitssituationen. Die S.-N.-R. basiert auf einer Opportunitätskostenmatrix. Es soll die Alternative gewählt werden, deren Zeilenminimum der Opportunitätskosten ein Maximum ist. Es gilt diejenige Entscheidungsalternative als die optimale, die zum wahrscheinlich kleinsten der maximal möglichen Verluste führt.

SB-Geschäft, *Selbstbedienungs-Geschäft*; → Betriebsform des → Einzelhandels. Im Gegensatz zu einem → SB-Warenhaus verfügen SB-G. i.d.R. nur über eine Verkaufsfläche von bis zu 400 qm. Schwerpunkt des Sortimentes sind Lebensmittel.

SB-Warenhaus, *Selbstbedienungs-Warenhaus;* → Betriebsform des → Einzelhandels. SB-W. führen ein warenhausähnliches Sortiment (→ Warenhaus). Die Waren werden überwiegend im Selbstbedienungsprinzip angeboten. Ein vielfältiges Serviceangebot wird ebenso bereitgestellt. Die Geschäfte verfügen i.d.R. über eine Verkaufsfläche von mindestens ca. 5.000 qm und sind zumeist an einem dezentralen Standort mit guter Verkehrsanbindung und einem großen Parkplatzangebot gelegen.

Scanner, elektronisches Datenerfassungsgerät, das beispielsweise im Rahmen elektronischer Kassen (→ Scanningsysteme) eingesetzt werden kann. Voraussetzung hierfür ist, dass das Objekt, das mittels eines Scanners erfasst werden soll, mit einem Strich- oder Zifferncode (→ EAN) versehen ist. Der Strichcode wird von dem Scanner mit einem Laserstrahl abgetastet.

Scanner-Kassen, → Scanningsysteme.

Scanner-Panel, → Panelerhebungen.

Scanningdaten, *Scannerdaten,* Daten, die im Zusammenhang mit der Erfassung von Warenbewegungen anfallen. Im → Einzelhandel fallen S. insbesondere bei dem Verkauf von Artikeln am → Point of Sale an. Die Voraussetzungen für die Erfassung von S. sind eine eindeutige Identifikation der Artikel mit einem Strich- oder Zifferncode und die Verfügbarkeit von technischen Geräten, wie z.B. → Scanner-Kassen oder Handscanner. Beim Scanning werden die Variablen Preis, Datum und Zeit des Einkaufs, Standort der Verkaufsstelle und Zahl der verkauften Einheiten erfasst. Im Handelsbereich ergibt sich ein Vorteil bei der Verwendung von S. daraus, dass die Einführung geschlossener → Warenwirtschaftssysteme unterstützt und somit eine vollständige Erfassung und Steuerung der Warenbestände ermöglicht wird. Zum anderen ergeben sich positive Effekte aus der schnellen Verfügbarkeit sowie der kostengünstigen und genauen Datenerfassung. Im Handel können S. insbesondere im Bereich der → Sortimentspolitik und Preispolitik genutzt werden. Darüber hinaus können sie zur Gewinnung von Informationen über das Käuferverhalten beitragen, wie z. B. die Verteilung der Einkaufshäufigkeiten pro Tag. Diese Informationen können u.a. für die Personaleinsatzplanung von Bedeutung sein. Seitens der Industrie können S. u.a. zur Vertriebs- und Außendienststeuerung, zur Erfolgsmessung von Marketingaktivitäten, wie z.B. Preisänderungen, Sonderaktionen und Werbung, sowie zur Konkurrenzanalyse eingesetzt werden.

Scanningsystem, bezeichnet das automatischen Datenerfassungssystem für Verkäufe im Handel. Anstatt die Preise über eine Tastatur zu erfassen, wird der Strichcode (→ EAN) des Produkts mittels Scanner erfasst. In der Praxis werden zwei unterschiedliche Varianten von Scannern verwendet. Die erste Variante bildet der Slot-Scanner oder Stichfenster-Scanner. Bei dieser Variante werden die Produkte über das Stichfenster im Kassentisch geschoben. Der Laserstrahl tastet die → EAN ab und leitet die erfassten Informationen an einen angeschlossenen Rechner weiter, der diese Informationen in einer Datenbank speichert. Die zweite Variante bildet der Handscanner oder Handleser. Diese Variante eignet sich für die Registrierung großvolumiger Produkte und zur mobilen Datenerfassung.

Schärsches Gesetz, besagt, dass die Ein- und Ausschaltung von Handelsbetrieben in die Güterzirkulation erst dann von Vorteil ist, wenn dadurch die Produktivität von mindestens einem Marktpartner bei einer konstanten Produktivität aller anderen steigt. Das Schärsche Gesetz hilft somit indirekt bei der Bestimmung der optimalen Zahl von Handelsbetrieben im → Absatzkanal. Sie ist gegeben, wenn die Wirtschaftlichkeit der Produktion von Handelsleistungen durch die Ein- oder Ausschaltung eines weiteren Handelsbetriebes nicht mehr ansteigt.

Literatur: Schär, J.F. (1923): Allgemeine Handelsbetriebslehre, 5. Aufl., Leipzig.

Schätzverfahren, Verfahren um näherungsweise den wahren Wert einer statistischen Größe der Grundgesamtheit aufgrund einer Stichprobe zu bestimmen. Die statistischen Größen können z.B. Verteilungsverläufe, Wahrscheinlichkeiten von Ereignissen oder spezielle Parameter der Verteilungsfunktion sein. Man unterscheidet zwischen parametrischen und nichtparametrischen S. Parametrischen S. liegt die Annahme über einen Parameter der Grundgesamtheit zugrunde, während nichtparametrische S. keine Annahmen über die Parameter der Grundgesamtheit fordern. → Kleinste Quadratschätzung.

Schaufenstergestaltung, Maßnahme der Handelswerbung, die der → Verkaufsförderung dient. Kreative Tätigkeit, die Kunden anregen soll, vor dem Schaufenster zu verweilen, um sich die dort ausgestellten Produkte anzusehen bzw. in den Laden zu gehen, um zu kaufen. Affektives Ziel der S., die als „Aushängeschild" des Geschäftes dient, ist die Unterstützung eines bestimmten Images des Geschäftes sowie die Erzeugung eines Erlebnisprofil beim Konsumenten.

Schema, stellt eine standardisierte Vorstellung über die typischen Eigenschaften eines Meinungsgegenstandes dar. S. geben somit die wichtigsten Merkmale wieder, sind mehr oder weniger abstrakt (bzw. konkret) und hierarchisch organisiert. Schematische Vorstellungen können durch semantische → Netzwerke abgebildet werden.

Schichtenauswahl, → Auswahlverfahren, geschichtetes.

Schirmwerbung, → Dachkampagne.

Schleichbezug, Problem im Rahmen von → Ausschließlichkeitsbindungen. Ein nicht belieferter Außenseiter gelangt an die Ware eines vertriebsgebundenen Händlers, indem er falsche oder unklare Angaben über seine eigene Beziehung zum Hersteller macht oder indem er einen Strohmann vorschiebt. Diese Verhaltensweise ist grundsätzlich wettbewerbswidrig. Gleiches gilt für den Fall, dass der Außenseiter nicht nur die Ware kauft, sondern den gebundenen Händler bewusst zu einem vertragsbrüchigen Verhalten verleitet. Sowohl der Nachweis des S. als auch des Verleitens zu einem vertragsbrüchigen Verhalten sind in der Praxis mit großen Problemen behaftet, wenn der Außenseiter nicht seine Bezugsquelle nennt.

Schleichwerbung, lässt Umworbene nicht erkennen, dass es sich um Werbung handelt, grundsätzlich wettbewerbswidrig, im Übrigen nach dem dritten Rundfunkstaatsvertrag von 1992 verboten. Formen der S. sind z.B. → Werbung, redaktionell getarnte, und → Product Placement (→ Werberecht).

Schlüsselinformation, Information (Information Chunk), die für die Produktbeurteilung besonders wichtig ist und mehrere andere Informationen substituiert oder bündelt (z.B. Testurteil der Stiftung Warentest).

Schlüsselkunde, *Key Account*; Kunde mit Nachfragemacht ggü. dem Anbieter und wiederkehrendem Bedarf. Da S. für ein Unternehmen oft von existenzieller Bedeutung sind, begründen sie häufig ein entsprechendes Beziehungsmanagement (→ Key Account Management).

Schlüsselreiz, löst beim Individuum biologisch programmierte Reaktionen aus und aktiviert (→ Aktivierung) den Empfänger weitgehend automatisch (z.B. Kindchenschema, erotische Reize, Landschaften).

Schlussverkauf, → zeitlich befristeter Zeitabschnitt am Ende der Sommer- (Sommerschlussverkauf) oder Wintersaison (Winterschlussverkauf), in dem die ‚restliche' Ware zu reduzierten Preisen angeboten wird. Der Handel verkauft am Ende der Saison durch Preisreduktionen die bisher nicht absetzbaren Waren und schafft so Platz für die Ware der neuen Saison. Neben dieser ursprünglichen Funktion beschafft der Handel eigens für den S. preiswerte Waren, um die üblicherweise hohe Nachfrage im S. zu befriedigen.

Schnittstellenmanagement. Der aus dem technischen Sprachgebrauch stammende Begriff „Schnittstelle" beschreibt im betriebswirtschaftlichen Kontext Transferpunkte, an denen ein Austausch von Gütern (Sachgüter, Dienstleistungen, Nominalgüter) oder Informationen stattfindet. Im Unternehmen entstehen intraorganisationale Schnittstellen aufgrund der Zerlegung der unternehmerischen Gesamtaufgabe und der organisatorischen Zuordnung von Teilaufgaben (funktions-, produkt-, gebiets-, prozessbezogen) zu Abteilungen (z.B. Marketing, Produktion, Beschaffung, Finanzierung) oder

Unternehmensbereichen. Zwischen Unternehmen (Zulieferer, Hersteller, Handel) können vielfältige interorganisationale Schnittstellen bestehen. Eine mangelnde Koordination der Schnittstellen kann zu einer erheblichen Beeinträchtigung der Unternehmensziele führen, so dass die Aufgabe des S. in der Analyse, zielorientierten Planung, Koordination und Kontrolle von Austauschbeziehungen besteht. Unter Effektivitäts- und Effizienzgesichtspunkten kann ein S. zum Abbau von Schnittstellen (z.B. Integration von Teilaktivitäten) und zur Vereinfachung sowie Verbesserung der Koordination (z.B. Einsatz von Informationstechnologien) der Austauschbeziehungen führen.

Schneeballsysteme, werden im Marketing im Bereich des Strukturvertriebs oder Multi Level Marketing genutzt. Hierbei werden Kunden dazu veranlasst, durch den Vertrieb der Produkte an weitere Personen zusätzliche Erlöse zu erlangen. Kunden werden damit Mitglied der Vertriebsstruktur und partizipieren nicht nur an den selbst erzielten Verkäufen, sondern auch an den Verkäufen derjenigen Kunden, die zuvor geworben wurden (Schneeballeffekt). Diese auch als Multi Level Marketing bezeichnete Vertriebssystem eignet sich prinzipiell für alle Produktkategorien, die eine weite Verbreitung in der Zielgruppe bzw. Bevölkerung erlangen sollen. Beispiele hierfür finden sich im Haushaltsgüterbereich (Wasch-, Reinigungsmittel, Haushaltswaren usw.) wie auch bei Versicherungen und Finanzdienstleistungen. Zunehmend werden auch hochwertige Produkte wie z.B. Automobile über Multi Level Systeme vertrieben. Wenn das Multi Level Marketing System sich an Endkunden richtet, d.h. Nichtkaufleute in die Vertriebsorganisation einbezieht und durch Gewähren von Vorteilen veranlasst, Waren abzunehmen sowie andere Personen zum Abschluss gleichartiger Geschäfte zu bewegen, dann kann es ein S. im Sinne des § 6c Gesetz gegen den Unlauteren Wettbewerb (UWG) sein (sog. „progressive Kundenwerbung") und gilt damit als Straftatbestand bzw. strafbare Werbeform.

Schockwerbung. Form der → Werbung, emotionalen, die durch das Hervorrufen von Entsetzen, Ablehnung und Mitleid beim Umworbenen Solidarität mit dem Werbenden auslösen soll. Auslöser für diese Fallgruppe der Werbung war Anfang der 1990er-Jahre die Firma, die in Anzeigen und auf Plakaten mit Motiven wie z.B. einem gerade verstorbenen Aids-Kranken, Menschen im Container, einem Flüchtlingsschiff, Kinderarbeit in der Dritten Welt und blutverschmierten Kleidern eines toten bosnischen Soldaten geworben hatte. Der BGH lehnte 1995 die S. mit der Begründung ab, dass die Werbekonzeption offensichtlich auf eine zynische Grundeinstellung zurückzuführen sei, nach der für die Aufmerksamkeitswerbung dem Werbetreibenden jedes Mittel recht sei. Das BVerfG urteilte 2000 dagegen, dass ein vom Elend der Welt unbeschwertes Gemüt des Bürgers kein schützenswerter Belang sei, durch den die Pressefreiheit eingeschränkt wäre.

Schriftliche Befragung, → Befragungsmethoden, → Befragung.

Schrittmachertechnologie, entstehende → Technologie, die gerade am Markt eingeführt wird bzw. in einer frühen Technologie-Lebenszyklusphase steht (→ Technologie-Lebenszyklus). S. bergen ein großes Potenzial in sich und können, sofern sie nicht bereits vorher verdrängt oder substituiert werden, zu → Schlüsseltechnologien heranreifen.

Schutzrechte, gewerbliche, → Rechtsschutz, gewerblicher.

Schutzrechtspolitik, *vgl. auch* → Rechtsschutz, gewerblicher.

I. Begriff: Die S. bezieht sich auf die Erhaltung und Bewirtschaftung der sondergesetzlich geregelten, gewerblichen Schutzrechte.

II. Formen: Im Rahmen einer groben Klassifikation kann man zwischen präventiver, defensiver und offensiver S. sowie der → Lizenzvergabepolitik unterscheiden. (1) Präventive S.: Entscheidungen und Maßnahmen, die auf den Erwerb gewerblicher Schutzrechte gerichtet sind. Der Anlass ist die Antizipation von Beeinträchtigungen künftiger Marketingstrategien, die auftreten können, wenn der Erwerb eigener Schutzrechte bzw. von Nutzungsbefugnissen an fremden Schutzrechten unterbliebe. Wesentliche Aspekte sind a) Prüfung der Vorteilhaftigkeit der Anmeldung eines gewerblichen Schutzrechtes, b) Prüfung der Schutzmöglichkeiten, c) Prüfung der Schutzvoraussetzungen, d) Beschaffung relevanter Informationen, e) Wahl des optimalen Anmeldezeitpunktes, f) Prüfung von Schutzrechtshäufungen, g) Umgang mit prioritätsälteren Rechten, h) Klärung der räumlichen Ausdehnung von Schutzpositionen sowie i) Beachtung von Verlängerungsmöglichkeiten. (2) Defensive S.: Entscheidungen und Maßnahmen im Zusammenhang mit der Abwehr von Angriffen Dritter auf entstandene bzw. im Entstehen befindliche Schutzrechte. Die Angriffe können darauf abzielen, die Schutzrechte zu vernichten, zu beschränken oder deren endgültige Entstehung gänzlich oder partiell zu verhindern. (3) Offensive S.: Entscheidungen und Maßnahmen im Rahmen eigentätiger Angriffe auf rechtlich angreifbare Verhaltensweisen Dritter im Bereich gewerblicher Schutzrechte. Sie betreffen einerseits das Vorgehen gegen Verletzungen eigener Schutzrechte, andererseits das Vorgehen gegen fremde Schutzrechte. (4) Lizenzvergabepolitik: Entscheidungen und Maßnahmen hinsichtlich der Verwertung gewerblicher Schutzrechte als selbständig verkehrsfähige Wirtschaftsgüter außerhalb der eigenen Unternehmung (*vgl. auch* → Lizenz, → Markenlizenz).

Scorecard, → Balanced Scorecard.

Scoring, → Adress-Scoring.

Scoring-Modell, → Punktbewertungsmodell.

Screendesigner, → Werbeberufe (18).

Screening, *Ideenselektion.* Produktinnovationen sind für die Entwicklung eines Unternehmens von zentraler Bedeutung. Allerdings ist die Entwicklung neuer → Produkte meist mit hohen Aufwendungen und mit einem hohen Scheiterrisiko verbunden. Dem S. kommt daher im Innovationsprozess eine bedeutsame Rolle zu. Das S. beschreibt die Grob- und Vorauswahl von Produktideen durch den Einsatz von Methoden der Produktbewertung. Gegenstand der Bewertung sind nicht die Produkte selber, sondern deren Ansätze. In einem Vorab-Screening prüfen unternehmensinterne Experten alle Ideen hinsichtlich der innerbetrieblichen Sollanforderungen, um frühzeitig untaugliche Ideen zu separieren und weitere Kosten einzusparen. Kriterien zur Auswahl geeigneter Ideen sind neben Volumen und dem Wachstum des zu bearbeitenden Marktes die Verträglichkeit des Erzeugnisses mit den bereits vorhandenen Produkten und Distributionskanälen. Weiterhin muss geprüft werden, ob es sich um eine echte Neuheit handelt, über welche Vorteile es im Vergleich zu den bereits angebotenen Produkten verfügt und ob es rechtliche oder ethische Probleme geben könnte. Gleichzeitig dürfen die Experten die Realisierbarkeit der Produkte, die Ziele der Unternehmung sowie die finanziellen und technischen Rahmenbedingungen bei ihrer Beurteilung nicht vernachlässigen. Hilfestellung bei der Bewertung von Produktideen bietet das Punktbewertungsverfahren. Mit Hilfe einer Liste, die alle mit dem Produkt befassten Unternehmensbereiche umfasst und diese jeweils mit einem (relativen) Gewichtungsfaktor belegt, kann deren Bedeutung für den Unternehmenserfolg dargestellt werden. Der Gewichtungsfaktor, der einen Wert zwischen Null und Eins annehmen kann, repräsentiert die Kompatibilität der Produktidee mit den Gegebenheiten des Unternehmensbereiches. Produktideen, die das Vorab-Screening überstehen, werden anschließend mit Hilfe von Konzepttests hinsichtlich ihrer Chancen im Markt überprüft, die auf Gruppendiskussionen, Befragungen und Verhaltenstests basieren. Nicht nur bei der Bewertung von Produktideen, sondern auch im Rahmen der Formulierung von → Werbezielen und ihrer Umsetzung in Richtlinien für die Gestaltung der → Werbemittel ist das S. ein häufig eingesetztes Instrument. Expertengremien formulieren Werbeziele, um hierauf aufbauend den → Werbeetat zu erstellen sowie die einzusetzenden → Werbemedien auszuwählen.

SCSB, Abk. für → Swedish Customer Satisfaction Barometer.

Search Quality, *Sucheigenschaft.* Eigenschaft von Leistungen, die durch den Kunden einfacher als → Experience Qualities und → Credence Qualities zu beurteilen ist (→ Dienstleistungsqualitätsdimension). S.Q. lassen sich bereits vor der Nutzung einer Leistung durch den Kunden umfassend beurteilen. Beispiele für S.Q. sind vor allem bei Sachleistungen zu finden (Kleidung, Edelsteine, Möbel).

Sechs-Drei-Fünf-Methode, → Methode 635, → Kreativitätstechniken.

Second Audience, Bezeichnung der Mitarbeiter als bewusste oder unbewusste Zielgruppe der externen Kommunikation eines Unternehmens (→ Kommunikationspolitik). Da Mitarbeiter die primär an die externen Kunden gerichtete Kommunikation (z.B. → Mediawerbung) ebenfalls aufnehmen, muss die Wahrnehmung der Botschaften bei den Mitarbeitern überprüft werden. Als besonders problematisch sind Situationen zu bewerten, in denen die externe Kommunikation vor der → internen Kommunikation erfolgt. Unter Umständen kennen die Mitarbeiter dann z.B. die externen Werbeaussagen nicht und verhalten sich entgegen dem Versprechen an die Kunden. In diesen Fällen ist vielfach Unzufriedenheit bei Mitarbeitern und Kunden (→ Mitarbeiterzufriedenheit, → Kundenzufriedenheit) zu beobachten.

Segmentierung, → Marktsegmentierung.

Segmentierungsstrategie, → *Marktparzellierungsstrategie;* grundsätzliche Entscheidungen über Art und Zahl der Segmente (z.B. Kunden oder Absatzmittler) sowie die (Kosten der) Segmentbearbeitung.

Segment-of-One-Marketing, → One-to-One Marketing.

Sehwahrscheinlichkeit, → Opportunity-to-See-Wert.

Seitenkontakt, → Mediaplanung.

Sektorales Marketing, betrachtet Besonderheiten ausgewählter Branchen. Unterschieden werden hierbei vorrangig die Konsumgüter-, Industriegüter-, Handels- und Dienstleistungsbranche. Obwohl Anwendungsbereiche und Ausprägungsformen der Marktbearbeitung innerhalb dieser Branchen nicht überschneidungsfrei voneinander abgegrenzt werden können, ist das → Konsumgütermarketing verstärkt mit einem indirekten, mehrstufigen → Massenmarketing in Verbindung zu bringen. Anwendungen des → Industriegütermarketing (auch → Investitionsgütermarketing) beruhen hingegen häufig auf einem direkten, einstufigen → Individualmarketing, das durch eine hohe Interaktion der Marktteilnehmer (insbesondere im Anlagengeschäft) gekennzeichnet ist. Im Zuge der steigenden Etablierung von → Electronic Commerce gewinnt der Bereich des Marketing für digitale Produkte über die aufgeführten Bereiche hinaus zunehmend an Bedeutung.

Sekundärdaten, → Sekundärerhebung.

Sekundärdienstleistung, beinhalten Dienstleistungen (→ Dienstleistung, Begriff der), die im Preis des Sachguts enthalten sind. Sachgüterunternehmen bepreisen also S. nicht separat vom Preis des Sachguts, sondern versuchen den Preis des Sachguts mit S. im Vergleich zum „nackten“ Sachgut zu erhöhen. Die Problematik dieser Vorgehensweise kann darin bestehen, dass Kunden nur den höheren Preis sehen, aber nicht dass sie dafür mehr Leistung (Sachgut und S.) erhalten. Somit kann das Erzielen eines höheren Preises für das Leistungsbündel, bestehend aus Sachgut und S., nicht erreicht werden. Beispiele für S. bei Industriegüterunternehmen sind die Inbetriebnahme und Entsorgung von Industriegütern. *Gegensatz*: → Primärdienstleistung.

Sekundärerhebung, bei der S. werden → Daten zu einer aktuellen Entscheidungssituation ausgewertet, die bereits zu einem früheren Zeitpunkt erhoben worden sind. Dabei wurden die Daten oft nicht speziell für Marktforschungszwecke erhoben. Neben der → Primärerhebung ist die S. die zweite wichtige Methode der Datengewinnung in der → Marktforschung. Allgemein wird die S. weiter unterteilt bzgl. der Herkunft der Informationen. Dabei unterscheidet man (unternehmens-)interne und externe Datenquellen. Zu den internen Datenquellen zählen z.B. die Kostenrechnung, Auftragslisten, Kundenkarteien, Zahlungsfähigkeit und -geschwindigkeit, Lagerstatistiken und Umsatzstatistiken. Von externen Datenquellen spricht man z.B. bei amtlichen Statistiken, Marktforschungsberichten, Geschäftsberichten, Presseberichten, Katalogen und Preislisten der Konkurrenz sowie Expertisen. Der Kostengünstigkeit von S. steht die häufig nicht sehr große Ergiebigkeit des Sekundärmaterials bzgl. der interessierenden Themen gegenüber.

Sekundärforschung, internationale, Rückgriff auf bereits existierendes, für andere oder ähnliche Bezugsrahmen erhobenes

Datenmaterial, erstellte Analysen oder veröffentlichte Studien zur Lösung von internationalen Marktforschungsproblemen. Im Gegensatz zur internationalen → Primärforschung wird kein originäres Datenmaterial eigens für die Lösung des bestehenden Marktforschungsproblems erhoben. Die Möglichkeiten der internationalen Sekundärforschung sind dabei in den letzten Jahren und Jahrzehnten deutlich gewachsen. Einen wesentlichen Faktor zur Vereinfachung und Förderung der Sekundärforschung auf internationaler Ebene stellen die Errungenschaften der Informations- und Kommunikationstechnologie dar. Immer größere, komplexere Datenmengen können in kürzester Zeit weltweit versandt und verarbeitet werden. Darüber hinaus steigt die Zahl der elektronischen Datenbanken zur internationalen Recherche kontinuierlich an.

Sekundärorganisation, bezeichnet eine → Organisationsstruktur, die zusätzlich zur historisch gewachsenen Primärorganisation existiert. Liegt neben der Primärorganisation eine S. vor, so spricht man von der → dualen Organisation. Für die S. werden keine zusätzlichen Stellen geschaffen, sondern die Mitarbeiter nehmen in Doppelfunktion zusätzlich zu ihren Aufgaben aus der Primärorganisation Aufgaben der S. wahr. Bei der S. existiert folglich keine formal-hierarchische Struktur. Die organisatorischen Einheiten der S. unterstützen die organisatorischen Einheiten der Primärorganisation (Sparten, Bereiche, Abteilungen, Stellen).

Selbstbedienungs-Geschäft, → *SB-Geschäft.*

Selbstbedienungs-Warenhaus, → *SB-Warenhaus.*

Selbstkosten, alle Kosten, die im Zusammenhang mit der Herstellung und dem Verkauf einer Leistungseinheit anfallen. Auf Basis der differenzierenden → Zuschlagskalkulation ergeben sich die S. als Summe aus den → Herstellkosten, den Verwaltungsgemeinkosten, den Vertriebsgemeinkosten sowie den Sondereinzelkosten des Vertriebs (→ Sonderkosten).

Selectronic Catalog. I. Begriff: Unter dem Bedingungsrahmen der Informationsüberlastung des Kunden und – mindest gleichrangig – der Kostenreduktion im → Mail-Order-Vertrieb (→ Versandhandel) wurden – initiiert in den USA – Technologien entwickelt, Sortiments-Kataloge auf die Produkt-/Leistungsdarstellungen zu reduzieren, die aus der → Database abgeleitet, der Kaufhistorie entsprechen. Ein Kunde, der z.B. ausschließlich Mode im Versandhauskatalog gekauft hat, erhält einen Nachfolgekatalog, der nur Seiten aus diesem Sortiment enthält. Analog kann dieses Prinzip auch auf Neukundengewinnung angewandt werden, wenn aus der Zielgruppendefinition abgeleitete Interessenschwerpunkte in der jeweiligen Zusammenstellung der Katalog- bzw. Prospektseiten sinnvoll sind. Als Problem ist anzuführen, dass eine andere Kaufmotivation, z.B. Produktwechselneigung oder Kauf aus Geschenkanlass, keine Berücksichtigung findet.

II. Entwicklung: Aufgrund der stetigen Technologieentwicklung gewinnt das Prinzip der selektiv databasegesteuerten Werbeinhalte zunehmend an Bedeutung.

Selektion, Identifizierung und Auswahl von Adressen aus Adresslisten oder einem Gesamtdatenbestand. S. definieren für → Zielgruppen bestimmte Kriterien, die sowohl geographisch, demographisch, psychographisch als auch geodemographisch sein können. Die S. kann demnach als Vorstufe der → Segmentierung bezeichnet werden. Ein typischer S.-Ansatz ist die Suche nach Kunden, die den bestehenden Kunden ähnlich sind. Hierzu werden die Eigenschaften der Kunden als Kriterien definiert. Ein Gesamtmarktdatenbestand wird anschließend nach diesen Kriterien durchsucht. Das Ergebnis stellt das bisher nicht ausgeschöpfte Kundenpotenzial eines Unternehmens dar (*vgl. auch* → Direct-Marketing).

Selektive Absatzpolitik, → Absatzpolitik. Mit Hilfe der S.A. erfolgt eine Beschränkung der Absatzpolitik, die alle Entscheidungen zur Gestaltung der Beziehungen des Unternehmens mit dem → Absatzmarkt zum Gegenstand hat, auf ausgewählte Abnehmer, → Absatzgebiete und/oder Produktgruppen. In der Praxis führt die S.A. zu einer verbesserten Kontrolle der Absatztätigkeit von Unternehmen, da sie es in besonderer Weise erlaubt, die Gewinnentwicklung in den ausgewählten Abnehmer- oder Produktgruppen im Zeitablauf zu erfassen. Somit können

Verlustträger früh identifiziert werden und u.U. geeignete Maßnahmen ergriffen werden.

Selektive Wahrnehmung, → Kognitive Dissonanz.

Selektivvertrieb. I. Begriff: Begrenzung der Anzahl der Händler nach qualitativen Gesichtspunkten. Der Hersteller beliefert nur solche Händler, die bestimmte Voraussetzungen seiner Vermarktungskonzeption erfüllen. Werden Händler darüber hinaus nach quantitativen Gesichtspunkten ausgewählt, d.h. die Zahl der Händler, die die qualitativen Anforderungen erfüllen, wird allein aufgrund zahlenmäßiger Überlegungen reduziert, so liegt ein Exklusivvertrieb vor (*vgl. auch* → Gebietsschutz).

II. Rechtliche Grenzen: Insbesondere das → Diskriminierungsverbot nach § 20 I, II GWB. Unzulässig ist insbesondere der Ausschluss von Händlern, die bei nichtpreisgebundenen Waren den Vorstellungen des Herstellers über die Gestaltung von Preisen in Zweitverträgen nicht folgen wollen. In diesem Fall liegt ein Verstoß gegen das Verbot der → Preisbindung, vertikale, vor (§ 14 GWB). Hohe Bedeutung hat der S. seit vielen Jahren vor allem in der Automobilindustrie. Trotz der Tatsache, dass der S. den Wettbewerb in einem gemeinsamen Markt behindern kann, ist den Herstellern die Anwendung des S. über die EG-Gruppenfreistellungsverordnung gestattet worden (→ Gruppenfreistellung).

Self Service, umfasst Dienstleistungen (→ Dienstleistung, Begriff der), bei denen zum einen der Kunde im Rahmen der → Dienstleistungserstellung vor allem mit Maschinen statt mit Mitarbeitern des → Dienstleistungsanbieters interagiert. Häufig handelt es sich hier um standardisierte Dienstleistungen (→ Dienstleistung, standardisierte). Zum anderen nimmt der Kunde eine sehr aktive Rolle bei der → Dienstleistungserstellung wahr. Er ist also in hohem Maße → Co-Producer. Beispiele hierfür sind das Geldabheben von Kunden an Geldausgabeautomaten, das Selbstbedienen an Büffets und das Waschen von Autos in Selbstbedienungswaschanlagen. → Dienstleistungsanbieter müssen hier beachten, dass Kunden nicht nur bereit, sondern auch fähig sind, die Dienstleistung zu einem hohen Anteil selbst zu erstellen.

Self-Mailer. Unter einem S.-M. versteht man → Mailings, die komplett in einem Arbeitsprozess produziert werden. Von der einfachen geschlossenen Doppelpostkarte mit einer Karte für das Angebot und einer Antwortkarte für die Reaktion bis hin zum Mailing mit integriertem Brief, Prospekt und Versandhülle. S.-M. werden i.d.R. im sog. In-Line-Finishing produziert, d.h. aus einem Papierbogen von der Rolle. Ausstanzungen, Gummierungen, Perforationen usw., sind möglich. Der letzte Arbeitsschritt besteht aus der Adressierung. Vielfach besteht die Möglichkeit, weitere Teile aus anderem Material zusätzlich hinzufügen (*vgl. auch* → Direct-Marketing).

Selling Team, → Außendienst.

Semantisches Differenzial, das S.D. wurde ursprünglich für psycholinguistische Untersuchungen entwickelt, hat aber im Laufe der Zeit einen festen Platz in der → Imagemessung erobert. Mit Hilfe von gegensätzlichen Adjektiven (z.B. gut – schlecht) sollen Probanden Aussagen über die Eigenschaften eines Produktes treffen. Dabei werden die einzelnen Adjektivpaare auf einer (häufig siebenstelligen) Ratingskala bewertet. Die Paare lassen sich in drei Gruppen (Dimensionen) zusammenfassen: Bewertung, Stärke, Aktivierung. Die drei Dimensionen zusammen ergeben den semantischen Raum, in dem dann relativ einfach verschiedene Objekte miteinander verglichen werden können. Eine weitere Vergleichsmöglichkeit ergibt sich, wenn man den → Mittelwert über die Ratingskalen der Probanden bildet. Stellt man nun die Adjektivpaare übereinander und verbindet die jeweiligen Werte miteinander erhält man das sog. Eigenschaftsprofil. Dieses lässt sich leicht mit den Eigenschaftsprofilen anderer Produkte oder eines Idealproduktes vergleichen. Profile, die einen ähnlichen Verlauf aufweisen, stehen für Produkte, die für den Konsumenten als Substitut erscheinen.

Semantisches Netzwerk, bildet die assoziativen Verknüpfungen zwischen verschiedenen Begriffen ab. *Vgl. auch* → Netzwerk, aktives, → Assoziation.

Semiotik, Ziel einer semiotischen Zeichenanalyse (Wie werden Zeichen und Symbole wahrgenommen?) ist es zu erkennen, welche

Objekte im Rahmen der Identitätsbildung und Symbolbildung für die menschliche Kommunikation benutzt werden und welcher Sinn den einzelnen Objekten beigemessen wird (z.B. Marlboro Mann als Symbol für den rauen und individualistischen Amerikaner).

Sender, → Kommunikation.

Seniorenmarketing, umfasst die gezielte Ausrichtung der Marketingstrategien und instrumente auf den Markt für Konsumenten, die 60 Jahre und älter sind. Die Änderungen der Generationenverhältnisse in der Industriegesellschaft bei gleichzeitiger Steigerung der Lebenserwartung haben dazu geführt, dass die Bedeutung älterer Personen für Marketingaktivitäten gestiegen ist. Wurden Senioren bislang als unflexible, finanzschwache, saturierte und nicht mehr erreichbare Verbrauchergruppe vernachlässigt, belegen aktuelle Untersuchungen das Gegenteil. So bleibt die Kaufkraft auch im höheren Alter im Wesentlichen konstant. Senioren werden als aktive, mobile und selbstbewusste Gruppe beschrieben, die ein eigenständiges, nicht institutionalisiertes Leben führen möchten. Ein Großteil der Senioren behält ein solides Interesse an neuen Produkten und Dienstleistungen. Senioren sind darüber hinaus auf Grund ihres ausgeprägten Qualitätsbewusstseins und ihrer geringen Preissensibilität attraktive Kunden. Das sich daraus ableitende Potenzial kann erfolgreich umgesetzt werden, wenn die werbliche Ansprache sensibel und die Gestaltung der Produkte und Dienstleistungen auf die spezifischen Bedürfnissen der Senioren ausgerichtet ist. Im S. ist des weiteren der Tatsache Rechnung zu tragen, dass Senioren als besonders kritische Verbraucher eingestuft werden müssen.

Sensitivitätsanalyse, Verfahren zur Unsicherheitsberücksichtigung bei Entscheidungen, indem die Empfindlichkeit des Entscheidungskriteriums (z.B. Kapitalwert) ggü. der Variation einzelner Einflussgrößen (z.B. Preis, Absatzmengen) gemessen wird. Je nachdem, ob nur ein Parameter oder mehrere Parameter gleichzeitig variiert werden, sind die singuläre und die multiple S. zu unterscheiden. Variiert man alle Parameter mit dem gleichen Faktor, so wird die S. auch als parametrische Programmierung bezeichnet. Im Wesentlichen gibt es zwei Ausgestaltungsformen der S.: (1) Kritische-Werte-Rechnung: prüft, inwieweit der Wert einer oder mehrerer Einflussgrößen von seinem geschätzten Wertansatz abweichen darf, ohne dass das Entscheidungskriterium einen vorgegebenen Wert über- bzw. unterschreitet. Sollte letzteres der Fall sein, wird dadurch eine unzulässige Entscheidungsalternative indiziert. (2) Bandbreitenrechnung: ermittelt den Wert des Entscheidungskriteriums jeweils auf Basis der wahrscheinlichsten, günstigsten sowie ungünstigsten Datenkonstellation. Die Differenz der Zielfunktion für die beiden Extrempositionen gibt in etwa das Ausmaß der Unsicherheit an. Ist der Wert für die pessimistische (optimistische) Situation positiv (negativ), so kann die Entscheidungsalternative in jedem Fall als (un)vorteilhaft angesehen werden.

Sensorischer Speicher, → Drei-Speicher-Modell.

Sequenzielle Datei. In einer S.D. werden die einzelnen Datensätze fortlaufend und lückenlos abgespeichert. Ein Datensatz besteht aus den aneinandergefügten Datenfeldern, wie z.B. Vorname, Name, Straße, Hausnummer, PLZ, Ort. Die S.D. beinhaltet im Gegensatz zu einem relationalen Datenmodell keine normalisierten Daten. Dies bedeutet, dass mehrfach vorkommende Ausprägungen der Datenfelder redundant gespeichert werden und die Abbildung von Relationen innerhalb einer S.D. nicht möglich ist. Das Anfügen von neuen Datenfeldern führt auch immer zur Anpassung der entsprechenden Programme.

Sequenzielle Ereignismethode, Methode der → Dienstleistungsqualitätsmessung, die auf der Untersuchung bestimmter Sequenzen des Prozesses der → Leistungserstellung beruht. Im Gegensatz zur → Critical-Incident-Technik steht bei der S.E. nicht die einzelne Interaktion des Kunden mit dem Anbieter (z.B. Empfang an der Rezeption in einem Hotel), sondern eine vollständige Sequenz (z.B. der gesamte Hotelaufenthalt) im Zentrum des Messansatzes. Zur Analyse wird zunächst ein sog. „Blueprint“ (→ Critical-Incident-Technik) der Interaktion zwischen Dienstleistungsanbieter und Konsument angelegt, das in Form einer grafischen Darstellung den Kontaktverlauf zwischen

Anbieter und Nachfrager innerhalb einer bestimmten Leistungssequenz wiedergibt. Auf dieser Grundlage werden die Kunden in persönlichen Interviews zu den einzelnen Phasen des Leistungserlebnisses befragt. Mit Hilfe dieses „Nacherlebens" kann eine ausführliche Schilderung der sog. „Augenblicke der Wahrheit" (→ Moment of Truth) erreicht werden.

Service, → *Dienstleistung, Begriff der, Serviceleistung.* S. werden in der relevanten deutschsprachigen Literatur oft als Dienstleistungen (→ Dienstleistung, Begriff der) aufgefasst, die Sachgüterunternehmen, z.B. → Handelsbetriebe und Industriegüterunternehmen, ergänzend zu ihrem Angebot an Sachgütern offerieren (→ Dienstleistung, begleitende). → Dienstleistungsanbieter sollten sich darüber bewusst sein, dass Kunden mit dem Begriff S. oft verbinden, dass sie diese kostenlos erhalten. Vor diesem Hintergrund sollten sie verstärkt darüber nachdenken, statt des Begriffs S. den Terminus Dienstleistungen zu benutzen. In der angloamerikanischen Literatur ist S. mit dem deutschsprachigen Begriff der Dienstleistung identisch.

Servicebündelung, → Dienstleistungsbündelung.

Service Design, → Dienstleistungsdesign.

Service Encounter, *Augenblick der Wahrheit, Encounter Point, Moment of Truth;* bezeichnet die Interaktionen zwischen → Dienstleistungsanbieter und Kunde während der → Prozessphase. Beispielswiese interagieren Kunden eines Hotels mit Mitarbeitern der Rezeption, dem Gepäckträger, dem Zimmerservice und dem Bedienungspersonal beim Frühstück. Da diese Interaktionen aus Kundensicht für die Beurteilung des → Dienstleistungsanbieters von besonderer Rolle sind, werden diese Interaktionen als „Momente der Wahrheit" für → Dienstleistungsanbieter angesehen. Aufgrund der vielfältigen Interaktionen mit Kunden haben Dienstleistungsanbieter viele solcher Momente erfolgreich zu gestalten.

Service Factory, kennzeichnet → Dienstleistungsanbieter, die Dienstleistungen (→ Dienstleistung, Begriff der) erstellen (→ Dienstleistungserstellung), die durch eine geringe Intensität der → Integration des externen Faktors sowie durch eine geringe Individualität (→ Dienstleistung, individuelle) und durch einen geringen Einsatz an menschlicher Leistungsfähigkeiten (→ Dienstleistung, automatisierte) gekennzeichnet sind. Diese Dienstleistungen sind insofern nicht typisch, da sie die beiden → Dienstleistungsmerkmale → Integration des externen Faktors und Individualität nicht in hohem Ausmaße aufweisen. Hinsichtlich dieser beiden Aspekte sind diese Dienstleistungen Sachgütern ähnlich. Typische Beispiele für S.F. sind Fast-Food-Restaurants und Billig-Fluggesellschaften.

Service-Fee, → Agenturvergütung.

Servicegrad, Kennzahl für das Ausmaß der Erfüllung der Lieferservice-Anforderungen des Kunden. Der S. gibt das Ausmaß der Fähigkeit wieder, die Nachfrage nach einem Sachgut jederzeit sofort, also aus dem existierenden Lagerbestand, zu decken. Ein S. von 90 Prozent bedeutet, dass in zehn Prozent aller Fälle der existierende Lagerbestand nicht zur Deckung der Nachfrage ausreicht. Der S. ist vor allem für → Handelsbetriebe und Industriegüterunternehmen von Bedeutung.

Servicekultur, → *Dienstleistungskultur.*

Serviceleistung, → *Dienstleistung, Begriff der,* → *Service.*

Service Level Agreement (SLA), *innerbetriebliche Leistungsvereinbarung*; → Verträge zwischen einem Dienstleistungsanbieter und seinem Kunden. Ein SLA definiert Parameter einer vereinbarten Dienstleistung und deren Liefermechanismus sowie die Qualitätserwartung (→ Qualität, → Dienstleistungsqualität, → Kundenerwartungen). Sie legen gleichzeitig messbare Kriterien sowie den Feedbackprozess fest, um dadurch den Erfüllungsgrad der erwarteten Qualität nachzuweisen. Anforderungskriterien an SLA sind: (1) Die Faktoren der Vereinbarung (Agreements) müssen erfüllbar sein. (2) Der erwartete Leistungsgrad muss messbar sein. Wenn der Leistungsgrad nicht gemessen werden kann, wird die entsprechende Leistung nicht Bestandteil eines SLA sein. (3) Die Maßstäbe der zur Verfügung gestellten → Dienstleistungsqualität müssen für beide Seiten bedeutsam sein. (4) Die Faktoren, die

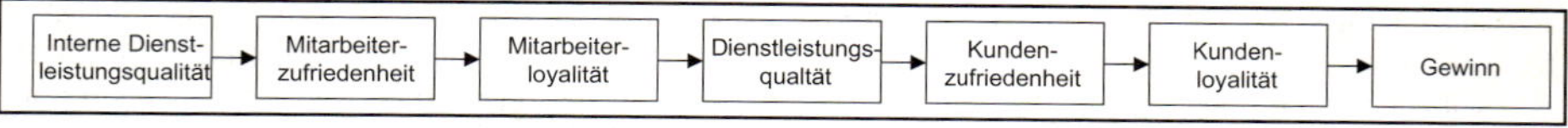

Service Profit Chain (in Anlehnung an Heskett et al. 1994)

eine Vereinbarung (Agreement) zwischen Dienstleistungsanbietern und Kunden beinhaltet, müssen kontrollierbar sein.

Service Light, *No-Frills-Prinzp*; bezeichnet die Konzentration von → Dienstleistungsanbietern auf → Kerndienstleistungen. Im Gegensatz zum Phänomen des → Service-Overkills verzichten hier → Dienstleistungsanbieter auf aus Sicht bestimmter Kundengruppen überflüssige Dienstleistungen (→ Dienstleistung, Begriff der). Diese → Dienstleistungsanbieter bieten ihren Kunden eine auf ihren Kern reduzierte, oft standardisierte Dienstleistung (→ Dienstleistung, standardisierte) zu einem günstigen Preis an. Beispielsweise verzichten die sog. No-Frills-Fluggesellschaften („Billig-Airlines") auf ein teures Reservierungssystem, Menüs oder Entertainmentmöglichkeiten. Die → Kerndienstleistung, die zu einem günstigen Preis offeriert wird, besteht bei diesen Fluggesellschaften in einem schnellen und pünktlichen Transport von A nach B.

Service Marketing, → Dienstleistungsmarketing.

Service Merchandiser, → *Rack Jobber.*

Serviceorientierung, → Dienstleistungsorientierung.

Service Overkill, beschreibt das unsystematische Anbieten von Dienstleistungen (→ Dienstleistung, Begriff der) durch → Dienstleistungsanbieter. Einige → Dienstleistungsanbieter haben ihre → Kerndienstleistungen (→ Dienstleister) bzw. ihre Sachgüter (Sachgüterunternehmen) durch zu viele Dienstleistungen ergänzt, die nicht auf die Bedürfnisse der Kunden abgestimmt sind. Entgegen der Hoffnung sich mit diesen Dienstleistungen von der Konkurrenz abzuheben und Kundenbedürfnisse besser zu befriedigen (→ Value-added Service), offerieren diese Unternehmen Dienstleistungen, die Kunden nicht wünschen. Dies hat zur Folge, dass den durch die Dienstleistungen erhöhten Kosten keine entsprechenden Umsätze durch die Bepreisung dieser Dienstleistungen bzw. durch das Setzen höherer Sachgüterpreise (→ Sekundärdienstleistung) oder durch das separate Bepreisen von Dienstleistungen (→ Primärdienstleistung) ggü. stehen. *Vgl. auch* → Service Light und → No-Frills-Prinzip.

Servicepolitik, → Dienstleistungspolitik, → Service.

Service Profit Chain, *Service-Profit-Kette*; eine von Heskett et al. (1994) entwickelte Kausalkette, die mitarbeiterbezogene und kundenbezogene Aspekte und den Gewinn von → Dienstleistern in Beziehung setzt. Die Abb. „Service Profit Chain" verdeutlicht diese Kausalkette. Zwischen allen Variablen wird ein positiver Zusammenhang unterstellt. Eine höhere interne → Dienstleistungsqualität führt zu einer höheren → Mitarbeiterzufriedenheit, die wiederum eine höhere Mitarbeiterloyalität (→ Mitarbeiterbindung) zur Folge hat. Diese führt zu einer höheren (externen) → Dienstleistungsqualität, die positiv auf die → Kundenzufriedenheit wirkt. Die → Kundenzufriedenheit beeinflusst wiederum positiv die → Kundenloyalität. Eine höhere → Kundenloyalität führt zu einem höheren Gewinn des → Dienstleisters. Umfassende empirische Untersuchungen zu dieser Kausalkette liegen in der relevanten Literatur nicht vor. Allerdings liegen zu einigen Teilbereichen der Kausalkette, wie z.B. zwischen → Mitarbeiterzufriedenheit, → Kundenzufriedenheit und unternehmensbezogenen Erfolgsauswirkungen einige Arbeiten vor (Homburg/Stock 2000).

Literatur: Heskett, J.L./Jones, T.O./ Loveman, G.W./Sasser, W.E./Schlesinger, L.A. (1994): Dienstleister müssen die ganze Service-Gewinn-Kette nutzen, in: Harvard Businessmanager, 16. Jg., Nr. 4, S. 50-61; Homburg, Ch./Stock, R. (2001): Der Zusammenhang zwischen Mitarbeiter- und Kundenzufriedenheit – eine dyadische Analyse, in: Zeitschrift für Betriebswirtschaft, 71. Jg., Nr. 7, S. 789-806; Kamakura, W.A./ Mittal, V./Rosa, F. de/Mazzon, J.A. (2002): Assessing the Service-Profit Chain, in: Marketing Science, 21. Jg., Nr. 3, S. 294-317.

Service-Profit-Kette, → *Service Profit Chain.*

Serviceprogramm, → Service, → Dienstleistungspolitik; kennzeichnet das → Produktprogramm von → Dienstleistern bzw. von → Sachgüterunternehmen (z.B. → Handelsbetriebe und Industriegüterunternehmen) hinsichtlich Dienstleistungen (→ Dienstleistung, Begriff der).

Service Provider, → Online-Dienst.

Servicequalität, → Dienstleistungsqualität.

Servicescape, ein von Bitner (1992) geprägter Begriff, der die Gestaltung der (physischen) Umgebung im Rahmen der → Dienstleistungserstellung beschreibt. Zur Gestaltung der Umgebung gehören u.a. Aktivitäten im Zusammenhang mit dem Ambiente (z.B. Temperatur), der räumlichen Gestaltung (z.B. Möblierung) und Zeichen/Symbole/Artefakte (z.B. Stil der Ausstattung). Bitner (1992) geht davon aus, dass die Gestaltung der Umgebung (S.) Einfluss auf das Verhalten von Kunden und Mitarbeitern hat. Aufgrund der Intangibilität von Dienstleistungen (→ Dienstleistungsmerkmal) können Kunden von der Gestaltung der Umgebung (S.) auf die → Dienstleistungsqualität schließen. Die sichtbare und wahrnehmbare Gestaltung der Umgebung (S.) dient in diesem Fall als Indikator bzw. Anhaltspunkt der Qualität der nicht sichtbaren Dienstleistung.

Literatur: Bitner, M.J. (1992): Servicescapes: The Impact of Physical Surroundings on Customers and Employees, in: Journal of Marketing, 56. Jg., Nr. 2, S. 57-71.

Servicestandard, beschreibt das von → Dienstleistungsanbietern erreichte Ausmaß an → Dienstleistungsqualität. → Dienstleistungsanbieter, die permanent eine hohe (niedrige) Dienstleistungsqualität erreichen, verfügen über einen hohen (niedrigen) S. Beispielsweise legen einige → Dienstleistungsanbieter qualitätsbezogene Kennzahlen für die drei Qualitätsdimensionen → Potenzialqualität, → Prozessqualität und → Ergebnisqualität fest. Für die → Potenzialqualität könnte eine solche Kennzahl „Anzahl der dienstleistungsbereiten Stunden pro Tag“, für die → Prozessqualität „Dauer des Dienstleistungserstellungsprozesses“ (z.B. Zeit für die Bearbeitung eines Kreditantrags) und für die → Ergebnisqualität „Anzahl fehlerhaft erbrachter Dienstleistungen/Anzahl insgesamt erbrachter Dienstleistungen“ lauten.

Servicestrategien, internationale, Bündelung verschiedener produktbegleitender Dienstleistungen, die neben der Hauptleistung in einzelnen Ländern angeboten werden. Serviceleistungen vor und nach dem Kauf können das Angebot eines Unternehmens wesentlich von seinen Konkurrenten abheben und einen Faktor für einen erfolgreichen Geschäftsabschluss darstellen. Serviceleistungen sind i.Allg. sehr gut geeignet, das akquisitorische Potenzial eines Unternehmens zu vergrößern. Insbesondere bei technischen Gütern kann Service ein entscheidendes Kaufkriterium sein. Typische Serviceleistungen sind eine detaillierte Angebotserstellung, Demonstrationen, Montage, Schulung, Reparaturdienst und Ersatzteilservice. Serviceleistungen sind in vielen Branchen insofern von Bedeutung, als sich die Angebote der verschiedenen Hersteller im Produktkern kaum unterscheiden, so dass Kundenpräferenzen vielfach nur durch das Anbieten von Zusatzleistungen erzeugt werden können. Kundenzufriedenheit und Wiederholungskäufe sind daher häufig von der Qualität der angebotenen Zusatzleistung abhängig.

Servicewüste, Begriff der Umgangssprache, der u.a. eine geringe Anzahl und vor allem eine geringe Qualität (→ Dienstleistungsqualität) angebotener Dienstleistungen (→ Dienstleistung, Begriff der) in einer Region bzw. in einem Land beschreibt. Bisweilen wird die BRD als S. bezeichnet und oft wird im Vergleich dazu die USA als besonders vorbildlich herausgestellt. Dem steht entgegen, dass viele deutsche → Dienstleistungsanbieter enorme Anstrengungen unternommen haben, die Qualität ihrer Dienstleistungen zu verbessern. Aufgrund des existierenden Ausbildungssystems in der BRD verfügen deutsche → Dienstleistungsanbieter über i.d.R. sehr qualifiziertes Personal. Darüber hinaus haben viele deutsche → Dienstleistungsanbieter ihre Mitarbeiter für die wichtigen „weichen“ Aspekte während der → Prozessphase der → Dienstleistungserstellung (z.B. Freundlichkeit) entsprechend ausgebildet. Wenn vielleicht in der Vergangenheit die BRD als S. bezeichnet werden

Annehmlichkeit des tangiblen Umfeldes („tangibles")

1. Zu hervorragenden Service-Providern gehört eine moderne technische Ausstattung.
2. Die Einrichtung eines Service-Providers sollte angenehm ins Auge fallen.
3. Die Mitarbeiter eines Service-Providers sollten ansprechend gekleidet sein.
4. Hervorragende Service-Provider sollten ihre Broschüren und Mitteilungen für die Kunden ansprechend gestalten.

Zuverlässigkeit („reliability")

5. Wenn hervorragende Service-Provider die Einhaltung eines Termins versprechen, wird der Termin auch eingehalten.
6. Bei hervorragenden Service-Providern sollte das Interesse erkennbar sein, ein Problem zu lösen.
7. Hervorragende Service-Provider sollten den Service gleich beim ersten Mal richtig ausführen.
8. Hervorragende Service-Provider sollten Ihre Dienste zum versprochenen Zeitpunkt ausführen.
9. Hervorragende Service-Provider sollten fehlerfreie Belege für die Kunden besitzen.

Reagibilität („responsiveness")

10. Mitarbeiter hervorragender Service-Provider können über den Zeitpunkt einer Leistungsausführung Auskunft geben.
11. Mitarbeiter eines hervorragenden Service-Providers werden Kunden prompt bedienen.
12. Hervorragende Service-Provider sollten stets bereit sein, den Kunden zu helfen.
13. Bei hervorragenden Service-Providern sind die Mitarbeiter nie zu beschäftigt, um auf Kundenanliegen einzugehen.

Leistungskompetenz („assurance")

14. Bei hervorragenden Service-Providern weckt das Verhalten der Mitarbeiter Vertrauen bei den Kunden.
15. Bei Transaktionen mit hervorragenden Service-Providern fühlt man sich sicher.
16. Mitarbeiter eines hervorragenden Service-Providers sind stets gleichbleibend höflich zu den Kunden.
17. Mitarbeiter hervorragender Service-Provider verfügen über das Fachwissen zur Beantwortung der Kundenfragen.

Einfühlungsvermögen („empathy")

18. Hervorragende Service-Provider widmen jedem ihrer Kunden individuell ihre Aufmerksamkeit.
19. Hervorragende Service-Provider bieten ihre Dienste zu Zeiten an, die allen Kunden gerecht werden.
20. Hervorragende Service-Provider haben Mitarbeiter, die sich den Kunden persönlich widmen.
21. Hervorragenden Service-Providern liegen die Interessen der Kunden am Herzen.
22. Die Mitarbeiter hervorragender Service-Provider verstehen die spezifischen Servicebedürfnisse ihrer Kunden.

SERVQUAL-Fragebogen
(Quelle: Parasuraman/Zeithaml/Berry 1992, S. 202ff.)

konnte, trifft dies i.d.R. nicht für die Gegenwart zu.

SERVQUAL-Ansatz, (SERV = Service, QUAL = Quality); multiattributives Verfahren zur → Dienstleistungsqualitätsmessung. Der S.-A. wurde von Parasuraman/ Zeithaml/Berry auf Basis des fünften GAPs im Rahmen des → GAP-Modells entwickelt. Der Ansatz misst → Dienstleistungsqualität anhand von fünf Dimensionen, die für die Erreichung von Dienstleistungsqualität eine besonders hohe Bedeutung haben: (1) Annehmlichkeit des tangiblen Umfeldes (Tangibles), (2) Zuverlässigkeit (Reliability), (3) Reagibilität (Responsiveness), (4) Leistungskompetenz (Assurance), (5) Einfühlungsvermögen (Empathy). Diese fünf Dimensionen können in 22 Items aufgeteilt werden (vgl. die Abb. „SERVQUAL-Fragebogen"). Bei der Befragung wird eine Doppelskala verwendet, die zum einen in Form der → Kundenerwartungen idealtypische Zustände (Soll-Profil) sowie zum anderen in Form der Leistungswahrnehmung die tatsächlichen Zustände (Ist-Profil) erfasst. Beiden Skalen liegt eine siebenstufige Unterteilung zugrunde, die Aussagen von „lehne ich entschieden ab" (1) bis „stimme ich völlig zu" (7) zulässt. Aus der Differenz zwischen Soll- und Ist-Zustand eines Items resultiert ein Einzelwert zwischen -6 und +6, wobei die wahrgenommene Dienstleistungsqualität bzgl. eines bestimmten Kriteriums mit der Größe des Wertes steigt. Die Mitte dieses Kontinuums trennt schließlich gute und schlechte Dienstleistungsqualität. Trotz der empirischen Fundierung des S. und seiner grundsätzlichen Eignung zur Messung der Dienstleistungsqualität wird dieser Messansatz nicht unkritisch, insbesondere hinsichtlich der → Validität der Qualitätsmessung, gesehen. So stellt die verwendete Doppelskala hohe Ansprüche an die Urteilsfähigkeit der Kunden. Auch das Problem der Anspruchsinflation, bei dem die Kunden im Soll-Bereich tendenziell höhere Werte angegeben, als tatsächlich erwartet werden, konnte beobachtet werden. Ein wesentlicher Kritikpunkt betrifft auch die Differenzbildung des Modells, die zu Fehlinterpretationen führen kann.

Servuction-Modell, ein von Langeard (1981) entwickeltes Modell, das sich insbesondere mit der → Dienstleistungserstellung auseinander setzt. Im Rahmen des S.M. wird der Prozess der → Dienstleistungserstellung systematisiert und Formen und Gründe der Beteiligung der Kunden an der → Dienstleistungserstellung (→ Co-Producer, → Prosumer) dargestellt. Der Begriff Servuction setzt sich aus den entsprechenden Bestandteilen der beiden Wörter Service und Production zusammen. *Vgl. auch* → Blueprinting und → Line of Visibility.

Literatur: Langeard, E. (1981): Grundfragen des Dienstleistungsmarketing, in: Marketing – Zeitschrift für Forschung und Praxis, 3. Jg., Nr. 4, S. 233-240.

Share of Advertising, (SoA) ist der prozentuale Anteil eines Unternehmens oder einer Marke an den gesamten Werbeausgaben des relevanten Wettbewerbsumfeldes/Branche. Beispiel: Ein Autobauer gibt im Jahr 100 Mio. EUR für Werbung aus, während die gesamten Werbeinvestitionen der Automobilbauer im gleichen Zeitraum bei 800 Mio. EUR liegen. Der SoA liegt somit bei 100 Mio. EUR/800 Mio. EUR x 100 [%] =12,5%.

Share of Customer, → Kundendurchdringung.

Share of Wallet, (SoW) ist der prozentuale Anteil, den ein Unternehmen oder eine Marke an den gesamten Ausgaben eines Konsumenten oder einer Konsumentengruppe innerhalb des relevanten Wettbewerbsumfeldes innehat. Beispiel: Wenn ein Konsument im Monat 50 EUR für Süßwaren ausgibt, davon 10 EUR für Süßwaren der Marke X, so beträgt deren SoW 10 EUR/50 EUR x 100 [%] =20%.

Shareholder Value, Wert, den ein Unternehmen für die Aktienhalter (Shareholder) hat. Die Grundidee des S.V. besteht darin, als Maßstab für den Erfolg eines Unternehmens den wirtschaftlichen Wert heranzuziehen, den es für die Eigentümer hat. Dabei handelt es sich nicht um den aus der Börsenbewertung ergebenden Börsenkurswert, sondern um einen auf Basis einer analytischen Unternehmensbewertung ermittelten Wert. Grundlage dieser Bewertung sind die prognostizierten zukünftigen Überschüsse (i.d.R. → Cash-Flows), die durch das Unternehmen erwirtschaftet werden. Die Ermittlung des Unternehmenswertes erfolgt daraufhin durch → Diskontierung der prognostizierten Periodenüberschüsse der kommenden Jahre sowie des Restwertes am Ende des Planungshorizonts. Wird ein S.V.-Ansatz im Unternehmen verfolgt, bedeutet dies für die Unternehmensführung, Entscheidungen stets so zu treffen, dass sie zu einer möglichst großen Erhöhung des Unternehmenswertes beitragen. Wichtigste Maßnahme zur Werterhaltung bzw. Wertsteigerung stellt dabei die laufende Überprüfung der Unternehmensstrategie dar. Demzufolge ist regelmäßig zu überprüfen, wie sich die eingeschlagene Strategie auf den S.V. auswirkt und welche anderen Strategien angesichts veränderter Unternehmens- und Umweltbedingungen zu einem höheren S.V. führen könnten.

Shepard-Diagramm, ist eine grafische Darstellung (Scatterplot) im Rahmen der

→ Multidimensionalen Skalierung (die MDS gehört zu den multivariaten Analyseverfahren) Im S. werden die bei der MDS bestimmten Distanzen und Unähnlichkeiten gegeneinander abgetragen. Hieraus lassen sich Rückschlüsse auf die Güte der Ausgangskonfiguration der MDS ziehen. Sollte der Graph im S. nicht monoton sein, so ist eventuell eine genauere Anordnung von Unähnlichkeiten und Distanzen in der Ausgangskonfiguration notwendig.

Shop in the Shop, Abteilungen im → Kaufhaus und → Warenhaus, die durch eine besondere Abgrenzung im Laden, ihre räumliche Gestaltung und ein branchenspezifisches Warenangebot, das mit dem einer → Boutique vergleichbar ist, den Konsumenten ein Kauferlebnis ermöglichen. Dazu zählt u.U. auch, dass Verkaufsflächen an externe Dienstleister (z.B. Reisebüros), Hersteller (z.B. Markenshops) oder Händler vermietet werden, die damit eine Regalplatzsicherung beabsichtigen.

Shopping Center, → *Einkaufszentrum;* Agglomeration unterschiedlicher Einzelhandelsunternehmen. Der Verbraucher soll möglichst bequem und in kürzester Zeit aus einer Vielzahl unterschiedlicher Warenangebote des periodischen und aperiodischen Bedarfs auswählen können. Gleichzeitig bieten S.C. oftmals ein umfassendes Dienstleistungsangebot, z.B. unterschiedliche Restaurants, Friseure usw. S. C. befinden sich i.d.R. auf der grünen Wiese, außerhalb der Zentren der Innenstädte und sind geplant. Teilweise sind sie auch in Zentrumslage gewachsen. S.C. verfügen häufig über eine eigene Corporate Identity.

Shopping Good, Gut, das im Vergleich zu → Convenience Goods relativ selten erworben wird. Es wird ein mittlerer Budgetanteil beansprucht. Bei der Auswahl von Shopping Goods ist eine aktive Informationssuche des Konsumenten notwendig, da ihm zu Beginn des Kaufentscheidungsprozesses nur sehr unvollkommene Informationen bzgl. des Gutes zur Verfügung stehen. Preis- und Qualitätsvergleiche seitens der Nachfrager sind also die Regel. Als Beispiele für Shopping Goods können Möbel, Automobile und größere Haushaltswaren genannt werden. Eine Zuordnung bleibt jedoch stets subjektiv. Bei diesen Gütern ist i.d.R. eine ausgeprägte Informationssuche anzutreffen.

SIC Standard Industrial Classification System, amerikanische Nomenklatur zur Klassifizierung des wirtschaftlichen Systems der USA. Dabei wird jedem wirtschaftlichen Teilbereich eine Nummer zugeordnet. Die Nomenklatur ist streng hierarchisch aufgebaut. Das SIC System wird häufig für die Auswahl bei wissenschaftlichen Untersuchungen verwendet.

Side Grading, umfasst alle Maßnahmen zur Änderung des Leistungsprogramms unter Beibehaltung des Leistungsniveaus. Diese Maßnahmen sollen zu einer besseren Anpassung des Leistungsprogramms an Zielgruppen und Lebensstile ohne Veränderung des Bruttoertrags und Kostenniveaus beitragen (z.B. Substitution von Sortimentsteilen in Modehäusern: Hosen mit Knopfleiste statt Hosen mit Reißverschluss). Im Gegensatz zum → Trading-up und → Trading-down werden in diesem Falle keine leistungs- und kostenbeeinflussenden Maßnahmen, wie z.B. Senkung oder Erhöhung des Qualitäts- und Preisniveaus, vorgenommen.

Sieben-S-Modell, Modell zur Erklärung der Unternehmenskultur. Es basiert auf der Annahme, dass die zielorientierte Kombination von beeinflussbaren (Struktur, Strategie, Systeme) und weniger beeinflussbaren Führungselementen (Fähigkeiten, Personal, Stile, übergeordnete Ziele) unternehmerische Spitzenleistungen hervorbringt.

Signaling, → Theorien des Marketing.

Signifikanz, die S. einer Aussage, bezeichnet die risikobehaftete Richtigkeit einer Aussage. Eine Aussage, als Gegenhypothese formuliert, ist signifikant richtig, wenn die entsprechende → Nullhypothese mit einem entsprechenden → Signifikanzniveau verworfen werden kann (→ Signifikanztest).

Signifikanzniveau, → Signifikanztest.

Signifikanztest, Testform, bei der das Risiko eine Aussage (→ Nullhypothese), die richtig ist, abzulehnen, beschränkt ist (Signifikanzniveau). Das rechnerische Vorgehen bei einem S. lässt sich in fünf Schritte untergliedern. Als erstes werden die → Nullhypothese und ihre Gegenhypothese (Alternativhypothese) formuliert. Dann muss das Signifikanzniveau festgelegt werden. Aus den Angaben der Stichprobe berechnet man den empirischen Wert der Prüfgröße des S. Der kritische Wert der Prüfgröße kann der Verteilung der Prüfgröße entnommen werden. Schließlich müssen die beiden Werte noch verglichen werden. Ist der kritische Wert größer als der empirische Wert, wird die → Nullhypothese beibehalten, im umgekehrten Fall wird sie verworfen und die Alternativhypothese wird angenommen.

Silent Shopper, Testkäufer im Rahmen des → Mystery Shopping, einer Methode zur → Dienstleistungsqualitätsmessung.

Simulationsverfahren, mathematische Modelle, mit denen die Realität abgebildet wird. S. können als heuristische Verfahren und damit als systemische Suchverfahren aufgefasst werden. Zur Durchführung von Simulationsmodellen wird ein Modell formuliert, das die Realität möglichst gut abbildet. Im Anschluss wird die Reaktion des Modells auf die Variation einzelner Parameter/Daten untersucht. S. finden insbesondere dann Anwendung, wenn komplexe Fragestellungen bearbeitet werden sollen, die durch analytische Modelle nicht repräsentiert werden können. Simulationsmodelle sind das quantitative Pendant zur → Szenarioanalyse.

Simultaneous Engineering, ganzheitlicher Ansatz, mittels dessen sich neue Produkte im Vergleich zum Wettbewerb früher und i.d.R. auch kostengünstiger auf den Markt bringen lassen. Hierzu werden gleichzeitig die am Entwicklungsprozess beteiligten innerbetrieblichen Funktionsbereiche (F&E, Konstruktion, Fertigung, Montage, Vertrieb, Marketing usw.) sowie ferner die für die spätere Produktion und Distribution zuständigen externen Zulieferer in interdisziplinären Teams in die Produktentwicklung eingebunden und die Entwicklungsaufgaben parallelisiert. Angesichts immer kürzer werdender Produktlebenszyklen und äußerst aufwendiger und komplexer F&E-Prozesse wird die Produktentwicklungszeit zunehmend zu einem strategischen Erfolgsfaktor für Unternehmen.

Single-Linkage-Verfahren, hierarchisches agglomeratives Verfahren zur Clusterbildung bei der → Cluster-Analyse, wobei von der feinsten Partition iterativ bis hin zur gröbsten Partition geschlossen wird. Beim S. wird die Distanz eines Elements zum → Cluster, durch das dem Element am weitesten liegende Element des Clusters bestimmt. Das Element, das die geringste Distanz zum Cluster aufweist, wird dem Cluster zugeschlagen.

Single Source Panel, werden bei der Panelforschung, die mittels kontinuierlicher Informationsgewinnung, über den Absatz von Produkten beim Endverbraucher Daten zur Analyse erheben will, eingesetzt. Mit Hilfe des S.S.P. werden verschiedenartige Daten aus nur einer Quelle generiert. So wird die Aussagekraft der Analysen im Gegensatz zu aggregierten oder fusionierten Daten bzw. Panels (Panel-System-Forschung) detaillierter und personenbezogener, da bei der gleichen Befragungsgruppe zusätzliche Daten erhoben werden können. Meistens dient als Grundlage das → Haushaltspanel. Dabei werden zusätzliche Informationen wie demographische, psychographische Daten, Handels- oder Mediadaten erfasst. Auch können darüber hinaus Fragen z.B. über Einstellung zu einer Partei oder der Umwelt mit in das Panel aufgenommen werden. Die Kritik der Überfrachtung der Teilnehmer bei solchen Forschungen tritt durch die elektronischen Möglichkeiten in den Hintergrund.

Single Source Research, wird im Rahmen der → Werbeerfolgskontrolle eingesetzt, um die Wirkungen der → Werbung auf ökonomische Größen wie Umsatz oder Absatz zu bestimmen. Die dazu erforderlichen Daten werden über Haushaltspanels ermittelt. In der Praxis werden verschiedene Single-Source-Systeme eingesetzt. Das SCANTRACK-System der A.C. Nielsen erfasst die Haushaltsdaten durch Scanner. Jeder am Panel beteiligte Haushalt verfügt über einen Scanner und scannt alle von ihm gekauften → Produkte. Darüber hinaus sind die Haushalte auch an ein Fernsehmessgerät angeschlossen, so dass festgestellt werden kann, welche Werbung gesehen wird. Einmal wöchentlich werden die Daten zu Nielsen übertragen. Deren Auswertung ermöglicht Rückschlüsse über die Wirkung der Werbung (→ Werbewirkung). Eine mögliche Anwendung bietet der von dem amerikanischen Forscher John Philip Jones verwendete Ansatz. Er nutzte SCANTRACK-Daten, um die kurzzeitigen Wirkungen der Werbung auf den Absatz zu bestimmen. Er untersuchte 142 Marken aus zwölf Produktkategorien. Die von Jones entwickelte Messgröße STAS (Short-Term-Advertising-Strength) basiert auf dem Vergleich eines Basis-STAS (dem Anteil einer → Marke am Warenkorb eines Haushaltes, ohne dass der Haushalt einer Werbung für diese Marke ausgesetzt wurde) und dem Stimulierten-STAS (dem Anteil einer Marke am Warenkorb eines Haushalts, wobei der Haushalt der Werbung für diese Marke ausgesetzt war). Gibt es eine positive Abweichung zwischen dem Stimulierten-STAS und dem Basis-STAS, so hat die Werbung eine positive kurzzeitige Wirkung auf den Absatz. Die Ergebnisse von Jones zeigten, dass in 70% der → Werbekampagnen der Absatz der beworbenen Marke sofort angestiegen ist. Die Werbung erzielte bei 46% der beworbenen Marken eine Langzeitwirkung bezogen auf den Absatz.

Single Sourcing, → Beschaffungsstrategie, bei der freiwillig auf einen einzigen Zulieferanten Rückgriff genommen wird. Damit installiert die beschaffende Organisation im Grunde mit Absicht ein bilaterales Monopol. Dies geschieht letztlich deshalb, um → Transaktionskosten zu reduzieren. Im Vordergrund dieser durch langfristige Rahmenverträge gekennzeichneten Austauschbeziehung steht das Ziel, die gesamten → Beschaffungskosten zu senken sowie eine hohe Qualität der Inputfaktoren durch den aktiven Aufbau eines leistungsstarken Lieferanten zu erzielen. S.S. bietet zudem die Möglichkeit, Güter mit hoher Spezifität und Komplexität (Module/Systeme) im Rahmen von Forschungs- und Entwicklungskooperationen gemeinsam mit dem Lieferanten zu entwickeln und dadurch sowohl Kostenreduzierungen als auch Differenzierungsvorteile zu erzielen. Allerdings gehen damit zugleich eine Erhöhung des Investitions- und Beschäftigungsrisiko auf Seiten des Zulieferanten sowie eine Verminderung der Liefersicherheit für den Abnehmer einher.

Sinus-Milieu-Konzept, → Lebensstil.

Site Promotion, Maßnahmen zur Bekanntmachung eines Internet-Auftritts. Hierzu gehören sowohl Offline-Maßnahmen der klassischen Kommunikation als auch Online-Maßnahmen wie → Online-Banners, → Affiliate-Programme, Online-Sponsoring, Eintragung in → Navigationshilfen u.a.

Sittenwidrige Werbegestaltung, → Werberecht.

Situationstheorie, → Situativer Ansatz, → Theorien des Marketing.

Situativer Ansatz, *Kontingenzansatz,* eine der → Theorien des Marketing. Der S.A. stammt ursprünglich aus der Organisations- und Führungsforschung und weist Bezüge zur → Systemtheorie auf. Ausgangspunkt des S.A. ist eine gewisse Kritik am Allgemeingültigkeitspostulat von Theorien bzw. am deduktiven Prinzip des Aufstellens von Theorien und Ableitens von Implikationen aus diesen Theorien. Statt dessen wird der Induktion eine besondere Bedeutung für den Erkenntnisprozess zugesprochen. Eine situative Analyse eines Marketingproblems beginnt mit der Bestimmung und Systematisierung der jeweils wesentlichen, situativen Einflussfaktoren. Dabei wird zwischen internen und externen Komponenten einer Situation unterschieden. Interne Einflussfaktoren stehen oder standen ausschließlich unter dem Einfluss des Unternehmens. Hier sind gegenwartsbezogene Faktoren (z.B. Fertigungstechnologie) und vergangenheitsbezogene Faktoren (z.B. Alter der Organisation) zu unterscheiden. Externe Einflussfaktoren lassen sich wiederum in Bedingungen genereller Art (z.B. Werte einer Gesellschaft) und Umweltbedingungen spezifischer Art (z.B. Kunden) unterteilen. Vor dem Hintergrund dieser Systematisierung werden Problemklassen gebildet bzw. Situationstypologien vorgenommen. Ziel dieser Vorgehensweise ist die musterhafte Erkennung spezifischer Situationen, für die, im Sinne von Wenn-Dann-Aussagen, Handlungsanweisungen abgeleitet werden.

Skala, mit Hilfe von S. werden Merkmalsausprägungen in numerischen Größen ausgedrückt. Dies dient in erster Linie dazu, qualitative Merkmale vergleichbar zu machen. Nach der Anzahl der bestimmbaren Relationen lassen sich die verschiedenen Arten (→ Skalenniveau) von S. einteilen.

Skaleneffekte, → Economies of Scale.

Skalenniveau, das S. gibt an, welche mathematischen Transformationen mit den Messwerten zulässig sind und durchgeführt werden können. Allgemein werden nichtmetrische und metrische S. unterschieden. Dabei besitzen metrische Skalen ein höheres Niveau als nichtmetrische Skalen, und alle Relationen, die für ein niedrigeres S. gelten, gelten auch für höhere S. Zu den nichtmetrischen S. gehört das Nominalniveau und das Ordinalniveau. Mit Hilfe des Nominalniveaus lässt sich dabei ausschließlich klären, ob zwei Werte gleich sind oder nicht (z.B. ein Ereignis tritt ein oder nicht). Das Ordinalniveau bietet die Möglichkeit, die Messwerte in eine Rangreihenfolge zu bringen, wobei jedoch keine Aussage über die Abstände zwischen den einzelnen Rängen gemacht werden kann (z.B. 1. Platz, 2. Platz usw.). Metrische S. sind das Intervallniveau und das Verhältnisniveau. Dabei gilt für beide Niveaus, dass eine Rangordnung gebildet werden kann, bei der auch die Abstände zwischen den einzelnen Werten berechnet werden können. Beim Verhältnisniveau wird zusätzlich noch ein Nullpunkt festgelegt, wodurch auch Verhältnisse zwischen Messwerten bestimmt werden können.

Skalierung, → Skalenniveau.

Skimming Pricing, im Gegensatz zum → Penetration Pricing werden bei der Einführung innovativer Produkte hohe Preise (oberhalb des kurzfristig optimalen Preises) gefordert (→ Preisstrategie). Diese Hochpreisstrategie beruht auf Erkenntnissen der → Diffusionsforschung. Sog. Innovatoren haben hohe Präferenzen für neue Technologien (z.B. Digitalkamera) und dementsprechend eine hohe → Preisbereitschaft. Wenn die Innovatoren die Produkte zu den hohen Preisen gekauft haben, werden die Preise schrittweise gesenkt, um auch Kunden mit niedrigeren Preisbereitschaften zum Kauf zu veranlassen. Vorteile dieser Strategie sind die schnellere Amortisation der Produktentwicklungskosten aufgrund hoher Deckungsbeiträge und ein geringeres Kapitalrisiko durch den langsameren Aufbau der Produktionskapazitäten. Nachteilig ist die Anlockung von Anbietern durch die relativ hohen Wachstums- und Gewinnchancen.

Skonto, Preisnachlass für Barzahlung bzw. die Nicht-Inanspruchnahme eines Zahlungszieles. Der S. wird i.Allg. als Prozentsatz per Rechnungsabzug verrechnet. Der S. ist ein Bestandteil der Zahlungsbedingungen, z.B. 10 Tage 2% und 30 Tage netto. Innerhalb des Zahlungszieles von 30 Tagen ist der Rechnungsbetrag fällig. Wird innerhalb von 10 Tagen bezahlt, darf ein Abzug in Höhe von 2% des Rechnungsbetrages vorgenommen werden. Bezahlt der Kunde innerhalb der Skontofrist von 10 Tagen, gibt er dem Lieferanten sozusagen einen kurzfristigen Kredit über 20 Tage. Dies entspricht einer Effektivverzinsung von 36,73%. Der S. stellt somit aus Sicht des Lieferanten eine der teuersten Kreditformen (Effektivverzinsung) dar, der gleichzeitig den Kunden einen Anreiz zur sofortigen Bezahlung bietet und den Barpreis als besonders günstig erscheinen lässt. Für den Kunden lohnt i.d.R. die Aufnahme eines kurzfristigen Kredits, um den Skontoabzug in Anspruch zu nehmen.

SKU (Stock-keeping Unit), Wareneinheit, die mit einer spezifischen, individuellen Identifikationsbezeichnung gekennzeichnet ist. So werden beispielsweise aus inventurtechnischen Gründen verschiedene Verpackungsgrößen des gleichen Produktes als unterschiedliche SKU katalogisiert. In einer engen Begriffsauslegung bezeichnet SKU die jeweils kleinste Einheit (→ Sorte) einer zu inventarisierenden Ware.

SLA, Abk. für → Service Level Agreement.

Sleeper-Effekt, beruht darauf, dass die Inhalte der → Werbebotschaft länger in Erinnerung bleiben als die Botschaftsquelle. Das bedeutet für die → Werbung, dass kommunizierte Informationen möglicherweise dem falschen Absender (z.B. Konkurrenzunternehmen) zugeordnet werden. *Vgl. auch* → Werbewirkung.

Slice-of-Life-Geschichten, → Story-Spots. *Vgl. auch* → Gestaltung.

Slogan, kurz und knapp formulierte → Werbebotschaft.

Smart Buyer, → Preismodelle, verhaltensorientierte, → hybrider Verbraucher.

SMS, (*Short Message Service*). Mit diesem Service lassen sich kurze Textnachrichten von bis zu 160 Zeichen über Mobiltelefone verwenden. Der Service besteht seit 1992. SMS lassen sich auch über das → Internet verschicken und werden für Werbe- und Promotionszwecke sowie für mobile Informationsservices genutzt. Dabei werden Nachrichten wie etwa Börsenkurse und Sportmeldungen, aber auch Botschaften werblichen Inhalts verbreitet.

Snob-Effekt, der Snob will sich von der Masse unterscheiden und „anders" sein. Er präferiert hochwertige und teure Güter und Dienstleistungen. Gleichzeitig schränkt er seine Nachfrage nach einer Absatzleistung ein, wenn die allgemeine Nachfrage danach steigt. Dies ist bei einer Preissenkung erwartungsgemäß der Fall. Die Nachfragesteigerung bei einer Preissenkung wird also durch den S.-E. gemildert. Anders als beim → Veblen-Effekt ist der Snob aufgrund seines Strebens nach Exklusivität immer in der Minderheit und kann die allgemeine Nachfragesteigerung bei einer Preissenkung durch seinen individuellen Nachfragerückgang nicht überkompensieren. Die Begründung der nachfragebezogenen Preisreaktion unterscheidet sich auch vom → Giffen-Effekt.

Social Marketing, *Sozio-Marketing*. I. Begriff: Das Konzept des Social Marketing (SM) ist vor dem Hintergrund der Diskussion um die Ausweitung des klassischen, allein auf die kommerzielle Vermarktung von Konsumgütern ausgerichteten Marketingansatzes, zu sehen („Broadening" und „Deepening" des Marketing). Obwohl mit dem S.M.-Konzept bis heute noch recht unterschiedliche Vorstellungen verbunden werden, scheint sich als gemeinsamer Nenner verschiedenster Begriffsvarianten eine umfassende, problemorientierte Sichtweise immer mehr durchzusetzen: S.M. wird hierbei zunächst allgemein als Marketing für aktuelle soziale Ziele gekennzeichnet. „Aktuelle soziale Ziele" beziehen sich jeweils auf gesellschaftliche Tatbestände, die als veränderungsbedürftig angesehen werden und in die Arena gesellschaftlicher Diskussion treten sollen oder bereits getreten sind (z.B. Umweltverschmutzung, Situation der Behinderten). Damit weist das S.M. inhaltliche Schnittstellen zu den Problemfeld des → Gesellschaftsorientierten Marketing sowie des → Marketing für öffentliche Betriebe auf.

II. Aufgabenbereiche eines S.M.: (1) Problemorientierte Perspektive: Als Ausgangspunkt zur Strukturierung der heterogenen Problemfelder des S.M. bietet es sich zunächst an, zwei grundlegende Ziel- bzw. Problembereiche und damit Grundvarianten des S.M. zu unterscheiden: Zum Ersten sind dies Probleme, die im (sozialen) Verhalten der Gesellschaftsmitglieder begründet liegen, wie Rassismus, Drogenkonsum, Verkehrsunfälle usw. Sie sind Gegenstand eines verhaltensorientierten S.M.. Zum Zweiten befasst sich das S.M. mit Problemen in Gestalt einer Unterversorgung von Gesellschaftsmitgliedern mit Gütern (z.B. Mangel an Hilfsgütern für Kranke, Behinderte, Obdachlose usw.). Sie führen zur Variante des versorgungsorientierten S.M.. Die beiden genannten Grundvarianten des S.M. dürfen selbstverständlich nicht isoliert gesehen werden. Im Zusammenhang mit der Handhabung komplexer gesellschaftlicher Probleme, wie z.B. der Verwirklichung verschiedener Ziele im Bereich des Umweltschutzes, kommt es vielmehr darauf an, Elemente eines versorgungs- und verhaltensorientierten S.M. systematisch miteinander zu kombinieren. Um hier beispielsweise. eine Veränderung problematischer Verhaltensweisen bei den Konsumenten zu bewirken, bedarf es in Verbindung mit allgemeinen Informations- und Aufklärungskampagnen u.a. eines überzeugenden Angebots umweltfreundlicher Produkte und Dienstleistungen, die ein ökologiegerechtes Verhalten entweder überhaupt erst ermöglichen oder besonders attraktiv erscheinen lassen. Bei einer angestrebten Veränderung ökologisch bedenklicher Verhaltensweisen im Unternehmenssektor bilden etwa Beratungsdienstleistungen und nicht zuletzt die Schaffung geeigneter rechtlicher Rahmenbedingungen, die insbesondere ökologiebewussten Unternehmen einen nicht durch Wettbewerbsnachteile erkauften umweltgerechten Verhaltenskurs ermöglichen, wichtige Elemente eines ökologiebezogenen S.M.. (2) Institutionelle Perspektive: Die vorgenommene Kennzeichnung des S.M.-Konzepts als problemorientierter Ansatz trägt dem Umstand Rechnung, dass es zunächst bestimmte aktuelle soziale Probleme bzw. Ziele sind, die die Frage nach einem S.M.-Konzept aufwerfen. Indessen kann die konkrete Umsetzung eines S.M. nicht unabhängig von den jeweiligen institutionellen Trägern (öffentliche vs. private, kommerzielle vs. nicht-kommerzielle S.M.-Träger usw.) gesehen werden. Die problemorientierte Perspektive ist insofern in einem zweiten Schritt um eine institutionelle Perspektive zu ergänzen. Diese institutionelle Perspektive des S.M. führt zwangsläufig zu der Frage, wie weit der Kreis der Institutionen zu ziehen ist, die als Träger eines S.M. anzusehen sind. Aus der konsequenten Verfolgung des problemorientierten Ansatzes resultiert notwendigerweise eine weit gefasste Institutionsperspektive. So erscheint es weder konsequent noch zweckmäßig, nur nicht-kommerzielle Institutionen als Träger des S.M. gelten zu lassen. Zu den S.M.-treibenden Institutionen sollten vielmehr auch Unternehmen gezählt werden. Einzubeziehen sind dabei zunächst jene Unternehmen, die neben ihrem herkömmlichen Hauptprogramm (Herstellung und Vermarktung von Bier, Kraftfahrzeugen usw.) zusätzlich sog. Sozio-Programme realisieren, die ökologischen oder sonstigen aktuellen sozialen Zielen dienen (vgl. z.B. das ökologische Engagement der Firma Alpirsbacher Klosterbräu oder die Beteiligung verschiedener Unternehmen an Anti-Drogenkampagnen, Maßnahmen der Kunstförderung u.ä.m.). Über solche Sozio-Programmaktivitäten hinaus ist ferner zu beachten, dass den im Zentrum des Geschäftszwecks stehenden Angebotsprogrammen von Unternehmen mitunter eine herausragende Rolle bei der Verwirklichung aktueller sozialer Ziele zukommt. Dies klang zuvor bereits am Beispiel eines ökologiebezogenen S.M. an, lässt sich aber beispielsweise. auch im Kontext eines → Health Care Marketing mit Blick auf die Verwirklichung gesundheitspolitischer Ziele unmittelbar nachvollziehen. Zu denken ist nicht nur an die Pharmaindustrie sowie an die Hersteller medizinisch-technischer Geräte, die hier mit ihrem Leistungsangebot einen entscheidenden Beitrag im Sinne eines versorgungsorientierten S.M. zu leisten vermögen, sondern auch beispielsweise an die Gesundheitsprodukte der Nahrungsmittelindustrie. Unternehmen, deren Sachziel in der Herstellung und/oder Vermarktung von Leistungen besteht, die im Kontext aktueller gesellschaftlicher Probleme einen wesentlichen Problemlösungsbeitrag bieten (Anbieter von Solaranlagen, besonders gesunden Nahrungsmitteln usw.), lassen sich durchaus in jene Gruppe von Institutionen einordnen, die nicht nur einen akzidentiellen, sondern einen dominanten Soziobezug aufweisen und als Sozio-Institutionen bezeichnet werden können. Im nicht-kommerziellen Sektor zählen hierzu – je nach akzentuiertem Sozialziel – etwa so verschiedenartige Institutionen wie karitative Organisationen (Deutscher Caritas-Verband), verbraucher- und umweltpolitische Institutionen (Stiftung Warentest, Umweltbundesamt, Greenpeace, BUND), Hilfsorganisationen (Welthungerhilfe, Rotes Kreuz), gesundheitsfördernde Institutionen und Initiativen wie die Deutsche Krebshilfe oder die Anti-AIDS-Kampagne. Unternehmerisches S.M. zeichnet sich freilich in aller Regel dadurch aus, dass die Triebfeder des sozialen Engagements nicht in erster Linie soziale Zielsetzungen bilden, sondern vor allem Unternehmensinteressen und hier nicht zuletzt die Verwirklichung von Wachstums- und Gewinnzielen. So sind denn auch die zuvor erwähnten Sozioprogramme zumeist weniger Ausdruck eines philantropen Mäzenatentums als vielmehr eines auf die Verwirklichung klassischer PR- und Marketingziele ausgerichteten Sponsoring zu werten. Und bei Unternehmen, die in ihrem Hauptprogramm bzw. in ihrer Sachzielkonzeption einen dominanten Soziobezug aufweisen, ist davon auszugehen, dass es im Kern häufig nur um das Gewinn bringende Ausschöpfen neuartiger Marktchancen geht. Dennoch sollten Unternehmen weder grundsätzlich aus der S.M.-Betrachtung ausgeschlossen werden, noch verbietet sich eine Charakterisierung einzelner Unternehmen als Sozio-Institutionen, zumal auch bei nicht-kommerziellen Sozio-Institutionen gelegentlich Organisationsinteressen eine verhaltensprägende Rolle spielen.

III. Umsetzung eines S.M.: So unterschiedlich die jeweils vom S.M. aufgegriffenen sozialen Probleme, die Strukturen und Programme der S.M.-treibenden Institutionen auch sein mögen: Es hat jeweils um die Nutzung der gesamten Marketingtechnologie zu gehen, die sich aus grundlegenden Marketingleitideen (z.B. Bedürfnis- bzw. Gratifikationsorientierung), Informations- und Planungskonzepten, strategischen Handlungsprogrammen, Aktionsinstrumenten und – last but not least – aus Konzepten zur Verankerung einer Marketingkonzeption innerhalb der Organisationsstruktur sowie generell -kultur rekrutiert. Allein der Einsatz einzelner Kommunikationstechniken durch nicht-kommerzielle S.M.-Träger oder ein oberflächlich angelegtes „Aufspringen auf die Sponsoring-Welle" oder auf die Öko- und Bio-Welle im Rahmen unternehmerischer Kommunikations- und z.T. vielleicht noch Produktpolitik vermögen den erhofften Erfolg nicht zu erbringen. Ausgangspunkt bei der Verwirklichung einer S.M.-Konzeption hat die kritische Überprüfung und ggf. Revision der Philosophie sowie generell der Kultur der jeweiligen Organisation zu bilden. Dies gilt zum einen für kommerzielle S.M.-Träger, die vielleicht in höherem Maße als bisher ein langfristiges und ganzheitliches, durch soziale Verantwortung und Weitsicht geprägtes Denken zu entwickeln und innerhalb des Unternehmens zu kultivieren haben, um nicht dem Risiko einer Konzentration auf „Sozio-Mätzchen" zu erliegen, die zumindest mittelfristig von der Öffentlichkeit kaum akzeptiert werden. Entsprechende Umdenkungsprozesse sowie Prozesse einer Neuausrichtung der Organisationskultur sind zum anderen häufig gerade auch bei nichtkommerziellen S.M.-Trägern dringend erforderlich. Zu denken ist etwa an verbraucherpolitische Institutionen (Verbraucherverbände, Stiftung Warentest), die sich erst in jüngerer Zeit z.B. dem Problemfeld der Ökologie zugewandt haben und in diesem Kontext ihr Selbstverständnis kritisch überprüfen mussten bzw. noch weiter überprüfen müssen. Ferner stellt im Sektor nicht-kommerzieller S.M.-Träger die Internalisierung und Umsetzung grundlegender Marketingleitideen noch vielfach eine zentrale Herausforderung dar, die z.T. auch in einer mangelnden Akzeptanz bzw. Vorurteilen gegenüber der Marketingtechnologie begründet liegt und zunächst auch ein „Marketing für das Marketing" in den betreffenden Institutionen erforderlich werden lässt. Defizite liegen hier häufig v.a. in einer mangelnden konsequenten Orientierung an den Bedürfnissen der Klientel, wenn im Rahmen eines versorgungsorientierten S.M. geeignete Bedarfsdeckungskonzepte oder im Sinne eines verhaltensorientierten S.M. entsprechende Beeinflussungskonzepte zu entwickeln sind. Insbesondere dann, wenn fest gefügte Verhaltensstrukturen zu überwinden sind, müssen der persönliche Nutzen für die S.M.-Adressaten sowie attraktive Verhaltensalternativen verdeutlicht werden. Auf der Basis einer innerhalb der Organisationskultur verankerten S.M.-Philosophie stellt sich der Einsatz der weiteren Elemente der Marketingtechnologie – analog zum traditionellen kommerziellen Marketing – wie folgt dar: Auf der Basis systematisch gewonnener Informationen über die vorliegende Situation, deren Hintergründe und voraussichtliche Entwicklung (Marketingforschung) sind Strategien zur Beeinflussung und/oder Bedarfsdeckung zu entwickeln und durch den planmäßigen Einsatz der Marketingaktionsinstrumente (Produktpolitik, Kommunikationspolitik usw.) zu verwirklichen. Im Bereich der Basisstrategien spielen etwa Strategien der Marktsegmentierung, der Kooperation bzw. strategischen Allianzen und teilweise auch der Internationalisierung eine ähnlich große Rolle wie im klassischen kommerziellen Marketing. Nicht zu vernachlässigen ist schließlich auch das Aufgabenfeld des Beschaffungsmarketing. Im Sektor des versorgungsorientierten Marketing kommt dem Beschaffungsmarketing etwa in Gestalt des Fundraising eine herausragende Bedeutung zu; sei es, dass es sich um Spendenaufrufe von Sozio-Institutionen (z.B. der Welthungerhilfe) oder kommerzielle Unternehmungen handelt. In solchen Fällen sind Beschaffungs- und Absatzmarketing in Richtung auf ein Gleichgewichtsmarketing hin zu integrieren.

IV. Bedeutung des S.M.: S.M. gewinnt im Lichte zunehmend krisenhafter Erscheinungen in den unterschiedlichsten Gesellschaftsbereichen (Massenarbeitslosigkeit, Öko-Krise, Gesundheitskrise usw.) insofern an besonderer Relevanz, als sich die verschiedenen Probleme nicht oder zumindest nicht allein auf der Basis eines rein technischen Fortschritts einer Lösung näher bringen lassen. Es gilt vielmehr zu erkennen, dass es heute wesentlich auf sozialtechnologische Innovationen im Kontext der Gestaltung von Austauschbeziehungen zwischen den unterschiedlichsten gesellschaftlichen Gruppen ankommt, die an der Verursachung aktueller sozialer Probleme beteiligt und/oder an deren Handhabung zu beteiligen sind. Besondere Anforderungen hinsichtlich der systematischen Nutzung einer effizienten Sozialtechnologie ergeben sich bei einem verhaltensorientierten S.M. vor allem dann, wenn der hohe Stellenwert der strukturverändernden Marketingziele berücksichtigt wird: Anders als beim adaptiven Marketing geht es beim strukturverändernden Marketing um eine Veränderung von z.T. äußerst fest gefügten Verhaltensstrukturen und Wertemustern, etwa bei Kampagnen gegen Drogenmissbrauch und speziell übermäßigen Alkohol- sowie Zigarettenkonsum, Solidaritätsdefizite der Wettbewerbsgesellschaft u.ä. Gerade bei solchen S.M.-Varianten wird die wichtige Korrektur- und Ergänzungsfunktion des S.M. gegenüber dem klassischen kommerziellen Marketing deutlich, die sich bis hin zum De- oder Kontramarketing erstrecken kann (z.B. Aufruf zum Boykott von Spraydosen, deren Treibgas die Ozonschicht angreift, oder von Unternehmen, die in Sachen Umweltschutz ins Gerede gekommen sind).

V. Ausblick: Während zukünftig bei nichtkommerziellen S.M.-Trägern prima facie die Akzeptanzschaffung für die Marketingtechnologie und deren konsequente Anwendung im Zentrum stehen dürfte, um die gesteckten S.M.-Ziele noch effektiver als bisher realisieren zu können, werden beim S.M. von Unternehmen zunächst die Notwendigkeit sowie die zahlreichen Chancen verdeutlicht werden müssen, die sich im Zeichen des gesellschaftlichen Wertewandels für ein kommerzielles S.M. ergeben: Mehr und mehr erwarten die Bürger speziell in Deutschland von Unternehmen Beiträge zur Lösung drängender gesellschaftlicher Probleme, und zwar sowohl mit Bezug auf eine Neuausrichtung des Angebotsprogramms als auch im Sinne eines darüber hinausgehenden sozialen Engagements im Rahmen von Sozio-Programmen. Unternehmerisches S.M. bietet hier die Chance, in glaubwürdiger Weise gesellschaftliche Verantwortung zu realisieren und gleichzeitig unter sich weiter verschärfenden Wettbewerbsbedingungen neuartige Marktchancen zu nutzen. Es gilt, vor diesem Hintergrund zu zeigen, in welcher Weise das klassische kunden- und wettbewerbsorientierte Marketing um eine gesellschaftsorientierte Dimension zu erweitern ist und wie somit Unternehmen eine „Selbstkorrektur" vornehmen können, um im Lichte neuer Herausforderungen nicht nur die Verwirklichung der Unternehmensziele, sondern auch den Bestand des Unternehmens sowie generell des „freien Unternehmertums“ zu gewährleisten. Dem S.M. kommt also gerade angesichts des zukünftig steigenden Legitimationsbedarfs der herkömmlichen Marketingaktivitäten und des klassischen Marketing ein besonderer Stellenwert zu.

Literatur: Bruhn, M./Tilmes, J. (1994): Social Marketing, 2. Aufl., Stuttgart u.a.; Kotler, P./Zaltman, G. (1971): Social Marketing: An Approach to Planned Social Change, in: Journal of Marketing, Vol. 35, No. 3, S. 3-12; Raffée, H./Wiedmann, K.-P./Abel, B. (1983): Sozio-Marketing, in: Irle, M. (Hrsg.): Handbuch der Psychologie, Teilband 12 (Marktpsychologie), Göttingen u.a.

Klaus-Peter Wiedmann

Soft-Selling, Form des → Personal Selling. Beim S.-S. steht im Gegensatz zum → Hard-Selling die Suche nach der optimalen Problemlösung für den Kunden und die Bedürfnisbefriedigung im Mittelpunkt der verkäuferischen Aktivitäten. Die auf → Kundenzufriedenheit und → Kundenbindung ausgerichtete → Verkaufstechnik des S.-S. ist insbesondere dann empfehlenswert, wenn langfristige → Kundenbeziehungen von entscheidender Bedeutung für eine erfolgreiche Unternehmenstätigkeit sind (*vgl. auch* → Relationship Marketing).

Soll-Ist-Vergleich, Kernstück der → Abweichungsanalyse. Beim S.-I.-V. erfolgt eine Gegenüberstellung von vorgegebenen und tatsächlich entstandenen Werten, z.B. Vergleich der geplanten Kosten eines Monats mit den später festgestellten Ist-Kosten dieses Monats.

Sonderangebot, zeitlich befristetes Angebot eines Produktes zu einem reduzierten Preis. Ein S. wird in vielen Fällen von Maßnahmen im Rahmen der Kommunikationspolitik begleitet. Hierdurch soll die Wirksamkeit dieser Maßnahme erhöht werden. Die Zielsetzung eines S. besteht z.B. darin, Kunden zu gewinnen, die bisher andere Verkaufsstätten aufgesucht haben. Zusätzliche Gewinne können über eine solche Aktion erzielt werden, indem die zusätzlichen Käufer weitere, normal kalkulierte und ggf. in einem → Sortimentsverbund stehende Artikel kaufen oder indem eine größere Anzahl des preisreduzierten Artikels abgesetzt wird (*vgl. auch* → Dauerniedrigpreis).

Sonderkosten des Vertriebs, → Sonderkosten.

Sonderkosten, Kosten, die nicht regelmäßig bei allen Aufträgen anfallen, sondern unmittelbar einzelnen Aufträgen zugerechnet werden können. Je nachdem, ob sich S. einer einzelnen Auftragsleistung oder mehreren Leistungseinheiten zurechnen lassen, werden sie als Sondereinzelkosten oder Sondergemeinkosten behandelt. Zu unterscheiden sind primär S. der Fertigung und S. des Vertriebs. Zu der ersten Gruppe zählen beispielsweise Kosten für besondere Werkzeuge, Maschinen, Modelle, Lizenzen und spezifische Forschungs- und Entwicklungsprojekte. Beispiele für S. des Vertriebs sind Kosten für Spezialverpackungen, Frachten, Transportversicherungen, Provisionen und Ausfuhrzölle.

Sonderplatzierung, Platzierung von Waren an einem exponierten Platz in der Verkaufsstätte, z.B. im Kassenbereich. Bei der S. kann es sich gleichzeitig um eine → Zweitplatzierung handeln.

Sonderpreispolitik, Sonderangebote sind eine vor allem im Einzelhandel beliebte Form der → Preisvariation. Dabei wird der Angebotspreis zeitlich befristet abgesenkt (→ Preisaktionen). Die S. stellt ein flexibel einsetzbares Instrument der → Preispolitik mit schneller und unmittelbarer Wirkung dar. Dabei lassen sich konsumentenorientierte, handelsorientierte und unternehmensorientierte Ziele unterscheiden. Konsumentenorientierte Ziele können die Erhöhung des Kaufanreizes durch Gelegenheitscharakter, die Anregung von Impulskäufen, die Motivation zum Markenwechsel, und die Schaffung von Markenbindung sein. Handelsorientierte Ziele sind Lageraufstockung, Schaffung von Profilierungsmöglichkeiten, segmentspezifische Erhöhung der Distributionsquote und Marktpräsenz. Von unternehmensorientierten Zielen spricht man bei der Glättung zyklischer Absatzschwankungen, beim Abbau von Lagerbeständen oder bei der argumentativen Unterstützung des Außendienstes. Die Sonderangebotspolitik umfasst die Festlegung der Anzahl und des Rhythmus der Aktionen, des Preisniveaus, der Art und des Umfangs des Preisnachlasses, die Artikelauswahl und die Platzierung der Sonderangebote, den Aktionsbeginn und den Aktionszeitraum sowie die begleitenden Aktivitäten (z.B. Werbemaßnahmen). Nachteile der Sonderpreispolitik können in negativen Carryover-Effekten (→ Carryover, → Obsoleszenz) liegen. Darüber hinaus können auf Dauer die Preisbereitschaften der Konsumenten sinken (→ Ankerpreis). Die S. des Einzelhandels könnte eine Imagegefährdung für die Marke des Herstellers nach sich ziehen.

Sonderveranstaltungen. I. Gegenstand: außerhalb des regelmäßigen Geschäftsverkehrs stattfindende Verkaufsveranstaltungen, die der Beschleunigung des Warenabsatzes dienen und den Eindruck besonderer Kaufvorteile hervorrufen.

II. Rechtsgrundlage: S. sind nach § 7 UWG grundsätzlich verboten, Ausnahmen sind Winter- und Sommerschlussverkäufe sowie Jubiläumsverkäufe. Zweck des Verbotes ist zu vermeiden, dass stabile Marktstrukturen durch eine massive Anwendung von S. zerstört werden. Diese Gefahr besteht dann, wenn einer entsprechenden Anzahl von Anbietern durch das ständige Unterschreiten eines bestimmten Preisniveaus der Anreiz genommen wird, ihr Angebot aufrecht zu erhalten. Das Recht der S. gilt nur für den Einzelhandel mit Waren, sei es durch den institutionellen → Einzelhandel oder durch Einzelhandel betreibende Hersteller (Verkaufsniederlassungen, → Regiebetriebe usw.). Im Rahmen der UWG-Reform sollen die Reglementierungen zu Schlussverkäufen und Jubiläumsverkäufen (s.u.) vollständig gestrichen werden.

III. Schlussverkäufe: Dürfen für die Dauer von zwölf Werktagen stattfinden, beginnend am letzten Montag im Januar (Winterschlussverkauf) und am letzten Montag im Juli (Sommerschlussverkauf). Schlussverkaufsfähige Waren sind Textilien, Bekleidungsgegenstände, Schuhwaren, Lederwaren und Sportartikel. Bereits vor Beginn der Schlussverkäufe darf mit konkreten Angeboten geworben werden, die allerdings einen deutlichen Hinweis auf das Datum des Schlussverkaufsbeginns enthalten müssen.

IV. Jubiläumsverkäufe: Dürfen anlässlich des Bestehens eines Unternehmens alle 25 Jahre für die Dauer von zwölf Werktagen durchgeführt werden. Einzelne Unternehmensteile, etwa → Filialen eines → Filialsystems, dürfen keine eigenen Jubiläumsverkäufe veranstalten.

SOR-Paradigma, danach lässt sich das Verhalten von Konsumenten durch das Zusammenwirken von Umwelteinflüssen und von psychischen Vorgängen, die sich in der

Person abspielen, erklären. Die Modellvariablen beziehen sich auf beobachtbare Reize der Umwelt (S für Stimulus), auf die nicht beobachtbaren, internen psychischen Prozesse (O für Organismus) und schließlich auf die beobachtbare Reaktion (R) (→ Konsumentenverhaltensforschung).

Sorte, verschiedene Varianten eines → Artikels.

Sortengruppe, → *Artikel.*

Sortiment, das S. eines Handelsunternehmens umfasst alle Angebote an Waren, Dienst- und Serviceleistungen. Das S. im engeren Sinne beschränkt sich auf das Warenangebot. Entscheidungen über das Sortiment werden im Rahmen der → Sortimentspolitik getroffen.

Sortimentsbereinigung, *Sortimentskontraktion*, → Sortimentspolitik.

Sortimentsbreite, die S. ist umso größer, je größer die Anzahl der in einem Sortiment enthaltenen Warengruppen ist. Die S. muss immer unter Bezugnahme auf eine gegebene Sortimentsstruktur betrachtet werden. Üblicherweise wird hierzu das gesamte Warenangebot einer Branche oder der betrachteten, konkurrierenden → Betriebsformen herangezogen. Die S. einer Verkaufsstätte hängt damit von der Wahl dieser Vergleichsbasis ab. Über die S. wird im Rahmen der → Sortimentspolitik entschieden. *Vgl. auch* → Sortimentstiefe.

Sortimentsdiversifikation, → Sortimentspolitik.

Sortimentserweiterung, *Sortimentsexpansion*, → Sortimentspolitik.

Sortimentsexpansion, → *Sortimentserweiterung.*

Sortimentsgroßhandel, Großhandel, der das sortimentspolitische (→ Sortimentspolitik) Ziel verfolgt, eine möglichst komplette Warenversorgung seiner Abnehmer zu erreichen. Der S. bietet deshalb ein breites Spektrum unterschiedlicher Warengruppen an (→ Sortimentsbreite). Demgegenüber konzentriert sich der → Spezialhandel auf wenige komplementäre Warengruppen, die jedoch eine hohe → Sortimentstiefe aufweisen.

Sortimentskontraktion, → *Sortimentsbereinigung.*

Sortimentsmanagement, ist ein Hauptaspekt der Produkt- und Programmpolitik, der besonders im Handel zum Tragen kommt. Grundsätzlich müssen die Sortimentsbreite und die Sortimentstiefe bestimmt werden. Ein breites Sortiment bietet dem Verbraucher erweiterte Einkaufsmöglichkeiten durch eine hohe Angebotsvielfalt unterschiedlicher Produktkategorien (und kommt dadurch dem Trend des One Stop Shopping entgegen). Ein tiefes Sortiment hingegen eröffnet Wahlmöglichkeiten innerhalb einer Produktkategorie und kann daher auch sehr spezielle Wünsche der Nachfrager abdecken. Üblicherweise finden sich breite und flache Sortimente auf der einen Seite (Warenhaus), und schmale und tiefe Sortimente auf der anderen (Spezialgeschäfte für Werkzeug, Tabak usw.) Neben der Bestimmung der Sortimentsbeschaffenheit umfasst das S. auch die Beobachtung von Produktlebenszyklen, Lagerhaltung, Kapitalbindung und das damit verbundene Abwägen zwischen Kostenaspekten des Sortiments bei gleichzeitig ausreichender Angebotsvielfalt zur Deckung der Kundenwünsche.

Sortimentsoptimierung, → Sortimentspolitik.

Sortimentsplanung, internationale, Planung des länderübergreifend angebotenen Sortiments aus Produkten und/oder Dienstleistungen. Es ist zu entscheiden, in welchen Regionen und für welche Marktsegmente bzw. Zielgruppen Leistungen angeboten werden sollen. Die Struktur des internationalen Sortiments wird durch seine Breite und Tiefe bestimmt. Während ein breites Leistungsprogramm bzw. Sortiment aus vielen verschiedenen Produktgruppen bzw. -linien in einem Markt besteht, beinhaltet ein tiefes Leistungsprogramm mehrere Varianten einer Produktgruppe. Während die strategische internationale Sortimentsplanung auf der internationalen → Portfolioanalyse basiert, fußt die taktisch operative internationale Sortimentsplanung auf einer Altersstrukturanalyse, Umsatz- oder Deckungsbeitragsanalyse. Altersstrukturanalysen für Ländersortimente basieren auf einer Analyse der → Lebenszyklen der einzelnen Produkte im jeweiligen Ländersortiment und können unmittelbar aus der Lebenszyklusanalyse abgeleitet werden. Umsatzanalysen für die einzelnen Ländermärkte hingegen liefern Hinweise über die Entwicklung der Marktsituation für einzelne Produkte bzw. Produktgruppen. Für die Erstellung einer Umsatzanalyse sind Informationen über die Absatzmengen der jeweiligen Produkte bzw. der Produktgruppen, die zugehörigen Produktpreise, absolute Umsatzhöhen sowie die Anteile der Einzelerzeugnisse am Umsatz der Warengruppe erforderlich. Deckungsbeitragsanalysen schließlich zeigen anhand der Stückdeckungsbeiträge auf, wie viele Einheiten von einem Produkt in einem Land abgesetzt werden sollen. Die Entscheidung gewinnt an Komplexität, wenn Engpässe in Produktion, Personal usw. gegeben sind, da die knappen Ressourcen optimal auf die einzelnen Produkte und Ländermärkte zu verteilen sind. Diesbezügliche Entscheidungsinstrumente sind die relative Deckungsbeitragsrechnung sowie Ansätze der linearen Programmierung.

Sortimentspolitik, die S. umfasst alle Entscheidungen, die das → Sortiment eines Handelsbetriebes betreffen. Sie ist einer der Entscheidungsbereiche, die die größte Auswirkung auf den Erfolg eines Handelsunternehmens haben. Handlungsalternativen bestehen in der Sortimentsbereinigung, der Sortimentserweiterung und der strukturellen Veränderung des Sortiments. Eine Sortimentsbereinigung verringert, eine Sortimentserweiterung vergrößert die → Sortimentsbreite bzw. → Sortimentstiefe. Im Falle einer Sortimentserweiterung durch Aufnahme von neuen Branchen in das Sortiment spricht man auch von einer Sortimentsdiversifikation. Der Prozess der Sortimentsgestaltung wird auch als Sortimentsoptimierung bezeichnet. Zur Unterstützung sortimentspolitischer Entscheidungen wurde die Methode der direkten Produktrentabilität (→ Produktrentabilität, direkte) entwickelt. Die globale Ausrichtung der S. orientiert sich in der Praxis an typischen Sortimenten bestimmter → Betriebsformen. Eine erfolgreiche, neue Betriebsform geht i.d.R. mit einer innovativen S. einher.

Sortimentstiefe, *Auswahl.* Die S. ist umso größer, je mehr → Artikel einer Warenart oder Warengruppe im → Sortiment vorhanden sind. Über die S. wird im Rahmen der → Sortimentspolitik entschieden (→ Sortimentsbreite).

Sortimentsverbund, mehrere Artikel stehen in einem S., wenn der Absatz eines dieser Artikel den Absatz der anderen Artikel positiv oder negativ beeinflusst. Eine positive Korrelation der Absatzmengen mehrerer Artikel kann z.B. darauf zurückzuführen sein, dass die Artikel in einem komplementären Ge- oder Verbrauchsverhältnis stehen oder von den Konsumenten typischerweise zusammen beschafft werden. Eine negative Korrelation kann zwischen artgleichen Waren, unter denen der Konsument seine Auswahl trifft, bestehen (→ Sortimentstiefe).

Soziale Austauschtheorie, → Verhaltenswissenschaftlicher Ansatz.

Soziale Kompetenz, Erscheinungsform der → Kompetenz.

Soziale Normen, Erwartungen an das Verhalten eines Individuums innerhalb einer Gesellschaft oder → Gruppe. Es kann zwischen Muss-, Soll- und Kann-Normen unterschieden werden, die eine mehr oder weniger hohe Verbindlichkeit darstellen und deren Einhaltung mit Sanktionen kontrolliert wird. Manche Normen in der Konsumwelt sind sehr subtil und fördern ein Bewusstsein der Kennerschaft und ein Gespür für feine Unterschiede (z.B. Servieren des passenden Weins). *Vgl. auch* → Normen, soziale.

Soziale Schicht. In einer hierarchisch gegliederten Gesellschaft folgen S.S. aufeinander, z.B. Ober-, Mittel-, Unterschicht. Menschen, die einer S.S. angehören, zeichnen sich durch gleichartige soziale Positionen aus und damit durch ähnliche Kenntnisse und Fähigkeiten, vielfach aber auch durch ähnliche Werte, Einstellungen und Konsumstile (→ Lebensstil). Die Schichtzugehörigkeit wird über einen multiplen Index berechnet, in dem Bildungsgrad, Berufsprestige und Einkommen häufig die wichtigsten Größen darstellen (→ sozialer Status).

Sozialer Einfluss, Personen und Institutionen versuchen auf die Kenntnisse, Einstellungen und Werte von Konsumenten so einzuwirken, dass deren Informations-, Kauf-,

Spar-, Ge- und Verbrauchsverhalten anders verläuft, als es ohne die Einflussnahme der Fall gewesen wäre. S.E. beruht auf sozialer Macht, d.h. der Fähigkeit von Personen bzw. Institutionen, andere Personen zu einem Verhalten zu bewegen, das von diesen ursprünglich nicht beabsichtigt war, aber im Sinne der Machtausübenden ist.

Sozialer Nutzen, → Sustainable Development → umweltfreundliches Konsumentenverhalten, Umweltdilemma, soziales Dilemma.

Sozialer Status, Wertschätzung, die einer Person in ihrem Umfeld aufgrund ihrer Position in einem hierarchisch geordneten Gesellschaftssystem entgegengebracht wird. Der S.S. kennzeichnet auch die Zugehörigkeit zu einer → sozialen Schicht.

Soziales Lernen, → Verhaltenswissenschaftlicher Ansatz.

Soziales Risiko, Konstrukt aus der → Kaufentscheidungsforschung, wonach Konsumenten die soziale Akzeptanz bzw. Bedeutung von Produkten und Marken in der Gesellschaft i.Allg. oder in ihrer → Bezugsgruppe im Speziellen als mehr oder weniger risikobelastet einschätzen. Das soziale Risiko kann einen höheren Einfluss auf das → Involvement ausüben als das funktionelle Risiko.

Sozialkompetenz, bezeichnet die Fähigkeit und Bereitschaft, soziale Beziehungen und Interessenlagen zu erfassen und zu verstehen sowie ggü. anderen umsichtig und verständnisvoll zu handeln. S. umfasst insbesondere die → Kommunikationsfähigkeit, d.h. die Fähigkeit, eigene Gedanken, Gefühle und sachliche Aspekte auszudrücken sowie die → Wahrnehmungsfähigkeit, d.h. die Fähigkeit, aktiv zuzuhören und das Verstehen der körpersprachlichen Signale des Gesprächspartners.

Sozialsponsoring, wird als ein Ansatz betrachtet, der einen Beitrag zur Lösung von humanitären Problemen in der Gesellschaft leisten kann; ein Unternehmen übernimmt soziale Verantwortung und kann dies unternehmensextern sowie -intern kommunizieren (*vgl. auch* → Social Marketing). Bei den Gesponserten kann es sich grundsätzlich um unabhängige Institutionen sowie Einzelpersonen handeln, die ausschließlich und nichtkommerziell humanitäre Probleme von Individuen, Gruppen und/oder der ganzen Gesellschaft aufgreifen, thematisieren und lösen helfen, z.B. Wohlfahrtsorganisationen oder Rettungs- und Unfallhilfsorganisationen.

Soziodemographie. Die S. beschäftigt sich mit der Erhebung und Auswertung von Bevölkerungsdaten. Dazu gehören i.d.R.: personenbezogene Daten wie Alter, Geschlecht, Ausbildung und Beruf usw., haushaltsbezogene Daten wie Haushaltsgröße, Anzahl Kinder, Haushaltseinkommen usw., und geographische Kriterien wie Wohnortgröße, Wahlbezirk, Region usw. Je mehr soziodemographische Daten über den Kunden gesammelt werden, desto genauer kann das Verhalten vorausbestimmt werden. Die Speicherung und Verwendung – insbesondere von personenbezogenen Daten – unterliegt strengen Datenschutzbestimmungen (→ Datenschutz).

Space Management, Optimierung des → Point of Sale mit Blick auf die Flächen- bzw. Raumnutzung. Oberziele sind zum einen die Vermeidung von Out-of-Stock-Situationen und zum anderen eine Erhöhung der direkten Produktrentabilität (→ Produktrentabilität, direkte). Um diese Ziele zu erreichen, wird sowohl eine Regaloptimierung als auch eine möglichst optimale Präsentation der Waren angestrebt. Um ein effizientes S. M. zu betreiben, ist es i.d.R. unerlässlich, dieses mit einem EDV-gestützten Informationsmanagement zu verbinden. Im Rahmen des S. M. kommen insbesondere computergestützte Regaloptimierungsprogramme (Opto-Shell) bzw. Space-Management-Programme (Spaceman, Spacemax, Accuspace) zur Anwendung, die eine möglichst optimale Aufteilung der Regalfläche auf die Produkte ermöglichen sollen. Ansatzpunkt bei diesen Verfahren ist die Ermittlung von artikelspezifischen Deckungsbeiträgen.

Spamming, → E-Mail-Werbung.

Spartenbildung, Form der Organisationsgestaltung und Weiterentwicklung des → Produktmanagements. Zielsetzung ist die Dezentralisierung der Marketingorganisation durch sog. Produkt-Divisionen. In jüngerer Zeit auch S. nach Kundengruppen. S. nach

Kunden: Bildung von Sparten nach identifizierten und klar abgegrenzten Kundengruppen.

Spartenorganisation, bezeichnet ein Modell der → Aufbauorganisation, bei der die Organisation nach Produkten bzw. → Produktgruppen in strategische Geschäftseinheiten (Sparten) eingeteilt wird (→ Marketingorganisation, Produktorientierung der). Diese Geschäftseinheiten werden häufig als → Profit Center geführt und verfügen jeweils über verschiedene betriebliche Funktionen (z.B. Marketing, Vertrieb, Finanzen), wobei zusätzlich zentrale (geschäftseinheitsübergreifende) Spezialabteilungen (z.B. zentrale Marktforschung) mehrere Geschäftseinheiten unterstützen und beraten können. Vorteilhaft sind die Flexibilität und Anpassungsfähigkeit der einzelnen Geschäftseinheiten, nachteilig sind die erschwerte Koordination der verschiedenen Geschäftseinheiten und die schlechte Ausnutzung von Ressourcen.

SPC, Abk. für → Statistical Process Control.

Special-Interest-Zeitschriften, → Printmedien.

Speciality Good, Gut, für das aus Nachfragersicht zumeist keine geeigneten Substitute existieren. Speciality Goods sind dem Konsumenten so wichtig, dass er gewillt ist, einen erheblichen Such- und Informationsaufwand auf sich zu nehmen. Es handelt sich somit um Güter, die aufgrund ihrer Sonderstellung in der Konsumentenwahrnehmung im „Normalfall" sehr selten gekauft werden, wie z.B. „Luxusautomobile".

Speichermodelle des Gedächtnisses, → Drei-Speicher-Modell, → Informationsverarbeitung.

Spezialgroßhandel, → *Fachgroßhandel.*

Spezialhandel, → Betriebsform des → Einzel- und Großhandels, die ggü. dem → Fachhandel durch eine weiter gehende Spezialisierung des Sortiments innerhalb einer Branche gekennzeichnet ist. Der S. möchte sich somit als Spezialist für ein Teilgebiet eines branchenspezifischen Warenangebots bei den Konsumenten profilieren. Zum Spezialeinzelhandel zählen z.B. Fischgeschäfte, Delikatessengeschäfte und Weingeschäfte.

Spezialisierung, bezeichnet eine Dimension der → Organisationsstruktur. Die Gesamtaufgabe eines Unternehmens ist zu umfangreich für eine Person. Daher wird im Rahmen der S. festgelegt, wie die Gesamtaufgabe in Teilaufgaben unterschiedlicher Art aufgeteilt wird und welche Mitarbeiter welche Teilaufgaben durchführen sollen. Durch die S. werden Stellen oder Positionen geschaffen, in denen zusammengehörige Teilaufgaben gebündelt werden. Für die Erledigung dieser gebündelten Teilaufgaben ist dann ein Mitarbeiter mit den hierfür geeigneten Fähigkeiten zuständig. Bei der Entscheidung, wie stark der S.-Grad der → Organisationsstruktur sein sollte, können die Vor- und Nachteile der S. eine Orientierung darstellen. Eine grundlegende These besteht darin, dass die Wirtschaftlichkeit der Arbeit mit zunehmender Arbeitsteilung steigt. Dies liegt begründet in kürzeren Einarbeitungszeiten in spezialisierten Stellen, in der Durchführung einfacherer Tätigkeiten durch billigere Arbeitskräfte, in der höheren Leistung bei der Ausführung geteilter Tätigkeiten (geringere Anstrengung) und in der Steigerung der Quantität und Qualität der Ausführungen durch Lerneffekte. Ein weiterer Vorteil ist die eindeutige Zuordnung von Verantwortlichkeiten, was eine bessere Kontrolle der Mitarbeiter ermöglicht. Als Nachteile gelten die hohe Mitarbeiterfluktuation bei zu engen Aufgabenstellungen, ein hoher Krankheitsstand durch psychische Belastung, die geringe Attraktivität hochspezialisierter und damit monotoner Arbeit für qualifizierte Mitarbeiter, eine verringerte Konzentration bei zu monotoner Arbeit und eine damit verbundene sinkende Qualität der Arbeit sowie eine Schmälerung der Produktivitätsgewinne aus der S. durch einen höheren Koordinationsaufwand.

Spezielle Testdesigns in der Marktforschung, I. → Konzepttest: Bei einem Konzepttest wird die Konzeption für ein neues Produkt von Konsumenten beurteilt. Dabei erfolgt die Evaluation des (noch) hypothetischen Produktes durch die Testpersonen anhand von anschaulichen Beschreibungen, die in verbaler oder visueller Form präsentiert werden. Zielsetzung des Konzepttests ist eine Überprüfung der Marktchancen der Neuproduktkonzeption sowie eine Generierung von Verbesserungsmöglichkeiten aus Sicht der potenziellen Kunden.

II. → Produkttest: Auf dem Konzepttest aufbauend wird im Rahmen von Produkttests die von Testpersonen subjektiv empfundene Qualität eines Produktes überprüft, um herauszufinden, wie potenzielle Kunden das Produkt beurteilen. Im Gegensatz zum Konzepttest wird den Probanden hier bereits ein Produkt zur Evaluation vorgelegt, wobei das Ziel auch hier eine Überprüfung der Marktchancen der Neuproduktkonzeption sowie eine Generierung von Verbesserungsmöglichkeiten darstellt.

III. → Testmarkt: Unter einem Testmarkt versteht man ein (regional oder lokal) abgegrenztes Gebiet, auf dem ein neues Produkt zunächst probeweise eingeführt wird. Die Zielsetzung bei dieser Vorgehensweise liegt in der Prognose hinsichtlich des Markterfolges im Gesamtmarkt und in der Entscheidung einer Gesamtmarkteinführung.

IV. → Store-Test: Bei diesem Testdesign wird die Wirksamkeit von Marketingmaßnahmen in ausgewählten Testgeschäften überprüft. Dabei handelt es sich beispielsweise um den probeweisen Verkauf von neuen oder veränderten Produkten unter Einsatz ausgewählter Marketinginstrumente in einigen realen (10-30) Testgeschäften.

V. → Mini-Testmarkt: Eine Weiterentwicklung des Storetests sind zweiseitige Storetests, die neben den reinen Abverkaufszahlen auch die Reaktion der Konsumenten durch Einbeziehung von → Haushaltspanels realistisch zu erfassen in der Lage sind. Der Mini-Testmarkt bildet somit eine Kombination aus Store-Test und → Haushaltspanel.

VI. → Testmarktsimulation: Auch die Testmarktsimulation ist ein Verfahren zur Überprüfung der Marktchancen eines neuen Produktes vor dessen Markteinführung. Hierunter versteht man die wirklichkeitsgetreue Nachbildung der Marktrealität in Modellform (z.B. durch eine im Labor nachempfundene Ladensituation) und deren Durchspielen in realitätsnaher Weise (z.B. mit Einkaufsgutscheinen für 300-400 Testpersonen). In diesem Studiotest kann der Prozess der Wahrnehmung und des Kauf- und Wiederkaufverhaltens für ein neues Produkt unter Ausschluss der Öffentlichkeit simuliert werden. Die Testmarktsimulation kommt vor allem im Konsumgüterbereich zum Testen von Verbrauchsgütern des täglichen Bedarfes und zur Diagnose und Verbesserung bestehender Produkte zum Einsatz.

VII. Elektronischer Testmarkt: Der elektronische Testmarkt bildet eine Weiterentwicklung des Mini-Testmarktes (vgl. Hammann/Erichson, 2000). Es handelt sich dabei um eine Kombination von → Haushaltspanel zur Erfassung des Konsumverhaltens, Scannerkasse am Point of Sale zur Abverkaufskontrolle in Geschäften (über EAN-Strichcode und Identitätskarte), örtlich gesteuertem TV- und/oder Print-Werbeeinsatz sowie u.U. unterstützender Proben- und Handzettelverteilung in ausgewählten Orten (z.B. Hassloch i.d. Pfalz) zur Gewinnung sog. Single-Source-Daten.

VIII. Verpackungstest: Beim Verpackungstest wird die Verpackung eines Produktes, die in vielen Produktgruppen eine wichtige Produkteigenschaft repräsentiert (z.B. bei Parfum), entweder als Ganzes oder aber hinsichtlich bestimmter Funktionen (Convenience-Funktionen, die den Transport, die Lagerung und die Anwendung erleichtern sollen, sowie Kommunikationsfunktionen wie Erregung von Aufmerksamkeit und Information über das Produkt) überprüft. Zielsetzung von Verpackungstests ist die Gewinnung von Informationen im Hinblick auf die verbesserte Gestaltung von Verpackung eines Produktes aus Anwender- (bzw. Käufer-) Sicht.

IX. Werbemitteltest: Testdesigns zur Gestaltung von Werbemitteln verfolgen das Ziel, eine optimale Ausgestaltung der Werbung (beispielsweise Anzeigen- oder Fernsehwerbung, → Copy Test) zum möglichst effizienten Transport der Werbeaussage zu ermöglichen. In Abhängigkeit vom Zeitpunkt des Tests (vor oder nach dem Einsatz des Werbemittels in der Realität) spricht man von Werbemittel-Pretest und Werbemittel-Posttest. (1) Bei den Werbemittel-Pretests können vielfältige apparative Techniken zum Einsatz kommen. Hierzu gehören Tachistoskop, Blickaufzeichnungsgerät (Eye-Mark-Recorder), Hautwiderstandsmessung und Hautwärmemessung. Durch diese Techniken soll herausgefunden werden, inwieweit die Präsentation eines Werbemittels einen Einfluss auf die Testperson ausübt, auf dessen Basis mit einem Kauf des beworbenen Produktes gerechnet werden kann. Neben den genannten apparativen Techniken kann man im Anschluss an die Präsentation der Werbemittel deren Erinnerungswirkung auf die Probanden gestützt (→ Aided Recall) oder auch ungestützt (→ Unaided Recall) erfragen. (2) Bei dem Werbemittel-Posttest wird die Wirkung des Werbemittels meist anhand des Kriteriums Erinnerung des Werbemittels, darüber hinaus aber auch anhand der Kriterien Bekanntheit des Produktes, Einstellung zum Produkt sowie Kauf eines Produktes gemessen. Die Ermittlung der Werbewirkung wird allerdings dadurch erschwert, dass die genannten Kriterien der Werbewirkung auch durch andere Faktoren als die Werbung beeinflusst werden, so dass eine exakte Messung der Werbeeffizienz schwierig ausfällt (vgl. Berekoven et al. 1999).

Literatur: Berekoven, L./Eckert, W./ Ellenrieder, P. (1999): Marktforschung, 8. Aufl., Wiesbaden; Hammann, P./Erichson, B. (2000): Marktforschung, 4. Aufl., Stuttgart u.a.

Dieter K. Tscheulin/Bernd Helmig

Spezifität, → Transaktionskostentheorie.

Spiegelsches Feldmodell, Vorläufermodell für die im Rahmen von → Positionierungsstrategien durchgeführten Marktanalysen. Erkenntnisziel in Spiegels Modell ist die Wahrnehmung von Produkten im sozialen Umfeld und die räumliche Abbildung von Produkten anhand von bestimmten, entscheidungsrelevanten Meinungsdimensionen.

Spieltheorie, → Theorien des Marketing.

Spill-Over-Effekt, → Ausstrahlungseffekt.

Spin Off, Unternehmen, die aus einer bestehenden Organisation ausgegründet werden. Bei der auch als „Inkubator" bezeichneten „Mutterorganisation" kann es sich um Hochschulen, Forschungseinrichtungen oder erwerbswirtschaftliche Unternehmen handeln. S.O. sind ebenso wie Startups stets innovative Unternehmen und stellen damit wichtige Transfermedien für die Verbreitung und gesellschaftliche Verwertung von technologischem Wissen dar (→ Technologietransfer). Seine heutige Bedeutung erhielt der S.O.-Begriff im Verlauf der 60er-Jahre. So gründeten in diesem Zeitraum in den USA viele Wissenschaftler staatlicher Forschungseinrichtungen im Zuge der neuen Anwendungsmöglichkeiten militärischer Technologien selbst Unternehmen, um Geschäftsideen zu verwirklichen. Daraus entwickelten sich regelrechte High-Tech-Agglomerationen, von denen die Route 128 (Boston/Cambridge, Massachusetts) und Silicon Valley (Palo Alto, nahe San Francisco) die bekanntesten sind.

Spitzenlast-Preisbildung, → Peak-Load-Pricing.

Sponsoring, Bezeichnet die Zuwendung von Finanz-, Sach- und/oder Dienstleistungen von einem Unternehmen (Sponsor) an eine Einzelperson, eine Gruppe von Personen oder eine Organisation bzw. Institution aus dem gesellschaftlichen Umfeld des Unternehmens (Gesponserter) gegen die Gewährung von Rechten zur kommunikativen Nutzung von Person bzw. Institution und/oder Aktivitäten des Gesponserten auf der Basis einer vertraglichen Vereinbarung. S. stellt somit ein klassisches Geschäft, das auf Gegenseitigkeit beruht, dar. Die vielfach vorgenommene Gleichstellung mit dem Mäzenatentum ist nicht gerechtfertigt. Aus der Sicht des Gesponserten handelt es sich beim S. um ein Beschaffungs- bzw. Finanzierungsinstrument. Für den Sponsor hingegen ist es in erster Linie ein Instrument der Kommunikationspolitik. S. soll entweder die anderen Kommunikationsinstrumente unterstützen und ergänzen, oder es kann als Basis für den integrativen Einsatz der übrigen Kommunikationsinstrumente dienen. In diesem Sinne lässt sich das S. als komplementäres oder als übergreifendes Instrument der Marketingkommunikation auffassen. Eine derartige begriffliche Auffassung schließt nicht aus, dass mit dem S. auch Förderabsichten verbunden sein können, wie es z.B. häufig beim Kunstsponsoring der Fall ist. Konkurrierende Instrumente für das S. sind bei Förderabsichten vor allem die Spende und die Stiftung. Im Vergleich zu den anderen Instrumenten der Kommunikationspolitik lassen sich für das S. die folgenden charakteristischen Vorteile nennen: (1) S. spricht Zielgruppen in nicht-kommerziellen Situationen an. (2) Die Aufmerksamkeit und das Image von Personen, Institutionen und Veranstaltungen aus dem gesellschaftlichen Umfeld lassen sich unter optimalen Transfer-

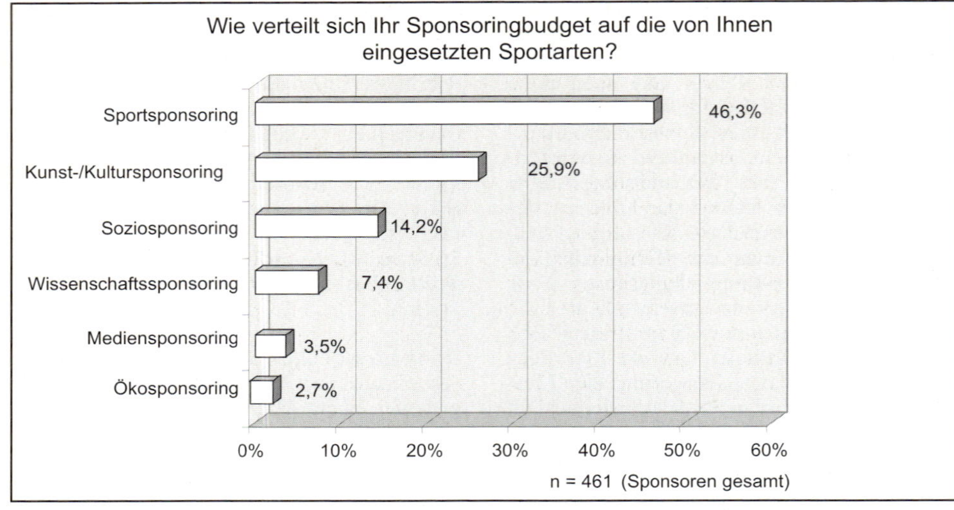

Verteilung der Sponsoringbudgets auf die Sponsoringarten (Quelle: Hermann/Riedmüller 2002)

bedingungen unmittelbar für die eigenen kommunikativen Zielsetzungen nutzen, z.B. die Präsentation eines gesponserten Events durch das Fernsehen einschließlich Interviews mit gesponserten Künstlern oder Sportlern. (3) In sehr vielen Fällen bietet das S. somit eine höhere Kontaktqualität als die klassische Werbung. (4) Mit S. lassen sich z.T. Zielgruppen ansprechen, die mit klassischen Kommunikationsmaßnahmen kaum erreichbar sind, z.B. Entscheider. (5) S. bietet z.T. Möglichkeiten, bestehende Kommunikationsbarrieren zu umgehen, z.B. das Sport-S. in den öffentlich-rechtlichen TV-Anstalten nach 20 Uhr oder an Sonn- und Feiertagen. (6) Die Massenmedien wie z.B. das Fernsehen und die Tageszeitungen üben häufig eine Multiplikatorfunktion bei der Vermittlung von S.-Botschaften aus, was das S. ökonomisch besonders interessant macht. Als S.-Arten gelten (in der Reihenfolge ihrer Bedeutung in der Praxis): → Sportsponsoring, → Kunstsponsoring, → Soziosponsoring, → Wissenschaftssponsoring, → Mediensponsoring, → Ökosponsoring. Darüber hinaus spricht man in der Kommunikationspraxis von Programm- bzw. Mediensponsoring sowie vom Online-Sponsoring. Im Hinblick auf die eingangs benutzte S.-Definition handelt es sich in beiden Fällen um eine spezifische Form der Werbung, man spricht auch von Sonderwerbeformen. Die Aufwendungen für den Erwerb von S.-Rechten betrugen 1999 ca. 2,75 Mrd. EUR, davon entfallen allein auf das Sportsponsoring 1,1 Mrd. EUR. Der Sponsoringanteil an den Aufwendungen für die Kommunikationspolitik liegt insgesamt bei ca. 6%. Das Sponsoring hat bei den Sponsoren naturgemäß einen unterschiedlichen Stellenwert; durchschnittlich liegt der Anteil am Gesamtbudget für die Kommunikationspolitik bei ca. 15%, wobei in der Verteilung eindeutig der Sport und die Kunst an der Spitze stehen (vgl. Abb. „Verteilung der Sponsoringbudgets auf die Sponsoringarten").

Literatur: Bruhn, M. (1998): Sponsoring – Systematische Planung und interaktiver Ansatz, 3. Aufl., Wiesbaden; Hermanns, A. (1997): Sponsoring – Grundlagen, Wirkungen, Management, Perspektiven, 2. Aufl., München; Hermanns A./Riedmüller, F. (2002): Sponsoringverhalten in deutschen Unternehmen: Zwischen mäzenatischen Förderern und Sponsoring Professionals, in: Stiftung & Sponsoring, Nr. 5, S. 34-36.

Sponsoringbudgetierung, umfasst zwei Problemebenen, zum einen die Festlegung der Höhe des Budgets und zum anderen dessen Allokation. Vor der Auswahl konkreter Sponsorships muss der finanzielle Rahmen für die Sponsoringaktivitäten eines Geschäftsjahres festgelegt werden. Die Höhe des Sponsoringbudgets wird dabei üblicherweise im Rahmen des Gesamtkommunikationsbudgets mit Hilfe geeigneter Kriterien entschieden. Dabei muss auf spezifische Kostenblöcke geachtet werden: Kosten für die planungsrelevanten Sponsoringinformationen, Kosten der vertraglich vereinbarten Finanz-, Sach- und Dienstleistungen des Sponsors, Kosten für die Durchführung der Sponsoringmaßnahmen, Kosten für die sponsoringspezische integrierte Kommunikation, Agenturkosten, Nachbereitungskosten und Kosten für die Erfolgsmessung. Damit wird deutlich, dass die häufig in der Öffentlichkeit diskutierten Summen als Entgeld von Sponsoringrechten für den Sponsor nur einen Teil der anfallenden Gesamtkosten darstellen. Die Sponsoringpraxis rechnet heute mit einem Kostenverhältnis von eins (Kosten für den Kauf der Rechte) zu drei (Kosten für eine angemessene betriebswirtschaftliche Umsetzung der erworbenen Rechte). Die Allokation des Sponsoring, auch Feinbudgetierung genannt, befasst sich mit der Verteilung der budgetierten Mittel auf konkrete Sponsoringmaßnahmen. Hierzu empfiehlt es sich, nach Allokationsgrundsätzen, die sich zum größten Teil aus den → Sponsoringgrundsätzen ergeben, z.B. Schwerpunktbildung, Ausschlüsse oder Limits, vorzugehen.

Sponsoringdienstleister, Sponsoringberater und Sponsoringagenturen sind als die klassischen S. anzusehen. Sponsoring-Berater sind überwiegend Ein-Personen-Unternehmen, die beratende Tätigkeiten für Sponsoren und Gesponserte ausüben oder eine Maklerrolle zwischen diesen beiden Parteien erfüllen. Häufig wird diese Funktion auch durch die Manager von gesponserten Einzelpersonen wahrgenommen, ein bekannter Name aus dem Tennissport ist in diesem Zusammenhang Ion Tiriac. Sponsoring-Agenturen sind wirtschaftliche Dienstleistungsorganisationen, die für Sponsoren aber auch für Gesponserte tätig werden können. Das Spektrum der Agenturen ist sehr vielfältig: es reicht von sog. Full-Service-Agenturen, die für einen Sponsor alle Aufgaben, die mit dem Einsatz des Instrumentes Sponsoring anfallen, übernehmen bis hin zu Spezial-Sponsoring-Agenturen, die nur ein Teilgebiet, etwa die Umsetzung, als ihre spezielle Dienstleistung anbieten. Als weitere Agenturtypen, die im weiteren Sinne im Sponsoring-Business Leistungen erbringen, sind zu nennen: Vermarktungsagenturen, die Großereignisse kommerziell verwerten und die damit verbundenen Werberechte verkaufen, Spezialagenturen für Banden- und Sportstättenwerbung, Lizenzagenturen, die die Nutzungsrechte an Maskottchen, Emblemen usw. vermarkten und Rechte-Agenturen, die die werblich genutzten Persönlichkeitsrechte von Künstlern oder Sportlern vertreten.

Sponsoringdurchführung. Der Erfolg jeder noch so guten → Sponsoringplanung steht und fällt mit der Qualität ihrer Durchführung bzw. Umsetzung. Hier kommt es entscheidend darauf an, ob bereits Erfahrungen aus vorangegangenen → Sponsorships vorliegen. Ist dies nicht der Fall, so ist in jedem Fall der Einsatz einer sog. Durchführungsagentur zu empfehlen, die in der Lage ist, die vielfältigen Details der Durchführungsarbeit zu kennen und fehlerfrei zu erledigen. Unabhängig davon sollte in der Unternehmung ein verantwortlicher Sponsoringmanager bestellt sein, der haupt- oder nebenamtlich nicht nur für die Planung, sondern auch für die Durchführung der Sponsoringmaßnahmen verantwortlich zeichnet, größere Unternehmen operieren bereits mit eigenen organisatorischen Einheiten für das Sponsoring.

Sponsoringgrundsätze. Um für die beim Sponsoring notwendige Kontinuität zu sorgen, empfiehlt sich die Festschreibung von S. Durch sie wird ein langfristiger Orientierungsrahmen für sämtliche Sponsoringaktivitäten eines Unternehmens geschaffen. Die S. können u.a. Aussagen über folgende Aspekte des Sponsoring beinhalten: (1) Unternehmensspezifisches Sponsoringverständnis und Rolle des Sponsoring in der Kommunikationspolitik, (2) Organisatorische Regelungen: Verantwortlichkeiten, Entscheidungswege, (3) Richtlinien hinsichtlich der Systematik des Sponsoringmanagements, der einzusetzenden Methoden und der Vernetzung mit anderen Kommunikationsinstrumenten, (4) Fokussierung auf bestimmte Sponsoringarten und/oder deren Differenzierungen sowie evtl. Ausschlüsse sowie (5) Verhaltensrichtlinien für die Zusammenarbeit mit den Gesponsorten und sonstigen Partnern.

Sponsoringkontrolle, schließt die systematische Überprüfung und Beurteilung der

Planung und Durchführung aller Sponsoring-Aktivitäten eines Unternehmens ein. Dabei lässt sich zwischen Prozesskontrolle und Ergebniskontrolle unterscheiden. Das Sponsoringaudit im Sinne einer Prozesskontrolle dient der ständigen Überprüfung der Planung und Durchführung von Sponsoringmaßnahmen. Fehler sollen frühzeitig aufgedeckt werden, um eine rechtzeitige Korrektur vornehmen zu können. Zur Durchführung von Ergebniskontrollen kann prinzipiell auf sämtliche methodischen Ansätze der → empirischen Sozialforschung zurückgegriffen werden. Durchgesetzt hat sich eine Einteilung der Kontrolldesigns nach dem Zeitpunkt(en) der Messung(en) in Ex ante- bzw. Pretest-Kontrollen, Ex ante-ex post-Kontrollen sowie In between-Kontrollen, sog. Tracking-Studien. Außer bei kurzfristigen Erhebungsanlagen unter Wahrung einer ceteris paribus-Bedingung lässt sich meist nur eine Verbundwirkung des Sponsoring mit den übrigen eingesetzten Kommunikationsinstrumenten messen. Dies gilt insbesondere vor dem Hintergrund des erforderlichen langfristigen Einsatzes des Sponsoring und der daraus resultierenden dynamisch-synergetischen Vernetzung von Sponsorships mit anderen Instrumenten der → Kommunikationspolitik.

Sponsoringmanagement, lässt sich idealtypisch in die Phasen → Sponsoringplanung, → -durchführung und → -kontrolle gliedern. Diesem Sponsoringmanagementprozess sollten → Sponsoringgrundsätze zugrunde liegen (vgl. Abb. „Phasenschema des Sponsoringmanagements"). Unternehmerische Vision, Business-Mission, Unternehmensphilosophie, Unternehmenskultur sowie Marketing- und Kommunikationskonzeption des Unternehmens bilden die strategischen Bezugspunkte für das Sponsoringmanagement.

Sponsoringobjekt, stellt den kommunikativen Bezugspunkt für das Sponsoring dar. Die damit zu treffende Entscheidung ist relativ einfach zu lösen, da lediglich zwei Alternativen zur Wahl stehen: Soll das Unternehmen als Ganzes (z.B. war die Firma NEC lange Zeit Titelsponsor des Davis Cup) oder ein Produkt bzw. eine Marke (die Marke Snickers der Firma MARS hat die Fußballweltmeisterschaft gesponsert) kommunikativer Bezugspunkt des Sponsoring sein, auch eine Kombination beider ist möglich (die Adam Opel AG und deren Marke Opel sponsern den FC Bayern München).

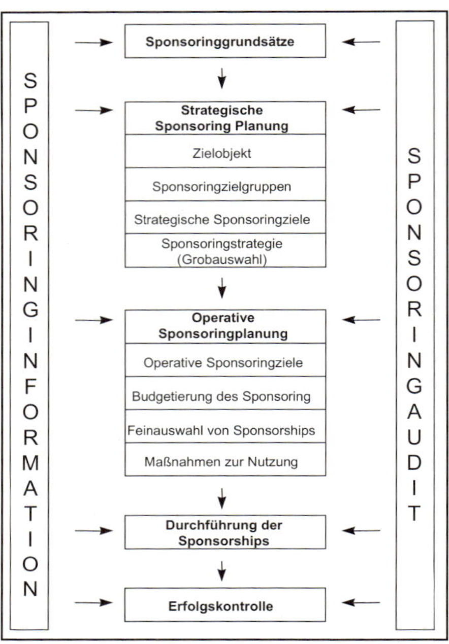

Phasenschema des Sponsoringmanagements (Quelle: Hermanns 1997, S. 136)

Sponsoringplanung. Gegenstand der S. ist die Entwicklung einer Sponsoringkonzeption. Darunter versteht man einen zukunftsgerichteten gedanklichen Entwurf, der Sponsoringziele, -strategien und -maßnahmen zu einer schlüssigen Gesamtsicht zusammenfasst. Dabei sind strategische und operative Sponsoringentscheidungen zu treffen, wobei die operativen auf den strategischen Entscheidungen aufbauen. Die strategische S. als Ausgangspunkt der Sponsoringkonzeption umfasst Sponsoringentscheidungen über das → Sponsoringobjekt (kommunikativer Bezugspunkt: Unternehmen und/oder Marke), die → Sponsoringzielgruppe (wer soll erreicht werden?), die → Sponsoringziele (was soll langfristig bei der Zielgruppe erreicht werden?) und die Bestimmung der → Sponsoringstrategie (Sponsoringgrobauswahl). Die strategischen Entscheidungen sollten in ein konkretes Maßnahmenkonzept für die operative Planungsperiode (i.d.R. ein Geschäftsjahr) einmünden, das im Zuge der operativen S. erstellt wird.

Die folgenden Entscheidungen stehen dabei im Vordergrund: → Sponsoringbudgetierung, → Sponsorshipauswahl, Gestaltung von → Sponsoringverträgen und die → Sponsorshipnutzung.

Sponsoringvertrag. Im S. werden der konkrete Gegenstand und der detaillierte Inhalt der Zusammenarbeit zwischen Sponsor und Gesponsertem definiert und die beiderseitigen Rechte und Pflichten festgehalten. Er stellt die Grundvoraussetzung für eine faire Zusammenarbeit dar und er sollte immer in schriftlicher Form abgefasst sein, damit die wechselseitigen Verpflichtungen vor allem hinsichtlich der beiderseitigen Leistungen eindeutig nach Inhalt, Umfang und zeitlichem Bezug festgehalten sind. Konsequenzen für die vollständige oder teilweise Nichterfüllung sollten ebenfalls Vertragsbestandteil sein. Die Elemente eines S. hängen sehr stark von dem jeweiligen eingegangenen → Sponsorship ab, ein Full-Sponsor z.B. wird weiter gehende Vereinbarungen treffen als ein Co-Sponsor.

Sponsoringwirkungen. Für die Entscheidung des Kommunikationsmanagements, ob und in welchem Umfang Sponsoring als Kommunikationsinstrument eingesetzt werden soll, sind Aussagen über die Wirkungspotenziale des Sponsoring von wesentlicher Bedeutung, denn nur auf dieser Basis ist ein zielgerichtetes Einsetzen dieses Instruments möglich. Die meisten Sponsoringmaßnahmen lassen lediglich den Transport von Kommunikationsbotschaften geringen Umfangs zu. Dabei kann es sich um Unternehmens- bzw. Markennamen sowie Logos bzw. Signets in den entsprechenden Farben handeln. Sponsoring eignet sich demnach weniger zur Übermittlung komplexer Botschaften, sondern zielt auf die assoziative Verbindung einer Unternehmung bzw. einer Marke mit den Attributen des Gesponserten bzw. der gesponserten Veranstaltung ab. Beim Einsatz des Sponsoring im Rahmen der → Integrierten Kommunikation jedoch ist eine erweiterte inhaltliche Verwendung möglich. Die bisherigen empirischen Untersuchungen, die sich den Wirkungen des Sponsoring beschäftigen, führen zu den folgenden allgemeinen Erkenntnissen: (1) Sponsoring kann den Bekanntheitsgrad einer Unternehmung oder einer Marke positiv verändern. (2) Für einen Sponsor ist ein Imagetransfer über das gemeinsame Auftreten mit einem Gesponserten grundsätzlich möglich. (3) Die Vernetzung des Sponsoring mit anderen Instrumenten der Marketingkommunikation kann dessen Effizienz wesentlich steigern.

Sponsoringziele. Als die wesentlichen kommunikativen Ziele, die mit dem Sponsoring erreicht werden können, gelten: Erhöhung bzw. Stabilisierung des Bekanntheitsgrades, Kreation, Veränderung oder Stabilisierung von Images, Kontaktpflege mit geladenen Gästen, auch Hospitality genannt, Mitarbeitermotivation durch Integration von Mitarbeitern in das Sponsorship sowie Leistungsdemonstration von Produkten, sofern das Produkt des Sponsors in einem Zusammenhang mit der durch den Gesponserten vertretenen Aktivität steht.

Sponsoringzielgruppen. Das Sponsoring kann grundsätzlich zur Kommunikation mit unternehmensinternen und unternehmensexternen Zielgruppen eingesetzt werden. Als externe S. können in allgemeiner Sicht genannt werden: derzeitige Kunden, potenzielle Kunden, Absatzmittler, Absatzhelfer, Lieferanten, Investoren, breite Öffentlichkeit, Multiplikatoren oder potenzielle Mitarbeiter. Als interne S. sind zu nennen: derzeitige Mitarbeiter und Anteilseigner. Im Zuge der → Sponsoringplanung gilt es, die mittels der Sponsoringaktivitäten zu erreichenden Zielgruppen konkret nach quantitativen und qualitativen Kriterien (soziodemographische, psychographische, verhaltens-, besitz- und medienorientierte Variablen) zu beschreiben.

Sponsorship. Während → Sponsoring das Kommunikations- bzw. Beschaffungsinstrument als solches kennzeichnet, bezieht sich ein Sponsorship auf eine ganz spezifische Sponsor-Gesponserten-Beziehung. Die Konkretisierung des Sponsoring auf der Basis eines → Sponsoringvertrages zwischen einem Sponsor und einem Gesponserten ist somit als Sponsorship zu verstehen.

Sponsorshipauswahl, gliedert sich in eine Grobauswahl und eine Feinauswahl. In der strategischen → Sponsoringplanung ist zunächst die Grobauswahl vorzunehmen. Die hierfür notwendige Vorgehensweise für die Umsetzung von Imagezielen sei im Folgenden kurz skizziert. Zunächst muss aus den Imagezielen der Kommunikationspolitik auf der Basis des Ist-Images das Imageziel für das künftige Sponsoringengagement abgeleitet werden, z.B. die Verbesserung des Images eines Produktes in der Zielgruppe. In einem zweiten Schritt erfolgt eine genaue Spezifizierung des Ziel- bzw. Soll-Images anhand geeigneter Imagedimensionen, z.B. sollen die Imagedimensionen Dynamik und Innovation für das Produkt verbessert werden. Diese konkret spezifizierten Imagedimensionen stellen die Kernbotschaft des geplanten Sponsorships dar. Auf dieser Basis erfolgt dann eine zielgruppenorientierte Analyse von Imagedimensionen relevanter Sponsoringarten (man spricht auch von der Zielgruppenaffinität) sowie ein Abgleich mit den vorher festgelegten Ziel- bzw. Soll-Imagedimensionen für das Produkt (was auch als Produktaffinität bezeichnet wird), z.B. welche Sportart oder welche Kunstart eignet sich für einen Imagetransfer der Dimensionen Dynamik und Innovation bei der Zielgruppe? Bei Vorliegen von Alternativen kann dann abschließend die Grobauswahl aus den differenzierten Sponsoringarten vorgenommen werden, wobei als Kriterien die jeweiligen Affinitäten zugrunde gelegt werden. Die anschließende Feinauswahl im Rahmen der operativen Sponsoringplanung setzt natürlich das Vorhandensein von alternativen Sponsorshipangeboten voraus. Häufig werden den Unternehmen, vor allem solchen, die als Sponsoren bereits bekannt sind, derartige Angebote von potenziellen Sponsoren gemacht. Ist dies nicht der Fall, so kann ein Unternehmen sich bei der Alternativensuche Unterstützung von → Sponsoringdienstleistern holen. Eine sorgfältige Sammlung und vergleichbare Aufbereitung der Angebote mit Hilfe von gewichteten Bewertungskriterien bildet eine wesentliche Voraussetzung für den späteren Abschluss eines Erfolg versprechenden Sponsorships.

Sponsorshipnutzung. Hierunter wird die kommunikative Nutzung von Sponsorships durch den Sponsor verstanden. Es lassen sich die folgenden Nutzungsmöglichkeiten differenzieren: (1) Die sponsoringspezifische Nutzung: Markierung von Ausrüstungsgegenständen, z.B. Trikotwerbung, Bandenwerbung, Präsenz im Umfeld von Veranstaltungen, z.B. Produkt- oder Unternehmenspräsentation im Rahmen einer Ausstellung, Nutzung von Prädikaten, z.B. Offizieller Sponsor des Schleswig-Holstein-Festivals sowie die Benennung des gesponserten Objektes nach dem Sponsor, z.B. der Leipziger Sparkassen-Cup, (2) die Nutzung im Rahmen der → integrierten Kommunikation, z.B. Anzeigenwerbung und begleitende Verkaufsförderungsmaßnahmen, (3) die Nutzung im Rahmen anderer → Marketinginstrumente, z.B. Namensgebung eines Produktes wie etwa das Corsa-Sondermodell „Grand Slam“ sowie (4) die Nutzung über die vertragliche Medienberichterstattung: Es handelt sich dabei um Planungsabsprachen zwischen Sponsor, Gesponsertem und berichtenden Medien, insbesondere mit Fernsehsendern sowie (5) die Nutzung über die redaktionelle Medienberichterstattung (Feuilleton, Sport, Lokales), die allerdings im autonomen Entscheidungsbereich der jeweiligen Redaktionen liegen.

Sportsponsoring. Von allen Sponsoringarten nimmt das S. die dominierende Stellung ein. Die Möglichkeiten für ein Unternehmen, im Sport als Sponsor aufzutreten, sind vielfältig. Zur Klassifizierung konkreter Engagements lassen sich die Kriterien organisatorische Einheit, Leistungsebene und Sportart heranziehen; daraus ergibt sich ein sehr heterogenes Auswahlfeld für konkrete → Sponsorships (vgl. Abb. „Differenzierung des Sportsponsoring“). S. wird wie keine andere Sponsoringart von den Medien beeinflusst. Vom Sponsoring profitieren vor allem

Sponsoringart	Systematisierungskriterien	Ausprägungen
Sportsponsoring	Sportart	Fußball, Tennis, Golf, usw.
	Organisatorische Einheit	Verbände, Vereine, Mannschaften, Einzelsportler, Veranstaltungen, usw.
	Leistungsebene	Profisport, Amateur-Sport, Breiten- und Freizeitsport

Differenzierung des Sportsponsoring

die Sportarten, die über eine entsprechend hohe Medienpräsens verfügen, dazu zählen derzeit besonders der Ligafußball und der Formel 1-Rennsport. Auch wenn in der jüngeren Vergangenheit das Interesse am Breitensport zugenommen hat, ist der Spitzen- und Leistungssport nach wie vor der beliebteste Sponsoringpartner. Dabei steht die Unterstützung von Einzelsportlern, Mann-

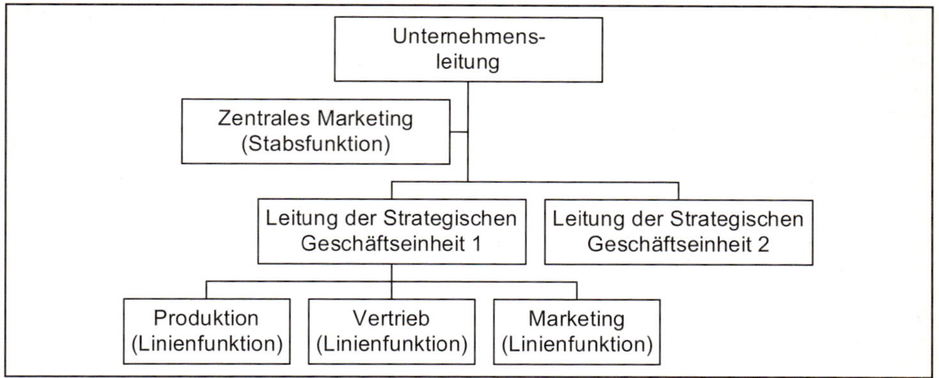

Unterscheidung zwischen Stabs- und Linienfunktion

schaften und Veranstaltungen im Vordergrund.

Sprinkler-Strategie, Versuch eines international tätigen Unternehmens, in einer kurzen Zeit in möglichst viele Auslandsmärkte mit einem gegebenen Budget einzutreten. Es handelt sich dabei um eine spezifische Form des Timings der internationalen → Markteintrittsstrategie. Der Grund für diese Strategie liegt häufig in den hohen Entwicklungskosten und dem steigenden Wettbewerbsdruck in vielen Märkten, die Unternehmen zunehmend zwingen, ihre Produkte in möglichst vielen Märkten einzuführen. Verstärkt wird dieser Trend durch die in vielen Branchen zu beobachtende Verkürzung der Produkt- und Technologiezyklen. Weitere Gründe für die S.-S. können in der begrenzten zeitlichen Stabilität eines Wettbewerbsvorteils, einem hohen Globalisierungsgrad der Branche sowie einer hohen Profitabilität einer Pionierstrategie (z.B. Etablierung eines Industriestandards) liegen. Im Gegensatz zur S.-S. steht als Timing-Strategie für den Auslandsmarkteintritt auch die → Wasserfallstrategie zur Verfügung.

SPSS, *Statistical Package for the Social Sciences*; ein von der Firma SPSS Inc., gegründet 1968 mit Stammsitz in Chicago, entwickeltes und sehr weit verbreitetes Software-Paket zur statistischen → Datenanalyse. SPSS war die weltweit erste Datenanalyse-Software für den PC. Das Basismodul der aktuellen Version 11 umfasst eine weitreichende Palette an verfügbaren statistischen Analysemethoden, die von → Häufigkeitsverteilung bis hin zu multivariaten Analysemethoden (z.B. → Diskriminanzanalyse, → Varianzanalyse, → Faktorenanalyse, → Cluster-Analyse → Regressionsanalyse, → Multidimensionalen Skalierung) reichen. Dabei unterstützt die Software den gesamten Prozess von der Datensammlung bis hin zur Präsentation. Daneben sind weitere zusätzlich Module erhältlich, die die Palette der anwendbaren statistischen Analyseverfahren noch erweitern, z.B. um → Conjoint-Analysen oder Strukturgleichungsmodellierung.

S-R-Paradigma, → Konsumentenverhaltensforschung, → Behaviorismus.

Stab- und Liniensystem, Stabs- und Linienfunktion, bezeichnet eine wichtige allgemeine Unterscheidung bei der Integration von Abteilungen in die Unternehmensorganisation. Linienstellen sind diejenigen Stellen, die unmittelbar mit der Erfüllung der Hauptaufgabe in einer Organisation befasst sind. Als Stäbe oder Stabsstellen bezeichnet man Leitungshilfsstellen, die Instanzen bei der Erfüllung ihrer Leitungsfunktion beraten und unterstützen, ohne jedoch nennenswerte Entscheidungs- und Weisungsbefugnisse zu haben. Während der Vertrieb zumeist als Linienfunktion organisiert ist, finden sich beim Marketing sowohl Linien- als auch Stabsfunktion (vgl. Abb. „Unterscheidung zwischen Stabs- und Linienfunktion").

Literatur: Homburg, Ch./Krohmer, H. (2003): Marketingmanagement: Strategie, Instrumente, Umsetzung, Unternehmensführung, Wiesbaden.

Stadtmarketing, → City Marketing. Übertragung des Marketingansatzes auf Städte und Kommunen. S. umfasst die Analyse, Planung und Kontrolle von Programmen, deren Zweck es ist, erwünschte Austauschvorgänge mit ausgewählten Märkten bzw. Ziel- und Anspruchsgruppen einer Stadt zu bewirken. Es lassen sich innen- und außengerichtete Ziele des S. unterscheiden. Während innengerichtete Ziele auf die Erhöhung der Identifikation der Bürger mit einer Stadt und die Erhöhung der Lebensqualität in der Stadt ausgerichtet sind, setzen aussengerichtete Ziele an der Profilierung einer Stadt (z.B. Erhöhung des Bekanntheitsgrades, Verbesserung des Images) gegenüber Zielgruppen wie Touristen, potenziellen Einwohnern oder Investoren an. Angesichts des zunehmenden Wettbewerbes zwischen den Städten erlangen die aussengerichteten Ziele des S. einen zunehmenden Stellenwert. Bei der Gestaltung des → Marketingmix des S. wird insbesondere der → Kommunikationspolitik ein besonderer Stellenwert beigemessen. Die Leistungspolitik umfasst die Verbesserung des Dienstleistungsangebotes (z.B. Einzelhandel, Gastronomie, Theater, Freizeitmöglichkeiten, Verwaltungsdienste) und der Stadtatmosphäre; die Maßnahmen der Infrastrukturverbesserung betreffen die Distributionspolitik. Die Fragen der Preisgestaltung (z.B. Wohnungsmieten, Hotelpreise, Grundstückspreise) und der Festlegung von Gebühren/Steuern sind der Kontrahierungspolitik zuzuordnen. Die besonderen Problemfelder des S. liegen in der Einbeziehung und Koordination einer Vielzahl kommunaler, politischer und privater Akteure.

Stakeholder, (stake = Interesse, Anliegen), Gruppen der Umwelt, die direkt oder indirekt vom Handeln des Unternehmens betroffen sind und deshalb Interesse am Unternehmen entwickeln. S. haben gewisse Eingriffsmöglichkeiten in das Unternehmen, die gesetzlich oder vertraglich geregelt oder aus gesellschaftlichen Konventionen oder Werten ableitbar sind. Wichtige S. sind insbesondere Kunden, Mitarbeiter, Aktionäre, Lieferanten und Gewerkschaften.

Stammkunde, Kunde, der aufgrund emotionaler oder faktischer Bindungen regelmäßig bei einem bestimmten Anbieter kauft. Im Gegensatz hierzu wird von Laufkundschaft oder Neukunde gesprochen, wenn der Kauf eher zufällig, z.B. bei einem Besuch in einer fremden Stadt, oder erstmalig erfolgt.

Stammplatzierung, regelmäßige Platzierung von bestimmten Produkten an festgelegten Orten innerhalb der Verkaufsräume im Einzelhandel (→ Point of Sale). Spannungen entstehen mit Blick auf die Platzierung durch die unterschiedlichen Zielsetzungen von Industrie und Handel. Während Industrieunternehmen vornehmlich daran interessiert sind, für möglichst viele Produkte aus dem eigenen Sortiment eine S. in möglichst hochwertigen Verkaufszonen, wie Gangkreuzungen, Auflaufflächen, auf die der Kunde automatisch blickt usw., zu erlangen, soll aus Sicht der Handelsunternehmen durch eine entsprechende Verteilung und Zuordnung von Stammplätzen eine möglichst gleichmäßige Nutzung des Verkaufsraumes durch den Kunden gewährleistet sein. Insbesondere die Verweildauer der Kunden (→ Einkaufsdauer) soll verlängert werden. Aus Kundensicht sollen vor allem → Convenience Goods leicht und schnell auffindbar sein. Aus diesem Blickwinkel empfehlen sich somit insbesondere Güter des täglichen Bedarfs für eine S.

Standardabweichung, die S. gehört zu den → Streuungsparametern von → Häufigkeitsverteilungen, mit deren Hilfe das charakteristische Aussehen einer Häufigkeitsverteilung von Merkmalsausprägungen beschrieben werden kann. Die S. von n Werten lautet

$$\sigma = \sqrt{\frac{1}{n}\sum_{i=1}^{n}\left(x_i - \bar{x}\right)^2}$$

→ Varianz.

Standardisierung. Das Prinzip besteht darin, dass dem Markt Standardprodukte angeboten werden, die die durchschnittlichen Bedürfnisse aller Nachfrager befriedigen. Sie sind also auf die durchschnittlichen Erwartungen der Nachfrager ausgerichtet. Die absatzpolitischen Bemühungen konzentrieren sich auf die Gemeinsamkeiten und nicht auf die Unterschiede in den Bedürfnissen und Verhaltensweisen der Kunden. Insbesondere Massendistributionswege und Massenwerbemedien kommen zum Einsatz. Der Markt wird demnach bewusst nicht in seinen Teilen bzw. Segmenten betrachtet, sondern als Aggregat. Das Unternehmen verfolgt das Ziel, die größtmögliche Zahl von Abnehmern anzusprechen. Über die S. kann ein Abbau des vom Kunden wahrgenommenen Risikos erreicht werden. Dieser Aspekt ist insbesondere für → Dienstleistungen aufgrund ihrer Besonderheiten, wie der Immaterialität der Leistung, von weitreichender Bedeutung. Die S. kann sich auf die vom Unternehmen oder Dienstleister beeinflussbaren Potenziale (z.B. einheitliche Gebäude und Einrichtungsgegenstände), Prozesse (z.B. einheitliche Mitarbeiterrichtlinien für den Umgang mit dem Kunden) und Ergebnisse (z.B. einheitliche Produkte in Form des Big Mac bei McDonald´s) beziehen. Die Notwendigkeit der gleichzeitigen Bearbeitung von Märkten wirft die Frage nach einer S. der internationalen Marketingplanung auf. Die Vereinheitlichung umfasst die Marketinginhalte und die Marketingprozesse. Die inhaltliche Festlegung standardisiert den länderübergreifenden Einsatz der → Marketinginstrumente. Die Prozessstandardisierung umfasst die einheitliche Strukturierung und ablauforganisatorische Unifizierung von Marketingentscheidungen. Oftmals ist es aber nicht möglich, → Produkte und → Marken für den länderübergreifenden Einsatz vollständig zu standardisieren, aufgrund unterschiedlicher Ge- und Verbrauchsbedingungen, Ge- und Verbrauchsgewohnheiten sowie gesellschaftlicher und kultureller Einflüsse.

Standort, derjenige geographische Ort, an dem zur Erreichung unternehmerischer Ziele Produktionsfaktoren kombiniert werden. I.Allg. trifft der Begriff S. auf eine Vielzahl unterschiedlicher, jeweils abgegrenzter Orte zu, die keineswegs ausschließlich als konkrete Verkaufsstätte (→ Point of Sale) zu klassifizieren sind. Es können vielmehr auch geographische Orte als S. bezeichnet werden, deren Nutzung andere Leistungen wie Produktion, Lagerung oder auch Bereitstellung von Parkplätzen ermöglicht. Mit Blick auf den Handel bestimmt der Standort das regionale Marktsegment eines Handelsbetriebes. Es handelt sich somit bei der Wahl eines bestimmten Standorts, die im Rahmen der → Standortpolitik getroffen wird, um ein Entscheidungsproblem, das nicht nur unter kostenwirtschaftlichen Aspekten bewertet werden sollte. Der Standort ist durchaus als eigenständiges absatzwirtschaftliches Instrument anzusehen, nicht zuletzt durch die Tatsache, dass eine Standortwahl zumeist eine längere Bindung hervorruft, da einmal getroffene Standortentscheidungen aufgrund i.d.R. erheblicher sowie räumlich festgelegter Investitionen oftmals für mehrere Jahre oder gar Jahrzehnte das Marktgebiet festlegen.

Standortanalyse, punktuelle, Maßnahme zur detaillierten Evaluation von konkreten lokalen Lagen (→ Standort) von Einzelhandelsflächen innerhalb eines → Einzugsgebietes. Vorrangige Zielsetzung einer S. ist somit die Bewertung örtlicher Standortalternativen. Eine derartige Bewertung erfordert Kenntnisse über → Standortfaktoren, potenzielle Einzahlungen, voraussichtliche Auszahlungen und die Rentabilität des örtlichen Standortes. Im Rahmen einer S. werden u.a. Gravitationsmodelle, Punktbewertungsverfahren, Regressionsanalysen und Verfahren der Investitionsrechnung angewandt. (→ Standortpolitik)

Standortcontrolling, Teil der Unternehmensführung, der durch regelmäßige Informationsbeschaffung standortbezogene Planungs- und Kontrollaufgaben unterstützt. Die beschafften Informationen werden im Rahmen des S. entscheidungsvorbereitend analysiert und aufbereitet. Die Ergebnisse dieser Analyse werden im Folgenden zur strategischen Standortnetzplanung des Gesamtunternehmens, für eine detaillierte Einzelfallplanung bereits existierender Geschäftsstätten oder zur Planung neuer Standorte verwendet. Insbesondere die hohe Bedeutung von Standortentscheidungen im Einzelhandel verdeutlicht die Notwendigkeit regelmäßiger Überprüfungen von Standorten im Rahmen eines systematischen S.

Standortfaktor, bezeichnet eine Eigenschaft eines → Standortes, die auf die Zielerreichung eines Unternehmens einwirkt. Es handelt sich somit bei S. um erfolgsbestimmende Merkmale, die die → Standortwahl im Rahmen der Makro- und Mikroanalyse beeinflussen, indem sie zur Bewertung von Standorten eingesetzt werden. Zur Systematisierung von S. wurden im Zeitablauf immer differenziertere Kataloge entwickelt. Der Nutzen solcher Kataloge hängt im Wesentlichen davon ab, inwiefern die dort aufgeführten S. für die Zielsetzung, die mit

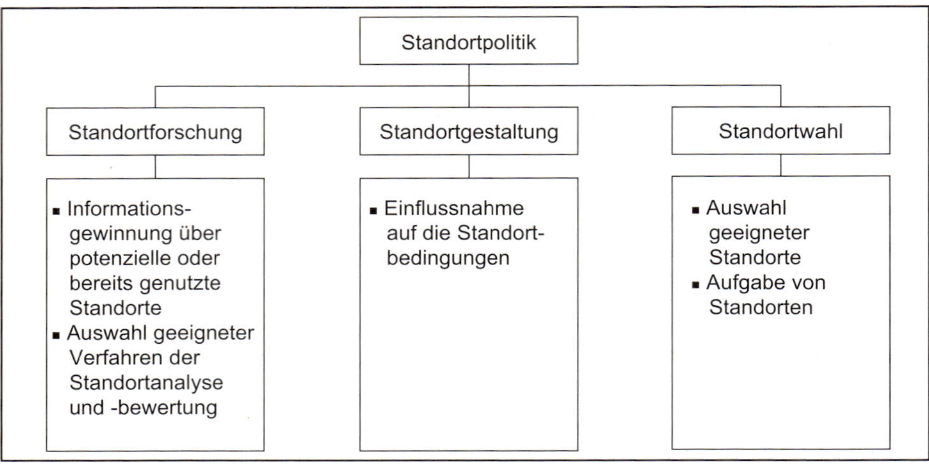

Aufgaben und Entscheidungstatbestände der Standortpolitik

einem unternehmensindividuellen Betriebstyp verfolgt werden, relevant sind. S. können sein: demographische Faktoren (z.B. Bevölkerungsstruktur), wirtschaftliche Faktoren (z.B. Einkommensverwendung), psychologische und sozialpsychologische Faktoren (z.B. Konsumgewohnheiten), Infrastruktur (z.B. Verkehr), Konkurrenzverhältnisse (z.B. Konkurrenzwirkung in Bezug auf Sortimentsstruktur), Objektbewertung (z.B. Bewertung des Platzes), standortabhängige Kosten (z.B. Gebäude und Unterhalt) und Störfaktoren (z.B. gesetzliche Bestimmungen). Zur Bewertung solcher S. werden u.a. die Profilmethode oder Scoring-Modelle, die Analogmethode, die Regressions- und Diskriminanzanalyse oder Gravitationsmodelle verwendet.

Standortforschung, bezeichnet eine Teilmenge der Aufgaben und Entscheidungstatbestände des Standortmanagements. Im Rahmen der S. wird durch den Einsatz ausgewählter Instrumente der Informationsgewinnung versucht, für das Unternehmen bedeutende Informationen über potenzielle oder bereits genutzte Standorte zu gewinnen. Der Standort sollte, wie auch das sonstige absatzpolitische Instrumentarium, in regelmäßigen Abständen hinsichtlich des Erfüllungsgrades der an ihn gestellten Anforderungen überprüft werden (→ Standortcontrolling), da eine Vielzahl von regional vorherrschenden Bedingungen (Änderung rechtlicher Vorschriften beispielsweise des Landesplanungsgesetzes oder der Baunutzungsverordnung, Erschöpfung evtl. vorkommender Ressourcen, Humankapitalab- oder -zuwanderung usw.) positiv oder negativ auf den Faktor Standort einwirken können. Mit Blick auf das → Handelsmarketing sind beispielsweise die Ermittlung des Einzugsgebietes (→ Einzugsgebietsabgrenzung) und die Analyse der am Standort wirkenden → Standortfaktoren bedeutende Aufgaben der S. Durch die immer weiter fortschreitende Internationalisierung von Unternehmen und der damit einhergehenden Erweiterung der Transport- und Kommunikationssysteme erweitern sich auch die Dimensionen der möglichen Standortentscheidungen und somit das Untersuchungsfeld der S.

Standortmanagement, → *Standortpolitik.*

Standortpolitik, Standortmanagement. I. Begriff: Der Teil der Absatzpolitik, der sich auf die marktorientierte Wahl eines geographischen Ortes, an dem ein Unternehmen zur Erreichung seiner unternehmerischen Ziele Produktionsfaktoren kombiniert (→ Standort), bezieht. Insbesondere für den Handel nimmt die effiziente Ausgestaltung der S. eine bedeutende Rolle ein, die nicht zuletzt in der i.d.R. langjährigen Bindung von Handelsunternehmen an einmal gewählte Standorte begründet ist. Das durch die schlechte Imitierbarkeit des Standortes durch konkurrierende Unternehmen entstandene Potenzial des Standortes zur Differenzierung ggü. Wettbewerbern ist ein weiterer grundlegender Aspekt, der die besondere Bedeutung der S. verdeutlicht. Entscheidungen im Rahmen der S. lassen sich grundsätzlich den drei Hauptbereichen → Standortforschung, Standortgestaltung und → Standortwahl zuordnen. Die Abb. „Aufgaben und Entscheidungstatbestände der Standortpolitik" verdeutlicht die Aufgaben und Entscheidungstatbestände im Rahmen der S.

II. Hauptbereiche: Während die Standortforschung auf die Gewinnung von Informationen, die sowohl bereits genutzte als auch potenziell zur Wahl stehende Standorte betreffen und auf die Weiterverarbeitung dieser Informationen im Rahmen geeigneter Verfahren der Standortanalyse und -bewertung ausgerichtet ist, wird im Zuge der Standortgestaltung bereits ein konkreter Einfluss auf etwaige Standortbedingungen ausgeübt. Die abschließende Standortwahl führt letztlich zu einer Auswahl eines neuen Standortes oder eventuell zu einer Aufgabe von Standorten. Die wichtigsten standortpolitischen Fragestellungen betreffen somit die Neugründung, Verlegung, Spaltung, Zusammenlegung aber auch die Schließung von Betrieben. Besondere Bedeutung als externe Einflussgröße im Rahmen der S. kommt der Baunutzungsverordnung zu, die die Freizügigkeit in der Standortwahl großflächiger Einzelhandelsbetriebe bedeutend eingeschränkt. Im Wesentlichen enthält die Baunutzungsverordnung Klassifikationen von Gebieten, für die zur Wahrung ihres Charakters bestimmte Bebauungsformen, insbesondere Handelsbetriebe, teilweise ausgeschlossen werden.

III. Grundlegende Ausrichtung: Bevor jedoch konkrete Standortentscheidungen getroffen werden, ist die grundlegende Ausrichtung der Standortstrategie zu formulieren. Solch eine Ausrichtung kann zum einen absatzorientiert und zum anderen kostenorientiert vorgenommen werden. Bei einer absatzorientierten Strategieausrichtung werden Agglomerationszentren (z.B. → Warenhäuser) aufgesucht, um eine gewisse Nähe zum Verbraucher zu erreichen. Bei einer kostenorientierten Ausrichtung steht hingegen die Minimierung der Raumkosten im Vordergrund, die z.B. durch die Wahl des → Vertriebsweges → Versandhandel zu erreichen versucht werden kann. Des Weiteren existieren die Optionen der nationalen und der internationalen Strategieausrichtung. Bei einer nationalen Ausrichtung reicht das Entscheidungsfeld von der Konzentration auf ein Gebiet bis zu einer flächendeckenden Abdeckung des gesamten Inlandsmarktes. Mit Blick auf die internationale Betätigung lässt sich der Gestaltungsrahmen der S. auf die geographische Verteilung von Teilaktivitäten der Wertschöpfungskette des Unternehmens auf unterschiedliche Länder bzw. Regionen ausweiten.

Literatur: Bienert, M.L. (1996): Standortmanagement: Methoden und Konzepte für Handels- und Dienstleistungsunternehmen, Wiesbaden; Hansen, U. (1990): Absatz- und Beschaffungsmarketing des Einzelhandels – Eine Aktionsanalyse, 2. Aufl., Göttingen; Müller-Hagedorn, L. (1993): Handelsmarketing, 2. Aufl., Stuttgart u.a.

Standortpolitik im Einzelhandel, rechtliche Aspekte. I. Allgemeines: (1) Bauleitplan: Die Gemeinde beschließt über Ansiedlungsvorhaben und Änderung von Geschoss- bzw. Verkaufsflächen des → Einzelhandels. Kernstück der kommunalen Planung ist der Bauleitplan. Er regelt die bauliche und sonstige Nutzung von Grundstücken (§ 1 BauGB). Die Planungsinstrumente sind der Flächennutzungsplan (vorbereitender Bauleitplan) und der Bebauungsplan (verbindlicher Bauleitplan). (2) Flächennutzungsplan: Legt durch den Ausweis von Bauflächen (§ 1 I BauNVO) und Baugebieten (§ 1 II BauNVO) fest, wie die städtebauliche Entwicklung geplant wird; i.V.m. den Erläuterungen der BauNVO wird ersichtlich (*vgl.* die Abb. „Möglichkeiten der Ansiedlung von Einzelhandelsbetrieben in den verschiedenen Baugebieten auf der Grundlage der BauNVO 1990"), wo sich Betriebe des Einzelhandels ansiedeln dürfen (§ 2-11 BauNVO). Hierbei unterscheidet die BauNVO – anders als die Betriebswirtschaft – zwischen „Läden" und „Einzelhandelsbetrieben". Nach dem BVerwG darf ein Laden nur eine Verkaufsfläche von höchstens 700 qm haben. (3) Bebauungsplan: Ist die verbindliche Festlegung der Nutzung und Bebauung einzelner Grundstücke. Er wird als Satzung von der Gemeinde beschlossen und ist somit ein „Ortsgesetz".

II. Rechtsgrundlagen: Welche Rechtsgrundlage für die Planung eines Vorhabens gilt, ergibt sich daraus, ob der Standort in einem beplanten Innenbereich, in einem unbeplanten Innenbereich oder einem Au-

Bauflächen	Baugebiete (BauNVO)	Formen des zulässigen Einzelhandels
W Wohn- bauflächen	WS (§ 2) Kleinsiedlungsgebiet	Zulässig sind die der Versorgung des Gebietes dienenden **Läden**.
	WR (§ 3) Reines Wohngebiet	Ausnahmsweise können **Läden** zugelassen werden, die zur Deckung des täglichen Bedarfs für die Bewohner des Gebietes dienen.
	WA (§ 4) Allgemeines Wohngebiet	Zulässig sind die der Versorgung des Gebietes dienenden **Läden**.
	WB (§ 4a) Besonderes Wohngebiet	Zulässig sind **Läden**.
M Gemischte Bauflächen	MD (§ 5) Dorfgebiet	Zulässig sind **Einzelhandelsbetriebe**, auch Versandhandel möglich.
	MI (§ 6) Mischgebiet	Zulässig sind **Einzelhandelsbetriebe**, auch Warenhäuser und sonstige großflächige Betriebe, sofern sie nicht den Einschränkungen von § 11 III BauNVO unterliegen.
	MK (§ 7) Kerngebiet	Kerngebiete dienen vorwiegend der Unterbringung von **Handelsbetrieben**. Zulässig sind Einzelhandelsbetriebe, einschließlich Einkaufszentren und großflächiger Einzelhandelsbetriebe.
G Gewerbliche Bauflächen	GE (§ 8) Gewerbegebiet	Gewerbegebiete dienen vorwiegend der Unterbringung von nicht erheblich belästigenden Gewerbebetrieben; damit auch **Einzelhandel** – großflächige Betriebe aber nur, sofern sie den Restriktionen von § 11 III BauNVO gehorchen.
	GI (§ 9) Industriegebiet	Ausschließlich Gewerbebetriebe, insbesondere solche, die in anderen Baugebieten unzulässig sind; auch **großflächige Einzelhandelsbetriebe** sind möglich, aber Einschränkungen von § 11 III BauNVO sind zu beachten.
S Sonder- flächen	SO (§ 10) Sondergebiete, die der Erholung dienen	Der Versorgung des Gebietes dienende **Läden**.
	SO (§ 11) Sonstige Sondergebiete mit besonderer Zweckbestimmung	**Einkaufszentren; großflächige Einzelhandelsbetriebe** und **sonstige großflächige Handelsbetriebe** mit nicht unwesentlichen Auswirkungen auf raumordnerische, landesplanerische und städtebauliche Zielerreichung.

Möglichkeiten der Ansiedlung von Einzelhandelsbetrieben in den verschiedenen Baugebieten auf der Grundlage der BauNVO 1990

ßenbereich liegt. Innenbereich bedeutet, dass ein im Zusammenhang bebauter Ortsteil vorliegen muss. (1) Beplanter Innenbereich: Maßgeblich ist diejenige BauNVO, die zum Zeitpunkt der Aufstellung oder Änderung des Bebauungsplans gültig war. (2) Unbeplanter Innenbereich: Es existiert kein Bebauungsplan und ein im Zusammenhang bebauter Ortsteil ist gegeben. Die Ansiedlung von Einzelhandelsbetrieben ist dann davon abhängig, ob sich Baugebiete im Sinne von § 1 II BauNVO identifizieren lassen (§ 34 BauGB). (3) Außenbereich: Nicht innerhalb eines im Zusammenhang bebauten Ortsteils (§ 35 BauGB), Ansiedlung großflächiger Einzelhandelsbetriebe wird i.d.R. wegen der Beeinträchtigung öffentlicher Belange nicht genehmigt.

(1) Einkaufszentren,

(2) Großflächige Einzelhandelsbetriebe, die sich nach Art, Lage oder Umfang auf die Verwirklichung der Ziele der Raumordnung und Landesplanung oder auf die städtebauliche Entwicklung und Ordnung nicht nur unwesentlich auswirken können,

(3) Sonstige großflächige Handelsbetriebe, die im Hinblick auf den Verkauf an letzte Verbraucher und auf die Auswirkungen den in (2) bezeichneten Einzelhandelsbetrieben vergleichbar sind,
sind außer in den *Kerngebieten* nur in für sie festgesetzten *Sondergebieten* zulässig. [...] Auswirkungen im Sinne des Satzes 2 sind [...] anzunehmen, wenn die Geschossfläche 1.200 qm überschreitet.
Die Regel [...] gilt nicht, wenn Anhaltspunkte dafür bestehen, dass Auswirkungen bereits bei weniger als 1.200 qm Geschossfläche vorliegen oder bei mehr als 1.200 qm Geschossfläche nicht vorliegen [...]

§ 11 III BauNVO (Auszug)

III. Ansiedlung großflächiger Einzelhandelsbetriebe: Ihr werden folgende Auswirkungen zugeschrieben: Umlenkung von Kaufkraftströmen aus den Innenstädten in städtische Randlagen, Marktaustritt inhabergeführter Klein- und Mittelbetriebe, die dem → Preiswettbewerb nicht gewachsen sind, Übernahme freigewordener innerstädtischer Standorte durch Filialunternehmen, Angleichung der innerstädtischen Erscheinungsbilder und dadurch Verlust an Profil, in diesem Zusammenhang wird auch von der Verödung der Innenstädte gesprochen, steigendes Verkehrsaufkommen, soweit die Benutzung von Kraftfahrzeugen den Fußweg ersetzt. Der Gesetzgeber hat diese Argumente aufgegriffen und das Bauplanungsrecht zunehmend verschärft, was sich beispielhaft an den verschiedenen Fassungen von § 11 III BauNVO ablesen lässt: Seit 1977 existiert eine Vermutungsregel für negative Auswirkungen ansiedlungswilliger Einzelhandelsbetriebe, die zunächst bei einer Geschossfläche von 1.500 qm lag und 1986 auf 1.200 qm abgesenkt wurde (vgl. die Abb. „§ 11 III BauNVO"). Nach herrschender Rechtsprechung korrespondiert die Geschossfläche von 1.500 qm (1.200 qm) mit einer → Verkaufsfläche von ca. 1.000 qm (700-800 qm). Sehen die Gemeinden allerdings negative Auswirkungen unterhalb des Schwellenwertes oder schließen sie sie oberhalb aus, so können Ansiedlungsvorhaben mit kleineren Flächen versagt, mit größeren Flächen genehmigt werden. § 11 III BauNVO ist so zu einem sehr flexiblen Instrument der Bauleitplanung geworden. Des Weiteren kann die Gemeinde im Bebauungsplan die Art der Nutzung festschreiben. Mit einem Negativkatalog verbietet sie für Sondergebiete das Angebot zentrenunverträglicher Branchen und → Sortimente, z.B. Lebensmittel und Bekleidung. Mit einem Positivkatalog schreibt sie hingegen vor, welche Branchen und Sortimente ein Einzelhändler vertreten darf, z.B. Bau- und Heimwerkerartikel oder Möbel. Im Bebauungsplan wird dann beispielsweise ein Sondergebiet für „Möbel und Inneneinrichtungsgegenstände" festgesetzt.

Literatur: Wiedmann, K.-P./Halstrup, D./ Meissner, S. (1999): Digitaler Marktplatz Hannover, Konzeption eines zukunftsgerichteten Stadt- und Standortmarketing – Erste Ergebnisse einer empirischen Studie, Hannover; Wiedmann, K.-P./Klee, A./Meissner, S. (2002): Stadtmarketing: State of the Art und Gestaltungsperspektiven, 2. Aufl., Hannover.

Standort-PR, bezeichnet den Prozess der → Public Relations für einen geographischen Ort, an dem Unternehmensleistungen erstellt, verwertet oder gehandelt werden. → City-Marketing.

Standortwahl, Entscheidungsprozess zur Selektion einer Betriebsstätte. Durch die i.d.R. relativ langfristige Bindung von Handelsunternehmen an einmal gewählte → Standorte, die u.a. durch die hohe Kapitalintensität von Standortänderungen begründet ist, ist eine strukturierte S. insbesondere für Handelsunternehmen von großer Bedeutung. Idealtypisch beginnt der Auswahlprozess im Rahmen einer S. aus Anlass einer Neugründung, Verlegung, Spaltung usw. eines Standortes mit der Ermittlung des sog. Makro-Standortes, der als größeres Suchgebiet, z.B. eine bestimmte Region, definiert werden kann. Nach der Festlegung des Makro-Standortes wird im Zuge der Mikro-Analyse eine → Einzugsgebietsabgrenzung und letztlich eine punktuelle Standortanalyse (→ Standortanalyse, punktuelle) vorgenommen. Als erfolgsbestimmende Merkmale für eine S. werden sowohl zur Makro- als auch zur Mikro-Analyse sog. → Standortfaktoren (beispielsweise Einkommensverhältnisse, Lebens- und Konsumgewohnheiten) herangezogen. Diese oftmals von Unternehmen nicht beeinflussbaren, jedoch im Zeitablauf teilweise durchaus dynamischen Standortbedingungen begründen vielfach die Notwendigkeit der Anpassung von unternehmensindividuellen Betriebsformen. Durch gesetzliche Rahmenbedingungen, wie z.B. die Baunutzungsverordnung, unterliegt die S. vielfältigen Einschränkungen. Des Weiteren nimmt eine Vielzahl von Anspruchsgruppen Einfluss auf etwaige Vorhaben im Rahmen einer S. Als Beispiel seien hier Interessenvereine, Umweltschutzgruppen, Politiker, Lieferanten und Kunden angeführt.

Starch-Text, → Recognition.

Stärken-Schwächen-Analyse, → SWOT-Analyse.

Starkunde, Kundenkategorie nach Maßgabe des → Kundenportfolios. S. zeichnen sich durch eine hohe Kundenattraktivität aus, wobei das eigene Unternehmen über eine starke Anbieterposition verfügt. Aufgrund ihrer Attraktivität sind diese Kunden ständig intensiven Akquisitionstätigkeiten anderer Anbieter ausgesetzt. Um die eigene Anbieterposition zu halten bzw. noch auszubauen, muss deshalb in die Geschäftsbeziehung investiert werden. Zur Erhöhung der Kundenbindung können z.B. Kundenklubs eingerichtet werden oder mehrjährige vertragliche Bindungen mit entsprechenden Vorteilen für den Kunden angestrebt werden.

Statische Investitionsrechnung, Gruppe von Verfahren zur Bewertung von Investitionen (→ Wirtschaftlichkeitsrechnung). Zu den wichtigsten Verfahren gehören: Kostenvergleichsrechnung, Gewinnvergleichsrechnung sowie statische → Amortisationsrechnung. Im Gegensatz zu Verfahren der → Dynamischen Investitionsrechnung verwenden Verfahren der S.I. Kosten und Erträge als Grundlage für ihre Berechnungen und ignorieren damit zeitliche Unterschiede im Anfall der Zahlungen einer Investition. Aufgrund ihrer theoretischen Exaktheit sind dynamische Verfahren in der Regel vorzuziehen. Wegen ihrer einfachen und schnellen Durchführung kommen statische Verfahren vor allem bei Investitionen von geringerer Höhe zum Einsatz.

Statistical Package for the Social Sciences, → SPSS.

Statistical Process Control. Als statistische Prozesslenkung bezeichnetes Instrument der → Qualitätslenkung im Rahmen des → Qualitätsmanagements, bei der statistische Verfahren eingesetzt werden. Die → Qualität von Prozessen wird anhand bestimmter Prozessparameter (z.B. Temperatur, Geschwindigkeit, Fehlerrate) gemessen. Üblicherweise werden die Daten in regelmäßigen zeitlichen Abständen als Stichproben erhoben und in → Qualitätsregelkarten eingetragen. Bei den Prozessparametern kann es sich um attributive, skalare oder variable Merkmale handeln. Im Falle von attributiven Merkmalen werden die fehlerhaften Einheiten erfasst. Hierbei muss eine gewisse Fehlerquote in Kauf genommen werden, während bei skalaren oder variablen Merkmalen eine fehlerfreie Leistungserstellung möglich ist.

Stellenrotation, bezeichnet eine Organisationsform, in der der Mitarbeiter von Zeit zu Zeit den Arbeitsplatz innerhalb der Organisation wechselt. Vorteile der S.: Transparenz der stellenübergreifenden Zusammenhänge innerhalb des Unternehmens, verbesserte abteilungsübergreifende Kommunikation und Kooperation. Nachteile der S.: Rüstzeiten und -kosten, Ausbildungs- und Trainingszeiten.

Stichprobe, Sample. Auswahl einer Teilmenge der Grundgesamtheit. Die S. sollte repräsentativ sein, um Rückschlüsse auf die Grundgesamtheit zuzulassen. Hier gilt es, eine entsprechende → Auswahltechnik zu bestimmen.

Stichprobenauswahl, → Auswahlprinzip.

Stichprobenfehler, → Fehler der Teilerhebung.

Stichprobenumfang, der S. gibt die Anzahl der → Erhebungseinheiten an, die bei einer → Teilerhebung ausgewählt werden. Dabei ist zu beachten, dass je höher der S. ist, umso niedriger ist der → Zufallsfehler, aber die Gefahr des Ansteigens des → Systematischen Fehlers nimmt zu. Der benötigte S. kann mit Hilfe des → Konfidenzintervalls und des → Skalenniveaus für die meisten statistischen Verfahren ermittelt werden.

Stichprobenverfahren, → Auswahlprinzip.

Sticking, Im Gegensatz zu → Zappping und → Flipping verfolgen die Sticker einen Werbeblock durchgängig. *Vgl. auch* → Elektronische Medien.

Stiftung Warentest, 1964 von der Bundesregierung als Institut zur Durchführung vergleichender unabhängiger Warentests und Dienstleistungsuntersuchungen gegründete Stiftung. Zweck der Stiftung ist es, die Öffentlichkeit über objektivierbare Merkmale des Nutz- und Gebrauchswertes sowie der Umweltverträglichkeit von Waren und Dienstleistungen zu unterrichten; außerdem gehört es zu ihren Aufgaben, die Verbraucher über Möglichkeiten und Techniken einer optimalen Haushaltsführung und über gesundheits- und umweltbewusstes Verhalten aufzuklären. Zur Erfüllung dieser Aufgabe führt die S.W. nach wissenschaftlichen Methoden Untersuchungen an Waren und Dienstleistungen durch. Die Prüfungen bei Warentests gliedern sich i.d.R. in vier Bereiche: (1) Technische Prüfung, (2) Umweltverträglichkeit, (3) praktische Prüfung, (4) Handhabungsprüfung. Für die Durchführung von Dienstleistungstests wurden neue Prüfinstrumente bzw. -kriterien erarbeitet, bei denen die Dienstleistungstester der S.W. auf anerkannte Methoden der Sozialforschung, wie Erwartungsanalysen, → Kundenbefragungen, offene → Beobachtung, verdeckte teilnehmende Beobachtung durch Testinspektoren, zurückgreifen. Über die Ergebnisse der Untersuchungen informiert die Stiftung durch eigene Publikationen, insbesondere durch die Zeitschriften test und FINANZtest. Bekannt wurde die Stiftung allerdings durch die gleichnamige Zeitschrift „Stiftung Warentest". *Vgl. auch* → Dienstleistungsqualitätsmessung.

Stilmittel-Spots, setzen den Fokus auf stilistische Elemente wie Musik, → Humor, Zeichentrickdarstellungen, Vignette, → Jingle und Erotik. *Vgl. auch* → Gestaltung.

Stimmung, → Werbebotschaft.

Stimulus, innere und äußere Reize, die auf das Individuum einwirken.

Stimulus-Organism-Response-Modell, Stimulus-Organism-Response-Paradigma, → SOR-Paradigma, → Konsumentenverhaltensforschung.

Stimulus-Response-Modell, Stimulus-Response-Paradigma, → Behaviorismus, → Konsumentenverhaltensforschung.

Stock-keeping Unit, → *SKU.*

Stoff- und Energiebilanzen. Stellen Input- (z.B. Roh-, Hilfs- und Betriebsstoffe, Material, Strom, Wärme) und Outputfaktoren (Produkte, Emissionen, Abfall) für einzelne Prozesse oder Betriebe ggü. und liefern einen Einblick in die betrieblichen Stoff- und Energieflüsse (Stoffstromanalyse). S.E. bilden die Grundlage von → Öko-Bilanzen, → Umwelt-Audits und → Umweltverträglichkeitsprüfungen (UVP).

Stoffkreislauf, → Circular Economy, Kreislaufwirtschaft.

Store Check, von Mitarbeitern von Industrieunternehmen durchgeführte Überprüfung ausgewählter Verkaufsstellen des Handels mit der Zielsetzung, die Präsentation und Verkaufsbedingungen der eigenen Artikel zu überprüfen. Grund derartiger Überprüfungen ist z.B. die oftmals den Interessen der Industrie entgegengerichtete Nutzung von Produkten als Aktionsartikel, die u.a. zu einer sog. Markenerosion führen kann.

Store Erosion, *Ladenverschleiß*. Durch das Bedürfnis der Nachfrager nach Abwechslung unterliegen nicht nur Produkte, sondern auch Verkaufsstellen sowie → Betriebsformen im Zeitablauf auftretenden „Verschleißerscheinungen". Mit Blick auf eine S. werden insbesondere zwei Fälle unterschieden. Der sog. exogene Ladenverschleiß bezeichnet die „Abnutzung" des Standortes eines → Point of Sale. Zu Faktoren, die eine exogene S. bedingen, zählen beispielsweise die Dynamik der Wettbewerbssituation und bauliche Maßnahmen, die das Umfeld betreffen. Durch derartige Einflüsse kann der jeweilige Standort sowohl abgewertet als auch aufgewertet werden. Die zweite Erscheinungsform einer S. ist die endogene S. Diese kennzeichnet den Verschleiß des Point of Sale, insbesondere der Fassade, des Verkaufsraumes, der Warenpräsentation usw., selbst. Als Folge des → Wheel of Retailing ist ein Auftreten einer S. zwar wahrscheinlich, dennoch kann der Versuch unternommen werden, dieser Abnutzung durch entsprechende Maßnahmen, wie beispielsweise entsprechendes Profil-Marketing, entgegenzuwirken.

Store-Test, beim S.-T. werden in mehreren Geschäften versuchsweise Produkte eingeführt, um die Wirkungen von verkaufsfördernden Maßnahmen (neue Werbekampagne, veränderter Verkaufsstandort innerhalb der Geschäfte usw.) und Veränderungen am Produkt selbst (veränderter Preis, neue Verpackung usw.) zu untersuchen. Bei den Produkten kann sich es sich dabei um bereits erhältliche Waren handeln oder aber auch um neue Produkte, die vor ihrer Einführung unter realen Einkaufsbedingungen getestet werden sollen. Die Anzahl der Geschäfte für einen S.-T. beläuft sich auf etwa 10-30, wobei es sich meist um solche Geschäfte handelt, die bereits Teil eines → Handelspanels sind, was zur Erleichterung der Durchführung beiträgt. Während der Dauer des S.-T. (etwa drei bis vier Monate) werden die Verkaufszahlen des Testproduktes und vergleichbarer Konkurrenzprodukte erfasst und ausgewertet, um Informationen über die Wirksamkeit der getroffenen Maßnahmen zu erhalten. Heute werden auch von Marktforschungsinstituten S.-T. angeboten. Einige Institute verfügen bereits über eigene S.-T.-Panels, welche die Geschwindigkeit bei der Durchführung eines S.-T. merklich erhöhen. → Spezielle Testdesigns in der Marktforschung.

Störgröße, *Störvariable*. Eine S. ist eine nichtkontrollierbare Variable, die das Untersuchungsergebnis beeinflusst. S. sind z.B. Zufallseinflüsse, Messfehler, Unbestimmtheit eines menschlichen Verhaltens.

Storyboard, Entwurfsskizze zu einem → Werbefilm.

Story-Spots, i.Allg. ein nacherzählbarer Handlungsablauf mit Spannungsbogen (erlebnisorientierte → Werbung). Hinsichtlich ihrer Wirklichkeitsnähe werden Story-Spots in vier Kategorien eingeteilt: (1) Slice-of-Life-Geschichten (Ausschnitt aus dem wirklichen Leben wird nachgespielt), (2) Nichtalltägliche Handlung (Handlung ist leicht überzogen), (3) Fantasiehandlung (Handlung ist erfunden und nicht realistisch) und (4) Sitcom (Situations Comedy). *Vgl. auch* → Gestaltung.

Strategic-Fit-Analyse, → Strategiekombination.

Strategie, → Geschäftsfeldstrategie, → Marketingstrategie, → Normstrategie, → Strategische Planung, → Strategiekombination, → Strategien, → Strategisches Marketing, Typologien von, → Unternehmensstrategie.

Strategieauswahl, → Strategische Planung.

Strategiebewertung, → Strategische Planung

Strategieformulierung, → Strategische Planung.

Strategieimplementierung, I. Begriff: zielgerichteter Prozess der Umsetzung von (Marketing-)Strategien im Unternehmen und am Markt (→ Strategische Planung). Es ist zwischen einer internen unternehmensgerichteten und einer externen marktgerichteten S. zu unterscheiden (Kolks 1990, Hilker 1993). Erstere umfasst alle Maßnahmen zur Verankerung und Umsetzung der angestrebten Strategie im eigenen Unternehmen. Letztere ist auf die effektive und effiziente Gestaltung von Austauschprozessen mit den potenziellen Nachfragern, Marktpartnern und Anspruchsgruppen am Markt ausgerichtet.

II. Interne Strategieimplementierung: Hierbei werden drei Kernaufgaben unterschieden: (1) die Schaffung der Akzeptanz für die Strategie bei den betroffenen Unternehmensmitgliedern (Durchsetzungsaufgabe), (2) die Spezifizierung der Strategievorgaben und die Anpassung der Unternehmensstruktur, -systeme und -kultur (Umsetzungsaufgabe) sowie (3) die effiziente Durchführung der S. (Durchführungsaufgabe). Für die Strategieakzeptanz bei den Mitarbeitern im Rahmen der Durchsetzungsaufgabe müssen die Handlungsziele zuvor kommuniziert werden. Darüber hinaus müssen die Betroffenen über entsprechende Fähigkeiten und Kompetenzen zur Aufgabenerfüllung verfügen sowie eine strategiekonforme Leistungs- und Einsatzbereitschaft aufweisen. Gerade bei der Vermittlung von Strategieinhalten treten i.d.R. zwischen den Strategieentscheidern und -betroffenen vertikal wie horizontal Implementierungskonflikte in Form von Zielkonflikten (aufgrund divergierender Zielvorstellungen), Erwartungskonflikten (aufgrund divergierender Erfolgseinschätzung der prognostizierten Strategiewirkung), Durchsetzungskonflikten (aufgrund divergierender Kompetenzen und persönlichkeits- und/oder qualifikationsbezogenen Einstellungen) und Kulturkonflikten (aufgrund divergierender Wert- und Normvorstellungen sowie Denk- und Verhaltensmustern) auf. Zur Überwindung der Konflikte kann beispielsweise auf Problemlösungs- und Überzeugungstechniken, Schlichtungsverfahren oder Schulungskonzepte zurückgegriffen werden. Im Rahmen der Umsetzungsaufgabe muss die Strategie durch geeignete operative Maßnahmen spezifiziert werden, die die Unternehmensstruktur, -systeme und die -kultur betreffen. Besonderen Stellenwert nimmt hier die Ausgestaltung und Nutzung moderner Informations- und Kommunikationstechnologien ein, mit denen unternehmensinterne Ressourcen besser organisiert werden können, um schneller und flexibler auf Erfordernisse des Marktes zu reagieren. Daneben gehen starke Impulse für den Erfolg von Strategien von der → Unternehmenskultur aus. Im Rahmen der Durchführungsaufgabe wird die S. als eigenständiges Projekt im Unternehmen institutionalisiert. Hierbei gibt es drei Erfolgsvoraussetzungen von Implementierungsprojekten: Im Unternehmen müssen zunächst die relevanten Implementierungsträger identifiziert werden. Sowohl die Strategieentwickler als auch das Management sollten in den Implementierungsprozess einbezogen werden, wobei im Vorfeld relevante → Fach- und → Machtpromotoren zu identifizieren sind. Implementierungsträger sollten über Interaktionsfähigkeiten, Allokationsfähigkeiten (Verteilung von Zeit und finanziellen Mitteln), Überwachungsfähigkeiten (Wissen um Beziehungen und Ereignisse im Aufgabenbereich der Implementierungsbeteiligten) und organisatorische Fähigkeiten (Bildung individueller, problemadäquater informeller Organisationsstrukturen) verfügen. Die Implementierungsträger müssen in einem zweiten Schritt auf geeignete Implementierungsstile zurückgreifen. Dabei können grundsätzlich „Top-down” oder „Bottom-up”-Ansätze unter Verwendung eines partizipativen Führungsstils Anwendung finden. Daneben sind für die Implementierung effiziente aufbau- und ablauforganisatorische Voraussetzungen zu schaffen. Hierbei empfiehlt sich die Bildung von interdisziplinären Teams in Form von Gremien, Arbeitskreisen oder Umsetzungskommissionen.

III. Externe Strategieimplementierung: Neben der internen Umsetzung von Strategien müssen auch die Beziehungen und Austauschprozesse zu den relevanten Marktpartnern (Lieferanten, Absatzmittler usw.) gestaltet werden. Im Rahmen eines integrierten Planungsprozesses sind alle Wertschöpfungsaktivitäten und Marketinginstrumente aufeinander abzustimmen, um die marktbezogenen Strategieziele realisieren zu können.

Literatur: Bonoma, T.V./Crittenden, V.L. (1988): Managing Marketing Implementation, in: Sloan Management Review, Vol. 29, Winter, S. 7-14; Hilker, J. (1993): Marketingimplementierung, Wiesbaden; Kolks, V. (1990): Strategieimplementierung. Ein anwendungsorientiertes Konzept, Wiesbaden; Tarlatt, A. (2001): Implementierung von Strategien im Unternehmen, Wiesbaden.

Klaus-Peter Wiedmann/Holger Buxel

Strategiekombination, I. Begriff: die systematische und geplante Abstimmung und Bündelung der Strategien, die von einem Unternehmen auf unterschiedlichen organisatorischen Ebenen (z.B. auf Unternehmens- und Geschäftsbereichsebene) und in verschiedenen Bereichen (z.B. auf verschiedenen Märkten) jeweils verfolgt werden.

II. Hintergrund: Im heutigen Wettbewerbskontext sind eindimensionale Strategiekonzepte nicht mehr ausreichend, um Unternehmen erfolgreich zu führen. Die Ausrichtung der Strategie auf nur eine Anspruchsgruppe (kunden-, handels-, wettbewerbergerichtete Strategien usw.) oder auf nur einen Funktionsbereich (beispielsweise Vertriebs- oder Finanzierungsstrategien) genügt nicht mehr, um längerfristig erfolgreich zu sein. Erfolg versprechende Strategiekonzepte erfordern vielmehr eine Integration verschiedener Einzelstrategien zu schlagkräftigen Strategiekombinationen bzw. Strategieprofilen.

III. Arten von Strategiekombinationen: Die relevanten Ansatzpunkte der Strategieabstimmung lassen sich anhand drei grundlegender Dimensionen systematisieren. Bei der horizontalen Strategiekombination geht es darum, Strategien in Bezug auf ein bestimmtes Geschäftsfeld bzw. einen bestimmten Markt des Unternehmens inhaltlich aufeinander abzustimmen. So kann es notwendig sein, die → Internationalisierungsstrategie einer Unternehmung in enger Abstimmung mit einer → Kooperationsstrategie zu planen, da sich neue Märkte auf internationaler Ebene oft nur mit Partnern erschließen lassen. Ebenso muss beispielsweise die → Segmentierungsstrategie in einem bestimmten Geschäftsfeld mit der jeweils verfolgten → Markenstrategie abgestimmt werden, da die → Positionierung einer Marke mit segmentspezifischen Wahrnehmungs- und Bedürfnisprofilen abzustimmen ist. Bei der vertikalen Strategiekombination handelt es sich um eine Strategieabstimmung „von oben nach unten“. So müssen beispielsweise Strategien für das gesamte Unternehmen (z.B. die Internationalisierungsstrategie der

Unternehmung) mit den Strategien auf der Ebene einzelner Geschäfts- oder Funktionsbereiche abgestimmt werden (z.B. die Internationalisierungsstrategie eines bestimmten Produktbereichs). Ebenso müssen auf Unternehmens- oder Geschäftsbereichsebene zunächst allgemein formulierte → Normstrategien in konkretere strategische Handlungsprogramme umgesetzt werden. So kann sich z.B. die für ein Unternehmem angestrebte Normstrategie „Wachstum" in einer Internationalisierungsstrategie, aber auch in einer Diversifikationsstrategie, konkretisieren. Bei der lateralen Strategiekombination geht es um die Abstimmung der Strategieprogramme zwischen verschiedenen Geschäftsfeldern beispielsweise verschiedenen Gruppen von Austauschpartnern der Unternehmung. So müssen u.a. kunden- und mitarbeitergerichtete Strategien aufeinander abgestimmt werden. Werden beispielsweise auf einem bestimmten Absatzmarkt der Unternehmung im Rahmen eines → Relationship Marketing vertrauensvolle Kundenbeziehungen angestrebt, gewinnen gleichzeitig mitarbeitergerichtete Personalstrategien zur Schaffung einer Vertrauenskultur große Bedeutung.

IV. Anforderungen: Bei der Erstellung von Strategiekombinationen spielt eine Vielfalt unterschiedlicher Strategiedimensionen eine Rolle, wie z.B. unterschiedliche Strategieinhalte (→ Marktsegmentierung, Internationalisierung, → Kooperation usw.), unterschiedliche Planungsebenen (Unternehmens-, Geschäftsbereichs- und Funktionsbereichsebene) und unterschiedliche Zielgruppen der → Strategischen Planung (Kunden, Wettbewerber, Mitarbeiter usw.). Ferner hängt die Erstellung eines Strategieprofils erheblich von situativen Faktoren ab (z.B. von den strategischen Profilen der jeweiligen Wettbewerber) Aufgrund dieser Komplexität lassen sich lediglich allgemeine Anforderungen an Strategieprofile formulieren. Erstens muss das Strategieprofil der Unternehmung unter inhaltlichen Aspekten vor allem unmittelbar die unternehmerische Zielerreichung fördern. Eine wichtige Hilfestellung bezüglich der inhaltlichen Ausgestaltung von Strategieprofilen liefern die in der Literatur diskutierten unterschiedlichen Strategietypologien (→ Strategien, Typologien von). Zweitens ist die Strategieabstimmung unter dem Aspekt der Konsistenz vorzunehmen. Das strategische Handeln der Unternehmung in verschiedenen Bereichen sollte sich also zu einem schlüssigen Gesamterscheinungsbild ergänzen. Drittens beeinflusst auch die Wettbewerbssituation die Ausgestaltung des Strategieprofils. Aus dieser Perspektive ist durch die jeweils gewählte Strategiekombinationen auch eine Profilierung der Unternehmung gegenüber ihren Wettbewerbern anzustreben.

Klaus-Peter Wiedmann

Strategien, Typologien von, I. Hintergrund: Bei der → Strategischen Planung ergibt sich u.a. das Problem der Planung von Strategien für unterschiedliche Objektbereiche (Strategien auf Unternehmens-, Geschäftsbereichs-, Funktionsbereichsebene), der Planung von Strategien unterschiedlicher Allgemeinheitsgrade (z.B. → Normstrategien vs. konkrete strategische Handlungsprogramme) sowie das Problem der Festlegung von Strategien im Hinblick auf unterschiedliche Zielgruppen bzw. Austauschpartner (kunden-, wettbewerber-, handelsgerichtete Strategien usw.). Zudem stellt sich beispielsweise im Verlauf von Markt- und → Produktlebenszyklen das Problem einer dynamisierten Strategieplanung. Damit ergeben sich insbesondere bei der Definition erfolgsträchtiger → Strategiekombinationen große Herausforderungen. Um dieses komplexe Planungsproblem zu strukturieren, wurden in der Literatur Typologien von Marketingstrategien entwickelt.

II. Zweck: Strategietypologien versuchen, im Gegensatz zu eindimensionalen Strategieansätzen, mehrere unterschiedliche Strategiedimensionen in einem Planungsschema zu vereinigen. Hierdurch soll eine simultane Planung verschiedener Strategiedimensionen und darauf aufbauend die Identifizierung komplexerer strategischer Handlungsmuster ermöglicht werden. Angesichts der hohen Komplexität des Problems einer integrierten Strategieplanung beschränken sich diese Typologien allerdings in der Regel auf bestimmte Strategiebereiche, meist auf absatzmarktgerichtete Strategieprofile. Nachfolgend wird die Strategietypologie nach Becker (1998) skizziert, die in Wissenschaft und Praxis einen hohen Bekanntheitsgrad erzielt hat.

III. Strategietypologie nach Becker: Der Ansatz von Becker (1998) konzentriert sich auf kundengerichtete Strategien. Es werden vier unterschiedliche Strategiedimensio-

Strategieebenen	Strategiealternativen
1. Marktfeldstrategien	Marktdurchdringungsstrategie; Marktdurchentwicklungsstrategie; Produktentwicklungsstrategie; Diversifikationsstrategie
2. Marktstimulierungsstrategien	Präferenzstrategie; Preis-Mengen-Strategie
3. Marktparzellierungsstrategien	Massenmarktstrategie (totale) (partiale); Segmentierungsstrategie (totale) (partiale)
4. Marktarealstrategien	Lokale Strat.; Regionale Strat.; Überregionale Strat.; Nationale Strat.; Multinationale Strat.; Internationale Strat.; Weltmarktstrat.

——— eigenes Unternehmen - - - - - wichtigster Wettbewerber

Strategieprofile nach Becker

nen unterschieden: (1) Marktfeldstrategien, (2) Marktstimulierungsstrategien, (3) Marktparzellierungsstrategien und (4) Marktarealstrategien. Bei Marktfeldstrategien geht es zunächst um die Festlegung der Produkt-Markt-Kombinationen der Unternehmung gemäß der → Produkt-Markt-Matrix nach Ansoff (1966). Im Rahmen der Marktstimulierungsstrategie wird die grundlegende → Wettbewerbsstrategie festgelegt, wobei die Präferenzstrategie prinzipiell der → Differenzierungsstrategie nach Porter (1980) gleicht und die Preis-Mengen-Strategie auf der → Kostenführerschaft basiert. Die Marktparzellierungsstrategie legt den Umfang der differenzierten Marktbearbeitung fest, der zwei Dimensionen beinhaltet. Erstens kann das Marketingmix z.B. nach Zielsegmenten differenziert (Segmentierungsstrategie) oder undifferenziert (Massenmarktstrategie) ausgestaltet sein. Zweitens kann die → Marktabdeckung total oder partial erfolgen. Die Marktarealstrategie schließlich richtet sich auf die Festlegung des geografischen Aktionsbereichs der Unternehmung auf dem Spektrum, das durch die Extrempunkte einer rein lokalen Strategie einerseits und einer Weltmarktstrategie andererseits aufgespannt wird. Die jeweils gewählte Ausprägung in den vier genannten Strategiedimensionen lässt sich in einfachen Diagrammen veranschaulichen (vgl. Abb. „Strategieprofile nach Becker").

IV. Kritische Würdigung des Ansatzes nach Becker: Der Ansatz von Becker leistet bei der Strategieplanung in viererlei Hinsicht Hilfestellung. Zum ersten unterstützt er die Festlegung in sich konsistenter strategischer Handlungsmuster durch die simultane Berücksichtigung unterschiedlicher Strategiedimensionen. Zum zweiten ermöglicht er die Analyse strategischer Handlungsprofile einer Unternehmung im Vergleich zu ihren Wettbewerbern (indem z.B. die Strategieprofile unterschiedlicher Unternehmungen in einem Diagramm gegenübergestellt werden). Zum dritten können analog hierzu bei Mehrmarkenstrategien die Marktbearbeitungsmuster unterschiedlicher Konzernmarken gegenübergestellt und aufeinander abgestimmt werden. Zum vierten unterstützt er eine dynamisierte Strategieplanung (indem z.B. die Strategieprofile einer Unternehmung in unterschiedlichen Phasen der Marktbearbeitung gegenübergestellt werden). Allerdings legt der Ansatz den Schwerpunkt weniger auf die konkrete inhaltliche Ausgestaltung von Strategieprofilen. Er dient eher als allgemeines Strukturierungsraster, das vom Planenden jeweils zu konkretisieren ist. Da der Ansatz zudem lediglich kundengerichtete Strategien einbezieht, müssen darüber hinaus weitere Aspekte in der Strategieplanung berücksichtigt werden.

Literatur: Ansoff, H.I. (1966): Management-Strategie, München; Becker, J. (1998): Marketing-Konzeption, 6 Aufl., München; Porter, M. (1980): Competitive Strategy, New York.

Klaus-Peter Wiedmann

Strategiepapier der Integrierten (Unternehmens-)Kommunikation, inhaltliche Aussagen bzgl. der strategischen Positionierung, der Relevanz der Zielgruppen sowie der Bedeutung der Kommunikationsinstrumente als Konkretisierung der strategisch konzeptionellen Vorgaben der Integrierten Kommunikation. Teilelement des Konzeptpapiers der → Integrierten (Unternehmens-)Kommunikation.

Strategieplanung, → Strategische Planung.

Strategieumsetzung, → *Strategieimplementierung*; → Strategische Planung.

Strategische Allianz, Koalition bzw. → Kooperation von zwei oder mehr selbständigen Partnern, die mit dem Ziele eingegangen wird, individuelle Stärken zu verbinden oder Schwächen zu kompensieren, um → Wettbewerbsvorteile zu realisieren und Erfolgspotenziale zu sichern. Bei vertikalen Allianzen kooperieren Unternehmen unterschiedlicher Wertschöpfungsstufen desselben Wertschöpfungssystems. Dies sind in der Regel Zulieferer und Abnehmer innerhalb einer Branche. Horizontale Allianzen gehen Unternehmen der gleichen Wertschöpfungsstufe innerhalb der gleichen Branche ein. Die kooperierenden Unternehmen sind in diesem Fall also (potenzielle) Konkurrenten. Von lateralen Allianzen (auch diagonale Allianzen) wird gesprochen, wenn Unternehmen unterschiedlicher Branchen und Wertschöpfungsstufen zusammenarbeiten. Solche Allianzen sind häufig bei Unternehmen anzutreffen, deren Märkte durch technologische Entwicklungen zusammenwachsen.

Strategische Fit-Analyse, → Strategiekombination.

Strategische Geschäftseinheit (SGE), *Strategic Business Unit, strategisches Geschäftsfeld*; organisatorische Einheit im Unternehmen mit eigenständiger Marktaufgabe und einem strategischen Entscheidungsspielraum. Dies impliziert, dass eine SGE zumindest einige Funktionsbereiche eigenständig managen kann. Beispielsweise könnten die SGEs eines Unternehmens über eigenständige Marketingabteilungen verfügen oder eigene Forschungs- und Entwicklungsabteilungen führen.

Strategische Gruppen, Modell der, auf Porter (1980) zurückgehender Ansatz, der zum Verständnis der derzeitigen Wettbewerbsstruktur im Rahmen der → Strategischen Planung beitragen kann.

I. Begriff: Unter einer strategischen Gruppe versteht man diejenigen Unternehmen einer Branche, die ähnliche → Wettbewerbsstrategien verfolgen und ähnliche strategische Merkmale aufweisen. Unternehmen in einer strategischen Gruppe werden zudem von externen Ereignissen und Wettbewerbsmaßnahmen in ähnlicher Weise betroffen und somit zu ähnlichen Reaktionen veranlasst.

II. Zweck des Modells: Das Modell zielt darauf ab, dauerhafte Profitabilitätsunterschiede zwischen Unternehmen innerhalb einer Branche zu erklären. Allerdings handelt es sich hierbei nur um ein partielles Erklärungsmodell, da sich die Profitabilität eines Unternehmens nicht ausschließlich aus der Zugehörigkeit zu einer bestimmten strategischen Gruppe ergibt. Ebenso wie die → Wettbewerbsstrukturanalyse basiert das Modell der strategischen Gruppen auf dem Gedankengut der klassischen → Industrieökonomik. Es unterstellt einen kausalen Zusammenhang zwischen der Marktstruktur, dem Marktverhalten und dem Markterfolg von Unternehmen. In Abhängigkeit vom strategischen Kontext werden zunächst Kriterien identifiziert, die zur Abgrenzung von strategischen Gruppen herangezogen werden. Bei der Wahl der verwendeten Kriterien sollte man zum einen berücksichtigen, dass diese von entscheidender Bedeutung für die strategische Situation eines Wettbewerbers sind. Man spricht in diesem Zusammenhang von „strategischen Schlüsseldimensionen“. Zum anderen sollten die Kriterien, bezogen auf die strategischen Gruppen, Mobilitätsbarrieren darstellen, d.h., dass sie den kurzfristigen Wechsel in eine andere Gruppe erschweren. Aufgrund dieser Mobilitätsbarrieren weist die strategische Gruppenstruktur eine gewisse Dauerhaftigkeit auf. Homburg und Sütterlin (1992) konnten nachweisen, dass sich Mobilitätsbarrieren insbesondere aus (1) marktbezogenen Aspekten (z.B. Struktur des Produktprogramms, Anwendertechnologien, → Vertriebskanäle, → Markennamen), (2) Rahmenbedingungen der Wertschöpfung in der Branche (z.B. → Kostendegressionsmöglichkeiten, Fertigungsverfahren, F&E-Knowhow oder, Marketing- und Vertriebssystem) sowie (3) Strukturmerkmalen des einzelnen Unternehmens (z.B. Eigentumsverhältnisse, → Organisationsstruktur, Management-Know-how, Grad der → Diversifikation oder Unternehmensgröße) ergeben. Der Aussagekraft des Modells stehen allerdings methodische Probleme gegenüber: Eine zentrale Frage ist, welche Variablen zur Bildung strategischer Gruppen herangezogen werden sollen, denn unterschiedliche Variablenkonstellationen führen häufig zur Identifikation unterschiedlicher strategischer Gruppen.

Literatur: Backhaus, K. (2003): Industgriegütermarketing, 7. Aufl., München; Dranove, D./Peteraf, M./Shanley, M. (1998): Do Strategic Groups Exist? An Economic Framework for Analysis, in: Strategic Management Journal, Vol. 19, S. 1029-1044; Hannig, U. (1993): Die Entwicklung wettbewerbsorientierter Marketingsstrategien auf Basis des Konzeptes der strategischen Gruppen, Frankfurt/Main; Homburg, Ch./Sütterlin, S. (1992): Strategische Gruppen: Ein Survey, in: Zeitschrift für Betriebswirtschaft, 62, Nr. 6, S. 635-662.

Klaus-Peter Wiedmann/Sabine Meissner

Strategische Kontrolle, Kontrolle der Ergebnisse, Strukturen und Prozesse eines Unternehmens im Hinblick auf die (1) Entwicklung strategischer Ziele und Strategien oder (2) Entwicklungsfähigkeit des Unternehmens zur Erreichung zukünftiger Ziele. → (Marketing-)Controlling.

Strategische Lücke, → Gap-Analyse.

Strategische Netzwerke, vertikale → Kooperationen; liegen vor, wenn Unternehmen Aktivitäten verschiedener Phasen oder Stufen der Wertschöpfungskette in eine Kooperation einbringen. Es kann sich somit um eine bloße Verknüpfung aufeinander folgender, komplementärer Funktionsbereiche handeln oder um eine vollständige Zulieferer-Abnehmer-Beziehung (vgl. → Zuliefergeschäft). Mit dem Bilden S.N. wird vor allem eine Reduktion der Wertschöpfungstiefe bezweckt, um sich innerhalb der Wertschöpfungskette stärker auf die eigenen Kernkompetenzen konzentrieren zu können, wobei gleichzeitig die ausgelagerten Funktionsbereiche durch vertragliche Regelungen abgesichert werden.

Strategische Planung, *strategische Marketingplanung, strategisches Marketing, strategisches Management;* Institutionalisierung und Formalisierung sämtlicher strategischen Planungsaktivitäten im Unternehmen.

I. Hintergrund: Die strategische Marketingplanung kann neben der inhaltlichen Sichtweise (Was?) auch aus einer prozessorientierten Sichtweise (Wie?) betrachtet werden. Nach dieser Sichtweise läuft die strategische Marketingplanung als mehrstufiger Prozess ab. Zu Beginn muss die Frage nach den aktuellen oder zukünftigen Aufgaben- und Tätigkeitsfeldern des Unternehmens beantwortet werden, d.h. die Geschäftstätigkeit muss abgegrenzt werden (z.B. mit Hilfe des → Abell-Schemas). Die darauf folgenden Phasen sind die Analyse der Ausgangssituation sowie die Formulierung, Bewertung und Auswahl von Strategien. Der Strategieauswahl folgen deren Umsetzung und schließlich die strategische Kontrolle.

II. Prozess der strategischen Planung: Der Prozess beginnt mit der Analyse der strategischen Ausgangssituation des Unternehmens. Wesentliche Ziele dieser Analyse sind die Sensibilisierung der Planungsträger für derzeitige und zukünftige Entwicklungen im Unternehmen und in der Unternehmensumwelt sowie das Aufspüren von Chancen und Bedrohungen in der Unternehmensumwelt. Man differenziert hierbei in die → Umweltanalyse, die → Wettbewerbs- und Kundenanalyse sowie die → Unternehmensanalyse. In dieser Phase können unterschiedliche Konzepte, wie z.B. → Frühwarnsysteme, → Szenario-Techniken, das Modell der → Strategischen Gruppen oder die → SWOT-Analyse zum Einsatz kommen. Es folgt die Phase der Strategieformulierung, in der z.B. → Portfolio-Modelle oder die → Gap-Analyse genutzt werden. Im Rahmen der Strategiebewertung werden die Strategiealternativen auf Konsistenz (→ Strategiekombination), Realisierbarkeit und ihren Nutzen (→ Wettbewerbsvorteil) getestet. Die Strategieauswahl bedient sich unterschiedlicher Modelle zur Entscheidungsunterstützung bei der Bestimmung der optimalen Alternative, die im Rahmen der → Strategieimplementierung umgesetzt wird. Die strategische Kontrolle sieht regelmäßige → Soll-Ist-Vergleiche und Abweichungsanalysen vor. Diese Analysen beziehen sich im Wesentlichen auf Planziele (z.B. Marktanteilsentwicklungen, Produktinnovationen, Ergebnisentwicklungen), Planungsprämissen (z.B. Marktwachstum, Wettbewerbssituation) und Maßnahmenkataloge. Als Resultat der strategischen Kontrolle sind Rückkopplungen in allen Phasen des Planungsprozesses möglich. Dies verdeutlicht den iterativen Charakter des strategischen Planungsprozesses.

III. Kritische Würdigung: Der vorgestellte Prozess stellt ein idealtypisches Beispiel für den Ablauf strategischer Planungsprozesse dar. Die Autoren, die dieses rationale Planungsmodell zugrunde legen, werden gemeinhin als „Planer" bezeichnet. Ein Vertreter dieser Denkrichtung ist Ansoff. Autoren der inkrementalistischen Denkrichtung hingegen vertreten eine andere Auffassung. Sie haben am Planungsmodell „der Planer" kritisiert, dass sein idealtypischer Verlauf in der Unternehmenspraxis eher die Ausnahme darstellt (vgl. für einen Überblick Al-Laham 1997). Ihrer Auffassung nach hat der Planungsprozess u.a. aufgrund der begrenzten Informationsverarbeitungsfähigkeit der Entscheidungsträger und der begrenzten Verfügbarkeit von Informationen eher den Charakter des sich „Durchwurstelns" (Muddling through) und der Strategie der kleinen Schritte („Incrementalism"). Besondere Bekanntheit als Vertreter dieser „Inkrementalisten" erlangte Henry Mintzberg (1989). Er geht in seinem „Grassroot"-Modell der Strategieplanung davon aus, dass sich Strategien wie „Unkraut im Garten" entwickeln und nicht wie „Tomaten in Gewächshaus" gezüchtet werden. Danach werden die ursprünglich geplanten (intendierten) Strategien häufig verworfen und durch Strategien ersetzt, die nicht geplant waren. Diese sog. „emergenten" Strategien sind nach Mintzberg im Rahmen eines unternehmensinternen Lernprozesses entstanden. Zwischen den Vertretern dieser „inkrementalistischen" Schule und den Vertretern der Schule der „rationalen Planung" besteht auch heute noch keine Einigkeit über den Ablauf von strategischen Planungsprozessen in der Realität. In jüngerer Zeit hat man daher versucht, die verschiedenen Denkschulen miteinander zu versöhnen und zu zeigen, dass strategische Planung in Unternehmen sowohl auf systematisch geplanten Fakten als auch auf emergenten Faktoren beruhen kann.

Literatur: Al-Laham, A. (1997): Strategieprozesse in deutschen Unternehmungen, Wiesbaden; Mintzberg, H. (1989): Mintzberg on Management, New York.

Klaus-Peter Wiedmann

Strategische Produktkontrolle. Im Rahmen der → Produktpolitik sieht sich ein Unternehmen häufig mit einem strukturellen Konflikt konfrontiert. Einerseits besteht die Notwendigkeit zur Vereinfachung der zwischen Unternehmen und Umwelt bestehenden Relationen, andererseits können nicht beachtete Facetten des Beziehungsgefüges zu überraschenden Effekten führen. Je mehr Aspekte der Unternehmung und der Umwelt unbeachtet bleiben, desto größer ist die Wahrscheinlichkeit für das Auftreten unberücksichtigter Situationen. Die S.P. unterteilt sich in die gerichtete Kontrolle (Prämissen- und Durchführungskontrolle) und in die ungerichtete Kontrolle (strategische Überwachung). Konkrete Aufgaben der S.P. ergeben sich aus dem Ziel, das Marktgeschehen auf die wesentlichen Wirkungszusammenhänge zu reduzieren, ohne relevante Aspekte außer Acht zu lassen. Die Realisierung des Planungsprozesses muss in überschaubare Teilschritte zerlegt werden, um auf Abweichungen rechtzeitig angemessen reagieren zu können. Die Planungsprämissen sind einer ständigen Überprüfung zu unterziehen, inwieweit sie die realen Gegebenheiten korrekt widerspiegeln. Nicht alle zugrunde liegenden Prämissen können mit gleicher Intensität kontrolliert werden. Daher sind die Prämissen zu selektieren, die einer besonderen Kontrolle bedürfen. Dies sind im Folgenden: (1) Annahmen, bei denen bereits geringe Abweichungen zu gravierenden Konsequenzen führen, (2) Annahmen, die auf instabilen Prognosen basieren und (3) Annahmen, die von externen Faktoren, wie Lieferanten, Wettbewerber und Umweltfaktoren, abhängen und somit nicht vom Unternehmen beeinflussbar sind. Nach dem Übergang vom Planen zum Handeln ist im Rahmen der Durchführungskontrolle aufgrund der aus den produktpolitischen Maßnahmen einhergehenden Marktreaktionen über die Beibehaltung der gewählten strategischen Richtung zu entscheiden. Anhand festgelegter Etappenziele lassen sich Abweichungen feststellen und geeignete Gegenmaßnahmen einleiten. Die ungerichtete Kontrolle beobachtet die Unternehmensumwelt, um externe Faktoren identifizieren zu können, die Ursachen für Abweichungen darstellen können. Das Abschätzen der aufgrund von Umweltänderungen hervorgerufenen Konsequenzen und die Analyse der Dringlichkeit zur Einleitung von Reaktionsmaßnahmen unterliegen ebenfalls der strategischen Überwachung.

Strategisches Controlling, → Strategische Planung.

Strategisches Dreieck, → Wettbewerbsstrategie.

Strategisches Fenster, für die → Markteinführung eines Produktes bzw. den → Markteintritt optimale Zeitspanne, in der eine Übereinstimmung („Fit") zwischen den Anforderungen des Marktes und dem Potenzial des Unternehmens vorliegt.

Strategisches Management, → Strategisches Marketing, → Strategische Planung.

Strategisches Marketing, alle Maßnahmen zur Analyse der Ausgangssituation eines Unternehmens sowie zur Formulierung, Bewertung, Auswahl und Implementierung marktbezogener Verhaltensrichtlinien, die durch die Steuerung der Ressourcenallokation und des → Marketingmix-Einsatzes einen Beitrag zur Erreichung der Unternehmens- und Marketingziele leisten sollen (→ Strategische Planung, → Unternehmensstrategie).

Strategisches Netzwerk, → Unternehmensnetzwerk, → Kooperation.

Streckengeschäft, → Lagergeschäft; Geschäftsart des → Handels, bei der die Ware vom Hersteller nicht an den Handel, sondern direkt an den Kunden des Handelsunternehmens geliefert wird.

Streuparameter, Parameter, der die Ausbreitung einer Häufigkeitsverteilung auf der Merkmalsskala angibt. Z.B. → Varianz, → Standardabweichung, Variationskoeffizient und Spannweite.

Streuplan, enthält die Angaben, für welches → Produkt in welchen → Medien wann und wie lange geworben wird, während sich im Kostenplan die Aufteilung der finanziellen Mittel unter Realisierung des S. finden lässt. *Vgl. auch* → Werbekonzeption, → Werbeträger.

Streuung, nicht erklärt, → Bestimmtheitsmaß.

Strukturentdeckende Forschung, → Explorative Forschung.

Strukturmodell, → Kausalanalyse.

Strukturprüfendes Verfahren, → Dependenzanalyse.

Student-Test, → t-Test.

Stufenmodell der Werbewirkung, → Werbewirkung.

Stufenweise Deckungsbeitragsrechnung, → Deckungsbeitragsrechnung.

Subkultur, Begriff dient dazu, übereinstimmende, spezifische Verhaltensweisen von sozialen Gruppierungen innerhalb einer → Kultur zu analysieren.

Substanzieller Produktbegriff, → Produkt.

Substitutionale Marketinginstrumente, bei S.M. ist eine teilweise oder vollständige Substituierbarkeit der Marketinginstrumente möglich. Beispielsweise kann der Einsatz von Direct Mails zur Kundenansprache durch ein Call Center mit persönlichen Telefonanrufen substituiert werden.

Substitutionsprodukt, *Substitut*. Ein Produkt, das ein anderes ersetzten kann. Notwendig ist hierbei ein möglichst hoher Substitutionsgrad, der das Potenzial verkörpert, mit dem ein anderes Produkt in der Gunst des Käufers verdrängt wird. Zugrundelegend für eine Substitution ist eine subjektive Austauschbarkeit aufgrund von ähnlicher Verwendungsweise oder Beschaffenheit des Produktes. Ebenso kann ein ähnlicher Nutzenbeitrag zur Substitution führen (Transport: ICE als Substitut für Inlandsflüge), wobei der Ersetzungsprozess erst durch einen besonderen Mehrwert ausgelöst wird. Wenn Substitutionseffekte innerhalb der eigenen Produktlinien auftreten, spricht man auch von → Kannibalisierungseffekten.

Suchkauf. Der Begriff des S. wird häufig im Zusammenhang mit High-Involvement-Käufen genannt. Der Grad der Aufmerksamkeit einer Person wird in hohem Maße von dem → Involvement ggü. einem Objekt beeinflusst. Involvement bezeichnet den Grad des Engagements einer Person, sich für bestimmte Sachverhalte oder Aufgaben zu interessieren und einzusetzen. Eng verbunden ist der Umfang des Involvement mit der auf den Informationserwerb und die Informationsverarbeitung gerichteten Aktiviertheit von Individuen. High-Involvement-Käufe stehen in enger Beziehung mit der Persönlichkeit und Selbsteinschätzung des Individuums. Der Konsument nimmt ein gewisses finanzielles, soziales, psychologisches oder gesundheitliches Risiko wahr. Daher verwendet er viel Zeit und Energie für die Auswahl der Produktalternativen. Während es sich also bei High-Involvement-Käufen um komplexe Entscheidungsprozesse handelt, sind Low-Involvement-Käufe i.Allg. für den Konsumenten weniger wichtig, nur mit geringem Risiko verbunden und durch habituelles und impulsives Kaufverhalten geprägt. *Vgl. auch* → Erfahrungskauf.

Sucheigenschaften, Gütereigenschaft aus Sicht der → Institutionenökonomik (→ Theorien des Marketing). Während bei → Erfahrungsgütern die kaufrelevanten Eigenschaften erst nach dem Kauf offenbar werden und sie bei → Vertrauensgütern auch nach dem Kauf verborgen bleiben oder nur zu prohibitiv hohen Kosten überprüfbar sind, sind sie bei Suchgütern im Voraus feststellbar und messbar. Dies impliziert ein geringes Risiko negativer Konsequenzen nach dem Kauf.

Suchgüter, idealtypische Gütergruppe aus der Sicht der → Institutionenökonomik (→ Theorien des Marketing) mit niedrigem Informationsproblem des Kunden. Während bei → Erfahrungsgütern (z.B. Auto) die wichtigsten Eigenschaften erst nach dem Kauf offenbar werden und diese bei → Vertrauensgütern (z.B. biologisch angebaute Lebensmittel) auch nach dem Kauf verborgen bleiben, liegen die kaufrelevanten Eigenschaften bei S. (z.B. Modeschmuck) offen. Das Marketing für S. stellt häufig preispolitische Maßnahmen in den Vordergrund.

Suchmaschine, → Navigationshilfe.

Suchverhalten, → Kaufentscheidung.

Suffizienz, Kriterium der → Umweltfreundliches Konsumentenverhalten.

Sunk Costs, entscheidungsirrelevante Kosten. I.d.R. sind dies bereits angefallene bzw. vordisponierte Kosten, deren Höhe weder in der Gegenwart, noch in der Zukunft beeinflusst werden können. Folglich dürfen sie auch nicht in der kostenmäßigen Beurteilung einer Handlungsalternative Berücksichtigung finden. Beispiele für S.C. sind Kosten für in Vorjahren erfolgte Markterschließungen oder Produktentwicklungen.

Supermarkt, → Betriebsform des → Einzelhandels. S. verfügen i.d.R. über eine Verkaufsfläche zwischen ca. 400 und 1.000 qm, die zumeist in unmittelbarer Nähe der Nachfrager, beispielsweise in einem Wohngebiet, gelegen sind. Damit soll den Kunden eine bequeme und schnell erreichbare Einkaufsmöglichkeit für Güter des täglichen Bedarfs geboten werden. In einem S. werden daher schwerpunktmäßig Nahrungs- und Genussmittel, Frischwaren sowie in zunehmendem Maße auch Ver- und Gebrauchsgüter des täglichen Bedarfs überwiegend im Selbstbedienungsprinzip angeboten.

Supplements, Beilagen zu Zeitungen, die sich in meinungsbildende und Programm-Supplements unterteilen lassen. *Vgl. auch* → Printmedien.

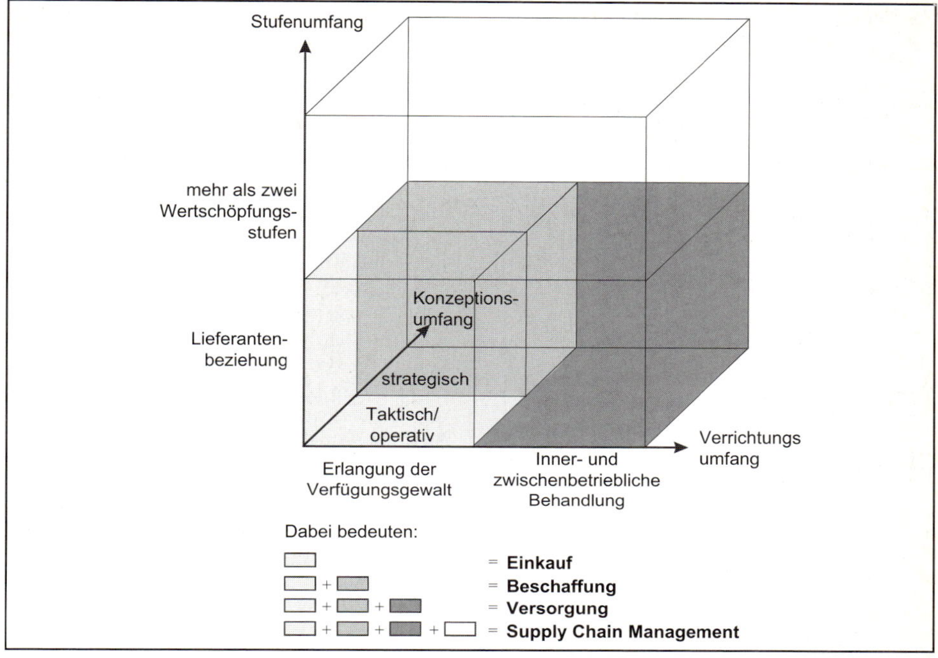

Supply Chain Management

Supply Chain Management, strategisch ausgerichtete Optimierung aller Güter- und zugehöriger Informationsflüsse entlang der gesamten → Wertschöpfungskette. Folglich sind nicht nur die Güter- und Informationsströme innerhalb des Unternehmens, sondern auch die zu Lieferanten und Kunden mit einbezogen. Hervorgegangen ist S.C.M. aus Überlegungen zu einer ganzheitlichen Optimierung des Versorgungsmanagement. Historischer Ausgangspunkt ist ein weitgehend operativ ausgerichteter Einkauf, der von Absatz und Produktion spezifizierte Bedarfe beschafft („Erfüllungsgehilfe"). Im nächsten Schritt hat sich die Güterversorgung an der Erschließung und Sicherung langfristiger Erfolgspotenziale orientiert. Die ausdrückliche Einbindung strategischer Überlegungen kennzeichnet das → Beschaffungsmanagement. Für die physische Güterversorgung im Unternehmen und darüber hinaus sind → Materialwirtschaft und → Beschaffungslogistik verantwortlich. Zusammen bilden alle Teilbereiche das Versorgungssystem des Unternehmens. Im Rahmen des S.C.M. wird die Perspektive nochmals erweitert: An die Stelle der isolierten Versorgungsoptimierung zweier Stufen einer bestimmten Wertschöpfungskette (Lieferant/Abnehmer) tritt die simultane Optimierung aller Stufen eines Wertschöpfungsprozesses (vgl. Abb. „Supply Chain Management").

Supra-System, Zusammenschluss → kooperierender und/oder → filialisierender → Handelssysteme in einer international agierenden Kooperation. Die Zusammenarbeit bezieht sich vor allem auf die Bereiche Einkauf, Marketing und Logistik. Die Mitglieder sind bestrebt, durch eine europaweite Einkaufszentralisation Konditionenvorteile zu erlangen. Zudem verspricht man sich Vorteile z.B. aus einem Know-how-Transfer durch den Austausch von Absatzkonzeptionen oder Vorteile durch eine gemeinsame, europaweite Vermarktung von Handelsmarken. Derartige S.-S. sind vornehmlich im Lebensmittelhandel weit verbreitet. Ein Beispiel für ein S.-S. ist die Eurogroup, eine Kooperation, in der sich neben der Coop (CH), DBU Vendex Europa (NL) und Rewe Europa (D) zusammengeschlossen haben. Die Zusammenarbeit erstreckt sich insbesondere auf die Bereiche: gemeinsame Produktentwicklung für Eigenmarken, Erfahrungsaustausch im Handelmarketing sowie gemeinsamer

Aufbau von Logistik- und Informationssystemen.

Sustainable Consumption, → Umweltfreundliches Konsumentenverhalten.

Sustainable Development. Leitbild für eine nachhaltige Entwicklung, wonach sich einerseits die Lebenschancen zukünftiger Generationen nicht ggü. den Möglichkeiten der derzeitigen Generation verschlechtern dürfen (intergenerative Gerechtigkeit) und wonach sich andererseits ein Wohlstandsausgleich zwischen armen und reichen Ländern einstellen soll (intragenerative Gerechtigkeit).

I. Begriff: S.D. (nachhaltige Entwicklung) wurde im 1987 vorgelegten Bericht der Weltkommission für Umwelt und Entwicklung (World Commission on Environment and Development: Our Common Future, Oxfort 1987) definiert als eine Entwicklung, „die den Bedürfnissen der heutigen Generation entspricht, ohne die Möglichkeit künftiger Generationen zu gefährden, ihre eigenen Bedürfnisse zu befriedigen und ihren Lebensstil zu wählen." Das erfordert „einen Prozess der Veränderung, in dem die Nutzung der Ressourcen, die Struktur der Investitionen, die Orientierung des technischen Fortschritts und die institutionellen Strukturen konsistent gemacht werden mit den zukünftigen und gegenwärtigen Bedürfnissen".

II. Merkmale: Dieses Leitbild umfasst (1) das Verantwortungsprinzip, nachdem jeder einzelne und jede Organisation für die Folgen eigenen Handelns verantwortlich ist, (2) das Kreislaufprinzip (→ Kreislaufwirtschaft) zur Schaffung und Aufrechterhaltung geschlossener Stoffströme und (3) das Kooperationsprinzip zur Förderung der Zusammenarbeit aller an Wertschöpfungs- und Stoffkreisläufen beteiligen Akteure.

III. Ziele: S.D. ist gerichtet auf (1) die Umweltverträglichkeit (→ ökologische Effizienz), (2) die Sozialverträglichkeit (sozialer Nutzen wie z.B. Ächtung von Kinder- und Zwangsarbeit) und (3) die Wirtschaftsverträglichkeit (z.B. Wettbewerbsvorteile, Schaffung von Arbeitsplätzen) unternehmerischen Handelns.

Swedish Customer Satisfaction Barometer (SCSB), *Schwedisches Kundenbarometer* („*Sveriges Kundbarometer*"). Als Forschungsprojekt von der Schwedischen Post und der University of Michigan 1989 initiiert, ist das SCSB zugleich das erste → Nationale Kundenbarometer. Ein wesentliches Ziel der Implementierung des Kundenbarometers ist die zukunftsorientierte Ergänzung traditioneller Performance-Messungen (z.B. → Return on Investment, → Marktanteil und → Gewinn) durch → Kundenzufriedenheitsmessungen. Das Schwedische Kundenbarometer zielt darauf ab, die Bedeutung von Qualitätsverbesserung und → Kundenzufriedenheit zur Steigerung der Lebensqualität und des Wohlstands der schwedischen Bevölkerung in die Öffentlichkeit zu tragen. Auf diese Weise soll der Kundenzufriedenheit in der schwedischen Wirtschaft ein größerer Stellenwert beigemessen werden. Die Ergebnisse des SCSB dienen (1) Branchenvergleichen, (2) dem Vergleich einzelner Unternehmen mit dem Branchendurchschnitt, (3) Vergleichen über die Zeit, (4) als Vorhersagen für die mittel- bis langfristige Performance von Unternehmen und (5) Aussagen zu Einflussfaktoren und Wirkungszusammenhängen von Kundenzufriedenheit. Im Rahmen der Entwicklung des SCSB wurden drei Grundprinzipien berücksichtigt: (1) Es wird angenommen, dass die Modellvariablen je nach Kontext unterschiedliche Bedeutungen haben können. (2) Bei der Messung aller Variablen können Messfehler auftreten. (3) Kundenzufriedenheit wird als ein latentes, nicht beobachtbares Konstrukt dargestellt. Das Zufriedenheitsurteil der Kunden wird u.a. auf der Grundlage von (rationalen) Erwartungen und der wahrgenommenen Performance gebildet. Es wird angenommen, dass direkte Auswirkungen zwischen der Kundenzufriedenheit und dem Kundenverhalten bestehen. *Vgl. auch* → American Customer Satisfaction Index, → Swiss Index of Customer Satisfaction, → Kundenmonitor Deutschland.

Sweepstake. Gewinnspiele, bei denen die Gewinne (Gewinn-Nummern) schon vorher festgelegt wurden. Meist handelt es sich um sehr aufwendig gestaltete → Werbemittel mit großem Streuvolumen, einer Vielzahl von Gewinnen und hochwertig aufgemachten Gewinnlosen bzw. Gewinnzertifikaten zum Aufreißen, Aufrubbeln usw. Die Gewinnlose dürfen nicht fest mit einem Bestellschein verbunden sein, d.h., die Teilnahme muss unabhängig von einer Bestellung möglich sein.

SWICS, Abk. für → Swiss Index of Customer Satisfaction.

Swiss Index of Customer Satisfaction (SWICS), → Nationales Kundenbarometer der Schweiz, erstmals 1998 durchgeführt. Zu den Zielsetzungen zählen drei Aspekte: (1) Implementierung eines aussagekräftigen Nationalen Zufriedenheitsindexes für die Schweiz, (2) Möglichkeit zu branchen- und unternehmensspezifischen Auswertungen/ Aussagen und (3) Vergleichbarkeit der wirtschaftlichen Situation mit anderen Ländern mit ähnlichen Ansätzen (z.B. USA, Schweden, Deutschland). Das Modell stützt sich zum einen auf modelltheoretische Grundlagen der bereits bestehenden und geprüften → Nationalen Kundenbarometer, zum anderen werden eigene Forschungserfahrungen/ -ansätze zur Verbesserung der bestehenden Modelle aufgegriffen. Neben der Bereitstellung von umfassenden Informationen zur Kundenzufriedenheit ist das Modell in der Lage, Zusammenhänge zwischen den einzelnen Bausteinen (Qualität, Kundenorientierung, Kundennutzen, Kundendialog und Kundenbindung) zu erklären. SWICS basiert auf einem Kausalmodell und erlaubt die Identifikation konkreter „Satisfaction Driver". Die Variablen werden als nicht direkt beobachtbar definiert, so dass es sich um ein Kausalmodell mit latenten Variablen handelt. Im Rahmen der Modellierung der Variablen und Zusammenhänge sind die Abbildung der Beziehungen durch ein Strukturmodell und die Abbildung der Messung der nicht beobachtbaren, latenten Variablen durch ein Messmodell zu differenzieren. Zentrale Kennzahl des Schweizer Kundenbarometers ist der Index der Kundenzufriedenheit. Mit Hilfe dieses Indexes wird ein Vergleich des Niveaus der Kundenzufriedenheit für einzelne Sektoren, Branchen und Unternehmen ermöglicht.

Switching-Path-Analyse, Methode zur Analyse der → Abwanderung von Kunden. Bei der S.-P.-A. handelt es sich um eine methodische Weiterentwicklung der → Critical-Incident-Technik, bei der jedoch nicht die einzelne Transaktion, sondern die → Kundenbeziehung im Vordergrund steht. Die S.-P.-A. verfolgt das Ziel, den gesamten Abwanderungsprozess – angefangen von einem bestimmten Auslöser bis hin zur Aufnahme einer neuen Beziehung – abzubilden. Inhaltlich basiert das Instrument auf strukturierten, persönlichen Interviews mit abgewanderten Kunden. Typische Fragen innerhalb der Analyse sind: „Aus welchen Gründen haben Sie die Beziehung beendet?", „Bitte erzählen Sie, was alles passierte, bis es letztlich zur Kündigung kam?", „Wie lange dauerte die Geschäftsbeziehung an?", „Haben bestimmte Maßnahmen des Unternehmens die Abwanderung hinauszögert?", „Was haben Sie in Bezug auf die Abwanderungsentscheidung empfunden?", „Zu welchem Unternehmen sind Sie gewechselt und warum?" und „Wären Sie bereit, die Geschäftsbeziehung erneut aufzunehmen?". Neben dem Nutzen der verbesserten Informationsbasis zu Leistungsdefiziten und grundsätzlichen Erkenntnissen zu Abwanderungsprozessen können die Ergebnisse der S.-P.-A. ferner zur Festlegung geeigneter Frühwarnindikatoren einer Abwanderung dienen. Im Zentrum des Analyseinstruments steht somit die Aufgabe, entscheidungsrelevante Informationen zur Planung des → Rückgewinnungsmanagements bereitzustellen.

SWOT-Analyse, *Analysis of Strengths, Weaknesses, Opportunities, and Threats, TOWS-Analyse*; Konzept zur Zusammenfassung der Ergebnisse der strategischen Situationsanalyse. Es kombiniert die Verfahren der Umwelt-, Markt- und Unternehmensanalyse, indem es die aus dem unternehmensexternen Bereich stammenden Chancen und Risiken den unternehmensinternen Stärken bzw. Schwächen einander gegenüberstellt.

Symbole, Bestandteil der → Artefakte im Rahmen der → marktorientierten Unternehmenskultur.

Symbolische Kommunikation, → Kommunikationsformen.

Syndication. Vorproduzierte → Mailings mit Produktangeboten, die zusammen mit der Ware anderen Firmen angeboten werden, die diese auf eigene Rechnung und im eigenen Namen z.B. an die eigenen Kunden verkaufen. In die den Anbietern zur Verfügung gestellten → Werbemitteln werden nachträglich nur die entsprechenden Adressen jedes Teilnehmers „individuell" aufgedruckt.

Synergie, ergibt sich, wenn die Verbundwirkung von zwei oder mehr Einflussfaktoren mehr wert ist als deren additive Wirkung bei isoliertem Einsatz. Strategisch bedeutsame Synergiepotenziale liegen insbesondere in den betrieblichen Grundfunktionen, wie Forschung und Entwicklung, Produktion und Vertrieb. Auf strategischer Ebene können S. vor allem durch Zusammenarbeit oder auch durch Zusammenschluss erreicht werden. Jeder Teil soll dabei spezifische Fähigkeiten einbringen, die gemeinsamen einen „1+1=3-Effekt" ergeben.

Systemarchitektur, *Systemphilosophie*; stellt die Ordnung zwischen den einzelnen Systemelementen her und bildet die wichtigste Ebene eines Systems, indem sie eine einheitliche Basis schafft, um die einzelnen Systemmodule miteinander zu verbinden. Auf diese Weise wird die redundanzfreie Interaktion der einzelnen Module und Teilsysteme ermöglicht. Durch die S. wirken die einzelnen Elemente zusammen und gewährleisten die Funktionserfüllung des Gesamtsystems. Mit der ersten Investition legt sich der Nachfrager auf ein System bzw. die betreffende S. langfristig fest (vgl. → Systemgeschäft). Die Architektur beinhaltet eine Strukturbeschreibung und die genauen Definitionen der Funktionen, die in dem System auszuführen sind. Ihre Aufgaben bestehen in der Systemsteuerung sowie in der Koordination und Kommunikation der Systemmodule im Gesamtsystem. Die notwendige Zuordnung der einzelnen Funktionen im Gesamtsystem erfolgt während der Implementierung. Beispiele für Systeme, denen eine einheitliche Architektur zugrunde liegt, sind Telekommunikationseinrichtungen und → Betriebswirtschaftliche Standardanwendungssoftware.

Systematischer Fehler, *Bias*. Fehler einer → Teilerhebung, der nicht auf die → Zufallsauswahl zurückzuführen ist. → Validität.

System-Audit, → EMAS.

Systembindungseffekt, → Systemgeschäft.

Systemgeschäft, I. Begriff: → Geschäftstyp im → Industriegütermarketing. Merkmal des S. ist die einseitig hohe Bindung des Nachfragers an einen einmal ausgewählten Anbieter (z.B. Anbieter für → Standardanwendungsoftware). Im Rahmen der ersten Transaktion wird dabei eine Festlegung der → Systemarchitektur getroffen. Auf dieser Basis werden beim Kunden nachfolgend einzelne Systemmodule zu einem integrierten Gesamtsystem verknüpft. Der modulare Aufbau eines Systems ermöglicht dabei eine sukzessive Beschaffung, d.h. der Kunde kann die einzelnen Systembausteine gemeinsam oder sukzessive, in zeitlich aufeinander folgenden Transaktionen erwerben. Die Motive der sukzessiven Beschaffung können in der noch nicht vollständigen Verfügbarkeit des Gesamtsystems, in beschränkten finanziellen Ressourcen und in der Beschaffungsunsicherheit des Nachfragers liegen oder organisationsbedingt sein. Durch Festlegung auf eine Systemarchitektur entstehen Systembindungseffekte. Diese resultieren einerseits aus der technischen Kompatibilität der Systemelemente, andererseits aus der notwendigen Anpassung der Unternehmensorganisation und dem systemspezifischen Know-how der Mitarbeiter. Diese voraussehbaren spezifischen Investitionen bewirken eine Systembindung und beeinflussen maßgeblich das Kundenverhalten vor und während der Beschaffung. Ein System- oder Anbieterwechsel ist nach Vertragsschluss nur mit hohen Verlusten möglich (→ Lock-in-Effekt). Die Komplexität und die Prozessbasierung von Systemgütern tragen dazu bei, dass das Beschaffungsrisiko beim Nachfrager als sehr hoch eingeschätzt wird. Dieser trägt die Verantwortung für die Gesamtintegration des Systems und den reibungslosen Einsatz im Unternehmen. Ferner bringt er eigene Produktionsfaktoren, insbesondere Informationen, Hardware und Mitarbeiter sowie oftmals die gesamte Unternehmensorganisation in den Implementierungsprozess ein. Diese einseitige Abhängigkeit auf Kundenseite kann der Anbieter z.B. durch überhöhte Preisforderungen, schlechte Produktqualität und mangelnde Systemergänzungen auf opportunistische Weise ausnutzen, was beim Nachfrager eine hohe Verhaltensunsicherheit bedingt. Aus Sicht des Anbieters sind deshalb besondere Marketingmaßnahmen erforderlich. Eine Möglichkeit zur Reduzierung der Systembindung besteht z.B. in der → Standardisierung der Systemschnittstellen. Auf Anbieterseite erfolgen im S. nur geringe spezifische Investitionen; das Leistungsangebot hat einen niedrigen Individualisierungsgrad und ist weitgehend standardisiert. Produziert wird zunächst für einen anonymen Markt. Kundenindividuellen Anforderungen wird z.B. durch Kombinations- und Parametrisierungsmöglichkeiten der einzelnen Systemmodule Rechnung getragen.

II. Vertragsphasen: Der Transaktionsprozess im S. lässt sich untergliedern in eine Vorvertrags-, Vertragserfüllungs-, Implementierungs- und Systemnutzungsphase. Die Vorvertragsphase ist durch intensive Vorverhandlungen gekennzeichnet, bei denen die Anbieter im harten Wettbewerb um den Kundenauftrag stehen. Häufig werden in dieser Phase bereits Schulungsmaßnahmen durchgeführt, um beim Anwender Know-how aufzubauen und Erfahrungen zu sammeln. Auf diese Weise können die Unsicherheiten beim Nachfrager hinsichtlich Qualität und Leistungsumfang des Systems im Vorfeld der Transaktion reduziert werden. Schulungen sind im S. trotz der relativ hohen spezifischen Kosten ein häufig genutztes Instrument zur Informationsbeschaffung und Bewertung alternativer Anbieter. In der darauf folgenden Vertragserfüllungsphase werden erste größere spezifische Investitionen getätigt, z.B. durch weiter gehende intensive Schulungen der Mitarbeiter und Einstellung neuer Mitarbeiter zur Unterstützung des Implementierungsprojekts. In der Implementierungsphase wird das System auf die individuellen Erfordernisse der Unternehmung des Nachfragers eingerichtet. Erst nach erfolgreicher Implementierung beginnt schließlich die Systemnutzungsphase (Produktivstart). Selbst nach dem Zeitpunkt des Produktivstarts passen viele Unternehmen das System häufig noch weiter an ihre eigenen Erfordernisse an. Implementierungs- und Nutzungsphase können sich bis zu einem gewissen Grad durchaus überlagern.

Literatur: Backhaus, K. (2003): Industriegütermarketing, 7. Aufl., München.

Margit Meyer/Jutta Müschen

System Sourcing, → Beschaffungsstrategie.

Systemtechnologie, grundlegende → Technologie für Güter, die im → Systemgeschäft vermarktet werden.

Systemtheorie, interdisziplinäre Wissenschaft mit dem Ziel, eine für alle biologischen, sozialen und mechanischen Systeme geltende formale Theorie zu entwickeln. Die verstärkte Anwendung exakter Methoden in den Sozialwissenschaften hat in zunehmendem Maße die quantitativen Strukturen vieler Sozialgebilde erkennen lassen und zeigte, dass biologische, soziale und mechanische Gebilde vielfach isomorphe Systeme und Strukturen aufweisen. Die S. rückt die Dynamik der betriebswirtschaftlichen Organisationssysteme, die bisher fast nur statisch gesehen wurden, in den Blickpunkt. Es soll so ermöglicht werden, die Organisation an sich verändernde Umweltbedingungen anpassen zu können. Die S. hat insofern große Bedeutung für die wirtschaftswissenschaftliche Forschung, da sich Unternehmen heutzutage äußerst instabilen Umweltverhältnissen gegenübersehen.

Systemwettbewerb, Wettbewerb unterschiedlicher Handelssystemtypen (→ Handelssystem). Handelssystemtypen sind z.B. das → filialisierende oder das kooperierende Handelssystem. Nach diesem Verständnis stehen nicht alleine Unternehmen bzw. wettbewerbliche Einheiten, sondern unterschiedliche Organisations- und Entscheidungsstrukturen miteinander im Wettbewerb. Aufgrund der zunehmenden Systembildung im deutschen Konsumgüterhandel, z.B. in Folge eines wachsenden Preisbewusstseins der Verbraucher und einer gewissen Eigendynamik der Systembildung, kommt es zu einem stärkeren Intergruppenwettbewerb (Konkurrenz von Unternehmen unterschiedlicher Handelssysteme) und einem stärkeren Intragruppenwettbewerb (Konkurrenz von Unternehmen innerhalb eines Handelssystems) in der Konsumgüterdistribution. Die Intensivierung des S. zwingt die Handelsunternehmen, sämtliche Ökonomisierungspotenziale auszunutzen, um möglichen Größennachteilen nicht zu erliegen. Größenvorteile bestehen beispielsweise in Preisnachlässen durch Einkaufsbündelung und Senkung der relativen Personal-, Logistik- und Warenwirtschaftskosten.

Literatur: Olbrich, R. (1998): Unternehmenswachstum, Verdrängung und Konzentration im Konsumgüterhandel, Stuttgart.

Szenario-Technik, Technik zur Beschreibung mehrerer möglicher Zukunftsentwicklungen (Szenarien) und Schätzung von deren Eintrittswahrscheinlichkeiten. Szenarien sind

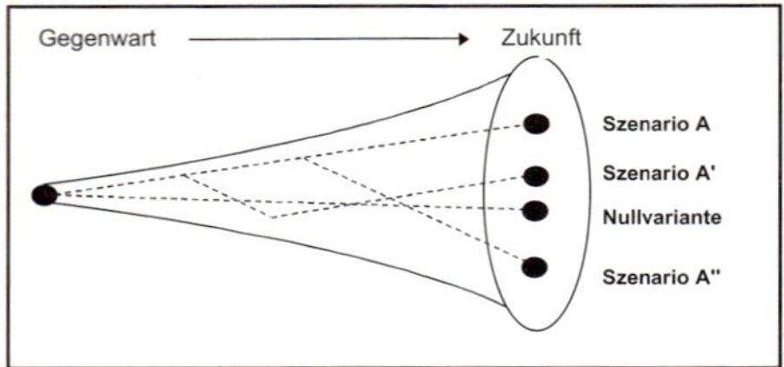

Der Szenariotrichter

alternativ vorstellbare Zukunftsbilder, die aus logisch zusammenpassenden Annahmen bestehen, sowie die Beschreibung der Entwicklungen, die zu diesen Zukunftsbildern hinführen. Die Denkweise bei der Erstellung von Szenarien verdeutlicht der Szenariotrichter (vgl. Abb.: „Der Szenariotrichter"). Die Entwicklung der nahen Zukunft ist durch die gegenwärtigen Gegebenheiten weitgehend festgelegt. Je weiter man sich von der Gegenwart entfernt, desto größer wird das Spektrum möglicher Entwicklungen – es öffnet sich wie ein Trichter. Durch Extrapolation eines zum jetzigen Zeitpunkt erkennbaren Trends gelangt man beispielsweise zu einem Szenario A. Störereignisse (Diskontinuitäten bzgl. wichtiger Umweltfaktoren) können diesen Trend außer Kraft setzen bzw. sogar ins Gegenteil umkehren (Szenarien A', A").

T

Tachistoskop, Bezeichnung für einen Diaprojektor mit angeschlossenem Steuergerät, der eine Verkürzung der Belichtung auf minimal 0,0001 Sekunden ermöglicht. Die stufenweise Verlängerung der Darbietungszeit eines Diabildes ermöglicht, aus dem, was die Testperson zu erkennen glaubt, Rückschlüsse auf die Ursachen der ersten Anmutungen zu ziehen (*vgl. auch* → Aktualgenese).

Talon, Kontrollabschnitt einer Antwortkarte bzw. eines Bestellscheins, der vor Versand vom Rezipienten einer Werbesendung abgetrennt und aufbewahrt werden muss. Der T. dient als Bestell- bzw. Besitznachweis.

Tante-Emma-Laden, → Nachbarschaftsladen.

TAP, Abk. für Tausender-Auflagen-Preis. *Vgl. auch* → Mediaplanung.

Target Costing, *Zielkostenmanagement, Zielkostenrechnung, Zielkostenmethode*. T.C. stellt ein zentrales Instrumentarium im Rahmen des → Marktorientierten Kostenmanagements dar. Markt- und Kundenorientierung des Ansatzes werden darin sichtbar, dass im Gegensatz zu klassischen Preis- und Kostenplanungsmethoden nicht mehr die Frage im Vordergrund steht „Was wird ein Produkt kosten?“, sondern „Was darf ein Produkt kosten?“. Dieser Perspektivenwechsel bedingt, dass der Prozess der Kostenplanung bzw. -rechnung nicht erst in der Produktionsphase einsetzt, sondern bereits in den frühen Phasen der Produktentstehung beginnt. Das Prinzip des T.C. besteht darin, zunächst mit Hilfe der Marktforschung einen potenziellen Marktpreis für ein neues Produkt zu ermitteln. Durch Subtraktion des angestrebten Gewinns („target profit“) vom erzielbaren Verkaufspreis können dann die vom Markt erlaubten Kosten des Produkts („allowable costs“) bestimmt werden. Diesen erlaubten Kosten sind die geschätzten Standardkosten („drifting costs“) des neuen Produkts gegenüberzustellen. Sollten beide voneinander abweichen, ist dies ein Indiz für notwendige Kostensenkungsmaßnahmen im Rahmen der Produktentwicklung. Die Kosten müssen letztlich so weit gesenkt werden, bis die erlaubten bzw. target costs erreicht werden. Anwendung findet der T.C.-Ansatz vor allem bei Unternehmen, die auf wettbewerbsintensiven Märkten mit kurzen Produktlebenszyklen und hohem Preisdruck agieren.

Target Groups, → Zielgruppenmarketing.

Target Pricing, → Target Costing.

Task Force, bezeichnet eine temporär bestehende Arbeitsgruppe, die im Rahmen des → Projektmanagements zur Koordination und Bearbeitung von Projekten gebildet wird. Die Mitglieder einer T.F. kommen i.d.R. aus unterschiedlichen Hierarchieebenen und Funktionsbereichen. Für die Dauer des Bestehens der T.F. stellen sie der T.F. meist ihre gesamte Arbeitskraft zur Verfügung und kehren danach in ihre frühere Funktion zurück. Im Gegensatz zur → Projektgruppe spielt in der T.F. der Teamgedanke eine wichtigere Rolle. Dies äußert sich darin, dass Entscheidungen in der T.F. meist nicht hierarchisch sondern im Plenum gefällt werden. Insbesondere Expertenwissen und Information spielen bei Entscheidungen der T.F. eine wichtige Rolle, so dass Experten und Stäben (→ Stab- und Liniensystem) ein relativ großer Einfluss innerhalb der T.F. zukommt.

Tausender-Auflagen-Preis, → Mediaplanung.

Tausender-Kontakt-Preis, entspricht dem → Tausender-Leser-Preis, wenn ein Printmedium nur einmal belegt wird.

Tausender-Leser-Preis, drückt aus, wie viel für eine → Anzeige pro 1.000 Leser von Printmedien aufgewendet werden muss. *Vgl. auch* → Mediaplanung.

Tausenderpreis, Kennzahl im Bereich der → Mediaplanung. Der T. spiegelt die Relation zwischen der → Auflage und dem Preis einer → Anzeige (Anzeigenpreis · 1.000/ verkaufte Auflage) wider. *Vgl. auch* → Printmedien, *Gegensatz:* → Tausender-Leser-Preis.

Tausender-Zielpersonen-Preis, → Mediaplanung.

Taylorismus, die Zielsetzung des im 19. Jahrhundert entstandenen T. liegt in der Steigerung der Produktivität menschlicher Arbeit durch Teilung einer Arbeit in kleinste Einheiten (Arbeitsteilung), zu deren Ausführung die Menschen keine oder nur geringe Denkvorgänge zu leisten haben und deren Teilaufgaben schnell wiederholt werden können. Zur Optimierung der Arbeitsabläufe wurden Zeit- und Bewegungsstudien eingesetzt. Die Kritik dieses Ansatzes begründet sich in der mechanistischen und inhumanen Betrachtung der menschlichen Arbeit als Produktionsfaktor.

Team-Organisation, bezeichnet eine Erweiterung der Linienorganisation (→ Stab- und Liniensystem) durch eine Zusammenarbeit von Mitarbeitern des Unternehmens aus verschiedenen Funktionsbereichen (z.B. Marketing, Vertrieb, Forschung & Entwicklung) und/oder verschiedenen Hierarchieebenen in einem oder mehreren Teams. Hierbei erfolgt die → Koordination, indem sich die beteiligten Mitarbeiter aus den verschiedenen Abteilungen und Stellen durch Interaktion selbst abstimmen. Die Abstimmung erfolgt also nicht durch zentrale Pläne oder Programme.

Team Selling, bezeichnet ein in den 90er-Jahren aufgekommenes Konzept, wonach auch im Vertrieb nach sinnvollen Anwendungen von Gruppenarbeit gesucht wird. Im Rahmen des T.S. führen mehrere Vertriebsmitarbeiter entweder auf Projektbasis oder fest in der Organisationsstruktur verankert gemeinsam Vertriebsaktivitäten durch. Das T.S. wurde insbesondere im → Industriegütermarketing eingeführt, um eine bessere Kundenbetreuung und -beratung beim Verkauf komplexer Produkte und Dienstleistungen erzielen zu können.

Team, Neuproduktentwicklung, → Hauptaufgabe dieser Teams ist die Entwicklung neuer Verfahren oder Produkte. Bildung aus Mitgliedern eines Unternehmens (→ Team, intraorganisationales) oder aus den Mitgliedern mehrerer Unternehmen (z.B. Anbieter- und Kunden-Unternehmen, → Team, interorganisationales).

Team, permanentes Kundenbetreuungsteam, obliegt die permanente Betreuung eines bestimmten Kundenstammes. Das Team nimmt hier Vertriebs-, aber auch Dienstleistungsaufgaben (z.B. Kundenberatung) wahr. Beispiele: Kundenbetreuungsteams im Firmenkundengeschäft von Banken, Teams zur Betreuung eines einzelnen Kunden (sog. → Key Account Teams). Diese Teams bestehen üblicherweise aus Spezialisten unterschiedlicher Funktionsbereiche (z.B. Produktmanagement, Logistik, Marktforschung, Vertrieb usw.).

Teams, interorganisationale, bezeichnet Teams im Absatzbereich von Unternehmen, in denen Mitglieder aus mindestens zwei Organisationen (Anbieter- und Kunden-Unternehmen) vertreten sind.

I. Relevante Bereiche: → permanente Kundenbetreuungs-Teams (u.a. auch Selling Teams → Team Selling,), → Neuproduktentwicklungs-Teams, und → Projektteams, kundenbezogene.

II. Ziele: Intensivierung der Kundenbeziehung, Steigerung der → Kundenorientierung und → Marktorientierung, Gewinnung von Informationen über Kundenbedürfnisse (→ Kundenerwartungen), Integration von Kunden in den Leistungsentwicklungs- und -erstellungsprozess (→ Kundenintegration).

III. Konzeptualisierung: Interorganisationalität umfasst zwei Facetten: Teamzusammensetzung und Machtverteilung innerhalb des Teams. Im Kern sind drei Kon-

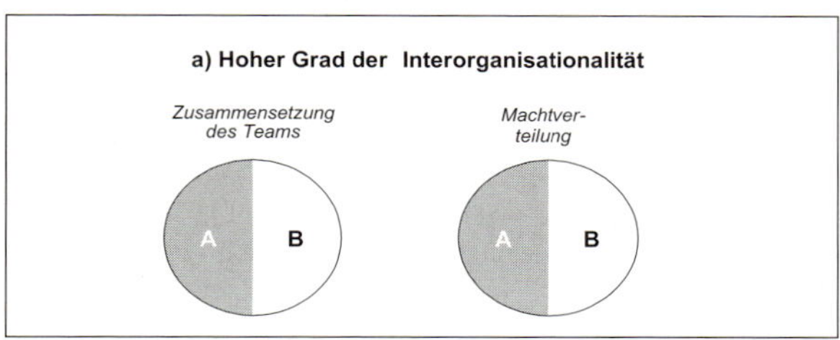

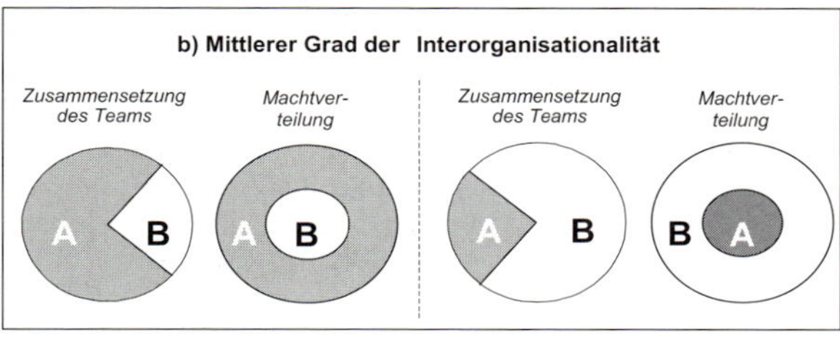

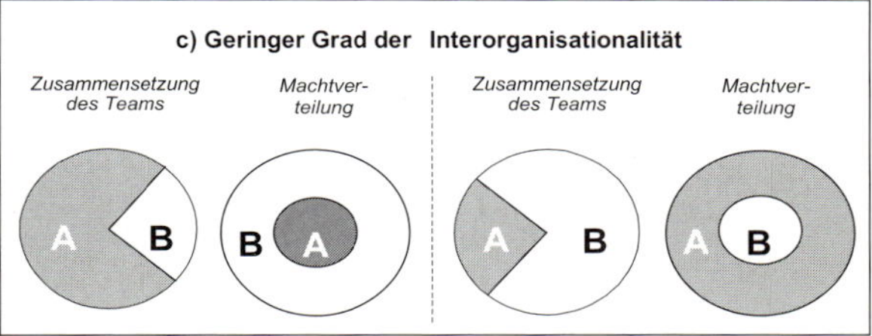

Erläuterung:
Bei der Visualisierung der Machtverteilung kennzeichnet die Position im Inneren des Kreises eine höhere Machtposition als die im äußeren Bereich der Kreisfläche.

Ausprägungen der Interorganisationalität

stellationen denkbar (vgl. die Abb. „Ausprägungen der Interorganisationalität"). Ein hoher Grad der Interorganisationalität liegt vor, wenn die Mitarbeiter des Anbieter-Unternehmens und die Mitarbeiter des Kunden-Unternehmens paritätisch in Bezug auf die Anzahl und die Macht innerhalb des Teams vertreten sind. Ein geringer Grad der Interorganisationalität eines Teams liegt hingegen vor, wenn die Mitglieder des Anbieter-Unternehmens bzw. des Kunden-Unternehmens in Bezug auf die Anzahl der Personen und die Macht das Team dominieren. Neben diesen extremen Ausprägungen des Grades der Interorganisationalität sind Konstellationen denkbar, die zu einem mittleren Grad der Interorganisationalität führen. Ein mittlerer Grad der Interorganisationalität liegt beispielsweise vor, wenn die Mitglieder eines Anbieter-Unternehmens anzahlmäßig zwar überrepräsentiert, jedoch im Hinblick auf die Machtverteilung unterrepräsentiert sind.

Literatur: Stock, R. (2003): Teams an der Schnittstelle zwischen Anbieter- und Kunden-Unternehmen: Eine integrative Betrachtung, Wiesbaden.

Teams, intraorganisationale, charakterisieren sich dadurch, dass die Mitglieder aus einem einzelnen Unternehmen stammen. Beispielhafte Teamarten: → Team Selling, → Teams, Neuproduktentwicklung. *Gegensatz:* Team, interorganisationales.

Teams, kundenbezogene Projektteams, sind im Gegensatz zu permanenten Kundenbetreuungs-Teams (→ Team, permanentes Kundenbetreuungs-), nicht dauerhaft angelegt, sondern beziehen sich auf ein zeitlich abgegrenztes Projekt mit einem

Kunden. Beispiele: kundenbezogene Projektteams in der Unternehmensberatung bzw. in der Software-Branche. Vielfach interorganisationales Team (→ Team, interorganisationales).

Teaser. Beim Betrachten eines Werbebriefumschlags ist der erste Eindruck entscheidend. Der T. soll den Betrachter neugierig auf den Inhalt machen und damit zum Öffnen der Versandhülle bewegen. Das kann in der Form von Fragen geschehen, deren Beantwortung im Inneren des → Mailings versprochen wird. Es können besonders ins Auge fallende oder ungewöhnliche Angebote abgebildet werden. Versprechungen auf eine Belohnung, ein Geschenk, oder ein Gewinnspiel gemacht werden. Oder es werden die immer wieder Erfolg versprechenden Schlagworte eingesetzt: NEU, Ohne Risiko, Einmalig, Persönlich, Gratis, Restposten usw. Ebenfalls sehr wirksam sind: „Sie wurden ausgewählt“, „Letzte Chance“, „Nur gültig bis zum...“ usw.

Technische Qualität, Qualitätsdimension von Dienstleistungen (→ Dienstleistungsqualitätsdimension), die sich – im Gegensatz zur → funktionalen Qualität – auf die Breite des Leistungsprogramms eines Dienstleistungsanbieters bezieht.

Technisch-funktionale Kundenbindung. Von einer → t. K. wird gesprochen, wenn ein funktionaler Zusammenhang zwischen → Kernleistung und → Zusatzleistung besteht, und aus diesem Grund der Wechsel zu einem anderen Anbieter (→ Abwanderung) aus Kundensicht mit Nachteilen verbunden wäre. Ein Beispiel für eine t.K. ist der Kauf von Fernsehgerät und Videorecorder einer Marke, um mit einer Fernbedienung beide Geräte bedienen zu können. *Vgl. auch* → Kundenbindung.

Technologie, Wissen um naturwissenschaftlich/technische Zusammenhänge, das zur Lösung technischer Probleme genutzt wird. Denjenigen Teil der T., der konkret auf eine Problemstellung angewendet wird, nennt man Technik. T. kann somit als Wissenschaft von der Technik verstanden werden. Je nach Einsatzgebiet lassen sich T. in Produkt- und Prozesstechnologien unterscheiden. Produkttechnologien fließen in ein spezielles Erzeugnis ein, während Prozesstechnologien im Leistungserstellungsprozess zur Anwendung kommen. Oftmals fällt die Zuordnung zu einer Kategorie nicht leicht. Beispielsweise gehört ein biologisches Schädlingsbekämpfungsmittel für dessen Hersteller zum Bereich der Produkttechnologie, da die Technologie in sein Erzeugnis einfließt. Für den Abnehmer stellt dieses Mittel jedoch eine Prozesstechnologie dar, da es im Prozess der Herstellung von Lebensmitteln eingesetzt wird. Demnach ist jede Prozesstechnologie auch eine Produkttechnologie, wenn man in der Wertschöpfungskette eine Stufe zurückgeht.

Technologiedynamik, → Technologiemanagement.

Technologie-Entwicklungsmodelle, Technologiefrüherkennungs- und Prognosemodelle, wie z.B. → Technologieportfolios und → Technologie-Lebenszyklusmodelle. Sie dienen dem Erkennen und der Beurteilung der Entwicklungspotenziale → Neuer Technologien, der Leistungsfähigkeit der bekannten → Technologien, der Austauschbarkeit zwischen Technologien sowie der voraussichtlichen Technologiesprünge.

Technologiefolgeabschätzung, (engl. *Technology Assessment*), ist auf eine systematische Analyse und Prognose von ökonomischen, politischen, gesellschaftlichen und ökologischen Wirkungen bestimmter Technologieanwendungen und -verbreitungen gerichtet. Die T. dient Verantwortlichen in Politik und Verwaltung als Grundlage für legislative und administrative Entscheidungen. In Deutschland existiert seit 1990 das Büro für Technikfolgenabschätzung beim Deutschen Bundestag.

Technologie-Lebenszyklus, → Technologie-Entwicklungsmodell, das Aussagen über Technologiepotenziale in Abhängigkeit von der Zeit ermöglicht. Analog zum Produktlebenszykluskonzept wird eine idealtypische Entwicklung von Technologien über die Zeit hinweg unterstellt sowie von einer S-förmigen, ertragsgesetzlichen Kurve ausgegangen (vgl. Abb. „Lebenszyklusphasen von Technologien“). Eine Erweiterung des Technologielebenszykluskonzepts stellt das → S-Kurven-Konzept dar. Ein idealtypischer T.-L. vollzieht sich in den Phasen Entstehung, Wachstum, Reife und Alter. Jedoch müssen

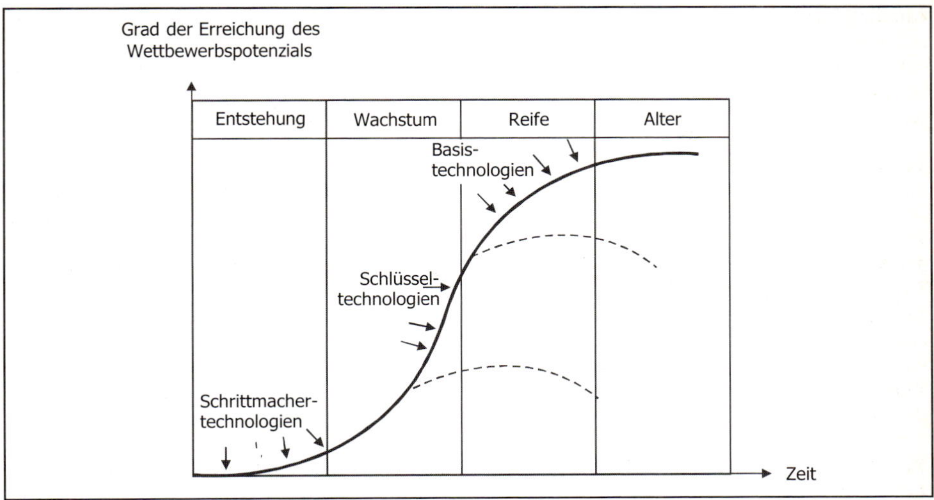

Lebenszyklusphasen von Technologien

nicht alle Technologien den gesamten Zyklus durchlaufen. So können einige schon nach kürzerer Zeit nicht mehr angewendet werden, weil sie nicht gebraucht oder durch andere, bessere Technologien substituiert werden. Eine Betrachtung der Lebenszyklusphasen unterstützt vor allem wettbewerbsstrategische Beurteilungen von Technologien. Die Ordinatendimension Wettbewerbspotenzial spiegelt dabei das Einsatzpotenzial im Markt wider, d.h., das Volumen an Anwendungen, das sich zukünftig ergeben kann. Zur Ermittlung des wettbewerbsstrategischen Potenzials von Technologien wird zwischen → Schrittmacher-, → Schlüssel- und → Basistechnologien unterschieden. Eine entscheidende Rolle bei Betrachtung des T.-L. spielt die jeweilige Position der Unternehmung. So bietet das bessere Ressourcenpotenzial großer, reifer Unternehmen Vorteile bei der Grundlagenforschung und der Schaffung neuer Basistechnologien. Die Umsetzung dieser Erkenntnisse in konkrete Anwendungen wird häufig durch das flexible Brutklima kleiner, junger Unternehmen erleichtert. Allerdings ist diese These umstritten, da kleine Unternehmen oftmals nicht die finanziellen Ressourcen besitzen, um eine Invention zur Marktreife zu führen. Eine differenzierte Betrachtung ergibt indes, dass der Innovationsprozess nicht in einem großen Schritt vollzogen werden kann. Vielmehr besteht dieser aus einer Fülle von Einzelschritten, in denen eine wiederholte Anpassung der Invention an spezielle Gegebenheiten erfolgt. Jeder dieser Anpassungsschritte lässt sich wiederum in die Phasen Grundlagenforschung, angewandte Forschung sowie Entwicklung zerlegen. Im Rahmen dieser kleinen Schritte sind es dann die kleinen und jungen Unternehmen, die eine Invention aufgreifen und diese weiterentwickeln.

Margit Meyer/Jutta Müschen

Technologiemanagement, Planung, Steuerung und Kontrolle des Wissens um naturwissenschaftliche bzw. technische Zusammenhänge im Unternehmen. Allgemein umfasst der Aufgabenbereich des T. sämtliche Entscheidungsfindungsprozesse sowohl für → Neue Technologien als auch hinsichtlich des Einsatzes bereits bestehender → Technologien. Weiterhin schließt es Überlegungen über den unternehmensexternen Bezug von Technologien ein. Den Ausgangspunkt des T. bildet eine Istaufnahme der in der Unternehmung eingesetzten und in Planung befindlichen Technologien sowie eine Prognose der wissenschaftlich-technologischen Umfeldentwicklung. Hilfestellungen hierfür können z.B. → Technologie-Lebenszyklen, → Technologieportfolios, → Technologie-Entwicklungsmodelle oder das → S-Kurven-Konzept liefern. Mit dem Ziel, die strategischen Geschäftsfelder zu bestimmen bzw. die Leistungsangebote auf die zu bearbeitenden Marktsegmente abzustimmen, erfolgt anschließend die explizite Formulierung der Technologiestrategien. Hierbei stehen die strategische Technologieentwicklung und -vermarktung im Vordergrund, d.h. die Generierung, Speicherung und Anwendung von neuem Wissen im Unternehmen. Insgesamt wird stets ein ausgewogenes Technologieportfolio für das Unternehmen angestrebt. Abzugrenzen vom T. sind das F+E-Management und das → Innovationsmanagement. Während beim F&E-Management die Neuproduktentwicklung sowie neue Herstellungsverfahren im Mittelpunkt stehen, geht es beim Innovationsmanagement schwerpunktmäßig um die Einführung und Durchsetzung neuer Produkte am Markt.

Technologiemarketing, → High-Tech-Marketing.

Technologieportfolio, → Portfolio-Modell zur Bestimmung der Technologieposition eines Unternehmens. Ein T. dient der Beurteilung der eigenen derzeitigen Lage und zeigt grundsätzliche unternehmensstrategische Entwicklungspotenziale auf. Analysiert werden z.B. das Technologiepotenzial und die Ressourcenstärke im Hinblick auf die Zielmarktsegmente. Eine Matrixeinteilung kann beispielsweise nach dem Technologiestand (→ Basis-, → Schlüssel- und → Schrittmachertechnologien) und den eigenen Stärken und Schwächen erfolgen. Voraussetzung ist, dass strategische Ziele hinsichtlich einer angestrebten Positionierung sowie Daten über die derzeitig abgedeckten Technologiebereiche existieren.

Technologietransfer, Übertragung technologischen Wissens von einem Technologiegeber auf einen Technologienehmer, die beide wirtschaftlich und rechtlich selbstständig sind. T. kann auch auf indirektem Weg über Technologiemittler erfolgen.

Technologiezyklus, unterteilt die Technologien in verschiedene Phasen. → Basistechnologien repräsentieren den heutigen Stand der Technik und sind jedem Wettbewerber zugänglich. Eine Basistechnologie gilt als ausgereift und erlaubt nur marginale Verbesserungen. Wettbewerbsvorteile sind in dieser Phase i.d.R. nur auf Basis der Kosten möglich. Dagegen wird eine → Schlüsseltechnologie erst in geringem Maße eingesetzt. Sie birgt noch ein erhebliches Verbesserungspotenzial und bietet die Möglichkeit, Wettbewerbsvorteile auf Basis der Technologie zu erlangen. Im Zeitablauf wird eine Schlüsseltechnologie zur Basistechnologie. → Schrittmachertechnologien befinden sich noch im Entwicklungsstadium und sind über erste Testanwendungen noch nicht hinausgekommen. Sie wandeln sich mit zunehmendem Erkenntnisstand und stärkerer Verbreitung zu Schlüsseltechnologien. Ganz am Anfang des T. stehen die Zukunftstechnologien. Für diese bestehen bestenfalls prinzipielle Lösungsmuster.

Technologiezyklus, unterteilt die Technologien in verschiedene Phasen. Basistechnologien repräsentieren den heutigen Stand der Technik und sind jedem Wettbewerber zugänglich. Eine Basistechnologie gilt als ausgereift und erlaubt nur marginale Verbesserungen. Wettbewerbsvorteile sind in dieser Phase i.d.R. nur auf Basis der Kosten möglich. Dagegen wird eine Schlüsseltechnologie erst in geringem Maße eingesetzt. Sie birgt noch ein erhebliches Verbesserungspotenzial und bietet die Möglichkeit, Wettbewerbsvorteile auf Basis der Technologie zu erlangen. Im Zeitablauf wird eine Schlüsseltechnologie zur Basistechnologie. Schrittmachertechnologien befinden sich noch im Entwicklungsstadium und sind über erste Testanwendungen noch nicht hinaus gekommen. Sie wandeln sich mit zunehmendem Erkenntnisstand und stärkerer Verbreitung zu Schlüsseltechnologien. Ganz am Anfang des T. stehen die Zukunftstechnologien. Für diese bestehen bestenfalls prinzipielle Lösungsmuster.

Technology-Push-Strategie, für den Erhalt der unternehmerischen Wettbewerbsfähigkeit sind eine ständige Neu- bzw. Weiterentwicklung und Vermarktung innovativer Produkte erforderlich. Geht der ursprüngliche Anstoß zu Innovationen von der Technik aus, spricht man von einer T.-P.-S. (anderenfalls → Market-Pull-Strategie).

Teilerhebung, Erhebungen lassen sich aufteilen in → Vollerhebungen und T. Bei der T. wird nur eine Teilmenge der Grundgesamtheit ausgewählt und ausgewertet. Mit Hilfe dieser Stichprobe werden dann Rückschlüsse auf Merkmalsausprägungen und ihre Verteilung in der Grundgesamtheit gezogen. Dazu muss die Stichprobe hinreichend repräsentativ ausgewählt worden sein. Bei der Durchführung einer T. müssen einige Kriterien festgelegt werden. Neben der Größe des → Stichprobenumfangs muss auch eine Entscheidung über das → Auswahlprinzip, das Auswahlverfahren und die → Auswahltechnik getroffen werden. Die Vorteile, die eine T. ggü. der Vollerhebung hat liegen in dem geringeren Zeit- und Kostenaufwand. Auch lassen sich manche Erhebungen (z.B. Test der Lebensdauer von Produkten) nur als T. durchführen. Bei wiederholten Erhebungen zu einem Thema sollte in einigen Fällen auch auf die T. zurückgegriffen werden, da es bei einer → Befragung bei den gleichen Personen zu Testeffekten kommen kann, die zu verzerrten Ergebnissen führen.

Teilkostenrechnung, I. Begriff: Kostenrechnungssystem, wonach nur bestimmte Teile der Gesamtkosten auf die → Kostenträger verrechnet werden. Die Grundidee dieser differenzierten Kostenbetrachtung und -verrechnung besteht darin, die in der → Vollkostenrechnung vorherrschende nicht verursachungsgemäße Schlüsselung von Kosten auf einzelne Kostenträgereinheiten zu umgehen, da hieraus Fehlentscheidungen resultieren können.

II. Aufbau: Der Grundaufbau der T. gleicht vom Prinzip her dem der Vollkostenrechnung, d.h. es gibt eine Untergliederung in die → Kostenarten-, → Kostenstellen- und → Kostenträgerrechnung. Unterschiedlich ist nur der Umfang der Verrechnung, nicht aber die Erfassung der Kosten.

III. Arten: Je nach Art der Kostenverrechnung können verschiedene Erscheinungsformen von T. unterschieden werden. Wesentliches Unterscheidungsmerkmal der einzelnen Systeme ist dabei das Kriterium, anhand dessen die Gesamtkosten aufgespalten werden. Als Kriterien werden entweder die Beschäftigungsabhängigkeit (führt zu einer Aufspaltung in variable und fixe Kosten) oder die (eindeutige) → Zurechenbarkeit (führt zu einer Aufspaltung in → Einzel- und → Gemeinkosten) herangezogen. Entsprechend lassen sich als Systeme der T. das → Direct Costing, wonach nur variable, aber keine fixen Kosten auf die Kostenträger verrechnet werden, und die → Relative Einzelkostenrechnung, wonach nur die Einzelkosten, nicht aber die Gemeinkosten auf die Kostenträger verrechnet werden, unterscheiden. Eine weitere Möglichkeit besteht darin, nur die → Grenzkosten auf die Kostenträger zu verrechnen. Geht man – wie in der Praxis vorherrschend – von linearen Kostenverläufen aus, entspricht eine Grenzkostenrechnung allerdings genau dem Direct Costing. Ein umfassendes Rechnungssystem auf Basis von Grenzkosten bei nicht linearen Kostenfunktionen ist bisher noch nicht entwickelt worden. Häufig wird die T. auch als → Deckungsbeitragsrechnung bezeichnet, da in retrograder Rechnung von den Erträgen erst die direkt zugerechneten Teilkosten (variable Kosten, Einzelkosten) abgerechnet werden und anschließend von den so ermittelten → Deckungsbeiträgen die nicht den Erzeugnissen zugerechneten Restkosten (fixe Kosten, Gemeinkosten) zur Ermittlung des Betriebsergebnisses in Abzug gebracht werden.

Teilnutzenwert, → Conjoint-Analyse.

Telefaxwerbung, grundsätzlich wettbewerbswidrig, wenn sie unverlangt übermittelt wird; *vgl. auch* → Telefonwerbung. Die damit einhergehenden Belastungen des Empfängers werden als Verstoß gegen die guten Sitten gesehen (§ 1 → UWG). Dazu gehören die Blockierung der Empfangsgeräte durch Werbesendungen, die Störung der Arbeitsabläufe durch die ungewollte Beschäftigung mit ankommender Werbung und die beim Empfänger anfallenden Kosten für das Material der Werbung, wie z.B. das Papier eines Telefax-Empfangsgerätes.

Telefonische Befragung, Befragungsmethode mit Hilfe des Telefons. → Befragungsmethoden, → Computer Aided Telephone Interviewing.

Telefonmarketing. Bestimmte Art der Nutzung des → Call Centers. Mit T. werden meist Kundenanrufe der Call-Center-Agenten bezeichnet. Diese → Outbound-Anrufe dienen u.a. der Adressverifikation, der Kündigungsprävention, der → Neukundenakquisition, der Markt- und → Meinungsforschung, der Terminakquise sowie dem Verkauf. → Inbound-Gespräche dagegen werden meist unter dem Begriff Call Center geführt.

Telefonwerbung. I. Private Adressaten: (1) Unzulässige T.: Grundsätzlich wegen Belästigung und Überrumpelungsgefahr (§ 1 → UWG), selbst dann, wenn der

Werbende den Anruf vorher schriftlich angekündigt hat oder wenn mit Privatpersonen bereits Geschäftsbeziehungen bestehen. Dies gilt selbst bei Dauerschuldverhältnissen und sogar bei aufgekündigten Dauerschuldverhältnissen, wenn der Anbieter die Beweggründe für die Kündigung erfahren will. (2) Zulässige T.: Sofern der Umworbene den Anruf ausdrücklich gewünscht hat, z.B. schriftlich durch die Zusendung einer Postkarte oder durch die Abgabe seines Einverständnisses bei Abschluss eines Vertrages („Ich bin damit einverstanden, dass mir telefonisch weitere Angebote der XY-Firma unterbreitet werden."). Ferner ist T. zulässig, sofern von einem stillschweigenden Einverständnis ausgegangen werden kann. Das Schweigen des Verbrauchers auf die schriftliche Ankündigung eines Anrufes wird jedoch nicht als ein solches Einverständnis gewertet. Auch liegt es nicht vor, wenn sich der Umworbene zuvor Informationsmaterial hat schicken lassen.

II. Gewerbliche Adressaten: T. ist zulässig, wenn ein konkretes Interesse an den Werbeobjekten unterstellt werden kann. Ein allgemeiner Sachbezug zum Geschäftsbetrieb des Umworbenen reicht nicht aus. Unerbetene T. wird als Belästigung und Störung der beruflichen Tätigkeit beurteilt. Denn das Interesse angerufener Gewerbetreibender, von T. verschont zu bleiben (Störung von Betriebsabläufen), ist höher zu werten als das Interesse des Werbenden, einen persönlichen Kontakt durch den Telefonanruf herzustellen.

Telemeter, *Audimeter*. Gerät zur Erfassung des Rundfunk- und Fernsehkonsum in einem → Haushaltspanel. → Beobachtung → Datenerfassung.

Teleshopping, Oberbegriff für alle medienengestützten Formen des Angebotsempfangs durch den Konsumenten im Haushalt mit der Möglichkeit der sofortigen medialen Bestellung. Im Rahmen des TV-T. wird als Hinkanal das Massenmedium Fernsehen und als Rückkanal das Telefon eingesetzt. Gebräuchliche Varianten sind Infomercials (längere, vorproduzierte Produktpräsentationen mit regelmäßiger Einblendung der telefonischen Bestellmöglichkeit), Verkaufsshows (Produktpräsentationen unter Integration von Unterhaltungselementen) und → Direct Response-TV (TV-Spots mit Angabe einer Telefonnummer für die Bestellung). Im Zuge der Ausbreitung von Multimedia entstand das interaktive T. Im Gegensatz zu den bisher gebräuchlichen Formen sind die Angebote interaktiv abrufbar, ggf. ist auch eine sofortige Online-Bestellung und –Bezahlung möglich. Beim T. in → Online-Medien kann der Nutzer die → Website des Anbieters anwählen; dort kann er dann aus der Angebotspalette Produkte oder Dienste selektieren und online bestellen (→ Online-Shopping). Eine weitere Form des interaktiven T. sind multimediale Kataloge (z.B. auf → CD-ROM) in Verbindung mit einer Online-Bestellmöglichkeit, wie dies bei hybriden → Kiosksystemen der Fall ist. Mit dem Aufkommen des → Digitalen Fernsehens wird auch die Möglichkeit des interaktiven TV-T. bestehen (derzeit nur als Feldversuch).

Teleshopping, rechtliche Aspekte. I. Gegenstand: Vor der Verbreitung des World Wide Web (→ WWW) wurde der Begriff T. ausschließlich für die Präsentation von Waren und → Dienstleistungen im Fernsehen verwendet. Heute sollte T. alle Formen des Einkaufs erfassen, bei denen Nachfrager und Anbieter Fernkommunikationsmittel einsetzen (*vgl. auch* → Fernabsatzverträge). Es ist daher zweckmäßig, zwischen TV-Shopping, Internet-Shopping und anderen Formen des „Shopping" mit Hilfe elektronischer Kommunikationsmittel zu differenzieren. Im Folgenden wird T. als TV-Shopping verstanden, d.h., der Fernsehzuschauer kann die beworbenen Waren und Dienstleistungen telefonisch über eine eingeblendete Rufnummer bestellen. Die Bezahlung erfolgt über Nachnahme, Kreditkartenabrechnung oder Electronic Banking.

II. Rechtliche Fragen: Rundfunkrechtliche, wettbewerbsrechtliche und vertragsrechtliche Aspekte. (1) Rundfunk-Staatsvertrag: T. ist im öffentlich-rechtlichen Rundfunk nicht zulässig (§ 18 RStV), wohl dagegen im privaten Rundfunk (§ 45 III RStV): pro Tag maximal eine Stunde, nicht mehr als 20 Prozent der täglichen und nicht mehr als 20 Prozent der stündlichen Sendezeit. Ohne T. liegt die zeitliche Obergrenze von Werbespots bei 15 Prozent der gesamten Sendezeit (§ 45 I RStV), d.h. mit T. kann die tägliche Werbezeit ausgedehnt werden. Das redaktionelle Programm ist strikt von der → Werbung zu trennen, etwa durch Werbelogos und Einblendungen wie „Dauerwerbesendung". Gegen das Trennungsgebot wird verstoßen, wenn der Moderator des T. in zeitlichem Zusammenhang auch den redaktionellen Programmteil betreut. (2) Wettbewerbsrecht: Die ungenügende Kennzeichnung des T. als Werbesendung und die Nichteinhaltung der Trennung von Werbung und redaktionellem Programm verstoßen gegen das Wettbewerbsrecht. (3) Vertragsrecht: Grenzen ergeben sich vor allem aus dem → BGB (insbesondere zu → allgemeinen Geschäftsbedingungen, Haustürgeschäften, → Fernabsatzverträgen und Verbraucherdarlehensverträgen). So sind z.B. Abzahlungsgeschäfte auf den Betrag von 200 EUR beschränkt. Denn Abzahlungsgeschäfte, die den Betrag von 200 EUR übersteigen, erfordern die schriftliche Belehrung, was beim T. ausscheiden muss. Dem Kunden muss des Weiteren ein Widerrufsrecht oder ein Rückgaberecht eingeräumt werden (§ 312d BGB). Innerhalb einer bestimmten Frist kann der Kunde im ersten Fall den Vertrag widerrufen (§ 355 BGB), im zweiten die Ware zurückgeben, bevor ein Kaufvertrag zustande kommt (§ 356 BGB). (4) EG-Fernsehrichtlinie (Stand: 1997): Sie unterscheidet drei Formen des T. (Art. 18, 18a, 19): kurze T.-Spots, mindestens 15 Minuten dauernde T.-Fenster sowie reine T.-Sender. Grundsätzlich ist jede Form des T. optisch und/oder akustisch eindeutig von anderen Programmteilen zu trennen. Für a) T.-Spots gelten die bereits aus dem Rundfunk-Staatsvertrag bekannten zeitlichen Restriktionen, nicht mehr als 20 Prozent der täglichen und nicht mehr als 20 Prozent der stündlichen Sendezeit. b) T.-Fenster finden sich in Fernsehkanälen, die nicht ausschließlich T. anbieten, und müssen ohne Unterbrechung mindestens 15 Minuten „geöffnet" sein. Pro Tag sind maximal acht T.-Fenster mit einer Gesamtsendedauer von höchstens drei Stunden möglich. c) T.-Sender – wie z.B. QVC und HOT – sind zulässig. Sie fallen nach derzeitigem Recht übrigens nicht in den Anwendungsbereich des Rundfunkstaatsvertrages, da Werbesender kein Fernsehen im Sinne des Rundfunkbegriffes sind, sondern in den Anwendungsbereich des Mediendienstestaatsvertrages. Die EG-Richtlinie sieht vor, dass T.-Sender auch Werbespots schalten dürfen, soweit diese den Rahmen der täglichen Beschränkung einhalten.

Tensor-Organisation, bezeichnet eine → mehrdimensionale Organisationsstruktur, bei der die Kompetenzen zwischen den organisatorischen Teilbereichen auf einer Hierarchieebene nach mindestens drei verschiedenen Kriterien abgegrenzt werden (z.B. die gleichzeitige Organisation nach Regionen, Kunden und Produkten). Diese relativ komplexe Organisationsform wird in der Unternehmenspraxis nur selten angewendet.

Terms of Trade, Austauschverhältnis von international gehandelten Waren, das als Quotient aus dem Exportpreisindex und dem Importpreisindex eines Landes errechnet wird. Die Kennzahl erlaubt eine Beurteilung der Vor- und Nachteile des Außenhandels unter Kosten- und Preisgesichtspunkten. Der Quotient wird als Net Barter Terms of Trade (Realaustauschverhältnis), Gros Barter Terms of Trade (Bruttoaustauschverhältnis) und die Income Terms of Trade berechnet. Verbessern sich die T.o.T. d.h. steigen die Exportpreise und/oder sinken die Importpreise eines Landes, so können für die gleiche Menge an Exportgütern mehr Importgüter beschafft werden.

Terrestrisches Fernsehen, Fernsehprogramme werden per Funk übertragen. *Gegensatz:* → Kabelfernsehen, → Satellitenfernsehen; *Vgl. auch* → Elektronische Medien.

Tertiärer Sektor, → Dienstleistungssektor.

Test. Methode zur Werbeerfolgskontrolle im → Direct Marketing. Mit Hilfe von repräsentativen → Stichproben können Adresslisten bzw. Werbemittelvarianten getestet werden. Empfohlen werden Tests ab einem Gesamtmailvolumen von über 50.000 → Mailings. Es wird jede fünfte oder zehnte Adresse aus einer Liste selektiert und ein Probemailing gestartet. Es können auf diese Weise auch mehrere Listen miteinander verglichen werden, um so ausschließlich zielgenaue Adresssubstanzen einzusetzen. Für Testzwecke wird eine Mindestmenge von 5.000 Adressen pro Testvariante empfohlen. Getestet werden können neben der Qualität des Datenbestandes aber auch andere Kriterien, wie z.B. Preis, Produkt, Liefer- und Zahlungskonditionen, Kreativkonzepte usw.

Testimonial, → Darsteller-Spots. *Vgl. auch* → Gestaltung.

Testkaufmethode, → Mystery Shopping.

Testmarkt, unter einem T. versteht man die Einführung eines neuen Produktes zur Überprüfung der angestrebten Marketingkonzeption und der Akzeptanz bei den Kunden. Je nach Ausmaß der Verbreitung des neuen Produktes unterscheidet man den lokalen T. (Begrenzung auf mehrere Städte oder Stadtteile) und den regionalen T. (z.B. Begrenzung der Fläche auf ein Bundesland). Der T. stellt den letzten Schritt vor der Einführung eines neuen Produktes dar, in dem unter realen Bedingungen der Erfolg bei den Kunden beobachtet werden kann. Neben der einfachen Ermittlung der Verkaufszahlen bietet ein T. auch die Möglichkeit, verschiedene Werbe- und Preisstrategien auf ihre Alltagstauglichkeit zu überprüfen, und somit ein optimales Marketingkonzept zu entwickeln. Den realen Versuchsbedingungen eines T. stehen hohe Kosten und schwer wiegende Probleme bei der Durchführung gegenüber. So fehlen häufig regionale Medien, in denen für das Testprodukt geworben werden kann, oder (inter)nationale Handelskonzerne, deren Mitarbeit benötigt wird, lehnen einen T. in ihren Geschäften ab bzw. lassen sich diesen teuer bezahlen. → Spezielle Testdesigns in der Marktforschung.

Testmarktsimulation, T. sollen Informationen über die Chancen von neuen Produkten vor ihrer Markteinführung liefern. Als Methode der Informationsgewinnung dient dabei ein → Produkttest in Kombination mit einer Kaufsimulation. Die eigentliche Durchführung gliedert sich dann in mehrere Schritte. In einem Teststudio werden die Probanden bzgl. Markenbekanntheit und Markenverwendung interviewt. Es folgt eine Werbevorführung über das Testprodukt und konkurrierende Produkte, bei der eine erste Konfrontation der Probanden mit dem neuen Produkt stattfindet. Anschließend wird das Erstkaufverhalten der Probanden in einer Kaufsimulation getestet, bei der eine Auswahl zwischen Konkurrenzprodukten und dem neuen Produkt besteht. Am Ende des Studiotests erhalten die Probanden dann das Testprodukt für die Verwendung zu Hause. Nach einer gewissen Zeit werden die Testpersonen zu ihren Erfahrungen mit dem neuen Produkt befragt, wobei Informationen über Stärken und Schwächen gewonnen werden, die zur Verbesserung des Produktes vor der Einführung ausgewertet werden. Den Abschluss der T. bildet dann eine erneute Kaufsimulation, bei der das Wiederkaufverhalten der Probanden beobachtet wird. → Laborexperiment, → Home-Use-Test, → ASSESSOR-Modell, → Spezielle Testdesigns in der Marktforschung.

Texter, → Werbeberufe (3).

Theoretisches Konstrukt, → Konstrukt.

Theorie der kognitiven Dissonanz, → Verhaltenswissenschaftlicher Ansatz.

Theorien der Internationalisierung, → Internationalisierung, Theorien der.

Theorien des Marketing, Ansätze bzw. Paradigmen, auf denen die Forschungsbeiträge unterschiedlicher Wissenschaftler beruhen.

I. Überblick und Einordnung: In der aktuellen Marketingwissenschaft wird vor allem mit qualitativen, managementorientierten Ansätzen (II.), quantitativen, entscheidungsorientierten Ansätzen (III.), → Verhaltenswissenschaftlichen Ansätzen (IV.), Kontingenzansätzen bzw. → Situativen Ansätzen (V.) und → (Institutionen-) ökonomischen Ansätzen (VI.) gearbeitet. Diese lassen sich nach zwei Kriterien systematisieren. Zum einen danach, ob eher deduktiv oder induktiv gearbeitet wird (Forschungsmethodik, Popper 1976). Bei rein deduktiver Vorgehensweise werden allgemeine Theorien aufgestellt, aus denen Implikationen für die Realität abgeleitet werden. Eine rein induktive Vorgehensweise impliziert dagegen die Interpretation von Einzelbeobachtungen, um auf diesem Wege zum Nachweis von Gesetzmäßigkeiten zu kommen (Tomczak 1992). Zum anderen lassen sich die jeweiligen Ansätze nach ihrem Formalisierungsgrad in eher verbale oder formale (mathematische) Ansätze einteilen. Die hier behandelten T.d.M. lassen sich anhand dieser zwei Dimensionen idealtypisch abbilden (vgl. Abb. „Strukturierung der Marketingtheorien“). Dabei sollten Extrempositionen nicht als tatsächliche Randpositionen auf dem jeweiligen Kontinuum interpretiert werden. Es handelt sich um relative Einstufungen. Institutionenökonomische Ansätze arbeiten am stärksten deduktiv, sie gehen von einem reduktionistischen Verhaltensmodell des Menschen aus,

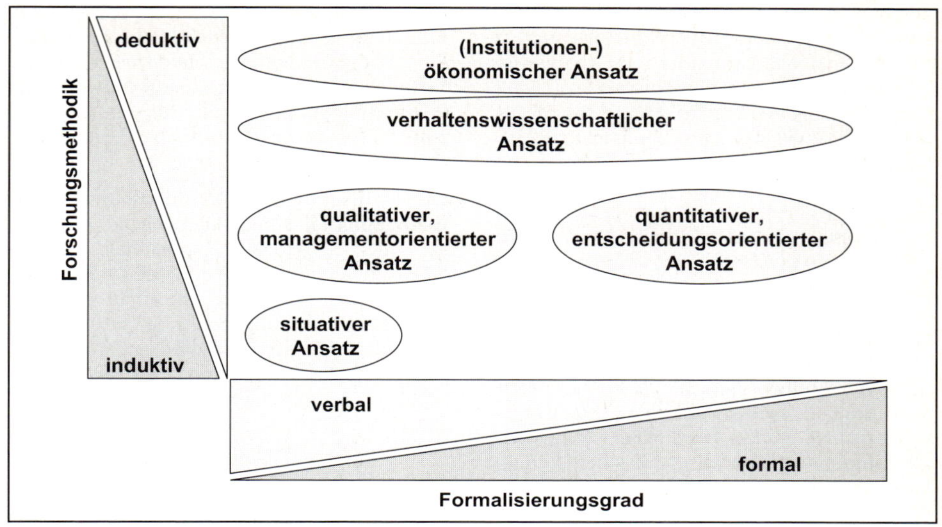

Strukturierung der Marketingtheorien

in dem rationales bzw. begrenzt-rationales Verhalten angenommen wird. In der Marketinganwendung liegen sowohl formale als auch verbale Konzepte vor. Die Verhaltenswissenschaft arbeitet tendenziell weniger reduktionistisch. Auch hier dominiert jedoch die Orientierung an theoretischen Konzepten und damit die deduktive Arbeitsweise, und auch hier gibt es sowohl formale als auch verbale Ansätze. Der qualitative, managementorientierte Ansatz arbeitet stärker induktiv, was nicht ausschließt, dass teilweise etablierte theoretische Konstrukte aufgegriffen werden. In der Zielsetzung und Forschungsmethodik verwandt sind quantitative, entscheidungsorientierte Ansätze, die jedoch einen wesentlich höheren Formalisierungsgrad aufweisen. Der situative Ansatz arbeitet am stärksten induktiv. Eine Formalisierung der Konzepte wird i.d.R. nicht angestrebt.

II. Gemeinsame Elemente qualitativer, managementorientierter Ansätze sind die Fokussierung auf jeweils drängende Probleme der Praxis und die primäre Zielsetzung, dem Marketingentscheider gut nachvollziehbare und umsetzbare Handlungshinweise zu geben. Beispiele für typische Fragestellungen sind die der strategischen Unternehmensführung bzw. des strategischen Marketing, der Markenpolitik, der praktischen Ausgestaltung des → Marketingmix und der organisatorischen Umsetzung der Marketingfunktion im Unternehmen (beispielhaft für das Dienstleistungsmarketing Meffert 1994). Neben eher induktiven Arbeiten, bei denen der Übergang zum situativen Ansatz fließend ist, liegt auch eine gewisse Orientierung an theoretischen Leitbildern vor. Ein Beispiel ist die Orientierung am so genannten Ressource-Dependence-Ansatz (vgl. zu einer Einführung Rasche/Wolfrum 1994), der die Bedeutung unternehmensspezifischer Fähigkeiten und Kompetenzen für die Wettbewerbsstrategie betont.

III. Quantitative, entscheidungsorientierte Ansätze: Diese stark an der angloamerikanischen Forschung zu „Marketing-Models" (insb. Lilien/Kotler/ Moorthy 1992) orientierte Forschungsrichtung hat mit dem konkreten Entscheidungsproblem den gleichen Ausgangspunkt wie die qualitativen, managementorientierten Ansätze, versucht aber, die relevanten Zusammenhänge im Rahmen von mathematischen Kalkülen abzubilden und damit quantitative Prognosen – vor allem im Rahmen von Informations- und Expertensystemen – zu ermöglichen. Dazu wird problembezogen auf jeweils geeignete theoretische Ansätze zurückgegriffen. Der → Decision Calculus (Little 1970) ist ein Beispiel für eine frühe „Axiomatisierung".

IV. Verhaltenswissenschaftliche Ansätze kommen vor allem im Bereich der Konsumentenforschung zum Einsatz. Erkenntnisse über das Konsumentenverhalten sind Voraussetzung für den zielorientierten Einsatz des Marketingmix. Verhaltenswissenschaftler befassen sich beispielsweise mit der Erklärung und Beeinflussung der Wahrnehmung sowie der Einstellungen und Verhaltensweisen der Konsumenten. Zu diesem Zweck wird interdisziplinär gearbeitet (Kroeber-Riel/Weinberg 1999; vgl. ausführlicher → Verhaltenswissenschaftlicher Ansatz). Ziel verhaltenswissenschaftlicher Konsumentenforschung ist auch die möglichst präzise Messung der interessierenden Konstrukte. So werden etwa individuelle Objektbewertungen über Teilnutzenwerte im Rahmen des Conjoint Measurement untersucht und aggregierte Wirkungen von Instrumenten des Marketingmix auf Marktebene über Marktwirkungsfunktionen gemessen. Zu den verhaltenswissenschaftlichen Ansätzen sollten im weiteren Sinne auch solche der mathematischen Psychologie, also etwa der → Prospect Theorie (Kahneman/Tversky 1979) bzw. des → Mental Accounting (Thaler 1985) gerechnet werden, obwohl hier ebenfalls eine gewisse Verwandtschaft zum ökonomischen Ansatz festzustellen ist, da Kaufentscheidungen lediglich über Nutzen (und Eintrittswahrscheinlichkeiten) abgebildet werden.

V. Kontingenzansätze (oder situative Ansätze) lösen sich bewusst von einer deduktiven Vorgehensweise (beispielhaft Tomczak 1989). Vielmehr wird versucht, die Charakteristika unterschiedlicher Entscheidungssituationen im Marketing herauszufinden und Situationscluster, d.h. Konstellationen ähnlicher Situationsmerkmale, zu bilden. Darauf aufbauend werden situationsabhängige Managementempfehlungen im Sinne von Wenn-Dann-Aussagen angestrebt (ausführlicher → Situativer Ansatz).

VI. (Institutionen-) ökonomische Ansätze: In der Absatzlehre Gutenbergs kommen vor allem mikroökonomische, neoklassische Konzepte zur Anwendung (modelltheoretischer Ansatz). In der Mikroökonomie stehen u.a. die Charakteristika unterschiedlicher Marktformen im Mittelpunkt, also etwa → Atomistische Märkte und Monopole, aber auch Preiselastizitäten usw. In der Mikroökonomie wird, wie auch in den modernen, spieltheoretischen Ansätzen sowie in Ansätzen der → Industrieökonomik, rationales, nutzenmaximierendes Verhalten von Wettbewerbern und Konsumenten unterstellt. Die vereinfachenden Annahmen auf der Individualverhaltensebene bieten den Vorteil, dass komplexe Interdependenzen zwischen Verhaltensweisen unterschiedlicher Akteure (etwa strategische Interaktion von Konkurrenten) handhabbar bleiben (beispielhaft Roth 1999).

Die → Institutionenökonomik schwächt die Rationalitätsannahme dahingehend ab, dass nur noch „begrenzte Rationalität“ (Simon 1957) unterstellt wird. In der → Institutionenökonomik gibt es Informationskosten und daher Informationsasymmetrien zwischen den Akteuren. Es wird außerdem von „opportunistischen“ Verhaltensweisen der Personen ausgegangen, von der Verfolgung von Eigeninteresse mit „List und Tücke“ (Williamson 1985), also von Verhaltensweisen, die gerade wegen der Informationsunterschiede erst möglich sind. Das Marketing hat die Aufgabe der Erleichterung von Austauschprozessen auf unvollkommenen Märkten durch Informationsgewinnung (→ Leistungsfindung bzw. Screening) und Informationsübertragung (Leistungsbegründung bzw. → Signaling) (Kaas 1990). In der → Institutionenökonomik gibt es unterschiedliche Teilgebiete (Fischer et al. 1993): die → Prinzipal-Agenten-Theorie, die Fragen der Gestaltung von Kooperationsverträgen untersucht, die → Transaktionskostentheorie, die die Institutionenwahl (Märkte, Hierarchien, Kooperationen) in den Mittelpunkt stellt, den Property-Rights-Ansatz, der Güter als Rechtsbündel versteht und die → Informationsökonomik, die die Auswirkung von Informationsproblemen auf Markteigenschaften und Marktgleichgewichte untersucht. Institutionenökonomische Ansätze eignen sich zur Einteilung von Gütern und Leistungen hinsichtlich ihrer jeweils typischen Marketingprobleme. In diesem Ansatz werden → Such-, → Erfahrungs- und → Vertrauensgüter (Kaas 1990) bzw. → Austausch- und → Kontraktgüter (Kaas 1995; Schade/Schott 1993) unterschieden.

VII. Ausblick: Keiner der Ansätze ist per se auf Teilbereiche des Marketing beschränkt, so lässt sich das Konsumentenverhalten eben auch ökonomisch und Wettbewerberverhalten verhaltenswissenschaftlich analysieren. Offenbar gehen Marketingforscher aber implizit von einer jeweils unterschiedlichen Erklärungskraft bestimmter Ansätze für bestimmte Problembereiche aus, was nicht zwingend ist. Gerade in der Übertragung von Ansätzen auf „ungewohnte" Felder könnte eine Herausforderung für die zukünftige Marketingforschung bestehen. Auch Verbindungen zwischen den → Paradigmen, etwa zwischen verhaltenswissenschaftlichen und ökonomischen Ansätzen, sind viel versprechend.

Literatur: Fischer, M./Hüser, A./Mühlenkamp, C./Schade, C./Schott, E. (1993): Marketing und neuere ökonomische Theorie: Ansätze zu einer Systematisierung, in: Betriebswirtschaftliche Forschung und Praxis, 45. Jg., Nr. 4, S. 444-470; Kaas, K.P. (1990): Marketing als Bewältigung von Informations- und Unsicherheitsproblemen im Markt, in: Die Betriebswirtschaft, 50. Jg., Nr. 4, S. 539-548; Kaas, K.P. (1995): Marketing zwischen Markt und Hierarchie, in: Kontrakte, Geschäftsbeziehungen, Netzwerke – Marketing und Neue Institutionenökonomik, ZfbF-Sonderheft 35, hrsg. von K.P. Kaas, Düsseldorf u.a., S. 19-60; Kahneman, D./Tversky, A. (1979): Prospect Theory: an Analysis of Decision under Risk, in: Econometrica, Vol. 47, No. 2, S. 263-291; Kroeber-Riel, W./Weinberg, P. (2003): Konsumentenverhalten, 8. Aufl., München; Lilien, G.L./Kotler, Ph./Moorthy, K.S. (1992): Marketing Models; Englewood Cliffs (NJ); Little, J.D.C. (1970): Models and Managers; the Concept of a Decision Calculus, in: Management Science, Vol. 16, No. 8, S. 466-485; Meffert, H. (1994): Marktorientierte Führung von Dienstleistungsunternehmen – Neuere Entwicklungen in Theorie und Praxis, in: Die Betriebswirtschaft, 54. Jg., Nr. 4, S. 519-541; Popper, K.R. (1976): Logik der Forschung, 6. Aufl., Tübingen; Rasche, Ch./Wolfrum, B. (1994): Ressourcenorientierte Unternehmensführung, in: Die Betriebswirtschaft, 54. Jg., Nr. 4, S. 501-517; Roth, St. (1999): Möglichkeiten und Grenzen ökonomischer Positionierungsmodelle, in: ZfbF, 51. Jg., Nr. 3, S. 243-266; Schade, Ch./ Schott, E. (1993): Kontraktgüter im Marketing, in: Marketing ZFP, 15. Jg., Nr. 1, S. 15-25; Simon, H. (1957): Administrative Behavior, New York; Thaler, R. (1985): Mental Accounting and Consumer Choice, in: Marketing Science, Vol. 4, No. 3, S. 199-214; Tomczak, T. (1989): Situative Marketingstrategien – Grundsatzstrategien für „Dogs", Berlin u.a.; Tomczak, T. (1992): Forschungsmethoden in der Marketingwissenschaft – Ein Plädoyer für den qualitativen Forschungsansatz, in: Marketing – Zeitschrift für Forschung und Praxis, 14. Jg., Nr. 2, S. 77-87; Williamson, O.E. (1985): The Economic Institutions of Capitalism, New York.

Christian Schade

Theorien des Verhaltens, Theorien des Konsumentenverhaltens, → Konsumentenverhaltensforschung, → verhaltenswissenschaftlicher Ansatz.

Theorien kognitiver Konsistenz, → Verhaltenswissenschaftlicher Ansatz.

Third-Country Nationals, Einsatz von Verkaufspersonal aus Drittländern im Rahmen der internationalen → Verkaufspolitik. Vorteile des Einsatzes von Verkaufspersonal aus Drittländern können in positiven Imageeffekten i.S. eines „globalen" Unternehmens beim Kunden liegen sowie in der eventuell höchsten Kompetenz, wenn die Zuordnung des Verkaufspersonals zu einem Land unabhängig von der Nationalität, sondern nur nach Qualifikation erfolgt. Mögliche Nachteile dieser Vorgehensweise liegen in der Verwirrung beim Kunden über die tatsächliche Herkunft bzw. den Stammsitz des Unternehmens, u.U. einer großen kulturellen Divergenz zwischen Käufer und Verkäufer sowie u.U. politisch bzw. rechtlich bedingten Restriktionen im Hinblick auf Arbeitsmöglichkeiten von Ausländern im Inland (z.B. bei hoher Arbeitslosigkeit im Inland). Alternativ können statt T.-C.N. auch → Expatriates oder → Locals eingesetzt werden.

Tiefeninterview, *Intensivinterview*. Mündliche Befragungsform, die nicht standardisiert ist und die bzgl. Inhalt und Gestaltung vom Interviewer entsprechend dem Verlauf verändert werden kann. Vorteile des T. liegen in der erhöhten Auskunftsbereitschaft der Teilnehmer oder der individuellen Befragung. Jedoch besteht die Gefahr des hohen → Interviewereinflusses.

Time-to-Market, Zeitraum von der Produktentwicklung bis zur Erhältlichkeit eines Produkts am Markt (Produktentstehungszeit).

TLP, Abk. für Tausender-Leser-Preis. *Vgl. auch* → Mediaplanung.

Tonality, bezieht sich auf die → Werbebotschaft. Die relevante Botschaft wird nicht in Worte gefasst, sondern erschließt sich aus der Stimmung des Films (z.B. Bacardi-Werbung). Bestandteil der → Copy-Strategie.

Top of Mind, → Recall.

Top-down-Budgetierung, → Budgetierung.

Top-down-Planung. Planungsmethode, bei der in der Hierarchie einer Organisation von oben nach unten „geplant wird". Auf Managementebene werden dabei Ziele und Richtlinien weitgehend festgelegt, während den nachfolgenden Abteilungen die Aufgabe zukommt, diesen Handlungsrahmen umzusetzen. Dies soll am Beispiel der Kommunikationspolitik verdeutlicht werden.

I. T.-d.-P. und → Integrierte (Unternehmens-)Kommunikation: Eine T.-d.-P. kommt im Rahmen der Integrierten (Unternehmens-)Kommunikation auf Ebene der Gesamtkommunikation zum Einsatz, um unter Einbezug aller Kommunikationsfachabteilungen sämtliche Kommunikationsmaßnahmen in eine einheitliche Richtung zu lenken. Hierbei kommt der Unternehmensleitung die Aufgabe zu, die Integration zu initiieren, zu steuern sowie die Schaffung einer „Einheit in der Kommunikation" sicherzustellen. Diese Aufgabe muss durch die Entwicklung eines strategischen Konzeptes für die Gesamtkommunikation im Sinne einer Integrierten Kommunikation planerisch vollzogen werden (Top-down), wobei die betroffenen Kommunikationsabteilungen in diesen Prozess einzubeziehen sind (Bottom-up). *Vgl. auch* → Bottom-up-Planung sowie → Down-up-Planung.

II. T.-d.-P. und → Budgetierung: Es bestehen zwei Möglichkeiten, die Planung und Verteilung der Kommunikationsbudgets als T.-d.-P. vorzunehmen. Zum einen kann das aus den Kommunikationszielen resultierende Budget auf der Managementebene im Rahmen der Budgetallokation auf die einzelnen Fachabteilungen verteilt werden. Zum anderen können aus den gegebenen Budgets eines Unternehmens Ziele abgeleitet, auf die einzelnen Fachabteilungen und deren Aktivitäten verteilt und dort konkret umgesetzt werden.

Total Quality Control (TQC), Konzept des → Qualitätsmanagements nach A.V. Feigenbaum und Vorläufer des → Total Quality Management (TQM). Das Konzept ist ein systemtheoretischer Ansatz und beinhaltet die Kernaussagen, dass die → Kundenerwartungen die → Qualität eines Anbieters bestimmen, dass eine unternehmensweite Verantwortung für Qualität erforderlich ist, und dass Qualität keine isolierte Unternehmensaufgabe darstellt, sondern in die Funktionsbereiche → Marketing, Forschung und Entwicklung (→ F&E), Konstruktion, → Einkauf und Leistungserstellung zu integrieren ist.

Total Quality Management (TQM). I. Begriff: TQM ist eine Führungsmethode einer Organisation, bei der → Qualität in den Mittelpunkt gestellt wird, die auf der Mitwirkung aller ihrer Mitglieder beruht und auf langfristigen Erfolg durch Zufriedenstellung der Abnehmer und durch Nutzen für die Mitglieder der Organisation und für die Gesellschaft zielt (→ Qualitätsmanagement).

II. Grundgedanke: Das TQM-Konzept basiert auf der Überlegung, die Qualität und somit die Anforderungen des Kunden in den Mittelpunkt sämtlicher Unternehmensaktivitäten zu stellen. Im Vergleich zur traditionellen Qualitätssicherung steht nicht mehr das Produkt, sondern sämtliche Aspekte des Unternehmens, die vom Kunden wahrgenommen werden, im Vordergrund. Weiterhin werden qualitätsbezogene Aufgaben nicht von einer isolierten organisatorischen Einheit, sondern von sämtlichen Mitgliedern der Organisation wahrgenommen.

III. TQM als soziotechnisches System: Als soziotechnisches System besteht TQM aus zwei Subsystemen: (1) Technisches System: Elemente des technischen Systems sind die TQM-Prinzipien, eine klar formulierte Unternehmens- und Qualitätspolitik, klare organisatorische Zuständigkeiten für Qualität, ein optimales Qualitätssicherungssystem, die Verwendung von Problemlösungstechniken und ein umfangreiches und gezieltes Mitarbeiterschulungsprogramm. (2) Soziales System: Elemente des sozialen Systems sind eine neue Sichtweise des Managements bzgl. der Mitarbeiter und Arbeit, ein mitarbeiterbezogener, partizipativer Führungsstil, eine Einbeziehung sämtlicher Betroffener, die Umsetzung von Teamarbeit, ständiges Lernen und kontinuierliche Verbesserung (→ Kontinuierlicher Verbesserungsprozess) sowie ein offenes Unternehmensklima.

IV. Verantwortung: Ausgehend von der Definition des TQM sind sämtliche Angehörigen eines Unternehmens für seine Qualität und diejenige seiner Leistungen verantwortlich. Dennoch unterscheiden sich die Aufgaben im Rahmen des TQM in Abhängigkeit der hierarchischen Ebene, auf der die Unternehmensmitglieder angesiedelt sind: (1) Das Top Management ist für die Qualität des Gesamtunternehmens verantwortlich. Seine Steuerungsparameter sind die Unternehmensvision, → Unternehmensstrategie, die Zielfestlegung (→ Unternehmensziel) sowie Organisation und Kultur des Unternehmens (→ Unternehmenskultur). (2) Das Mittelmanagement übernimmt die Verantwortung für die Qualität von Produkten und Dienstleistungen. Seine Steuerungsparameter bestehen in der Sicherheit, der Zuverlässigkeit, den Kosten und dem → Preis, der Lieferfähigkeit, dem Führungsstil, Teamarbeit und der → Mitarbeitermotivation. Einzusetzende Maßnahmen sind Aktivitätsanalysen, Prozessanalysen, Verhaltenstrainings und Qualitätsverbesserungsteams. (3) Die Leistungserstellung ist für die Qualität des Arbeitsplatzes und die Qualität der täglichen Arbeit verantwortlich. Entsprechende Ansatzpunkte zur Qualitätssteuerung sind Sicherheit, Sauberkeit, Annehmlichkeit des Arbeitsplatzes und Disziplin. Maßnahmen auf dieser Ebene sind in → Qualitätszirkeln, Verhaltenstrainings und weiteren Qualitätsinstrumenten (→ Qualitätsmanagement) zu sehen.

V. Bedeutung des Marketing: Aufgrund der teilweisen Kongruenz des → Marketing und des TQM-Konzeptes kann das Marketing Know-how für das TQM bereitstellen. Auch das Marketing sieht den Kunden und seine Anforderungen im Mittelpunkt, so dass im Marketing gewonnene Erfahrungen im TQM genutzt werden sollten. Hier bestehen fünf Ansatzpunkte: (1) Entwicklung von → Marketingstrategien und → Positionierungen, (2) Erfassung der → Kundenerwartungen, (3) Einsatz von → Marketinginstrumenten zur Schaffung qualitätsorientierter → Einstellungen und Verhaltensweisen der Mitarbeiter, (4) Einsatz von Marketinginstrumenten zur Gestaltung von Kundenkontakten, (5) Einsatz von Marketinginstrumenten zur Beeinflussung von Kundenerwartungen und -wahrnehmungen.

VI. Umsetzung: (1) Barrieren: Geringes Engagement des Managements; unklare TQM-Ziele; Auffassung, dass TQM durch operative Qualitätsmanagementmaßnahmen abgedeckt ist; Unklarheiten bzgl. der Reichweite von TQM; Mangel an eindeutigen Konzepten; falsches Selbstverständnis des Managements, irreale Zeitvorstellungen. (2) Umsetzungsschritte: a) Verpflichtung des Managements auf die TQM-Prinzipien zum Vorleben der Prinzipien ggü. sämtlichen Mitarbeitern des Unternehmens, b) Institutionalisierung eines TQM-Teams, in dem sämtliche Unternehmensfunktionen vertreten sind, c) Formulierung einer → Qualitätsstrategie und von → Qualitätsgrundsätzen, d) Information und Verpflichtung der Unternehmensbereiche und Mitarbeiter auf Qualitätspolitik und -grundsätze, e) Bestandsaufnahme in Bezug auf Organisation, System und Qualität von Produkten, Dienstleistungen sowie Prozessen, f) Ermittlung der qualitätsbezogenen Kosten (→ Qualitätskostenanalyse) zur Identifizierung von ökonomisch nachvollziehbaren Qualitätsverbesserungspotenzialen, g) Aufstellen eines Ziel- und Maßnahmenkatalogs zur Realisierung der identifizierten Potenziale, h) Training/ Schulung der Mitarbeiter im Hinblick auf eine Qualitätsorientierung (→ Personalentwicklung), i) Etablierung eines Qualitätsinformationssystems mit institutionalisierten Feedbackschleifen, j) Anerkennung der Mitarbeiter durch die Veröffentlichung guter Ergebnisse, k) Etablierung von → Qualitätszirkeln. (3) Umsetzungskonzepte: Seit Ende der 1980er-Jahre werden zunehmend Qualitätsmodelle, die der Vergabe von → Qualitätspreisen zugrunde liegen (z.B. das Modell des → European Quality Award), als geeignete Bezugsrahmen zur Umsetzung eines umfassenden TQM angesehen.

Literatur: Frehr, H.-U. (1993): Total Quality Management, München; Masing, W. (1999) (Hrsg.): Handbuch Qualitätsmanagement, 4. Aufl., München; Oess, A. (1993): Total Quality Management, 3. Aufl., Wiesbaden; Stauss, B. (Hrsg.) (1994): Qualitätsmanagement und Zertifizierung, Wiesbaden.

Manfred Bruhn/Dominik Georgi

Totalerhebung, → Vollerhebung.

Tote Adressen, Datei mit Adressen von Verstorbenen sowie Adressen, die sich postalisch als unzustellbar erwiesen haben. Durch einen Abgleich mit einer derartigen Datei können Retourenquoten erheblich reduziert werden. Potenzial geht dann verloren, wenn durch eine falsche Auskunft oder einen Zuordnungsfehler eine Adresse in einen solchen Pool gerät, obwohl sie immer noch aktuell ist. Dieser Haushalt oder diese Person ist dann für Direct Marketer nicht mehr zu erreichen (*vgl. auch* → Direct Marketing).

Tourenplanung, Planung der Routen von Auslieferungsfahrern oder → Außendienstmitarbeitern (→Außendienst). Das Ziel der T. besteht darin, alle Zielorte kostenminimal zu Touren zu kombinieren. Zum einen müssen dazu die Ziele auf mehrere Touren aufgeteilt werden, zum anderen muss die Reihenfolge der Ziele jeder Tour geplant werden.

Tourismusmarketing, weist Berührungspunkte zum → Fremdenverkehrsmarketing auf. T. ist somit eine spezielle Form des → Dienstleistungsmarketing von Tourismusanbietern. Hierzu zählen u.a. Reiseveranstalter, Hotels, Reisebüros. Einige Anbieter im Tourismusbereich versuchen, die gesamte Wertschöpfungskette einer Reise (Beratung und Buchung im Reisebüro, Flug, Unterkunft und Verpflegung sowie Freizeit- und Kulturangebote vor Ort) aus einer Hand anzubieten. Im Gegensatz zum → Fremdenverkehrsmarketing steht hier nicht so sehr die Notwendigkeit der Abstimmung der einzelnen Tourismusanbieter auf ein gemeinsames Konzept zum T. für eine bestimmte Region, Stadt oder Ort im Vordergrund.

TQEM, (Total Quality Environmental Management) beinhaltet die betriebsinterne Entwicklung eines Umweltmanagementsystems analog zum → Total Quality Management (TQM) gemäß der DIN EN ISO 9000ff. Normenreihe. TQEM ist ein auf die Mitwirkung aller Mitarbeiter eines Betriebes angelegtes Führungskonzept, das die Umweltqualität der Produkte in den Mittelpunkt stellt.

TQM, Abk. für → Total Quality Management.

Tracking-Forschung, unter dem Begriff der T.-F. (engl. to track: nachgehen, verfolgen) werden Erhebungen zusammengefasst, die in bestimmten Abständen wiederholt durchgeführt werden. Man spricht von einer → Panelerhebung, wenn die aufeinander folgenden Erhebungen zum gleichen Thema und mit exakt der gleichen → Stichprobe durchgeführt werden. Je nach Gegenstand der Untersuchung unterscheidet man eine Vielzahl von Panelarten, z.B. → Handelspanel, → Verbraucherpanel oder Fernsehpanel. Werden die Erhebungen zwar zum gleichen Thema, jedoch nicht mit der identischen Stichprobe durchgeführt, handelt es sich um eine Wellenerhebung. Allgemeines Ziel der T.-F. ist es, vergleichbare Informationen zu erheben und deren Veränderungen im Zeitablauf zu erfassen und zu analysieren. Sie bildet damit das Gegenstück zur → Ad-hoc-Forschung, die nur stichtagsbezogene Informationen liefert.

Trade Promotion, Maßnahme der → Verkaufsförderung, die auf den Handel gerichtet ist. Hierzu zählen Groß- und Einzelhändler.

Trade Marketing, kann dem → vertikalen Marketing zugeordnet werden und lässt sich als „handelsgerichtetes Herstellermarketing" definieren. Aufgabe des T.M. besteht darin, die Wünsche der Handelskunden hinsichtlich Sortiment und Serviceleistungen zu ergründen. Ziel ist es, dadurch von den Handelskunden im Vergleich zu den Wettbewerbern als bevorzugter Lieferant (prefered supplier) angesehen zu werden. Zudem soll das T.M. den Absatz des Sortiments im Sinne der Herstellerziele und unter Berücksichtigung der Kundenbedürfnisse steuern. Dabei besteht das Ziel des T.M. vor allem darin, die Zusammenarbeit zwischen Handel und Hersteller zu fördern, um dadurch im Sinne einer Wertschöpfungspartnerschaft den Verteilungskonflikt in der gesamten Versorgungskette zwischen Handel und Hersteller zu entschärfen. Zu den wesentlichen Elementen des T.M. zählen sortimentspolitische Überlegungen (→ Category Management), Koordinationskonzepte des Informations- und Warenflusses (→ Efficient Consumer Response), Know-how-Transfer, Ökologiekooperationen sowie Managementkooperationen (→ Key-Acount-Management). *Vgl. auch* → Handelsmarketing.

Trade-off-Methode, Verfahren zum Entwickeln eines Untersuchungsdesigns bei der

→ Conjoint-Analyse. Zu diesem Zweck werden lediglich zwei Merkmale des Produkts bzgl. deren Merkmalsausprägungen miteinander kombiniert.

Trading down, Strategie des → Einzelhandels, die, im Gegensatz zur so genannten → Trading-up-Strategie, eine Abgrenzung ggü. konkurrierenden Handelsunternehmen durch eine Verminderung des dargebotenen Leistungsangebotes zum Ziel hat. Ziel dieses Vorgehens ist u.a. eine Kostensenkung. Anwendung findet diese Strategie insbesondere bei der → Betriebsform → Fachmarkt. Durch ein T.D. und die damit einhergehende Kosteneinsparung wird bei dieser Betriebsform auf eine Verbesserung der Wettbewerbsposition mit Blick auf konkurrierende Betriebsformen, wie z.B. → Discounter und → SB-Warenhäuser, abgezielt.

Trading Promotions, sind Bestandteile der Maßnahmen zur Verkaufsförderung. Hierbei sollen die → Vertriebspartner mit Hilfe adäquater Maßnahmen des Marketingmix zu einer besseren Zusammenarbeit bewegt werden. Insbesondere sollen die Akzeptanz der abzusetzenden Leistungen und die Verkaufsmotivation erhöht werden.

Trading up, Strategie des → Einzelhandels, die, im Gegensatz zur so genannten → Trading-down- Strategie, eine Abgrenzung ggü. konkurrierenden Handelsunternehmen bzw. eine Verbesserung der Wettbewerbssituation ggü. bereits leistungsintensiven → Betriebsformen, beispielsweise Fachhandel, durch eine Erweiterung der dargebotenen Leistungen zum Ziel hat. Eine derartige Leistungserhöhung kann sich beispielsweise in einer Vergrößerung der Verkaufsfläche, in einer qualitativen und/oder quantitativen Sortimentserweiterung sowie in einer Ausweitung der Dienstleistungen manifestieren. Erwünschte Auswirkungen der Anwendung einer derartigen Strategie sind eine Erhöhung des Deckungsbeitrages oder eine Erhöhung der prozentualen Handelsspanne.

Traffic-Manager, → Werbeberufe (11).

Training, Maßnahme im Rahmen der → Personalentwicklung.

Training-near-the-Job, *stellenübergreifende → Personalentwicklung*; Personalentwicklungsmaßnahmen, die in enger räumlicher, zeitlicher und inhaltlicher Nähe zum Arbeitsplatz stattfinden. Ziel des T.-n.-t.-J. ist es, über mögliche Wechselwirkungen zwischen Arbeitsplatz und -aufgabe sowie Trainingseinheiten nachhaltige Lern- und Qualifizierungseffekte zu erreichen, z.B. durch die frühe Übertragung von Verantwortung.

Training-off-the-Job, *stellenungebundene → Personalentwicklung*; Personalentwicklungsmaßnahmen, bei der die Qualifizierung ganz oder teilweise unabhängig von der eigentlichen Arbeitsaufgabe außerhalb des Arbeitsplatzes intern oder extern stattfindet, z.B. durch die Teilnahme an Workshops, Lehrgänge zur beruflichen Weiterqualifizierung und Schulungen.

Training-on-the-Job, *stellengebundene → Personalentwicklung*; Personalentwicklungsmaßnahmen, bei der die kontinuierliche Qualifizierung am Arbeitsplatz erfolgt, während der Erfüllung der Arbeitsaufgaben, z.B. durch → Coaching (in Zusammenarbeit mit dem Vorgesetzten), → Job Enrichment oder → Job Enlargement (im Rahmen des individuellen Arbeitseinsatzes).

Transaktion, Austauschbeziehung, die sich durch Güter-, Geld- und Informationsströme charakterisieren lässt. Grundsätzlich erfordert eine T. (→ Gratifikationsprinzip) mindestens zwei Objekte von Wert, die einen Anreiz zum Austausch darstellen, von den Transaktionspartnern akzeptierte Bedingungen der Transaktionen und einen Ort sowie eine Zeit für die Transaktion. Unterschieden werden kann zwischen direkten Transaktionen, die einen materiellen Austausch beinhalten, und immateriellen Austauschbeziehungen, z.B. in Form von Informations- und Kommunikationsprozessen. Des Weiteren lässt sich zwischen klassischen Transaktionen, die den Austausch von Waren und Geld beinhalten sowie Naturalien-Transaktionen, d.h., den Austausch von Gütern in Form von Barter-Geschäften differenzieren. Im Rahmen der → Transaktionskostentheorie werden die → Transaktionskosten und -bedingungen analysiert und Empfehlungen über effiziente Kontrakttypen abgeleitet.

Transaktionsanalyse, eine vom amerikanischen Psychiater Eric Berne begründete psychologische Schulrichtung, die Erfahrungen und Konzepte aus dem Gedankengut der Tiefenpsychologie, der Verhaltenspsychologie sowie der humanistischen Psychologie verknüpft. Das Denken (kognitive Analyse) wird mit dem emotionalen Erleben (emotionale Analyse) und dem Verhalten in sozialen Zusammenhängen (Gruppen-Analyse) als Einheit betrachtet. Mit der T. wurde ein umfangreiches therapeutisches und sozialpsychologisches System entwickelt, das drei Konzepte beinhaltet: (1) ein Persönlichkeitskonzept, mit dessen Hilfe innere Prozesse und lebensgeschichtliche Entwicklungen verstehbar gemacht werden können, (2) ein Kommunikationskonzept, das die Möglichkeit bietet, die Art und Weise zwischenmenschlicher Beziehungen zu beschreiben und zu erklären sowie (3) ein Beratungs- und Veränderungskonzept zur Förderung individuellen und sozialen Wachstums. Die Theorie der T. basiert auf einem positiven Menschenbild, d.h. sie vertritt die Auffassung, dass der Mensch sich und sein Verhalten ändern kann. Seit den ersten Veröffentlichungen zu Beginn der 1950er-Jahre haben sich mittlerweile vier interdependente Komponenten entwickelt: Strukturanalyse, T. i.e.S., Spielanalyse und Skriptanalyse. Den wichtigsten Teil stellt die Strukturanalyse dar, bei der die drei verschiedenen „Ich-Zustände", das Eltern-, das Erwachsenen- und das Kindheits-Ich (El-Er-K) thematisiert werden. Den Kern des Kommunikationskonzeptes der T. bildet die T. i.e.S., bei der alle Zeichen des sozialen Austausches als Transaktion aufgefasst werden. Hier ist zwischen Komplementärtransaktionen, Überkreuztransaktionen und verdeckten Transaktionen zu differenzieren. Ausgehend von therapeutischen Anwendungen wurde die T. mit Erfolg auch auf andere, nichttherapeutische Anwendungsfelder übertragen (Erwachsenenbildung, Schulen, Management und Organisationsberatung). In vielen Unternehmen (z.B. Fluglinien, Industriebetrieben und Dienstleistungs- bzw. Handelsunternehmen) wird die T. erfolgreich als wirksame Hilfe für die Organisations- und Personalentwicklungsarbeit eingesetzt (u.a. in den Bereichen → Coaching, → Trainings und Teamentwicklung) und verbessert dort das bewusste soziale Handeln des einzelnen. *Vgl. auch* → Personalentwicklung.

Transaktionskosten, alle Kosten, die im Zusammenhang mit der Bestimmung, Übertragung und Durchsetzung von Verfügungsrechten entstehen. Gemäß der → Transaktionskostentheorie stellen sie ein geeignetes Kriterium für die Auswahl effizienter Organisationsstrukturen dar, wobei diejenige Organisationsform zu wählen ist, deren T. minimal sind. Bei T. handelt es sich primär um Informations- und Kommunikationskosten, die bei der Vorbereitung, Durchführung und Kontrolle wechselseitiger Leistungsbeziehungen auftreten. Insgesamt lassen sich vier Arten von T. unterscheiden: (1) Anbahnungskosten (z.B. durch Informationssuche und -beschaffung über potenzielle Transaktionspartner und deren Konditionen), (2) Vereinbarungskosten (z.B. durch Verhandlungen, Vertragsformulierung und Einigung), (3) Kontrollkosten (z.B. durch Sicherung der Transaktionsdurchführung hinsichtlich Menge, Preis, Qualität und Termin), (4) Anpassungskosten (z.B. durch Abstimmung der Interessen der Entscheidungsträger untereinander). Die einzelnen Arten von T. können unterschiedliches Gewicht und hinsichtlich der Häufigkeit ähnlicher Transaktionsarten eher fixen oder variablen Charakter haben.

Transaktionskostentheorie, Ansatz der → Institutionenökonomik (→ Theorien des Marketing), der sich mit der effizienten Koordination wirtschaftlicher Leistungsbeziehungen befasst. Zentrales Anliegen ist die vergleichende institutionelle Analyse, vor allem der Vergleich zwischen Markt, Hierarchie und unterschiedlichen Kooperationsformen auf der Basis eines Transaktionskostenvergleichs. Dabei sind Transaktionskosten als die Kosten definiert, die bei der Abwicklung von Transaktionen über unterschiedliche Koordinationsformen, also etwa bei der Benutzung des Marktmechanismus, anfallen. Diese werden in der T. nicht direkt gemessen, sondern indirekt, über die so genannten Transaktionsmerkmale, Spezifität, Unsicherheit und Häufigkeit, abgeschätzt. Diese Merkmale sind relevant, weil begrenzte Rationalität, → opportunistisches Verhalten und Unsicherheit (Annahmen der T.) zu Unvollkommenheiten des Marktes führen. Spezifität entsteht durch Investitionen, die für bestimmte Transaktionen getätigt werden und in alternativer Verwendung nur mit Wertverlust verwendbar sind. Mit höherer Spezifität erhöhen sich die Wechselkosten und damit die gegenseitige Abhängigkeit der Transaktionspartner. Unsicherheit ist dafür verantwortlich, dass Verträge unvollkommen sind und die aus der Spezifität resultierenden Abhängigkeitsprobleme nicht vollständig durch vertragliche Regelungen gelöst werden können. Hohe Spezifität und Unsicherheit legen eine unternehmensinterne Koordination von Transaktionen nahe, besonders dann, wenn die Transaktion sehr häufig durchgeführt wird, so dass sich die Set-Up-Kosten für Beherrschungs- und Überwachungssysteme lohnen. Damit ist die T. ein Ansatz für die Beantwortung der Frage nach der effizienten Unternehmensgrenze (der hier aber auch an Grenzen stößt). Weiter gehend lassen sich gewisse Hinweise auf die Effizienz „hybrider" Kooperationsformen, die zwischen Markt und Hierarchie angesiedelt sind (etwa Geschäftsbeziehungen), gewinnen. Auch die Dynamik von Transaktionsprozessen kann besser verstanden werden. So kommt dem Moment des Vertragsabschlusses aus Sicht der T. eine zentrale Bedeutung zu: Bei hoher Spezifität führt dieser zu einer so genannten „fundamentalen Transformation", zu einer Verengung der Vielzahl von Alternativen vor Vertragsabschluss, zu einem bilateralen Monopol nach Vertragsabschluss. Die T. ist zudem geeignet, die Objekte des Marketing zu systematisieren und Empfehlungen für das Marketing unterschiedlicher Güter sowie die Auswahl von Distributionssystemen zu geben.

Transaktionspartner, → Theorien des Marketing, → Transaktionskostentheorie.

Transaktionsprozess, → Transaktionskostentheorie.

Transferpreise, Verrechnungspreise, die für den länderübergreifenden Austausch von Leistungen zwischen Unternehmenseinheiten eines international tätigen Konzerns angesetzt werden. Typische Ziele der Transferpreisfestlegung liegen in der Minimierung der Importzölle, der Maximierung von Exportprämien, der Absicherung von Wechselkursrisiken oder der Verlagerung von Gewinnen in Niedrigsteuerländer. Im Hinblick auf die internationale → Preisbestimmung ist zu beachten, dass Transferpreise für die empfangende Unternehmenseinheit Kosten darstellen und damit den Preisspielraum für die Produkte der empfangenden Konzerngesellschaft u.U. erheblich beeinflussen.

Transport, → Logistik; die Art und Weise wie Hersteller die Versorgung des Kunden mit ihren Gütern aus eigenen zentralen, regionalen oder lokalen Lagern vornehmen. Hinter dieser betriebswirtschaftlichen Problemstellung verbergen sich die folgenden drei Entscheidungsfelder: (1) Welche T.-Mittel sind geeignet, um die Versorgung der Kunden mit den betreffenden Waren sicherzustellen?, (2) Soll die T.-Leistung eigenständig vorgenommen oder an Dritte abgegeben werden (Eigen- oder Fremdtransport)?, (3) Welche Planungs-, Steuerungs- und Organisationsinstrumente sollen für eine zweckmäßige T.-Durchführung eingesetzt werden? Bei jedem dieser drei Entscheidungsfelder stellt sich das Problem, die Entscheidung an relevanten Kriterien zu orientieren. Hinsichtlich der Entscheidungen spielen Kosten- (z.B. Transportkosten) als auch Leistungskriterien (z.B. Transportzeit, Zuverlässigkeit des Transports) eine gewichtige Rolle.

Transportplanung, → Beschaffungslogistik.

Trendfunktion, Name der Extrapolationsfunktion (→ Extrapolation), wenn über die Zeit extrapoliert wird.

Trendmodell, → Prognosemethoden.

Treueprogramm, → Kundenbindungsprogramm, d.h. ein Programm, das im Rahmen des → Kundenbindungsmanagements eingesetzt wird.

Triade, Bezeichnung für die Regionen Westeuropa, Japan und Nordamerika. Gekennzeichnet sind die T.-Regionen durch Länder mit stark internationalisierten Branchen, technisch weit entwickelten Industrien, hoch entwickelten demokratischen und sozialen Gesellschaftssystemen sowie einer Homogenisierung der Märkte bzw. der Nachfrage innerhalb der T.

Trikotsponsoring. Stellt ein spezifisches → Sponsorship aus dem Sport dar, bei dem die kommunikativen Rechte sich auf Werbung auf Trikots und sonstiger Sportbekleidung von Mannschaften, z.B. Opel beim FC Bayern München, von Rennteams, z.B. Telekom beim Radrennteam Telekom, oder von Einzelsportlern, z.B. Deutsche Vermögensberatung bei Michael Schumacher, beziehen.

Trittbrettfahrerproblem, *Free-Rider-Problem, Moral Hazard;* → Marktorientiertes Umweltmanagement, → Ökologieorientierte Marketingstrategien, → Umweltdilemma, soziales Dilemma.

Trommsdorff-Modell, multiattributives Modell der → Einstellungsmessung, das zur Klasse der Idealpunktmodelle zählt. Bei dem Trommsdorff-Modell wird eine getrennte Messung der kognitiven und affektiven Aspekte vorgenommen, es verzichtet jedoch auf die Multiplikation der Ratingskalenwerte und berechnet stattdessen den Eindruckswert als Differenz zwischen der von einer Person wahrgenommenen Ausprägung eines Merkmals einer Marke und der als ideal empfundenen Ausprägung desselben Merkmals. Die einzelnen Eindruckswerte werden anschließend zu einem Einstellungswert addiert.

t-Test, *Student-Test.* t-Tests haben als Prüfvariable eine t-verteilte Prüfgröße. Man unterscheidet zwischen Einstichproben t-Tests und Zweistichproben t-Tests. Der Einstichproben t-Test prüft, ob der Erwartungswert einer Zufallsgröße einem vorgegebenen Erwartungswert entspricht. Der Zweistichproben t-Test prüft, ob die Erwartungs-werte zweier Zufallsgrößen gleich sind, wobei von der gleichen Streuung (→ Streuparameter) ausgegangen wird. Der t-Test ist ein → Signifikanztest und liefert somit immer Aussagen, die mit einer gewissen Wahrscheinlichkeit (→ Signifikanzniveau) richtig sind.

Turbo-Marketing, Strategie der „Tempoführerschaft". Ein Unternehmen versucht durch Verkürzung der → Innovationszeit, neue Produkte vor der Konkurrenz auf den Markt zu bringen, um sich dadurch → Marktanteile und Pioniervorteile zu sichern (→ Markteintrittsstrategie). Eine solche Verlagerung hin zum Zeitwettbewerb erfordert seitens der Unternehmen eine → Prozessoptimierung, die sie in die Lage versetzt, → Marketingstrategien oder F&E-Projekte zeitnah umzusetzen. Andernfalls geraten Unternehmen in die sog. Zeitfalle, durch zu lange Prozesszyklen gelangen Innovationen zu spät zur → Marktreife und erschweren somit den erfolgreichen → Markteintritt.

Literatur: Simon, H. (1989): Die Zeit als strategischer Erfolgsfaktor, in: Zeitschrift für betriebswirtschaftliche Forschung, Nr. 1, S. 70-93.

Tür-zu-Tür-Verkauf, → *Door-to-Door-Selling, Haustürverkauf, Vertreterverkauf;* klassische Form des → Außendienstes, bei dem → Reisende oder → Handelsvertreter die → Konsumenten zu Hause besuchen und in ihrer Wohnung die Leistungen eines Unternehmens demonstrieren und verkaufen. Diese Haustürgeschäfte werden rechtlich erst wirksam, wenn der Kunde sie nicht binnen Wochenfrist schriftlich widerruft. In bestimmten Ausnahmefällen, die das → GWB regelt, entfällt dieses Widerrufsrecht des Käufers jedoch.

TV-Werbung, *Fernsehwerbung*; → Spot.

Typologie der Wünsche, vom Burda-Verlag durchgeführte empirische Untersuchungen zur Erhebung konkreter Konsum- und Kaufmotivationen in einzelnen Produktkategorien (→ Motivation).

TZP, Abk. für Tausender-Zielpersonen-Preis. *Vgl. auch* → Mediaplanung.

U

Ubiquitäre Distribution, → *Distribution, intensive.*

Ubiquität, Bezeichnung für die Überall-Erhältlichkeit von Gütern und Gegenstand der → Standorttheorie. Im Rahmen der → Distributionspolitik legt das Unternehmen die Standorte und damit auch die Erhältlichkeit seiner → Produkte fest. Der indirekte Vertrieb über den Einzelhandel gewährleistet eine weitgehend flächendeckende Erhältlichkeit der Produkte. Eine Sonderform stellt der Automatenverkauf (z.B. Verkauf von Zigaretten aus dem Automaten) dar, der von den Anbietern zur Schaffung einer U. sowie zur Ausweitung der Produktverfügbarkeit eingesetzt wird. Insbesondere für Güter des täglichen Bedarfs ist es von entscheidender Bedeutung an möglichst vielen Einkaufsstätten erhältlich zu sein. Luxusgüter (→ Luxusmarke) dagegen, deren Exklusivität im Vordergrund steht, vermeiden die allgegenwärtige Präsentation. Stattdessen werden diese Produkte nur von ausgewählten Händlern, an speziellen Standorten geführt, um die Außergewöhnlichkeit des Produktes zu unterstreichen.

Umbrella Branding, sämtliche → Produkte eines Unternehmens werden unter einer einheitlichen → Marke angeboten. *Vgl. auch* → Dachmarke.

Umbrella-Werbung, → Dachkampagne.

Umsatzrendite, → Rentabilität.

Umsatzrentabilität, → Rentabilität.

Umsatzstrukturanalyse, Untersuchung der absoluten und relativen Bedeutung einzelner Produkte und Produktgruppen als Umsatzträger. Mit eingeschlossen kann dabei die Bestimmung der Umsatzanteile einzelner Auftragsgrößen, Preisklassen, Kunden, Regionen, Absatzwege usw. sein. Die U. stellt eine wichtige Entscheidungsgrundlage dar, wenn es z.B. um Produkteliminationsentscheidungen oder die Ausrichtung der Marktbearbeitung geht. Ein häufig angewandtes Verfahren ist in diesem Zusammenhang die → ABC-Analyse.

Umwandlungsrate. Prozentualer Wert der Umwandlung von Empfängern eines Interessenten-Mailings zu Käufern (→ Mailing). Mittels der U. lassen sich die genauen Kosten für die Gewinnung eines Käufers kalkulieren.

Umweltanalyse, Teil der Phase der Situationsanalyse in der → Strategischen Planung. Ziel ist herauszufinden, inwieweit derzeitige und mögliche zukünftige Entwicklungen im politisch-rechtlichen, sozio-kulturellen, gesamtwirtschaftlichen und technologischen Bereich für das Umfeld des Unternehmens bzw. der strategischen Geschäftseinheit relevant sind und bei der Strategieformulierung berücksichtigt werden müssen.

Umwelt-Audit, (engl. *Environmental Auditing*); Instrument zur systematischen, regelmäßigen und objektiven Prüfung (Auditing) der Umweltschutzaktivitäten, insbesondere des ökologischen Risikopotenzials (→ Ökologisches Risikomanagement) einer Unternehmung.

I. Begriff: Die Internationale Chamber of Commerce (ICC) definiert U.-A. als Managementinstrument, das systematisch, periodisch und objektiv die Effektivität (→ Ökologische Effizienz) von Umweltschutzorganisation, Umweltschutzmanagement und -abläufen mit dem Ziel prüft und dokumentiert, Kontrollen von Umweltschutzmaßnahmen zu erleichtern und die Erfüllung rechtlicher und unternehmenspolitischer Vorgaben zum Umweltschutz festzustellen.

II. Merkmale: (1) Systematische Prüfung der Einhaltung rechtlicher Bestimmungen von → Umweltgesetzen (Compliance-Audit) und (2) der Effektivität des Umweltmanagementsystems sowie (3) kontinuierliche Verbesserung des betrieblichen Umweltschutzes (System-Audit).

III. Ziele: (1) Reduzierung der ökologischen Risikopotenziale des Unternehmens und Begrenzung der → Umwelthaftung, (2) Verbesserung der Zusammenarbeit mit Behörden, (3) Schaffung von Reputation und Glaubwürdigkeit bei Konsumenten und gesellschaftlichen Anspruchsgruppen.

IV. Entwicklungen: Auf der Basis der Grundidee des ICC aus dem Jahre 1984 haben sich bis heute drei Umwelt-Audit-Konzepte etabliert: (1) Britisch Standard BS 7750 („Specification for Environmental Management Systems") in Großbritannien von 1992, (2) → EMAS (EG-Öko-Audit-VO) von 1993, 2001, (3) die internationale Normenreihe DIN EN ISO 14001 (→ ISO 14001-Norm) von 1996.

Umweltbetriebsprüfung, → EMAS.

Umweltbewusstsein, wird als Einsicht, dass das eigene Verhalten Umweltschäden verursacht, verbunden mit der Bereitschaft, durch eigenes Handeln diese Belastungen für die Umwelt zu vermeiden bzw. zu minimieren, definiert.

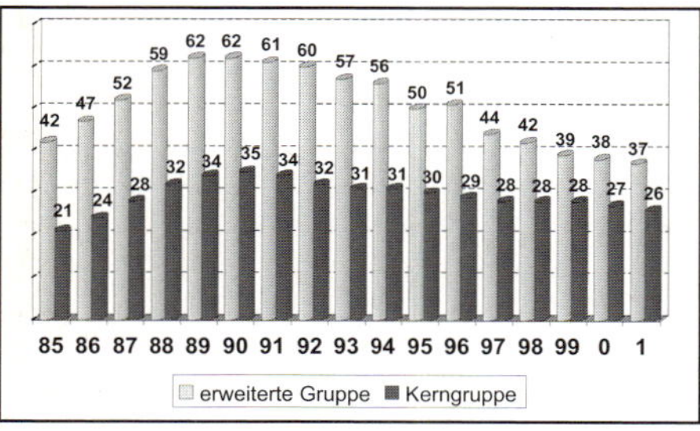

Entwicklung des Umweltbewusstseins in West-Deutschland (in Prozent). (Quelle: GfK Panel Services Consumer Research)

I. Begriff: Das U. erfasst als verhaltenstheoretisches Konstrukt umweltbezogene Aspekte des psychischen Wert-Einstellungs-Systems von Menschen.

II. Merkmale: In der Theorie wird unter dem U. eine mehrdimensionale Einstellung zum Umweltschutz verstanden, die das Wissen um die Umweltprobleme, die Einsicht in die umweltgefährdenden Konsequenzen des eigenen Verhaltens sowie die Bereitschaft zum umweltfreundlichen Verhalten umfasst (Dreikomponentenmodell). Dem U. wird eine zentrale Bedeutung zur Erklärung → umweltfreundlichen Konsumentenverhaltens beigemessen. Die → GfK, Gesellschaft für Konsumforschung Nürnberg, ermittelt seit 1985 in Repräsentativerhebungen das U. in der Bevölkerung (seit 1990 auch in Ost-Deutschland) und bildet daraus eine Typologie umweltfreundlicher Konsumenten: „Nicht-Umweltbewusste" (sind zu keinerlei Einschränkungen zugunsten der Umwelt bereit), „Umwelt-Aufgeschlossene" und „Umwelt-Aktive" (nur diese Kerngruppe ist bereit, auch dann einen Beitrag zum Umweltschutz zu leisten, wenn damit erhebliche persönliche Einschränkungen verbunden sind).

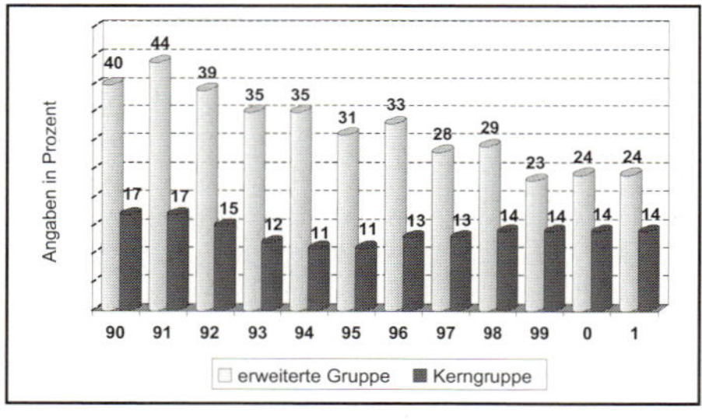

Entwicklung des Umweltbewusstseins in Ost-Deutschland (in Prozent). (Quelle: GfK Panel Services Consumer Research)

III. Entwicklung: Die Entwicklung des U. über den Zeitraum seit 1985 zeigt in West-Deutschland einen Anstieg bis Anfang der 1990er-Jahre und danach wieder eine stetige Abschwächung bis auf das Niveau Mitte der 1980er-Jahre (vgl. Abb. „Entwicklung des Umweltbewusstseins in West-Deutschland"). Auch in Ost-Deutschland hat sich der Anteil der umweltbewussten Konsumenten (→ umweltfreundliches Konsumentenverhalten) seit Beginn der Messungen bis heute nahezu halbiert (vgl. Abb. „Entwicklung des Umweltbewusstseins in Ost-Deutschland").

IV. Beurteilung des Begriffs: Zwischen dem U. und dem Umwelthandeln wird immer wieder eine große Diskrepanz festgestellt (ökologische Verhaltenslücke). Ein wichtiger Grund dafür ist, dass Konsumenten sich vorwiegend nur dann umweltfreundlich verhalten, wenn es nichts oder vergleichsweise wenig kostet (sog. Low-Cost-Hypothese).

Literatur: GfK Panel Services Consumer Research.

Umweltdialog, → Marktorientiertes Umweltmanagement, → Ökologieorientierte Kommunikationspolitik.

Umweltdilemma, soziales Dilemma. Die Kollektivguteigenschaft einer intakten Umwelt bringt umweltfreundliche Konsumenten (→ umweltfreundliches Konsumentenverhalten) in eine Dilemma-Situation. Diese tragen persönlich die oft höheren Kosten umweltfreundlichen Konsums (z.B. durch höhere Preise → umweltfreundlicher Konsumgüter), der Nutzen daraus für die Umwelt (sozialer Nutzen) kommt aber sehr häufig der Allgemeinheit kostenlos zugute (z.B. bessere Trinkwasserqualität). Deshalb können im Umweltverhalten unterschiedliche Spielarten opportunistischen Verhaltens (sog. Trittbrettfahrerproblem) festgestellt werden. Der opportunistische Konsument (*vgl. auch* → Verhalten, opportunistisches) genießt die höhere Umweltqualität, ohne selbst dafür zu zahlen. Konsumenten leisten nur dann einen Beitrag zum Umweltschutz, wenn es sich für sie persönlich auch lohnt und wenn das Risiko, von anderen Akteuren übervorteilt bzw. ausgebeutet zu werden (→ Moral Hazard), als gering eingeschätzt wird.

Umwelterklärung, → EMAS.

Umweltfreundliche Güter, → Umweltfreundliche Konsumgüter.

Umweltfreundliche Konsumgüter, sind solche Produkte oder Dienstleistungen, die bei der Herstellung, Verteilung, Verwendung, Verwertung und Entsorgung bei vergleichbarem → Grundnutzen die natürliche Umwelt deutlich weniger belasten als konventionelle Alternativen derselben Produktgruppe. Sie sind zudem nachhaltig (→ Sustainable Development), wenn sie auch einen sozialen Nutzen aufweisen.

I. Begriff: Die Entwicklung und Gestaltung umweltfreundlicher Produkte und Dienstleistungen ist Aufgabe der → ökologieorientierten Produktpolitik und erfolgt unter dem Prinzip einer umfassenden Produktverantwortung (→ Product Stewardship). Die → Umweltqualität eines Produktes ist immer relativ, d.h. sie ist immer nur hinsichtlich vergleichbarer Substitute und auf der Grundlage des aktuellen Kenntnis- und Methodenstandes zu bewerten. Darüber hinaus ist die Umweltfreundlichkeit i.d.R. für den Konsumenten eine → Vertrauenseigenschaft, ein Merkmal also, dessen Vorliegen der Konsument selbst nicht überprüfen kann.

II. Ziele: Ziel ist die Schaffung ökologisch hoch effizienter Produkte und Dienstleistungen (→ Ökologische Effizienz), deren Qualität und Preise dem Vergleich mit konventionellen Konkurrenzprodukten standhalten.

III. Maßnahmen und Instrumente: Zur Entwicklung und Konstruktion umweltfreundlicher Produkte werden → ökologieorientierte Planungsinstrumente (z.B. → Öko-Bilanzen) eingesetzt. Darüber hinaus liegen verschiedene Gestaltungshinweise und Richtlinien einschlägiger Organisationen vor (z.B. Deutsches Institut für Normung DIN, VDI-Richtlinien).

IV. Merkmale: (1) Minimaler Material- und Energieeinsatz (→ MIPS als Maß für die Materialintensität pro Serviceeinheit) sowie Einsatz von Sekundärrohstoffen, (2) Verwendung ökologisch und gesundheitlich unbedenklicher Materialien, (3) geringe Materialvielfalt und Verzicht auf Verbundstoffe, (4) Kennzeichnung der verwendeten Materialien und Produktkennzeichnung (→ Umweltzeichen), (5) recyclinggerechte Konstruktion (Design for Recycability), (6) demontagegerechte Konstruktion (Design for Disassembly), (7) Langlebigkeit durch: a) modulares Design, b) Mehrfachnutzungs- und Mehrfachverwendungsmöglichkeiten, c) lange Haltbarkeit (Design for Durability u.a. durch Instandhaltung, Erhöhung der Zuverlässigkeit), (8) Umweltverträglichkeit in der Verwendung, (9) geringe Schadstoffemissionen in der Herstellungs- und Verwendungsphase, (10) hohe Dienstleistungsanteile durch: a) additive Dienstleistungen (z.B.

ökologieorientierter → Kundendienst), b) integrierte Dienstleistungen (z.B. Öko-Leasing), c) substituierende Dienstleistungen (der gewünschte Kundennutzen, nicht das dazu verwendete Sachgut wird vom Anbieter bereitgestellt).

V. Probleme: U.K. werden oft nicht ausreichend genug nachgefragt (→ Umweltfreundliches Konsumentenverhalten → Umweltdilemma, soziales Dilemma).

Umweltfreundliches Konsumentenverhalten, ist das Verhalten von Konsumenten, die die negativen ökologischen Konsequenzen ihrer Verbrauchsgewohnheiten kennen und danach trachten, diese zu vermeiden bzw. zu minimieren. Sie wissen, dass die Herstellung, Verwendung, Verwertung und Entsorgung von Produkten Umweltbelastungen verursachen, und versuchen, schädliche Umwelteinwirkungen durch eigenes Handeln zu minimieren (→ Umweltbewusstsein).

I. Begriff: U.K. ist Teil des umfassenderen Begriffs nachhaltigen Konsums (Sustainable Consumption, → Sustainable Development), wonach die eigenen Bedürfnisse so zu befriedigen sind, dass die Lebens- und Konsummöglichkeiten anderer Menschen (intragenerative Gerechtigkeit) und die zukünftiger Generationen (intergenerative Gerechtigkeit) nicht gefährdet werden. Dazu stehen sechs umweltfreundliche Konsum- bzw. Handlungsoptionen dem Konsumenten zur Verfügung: (1) Suche nach umweltrelevanten Informationen über Unternehmen und Produkte, (2) bewusster Verzicht auf Produkte und Dienstleistungen, die die Umwelt in nicht akzeptiertem Ausmaß schädigen bzw. Einschränkung der Nutzungsintensität dieser Güter (Kriterium der Suffizienz), (3) Kauf des jeweils umweltverträglichsten Produktes einer Produktgruppe (z.B. Kriterium der → ökologischen Effizienz), (4) umweltverträgliche Produktnutzung, (5) umweltverträgliche Verwertung und Entsorgung von Produkten (→ Abfallverhalten, Recycling) und (6) Kommunikation über die Umweltverträglichkeit bzw. -schädlichkeit von Produkten und Dienstleistungen. Umweltfreundliches Konsumverhalten umfasst in den Bereichen Ernährung, Familie und Wohnen, Beruf und Hobby sowie Freizeit und Tourismus das Einkaufsverhalten, die Energienutzung Güterentsorgung (→ Abfallverhalten, Recycling), den (→ Energiesparverhalten), die Verkehr und die Mobilität (→ Verkehrsmittelwahl).

II. Merkmale: (1) Psychische Einflussgrößen richten sich auf die individuelle Bewertung und Auswahl → umweltfreundlicher Konsumgüter. Dazu gehören: a) Umweltwissen, b) Fähigkeiten und Gewohnheiten, c) individuelle Bedürfnisse und Motive, d) Einstellungen (→ Umweltbewusstsein), e) Normen und Werte, f) Wahrnehmung von Handlungskompetenz und Eigenbeitrag. Hinsichtlich des Einflusses demographischer Merkmale (z.B. Alter, Geschlecht) gibt es keine konsistenten Ergebnisse. (2) Strukturelle Einflussgrößen beeinflussen die Anreizsituation umweltfreundlichen Konsums. Dazu gehören: a) rechtliche Anreize (z.B. Öko-Steuer), b) Art und Struktur der Dilemma-Situation (→ Umweltdilemma, soziales Dilemma), c) → Informationsasymmetrien: Die → Umweltqualität (sozialer Nutzen) stellt in vielen Fällen eine →Vertrauenseigenschaft dar, d.h., der Konsument selbst ist nicht in der Lage, dies zu überprüfen. Dadurch stellt sich beim Kauf → umweltfreundlicher Konsumgüter einerseits ein hohes wahrgenommenes Kaufrisiko (*vgl. auch* → Kaufrisiko, Theorie des wahrgenommenen) und andererseits Misstrauen hinsichtlich der Seriosität angebotener Öko-Produkte (→ umweltfreundliche Konsumgüter) ein.

III. Probleme: Die Erfolge der Praxis mit der Vermarktung umweltfreundlicher Konsumgüter sind insgesamt recht enttäuschend, obwohl ein sehr großer Anteil der bundesrepublikanischen Bevölkerung als umweltbewusst (→ Umweltbewusstsein) eingeschätzt wird. Ursachen dieser sog. Ökologischen Verhaltenslücke lassen sich auf drei Faktoren zurückführen: (1) Wirkungslosigkeitsvermutung: Konsumenten neigen dazu, die Möglichkeiten, durch eigenes Handeln die Umwelt zu schützen, zu unterschätzen. Konsumenten, die nicht davon überzeugt sind, selbst einen Beitrag zum Umweltschutz leisten zu können, konsumieren auch nicht umweltfreundlich. (2) Opportunismusvorbehalt: Konsumenten hegen oft Misstrauen ggü. anderen, auch ggü. Unternehmen, dass diese sich nicht umweltbewusst verhalten. (3) Eigennutzmaxime: Konsumenten handeln primär aus Eigennutz und nicht zum Nutzen der sozialen Gemeinschaft (sozialer Nutzen): Aus persönlicher Sicht kann es schlicht rational sein, sich auf Kosten der Allgemeinheit nicht umweltverträglich zu verhalten.

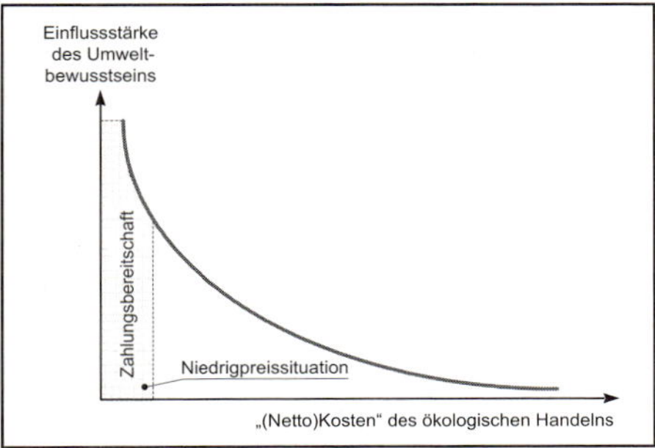

Die Low-Cost-Hypothese

Ein Beleg dafür ist auch die sog. Low-Cost-Hypothese (vgl. Abb. „Die Low-Cost-Hypothese"). Danach verhalten Konsumenten sich vorwiegend nur dann umweltfreundlich, wenn es nichts oder vergleichsweise wenig kostet. In diesem Fall, dass „Umweltschutz zum Nulltarif" zu haben ist, stellt die Umweltverträglichkeit eines Produkts einen kostenlosen Zusatznutzen (→Added Value) dar, der vom Konsumenten gerne in Anspruch genommen wird. Kern der Hypothese ist die Annahme, dass die Wirkung des Umweltbewusstseins auf das Umweltverhalten mit steigenden wahrgenommenen Handlungskosten (Preis, Unbequemlichkeit usw.) abnimmt.

Umweltgesetze. Der allgemeine Wunsch nach mehr Umweltschutz hat zu einer kaum noch übersehbaren Flut von Gesetzen und Regelungen geführt. Es existieren in der Bundesrepublik nahezu 2000 umweltrelevante Regelungen, ohne dass es ein einheitliches Umweltschutzgesetzbuch gibt. Der Schwerpunkt der Umweltschutzgesetzgebung liegt beim Bund. Ländergesetze können Bundesgesetze ausfüllen (z.B. Abfallgesetz) oder ergänzen (z.B. Wasserhaushaltsgesetz). Der Gesetzgebungsvollzug obliegt überwiegend den Bundesländern. U. (z.B. Bundesimmissionsschutzgesetz) bilden die Grundlage des materiellen Umweltrechts. Die dort enthaltenen Leitlinien und Vorgaben sind oftmals ausfüllungsbedürftig und müssen weiter konkretisiert werden. Dazu dienen Rechtsverordnungen (z.B. Großfeuerungsanlagenverordnung), Verwaltungsvorschriften (z.B. TA Luft) sowie technische Anleitungen und Normen (z.B. VDI-Richtline Nr. 2264 zur Gasreinigungstechnik). Auf europäischer Ebene wurde der Umweltschutz im Vertrag von Maastricht 1992 verankert. Das Europäische Umweltrecht bedient sich i.d.R. der Rechtsform der Richtlinie (z.B. → Umweltverträglichkeitsprüfung) oder der Verordnung (z.B. → EMAS). Grundprinzipien des Umweltrechts sind (1) das Vorsorgeprinzip (vorausschauender Schutz der Umwelt), (2) das Verursachungsprinzip (die Umwelt darf nicht folgenlos geschädigt werden) und (3) das Kooperationsprinzip (richtet sich auf eine breite Beteiligung von Akteuren aus Wirtschaft und Gesellschaft). Rechtsnormen des Umweltschutzes können dem Verwaltungsrecht (z.B. Kreislaufwirtschaftsgesetz), dem Zivilrecht (Umwelthaftungsgesetz, → Umwelthaftung), dem Straf- und Ordnungswidrigkeitengesetz (z.B. Verpackungsverordnung) und spezifischen Umweltmanagementvorschriften (EG-Öko-Audit-VO, → EMAS) zugeordnet werden.

Umwelthaftung ist das Eingestehenmüssen für Umweltschäden. Haftung bedeutet allgemein, dass jemand für einen von ihm verursachten Schaden die Verantwortung zu übernehmen und ggf. Betroffenen Ersatz zu leisten hat. Für Unternehmen spielen insbesondere die Betriebsstättenhaftung und die Produkthaftung eine zentrale Rolle. Das U.-Gesetz (UmweltHG) von 1991 sieht eine Verursachungshaftung (Haftung ohne Verschulden) für Inhaber bestimmter Anlagen vor. Neben der Verpflichtung zum Schadensersatz (z.B. nach UmweltHG, WHG, BGB) können weitere rechtliche (polizeiliche Störerhaftung, strafrechtliche Sanktionen) und nicht-rechtliche (z.B. Imageverlust bei Medienberichterstattung) Folgen eintreten. → Ökologisches Risikomanagement kann das Haftungsrisiko durch Vermeidung von Umweltrisiken und vorbeugende Maßnahmen der Schadenverhütung reduzieren.

Umweltinformationssystem, betriebliches, (BUIS), dient der systematischen Erfassung, Dokumentation und Bereitstellung umweltbezogener Informationen in einem Unternehmen. Komponenten von BUIS sind (1) Umweltmonitoring, (2) Stoffflussbilanzierung, (3) Berichts- und Dokumentensystem, (4) System zur Unterstützung von Planung und Entscheidung. Mit Hilfe von BUIS ist es möglich, die Umwelteinwirkungen eines Betriebes zu quantifizieren und zu bewerten. Damit stellt es eine wesentliche Grundlage des → Öko-Controlling dar.

Umweltmanagementsystem, → EMAS, → ISO 14001-Norm.

Umweltnutzen, → Umweltdilemma, soziales Dilemma.

Umweltökonomie, befasst sich mit der Aufgabe, die gesamtwirtschaftliche Wohlfahrt unter Berücksichtigung einer möglichst hohen → Umweltqualität zu maximieren. Dazu werden bekannte Instrumente der wohlfahrtstheoretischen und finanzwissenschaftlichen Forschung eingesetzt. Neben der Wohlfahrtstheorie wird insbesondere die Theorie externer Effekte und öffentlicher Güter (Free-Rider-Problem) auf umweltbezogene Problemstellungen angewendet.

Umweltorientierte Unternehmensverbände und -vereine, (1) Bundesdeutscher Arbeitskreis für Umweltbewusstes Management e.V. (B.A.U.M), 1984 als erste überparteiliche Umweltinitiative der Wirtschaft gegründet, ca. 450 Mitgliedsfirmen. (2) ASU – Arbeitsgemeinschaft Selbständiger Unternehmer e.V., gegründet 1949, Unternehmerverband von rund 6.500 Eigentümer-Unternehmen, Ausschuss „Umweltschutz", gegründet 1987. Zur ASU gehört als organisatorisch selbständige Einheit das Unternehmensinstitut (UNI) e.V., das die inhaltliche Arbeit der ASU unterstützt. (3) future e.V., 1986 gegründet mit dem Ziel, den betrieblichen Umweltschutz in Unternehmen zu verbessern. (4) Unternehmens-Grün, 1992 gegründeter Unternehmensverband zur Förderung umweltgerechten Wirtschaftens, ca. 300 Mitglieder, vorwiegend kleine und mittelständische Unternehmen aus den verschiedensten Branchen. (5) Aktionsgemeinschaft Umwelt, Gesundheit, Ernährung (A.U.G.E. e.V.), gegründet 1985. (6) Schweizerische Vereinigung für ökologisch bewusste Unternehmensführung (ÖBU), gegründet 1989 in St. Gallen, zielt auf die Weiterentwicklung der Schweizer Wirtschaft nach den Grundsätzen der Nachhaltigkeit, ca. 300 Mitgliedsfirmen aus allen Branchen. (7) Doktoranden-Netzwerk Nachhaltiges Wirtschaften (DNW) e.V., gegründet 1996 als Doktoranden-Netzwerk Öko-Audit e.V., Umbenennung 2001, ist ein Forum zur interdisziplinären Auseinandersetzung mit Themenbereichen nachhaltigen Wirtschaftens, ca. 60 Mitglieder. (8) European Environmental Management Association (eema), ist ein internationaler Berufsverband von Fachkräften aus dem Umweltschutzbereich (z.B. Umweltschutzbeauftragte), wurde nach belgischem Recht 1993 gegründet und arbeitet eng mit der Hochschulvereinigung E.A.E.M.E. (European Association for Environmental Management Education), 1991 gegründet, Zusammenschluss von 13 europäischen Universitäten (darunter die Universität Trier) mit der Aufgabe, einen europäischen Master-Studiengang in Umweltmanagement zu entwickeln und durchzuführen. (9) International Network for Environmental Management (INEM e.V.), 1991 gegründet, ist die Weltföderation nationaler Unternehmensverbände für umweltbewusstes Management und „Cleaner Production Centres".

Umweltpolitik, → EMAS, → ISO 14001-Norm.

Umweltprobleme/-dimensionen, sind Bereiche mit gravierenden Umweltschäden bzw. Schadenskomplexe, die durch politisches, betriebliches und individuelles Handeln einerseits verursacht sind und andererseits zielführend gelöst werden können. Es sind insbesondere herrschende Handels- und Produktionsprozesse sowie individuelle Lebens- und Konsumstile, die oft mit einer starken Umweltbelastung verbunden sind (→ Umweltfreundliches Konsumentenverhalten). → Marktorientiertes Umweltmanagement unterscheidet zwischen ökologischen, ökonomischen und gesellschaftspolitischen Umweltdimensionen. (1) Ökologische Dimension: Ressourcenverknappung und Verschlechterung der Qualität von Umweltmedien. (2) Gesellschaftliche Dimension: → Umweltgesetze, gesellschaftliche Forderungen von Gruppen und Medien (→ Ökologische Anspruchsgruppen). (3) Ökonomische Dimension: Zunahme umweltfreundlichen Verhaltens, Wettbewerbsvorteile durch ökologische Profilierung und Ressourceneffizienz (→ Umweltschutzstrategien).

Umweltprogramm, → EMAS.

Umweltpsychologie. I. Begriff: Die U. ist eine Disziplin, die sich seit den 1970er-Jahren mit der Fragestellung auseinander setzt, ob die physische (materielle) Umwelt (z.B. Gebäude, Landschaften, Einrichtungsgegenstände) einen Einfluss auf das Verhalten der in dieser Umwelt lebenden Menschen ausübt und wie die Umwelt im Dienste des menschlichen Verhaltens gestaltet werden kann. Die U. geht dabei von der Erkenntnis aus, dass ein Individuum bestrebt ist, sich seines Umfeldes zu bemächtigen, d.h. der Mensch versucht, in einer ihm unbekannten Umgebung die Orientierung zu finden, um anschließend die neue Umwelt zu kategorisieren und um einen gefühlsmäßigen Gesamteindruck abgeben zu können. Bei der Kategorisierung nutzt das Individuum sog. Environmental Cues. Die Wechselwirkung zwischen Mensch und Umwelt wird durch mentale Prozesse vermittelt. Die Erkenntnisse der U. sind von erheblichem Wert für eine kundenorientierte Ladengestaltung und Warenpräsentation. Die U. bedient sich eines interdisziplinären Ansatzes, d.h., es werden die Erkenntnisse von Soziologen, Architekten, Gestalttheoretikern usw. berücksichtigt. Je nachdem, ob eher kognitive oder eher emotionale, durch die Umwelt hervorgerufene Prozesse Gegenstand des wissenschaftlichen Interesses sind, spricht man von dem primär kognitiven bzw. dem primär emotionalen Ansatz der Umweltpsychologie. Die U. nimmt keine rigorose Trennung zwischen kognitiven und affektiven Theorien vor, man ist sich bewusst, dass die meisten psychischen Prozesse sowohl kognitive als auch emotionale Züge tragen. Das Adjektiv „primär“ soll daher nur zum Ausdruck bringen, welcher innere Vorgang überwiegt.

II. Kognitiv-orientierte Ansätze und ihre Bedeutung für das Konsumentenverhalten: Die kognitiv-orientierten Umweltpsychologen befassen sich mit der „Geographie des Geistes“, d.h. sie versuchen, die Fähigkeit des Menschen zu erforschen, räumliche Umwelten wahrzunehmen, zu begreifen und sich derer zu erinnern. In diesem Zusammenhang wird auch von mentaler Kartographie oder von Mental Maps gesprochen, um damit die Art der Gewinnung von Vorstellungsbildern zu charakterisieren. Auch für den Einzelhandel ist es von größter Bedeutung, dass die Konsumenten über Mental Maps von Geschäften und Einkaufsregionen verfügen. Liegt ein klares inneres Vorstellungsbild von der räumlichen Umwelt „Einkaufsstätte“ oder „Einkaufsregion“ vor, so erleben die Konsumenten eine positivere Stimmung und eine höhere Einkaufsbequemlichkeit, was sich letztlich auch auf die Kaufbereitschaft auswirkt. Eine orientierungsfreundliche Ladenumwelt stellt eine notwendige Bedingung für eine erfolgreiche Ladengestaltung dar.

III. Environmental Cues und ihre Bedeutung für das Konsumentenverhalten: Des Weiteren untersucht die U., anhand welcher Hinweise (Environmental Cues) Menschen Rückschlüsse auf die in dieser Umwelt existenten Objekte und Menschen ziehen. In einer empirischen Studie konnten Sadalla/Vershure/Burroughs (1987) beispielsweise feststellen, dass Versuchspersonen in der Lage sind, anhand der Wohnungseinrichtung zutreffende Aussagen über das Selbstkonzept des Wohnungsbesitzers zu machen. In dem Experiment deckten sich die Annahmen der Versuchspersonen über die Persönlichkeitseigenschaften der ihnen unbekannten Hausbesitzer, von denen sie nur die Wohnungseinrichtung sehen konnten, mit den Selbstauskünften der Wohnungsbesitzer (beispielsweise für wie intellektuell, extrovertiert, aufgeschlossen oder individualistisch sich diese hielten). Sadalla/Vershure/Burroughs folgern aus dieser Studie, dass Wohnungseinrichtungen zur Selbstdarstellung von Menschen genutzt werden können. Nicht nur Wohnungseinrichtungen können solche „Cues“ darstellen, auch die Warenpräsentationen und Ladengestaltung liefern Hinweise, anhand derer Konsumenten Rückschlüsse über den Wert eines Einzelhandelsunternehmen ziehen. Umweltpsychologische Betrachtungen waren und sind daher für das Marketing von Einkaufsstätten nützlich. Konsumenten, die über die Servicequalität oder die Sortimentsqualität eines Geschäftes nicht genau informiert sind bzw. noch keine manifeste Einstellung gebildet haben, versuchen, Informationen für ihre Kaufentscheidungen aus der Ladenumwelt zu gewinnen. Diese Umweltinformationen können als Entscheidungsheuristik dienen. So haben amerikanische Bankkunden nach einer Untersuchung von Baker/Berry/Parasuraman (1988) beispielsweise den Eindruck, dass Banken, die über eine sehr teure und kostbare Inneneinrichtung verfügen, das Geld ihrer Kunden verschwenden. Gardner/Siomkos (1985) haben in einer empirischen Untersuchung festgestellt, dass Konsumenten ein Parfüm, das in einer noblen Einkaufsumgebung verkauft wird, signifikant besser beurteilen als dasselbe Parfüm, das in einer Discount-Atmosphäre verkauft wird. Nach einer Studie von Areni/Kim (1993) sollte die in einem Geschäft gespielte Musik von den Konsumenten als „passend" zu der Einkaufssituation empfunden werden. Beispielsweise konnten in einem amerikanischen Weinkeller signifikant höhere Umsätze erzielt werden, wenn klassische Musik (Mozart, Chopin, Vivaldi) statt der aktuellen Top-Forty als Hintergrundmusik gewählt wurde. Begründung: Weinkonsum wird in den USA immer noch als „sophisticated", d.h. als „hochgestochen" bzw. besonders kultiviert erlebt und mit einem hohen Prestigewert verknüpft, weshalb klassische Musik für den Weinkauf als angemessen empfunden wird.

IV. Emotional-orientierte Ansätze und ihre Bedeutung für das Konsumentenverhalten: Der emotionale Ansatz der U. beschäftigt sich mit der Fragestellung, welche Gefühle und Reaktionen durch Umweltreize ausgelöst werden können. Das umweltpsychologische Verhaltensmodell von Mehrabian und Russell stellt das Kernstück dieser Forschungsrichtung dar. Verschiedene Umweltreize werden durch die sog. Informationsrate gekennzeichnet. Unter der Informationsrate versteht Mehrabian die Menge von Informationen, die pro Zeiteinheit in der Umwelt enthalten sind oder wahrgenommen werden. Die Informationsrate weist demnach sowohl eine objektive (tatsächlich vorhandenes Reizvolumen) als auch eine subjektive (wahrgenommenes Reizvolumen) Komponente auf. Die Stimulusvariablen lösen Gefühle aus, die als intervenierende Variablen die Reaktionen (Annäherung oder Meidung) ggü. der Umwelt bestimmen. Dabei können objektiv gleiche Reize aufgrund unterschiedlicher persönlicher Prädispositionen zu unterschiedlichem Verhalten führen. In dem umweltpsychologischen Verhaltensmodell von Mehrabian und Russell werden drei verschiedene intervenierende Variablen für die Reaktion Annäherung bzw. Meidung verantwortlich gemacht: Lust, Erregung und Dominanz. Nach Mehrabian bedeutet Erregung, wie aktiv, aufgeregt, angeregt, überdreht, zappelig usw. man sich fühlt; Lust ist im Sinne Mehrabians dahingehend zu verstehen, dass man vergnügt und gut gelaunt ist. Dominanz bedeutet, dass man sich überlegen fühlt, dass man das Gefühl hat, einflussreich, unbehindert und wichtig zu sein sowie die Situation unter Kontrolle hat. Nach Mehrabian bewirken jene Umwelten ein maximales Kaufverhalten, die erhöhte Erregung, erhöhte Lust und ein leichtes Gefühl der Dominanz bieten. In der mittlerweile als Klassiker zu bezeichnenden empirischen Untersuchung von Donovan und Rossiter (1982) wurde zum ersten Mal das Modell von Mehrabian und Russell (1974) auf die Umwelt „Einkaufsstätte" übertragen. Es konnte nachgewiesen werden, dass insbesondere das am Point of Sale ausgelöste Vergnügen und die empfundene Erregung für eine längere Verweildauer und Einkaufsbereitschaft verantwortlich sind. Donovan und Rossiter (1982) konnten in ihrer Studie dagegen keine signifikante Wirkung der Gefühlsdimension „Dominanz" auf eine Annäherungs- oder Meidungsreaktion nachweisen. In einer zweiten empirischen Untersuchung, bei der allerdings die Dimension „Dominanz" zuvor ausgeschlossen wurde, konnten Donovan et al. (1994) erneut feststellen, dass abermals die intervenierende Variable „Vergnügen" einen positiven, signifikanten Einfluss auf die Verweildauer und auf die Anzahl ungeplanter Käufe ausübt. Empirische Untersuchungen von Bost (1987) und Gröppel (1991), die gleichfalls auf der theoretischen Grundlage des Mehrabian-und-Russell-Modells durchgeführt wurden, zeigen, dass neben dem am Point of Sale erlebten Vergnügen Konsumenten eine entspannte Atmosphäre erfahren möchten. Ein optimales Ladenambiente liefert demnach ein Wechselspiel von aktivierenden und desaktivierenden Reizen. Das Gefühl der Erregung darf also keinesfalls zu Hektik führen. Aufgrund dieser Erkenntnisse sollte bei weiteren Untersuchungen die am Point of Sale von den Konsumenten empfundene Gefühlsdimension Entspannung nicht vernachlässigt werden. In weiteren empirischen Studien konnte Gröppel-Klein (1998) feststellen, dass im Unterschied zu den in den USA von Donovan/Rossiter (1982) durchgeführten Erhebungen in Deutschland die am Point of Sale ausgelöste Dominanz einen großen Einfluss auf das Verhalten ausübt. Konsumenten, die am Point of Sale eine hohe Dominanz verspüren, sich also frei, sicher, überlegen fühlen und den Eindruck haben, der Situation gewachsen zu sein, beurteilen das Preiswürdigkeitsimage der Einkaufsstätte signifikant besser als wenn sie sich unterlegen fühlen (→ Preismodelle, verhaltensorientierte).

Literatur: Areni, C.S./Kim, D. (1993): The Influence of Background Music on Shopping Behavior: Classical versus Top-Forty Music in a Wine Store, in: Advances in Consumer Research, 20. Jg., o.Nr., S. 336-340; Baker, J./Berry, L./Parasuraman, A. (1988): The Marketing Impact of Branch Facility Design, in: Journal of Retail Banking, 10. Jg., Nr. 2, S. 33-42; Bost, E. (1987): Ladenatmosphäre und Konsumentenverhalten, Heidelberg; Donovan, R.J./Rossiter, J.R. (1982): Store Atmosphere. An Environmental Psychology Approach, in: Journal of Retailing, 58. Jg., Nr. 1, S. 34-57; Donovan, R.J./Rossiter, J.R. (1994): Store Atmosphere and Purchasing Behavior, in: Journal of Retailing, 70. Jg., Nr. 3, S. 283-294; Gardner, M.P./Siomkos, G.J. (1985): Toward a Methodology for Assessing Effects of In-Store Atmosphere, in: Advances in Consumer Research, Chicago, S. 27-31; Gröppel, A. (1991): Erlebnisstrategien im Einzelhandel. Analyse der Zielgruppen, der Ladengestaltung und der Warenpräsentation zur Vermittlung von Einkaufserlebnissen, Heidelberg; Gröppel-Klein, A. (1998): Wettbewerbsstrategien im Einzelhandel. Chancen und Risiken von Preisführerschaft und Differenzierung im Non-Food-Handel, Wiesbaden; Mehrabian, A./Russell, J.A. (1974): An Approach to Environmental Psychology, Cambridge (Mass.); Mehrabian, A. (1987): Räume des Alltags. Wie die Umwelt unser Verhalten bestimmt, 2. Aufl., Frankfurt/ Main.; Sadalla, E.K./Vershure, B./Burroughs, J. (1987): Identity Symbolism in Housing, in: Environment und Behavior, 19. Jg., Nr. 5, S. 569-587.

Andrea Gröppel-Klein

Umweltqualität, der Grad der Eignung eines Produkts oder einer Dienstleistung, die Umwelt während des gesamten → Produktlebenszyklus zu schonen. Sie erstreckt sich auf alle Eigenschaften und Merkmale eines Produkts oder einer Dienstleistung, die geeignet sind, Umweltbelastungen in der Herstellung, Verteilung, Verwendung, Verwertung und Entsorgung zu vermeiden bzw. zu reduzieren (→ Ökologieorientierte Produktpolitik). Es handelt sich hierbei um Merkmale des → Produktkerns (z.B. Material- und Energieeinsatz), der Produktfunktion (z.B. Haltbarkeit), der Produktgestaltung (z.B. Mehrwegverpackung) sowie solche ergänzender Dienstleistungen (z.B. → ökologieorientierter Kundendienst). Die U. eines Produktes ist immer relativ, d.h., sie ist immer nur hinsichtlich vergleichbarer Substitute und auf der Grundlage des aktuellen Kenntnis- und Methodenstandes zu bewerten (→ umweltfreundliche Konsumgüter). Darüber hinaus ist die U. i.d.R. für den Konsumenten eine → Vertrauenseigenschaft, ein Merkmal also, dessen Vorliegen der Konsument selbst nicht überprüfen kann. Für den Konsumenten stellt die U. i.d.R. einen Zusatznutzen (→ Added Value) dar, der in aktuellen Kaufsituationen häufig mit dem Produktpreis und Bequemlichkeitsaspekten in Konflikt steht.

Umweltschutz, rechtliche Aspekte. I. Hintergrund: Angesichts abnehmender, nicht-regenerierbarer Energieressourcen, zunehmenden Energieverbrauchs und steigender Abfallmengen hat sich der deutsche Gesetzgeber gezwungen gesehen, die ordnungspolitischen Rahmenbedingungen zu verändern.

II. Regelwerke: Z.B. das Umwelthaftungsgesetz von 1991, die → Verpackungsverordnung von 1991, das Kreislaufwirtschafts- und → Abfallgesetz von 1996, die Altautoverordnung von 1997 sowie die Verordnung über die Entsorgung gebrauchter Batterien von 1998. Auf der Grundlage von § 14 des Abfallgesetzes kann die Bundesregierung für Erzeugnisse, deren Abfälle schadstoffhaltig sind (z.B. quecksilberhaltige Produkte, Batterien, Farben, Lösungsmittel), eine → Kennzeichnungspflicht, eine Pflicht zur getrennten Entsorgung sowie eine Rücknahme- und Pfandpflicht festlegen und darüber hinaus anordnen, dass diese Erzeugnisse nur in bestimmter Beschaffenheit, für bestimmte Verwendungen, bei denen eine ordnungsgemäße Entsorgung der anfallenden Abfälle gewährleistet ist, oder überhaupt nicht in Verkehr gebracht werden dürfen, wenn bei ihrer Entsorgung die Freisetzung schädlicher Stoffe nicht oder nur mit unverhältnismäßig hohem Aufwand verhindert werden könnte.

Umweltschutzbeauftragte, werden von einigen → Umweltgesetzen (z.B. § 53 Bundesimmissionsschutzgesetz, § 21 a Wasserhaushaltsgesetz und § 11 a Abfallgesetz) verbindlich vorgeschrieben, wenn bestimmte Bedingungen im Unternehmen vorliegen. Darüber hinaus kann die zuständige Aufsichtsbehörde, wenn sie es für geboten hält, auch dann die Bestellung von U. verlangen, wenn die im jeweiligen Gesetz genannten Bedingungen nicht vorliegen. Die Gesetze regeln die Aufgaben und Befugnisse der U. Dazu gehören (1) Überwachung der Einhaltung der Gesetze im Unternehmen, (2) Einwirkung auf den Einsatz umweltfreundlicher Verfahren, (3) Information und Weiterbildung der Betriebsangehörigen sowie (4) Berichterstattung der Unternehmensführung.

Umweltschutzleitlinien, *Umweltschutzphilosophie*, sind Aspekte der → Unternehmenskultur (→ Marktorientiertes Umweltmanagement). In ihnen kommt die Bedeutung, die bestimmten Zielen (Grundsätzen, Prinzipien), → Umweltschutzstrategien und -maßnahmen vom Unternehmen eingeräumt werden, zum Ausdruck.

I. Begriff: Die → Unternehmensphilosophie stellt einen Interpretations- und Orientierungsrahmen für unternehmerische Entscheidungen dar. U. legen die Position des Unternehmens ggü. den ökologischen Herausforderungen fest (z.B. „Sicherung der natürlichen Lebensgrundlagen").

II. Merkmale: Die Verankerung von Umweltschutzzielen im Unternehmen kann mit unterschiedlicher Priorität erfolgen, beginnend mit einer nur impliziten Festlegung, über die Festschreibung gesetzlicher Normen hin zum Bekunden einer Übernahme → gesellschaftspolitischer Verantwortung. Die → Unternehmensgrundsätze weisen i.d.R. zwei Basisbereiche auf: (1) Aussagen zum Verhältnis zu den → ökologischen Anspruchsgruppen der Unternehmung und (2) Aussagen zur Zwecksetzung des Unternehmens. Der Bundesdeutsche Arbeitskreis für umweltbewusstes Management (B.A.U.M.) hat 1989 einen richtungsweisenden Grundsatzkatalog zu den Leitlinien des Umweltmanagements entwickelt.

Umweltschutzstrategien, *Öko-Strategien*, mittel- bis langfristig angelegte Grundsatzentscheidungen zum Umweltschutz im Unternehmen. U. legen fest, mit welchen Mitteln bzw. Maßnahmen vorgegebene generelle und umweltspezifische → Unternehmensziele (→ Marktorientiertes Umweltmanagement, → Umweltschutzleitlinien, Umweltschutzphilosophie) erreicht werden sollen.

I. Begriff: Im Hinblick auf den Grad der Bereitschaft zur Übernahme → gesellschaftspolitischer Verantwortung von Unternehmen können folgende grundlegende umweltorientierte Strategieansätze unterschieden werden: (1) ökologisch offensiv: Umweltschutz wird gleichermaßen als gesellschaftliche Verpflichtung und marktliche Chance aufgefasst; (2) ökologisch defensiv-reaktiv: Umweltschutz wird als unternehmerisches Risiko eingeschätzt und nur dann im Unternehmen umgesetzt, wenn bei Nichtbeachtung negative Konsequenzen zu erwarten sind (z.B. → Umwelthaftung); (3) ökologisch defensiv-resignativ: ersatzloser Rückzug aus umweltgefährdenden Geschäftsfeldern durch Aufgabe oder Verlagerung (z.B. Chlorchemie); (4) ökologisch defensiv-resistiv: Gegen den Umweltschutz wird Widerstand geleistet und öffentliche Ansprüche sollen abgewehrt werden.

II. Merkmale: U. können generell hinsichtlich (1) Strategiebezug (Gesellschaft, Markt, Unternehmen) und (2) Strategieausrichtung (defensiv vs. offensiv sowie selektiv) unterschieden werden (vgl. Abb. „Typologie von Umweltschutzstrategien"). Defensive, auf die Gesellschaft gerichtete Strategien zielen auf die Abwehr von gesellschaftlichen Forderungen zum Umweltschutz (Abwehrstrategien) und sollen zur Aufrechterhaltung klassischer Wirtschaftsformen dienen. Auf die Gesellschaft gerichtete offensive Strategien ergreifen und unterstützen Initiativen zur Förderung des Umweltschutzes (Initiativstrategien), schaffen und intensivieren Kooperationen sowie einen offenen Dialog mit → ökologischen Anspruchsgruppen (Dialogstrategien) und sollen der allgemeinen Verbesserung von Image und Reputation des Unternehmens dienen. Selektiv können sich diese Strategien auf einzelne → ökologische Anspruchsgruppen beziehen. Defensive, auf den Markt gerichtete Strategien zielen auf das Erschließen von Kostensenkungspotenzialen durch Einsparungen an Energie, Material, Produktions- und Entsorgungskosten (Steigerung der Ressourceneffizienz). Erreicht wird das durch den Einsatz z.B. ökologisch effizienter Produktions- und Recyclingprozessen (z.B. produktionsintegrierter Umweltschutz, Kreislaufprozesse, Design for Environment, Reduzierung von Montage-

Strategiebezug / Strategieausrichtung	Gesellschaft	Markt	Unternehmen
defensiv	Abwehr-/ Absicherungs-strategien	▪ Kostensenkung: Ressourcen-effizienzstrategien ▪ Defensive Wett-bewerbsstrategien	Übernahme minimaler gesetzlicher Vorgaben
offensiv	▪ Initiativstrategien ▪ Dialogstrategien ▪ PR-Strategien	▪ Profilierungs-strategien ▪ Added-Value-Strategien ▪ Kooperative-Strategien	Organisations- und Personalent-wicklungsstrategien
selektiv	Auf bestimmte gesellschaftliche Anspruchsgrupp en ausgerichtet	Auf bestimmte Marktsegmente ausgerichtet	▪ Unternehmens-teile ▪ Interne An-spruchsgruppen

Typologie von Umweltschutzstrategien
(Quelle: in Anlehnung an Dyllick/Belz/Schneidewind 1997)

und Demontagekosten). Eine → Kostenführerschaft durch umweltverträgliches Wirtschaften kann dann erreicht werden, wenn es gelingt, die Stückkosten unter das Niveau der wichtigsten Konkurrenten zu senken. Die offensive Strategie, Unternehmen und Produkte hinsichtlich des Umweltschutzes im Markt zu profilieren, geht einher mit der Porter'schen Strategie der → Qualitätsführerschaft. Da aber der Umweltschutz letztendlich eine den Grundnutzen des Produktes ergänzende Eigenschaft mit Zusatznutzencharakter (→ Added Value) ist, können diese Strategien nicht zur Profilierung des Produkts als Ganzes, sondern nur hinsichtlich der ökologischen Verträglichkeit des Produkts eingesetzt werden. Dieser Strategietyp ist darauf gerichtet, das gesamte Leistungsangebot des Unternehmens mit einem zusätzlichen Umweltschutznutzen zu profilieren (Added-Value-Strategie). Im Rahmen dieses Strategietyps geht es um die Schaffung von → Wettbewerbsvorteilen durch innovative nachhaltige Produkte mit wahrnehmbaren → Kundennutzen. Ein ökologischer Kundennutzen kann sowohl durch Produktmerkmale wie z.B. Dauerhaftigkeit (Langzeitprodukte), Gesundheit (Lebensmittel aus kontrolliertem Anbau) als auch durch ergänzende Dienstleistungen (z.B. kostenlose Produktrücknahme) oder neuartige Nutzungskonzepte (z.B. Car Sharing) entstehen. Ein weiteres wichtiges marktgerichtetes Strategiefeld stellt die Abstimmung und Koordination von Umweltschutzaktivitäten der Hersteller mit denen der Zulieferer und des Handels dar (Kooperationsstrategien, → Kooperation). Umweltschutz erfordert im vertikalen Zusammenhang unternehmensübergreifende kooperative Ansätze (im vorgelagerten Bereichen z.B. bei der Rohstoff- und Materialbeschaffung und in den nachgelagerten Stufen im Handel und der Entsorgung und Redistribution). Der Handel besetzt oftmals die Position des Vermittlers (→ Gatekeeper) zwischen Hersteller und Konsument und kann deshalb die Vermarktung → umweltfreundlicher Konsumgüter einerseits fördern, andererseits aber auch behindern oder sogar blockieren. Im horizontalen Wettbewerb sind unternehmensübergreifende strategische Kooperationen, z.B. im F&E (z.B. Lösung der Verkehrsproblematik), möglich. Auch sind unternehmensübergreifende Kooperationen mit staatlichen Institutionen und Umweltschutzvereinen möglich. Auf das Unternehmen bezogen richten sich defensive Umweltschutzstrategien auf die Erfüllung einschlägiger Gesetze (→ Umweltgesetze). Gesetze werden nur zum notwendigen Maß erfüllt, um negative

Konsequenzen des Gesetzgebers zu vermeiden (z.B. Betriebsstilllegungen). Offensive, nach innen gerichtete Nachhaltigkeitsstrategien, zielen darauf, die Organisationsstruktur an den Anforderungen des Umweltschutzes auszurichten und Mitarbeiter für die Nachhaltigkeit zu motivieren und zu qualifizieren. Selektiv können diese Strategien auf einzelne Unternehmens- bzw. Geschäftsteile sowie auf einzelne interne Anspruchsgruppen gerichtet sein (z.B. Aktionäre).

Literatur: Dyllick, T./Belz, F./Schneidewind, U. (1997): Ökologie und Wettbewerbsfähigkeit, München, Wien.

Umweltskandal, → Ökologisches Krisenmanagement.

Umweltsponsoring, ist eine Form der → ökologieorientierten Kommunikationspolitik von Unternehmen, die es erlaubt, durch Bereitstellung von Geld, Sachmitteln oder sonstigen Leistungen die gesponserte Umweltorganisation kommunikativ zu nutzen. Voraussetzung für einen Erfolg dieses Instruments ist eine weit gehende Übereinstimmung zwischen den Zielen der gesponserten Umweltorganisation und den von der Unternehmung glaubwürdig vertretenen Umweltschutzzielen.

Umweltverträglichkeitsprüfung, (UVP) ist ein verwaltungsrechtliches Verfahren mit Öffentlichkeitsbeteiligung, dem sich nach dem UVP-Gesetz von 1990 bestimmte Investitionsprojekte (z.B. Bau neuer Produktionsanlagen) vor Errichtung und Betrieb verbindlich unterziehen müssen. Durchgeführt werden die UVP von öffentlich bestellten, neutralen Drittorganisationen (z.B. Technische Überwachungsvereine). Ziel ist es, möglichst früh potenzielle Belastungen und Risiken solcher Investitionsprojekte zu vermeiden und die Akzeptanz von Anwohnern und sonstigen Anspruchsgruppen (→ Ökologische Anspruchsgruppen) durch Beteiligung am Verfahren zu erhöhen.

Umweltwerte und Normen, → Marktorientiertes Umweltmanagement, → Ökologisches Marketing.

Umweltwissen, → Umweltbewusstsein.

Umweltzeichen, *Öko-Label, Eco-labelling, Environmental Labelling*, dienen der Markierung von solchen Produkten und Dienstleistungen, die insgesamt bzw. hinsichtlich einzelner Merkmale relativ umweltverträglicher sind als andere Angebote innerhalb einer Produktgruppe. Während U. von Unternehmen als Mittel der ökologieorientierten Profilierung eingesetzt werden dienen sie dem Handel und den Konsumenten als praktische Orientierungs- und Entscheidungshilfe.

I. Begriff: Neben gesetzlich vorgeschriebenen Warenkennzeichnungen (z.B. Symbole nach der Gefahrstoffverordnung) können (freiwillige) U., die nach bestimmten Vergabekriterien von unabhängigen Prüfinstituten vergeben werden (vgl. Abb. „Unabhängige Umweltzeichen"), von firmen- und verbandseigenen U. (z.B. Öko-Tex Standard 100 der Textilindustrie) unterschieden werden.

II. Merkmale: (1) Der Blaue Engel ist eine vom Umweltbundesamt (UBA) in Zusammenarbeit mit dem Deutschen Institut für Gütesicherung und Kennzeichnung e.V. (RAL) vergebene Warenkennzeichnung für Produkte, die – bei gleichem Gebrauchswert – im Vergleich zu anderen Produktalternativen der gleichen Produktgruppe die Umwelt weniger belasten. In den 25 Jahren seitdem der „Blaue Engel" im Jahre 1978 als weltweit erstes U. eingeführt wurde, stieg die Anzahl der vergebenen U. für Produkte von 48 auf ca. 3.800 von ca. 710 Zeichennehmern des In- und Auslandes. (2) EU-Umweltzeichen (EU Eco-Label, Euroblume): Durch eine europäische Verordnung wurde am 23. März 1992 ein europäisches U. eingeführt (Blume mit EU-Sternenkranz). Die Vergabe der „EU-Blume" erfolgt durch unabhängige nationale Stellen (Umweltbundesamt mit dem RAL in Deutschland). Im Vergleich zum Blauen Engel sollen mit dem europäischen U. nur Produkte ausgezeichnet werden, die während ihrer gesamten Lebensdauer relativ umweltverträglich sind. Die Prüfung erfolgt anhand vorgegebener Kriterien. Bisher sind nur ca. 200 Produkte aus 19 Produktkategorien (ausgenommen sind Lebensmittel, Getränke und Arzneimittel) von ca. 130 Lizenznehmern (darunter nur drei deutsche Unternehmen) mit diesem Label befristet ausgezeichnet worden. (3) Bio-Siegel nach der EG-Öko-Verordnung: Hersteller, die den

Anforderungen der EG-Öko-Verordnung vom 24. Juni 1991 nach kontrolliert ökologischer Erzeugung von Lebensmittel gerecht werden und die bereit sind, sich Kontrollen zu unterziehen, dürfen ihre Produkte mit dem Bio-Siegel auszeichnen. Die EG-Öko-Verordnung legt für Erzeuger und Verarbeiter fest, wie produziert werden muss und welche Stoffe dabei verwendet werden dürfen. Es darf nichts eingesetzt werden was nicht ausdrücklich erlaubt ist.

Unabhängige Umweltzeichen

Unabhängige Variable, → Exogene Variable.

Unaided Recall, *ungestützte Erinnerung,* U.R. ist die Anzahl aller gelernten Objekte, die eine Testperson ohne Hilfe einer Gedächtnisunterstützung (z.B. Hinweis auf den Kontext) wiedergeben kann. U.R. ist eine Messgröße zur Messung der Gedächtnisleistung einer Testperson. *Gegensatz:* → Aided Recall.

Underreporting, → Panelerhebungen.

Ungestützte Erinnerung, → Unaided Recall.

Unique Selling Proposition (USP), umfasst das dominante Nutzenversprechen ggü. einer Zielgruppe, durch das sich der Anbieter ggü. den Wettbewerbern profiliert. Dieser → Nutzen steht dann als einzigartiger Verkaufsvorteil im Mittelpunkt der kommunikativen Maßnahmen und insbesondere der → Werbung. Bei der Wahl des dominanten Nutzenversprechens gilt es, sich zum einen an dem Idealprodukt des Nachfragers zu orientieren. Zum anderen bedarf es einer deutlichen Abgrenzung von den Konkurrenzleistungen.

Unit Pricing, Grundpreisauszeichnung; bezieht sich auf eine bestimmte, für die Produktart geeignete Maßeinheit (z.B. kg, Liter usw.) und dient dem Verbraucher zum erleichterten Preisvergleich bei verschiedenen Verkaufsmengen bzw. Packungsgrößen. Somit soll eine erhöhte → Preistransparenz geschaffen werden (→ Preisaufklärung). Handelsbetriebe setzen das U.P. darüber hinaus auch zur Dokumentation ihres verbraucherfreundlichen Marketings ein. In Deutschland wird die Pflicht zur Grundpreisauszeichnung im § 17a des Eichgesetzes begründet und durch die Verordnung über Fertigpackungen FPV ergänzt und präzisiert.

Univariate Datenanalyse, Analyse der Struktur und Beschaffenheit einer Zufallsgröße. Gegenstand sind meistens die → Lage- und → Streuparameter der Zufallsgröße, sowie deren Verteilung. Die U.D. kann deskriptiv oder induktiv sein. Darüber hinaus sind noch die bi- und multivariaten Datenanalyseverfahren (→ Datenanalyse) zu erwähnen, die Zusammenhänge zwischen mehreren Variablen untersuchen.

Universal Product Code, *UPC;* bezeichnet den amerikanischen Standard zur Identifikation von → Artikeln. Das Uniform Code Council (UCC) hat dieses System bereits 1973 in Nordamerika eingeführt. Dieses Gremium ist für die einheitliche Artikelnummerierung in den USA zuständig. Ähnlich wie die → Europäische Artikel Nummerierung (EAN) werden Daten mittels eines Strichcodes codiert. Der wesentliche Unterschied zwischen beiden Kennungssystemen besteht darin, dass der UPC aus zehn und die EAN aus dreizehn Ziffern besteht. Das UCC hat bereits angekündigt, dass die EAN ab dem Jahr 2005 von allen Handelsorganisationen in den USA und Kanada akzeptiert wird. Damit entfällt in Zukunft die aufwendige Beantragung von UPC-Nummern beim Export.

Universalbetrieb, → Vertrieb, intensiver.

Universalmesse, Erscheinungsform von → Messen, bei der eine hohe Produkt- bzw. Dienstleistungsvielfalt verschiedener Branchen bzw. Wirtschaftszweige ausgestellt wird.

Uno-actu-Prinzip, → Dienstleistung, Begriff der.

Unterbrecherwerbung, Die Ausstrahlung von Werbesendungen in Fernseh- und Hörfunk, die das laufende Programm unterbrechen.

Untereinstandspreis, *vgl. auch* → Preispolitik, rechtliche Aspekte.

I. Begriff: Vom Abnehmer geforderter Preis, der unterhalb des von dem Verkäufer selbst gezahlten Beschaffungspreises liegt. Problem ist die rechnerische Ermittlung, zum einen wegen der Schlüsselung von auf der Rechnung ausgewiesenen Kosten und Preisnachlässen bei gemeinsam beschafften Waren, zum anderen wegen der Zurechnung von nachträglich gewährten → Preisnachlässen (wie z.B. Jahresrückvergütungen). Seit Jahrzehnten sind U. vor allem in der Lebensmittelbranche Zankapfel zwischen Industrie und → Handel. Die Industrie sieht das → Absatzpotenzial ihrer → Markenartikel gefährdet (*vgl. auch* → Rufschädigung, → Rufausbeutung); Händler, insbesondere solche der Großbetriebsformen, nutzen U., um die Kundenfrequenz sowie die Kaufsummen in ihren Einkaufsstätten zu erhöhen.

II. Rechtsgrundlagen: (1) → UWG: U. nicht wettbewerbswidrig nach § 1 UWG, solange keine besonderen Begleitumstände der Unlauterkeit hinzutreten, wie z.B. die Bedrohung des Wettbewerbsbestandes, die Vernichtung von Mitbewerbern auf der Handelsstufe oder die gemeinschaftsschädigende Störung des Wettbewerbes durch Nachahmungsgefahr. (2) → GWB: Untersagt in § 20 IV GWB Unternehmen mit ggü. kleinen und mittleren Wettbewerbern überlegener Marktmacht, Waren oder gewerbliche Leistungen nicht nur gelegentlich unter Einstandspreis anzubieten, es sei denn, dies ist sachlich gerechtfertigt. Adressaten der Verbotsnorm sind damit Großunternehmen. Problematisch ist der Nachweis, was „nicht nur gelegentlich" ist und wann das Angebot zu einem U. „sachlich gerechtfertigt" ist. Bsp.: Der BGH billigte weitgehend ein Verbot des Bundeskartellamtes aus dem Jahr 2000 für Wal-Mart, Aldi-Nord und Lidl, bestimmte Lebensmittel unter dem Einkaufspreis zu verkaufen. (3) → Markengesetz: Wird eine Ware außerhalb der Mitgliedstaaten der Europäischen Union oder außerhalb eines anderen Vertragsstaates des Abkommens über den Europäischen Wirtschaftsraum in den Verkehr gebracht und nach Deutschland importiert, dann kann der Markeninhaber den Vertrieb in Deutschland untersagen (§ 24 I, europaweite, aber eben keine globale Erschöpfung der Markenrechte). Dies wird er insbesondere im Fall unerwünschter Verkäufe zu U. tun.

Unternehmensanalyse, Teil der Phase der Situationsanalyse in der → Strategischen Planung. Gegenstand der U. ist u.a. die Identifikation der Kernkompetenzen des Unternehmens, die Charakterisierung wesentlicher Aspekte der Wettbewerbsposition (z.B. Patente, Vertriebswege, Händlerkontakte, Marktanteile), die Quantifizierung wirtschaftlicher Gegebenheiten (z.B. Kostenstruktur, Deckungsbeiträge nach Produkten, Kunden oder Regionen) und schließlich die Erfüllung der zentralen → Erfolgsfaktoren des Marktes (z.B. Qualität der Produkte, Größe/Qualifikation/Motivation des Vertriebsbereiches oder das Marken-/Unternehmensimage.

Unternehmensbewertung, Bestimmung des Gesamtwertes eines Unternehmens. Notwendig wird dies vor allem beim Kauf oder Verkauf von Unternehmen bzw. Unternehmensteilen. Im Wesentlichen können zwei Wertansätze zur U. herangezogen werden: (1) Substanzwert: stellt den Reproduktionswert des Unternehmens dar und umfasst die Beträge, die aufgewendet werden müssten, um ein Unternehmen mit dem gleichen betriebsnotwendigen Vermögen zu errichten. (2) → Ertragswert: stellt den Barwert aller zukünftigen Erfolge dar. In der Praxis wird häufig dem Ertragswert der Vorzug gegeben, weil der Wert eines Unternehmens nicht von vergangenen, sondern von künftigen Faktoren abhängt. Wichtig ist, stets zwischen einem Wert und dem Preis eines Unternehmens zu unterscheiden. So verbirgt sich hinter dem Wert immer ein subjektiver Wert, der für eine Partei den Grenzpreis markiert, während der Preis im Einigungsprozess zustande kommt. Die Differenz zwischen Substanz- und Ertragswert bzw. Kaufpreis, teilweise aber auch die Lücke zwischen Ertragswert und Kaufpreis wird als → Firmenwert bezeichnet.

Unternehmenserfolg, *Unternehmensergebnis*; Differenz zwischen Erträgen und Aufwendungen eines Unternehmens. Er wird im Rahmen der → Erfolgsrechnung bestimmt. Liegt ein positiver U. vor, spricht man auch von Unternehmensgewinn, im negativen Fall von Unternehmensverlust. Ausgehend von der Gewinn- und Verlustrechnung umfasst der U. das Ergebnis der gewöhnlichen Geschäftstätigkeit sowie das außerordentliche Ergebnis. Im Rahmen der Kostenrechnung beinhaltet der U. das Betriebsergebnis und das neutrale Ergebnis.

Unternehmensführung, bezeichnet die Gestaltung und Steuerung des Unternehmens. Hierbei gewinnt die Ausrichtung an den Gegebenheiten des Marktes (→ marktorientierte Unternehmensführung) zunehmend an Bedeutung.

Unternehmensführung, marktorientierte, → Unternehmensführung, Marktorientierte U. bezeichnet die Ausrichtung der Gestaltung und Steuerung der Führungsteilsysteme des Unternehmens an den Kunden und Wettbewerbern sowie den diese beiden Gruppen umgebenden Rahmenbedingungen. Die Führungsteilsysteme umfassen: (1) → Marktorientierte Planung: Beinhaltet im wesentlichen drei inhaltliche Dimensionen: a) Zielfestlegung: klare (möglichst quantifizierte) Festlegung der marktbezogenen Ziele sowie des Zeithorizontes der Zielerreichung. b) Marktorientierte Umfeldanalyse: Systematische Analyse der betrieblichen Umwelt durch regelmäßige Untersuchung von Markttrends, Prognose der Kundenpräferenzen und Kundengespräche. c) Marktorientierte Alternativenbenennung, -bewertung und -auswahl: Einbindung der Mitarbeiter aus marktnahen Bereichen sowie Berücksichtigung des zukünftigen Absatzpotenzials bei Entscheidungen über das zukünftige Leistungsangebot. (2) → Markt-orientierte Kontrolle: Beinhaltet zwei Bereiche: a) Marktorientierter Soll-Ist-Vergleich: Berücksichtigung marktbezogener Kennzahlen (insbesondere Kundenzufriedenheits- und Kundenbindungsindizes sowie Marktanteilswerte). b) Marktorientierte Abweichungsanalyse: Berücksichtigung absatzmarktbezogener Faktoren bei der Untersuchung von Zielabweichungen. (3) → Marktorientierte Organisation: Beinhaltet zwei Dimensionen: a) Marktorientierte Gestaltung der → Aufbauorganisation: Beinhaltet die marktorientierte Gestaltung der → Hierarchie und der kundenbezogenen Schnittstellen. Voraussetzung ist, dass der Marketingverantwortliche der obersten Führungsebene angehört. b) Marktorientierte Gestaltung der → Ablauforganisation: Regelung und Gestaltung der zur Aufgabenerfüllung der Unternehmung erforderlichen Arbeitsvorgänge und Arbeitsbeziehungen. (4) → Marktorientierte Information: Beinhaltet drei Bereiche: a) Marktorientierte Informationsaufnahme: Regelmäßige und systematische Aufnahme von Informationen des Marktes (insbesondere über Kunden, Wettbewerber und Rahmenbedingungen). b) Marktorientierte Informationsweiterleitung: Neben formalen Wegen werden auch Möglichkeiten des informellen Austauschs von Marktinformationen genutzt. c) Marktorientierte Informationsspeicherung: Sicherstellung einer systematischen, möglichst personenunabhängigen Speicherung von marktbezogenen Informationen. (5) → Marktorientierte Personalführung: Beinhaltet fünf Dimensionen: a) die → Marktorientierte Personaleinstellung: Berücksichtigung der persönlichen Marktorientierung bei der Einstellung von Mitarbeitern, z.B. durch Simulation von Kundenkontakten, Einstellung von Bewerbern mit praktischem oder akademischem Marketingwissen. b) → Marktorientierte Personalaus- und -weiterbildung: Maßnahmen zur Verbesserung des Wissensstandes der Mitarbeiter in bezug auf Kunden, Wettbewerber und Rahmenbedingungen sowie Aus- und Weiterbildungsmaßnahmen, die auf eine Erhöhung der Marktorientierung abzielen. c) → Marktorientierte Personalbeurteilung: Berücksichtigung von Kundenzufriedenheitsurteilen im Rahmen der Beurteilung von Führungskräften und Mitarbeitern. d) → Marktorientierte Personalbeförderung: Berücksichtigung persönlicher Kundenorientierung bei der Beförderung von Mitarbeitern. e) → Marktorientierte Vergütung/Incentives: Berücksichtigung der Kundenzufriedenheit im Rahmen der Vergütung, z.B. durch Aufnahme variabler Gehaltsbestandteile, welche durch die erreichte Kundenzufriedenheit beeinflusst werden, Auszeichnung von Mitarbeitern mit überdurchschnittlicher Kundenorientierung. Marktorientierte Vergütung gewinnt zunehmend an Bedeutung im Rahmen der → Außendienstvergütung.

Literatur: Becker, J. (1999): Marktorientierte Unternehmensführung, Wiesbaden; Stock, R. (2003): Kundenorientierte Personalführung als Schlüssel zur Kundenbindung, in: Bruhn, M./Homburg, Ch. (Hrsg.): Handbuch Kundenbindungsmanagement, 4. Aufl., Wiesbaden, 612-641.

UnternehmensGrün, → Umweltorientierte Unternehmensverbände und -vereine.

Unternehmenskommunikation, Gesamtheit der Kommunikationsinstrumente und -maßnahmen eines Unternehmens, die eingesetzt werden, um das Unternehmen, seine Marken und seine Leistungen den relevanten internen und externen Zielgruppen der Kommunikation nahezubringen.

Unternehmenskultur, → *Organisationskultur,* → *Corporate Culture.* Ausrichtung der Unternehmenskultur am Markt (→ marktorientierte Unternehmenskultur) gewinnt zunehmend an Bedeutung.

I. Begriff: Bezeichnet die Menge von geteilten, grundlegenden Vorstellungen und Orientierungen eines sozialen Systems, die das Verhalten der Mitglieder nach innen und außen prägen. Sie manifestiert sich in → Werten, → Normen, → Symbolen und → Ritualen. U. liefert Mitarbeitern die Grundlage für das Handeln innerhalb des Unternehmens sowie mit der Umwelt des Unternehmens. Die U. ist durch folgende Eigenschaften charakterisiert: U. (1) ist ein implizites Phänomen, d.h. ist nicht direkt greifbar und bewusst, (2) wird als selbstverständlich hingenommen, (3) ist ein kollektives Phänomen, welches das Verhalten von Individuen prägt, (4) stellt das Ergebnis eines kontinuierlichen Lernprozesses im Unternehmen dar, (5) vermittelt den Mitgliedern eines Unternehmens Sinn und Orientierung in einer unsicheren Welt durch verbindliche Anhaltspunkte über Verhaltensweisen, (6) wird im Rahmen eines Sozialisierungsprozesses vermittelt. Im Rahmen der → Organisationsstruktur ist die U. der → Koordination, und zwar den nicht-strukturellen → Koordinationsinstrumenten zugeordnet.

II. Auswirkungen: Positive Effekte: (1) Handlungsorientierung, (2) Reibungslose Kommunikation, (3) Rasche Entscheidungsfindung, (4) zügige Implementierung, (5) geringer formaler Kontrollaufwand, (6) Motivation und Teamgeist, (7) Stabilität. Negative Effekte: (1) Tendenz zur Abschließung, (2) Blockierung neuer Orientierungen, (3) Implementationsbarrieren, (4) Fixierung auf traditionelle Erfolgsmuster.

III. Theoretische Ansätze der U.: Bei den Ansätzen sind drei grundlegende Richtungen zu unterscheiden: (1) Modelle, die auf Typologien basieren: Basieren auf der Kombination einiger Dimensionen der Unternehmenskultur zu Idealtypen. (2) Dimensionsorientierte Ansätze: Ermittlung von Dimensionen der Unternehmenskultur auf der Basis des statistischen Verfahrens der Faktorenanalyse. Die Ansätze aus (1) und (2) beschäftigen sich mit der Kernfrage: Welche Arten von Unternehmenskultur gibt es? (3) Ebenenmodelle: Konzeptionalisierung von Unternehmenskultur über verschiedene zueinander in Beziehung stehende Inhaltsebenen. Untersuchung folgender Kernfrage: Welche Komponenten der Unternehmenskultur gibt es?

Unternehmenskultur, marktorientierte, → Unternehmenskultur, → Corporate Culture.

I. Begriff: Marktorientierte U. umfasst (1) die Gesamtheit der unternehmensinternen, für die Marktorientierung förderliche grundlegenden Werte, (2) die unternehmensweit geltenden Normen für Marktorientierung, (3) die Artefakte der Marktorientierung und die (4) marktorientierten Verhaltensweisen.

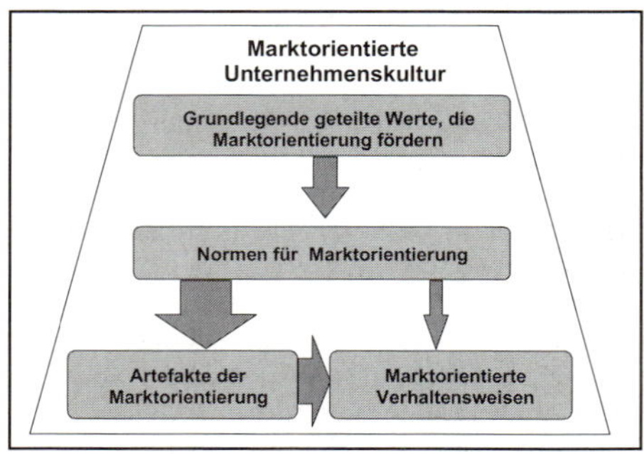

Modell der Marktorientierten Unternehmenskultur

II. Modell der Marktorientierten Unternehmenskultur: Grundlegende Werte, welche die Marktorientierung fördern, haben einen positiven Einfluss auf die marktorientierten Normen. Die Normen beeinflussen wiederum die Artefakte der Marktorientierung sowie die marktorientierten Verhaltensweisen. Die marktorientierten Verhaltensweisen werden darüber hinaus durch die marktorientierten Artefakte beeinflusst (vgl. Abb. „Modell der Marktorientierten Unternehmenskultur").

Literatur: Pflesser, C. (1999): Marktorientierte Unternehmenskultur: Konzeption und Untersuchung eines Mehrebenenmodells, Wiesbaden.

Unternehmensleitbild, → *Leitsätze*, Verankerung der → Unternehmensphilosophie. Das U. kann sich auf die interne und/oder die externe Orientierung des Unternehmens beziehen. Interne Orientierung des U.: Bezugnahme auf die Unternehmensverfassung, die Organisation oder auf die Managementsysteme. Externe Orientierung (Marktausrichtung) des U.: Festlegung von Kernkompetenzen, Marktfeldern und attraktiven Kundengruppen.

Unternehmenspartnerschaft, → *Kooperation.*

Unternehmensphilosophie, Bestandteil der → Unternehmenskultur. U. beschreibt einen Soll-Zustand im Hinblick auf die Grundwerte, die das Denken und Handeln der Organisation und von deren Mitgliedern widerspiegeln. Verankerung der U. im → Unternehmensleitbild.

Unternehmensplanung, → Strategische Planung.

Unternehmenspolitik, → Unternehmensstrategie.

Unternehmensstrategie, generelles Strategiekonzept, das auf Basis des → Unternehmenszwecks die strategische Stoßrichtung des Gesamtunternehmens aufzeigt, den Handlungsrahmen für strategische Maßnahmen in einzelnen Funktionsbereichen festlegt, den relevanten Markt und die → strategischen Geschäftseinheiten abgrenzt, die Allokation der Ressourcen auf die strategischen Geschäftseinheiten bestimmt und die Voraussetzungen zur permanenten Weiterentwicklung wichtiger Ressourcen und Fähigkeiten des Unternehmens schafft und somit dessen Überlebensfähigkeit sicherstellt.

Unternehmensziele, aus dem → Unternehmenszweck abgeleitete Orientierungsgrößen für unternehmerisches Handeln mit Aussagen über angestrebte Zustände bzw. Ergebnisse, die durch unternehmerische Maßnahmen erreicht werden sollen. Unternehmensziele können z.B. auf objektive Erfolgsgrößen wie Umsatz, Marktanteile oder Gewinn abstellen. Im → Zielsystem eines Unternehmens können aber auch psychografische Ziele, wie beispielsweise Image und Bekanntheit, verankert sein.

Unternehmenszweck, *Unternehmensmission, Business Mission*; langfristig ausgelegte Zielvorstellung über die Art und das Wesen des Unternehmens. Der Unternehmenszweck steht auf der höchsten Aggregationsstufe des → Zielsystems des Unternehmens und gibt einen groben Orientierungsrahmen für die → Unternehmensziele und sämtliche Aktivitäten im Unternehmen vor.

Unternehmertum, I. Begriff: zusammenfassende Umschreibung der Persönlichkeitsmerkmale bzw. charakteristischen Eigenschaften von Unternehmern, d.h. von Personen, die durch das Durchsetzen neuer Kombinationen in der Wirtschaft etwas bewegen und damit den Wettbewerbsprozess vorantreiben. Allgemein zeichnen sich Unternehmer durch eine starke Persönlichkeit aus, sie haben den Mut, die Energie und die Tatkraft, Innovationen auf den Markt zu bringen. Oftmals wird synonym zum U.-Begriff von Entrepreneurship gesprochen (→ Entrepreneur). Streng genommen ist U. ein umfassenderer Ausdruck als Entrepreneurship, da es alle dynamischen Unternehmensführer einschließt, während unter Entrepreneurship lediglich die Unternehmensgründer subsumiert werden. Die Rollen und Aufgaben des Unternehmers wurden bisher vor allem in der Wettbewerbsprozesstheorie der österreichischen Schule der Nationalökonomie erforscht.

II. Unternehmerfunktionen: Der Unternehmer gilt als Innovator, weil er neue Kombinationen (Innovationen) am Markt durchsetzt. Diese auf Joseph A. Schumpeter zurückgehende Sichtweise stellt einen wichtigen Ausgangspunkt der modernen Unternehmerforschung dar. Als Träger von Risiko und Unsicherheit bezeichnet der Nicht-Österreicher Frank H. Knight den Unternehmer und übt damit Einfluss auf die österreichische Schule der Nationalökonomie aus. Damit stellt er einen Übergang von der Sichtweise Schumpeters, der das Tragen von Unsicherheit als unternehmerische Aufgabe ablehnt, zu der von Mises und Hayek dar, die Unsicherheit als unternehmerisches Element betrachten. Mises und Hayek argumentieren, dass im Wettbewerb um die Gunst der Nachfrager die Orientierung an den Nachfragerwünschen die zentrale unternehmerische Aufgabe darstellt, so dass Kundenorientierung eine weitere äußerst wichtige Unternehmerrolle darstellt. Aufbauend auf den Erkenntnissen von Hayek stellt Israel M. Kirzner die Aufmerksamkeit und Findigkeit von Unternehmern in den Mittelpunkt des Interesses. So arbeitet er die von Hayek skizzierte Rolle des Unternehmers als Kundschafter auf der Suche nach unausgenutzten Gelegenheiten weiter aus und sieht den Unternehmer als Arbitrageur. Allen Ansätzen gemeinsam ist die Charakterisierung des Unternehmers als Führerfigur im wirtschaftlichen Prozess, so dass der Aspekt der Führung als grundlegende unternehmerische Aufgabe ganz im Sinne einer Marktorientierten Unternehmensführung herausgestellt werden kann.

Unterschwellige Wahrnehmung, nicht bewusste → Informationsverarbeitung. Ein Reiz, der unterhalb der Wahrnehmungsschwelle bleibt, wird aufgenommen und verarbeitet, ohne dass sich die betreffende Person dieses Vorgangs bewusst wird. Erst eine entsprechende Reaktion lässt darauf schließen, dass ein solcher Prozess stattgefunden hat.

Unterschwellige Werbung, Bei der sog u.W. handelt es sich um eine umgangsprachlich kategorisierte Werbung, die unter der Schwelle der bewussten → Wahrnehmung wirkt. Untersuchungen haben jedoch gezeigt, dass die Schwelle der bewussten Wahrnehmung von Individuum zu Individuum verschieden ist, und damit wird mit dem Begriff „unterschwellig" eine subjektive Form der Wahrnehmung beschrieben und keine Art der Werbung.

Untersuchungsdesign, das U. bildet den Rahmen, in dem festgelegt wird, wie eine Untersuchung durchgeführt werden soll. In einem ersten Schritt wird definiert, welche Informationen es zu beschaffen gilt. Ist der Untersuchungsgegenstand festgelegt, müssen Messverfahren bestimmt werden, mit deren Hilfe die benötigten → Daten erhoben werden sollen. Basierend auf diesen Messverfahren werden dann Fragebögen oder vergleichbare andere Hilfsmittel zur → Datenerhebung erstellt, die eventuell in Vortests auf ihre Tauglichkeit überprüft und – bei Bedarf – verbessert werden. Als nächster Punkt des U. muss im Falle einer → Teilerhebung ein → Auswahlplan bestimmt werden, der genaue Angaben über die Größe der zu bildenden → Stichprobe sowie die Verfahren, die zur Auswahl der einzelnen Elemente aus der Grundgesamtheit verwendet werden sollen, beinhalten muss. Abschließend wird ein Plan entwickelt zur → Datenanalyse.

Unvoiced Complaints, nicht artikulierte → Beschwerden von Kunden. Der Begriff drückt die Tatsache aus, dass es Kunden gibt, die zwar mit den Leistungen des Unternehmens unzufrieden (→ Kundenzufriedenheit) sind, sich jedoch aufgrund bestimmter Determinanten (z.B. Zeitmangel, Bequemlichkeit, Ungewissheit über den richtigen Ansprechpartner, Vermutung, durch die Beschwerde keine Verbesserung auslösen zu können usw.) keine Beschwerde an das Unternehmen richten. Darüber hinaus hängt die Entscheidung über die Beschwerdeführung auch von dienstleistungsspezifischen Faktoren ab. So führt eine hohe – subjektiv wahrgenommene – Problemrelevanz zu einer erhöhten Beschwerdefrequenz. Demgegenüber haben Probleme mit personenbezogenen Dienstleistungen tendenziell geringere Beschwerdequoten zur Folge, da sich die Kunden für die mangelhafte → Dienstleistungsqualität zu einem gewissen Grad selbst mitverantwortlich fühlen. *Vgl. auch* → Beschwerdemanagement, → Beschwerdestimulierung.

UPC, → Universal Product Code.

Upgrade, zählt zu den Variationen, die ein Unternehmen an einem → Produktprogramm vornehmen kann. Der Begriff des U. bezeichnet die Aufwertung von → Produkten. Diese kann auf mehrere Arten erfolgen. Sowohl die Verarbeitung von höherwertigen Materialien oder besonderen Zusätzen, der Einsatz von anderen Formen als auch die Ausstattung mit mehr Funktionen oder einer höheren Leistung können zu einer Aufwertung des Produktes führen. Einher geht mit diesen Maßnahmen i.d.R. eine Preiserhöhung, die beim Kunden aufgrund der scheinbaren Produktaufwertung leicht Akzeptanz findet. Tatsächlich impliziert das augenscheinliche Upgrading nur selten eine objektive Verbesserung des Preis-Leistungs-Verhältnisses. Häufig nimmt ein Unternehmen die Produktaufwertung auch zum Anlass, den Absatzkanal zu wechseln, um eine selektivere → Distribution durchzusetzen. Diese Maßnahme verbessert nicht nur die Anmutung des Produktes, sondern erhöht zusätzlich die Preisbereitschaft der Nachfrager. Durch die kontinuierliche Produktaufwertung schafft sich der Anbieter an der Basis der Programmhierarchie Platz für neue, billigere Produkte, was wiederum zur Ansprache neuer Kundensegmente und einer Käuferzuwanderung führen kann.

Ursprungshinweis, geographische Herkunftsangabe, → Marke, bekannte, → Marke rechtliche Aspekte, → Werbung, irreführende.

Ursprungslandprinzip, Besteuerung von Produkten (z.B. Mehrwertsteuer) im Rahmen des internationalen Handels nach den geltenden Regelungen im Herkunftsland. Alternativ kann das → Bestimmungslandprinzip angewendet werden.

User Groups, sind von zentraler Bedeutung für die Reputationsverbreitung eines Anbieters im Business-to-Business-Bereich. Innerhalb der Kundengruppen erfolgt der Austausch von Erfahrungen mit dem Anbieter und der Anwendung von dessen → Produkten. Zudem bieten sie die Möglichkeit, Forderungen und Nutzerinteressen zu formulieren und ggü. dem Anbieter zu vertreten. Obwohl die Aktivitäten innerhalb der U.G. grundsätzlich nicht unter anbieterseitigem Einfluss stehen sollten, unterstützen die Unternehmen diese Institutionen. Entweder initiiert der Anbieter die Gründung einer U.G., steht den Kundengruppen beratend zur Seite oder lässt Ihnen finanzielle Mittel zukommen. Die Gestaltung der Zusammenarbeit mit den U.G. erfolgt im Rahmen der → Kommunikationspolitik. Die kommunikationspolitische Wirkung der U.G. resultiert in erster Linie aus ihrer Funktion als Referenz für potenzielle Nachfrager. Das U.G.-bezogene Engagement seitens des Anbieters erweist sich dann als besonderes umfassend, wenn es sich um herstellerbezogene („geschlossene") U.G. handelt. Im Rahmen der anbieterübergreifenden („offenen") U.G. gestaltet sich der Einfluss eines einzelnen Herstellers als weitaus schwieriger.

USP, Abk. für → Unique Selling Proposition.

UWG, Gesetz gegen den unlauteren Wettbewerb, Teil des deutschen → Wettbewerbsrechts.

I. Gegenstand: Im Gegensatz bzw. in Ergänzung zum → GWB, das in erster Linie auf die Erhaltung wettbewerblicher Marktprozesse i.Allg. abgestellt ist, soll das UWG primär die Lauterkeit des Wettbewerbs im Einzelfall schützen, d.h. es greift ein, wenn von der Wettbewerbsfreiheit in unerwünschter (bzw. unlauterer) Weise Gebrauch gemacht wird. Ebenso wie beim sportlichen Wettkampf kann auch das Grundprinzip wirtschaftlichen Wettbewerbs, nämlich die Möglichkeit, unter mehreren Angeboten das günstigste frei zu wählen, verfälscht werden, wenn ein Wettbewerber unlautere Mittel verwendet und sich durch unfaire oder gar verbotene Methoden einen ungerechtfertigten Vorsprung vor seinen Konkurrenten verschafft. Die Fülle unlauterer Maßnahmen kann nach der Angriffsrichtung wie folgt gegliedert werden: Unlautere Beeinflussung der Willensentschließung des Kunden, Behinderung bestimmter Mitbewerber, Schaffung eines Vorsprungs im Wettbewerb durch Rechtsbruch.

II. Generalklausel: Besondere Bedeutung kommt der Generalklausel in § 1 UWG zu: „Wer im geschäftlichen Verkehr zu Zwecken des Wettbewerbs Handlungen vornimmt, die gegen die guten Sitten verstoßen, kann auf Unterlassung und Schadenersatz in Anspruch genommen werden." Zur normativen Konkretisierung dessen, was die guten Sitten verlangen, wird gewöhnlich auf das „Anstandsgefühl aller billig und gerecht Denkenden" bzw. auf das „Anstandsgefühl des verständigen und anständigen Durchschnittsgewerbetreibenden" verwiesen. Trotz vielfältiger Versuche im Schrifttum, den Maßstab der guten Sitten im Wettbewerb weiter zu konkretisieren, ist und bleibt die Konkretisierung der Generalklausel letztlich die Domäne der Rechtsprechung. Sie hat mit Unterstützung durch die Wissenschaft aus der elastischen Generalklausel einen umfangreichen Katalog von konkreten Verhaltensnormen entwickelt, der praktisch alle Aspekte unternehmerischen Handelns im Wettbewerb erfasst und ständig an neuartige Formen unfairen Verhaltens angepasst wird.

III. Sondertatbestände: Neben der großen Generalklausel des § 1 UWG, die das gesamte UWG beherrscht, enthält das Gesetz noch eine Reihe von Einzelbestimmungen, durch die eine Reihe von Wettbewerbshandlungen als eindeutig wettbewerbswidrige und unerlaubte Handlungsweisen verboten werden, wie z.B. → Werbung, vergleichende (§ 2), → Werbung, irreführende (§ 3), Werbung mit Konkurswaren (§ 6), progressive Kundenwerbung (§ 6c), → Sonderveranstaltungen (§ 7), → Räumungsverkäufe (§ 8) oder Bestechung von Angestellten (§ 12).

V

Validität, misst den Grad der Übereinstimmung zwischen den gemessenen Werten und den wirklichen Werten (d.h. misst das → Messinstrument das, was es messen soll?). Sie ist somit ein Maß für den systematischen Fehler. Um die Validität einer Messung zu überprüfen steht eine Vielzahl von Konzepten zur Verfügung, z.B. die Inhaltsvalidität, die Kriteriumsvalidität und die Konstruktvalidität. (1) Inhaltsvalidität beurteilt die Inhaltlich-semantische Übereinstimmung des Messinstruments mit dem Konstrukt. (2) Kriteriumsvalidität beurteilt die Übereinstimmung der Messung des Konstrukts mit der eines Kriteriums desselben. (3) Konstruktvalidität beurteilt die Messung des Konstrukts im Allgemeinen. Darüber hinaus kann man noch zwischen interner und externer V. unterscheiden. → Experiment, → Gütemaße, → Reliabilität.

VALS-Ansatz, → Lebensstil.

Value-added Service, *Premium-Dienstleistung*, → Dienstleistung, produktdifferenzierende, → Kerndienstleistung; beschreibt Dienstleistungen (→ Dienstleistung, Begriff der), mittels derer sich → Dienstleistungsanbieter von ihrer Konkurrenz unterscheiden möchten. V.-A.S. erhöhen aus Kundensicht den Wert (→ Customer Value) des Angebots von → Dienstleistungsanbietern. V.-A.S. zielen folglich insbesondere auf die Loyalität von Kunden ab (→ Kundenloyalität). Bei → Dienstleistern reichern V.-A.S. die → Kerndienstleistungen an, bei → Handelsbetrieben und Industriegüterunternehmen das Angebot von Sachgütern und → Kerndienstleistungen. → Dienstleistungsanbieter müssen hierbei beachten, dass sich Kunden mit der Zeit an V.-A.S. gewöhnen und somit aus V.-A.S. aus Kundenperspektive → Kerndienstleistungen werden. Deshalb müssen sich → Dienstleistungsanbieter regelmäßig Gedanken über neue V.-A.S. machen.

Value-based Planning-Konzept, Planungskonzept im Rahmen der strategischen Unternehmensführung. Im Vordergrund steht die Steigerung der Wertbeiträge einzelner Geschäftsbereiche. Der Kerngedanke lässt sich auch auf das Marketing übertragen. Voraussetzung hierfür ist die Bewertung der Vorteilhaftigkeit verschiedener Marketingmix-Politiken und Produktionspolitiken in Geldeinheiten. Da solch strategische Entscheidungen i.d.R. erst über einen längeren Zeitraum beurteilt werden können, empfiehlt sich als Bewertungsinstrument das Kapitalwertkonzept. Sofern wesentliche Teile des Werts einer Strategie jenseits der Planungsperiode wirksam werden, ist ein entsprechender Restwert für Erlöse und Investitionen anzusetzen.

Value Chain, → Wertschöpfungskette.

Value Pricing, auch Preisvorteilsverfahren genannt, bezeichnet die bewusste Strategie eines Unternehmens, sich durch einen den Kunden bewussten Preisvorteil von den Konkurrenzangeboten im Preis-Qualitäts-Wettbewerb abzuheben. Zentraler Ansatz dieser Strategie ist es, den Kunden langfristig und auf breiter Basis einen Preisvorteil zu verschaffen. Das Preisvorteilsverfahren ist nicht zu verwechseln mit dem → Perceived-Value-Pricing, das darauf ausgerichtet ist, den Preis an dem bei den Konsumenten wahrgenommenen Wert eines Produktes oder einer Dienstleistung zu orientieren. Für das V.P. ist es nicht ausreichend, niedrigere Preisforderungen als die Konkurrenz zu stellen. Es wird die Ausrichtung des gesamten Unternehmens an die Value-Pricing-Strategie gefordert. Dazu sind das relative Qualitätsniveau zu erhalten und sogar zu verbessern sowie Kosteneinsparungspotenziale, z.B. durch → Erfahrungskurveneffekte, zu realisieren.

Variable, abhängige, Variable, die in einem entsprechenden Wirkungszusammenhang mit anderen Variablen steht (z.B. der unabhängigen Variablen). Dabei ändert sich die abhängige Variable, wenn sich eine andere Variable ändert.

Variable, latente, → Konstrukt.

Variable, unabhängige, Variable, die in einen entsprechenden Wirkungszusammenhang mit anderen Variablen steht (z.B. der abhängigen Variablen). Dabei hat eine Veränderung der unabhängigen Variablen einen Einfluss auf die Veränderung der abhängigen Variablen.

Variantenpolitik, Mittel zur → Komplexitätsvermeidung. Im Rahmen einer klar definierten V. müssen vor allem folgende Problembereiche angegangen werden: (1) Dokumentation von Varianten. In vielen Unternehmen gibt es keine aktuelle Unterlage darüber, welche Varianten zum Verkaufsprogramm gehören. Falls dennoch solch eine Unterlage existieren sollte, ist häufig festzustellen, dass darüber hinaus weitere Varianten an den Markt gelangen. Folglich muss im Unternehmen festgelegt werden, wie Varianten dokumentiert werden, wer für die Pflege und Aktualisierung zuständig ist und wie sichergestellt werden kann, dass keine inoffiziellen Varianten vermarktet werden. (2) Aufnahme neuer Varianten. Ausschlaggebend für die Aufnahme neuer Varianten ist in vielen Unternehmen die pauschale Einschätzung des Vertriebs. Diese erweiset sich jedoch oftmals als gegenstandslos, sobald ein klarer Kriterienkatalog eingeführt wird, der für die Aufnahme neuer Varianten ins Sortiment erfüllt sein muss. (3) Kosten und Preise. Angesichts häufig fehlender Informationen über die durch Varianten verursachten Kosten im Unternehmen müssen die Bestrebungen verstärkt dahingehen, regelmäßig die variantenbedingten Kosten zu ermitteln, die Aufmerksamkeit der Mitarbeiter für diese Kosten zu schärfen und sicherzustellen, dass diese Kosten bei der Preisbildung entsprechend berücksichtigt werden. (4) Elimination von Varianten. In vielen Unternehmen beobachtet man, dass dem Produktprogramm ständig neue Varianten hinzugefügt werden, ohne dass existierende Varianten mit vernachlässigbarem Absatzvolumen eliminiert werden. Auf diese Weise nehmen die → Komplexitätskosten mittelfristig zu. Folglich gilt es auch hier, einen klaren Kriterienkatalog aufzustellen, auf dessen Basis eine regelmäßige Variantenbereinigung betrieben wird.

Varianz, die V. gehört zu den → Streuparametern. Diese bilden ein Maß dafür, wie groß die Entfernungen von Beobachtungswerten bzw. den Werten einer → Häufigkeitsverteilung von deren → Mittelwert sind. In der → Marktforschung und der Statistik stellt die V. das wichtigste Verfahren zur Streuungsmessung dar. Dabei ergibt sich die V. mathematisch wie folgt:

$$\sigma^2 = \frac{1}{n}\sum_{i=1}^{n}\left(x_i - \bar{x}\right)^2$$

→ Standardabweichung.

Varianzanalyse, *Analysis of Variance (ANOVA)*. Mit Hilfe der V. wird untersucht, ob in einer Gruppe von Merkmalsträgern signifikante Unterschiede in einem oder in mehreren Merkmalen bestehen. Dabei findet eine Unterteilung in abhängige und unabhängige Variablen statt. Die unabhängige Variable muss nominal skaliert sein. Existiert jeweils nur eine abhängige und eine unabhängige Variable handelt es sich um die einfache (einfaktorielle) V. Gibt es mehrere unabhängige Variablen, die eine abhängige Variable beeinflussen, dann spricht man von der mehrfachen (mehrfaktoriellen) V. Wirkt sich eine unabhängige Variable auf mehrere abhängige Variablen aus, handelt es sich um die multiple V. (multiple Analysis of Variance, MANOVA). Als erstes werden die →Varianzen zwischen den Gruppen und die Varianzen innerhalb der Gruppen berechnet. Dabei stellt die Abweichung zwischen den Gruppen die erklärte Abweichung und die Abweichung innerhalb der Gruppen die unerklärte Abweichung dar. Nun muss überprüft werden, ob die Unterschiede (falls diese existieren) signifikant sind. Dies erfolgt mit der Formulierung der → Nullhypothese, die besagt, dass die Unterschiede nicht signifikant sind, und dem anschließenden F-Test. Bei der Berechnung muss beachtet werden, dass die

Grundgesamtheit normalverteilt sein muss. Die V. dient damit lediglich der Überprüfung, ob ein signifikanter Zusammenhang zwischen der abhängigen und der unabhängigen Variable besteht. Über die Stärke des Zusammenhangs kann keine Aussage getroffen werden, ohne weitere Verfahren anzuwenden.

Variety Seeking, Wunsch der Konsumenten nach Abwechslung, der dazu führen kann, dass auch ein sehr zufriedener Kunde die Marke wechselt, um etwas anderes auszuprobieren. Der Wunsch nach Abwechslung kann von Individuum zu Individuum stark variieren und damit als Persönlichkeitsmerkmal verstanden werden.

Veblen-Effekt, nach dem amerikanischen Ökonomen Thorstein B. Veblen (1857-1929) benannter Nachfrageeffekt der mikroökonomischen Theorie. Beim V.-E. führt das Prestige-Denken zu einem höheren Nutzen. Es wird unterstellt, dass hochpreisige Güter und Dienstleistungen ein hohes Prestige besitzen. Sinkt der Preis des Prestigegutes, geht die Nachfrage der Prestige-Käufer zurück, und umgekehrt. Da Prestige-Käufer sich im Gegensatz zu Snobs (→ Snob-Effekt) nicht zwangsläufig von der Masse abheben wollen, stellen sie nicht zwangsläufig wie beim Snob-Effekt eine Minderheit dar. Der V.-E. wirkt also dem Preiseffekt entgegen, überkompensiert ihn im Extremfall. Die Begründung der nachfragebezogenen Preisreaktion unterscheidet sich nicht nur vom Snob-Effekt, sondern auch vom → Giffen-Effekt.

Verarbeitungstiefe, (auch Fertigungstiefe) bezeichnet den Umfang der in den unternehmensinternen Leistungserstellungsprozess einbezogenen Prozesse. Die V. umfasst dabei technologisch trennbare und aufeinander aufbauende Produktionsprozesse, sowie die unmittelbar mit der Produktion in Zusammenhang stehenden Abläufe. Im Gegensatz zur Wertschöpfungstiefe, welche auch die an die Endmontage anschließenden Vertriebs- und Dienstleistungsprozesse einbezieht, ist der Begriff der V. enger gefasst und integriert Rohstoffaufbereitung, Vorbetriebe, Teilefertigung, Komponentenmontage und Endmontage. Die V. findet als grundsätzliches Entscheidungsproblem ihren Platz in der Unternehmensstrategieplanung. Zum einen wird die Fertigungstiefe durch Outsourcing bewusst flach gehalten, um Kosten zu reduzieren, zum anderen kann es jedoch auch vorteilhaft sein, alle die Prozesse in der Unternehmung zu behalten, welche mit den eigenen Kernkompetenzen in Zusammenhang stehen. Letzteres geschieht, um Technologievorteile diskret zu schützen oder auch um von Fertigungstoleranzen sowie Termine bei empfindlichen Prozessen einhalten zu können. Aus der Marketingsichtweise ergibt sich für die V. eine besondere Betrachtungsweise. Da besonders komplexe oder modulare Produkte ohnehin zu einer Fertigungstiefenreduktion führen, bietet es sich an, Markenvorteile der Fremdkomponenten und Zulieferer für das eigene Produkt zu nutzen. Beispielsweise stärken Komponenten wie Gore-Tex die von Konsumenten subjektive wahrgenommene Hochwertigkeit eines Produktes (Schöffel Outdoor-Jacke). *Vgl. auch* → Ingredient Branding.

Verbale Kommunikation, → Kommunikation.

Verbraucher-Analyse (VA), Untersuchung des → Konsumentenverhaltens in Verbindung mit dem Mediennutzungsverhalten. Die VA liefert eine Grundlage zur Marktsegmentierung, die insbesondere für Hersteller von Konsumgütern geeignet ist, die über keine Kundendatei verfügen. Ähnliche Ziele werden mit der → Allensbacher Werbeträger-Analyse (WA) und der → Infratest-Multi-Media-Analyse verfolgt.

Verbrauchermarkt, → Betriebsform des → Einzelhandels. Verbrauchermärkte verfügen i.d.R. über eine Verkaufsfläche von über 1.000 und unter 5.000 qm. Daher befindet sich ihr Standort zumeist in dezentraler Lage, ist aber verkehrsgünstig angebunden. Sie bieten vor allem Waren aus dem Bereich Nahrungs- und Genussmittel sowie anderer Non-Food-Branchen in Selbstbedienung an. Häufig sind Verbrauchermärkte nach dem Discountprinzip konzipiert und bieten nur in eingeschränktem Maße Serviceleistungen. So genannte Kleinverbrauchermärkte verfügen über eine Verkaufsfläche zwischen ca. 1.000 und 1.500 qm.

Verbraucherpanel, unter dem Begriff des V. werden die → Panelerhebungen zusammengefasst, bei denen die Informationen durch Auskünfte der Endverbraucher erhalten werden. Unterschieden werden dabei i.d.R. drei Arten von Panels: → Haushaltspanels, Individualpanels und Spezialpanels. Die Aufgabe von → Haushaltspanels ist es, Erkenntnisse über das Kaufverhalten von privaten Haushalten zu gewinnen. Je nach Gegenstand der Untersuchung unterscheidet man Gebrauchsgüterpanels und Verbrauchsgüterpanels. Individualpanels werden dann eingesetzt, wenn es darum geht, → Daten über die Einkäufe von Einzelpersonen zu gewinnen. Zu den Spezialpanels zählen solche Untersuchungen, die sich im Wesentlichen auf ein spezielles Produkt oder eine Produktgruppe beziehen. Beispiele sind Testpanels zur Überprüfung neuer Produkte oder Marketingkonzeptionen, Fernsehpanels zur Einschaltquotenmessung oder Spezialpanels zur Untersuchung einer bestimmten Produktgruppe.

Verbraucherschutz, ein Ziel der Verbraucherpolitik, Vermeidung von negativen Folgen für Verbraucher, die sich aus Austauschprozessen am Markt ergeben können. Instrumente, die dem V. dienen, sind vor allem Rechtsnormen, Rechtsprechung und Selbstkontrolle der Wirtschaft, wie z.B. der deutsche Werberat als selbstdisziplinäres Organ des Zentralverbandes der deutschen Werbewirtschaft (*vgl. auch* → Werbepolitik, rechtliche Aspekte).

Verbrauchertypologie, → Lebensstil.

Verbrauchsgut, allgemeine Bezeichnung für Güter zur einmaligen Verwendung. Im Gegensatz stehen → Gebrauchsgüter dem Konsumenten zur mehrmaligen oder andauernden Verwendung zur Verfügung. Folgt man der produktionsorientierten Betrachtungsweise, sind V. Güter, die in andere Güter eingehen bzw. qualitativ in andere Substanzen übergehen (z.B. bei chemischen Umwandlungsprozessen) oder zum Prozessablauf beitragen (z.B. Antriebsenergie). Bei konsumorientierter Betrachtungsweise bezeichnen V. die Güter, die durch den Konsumakt vernichtet werden (z.B. Nahrungsmittel). Unter der volkswirtschaftlichen Betrachtungsweise existieren V. im Bereich des verarbeitenden Gewerbes, der verbrauchsreife Güter für den privaten Haushalt und den Haushalt des Staates erzeugt und bereitstellt.

Verbundanalyse, Analyse der Beziehungen zwischen dem Absatz verschiedener Produkte eines → Sortiments (→ Sortimentsverbund).

Verbundeffekte, beschreiben Verflechtungen, die beim Einsatz marketingpolitischer Instrumente zu teilweise unerwünschten Ausstrahlungseffekten führen und die instrumentelle Allokationsentscheidung in quantitativer und qualitativer Hinsicht erschweren. Dabei unterscheidet man die folgenden Arten von V.: (1) Der Angebotsverbund bezeichnet die Zusammenfassung angebotener Sach- und/oder → Dienstleistungen, um den Beschaffungsbedürfnissen der aktuellen und potenziellen Zielgruppe gerecht zu werden. Insbesondere technologische Zwänge (z.B. Kuppelproduktion, Forschungs- und Fertigungsverbund) und kostenwirtschaftliche Synergieeffekte machen das gemeinsame Angebot mehrerer Sach- und Dienstleistungen an aktuelle und potenzielle Abnehmer unabdingbar. (2) Der Nachfrageverbund orientiert sich an den verbundenen Beschaffungsentscheidungen von Nachfragern. Trifft der Kunde seine Beschaffungsentscheidungen nicht isoliert, sondern liegen zeitraum- und zeitpunktbezogene Verflechtungen vor, bezeichnet man diesen Sachverhalt als einen Nachfrageverbund. Häufig lassen sich bei Nachfragern bestimmte Verhaltensmuster und -konstanten erkennen, die eine bestimmte Eigenschaft oder eine Kombination von Eigenschaften aufweisen, die die Strategien des Einkaufes widerspiegeln und Anhaltspunkte für marketingpolitische Entscheidungen bieten. (3) Interinstrumentelle Markt- und Verbundwirkungen werden als Spill-over-Effekte bezeichnet (Überlaufeffekte), die aus der sachlichen Wirkungsübertragung einzelner Marketinginstrumente entstehen. Einzelne Maßnahmen entfalten ihre positive oder negative Wirkung über den eigentlichen Zielbereich hinaus. So wirken die → Werbung oder die Verkaufsförderung für ein Produkt gleichzeitig auf den Umsatz eines anderen Produktes, das der gleichen → Markenfamilie angehört. Neben diesen positiven Spill-over-Effekten gibt es aber auch negative Effekte, die ein Unternehmen berücksichtigen muss. So kann sich der Imageverlust eines Produktes auf das → Image der gesamten Markenfamilie auswirken. (4) Intertemporale Verbundwirkungen liegen vor, sofern die Wirkung marketingpolitischer Instrumente nicht auf die Periode ihres Einsatzes begrenzt ist, sondern zeitlich verzögert auch in den Folgeperioden (→ Carry-over-Effekt) auftritt. Erfolgt dagegen keine sofortige Wirkung der Instrumente liegt ein „time lag“ vor. Der Decay-Effekt ist charakterisiert durch eine Abschwächung der Wirkung im Zeitablauf. Insbesondere im Rahmen der → Kommunikations- und Preispolitik lassen sich intertemporale Verbundwirkungen beobachten. V. verursachen aufgrund ihrer Komplexitätssteigerung erhebliche Mess- und Erfassungsprobleme sowie kostenrechnerische Schwierigkeiten, da die Verbundphänomene zu massiven Verzerrungen im Marketingcontrolling führen können. Die Kosten für das Durchführen von kommunikationspolitischen Maßnahmen sind nicht mehr eindeutig einem Produkt oder einem Marktsegment zurechenbar.

Verbundgruppe, → *Einkaufsvereinigung*.

Verbundkauf. Betrachtet man das Einkaufsverhalten von Kunden, so zeigt sich, dass sie üblicherweise mehrere → Produkte auf einmal kaufen. Die einzelnen Produkte stehen in einer Verbundbeziehung, die sowohl für die strategische als auch die operative Produktprogrammgestaltung von Bedeutung ist. Verbundbeziehungen lassen sich auf vier Ursachen zurückführen: (1) Die Produkte stehen in einer komplementären Beziehung. Die Verbundwirkung resultiert aus dem gemeinsamen Ge- bzw. Verbrauch von Gütern (Bedarfsverbund), z.B. Ski und Skibindung. (2) Ebenso können Produkte, die nicht gemeinsam ge- oder verbraucht werden, zusammen nachgefragt werden. Der Nachfrageverbund entsteht aus dem Bedürfnis des Kunden heraus, insbesondere bei Gütern des täglichen Bedarfs, einen möglichst großen Teil des Einkaufs in einem Geschäft zu erledigen. (3) Häufig wird durch den Einsatz absatzpolitischer Instrumente der gleichzeitige Einkauf mehrerer Produkte verursacht. Den Produkten ist nicht mehr gemeinsam, als dass sie zusammen angeboten und beworben werden (Kaufverbund). (4) Überträgt ein Konsument positive Informationen, die sich auf ein bestimmtes Produkt beziehen, auf ein anderes Produkt des gleichen Herstellers und berücksichtigt er diese bei seiner Kaufentscheidung, so handelt es sich um einen Informationsverbund bzw. Goodwill-Transfer. Kaufverhaltensanalysen zeigen, dass es Artikelpaare gibt, die der Kunde sehr häufig im Verbund erwirbt, während er andere nie oder nur ganz selten gemeinsam ersteht. Zwischen den verschiedenartigen Produkten besteht eine unterschiedliche Verbundintensität. Verbundmodelle helfen, V. zu identifizieren und zu erfassen. Asymmetrische Verbundmodelle unterscheiden Grund- und Folgekäufe. Grundkäufe sind solche Käufe, wegen derer ein Kunde ein Unternehmen gezielt aufsucht. Folgekäufe, z.B. Impulskäufe, resultieren aus den Grundkäufen. Symmetrische Verbundmodelle können einen solchen Ursache-Wirkungs-Zusammenhang nicht feststellen: die Verbundwirkung ist nicht eindeutig festzulegen. Scannerkassen helfen, Verbundkäufe zu erfassen. Die Analyse der Scannerdaten lässt Rückschlüsse auf die von einem Kunden pro Kaufakt erworbenen Produkte und gibt Aufschluss über bestehende Verbundbeziehungen im Programm bzw. Sortiment.

Verbund-Promotions, horizontale Kooperation zwischen Herstellern bei der Durchführung von Aktivitäten der → Verkaufsförderung. *Vgl. auch* → Kooperativ-Promotions.

Verfahrenskontrolle, → Erfolgskontrolle.

Vergleichende Werbung, liegt vor, wenn der Werbetreibende die Eigenschaften seines Unternehmens oder seines Angebotes zu den Eigenschaften und Verhältnissen seines Mitbewerbers oder mehrerer Mitbewerber in Beziehung setzt. Bis Anfang 1998 wurde vom Bundesgerichtshof die Auffassung vertreten, dass V.W. grundsätzlich nicht mit den guten Sitten i.S.d. § 1 UWG zu vereinbaren sei. Am 6. Oktober 1997 ist die Richtlinie 97/55/EG des Europäischen Parlamentes und des Rates zur Änderung der Richtlinie 84/450/EWG über irreführende Werbung zum Zwecke der Einbeziehung der V.W. ergangen. Darin ist folgender Artikel 3a enthalten: „(1) Vergleichende Werbung gilt, was den Vergleich anbelangt, als zulässig, sofern folgende Bedingungen erfüllt sind: (a) Sie ist nicht irreführend im Sinne des Artikels 2 Nummer 2, des Artikels 3 und des Artikels 7 Absatz 1; (b) sie vergleicht Waren oder Dienstleistungen für den gleichen Bedarf oder dieselbe Zweckbestimmung; (c) sie vergleicht objektiv eine oder mehrere wesentliche, relevante, nachprüfbare und typische Eigenschaften dieser Waren und Dienstleistungen, zu denen auch der Preis gehören kann; (d) sie verursacht auf dem Markt keine Verwechslung zwischen dem Werbenden und einem Mitbewerber oder zwischen den Marken, den Handelsnamen, anderen Unterscheidungszeichen, den Waren oder den Dienstleistungen des Werbenden und denen eines Mitbewerbers; (e) durch sie werden weder die Marken, die Handelsnamen oder andere Unterscheidungszeichen noch die Waren, die Dienstleistungen, die Tätigkeiten oder die Verhältnisse eines Mitbewerbers herabgesetzt oder verunglimpft; (f) bei Waren mit Ursprungsbezeichnung bezieht sie sich in jedem Fall auf Waren mit der gleicher Bezeichnung, (g) sie nutzt den Ruf einer Marke, eines Handelsnamens oder anderer Unterscheidungszeichen eines Mitbewerbers oder der Ursprungsbezeichnung von Konkurrenzerzeugnissen nicht in unlauterer Weise aus; (h) sie stellt nicht eine Ware oder eine Dienstleistung als Imitation oder Nachahmung einer Ware oder Dienstleistung mit geschätzter Marke oder geschätztem Handelsnamen dar. (2) Bezieht sich der Vergleich auf ein Sonderangebot, so müssen klar und eindeutig der Zeitpunkt des Endes des Sonderangebots und, wenn das Sonderangebot noch nicht gilt, der Zeitpunkt des Beginns des Zeitraums angegeben werden, in dem der Sonderpreis oder andere besondere Bedingungen gelten; ggf. ist darauf hinzuweisen, dass das Sonderangebot nur so lange gilt, wie die Waren und Dienstleistungen verfügbar sind.“ Seither vertritt der BGH die Auffassung, dass V.W. grundsätzlich erlaubt ist, wenn sie die in Artikel 3a Abs. 1 Buchstabe a)-h) der Richtlinie 97/55/EG genannten Voraussetzungen erfüllt. Das bedeutet, dass derjenige Mitbewerber, der eine V.W. für unzulässig hält, darlegen muss, inwieweit diese Werbung gegen eines dieser Zulassungskriterien verstößt. *Vgl. auch* → Werberecht.

Literatur: Richtlinie 97/55/EG des Europäischen Parlaments und des Rates vom 6. Oktober 1997.

Vergleichswerbung, → Werbung, vergleichende.

Vergütungssystem, kundenorientiertes, Bestandteil der → marktorientierten Personalführung.

Verhalten, → Konsumentenverhalten.

Verhalten, kundenorientiertes, → *Kundenorientierung*, Kundenorientiertes V. bezeichnet das von außen beobachtbare Verhalten der Mitarbeiter im Kundenkontakt. Dabei stehen insbesondere die → Kommunikationsfähigkeit im Kundenkontakt sowie das aktive Zuhören im Vordergrund. Einflussgrößen des kundenorientierten V.: (1) die → kundenorientierte Einstellung, (2) die → Sozialkompetenz, (3) die → Fachkompetenz und (4) die → Mitarbeiterzufriedenheit.

Verhalten, opportunistisches, wesentliche Verhaltensannahme der → Transaktionskostentheorie. Bei der Gestaltung von Austauschbeziehungen wird gemäß der Transaktionskostentheorie angenommen, dass die Beteiligten O.V. zeigen, indem sie zumindest zeitweise auf List, Täuschung, Zurückhaltung von Informationen, Betrug, usw. zurückgreifen. → Theorien des Marketing, → Transaktionskostentheorie.

Verhaltensweisen, marktorientierte, Bestandteil der → marktorientierten Unternehmenskultur. Marktorientierte V. beschreiben das Verhalten des Unternehmens bzw. von dessen Mitgliedern bei der Gewinnung, Verbreitung und Reaktion auf Marktinformationen.

Verhaltenswissenschaft, → Verhaltenswissenschaftlicher Ansatz.

Verhaltenswissenschaftliche Entscheidungstheorie, versucht, die → Kaufentscheidungsprozesse von Konsumenten zu beschreiben und zu erklären (→ verhaltenswissenschaftlicher Ansatz).

Verhaltenswissenschaftlicher Ansatz, Ende der 1950er-Jahre in den USA entstandenes und Ende der 1960er-Jahre in Deutschland rezipiertes, interdisziplinäres Paradigma des Marketing (→ Theorien des Marketing). Der V.A. befasst sich mit der Erklärung, Vorhersage und Beeinflussung menschlichen Entscheidungsverhaltens.

I. Überblick: In den V.A. finden psychologische, soziologische und biologische Erkenntnisse über das menschliche Entscheidungsverhalten Eingang. Nach einer vor allem in Deutschland längeren Diskussion über die Notwendigkeit (vollständige Behandlung realer Marketingprobleme) und die potenziellen Probleme (Dilettantismus-Risiko) interdisziplinärer Forschung in der Betriebswirtschaftslehre ist der V.A. in der Marketingforschung heute weitgehend anerkannt (Hansen/Bode 1999, S. 95-100). Vielen Arbeiten liegt die neobehavioristische Einteilung in Stimuli, intervenierende Variablen und Reaktionen (S-I-R bzw. S-O-R-Modell, mit O für „Organismus") zumindest implizit zugrunde (Kroeber-Riel/Weinberg 1999, S. 30-31). Nach Berndt (1990, S. 39) sind Strukturmodelle, die versuchen, den Prozess des Zustandekommens von Entscheidungen im Detail zu erhellen, und stochastische Modelle, die versuchen das Verhalten aus den beobachtbaren Einflussfaktoren zu prognostizieren, zu unterscheiden. Neben die vorherrschende empirisch-positivistische Ausrichtung, die Deduktion und Induktion im Sinne des kritischen Rationalismus (Popper 1976) zu verbinden sucht, ist in den 90er-Jahren eine sog. interpretierende oder verstehende (induktive) Richtung getreten, in der das Verhalten der Konsumenten mittels semantischer und hermeneutischer Verfahren erschlossen wird (Kroeber-Riel/Weinberg 1999, S. 14-16 und die dort angegebene Literatur). Im Mittelpunkt der verhaltenswissenschaftlichen Marketingforschung steht das Kaufverhalten der Konsumenten (→ Konsumentenverhalten). Es gibt unterschiedliche Systematisierungsmöglichkeiten für die Determinanten menschlichen Entscheidungsverhaltens, und viele Ansätze lassen sich diesen Determinanten auf mehr als eine Weise zuordnen. Im Folgenden soll die Einteilung von Kroeber-Riel/Weinberg (1999) übernommen werden. Es lassen sich zunächst psychische Determinanten und Umweltdeterminanten des Entscheidungs- bzw. Kaufverhaltens unterscheiden: Psychische Determinanten sind aktivierende Variablen und Prozesse (II.) und kognitive Variablen und Prozesse (III.). Zudem existieren Ansätze, die sich unmittelbar mit dem Entscheidungsverhalten (IV.) befassen. Als Umweltdeterminanten (V.) kommen direkte Erfahrungsumwelt und Medienumwelt der Konsumenten in Betracht.

II. Aktivierende Variablen und Prozesse: Es können Motivation, Emotion und Einstellung unterschieden werden. Motive sind allgemeine Antriebskräfte des menschlichen Verhaltens. Das wohl bekannteste Motivationsmodell ist die Hierarchie menschlicher Motive nach Maslow (1981) (auch Berndt 1990, S. 45-46). Vereinfachend sind zunächst physiologische Motive (Hunger, Schlaf, Sexualität), dann Sicherheitsmotive (etwa Suche nach Kontakt mit anderen), dann Selbstachtungsmotive (Streben nach Leistung, Geltung) und zuletzt Selbstverwirklichungsmotive (Streben nach Entfaltung der eigenen Persönlichkeit, Kreativität) relevant, und zwar jeweils erst dann, wenn die Bedürfnisse auf den vorgelagerten Ebenen erfüllt sind. Emotionen werden in der Literatur sehr unterschiedlich definiert, und es gibt eine große Zahl konkurrierender Theorien zur Erklärung dieses komplexen Phänomens (hierzu und im Folgenden Kroeber-Riel/ Weinberg 1999, S. 100-140 und die dort angegebene Literatur). Beispiele für Emotionen sind Freude, Angst, Glück, Eifersucht und Sympathie. Emotionen können sich auf drei Ebenen äußern: subjektives Erleben, physiologisches Reagieren und Ausdrucksverhalten. Wegen zahlreicher Anwendungsmöglichkeiten im Marketing (Erlebnisvermittlung durch bildhafte Werbung, durch Duftstoffe im Handel usw.) hatte die Erforschung von Emotionen schon immer einen großen Stellenwert für die verhaltenswissenschaftliche Marketingforschung in BRD, und sie erlebt im angloamerikanischen Sprachraum seit Mitte der 1980er-Jahre einen Aufschwung. Einstellung kann als innere Bereitschaft eines Individuums, ggü. bestimmten Reizen (etwa Produktmarken) eine relativ stabile positive oder negative Reaktion zu zeigen (Ajzen/ Fishbein 1970) oder einfacher als Motivation zuzüglich kognitive Gegenstandsbeurteilung (Kroeber-Riel/Weinberg 1999, S. 168) definiert werden. Es gibt eindimensionale und mehrdimensionale Einstellungsmodelle. Ein Beispiel für ein bekanntes mehrdimensionales Modell ist das von Fishbein (1963). In diesem Modell ergibt sich die Einstellung einer Person zu einem Objekt als Summe über die Eindruckswerte bzgl. aller relevanten Merkmale. Die Eindruckswerte ergeben sich durch die Wahrnehmung (des Vorhandenseins) des betreffenden Merkmals und der Gewichtung mit der subjektiven Bewertung dieses Merkmals an diesem Objekt (auch Berndt 1990, S. 48-50). Ein anderes Modell ist das von Trommsdorff (1975), in dem wahrgenommene und ideale Merkmalsausprägungen aus Sicht des Konsumenten in Beziehung zueinander gesetzt werden. Ein älteres, bekanntes Modell mit einer etwas anderen Struktur ist das → Feldtheoretische Modell von Spiegel

(1961). Zur allgemeinen Wirkung von Aktivierung gibt es zahlreiche Hypothesen, deren bekannteste die inverse u-Hypothese ist (etwa Malmo 1959; auch Kroeber-Riel/Weinberg 1999, S. 78-79). Nach dieser These nimmt die Leistungsfähigkeit eines Individuums mit zusätzlicher Aktivierung zunächst zu, dann aber wieder ab.

III. Mit Hilfe kognitiver Prozesse „erhält das Individuum Kenntnis von seiner Umwelt und von sich selbst" (Kroeber-Riel/Weinberg 1999, S. 224). Das zentrale Modell der Informationsverarbeitung geht von drei Speicherformen aus: sensorischer Speicher, Kurzzeitspeicher und Langzeitspeicher. Kognitive Prozesse umfassen die Informationsaufnahme, -verarbeitung und -speicherung (Kroeber-Riel/Weinberg 1999, S. 224-228 und die dort angegebene Literatur). Bei der Informationsaufnahme können interne und externe sowie aktive und passive Formen unterschieden werden (ausführlicher Kroeber-Riel/Weinberg 1999, S. 242-265). Die aktive Suche nach Informationen kann u.a. durch die Höhe des wahrgenommenen Kaufrisikos (vgl. IV.) erklärt werden. Die Informationsaufnahme ist vom Aktivierungspotenzial der Reize abhängig, eine andere Hypothese besagt, dass Bilder tendenziell schneller verarbeitet werden als Sprache. Letzteres besitzt vor allem für Entscheidungssituationen mit niedrigem → Involvement Marketingrelevanz (Kommunikation durch Werbung). Wahrnehmungstheoretische Ansätze befassen sich mit der Verarbeitung von Informationen. Zentrale Erkenntnis ist die der notwendigen Selektivität der Wahrnehmung. Menschen neigen dazu, vor allem die Reize wahrzunehmen, die ihren vorhandenen Motiven und Einstellungen entsprechen (genauer Kroeber-Riel/Weinberg 1999, S. 270). Lerntheorien befassen sich mit der Speicherung von Informationen. Lernen kann als „relativ überdauernde Änderung einer Verhaltensmöglichkeit aufgrund von Erfahrung oder Beobachtung" (Kroeber-Riel/Weinberg 1999, S. 316) definiert werden. Es konkurrieren neurobiologische und psychologische Erklärungen. Zentraler, aber in seiner Absolutheit seit längerem umstrittener psychologischer Ansatz ist die Theorie der instrumentellen Konditionierung von Skinner (1973). Gemäß dieser S-R-Theorie (intervenierende Variablen werden ausgeschlossen) werden Umweltreize als positive Verstärker bezeichnet, deren Darbietung die Wahrscheinlichkeit einer bestimmten Reaktion erhöht. Dagegen werden Umweltreize, deren Entzug die Wahrscheinlichkeit einer bestimmten Reaktion erhöht, als negative Verstärker bezeichnet (hierzu sowie zum ebenfalls wichtigen Konzept der klassischen Konditionierung ausführlich Kroeber-Riel/Weinberg 1999, S. 328-332). Ein Beispiel für ein im Marketing wichtiges Konzept der Lerntheorie ist auch das der Generalisierung: Für bestimmte Objekte (Produkte) erworbene Präferenzen werden auf ähnliche Objekte (z.B. auf Produkte mit demselben Markennamen) übertragen (Kroeber-Riel/Weinberg 1999, S. 321). Theorien kognitiver Konsistenz lassen sich nicht ohne weiteres den aufgezeigten Prozessen der Informationsverarbeitung zuordnen, und sie stellen unmittelbare Bezüge der Kognition zu aktivierenden Prozessen her (hierzu und im Folgenden auch Kroeber-Riel/Weinberg 1999, S. 181-188; Berndt 1990, S. 54-57). Die Theorie der kognitiven Dissonanz (Festinger 1957) ist die bekannteste. Danach entstehen Dissonanzen als Folge nicht kompatibler Kognitionen. Sie äußern sich in einer als unangenehm erlebten psychischen Spannung. Dissonanzen sind nach dieser Theorie umso stärker, je größer die Bedeutung der betreffenden Kognitionen ist und je größer der Anteil dissonanter Kognitionen an für eine bestimmte Entscheidungssituation relevanten Kognitionen ist. Menschen neigen zum Abbau von vorhandenen Dissonanzen. So kann es etwa nach einem Produktkauf zur selektiven Suche nach Informationen, die das ausgewählte Produkt favorisieren, kommen, und Raucher setzen die Glaubwürdigkeit von Informationen über die Gefährlichkeit des Rauchens herab.

IV. Modelle des Entscheidungsverhaltens sind einerseits Ansätze, die das Zusammenwirken aktivierender und kognitiver Prozesse darstellen sollen, andererseits aber auch eigenständige Ansätze, die sich von diesen Prozessen lösen. Die wichtigsten Modelle sind die zu Entscheidungsheuristiken, zum wahrgenommenen Kaufrisiko und zum → Risikoverhalten im Sinne der mathematischen Psychologie. Aufgrund begrenzter Informationsverarbeitungskapazität bedienen sich Menschen in komplexen Entscheidungssituationen so genannter Heuristiken, vereinfachter Entscheidungsregeln; das Entscheidungsverhalten unterliegt, verglichen mit dem Rationalverhalten, bestimmten Anomalien, ist also suboptimal (dazu ausführlich Kleindorfer/Kunreuther/Schoemaker 1993, S. 115-176). Bekannte Heuristiken sind Elimination-by-Aspects und Lexikographische Heuristik. Elimination-by-Aspects bedeutet, dass unterschiedlichen Eigenschaften von Alternativen, z.B. Produktmarken, zunächst Gewichte zugewiesen werden. Außerdem werden für jede Eigenschaft Minimalanforderungen formuliert. Zunächst wird die wichtigste Eigenschaft betrachtet und all die Alternativen von der weiteren Betrachtung ausgeschlossen, die die Minimalanforderung für diese Eigenschaft nicht erfüllen. Dieser Prozess wird mit den weniger wichtigen Eigenschaften so lange fortgesetzt, bis nur noch eine Alternative vorhanden ist. Ein verwandtes Verfahren kommt bei der Lexikographischen Heuristik zum Einsatz. Hier werden die Alternativen anhand der Gewichtung und Ausprägung der Eigenschaften in eine Reihenfolge gebracht (so wie die Beiträge in einem Lexikon in alphabetischer Reihenfolge angeordnet sind). Ist auf der Basis der ersten Eigenschaft noch keine Entscheidung möglich, etwa weil mehrere Alternativen die gleiche Ausprägung bei dieser wichtigsten Eigenschaft aufweisen, dann wird das Verfahren mit der zweitwichtigsten Eigenschaft fortgesetzt usw. Überlegungen zum wahrgenommenen Kaufrisiko (→ Risikotheorie) spielen u.a. bei der Erklärung der Informationssuche (vgl. III.) eine Rolle. Es wird unterstellt, dass jeder Kauf mit subjektiven Risiken (→ Risikoarten) behaftet ist. Konsumenten streben danach, die mit Kaufentscheidungen verbundenen Risiken abzubauen. Eine wichtige Möglichkeit ist die gezielte Informationsbeschaffung. Wie groß ein Risiko eingeschätzt und in welchem Maße es verhaltenswirksam wird, hängt u.a. von bestimmten Persönlichkeitsmerkmalen des Konsumenten ab (Berndt 1990, S. 52-54). Ansätze der mathematischen Psychologie weisen gewisse Bezüge zur ökonomischen Theorie auf (→ Theorien des Marketing). Sie versuchen, das menschliche Entscheidungsverhalten mit Hilfe einfacher mathematischer Modelle, z.B. mittels Bewertungsfunktionen, abzubilden. Die vor allem im angloamerikanischen Sprachraum einflussreichsten Ansätze sind die → Prospect Theorie (Kahneman/Tversky 1979) und das darauf beruhende Konzept des → Mental Accounting (Thaler 1985). Diese Ansätze sind reduktionistisch, versuchen also das Entscheidungsverhalten durch wenige Determinanten zu erklären (→ Risikoverhalten), und sie sind ohne Bezug zu aktivierenden Prozessen entwickelt worden.

V. Umweltdeterminanten: Individuen agieren nicht losgelöst von ihrem sozialen Kontext (Hansen/Bode 1999, S. 227). Besondere Bedeutung für das Marketing haben die Partialmodelle der Kaufentscheidungsfindung in Familien, das Referenzgruppenmodell, das Meinungsführermodell und die Diffusionstheorie (dazu ausführlicher Berndt 1990, S. 57-67). Ein Totalmodell des Konsumentenverhaltens, das Umweltdeterminanten berücksichtigt, ist der Systemansatz von Howard/Sheth (1969), der erheblichen Einfluss auf die kognitiv orientierte Forschung zum Konsumentenverhalten hatte. Das Modell beruht auf den vier Komponenten Inputvariable, Wahrnehmungskonstrukte, Lernkonstrukte sowie Outputvariable. (Soziale) Austauschtheorien stellen den Austausch von positiven und negativen Werten ins Zentrum der Erklärung des Sozialverhaltens. Hansen/Bode (1999, S. 298-299) weisen darauf hin, dass die Bedeutung dieser Betrachtung für das Beziehungsmarketing, wie von Bagozzi postuliert, noch nicht ausreichend gewürdigt worden ist. Bagozzi (1975) unterscheidet utilitaristische, d.h. ökonomische und reziproke Austauschbeziehungen, von symbolischen, auf den Austausch immaterieller Werte gerichteten Beziehungen. Marktliche Austauschbeziehungen seien durch eine Mischung beider Formen zu charakterisieren. Verwandte Gedanken finden sich auch in der Gerechtigkeits-(Equity-)Theorie, in der → Anreiz-Beitrags-Theorie und in den soziologischen Anwendungen der → Graphentheorie (Netzwerktheorie). Letztere findet in der Forschung zum → Business-to-Business-Marketing bereits Anwendung (beispielhaft Becker/Schade 1995). Im Mittelpunkt der Interaktionstheorie (Homans 1972) steht die Erklärung sozialer Verhaltensweisen durch Verstärkung. Gemäß Kroeber-Riel/Weinberg (1999, S. 559) ist inzwischen eine zweite Wirklichkeit der Konsumenten entstanden, die Medienumwelt. Hierzu liegt eine große Anzahl von Forschungsergebnissen vor, auf die hier nicht im Einzelnen eingegangen werden kann (→ Konsumentenverhalten).

Literatur: Ajzen, I./Fishbein, M. (1970): The Prediction of Behavior from Attitudinal and Normative Variables, in: Journal of Experimental Social Psychology, Vol. 6, S. 466-486; Bagozzi, R.P. (1975): Marketing as Exchange, in: Journal of Marketing, Vol. 39, No. 4, S. 32-39; Becker, U./Schade, C. (1995): Betriebsformen der Unternehmensberatung; eine Erklärung auf der Basis der Netzwerktheorie und der Neuen Institutionenlehre, in: ZfbF, 47. Jg., Nr. 4, S. 327-354; Berndt, R. (1990): Marketing 1; Käuferverhalten, Marktforschung und Marketing-Prognosen, Berlin u.a.; Festinger, L. (1957): A Theory of Cognitive Dissonance, Stanford (Cal.); Fishbein, M. (1963): An Investigation of the Relationships Between Beliefs and About an Object and the Attitude toward the Object, in: Human Relation, Vol. 16, S. 233-239; Hansen, U./Bode, M. (1999): Marketing und Konsum; Theorie und Praxis von der Industrialisierung bis ins 21. Jahrhundert, München; Homans, G.C. (1972): Elementarformen sozialen Verhaltens, 2. Aufl., Köln u.a.; Howard, J.A./Sheth, J.N. (1969): The Theory of Buyer Behavior, New York; Kahneman, D./Tversky, A. (1979): Prospect Theory; an Analysis of Decision under Risk, in: Econometrica, Vol. 47, No. 2, S. 263-291; Kleindorfer, P.R./Kunreuther, H./Schoemaker, P.J.H. (1993): Decision Sciences, An Integration Perspective, Cambridge (Mass.); Kroeber-Riel, W./Weinberg, P. (1999): Konsumentenverhalten, 7. Aufl., München; Malmo, R.B. (1959): Activation: A Neurophysiological Dimension, in: Psychological Review, Vol. 66, S. 367-386; Maslow, A.H. (1981): Motivation und Persönlichkeit, Reinbeck; Popper, K.R. (1976): Logik der Forschung, 6. Aufl., Tübingen; Skinner, B.F. (1973): Jenseits von Freiheit und Würde, Reinbeck; Spiegel, B. (1961): Die Struktur der Meinungsverteilung im sozialen Feld; das psychologische Marktmodell, Bern u.a.; Thaler, R. (1985): Mental Accounting and Consumer Choice, in: Marketing Science, Vol. 4, No. 3, S. 199-214; Trommsdorff, V. (1975): Die Messung von Produktimages für das Marketing, Köln u.a..

Christian Schade

Verhältnisskala, → Datenerfassung, → Messniveau.

Verhandlungsführung, internationale, Verhandlungen, an denen Personen unterschiedlicher nationaler Herkunft beteiligt sind. Von besonderer Bedeutung im Rahmen der internationalen Verhandlungsführung sind kulturelle Unterschiede der Verhandlungspartner. Verhandlungen sind durch eine Reihe von kulturellen Faktoren geprägt, die sich in Erwartungen, Einstellungen, Aktionen und Reaktionen der einem spezifischen Kulturkreis bzw. einer Nation zugehörigen Beteiligten äußern. Determinanten sind insbesondere das Auftreten (Pünktlichkeit, Kleidung, Gepflegtheit, Körperhaltung, Gesichtsausdruck, Gestik usw.) und die Gesprächsführung (Lebhaftigkeit, Aufmerksamkeit, Argumentationsstil, Rededauer und -geschwindigkeit usw.).

Verhandlungsmacht, das aus verschiedenen Quellen (Finanzkraft, Marktstellung, Umfang der Sach- und Dienstleitungen, Know-how, Geschick usw.) stammende Potenzial, um den Verhandlungspartner von der Attraktivität der eigenen Leistung zu überzeugen. Die rechtliche Würdigung erfolgt im Hinblick auf die Phänomene → Angebotsmacht, → Nachfragemacht, → Marktbeherrschung.

Verkäufer, → Verkaufspersonal.

Verkäufermarkt, ist im Gegensatz zum → Käufermarkt dadurch gekennzeichnet, dass im Transaktionsprozess ein Übergewicht der Angebotsseite im Vergleich zur Nachfrageseite vorliegt. In dieser Konstellation, die durch einen Nachfrageüberschuss oder ein Angebotsdefizit entsteht, müssen Nachfrager in der Regel größere Anstrengungen unternehmen, um ihre Ziele am Markt durchsetzen zu können. Den Engpassfaktor des Unternehmenserfolges stellt hierbei die Produktionskapazität dar.

Verkaufs- und Außendienstpolitik, → Außendienstpolitik; wird bei der Einteilung des → Marketingmix in die vier absatzpolitischen Instrumente (→ Preis-, → Produkt-, → Kommunikations- und → Distributionspolitik) oft der Kommunikationspolitik zugeordnet. Gleichwohl ist der Verkauf elementarer Bestandteil der Distributionspolitik. Die kommunikativen Elemente der V.u.A. treten in der Kommunikationspolitik neben solche Instrumente wie → Werbung, → Verkaufsförderung und → Public Relations. Die partielle Zuordnung der V.u.A. zur Kommunikationspolitik liegt in dem Umstand begründet, dass die Aufgabe des → Verkaufspersonals überwiegend in der Kommunikation der Vorteile der zu verkaufenden Produkte besteht und dies zumeist in direktem Kontakt mit den Kunden geschieht. Abweichend von dieser Einordnung betrachtet die verkaufsorientierte Sichtweise die V.u.A. als zentralen Bestandteil der Distributionspolitik, bei der sie zusammen mit der → Absatzkanalpolitik zur Gestaltung der Warenverkaufsprozesse beiträgt.

Verkaufsbericht, Instrument zur Kontrolle des → Verkaufspersonals, insbesondere der → Verkäufer, die im → Außendienst arbeiten. Mit Hilfe des Verkaufsberichtes vermittelt der Außendienstmitarbeiter der Unternehmensleitung aber auch markt-, kunden- und mitarbeiterbezogene Informationen. Je nach Informationsbedarf lassen sich der Besuchs-, der Tages- und der Wochenbericht unterscheiden. Während der Besuchsbericht individuelle Informationen über Kunden liefert (z.B. primärer Ansprechpartner, Abnahmemenge, konkrete Probleme), dokumentieren die Tages- und Wochenberichte die Tätigkeit eines Vertriebsmitarbeiters.

Verkaufsfläche, Fläche, auf der ein Handelsunternehmen seine Waren anbietet. Die V. ist ein Engpassfaktor im Handelsunternehmen. Die → Flächenproduktivität trägt diesem Umstand Rechnung und misst, wie effizient die Fläche eingesetzt wird.

Verkaufsförderung. I. Geschichte: Die Ursprünge der V. entstammen den USA, wo bereits seit Ende des 19. Jahrhunderts neue Kommunikationstechniken zur Förderung des Abverkaufs von Produkten entwickelt wurden. 1895 wurden erstmals verkaufsfördernde Aktivitäten von John H. Patterson organisatorisch verankert, als ein „Merchant´s Service Departement“ errichtete, dessen Aufgabe es war, Probleme beim Kunden, insbesondere Einzelhändler, zu lösen. Ab 1910 beschäftigte die Großhandlung „Butler Brothers“ sog. „Promoter“, deren Aufgabe darin bestand, den eingeschalteten Absatzmittlern eine zielführende Gestaltung des → Point of Sale zu kommunizieren. In Deutschland werden Verkaufsförderungsaktivitäten seit den 50er-Jahren zunehmend eingesetzt.

II. Begriff: V. beinhaltet die Planung, Organisation, Durchführung und Kontrolle zeitlich begrenzter Aktivitäten eines Unternehmens, die darauf abzielen, auf nachgelagerten Vertriebsstufen sowie beim Endkunden durch zusätzliche Anreize Kommunikations- und Verkaufsziele zu erreichen. Deswegen wird in der amerikanischen Literatur vielfach der Begriff → Sales Promotion verwendet. V. betrifft damit zahlreiche, zeitlich begrenzte Aktionen im Rahmen des Marketingmix und schließt V.-Maßnahmen der Kommunikations-, Vertriebs-, Konditionen- und Produktpolitik mit ein.

III. Merkmale: Der Einsatz der V. erfordert eine systematische → Verkaufsförderungsplanung. Wesentliches Merkmal der V. ist, dass das Leistungsprogramm des Unternehmens durch zusätzliche Anreize ergänzt wird. Folglich können V.-Maßnahmen als erweiterte Angebotsleistungen verstanden werden, die personen- und/oder sachbezogen erbracht werden.

IV. Typologie: Aus Sicht herstellender Unternehmen kann die V. im Hinblick auf die Adressaten auf zwei Ebenen eingesetzt werden. Auf der Endverbraucherebene (→ Consumer Promotions) sind die Zielgruppen Käufer oder Verwender. Auf der Handelsebene (→ Trade Promotions) sind die Zielgruppen Groß- und Einzelhändler. Hinsichtlich der Absender kann die Verkaufsförderung durch den Hersteller und jene durch Händler unterschieden werden. Grundsätzlich können vier unterschiedliche Erscheinungsformen der Verkaufsförderung differenziert werden (vgl. Abb. „Erscheinungsformen der Verkaufsförderung“). (1) Handelsgerichtete V.: Die Verkaufsförderungsaktivitäten der Hersteller richten sich ausschließlich auf die Gewinnung der Unterstützung von Handelsbetrieben, z.B. mittels Händlertreffen, -schulungen, und -wettbewerben. (2) Direkte konsumentengerichtete V.: Von einer direkt konsumentengerichteten V. wird gesprochen, wenn der Hersteller seine Aktionen außerhalb des Point of Sale durchführt, z.B. durch Gewinnspiele auf der Straße, Versendung von → Prospektbeilagen oder Gutscheinaktionen. (3) Indirekte konsumentengerichtete V.: Eine indirekte konsumentengerichtete V. liegt vor, wenn die Aktionen in Zusammenarbeit mit dem Handel am Point of Sale durchgeführt werden, wie z.B. → Displays, → Degustationen, Produktpräsentationen oder Gewinnspiele. (4) Konsumentengerichtete V. durch den Handel: V.-Aktivitäten können ebenso

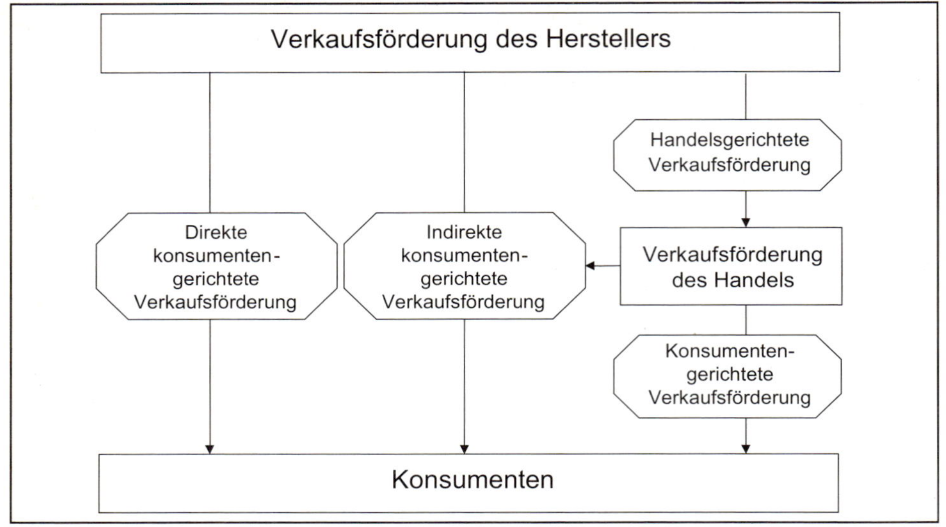

Erscheinungsformen der Verkaufsförderung (Quelle: Bruhn 2002, S. 231)

unabhängig vom Hersteller durch den Handel erfolgen, z.B. Verkostungen, Vorführungen, Laden- und → Schaufenstergestaltung, Dekoration, spezifische Serviceaktionen.

V. Funktionen: Auf der Grundlage der Erscheinungsformen der V. lassen sich Aufgaben der V. aus Sicht der Aktionsträger differenzieren. Aus Herstellersicht geht es bei der händlergerichteten V. vorrangig um die kommunikative Unterstützung des Hineinverkaufs in den Handel. Vielfach sind die verkaufsfördernden Aktivitäten Teil einer → Push-Strategie. Im Rahmen der konsumentengerichteten V. geht es in erster Linie um den Hinausverkauf aus dem Handel. Hier sind die Verkaufsförderungsmaßnahmen Bestandteil einer → Pull-Strategie. Aus Handelssicht kommt der V. die Aufgabe der kommunikativen Unterstützung des Abverkaufs sowie der Realisierung genereller und vertriebsspezifischer Profilierungsziele des Handels zu.

VI. Maßnahmen: Es existiert eine Vielzahl von Maßnahmen der V., die in Maßnahmen der direkten und der indirekten V. unterteilt werden können. Direkte Maßnahmen richten sich unmittelbar an den Konsumenten. Hierzu zählen z.B. → Coupons, Promotionartikel, → Prospektbeilagen, Gewinnspiele auf der Straße oder → Free-mail-in-Promotions. Bei der indirekten V. können endverbraucher- und handelsgerichtete Maßnahmen unterschieden werden. Zu den endverbrauchergerichteten Maßnahmen zählen jene Aktivitäten, die am Point of Sale erfolgen, wie z.B. Gewinnspiele, Musterverteilungen, → Displays, → Personality-Promotions, → Zugaben-Promotions oder Lautsprecherdurchsagen. Handelsgerichteten Maßnahmen werden jene Aktionen zugeordnet, die Hersteller an Handelsunternehmen richten, wie z.B. → Near Pack Promotions, Rabatte, Werbekostenzuschüsse, Einsatz von Verkaufspersonal, Dekorationsservice, Ladenbaukonzepte, Zweitnutzen-Displays, Werbegeschenke.

VII. Ausblick: Vor dem Hintergrund eines sich verschärfenden Wettbewerbs wird der V. aufgrund ihrer schnellen und flexiblen Einsatzmöglichkeiten ein zunehmender Stellenwert zukommen. Dabei werden insbesondere jene Verkaufsförderungsaktivitäten erfolgreich sein, die im Rahmen eines ganzheitlichen Ansatzes die handels- und konsumentenindividuelle Verkaufsförderungsarbeit zum zentralen Leitkonzept erheben.

Literatur: Bruhn, M. (2002): Marketing. Grundlagen für Studium und Praxis, 6. Aufl., Wiesbaden; Bruhn, M. (2003): Kommunikationspolitik. Systematischer Einsatz der

Kommunikation für Unternehmen, 2. Aufl., München; Gedenk, K. (2002): Verkaufsförderung, München; Pflaum, D./Eisenmann, H./Linxweiler, R. (2000): Verkaufsförderung. Erfolgreiche Sales Promotion, Landsberg/ Lech; Wells, W./Burnett, J./Moriarty, S. (2000): Advertising. Principles & Practice, 5. Aufl., Upper Saddle River.

Manfred Bruhn

Verkaufsförderung, internationale, Gesamtheit aller Maßnahmen zur kurzfristigen Absatzsteigerung eines Produkts in den einzelnen Ländern im Rahmen der internationalen → Kommunikationspolitik. Zu unterscheiden ist zwischen außendienstgerichteten, handelsgerichteten und verbrauchergerichteten Verkaufsförderungsmaßnahmen. Typische außendienstgerichtete Verkaufsförderungsmaßnahmen sind Außendienstwettbewerbe, Verkaufshilfen, Besprechungen und Training on the job. Handelsgerichtete Verkaufsförderungsaktionen können in Händlerwettbewerben, Sonderkonditionen für Händler, Preisaktionen, Werbehilfen bzw. Werbekostenzuschüssen sowie im Merchandising liegen. Verbrauchergerichtete Verkaufsförderungsaktionen können bestehen in Degustationen, Preisausschreiben, Probierpackungen, Zugaben, Preisaktionen usw. Durch ihren typischerweise lokalen bzw. Regionaleinsatz entfalten Maßnahmen im Rahmen der internationalen Verkaufsförderung keine länderübergreifende Wirkung.

Verkaufsförderungsabteilung. Organisatorische Einheit im Unternehmen, die mit der Planung, Organisation, Durchführung und Kontrolle von Aktivitäten der → Verkaufsförderung betraut ist. Infolge der zunehmenden Bedeutung der Verkaufsförderung in der Konsumgüterbranche wurden zahlreiche Spezialabteilungen gegründet. In der Industriegüterbranche sind die Verkaufsförderungskompetenzen vorwiegend in den Vertriebsabteilungen gebündelt.

Verkaufsförderungsagentur. Unternehmensexterner Träger der Aktivitäten der → Verkaufsförderung eines Unternehmens. Aufgrund der Verflechtung der Verkaufsförderung mit den anderen Instrumenten des Marketingmix lassen sich fünf Typen von V. differenzieren: Spezialagenturen auf dem Gebiet des Event Marketing, Verkaufsförderungsagenturen mit Spezialisierung auf den Handelsbereich sowie Spezialagenturen im Bereich des Messeservice, der → Consumer Promotions und im Bereich Lizenzen.

Verkaufsförderungsplanung. Die V. beinhaltet den systematischen Planungsprozess zur Durchführung von Verkaufsförderungsmaßnahmen. Dieser umfasst eine Situationsanalyse, die Ableitung von → Verkaufsförderungszielen, die Bestimmung der Zielgruppen der V., die Festlegung der → Verkaufsförderungsstrategien, des Verkaufsförderungsbudgets und der Maßnahmen sowie die Erfolgskontrolle der V.

Verkaufsförderungsstrategie, beinhaltet die mittel- bis langfristige Verhaltenspläne, im Rahmen derer eine inhaltliche und zeitliche Schwerpunktsetzung zum Einsatz von Verkaufsförderungsmaßnahmen erfolgt, um die strategischen Ziele der → Verkaufsförderung zu erreichen. Zur Konkretisierung einer V. sind der Sales Promotion Benefit, d.h. der Zusatznutzen der Verkaufsförderungskampagne, der Sales-Promotion-Reason-Why, d.h. der Grund für die Glaubwürdigkeit der Kampagne, das Sales Promotion Flair, d.h. die angestrebte kommunikative Atmosphäre, Zielgruppenschwerpunkte, d.h. mit welcher Intensität welche Zielgruppen bearbeitet werden sollen, objektbezogene Schwerpunkte, d.h. welche Produkte bzw. Produktgruppen mit welcher Intensität durch verkaufsfördernde Aktivitäten unterstützt werden sollen sowie die zeitliche und geographische Einsatzplanung festzulegen. Als mögliche V. kann eine Imageprofilierungsstrategie, eine Aktualisierungs- und Informationsstrategie, eine Zielgruppenerschließungsstrategie und Kaufstimulierungsstrategie verfolgt werden.

Verkaufsförderungsziele. Hinsichtlich der V. eines Unternehmens im Rahmen der → Verkaufsförderung können endverbraucher- und handelsgerichtete V. unterschieden werden. Zu endverbrauchergerichteten Zielen zählen Käufe, Erhöhung der Kaufmenge und Kaufhäufigkeit, Steigerung der Markenbekanntheit, des Produktwissens und des Images. Handelsgerichtete V. betreffen die Produktlistung, Lagerhaltung, Produktplatzierung oder Handelswerbung.

Verkaufsorganisation, → *Vertriebsorganisation.*

Verkaufspersonal, → Außendienst, *Kundenbetreuer, Verkaufsmitarbeiter,* → *Vertreter;* Personen, die im Verkauf oder → Vertrieb arbeiten. Durch das V. stellt das Unternehmen eine persönliche Verbindung zu seinen Kunden her. Um diese Funktion zur Zufriedenheit der Kunden und somit auch des Unternehmens wahrnehmen zu können, müssen die Hersteller in einem ersten Schritt geeignetes Personal finden. Hierzu stehen unterschiedliche Auswahlverfahren zur Verfügung. In einem zweiten Schritt muss dieses Personal für die ihm zugedachten Aufgaben geschult (→ Verkaufstraining), angeleitet und motiviert werden. Letzteres geschieht besonders häufig durch geeignete Entlohnungssysteme. Darüber hinaus muss das V. in regelmäßigen Abständen beurteilt werden. Hierdurch verfügt das Unternehmen über eine Möglichkeit, die Leistungen der Verkäufer zu kontrollieren und gemäß dem Ergebnis dieser Kontrolle entsprechend zu reagieren.

Verkaufspolitik, internationale, Gesamtheit der Entscheidungen im Rahmen des persönlichen Verkaufs betriebseigener Absatzorgane an nachgelagerte Stufen bzw. Endkunden in einzelnen Ländern. Aspekte der internationalen Verkaufspolitik umfassen u.a. organisatorische Gestaltungsmaßnahmen sowie die Akquisition, Selektion, Schulung und Steuerung betriebseigener Absatzorgane. Typischerweise sind Verkaufsorganisationen regional- oder produktorientiert. Im Rahmen der Akquisition und Selektion von Verkaufspersonal ist darüber zu entscheiden, ob → Expatriates, → Locals oder → Third-Country Nationals einzusetzen sind. Typische Ziele der Schulung betriebseigener Absatzorgane liegen hingegen in einer höheren Verkaufsproduktivität, einer gesteigerten Motivation, verbesserten Kundenbeziehungen, einem besseren Zeit- und Tourenmanagement sowie einer geringeren Mitarbeiterfluktuation im Verkauf. Eine Steuerung des Verkaufspersonals schließlich kann durch Zielvorgaben, materielle und immaterielle Leistungsanreize sowie über dienstvertragliche Regelungen erfolgen.

Verkaufspolitik, rechtliche Aspekte. Die räumlichen, zeitlichen, personellen und sachlichen Elemente der V. unterliegen zahlreichen rechtlichen Restriktionen.

I. Räumlich: Maßgeblich für die Errichtung von Produktionsstandorten, Einkaufsstätten, Werbeanlagen usw. ist vor allem die → Baunutzungsverordnung. Bei der Durchführung von Verkäufen sind vor allem die Unlauterkeit des individuellen Ansprechens von Kunden auf offener Straße vor dem Ladenlokal, die Unlauterkeit unbestellter Vertreterbesuche unter bestimmten Umständen und die Unlauterkeit der Zusendung unbestellter Waren zu beachten (§ 1 UWG). Die Regelungen über Haustürgeschäfte (§ 312 BGB) schützen Verbraucher insbesondere vor Überrumpelung durch Ansprechen an der Haustür, auf der Straße, am Arbeitsplatz, auf sog. Kaffeefahrten und bei ähnlichen Gelegenheiten. schützt Verbraucher insbesondere vor Überrumpelung durch Ansprechen an der Haustür, auf der Straße, am Arbeitsplatz, auf sog. Kaffeefahrten und bei ähnlichen Gelegenheiten. Das BGB (§§ 312b ff.) regelt des Weiteren die Beziehung zwischen Unternehmer und einem Verbraucher, die beim Vertragsabschluss nicht gleichzeitig körperlich anwesend sind (→ Fernabsatzverträge). Des Weiteren gelten bestimmte Regeln für den Verkauf auf Messen, Auktionen, aus Automaten, ab Lkw usw.

II. Zeitlich: Das → Ladenschlussgesetz schreibt dem stationären → Einzelhandel die Schlusszeiten der Verkaufsstellen vor. Weitere Gesetze und Verordnungen mit Wirkung auf die Ladenöffnungszeiten sind z.B. das Arbeitszeitgesetz, das Beschäftigungsförderungsgesetz und die Ladenschlussverordnungen der Länder.

III. Personell: Zu unterscheiden sind persönlicher (Face to Face, telefonisch, televisorisch usw.) und unpersönlicher Verkauf (keine interaktive nicht-programmierte Kommunikation zwischen Verkäufer und Käufer). Für einzelne Verkaufsorgane existieren gesonderte Regelungen, etwa für den → Handelsvertreter in §§ 59ff. HGB. Wenn die persönliche oder unpersönliche Geschäftsanbahnung mit → Direktwerbung, rechtliche Aspekte, einhergeht, sind die damit verbundenen Rechtsfragen zu lösen.

IV. Sachlich: Die Gestaltung von Innenräumen (Geschosshöhe, Fluchtwege, Sicherheitseinrichtungen, Fahrstühle, Rolltreppen usw.), Parkplätzen, Kinderhorten, Restaurants usw. erfährt ebenso rechtliche Regelungen (z.B. Bauordnungen, Baunutzungsverordnung, Baugesetzbuch) wie die Darbietung von Waren (z.B. das LMBG, die ButterVO, das Brotgesetz, die KäseVO, die Speiseeis-VO, die TabakVO, das Milchgesetz und die FleischVO). Produktbezogene Vorschriften stellen vor allem auf die Sicherung der Hygiene ab.

Verkaufspersonal, → Außendienst, *Kundenbetreuer,* → *Verkäufer(in), Verkaufsmitarbeiter,* → *Vertreter;* Personen, die im Verkauf oder → Vertrieb arbeiten. Durch das V. stellt das Unternehmen eine persönliche Verbindung zu seinen Kunden her. Um diese Funktion zur Zufriedenheit der Kunden und somit auch des Unternehmens wahrnehmen zu können, müssen die Hersteller in einem ersten Schritt geeignetes Personal finden. Hierzu stehen unterschiedliche Auswahlverfahren zur Verfügung. In einem zweiten Schritt muss dieses Personal für die ihm zugedachten Aufgaben geschult (→ Verkaufstraining), angeleitet und motiviert werden. Letzteres geschieht besonders häufig durch geeignete Entlohnungssysteme. Darüber hinaus muss das V. in regelmäßigen Abständen beurteilt werden. Hierdurch besitzt das Unternehmen eine Möglichkeit, die Leistungen der Verkäufer zu kontrollieren und gemäß dem Ergebnis dieser Kontrolle entsprechend zu reagieren.

Verkaufspsychologie, beschäftigt sich mit dem Interaktionsprozess zwischen Käufer und → Verkäufer. Im Mittelpunkt der Betrachtung steht i.d.R. der → persönliche Verkauf. Hierbei wird versucht, die psychologischen und soziologischen, die technisch-strategischen und die technisch-taktischen Aspekte des Verkaufsvorganges zu ermitteln, um anhaltend optimale Verkaufsergebnisse zu erzielen.

Literatur: Bänsch, A. (1998): Verkaufspsychologie und Verkaufstechnik, 8. Aufl., München.

Verkaufstechnik, bezeichnet eine bestimmte Vorgehensweise des → Verkäufers im Verkaufsprozess. Das Ziel des Einsatzes verschiedener V. ist der Verkaufsabschluss. Die V. werden in verbale und non-verbale Techniken unterschieden. Zu den verbalen V. zählen z.B. die Gesprächseröffnungstechniken, die Fragetechniken und die Abschlusstechniken. Mit Hilfe dieser Techniken versucht der Verkäufer, den Kommunikationsablauf so zu gestalten, dass er zu einem Verkaufsabschluss führt. Die non-verbalen Techniken (z.B. Kleidung, Blickkontakt und Körperhaltung) sorgen dagegen für ein freundliches Auftreten des Verkäufers und ein gutes „Klima“ bei der Verkaufsverhandlung.

Verkaufstraining, *Verkaufsschulung*; Das V. bezeichnet die Maßnahmen, die zur Erhöhung der Motivation, des Verkaufspotenzials und der fachlichen Qualifikation des → Verkaufspersonals dienen. Die Hauptziele des Verkaufstrainings sind vor allem die Erneuerung von Fachwissen, um den zahlreichen Anforderungen unterschiedlicher Branchen, Produkte und Kunden gerecht zu werden und das Training von → Verkaufstechniken, um die Verkaufsabschlussquote möglichst auf einem hohen Niveau zu halten. Darüber hinaus soll das V. eine stärkere → Kundenbindung und eine niedrige Fluktuationsrate des Verkaufspersonals schaffen.

Verkehrsdurchsetzung, *vgl. auch* → Marke, rechtliche Aspekte, → Markenbekanntheit, rechtliche Aspekte. Der tatsächlichen Benutzung eines Zeichens kommt im → Markenrecht eine besondere Bedeutung zu, da bestimmte absolute Eintragungshindernisse überwunden werden können. So lässt § 8 II MarkenG zu, dass (1) Zeichen, die von Haus aus nicht unterscheidungskräftig sind oder (2) die ausschließlich aus Zeichen oder Angaben bestehen, die im Verkehr zur Bezeichnung der Art, der Beschaffenheit, der Menge, der Bestimmung, des Wertes, der geographischen Herkunft, der Zeit der Herstellung der Waren oder der Erbringung der → Dienstleistungen oder zur Bezeichnung sonstiger Merkmale der Waren oder Dienstleistungen dienen können, oder (3) die ausschließlich aus Zeichen oder Angaben bestehen, die i.Allg. Sprachgebrauch oder in Verkehrsgepflogenheiten zur Bezeichnung der Waren oder Dienstleistungen üblich geworden sind, dann zur Eintragung zugelassen werden, wenn sich das Kennzeichen infolge seiner Benutzung für die Waren oder Dienstleistungen, für die es angemeldet worden ist, in den beteiligten Verkehrskreisen durchgesetzt hat und die sonstigen materiellen Schutzvoraussetzungen gegeben sind. Hierzu ist es erforderlich, dass das Zeichen nicht nur eine territorial begrenzte (im Unterschied zur → Verkehrsgeltung), sondern eine nationale Verkehrsdurchsetzung aufweisen kann, die nach bisheriger Rechtsprechung einen Bekanntheitsgrad von mindestens 50 Prozent erreichen sollte.

Verkehrsgeltung, → Marke, rechtliche Aspekte.

Verkehrsmittelwahl. I. Begriff: Entscheidung eines Individuums, für einen bestimmten Zweck (z.B. Fahrt zur Arbeit, Freizeit, Geschäftsreise, Gütertransport) ein bestimmtes Verkehrsmittel (z.B. Fahrrad, Pkw, öffentlicher Nahverkehr, Bus, Bahn, Flugzeug, Schiff) zu benutzen. Die Nutzungsaufteilung innerhalb einer definierten Population (z.B. Berlin, Deutschland) für einen bestimmten Zweck (z.B. Fahrt zur Arbeit) wird als Modal Split bezeichnet.

II. Merkmale: Die V. wird hauptsächlich von der benötigten Reisezeit bestimmt. Zur Verbesserung der Attraktivität umweltfreundlicher Verkehrssysteme müssen deshalb neben preislichen Anreizen (emissionsbezogene Kfz-Steuer) insbesondere die Infrastruktureinrichtungen (z.B. veränderte Siedlungs- und Raumgestaltungen) so verändert werden, dass ein schneller, flexibler und bequemer Zugang zu diesen Verkehrsmitteln und eine schnelle und bequeme Reise damit möglich sind.

III. Aktuelle Entwicklungen: In den 1990er-Jahren hat die Verkehrsleistung im Personenverkehr (zurückgelegte Fahrstrecke multipliziert mit der beförderten Personenanzahl), im motorisierten Individualverkehr und im Luftverkehr zugenommen. Dagegen ist 1996 der Anteil umweltfreundlicherer Verkehrsmittel (Eisenbahn und öffentlicher Straßenpersonenverkehr) an der gesamten Personenverkehrsleistung auf unter 16 Prozent gesunken.

Verkehrsmittelwerbung, Werbung auf Verkehrsmitteln. *Vgl. auch* → Plakat.

Verkehrspflichten, → Produkthaftung.

Verlagsmarketing, beschreibt das → Dienstleistungsmarketing von Verlagen. Eine wichtige Unterscheidung besteht zwischen dem Vertriebs- und Anzeigenmarketing. Somit richtet sich das V. auf zwei verschiedene Absatzmärkte aus. Das Vertriebsmarketing hat die Käufer bzw. die Leser im Visier, während das Anzeigenmarketing auf das Gewinnen werbetreibender Unternehmen abstellt. Das V. muss das Vertriebsmarketing und das Anzeigenmarketing aufeinander abstimmen, um insbesondere im Anzeigenmarketing erfolgreich zu sein.

Verlust-der-Mitte-Phänomen, kennzeichnet eine grundlegende Veränderung in der Marktschichtenstruktur, die seit Ende der 1970er-Jahre in vielen Branchen zu beobachten ist. Märkte lassen sich in verschiedene Preisschichten einteilen: oberer Markt mit gehobener Preisklasse (Premiummarken); mittlerer Markt mit Konsumpreisklasse (klassische Markenartikel); unterer Markt der Niedrigpreisklasse (Billigmarken). Die Marktschichten werden von Anbietern durch eine entsprechende Produktpositionierung besetzt. Gegenüber der klassischen Marktstruktur (mittlere Marktschicht umfasst die größte Anzahl von Nachfragern) ist in vielen Märkten eine Polarisierung der Nachfrage auf die Niedrigpreisklasse und gehobene Preisklasse festzustellen. Im Marketing wurde als Reaktion auf diese Marktstrukturveränderungen zunächst eine Polarisierung der Marktbearbeitung in Form einer Preis- oder Qualitätsführerschaft propagiert. Auch Konzepte des Mehrschichten-Marketing wurden entwickelt, um z.B. durch Mehrmarkenstrategien gleichzeitig eine erfolgreiche Positionierung in den oberen und unteren Marktschichten zu erzielen.

Verlustquellenanalyse, Untersuchung innerbetrieblicher und betriebsexterner Tatbestände, auf die sich negative Resultate, d.h. Verluste, zurückführen lassen. Der Verlustbegriff kann dabei unterschiedlich weit gefasst werden: I.e.S. ist unter Verlust ein perioden- oder objektbezogenes Ergebnis zu verstehen, bei dem die Aufwendungen den Ertrag (bzw. die Kosten den Leistungswert) absolut übersteigen. I.w.S. kann von einer relativen Betrachtung ausgehend jegliche Einbuße ggü. einer bestimmten Bezugsbasis als Verlust verstanden und damit zum Gegenstand der V. gemacht werden. Als Bezugsbasis können z.B. Vergangenheitsgrößen (etwa Verlust an Marktanteil ggü. Vorjahr) oder Planziele (Umsatz- oder Gewinneinbußen ggü. Plan) herangezogen werden. Als Analysetechniken bieten sich verschiede Umsatz- bzw. Marktanteilsrechnungen, Kosten- und Erlösrechnungen sowie Rentabilitätsrechnungen an.

Verpackung, *Packung*; Umhüllung von → Produkten zu deren Schutz vor äußeren Einflüssen. Demnach ist der vornehmliche Zweck der V., das Erzeugnis verkäuflich zu machen und es bei Transport, Handling im Lager oder Laden sowie bei Bevorratung vor Beschädigung und Verderb zu schützen. Im Sinne des Marketing vermag ein Unternehmen durch eine V. einen Wettbewerbsvorteil dadurch generieren, dass ein Produkt durch eine ansprechende Umhüllung begehrenswert erscheint. Zudem bietet es sich an, die V. auch für Werbe- und Kommunikationszwecke (z.B. Gebrauchsanweisung) zu verwenden. Somit ist die Gestaltung der V. eng mit der Distributions- und der → Kommunikationspolitik verbunden. Grundsätzlich lassen sich zwei Arten der V. unterscheiden: (1) die Mehrwegverpackung und (2) die Einwegverpackung. Die Vorziehungswürdigkeit der einen oder der anderen Verpackungsart variiert in Abhängigkeit der Einstands-, Rückhol- und Reinigungskosten bei mehrmaliger Verwendung bzw. der Einstands- und Beseitigungskosten bei einmaliger Verwendung. *Vgl. auch* → Verpackungspolitik.

Verpackungspolitik, Bezeichnung für die Gesamtheit aller sich im Rahmen des Marketing auf die → Verpackung erstreckenden Maßnahmen. Die Notwendigkeit einer effizienten V. ergibt sich aus der zunehmenden Austauschbarkeit und Homogenität der → Produkte. Ziel der V. ist es daher, über die Umhüllung zum Zweck des Schutzes, des Transportes und der Lagerung hinaus, alle technischen und gestalterischen Möglichkeiten auszuschöpfen. Die Verpackung wird somit zu einem erfolgsbeeinflussenden akquisitorischen Mittel im Rahmen der → Produktpolitik. Die Dimensionen, innerhalb derer die V. ihren Einsatz findet, lassen sich wie folgt beschreiben: (1) Die Schutzfunktion soll sicherstellen, dass die garantierte Qualität der verpackten Ware bis zu ihrem Verbrauch gewährleistet bleibt und den vom Gesetzgeber und der eigenen Unternehmung vorgegebenen Normen und Anforderungen gerecht wird. (2) Durch die Verpackung wird die Verwendung des Produktes überhaupt erst möglich, z.B. durch Aufreißlaschen, Dosierhilfen usw. Aber auch Informationen über die Zusammensetzung, die Herkunft, Herstellungs- und Verfalldatum, Anwendungs- und Sachhinweise sowie eventuelle Zweitnutzen sind der Convenience-Dimension zuzuordnen. (3) Alle Funktionen, die im Rahmen moderner Logistik- und Distributionssysteme der optimalen Ausnutzung von Lager-, Transport- und Regalflächen dienen, umfasst die Logistik-Dimension. (4) Primäres Ziel der kommunikativen Dimension ist die Aktivierung der Verbraucher. Dabei ist es notwendig, ein Gleichgewicht zwischen der schnellen Produktidentifikation, der Eigenständigkeit und der Differenzierung ggü. den Konkurrenzprodukten zu finden, ohne dem → Corporate Identity und dem → Image des Herstellers entgegenzuwirken. (5) In einer rezessiven Situation der Gesamtwirtschaft kommen den Aspekten der Wirtschaftlichkeit, wie Maschinengängigkeit, Handlingeigenschaften und Entsorgungskosten der Verpackung, ein hoher Stellenwert zu. Die Verpackung sollte dementsprechend so gestaltet sein, dass der Anteil der gesamten Verpackungskosten an den Gesamtkosten des Produktes so niedrig wie möglich ist. (6) Unter ökologischen Aspekten soll ein Gleichgewicht zwischen der Erfüllung oft anspruchsvoller Verpackungsfunktionen und Umwelterfordernissen bestehen. Die Verpackung sollte so beschaffen sein, dass die durch ihre Herstellung, ihren Gebrauch und ihre Entsorgung verursachte Belastung der Umwelt möglichst gering ist.

Verpackungstest, → Spezielle Testdesigns in der Marktforschung.

Verpackungsverordnung, (*Verordnung über die Vermeidung und Verwertung von Verpackungsabfällen, VerpackV*). Die V. trat erstmalig 1991 mit dem Ziel in Kraft, das Aufkommen an Verpackungsmüll drastisch zu reduzieren. Die neu gefasste V. vom 21. August 1998 (BGBl I, S. 2379ff.), die die alte Verordnung mit Inkrafttreten am 28. August 1998 abgelöst hat, ist praxisgerechter ausgelegt, fördert den Wettbewerb in der Entsorgungswirtschaft und passt die deutschen Regelungen an die EG-Richtlinie 94/62/EG über Verpackungen und Verpackungsabfälle an. Die V. nimmt ihren abfallwirtschaftlichen Zielen einen starken Einfluss auf die → Verpackungspolitik und berührt die gesamte Wertkette. Unterschieden werden Transport-, Um- und Verkaufsverpackungen (§ 3 I), für die seitens der Vertreiber grundsätzlich die Pflicht zur Rücknahme sowie zur Wiederverwendung (Mehrwegverpackung) oder zur stofflichen Verwertung (Recycling) besteht (§§ 4-7). Für Verpackungen von Getränken, Wasch- und Reinigungsmitteln sowie Dispersionsfarben besteht grundsätzlich eine Pfanderhebungspflicht (§ 8). Allerdings räumt die V. die Möglichkeit ein, sich von der Rücknahme- und Entsorgungspflicht für Verkaufsverpackungen sowie von der Rücknahme- und Pfanderhebungspflicht für die Verpackungen von Getränken, Wasch- und Reinigungsmitteln sowie Dispersionsfarben durch ein privates Abholsystem zu befreien, das die aufgeführten gebrauchten Verpackungen in den Haushaltungen oder in deren Nähe abholt und anschließend der Sortierung und stofflichen Verwertung zuführt (§§ 6 III, 9 I). Zu diesem Zweck wurde 1990 die → Duales System Deutschland Gesellschaft für Abfallvermeidung und Sekundärrohstoffgewinnung (DSD) mbH gegründet, deren Träger Hersteller von → Verpackungen und → Kon-sumgütern sowie Handelsunternehmen sind. Die Gesellschaft vergibt Lizenzen zur Nutzung des sog. → Grünen Punktes, der von den Produkten geführt werden darf, die die Verbraucher in separaten Wertstofftonnen sammeln und somit zur stofflichen Verwertung gelangen. Weiterhin ist die Pfanderhebungs- und Rücknahmepflicht bei Mehrwegverpackungen von Getränken solange aufgehoben, wie deren Anteil in der Bundesrepublik Deutschland nicht unter 72 Prozent sinkt (§ 9 II). Seit dem 1.1.2003 besteht die Pfanderhebungs- und Rücknahmepflicht bei Einwegverpackungen von Getränken (§ 8 I), und zwar für Dosen, PET- und Glasflaschen für Bier, Wasser (mit und ohne Kohlensäure) und Fruchtsaftgetränke sowie Erfrischungsgetränke mit Kohlensäure. Pfandfrei bleiben dagegen Säfte, Fruchtsaftgetränke ohne Kohlensäure, Spirituosen, Wein und Sekt. → Abfallverhalten, Recycling, → Duales System Deutschland AG (DSD), → ökologieorientierte Verpackungspolitik, → ökologisches Marketing, → Umweltgesetze.

Verrechnungspreise, vom Unternehmen selbst festgelegte Werte, die zur Bewertung und Koordination innerbetrieblich erstellter Leistungen (Produkte, Zwischenprodukte, Dienstleistungen) herangezogen werden. Eine wichtige Rolle spielen V. vor allem in Unternehmen mit einer Unterteilung in selbständige Verantwortungsbereiche, die sich untereinander Leistungen erbringen und berechnen. Im Einzelnen können mit V. unterschiedliche Ziele verfolgt werden: (1) Lenkung, d.h. Koordination dezentraler Entscheidungen in Teilbereichen eines Unternehmens, (2) Erfolgsermittlung einzelner Kontrolleinheiten, (3) Bestandsbewertung, (4) Preiskalkulation. Häufig werden mehrere Ziele gleichzeitig verfolgt. Probleme kann dies vor allem im Zusammenhang mit der Festlegung von V. bereiten. So können V. grundsätzlich markt-, nutzen- oder kostenorientiert gebildet werden. Werden die zu beschaffenden oder zu liefernden Güter auch auf externen Märkten gehandelt, bietet sich z.B. eine marktorientierte Verrechnungspreisbildung an, d.h., der V. wird aus dem jeweiligen Marktpreis abgeleitet. Nutzenorientierte V. hingegen berücksichtigen nicht nur Erlös- und Kostenkomponenten, sondern versuchen auch den anderen Nutzen, d.h. die → Opportunitätskosten, des zu bewertenden Gutes abzubilden. Kostenorientierte V. wiederum basieren üblicherweise auf Vollkosten (→ Vollkostenrechnung).

Versandhandel, → Betriebsform des → Einzelhandels, die nach dem Distanzprinzip geführt wird. Demzufolge unterbreitet der V. sein Angebot schriftlich, über Kataloge, den Einsatz neuer Kommunikationsmedien, einen Vertreterstab (z.B. Sammelbesteller) und/oder Verkaufsausstellungen. Der V. wendet sich ausschließlich oder überwiegend mittels Direktmarketing-Kommunikation direkt an potenzielle oder tatsächliche Kunden. Somit kann der Käufer die Ware zu Hause und ohne zeitliche Begrenzung auswählen und bestellen. Allerdings muss er dafür auf eine körperliche Inspektion und Prüfung der Waren verzichten (Ausnahme: kostenfreies Rückgaberecht). Die Warenzustellung erfolgt i.d.R. in die Wohnungen der Käufer. Die Waren werden durch Transportunternehmen oder mit Hilfe von eigenen Transportmitteln ausgeliefert. Entsprechend der Sortimentsstruktur unterscheidet man zwischen Spezial- und Universalversand.

Versandhandel, rechtliche Aspekte. I. Allgemeines: Im Umgang mit dem Endverbraucher findet der V. das relevante Recht in mehreren Bereichen. Neben dem → Wettbewerbsrecht und dem Vertragsrecht (*vgl. auch* → Vertrag, → Fernabsatzverträge) kommt dem Recht auf → Datenschutz besondere Bedeutung zu. Denn V. kann im Gegensatz zum stationären → Einzelhandel nicht anonym betrieben werden. Um ihre Kunden suchen und ansprechen zu können, sind die Anbieter vielmehr auf personenbezogene Daten angewiesen. Regeln zum Datenschutz finden sich primär im Bundesdatenschutzgesetz (BDSG), im Telekommunikationsgesetz (TKG), im Informations- und Kommunikationsdienste-Gesetz (IuKDG) und im Staatsvertrag über Mediendienste. Rechtsfragen des V. treten in allen Phasen einer Kundenbeziehung auf, von der Leistungserstellung über die Geschäftsanbahnung und den Vertragsabschluss bis zur Kundenpflege.

II. Ausgewählte Rechtsfragen: (1) Sortimentspolitik: Bestimmte Produkte dürfen überhaupt nicht über den → Versandhandel vertrieben werden, wie z.B. Arzneimittel, deren Abgabe den Apotheken vorbehalten ist (§ 8 I Heilmittelwerbegesetz). (2) → Preispolitik: Bei Sammelbestellungen gilt, dass kein Verstoß gegen rabattrechtliche Vorschriften vorliegt, wenn der Sammelbesteller eine vom Umsatz berechnete Kostenpauschale erhält. Sie darf auch seine eigenen Käufe einschließen und seine tatsächlichen Kosten übersteigen. Dies wird nicht als Preisnachlass (Rabatt) angesehen, sondern als Belohnung für seine Werbetätigkeit. (3) → Preisauszeichnung: Ein Versandhändler muss die Preise entweder neben den abgebildeten Waren, neben der Warenbeschreibung, in Anmerkungen oder in mit den Katalogen oder den Warenlisten in Zusammenhang stehenden Preisverzeichnissen angeben. (4) Vertragspolitik: Das BGB sieht für → Fernabsatzverträge ein Widerrufs- oder ein Rückgaberecht vor und enthält Regelungen für die Kosten der Rücksendung von Waren. (5) → Absatzkreditpolitik: Diese Verbraucherrechte gelten insbesondere für solche Fälle, in denen der Fernabsatzvertrag und der Finanzierungsvertrag eine wirtschaftliche Einheit bilden. Im Übrigen sind das Widerrufs- und das Rückgaberecht des BGB zu beachten. (6) Werbepolitik: Schickt ein Versandhändler unbestellte Waren an mutmaßliche Interessenten, so muss er damit rechnen, dass die Produkte entgeltlos verloren gehen, da der Adressat in diesem Fall nicht verpflichtet ist, die Ware zu bezahlen oder zurückzuschicken. Es besteht lediglich die Sorgfaltspflicht der ordentlichen Aufbewahrung.

Vershofensche Nutzenlehre, → Nutzentheorie.

Versicherungsmarketing, Bezeichnung für das → Dienstleistungsmarketing von Versicherungsunternehmen und selbständigen Versicherungsvermittlern. Bei der Gestaltung des V. müssen rechtliche Aspekte, beispielsweise bei der → Produktpolitik, beachtet werden. Durch die zunehmende Deregulierung haben sich viele Versicherungsunternehmen und selbständige Versicherungsvermittler in den letzten Jahren verstärkt mit Aspekten des V. auseinander gesetzt. Ähnlich wie beim → Bankmarketing und beim → Immobilienmarketing werden beim V. die Kunden oft in Firmen- und Privatkunden unterteilt. Typischerweise treten Versicherungsunternehmen und selbständige Versicherungsvermittler nach Abschluss des Vertrags relativ selten in Kontakt. Ein intensiver Kontakt findet vor allem im Versicherungsfall statt, ein für beide Seiten „unangenehmes" Ereignis. Das V. muss den Besonderheiten eines solchen Ereignisses Rechnung tragen und unabhängig von diesem Ereignis das Ziel verfolgen, → Geschäftsbeziehungen zu Kunden aufzubauen.

Versorgungsorientiertes Social Marketing, → Social Marketing.

Verstärkerprinzip, → Lernen.

Versuchsanordnung, die V. gibt den Aufbau eines → (Labor)Experiments an. Dabei muss die Anzahl der Testgruppen sowie die Anzahl der Kontrollgruppen festgelegt werden. Die Testgruppe ist die Einheit des Experiments, auf die die variierte Größe einwirkt. Die Kontrollgruppe dient lediglich dem Vergleich, um zu überprüfen, ob ein verändertes Messergebnis eindeutig dem Experimentfaktor zugewiesen werden kann. Neben der Anzahl der Gruppen legt die V. fest, ob auch Messungen vor der Veränderung durchgeführt werden sollen. Je nach Zusammensetzung ergeben sich daraus verschiedene Kombinationen, die sich in vollständige, unvollständige und Quasi-Experimente einteilen lassen. So werden z.B. beiden Gruppen verschiedene Werbespots vorgeführt, wobei bei der Testgruppe ein Spot für ein neues Produkt eingefügt wurde. Anschließend müssen beide Gruppen aus einer Produktpalette, die auch das neue Produkt beinhaltet, das

Produkt auswählen, das sie kaufen würden. Durch den Vergleich zwischen der Testgruppe und der Kontrollgruppe lassen sich Rückschlüsse über die Wirksamkeit der Maßnahme ziehen.

Vertikale Distributionsstruktur, → Absatzkanalpolitik.

Vertikale Diversifikation, → Diversifikationsstrategie.

Vertikale Integration, → Integration, vertikale.

Vertikale Kooperation im Handel, → Vertikales Marketing.

Vertikale Marketingstrategie, → Vertikales Marketing.

Vertikales Marketing, I. Praktische Bedeutung und Grundlagen: Als Ausgangspunkt von Untersuchungen zum Vertikalen Marketing ist i. d. R. ein Hersteller eines bestimmten Produktes oder einer Produktlinie anzutreffen, der bestrebt ist, den Absatz dieser Erzeugnisse über ihre Distributionsstufen hinweg zu koordinieren. Damit ist eine einzelwirtschaftliche Betrachtungsperspektive gegeben, an der sich die Zielsetzungen und Instrumente des V.M. orientieren. Gleichwohl ist die Berücksichtigung der Interessen des Handels in Marketingkonzeptionen der Industrie als ein prägendes Merkmal des Vertikalen Marketing zu bezeichnen. Beide Wirtschaftsstufen agieren somit im Rahmen ihrer absatzpolitischen Zielsetzungen und mit Blick auf den Verbraucher, stimmen sich jedoch in Teilbereichen ab. Als Motor einer derartigen vertikalen Kooperation kann das Bestreben des Herstellers gesehen werden, den Marktauftritt seiner Produkte möglichst vollständig zu koordinieren und zu kontrollieren. Der Marktauftritt von Absatzgütern wird neben dem Hersteller insbesondere vom Einzelhandel bzw. den in vielen Branchen zunehmend anzutreffenden Filialsystemen und kooperierenden Gruppen mitgestaltet. Der Einzelhandel verfügt über den unmittelbaren Kontakt zum Endabnehmer und kann durch den gezielten Einsatz seiner absatzpolitischen Instrumente, d.h. durch die Gestaltung derjenigen Instrumente des Handelsmarketing, die auf die Abnehmer gerichtet sind, ihre Kaufentscheidungen wesentlich beeinflussen. Dabei orientiert er den Einsatz produktspezifischer Marketinginstrumente (z.B. Preis, Platzierung) nicht allein an produktspezifischen Zielen, sondern lässt sortimentspolitische Zielsetzungen (z.B. die Realisierung einer Mischkalkulation) und geschäftsstättenpolitische Erwägungen (z.B. die Beeinflussung des Geschäftsstättenimage) in die Auswahl und den Einsatz der Instrumente einfließen. Die Entwicklung zu folgenden Rahmenbedingungen hat in den vergangenen zwei Jahrzehnten dazu geführt, dass die stufenübergreifende Koordination und Kontrolle des Marktauftritts für den Hersteller immer bedeutender wird: (1) Durch den Wegfall der vertikalen Preisbindung in fast allen Bereichen der Konsumgüterdistribution ist der Endabnehmerpreis – eines der wichtigsten absatzpolitischen Instrumente des Herstellers – seiner unmittelbaren Kontrolle entzogen worden. (2) Die Konzentration in vielen Branchen des Handels und die damit einhergehende Bündelung von Umsatzvolumina auf eine immer geringer werdende Anzahl eigenständig agierender Handelskonzerne haben die Verhandlungsposition vieler Herstellerunternehmen im Wettbewerb um den Regalplatz, bei Verhandlungen über Einkaufskonditionen und bei der wechselseitigen Abstimmung absatzpolitischer Instrumente geschwächt. (3) Die zunehmende Produkt- und Markenvielfalt im Konsumgüterbereich sorgt dafür, dass eine ausgeprägte Profilierung produktspezifischer Marketingkonzeptionen Grundvoraussetzung ist, um im Wettbewerbsumfeld vom Verbraucher überhaupt wahrgenommen zu werden. Der Handel betreibt sowohl gegenüber den Verbrauchern als auch gegenüber den Lieferanten zunehmend ein eigenständiges, profilsetzendes Handelsmarketing. Sortiments- und Geschäftsstättenprofilierung treten in den Mittelpunkt seiner absatzmarktgerichteten Zielgrößen. Im Hinblick auf diese Zielgrößen tritt er durch das Angebot von Handelsmarken vielfach in unmittelbare Konkurrenz zu Herstellermarken. Aus der Perspektive des Herstellers kann der Handel, sofern er die betreffenden Produkte gelistet hat, d.h. Mitglied des Distributionssystems ist, vor dem Hintergrund der skizzierten Rahmenbedingungen drei verschiedene Rollen einnehmen: (1) Er kann einerseits als Störfaktor auftreten, d. h. der vom Hersteller intendierte Marktauftritt wird zum Nachteil des Herstellers verzerrt. Beispielhaft sei ange-

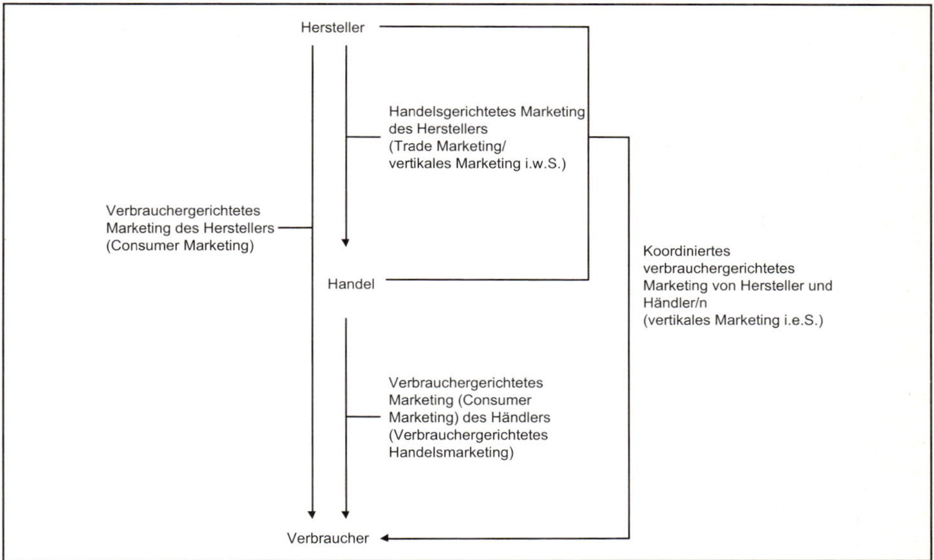

Die Einordnung des Vertikalen Marketing in das Instrumentarium des Absatzmarketing

führt, dass eine vom Hersteller intendierte Hochpreisstrategie durch wiederholte Sonderpreisaktionen des Handels zunichte gemacht werden kann. (2) Er kann gegenüber dem Verbraucher lediglich als neutraler Bote der Marketingkonzeption des Herstellers fungieren. Der Einsatz von Instrumenten des Handelsmarketing dient dann lediglich dazu, am POS die Voraussetzungen für den Marktauftritt zu schaffen, den der Hersteller aus eigener Kraft (z.B. im Rahmen des verbrauchergerichteten Absatzkommunikation) herbeiführen kann. (3) Die für den Hersteller interessanteste Rolle des Handels liegt hingegen vor, wenn er sich als Katalysator für die Marketingkonzeption des Herstellers erweist, d.h. über die reine Darbietungsfunktion hinaus im Sinne des Herstellers unterstützende Instrumente des Handelsmarketing einsetzt (z.B. Sonderplatzierungen, kommunikative Unterstützung und Hervorhebung einzelner Produkte oder ganzer Absatzprogramme des Herstellers). Im Rahmen des vertikalen Marketing kann es somit nicht allein Zielsetzung des Herstellers sein, vom Handel ausgehende Verzerrungen der intendierten verbrauchergerichteten Marketingkonzeption zu vermeiden; von besonderer Bedeutung ist vielmehr die Chance, Marketingkonzeptionen mit Unterstützung des Handels zu realisieren, die ohne diese Unterstützungsleistungen nicht möglich wären. In diesem letztgenannten Aspekt liegt der eigentliche Kern und Grundgedanke des Vertikalen Marketing.

II. Begriffliche Grundlagen und Einordnung des Vertikalen Marketing in das Instrumentarium des Absatzmarketing: Das V.M. beinhaltet einen bestimmten Ausschnitt aus dem Absatzmarketing. Betrachtet man die Absatzpolitik als Kernbereich des Marketing, so umfasst die handelsgerichtete Absatzpolitik sämtliche Entscheidungsbereiche eines Herstellers, die mit Blick auf die Warenverkaufsprozesse den Handel als potenziellen Absatzmittler in irgendeiner Form betreffen. Für diese Entscheidungsbereiche finden u.a. auch die Begriffe Absatzkanalpolitik, Absatzkanalmanagement, gelegentlich auch die Begriffe handelsgerichtetes Marketing bzw. Trade Marketing Verwendung. Als Beispiel für Entscheidungstatbestände der handelsgerichteten Absatzpolitik sei die Wahl der Absatzwege angeführt. Damit zählt auch die Exklusion bestimmter, oder im Falle des Direktvertriebs gar aller in Frage kommender Handelsbetriebe zur handelsgerichteten Absatzpolitik. Sie kann in diesem Sinne als Kernbereich des Marketingsubmixbereiches Distributionspolitik bezeichnet werden. Mitunter wird V.M. mit der handelsgerichteten Absatzpolitik gleichgesetzt. Dieser Fall soll hier als Vertikales Marketing i.w.S. bezeichnet werden. Es unterstellt damit nicht zwingend eine Kooperation zwischen Hersteller und Handel. Vertikales Marketing i.e.S. geht hingegen stets von der eingangs skizzierten Kooperation zwischen Hersteller und Handel aus. Diese Begriffsfassung wird auf die Untersuchung von McCammon zurückgeführt, der in diesem Zusammenhang den Begriff des „Vertical Marketing-System“ prägte, und kann als ursprüngliche Begriffsfassung bezeichnet werden. Sie ist in einigen späteren Untersuchungen mit dem Hinweis auf eine ungerechtfertigte begriffliche Einengung erweitert worden. Die beiden wesentlichen Erweiterungen erfolgten einerseits dahingehend, dass nicht zwingend von einer Kooperation zwischen Hersteller und Handel ausgegangen wurde (Vertikales Marketing i.w.S.). Andererseits wurde die einseitige Betrachtung der Hersteller-Händler-Dyade kritisiert, so z.B. von Kunkel, der ausschließlich den Herstellerbereich betrachtet und in diesem Bereich die speziellen Gestaltungsmöglichkeiten „stufenübergreifender“ Marketingkonzeptionen, die auf weiterverarbeitende Unternehmen gerichtet sind, untersucht.

III. Einordnung des Vertikalen Marketing in das Instrumentarium des Absatzmarketing: Gegenwärtig kann nicht von einer vorherrschenden Begriffsfassung gesprochen werden. Mit Blick auf den praktischen Untersuchungsgegenstand ist jedoch festzustellen, dass in dem Großteil der Untersuchungen nach einer allgemeinen Diskussion und Abgrenzung des V.M. die stufenübergreifende Kooperation in den Mittelpunkt der Betrachtung gestellt wird. Darüber hinaus wird als Initiator des Vertikalen Marketing i.d.R. ein Hersteller (bzw. eine Gruppe von Herstellern) unterstellt. In diesem Sinne wird V.M. in der Literatur i.d.R. aus einzelwirtschaftlicher Perspektive definiert, obwohl es sich im Kern um die Konzeptionierung und Praktizierung eines abgestimmten Verhaltens von mindestens zwei Interessensträgern handelt. Es soll an dieser Stelle schon darauf hingewiesen werden, dass gerade vor dem Hintergrund aktueller Entwicklungen ebenso der Handel als Initiator eines Vertikalen Marketing auftreten kann. Einerseits kann z.B. ein Großhändler als Vorstufenlieferant mit Blick auf den Einzelhandel V.M. initiieren. Andererseits können Handelsunternehmen Hersteller dazu veranlassen, ihr absatzpolitisches Instrumentarium in einer bestimmten Weise auszurichten. Diese Perspektiven stellt jedoch derzeitig noch nicht einen gewichtigen Schwerpunkt der Untersuchungen zu Konzeptionen des Vertikalen Marketing dar. Hier soll V.M. zusammenfassend aus der Perspektive des Herstellers und im Hinblick auf die Hersteller-Händler-Dyade wie folgt definiert werden: V.M. ist derjenige Bereich des Absatzmarketing, der spezifisch darauf gerichtet ist, im Wege einer koordinierten Zusammenarbeit das Verhalten der Absatzmittler nach den absatzpolitischen Zielen des Herstellers auszurichten. Im Mittelpunkt des Vertikalen Marketing steht eine Abstimmung der absatzpolitischen Instrumente der ausgewählten Händlergruppe mit den absatzpolitischen Instrumenten des Herstellers – vom Ergebnis her betrachtet handelt es sich damit um ein koordiniertes verbrauchergerichtetes Marketing. V.M. setzt folglich ein kooperatives Verhalten gegenüber den ausgewählten Händlern und damit nur eine von mehreren möglichen Verhaltenseisen im Rahmen der handelsgerichteten Absatzpolitik ein. Als Alternativen sind der Verzicht auf eine bewusste Abstimmung der absatzpolitischen Instrumente mit der ausgewählten Händlergruppe und darüber hinaus die Umgehung des Handels im Wege des Direktvertriebs zu nennen. Die Verhaltensweisen können im Hinblick auf verschiedene Händlergruppen auch unterschiedlich angewendet werden (vgl. Abb. „Die Einordnung des Vertikalen Marketing in das Instrumentarium des Absatzmarketing“).

Literatur: Florenz, P.J. (1992): Konzept des vertikalen Marketing, Köln; Irrgang, W. (1989): Strategien im vertikalen Marketing, München; Kümpers, U.A. (1976): Marketingführerschaft, Eine verhaltenswissenschaftliche Analyse des vertikalen Marketing, Diss. Münster; Kunkel, R. (1977): Vertikales Marketing im Herstellerbereich, München; McCammon, B.C. (1970): Perspectives for Distribution Programming, in: Bucklin, L.P. (Hrsg.): Vertical Marketing Systems, Glenview (Ill.), London, S. 32-51; Olbrich, R. (1995): Entwicklungsperspektiven des vertikalen Informationsmanagement zwischen Handel und Industrie – Informationsführerschaft des Handels, der Industrie oder der Marktforschungsinstitute?, in: Trommsdorff, V. (Hrsg.): Handelsforschung

1995/96, Jahrbuch der Forschungsstelle für den Handel Berlin (FfH) e.V., Wiesbaden, S. 39-50; Olbrich, R. (2001): Ursachen und Konsequenzen der Abhängigkeitsverhältnisse zwischen Markenartikelindustrie und Handel, in: Marketing ZFP, 23. Jg., Nr. 4, S. 253-267; Thies, G. (1976): Vertikales Marketing, Marktstrategische Partnerschaft zwischen Industrie und Handel, Berlin, New York.

Rainer Olbrich

Vertrag. Mittel zur Gestaltung des Wirtschaftslebens, indem zwei oder mehr Parteien einen gemeinsamen Willen zum Ausdruck bringen.

I. Kodifizierte Verträge: Eine große Zahl von häufig abgeschlossenen Verträgen ist gesetzlich geregelt, d.h. kodifiziert, so z.B. im BGB in den §§ 433-811. Hier finden sich Kauf-, Werk-, Miet-, Darlehens-, Makler- und andere Verträge sowie die Grundform des Gesellschaftsvertrages und der Reisevertrag. Weitere Vertragstypen finden sich im HGB, im AktG, im GmbHG und im Versicherungsvertragsgesetz. Neben dieser Vielzahl von verpflichtenden Verträgen, sie werden als schuldrechtliche Verträge bezeichnet und machen den weitaus größten Teil der geschlossenen Verträge aus, gibt es noch, ebenfalls vornehmlich im BGB, weitere Verträge, wie z.B. Eigentumsübertragung an Sachen, Eheverträge und Verträge des Erbrechts.

II. Nicht-kodifizierte Verträge: Haben bislang keine eigenständige gesetzliche Regelung als Vertragstyp erfahren. Zu den marketingrelevanten und schon länger bekannten Verträgen zählen z.B. Vertragshändler-, Automatenaufstell- und Bierlieferungsverträge. In der jüngeren Vergangenheit haben sich sog. moderne Vertragstypen herausgebildet, zu denen u.a. → Leasing, → Factoring, → Franchising, rechtliche Aspekte, Know-how-Verträge, Computer- und Kreditkartenverträge gerechnet werden. Sie sind das Ergebnis veränderter Instrumente und Strategien der → Absatzpolitik und haben eine herausragende und das Wirtschaftsleben prägende Bedeutung gewonnen. So trugen etwa Franchiseverträge (vgl. → Franchising, rechtliche Aspekte) dazu bei, dass Firmen wie McDonald´s, OBI, Body Shop, Quick Schuh, Foto Quelle und Eismann national und teilweise international bekannt und erfolgreich geworden sind.

III. Entwicklung: Es kann folglich nicht verwundern, dass die Gesetzgebung bei der Kodifizierung moderner Vertragstypen und damit bei der Rechtswirklichkeit mitunter beträchtlich hinterherhinkt. So sind die Gerichte vielfach gezwungen, selbst Typen zu bilden und einheitliche Bewertungsmaßstäbe zu finden, um auch bei sich entwickelnden neuen Klassen von Verträgen die Rechtssicherheit zu gewährleisten. Einen Vertragstypus, der als Ganzes obligatorisch ist, bei dem also nur die Wahl besteht, den V. – so wie er vom Gesetz vorgesehen ist – zu akzeptieren oder einen derartigen V. nicht abzuschließen, gibt es nicht. Zwingend sind immer nur Teile von Vorschriften.

IV. Gestaltung: Soweit gesetzliche Vorschriften dispositives Recht, also nicht zwingend sind, dienen sie zunächst als Regelungsvorschlag sowie als Lückenfüller für die Fälle, die im V. von den Parteien nicht geregelt wurden. Darüber hinaus kommt diesen Vorschriften auch eine Leitfunktion zu. Je stärker die getroffene Regelung von der gesetzlichen Vorstellung abweicht, desto größer ist der Rechtfertigungsdruck für die Abweichung und desto größer ist die Gefahr, dass die Rechtsprechung die Regelung als sittenwidrig oder gegen Treu und Glauben verstoßend beurteilt. Das bedeutet allerdings nicht, dass unter besonderen Umständen eine vom Gesetz völlig abweichende Lösung nicht auch als sachgerecht und angemessen anerkannt wird und damit durchsetzbar bleibt. Aber auch explizite gesetzliche Verbote sind zu beachten: Gemäß § 138 I BGB ist ein Rechtsgeschäft, das gegen die guten Sitten verstößt, nichtig (*vgl. auch* → Preisfestsetzung, wucherische).

Vertragliche Kundenbindung. Bei der V. K. wird der Nachfrager durch rechtlich zwingende Vereinbarungen, wie z.B. Service- oder Leasingverträge, → Garantien, → Abonnements oder Mindestbezugsvereinbarungen, an den entsprechenden Hersteller, die Marke oder eine Einkaufsstätte gebunden. *Vgl. auch* → Kundenbindung.

Vertragsgestaltung, internationale, Ausgestaltung von Verträgen zwischen Partnern verschiedener Länder, die insbesondere die internationale Konditionenpolitik im Rahmen der internationalen → Kontrahierungspolitik berührt. Zur internationalen Konditionenpolitik gehören die internationale → Kreditpolitik, die internationalen → Zahlungsbedingungen, die internationalen → Lieferbedingungen sowie die internationale → Rabattpolitik. Generell ist auf Klarheit, Eindeutigkeit und Vollständigkeit der Regelungen zu achten, da bei nachlässiger Handhabung der konditionenpolitischen Instrumente gerade im internationalen Geschäft ungeahnte Risiken und Kosten sowie unnötige Zeitverluste entstehen können.

Vertragshandelssystem, → Vertragshändlerschaft.

Vertragshändler. Selbständiger Gewerbetreibender, der aufgrund eines Vertrages ständig damit betraut ist, im eigenen Namen und auf eigene Rechnung Waren zu vertreiben und sich verpflichtet, den Absatz des Auftraggebers nach dessen konzeptionellen Vorstellungen zu fördern (z.B. in der Automobilbranche). Der Vertrag ist gesetzlich nicht-kodifiziert (*vgl. auch* → Vertrag, → Absatzkanalpolitik, rechtliche Aspekte).

Vertragshändlerschaft, vertragliches Vertriebssystem zwischen Hersteller und → Handel, bei dem die → Absatzmittler (sog. Vertragshändler) exklusiv die Produkte des Herstellers führen, i.d.R. ohne konkurrierende Produkte anderer Hersteller im → Sortiment anzubieten. Zudem verpflichten sich die Vertragshändler, vorgegebene Preis-, Rabatt- und Lieferbedingungen des Herstellers zu erfüllen. Vorteilhaft ist für den Hersteller dabei die hohe Steuer- und Kontrollierbarkeit des Absatzes seiner Produkte. Als Gegenleistung erhalten die Vertragshändler häufig das Recht, in ihrem Einzugsgebiet die Produkte des Herstellers als Einzige anzubieten (sog. Gebietsschutz). Zudem erhalten sie oftmals Unterstützungen im Marketingbereich. Beispiele einer V. finden sich vor allem in der Kraftfahrzeugs- und Mineralölbranche.

Vertragstypologie von Williamson, → Geschäftstypologien.

Vertragswahl, → Prinzipal-Agenten-Theorie.

Vertrauen. I. Begriff: In vielen wirtschaftlichen Situationen, so auch bei Käufer-Verkäufer-Interaktionen, ist es notwendig, sich auf die Informationen und Verhaltensweisen zu verlassen, deren Wahrheitsgehalt nicht zweifelsfrei und nicht immer überprüfbar ist. Nach Rotter stellt das V. eine generalisierte Erwartung dar, sich auf mündliche oder schriftliche Versprechen verlassen zu können. Um sich auf andere verlassen zu können, werden nach Schottlaender neben den bisher gesammelten Erfahrungen auch der Glaube auf „das Gute im Menschen“ in Erwägung gezogen. In dieser Definition schlägt sich das Prinzip der Reziprozität nieder: Handlungen werden in der Hoffnung ausgeführt, dass sich der Gegenüberstehende in der erhofften Weise verhalten wird. Luhmann hebt einen weiteren wichtigen Aspekt des V. hervor, indem er argumentiert, dass Menschen vertrauensbereit sind, wenn sie über eine innere Sicherheit verfügen, d.h. wenn ihnen eine Art Selbstsicherheit innewohnt, die sie befähigt, etwaigen Vertrauensenttäuschungen mit Fassung entgegenzusehen. Die V.-Bereitschaft wird durch den Versuch des V.-Gebers charakterisiert, seine subjektive Unsicherheit bzgl. der Folgen einer Handlung durch zusätzliche Informationen zu reduzieren. Da nicht alle Informationslücken ausgefüllt werden können, ist V. grundsätzlich auf eine Extrapolation von der in der Vergangenheit gesammelten Informationen angewiesen. Zu diesen Definitionen muss angemerkt werden, dass das V. nur von einem einzelnen Individuum entwickelt werden kann, und dass die Ausprägung des V. zwischen den einzelnen Individuen sehr unterschiedlich ausfallen kann. Der Aspekt der unterschiedlichen Ausprägung des V. wurde vor allem von Rotter untersucht und führte zur Entwicklung der „Interpersonal Trust Scale“ (ITS).

II. Vertrauensaufbau: Der Aufbau des V. lässt sich aus verhaltenswissenschaftlicher Perspektive anhand des S-O-R-Modells darstellen. Stimuluskomponenten stellen dabei alle Merkmale dar, aus denen der Vertrauende die Vertrauenswürdigkeit der anderen Person ableiten kann. Dazu gehören z.B. nonverbale Kommunikationselemente wie Nicken, freundliche Gesichtsausdrücke oder Gegenstände, die die Kompetenz des Akteurs symbolisieren (ausgehängte Zertifikate, Büroeinrichtungen usw.). Bei der Organismuskomponente handelt es sich um den Prozess der Informationsverarbeitung, bei dem die vertrauensrelevanten Merkmale wahrgenommen und bewertet werden. Dabei spielen sowohl das individuelle Erfahrungswissen eine entscheidende Rolle, als auch die erlernten Bewertungsschemata, die durch die Erfahrungen anderer Individuen ebenfalls beeinflusst werden. Die Reaktionskomponente zeigt sich zunächst in der Verhaltensintention, V. zu schenken oder nicht. Das Verhalten kann zu gezielten Handlungen führen.

III. Erfassung von Vertrauen: Zur Erfassung des V. werden grundsätzlich zwei Methoden angewendet. Die erste Methode umfasst Fragebögen und Gesprächsleitfäden, die Zweite die Variation von Bedingungen in experimentellen Spielen, bei denen die unterschiedlichen Ausprägungen von vertrauensvollem Handeln untersucht werden. Bei der Erfassung des V. werden zwei Konstrukte differenziert. Zum einen wird das generalisierte V. betrachtet, das sich als eine „grundsätzliche Vertrauensbereitschaft eines Akteurs unabhängig von den Spezifika einer bestimmten Situation“ beschreiben lässt. Zum anderen wird das spezifische V. verfolgt, bei dem es sich um eine gegenwartsorientierte subjektive Einschätzung der Vertrauenswürdigkeit einer bestimmten Person in einer spezifischen Situation handelt. Folgende Verfahren zur Erfassung des generalisierten V. liegen beispielsweise vor: (1) Skala zur Erfassung interpersonellen V. von Rotter. Hier wird anhand mehrerer Faktoren wie z.B. „V. in Mitmenschen und V. in soziale Agenten“ und „Institutionelles und politisches V.“ die generalisierte Erwartung gemessen, die sich im Umgang mit einer Vielzahl von Personen und Situationen herausbildet. (2) Fragebogen zur Erfassung sozialen V. von Krampen. Die auf den Überlegungen von Rotter basierende und erweiterte Skala unterscheidet drei Faktoren: „Soziales Misstrauen und soziale Angst“, „V. in die Zuverlässigkeit anderer“ und „Misstrauen ggü. Medien“. (3) Eine weitere Form zur Erfassung des V. stellen Gesprächsleitfäden dar, die die persönliche Sichtweise von V. und die Beziehungen zur Risikobereitschaft, V.-Würdigkeit, Offenheit, Verpflichtung und zum Selbstvertrauen erfassen. Weiterhin gehört das Gefangenen-Dilemma-Spiel zu den klassischen Verfahren, V. zu beobachten und zu erfassen. Hier lässt sich V. als eine risikobehaftete Wahlentscheidung verstehen, bei der das Ergebnis von der Entscheidung des Ggü. abhängt und dieser die Möglichkeit hat, das geschenkte V. nicht zu entgegnen, um sich damit eigene Vorteile zu sichern.

IV. Vertrauen im Marketing: Das Vertrauenskonzept erfährt in der wissenschaftlichen Marketingdiskussion eine zunehmende Bedeutung. Die → Informationsökonomik stellt u.a. die Vertrauenseigenschaften von Gütern in den Mittelpunkt der Betrachtung. Die → Prinzipal-Agenten-Theorie zeigt, dass durch V. Transaktionskosten gesenkt werden können. Aus verhaltenswissenschaftlicher Perspektive interessieren vor allem die zwischenmenschlichen Prozesse beim V.-Aufbau zwischen Kunde und Verkäufer. Hier zeigt sich, dass die Berücksichtigung des Selbstvertrauens des Kunden eine entscheidende Erklärungsvariable für den Kommunikationserfolg darstellen kann.

Literatur: Luhmann, N. (1973): Vertrauen. Ein Mechanismus der Reduktion sozialer Komplexität, 2. Aufl., Stuttgart; Petermann, F. (1996): Psychologie des Vertrauens, 3. Aufl., Göttingen; Rotter, J.B. (1967): A New Scale for the Measurement of Interpersonal Trust, in: Journal of Personality, 35. Jg., Nr. 4, S. 651-665.

Andrea Gröppel-Klein

Vertrauenseigenschaften, Gütereigenschaft aus Sicht der → Institutionenökonomik (→ Theorien des Marketing). Während bei → Suchgütern die kaufrelevanten Eigenschaften offen liegen und sie bei → Erfahrungsgütern nach dem Kauf offenbar werden, bleiben V. auch nach dem Kauf verborgen oder sind nur zu prohibitiv hohen Kosten überprüfbar. Beispiele für V. sind der biologische Anbau von Lebensmitteln, die Behauptung, ein Produkt sei ohne schädliche Emissionen hergestellt und die gesundheitliche Unbedenklichkeit einer Zahnfüllung. → Vertrauensgüter.

Vertrauensgüter, idealtypische Gütergruppe aus Sicht der → Institutionenökonomik (→ Theorien des Marketing) mit hohem Informationsproblem des Kunden. Bei V. bleiben die kaufrelevanten Eigenschaften auch nach dem Kauf verborgen oder sind nur zu prohibitiv hohen Kosten überprüfbar. Das Marketing für V. muss auf den Aufbau von Reputation des Anbieters, Publikation von Produktinformationen, auf freiwillige Zusammenschlüsse und Kontrollen der Anbieter und auf (staatliche) Gütesiegel setzen. → Vertrauenseigenschaften.

Vertrauensintervall, → Konfidenzintervall.

Vertreter, → Handelsvertreter.

Vertrieb, bezeichnet die Summe der Maßnahmen, die ein Anbieter ergreift, um seine Leistungen den Nachfragern rechtskräftig zu verkaufen (funktionale Sicht). Bei diesen Maßnahmen handelt es sich in erster Linie um die Gewinnung von Informationen über (potenzielle) Kunden, die Erlangung von Aufträgen und die Unterstützung des Vertriebs durch Kundenberatung und ansprechende Präsentation der Produkte. Als V. kann aber auch die organisatorische Einheit in einem Unternehmen verstanden werden (institutionelle Sicht), die sich aus internen Mitarbeitern und u.U. auch → Absatzhelfern zusammensetzt und die Aufgaben des Vertriebs im funktionalen Sinne wahrnimmt.

Vertrieb, direkter, → *Absatz, direkter,* → *Distribution, direkte;* eine Möglichkeit der Gestaltung des vertikalen → Vertriebs- bzw. → Absatzweges, mit der ein Hersteller die Länge des → Absatzkanals für ein Produkt festlegt. Beim D.V. verkauft ein Hersteller eine Leistung (z.B. ein Produkt) ohne Zwischenschaltung eines → Absatzmittlers (z.B. eines Handelsbetriebs) direkt an den Kunden. Die Leistung gelangt also direkt vom Verfügungsbereich des Anbieters in den des Nachfragers. Bei diesem unmittelbaren Kontakt zwischen Hersteller und Kunden sind unterschiedliche Grade der Einbindung externer Faktoren (hier insbesondere des Kunden) zu unterscheiden. So kann diese Form des Vertriebs einen hohen Aufwand des Kunden erfordern (z.B. Einkauf eines → Konsumenten in einer relativ weit entfernten Produktionsstätte eines Modeherstellers) oder für diesen mit relativ wenig Eigenleistung (z.B. telefonische Bestellung eines Produktes und dessen Anlieferung) verbunden sein. Der D.V. erfolgt entweder über unternehmensinterne Absatzorgane des Herstellers (z.B. → Factory Outlets, Verkaufsniederlassungen) oder aber mit Hilfe von unternehmensexternen → Absatzhelfern (z.B. → Handelsvertretern). Eine traditionell große Bedeutung kommt dem D.V. beim Verkauf von Industriegütern zu. In neuerer Zeit wird der D.V. durch die zunehmende → Handelsmacht, die sich aus dessen Nachfragemacht ergeben, auch von der Konsumgüterindustrie in immer stärkerem Maße genutzt.

Vertrieb, einstufiger, *einstufiger Absatzweg*; Entscheidet sich ein Produzent für einen einstufigen Vertrieb, distribuiert er eine bestimmte Produktgruppe nur über eine einzige Zwischenstufe zum → Konsumenten. Vielfach wird im Rahmen des einstufigen Vertriebs nur der → Einzelhandel zwischen den Produzenten und den Konsumenten geschaltet. Denkbar ist aber auch die Einschaltung des → Großhandels als Mittler zwischen Hersteller und Kunden. Das Gegenstück zum einstufigen Vertrieb stellt der → mehrstufige Vertrieb dar.

Vertrieb, exklusiver, *Exklusivvertrieb*; eine Möglichkeit bei der Gestaltung des horizontalen → Vertriebs- bzw. → Absatzweges, mit der ein Hersteller die Tiefe und Breite des → Absatzkanals für ein Produkt festlegt. Entscheidet sich ein Hersteller dafür, seine Leistungen exklusiv zu vertreiben, unterliegt die Auswahl der → Absatzmittler nicht nur einer qualitativen Beschränkung wie beim → selektiven Vertrieb, sondern auch quantitativen Restriktionen. Im Extremfall wird einem → Absatzmittler eine gebietsbezogene Alleinvertriebsberechtigung (→ Alleinvertrieb) gewährt. Hersteller erhoffen sich von dieser Art der → Distribution eine bessere Kontrolle und Steuerung der Leistungen der belieferten → Handelsbetriebe und eine Vermeidung von Preiskämpfen rivalisierender Absatzmittler. Negativ für den Hersteller stellt sich bei dieser Form des Vertriebs insbesondere die große Abhängigkeit von Motivation und Fähigkeit einiger weniger Absatzmittler dar. Aus Handelssicht ergibt sich aus dem exklusiven Vertrieb der Vorteil eines relativen Konkurrenzschutzes durch die begrenzte Zahl anderer Absatzstellen. Dieser Vorteil geht aber gleichzeitig mit einer hohen Abhängigkeit vom Hersteller einher, die vor allem aus der engen Einbindung in seinen → Absatzkanal resultiert.

Vertrieb, indirekter, → *Absatz, indirekter,* → *Distribution, indirekte*; eine Möglichkeit bei der Gestaltung des vertikalen → Vertriebs- bzw. → Absatzweges, mit der ein Hersteller die Länge des → Absatzkanals für ein Produkt festlegt. Der I.V. ist dadurch charakterisiert, dass → Absatzmittler (z.B. → Einzel- bzw. → Großhändler) in den Absatzweg integriert werden. Somit besteht bei diesem Vertriebsweg kein direkter Kontakt zwischen Hersteller und Kunden. Im Rahmen des I.V. unterscheidet man zwischen indirekt verkürzten und indirekt unverkürzten Absatzwegen. Ein indirekt verkürzter Absatzweg liegt vor, wenn lediglich die Einzelhandelsstufe in den Absatzweg eingeschaltet wird. Diese Vorgehensweise wird häufig von Markenartikelherstellern gewählt, die die → Distribution ihrer → Marken weitgehend kontrollieren und beeinflussen möchten. Bei den indirekt unverkürzten Absatzwegen existiert eine Vielzahl möglicher Formen. In der Praxis werden dabei meist → Handelssysteme in den Absatzweg einbezogen. Ebenso ist aber auch die Einschaltung mehrerer „hintereinander geschalteter" → Großhändler denkbar. Obwohl auch im Konsumgüterbereich der Versuch unternommen wird, verstärkt den → direkten Vertrieb zu nutzen, sind viele Konsumgüterhersteller zur Distribution ihrer Produkte immer noch auf den → Handel angewiesen.

Vertrieb, intensiver, *ubiquitärer Vertrieb, Universalvertrieb;* eine Möglichkeit bei der Gestaltung des → Vertriebs- bzw. → Absatzweges, mit der ein Hersteller die Tiefe und Breite des → Absatzkanals für ein Produkt festlegt. Bei einem I.V. strebt ein Unternehmen die Überallerhältlichkeit (Ubiquität) seiner Leistungen an. Konsequenterweise ist der Universalvertrieb dadurch gekennzeichnet, dass der Auswahl von → Absatzmittlern keine quantitativen oder qualitativen Selektionskriterien zugrunde liegen, sondern die Belieferung durch die Bereitschaft der Absatzmittler, die Produkte in ihr Sortiment aufzunehmen, determiniert wird. Diese Art der → Distribution wird vorrangig für Güter des täglichen Bedarfs genutzt, damit möglichst viele Verbraucher diese Produkte mühelos erwerben können. Aus Herstellersicht liegen die Vorteile des I.V. primär in einer fast vollständigen Marktausschöpfung und der weitgehenden Vermeidung einer Abhängigkeit von einzelnen Absatzmittlern. Der Hauptnachteil dieser Vertriebsform besteht für ihn in dem extremen Distributionsaufwand zur Bedienung aller möglichen Absatzstellen. Von den Vorteilen, die sich durch den I.V. für den → Handel ergeben, seien hier nur die Sicherheit, hochbekannte Produkte im → Sortiment zu führen und die damit verbundene Imagesteigerung angesprochen. Nachteile ergeben sich hier vor allem durch eine Verschärfung des Wettbewerbs, die sich primär auf eine weitgehende Vergleichbarkeit der Angebote zurückführen lässt.

Vertrieb, mehrstufiger, *mehrstufiger Absatzweg*; entscheidet sich ein Produzent für einen mehrstufigen Vertrieb, distribuiert er eine bestimmte Produktgruppe über mindestens zwei Handelsstufen zum → Konsumenten. Typisch für einen zweistufigen Vertrieb ist die Zwischenschaltung von → Groß- und → Einzelhandel zwischen Produzent und Konsument. Ein Beispiel für einen dreistufigen Absatzweg stellt die Kette Produzent – Spezialgroßhändler – Sortimentsgroßhändler – Einzelhändler – Konsument dar. Das Gegenstück zum mehrstufigen Vertrieb bildet der → einstufige Vertrieb.

Vertrieb, selektiver, *Selektivvertrieb;* eine Möglichkeit bei der Gestaltung des horizontalen → Vertriebs- bzw. → Absatzweges, mit der ein Hersteller die Tiefe und Breite des → Absatzkanals für ein Produkt festlegt. Entscheidet sich ein Hersteller dafür, seine Leistungen selektiv zu vertreiben, begrenzt er die Anzahl der → Handelsbetriebe nach qualitativen Gesichtspunkten. Als Selektionskriterien kommen hier neben bestimmten → Kennzahlen für die Ausstattung der → Absatzmittler (z.B. Geschäftsgröße und -lage) vor allem Merkmale für Marketingaktivitäten (z.B. Kooperationsbereitschaft) in Frage. Ein für die Praxis bedeutsames Kriterium stellt darüber hinaus auch die Abnahmemenge dar. Zieht man zur Auswahl von Absatzmittlern zusätzlich zu diesen qualitativen Auswahlmerkmalen auch quantitative Kriterien heran, spricht man von → exklusivem Vertrieb, der eine Sonderform des selektiven Vertriebs darstellt. Für den Hersteller besteht der Hauptvorteil dieser Vertriebsform vor allem in der Möglichkeit, einen „sach- und fachgerechten" Vertrieb seiner Leistungen zu gewährleisten. Ein entscheidender Nachteil ergibt sich für ihn durch das hohe Distributionsrisiko bei Ausfällen oder Verschiebungen innerhalb des Absatzkanals. Aus Handelssicht besteht der Hauptvorteil des S.V. vor allem in einem relativen Konkurrenzschutz, der sich aus der begrenzten Anzahl anderer Absatzstellen in seinem Gebiet ergibt. Nachteilig ist für ihn insbesondere die hohe Abhängigkeit vom Hersteller.

Vertriebsbindung, → Ausschließlichkeitsbindung. Die V. stellt für den Wiederverkäufer einer Ware eine vertragliche Verpflichtung dar, die von einem bestimmten Hersteller bezogene Ware nur an von diesem festgelegte Abnehmer weiterzuveräußern. Teilweise regelt die V. auch, wann und wo die Produkte des Herstellers weiterzuvertreiben sind. Die V. unterliegt gem. des → GWB der Missbrauchsaufsicht der Kartellbehörde, ist aber grundsätzlich zulässig, da den Herstellern ein möglichst breiter Spielraum bei der Gestaltung ihrer → Vertriebssysteme gegeben werden soll. Als unwirksam werden von der Missbrauchsaufsicht aber i.d.R. solche Konzepte erklärt, die eine wesentliche Beeinträchtigung des Wettbewerbs auf dem entsprechenden Markt hervorrufen.

Literatur: Nieschlag, R./Dichtl, E./ Hörschgen, H. (2002): Marketing, 19. Aufl., Berlin.

Vertriebsbindungssystem, → Vertriebssystem; stellt eine Form vertraglicher Vertriebssysteme zwischen einem Hersteller und seinen Erstabnehmern (einstufiges System) oder auch nachgelagerten Abnehmerstufen (mehrstufiges System) dar. Mit Hilfe eines Vertriebsbindungssystems kann ein Hersteller die Handelsunternehmen nach qualitativen Kriterien selektieren. In zumeist gleich lautenden Verträgen (→ Vertriebsbindung) mit ausgewählten Handelsunternehmen wird dann festgelegt, mit wem die Vertragspartner Geschäftsbeziehungen eingehen dürfen. Gründe für die Etablierung eines Vertriebsbindungssystems liegen zunächst in der organisatorischen Erleichterung der Verhaltensabstimmung, aber auch in einem Schutzbedürfnis der Hersteller gegen Außenseiter, die z.B. Markenprodukte rufschädigend „verschleudern". Problematisch könnte sich jedoch das gegenseitige Abhängigkeitsverhältnis zwischen Hersteller und → Händler auswirken, da dieses ein gewisses Konfliktpotenzial beinhaltet (→ Absatzkanalkonflikt).

Vertriebscontrolling, → Marketing- und Vertriebscontrolling.

Vertriebserfolgsrechnung, → Marketingcontrolling; dient der Kontrolle der durch den Absatz von Leistungen im Markt bedingten Kosten und Erlöse.

Vertriebsinformationssystem, → Marketing- und Vertriebsinformationssystem.

Vertriebskanal, → *Absatzkanal*, → *Distributionskanal*, → *Marketing Channel*, → *Marktkanal;* bezeichnet den Weg, auf dem ein Produkt vom Hersteller zum → Konsumenten gelangt. Zur Beurteilung der Attraktivität eines V. muss der Hersteller das Leistungspotenzial eines Kanals mit den Anforderungen der anvisierten Zielgruppen des Kanals und den Anforderungen der Umwelt dieser Zielgruppen vergleichen. Hierbei zeigt sich, dass die unterschiedlichen Vertriebskanäle spezifische Stärken und Schwächen aufweisen.

Vertriebskennzahlen, → Kennzahlen zur Planung, Steuerung und Kontrolle des Vertriebsbereichs eines Unternehmens. Folgende Kennzahlenklassen lassen sich diesbezüglich unterscheiden: (1) Marktkennzahlen (z.B. Marktpotenzial, → Marktvolumen, → Marktanteil), (2) Preiskennzahlen (z.B. → Preiselastizität, Entwicklung der Verkaufspreise, Entwicklung der → Erlösschmälerungen), (3) Absatzkennzahlen (z.B. Auftragsbestandsentwicklung, Struktur des Angebots nach Regionen, durchschnittliche Anzahl der abgegebenen Angebote pro Auftrag), (4) Umsatzkennzahlen (z.B. Umsatzstruktur, Umsatzentwicklung, Break-Even-Umsatz (→ Break-Even-Analyse)), (5) Personalkennzahlen des Vertriebs (z.B. Umsatz bzw. → Deckungsbeitrag je Außendienstmitarbeiter).

Vertriebskontakt, Vertriebsbeleg, in dem die in Telefonaten, Briefen oder Besuchen von Kunden bzw. Interessenten erhaltenen Informationen festgehalten werden. Dieser V. kann in Akten oder elektronischen Systemen abgelegt werden. Die Vertriebsmitarbeiter des Innen- und Außendienstes können diesen Kontakt einsehen und als Grundlage für neue Kontaktaufnahmen mit dem (potenziellen) Kunden nutzen.

Vertriebskontrolle, → Marketing- und Vertriebskontrolle.

Vertriebskosten, die V. beinhalten alle im Vertriebsbereich anfallenden Kosten. Hierunter sind alle Kosten zu subsumieren, die direkt durch das Angebot und den Verkauf von Waren und Dienstleistungen im Markt verursacht werden. Dazu zählen nicht nur die reinen Verkaufskosten (z.B. Werbekosten, Personalkosten, Reisekosten), sondern auch die Kosten der Vertriebsführung und -verwaltung (z.B. Kosten für die Vertriebsleitung, Mahnkosten, Fakturierung). Die V. sind ein zentraler Gegenstand der → Absatzplanung und des → Vertriebscontrolling. Sie werden im Rahmen der → Vertriebserfolgsrechnung quantifiziert und analysiert.

Vertriebslinie, → Vertriebslinienpolitik.

Vertriebslinienpolitik, als Vertriebslinie eines → Handelssystems bezeichnet man die homogene Gruppe von belieferten Geschäftsstätten gleichen → Betriebstyps. Eine Vertriebslinie besteht somit immer aus einer Gruppe realer Geschäftsstätten (z.B. aus einer Gruppe von Baumärkten innerhalb eines Konzerns). Der zugehörige Betriebstyp hingegen stellt lediglich das systematisierende Element der Geschäftsstätten dar (z.B. der Bau- und Heimwerkermarkt). Voraussetzung einer Formierung von Vertriebslinien ist stets die Abgrenzung eines unternehmensindividuellen Betriebstyps. Der V. kommt hier nun die Aufgabe zu, die Gruppierung von Geschäftsstätten so vorzunehmen, dass sie Führungs- und Verantwortungsbereiche innerhalb des Handelssystems bilden. Dabei werden in Unternehmen des Konsumgüterhandels Vertriebslinien nicht nur auf der Basis von Betriebstypen unterschiedlicher Branchen formiert. Nicht selten erfolgt eine Untergliederung der Geschäftsstätten eines Handelssystems, die innerhalb der gleichen Branche tätig sind (z.B. im Lebensmitteleinzelhandel auf der Basis der Betriebsformen Supermärkte, Verbrauchermärkte). Die Geschäftsstätten einer Vertriebslinie treten ggü. den Verbrauchern zumeist unter einheitlichem Namen auf. Bei abweichender Namensgebung für einzelne Gruppen von Geschäftsstätten innerhalb einer Vertriebslinie findet mitunter auch der Begriff Vertriebsschiene Verwendung.

Literatur: Olbrich, R. (1998): Unternehmenswachstum, Verdrängung und Konzentration im Konsumgüterhandel, Stuttgart.

Vertriebsmanagement, → Sales Management.

Vertriebsmitarbeiter, → Verkaufspersonal, → Vertrieb.

Vertriebsorganisation, *Verkaufsorganisation*, bezeichnet die organisatorische Strukturierung des → Außendienstes in Verbindung mit dem Innendienst (→ Absatzinnenorganisation). Wichtigste Formen der V. sind die regionale Gliederung nach Verkaufsgebieten und die Gliederung nach Kunden (→ Key Account Management). Eine detailliertere Darstellung der V. erfolgt im Zusammenhang mit der → Marketingorganisation.

Vertriebspartner, → Absatzmittler, *Distributionspartner*; mit einem Hersteller zum Zwecke der → Distribution seiner Leistungen kooperierende Institution (i.d.R. der → Handel). Sobald sich ein Produzent für ein bestimmtes → Vertriebssystem entschieden hat, muss er geeignete Partner gewinnen, motivieren, ihre Leistung bewerten und ggf. im Zeitablauf durch andere Partner ersetzen. Bei der Auswahl geeigneter V. muss ein Hersteller Selektionskriterien wie z.B. eine hohe Kooperationsbereitschaft oder die Reputation anwenden. Anschließend muss der Hersteller die V. für seine Zwecke gewinnen. Die Motivation der V. kann einerseits durch die Gestaltung der Konditionen geschehen und andererseits durch entsprechende Schulung und Unterstützung des Partners durch den Hersteller. Darüber hinaus muss der Hersteller in regelmäßigen Abständen die Leistung seiner Partner bewerten. Hierzu dient u.a. der Vergleich zwischen Normwerten und Istwerten, z.B. die Erfüllung von Verkaufsquoten. Je nach Ergebnis dieser Bewertung, sind u.U. einzelne Partner zu ersetzen.

Literatur: Kotler, P./Bliemel, F. (2001): Marketing-Management: Analyse, Planung, Umsetzung und Steuerung, 10. Aufl., Stuttgart, S. 836-846.

Vertriebsplanung, → Marketing- und Vertriebsplanung.

Vertriebspolitik, → Vertriebswegepolitik.

Vertriebspolitik, internationale, Wahl der internationalen Absatzkanäle und Organisation des internationalen Vertriebssystems. Entscheidungsdimensionen im Hinblick auf das internationale Vertriebssystem umfassen den direkten oder indirekten → Export, den direkten oder indirekten Vertrieb, die Wahl zwischen betriebseigenen oder betriebsfremden Absatzorganen, den null-, ein- oder mehrstufigen Vertrieb, den ein- oder mehrgleisigen Vertrieb sowie den individuellen oder kooperativen Vertrieb. Während beim direkten Export keine weiteren Absatzmittler im Inland zwischengeschaltet sind, befindet sich die Ware beim Grenzübertritt im Falle des indirekten Exports im Eigentum eines rechtlich und wirtschaftlich unabhängigen Distributionsorgans. Beim indirekten Vertrieb hingegen werden ein oder mehrere betriebsfremde Absatzorgane zwischengeschaltet, während beim direkten Vertrieb die Ware bis zur Abnahme vom Endkunden im Eigentum des herstellenden Unternehmens verbleibt. Dies bedeutet, dass der direkte Export mit dem direkten und dem indirekten Vertrieb vereinbar ist, der indirekte Export hingegen den direkten Vertrieb ausschließt und nur mit dem indirekten Vertrieb vereinbar ist. Offensichtlich stellt der direkte Export im Verbund mit dem direkten Vertrieb eine Eigendistribution dar, während der direkte Export mit anschließendem indirektem Vertrieb im Ausland oder der indirekte Export Fälle der Fremddistribution umfassen. Typische betriebseigene Absatzorgane sind Reisende im Ausland, eine interne Vertriebsabteilung innerhalb des Unternehmens oder eine ausländische Verkaufsniederlassung. Typische vertriebsfremde Absatzorgane sind Absatzhelfer wie Handelsvertreter, Makler oder Kommissionäre und Absatzmittler wie z.B. ein Exportgroßhändler im Inland, ein Importgroßhändler im Ausland oder ausländische Zwischenhändler. Bei nullstufigem Vertrieb erfolgt keine Einschaltung betriebsfremder Organe in den Absatzkanal, so dass diese Form mit dem Direktvertrieb zusammenfällt. Bei einstufigem Vertrieb wird ein einziges betriebsfremdes Absatzorgan in den Vertriebsweg aufgenommen, bei mehrstufigem Vertrieb entsprechend mehrere. Bei einem eingleisigen Vertrieb wird das Produkt pro Land nur über einen Vertriebskanal distribuiert, bei mehrgleisigem Vertrieb erfolgt die Distribution über mindestens zwei Absatzkanäle parallel. Im Gegensatz zum individuellen Vertrieb werden beim kooperativen Vertrieb distributionspolitische Aktivitäten von einer Mehrzahl rechtlich und wirtschaftlich selbständiger Unternehmen gemeinsam vollzogen. Im Hinblick auf die Vertriebsorganisation bieten sich funktionale (z.B. gegliedert nach Kundendatenmanagement, Neukundenmanagement, Altkundenmanagement, Auftragsabwicklung), regionale (z.B. Vertriebsleitung Asien, Vertriebsleitung Europa, Vertriebsleitung USA), oder produktorientierte (z.B. Vertriebsproduktlinie 1, Vertriebsproduktlinie 2, Vertriebsproduktlinie 3) Strukturen an. Darüber hinaus sind mehrdimensionale Organisationen möglich (Matrixorganisation), gegliedert z.B. nach Produktlinien und verschiedenen Kundengruppen. Die Vorteilhaftigkeit der einzelnen organisatorischen Gliederungsmöglichkeiten ist im Einzelfall festzustellen.

Vertriebsprozesse, → Marketingprozesse.

Vertriebsschiene, → Vertriebslinienpolitik.

Vertriebssteuerung, → Außendienststeuerung; Ansatz, um die → Verkäufer zu motivieren, die Unternehmensziele zu realisieren. Primär richtet sich die V. auf die → Außendienstmitarbeiter, da sich diese angesichts ihrer Reisetätigkeit vielfach dem direkten Zugriff des Unternehmens entziehen. Zur zielgerichteten Motivation seiner Mitarbeiter hat die Unternehmensführung prinzipiell zwei Alternativen. Zum einen kann sie Ziele für den zu leistenden Arbeitseinsatz vorgeben und zum anderen kann sie Vorgaben für die zu erzielenden Ergebnisse festlegen. Um diesen Steuerungsgrößen den notwendigen Nachdruck zu verleihen, wird die Nichteinhaltung der vorgegebenen Ziele vielfach sanktioniert und das Erreichen oder die Übererfüllung der festgelegten Größen z.B. mit Hilfe von finanziellen Sonderleistungen prämiert (→ Prämie). Für die konkrete Ausgestaltung der V. bieten sich unterschiedliche Möglichkeiten an, die unternehmensindividuell zugeschnitten werden sollten. In analoger Weise können die hier skizzierten Möglichkeiten auch auf die direkt im Unternehmen arbeitenden Vertriebsmitarbeiter angewandt werden. In der Praxis findet eine solche Übertragung eher selten statt, da hier die Ansicht vorherrscht, dass in diesen Fällen die Präsenz der Mitarbeiter und die bessere Kontrolle der An- und Abwesenheitszeiten eine weitere Steuerung zumeist obsolet werden lassen.

Vertriebsstrategie, → Vertriebswegepolitik.

Vertriebsstufen, *Absatzstufen*; alle Institutionen, die ein Hersteller beim → Vertrieb seines Produktes zwischen sich und den

Endabnehmer schaltet. Zu denken ist hier an alle Formen von → Absatzhelfern (z.B. → Kommissionäre oder Handelsvertreter), aber auch an → Absatzmittler wie z.B. → Groß- und → Einzelhändler.

Vertriebssystem, ein V. existiert, wenn die Beziehungen zwischen Hersteller und → Absatzmittlern innerhalb eines → Absatzkanals oder eines Teilbereichs eine bestimmte Struktur aufweisen. Bei diesen Beziehungsstrukturen handelt es sich um auf Dauer angelegte, vertraglich geregelte Organisationsformen der → Distribution. Hierbei ist es unerheblich, ob die vertragliche Regelung nur einzelne Vertriebsvereinbarungen oder komplette Bindungssysteme zum Gegenstand hat (→ Vertriebsbindung).

Vertriebssysteme, vertragliche, → Absatzkanalpolitik, rechtliche Aspekte.

Vertriebsweg, → Absatzweg, → Distributionsweg.

Vertriebswegepolitik, → Absatzkanalpolitik, *Distributionswegepolitik*; Im Rahmen der V. steht der Hersteller vor folgenden Entscheidungsproblemen: (1) Bestimmung der Länge des Vertriebsweges (→ Absatzkanallänge): In diesem Entscheidungsfeld legt der Hersteller die Anzahl der zwischen ihm und dem → Konsumenten stehenden Absatzstufen fest. Diese Entscheidung beinhaltet dabei nicht nur die Frage, ob die Produkte über den → Groß- und/oder → Einzelhandel vertrieben werden, sondern betrifft auch die Frage, welche unternehmenseigenen (z.B. → Reisende, → Außendienstmitarbeiter) und -fremden Verkaufsorgane (z.B. → Handelsvertreter) eingeschaltet werden sollen. (2) Festlegung der Tiefe des Vertriebsweges (→ Absatzkanaltiefe): Mit dieser Entscheidung legt der Hersteller die Anzahl verschiedenartiger Typen von Verkaufsorganen bzw. → Handelsbetrieben auf jeder Absatzstufe fest. (3) Entscheidung über die Breite des Vertriebsweges (→ Absatzkanalbreite): Mit dieser Maßnahme bestimmt der Hersteller, wie viele gleichartige Verkaufsorgane bzw. Verkaufsstätten innerhalb der einzelnen Typen von Verkaufsorganen und Handelsbetrieben eingeschaltet werden. (4) Bestimmung des → Vertriebssystems, d.h. die Art der Kooperation zwischen dem Produzenten und den Individuen bzw. Organen innerhalb des Vertriebsweges.

Verursachungsgerechtigkeit, → Verursachungsprinzip.

Verursachungsprinzip, *Kausalitätsprinzip*; grundlegendes Kostenzurechnungsprinzip, wonach einem Bezugsobjekt nur solche Kosten zugerechnet werden dürfen, die von diesem allein verursacht werden. Zwischen den Kosten und dem Zurechnungsobjekt muss demnach eine Kausalitätsbeziehung im Sinne von Ursache und Wirkung bestehen. Das V. stellt dabei insbesondere auf die Mittel-Zweck-Beziehung ab, d.h. wird mit einem bestimmten Mitteleinsatz eine bestimmte Leistungserstellung bezweckt, so sind die hierzu eingesetzten Mittel der erzeugten Leistung zuzuordnen. Gemäß dieser strengen Auslegung des V. sind einem Kostenträger folglich nur die variablen Kosten zuzurechnen. Fixe Kosten lassen sich einem → Kostenträger demzufolge nicht anrechnen, da sie nicht durch die Leistungserstellung (keine Kausalität), sondern durch die Betriebsbereitschaft verursacht werden.

Videomedien, Videosysteme. V. gehören kommunikationstechnisch den sog. Audiovisionssystemen an; sie dienen der Übertragung von Bewegtbildern mit Ton wie auch von Texten und Festbildern. Die Hardware eines herkömmlichen Videosystems besteht aus einem Videorecorder, der die Aufzeichnung von Bild- und Tonsignalen auf einem Speichermedium sowie deren Wiedergabe ermöglicht. Daneben setzt sich im Videobereich immer mehr die → DVD durch, die von einem CD-ROM Laufwerk aus gelesen wird.

Video on Demand, *Video auf Abruf*, Konzept des Pay-TV. *Vgl. auch* → Elektronische Medien, → Digitales Fernsehen.

Vier P, → Marketingmix.

Vignette, → Spot mit vielen kurzen Filmschnitten, wird bei → Stilmittel-Spots verwendet. *Vgl. auch* → Gestaltung.

Vignette-Methode, dekompositioneller Ansatz zur → Dienstleistungsqualitätsmessung (→ dekompositionelle Qualitätsmessung). Der Messansatz basiert auf der Methode des

→ Conjoint Measurement und unterstellt, dass sich die Gesamtqualität einer Leistung additiv aus dem Nutzen der Komponenten (Teilqualitäten) zusammensetzt. Demnach geht die V. davon aus, dass Qualitätsurteile auf einer relativ geringen Zahl von Faktoren basieren, die in der Wahrnehmung des Kunden relevant sind. Eine Vignette stellt dabei eine fiktive Dienstleistungssituation dar, die anhand von bestimmten Charakteristika beschrieben wird. Das Ziel der V. ist die Analyse der Rangfolge und Gewichtung von einzelnen Qualitätsattributen der Dienstleistung sowie die Ermittlung globaler Qualitätsurteile. Voraussetzung für die Anwendung der V. ist die Ermittlung sog. „Critical Quality Characteristics“ (CQC), d.h. jener Attribute, die für die Qualitätsbeurteilung relevant sind. Die einzelnen Vignetten werden schließlich gebildet, indem jedem Faktor eines der zugehörigen Werturteile zugeordnet wird. Jede Vignette stellt damit eine Kombination unterschiedlicher Charakteristika und Werturteile dar. Der Kunde wird gebeten, die verschiedenen Vignettes zu beurteilen, beispielsweise auf einer Skala von „sehr gut“ bis „sehr schlecht“. Im Rahmen der Auswertung mittels einer Häufigkeitstabelle stellen die Charakteristika die unabhängigen Variablen und die Gesamtbeurteilungen die abhängigen Variablen dar. Somit kann der Einfluss der einzelnen Attribute auf das globale Qualitätsurteil mittels eines Koeffizienten ausgedrückt werden. Als Nachteil des Verfahrens erweist sich der hohe Erhebungsaufwand, vor allem, da bei einer hohen Anzahl von Vignettes zahlreiche Befragungen durchgeführt werden müssen.

Virtual Community, *Virtuelle Gemeinschaft*, *Electronic Community*, *Online Community*. Sozialer Zusammenschluss von Personen mit ähnlichen Interessen, deren Kommunikation ohne geographische Begrenzung in einer von elektronischen Medien generierten Umgebung (→ Virtuelle Realität) abläuft.

Virtual Shopping, →Virtual Trade.

Virtual Trade, Handel auf → Elektronischen Märkten. *Vgl. auch* → Electronic Commerce, → Online-Shopping.

Virtuelle Organisation, → Virtuelles Unternehmen.

Virtuelle Realität. V.R. bezeichnet eine von elektronischen Medien simulierte Umgebung. Sie tritt neben die tatsächlich vorhandene, physische Welt und bezeichnet eine subjektiv wahrnehmbare Realität, die künstlich bzw. nur scheinbar vorhanden ist. Die VR wird technisch durch multimediale Informationssysteme (z.B. Personal Computer, → CD-ROM, → Internet, spezielle technische Hilfsmittel wie V.R.-Helme und -Handschuhe) erzeugt, die durch digitalisierte Darstellungs- und Kommunikationsformen gekennzeichnet sind. Räume, Figuren und Gegenstände werden dabei möglichst originalgetreu (d.h. dreidimensional, farbig) nachgebildet. Einsatzbereiche der Virtuellen Realität bestehen z.B. in Industrie und Forschung, aber auch im Bereich von Computerspielen. *Vgl. auch* → Cyberspace.

Virtueller Laden, eine in elektronischen → Medien simulierte Einkaufsstätte. *Vgl. auch* → Online-Shopping.

Virtuelles Marketing. Wird meist synonym zum Begriff des → Electronic Marketing verwandt. Das V.M. umfasst alle Marketingmaßnahmen, die nicht primär in der tatsächlich vorhandenen, physischen Welt wahrnehmbar sind, sondern sich der → Virtuellen Realität als Marketingplattform bedienen.

Virtuelles Unternehmen, bezeichnet ein künstliches Unternehmen, das durch die Vernetzung von prozessorientierten Modulen, Unternehmenseinheiten und Arbeitsplätzen gebildet wird. Hierbei können sich die vernetzten Module des V.U. an verschiedenen Standorten befinden und sogar mobil sein. Die Vernetzung erfolgt durch die konsequente Ausnutzung der Informations- und Kommunikationstechniken (z.B. durch Anwendung des Internets, lokale Netzwerke, Fax, Telefon). Gegenüber den Kunden wird hierbei nicht verdeutlicht, an welchem konkreten Ort die tatsächliche Leistungserbringung stattfindet. Grundlage dieser Vernetzung ist die Überlegung, dass sich die beteiligten Teileinheiten auf diejenigen Segmente der → Wertschöpfungskette konzentrieren, in denen jeweils ihre besonderen Kompetenzen und damit ihre maximalen Wertschöpfungsbeiträge liegen. Bei dieser Vernetzung wird die Zusammenfügung der Teileinheiten zu einem koordinierten arbeitsteiligen Wertschöpfungsprozess angestrebt. Hierbei stehen die folgenden Ziele im Mittelpunkt: (1) schnelle Umsetzung von Innovationen am Markt in der Phase der Produktentstehung (→ Time-to-Market) durch Ausnutzung der Kapazitäten und Kompetenzen der beteiligten Unternehmen, (2) Flexibilität durch die bei der Gestaltung von Wertschöpfungsketten, um den zunehmend schneller wechselnden Kundenbedürfnissen zu entsprechen, (3) Umsatzsteigerung bei gleichzeitiger Kostensenkung durch geringere → Gemeinkosten, (4) Know-How-Zuwachs durch Lernen im Netzwerk, (5) Teilen der Risiken zwischen den beteiligten Unternehmen.

Visualisierung, im Bereich der → Gestaltung von → Werbung die optische Wahrnehmbarkeit der → Werbebotschaft.

Visuelle Kommunikation, → Kommunikationsformen.

Vividness, Lebendigkeit, eine Dimension zur Kennzeichnung innerer Bilder (→ Imagery).

Vollerhebung, *Totalerhebung, Zensus*. Von einer V. spricht man, wenn die zu gewinnenden → Daten bei der ganzen Gesamtheit der Untersuchungseinheiten erhoben werden. Das bedeutet, dass die Zielgruppe vollständig auf die Ausprägungen eines oder mehrerer Merkmale untersucht wird. In der → Marktforschung sind V. eher die Ausnahme, da sie einen hohen organisatorischen Aufwand erfordern und sehr kostenintensiv sind. Als weiterer Nachteil ist der hohe Zeitaufwand zu nennen. Das wichtigste Anwendungsgebiet von V. sind amtliche Statistiken, da hier eine vollständige Erfassung unumgänglich ist (z.B. Volkszählung, Arbeitslosenzahlen).

Vollkommener Markt, → Markteffizienz.

Vollkostenrechnung, Gesamtheit aller Verfahren, die im Gegensatz zur → Teilkostenrechnung die Verrechnung sämtlicher Kosten auf die → Kostenträger oder andere Bezugsobjekte (z.B. → Kostenstellen) vorsehen. Durch die Verteilung sämtlicher Kosten auf die Kostenträger verstößt die V. gleich in zweifacher Hinsicht gegen das → Verursachungsprinzip. Zum einen werden im Rahmen der → Kalkulation fixe Kosten auf die Leistungseinheiten verteilt und damit proportionalisiert, zum anderen werden die → Gemeinkosten durch willkürliche Schlüsselung im Rahmen der → Kostenstellenrechnung verrechnet.

Vorkalkulation, → Kalkulation.

Vorkaufmarketing, → Prä-Marketing.

Vorlaufstudie, → Pilotstudie.

Vorwärtsintegration, → Integration, vertikale.

W

Wachstumsphase, → Produktlebenszyklus.

Wahrgenommenes Kaufrisiko, → Verhaltenswissenschaftlicher Ansatz.

Wahrnehmung, → Informationsverarbeitung, → Werbewirkung.

Wahrnehmungsbild, → Imagery-Forschung.

Wahrnehmungsfähigkeit, Facette der → Sozialkompetenz.

Wahrnehmungsraum, → Positionierung.

Wahrnehmungsschwelle, → Reizschwelle.

Wahrnehmungstheoretische Ansätze, → Verhaltenswissenschaftlicher Ansatz.

Wahrnehmungsverzerrung, → Irradiation.

Ward-Verfahren, hierarchisches agglomeratives Verfahren zur Clusterbildung bei der → Cluster-Analyse, wobei von der feinsten Partition iterativ bis hin zur gröbsten Partition geschlossen wird. Beim W.-V. wird das Element dem Cluster zugeschlagen, das ein entsprechendes Heterogenitätsmaß (z.B. → Varianz) im Cluster am wenigsten erhöht.

Warenbörse, mit den Charakteristika einer Börse ausgestatteter Markt, an dem standardisierte und somit fungible Sachgüter, wie beispielsweise landwirtschaftliche Produkte (Nahrungsmittel usw.) und Rohstoffe gehandelt werden. Die an einer W. stattfindenden Transaktionen werden entweder in der Form eines Effektivgeschäftes, also tatsächlich und sofort oder zu einem späteren Zeitpunkt, oder als Termingeschäft (i.d.R. per Kontrakt ohne reale Lieferung) durchgeführt. Im Gegensatz zu Effektivgeschäften werden im Rahmen von Termingeschäften die abgeschlossenen Verträge selten tatsächlich durch Übergabe bzw. Anlieferung der Ware erfüllt. Termingeschäfte werden vielmehr i.d.R. als Risiko-Ausgleichs-Geschäfte (beispielsweise zur Absicherung vor Preisschwankungen usw.) abgeschlossen. In den letzten Jahren hat insbesondere die sog. Warenterminspekulation durch die Möglichkeit der Realisierung von Spekulationsgewinnen vor dem Hintergrund knapper werdender Rohstoffe an Bedeutung gewonnen.

Literatur: Nieschlag, R./Dichtl, E./Hörschgen, H. (2002): Marketing, 19. Aufl., Berlin.

Warengruppe, das → Sortiment eines Handelsunternehmens wird auf den ersten Gliederungsebenen in Hauptwarengruppen und W. eingeteilt. Eine Hauptwarengruppe im Lebensmitteleinzelhandel sind die Frischwaren. Diese können in die W. Obst und Gemüse bzw. Fleischwaren unterteilt werden.

Warengruppenmanagement, → *Category Management*.

Warenhaus, → Betriebsform des → Einzelhandels. Geschäft in City-Lage mit hoher Zentralität des Standortes und einem breiten und branchenübergreifend konzipierten Sortiment. Das Sortiment umfasst vor allem Waren aus den Bereichen Bekleidung, Textilien, Haushaltswaren und Lebensmittel. Die Waren werden i.d.R. nach Warengruppen getrennt in Fachabteilungen, teils in Bedienung und teils in Selbstbedienung, angeboten. W. sind in jüngster Zeit zunehmend bestrebt, eine bequem zu erreichende Einkaufsmöglichkeit für alle Bedarfsgüter zu bieten und eine angenehme Einkaufsatmosphäre zu schaffen.

Warenkennzeichnung, *Markierung*; → Produkte sind oft aus Abnehmersicht im Wettbewerbsumfeld durch eine hohe Homogenität und Austauschbarkeit gekennzeichnet. Die W. stellt eine Möglichkeit dar, um ein Produkt aus der Anonymität herauszuheben, auf Merkmale hinzuweisen und Qualitätsassoziationen zu wecken. Als Warenzeichen versteht man ein Kennzeichen, das es dessen legitimen Verwender erlaubt, seine Ware im Sinne eines Exklusivrechts von denen des Wettbewerbers abzuheben. Es muss sich dabei um eine zweidimensionale, flächige Darstellung, etwa einen Buchstaben, einen Eigennamen, eine Herkunftsbezeichnung, ein Phantasiewort, ein Akronym, ein Bild, eine Zahl oder eine Kombination verschiedener Wort- und Bildzeichen handeln. Als Rechtsgrundlage dient das Warenkennzeichnungsgesetz (WZG). Zur → Marke wird ein Warenkennzeichen durch den Eintrag in die Zeichenrolle des Deutschen Patentamtes in München. Das geschützte Warenzeichen gewährt allein dessen Inhaber das Recht, Waren, ihre Verpackung oder Umhüllung mit dem Zeichen zu versehen, in den Verkehr zu bringen und das Zeichen in Anzeigen, auf Preislisten, Briefpapier, Rechnungen usw. einzusetzen. Zur Heraushebung der eigenen Leistung und zur Differenzierung ggü. den Produkten der Wettbewerber lassen sich verschiedene Formen unterscheiden. So finden → Gütezeichen, Qualitätssiegel oder Zertifikate Gebrauch, um die Qualität eines Produktes besonders herauszuheben. Dem gleichen Zweck dienen → Auszeichnungen, die aufgrund einer vergleichenden Qualitätsbeurteilung durch eine neutrale Einrichtung, die Urteile neutraler Experten oder einer Verbraucherbefragung verliehen werden. Je nach Herkunftsland kann ein Erzeugnis mit der Kennzeichnung „Made in ..." positive oder negative Assoziationen hervorrufen. Eine weitere Form der Kennzeichnung zeigt an, Lieferant oder Ausstatter von Sportlern oder anderen Personen des öffentlichen Interesses zu sein. Die W. muss eine einmalige Botschaft über die Eigenschaften des Produktes zum Ausdruck bringen und glaubwürdig sein, d.h. sie muss mit der Identität des Produktes bzw. des Unternehmens und den tatsächlichen Gegebenheiten übereinstimmen. Die Botschaft muss auf eine unverwechselbare Art vermittelt werden und eine emotionale Unterstützung für den Nachfrager liefern. Flankierende Maßnahmen in Form einer entsprechend ausgestalteten → Distributions- und Preispolitik unterstützen die Ziele der W.

Warenkorbanalyse, → *Bonanalyse*.

Warenplatzierung, räumliche Zuordnung von Produkten auf bestimmte Verkaufszonen bzw. Regalflächen. Das sich im Rahmen der W. ergebende Optimierungsproblem basiert insbesondere auf den drei Problembereichen: optimale Verteilung der Artikel auf die attraktiven und weniger attraktiven Verkaufszonen, optimale Verteilung von Waren die täglich gekauft (→ Convenience Goods) oder speziell gesucht (→ Shopping-, → Speciality Goods) werden und Zuordnung von bestimmten Artikeln auf benachbarte Regalflächen aufgrund vorliegender bzw. zu generierender Verbundbeziehungen (→ Kaufverbund).

Warenpräsentation, Art der Realisierung einer angebots- oder nachfragerorientierten Warendarbietung. Die W. steht in direktem Bezug zur → Ladengestaltung und → Dekoration. Ziel ist es, durch eine entsprechende W. eine möglichst „optimale" optische Darbietung, beispielsweise durch → Displays, sowie eine möglichst effiziente räumliche Verteilung des Warenangebotes zu erreichen. Da somit auch Fragen der Standortbestimmung der Ware im Verkaufsraum zum Bereich der Warenpräsentation gehören, ergeben sich Schnittstellen zu den Optimierungsproblemen der → Warenplatzierung. Als Voraussetzung eines effizienten W. kann u.a. ein entsprechendes → Space Management angesehen werden.

Warentest, Beurteilung von Produkten und Dienstleistungen. *Vgl. auch* → Stiftung Warentest.

Warentestwerbung, → Werbung mit Warentestergebnissen, rechtliche Aspekte.

Warenträger, Gegenstand, der zur Präsentation von Produkten und zur Erleichterung der Darbietung sowie Auswahl der Waren im Handel eingesetzt wird. Zur Auswahl von Warenträgern existieren Checklisten anhand derer die Eignung in Frage kommender W. abgefragt werden kann. So stellen sich u.a.

die Fragen, welche Menge an angebotenen Artikeln der W. je qm Verkaufsfläche zulässt, ob der W. die Waren vor Beschädigung und dergleichen schützt und ob der W. die Wirkung benachbarter Verkaufsmöbel einschränkt. Oftmals werden W. mit entsprechenden → Displays kombiniert.

Warenwirtschaft, bezeichnet alle Tätigkeiten in einem Handelsunternehmen, die sich auf die Ware beziehen. Diese Aktivitäten können in physische Tätigkeiten und Managementtätigkeiten unterteilt werden. Die physischen Tätigkeiten (z.B. Wareneingang, Lagerung und Warenausgang) werden dem Warenprozesssystem zugeordnet. Bei den Managementtätigkeiten, die dem → Warenwirtschaftssystem zugeordnet werden, handelt es sich um Informations- und Entscheidungsprozesse. Informationsprozesse laufen z.B. ab, wenn sich ein Mitarbeiter des Handelsunternehmens über den verfügbaren Lagerbestand oder über Abverkaufsmengen informiert. Entscheidungsprozesse beinhalten dispositive Tätigkeiten, z.B. die Festlegung von Bestellmengen und -zeitpunkten.

Literatur: Olbrich, R. (1992): Informationsmanagement in mehrstufigen Handelssystemen, in: Ahlert, D. (Hrsg.): Schriften zu Distribution und Handel, Bd. 8, Frankfurt/Main u.a.

Warenwirtschaftsmanagement, sämtliche Aufgaben im Rahmen von Willensbildung, Willensdurchsetzung und Kontrolle, die sich auf die Struktur- und Prozessgestaltung im Bereich der → Warenwirtschaft beziehen. Im Rahmen des W. werden einerseits die Dispositions- und Informationssysteme, die zur Abwicklung der Warenwirtschaft dienen, gestaltet. Andererseits zählen aber auch alle Entscheidungen über die Waren-, Geld- und Informationsströme im Rahmen gegebener Strukturen zum W.

Warenwirtschaftssystem, managementorientierte Komponente der → Warenwirtschaft. Die Funktionen eines W. können aus zwei Perspektiven betrachtet werden: Aus entscheidungsprozessbezogener Perspektive trifft das W. als Subsystem des Managements Entscheidungen (z.B. über Bestellmengen und -zeitpunkte) und nimmt somit dispositive Aufgaben wahr. Aus informationsprozessbezogener Perspektive kann das W. als Subsystem eines umfassenderen handelsbetrieblichen Informationssystems aufgefasst werden. Aus dieser Sichtweise nimmt es informationswirtschaftliche Aufgaben wahr, indem es Informationen (z.B. über Bestandsmengen und Abverkäufe) liefert.

Literatur: Olbrich, R. (1997): Stand und Entwicklungsperspektiven integrierter Warenwirtschaftssysteme, in: Ahlert, D./ Olbrich, R. (Hrsg.): Integrierte Warenwirtschaftssysteme und Handelscontrolling, 3. Aufl., Stuttgart, S. 115-172.

Warenwirtschaftssystem, computergestütztes, Summe aller Teilfunktionen des → Warenwirtschaftssystems eines Handelsunternehmens, die durch elektronische Datenverarbeitung unterstützt werden. Hierzu zählen in erster Linie computergestützte Informationsprozesse, wie z.B. eine automatische Fortschreibung des Lagerbestands. Mit Hilfe eines C.W. können nicht nur auf die Ware gerichtete Informationen (z.B. Lagerbestände) verwaltet werden, es können auch von der Ware ausgehende Informationen (z.B. Deckungsbeiträge) anderen Funktionsbereichen (z.B. dem Absatz- und Beschaffungsmarketing) zur Verfügung gestellt werden.

Warenwirtschaftssystem, dezentrales, bezeichnet das → Warenwirtschaftssystem in den Geschäftsstätten (z.B. Filialen, Mitgliedsbetriebe einer Handelskooperation) eines → Handelssystems. Es dient zur Abwicklung der → Warenwirtschaft in einer Geschäftsstätte. Gegensatz: → Warenwirtschaftssystem, zentrales.

Warenwirtschaftssystem, geschlossenes, → Warenwirtschaftssystem ohne Lücken in der Erfassung von Warenbestandsänderungen. In einem G.W. werden alle Warenbestandsänderungen durch Erfassung der Warenein- und Warenausgänge artikelgenau und quasi zeitgleich mit der physischen Warenbewegung erfasst. Aus informationsökonomischen Gründen ist dies i.d.R. nur mit Hilfe eines → computergestützten Warenwirtschaftssystems möglich. Gegensatz: → Warenwirtschaftssystem, offenes.

Warenwirtschaftssystem, integriertes, ein Warenwirtschaftssystem wird als I.W. bezeichnet, wenn die Informationsbeziehungen zwischen → zentralem Warenwirtschaftssystem und → dezentralen Warenwirtschaftssystemen computerunterstützt sind. Neben dieser internen Integration bemüht man sich in der Praxis um eine externe Integration zwischen Warenwirtschaftssystem und Lieferanten, Banken usw.

Warenwirtschaftssystem, offenes, *Gegensatz* → Warenwirtschaftssystem, geschlossenes.

Warenwirtschaftssystem, zentrales, Warenwirtschaftssystem, das in der Systemzentrale eines Handelssystems angesiedelt ist. Aufgrund der Lieferungsbeziehungen zwischen Systemzentrale und angeschlossenen Geschäftsstätten besteht eine enge Verzahnung mit den dezentralen Warenwirtschaftssystemen (→ Warenwirtschaftssystem, dezentrales).

Warenzeichen, → Warenkennzeichnung.

Wasserfallstrategie, sukzessive Erschließung neuer ausländischer Absatzmärkte als spezifische Form einer länderübergreifenden Timingstrategie im Rahmen des Auslandsmarkteintritts. Die Länder werden jeweils nacheinander und erst nach einer ausgiebigen Informationssuche bearbeitet. Das Unternehmen erschließt hierbei am Anfang den Auslandsmarkt A, der am wichtigsten bzw. erfolgversprechendsten erscheint, und geht erst dann zur Bearbeitung des Marktes B über, wenn die Stellung in Markt A gesichert ist. Typischerweise werden zuerst solche Länder erschlossen, die dem Heimatmarkt am ähnlichsten sind; mit jeder weiteren Stufe steigt die Heterogenität der bearbeiteten Auslandsmärkte. Die W. steht im Gegensatz zur → Sprinkler-Strategie.

Wear-In-Effekt, These, nach der die Werbewirkung mit zunehmender Erhöhung der Kontaktdosis ab einer bestimmten Kontaktanzahl nur noch unterproportional steigt.

Wear-Out-Effekt, These, nach der mit steigendem Werbedruck Ermüdungserscheinungen bei den Rezipienten auftreten.

Webkatalog, → Navigationshilfe.

Webster/Wind-Modell, → Organisationales Beschaffungsverhalten.

Website, *Site*, *Online-Auftritt*. Bezeichnung für das gesamte System einer im Internet angewählten Adresse (URL). Dieses stets hierarchisch strukturierte System umfasst die erste Informationsseite – die sog. Homepage – sowie alle darunter liegenden Webseiten mit den dazugehörenden wie auch weiterführenden → Hyperlinks. Diese führen den Nutzer zu den einzelnen Informationsangeboten der folgenden Seiten und verzweigen ggf. nach außen zu den W. anderer Anbieter.

Wechselbarriere, Faktor, der es dem Kunden aus finanziellen, sozialen oder situativen Überlegungen heraus schwierig erscheinen lässt, die bestehende → Geschäftsbeziehung (→ Kundenbeziehung) zu einem Anbieter zu kündigen, z.B. aufgrund langfristiger Wartungsverträge einer erworbenen Anlage oder Gewährung von Rabatten. Eine stabile → Kundenbindung sollte jedoch nie allein auf dem Aufbau von W. basieren, da das Vorhandensein derartiger Barrieren potenzielle Neukunden möglicherweise abschrecken bzw. bei einem Wegfall der Barriere die Gefahr einer → Abwanderung der aktuellen Kunden umso größer ist.

Wechselbereitschaft, Bereitschaft eines Kunden, seine → Geschäftsbeziehung (→ Kundenbeziehung) zu einem Anbieter aufzulösen und zu einem anderen Anbieter zu wechseln. Die W. ist einer der Indikatoren der → Kundenbindung zur Kontrolle bzw. Messung der Kundenbindung (→ Kundenbindung, Messung der). Je niedriger die W. ausfällt, desto höher ist die Kundenbindung. Die W. wird häufig im Rahmen telefonischer oder schriftlicher → Kundenbefragungen erhoben (z.B. durch die Frage „Haben Sie schon einmal daran gedacht, ihre Beziehung zum Anbieter X aufzulösen und einen anderen Anbieter zu wählen?"). Kunden, bei denen die W. stark ausgeprägt und somit die Gefahr einer → Abwanderung vergleichsweise hoch ist, können innerhalb des → Rückgewinnungsmanagements mit gezielten Rückgewinnungsinstrumenten bearbeitet werden.

Wechselkosten, → Transaktionskostentheorie.

Wechselwirkungseffekt, → Interaktionseffekte.

Weiße Produkte, → Gattungsmarke.

Weiterbildung, *Fortbildung*; Teilbereich der → Personalentwicklung.

Weiterempfehlung, positive → Mund-zu-Mund-Kommunikation über Leistungen eines Anbieters an Dritte. Die W. erfolgt meistens an potenzielle Kunden im Kreis der Angehörigen, Freunde, Bekannten und Kollegen des Kunden. Bei der W. handelt es sich um eine Dimension des Konstruktes → Kundenbindung. Der Beitrag von W. zur Steigerung der Profitabilität kann je nach Branche stark variieren. Ein Anbieter von Eigenbauheimen in den USA stellte beispielsweise fest, dass 60 Prozent der Aufträge aufgrund von W. zustande kamen.

Welthandel, Wert aller zwischen den einzelnen Staaten ausgetauschten Güter. Der W. als Indikator für die Bedeutung der internationalen Geschäftstätigkeit hat sich von 1975 bis 2001 nahezu verachtfacht. Der Wert der international gehandelten Güter betrug im Jahre 2001 insgesamt 5,98 Billionen USD. Deutschland nimmt im Welthandel seit Jahren Platz 2 hinter den Vereinigten Staaten und vor Japan ein. 2001 betrug der Anteil Deutschlands an den globalen Exporten immerhin 9,5%.

Weltmarkenstrategie, → Global Brands.

Werbeadressen. Wichtige Grundvoraussetzung erfolgreicher → Direktwerbung per → Direct-Mail ist die Verwendung der richtigen Adressen, d.h. postalische und E-Mail-Anschriften potenzieller Produktabnehmer mit vergleichsweise hoher Kaufwahrscheinlichkeit. Dafür sind eine exakte Bestimmung der → Zielgruppen und die entsprechende Zuordnung der Adressen aus dem verfügbaren Marktadressenpotenzial erforderlich. Hinweise zur Zielgruppenbestimmung können bereits aus der möglichst genauen Formulierung der → Werbeziele gewonnen werden. Falls für bereits im Markt platzierte Angebote neue Kunden gefunden werden sollen, bietet sich zunächst eine Durchsicht der eigenen Kunden- und Interessentendatei zur Zielgruppendefinition an. Weiterhin nutzt man natürlich hauptsächlich die üblichen sozioökonomischen, demographischen und psychographischen Kriterien sowie Besitz- und Verbrauchsmerkmale. Den Direktwerbung treibenden Unternehmen stehen zwei Adressenquellen zur Verfügung: Eigenbestände (d.h. die eigene Kunden- und Interessentendatei) sowie Fremdbestände (d.h. Mietadressen, evtl. auch Kaufadressen). Die eigene EDV-geführte Datei sollte kontinuierlich gepflegt und gut strukturiert sein und die Sortier- und Selektionsfähigkeit des Materials nach den wichtigsten Kriterien gewährleisten. Bereits nach verschiedenen Zielgruppenkriterien selektierte Adresslisten werden von Adressenverlagen, Adressenbüros und Direct-Mail-Unternehmen angeboten. Es wird dabei unterschieden, ob die gelieferten Adressen nur einmal genutzt werden dürfen (Mietadressen) oder immer verfügbar sind (Kaufadressen).

Werbeagentur, *Account Service*. Eine W. ist ein Dienstleistungsunternehmen, das gegen Entgelt im Kundenauftrag Beratungs-, Mittlungs- sowie Konzeptions-, Gestaltungs- und Realisationsleistungen vornimmt. Beratungsleistungen umfassen u.a. die Beratung in Marketing-, Media-, Marktforschungs- und Werbeforschungsfragen. Zu den Mittlungsleistungen zählen u.a. Mediaeinkauf- und -abwicklung, Produktionseinkauf und -abwicklung. Die Konzeptions-, Gestaltungs- und Realisationsleistungen umfassen u.a. die Erstellung und Gestaltung von Werbe- und Verkaufsförderungsaktionen, die Entwicklung von Verpackungen, die Erstellung von Public-Relations-Konzeptionen sowie die Konzeption und Erstellung von Internetauftritten. Neben der klassischen W. gibt es eine Reihe von Spezialagenturen, die sich auf ganz bestimmte Bereiche spezialisiert haben: (1) Die Mediaagentur ist eine selbständige und auf den Bereich Mediaplanung spezialisierte W. In einer Mediaagentur werden Mediapläne bzw. Mediastreupläne (→ Streupläne) erstellt. Darüber hinaus führt die Mediaagentur die termingerechte und zeitlich aufeinander abgestimmte Schaltung von Werbemaßnahmen in den unterschiedlichen Medien durch (z.B. Anzeigenschaltung in Zeitschriften, Schaltung von TV-Spots und Hörfunk-Spots bei den Sendern, bei der Außenwerbung die Belegung von Plakatflächen). (2) Die Bildagentur ist ein selbständiges Dienstleistungsunternehmen, das umfangreiches Bildmaterial zu den verschiedensten Themenbereichen für die Gestaltung von Kommunikationsmaßnahmen zur Verfügung stellt. Je nach Art und Umfang der

Bildmaterialnutzung werden unterschiedliche Gebühren fällig (Art-Buying). (3) Die Full-Service-Werbeagentur ist eine Agentur, die die werblichen und kommunikationstechnischen Aufgaben ihres Auftraggebers ganzheitlich betreut. Sie bietet i.d.R. die folgenden Leistungen an: Analyse von Marketingproblemen, Werbeberatung (z.B. Kommunikationsstrategien, Medienauswahl), Mittlertätigkeit (z.B. Mediaschaltung), Konzeption, Gestaltung, Planung, Produktion und Durchführung von Werbe-, Verkaufsförderungs- und sonstigen Kommunikationsmaßnahmen sowie die → Werbeerfolgskontrolle. Die Abb. „Die 30 größten Dialogagenturen" zeigt einen Überblick der größten Agenturen in Deutschland.

Rang		Agentur	Gross Income in Mio. EUR 2002	Mitarbeiter 2002
2002	2001			
1	2	BBDO Dialogmarketingagenturen	46,83	o.A,
2	1	Wundermann	46,62	365
3	3	Ogilvy One Worldwide	33,28	295
Zu 1	-	BBDO Interone	25,54	275
zu 1	-	Proximity	21,29	209
4	4	Grey Dialog - Agentur	20,17	150
5	5	Publicis Dialog	16,13	148
6	10	G.K.K. Dialog Group	16,43	184
7	11	Defacto	15,02	550
8	9	Gremmer Dialog	14,80	147
9	6	Rapp Collins / Direct Friends	14,43	176
10	7	Heller & Partner Communications	12,05	101
11	8	Draft Worldwide	11,42	82
12	13	Schaffhausen Communications	10,52	113
13	-	MRM Partners	9,32	96
14	17	Mungenast Dialog Marketing	8,11	51
15	22	DJG – Dr. Jung Gruppe	6,27	76
16	21	Kochan & Partner	6,17	68
17	23	FSW Dialog One	5,07	52
18	-	Tequila	4,96	72
19	19	Heine, Reitzel und Partner	4,96	23
20	25	Brand Ranger	4,95	37
21	30	Germany	4,86	38
22	28	Ska Dialog	4,76	28
23	20	Detterbeck Wider Juric	4,44	46
24	29	Fritsche Werbeagentur	4,12	47
25	-	Freihafen	3,43	36
26	-	Peter Reincke Dialog	2,90	27
27	-	KAT International	2,83	35
28	27	Creakom Group	2,73	39
29	-	Benner & Partner	2,56	22
30	-	B & F Brüggemann & Freunde	2,56	30

Die 30 größten Dialogagenturen

Werbeanalyse, → Werbeplanung (2).

Werbeausgaben, → Werbeetat.

Werbebanner. Die im → World Wide Web am häufigsten genutzte Werbeform, auch wenn ihre Bedeutung in letzter Zeit rückläufig ist. Banner werden klassisch in die Kategorien der statischen (unbewegte Einzelbild-Grafik), animierten (Animation als Abfolge von Einzelbild-Grafiken) und transaktiven (mit interaktiven Elementen versehen; kann mit Dialog-Komponenten angereichert werden) Banner eingeteilt, die meist in den gängigsten Formaten Full-Size-Banner (468x60 Pixel), Half-Size-Banner (234x60 Pixel) oder Button (12x90 oder 120x60 Pixel) geschaltet werden.

Werbeberufe. Die → Werbung bietet ein breites Berufsspektrum. Im Folgenden werden die wichtigsten Werbeberufe erläutert. (1) Der Accountmanager, auch als Kontakter oder Kundenberater bezeichnet, ist für die Kundenbetreuung in einer Werbeagentur verantwortlich. Er ist der Vermittler zwischen Kunde und Agentur. Dem Accountmanager steht der Kontaktassistent zur Seite. Der Accountmanager nimmt u.a. Kundenwünsche/-aufträge entgegen und leitet diese in der Agentur an die zuständige Stelle weiter; er koordiniert das gesamte Projekt bis zur Präsentation der Ergebnisse beim Kunden.

Der Supervisor des Accountmanagers ist der Accountsupervisor. (2) Der Werbekaufmann verfügt über eine kaufmännische Ausbildung mit dem Schwerpunkt → Werbung. Neben allgemeinen Kenntnissen der Betriebsführung und Werbewirtschaft hat er Fähigkeiten hinsichtlich Informationsbeschaffung und -auswertung, Konzeptentwicklung, → Mediaplanung, Produktion und Mediaeinkauf. (3) Der Texter erstellt gemeinsam mit dem Grafikdesigner das → Layout einer → Werbekampagne. Dabei erarbeitet er den Werbetext von der Headline über den Fließtext bis zur Baseline. Am Ende werden Text und Bild zu einem Endprodukt zusammengefügt. (4) Der Zuständigkeitsbereich des Art Directors umfasst die gesamte bildliche, textliche sowie typographische Umsetzung einer → Werbekonzeption in einzelne → Werbemittel (Anzeige, Funk-, Fernsehspot, Directmailing usw.). (5) Der Creative-Director ist Leiter der Creative-Abteilung bzw. der Grafik in einer → Werbeagentur, der die kreativen Umsetzungen vom Entwurf bis zur Produktion einer → Werbekampagne plant, koordiniert und überwacht. (6) Der Etatdirektor ist für die Koordination, Kostenkontrolle und für die Verwaltung von bestimmten → Werbeetats zuständig, die von einer Werbeagentur betreut werden. Dem Etatdirektor unterstellt ist der Etatkalkulator, der den Etat kalkuliert, den der Etatdirektor verantwortet. (7) Der Grafikdesigner (Werbegrafiker) arbeitet in einer Agentur oder Werbeabteilung an Gestaltungsarbeiten einer Kampagne, vom Entwurf über das Layout bis hin zur Reinzeichnung und Umsetzung. (8) Der Layouter ist ein Mitarbeiter einer Werbeagentur oder Werbeabteilung in einem Unternehmen, der für die Gestaltung und Herstellung von Layouts zuständig ist. (9) Der Producer ist für die Produktion von Werbemitteln zuständig. Er hält den Kontakt zu Reproanstalten und Druckereien, veranlasst Herstellung von Druckvorlagen (Master, Klischee, Lithographie) und nimmt Reinzeichnungen und Andrucke ab. (10) Der Marktforscher ermittelt und analysiert Informationen bzw. Daten zur Lösung von Marketingproblemen. Hierzu gehört z.B. die Ermittlung von Meinungen und Wünschen innerhalb der → Zielgruppe oder die Suche nach Informationen bzgl. der Verbesserung eines → Produktes. Der Marktforscher arbeitet in größeren Unternehmen, größeren Werbeagenturen oder in Marktforschungsinstituten. Er stellt seine speziellen Kenntnisse und Fähigkeiten dem Kontakt- und Kreativbereich zur Verfügung. (11) Der Traffic-Manager unterstützt den Producer bei der Terminplanung und -überwachung (Timing, Traffic) und sorgt des Weiteren für die Rechnungslegung während bzw. nach Abschluss eines Auftrags. (12) Der Mediadirector (Medialeiter) übernimmt den gesamten Mediaprozess von der Mediaanalyse über die → Mediaplanung, die Mediaselektion, den Einsatz bis zur Kontrolle der Medien. (13) Der Animationsdesigner gestaltet bewegte Computerbilder/-animationen, virtuelle Welten (Cyberspace) und 3-D-Effekte, z.B. für Computerspiele, Lernsoftware sowie CD-ROMs. (14) Der Computeranimateur gestaltet bewegte Computerbilder (Computeranimation). Sein Aufgabenfeld erstreckt sich auf Werbe- und Kinofilme sowie spezielle Präsentationen. (15) Das Aufgabengebiet des Desktop-Publishing-Spezialists beinhaltet den gesamten Bereich der digitalen Text-, Grafik- und Bildverarbeitung mit professioneller Software. Layouts und Druckvorlagen werden mit diesen Programmen für die Produktion von jeglichen Printmedien hergestellt. (16) Der Internetdesigner gehört zu den Screendesignern und ist auf die → Gestaltung und Programmierung von Internetseiten spezialisiert. (17) Der Multimediaspezialist ist verantwortlich für die Verknüpfung von unterschiedlichen Medien bzw. Informationsträgern, die Text, Grafik, Bild, Ton (Musik, Geräusch, Sprache) und Film verbinden. Ein Multimedia-Spezialist arbeitet z.B. an der Konzeption und Produktion von CD-ROM, Informationsterminals und Internetseiten. (18) Ein Screendesigner arbeitet im Bereich Multimedia und ist für die gesamte grafische Gestaltung z.B. von CD-ROM, Informationsterminals und Internetseiten zuständig.

Werbebotschaft. Die W. ist eine Aussage, die in der → Werbung über das → Werbeobjekt gemacht wird, z.B. „Ford, die tun was". Dabei ist Ford das Werbeobjekt und „die tun was" die Botschaft. Oder: „Schwäbisch Hall, auf diese Steine können Sie bauen." Die W. besteht aus dem „was" (Werbeinhalt) und dem „wie" (Werbestil und Stimmung). Manchmal lässt sich die W. in eine Kern- bzw. Hauptbotschaft unterscheiden. Im Rahmen des Werbestils gibt es verschiedene Möglichkeiten, den Inhalt zu gestalten.

(→ Gestaltung). Ist die W. kurz und knapp formuliert, so handelt es sich um einen Slogan. Die W. kann aber auch in visualisierter Form in einem Bild oder Film enthalten sein. So ist z.B. die relevante Botschaft der Bacardi-Werbung nicht in Worte gefasst, sondern erschließt sich aus der Stimmung (Tonality) des Films. Bei der Festlegung der Reihenfolge der Argumente in einer W. sind ggf. Reihenfolgeeffekte zu beachten: Beim Primacy-Effekt setzt sich die erste Information stärker durch, während beim Recency-Effekt die letzten Informationen stärker wirken.

Werbebrief, Briefkastenwerbung, Handzettel, → Postwurfsendungen → Werbemittel, → Mailing.

I. Gegenstand: W. lassen sich entweder über die Deutsche Post AG zustellen oder über sonstige private Organisationen verteilen. Die Zusendung und Verteilung sind grundsätzlich zulässig, allerdings ist die Privatsphäre der Verbraucher zu beachten. Die Deutsche Post AG behält bis 2007 das Monopol für Standardbriefe bis 200 Gramm und Massendrucksachen (Infopost) bis 50 Gramm. Innerhalb dieser Gewichtsgrenze darf nur sie Sendungen einsammeln und zustellen.

II. Adressierte W.: Fordert ein Verbraucher den Absender eines an ihn adressierten W. auf, ihm dieses Material künftig nicht mehr zu schicken, so ist dies zu akzeptieren (sog. „Opt-out"). Die Verbraucher haben auch die Möglichkeit, sich präventiv vor der Zusendung von adressierten W. zu schützen. Der Deutsche Direktmarketing-Verband e.V. (DDV) führt zu diesem Zweck die sog. → Robinson-Liste, in die sich jeder Verbraucher eintragen lassen kann, der keine Werbung von denjenigen Unternehmen erhalten will, die dem DDV angeschlossen sind. Sie repräsentieren ca. 80 Prozent aller adressierten Werbesendungen. Derzeit besteht aber keine Verpflichtung für die Werbungtreibenden, die Adressaten jeder Werbeaktion mit der Robinson-Liste abzugleichen. Sie wird bislang auch nur bei der Gewinnung neuer Kunden benutzt. Verbraucher, die sich wegen einer bestimmten Firma in die Liste haben eintragen lassen, von der sie bereits W. erhalten haben, erreichen damit also nicht, dass sie von dieser Firma künftig keine Werbung mehr zugeschickt bekommen. In diesem Fall müssten sie sich direkt an die betreffende Firma wenden und die Streichung aus der Adressenliste verlangen.

III. Nicht-adressierte W.: Kann der Empfänger mit einem Aufkleber („Werbung? Nein, danke!") auf seinem Briefkasten ablehnen. Dies ist sowohl von der Deutschen Post AG als auch von anderen privaten Verteilerorganisationen zu respektieren. Allerdings wirkt der Hinweis nicht bei Zeitungsbeilagen und Anzeigenblättern. Werbetreibende haben die von ihnen eingesetzten Verteilerorganisationen stichprobenartig zu überprüfen, welche Maßnahmen sie zur Einhaltung dieses Wunsches ergriffen haben und ob diese tatsächlich durchgeführt werden. Darüber hinaus müssen sie wirtschaftliche und rechtliche Sanktionen für den Fall ankündigen, dass sie diesen Vorgaben nicht nachgekommen wird.

Werbebudget, → Werbeetat.

Werbeelastizität. Die W. λ gibt an, um wie viel Prozent die Absatzmenge X steigt, wenn der → Werbeetat um ein Prozent zunimmt.

Werbeerfolg, → Werbeerfolgskontrolle.

Werbeerfolgskontrolle, *Werbeerfolgsmessung*; Die W. untersucht die Frage, welche Zuwächse in festgelegten Zielgrößen, wie z.B. Umsatz oder Absatz, → Added Value auf die → Werbung zurückzuführen sind. Werbeerfolg lässt sich demnach als die durch Werbung verursachten Veränderungen von Werbezielgrößen (→ Werbeziele) charakterisieren. Der erste Schritt im Rahmen der W. ist die klare Definition von Werbezielen. Neben einer präzisen Formulierung der Ziele ist zu prüfen, ob das Ziel überhaupt durch Werbung erreicht werden kann. Anschließend ist zu untersuchen, ob es sich bei den Zielgrößen um Kommunikationsziele, die eher direkt durch Werbung beeinflussbar sind, oder ob es sich um Marktziele handelt, die eher indirekt durch Werbung beeinflussbar sind. Direkte Beeinflussbarkeit heißt, die Ziele sind nahezu ausschließlich durch Werbung erreichbar, z.B. Aufmerksamkeit, Wiedererkennung. Indirekte Beeinflussbarkeit heißt, dass Ziele auch von anderen Faktoren, wie z.B. Preis- oder Distributionspolitik, oder auch von Maßnahmen der Wettbewerber beeinflusst werden können. Die Abb. „Werbewirkung" macht diese Zusammenhänge deutlich. Handelt es sich um eine Zielgröße aus dem Bereich der direkten → Werbewirkung, so kann i.Allg. angenommen werden, dass die Wirkung durch die Werbung hervorgerufen wurde. Stammt die gewünschte Zielgröße aus dem Bereich der indirekten Werbewirkung, so müssen im Prinzip alle anderen Faktoren als Verursacher ausgeschlossen werden. Die Praxis erfolgreicher Werbekampagnen zeigt, dass auch in solchen Fällen Branchen- oder Konkurrenzwerte mit angegeben werden, um deutlich zu machen, dass die angestrebten Werbeziele eben nicht durch einen allgemeinen Trend oder andere Faktoren verursacht worden sind. Für die Beurteilung des Erfolges einer → Werbekampagne ist ein solcher Vergleich mit Wettbewerbern oder dem Branchendurchschnitt sehr nützlich. Der Marktforscher nennt dieses Vorgehen die Isolierung des beeinflussenden Faktors Werbung. In Werbetracking-Studien werden laufend die Zielgrößen am Markt untersucht.

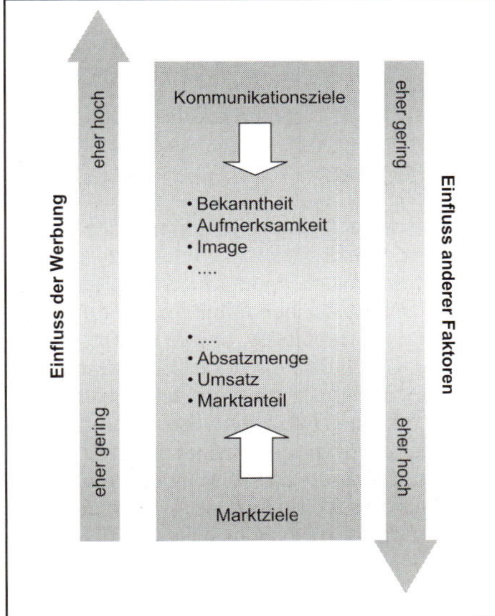

Werbewirkung

Werbeerfolgsmessung, → Werbeerfolgskontrolle.

Werbeertragsgesetz, → Werberesponsefunktion.

Werbeetat, *Werbebudget*. I. Begriff: Der W. ist die Summe aller finanziellen Mittel, die innerhalb eines bestimmten Zeitraumes für → Werbung ausgegeben werden (Werbeausgaben). Die Aufstellung eines W. beinhaltet auch Entscheidungen über die Aufteilung der Mittel auf verschiedene → Werbeobjekte, → Werbebotschaften, → Werbemittel und → Werbeträger.

II. Berechnung: Um die Höhe des W. zu bestimmen, gibt es verschiedene Möglichkeiten. Theoretisch lässt sich der W. für ein → Produkt unter Verwendung einer → Werberesponsefunktion leicht bestimmen. Die gesamte Problematik der Etatbestimmung wird dabei allerdings in die Werbewirkungsfunktion gesteckt. Eine solche Funktion beschreibt einen quantitativen Zusammenhang zwischen dem Etat E und der Absatzmenge X (oder anderen Zielgrößen) des mit diesem Etat beworbenen Produktes: X=X(E). Maximiert man nun den Gewinn G=PX-K(X)-E bzgl. des Etats E, so erhält man E=λX(P-C). Dabei ist P der Preis, K die Kosten, C die Grenzkosten bzgl. der Menge und λ die Werbeelastizität, die angibt, um wie viel Prozent die Absatzmenge X steigt, wenn der Etat um 1% zunimmt. Die Formel besagt, dass der W. einem Anteil desjenigen Deckungsbeitrages entsprechen sollte, der mit dieser Werbung erzielt wird. Dieser ist aber in den meisten Fällen nicht bekannt. Ferner wurde angenommen, dass die Absatzmenge nur vom W. des Produktes abhängt. Lockert man diese Annahme und unterstellt, dass die Absatzmenge vom W. und dem Absatzpreis abhängt, dann ergibt sich folgende Formel (sog. Dorfman-Steiner-Theorem):

$$\frac{E}{PX} = -\frac{\lambda}{\varepsilon}$$

Dabei ist ε die Preiselastizität der Nachfrage, die angibt, um wie viel Prozent sich der Absatz erhöht, wenn der Preis um 1% gesenkt wird. Die Formel besagt also, dass der W. als Prozentsatz vom Umsatz dem Verhältnis aus Werbe- und Preiselastizität entsprechen soll. Nimmt man an, dass dieses Verhältnis sich nicht stark mit der Zeit verändert, dann erhält die Prozent-vom-Umsatz-Methode eine theoretische Stützung. Die Schwierigkeit, die Elastizitäten zu bestimmen, bleibt allerdings bestehen. Aus unterschiedlichen Werberesponsefunktionen lassen sich weitere Anhaltspunkte für die Höhe des W. ableiten. Die Schwierigkeit für die praktische Nutzung solcher Optimierungskalküle besteht vor allem in der Aufstellung und Messung der Werberesponsefunktionen. Deshalb kommen in der Praxis häufig Bezugsgrößenverfahren zur Anwendung: (1) Das erste Verfahren in dieser Kategorie ist das Restwertverfahren, obwohl es streng genommen keine Bezugsgröße verwendet und auch sonst sehr unbefriedigend ist. Beim Restwertverfahren werden die finanziellen Mittel auf alle nicht werblichen Bereiche verplant, und der W. ergibt sich aus dem, was übrig bleibt. (1) Beim Fortschreibungsverfahren wird das Werbebudget der Vorperiode fortgeschrieben. Die einfachste Form ist, den Etat nicht zu verändern. Bei der Fortschreibung lassen sich aber ebenso gut bestimmte Indizien oder Indikatoren als Anhaltspunkte für den Veränderungsbetrag ggü. der Vorperiode verwenden, so z.B. das Marktwachstum. (3) Bei dem Prozentverfahren wird der Etat als Prozentgröße von einem bestimmten Indikator berechnet, wie z.B. bei der Prozent-vom-Umsatz-Methode (Percentage of Sales Method). Neben der Orientierung am Umsatz lassen sich andere Indikatoren finden: Marktanteil, Phase im Lebenszyklus, Gewinn oder Deckungsbeitrag des Produktes u.a.m. Eine Problematik dieses Vorgehens liegt darin, dass in „guten" Zeiten der Etat eher hoch und in „schlechten" Zeiten eher niedrig ist (sog. zyklische Werbung), obwohl der Markt ein Gegensteuern durch Werbung verlangen kann (antizyklische Werbung). (4) Bei den Wettbewerbsverfahren orientiert sich der Etat an den Werbeausgaben der Mitbewerber. Bei der „Per Unit Method" werden die Kommunikationsaktivitäten bestimmt, die für ein bestimmtes Produkt zu ergreifen sind. Danach lassen sich die Kosten auf die geplante Absatzmenge beziehen. (5) Schließlich wird bei der Ziel-Mittel-Methode der Werbeetat aus den Werbezielen heraus abgeleitet (Vgl. Abb. „Schema der Ziel-Mittel-Methode"). In einem ersten Schritt werden die → Werbeziele festgelegt. Aus diesen Zielen folgt die Entwicklung eines Maßnahmenkataloges. Für die einzelnen Maßnahmen müssen dann die Kosten geschätzt und zusammengetragen werden. Daraus ergibt sich dann der W.

Literatur: Nieschlag, R./Dichtl, E./Hörschgen, H. (2002): Marketing, 19. Aufl., Berlin; Rogge, H.-J. (2000) (Hrsg.): Werbung, 5. Aufl., Ludwigshafen; Schweiger, G./Schrattenecker, G. (2001): Werbung, 5. Aufl., Stuttgart u.a.

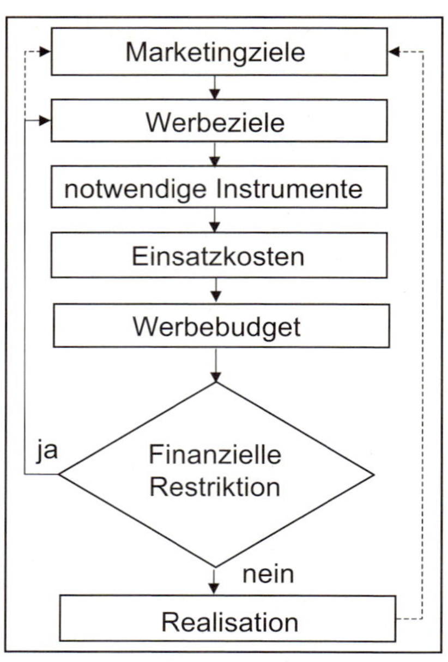

Schema der Ziel-Mittel-Methode (Quelle: Rogge 1996, S. 149)

Werbefilm, *Werbekurzfilm*; bewegtes → Werbemittel, das länger andauert. *Gegensatz:* → Spot.

Werbeinvestitionen, lassen sich aus volkswirtschaftlicher sowie aus betriebswirtschaftlicher Sicht betrachten. In volkswirtschaftlicher Betrachtung handelt es sich bei W. um eine aggregierte Größe, die sämtliche Ausgaben für die Werbung aller Werbungtreibenden Unternehmen einer Volkswirtschaft in einem Jahr beinhaltet. Die W. setzen sich dabei aus drei Ausgabenblöcken zusammen: Ausgaben für die Werbeverwaltung, d.h. Honorare für Werbeberater, Werbeagenturen sowie Gehälter für Mitarbeiter in den hauseigenen Werbeabteilungen usw., Ausgaben für die Werbemittelproduktion, z.B. für die Herstellung von Werbespots, Anzeigen oder Plakaten, und Ausgaben für die Werberträger, die die Werbemittel an die Umworbenen herantragen. Der Zentralausschuss der Deutschen Werbewirtschaft e.V. (ZAW) berechnet jährlich durch statistische Erhebungen und Schätzungen die Investitionen in die Werbung (vgl. Abb. „Investitionen in die Werbung"). Die Höhe der Investitionen von jährlich etwas mehr als 30 Mrd. EUR muss als beträchtlich angesehen werden. Besonders fällt der hohe Anteil der Einnahmen der

	1998	1999	2000	2001	2002
Gesamt Honorare, Werbemittel-produktion, Medien	30,17 +4,2 %	31,44 +4,2 %	33,21 +5,6 %	31,51 -5,1 %	29,62 -5,9 %
davon Einnahmen Werbeträger	20,81 +5,1 %	21,83 +4,9 %	23,37 +7,1 %	21,68 -7,3 %	20,7 -7,5 %

Investitionen in die Werbung (in Mrd. EUR)
Quelle: ZAW 2003

Werbeträger auf, es handelt sich hierbei vornehmlich um Medien wie Fernsehen, Tageszeitungen, Publikumszeitschriften oder Fachzeitschriften. Dies lässt auf eine relativ hohe wirtschaftliche Abhängigkeit dieser Medien von den Einnahmen aus der vermittelten Werbung schließen. Die Frage, ob die Höhe der getätigten Investitionen in die Werbung volkswirtschaftlich gerechtfertigt sei, wird immer wieder gestellt. Antworten hierauf gibt z.B. die Theorie der Informationsökonomik. Diese geht davon aus, dass Märkte durch asymmetrische Informationsverteilungen zwischen Anbietern und Konsumenten gekennzeichnet sind. Nimmt man z.B. im einfachsten Fall an, dass Werbung eine Information über Preise, die Leistung und den Standort der Beschaffung beinhaltet, so besteht der Wert dieser Werbung darin, dass durch sie die Suchkosten der Konsumenten verringert wird. Gehen gleichzeitig die Grenzkosten der Werbung gegen Null, sind die Kosten der Anbieter geringer als die Suchkosten der einzelnen Konsumenten, es entsteht ein volkswirtschaftlicher Nutzen. Grundsätzlich besteht in volkswirtschaftlicher Sicht Einigkeit darüber, dass auf Märkten in längerer Sicht kein Wettbewerb ohne Werbung möglich ist. In betriebswirtschaftlicher Sicht müssen W. differenziert interpretiert werden. Zunächst einmal muss man konstatieren, dass Werbung als ein Kommunikationsinstrument des Marketing für eine Angebotsleistung in einem Markt bei einer Zielgruppe außerökonomische Ziele (z.B. Aufbau eines Markenimages) oder ökonomische Ziele (z.B. Auslösung eines Probierkaufs) erreichen oder hierzu einen Beitrag leisten sollen. Insofern stellt die Werbung für eine Angebotsleistung eine Investition in einen Markt dar, deren Nutzen sich aus der Wirtschaftlichkeit der kommunikativen Zielerreichung bestimmen lässt. Die Höhe der jeweiligen Investition ergibt sich aus dem Werbebudget, den das Unternehmen zur Verfügung stellt und dessen Verteilung auf die einzelnen Werbeobjekte (Marken/Produkte). Handelt es sich nicht um eine Marken- bzw. Produktwerbung, sondern um Unternehmenswerbung, so werden damit i.d.R. außerökonomische Ziele im Sinne des Aufbaus und der Erhaltung eines spezifischen Unternehmensimages angestrebt. Dies gilt z.B. für industrielle Anbieter oder Dienstleistungsanbieter, die sich über das Image des Unternehmens in den Märkten profilieren und positionieren wollen oder müssen. In diesen Fällen kann auch von einer Imageinvestition gesprochen werden, wobei darunter auch der Fall der Unternehmenswerbung im Rahmen eines Corporate-Identity-Ansatzes zu subsumieren ist. Eine darauf aufbauende Interpretation von W. bezieht sich auf die Markenpolitik. Dabei geht es um den potenziellen Beitrag der Werbung zum Aufbau und den Erhalt einer Brand Equity (Markenerfolg). Auf die Brand Equity wirken potenzialbezogene Erfolgsgrößen (z.B. Markenbekanntheit bei den Nachfragern), markterfolgsbezogene Erfolgsgrößen (z.B. Marktanteil der Marke) und wirtschaftliche Erfolgsgrößen (z.B. mit der Marke erzielter Deckungsbeitrag) ein. Es ist unmittelbar nachvollziehbar, dass vor allem bei den potenzialbezogenen- und markterfolgsbezogenen Erfolgsgrößen die Werbung einen relativ starken Einfluss auf deren Ausprägung ausübt. Dies deshalb, weil die Werbung i.d.R. nicht nur den relativ größten Anteil an den gesamten marktgerichteten Investitionen für eine Marke auf sich vereinigt, sondern auch entsprechende Zielorientierungen aufweist.

Literatur: Behrens, G. (1996): Werbung, München; Homburg, C./Krohmer, H. (2003): Marketing-Management, Wiesbaden; Lehmann, E. (1999): Asymmetrische Information und Werbung, Wiesbaden.

Werbekampagne, *Kampagne*. Eine W. ist das koordinierte System der werblichen Maßnahmen und Mittel, die in einem vorgegebenen Zeitraum und in einer konkreten Abfolge bzw. Vernetzung eine bestimmte Wirkung mit einem zu definierenden Aufwand erreichen sollen. Der Aufbau einer W. muss sich aus den → Werbezielen ergeben. Das sog. Kampagnenprogramm umfasst die Kurzbeschreibung der → Zielgruppen, die angestrebte → Werbewirkung, die wesentlichen Inhalte und Lernstufen, die Medien- und Kommunikationskanäle, eine Zeitachse, auf der das Programm eingetragen wird, sowie Hypothesen über die → Wirkungsverläufe. Zusätzlich ist eine Kostenplanung enthalten. Wenn für das Programm ein hohes Informationsdefizit und eine Prognoseunsicherheit bestehen, kann es sinnvoll sein, für bestimmte Teile schon alternative Ziele und Maßnahmen einzuplanen. Das Kampagnenprogramm bleibt nicht auf die Beschreibung einer W. beschränkt, sondern es handelt sich um den Entwurf des gesamten Maßnahmenbündels der verschiedenen miteinander verbundenen Einzelkampagnen, die in den verschiedenen Kommunikationsebenen und -arten ablaufen sollen, um die für die Marketingzielsetzung erforderlichen Bedingungen zu erreichen.

Werbekaufmann, → Werbeberufe (2).

Werbekonzeption, → Werbeplanung (2).

Werbekostenzuschuss, ein Hersteller entrichtet an ein Handelsunternehmen einen W. Das Handelsunternehmen verpflichtet sich im Gegenzug, das oder die Produkte des betreffenden Herstellers zu bewerben.

Werbemedien, → Medien.

Werbemittel. Die Auffassungen über die Abgrenzung von W. gehen weit auseinander. So fasst Sundhoff unter die W. die bei ihm sog. Werbekünder und die → Werbeträger zusammen. Die Werbekünder von Sundhoff werden bei Schweiger als W. genannt. Dagegen versteht Rogge unter W. „die konkretisierte Botschaft unabhängig von dem eingesetzten Werbeträger". Er folgt der Auffassung von Behrens, der die Werbeträger als „Zusammenfassungen von Werbeelementen (versteht), die als Letzte nicht weiter zerlegbare Bestandteile Werbewirkung auslösen sollen". Da → Werbung eine Wirkung (→ Werbewirkung) auslösen soll, muss sie wahrnehmbar sein. Die letztendlich nicht mehr zerlegbaren Bestandteile, die die (Werbe-)Wirkung auslösen, sind dann Farben (inklusive schwarz und weiß) und Töne, ggf. noch Gerüche. Damit lassen sich W. definieren als die zu einer → Werbebotschaft zusammengesetzten Farben und/oder Töne, die bei einer Zielgruppe eine (Werbe)-Wirkung auslösen. Die W. erreichen die Zielgruppe durch Werbeträger. Farben lassen sich zu Bildern und Symbolen zusammenfassen. Stammen die Symbole aus einer Sprache, dann sind es Wörter. Bilder in extrem schneller Abfolge nennen wir Film. Bilder, Film und Wörter sind Bausteine für W. Töne lassen sich zu Sprache und Musik zusammenfassen, die damit weitere Bausteine für W. sind. Aus diesen Bausteinen lassen sich nun die unterschiedlichsten W. zusammensetzen. Die Werbemittelauswahl beschäftigt sich damit, Argumente für den Einsatz spezieller → Werbemittel (z.B. Anzeige, Direktwerbesendung, Katalog, Prospekt, Messen und Ausstellungen, Vertreter) zu finden. Dabei ist eine Vorgehensweise mittels Checklisten üblich, d.h. die Werbemittel werden im Konsumgüter- und Investitionsgütersektor bewertet. Die Werbeelemente werden in inhaltbildende (Argumente, Leitbilder, Gefühle usw.) und formgebende (Farbe Ton, Schrift, Form, Bewegung usw.) unterteilt. Ferner lassen sich unisensorische (nur ein Sinnesorgan wird angesprochen: → Rundfunkspot, → Plakat, → Anzeige) und multisensorische (mehrere Sinne werden angesprochen: Film, Fernsehspot) W. untergliedern. Setzt man Bild und Text kleinflächig zusammen, so handelt es sich um eine → Anzeige; setzt man es großflächig zusammen, so handelt es sich um ein → Plakat. Dies sind gewissermaßen unbewegte (statische) W. Wird das W. aus Film, Sprache oder Musik zusammengesetzt (Audiovision), so handelt es sich um ein bewegtes (dynamisches) W. Ein unbewegtes W. verändert sich nicht, während für ein bewegtes W. die Veränderung konstitutives Element ist. Ist ein bewegtes W. kurz (i.Allg. kürzer als eine Minute), dann handelt es sich um einen → Spot, da die Werbebotschaft in der Kürze auf den Punkt gebracht werden muss. Diese werden von den → Werbefilmen und den Werbekurzfilmen, die länger dauern, unterschieden. Ein kurzes Musikstück bzw. eine Tonfolge in Funk, Film und TV wird als → Jingle bezeichnet. Als weitere W. werden genannt: → Katalog, → Prospekt, → Flyer, Werbebrief (bzw. Mailing: ein direkt versendeter Brief zum Zweck der Werbung), Schaufenster und Werbegeschenke.

Werbemitteltest, → Werbetest zur Überprüfung von Werbemitteln, → Spezielle Testdesigns in der Marktforschung.

Werbeobjekt. Das W. ist der Gegenstand oder die Sache, die beworben werden soll. Solche Gegenstände können sein: → Produkte, → Dienstleistungen, → Marken, Unternehmen, Nonprofit Organisationen (z.B. Parteien), Branchen (z.B. Chemie) usw. Werden mehrere Produkte z.B. unter einer → Marke oder unter einem Firmennamen beworben, spricht man von einer → Dachkampagne oder Schirmwerbung (Umbrella-Werbung). Auch eine gesamte Branche kann W. sein, wie es die Gemeinschaftswerbung = Kollektivwerbung der chemischen Industrie gezeigt hat. Darüber hinaus können Parteien oder Politiker W. in der Wahlkampfwerbung sein. Schließlich können auch Normen und Werte W. sein. So führte die Polizei Hamburg zusammen mit der Werbeagentur Springer & Jacoby eine erfolgreiche Kampagne gegen Gewalt durch.

Werbeplanung. I. Begriff: Unter W. versteht man ein systematisches und methodisches Vorgehen, das auf der Basis einer Ist-Analyse → Werbeziele festlegt und eine Werbekonzeption zu deren Realisation erarbeitet. Dabei kann zwischen strategischer → Werbestrategie und taktischer W. unterschieden werden. In der Werbestrategie werden die grundsätzlichen Überlegungen erfasst, aus denen sich die taktischen Elemente des Werbeplanes ableiten lassen.

II. Prozess: (1) Der erste Schritt der W. ist die Werbeanalyse, d.h. die Untersuchung der Ausgangssituation. Die Werbeanalyse setzt sich aus allgemeiner Situationsanalyse, Zielgruppenanalyse (→ Zielgruppe), Werbeobjektanalyse (→ Werbeobjekt) und Werbefinanzanalyse zusammen. Dabei beinhaltet die allgemeine Situationsanalyse die Präsentation der → Produkte und deren wert- und mengenmäßiger Marktanteile, die Vorstellung der Konkurrenten und ihrer Produkte, Entwicklungen des Gesamtmarktes und der einzelnen Marktsegmente sowie Betriebsinterna wie Umsatz-, Absatz- und Distributionsentwicklung. Im Rahmen der Zielgruppenanalyse erfolgt eine genaue quantitative und qualitative Angabe der Zielpersonen der Werbung, während die Werbeobjektanalyse die Angabe, welches Produkt und welche Produktreihe oder welche Dienstleistung beworben werden soll, zum Gegenstand hat. Schließlich dient die Werbefinanzanalyse der Fixierung des → Werbebudgets, wofür verschiedene Verfahren zur Anwendung kommen können. (2) Den zweiten Schritt der W. bildet das sog. Briefing. Darunter versteht man eine klar formulierte Aufgabenstellung an eine → Werbeagentur, eine Werbeabteilung oder einen außenstehenden Werbeberater, die in zusammengefasster Form die Daten der vorangegangenen Werbeanalyse enthält. Es bildet die Voraussetzung für die Erstellung einer Werbekonzeption. Die beauftragte Agentur bzw. Abteilung erhält neben dem Wissen über das zu bewerbende Produkt Hintergrundinformationen über die Situation auf dem gesamten Markt und die Produkte sowie das Verhalten der Konkurrenz. Zudem werden die Kompetenzen und Befugnisse der beiden Seiten und die Ansprechpartner für die jeweils andere Seite fixiert. (3) Im dritten Schritt des Werbeplanungsprozesses wird die Werbekonzeption entwickelt. Die Werbekonzeption ist ein schriftlicher Plan zur konkreten Durchführung der Werbung. In ihr sind folgende Bestandteile enthalten und beschrieben: → Werbeziele, → Zielgruppe(n), → Werbeobjekt, → Werbebotschaft, → Werbemittel, → Werbeträger (→ Mediaplanung), Werbezeitraum sowie die Verteilung des → Werbeetats. Die Werbekonzeption wird i.Allg. durch eine Werbeanalyse und das Briefing vorbereitet. Im Kern besteht sie allerdings aus den folgenden vier Inhalten: (1) → Positionierung des Produktes (Positioning), (2) Festlegung der → Copy-Strategie, (3) Auswahl der Werbemittel und (4) Entscheidung über die Werbeträger (Festlegung des → Streu- und des Kostenplanes).

Literatur: Sander, M. (1993): Der Planungsprozess der Werbung, in: Berndt, R./Hermanns, A. (Hrsg.): Handbuch Marketing-Kommunikation, Wiesbaden, S. 261-284; Schweiger, G./Schrattenecker, G. (2001): Werbung, 5. Aufl., Stuttgart u.a.

Werbepolitik, rechtliche Aspekte. I. Grundlagen: Zwar existiert in der Bundesrepublik Deutschland kein eigenständiges Werberecht, doch schränken zahlreiche Gesetze und Rechtsverordnungen sowie die dazu ergangene Rechtsprechung die W. stark ein. Die Restriktionen lassen sich in wertbezogene und wertneutrale Normen unterscheiden. (1) Wertbezogene Normen: Verfolgen soziale Schutzzwecke, wie z.B. Schutz der Volksgesundheit und Schutz des Wettbewerbs. Zu ihnen gehören das Gesetz gegen den unlauteren Wettbewerb (→ UWG), das Lebensmittel- und Bedarfsgegenständegesetz (LMBG), das Arzneimittelgesetz (AMG) und das Heilmittelwerbegesetz (HWG). (2) Wertneutrale Normen werden aus Gründen ordnender Zweckmäßigkeit erlassen. Zu ihnen zählen die Gewerbeordnung, die Handwerksordnung, die Preisangabenverordnung, das Textilkennzeichnungsgesetz und das Gesetz über Einheiten im Messwesen. So wird z.B. eine Werbung mit Maßangaben für Pkw in „PS" oder für Computermonitore in „Zoll" als Verstoß gegen das Gesetz über Einheiten im Messwesen gewertet, da die dort vorgeschriebenen Maßgrößen „Kilowatt" und „Meter bzw. Zentimeter" lauten.

II. Qualitative Werberestriktionen: Zum einen bestehen allgemeine, für alle Produkte geltende, i.d.R. mehr abstrakte Verbotsnormen (vor allem § 1 UWG), durch die Missbräuchen jeglicher Art entgegengewirkt werden soll. Zum anderen werden durch einige spezialgesetzliche Vorschriften für bestimmte → Produkte konkrete normative Mindeststandards für werbliche Aussagen aufgestellt, z.B. die gesundheitsschützenden Kennzeichnungsge- und -verbote des Lebensmittel- und Bedarfsgegenständegesetzes (LMBG), des Arzneimittelgesetzes (AMG) und des Heilmittelwerbegesetzes (HWG).

III. Quantitative Werberestriktionen: Zielen darauf ab, den Umfang der Wirtschaftswerbung zu begrenzen, untersagen entweder jede Werbung (z.B. Gesetz über die Verbreitung jugendgefährdender Schriften, bestimmte Berufsstände wie Ärzte, Rechtsanwälte, Notare, Wirtschaftsprüfer, Steuerberater und Architekten) oder ggü. bestimmten Adressatengruppen (z.B. Verbot der Laienwerbung im AMG und HWG) oder in bestimmten Medien (z.B. Verbot der Tabakwerbung in Rundfunk und Fernsehen in § 22 I LMBG). Dieses System an Restriktionen ist keineswegs starr, wie etwa die Aufweichung des Werbeverbotes für Ärzte auf der einen und der Weg zu einem totalen Werbeverbot für Tabakwaren auf der anderen Seite zeigen.

IV. Freiwillige Beschränkungen der Werbewirtschaft: (1) Selbstbeschränkungsabkommen: Vereinbarung einzelner Industriezweige (z.B. für die Zigaretten-, Alkohol- und Pharmawerbung) sowie Werberichtlinien von Verbänden und internationalen Organisationen sind in erster Linie auf zwei Motive der Industrie zurückzuführen. Zum einen vermuten die Unternehmen, dass ihre Werbemaßnahmen nur der Neutralisierung der Konkurrenzwerbung dienen. Zum anderen soll durch derartige Abkommen drohenden gesetzgeberischen Eingriffen vorgebeugt werden, die die Werbetätigkeit unter Umständen stärker beschränken würden, als dies im Selbstbeschränkungsabkommen der Fall ist. (2) → Deutscher Werberat: Selbstdisziplinäres Organ des Zentralverbandes der deutschen Werbewirtschaft, hat in seinen Arbeitsgrundsätzen die Aufgabe verankert, „durch geeignete Maßnahmen die Werbung im Hinblick auf Inhalt, Aussage und Gestaltung weiterzuentwickeln, verantwortungsbewusstes Handeln zu fördern, Missstände im Werbewesen festzustellen und zu beseitigen sowie als ständiges Ansprecheorgan für verbraucherbezogene Werbeprobleme zur Verfügung zu stehen". Seine Tätigkeit ist auf den Bereich der Wirtschaftswerbung beschränkt, Vorprüfungen von Werbemaßnahmen werden nicht vorgenommen. Der Werberat kann von jeder Bürgerin und jedem Bürger angerufen werden. Obwohl der Werberat über keine speziellen Sanktionsmaßnahmen verfügt, wurden auf sein Eingreifen hin zahlreiche Werbemaßnahmen geändert, eingestellt oder öffentlich gerügt. Seine (unverbindliche) Spruchpraxis veröffentlicht der Werberat jährlich anhand ausgewählter Einzelfälle. (3) Verhaltensregeln, Verlautbarungen und Richtlinien mit selbstdisziplinärem Charakter: Hierzu zählen z.B. die Verhaltensregeln des Deutschen Werberates für die Werbung mit und vor Kindern in Werbefunk und Werbefernsehen, die Verhaltensregeln des Deutschen Werberates über die Werbung für alkoholische Getränke, Verlautbarungen des Deutschen Werberates zur Werbung mit unfallriskanten Bildmotiven, Verlautbarungen des Deutschen Werberates zur Reifenwerbung, Verlautbarungen des Deutschen Werberates zum Thema Herabwürdigung und Diskriminierung von Personen und die ZAW-Richtlinie für redaktionell gestaltete Anzeigen.

Hendrik Schröder

Werbepsychologie, ist ein Teilgebiet der angewandten Psychologie und eine mit der → Konsumentenverhaltensforschung eng verwandte Disziplin. Der vorwiegend empirisch ausgerichtete Ansatz versucht, die Wirkung der Werbung für das Konsumentenverhalten zu erforschen und allgemeingültige Regeln für die Kommunikationspolitik abzuleiten. Dabei interessieren beispielsweise

Fragen von der Mediawahrnehmung, Mediaselektion und -verwendung, über die Analyse der verbalen und bildlichen Gestaltung von Werbemitteln sowie der entsprechenden → Informationsverarbeitung, bis hin zur Zielgruppenanalyse. In jüngster Zeit haben sich auch die Vertreter des verstehenden Ansatzes der → Konsumentenverhaltensforschung der W. verstärkt gewidmet.

Werberat, → Deutscher Werberat.

Werberecht. Es gibt verschiedene Arten rechtswidriger → Werbung, deren Rechtswidrigkeit sich aus unterschiedlichen gesetzlichen Regelungen ergibt: (1) Sittenwidrige Werbegestaltung wird aus der Generalklausel des § 1 des Gesetzes gegen den unlauteren Wettbewerb (UWG) abgeleitet: „Wer im geschäftlichen Verkehre zu Zwecken des Wettbewerbs Handlungen vornimmt, die gegen die guten Sitten verstoßen, kann auf Unterlassung und Schadensersatz in Anspruch genommen werden". Die Einzelfälle der sittenwidrigen Gestaltungsmöglichkeiten sind vielfältig, deshalb sei hier auf die Spruchpraxis des Deutschen Werberates verwiesen. (2) Irreführende Werbung folgt aus der sog. kleinen Generalklausel des § 3 UWG in der Diktion von Nieschlag/Dichtl/Hörschgen: „Der Tatbestand der Irreführung ist erfüllt, wenn ein falscher, d.h. der Wirklichkeit nicht entsprechender Eindruck in Bezug auf einen bestimmten Objektbereich hervorgerufen oder bestätigt wird, ohne dass der Beeinflusste dies erkennt." (Nieschlag/Dichtl/ Hörschgen 2002). (3) → Vergleichende Werbung liegt vor, wenn der Werbetreibende die Eigenschaften seines Unternehmens oder seines Angebotes zu den Eigenschaften und Verhältnissen seines Mitbewerbers oder mehrerer Mitbewerber in Beziehung setzt. (4) Allein- und Spitzenstellungswerbung bezieht sich auf Werbungen mit Aussagen, wie „wir sind die Größten, die Besten, die Schönsten". Dabei kann es sich je nach Schwerpunkt der Unlauterkeit um herabsetzende oder irreführende Werbung handeln. Diese Formen der Alleinstellungswerbung sind unzulässig. Dabei ist zu beachten, dass die irreführende Alleinstellungswerbung nur dann verboten ist, wenn sie nachprüfbare falsche Aussagen enthält. Werturteile wie „die schönste Frau aller Zeiten" für die Hauptdarstellerin eines Filmes werden als inhaltsleere Anpreisungen verstanden. Die Werbeaussage „Deutschlands größte Illustrierte" muss vom Werbungtreibenden allerdings bewiesen werden können. (5) Schleichwerbung ist Werbung, die als solche nicht erkannt wird. Rechtlich ist die Unzulässigkeit der Schleichwerbung nach verschiedenen Medien zu differenzieren, auch wenn der Grundsatz der Trennung von Inhaltlichem und Werblichem gilt. Für Presseerzeugnisse gilt, dass entgeltliche Veröffentlichungen mit dem Wort → Anzeige zu kennzeichnen sind. Der Leser einer Zeitung oder Zeitschrift muss klar erkennen können, was redaktioneller Text und was Werbung ist. Für → Rundfunk und → Fernsehen stellt der § 6 Abs. 5 Rundfunkstaatsvertrag ausdrücklich die Unzulässigkeit von Schleichwerbung fest. Für den Bereich des Kinofilms gibt es keine dem Rundfunkstaatsvertrag entsprechende Regelung, dennoch kann insbesondere aus § 3 UWG auch für Kinofilme eine Verpflichtung abgeleitet werden, durch einen entsprechenden Hinweis darauf aufmerksam zu machen, wenn eine entgeltliche Produktwerbung durch Platzierung eines → Produktes (Product Placement) oder → Logos erfolgt.

Literatur: Nieschlag, R./Dichtl, E./Hörschgen, H. (2002): Marketing, 19. Aufl., Berlin.

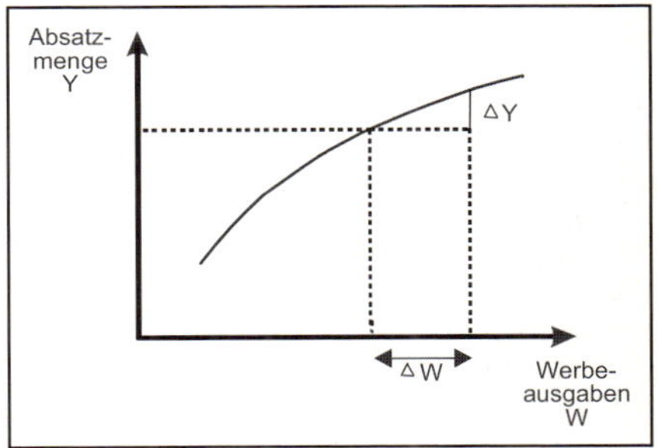

Werberesponsefunktion

Werberesponsefunktion, stellt den Zusammenhang zwischen den → Werbeausgaben (W) und der Absatzmenge (Y) oder anderen Zielgrößen der → Werbung dar und ermöglicht die Bestimmung des marginalen Erfolges der Werbung, d.h. die Veränderung der Absatzmenge bei einer Veränderung der Werbeausgaben. Darüber hinaus ermöglicht sie die Bestimmung von ökonomischen Werbeerfolgsgrößen, z.B. marginaler Ertrag, marginaler Gewinn, Wirtschaftlichkeit und

Rentabilität. Die Abb. „Werberesponsefunktion“ zeigt den Wirkungsverlauf einer typischen W. mit abnehmenden Grenzerträgen der Werbung (ΔW = Veränderung der Werbeausgaben, ΔY = Veränderung der Absatzmenge, p = Preis, k = variable Kosten pro Einheit Absatzmenge). Als Ergebnis ergeben sich der Marginale Ertrag ΔE = (p-k) · ΔY, der Marginale Gewinn ΔG = ΔE-ΔW, die Wirtschaftlichkeit von ΔW: ΔE/ΔW und die Rentabilität von ΔW: ΔG/ΔW. Die theoretische Eleganz solcher Funktionen darf nicht darüber hinwegtäuschen, dass die Schätzung bzw. die Ermittlung solcher Funktionen mit erheblichen Schwierigkeiten verbunden ist, da i.Allg. mehrere Faktoren den Absatz beeinflussen.

Werbestil, Teilbereich der → Werbebotschaft.

Werbestrategie, → Werbeplanung.

Werbesympathie, bezeichnet die → affektive Einschätzung eines Werbemittels (→ Einstellung).

Werbetest, wird eingesetzt, um die Wirkung einer Werbemaßnahme vor (Pretest) oder nach (Posttest) ihrem Einsatz auf dem Markt zu überprüfen. W. werden sowohl zur Überprüfung von → Werbemitteln (Werbemitteltest) als auch von Werbeträgern (Werbeträgertest) eingesetzt. Ein Pretest dient zum einen der Diagnose, welche alternativen Werbemittel eingesetzt werden sollen, und zum anderen der Prognose der Wirkung eines Werbemittels bei der Zielgruppe. So dient z.B. ein Anzeigentest der Überprüfung der Anzeigenwirkung. Ein Posttest wird eingesetzt, um die Wirkungen von Werbemaßnahmen nach ihrem Einsatz festzustellen. Die Ergebnisse ermöglichen zum einen den Vergleich mit den festgelegten Werbezielen sowie die Berechnung des Zielerreichungsgrades, und zum anderen können aus ihnen Konsequenzen für zukünftige Werbemaßnahmen abgeleitet werden. Je nachdem, wo ein Test durchgeführt wird, unterscheidet man zwischen Labor- und Feldtests. Bei einem Labortest werden künstliche Testsituationen geschaffen. Der Nachteil eines Labortests besteht darin, dass sich die Versuchspersonen in der Testumgebung anders verhalten können als in der Realität und somit Rückschlüsse auf Verhalten außerhalb des Testlabors nur unter Einschränkungen möglich sind. Bei einem Feldtest werden „lebensechte“ Daten gewonnen. Allerdings ist es hierfür notwendig, die eingesetzten Werbemittel weiträumig bekannt zu machen (z.B. Anzeigen schalten, Plakate affichieren usw.). In der Praxis werden Pretests i.Allg. im Labor durchgeführt, Feldtest nach Abschluss der Werbemaßnahme im Markt. Nach dem Wissensstand der Testpersonen bei einem W. unterscheidet man zwischen biotischen und nichtbiotischen Testsituationen. Bei der biotischen Testsituation weiß die zu testende Person nicht, dass sie einem Test unterzogen wird. Bei einer nichtbiotischen Testsituation weiß die Testperson, dass sie sich in einem Test befindet. Der Impact-Test ist ein Test zur Messung der Stärke und Intensität des Werbeeindrucks bei den Umworbenen. Beim Impact-Test werden die Leser zunächst befragt, ob und ggf. welche Anzeigen und/oder beworbenen → Marken (oder andere → Werbeobjekte) in einer Zeitschrift beworben werden. Danach werden sie um eine möglichst genaue Beschreibung der (vermeintlich oder tatsächlich) erinnerten Anzeigen gebeten. Schließlich werden nach der überprüften Erinnerung (Proven Recall) weitere Fragen nach Eindrücken über die Werbebotschaft gestellt.

Werbetiming. Unter W. versteht man i.Allg. das Festlegen von Zeitpunkten, zu denen bestimmte Maßnahmen oder Aktionen durchgeführt werden. Somit wird beim W. festgelegt, zu welchem Zeitpunkt welche Werbemaßnahme durchgeführt wird. Das W. beinhaltet ebenfalls das Festlegen von Wiederholungsintervallen.

Werbeträger. W. sind Medien, die Informationen (Farben und/oder Töne) übertragen können, z.B. Fernsehen, Rundfunk, Zeitungen usw. W. lassen sich nach verschiedenen Kriterien gliedern: (1) → Printmedien: Zeitungen, Anzeigenblätter, Supplements, Zeitschriften, Adressbücher. (2) → Elektronische Medien: Hörfunk, Fernsehen, Filmtheater/Kino, Online-Dienste. (3) Außenmedien: Plakatanschlagstellen, Leuchtschrift, Vitrinen, Verkehrsmittel. Die Tab. „Werbeträger in Deutschland“ zeigt Anzahl und Auflagen der W. in Deutschland im Jahre 2001.

Literatur: ZAW (2002) (Hrsg.): Werbung in Deutschland 2002, Bonn.

Werbeträger in Deutschland (Quelle: ZAW 2002)

Mediengruppe	Anzahl	Auflage (in Mio.)
Tageszeitungen	387	28,6
Wochenzeitungen	25	2,0
Anzeigenblätter	1.312	88,9
Publikumszeitschriften	817	138,5
Fachzeitschriften	1.096	27,4
Kundenzeitschriften	81	57,6
Telekommunikationsverzeichnisse	183	39,6
Massendrucksachen/Infopost	-	6.500,0
Bundesweite/regionale TV-Programme	145	35,5[1]
Bundesweite, regionale und lokale Hörfunkprogramme	231	40,3[1]
Plakatanschlagstellen und beleuchtete Vitrinen	412.614	-
Kinosäle/Leinwände	4.792	177,9[2]

[1] Angemeldete Geräte

[2] Besucher

Werbeträgerkontakt, → Leseranalyse.

Werbeträgertest, → Werbetest zur Überprüfung von → Werbeträgern.

Werbeverbot, → Werbepolitik, rechtliche Aspekte.

Werbewahrnehmung, → Wahrnehmung.

Werbewirkung. Bei der Durchführung von → Werbekampagnen können eine Vielzahl erwünschter, aber auch unerwünschter Wirkungen eintreten. Folgende Wirkungen lassen sich unterscheiden: (1) Die Umworbenen prägen sich den Inhalt der → Werbebotschaft ein, ändern jedoch ihr Verhalten nicht erkennbar. In diesem Fall erzielt die → Werbung eine Gedächtniswirkung. (2) Durch die Werbekampagne werden Einstellungen, Meinungen und Wünsche der Umworbenen verändert. In diesem Fall erzielt die Werbung eine Einstellungswirkung bzw. Einstellungsbeeinflussung. (3) Das Verhalten der Umworbenen wird durch die Werbung verändert. In diesem Fall erzielt die Werbung eine Verhaltenswirkung. (4) Der Werbebotschaft fehlt jegliche Wirkung. Die W. wird oft auch als Abfolge verstanden. Die Stufenmodelle der W. unterstellen eine solche Abfolge bestimmter Wirkungen, die i.Allg. bei der Wahrnehmung der Werbung beginnt und dann bis zur Handlung reicht. Das wohl bekannteste Stufenmodell ist das von Lewis entwickelte AIDA-Modell. AIDA steht für Attention (Aufmerksamkeit), Interest (Interesse), Desire (Bedürfnis) und Action (Kauf). Dabei wird unterstellt, dass der W.-Prozess in vier Stufen abläuft. Nach dem Modell muss zunächst die Aufmerksamkeit des potenziellen Rezipienten gewonnen werden (Attention). Aufmerksamkeit ist die Bereitschaft eines Individuums, Umweltreize aufzunehmen. Beim simultanen Auftreten mehrerer Reize kann es zu einer Reizselektion kommen, so dass eine vorhandene Aufmerksamkeit nicht a priori eine Wahrnehmung der Stimuli bedeutet. Wenn sein Interesse für ein → Produkt oder eine → Dienstleistung geweckt wurde (Interest), kann er aus seiner Bedürfnisstruktur heraus einen Wunsch (Desire) formulieren, was im Idealfall zu einer Handlung (Action) führt. Dem AIDA-Modell nach findet ein Kauf erst statt, nachdem alle vier Stufen vom Rezipienten durchlaufen wurden. Dies ist jedoch nicht unumstritten. Die Tab. „Wirkungsstufenmodelle als Basis für die Ableitung von Werbezielen" gibt einen Überblick über verschiedene Stufenmodelle mit ihren angenommenen Wirkungen.

Literatur: Rogge, H.-J. (2000) (Hrsg.): Werbung, 5. Aufl., Ludwigshafen.

Werbewirkungsfunktion, → Werberesponsefunktion.

Werbewirtschaft, sind alle wirtschaftlichen Einheiten, die sich maßgeblich am Werbeprozess beteiligen. Zur W. zählen somit hauptsächlich die werbenden Unternehmen, die Agenturen, die Werbeträgerproduzenten und die Medien.

Werbeziele, wünschenswerte Zustände, die man (auch) durch → Werbung erreichen kann. Häufig werden W. in sog. ökonomische und nicht-ökonomische W. unterteilt. Dabei werden als ökonomische Ziele Umsatz, Gewinn, Marktanteil u.ä. genannt, während zu den nicht-ökonomischen Zielen Bekanntheit, Einstellung, Image usw. gehören. Dabei wird davon ausgegangen, dass man die ökonomischen Ziele nicht direkt durch Werbung erreichen könne, während die nicht-ökonomischen Ziele direkt durch Werbung erreichbar seien. Bisweilen wird sogar die Auffassung vertreten, Umsatz oder Absatz seien keine tauglichen W. Dieser Ansicht wird hier

Autoren	Zielgrößen der Werbung					
	Stufe I	Stufe II	Stufe III	Stufe IV	Stufe V	Stufe VI
Meyer	Bekanntmachung	Information	Hinstimmung			Handlungsanstoß
AIDA-Regel	Attention	Interest		Desire		Action
Lavidge-Steiner	Awareness	Knowledge	Linking	Preference	Conviction	Purchase
Colley	Awareness	Comprehension	Conviction			Action
Fischer-Koesen	Bekanntheit	Image	Nutzen (erwartet)	Präferenz		Handlung
Seyffert	Sinneswirkung	Aufmerksamkeitswirkung	Vorstellungswirkung	Gefühlswirkung	Gedächtniswirkung	Willenswirkung
Kroeber-Riel	Aufmerksamkeit	Affektive Haltung	Rationale Beurteilung	Kaufabsicht		Kauf
McGuire	Aufmerksamkeit	Kenntnis	Einverständnis mit der Schlussfolgerung	Behalten der neuen Einstellung		Verhalten auf Basis d. neuen Einstellung

Wirkungsstufenmodelle als Basis für die Ableitung von Werbezielen (Quelle: Rogge 1996, S. 61)

nicht gefolgt. Stattdessen werden W. zweckmäßigerweise in unmittelbar durch Werbung beeinflussbare und mittelbar durch Werbung beeinflussbare Ziele unterteilt. Will man prüfen, ob die W. durch werbliche Maßnahmen erreicht worden sind, dann müssen sie präzise und messbar formuliert sein. Dazu bedient man sich der Methode → DAGMAR (Defining Advertising Goals for Measured Advertising Results): „Erhöhung der Bekanntheit der → Marke Y bei der Zielgruppe X von derzeit 15% auf 25% im Zeitraum Z". Diese Formulierung umfasst (1) den Zielinhalt (was soll erreicht werden?): z.B. Erhöhung der Bekanntheit, (2) das Zielausmaß (wie viel soll erreicht werden?): z.B. von 15% auf 25%, (3) die Zielperiode (wann soll das Ziel erreicht werden?): z.B. im Zeitraum Z, und (4) die → Zielgruppe (bei wem soll das Ziel erreicht werden?): z.B. bei der Zielgruppe X. Überprüfbare Ziele sollten diese Bestandteile beinhalten. Häufig beinhalten W. auch Aussagen über die → Positionierung des → Werbeobjektes. So kann es das Ziel einer Werbekampagne sein, ein Produkt als innovativ und sportlich erscheinen zu lassen. In einem Wahrnehmungsraum (vgl. Abb. „Meinungsverteilung im sozialen Feld") können Werbeobjekte unterschiedlich positioniert werden. Während die Marke A als „alt" und „unsportlich" positioniert ist, ist die Marke B „sportlich" und „innovativ".

Literatur: Hoffmann, H.-J. (1972) (Hrsg.): Werbepsychologie, Berlin u.a.

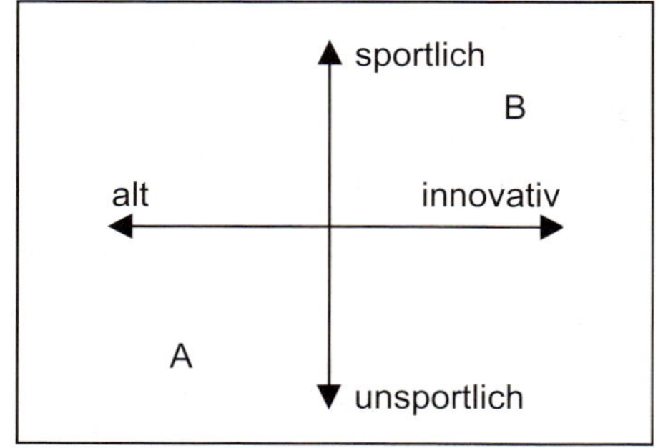

Meinungsverteilung im sozialen Feld

Werbezielgruppen, → Zielgruppen.

Werbung, das Informationsangebot an eine Zielgruppe, um bei ihr gewünschte Wahrnehmungs- und/oder Verhaltensänderungen anzustoßen. Aufgrund der Vielfalt der Kriterien kann keine vollständige Liste der Werbearten angegeben werden. (1) Die akzidenzielle Werbung ist von der Akzidenzwerbung zu unterscheiden: Während die Erste eher gelegentlich betriebene W. bezeichnet, ist die Zweite eine Form der Plakatwerbung (→ Plakat). Auch „aleatorische" und „allegatorische" Werbung muss unterschieden werden. Aleatorische Werbung (lat. alea = Würfel) ist ein Sammelbegriff für werbliche Gewinnspiele, Verlosungen, Preisausschreiben usw. Allegatorische Werbung ist die zitierende W. bzw. die sich auf Tests (z.B. der Stiftung Warentest) berufende W. (2) Business-to-Business-Werbung (B2B-Werbung) ist die W. von Unternehmen, deren Kunden Unternehmen sind; im Unterschied zur (B2C-Werbung) Business-to-Consumer-Werbung, also Werbung für den Endverbraucher. (3) Eine häufig vorgenommene Unterteilung der W. ist die sog. informative und emotionale Werbung. Auf den ersten Blick erscheint diese Unterscheidung einleuchtend, aber bei genauerem Hinsehen muss man feststellen, dass eine bestimmte Nachricht (→ Werbebotschaft) bei dem einen Betrachter Emotionen hervorruft und bei einem anderen eben nicht. Damit wäre eine Botschaft sowohl informativ als auch emotional. Genau genommen sind also die Reaktionen auf eine Werbebotschaft emotional oder nicht, und man neigt dazu, diejenige W. emotional zu nennen, die bei einer großen Mehrheit der Betrachter Gefühle hervorruft. Im Prinzip verhält es sich genauso mit sog. informativer W., denn ob sich ein Betrachter einer W. durch die Botschaft informiert fühlt, hängt von vielen subjektiven Faktoren des Betrachters ab (z.B. von seinem generellen Informationsstand), so dass eine W. gleichzeitig informativ und nicht-informativ sein kann. Die Begriffe „informativ" und „emotional" sind also eher Wahrnehmungs- und Reaktionsbeschreibungen anstatt Charakteristika einer W. (4) Bei der sog. „unterschwelligen" W. handelt es sich um eine umgangsprachlich kategorisierte W., die unter der Schwelle der bewussten → Wahrnehmung wirkt. Nun haben Untersuchungen gezeigt, dass die Schwelle der bewussten Wahrnehmung von Individuum zu Individuum verschieden ist, und damit wird mit dem Begriff „unterschwellig" eine subjektive Form der Wahrnehmung beschrieben und keine Art der Werbung. (5) Weitere Arten der W. werden oft dadurch generiert, dass man entweder das → Werbeobjekt, die → Zielgruppe, oder → Werbemittel und → Werbeträger zum Begriff W. hinzufügt, z.B. Kinderwerbung, Werbung mit oder Werbung für Kinder; so auch elektronische Werbung.

Werbung, Bezug nehmende. Direkter oder indirekter Hinweis in der → Werbebotschaft auf das Angebot oder die Unternehmung eines oder mehrerer Mitbewerber. Sind in der Werbeaussage das Angebot oder die Unternehmung konkreter Wettbewerber erkennbar, spricht man von → Werbung, vergleichender.

Werbung, emotionale. Es gehört zum Bild der modernen W., bei den Umworbenen auf ihre Gefühle und ihr Unterbewusstsein einzuwirken, um sie auf diese Weise zum Kauf der angebotenen Ware zu veranlassen. Dies ist rechtlich auf der Basis des → UWG grundsätzlich nicht zu beanstanden. Nach § 1 UWG ist eine solche W. dann unzulässig, wenn sie Gefühlsregungen missbräuchlich ausnutzt und rationale → Kaufentscheidungen der Abnehmer erschwert. Von der Rechtsprechung sind bisher i.d.R. nur solche Erscheinungsformen untersagt worden, bei denen die Beeinflussung relativ handfest war und die Unzulässigkeit des Verhaltens sich einigermaßen evident darstellte. Als Verstoß gegen die guten Sitten verboten worden ist vor allem die direkt und offen an bestimmte Gefühle (z.B. Angst, Schuld, Mitleid, Nationalstolz) appellierende W. Derartige Fälle einer offenen Ansprache von Gefühlen sind insbesondere dann unzulässig, wenn diese in keinerlei sachlichem Zusammenhang mit der angebotenen Ware stehen und der Umworbene durch sie nur von den für den Kauf einer Ware wesentlichen Umständen abgelenkt und planmäßig dazu bestimmt werden soll, sich aus sachfremden Gesichtspunkten zum Kauf zu entschließen (z.B. Zeitschriftenwerber, die mit dem Hinweis arbeiten, sie seien ehemalige Strafgefangene und auf die Abonnements angewiesen, um Schulden bezahlen zu können).

Werbung, internationale, werbliche Ansprache der internationalen Zielgruppen durch Print- und elektronische Medien sowie

Medien der Außenwerbung. Konkret zeichnet sich die (klassische Medien-) Werbung durch eine Belegung von Werbeträgern (Medien) mit Werbemitteln gegen ein leistungsbezogenes Entgelt aus. Dabei sollen vorgegebene Werbeziele bei bestimmten Zielgruppen in den einzelnen Ländern erreicht werden. Die internationale Werbung ist Bestandteil der übergeordneten internationalen → Kommunikationspolitik. Insbesondere für die internationale Werbung ist die Entscheidung zwischen einer → Marketingstandardisierung und → Marketingdifferenzierung von Bedeutung. Diese Entscheidung schlägt sich u.a. auch in der Mediaselektion nieder, d.h. der internationalen Werbeträgerwahl. So können im Rahmen der internationalen Werbung Medien wie z.B. das Satellitenfernsehen belegt werden oder entsprechend landesspezifische Medien innerhalb der einzelnen Länder. Während ersteres zwangsläufig eine Marketingstandardisierung nach sich zieht, bleibt die Entscheidung zwischen der Standardisierung bzw. Differenzierung bei der Wahl landesspezifischer Medien offen. Um den vielfältigen Anforderungen, die an die Werbung im internationalen Kontext gestellt werden, genügen zu können, ist dabei eine systematische zielorientierte Planung der internationalen Werbeaktivitäten notwendig. Vgl. hierzu die Abb. „Überblick über den Gesamtprozess der internationalen Werbeplanung, -realisation und -kontrolle".

Werbung, irreführende. I. Begriff: Eine Werbeangabe weckt bei den Umworbenen Vorstellungen, die mit der Wirklichkeit nicht übereinstimmen.

II. Rechtsgrundlagen: Umfassender Schutz durch § 3 UWG gegen alle Formen der beabsichtigten und unbeabsichtigten Irreführung durch falsche, missverständliche oder gar objektiv richtige Werbeangaben über geschäftliche Verhältnisse, insbesondere über die Beschaffenheit, den Ursprung, die Herstellungsart oder die Preisbemessung einzelner Waren oder gewerblicher Leistungen oder des gesamten Angebots, über Preislisten, über die Art des Bezugs oder die Bezugsquelle von Waren, über den Besitz von Auszeichnungen, über den Anlass oder den Zweck des Verkaufs oder über die Menge der Vorräte. Daneben enthalten zahlreiche Spezialgesetze Irreführungsverbote, wie z.B. das LMBG, das AMG, das HWG und das Textilkennzeichnungsgesetz. Voraussetzung nach § 3 UWG ist u.a., dass Werbeangaben über geschäftliche Verhältnisse vorliegen. Dies müssen objektiv nachprüfbare, in irgendeiner kommunikativen Form geäußerte Tatsachenbehauptungen sein, die sich bei einem Minimum an konkretem, rationalem Aussagegehalt als richtig oder unrichtig erweisen. Reine Meinungsäußerungen und marktschreierische Übertreibungen fallen nicht hierunter.

III. Formen: Objektiv unrichtige Tatsachen, Verschweigen von wichtigen und zur richtigen Beurteilung des Angebotes unerlässlichen Angaben, mehrdeutige Aussagen (können einer Werbeaussage mehrere Bedeutungen zugeordnet werden, muss jede in Frage kommende Deutung, die als nicht fern liegend angesehen werden muss, richtig sein) und Angaben mit Selbstverständlichkeiten.

IV. Nachweis: Der Richter kann die Eignung einer Werbeangabe zur Irreführung aus eigener Sachkunde ohne Beweiserhebung bejahen, wenn er sich zu den von der W. angesprochenen Verkehrskreisen zählt. Will er dagegen die Irreführungsgefahr verneinen oder zählt er sich nicht zu den angesprochenen Verkehrskreisen, müssen Beweismittel eingeholt werden, wie z.B. Auskünfte von Industrie- und Handelskammern, Wirtschaftsverbänden sowie demoskopische Gutachten. Die ständige Rechtsprechung verlangt, dass bei einem nicht unerheblichen Teil der umworbenen Verkehrskreise falsche Vorstellungen erweckt werden müssen, um den Vorwurf der irreführenden W. begründen zu können. Dies sind zwischen 10 und 20 Prozent der angesprochenen Verkehrskreise, im Einzelfall auch weniger oder mehr.

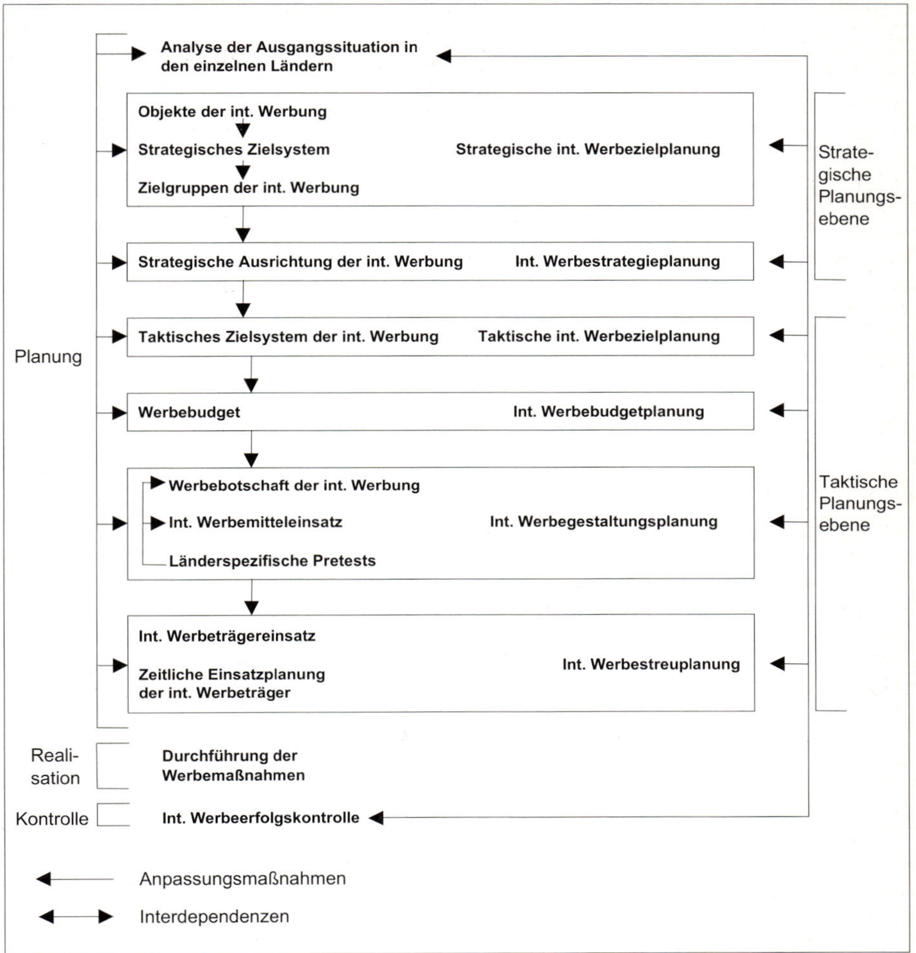

Überblick über den Gesamtprozess der internationalen Werbeplanung, -realisation und -kontrolle

Werbung mit Warentestergebnissen, rechtliche Aspekte. Rechtliche Grenzen der W. resultieren v.a. aus dem Verbot unzulässiger Vergleichswerbung (§ 1 UWG) und dem Verbot → Werbung, irreführender (§ 3 UWG). Bei der Einbeziehung von Konkurrenzprodukten in die W. sind die Regeln der → Werbung, vergleichenden einzuhalten. Die Gefahr einer → Irreführung besteht v.a. bei der unvollständigen W., wenn z.B. einzelne positive Teilergebnisse, die die eigene Ware betreffen, herausgegriffen werden, andere negativ beurteilte Eigenschaften jedoch nicht zitiert werden. Unzulässig ist es auch, mit der Gesamtnote „gut" zu werben, wenn dieses Ergebnis unter dem Notendurchschnitt aller getesteten Waren liegt und der Werbungtreibende die Zahl und die Noten der besser beurteilten Erzeugnisse nicht angibt. Der Werbende wird umso weniger die Grenzen des → Wettbewerbsrechtes verletzen, je warentestgetreuer und informationsreicher die Verwendung von rechtlich unangreifbaren Warentestergebnissen ist.

Werbung, redaktionell getarnte. Eine Form der → Schleichwerbung, bei der Werbebotschaften an die Werbeadressaten gelangen, ohne dass diese den werblichen Charakter auf Anhieb durchschauen können. Ihre rechtliche Zulässigkeit bestimmt sich neben presserechtlichen Vorschriften vor allem nach der Generalklausel des § 1 UWG. Der die Unlauterkeit begründende Gesichtspunkt ist die Verletzung des Wahrheitsgrundsatzes: Sowohl durch redaktionell gestaltete Anzeigen, die dem flüchtigen Durchschnittsleser mangels deutlicher Kennzeichnung als „Anzeige" nicht ohne weiteres als entgeltliche Wirtschaftswerbung erkennbar sind, als auch durch getarnte W. im redaktionellen Teil, die den Eindruck erweckt, es handele sich um die Feststellungen und Wertungen eines unbeteiligten und unabhängigen Dritten, wird der Leser über den Charakter der Veröffentlichung getäuscht. Die W. mit redaktionellen Hinweisen ist insbesondere dann wettbewerbswidrig, wenn der Werbungtreibende diesen Bericht durch Vergabe entsprechender Informationen an die Presse veranlasst hat, unabhängig davon, ob der Inhalt des veröffentlichten Berichtes richtig oder falsch ist. Stets wettbewerbswidrig ist auch das Verlangen des Inserenten, die im Anzeigenteil veröffentlichten Inserate mit Hilfe von Hinweisen im redaktionellen Teil zu „unterstützen".

Werbung, vergleichende. I. Begriff: Erkennbare Bezugnahme auf die Leistung oder die Unternehmung der Konkurrenz, mit oder ohne namentliche Nennung der Mitbewerber.

II. Abgrenzung: Wenn ein Mitbewerber nicht namentlich genannt wird, so liegt dann eine vergleichende Werbeaussage, d.h. eine individuelle und direkte Bezugnahme vor, wenn ein nicht unerheblicher Teil der Umworbenen glaubt, in der → Werbebotschaft einen oder mehrere Konkurrenten zu erkennen. Kriterien, mit denen dies geprüft wird, sind Anzahl und Bekanntheitsgrad der Konkurrenten (je weniger Anbieter im Markt vertreten sind oder je höher ihr Bekanntheitsgrad ist, desto eher ist ihre Identifizierung mit einer Werbeaussage möglich), räumlicher Wirkungsbereich der W., Adressatenkreis und Zusammentreffen mit Konkurrenzwerbung. Fehlt es an der Erfüllung dieser Kriterien, so liegt keine Vergleichswerbung vor, sondern lediglich eine pauschale und indirekte Bezugnahme. Solche Werbeaussagen sind zulässig, wenn sie wahr (§ 14 UWG) und nicht irreführend (§ 3 UWG) sind.

III. Formen: (1) Personenbezogen: Hinweise auf z.B. Konfession, Rasse, Vorstrafen oder die bevorstehende Insolvenz des Konkurrenten. (2) Anlehnend: Man macht sich die Vorzüge der Konkurrenz für die eigenen Produkte und Leistungen zunutze („Unser Produkt ist so gut wie die Marke X"). (3) Kritisierend: Vergleichswerbung im engsten Sinn, in der die Konkurrenzleistung negativ gewürdigt wird, um die Vorzüge der eigenen Produkte und Leistungen hervorzuheben („Unser Produkt ist besser als die Marke Y").

IV. Rechtliche Grenzen: Rechtsgrundlage ist § 2 UWG, mit dem die EG-Richtlinie 97/55/EG zur vergleichenden Werbung in deutsches Recht umgesetzt wurde (2000). Erstmals ist der Begriff der vergleichenden Werbung in das Gesetz aufgenommen worden: „Vergleichende Werbung ist jede Werbung, die unmittelbar oder mittelbar einen Mitbewerber oder die von einem Mitbewerber angebotenen Waren oder Dienstleistungen erkennbar macht" (§ 2 Abs. 1). Tatbestände, unter denen vergleichende Werbung unzulässig ist, führt Absatz 2 auf: Der Vergleich verstößt gegen die guten Sitten, wenn er (1) sich nicht auf Waren oder Dienstleistungen für den gleichen Bedarf oder dieselbe Zweckbestimmung bezieht, wenn er (2) sich nicht objektiv auf eine oder mehrere wesentliche, relevante, nachprüfbare und typische Eigenschaften oder den Preis dieser Waren oder → Dienstleistungen bezieht, wenn er (3) im geschäftlichen Verkehr zu Verwechslungen zwischen dem Werbenden und einem Mitbewerber oder zwischen den von diesen angebotenen Waren oder Dienstleistungen oder den von ihnen verwendeten Kennzeichen führt, wenn er (4) die Wertschätzung des von einem Mitbewerber verwendeten Kennzeichens in unlauterer Weise ausnutzt oder beeinträchtigt, wenn er (5) die Waren, Dienstleistungen, Tätigkeiten oder persönlichen oder geschäftlichen Verhältnisse eines Mitbewerbers herabsetzt oder verunglimpft oder wenn er (6) eine Ware oder Dienstleistung als Imitation oder Nachahmung einer unter einem geschützten Kennzeichen vertriebenen Ware oder Dienstleistung darstellt. Auf der einen Seite sprechen die Kommentatoren von mehr Liberalität für die vergleichende Werbung in Deutschland. Auf der anderen Seite darf nicht übersehen werden, dass der Gesetzestext eine Reihe von Fragen aufwirft (z.B. „wesentliche, relevante, nachprüfbare und typische Eigenschaften"), die zunächst nicht zur Rechtssicherheit beitragen und deren Klärung nur im Einzelfall möglich sein wird. Auch bleibt abzuwarten, ob und in welchem Umfang vergleichende Werbung über die ausdrücklich genannten Verbotstatbestände hinaus als unzulässig gewertet werden wird. Weiterhin gelten für die vergleichende Werbung die Grenzen von § 1 UWG. Die Rechtsprechung hat dazu Fallgruppen entwickelt, die einen kritisierenden Werbevergleich zulassen. Hierzu gehören der Abwehrvergleich, der zur Bekämpfung rechtswidriger Angriffe eines Mitbewerbers dient, der Auskunftsvergleich, der auf vom Kunden konkret verlangten und sachlichen Informationen basiert, der Fortschrittsvergleich, bei dem die Herausstellung des technischen Fortschritts eines neuen Erzeugnisses im Vergleich mit bisherigen Produkten erfolgt, der Aufklärungsvergleich zur Befriedigung des Bedürfnisses der Allgemeinheit nach sachgemäßer Aufklärung und der Vergleich zur Richtigstellung falscher Vorstellungen (Berichtigungswerbung).

Werbung, virtuelle. I. Begriff: Die Digitalisierung von Fernsehbildern bietet die Möglichkeit, den TV-Zuschauern einer Veranstaltung andere W. zu präsentieren als den Zuschauern am Veranstaltungsort. Bsp.: Über der Zielgeraden einer Radrennstrecke ist ein Band gespannt, auf dem der Zuschauer vor Ort W. für die Biermarke X sieht, während zu derselben Zeit dem Zuschauer der Fernseh-Liveübertragung auf dem Band über der Zielgeraden W. für die Biermarke Y oder ein ganz anderes Produkt geboten wird. Zudem kann es sein, dass die Zuschauer in Griechenland eine andere Marke sehen als die Zuschauer in Italien oder in den USA.

II. Rechtliche Fragen: Virtuelle W. berührt vor allem wettbewerbsrechtliche (z.B. Täuschung der Verbraucher), urheberrechtliche (z.B. Recht an der Vermarktung eines künstlerischen Werkes) und rundfunkrechtliche (z.B. optische Trennung der W. von den übrigen Programmteilen) Probleme.

Werkszeitung, → Mitarbeiterzeitschrift.

Wert, kann als „verhaltensprägende Konzeptionen des Wünschenswerten" definiert werden, der einen längerfristigen Charakter, aber meist einen geringen konkreten Objektbezug aufweist. W. stellen Orientierungsgrößen für das Denken und Handeln von Individuen, Gruppen und Gesellschaften dar und können als wichtige Bezugs- und Hintergrundvariablen → Bedürfnisse, → Bedarfe und → Einstellungen prägen. W.-Systeme sind zentrale Referenzsysteme und können als Früherkennungsmaße für sich wandelnde Märkte genutzt werden. Es empfiehlt sich eine Unterscheidung zwischen persönlichen Lebenswerten und gesellschaftsbezogenen W. Persönliche Lebenswerte stellen Orientierungsmaßstäbe individueller Daseinsbewältigung und Daseinsgestaltung dar, gesellschaftsbezogene W. hingegen geben präskriptive Erwartungen an die Gesellschaft und die sie tragenden Institutionen wieder. Konflikte zwischen persönlichen und gesellschaftlichen W. sind nicht auszuschließen, da der Einzelne sich häufig dazu legitimiert sieht, seine egozentrischen oder hedonistischen Bedürfnisse auszuleben, während er von der Gesellschaft eine „Hypermoral" fordert.

Wertanalyse, *Value Analysis*; systematische Untersuchungsmethode zur Bestimmung der Notwendigkeit sowie der jeweiligen Nutzenbeiträge der Teilfunktionen eines Objektes (Produkt, Material, Prozess) (→ Gemeinkosten-Wertanalyse). Sie beinhaltet die systematisch analytische Durchdringung von Funktionsstrukturen mit dem Ziel, diese in Richtung einer Wertsteigerung zu beeinflussen. Die W. kann sowohl auf der Kostenseite als auch auf Seiten der Leistung ansetzen. Die W. ist in Deutschland normiert. Sie besteht demnach aus sechs Grundschritten: (1) Vorbereitende Maßnahmen: Auswählen des Untersuchungsobjektes, Festlegen des quantifizierten Zieles, Bilden einer Arbeitsgruppe und Planen des Ablaufs. (2) Ermitteln des Istzustandes: Informationsbeschaffung und Beschreibung des Untersuchungsobjektes, Beschreiben der Funktionen und Ermitteln der Funktionskosten. (3) Prüfen des Istzustandes: Prüfen der Funktionserfüllung sowie der Kosten. (4) Ermitteln von Lösungen: Suche nach allen Lösungen. (5) Prüfen der Lösungen: Prüfen der sachlichen Durchführbarkeit und der Wirtschaftlichkeit. (6) Vorschlag und Verwirklichung einer Lösung: Auswählen möglicher Lösungen, Empfehlen einer Lösung sowie Verwirklichen der Lösung.

Werte, marktorientierte, Bestandteil der → marktorientierten Unternehmenskultur. W. sind weitgehend geteilte Vorstellungen einer Gemeinschaft in Bezug auf das Wünschenswerte. Sie sind den Individuen weitgehend bewusst.

Wertesystem, Versuch der hierarchischen Ordnung von einzelnen → Werten zwecks Lösung möglicher konfliktärer Beziehungen zwischen einzelnen Präferenzen.

Wertewandel, Veränderung von Werten (verstanden als grundlegende Strebensinhalte z.B. Wohlstand, Freiheit, Selbstverwirklichung), die aufgrund der Verflechtung mit → Bedürfnissen und → Einstellungen Verhaltensweisen und → Lebensstile prägen. Als Ursache für den W. werden Veränderungen bei soziostrukturellen Faktoren (z.B. neue Technologien, Verschiebung des Verhältnisses Arbeit zu Freizeit) und soziokulturellen Faktoren (z.B. gesamtwirtschaftliche Entwicklung) gesehen.

Wertkette, → Wertschöpfungskette.

Wertschöpfung, Differenz aus den gesamten Erlösen (monetäres Äquivalent der nach außen abgegebenen Güter und Dienstleistungen) und fremdbezogenen Vorleistungen (monetäres Äquivalent der von außen bezogenen Güter und Dienstleistungen). Damit setzt sich die W. aus Arbeitslöhnen und Nebenkosten, Zinsen, Steuern und Abgaben sowie dem Gewinn als Residualgröße zusammen. Aus Marketingsicht ist die W. Maßstab, wie sehr die Leistung eines Unternehmens vom Kunden geschätzt und entsprechend monetär honoriert wird. Aktivitäten, die der Kunde nicht bereit ist zu bezahlen, sind nicht wertschöpfend und sollten daher möglichst vermieden werden.

Wertschöpfungsaktivitäten, → Wertschöpfungskette.

Wertschöpfungscenter, Konzept, das die Personalabteilung als eine strategische Geschäftseinheit und einen internen Dienstleister (→ Internes Marketing) versteht, deren Aufgabe darin besteht, die Service- Kunden- und Wertschöpfungsorientierung des Unternehmens zu steigern. Durch eine Organisation in W. werden sowohl das unternehmerische Handeln im Personalbereich als auch die → Mitarbeiterorientierung (aufgrund größerem Handlungsspielraum für den Mitarbeiter) gefördert. Des Weiteren wird als Ziel verfolgt, hohe Fix- bzw. → Gemeinkosten im Personalbereich zu reduzieren. Das Konzept des W. sieht eine Differenzierung in drei Steuerungsdimensionen vor: (1) Die Managementdimension (Strategie- und Effektivitätsorientierung) fokussiert auf qualitative und quantitative Ziele sowie auf die Leistungsphilosophie und -kultur der Personalarbeit. Dazu zählen das Planen, Entwickeln und Evaluieren personalwirtschaftlicher Prozesse. (2) Im Rahmen der Servicedimension (Qualitäts- und Dienstleistungsorientierung) erfolgt eine Konkretisierung durch eine qualitäts- und kundenorientierte Prozessgestaltung. (3) Die Business-Dimension (Wirtschaftlichkeits- und Wertschöpfungsorientierung) schließlich betrachtet finanzielle und kostenanalytische Aspekte, vor allem das monetäre Führungssystem sowie das → Kostenmanagement des Personalbereichs. Die Implementierung eines W. erfolgt idealerweise durch eine Reorganisation in mehreren Entwicklungsstufen: (1) Zunächst ist eine personalwirtschaftliche Leistungsdifferenzierung nach strategischen bzw. marktfähigen Produkten umzusetzen. (2) Anschließend ist die Entscheidung zu treffen, strategische Leistungen einem Expense-Center- oder einem Cost-Center-Konzept zuzuordnen. (3) Für mengenabhängige Leistungen gilt es, → Sortimentsbereinigungen, → Outsourcing, Prozessoptimierung und Kosten-Nutzen-Analysen durch moderne Konzepte der Kostenevaluation und Dezentralisierung durchzuführen. (4) Weiterhin sollte ein Revenue-Center-Konzept für personalwirtschaftliche Teilfunktionen umgesetzt werden. (5) Leistungen sind verursachergerecht zu verrechnen. (6) Schließlich wird ein personalwirtschaftliches → Profit-Center-Konzept mit externem Marktzugang installiert.

Literatur: Wunderer, R. (2002): Personalmanagement als Wertschöpfungs-Center. Wiesbaden.

Wertschöpfungskette, *Value Chain, Wertkette*; auf Porter (1980) zurückgehendes Instrument zur Identifikation von Quellen potenzieller → Wettbewerbsvorteile in ein-

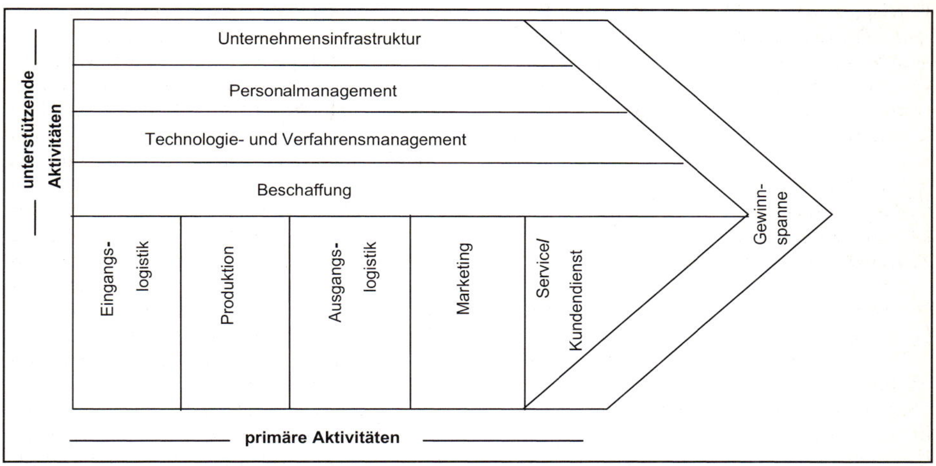

Wertschöpfungskette nach Porter (1980)

zelnen Unternehmensaktivitäten oder an den Schnittstellen zu anderen Unternehmen. Grundidee der Wertkettenschöpfungskette ist die Betrachtung des Unternehmens als Kombination von wertschöpfenden Aktivitäten. Dabei wird angenommen, dass jede dieser Aktivitäten das Potenzial besitzt, die Basis für eine → Kostenführerschaft oder einen → Differenzierungsvorteil zu bilden. Innerhalb des Wertkettenmodells werden die Aktivitäten in primäre und unterstützende Aktivitäten untergliedert. Zusätzlich wird die Gewinnspanne erfasst, die sich aus der Differenz zwischen dem geschaffenen Wert und den anfallenden Kosten ergibt (vgl. Abb. „Wertschöpfungskette nach Porter").Primäre Aktivitäten bilden den physischen Durchlauf der zu erstellenden Leistungen durch das Unternehmen ab. Diese Aktivitäten dienen letztlich der Versorgung des Marktes mit Produkten oder Dienstleistungen. Zu diesen Aktivitäten zählen u.a. die Eingangslogistik, die Produktion, der Vertriebs- oder der Kundenservice. Unterstützende Aktivitäten hängen nicht unmittelbar mit dem physischen Durchlauf der Leistungen zusammen. Sie dienen der Versorgung des Unternehmens mit Leistungen, die zur Erfüllung der primären Unternehmensfunktionen notwendig sind. Porter definiert diese Aktivitäten nicht klassisch betriebswirtschaftlich, sondern deutlich weiter. Beispielsweise umfasst die Beschaffung neben dem Einkauf von Roh-, Hilfs-, und Betriebsstoffen auch die Beschaffung von Personal oder marktbezogenen Informationen. Zur Unternehmensinfrastruktur wird u.a. auch die strategische Planung, das Rechnungswesen und die Finanzierung gerechnet.

Literatur: Porter, M. (1980): Competitive Strategy, New York.

Wertschöpfungskreislauf, → Marktorientiertes Umweltmanagement.

Wertschöpfungstiefe, Verhältnis von → Wertschöpfung zum Umsatz eines Unternehmens.

Wertvorstellungen, derzeit zu beobachtende Werte in unserer Gesellschaft sind beispielweise (1) Schaffung und Erhaltung von Arbeitsplätzen, (2) Trend zur aktiven und kritischen Gesellschaft, (3) Bedeutungsverlust von Pflicht- und Akzeptanzwerten, (4) Trend zum Hedonismus („Erlebniskonsum"), (5) Entwicklung des multioptionalen Konsumenten (→ hybrider Konsument), (6) Erhaltung der Umwelt (mit abnehmender Tendenz).

Wettbewerb, bezeichnet die marktbezogene Konkurrenzbeziehung zwischen Wirtschaftssubjekten.

Wettbewerb, unlauterer, Begriff aus dem → UWG (*vgl. auch* → Wettbewerbsrecht).

Wettbewerbsanalyse, *Konkurrenzanalyse*; I. Begriff: Die W. dient in erster Linie der

Festlegung der künftigen Stellung der Unternehmung im Wettbewerbsumfeld und der Bestimmung langfristiger Verhaltensweisen gegenüber Wettbewerbern. Im Rahmen der → strategischen Planung ist die W. Teil einer weiter gefassten Situationsanalyse. Darüber hinaus werden beispielsweise vor → Produktneueinführungen üblicherweise gezielte Wettbewerbsanalysen für die anvisierten Märkte vorgenommen. Aber auch → Produkt- und → Kundenmanager analysieren nahezu regelmäßig die Aktivitäten der Konkurrenten.

II. Arten der W.: In der Literatur existiert eine Vielzahl von Einteilungen. Nach einer zeitlichen Dimension lassen sich zwei grundlegende Arten von Wettbewerbsananlysen ableiten: (1) querschnittsorientierte (planungsprozessbegleitende) Wettbewerbsanalysen und (2) kontinuierliche Wettbewerbsanalysen. Im Zentrum der querschnittsorientierten W. stehen folgende Einzelaufgaben: Erfassen und Systematisieren der aus Unternehmenssicht existenten bzw. geplanten Produkt-Markt-Beziehungen; Berücksichtigung der unternehmensrelevanten Kundengruppen (Kundenanalyse); → Wettbewerbsstrukturanalyse, Konkurrentenanalyse (relevante Untersuchungsbereiche: Ressourcen und Fähigkeiten (Ressourcenanalyse), Annahmen und Ziele, Verhalten); Erfassen der Stärken und Schwächen in Relation zum eigenen Unternehmen (→ Stärken-Schwächen-Analyse); Analyse der eigenen → Wettbewerbsvorteile und der der Wettbewerber sowie deren Quellen. Die kontinuierliche W. dient der permanenten Überwachung der Wettbewerbssituation und der wettbewerbsbeeinflussenden Faktoren. Hierfür stehen zwei sich ergänzende Ansätze zur Verfügung: Die Wettbewerbsbeobachtung zielt auf die kontinuierliche, gezielte Informationsbeschaffung über Wettbewerber ab. Im Rahmen der Wettbewerbsfrüherkennung können z.B. mit Hilfe von → Frühwarnsystemen wichtige Veränderungen der Wettbewerbssituation und der wettbewerbsbeeinflussenden Faktoren frühzeitig aufgedeckt und bewertet werden. Die im Zuge der W. gewonnen Informationen sollten in aller Regel in das Marketinginformationssystem einfließen.

Literatur: Görgen, W. (1992): Strategische Wettbewerbsforschung, Bergisch Gladbach u.a.; Joas, A. (1990): Konkurrenzforschung als Erfolgspotential im strategischen Marketing, Augsburg; Meffert, H. (1994): Marketing-Management, Wiesbaden; Porter, M.E. (1999): Wettbewerbsstrategien: Methoden zur Analyse von Branchen und Konkurrenten, 10. Aufl., Frankfurt/Main u.a.

Wettbewerbsbeobachtung, gezielte kontinuierliche Informationsbeschaffung über Wettbewerber als Grundlage der Identifikation potenzieller Wettbewerbsvor- und -nachteile des eigenen Unternehmens. Die W. kann auch im Rahmen eines Frühaufklärungssystems der Prognose und Antizipation des künftigen Wettbewerbsgeschehens dienen. Darüber hinaus ist die W. ein erster Schritt zur Durchführung einer detaillierten →Wettbewerbsanalyse. Neben der unternehmensinternen Stärken-Schwächen-Analyse und der Analyse der Nachfrageseite ist die Analyse des Wettbewerbs wesentliche Voraussetzung für effektives → Marketingmanagement. Als → Benchmarking hat die W. eine besondere Ausprägung erfahren.

Wettbewerbs-Image-Struktur-Analyse (WISA), stellt eine Methode zur Identifikation von → Positionierungschancen dar. Das WISA-Modell bedingt, dass eine Person nicht nur ein Geschäft oder eine Marke beurteilt, sondern alle Alternativen des persönlichen Evoked Sets. Mit dieser Methode kann geprüft werden, inwieweit sich beispielsweise das Image von Marke A auf das Image von Marke B und/oder auf das Image von Marke C usw. auswirkt. Klassische Imagemessmodelle erfassen diese Wechselwirkungen nicht. Wettbewerbseinflüsse von Imagekomponenten einer Marke auf Imagekomponenten, Einstellungen und Kaufabsichten einer (oder mehrerer) anderer Marke(n) können somit analysiert werden. Dabei berücksichtigt das Verfahren, dass die im Wettbewerb stehenden Marken bzw. Geschäfte auf unterschiedlichen Eigenschaftsdimensionen profiliert sein können. Dieser Aspekt ist insbesondere für Imageuntersuchungen im Handel wesentlich, da dadurch ein Vergleich preisorientierter und qualitätsorientierter Profilierungskonzepte ermöglicht wird. Für das Markenmanagement eignet sich die Methode, da die mit den einzelnen Marken einhergehenden unterschiedlichen Erlebniskonzepte miteinander verglichen werden können. Außerdem entfällt bei der Wettbewerbs-Image-Struktur-Analyse nach Tromsdorff die „restriktive Annahme“, dass eine

Imagedimension über alle Untersuchungsobjekte hinweg „gleiches Einflussgewicht auf das Marketingerfolgskriterium hat" (Kaufabsicht, Marktanteil usw.). Somit kann ein WISA-Modell ermitteln, wann unterschiedliche Imagekomponenten für den Konsumenten verhaltenswirksam werden. Die Wettbewerbs-Image-Struktur-Analyse kann zudem in einem zweiten Schritt durch eine „What-If-Analyse" (WISAWI) erweitert werden, mit Hilfe derer zukünftige Imagepositionen von Untersuchungsobjekten simuliert werden können. Die WISAWI verknüpft dann kausalanalytische Simulationen mit Szenariotechniken.

Literatur: Trommsdorff, V./Schuster, H. (1987): Wettbewerbsstruktur-Analyse aus Image-Daten. Entscheidungshilfen für die strategische Planung, in: Marktforschung, 31. Jg., Nr. 2, S. 63-67.

Wettbewerbsintensität, → Wettbewerbsstrukturanalyse.

Wettbewerbskräfte, → Wettbewerbsstrukturanalyse.

Wettbewerbsorientierung, W. bezeichnet die systematische Analyse, Beobachtung und Entgegnung der marktwirksamen Wettbewerbermaßnahmen. W. ist immer in Verbindung mit → Kundenorientierung zu sehen.

Wettbewerbs-Paritäts-Methode, Begriff im Rahmen der → Kommunikationspolitik. Die Methode erfordert, dass ein Unternehmen die Werbebudgetaufwendungen der Konkurrenten zum Maßstab seines eigenen Handelns macht. Gegen die Methode spricht in erster Linie der unzureichende Zugang zu hierfür erforderlichen Konkurrenzinformationen.

Wettbewerbspositions-Marktattraktivitäts-Portfolio, *McKinsey-Portfolio*, → Portfolio-Modell.

Wettbewerbsrecht. Rechtliches Instrumentarium zur Steuerung von Wettbewerbsprozessen.

I. Begriff: Die Notwendigkeit eines ordnenden und steuernden Eingriffs in privatwirtschaftliche Aktivitäten bzw. in den Ablauf von Wettbewerbsprozessen als Kernstück einer marktwirtschaftlichen Ordnung resultiert aus der politischen Entscheidung, dass bestimmte Auswüchse unkontrolliert verlaufender Marktprozesse unerwünscht sind. Das Ziel ist somit eine „kultivierte" Form privatwirtschaftlichen Vorteilsstrebens, durch die aber die positiven Effekte des Marktprozesses, die Erfüllung der dem Wettbewerb unterstellten gesamtwirtschaftlichen Funktionen, wie z.B. Förderung des technischen Fortschritts oder optimale Ressourcenallokation, nicht verhindert werden. Entsprechend dieser Zielsetzung konzentriert sich das W. im weiteren Sinne vor allem auf zwei Aspekte, (1) die Erhaltung des Wettbewerbs als Koordinations- und Steuerungsprozess, rechtliche Maßnahmen richten sich hier vor allem gegen Selbstzerstörung und Minderung der Funktionsfähigkeit des Wettbewerbs durch bestimmte Verhaltensweisen der Wettbewerber-, und (2) die Verhinderung von Verhaltensweisen, die zwar den Wettbewerb als Steuerungsmechanismus nicht beeinträchtigen, die aber aus anderen Gründen mit einem Unwerturteil zu belegen sind.

II. Rechtsgrundlagen: (1) Nationale: Im Wesentlichen das Gesetz gegen Wettbewerbsbeschränkungen (→ GWB) und das Gesetz gegen den unlauteren Wettbewerb (→ UWG). An die Stelle der früher weit verbreiteten Auffassung von einer Antinomie von GWB und UWG ist in den letzten Jahren zunehmend die Vorstellung von einer Einheit der Wettbewerbsordnung getreten, die die Aufrechterhaltung funktionaler Marktprozesse anstrebt. Unter dem W. werden noch weitere Vorschriften subsumiert (vgl. die Abb. „Rechtliche Vorschriften zum Schutz des Wettbewerbs"), insbesondere das Gebiet des → Rechtsschutzes, gewerblicher, sowie Spezialnormen, die z.B. im Heilmittelwerbegesetz, im Lebensmittel- und Bedarfsgegenständegesetz sowie im Textilkennzeichnungsgesetz zu finden sind. (2) EU: Das Europäische Gemeinschaftsrecht hat Vorrang ggü. dem nationalen W. Vor dem Hintergrund des EG-Vertrages sind als Formen der Rechtsetzung zu unterscheiden EG-Verordnungen (in allen Teilen unmittelbar verbindlich für alle Mitgliedstaaten, z.B. Gemeinschaftsmarkenverordnung, → Gemeinschaftsmarke), → EG-Richtlinien (z.B. → Werbung, vergleichende), Entscheidungen der Kommission oder des Rates (i.d.R. Regelung von Einzelfällen), Empfehlungen und Stellungnahmen der Gemeinschaftsorgane (unver-

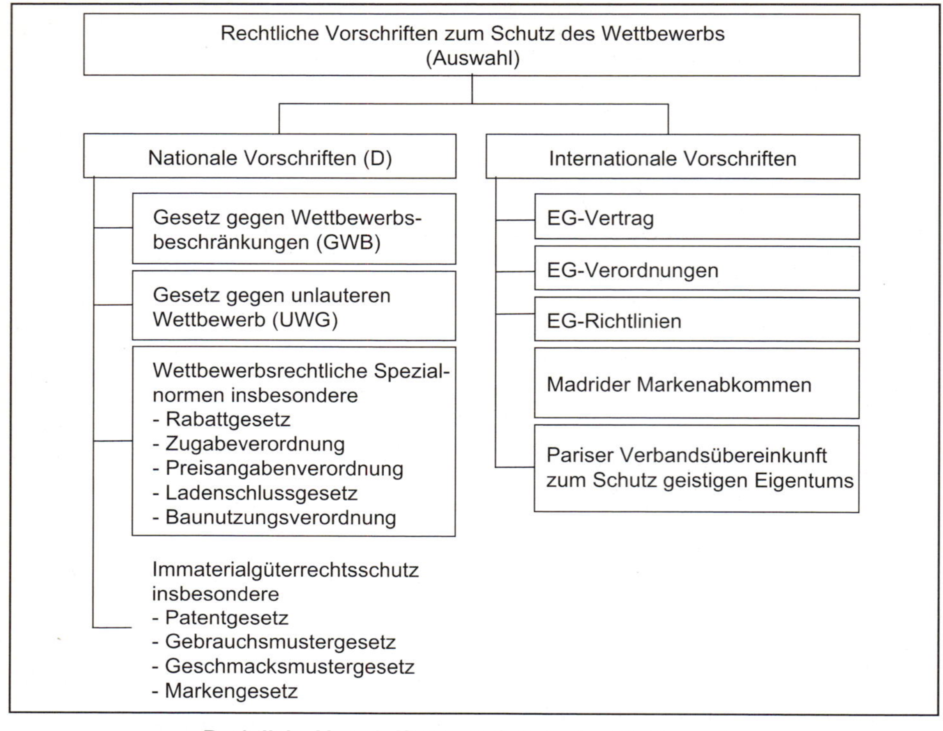

Rechtliche Vorschriften zum Schutz des Wettbewerbs

bindlich, aber psychologische und politische Wirkung durch Autorität der Gemeinschaften) sowie Staatsverträge. (3) Internationale: vor allem das → Madrider Markenabkommen und die Pariser Verbandsübereinkunft. Hierbei handelt es sich um mehrseitige Abkommen (Staatsverträge), die wettbewerbsrechtliche Fragen im Fall der Überschreitung von Landesgrenzen erfassen.

Wettbewerbsstrategie, I. Begriff: Strategie, die die Realisierung von → Normstrategien unterstützt. Ziel einer W. ist der Aufbau bzw. die Verteidigung eines strategischen → Wettbewerbsvorteils. Der Begriff der (generischen) W. geht in erster Linie auf Porter (1980) zurück. Nach Porter sind Einflussfaktoren der W. die Branchen- bzw. → Wettbewerbsstruktur sowie die relative Wettbewerbsposition des Unternehmens. Bei der Bestimmung der relativen Wettbewerbsposition des Unternehmens kann als gedanklicher Rahmen das sog. „strategische Dreieck" dienen. Vor diesem Hintergrund wird deutlich, dass die eigene Leistungsfähigkeit, die Leistungsfähigkeit der Konkurrenz sowie die Erwartungen und Wahrnehmungen der Kunden die W. eines Unternehmens beeinflussen.

II. Arten von Wettbewerbsstrategien: Porter klassifiziert Wettbewerbsstrategien anhand von zwei Dimensionen. Zum einen unterscheidet er zwischen der gesamten Branche und einem ausgewählten Marktsegment als strategische Zielbereiche. Zum anderen unterscheidet er den angestrebten Wettbewerbsvorteil in eine unverwechselbare Unternehmensleistung aus Kundensicht (→ Differenzierung) und einen Kostenvorsprung gegenüber den Wettbewerbern (→ Kostenführerschaft). Mittels dieser beiden Dimensionen lassen sich drei generische Wettbewerbsstrategien identifizieren: (1) die Kostenführerschaft, (2) die Differenzierung und (3) die Fokussierung. Während die Strategietypen Differenzierung und Kostenführerschaft auf die gesamte Branche abzielen, liegt der Grundgedanke der Fokussierung in der Konzentration auf bestimmte Segmente. Konkrete Ausprägungen dieser Strategievariante sind z.B. die Beschränkung auf bestimmte Kundengruppen, auf ausgewählte Regionen, auf spezielle Vertriebswege usw. In den jeweiligen Marktsegmenten ist dann entweder eine Differenzierungsstrategie (im Sinne einer besseren Erfüllung der segmentspezifischen Kundenbedürfnisse) oder eine (auf die Zielsegmente bezogene) Strategie der Kostenführerschaft zu verfolgen. Dieser Einteilung liegt die Hypothese zugrunde, dass sich eine Geschäftseinheit für genau eine der aufgeführten Strategien eindeutig entscheiden muss. Porters Hypothese beruht dabei auf der Annahme, dass die Geschäftseinheit aufgrund begrenzter Ressourcen lediglich eine der Strategien verfolgen kann.

III. Weiterentwicklungen: Mittlerweile werden Porters generische Wettbewerbsstrategien („Generic Strategies") durchaus kontrovers diskutiert. Die Kritik stützt sich vor allem darauf, dass in Branchen häufig eine Wettbewerbsdynamik vorliegt, die die bisherigen Wettbewerbsvorteile obsolet werden lässt. Solche Entwicklungen können dazu beitragen, dass sich die relevanten Wettbewerbsparameter verändern und somit auch die zentralen Dimensionen der W. überprüft werden müssen. Weiterentwicklungen, wie die → Outpacing-Strategien, haben daher in letzter Zeit an Bedeutung gewonnen.

Literatur: Porter, M.E. (1980): Competitive Strategy, New York; Simon, H. (1988): Management strategischer Wettbewerbsvorteile, in: Zeitschrift für Betriebswirtschaft, 58. Jg., H. 4, S. 461-480.

Wettbewerbsstrukturanalyse, Branchenstrukturanalyse, auf Porter (1980) zurückgehender Erklärungsansatz der → strategischen Planung für die jetzige und zukünftige Intensität des Wettbewerbs in einem Markt (vgl. → Wettbewerbsanalyse, → Wettbewerbsstrategie). Nach diesem dem Ansatz der → Industrieökonomik folgenden Modell wird die Struktur und damit die Wettbewerbsintensität eines Marktes von den fünf Wettbewerbskräften (1) Wettbewerbsintensität zwischen derzeitigen Anbietern/Produkten, (2) Verhandlungsmacht der Abnehmer, (3) Bedrohung durch neue Anbieter, (4) Verhandlungsmacht der Lieferanten und (5) Bedrohung durch Substitute bestimmt (vgl. Abb. „Modell zur Analyse der Wettbewerbsstruktur").

Literatur: Homburg, Ch. (2000): Quantitative Betriebswirtschaftslehre, 3. Aufl., Wiesbaden; Porter, M.E. (1980): Competitive Strategy, New York.

Wettbewerbsverfahren, → Bezugsgrößenverfahren zur Bestimmung der Höhe des → Werbeetats.

Wettbewerbsverhalten, W. von Unternehmen im Markt ist darauf gerichtet, zielorientierte Marktpositionen zu erreichen oder zu verteidigen. Grundsätzlich lassen sich vier Verhaltensweisen unterscheiden. (1) Friedlich: wirtschaftliches Verhalten ggü. den Wettbewerbern (2) Kooperativ: begrenzte Zusammenarbeit mit ausgewählten Wettbewerbern (3) Aggressiv: offensives Angriffsverhalten ggü. Wettbewerbern (4) Konfliktär: Inkaufnahme von Konflikten im Rahmen der Durchsetzung eigener Zielsetzungen.

Wettbewerbsvorteil, strategischer Wettbewerbsvorteil, komparativer Konkurrenzvorteil (KKV). Ein Unternehmen besitzt einen strategischen W., wenn es in der Wahrnehmung seiner potenziellen Kunden eine Leistung anbietet, der ein höherer Wert als der Leistung eines Konkurrenten zugemessen wird. Ein W. liegt dann vor, wenn die Überlegenheit des Unternehmens (Simon 1988) (1) ein für den Kunden bedeutsames Leistungsmerkmal betrifft, (2) vom Kunden wahrgenommen wird und (3) von der Konkurrenz kurzfristig nicht eingeholt werden kann. Bezüglich der Wahrnehmung des bedeutsamen Leistungsmerkmals ist es dabei nicht unbedingt wichtig, dass tatsächlich ein technisch-objektiver Leistungsvorteil existiert. Entscheidend ist, dass der Nachfrager subjektiv davon überzeugt ist, dass der Anbieter bei seinem Angebot über einen Leistungsvorteil verfügt. Die Planung von Wettbewerbsvorteilen läuft in einem vierstufigen Prozess ab (Faix/Görgen 1994, S. 163ff.): 1. Stufe: Erfassung der Ausprägungen bisheriger Wettbewerbsvorteile des Unternehmens und der Konkurrenz (→ Wettbewerbsanalyse). 2. Stufe: Bestimmung der Ursachen von Wettbewerbsvorteilen. Als Instrument zur Identifikation von Quellen von Wettbewerbsvorteilen können die → Wertkettenanalyse (Porter 1992) und das → Benchmarking herangezogen werden. 3. Stufe: Vergleich der eigenen Wettbewerbsvorteile mit den Konkurrenzvorteilen und Prognose der zukünfti-

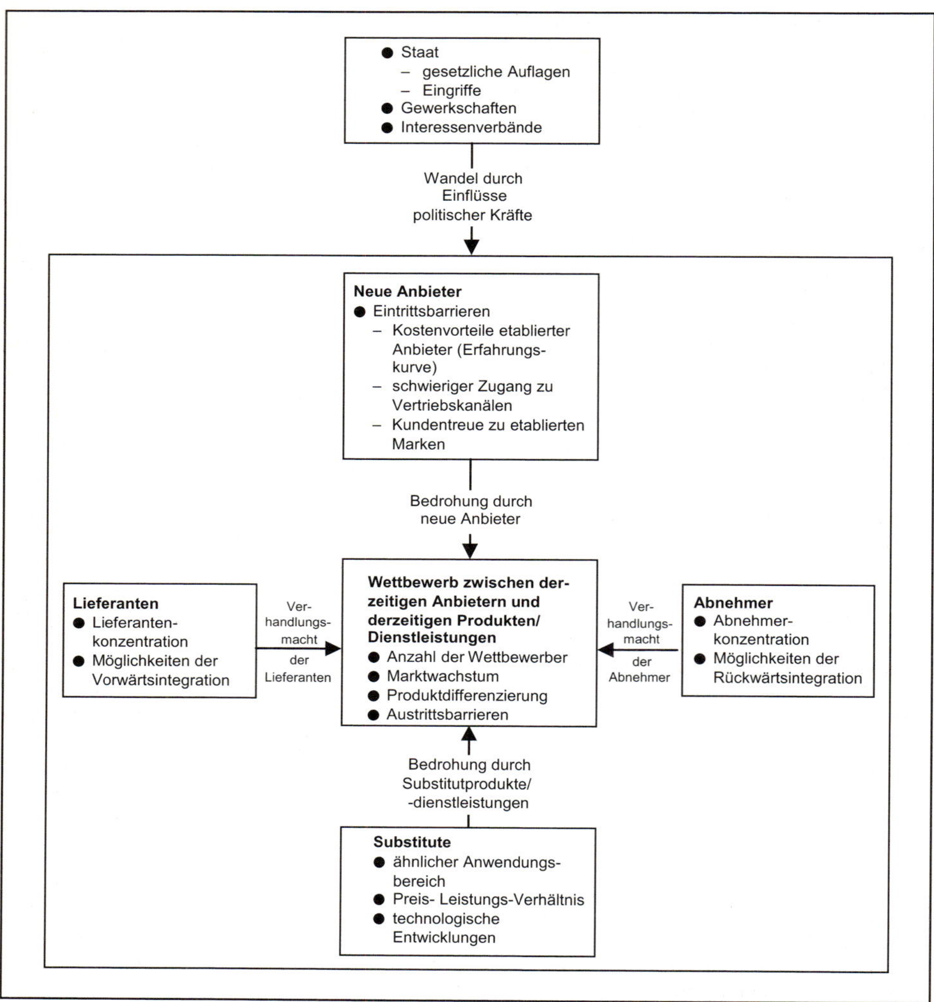

Modell zur Analyse der Wettbewerbsstruktur

gen Entwicklung. 4. Stufe: Erarbeitung von Plänen zum Auf- bzw. Ausbau eigener Wettbewerbsvorteile. Im Rahmen der permanenten → Wettbewerbsanalyse sind die spezifische Unternehmens- und Konkurrenzsituation ständig zu bewerten und die eigene Strategie gegebenenfalls zu modifizieren.

Literatur: Faix, A./Görgen, W. (1994): Das Konstrukt Wettbewerbsvorteil, in: Marketing Zeitschrift für Forschung und Praxis, 16. Jg., H. 3, S. 160-166; Porter, M.E. (1999): Wettbewerbsstrategien, 10. Aufl., Frankfurt/Main u.a.; Simon, H. (1988): Schaffung und Verteidigung von Wettbewerbsvorteilen, in: Simon, H. (Hrsg.): Wettbewerbsvorteile und Wettbewerbsfähigkeit, Stuttgart, S. 1-17.

Wettbewerbsvorteilsmatrix, *Konsistenzmatrix der Wettbewerbsvorteile*; Instrument zur Analyse und Visualisierung der eigenen Wettbewerbsposition. Konzeptionelle Basis dieses Instruments ist das Konsistenzprinzip für Wettbewerbsvorteile (vgl. Simon 1988). Nach diesem Prinzip sollte ein Unternehmen Wettbewerbsvorteile primär bei für den Kunden wichtigen Parametern (d.h. den zentralen Erfolgsfaktoren) realisieren und unvermeidbare Nachteile nur bei weniger wichtigen Parametern in Kauf nehmen. Die Konsistenzmatrix ist ein zweidimensionales Koordinatensystem, dessen vertikale Achse die Bedeutung der einzelnen Erfolgsfaktoren wiedergibt, während die horizontale Achse die eigene Wettbewerbsposition bzgl. der Erfolgsfaktoren erfasst.

Wheel of Retailing, → Betriebsformen, Dynamik der.

Wholesale Club, Sonderform des → Großhandels. Der W.C. führt i.d.R. ein breites → Handelssortiment. Sowohl mit Blick auf die Preisfestsetzung als auch hinsichtlich der → Ladengestaltung herrscht bei diesem → Betriebstyp eine starke Discountorientierung (→ Discounter) vor. Die Kunden, die sowohl Gewerbetreibende als auch Privatkunden sein können, müssen zusätzlich zum Kaufpreis einen i.d.R. jährlichen Mitgliedsbeitrag zahlen.

Wiedererkennung, → Recognition.

Wiedergewinnungsmanagement, wird im Marketing synonym zum Begriff → Rückgewinnungsmanagement verwendet und beinhaltet das Ziel, Kunden, die sich gedanklich mit einer Abwanderung beschäftigen bzw. bereits abgewandert sind, zu einer Reaktivierung der Geschäftsbeziehung zu veranlassen.

Wiederkauf, wiederholte Inanspruchnahme bereits genutzter Leistungen eines Anbieters durch einen Kunden. Der W. repräsentiert einen Indikator bei der Kontrolle bzw. Messung der → Kundenbindung (→ Kundenbindung, Messung der). Finden regelmäßig W. statt, so kann dies als Zeichen für eine stabile → Kundenbeziehung und Kundenbindung gewertet werden. Die Erhebung der W. sowie ihre Verdichtung zur → Wiederkaufrate ist dabei keinesfalls auf den Konsumgüterbereich beschränkt, sondern kann ebenfalls im Industriegüter- und Dienstleistungsbereich erhoben werden, jedoch unter Einsatz unterschiedlicher Messmethoden. Während im Konsumgüter- und Dienstleistungsbereich ein repräsentatives → Haushaltspanel geeignet ist, die Wiederkaufrate zu erheben, kann im → Industriegütermarketing (aufgrund der tendenziell geringeren Kundenanzahl) bereits eine fundierte Analyse der internen → Kundendatenbank ausreichend sein. Die Auswertung der erhobenen Wiederkaufraten kann ferner dazu dienen, eine Segmentierung des Kundenstamms nach Neu- bzw. → Stammkunden vorzunehmen, um auf dieser Basis eine fundierte Entscheidung zur Budgetallokation treffen zu können.

Wiederkaufabsicht, Absicht eines Kunden, die bereits genutzten Leistungen eines Anbieters erneut in Anspruch zu nehmen (→ Wiederkauf). Die W. ist ein Indikator zur Kontrolle bzw. Messung der → Kundenbindung (→ Kundenbindung, Messung der). Die W. wird i.d.R. im Rahmen telefonischer oder schriftlicher → Kundenbefragungen erhoben (z.B. durch „Werden Sie die Leistungen des Anbieters auch in Zukunft in Anspruch nehmen?"). Im Gegensatz zur Analyse des tatsächlichen Kaufverhaltens wird hier lediglich die Absichtserklärung des Kunden erhoben.

Wiederkaufmodell, *Markenwahlmodell*; zielt auf die quantitative Prognose des Wiederkaufvolumens ab. Im Gegensatz zu den Kauf-Wiederkauf-Modellen liegt sämtlichen Ansätzen die Annahme zugrunde, dass der Absatz ausschließlich auf Wiederkäufen beruht. Somit liegt ein vollständig diffundiertes → Produkt vor, das keine neuen Erstkäufer anzieht. Die W. stellen letztendlich eine Fortführung der Durchdringungsmodelle dar. Mit Hilfe dieser Modelle lässt sich die Anzahl der Käufer, die ein Produkt einmal erworben haben, schätzen. Dazu eignen sich sog. Penetrationskurven. Diese Ergebnisse dienen i.d.R. als Basis der W. Neben den Daten der Durchdringungsmodelle erfordern sie die Schätzung der Wiederkaufrate. Dazu ziehen die Forscher i.d.R. eine Panelerhebung heran. Die W. repräsentieren dann die mathematische Verknüpfung dieser Parameter. Zu den wichtigsten W. zählen die Ansätze von Parfitt/Collins (→ Parfitt/Collins-Modell), von Eskin sowie von Fourt/Woodlock (→ Fourt/Woodlock-Modell).

Wiederkaufrate, Verhältnis zwischen den Käufern, die ein Produkt bzw. eine Leistung zweimal und mehrmals gekauft haben, und der Gesamtzahl der Käufer innerhalb einer Periode.

Wirkungsverläufe, → Werberesponsefunktionen.

Wirtschaftlichkeitsanalyse, → Wirtschaftlichkeitsrechnung.

Wirtschaftlichkeitskontrolle, umfasst das In-Beziehung-Setzen von Kosten und Leistungen sowie das Vergleichen der Ergebnisse in zeitlicher und/oder zwischenbetrieblicher Hinsicht (→ Ist-Ist-Vergleich) oder auf dem Wege der Soll-Ist-Gegenüberstellung (→ Soll-Ist-Vergleich).

Wirtschaftlichkeitsprinzip, ökonomisches Prinzip, nach dem unabhängig von konkreter inhaltlicher Ausgestaltung ein von Marktteilnehmern angestrebtes Ziel entweder mit möglichst geringem Einsatz erreicht wird (Minimalprinzip) oder mit gegebenen Mitteln ein möglichst hoher Zielerreichungsgrad verwirklicht wird (Maximalprinzip).

Wirtschaftlichkeitsrechnung, Verfahren zur Bestimmung der Wirtschaftlichkeit von ökonomischen Aktivitäten. Je nachdem, worauf sich die Aktivitäten beziehen (z.B. Investitionen, Produktionsverfahren, Produktangebot oder Unternehmenstätigkeit insgesamt) können unterschiedliche Arten von W. unterschieden werden. Grundsätzlich lässt sich eine grobe Einteilung in Investitionsrechnungen und weiteren Auswertungsrechnungen der Kostenrechnung vornehmen. Mögliche Anwendungsgebiete von W. in Form von Investitionsrechnungen sind z.B. die Bestimmung der Vorteilhaftigkeit von Rationalisierungs-, Ersatz- oder Erweiterungsinvestitionen, die Ermittlung optimaler Stilllegungs-, Veräußerungs- und Ersatzzeitpunkte oder die betriebswirtschaftliche Bewertung technischer Neuerungen. Hierfür kommen primär Verfahren der → Statischen und → Dynamischen Investitionsrechnung zum Einsatz. Weitere Anwendungsgebiete von W. bestehen z.B. in der Bestimmung optimaler Bestellmengen in Verbindung mit optimaler Lagerhaltung, der optimalen Maschinenauswahl, der optimalen Seriengröße, der Bestimmung optimaler Absatzwege durch Untersuchungen im Beschaffungs-, Produktions- und Absatzbereich sowie in der Entscheidung zwischen Eigenfertigung und Fremdbezug. Als Verfahren kommen diesbezüglich kostenrechnerische Auswertungsrechnungen, wie z.B. → Produktergebnisrechnungen, → Break-Even-Analysen und Losgrößenrechnungen, zum Einsatz.

Wissen, → Wissensmanagement.

Sponsoringart	Systematisierungskriterien	Ausprägungen
Wissenschaftssponsoring	Wissenschaftsdisziplin	Naturwissenschaft, Ingenieurwissenschaft, Wirtschaftswissenschaft, usw..
	Organisatorische Einheit	Verbände, Vereine, Mannschaften, Einzelsportler, Veranstaltungen, usw.
	Wissenschaftliche Aktivität	Forschungsobjekte, Lehrveranstaltungen, wissenschaftliche Wettbewerbe, usw.

Differenzierung des Wissenschaftssponsoring

Wissenschaftssponsoring. Grundsätzlich treten im Rahmen des W. natürliche oder juristische Personen aus der Wissenschaft als Partner der Unternehmen auf. Wissenschaft lässt sich dabei als System von Menschen und Sachen bezeichnen, innerhalb dessen sich Erkenntnisgewinnung vollzieht. Zur systematischen Darstellung von potenziellen Gesponserten lassen sich die Kriterien Wissenschaftsdisziplin, organisatorische Einheit sowie wissenschaftliche Aktivitäten heranziehen (vgl. Abb. „Differenzierung des Wissenschaftssponsoring"). Im Vergleich zu den angelsächsischen Ländern befindet sich das W. in Deutschland erst am Anfang seiner Entwicklung.

Wissensmanagement, *Knowledge Management*, dient als begriffliches Dach für eine Vielzahl wissensbezogener Thematiken und Probleme. Als Ausgangspunkt wird dabei die Transformation hoch industrialisierter Volkswirtschaften in sog. Wissensgesellschaften angesehen, in denen für einzelne Unternehmen statt Arbeit, Boden und Kapital das „Wissen" zur wertvollsten Ressource im zunehmend internationaler werdenden Wettbewerb wird. W. beschäftigt sich somit mit den Möglichkeiten der Einflussnahme auf diese Ressource in Organisationen. Dazu zählen die gezielte Bearbeitung der organisatorischen Wissensbasis und die Entwicklung von geeigneten Methoden und Instrumenten, die sich thematisch um die Identifikation von Wissenspotenzialen, den Erwerb, die Entwicklung, die Verteilung, die Nutzung und die Bewahrung von Wissen im Unternehmen (internes Wissen) sowie der Verknüpfung mit

Wissen von Kunden, Kooperationspartnern oder Lieferanten (externes Wissen) bemühen. Ziel ist das Verkoppeln der individuellen und organisationalen Wissensbasis; ein W. das sich auf das Lernen und die Wissensentwicklung von Individuen konzentriert, greift zu kurz. Als Grundlage dient die Idee, die vorhandene, aber unübersichtliche Menge an Daten bzw. Informationen in geeigneter Form zu systematisieren und kategorisieren, um anschließend das entstandene Produkt in zeitlich und örtlich adäquater Form unter Ausnutzung von Informationstechnologien dem Nutzer bereitzustellen. Es wird angestrebt, das üblicherweise an Personen gebundene Wissen von diesen Wissensträgern abzulösen und in die Sphäre des Unternehmens zu überführen. Voraussetzung, dass das erworbene Wissen im Unternehmen übernommen und eingesetzt wird, ist das gegenseitige → Vertrauen der Beteiligten. *Vgl. auch* → Informationsmanagement.

Word-of-Mouth-Communication, → *Mund-zu-Mund-Kommunikation.*

Workflow Management, bezeichnet die Automatisierung von Geschäftsprozessen. Hierzu wird der Geschäftsprozess analysiert und in eine Reihe von Arbeitsschritten zerlegt, die gemeinsam mit ihren gegenseitigen Abhängigkeiten beschrieben werden. Die einzelnen Arbeitsschritte des Geschäftsprozesses können durch ein W.-M.-System gesteuert werden. Diese Technologie ermöglicht insbesondere eine effizientere Ausführung des Prozesses sowie die genaue Verfolgung des Prozessverlaufs. So kann beispielsweise der Bearbeiter eines Arbeitsschritts durch die automatische Bereitstellung und Weiterleitung der für einen Arbeitsschritt benötigten Dokumente und Werkzeuge unterstützt werden. Auch ist genau erfasst, an welchen Arbeitsschritten zum aktuellen Zeitpunkt gearbeitet wird. Auf der anderen Seite bedeutet die genaue Definition der Arbeitsschritte aber auch, dass der Prozess relativ starr ist. Folglich hat der Bearbeiter eines Arbeitsschritts wenig Spielraum, auf Probleme während der Bearbeitung zu reagieren. Dies kann insbesondere im Fall unternehmensübergreifender Workflows problematisch sein, also bei der Auslagerung von Teilprozessen an externe Unternehmen.

WorldWideWeb, *WWW*, *W3*. Das WWW als jüngster Dienst im → Internet existiert seit 1992. Es zeichnet sich dadurch aus, dass es auch ungeübten Anwendern erlaubt, sich im Informationsangebot zu bewegen. Das Navigieren durch die Informationen erfolgt i.d.R. einfach durch Mausklicks. Um das WWW nutzen zu können, benötigt der Anwender sog. Browser-Programme, die HTML-Dateien online darstellen und Verweise ausführen können. Die Popularität dieses Dienstes ist auch auf seine Multimedialität zurückzuführen.

World-Wide-Web-Werbung. Zu beachten ist die Pflicht, die W. vom redaktionellen Programm abzugrenzen. Sie ergibt sich wie für andere → Werbeträger auch aus den Regelungen des Verfassungsrechts, des Presserechts, des Rundfunk- und Fernsehrechts sowie des → Wettbewerbsrechts, hier insbesondere aus §§ 1, 2, 3 → UWG. Entscheidungsbedürftige Tatbestände beim WWW können vor allem die Domain-Bezeichnungen (Lässt sich aus der Domain-Bezeichnung bereits erkennen, dass die abrufbaren Seiten Werbung enthalten?) und die von Textteilen zu Werbeanzeigen führenden Links sein. Grundsätzlich gilt auch für die W., dass sie als solche gekennzeichnet und als separater Bestandteil neben dem redaktionellen Programm erkennbar sein muss. Daher sollten Icons, die zu Werbeseiten führen, als → Werbung deutlich gemacht werden.

Wortassoziationstest, → Assoziation.

Wurfsendung, → Postwurfsendungen.

WWW, Abk. für → WorldWideWeb.

Yerkes-Dodson-Gesetz, geht ursprünglich auf die Autoren R.M. Yerkes und J.D. Dodson (1908) zurück, deren Experimente zeigten, dass bei zunehmender Stärke von Elektroschocks Mäuse schwierige Aufgaben weniger gut lernten als leichte Aufgaben. Die Erkenntnisse wurde in der Psychologie von H.J. Eysenck (1955) und P.L. Broadhurst neu beachtet und später dahingehend erweitert, dass die optimale Motivation für eine Lernaufgabe mit zunehmendem Schwierigkeitsgrad der Aufgabe abnimmt. In der → Aktivierungs-Forschung wird das Y.-D.-G. in der (wenn auch kontrovers diskutierten) Lambda-Hypothese dahingehend berücksichtigt, dass die Leistungsfähigkeit dann am höchsten ist, wenn ein optimales Aktivierungsniveau erzielt wird. Über- und Unteraktivierung führen dagegen zu einer verminderten Leistungsfähigkeit des Individuums.

Yield Management. Computergestütztes Verfahren zum Optimieren des Preis-Nachfrage-Verhältnisses unter Ertragsgesichtspunkten. Hierbei müssen hauptsächlich Kapazitätsplanungen bzgl. des Nachfrageverhaltens durchgeführt werden. Starke Anwender von Y.M. sind die Touristikbranche und die Luftfahrt.

Yuppie, → Lebensstil.

Z

Zahlungsbedingungen, sind in Zusammenhang mit den Lieferungsbedingungen eines Herstellers oder Lieferanten Instrumente der Preisdifferenzierung. Sie regeln den Zahlungszeitpunkt, die Zahlungsfristen, die Zahlungsart und die Zahlungssicherungen. Zahlungsbedingungen sind vielfach mit den Lieferungsbedingungen verbunden (→ Lieferungs- und Zahlungsbedingungen). Häufige Ausprägungen der Zahlungskonditionen sind z.B. → Skonto, → Bonus und → Rabatt.

Zahlungsbedingungen, internationale, Zahlungsverpflichtungen des Käufers sowie Modalitäten ihrer Erfüllung im Rahmen länderübergreifender Geschäfte. Die generelle Problematik im internationalen Marketing besteht dabei in der Tatsache, dass Warenlieferung und Zahlungsprozess zeitlich und räumlich auseinander fallen. So ist der Käufer seinerseits nicht bereit, für eine noch nicht erhaltene Ware zu zahlen, der Verkäufer hingegen ist bestrebt, die Zahlung bzw. zumindest ihre Sicherstellung noch vor Auslieferung der Ware zu erhalten. Es liegt also ein Interessenkonflikt vor, den es durch eine adäquate Ausgestaltung der Zahlungsbedingungen zu lösen gilt. Internationale Geschäfte werden häufig per → Akkreditiv abgewickelt. Eine andere Möglichkeit besteht in dem Abschluss von internationalen → Kompensationsgeschäften.

Zahlungskonditionen, → Zahlungsbedingungen.

Zapping, Vermeidung von Werbeblöcken im Fernsehen, wobei der Zuschauer bewusst auf einen anderen Kanal schaltet. *Vgl. auch* → Elektronische Medien; *Gegensatz:* → Flipping.

ZAW, Abk. für Zentralausschuss der deutschen Werbewirtschaft.

Zeitdistanzmethode, im Rahmen der → Einzugsgebietsabgrenzung des Handels angewandtes Verfahren. Im Mittelpunkt der Z. steht die Ermittlung der zeitlichen Entfernung des → Point of Sale zum jeweiligen Wohnort der Nachfrager. Hierbei kann zwischen zwei Vorgehensweisen differenziert werden. Zur Abgrenzung von Einzugsgebieten werden im Rahmen der Z., je nachdem, ob der zu untersuchende → Point of Sale eher „zu Fuß“ oder eher per Verkehrsmittel erreicht wird, entweder Gehminuten oder reale, also durch Unwegsamkeiten wie Ampeln, Baustellen usw. beeinflusste Autominuten verwendet. In der praktischen Anwendung der Z. wird der Standort des → Point of Sale auf einer entsprechenden Landkarte markiert und anschließend durch eine Verknüpfung einzelner Standpunkte, die jeweils ca. zehn Gehminuten vom → Point of Sale entfernt sind, das → Einzugsgebiet ermittelt. Das Einzugsgebiet, dessen äußere Grenzen z.B. in fünf Gehminuten erreicht werden können, kann als sog. primäres Einzugsgebiet bezeichnet werden und umfasst nicht selten 80 Prozent des gesamten Kundenpotenzials. Die äußeren Grenzen dieses primären Einzugsgebietes bilden den Beginn des sog. Sekundären Einzugsgebietes, das sich z.B. bis ca. acht Gehminuten erstreckt und einen Nachfrageranteil von ungefähr 15 Prozent abgrenzt. Das tertiäre Einzugsgebiet wird durch den Bereich gebildet, der sich zwischen acht und zehn Gehminuten befindet. Dieses Einzugsgebiet umfasst in diesem Beispiel die restlichen 5 Prozent des Kundenpotenzials. Im Fall der Verwendung von Autominuten verschieben sich die Grenzen des primären, sekundären und tertiären Einzugsgebietes auf z.B. jeweils bis 15, 24 und

30 Autominuten, wobei sich in diesem Beispiel die Verteilung des Nachfragerpotenzials auf jeweils 70, 20 und 10 Prozent ändert. Trotz der Vorteile, die die Z. durch die Verwendung „wirklich“ beanspruchter Geh- bzw. Autominuten, beispielsweise gegenüber der so genannten Kreismethode, aufweist, bleiben auch bei dieser Methode einige Mängel zu konstatieren. So ist beispielsweise die aus der Analyse von Erfahrungswerten entstandene, pauschalierende Einteilung der Einzugsgebietszonen, insbesondere mit Blick auf die unterschiedliche Attraktivität verschiedener → Betriebsformen, durchaus umstritten.

Literatur: Theis, H.-J. (1999): Handels-Marketing – Analyse- und Planungskonzepte für den Einzelhandel, Frankfurt/Main, S. 318-320.

Zeitregression, die Z. gehört zu den → Prognosemethoden. Ihre Grundlage bildet die multiple → Regressionsanalyse. Ziel ist es, aus den → Daten vergangener Perioden eine Prognosefunktion zu berechnen, mit deren Hilfe die Werte bestimmter Variablen für zukünftige Perioden vorhergesagt werden können. Zur Durchführung der Z. stehen verschiedene Modelle zur Verfügung. Das Grundmodell ist dabei die lineare Z., bei der von einem linearen Trend ausgegangen wird. Die Prognosefunktion wird mittels der Regressionsanalyse errechnet. Eine Erweiterung der linearen Z. bietet die Einbeziehung von saisonalen Schwankungen. Dabei wird die Prognosefunktion an diese Schwankungen angepasst. Die Vorhersage nichtlinearer Trendentwicklungen kann durch eine Veränderung des Grundmodells durch nichtlineare Transformationen (z.B. halblogarithmische Transformation) erreicht werden.

Zeitschriften für das Marketing, wissenschaftliche oder praxisorientierte Fachzeitschriften, die als Teil der Wissenschafts- bzw. Wirtschaftspresse der Kollektion, Selektion und Distribution marketingspezifischer Informationen dienen. Im deutschsprachigen Raum gibt es etwa 140 verschiedene Titel. Die wichtigsten sind Absatzwirtschaft, Marketing Journal, Marketing, Jahrbuch der Absatz- und Verbrauchsforschung, Thexis, Markenartikel, Marktforschung & Management, Der Markt, Planung und Analyse, Zeitschrift für Markt-, Meinungs- und Zukunftsforschung, Direkt Marketing, Horizont, Werben & Verkaufen und Werbeforschung & Praxis. Weiterhin gibt es vor allem im angelsächsischen Sprachraum eine große Anzahl anerkannter Marketingzeitschriften, die in Wissenschaft und Praxis Akzente setzen. Die → American Marketing Association (AMA) veröffentlicht folgende Titel: Journal of Marketing, Journal of Marketing Research, Journal of International Marketing, Marketing Management, Marketing Research, Marketing Health Services, und Journal of Public Policy & Marketing.

Zeitungen/Zeitschriften, → Printmedien, → Formate.

Zensus, → Vollerhebung.

Zentralausschuss der deutschen Werbewirtschaft (ZAW). Der ZAW versteht sich als Dachverband der deutschen Werbewirtschaft. Rund 40 Mitgliedsverbände der → Werbetreibenden Wirtschaft, Werbeagenturen, Werbemittelhersteller sowie Werbeberufe und Marktforschung gehören ihm an. Vor dem Hintergrund des grundgesetzlichen Schutzes der Werbung (Berufsfreiheit, Freiheit der Meinungsäußerung) sieht der ZAW seine hauptsächliche Aufgabe ggü. der Politik darin, ungerechtfertigten und unzulässigen Beschränkungen der Wirtschaft entgegenzuwirken. Als Sprachrohr seiner Mitglieder nimmt der ZAW Stellungnahmen und Meinungsäußerungen ggü. Exekutive und Legislative bis auf europäische Ebene vor. Das Finden gemeinsamer Positionen geschieht in Form „runder Tische“. Anfang 2000 waren das neun Fachausschüsse. Der ZAW selbst ist Mitglied in der Advertising Information Group (AIG), der europäische Dachverband nationaler Dachverbände. Dokumentiert wird die Arbeit im ZAW-Jahrbuch „Werbung in Deutschland“. Weitere Informationen finden sich unter www.zaw.de.

Zentralisierung, bezeichnet die Zusammenfassung von im Hinblick auf ein Merkmal gleichartigen Teilaufgaben zu einer Abteilung oder Stelle. Hierbei können die folgenden Arten der Z. unterschieden werden: (1) Verrichtungszentralisierung (Zusammenfassung gleichartiger Aktivitäten), (2) Objektzentralisierung (Zusammenfassung nach Objekten, z.B. Produkten), (3) Entscheidungszentralisierung (Zusammenfassung von

Entscheidungsaufgaben), (4) lokale Z. (Zusammenfassung nach Regionen). Die Z. nach einem Merkmal resultiert zugleich in der Dezentralisation nach den anderen Merkmalen.

Zentralwert, → Median.

Zentroid Verfahren, hierarchisches agglomeratives Verfahren zur Clusterbildung bei der → Cluster-Analyse, wobei von der feinsten Partition iterativ bis hin zur gröbsten Partition geschlossen wird. Beim Z.V. wird die Distanz eines Elements zum → Cluster durch das Element des Clusters bestimmt, das in der Mitte des Clusters liegt (d.h. das ist der Punkt, der den Durchschnitt der Koordinaten aller Elemente darstellt). Das Element, das die geringste Distanz zum Cluster aufweist, wird dem Cluster zugeschlagen.

Zero Base Budgeting, Methode zur → Budgetierung im Rahmen des → Gemeinkostenmanagements. Z.B.B verfolgt das Ziel einer Senkung der → Gemeinkosten sowie einer optimalem Mittelverwendung. Erreicht werden soll dieses Ziel zum einen dadurch, dass Budgets stets „von Null auf" (Zero Base), d.h. losgelöst von Vergangenheitswerten, neu geplant werden. Auf diese Weise wird sichergestellt, dass alte Budgets nicht einfach fortgeschrieben, sondern zu Beginn jeder Planungsperiode von Grund auf neu diskutiert und zur Disposition gestellt werden. Zum anderen soll das Ziel einer verbesserten Mittelzuteilung dadurch erreicht werden, dass diese nicht auf Basis globaler Aktivitäten, sondern auf Grundlage einzelner, bewerteter Entscheidungspakete erfolgt. Zu diesem Zweck werden zunächst Entscheidungseinheiten gebildet, d.h. Gemeinkostenbereiche, in denen Kosten gesenkt werden sollen. Für jede Entscheidungseinheit werden daraufhin Leistungsniveaus festgelegt, die Umfang und Qualität der Leistungsergebnisse der Entscheidungseinheit zum Ausdruck bringen. Als Minimalstufe gilt hierbei ein Niveau, auf dem ein geordneter Arbeitsablauf gerade noch gewährleistet ist. Sobald die Leistungsniveaus definiert sind, werden Entscheidungspakete festgelegt, die alle wichtigen Informationen über ein Leistungsniveau einer Entscheidungseinheit aufnehmen und auf diese Weise die Zuweisung der Budgetmittel steuern. Auf Basis eines Kosten-Nutzen-Vergleichs aller Entscheidungspakete untereinander sowie einer Bewertung der Entscheidungspakete im Hinblick auf die voraussichtliche Erfüllung der Unternehmensziele, wird abschließend eine Rangordnung der Pakete aufgestellt, die als Grundlage für die Mittelzuweisung dient.

Zero Defection, engl. zero = Null, defection = Treuebruch, Lossagung; bezeichnet eine Null-Fehlerpolitik eines Anbieters. Im → Konsumgütermarketing ist es seit jeher Ziel der Produktion, möglichst wenig fehlerhafte Produkte herzustellen. Die Produktkontrolle erfolgt i.d.R. durch Experten des → Qualitätsmanagements. In den USA der 60er- und 70er-Jahre fand die Null-Fehlerpolitik durch die Bedeutungszunahme des → Total Quality Managements auch Einzug in den Dienstleistungsbereich. Eine sehr hohe Aufmerksamkeitswirkung erreichte das Schlagwort Z.D. jedoch erst im Zuge der sog. Qualitätsrevolution zu Beginn der 90er-Jahre.

Zero-Migration, engl. zero = Null, migration = Wanderung, Migration. Z.M. beinhaltet das Ziel, durch Maßnahmen des → Kundenbindungsmanagements eine Kundenabwanderungsrate von Null Prozent zu erreichen (→ Abwanderung). Ausgelöst wurde die Diskussion über das Thema Z.M. durch einen Beitrag von Reichheld/Sasser (1990) mit dem Titel „Zero-Migration", der für zahlreiche Branchen die Vorteilhaftigkeit einer Reduktion der Abwanderungsrate aufzeigte. Besondere Beachtung fand in diesem Zusammenhang die Aussage der Autoren, dass eine 5-prozentige Verringerung der Abwanderungsrate den Gewinn eines Unternehmens um bis zu 85 Prozent steigern kann. Dies wiederum löste einen Trend zur Umsetzung von Kundenbindungsprogrammen aus, der bis heute anhält.

Literatur: Bruhn, M./Homburg, Ch. (2003) (Hrsg.): Handbuch Kundenbindungsmanagement, 4. Aufl., Wiesbaden; Reichheld, F./Sasser, W. (1990): Zero-Migration. Quality Comes to Services, in: Harvard Business Review, Vol. 68, September-Oktober, S. 105-111.

Zertifikat, Dokument, das nach den Regeln eines Zertifizierungssystems (→ Zertifizierung) ausgestellt ist. Das Z. bedeutet, dass die zertifizierte Einheit die Zertifizierungsforderung erfüllt hat. Folglich besteht ein angemessenes Vertrauen, dass die von der zertifizierten Einheit hervorgebrachten Einheiten die an sie gestellten Qualitätsforderungen erfüllen. Beispiele für diese durch eine zertifizierte Einheit hervorgebrachten Einheiten sind Prüfberichte eines Prüflaboratoriums sowie die unter Berücksichtigung eines Qualitätsmanagementsystems (→ Qualitätsmanagement) erstellten Produkte und Dienstleistungen. Ein Z. hat i.Allg. eine festgelegte Geltungsdauer, die sich für die zu zertifizierenden Einheiten unterscheidet und i.d.R. zwischen zwei und fünf Jahren liegt. In der Zwischenzeit werden Überwachungen durchgeführt.

Zertifizierung. I. Begriff: Eine Z. ist die Prüfung eines Unternehmens durch einen unabhängigen Dritten zum Erhalt eines → Zertifikats. Dieses Dokument bringt die Übereinstimmung des Unternehmens oder einzelner Unternehmensbereiche mit bestimmten Anforderungen oder Normen zum Ausdruck. Im Hinblick auf das Marketing ist eine Z. nach den → ISO-Normen 9000ff. zur Überprüfung von Qualitätsmanagementsystemen (→ Qualitätsmanagement) von besonderer Bedeutung.

II. Ziele: (1) Interne Ziele: Zu den internen Zielen gehören die Optimierung der Unternehmensabläufe, die Dokumentation der Geschäftsprozesse, die Steigerung der → Produktivität, die → Mitarbeitermotivation, die Reduzierung von Kosten, der Abbau von unternehmensinternen Schwachstellen und die schnellere Einweisung neuer Mitarbeiter. (2) Externe Ziele: Den externen Zielen können der Nachweis der Erfüllung der Qualitätsanforderungen, die Schaffung von Transparenz für den Kunden, die Förderung und Erleichterung der Geschäftsprozesse, der Aufbau effizienter → Kundenbeziehungen, die Festigung und Verbesserung des Qualitätsimages, die Erweiterung des potenziellen Kundenkreises und die Verbesserung der Wettbewerbsposition subsumiert werden.

III. Vorgehen: (1) Auswahl einer → Zertifizierungsstelle: Beim Zertifizierungsmarkt handelt es sich um einen von Staatseingriffen freien Markt. Demnach können Unternehmen zwischen verschiedenen Zertifizierungsgesellschaften frei wählen. Als Entscheidungskriterien sollten der Informationsgehalt des zu erhaltenen Zertifikats und die Qualität der Zertifizierungsgesellschaft herangezogen werden. Gradmesser für letztere repräsentiert die Existenz einer Akkreditierung der Gesellschaft. (2) Entscheidung über die Zertifizierungsnorm: Je nach Zweck und Zielsetzung der Z. ist über eine der Normen der Reihe ISO 9000ff. zu entscheiden. (3) Vorbereitung einer Z.: Das Unternehmen sollte nach den Maßgaben der Zertifizierungsgesellschaft Vorbereitungen hinsichtlich seines Qualitätsmanagements treffen. (4) Eigentliche Z.: In Zusammenarbeit mit der Zertifizierungsgesellschaft wird die eigentliche Z. durchgeführt: a) Information und Voraudit: Anhand einer Kurzfrageliste informiert das Unternehmen die Zertifizierungsgesellschaft im Rahmen einer formalisierten Selbstauskunft über die aktuelle Ausgestaltung seines Qualitätsmanagementsystems. Fakultativ kann auf Basis dieser Informationen ein Voraudit durchgeführt werden, das die Istsituation des Qualitätsmanagementsystems und den Handlungsbedarf im Hinblick auf die Z. wiedergibt. b) Dokumentationsprüfung: Die formale Prüfung des Unternehmens beginnt mit der Übergabe der Unternehmensdokumentation bzgl. des Qualitätsmanagementsystems. Die Dokumentation besteht zumeist aus dem Qualitätsmanagementhandbuch des Unternehmens (→ Qualitätsmanagementdarlegung) sowie Verfahrensanweisungen. Die Dokumente werden durch die Zertifizierungsstelle hinsichtlich ihrer Konformität mit den Normen überprüft. Bei positivem Prüfergebnis wird das Auditprogramm, d.h., der Ablaufplan für das Zertifizierungsaudit, erstellt. c) Zertifizierungsaudit: Hier wird die Umsetzung der in den Qualitätsmanagementdokumenten dargelegten Maßnahmen geprüft. Im Rahmen des Audits prüfen die Auditoren der Zertifizierungsgesellschaft die Umsetzung des Qualitätsmanagements anhand einer Checkliste und begehen Bereiche des Unternehmens. Als Ergebnis wird ein Auditbericht erstellt, in dem der Auditleiter die festgestellten Übereinstimmungen und Abweichungen des Unternehmens bzgl. der Zertifizierungsnorm dokumentiert. d) Korrekturmaßnahmen: Bei mangelnder Übereinstimmung des Qualitätsmanagements mit der Norm sind Korrekturmaßnahmen innerhalb von 30 Tagen möglich. Je nach Grad genügt zur Überprüfung der Umsetzung der Korrekturmaßnahmen eine schriftliche Stellungnahme des Unternehmens. e) Zertifizierungsdokumentation: Es folgt die Ausstellung des Zertifikats, in dem die Einzelheiten der Prüfung exakt dokumentiert sind. Das Zertifikat hat i.d.R. eine Gültigkeitsdauer von drei Jahren. f) Überwachungsaudits: Insbesondere bei zwischenzeitlichen Änderungen hinsichtlich der Aufbau- und Ablauforganisation, die Konsequenzen für das Qualitätsmanagement haben, können Überwachungsaudits einer kontinuierlichen Bestätigung der Einhaltung der Zertifizierungsnormen dienen.

IV.: Würdigung: (1) Positive Aspekte: Für den Nachfrager des Unternehmens führt dessen Z. zur Unsicherheitsreduktion im Hinblick auf die Qualität des Unternehmens und seiner Leistungen. Unternehmensextern ist eine Z. für das Unternehmen vor allem mit einem Imageeffekt verbunden, in manchen Branchen ist ein Bestehen im Markt ohne ein Zertifikat nicht mehr möglich. Unternehmensintern kann eine Z. zu Effizienzsteigerungen führen, die beispielsweise auf die Reduzierung von Verlusten, Reklamationen (→ Beschwerde), Systemfehlern oder eine Steigerung der → Produktivität zurückzuführen sind. (2) Negative Aspekte: Neben den Kosten der Z. und ihren starren Rahmenbedingungen ist vor allem der enge Qualitätsbegriff als Problemfeld anzuführen. Durch eine Z. wird lediglich geprüft, ob ein Unternehmen ein Qualitätsmanagementsystem gemäß der Normen hat, nicht jedoch, ob seine Produkte und Dienstleistungen eine hohe Qualität aufweisen. Siehe auch www.dqs.de.

Literatur: Bruhn, M. (2003): Qualitätsmanagement für Dienstleistungen. Grundlagen, Konzepte, Methoden, 4. Aufl., Berlin; Masing, W. (Hrsg.) (1999): Handbuch Qualitätsmanagement, 4. Aufl., München; Stauss, B. (Hrsg.) (1994): Qualitätsmanagement und Zertifizierung, Wiesbaden.

Manfred Bruhn/Dominik Georgi

Zertifizierungsgesellschaft, → Zertifizierungsstelle.

Zertifizierungsstelle, Organisation, die ein Zertifizierungssystem anwendet und verwaltet sowie → Zertifizierungen durchführt. Ein Zertifizierungssystem ist ein System zur Durchführung von bezeichneten Zertifizierungen mit eigenen Verfahrensregeln und eigener Verwaltung. Eine Z. kann sich durch eine Akkreditierung formell ihre Kompetenz anerkennen lassen, Zertifizierungen durchzuführen. Die Z. vergibt an Unternehmen → Zertifikate, die bestätigen, dass das entsprechende Unternehmen in der Lage ist, die Qualitätsanforderungen zu erfüllen.

Zielausmaß, → Zieldimensionen.

Zielbeziehungen, sich ergänzende, gleich- oder gegenläufige Relationen zwischen verschiedenen Zielen im → Zielsystem eines Unternehmens. Mögliche Zielbeziehungen sind (1) Zielneutralität (Zielindifferenz, d.h., die Realisierung eines Ziels beeinflusst die Realisierung eines anderen Ziels nicht), (2) Zielkomplementarität (Zielharmonie, d.h., die Realisierung eines Ziels fördert die Realisierung eines anderen Ziels) und (3) die Zielkonkurrenz (Zielkonflikt, d.h., die Realisierung eines Ziels führt zu einer geringeren Erfüllung eines anderen Ziels). Ferner können Ziele in (komplementären) Mittel-Zweck-Beziehungen stehen, d.h., die Erfüllung eines (Unter-) Ziels hat einen instrumentellen Charakter für die Erfüllung eines (Ober-)Ziels.

Zieldimensionen, Perspektiven zur Beschreibung von Zielen. Es lassen sich drei Zieldimensionen identifizieren: (1) Zielinhalt (Was soll erreicht werden?), (2) Zielausmaß (Wie viel davon soll erreicht werden?) und Zeitbezug (Wann soll es erreicht werden?). *Vgl. auch* → Zielsystem, → Zielplanung.

Zielgruppe, *Marktsegment*. I. Begriff: Da Konsumenten sehr unterschiedlich sind, ist es für die Marktbearbeitung zweckmäßig, Z. zu bilden. Die Personen einer Z. sollen in Bezug auf die Marktbearbeitung und die angebotene Leistung möglichst ähnlich sein und sich von den Mitgliedern anderer Z. unterscheiden. Solche homogenen Z. bzw. Käuferklassen sind auch Gegenstand der Marktsegmentierung, in erster Linie eine Aufteilung heterogener Märkte in homogene Käuferklassen verfolgt. Der Begriff Z. und Marktsegment ist also aus Marketingsicht synonym. Die Komponenten der Marktsegmentierung zeigt die Abb. „Komponenten der Marktsegmentierung“.

II. Bestimmung von Z.: Z. lassen sich anhand einer Reihe von Merkmalen bestimmen: (1) Sozioökonomische Kriterien (Ausbildung, Beruf, Tätigkeit bzw. Funktion im Unternehmen, Branche, Einkommen, Haushaltseinkommen usw.), (2) demographische Kriterien (Alter, Geschlecht, Haushaltsgröße,

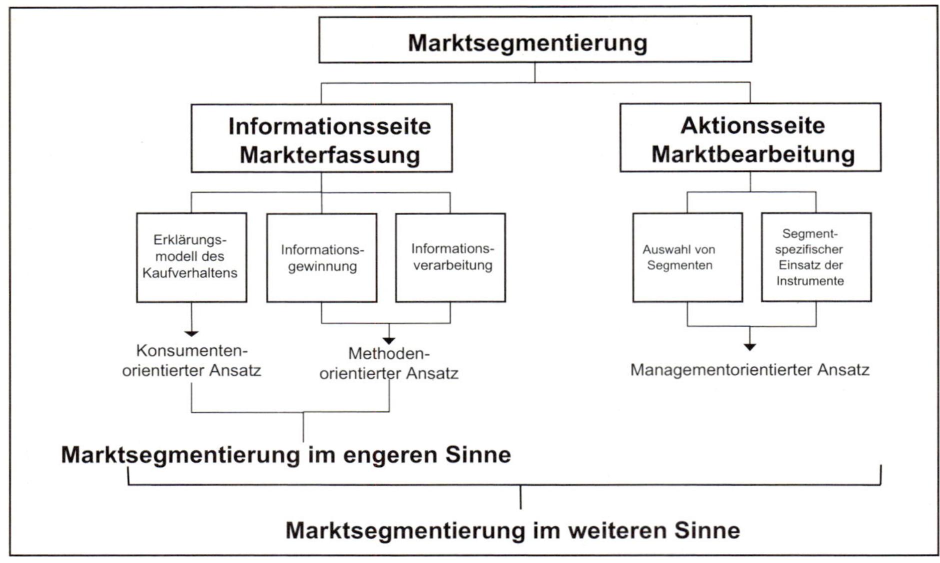

Komponenten der Marktsegmentierung (Quelle: Meffert 1998, S. 176)

Größe des Wohnortes, Region usw.), (3) psychographische Merkmale (Einstellungen, Motive, Gewohnheiten, Lebensstil, Freizeitinteressen, Wertvorstellungen, Wissen, Persönlichkeitsmerkmale usw.) sowie (4) Besitz- und Verbrauchsmerkmale (Kaufabsicht, Erst- und Wiederholungskäufer, Preis- und Markenbewusstsein, Häufigkeit der Verwendung usw.). Die genannten Merkmale sind aber nur dann für die Praxis hilfreich, wenn sie kaufrelevante Eigenschaften oder Kaufmotive beinhalten. Meffert nennt folgende Kriterien, die für eine Segmentierung relevant sind: a) Käuferverhaltensrelevanz: Als Kriterien sind geeignete Indikatoren für das zukünftige Käuferverhalten der Konsumenten auszuwählen. Es sind somit Eigenschaften und Verhaltensweisen zu erfassen, die Voraussetzungen für den Kauf eines bestimmten → Produktes darstellen und anhand derer intern homogene sowie extern heterogene Marktsegmente abgegrenzt werden können. Der gezielte, segmentspezifische Einsatz des Marketinginstrumentariums und die Möglichkeit einer Verhaltensprognose der ermittelten Marktsegmente ist vom Grad der Erfüllung dieser Anforderung abhängig. b) Messbarkeit (Operationalität): Die Marktsegmentierungskriterien müssen mit den vorhandenen Marktforschungsmethoden messbar und erfassbar sein. Dies ist eine wichtige Voraussetzung für den Einsatz mathematisch-statistischer Verfahren zur Identifikation von Marktsegmenten. Die Verwendung kaufverhaltenstheoretischer Konstrukte wie Motive und Einstellungen erfordert dabei häufig ein hohes Maß an Expertenwissen. c) Erreichbarkeit bzw. Zugänglichkeit: Die Segmentierungskriterien müssen die gezielte Ansprache der mit ihrer Hilfe abgegrenzten Segmente gewährleisten. Diese Anforderung beeinflusst das Ausmaß, in dem die Unternehmung mittels der segmentspezifischen Marketingaktivitäten eine direkte Ansprache der Konsumenten innerhalb eines Zielsegmentes erreichen kann. In diesem Zusammenhang kommt der Möglichkeit zur präzisen Zielung der Kommunikations- und Distributionspolitik besondere Bedeutung zu. d) Handlungsfähigkeit: Nur wenn die Segmentierungskriterien den gezielten Einsatz des Marketinginstrumentariums ermöglichen, sind sie für eine Marktsegmentierung als geeignet anzusehen. Ist dies der Fall, wird die Verbindung zwischen Markterfassung und Marktbearbeitung geschaffen. e) Wirtschaftlichkeit: Die Erhebung der Kriterien hat derart zu erfolgen, dass der sich aus der Segmentierung ergebende Nutzen größer ist als die anfallenden Kosten. Das heißt, dass die ausgewählten Segmentierungskriterien zu Marktsegmenten führen müssen, die die Ausarbeitung seg-

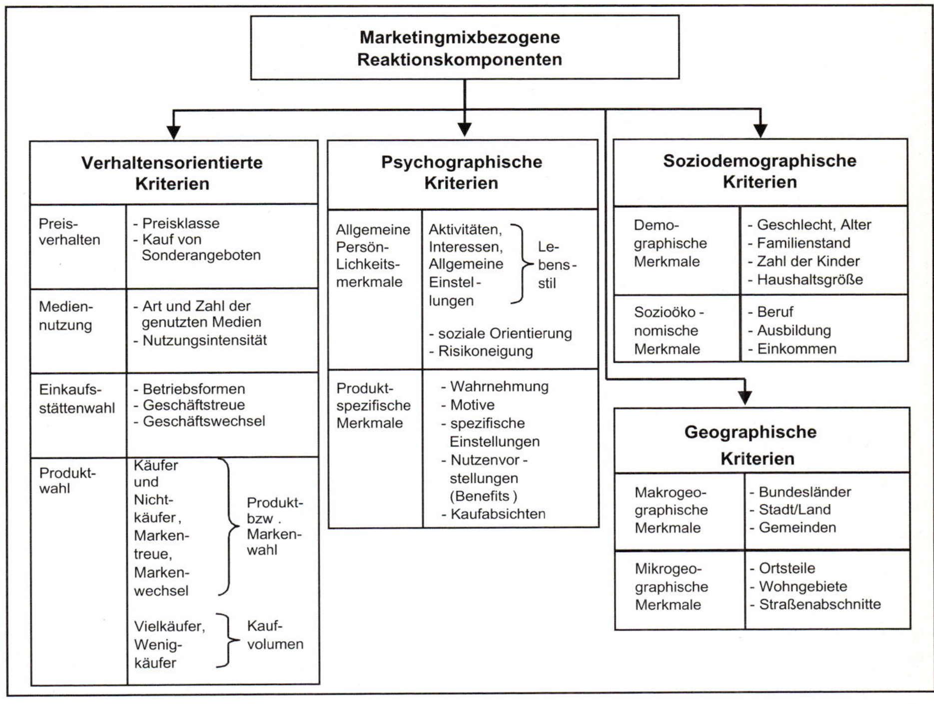

Kriterien der Marktsegmentierung (Quelle: Meffert 1998)

mentspezifischer Marketingstrategien rechtfertigen. Sofern diese Anforderung ex ante nicht eingehalten werden kann, sollten die Kriterien zumindest das Ausmaß der segmentspezifischen Nachfrage erkennen lassen. f) Zeitliche Stabilität: Die Informationen, die mittels der Kriterien erhoben werden, müssen über den Planungszeitraum hinweg stabil sein. Eine Marktsegmentierung ist nur dann sinnvoll, wenn die Ergebnisse der Markterfassung für den Zeitraum der Durchführung und Wirkung der segmentspezifischen Marktbearbeitungsaktivitäten Gültigkeit aufweisen. Die Abb. „Kriterien der Marktsegmentierung" zeigt eine synoptische Übersicht über verschiedene Segmentierungskriterien. Die Segmentierung auf der Basis der Persönlichkeitsmerkmale wird oft auch als Life-Style-Typologie bezeichnet, und es gibt je nach Marktgegebenheit unterschiedliche Typologien.

Literatur: Meffert, H. (2000): Marketing, 9. Aufl., Wiesbaden.

Zielgruppe, supranationale, Konsumenten mit länderübergreifend ähnlichen Bedürfnissen und Konsumstrukturen. Zu derartigen supranationalen Zielgruppen zählen auch die länderübergreifend identifizierten → Cross-Cultural Target Groups. Aufgefunden werden können derartige supranationale Zielgruppen im Rahmen einer integralen → Marktsegmentierung.

Zielgruppenmarketing. Art des Marketing, bei dem der Fokus darauf liegt, exakte → Zielgruppen im Markt anzusprechen, die eine hohe → Affinität zu dem angebotenen Produkt oder zu den Leistungen haben. Aufwendige Selektionen und Einsatz von mikrogeographischen Analysetools zeigten den Trend in diese Richtung auf (→ Mikrogeographische Marktsegmentierung). Dadurch sinkt zum einen die Auflagenhöhe bei den → Mailings, zum anderen sind die selektierten/angereicherten Adressen teurer. Die unter → Mail Order erwähnte Reduzierung des Umfangs von Katalogen und einer damit einhergehenden Spezialisierung der

Angebote ist eine Folge der Zielgruppenorientierung im Marketing. Für spezielle Zielgruppen können zudem im → Internet Foren geschaffen werden, an dem sie sich virtuell austauschen und wo sie direkt ansprechbar sind. Als Zielgruppenansätze sind derzeit folgende zu nennen: soziodemographischer Ansatz, einstellungsorientierter Ansatz, psychographischer Ansatz, verhaltensorientierter Ansatz und soziokultureller Ansatz. Unternehmen testen immer neue Ansätze, um die Zielgruppe exakt bestimmen zu können. Zumeist bringt eine Kombination verschiedener Ansätze die größten Erfolge. Der Trend geht dahin, dass selbst Individuen innerhalb der Zielgruppe genau definiert werden können (→ One-to-One-Marketing). Inwieweit bestimmte Zielgruppen, Milieus oder Szenen jedoch vollständig aufbrechen in Richtung einer Individualisierung ist derzeit noch nicht vorher zu sagen.

Zielgruppenselektion, → Zielgruppenmarketing.

Zielgruppenzeitschriften, → Printmedien.

Zielinhalt, → Zieldimensionen.

Zielkomplementarität, → Zielbeziehungen.

Zielkonflikt, → Zielbeziehungen.

Zielkostenmethode, → Target Costing.

Zielkunde, aktueller oder potenzieller Marktteilnehmer auf der Nachfragerseite. Ein Z. kann aus einer einzelnen Person, einer Institution oder einer Organisation bestehen. I.d.R. wird der Begriff des Z. im Kontext des Investitionsgütermarketing oder des Beziehungsmarketing verwendet. Bei Konsumgütern spricht man eher von Zielsegmenten, da es zumeist unwirtschaftlich ist, Marketingmaßnahmen auf einzelne Kunden auszurichten. → Marktsegmentierung.

Ziel-Mittel-Methode, → Bezugsgrößenverfahren zur Bestimmung der Höhe des → Werbeetats.

Zielpreis, Festlegung eines am Markt erzielbaren Preises im Rahmen des Target Costing (→ Target Pricing). In der Literatur existieren fünf Leitlinien, wie dieser Zielpreis ermittelt werden kann: (1) Market into Company: Der Zielpreis wird mit Hilfe von Konkurrenzanalysen und Analysen der Kundenwünsche festgelegt. (2) Out of Company: Der Zielpreis bestimmt sich aus den Entwicklungs- und Produktionsgegebenheiten der betreffenden Unternehmung. (3) Into and Out of Company: Die beiden erstgenannten Vorgehensweisen werden kombiniert. (4) Out of Competitor: Der Zielpreis wird aus den Kosten der Konkurrenz ermittelt. (5) Out of Standard Cost: Der Zielpreis wird aus den Istkosten bestehender Produkte der betreffenden Unternehmung abgeleitet. Eine marktorientierte Preisbestimmung, die das eigentliche Ziel des Target Pricing ist, erfolgt allenfalls bei Market into Company, Into and Out of Company und Out of Competitor.

Zielsegment, Segmentierung des Gesamtmarktes in Kundengruppen, die in sich relativ homogen und untereinander relativ heterogen sind, d.h., alle in einem relevanten Markt identifizierten Kunden werden zu Kundengruppen zusammengefasst, die möglichst ähnliche Merkmale und Eigenschaften aufweisen (z.B. hinsichtlich soziodemographischer Merkmale sowie z.B. aktueller oder potenzieller Geschäftsvolumina mit dem Unternehmen). Dabei wird die klassische Marktsegmentierung anhand einfacher Segmentierungskriterien wie Soziodemographika dem Verhalten des hybriden und „smarten“ Konsumenten nicht mehr gerecht. Erforderlich zur Identifikation von Z. ist vielmehr ein Customized Marketing, das die Kombination einfacher Segmentierungsmodelle und eines Individualmarketing erlaubt.

Zielsystem, strukturierte, in sich konsistente Kombination von Teilzielen, zwischen denen → Zielbeziehungen bestehen. An der Spitze des Zielsystems stehen allgemeine Wertvorstellungen (als Teil der → Unternehmensidentität), die den Hintergrund für den → Unternehmenszweck bilden. Aus diesem werden die → Unternehmensziele abgeleitet, die den Rahmen für die Ziele der → Geschäftseinheiten oder Funktionsbereiche bilden. Innerhalb dieser Einheiten oder Bereiche werden daraus wiederum Ziele für einzelne Instrumente bzw. Maßnahmen abgeleitet (Instrumentalziele). Die untergeordneten Ziele stellen Mittel zur Erreichung der übergeordneten Ziele dar. Innerhalb des Zielsystems nimmt der Konkretisierungsgrad und die Anzahl der Ziele von den Wertvorstellungen bis zu den Instrumentalzielen zu.

Ziel- und Strategie-Audit, Überprüfung der den Zielen und Strategien zugrundeliegenden Annahmen sowie der inhaltlichen Abstimmung von Zielen und Strategien untereinander. Da Ziele und Strategien die maßgeblichen Eckpfeiler zukünftiger Unternehmenspolitik darstellen, soll das Z.-u.S.-A. im Ergebnis einen Beitrag zur Erhaltung der Wettbewerbsfähigkeit leisten. Je nach Betrachtungsfokus ist das Z-u.S.-A. z.B. auch als Teil des → Controlling-Audit bzw. des → Marketing-Audit zu sehen.

Zielvariable, → Endogene Variable.

Zufallsauswahl, → Auswahlprinzip, → Auswahltechnik.

Zufallsfehler, → Fehler der Teilerhebung.

Zuflussquote, benutzter Korrekturfaktor im Rahmen einer → Standortanalyse für den Anteil des Bedarfs, der von Bedarfsträgern mit Wohnsitz außerhalb des betrachteten → Einzugsgebiets in das Gebiet zufließt.

Zufriedenheitsforschung, Forschungszweig der Psychologie, der im Laufe der letzten Jahrzehnte in der Betriebswirtschaftslehre, insbesondere im Marketing und der Personalwirtschaftslehre, eine bedeutende Stellung eingenommen hat. Schwerpunktmäßige Einsatzbereiche sind die → Kundenzufriedenheitsmessung sowie Analysen zur → Beschwerdezufriedenheit, → Mitarbeiterzufriedenheit und Arbeitszufriedenheit. *Vgl. auch* → Kundenzufriedenheit.

Zugabe. Unentgeltlich angebotene oder gewährte Nebenware, die dem Abnehmer nur in Verbindung mit der entgeltlich angebotenen Hauptware zukommt. Bis zum 31.7.2001 galten für Z. die spezialrechtlichen Normen der ZugabeVO. Nach deren Wegfall sind weiterhin die Regeln des UWG zu beachten.

Zugaben-Promotion, Maßnahme der →Verkaufsförderung. Zugabe (The Premium), die der Verbraucher kostenlos oder zu einem besonders günstigen Preis beim Kauf eines Produktes erhält. Die Zugabe kann sich dabei in der Packung (In-pack-Premium) befinden oder am Produkt angeheftet sein (On-Pack-Premium).

Zukunftsforschung, → Trendforschung, → Frühwarnsystem.

Zuliefergeschäft, I. Begriff: → Geschäftstyp im → Industriegütermarketing. Charakteristisch für das Z. sind eine hohe Transaktionshäufigkeit, ein hohes Transaktionsvolumen sowie die Produktion und Lieferung von kundenindividuell entwickelten Komponenten (Spezialkomponenten). Im Gegensatz zu Standardkomponenten, die weitgehend homogene Leistungen darstellen und oftmals auch im → Produktgeschäft vermarktet werden, erfordern Spezialkomponenten mittlere bis hohe spezifische Investitionen. Diese besitzen zum Großteil Fixkostencharakter und können nur über häufige Transaktionen mit hohem Transaktionsvolumen abgedeckt werden. Dies hat i.d.R. den Aufbau einer langfristigen Geschäftsbeziehung zur Folge, die eine auf → Vertrauen beruhende Zusammenarbeit erfordert. So muss die Beziehung zwischen Hersteller und Zulieferer nicht auf eine einzelne Transaktion beschränkt bleiben, sondern kann mehrere zeitlich aufeinander folgende Transaktionsbeziehungen umfassen. Die Weiterführung einer einmal eingegangenen spezifischen Transaktionsbeziehung beinhaltet für beide Seiten erhebliche ökonomische Vorteile. Diese ergeben sich primär aus den aufgebauten und eingespielten Kommunikationsbeziehungen, den speziellen technischen Kenntnissen sowie den bisher entworfenen und erprobten individuellen Regelungen zur Erleichterung und Stützung der Zusammenarbeit. Infolge der zunehmenden Arbeitsteilung zwischen Hersteller und Zulieferanten überträgt sich die Wettbewerbsintensität auf den Endkunden-Märkten heute unmittelbar von den Erstausrüstern/Herstellern auf die Zulieferanten. Die Hersteller reduzieren ihre Wertschöpfungstiefe sowohl in den Bereichen Entwicklung, Fertigung als auch Montage. Damit einher gehen tief greifende Reorganisationsprozesse in der gesamten Wertschöpfungskette und der Aufbau von mehrstufigen → Zulieferpyramiden. Je nachdem, welche Position und Aufgaben ein Zulieferer in dieser Zulieferpyramide übernimmt, verändern sich auch sein Strategiekonzept sowie seine Unternehmensstruktur.

II. Typen von Zulieferanten: Anhand der Dimensionen Integrationsumfang und

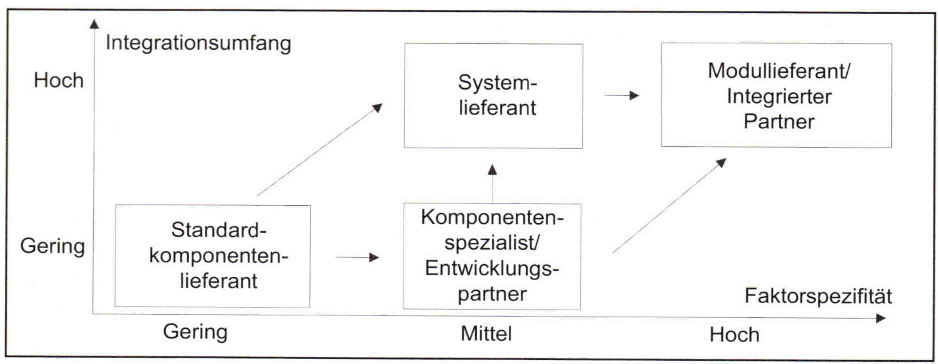

Entwicklungsstufen und Typen von Zulieferanten

Faktorspezifität lassen sich verschiedene Strategiepfade für Zulieferanten aufzeigen (vgl. Abb. „Entwicklungsstufen und Typen von Zulieferanten"). Lieferanten von Standardkomponenten stehen vor dem Problem, dass die Etablierung von Industriestandards eine schnelle Leistungsangleichung im Markt mit sich bringt. Die homogenen Produkte werden deshalb auch als Komponenten-Commodities bezeichnet. Aufgrund der weit gehenden Unabhängigkeit der Abnehmer von einzelnen Zulieferanten wird diese Art von Transaktionsbeziehung oftmals auch dem → Produktgeschäft zugeordnet. Komponentenspezialisten/Entwicklungspartner besitzen besondere Fähigkeiten in der Entwicklung und Produktion technisch-komplexer Komponenten, die kundenindividuelle Problemlösungen verlangen. Hierfür sind umfangreiche Investitionen in Vorentwicklungen erforderlich, um neue Technologien zur Reife zu bringen. In Form von standardisierten Baukastenlösungen werden diese dann in der Serienentwicklung von kundenindividuellen Komponenten eingesetzt. Besondere Anforderungen an den Zulieferanten ergeben sich in diesem Zusammenhang auch aus der notwendigen Parallelisierung der Entwicklungsaufgaben zur Verkürzung der Entwicklungszeiten (→ Simultaneous Engineering). Systementwickler bzw. Systemlieferanten übernehmen die Integration von Komponenten in ein System. Traditionell ist dies Aufgabe des Herstellers. Führen Lieferanten von Standardkomponenten und Spezialkomponenten diese Integrationsaufgabe zusätzlich aus, stellen sie folglich Systemlieferanten dar. Ein Beispiel hierfür sind Lieferanten, die die Integration von Schließ- und Alarmanlagen sowie Wegfahrsperren zu einem Fahrzeugsicherungssystem übernehmen. Im Leistungsumfang eines Modullieferanten sind Montage- und Logistikaufgaben mit inbegriffen. Im Sinne des → Modular Sourcing wird von Modullieferanten die Vormontage von Komponenten zu Modulen übernommen. Die sequenz- und zeitgerechte Anlieferung der Module beim Hersteller verlangt spezielles Know-how im Logistikbereich (produktionssynchrone Anlieferung) sowie die Beherrschung der Produkt- und Prozessschnittstellen bis hin zur Endmontage des Moduls. Der Koordinationsbedarf zwischen Zulieferer und Hersteller ist dementsprechend hoch und erfordert bestimmte Erfahrungen im Projektmanagement.

III. Vertragsphasen: Kennzeichnend für das Z. ist das zeitliche Durchlaufen unterschiedlicher Vertragsphasen. Grundsätzlich lässt sich diesbezüglich eine Einteilung in eine Vorvertragsphase sowie eine Nachvertragsphase vornehmen. Eine detaillierte Übersicht der abgrenzbaren Phasen einer Vertragsbeziehung ist in der Abb. „Vertragsphasen im Zuliefergeschäft" wiedergegeben. Im Folgenden werden die einzelnen Phasen am Beispiel eines Zulieferanten für Spezialkomponenten inhaltlich genauer erläutert. In der Voranfragephase informiert der Hersteller mehrere Zulieferanten frühzeitig über seine Absichten und führt Vorgespräche, um in ersten groben Vorentwürfen die Produktkonzeption zu klären. Die technischen Funktionen der Komponente und die Spezifikationen (gesetzliche Normen, Werksnormen des Zulieferanten, Kundenspezifikationen) sowie die besonderen Qualitätsvorschriften werden besprochen und die äußeren Geometriedaten (Bauraum) der Komponente festgelegt.

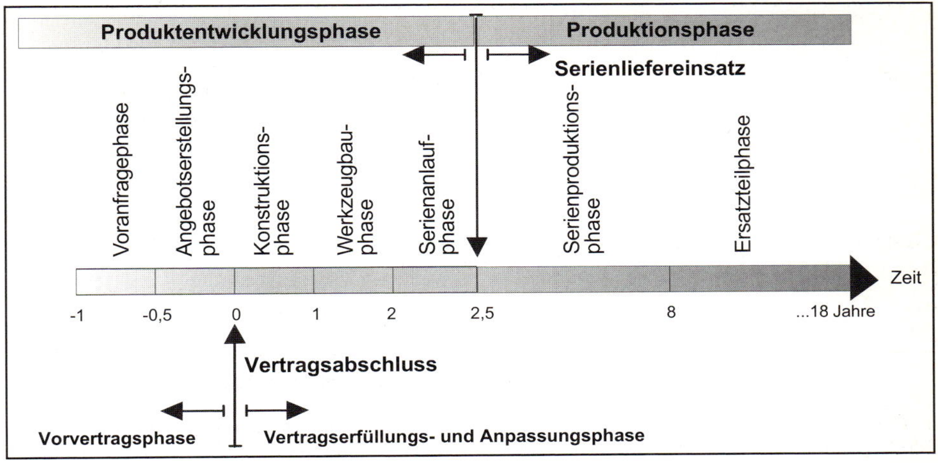

Vertragsphasen im Zuliefergeschäft

Schließlich fordert der Hersteller ausgewählte Zulieferanten auf, ein Angebot abzugeben. Im Rahmen der Angebotserstellungsphase finden intensive Verhandlungen zwischen Hersteller und den einzelnen Zulieferern statt. Die Zulieferer entwerfen alternative Produktvorschläge, diskutieren mögliche produkt- und produktionstechnische Probleme und vereinbaren einen Fristenplan, der sich am geplanten Markteinführungszeitpunkt des Endproduktes und den projektbestimmenden Terminen orientiert. Der Hersteller liefert erste Schätzungen der zukünftigen Bedarfsmengen. Parallel zu diesen Abstimmungsprozessen finden auf der Grundlage von Kalkulationsunterlagen der Zulieferer Preisverhandlungen statt. Nach mehreren Verhandlungsrunden, in denen der Hersteller alternative Angebote mehrerer Zulieferer vergleicht, erteilt der Hersteller dem aus seiner Sicht besten Zulieferer den Auftrag. Nach Vertragsabschluss kann der ausgewählte Zulieferer mit der Konstruktionsphase beginnen, in der die äußere Geometrie und das geometrische Gerüst der Komponente im Detail, z.B. mit Hilfe von → CAD, ausgearbeitet werden. In der Bauphase werden sowohl Serienwerkzeuge als auch Hilfswerkzeuge zur Anfertigung von ersten Produktmustern gebaut, um z.B. Musterprüfungen durchführen zu können. In der Serienanlaufphase entwickelt der Zulieferer den Produkt- und Produktionsprozess zur Serienreife weiter. Mangels fehlender Erfahrungen mit dem Produktions- und Montageprozess ist die Serienanlaufphase durch einen intensiven Lernprozess gekennzeichnet. Häufig treten hier auch unentdeckte Probleme in Form von Produkt- und Produktionsfehlern auf, die nachträglich technische Änderungen erforderlich machen. Nach der Anlaufphase kann die Serienproduktion der Komponente einsetzen. Dieser Zeitpunkt entspricht dem Markteintrittszeitpunkt des neuen Produktes auf Seiten des Erstausrüsters. Die Produktionsphase kann auch als Dispositionsphase verstanden werden. Hersteller und Zulieferer müssen ihre Informations- und Materialflusssysteme aufeinander abstimmen, um ihre logistischen Ziele erreichen zu können. Diese bestehen in niedrigen Lager- und Transportkosten sowie einem hohen Logistikservice hinsichtlich Lieferzeiten, Liefertreue und Lieferflexibilität. Der Hersteller muss sich dabei nicht zwangsweise über die gesamte Produktionsphase vertraglich an einen Zulieferanten binden, sondern kann z.B. von Jahr zu Jahr Vertragsverlängerungen vereinbaren. Die Ersatzteilphase erstreckt sich – je nach Vereinbarung – über mindestens weitere zehn Jahre. In dieser Phase verändern sich die Transaktionsbeziehungen grundlegend, denn der Ersatzteildienst wird i.d.R. nicht direkt über den Hersteller, sondern über entsprechende Vertriebs- und Distributionssysteme organisiert.

IV. Strategiefragen: Basisstrategien für Zulieferer ergeben sich aus der Rolle des Führers bzw. Folgers im Wettbewerbsprozess, und zwar im Sinne von → Emanzipations- und Anpassungskonzepten. Eng verbunden mit strategischen Fragen im Z. ist die Problematik des → Insupplier/Outsupplier. Gewöhnlich trifft der Hersteller die → Lieferantenauswahl unter einer langfristigen Perspektive und führt systematisch Lieferantenbewertungen durch. Entsprechen die Leistungen nicht den Anforderungen, erhalten die Zulieferer i.d.R. zunächst Unterstützung vom Hersteller. Ein Lieferantenwechsel findet meist nur unter besonderen Bedingungen statt.

Literatur: Meyer, M. (1995): Ökonomische Organisation der Industrie, Wiesbaden.

Margit Meyer/Jutta Müschen

Zulieferpyramide, Industriestruktur mit hoher vertikaler Arbeitsteilung und geringer vertikaler Integration des Herstellers. An der Spitze der Z. steht das Herstellerunternehmen. Auf der 1. Stufe befinden sich die Primär- bzw. Direktlieferanten, die eigenständig die Entwicklung, Produktion und Integration von Komponenten zu Systemen übernehmen oder für die Montage und Logistik ganzer Module im Werk des Herstellers verantwortlich sind. Sie koordinieren damit die Teilaufgaben, die die Sekundärlieferanten auf der 2. Stufe im Hinblick auf ein Modul oder System übernehmen. Auf den unteren Stufen der Zulieferpyramide (3. und 4. Stufe) befinden sich i.d.R. Lieferanten von eher standardisierten Teilen und Komponenten. Als Paradebeispiel für Z. gilt die Automobilindustrie.

Zurechenbarkeitsproblematik, Schwierigkeit im Rahmen der wirklichkeitsnahen Abbildung betrieblicher Vorgänge eine Gegenüberstellung zweier Größen (z.B. Erlöse und Kosten, Ausgaben und Güterverbrauch) zu finden, die materiell und formal eindeutig zwingend begründbar ist. In der → Einzelkostenrechnung gelten Größen als zurechenbar, wenn sie eindeutig zwingend auf einen identischen (dispositiven) Ursprung zurückgeführt werden können. Die Z. ist nicht gleichzusetzen mit dem Zuordnungsproblem, bei dem es um die Schwierigkeit geht, gewisse Größen gewissen anderen Größen unter Berücksichtigung bestimmter Nebenbedingungen so zuzuordnen, dass vorgegebene Ziele erfüllt werden.

Zusammenschlusskontrolle. Instrument, um die Entstehung oder Verstärkung einer marktbeherrschenden Stellung durch externes Wachstum zu verhindern. Im deutschen Recht in §§ 35ff. GWB geregelt, auf EU-Ebene durch die Fusionskontrollverordnung sowie durch Rechtsprechung des EuGH über Art. 81, 82 (vormals 85, 86) EGV.

I. Gegenstand: Ein Zusammenschluss, von dem zu erwarten ist, dass er eine marktbeherrschende Stellung begründet oder verstärkt, ist vom Bundeskartellamt zu untersagen, es sei denn, die beteiligten Unternehmen weisen nach, dass durch den Zusammenschluss auch Verbesserungen der Wettbewerbsbedingungen eintreten und dass diese Verbesserungen die Nachteile der Marktbeherrschung überwiegen (§ 36 I GWB). Zusammenschlüsse sind vor allem der (1) Erwerb des Vermögens eines anderen Unternehmens ganz oder zu einem wesentlichen Teil, (2) der Erwerb der unmittelbaren oder mittelbaren Kontrolle durch ein oder mehrere Unternehmen über die Gesamtheit oder Teile eines oder mehrerer anderer Unternehmen, (3) der Erwerb von Anteilen an einem anderen Unternehmen oder (4) jede sonstige Verbindung von Unternehmen, aufgrund deren ein oder mehrere Unternehmen unmittelbar oder mittelbar einen wettbewerblich erheblichen Einfluss auf ein anderes Unternehmen ausüben können (§ 37 I GWB).

II. Bedeutung: Die Z. kann das externe, nicht aber das interne Wachstum von Unternehmen beschränken, das vor allem auf der Gründung neuer Gesellschaften oder auf der Errichtung neuer Niederlassungen basiert. Insoweit werden marktbeherrschende Stellungen durch internes Wachstum zugelassen und die entsprechenden Unternehmen besser gestellt als fusions- und kooperationswillige Unternehmen. Schwerpunkte der Z. bilden in jüngerer Vergangenheit die Bereiche Medien, Presse, → Einzelhandel und Touristik. Im Berichtszeitraum 1999/2000 hat das Bundeskartellamt 2.993 Unternehmenszusammenschlüsse geprüft. Untersagt wurden z.B. die Zusammenschlüsse von Henkel/Luhns (Verstärkung der überragenden Stellung von Henkel auf dem Markt für Universalwaschmittel in Deutschland) und Melitta Bentz/Schultink (Verstärkung der überragenden Marktstellung von Melitta auf dem deutschen und westeuropäischen Markt für Staubsaugerbeutel). Bei der Europäischen Kommission wurden 637 Zusammenschlussvorhaben angemeldet. Untersagt wurden z.B. die Fusionen Airtours/First Choice und

Volvo/Scania, mit Auflagen genehmigt Rewe/Meinl, Exxon/Mobil und TotalFina/Elf.

Zusatzleistung, Leistung, die über die eigentlich vom Kunden erwartete → Kernleistung hinausgeht. Die Entscheidung zur Gewährung von Z. ist ein Entscheidungstatbestand der → Produktpolitik und → Dienstleistungspolitik. Das Angebot von Z. bewirkt beim Kunden eine höhere Qualitätswahrnehmung (→ Qualität, → Dienstleistungsqualität) des Anbieters und somit letztlich eine höhere → Kundenzufriedenheit sowie → Kundenbindung. Im Dienstleistungsbereich ist die strikte Trennung von Kernleistungen und Z. jedoch mit Problemen behaftet, da die Z. – anders als im Sachgüterbereich – nicht immer eindeutig dargestellt werden können.

Zusatznutzen, → Nutzenkomponenten, → Nutzentheorie.

Zuschlagskalkulation, → Kalkulation.

Zustellgroßhandel, Sonderform des → Großhandels. Das besondere Charakteristikum dieser → Betriebsform ist die Warenanlieferung. Diese zusätzliche Leistung wird durch einen eigenen oder fremden Lieferservice erbracht.

Zweiteiliger Tarif, nichtlinearer Preistarif → Preisbildung, nichtlineare), der durch einen fixen und einen variablen Erlösbestandteil charakterisiert ist. Der fixe Bestandteil stellt eine Gebühr dar, die unabhängig von der nachgefragten Leistungsmenge zu zahlen ist, wie z.B. die Grundgebühr bei einer Telefongesellschaft. Dem variablen Erlösbestandteil liegt ein konstanter Satz zugrunde, der für jede nachgefragte Einheit fällig wird, wie z.B. der Minutenpreis beim Telefonieren.

Zweitmarke, → Erstmarke.

Zweitplatzierung, neben der → Stammplatzierung zusätzlich vorgenommene Platzierung von Artikeln. Oftmals auch als Synonym für → Sonderplatzierung verwendet. Gegen entsprechendes Entgelt erklärt sich der Handel bereit, für einen gewissen Zeitraum derartige Zweitplatzierungen vorzunehmen. Insbesondere im Rahmen spezieller Verkaufsförderungsmaßnahmen, wie beispielsweise Preisaktionen in Verbindung mit einem verstärkten Einsatz kommunikationspolitischer Maßnahmen (TV-, Zeitschriften-Werbung usw.), findet diese Vorgehensweise Verwendung. Weitere Anlässe für eine Z. sind beispielsweise saisonbedingte (→ Saisonsortiment) Anlässe (Weihnachten usw.).

Zyklische Werbung, → Werbeetat (2).